D1693808

Krauß
Immobilienkaufverträge in der Praxis
6. Auflage

Krauß

Immobilienkaufverträge in der Praxis

Gestaltung • Besteuerung • Muster

Von

Dr. Hans-Frieder Krauß, LL.M. (University of Michigan)
Notar in München

6. Auflage

Carl Heymanns Verlag 2012

Zitiervorschlag: *Krauß*, Immobilienkaufverträge, Rn.

Bibliographische Information der Deutschen Nationalbibliothek

Die Deutsche Nationalbibliothek verzeichnet diese Publikation in der Deutschen Nationalbibliographie; detaillierte bibliographische Daten sind im Internet über http://dnb.d-nb.de abrufbar.

ISBN 978-3-452-27701-5

www.wolterskluwer.de
www.heymanns.com

Alle Rechte vorbehalten.

© 2012 Wolters Kluwer Deutschland GmbH, Luxemburger Straße 449, 50939 Köln.
Carl Heymanns – eine Marke von Wolters Kluwer Deutschland GmbH.

Das Werk einschließlich aller seiner Teile ist urheberrechtlich geschützt. Jede Verwertung außerhalb der engen Grenzen des Urheberrechtsgesetzes ist ohne Zustimmung des Verlages unzulässig und strafbar. Das gilt insbesondere für Vervielfältigungen, Übersetzungen, Mikroverfilmungen und die Einspeicherung und Verarbeitung in elektronischen Systemen.

Verlag und Autor übernehmen keine Haftung für inhaltliche oder drucktechnische Fehler.

Umschlagkonzeption: Martina Busch, Fürstenfeldbruck
Satz: Da-Tex Gerd Blumenstein, Leipzig
Druck und Weiterverarbeitung: L.E.G.O. S.p.A. – Lavis, Italy

Gedruckt auf säurefreiem, alterungsbeständigem und chlorfreiem Papier.

Vorwort

Die nunmehr vorgelegte, wiederum deutlich erweiterte 6. Auflage des (in der Vorauflage vergriffenen) Werks greift zahlreiche Anregungen aus dem Benutzerkreis auf und aktualisiert den Inhalt auf den Stand vom 22. Februar 2012. Eingearbeitet wurde insbesondere die aktuelle Rechtsprechung samt ihren Auswirkungen auf die Gestaltungspraxis. Der Umgang mit Fotovoltaik- und Solaranlagen, das Contracting, Kaufpreissicherungsinstrumente wie Bürgschaften, Garantien, Finanzierungszusagen etc., die Zuwendung des Immobilienkaufpreises durch Dritte und viele weitere Themen wurden neu aufgenommen oder erweitert, ebenso die zum 01. Januar 2012 in Kraft getretenen Steueränderungen. Auf Wunsch zahlreicher Nutzer wurden ferner Darstellungen der Über- bzw. Unterbauproblematik, Erläuterungen zum Notwegerecht sowie ein zusammenfassender Überblick zum Einsatz aufschiebender und auflösender Bedingungen beim Grundstückskauf eingefügt. Die rechtssichere, dem Zug-um-Zug-Prinzip verpflichtete Gestaltung von Erbanteils- sowie GbR-Anteils-Übertragungen (samt entsprechenden Vertragsmustern, einschließlich der Abschichtung) ist ebenfalls – als alternativer Weg der „mittelbaren Grundstücksveräußerung" – nunmehr Gegenstand des Buchs. Die Darstellung des Umgangs mit versteigerungsbehafteten Immobilien wurde ausgeweitet, ebenso die Palette möglicher Gestaltungen unter Personenmehrheiten auf Erwerberseite (quotendynamische GbRs, bedingte Übertragungsverpflichtungen unter Miteigentümern, Ankaufsrechte etc.) – ein in den Materialteil aufgenommenes Merkblatt führt Kaufinteressenten schon im Vorfeld in diese Problematik ein.

Der Schwerpunkt der Befassung liegt – wie in den Vorauflagen – in der Risikovorsorge und Risikovermeidung durch notarielle Gestaltung, auch und gerade im Bereich des Vollzugs, nicht in der wissenschaftlichen Auseinandersetzung oder der vertiefenden Einzelproblemdarstellung. Das Werk ist vom Praktiker für den Praktiker geschrieben.

Die (wiederum deutlich vermehrten) Textbausteine, Vollzugsschreiben und Gesamtvertragsmuster – sowie die zum Auslegen im Notariat geeigneten Informationsblätter für Mandanten sind in einer Übersicht zusammengefasst und im Volltext auf der CD-ROM enthalten.

Das Layout des Werks wurde modernisiert und das Format an den gestiegenen Umfang angepasst.

Ich freue mich auf einen lebendigen Dialog mit Ihnen! Haben Sie Vorschläge, vermissen Sie etwas, stellen Sie Fehler fest oder wollen Sie auf Entwicklungen in der Praxis aufmerksam machen, bitte ich um Ihre Nachricht an: info@notarkrauss.de.

München, im Februar 2012   Dr. Hans-Frieder Krauß

Hinweise zur Benutzung der CD-ROM

Zur Übernahme der Muster oder Formulierungsbeispiele legen Sie die CD-ROM in Ihr CD-ROM-Laufwerk ein. Sie können z.B. über das Icon „Arbeitsplatz" durch Doppelklick auf das Symbol des CD-ROM-Laufwerks Zugriff auf die Dateien erhalten.

Durch Doppelklick auf die Datei „start.rtf" gelangen Sie auf ein zentrales Word-Dokument. In diesem Dokument sind sämtliche rtf-Dateien der CD-ROM aufgelistet.

Durch Mausklick in Kombination mit der Strg-Taste auf die entsprechende Fundstelle gelangen Sie zum gesuchten Muster oder Formulierungsbeispiel.

Inhaltsübersicht

	Seite
Vorwort	V
Hinweis zur Benutzung der CD-ROM	VII
Inhaltsübersicht	VIII
Verzeichnis der Formulierungsvorschläge und Muster	XII
Abkürzungsverzeichnis	XXX
Literaturverzeichnis	XXXIX

A. Einführung, Vertragsvorbereitung

		Rdn.
I.	Abgrenzung	4
II.	Ziel und Umfang der Beurkundungspflicht	32
III.	Weitere Fälle der Vertragsnichtigkeit	117
IV.	Aufgaben und Pflichten des Notars	135
V.	Individualvertrag, Formularvertrag, Verbrauchervertrag	160
VI.	Leistungsstörungsrecht	204
VII.	Due Diligence	244

B. Gestaltung eines Grundstückskaufvertrages

I.	Beteiligte	256
II.	Vertragsobjekt	701
III.	Dingliche Erklärungen	860
IV.	Kaufpreis: Fälligkeit, Gläubigerablösung, Finanzierung	1024
V.	Genehmigungen, Vorkaufsrechte	1546
VI.	Besitzübergang, Erschließung	1808
VII.	Sach- und Rechtsmängel	1962
VIII.	Sonstige Regelungen, Schlussbestimmungen	2389
IX.	Rechtsgeschäftliche Vertragsübernahme	2659
X.	Erbbaurecht	2671
XI.	Vorvertrag, Vorhand, Angebot	2930
XII.	Rechtsgeschäftliches Vorkaufsrecht	2998

		Rdn.

C. Querschnittsdarstellungen

I.	Insolvenzrecht	3035
II.	Kostenrechtliche Hinweise	3126
III.	Steuerrechtliche Grundzüge	3183
IV.	Immobilienportfoliotransaktionen	3571
V.	Geschlossene Immobilienfonds	3619
VI.	Deutscher Real Estate Investment Trust (G-REIT)	3632
VII.	Sonderrecht der neuen Bundesländer	3637

D. Vollzugsmuster

I.	Vollzugslaufblatt Kaufvertrag	3862
II.	Ausfertigungslaufblatt Kaufvertrag	3863
III.	Brief an Beteiligte zur Versendung der Ausfertigung mit Ausfertigungsvermerk	3864
IV.	Grundbuchantrag auf Eintragung der Vormerkung	3865
V.	Brief an Gläubigerbank zur Anforderung der Lastenfreistellungsunterlagen mit Entwurf der Löschungsbewilligung	3866
VI.	Anfrage in Bezug auf das gesetzliche Vorkaufsrechts gem. § 24 BauGB bei der Gemeindeverwaltung	3867
VII.	Brief an Vorkaufsberechtigten (privat) mit Verzichtserklärung und Löschungsbewilligung bei rechtswirksamem Vertrag	3868
VIII.	Antrag auf Bestellung eines Ergänzungspflegers und Erteilung der familiengerichtlichen Genehmigung	3869
IX.	Brief an Gläubigerbank zur Einholung der Schuldübernahmegenehmigung	3870
X.	Brief an Gläubigerbank zur Einholung der Nichtvalutierungserklärung	3871
XI.	Brief an das Vollstreckungsgericht (Anmeldung des Kaufvertrags und Anfrage nach beigetretenen Gläubigern)	3872
XII.	Brief an Finanzierungsgläubiger zur Übersendung der Ausfertigung der Grundschuldbestellung zur Vorwegfinanzierung	3873
XIII.	Grundbuchantrag: Eintragung der Grundschuld und Rangrücktritt der Auflassungsvormerkung	3874
XIV.	Brief an Finanzierungsgläubiger mit Übersendung der vollstreckbaren Ausfertigung der Grundschuldbestellung nach Eintragung	3875
XV.	Einholung der Genehmigung des Nacherben	3876
XVI.	Einholung der Genehmigung des WEG-Verwalters	3877

		Rdn.
XVII.	Einholung der Genehmigung des Sanierungsausschusses	3878
XVIII.	Einholung der Genehmigung nach GrdStVG	3879
XIX.	Notarielle Fällig keitsmitteilung an den Käufer	3880
XX.	Notarielle Fälligkeitsmitteilung an den Verkäufer mit Zahlungsbestätigungsformular	3881
XXI.	Brief an die Verkäuferbank zur Entlassung aus der erteilten Treuhandauflage	3882
XXII.	Grundbuchantrag zum Vollzug der Auflassung	3883
XXIII.	Mitteilung an Vertragsbeteiligte über den Endvollzug	3884
XXIV.	Zustimmungs- und Vorkaufsrechtsverzichtserklärung des Grundstückseigentümers bei Übertragung eines Erbbaurechts	3885
XXV.	Zustimmung des Grundstückseigentümers zur Belastung ohne Rangrücktritt, aber mit Stillhalteerklärung	3886
XXVI.	Zustimmung des Grundstückseigentümers zur Belastung mit Rangrücktritt	3887
XXVII.	Gegenerklärung des Gläubigers bei Rangrücktritt des Grundstückseigentümers (nach altem Recht)	3888
XXVIII.	Zustimmung des Gläubigers zur Inhaltsänderung der Reallast	3889

E. Gesamtmuster

I.	Datenerfassungsbogen für Kaufverträge	3890
II.	Due Diligence – Checkliste (ausführlich)	3891
III.	Letter of Intent (Asset deal)	3892
IV.	Allgemeines Kundenmerkblatt zu Kaufverträgen	3893
V.	Fragen beim Immobilienerwerb durch mehrere Personen	3894
VI.	Merkblatt zum Übergang von Besitz und Eigentum (Umzug)	3895
VII.	Merkblatt zum Wohnungseigentum	3896
VIII.	Merkblatt zum Erbbaurecht	3897
IX.	Merkblatt zu Grundpfandrechten	3898
X.	Merkblatt »Grunderwerbsteuer«	3899
XI.	Standardkaufvertrag »Eigenheim«	3900
XII.	Standardkaufvertrag »vermietete Eigentumswohnung«	3901
XIII.	Kaufvertrag »Teilfläche« (mit Besonderheiten neue Bundesländer)	3902
XIV.	Messungsanerkennung und Auflassung	3903
XV.	Kauf mit Ratenzahlung (sofortige Eigentumsumschreibung)	3904

		Rdn.
XVI.	Kauf mit Ratenzahlung (Umschreibung erst nach vollständiger Zahlung)	3905
XVII.	Leibrentenkauf	3906
XVIII.	Mietkauf (Mietvertrag mit Ankaufsoption)	3907
XIX.	Kaufvertrag über eine vom Verkäufer neu erstellte Eigentumswohnung	3908
XX.	Verkauf eines Bauplatzes durch die Gemeinde	3909
XXI.	Kettenkaufvertrag (A-B-C-Konstellation: Gesamttext des Vertrags B auf C; Besonderheiten des Vertrags A auf B)	3910
XXII.	Kauf einer versteigerungsbefangenen Eigentumswohnung (Abwicklung über Anderkonto, ganz sichere Variante)	3911
XXIII.	Kauf einer versteigerungsbefangenen Eigentumswohnung (Abwicklung über Anderkonto, Variante: Auszahlung bereits vor Umschreibung)	3912
XXIV.	Kauf vom Insolvenzverwalter	3913
XXV.	Kaufvertrag deutsch/englisch (einfach)	3914
XXVI.	Kaufvertrag deutsch/englisch (ausführlich)	3915
XXVII.	Einrichtung einer Verweisungsurkunde	3916
XXVIII.	Dreiseitige Vereinbarung nach Vorkaufsrechtsausübung	3917
XXIX.	Verkauf eines Erbteils	3918
XXX.	Abschichtung gegen Abfindung	3919
XXXI.	Abtretung eines GbR-Anteils	3920
XXXII.	Erbbaurechtsbestellungsvertrag	3921
XXXIII.	Kaufvertrag über ein Erbbaurecht	3922
XXXIV.	Kaufvertrag über ein Wohnungserbbaurecht	3923
XXXV.	Verlängerung des Erbbaurechts; Inhaltsänderung des Erbbauzinses	3924
XXXVI.	Verkäuferangebot auf Abschluss eines Kaufvertrags	3925
XXXVII.	Käuferangebot auf Abschluss eines Kaufvertrags	3926
XXXVIII.	Beurkundungspflichtige Aufhebung eines Kaufvertrags	3927

	Seite
Stichwortverzeichnis	1475

Verzeichnis der Formulierungsvorschläge und Muster

A. Einführung, Vertragsvorbereitung

	Rdn.
Dokumentation der 2-wöchigen »Überlegungsfrist«	38
Nichteinhaltung der 2-wöchigen »Überlegungsfrist«	40
Sammelbeurkundung	45
Sachanlageverzeichnisse nach § 14 BeurkG	46
Verweis auf Bezugsurkunde nach § 13a BeurkG	51
Rücktrittsvorbehalt bei Scheitern eines wirtschaftlich verknüpften Erwerbsvertrages	98
Hinweis gem. § 17 Abs. 2 Satz 2 BeurkG (Zweifelsvermerk)	129
Verbrauchereigenschaft der Beteiligten	172
Unternehmereigenschaft der Beteiligten	173
Verwahrung der Datenraumdokumente als DVD durch den Notar	252

B. Gestaltung eines Grundstückskaufvertrages

Abgelaufene Gültigkeitsdauer des Ausweispapiers	259
Nachreichen von Ausweispapieren	261
Vermerk auf der Kopie des nachgereichten Ausweispapiers	263
Schreibfehlerberichtigung hinsichtlich persönlicher Angaben	279
Ausführungen zur Geschäftsfähigkeit bei Beurkundungen im Krankenhaus oder Pflegeheim	282
Beteiligter ist schreibunfähig	291
Beteiligter ist blind	291
Beteiligter ist blind und schreibunfähig	292
Beteiligter ist taub	293
Beteiligter ist stumm	294
Beteiligter ist hör- und sprechunfähig	295
Beteiligter ist taub und blind	296
Beteiligter ist taub und schreibunfähig	297
Bezeichnung der GbR bei Veräußerung und Auflassung	321
Berichtigung bei identitätswahrendem Formwechsel einer eingetragenen GbR in oHG	339
Riskohinweis bei Veräußerung z.B. beweglicher Sachen durch eine GbR	369
Schuldrechtliche Doppelverpflichtung bei Veräußerung durch GbR	379
Erwerb in GbR (schuldrechtliche Einigung)	383
Risiken für den Veräußerer bei Erwerb durch GbR	388

Verzeichnis der Formulierungsvorschläge und Muster

	Rdn.
Erwerb durch eine angeblich bereits bestehende GbR	390
Erklärung des Bevollmächtigten einer erwerbenden GbR	391
Finanzierungsvollmacht und -grundschuld bei Erwerb durch GbR	410
GbR auf Erwerberseite mit Quotenanpassungsabrede nach Finanzierungsbeiträgen	452
Rechtsformspezifische Risiken einer GbR	454
wechselseitige Ankaufsrechte unter Miteigentümern	459
Ausschluss des Versteigerungsrechtes unter Miteigentümern	463
Miteigentümervereinbarung mit Separierung von Nutzungs- und Kostentragungsbereichen	465
Handeln in Vollmacht	493
Vollmachtseigenschaften	495
Übersendung einer Genehmigung mit »weicher Treuhandauflage« hinsichtlich der Gebührenbegleichung	503
Beurkundung mit vollmachtlosem Vertreter mit Hinweis auf die Folgen	509
Fristsetzung gem. § 177 Abs. 2 BGB	511
Fehlen eines Hauptbeteiligten bei der Beurkundung	513
Anfrage und Einverständniserklärung gemäß § 17 Abs. 2a Satz 2 BeurkG	514
Noch vorzunehmende Bestellung eines Pflegers	541
Eigenurkunde über die Aushändigung der Bestellungsurkunde/Bestallungsurkunde des Pflegers	543
Mitwirkung eines Betreuers	548
Fälligkeitsregelung bei Betreuung (sichere Abwicklung)	552
Mitwirkung eines Testamentsvollstreckers	564
Fälligkeitsregelung bei Testamentsvollstreckung (sichere Abwicklung)	566
Löschung der Vormerkung bei Testamentsvollstreckung (sichere Abwicklung)	571
Mitwirkung eines Insolvenzverwalters	574
Fälligkeitsregelung bei Verkäuferinsolvenz (sichere Abwicklung)	577
Löschung der Vormerkung bei Verkauf durch den Insolvenzverwalter (sichere Abwicklung)	578
Notarielle Bescheinigung über organschaftliche Vertretungsmacht	583
Bescheinigung der Vertretungsverhältnisse bei einer Vor-GmbH	589
Vermerk über die Sprachkunde der Beteiligten	638
Beiziehung eines nicht staatlich geprüften Dolmetschers	641
Erklärung ausländischer Eheleute zum Güterstand	653
Einleitung einer Rechtswahlvereinbarung	677

Verzeichnis der Formulierungsvorschläge und Muster

Rdn.

Rechtswahl nach Art. 15 Abs. 2 Nr. 2 EGBGB (Aufenthalt eines Ehegatten)	678
Rechtswahl nach Art. 15 Abs. 2 Nr. 3 EGBGB (gesamtes unbewegliches Vermögen in Deutschland)	679
Rechtswahl nach Art. 14 EGBGB (erfasst auch die allgemeinen Ehewirkungen)	680
Allgemeiner Belehrungshinweis bei möglicher Anwendbarkeit ausländischen Rechtes	682
Gerichtsstandsvereinbarung unter Kaufleuten und bei Wegzug ins Ausland	698
Anwendbarkeit deutschen Rechtes, Gerichtsstandsvereinbarung	700
Risikohinweis bei fehlender Einsicht in das Grundbuch	701
Einsicht nur in das Grundbuch, nicht in die Grundakten	715
Regelungen zu Baulasten	718
Hinweise auf Vorvollzugsschritte bei Stufenabwicklung mehrerer hintereinander geschalteter Verträge	728
Hinweis auf Notwendigkeit der Grundbuchberichtigung bei Vorliegen eines öffentlichen Testaments	733
Hinweis auf Notwendigkeit der Grundbuchberichtigung bei Vorliegen eines Erbscheins	739
Vorvollzug der Erbfolge im Grundbuch	742
Mehrere selbstständige Objekte als Gegenstand einer Erwerbsurkunde – »Paketlösung«	749
Mehrere selbstständige Objekte als Gegenstand einer Erwerbsurkunde – »Trennungslösung«	750
Bestimmungsrecht eines Vertragsteils bei Teilflächenkäufen	772
Prüfung von Dienstbarkeiten bei Teilflächenkäufen	774
Vereinbarung einer aufschiebenden Bedingung bei Teilflächenverkauf	777
Pfandfreigabe vor Vermessung	780
Freigabevormerkung	782
Fälligkeitsregelung zur Lastenfreistellung bei Löschungs- bzw. Freigabevormerkung	784
Vollzugsauftrag zur Reduzierung eines vormerkungsgesicherten Anspruchs beim Teilflächenverkauf	788
Verlautbarung der Inhaltsreduzierung der Vormerkung durch auflösende Bedingung	789
Verlautbarung der Inhaltsreduzierung der Vormerkung durch Wirksamkeitsvermerk	790
Pflicht zur Vermessung und Messungsanerkennung	792
Grundstücksbildung lediglich durch Sonderung; Warnhinweis	794
Kein Mitverkauf von Stellplätzen, Wegeanteilen etc.	804
Pauschaler Mitverkauf beweglicher Gegenstände	815
Verkauf von Heizmaterial	816
Klarstellung zum Mitverkauf technischer Einrichtungen	817

Verzeichnis der Formulierungsvorschläge und Muster

	Rdn.
Mitverkauf beweglicher Gegenstände von Verbraucher an Verbraucher (weder Formular-Verbrauchervertrag noch Verbrauchsgüterkauf)	822
Mitverkauf beweglicher Gegenstände beim Verbrauchsgüterkauf	824
Mitverkauf beweglicher Gegenstände im Formular- oder Verbrauchervertrag	826
Dienstbarkeiten und Vormerkungen zur Sicherung einer Photovoltaikanlage	831
Mitverkauf einer Fotovoltaikanlage	835
Mitverkauf einer Fotovoltaikanlage auf fremdem Gebäude	837
Mitübertragung von Ansprüchen auf Agrarförderung (EU 2003)	842
Nichtübertragung von EU-Agrarförderungsansprüchen	843
Abtretung des Anspruchs gegen den Pächter auf Rückübertragung von EU-Agrarförderungsansprüchen	844
Verkauf eines Milcherzeugungsbetriebs	849
Vereinbarung über mitverkaufte Zuckerrübenlieferungsrechte	853
Übertragung der Urhebernutzungsrechte	856
Bezeichnung des Antragstellers im Grundbuchverfahren	862
Verzicht auf die Eigentumsvormerkung	877
Übernahme einer vormerkungsgesicherten Verpflichtung	905
Bewilligung einer Vormerkung samt Antrag	912
Lediglich bewilligte Vormerkung ohne Antrag	913
Bewilligung einer Vormerkung samt Antrag (Teilfläche)	914
Auflassung an den Zwischenerwerber bei abgetretenem Eigentumsverschaffungsanspruch	919
Abtretung des Eigentumsverschaffungsanspruchs und Kettenauflassung	926
Anforderungen an eine zu stellende Kaufpreiszahlungsbürgschaft	944
»Qualifizierte Finanzierungsbestätigung«	945
Ausgesetzte Bewilligung einer Eigentumsvormerkung	947
Löschung der Vormerkung bei Scheitern des Vertrages im Fall von Teilleistungen	954
Löschung der Vormerkung bei Scheitern des Vertrages	956
Auflösend bedingte Vormerkung	958
Identitätserklärung durch Eigenurkunde	974
Vollmacht zur Messungsanerkennung und Auflassung	977
Beschränkung der Vollmacht zur Messungsanerkennung im Innenverhältnis	980
Ausfertigungssperre	993
Ausgesetzte Bewilligung zur Auflassung	1000
Ausgesetzte Auflassungsbewilligung bei Schuldübernahme	1002
Ausgesetzte Auflassungsbewilligung auch abhängig von Zahlung der Notarkosten	1004

Verzeichnis der Formulierungsvorschläge und Muster

	Rdn.
Vorkehrung zur Verjährung bei der Reallast	1013
In Anlehnung an Oppermann RNotZ 2004, 90. Vorkehrung zur Fortexistenz der Reallast nach Versteigerung	1016
Kaufpreisrestgrundschuld	1023
Kaufpreisanteil für WEG-Instandhaltungsrücklage	1026
Kaufpreisanpassung	1031
Festpreisabrede	1032
Pauschalfestpreis unter Einschluss von Werkleistungen	1033
Kaufpreiserhöhung abhängig von der Bebaubarkeit	1035
Fälligkeitszinsen	1040
Nutzungszinsen	1043
Verjährungsvereinbarung für Stammrecht der Leibrente	1052
Schuldübernahme	1080
Vereinbarung einer Freistellungspflicht	1087
Fälligkeitsregelung als Fixgeschäft	1092
Stundung des Kaufpreises bis zur Kündigung durch den Verkäufer	1094
Fälligkeitsregelung bei Notarbestätigung zur Vormerkung	1096
Bewilligung einer Vormerkung auf Eintragung einer Höchstbetragssicherungshypothek zur Sicherung der Kaufpreisrückzahlung	1097
Beschränkung der Rücktrittsberechtigung des Verkäufers bei Teilleistungen des Käufers	1099
Fälligkeitsregelung bei familien-/betreuungsgerichtlicher Genehmigung nach FamFG	1101
Fehlen von WEG-Hausgeldrückständen als Fälligkeitsvoraussetzung	1103
Übliche Fälligkeitsvoraussetzungen (Gesamtbaustein)	1106
Fälligkeitsregelung nach üblichen Voraussetzungen und Räumung (Gesamtbaustein)	1109
Deklaratorische Fälligkeitsmitteilung	1115
Völlige Entschuldung des Verkäufers als Fälligkeitsvoraussetzung	1146
Lastenfreistellung nach § 1026 BGB	1151
Antrag auf Durchführung eines Aufgebotsverfahrens (nach FamFG)	1167
Antrag auf Aufgebotsverfahren für verlorenen Grundschuldbrief (nach FamFG)	1173
Hinterlegung eines Kaufpreisteils bis zur Kraftloserklärung eines Grundpfandrechtsbriefes	1179
Zustimmung des Eigentümers zur Lastenfreistellung	1188
Nachverhandlungsmöglichkeit für Lastenfreistellungsauflagen	1196
Entrichtung der Ablöseforderung unter Vorbehalt der Rückforderung	1198
Vollmachtserteilung für den Notar zur Lastenfreistellung	1204

Verzeichnis der Formulierungsvorschläge und Muster

	Rdn.
Anforderungsschreiben an abzulösende Gläubiger	1205
Aufforderung an den Gläubiger im Hinblick auf Befristungen des Treuhandverhältnisses	1208
Löschungsvormerkung	1227
Fälligkeitsvoraussetzungen bei Lastenfreistellung (Standardvariante)	1230
Fälligkeitsregelung zur Lastenfreistellung bei Löschungsvormerkung	1232
Kontoverbindung bei mehreren Verkäufern	1234
»Doppelanspruch« auf Zahlung bei Abtretung	1240
Einholung einer Bestätigung der Käuferbank (Tilgung des Kaufpreises)	1247
Hinweis an Verkäufer auf Notwendigkeit klarer Tilgungsbestimmung seitens der Käuferbank	1248
Vorweggenommene Tilgungsbestimmung des Käufers bei Kreditfinanzierung	1249
Anforderungen an eine zu stellende Kaufpreisbankbürgschaft	1267
Bürgschaft einer Privatperson für die Kaufpreisforderung	1269
Schuldbeitritt	1273
Anforderungen an eine zu stellende qualifizierte Finanzierungsbestätigung	1275
Vollstreckungsunterwerfung – Zinsbeginn mit Ausfertigungserteilung	1286
Vollstreckungsunterwerfung durch GbR	1295
Vollstreckungsunterwerfung gegenüber einer GbR	1301
Klauselerteilung an einen von mehreren Mitgläubigern	1305
Vollstreckungsklausel bei Abtretung/Anderkonto/Ablösegläubigern	1308
Nachweisverzicht bei der Vollstreckungsunterwerfung	1310
Vollstreckungsunterwerfungen, Verjährung	1314
Deklaratorische Fälligkeitsmitteilung mit Verzug ab Zugang	1320
Festlegungen für die Rücktrittserklärung	1332
Mitwirkungspflicht des Verkäufers zur Vorwegfinanzierung mit Vormerkungssicherung	1335
Notarbestätigung hinsichtlich rangrichtiger Eintragung eines Grundpfandrechtes	1337
Rückzahlungspflicht des Verkäufers gegenüber finanzierender Bank bei Sofortzahlung	1339
Vorkehrungen in der Finanzierungsvollmacht bei ausländischen Gläubigern	1354
Formulierungsvorschlag Fälligkeitsregelung bei Erwerb einer Teilfläche samt Zufahrtsdienstbarkeit	1358
Wirksamkeitsvermerk in der Vorwegbeleihungsvollmacht	1364
Herstellung der Wirksamkeit der Grundpfandrechtsbestellung gegenüber der Vormerkung des Erwerbers	1365
Nachträgliche Herstellung der Wirksamkeit des Grundpfandrechts gegenüber einer bereits eingetragenen Vormerkung	1366
Vollmacht zu § 1280 BGB bei Teilflächenkäufen mit Verpfändung	1376

	Rdn.
Auflösend bedingte Verpfändung des Eigentumsverschaffungsanspruchs bei Teilflächenkauf in der Grundpfandrechtsurkunde	1378
Verpfändung des Eigentumsverschaffungsanspruchs mit Zweckbeschränkung (Ergänzung)	1380
Verpfändung bei Fehlen einer Vorwegfinanzierungsmöglichkeit	1382
Verpfändung der Anwartschaft bei Teilflächenbeleihung	1384
Finanzierungsvollmacht für Gesamtbelastung mit Freigabeverpflichtung bei Teilflächen	1387
Regelung in der Finanzierungsgrundschuld bei Gesamtbelastung mit Freigabeverpflichtung	1388
Regelung in der Finanzierungsgrundschuld bei Gesamtbelastung mit Freigabevormerkung	1390
Regelung in der Grundschuld bei Gesamtbelastung mit Freigabevormerkung für bereits verkaufte Teilfläche	1392
Finanzierungsvollmacht	1400
Finanzierungsvollmacht mit Wortlautvorgabe	1402
Grundschuld als Vorwegbelastung zur Kaufpreisfinanzierung	1404
Vermerk nach § 873 Abs. 2 BGB bei beurkundetem Grundpfandrecht	1407
Abtretungsbeschränkung gem. § 399 BGB bei Grundschuld	1409
»Nachweisverzicht« im Hinblick auf § 1193 Abs. 2 Satz 2 BGB n.F.	1421
Bedingter Rangvorbehalt bei der Vormerkung für Finanzierungsgrundpfandrechte	1425
Festhalten am Immobilienkauf bei Widerruf des verbundenen Darlehens	1436
Mittelbare Grundstücksschenkung mit Nießbrauchs- und Rückforderungsvorbehalt (als Teil eines Kaufvertrages)	1470
Möglichkeit gerichtlicher Hinterlegung bei Anderkonten	1500
Kaufpreisabwicklung über Anderkonto	1528
Belehrungshinweis beim Teilflächenkauf	1550
Grundstück im Sanierungsgebiet	1565
Bestellung einer Grundschuld im Sanierungsgebiet	1567
Umlegungsverhaftetes Grundstück	1575
Grundstück im Flurbereinigungsverfahren	1584
Rücktrittsrecht statt gerichtlicher Verfahren bei ablehnenden Bescheiden nach GrdstVG	1591
Vollwertigkeitsbescheinigung nach Kommunalrecht/Versicherung der Gemeinde	1594
Mögliche Beihilfe nach Art. 87 EG-Vertrag	1602
Hinweis auf Immobilien-Kartellrecht	1606
Immobilienkartellrechtlich bedingte Regelungen im Kaufvertrag	1608
Antezipierte Ablehnung einer Sprungrechtsbeschwerde	1646

	Rdn.
»Umfassende Vollzugsbetreuung« durch den Notar bei der Einholung der gerichtlichen Genehmigung	1653
Anschreiben an den Verfahrensvertreter bei »umfassender Vollzugsbetreuung« zur Einholung der gerichtlichen Genehmigung	1654
Vollzugsauftrag zur Einholung der gerichtlichen Genehmigung (vor Inkrafttreten des FamFG)	1657
Vollzugsauftrag zur Einholung der gerichtlichen Genehmigung (nach Inkrafttreten des FamFG)	1659
Eigenurkunde aufgrund Doppelvollmacht	1661
Versicherung des Verkäufers bezüglich § 1365 BGB	1671
Versicherung des Käufers bzgl. § 1365 BGB	1673
Zustimmungserfordernis gem. § 1365 BGB	1675
Eigentumsloser Ehegatte als Urkundsbeteiligter	1677
§ 12 WEG als Fälligkeitsvoraussetzung	1691
Vorbehalt der Erstattung der Kosten einer Verwalterzustimmung durch die WEG-Gemeinschaft	1699
Kaufpreisabtretung sicherungshalber bei Vorkaufsausübung	1701
Vertragsbeendigung bei Ausübung eines gesetzlichen Vorkaufsrechts	1717
Fehlen der Tatbestandsvoraussetzung des Mietervorkaufsrechts analog § 577 BGB bei Verkauf eines mit mehreren vermieteten Wohngebäuden bestandenen Grundstücks	1735
Nichtbestehen der Tatbestandsvoraussetzungen des Mietervorkaufsrechts analog § 577 BGB bei vermietetem Einzelwohngebäude	1737
Vertragsbeendigung bei Ausübung des Mietervorkaufsrechts	1745
Fälligkeitsvoraussetzung bei Bestehen eines Mietervorkaufsrechts	1747
Verkauf einer Eigentumswohnung mit Mietervorkaufsrecht	1748
Auswirkung der Vorkaufsrechtsausübung hinsichtlich einer Teilfläche auf den Erstkauf	1757
Rücktrittrecht und Ausschluss von Schadensersatzansprüchen bei Vorkaufsrechtsausübung	1761
Absicherung des Käufers bei Zahlung vor Vorkaufsrechtsnegativerklärung durch Kaufpreisabtretung	1763
Absicherung des Käufers bei Zahlungsfälligkeit vor Vorkaufsrechtsnegativerklärung durch Rücktrittsbeschränkung	1765
Vorkaufsrecht für den ersten »echten« Verkaufsfall	1767
Regelungen bei dinglichem Vorkaufsrecht für den ersten Verkaufsfall	1771
Regelungen bei dinglichem Vorkaufsrecht für jeden Verkaufsfall	1773
Begriff des »Notars«	1778
Allgemeine Vollzugsvollmacht	1779
Vollmacht zur Entgegennahme von Steuerbescheiden	1782

Verzeichnis der Formulierungsvorschläge und Muster

	Rdn.
Angestelltenvollmacht für Zwischenverfügungen	1786
Angestelltenvollmacht für Grundpfandrechte	1789
Übereinstimmende Nichtvollzugsanweisung	1800
Ankündigung der Ablehnung einer Amtshandlung (Vorbescheid)	1804
Nichtabhilfeentscheidung	1805
Abhilfeentscheidung	1806
Besitz- und Lastenübergang mit Kaufpreiszahlung	1810
Besitzübergang mit Kaufpreiszahlung, Lastenübergang ab Fälligkeit	1812
Sofortiger Besitzübergang mit Risikohinweis	1814
Vorzeitiger Besitzübergang mit Nutzungsentschädigung durch den Käufer	1817
Besitz- und Lastenübergang an festem Stichtag	1819
Besitz- und Lastenübergang am Monatsersten nach Kaufpreiszahlung	1821
Vollmacht zur Baureifmachung	1823
Vollmacht zur Vorbereitung von Modernisierungsarbeiten	1824
Eingeschränkter Besitzübergang zur Vornahme von Schönheitsreparaturen	1825
Nutzungsentschädigung bei vorzeitiger Wohnnutzung	1827
Veränderungsverbot bis zum Besitzübergang	1829
Einräumung des unmittelbaren und des mittelbaren Besitzes	1831
Käuferrechte bei verspäteter Räumung	1839
Räumungsgarantie	1841
Besitzübergang beim Erwerb durch den Mieter	1844
Mögliche Anmietung durch den Verkäufer	1846
Eckdaten eines Mietvertrags mit dem Verkäufer	1848
Vorübergehender Verbleib des unmittelbaren Besitzes beim Verkäufer	1850
Beschränkung der Käuferrechte auf den Rücktritt bei Nichtbeendigung eines Mietvertrags	1854
Verpflichtung zur Heilung des Schriftformerfordernisses (§ 550 BGB)	1868
Abwicklung von Mietrückständen durch den und zugunsten des Verkäufers	1883
Freistellung bei unerledigten Vermieterpflichten des Verkäufers	1892
Durchführung der Nebenkostenabrechnung mit Mietern	1900
Abwicklung der Mietsicherheiten	1904
Zusicherungen des Verkäufers bei Mietvertrag (ausführlich)	1909
Übergang des Mietverhältnisses	1910
Mietgarantie	1913
Vermietungsgarantie	1916

Verzeichnis der Formulierungsvorschläge und Muster

	Rdn.
Erstvermietungsgarantie	1918
Beschränktes Nachvermietungsrecht des Verkäufers	1921
Verbot der Mieterabwerbung	1923
Mietsicherungsdienstbarkeit (Sicherungsabrede im Mietvertrag)	1925
Mietsicherungsdienstbarkeit	1926
Sicherungsabrede bei »Mietbeginns-Sicherungsdienstbarkeit«	1928
Erschließungsvorausleistungen an veräußernde Gemeinde	1937
Abtretung von Erschließungs-Vorausleistungen	1939
Vorausleistung auf Erschließungskosten beim Erwerb von der Gemeinde	1940
Garantie des Verkäufers für die vollständige Erschließung	1945
Garantie für derzeit baulich vorhandene Erschließung	1948
Verkäufer trägt einen bestimmten Ausbauzustand	1949
Trennung des Erschließungsaufwands nach Datum des Bescheidzugangs	1951
Vertragliches Zurückbehaltungsrecht für noch festzusetzende Erschließungskosten im Bauträgervertrag	1954
Ablösevereinbarung bei Veräußerung durch die Gemeinde	1957
Dienstbarkeit und Reallast zur Sicherung naturschutzrechtlicher Ausgleichsmaßnahmen	1961
Vereinbarung zu den Voraussetzungen des § 442 Abs. 1 Satz 2 BGB (due diligence)	2005
Bestätigung umfassender Kenntnisnahmemöglichkeit i.S.d. § 442 Abs. 1 Satz 2 BGB	2006
Ausschluss der Verkäuferhaftung für altrechtliche Dienstbarkeiten	2035
Garantie und Freistellungspflicht hinsichtlich rückständiger öffentlicher Lasten	2037
Überbauduldungs-Grunddienstbarkeit	2039
Überbaurente	2046
Verzicht auf Überbaurente	2048
Löschung Nacherbenvermerk (befreit)	2058
Löschung Nacherbenvermerk (nicht befreit)	2059
Löschung des Testamentsvollstreckervermerks	2065
Löschung des Insolvenzvermerks	2067
Abtretung von Rückgewähransprüchen (ausführlich)	2038
Übernahme eines Grundpfandrechts mit Vollstreckungsunterwerfung	2090
Übernahme eines Grundpfandrechtes zur Neuvalutierung nach Abtretung	2094
Übernahme nicht gesicherter Leitungen und sonstiger Bodenhindernisse	2102
Garantie des Nichtbestehens einer Wohnungsbindung	2106
Erläuterung der Konsequenzen bestehender Wohnungsbindung	2108
Löschung der Vormerkung bei versteigerungsbefangenem Objekt	2135

Verzeichnis der Formulierungsvorschläge und Muster

	Rdn.
Verkauf eines versteigerungsbefangenen Objekts (ohne Anderkonto)	2137
Fälligkeitsregelung beim Verkauf einer versteigerungsbefangenen Eigentumswohnung (ohne Anderkonto)	2140
Hinweis an Käufer auf nachrangige dingliche und/oder vollstreckungsrechtliche Gläubiger in der Fälligkeitsmitteilung	2142
Besitzverschaffung bei Zwangsverwaltung	2154
Mietübergang bei Zwangsverwaltung	2156
Abtretung des Verfahrenskostenüberschusses bei Zwangsverwaltung:	2159
Grundpfandrecht an ersteigertem Objekt vor Grundbuchberichtigung	2172
Wohnflächenangabe mit Toleranzschwelle	2189
Garantie des Verkäufers für öffentlich-rechtliche Umstände	2200
Arglistprobe	2216
Pauschale Distanzierung von Maklaraussagen	2225
Ausschluss der Sachmängelrechte des Käufers bei Bestandsgebäuden	2230
Beschaffenheitsgarantie des Verkäufers zur Energieversorgung	2233
Beschaffenheitsvereinbarung bzgl. einzelner Umstände	2235
Positive Beschaffenheitsvereinbarungen für Wohnzwecken dienende Immobilien	2237
Baulandeigenschaft als Geschäftsgrundlage	2239
Beschaffenheitsvereinbarung der Baulandeigenschaft mit Rücktrittsrecht	2241
Wiedergabe erheblicher Umstände als Wissenserklärung	2243
Sachmängelhaftungsausschluss bei Altbau in »AGB« (Verkäufer als Unternehmer)	2247
Beschränkung der Käuferrechte im Individualvertrag (Neubau)	2250
Verweisung auf die Baubeschreibung mit Variationsbefugnis	2258
Verweis auf die Baubeschreibung mit Vorsorgeregelung bei möglicher Intransparenz	2260
Sachmängelrechte für Neubau in »AGB«	2264
Übernahme des Gemeinschaftseigentums durch »Nachzügler«	2267
Sachmängelrechte bei Altbausanierung in »AGB« ohne Gesamtherstellungspflicht	2274
Aufrechterhaltung (reduzierter) Mängelrechte bei nach Besichtigung aufgetretenen Mängeln	2281
Haftungsausschluss für nach Besichtigung aufgetretene Mängel	2283
Haftungsausschluss für nach Besichtigung aufgetretene Mängel mit Ausnahme von Elementarschäden	2285
Hinweise des Verkäufers und des Notars auf wirtschaftliche Risiken des Erwerbs	2288
Abtretung von Surrogatansprüchen	2308
Beschränkung der Abtretung von Surrogatansprüchen	2310
Übergang der Sachversicherungen	2314

Verzeichnis der Formulierungsvorschläge und Muster

	Rdn.
Verpflichtung des Verkäufers zur Aufrechterhaltung des Versicherungsschutzes	2316
Ausschluss des § 24 Abs. 2 BBodSchG mit Rechtsnachfolgerklausel	2325
Kein Atlastenverdacht (Arglistprobe)	2338
Sachverhaltsdarstellung bei Altlastenverdacht	2340
Käufer trägt Altlastenrisiko	2341
Verkäufer trägt Altlastenrisiko	2342
Teilung des Altlastenrisikos	2343
Rücktritt bei unerwartet hohen Altlasten	2344
Regelung zur Beteiligung im behördlichen Verfahren bei Altlasten	2346
Hinweis auf Energieprüfung im Entwurfsanschreiben	2354
Nachrüstungspflicht nach Energieeinsparverordnung	2355
Sollbeschaffenheit der Ermittlungsgrundlagen des Energieausweises	2366
Übergabe eines bestehenden Energieausweises	2369
Verzicht auf Energieausweis	2371
Energieausweis beim Bauträgervertrag	2374
Nichteinhaltung der Vorgaben des EEWärmeG	2379
»Bergschädenklausel«	2388
Standardbelehrungen	2390
Belehrung über die Bewilligung eines Wohnungsrechts hinter einem Grundpfandrecht	2393
Deklaratorische Maklerklausel	2395
Deklaratorische Maklerklausel mit Vollstreckungsunterwerfung	2396
Maklerklausel als Erfüllungsübernahme	2397
Maklerklausel als echter Vertrag zugunsten Dritter	2398
Maklerklausel ohne Einwendungsverzicht	2401
Eintritt in »schuldrechtliches Sondernutzungsrecht«	2411
Öffnungsklausel für vereinbarungsersetzende Beschlüsse in der Gemeinschaftsordnung	2414
Hinweise bei Eintritt in die Eigentümergemeinschaft	2427
Warnhinweis an immobilienerwerbenden WEG-Verband	2439
Freistellungsverpflichtung des Verkäufers nur für solche Umlagen, die über rechnerischen Rücklagenanteil hinausgehen	2464
Vollstreckungsunterwerfung für Hausgeldzahlung	2466
Eintritt in die Eigentümergemeinschaft	2470
Wiederkaufsrecht beim Bauplatzverkauf durch die Gemeinde	2478
Einheimischenmodell (Angebotsvariante)	2483
Einheimischenmodell (Wiederkaufsrecht und Nachzahlungspflicht)	2492

Verzeichnis der Formulierungsvorschläge und Muster

	Rdn.
Hinweis des Notars auf vergaberechtliche Risiken	2534
Übernahme von Dauerschuldverhältnissen	2540
Freistellung von § 613a BGB	2549
Übernahme eines Hausmeister-Arbeitsverhältnisses gem. § 613a BGB	2551
Beschränkt persönliche Dienstbarkeit zugunsten eines Wärme-Lieferungs-Contractors	2557
Pflicht zur Übernahme eines Contracting-Vertrags	2571
Fälligkeit nach Baugenehmigung mit Rücktrittsrecht	2582
Fälligkeit nach Baugenehmigung mit Rücktrittsrecht (Bayern)	2583
Freier Rücktrittsvorbehalt des Käufers	2585
Rücktrittsrecht im Hinblick auf die beabsichtigte Finanzierung durch die Bayerische Landesbodenkreditanstalt	2588
Aufschiebende Bedingung der »vollziehbaren« Baugenehmigung	2598
Aufschiebende Bedingung der Rechtskraft eines Bebauungsplans	2599
Gegenseitige Vertretung bei Personenmehrheiten	2603
Anderkonto für Verkaufserlös bei Verteilungsstreit	2609
Vereinbarung bloßer Teilschuldnerschaft	2612
Sanktionsfolgen bei Personenmehrheit nur gegenüber Verursacher	2614
Übergabe von Dokumenten und »Einweisung«	2617
Verjährungsregelung im Bauträgervertrag	2620
Verjährungsverlängerung	2625
Schiedsgutachterklausel	2628
Volle Überprüfung des Schiedsgutachtens in »AGB«	2630
Schiedsgerichtsvereinbarung	2638
Obligatorische Schlichtung	2640
Teilweises Aufrechnungsverbot	2642
Vollstreckungsunterwerfung des Käufers bei Zweitschuldnerhaftung des Verkäufers	2647
Hinterlegung aller Erwerbsnebenkosten auf Anderkonto	2649
Salvatorische Klausel	2652
Kosten, Abschriften	2658
Vertragsübernahme (Käuferauswechselung bei teilerfülltem Vertrag)	2668
Duldung der Wegmessung einer bereits veräußerten Teilfläche beim Verkauf des betroffenen Gesamtgrundstücks	2670
Haftungsausschluss für erbbaubelastetes Grundstück	2695
Anspruch auf Erbbauzinserhöhung bei abweichender (gewerblicher) Bebauung	2789
Dinglich wirkende Gleitklausel	2815

	Rdn.
Abtretung und Besicherung der Löschungsansprüche bei Grundpfandrechten am Erbbaurecht	2825
Löschungsvormerkung bei Grundschuld am Erbbaurecht	2827
Bestehenbleiben der Erbbauzinsreallast (§ 9 Abs. 3 Satz 1 Nr. 1 ErbbauRG)	2836
Absicherung eines zurücktretenden Dienstbarkeitsberechtigten bei Heimfall oder Fristablauf des Erbbaurechts	2846
Einigung gem. § 873 BGB bei Erbbaurecht	2874
Hinweis auf das Erfordernis der Zustimmung des Grundstückseigentümers	2876
Zustimmung des Grundstückseigentümers als Fälligkeitsvoraussetzung und weitere Regelungen	2882
Fehlende Beleihbarkeit als Rücktrittsgrund	2885
Eintritt des Erwerbers in den Erbbaurechtsvertrag	2889
Bindungsfrist und Widerruflichkeit des Angebots (Verbraucher- oder Formularvertrag)	2956
Bindungsfrist und Kündbarkeit des Angebots (ohne AGB-Kontrolle)	2957
Rücktrittsrecht bei fehlender Vorvermarktung im Bauträgervertrag (anstelle von Käuferangeboten)	2960
Annahme bzgl. Teilflächen möglich	2965
Benennungsrecht des Angebotsempfängers	2967
Sicherstellung baldigen Zugangs der Annahme	2973
Risikohinweis bei fehlendem Angebotstext	2977
Ankaufsrecht (als aufschiebend bedingter Kauf)	2991
Subjektiv-dingliches Vorkaufsrecht	3001
Subjektiv-persönliches Vorkaufsrecht	3002
Regelung des Erwerbsverhältnisses mehrerer Vorkaufsberechtigter	3006
Beschränkt vererbliches Vorkaufsrecht	3009
Vorkaufsrecht für den »ersten echten Verkaufsfall«	3012
Vorkaufsrecht für alle Verkaufsfälle	3013
Verkürzung der Ausübungsfrist beim Vorkaufsrecht	3015
Schuldrechtliches, preislimitiertes Vorkaufsrecht	3017
Belehrungen bei Vorkaufsrechtsbestellung	3026

C. Querschnittsdarstellungen

Genehmigung durch Insolvenzverwalter ohne Vertragseintritt i.Ü.	3070
Lösungsrecht des Bauträgerkäufers im Insolvenzfall zur Sicherung bei möglichen Übermaß-Vorleistungen	3093
Keine Zurechnung der Gemeinschuldneraktion zum Insolvenzverwalter	3116

Verzeichnis der Formulierungsvorschläge und Muster

Rdn.

Hinweis auf Sondersituation des Insolvenzverwalterverkaufs	3118
Sachmängelausschluss beim Verkauf durch unternehmerischen Insolvenzverwalter (ausgehandelte Vereinbarung)	3119
Verzicht auf insolvenzrechtliche Rückstellungen für Sachmängelrechte	3121
Insolvenzrechtlicher Rangrücktritt des Käufers	3123
Detailregelung zur Tragung der Vollzugsgebühr (§ 146 KostO)	3148
Aufrechterhaltung gewährter Investitionszulage bei Weiterüberlassung der Immobilie, ohne Sicherung	3307
Aufrechterhaltung gewährter Zulage bei Weiterüberlassung der Immobilie mit verschärfter Sicherung (Regelfall beim Verkauf an fremde Dritte)	3308
Mehrheit von Veräußerungsfällen zur Wahrung der grunderwerbsteuerlichen Bagatellgrenze	3476
Umsatzsteueroption im Mietvertrag	3511
Umsatzsteuerliche Teiloption im Kaufvertrag	3514
Bedingte Verpflichtung zur Umsatzsteueroption mit Widerspruchsrecht des Käufers	3521
Pflicht zur Herausgabe umsatzsteuerlicher Unterlagen bei Geschäftsveräußerung im Ganzen	3523
Freistellung von betrieblichen Steuern i.S.d. § 75 AO	3525
Ausgleichspflicht des Käufers, falls die Umsatzsteueroption des Verkäufers aus in der Sphäre des Käufers liegenden Gründen missglückt	3533
Umsatzsteueroption bei reiner Grundstückslieferung	3547
Umsatzsteueroption bei Grundstückslieferung und Lieferung beweglicher Sachen	3549
Erstattungspflicht des Verkäufers bei Vorsteuerberichtigung zulasten des Käufers	3568
Selbständiges Garantieversprechen in Immobilientransaktionen	3610
Basket-Klausel in Transaktionsverträgen	3613
Berichtigungsantrag bei ehelicher Vermögensgemeinschaft im Beitrittsgebiet	3664
Hinweis gem. § 1 Nr. 1 BoSoG (Sonderungsplan bei ungeteilten Hofräumen im Beitrittsgebiet)	3697
Endgültige Löschung des Bodenreform-sperrvermerks	3712
Bestandteilszuschreibung, Abschreibungs- und Aufgabeerklärung zur Komplettierung von Gebäudeeigentum und Grundstück	3749
Unabhängigkeit der Vollmachten vom Vorliegen notwendiger Genehmigungen	3760
Einbindung des Anmelders in den Verkauf eines restitutionsbehafteten Grundstücks zum Zweck der Beschleunigung der Abwicklung ohne förmliches Investitionsvorrangverfahren	3773
Notarieller Hinweis auf Absicherungsmöglichkeiten bei GVO-Genehmigung	3782
Folgen einer Kassation der GVO-Genehmigung	3786
Lastenfreistellung gem. § 10 GBBerG	3813

		Rdn.
Abtretung von Entschädigungsansprüchen nach § 9 GBBerG		3825
Belehrungen bzgl. der Besonderheiten in den neuen Bundesländern		3835

D. Vollzugsmuster

I.	Vollzugslaufblatt Kaufvertrag	3862
II.	Ausfertigungslaufblatt Kaufvertrag	3863
III.	Brief an Beteiligte zur Versendung der Ausfertigung mit Ausfertigungsvermerk	3864
IV.	Grundbuchantrag auf Eintragung der Vormerkung	3865
V.	Brief an Gläubigerbank zur Anforderung der Lastenfreistellungsunterlagen mit Entwurf der Löschungsbewilligung	3866
VI.	Anfrage in Bezug auf das gesetzliche Vorkaufsrechts gem. § 24 BauGB bei der Gemeindeverwaltung	3867
VII.	Brief an Vorkaufsberechtigten (privat) mit Verzichtserklärung und Löschungsbewilligung bei rechtswirksamem Vertrag	3868
VIII.	Antrag auf Bestellung eines Ergänzungspflegers und Erteilung der familiengerichtlichen Genehmigung	3869
IX.	Brief an Gläubigerbank zur Einholung der Schuldübernahmegenehmigung	3870
X.	Brief an Gläubigerbank zur Einholung der Nichtvalutierungserklärung	3871
XI.	Brief an das Vollstreckungsgericht (Anmeldung des Kaufvertrags und Anfrage nach beigetretenen Gläubigern)	3872
XII.	Brief an Finanzierungsgläubiger zur Übersendung der Ausfertigung der Grundschuldbestellung zur Vorwegfinanzierung	3873
XIII.	Grundbuchantrag: Eintragung der Grundschuld und Rangrücktritt der Auflassungsvormerkung	3874
XIV.	Brief an Finanzierungsgläubiger mit Übersendung der vollstreckbaren Ausfertigung der Grundschuldbestellung nach Eintragung	3875
XV.	Einholung der Genehmigung des Nacherben	3876
XVI.	Einholung der Genehmigung des WEG-Verwalters	3877
XVII.	Einholung der Genehmigung des Sanierungsausschusses	3878
XVIII.	Einholung der Genehmigung nach GrdStVG	3879
XIX.	Notarielle Fällig keitsmitteilung an den Käufer	3880
XX.	Notarielle Fälligkeitsmitteilung an den Verkäufer mit Zahlungsbestätigungsformular	3881
XXI.	Brief an die Verkäuferbank zur Entlassung aus der erteilten Treuhandauflage	3882
XXII.	Grundbuchantrag zum Vollzug der Auflassung	3883
XXIII.	Mitteilung an Vertragsbeteiligte über den Endvollzug	3884

		Rdn.
XXIV.	Zustimmungs- und Vorkaufsrechtsverzichtserklärung des Grundstückseigentümers bei Übertragung eines Erbbaurechts	3885
XXV.	Zustimmung des Grundstückseigentümers zur Belastung ohne Rangrücktritt, aber mit Stillhalteerklärung	3886
XXVI.	Zustimmung des Grundstückseigentümers zur Belastun mit Rangrücktritt	3887
XXVII.	Gegenerklärung des Gläubigers bei Rangrücktritt des Grundstückseigentümers (nach altem Recht)	3888
XXVIII.	Zustimmung des Gläubigers zur Inhaltsänderung der Reallast	3889

E. Gesamtmuster

I.	Datenerfassungsbogen für Kaufverträge	3890
II.	Due Diligence – Checkliste (ausführlich)	3891
III.	Letter of Intent (Asset deal)	3892
IV.	Allgemeines Kundenmerkblatt zu Kaufverträgen	3893
V.	Fragen beim Immobilienerwerb durch mehrere Personen	3894
VI.	Merkblatt zum Übergang von Besitz und Eigentum (Umzug)	3895
VII.	Merkblatt zum Wohnungseigentum	3896
VIII.	Merkblatt zum Erbbaurecht	3897
IX.	Merkblatt zu Grundpfandrechten	3898
X.	Merkblatt »Grunderwerbsteuer«	3899
XI.	Standardkaufvertrag »Eigenheim«	3900
XII.	Standardkaufvertrag »vermietete Eigentumswohnung«	3901
XIII.	Kaufvertrag »Teilfläche« (mit Besonderheiten neue Bundesländer)	3902
XIV.	Messungsanerkennung und Auflassung	3903
XV.	Kauf mit Ratenzahlung (sofortige Eigentumsumschreibung)	3904
XVI.	Kauf mit Ratenzahlung (Umschreibung erst nach vollständiger Zahlung)	3905
XVII.	Leibrentenkauf	3906
XVIII.	Mietkauf (Mietvertrag mit Ankaufsoption)	3907
XIX.	Kaufvertrag über eine vom Verkäufer neu erstellte Eigentumswohnung	3908
XX.	Verkauf eines Bauplatzes durch die Gemeinde	3909
XXI.	Kettenkaufvertrag (A-B-C-Konstellation: Gesamttext des Vertrags B auf C; Besonderheiten des Vertrags A auf B)	3910
XXII.	Kauf einer versteigerungsbefangenen Eigentumswohnung (Abwicklung über Anderkonto, ganz sichere Variante)	3911
XXIII.	Kauf einer versteigerungsbefangenen Eigentumswohnung (Abwicklung über Anderkonto, Variante: Auszahlung bereits vor Umschreibung)	3912

		Rdn.
XXIV.	Kauf vom Insolvenzverwalter	3913
XXV.	Kaufvertrag deutsch/englisch (einfach)	3914
XXVI.	Kaufvertrag deutsch/englisch (ausführlich)	3915
XXVII.	Einrichtung einer Verweisungsurkunde	3916
XXVIII.	Dreiseitige Vereinbarung nach Vorkaufsrechtsausübung	3917
XXIX.	Verkauf eines Erbteils	3918
XXX.	Abschichtung gegen Abfindung	3919
XXXI.	Abtretung eines GbR-Anteils	3920
XXXII.	Erbbaurechtsbestellungsvertrag	3921
XXXIII.	Kaufvertrag über ein Erbbaurecht	3922
XXXIV.	Kaufvertrag über ein Wohnungserbbaurecht	3923
XXXV.	Verlängerung des Erbbaurechts; Inhaltsänderung des Erbbauzinses	3924
XXXVI.	Verkäuferangebot auf Abschluss eines Kaufvertrags	3925
XXXVII.	Käuferangebot auf Abschluss eines Kaufvertrags	3926
XXXVIII.	Beurkundungspflichtige Aufhebung eines Kaufvertrags	3927

Abkürzungsverzeichnis

A.	Abschnitt
a.A.	anderer Ansicht
AAA	American Arbitration Association
abl.	ablehnend
ABl.	Amtsblatt
Abs.	Absatz
Abschn.	Abschnitt
Abt.	Abteilung
AcP	Archiv für die civilistische Praxis
a.E.	am Ende
AEG	Allgemeines Eisenbahngesetz
a.F.	alte Fassung
AfA	Absetzungen für Abnutzung
AG	Amtsgericht/Aktiengesellschaft
AGB	Allgemeine Geschäftsbedingungen
AGBG	Gesetz zur Regelung des Rechts der AGB
AGBGB	Gesetz zur Ausführung des Bürgerlichen Gesetzbuchs und anderer Gesetze
AGG	Allgemeines Gleichbehandlungsgesetz
AgrarR	Agrarrecht (Zs.)
AISCC	Schiedsgerichtsinstitut der Stockholmer Handelskammer
AktG	Aktiengesetz
Alt.	Alternative
amtl.	amtlich
Anm.	Anmerkung
AnfG	Gesetz über die Anfechtung von Rechtshandlungen eines Schuldners außerhalb des Insolvenzverfahrens
AnwBl.	Anwaltsblatt
AnwKomm	Anwaltkommentar
AO	Abgabenordnung
AP	Arbeitsrechtliche Praxis (Zs.)
ARoV	Amt zur Regelung offener Vermögensfragen
Art.	Artikel
ARUG	Gesetz zur Umsetzung der Aktionärsrechterichtlinie
AsylVfG	Asylverfahrensgesetz
Aufl.	Auflage
AuR	Arbeit und Recht (Zs.)
AuslG	Ausländergesetz
AuslInvestmG	Auslandinvestm-Gesetz
AWV	Außenwirtschaftsverordnung
Az.	Aktenzeichen
BAFA	Bundesamt für Wirtschaft und Ausfuhrkontrolle
BAnz.	Bundesanzeiger
BARoV	Bundesamt zur Regelung offener Vermögensfragen
BauGB	Baugesetzbuch
BauGBMaßnG	Maßnahmengesetz zum Baugesetzbuch
BauNVO	Baunutzungsverordnung
BauR	Baurecht (Zs.)
BauVO	Bauverordnung
BayGO	Bayerische Gemeindeordnung
BayKAG	Bayerisches Kommunalabgabengesetz
BayObLG	Bayerisches Oberstes Landesgericht
BayObLGZ	Entscheidungen des BayObLG in Zivilsachen
BayVBl.	Bayerische Verwaltungsblätter

BayVGH	Bayerischer Verwaltungsgerichtshof
BB	Betriebsberater (Zs.)
BBodSchG	Bundesbodenschutzgesetz
BBodSchV	Bundes-Bodenschutz- und Altlastenverordnung
Bd.	Band
BerVO	Berechnungsverordnung
Beschl.	Beschluss
BetrKV	Betriebskostenverordnung
BetrPrämDurchfG	Betriebsprämiendurchführungsgesetz
BetrVerfG	Betriebsverfassungsgesetz
BeurkG	Beurkundungsgesetz
BewG	Bewertungsgesetz
BezG	Bezirksgericht
BFH	Bundesfinanzhof
BFH/NV	Sammlung amtlich nicht veröffentlichter Entscheidungen des BFH
BGB	Bürgerliches Gesetzbuch
BGBl.	Bundesgesetzblatt
BGH	Bundesgerichtshof
BGHZ	BGH, Entscheidungen in Zivilsachen (amtliche Sammlung)
BKA	Bundeskriminalamt
BKartA	Bundeskartellamt
BKleingG	Bundeskleingartengesetz
Bl.	Blatt
BImA	Bundesanstalt für Immobilienaufgaben
BImAG	Gesetz über die Bundesanstalt für Immobilienaufgaben
BMF	Bundesministerium der Finanzen
BMJ	Bundesministerium der Justiz
BMVEL	Bundesministerium für Verbraucherschutz, Ernährung und Landwirtschaft
BMWi	Bundesministerium für Wirtschaft und Technologie
BNotK	Bundesnotarkammer
BNotK-RS	Bundesnotarkammer-Rundschreiben
BNotO	Bundesnotarordnung
BoSoG	Bodensonderungsgesetz
BörsenG	Börsengesetz
BRAO	Bundesrechtsanwaltsordnung
BR-Drucks.	Bundesratsdrucksache
BStBl.	Bundessteuerblatt
Bsp.	Beispiel
bspw.	beispielsweise
BT-Drs.	Bundestagsdrucksache
Buchst.	Buchstabe
BV	Berechnungsverordnung
BVerfG	Bundesverfassungsgericht
BVerfGE	Entscheidungen des BVerfG (amtliche Sammlung)
BVerwG	Bundesverwaltungsgericht
BVG	Gesetz über die Versorgung der Opfer des Krieges (Bundesversorgungsgesetz)
BvS	Bundesanstalt für vereinigungsbedingte Sonderaufgaben
BVVG	Bodenverwertungs- und verwaltungs GmbH
BWNotZ	Zeitschrift für das Notariat in Baden-Württemberg
bzgl.	bezüglich
bzw.	beziehungsweise
ca.	circa
c.i.c.	culpa in contrahendo
DB	Der Betrieb (Zs.)
dena	Deutsche Energie-Agentur GmbH
DGVZ	Deutsche Gerichtsvollzieherzeitung

d.h.	das heißt
DIN	Deutsches Institut für Normung e.V.
DIS	Deutsche Institution für Schiedsgerichtsgerichtsbarkeit e.V.
DMW	Deutsche Medizinische Wochenschrift (Zs.)
DNotI	Deutsches Notarinstitut
DNotI-Report	Zeitschrift des Deutschen Notarinstituts
DNotZ	Deutsche Notar-Zeitschrift
DONot	Dienstordnung für Notarinnen und Notare
DÖV	Die öffentliche Verwaltung (Zs.)
DSE	Deutsche Schiedsgerichtsbarkeit für Erbstreitigkeiten e.V.
DStR	Deutsches Steuerrecht (Zs.)
DStRE	Deutsche Steuerrechtsentscheidungen (Zs.)
DtZ	Deutsch-Deutsche Rechts-Zeitschrift
DVBl.	Deutsches Verwaltungsblatt (Zs.)
DWE	Der Wohnungseigentümer (Zs.)
DWW	Deutsche Wohnungswirtschaft (Zs.)
€	Euro
EFG	Entscheidungen der Finanzgerichte (Zs.)
EFTA	Europäische Freihandelsassoziation
EG	Europäische Gemeinschaft
EGG	Gesetz für den Vorrang erneuerbarer Energien
EGAktG	Einführungsgesetz zum Aktiengesetz
EGBGB	Einführungsgesetz zum Bürgerlichen Gesetzbuch
EGFGB	Einführungsgesetz zum Familiengesetzbuch der ehem. DDR
EG-RL	EG-Richtlinie
EGV	Vertrag zur Gründung der Europäischen Gemeinschaft
EGZGB	Einführungsgesetz zum Zivilgesetzbuch der ehem. DDR
EGZPO	Einführungsgesetz zur Zivilprozessordnung
EnEV	Energieeinsparverordnung
ErbbauVO	Verordnung über das Erbbaurecht
ErbStB	Erbschaft-Steuer-Berater (Zs.)
ErbStH	Erbschaftsteuer-Handbuch
ErfKomm	Erfurter Kommentar
ERVGBG	Gesetz zur Einführung des elektronischen Rechtsverkehrs und der elektronischen Akte im Grundbuchverfahren sowie zur Änderung weitere grundbuch-, register- und kostenrechtlicher Vorschriften
EStB	Der Ertrag-Steuer-Berater (Zs.)
EStDV	Einkommensteuerdurchführungsverordnung
EStG	Einkommensteuergesetz
ESt	Einkommensteuer
EStR	Einkommensteuerrichtlinien
ESÜ	Haager Erwachsenenschutzübereinkommen
etc.	et cetera
EU	Europäische Union
EuGH	Europäischer Gerichtshof
EuGH Slg.	EuGH Amtliche Sammlung
EuGVO	Verordnung über die gerichtliche Zuständigkeit und die Anerkennung und Vollstreckung von Entscheidungen in Zivil- und Handelssachen
EGMR	Europäischer Gerichtshof für Menschenrechte
EuroEG	Euro-Einführungsgesetz
EuZW	Europäische Zeitschrift für Wirtschaftsrecht
e.V.	eingetragener Verein
evtl.	eventuell
EV	Einigungsvertrag
EWG	Europäische Wirtschaftsgemeinschaft /
EWiR	Entscheidungen zum Wirtschaftsrecht (Zs.)
EWR	Europäischer Wirtschaftsraum

f.	folgende
FA	Finanzamt
FamFG	Gesetz über das Verfahren in Familiensachen und in den Angelegenheiten der freiwilligen Gerichtsbarkeit
FamG	Familiengericht
FamRZ	Zeitschrift für das gesamte Familienrecht
ff.	fortfolgende
FG	Finanzgericht
FGB	Familiengesetzbuch (der ehem. DDR)
FGG	Gesetz über die Angelegenheiten der freiwilligen Gerichtsbarkeit
FGPrax	Praxis des freiwilligen Gerichtsbarkeit (Zs.)
FinMin	Finanzminister/Finanzministerium
FlNr.	Flurnummer
Flst.Nr.	Flurstücknummer
FlurbG	Flurbereinigungsgesetz
Fn.	Fußnote
FR	Finanzrundschau (Zs.)
FS	Festschrift
FStrG	Bundesfernstraßengesetz
GBBerG	Grundbuchbereinigungsgesetz
GBl.	Gesetzblatt
GBMaßnG	Grundbuchmaßnahmegesetz
GBO	Grundbuchordnung
GBV	Grundbuchverfügung
GbR	Gesellschaft bürgerlichen Rechts
geb.	geboren
gem.	gemäß
GemSOGB	Gemeinsamer Oberster Senat der Bundesgerichte
GenG	Gesetz betreffend die Erwerbs- und Wirtschaftsgenossenschaften
GenR	Genossenschaftsrecht
GewO	Gewerbeordnung
GewStG	Gewerbesteuergesetz
GG	Grundgesetz
ggf.	gegebenenfalls
ggü.	gegenüber
GlüStV	Glückspiel-Staatsvertrag
GmbH	Gesellschaft mit beschränkter Haftung
GmbHG	Gesetz betreffend die Gesellschaften mit beschränkter Haftung
GmbH & Co. KG	Gesellschaft mit beschränkter Haftung & Kompanie Kommanditgesellschaft
GO	Gemeindeordnung
grds.	grundsätzlich
GrdstVG	Grundstücksverkehrsgesetz
GrEStG	Grunderwerbsteuergesetz
GrStG	Grundsteuergesetz
GRUR	Gewerblicher Rechtsschutz und Urheberrecht (Zs.)
GVO	Grundstücksverkehrsordnung
GWB	Gesetz gegen Wettbewerbsbeschränkung
GwG	Geldwäschegesetz
GWR	Gesellschafts- und Wirtschaftsrecht (Zs.)
ha	Hektar
Halbs.	Halbsatz
HandwO	Handwerksordnung
HeimG	Heimgesetz
HGB	Handelsgesetzbuch
h.L.	herrschende Lehre

h.M.	herrschende Meinung
HNF	Hauptnutzflächen
HofV	Hofraumverordnung
h.Rspr.	herrschende Rechtsprechung
HR	Handelsregister
HRA	Handelsregister Abteilung A
HRB	Handelsregister Abteilung B
Hrsg.	Herausgeber
IBR	Immobilien- und Baurecht (Zs.)
i.d.F.	in der Fassung
i.d.R.	in der Regel
IHK	Industrie- und Handelskammer
i.H.d.	in Höhe des/der
i.H.v.	in Höhe von
i.L.	in Liquidation
INF	Information über Steuer und Wirtschaft (Zs.)
insb.	insbesondere
InsO	Insolvenzordnung
InvG	Investmentgesetz
InVorG	Investitionsvorranggesetz
InvZulG	Investitionszulagengesetz
IPR	Internationales Privatrecht
IPRax	Praxis des Internationalen Privat- und Verfahrensrechts (Zs.)
i.R.d.	im Rahmen des/der
i.R.v.	im Rahmen von
i.S.d.	im Sinne des/der
i.S.e.	im Sinne eines/einer
i.S.v.	im Sinne von
i.Ü.	im Übrigen
i.V.m.	in Verbindung mit
Jh.	Jahrhundert
JR	Juristische Rundschau (Zs.)
JurBüro	Das juristische Büro (Zs.)
JurionRS	Jurion Rechtsprechung
JuS	Juristische Schulung (Zs.)
JVKostO	Gesetz über die Kosten im Bereich der Justizverwaltung
JW	Juristische Wochenschrift (Zs.)
JZ	Juristenzeitung
KAGG	Gesetz über Kapitalanlagegesellschaft
KfW	Kreditanstalt für Wiederaufbau
Kfz	Kraftfahrzeug
KG	Kammergericht/Kommanditgesellschaft
km	Kilometer
KonsG	Konsulargesetz
KostO	Kostenordnung
KRI	Konstruktions-Rauminhalte
krit.	kritisch
KrWAbfG	Kreislaufwirtschafts- und Abfallgesetz
KSchG	Kündigungsschutzgesetz
KSÜ	Haager Kinderschutzübereinkommen
kW	Kilowatt
LARoV	Landesamt zur Regelung offener Vermögensfragen
LBO	Landesbauordnung
LCIA	London Court of International Arbitration

lfd.	laufende
LG	Landgericht
Lit.	Litera/Literatur
LKV	Landes- und Kommunalverwaltung (Zs.)
LNotK	Landesnotarkammer
LPG	Landwirtschaftliche Produktionsgenossenschaft
LuftVG	Luftverkehrsgesetz
LugÜ	Luganer Übereinkommen
LwAnpG	Gesetz über die strukturelle Anpassung der Landwirtschaft an die soziale und ökologische Marktwirtschaft in der Deutschen Demokratischen Republik
LVwVfG	Landesverwaltungsverfahrensgesetz
m.	mit
m. abl. Anm.	mit ablehnender Anmerkung
m. abl. Bespr.	mit ablehnender Besprechung
MaBV	Makler- und Bauträgerverordnung
m. Anm.	mit Anmerkung
max.	maximal
MBPlG	Magnetschwebebahnplanungsgesetz
MDR	Monatsschrift für Deutsches Recht
MfS	Ministerium für Staatssicherheit
MietRB	Der Miet- Rechts- Berater (Zs.)
Mio.	Million
MietRVerbG	Gesetz zur Verbesserung des Mietrechts und zur Begrenzung des Mietanstiegs sowie zur Regelung von Ingenieur- und Architektenleistungen
MittBayNot	Mitteilungen des Bayerischen Notarvereins, der Notarkasse und der Landesnotarkammer Bayern (Zs.)
MittRhNotK	Mitteilungen der Rheinischen Notarkammer (Zs.)
m. krit. Anm.	mit kritischen Anmerkungen
Mm.	Mindermeinung
Mrd.	Milliarde
MME	Mini Mental Examination
MMSE	Mini-Mental-Status-Examination
MoMiG	Gesetz zur Modernisierung des GmbH-Rechts und zur Bekämpfung von Missbräuchen
MünchKomm	Münchener Kommentar zum Bürgerlichen Gesetzbuch
m.w.N.	mit weiteren Nachweisen
m. zust. Anm	mit zustimmender Anmerkung
NdBZ	Neue deutsche Beamtenzeitung (Zs.)
Nds.Rpfl.	Der niedersächsische Rechtspfleger (Zs.)
n.F.	neue Fassung
NJ	Neue Justiz (Zs.)
NJOZ	Neue Juristische Online Zeitschrift
NJW	Neue Juristische Wochenschrift (Zs.)
NJW-RR	NJW-Rechtsprechungsreport Zivilrecht (Zs.)
NNF	Nebennutzflächen
NotBZ	Zeitschrift für die notarielle Beratungs- und Beurkundungspraxis
NotK	Notarkammer
NotRV	Deutsche Notarrechtliche Vereinigung e.V.
Nr.	Nummer
n. rk	nicht rechtskräftig
NutzungsentgeltVO	Nutzungsentgeltverordnung
n.v.	nicht veröffentlicht
NVwZ	Neue Zeitschrift für Verwaltungsrecht
NVwZ-RR	NVwZ-Rechtsprechungs-Report

NWB	Neue Wirtschaftsbriefe (Zs.)
NZBau	Neue Zeitschrift für Baurecht
NZG	Neue Zeitschrift für Gesellschaftsrecht
NZI	Neue Zeitschrift für das Recht der Insolvenz und Sanierung
NZM	Neue Zeitschrift für Miet- und Wohnungsrecht
o.Ä.	oder Ähnliches
OFD	Oberfinanzdirektion
o.g.	oben genannt
OHG	offene Handelsgesellschaft
OLG	Oberlandesgericht
OLGE	Entscheidungen der Oberlandesgerichte
OLG-NL	OLG-Rechtsprechung Neue Länder
OLGR	OLG-Report
OLGZ	Entscheidungen der OLG in Zivilsachen
OVG	Oberverwaltungsgericht
OV-spezial	Informationsdienst zum Vermögens- und Entschädigungsrecht in den neuen Bundesländern
PartG	Parteiengesetz
PBefG	Personenbeförderungsgesetz
PR	Partnerschaftsregister
PreisG	Preisgesetz (Übergangsgesetz über Preisbildung und Preisüberwachung)
PreisAngG	Preisangaben- und Preisklauselgesetz
PreisklauselG	Preisklauselgesetz
PrKV	Preisklauseverordnung
qm	Quadratmeter
RAG-DDR	Rechtsanwendungsgesetz der ehem. DDR
RBerG	Rechtsberatungsgesetz
RCS	registre de commerce et des sociétés
RDG	Rechtsdienstleistungsgesetz
RdL	Recht der Landwirtschaft (Zs.)
RDM	Ring deutscher Makler
Rdn.	Randnummer
RegVBG	Registerverfahrensbeschleunigungsgesetz
RG	Reichsgericht
RGRK	Reichsgerichtsräte-Kommentar zum BGB
RGZ	Sammlung der Entscheidungen des Reichsgerichts in Zivilsachen
rkr.	rechtskräftig
RL	Richtlinie
Rn.	Randnummer
RNotZ	Rheinische Notarzeitschrift (vormals: Mitteilungen der Rheinischen Notarkammer)
Rpfleger	Der deutsche Rechtspfleger (Zs.)
RRB	Rädler/Raupach/Bezzenberger, Handbuch „Vermögen in der ehemaligen DDR" (Loseblattwerk)
Rspr.	Rechtsprechung
r. Sp.	rechte Spalte
S.	Seite
s.	siehe
s.a.	siehe auch
SachenRBerG	Gesetz zur Sachenrechtsbereinigung im Beitrittsgebiet
SBZ	Sowjetische Besatzungszone
SchuldRAnpG	Schuldrechtsanpassungsgesetz

SE	Societas Europaea
SGH	Schlichtungs- und Schiedsgerichtshof Deutscher Notare
Slg.	Sammlung
SMAD	Sowjetische Militäradministration in Deutschland
SNR	Sondernutzungsrecht
s.o.	siehe oben
sog.	sogenannt
str.	strittig
st. Rspr.	ständige Rechtsprechung
StBerG	Steuerberatungsgesetz
StGB	Strafgesetzbuch
str.	streitig
s.u.	siehe unten
Tel.	Telefon
ThürKommO	Thüringer Kommunalordnung
TKG	Telekommunikationsgsetz
Tz.	Teilziffer
u.a.	unter anderem
u.ä.	und Ähnliches
u.U.	unter Umständen
UmweltHG	Umwelthaftungsgesetz
UmwG	Umwandlungsgesetz
UmwStG	Umwandlungsteuergesetz
UPR	Umwelt- und Planungsrecht (Zs.)
UrhG	Urhebergesetz
URNr.	Urkundenrollen-Nummer
Urt.	Urteil
USt.	Umsatzsteuer
UStG	Umsatzsteuergesetz
UStR	Umsatzsteuer-Richtlinien
usw.	und so weiter
UVR	Umsatz- und Verkehrssteuerrecht (Zs.)
UWG	Gesetz gegen den unlauteren Wettbewerb
v.	vom
VA	Verwaltungsakt
v.a.	vor allem
VAG	Gesetz über die Beaufsichtigung der Versicherungsunternehmen
VEP	Vorhaben- und Erschließungsplan
VerbrKrG	Verbraucherkreditgesetz
VerkFlBerG	Verkehrsflächenbereinigungsgesetz
VermG	Vermögensgesetz
VermRÄG	Vermögensrechtsänderungsgesetz
VersR	Versicherungsrecht (Zs.)
VerstV	Verordnung über gewerbsmäßige Versteigerungen
VGH	Verwaltungsgerichtshof
vgl.	vergleiche
v.H.	vom Hundert
VIZ	Zeitschrift für Vermögens- und Investitionsrecht
VN Nr.	Kartei für Veränderungsnachweise
VO	Verordnung
VPI	Verbraucherindexpreis
VuR	Verbraucher und Recht (Zs.)
VVG	Versicherungsvertragsgesetz
VwGO	Verwaltungsgerichtsordnung
VwVfG	Verwaltungsverfahrensgesetz
VZOG	Vermögenszuordnungsgesetz

WährG	Währungsgesetz
WärmeschutzVO	Wärmeschutzverordnung
WEG	Wohnungseigentumsgesetz
WG	Wechselgesetz
WHG	Wasserhaushaltsgesetz
WM	Wertpapiermitteilungen (Zs.)
WoBauG	Wohnungsbaugesetz
WoBindG	Wohnungsbindungsgesetz
WoFG	Wohnraumförderungsgesetz
WoFlV	Wohnflächenverordnung
WohnungsbauFördG	Wohnungsbauförderungsgesetz
WoVermittG	Gesetz zur Regelung der Wohnungsvermittlung
www	World Wide Web
z.B.	zum Beispiel
ZAP	Zeitschrift für die Anwaltspraxis
ZDB	Zentralverband des Deutschen Baugewerbes
ZErb	Zeitschrift für die Steuer- und Erbrechtspraxis
ZEV	Zeitschrift für Erbrecht und Vermögensnachfolge
ZEuP	Zeitschrift für Europäisches Privatrecht
ZfBR	Zeitschrift für deutsches und internationales Bau- und Vergaberecht
ZfIR	Zeitschrift für Immobilienrecht
ZGB	Zivilgesetzbuch (der ehem. DDR)
ZGS	Zeitschrift für das gesamte Schuldrecht
Ziff.	Ziffer
ZInsO	Zeitschrift für das gesamte Insolvenzrecht
ZIP	Zeitschrift für Wirtschaftsrecht; bis 1982: Zeitschrift für Wirtschaftsrecht und Insolvenzpraxis
ZMR	Zeitschrift für Miet- und Raumrecht
ZNotP	Zeitschrift für die Notarpraxis
ZPO	Zivilprozessordnung
Zs.	Zeitschrift
zust.	zustimmend
z.T.	zum Teil
ZWE	Zeitschrift für Wohnungseigentumsrecht
ZVBl.	Zentralverordnungsblatt
ZVG	Gesetz über die Zwangsversteigerung und Zwangsverwaltung
zzgl.	zuzüglich
ZZP	Zeitschrift für Zivilprozess
z.Zt.	zurzeit/zur Zeit

Literaturverzeichnis

Achterberg/Püttner/Würtenberger	Besonderen Verwaltungsrecht: ein Lehr- und Handbuch, 2. Aufl. 2000;
Althammer	Die Maklerklausel im notariellen Grundstückskaufvertrag, 2004;
Amann/Brambring/Hertel	Vertragspraxis nach neuem Schuldrecht, 2. Aufl. 2003;
Amann/Brambring/Hertel	Die Schuldrechtsreform in der Vertragspraxis, 2002;
Arndt/Lerch/Sandkühler	Bundesnotarordnung, 6. Aufl. 2008;
Assmann	Die Vormerkung, 1998;
Assmann/Schütze	Handbuch des Kapitalanlagerechts, 3. Aufl. 2007;
Bamberger/Roth	Kommentar zum Bürgerlichen Gesetzbuch, 2. Aufl. 2007;
Basty	Der Bauträgervertrag, 7. Aufl. 2011;
Battis/Krautzberger/Löhr	BauGB, 11. Aufl. 2009;
Bauer/v. Oefele	Grundbuchordnung, 3. Aufl. 2012;
Bärmann	WEG, 11. Aufl. 2011;
Bärmann/Seuß	Praxis des Wohnungseigentums, 2010;
Becker	Bundes-Bodenschutzgesetz, Loseblatt, Stand: 2011;
Bengel/Simmerding	Grundbuch, Grundstück, Grenze, 5. Aufl. 2000;
Bergmann/Ferid/Henrich	Internationales Ehe- und Kindschaftsrecht, Loseblatt, Stand: Mai 2011;
Birk	Städtebauliche Verträge, 4. Aufl. 2002;
Birkenfeld	Das große Umsatzsteuer – Handbuch, Loseblatt, Stand: Dezember 2011;
Blank	Bauträgervertrag, 4. Aufl. 2010;
Blümich	Einkommensteuergesetz, Körperschaftsteuergesetz, Gewerbesteuergesetz, Loseblatt-Kommentar 113. Aufl. 2012;
Borruttau	Beck'scher Steuerkommentar, Grunderwerbsteuergesetz, 17. Aufl. 2011;
Böttcher	Praktische Fragen des Erbbaurechtes, 6. Aufl. 2011;
Böttcher	Verpflichtung des Vorstands einer AG zur Due Diligence beim Beteiligungserwerb, 2005;
Brambring	Festschrift für Horst Hagen, 1999;
Brambring/Jerschke	Beck'sches Notar-Handbuch, 5. Aufl. 2009;
Braun	Insolvenzordnung, 4. Aufl. 2010;
Brand/Strauch	Energiecontracting – Neue Heizung zum Nulltarif? 2008;
Bräu	Verwahrungstätigkeit des Notars, 1992;
Brück/Sinewe	Steueroptimierter Unternehmenskauf, 2. Aufl. 2010;
Bumiller/Harders	FamFG 10. Aufl. 2011;
Bundesrechtsanwaltskammer/Bundesnotarkammer	Festschrift 50 Jahre Deutsches Anwaltsinstitut e.V., 2003;
Bundesnotarkammer	Festschrift für Schippel, 1996;
Burbulla	Der Vorkaufsfall im Zivilrecht, 2006;
Burmeister	Praxishandbuch städtebaulicher Verträge, 2. Aufl. 2005;
Bülow	Recht der Kreditsicherheiten, 7. Aufl. 2006;
Bülow/Atzt	Verbraucherkreditrecht, 7. Aufl. 2001;
Canaris	Schuldrechtsmodernisierung, 2002;
Casper	Der Optionsvertrag, 2005;

Clemente	Recht der Sicherungsgrundschuld, 4. Aufl. 2008;
Dassler/Schiffhauer/Hintzen,	ZVG 13. Aufl. 2009;
Dauner-Lieb/Heidel/Lepa/Ring	Schuldrecht, Anwaltkommentar, 2002;
Dauner-Lieb/Konzen/Schmidt	Das neue Schuldrecht in der Praxis, 2003;
Dazert	Mithaftung und Sukzession bei Verbraucherkreditverträgen, 1998;
Deutsches Notarinstitut	Deutsch-Niederländischer Rechtsverkehr in der Notariatspraxis, 1997;
Demharter	Grundbuchordnung, 28. Aufl. 2012;
Dietlein/Hecker/Ruttig	Glücksspielrecht, 2008;
Dieterich	Baulandumlegung, 5. Aufl. 2006;
Dornis	Kaufpreiszahlung auf Notaranderkonto. Erfüllung, Pfändung, Insolvenz, 2005;
Driehaus	Erschließungs- und Ausbaubeträge, 8. Aufl. 2007;
Eckhardt/Hermanns	Kölner Handbuch Gesellschaftsrecht, 2011;
Eickmann	Sachenrechtsbereinigung, Loseblatt, Stand: Juni 2008;
Eickmann/Flessner/Irschlinger	Heidelberger Kommentar zur Insolvenzordnung, 4. Aufl. 2006;
Ermann	BGB, Kommentar in 2 Bänden, 13. Aufl. 2011;
Ernst/Zimmermann	Zivilrechtswissenschaft und Schuldrechtsreform, 2001;
Ernst/Zinkahn/Bielenberg/ Krautzberger	Baugesetzbuch, Loseblatt, 101. Aufl. 2012;
Eylmann/Vaasen	Bundesnotarordnung, Beurkundungsgesetz Kommentar, 3. Aufl. 2011;
Fassbender/Grauel/Kemp/Ohmen/Peter	Notariatskunde, 17. Aufl. 2010;
Fetsch	Eingriffsnormen und EG-Vertrag, 2002;
Fritz	Gewerberaummietrecht, 5. Aufl. 2010;
Gaberdiel/Gladenbeck	Kreditsicherung durch Grundschulden, 9. Aufl. 2011;
Ganter/Hertel/Wöstmann	Handbuch der Notarhaftung, 2. Aufl. 2009;
Gast	Juristische Rhetorik, 4. Aufl. 2006;
Geiger	EG-Vertrag, Kommentar zu dem Vertrag zur Gründung der Europäischen Gemeinschaft, 1993;
Geiger/Khan/Kotzur	Vertrag über die Europäische Union und Vertrag über die Arbeitsweise der Europäischen Union, EUV/AEUV, 5. Aufl. 2010;
Gelzer/Bracher/Reidt	Bauplanungsrecht, 7. Aufl. 2004;
Glück	Wege zum Bauland. Strategien und Beispiele für die kommunale Praxis 1994;
Goerdeler/Hommelhoff/Lutter/ Wiedmann	Festschrift für Hans-Joachim Fleck, 1998;
Gottwald	Grunderwerbsteuer, 3. Aufl. 2009;
Gottwald/Huber	Insolvenzrechts-Handbuch, 4. Aufl. 2010;
Grziwotz	MaBV – Kommentar zur Makler- und Bauträgerverordnung, 2005;
Grziwotz	Praxis-Handbuch Grundbuch- und Grundstücksrecht, 1999;
Grziwotz	Vertragsgestaltung im öffentlichen Recht, 2002;
Grziwotz/Busse	VEP, Vorhaben- und Erschließungsplan 2. Aufl. 2006;
Grziwotz/Everts/Heinemann/ Koller	Grundstückskaufverträge, 2. Aufl. 2011;
Grziwotz/Lüke/Saller	Nachbarrecht, 2005;
Grziwotz/Koeble	Handbuch Bauträgerrecht, 2004;
Herrmann/Heuer/Raupach	EStG, KStG, 247. Egl., Standt: 09/2011;

Hahn/Radeisen	Bauordnung für Berlin, 4. Aufl. 2007;
Haug	Die Amtshaftung des Notars, 2. Aufl. 1997;
Haug/Zimmermann	Die Amtshaftung des Notars, 3. Aufl. 2011;
Hack	Energie-Contracting, 2003;
Heidland	Der Bauvertrag in der Insolvenz, 2. Aufl. 2003;
Henrich/Schwab	Der Schutz der Familienwohnung in europäischen Rechtsordnungen, 1995;
Henssler/Graf v. Westphalen	Praxis der Schuldrechtsreform, 2. Aufl. 2002;
Heringer	Der europäische Vollstreckungstitel für unbestrittene Forderungen, 2007;
v. Heymann/Merz	Bankenhaftung bei Immobilienanlagen, 18. Aufl. 2010;
Hillebrandt/Kessler	Berliner Kommentar zum Genossenschaftsgesetz, 2. Aufl. 2010;
Hopt	Gesellschaftsrecht, 4. Aufl. 1996;
Hölters	Handbuch des Unternehmens- und Beteiligungskaufs, 6. Aufl. 2005;
Hügel	Grundbuchordnung, GBO, 2. Aufl. 2010;
Hügel/Elzer	Das neue WEG-Recht, 2007;
Hügel/Salzig	Mietkauf und andere Formen des Grundstücks-Ratenkaufs, 2. Aufl. 2010;
Hügel/Scheel	Rechtshandbuch Wohnungseigentums, 3. Aufl. 2011;
Jasper/Sönksen/Rosarius	Investitionsförderung Handbuch, 114. Egl. Stand: 11/2011;
Jayme/Schwab/Gottwald	Festschrift für Dieter Heinrich, 2000;
Jennißen/Elzer	WEG, 2. Aufl. 2010;
Jochem	Festschrift für Hans Ganten, 2007;
Kawohl	Notaranderkonto, 1995;
Kehrer/Bühler	Notar und Grundbuch, 1998;
Kersten/Bühling	Formularbuch und Praxis der Freiwilligen Gerichtsbarkeit, 23. Aufl. 2010;
Kirchhoff	Wertsicherungsklauseln für Euro-Verbindlichkeiten, 2006;
Koeble/Grziwotz	Rechtshandbuch Immobilien, Stand: 03/2011;
Kofner	Wohnungswirtschaft und Mietrecht, 2004:
Korintenberg/Lappe/Bengel/ Reimann	Kostenordnung, 18. Aufl. 2010;
Köhler/Bassenge	Anwalts- Handbuch Wohnungseigentumsrecht, 2. Aufl. 2009;
Köhler	Das neue WEG, 2007;
Kössinger	Die Vergabe gemeindlicher Baugrundstücke, *1987;*
Krauß	Vermögensnachfolge in der Praxis, 3. Aufl. 2011;
Krauß	Sachenrechtsbereinigung und Schuldrechtsanpassung im Beitrittsgebiet, 1995;
Krause	Das Familienheim bei Trennung und Scheidung, 2006;
Kreppel	Rechtsnachfolge in anlagebezogener Zulassungsakte im Bereich des Umweltrechts, 1998;
Kreft	Heidelberger Kommentar zur Insolvenzordnung, 6. Aufl. 2011;
Krüger/Hertel	Der Grundstückskauf, 10. Aufl. 2012;
Kuntze/Ertl/Herrmann/Eickmann	Grundbuchrecht, 6. Aufl. 2006;
Kübler/Prütting/Bork	Kommentar zur Insolvenzordnung, Stand: 11/2011;
Lachmann	Handbuch für die Schiedsgerichtspraxis 3. Aufl. 2008;
Lambert-Lang/Tropf/Frenz	Handbuch der Grundstückspraxis, 2. Aufl. 2005;
Labuhn	Vormundschaftsgerichtliche Genehmigung, 2. Aufl. 1995;

Landmann/Rohmer	Gewerbeordnung, 59. Aufl. 2011;
Leingärtner/Zaisch	Die Einkommensbesteuerung der Land- und Forstwirtschaft, 21. Aufl. 2011;
Lerch	BeurkG, 4. Aufl. 2011;
Limmer/Hertel/Frenz/Mayer	Würzburger Notarhandbuch, 2. Aufl. 2009;
Linde/Richter	Erbbaurecht und Erbbauzins, 3. Aufl. 2001;
Lorenz	Neues Leistungsstörungs- und Kaufrecht: Eine Zwischenbilanz, 2004;
Loritz/Wagner	Konzeptionshandbuch, 1993 ff.;
Mayer/Bonefeld/Weidlich	Testamentsvollstreckung, 3. Aufl. 2010;
Mayer	Übergabevertrag in der anwaltlichen und notariellen Praxis, 2. Aufl. 2001;
Meyer/Ball	Umsatzsteuer und Immobilien, 2. Aufl. 2011;
Medicus	Allgemeiner Teil des BGB, 10. Aufl. 2010;
Meikel	Grundbuchordnung, 10. Aufl. 2009;
Mohrbutter	Die Eigentümerrechte und der Inhalt des Erbbaurechtes bei dessen Zwangsversteigerung, 1995;
Musielak	Kommentar zur Zivilprozessordnung, ZPO, 8. Aufl. 2011;
Musielak/Borth	FamFG, 2009;
Münchener Kommentar	Bürgerliches Gesetzbuch, 6. Aufl.;
Münchener Kommentar	ZPO, 3 Aufl. 2007 ff.;
Münchener Kommentar	Insolvenzordnung, 2. Aufl. 2008;
Münchener Vertragshandbuch	6. Aufl. 2007 ff.;
Netz	Grundstücksverkehrsgesetz, 5. Aufl. 2010;
Niedenführ/Kümmel/Vandenhouten	Kommentar und Handbuch zum Wohnungseigentumsgesetz, 9. Aufl. 2010;
Notarkasse	Streifzug durch die Kostenordnung, 9. Aufl. 2012;
Pahlke/Franz	Grunderwerbsteuergesetz (GrEStG), 4. Aufl. 2010;
Palandt	Gesetz zur Modernisierung des Schuldrechts (SMG), Ergänzungsband zu Palandt, 61. Aufl. 2002;
Palandt	Kommentar zum Bürgerlichen Gesetzbuch, 70. Aufl. 2011;
Pause	Bauträgerkauf und Baumodelle, 5. Aufl. 2011;
Peykan	Die grundbuchrechtliche Prüfungskompetenz des Rechtspflegers bei notariell beurkundeten Rechtsgeschäften, 2005;
Preuß	Die notarielle Hinterlegung, 1995;
Preuß/Renner/Huhn	Beurkundungsgesetz und Dienstordnung für Notarinnen und Notare, 5. Aufl. 2009;
Prölss/Martin	Versicherungsvertragsgesetz, 28. Aufl. 2010;
Prütting/Wegen/Weinreich	BGB- Kommentar, 6. Aufl. 2011;
Prütting/Helms/Abramenko	FamFG, 2009;
Prütting/Zimmermann/Heller	Sachenrechtsbereinigungsgesetz, 2003;
Rauscher/Wax/Wenzel	Münchener Kommentar zur Zivilprozessordnung. In 4 Bänden, 3. Aufl. 2007 ff.;
Reinicke/Tiedtke	Kaufrecht, 8. Aufl. 2009;
Reithmann	Allgemeines Urkundenrecht, 1972;
Reithmann	Internationales Vertragsrecht, 7. Aufl. 2010;
Reithmann	Vorsorgende Rechtspflege durch Notare und Gerichte, 1989;
Reithmann/Albrecht	Handbuch der notariellen Vertragsgestaltung, 8. Aufl. 2001;

Reithmann/Meichsner/v. Heymann	Kauf vom Bauträger, 6. Aufl. 1992;
Reul/Heckschen/Wienberg	Insolvenzrecht in der Kautelarpraxis, 2006;
Rieck	Ausländisches Familienrecht, 8. Aufl. 2011;
Rieke/Schmid/	WEG, 3. Aufl. 2010;
Rohs/Wedewer	Kostenordnung, Loseblatt, Stand: November/2011;
Rütten	Mehrheit von Gläubigern, 1989;
Sandrock	Festschrift für Günther Beitzke, 1979;
Schaub	Arbeitsrechts-Handbuch, 13. Aufl. 2009;
Schilling	Treuhandauftrag und Notarbestätigung, 1996;
Schimansky/Bunte/Lwowski	Bankrechtshandbuch, 4. Aufl. 2011,
Schippel/Bracker	Bundesnotarordnung, 9. Aufl. 2011;
Schmidt-Futterer	Mietrecht, 10. Aufl. 2011;
Schmidt-Räntsch	Das neue Schuldrecht – Anwendung und Auswirkungen in der Praxis, 2002;
Schmidt-Räntsch/Hiestand	Rechtshandbuch Vermögen und Investitionen in der ehemaligen DDR, Loseblatt, Stand: August 2009;
Schmidt-Räntsch/Maifeld/ Meier-Göhring/Röcken	Das neue Schuldrecht – Einführung – Texte – Materialien, 2002;
Schmittat	Einführung in die Vertragsgestaltung, 3. Aufl. 2008;
Schmidt-Kessel/Müther/	Handelsregisterrecht, 2010;
Schmidt/Niewerth	Kauf und Verkauf von Gewerbeimmobilien, 2012;
Schneider/Stahl	Kapitalisierung und Verrentung, 3. Aufl. 2008;
Schotten/Schmellenkamp	Das Internationale Privatrecht in der notariellen Praxis, 2. Aufl. 2007;
Schöner/Stöber	Grundbuchrecht, 14. Aufl. 2008;
Schreiber	Handbuch Immobilienrecht, 3. Aufl. 2011;
Schulte/Bone-Winkel	Handbuch Immobilien-Investition, 2. Aufl. 2005;
Schulte-Nölke/Frenz/Flohr	Formularbuch Vertragsrecht, 3. Aufl. 2011;
Schulze/Schulte-Nölke	Die Schuldrechtsreform vor dem Hintergrund des Gemeinschaftsrechts, 2001;
Schulte-Bunert	FamFG-Kommentar, 2. Aufl. 2009;
Schurig	Das Vorkaufsrecht im Privatrecht, 1975;
Schütze	Schiedsgericht im Schiedsverfahren, 4. Aufl. 2007;
Schwarz	Baulasten im öffentlichen Recht und im Privatrecht, 1995;
Schwantag/Wingerter	Flurbereinigungsgesetz, 8. Aufl. 2008;
Soergel/Siebert	BGB, 13. Aufl. 1999 ff.;
Söffing/Thonemann	Gewerblicher Grundstückshandel und private Veräußerungsgeschäfte mit Grundstücken, 3. Aufl. 2011;
Sölch/Ringleb	Umsatzsteuer, Loseblatt, 65. Aufl. Stand: April 2011;
Staudinger	Kommentar zum Bürgerlichen Gesetzbuch mit Einführungsgesetz und Nebengesetzen, Berlin, 13. – 14. Bearbeitung ab 1995;
Stein/Jonas	Kommentar zur Zivilprozessordnung, ZPO, 22. Aufl. 2002 ff.;
Steinke/Niewerth/Ludwig	Due Dilingence bei Grundstücksgeschäften, 2009;
Stöber	Forderungspfändung, 15. Aufl. 2010;
Stöber	Zwangsversteigerungsgesetz, 19. Aufl. 2009;
Süß/Ring	Eherecht in Europa, 2006;

Tetenberg	Die Anwartschaft des Auflassungsempfängers, 2006;
Tiedtke/Diehn	Notarkosten im Grundstücksrecht, 3. Aufl. 2011;
Tiedtke	Gutgläubiger Erwerb im bürgerlichen Recht im Handels- und Wertpapierrecht sowie in der Zwangsvollstreckung, 1985;
Uhlenbruck	Insolvenzordnung, 13. Aufl. 2010;
Ulmer/Brandner/Hensen	AGB-Recht Kommentar, 11. Aufl. 2011;
Ummen/Johns	Immobilien-Jahrbuch Praxis & Recht, 2005;
v. Oefele/Winkler	Handbuch des Erbbaurechts, 4. Aufl. 2008;
Van Kann	Immobilientransaktionen, 2007;
Vierling	Die Abschöpfung des Planungsgewinns durch städtebauliche Verträge, 2006;
Versteyl/Sondermann/Versteyl	BBodSchG, 2. Aufl. 2005;
Vorwerk/Spreckelsen	Grundstücksverkehrsgesetz; mit landesrechtlichen Ausführungsvorschriften, Kommentar, 1963;
Vossius	SachenRBerG 2. Aufl. 1996;
Waldner	Immobilenkaufverträge, 2 Aufl. 2011;
Wacker	Eigenheimzulagengesetz, 3. Aufl. 2001;
Walz	Formularbuch außergerichtliche Streitbeilegung, 2006;
Wandtke/Bullinger	Praxiskommentar zum Urheberrecht, 3. Aufl. 2009;
Weingärtner/Gassen	DONot, 11. Aufl. 2010;
Weirich	Grundstücksrecht, 3. Aufl. 2006;
Weise	Beck'sches Formularbuch Immobilienrecht, 2001 mit Nachtrag 2003;
Wenzel	Baulasten in der Praxis, 2. Aufl. 2011;
Werner	Festschrift für Seuß, 2007;
Westermann/Mock	Festschrift für Bezzenberger, 2002;
Widmann/Mayer	UmwG, 125. Egl. 2011;
Wimmer	Frankfurter Kommentar zur Insolvenzordnung, 6. Aufl. 2011;
Winkler	Beurkundungsgesetz, 16. Aufl. 2008;
Wolf/Horn/Pfeiffer	AGB-Recht, 5. Aufl. 2009;
Wolfsteiner	Die vollstreckbare Urkunde, 3. Aufl. 2011;
Zimmermann	Die Testamentsvollstreckung, 3. Aufl. 2008;
Zöller	ZPO, 29. Aufl. 2012.

Vorbemerkung

Die **Vorbereitung, Beurkundung und der Vollzug von Grundstückskaufverträgen** bildet einen Schwerpunkt notarieller Tätigkeit. Für viele Beteiligte ist sie der entscheidende Augenblick, in dem sie mit notarieller Dienstleistung in Berührung kommen, sodass das Bild des Notarstandes im Ganzen sowie des Berufsträgers im Einzelnen häufig danach beurteilt wird, mit welcher vorausschauenden Souveränität er den Beteiligten ausgewogene Gestaltungsempfehlungen unterbreitet hat, ob während der Beurkundungsverhandlung das Geschehen transparent werden und Vertrauen geschaffen werden konnte und ob beim Vollzug des Grundstückskaufvertrages weder Verzögerungen noch sonstige Umsetzungsmängel auftraten. Die Beherrschung der Rechtsfragen des Grundstückskaufvertrages ist daher Grundstein jeder notariellen Tätigkeit. Die vorliegende Darstellung will hierbei helfen. Sie ist aus der Sicht eines Praktikers geschrieben, vermeidet also wissenschaftliche Vertiefung und empfiehlt bei Zweifelsfragen den **sicheren Weg**.   1

Sie gliedert sich – jeweils vom Allgemeinen zum Besonderen fortschreitend – in folgende **Kapitel**:   2

(A) Einführung und Beurkundungsvorbereitung (Vertragstypen, Umfang der Beurkundungspflicht, Sachverhaltserfassung)
(B) Inhalt des Grundstückskaufvertrages, wobei die Sachthemen gemäß der inneren Abfolge einer Urkunde vom Veräußerer und Erwerber über das Vertragsobjekt, die dinglichen Erklärungen, Kaufpreis, Fälligkeit und Finanzierung, Gewährleistung, Verfügungsbeschränkungen bis zu Belehrungshinweisen und Ausfertigungsanweisungen fortschreiten. Grundzüge des Erbbaurechtes und Fragen der Aufspaltung in Angebot und Annahme runden diesen Hauptteil ab.
(C) Querschnittsbezogene Darstellungen zum Insolvenz-, Kosten- und Steuerrecht sowie zu Besonderheiten des Immobilienerwerbs in den neuen Bundesländern
(D) Vollzugsmuster
(E) Gesamtmuster

In der Darstellung sind zahlreiche (durch Texteinzug und Kursiv-Schrift abgesetzte) Formulierungsvorschläge enthalten, die zwar nach bestem Wissen und Gewissen erstellt wurden, für die jedoch keine Haftung übernommen werden kann. Sie sind zugleich in der mitgelieferten CD enthalten und in einer Bausteinübersicht zusammengefasst. Zitiert wird nach Randnummern (»Rdn.«).

Gute Übersichtsdarstellungen zum Immobilienverkauf finden sich etwa in *Lambert-Lang/Tropf/Frenz* (Hrsg.), Handbuch der Grundstückspraxis, 2. Aufl. 2005, im Beck'schen Notarhandbuch, 5. Aufl. 2009, Abschnitt A sowie im Würzburger Notarhandbuch, 2. Aufl. 2009 (Hrsg. *Limmer/Hertel/Frenz/Mayer*) und bei *Waldner*, Immobilienkaufverträge, 2. Aufl. 2011; vgl. auch *Griziwotz*, Praxis-Handbuch Grundbuch- und Grundstücksrecht, 1999; *Weirich*, Grundstücksrecht, 3. Aufl. 2006 und *Weise*(Hrsg.), Beck'sches Formularbuch Immobilienrecht, 2001 mit Nachtrag 2003 sowie *Schreiber* (Hrsg.), Immobilienrecht, 2. Aufl. 2005. Eine Rechtsprechungsübersicht bietet das RWS-Skript (Nr. 105) von *Hagen/Brambring/Krüger/Hertel*, Der Grundstückskauf; neue höchstrichterliche Rechtsprechung und Gestaltungshinweise. 9. Aufl. 2008; Musterformulierungen enthält *Griziwotz/Everts/Heinemann/Koller*, Grundstückskaufverträge, RWS-Vertragskommentar, 2005. Alle zitierten Werke wurden in diesem Buch durchgehend zurate gezogen.   3

A. Einführung, Vertragsvorbereitung

Inhalt	Rdn.
I. Abgrenzung	4
1. Überlassungen	6
2. »Mietkauf«	7
a) Mietvertrag mit Ankaufsrecht	8
b) Stundung des Kaufpreises (Ratenzahlungskauf)	16
aa) Sofortige Umschreibung	28
bb) Aufgeschobener Vollzug	29
c) Kauf mit Darlehen des Verkäufers	30
II. Ziel und Umfang der Beurkundungspflicht	32
1. Zweck der Beurkundungspflicht	32
a) Formzwecke	32
b) Besonderheiten bei Verbraucherverträgen: § 17 Abs. 2a BeurkG	34
2. Formelle Anforderungen an die Beurkundung	42
a) Beurkundungsperson	42
b) Beurkundungsverfahren	43
c) Verweisung	46
d) Bezugnahme/Beifügung	59
3. Beurkundung bei freiwilliger Grundstücksversteigerung	63
a) Sachverhaltsvarianten	63
b) Funktion des Notars	65
c) Beurkundungsvarianten	67
d) Verlosung von Immobilien	73
4. Verbundene Geschäfte	77
a) Grundsatz	77
b) Grundstücksgeschäft und Werkvertrag	86
c) Grundstücksgeschäft und Mietvertrag	91
d) Grundstücksgeschäft und städtebaulicher Vertrag	95
e) Mehrere Grundstücksgeschäfte	97
5. Vollmacht, Auftrag	99
6. Vertragsänderungen und -aufhebungen	103
7. Folge und Heilung von Formmängeln	108
a) Formnichtigkeit	108
b) Heilung durch Vollzug	110
c) Heilung bei verdeckten Grundstückssacheinlagen	114
III. Weitere Fälle der Vertragsnichtigkeit	117
1. Verstoß gegen gesetzliche Verbote, § 134 BGB	117
2. Sittenwidrigkeit	119
a) Objektiver Tatbestand	119
b) Subjektiver Tatbestand	123
c) Rechtsfolgen	127
3. Drittschützende Veräußerungs- und Erwerbsverbote, §§ 135, 136 BGB	130
IV. Aufgaben und Pflichten des Notars	135
1. Konsensprüfung	136
2. Zug-um-Zug-Sicherung	143
3. Vollzug	148
4. Qualitätsanforderungen	150
5. Stil und Sprache	154
V. Individualvertrag, Formularvertrag, Verbrauchervertrag	160
1. Übersicht	160
2. Merkmale des Formularvertrages	163
3. Verbraucherverträge (§ 310 Abs. 3 BGB)	169
a) Verbraucher	174
b) Unternehmer	176
c) Vorformulierte Vertragsbedingungen	177
4. Erweiterung der Inhaltskontrolle bei Verbraucher- und Formularverträgen nach dem Schuldrechtsmodernisierungsgesetz	179
a) Transparenzgebot (§ 307 Abs. 3 Satz 2, Abs. 1 Satz 2 BGB)	180
b) Pauschalierung von Schadensersatzansprüchen (§ 309 Nr. 5 BGB)	187
c) Haftungsausschluss bei Körperschäden und grobem Verschulden (§ 309 Nr. 7 BGB)	188
d) Sonstige Haftungsausschlüsse bei Pflichtverletzungen (§ 309 Nr. 8 BGB)	193
e) Generalklausel, Klauselrichtlinie (§ 307 BGB)	200
f) Folgen eines Klauselverstoßes	202
VI. Leistungsstörungsrecht	204
1. Grenzen des Primäranspruchs	204
a) Leistungshindernis	204
b) Sekundärfolgen	207
c) Schicksal der Gegenleistung	209
2. Schadensersatzansprüche gem. §§ 280 ff. und 311a Abs. 2 BGB	212
a) Pflichtverletzung (§ 280 Abs. 1 BGB)	213
b) Verzögerung der Leistung (§ 280 Abs. 2 BGB)	216
c) Schadensersatz statt der Leistung (§ 280 Abs. 3 BGB)	219
d) Schadensersatz bei anfänglichem Leistungshindernis (§ 311a Abs. 2 BGB)	224
e) Ersatz vergeblicher Aufwendungen (§ 284 BGB)	226
f) Vertretenmüssen; verschuldensunabhängige Garantiehaftung (§ 276 BGB)	227
3. Rücktritt vom Vertrag	234
a) Nicht oder nicht vertragsgemäß erbrachte Leistung (§ 323 BGB)	234
b) Verletzung von Integritätsinteressen (§ 324 BGB)	241
c) Schadensersatz und Rücktritt (§ 325 BGB)	242
VII. Due Diligence	244

A. Einführung, Vertragsvorbereitung

I. Abgrenzung

4 Definierendes und damit abgrenzendes Merkmal des Grundstückskaufvertrages ist die vertraglich geschaffene Verpflichtung zur Übereignung einer unbeweglichen Sache gegen Geldvergütung, die am Verkehrswert orientiert ist. Gegenstand können Grundstücke, Teilflächen, Miteigentumsanteile, Gebäudeeigentum, Sondereigentum, Erbbaurechte sein. In diesem Abschnitt werden letztere beide nur im Überblick, und aus didaktischen Gründen intensiver im Zusammenhang mit der gesonderten Darstellung der Erbbaurechte und des Wohnungseigentums behandelt.

5 Die in Geld zu gewährende **Gegenleistung** kann i.S.e. Einmalzahlung, einer Raten- bzw. Rentenzahlung oder durch Schuldübernahme erfolgen. Besonderheiten gelten, wenn die Gegenleistung für die Übereignung der Sache in der Übereignung anderer Sachen besteht (Tauschvertrag, in der Praxis häufig in der Form des Tausches mit Bar-Aufzahlung; schwirig zu beurteilen ist in diesem Fall bspw. das Vorliegen eines Vorkaufsfalls für gesetzliche oder rechtsgeschäftliche Vorkaufsrechte).

1. Überlassungen

6 Nicht in dieser Darstellung[1] werden **Immobilienübertragungen ohne oder gegen nicht wertausschöpfende Gegenleistungen** (Schenkungen oder gemischte Schenkungen bzw. Schenkungen unter Auflage) behandelt. Dabei bemisst sich der Umfang der Entgeltlichkeit grds. nach der objektiven Äquivalenz, innerhalb einer Schwankungsbreite von etwa 20 % um den Verkehrswert ist allerdings auch die subjektive Äquivalenz (der Entgeltlichkeits»wille«) zu berücksichtigen. Solche Verträge werden in der notariellen Praxis oft als »**Überlassung**« bezeichnet. Auszugrenzen sind schließlich **gemischttypische Verträge**, in denen neben die Verpflichtung zur Übereignung einer unbeweglichen Sache (z.B. eines Miteigentumsanteils am Grund und Boden) werkvertragliche Verpflichtungen (z.B. zur Errichtung eines Sondereigentums im Rahmen einer Apartment-Anlage) treten. Sofern hierfür bereits während der Bauphase auf dem noch im Eigentum des Veräußerers befindlichen Grundstück Geldmittel des Erwerbers verwendet werden, handelt es sich um den **Sondertyp** des »**Bauträgervertrages**«, der in diesem Werk nicht weiter behandelt wird. Ist jedoch Veräußerungsgegenstand die künftig hergestellte unbewegliche Sache mit Fälligkeit des Kaufpreises erst nach Erstellung, handelt es sich jedenfalls nach der Wertung des Schuldrechtsreformgesetzes um einen reinen Kaufvertrag (mit Besonderheiten bei der Verjährung, § 438 Abs. 1 Nr. 2 BGB).

2. »Mietkauf«

7 Auch eine Verbindung zwischen mietvertraglichen und kaufvertraglichen Elementen ist denkbar. Der von den Beteiligten oft gewählte Begriff des »**Mietkaufs**,«[2] der gerade bei sonst schwer verkäuflichen Objekten[3] oder im Verhältnis zu Erwerbern, die bei Kreditinstituten als Kreditnehmer abgewiesen werden bzw. deren Objekt nach Scheitern der Bankfinanzierung von einem Finanzinvestor, der die Bank zuvor abgelöst hat, übernommen wurde zum Zwecke des neuerlichen »Mietverkaufs« an den Bewohner,[4] als Gestaltungsalternative verwendet wird, sollte wegen seiner Unschärfe vermieden werden. Dahinter können sich verschiedene **Regelungswünsche** verbergen:

a) Mietvertrag mit Ankaufsrecht

8 Ein **Mietvertrag**, verbunden mit einem angebotenen bzw. vorvertraglich (Rdn. 2971) umrissenen oder durch Ausübungserklärung des Mieters bedingten Kaufvertrag, wobei die gezahlte Miete (sowie

---

1 S. hierzu ausführlich *Krauß* Vermögensnachfolge in der Praxis.
2 Hierzu ausführlich *Hügel/Salzig* Mietkauf und andere Formen des Grundstücks-Ratenkaufs, dort auch zur »Erbbaurechtsvariante«, der jedoch bei Wohngebäuden durch die Schutzvorschriften der §§ 9 Abs. 4, 27 Abs. 2 und 32 Abs. 2 ErbbauRG enge Grenzen gesetzt sind, und zum GbR-Modell mit monatlichem Anstieg der Eigentumsquote.
3 Unentschlossenen Kandidaten wird durch die »Zwischenphase« der Anmietung (und die häufig vereinbarte Teilanrechnung der Miete) der Kaufentschluss erleichtert.
4 *Biermann-Ratjen* DNotZ 2007, 788, 789.

die berechtigter Weise geminderte Miete[5]) kraft Vereinbarung teilweise auf den dann fällig werdenden Kaufpreis angerechnet werden[6] und die Kaltmieten ggf. zur Erleichterung der künftigen Lastenfreistellung (mithilfe lediglich der verbleibenden Restsumme) an den abzulösenden Gläubiger abgetreten sein sollten,[7] Zug-um-Zug gegen Erteilung eines Freigabeversprechens wie für den Bauträgervertrag in § 3 Abs. 2 MaBV geregelt. Da der Verkäufer zur Einräumung des Ankaufsrechts typischerweise nur wegen der gleichzeitigen Eingehung eines Mietverhältnisses bereit sein wird und nicht nur hinsichtlich des »ob«, sondern auch der **inhaltlichen Ausgestaltung** eine wechselseitige Verknüpfung besteht (bis hin zur teilweisen Anrechnung der Vergütung – wirtschaftlicher Erwerbsdruck!), ist der Mietvertrag im vollen Umfang beurkundungspflichtig (Muster Teil E, Formular XVIII, Rdn. 3907).[8]

Bei einer Personenmehrheit bietet sich an, Miet- und Ankaufsberechtigung in GbR (mit Anwachsung bei Vorversterben eines Beteiligten[9]) zu gestalten oder aber – bei Wahl der gesetzlichen Lösung hinsichtlich des Mietvertrages (§ 563a Abs. 1 BGB; daneben kann eine Rechtsnachfolge auf Mieterseite allenfalls bei vorweggenommener Erbfolge, § 593a BGB, und aufgrund Umwandlungsrechts eintreten[10]) – den Ankaufsanspruch des Vorverstorbenen aufschiebend bedingt an den Überlebenden abzutreten. Ein Mieterwechsel bedarf der Zustimmung des Vermieters (§ 540 Abs. 1 Satz 2 BGB); der i.d.R. dann ebenso gewollte Übergang der Ankaufsberechtigung ist als dreiseitige Vereinbarung separat zu beurkunden (Ausschluss der Übertragbarkeit der Annahmeposition, §§ 413, 399, 2. Alt. BGB). Auch vererblich wird die Annahmeposition regelmäßig nicht sein, es sei denn ein Gleichlauf mit der Eintrittsberechtigung in den Mietvertrag (§ 563 Abs. 2 Satz 1 BGB: zugunsten der im gemeinsamen Haushalt lebenden Kinder) kann hergestellt werden. 9

Das **ordentliche Kündigungsrecht** wird oft für die Zeit der Bindung des Verkäufers an sein Verkaufsangebot ausgeschlossen sein,[11] jedenfalls aber das Eigenbedarfskündigungsrecht des Vermieters. Mit wirksamer Beendigung des Mietvertrages während des Bindungszeitraums soll auch das Ankaufsangebot widerruflich sein.[12] Gefahr, Mängelhaftung und Instandhaltung bleiben vorbehaltlich abweichender Regelung[13] beim Vermieter. Hinsichtlich der außerordentlichen Lasten (etwa Erschließungskosten) wird der Erwerber nach Ausübung des Ankaufsrechts zur Erstattung der seitens des Verkäufers noch getragenen Aufwendungen verpflichtet sein, sofern sie weder bei der historischen Kaufpreisbemessung noch i.R.d. Mieterbetriebskostenumlage (§ 556 Abs. 1 Satz 1 10

---

5 Es sei denn die Minderung beruht auf unterlassenen Instandsetzungsmaßnahmen, die für den Fall der Annahme vom Ankäufer zu tragen/zu ersetzen wären.
6 Vgl. OLG Köln MittRhNotK 1989, 191; BGH NJW 1987, 1069.
7 *Salzig* NotBZ 2005, 16 (Formulierung S. 21) schlägt darüber hinaus vor, die Mietzahlungspflicht entfallen zu lassen, wenn nach Ausübung des Ankaufsrechtes die Fälligstellung des Kaufpreises an der Lastenfreistellung wegen zu hohen Valutastandes scheitert. Damit wird der Verkäufer zu seiner eigenen Disziplinierung »doppelt bestraft« (Entfallen der Miete; Nichtfälligkeit des Kaufpreises). Weiter ist zu erwägen, die Eigentümerrechte und Rückgewähransprüche für bestehende Grundpfandrechte an Verkäufer und Ankaufsberechtigten in GbR abzutreten, solange die nachrangige Vormerkung noch im Grundbuch eingetragen ist.
8 Vgl. OLG Schleswig OLGR 1998, 3; *Salzig* NotBZ 2005, 13, a.A. jedoch OLG Düsseldorf DNotZ 1996, 39.
9 Bleibt es bei der gesetzlichen Folge der Auflösung der GbR durch den Tod eines Gesellschafters, treten die Erben in die Liquidationsgesellschaft bis zur Abwicklung aller Vertragsbeziehungen ein, es besteht nicht etwa ein Sonderkündigungsrecht der GbR (OLG Brandenburg, 02.04.2008 – 3 U 103/07, JurionRS 2008, 23105).
10 Z.B. bei der Ausgliederung aus dem Vermögen eines Einzelkaufmanns auf eine GmbH, OLG Karlsruhe, 19.08.2008 – 1 U 108/08, RNotZ 2008, 628 f. (Az. BGH: XII ZR 147/08).
11 Dies ist gem. BGH, 22.12.2003 – VIII ZR 81/03, MDR 2004, 437 zulässig, und zwar in Individualverträgen zeitlich unbegrenzt, im Formularvertrag für max. 4 Jahre (orientiert an § 557a Abs. 3 BGB; zu letzterem BGH NJW 2006, 1056 sowie BGH NJW 2006, 1059 zur Gesamtunwirksamkeit der Klausel bei Überschreiten der 4-jährigen Kündigungssperre).
12 Wobei *Salzig* NotBZ 2005, 17, darin zuzustimmen ist, dass eine Löschungsvollmacht oder Schubladenlöschung nur für die Fälle der schlichten Nichtausübung bis zum Ablauf der Bindungsfrist tauglich ist.
13 Das Minderungsrecht ist bei Wohnraummietverhältnissen zwingend (§ 536 Abs. 4 BGB) lediglich der Schadens- und Aufwendungsersatzanspruch des Mieters wegen eines Mangels (§ 536a BGB) kann im Individualvertrag vollständig, im Verbrauchervertrag in den Grenzen des § 309 Nr. 7 BGB abbedungen werden.

BGB i.V.m. der BetrKV) berücksichtigt werden konnten.[14] Dem Vermieter/prospektiven Verkäufer muss allerdings bewusst sein, dass er das Mietverhältnis weder kündigen (§§ 573 ff. BGB) noch befristen (§ 575 Abs. 1 BGB) kann, wenn der Mieter vom Ankauf keinen Gebrauch macht oder zum Wirksamwerden/Vollzug des Ankaufs notwendige behördliche/gerichtliche Genehmigungen versagt werden.[15]

11 Ist der Vermieter/Verkäufer Unternehmer, handelt es sich beim »Mietkauf« wegen der nur teilweisen Anrechnung der Miete auf den Kaufpreis um eine entgeltliche **sonstige Finanzierungshilfe** i.S.d. § 499 Abs. 1, 2. Alt. BGB,[16] seit 11.06.2010: § 506 Abs. 1, 2. Alt. BGB (allerdings nicht um verbundene Geschäfte i.S.d. §§ 358, 359 BGB). Wegen der notariellen Beurkundung galten nach der bis zum 10.06.2010 geltenden Rechtslage die in § 499 Abs. 3 Satz 1 BGB i.V.m. § 491 Abs. 3 Nr. 1 BGB genannten Normen nicht; anzuwenden waren jedoch (§§ 496 bis 498 BGB) das Verbot des Einwendungsverzichts sowie der Wechsel- und Scheckbegebung, ferner das Gebot der Offenlegung des »Jahreszinses« (Anrechnung der Miete), der »Nebenkosten« sowie der Tatbestände, bei deren Vorliegen die Miete (Anrechnung) geändert werden kann. Letztere Pflichtangaben (Jahreszins, Kosten und deren Änderung) waren auch bei einem schlichten Teilzahlungsgeschäft (entgeltlicher Zahlungsaufschub in einem Kaufvertrag) zum Ausschluss des Widerrufsrechts des Verbrauchers gem. § 491 Abs. 3 Nr. 1 BGB a.F. erforderlich (vgl. unten Rdn. 1039).

12 Zufolge der **ab 11.06.2010 geltenden Rechtslage** sind notariell beurkundete Verbraucherdarlehensverträge gem. § 506 Abs. 4 i.V.m. § 491 Abs. 3 BGB n.F. – anders als gerichtliche Vergleiche – nicht mehr privilegiert, so das gem. § 506 Abs. 1 BGB n.F. die §§ 358 bis 359a sowie die §§ 491a bis 502 BGB n.F. (bis auf § 492 Abs. 4 BGB) uneingeschränkt gelten.

13 Die Anwendbarkeit des § 491a BGB schafft neue vorvertragliche Informationspflichten (z.B. in Bezug auf die sich aus Art. 247 §§ 1 bis 16 EGBGB n.F. ergebenden Einzelheiten, enthaltend ferner eine Erläuterung des Unternehmers, die gem. § 491a Abs. 3 BGB dem Verbraucher ermöglichen sollen zu beurteilen, »ob der Vertrag dem vom Verbraucher verfolgten Zweck und seinen Vermögensverhältnissen gerecht wird«!). Der Verweis auf § 492 BGB statuiert Anforderungen an die inhaltliche Ausgestaltung des Vertrages selbst: Gem. § 492 Abs. 2 BGB n.F. hat der Vertrag die Angaben nach Art. 247 §§ 6 bis 13 EGBGB zu enthalten; gem. § 492 Abs. 3 Satz 2 BGB n.F. kann jederzeit ein **Tilgungsplan** verlangt werden (sodass dieser am besten von vornherein beigefügt ist).[17] Zu den Folgen ungenügender Information vgl. Rdn. 1082.

14 In der Unternehmer-Verbraucher-Konstellation sowie erst recht bei »Serienverträgen« (wenn also angesichts des erhöhten Ausfallrisikos »modellhafte« Strukturen vorliegen) sind ferner die Grenzen der §§ 305 ff. BGB zu beachten.[18] Relevant wird dies insb. für die Frage, inwieweit i.R.d. Rückabwicklung eine »**Verrechnung**« der vom »Mietkäufer« erbrachten Zahlungen und Modernisierungsaufwendungen mit den durch ihn gezogenen Nutzungsvorteilen möglich ist (in Betracht kommen § 308 Nr. 7 BGB – pauschalierte Nutzungsentschädigung –, § 309 Nr. 5 BGB – Schadenspauschale – sowie § 309 Nr. 6 BGB – Verfallklausel, also Vertragsstrafe). Darüber hinaus muss die Ausweisung der an den Unternehmer zu leistenden Entgelte (auch sonstige Bearbeitungsgebühren etc.) dann dem Transparenzgebot, § 307 Abs. 3 Satz 2 i.V.m. Abs. 1 Satz 2 BGB, entsprechen.

---

14 Da die Höhe dieser Beträge durch den Notar nicht zuverlässig ermittelt werden kann, sollten sie bei der »Entriegelung« der Auflassungssperre nicht berücksichtigt werden.
15 Vorsichtshalber kann erwogen werden, diese zum aufschiebend bedingten Ankauf (z.T., etwa gem. § 1 Abs. 1 Satz 2 GVO und § 2 Abs. 1 Satz 3 GrdstVeG, auch zu einem als Angebot ausgestalteten Ankaufsrecht) bereits vorab einzuholen.
16 OLG Naumburg, OLGR 99, 270; *Hügel/Salzig* Mietkauf, 2006, S. 122; *Biermann-Ratjen* DNotZ 2007, 788/792), *Kessal-Wulf* in: Prüttich/Wegen/Weinreich BGB § 499 Rn. 4; a.A. *Bülow/Artz* Verbraucherkreditrecht 6. Aufl. 2006, § 499 BGB Rn. 42. Vgl. hierzu und zum Folgenden *Salzig* NotBZ 2005, 18 ff. (auf S. 20 ff. Formulierungsvorschlag für Gesamtmietvertrag in Kombination mit einem Ankaufsrecht).
17 Vgl. hierzu den Überblick von *Hertel* in: DAI-Skript Aktuelle Probleme der notariellen Vertragsgestaltung im Immobilienrecht 2010/2011, S. 101 ff., mit Muster eines Verbraucherdarlehensvertrages S. 123 ff.
18 Hierauf weist zu Recht *Biermann-Ratjen* DNotZ 2007, 788, 793, hin.

Kostenrechtlich sind Kauf- und Mietvertrag gegenstandsverschieden (sodass im Fall der Angebotslösung ein Kostenvergleich gem. § 44 Abs. 2b KostO zwischen der 15/10-Gebühr aus dem Kaufpreis[19] [§ 37 KostO] und der 20/10-Gebühr aus der i.d.R. 3-Jahressumme des Mietentgelts [§§ 25 Abs. 1, 36 Abs. 2 KostO] stattzufinden hat). Grunderwerbsteuer fällt erst mit Geltendmachung des Ankaufsrechts an, auch i.S.d. Ertragssteuerrechts (und bis Ende 2005 der Eigenheimzulage) ist das Objekt erst mit Annahme des Angebots/Ausübung der Potestativbedingung und Übergang des Eigenbesitzes auf ihn angeschafft. Die erhaltenen Mieten sind vom Verkäufer als solche zu versteuern, auch wenn sie sich aufgrund Teilanrechnung später als Kaufpreis darstellen.[20] 15

b) Stundung des Kaufpreises (Ratenzahlungskauf)

Häufig verbirgt sich hinter der laienhaften Bezeichnung »Mietkauf« ein **unbedingt abgeschlossener Kaufvertrag**, wobei die Kaufpreiszahlung – unbeschadet der Möglichkeit sofortiger »vorzeitiger« Tilgung auf Wunsch des Käufers (§ 271 Abs. 2 BGB) – in Monatsraten **gestundet** ist (was bei Nichterhebung eines mindestens 3 %igen Stundungszinses zur Zerlegung des Kaufpreises in einen Kapitalanteil – also die Anschaffungskosten als Grundlage für AfA bzw. Eigenheimzulage (bis Ende 2005) – und einen 5,5 %igen, gem. § 20 Abs. 1 Nr. 7 EStG steuerpflichtigen Zinsanteil führt).[21] Regelmäßig wird jedoch (ähnlich § 452 BGB a.F.) ein (notarkostenrechtlich wegen § 18 Abs. 2 KostO unberücksichtigt bleibender) Stundungszins vereinbart sein (auf den sich die Vollstreckungsunterwerfung[22] dann separat vom stattdessen – wegen des Zinseszinsverbotes [§ 289 Satz 1 BGB] nicht daneben – bei Fristüberschreitung geschuldeten Verzugszins zu beziehen hat!); häufig als Teil einer monatlichen Annuität, dessen Kaufpreiserfüllungsanteil sich jeweils um die ersparten Zinsen erhöht.[23] Bei Zahlungszeiträumen, die 10 Jahre übersteigen,[24] kommt zusätzlich eine Wertsicherungsklausel hinsichtlich des Kaufpreises in Betracht, sodass sich auch die monatliche Rate hinsichtlich des enthaltenen Tilgungsanteils entsprechend der Entwicklung des Verbraucherpreisindex verändert. 16

Ist der Verkäufer Unternehmer, sind bei **entgeltlicher Stundung**[25] zusätzlich die §§ 499 ff. BGB, seit 11.06.2010, vgl. Rdn. 18 ff.: § 506 i.V.m. §§ 491a bis 502 BGB (»**Zahlungsaufschub oder sonstige Finanzierungshilfen**«) zu beachten. Anzugeben waren nach altem Recht daher der Jahreszins, etwa in Rechnung gestellte Kosten des Teilzahlungsgeschäfts und – sofern einschlägig – die Voraussetzungen, unter denen Zinssatz und Kosten geändert werden können.[26] Gem. § 501 BGB a.F. i.V.m. §§ 496 ff. BGB waren ferner einschlägig das Einwendungsverzichtsverbot, das Wechsel- und Scheckverbot, die Bestimmungen zur Behandlung von Verzugszinsen sowie zum Wegfall der Stundungsverzinsung nach Kündigung (§ 498 Abs. 2 BGB). 17

Zufolge der **ab 11.06.2010 geltenden Rechtslage** sind notariell beurkundete Verbraucherdarlehensverträge gem. § 506 Abs. 4 i.V.m. § 491 Abs. 3 BGB n.F. – anders als gerichtliche Vergleiche – nicht mehr privilegiert, sodass gem. § 506 Abs. 1 BGB n.F. die §§ 358 bis 359a sowie die §§ 491a bis 502 BGB n.F. (bis auf § 492 Abs. 4 BGB) uneingeschränkt gelten (zu den dadurch geschaffenen vorvertraglichen Informationspflichten, § 491a BGB, und den Gestaltungsanforderungen an den 18

---

19 Im Fall der Mietanrechnung abzüglich des 3-fachen Jahresbetrages der Miete.
20 Vgl. Erlass des Finanzministeriums Schleswig-Holstein v. 27.07.2004 – S. 2170; NWB DokID: C AAAB-36197, auch zur (fragwürdigen) angeblichen Reduzierung der Abschreibungsbasis für den Käufer.
21 Vgl. zu Details i.R.d. Bilanzierung BMF-Schreiben v. 26.05.2005, DStR 2005, 1005.
22 § 794 Abs. 1 Nr. 5 ZPO: »... wegen des zu bezeichnenden Anspruchs ...«. Anzugeben sind dabei auch ein (etwa abstrakt vereinbarter, auf die voraussichtliche Fälligkeit der ersten Rate abstellender) Zinsbeginn und die Zinsfälligkeit, z.B. analog § 488 Abs. 2 BGB jährlich im Nachhinein.
23 Tilgungsrechner (Zahlungspläne) für Annuitätendarlehen finden sich im Internet, etwa unter www.bombus-software.de (Tilgungsplan), derzeit Version 3.1.6.
24 Dies war gem. § 3 Abs. 1 Satz 2 Nr. 1 Buchst. d) PreisKlauselVO a.F. Voraussetzung der Genehmigungsfähigkeit.
25 Diese liegt nicht nur vor, wenn ein offen ausgewiesener Stundungszins zu entrichten ist, sondern auch dann, wenn die Summe der Einzelraten höher ist als der (fiktive) Sofortkaufpreis, wovon i.d.R. ausgegangen werden darf.
26 Vgl. *Salzig* NotBZ 2005, 57.

A. Einführung, Vertragsvorbereitung

Vertrag selbst, § 492 BGB, vgl. Rn. 11b). Die vorrangige Sonderregelung für »Teilzahlungsgeschäfte« (§ 506 Abs. 3 BGB) gilt nur bei beweglichen Sachen.[27]

19 Auf § 503 BGB n.F. (der abweichende Regelungen für Immobiliendarlehensverträge enthält) wird bewusst nicht verwiesen,[28] sodass der Verzugszins gem. § 497 Abs. 1 Satz 1 BGB n.F. fünf Prozentpunkte über dem Basiszins (nicht gem. § 503 Abs. 2 BGB zweieinhalb Prozentpunkte über dem Basiszins) beträgt, und die Gesamtfälligstellung bei Zahlungsverzug sich nicht nach § 503 Abs. 3 BGB richtet (zwei aufeinander folgende Raten, mindestens 2,5 % des Gesamtkaufpreises), sondern nach § 498 Abs. 1 Nr. 1 BGB n.F. (zwei aufeinander folgende Raten, mindestens 10 % des Gesamtkaufpreises bei Laufzeit unter 3, 5 % bei Laufzeit über 3 Jahren).

20 Abweichend von der Gestaltung als Mietvertrag mit Ankaufsoption (oben Rdn. 8 ff., bei welchem lediglich der Mietvertrag und ggf. die Ankaufsberechtigung enden) setzt also in diesem Fall die Gesamtfälligstellung des bisher gestundeten Kaufpreises voraus, dass der Rückstand nicht nur auf mindestens zwei aufeinanderfolgenden Teilzahlungsraten beruht, sondern dass er bei einer Gesamtlaufzeit von über 3 Jahren mindestens 5 % (bei unter 3 Jahren mindestens 10 %) des Gesamtbetrages aller Einzelleistungen zuzüglich Zinsen und sonstiger Kosten beträgt (ähnlich der Mindestschwelle für den Heimfall gem. § 9 Abs. 4 ErbbauRG: zwei Jahresbeträge[29]), ferner dass zuvor eine angemessene (seit 11.06.2010: mind. 2-wöchige) Frist mit Androhung der Gesamtfälligstellung gesetzt wird (§ 498 Abs. 1 BGB). Erst dann ist auch ein Rücktritt vom Kaufvertrag wegen Zahlungsverzuges möglich (§ 503 Abs. 1 Satz 1 BGB i.V.m. § 498 Abs. 1 BGB,[30] ab 11.06.2010: § 506 Abs. 1 Satz 1 BGB i.V.m. § 498 BGB); zugleich modifizieren dann die § 503 Abs. 2 und Abs. 3 BGB (seit 11.06.2010: § 508 Abs. 2 und 3 BGB) die §§ 346 ff. BGB: Wegen § 508 Abs. 2 Satz 3 BGB ist möglicherweise bei einer zwischenzeitlichen Wertminderung der Immobilie, die zugunsten des Verbrauchers zu berücksichtigen ist, ein vollständiger Verbleib der bereits gezahlten Raten beim Verkäufer (als Nutzungsentschädigung) nicht möglich.

21 Das **Widerrufsrecht des § 495 BGB**, auf das ebenfalls in § 506 Abs. 1 BGB n.F. verwiesen wird, besteht nunmehr auch bei notariell beurkundeten Darlehensverträgen,[31] es entfällt gem. § 495 Abs. 3 Nr. 2 BGB nur bei Verbraucher-Darlehensverträgen, die (1) – z.B. wegen § 311b Abs. 1 BGB – »notariell zu beurkunden sind« (also nicht nur »freiwillig« beurkundet werden), sofern (2) eine Bestätigung des Notars vorliegt, dass die Rechte des Darlehensnehmers aus § 491a und § 492 BGB gewahrt seien. Damit macht der Gesetzgeber von der Öffnungsklausel in Art. 14 Abs. 6 der Europäischen Verbraucher-Kreditlinie Gebrauch. Gibt der Notar eine solche Bestätigung nicht ab, steht dem Verbraucher das Widerrufsrecht i.S.d. § 355 BGB zur Verfügung. Die Abgabe einer solchen Bestätigung gehört nicht zu den Pflichtaufgaben des Notars (vielmehr liegt eine Tätigkeit i.S.d. § 24 BNotO vor, ohne Haftungsprivileg), von ihr kann nur dringend abgeraten werden, zumal es dem Notar ohne EDV-Unterstützung kaum möglich sein dürfte, z.B. zu verifizieren, dass die Kreditkosten korrekt ermittelt wurden.[32] Allein die Überprüfung, ob die Belehrungspflichten zum Widerrufsrecht korrekt erfüllt wurden, ist bei Verwendung der gesetzlichen Musterwiderrufsbelehrung (Rdn. 22) entbehrlich.

22 Fehlt (wie es regelmäßig der Fall sein wird) eine solche Notarbestätigung, hat der Darlehensnehmer gem. § 495 Abs. 1 BGB das Widerrufsrecht des § 355 BGB. Im Vertrag müssen dann Pflichtanga-

---

27 *Gutachten* DNotI-Report 2011, 122, 123, vgl. Wortlaut »Lieferung«.
28 *Hügel/Salzig* Mietkauf C Rn. 91, BT-Drucks. 16/11643 S. 91 re. Sp.; S. 142; möglicherweise ging der Gesetzgeber dabei von falschen Voraussetzungen aus, vgl. *Gutachten* DNotI-Report 2011, 122, 124.
29 I.Ü. eignet sich jedoch ein befristetes Erbbaurecht mit Ankaufskomponente (§ 2 Nr. 7 ErbbauRG) häufig besser für das Nebeneinander aus Nutzung und Eigentumserwerb, vgl. *Hügel/Salzig* Mietkauf Teil D und *Maaß* NotBZ 2007, 228.
30 Diese Regelung gehen den allgemeinen Kündigungsschwellen für Immobiliardarlehensverträgen vor: mindestens zwei aufeinanderfolgenden Teilzahlungen und mindestens 2,5 % des Darlehensbetrags (§ 498 Abs. 3 BGB).
31 Anders noch § 491 Abs. 3 Satz 1 BGB a.F.
32 Vgl. *Volmer* DNotZ 2010, 591, 593; von der Erteilung solcher Bestätigungen raten daher ab *Gutachten* DNotI-Report 2010, 116, 117 und 2011, 122, 126.

ben zu Frist und anderen Umständen für die Erklärung des Widerrufs enthalten sein, ebenso ein Hinweis auf die Verpflichtung des Darlehensnehmers, ein bereits ausgezahltes Darlehen wieder zurückzuzahlen und Zinsen zu vergüten, wobei der pro Tag zu zahlende Zinsbetrag anzugeben ist. Diese Angaben (§ 495 Abs. 2 Satz 1 Nr. 1 BGB i.V.m. Art. 247 § 6 Abs. 2 Satz 1 u. 2 EGBGB) können durch Aufnahme einer Vertragsklausel in hervorgehobener und deutlich gestalteter Form entsprechend dem neuen Muster für eine Widerrufsinformation für Verbraucher-Darlehensverträge erfolgen, das als Anlage Nr. 6 zum EGBGB[33] veröffentlicht wurde und gem. Art. 247 § 12 Abs. 1 Satz 5 EGBGB »dem jeweiligen Vertragstyp anzupassen« ist.

Neu ist des Weiteren die Verweisung des § 506 Abs. 1 BGB n.F. auf § 500 Abs. 2 BGB n.F., wonach der Verbraucher-Ratenzahlungskäufer jederzeit seine Verbindlichkeiten aus dem Vertrag vorzeitig erfüllen darf, gegen Vorfälligkeitsentschädigung gem. § 502 BGB. 23

Bei Insolvenz des Käufers,[34] Überschreiten einer bestimmten[35] – beim Unternehmerverkäufer mindestens § 498 BGB genügenden (Rdn. 17) – Rückstandsschwelle, Vollstreckungsmaßnahmen Dritter und ggf. weiteren Umständen (unzureichender Brandversicherungsschutz) – regelmäßig nicht jedoch allein aufgrund Weiterveräußerung[36] – ist die Stundungsabrede kraft Vereinbarung kündbar.[37] Wird der sodann insgesamt fällige Kaufpreis nicht entrichtet und kommt es (anstelle von Vollstreckungsmaßnahmen) zur Rückabwicklung, ist überwiegend vereinbart, dass die geleisteten Kaufpreisraten zu einem erheblichen Teil als Nutzungsentgelte (§ 346 Abs. 2 Nr. 1 BGB) beim Veräußerer verbleiben, und nur i.Ü. rückzuerstatten sind (Verfallklausel[38]), und zwar auch mit Wirkung für einen etwaigen Ablöseglläubiger, welcher die »Raten« erhalten hat.[39] 24

Regelmäßig wiederkehrende vom Käufer getragene Lasten (Grundsteuer, Versicherungsprämie) sowie die Schönheitsreparaturen, die er auch als Mieter üblicherweise zu tragen gehabt hätte, verbleiben bei ihm; notwendige Verwendungen (§ 994 Abs. 1 BGB) sowie die Erschließungskosten (§ 995 Satz 2 BGB) sind jedoch wohl zu erstatten, sofern sie nicht bei der Berechnung des Nutzungsvorteils abgezogen wurden. Andere als notwendige Aufwendungen sind gem. § 347 Abs. 2 BGB nur zu ersetzen, soweit der Verkäufer durch sie noch bereichert ist. Jedenfalls im Individualvertrag kann (bis zur Grenze der Anfechtung durch Gläubiger des Käufers) abweichend vom Gesetz die Erstattung auch nützlicher und sogar notwendiger Aufwendungen abbedungen werden. Der Käufer ist bei Scheitern des Vertrages regelmäßig zur Räumung (Rückgewähr des erlangten Besitzes Zug-um-Zug gegen Erfüllung seiner Ansprüche, § 348 BGB) verpflichtet; ein Mietverhältnis wurde hierdurch nicht begründet. 25

Wirtschaftlich übernimmt in diesem Fall der Verkäufer die Rolle eines Kreditinstituts. Für den (i.d.R. finanzschwachen) Erwerber besteht bis zur Zahlung der letzten »Rate« das Risiko, das Objekt wieder zu verlieren bzw. nicht dauerhaft zu erhalten. Der Verkäufer ist auf den Umstand, dass er über den gesamten erhaltenen Betrag erst nach Schlussabwicklung endgültig frei verfügen kann, und die Gefahr, das Objekt in verändertem, möglicherweise verschlechtertem, Zustand wieder 26

---

33 BGBl. I 2010, S. 980, vgl. ZAP 2010, 913 ff., geändert ab 04.08.2011 in BGBl. I 2011, S. 1600, 1607, mit Berichtigung S. 1942 (anzuwenden jedenfalls ab 05.11.2011, Art. 247 § 6 Abs. 2 Satz 4 EGBGB).
34 Wurde der Käufer bereits nicht nur Besitzer, sondern auch Eigentümer (wenn auch mit durch ihn hingenommenen Sicherungsrechten des Verkäufers belastet [§ 435 BGB]) hat der Verkäufer bereits vorgeleistet, sodass kein Fall des § 103 InsO vorliegt.
35 Etwa orientiert an § 543 Abs. 2 Nr. 3 Buchst. a) und Buchst. b) BGB: 2 Monatsbeträge.
36 Der persönliche und dingliche Vollstreckungszugriff des Verkäufers wird dadurch nicht verschlechtert. Ein Verstoß gegen § 1136 BGB läge in einer solchen Abrede gleichwohl nicht, BGH, NJW 1980, 1625.
37 Damit ist regelmäßig auch das eingetragene Sicherungsgrundpfandrecht (unten Rdn. 28) kündbar. Eine solche Vorfälligkeitsabrede genügt, da an einen wichtigen (an § 490 BGB orientierten) Grund anknüpfend, sowohl den Anforderungen der §§ 339 ff. BGB als auch des § 307 BGB, vgl. OLG Düsseldorf BB 1997, 699.
38 Wegen der identischen Funktion (Druckmittel zur Erfüllung; Erleichterung des Schadensnachweises) sind §§ 339 ff. BGB (Vertragsstrafe) entsprechend anwendbar.
39 An diesen hat der Käufer nicht nur als Zahlstelle des Verkäufers bezahlt, sondern um die Lastenfreistellungsauflage zu erfüllen. Da ein dinglicher Erlassvertrag i.H.d. Verrechnungsanteils zugunsten des Dritten (Ablöseglläubigers) nicht möglich ist, kommt nur ein schuldrechtlicher pactum de non petendo in Betracht.

A. Einführung, Vertragsvorbereitung

»zurück« zuerhalten, hinzuweisen. Je länger die Ratenzahlungsphase bereits angedauert hat, umso nachteiliger sind die Rückabwicklungsfolgen (Erstattung des nicht als Nutzungsentschädigung verbleibenden Anteils) für den Verkäufer.

27 Hinsichtlich der **Rückabwicklungsrisiken** ist entweder der Verkäufer oder der Käufer sicherungsbedürftig, je nachdem, wann das Eigentum umgeschrieben wird:

aa) Sofortige Umschreibung

28 Häufig erfolgt die Umschreibung bereits nach Zahlung der Anfangsrate (sodass alle an das Eigentum anknüpfenden Pflichten wie Grundsteuer,[40] Versicherung,[41] Erschließung,[42] Verkehrssicherung etc. unmittelbar bei ihm entstehen, bis Ende 2005 konnte zudem auf diese Weise die Eigenheimzulagenförderung sofort erlangt werden). Der Kaufpreisrestanspruch des **Verkäufers** ist dann durch ein gutrangiges Grundpfandrecht zu sichern (z.B. durch die streng akzessorische Sicherungshypothek[43] oder durch eine für die Neuvalutierung gedachte Buchgrundschuld mit Abtretungssperre,[44] vgl. Teil E Muster XV, Rdn. 3904). Wählt der Verkäufer stattdessen die Rückabwicklung, ist der daraus resultierende Anspruch durch Vormerkung (im Rang vor der Sicherungshypothek[45] bzw. der Buchgrundschuld[46]) zu sichern. Beide Sicherheiten sind auch gemeinsam eintragungsfähig, zur Sicherung der Wahlmöglichkeit des Verkäufers (kein Verstoß gegen § 1149 BGB[47]).

bb) Aufgeschobener Vollzug

29 Verbleibt es jedoch dabei, dass der Vollzug im Grundbuch erst nach Entrichtung der letzten Rate erfolgt (Teil E Muster XVI, Rdn. 3905; Vollmachten werden hierzu wegen des langen Zeitablaufs kaum erteilt werden, auch der Notar sollte klarstellen, dass er die Akte nicht auf Überwachung hält), ist zunächst das dazwischenliegende »Eigentümer-Besitzer-Verhältnis« zu regeln.

---

40 §§ 2, 10, 12 GrStG.
41 § 69 Abs. 1 VVG.
42 § 134 BauGB, Landeskommunalabgabengesetze.
43 Der Gläubiger kann sich zum Beweis seiner Forderung nicht auf die Eintragung berufen, sodass § 1138 BGB nicht gilt (§§ 1184 Abs. 1, 1185 Abs. 2 BGB).
44 Abtretbarkeit nur mit Zustimmung des Käufers (in der Form des § 29 GBO) samt Vermerk beim Grundpfandrecht, um das Risiko der »Doppelzahlung« sowohl an den Altgläubiger auf das Darlehen als auch an den Neugläubiger auf das dingliche Recht zu vermeiden: Zwar ergibt sich aus dem Sicherungscharakter der Grundschuld (§ 1137 Satz 2 BGB) eine Einrede gegen die »vorzeitige« Geltendmachung des dinglichen Rechts, die gem. § 1157 Satz 1 BGB dem Rechtsnachfolger entgegengehalten werden kann, aber gutgläubig wegerworben werden könnte. Der gute Glaube wird gem. BGHZ 103, 72 nicht bereits durch Kenntnis des Sicherungscharakters der Grundschuld zerstört, sondern nur durch Kenntnis des konkreten Einredetatbestandes selbst (Nichtfälligkeit der dinglichen Grundschuldforderung wegen aktuell laufender Tilgung der Darlehensforderung).
45 Vgl. *Salzig* NotBZ 2005, 57: Teilzahlungen führen bei der Sicherungshypothek zum Entstehen nachrangiger Eigentümergrundschulden, die durch Gläubiger des Käufers gepfändet werden könnten, wenn die Zahlung in der Form des § 29 GBO dem Grundbuchamt nachgewiesen wurde (OLG Celle, 20.07.2006 – 4 W 125/06, NotBZ 2007, 61, i.d.R. aufgrund Mitpfändung des Anspruchs auf Erteilung einer öffentlich beglaubigten Quittung [§§ 1144, 401 BGB]). § 883 Abs. 2 Satz 1 BGB setzt sich jedoch bei vorrangiger Vormerkung durch. Ist die Vormerkung nachrangig, müsste vorsichtshalber das Erlöschen der Teilkaufpreisforderung zur auflösenden Bedingung der (Teil-) Sicherungshypothek erhoben werden, vgl. Palandt/*Bassenge* § 1163 BGB Rn. 14.
46 Pfändbare Eigentümerrechte entstehen hier allenfalls bei (abredewidriger) Zahlung auf die Grundschuld selbst, § 1143 BGB analog, und im Fall des Verzichts, § 1168 BGB. Allerdings besteht die Gefahr des Pfändungszugriffs auf Rückgewähransprüche, die auch bei Fälligstellung der Gesamtrestforderung infolge Verzugs/Insolvenz sich auf den nicht benötigten »bereits getilgten« Teil beziehen können, BGH NJW 1986, 2108 und DNotZ 1990, 592. Letzterem beugt die Beschränkung des Rückgewähranspruchs (Wahlrecht des Grundstückseigentümers, §§ 262 ff. BGB) auf Löschung oder der Vorrang der Rückübertragungsvormerkung vor.
47 MünchKomm-BGB/*Eickmann* § 1149 Rn. 7.

> Beispiele:
>
> Aufrechterhaltung des Versicherungsschutzes durch den Verkäufer bei Prämienerstattung durch den Käufer; »Ob« und »Wie« der Erstattung von Käuferverwendungen auf das Vertragsobjekt; Erstattung später in Rechnung gestellter Erschließungsbeiträge; Räumungspflicht des Käufers bei Rücktritt etc.

In finanzieller Hinsicht sicherungsbedürftig ist der (für den Fall des Scheiterns des Vertrages) bedingte Rückzahlungsanspruch des **Käufers** bzgl. der »kaufbedingten Erhöhung« über das reine Nutzungsentgelt hinaus (z.B. durch Höchstbetragssicherungshypothek am Kaufobjekt). Der Verkäufer ist über die aus dem fortbestehenden Eigentum erwachsenden Haftungsfolgen und möglichen Inanspruchnahmen (etwa in Bezug auf Erschließungskosten), der Käufer über die aus der fehlenden Eigentumsumschreibung erwachsenden Beleihungsprobleme und steuerliche Nachteile zu belehren. Bei noch valutierenden Verkäuferbelastungen sollte der Ratenzahlungsanspruch an den Gläubiger wirksam abgetreten sein.[48]

c) Kauf mit Darlehen des Verkäufers

Denkbar ist schließlich auch ein **Kaufvertrag mit Darlehensgewährung durch den Verkäufer**, abgesichert durch gleichzeitig mit der Umschreibung gem. § 16 Abs. 2 GBO einzutragende Grundschuld wie bei einer Bankfinanzierung.[49] Auf Vormerkungsschutz und Kaufpreisüberwachung kann naturgemäß verzichtet werden; die Verzinsung beginnt mit Umschreibung, da das Darlehen dann als valutiert gilt. Früherer Besitzübergang wird durch eine Nutzungsentschädigung abgegolten. Schwierigkeiten bereitet dem Laien die Zinsrechnung (Tilgungswirkung);[50] der Zinsanteil ist beim Verkäufer stets (bei Überschreiten des Sparerfreibetrages) steuerpflichtig. Soweit der Verkäufer selbst fremdfinanziert hat, wird allerdings der Erwerber das Objekt zunächst noch mit dem Fremdgrundpfandrecht belastet zu übernehmen haben; zur Vermeidung zweckwidriger Verwendung seiner Darlehenszahlungen sind diese an den Fremdgläubiger (zur Reduzierung der dortigen Schuld) abzutreten. Damit der Verkäufer die von ihm geleisteten Fremddarlehenszinsen als Werbungskosten bei den Einkünften aus Kapitalvermögen absetzen kann, sollte der dem Enderwerber berechnete Zins den von ihm entrichteten maßvoll (Risikozuschlag; Überschusserzielung) übersteigen. Angesichts der fortschreitenden Tilgung reduziert sich (anders als bei der Ratenzahlungsvariante) in diesem Fall das Risiko des Verkäufers mit zunehmendem Zeitablauf. Kommt es dem Käufer auf frühzeitigen Eigentumserwerb (etwa wegen der früheren Eigenheimzulage) an, empfiehlt sich die Darlehensvariante besonders. **30**

Bei Darlehensgewährung durch einen Unternehmer-Verkäufer gelten die zusätzlichen Anforderungen an Verbraucherdarlehensverträge, wenn auch – da notariell beurkundet – nach der bis 10.06.2010 geltenden Rechtslage ohne die in § 491 Abs. 3 Nr. 1, 492 bis 495 BGB in Bezug genommenen Vorschriften, bzw. – da eine grundpfandrechtliche Sicherung verlangt wird – nach der ab 11.06.2010 geltenden Rechtslage gem. § 503 Abs. 1 BGB ohne §§ 497 Abs. 2 und Abs. 3 Satz 1, 2, 4 und 5 sowie §§ 499, 500 und 502 BGB n.F. Ein Widerrufsrecht besteht nach neuer Rechtslage nicht bei notariell beurkundeten Darlehensverträgen, wenn der Notar bestätigt (!), dass die Rechte des Darlehensnehmers aus §§ 491a und 492 BGB gewahrt sind (vgl. § 495 Abs. 3 Nr. 2 BGB n.F. Rdn. 21). **31**

---

48 Gesamtformulierungsvorschlag bei *Salzig* NotBZ 2005, 61 ff.
49 Die Vereinbarung einer Verpflichtung zur Rückübertragung der Immobilie gegen Erstattung der bereits getilgten Darlehensbeträge bei Fälligwerden des Gesamtdarlehens (mit Vormerkungssicherung) ist gem. § 1149 BGB nur zulässig, wenn das Darlehen nicht grundpfandrechtlich gesichert ist, BGH NJW 2003, 1041.
50 Tilgungsrechner (Zahlungspläne) für Annuitätendarlehen finden sich im internet, etwa unter www.bombus-software.de (Tilgungsplan), derzeit Version 3.1.6.

A. Einführung, Vertragsvorbereitung

▶ **Hinweis:**
Vorzuziehen ist, soweit möglich, stets die Abwicklung als »endgültiger« Direktkauf unter Fremdfinanzierung durch ein Kreditinstitut.

II. Ziel und Umfang der Beurkundungspflicht

1. Zweck der Beurkundungspflicht

a) Formzwecke

32 Die schuldrechtliche Verpflichtung[51] zur Veräußerung oder zum Erwerb eines inländischen Grundstücks ist gem. § 311b Abs. 1 Satz 1 BGB nur wirksam, wenn sie notariell beurkundet ist. Die in dieser Rigidität in den europäischen Rechtsordnungen nicht selbstverständliche Pflicht der **Verkörperung**[52] von auf den Erwerb oder die Veräußerung von Immobilien gerichteten Willenserklärungen in notarieller **Beurkundung** verfolgt mehrere, sich teilweise überlappende **Zwecke:**[53]
– Aufklärung des Sachverhalts (§§ 17, 21 BeurkG) anhand des Grundbuchs und der rechtsgeschäftlichen Vorstellungen der Beteiligten;
– klare und zweideutige Formulierung des Gewollten. Besonders streng sind die Anforderungen im Bereich der grundbuchlichen Erklärungen (wegen § 29 GBO) und bei der Abfassung (und Einhaltung, »peinlich genau«) von Treuhandauflagen. Auslegungsbedürftigkeit kann Haftungsansprüche auslösen;[54]
– Beweissicherung durch öffentliche Urkunde in Form einer Niederschrift, §§ 8, 9 BeurkG, § 415 ZPO;

33 – Feststellung der Identität der Beteiligten und ihrer Geschäftsfähigkeit (§§ 10, 11 BeurkG); Verbindung der Blätter der Urkunde gem. § 44 BeurkG, Verwahrung des Originals in der Urkundensammlung des Notars; dadurch zugleich Fixierung des Verhandlungsergebnisses und Abgrenzung von der reinen Vorbesprechungsphase;
– Verbraucherschutz durch Beratung und Belehrung, insb. für unerfahrene und ungewandte Beteiligte (§ 17 BeurkG); Feststellung versteckter Dissense und Niederlegung des Willens der Beteiligten in rechtlich klarer Form;
– Schutz vor Übereilung (Warnfunktion), der bereits beim schuldrechtlichen Geschäft einsetzen muss und zum dinglichen Übertragungsakt (wie etwa im spanischen Recht) zu spät käme.

b) Besonderheiten bei Verbraucherverträgen: § 17 Abs. 2a BeurkG

34 Umstände und Form des Beurkundungsverfahrens müssen die Unparteilichkeit wahren, auch ggü. einem Verkäufer, der an zahlreichen Veräußerungsvorgängen beteiligt ist (gegen sog. Mitternachtsnotare: § 17 Abs. 2a BeurkG). Diese berufsrechtlichen Pflichten des Notars werden bei der Beurkundung von Verbraucherverträgen i.S.d. § 310 Abs. 3 BGB, also von Verträgen zwischen Unternehmer

---

51 Nicht formbedürftig sind Vorgänge, bei denen sich ein faktischer Zwang zum Immobilienerwerb allein aus der Möglichkeit gesetzlicher Aufwendungsersatzansprüche bei Nichterwerb ergibt, nicht aus rechtsgeschäftlicher Vereinbarung des Nachteils, vgl. OLG Karlsruhe, 24.04.2009 – 14 U 53/06, NotBZ 2010, 62 (nur Ls.).
52 Zur Frage, ob eine in bestimmter Form zu verkörpernde Willenserklärung auch in dieser Form abgegeben werden bzw. zugehen muss *Schippers* DNotZ 2006, 726 ff. Die Rspr. sieht auch den Zugang einer formbedürftigen Willenserklärung (§ 130 Abs. 1 BGB) nur als erfüllt an, wenn er in dieser Form stattfindet.
53 Vgl. *Köbl* DNotZ 1983, 207.
54 BGH, 16.10.2003 – III ZR 62/03, NJW 2004, 69; hierzu *Ritter* NJW 2004, 2137 und BGH, 22.01.2004 – III ZR 99/03, DNotI-Report 2004, 98 (Verjährung beginnt, sobald der Vertragsgegner aus dem für ihn – vermeintlich – günstigen Vertragsinhalt Rechte herleitet, v.a. Klage erhebt).

und Verbraucher,[55] durch die Ergänzung des § 17 Abs. 2a BeurkG mit Wirkung seit 01.08.2002 näher konkretisiert.[56]

Hiernach soll der Notar zum einen darauf hinwirken,[57] dass die rechtsgeschäftlichen Erklärungen des Verbrauchers (z.B. beim Erwerb einer Immobilie oder der Bestellung eines Grundpfandrechts, also auch außerhalb der Beurkundungspflicht gem. § 311b Abs. 1 Satz 1 und Abs. 3 BGB, jedoch mit Ausnahme reiner Erfüllungs- und Vollzugsgeschäfte)[58] von diesem persönlich oder durch eine Vertrauensperson (also nicht durch die andere Vertragspartei, jener nahe stehende Beteiligte, Makler, Notarangestellte)[59] vor dem Notar abgegeben werden. Nicht zu den Vollzugsgeschäften gehört die Bestellung von Finanzierungsgrundpfandrechten.[60] 35

Zum anderen soll der Notar darauf hinwirken, dass dem Verbraucher ausreichend Gelegenheit gegeben wird, sich vorab mit dem Gegenstand der Beurkundung auseinander zu setzen. Bei Kaufverträgen über Grundstücke, Wohnungseigentum und Erbbaurechte geschieht Letzteres nach dem Gesetzestext im Regelfall dadurch, dass dem Verbraucher der **beabsichtigte Text des Rechtsgeschäfts 2 Wochen vor der Beurkundung zur Verfügung** gestellt wird.[61] 36

Entgegen früheren Entwurfsfassungen des Gesetzes ist damit klargestellt, dass das unmittelbare Rechtsgeschäft zwischen Verbraucher und Verbraucher oder zwischen Unternehmer und Unternehmer nicht unter die Sonderbestimmung fällt, weiterhin dass die **2-wöchige »Überlegungsfrist«** bspw. nicht bei der Bestellung von Grundpfandrechten greift, da die Pflicht zur Beurkundung dort nicht auf § 311b Abs. 1 BGB beruht, sondern auf § 794 Abs. 1 Nr. 5 ZPO. Ein **Rücktrittsrecht zugunsten des Verbrauchers** ist der gesetzlichen Vorgabe nicht gleichwertig.[62] Eine **Pflicht zur Dokumentation der Fristwahrung** besteht nicht; gleichwohl kann ein Vermerk als »Merkposten« dienen und **Beweisnöte** beheben. 37

---

55 Wird in einem Vertrag zwischen Verbraucher und Verbraucher ein Provisionsversprechen zugunsten eines unternehmerisch tätigen Maklers abgegeben, handelt es sich auch insoweit um einen Verbrauchervertrag, vgl. *Grziwotz* ZfIR 2010, 603.

56 Ähnliche Vorgaben waren bisher in Richtlinien der NotK enthalten, vgl. etwa die Richtlinien-Empfehlungen der BNotK, Abschnitt II 1 Satz 3. Zur Entstehungsgeschichte der Ergänzung des § 17 Abs. 2a BeurkG *Schmucker* DNotZ 2002, 510, umfassend hierzu *Litzenburger* RNotZ 2006, 180 ff.

57 Es handelt sich nicht um eine »Erfolgspflicht«, vgl. BNotK-Rundschreiben 20/2003, v. 28.04.2003 = ZNotP 2003, 257 ff. Es besteht demnach zwar ein Recht, nicht aber eine Pflicht zur Ablehnung der Beurkundung, wenn die Einhaltung des Verfahrens trotz entsprechender Initiative des Notars nicht möglich ist.

58 Aufgrund teleologischer Reduktion, vgl. auch Abschnitt C III der Anwendungsempfehlungen. Erfasst sind etwa die Erklärung der beim Bauträgervertrag oder einem Teilflächenkauf ausgesetzten Auflassung sowie Änderungen der Teilungserklärung/Gemeinschaftsordnung, bei welchen sich bisherige, nicht unmittelbar betroffene Käufer durch Vollmacht vertreten lassen (*Hertel* ZNotP 2002, 287). Insoweit ist die Belehrung bereits im Bauträgervertrag erfolgt.

59 *Hertel* ZNotP 2002, 288; *Sorge* DNotZ 2002, 603; *Schmucker* ZNotP 2003, 243; *Brambring* ZfIR 2002, 597; OLG Schleswig, 06.07.2007 – Not 1/07, RNotZ 2007, 622 mit zur Begründung krit. Anm. *Litzenburger*, ebenso der Berufsrechtsausschuss der BNotK, vgl. BNotK-Intern 2003, 3: das dem Mitarbeiter entgegengebrachte Vertrauen beruht auf der Unabhängigkeit des Notars, nicht auf dessen Rolle als Interessenvertreter des Verbrauchers; a.A. *Litzenburger* NotBZ 2002, 281; *Maaß* ZNotP 2004, 216; *Helms* ZNotP 2005, 18 und (für die Kammer Stuttgart) *Grigas* BWNotZ 2003, 104 sowie die früheren Richtlinien der Kammern Frankfurt und Hamburg bei ausreichender vorheriger Belehrung, vgl. www.bnotk.de/Richtlinienempfehlungen/Synopse. Vermittelnd BNotK-Rundschreiben 20/2003 v. 28.04.2003, S. 5 = ZNotP 2003, 257 ff.: Notarangestellter kann Vertrauensperson sein, wenn die Initiative zu dessen Einschaltung vom Verbraucher ausgeht, strenger BNotK-Rundschreiben Nr. 25/2010 v. 05.10.2010: unzulässig sei nicht die Aufnahme der Mitarbeitervollmacht in den Entwurf, aber deren Verwendung, sofern nicht durch »besondere sachliche Gründe gerechtfertigt«: allein die räumliche Distanz ist kein solcher besonderer Grund.

60 Jedenfalls wenn ein abstraktes Schuldversprechen aufgenommen wird: OLG Schleswig, 06.07.2007 – Not 1/07, ZNotP 2007, 430, wobei *Zimmer* ZNotP 2007, 407 zu Recht darauf hinweist, dass angesichts der bereits im Darlehensvertrag und der Sicherungsvereinbarung eingegangenen Bindung wenig Variationsmöglichkeit besteht.

61 Ausreichend ist das allgemeine Vertragsmuster für das betreffende Bauvorhaben bzw. Baugebiet, nicht ein Entwurf i.S.d. § 145 KostO. Bezugsurkunden (Baubeschreibung/Teilungserklärung) sind ebenfalls zur Verfügung zu stellen.

62 Der Verbraucher kann die während der »Bedenkzeit« gewonnenen Erkenntnisse nicht in den Vertrag einfließen lassen; die psychologische Hemmschwelle vor dem Rücktritt ist größer als vor der Abstandnahme vom Vertrag.

A. Einführung, Vertragsvorbereitung

▶ **Formulierungsvorschlag: Dokumentation der 2-wöchigen »Überlegungsfrist«**

38   Der Käufer bestätigt, dass ihm gem. § 17 Abs. 2a BeurkG mindestens 2 Wochen vor der heutigen Beurkundung der beabsichtigte Text des Vertrages zur Prüfung und Durchsicht zur Verfügung gestellt wurde, sodass er ausreichend Gelegenheit hatte, sich mit dem Gegenstand der Urkunde auch durch Rücksprache mit dem Notariat auseinander zu setzen.

39   Die 2-wöchige Frist ist als »Regelfall« ausgestaltet. Es ist also in **Ausnahmefällen** denkbar, bspw. in Grundstücksgeschäften versierten Verbrauchern[63] oder aus Gründen der privaten Zeitplanung (bspw. gebuchte Urlaubsreise des Verbrauchers; Sorge vor einem anderweitigen Verkauf des Objektes) von der Regelfristvorgabe abzusehen, wenn (1) einer der vorgenannten sachlichen Gründe vorliegt und (2) der Notar sich davon überzeugt hat, dass der Verbraucher sich mit dem Inhalt des Rechtsgeschäfts ausreichend beschäftigt hat,[64] also der vom Gesetz bezweckte Überlegungsschutz in anderer Weise gesichert ist.[65] Beide Voraussetzungen können etwa gegeben sein, wenn zur **Vermeidung von Steuernachteilen** (»Neujahrsfalle« bei der früheren Eigenheimzulage) die Beurkundung noch im alten Jahr durchgeführt werden muss und gewährleistet ist, dass der Schutzzweck der Wartefrist anderweit erreicht wurde.

Dies entspricht der zutreffenden Grundüberzeugung, dass der (auch europarechtlich vorgegebene) statusorientierte Verbraucherschutz in die Irre führt und besser durch einen notariell vermittelten Individualschutz ersetzt werden sollte.[66]

▶ **Formulierungsvorschlag: Nichteinhaltung der 2-wöchigen »Überlegungsfrist«**

40   Der Notar hat darauf hingewiesen, dass § 17 Abs. 2a BeurkG im Regelfall die Übersendung eines Entwurfes 2 Wochen vor der Beurkundung verlangt, um dem Verbraucher ausreichend Gelegenheit zu geben, sich vorab mit dem Gegenstand der Beurkundung auseinander zu setzen. Dies ist bisher nicht geschehen, sodass der Notar dringend empfohlen hat, die Beurkundung zu verschieben. Der Verbraucher besteht jedoch auf der heutigen Beurkundung und erklärt, er sei sich über die rechtliche und wirtschaftliche Tragweite des Geschäftes im Klaren und wisse auch, dass der Notar Wert, Beschaffenheit und Finanzierbarkeit des Objektes nicht prüft. Auch die Vereinbarung eines befristeten Rücktrittsrechts werde nicht gewünscht. Das Abwarten der Prüfungsfrist sei ihm nicht zumutbar, weil .....

41   Der »beabsichtigte Text des Rechtsgeschäfts« wird regelmäßig durch **Entwurfübersendung** bekannt gegeben werden; bei **Serienverträgen** (Bauplatzverkäufen in einem Baugebiet, Bauträgerverträgen) dürfte der nicht näher individualisierte Muster-Bauträgervertrag zum konkreten Objekt genügen.[67] **Abweichungen des tatsächlich beurkundeten Vertrages vom Entwurf** sind sicherlich unschädlich, wenn sie auf Betreiben des Verbrauchers aufgenommen wurden oder sich aus der gemeinsamen Verhandlung in der Beurkundungssituation ergaben; Gleiches gilt für den Wechsel des Beteiligten auf Verbraucherseite, wenn der »eintretende« Verbraucher in einem Vertrauensverhältnis zum »bisherigen« Beteiligten steht.[68] Ein Verstoß gegen die gesetzlich konkretisierte Pflicht des Notars, unkundige Beteiligte vor Überraschungen zu bewahren, führt nicht zur Unwirksamkeit des Rechtsgeschäfts, stellt allerdings eine Amtspflichtverletzung dar, kann berufsrechtliche Konsequenzen haben[69] und der Kostenrechnung gem. § 16 KostO entgegengehalten werden.[70]

---

63   KG, 27.06.2008 – 9 W 133/07, DNotZ 2009, 47; a.A. *Grziwotz* ZfIR 2009, 630.
64   Nach *Armbrüster* NotBZ 2009, 54 ff. sind an den erforderlichen sachlichen Grund »keine allzu hohen Anforderungen zu stellen«.
65   Dies ist nicht erfolgt im Sachverhalt des KG, 27.06.2008, DNotZ 2009, 47 (Beurkundung am Sonntag wenige Stunden nach der ersten Besichtigung des Objekts nur von außen).
66   Vgl. *Volmer* MittBayNot 2005, 33.
67   Der Text kann auch durch den Verkäufer oder Makler übersandt werden, *Hertel* ZNotP 2002, 289. Empfehlenswert ist allerdings ein zusätzliches unmittelbares Herantreten des Notars an den Verbraucher, BNotK-Rundschreiben 20/2003 v. 28.04.2003, S. 8.
68   BNotK-Rundschreiben 20/2003 v. 28.04.2003, S. 9.
69   Die von der BNotK vorgeschlagene Ergänzung der Amtsenthebungstatbestände des § 50 Abs. 1 Nr. 9 BNotO wurde allerdings nicht in das Gesetz aufgenommen.
70   KG, 27.06.2008 – 9 W 133/07, DNotZ 2009, 47; *Grziwotz* ZfIR 2009, 627 ff.

2. Formelle Anforderungen an die Beurkundung

a) Beurkundungsperson

Der Beurkundung durch die gem. §§ 1, 3 BNotO zu Notaren bestellten Personen, deren amtlich bestellten Vertretern[71] oder Notariatsverwaltern stehen aufgrund aufrechterhaltenen landesrechtlichen Vorbehalts (§§ 60 Nr. 68, 61 Abs. 4 BeurkG) Beurkundungen durch die baden-württembergischen **Ratsschreiber** gleich (§ 1 Abs. 2 BeurkG). Gleiches gilt gem. § 10 Abs. 2 KonsG für durch einen deutschen **Konsularbeamten**[72] aufgenommene Urkunden. Auch gerichtlich[73] protokollierte Vergleiche ersetzen gem. § 127a BGB, §§ 160 ff. ZPO bei Einhaltung der prozessrechtlichen Form die notarielle Beurkundung. **42**

b) Beurkundungsverfahren

Zu errichten ist bei Kaufverträgen eine notarielle Urkunde in Form einer Niederschrift über Willenserklärungen; hinsichtlich der Einzelheiten wird auf die Kommentare und Handbücher zum BeurkG[74] und zur Dienstordnung DONot[75] verwiesen. Die Niederschrift enthält im Urkundseingang Angaben über Ort und Tag der Verhandlung, die genaue Bezeichnung des Notars und der Vertragsbeteiligten sowie die Art der Feststellung ihrer Identität (hierzu eingehend Rdn. 256 ff., auch unter Berücksichtigung des Geldwäschegesetzes), ferner Feststellungen zur Vertretung der Beteiligten und ggf. Nachweise über ihre Vertretungsmacht gem. § 21 BNotO oder durch Bezugnahme auf die Registerakten desselben AG. **43**

Die Niederschrift ist nach dem Verlesen[76] des ggf. geänderten[77] Textes durch die Beteiligten (nicht nur mit dem Vornamen) und den Notar[78] zu unterzeichnen,[79] wobei eine bloße Paraphe (Abkürzung, Handzeichen) wie stets bei rechtserheblichen Erklärungen[80] nicht genügt,[81] wohl aber die **44**

---

71 Erforderlich ist dann die Angabe des Notarvertreters und des vertretenen Notars, *Perterßen* RNotZ 2008, 198 ff., auch zur überzogenen Rspr. des OLG Hamm, DNotZ 1998, 565 ff. m. Anm. *Reithmann*, wonach die Bezeichnung des Vertreters als »Notar« in der Urkunde zur Unwirksamkeit führen soll.

72 Gem. § 19 Abs. 1 KonsG sind nur Berufskonsularbeamte mit der Befähigung zum Richteramt ohne Weiteres zur Wahrnehmung aller konsularischen Aufgaben befugt; andere sollen sie nur dann vornehmen, wenn sie hierzu vom Auswärtigen Amt besonders ermächtigt sind (ein Verstoß hiergegen berührt jedoch nicht die Wirksamkeit der Urkunde). Gleiches gilt gem. § 24 Abs. 1 KonsG auch für Honorarkonsuln (»Ehrenbeamte«). Bloße Unterschrifts- und Abschriftsbeglaubigungen sind jedoch ohne Einschränkungen möglich.

73 Nicht ein im schriftlichen Verfahren nach § 278 Abs. 6 ZPO protokollierter Prozessvergleich, vgl. *Gutachten* DNotI-Report 2008, 75.

74 Z.B. *Eylmann/Vaasen* BNotO/BeurkG; *Huhn/v. Schuckmann* BeurkG; *Lerch* BeurkG.

75 Z.B. § 28 Abs. 1 Satz 2 DONot: Ausschreibung wichtiger Zahlen auch in Buchstaben. Die Verwendung der reformierten Schreibweise ist (auch seit 01.08.2005) nicht vorgeschrieben, vgl. *Sikora* MittBayNot 2006, 121.

76 Durch oder in Gegenwart des Notars; das Vorlesen durch ein Spracherkennungssystem (»Sprachautomat«) genügt jedoch nicht, vgl. DNotI-Gutachten Faxabruf Nr. 88758. Gem. § 13 Abs. 1 Satz 3 BeurkG wird bei eigenhändiger Unterschrift der Beteiligten vermutet, dass die Niederschrift vorgelesen wurde, ferner dass die in ihr erwähnten Anlagen vorgelegen haben, BGH NJW 1994, 1288.

77 Sofern nach einer Änderung nicht ein Neuausdruck der Seite erfolgt, sondern die Anpassung im Original selbst sichtbar bleibt, sollte bei mehr als geringfügigen Anpassungen ein vom Notar unterschriebener Randvermerk (»geändert, Müller, Notar«) klarstellen, dass die Änderung vor der Unterzeichnung erfolgte (bei Klarstellungen, z.B. der Streichung doppelter Worte, kann dies unterbleiben). Eine Siegelung des Änderungsvermerks ist nicht erforderlich, OLG Schleswig, 16.06.2010 – 2 W 86/10 notar 2011, 28 m. Anm. *Stuppi*.

78 Die Wirksamkeit wird nicht durch Beifügung einer unrichtigen Amtsbezeichnung (»Notarvertreter« statt »Notar«) beeinträchtigt: *Gutachten* DNotI-Report 2011, 35 (Richtigstellungsvermerk gem. § 44a Abs. 2 Satz 1 BeurkG also möglich).

79 Zur Nachholung vergessener Unterschriften *Lischka* NotBZ 1999, 8. Für die Wirksamkeit genügt schlüssige Handlung vor dem Notar (sie ist also auch bei versehentlichem Unterbleiben der Unterschrift wirksam), OLG Rostock NotBZ 2006, 367.

80 Bei der Zustellung ist die Paraphe des Zustellers allerdings ein durch Nachholung heilbarer Mangel, vgl. BGH v. 28.09.2007 – V ZR 276/06.

81 BGH DNotZ 2003, 269 m. Anm. *Heinemann* DNotZ 2003, 251 und NotBZ 2003, 467 (Letzterer empfiehlt, in Ausfertigungen und beglaubigten Abschriften die Unterschrift nur maschinenschriftlich mit »gez.«-Vermerk anzubringen, sofern keine jedenfalls offensichtlich unwirksame Unterschrift vorliegt). *Renner* NotBZ 2003, 187 wirft ihm vor, die mögliche

versehentliche Unterzeichnung mit einem falschen Namen (irrige Annahme eines Doppelnamens infolge Heirat)[82] und die Beifügung eines falschen Vornamens,[83] nicht jedoch mit einer Fantasiebezeichnung.[84] Mit Wissen und Wollen[85] aller Beteiligten können mehrere Kaufverträge durch **Sammelbeurkundung der gemeinsamen Textpassagen** »parallel« protokolliert werden; standesrechtlich unbedenklich ist dies nur bei bis zu drei Verträgen etwa im Rahmen von Teilflächenverkäufen von Straßengrund, wenn anschließend Personaldaten und Kaufpreis »in Klausur« vorgelesen und Gelegenheit zur Stellung weiterer Fragen gegeben wird.

▶ Formulierungsvorschlag: Sammelbeurkundung

45   Bei der heutigen Beurkundung sind weitere Käufer anwesend. Gem. § 13 Abs. 2 BeurkG wird der übereinstimmende Inhalt ihrer eigenen Erklärungen nur einmal in gemeinsamer Sitzung, die individuellen Bestandteile sodann in getrennter Sitzung verlesen. Der Beteiligte, der in gemeinsamer und separater Sitzung Fragen stellen kann, ist hiermit einverstanden. Kostenrechtliche Änderungen ergeben sich nicht.

c) Verweisung

46 **Konstitutive Erklärungen** können gem. § 9 Abs. 1 Satz 2 BeurkG auch in **Anlagen** enthalten sein, auf die in der Haupturkunde verwiesen wird und die beigefügt werden. Sie sind zu verlesen, ausgenommen Fälle des § 14 BeurkG (dann Unterzeichnung jeder Seite einzeln). Letztere Erleichterung steht zu Gebote etwa bei Bilanzen[86] sowie bei Bestandsverzeichnissen, etwa Inventaren, wohl auch Grundstückslisten,[87] als Bestandteil eines Unternehmenskaufvertrages.[88] Noch zu beschaffende oder herzustellende Gegenstände können allerdings nicht gem. § 14 BeurkG erfasst werden, ebenso wenig Kaufpreislisten, welche die anteilig auf einzelne Objekte entfallenden Beträge beziffern.[89]

▶ Formulierungsvorschlag: Sachanlageverzeichnisse nach § 14 BeurkG

Diese Unterlagen sind in der Anlage beigefügt; auf sie wird verwiesen. Sie wurden den Beteiligten zur Kenntnisnahme vorgelegt und von ihnen – auf jeder Seite einzeln – unterschrieben. Auf deren Verlesung wird gem. § 14 Abs. 1 Satz 1 BeurkG allseits verzichtet.

Unwirksamkeit von Urkunden durch technische Verfahren zu verschleiern). Es muss ein die Identität des Unterschreibenden ausreichend kennzeichnender individueller Schriftzug vorliegen, der einmalig ist, entsprechende charakteristische Merkmale aufweist, die Absicht einer vollen Unterschriftsleistung erkennen lässt und sich als (wenn auch flüchtiger und nicht im Ganzen lesbarer) Namenszug darstellt. Willkürliche Schnörkel und Zeichen können dagegen bei Unterschriftsbeglaubigungen als Handzeichen beglaubigt werden (OLG Hamm DNotZ 2001, 956 »heilt« einen fälschlich als Unterschriftsbeglaubigung bezeichneten Vorgang als Beglaubigung eines Handzeichens gem. § 40 Abs. 6 BeurkG; auch solche Beglaubigungen tragen die Echtheitsvermutung des § 440 Abs. 2 ZPO und die Beweisregel zur Abgabe der vom Handzeichen gedeckten Erklärung des § 416 ZPO. Eine bloße Buchstabenfolge als gewollte Namensabkürzung trägt jedoch weder § 440 Abs. 2 ZPO noch § 416 ZPO, vgl. BGH, 15.11.2006 – IV ZR 122/05).

82 BayObLG, NJW 1956, 24; *Gutachten* DNotI-Report 2005, 114.
83 OLG Köln, 07.12.2009 – 2 Wx 83 und 84/09 notar 2010, 113 (Unterzeichnung durch die Ehefrau mit dem Vornamen des Ehemannes).
84 KG NJW-RR 1996, 1414. Auch die Unterzeichnung mit einem abfälligen Vermerk (»Spinnst Du«) reicht nicht, vgl. DNotI-Gutachten FaxabrufNr 89915.
85 BGH ZflR 2000, 580: der Erwerber hatte eingewandt, er habe beim Verlesen des Textes nicht unterstellt, dass dieses Vorlesen ihn betreffe.
86 Erfasst sind wohl auch Gewinn- und Verlustrechnungen, betriebswirtschaftliche Auswertungen und andere Unterlagen zur kaufmännischen Rechnungslegung, Bilanzanhänge, Berichte der Wirtschaftsprüfer etc; vgl. *Deutscher Notarverein* notar 2008, 236.
87 Vgl. *Deutscher Notarverein* notar 2008, 236; *Winkler* BeurkG, § 14 Rn. 23; a.A. *Gutachten* DNotI-Report 2003, 17.
88 Hierzu *Ising/von Loewenich* ZNotP 2003, 176: auch Grundstücke, Beteiligungen oder andere Vermögensgüter können Gegenstand des Bestandsverzeichnisses sein, sofern nicht alle gleichartigen Vermögensgüter des Veräußerers übertragen werden.
89 *Hermanns* in: FA-KölnerhdbGesR Teil E Rn. 882.

Karten, **Zeichnungen** und **Abbildungen** (§ 9 Abs. 1 Satz 3 BeurkG), z.B. auch Fotografien,[90] sind anstelle des Vorlesens zur Durchsicht vorzulegen und zu genehmigen. Es empfiehlt sich, solche **Plananlagen zur Beweissicherung** ebenfalls **von den Beteiligten unterzeichnen zu lassen**. Alle Anlagen sind gem. § 44 BeurkG, §§ 29 f. DONot[91] mit Schnur und Siegel der Haupturkunde beizubinden (unzureichend wäre die bloße Verwahrung in einem verklebten Umschlag, der seinerseits der Urkunde beigeheftet ist). Hinsichtlich solcher Anlagen gelten zwar die grundsätzlichen Anforderungen des § 29 Abs. 1 DONot (Dauerhaftigkeit, Fälschungssicherheit) entsprechend, nicht aber die Bestimmungen an deren konkrete Gewährleistung (z.B. § 29 Abs. 2 DONot: lediglich Verwendung blauer oder schwarzer Tinte, Vorliegen eines Prüfungszeugnisses der Papiertechnischen Stiftung PTS in Heidenau etc.).[92]

47

Häufigste Anwendungsfälle der **Kartenverweisung** (§ 13 Abs. 1 Satz 1 a.E. BeurkG – zu unterscheiden von der eingeschränkten Beifügungspflicht bei amtlichen Karten gem. § 13a Abs. 4 BeurkG Rn. 168) sind Rechtsgeschäfte über zu vermessende Teilflächen (Rdn. 768 ff.) sowie Dienstbarkeitsbestellungen mit Kennzeichnung des örtlichen Ausübungsbereichs. Da die Beteiligten die tatsächlichen Verhältnisse vor Ort am besten kennen, sollten sie die Einzeichnungen selbst vornehmen (ggf. unter fachkundiger Anleitung des Notars als Lesehilfe etwa zur Darstellung nicht vermarkter Grenzen in Lageplänen sowie zur Differenzierung zwischen Gebäudeaußenkanten und Grundstücksgrenzen). Fallen Einzeichnung und Bewilligung auseinander (markiert ist als Ausübungsfläche einer Dienstbarkeit das Flst. 1, bewilligt wird aufgrund eines Interpretationsfehlers an Flst. 2), tritt zwar die Bindung bzgl. Flst. 1 ein, zur Eintragung bedarf es jedoch der Bewilligung des (nunmehrigen) Eigentümers von Flst. 1; ggf. kommt auch eine **Haftung** des Notars in Betracht.[93]

48

▶ Formulierungsvorschlag: Verweisung auf Lageplan[94]

Der als Anlage 1 beigefügte Lageplan wurde den Beteiligten zur Durchsicht vorgelegt und genehmigt; auf ihn wird verwiesen. (Die Einzeichnung wurde unter Mitwirkung der Beteiligten gefertigt; eigene Feststellungen des Notars sind damit nicht verbunden.)

49

§ 13a BeurkG erlaubt die **Verweisung** auf andere in Beurkundungsform (also nicht nur beglaubigt) erstellte notarielle Dokumente, die in beglaubigter Abschrift vorliegen sollen[95] und aufgrund Standesrechtes und § 17 Abs. 2a BeurkG allenfalls Detailbestimmungen außerhalb der essentialia negotii umfassen dürfen.[96] Beurkundungsrechtliche Voraussetzung ist, dass die Beteiligten (wahrheitsgemäß) erklären, ihnen sei der Inhalt der anderen Urkunde bekannt und sie verzichteten auf das Verlesen. Auch auf das Beifügen zur Urkunde als Anlage können die Beteiligten verzichten, wobei alle vorgenannten Erklärungen der Beteiligten in der Niederschrift zu vermerken sind.[97]

50

---

90 Vgl. *Gutachten* DNotI-Report 2007, 60.
91 Die dabei geforderte Lesbarkeit bedeutet nicht »leichte Kopierbarkeit«; es besteht also keine Verpflichtung des Notars, die Ösung wieder zu öffnen, um eine kopierbare Urkunde herzustellen, vgl. BGH, 11.11.2010 – V ZB 143/10 ZfIR 2011, 101 m. Anm. *Grziwotz*.
92 Vgl. *Gutachten* DNotI-Report 2007, 61. Wirksamkeitsvoraussetzung ist deren Einhaltung ohnehin nicht.
93 OLG München, 04.10.2006 – 32 WX 144/06 MittBayNot 2007, 50; zur »falsa demonstratio« vgl. Rdn. 745.
94 Unter Verwendung einer Anregung von *Amann* in: Amann/Hertel/Everts Aktuelle Probleme der notariellen Vertragsgestaltung im Immobilienrecht 2006/2007 (DAI-Skript), S. 199.
95 Ein Absehen hiervon sollte nur in Eilfällen in Betracht kommen, vgl. DNotI-Report 1995, 147.
96 Vgl. Abschnitt II. 2 der Richtlinienempfehlungen der BNotK gem. § 78 Abs. 1 Nr. 5 BNotO: Es ist also nicht zulässig, bspw. die regelmäßig zur Verwendung gelangenden Formulierungen über Besitzübergang, Erschließung, Gewährleistung, Vollzug und Finanzierungsvollmacht in eine »Generalverweisungsurkunde« auszulagern und hierauf gem. § 13a BeurkG zu verweisen, »um die Beurkundungsdauer zu verkürzen«. Eine Ausnahme bildet die freiwillige Versteigerung nach § 156 BGB i.V.m. § 20 Abs. 3 BNotO, bei welcher die Versteigerungsbedingungen als Inhalt des Kaufvertrages regelmäßig in einer Verweisungsurkunde niedergelegt werden, vgl. *Waldner* Praktische Fragen des Grundstückskaufvertrages Rn. 421 ff.
97 Vgl. *Brambring* DNotZ 1980, 281. Das Fehlen dieses (für die Wirksamkeit der Beurkundung für sich genommen nicht ausschlaggebenden) Vermerks führt allerdings – sofern zwischen den Beteiligten streitig ist, ob tatsächlich auf das Verlesen verzichtet wurde und die Urkunde demnach wirksam ist – nicht zu einer Beweislastumkehr, da die Vermutung der Vollständigkeit und Richtigkeit notarieller Urkunden sich nur auf die beurkundungspflichtigen rechtsgeschäftlichen Erklärungen erstrecke, BGH, 18.07.2003 – V ZR 431/02 DNotZ 2004, 188.

▶ Hinweis:

Scheitert die Verweisung nach § 13a BeurkG, da z.B. die von den Beteiligten beizubringende Bezugsurkunde im Termin doch nur in Fax-Form vorgelegt wird, hilft nur das Mitverlesen als normale Anlage i.S.d. § 13 BeurkG.

▶ Formulierungsvorschlag: Verweis auf Bezugsurkunde nach § 13a BeurkG

51 Diese Urkunde – nachstehend »Bezugsurkunde« genannt – lag bei der heutigen Beurkundung in Urschrift/beglaubigter Abschrift vor. Ihr Inhalt ist den Beteiligten ihrer Erklärung nach bekannt. Ihnen war beglaubigte Abschrift der Bezugsurkunde ausgehändigt worden. Sie wünschen weder die Verlesung noch die Beifügung der Bezugsurkunde, auf die hiermit verwiesen wird. Die Bedeutung dieser Verweisung wurde durch den Notar erläutert.

52 In gleicher Weise erlaubt § 13a Abs. 4 BeurkG die Verweisung auf Karten oder Zeichnungen, die von einer **öffentlichen Behörde** im Rahmen ihrer Amtsbefugnis **gesiegelt** wurde, bspw. also die zeichnerische Darstellung eines bereits in Kraft getretenen[98] (also nicht lediglich im Entwurf vorhandenen) Bebauungsplanes. Hinsichtlich dessen textlicher Festsetzungen genügt – wie bei jeder anderen Rechtsnorm – eine untechnische Verweisung.[99] Bei Bebauungsplanentwürfen bedarf es für die zeichnerischen wie die textlichen Festsetzungen der unmittelbaren Beurkundung (durch Verlesen bzw. Vorlage zur Durchsicht Rdn. 47 f.).

53 Keine öffentlichen Karten oder Zeichnungen i.S.d. § 13a BeurkG bilden bspw. Lagepläne, die mithilfe des elektronischen Flurkartenabrufs erzeugt sind, da sie weder mit Siegel und Unterschrift versehen noch elektronisch signiert sind. Sie müssen also gem. § 13 Abs. 1 BeurkG vorgelegt werden. **Fortführungsnachweise** (früher: Veränderungsnachweise) sind nur dann zum Bestandteil der Beurkundung zu machen, wenn sie konstitutiver Natur sind, also das Grundstück in Natur noch nicht abgemarkt ist (sog. »Planvermessung«): Erforderlich ist dann eine Verweisung nach § 13a BeurkG, sofern der Kartenteil mit Unterschrift und Siegel vorliegt, sonst die Vorlage zur Durchsicht nach § 13 Abs. 1 Satz 1 Halbs. 2, BeurkG, falls bspw. lediglich eine einfache Kopie vorhanden ist. (Der Textteil dient stets lediglich der verbalen Erläuterung, muss also niemals mitbeurkundet werden.)[100] Ist das Grundstück bereits in Natur abgemarkt (wie i.d.R.), dient der Fortführungsnachweis nur der besseren Übersichtlichkeit und braucht daher nicht mitbeurkundet zu werden; die Beifügung dient allenfalls Informationszwecken und kann demnach auch auf einfacher Kopie basieren.

54 Ausnahmsweise haben Gerichte eine »**unechte Bezugnahme**« anerkannt auf Normen oder allgemeine Regeln, die für jedermann feststehen und in Amtsblättern des Bundes oder der Länder veröffentlicht sind (z.B. DIN-Normen,[101] Lebenshaltungskostenindices), wohl auch für die Verdingungsordnung für Bauleistungen (VOB) und Tarifverträge im öffentlichen Dienst. Dies gilt jedoch nicht für Ordnungen privatrechtlicher Einrichtungen, mögen sie auch in Fachpublikationen bzw. auf einer Website allgemein zugänglich hinterlegt sein (z.B. Schiedsgerichtsordnungen, Rdn. 2634), ebenso wenig für ortspolizeiliche Vorschriften (»Staffelbauordnung«),[102] die nicht in amtlichen Normsammlungen veröffentlicht sind.

55 Eine »Verweisung« auf nicht beurkundete oder gesiegelte Dokumente, etwa lediglich **mündliche Absprachen** (»Der Vertrag steht unter der aufschiebenden Bedingung, dass der Verkäufer seine Grundstücke X und Y zu den bekannten Konditionen verkauft«) wahrt das Beurkundungserfordernis naturgemäß nicht, es sei denn,[103] der (zu diesem Zweck zu ermittelnde) Verweisungsgegenstand enthält nach Auffassung aller Beteiligten keine Regelungen, die Rechtswirkungen erzeugen sollten, bzw. – umgekehrt formuliert – die verbleibende Unbestimmtheit des Vertrages führt zu keinem Dissens, sondern

---

98 OLG Karlsruhe DNotZ 1990, 422.
99 *Winkler* BeurkG § 9 Rn. 81.
100 Vgl. *Winkler* BeurkG § 13a Rn. 43.
101 OLG Düsseldorf, 18.05.1984 – 22 U 65/84 DNotZ 1985, 626. Die Texte sind im Volltext beim DIN Deutsches Institut für Normung e.V. zu beziehen (DIN 4109 gegen eine Gebühr von 87,40 €); im Internet existieren nur Zusammenfassungen.
102 OLG München, 27.05.2008 – 34 Wx 130/07 MittBayNot 2008, 380.
103 Zu den erforderlichen Abwägungen vgl. BGH, 30.06.2006 – V ZR 148/05 DNotZ 2006, 854.

der verbleibende Inhalt ist gleichwohl gewollt, wovon bei notarieller Beurkundung und gemeinsamer In-Vollzug-Setzung des Vertrages ausgegangen werden kann. Zweck des Beurkundungszwangs ist es nicht, eine möglichst umfangreiche und vollständige Vereinbarung zu erzwingen, wenn die Beteiligten solche Umstände (außerhalb der essentialia negotii) sehenden Auges aussparen wollen.[104] Umgekehrt ist das Beurkundungserfordernis gewahrt, wenn trotz hohen Abstraktionsgrades das Gewollte zumindest andeutungsweise zum Ausdruck kommt,[105] wofür aber bei zu erstellenden Bauwerken keine pauschale Bezeichnung genügt (»Einfamilienhaus von 100 qm« anstelle einer Baubeschreibung).[106]

Die Befreiung von der Pflicht zur Verlesung und Beifügung schmälert jedoch nicht die **berufsrechtlichen Prüfungs- und Beratungspflichten des Notars**, der sowohl über den Inhalt der Verweisungsurkunde als auch über den Sinn und die Folgen der Verweisung (die Anlage wird zum Bestandteil der getroffenen Vereinbarungen) zu belehren hat. 56

Verweisungen gem. § 13a BeurkG sind üblich z.B. bei Bauträgerprojekten, in denen die Baubeschreibung als Anlage zur Teilungserklärung den Gegenstand einer »Mutterurkunde« bildet. Bei Verträgen über die Veräußerung von **Sondereigentum** (Wohnungs- oder Teileigentum) ist eine Verweisung auf die Teilungserklärung und Gemeinschaftsordnung im strengen Sinn gem. § 13a BeurkG erforderlich, solange die Teilungserklärung noch nicht durch Vollzug im Grundbuch Inhalt des zu veräußernden dinglichen Rechts wurde (und nach diesem Zeitpunkt, sofern sie schuldrechtliche Regelungen enthält, die – wie etwa Vollmachten – nicht durch Grundbuchvollzug als Inhalt des dinglichen Rechts unmittelbar den Erwerber berechtigen und verpflichten); anderenfalls genügt die bloße untechnische Bezugnahme[107] i.R.d. Grundbuchwiedergabe. 57

Bei den in den 70er-Jahren verbreiteten Bauherren-Modellen wurden ebenfalls zahlreiche abzuschließende Verträge, zu denen die Treuhänder bevollmächtigt werden sollten, in Verweisungsurkunden[108] zusammengefasst. Um den »Ortsnotaren« die Wahrnehmung ihrer Belehrungsaufgabe zu erleichtern, wurde den »**Zentralnotaren**« standesrechtlich aufgegeben,[109] in Form einer »**Check-Liste**« die wesentlichen Inhalte und aufklärungspflichtigen Besonderheiten der **Grundlagenurkunde** zusammenzustellen. Ihre besondere Verantwortung auch ggü. den bei Ortsnotaren ein Angebot beurkundenden Beteiligten hat der BGH unterstrichen.[110] 58

d) Bezugnahme/Beifügung

Lediglich der Identifikation bzw. dem Nachweis erteilter Informationen dient die schlichte Bezugnahme auf Schriftstücke oder Rechtsverhältnisse, die entweder mit ihren Identifikationsmerkmalen wiedergegeben oder zu Beweiszwecken als mitkopierte Anlage beigefügt sind. Eine solche »unechte Bezugnahme«, die die betreffenden Objekte nicht zum Inhalt der notariellen Beurkundung selbst werden lässt, genügt z.B. 59
– bei der Ergänzung, Änderung oder Aufhebung eines bereits bestehenden schuldrechtlichen Rechtsverhältnisses zwischen denselben Beteiligten (»Nachtrag zum Kaufvertrag«); unsicher ist die Rechtslage, wenn das Ausgangsrechtsverhältnis unwirksam ist oder nicht mehr besteht (*Bei-*

---

104 *Krüger* ZfIR 2007, 177.
105 BGH WM 1996, 1735: zur Bedingung »behördliche Genehmigung für den beabsichtigten Gewerbebetrieb des Käufers«, wenn eine Waschanlage übereinstimmend gemeint war, der Käufer aber weiter gehende (geheime) Pläne hatte: Wirksamkeit der Beurkundung, da »Waschanlage« sich andeutungsweise subsumieren lässt.
106 BGH NJW 1979, 1496.
107 Gleiches gilt, wenn die Beteiligten sonstige Dokumente, die nicht zum beurkundungspflichtigen Inhalt gehören, zu Beweiszwecken oder als Identifizierungshilfe beifügen möchten, etwa die Daten eines übernommenen Darlehensvertrages, den Inhalt einer übergebenen Baugenehmigung etc.: Weder Verlesung noch Unterzeichnung erforderlich.
108 Kostenrechtlich: § 36 Abs. 1 KostO aus ca. 10 % des Gesamtaufwandes, *Notarkasse* Streifzug durch die Kostenordnung Rn. 171.
109 Vgl. etwa Rundschreiben der Rheinischen NotK v. 14.07.1995.
110 BGH, 04.03.2004 – III ZR 72/03 DNotI-Report 2004, 82: Der Bauträger hatte nach der Annahme, jedoch ohne Vollmacht, Dienstbarkeiten bestellt, von denen der Käufer mangels Information durch den Notar so spät erfuhr, dass er den (in Insolvenz gefallenen) Bauträger nicht mehr in Anspruch nehmen konnte.

spiel: *Verlängerung eines bereits abgelaufenen, befristeten Erwerbsrechts; Nachtrag zu einem mangels behördlicher Genehmigung noch nicht wirksamen Kaufvertrag*),[111]

60 – bei der Änderung oder Aufhebung eines bereits durch Grundbucheintrag wirksam gewordenen dinglichen Rechtsverhältnisses (Änderung einer Teilungserklärung, des Inhalts eines beschränkt dinglichen Rechts), auch wenn am dinglichen Ausgangsrechtsverhältnis andere Personen beteiligt waren,
– sofern der Wille der Beteiligten auf die Erbringung von Leistungen gerichtet ist, die einem in Natur bereits vorhandenen Referenzobjekt gleichen (anders, wenn – wie i.d.R. – die herzustellende Wohnung nach Maßgabe einer Baubeschreibung zu errichten ist),[112]

61 – bei der Verweisung auf abstrakt generelle Regelungen des Privatrechts (VOB, DIN-Normen, Verbraucherpreisindex etc., vgl. Rdn. 54),
– bei Schuld- und Vertragsübernahmen: lediglich die Übernahme als solche ist zu beurkunden, das betreffende Rechtsverhältnis muss nur hinreichend genau bestimmt sein (**Beispiel:** *Bezeichnung des zwischen Bank und Verkäufer geschlossenen Kreditvertrages bei der Schuldübernahme, Bezeichnung des Erbbaurechtsbestellungsvertrages beim Eintritt in schuldrechtliche Verpflichtungen im Rahmen eines Erbbaurechtsverkaufs*). Dies gilt auch, wenn in Bezug auf die bestehenden Rechtsverhältnisse besondere Umstände geschuldet oder gar garantiert werden (z.B. abschließender Charakter des beigefügten Mietvertrages, Fehlen weiterer mündlicher Abreden etc.) Davon zu unterscheiden ist jedoch der Sachverhalt, dass es einem Beteiligten (im Regelfall dem Erwerber) darauf ankommt, ein bestimmtes Rechtsverhältnis müsse genau, bis aufs Komma, den Wortlaut der Anlage haben; in diesem Fall ist dieses im strengen Sinn mitzubeurkunden.

62 – Wissenserklärungen der Beteiligten bedürfen ebenfalls keiner Beurkundung (vgl. Rdn. 1999, 2215), allerdings Willenserklärungen, die sich daran knüpfen, soweit sie vom Gesetz (§ 442 BGB) abweichen,
– Zum Verfahren bei der Annahme eines Angebotes vgl. Rdn. 2972.

3. Beurkundung bei freiwilliger Grundstücksversteigerung

a) Sachverhaltsvarianten

63 Der Verkauf im Weg **freiwilliger Versteigerung**, insb. unter Zuhilfenahme des Internet (»ebay«), gewinnt auch für Immobilien gerade in Zeiten unausgewogener Marktsituation an Bedeutung.[113] Objekte für den »Hauskauf per Maus-Klick«[114] sind allerdings häufig solche Immobilien, die im direkten Verkauf zurückhaltend aufgenommen würden[115] (etwa aufgrund von Mängeln, Altlasten, schlechter Lage, hoher Unterhaltungskosten etc.). Die mit der Stimulierung des Spieltriebs einhergehende gesteigerte Kaufbereitschaft erfordert in besonderem Maße die Einhaltung der Verbraucher schützenden Wirkung des notariellen Beurkundungsverfahrens.[116]

64 Da auch im elektronischen Rechtsverkehr der Zuschlag im Rechtssinne einer Willenserklärung bedarf,[117] dienen »**Internet-Versteigerungen**« (wie andere Verfahren, etwa Verlosungen, als deren

---

111 Vgl. BGH DNotZ 2000, 288 (schlichte Bezugnahme genügt), a.A. *Stauf* RNotZ 2001, 129, 133.
112 Vgl. zu diesen beiden Möglichkeiten BGH, 10.02.2005 – VII ZR 184/04 DNotZ 2005, 467 ff.: »*Entscheidend ist, worauf sich die Beteiligten geeinigt haben.*«.
113 2004 wurden 2978 Immobilien mit einem Wert von 100,9 Mio. € »freiwillig versteigert«, vgl. *Eckert* DNotZ 2005, 885 (Tagungsbericht »Die Zukunft der Immobilie« 30.09.2005 in Dresden).
114 www.sueddeutsche.de v. 19.01.2005; ähnlich bereits »Stuttgarter Zeitung Online« v. 27.10.2003.
115 »Schnäppchenschrott« – *Plettner*, Vorstand der Deutschen Grundstücksauktionen AG, die im Internet auch Live-Auktionen durchführt, laut Handelsblatt vom 29.06.2005, S. 37. Zur Firmengruppe zählen auch die Norddeutsche Grundstücksauktionen AG, die Sächsische Grundstücksauktionen AG sowie die Brecht Immobilien GmbH (Gesamtversteigerung 2006: 2.539 Objekte für 123,3 Mio. €).
116 Vgl. zum Folgenden: Rundschreiben der BNotK 2/2005 v. 26.01.2005 = DNotZ 2005, 161 ff.; *Limmer* in: FS für Bezzenberger, S. 509 ff.
117 BGHZ 149, 134; vgl. auch *Prasse* NWB 2005, 1957 ff. = Fach 19, S. 3323 ff., *ders.* NWB 2006, 2777 = Fach 19, S. 3531 ff.

Gewinn eine Immobilie ohne weiteren Kapitaleinsatz erworben werden kann)[118] lediglich der Vorab-Ermittlung des künftigen Vertragspartners; es schließt sich eine Beurkundung nach allgemeinen Grundsätzen (§ 13 BeurkG) an.

b) Funktion des Notars

In aller Regel wird der Notar bei der freiwilligen Grundstücksversteigerung nicht als **Auktionator** gem. § 20 Abs. 3 BNotO tätig,[119] sondern zur Protokollierung des Kaufvertrages gem. § 311b Abs. 1 Satz 1 BGB. Wurde im »Versteigerungsverfahren« § 156 Satz 1 BGB abbedungen – wie regelmäßig bei sog. Internet-Auktionen[120] (Meistbietender bei Zeitablauf) oder bei sonstigem Fehlen eines Willensaktes des Versteigerers (»Käufer ist, wer beim Erlöschen der Kerze das höchste Gebot abgegeben hat«) –, erfolgt die Beurkundung des Kaufvertrages ohne inhaltliche Besonderheiten; das vorangegangene »unechte Versteigerungsverfahren« dient lediglich der Ermittlung einer Vorauswahl unter mehreren Interessenten.[121]

65

Gewerbliche Versteigerer sorgen gewöhnlich für eine flächendeckende Verteilung von Katalogen, in denen die Versteigerungsbedingungen, teilweise auch Vertragsentwürfe, sowie objektbezogene Informationen abgedruckt sind. Diese werden nach Aufruf des Objekts durch einen Mitarbeiter des Auktionshauses laut verlesen; sodann werden schriftlich, fernmündlich oder persönlich Gebote entgegengenommen. Nach Zuschlagserteilung an den Meistbietenden unterzeichnen Auktionator und Ersteher den verlesenen Auslobungstext und nehmen sodann die notarielle Beurkundung vor. Bei solchen **Präsenz-Versteigerungen** unter Anwendung des § 156 Satz 1 BGB (wonach der Vertrag durch Zuschlag zustande komme) tritt die materiell-rechtliche Bindung erst mit dieser notariellen **Beurkundung** ein;[122] die Normaussage des § 156 Satz 1 BGB erschöpft sich darin, dass die Aufforderung des Auktionators zur Abgabe von Geboten lediglich eine invitatio ad offerendum sei, sodass **frühestens** mit dem Zuschlag zwei sich deckende Willenserklärungen vorliegen könnten, wenn nicht (wie beim Grundstückserwerb) strengere Vorschriften eingreifen.

66

c) Beurkundungsvarianten

Im Zusammenhang mit freiwilligen Versteigerungen kann die notarielle Beurkundung unterschiedliche Gegenstände in der Niederschrift erfassen: Sie kann zum einen als Tatsachenbekundung die Abgabe des Meistgebots und des Zuschlags bezeugen und damit zum Zustandekommen des schuldrechtlichen Geschäfts führen unter Inanspruchnahme der beurkundungsrechtlichen Erleichterungen des § 15 BeurkG (nachstehend Rdn. 69) führen; sie kann aber auch zum anderen, aufbauend auf dem zunächst mangels Beurkundung noch nicht einklagbaren Gebot samt Zuschlag, unmittelbar die schuld- und sachenrechtlichen Erklärungen wie bei einem originären Grundstücksverkauf als Niederschrift über Willenserklärungen zum Inhalt haben (nachstehend Rdn. 70 f.).

67

Ist ein Notar während der Auktion anwesend und mit der Fertigung einer Tatsachenniederschrift betraut (»**Zuschlagsbeurkundung**«), unterliegt dieses Protokoll den Anforderungen des Beurkundungsgesetzes, naturgemäß mit Abstrichen hinsichtlich der Belehrungspflichten[123] und wohl auch

68

---

[118] Wegen der bedingten Veräußerungspflicht des Verkäufers bedarf dessen Erklärung der Beurkundung, etwa i.S.e. Angebotes an den in der Verlosung zu ziehenden und damit bestimmbaren Gewinner. Zur Annahmefähigkeit des Angebotes wird zählen, dass alle ausgegebenen Lose verkauft wurden, was Verfahren zur Sicherung des Rückzahlungsanspruchs der Loskäufer bei Scheitern der Verlosung erforderlich macht. Wegen der Zurechnung der Zahlungen der anderen Loskäufer (»Spiel und Wette«; aleatorisches Geschäft) handelt es sich um einen entgeltlichen Vorgang, welcher der Grunderwerb-, nicht der Schenkungsteuer unterliegt.

[119] An der Beurkundung der Versteigerung und des Zuschlags ist er in dieser doppelten Funktion nicht gehindert, §§ 3 Abs. 1 Nr. 8, 6 Abs. 1 Nr. 1 BeurkG gelten dafür nicht: *Winkler* BeurkG § 15 Rn. 5.

[120] Für einen Zuschlag im Rechtssinne bedarf es auch im elektronischen Rechtsverkehr einer Willenserklärung, BGHZ 149, 134.

[121] *Gutachten* DNotI-Report 2000, 182.

[122] BGH DNotZ 1999, 343. Mitwirkende Notare sollten insoweit durch die Organisatoren geschaffenen Fehlvorstellungen hinsichtlich der Bindungswirkung des Zuschlags und damit des Entstehens einer Maklerprovision entgegenwirken.

[123] A.A. LG Berlin, 21.12.1994 – 86 O 41/04, n.v.: da § 15 BeurkG lediglich eine Tatsachenniederschrift beinhalte, gebe es keine notarielle Belehrungspflichten. In der Praxis hat der Notar auch kaum Möglichkeiten, über die in den allgemeinen

hinsichtlich § 17 Abs. 2a BeurkG.[124] Als Urkundsbeteiligte (§ 6 Abs. 2 BeurkG) sind demnach der Verkäufer, »vertreten« durch den Auktionator, und – lediglich – der meistbietende Käufer (d.h. gem. § 156 Satz 2 BGB derjenige, dessen Gebot nicht durch ein Übergebot oder den Schluss der Versteigerung ohne Erteilung des Zuschlags erloschen ist) aufzuführen. Dies kann der Notar nur feststellen, wenn er bei der Versteigerung von Anfang an anwesend ist. Die Niederschrift ist gem. § 13 BeurkG zu verlesen, zu genehmigen und eigenhändig zu unterschreiben (hiervon dispensiert ausnahmsweise § 15 Satz 2 BeurkG für den Fall, dass sich der Bieter nach Abgabe seines Meistgebots, jedoch vor Schluss der Verhandlung, entfernt, ohne dass dieses Entfernen als Ausdruck der Unterschriftsverweigerung gewertet werden dürfe, was der Notar demnach zu prüfen hat).[125]

69 Die (unter Inanspruchnahme der Erleichterungen des § 15 BeurkG gefertigte) Niederschrift über die in der Versteigerungssituation abgegebenen Willenserklärungen enthält naturgemäß nicht die sachenrechtlichen und grundbuchlichen Erklärungen, die außerhalb der Versteigerung abgegeben werden,[126] ebenso wenig Vollmachten, prozessuale Erklärungen wie Vollstreckungsunterwerfungen sowie Verweisungen auf sonstige rechtsgeschäftliche Inhalte, etwa gem. § 13a BeurkG. Der »Zuschlag« selbst hat (anders als § 90 ZVG) keine sachenrechtliche Wirkung, sondern bringt (bei Einhaltung der Formerfordernisse) den schuldrechtlichen Vertrag zustande. Die Auflassung wird daher regelmäßig in einer getrennten Urkunde, in zumindest beglaubigter Form (§ 29 GBO), erklärt und entgegengenommen (hierzu könnte der Verkäufer den Auktionator i.R.d. »Einlieferung« des Objekts rechtsgeschäftlich bevollmächtigen).[127]

▶ Hinweis:

70 In der Praxis ist daher zunehmend zu beobachten, dass auf die Niederschrift zur Versteigerungssituation gänzlich verzichtet wird (wenngleich um den Preis eines noch formnichtigen Vertrages ohne Bindungswirkung) und, auch aus Kostengründen, alle Erklärungen in einer anschließenden **»normalen« Niederschrift** nach § 13 BeurkG enthalten sind. Sofern auch insoweit der Auktionator für den Verkäufer auftritt, bedarf er allerdings einer rechtsgeschäftlichen Vollmacht in zumindest notariell beglaubigter Form (die Zuschlagserklärung wird im eigenen Namen, aber mit Wirkung für den Vertragspartner abgegeben).[128]

71 Wesentliche Teile des Kaufvertragsinhalts werden hierfür üblicherweise gem. § 13a BeurkG in sog. **Versteigerungsbedingungen**[129] als selbstständig beurkundete Verweisungsurkunde »ausgelagert«. Dies ist dann nicht missbräuchlich i.S.d. § 17 Abs. 2a Satz 1 BeurkG und der Richtlinien der Notarkammern, wenn die Beurkundungsfunktion in anderer Weise sichergestellt ist, bspw. durch einleitende Belehrung und Aufklärung durch den Notar an die anwesenden Bieter,[130] sofern alle möglichen Bieter zu Beginn der Versteigerung anwesend sind oder jedenfalls später Hinzukommende im Rahmen ihrer eigenen Beurkundung durch tatsächliche Verlesung entsprechend belehrt werden können. Liegt ein Verbrauchervertrag vor, ist zusätzlich § 17 Abs. 2a Satz 2 BeurkG (Zurverfügung-

---

Versteigerungsbedingungen hinaus enthaltenen Erläuterungen einzuwirken und bspw. Fragen der Erwerbermehrheit etc. mit dem Meistbietenden zu erörtern.

124 Die Hinwirkenspflicht kann nicht zum »Erfolg« führen; auch ihr Schutzzweck ist kaum tangiert: Da es typischerweise weder dem Veräußerer noch dem Erwerber darauf ankommt, wer die andere Vertragspartei ist, werden in den allgemeinen Versteigerungsbedingungen Vorleistungen unbedingt vermieden. Eine direkte Willenseinwirkung auf den Erwerber (wie etwa im Strukturvertrieb) ist verfahrensmäßig ausgeschlossen.

125 *Winkler* BeurkG § 15 Rn. 14; a.A. *Renner* in: Huhn/v. Schuckmann BeurkG § 15 Rn. 13. Zu § 15 Satz 2 BeurkG i.R.d. notariellen Versteigerung von GmbH-Geschäftsanteilen gem. §§ 1234 bis 1240 BGB vgl. *Bürger* NotBZ 2011, 9, 12.

126 Art. 143 Abs. 2 EGBGB gestattet dem Landesgesetzgeber von der gleichzeitigen Anwesenheit beider Teile bei der Auflassung nach dem Zuschlag abzusehen (so in Bayern, Bremen, Hessen *Dietsch* NotBZ 2000, 328).

127 Vgl. BGH, 24.04.1998 – V ZR 197/97, BGHZ 138, 339 ff.: der Zuschlag ist jedoch nur im eigenen Namen möglich. Zur kostenrechtlichen Bewertung eines Einlieferungsvertrages (vorläufiger Wertansatz i.d.R. auf das spätere Meistgebot zu berichten) vgl. *Ländernotarkasse* NotBZ 2007, 246.

128 Vgl. BGHZ 138, 345.

129 Vgl. z.B. www.immobilien-auktionen.de; www.ostsee-auktionen.de.

130 Vgl. *Gutachten* DNotI-Report 2000, 184.

stellung des beabsichtigten Textes des Rechtsgeschäfts 2 Wochen vor Beurkundung) zu beachten, was auch dadurch geschehen kann, dass die rechtlichen Aspekte des Kaufvertrages zugleich mit der Terminsbestimmung rechtzeitig öffentlich bekannt gegeben werden[131] (Bei gewerbsmäßigen Versteigerungen ist ohnehin spätestens 2 Wochen vor der Versteigerung ein Verzeichnis der zu versteigernden Sachen anzufertigen und die Versteigerung der zuständigen Behörde sowie der IHK anzuzeigen).[132]

Auch aus Kostengründen empfiehlt sich daher i.d.R. die einheitliche Beurkundung von Willenserklärungen im üblichen Verfahren (2. Alt.); die Zuschlagsbeurkundung ist nur dann überlegen, wenn der Meistbietende sich vor Abschluss der Versteigerung entfernen sollte (ohne dass dies als Widerruf des Meistgebots zu werten wäre) und es dem Auktionator auf das wirksame Zustandekommen einer schuldrechtlichen Verpflichtung ankommt (§ 15 Satz 2 BeurkG). 72

d) Verlosung von Immobilien

Insb. im Hinblick auf entsprechende »Vorbilder« im Ausland (Österreich) wird auch in Deutschland immer wieder versucht, schwer verkäufliche Immobilien durch »**Verlosungen**« zu vermarkten. Eine bestimmte Anzahl von Losen soll zu einem bestimmten Preis ausgegeben werden; der »Gewinner« ist berechtigt, das Objekt (im Weg eines normalen Kaufvertrages) ohne weitere Zuzahlung zu erwerben (ist er zum Erwerb sogar verpflichtet, bedürfte bereits die Veräußerung des Loses wegen § 311b Abs. 1 BGB der notariellen Beurkundung[133]). Sofern die Mindestzahl an Losen nicht verkauft wird, sollen die Lotterie-Teilnehmer ihre Einzahlung (ggf. abzüglich einer Bearbeitungsgebühr) zurückerhalten, sodass die Einzahlungen bis zu diesem Zeitpunkt auf einem Treuhandkonto verwahrt werden. Aufgabe des Treuhänders soll es auch sein, bei Durchführung des Kaufvertrages die zur Lastenfreistellung notwendigen Direktauszahlungen an die abzulösenden Gläubiger vorzunehmen, sowie die Grunderwerbsteuer, Grundbuch- und Notarkosten zu begleichen. 73

Aus deutscher Sicht handelt es sich bei solchen Verlosungen von Immobilien um ein gem. § 4 Abs. 1 des – zum 01.01.2012 verlängerten[134] – Glücksspiels-Staatsvertrages (GlüStV) erlaubnispflichtiges Glücksspiel, auch wenn ein vorgeschaltetes Quiz ähnliches Geschicklichkeitsspiel hinzukommt, da angesichts der typischerweise gegebenen Banalität der Fragen das **Zufallselement** ggü. dem Geschicklichkeitselement überwiegt.[135] Dem Quiz kommt lediglich Hilfsfunktion zur Begrenzung der Teilnehmerzahl an der eigentlichen Verlosung zu.[136] Die zum 01.09.2008 in Kraft getretenen Regelungen für Gewinnspiele (§§ 58 Abs. 4, 8a des Glücksspiel-Staatsvertrages, die i.Ü. eine Einsatz-Höchstgrenze von 50 Cent je Los vorsehen) sind daher ebenso wenig maßgeblich wie § 33d Abs. 1 Satz 1 GewO (vgl. § 33a Nr. 3 GewO). 74

Die demnach erforderliche Erlaubnis kann jedoch i.d.R. nicht erlangt werden, da gem. § 14 Abs. 1 Satz 1 Nr. 1 GlüStV **Lotterien Privater** grds. nur von gemeinnützigen Veranstaltern zu gemeinnützigen Zwecken durchgeführt werden dürfen und wirtschaftliche Zwecke damit nicht verfolgt werden können (§ 12 Abs. 1 Satz 1 Nr. 3 GlüStV).[137] Gem. § 4 Abs. 4 GlüStV ist das Veranstalten und Vermitteln öffentlicher Glücksspiele im Internet generell verboten. Dies gilt auch, wenn das betreffende Glücksspiel vom Ausland (Österreich) aus in das Internet eingestellt wurde.[138] 75

---

131 Vgl. Rundschreiben der BNotK 2/2005 v. 16.01.2005, S. 9 des Umdrucks.
132 Vgl. §§ 2 und 3 der VerstV, BGBl. I 2003, S. 547.
133 MünchKomm/*Habersack* § 763 BGB Rn. 15 (die abweichende Entscheidung OLG Nürnberg OLGZ 1966, 278 erging noch zu § 313 BGB a.F., der Erwerbspflichten nicht erfasste). Würde der Notar die Auflassung beglaubigen trotz formwidrigen Erwerbsverhältnisses, verstieße dies gegen seine in § 925a BGB niedergelegte Amtspflicht, *Kaufmann* RNotZ 2010, 214, 218.
134 Schleswig-Holstein liberalisierte den Glücksspielmarkt und stellt in § 18 GlückSpielG S-H Online-Glücksspiele nur unter einen Genehmigungsvorbehalt.
135 Vgl. *Dietlein/Hecker/Ruttig* Glücksspielrecht Rn. 4, zu § 3 GlüStV.
136 OLG Düsseldorf, 23.09.2003 – I-20 U 39/03, 20 U, Tz. 25.
137 Daran hat sich auch im Lichte der EuGH-Vorabentscheidungen vom 08.09.2010, s. nachfolgende Fußnote, nichts geändert, vgl. Vermerk der BNotK R 22 re/wi vom 07.03.2011.
138 VG Göttingen, 12.11.2009 – 1 B 247/09 RNotZ 2010, 214 m. Anm. *Kaufmann*; VGH Bayern, 01.04.2011 – 10 CS 10.2180 und 10 CS 10.589; dies ist mit Europarecht vereinbar, EuGH, 08.09.2010 (Carmen Media Group – Rs.

76 Da die **unerlaubte Veranstaltung** eines Glücksspiels **strafbar** ist, §§ 284, 287 StGB,[139] mit der Folge der Nichtigkeit hiergegen verstoßender Verträge,[140] hat eine notarielle Mitwirkung hieran gem. § 14 Abs. 2 BNotO zu unterbleiben – es sei denn, die zuständige Behörde (regelmäßig das Staatsministerium des Innern oder eine Unterbehörde) hätte bestätigt, dass für die veranstaltete Verlosung keine Genehmigung erforderlich ist (etwa da ein nicht gewerbsmäßig betriebenes Geschicklichkeitsspiel i.S.d. § 33d Abs. 1 GewO vorliegt – allerdings handelt es sich dann zivilrechtlich um eine unvollkommene Verbindlichkeit i.S.d. § 762 Abs. 1 Satz 1 BGB) oder eine solche erteilt worden sei (wodurch zugleich eine bindende Verpflichtung des Veranstalters begründet wird, § 763 Satz 1 BGB).

4. Verbundene Geschäfte

a) Grundsatz

77 Vom Umfang[141] der Beurkundungspflicht umfasst sind zunächst alle essentialia negotii des Grundstücksgeschäfts selbst, insb. also der Umfang der beiderseitigen Verpflichtungen, die Modalitäten ihrer Erbringung (z.B. Verrechnung,[142] Ratenzahlung[143]), und zwar auch hinsichtlich bereits erbrachter Leistungen[144] oder hinsichtlich lediglich bedingter Leistungen (Sondervergütung bei früherer Räumung;[145] verdeckter Preisnachlass[146]) und die gegenseitige Verschränkung des Leistungsaustausches (»**Vollständigkeitsgrundsatz**«).[147] Hierzu zählen auch zu erbringende Dienstleistungen.[148] Bei der rechtsgeschäftlichen[149] Veräußerung von Bauland für Straßenzwecke sind auch die vereinbarten Nebenentschädigungen (für zu entfernenden Aufwuchs, Anschneideentschädigung etc.)[150] mit zu beurkunden.

78 Hinzu treten alle Vereinbarungen, von denen das formbedürftige Grundstücksgeschäft zumindest nach dem erkennbar gewordenen und hingenommenen Willen eines der Beteiligten abhängig ist. Diese **Abhängigkeit** kann i.S.e. echten **Geschäftseinheit** (also dem vollen Inhalt nach), i.S.d. **Einbeziehung in das Gegenseitigkeitsverhältnis**, aber auch durch **Verknüpfung**[151] dem Grunde nach im Wege einer **Bedingung**, eines **Rücktrittsvorbehalts** oder einer **Verpflichtung zum Abschluss eines anderen Rechtsgeschäfts** bestehen.[152] Liegt echte Geschäftseinheit vor – beide Rechtsgeschäfte »stehen und fallen miteinander«, ist der volle Inhalt des verbundenen Geschäfts zu beurkunden (samt Verlautbarung der tatsächlich gegebenen Abhängigkeit, falls die Vereinbarungen in getrennten Urkunden niedergelegt sind, Rdn. 83)[153] – so etwa bei einem städtebaulichen Erschließungsvertrag

---

C-46/08; Markus Stoß – Rs C-316/07; Winner Wetten – Rs. C-409/06); skeptisch *Streinz/Kruis* NJW 2010, 3745, 3750.
139 Daneben kann Betrug, § 263 Abs. 1 StGB vorliegen, wenn trotz Kenntnis der wahren Sachlage die Verlosung als zulässig beworben wird, BGH, 15.03.2011 – 1 StR 529/10, DNotZ 2011, 848 m. Anm. *Rebhan*.
140 *Gutachten* DNotI-Report 2009, 34 m.w.N., auch der Auflassung (*Stuppi* notar 2010, 298).
141 Vgl. zum Folgenden auch die von *Heckschen* (dessen Dissertation sich im Jahr 1987 mit der »Formbedürftigkeit mittelbarer Grundstücksgeschäfte« beschäftigte) gestaltete Übersicht »ABC zur Formbedürftigkeit« im Beck'schen Notarhandbuch, A I Rn. 196.
142 Erforderlich ist die Angabe, welche Forderung in welcher Höhe womit verrechnet werden soll, BGH DNotZ 2000, 931.
143 Staudinger/*Wufka* BGB, § 311b Rn. 162.
144 BGH DNotZ 1986, 265.
145 RGZ 114, 234.
146 BGH NJW-RR 1992, 589.
147 BGH NJW 1981, 822; NJW 1986, 248; Juris-PK/*Ludwig* BGB, § 311b Rn. 162 ff.
148 RGZ 114, 230.
149 Davon zu differenzieren sind privatschriftlich mögliche Teileinigungen, wenn die eigentliche Übereignung in einem öffentlich-rechtlichen Enteignungsverfahren erfolgt BayObLGZ 1981, 381.
150 Vgl. DNotI-Gutachten Nr. 74179, v. 08.02.2007.
151 In diesem Fall lässt es die überwiegende Lit. genügen, lediglich die Verknüpfungsabrede (Bedingung, Rücktrittsvorbehalt) mit zu beurkunden, nicht das weitere Rechtsgeschäft an sich, sofern beide keine Geschäftseinheit bilden, vgl. *Keim* DNotZ 2001, 830; *Wochner* Immobilienrecht 2000 Tagungsband zum RWS-Forum 16./17.11.2000 in Köln, S. 68, ebenso BGH DNotZ 2003, 635.
152 Vgl. die Zusammenfassung der aktuellen Rspr. bei *Keim* DNotZ 2001, 840; *Seeger* MittBayNot 2003, 11 ff.; *Frank* NotBZ 2003, 211; *Wochner* Immobilienrecht 2000 Tagungsband zum RWS-Forum 16./17.11.2000 in Köln, S. 55 ff.
153 Vgl. *Maier-Reimer* NJW 2004, 3743.

mit Verpflichtung zur Übertragung der Straßenflächen[154] –, anderenfalls genügt die Beurkundung der relevanten Umstände (Eckdaten eines Mietvertrages) und der Verknüpfungsart.

Werden diese Anforderungen nicht eingehalten, ist das Grundstücksgeschäft nach § 125 BGB nichtig, das andere Geschäft wegen § 139 BGB bzw. weil die Beteiligten es ohne das Grundstücksgeschäft nicht wollen (Bedingtheit) – es sei denn, das andere Geschäft wäre seinerseits nicht vom Grundstücksvertrag abhängig (einseitige Abhängigkeit). Der umgekehrte Fall der einseitigen Abhängigkeit lediglich des anderen Rechtsgeschäfts von der Grundstücksübertragung führt jedoch nicht zur Beurkundungsbedürftigkeit des Letzteren:[155] beide Geschäfte sind gültig, auch ohne Verknüpfungsabrede.[156] **79**

▶ Beispiel:
Mit einem Dritten soll ein Mietvertrag geschlossen werden über eine zunächst zu erwerbende Eigentumswohnung. Davon muss jedoch folgende Fallkonstellation abgegrenzt werden: Der Erwerb der Eigentumswohnung soll davon abhängig sein, dass der Mietvertrag mit dem Dritten zustande kommt.

Ebenso wenig genügt eine bloß wirtschaftliche oder faktische Abhängigkeit (bspw. bildet das eine Rechtsgeschäft den Anlass des anderen bzw. hat dieses ermöglicht[157]); erforderlich ist also die »einseitige rechtliche Abhängigkeit« (zumindest) des Grundstücksgeschäfts vom anderen Geschäft. Dieser »rechtliche Verknüpfungswille« kann auch aus Indizien gewonnen werden (wirtschaftlicher Zusammenhang; faktischer Zwang; einheitliches Rechtsgeschäft aus Sicht eines objektiven Dritten; zeitlicher Zusammenhang; Verkehrsüblichkeit).[158] Auch bei mehreren Beteiligtengruppen (z.B. Verkäufer des Grundstücks, Anbieter der Werkleistung, Erwerber für beide Objekte) genügt es, dass einer der Beteiligten des Grundstücksgeschäfts diesen Willen hat, und dieser dem Anderen erkennbar ist und somit hingenommen wird.[159] **80**

Dieser **Verknüpfungswille** bei mehreren Beteiligten kann auch aufseiten des Grundstücksverkäufers bestehen, wenn mehrere Erwerber vorhanden sind, der Wille des Verkäufers jedoch darauf gerichtet ist, eine Sachgesamtheit (z.B. ein Unternehmen bestehend aus Grundbesitz und aus beweglichen Wirtschaftsgütern) insgesamt zu übertragen (durch Abschluss mehrerer Einzelverträge in engem zeitlichem Zusammenhang mit der Folge, dass auch ein Vertrag über den Verkauf beweglicher Sachen an einen anderen Erwerber hätte beurkundet werden müssen).[160] Aufseiten des Käufers kann der Erwerb auch bspw. von der Gewährung einer Kaufpreiszahlungsbürgschaft durch ein mit dem Verkäufer (BVVG: Bodenverwertungs- und –verwaltungs GmbH) verbundenes Unternehmen (deren Muttergesellschaft, die BvS) abhängig sein, sodass auch das Avalverhältnis mit zu beurkunden ist, jedenfalls wenn der Verkäufer bei Inanspruchnahme des Bürgen aus der Bürgschaft zum Rücktritt vom Kaufvertrag berechtigt ist.[161] **81**

Ob es sich um objektiv wesentliche oder unwesentliche Bestimmungen handelt, mit denen der Grundstückskaufvertrag »stehen und fallen«[162] soll, ist gleichgültig. **82**

---

154 Andernfalls sind der isolierte Erschließungsvertrag trotz salvatorischer Klausel (und die zu seiner Sicherung gestellte Bürgschaft) nichtig LG Dresden NotBZ 2004, 444.
155 BGH NJW 2000, 951 m. Anm. *Maier-Reimer* NJW 2004, 3742.
156 Es sei denn, das verbundene »andere Geschäft« unterliegt seinerseits Formvorschriften, die zumindest die Niederlegung der Verknüpfung erfordern, so im Fall BGH NJW 2000, 951: Vereinbarung eines Vorkaufsrechtes; dort jedoch nicht entscheidungserheblich.
157 BGH DNotZ 2003, 633; NJW 2002, 2560.
158 Vgl. im Einzelnen *Opgenhoff* RNotZ 2006, 258 ff.
159 Vgl. *Seeger* MittBayNot 2003, 11/17; BGH DNotZ 1991, 410.
160 OLG Oldenburg, 14.12.2006 – 1 U 68/05 OLG-Report 2007, 753.
161 DNotI-Gutachten Nr. 89658 v. 21.11.2008 zum BVVG-Bürgschaftsmodell bei der Privatisierung vormals volkseigener land- und forstwirtschaftlicher Flächen in den neuen Ländern (die Eintragung von Grundpfandrechten zur Kaufpreisfinanzierung scheitert an der häufig fehlenden Bereitschaft der BVVG, mit der Vormerkung zur Sicherung des Rückübertragungsanspruchs während der 20-jährigen Bindung gem. FlächenerwerbsVO zurückzutreten).
162 BGH NJW 1989, 898.

A. Einführung, Vertragsvorbereitung

▶ Hinweis:

Die Pflicht zur Aufnahme in die Urkunde besteht auch dann, wenn die Beteiligten übereinstimmend erklären, sie wünschten die Mitbeurkundung nicht. §§ 311b Abs. 1 und 125 BGB stehen nicht zur Disposition der Parteien (**Beispiel**: *Der Verkäufer, X-GmbH, darf aufgrund interner Beschlusslage nicht an die Y-GmbH verkaufen. Er veräußert an einen Dritten mit der [nicht mitbeurkundeten und damit zur Nichtigkeit führenden] Verpflichtung, das Objekt seinerseits an die Y-GmbH weiterzuveräußern*).[163] Sind die Beteiligten nicht bereit, um die Beurkundung unter Einschluss des in wirtschaftlichem Zusammenhang stehenden Umstandes anzusuchen, hat der Notar die Beurkundung gem. § 4 BeurkG abzulehnen, da sonst der gesamte Vertrag (und nicht nur der nicht beurkundete Teil) nichtig wäre.

83 Teilweise wünschen die Beteiligten als »Zwischenlösung« die Beurkundung zweier in Rechtszusammenhang stehender Rechtsgeschäfte **in getrennten Urkunden**.[164]

▶ Hinweis:

Insoweit ist besondere Vorsicht geboten, zumal häufig durch Nichtvorlage eines Dokument etwa bei der finanzierenden Bank, Täuschungshandlungen begangen werden sollen und damit unlautere Zwecke verfolgt werden, die gem. § 4 BeurkG zur Ablehnung verpflichten. Beurkundungsrechtlich ist erforderlich, dass die Verknüpfungsabrede[165] bei getrennten Urkunden zumindest im Grundstückskaufvertrag im Sinne einer Verweisung auf den anderen Vertrag enthalten ist; nach strengerer und wohl richtiger Auffassung muss sie sogar in beiden Dokumenten enthalten sein.[166]

84 Auch wenn Grundstücks- und verbundenes anderes Geschäft eine Einheit bilden, also beide (ggf. samt Verknüpfungsabrede bei getrennter Niederlegung) zu beurkunden sind, erfasst diese Verbindung i.d.R. **nicht künftige Änderungen** des verbundenen Geschäfts.

▶ Beispiel:

Der Verkäufer einer Immobilie schließt mit dem Käufer als künftigem Vermieter einen Mietvertrag, der hinsichtlich aller Details für ihn verkaufsentscheidend war und daher mitbeurkundet wurde. Spätere Änderungen des Mietvertrages, auch vor Erklärung der Auflassung, sind i.d.R. privatschriftlich (§ 550 BGB) möglich, da solche Änderungen außerhalb der Willenseinheit liegen werden.[167]

85 Schließlich können mehrere Verträge dergestalt verknüpft sein, dass der Abschluss (oder die Wirksamkeit bzw. die Durchführung) des einen **Geschäftsgrundlage** für den anderen ist, also ggf. in bestimmter Form Anpassung verlangt werden kann, wenn die Geschäftsgrundlage sich als trügerisch herausstellt. Verwandt sind Konstellationen, in denen eine direkte wirtschaftliche Interdependenz besteht (etwa Erhöhung des Kaufpreises, wenn bestimmte Bedingungen des anderen Vertrages

---

163 OLG Brandenburg, 28.06.2007 – 5 U 105/05, NotBZ 2007, 370.
164 Nach *Hartmann* MittRhNotK 2000, 17 unzulässig; dagegen *Keim* RNotZ 2005, 104 m.w.N. Nach BVerwG, 28.01.2010 – 9 B 46.09, DNotZ 2010, 549 m. Anm. *Grziwotz* folgt jedenfalls im öffentlichen Recht nicht aus dem Grundsatz der Einheitlichkeit der Urkunde (§ 126 Abs. 2 Satz 1 BGB), dass Erschließungs-, Ablöse- und Umlegungsvertrag, die einen einheitlichen Sachzusammenhang betreffen, in einem Dokument zusammengefasst sein müssten.
165 Erforderlich ist die Beurkundung dieser Abrede stets; es genügt nicht die »faktische Verknüpfung« dergestalt, dass der Notar seine Unterschrift erst dann unter den ersten Vertrag setzt, wenn der zweite durch die Beteiligten unterzeichnet wurde: BGH, 13.02.2003 – IX ZR 76/99, NotBZ 2003, 232 m. Anm. *Frank* S. 211 ff. und krit. Anm. *Kanzleiter* DNotZ 2004, 178 (»Scheinproblem«; ebenso LG Schwerin NotBZ 2005, 376: es genügt, dass der gleichzeitige Abschluss beider Geschäfte deren nicht ausdrücklich angesprochene Geschäftsgrundlage ist).
166 Vgl. im Einzelnen *Keim* DNotZ 2001, 827 ff. und *Seeger* MittBayNot 2003, 20 f.; für Verlautbarung in einer Urkunde BGH NJW 2000, 2017; strenger OLG Hamm DNotI-Report 1996, 164 und möglicherweise auch BGH MittBayNot 2001, 69: »*... in den Urkunden selbst zum Ausdruck kommen muss.*« In BGH DNotZ 2003, 632 ging es nur um die Abhängigkeit der zeitlich späteren von der früheren Urkunde.
167 *Maier-Reimer* NJW 2004, 3743 verweist alternativ auf die Möglichkeit einer nachträglichen Auflösung der Einheit.

nicht eintreten etc.) Beides ist jeweils in dem Vertrag, auf den sich die Variation auswirken kann, als Teil der rechtsgeschäftlichen Vereinbarung zum Ausdruck zu bringen.[168]

b) Grundstücksgeschäft und Werkvertrag

Häufig versuchen die Beteiligten, »**zur Einsparung von Grunderwerbsteuer**« den Notar zu veranlassen, zu verschweigen, dass der Verkauf eines Bauplatzes durch einen Bauunternehmer an einen privaten Erwerber nur dann gelten solle, wenn der Erwerber dem Bauunternehmer auch den Auftrag zur Errichtung eines Eigenheims erteilt. Grunderwerbsteuerlich ist in solchen Konstellationen mittlerweile unstrittig, dass die Bemessungsgrundlage auch den werkvertraglichen Aufwand umfasst (Rdn. 3495), sodass die Beteiligten (auch der Verkäufer) sich der Steuerverkürzung oder gar Steuerhinterziehung bzw. Beihilfe hierzu schuldig machen. Anders liegt es nur dann, wenn der Erwerber tatsächlich frei in der Wahl des Bauunternehmers ist, bspw. eine Ausschreibung durchführt, mag auch aufgrund des Ergebnisses dieser Ausschreibung infolge separaten Entschlusses der Zuschlag an den ursprünglichen Grundstücksverkäufer erteilt werden. 86

Ist dagegen der **Werkvertrag bereits vor Beurkundung des Grundstückskaufvertrages geschlossen** worden (aufschiebend bedingt auf dessen Zustandekommen), und enthält seinerseits keine eigene Erwerbspflicht, ist zu differenzieren: 87
– Sofern der Grundstückskaufvertrag selbst hinsichtlich seines Zustandekommens und seiner Abwicklung in keiner Weise von der Aufrechterhaltung und der Abwicklung des Werkvertrages abhängt (also pointiert gesprochen, der Grundstückskauf auch bestehen bleiben soll, wenn der Werkvertrag etwa infolge Rücktritts erloschen ist[169]), besteht weder Beurkundungsbedürftigkeit für den Werkvertrag selbst noch für einen Verknüpfungswillen, da ein solcher nicht gegeben ist.[170] Der vorherige Abschluss des Werkvertrages ist vielmehr Motiv für den Abschluss des Kaufvertrages. Gleiches gilt, wenn der Fertighausanbieter nur unverbindliche Serviceleistungen (Hinweise auf mögliche geeignete Bauplätze) übernimmt.[171]

– Sind allerdings Kauf- und Werkvertrag hinsichtlich ihrer Aufrechterhaltung miteinander verknüpft, genügt dies, um beide in den Bereich der Beurkundungsbedürftigkeit einzuschließen. Da die tatsächliche Vorstellung der Parteien des späteren Grundstückskaufvertrages nicht auf die Beurkundungsbedürftigkeit des bereits abgeschlossenen Werkvertrages »zurückwirken« kann, stellt der BGH insoweit darauf ab, dass die Parteien des Bauvertrages übereinstimmend davon ausgehen, der Grundstückserwerb hänge nach dem voraussichtlichen Willen der (ggf. personenverschiedenen!) künftigen Kaufvertragsparteien vom Bauvertrag ab.[172] Die Prüfung der Verknüpfung erfolgt nicht anhand verbalisierter Behauptungen (»*ein rechtlicher Zusammenhang zwischen der Grundstücksbeschaffung und diesem Fertighauskaufvertrag besteht nicht*«) sondern im Wege der Auslegung von Werbeaussagen (»*noch sechs Grundstücke frei*« auf dem Plakat des Fertighausunternehmens;[173] »*wir kümmern uns um das Grundstück*«[174]) und der objektiven Interessenlage (zur Grunderwerbsteuer vgl. Rdn. 3495 ff.). 88

---

168 Der schlichte Umstand, dass der Stand oder die Abwicklung des einen Vertrages Geschäftsgrundlage des anderen sei, würde als bloßer gesetzlicher Tatbestand auch und gerade ohne vertragliche Wiedergabe dieses Geschäftsgrundlagencharakters greifen. Sind die Parteien allerdings über die geschuldete Anpassung einig, ist diese Vereinbarung beurkundungspflichtig.
169 BGH, 12.02.2009 – VII ZR 230/07, ZNotP 2009, 267: das Bestehen eines Rücktrittsrechts im Baubetreuungsvertrag steht dem rechtlichen Zusammenhang nicht entgegen, entscheidend ist der Fortbestand des Kaufvertrags bei (unterstellter) Ausübung dieses Rücktrittsrechts.
170 Dass allein der Bauvertrag vom Grundstücksvertrag abhängig ist, führt zu keiner Beurkundungsbedürftigkeit (BGH, 13.06.2002 – VII ZR 321/00, NotBZ 2002, 297 m. Anm. *Otto* = MittBayNot 2003, 46 ff. m. Anm. *Wufka*; OLG Celle, 15.02.2006 – 3 U 192/05, RNotZ 2006, 190).
171 OLG Naumburg, 20.01.2011 – 1 U 84/10, NotBZ 2011, 188.
172 BGH, 22.07.2010 – VII ZR 246/08, ZfIR 2011, 17 m. Anm. *Zimmer* = MittBayNot 2011, 218 m. Anm. *Blank*; hierzu *Keim* DNotZ 2011, 513 ff.
173 Bsp. OLG Dresden, 06.10.2004 – 12 U 1387/04, NotBZ 2005, 364.
174 Anpreisung eines Fertighausanbieters im Internet, LG Halle, 27.08.2010 – 5 O 837/09, BeckRS 2010, 26467.

A. Einführung, Vertragsvorbereitung

▶ Beispiele:

89 Bauvertrag bezieht sich auf ein genau bestimmtes Grundstück;[175] Auftraggeber ist an der Bebauung eines bestimmten Grundstücks durch einen Baubetreuer interessiert;[176] Inserat nennt Gesamtkaufpreis unter Einschluss des Grundstücks;[177] Unterzeichnung des Grundstücksverkaufs sofort nach privatschriftlichem Abschluss des Bauvertrages;[178] wirtschaftliche und personelle Verflechtung zwischen Verkäufer und Werkvertragsunternehmer;[179] Bauunternehmer hat Einflussmöglichkeit auf die Durchführung des Grundstückskaufvertrages.[180]

Die Nichtbeurkundung des Bauvertrages birgt gerade für den Bauunternehmer ein ganz erhebliches Risiko, wenn es nicht zur Übertragung des Grundbesitzes kommt, da der Bauinteressent ein anderes Grundstück erwirbt.[181]

Der Notar wird dies freilich oft nur durch intensive Befragung der Beteiligten und bei Erteilung wahrheitsgemäßer Antworten feststellen können. Zum sog. »verdeckten Bauträgervertrag« (Anwendbarkeit der MaBV) vgl. Rdn. 2227.

▶ Hinweis:

90 Hingewiesen sei ferner darauf, dass gem. Art. 10 § 3 des Gesetzes zur Verbesserung des Mietrechts und zur Begrenzung des Mietanstiegs sowie zur Regelung von Ingenieur- und Architektenleistungen[182] eine **Bindung des Erwerbers an die Inanspruchnahme eines bestimmten Ingenieurs oder Architekten** bei der Planung oder Ausführung eines Bauwerkes auf diesem Grundstück unwirksam ist (bspw. sofern der Verkäufer den Abschluss des Verkaufs davon abhängig macht, dass der Erwerber die »monopolisierte« Planung eines Architekten akzeptiere und mit dem Verkäufer eine entsprechenden Vertrag über eine Bauherrengemeinschaft abschließe;[183] der Grundstückskaufvertrag selbst bleibt jedoch trotz einer solchen Koppelung gültig [Rdn. 117]).[184]

c) Grundstücksgeschäft und Mietvertrag

91 Ähnliche **Geschäftseinheiten** mit der Folge einer Ausweitung der Beurkundungspflicht können sich zwischen **Kauf- und Mietvertrag** ergeben für den Fall, dass an den Verkäufer das Objekt oder eine Wohnung darin »rückvermietet« werden soll. Sofern der Kaufvertrag damit steht und fällt, dass ein Mietvertrag mit einem bestimmten Inhalt zustande kommt, ist dieser – sofern er gleichzeitig geschlossen wird – mit zu beurkunden, sofern er noch nicht geschlossen wird, sind die vereinbarten Daten als Inhalt einer aufschiebenden Bedingung oder (je nach Willen der Beteiligten) einer auflösenden Bedingung oder eines Rücktrittsrechts aufzunehmen. Ist er bereits geschlossen, und der Kaufvertragsentschluss an seine tatsächliche Umsetzung gebunden, ist diese Verknüpfung (etwa in Gestalt eines Rücktrittsrechts bei Besitzgewährung an einen Dritten) aufzunehmen.[185] Handelt es sich dagegen um eine bloße Sachverhalts »option«, ist lediglich die Verpflichtung zur Aufnahme von

---

175 BGH, 22.07.2010 – VII ZR 246/08, DNotZ 2011, 196.
176 BGH, 12.02.2009 – VII ZR 230/07, ZNotP 2009, 267.
177 OLG Karlsruhe, 15.01.2003 – 13 U 51/02, vgl. *Rundschreiben der Rheinischen Notarkammer* v. 30.11.2007, S. 4.
178 *Keim* RNotZ 2003, 45.
179 Ausführlich DNotI-Gutachten Nr. 63470 v. 25.11.2005 (M/I/1-§ 311b BGB).
180 OLG Karlsruhe, 24.05.2011 – 13 U 121/10, BeckRS 2011, 1524.
181 So die Sachverhalte OLG Dresden NotBZ 2005, 364 (Fertighausvertrag) und OLG Karlsruhe v. 15.01.2003 (Bauvorhaben wurde mit anderem Unternehmen auf anderem Grundstück realisiert).
182 BGBl. I 1971, S. 1749 – das Koppelungsverbot greift nicht ein, wenn sich ein Dritter aus Eigeninteresse am Kaufvertrag verpflichtet, Honorar an den Architekten zu zahlen (BGH, 27.04.2006 – VII ZR 291/04, DNotZ 2006, 763), ebenso wenig wenn der Bauwillige den Architekten mit der Beschaffung eines geeigneten Grundstücks beauftragt und ihm für diesen Fall den Architektenvertrag in Aussicht stellt (BGH, 25.09.2008 – VII ZR 174/07, ZfIR 2009, 17 m. Anm. *Moufang/Koos*).
183 *Gutachten* DNotI-Report 87, 89.
184 Vgl. *Hesse* BauR 1985, 33.
185 Nach a.A. (*Keim* RNotZ 2005, 105) sei auch dann der vollständige Inhalt des Mietvertrags mit zu beurkunden, da er mit dem Kaufvertrag »in Vollzug gesetzt« werde.

Vertragsverhandlungen über einen möglichen Mietvertrag mit zu beurkunden (Formulierungsvorschläge s. Rdn. 1846, 1847). Zur davon zu trennenden Beifügung eines bestehenden Mietvertrages lediglich zu Informationszwecken vgl. Rdn. 59.

▶ Hinweis:

Aus Nachweisgründen empfiehlt es sich, zugleich die ausdrückliche Erklärung aufzunehmen, dass der Kaufvertrag selbst mit Zustandekommen und Inhalt eines etwaigen Mietvertrages nicht stehe oder falle.

Etwas anders stellt sich typischerweise der Umfang der Beurkundungspflicht beim Immobilien-Leasing 92 dar: I.R.d. »**sale and lease back**« wird der Leasing-Nehmer nur dann zum Verkauf des Grundstücks bereit sein, wenn er sicher sein kann, das Grundstück im Leasing-Weg zur Nutzung zurückzuerhalten; in gleicher Weise ist die Rückvermietungsmöglichkeit für den Kaufentschluss des Leasinggebers von Bedeutung. Grundstücksverkauf und Leasingvertrag sind demnach beide zu beurkunden,[186] ebenso etwaige Ankaufsrechte, die sich der Leasingnehmer vorbehält. Soll das Grundstück durch den Leasinggeber bebaut werden, werden auch Art und Umfang der Bebauung vom Beurkundungszwang erfasst sein, da sie das Rückvermietungsobjekt bezeichnen und die Höhe der Leasing-Raten rechtfertigen. Ein ähnlicher Zusammenhang, jedenfalls aus Sicht des Leasing-Nehmers, besteht wohl mit Optionsrechten, gerichtet auf den Erwerb von Gesellschaftsanteilen an der Leasinggeberin, die dann typischerweise als Objekt-Gesellschaft strukturiert ist (zur Vermeidung späterer Grunderwerbsteuer).

Beim »**buy and lease**«-Verfahren, in dem die zu verleasende Immobilie zunächst noch vom Leasing- 93 geber angeschafft werden muss, ist der Leasingvertrag stets beurkundungspflichtig, da sich aus ihm die Verpflichtung zum Erwerb (ggf. auch zur Bebauung) und sodann zum Verleasen der Immobilie ergibt,[187] in gleicher Weise wie ein Bauträger-Weiterverkaufs-Vertrag, der bereits vor dem Grundstückserwerb des Bauträgers geschlossen wird, beurkundungsbedürftig ist.[188]

Vergleichbare Geschäftseinheiten können sich ergeben bei der Vereinbarung eines (dinglichen 94 oder schuldrechtlichen) **Vorkaufsrechtes** im Rahmen eines **Mietvertrages** (vgl. Rdn. 3018). Das Grundbuchamt prüft bei der Eintragung des Vorkaufsrechtes gem. § 19 GBO lediglich das Vorliegen einer wirksamen Eintragungsbewilligung, der Voreintragung (§ 39 GBO), und des Antrages. Die Eintragung eines solchermaßen isoliert bestellten Vorkaufsrechtes soll analog § 311b Abs. 1 Satz 2 BGB auch das formunwirksame Grundgeschäft (den Mietvertrag, der zur Bestellung des Vorkaufsrechtes und damit der bedingten Veräußerungspflicht verpflichtet) heilen.[189]

▶ Hinweis:

Gleichwohl ist dem Notar berufsrechtlich die Fertigung eines isolierten Bewilligungsentwurfs verwehrt, wenn er um die Unwirksamkeit des schuldrechtlichen Grundgeschäfts weiß.[190]

d) Grundstücksgeschäft und städtebaulicher Vertrag

§ 311b Abs. 1 BGB gilt auch für Grundstückserwerbs- oder -veräußerungspflichten im Rahmen 95 öffentlich-rechtlicher Verträge, etwa von **Erschließungsverträgen i.S.d. § 124 BauGB** (Rdn. 2511 ff.).[191] Maßgebend für den Umfang der Beurkundungspflicht ist auch hier der rechtliche Zusammenhang aus Sicht des Grundstücksgeschäfts, unabhängig von der Reihenfolge der Geschäfte und der Identität ihrer Beteiligten. So zählt im Rahmen eines Einheimischenmodells (§ 11 Abs. 1 Satz 2 Nr. 2 BauGB, Rdn. 2481 ff.) die im Gemeinderatsbeschluss enthaltene Definition des Ein-

---

186 Vgl. *v. Westphalen* MittBayNot 2004, 13.
187 *Mörtenkötter* MittRNotK 1995, 343.
188 BGH NJW 1989, 898.
189 BGH DNotZ 1968, 93; LG München MittBayNot 1982, 265.
190 *Reithmann/Albrecht/Basty* Handbuch der notariellen Vertragsgestaltung Rn. 511a. Die Gegenansicht verweist darauf, dass § 925a BGB für Vorkaufsrechte nicht gelte: *Schöner/Stöber* Grundbuchrecht Rn. 1399.
191 BVerwG MittBayNot 1996, 387; Staudinger/*Wufka* BGB § 311b Rn. 72 f.

heimischen zum beurkundungsbedürftigen rechtsgeschäftlichen Inhalt (Wiederverkaufsrecht bei Verkauf an andere Personen während der Bindungsphase). Verkauft eine Gemeinde Bauland an einen Investor, weil dieser einen Folgekostenvertrag i.S.d. § 11 Abs. 1 Satz 2 Nr. 3 BauGB oder aber einen **Durchführungsvertrag** (Rdn. 2509 ff.) für einen vorhabenbezogenen Bebauungsplan (§ 12 BauGB)[192] abzuschließen bereit ist, muss auch letzterer mitbeurkundet werden. Fehlt im letztgenannten Beispiel ein wirksamer (beurkundeter) Durchführungsvertrag bis zum Satzungsbeschluss des vorhabenbezogenen Bebauungsplanes, ist der Satzungsbeschluss nichtig[193] und wird auch durch späteren Grundbuchvollzug nicht ex tunc geheilt; es bedarf daher eines neuen Beschlusses.[194]

96 Häufig sind ferner Verknüpfungen zwischen Erschließungsvertrag i.S.d. § 124 BauGB und der Pflicht zur Übereignung künftig erschlossener Straßenflächen u.ä. an die Gemeinde (zu unterscheiden von der bloßen Verpflichtung zur Widmungszustimmung ohne Eigentumsübergang). Da die zu übertragenden Flächen nur durch die Erschließungsvereinbarung definiert werden und ihre Übereignung nur dadurch Sinn gibt, sind beide Verträge beurkundungspflichtig.[195] Die in der Praxis zur Vermeidung der (durch § 144 Abs. 1 und 3 KostO jedenfalls hinsichtlich der auf die Gemeinde entfallenden »Hälfte« ohnehin reduzierten[196]) Notarkosten anzutreffende Empfehlung, den Erschließungsvertrag privatschriftlich vorher abzuschließen, ändert daran nichts, da die Reihenfolge der verbundenen Geschäfte irrelevant ist, und ferner die Grundabtretung zur Kostenregelung der Erschließungsmaßnahmen zählt.[197] Die Verwaltungsrechtsprechung hat allerdings teilweise angenommen, lediglich das Grundstücksgeschäft sei aufgrund einer solchen unvollständigen Beurkundung nichtig, da die Voraussetzungen des § 139 BGB nicht gegeben seien.[198] Die verbleibende Unsicherheit angesichts solcher Einzelfallentscheidungen (auch angesichts der Weiterungen etwa für Bankbürgschaften zur Sicherung der Erschließungspflichten, § 768 Abs. 1 BGB) legt stets die Mitbeurkundung als sicheren Weg nahe.[199]

Zu Fragen der Beurkundungspflicht in Bezug auf Fernwärmeversorgungsverträge und Contracting-Modelle vgl. Rdn. 2563 ff.

e) Mehrere Grundstücksgeschäfte

97 Neben den oben erörterten Themenstellungen der »Verbindung« zwischen Grundstückserwerb einerseits und anderem (Miet-, Werk-) Vertrag andererseits sowie neben der Aufspaltung eines einheitlichen Rechtsgeschäfts in zwei Urkunden stellt die **Wechselbezüglichkeit mehrerer Grundstücksgeschäfte** schließlich besondere Anforderungen an die Wiedergabe der rechtsgeschäftlich getroffenen Vereinbarungen in der notariellen Niederschrift. So ist zunächst denkbar, dass lediglich der Abschluss beider Verträge voneinander abhängig gemacht wird; diese »motivatorische« Verknüpfung wird typischerweise durch schlichte Beurkundung im selben Termin und Abschluss der Beurkundungsverhandlungen (durch Unterzeichnung seitens des Notars) uno actu gelöst.[200] Denkbar ist weiter, dass beide Verträge auch in der Abwicklung miteinander verknüpft sind, also bei Leistungsstörung eines Vertrages auch der andere durch Rücktritt aufgehoben werden kann. Diese

---

192 Vgl. näher *Krautzberger* in: NotRV Städtebauliche Verträge in der notariellen Praxis, S. 68 ff.
193 BVerwG BauR 2004, 286.
194 VGH Bayern v. 24.07.2001, NVwZ-RR 2002, 260.
195 Vgl. z.B. BGHZ 58, 386 sowie BVerwG NVwZ 1985, 346; *Battis/Krautzberger/Löhr* BauGB § 124 Rn. 15 m.w.N.; vgl. *Grziwotz* DVBl. 2005, 471. Es genügt dabei nicht, den Erschließungsvertrag als mit zu verlesende Anlage des Straßenflächenübertragungsvertrages zu nehmen, wenn die Beteiligten nicht deckungsgleich sind, OVG Schleswig-Holstein, 12.09.2007 – 2 LA 107/06, MittBayNot 2008, 488.
196 Vgl. *Tiedtke* Notarkosten im Grundstücksrecht 2001 Rn. 836.
197 OLG Köln BauR 2001, 136.
198 OVG Nordrhein-Westfalen NVwZ-RR 1993, 507; VGH Baden-Württemberg NJW-RR 1995, 721.
199 Vgl. näher *Hertel* in: Deutsche Notarrechtliche Vereinigung Städtebauliche Verträge in der notariellen Praxis 2006, S. 36.
200 Vgl. *Kanzleiter* DNotZ 2004, 182.

Verknüpfung ist – und zwar in dem betreffenden Vertrag (bei wechselseitiger Abhängigkeit also in beiden Verträgen) – durch Beurkundung dieses Rücktrittsrechts niederzulegen.[201]

▶ **Formulierungsvorschlag: Rücktrittsvorbehalt bei Scheitern eines wirtschaftlich verknüpften Erwerbsvertrages**

Aus Sicht des Käufers ist der heutige Kaufvertrag mit dem Erwerb des Grundstücks ..... aufgrund der beabsichtigten gemeinsamen Nutzung beider dergestalt verknüpft, dass nur bei vollständiger Abwicklung beider Rechtsgeschäfte seine wirtschaftlichen Interessen gewahrt sind. Der heutige Verkäufer räumt daher dem Käufer das Rücktrittsrecht für den Fall ein, dass der ebenfalls heute beurkundete Vertrag über das genannte weitere Grundstück nicht wirksam werden oder bleiben sollte (etwa da erforderliche behördliche oder gerichtliche Genehmigungen nicht erteilt oder später kassiert werden) oder aber der Käufer wegen Nichtleistung des dortigen Verkäufers (Pflicht zur Lastenfreistellung und zur Verschaffung von Besitz und Eigentum) zurücktritt bzw. Schadensersatz statt der ganzen Leistung verlangt. Der heutige Verkäufer ist sich des dadurch ausgelösten Unsicherheitsmomentes bewusst; die zugrunde liegenden Umstände sind für ihn zudem nicht beeinflussbar.

98

Das Rücktrittsrecht erlischt, wenn der Käufer schriftlich auf dessen Ausübung endgültig verzichtet, ferner mit vollständiger Erfüllung des verknüpften Vertrages. Im Fall einer Ausübung des Rücktrittsrechts trägt der Käufer die Kosten des heutigen Vertrages und etwaiger Grundpfandrechte sowie deren Rückabwicklung bei Notar und Grundbuchamt alleine; im Übrigen sind Schadensersatzansprüche ausgeschlossen, soweit sie nicht auf Vorsatz, Arglist oder Garantien beruhen.

Dem Notar ist eine Abschrift der Rücktrittserklärung zur Kenntnis zu geben; bis zu diesem Zeitpunkt ist die Möglichkeit einer Rücktrittserklärung für den Vollzug des Vertrages nicht zu beachten.

Im Fall des Rücktritts hat der Käufer den Vertragsbesitz im derzeitigen oder einem besseren Zustand geräumt zurückzugeben und die Löschung der durch ihn oder zu seinen Gunsten bewilligten Grundbucheintragungen herbeizuführen. Weder wertsteigernde noch notwendige Aufwendungen sind dem Käufer zu ersetzen. Nutzungen sind bis zur Ausübung des Rücktrittsrechts nicht zu erstatten. Geldbeträge sind unverzinslich. Im Übrigen gelten die gesetzlichen Rücktrittsvorschriften.

Die zugunsten des Käufers bestellte Eigentumsvormerkung soll ausdrücklich sofort, nicht erst nach Erlöschen des Rücktrittsrechtes, zur Eintragung gelangen.

5. Vollmacht, Auftrag

Vollmachten sind trotz § 167 Abs. 2 BGB **beurkundungspflichtig**, wenn sie eine vergleichbare Bindung hervorrufen, bspw. also »unwiderruflich« erteilt sind oder in engem Zusammenhang mit dem Grundstückskaufvertrag stehen (vgl. unten Rdn. 466).[202] Ist mit der Erteilung einer Vollmacht auch ein Auftrag verbunden, ist auch dieser (in Vertragsform!) beurkundungspflichtig, was insb. bei der Einsetzung sog. Treuhänder i.R.d. früheren Bauherren-Modelle zu beachten war.[203] Anderenfalls muss die Vollmacht zumindest unterschriftsbeglaubigt sein, um dem Grundbuchamt ggü. in der Form des § 29 GBO den Nachweis (hierzu Rdn. 490) führen zu können, dass bei der Erklärung oder Entgegennahme der Auflassung wirksame Vertretung vorlag. Erfolgt die Bevollmächtigung ihrerseits lediglich unter einer aufschiebenden Bedingung, muss auch der Eintritt dieser Bedingung in der Form des § 29 GBO nachgewiesen werden.[204]

99

---

201 Im Sachverhalt des BGH, 13.02.2003 – IX ZR 76/99, DNotZ 2003, 632 hatte der Notar eine schlichte beurkundungsrechtliche Verknüpfung (durch gleichzeitige Unterzeichnung beider Verträge) vorgenommen, obwohl nach Ansicht des BGH die inhaltliche Wiedergabe der rechtsgeschäftlichen Abhängigkeit (wenig treffend als »Verknüpfungswille« bezeichnet) erforderlich gewesen wäre; zum Ganzen vgl. krit. *Kanzleiter* DNotZ 2004, 178 ff. Gegen den »beurkundungsverfahrensrechtlichen Weg« wendet sich *Weigel* DNotZ 2004, 339; Replik durch *Kanzleiter* DNotZ 2004, 341.
202 BGHZ 89, 47; BayOLG DNotI-Report 1996, 90.
203 Vgl. BGH DNotZ 1985, 294; DNotI-Report 1997, 63 f. Nach neuerer Rspr. gelten zusätzlich die Voraussetzungen des Rechtsberatungsgesetzes, hierzu unten Rdn. 337.
204 OLG Köln, 10.04.2007 – 2 Wx 20/07, MittBayNot 2008, 53 m. Anm. *Renner*; ähnlich OLG Koblenz, 08.03.2007, RNotZ 2007, 270 bei einer Vorsorgevollmacht, die nur gelten solle, wenn ein ärztliches Attest mit bestimmten Inhalt vorgelegt wird.

A. Einführung, Vertragsvorbereitung

100 Die seit 01.07.2005 gem. § 6 Abs. 2 BtBG mögliche Beglaubigung der Unterschrift unter Vorsorge- (nicht allgemeinen) Vollmachten durch die Urkundsperson der **Betreuungsbehörde** dürfte wohl genügen,[205] jedenfalls seit der Änderung des Gesetzeswortlautes[206] i.R.d. Zugewinnausgleichsreform;[207] allerdings ist dem Grundbuchamt (aus der im Vollmachtstext wiedergegebenen Regelung des Innenverhältnisses:[208] Gebrauchmachen erst bei eigener Handlungsunfähigkeit) in der Form des § 29 GBO nachzuweisen, dass es sich nicht um eine von einer möglichen Betreuungsbedürftigkeit unabhängige Vollmacht handelt.[209]

101 Sofern in **Maklerverträgen** Zahlungsverpflichtungen des Auftraggebers geschaffen werden, die für den Fall des Nichtzustandekommens des angestrebten Kaufvertrages über die bloße Erstattung nachgewiesener Aufwendungen (§ 652 Abs. 2 BGB) hinausgehen, ist der Maklervertrag wegen des dadurch ausgelösten **wirtschaftlichen Erwerbs- oder Veräußerungsdrucks** zu beurkunden (bzw. mangels Beurkundung formnichtig), Rdn. 2402. Eine solche »wirtschaftliche« Erwerbs- oder Veräußerungsverpflichtung wurde von der Rechtsprechung dann angenommen, wenn die versprochene Entschädigung 10 % – 15 % der üblichen Provision übersteigt[210] oder wenn – unabhängig von der Relation zur üblichen Provision – die absolute Höhe der Zahlungspflicht für sich nötigend wirkt (etwa ab 5.000,00 €).[211] Dieselben Grundsätze gelten bei **Aufträgen** oder **Geschäftsbesorgungsverträgen etwa an Rechtsanwälte** bzgl. des Abschlusses eines Grundstückskaufvertrages, sofern darin ein erfolgsunabhängiges Honorar vereinbart ist[212] oder zumindest konkludent eine Erwerbspflicht des Auftragsnehmers oder Auftraggebers[213] begründet wird; ferner beim Versprechen eines Mindestgebots in der Zwangsversteigerung (Ausbietungsgarantie als »mittelbares Grundstücksgeschäft«).[214]

102 Die Verpflichtung des Verkäufers (Bauträgers), während der vereinbarten Bindungsfrist nicht an einen anderen Interessenten zu verkaufen, ist formfrei (sofern sie nicht zugleich eine bedingte positive Veräußerungspflicht des Verkäufers zum Inhalt hat). Eine hierfür gewährte »Anzahlung« verstößt auch nicht gegen die MaBV, da sie nicht als Gegenleistung für die Grundstücksübertragung/Werkleistung gewährt wird. Übersteigt sie aber 10 – 15 % des üblichen Maklerhonorars (also ca. 0,3 bis 0,45 % des Kaufpreises) oder den absoluten Betrag von 5.000 €, besteht Beurkundungspflicht unter dem Aspekt des wirtschaftlichen Erwerbsdrucks (Rdn. 101). AGB-rechtlich (§ 307 BGB) hält eine

---

205 Zweifelnd insoweit *Gutachten* DNotI-Report 2005, 121 ff.; da möglicherweise lediglich eine weitere Form der amtlichen (nicht öffentlichen) Beglaubigung i.S.d. § 34 VwVfG geschaffen werden sollte; ebenso *Meier* BtPrax 2005, 84 und *Renner* Rpfleger 2007, 367 ff. unter ausführlicher Erörterung der Entstehungsgeschichte, Teleologie und Systematik. Neuere Gesetzesnormen, wie etwa § 11 MelderechtsrahmenG, differenzieren in der Tat zwischen der amtlichen und der öffentlichen Beglaubigung, im Gegensatz zu älteren Normen wie § 29 Abs. 1 Satz 1 GBO oder § 1945 Abs. 3 BGB. Die Gesetzesbegründung (BT-Drucks. 15/2494, S. 44) spricht jedoch eher für die Gleichwertigkeit, vgl. *Spanl* Rpfleger 2006, 456 sowie Rpfleger 2007, 372 ff. samt Zitat eines Schreibens des BayStMinJustiz, v. 08.07.2005.
206 Einfügung des Worts »*öffentlich*« vor »*Beglaubigung*«.
207 OLG Dresden, 04.08.2010 – 17 W 677/10, NotBZ 2010, 409 (obwohl im Formular durch die veröffentlichende Betreuungsbehörde der Hinweis »Achtung: Für Immobiliengeschäfte ... ist eine notarielle Vollmacht erforderlich« enthalten war).
208 Würde dies als Beschränkung des Außenverhältnisses gestaltet, müsste der Eintritt der Handlungs- oder Entscheidungsunfähigkeit durch öffentliche oder öffentlich beglaubigte Urkunde nachgewiesen werden, z.B. durch ein gesiegeltes amtsärztliches Attest.
209 Vgl. *Böhringer* ZOV 2006, 124.
210 BGH NJW 1987, 54; OLG Dresden BB 1997, 2342; evident beurkundungspflichtig ist eine »Aufwandsentschädigung« von 40 % des im Erfolgsfalle geschuldeten Honorars, OLG Frankfurt am Main, 22.09.2010 – 19 U 120/10, NotBZ 2011, 100.
211 OLG Frankfurt am Main NJW-RR 1986, 597; vgl. auch OLG Koblenz, 05.11.2009 – 5 U 339/09.
212 BGH DNotZ 1990, 651.
213 Häufig beruft sich in diesen Fällen der Beauftragte, der das Grundstück nach seinem eigenen Erwerb nicht herausgeben möchte, auf die Formnichtigkeit des Auftrages; die Berufung hierauf kann jedoch gegen Treu und Glauben verstoßen, wenn er das Grundstück mit Mitteln des Auftraggebers erworben hat (BGH Rpfleger 1996, 471). Die Weiterübertragungspflicht des Beauftragten auf den Auftraggeber wiederum beruht (bei wirksamem Auftrag) auf Gesetz (§ 667 BGB), nicht auf Vertrag, und ist daher in keinem Fall formbedürftig (BGHZ 127, 168).
214 BGHZ 110, 319, 321; *Zimmer* NotBZ 2002, 56.

solche Reservierungsvereinbarung der Klauselkontrolle[215] nur stand, wenn sich hieraus für den Kunden »nennenswerte Vorteile« ergeben, also die Bindungsdauer des Verkäufers 4 Wochen übersteigt.[216]

6. Vertragsänderungen und -aufhebungen

Nachträgliche **Änderungen oder Ergänzungen**[217] eines Grundstückskaufvertrages werden grds. ebenfalls von der **Formbedürftigkeit** erfasst. Die Rechtsprechung hat hiervon folgende **Ausnahmen** entwickelt, die jedoch hinsichtlich ihres Umfangs umstritten und teilweise nicht unproblematisch sind, zumal der Mangel einer etwa dennoch erforderlichen Beurkundung nicht durch den Grundbuchvollzug der bereits zuvor erklärten Auflassung geheilt werden kann (vgl. Rdn. 108); auch im Hinblick auf das Kostenprivileg des § 42 KostO: 10/10 aus dem Wert der Änderung) sollte daher regelmäßig zur Beurkundung geraten werden): 103

– Behebung unvorhergesehen aufgetretener Schwierigkeiten bei der Abwicklung von Verträgen, solange sie die beiderseitigen Verpflichtungen nicht wesentlich verändern,[218] bspw. auch bei der Verlängerung eines vertraglichen Rücktrittsrechts[219] oder bei nachträglicher Vereinbarung einer Frist für den Baubeginn[220] bzw. bei der nachträglichen Vereinbarung eines Rücktrittsrechts;[221] 104

– Änderungen nach erklärter Auflassung (erst recht nach erfolgter Umschreibung des Eigentums) sind ferner formlos möglich,[222] es sei denn, es würden die Voraussetzungen des Vollzugs der Auflassung geändert.[223] 105

Diese **sehr weite Bereichsausnahme von der Beurkundungsbedürftigkeit** späterer Vertragsänderungen ist vermutlich historisch dadurch zu erklären, dass in der früheren Vertragspraxis die Auflassung (ähnlich dem »closing« im angloamerikanischen Rechtskreis und der separaten Auflassungserklärung bei Bauträgerverträgen) erst erklärt wurde, nachdem alle sonstigen Vertragsverpflichtungen erfüllt waren.[224]

▶ Hinweis:

Höchstrichterlich bisher nicht geklärt ist die Frage, ob die Aufnahme der Auflassung in den Kaufvertrag auch dann i.S.d. BGH-Rechtsprechung ausreichend für die Formfreiheit späterer Änderungen ist, wenn (wie i.d.R.) der Vollzug der Auflassung (sei es aufgrund Vorlagesperre oder ausgesetzter Bewilligung) bis zur Zahlung des Kaufpreises aufgeschoben ist.[225] Aus Gründen der Vorsicht ist stets zur Beurkundung zu raten: Wird später festgestellt, dass es sich nicht um die »Behebung unvorgesehener Schwierigkeiten« oder »Erklärungen nach wirksamer Auflassung« handelt, führt auch der Grundbuchvollzug zu keiner Heilung, da für § 311b Abs. 1 Satz 2 BGB 106

---

215 BGH, 23.09.2010 – II ZR 21/10, NJW 2010, 3568.
216 *Albrecht/Hertel/Kesseler* Aktuelle Probleme der notariellen Vertragsgestaltung im Immobilienrecht 2011/2012 (DAI-Skript), S. 37.
217 *Schmidt-Troschke* NotBZ 2002, 157 ff.
218 BGH NJW-RR 1988, 186.
219 BGHZ 66, 270; str. jedoch wohl zutreffend sofern die Verlängerung des vertraglichen Rücktrittsrechts als ein Minus zur Aufhebung anzusehen ist und diese (mangels Anwartschaft) formfrei möglich wäre; sonstige Vereinbarungen über die Abänderung der Voraussetzungen eines Rücktritts sind jedoch beurkundungsbedürftig: BGH DNotZ 1989, 228; ebenso nachträgliche Verlängerungen der Frist zur Ausübung eines Wiederkaufsrechtes: BGH NJW 1996, 452.
220 BGH DNotZ 2001, 798.
221 Fragwürdig: BGH DNotI-Report 2001, 92.
222 BGH DNotZ 1985, 284.
223 OLG Düsseldorf DNotZ 1998, 949.
224 Nach OLG Köln DNotI-Report 1997, 129 und OLG Düsseldorf DNotZ 1990, 674 soll die Auslagerung der Auflassung in eine getrennte Urkunde gar als unrichtige Sachbehandlung i.S.d. § 16 KostO zu qualifizieren sein, dagegen auch für den Bauträgervertrag mit guten Argumenten OLG Hamm MittBayNot 1998, 275.
225 Gegen Formfreiheit z.B. *Brambring* in: FS für Hagen, S. 275.

die wirksame Auflassung nach (oder gleichzeitig mit) den formunwirksamen Bestandteilen erklärt worden sein muss.

107 **Aufhebungen** sind dann formbedürftig, wenn bereits ein **Anwartschaftsrecht des Erwerbers** entstanden ist. Dies ist dann der Fall, wenn die Auflassung erklärt ist und entweder die Vormerkung eingetragen[226] oder der Antrag auf Umschreibung des Eigentums gestellt ist.[227] Nach Literaturauffassung[228] soll Formfreiheit der Aufhebung auch dann eintreten, wenn eines der anwartschaftsbegründenden Elemente (z.B. die Eigentumsvormerkung) durch Löschungsbewilligung beseitigt wird.[229] Doch auch in diesen Fällen wird die notarielle Form (und Abwicklung) häufig gewillkürt, um die Zug-um-Zug-Absicherung der Beteiligten auch im Rückabwicklungsstadium sicherzustellen und um zu gewährleisten, dass alle rechtlich relevanten Sachverhalte einer Klärung zugeführt werden (soll der Aufhebungsvertrag auch zur Beseitigung des Anspruchs auf bereits angefallene Verzugszinsen führen?[230] etc.).

▶ Beispiel: (Gesamtmuster s. Teil E Muster XXXVIII, Rdn. 3927)

Die Aufhebung erfolgt schuldrechtlich nur aufschiebend bedingt auf die Rückzahlung bereits erhaltener Teilleistungen bzw. eines vereinbarten Schadensersatzbetrages; der Notar wird bevollmächtigt und angewiesen, die Bewilligung zur Löschung der Vormerkung durch Eigenurkunde erst nach Bestätigung über diese Zahlung abzugeben etc.).

7. Folge und Heilung von Formmängeln

a) Formnichtigkeit

108 Bei Verstoß gegen die Beurkundungspflicht sind der Vertrag und die mit ihm verbundenen Geschäfte gem. §§ 125, 139 BGB **nichtig** (mit der Folge, dass auch eine eingetragene Vormerkung wegen ihrer akzessorischen Natur keinen Schutz verleiht, allerdings eine etwa gem. § 7 MaBV gestellte Bürgschaft auch den Rückgewähranspruch infolge Vertragsnichtigkeit sichert[231]). Sie wird erst im Zeitpunkt des Vollzugs im Grundbuch geheilt, sofern die Auflassung vor einem deutschen Notar ordnungsgemäß erfolgt ist (§§ 311b Abs. 1 Satz 2, 925 BGB; vgl. nachstehend Rdn. 110 ff.).

109 Die Berufung auf die Formnichtigkeit ist gem. § 242 BGB nur verwehrt, wenn das Scheitern des formnichtigen Rechtsgeschäfts für die betroffene Partei zu einem nicht nur harten, sondern schlechthin untragbaren Ergebnis führen würde,[232] also insb. in Fällen der Existenzgefährdung sowie der besonders schweren Treuepflichtverletzung des anderen Teils. Bloße Verwirkung (gemeinsames Invollzugsetzen des formnichtigen Vertrages über einen längeren Zeitraum) genügt nicht.[233]

---

226 BGH DNotZ 1982, 621 – a.A. wegen der lediglich schuldrechtlichen Vormerkungsnatur *Tetenberg* Die Anwartschaft des Auflassungsempfängers, 2006.
227 OLG Düsseldorf DNotZ 1990, 370; OLG Hamm DNotZ 1991, 149.
228 *Tiedtke* JZ 1994, 526; möglicherweise auch BGH JZ 1994, 524.
229 Die Formnichtigkeit der schuldrechtlichen Vereinbarung über die Aufhebung des Anwartschaftsrechtes wird durch die Löschung der Vormerkung geheilt OLG Düsseldorf DNotZ 1990, 370.
230 OLG Düsseldorf DNotZ 2006, 681: anderenfalls durch Auslegung zur ermitteln und eher zu verneinen.
231 BGH, 29.01.2008 – XI ZR 160/07, NotBZ 2008, 235 (anders nur dann, wenn Bauträger und Käufer die Formnichtigkeit bewusst zum Nachteil des Bürgen herbeigeführt haben, BGH DNotZ 2005, 838).
232 BGH DNotZ 1999, 342.
233 BGH DNotZ 2005, 120.

b) Heilung durch Vollzug

110 Gem. § 311b Abs. 1 Satz 2 BGB[234] werden Formmängel geheilt,[235] wenn die wirksame Auflassung mit oder zeitlich nach[236] den formunwirksamen Vereinbarungen erklärt und im Grundbuch eingetragen wird. Die Auflassung als abstraktes Rechtsgeschäft wird (abgesehen von Fällen der wucherischen Sittenwidrigkeit gem. § 138 Abs. 2 BGB Rn. 111, und seltenen Tatbeständen der Rechtseinheit mit dem schuldrechtlichen Geschäft oder in den Fällen der Auflassung an einen nicht existenten Empfänger)[237] i.d.R. wirksam erklärt sein; sie muss sich beim Verkauf mehrerer Grundstücke auf alle beziehen.[238] Vor Vollzug kann sie möglicherweise vom Verkäufer kondiziert werden.[239] Bei einer formunwirksamen Veräußerungskette heilt die Auflassung und Umschreibung auf den letzten Käufer auch die unwirksamen Kaufverträge der Zwischenerwerber. Der Grundbuchvollzug heilt auch solche formunwirksamen Nebenvereinbarungen, ohne die der Kaufvertrag nicht zustande gekommen wäre.[240]

111 Die **Heilung** wirkt nur **ex nunc**, sodass eine Vormerkung keinen Schutz gibt,[241] und erfasst nur die durch den Formmangel bisher bewirkte Unwirksamkeit. Schuldnerverzug konnte vor der Heilung nicht eintreten.[242] Andere Unwirksamkeitstatbestände (z.B. fehlende Genehmigungen, zu weiteren Fällen der Nichtigkeit unten Rdn. 117 ff.) werden nicht geheilt. Bei einer »**Unterverbriefung**« (»Schwarzkauf«)[243] ist der beurkundete Kaufvertrag als **Scheingeschäft** gem. § 117 BGB nichtig; der mit ausreichender Bestimmtheit[244] gewollte, formunwirksame Kaufvertrag wird jedoch durch Eintragung[245] geheilt, es sei denn, zur Wirksamkeit waren behördliche oder gerichtliche Genehmigungen (z.B. des Betreuungsgerichts) erforderlich, da sich diese nicht auf das eigentlich gewollte Rechtsgeschäft, sondern auf das zur Genehmigung eingereichte »Scheinrechtsgeschäft« bezogen.[246]

112 Die Heilung umfasst auch solche mit dem Grundstückskauf verbundene Geschäfte, die – da die Immobilientransaktion nach dem – der andere Seite erkennbaren – Willen zumindest eines Beteiligten sonst nicht abgeschlossen worden wäre – der Beurkundungspflicht unterlegen hätte, jedenfalls

---

234 Hierzu umfassend *Specks* RNotZ 2002, 193 ff.
235 Sofern nicht schon die Berufung auf die Formnichtigkeit gegen § 242 BGB verstößt; vgl. *Waldner* Praktische Fragen des Grundstückskaufvertrages Rn. 118.
236 In diesem Fall muss allerdings die Willensübereinstimmung der Parteien, den Vertrag mit seinem gesamten Vertragsinhalt zu wollen, noch bei Erklärung der Auflassung vorhanden sein, vgl. BGHZ 54, 64. Eine nach Erklärung der Auflassung noch formbedürftige, jedoch nicht beurkundete Ergänzung (hier: Mitverkauf einer Planungsleistung) wird also durch die Grundbucheintragung nicht geheilt, OLG Naumburg DNotI-Report 2003, 132.
237 Z.B. an eine noch nicht formwirksam gegründete »GbR«, vgl. Rdn. 315; ebenso bei Auflassung an oder durch den »Rat der Gemeinde« als Teil des untergegangenen Zentralstaates anstelle der Gebietskörperschaft selbst, BGH VIZ 1996, 272 und VIZ 1996, 342; Heilungsgesetz: Art. 231 § 8 Abs. 2 EGBGB (sog. »Briefkopfurteile«).
238 RGZ 68, 386.
239 RGZ 109, 354; anders wenn der Verkäufer die Formnichtigkeit kannte: § 814 BGB; daher in diesem Fall kein Erwerbsverbot als Gegenstand einer einstweiligen Verfügung: OLG Köln NotBZ 2001, 270.
240 BGH, 26.11.1999 – V ZR 251/98, NJW 2000, 951; BGH, 05.03.2010 – V ZR 60/09, ZflR 2010, 587 m. Anm. *Grziwotz*.
241 BGH DNotZ 1970, 596.
242 BGH WM 1979, 253.
243 Zu unterscheiden von der (in Steuerhinterziehungsabsicht) unrichtig angegebenen Aufteilung des tatsächlichen Kaufpreises aufgrund und Boden und Gebäude: keine Nichtigkeit (BGH NJW-RR 2002, 1527).
244 BGH NotBZ 2003, 66 m. Anm. *Baldus*: keine Heilung unbestimmter Realteilungsabrede (Fläche von ca. 6.000 m², deren Lage auch nicht andeutungsweise zu ermitteln war) durch Grundbucheintragung.
245 Die jedoch durch Offenlegung der Schwarzkaufabrede noch verhindert werden kann; die Rückforderung etwaig bereits geleisteter Zahlungen verstößt weder gegen § 815 Fall 2 BGB (BGH WM 1983, 1340) noch gegen § 817 Satz 2 BGB; allerdings ist die bereicherungsrechtliche Saldotheorie nur mit Vorsicht anzuwenden, da beide Parteien das Risiko des Scheiterns bewusst eingegangen sind (*Waldner* Praktische Fragen des Grundstückskaufvertrages Rn. 120 – 124).
246 Aus diesem Grund fingiert § 7 Abs. 3 GrdStVeG die Erteilung (allerdings nur dieser) Genehmigung, wenn vor Ablauf eines Jahres nach Eintragung kein Widerspruch gem. § 899 BGB bzw. keine Grundbuchberichtigung (§ 894 BGB) beantragt wurde.

sofern die »Nebenabrede« nicht aus anderen Gründen formbedürftig war.[247] Indiz gegen einen solchen Verknüpfungswillen ist jedenfalls der in der Urkunde enthaltene Hinweis »*die Parteien haben außerhalb der Urkunde keine weiteren Vereinbarungen über den Vertragsgegenstand geschlossen*«.[248]

113 Ist dem **Notar** bekannt, dass eine Unterverbriefung beabsichtigt ist, muss er die Beurkundung des Scheingeschäfts ablehnen und hat auf die Protokollierung des Gewollten zu drängen. Gleiches gilt, wenn der als Kaufvertrag angemeldete Transferakt eine andere »causa« verdeckt (z.B. Rückübereignung eines Grundstücks nach Beendigung eines Treuhandverhältnisses).[249] Ergibt sich für den Notar nach Beurkundung aus weiteren Erkenntnissen, dass wohl eine Unterverbriefung vorlag, darf er den **Kaufvertrag hinsichtlich des Vollzugs suspendieren**, wenn eine hohe Wahrscheinlichkeit dafür besteht, dass beim Vollzug der Urkunde das Grundbuch unrichtig würde[250] (vgl. im Einzelnen Rdn. 1797).

c) Heilung bei verdeckten Grundstückssacheinlagen

114 Eine »Heilung« ganz anderer Art war bis zur Neuregelung in Gestalt des MoMiG (GmbH) bzw. des ARUG (AG) auch bei **verdeckten Grundstückssacheinlagen** (Umgehung der Kapitalaufbringungsvorschriften des GmbHG bzw. des AktG durch Bareinzahlung mit der Absprache, den Betrag zum Erwerb eines Grundstücks vom Gesellschafter zu verwenden) erforderlich, und zwar nicht nur zur gesellschaftsrechtlichen Richtigstellung und tatsächlichen Erbringung der Einlageleistung,[251] sondern nach Ansicht des BGH[252] auch zur »Reparatur« des (nach altem Recht) unwirksamen schuldrechtlichen Verpflichtungs- und des dinglichen Erfüllungsgeschäfts. Wegen dieses **Doppelmangels** wurde das Grundbuch unrichtig; in der Insolvenz der Gesellschaft hatte der Inferent ein Aussonderungsrecht. Grundstücksrechtlich reichte die nochmalige Neuauflassung; da die Eintragung der Auflassung vorangehen kann, wurde das Grundbuch ohne Weiteres Eintragungserfordernis richtig,[253] wobei jedoch ein Klarstellungsvermerk möglich ist.[254]

115 Gesellschaftsrechtlich erforderte die **Heilung** solcher verdeckter Sacheinlagen[255] einen Gesellschafterbeschluss mit satzungsändernder Mehrheit über die nachträgliche Umdeckung von der Bar- zur Sacheinlage, die Auflistung der betroffenen Gesellschafter, bei Kapitalerhöhungen neuerliche Übernahmeerklärungen, den dinglichen Einbringungsvertrag gem. § 7 Abs. 3 GmbHG, den Nachweis der Vollwertigkeit der Sacheinlage zum Zeitpunkt der Heilung, den Bericht über die Änderung der Einlagedeckung analog § 8 Abs. 1 Nr. 4 GmbHG, die Registeranmeldung samt Anlagen und die entsprechende Werthaltigkeit und Einbringungsversicherung der Geschäftsführer. Einbringungsgegenstand ist nicht mehr, wie nach früherer Rechtslage, der Anspruch gem. § 812 Abs. 1 Satz 2, 2. Alt. BGB auf Rückgewähr der fehlgeschlagenen Bareinlagezahlung, sondern der Sachwert selbst bzw. der an seine Stelle getretene Anspruch.[256] Bei der AG musste die Heilung wegen der Satzungs-

---

247 Also nicht wenn die weiteren Vereinbarungen auf eigenem Formzwang beruhen und über den sachenrechtlichen Vollzug des Vertrages hinausgehen, etwa bzgl. einer Teilungsabrede: BGH DStR 2003, 342. Zweifelnd zur Heilungswirkung für nicht mitbeurkundete Scheidungsfolgevereinbarungen *Herr* FuR 2003, 2.
248 So BGH, 05.03.2010 – V ZR 60/09 notar 2010, 343 m. Anm. *Kilian* in einem Fall, in dem die (mangels hinreichend dokumentierter Verknüpfung nicht geheilte) privatschriftliche Nebenabrede eine Übertragungspflicht begründete und daher aus sich heraus beurkundungspflichtig war.
249 Die Herausgabepflicht nach Beendigung des Auftrages ergibt sich aus § 667 BGB; allerdings bedurfte das zugrunde liegende Treuhandverhältnis wohl wegen der Rückerwerbsverpflichtung des Treugebers der Beurkundung MünchKomm-BGB/*Kanzleiter* § 311b Rn. 22. Beachtet werden muss § 3 Nr. 16 GrEStG!
250 BayObLG DNotZ 1998, 646.
251 Gem. § 19 Abs. 5 GmbHG wird die Bareinlagepflicht durch die verdeckte Sacheinlage nicht erfüllt; hierfür haften auch die übrigen Gesellschafter gem. § 24 Abs. 1 GmbHG. Ferner haben Gesellschafter und Geschäftsführer falsche Angaben gem. § 9a Abs. 1 GmbHG gemacht, was gem. § 82 Abs. 1 Nr. 1 GmbHG auch zur Strafbarkeit führen kann.
252 NJW 2003, 3127, gestützt auf eine Analogie zu § 27 Abs. 3 Satz 1 AktG.
253 *Bauer/v. Oefele* GBO, § 22 Rn. 145.
254 BayObLG DNotZ 2002, 731.
255 Vgl. ausführlich, mit Mustertexten, *Bäcker* RNotZ 2005, 569 ff.
256 BGH, 07.07.2003, GmbHR 2003, 1055 m. Anm. *Bohrmann*; *Gutachten* DNotI-Report 2008, 42 ff. Ist das Verkehrsgeschäft bereits vor der Kapitalerhöhung (und ohne schädliche Verknüpfungsabrede) erfolgt, und resultiert hieraus die offene Kauf-

änderungssperre der §§ 27 Abs. 4, 183 Abs. 2 Satz 4 AktG im Weg der Nachgründung (auch nach Ablauf der 2-Jahres-Frist) erfolgen, vgl. § 52 Abs. 10 AktG.

§ 19 Abs. 4 GmbHG n.F. enthält neben einer Legaldefinition der verdeckten Sacheinlage eine Beschränkung der Rechtsfolgen auf die **Differenzhaftung** des Gesellschafters i.H.d. Betrages, um den die (nunmehr schuldrechtlich und dinglich wirksam eingebrachte) Sacheinlage die Bareinlageverpflichtung unterschreitet. Eine präventive registergerichtliche Werthaltigkeitskontrolle findet demnach nicht statt; der Heilung des Einlagevorgangs selbst bedarf es dann weder gesellschafts- noch zivilrechtlich. Diese Rechtslage wurde mit Wirkung ab 01.09.2009 infolge der Neufassung des § 27 Abs. 3 und 4 AktG in gleicher Weise für die AG übernommen,[257] und zwar auch für Altfälle (§ 20 Abs. 7 EGAktG).

116

III. Weitere Fälle der Vertragsnichtigkeit

1. Verstoß gegen gesetzliche Verbote, § 134 BGB

Ein Verstoß gegen zwingende Verbotsnormen, die nach ihrem Sinn und Zweck erfordern, dass die durch Rechtsgeschäft getroffene, ihm widersprechende Regelung nicht hingenommen werden kann,[258] führt zur Nichtigkeit gem. § 134 BGB. Für den Grundstücksverkehr relevante Beispiele sind etwa:[259]
– Bindung des Käufers an einen Architekten, der in Bezug auf das Grundstück bereits Planungsleistungen ausgeführt hat, (Art. 10 § 3 MietRVerbG), Rn. 78: Ein Verstoß führt jedoch nur dann zur Unwirksamkeit auch des Grundstückskaufvertrages, wenn anzunehmen ist, dass der Vertrag ohne den nichtigen Teil nicht vorgenommen worden wäre.[260]
– Vertragliche Vereinbarung eines Anspruchs auf Aufstellung oder Änderung eines Bebauungsplans: Verstoß gegen § 1 Abs. 3 Satz 2 BauGB;[261] zulässig ist es aber, weitere Zahlungen oder die Erstattung von Folgekosten an die (freie) Entscheidung zur Bauleitplanung zu knüpfen;[262]
– Vertrag über die Errichtung eines Bauwerkes als bewusster Schwarzbau ohne Baugenehmigung;[263]
– Verträge zwischen Heimpersonal und Heiminsassen im Bereich des § 14 Abs. 2 HeimG.[264]
– Die Verpflichtung einer Gemeinde, Mehrerlös beim Weiterverkauf in einem geschaffenen Baugebiet an den ursprünglichen Grundstücksverkäufer auszukehren, ist hinsichtlich dieser Klausel nichtig (§ 134 BGB i.V.m. den damaligen Bestimmungen des § 7 Abs. 1 Nr. 8 BauGBMaßnG i.V.m. § 153 Abs. 1 und Abs. 3 BauGB).[265]
– Verstoß gegen kommunalrechtliche Verbote der Unter-Wert-Veräußerung (vgl. Rdn. 1596)[266] – bei einer besonders krassen und beiden Beteiligten zuzurechnenden Verletzung des Grundsatzes der Sparsamkeit und Wirtschaftlichkeit kommunaler Wirtschaftsführung kann sogar § 138 BGB erfüllt sein.[267]
– Verstoß gegen das EG-rechtliche Beihilfeverbot (vgl. Rdn. 1601 ff.).

117

118

---

preisforderung, die nunmehr durch Rückzahlung getilgt wird, ist das Verkehrsgeschäft allerdings wirksam; Einlageleistung ist die offene Kaufpreisforderung, die wegen des Aufrechnungsverbots des § 19 Abs. 5, 2. Alt. GmbHG weiter existiert.

257 Vgl. im Einzelnen *Herrler/Reymann* DNotZ 2009, 914 ff. Es bleibt aber die Strafbarkeit des Vorstands wegen der unrichtigen Angaben in der Anmeldungsversicherung (§ 399 Abs. 1 Nr. 1 AktG), und damit möglicherweise auch des Beraters (Beihilfe! – neben der zivilrechtlichen Haftung des Beraters: BGH v. 19.05.2009, DStR 2009, 1767); auch bleiben die strengeren Anforderungen des § 52 AktG selbst unberührt.
258 So die Definition des BGH NJW 1992, 2257, 2258.
259 Vgl. *Eschelbach* in: Lambert-Lang/Tropf/Frenz, Handbuch der Grundstückspraxis Teil 3 A II Rn. 124 ff.
260 OLG Koblenz NotBZ 2001, 190 m. Anm. *Roßner*.
261 Vgl. BGHZ 76, 16.
262 BGHZ 94, 127.
263 Staudinger/*Sack* § 134 BGB Rn. 175.
264 Vgl. etwa BGHZ 110, 235, 240.
265 OLG Brandenburg OLG Report 2001, 517.
266 Art. 75 BayGO enthält nach Ansicht des BayObLG Rpfleger 1983, 308 ein gesetzliches Verbot, ähnlich BGHZ 147, 39 f. zum haushaltsrechtlichen Grundsatz, dass der Staat nichts verschenken dürfe.
267 BGH, 25.01.2006 – VIII ZR 398/03, MittBayNot 2006, 494 m. Anm. *Grziwotz*: kommunalaufsichtlich nicht genehmigter Vertrag über übergroße Investition kurz vor dem Verlust der gemeindlichen Selbstständigkeit kann nicht Grundlage von Schadensersatzforderungen des Investors sein.

A. Einführung, Vertragsvorbereitung

– Der Verstoß eines Auftrags gegen Art. 1 § 1 Rechtsberatungsgesetz führt auch zur Nichtigkeit entsprechender Vollmachten und damit auf dieser Vollmacht beruhender Verträge, vgl. im Einzelnen Rdn. 473, auch zu § 172 BGB.

Erkennt der Notar einen solchen Verstoß, hat er die Beurkundung abzulehnen (§ 4 BeurkG); etwaige Zweifel sind – ebenso wie die Antworten der Beteiligten auf diese Vorhaltungen – gem. § 17 Abs. 2 Satz 2 BeurkG zu vermerken. Werden diese Umstände später erkannt, kann auch der Vollzug einzustellen sein (vgl. Rdn. 1797).

2. Sittenwidrigkeit

a) Objektiver Tatbestand

119 Sofern nicht Sondervorschriften (etwa zur Anfechtung gläubigerbenachteiligender Geschäfte gem. § 3 AnfG, § 133 InsO, vgl. Rdn. 1529 ff.) vorgehen, ist ein Rechtsgeschäft gemäß der Auffangnorm des § 138 Abs. 1 BGB nichtig, wenn es nach seinem aus Zusammenfassung von Inhalt, Beweggrund und Zweck zu entnehmenden Gesamtcharakter sowie den z.Zt. des Geschäftsabschlusses obwaltenden Umständen mit den guten Sitten nicht zu vereinbaren ist. Zu berücksichtigen sind dabei auch die von den Parteien verfolgten Absichten und Beweggründe (»**Umstandssittenwidrigkeit**« »**Kollusives Zusammenwirken zum Nachteil eines Dritten**«, wobei in letzterem Fall der objektive Tatbestand der Sittenwidrigkeit entfällt, wenn andere Rechtsnormen einen rechtlichen Nachteil für den Dritten verhindern[268]). Teilen bspw. die Beteiligten zur Vereitelung des Vorkaufsrechtes im Rahmen eines »Paketverkaufs« den vorkaufsbetroffenen Wohnungen deutlich höhere »Kaufpreisanteile« zu, ist diese Abrede gem. § 138 Abs. 1 BGB nichtig, sodass § 467 BGB gilt (verhältnismäßige Aufteilung, etwa nach Flächen).[269] Allerdings ist es jedermann unbenommen, in eigener Verantwortung risikoreiche Geschäfte abzuschließen oder sich zu Leistungen zu verpflichten, die er nur unter günstigen Umständen erfüllen kann.[270]

120 Besteht eine **Monopolstellung**, kann deren Ausnutzung zu unangemessenen Vorteilen aus eigensüchtigen Beweggründen ebenfalls zur Sittenwidrigkeit führen. Denkbar ist dies z.B. bei überlangen Bierbezugsverpflichtungen,[271] bei einer überlangen Bindung einer Ankaufsverpflichtung in einem Erbbaurechtsvertrag[272] (Rdn. 2760) oder bei schuldrechtlichen Veräußerungsbeschränkungen in Einheimischenmodellen[273] bzw. Wiederkaufsrechten bei subventioniertem Erwerb[274] (Rdn. 2473; die Rechtsprechung neigt wohl dazu, keine Gesamtnichtigkeit anzunehmen, sondern dem hypothetischen Parteiwillen folgend auf das noch zulässige Maß zu reduzieren).[275] Auch die »Übersicherung« einer Partei, etwa durch eine »Verfallklausel« (Pflicht zur entschädigungslosen Rückübertragung bei Rückstand mit zwei Monatsraten einer Leibrente) kann gegen § 138 BGB verstoßen.[276] Verwandt

---

268 Bsp: BGH, 28.10.2011 – V ZR 212/10 NotBZ 2012, m. Anm. *Krauß*: die Wegschenkung einer Immobilie »zur Schädigung des in Scheidung lebenden, Zugewinnausgleich begehrenden Ehegatten« ist wirksam, da bereits § 1375 Abs. 2 Nr. 1 BGB den objektiven Eintritt eines Nachteils beim Dritten verhindert.
269 BGH, 15.06.2005 – VIII ZR 271/04, DNotI-Report 2005, 157: Von gesamt 2,65 Mio. DM Kaufpreis sollten auf 602 m² vorkaufsbelastete Wohnfläche 2,41 Mio. DM, auf die verbleibenden 454 m² nur 0,24 Mio. DM entfallen. Die vorkaufsausübenden Mieter, an die mit Blick auf den angeblichen Kaufpreisbetrag nicht aufgelassen wurde, erhielten die Differenz zwischen dem tatsächlichen anteiligen Kaufpreisbetrag (200.000,00 DM) und dem tatsächlichen Einzelwert (255.000,00 DM) als Schadensersatz.
270 BGH NJW 1989, 1276; vgl. hierzu und zum Folgenden: *Lambert-Lang/Cierniak* in: Lambert-Lang/Tropf/Frenz Handbuch der Grundstückspraxis Teil 3 A III Rn. 214 m.w.N.
271 BGH NJW 1981, 916; ähnlich BGH WM 1992, 951, allerdings unter Hinweis auf den abstrakten Charakter der Sicherungsdienstbarkeit.
272 BGHZ 68, 1 m. Hinweis auf die Aufrechterhaltung für den noch zulässigen Zeitraum analog § 139 BGB.
273 OLG München ZNotP 1998, 150: max. 20 Jahre.
274 BGH, 21.07.2006 – V ZR 252/05, DNotZ 2006, 910 (im Jahr 1930 auf 90 Jahre bei vergünstigter Abgabe an Familien vereinbartes Wiederkaufsrecht zugunsten der öffentlichen Hand kann mehr als 30 Jahre nach Begründung nicht mehr ausgeübt werden).
275 *Hertel* in: Würzburger Notarhandbuch Teil 6 Rn. 170 ff. m.w.N.
276 BGH, 17.10.2008 – V ZR 14/08, DNotZ 2009, 214.

sind die Sachverhalte der Ausnutzung einer **Macht- oder Vertrauensstellung** zulasten des Anvertrauten (etwa durch den Betreuer zulasten des Betreuten – wobei häufig bereits ein Verstoß gegen das gesetzliche Schenkungsverbot, § 1804 BGB i.V.m. § 1908i BGB, vorliegt – oder durch die Pflegeperson zulasten des Kranken) bzw. zulasten des »Unterworfenen« (Verkaufsvollmacht zugunsten des Grundpfandgläubigers Rdn. 486; ewiges Erbbaurecht zulasten des Grundstückseigentümers Rdn. 2732; bzw. umgekehrt: schikanöse Heimfallregelung zulasten des Erbbauberechtigten Rdn. 2760)

Eine Sonderstellung nehmen die Fälle der »**schweren Äquivalenzstörung**« ein: wucherähnliche Geschäfte (§ 138 Abs. 1 BGB) bzw. Wucher (§ 138 Abs. 2 BGB). Tritt bei Zusammenfassung der subjektiven und objektiven Merkmale zur Äquivalenzstörung zumindest ein weiterer Umstand hinzu, der das Gesamtgeschäft als sittenwidrig erscheinen lässt, spricht man vom »**wucherähnlichen Rechtsgeschäft**«.[277] Der zusätzliche Umstand kann etwa in der bewussten Ausnutzung der wirtschaftlich schwachen Lage des anderen Teils oder dessen Unterlegenheit liegen.[278] Es besteht allerdings kein gesetzlicher Anspruch darauf, ein Objekt zum Verkehrswert erwerben zu können.[279]   121

Dem wirtschaftlichen Zwang zum Eingehen auf ungünstige Vertragsbedingungen stehen die Umstände des § 138 Abs. 2 BGB (also die Einwirkungen auf den freien Willensentschluss: Wucher) gleich. Der für § 138 Abs. 2 BGB objektiv erforderliche »Mangel an Urteilsvermögen« liegt nicht vor, wenn der Betroffene zwar nach seinen Fähigkeiten in der Lage ist, Inhalt und Folgen eines Rechtsgeschäfts sachgerecht einzuschätzen, diese Fähigkeiten aber nur unzureichend einsetzt und deshalb ein unwirtschaftliches Rechtsgeschäft abschließt (Erwerb eines als Bauruine erkennbaren »Schlosses«, das angesichts eines Sanierungsaufwandes i.H.v. 1,5 Mio. DM auf 1.000,00 DM geschätzt wurde, zum Preis von 250.000,00 DM).[280]   122

b) Subjektiver Tatbestand

In subjektiver Hinsicht ist ein Bewusstsein der Sittenwidrigkeit oder gar die Absicht der Schädigung nicht erforderlich.[281] Vielmehr genügt es, wenn der begünstigte Beteiligte die Tatsachen kennt, aus denen sich die Sittenwidrigkeit ergibt,[282] oder sich deren Kenntnis grob fahrlässig verschließt[283] – beim Wuchertatbestand muss der Wucherer in entsprechender Weise Kenntnis haben von der Zwangslage, Unerfahrenheit, Willensschwäche oder dem Mangel an Urteilsvermögen auf der Seite des Bewucherten und damit diese Lage bewusst ausnutzen.[284] Fahrlässigkeit genügt also beim Wucher nicht. Dem Käufer wird in Zeiten fallender Grundstückspreise (also bei einem Verkauf zu überhöhten Konditionen) dabei von der Rechtsprechung eher vorgehalten, der Verkäufer habe darauf vertrauen können, dass sich der Käufer zuvor über die Marktverhältnisse Klarheit verschafft habe,[285] als dies in Zeiten steigender Grundstückspreise (also bei einem Verkauf zu unangemessen niedrigen Konditionen) der Fall war.   123

Sofern ein objektiv auffälliges Missverhältnis zwischen normaler Bewertung des Grundstücks und dem hingegebenen Gegenwert besteht, erleichtert die Rechtsprechung die Feststellung des subjektiven Tatbestandes:[286] das Vorliegen von Umständen, welche die freie Entschließung des Benachteiligten beeinträchtigt haben, sowie die bewusste Ausnutzung des Wuchertatbestandes bzw. die bewusste oder grob fahrlässige Ausnutzung des wucherähnlichen Tatbestandes werden **vermutet**.[287] Dies gilt   124

---

277 Vgl. hierzu *Kulke* ZfIR 2006, 788.
278 BGHZ 128, 255.
279 BGH NJW 2004, 1732.
280 BGH, 23.06.2006 – V ZR 147/05, DNotZ 2006, 908.
281 BGH NJW 1993, 1588, NJW 2001, 1127.
282 Seit RGZ 140, 184, st. Rspr.; zur Entbehrlichkeit einer Schädigungsabsicht vgl. BGH NJW 1993, 1587.
283 Vgl. BGH, 1990, 567, 568.
284 BGHZ 133, 246, 248.
285 BGH NJW 2010, 363.
286 Vgl. *Lambert-Lang/Cierniak* in: Lambert-Lang/Tropf/Frenz Handbuch der Grundstückspraxis Teil 3 A III Rn. 214 m.w.N.
287 Vgl. BGH WM 1991, 404; BGH, 05.03.2010 – V ZR 60/09, MittBayNot 2010, 306.

sogar dann, wenn die benachteiligte Partei das Missverhältnis zwischen Leistung und Gegenleistung kennt,[288] es sei denn, es bestand Einigkeit über die teilweise Unentgeltlichkeit (»gemischte Schenkung«). Dem begünstigten Teil muss allerdings das Missverhältnis bekannt gewesen sein.[289]

125 Ein **besonders grobes Missverhältnis** nimmt der BGH regelmäßig an, wenn der Wert der Leistung zum Zeitpunkt des Vertragsschlusses[290] knapp doppel so hoch war wie der Wert der Gegenleistung.[291] Ein bestimmtes Wertermittlungsverfahren (z.B. Ertragswertmethode) ist dabei nicht vorgeschrieben; auch das Vergleichswertverfahren ist geeignet, den Wuchervorwurf zu entkräften,[292] jedoch nicht bei einem »selbst geschaffenen Markt« (Time-Sharing-Anlagen).[293] Die Vermutung verwerflichen Verhaltens ist allerdings erschüttert, wenn der absolute Wert der Kaufsache relativ gering (30.000,00 DM) und eine zutreffende Einschätzung schwierig ist (Bebaubarkeit?).[294]

126 Hat eine Kredit gebende Bank positive Kenntnis davon, dass der Kaufpreis doppelt so hoch ist wie der Verkehrswert der Wohnung, muss sie aufgrund dieses Wissensvorsprungs den Kreditnehmer i.R.d. Kreditvergabe über die **sittenwidrige Überteuerung** der zu finanzierenden Eigentumswohnung aufklären. Der positiven Kenntnis steht es dabei gleich, wenn sich die sittenwidrige Überteuerung einem zuständigen Bankmitarbeiter nach den Umständen des Einzelfalls aufdrängen musste; er darf dann nach Treu und Glauben seine Augen nicht davor verschließen.[295]

c) Rechtsfolgen

127 Beim Wuchervertrag ist auch das Erfüllungsgeschäft nichtig, sodass Grundbuchberichtigung verlangt werden kann;[296] die »schlichte Sittenwidrigkeit« erfasst i.d.R. dagegen lediglich den schuldrechtlichen Vertrag, sodass nach Bereicherungsgrundsätzen rückabgewickelt wird. Daneben tritt möglicherweise ein Schadensersatzanspruch wegen Verschuldens bei Vertragsverhandlungen (§ 280 Abs. 1 BGB i.V.m. §§ 311 Abs. 2 und Abs. 3, 241 Abs. 2 BGB) oder nach § 826 BGB.[297] Die – selten gegebene – Aufrechterhaltung eines Teils einer sittenwidrigen Vertragsklausel (quantitative Teilbarkeit) setzt voraus, dass die Aufspaltung dem entspricht, was die Parteien bei Kenntnis der Nichtigkeit ihrer Vereinbarung geregelt hätten.[298]

128 In der Praxis scheitert die Rechtsverfolgung des Übervorteilten häufig daran, dass der »Wucherer« das erworbene Objekt bereits weiterveräußert hat und hinsichtlich des Erlöses (Wertersatz i.S.d. § 818 Abs. 2 BGB) (bzw. der »bewuchernde Verkäufer« hinsichtlich des Kaufpreises) Entreicherung gem. § 818 Abs. 3 BGB einwendet. Dem Teilnehmer am sittenwidrigen Geschäft selbst ist diese Berufung gem. § 819 Abs. 2 BGB verwehrt, einem unentgeltlichen Nacherwerber (§ 822 BGB – z.B. einem Verwandten des Wucherers, der sodann weiterverkauft) hält die Rechtsprechung[299] rasch vor, er habe i.S.d. § 819 Abs. 1 BGB Kenntnis vom Mangel des rechtlichen Grundes gehabt, da die Kenntnis der Tatsachen, aus denen sich die Sittenwidrigkeit ergab, genüge.

129 Das Vorliegen des objektiven Tatbestandes des § 138 BGB und der Voraussetzungen für die Beweiserleichterung hinsichtlich des subjektiven Tatbestandes wird dem **Notar** kaum jemals erkennbar

---

288 BGH ZfIR 2010, 587.
289 BGH, 25.02.2011 – V ZR 208/09, NJW-RR 2011, 880; anders noch BGH NJW 2001, 1127 m. krit. Anm. *Maaß* NJW 2001, 3467: bei einem besonders groben Missverhältnis sei der Schluss auf eine verwerfliche Gesinnung des Begünstigten auch dann zulässig, wenn er keine Kenntnis vom Wertverhältnis hatte.
290 BGH NJW 1992, 899; NJW-RR 1991, 589.
291 Beispiel aus BGH, 25.02.2011 – V ZR 208/09, NJW-RR 2011, 880: Kaufpreis 80.000 DM bei Verkehrswert von 154.000 DM.
292 BGH NJW 2004, 2671.
293 BGH NJW-RR 2005, 1418.
294 Vgl. BGH NJW 2003, 283.
295 BGH, 29.04.2008 – XI ZR 221/07.
296 BGH NJW 1973, 613.
297 BGHZ 99, 101.
298 BGH, 17.10.2008 – V ZR 14/08, ZNotP 2008, 490.
299 BGH NJW 1996, 2652.

sein.³⁰⁰ Er muss insoweit auch keine aktiven Ermittlungen anstrengen, sondern kann der Angaben der Beteiligten vertrauen, muss allerdings alles, auch privates, Wissen verwerten, wenn es die Absichten der Beteiligten erkennbar macht. Liegen konkrete Verdachtsmomente vor – etwa aufgrund dessen »Strickmusters« bei wiederholten Kettenkaufverträgen mit deutlichen Preisanhebungen –, muss der Notar ihnen nachgehen. Allein die Kenntnis des Ankaufspreises genügt nicht, maßgeblich ist der (mutmaßliche) objektive Wert der Immobilie. Gewinnt der Notar die Überzeugung, das Geschäft diene unredlichen Zwecken (mag dies auch nicht beweisbar sein), hat er seine Amtstätigkeit zu versagen (§ 14 Abs. 2 BNotO),³⁰¹ auch zum Schutz bspw. finanzierender Banken.³⁰² In Zweifelsfällen ist gem. § 17 Abs. 2 Satz 2 BeurkG zu vermerken:

▶ Formulierungsvorschlag: Hinweis gem. § 17 Abs. 2 Satz 2 BeurkG (Zweifelsvermerk)

Der Notar ist nicht in der Lage, die wirtschaftliche Angemessenheit des Kaufpreises (auch unter Berücksichtigung der Werkleistungen) zu beurteilen, hat jedoch auf § 138 BGB hingewiesen. Diesbezügliche Zweifel i.S.d. § 17 Abs. 2 Satz 2 BeurkG wurden von den Beteiligten nicht geteilt.

3. Drittschützende Veräußerungs- und Erwerbsverbote, §§ 135, 136 BGB

§ 135 BGB erfasst Verfügungsverbote, die nach ihrem Sinn und Zweck nur dem Schutz bestimmter Personen dienen (relative Wirkung, z.B. § 473 BGB: Unübertragbarkeit des Vorkaufsrechtes). Hiergegen verstoßende Rechtsgeschäfte sind der Allgemeinheit ggü. zunächst wirksam, beruft sich jedoch der Geschützte hierauf, kann er von einem hinsichtlich des relativen Verfügungsverbotes bösgläubigen Erwerber die Herausgabe nach § 985 BGB verlangen, bei einem gutgläubigen Dritten kommen Ansprüche des Geschützten analog § 816 Abs. 1 BGB in Betracht. **130**

Häufiger sind **gerichtliche** oder behördliche **Veräußerungsverbote** mit drittbegünstigender Wirkung (§ 136 BGB), z.B. einstweilige Verfügungen gem. §§ 935 ff. ZPO, aber auch die Anordnung der Zwangsversteigerung gem. §§ 23, 146 ZVG (vgl. Rdn. 2109 ff.), Beschlagnahme gem. § 111c Abs. 5 StPO. Auch für diese gilt das Prioritätsprinzip,³⁰³ § 136 BGB analog gilt für die durch die Rechtsprechung entwickelten **gerichtlichen Erwerbsverbote**,³⁰⁴ z.B. um im Fall eines formnichtigen Grundstückskaufvertrages durch einstweilige Verfügung die Eintragung der Auflassung zur Vermeidung der Heilungswirkung zu untersagen. In allen diesen Fällen wird jedoch der gute Glaube an das Nichtbestehen des gerichtlich oder behördlich erlassenen Verbotes geschützt (§ 135 Abs. 2 BGB). **131**

Hiervon zu trennen sind gesetzliche Verfügungs- oder Erwerbsbeschränkungen des **öffentlichen Rechts**. Zu denken ist etwa an landesrechtliche Verfügungsbeschränkungen für kommunale Körperschaften (vgl. Rdn. 629 ff.), kirchenrechtliche Regelungen,³⁰⁵ fachaufsichtliche Bestimmungen etwa für Sozialversicherungsträger (Rdn. 1599) oder Normen zu bestimmten Arten von Grundstücken (z.B. landwirtschaftliche Flächen: Grundstücksverkehrsgesetz, Rdn. 1585 ff.; in Bayern auch Almgrundstücke).³⁰⁶ Hierher zählen auch die Beschränkungen des Grundstücksverkehrs in Sanierungs- und Umlegungsgebieten Rdn. 1557 ff. sowie bei privatisierten land- und forstwirtschaftlichen Flächen im Beitrittsgebiet, Rdn. 2474. **132**

---

300 BGH, 26.02.2009 – III ZR 135/08, MittBayNot 2009, 394 (Ls.): »*um die Werthaltigkeit des Kaufobjektes bzw. die Angemessenheit des Kaufpreises braucht sich der Notar grundsätzlich nicht zu kümmern*«. Vgl. allerdings auch BGH, 14.12.2009 – NotSt (B) 2/09, ZNotP 2010, 116 (Vorläufige Amtsenthebung bei An- und Verkauf binnen weniger Tage und Differenzen zwischen 60 und 286 %).
301 Ohne dabei allerdings der anderen Partei z.B. den Kaufpreis des Ankaufs offenzulegen (§ 18 Abs. 1 BNotO: Verschwiegenheit).
302 BGH, 28.11.2005 – NotSt (B) 3/05; OLG Celle, 11.05.2009 – Not 2/09.
303 BGH, 14.06.2007 – IX ZR 219/05, NZI 2007, 540: die relative Unwirksamkeit kann auch ggü. einem zeitlich später eingetragenen zweiten Verfügungsverbot geltend gemacht werden (»*auch die Möglichkeit, in der Verfügungsmacht eingeschränkt zu werden, ist Ausdruck der Verfügungsmacht selbst*«).
304 Vgl. etwa BGH NJW 1983, 565.
305 Vgl. *Schöner/Stöber* Grundbuchrecht Rn. 4085 ff.; für Bayern: *Seeger* MittBayNot 2003, 361 (evangelisch-lutherische Kirche); *Eckert/Heckel* MittBayNot 2006, 471 (römisch-katholische Kirche).
306 Gem. Art. 1 und 19 des Almgesetzes v. 28.04.1932: Genehmigung der Kreisverwaltungsbehörde.

A. Einführung, Vertragsvorbereitung

133 Bei **Lebensversicherungsgesellschaften** bedürfen Verfügungen über Grundstücke, die dem Deckungsstock gem. § 66 VAG zugeführt wurden, der Zustimmung des Treuhänders gem. § 70 VAG, was im Grundbuch durch hinreichend deutlichen[307] Sperrvermerk verlautbart wird. Es wird überwiegend als drittschützendes Verfügungsverbot i.S.d. § 135 BGB angesehen, sodass guter Glaube möglich ist. Ähnliches gilt für Sperrvermerke zur Sicherung der bestimmungsgemäßen Verwendung von Kapitalabfindungen nach dem Bundesversorgungsgesetz (§ 75 BVG: 5 Jahre) bzw. § 31 SoldatenversorgungsG.[308]

134 Art. 2 Abs. 1 VO (EG) 881/2002 v. 27.05.2002,[309] die gem. Art. 249 Abs. 2 EG-Vertrag unmittelbar in jedem Mitgliedstaat gilt, enthält nach Ansicht des LG Berlin[310] ein relatives Verfügungsverbot für die in der dortigen **Al-Qaida-Terrorliste** erfassten Personen, welches auch im Grundbuchverfahren zu beachten sei und auch die Erbringung der Gegenleistung umfasse, da vom »Einfrieren« i.S.d. Art. 2 Abs. 3 VO (EG) 881/2002 i.V.m. Art. 4 Abs. 1 VO (EG) 881/2002 Gelder, bewegliche und unbewegliche Sachen umfasst seien. Fraglich ist, ob bei bereits vorhandenem Grundeigentum ein »Warnhinweis« auf die Nichtigkeit künftiger Auflassungserklärungen dieses Eigentümers wegen Verstoßes gegen ein gesetzliches Verbot (§ 134 BGB) von Amts wegen eingetragen werden könne.[311] Die durch den Sanktionsausschuss laufend aktualisierte Liste der betroffenen Personen ist im Internet veröffentlicht unter http://ec.europa.eu/external_relations/cfsp/sanctions/list/consol-list.htm (auch erreichbar über die Homepage des Bundesamtes für Wirtschaft und Ausfuhrkontrolle [BAFA], www.ausfuhrkontrolle.info unter »Links«, »Allgemeine Links«, »Vereinte Nationen [Liste Res. 881/2002]«).[312] Eine Amtspflicht des Notars zum Abgleich mit dieser Liste besteht freilich nur bei Verdachtsmomenten.[313]

IV. Aufgaben und Pflichten des Notars

135 Am Beispiel des Grundstückskaufvertrages lässt sich besonders deutlich nachvollziehen, wodurch sich die notarielle Form anhand der Gewährleistung ausgewogener Vertragsgestaltung zur Vermeidung einer Benachteiligung ungewandter Beteiligter durch unabhängige und unparteiische[314] Betreuung rechtfertigt.

1. Konsensprüfung

136 Auch wenn die Parteien des Rechtsgeschäfts davon ausgehen, sie hätten sich über alle entscheidenden Punkte geeinigt, wird häufig im Vorgespräch mit den Mitarbeitern des Notars oder dem Notar selbst deutlich, dass noch über weitere Themen **Konsens hergestellt** werden muss. Als Beispiele sind zu nennen das Datum des Besitzübergangs, die Verteilung des Erschließungsrisikos, Rechte wegen Sach- und Rechtsmängeln, der genaue Fälligkeitstermin, die Möglichkeit der Finanzierung des Kaufpreises, die Absicherung der wechselseitigen Verpflichtungen, die Verteilung der Vertrags- und Abwicklungskosten, die Rückabwicklung bei Scheitern des Vertrages. Auf diese Weise garantiert die Einschaltung eines Notars, dass verdeckte Lücken oder ein versteckter Dissens in der Willensbildung der Beteiligten vermieden werden.

---

307 »Verfügungsbeschränkung gem. § 72 VAG« reicht hierfür nicht, vgl. LG Wuppertal RNotZ 2008, 610. Fehlt ein solcher Sperrvermerk, braucht das Grundbuchamt bei Grundpfandrechten zugunsten von Versicherungsgesellschaften nicht zu untersuchen, ob es sich um Deckungsstockvermögen handelt, OLG Schleswig, 16.03.2011 – 2 W 49/10, NotBZ 2011, 411 (nur Ls.).
308 *Böhringer* notar 2010, 248.
309 Http://europa.eu.int/eur-lex/lex/RECH_menu.do?ihmlang=de; dort Aktivierung des Feldes »Konsolidierte Fassung« und Eingabe von »2002« und »0881« in die folgende Maske.
310 Rpfleger 2006, 183; gem. EuGH, 11.10.2007 – RS C 117/06 »Möllendorf«, DNotZ 2008, 688 m. Anm. *Schmucker* sind auch vor Veröffentlichung der VO wirksam gewordene, jedoch noch nicht vollzogene Vorgänge erfasst.
311 Bund-Länder-Besprechung, v. 25.01.2005, Protokoll beigelegt dem Rundschreiben der Notarkammer Brandenburg Nr. 4/2006 v. 05.09.2006.
312 Auf der Homepage des BAFA findet sich auch ein ausführliches »Merkblatt zu den länderunabhängigen Embargomaßnahmen zur Bekämpfung des Terrorismus« (unter »Publikationen«, »Embargos«).
313 *Schmucker* DNotZ 2008, 695 (strenger *Usinger* DNotZ 2008, 884; Duplik *Schmucker* DNotZ 2008, 887).
314 § 14 Abs. 1 Satz 2, Abs. 3 Satz 2 BNotO; damit ist es nicht vereinbar, z.B. als inländischer Zustellungsbevollmächtigter des Darlehensnehmers ggü. dem Darlehensgeber aufzutreten, vgl. etwa RS Notarkammer Sachsen-Anhalt Nr. 3/2011 S. 3; *Ländernotarkasse* NotBZ 2011, 431.

Die Pflicht zur vollständigen und zutreffenden Erfassung des rechtsgeschäftlichen Willens nötigt demnach auch zur Nachfrage, wenn das zu beurkundende Geschäft einen Aspekt aufwirft, der üblicherweise zum Gegenstand vertraglicher Abreden gemacht wird. Dies gilt umso mehr, wenn im Rahmen einer »Beurkundungsserie« in den bisherigen Verträgen hierzu Regelungen enthalten waren (Bsp: Übernahme einer Ferienparkdienstbarkeit bei Verkäufen dort belegener Apartments).[315]   **137**

Die Haftungsrechtsprechung schafft jedoch zunehmend »erweiterte Belehrungspflichten« des Notars in Richtung auf eine **Warn- und Hinweispflicht** einerseits, eine Pflicht zur **betreuenden Beratung** andererseits (gestützt auf §§ 1, 14 Abs. 1 Satz 2 BNotO). Solche konsultativen Pflichten treffen den Notar nicht nur bei der unmittelbaren Betreuungstätigkeit i.S.d. § 24 BNotO, sondern nach Maßgabe der nachstehenden Voraussetzungen auch bei Beurkundungen und sonstigen notariellen Amtsgeschäften. Sie umfassen jedoch nicht die Verpflichtung, den Beteiligten zu raten, was wirtschaftlich am zweckmäßigsten zu unternehmen wäre,[316] und machen ihn damit auch nicht zum »Ausfallbürgen« fehlgeschlagener Geschäfte der Beteiligten.[317] Erforderlich sind zwei Voraussetzungen: **138**

Als objektiver Anlass für die Belehrung muss einem Beteiligten aus der vorgesehenen Art der Durchführung oder des Inhalts des Vertragswerks ein **wirtschaftlicher Schaden** entstehen können, dessen er sich nicht bewusst ist,[318] und der durch – dem anderen Vertragsteil zumutbare – Vorkehrungen gebannt werden kann. Solche besonderen Umstände können sich auch aus gesetzlichen Regelungen außerhalb des Vertrages ergeben, die den Beteiligten offenbar nicht bekannt sind.[319]   **139**

Subjektiv muss der Notar bei »**notarüblicher Sorgfalt**« Grund zur Befürchtung haben, dass dem Beteiligten ein solcher Schaden drohe.[320] Bei rechtlichen Gefahren außerhalb des Zivilrechts, etwa des Steuerrechts, genügt jedoch insoweit nicht bloße Fahrlässigkeit, da der Notar kein Steuerberater ist.[321] Anders liegt es dann, wenn sich die Steuerpflicht aus einer ungewöhnlichen, vom Notar selbst vorgeschlagenen Gestaltung ergibt, oder wenn der Notar einen vom Steuerberater geprüften Entwurf ohne erneute Rücksprache mit letzterem ändert.[322]   **140**

Geht es (wie allerdings bei Überlassungen selten) sogar um die Absicherung der Zug-um-Zug-Leistung, also das Vermeiden riskanter Vorausleistungen, trifft ihn als weiteres Element das »gestalterische« Aufzeigen von **Vermeidungsstrategien**, sofern sie denselben Sicherungsgrad aufweisen,[323] was tunlich in der Urkunde vermerkt werden sollte.[324]   **141**

Wird der Notar jedoch konkret zu mittelbaren (etwa steuerlichen) Auswirkungen befragt und antwortet er insoweit nicht im Sinne einer bloßen Weiterverweisung z.B. an den Steuerberater, haftet er für falsche Beratung unmittelbar nach § 24 Abs. 1 Satz 1 BNotO, allerdings beschränkt auf den Gegenstand der Beratung bzw. seines Eingreifens in die Vertragsgestaltung.[325] Gleiches gilt bei einem Auftrag zur »gestaltenden Beratung«, etwa wenn die Beteiligten im Vorgespräch lediglich das Gestaltungsziel vorgeben, jedoch hinsichtlich des Weges den Rat des Notars erbeten (z.B. hinsichtlich der Abwägung zwischen letztwilliger und lebzeitiger Übertragung). Für letztere gilt ebenfalls unmittelbar § 24 BNotO, mithin nicht das Verweisungsprivileg auf andere Haftungsquellen.[326]   **142**

---

315 BGH, 09.12.2010 – III ZR 272/09, ZNotP 2011, 75.
316 BGH VersR 1968, 1139.
317 BGH NJW 1978, 219.
318 Beispiel: BGH NJW 1987, 84: Belehrungspflicht zur Bestellung von Vorwegbeleihungsgrundschulden zugunsten des Käufers.
319 Vgl. *Bernhard* in: Beck'sches Notarhandbuch 4. Aufl. Teil F Rn. 124 f., mit weiteren Beispielen.
320 Vgl. *Ganter* DNotZ 1998, 859.
321 Vgl. BGH DNotZ 1992, 813 (817).
322 BGH, 22.05.2003 – IX ZR 201/01, DNotZ 2003, 845.
323 Ihn trifft das Gebot, zum »sicheren Weg« zu raten; vgl. *Reithmann* Vorsorgende Rechtspflege, 1989, S. 170 ff.
324 Vgl. *Basty* in: FS für Schippel 582 f.
325 OLG München, 18.01.2007 – 1 U 3684/06, RNotZ 2007, 355.
326 Vgl. Eylmann/Vaasen/*Hertel* BNotO/BeurkG § 24 Rn. 13.

2. Zug-um-Zug-Sicherung

143 Von entscheidender Bedeutung (und Quelle zahlreicher Haftungsprozesse) ist die **Absicherung der Zug-um-Zug-Abwicklung** zwischen Leistung und Gegenleistung; hierüber hat der beurkundende Notar stets,[327] auch ungefragt, und unabhängig von der »Urheberschaft« an der Urkunde,[328] zu belehren und gestaltend zu beraten. Der Käufer muss davor bewahrt werden, dass er den Kaufpreis entrichtet, bevor die lastenfreie Eigentumsumschreibung auf ihn sichergestellt ist; der Verkäufer darf das Eigentum nicht verlieren, bevor die Bezahlung des Kaufpreises erfolgt oder zumindest gesichert ist. Besonderes Augenmerk ist auch darauf zu legen, wer im ersten »Schritt« ein Stück seiner Rechtsposition aufgibt, denn schon hierin kann eine ungesicherte Vorleistung liegen.

▶ Beispiele:

144 Bewilligt der Verkäufer eine Eigentumsvormerkung zugunsten des Käufers und ist dieser sodann illiquide und unbekannten Aufenthalts oder unwillig, eine Löschungsbewilligung zu unterzeichnen, muss die Vormerkung mit hohem Kostenaufwand »herausgeklagt« werden. In riskant erscheinenden Fällen wird daher der Notar geeignete Absicherungswege zur erleichterten Löschung der Vormerkung vorschlagen. Wird umgekehrt die Vormerkung erst dann zur Eintragung beantragt, wenn der Kaufpreis auf ein Anderkonto hinterlegt oder eine Bankbürgschaft durch den Käufer gestellt wurde, könnte dieser auch hierin eine ihn belastende, nicht gerechtfertigte Vorleistung erblicken. Die gänzliche Vermeidung von Vorleistungen führt zum völligen Stillstand.[329]

145 Es zählt zu den Aufgaben des Notars, nicht nur die Beteiligten vor ungesicherten Vorleistungen (die in Formular- oder Verbraucherverträgen zudem gegen § 309 Nr. 2 BGB verstoßen können) zu warnen, sondern ihnen auch geeignete – d.h. nach dem Inhalt des Geschäfts und dem erkennbaren Willen der Beteiligten unter Berücksichtigung ihrer Leistungsfähigkeit realistische und für einen »erfahrenen, pflichtbewussten, und gewissenhaften Durchschnittsnotar«[330] erkennbare – **Vermeidungsstrategien** vorzuschlagen (»doppelte Belehrungspflicht«,[331] wobei es sich bei der zweiteren eher um eine Pflicht zur gestaltenden – nicht planenden – **Beratung** handelt[332]). Dies gilt auch bei von den Beteiligten mitgebrachten Entwürfen.[333] Werden diese Gestaltungsempfehlungen nicht gewünscht, sollte der Notar sowohl die Tatsache seiner Belehrung sowie den von ihm unterbreiteten Vorschlag als auch die Ablehnung durch die Vertragsteile in der Urkunde vermerken,[334] wobei entschieden darauf zu achten ist, dass die notarielle Urkunde nicht zu einem Vehikel vorsorglichen Rechtskundeunterrichts verkommt.[335]

---

[327] BGH DNotZ 1995, 409; *Reithmann* ZNotP 2003, 243. Ist jedoch eine sichere Vertragsgestaltung beurkundet worden, braucht der Notar nicht zusätzlich vor einem Abweichen hiervon zu warnen, vgl. BGH ZNotP 2005, 271 ff. m. Anm. *Kesseler* 251 ff.

[328] Vgl. OLG Celle NJW-Spezial 2004, 292: Beurkundung eines durch einen anderen Notar entworfenen Angebots.

[329] Vgl. *Schlick/Frenz* 8. Jahresarbeitstagung des Notariats September 2010, Tagungsband II, S. 69 ff.

[330] BGH, 24.01.2008 – III ZR 156/07, ZNotP 2008, 212 im Anschluss an *Arndt/Lerch/Sandkühler* BNotO 5. Aufl. 2003 § 19 Rn. 102.

[331] BGH DNotZ 1995, 408; DNotZ 2001, 475; zu den Grenzen: BGH, 12.02.2004 – III ZR 77/03, NotBZ 2004, 352 m. Anm. *Armbrüster/Krause*, S. 325 ff. (»*nur realistisch in Betracht kommende Sicherungsmöglichkeiten*«); so noch in der Vorauflage *Zugehör/Ganter/Hertel* Handbuch der Notarhaftung Rn. 420 ff. und 1021 ff.; nunmehr *Ganter/Hertel/Wöstmann* Handbuch der Notarhaftung Rn. 1033 ff., 1043 ff. Beispiel zur doppelten Belehrungspflicht bei Erschließungskosten: Rn. 1580.

[332] So *Ganter* NotBZ 2000, 277 ff.; *Ganter/Hertel/Wöstmann* Handbuch der Notarhaftung Rn. 934 ff.

[333] BGH, 22.06.2006 – III ZR 259/05, NotBZ 2006, 317 m. Anm. *Reithmann* NotBZ 2007, 14.

[334] Außerhalb des Anwendungsbereichs der Vorschriften, die eine Dokumentationspflicht des Notars über bestimmte Belehrungen begründen, trägt der »Geschädigte« die Beweislast dafür, der Notar habe die doppelte Belehrung unterlassen, vgl. BGH, 22.06.2006 – III ZR 259/05, ZNotP 2006, 394 m. Anm. *Kesseler*, S. 375 = DNotZ 2006, 912 m. Anm. *Krebs*. Aufseiten des Notars genügt das substanzielle Bestreiten einer Pflichtverletzung, wenn möglich anhand von Indizien (z.B. Hinweis in Urkunde auf fehlende Eigentümerstellung des Verkäufers).

[335] Dem BGH (vorangehende Fußnote) ist daher zu widersprechen, wenn er i.R.d. Beweiswürdigung prüft, ob eine »gegenteilige notarielle Praxis« der Aufnahme nicht vorgeschriebener Hinweisvermerke bestehe, vgl. *Krebs* DNotZ 2006, 916.

▶ **Beispiel:**[336]

Die Abtretung von Restitutionsansprüchen, die auf Grundstücke in den neuen Bundesländern **146**
gerichtet sind, bedarf gem. § 3 Abs. 1 Satz 2 VermG der notariellen Beurkundung; sie kann nicht unter einer Bedingung erklärt werden. Der Erwerber eines solchen Restitutionsanspruchs will sofort dessen Inhaber werden, um diesen ggf. durch die Instanzen verfolgen zu können, möchte aber den Kaufpreis erst entrichten, wenn sicher steht, dass die Rückübertragung tatsächlich zur Wiedererlangung des Grundstücks führt. Der Veräußerer verliert also den Restitutionsanspruch aufgrund der sofortigen Abtretung, die nicht auf den Erhalt des Kaufpreises aufschiebend bedingt erklärt werden kann, i.S.e. ungesicherten Vorleistung. Der Notar hatte empfohlen, der Käufer möge eine Bankbürgschaft stellen, was dieser im Hinblick auf die Kosten und die zu erwartende lange Verfahrensdauer ablehnte. Der Notar wurde gleichwohl zur Haftung verurteilt, weil er nicht darauf hingewiesen habe, dass der Erwerber als weitere Absicherungsvariante den Anspruch zur Sicherung der künftigen Kaufpreisschuld an den Veräußerer rückverpfänden könne. Analog § 1287 Satz 2 BGB entsteht dann bei Erfüllung des öffentlich-rechtlichen Übertragungsanspruchs im Wege der Grundbuchberichtigung aufgrund Ersuchens des Vermögensamtes eine Zwangssicherungshypothek außerhalb des Grundbuchs, die gem. § 34 Abs. 2 Satz 2 VermG bei Mitteilung an das Vermögensamt, § 407 BGB, ebenfalls im Wege des Amtsersuchens im Wege der Grundbuchberichtigung mit in das Grundbuch eingetragen werden kann und den Verkäufer vor dem Totalverlust geschützt hätte. Gemäß der in der Rechtsprechung angewandten Vermutung beratungskonformen Verhaltens[337] hätten die Beteiligten diese Absicherungsvariante gewählt, wenn der Notar sie vorgeschlagen und erläutert hätte. Die Berufsleistung eines Notars wird also wesentlich daran gemessen, ob es ihm gelingt, die geeignete Alternative zur Vermeidung ungesicherter Vorleistungen zu kennen und den Beteiligten nahezubringen.

▶ **Weiteres Beispiel:**[338]

Der vom Notar gefertigte Kaufvertragsentwurf sieht die Zahlung binnen 14 Tagen nach Bestä- **147**
tigung des Vorliegens der üblichen Voraussetzungen vor; Besitzübergang soll Zug-um-Zug mit Kaufpreisgutschrift erfolgen. Während der Beurkundungsverhandlung wünscht der Käufer, dass der Kaufpreis (wegen eines erst dann zu erwartenden Geldzuflusses) erst ein Jahr später fällig werde, er jedoch ab sofort das Objekt nutzen dürfe; der Verkäufer lässt sich im Hinblick auf eine vereinbarte monatliche Nutzungsentschädigung für die Zwischenzeit hierauf ein. In der Urkunde unterwirft sich auf Vorschlag des Notars der Käufer der Zwangsvollstreckung sowohl wegen der Pflicht zur Zahlung der monatlichen Nutzungsentschädigung als auch wegen der Pflicht zur Räumung, sofern der Kaufvertrag wegen Nichtzahlung des Kaufpreises rückabgewickelt wird. In der Folgezeit bleibt der Käufer die Nutzungsentschädigung schuldig; Vollstreckungsbemühungen sind ohne Erfolg. Erst nach Eintritt der Fälligkeit und Nichtzahlung des Kaufpreises tritt der Verkäufer vom Kaufvertrag zurück; der Käufer räumt daraufhin nach über einem Jahr das Anwesen. Der BGH hat den beurkundenden Notar zum Schadensersatz verurteilt, weil er in Verletzung der »doppelten Belehrungspflicht« nicht alle sachdienlichen Vorkehrungen zur Vermeidung ungesicherter Vorleistungen empfohlen habe, insb. nicht die Vereinbarung einer Möglichkeit des vorzeitigen Rücktritts vom Kaufvertrag als solchem, wenn der Erwerber mit der Nutzungsentschädigung für einen nicht mehr unerheblichen Zeitraum in Verzug geraten ist. Das Urteil ist inhaltlich fragwürdig (das Bestehen eines gesetzlichen Rücktrittsrechts gem. §§ 323 Abs. 5 Satz 1 BGB bleibt gänzlich ungeprüft, vgl. Rdn. 1815), verdeutlicht jedoch die praktische Konsequenz: der Notar haftet möglicherweise allein aufgrund des unterbliebenen Vermerks auf alle getätigten Hinweise für das durch keine Vertragsklausel beseitigbare eigent-

---

336 Nach BGH, 15.01.1998 – IX ZR 4/97, WM 1998, 783.
337 Die allerdings nicht unbegrenzt greift: keine Vermutung, der Mandant habe zur Vermeidung steuerlicher Nachteile (Betriebsaufspaltung) wesentliche Teile des Betriebsvermögens auf die Ehefrau übertragen: BGH, 20.03.2008 – IX ZR 104/05 m. Anm. *Otto*.
338 Im Anschluss an BGH, 24.01.2008 – III ZR 156/07, ZNotP 2008, 212.

liche Problem, nämlich die Vermögenslosigkeit des Käufers, der bereits vor Beurkundung die eidesstattliche Versicherung abgegeben hatte (»Kaufnomade«). Das Verhalten des Käufers lässt es zudem als fraglich erscheinen, ob die aufgenommene Vollstreckungsunterwerfung hinsichtlich der Räumungspflicht bei früherer Beendigung des Besitzrechtes »gefruchtet« hätte.[339]

3. Vollzug

148 Eine weitere wesentliche Aufgabe des Notars beim Grundstückskaufvertrag liegt schließlich in der **Durchführung des Vollzugs**. Es sind unverzüglich[340] Grundbucheintragungen (Eigentumsvormerkung, Löschung gegenstandslos gewordener Rechte etc.) zu veranlassen, Löschungsbewilligungen seitens der Gläubiger des Veräußerers einzuholen, Treuhandauflagen (Verwendung der Löschung nur Zug-um-Zug gegen Rückzahlung des noch geschuldeten Kreditbetrages) zu prüfen, anzunehmen und deren Erfüllung zu überwachen, öffentlich-rechtliche und privatrechtliche Genehmigungen und Vorkaufsrechts-Verzichtserklärungen einzuholen, Meldungen (z.B. an die Grunderwerbsteuerstelle) zu veranlassen und der Rücklauf auszuwerten. In aller Regel übernimmt es der Notar auch, den Beteiligten den Eintritt der vertraglich vereinbarten Fälligkeitsvoraussetzungen, sofern sie sich seiner Kontrolle nicht entziehen (z.B. Räumung des Vertragsobjekts, Erteilung einer bestimmten Baugenehmigung), zu bescheinigen. Schließlich hat er den Zeitpunkt des Endvollzugs zu überwachen (nicht zu früh, insb. nicht vor dem Nachweis vollständiger Kaufpreiszahlung, aber auch nicht zu spät, nachdem alle für die Umschreibung erforderlichen Unterlagen vorliegen, wobei insb. aus steuerrechtlichen Gründen manchmal auch eine bewusst verfrühte, unvollständige Vorlage in Betracht kommen kann).[341] Die Vollzugsmitteilung ist zu prüfen (Rdn. 1796)[342] und den Beteiligten weiterzuleiten[343] (vgl. § 55 GBO).

149 Wollte man die Beteiligten eines Grundstückskaufvertrages nach der Beurkundung »entlassen«, wären sie in der entscheidenden Phase, in der sich die vertraglich vereinbarten Absicherungsmechanismen bewähren müssen, auf sich allein gestellt. Auch der Rechtsverkehr mit den beteiligten Finanzierungsinstituten des Verkäufers (Ablösungsgläubiger) und des Käufers (Kaufpreisfinanzierungsgläubiger) ist ohne zwischengeschaltetes Notariat kaum vorstellbar.

4. Qualitätsanforderungen

150 Aus der vorstehend skizzierten Aufgabenstellung ergeben sich die **Anforderungen**, die der Immobilienkaufvertrag an den **Notar und seine Mitarbeiter** stellt:
– Unabdingbar ist eine detaillierte und stets auf aktuellem Stand gehaltene Sammlung von Textbausteinen für die Gestaltung des Vertrages und – zumindest genauso wichtig – die notwendigen

---

339 Man denke an die üblichen Vollstreckungsschutzanträge gem. § 765a ZPO, gestützt auf angebliche schwere Erkrankungen oder ernsthafte Suizidgefahr (BGH, 30.09.2010 – V ZB 199/09, ZfIR 2011, 29 m. Anm. *Keller*, S. 34).
340 LG Nürnberg-Fürth MittBayNot 2004, 212 geht von einer »regelmäßigen« Vorlagefrist von 10 Tagen aus; LG Duisburg MittRhNotK 1993, 76 akzeptiert jedenfalls noch 4 Tage.
341 Nach LG Ingolstadt MittBayNot 2004, 266 ist dann keine Zurückweisung, sondern lediglich der Erlass einer Zwischenverfügung zulässig.
342 Jedenfalls, wenn der Notar den Antrag aufgrund Vollmacht bzw. gem. § 15 GBO und nicht nur als Bote (hierzu BGH NJW 1958, 1532) gestellt hat; analog der Rspr. zur Überprüfung eines beantragten Erbscheins (BGH DNotZ 1988, 372).
343 Sofern diese nicht unmittelbar durch das Gericht verständigt wurden (so etwa, wenn der Notar die Anträge nicht nach § 15 GBO, sondern aufgrund einer in der Urkunde erteilten rechtsgeschäftlichen Vollmacht stellt, die sich jedoch nicht auf die Entgegennahme von Vollzugsmitteilungen erstrecken soll, vgl. LG Potsdam NotBZ 2002, 386). Aufgrund Allgemeinverfügungen (z.B. des Justizministerium Brandenburg v. 04.11.2002) werden häufig, sofern der Notar aufgrund Vollmacht oder nach § 15 GBO tätig wurde, die für diese Beteiligten bestimmten Exemplare mit an den Notar zur Weiterleitung versandt. Die für nicht antragsberechtigte und daher von § 15 GBO nicht erfasste andere Beteiligte (etwa Gläubiger beschränkt dinglicher Rechte) bestimmten Eintragungsnachrichten sind allerdings an Letztere unmittelbar zu senden, vgl. Schreiben des PräsOLG Jena an die Grundbuchämter v. 10.12.2004 (Anlage 6 zu Rundschreiben 1/2005 der NotK Thüringen). Vgl. auch *Böhringer* Rpfleger 2005, 237. Trotz Antragstellung i.S.d. § 15 GBO kann das Grundbuchamt die Vollzugsmitteilungen auch ausschließlich den Beteiligten direkt übersandt werden, vgl. OLG Saarland v. 26.10.2010 – 5 W 214/10-82, DNotZ 2011, 549.

Vollzugsschreiben. Diese erlauben es dem Notar, flexibel, auch in der Beurkundungssituation, auf abweichende Gestaltungswünsche zu reagieren.

▶ **Beispiel:**

Anstelle der Direktzahlung macht sich die Abwicklung über ein Anderkonto erforderlich; die in Abteilung III eingetragenen Grundpfandrechte sollen nicht gelöscht werden, sondern dinglich zur Neuvalutierung durch den Erwerber übernommen werden; anstelle der Zahlung des Kaufpreises soll eine Übernahme der Verbindlichkeiten erfolgen etc.

— Entscheidend ist weiterhin eine klare **Organisation** der bürointernen Arbeitsabläufe, ein zuverlässiges Mahn- und Wiedervorlagewesen (nicht nur i.R.e. vierteljährlichen »Aktensturzes«) und die fortdauernde Schulung zuverlässiger Mitarbeiter. Gerade im Vollzug finden sich zahlreiche Haftungsquellen. 151

▶ **Beispiel:**

Bei einem privaten Vorkaufsrecht wurde die Erklärungsfrist nicht wirksam in Gang gesetzt; die Versendung der Fälligkeitsmitteilung unterbleibt, obwohl alle erforderlichen Bescheinigungen dem Notar vorliegen; Treuhandauflagen werden übersehen oder Tageszinsen falsch berechnet etc. Aufgetretene Fehler sollten stets Anlass zu betriebsinternen Verbesserungen sein.

— Schließlich stellt der Kaufvertrag besondere Anforderungen an die Fähigkeit des Notars als **Vermittler, Mediator, Psychologe und Übersetzer**. Es hängt maßgeblich von seinem Verhalten in der Beurkundungssituation ab, ob die Beteiligten Vertrauen zu ihm fassen oder nicht. Die Begegnung mit dem Mandanten anlässlich des Erwerbs eines Eigenheims bietet die beste Grundlage für eine dauerhafte Kundenbeziehung zur Beratung auch in ehe-, erb- oder gesellschaftsrechtlicher Hinsicht. Es hat sich bewährt, die Verlesung des in juristisch klarer Sprache gehaltenen Vertrages in thematisch zusammengehörenden Abschnitten vorzunehmen und anschließend mündlich in »Alltagssprache«, dem Verständnishorizont der jeweils Beteiligten angemessen, hinsichtlich ihrer juristischen und wirtschaftlichen Tragweite zu erläutern. Gerade bei Grundstückskaufverträgen stoßen häufig juristisch versierte Beteiligte und unerfahrene Beteiligte aufeinander, sodass die Belehrungs- und Übersetzungsfunktion des Notars an die Erfordernisse des Einzelnen angepasst und daher flexibel gehandhabt werden muss und die Neutralität des Notars, deren Absicherung auch das zum 01.07.2008 erweiterte[344] **Mitwirkungsverbot** des § 3 Abs. 1 Satz 1 Nr. 7 BeurkG[345] und die abgeschwächte Tätigkeitsbeschränkung in Form des Ablehnungsrechtes der Beteiligten gem. § 3 Abs. 2 und Abs. 3 BeurkG dient, besondere Bedeutung erlangt. 152

— Kommt es während der Abwicklung des Kaufvertrages zu Störungen, ist das **Neutralitätsgebot** in besonderer Weise zu wahren. Um falsche Erwartungen zu dämpfen, wird der Notar zunächst betonen, dass er keine richterähnliche Entscheidungsfunktion hat. Sich allerdings lediglich hierauf zurückzuziehen, ist zwar rechtlich zulässig, wird der besonderen Rolle des Notars als sachkundigem Betreuer beider Beteiligten jedoch nicht gerecht. Er wird daher seine rechtliche Einschätzung in zurückhaltender Weise mitteilen, auch um ggf. die Anfragenden vor einem aussichtslosen Rechtsstreit zu bewahren. Jedem Praktiker ist in leidvoller Weise geläufig, wie Aussagen des Notars oder seiner Mitarbeiter zugespitzt, pointiert oder gar verdreht verwendet werden.[346] Um zu vermeiden, dass sich eine Partei unter Berufung auf die Autorität des Notars strategische Vorteile verschaffen mag, sollte daher die Äußerung schriftlich und ggü. beiden Beteiligten erfolgen. Solche Stellungnahmen erstrecken sich naturgemäß nur auf Rechtssachverhalte, die der Notar zweifelsfrei zu beurteilen vermag. 153

---

344 I.R.d. Rechtsdienstleistungsgesetzes (im Hinblick auf die künftig zulässige Sternsozietät von Rechtsanwälten).
345 Es ist umstritten, ob dieses Mitwirkungsverbot auch auf das hauptberufliche Notariat anzuwenden ist (dafür: *Eylmann* in: Eylmann/Vaasen BNotO/BeurkG § 3 BeurkG Rn. 42, weil auch unentgeltliche private Dienstleistungen hiervon erfasst seien; dagegen: *Winkler* BeurkG, § 3 Rn. 102). Richtig dürfte sein, mit den Aufsichtsbehörden der meisten Nurnotariatsgebiete den Vorbefassungsvermerk für entbehrlich zu halten, wenn der Notar nicht zuvor als Anwalt zugelassen war.
346 Vgl. *Hueber* NotBZ 2003, 445.

▶ Beispiel:

Die Wirksamkeit der Ausübung eines gemeindlichen Vorkaufsrechtes nach § 24 BauGB kann der Notar kaum prüfen, was er den Beteiligten ggü. klarstellen sollte. Ist allerdings eine Gemeinde der Ansicht, sie müsse zunächst (z.B. durch Versagung der Sanierungsgenehmigung nach § 144 BauGB) den Erstvertrag »zu Fall bringen«, um anschließend ihr Vorkaufsrecht ausüben zu können, wird der Notar sie darauf hinweisen, dass dadurch die Wirksamkeit des das Vorkaufsrecht auslösenden Vertrages nicht eintritt, sodass hierdurch ein Vorkaufsfall gerade nicht entsteht.[347]

5. Stil und Sprache

154 Aufbau und Gliederung, Stil und Sprache notariell formulierter Verträge sollen ihre Verständlichkeit für Laien wie Juristen erleichtern.[348] Gute Gestaltungspraxis berücksichtigt dies insb. in folgenden Bereichen:

155 Die **Gliederung** wird i.d.R. die allgemeinen Bestimmungen voranstellen und sodann Besonderheiten bzw. Ausnahmen abhandeln (sog. »degressiver Aufbau«). Zu achten ist insoweit auch auf geeignete Überschriften. Bei komplexeren Vorgängen kann eine Präambel zum einen das auch für die Auslegung zugrunde zu legende Vertragsziel definieren, zum anderen – vor allem bei gemischt typischen Verträgen – den inneren Zusammenhang der oberen Gliederungsebene erläutern.

▶ Beispiel einer Präambel:

Teil A enthält den Erwerb eines Miteigentumsanteils an einem Grundstück durch den Bauträger mit gestundeter, durch Bürgschaft gesicherter Kaufpreisabrede, in Teil B verbinden Verkäufer und Bauträger ihre ideellen Miteigentumsanteile gem. § 3 WEG mit (noch zu erstellendem) Sondereigentum nach § 3 WEG, in Teil C verpflichtet sich der Bauträger, das Sondereigentum des Verkäufers gemäß beigefügter Baubeschreibung zu errichten; zur Verrechnung von Kaufpreis (aus Teil A) und Werklohn (aus Teil C) reduziert sich die gestellte Kaufpreisbürgschaft gemäß Baufortschritt.

156 Zur Wahrung der **Übersichtlichkeit** sollten Gliederungssysteme nicht zu tief angelegt sein, sodass die in DIN 1421 vorgesehene Punktegliederung (1.1.1) für die notarielle Praxis eher ungeeignet ist. Umgekehrt kann sich aber empfehlen, auch im Fließtext mehrere auf gleicher Stufe stehende Umstände, Pflichten etc. durch eingeklammerte Nummern – (1) – zu verdeutlichen oder im Druckbild durch Aufzählungszeichen, Spiegelpunkte o.ä. hervorzuheben.

157 **Begrifflich** ist auf einheitliche Handhabung zu achten. Die parallele Verwendung etwa der Termini »Vertragsobjekt«, »Vertragsgegenstand«, »Kaufobjekt« etc. irritiert und lädt zur Spekulation darüber ein, ob damit verschiedene Dinge gemeint seien. Umfangreiche Verträge enthalten, der Tradition im Common-law-Bereich folgend, oft ein vorangestelltes **Glossar**, das Beteiligte und Umstände einheitlich definiert (»der Schuldner«, »die Beteiligten«, »der Stichtag« etc.); diese Begriffe werden sodann bei Verwendung im Vertragstext drucktechnisch (etwa durch Unterstreichung oder Verwendung anderer Schrifttypen) hervorgehoben. I.Ü. sind Hervorhebungen im Vertragstext, z.B. durch Unterstreichung bzw. Kursivdruck, wenig sinnvoll, zumal sie sich beim Vorlesen der Niederschrift (§ 13 Abs. 1 Satz 1 BeurkG) nicht umsetzen lassen. Einer Bezugnahme auf Gesetzesparagrafen (»Vormerkung i.S.d. § 883 BGB«) bedarf es allenfalls dann, wenn andernfalls Verwechslungen (etwa mit einer Löschungsvormerkung nach § 1179 BGB) drohen (überhaupt birgt die Verweisung auf einen einzelnen Paragrafen die Gefahr, zweifache Ungewissheit heraufzubeschwören: (1) Handelt es sich um eine statische oder eine dynamische Gesetzesverweisung? (2) Wird lediglich auf einen Paragrafen verwiesen oder auf alle gesetzlichen Bestimmungen, die sich mit dem betreffenden Thema beschäftigen?)

---

347 Beispiel nach *Hueber* NotBZ 2004, 93.
348 Vgl. zum Folgenden *Krafka/Seeger* ZNotP 2012, 15 ff.; *Schmittat* Einführung in die Vertragsgestaltung Rz. 163 ff.

Sprachlich gilt es, den Versuchungen überkommenen juristischen Stils zu widerstehen. Sowohl Zuhörer als auch Leser finden leichteren Zugang zu Texten, die (1) den Nominalstil meiden, (2) nicht exzessiv die passivische Ausdrucksform verwenden und ebenso wenig (3) anstelle des eigentlich gebotenen Indikativ konjunktivisch formulieren:[349]

158

▶ Beispiele:

Anstelle von »Bewilligung und Antrag auf Eintragung werden hiermit erteilt bzw. gestellt« besser: »Der Verkäufer bewilligt und der Käufer beantragt die Eigentumsumschreibung im Grundbuch.«

Anstelle von »Es wird hiermit vereinbart, dass ...«, besser: »Die Vertragsteile vereinbaren, ...«

Anstelle von »Sollte der Käufer den Kaufpreis nicht innerhalb der vereinbarten Frist zahlen, hat ...«, besser: »Zahlt der Käufer den Kaufpreis nicht fristgerecht, hat ...«

Zur Wiedergabe von Pflichten werden häufig, aus Gründen falsch verstandener Zurückhaltung, futurische Bestimmungen verwendet (»*Der Verkäufer wird Wände und Decke des Kinderzimmers bis zum 31.01.2012 weiß streichen.*«) Geeignet ist allein die direkte Formulierung: »*Der Verkäufer muss ...*« bzw. »*Der Verkäufer verpflichtet sich, ...*«

159

Schließlich sorgen direkte Formulierungen für sprachliche Verkürzung (anstelle von »*die ihm zustehenden Rechte*«: »*seine Rechte*«).

V. Individualvertrag, Formularvertrag, Verbrauchervertrag

1. Übersicht

160

Mit der im Schuldrechtsmodernisierungsgesetz herbeigeführten Umgliederung des AGB-Gesetzes in die §§ 305 ff. BGB ist die »**Typenbildung« zur richterlichen Vertragsüberprüfung** abgeschlossen. Zu unterscheiden ist nunmehr zwischen:

– dem **Individualvertrag**, also einem im Einzelnen ausgehandelten Vertrag, von dem das BGB 1900 idealtypisch ausging. Grenzen bilden hier die Bestimmungen über gesetzliche Verbote (z.B. §§ 134, 138 BGB), sofern es sich um einen Vertrag unter gleich starken Partnern handelt, bei sog. »Ungleichgewichtsverträgen« unterliegen sie zusätzlich der richterlichen Inhaltskontrolle nach § 242 BGB (insb. im Bereich des Ehe-[350] und nunmehr auch Erbrechts;[351] im Bereich der Immobilienverträge blieb die richterliche Inhaltskontrolle bisher beschränkt auf die Unwirksamkeit eines »formelhaften« Gewährleistungsausschlusses bei Neubauten im Individualvertrag; hierzu unten Rdn. 2249).

– Davon zu differenzieren ist der klassische »**Formularvertrag**«, der durch das »Stellen« vorformulierter Vertragsbedingungen für eine beabsichtigte Vielzahl von Anwendungen gekennzeichnet ist. Sofern nicht die (nunmehr um das Individualarbeitsrecht eingeschränkte) Bereichsausnahme des § 310 Abs. 4 BGB greift, unterliegen solche nicht im Einzelnen ausformulierten Vertragsbedingungen stets – auch bei Verwendung zwischen Unternehmern und durch einen Verbraucher ggü. einem Unternehmer – der Inhaltskontrolle nach § 307 BGB,[352] i.Ü., also im Verhältnis Unternehmer/Verbraucher oder Verbraucher/Verbraucher, der vollen AGB-Kontrolle (§§ 307, 308, 309 BGB).

161

– Daneben tritt als gleichberechtigte, für den Vertragspraktiker gleichwohl besonders tückische Kategorie der **Verbrauchervertrag**, also gem. § 310 Abs. 3 BGB ein zwischen Unternehmer und

162

---

349 Vgl. *Gast* Juristische Rhetorik Rz. 1229 ff.
350 Beispiel: BGH, 11.02.2004 – XII ZR 265/02, DNotZ 2004, 550 (Ausübungskontrolle bei Beschränkungen des nachehelichen Unterhalts).
351 Beispiel: Hohenzollern-Beschl. des BVerfG, DNotZ 2004, 798 m. krit. Anm. *Isensee* DNotZ 2004, 754 ff. (»*Grundrecht des virtuellen Erben auf unbeeinflusste Auswahl seiner Ehefrau*«).
352 Zur eingeschränkten Anwendbarkeit im Rechtsverhältnis »business to business« bzw. »consumer to business«: § 310 Abs. 1 Satz 2 BGB.

A. Einführung, Vertragsvorbereitung

Verbraucher geschlossener Vertrag, sofern nicht der Verbraucher die Vertragsbestimmung eingeführt hat. Gesetzlich geregelte Sonderformen sind der Verbrauchsgüterkauf (§§ 474 ff. BGB), der Verbraucherdarlehensvertrag (§§ 491 ff. BGB) sowie Finanzierungshilfen, Ratenlieferungsverträge und Darlehensvermittlung zwischen Unternehmer und Verbraucher (§§ 499, 655a ff. BGB).[353] Verbraucherverträge unterliegen (wie klassische Formularverträge im Verhältnis Unternehmer zu Verbraucher) der uneingeschränkten Inhaltskontrolle nach §§ 307 bis 309 BGB.

2. Merkmale des Formularvertrages

163 Erforderlich ist das Stellen vorformulierter Vertragsbedingungen für eine Vielzahl von Verträgen.

Vertragsbedingungen »stellt«, wer sie der anderen Vertragspartei einseitig auferlegt. Dieser sog. »Verwender« muss weder Unternehmereigenschaft i.S.d. § 14 BGB oder gar Kaufmannseigenschaft i.S.d. § 1 HGB noch wirtschaftliche oder intellektuelle Überlegenheit aufweisen. Auch ein Verbraucher kann Bedingungen »stellen«, indem er einseitig auf ein von dritter Seite vorformuliertes Vertragswerk (z.B. Mietvertragsformular, ADAC-Gebrauchtwagenkaufmuster) zurückgreift. Ein Formularvertrag kann daher auch vorliegen, wenn der Notar im Auftrag einer Partei allgemeine Geschäftsbedingungen, etwa in Gestalt eines Bauträgervertrages, entwickelt[354] oder wenn der Notar seinerseits Vertragsklauseln, die eine Partei ständig verwendet, übernimmt.[355] Jedenfalls wenn ein Vertragspartner gewerblich tätig ist, vermutet die Rechtsprechung das Merkmal des »Stellens«, sofern der von dritter Seite entworfene Vertrag die Interessen einer Vertragspartei offensichtlich bevorzugt.[356]

▶ Hinweis:

164 Anders liegt es hingegen, wenn der Notar von ihm allgemein gebrauchte Musterverträge zugrunde legt, ohne dass der Vertrag im »Auftrag« einer Partei gefertigt wäre,[357] keiner der Beteiligen muss sich das Verhalten des Notars zurechnen lassen, sodass er dadurch zum Verwender würde. So verhält es sich in der typischen notariellen Alltagssituation.[358] Mag auch dieser Differenzierung das unzutreffende Zerrbild eines im »Auftrag« tätigen »Hausnotars«, der seine Pflicht zur unparteiischen Betreuung aller Beteiligten offensichtlich nicht nachkommt, zugrunde liegen, hat der Praktiker doch davon auszugehen, dass die Rechtsprechung auch bei Notarverträgen von »gestellten« Bedingungen ausgehen wird, wenn der Vertrag offensichtlich die Interessen einer Partei bevorzugt.

165 »**Vorformuliert**« sind **Texte oder Textbestandteile**, die (gleichgültig auf welchem Speichermedium bisher festgehalten) bereits vor Vertragsschluss abrufbar vorhanden sind. Ausreichend ist auch die Speicherung »im Gedächtnis«.[359] Ebenso ist unerheblich, ob der Verwender selbst die Klausel vorformuliert hat oder ein Dritter (z.B. Verband, Rechtsanwalt etc.).

166 »**Vertragsbedingungen**« können auch bei einseitigen Willenserklärungen, z.B. Vollmachten[360] vorliegen. Selbst einseitige Prozesserklärungen, wie Vollstreckungsunterwerfungen in notariellen Verträgen (§ 794 Abs. 1 Nr. 5 ZPO), werden durch den BGH der Formularvertragskontrolle unterworfen,[361] da ihre Abgabe auf vertraglicher Vereinbarung beruht.

---

353 Vgl. zu dieser Übersicht *Grziwotz* NotBZ 2002, 52.
354 BGH, 14.05.1992 – VII ZR 204/90, MDR 1992, 902.
355 OLG Köln, 08.01.1999 – 19 U 223/96, VersR 2000, 730.
356 BGH NJW 1992, 2162; anders jedoch, wenn der Vertragspartner nicht gewerblich tätig ist (BGH, 13.09.2001 – VII ZR 487/99, NJW-RR 2002, 137) oder wenn sich eine Partei die Klausel erst während der Abwicklung des bereits geschlossenen Vertrages einseitig zu ihren Gunsten zunutze macht, BGHZ 130, 57. Vgl. *Häublein* DNotZ 2008, 768.
357 Der 7. Senat des BGH (NJW-RR 2002, 14) folgt insoweit nunmehr der schon früher vertretenen Auffassung des 5. Senats des BGH NJW 1991, 843. Ebenso OLG Brandenburg NJ 2005, 273.
358 *Leitzen* NotBZ 2009, 212, 215.
359 BGH NJW 1992, 2759; OLG Dresden BB 1999, 228.
360 BGH NJW 1999, 1864.
361 BGH NotBZ 2002, 63.

Erforderlich ist schließlich die **Absicht der mehrfachen Verwendung**, unabhängig davon, ob der 167
Kreis der in Betracht kommenden Geschäftspartner beschränkt ist oder nicht. Ausreichend ist das
Planen einer dreimaligen Verwendung,[362] sogar ggü. derselben Vertragspartei.[363] Allgemeine Geschäftsbedingungen liegen auch dann vor, wenn eine Vertragspartei in der Absicht der Verwendung
nur in einem Vertrag eine Klausel »stellt«, die ihrerseits durch einen Dritten mit Mehrfachverwendungsabsicht vorformuliert wurde.[364]

Auch wenn **i.Ü. ein Formularvertrag** vorliegt, können einzelne Vereinbarungen, die zwischen den 168
Vertragsparteien ausgehandelt sind, gem. § 305 Abs. 1 Satz 3 BGB eine **Individualabrede** darstellen. Voraussetzung ist die erkennbare, ernsthafte Abänderungsbereitschaft des Verwenders,[365] wobei
an das »Aushandeln« höhere Anforderungen zu stellen sind als bloßes »Verhandeln«. Es genügt also
nicht, dass die Klausel dem Verhandlungspartner bekannt ist, dort nicht auf Bedenken stößt, der
Inhalt erläutert oder erörtert wird und den Vorstellungen des Beteiligten entspricht.[366] Vielmehr
muss der Vertragspartner in der Auswahl der in Betracht kommen Vertragstexte frei sein und
Gelegenheit erhalten, alternativ eigene Textvorschläge mit der effektiven Möglichkeit ihrer Durchsetzung in die Verhandlungen einzubringen.[367] Wird als Ergebnis eines Aushandelns die ursprünglich vorformulierte Klausel bestätigt, liegt nur in seltenen Fällen eine Individualvereinbarung vor,
in denen ein Macht- und Kräftegleichgewicht und nicht nur die besonders hartnäckige Verhandlungstaktik des Verwenders zu diesem Ergebnis geführt hat.[368]

3. Verbraucherverträge (§ 310 Abs. 3 BGB)

Der durch § 310 Abs. 3 BGB (vormals § 24a AGBG) umgesetzten EG-Richtlinie über missbräuch- 169
liche Klauseln liegt die Vermutung zugrunde, dass der Verbraucher bei Abschluss mit einem Unternehmer regelmäßig strukturell unterlegen ist und daher vor unangemessenen Vertragsbedingungen
zu schützen sei. Daher soll eine **Inhaltskontrolle** auch dann stattfinden, wenn Formularverträge
im strengen Sinn, z.B. mangels Stellen der Bedingungen oder beabsichtigter Verwendung für eine
Mehrzahl von Fällen, nicht vorliegen. Sonderregelungen zum Verbrauchervertrag sind bspw. in den
Bestimmungen zum Verbrauchsgüterkauf (§§ 474 ff. BGB), zum Verbraucherdarlehen (§§ 491 ff.
BGB) und zum Teilzeitwohnrechtevertrag (§§ 481 ff. BGB) enthalten.

Der allgemeine Typus des Verbrauchervertrages erfordert ein Rechtsgeschäft zwischen Verbraucher 170
(§ 13 BGB) und Unternehmer (§ 14 BGB) mit vorformulierten Bedingungen.

▶ Hinweis:

Die Ermittlung der Eigenschaft, in welcher Beteiligte eines Rechtsgeschäftes auftreten, ist für 171
den Notar nicht nur zur Beachtung der Klauselverbote der §§ 305 ff. BGB von Bedeutung, sondern auch wegen der beurkundungsrechtlichen Besonderheiten (§ 17 Abs. 2a BeurkG, vgl. Rdn.
34 ff.), zur Feststellung des korrekten gesetzlichen Verzugszinses (§ 288 Abs. 1 bzw. 2 BGB) sowie
für das Erkennen möglicher Konstellationen eines Verbrauchsgüterkaufs (individualvertragliche
Abänderungssperre in § 475 BGB!) sowie besonderer Widerrufsrechte und Informationspflichten ggü. Verbrauchern (§§ 355 ff. BGB). In Zweifelsfällen sowie zur Dokumentation eigener
Recherchen mag es sich gar empfehlen, die vom Notar anhand der ihm zu Gebote stehenden

---

362 BGH NZBau 2002, 25.
363 BGH, 11.12.2003 – VII ZR 31/03, DNotZ 2004, 312.
364 BGH, 23.06.2005 – VII ZR 277/04, ZfIR 2005, 633 gegen BGH, 13.09.2001 – VII ZR 487/99, ZfIR 2001, 980:
    Ein Rechtsanwalt hatte seinem Mandanten Klauseln »entworfen«, die aus anderen, veröffentlichten Vertragsmustern
    entnommen waren.
365 BGH NJW 1998, 2600. Die Angebotsalternative kann jedoch auch mit einem höheren Entgelt verbunden sein: BGH
    DNotZ 2003, 349.
366 BGH NJW 2000, 1111.
367 BGH, 17.02.2010 – VIII ZR 67/09, MittBayNot 2011, 44 m. Anm. *Häublein/Moussa*.
368 BGH NJW 1992, 2285.

A. Einführung, Vertragsvorbereitung

Prüfungsmöglichkeiten auf Glaubwürdigkeit überprüfte Aussage der Beteiligten in die Urkunde aufzunehmen, mag der Vermerk auch an der objektiven Beteiligteneigenschaft[369] nichts ändern.

▶ **Formulierungsvorschlag: Verbrauchereigenschaft der Beteiligten**

172 Alle Beteiligten haben glaubhaft versichert, sie schlössen diesen Vertrag nicht im Rahmen einer gewerblichen oder selbstständigen beruflichen Tätigkeit, sondern als Verbraucher.

173 Trägt der Beteiligte in Abwandlung des vorstehenden Formulierungsvorschlages unzutreffenderweise Tatsachen vor, die ihn als Unternehmer erscheinen lassen, täuscht also bspw. der Käufer einen nicht gegebenen gewerblichen Verwendungszweck vor, ist ihm jedenfalls die Berufung auf die Bestimmungen des Verbrauchsgüterkaufs verwehrt.[370] Zur Dokumentation sowie zur Entlastung des Notars[371] (der damit sowohl subjektiv als auch objektiv zu Recht nicht die verschärften Anforderungen des Verbrauchervertrages zugrunde gelegt hat) könnte folgende Formulierung dienen:

▶ **Formulierungsvorschlag: Unternehmereigenschaft der Beteiligten**

Alle Beteiligten haben glaubhaft versichert, sie schlössen diesen Vertrag im Rahmen einer gewerblichen oder selbstständigen beruflichen Tätigkeit, also nicht als Verbraucher. Dem Käufer ist bekannt, dass er sich demnach auf die Vorschriften jedenfalls des Verbrauchsgüterkaufs selbst dann nicht berufen kann, wenn diese Einschätzung unzutreffend sein sollte.

a) Verbraucher

174 Verbraucher können nur natürliche Personen sein,[372] sofern das Rechtsgeschäft weder der gewerblichen noch selbstständigen beruflichen Tätigkeit dieser Person zugerechnet werden kann. Zum **Privatbereich** zählt neben dem Konsum, der Erholung und Gesundheitsvorsorge auch die Verwaltung von Vermögen, sofern sie keinen planmäßigen Geschäftsbetrieb erfordert.[373] Rechtsgeschäfte im Zusammenhang mit unselbstständiger Tätigkeit als Arbeitnehmer (auch als GmbH-Geschäftsführer!)[374] begründen die Verbrauchereigenschaft, nicht jedoch Rechtsgeschäfte im Vollzug oder auch nur zur Aufnahme einer gewerblichen oder selbstständigen beruflichen Tätigkeit

---

369 Beweispflichtig für die Unternehmereigenschaft des anderen Beteiligten ist derjenige, der sich zu seinem Vorteil hierauf beruft, vgl. KG, 11.09.2006 – 12 U 186/06, MittBayNot 2007, 214.
370 BGH, 22.12.2004 – VIII ZR 91/04, DNotZ 2005, 611: venire contra factum proprium; kein Verstoß gegen das Umgehungsverbot des § 475 Abs. 1 Satz 2 BGB wegen des Vorrangs von Treu und Glauben.
371 Die allerdings nur dann eintritt, wenn der Schein-Unternehmer unzutreffende Tatsachen vorgetragen hat, nicht wenn der Notar die falsche rechtliche Subsumtion des Schein-Unternehmers bei bekannter anderer Tatsachenlage unbesehen übernommen hat!
372 Also bspw. nicht juristische Personen, Vereine, Stiftungen, auch wenn sie gemeinnützige Zwecke verfolgen (Letztere zählen jedenfalls, wenn sie nicht regelmäßig und ohne zeitlich-organisatorischen Aufwand am Markt auftreten – Gewinnerzielungsabsicht ist nicht erforderlich, es genügt entgeltliches Auftreten; zur dritten Kategorie des »Weder-Verbraucher-noch-Unternehmer«, *Böhr* RNotZ 2003, 285). Sind an einer rein vermögensverwaltenden GbR nur natürliche Personen beteiligt, kann es sich hier einzeln um Verbraucher handeln, unbeschadet der neueren Rspr. des BGH zur Teilrechtsfähigkeit der GbR, vgl. Staudinger/*Kessal-Wulf* VerbrKrG, § 1 Rn. 35 sowie BGH NJW 2002, 368. Die nun ebenfalls rechtsfähige (Rn. 1991 ff.) Wohnungseigentümergemeinschaft sieht OLG München, 25.09.2008, DNotZ 2009, 221 als Verbraucher, jedenfalls wenn sie nicht nur aus Unternehmern besteht, ähnlich LG Nürnberg-Fürth, 23.06.2008, NotBZ 2008, 476; a.A. LG Rostock, 16.02.2007, NZM 2007, 370: stets Unternehmereigenschaft, da nicht mehr natürliche Person.
373 Zur Abgrenzung zwischen privater und berufsmäßiger Vermögensverwaltung vgl. OLG Düsseldorf, 12.01.2010 – 24 U 72/09, ZEV 2010, 417 (»Umfang, Anzahl und Komplexität der damit verbundenen Vorgänge«).
374 BGHZ 133, 77; bestätigt durch BGH, 08.11.2005 – XI ZR 34/05, DStR 2006, 574 zur Anwendbarkeit des VerbrKrG auf die Mithaftungsübernahme eines Geschäftsführers für GmbH-Schulden.

(der Existenzgründer wird nur punktuell in § 507 BGB einem Verbraucher gleichgestellt)[375] bzw. zu deren Beendigung.[376] **Beurteilungszeitpunkt** ist der Vertragsabschluss.[377]

Maßgeblich für die Zuordnung zum privaten bzw. unternehmerischen Bereich ist nicht der innere Wille des Beteiligten, sondern der **effektive objektive**[378] **Inhalt des Rechtsgeschäfts**; im Zweifel erfolgt die Zuordnung analog § 344 HGB sowie angesichts der den Verbraucher treffenden Beweislast über das Vorliegen der Verbrauchereigenschaft zum unternehmerischen Bereich.[379] Liegt objektiv eine Verwendung für beide Bereiche vor (z.B. erworbener Pkw wird privat und für die Praxis genutzt, »dual use«), soll die überwiegende Zuordnung entscheiden, nach Ansicht des EuGH[380] setzt sich wegen des Ausnahmecharakters des Verbraucherhandelns die Zuordnung zum unternehmerischen Bereich, sofern sie nicht völlig untergeordnet ist, durch.

175

b) Unternehmer

Unternehmer (§ 14 BGB) ist jede[381] natürliche oder juristische Person, die beim betreffenden Rechtsgeschäft am Markt plangemäß und dauerhaft[382] Leistungen gegen Entgelt anbietet, gleichgültig ob sie als Kaufmann i.S.d. HGB, Freiberufler, Landwirt, in haupt- oder nebenberuflicher Tätigkeit auftritt. Die steuerliche Gewinnerzielungsabsicht ist nicht erforderlich, sodass auch das wiederholte Vermieten einer Segelyacht oder steuerrechtliche Liebhaberei die Unternehmereigenschaft begründen kann. Die Unternehmereigenschaft bleibt auch nach Insolvenzeröffnung erhalten[383] und sie erfasst auch branchenfremde, atypische Geschäfte (z.B. Grundstücksverkäufe durch einen Landwirt). Auch die öffentliche Hand[384] kann im Einzelfall, etwa bzgl. kommunaler Eigenbetriebe oder Regiebetriebe, als Unternehmer handeln. Denkbar ist dies auch, wenn Gebietskörperschaften oder Pfarrpfründestiftungen[385] als Anbieter von Bauplätzen aktiv am Grundstücksmarkt teilnehmen.[386] Im Regelfall liegen jedoch bei Serienverträgen im Rahmen eines Baugebietes durch die öffentliche Hand ohnehin Formularverträge (vgl. Rdn. 163 ff.) vor.

176

c) Vorformulierte Vertragsbedingungen

Entscheidend für das Eingreifen der Inhaltskontrolle bei Verbraucherverträgen ist lediglich das Vorliegen »vorformulierter Vertragsbedingungen«. Es genügt gem. § 310 Abs. 3 Nr. 2 BGB, dass sie **zur einmaligen Verwendung bestimmt** sind; auch das »**Stellen**« der Bedingungen wird gem. § 310 Abs. 3 Nr. 1 BGB seitens des Unternehmers vermutet. Vorformulierte Klauseln unterliegen also stets auch dann der AGB-Kontrolle, wenn sie auf Vorschlag des Notars in einen Vertrag zwischen Unternehmer und Verbraucher (auch nur zur einmaligen Verwendung) einbezogen

177

---

375 BGH, 24.02.2005 – III ZB 36/04, NotBZ 2005, 143; ebenso OLG Rostock DNotI-Report 2003, 108; ebenso OLG Düsseldorf DNotI-Report 2005, 12 (zu § 1031 Abs. 5 ZPO): Der Existenzgründer ist nicht Verbraucher.
376 Auch Geschäfte zur Abwicklung und Aufgabe eines Unternehmens werden wohl noch als Unternehmer geschlossen, vgl. EuGH Slg. 1991 I, S. 1189 (di Pinto); *Amann/Brambring/Hertel* Vertragspraxis nach neuem Schuldrecht, S. 352 f. Bei der Übergabe eines landwirtschaftlichen Hofes handeln also beide als Unternehmer.
377 Vgl. *Pützhoven* NotBZ 2002, 277.
378 Zurechnung entgegen dem objektiven Gehalt nur, wenn die dem Vertragspartner erkennbaren Umstände zweifelsfrei auf einen anderen Schwerpunkt hinweisen, BGH, 30.09.2009 – VIII ZR 7/09, DNotZ 2010, 364.
379 Zum Anscheinsbeweis (»power seller« bei eBay) LG Mainz NJW 2006, 783.
380 EuGH, 20.01.2005 – C 464/01 (Gruber/Baywa AG), NJW 2005, 636.
381 Betreibt ein Ehegatte ein Gewerbe im Gesamtgut einer Gütergemeinschaft, sind beide Ehegatten Unternehmer, außer bei Alleinverwaltung des betreibenden Ehegatten (BayObLG FamRZ 1992, 62).
382 Nach OLG Koblenz ZfIR 2002, 897 genügt die Errichtung und Veräußerung einer Wohnungseigentumsanlage durch Gesellschafter in GbR.
383 *Uhlenbruck* InsO § 56 Rn. 77 m.w.N.
384 Die nicht schon kraft Rechtsform Unternehmer ist, §§ 310 Abs. 1, 288 Abs. 2 BGB e contrario.
385 Da eine Gewinnerzielungsabsicht (anders als beim allgemeinen Gewerbebegriff) nicht erforderlich ist, hindert die Verfolgung sozialer (Kirche) oder kommunalpolitischer Ziele (Einheimischenmodelle) nicht, *Faber* ZEuP 1998, 868.
386 *Grziwotz* ZNotP 2002, 294 m.w.N. Anders liegt es jedoch beim Erwerb von Flächen als Straßengrund.

wurden,[387] und – zusätzliches Merkmal – infolgedessen der Verbraucher keinen Einfluss auf ihren Inhalt nehmen konnte. Hierfür trägt bei Vertragsklauseln, die zur Verwendung in einem einzigen Verbrauchervertrag bestimmt sind, der Verbraucher die Darlegungs- und Beweislast.[388] Zu Recht wird darauf hingewiesen, dass ein ordnungsgemäßes notarielles Beurkundungsverfahren an sich die Einflussnahme auch des Verbrauchers auf den Textinhalt eröffnet.[389] Manchmal kann sogar umgekehrt dem Unternehmer der Nachweis gelingen, der Verbraucher habe die vorformulierte Bedingung eingebracht, oder es liege gar eine Individualabrede i.S.d. § 305 Abs. 1 Satz 3 BGB vor, also eine ausgehandelte Vereinbarung (Rdn. 160).

178 Die **Klauselkontrolle** selbst erfolgt nach allgemeinen Grundsätzen (§§ 307 bis 309 BGB), allerdings sind nicht wie bei Formularverträgen abstrakt-generelle Prüfungsmaßstäbe anzulegen, sondern auch die Umstände des Einzelfalles (Überrumpelung/Geschäftserfahrenheit) zugunsten als auch zulasten des Einzelfalls zu berücksichtigen (§ 310 Abs. 3 Nr. 3 BGB). Inhaltlich ist wiederum zu differenzieren, ob eine Abweichung von den dispositiven Normen zugunsten oder zulasten des Verbrauchers vorliegt. Nur letztere verstößt gegen diejenigen Klauselverbote, die eine Bevorzugung des »Verwenders« (= gem. § 310 Abs. 3 Nr. 1 BGB des Unternehmers) untersagen (etwa § 309 Nr. 7 oder 8 BGB).[390] Dies entspricht auch der EG-Klauselrichtlinie 93/13/EWG, die in Art. 3 nur Klauseln, die zum Nachteil des Verbrauchers ein treuwidriges und erhebliches Missverhältnis von Leistung und Gegenleistung verursachen, missbilligt.

▶ Beispiel:

Veräußert ein Verbraucher eine Immobilie an einen Unternehmer, liegt zwar ein Verbrauchervertrag vor, es sind jedoch zugunsten des Verbrauchers dieselben Haftungsausschlüsse zulässig wie in einem Individualvertrag.

4. Erweiterung der Inhaltskontrolle bei Verbraucher- und Formularverträgen nach dem Schuldrechtsmodernisierungsgesetz

179 Die materiell-rechtlichen Bestimmungen des ehemaligen AGB-Gesetzes wurden an prominenter Stelle in das BGB integriert, die prozessualen Vorschriften in ein eigenes »Unterlassungsklagengesetz« eingestellt. Neben redaktionellen Anpassungen und einer Kodifizierung zwischenzeitlicher Entwicklung der Rechtsprechung sind damit jedoch einige **inhaltliche Verschärfungen der Klauselkontrolle** verbunden, die für den Vertragsgestalter von besonderer Bedeutung sind. Klauselverbote, insb. solche ohne Wertungsmöglichkeit, indizieren auch die Unangemessenheit im Rahmen allgemeiner Geschäftsbedingungen (also bei Serienverträgen – nicht im Einzelvertrag!) im kaufmännischen Verkehr, gestützt auf § 307 BGB; dies gilt insb. für umfassende Freizeichnungen auch für Körper- und Gesundheitsschäden und bei grobem Verschulden.[391]

a) Transparenzgebot (§ 307 Abs. 3 Satz 2, Abs. 1 Satz 2 BGB)

180 Wie von Art. 5 Satz 1 der EG-Klauselrichtlinie (93/13/EWG) gefordert, wird das von der Rechtsprechung schon bisher[392] aus dem Verbot überraschender Klauseln, dem Gebot zumutbarer Kenntnisnahmemöglichkeit und damals aus § 9 AGBGB abgeleitete[393] Transparenzgebot nunmehr als

---

387 Gegen diese Zurückdrängung der Vertragsfreiheit wendet sich allerdings zu Recht AnwKomm-BGB/*Henrichs* § 310 Rn. 8, 12; *Wälzholz* DNotZ 2002, 896.
388 BGH, 15.04.2008 – X ZR 126/06, DNotZ 2008, 763 m. Anm. *Häublein*.
389 *Häublein* DNotZ 2008, 769, der die Frage allerdings für europarechtlich nicht geklärt hält.
390 Vgl. auch DNotI-Gutachten Nr. 65985 v. Feb. 2006 (dort auch zur Frage, ob möglicherweise § 310 Abs. 3 Nr. 2 BGB – Fiktion des Stellens – nur gegeben sein kann, wenn die Klausel dem Bereich des Unternehmers zurechenbar sei – so *Litzenburger* NJW 2002, 1245 f. – oder nicht – so die h.M. mit Hinweis darauf, dass es nach der EG-Richtlinie auf das Element des »Stellens« generell nicht ankomme, AnwKomm-BGB/*Kollmann* § 310 Rn. 29).
391 Vgl. BGH, 19.09.2007 – VIII ZR 141/06, NJW 2007, 3774, im Anschluss an BGHZ 90, 273/278.
392 Sogar vor Inkrafttreten des AGBG: BGH WM 1978, 723.
393 BGHZ 89, 206; BGH NJW 1998, 2059.

Unterfall der unangemessenen Benachteiligung kodifiziert. Benachteiligende Klauseln sollen nicht im Vertrag »versteckt« oder durch ihre gefällige Fassung »verharmlost« werden.

Demgemäß wird das Transparenzgebot herkömmlicherweise in drei Richtungen aufgefächert:[394] Es umfasst:

– Das **Verständlichkeitsgebot**: Die Tragweite allgemeiner Geschäftsbedingungen, einschließlich ihrer wirtschaftlichen Folgen, muss dem Kunden klar vor Augen geführt werden, sowohl angesichts des Wortlauts als auch der systematischen Anordnung der Klauseln. So dürfen etwa in der Baubeschreibung keine rechtlichen Regelungen »versteckt« werden, wie Rücktrittsvorbehalte oder Ähnliches.[395] Wird in einer Preisbildungsklausel die dem Grunde nach vereinbarte Inflationsanpassung unter Anwendung eines davon unabhängigen Maßstabs (Zinsentwicklung) gekappt, muss dies im Wortlaut deutlich werden.[396] 181

– Das **Bestimmtheitsgebot**: Voraussetzungen und Folgen von z.B. Änderungsvorbehalten sind verständlich anzugeben (Rechtsgedanke des § 308 Nr. 4 BGB). Eine Verweisung auf Verordnungsinhalte (z.B. die BetriebskostenVO) hat klarzustellen, ob es sich um eine »statische« Verweisung auf den derzeitigen, oder eine »dynamische« Verweisung auf den jeweiligen Wortlaut handelt.[397] 182

– Das **Vollständigkeitsgebot**: Bspw. müssen vertragliche Regelungen zu Mängelrechten oder Fristen, soweit der Vertrag in das gesetzliche Gefüge eingreift, vollständig aufgeführt sein. Pauschale Vorbehalte wie »soweit gesetzlich zulässig« genügen daher in AGB nicht. Abzulehnen ist jedoch die bedenkliche Tendenz einer Weiterentwicklung zu einer »Informationsobliegenheit« in dem Sinn, dass der Verwender den Verbraucher über objektives Recht, z.B. in Bezug genommene Paragrafen des BGB[398] oder der Wohnflächenverordnung[399] zu informieren habe. Dies ist vielmehr Gegenstand der notariellen Belehrungspflicht (§ 17 Abs. 1 BeurkG).[400] Wenn jedoch Klauseln rein deklaratorischer Natur den Gesetzeswortlaut mit eigenen Worten umschreiben, ist diese Abweichung am Transparenzgebot zu messen. 183

Die Anforderungen an die Transparenz dürfen nicht überspannt werden.[401] So ist die **Verwendung unbestimmter Rechtsbegriffe** (»wichtiger Grund«) oder sonstiger **Termini der Gesetzessprache** (»Fehlschlagen der Nacherfüllung«)[402] gestattet und auch die sich aus dem Gesetz unmittelbar ergebenden Rechte und Pflichten müssen nicht im Einzelnen lehrbuchartig erläutert werden. Abzustellen ist nicht (wie bisher im Wettbewerbsrecht) auf einen flüchtigen Leser, sondern auf den aufmerksamen und sorgfältigen Teilnehmer am Wirtschaftsverkehr.[403] Ein bloßes Paragrafenzitat genügt nicht,[404] jedenfalls dann nicht, wenn die in Bezug genommene Norm entlegener Natur ist und 184

---

394 Vgl. *Armbrüster* DNotZ 2004, 437 ff.
395 Vgl. *Viering* Tagungsbeitrag, referiert bei *Eckert* DNotZ 2004, 417.
396 BGH, 12.10.2007 – V ZR 283/06, NotBZ 2008, 116 m. Anm. *Krauß*: Kappung auf den Betrag, der als max. zulässige Fremdkosten i.R.d. Kostenmiete im sozialen Wohnungsbau gem. § 21 Abs. 1 Nr. 2 der II. BerechnungsVO angesetzt werden kann.
397 BGH, 12.10.2007 – V ZR 283/06, NotBZ 2008, 116 m. Anm. *Krauß*.
398 OLG Rostock, 29.05.2006 – 3 U 167/05, NJW 2006, 3217; die Klausel »Bei Ablauf der Mietzeit findet § 545 BGB keine Anwendung« verstößt nicht gegen das Transparenzgebot; a.A. OLG Schleswig NJW 1995, 2858; OLG Frankfurt am Main NZM 2000, 130.
399 In diese Richtung möglicherweise *Grziwotz* MittBayNot 2004, 355.
400 Vgl. *Armbrüster* DNotZ 2004, 447.
401 BGH NJW 1993, 2054.
402 BGH NJW 1994, 1004.
403 Vgl. *Palandt* BGB Ergänzungsband zur 61. Aufl. § 307 Rn. 19 – ähnlich der Formel zur Beurteilung der Irreführungseignung im Wettbewerbsrecht: »durchschnittlich informierter, aufmerksamer und verständiger Verbraucher« (EuGH EuZW 1998, 526).
404 Vgl. *Amann* in: Der notarielle Kaufvertrag (Symposium Würzburg 2005, Schriftenreihe der Deutschen Notarrechtlichen Vereinigung) S. 95.

nicht nur Modalitäten von untergeordneter Bedeutung betrifft, sondern ihre Auswirkungen dem Sicherungsinteresse des Verbrauchers potenziell zuwiderlaufen.[405]

185 Das **Verbot unklarer oder unverständlicher Bestimmungen** erfasst – anders als die sonstigen Klauselverbote – auch die Bestimmungen zum Preis und zur Gegenleistung, also die Leistungsbeschreibung im eigentlichen Sinn (z.B. die Baubeschreibung im Bauträgervertrag). Im Formular- oder Verbraucher-Grundstückskaufvertrag fordert § 307 Abs. 1 Satz 2 i.V.m. Abs. 3 Satz 2 BGB eine klare Formulierung der Beschaffenheitsvereinbarungen (§ 434 BGB) sowie etwaiger Haftungsfreizeichnungsklauseln, auch soweit es um die Abgrenzung ggü. gesetzlichen Haftungsausschlussbegrenzungen geht. Notwendig ist ferner, die »nach dem Vertrag vorausgesetzte Verwendung«, für die sich die Kaufsache nach § 434 Abs. 1 Satz 2 Nr. 1 BGB eignen muss, klar und eindeutig zu definieren.

186 Führt die intransparente Klausel mit ihrem durch Auslegung ermittelten Inhalt[406] zu einem für den Verbraucher günstigen Ergebnis, bleibt sie gültig (vgl. § 305c Abs. 2 BGB). I.Ü. insb. dann, wenn die Verletzung des Gebots der Verständlichkeit, der Bestimmtheit und des Verbots der Täuschung (als Einzelausprägungen des Transparenzgebots) die Gefahr einer inhaltlichen Benachteiligung des anderen Teils begründet, ist die Klausel unwirksam und es gilt das Gesetz, was bei intransparenten Klauseln über die Preisberechnung oder bei der Baubeschreibung nicht weiterhilft. Für die Lückenschließung sollten dann durch Vertrag wenigstens Anhaltspunkte geschaffen werden (vgl. Rdn. 2257).

b) Pauschalierung von Schadensersatzansprüchen (§ 309 Nr. 5 BGB)

187 Eine für den Vertragsgestalter bedeutsame Änderung ggü. § 11 AGBG enthält § 309 Nr. 5 Buchst. b) BGB, der nunmehr verlangt, dass bei einer Pauschalierung von Schadensersatzansprüchen dem anderen Vertragsteil »ausdrücklich der Nachweis gestattet wird«, ein Schaden oder eine Wertminderung sei überhaupt nicht entstanden oder wesentlich niedriger als die Pauschale. Nach dem früheren Wortlaut war lediglich erforderlich, dass der Gegenbeweis nicht »abgeschnitten« werde. Das (i.R.d. Klauselverbote ohne Wertungsmöglichkeit an sich systemwidrige) Tatbestandsmerkmal der »Wesentlichkeit« einer Abweichung ist bei einer Differenz von etwa 10 % erfüllt.[407]

c) Haftungsausschluss bei Körperschäden und grobem Verschulden (§ 309 Nr. 7 BGB)

188 Die Gesetz gewordene Fortentwicklung des § 11 Nr. 7 AGBG enthält zum einen redaktionelle Anpassungen (»Pflichtverletzung« statt »Vertragsverletzung«) und Kürzungen, die aufgrund der gesetzlichen Kodifikation etwa des Verschuldens bei Vertragsverhandlungen in § 311 Abs. 2 BGB möglich wurden. Das weiter aufgenommene Verbot eines Haftungsausschlusses oder einer Haftungsbegrenzung bei Verletzung von Leben, Körper, Gesundheit entspricht Nr. 1 Buchst. a) des Anhangs zur Klauselrichtlinie 93/13 EWG und umfasst in Erweiterung zur bisherigen Regelung auch leicht fahrlässige Pflichtverletzungen des Verwenders, seines gesetzlichen Vertreters oder Erfüllungsgehilfen, gibt jedoch insoweit bisherige untergerichtliche Rechtsprechung aus § 9 AGBG wieder.[408] Das Verbot der Freizeichnung von Körper- und Gesundheitsschäden gilt auch im kaufmännischen AGB-Verkehr (über die Generalklausel des § 307 BGB),[409] wenn sie nicht wegen der besonderen Interessen und Bedürfnisse der Beteiligten ausnahmsweise als angemessen angesehen werden können. Bleiben also Ansprüche wegen solcher Schäden nicht **ausdrücklich vorbehalten**

---

405 So BGH, 12.10.2007 – V ZR 283/06, NotBZ 2008, 116 m. Anm. *Krauß*: Verweisung auf die Berechnung der Kostenmiete nach II. BerechnungsVO als Kappungsgrenze, derzufolge eine vereinbarte Kaufpreisrentenerhöhung nur greifen konnte, wenn zugleich die allgemeinen Hypothekenzinsen anstiegen.
406 Die Auslegung erfolgt, wie stets bei AGB, an sich nach ihrem objektiven Inhalt und typischen Sinn, bei notariell beurkundeten Verträgen aber unter Einschluss der notariellen Erläuterungen, welche sich beide Beteiligten zu eigen gemacht haben, BGH, 29.05.2009 – V ZR 201/08, MittBayNot 2009, 459 m. Anm. *Grziwotz* MittBayNot 2009, 490.
407 MünchKomm-BGB/*Basedow* § 11 AGBG Rn. 74.
408 OLG Stuttgart NJW-RR 1988, 1082.
409 Etwa im Rahmen eines Gebrauchtwagenhandels, BGH, 19.09.2007 – VIII ZR 141/06, NJW 2007, 3774.

(vgl. Rdn. 2244 ff., 2695), ist die gesamte Haftungsbegrenzungsklausel unwirksam, selbst wenn es im konkreten Fall nicht um einen Körper- oder Gesundheitsschaden geht.[410]

Besondere Brisanz erlangt dieses Klauselverbot dadurch, dass nach neuem Schuldrecht eine **Pflichtverletzung** (§ 280 Abs. 1 BGB) auch in der Lieferung einer mangelhaften Sache liegt. Sofern dem Schuldner auch nur leichte Fahrlässigkeit zur Last fällt, kann sich ein Haftungsausschluss gem. § 309 Nr. 7 Buchst. a) BGB jedenfalls nicht auf Körper-, Lebens- und Gesundheitsschäden beziehen. Die Schutzgüter »Leben, Körper, Gesundheit« decken sich mit den Begriffen des Deliktrechts, § 823 Abs. 1 BGB. 189

In gleicher Weise verboten ist gem. § 309 Nr. 7 Buchst. b) BGB der Ausschluss oder die Begrenzung einer Haftung für sonstige Schäden (die also nicht Leben, Körper oder Gesundheit betreffen), sofern diese auf grob fahrlässiger Pflichtverletzung des Verwenders (die vorsätzliche Pflichtverletzung des Schuldners bedarf wegen § 276 Abs. 3 BGB, der einen Haftungsausschluss insoweit auch im Individualvertrag untersagt, keiner Erwähnung) oder einer vorsätzlichen oder grob fahrlässigen Pflichtverletzung des gesetzlichen Vertreters oder Erfüllungsgehilfen beruhen. Eine verbotene Begrenzung der Haftung liegt bspw. auch in der Verkürzung der Verjährung,[411] oder im Ausschluss mittelbarer, indirekter oder nicht vorhersehbarer Schäden. 190

Zusammenfassend[412] lässt sich die BGH-Rechtsprechung zu den **Grenzen eines Haftungsausschlusses** aus §§ 305 ff., insb. § 309 Nr. 7 BGB wie folgt darstellen: 191
– In einer **formularvertraglichen**, also AGB-**Situation**, d.h. im Fall der beabsichtigten Verwendung in mehr als zwei Fällen, sofern der Verwender die Klausel »stellt«, muss der Haftungsausschluss stets **den Anforderungen der §§ 307 ff. BGB** genügen. Dies gilt auch im rein kaufmännischen AGB-Geschäftsverkehr oder im Geschäftsverkehr zwischen Verbrauchern. Freilich wird es bei veräußernden Verbrauchern i.d.R. am Merkmal das »Stellens« fehlen (das nur beim Verbrauchervertrag, nachstehend dritter Spiegelstrich, gem. § 310 Abs. 3 Nr. 1 BGB zulasten des Unternehmers vermutet wird), vgl. Rdn. 163.[413]
– Im **reinen Individualvertrag** gelten die geschilderten **Grenzen nicht**, weder bei Veräußerung durch Unternehmer an Unternehmer noch bei Veräußerung durch Verbraucher an Verbraucher; auf die in Rdn. 2248 f. erläuterte richterliche Inhaltskontrolle bei formelhaften Ausschlüssen im Rahmen eines Verkaufs durch Verbraucher bzgl. neu hergestellter Immobilien ist jedoch hinzuweisen.
– Im **Verbrauchervertrag**, d.h. auch in der Einzelvertragssituation, an der lediglich ein Verbraucher beteiligt ist, gelten die Begrenzungen des Haftungsausschlusses **nur zugunsten des Verbrauchers**, also bei der Veräußerung durch einen Unternehmer; nicht aber zulasten des Verbrauchers, d.h. bei einem Verkauf durch einen Verbraucher an einen Unternehmer.

Vor diesem Hintergrund verbietet es sich auch, wie teilweise anzutreffen, stets vorsorglich eine Begrenzungsregelung im Hinblick auf § 309 Nr. 7 BGB aufzunehmen (»*Bei grobem Verschulden oder schuldhafter Verletzung von Leben, Körper oder Gesundheit gelten jedoch die gesetzlichen Mängelrechte*«). Denn auf diese Weise wird dem verkaufenden Verbraucher, gleich ob er an einen anderen Verbraucher oder an einen Unternehmer veräußert, abweichend vom typischerweise Gewollten eine Haftung für diese, besonders ins Gewicht fallenden Risikotatbestände aufgebürdet (Verwendung asbesthaltiger Baumaterialien etc.!). 192

---

410 So im Fall des BGH, 19.09.2007 – VIII ZR 141/06, NJW 2007, 3774.
411 Beispiel: Pauschale Verkürzung der Verjährung für Mängelrechte des Käufers ist in AGB unwirksam, wenn nicht die in § 309 Nr. 7 Buchst. a) und Buchst. b) BGB genannten Schadensersatzansprüche ausgenommen werden, BGH, 15.11.2006 – VIII ZR 3/06, NJW 2007, 674.
412 Vgl. *Albrecht* MittBayNot 2008, 246 f.
413 Hierauf weist *Leitzen* NotBZ 2009, 212, 214 zu Recht hin.

d) Sonstige Haftungsausschlüsse bei Pflichtverletzungen (§ 309 Nr. 8 BGB)

193 Die bisherigen Klauselverbote aus § 11 Nr. 8, Nr. 9 und Nr. 10 AGBG sind zusammengefasst und an den Systemwechsel aufgrund des Schuldrechtsmodernisierungsgesetzes angepasst worden. Die zum Bestandteil des Gesetzes gewordene Überschrift ist zu eng gefasst; es geht nicht nur um Haftungsausschlüsse im eigentlichen Sinn, sondern um alle Beschränkungen der Rechte, die bei Pflichtverletzungen des Verwenders entstehen. Die Bestimmung knüpft in § 309 Nr. 8 Buchst. a) (Einschränkung des Rechts, sich vom Vertrag zu lösen) an § 11 Nr. 8 und Nr. 9 AGBG a.F. (Verzug, Unmöglichkeit) an, in den Einzeltatbeständen der § 309 Nr. 8 Buchst. b) an § 11 Nr. 10 AGBGB a.F. (Gewährleistung). Das Klauselverbot des § 11 Nr. 11 AGBG (Haftung für zugesicherte Eigenschaften) fällt mit dem Institut der zugesicherten Eigenschaft als solchem naturgemäß weg (übernimmt der Unternehmer oder Verkäufer jedoch über die bloße Beschaffenheitsvereinbarung hinaus eine **Garantie**, kann er die daraus sich ergebende Haftung wegen des Vorrangs der Individualvereinbarung durch vorformulierte Bedingungen ohnehin nicht ausschließen).[414]

194 – Das Klauselverbot eines Ausschlusses oder einer Einschränkung des Rechtes, sich vom Vertrag zu lösen, gilt gem. § 309 Nr. 8 Buchst. a) BGB nicht für solche Pflichtverletzungen, die in einem Mangel der Kaufsache oder eines Werkes liegen, da hierfür § 309 Nr. 8 Buchst. b) Doppelbuchst. bb) BGB vorrangig ist. Geschützt wird also bspw. das Rücktrittsrecht aus §§ 323, 324 und 326 Abs. 5 BGB, in gleicher Weise ein Kündigungsrecht (§ 314 BGB) oder ein Widerrufsrecht (§ 671 BGB) oder Befristungen.[415] Das Recht, sich vom Vertrag zu lösen, wird ohne Wertungsmöglichkeit jedoch nur dann geschützt, wenn die Pflichtverletzung zu vertreten ist. Die **vorformulierte Beschränkung des Rücktrittsrechts** bei nicht zu vertretenden Pflichtverletzungen kann also allenfalls gegen § 307 BGB verstoßen. Das in seinem Umfang streitige Haftungsausschlussverbot für Schadensersatzansprüche aus Pflichtverletzungen für vertragliche Hauptleistungen (§ 11 Nr. 8 Buchst. b) AGBGB) wurde nicht mitübernommen, da § 309 Nr. 7 Buchst. a) und Buchst. b) BGB hierfür als ausreichend anzusehen sei.

195 – § 309 Nr. 8 Buchst. b) BGB enthält die im Wesentlichen § 11 Nr. 10 Buchst. a) bis Buchst. e) AGBG a.F. entsprechenden **Freizeichnungsverbote** bei Verträgen über Lieferung neu hergestellter Sachen oder bei Werkleistungen, wobei (anders als in § 309 Nr. 8 Buchst. a)) kein Vertretenmüssen erforderlich ist. Ihr Anwendungsbereich ist jedoch ggü. der Vorgängernorm dadurch erheblich eingeschränkt, dass sich die Rechte des Käufers beim Erwerb beweglicher Sachen vom Unternehmer (Verbrauchsgüterkauf) nunmehr aus zwingenden Rechtsvorschriften ergeben, §§ 474, 475 BGB. Gleiches gilt für die zwingende Sachmängelhaftung (§ 651 BGB) bei Verträgen über die Lieferung herzustellender oder zu erzeugender beweglicher Sachen. § 309 Nr. 8 Buchst. b) BGB gilt daher nur mehr bei Verträgen über unbewegliche Sachen, sofern Vertragsgegenstand zugleich eine neu hergestellte Sache ist – also bspw. bei Bauträgerverträgen –,[416] des Weiteren bei Verträgen über Werkleistungen, die nicht unter § 651 BGB fallen und schließlich bei Verträgen auch über bewegliche neu hergestellte Sachen zwischen Verbrauchern.

▶ Hinweis:

196 In dem im Wesentlichen verbleibenden Anwendungsbereich der **Immobilienkaufverträge** ist damit die Abgrenzung bedeutsam, ob ein Haus oder eine Eigentumswohnung als noch »**neu hergestellt**« gilt. Beim Ersterwerb endet der Schutz des § 309 Nr. 8 Buchst. b) BGB spätestens dann, wenn der Leerstand 5 Jahre gedauert hat oder die Immobilie 2 Jahre anderweitig vermietet war.[417] Die Ingebrauchnahme des Gemeinschaftseigentums durch andere Erwerber

---

414 Palandt BGB Ergänzungsband zur 61. Aufl. § 305b Rn. 4.
415 BGH NJW-RR 1989, 625.
416 Formularmäßiger Ausschluss des Wandelungsrechtes (jetzt Rücktrittsrechts) in Bauträgerverträgen verstößt gegen § 309 Nr. 8 Buchst. b) Doppelbuchst. bb) BGB: BGH, DStR 2002, 970 sowie gegen § 9 Abs. 1 AGBG, § 307 BGB: BGH, 27.07.2006 – VII ZR 276/05, MittBayNot 2007, 204 m. Anm. *Grziwotz*.
417 *Klumpp* NJW 1993, 372; BGH NJW 1985, 1551.

beendet nicht zwingend die »Neuheit«.[418] Übernimmt der Verkäufer in einem Bestandsgebäude so umfangreiche Renovierungs- und nachträgliche Herstellungsleistungen, dass es sich um einen »Neubau hinter historischer Fassade« handelt, liegt insgesamt eine neue Immobilie i.S.d. § 309 Nr. 8 Buchst. b) BGB vor; bleibt der Umfang der Erneuerung dahinter zurück, gilt das Klauselverbot jedenfalls für die Werkleistung selbst[419] (vgl. unten Rdn. 2271). All dies gilt auch beim Verkauf durch den Insolvenzverwalter, sodass u.U. nur Vorkehrungen auf der Tatbestandsseite (Kenntnisverschaffung über Mängel [§ 442 BGB] oder Beschaffenheitsvereinbarungen [§§ 434, 435 BGB]) helfen oder die Flucht in die Zwangsversteigerung bleibt (gesetzlicher Haftungsausschluss gem. § 56 Satz 3 ZVG, vgl. Rdn. 3113 ff., auch zu insolvenzrechtlichen Abmilderungen [Umqualifizierung von Masse- in Insolvenzforderung etc.]).

Die ggü. § 11 Nr. 10 AGBG v.a. redaktionell angepassten **Klauselverbote zu Mangelfolgen bei neu hergestellten Sachen** erfassen jedenfalls[420] aufgrund des Forderungssicherungsgesetzes auch die Verdingungsordnung für Bauleistungen (VOB) Teil B,[421] wie vom Deutschen Vergabe- und Vertragsausschuss empfohlen, selbst wenn sie »als ganzes« vereinbart ist,[422] es sei denn Vertragspartner wäre ein Unternehmer oder eine öffentlich-rechtliche Körperschaft. Die Klauselverbote umfassen insb. folgende Aspekte: **197**

– Verbotener Ausschluss der Rechte aus § 437 oder § 634 BGB im Ganzen oder in Teilen, die Verweisung auf Dritte oder Subsidiarität ggü. vorheriger gerichtlicher Inanspruchnahme Dritter (§ 309 Nr. 8 Buchst. b) Doppelbuchst. aa) BGB).
– Beschränkung auf Nacherfüllung ohne ausdrücklichen Vorbehalt der Minderung oder des Rücktritts (§ 309 Nr. 8 Buchst. b) Doppelbuchst. bb) BGB) – der Ausschluss des »Wandelungsrechtes« ist daher in Bauträgerverträgen[423] wie auch in Erwerberverträgen über neu hergestellte oder werkvertraglich sanierte Immobilien[424] unwirksam.

– Verbot einer Überwälzung der Nacherfüllungskosten (Transport-, Wege-, Arbeits- und Materialkosten) auf den Käufer/Besteller (§ 309 Nr. 8 Buchst. b) Doppelbuchst. cc) BGB). **198**
– Verbotene Verweigerung der Nacherfüllung vor vollständiger Zahlung des Kaufpreises, also Versuch der Ausdehnung des Leistungsverweigerungsrechtes des Verwenders unter Beschränkung der Rechte aus §§ 273, 320 BGB des Käufers/Bestellers (§ 309 Nr. 8 Buchst. b) Doppelbuchst. dd) BGB).

– Verbot einer Ausschlussfrist zur Anzeige nicht offensichtlicher Mängel vor Ablauf der Gewährleistungsfrist (§ 309 Nr. 8 Buchst. b) Doppelbuchst. ee) BGB); Offensichtlichkeit bedeutet hier mehr als Erkennbarkeit i.S.d. § 377 Abs. 2 HGB oder Sichtbarkeit.[425] **199**
– Verbot einer Verkürzung der 5-jährigen Verjährungsfrist für Baumängel und Baustoffmängel gem. §§ 438 Abs. 1 Nr. 2, 634a Abs. 1 Nr. 2 BGB, i.Ü. Festschreibung einer Verjährungsuntergrenze von 1 Jahr ab gesetzlichem Verjährungsbeginn (wegen §§ 475, 651 BGB fallen hierunter allenfalls Verträge über die Lieferung neu hergestellter Sachen außerhalb von Verbrauchsgüterkaufverträgen), vgl. § 309 Nr. 8 Buchst. b) Doppelbuchst. ff) BGB.

---

418 *Brambring* NJW 1987, 102.
419 *Kanzleiter* DNotZ 1987, 668; OLG Hamburg BauR 1997, 835.
420 Zuvor bereits BGH, 24.07.2008 – VII ZR 55/07, ZfIR 2008, 674 m. Anm. *Reichelt/Beck*: trotz der bisherigen Privilegierung in §§ 308 Nr. 5 und 309 Nr. 8 Buchst. b) Doppelbuchst. bb) BGB unterliegen die Einzelklauseln § 307 BGB.
421 Vgl. *Suppliet* NotBZ 2009, 114 ff.; zu den im Einzelnen »gefährdeten« Klauseln: *Ingendoh/Berger* ZfIR 2008, 691 ff. (falls der Auftragnehmer Verwender ist: § 2 Nr. 8 Abs. 1 Satz 1 a.F., § 2 Nr. 10, § 13 Nr. 5 Abs. 1 Satz 2, § 16 Nr. 3 Abs. 1, § 16 Nr. 3 Abs. 2 bis 5, § 16 Nr. 6, § 17 Nr. 8 Satz 2 a.F.; falls der Auftraggeber Verwender ist: § 4 Nr. 7 und 8, § 5 Nr. 4, § 8 Nr. 3, § 12 Nr. 5 Abs. 1 und 2, § 13 Nr. 4 Satz 1 a.F., § 13 Nr. 7 a.F.).
422 Daher haben »Haus und Grund« sowie der Zentralverband des Deutschen Baugewerbes (ZDB) ab 2009 neue Musterverträge entwickelt, vgl. www.haus-und-grund.net, www.zdb.de.
423 BGH DNotZ 2002, 215; BGH DNotI-Report 2006, 162.
424 BGH, 28.09.2006 – VII ZR 303/04, MittBayNot 2007, 210.
425 OLG Stuttgart BB 1979, 908.

e) Generalklausel, Klauselrichtlinie (§ 307 BGB)

200 Außerhalb der Klauselverbote mit oder ohne Wertungsmöglichkeit ist der »**Auffangmaßstab**« des § 307 BGB (vormals § 9 AGBG) anzulegen. Bei Verbraucherverträgen sind dabei nicht nur die Grundwertungen des materiellen Rechts, sondern auch die Katalogtatbestände der Klauselrichtlinie[426] 93/13/EWG heranzuziehen. Neben den nunmehr Gesetz gewordenen Klauseltatbeständen, die allenfalls im Rahmen einer richtlinienkonformen Auslegung des BGB[427] eine unmittelbare Rolle spielen, ist für die notarielle Praxis der **Anhangstatbestand »q« dieser EG-Klauselrichtlinie** bedeutsam geworden.

201 Hiernach sind **Klauseln missbräuchlich**, die darauf abzielen, dem Verbraucher die Möglichkeit, Rechtsbehelfe bei Gericht einzulegen oder sonstige Beschwerdemittel zu ergreifen, zu erschweren, etwa durch Verweisung auf ein Schiedsgerichtsverfahren, die Beschränkung der Beweismittel oder die Auferlegung der Beweislast. Ob hieraus der Schluss gezogen werden kann,[428] ein abstraktes Schuldanerkenntnis mit oder ohne notarielle Vollstreckungsunterwerfung in Verbraucherverträgen könne unzulässig sein, ist jedoch fraglich:[429] Die schlichte Vollstreckungsunterwerfung ist auch bei einem Verbraucherkreditvertrag zulässig (keine Analogie zum Wechsel-/Scheckbegebungsverbot des § 496 Abs. 2[430] BGB/§ 10 Abs. 2 VerbrKrG)[431] und verstößt auch im Verbraucher- bzw. Formularvertrag nicht gegen § 309 Nr. 12 BGB (da eine Umkehr der Beweislast nicht eintritt),[432] ebenso wenig (etwa wegen der Umkehrung der Prozessführungslast) gegen die Generalklausel des § 307 BGB[433] oder gegen § 305c Abs. 1 BGB (keine überraschende Klausel).[434] Weiterhin sind die materiell- und verfahrensrechtlichen Sicherungen im Klauselerteilungsverfahren und Vollstreckungsgegenklageverfahren zu berücksichtigen (insb. §§ 726, 797 ZPO). Schließlich ist darauf hinzuweisen, dass in zahlreichen europäischen Rechtsordnungen (etwa Frankreich) die Inhalte notarieller Urkunden auch ohne »Unterwerfung« per se vollstreckbar sind.[435]

f) Folgen eines Klauselverstoßes

202 Nach dem unverändert in § 306 BGB übernommenen ehemaligen § 6 AGBG berührt die Unwirksamkeit oder die nicht wirksame Einbeziehung einer vorformulierten Vertragsbedingung die Wirksamkeit des Vertrages i.Ü. nicht; an die Stelle der unwirksamen Regelung tritt das Gesetz. Die Gesamtunwirksamkeit ist lediglich im Ausnahmefall[436] anzunehmen, nämlich bei Unzumutbarkeit gem. § 306 Abs. 3 BGB sowie dann, wenn eine Vertragslücke weder durch dispositives Recht noch

---

426 Nach dem Wortlaut der Richtlinie hat dieser Katalog zwar keinen verbindlichen Charakter, er wurde jedoch vom EuGH NJW 2001, 2571 unmittelbar bei der Beurteilung der Wirksamkeit einer Klausel (Gerichtsstandsvereinbarung) herangezogen.
427 Richtlinien der EU sind zwar gem. Art. 249 Abs. 3 EGV nur für die Mitgliedstaaten selbst verbindlich, diese (und damit auch die nationalen Gerichte) haben jedoch gem. Art. 10 Abs. 1 Satz 1 EGV alle Maßnahmen zur Erfüllung der Zielvorgabe zu ergreifen. Die Reichweite dieser Pflicht ist umstritten, vgl. *Faust* in: Der notarielle Kaufvertrag (Symposium Würzburg 2005, Schriftenreihe der Deutschen Notarrechtlichen Vereinigung), S. 49 ff.
428 *Grziwotz* NotBZ 2002, 54; wohl auch *Wagner*, referiert bei *Eckert* DNotZ 2004, 418.
429 Ebenso *Knapp* MittBayNot 2003, 421.
430 Ein Verstoß gegen § 496 Abs. 1 BGB (Verbot der Einwendungserstreckung auf einen Abtretungsempfänger) liegt erst recht nicht vor, da § 404 BGB uneingeschränkt gilt (anders § 22 WG, § 17 ScheckG).
431 BGH, 23.11.2004 – XI ZR 27/04, MittBayNot 2005, 300; dies gilt auch allgemein für abstrakte Schuldversprechen: *Reiß* MittBayNot 2005, 371.
432 BGH DNotZ 2001, 795 f. = MittBayNot 2001, 387 m. zust. Anm. *Heinemann* unter ausdrücklicher Aufgabe der noch in BGH NJW 1981, 2756 geäußerten Gegenmeinung.
433 BGH, 22.05.2007 – XI ZR 338/05, MittBayNot 2008, 204 m. Anm. *Volmer* zur Verbindung mit Grundschuld und abstraktem Schuldanerkenntnis; zur Vollstreckungsunterwerfung allein BGH NJW 2002, 138; BGHZ 99, 283, anders beim Nachweisverzicht sowohl i.R.d. Bauträgervertrages wegen Verstoßes gegen §§ 3, 12 MaBV als auch im schlichten Bauvertrag: BGH, 27.09.2001 – VII ZR 388/00, ZfIR 2001, 976 m. Anm. *Blank*: Verstoß gegen § 307 Abs. 2 Nr. 1 BGB. Nicht ausreichend ist beim Bauvertrag auch die Anknüpfung an eine Bestätigung des bauleitenden Architekten, da dieser im Lager des Werkunternehmers steht, OLG München, 03.02.2009 – 9 U 3417/08 notar 2010, 23.
434 BGH, 12.11.2005 – XI ZR 226/04, NotBZ 2006, 55.
435 Vgl. *Wolfsteiner* Die vollstreckbare Urkunde § 5.
436 Der gem. Art. 6 Abs. 2 der EG-Richtlinie 93/13/EWG besonders eng auszulegen ist.

durch ergänzende Vertragsauslegung sinnvoll zu füllen ist.[437] Besonders praxisbedeutsam ist das **Verbot der geltungserhaltenden Reduktion**.[438] Der Verwender/Unternehmer soll nicht sein Risiko darauf begrenzen können, dass eine unzulässig weite Einschränkung der Rechte des Verbrauchers im Prozess auf das gerade noch zulässige Maß »zurechtgestutzt« wird. Eine teilweise Aufrechterhaltung der Klausel kommt nach bisheriger Rechtsprechung nur in seltenen Ausnahmefällen in Betracht, bspw. wenn die Bestimmung ihrem Wortlaut nach sinnvoll und ungezwungen in einen zulässigen und einen unzulässigen Wortlautteil gespalten werden kann,[439] wenn die Klausel nur in einem untypischen und vom Verwender nicht zu berücksichtigenden Ausnahmefall gegen §§ 307 ff. BGB verstößt oder wenn sie bei einer Änderung der Rechtsprechung aus Gründen des Vertrauensschutzes für den Verwender im bisher für zulässig gehaltenen Umfang aufrechterhalten werden soll.[440]

Die Grundsätze über das Verbot einer geltungserhaltenden Reduktion haben sich durch das Schuldrechtsmodernisierungsgesetz nicht geändert. Maßgeblich unter dem Eindruck der **gesetzgeberischen Aufwertung des Transparenzgebots** (nunmehr § 307 Abs. 1 Satz 2, Abs. 3 Satz 2 BGB) sind jedoch wohl seit Inkrafttreten der Schuldrechtsreform z.B. bei Haftungsausschlüssen alle Grenzen des angestrebten Ausschlusserfolgs im Einzelnen aufzuführen, vgl. Rdn. 180. (*Beispiel: Die pauschale Verkürzung der Verjährung für Mängelrechte des Käufers ist in AGB unwirksam, wenn nicht die in § 309 Nr. 7 Buchst. a) und Buchst. b) BGB genannten Schadensersatzansprüche ausgenommen werden,*[441] *auch wenn konkret kein Körper-, Lebens- oder Gesundheitsschaden vorliegt*).[442] Dies wurde zwar bereits unter bisheriger Rechtslage in der Literatur vertreten,[443] hat jedoch aufgrund des Systemwechsels im Schuldrecht für den Vertragsgestalter künftig weit höhere Bedeutung, weil Sachmängel künftig als Pflichtverletzungen nach allgemeinem Leistungsstörungsrecht abgewickelt werden: Hertel[444] spricht gar von einer typischen Haftungsfalle für den Notar.

VI. Leistungsstörungsrecht

1. Grenzen des Primäranspruchs

a) Leistungshindernis

§ 275 BGB n.F.[445] beschreibt nunmehr zentral die Sachverhalte, in denen der Erfüllungsanspruch (Primäranspruch) ausgeschlossen ist oder die Leistung verweigert werden kann. Anders als bisher (§ 306 BGB a.F.) führt die anfängliche Unmöglichkeit nicht mehr zur Nichtigkeit des Vertrages (§ 311a Abs. 1 BGB). Anfängliche und nachträgliche, subjektive (»für den Schuldner«) und objektive (»für jedermann«) Leistungshindernisse werden in § 275 Abs. 1 BGB gleichbehandelt. Ob die Unmöglichkeit sich aus naturgesetzlichen oder aus rechtlichen Gründen ergibt (Versagung einer für das Erfüllungsgeschäft erforderlichen Genehmigung), ist gleichgültig. § 275 Abs. 1 BGB gewährt eine Einwendung, die den Erfüllungsanspruch hinsichtlich des von der Unmöglichkeit erfassten Bereichs (»insoweit«)[446] unmittelbar entfallen lässt.

---

437 BGHZ 130, 155 f.
438 BGH NJW 1998, 2284 m.w.N.: Die thematisch zusammengehörende Bestimmung wird insgesamt durch die dispositive Gesetzesnorm ersetzt, bleibt also auch nicht für diejenigen Anwendungsfälle aufrechterhalten, bei denen sie zulässigerweise hätte vereinbart werden können.
439 BGH NJW 1998, 2286 m.w.N.
440 Beispiel: Aufrechterhaltung formularmäßiger Erweiterungen der Zweckerklärungen auf die sog. Anlassforderung, BGHZ 137, 153.
441 BGH, 15.11.2006 – VIII ZR 3/06, NJW 2007, 674.
442 Etwa im Rahmen eines Gebrauchtwagenhandels, BGH, 19.09.2007 – VIII ZR 141/06, NJW 2007, 3774.
443 Bspw. *Hensen* in: Ulmer/Brandner/Hensen AGB-Gesetz § 11 Nr. 7 Rn. 43.
444 *Amann/Brambring/Hertel* Schuldrechtsreform in der Vertragspraxis, S. 263.
445 Alle Zitate im Folgenden – soweit nicht anders angegeben – beziehen sich auf das BGB in der Fassung ab 01.01.2002.
446 Sofern eine technisch und nach dem Parteiwillen teilbare Leistung vorliegt, anderenfalls liegt Unmöglichkeit der gesamten Leistung vor. Bei Teilunmöglichkeit gilt § 266 BGB (Recht der Zurückweisung einer Teilleistung) nicht, da § 266 BGB eine im Ganzen noch mögliche Leistung voraussetzt (*Lorenz* NJW 2003, 3097; gegen LG Rottweil NJW 2003, 3139). Der Rücktritt vom noch möglichen Teil setzt Interessenfortfall nach § 326 Abs. 5 i.V.m. § 323 Abs. 5 Satz 1 BGB voraus.

A. Einführung, Vertragsvorbereitung

205 Demgegenüber enthält § 275 Abs. 2 BGB in den Fällen der »**Unerreichbarkeit**« (praktische oder faktische Unmöglichkeit:[447] Verkaufter Ring ist im See versunken) lediglich eine Einrede. Für die Zeit nach Gefahrübergang dürfte sie hinsichtlich der Pflicht zur Lieferung einer mängelfreien Sache oder zur Herstellung eines mängelfreien Werkes wohl durch die kauf- bzw. werkvertraglichen Ausprägungen des § 439 Abs. 3[448] bzw. § 635 Abs. 2 BGB (Verweigerung der vom Käufer gewählten Art der Nacherfüllung) verdrängt werden.

206 § 275 Abs. 3 BGB schließlich eröffnet ebenfalls einredeweise das Recht zur Leistungsverweigerung bei »**Unzumutbarkeit**« persönlich zu erbringender Dienstleistungen, etwa Wart- und Pflegeleistungen oder hauswirtschaftlichen Verrichtungen, an denen der Erwerber wegen beruflicher Versetzung durch den Dienstherrn oder wegen eigener Erkrankung gehindert ist. Voraussetzung für das Leistungsverweigerungsrecht ist allerdings stets die vorab zu treffende Feststellung, dass nicht etwa ein Ergebnis – Pflege der Person und Führung des Haushalts – geschuldet war, gleich ob selbst oder durch zu stellende Ersatzpersonen, sondern nur die persönliche Dienstleistung zur Erreichung dieses Ergebnisses.

b) Sekundärfolgen

207 Hinsichtlich der »Sekundärfolgen« eines Leistungshindernisses gem. § 275 BGB verweist § 275 Abs. 4 BGB lehrbuchartig auf die nächste Ebene des Leistungsstörungsrechts, nämlich auf die Rechtsgrundlagen der §§ 280, 283 bis 285, 311a und 326 BGB. Schadensersatz und Rücktritt werden nachstehend (Rdn. 212 ff. und Rdn. 234 ff.) erläutert, das Rücktrittsrecht wegen nicht behebbarer Mängel gem. § 326 Abs. 5 BGB nachfolgend Rdn. 211.

208 Gem. § 285 BGB kann der Gläubiger die Herausgabe des stellvertretenden commodum verlangen, wenn der Schuldner gem. § 275 BGB nicht zu leisten braucht. Erfasst ist hiervon bspw. der Anspruch auf Auskehr der Gebäudeversicherungssumme bei nicht behebbaren Mängeln der Kaufsache (z.B. Abbrennen des Gebäudes nach Vertragsschluss oder – von den Parteien unbemerkt – bereits vor Beurkundung, § 311a Abs. 1 BGB)[449] bzw. wenn der Nacherfüllungsanspruch wegen eines vertraglichen Haftungsausschlusses entfällt.

c) Schicksal der Gegenleistung

209 Braucht der Schuldner nach § 275 Abs. 1, 2 oder 3 BGB nicht zu leisten, entfällt gem. § 326 Abs. 1 BGB »insoweit«[450] grds. der Anspruch auf die Gegenleistung, bei Vorliegen der Leistungshindernisse des § 275 Abs. 2 oder 3 BGB allerdings erst, wenn der Schuldner die Einrede erhebt. Der Schuldner behält jedoch den Anspruch auf die Gegenleistung (sog. »Übergang der Preisgefahr«), wenn das Leistungshindernis zumindest überwiegend vom Gläubiger zu verantworten ist (dem ist die vertragliche Übernahme des betreffenden Risikos durch den Käufer gleichzustellen[451]) oder während des Annahmeverzugs entstand, § 326 Abs. 2 BGB,[452] ebenso wenn der Gläubiger anstelle der unmöglich gewordenen Leistung das stellvertretende commodum (Rdn. 208) verlangt; bleibt dieser Ersatzanspruch (z.B. die Versicherungssumme) hinter dem Wert der eigentlich geschuldeten Leistung zurück, mindert sich die Gegenleistung (Kaufpreis) entsprechend (§ 326 Abs. 3 i.V.m. § 441 Abs. 3 BGB).

210 Kaufvertragliche Sonderregelungen modifizieren allerdings die Zuordnung der »**Preisgefahr**«: Gem. § 446 BGB tritt Gefahrübergang bereits mit der Übergabe der Sache (Besitzverschaffung) ein, also vor vollständiger Erfüllung. Im Fall einer mangelbehafteten Leistung wird jedoch dieser vorzeitige

---

[447] Weiterhin zu unterscheiden von der bloßen Leistungserschwerung, die unter § 313 BGB (Störung der Geschäftsgrundlage) fällt, BT-Drucks. 14/6040, S. 130.
[448] Zu dessen Voraussetzungen: OLG Braunschweig NJW 2003, 1053; *Oechsler* NJW 2004, 1825.
[449] § 311a Abs. 2 BGB verweist zwar nicht ausdrücklich auf § 285 BGB, letzterer knüpft jedoch an § 275 BGB und damit jede Form der Unmöglichkeit an.
[450] Zur Höhe des anteiligen Wegfalls verweist § 326 Abs. 1 Satz 1 Halbs. 2 i.V.m. § 441 Abs. 1 BGB auf den Berechnungsmodus der Minderung.
[451] OLG Brandenburg, 07.09.2006 – 5 U 162/05, MittBayNot 2007, 120 m. Anm. *Kilian*.
[452] Dies entspricht weitgehend den bisherigen §§ 323, 324 BGB a.F. und der von der Rspr. entwickelten sog. »Sphärentheorie«.

Gefahrübergang auf den Käufer wiederum eingeschränkt: Auch wenn die Sache bei ihm untergegangen ist, kann er wegen des (erheblichen, § 323 Abs. 5 Satz 2 BGB) Mangels den Rücktritt noch erklären (teilweise anders noch: § 351 BGB a.F.) und ist nicht zur Leistung von Wertersatz anstelle der untergegangenen Sache verpflichtet, wenn er die eigenübliche Sorgfalt angewendet hat (§ 346 Abs. 3 Satz 1 Nr. 3 BGB). Durch den Rücktritt wird also der Verkäufer wieder mit der bereits auf den Käufer übergegangenen Vergütungsgefahr belastet.

Bei **nicht behebbaren Mängeln** – also in den Fällen der nicht vertragsgemäßen Leistung, in denen die Nacherfüllung gem. § 275 Abs. 1 bis 3 BGB nicht zu erbringen ist – bleibt der Anspruch auf die Gegenleistung ebenfalls bestehen, jedoch steht dem Gläubiger gem. § 326 Abs. 5 BGB ein Rücktrittsrecht zu. Eine Fristsetzung ist, da das Entfallen der Primärpflicht ohnehin feststeht, kraft Gesetzes[453] entbehrlich. Im Einzelnen gelten aufgrund Verweisung auch hier die Einschränkungen des § 323 Abs. 5 und 6 BGB (also Rücktritt nur bei erheblichen Mängeln oder wenn an einer Teilleistung kein Interesse bestehen kann; ferner Ausschluss des Rücktritts, wenn der zum Rücktritt berechtigende Umstand vom Gläubiger überwiegend zu verantworten ist oder während des Gläubigerverzugs eintrat). Durch diese Sonderregelungen bei nicht behebbaren Mängeln wird verhindert, dass anderenfalls immer kraft Gesetzes gem. §§ 326 Abs. 1, 441 Abs. 3 BGB eine Minderung des Kaufpreises unabhängig von der Verjährungsvorschrift des § 438 BGB eintritt. 211

2. Schadensersatzansprüche gem. §§ 280 ff. und 311a Abs. 2 BGB

§§ 280 bis 286 BGB gelten für Schuldverhältnisse aus einseitigen wie aus gegenseitigen Verträgen; die im BGB des Jahres 1900 angelegte Unterscheidung zwischen synallagmatischen Schadensersatzansprüchen (§ 325 BGB a.F.) und Schadensersatz aus nicht synallagmatischen Rechtsverhältnissen (§ 280 BGB a.F.) ist weggefallen. Sondervorschriften für gegenseitige Verträge bestehen nunmehr hinsichtlich des Zug-um-Zug-Prinzips (§§ 320 ff. BGB, mit erweiterter[454] und in die Rücktrittsmöglichkeit[455] mündender Unsicherheitseinrede in § 321 BGB) und hinsichtlich des Rücktritts durch den Gläubiger (§§ 323 ff. BGB). 212

a) Pflichtverletzung (§ 280 Abs. 1 BGB)

Mit § 280 BGB rückt der Begriff der Pflichtverletzung, also des objektiven Verstoßes gegen eine Pflicht aus einem Schuldverhältnis, in das Zentrum der Prüfung. Die Unterscheidung wird nun nicht mehr auf der Tatbestandsseite getroffen (also dahin gehend, ob es sich um nicht rechtzeitige Leistung, mangelhafte Leistung, schlichte Nichtleistung oder die Verletzung von sonstigen Nebenpflichten, Schutz- und Obhutspflichten handelt), sondern nach dem geltend gemachten Schaden (also bspw. dahin gehend, ob der Ersatz von Verzögerungsschäden beansprucht wird – dann sind die weiteren Voraussetzungen des § 280 Abs. 2 BGB erforderlich – oder Schadensersatz statt der Leistung – § 280 Abs. 3 BGB). § 280 Abs. 1 BGB als Auffangnorm ist unmittelbare Anspruchsgrundlage für den Ersatz des Schadens, der nicht im Mangel/der Pflichtverletzung selbst besteht, also etwa des Mangelfolgeschadens, einschließlich des Nutzungsausfalls infolge der Reparaturbedürftigkeit,[456] des entgangenen Gewinns, der Gutachterkosten etc. (vgl. im Einzelnen Rdn. 1978). 213

---

[453] Fristsetzung ist in der Praxis gleichwohl anzuraten, wenn nicht Unmöglichkeit völlig zweifelsfrei gegeben ist, da sonst der Rücktritt unwirksam wäre (sofern nicht auch gem. § 323 Abs. 2 BGB die Fristsetzung entbehrlich wäre).

[454] Entgegen der bisherigen Rechtslage braucht die Gefährdung der Vermögenslage nicht auf Illiquidität des anderen Vertragsteils zu beruhen (denkbar sind z.B. auch Krieg, Krankheit, Zusammenbruch von Vorlieferern etc.) und kann bereits (unerkannt) bei Vertragsschluss vorhanden gewesen sein.

[455] Damit wird der Schwebezustand nach Erhebung der Einrede beendet, wenn der andere Teil weder die Gegenleistung erbringt noch Sicherheit dafür leistet.

[456] BGH, 19.06.2009 – V ZR 93/08, ZfIR 2009, 859 m. Anm. *Volmer*: entgegen der übernommenen Garantie ist die Büronutzung des Objektes nicht genehmigt, sodass eine Vermietung erst nach Genehmigung der Nutzungsänderung zustande kommt: der Ausfall ist auch ohne Nachfristsetzung und ohne Vorliegen der Verzugsvoraussetzungen (§ 280 Abs. 2 BGB) zu ersetzen.

214 Jeder Schadensersatzanspruch setzt Vertretenmüssen voraus, das jedoch gem. § 280 Abs. 1 Satz 2 BGB[457] vermutet wird. Macht eine Vertragspartei einen tatsächlich nicht bestehenden Anspruch gegen den anderen Beteiligten geltend, ist die objektive Pflichtverletzung dann als verschuldet anzusehen, wenn sie diese Rechtsposition nicht einmal als plausibel ansehen durfte.[458] Die Rechtsfolge, Schadensersatz, richtet sich nach §§ 249 ff. BGB, deren weitere Novellierung im Anschluss an das Zweite Gesetz zur Änderung schadensersatzrechtlicher Vorschriften in der nächsten Stufe der Modernisierung des BGB zu erwarten ist.

215 Für den Vertragsgestalter bedeutsam sind die nunmehr im BGB enthaltenen Gestaltungsgrenzen für abweichende Regelungen zu den Folgen zu vertretender Pflichtverletzungen im Verbrauchervertrag (§ 310 Abs. 3 BGB) bzw. Formularvertrag (»AGB-Vertrag«). Hervorzuheben sind:
– Grenzen der Pauschalierung von Schadensersatzansprüchen (§ 309 Nr. 5 BGB),
– Verbot des Haftungsausschlusses bei (auch nur leicht fahrlässig) herbeigeführten Lebens-, Körper- und Gesundheitsschädigungen (§ 309 Nr. 7 Buchst. a) BGB),
– Verbot eines Haftungsausschlusses für grob fahrlässig herbeigeführte sonstige Schäden (§ 309 Nr. 7 Buchst. b) BGB),
– Verbot bestimmter Beschränkungen der Ansprüche wegen Mängeln neu hergestellter Sachen (§ 309 Nr. 8 Buchst. b) BGB).

b) Verzögerung der Leistung (§ 280 Abs. 2 BGB)

216 Für den Ersatz eines **Verzögerungsschadens**[459] sind neben der zu vertretenden Pflichtverletzung aus einem wirksamen Schuldverhältnis auch die Voraussetzungen des § 286 BGB (Verzug) erforderlich, § 280 Abs. 2 BGB, vgl. im Einzelnen Rdn. 1317 ff. Hierzu bedarf es grds. einer Mahnung nach Eintritt der Fälligkeit. Ferner dürfen dem Schuldner keine Einreden[460] oder Mängelrechte[461] zustehen. Die Bestimmungen über die Entbehrlichkeit der Mahnung (§ 286 Abs. 2 und Abs. 3 BGB) wurden deutlich erweitert, insb. hinsichtlich der verzugsbegründenden Wirkung des fruchtlosen Ablaufs einer angemessen bestimmten Zeit ab Eintritt eines bestimmten Ereignisses (z.B. der notariellen Fälligkeitsmitteilung!), § 286 Abs. 2 Nr. 2 BGB. Die im Gesetzgebungsverfahren »zur Beschleunigung fälliger Zahlungen« verunglückte Auffangnorm des § 286 Abs. 3 BGB (Verzug nach Ablauf von 30 Tagen seit Fälligkeit und Zugang einer Rechnung) wurde in Richtung auf das Gewollte korrigiert (»spätestens«), hindert also nicht den früheren Verzugseintritt gem. § 286 Abs. 1 oder Abs. 2 BGB.

217 Befindet sich der **Käufer mit der Kaufpreiszahlung in Verzug**, zählt zu dem entgangenen Gewinn (§ 252 BGB), der bei Überschreiten des gesetzlichen Mindestschadens (§ 288 BGB) zu ersetzen ist, auch die wegen eines Rückgangs des Zinsniveaus niedrigere mögliche Folgeverzinsung, bei konkretem Nachweis auch der nicht erzielte Gewinn aus einem sonst geplanten Aktienkauf.[462] Ist der Verkäufer mit seiner **Pflicht zur Verschaffung des Besitzes** im Verzug, umfasst der Verzögerungsschaden natürlich den Aufwand für die länger zu entrichtende eigene Miete sowie die Einlagerung von Möbeln (jeweils abzüglich der Vorteilsausgleichung, etwa wegen der längeren Verzinsung des

---

457 Abweichende Sonderregelung zugunsten des Arbeitnehmers in § 619a BGB. § 280 Abs. 1 Satz 2 BGB geht bewusst über die bisherige Rspr. zur Beweislastregelung bei positiver Vertragsverletzung hinaus.
458 BGH, 16.01.2009 – V ZR 133/08, ZNotP 2009, 141; weniger streng BGH, 23.01.2008 – VIII ZR 246/06, MittBayNot 2008, 471 m. Anm. *Herrler*: unberechtigtes Mangelbeseitigungsverlangen ist schuldhafte Pflichtverletzung, wenn der Käufer fahrlässig nicht erkennt, dass die Ursache der Symptome in seinem Verantwortungsbereich liegt.
459 Mindestens i.H.d. gesetzlichen Verzugszinses nach § 288 BGB, welcher den Nachweis eines geringeren Schadens nicht mehr eröffnet; daneben tritt stets die gesetzliche Haftungsverschärfung des § 287 BGB.
460 Z.B. Einrede des nicht erfüllten Vertrages (§ 320 BGB), auch wenn sie nicht erhoben wird: BGH NJW 1992, 556; so z.B. wenn der Käufer Kaufpreiszahlung nur Zug-um-Zug gegen Erklärung der Auflassung schuldet, ebenso die Unsicherheitseinrede, auch aufgrund eines vorübergehenden Leistungshindernisses, BGH, 11.12.2009 – V ZR 217/08, ZfIR 2010, 152.
461 BGH NJW 1991, 1048; auch wenn sich der Käufer noch nicht für eines der Rechte entschieden hat, sondern dies erst im Prozess bezeichnet.
462 BGH NJW 2002, 2553.

Eigenkapitals mangels Fälligkeit, falls der Kaufpreis vor Räumung noch nicht zu entrichten war).[463] War das Objekt zur **Vermietung vorgesehen**, kann der Käufer entweder die entgangene Miete (unter Abzug der ersparten Bewirtschaftungskosten) – nicht aber die ohnehin zu tragenden Finanzierungskosten – oder stattdessen den Finanzierungsschaden ersetzt verlangen, wenn der Kaufpreis bereits entrichtet wurde und der Verkäufer nunmehr den Besitz gleichwohl nicht verschafft.[464] Der Nutzungsausfallschaden ist während der Mangelbehebung auch dann geschuldet, wenn der Verkäufer eine mangelhafte Sache liefert, aber mit der Mangelbehebung nicht im Verzug ist.[465]

Im **Formular- und Verbrauchervertrag** sind neben den oben dargestellten Schranken weiter zu beachten:
- Verbot der Einschränkung des Leistungsverweigerungsrechts des § 320 BGB (§ 309 Nr. 2 Buchst. a) BGB);
- Verbot der Einschränkung sonstiger Zurückbehaltungsrechte gem. § 273 BGB (§ 309 Nr. 2 Buchst. b) BGB);
- Verbot des Absehens von einer Mahnung, soweit diese nicht bereits kraft Gesetzes entbehrlich ist (§ 309 Nr. 4 BGB).

218

c) Schadensersatz statt der Leistung (§ 280 Abs. 3 BGB)

Verlangt der Gläubiger nicht lediglich einfachen Schadensersatz unter Aufrechterhaltung seines primären Erfüllungsanspruchs, sondern Schadensersatz statt der Leistung, also anstelle des Primäranspruchs, sind gem. § 280 Abs. 3 BGB die zusätzlichen Voraussetzungen der §§ 281 bis 283 BGB zu prüfen. Grundnorm ist § 281 BGB, § 282 BGB gilt bei Verletzung von Neben- oder Obhutspflichten,[466] § 283 BGB bei Ausschluss der Primärleistungspflicht wegen Unmöglichkeit.

219

Gem. § 281 Abs. 1 Satz 1 BGB ist dem Schuldner grds.[467] eine **angemessene**[468] **Frist zur Leistung oder Nacherfüllung** zu bestimmen; eine ausdrückliche **Ablehnungsandrohung** ist hierfür (anders als in § 326 Abs. 1 BGB a.F.) nicht mehr erforderlich. Verstreicht die Frist fruchtlos, erlischt der primäre Leistungsanspruch (und damit dessen akzessorische Besicherung etwa durch Vormerkung) allerdings erst, sobald der Gläubiger Schadensersatz statt der Leistung[469] tatsächlich verlangt (§ 281 Abs. 4 BGB), was u.U. mit der Fristsetzung (auflösend bedingt durch Erfüllungshandlungen des

220

---

463 BGH NJW 1983, 2137.
464 Vgl. *Waldner* Immobilienkaufverträge Rn. 403.
465 BGH NJW 2009, 2674.
466 Beispiel nach *Amann/Brambring/Hertel* Vertragspraxis nach neuem Schuldrecht, S. 84: Der Handwerker beschädigt bei der (ordnungsgemäß in Gang gesetzten) Reparatur des Fernsehgerätes durch Unachtsamkeit den wertvollen Perserteppich – soll er die Reparatur zu Ende führen, fällt der Schaden am Teppich unter § 280 Abs. 1 BGB; soll die weitere Reparatur unterbleiben, gelten §§ 280 Abs. 3, 282 BGB.
467 Ausnahmen §§ 281 Abs. 2, 323 Abs. 2, 440 BGB. Der i.Ü. durch die Nacherfüllungsfrist geschützte Vorrang der Vertragsdurchführung soll auch verhindern, dass der Käufer einen »willkommenen« Mangel zum Anlass nimmt, sich von einem aus anderen Gründen bereuten Kauf zu lösen. Beseitigt der Käufer den Mangel selbst, ohne eine erforderliche Nachfrist zu setzen oder deren Ablauf abzuwarten (»Selbstvornahme«), liegt infolgedessen nunmehr ein für den Schuldner (Verkäufer) unbehebbarer Mangel vor. Der Anspruch auf den Kaufpreis besteht fort, da § 326 Abs. 5 BGB i.V.m. § 323 Abs. 6 BGB einem Rücktritt des Käufers entgegensteht (der Gläubiger ist für den zum Rücktritt berechtigenden Umstand, die Unmöglichkeit der Beseitigung, alleine bzw. überwiegend verantwortlich). Damit scheitert auch die an die Rücktrittsmöglichkeit anknüpfende Minderung (§ 441 Abs. 1 BGB). Schadensersatz statt der Leistung kann der Käufer nicht mehr verlangen, da der Verkäufer die Unmöglichkeit nicht zu vertreten hat (§ 280 Abs. 3 BGB i.V.m. §§ 283, 276 BGB). Nach BGH NJW 2005, 1348 sind nicht einmal die ersparten Nacherfüllungskosten analog § 326 Abs. 2 Satz 2 BGB anzurechnen, a.A. *Lorenz* NJW 2003, 1418 und NJW 2005, 1321 sowie *Herresthal/Riehm* NJW 2005, 1457 ff.: Ersparte interne Beseitigungsaufwendungen sind aus Rückgriffskondiktion oder § 326 Abs. 4 i.V.m. Abs. 2 Satz 2 BGB stets zu ersetzen, da sie dem vorbehaltlos bestehenden Erfüllungsanspruch wirtschaftlich entsprechen.
468 Eine zu knapp bemessene Nachfrist setzt eine angemessene Frist in Lauf.
469 Es genügt also nicht die Ankündigung, überhaupt Schadensersatz verlangen zu wollen. Prozessual kann die (bedingte) Klage auf Schadensersatz mit der Klage auf Leistung verbunden werden; die Bestimmung der Erfüllungsfrist kann dem Gericht überantwortet werden (§§ 255 Abs. 1, 510b ZPO), vgl. *Wieser* NJW 2003, 2432.

A. Einführung, Vertragsvorbereitung

Schuldners) verbunden werden kann.[470] Die Fristsetzung ist ausnahmsweise in den Fällen des § 281 Abs. 2 BGB entbehrlich (besondere Umstände rechtfertigen die sofortige Geltendmachung des Schadensersatzanspruchs; bzw. ernsthafte Weigerung des Schuldners), ferner gem. § 283 BGB, wenn ein Leistungshindernis gem. § 275 BGB vorliegt (Letzteres überrascht nicht, da der Primäranspruch ja bereits wegen des Leistungshindernisses ausgeschlossen ist).

221   Die außerordentlich gläubigerfreundliche Ausgestaltung wird auch darin deutlich, dass der Schuldner dem Gläubiger seinerseits keine Frist setzen kann, binnen welcher der Gläubiger das Schadensersatzverlangen zu stellen und damit die Primärleistungspflicht zum Erlöschen zu bringen hätte, sodass etwaige Aufwendungen des Schuldners zur Erfüllung (in der Hoffnung auf ein Unterbleiben des Schadensersatzverlangens) möglicherweise später frustriert werden.[471] Nach fruchtlosem Ablauf der Nacherfüllungsfrist braucht der Gläubiger das verspätete Angebot auf Nachbesserung nicht mehr anzunehmen; es steht ihm vielmehr frei, zu entscheiden, welche Ansprüche er geltend machen will.[472]

222   Hat der Schuldner **teilweise oder mangelhaft erfüllt**, kann der Gläubiger gem. § 281 Abs. 1 Satz 2 BGB im Fall der Teilleistung, sofern er an dieser kein Interesse hat, und gem. § 281 Abs. 1 Satz 3 BGB im Fall der mangelhaften Leistung, wenn die Pflichtverletzung nicht nur unerheblich ist, Schadensersatz statt der ganzen Leistung verlangen (»großer Schadensersatz«), sodass der Vertrag hinsichtlich der erbrachten Teil- oder mangelhaften Leistungen wie nach einem Rücktritt gem. §§ 346 ff. BGB rückabzuwickeln ist (§ 281 Abs. 5 BGB). Anders als nach bisherigem Recht ist also die Wahl zwischen »großem« und »kleinem« Schadensersatz nicht in das Belieben des Anspruchstellers gestellt, sondern an zusätzliche Kriterien gebunden: Bei (im Bauträgermodell herzustellenden) Immobilien ist etwa auf die Höhe der Mängelbeseitigungskosten im Vergleich zur Gesamtleistung abzustellen, ebenso auf den Umfang der Funktionalitäts- und Gebrauchsbeeinträchtigung.[473]

223   I.R.d. »großen Schadensersatzes« sind auch die gezogenen Nutzungsvorteile i.R.d. Vorteilsausgleichung[474] zu berücksichtigen, soweit sie mit dem geltend gemachten Schaden im Zusammenhang stehen. Verlangt der (z.B. arglistig getäuschte) Käufer nicht nur die Rückgängigmachung des Leistungsaustausches (Immobilie gegen Kaufpreis samt Erwerbsnebenkosten), sondern die **Rückabwicklung der Investitionsentscheidung insgesamt**, also auch Ersatz seiner Finanzierungskosten und der Unterhaltungsaufwendungen, ist die Eigennutzung i.H.d. ortsüblichen Miete anzurechnen.[475] Verlangt er lediglich die Rückzahlung des Kaufpreises und der Vertragskosten, ist nur die abnutzungsbedingte, zeitanteilig linear zu berechnende Wertminderung des Gebäudes[476] (ohne Grundstück) anzurechnen, ggf. unter weiterem Abzug wegen der Mangelhaftigkeit.[477] Ähnliches gilt bei **vermieteten Immobilien**: Wird lediglich die Rückabwicklung des Leistungsaustausches

---

470 Vgl. *Derleder/Zänker* NJW 2003, 2777 ff. In allen übrigen Fällen defizitärer Leistung während der Frist muss der Gläubiger sein Schadensersatzverlangen oder die Rücktrittserklärung nach Ablauf der Frist wiederholen.
471 Auch § 350 BGB gilt hierfür nicht; ebenso wenig § 264 Abs. 2 BGB, da es sich um keine Wahlschuld handelt.
472 BGH NJW 2003, 1526. Nach *Derleder/Hoolmans* NJW 2004, 2789 kommt er allerdings in Annahmeverzug, wenn er sein Wahlrecht nicht unverzüglich nach Erhalt des verspäteten Erfüllungsangebots ausübt. Dann würde der eingetragene Schuldnerverzug entfallen, bis der Gläubiger dem Schuldner erneut eine Frist setzt. *Lorenz* NJW 2005, 1892 plädiert in krassen Fällen für die Anwendung der Grundsätze der Verwirkung zur Beendigung der »Hängepartie« des Schuldners.
473 Vgl. BGH NJW-RR 1993, 309; OLG Karlsruhe, 13.03.2002 – 6 U 170/99, zitiert in NJW 2004, 3476 (Fn. 86).
474 Erhaltene Eigenheimzulage wird jedoch nicht i.R.d. Vorteilsausgleichung berücksichtigt, BGH, 12.11.2009 – VII ZR 233/08, ZfIR 2010, 40.
475 BGH, 31.03.2006 – V ZR 51/05, DNotZ 2006, 750; vgl. *Hertel* in: Amann/Hertel/Everts, Aktuelle Probleme der notariellen Vertragsgestaltung im Immobilienrecht 2006/2007, S. 32.
476 BGH, 06.10.2005 – VII ZR 325/03, NJW 2006, 53 geht beim Neubau von 80 Jahren Nutzungsdauer aus und lehnt eine degressive (in den Anfangsjahren stärkere) AfA ab.
477 Vgl. zum Bauträgervertrag BGH, 06.10.2005 – VII ZR 325/03, NJW 2006, 53, und *Drasdo* NJW-Spezial 2006, 529: Der Abzug erfolgt vom berechneten Nutzungswert, da Sachmängel die Nutzungsvorteile unterschiedlich stark beeinflussen können (Mängel im Fundament kaum, Mängel der Beheizbarkeit stark). Dass diese Entscheidung trotz Gesamtrückabwicklung auf die lineare AfA abstellt, dürfte mit BGH, 31.03.2006 – V ZR 51/05, DNotZ 2006, 750 überholt sein.

(Immobilie gegen Kaufpreis) verlangt, bleiben die vereinnahmten Mieten und Steuervorteile[478] beim Käufer, ergänzt um einen Schadensersatzanspruch i.H.d. mängelbedingt geringeren Mieteinnahmen; Finanzierungskosten können daneben nicht verlangt werden.[479] Anderes wird jedoch bei **Kapitalanlagemodellen** gelten,[480] ebenso wenn der Erwerber einer mangelhaften vermieteten Eigentumswohnung die Rückabwicklung der gesamten Investitionsentscheidung verlangt: Ersatz aller Aufwendungen, die den Erwerber allein aufgrund des Umstandes trafen, dass er Empfänger der mangelhaften Gegenleistung wurde (insb. der Finanzierungskosten) abzüglich der erhaltenen Mieten[481] und Steuervorteile.

d) Schadensersatz bei anfänglichem Leistungshindernis (§ 311a Abs. 2 BGB)

Bei anfänglichen Leistungshindernissen gewährt § 311a Abs. 2 BGB als einzige weitere Anspruchsgrundlage **Schadensersatz wegen einer Pflichtverletzung**. Die Norm erschien erforderlich, weil sich der Vorwurf des Vertretenmüssens bei anfänglichen Leistungshindernissen anders darstellt als bei § 280 BGB: Der Schuldner hat nicht etwa seine Leistungsfähigkeit in vorwerfbarer Weise verloren (§§ 276, 278 BGB), vielmehr hat er sich zu einer Leistung verpflichtet, von der er wusste oder wissen musste, dass er hierzu nicht imstande ist. Der Schuldvorwurf bezieht sich also auf das Kennenmüssen des Leistungshindernisses (§ 276 BGB). Anders als bisher wird auch bei einer **anfänglichen objektiven Unmöglichkeit** ein Anspruch auf das positive Interesse gewährt. Im Fall anfänglicher subjektiver Unmöglichkeit besteht jedoch keine Garantiehaftung mehr, sondern eine verschuldensabhängige Schadensersatzhaftung. 224

▸ Hinweis:

Verpflichtet sich der Eigentümer eines mit einer Dienstbarkeit belasteten Grundstücks zur Verschaffung eines Erbbaurechtes, das zwingend nur zur ersten Rangstelle (§ 10 ErbbauRG) entstehen kann, und liegt die Rangrücktrittsbewilligung des Dienstbarkeitsbegünstigten nicht bereits vor, sollte daher seine schuldrechtliche Verpflichtung unter die **aufschiebende Bedingung** der Erteilung der Rangrücktrittsbewilligung gestellt werden, um ihn vor unabsehbar hohen Schadensersatzforderungen (z.B. entgangener Gewinn aus dem im Erbbaurecht geplanten Gewerbebetrieb) zu bewahren (vgl. Rdn. 2690). 225

Zur verwandten Frage der Vermeidung von Schadensersatzfolgen bei Versagung einer für den Vollzug erforderlichen Genehmigung (Teilungsgenehmigung) s. Rdn. 776.

e) Ersatz vergeblicher Aufwendungen (§ 284 BGB)

Besteht dem Grunde nach Anspruch auf Schadensersatz statt der Leistung, kann der Gläubiger **wahlweise** (nach dem Wortlaut also nicht daneben) Ersatz seiner vergeblichen Aufwendungen gem. § 284 BGB[482] verlangen. Bei **kommerzieller Tätigkeit** bilden solche frustrierten Aufwendungen allerdings i.d.R. schon Schadensposten als Nichterfüllungsschaden gemäß der Rentabilitätsvermutung der §§ 249, 252 BGB. So können z.B. die Kosten einer notariellen Urkunde[483] und ihres Vollzugs 226

---

478 Jedenfalls wenn die Erstattung der Anschaffungskosten, die Grundlage der AfA waren, ihrerseits als Einnahme aus Vermietung und Verpachtung zu versteuern ist (BFH, 27.06.2004 – IX R 44/04, BFH/NV 2005, 188), vgl. BGH, 19.06.2008 – VII ZR 215/06, ZfIR 2008, 801 m. Anm. *Naujok* anders also nur, wenn der Schädiger Umstände darlegt, wonach dem Geschädigten auch nach Anrechnung der Steuerlast auf die Ersatzleistung hohe Steuervorteile verbleiben, BGH NJW2008, 649.
479 OLG Karlsruhe IBR 2006, 149; nach den Grundsätzen von BGH, 31.03.2006 – V ZR 51/05, DNotZ 2006, 750 müsste daneben aber noch die zeitanteilig zu ermittelnde Abnutzung angerechnet werden, vgl. *Weber* NJW 2007, 129.
480 BGH, 09.02.2006 – VII ZR 228/04, NJW-RR 2006, 890: Vereinnahmte Miete ist als Nutzungsvorteil anzurechnen.
481 BGH, 12.03.2009 – VII ZR 26/06, ZfIR 2009, 381 (Ls).
482 Vgl. *Reim* NJW 2003, 3662 ff.; *Derleder* NJW 2004, 972 ff. Allerdings kann neben dem Aufwendungsersatz »schlichter Schadensersatz« etwa wegen Mängelfolgeschäden verlangt werden, vgl. *Lorenz* NJW 2004, 28, in diesem Sinne wohl auch BGH, 20.07.2005 – VIII ZR 275/04, NJW 2005, 2848. Ohne Weiteres kumulierbar sind jedoch § 347 Abs. 2 BGB (Rücktritt) und § 284 BGB, vgl. *Gsell* NJW 2006, 125.
483 Beispiel: BGH ZIP 2006, 904, 906.

A. Einführung, Vertragsvorbereitung

über § 284 BGB bei ideellen oder privat-konsumptiven Zwecken dienenden Verträgen (Kauf einer Immobilie zur Eigennutzung) ersatzfähig sein, wenn der Verkäufer den zum Rücktritt führenden Mangel zu vertreten hat,[484] denn die bisherige Anspruchsgrundlage auf Ersatz der Vertragskosten im Wandelungsrecht (§ 467 Abs. 1 Satz 2 BGB a.F.) ist entfallen. Gleiches gilt für Maklergebühren.[485]

f) Vertretenmüssen; verschuldensunabhängige Garantiehaftung (§ 276 BGB)

227 §§ 276 bis 278 BGB, die im Kern unverändert geblieben sind, enthalten die **subjektiven Zurechnungsnormen**, die den Umfang des Vertretenmüssens des Schuldners bestimmen. Sie ergänzen also den objektiven Pflichtenverstoß des § 280 Abs. 1 BGB.

228 Durch eine ausdrückliche Klarstellung rückt jedoch § 276 Abs. 1 Satz 1 a.E. BGB die **Möglichkeit einer strengeren oder milderen Haftung** als der für Vorsatz und jeder Form von Fahrlässigkeit als Folge des Inhalts des Schuldverhältnisses selbst in das Bewusstsein des Vertragsgestalters. Ausdrücklich genannt sind die Übernahme einer Garantie oder eines Beschaffungsrisikos, die zu einer Haftungsverschärfung führen. Der »Inhalt des Schuldverhältnisses« war für den Umfang des Vertretenmüssens schon bisher bestimmend, man denke nur an das zwingende Vertretenmüssen der finanziellen Leistungsunfähigkeit (»Geld hat man zu haben«, sog. Prinzip unbeschränkter Vermögenshaftung).[486]

229 Der **Begriff der Garantie** ist gesetzlich nicht definiert. Die Praxis hat ihn fehlerhafterweise als bloßes Synonym für »Mängelgewährleistung« verwendet[487] oder i.S.e. »unselbstständigen Garantie« als Ausdehnung der gesetzlichen Haftung für Mängel, § 437 BGB, durch Erweiterung der erfassten Tatbestände (etwa Verlängerung der Frist oder Behebung auch solcher Mängel, die nach Gefahrübergang auftreten).[488] Im Lichte der Schuldrechtsreform ist darunter ein selbstständiges Garantieversprechen i.S.e. Einstandspflicht für einen bestimmten Erfolg zu verstehen.

230 Damit ist der Begriff **der Garantie i.S.d. § 276 Abs. 1 Satz 1 BGB** (schuldunabhängige Haftung) **nicht notwendig identisch** mit dem Begriff der **Garantie i.S.d. § 443 BGB** (Rdn. 2018 ff., Verkäufer- oder Herstellergarantie, Beschaffenheits- oder Haltbarkeitsgarantie), Letztere kann zwar ebenfalls zur verschuldensunabhängigen Haftung führen, muss dies jedoch nicht: § 443 BGB ordnet insoweit lediglich an, dass neben die gesetzlichen Rechte aus der Pflichtverletzung wegen Mängeln diejenigen Ansprüche treten, die nach der Garantieerklärung vereinbart sind.

231 Die **Rechtsfolgen** der Garantie können demnach grds. in dieser selbst bestimmt werden.[489] Solche ausdrücklich vereinbarten Rechtsfolgen können auch hinter den allgemeinen Mängelrechten des § 437 BGB zurückbleiben (z.B. durch der Höhe nach begrenzte Schadensersatzleistungen;[490] »cap« bzw. »de minimis rule«, wie etwa bei Unternehmenskaufverträgen üblich).[491] Der verbleibende Umfang der Garantie (»soweit diese reicht«) darf aber nicht durch (etwa an anderer Stelle des Vertrages enthaltene) allgemeine Haftungsausschlüsse oder -begrenzungen weiter geschmälert werden. Dies ist der (durch den Gesetzgeber klargestellte) Aussagegehalt des § 444 BGB.[492] Enthält das unselbstständige oder selbstständige Garantieversprechen keine Beschränkungen auf der Rechtsfolgenseite, sind

---

484 Vgl. Palandt BGB Ergänzungsband zur 61. Aufl. § 284 Rn. 6; zu gewerblichen oder der Einkünfteerzielung dienenden Verträgen ebendort Rn. 23.
485 BGH ZGS 2006, 149, 151.
486 BGHZ 107, 102; *Medicus* AcP 188, 489.
487 Hinweise bei *Graf v. Westphalen* in: Henssler/Graf v. Westphalen Praxis der Schuldrechtsreform § 443 Rn. 5.
488 Vgl. Palandt BGB Ergänzungsband zur 61. Aufl. § 443 Rn. 4.
489 Vgl. *Dauner/Liebl/Thissen* ZIP 2002, 108.
490 Dies hat die Änderung des § 444 BGB durch BGBl. I 2004, S. 3102 mit Wirkung ab 08.12.2004 klargestellt (»soweit« – anstelle des bisherigen *wenn* – er eine Garantie für die Beschaffenheit übernommen hat).
491 Vgl. hierzu *Weigl* DNotZ 2005, 246 ff.
492 BT-Drucks. 15/3483, S. 50 ff.: Verbot der Beschränkung oder des Ausschlusses einer übernommenen Garantie durch überraschende oder intransparente Klauseln. Im Grunde sollen insoweit §§ 305b und 305c BGB auf andere als Formular- und Verbraucherverträge ausgedehnt werden. Nach der Vorstellung des Gesetzgebers handelt es sich um eine Klarstellung (daher ohne Überleitungsfrist). Sie wurde insb. für die Gestaltung von Unternehmenskaufverträgen (»representations and warranties«) dringend angemahnt.

die gesetzlichen Mängelrechte, zu denen im Zweifel auch die Verschuldensunabhängigkeit für Schadensersatzansprüche zählt (§ 276 Abs. 1 Satz 1 BGB) hinsichtlich der garantierten Umstände oder Erfolge nicht anderweitig beschränkbar (Verbot widersprüchlichen Verhaltens). I.Ü. ergänzen die in der Garantie parteiautonom bestimmten Rechtsfolgen diejenigen des § 437 BGB, wie in § 443 BGB klargestellt (»unbeschadet der gesetzlichen Ansprüche«). Eine bloße Beschaffenheitsvereinbarung wird jedoch von allgemeinen Haftungsbeschränkungen erfasst, sie ist also die »**flexiblere Gestaltung**«.[493]

232 Die hier zu behandelnde Garantie i.S.e. verschuldensunabhängigen Einstehenmüssens gem. § 276 BGB kann ausdrücklich oder stillschweigend übernommen werden. In Anlehnung an die bisherige Rechtsprechung zur kaufvertraglichen Zusicherung (§ 463 BGB a.F.) ist dies anzunehmen, wenn der Schuldner durch eine Erklärung, die Vertragsinhalt geworden ist, dem Gläubiger zu erkennen gibt, dass er für den Bestand der garantierten Eigenschaft und alle Folgen ihres Fehlens einstehen wolle.[494]

233 Die in § 276 Abs. 1 Satz 1 BGB als Beispiel einer Haftungsverschärfung aufgrund des Inhalts des Schuldverhältnisses weiterhin erwähnte »Übernahme eines Beschaffungsrisikos« betrifft v.a. die marktbezogene Gattungsschuld (im Unterschied zur Vorratsschuld). Sie hat im Recht des Grundstückskaufvertrages allenfalls Bedeutung bei der Weiterveräußerung einer noch nicht erworbenen Immobilie, dem sog. A – B – C Kauf, bei dem B zum Zeitpunkt des Vertragsschlusses mit C noch nicht Eigentümer, sondern lediglich Inhaber eines (vormerkungsgeschützten) Anspruchs auf Eigentumsverschaffung ist: Sofern keine abweichenden Regelungen getroffen werden, übernimmt B damit das Beschaffungsrisiko für die Immobilie, hat also auch für ein von ihm nicht zu vertretendes Scheitern des eigenen Erwerbs einzustehen.[495]

3. Rücktritt vom Vertrag

a) Nicht oder nicht vertragsgemäß erbrachte Leistung (§ 323 BGB)

234 Während § 326 BGB an §§ 323, 324 BGB a.F. (Schicksal der Gegenleistung und Rücktritt bei Ausschluss der Leistungspflicht) anknüpft (vgl. Ausführungen unter Rdn. 209 f.), ist § 326 BGB a.F. (Verzug und Fristsetzung mit Ablehnungsandrohung) in § 281 BGB (Schadensersatz statt der Leistung) und § 323 BGB (Rücktrittsrecht) aufgegangen. Hierbei wurden die Voraussetzungen für den Rücktritt herabgesetzt. Seinem Aufbau nach entspricht § 323 BGB weitgehend §§ 280, 281 BGB, allerdings unter Verzicht auf das Erfordernis des Vertretenmüssens. Notwendig ist vielmehr das Vorliegen eines **gegenseitigen Vertrages**[496] sowie einer **Pflichtverletzung** (Nichtleistung oder nicht ordnungsgemäße Leistung, auch in Gestalt einer sach- oder rechtsmangelbehafteten Leistung), ohne dass die verletzte Pflicht notwendig ihrerseits im Synallagma stehen muss.

235 Des Weiteren ist – wie bei § 281 BGB – eine **angemessene Frist zur Leistung oder Nacherfüllung** zu setzen,[497] – vgl. Rdn. 1121 – jedoch keine **Ablehnungsandrohung** mehr notwendig. (Auch die Fristsetzung ist naturgemäß entbehrlich, wenn der Schuldner von vornherein erklärt, zur Leistung nicht in der Lage zu sein: fehlende Bebaubarkeit des Grundstücks).[498] Nach erfolglosem Fristablauf kann (nicht muss) der Gläubiger vom Vertrag zurücktreten; erst mit dessen Erklärung (und Zugang) bzw. mit dem Verlangen des Schadensersatzes statt der Leistung (§ 281 Abs. 4 BGB) erlischt der primäre Erfüllungsanspruch (und damit dessen akzessorische Besicherung, etwa durch Vormerkung).[499]

---

493 *Hertel* ZNotP 2002, 131.
494 BGHZ 59, 160; 132, 58.
495 Diese Wertung entspricht der verschärften Schenkungshaftung bei noch zu verschaffenden Gegenständen, §§ 523 Abs. 2, 524 Abs. 2 BGB.
496 Sodass gesetzliche Rücktrittsrechte bei Schenkungen das Vorliegen einer gemischten Schenkung (nicht lediglich einer Schenkung unter Auflage) mit Überwiegen der Gegenleistung erfordern, BGHZ 112, 53; 107, 158.
497 Dies gilt gem. § 448 BGB auch für den Rücktritt beim Kauf unter Eigentumsvorbehalt; anders als nach § 455 BGB a.F. genügt hierfür nicht mehr bloßer Zahlungsverzug.
498 OLG Brandenburg, 17.01.2008, NotBZ 2008, 272.
499 Anders noch § 326 Abs. 1 Satz 2 BGB a.F.: nach erfolgloser Nachfristsetzung mit Ablehnungsandrohung konnte keine Erfüllung mehr verlangt werden. Zum zwischenzeitlichen »Schwebezustand« *Kleine/Scholl* NJW 2006, 3462 ff.

A. Einführung, Vertragsvorbereitung

Vor diesem Erlöschen ist der Rücktritt selbst dann ohne erneute Nachfristsetzung möglich, wenn der Gläubiger nach Ablauf der ersten Frist zunächst weiter Erfüllung verlangt hatte.[500] Der Schuldner hat keine Möglichkeit, den Gläubiger zur Entscheidung darüber aufzufordern, und läuft daher Gefahr, dass weitere auf die Sache getätigte Aufwendungen im Ergebnis frustriert werden.[501] Hat allerdings der Schuldner erfüllt, kann der Gläubiger nicht mehr zurücktreten, selbst wenn die Nachfrist (z.B. wegen arglistigen Verschweigens) gar nicht hätte gesetzt werden müssen.[502]

236 Gem. § 323 Abs. 4 BGB ist der Rücktritt ausnahmsweise sogar schon **vor Eintritt der Fälligkeit** der Schuldnerleistung möglich, wenn offensichtlich ist, dass die Voraussetzungen des Rücktritts eintreten werden.

▶ Beispiel:

Wenige Wochen vor Fälligkeit hat der Verkäufer mit den nachträglichen Herstellungsarbeiten, für die er nach eigenen Erklärungen mindestens 3 Monate benötigt, noch nicht begonnen.[503]

237 Ähnlich wie § 281 Abs. 1 Satz 2 und 3 BGB den Schadensersatz wegen einer Teilleistung oder einer mangelhaften Leistung beschränkt, enthält § 323 Abs. 5 BGB in diesen Fällen eine Limitierung des Rücktritts: Bei einer Teilleistung kann der Gläubiger an sich das Schuldverhältnis nur für den noch ausstehenden Teil beenden (»**Teilrücktritt**«). Erforderlich ist aber stets, dass sowohl die Leistung des Schuldners als auch die des Gläubigers teilbar ist.[504] Ein Rücktritt vom Gesamtschuldverhältnis ist nur möglich, wenn der Gläubiger an der Teilleistung kein Interesse hat, § 323 Abs. 5 Satz 1 BGB.

238 Wegen einer bloßen Schlechtleistung, also insb. einer mangelbehafteten Leistung, ist der Rücktritt nur eröffnet, wenn die **Pflichtverletzung erheblich** ist. Sowohl bei der quantitativen als auch bei der qualitativen Teilleistung (z.B. hellrote statt dunkelrote Farbe des gekauften Pkw; Benzinmehrverbrauch)[505] besteht erhebliche Unsicherheit, wann die Erheblichkeitsschwelle überschritten ist,[506] zumal der BGH[507] hierbei auch subjektive Elemente einbezieht (z.B. arglistige Täuschung über einen für sich genommen unmaßgeblichen Sachmangel). Abzustellen ist auf die Einschätzung des Mangelumfangs im Zeitpunkt der Rücktrittserklärung, auch wenn sich später herausstellt, dass der Mangel mit verhältnismäßig geringem Aufwand hätte behoben werden können.[508]

239 Gleiches dürfte, wenngleich nicht im Gesetz ausdrücklich erwähnt, für die Fälle der Nichterfüllung einer nur unerheblichen Nebenpflicht gelten.[509] Wenn also bei der Gestaltung von Grundstückskaufverträgen auch **unerhebliche Mängel** zum (verschuldensunabhängigen) Rücktritt berechtigen sollen

---

500 BGH, 20.01.2006 – V ZR 124/05, NJW 2006, 1198 m. Anm. *Althammer*, 1179 gegen OLG Celle, RNotZ 2005, 483: keine analoge Anwendung der vertraglichen Wahlschuld (§ 262 BGB) auf die elektive Konkurrenz des Gläubigers, da kein Schuldnerschutz erforderlich.
501 Krit. hierzu *Brambring* DNotZ 2001, 599 f.; *Hanau* NJW 2007, 2806 will mit gegenseitigen Treuebindungen (§ 242 BGB) helfen.
502 BGH, 12.03.2010 – V ZR 147/09, NotBZ 2010, 341.
503 Vgl. Palandt/*Grüneberg* BGB § 323 Rn. 23.
504 Daher ist nur der Gesamtrücktritt möglich, wenn der Schuldner zwar eine Teilleistung (Werkleistungen) nicht erbringt, der Gläubiger aber nicht Geld, sondern die Übereignung einer Wohnung schuldet: BGH, 16.10.2009 – V ZR 203/08, ZNotP 2009, 482.
505 Nach BGH NJW 1996, 1337 ist ein Benzinmehrverbrauch bis zu 15 % unerheblich.
506 Palandt/*Grüneberg* BGB § 323 BGB Rn. 32 zitiert Wertrelationen zwischen 10 und 50 %.
507 BGH, 24.03.2006 – V ZR 173/05, NJW 2006, 1960 m. abl. Bespr. *Lorenz* NJW 2006, 1923 = DNotZ 2006, 828 m. Anm. *Kallrath*. Diese Abschwächung der Erheblichkeitsschwelle ist bedenklich, führt doch der dann eröffnete Schadensersatz statt der ganzen Leistung zu regelmäßig weit höheren Beträgen (Darlehensnichtnahme-Entschädigung etc.).
508 BGH, 15.06.2011 – VIII ZR 139/09, DNotI-Report 2011, 154.
509 So der Vorschlag der Schuldrechtskommission im Abschlussbericht, S. 162; Beispiel bei Palandt/*Grüneberg* BGB § 323 Rn. 32: Der Fotograf erfüllt nicht die übernommene Nebenpflicht, das Hochzeitsbild 2 Wochen lang in seinem Schaufenster auszustellen = allenfalls Erfüllungsanspruch, aber kein Rücktrittsrecht.

oder fraglich sein kann, ob die Nichterfüllung einer Nebenpflicht von den Parteien als so erheblich eingestuft wird, dass sie zum Rücktritt berechtigen soll, sollte dies ausdrücklich klargestellt werden.[510]

▶ Beispiel:

Recht des Verkäufers, vom Vertrag zurückzutreten, wenn der Käufer die an das FA geschuldete Grunderwerbsteuer nicht entrichtet und daher der Verkäufer als Zweitschuldner in Anspruch genommen werden kann, vgl. Rdn. 2657.

Für **Formular- und Verbraucherverträge** enthält § 309 Nr. 8 Buchst. a) BGB das in Rdn. 194 ff. erläuterte Verbot der Einschränkung von Rücktrittsrechten bei zu vertretenden Pflichtverletzungen, soweit es sich nicht um Mängel handelt, bei rechtsgeschäftlichen Rücktrittsrechten und bei (auflösend, nicht aber aufschiebend) bedingten Kaufverträgen[511] ist ferner § 308 Nr. 3 BGB (»sachlich gerechtfertigter Grund«) zu beachten (vgl. Rdn. 2572). 240

b) Verletzung von Integritätsinteressen (§ 324 BGB)

In gleicher Weise berechtigt § 324 BGB bei Verletzung der schuldnerischen Pflicht, Rücksicht auf die Rechte und Integritätsinteressen des Gläubigers zu nehmen (§ 241 Abs. 2 BGB), zum Rücktritt. Wie stets ist ein Vertretenmüssen nicht erforderlich; bei der Verletzung solcher Nebenpflichten ist auch keine erfolglose Fristsetzung notwendig. Dem Gläubiger darf das Festhalten am Vertrag nicht mehr zuzumuten sein (als sondergesetzliche Ausprägung der Erheblichkeit einer Pflichtverletzung analog § 323 Abs. 5 Satz 2 BGB). An letzteres sind besondere Anforderungen zu stellen, insb. können Kompensationsansprüche gegen Dritte die Unzumutbarkeit entfallen lassen.[512] 241

c) Schadensersatz und Rücktritt (§ 325 BGB)

Anders als bisher (sog. **Rücktrittsfalle**)[513] schließen sich Schadensersatzverlangen und Rücktritt nicht mehr aus, § 325 BGB. Nach altem Recht blieben dem Gläubiger, der den Rücktritt erklärt hat, nur diejenigen Ansprüche, die vom rechtlichen Bestand des Vertrages unabhängig sind, z.B. aus Verschulden bei Vertragsverhandlungen oder wegen Verletzung von Integritätspflichten, außerhalb des Erfüllungsinteresses. Nach neuem Recht kann jedoch auch der Gläubiger, der ohne Eigentumsvorbehalt geliefert hat, die Sache nach der Rücktrittserklärung zurückfordern (§ 346 BGB) und im Einzelnen Schadensersatz statt der Leistung geltend machen. Die früher häufig in Kaufvertragsmustern empfohlene »Beseitigung der Rücktrittsfalle« durch Aufnahme eines vertraglichen Rücktrittsrechts mit gesetzesähnlichen Wirkungen ist damit entbehrlich geworden. 242

Aufgrund der weiten Normaussage des § 325 BGB (»*das Recht, Schadensersatz zu fordern, wird durch den Rücktritt nicht ausgeschlossen*«) sind auch dem anderen, nicht zurücktretenden Vertragsteil Ansprüche auf Schadensersatz nicht abgeschnitten, die auf Pflichtverletzungen des später Zurücktretenden während des »Vertragstorsos« bis zu dessen Rückabwicklung zurückzuführen sind. Allerdings führt der Rücktritt zum Erlöschen der Übereignungsverpflichtung und damit zur **Wirkungslosigkeit der Vormerkung** (Rdn. 898, 1097); hat der Käufer bereits Teilleistungen erbracht, sind diese zudem ungesichert, es sei denn, das Rücktrittsrecht des Verkäufers bei bereits erbrachten Käuferanzahlungen wäre an die Stellung einer Bankbürgschaft zur Sicherung der Rückzahlungsansprüche geknüpft (Rdn. 1099). Will der Käufer selbst zurücktreten, kann sich für ihn mitunter 243

---

510 Nach OLG Düsseldorf NJW-RR 2004, 1060 liegt Unerheblichkeit vor bei einem Beseitigungsaufwand von 2 – 3 % des Kaufpreises.
511 BGH, 08.12.2010 – VIII ZR 343/09, DNotZ 2011, 273 m. Anm. *Herrler*; *Becker* GWR 2011, 93 sieht aber § 308 Nr. 1 BGB (überlange Bindungsfrist bei Angeboten) analog als verwirklicht an, vgl. Rn. 2096.
512 OLG Karlsruhe, 24.11.2010 – 6 U 107/09, ZfIR 2011, 661 m. Anm. *Lang/Johst*: Unerlaubte Veränderung des Kaufobjektes vor Besitzübergang (durch Abholzung) kompensiert durch die Erstattung des Holzwertes an den Käufer seitens des mit der Abholzung beauftragten Dienstleisters.
513 Die ja eine Regressgefahr für den Rechtsanwalt darstellte, BGH NJW 1995, 451.

A. Einführung, Vertragsvorbereitung

empfehlen, gleichwohl zunächst die Umschreibung herbeizuführen und sodann Eigentum und Rückzahlung gem. § 348 BGB ins Synallagma zu stellen.

VII. Due Diligence

244 »Due diligence« (etwa: »**gebotene Sorgfalt**«) bezeichnet den Prozess der sorgfältigen Untersuchung eines Kaufgegenstands im Vorfeld der Transaktion. Sie ist geboten angesichts des typischerweise bei Bestandsimmobilien erfolgenden weitgehenden Ausschlusses der Mängelrechte des Käufers (Rdn. 2229 ff.) und entspricht dem angelsächsischen Grundsatz »caveat emptor«. Im Regelfall findet sie daher als »buyers« due diligence« im Auftrag des Käufers statt; jedoch auch die »vendors« due diligence« zur Aufbereitung einer Liegenschaft für den Verkauf (durch Beseitigung erkannter Schwachstellen) gewinnt an Bedeutung, vor allem wenn die Rechtsberater, die sie im Auftrag des Verkäufers durchgeführt haben, dafür in Gestalt eines »reliance letter«[514] auch gegenüber dem Käufer die Haftung übernehmen.[515] Aus Käufersicht dient die due diligence dem Ausgleich der bestehenden Informationsasymmetrie, der Analyse und Bewertung des Kaufobjekts und der Exkulpation der Entscheidungsträger des Käufers ggü. seinen Gesellschaftern oder Geldgebern (»stakeholder«).

245 An eine externe Analyse des Objekts auf der Basis öffentlich verfügbarer Daten (»pre-due-diligence«) schließt sich nach Abgabe der Vertraulichkeitserklärung des Käufers und eines »Letter of Intent« (Rdn. 2930 ff.) die eigentliche due diligence auf der Basis der vom Verkäufer im sog. »**Datenraum**« (physisch und/oder digital)[516] zur Verfügung gestellten Unterlagen (»pre-acquisition due diligence«) an, die möglicherweise nach Vertragsunterzeichnung bis zur Vertragserfüllung (Kaufpreiszahlung/ Eigentumsumschreibung) durch eine »post-completion due diligence« ergänzt wird. Die spätere Geltendmachung von Freistellungserklärungen, Garantien oder die Ausübung von Kaufpreisanpassungsmechanismen erfordert ggf. eine weitere, sog. »post-acquisition due diligence«. Teilweise wird auch der Kaufvertrag sofort, jedoch unter der aufschiebenden Bedingung einer »erfolgreich« verlaufenden nachträglichen »due diligence« (»Confirmatory due diligence«) abgeschlossen.

246 Während bei der regelmäßig stattfindenden »due diligence« zu erwerbender **Unternehmen** die Analyseschwerpunkte aus der Sicht strategischer Investoren einerseits und aus der Sicht von Finanzinvestoren andererseits (einschließlich der besonderen Untergruppe der »Sharia-konformen Finanzinvestoren«) deutlich differieren – je nach den funktionalen Formen der »due diligence« wird zwischen strategic, financial, commercial, tax, legal, market, human resources, organizational, cultural, technical, environmental, IT und political due diligence unterschieden –, liegt der Schwerpunkt beim Immobilienerwerb insb.[517] auf folgenden Aspekten:

247 – Bestandsaufnahme im Hinblick auf Bauplanungsrecht, Zweckentfremdungsrecht, Sanierungsrecht, Milieuschutzrecht, Denkmalschutzrecht und Bauordnungsrecht,
 – Erfassung der technischen Anlagen (einschließlich des Vorhandenseins eines Energiepasses, der Begleitpapiere für technische Anlagen etc.),
 – Erfassung der Dauerschuldverhältnisse wie Wartungsverträge, Hausmeisterverträge etc.,
 – Bestandsaufnahme hinsichtlich der Flächenberechnung in Haupt- und Nebenflächen,
 – Prüfung der vorhandenen, gem. § 95 VVG (vgl. Rdn. 2312) übergehenden Sachversicherungen (versicherte Risiken, zugrunde liegende Bedingungen, Absicherung des gleitenden Neuwerts/ Zeitwerts/gemeinen Werts[518]),

---

514 Vgl. *Cannivé* ZIP 2009, 254, 257 ff, auch zum »non-reliance letter«, mit dem der Käufer den Verkäufer und dessen Anwalt von der Haftung freistellen.
515 Andernfalls kann sich eine solche Haftung gegenüber dem Käufer aus der zivilrechtlichen Expertenhaftung, § 311 Abs. 3 Satz 2 BGB, oder aus den Grundsätzen des Vertrages mit Schutzwirkung für Drite ergeben.
516 In sog. Datenraumregeln werden Ort und Zeit der Nutzung, Vertreter des Käufers samt Anmeldeverfahren, zur Verwendung zugelassene technische Geräte, Kopiermöglichkeiten, und Vertraulichkeitspflichten sowie die äußere Trennung später eingestellter Dokumente etc festgeschrieben, vgl. *Schmidt/Niewerth* Kauf und Verkauf von Gewerbeimmobilien Rn. 58 und 61.
517 Vgl. monografisch *Steinke/Niewerth/Ludwig* Due Diligence bei Grundstücksgeschäften.
518 Vgl. im Einzelnen *Möller/Mathews* ZfIR 2008, 709 ff.

- Erfassung des Kostenmanagements hinsichtlich der Nebenkosten,
- steuerrechtliche Einordnung, insb. im Hinblick auf die USt,
- Bewertung des Vermietungsmanagements,
- mietrechtliche »due diligence« im eigentlichen Sinn (Erfassung der Miethöhen, Wertsicherung, Laufzeit, Optionsrechte, Regelung der Instandhaltung/Instandhaltungspflichten, Schönheitsreparaturklauseln, Nebenkostenerfassung, Einhaltung der Schriftform, Einhaltung des Zeitabstands zur Gültigkeit bei nicht gleichzeitiger Unterzeichnung durch Vermieter und Mieter etc., vgl. Rdn. 1857 ff.),
- Analyse der den Grundbucheintragungen zugrunde liegenden Bewilligungen (etwa Dienstbarkeitsbestellungen, Reallasten etc.) sowie Überprüfung sonstiger Grundlagendokumente (z.B. von Erbbaurechtsverträgen, Teilungserklärungen und Gemeinschaftsordnungen für WEG-Objekte, Verträge zur Begründung von Dauernutzungsrechten etc.),

Das Muster einer ausführlichen »Due Diligence«-Gesamtliste[519] ist in Teil E Gesamtmuster, Rdn. 3891 abgedruckt. Dieser Liste entspricht oft die vom Käufer übergebene »Anforderungsliste« (»due diligence request list«)

Die Fortschritte bei der Untersuchung werden typischerweise in »**milestone reports**« (Zwischenberichten) festgehalten. Ergänzende Fragen des Kaufinteressenten werden im »Q & A – Prozess« (»Question and Answer«) zeitnah, binnen 1 bis 2 Werktagen, abgearbeitet. Das im eigentlichen »due diligence report« zusammengefasste Gesamtergebnis kann sich auf Kernpunkte beschränken (»red flag report«)[520] oder aber – insb. wenn der Bericht auch für die finanzierende Bank bestimmt ist – eine teils sehr umfassende Darstellung enthalten.

Erkannte Schwachpunkte des Objekts, sofern es sich nicht um sog. »dealbreaker« handelt, führen regelmäßig zur Kaufpreisreduzierung oder aber zur Übernahme zusätzlicher Garantien oder Freistellungserklärungen des Verkäufers. Ermittelte Umstände, die noch gestaltbar sind, können (1) zu Kaufpreisfälligkeitsvoraussetzungen erhoben werden, (2) Anlass zu Kaufpreiseinbehalten sein, (3) Rücktrittsrechte bedingen oder (4) Gegenstand einer aufschiebenden Bedingung sein.

Um die parallele Einsichtnahme in die zu prüfenden Dokumente von überall her, zu jeder Zeit und auch mehreren Interessenten zeitgleich zu ermöglichen, zur Reduzierung des Kosten- und Personalaufwandes (und mitunter auch um dem Verkäufer durch Nachverfolgung der elektronischen Datenzugriffe Aufschluss darüber zu vermitteln, welche Aspekte das besondere Interesse der Bietinteressenten gefunden haben, um gewappnet in die Verhandlungen zu gehen) werden die offenzulegenden Dokumente oft in einem **virtuellen Datenraum** hinterlegt, deren Verwaltung externe Dienstleister übernehmen.[521] In diesem Fall sind besondere Datenschutzvorkehrungen erforderlich.[522]

Ist es beim »klassischen«, **physischen Datenraum** verblieben, werden nicht selten die dort zur Verfügung gestellten Dokumente und Unterlagen vom Notar zumindest während der Gewährleistungs- und Anpassungsfristen in **Verwahrung** genommen, um nachträgliche Manipulationen hieran auszuschließen; der Zugang zu diesen in (untechnischen) Verschluss genommenen Dokumenten bzw. ihrer digitalen Speicherung auf CD wird dann regelmäßig lediglich beiden Parteien gemeinsam oder aufgrund gerichtlichen Beweisbeschlusses gewährt. Über solche Verwahrungen ist eine beiderseitige Hinterlegungsanweisung zu fertigen (bzw. in den Immobilienkaufvertrag zu integrieren), in der auch die Sorgfaltspflichten des Notars in Bezug auf Brand-, Diebstahl- etc. Schutz festzuhalten sind. Zu beurkunden ist lediglich die Willenserklärung als solche, z.B. die Erklärung, dass der Inhalt des Datenraums alle geschäftserheblichen Umstände enthalte bzw. der Käufer bestätige, vom Inhalt Kenntnis erlangt zu haben, nicht aber der Inhalt der in Bezug genommenen Dokumente selbst; insoweit geht es lediglich um Beweissicherung. Auch bei Willenserklärungen

---

519 Im Anschluss an *van Kann* Immobilientransaktionen, S. 359 ff.
520 Vgl. *Disput/Hübner/Schmitt* ZfIR 2008, 614.
521 Z.B. www.brainloop.de, www.docurex.com, www.dealinteractive.de, www.merillcorp.com, www.intralinks.com.
522 *Wunschel* ZfIR 2011, 157 ff.

entfällt eine nähere Kennzeichnung, wenn die Vereinbarung alle betreffenden Sachverhalte erfasst (etwa dass für alle Gebäude die erforderlichen Baugenehmigungen vorliegen).[523]

252 ▶ **Formulierungsvorschlag: Verwahrung der Datenraumdokumente als DVD durch den Notar**

Der Verkäufer versichert und steht dafür ein, dass er im Rahmen der »due diligence«-Prüfung des Käufers im [ggf.: virtuellen] Datenraum alle Unterlagen zur Verfügung gestellt hat, auf die nach der gewöhnlichen Verkehrsanschauung der Vertragswille des Käufers vernünftigerweise aufbauen kann. Der Käufer wie auch der beurkundende Notar haben eine DVD erhalten, die nach Aussage und Versicherung des Verkäufers eine vollständig eingescannte Wiedergabe der Dokumente enthält, die im [ggf.: virtuellen] Datenraum zugänglich gemacht wurden. Im Rahmen einer hiermit durch den Notar angenommenen sonstigen Betreuungstätigkeit nach § 24 Abs. 1 Satz 1 BNotO nimmt der Notar diese DVD für Verkäufer und Käufer bis zum ..... (z.B. 6 Monate nach Ablauf der Gewährleistungsverjährungsfrist) in Verwahrung; weist einer der Beteiligten vor Ablauf der Verwahrungsperiode nach, dass ein Rechtsstreit oder ein schiedsgerichtliches Verfahren zu diesem Vertrag anhängig ist, verlängert sich die Verwahrungsperiode, bis dem Notar der Abschluss des Verfahrens nachgewiesen ist. Während der Verwahrungsperiode darf der Notar die DVD lediglich Verkäufer und Käufer bzw. deren Bevollmächtigten je gemeinsam zugänglich machen, nach deren Ablauf ist sie dem Käufer zu übersenden. Die DVD wird im verschlossenen Briefumschlag beim Original dieses Unternehmenskaufvertrages in der Urkundensammlung verwahrt, besondere Vorkehrungen gegen Feuersgefahr, Diebstahlsrisiko oder das Risiko sonstigen Datenverlusts sind nicht geschuldet. Die Kosten dieser Betreuungstätigkeit trägt der Käufer.

---

[523] Vgl. Kersten/Bühling/*Wolfsteiner* 22. Aufl. 2008 § 34 Rn. 22; DNotI-Gutachten Faxabruf-Nr. 11507 v. 16.05.2008.

B. Gestaltung eines Grundstückskaufvertrages

Übersicht

	Rdn.
I. Beteiligte	256
1. Feststellungen zur Identität	256
a) BeurkG, DONotw	256
b) Geldwäschegesetz (GwG)	264
c) Berichtigung offensichtlicher Unrichtigkeiten	276
2. Feststellungen zu persönlichen Merkmalen	280
a) Geschäftsfähigkeit	280
b) Behinderungen	289
c) Diskriminierungstatbestände	298
3. Güterrecht	304
a) Veräußererseite	305
b) Erwerberseite	306
c) Irrtumsfälle	307
4. Gesellschaft bürgerlichen Rechtes	309
a) Teilrechtsfähigkeit	309
b) »Grundbuchfähigkeit« der GbR	316
aa) Entscheidung des BGH	316
bb) Wege aus der Kalamität	323
cc) mögliche weitere Konsequenzen	344
c) Gesetzliche Neuregelung	345
aa) Grundbuchrecht	347
bb) Grundbuchverfahrensrecht	356
cc) Materielles Recht	357
(1) GbR als Verfügende	362
(2) GbR als Verpflichtete	372
(3) GbR als Erwerbende	382
(a) Aus Sicht des Notars	382
(b) Aus Sicht des Grundbuchamtes	392
(c) Finanzierung durch die erwerbende GbR	408
(4) Übergangsregelung	412
(5) Namens-GbR	414
d) Nachweise zur Berichtigung des Grundbuches	420
aa) Hinzutreten weiterer Gesellschafter	424
bb) Austritt oder Ausschluss eines Gesellschafters	431
cc) Tod eines Gesellschafters	433
dd) Insolvenz eines Gesellschafters; Verfügungsbeschränkungen	440
ee) Änderung sonstiger Identifikationsmerkmale	443
ff) Formempfehlung	447
e) Vor- und Nachteile der GbR	449
5. Bruchteilsgemeinschaft	455
6. Vollmachten und Vertretungsverhältnisse	466
a) Rechtsgeschäftliche Vertretung	467
aa) Umfang	467
bb) Inhaltliche Beschränkungen	473
cc) Gesetzliche Verbote	477

	Rdn.
dd) Vollmachten durch Verwalter fremden Vermögens	484
ee) Verwertungsvollmacht an Grundpfandgläubiger	486
ff) Nachweis und Beurkundungsverfahren	490
b) »Nachgenehmigung«	497
aa) Person des vollmachtlosen Vertreters	497
bb) Verfahren	500
cc) Form	504
dd) Wirkung	505
ee) Verweigerung	506
ff) Formulierungen	508
gg) Mündliche Vollmacht	515
c) Gesetzliche Vertretung natürlicher Personen	516
aa) Minderjährige	516
(1) Vertretung durch die Eltern	516
(2) Handeln des Kindes mit Genehmigung der Eltern	519
(3) Vormundschaft	522
(4) Lediglich rechtlich vorteilhaftes Geschäft	524
(5) Ausschluss der elterlichen Vertretungsmacht	532
(6) Pflegschaft	537
bb) Betreuung	544
cc) Nachlasspflegschaft/Nachlassverwaltung	553
dd) Testamentsvollstreckung	561
(1) Eintragung des Vermerks	561
(2) Mitwirkung des Vollstreckers	562
(3) Fortdauer des Amtes	565
(4) Nachweis der Entgeltlichkeit	572
ee) Insolvenzverwalter	573
d) Vertretung juristischer Personen und Handelsgesellschaften	581
aa) Nachweise gem. § 32 GBO	582
bb) Vorgesellschaften	587
cc) Handels- und Kapitalgesellschaften	593
dd) Ausländische juristische Personen	603
ee) Öffentlich-rechtliche Körperschaften	629
ff) Sondervermögen	635
7. Fälle mit Auslandsberührung	637
a) Sprachkunde	637
b) Rechts- und Geschäftsfähigkeit	642
c) Verwendung von Vollmachten	648
d) Güterstand	650
aa) Ermittlung des maßgeblichen Güterrechtes	651
bb) Rechtswahl	675
cc) Behelfslösung	684

B. Gestaltung eines Grundstückskaufvertrages

		Rdn.
e)	Anwendbares Recht; Gerichtsstand	686
aa)	Vertragsstatut	686
bb)	Form- und Vollmachtsstatut	691
cc)	Eingriffsnormen	693
dd)	Sach- und Verfahrensstatut	694
ee)	Gerichtsstand	696
ff)	Vertragssprache	699
II. Vertragsobjekt		701
1. Grundbuchliche Vorfragen		701
a)	Grundbucheinsicht	701
b)	Grundakteneinsicht	712
c)	Baulastenverzeichnis	716
d)	Voreintragung; Vorvollzug	727
aa)	Grundsatz	727
bb)	Gesamtrechtsnachfolgen	730
cc)	Nachweis der Erbfolge	734
2. Grundbuchlicher Verkaufsgegenstand		743
a)	Differenzierungen	743
b)	Bezeichnung	745
c)	Mehrheit von Objekten	748
d)	Abgrenzung: Erwerb von GbR-Anteilen	751
e)	Weitere Abgrenzung: Erwerb von Erbanteilen; Abschichtung	757
3. Besonderheiten beim Teilflächenerwerb		768
a)	Vertragsobjekt	768
b)	Vollzugsrisiken	775
c)	Lastenfreistellung	779
d)	Abwicklung in Grundbuch und Kataster	791
4. Besonderheiten bei Sondereigentum		800
5. Mitverkaufte bewegliche Gegenstände		811
a)	Bestandteile – Zubehör – Inventar – Mobiliar	811
b)	Vertragstechnik	814
c)	Steuerrecht	818
d)	Zivilrechtliche Bewertung	820
aa)	Mitverkauf beweglicher Gegenstände von Verbraucher an Verbraucher	821
bb)	Mitverkauf beweglicher Gegenstände beim Verbrauchsgüterkauf	823
cc)	Mitverkauf beweglicher Gegenstände im Formular- und Verbrauchervertrag	825
6. Mitverkauf einer Fotovoltaikanlage		827
a)	Eigentumsverhältnisse, Sicherung	827
b)	Verkauf der Anlage	834
7. Mitübertragene Agrarförderungsansprüche		838
a)	EU-Agrarreform 2005	838
b)	Formulierungen	842
c)	»Milchquoten«	846
d)	Zuckerrübenlieferrechte	850
8. Urhebernutzungsrechte		854
9. Mitübertragene öffentlich-rechtliche Genehmigungen		857
III. Dingliche Erklärungen		860
1. Verfahrensfragen		860
a)	Antrag	860

		Rdn.
b)	Bewilligung	869
2. Eigentumsvormerkung		877
a)	Sicherungswirkungen	881
aa)	Beeinträchtigungen aufgrund rechtsgeschäftlicher Verfügungen des Veräußerers	882
bb)	Beeinträchtigungen aufgrund Zwangsvollstreckungsmaßnahmen Dritter gegen den Verkäufer gem. § 883 Abs. 2 Satz 2 BGB	883
cc)	Beeinträchtigungen aufgrund Eintritt späterer Verfügungsbeschränkungen	884
dd)	Gutgläubiger Erwerb	887
ee)	Beeinträchtigung aufgrund einer Insolvenz des Verkäufers (§ 106 Abs. 1 InsO)	892
ff)	Weitere Schutzwirkungen	895
b)	Materielle Sicherungsvoraussetzungen	896
aa)	Akzessorietät	896
bb)	»Recycling« und »Extension« der Vormerkung	899
cc)	Schuldübernahme	903
dd)	bedingte und künftige Ansprüche	906
c)	Verfahrensrechtliche Sicherungsvoraussetzungen	909
d)	»Abtretung der Vormerkung« (A-B-C Verkäufe)	915
aa)	Hinsichtlich der Vormerkung	915
bb)	Hinsichtlich der Auflassung	925
cc)	Hinsichtlich der Kaufpreiszahlung	927
dd)	Alternative Gestaltungsmöglichkeiten	934
e)	Vormerkung für Ansprüche zugunsten Dritter	937
f)	Gefahren der Vormerkung für den Verkäufer	941
aa)	Rückbehalt der Vormerkung	943
bb)	»Schubladen«löschung oder -vollmacht	948
cc)	Auflösend bedingte Vormerkung	957
3. Auflassung		960
a)	Form, Inhalt	960
aa)	Erforderlichkeit	960
bb)	Abgabe der Auflassungserklärung	965
cc)	Bedingungsfeindlichkeit	968
dd)	Bindung von Rechtsnachfolgern	969
ee)	Teilflächen	972
b)	Überwachung der Eigentumsumschreibung	982
aa)	Getrennte Beurkundung	983
bb)	Vollmacht	985
cc)	»Verzicht« auf Antragsrecht?	989
dd)	Ausfertigungssperre	990
ee)	Ausgesetzte Bewilligung	994
ff)	Prüfungsverfahren	996
c)	Umschreibung vor Kaufpreiszahlung	1007

B. Gestaltung eines Grundstückskaufvertrages

	Rdn.
aa) Rückübereignungsvormerkung	1008
bb) Bestellung dinglicher Rechte zur Sicherung des Restkaufpreisanspruchs	1009
IV. Kaufpreis: Fälligkeit, Gläubigerablösung, Finanzierung	1024
1. Art der Gegenleistung	1024
a) Kaufpreisaufteilung	1025
b) Festpreis oder Anpassung	1030
c) Fälligkeits-/Nutzungszinsen/Stundung	1039
d) Verrentung	1048
e) Schuldübernahme	1059
aa) Vorklärungen	1061
bb) Einholung der Gläubigergenehmigung	1063
cc) Vollzugssperre	1066
dd) Grundpfandrecht; Vollstreckungsunterwerfung	1067
ee) Sicherungsabrede	1076
ff) Anwendbarkeit der §§ 491 ff. BGB?	1081
2. Fälligkeit	1088
a) Voraussetzungen	1088
aa) Risikolage	1088
bb) Bedeutung der Fälligkeitsregelung	1090
cc) »Regelfälligkeitsvoraussetzungen«	1095
dd) Weitere Fälligkeitsumstände	1108
ee) Fälligkeitsmitteilung	1111
ff) Versendungsart	1118
gg) Frist	1121
b) Insb.: Die Lastenfreistellung	1124
aa) Erfasste Eintragungen	1126
(1) Rechte vor der Vormerkung	1126
(2) Rechte nach der Vormerkung?	1128
(3) Öffentliche Lasten/Hausgeldforderungen?	1132
bb) Erforderliche Unterlagen	1137
(1) Risiko der Löschungskosten	1137
(2) Löschungsdokumente	1139
(3) Unrichtigkeitsnachweis	1150
(4) Berechtigter	1156
(5) Gelöschte/unbekannte Inhaber	1163
(6) Unschädlichkeitszeugnis	1170
(7) Grundpfandrechtsbriefe	1171
(8) Eigentümerbriefgrundschulden	1180
(9) Zustimmung mittelbar Berechtigter bei subjektiv- dinglichen Rechten	1183
(10) Eigentümerzustimmung	1187
cc) Treuhandauflagen	1189
(1) Rechtliche Konstruktion	1189
(2) Typische Inhalte	1190
(3) Prüfungspflichten	1194
(4) Risiko des Widerrufs	1199
dd) Pfändungsschutz	1209
(1) Gegen Zugriff auf den Kaufpreis	1209

	Rdn.
(2) Gegen Zugriff auf die Rückgewähransprüche bei Grundpfandrechten	1214
ee) Weitere Risiken	1219
(1) Verjährung des Löschungsanspruchs?	1219
(2) Versteckte Unzulänglichkeit der Kaufpreishöhe	1221
(3) Gläubigerwechsel/Verfügungsbeschränkungen	1222
ff) Formulierungsvorschlag	1229
c) Zahlungsweg	1233
d) Abtretung des Zahlungsanspruchs	1238
e) Erfüllung	1241
f) Unsicherheitseinrede, § 321 BGB	1250
3. Sicherung der Zahlungspflicht	1253
a) Erklärungen Dritter	1253
aa) Bürgschaft	1254
(1) Zustandekommen	1255
(2) Bürgschaftsvarianten	1257
(3) Formulierungen	1266
bb) Schuldbeitritt	1270
cc) Finanzierungsbestätigung	1274
b) Zwangsvollstreckungsunterwerfung	1279
aa) Rechtsnatur	1279
bb) Zulässigkeit	1283
cc) Besonderheiten bei einer GbR	1293
dd) Klauselerteilung	1303
c) Verzug	1317
aa) Voraussetzungen	1317
(1) Entbehrlichkeit der Mahnung	1317
(2) Verschulden	1322
(3) Fehlen von Einreden	1323
bb) Rechtsfolgen	1324
d) Nichterfüllung	1328
4. Finanzierung des Kaufpreises	1333
a) Absicherung des Verkäufers bei Vorwegbeleihung	1341
aa) Risiken des Grundpfandrechtes	1341
bb) Absicherung weiterer dinglicher Rechte	1355
cc) Besonderheiten bei kommunalen Grundstücken	1359
b) Absicherung des Gläubigers bei Vorwegbeleihung	1361
c) Besonderheiten bei Teilflächen	1370
d) Vollmacht	1393
e) Formulierungen im Grundpfandrecht	1403
aa) Gesamtbaustein	1403
bb) Herbeiführung der Bindung	1406
cc) Abtretbarkeit	1408
dd) Kündigung	1419
f) Grundbuchkosten: Der bedingte Rangvorbehalt	1422
g) Verbundene Verbraucherdarlehensverträge	1426
aa) »Heininger« und die Folgen	1426

B. Gestaltung eines Grundstückskaufvertrages

	Rdn.
bb) Verbundene Verträge	1431
cc) »Schrottimmobilien«	1440
(1) Problementwicklung	1440
(2) Europarecht	1443
(3) Neue Sicht des BGH	1444
(a) Fondsbeitritt	1444
(b) Immobilienerwerb	1447
h) Altersvorsorge-Eigenheimbetrag aus Riester-Anlageverträgen	1450
5. Mittelbare Grundstücksschenkung	1462
6. Hinterlegung	1471
a) Grundlagen	1471
b) Voraussetzungen	1473
c) Zustandekommen	1482
d) Durchführung der Hinterlegung	1489
e) Widerruf der Hinterlegungsanweisungen	1494
f) Treuhandaufträge Dritter	1504
g) Pfändung, Abtretung, Insolvenz	1515
h) Rechtsmittel	1521
i) Dienstordnung	1525
7. Gläubiger- und Insolvenzanfechtung	1529
a) Allgemeine Voraussetzungen	1529
b) Anfechtungstatbestände	1536
c) Beurkundungsrecht	1543
V. Genehmigungen, Vorkaufsrechte	1546
1. Öffentlich-rechtliche Genehmigungen	1548
a) Bundesrechtliche Teilungsgenehmigung	1548
b) Weitere Genehmigungen nach BauGB	1556
aa) Sanierungsverfahren	1557
bb) Umlegungsverfahren	1569
cc) Flurbereinigungsverfahren	1580
c) Grundstücksverkehrsgesetz	1585
d) Aufsichtliche Genehmigungen	1592
aa) Kommunalaufsicht	1592
bb) Kirchen- und Fachaufsicht	1598
cc) EU-Beihilferecht	1600
dd) Fusionskontrolle	1603
2. Gerichtliche Genehmigungen	1609
a) Genehmigungsbedürftige Sachverhalte	1609
aa) Immobilientransaktionen	1609
bb) Grundpfandrechtsbestellung	1620
b) Verfahren nach altem Recht (FGG)	1626
c) Verfahren nach neuem Recht (FamFG)	1628
aa) Zuständigkeiten	1628
bb) Entscheidungskriterien	1632
cc) Rechtskraft des Genehmigungsbeschlusses	1635
(1) Beginn der Beschwerdefrist: Bekanntgabe bzw. Erlass	1636
(2) Beschwerdeverzicht	1645
(3) Rechtskraftzeugnis	1647
dd) Weitergehende Mitwirkung des Notars?	1649
d) »Doppelvollmacht«	1655
3. Privatrechtliche Genehmigungen	1665
a) § 1365 BGB	1666

	Rdn.
b) Art. 5 Abs. 1 des Abkommens zum deutsch-französischen Wahlgüterstand	1678
c) Nacherbfolge	1681
d) Verwalterzustimmung gem. § 12 WEG	1685
aa) Anordnung	1685
bb) Verfahren	1688
cc) Versagung	1696
4. Öffentlich-rechtliche Vorkaufsrechte	1700
a) Überblick	1700
b) Baugesetzbuch	1703
aa) Varianten	1703
bb) Voraussetzungen	1707
cc) Verfahren	1710
dd) Folgen der Ausübung	1713
c) Verkehrsrechtliche Planfeststellungsverfahren	1722
d) Reichssiedlungsgesetz	1723
e) Bundesnaturschutzgesetz 2010	1725
f) Landesrechtliche Vorkaufsrechte	1727
5. Privatrechtliche Vorkaufsrechte	1733
a) Gesetzliche Vorkaufsrechte (v.a. § 577 BGB)	1733
aa) Tatbestandsvoraussetzungen	1733
bb) Wirkung, Abwicklung	1740
cc) Vertragliche Vorkehrungen	1742
(1) Ausschluss, Erlassvertrag	1742
(2) Kaufpreisdifferenzierung	1743
(3) Schutz des Verkäufers	1744
(4) Fälligkeit	1746
(5) Vollzug	1748
b) Rechtsgeschäftliche Vorkaufsrechte	1749
aa) Arten	1749
bb) Voraussetzungen	1750
cc) Ausübung	1754
dd) Folgen	1759
ee) Vorkehrungen im Vertrag	1760
(1) Schutz des Verkäufers vor Doppelverpflichtung	1760
(2) Schutz des Käufers: Fälligkeitsregelung, Sicherungsabtretung	1762
(3) Sicherstellung der Löschung	1766
6. Vollzugsauftrag und -überwachung	1774
a) Vollzugsvollmachten	1775
aa) An den Notar	1775
bb) Angestelltenvollmacht	1783
b) Vollzugsabwicklung	1791
c) Eigenurkunden	1794
d) Vollzugsnachrichten	1796
e) Suspendierung des Vollzugs	1797
f) Rechtsbehelfe gegen die (Verweigerung der) Amtstätigkeit	1801
VI. Besitzübergang, Erschließung	1808
1. Übergang von Besitz, Nutzungen und Lasten	1808
a) Zeitpunkt	1808
aa) Regelfall	1808
bb) Sofortiger Übergang	1813

B. Gestaltung eines Grundstückskaufvertrages

	Rdn.
cc) Fester Stichtag	1818
dd) Vollmachten zur Investitionsvorbereitung	1822
ee) Veränderungsverbote	1828
b) Durchführung	1830
c) Räumung durch den Verkäufer	1837
d) Kauf durch den Mieter	1843
e) Künftiger Mietvertrag mit dem Verkäufer	1845
f) Mietverhältnisse mit Dritten	1851
aa) Bei Beendigungspflicht	1851
bb) Bei Übernahme	1855
(1) Grundsatz	1855
(2) Inhaltliche Prüfung der Mietverträge	1861
(a) Schriftform	1862
(b) Schönheitsreparaturklauseln	1869
(c) Mietverträge über Fotovoltaikanlagen	1876
(3) Zeitliche Abgrenzung	1882
(a) Abgrenzungszeitpunkt	1882
(b) Vorausverfügungen	1884
(c) Vermieterhaftung	1889
(d) Modernisierungsinvestitionen	1893
(4) Kündigung durch den Käufer	1894
(5) Nebenkosten, Kaution	1897
(6) Zusicherungen des Verkäufers	1905
(7) Gesamtbaustein	1910
(8) Mietgarantien	1911
(9) Abwerbeverbot	1922
(10) Mietsicherungsdienstbarkeit	1924
(11) Absicherung bei künftigem Mietbeginn	1927
2. Erschließung	1929
a) § 436 BGB	1931
b) Terminologie	1933
c) Heranziehung	1936
d) Regelungsalternativen	1943
e) Ablösungsvereinbarung	1955
f) Naturschutzrechtliche Ausgleichsmaßnahmen	1958
VII. Sach- und Rechtsmängel	1962
1. Grundzüge der Schuldrechtsreform	1962
2. Rechte des Käufers bei Mängeln	1968
a) Nacherfüllung (§ 437 Nr. 1 BGB)	1969
b) Rücktritt (§ 437 Nr. 2 BGB)	1972
c) Minderung (§ 437 Nr. 2 i.V.m. § 441 BGB)	1975
d) Schadensersatz (§ 437 Nr. 3 BGB)	1977
e) Konkurrenzen	1983
aa) Allgemeines Leistungsstörungsrecht	1984
bb) c.i.c., pVV	1985
cc) Anfechtung	1989
(1) wegen Irrtums	1989
(2) wegen Täuschung	1993

	Rdn.
dd) Geschäftsgrundlagenlehre	1998
f) Ausschluss der Mängelrechte	1999
aa) Kenntnis (§ 442 BGB)	1999
bb) Vertraglicher Haftungsausschluss (§ 444 BGB)	2010
g) Ergänzung der Mängelrechte durch Ansprüche aus einer Garantie (§ 443 BGB)	2018
h) Verjährung der Mängelrechte	2023
3. Rechtsmängel (§ 435 BGB)	2029
a) Verpflichtungsumfang	2029
b) Verpflichtungszeitpunkt	2036
c) Überbau	2038
d) Notwegerechte	2049
e) Nacherbenvermerk	2054
f) Testamentsvollstreckervermerk	2063
g) Insolvenzvermerk	2066
h) Übernahme eines Grundpfandrechts zur Neuvalutierung	2070
aa) Bedeutung der Rückgewähransprüche	2072
bb) Abwicklung	2084
cc) Neuvalutierung durch neuen Gläubiger	2091
i) Übernahme von Rechten in Abteilung II	2096
j) Übernahme nicht gesicherter Leitungen	2101
k) Wohnungsbindung	2103
l) Zwangsversteigerungsbefangenes Grundstück	2109
aa) Regelverfahren	2109
(1) Grundzüge des Verfahrens	2109
(2) Wirkung der Beschlagnahme auf bestehende Kaufverträge	2119
(3) Verkauf eines bereits beschlagnahmten Grundstücks	2129
(a) Abwicklung durch Direktzahlung	2129
(b) Abwicklung über Anderkonto	2143
(4) Verhältnis zum Insolvenzverfahren	2147
bb) Teilungsversteigerung	2151
cc) Zwangsverwaltung	2153
dd) Verträge nach Abgabe des Meistgebots	2161
ee) Finanzierung eines Erwerbs aus der Versteigerung	2167
4. Sachmängel	2173
a) Begriff	2173
aa) Grundsatz	2173
bb) Wohn- bzw. Nutzfläche	2186
cc) Bauartbedingte Mängel	2192
dd) Begleitumstände	2195
ee) Öffentlich-rechtliche Sachverhalte	2198
b) Tatbestands- oder Rechtsfolgenlösung?	2202
c) Offenlegungspflichten	2207
d) Erklärungen Dritter (etwa von Maklern)	2222

B. Gestaltung eines Grundstückskaufvertrages

			Rdn.
	e)	Formulierungen	2226
		aa) Verkauf eines Bestandsobjekts, ohne AGB-Kontrolle	2229
		bb) Verkauf eines Bestandsobjekts, mit AGB-Kontrolle	2244
		cc) Verkauf eines Neubaus, kein Verbraucher- oder Formularvertrag	2248
		dd) Verkauf eines Neubaus, mit AGB-Kontrolle	2251
		(1) Anwendbares Recht	2251
		(2) Beschaffenheitsvereinbarungen/Beschaffenheitsmerkmale	2252
		(3) Baubeschreibung und Klauselkontrolle	2255
		(4) Rechtsfolgenseite	2261
		(5) Nachzüglerproblem	2265
		ee) Verkauf eines sanierten Altbaus, mit AGB-Kontrolle	2270
		(1) Gesamtherstellungspflicht	2271
		(2) Beschränkte Herstellungspflicht	2273
		(3) Keine Herstellungspflicht	2275
	f)	Mängeleintritt zwischen Besichtigung/Vertragsschluss und Übergabe	2276
	g)	Sonstige Freizeichnungsklauseln	2286
		aa) Verletzung vorvertraglicher Pflichten	2289
		bb) Prospekthaftungsgrundsätze	2291
		cc) Konkludenter Beratungsvertrag	2295
		dd) Nebenvertragliche Pflichten	2298
	h)	Besonderheiten bei WEG-Gemeinschaftseigentum	2300
	i)	Abtretung von Ansprüchen gegen Dritte	2306
	j)	Sachversicherungen	2312
5.	Altlasten		2318
	a)	Grundzüge des Bundesbodenschutzgesetzes	2318
	b)	Rückgriffsansprüche	2321
	c)	Altlasten als Sachmangel	2326
	d)	Abfallrecht	2334
	e)	Formulierungsvorschläge	2336
6.	Energieeinspargesetze		2347
	a)	Nachrüstungspflichten	2348
		aa) § 10 EnEV 2009	2348
		bb) Folgen für die notarielle Praxis	2352
	b)	Energieausweise	2356
		aa) §§ 16, 17 EnEV 2009	2356
		bb) Folgen für die notarielle Praxis	2363
	c)	Erneuerbare-Energien-Wärmegesetz	2375
7.	Trinkwasserverordnung		2380
8.	Bergschäden		2386
VIII.	Sonstige Regelungen, Schlussbestimmungen		2389
1.	Belehrungen		2389
	a)	Gesetzlich geschuldete	2389
	b)	Konkrete Warnhinweise	2391
2.	Maklerklauseln		2395
	a)	Arten	2395
	b)	Auswirkungen	2399

			Rdn.
	c)	Voraussetzungen des Provisionsanspruchs	2402
	d)	Höhe der Provision	2406
	e)	Besondere Maklerverträge	2407
3.	Eintritt in die Wohnungseigentümergemeinschaft		2408
	a)	Bindungswirkungen	2408
		aa) Übersicht	2408
		bb) Schuldrechtliche Abreden	2410
		cc) Beschlüsse	2412
		(1) Öffnungsklausel	2413
		(2) »Neue« Beschlusszuständigkeiten	2418
		(3) Beschlusssammlung	2423
		dd) Zusammenfassender Hinweis	2426
	b)	Verband der Wohnungseigentümer	2428
		aa) Rechtsfähigkeit	2428
		bb) Organe	2429
		cc) Befugnisse	2432
		dd) Teilnahme am Grundstücksverkehr	2435
		ee) Auftreten	2442
		ff) Erlöschen	2444
	c)	Haftungsverfassung	2445
		aa) Außenverhältnis	2445
		bb) Verhältnis Veräußerer – Erwerber	2449
	d)	Hausgeld und Umlagen	2453
		aa) Bestehende Instandhaltungsrücklage	2453
		bb) Haftung für Rückstände	2454
		cc) Dingliche Haftung	2456
		dd) Sonderumlagen	2461
		ee) Absicherung des WEG-Verbandes	2465
	e)	Stimmrecht	2468
	f)	Gesamtbaustein	2469
4.	Verwendungsbindungen, Wiederkaufsrechte		2471
	a)	Gestaltungsgrenzen	2471
	b)	Sanktionen	2477
	c)	Rechtsnachfolge	2479
5.	Einheimischenmodelle		2481
	a)	Angebotsmodell (»Weilheimer Modell«)	2482
	b)	Ankaufsmodell (»Traunsteiner Modell«)	2484
	c)	Zwischenerwerbsmodell	2485
	d)	Gestaltungshinweise	2486
	e)	Gemeindliche Bodenbevorratung	2493
6.	Baulandausweisungsverträge		2495
	a)	Gestaltungsgrenzen	2495
	b)	Planvorbereitungsverträge, § 11 Abs. 1 Satz 2 Nr. 1 BauGB	2502
	c)	Planrealisierungsverträge, § 11 Abs. 1 Satz 2 Nr. 2 BauGB	2504
	d)	Folgekostenverträge, § 11 Abs. 1 Satz 2 Nr. 3 BauGB	2506
	e)	Wärmelieferungsverträge, § 11 Abs. 1 Satz 2 Nr. 4 BauGB	2508
	f)	Durchführungsvertrag zum Vorhaben- und Erschließungsvertrag	2509
	g)	Erschließungsverträge	2511
	h)	Stadtumbauvertrag	2517

B. Gestaltung eines Grundstückskaufvertrages

		Rdn.
i)	Public-Private-Partnership	2518
j)	Sozialer Wohnungsbau	2522
7.	Vergaberecht	2525
8.	Verwaltungs-, Wartungs- und Arbeitsverträge; § 613a BGB	2536
a)	Geschäftsbesorgungsverhältnisse	2536
b)	Arbeitsverhältnisse	2542
aa)	Voraussetzung: Betrieb bzw. Betriebsteil	2543
bb)	Rechtsfolge	2545
cc)	Vertragliche Vorkehrungen	2548
c)	Contracting, Fernwärme	2552
aa)	Eigentum an der Energieerzeugungsanlage	2555
bb)	Ausgestaltung und Besicherung des Contractingvertrages	2560
cc)	Beurkundungspflicht und -verfahren	2563
dd)	Mietrecht und Contracting	2565
ee)	Eigentumswechsel beim versorgten Objekt	2569
9.	Vertragliche Rücktrittsrechte	2572
a)	Notwendigkeit	2572
b)	Rückgewährschuldverhältnis	2574
c)	Gestaltung	2580
10.	Aufschiebende bzw. auflösende Bedingungen	2589
a)	Grundsatz	2589
b)	Gestaltungsüberlegungen	2597
11.	Personenmehrheiten	2601
a)	Vertretung	2601
b)	Kaufpreisforderung	2604
c)	Zahlungsabwicklung	2607
d)	Verpflichtungen	2610
12.	Auskunftserteilung und Einweisung	2615
13.	Verjährung	2618
a)	Gesetzliche Verjährungsfristen	2618
b)	Verlängerung	2622
c)	Verkürzung	2626
14.	Schiedsgutachter-/Schiedsgerichts-/Schlichtungsabrede	2627
a)	Schiedsgutachten	2627
b)	Schiedsgericht	2631
c)	Schlichtung	2639
15.	Aufrechnungsverbote	2641
16.	Kosten- und Steuerlast	2643
17.	Salvatorische Klausel	2651
18.	Abschriften	2653
IX.	Rechtsgeschäftliche Vertragsübernahme	2659
1.	Rechtliche Konstruktion	2659
2.	Grunderwerbsteuer	2662
3.	Anwendungsfälle	2663
4.	Alternativen	2664
5.	Muster	2668
X.	Erbbaurecht	2671
1.	Begriff, Entwicklung und Bedeutung	2671
a)	Definition des Erbbaurechts	2671

		Rdn.
b)	Doppelnatur des Erbbaurechts	2673
c)	Abgrenzung zu Rechtsinstituten des BGB	2675
d)	Gesetzliche Entwicklung des Erbbaurechts	2676
e)	Aufgaben und Anwendungsbereiche	2680
2.	Grundgeschäft und dingliche Einigung	2688
a)	Grundgeschäft	2688
aa)	Rechtsnatur	2688
bb)	Form	2689
cc)	Gesetzliche Regelungen zum schuldrechtlichen Geschäft	2690
dd)	Verbraucher-/Formularvertrag	2694
b)	Dingliche Bestellung	2696
aa)	Einigung	2696
bb)	Genehmigungen	2698
c)	Grundbuchvollzug	2699
aa)	Erforderliche Dokumente	2699
bb)	Eintragung	2700
cc)	Rangstelle	2701
dd)	Nichtigkeitsfolgen	2707
d)	Folge der wirksamen Erbbaurechtsbestellung: Eigentumserwerb am Bauwerk	2709
3.	Notwendiger Inhalt des dinglichen Rechts	2710
a)	Belastungsgegenstand und Ausübungsbereich; Gesamterbbaurecht	2710
aa)	Grundbuchlicher Belastungsgegenstand	2710
bb)	Ausübungsbereich	2712
cc)	Gesamterbbaurecht	2714
b)	Bauwerk/Gebäude; Wohnungserbbaurecht	2720
aa)	Bauwerk	2720
bb)	Gebäude	2721
cc)	Wohnungs-/Teilerbbaurecht	2724
c)	Erbbauberechtigter; Eigentümererbbaurecht	2730
d)	Bedingungen und Befristungen	2732
4.	Fakultativer dinglicher Inhalt	2736
a)	Abgrenzung	2736
b)	Bauwerksbezogene Regelungen (§ 2 Nr. 1 bis Nr. 3 ErbbauRG)	2740
c)	Heimfall, Vertragsstrafen (§ 2 Nr. 4 und Nr. 5 ErbbauRG)	2743
aa)	Heimfallrecht	2743
bb)	Vertragsstrafen	2755
d)	Kauf- und Verkaufszwangklausel	2756
e)	Zustimmung zu Verfügungen über das Erbbaurecht (§§ 5 bis 8, 15 ErbbauRG)	2762
aa)	Schutzzweck	2762
bb)	Zustimmung zur Veräußerung (§ 5 Abs. 1 ErbbauRG)	2765
(1)	Anwendungsfälle	2765
(2)	Zustimmungsbefugnis	2766
(3)	Ersetzung	2768

B. Gestaltung eines Grundstückskaufvertrages

	Rdn.
cc) Zustimmung zu Belastungen	2771
(1) Anwendungsfälle	2771
(2) Ersetzung	2773
dd) Zwangsvollstreckungsmaßnahmen	2777
5. Schuldrechtliche Regelungen, Erbbauzins	2780
a) Schuldrechtliche Regelungen	2780
b) Erbbauzinsvereinbarungen	2783
c) Anpassung des Erbbauzinses	2786
aa) Rechtslage nach altem Recht	2786
(1) Anpassungsvereinbarungen	2787
(2) Anpassungsgrenzen	2792
(3) Preisklauselgesetz	2793
(4) Preisindices	2800
(5) Anwendung der Geschäftsgrundlagenlehre	2803
(6) Besonderheiten bei Eigentümererbbaurechten	2804
bb) Rechtslage nach dem zwischen 01.10.1994 und 10.06.1998 geltenden Recht	2806
cc) Aktuelle Rechtslage	2812
d) Erbbauzins in der Zwangsversteigerung	2818
aa) Frühere Rechtslage	2818
bb) Neuregelung	2829
cc) Anpassung von Altverträgen	2840
6. Belastungen, Inhaltsänderung, Beendigung des Erbbaurechts	2842
a) Belastungen; Untererbbaurecht	2842
aa) Dienstbarkeiten	2843
bb) Untererbbaurecht	2847
b) Inhaltsänderungen	2853
c) Beendigung des Erbbaurechts (§§ 26 ff. ErbbauRG)	2861
aa) Rechtsgeschäftliche Aufhebung	2862
bb) Erlöschen durch Zeitablauf	2864
7. Übertragung des Erbbaurechts	2870
a) Grundgeschäft	2871
b) Dingliche Übertragung	2873
c) Zustimmung zur Veräußerung	2875
d) Zustimmung zur Beleihung	2883
e) »Eintritt« in den Erbbaurechtsvertrag	2887
8. Steuerrecht	2891
a) Grunderwerbsteuer	2891
aa) Begründung eines Erbbaurechts	2891
bb) Übertragung eines Erbbaurechts	2893
cc) Aufhebung eines Erbbaurechts	2895
dd) Erwerb des Erbbaugrundstücks	2896
ee) Erwerb von Erbbaurecht und Erbbaugrundstück	2898
b) USt	2899

	Rdn.
c) Einkommensteuer	2900
aa) Behandlung im Betriebsvermögen des Grundstückseigentümers	2900
(1) Entnahmevorgang?	2900
(2) Folgen eines Gebäudeverlusts	2902
(3) Erbbauzins	2904
(4) Gewerblicher Grundstückshandel	2907
(5) Betriebsaufspaltung/Sonderbetriebsvermögen	2908
bb) Erbbaugrundstücke im Privatvermögen	2909
cc) Behandlung beim Erbbauberechtigten	2912
(1) Anschaffungskosten	2912
(2) Eigenheimzulage	2914
(3) Erbbauzinsen	2915
d) Schenkung- und Erbschaftsteuer	2917
aa) Rechtslage bis 2008	2917
bb) Rechtslage seit 2009	2920
9. Kostenrecht	2923
XI. Vorvertrag, Vorhand, Angebot	2930
1. Letter of Intent etc.	2930
2. Vorvertrag	2933
3. Vorhand	2937
4. Aufspaltung in Angebot und Annahme	2941
a) Vorüberlegungen	2941
b) Gestaltungshinweise	2944
aa) Beteiligte	2945
bb) Bindungsdauer	2947
cc) Teilannahme?	2963
dd) Benennungsrecht	2966
ee) Abwicklung	2969
ff) Beurkundungstechnik	2971
gg) Annahmeerklärung	2972
hh) Vormerkung, Auflassung	2979
5. Ankaufsrecht	2982
6. Verkaufsrecht	2992
XII. Rechtsgeschäftliches Vorkaufsrecht	2998
1. Varianten	2998
a) Typus	2998
b) Berechtigter	2999
c) Rechtsnachfolge	3007
d) Mehrheit von Vorkaufsfällen	3011
e) Ausübungsmodalitäten	3015
f) Preislimitierungen	3016
2. Bestellung	3018
a) Form	3018
b) Eintragung	3019
3. Praktische Überlegungen, Nachteile	3022
4. Abwicklung nach Ausübung	3027

B. Gestaltung eines Grundstückskaufvertrages

Ziel der Darstellung ist es, den angehenden Praktiker auf die typischen Fallgestaltungen des entgeltlichen Immobilienerwerbs vorzubereiten und Formulierungsalternativen zu erläutern. Das Wesen der notariellen Beurkundung liegt in der juristisch und tatsächlich korrekten Wiedergabe der Erklärungen der Beteiligten, d.h. in der juristischen Übersetzung ihres rechtsgeschäftlich gefassten Willens. Gleichwohl hat die Haftungsrechtsprechung des BGH aus der Beratungs- mittlerweile eine Vertragsgestaltungspflicht des Notars in dem Sinn entwickelt, dass es ihm obliege, juristische Schäden von den Beteiligten abzuwenden. 253

▶ Hinweis:

Wenn die Beteiligten von den nachstehend erläuterten »sicheren Wegen« abweichen möchten, sollte das Augenmerk des Notars darauf gerichtet sein, sie von deren Notwendigkeit zu überzeugen. Bestehen die Beteiligten gleichwohl auf ihren abweichenden Wünschen, ist es schon aus Gründen des »Selbstschutzes« für den Notar unumgänglich, in der Urkunde zu erläutern, welche Gestaltung er vorgeschlagen hat, auf welche Schwächen der von den Beteiligten gewünschten Gestaltung er hingewiesen hat und dass die Beteiligten gleichwohl auf ihren Vorstellungen beharrten. 254

Eine Berechtigung oder gar Verpflichtung zur Ablehnung der Beurkundung ergibt sich hieraus nicht, solange die Grenze des § 4 BeurkG (Verstoß gegen das Gesetz oder die guten Sitten) nicht überschritten ist.

Die Darstellung gliedert sich nach der typischen Abfolge einer »Standardurkunde« und behandelt: 255
– die Beteiligten (Rdn. 256 ff.),
– das Vertragsobjekt (Rdn. 701 ff.),
– die grundbuchlichen Erklärungen (Rdn. 860 ff.),
– die Gegenleistungen samt Fälligkeit, Finanzierung und Einschaltung eines Anderkontos (Rdn. 1024 ff.),
– erforderliche Genehmigungen und Vorkaufsrechtszeugnisse (Rdn. 1546 ff.),
– Besitzübergang und Erschließung (Rdn. 1808 ff.),
– Sach- und Rechtsmängel (Rdn. 1962 ff.),
– sonstige Regelungen, Schlussbestimmungen (Rdn. 2389 ff.),
– die rechtsgeschäftliche Vertragsübername (Rdn. 2659 ff.),
– Besonderheiten bei Begründung und Übertragung von Erbbaurechten (Rdn. 2671 ff.),
– und bei Aufspaltung in Angebot und Annahme (Rdn. 2930 ff.).

In den Querschnittsdarstellungen (Rdn. 3035 ff.) werden Insolvenzrecht (Rdn. 3035 ff.), (Rdn. 3126 ff.), steuerrechtliche Fragen (Rdn. 3183 ff.) und Sonderprobleme bei im Beitrittsgebiet gelegenen Grundstücken (Rdn. 3619 ff.) skizziert.

B. Gestaltung eines Grundstückskaufvertrages

I. Beteiligte

1. Feststellungen zur Identität

256 a) BeurkG, DONot

Gem. § 26 Abs. 2 DONot sind zumindest **Vor-** (bei mehreren: Ruf-[1]) **und Familienname**, Geburtsname, Geburtsdatum und Wohnort (Postleitzahl, politische Gemeinde mit Ortsteil, Straßenanschrift – insoweit bestehen Ausnahmen bei terrorgefährdeten Personen und ihren Haushaltsangehörigen –) anzugeben; § 20 Abs. 1 GrEStG verlangt seit 14.12.2010 ferner (tunlich außerhalb der Urkunde[2]) die Angabe der steuerlichen Identifikationsnummer i.S.d. § 139b AO, bei Gewerbetreibenden und Einzelkaufleuten, Handelsgesellschaften und juristischen Personen stattdessen die Wirtschaftsidentifikationsnummer i.S.d. § 139c AO (vgl. Rdn. 3500). Die Angabe des **Berufes** ist nicht erforderlich, kann aber Sachkunde (und damit geringere Belehrungspflichten) indizieren. Es empfiehlt sich allerdings (auch zur Ermöglichung einer eigenen Plausibilitätsprüfung in Bezug auf Güterstand – Rdn. 650 ff. – und Sprachkunde – Rdn. 637 ff. -), die **Staatsangehörigkeit** mit aufzuführen. Im Fall einer Vertretung sind diese Angaben sowohl bzgl. des Vertretenen als auch des Vertreters erforderlich; aufgrund der Neufassung der Dienstordnung (§ 8 Abs. 4 Satz 4) sind beide in die Urkundenrolle und das Namensverzeichnis aufzunehmen. Es entsprach allerdings bereits vor der diesbezüglichen Änderung des § 26 Abs. 2 DONot i.R.d. Novelle 2005[3] und der Novelle 2007[4] wohl auch verfassungs-(datenschutz-)rechtlich gebotener restriktiver Auslegung, bei Vertretern juristischer Personen des öffentlichen und des bürgerlichen Rechtes die Dienst-/Geschäftsanschrift der juristischen Person anzugeben;[5] Gleiches dürfte für Notariatsangestellte gelten.

257 Sofern der Erschienene dem Notar nicht persönlich bekannt ist, muss er sich durch einen amtlichen, mit Lichtbild versehenen Ausweis identifizieren (vgl. § 10 BeurkG i.V.m. § 26 DONot). Hierzu zählen (in der Urkunde der Art. nach anzugeben):[6] Reisepass, Personalausweis, außerhalb des Geldwäschegesetzes (Rdn. 264 ff.) auch Dienstausweise von Behörden, oder der Führerschein (wenngleich dessen behördliche Zeugniswirkung sich nicht auf die Identität erstreckt, sondern auf das Innehaben einer bestimmten Fahrerlaubnis).

258 Eine ausdrückliche Pflicht zur Prüfung der Gültigkeitsdauer des Ausweispapiers statuiert § 26 DONot nicht mehr. Um gem. § 10 Abs. 2 Satz 1 BeurkG wiederzugeben, auf welche Weise sich der Notar Gewissheit über die Identität verschafft hat, wird in solchen Fällen gleichwohl häufig ein Vermerk aufgenommen.

▶ Formulierungsvorschlag: Abgelaufene Gültigkeitsdauer des Ausweispapiers

259 ..... ausgewiesen durch deutschen Personalausweis, der zwar abgelaufen war, zu Zweifeln an der Identität jedoch keinen Anlass gab.

Landesausführungsgesetze zum BundespersonalausweisG gestatten häufig für Personen, die sich dauernd in einer (Pflege-) Einrichtung aufhalten, Befreiungen von der Ausweispflicht. Weiterhin können abgelaufene Ausweispapiere eingezogen werden. Die Identitätsprüfung ist dann fast unmöglich; teilweise wird vorgeschlagen, die behördliche Einziehungsverfügung mit angehefteter beglaubigter Kopie des früheren Ausweises genügen zu lassen.[7]

---

[1] Dies genügt auch § 10 BeurkG und § 15 Abs. 1 a) Grundbuchverfügung, vgl. *Gutachten* DNotI-Report 2006, 93.
[2] Grundsatz der Datensparsamkeit, BNotK-Rundschreiben 7/2011 v. 09.05.2011, S. 3.
[3] Vgl. *Bettendorf/Wegerhoff* DNotZ 2005, 494.
[4] § 26 Abs. 2 Satz 3 Buchst. a) DONot, ab 01.10.2007 mit Wirkung auch für juristische Personen des Zivilrechts.
[5] Vgl. *Bücker/Viefhues* ZNotP 2004, 346 f.
[6] Die Art, auf welche sich der Notar Gewissheit über die Identität verschafft hat, gehört anders als die Angaben zur Identität selbst nicht zu den rechtlich erheblichen Tatsachen i.S.d. § 348 Abs. 1 StGB, BGH NJW 2004, 3195.
[7] In diese Richtung etwa Rundschreiben der NotK Mecklenburg-Vorpommern Nr. 4/2006 v. 21.08.2006, S. B 12.

In Betracht kommt (außerhalb des GwG) auch die Vorstellung durch Personen, die dem Notar als zuverlässig bekannt sind, insb. also Angestellte des Notars. Als **Erkennungszeugen** nicht geeignet sind Personen, die selbst an der Amtshandlung beteiligt oder mit einem der Beteiligten verwandt sind.[8]

Auch eine auf andere Erkenntnismittel (Anmeldebestätigung der Gemeinde, vorläufiger Nachweis der Fahrberechtigung etc.) gestützte Identitätsfeststellung des Notars erbringt als öffentliche Urkunde Beweis über die Person der Beteiligten, auch ggü. dem Grundbuchamt, sofern letzteres nicht über konkrete gegenteilige Anhaltspunkte verfügt.[9] 260

Kann sich einer der Beteiligten nicht ausweisen, liegt hierin – sofern die Vertragsparteien die Beurkundung nicht selbst verschieben möchten – kein Grund für die Ablehnung der Niederschrift (§ 4 BeurkG). Die Beteiligten werden jedoch typischerweise in diesem Fall den Notar anweisen,[10] die Ausfertigung für die Beteiligten und das Grundbuchamt erst dann zu fertigen und weiterzuleiten, wenn die Identität zweifelsfrei nachgewiesen ist, etwa durch folgenden (mit dem nach § 10 Abs. 2 Satz 2 BeurkG vorgeschriebenen Hinweis[11] verbundenen) Vermerk:

▸ Formulierungsvorschlag: Nachreichen von Ausweispapieren

..... konnte sich heute nicht ausweisen, versprach jedoch, gültige Ausweispapiere unverzüglich nachzureichen. Alle Beteiligten baten um sofortige Beurkundung, weisen den Notar jedoch an, das Urkundsgeschäft erst dann durchzuführen, wenn Ausweispapiere ordnungsgemäß nachgereicht wurden, die in Kopie mit einem die Vorlage bestätigenden Vermerk der Urkunde beigefügt werden sollen. 261

Wird das Ausweispapier nachgereicht, empfiehlt es sich, von der Lichtbildseite eine Kopie zu fertigen (der früher gem. § 26 Abs. 1 Satz 2 DONot hierzu jedenfalls außerhalb des GwG erforderlichen schriftlichen Einverständniserklärung bedarf es seit der Novelle der Dienstordnung nicht mehr) und auf dieser bspw. folgenden – von der damaligen Beurkundungsperson zu unterzeichnenden[12] – Vermerk anzubringen: 262

▸ Formulierungsvorschlag: Vermerk auf der Kopie des nachgereichten Ausweispapiers

Feststellung 263

Zur diesamtlichen Urkunde UR ...../2012 stelle ich, Notar, hiermit fest, dass mir heute der abgebildete, mit Lichtbild versehene, gültige Personalausweis bzw. Reisepass vorgelegt wurde. Die Identität des Betroffenen ist damit hinreichend nachgewiesen.

....., den .....

(....., Notar)

b) Geldwäschegesetz (GwG)

Das Geldwäschegesetz,[13] neu gefasst zum 21.08.2008,[14] hat die notariellen Pflichten im Zusammenhang mit der Identitätsfeststellung – jedenfalls bei Beurkundungen sowie Beglaubigungen mit Entwurfsfertigung – deutlich erweitert. Erfasst sind gem. § 2 Abs. 1 Nr. 7 GwG 264

---

8 § 25 Abs. 1 Satz 3 DONot a.F.
9 OLG Celle DNotI-Report 2006, 34.
10 Auch ohne eine solche Anweisung sieht die BNotK (Rundschreiben 48/2003, Abschnitt B VI) in der Weigerung nachträglicher Identifizierung einen ausreichenden Grund, den Vollzug zu versagen.
11 Der Hinweis hat zur Folge, dass die Identität der teilnehmenden Personen nicht (wie sonst) an der Beweiskraft der notariellen Urkunde teilnimmt, vgl. BGH, 29.09.2010 – XII ZR 4/09, DNotZ 2011, 340.
12 Hat ein Vertreter gehandelt, muss dieser ggf. wiederbestellt werden, vgl. *Hertel* in: Würzburger Notarhandbuch Teil 2 Kap. 2 Rn. 51.
13 BGBl. I 2002, S. 3105; es dient insb. der Umsetzung der Richtlinien 91/308/EWG und erfüllt internationale Vorgaben, etwa der von der OECD eingesetzten Financial Action Task Force on Money Laundering (FATF). Die Financial Intelligence Unit (FIU) beim Bundeskriminalamt veröffentlicht in Jahresberichten typische Erscheinungsformen.
14 BGBl. I 2008, S. 1690 ff. (Umsetzung der EG-Richtlinien 2005/60/EG und 2006/70/EG; hierzu Rundschreiben der BNotK Nr. 11/2009 v. 13.05.2009 (Anwendungsempfehlungen der 98. Vertreterversammlung der BNotK vom 01.05.2009).

- der Kauf und Verkauf von Immobilien – also nicht Überlassungen, Erbauseinandersetzungen etc. –,
- der Kauf und Verkauf von Gewerbebetrieben (auch Anteilsabtretungen über 50 %),
- Verwahrungstätigkeiten i.S.d. § 23 BNotO und sonstige Verwahrungsgeschäfte i.R.d. § 24 BNotO (Eröffnung oder Verwaltung von Bank- Spar und Wertpapierkonten) – vgl. Rdn. 270 -,
- Gründung, Betrieb oder Verwaltung von Gesellschaften, Treuhandgesellschaften »oder ähnlichen Strukturen« sowie die »Beschaffung« der zur Gründung, Betrieb oder Verwaltung von Gesellschaften erforderlichen Mittel.
- Gleiches gilt für Vollmachten, welche die vorgenannten Gegenstände unmittelbar betreffen (nicht also Generalvollmachten).

265 Die Bestellung von Grundpfandrechten und sonstigen dinglichen Rechten, deren Löschung oder Abtretung, familien- und erbrechtliche Angelegenheiten und Bestellung allgemeiner Vollmachten (die nicht konkret auf die vorerwähnten Katalogtatbestände bezogen sind) fallen also nicht unter das GwG. Kreditinstitute sind jedoch gehalten, die Identität ihrer Kunden nach dem GwG i.V.m. § 154 AO festzustellen; erfolgt dies durch den Notar bei der Grundpfandrechtsbestellung aufgrund entsprechenden Ansuchens des Gläubigers, trägt letzterer die dafür anfallende Gebühr gem. § 50 Abs. 1 Nr. 1 KostO (Geschäftswert: 3.000,00 €).[15]

266 Das zusätzliche Erfordernis des § 3 Abs. 2 Satz 1 Nr. 1 i.V.m. § 1 Abs. 3 GwG (»*Vertrag zur Begründung einer auf gewisse Dauer angelegten Geschäftsbeziehung*«) wird entgegen erster Annahmen[16] bereits mit der Übernahme von Entwurfs-, Beratungs- oder Vollzugstätigkeiten als gegeben erachtet;[17] bloße Unterschrifts- oder Abschriftsbeglaubigung genügt jedoch sicherlich nicht.

Darüber hinaus bestehen Sorgfalts-, also Identifizierungs[18] pflichten bei Transaktionen von mindestens 15.000,00 € außerhalb einer Geschäftsbeziehung, Verdacht einer Straftat nach § 261 StGB, und bei von vorstehenden Katalogbeständen nicht erfassten Verdachtsfällen, § 6 GwG.

267 Zur Durchführung der Identifizierung sind gem. § 4 Abs. 3 GwG bei natürlichen Personen der Name, das Geburtsdatum, der Geburtsort und die Staatsangehörigkeit sowie die Anschrift – sofern enthalten – aufgrund eines gültigen Personalausweises oder Reisepasses (§ 4 Abs. 4 GwG) der physisch präsenten Person (in Vertretungsfällen also des Vertreters) festzustellen und Art, Nummer und ausstellende Behörde des amtlichen Ausweises festzuhalten. Bei juristischen Personen und Personengesellschaften sind die Firma, die Rechtsform, die Registernummer (soweit vorhanden), die Anschrift des Sitzes oder der Hauptniederlassung und die Namen der Mitglieder des Vertretungsorgans oder der – max. fünf[19] – gesetzlichen Vertreter festzustellen. Weiterhin hat der Notar zu ermitteln, ob der Vertragspartner für einen Anderen, den »**wirtschaftlich Berechtigten**«, handelt (§ 3 Abs. 1 Nr. 3 i.V.m. § 1 Abs. 6 GwG), also auf wessen Veranlassung eine Transaktion letztlich durchgeführt bzw. eine Geschäftsbeziehung beurkundet wird. Bei einer Vielzahl von »Treugebern« genügt die Identifizierung derjenigen, die mehr als 25 % der Stimmrechte kontrollieren bzw. mehr als 25 % der Anteile halten. Hinsichtlich des wirtschaftlich Berechtigten ist gem. § 4 Abs. 5 GwG lediglich der Name festzuhalten (die Ermittlung hat »in angemessener Weise«, also nicht zwingend durch Vorlage von

---

15 OLG Frankfurt am Main, 04.05.2006 – 20 W 82/2004 n.v.
16 Streng genommen fehlt es bereits an einem »Vertrag«, da es sich um ein öffentlich-rechtliches Verfahrensverhältnis handelt, ebenso an einer »auf Dauer angelegten Geschäftsbeziehung«, welcher als Merkmal eigenständige Bedeutung zukommen muss, da sonst die weite Einbeziehung der Immobilienmakler »bei Ausübung ihrer beruflichen Tätigkeit« in § 3 Abs. 1 Satz 1 Nr. 2 und Nr. 3 GwG a.F. ohne die zusätzlichen Voraussetzungen des § 2 GwG a.F. völlig unbestimmt wäre.
17 Gestützt auf die Ausführungen zur Kollision von Identifizierungspflichten nach GwG und dem BeurkG in BT-Drucks. Nr. 14/8739, S. 12.
18 Die weiter in § 3 Abs. 1 Nr. 2 GwG enthaltene Pflicht zur »Einholung von Informationen über Zweck und Art der angestrebten Geschäftsbeziehung« entfällt bei notariellen Urkunden, da sich der Zweck aus der Urkunde ergibt.
19 Dies ergibt sich aus der Verweisung der Gesetzesbegründung auf dem Anwendungserlass zur Abgabenordnung (AEAO), BMF-Schreiben v. 02.01.2008, BStBl. I 2008, S. 26 ff.

Ausweispapieren des wirtschaftlich Berechtigten, zu erfolgen), weitere Identifizierungsmerkmale nur, wenn im Einzelfall ein erhöhtes Risiko[20] der Geldwäsche oder der Terrorismusfinanzierung besteht.

Geeignete Ausweispapiere können neben Reisepass und Personalausweis Bescheinigungen über die Aufenthaltsgestattung gem. § 63 AsylVfG sowie Bescheinigungen gem. § 39 AuslG sein, nicht aber Führerscheine, Dienstausweise etc. Von der Identifizierung kann gem. § 7 GwG abgesehen werden, wenn der Beteiligte persönlich bekannt ist **und** er bereits früher nach Maßgabe des GwG identifiziert wurde. 268

Genügt der Beteiligte nicht seiner gesetzlich (§ 4 Abs. 6 GwG) angeordneten Pflicht zur **Vorlage der notwendigen Identifizierungs- und Treuhandpapiere**, darf die zur Identifizierung verpflichtete Stelle an sich gem. § 3 Abs. 6 Satz 1 GwG die Geschäftsbeziehung nicht fortsetzen. Ausgenommen ist jedoch die (für Notare einschlägige) »Rechtsberatung«, d.h. die gesamte notarielle Amtstätigkeit i.S.d. §§ 20 bis 24 BNotO, die zur Erfüllung der Amtsgewährungspflicht weiter zur Verfügung zu stellen ist, es sei denn, der Notar weiß, dass der Beteiligte das Verfahrensverhältnis bewusst für den Zweck der Geldwäsche oder der Terrorismusfinanzierung in Anspruch nimmt. Der Notar ist jedoch berechtigt, Abschriften und Ausfertigungen so lange zurückzuhalten bzw. Vollzugshandlungen zu unterlassen, bis die Identifizierung nachgeholt ist.[21] 269

Die **Sorgfaltspflichten** sind gem. § 5 GwG vereinfacht, wenn Kreditinstitute, börsennotierte AG oder öffentliche Behörden i.S.d. § 1 Abs. 4 VwVfG betroffen sind, während sie umgekehrt nach § 6 GwG erweitert sein können, bspw. bei »politisch exponierten Personen«, die nicht im Inland ansässig sind. Die 2011 neu gefassten, mit dem Zentralen Kreditausschuss abgestimmten, »Bedingungen für Anderkonten und Anderdepots für Notare« tragen diesem Umstand in Nr. 2 dadurch Rechnung, dass gem. § 4 Abs. 5 GwG die »wirtschaftlich Berechtigten« zwar zu ermitteln, der Bank aber nur mehr auf Anforderung mitzuteilen sind. 270

Gem. § 8 GwG sind die getroffenen Feststellungen aufzuzeichnen und 5 (vor der Novelle: 6) Jahre lang aufzubewahren, was auch durch Anfertigung einer Kopie derjenigen Seiten des zur Identifizierung vorgelegten Ausweises, die diese Angaben enthalten, erfolgen kann (und zwar auch in Bezug auf den neuen elektronischen Bundespersonalausweis[22]). § 26 Abs. 1 Satz 2 DONot, der das schriftliche Einverständnis des Betroffenen fordert, wurde insoweit (bis zu seiner Abschaffung i.R.d. DONot-Novelle 2005)[23] verdrängt.[24] Eine Vermerkpflicht in der notariellen Urkunde, etwa im Urkundseingang, besteht nicht, da das BeurkG nicht geändert wurde. Es genügt also die Verwahrung der Ausweiskopien in den (gem. § 7 DONot 7 Jahre lang aufzubewahrenden) Nebenakten.[25] Ein Geldwäschebeauftragter muss gem. § 9 Abs. 2 Nr. 1 GwG im Notariat seit der Novelle nicht mehr bestellt werden. 271

Eine aktive Pflicht des Notars zur Meldung von Verdachtsfällen der Geldwäsche gem. § 261 StGB[26] an die BNotK (§ 11 Abs. 4 Satz 1 GwG,[27] zur Weiterleitung mit eigener Stellungnahme an das BKA) besteht zur Wahrung des von § 18 BNotO geschützten Geheimnisbereichs nur,[28] wenn der Beteiligte die Rechtsberatung des Notars bewusst für Zwecke der Geldwäsche in Anspruch nimmt, der Notar dies weiß (§ 11 Abs. 3 GwG) und der Beteiligte nach Aufklärung über die Strafbarkeit 272

---

20 Interessanterweise bezeichnet die Gesetzesbegründung, BT-Drucks. 16/938 v. 05.05.2008, S. 30, die GbR als besonders risikoträchtige Rechtsform.
21 Vgl. Rundschreiben der BNotK Nr. 11/2009 v. 13.05.2009, S. 23.
22 Ausweislich der BT-Drucks. 550/08 v. 08.08.2008 S. 69, 70, 75 sollen § 14 und § 20 Abs. 2 und 3 PassG das Scannen von Ausweisdaten untersagen, allerdings nicht für zur hoheitlichen Identitätsfeststellung berechtigte Behörden.
23 Vgl. *Lerch* NotBZ 2005, 177 und *Bettendorf/Wegerhoff* DNotZ 2005, 492.
24 Die im Gesetzgebungsverfahren des Längeren erörterte Frage, ob zur Anfertigung einer Ausweiskopie das Einverständnis des Betroffenen notwendig sei, ist nicht Gesetz geworden, vgl. BT-Drucks. 14/8739, S. 7 und 15.
25 Auch diese Befristung zeigt, dass ein Vermerk in der Urkunde selbst nicht notwendig ist, da Originale ja stets aufzubewahren sind.
26 Für Berufsgruppen nach § 3 Abs. 1 Nr. 1 und Nr. 2 GwG hat das BKA »Anhaltspunkte, die auf Geldwäsche gem. § 261 StGB hindeuten können«, zusammengestellt.
27 Für Notare im Landesdienst in Baden-Württemberg: das Landesjustizministerium.
28 Eine ohne gesetzliche Pflicht erfolgte Verdachtsmeldung könnte ihrerseits nach § 203 StGB wegen Bruch der Verschwiegenheitspflicht strafbar sein.

nicht von der geplanten Handlung Abstand nimmt.[29] Bei unrichtigen Verdachtsmeldungen bewirkt § 13 GwG eine Freistellung, die (wohl) auch die Strafbarkeit gem. § 203 StGB abwehrt.[30]

273 Anhaltspunkte für das Vorliegen von materieller Geldwäsche kann nach Einschätzung des BKA etwa sein, dass ein Beteiligter den persönlichen Kontakt mit der anderen Vertragspartei vermeidet oder sich hinter »Vermittlern« versteckt bzw. übliche Auskünfte ohne erkennbaren Grund verweigert. Hinsichtlich des Rechtsgeschäfts liegen solche Anhaltspunkte etwa bei einem deutlich überhöhten Kaufpreis, einer ungewöhnlich niedrigen Kaufpreisfinanzierung sowie bei der Tätigung ungewöhnlicher Geschäfte angesichts der bisherigen beruflichen Tätigkeit und Vermögensverhältnisse vor.[31] Weitere Indizien können das Drängen auf Barzahlung, die nicht erforderliche Zwischenschaltung eines Notaranderkontos sowie die Wahl eines mit dem Objekt oder den Beteiligten in keiner Weise verbundenen, ortsfremden Notars sein.

274 Eine strafbare Geldwäsche liegt auch in der Annahme des betreffenden Geldes, § 261 Abs. 2 Nr. 1 StGB, sowie bei sog. leichtfertiger Geldwäsche, d.h. bei leichtfertigem Nichterkennen des Annehmenden, dass das Geld aus einer **Geldwäschevortat** stammt, § 261 Abs. 5 StGB. Soweit der Notar Bedenken hinsichtlich des Vorliegens einer solchen materiellen Geldwäschetat hat, die auf Befragen der Beteiligten nicht zerstreut werden können, wird er die Übernahme von Betreuungstätigkeiten i.S.d. §§ 23, 24 BNotO (Hinterlegung) ohne Weiteres ablehnen und seine übrige Amtstätigkeit jedenfalls dann verweigern, wenn sie erkennbar unredlichen Zwecken dienen soll (§ 4 BeurkG, § 14 Abs. 2 BNotO).

275 Verwandt sind Sachverhalte insb. im Zusammenhang mit Finanzierungsgeschäften, die sich (häufig im Nachhinein) als (ggf. versuchter) **Betrug zulasten des Kreditgebers** herausstellen. Dies kommt etwa dann in Betracht, wenn die Beteiligten wiederholt den ursprünglich vereinbarten Kaufpreis nachträglich herabsetzen, ohne die Finanzierungshöhe zu reduzieren.[32] Wirkt der Notar sogar bewusst an solchen Serien mit, macht er sich wegen Beihilfe zum Betrug strafbar.[33] Häufig ist jedoch der (versuchte) **Betrug zulasten des Kreditsuchenden** etwa dergestalt, dass eine (abzutretende) Eigentümerbriefgrundschuld als ungesicherte Vorleistung bestellt werden soll[34] oder in Gestalt des Abforderns von Leistungen vor Darlehenserhalt (etwa für eine vorgegaukelte Kreditversicherung, als Vermittlungsprovision o.ä.).

c) Berichtigung offensichtlicher Unrichtigkeiten

276 § 44a Abs. 2 Satz 1 BeurkG[35] erlaubt die nachträgliche Berichtigung offensichtlicher Unrichtigkeiten in Niederschriften über Tatsachenwahrnehmungen[36] und Willenserklärungen durch einen allein von ihm zu unterzeichnenden und beizufügenden, gesiegelten Nachtragsvermerk. Die Vorgängernorm (§ 30 DONot) sprach lediglich von »offensichtlichen Schreibfehlern«. Die Parallelnorm des § 319 Abs. 1 ZPO (Urteilsberichtigung) betrifft ein Auseinanderfallen von Erklärung und dem bei der Urteilsfindung vorhandenen Willen des Richters, ist also nur dann analog heranziehbar, wenn es um Fehler des Notars bei seinen eigenen Feststellungen handelt; während § 164 ZPO (»Protokollunrichtigkeiten«) nur in den Fällen vergleichbar ist, in denen die Niederschrift nicht mit der verlesenen Urkunde übereinstimmt (z.B. nicht verlesene Teile versehentlich nicht gestrichen wurden).

---

29 BT-Drucks. 14/9263, S. 8.
30 *Vahle* NWB 2008, 4501, 4507.
31 Vgl. im Einzelnen *Hertel* DAI-Skript, 3. Jahresarbeitstagung des Notariats, 22. – 24.09.2005, Bonn, S. 729 – 740.
32 In einem solchen Fall hielt BGH DNotZ 1978, 373 den Notar für verpflichtet, die auf das Anderkonto einzahlende finanzierende Bank zu informieren; die notarielle Verschwiegenheitspflicht trete dann hinter die Warnpflicht des Notars zurück.
33 BGH DNotZ 2001, 566.
34 Dadurch erspart sich der im Hintergrund bleibende Kreditgeber den grundbuchlichen Nachweis seiner Existenz und Vertretungsberechtigung.
35 Hierzu und zum Folgenden *Zimmer* NotBZ 2010, 172 ff.
36 Zum Versammlungsprotokoll vgl. BGH, 16.02.2009 – II ZR 185/07, NotBZ 2009, 128.

277 Für § 44a Abs. 2 BeurkG wird daher zu differenzieren sein zwischen (1) Fehlern in den Feststellungen des Notars (z.B. zu den persönlichen Daten der Beteiligten, vgl. Beispiel in Rdn. 279), (2) Fehlern in den protokollierten Willenserklärungen der Beteiligten, die jedoch in der Ursächlichkeit des Notars liegen (das Geburtsdatum des Bevollmächtigten ist in der Vollmacht falsch wiedergegeben) – für beide vorgenannten Fallgruppen ist die Berichtigungsbefugnis des Notars zweifellos gegeben, und zwar auch bei Angaben, die zum »Mussinhalt« einer Urkunde gehören[37] –; weiterhin (3) Fehlern der Beteiligten selbst, welche die korrekte Willensbildung nicht beeinflussen (falsa demonstratio des betroffenen Grundstücks, Nichtnennung eines zugehörigen Miteigentumsanteils an einer Wegefläche[38]) – auch insoweit wird, bei Offensichtlichkeit (Rdn. 278) die Berichtigungsbefugnis bejaht – und schließlich (4) Fehlern in der Willensbildung der Beteiligten (der Vollmachtgeber wollte nicht den Neffen, sondern eine andere Person bevollmächtigen) – in letzterem Fall sind §§ 119 ff. BGB vorrangig, sodass es in der Entscheidung des Betroffenen liegen muss, ob er es bei der irrtümlich errichteten, im Rechtsverkehr aber verwendbaren Urkunde belässt oder nicht.

278 Darüber hinaus bedarf es der Evidenz der Unrichtigkeit. Demnach scheidet eine Berichtigung aus, wenn das eigentlich Gewollte sich gar nicht ermitteln lässt, da mehrere Alternativen in Betracht kommen. Hier bedarf es einer Nachtragsurkunde der Beteiligten, bzw. einer Klage auf Feststellung des »richtigen Inhalts«. Lässt sich das Richtige sicher ermitteln, genügt es allerdings, dass die »Offensichtlichkeit« der Unrichtigkeit dem Notar erst später nachgewiesen wird (z.B. durch erneute Vorlage des Ausweises, Einsicht in das Grundbuch etc); es ist nicht erforderlich, dass die Unrichtigkeit schon bei Beurkundung aktenkundig oder zumindest erkennbar war. Die Berichtigung kann dann auch ggü. Urkunden des Amtsvorgängers[39] oder des vertretenen Notars erfolgen, es sei denn, die Diskrepanz zwischen Richtigem und Falschen ist nur durch den ursprünglich beurkundenden Notar beurteilbar.[40] Gegen die Ablehnung der Berichtigung ist jedoch kein Rechtsmittel gegeben,[41] ebenso wenig gegen die Durchführung der Berichtigung.[42]

▶ **Formulierungsvorschlag: Schreibfehlerberichtigung hinsichtlich persönlicher Angaben**

279 Berichtigung zur Urkunde des Notars ..... in ..... vom ..... 2011 URNr. ...../2011

Zu meiner vorgenannten Urkunde stelle ich, Notar, gemäß § 44 a Abs. 2 Satz 1 BeurkG folgendes fest:

Der im Urkundseingang zu 1) Genannte ist tatsächlich nicht am 04.05.1960, sondern am 04.05.1962 geboren. Dies wird hiermit berichtigt. Die Unrichtigkeit ergibt sich aus Einsicht in die bei den Nebenakten verwahrte Kopie des Personalausweises.

(Ort, Datum, Unterschrift, Siegel des Notars)

---

[37] Bsp: Es fehlt der Vermerk über das Verlesen der Urkunde, § 13 BeurkG, *Zimmer* NotBZ 2010, 178 (a.A. RGZ 79, 366, da sich der Rechtsverkehr u.U. bereits auf die Nichtigkeit der Urkunde verlassen habe).
[38] LG Regensburg, 15.07.2008 – 5 T 216/08, MittBayNot 2009, 63: Zulässigkeit der Berichtigung.
[39] Z.B. gestützt auf Meldebescheinigungen: LG Gera NotBZ 2004, 112.
[40] DNotI-Gutachten Nr. 11464 v. 15.11.2006.
[41] OLG Köln, 20.11.2006 – 2 Wx 21/06, RNotZ 2007, 354; OLG München, 05.07.2007 – 32 Wx 50/07, DNotI-Report 2007, 135.
[42] OLG Frankfurt am Main, 20.11.2009 – 20 W 500/05, DNotZ 2011, 48 (entsprechende Anwendung des § 164 ZPO).

B. Gestaltung eines Grundstückskaufvertrages

2. Feststellungen zu persönlichen Merkmalen

a) Geschäftsfähigkeit

280 Feststellungen über die **Geschäftsfähigkeit**[43] bei Rechtsgeschäften unter Lebenden sind regelmäßig nicht (auch nicht durch das Grundbuchamt,[44] erst recht nicht nachträglich[45]) veranlasst (§ 28 BeurkG e contrario); zu prüfen ist durch den Notar gleichwohl stets, ob Anhaltspunkte dafür vorliegen, dass diese fehlen könnte, insb. bei schwerer Erkrankung i.S.d. § 11 Abs. 2 BeurkG (ähnlich zur Testierfähigkeit[46]). Abgelehnt werden darf die Beurkundung freilich gem. § 11 Abs. 1 BeurkG nur, wenn kein vernünftiger Zweifel an der Geschäftsunfähigkeit mehr bestehen kann.[47] Es empfiehlt sich dann die Beiziehung eines Arztes oder einer anderen kompetenten Person, auch zur Vermeidung disziplinarrechtlicher Beanstandung.[48] Ist der Beweis für das Vorhandensein eines die freie Willensbildung[49] nicht nur vorübergehend ausschließenden Zustandes krankhafter Störung der Geistestätigkeit[50] (§ 104 Nr. 2 BGB) – ggf. durch einen psychiatrischen Sachverständigen – oder für eine vorübergehende Störung der Geisteskrankheit (mit Nichtigkeitsfolge, § 105 Abs. 2 BGB) nicht zu führen, muss andererseits das streitige Rechtsgeschäft als wirksam angesehen werden. Fällt die Geschäftsfähigkeit nach wirksamer Abgabe der schuld- und sachenrechtlichen Erklärungen später weg, ist dies gem. § 130 Abs. 2 BGB unschädlich (Erst-recht-Schluss, da die Erklärung dem anderen Teil bereits zugegangen ist); auch die verfahrensrechtlichen Eintragungsbewilligungen bleiben wirksam, wenn sie in Urschrift oder Ausfertigung dem Grundbuchamt oder dem Begünstigten ausgehändigt wurden.[51] Gleiches gilt bei späterer Beschränkung der Geschäftsfähigkeit durch Anordnung einer Betreuung mit Einwilligungsvorbehalt, § 1903 BGB.[52]

281 Die herrschende Meinung erkennt die sog. relative Geschäftsunfähigkeit für komplizierte im Unterschied zu einfachen Geschäften nicht an,[53] allerdings die **partielle Geschäftsunfähigkeit** für einzelne Lebensbereiche (bspw. Darlehensaufnahme einer sexuell missbrauchten Frau zum Hauskauf, um aus der Familie zu entfliehen).[54] Umgekehrt kann trotz bestehender kognitiver Defizite die partielle Geschäftsfähigkeit zur Erteilung einer Vorsorgevollmacht zugunsten einer Person eigenen Vertrauens

---

[43] Vgl. *Kruse* NotBZ 2001, 405 ff., 448 ff. (zur Testierfähigkeit); *Stoppel/Lichtenwimmer* DNotZ 2005, 806 ff. (zu Screening-Verfahren) krit. hiergegen aus juristischer Sicht – der Notar treffe seine Feststellungen i.R.d. §§ 11, 28 BeurkG nicht als Sachverständiger, sondern als »Zeuge des Geschehens« *Müller* DNotZ 2006, 325; krit. aus medizinischer Sicht – zu hohe Fehleranfälligkeit der Screening-Verfahren - *Cording/Foerster* DNotZ 2006, 329.

[44] Zu einem Ausnahmefall OLG Koblenz, 05.05.2004 – 1 U 1382/03; nach OLG Celle, 17.12.2010 – 4 W 196/10, ZEV 2011, 200 und OLG Frankfurt am Main, 20.10.2005 – 20 W 151/05, NotBZ 2006, 285 können auf Tatsachen beruhende Zweifel hinsichtlich der (zu vermutenden) Geschäftsfähigkeit im Zeitpunkt der Beurkundung (etwa aufgrund einer angeordneten Betreuung) ausgeräumt werden durch ein auf § 104 Nr. 2 BGB eingehendes ärztliches Gutachten, wobei der Vollbeweis nicht geführt werden muss.

[45] Werden nachträglich Zweifel an der Geschäftsfähigkeit des Erstveräußerers bekannt, hat das Grundbuchamt dennoch im Hinblick auf § 891 BGB von der Berechtigung des nun eingetragenen Erwerbers auszugehen, OLG München, 07.11.2011 – 34 Wx 400/11.

[46] Vgl. *Cording* ZEV 2010, 23 ff. (zu den Beweismitteln) und ZEV 2010, 115 ff. (zu den Kriterien).

[47] OLG München, 08.08.2011 – 32 Wx 286/11, ZNotP 2011, 439, dort auch zur Kostenschuldnerstellung eines Geschäftsunfähigen.

[48] OLG Celle, 09.11.2007 – Not 16/07, MittBayNot 2008, 492 m. Anm. *Winkler*.

[49] Der Betroffene darf nicht mehr in der Lage sein, seine Entscheidungen von vernünftigen Erwägungen abhängig zu machen.

[50] Urteilsvermögen und Willensbildung müssen so gestört sein, dass mit einer normalen Motivation und Urteilsfindung nicht gerechnet werden kann. Das bloße Unvermögen, die Tragweite einer abgegebenen Erklärung zu erfassen, genügt nicht. OLG Köln, 24.01.2011 – 11 U 199/10, NotBZ 2011, 297 (nur Ls.) bejaht Geschäftsunfähigkeit bei einem IQ von 44 und Unfähigkeit, einen Text vorzulesen und Vorgelesenes wiederzugeben.

[51] BayObLG DNotZ 1994, 183; OLG Frankfurt am Main NJW-RR 1995, 785.

[52] OLG Celle, 04.07.2006 – 4 W 106/06, DNotZ 2006, 923; keine Frage der Beschränkung der Verfügungsbefugnis, die bis zur Grundbucheintragung erhalten bleiben muss, sofern § 878 BGB keine Erleichterung schafft, vgl. *Gutachten* DNotI-Report 2005, 193.

[53] Vgl. BGH NJW 1970, 1680; a.A. OLG Köln NJW 1960, 1389.

[54] OLG Oldenburg, zitiert nach *Eschelbach* in: Lambert/Lang/Tropf/Frenz Handbuch der Grundstückspraxis, S. 365 Rn. 109.

bestanden haben.⁵⁵ Bei Erkrankung oder hohem Alter der Beteiligten, insb. auch bei auswärtiger Beurkundung im Krankenhaus oder Pflegeheim, empfiehlt es sich jedoch, zur Geschäftsfähigkeit kurze Ausführungen aufzunehmen:

▶ **Formulierungsvorschlag: Ausführungen zur Geschäftsfähigkeit bei Beurkundungen im Krankenhaus oder Pflegeheim**

Der Beteiligte zu ..... ist zwar erkrankt und körperlich in seiner Bewegungsfähigkeit beeinträchtigt, sodass die Beurkundung auf seinen Wunsch hin auswärtig im Hospital vorgenommen wurde. Er ist jedoch, wovon ich mich anlässlich der Vorbesprechung zur Beurkundung überzeugte, uneingeschränkt geschäftsfähig und vermag seinen Willen ohne Beeinträchtigung zu fassen und auszudrücken.

282

In vorgerücktem Alter nimmt die Verbreitung von Demenzerkrankungen deutlich zu (65 Jahre: 1,5 %; 95 Jahre: 45 %). Unter den über 100 Erkrankungen, die zur Demenz führen können, sind der Alzheimer-Typ (40 %) und die vaskuläre Demenz (30 %) besonders häufig. Typische Diagnosekriterien sind die objektiv verifizierte Abnahme des Gedächtnisses, die Abnahme anderer kognitiver Fähigkeiten (Urteilsfähigkeit, Sprache, Gnosis, visuell-räumliche Leistungen) und die Verminderung der Affektkontrolle und des Antriebs (emotionale Labilität, Apathie, Reizbarkeit), die nicht auf akute Verwirrtheitszustände (Delirium) zurückzuführen sind. Sobald die Betroffenen nicht ohne Hilfe im täglichen Leben (etwa beim Einkaufen oder Umgang mit Geld) zurechtkommen, also zumindest mittelgradige Demenz vorliegt, ist von Geschäftsunfähigkeit auszugehen.

283

Der Demenzkranke bemüht sich, seine Defizite zu verbergen (etwa durch in Floskeln erstarrte Konversation, sog. **Fassadenverhalten**), sodass Demenz bei kurzem Kontakt oft übersehen wird. Verliert der Beteiligte häufig den Faden im Gespräch oder lässt Begleitpersonen für ihn auftreten, bzw. kann er den Inhalt des zu beurkundenden Schriftstückes auch nicht annähernd wiedergeben, sollten auch »unhöfliche Fragen« (wo sind wir? welches Datum haben wir heute?) gestellt werden. Privatgutachten sind, sofern der Proband mitarbeitet, bei Demenzerkrankungen (»Leistungsdiagnostik«) – anders als bei Psychosen oder anderen Wahnerkrankungen – recht aussagekräftig.⁵⁶

284

In Grenzfällen mag eine auch durch die Beurkundungsperson durchführbare **Mini-Mental-Examination (MME)**⁵⁷ als »Kurztest« Aufschluss geben; sie erleichtert dem Notar auch in etwaigen späteren Zeugenvernehmungen zur Frage der Geschäftsfähigkeit substanzielle, auf fundierter Erinnerung beruhende Aussagen:

285

Mini-Mental-Examination

Punkte	möglich	erreicht
Orientierung	1	–
Fragen nach Jahreszeit,	1	–
Jahr,	1	–
Monat,	1	–
Tagesdatum,	1	–
Wochentag,	1	–
Tageszeit,	1	–
Staat,	1	–
Ort/Stadtteil,	1	–
Bundesland,	1	–

---

55 OLG München, 05.06.2009 – 33 Wx 278/08 und 279/08, ZEV 2010, 150.
56 Empirische Studien belegen, dass Hausärzte oft den Schweregrad der Demenz überschätzen.
57 Bzw. Mini-Mental-Status-Untersuchung (MMSE), vgl. ausführlich *Sandholzer* et al., DMW 2004, S. 183 – 226.

B. Gestaltung eines Grundstückskaufvertrages

▶ **Mini-Mental-Examination**

Punkte	möglich	erreicht
Krankenhaus/Heim/Anschrift, Stockwerk.	1	–
Merkfähigkeit	3	–
Nennen Sie drei Gegenstände (z.B. »Münze«, »Boot«, »Apfel«). Wiederholen Sie die Begriffe, bis der Patient sie sich gemerkt hat. Der Patient soll die Gegenstände wiederholen (je korrekte Antwort 1 Punkt).		
Aufmerksamkeit	5	–
Lassen Sie den Patienten subtrahieren, von 100 jeweils 7 – Stopp nach fünf Zahlen.		
Lassen Sie ein Wort mit fünf Buchstaben rückwärts buchstabieren.		
Erinnerungsfähigkeit	3	–
Fragen Sie nach den unter »Merkfähigkeit« genannten Gegenständen (1 Punkt für jeden Begriff).		
Sprachvermögen und -verständnis	2	–
Zeigen Sie auf einen Bleistift (Kugelschreiber) und eine Uhr – der Patient soll die Gegenstände benennen (je Begriff 1 Punkt).		
Lassen Sie nachsprechen: »Kein Wenn und Aber«.	1	–
Lassen Sie eine dreiteilige Anweisung ausführen, z.B. »Nehmen Sie ein Blatt Papier in die rechte Hand, falten Sie es in der Mitte und legen Sie es auf den Boden.« (je richtige Ausführung 1 Punkt).	3	–
Lassen Sie den Patienten einen Satz eigener Wahl schreiben; der Satz soll Subjekt und Prädikat enthalten und einen Sinn ergeben (orthografische Fehler bleiben unberücksichtigt).	1	–
Lassen Sie den Patienten ein Diagramm nachzeichnen, z.B. zwei unregelmäßige Vierecke, die sich überschneiden (1 Punkt, wenn alle Seiten und Winkel richtig sind und die Überschneidungen ein Viereck bilden).	1	–
Erreichte Punktzahl	30	–

Testdauer: max. 15 Minuten

wahrscheinliche Demenzerkrankung: weniger als 25 Punkte

286 In verkürzter Form umfasst dieser »**mini-mental state examination test**«[58] folgende Prüfungen:

Aufgaben	erreichbare Punkte
1. örtliche und zeitliche Orientierung (Frage nach Datum, Jahreszeit, Jahr, Bundesland, der Station im Krankenhaus etc.)	max. 5 Punkte
2. Merkfähigkeit (drei vorgegebene einfache Begriffe, z.B. Münze, Tisch, Apfel, merken)	max. 5 Punkte
3. Umgang mit einfachen Hilfsmitteln (Angabe der Uhrzeit, Bedienung eines Kugelschreibers etc.)	max. 5 Punkte

---

58 Vgl. *Lichtenwimmer* MittBayNot 2002, 240.

Aufgaben	erreichbare Punkte
4. kognitiver Status (5-buchstabiges Wort rückwärts buchstabieren, z.B. Lampe; Erklärung der Unterschiede bestimmter Begriffe, z.B. Baum und Busch)	max. 5 Punkte
5. Merkfähigkeit (Wiedergabe der drei Begriffe von Nr. 2)	max. 5 Punkte
6. korrekte Ausführung einer mehrgliedrigen Anweisung (z.B. Blatt in die Hand nehmen, in der Mitte falten und dann auf den Boden fallen lassen)	max. 5 Punkte
7. einfache Rechenoperation mit Zehnerübergang, z.B. 7 + 5 = ?; 100 – 7 – 7 = ?	max. 5 Punkte

max. 30 Punkte,

über 25 Punkte: keine Demenz,

zwischen 18 und 24 Punkten: leichte Demenz,

unter 17 Punkten: nicht mehr geschäftsfähig

(davon über 11: mittelschwere Demenz; 10 und darunter: schwere Demenz)

Als vergleichbares Screening-Verfahren zur Überprüfung räumlicher Wahrnehmungsfunktionen und abstrakten Denkens wird der Uhrenzeichentest empfohlen.[59] Dabei wird dem Prüfling ein runder Kreis vorgegeben, verbunden mit der Anweisung, in diese »Uhr« die fehlenden Ziffern von 1 bis 12 einzutragen und sodann die Zeigerstellung für »10 nach 11« zu ergänzen. Für die Auswertung relevant sind lediglich vier Kriterien, nämlich das Vorhandensein aller zwölf Zahlen, die korrekte Platzierung der Zahl »12«, die zutreffende Proportion der Zeiger und das korrekte Vorlesen der eingestellten Zeit. 287

Letzte Gewissheit zur Geschäftsfähigkeit vermitteln Gutachten von Fachärzten für Psychiatrie und Psychotherapie sowie Fachärzten für Nervenheilkunde; Auskünfte zu Sachverständigen hierzu bietet die Website der Deutschen Gesellschaft für Psychiatrie, Psychotherapie und Nervenheilkunde (www.dgppn.de). 288

b) Behinderungen

Die Besonderheiten bei Beteiligung **behinderter Personen** (Lese-, Schreib-, Hörunfähigkeit etc.) sind Gegenstand der §§ 22 ff. BeurkG[60] und sollen hier nicht vertieft werden. Für die häufigsten Fälle der Einfach- oder Mehrfachbeeinträchtigungen (ohne Berücksichtigung der weiteren Besonderheiten bei der Errichtung letztwilliger Verfügungen) seien gleichwohl einige Formulierungsvorschläge unterbreitet. 289

▶ Formulierungsvorschlag: Beteiligter ist schreibunfähig

Der Beteiligte zu ..... vermag nach seinen Angaben und nach der Überzeugung des Notars seinen Namen nicht zu schreiben. Der Notar zog daher als Schreibzeugen 290

Herrn .....,

geb. am .....,

wohnhaft in .....,

ausgewiesen durch gültigen deutschen Personalausweis

hinzu. Gegen den Schreibzeugen bestehen keine Ausschließungsgründe. Der Schreibzeuge war während des gesamten Vorlesens und der Genehmigung zugegen. (.....)

---

59 Vgl. hierzu *Stoppel/Lichtenwimmer* DNotZ 2005, 811.
60 Vgl. hierzu z.B. die Kommentierung von *Lerch* BeurkG §§ 22 ff.

B. Gestaltung eines Grundstückskaufvertrages

Vorstehende Niederschrift wurde den Beteiligten vom Notar vorgelesen, von ihnen genehmigt und von ihnen, außer dem genannten Beteiligten, sowie an dessen Stelle von dem Schreibzeugen unterschrieben wie folgt:

(.....)

▶ Formulierungsvorschlag: Beteiligter ist blind

291 Der Erschienene zu ....., vermag nach seinen Angaben und nach der Überzeugung des amtierenden Notars nicht hinreichend zu sehen. Alle Beteiligten erklärten jedoch, auf die Zuziehung eines Zeugen oder eines zweiten Notars zu verzichten. Der genannte Beteiligte fügte hinzu, er werde an der Stelle der Urkunde unterschreiben, zu der der Notar seine Hand führen werde.

▶ Formulierungsvorschlag: Beteiligter ist blind und schreibunfähig

292 Der Beteiligte zu ..... vermag nach seinen Angaben und nach der Überzeugung des Notars nicht hinreichend zu sehen und auch seinen Namen nicht zu schreiben.

Der Notar zog daher als Schreibzeugen

Herrn .....,

geb. am .....,

wohnhaft in .....,

ausgewiesen durch gültigen deutschen Personalausweis

hinzu. Gegen den Schreibzeugen bestehen keine Ausschließungsgründe. Der Schreibzeuge war während des gesamten Vorlesens und der Genehmigung zugegen.

Auf die Zuziehung eines weiteren Zeugen oder eines zweiten Notars im Hinblick auf die Unfähigkeit des genannten Beteiligten zu lesen, wird durch alle Beteiligten einvernehmlich verzichtet. (.....)

Die Niederschrift wurde durch den Notar vorgelesen, von sämtlichen Beteiligten genehmigt und von ihnen und dem Schreibzeugen sowie dem Notar eigenhändig wie folgt unterschrieben:

(.....)

▶ Formulierungsvorschlag: Beteiligter ist taub

293 Der Beteiligte zu ..... vermag nach seinen Angaben und nach der Überzeugung des Notars nicht hinreichend zu hören. Er erklärte jedoch, lesen und schreiben zu können. Auf die Hinzuziehung eines Zeugen oder eines zweiten Notars sowie eines Gebärdendolmetschers wurde allseits verzichtet. Die nachstehende Niederschrift wird daher den Erschienenen vorgelesen und dem genannten Beteiligten anstelle des Vorlesens zur Durchsicht vorgelegt. (.....)

Vorstehende Niederschrift wurde den Erschienenen vom Notar vorgelesen, dem Beteiligten zu ..... anstelle des Vorlesens zur Durchsicht vorgelegt, von sämtlichen Erschienenen genehmigt und von ihnen sowie dem Notar eigenhändig wie folgt unterschrieben:

(.....)

▶ Formulierungsvorschlag: Beteiligter ist stumm

294 Der Beteiligte zu ..... vermag nach seinen Angaben und nach der Überzeugung des Notars nicht hinreichend zu sprechen. Er erklärte jedoch, lesen und schreiben zu können. Auf die Hinzuziehung eines Zeugen oder eines zweiten Notars sowie eines Gebärdendolmetschers wurde allseits verzichtet.

▶ Formulierungsvorschlag: Beteiligter ist hör- und sprechunfähig

295 Der Beteiligte zu ..... vermag nach seinen Angaben und nach der Überzeugung des Notars nicht zu hören und zu sprechen, kann aber lesen und schreiben. Auf die Hinzuziehung eines Zeugen oder eines zweiten Notars wurde allseits verzichtet.
Die Erschienenen erklärten sodann mündlich zur Niederschrift, der genannte Beteiligte im Wege der schriftlichen Verständigung was folgt (.....).

Die Niederschrift wurde in Gegenwart des Notars den Beteiligten vorgelesen, dem Beteiligten zu ..... anstelle des Vorlesens zur Durchsicht vorgelegt, von sämtlichen Beteiligten genehmigt und eigenhändig wie folgt unterschrieben:

(.....)

▶ Formulierungsvorschlag: Beteiligter ist taub und blind

Der Beteiligte zu ..... vermag nach seinen Angaben und nach der Überzeugung des Notars nicht hinreichend zu sehen und zu hören. Der Notar zog daher 296

Herrn .....,

geb. am .....,

wohnhaft in .....,

ausgewiesen durch gültigen deutschen Personalausweis,

als Vertrauensperson hinzu. Einen rechtlichen Vorteil kann die Vertrauensperson des Beteiligten aus dieser Beurkundung nicht erlangen. Auch weitere Ausschließungsgründe liegen nicht vor.

Die Vertrauensperson verständigte sich mit dem genannten Beteiligten, sodass der Notar klar erkennen konnte, was jener Beteiligte wollte. Mittels der Vertrauensperson war eine in jeder Hinsicht hinreichende Verständigung zwischen dem genannten Beteiligten und dem Notar möglich.

Im Hinblick auf die Unfähigkeit des genannten Beteiligten zu sehen und zu hören erklärten sämtliche Beteiligten, dass sie auf die Zuziehung eines Zeugen oder eines zweiten Notars verzichten. Der genannte Beteiligte erklärte durch die beigezogene Vertrauensperson, er werde die Urkunde an der Stelle unterschreiben, die der Notar ihm zeigen werde. (.....)

Die Niederschrift wurde vorgelesen, von sämtlichen Beteiligten genehmigt und von ihnen und der Vertrauensperson sowie dem Notar eigenhändig wie folgt unterschrieben:

(.....)

▶ Formulierungsvorschlag: Beteiligter ist taub und schreibunfähig

Der Beteiligte zu ..... vermag nach seinen Angaben und nach der Überzeugung des Notars nicht hinreichend zu hören und sich auch nicht schriftlich zu verständigen. Der Notar zog daher 297

Herrn .....,

geb. am .....,

wohnhaft in .....,

ausgewiesen durch gültigen deutschen Personalausweis,

als »Vertrauensperson« i.S.d. § 24 BeurkG hinzu. Einen rechtlichen Vorteil kann die Vertrauensperson des Beteiligten aus dieser Beurkundung nicht erlangen. Auch weitere Ausschließungsgründe liegen nicht vor. Der Behinderte war nach Überzeugung des Notars mit der Zuziehung der Vertrauensperson einverstanden.

Die Vertrauensperson verständigte sich mit dem genannten Beteiligten, sodass der Notar klar erkennen konnte, was jener Beteiligte wollte. Mittels der Vertrauensperson war eine in jeder Hinsicht hinreichende Verständigung zwischen dem genannten Beteiligten und dem Notar möglich. Zweifel hieran i.S.d. § 24 Abs. 1 Satz 3 BeurkG bestanden nicht.

Der genannte Beteiligte erklärte ferner durch die Vertrauensperson, dass er auch seinen Namen nicht schreiben könne. Der Notar zog daher als Schreibzeugen

Frau .....,

geb. am .....,

wohnhaft in .....,

ausgewiesen durch gültigen deutschen Personalausweis

hinzu. Gegen den Schreibzeugen bestehen keine Ausschließungsgründe. Der Schreibzeuge war während des gesamten Vorlesens und der Genehmigung zugegen. (.....)

Die Niederschrift wurde vorgelesen, dem genannten Beteiligten zur Durchsicht vorgelegt, von sämtlichen Beteiligten genehmigt und von ihnen, dem Schreibzeugen und der Vertrauensperson sowie dem Notar eigenhändig wie folgt unterschrieben:

(.....)

c) Diskriminierungstatbestände

298 Am 18.08.2006 ist das **Allgemeine Gleichbehandlungsgesetz**[61] (AGG) in Kraft getreten, welches mehrere EU-Richtlinien[62] in deutsches Recht transformiert. Das Gesetz, dessen Vorlauf drei Legislaturperioden währte, führt zu massiven Eingriffen in die Privatautonomie.[63] Es zielt gem. § 1 AGG darauf ab, Benachteiligungen aus Gründen der Rasse, der ethnischen Herkunft,[64] des Geschlechts, der Religion oder Weltanschauung, einer Behinderung,[65] des Alters[66] oder der sexuellen Identität[67] zu verhindern oder zu beseitigen. Die Bestimmungen sind zwingender Natur (§ 31 AGG).

299 Der **sachliche Anwendungsbereich** erfasst gem. § 2 Abs. 1 Nr. 1 bis Nr. 7 AGG in erster Linie unzulässige Benachteiligungen im Erwerbs- und Berufsleben, der Bildung und hinsichtlich sozialer Vergünstigungen. § 2 Abs. 1 Nr. 8 AGG betrifft den Zugang zu und die Versorgung mit Gütern und Dienstleistungen, die der Öffentlichkeit zur Verfügung stehen, einschließlich Wohnraum. Gem. diesem **zivilrechtlichen Diskriminierungsverbot** (§§ 19 bis 23 AGG), das insb. die Bereiche des § 2 Abs. 1 Nr. 5 bis Nr. 8 AGG, soweit auf zivilrechtlichen Schuldverhältnissen beruhend, umfasst, wird Diskriminierungsschutz in 3-facher Abstufung gewährt:

– I.R.d. sog. **Massengeschäfte** des § 19 Abs. 1 Nr. 1 AGG (also solcher Geschäfte, die typischerweise ohne Ansehen der Person zu vergleichbaren Bedingungen in einer Vielzahl von Fällen zustande kommen) ist jedes Diskriminierungsmerkmal (ausgenommen die Weltanschauung) unzulässig. Gleiches gilt für sog. »massenähnliche Geschäfte«, bei denen das Ansehen der Person eine nachrangige Bedeutung hat. Kraft Gesetzes (§ 19 Abs. 1 Nr. 2 AGG) gleichgestellt sind privatrechtliche Versicherungsverträge.

300 – Alle **verbleibenden** zivilrechtlichen Schuldverhältnisse mit Ausnahme des nachstehenden Gliederungspunktes sind nur von Benachteiligungen aus Gründen der **Rasse und ethnischen Herkunft** erfasst, § 19 Abs. 2 AGG.

– Schließlich existieren Schuldverhältnisse, die von besonderem Nähe- oder Vertrauensverhältnis geprägt sind (etwa Mietverhältnis, wenn der Vermieter im selben Haus wohnt) und die **keinem Benachteiligungsverbot** unterliegen, § 19 Abs. 5 AGG. Auch familien- und erbrechtliche Schuldverhältnisse sind ausgenommen, § 19 Abs. 4 AGG.

301 Auf der Tatbestandsseite ist i.R.d. hier interessierenden allgemeinen zivilrechtlichen Diskriminierungsverbots daher zunächst zu prüfen,

---

61 BGBl. I 2006, S. 1897; hierzu allgemein *Flohr/Ring* Allgemeines Gleichbehandlungsgesetz; *Ring* ZAP 2006, 903 ff. = Fach 2, S. 499 ff. und ZAP 2006, 959 ff. = Fach 2, S. 513 ff.; ferner *Vahle* NWB 2006, 2951 = Fach 15, S. 857 ff.; *Schwab* DNotZ 2006, 649 ff.; *Kilian* MittBayNot 2007, 466 ff.
62 Etwa RL 2000/43/EG v. 29.06.2000 (Rasse, ethnische Herkunft), RL. 2000/78/EG v. 27.11.2000 (Gleichbehandlung in Beschäftigung und Beruf), RL. 2002/73/EG v. 29.03.2002 (Gleichbehandlung von Männern und Frauen in Bezug auf Arbeitsbedingungen) sowie RL 2004/113/EG v. 13.12.2004 (Zugang zu und Versorgung mit Gütern und Dienstleistungen).
63 *Picker* JZ 2002, 880 spricht vom »Ende der Privatautonomie«; *Braun* JuS 2002, 424 von der Wiederkehr des totalitären Staats.
64 Umfasst ist insb. Hautfarbe, Abstammung, nationaler Ursprung und Volkstum, vgl. RegE, BT-Drucks. 16/1780, S. 31.
65 Vgl. § 2 Abs. 1 Satz 1 SGB IX: Abweichung der körperlichen Funktion, geistigen Fähigkeit oder seelischen Gesundheit für voraussichtlich länger als 6 Monate von dem für das Lebensalter typischen Zustand, mit der Folge der Beeinträchtigung der Teilhabe am Leben in der Gesellschaft.
66 Nicht nur das hohe Alter: RegE, BT-Drucks. 16/1780, S. 31.
67 Gem. § 75 BetrVerfG: homosexuelle Männer und Frauen, bisexuelle, transsexuelle oder zwischengeschlechtliche Menschen.

- ob es sich gem. § 2 Abs. 1 Nr. 8 AGG um den Zugang zu oder die Versorgung mit Gütern und Dienstleistungen handelt, die der Öffentlichkeit zur Verfügung stehen (nachstehend Rdn. 302),
- sodann, ob es sich um eine Benachteiligung bei Begründung, Durchführung und Beendigung eines zivilrechtlichen Schuldverhältnisses handelt (§ 19 Abs. 1 oder Abs. 2 AGG),
- die nicht gem. § 19 Abs. 4 und Abs. 5 AGG ausgenommen ist,
- weiterhin, ob eine Benachteiligung wegen eines für die konkrete Anwendungsgruppe relevanten Diskriminierungsmerkmals vorliegt,
- die schließlich nicht gerechtfertigt ist (§ 20 AGG); für die Benachteiligung aus Gründen der Rasse oder ethnischen Herkunft erlaubt das Gesetz allerdings keine sachlichen Gründe.

Güter und Dienstleistungen stehen nach der Gesetzesbegründung der Öffentlichkeit zur Verfügung, wenn ein Angebot zum Vertragsschluss durch Anzeigen in Tageszeitungen, Veröffentlichungen im Internet oder auf vergleichbare Weise bekannt gemacht wird, unabhängig davon wie groß die angesprochene Öffentlichkeit ist.[68] Die sodann (für die Beurteilung, ob diskriminierungsrechtlicher Vollschutz – mit Ausnahme der Weltanschauung – besteht oder nicht) relevante Prüfung, ob ein Massen- oder massenähnliches Geschäft vorliegt oder nicht, soll sich nach der Regierungsbegründung[69] auch danach richten, ob der Abschluss auf eine individuelle Risikoprüfung zurückgeht. Demnach dürften selbst **Grundstücks»serien«verkäufe**, bei denen eine Vielzahl von gleichartigen Bauplätzen zur Veräußerung steht, **kein Massengeschäft** darstellen, da bei der Auswahl des Käufers stets auf seine Bonität gesehen wird. Relevant ist daher stets nur der reduzierte Benachteiligungsschutz aus Gründen der Rasse oder ethnischen Herkunft (§ 19 Abs. 2 AGG). 302

Liegt eine verbotene Diskriminierung im Bereich des Zivilrechtsverkehrs vor, kann gem. § 21 AGG (»**Sanktionen**«) die Beseitigung der Beeinträchtigung, bei Wiederholungsgefahr auch Unterlassen künftiger Diskriminierung, sowie ferner von der benachteiligenden Person (mit ungewissem Störerbegriff!?[70]) Schadensersatz (bei – allerdings gem. § 22 Abs. 2 Satz 2 AGG vermutetem – Verschulden) verlangt werden. Auch immaterielle Schäden (§ 253 BGB; »Genugtuungsfunktion«) sind zu ersetzen, und zwar ohne Rücksicht auf Verschulden.[71] Ansprüche aus unerlaubter Handlung bleiben daneben unberührt, § 21 Abs. 3 AGG. Der Beseitigungs- und Schadensersatzanspruch kann (wohl) auch eine Verpflichtung zum Vertragsabschluss zum Inhalt haben, wenn dieser ohne Verstoß gegen das Benachteiligungsverbot erfolgt wäre.[72] Zur Erleichterung der Rechtsverfolgung enthält § 22 AGG eine Beweislastregel, wonach beim Beweis von »Vermutungsindizien« für eine Benachteiligung aus den in § 1 AGG genannten Gründen die andere Partei zu beweisen habe, dass kein Verstoß vorgelegen habe. Landesrechtlich[73] können ferner notarielle Schlichtungsverfahren vorgeschaltet sein. 303

3. Güterrecht

Das bei gesetzlichem Güterstand der Zugewinngemeinschaft möglicherweise bestehende Zustimmungserfordernis des § 1365 BGB sowie nach Art. 5 Abs. 1 des Abkommens über den deutsch-französischen Wahlgüterstand wird i.R.d. Genehmigungstatbestände (Rdn. 1665 ff.) behandelt, die Besonderheiten aus dem Güterstand der ehelichen Vermögensgemeinschaft des FGB der DDR im Abschnitt über das Sonderrecht der neuen Bundesländer (Rdn. 3651 ff.). 304

---

68 Vgl. *Schwab* DNotZ 2006, 658; die engere Auffassung der BNotK, wonach das Leistungsanerbieten an eine Vielzahl gerichtet und die Versorgung einer Vielzahl erstrebt sein müsse, wird sich wohl nicht durchsetzen.
69 BT-Drucks. 16/1780, S. 42.
70 Hierbei ist unklar, inwieweit Verhandlungsgehilfen oder sonstige beteiligte Personen, etwa auch der beratende Anwalt oder der beurkundende Notar, eingeschlossen sind.
71 Im arbeitsrechtlichen Anwendungsbereich ist der immaterielle Schadensersatz auf 3 Monatsgehälter begrenzt, § 15 Abs. 2 Satz 2 AGG.
72 Vgl. *Schwab* DNotZ 2006, 667 und *Thüsing/von Hoff* NJW 2007, 21; krit. *Leible/Schlachter/Neuner* Diskriminierungsschutz durch Privatrecht, S. 53, 89 und *Armbrüster* NJW 2007, 1494 auch aus verfassungsrechtlichen Gründen.
73 Etwa seit 01.07.2007 in Bayern, BayGVBl 2007, 343; vgl. *Kilian* MittBayNot 2007, 466.

B. Gestaltung eines Grundstückskaufvertrages

Zu Besonderheiten auf Veräußerer- und Erwerberseite führt also allenfalls der Güterstand der **Gütergemeinschaft**.

a) Veräußererseite

305 Gehört ein Grundstück zum Gesamtgut einer Gütergemeinschaft, auch ohne dass dies (berichtigend) aus dem Grundbuch ersichtlich ist, bedarf es materiell-rechtlich auf **Veräußererseite** zur Übereignung der Mitwirkung beider Ehegatten (wobei paradoxerweise der allein verwaltende Ehegatte nicht einmal einen wirksamen Kaufvertrag schließen kann, § 1424 Satz 1 Halbs. 2 BGB, der nicht allein verwaltende Ehegatte zwar das schuldrechtliche Geschäft wirksam zustande bringen kann, jedoch gem. § 1438 BGB zur Auflassung der Mitwirkung des anderen Ehegatten bedarf. Die Ausnahmen der §§ 1429 bis 1431 BGB sind nicht praxisrelevant). Ist die Gesamtgutseigenschaft dem Erwerber im Zeitpunkt der Eintragung der Vormerkung nicht bekannt, kann er allerdings vom Nicht- bzw. Nichtalleinberechtigten gem. § 892 BGB wirksam Eigentum erwerben (§ 1412 BGB). Der Notar muss jedoch, sofern ihm die Gesamtgutseigenschaft bekannt ist, gem. § 17 Abs. 2 Satz 2 BeurkG hierauf hinweisen, auch wenn er hierdurch den guten Glauben des Erwerbers zerstört.[74]

b) Erwerberseite

306 Auf Erwerberseite kann jeder in Gütergemeinschaft lebende Ehegatte einen wirksamen Kaufvertrag schließen (auch wenn er das Gesamtgut nicht verwaltet). Die Bezahlung des Kaufpreises aus dem Gesamtgut kann allerdings nur der allein verwaltende Ehegatte allein bewirken, sonst bedarf es der Mitwirkung beider (es sei denn, die Voraussetzungen des § 1438 BGB sind erfüllt). Anderenfalls haftet nur der mitwirkende Ehegatte mit seinem Vorbehalts- oder Sondergut, das selten ausreichen wird. Auch die Unterwerfungserklärung bzgl. des Kaufpreises wirkt dann nicht gegen das Gesamtgut (§§ 794 Abs. 1 Nr. 5, 795, 740, 741 ZPO), sodass zur Sicherung des Verkäufers außerhalb der (seltenen) Fälle der Alleinverwaltung auf die Mitwirkung beider Ehegatten gedrängt werden sollte. Beantragt ein allein mitwirkender Ehegatte unter Vorlage des Ehevertrages die »Miteintragung« des anderen Ehegatten aufgrund § 1416 BGB, bedarf es keiner »Zustimmung« des Letzteren gem. § 22 Abs. 2 GBO.[75]

c) Irrtumsfälle

307 Wirkt auf Erwerberseite trotz bestehender Gütergemeinschaft nur ein Ehegatte mit, der die Auflassung auf sich selbst erklären lässt, wird das Grundstück mit Eigentumserwerb kraft Gesetzes (§ 1416 BGB) **Gesamtgut**. Kennt das Grundbuchamt diese Umstände, lehnt es die etwa beantragte Eintragung des erwerbenden Ehegatten als Alleineigentümer gem. § 82 GBO ab[76] und verlangt einen Antrag auf Grundbuchberichtigung sowie die Bewilligung des »alleinerwerbenden« Ehegatten und entweder die Zustimmung des anderen, zusätzlich einzutragenden Ehegatten (§ 22 Abs. 2 GBO) in notariell beglaubigter Form oder aber die Vorlage des Ehevertrages.[77] Entsprechendes gilt, wenn der »scheinbar alleinerwerbende« Ehegatte oder, ebenso unrichtig,[78] beide Ehegatten als Miteigentümer zu Bruchteilen eingetragen sind: Berichtigung des Grundbuchs aufgrund Antrags eines Ehegatten und Vorlage des Ehevertrages;[79] einer Mitwirkung des Verkäufers bedarf es selbst dann nicht, wenn

---

74 OLG Frankfurt am Main DNotZ 1986, 244.
75 Überblick bei *Böhringer* NotBZ 2011, 317, 323.
76 BayObLG Rpfleger 1975, 302.
77 *Schöner/Stöber* Grundbuchrecht Rn. 760.
78 Sofern insoweit kein Vorbehaltsgut vereinbart ist, liegt materiell dennoch Von-Selbst-Erwerb zum Gesamtgut der Gütergemeinschaft vor. Allein in der Auflassung an beide Ehegatten zu je ein halb liegt jedoch mangels Erklärungsbewusstsein entgegen *Britz* RNotZ 2008, 336 noch keine konkludent-ehevertragliche Vorbehaltsgutvereinbarung.
79 Vgl. *Britz* RNotZ 2008, 333, 339; *Schöner/Stöber* Grundbuchrecht, Rn. 760 verlangt zumindest Tatsachenvortrag zum Ehevertrag; die noch h.M. lässt bloße Bewilligung beider Beteiligten ohne Nachweis des Güterrechts genügen.

die Gütergemeinschaft erst nach Erklärung der Auflassung vereinbart wurde.[80] Auch eine neuerliche Auflassung ist nicht erforderlich.[81]

Häufiger anzutreffen in der Praxis ist der umgekehrte Irrtum der Beteiligten, sie lebten im Güterstand der Gütergemeinschaft, während sie tatsächlich in Zugewinngemeinschaft verheiratet sind. Häufig hilft die Erläuterung der Güterstände bzw. ein Verlangen nach dem dann erforderlichen notariellen Ehevertrag. Wird gleichwohl (irrtümlicherweise) Grundbesitz an die Erwerber »zum Gesamtgut der Gütergemeinschaft« aufgelassen, wird dies durch die Rechtsprechung umgedeutet (§ 140 BGB) in eine Auflassung an beide Ehegatten als Miteigentümer je zur Hälfte,[82] es sei denn, aus den Umständen lässt sich nicht sicher schließen, dass nicht doch nur an einen der beiden Ehegatten geleistet werden sollte (Übertragung in vorweggenommener Erbfolge an »Sohn und Schwiegertochter in Gütergemeinschaft«).[83] Wird der Irrtum vor Vollzug im Grundbuch entdeckt, verlangt die herrschende Meinung eine »berichtigte« Auflassung in notariell beglaubigter Form, an der jedoch der Veräußerer nicht mehr mitwirken muss.[84] Ist die Urkunde bereits im Grundbuch vollzogen, also fälschlich Gütergemeinschaftserwerb eingetragen, haben die Ehegatten materiell-rechtlich gleichwohl zu gleichen Bruchteilen erworben;[85] die Grundbuchämter verlangen überwiegend einen Antrag sowie die Bewilligung der eingetragenen Ehegatten.[86]

308

4. Gesellschaft bürgerlichen Rechtes

a) Teilrechtsfähigkeit

Die Leitentscheidung des II. Zivilsenats des BGH v. 29.01.2001[87] hat für die Praxis Klarheit zur Frage der **Rechtsnatur und Rechtsfähigkeit der GbR** gebracht. Die hergebrachte »individualistische Theorie« hatte als Träger der Rechte und Pflichten allein die Gesellschafter begriffen, Gesellschaftsverbindlichkeiten waren also gemeinschaftliche Verbindlichkeiten der Gesellschafter, die diese im gesetzlichen Regelfall gemeinsam zu begründen hatten (§§ 709 Abs. 1, 714 BGB). Dies entsprach dem Verständnis des historischen Gesetzgebers von der GbR als bloßem Schuldvertrag unter den Gesellschaftern. Die auf Vorschlag der 2. Kommission in § 719 Abs. 1 BGB (gesamthänderische Bindung) dokumentierte Verselbstständigung des Gesellschaftsvermögens sowie das Anwachsungsprinzip (§ 738 Abs. 1 Satz 1 BGB), lassen sich damit allerdings schwer vereinbaren.[88]

309

Die sog. **Gruppenlehre** oder »Lehre von der Teilrechtsfähigkeit«, die auf *Flume* zurückgeht[89] und von *Ulmer* und *Karsten Schmidt* weiterentwickelt wurde, sieht demgegenüber die GbR so weit verselbstständigt, dass sie Träger von Rechten und Pflichten sein könne. Dadurch lassen sich Probleme des Wechsels im Mitgliederbestand (Anwachsung)[90] ebenso wie des identitätswahrenden Formwechsels (§§ 190 ff., 226 ff. UmwG) erklären; Normen wie § 11 Abs. 2 InsO und § 14 Abs. 2 BGB

310

---

80 BGH Rpfleger 1982, 135; *Gutachten* DNotI-Report 2007, 91 (gilt ebenso bei Gütergemeinschaft nach ausländischem Recht).
81 Umdeutung, sofern (wie i.d.R.) kein Vertragsteil dem Gemeinschaftsverhältnis besondere Bedeutung zugemessen hat und bei Kenntnis der wahren Rechtslage das Umdeutungsergebnis gewählt worden wäre, Staudinger/*Pfeifer* BGB § 925 Rn. 56.
82 BayObLG DNotZ 1983, 754.
83 OLG München, 20.11.2009 – 34 Wx 108/09, MittBayNot 2010, 207 m. Anm. *Reiß*.
84 In der bereits von ihm erklärten Auflassung wird die Einwilligung zur neuen Auflassung gesehen, OLG Köln Rpfleger 1980, 16; LG Lüneburg RPfleger 1994, 206.
85 BayObLG RPfleger 1983, 346.
86 Soll der tatsächliche Miteigentumsanteil eines Ehegatten (im Grundbuch fälschlich als Gesamtgut einer Gütergemeinschaft ausgewiesen) übertragen werden, ist wegen § 39 GBO Voreintragung als Bruchteilseigentümer notwendig, BayObLG DNotZ 2003, 49.
87 DNotZ 2001, 234 m. Anm. *Schemmann* = MittBayNot 2001, 192 ff. m. Anm. *Ann*. Innerhalb eines Jahres erschienen 93 Urteilsanmerkungen! »Vehikel« war ein Kostenbeschluss nach § 91a ZPO nach Erledigterklärung im Einspruchsverfahren gegen ein Versäumnisurteil.
88 Vgl. *Kremer* RNotZ 2004, 240.
89 ZHR 1972, 177 ff.
90 Das Gesellschaftsvermögen bleibt stets der Gesellschaft, bestehend aus dem jeweiligen Kreis, zugeordnet. Auch die Auflösung ändert den Bestand des Vermögens nicht.

werden verständlich. Die persönliche Haftung der Gesellschafter wurde alternativ begründet durch die »Doppelverpflichtungslehre« (wonach der Geschäftsführer konkludent zugleich Willenserklärungen für die GbR und jeden einzelnen Gesellschafter abgibt) oder aber die »Akzessorietätstheorie«, wonach der Geschäftsführer lediglich eine Verpflichtung der GbR begründet, für die jedoch die Gesellschafter analog § 128 HGB zwingend persönlich haften.

311 Der BGH (ihm folgend nunmehr auch der BFH)[91] hat sich bekanntlich für die Teilrechtsfähigkeit der Außen-GbR[92] entschieden und hierbei, nachdem er sich bereits im Jahr 1999 von der Doppelverpflichtungslehre abgewendet hatte,[93] der Akzessorietätslehre[94] den Vorzug gegeben. Die BGB-Außengesellschaft und die OHG/KG sind strukturgleich;[95] sie ist demnach mitgliedsfähig,[96] GmbH-gesellschaftsanteilsfähig,[97] kommanditistenfähig (§ 162 Abs. 1 Satz 2 HGB), insolvenzfähig (§ 11 Abs. 2 InsO), scheckfähig,[98] markenrechtsfähig,[99] erschließungsbeitragspflichtig[100] und wohl auch wechselfähig,[101] besitzfähig,[102] grundrechtsfähig,[103] aktiv und passiv parteifähig[104] – und zwar auch in Verfahren zur Bestellung eines beschränkt dinglichen Rechtes[105] – sowie prozessfähig,[106] möglicherweise auch komplementärfähig[107] und erbfähig,[108] jedoch wohl nicht arbeitgeberfähig[109] und nicht WEG-verwalterfähig,[110] ebenso wenig als solche Gewerbetreibende.[111]

---

91 BFH, 18.05.2004 – IX R 83/00, NW 2004, 2773; BFH, 29.06.2004 – IX R 39/03, DStRE 2004, 1186 bejaht die Beteiligtenfähigkeit einer Vermietungs-GbR bei der einheitlichen und gesonderten Feststellung ihrer Einkünfte.

92 Also der GbR mit Gesamthandsvermögen und/oder Teilhabe am Rechtsverkehr (wird beides aufgegeben, sinkt sie zur Innengesellschaft herab); eine eigene »Identitätsausstattung« (Name, Sitz, Handlungsorganisation und Haftungssubstrat in Gestalt von Beiträgen) ist entgegen *Ulmer* ZIP 2001, 592 nicht erforderlich (*Habersack* BB 2001, 478), ebenso wenig eine Mitunternehmergesellschaft (als Gegenstück zur zivilistischen oder Idealgesellschaft) – so früher *K. Schmidt* in: FS für Fleck, S. 273.

93 BGH DNotZ 2000, 135 (anders noch BGH NJW 1992, 3037).

94 I.S.d. »abgeschwächten Haftungstheorie«: Erfüllungsanspruch gegen die Gesellschafter persönlich nur bei Geldschulden (BGH NJW 1987, 2369); allerdings unter Beachtung persönlicher Einwendungen und solcher der Gesellschaft (§ 129 Abs. 1 HGB analog: BGH NJW 2001, 1056).

95 *Gummert* in: Münchner Handbuch des Gesellschaftsrechts Bd. 1 § 17 Rn. 22.

96 BGHZ 116, 88 (vorbehaltlich sondergesetzlicher Ausnahmen z.B. § 52e Abs. 1 PatentanwaltsO). Soll eine GbR als Gesellschafterin einer GmbH ihre Vertretung bei Beschlüssen, etwa zur Geschäftsführerbestellung, nachweisen, genügt mangels konkreter Zweifel der privatschriftliche Gesellschaftsvertrag, OLG Hamm, 10.09.2010 – I-15 W 253/10, NotBZ 2011, 101.

97 BGH NJW 2002, 68; zur (offenen) Frage, ob auch in der Gesellschafterliste (§ 40 GmbHG) analog § 47 Abs. 2 Satz 1 GBO, § 162 Abs. 1 Satz 2 HGB alle Gesellschafter anzugeben sind, und Änderungen im Gesellschafterbestand durch neue Liste zu melden seien, vgl. *Gutachten* DNotI-Report 2011, 73.

98 BGH DStR 1997, 1501 m. Anm. *Goette*.

99 BPatG, 20.08.2004 – 25 W (pat) 232/03, DStR 2004, 1924.

100 VGH Baden-Württemberg, 20.09.2006 – 2 S 1755/06, NJW 2007, 105.

101 Entgegen OLG Düsseldorf WM 1991, 1909.

102 *K. Schmidt* GesR, § 60 II 3, S. 1779.

103 BVerfG NJW 2002, 3533.

104 BGH DStR 2001, 311.

105 BGH, 25.01.2008 – V ZR 63/07, NotBZ 2008, 156: Klage auf Bestellung einer Dienstbarkeit muss gegen die GbR gerichtet sein, also (trotz § 128 HGB analog) nicht gegen die Gesellschafter.

106 Zu Praxisproblemen *Reinelt* ZAP 2006, 1291 = Fach 13, S. 1387.

107 Jedenfalls wenn die Vertretungsverhältnisse der GbR insoweit als eintragungspflichtige Tatsache i.S.d. § 15 HGB anzusehen sind LG Berlin DStR 2003, 1585 m. Anm. *Wälzholz*.

108 *Gummert* in: Münchner Handbuch des Gesellschaftsrechts Bd. 1, § 17 Rn. 35.

109 BAG NJW 1989, 3055 – anders im Sozialversicherungsrecht BSGE 55, 5.

110 BGH, 26.01.2006 – V ZB 132/05, DNotI-Report 2006, 58 gegen OLG Frankfurt am Main DNotI-Report 2005, 190 (Divergenzvorlage) im Anschluss an BGH DNotZ 1990, 34.

111 OVG Niedersachsen, 31.07.2008, GewArch 2009, 32 (keine Gewerbeuntersagung an die GbR).

Die hieraus resultierende gesamtschuldnerische Haftung des Gesellschafters (nicht des bloßen 312
Treugebers![112]) für Verbindlichkeiten[113] der GbR, auch für deliktische Ansprüche,[114] ohne Ausschlussmöglichkeit außerhalb einer Individualvereinbarung[115] mit dem Dritten[116] (§ 128 Satz 2 HGB analog[117]) wird gemeinhin als Nachteil der GbR moderner Prägung aufgefasst. Die Vertretungsmacht des »Geschäftsführers« kann also allenfalls im Bereich einer rechtsgeschäftlichen Vollmacht an Dritte[118] auf das Gesellschaftsvermögen beschränkt werden, wobei sich der Geschäftspartner hierauf nicht einlassen muss. Die organschaftliche Vertretungsregelung jedenfalls kann durch Gesellschaftsvertrag (»GbR mbH«) nicht auf das Gesellschaftsvermögen beschränkt werden, da dies dem analogen Haftungsregime der OHG, § 128 HGB, widerspräche (und rechtspolitisch mangels garantierten Mindestkapitals und Registerpublizität unerwünscht wäre). Die »GmbH & Co GbR mbH« steht infolgedessen als gewerblich geprägte Personengesellschaft i.S.d. § 15 Abs. 3 Nr. 2 Satz 1 EStG nicht mehr zur Verfügung.[119]

In Fortführung dieser Linie konstituiert der BGH auch – analog § 130 bzw. § 28 HGB – die Haftung eines (aufgrund Vertrages mit dem Ausscheidenden oder aufgrund Vertrages mit allen Gesellschaftern) eintretenden Gesellschafters bei späterem tatsächlichem[120] rechtsgeschäftlichem (wohl nicht erbrechtlichem)[121] Beitritt auch für die bereits begründeten »Alt«-Verbindlichkeiten, gleich ob aus Vertrag, Quasivertrag oder Gesetz.[122] (Wegen der Besonderheiten des anwaltlichen Mandatsverhältnisses – und da Nichtkaufleute die Haftung bei Fortführung eines Geschäfts in Sozietät nicht gem. § 28 Abs. 2 HGB durch Handelsregistereintragung beschränken können – gilt dies allerdings nicht für Verbindlichkeiten aus beruflichen Haftungsfällen der Mitglieder einer freiberuflichen 313

---

112 BGH, 11.11.2008 – XI ZR 468/07, DNotI-Report 2009, 13; *Hoffmann* NWB 2009, 1424 ff. (treuhänderische Beteiligung an einer Immobilienfonds-GbR über einer Steuerberatungs-GmbH).
113 Nicht erfasst ist z.B. die Abgabe einer Willenserklärung, welche die Gesellschaft schuldet, BGH, 25.01.2008 – V ZR 63/07, RPfleger 2008, 365.
114 Angleichung an die Haftungsverfassung der OHG (§ 128 HGB, § 31 BGB) in BGH, 24.02.2003 – II ZR 385/99, DStR 2003, 749; entgegen der früheren Rspr.; verfassungsrechtliche Bedenken bei *Canaris* ZGR 2004, 94; dagegen *Altmeppen* NJW 2004, 1563.
115 Die nicht schon in der von der anderen Partei hingenommenen Bezeichnung des Schuldners als »GbR mit beschränkter Haftung« im Rubrum des Vertrages liegt KG, 03.06.2004 – 12 U 51/03, NZG 2004, 714. Formularvertragliche Ausschlüsse verstoßen gegen das (neue) GbR-Leitbild, § 307 Abs. 2 Nr. 1 BGB.
116 BGH DNotZ 2000, 135; hiergegen krit. *Wälzholz* MittBayNot 2003, 35. Gem. BGH DNotZ 2002, 805 verbleibt es jedoch bei der bisherigen Rspr. der nur anteiligen Haftung mit dem Gesellschaftsanteil für Immobilienfonds, Aufbauschulden bei Bauherrengemeinschaften und WEG-Gemeinschaften, auch wenn sie als Außengesellschaften auftreten (vgl. *Wälzholz* NotBZ 2004, 438 zur möglichen Ausdehnung auf Familienpool-GbR).
117 Auch die Verjährung der Gesellschafterhaftung gem. § 128 Satz 2 BGB analog folgt derjenigen der Gesellschaftsschuld, BGH, 12.01.2010 – XI ZR 37/09, DNotZ 2010, 623 m. Anm. *Eickelberg*.
118 Der Beschränkung der organschaftlichen Vertretungsmacht wird § 126 HGB analog entgegenstehen, vgl. *Gummert* in: Münchner Handbuch des Gesellschaftsrechts Bd. 1 § 18 Rn. 83.
119 An ihre Stelle tritt die seit 1998 mögliche vermögensverwaltende GmbH & Co. KG; zur »Umgründung« BMF-Schreiben, BStBl. 2000, S. 1198. Sie konserviert den Betriebsvermögensstatus und erlaubt Transfersteuererleichterungen (§§ 13a, 19a ErbStG); gewerbesteuerlich entstehen wegen der Kürzung in § 9 Abs. 1 Satz 2 GewStG keine Nachteile. Letztere entfällt bereits bei geringfügiger Mitvermietung von Betriebsvorrichtungen BFH, 17.05.2006 – VIII R 39/05, EStB 2006, 326.
120 Keine Haftung des Scheingesellschafters analog § 130 HGB für Verbindlichkeiten, die vor der Setzung des Rechtsscheines seiner Gesellschafterstellung entstanden sind OLG Saarbrücken NZG 2006, 619 m. krit. Anm. *Lepczyk* NJW 2006, 3391.
121 Zur Frage der Übertragbarkeit der BGH-Rspr. von § 130 HGB auf § 139 HGB analog (Recht des Erben zum Austritt oder zum Wechsel in eine Kommanditistenstellung) vgl. abl. *Hoppe* ZEV 2004, 226 ff.; bejahend *Schäfer* NJW 2005, 3665 ff. (Austrittsrecht nach fruchtlosem Antrag auf »Umwandlung« in eine KG oder eine Partnerschaftsgesellschaft, sofern die Haftung des Erbengesellschafters nicht individualvertraglich begrenzt wurde).
122 Änderung der Rspr. durch BGH, 07.04.2003 – II ZR 56/02, DStR 2003, 1084; dies gilt jedenfalls für Beitritte nach Veröffentlichung des Urteils und für frühere Beitritte, wenn die Altverbindlichkeiten bekannt waren: BGH, 12.12.2005 – II ZR 283/03, NJW 2006, 765 m. Anm. *Segna*, S. 1566 sowie *Klerx* NWB 2006, 3655 = Fach 18, S. 4353 (hier: aus Versorgungsverträgen bei Miethäusern), sodass auch der Insolvenzverwalter der GbR als Prozessstandschafter der Gesellschaftsaltgläubiger deren Erkennbarkeit belegen muss BGH, 09.10.2006 – II ZR 193/05, NotBZ 2007, 55. Es genügt für die akzessorische Haftung früher Beigetretener, dass sie »bei auch nur geringer Aufmerksamkeit erkennen konnten, dass für die Objektfinanzierung Fremdmittel benötigt wurden, für deren Rückzahlung sie nach dem Gesellschaftsvertrag haften«, BGH, 19.07.2011 – II ZR 300/08, ZNotP 2011, 431.

GbR;[123] jedenfalls nicht für Sozietäten aus der Zeit vor dem BGH, Urt. v. 29.01.2001[124]; ebenso wenig haftet die GbR, in die eine Einzelkanzlei eingebracht wurde, per se für die in der Einzelkanzlei begründeten Haftungsfälle[125]). Der Ausscheidende haftet gem. § 736 Abs. 2 BGB, § 160 Abs. 1 HGB 5 Jahre lang[126] für beim Ausscheiden begründete Verbindlichkeiten weiter.

314 Auch das Gerichtskostenrecht hat zwischenzeitlich die Konsequenz aus der Teilrechtsfähigkeit der GbR gezogen: Wird Grundbesitz an Ehegatten bzw. Kinder in GbR übertragen, steht das Kostenprivileg des § 60 Abs. 2 KostO (5/10- statt 10/10-Gebühr für die Eigentumsumschreibung an Verwandte) nicht zur Verfügung.[127]

Trotz ihrer Teilrechtsfähigkeit betrachtet allerdings der **BFH** bei einer GbR (noch? Rdn. 344)[128] die Gesellschafter als Schenker bzw. Beschenkte, nicht die GbR als solche, sodass nicht bereits deshalb die Steuerklasse III verwirklicht ist.[129]

315 Anders als rechtsfähige Personengesellschaften wie die OHG oder die KG, die bspw. zwingend Unternehmer i.S.d. § 14 BGB sind, ist die vermögensverwaltende GbR weiterhin **Verbraucher**.[130] Lediglich, wenn das Rechtsgeschäft der Durchführung gewerblicher oder selbstständiger beruflicher Zwecke dient und die Gesellschaft sich bereits außerhalb der Existenzgründungsphase befindet,[131] ist sie materiell-rechtlich (mit der Folge geringeren Klauselschutzes, möglicherweise erhöhten Verzugszinsen gem. § 288 Abs. 2 BGB) und formell rechtlich (§ 17 Abs. 2a BeurkG!) als Unternehmer zu klassifizieren.

b) »Grundbuchfähigkeit« der GbR

aa) Entscheidung des BGH

316 Der BGH, Beschl. v. 04.12.2008[132] führte den mit der Anerkennung der materiellen (Teil-) Rechtsfähigkeit der GbR begonnenen Weg auch formellrechtlich konsequent weiter.[133] Der BGH stellt zunächst die aus seiner Sicht vier zuvor vertretenen Meinungen zur Grundbucheintragungsfähigkeit der GbR als solcher dar:

---

123 BGH, 22.01.2004 – IX ZR 65/01, DStR 2004, 609; *K. Schmidt* NJW 2005, 2801 ff. (a.A. LG Frankenthal/Pfalz NJW 2004, 3190), jedoch für sonstige Verpflichtungen, etwa aus Mietvertrag OLG Naumburg NZG 2006, 711. Die analoge Anwendung des § 28 Abs. 1 Satz 1 HGB im kleingewerblichen Bereich ist noch offen (BGH NJW 2004, 836; *Seibt* NJW-Spezial 2004, 172). Sollte künftig §§ 28, 130 HGB analog auch auf die Freiberufler-GbR angewendet werden, wäre anstelle der schlichten Aufnahme des neuen Sozius die Gründung einer neuen GbR aus bisheriger Gesellschaft und »Beitretendem« samt Buchwerteinbringung der Altkanzlei nach § 24 UmwStG in die neue GbR oder Überführung in eine Partnerschaftsgesellschaft (§ 8 Abs. 2 PartGG) zu erwägen *Wälzholz* DStR 2004, 1709.
124 BGH, 26.06.2008 – IX ZR 145/05.
125 BGH, 17.11.2011 – IX ZR 161/09.
126 Mangels Registerpublizität ab sicherer Kenntnis des Gläubigers vom Ausscheiden.
127 OLG München, 24.10.2008 – 34 Wx 67/08, MittBayNot 2009, 183; a.A. zuvor *Fembacher* MittBayNot 2004, 470.
128 In BFH, 21.04.2009 – II R 57/07, ZEV 2009, 414 m. krit. Anm. *Ebeling* nicht entscheidungserheblich; vgl. *Hartmann* ErbStB 2009, 78.
129 BFH, 14.09.1994 – II R 95/92, BStBl. II 1995, S. 81; BFH, 15.07.1998 – II R 82/96, BStBl. II 1988, S. 630.
130 BGH NJW 2002, 368; *Amann/Brambring/Hertel* Vertragspraxis nach neuem Schuldrecht, S. 441.
131 Staudinger/*Kessal-Wulf* BGB 13. Aufl. 1998 § 1 VerbrKrG Rn. 26.
132 BGH, 04.12.2008 – V ZB 74/08, ZfIR 2009, 93, m. abl. Anm. *Volmer*.
133 *Krüger* FS Brambring 2010, S. 177, 182 wirft den Notaren vor, sie hätten die Zeichen der Zeit nicht wahrhaben wollen (»*die Notare sind auch nicht mehr das, was sie einmal waren*«).

- Die bislang wohl herrschender Rechtsprechung[134] und Literatur,[135] wonach – wie bisher – alle Gesellschafter unter Zusatz des Gemeinschaftsverhältnisses (ohne Angabe von Anteilsquoten) »in Gesellschaft des bürgerlichen Rechts« einzutragen seien (§ 47 GBO a.F., § 15 GBV a.F.) werden, auch als Gläubiger eines beschränkt dinglichen Rechtes (etwa einer Sicherungshypothek).[136]

- Die Gegenauffassung, wonach die GbR »als solche« mit ihrem (selbst gewählten, unterscheidungsfähigen) »Namen« (analog § 15 Abs. 1b GBV) eingetragen werden kann.[137] Als Vertretungsnachweis solle dann ein in der Form des § 29 Abs. 1 Satz 1 GBO geschlossener Gesellschaftsvertrag mit entsprechender Bevollmächtigung gefordert werden (sog. »Identitätsausstattung«).[138] Eine Spielart dieser Ansicht will die GbR »als solche« und ihren gesetzlichen Vertreter (den »geschäftsführenden Gesellschafter«) eintragen,[139] was jedoch zum einen allgemeinem Grundbuchrecht widerspricht (auch beim minderjährigen Eigentümer werden nicht die Eltern mit eingetragen),[140] zum anderen nicht vom Gutglaubensschutz, auch nicht von § 891 BGB, umfasst wäre.

317

- Sowie die vermittelnde Ansicht, wonach die GbR »als solche« (mit Name und Sitz) und zugleich, als Identifizierungsbehelf, alle Gesellschafter mit Name und Geburtsdatum verlautbart werden.[141] Dies entspräche § 162 Abs. 1 Satz 2 HGB (GbR als Kommanditist einer KG: »*es sind auch deren Gesellschafter und spätere Änderungen in der Zusammensetzung der Gesellschafter zur Eintragung anzumelden*«). Wechseln die Gesellschafter, würde das Grundbuch demnach streng genommen nicht unrichtig, es wäre nur die Bezeichnung richtig zu stellen.[142]

318

Der BGH folgt im Grundsatz der zweiten Ansicht. Aus der (Teil-) Rechtsfähigkeit der GbR ergebe sich ihre Grundstückserwerbsfähigkeit und daraus zwingend, da das Grundbuchrecht nur dienende Funktion habe, auch die formale **Grundbucheintragungsfähigkeit**. Die bisher in § 15 Abs. 3 GBV geregelte GbR (noch dem Leitbild des gesamthänderisch gebundenen Eigentums der Mitglieder folgend) sei demnach durch erweiternde Analogie zu § 15 Abs. 1 Buchst. b) GBV (also den registerfähigen Personenhandelsgesellschaften) letzteren gleichzustellen.

319

Diese entsprechende Anwendung hatte zur Folge, dass die GbR entweder »als solche« mit ihrem (selbst gewählten) Namen eingetragen werden kann (»Namens-GbR«) oder aber – im Fall der »namenlosen GbR« – als »Gesellschaft bürgerlichen Rechts« mit dem Zusatz »bestehend aus« und den Namen der Gesellschafter, die dann sämtlich – wie in § 15 Abs. 3 Satz 1 GBV bisher angeordnet – mit Name und Geburtsdatum aufzuführen sind, allerdings nur als Identifikationsbehelf, da ein selbst gewählter Name nicht zur Verfügung steht. Um bei der Namens-GbR eine **Verwechselung mit an-**

320

---

134 BayObLG, 31.10.2002 – 2Z BR 70/02, NJW 2003, 70 mit teilweise abweichendem Ansatz: Eine Gesellschaft bürgerlichen Rechtes ist nicht materiell grundbuchfähig, d.h. ihr mangelt in diesem Teilbereich – wie möglicherweise auch in Bezug auf die Arbeitgebereigenschaft, BGH NJW 2002, 1207 – die Rechtsfähigkeit (gegen diesen Ansatz deutlich BGH, 25.09.2006 – II ZR 218/05, MittBayNot 2007, 118); BayObLG, 04.09.2003, DNotZ 2004, 278; BayObLG, 08.09.2004 – 2Z BR 139/04, ZNotP 2004, 482; OLG Celle, 13.03.2006, RNotZ 2006, 287; OLG Schleswig, 29.10.2007, NotBZ 208, 38; auch der Ortsverband einer politischen Partei ist nicht grundbuchfähig, OLG Celle RNotZ 2004, 465, ebenso wenig ein nichtrechtsfähiger Verein: LG Hagen RPfleger 2007, 26.

135 Vgl. *Heil* DNotZ 2004, 382/383; *Kremer* RNotZ 2004, 246, de lege lata auch *Kesseler* DNotZ 2007, 79/80. Damit wird dem Rechtsverkehr durch § 892 BGB das Risiko abgenommen, mit »den falschen Gesellschaftern« zu kontrahieren.

136 BayObLG, 08.09.2004 – 2Z BR 139/04, NotBZ 2004, 433.

137 OLG Stuttgart, 09.01.2007 – 8 W 223/06, ZIP 2007, 419 m. Anm. *Kesseler*, (obiter dictum) jedenfalls wenn die Gesellschaft unter einem Namen auftritt (»WGS-Fonds«), NotBZ 2007, 105; zögernd auch *Drasdo* NJW-Spezial 2007, 241; zustimmend *Bielicke* RPfleger 2007, 441, der eine eidesstattliche Versicherung in der Ankaufs-/Verkaufsurkunde als Nachweis der Vertretungsregelung vorschlägt.

138 *Dümig* Rpfleger 2002, 53 ff.; ausdrücklich offen lassend BGH, 25.09.2006 – II ZR 218/05, MittBayNot 2007, 118 f.

139 KG ZIP 2008, 1178.

140 *Demharter* EWiR 2008, 396.

141 *Carlé* ErbStB 2004, 316; *Kesseler* ZIP 2007, 421, 423; *Lautner* NotBZ 2007, 229, 234; so etwa LG Magdeburg, 15.11.2007 – 3 T 708/07, NotBZ 2008, 39 m. Anm. *Karlowski* für eine GbR als Berechtigte einer beschränkt persönlichen Dienstbarkeit.

142 *Langenfeld* in: FS 50 Jahre Deutsches Anwaltsinstitut, S. 402 und wohl auch der 3. Senat des BayObLG in einer Kostensache, Rpfleger 2002, 536; nach *Lautner* NotBZ 2007, 229, 238 bedürfe es dabei nicht einmal der Form des § 29 GBO; ähnlich *Böttcher* RPfleger 2007, 440: schriftliche Mitteilung der GbR.

B. Gestaltung eines Grundstückskaufvertrages

deren, namensgleichen GbR zu vermeiden, schlug der BGH vor (sozusagen als Ersatz für das Fehlen der bei natürlichen Personen zur Verfügung stehenden Unterscheidungsmöglichkeiten, etwa des Geburtsdatums), den »Sitz« der GbR und die Angabe des gesetzlichen Vertreters mit aufzunehmen. Der BGH versuchte auf diese Weise, der GbR eine im Gesetz nicht vorhandene »Identitätsausstattung«[143] beizugeben. Die Praxis lehrt allerdings, dass sogar bei eingetragenen Kaufleuten die Selbstbezeichnung im Wirtschaftsverkehr oft von der offiziellen Firmenbezeichnung abweicht.[144]

▶ Formulierungsvorschlag: Bezeichnung der GbR bei Veräußerung und Auflassung

321 Die Gesellschaft bürgerlichen Rechts (*ggf.: unter der Bezeichnung ....., Postanschrift: .....*), vertreten durch die im Grundbuch eingetragenen Gesellschafter (Vorname, Nachname), geb. am ....., und (Vorname, Nachname), geb. am .....

– im Folgenden »der Veräußerer« genannt –

veräußert hiermit an .....;

ist mit dem Erwerber über den Übergang des Eigentums einig und bewilligt, die Auflassung im Grundbuch einzutragen.

322 Die Rechtsprechung zur GbR kann wohl uneingeschränkt auf den **nicht eingetragenen Verein** übertragen werden, der demnach im Grundbuch zu buchen ist als »*nichtrechtsfähiger Verein, bestehend aus den Mitgliedern A, B, C ...*« Auch eine auf öffentlich-rechtlichem Vertrag beruhende GbR (die »ARGE« nach § 44b SGB II) ist demnach als solche grundbuchfähig,[145] ohne sich hierfür, wie landesrechtlich (etwa in § 3 AG- SGB II NRW) häufig vorgesehen, als Anstalt des öffentlichen Rechtes konstituieren zu müssen.

bb) Wege aus der Kalamität

323 Der BGH verkannte nicht, dass sein Beschluss die **zentralen Fragen**
– des Nachweises der Existenz einer GbR,
– des Nachweises ihrer wirksamen Vertretung und – damit impliziert –,
– der Möglichkeit des gutgläubigen Erwerbs vom Nichtberechtigten/Nichtexistenten bei Veräußerung durch eine GbR

unbeantwortet lässt, verwies jedoch insoweit auf den Gesetzgeber:[146] »*Die aufgezeigten Schwierigkeiten ... sind zwangsläufige und hinzunehmende Folge der Anerkennung der Teilrechtsfähigkeit der bR.*«. Bei Eintragungen aufgrund eines gerichtlichen Urteils – so der dem BGH vorliegende Sachverhalt – reiche dieser Titel als Nachweis aus, selbst wenn 2 Jahre ins Land gegangen sind.[147]

324 Ein vollwertiger Nachweis der Existenz, Zusammensetzung und Vertretung der GbR lässt sich nicht führen: Auch die Vorlage eines notariell unterschriftsbeglaubigten GbR-Vertrages sowie einer unterschriftsbeglaubigten Abtretungskette (wie sie selten möglich sein wird) kann nicht abhelfen, da GbR-Anteilsabtretungen per se nicht am guten Glauben des Grundbuchs teilhaben (und zudem die Existenz weiterer Satzungsänderungen oder Weiterabtretungen nicht ausschließbar ist).

325 Immerhin galt mit Blick auf die **Vergangenheit**: Mit der Gleichstellung der GbR zu den in § 15 Abs. 1 Buchst. b) GBV aufgeführten Personengesellschaften betrieb der BGH richterliche Rechtsfortbildung, sodass die bisherigen Eintragungen (Nennung der Gesellschafter unter Angabe des Beteiligungsverhältnisses i.S.d. § 47 GBO) nicht rückwirkend unrichtig werden. Bei richtiger Inter-

---

143 Die Suche danach begann mit *Ulmer/Steffek* NJW 2002, 330, 333.
144 *Volmer* ZfIR 2009, 98.
145 OLG Köln, 16.07.2010 – 2 Wx 53/09, JurionRS 2010, 26606.
146 So schon im vorangegangenen Senatsurteil NJW 2008, 1378,1379.
147 Hiergegen zu Recht kritisch *Bestelmeyer* Rpfleger 2009, 145: dies könnte allenfalls gelten, wenn die erforderlichen Eintragungsvoraussetzungen einmal in strenger Form nachgewiesen waren, sodass nur bei konkreten Anhaltspunkten für deren Wegfall neuerliche Nachweise gefordert werden dürfen.

pretation¹⁴⁸ umschreiben sie das Eigentum der (teil-)rechtsfähigen GbR ohnehin nur auf andere, allerdings vom BGH für künftige Eintragungen nicht mehr akzeptierte Weise.

Bis zur **Gesetzesnovelle vom 18.08.2009** vermittelte weder die vom BGH als Möglichkeit angesprochene informatorische Mitnennung eines Vertretungsberechtigten noch die ebenfalls nur zur Identifikationszwecken vorgenommene Nennung der Gesellschafter Schutz des guten Glaubens an die Existenz der GbR (a) und deren Fähigkeit, Eigentum zu übertragen bei der Namens-GbR (b) wie auch bei der namenlosen GbR (c): **326**

(a) §§ 891, 892 BGB beziehen sich nicht auf die Rechtspersönlichkeit einer eingetragenen Personenvereinigung.¹⁴⁹ Existiert also die im Grundbuch eingetragene GbR überhaupt nicht, scheiterte jedenfalls bis zum Inkrafttreten des § 899a BGB ein gutgläubiger Erwerb. Möglicherweise war darüber hinaus die Auflassung an oder durch einen nicht existenten Rechtsträger schon per se unwirksam.¹⁵⁰ Allerdings könnte derjenige, der für die nichtexistente GbR als Vertreter aufgetreten ist, nach § 179 Abs. 1 BGB als falsus procurator haften; die für den Haftungsausschluss erforderliche Kenntnis des Vertragspartners vom Fehlen der Vertretungsmacht braucht allerdings nicht den Umstand zu umfassen, dass auch die GbR als solche nicht existiert.¹⁵¹

(b) Wird eine »Namens-GbR« unter **Nennung des gesetzlichen Vertreters**, wie vom BGH angeregt, im Grundbuch aufgeführt, erstreckt sich weder die Vermutungswirkung des § 891 BGB noch der daran anknüpfende Gutglaubensschutz auf das Bestehen dieser Vertretungsbefugnis, da rechtliche Eigenschaften des Eingetragenen hiervon nicht erfasst sind.

(c) Eine **namenlose GbR** ist als solche – jedoch notwendig zusammen mit den Namen der Gesellschafter unter dem Zusatz »bestehend aus« – einzutragen. Auch hier diente vor dem 18.08.2009 die Namensangabe der Gesellschafter lediglich der Identifizierung des teilrechtsfähigen Verbands.

   (aa) Neuere Stimmen in der Literatur diskutierten schon vor der gesetzlichen Neuregelung, ob angesichts der besonderen Qualität der GbR und der Bedeutung des Grundbuchs als öffentlichem Register insoweit auch die Gesellschafterposition an der Vermutungswirkung des § 891 BGB teilhaben soll.¹⁵²

   (bb) Der BGH hat im Rahmen einer GbR-Anteilsübertragung den gutgläubigen Erwerb des Gesellschaftsanteils von den im Grundbuch Eingetragenen verneint,¹⁵³ allerdings mit der Begründung, § 892 BGB schütze nur den guten Glauben im rechtsgeschäftlichen Grundstücksverkehr, nicht im Gesellschaftsanteilsverkehr; das OLG Rostock hat sich dezidiert gegen die Einbeziehung der eingetragenen Gesellschafterstellung in den Gutglaubensschutz ausgesprochen.¹⁵⁴

   (cc) Auch ein Rekurs auf die besondere, **gesetzliche Rechtsscheinhaftung nach §§ 171, 172 BGB** scheidet nach herrschender Meinung aus, da vertretungsregelnde Klauseln in Gesellschaftsverträgen nicht den Charakter einer Vollmachtsurkunde haben¹⁵⁵ und auch die analoge Anwendung des § 172 BGB nicht begründen kann, dass (ggf. ältere) Gesellschaftsverträge die Existenz und Vertretung einer GbR zu belegen vermögen.¹⁵⁶

---

148 Vgl. *Bestelmeyer* Rpfleger 2009, 144.
149 So bereits KG, 19.09.1929, HRR 1929 Nr. 1996; MünchKomm-BGB/*Wacke* 4. Aufl. 2004 § 891 Rn. 12 m.w.N.
150 Ebenso bei Auflassung an oder durch den »Rat der Gemeinde« als Teil des untergegangenen Zentralstaates anstelle der Gebietskörperschaft selbst, BGH VIZ 1996, 272 und VIZ 1996, 342; Heilungsgesetz: Art. 231 § 8 Abs. 2 EGBGB (sog. »Briefkopfurteile«).
151 BGH, 12.11.2008 – VIII ZR 170/07, ZNotP 2009, 64.
152 So Staudinger/*Gursky* BGB (2008) § 891 Rz. 37; *Kesseler* DNotZ 2007, 79, 80; *Jeep* notar 2009, 32; *Schöner/Stöber* Grundbuchrecht Rn. 240b.
153 BGH NJW 1997, 860.
154 OLG Rostock NJW-RR 2004, 260: keine Eintragung eines Insolvenzvermerks bei einem Grundstück einer GbR, wenn lediglich ein GbR-Gesellschafter in Insolvenz gefallen ist, da gutgläubiger Erwerb nicht zu befürchten sei; offengelassen bei LG Zwickau DNotZ 2003, 131, 133.
155 Vgl. *Heil* NJW 2002, 258; *Ruhwinkel* MittBayNot 2007, 92, 95.
156 Vgl. *Reymann* ZNotP 2011, 84, 90.

(dd) Fraglich war weiter, ob allgemeine Rechtsscheinsgrundsätze (ähnlich der Duldungs- und Anscheinsvollmacht) eingreifen können. Die Grundbucheintragung dürfte jedoch als zurechenbarer Rechtsscheintatbestand vor dem 18.08.2009 ausscheiden, da die GbR jedenfalls vor §§ 899a Satz 2 i.V.m. § 894 BGB, § 82 Satz 3 GBO nicht verpflichtet war, die Grundbuchbezeichnung in dem Sinn zu aktualisieren, dass die Vertreterangabe bzw. die Gesellschafternennung angepasst wird.

331 Die vom BGH bejahte uneingeschränkte »Grundbucheintragungsfähigkeit« der GbR hatte bis zur Neuregelung des § 47 GBO, § 15 GBV ab 18.08.2009 auch Auswirkungen auf Grundbucheintragungen beim **Gesellschafterwechsel**. Wurde die Außen-GbR allein unter ihrem Namen eingetragen, waren und sind Änderungen im Gesellschafterbestand naturgemäß irrelevant.[157] Wurde die Außen-GbR (2. Alt.) unter Nennung der Namen der Gesellschafter als Identifikationsbehelf eingetragen, wurde jedoch vor dem 18.08.2009 auch insoweit das Grundbuch nicht unrichtig, vielmehr war lediglich der Name der GbR unzutreffend geworden. Durchzuführen war demnach eine bloße Richtigstellung der Bezeichnung, nicht eine Grundbuchberichtigung i.S.d. § 22 GBO;[158] es galten nach herrschender Meinung[159] und Rechtsprechung[160] die Grundsätze des Freibeweises, nicht die Beschränkung auf Beweismittel des § 29 GBO. Kostenrechtlich fiel bei einer solchen Namensänderung nur eine 1/4-Gebühr nach § 67 KostO, nicht die volle Gebühr nach § 60 Abs. 1 KostO an[161] (vgl. nunmehr aber Rdn. 420).

332 Das aufgezeigte Dilemma stellt sich gleichermaßen
 – bei der Beteiligung einer GbR auf Veräußerer- wie auf Erwerberseite,
 – im Grundbuchverkehr ebenso wie im allgemeinen Rechtsverkehr,
 – in sachenrechtlicher Hinsicht ebenso wie in Bezug auf das wirksame Zustandekommen schuldrechtlicher Verträge.

333 Die Thematik des Nachweises ist jedoch im **Grundbuchverkehr** durch die Beweismittelbeschränkung des § 29 GBO deutlich erschwert. Andererseits gilt auch im Grundbuchrecht das Prinzip, dass der Nachweis negativer Tatsachen, die nicht durch das »Schweigen« eines mit öffentlichem Glauben versehenen Registers belegt werden können, nicht verlangt werden kann.[162] Verfügten alle im Grundbuch (nach bisheriger Vorstellung als Namensbestandteil der GbR) eingetragenen Gesellschafter, konnte das Grundbuchamt auch vor Inkrafttreten des §§ 899a Satz 1, 891 BGB nur bei Vorliegen besonderer Umstände weitere Nachweise verlangen.[163]

334 Als Nachweisverfahren ungeeignet waren:
(a) die Abgabe **eidesstattlicher Versicherungen** bzw. schlichter Wissensbestätigungen ggü. dem Grundbuchamt. Sie ist im Grundbuchverfahren allerdings bisher nur in § 35 Abs. 3 GBO, § 18 GBMaßnG als gesetzliches Nachweismittel zugelassen, und wurde ferner richterrechtlich anerkannt zum Nachweis ergänzender (das notarielle Testament spricht nur von »den Kindern«[164])

---

157 Vgl. Meikel/*Böttcher* Grundbuchrecht § 22 GBO Rn. 45.
158 Vgl. *Lautner* MittBayNot 2006, 497, 499; *Böttcher* ZNotP 2009, 45, Meikel/*Böttcher* Grundbuchrecht § 15 GBV Rn. 35.
159 Vgl. *Kuntzel/Ertl/Herrmann/Eickmann/Dümig* Grundbuchrecht § 22 GBO Rn. 15, *Demharter* GBO 26. Aufl. 2008 § 22 Rn. 22, Meikel/*Böttcher* Grundbuchrecht § 22 GBO Rn. 86; a.A. *Ruhwinkel* MittBayNot 2009, 177, 182 mit Hinweis auf § 15 Abs. 3 GBV, der für einen Sonderfall – die Änderung der Gesellschaftsform – eine Nachweiserleichterung vorsieht, also von der grundsätzlichen Geltung des § 29 GBO ausgehe.
160 OLG Zweibrücken Rpfleger 2009, 17: lediglich Berichtigungsvermerk bei Anpassung der Bezeichnung der GbR im Grundbuch.
161 So bereits OLG München, 03.07.2008 – 34 Wx 36/08, MittBayNot 2009, 64; OLG Hamm, FGPrax 2008, 84; LG Nürnberg-Fürth Rpfleger 2008, 392.
162 Vgl. BGH, 04.12.2008 – V ZB 74/08, DNotZ 2009, 115; *Hertel* DNotZ 2009, 121, 126, OLG München, 09.01.2007 – 32 Wx 176/06, DNotZ 2007, 381.
163 LG Ingolstadt, 14.04.2009 – 12 T 526/09, MittBayNot 2009, 300 m. Anm. *Amann*; ähnlich LG Oldenburg, 17.03.2009 – 17 T 204/09, NdsRpfl 2009, 126: wenn beglaubigter Gesellschaftsvertrag vorliegt, kann nicht allein wegen des Zeitablaufs zusätzlicher Nachweis verlangt werden.
164 *Gutachten* DNotI-Report 2006, 109, 111.

oder negativer Tatsachen (Scheidungs-[165] oder Pflichtteilsklausel[166] bei gemeinschaftlichem Testament, Rdn. 734) i.R.d. § 35 Abs. 1 Satz 2 GBO. Die für die Strafbarkeit gem. § 156 StGB erforderliche allgemeine Zuständigkeit des Grundbuchamtes als Behörde (§ 11 Abs. 1 Nr. 7 StGB) zur Abnahme von eidesstattlichen Versicherungen ergibt sich wohl bereits aus § 35 Abs. 2 Satz 2 GBO, fraglich ist allerdings die »besondere Zuständigkeit« gerade in Bezug auf den Vorgang, auf den sie sich bezieht.[167] Jedenfalls verleiht sie – urkundsrechtlich – dem Dokument keine erhöhte Nachweiskraft;[168]

(b) **notarielle Bestätigungen** ähnlich einer Vertretungsbescheinigung nach § 21 BNotO, da die Erklärung des Notars nicht unsicheres Datenmaterial »hochwerten« kann. Der BGH schlug vor, im Gesellschaftsvertrag könne vereinbart werden, dass jede Veränderung des Gesellschaftsvertrages sowie jede Verfügung über Gesellschaftsanteile der notariellen Beglaubigung oder Beurkundung an einer bestimmten Notarstelle bedürfe, sodass dort eine vollständige Sammlung jedenfalls aller rechtsgeschäftlichen Veränderungen vorläge und der jeweilige Inhaber der Amtsstelle eine entsprechende Bescheinigung ausstellen könnte. Diese Lösung krankt jedoch daran, dass der geschaffene Formzwang trotz einer qualifizierten Formzwangklausel (wonach auch die Aufhebung des Paragrafen über den Formzwang nur in derselben Form erfolgen könne) wohl auch formlos geändert werden kann[169] (ähnlich der mündlichen Aufhebung einer auch qualifizierten Schriftformklausel[170]). 335

Als Ausweg aus dem Dilemma konnte der Erwerber verlangen, dass die veräußernde GbR sich zunächst dergestalt auseinandersetzt, dass das Gesellschaftsvermögen den einzelnen (mutmaßlichen) Gesellschaftern in **Bruchteilseigentum** übertragen wird (bzw. der Gläubiger in Abteilung II bzw. III möge verlangen, dass vor der Bestellung eines Grundpfandrechts oder einer Dienstbarkeit durch die bewilligende GbR selbiges geschähe). Die GbR-Gesellschafter sind hierfür, soweit nicht bereits im Gesellschaftsvertrag geschehen, durch Beschluss von § 181 BGB zu befreien. Sobald die (mutmaßlichen) Gesellschafter in Bruchteilsgemeinschaft eingetragen waren – also dem Grundbuchamt Existenz und Vertretung der GbR »nachgewiesen« wurden –, war auch vor dem 18.08.2009 gutgläubiger Erwerb möglich. Der Weg ist allerdings mit hohen Notar-[171] und Grundbuchkosten auf Veräußererseite belastet; Grunderwerbsteuer fällt bei (mutmaßlich) identischer Beteiligung auf GbR- und auf Bruchteilsseite nicht an, § 6 Abs. 1 Satz 1 GrEStG (beachte allerdings die 5-Jahres-Frist des § 6 Abs. 4 GrEStG). An der einkommensteuerlichen Qualifikation ändert sich nichts; die Übertragung stellt auch keinen Anschaffungsvorgang dar (§ 39 Abs. 2 Nr. 2 AO: wirtschaftliche Betrachtungsweise).[172] 336

In ähnlicher Weise konnte versucht werden, den Gutglaubensschutz des Erwerbers nicht über das Grundbuch (§ 892 BGB) zu gewährleisten, sondern über das **Handelsregister** (§ 15 HGB), im Sinn eines nachträglichen untechnischen »Formwechsels« durch Änderung des Gesellschaftsvertrages und Einbuchung im Handelsregister aufgrund übereinstimmender Anmeldung der (mutmaßlichen) OHG-Gesellschafter bzw. Komplementäre/Kommanditisten. Das Handelsregister, übernimmt lediglich eine Plausibilitätsprüfung, dem Grundbuchamt ggü. ist allerdings sodann der Inhalt des Handelsregisters maßgeblich, § 32 Abs. 1 GBO, sodass im Ergebnis die materiellen Beweisanforderungen des Grundbuchrechts (§ 29 GBO) durch das Handelsregisterrecht »umgangen« werden. Die 337

---

165 *Gutachten* DNotI-Report 2006, 181.
166 OLG Köln, 14.12.2009 – 2 Wx 59/09, RPfleger 2010, 263.
167 Für Statthaftigkeit *Heinze* RNotZ 2010, 281, 303.
168 Andernfalls ist das Grundbuchamt nicht zur »Abnahme« der eidesstattlichen Versicherung i.S.d. § 156 StGB berufen, vgl. *Bestelmeyer* RPfleger 2010, 169, 181.
169 Ebenso *Schubert* ZNotP 2009, 181 (dort auch Formulierungsvorschlag).
170 In AGB verstößt die »doppelte Schriftformklausel« gegen § 307 Abs. 1 BGB, da sie den Eindruck erweckt, den in § 305b BGB normierten Vorrang der Individualvereinbarung unterlaufen zu wollen: OLG Rostock, 19.05.2009 – 3 U 16/09, JurionRS 2009, 19810.
171 20/10 Gebühr aus dem vollen Grundstückswert, allerdings unter Zusammenrechnung gem. § 44 Abs. 2a KostO.
172 BFH, 02.04.2008 – IX R 18/06, NJW 2008, 3662.

Notar-,[173] Handelsregister- und Grundbuchkosten[174] sind überschaubar. Als unattraktiv empfunden wird (neben der Registerpublizität) allerdings die handelsrechtliche (trotz § 140 AO allerdings nicht sanktionierte[175]) Buchführungspflicht, § 238 Abs. 1 Satz 1 HGB[176] (die seit 2008 lediglich für bestimmte kleinere Einzelkaufleute gelockert wurde[177]) sowie die grds. dadurch begründete Anwendbarkeit der Handelskaufvorschriften (z.B. § 377 Abs. 2 HGB), »Formkaufmann«.

338 Der Nachweis der »Identität« der oHG mit einer bisher gebuchten GbR konnte bis zum 18.08.2009 durch Bescheinigung des Handelsregisters gem. § 15 Abs. 3 GBV a.F. geführt werden; seit dessen Abschaffung bedarf es, da der »Formwechsel« sich nicht aus dem Handelsregister ergibt,[178] einer »berichtigenden Bewilligung« aller eingetragenen Gesellschafter,[179] die auch für diese Zwecke (»in Ansehung des eingetragenen Rechtes«) gem. § 899a BGB als bewilligungsberechtigt gelten:

▶ **Formulierungsvorschlag: Berichtigung bei identitätswahrendem Formwechsel einer eingetragenen GbR in oHG**

339 Im Grundbuch des AG ..... für ..... Blatt ..... ist eine Gesellschaft bürgerlichen Rechts, bestehend aus A, B und C als Gesellschaftern, eingetragen. Diese Gesellschaft ist zufolge der Anmeldung aller Gesellschafter vom ..... am ..... im Handelsregister des AG ..... unter HRA ..... als offene Handelsgesellschaft unter der Firma ..... eingetragen worden. Beglaubigte Abschrift der Registeranmeldung, in welcher A, B und C den identitätswahrenden Formwechsel der GbR in die oHG dargestellt und angemeldet haben, ist beigefügt. Der Notar bestätigt aufgrund Einsicht in das elektronische Handelsregister wie vorbezeichnet, dass die ..... oHG dort wie angegeben eingetragen wurde.
A, B und C bewilligen und beantragen berichtigend einzutragen, dass die Bezeichnung des Eigentümers sich in ABC-oHG geändert hat. Es handelt sich um eine Richtigstellung i.S.d. § 67 KostO.

340 — Am Erfolg versprechendsten war und ist das Ausweichen auf eine **selbstständige, rechtsgeschäftliche Vollmachtsurkunde**, die – sofern in Urschrift (beglaubigte Vollmacht) oder Ausfertigung (beurkundete Vollmacht) vorgelegt[180] – im Rechtsverkehr ggü. jedermann den Rechtsschein gem. §§ 171, 172 BGB erzeugt. Dieser Weg macht sich zunutze, dass die durch eine GbR (vertreten durch ihre Gesellschafter, vgl. Rdn. 597) einmal wirksam erteilte Vollmacht naturgemäß in ihrem Bestand von einem Wechsel in der Person der Gesellschafter unberührt bleibt, ebenso wenig wie die durch eine OHG oder eine GmbH erteilte Vollmacht davon beeinflusst wäre. Folgende Schwierigkeiten treten jedoch auf:

341 — Ähnlich wie bei der Übertragung des Gesellschaftsvermögens in künftiges Bruchteilseigentum (Rdn. 637) sowie beim untechnischen Formwechsel in eine registrierte Personen-Handelsgesellschaft (Rdn. 639) müssen auch hier – jedenfalls im Zeitpunkt der Vollmachtserteilung – die Existenz der GbR und ihre wirksame Vertretung gesichert sein. Dies gelingt zweifelsfrei nur, wenn die Vollmacht im Zeitpunkt der Gründung – sozusagen als Bestandteil des ersten Gesellschaftsvertrages – erteilt wird (urkundlich davon gleichwohl getrennt, um eine selbstständige Vollmachtsur-

---

173 Handelsregisteranmeldung ca. 80 €, Berichtigungsbewilligung: 5/10 Gebühr gem. § 38 Abs. 2 Nr. 5a KostO aus ca. 10 – 30 % des Grundstückswerts (*Notarkasse* Streifzug durch die Kostenordnung, 8. Aufl. 2010 Rn. 225 ff.).
174 OLG München, 03.07.2008 – 34 Wx 36/08, MittBayNot 2009, 64: 1/4 Gebühr gem. § 67 KostO aus 50 % des Grundstückswertes für die Richtigstellung der Eigentümerbezeichnung.
175 Unberührt bleibt jedoch die Möglichkeit der Strafbarkeit gem. § 283b StGB sowie eine mögliche Zwangsgeldfestsetzung im Besteuerungsverfahren.
176 Erzielt die oHG allerdings nur Einkünfte aus Vermietung und Verpachtung (oder aus Kapitalvermögen), werden diese – trotz Buchführungspflicht – durch Einnahmen-Überschuss-Rechnung ermittelt, vgl. *v. Oertzen/Herrmann* ZEV 2003, 400.
177 § 241a Satz 1 HGB: an zwei aufeinanderfolgenden Abschlussstichtagen nicht mehr als 500.000 € Umsatzerlöse und 50.000 € Jahresüberschüsse, vgl. *Ritzrow* EStB 2010, 464 ff.
178 Die GbR kann gem. § 191 Abs. 1 UmwG nicht formwechselnder Rechtsträger sein.
179 *Schöner/Stöber* Grundbuchrecht Rn. 985; KG, 01.10.2008 – 1 W 38/08, NotBZ 2010, 408 (nur Ls.): bloße Richtigstellung, keine Berichtigung i.S.d. § 22 GBO.
180 Die Grundsätze der Anscheins- oder Duldungsvollmacht helfen wenig, da die Heilung des Vertretungsmangels durch die Verursachung des Rechtsscheines durch alle BGB-Gesellschafter herbeigeführt werden müsste (OLG Saarbrücken, 13.11.2008 – 8 U 444/07, NotBZ 2009, 192).

kunde i.S.d. § 172 BGB zu schaffen: »**Geburtsvollmacht**«[181]). Wird dieses Verfahren bei einer bereits lebenden GbR gewählt, erstreckt sich die Gutglaubenswirkung des § 172 HGB nicht auf die wirksame Vertretung der Vollmachtgeberin bei der Erteilung der rechtsgeschäftlichen Vollmacht.

– Schwierig ist weiter die **Bestimmung des Bevollmächtigten**. Handelt es sich um einen oder mehrere Gründungsgesellschafter, die ggf. zusammenwirken müssen, wird die Abwicklung schwierig, wenn der Bevollmächtigte nicht mehr Mitglied der Gesellschaft ist (was naturgemäß den Bestand seiner Vollmacht davon – bis zu einem Widerruf – unberührt lässt). Das Vertrauen darin, der Bevollmächtigte werde das zugrunde liegende Auftragsverhältnis ordnungsgemäß und im Interesse der GbR erfüllen, wird dann nicht mehr gegeben sein. Denkbar ist daher auch, die Vollmacht von vornherein einer dritten Person (dem Steuerberater etc.) zu erteilen, wobei jedoch ggf. die sonstigen Beschränkungen, etwa aus dem Rechtsdienstleistungsgesetz, zu beachten sind. Bei grundbesitzenden GbRs kann es sich empfehlen, die Vollmacht dergestalt auszustellen, dass z.B. je zwei (oder auch je einer) der im Grundbuch z.Zt. der Verwendung der Vollmacht als Gesellschafter eingetragenen Personen (im Sinne einer dynamischen Verweisung) handeln können, daneben – sofern die GbR künftig keinen Grundbesitz mehr halten sollte – die in der Gründungsurkunde genannten Gesellschafter je einzeln oder zu zweit. Besonderes Augenmerk ist auch der Verwahrung der Vollmacht zu widmen, damit im Fall eines Widerrufs die erteilte Ausfertigung/die Urschrift eingezogen werden kann, um den Rechtsscheinträger zu zerstören. Dies wird wohl nur gegeben sein, wenn die Gesellschaft in den Geschäftsakten der GbR körperlich verbleibt und lediglich im Einzelfall herausgegeben wird. 342

– Schwierig ist die Rechtslage ferner dann, wenn die vollmachtserteilende GbR als solche (etwa aufgrund Anwachsung beim einzig verbleibenden Gesellschafter, Unmöglichkeit einer Ein-Mann-Personengesellschaft) endet. Die Vollmacht erlischt in diesem Fall im Zweifel materiell-rechtlich.[182] 343

cc) mögliche weitere Konsequenzen

Die vom BGH der GbR zuerkannte »nach außen bestehende beschränkte Rechtssubjektivität«, quasi über die Gesamthand »gestülpt«,[183] legt bei konsequenter Weiterführung auch Änderungen der bisherigen Rechtspraxis in anderen Gebieten, bspw. des Kosten- und Steuerrechts, nahe. Beispielhaft seien genannt:[184] 344

– die Frage, ob Zuwendungen an mehrere Personen »in GbR« weiterhin[185] schenkungsteuerlich als Zuwendungen an diese Personen, und nicht an die GbR (Steuerklasse III!) zu klassifizieren sind,
– die Frage, ob die Übertragung des Familienheims aus einer Ehegatten-GbR an den verbleibenden Ehegatten durch Ausscheiden des anderen Ehegatten weiterhin als schenkungsteuerbegünstigter »Erwerb vom Ehegatten« i.S.d. § 13 Abs. 1 Nr. 4a ErbStG bzw. (beim Ausscheiden infolge Todes) § 13 Abs. 1 Nr. 4b ErbStG zählt,[186]
– die (bereits abschlägig verbeschiedene) Frage, ob bei der Übertragung von Grundbesitz an Kinder »in GbR« die ermäßigte Grundbuchumschreibungsgebühr des § 60 Abs. 2 KostO (»Eintragung von Abkömmlingen«) oder die volle Gebühr[187] zum Ansatz kommt,

---

181 Vgl. ausführlich *Hartmann* RNotZ 2011, 401, 410 ff.
182 BayObLG, 05.03.1998 – 2 Z BR 132/97, DNotZ 1998, 750.
183 *Hertel* spricht in DNotZ 2009, 121 Fn. 4 bildhaft von der »Handschuhtheorie«.
184 Vgl. *Bachmayer* NotBZ 2010, 161 ff.
185 BFH, 14.09.1994 – II R 95/92, BStBl. II 1995, S. 81, anders zuvor BFH, 07.12.1988 – II R 150/85, BStBl. II 1989, S. 237; *Viskorf* hat auf der 7. DAI-Jahresarbeitstagung September 2009 in Würzburg angedeutet, unter seiner Ägide werde es nicht zu einer neuerlichen Änderung der Rechtsprechung kommen, vgl. *Bachmayer* NotBZ 2010, 163.
186 Für eine Steuerfreistellung auch in diesem Fall *Ihle* RNotZ 2011, 471, 474.
187 OLG München, 24.10.2008 – 34 Wx 67/08, MittBayNot 2009, 163, ebenso OLG Schleswig, 24.04.2008 – 9 W 8/08, MDR 2008, 1186.

- die (ebenfalls bereits abgelehnte) verwandte Frage, ob grundbuchkostenrechtlich bei der Einbringung eines Grundstücks in eine GbR[188] oder bei der umgekehrten Anwachsung eines Grundstücks in der Hand eines GbR-Gesellschafteres[189] die Freistellung gem. § 61 Abs. 1 KostO hinsichtlich des »Eigenanteils« noch gewährt wird,
- die (zwischenzeitlich gleichfalls abgelehnte) Frage, ob die Kappung gem. § 24 Abs. 3 KostO für Übernehmerleistungen unter Angehörigen auf den 5-Jahres-Betrag noch gilt, wenn auf der einen Seite eine GbR, auf der anderen Seite Gesellschafter oder deren Angehörige beteiligt sind,[190]
- die Frage, wie §§ 5 und 6 GrEStG künftig zur Anwendung kommen können, wenn es sich bei Vermögen der GbR gar nicht mehr um »gesamthänderisch gebundenes Vermögen« handelt,
- sowie die Frage, ob künftig Verträge zwischen der GbR und einem ihrer Gesellschafter auch ertragsteuerlich ebenso anzuerkennen sind wie zwischen der GmbH und einem ihrer Gesellschafter?

c) Gesetzliche Neuregelung

345 I.R.d. Gesetzes zur Einführung des elektronischen Rechtsverkehrs und der elektronischen Akte im Grundbuchverfahren konnte glücklicherweise noch in der 16. Legislaturperiode eine zumindest teilweise Lösung zur Wiederherstellung der Grundbuchfähigkeit der GbR verabschiedet werden, die am Tag nach der Verkündung, also am 18.08.2009, in Kraft getreten ist.[191] Die Änderungen der Grundbuchordnung (§§ 47 Abs. 2, 82 GBO), des Grundbuchverfahrensrechts (§ 15 Abs. 3 GBV) und des materiellen Rechts (Einfügung des § 899a BGB) lösen allerdings die aufgeworfenen Fragen nur teilweise, nämlich
- beschränkt auf das Eigentum an Immobilien bzw. auf beschränkt dingliche Grundbuchrechte, also ohne Auswirkungen auf den Erwerb oder die Veräußerung von beweglichen Sachen oder Forderungen;
- weiterhin beschränkt auf Verfügungen (Eigentumsübertragungen/Übertragung beschränkt dinglicher Rechte) bereits eingetragener Gesellschaften bürgerlichen Rechts, also nicht mit Wirkung für die Erwerberseite;
- mit ungewissen Auswirkungen auf die zugrunde liegenden schuldrechtlichen Vereinbarungen;
- schließlich beschränkt auf solche GbR, die unter gleichzeitiger Nennung von Gesellschaftern eingetragen sind, also nicht mit Wirkung für Altfälle sog. »Namens-GbR«.

346 Im Grundkonzept erklärt die Gesetzesnovelle den mit anzugebenden Gesellschafterbestand wieder zum Inhalt des Grundbuchs (und nicht lediglich als Identifikationsbehelf zur Bezeichnung der namenlosen GbR), sodass sich die Gutglaubenswirkungen der Eintragung auch hierauf erstrecken und mittelbar (über die Vermutungsregelung des §§ 709, 714 BGB) damit auch das Vertrauen darauf geschützt wird, dass jedenfalls die eingetragenen Gesellschafter gemeinsam (bei Fehlen positiver Kenntnis von der Existenz anderer oder zusätzlicher Gesellschafter) die GbR wirksam vertreten können (nur über diese Brücke – die gesetzlich vermutete Identität der Vertretungsbefugnis mit der Gesamtheit aller Gesellschafter – wird die Erweiterung der Gutglaubensbasis auf der Seite verfügender GbRs für die Praxis nutzbar).

Im Einzelnen gilt:

aa) Grundbuchrecht

347 **Grundbuchrechtlich** ordnet § 47 Abs. 2 Satz 1 GBO n.F. (orientiert an § 162 Abs. 1 Satz 2 HGB) an, dass bei Eintragung einer GbR als Eigentümerin oder Berechtigte eines beschränkt dinglichen

---

188 OLG München, 13.11.2009 – 34 Wx 089/09, MittBayNot 2010, 153 m. abl. Anm. *Weigl*, und zwar nicht begründet mit einer Analogie zu § 61 Abs. 3 KostO (also zur oHG), sondern mit Hinweis darauf, bei einer GbR gebe es gar kein gesamthänderisches Vermögen!
189 OLG München, 24.09.2010 – 34 Wx 2/10, ZfIR 2010, 769 m. Anm. *Fritzsche* = MittBayNot 2011, 344 m. Anm. *Weigl*.
190 OLG München MittBayNot 2009, 163; *Notarkasse* Streifzug durch die Kostenordnung, 8. Aufl. 2010 Rn. 1848 (ebenso bei oHG oder KG).
191 BT-Drucks. 16/13437, S. 26 ff.; BGBl. I 2009, S. 2713 ff.; vgl. *Abicht* notar 2009, 349.

Rechts auch die Gesellschafter im Grundbuch mit einzutragen sind. Die Angaben zu ihrer Identität werden also wieder Inhalt des Grundbuchs und sind nicht lediglich Identifikationsbehelf zur Bezeichnung der selbst berechtigten GbR. Letztere Zusatzfunktion bleibt jedoch erhalten, was sich auch daraus ergibt, dass die GbR als solche als Eigentümerin/Berechtigte zu vermerken ist, ergänzt um die Angabe zu den Gesellschaftern (z.B. »Gesellschaft bürgerlichen Rechts, bestehend aus A, B, C«). Die zusätzliche Angabe eines Namens ist möglich, allein die Angabe des Namens ist jedoch für Neufälle (ab Inkrafttreten der Änderung) nicht mehr gestattet.

▶ Hinweis:

Dies führt zu voraussehbaren Friktionen, wenn – wie im allgemeinen Zivil- und Prozessrechtsverkehr zulässig – eine GbR bspw. unter ihrem (selbst gewählten) Namen verklagt wird und ein gegen diese Namens-GbR gerichteter Titel erwirkt wird; sollen sich hieran immobiliarvollstreckungsrechtliche Schritte (Eintragung einer Sicherungshypothek) anschließen, müsste mit grundbuchlichen Mitteln die Identität der im Rubrum genannten Namens-GbR mit der im Grundbuch aufgeführten GbR (§ 15 GBV) nachgewiesen werden. Es ist daher zu raten, bereits im Prozess die beklagte GbR so zu bezeichnen, dass sich Deckungsgleichheit zum Grundbuch ergibt.[192] Anderenfalls bleibt ggf. allein die Zwangsversteigerung bzw. Zwangsverwaltung aus dem persönlichen Titel, ohne Eintragung einer Zwangssicherungshypothek. 348

Auf den – daneben eintragungsfähigen – selbst gewählten Namen der GbR sind die Firmengrundsätze des HGB nicht anwendbar.[193] Auch das Grundbuchamt hat insoweit kein Überprüfungsrecht. Daher kommen auch reine Fantasiebezeichnungen oder schlichte Buchstabenfolgen in Betracht. 349

Bei der nunmehr allein korrekten Buchungsform, die die Gesellschaft als solche voranstellt, kann neben der Vollbezeichnung »Gesellschaft bürgerlichen Rechts« auch die zwischenzeitlich verkehrsüblich gewordene Abkürzung »GbR«[194] verwendet werden, wohl auch die weniger gebräuchliche Kurzform »BGB-Gesellschaft«. Die Rechtsformangabe »GbR« kollidiert weder phonetisch noch visuell mit anderen Bezeichnungen des Zivil- oder Gesellschaftsrechts. 350

Aus dem klaren Wortlaut ergibt sich, dass alle Gesellschafter, auch die von der Vertretung ausgeschlossenen, zusätzlich zur GbR selbst einzutragen sind. Bei in GbR-Form strukturierten Publikumsfonds (z.B. WGS-Fonds) bleibt es also bei der bisherigen Kalamität, dass allein die Wiedergabe von Abteilung I des Grundbuchs ganze Aktenordner füllt und damit zugleich die Kapazitätsgrenze aller bisher am Markt eingeführten EDV-Lösungen sprengt. Für solche Großgesellschaften eignet sich also allein eine handelsregisterlich registrierte Personengesellschaft, allerdings mit der Folge, dass das schärfere Sonderprivatrecht der Kaufleute gilt. 351

Es hätte der Praxis gutgetan, die Erstreckung des Grundbuchinhalts auf die vertretungsbefugten Gesellschafter zu beschränken und damit unmittelbar (und nicht lediglich über die gesetzliche Vermutung der §§ 709, 714 BGB als Brücke), beschränkt auf die GbR, ausnahmsweise den guten Glauben hinsichtlich der Vertretungsmacht an den Grundbuchinhalt zu knüpfen (ähnlich § 366 HGB bei Veräußerung beweglicher Sachen durch einen Kaufmann: Schutz des guten Glaubens an die Verfügungsbefugnis). 352

§ 47 Abs. 2 Satz 2 GBO bestimmt weiter, dass »*die für den Berechtigten [d.h.: die GbR selbst] geltenden Vorschriften entsprechend für die Gesellschafter gelten*«. Die GbR wird also grundbuchverfahrensrechtlich im Wesentlichen weiterhin so behandelt werden wie vor der Anerkennung ihrer Rechtsfähigkeit durch die Rechtsprechung. Für die Berichtigung des Grundbuchs hinsichtlich des Gesellschafterbe- 353

---

192 OLG München, 30.09.2011 – 34 Wx 418/11, ZflR 2011, 840: Eintragung einer Zwangshypothek für GbR nur bei Vorliegen der Bezeichnung aller Gesellschafter im Titel.
193 *Schubert* ZNotP 2009, 178 (185); a.A. *Langenfeld* ZEV 2009, 95.
194 Vgl. Meikel/*Böhringer* § 47 GBO Rn. 203; auch die Motive des Gesetzgebers (etwa BT-Drucks. 16/13437) sprechen wiederholt von der »GbR«. Der BGH verwendet in seiner Entscheidung v. 04.12.2008 den Begriff »GbR« immerhin als Klammerzusatz.

stands (sei es durch Anteilsabtretung, Ausscheiden, Beitritt oder als Folge von Sterbefällen) behält demnach die bisherige Praxis und Rechtsprechung, insb. hinsichtlich der zur Unrichtigkeit des Grundbuchs notwendigen Nachweise, unmittelbare Anwendung (vgl. im Einzelnen Rdn. 420 ff.). 8 Jahre nach der »Entdeckung« der (Teil-) Rechtsfähigkeit der GbR ist sie damit – jedenfalls in der Praxis des Grundbuchverkehrs – wieder in Teilen da angekommen, wo sie zuvor stand.

354 Die entsprechende Anwendung der Vorschriften über den Berechtigten in Bezug auch auf die Gesellschafter selbst erfasst auch den **Voreintragungsgrundsatz** des § 39 Abs. 1 GBO, sodass – wie bisher – bei Verfügungen über das Vermögen (Eigentum oder Rechte) der GbR zunächst die bisherigen Gesellschafterwechsel durch Berichtigung nachzuvollziehen sind, will man am guten Glauben an den dann verlautbarten Gesellschafterbestand teilhaben; es gilt also hinsichtlich der notwendigen Nachweise bei rechtsgeschäftlichem Gesellschafterwechsel, Austritt, Eintritt, oder bei Versterben eines Gesellschafters die Rechtslage aus der Zeit vor der Entdeckung der Teilrechtsfähigkeit der GbR weiter, vgl. Rdn. 420 ff. Der Voreintragungsgrundsatz gilt allerdings (ebenso wenig wie bisher) nicht für den Gesellschaftsanteil als solchen (sondern nur für die Verfügung über Immobiliar-Gesellschaftsvermögen), sodass bei Abtretungsketten (ebenfalls wie bisher) nicht jedes Zwischenglied eingetragen werden muss, sondern der Nachweis und die Eintragung des Endbestands genügt.[195]

355 § 82 Satz 3 GBO erstreckt konsequenterweise den **Grundbuchberichtigungszwang** auch auf Änderungen im Gesellschafterbestand, die naturgemäß außerhalb des Grundbuchs eingetreten sind. Diesem Berichtigungszwang nachzukommen empfiehlt sich für die wahren Gesellschafter auch aus eigenem Interesse, nämlich zur Vermeidung einer jedenfalls dinglich wirksamen Verfügung über das Gesellschaftsvermögen noch durch den im Grundbuch unzutreffend wiedergegebenen »alten« Gesellschafterbestand.

bb) Grundbuchverfahrensrecht

356 Auch **grundbuchverfahrensrechtlich** vollzieht § 15 GBV die neue Buchungsvorschrift des § 47 Abs. 2 GBO nach: So bestimmt § 15 Abs. 1c GBV n.F., dass bei der Wiedergabe der Gesellschafter die Merkmale des § 15 Abs. 1a und b (Vor- und Zuname sowie Geburtsdatum) anzugeben sind, zusätzlich kann der Name und Sitz[196] der Gesellschaft zur Bezeichnung angegeben werden (die Angabe allein des Namens und Sitzes genügt jedoch – wie oben ausgeführt – nicht mehr). Die dogmatisch überholte und praktisch überflüssig gewordene Bestimmung des § 15 Abs. 3 GBV (die zudem die Einreichung von Gesellschaftsverträgen bei der Neueintragung einer Personen-Handelsgesellschaft im Handelsregister vorgesehen hätte, wie sie tatsächlich nicht stattfindet) wird dementsprechend ersatzlos aufgehoben.

cc) Materielles Recht

357 **Materiell-rechtliches** Kernstück der Reform ist § 899a BGB, der bei Eintragung einer GbR im Grundbuch »*in Ansehung des eingetragenen Rechts auch vermutet, dass diejenigen Personen Gesellschafter sind, die nach § 47 Abs. 2 Satz 1 GBO im Grundbuch eingetragen sind, und darüber hinaus keine weiteren Gesellschafter vorhanden sind. Die §§ 892 bis 899 BGB gelten bezüglich der Eintragung der Gesellschafter entsprechend*«. § 899a Satz 1 BGB begründet also eine dem § 891 BGB funktional entsprechende Vermutung im Hinblick auf die Eintragung der Gesellschafter, Satz 2 erklärt – hierauf aufbauend – die §§ 892 ff. BGB für entsprechend anwendbar.

358 Die durch § 899a Satz 1 BGB i.S.d. § 891 BGB geschaffene Vermutung gilt ggü. jedermann, damit auch ggü. dem Grundbuchamt, sodass weitere Nachweise über Existenz, ordnungsgemäße Vertretung und Identität der eingetragenen, verfügenden GbR regelmäßig entbehrlich sind. Geben die im

---

195 A.A. OLG München, 27.04.2006 – 32 Wx 67/06, MittBayNot 2006, 496 m. krit. Anm. *Krick*: sogar wenn lediglich die Grundbuchberichtigung aufgrund GbR-Anteilsveräußerung von A an B (im Grundbuch noch nicht verlautbart) und sodann von B an C beantragt wird, müsse zunächst B eingetragen werden.

196 Analog § 17 Abs. 1 Satz 2 ZPO wird dies der Ort sein, wo die Verwaltung geführt wird, i.d.R. handelt es sich also um die Adresse des geschäftsführenden Gesellschafters. Das Grundbuchamt hat dies nicht zu prüfen.

Grundbuch als Gesellschafter Eingetragenen im Grundbuchverfahren Erklärungen ab, ist dies als Handeln in Vertretung der GbR auszulegen.[197]

Die entsprechende Anwendung der §§ 892 bis 899 BGB, angeordnet durch § 899a Satz 2 BGB, führt zurück in den Rechtszustand vor der »Jahrhundertentdeckung« des II. BGH-Senats im Jahr 2001, als noch die Gesellschafter in ihrer gesamthänderischen Verbundenheit als Eigentümer angesehen wurden und demnach unmittelbar vom Gutglaubensschutz erfasst waren. **359**

Die entsprechende Anwendung des **§ 893 BGB** wird bedeutsam, wenn eine Leistung an eine GbR zu Händen eines im Grundbuch eingetragenen Gesellschafters erbracht wurde, obwohl dieser selbst nicht mehr zum Empfang der Leistung berechtigt war, da er bspw. nicht mehr Gesellschafter ist. Für die Empfangnahme von Erklärungen und Leistungen ist jeder einzelne Gesellschafter »passiv« vertretungsbefugt; dies dürfte auch im Gesellschaftsvertrag nicht ausgeschlossen werden können.[198] **360**

Die analoge Anwendung der **§§ 894 bis 899 BGB** führt zur Anwendbarkeit der Regelungen zur Grundbuchberichtigung, wenn der Gesellschafterbestand im Grundbuch unrichtig verlautbart ist, sodass dem Abtretungsempfänger gegen den Zedenten ein Berichtigungsanspruch gem. § 894 i.V.m. § 899a Satz 2 BGB zusteht. Ferner kann gem. § 899a Satz 2 i.V.m. § 899 BGB ein Widerspruch in das Grundbuch eingetragen werden, wenn der Gesellschafterbestand der GbR dort unzutreffend verlautbart ist. **361**

(1) GbR als Verfügende

§ 899a BGB schafft kein »GbR-Hilfsregister« in Gestalt des Grundbuchs, da die Vermutung der materiell rechtlichen Richtigkeit der Gesellschafterstellung ebenso wie die daran anknüpfenden Gutglaubenswirkungen (also § 899a Satz 1 u. Satz 2 BGB) nur »in Ansehung des eingetragenen Rechts« gelten. Hierin liegt zugleich die notwendige Begrenztheit der Hilfestellung, die die Neuregelung dem Rechtsverkehr angedeihen lassen will: Sie beschränkt sich auf den immobiliensachenrechtlichen Transfer, gilt also bspw. nicht für den parallelen Verkauf beweglicher Sachen, ebenso wenig für den Ankauf durch eine GbR. Unmittelbar geschützt ist allein (1) der Erwerb des Eigentums an einem Grundstück der GbR, ebenso (2) der Erwerb eines beschränkt dinglichen Rechtes von der GbR (etwa einer zugunsten der GbR eingetragenen Grundschuld), ebenso erfasst ist (3) die Verfügung der GbR über ihr Grundstück durch Bestellung eines beschränkt dinglichen Rechtes oder (4) die sonstige Verfügung der GbR über ein ihr zustehendes beschränkt dingliches Recht, etwa die Löschung einer zu ihren Gunsten gebuchten Grundschuld, und schließlich (5) die Bewilligung einer Vormerkung durch die GbR zur Sicherung eines unter § 883 BGB fallenden Anspruchs,[199] da i.R.d. § 899a BGB dieselbe Erweiterung der §§ 892, 893 BGB auf die Vormerkung gelten muss wie i.R.d. §§ 892, 893 BGB unmittelbar. **362**

Weiterhin abzugrenzen ist die Reichweite der gesetzlichen Neuregelung von zwei weiteren Sachverhalten, deren einer schon bisher von den Gutglaubensschutzvorschriften erfasst war (a), deren anderer weder nach altem noch nach neuem Recht davon erfasst wird (b): **363**

(a) Die im Grundbuch als Eigentümerin eingetragene GbR existiert und kann auch durch die auftretenden Personen wirksam vertreten werden, sie ist jedoch tatsächlich nicht Eigentümer des Grundbesitzes geworden, da in der vorangegangenen Erwerbskette unerkannte Unwirksamkeitsgründe (Geschäftsunfähigkeit etc) vorlagen: dieser Sachverhalt war schon bisher durch §§ 892 ff. BGB in seiner unmittelbaren Anwendung geschützt.

(b) Es existiert neben der im Grundbuch eingetragenen GbR eine weitere, namensgleiche, jedoch davon verschiedene GbR (z.B. mit demselben selbst gewählten Namen oder bestehend aus Personen mit gleichem natürlichem Namen): der Erwerber war und ist hier ebenso wenig geschützt **364**

---

197 OLG Hamburg, 30.03.2010 – 13 W 17/10.
198 BGH DNotZ 2006, 777, 778 (obiter); vgl. auch § 170 Abs. 3 ZPO; *Heinze* RNotZ 2010, 289, 296.
199 A.A. *Bestelmeyer* RPfleger 2010, 169, 175 (es bleibe dabei, dass es keinen gutgläubigen Forderungserwerb gibt), dort auch – Fn. 71 – Nachweise zur wohl herrschenden analogen Erstreckung des § 899a BGB auch auf den Vormerkungserwerb.

wie wenn er von einer natürlichen Einzelperson kauft, die denselben Namen und dasselbe Geburtsdatum trägt wie der im Grundbuch eingetragene, jedoch nicht mit ihm identisch ist (anderer Geburtsort).[200] Haben allerdings dieselben natürlichen Personen zwei verschiedene GbRs gleicher Bezeichnung (der Grundsatz der Firmenausschließlichkeit gem. § 30 Abs. 1 HGB gilt insoweit ja nicht) gegründet, deren eine den zu veräußernden Grundbesitz innehat, dürfte ein geheimer Vorbehalt, für die andere zu handeln, schon gem. § 116 BGB unbeachtlich sein.

Weder vor noch nach der Novelle erfasst vom Gutglaubensschutz ist ferner der Erwerb eines GbR-Anteils selbst, da es nicht um »das eingetragene Recht« geht.

365 Für den verbleibenden Anwendungsbereich ist die gesetzliche Vermutung des § 899a Satz 1 BGB negativ und positiv ausgestaltet, bezieht sich also auf die tatsächliche Gesellschafterstellung der im Grundbuch eingetragenen Gesellschafter wie auch auf den abschließenden Charakter der Nennungen im Grundbuch. Wer insoweit nicht positive Kenntnis (§ 892 BGB) vom Bestehen eines anderen Gesellschafterkreises hat, kann sich also darauf verlassen, dass die GbR tatsächlich aus den eingetragenen natürlichen Personen, juristischen Personen, und Handelsgesellschaften/GbR besteht. Die gesetzliche Brücke der §§ 709, 714 BGB schützt demnach im Ergebnis den guten Glauben daran, dass die eingetragenen Mitglieder, alle gemeinschaftlich zusammenwirkend, die GbR auch tatsächlich und wirksam bei der geschilderten Verfügung vertreten können. Dieser gute Glaube ergänzt gewissermaßen § 172 BGB. Die Vertretung der GbR durch die tatsächlich hierzu bestellten vertretungsbefugten Gesellschafter bzw. durch rechtsgeschäftlich Bevollmächtigte bleibt unberührt, wobei jedoch insoweit keine Nachweiserleichterungen greifen.

366 Demnach tritt durch die Novelle eine Erweiterung des bisherigen Gutglaubensschutzes in zweierlei Hinsicht ein:
(a) Abweichend von allgemeinen Rechtsregeln ist nun auch der gute Glaube an die **Vertretungsmacht** in Bezug auf eine tatsächlich bestehende, im Grundbuch eingetragene GbR geschützt, gleichgültig ob sie ihrerseits tatsächlich wirksam das Eigentum an der Immobilie erworben hatte (ausschließliche Anwendung des neuen Rechtes) oder nicht (kumulative Anwendung des neuen Rechtes und des § 892 BGB selbst).

367 (b) Abweichend von allgemeinen Rechtsregeln ist nunmehr trotz des insoweit unklaren Wortlautes[201] jedenfalls nach herrschender Meinung[202] auch der gute Glaube daran geschützt, dass überhaupt eine GbR existiert, da die Existenz der GbR denknotwendig Voraussetzung für das Vorhandensein von Gesellschaftern ist, deren Gesellschafterstellung wiederum als Inhalt des Grundbuchs guten Glauben genießt.[203] Verhielte es sich anders, könnte nach (nicht gebuchter) Übertragung oder Anwachsung der Gesellschaftsanteile auf eine Person – mit der Folge des materiellrechtlichen Erlöschens der GbR – gutgläubiger Erwerb nicht mehr stattfinden.

368 Ungewiss ist jedoch, ob sich der Gutglaubensschutz auch auf Existenz und Vertretung einer Unter-GbR, die ihrerseits (laut Grundbuchvortrag, der auch die Gesellschafter der Unter-GbR anzugeben hat), an der Ober-GbR – der Eigentümerin – beteiligt ist, erstreckt. Das »eingetragene Recht« i.S.d. § 899a BGB ist an sich nur das Eigentum der Ober-GbR,[204] nicht aber die Beteiligung der Unter-GbR an der Ober-GbR (anders als im Fall der Beteiligung einer Unter-GbR an einer selbst nicht rechtsfähigen Erbenge-

---

200 *Reymann* ZfIR 2009, 91, 93.
201 Wünschenswert wäre eine Formulierung dahin gehend gewesen »*...vermutet, dass die GbR existiert und dass diejenigen Personen Gesellschafter sind ...*«.
202 Vgl. etwa BT-Drucks. 16/13437 v. 17.06.2009 S. 23, 27; dem Bericht des Rechtsausschusses folgend z.B. *Böhringer* RPfleger 2009, 537, 541, *Böttcher* ZfIR 2009, 613, 623, *Lautner* DNotZ 2009, 650, 667; *Langenfeld* ZEV 2010, 17, 21; *Heinze* ZfIR 2010, 713 ff.; a.A. z.B. *Bestelmeyer* RPfleger 2010, 169, 174 und *Steffek* ZIP 2009, 1445, 1453.
203 Vgl. BT-Drucks. 16/13437 v. 17.06.2009, S. 31 (linke Spalte).
204 Daher gegen eine solche Erstreckung *Bestelmeyer* RPfleger 2010, 169, 176; dafür allerdings *Lautner* DNotZ 2009, 650, 655 und KG, 08.03.2011 – 1 W 99/10, W 100/10, NotBZ 2011, 292 (nur Ls.).

meinschaft[205]). Die Grundwertung des Gesetzes, die GbR im Grundbuchverfahren über ihre Gesellschafter zu identifizieren, erfordert gleichwohl eine analoge Anwendung auf die Unter-GbR.[206]

Veräußert eine im Grundbuch eingetragene GbR zugleich Gegenstände, die nicht im Grundbuch gebucht sind, z.B. bewegliche Sachen oder Forderungen, auf deren sicheren Erwerb es dem Käufer erkennbar ankommt, wird der Notar allerdings insoweit warnen müssen: 369

▶ **Formulierungsvorschlag: Risikohinweis bei Veräußerung z.B. beweglicher Sachen durch eine GbR**

> Der Notar hat die Beteiligten im Hinblick auf die mitübertragenen beweglichen Sachen und Forderungen darauf hingewiesen, dass ihm keine Möglichkeiten zur Verfügung stehen zur Überprüfung, ob die als Veräußerer auftretende Gesellschaft bürgerlichen Rechts tatsächlich existiert, welche Gesellschafter sie hat und von wem sie vertreten werden kann. Gesetzlich ist derzeit nur der gute Glaube an die Existenz und die wirksame Vertretung einer GbR im Hinblick auf das Grundstückseigentum und die im Grundbuch eingetragene Rechte geschützt, nicht aber in Bezug auf sonstige Gegenstände. Ein etwa vorgelegter Gesellschaftsvertrag könnte später geändert worden sein. Möglicherweise erwirbt also der Käufer diese Vertragsobjekte nicht, obwohl er den Kaufpreis gezahlt hat. Die handelnden Personen würden allerdings ggf. auf Erfüllung oder Geldersatz haften (§ 179 BGB).

Ungewiss ist die Anwendbarkeit des § 899a BGB auf die Erteilung einer Vollmacht, die ihrerseits zur Verfügung über ein dingliches Recht verwendet wird: Sind im Grundbuch als Gesellschafter der GbR A,B, und C eingetragen, und erteilen sie dem C eine Vollmacht zur Veräußerung des Immobilienvermögens der GbR, ist diese sicherlich als Gutglaubensträger geeignet, wenn im Zeitpunkt der Verwendung noch immer A, B, C eingetragen sind (auch wenn zwischenzeitlich C seine Beteiligung an D veräußert haben sollte), denn es macht für § 899a BGB keinen Unterschied, ob die zur Ausfüllung des Gutglaubenstatbestandes erforderlichen Gesellschafter persönlich erscheinen, oder ob sie nachgenehmigen, oder sich durch eine rechtsgeschäftliche Vollmacht vertreten lassen. Schwieriger ist jedoch die Rechtslage, wenn z.Zt. der Verwendung der Vollmacht stattdessen A, B, D als Gesellschafter gebucht sind. Hier bedürfte es einer Kombination von § 899a BGB (in analoger Anwendung, bezogen auf den Zeitpunkt der Vollmachtserteilung) und § 172 BGB, gegen die allerdings die im Wortlaut angelegte Beschränkung auf »das eingetragene Recht« spricht. 370

Die in vorstehender Randnummer zur Vollmacht angestellten Überlegungen werden vor allem bedeutsam im Zusammenhang mit der **Vorwegbeleihung** aufgrund im Kaufvertrag enthaltener Vollmacht, sodass (jedenfalls wenn zwischenzeitlich kein Gesellschafterwechsel eingetragen wurde) das Grundpfandrecht wirksam gutgläubig vom (ggf. tatsächlich nicht wirksam vertretenen) Verkäufer erworben werden kann. Die wirksam erworbene Grundschuld ist auch konditionsfest, da ihre causa im Darlehensvertrag des Käufers mit dem Gläubiger liegt. Die dingliche Vollstreckungsunterwerfung (§ 800 ZPO) ihrerseits stellt allerdings keine sachenrechtliche Verfügung, sondern eine prozessuale Erklärung dar, sodass sie vom Scheineigentümer bzw. unwirksam vertretenen Eigentümer nicht wirksam abgegeben werden kann;[207] die vom Käufer als künftigem Eigentümer im eigenen Namen abgegebene Erklärung hilft jedoch, wenn es zur Umschreibung kommt, weiter. Ungewiss ist hingegen die Wirksamkeit der schuldrechtlichen Zweckvereinbarung (ebenso wie die Wirksamkeit der schuldrechtlichen Kaufabrede, Rdn. 372 ff.). Ab Umschreibung kommt sie mit dem Käufer als neuem Eigentümer sicherlich zustande; vor diesem Zeitpunkt könnten (ähnlich der Doppelverpflichtungslösung, Rdn. 379) die im Grundbuch als (Schein-) Gesellschafter eingetra- 371

---

205 Dort gilt § 899a BGB unmittelbar, vgl. OLG München, 09.09.2009 – 34 Wx 71/09, JurionRS 2009, 36996.
206 OLG Hamm, 15.07.2011 – I-15 W 97/11, RNotZ 2011, 541.
207 MünchKomm/*Wolfsteiner* § 800 ZPO Rn. 9 unter Berufung auf BGH DNotZ 1990, 586: »*die Unterwerfungserklärung nimmt weder an der Bestandsvermutung noch am öffentlichen Glauben des Grundbuches teil*«.

(2) GbR als Verpflichtete

372 Von entscheidender Bedeutung für die Praxis ist die Frage, ob die Neuregelung auch das zugrunde liegende schuldrechtliche Rechtsgeschäft erfasst. Ob der Veräußernde tatsächlich Eigentümer ist, bleibt angesichts des Trennungsprinzips im deutschen Recht für die Wirksamkeit der schuldrechtlichen Abrede ohne Relevanz; § 816 Abs. 1 Satz 1 BGB schützt sodann den entgeltlich gutgläubigen Erwerber davor, die Sache selbst wieder herausgeben zu müssen; an die Stelle einer Kondiktion tritt die Pflicht des Nichtberechtigten, dem Berechtigten das Erlangte herauszugeben. In den Fällen des unentgeltlich gutgläubigen Erwerbs ist jedoch der aus Sicht des BGB nicht schützenswerte gutgläubige sachenrechtliche Erwerber seinerseits der kondiktionsrechtlichen Herausgabepflicht ausgesetzt, § 816 Abs. 1 Satz 2 BGB. Offen ist allerdings die Frage, ob die oben erläuterte Erweiterung des Gutglaubensschutzes durch die Novelle auf (a) das Bestehen der Vertretungsmacht, sowie (b) das Bestehen einer GbR als solcher sich – wortlautgemäß – auf das eingetragene dingliche Recht beschränkt oder darüber hinaus auch die zugrunde liegende schuldrechtliche causa erfasst.

373 Wäre dies nicht der Fall, könnte jeglicher sachenrechtlich wirksamer Erwerb sogleich wieder kondiziert werden,[209] wenn sich eine andere Gesellschafterzusammensetzung nachweisen lässt und die handelnden Personen auch nicht rechtsgeschäftlich wirksame Vollmacht hatten bzw. gesellschaftsrechtlich als Vertreter bestellt waren. Zwar haften in diesem Fall diejenigen Gesellschafter, welche die GbR nicht wirksam vertreten haben, gem. § 179 BGB persönlich, allerdings im Ergebnis (da sie selbst nicht erfüllen können) nur auf Geldersatz. Als Rechtsgrund zum Behaltendürfen reicht § 179 BGB nicht, jedenfalls nicht wenn der Mangel der Vertretungsmacht erst nach Vollzug der Eigentumsumschreibung festgestellt wird.[210] Auch § 816 Abs. 1 Satz 1 BGB sperrt die Kondiktion ggü. dem Erwerber nicht, da »Verfügender« bei der hier vorliegenden offenen Stellvertretung die »scheinbar vertretene« GbR ist, also die Berechtigte, nicht der Nichtberechtigte.[211] Nur wenn die GbR den Kaufpreis tatsächlich erlangt hat, erfolgt die Kondiktion Zug um Zug gegen dessen Rückzahlung (Saldotheorie).[212]

374 Darüber hinaus würde eine eingetragene Vormerkung, selbst wenn sie (aufgrund analoger Anwendung, da – wie bei §§ 892, 893 BGB unmittelbar – wie ein eingetragenes beschränkt dingliches Recht behandelt) dinglich wirksam gutgläubig vom nicht Existenten bzw. nicht wirksam Vertretenen erworben werden konnte, während der Abwicklungsphase keinen Schutz gewähren (Akzessorietät – nicht das Fehlen des Eigentums, aber das Fehlen wirksamer Vertretung führt zum Nichtbestehen des schuldrechtlichen Anspruchs!), sodass bei zwischenzeitlichen Zwangsmaßnahmen Dritter oder der Eröffnung der Insolvenz über das Vermögen der veräußernden GbR der Käufer ungesichert vorgeleistet hätte. Besonders brisant ist diese Problematik bei einer Bauträgergeschäfte betreibenden GbR (die der Sache nach als Gewerbetreibende i.d.R. ohnehin OHG ist): § 3 Abs. 1 MaBV verlangt dem Notar bekanntlich die konstitutiv wirkende Fälligkeitsbestätigung ab, dass der Kaufvertrag wirksam sei.

375 Es würde das Problem auch nicht restlos beseitigen, wenn sich die auftretenden Gesellschafter ebenfalls persönlich zur Übereignung der Immobilie verpflichten (s. sogleich) und die Auflassung durch die GbR (insoweit wirksam, da der gute Glaube an die Vertretungsmacht der Eingetragenen in dinglicher Hinsicht ja geschützt ist) auch zur Erfüllung dieser Pflicht erklärt wird: zwar besteht in

---

208 Der Sicherungsgeber braucht nicht Eigentümer zu sein, vgl. *Gaberdiell/Gladenbeck* Kreditsicherung durch Grundschulden 8. Aufl. 2008 Rn. 644 ff.; *Gutachten* DNotI-Report 2010, 15 erwägt einen Kondiktionsausschluss analog § 816 Abs. 1 Satz 1 BGB (Entgeltlichkeit der Sicherungsabrede) oder die Wirksamkeit aufgrund allgemeiner Rechtsscheinhaftung.
209 Vgl. *Kuckein/Jenn* NZG 2009, 848, 851.
210 Vgl. Würzburger Notarhandbuch/*Hertel* Teil 2 Kap. 2 Rn. 539; *Gutachten* DNotI-Report 2010, 15.
211 BGH NJW 1999, 1393; für eine analoge Anwendung des § 816 Abs. 1 Satz 1 BGB jedoch *Rebhan* NotBZ 2009, 445, 448, ebenso *Hartmann* ZNotP 2011, 139, 142: der gesetzlich angeordnete gutgläubige entgeltliche Erwerb trage den Rechtsgrund auch i.R.d. Leistungskondiktion in sich.
212 Vgl. im Einzelnen *Albers* ZfIR 2010, 705, 711.

diesem Fall eine wirksame schuldrechtliche Verpflichtung (die Nichtberechtigung schadet im schuldrechtlichen Bereich nicht), allerdings bleibt die eingetragene **Vormerkung** weiterhin unwirksam, da sie aufgrund des strengen Identitätsgebotes eine wirksame Verpflichtung gerade des im Grundbuch eingetragenen, sie bewilligenden Eigentümers zu schützen hätte, was weiterhin nur der Fall wäre, wenn die GbR auch schuldrechtlich gutgläubig insoweit vertreten werden konnte. Wegen des strengen Identitätsgebots kann auch die Garantiehaftung der auftretenden (eingetragenen) Gesellschafter gem. § 179 BGB nicht hilfsweise gesicherter Anspruch der Vormerkung sein.[213]

Gegen[214] die Erstreckung des Gutglaubensschutzes hinsichtlich der Vertretungsbefugnis auch auf den Abschluss schuldrechtlicher Verpflichtungsgeschäfte spricht die systematische Stellung des § 899a BGB im Sachenrecht (und nicht in §§ 172 ff. oder §§ 705 ff. BGB) sowie der mehrfach vorgetragene Hinweis in den Materialien, kein allgemeines GbR-Register in Gestalt des Grundbuchs schaffen zu wollen. Dafür[215] spricht allerdings zum einen der Umstand, dass der Gesetzgeber ausweislich der Materialien den Rechtszustand vor der »Entdeckung« der Teilrechtsfähigkeit der GbR abbilden wollte, wo das Handeln der eingetragenen Gesellschafter in ihrer gesamthänderischen Verbundenheit sie auch bezüglich des GbR-Vermögens verpflichtete, die in der Gesetzesbegründung gezogene Parallele zu § 15 Abs. 3 HGB und § 162 Abs. 1 Satz 2 HGB,[216] ebenso die Überlegung, dass es eines Reformgesetzes kaum bedurft hätte, wenn ein dadurch ermöglichter Erwerb jederzeit kondizierbar wäre, sobald sich herausstellt, dass zuvor eine im Grundbuch nicht berücksichtigte Anteilsübertragung stattgefunden hatte – zumal bereits in den Stellungnahmen während des Gesetzgebungsprozesses auf diese Schwäche der Formulierung hingewiesen wurde.[217] § 1138 BGB zeigt, dass das Gesetz zur Ermöglichung gutgläubigen Erwerbs eines dinglichen Rechtes (einer Hypothek) durchaus auch entsprechende schuldrechtliche Ansprüche fingieren kann. Demnach spricht manches dafür, dass der Gesetzgeber zur Erreichung seiner Ziele auch die der jeweils erfassten Verfügung zugrunde liegende schuldrechtliche causa mit einbeziehen wollte.[218] 376

Hinzu kommt in semantischer Hinsicht, dass die Formulierung »in Ansehung des eingetragenen Rechtes« z.B. in § 893, 2. Alt. BGB nicht gleichbedeutent mit »Verfügung« verwendet wird, sonst hätte es dort des Zusatzes »das eine Verfügung über das Recht enthält« nicht bedurft. Schließlich lässt sich vertreten, dass die GbR selbst, jedenfalls seitdem sie zur Richtigstellung ihres Gesellschafterbestandes angehalten werden kann (§ 82 Satz 3 GBO!) und sofern sie Kenntnis von den Vorgängen auf der Gesellschafterebene hatte (was im Fall eröffneter freier Abtretbarkeit der Anteile allerdings nicht selbstverständlich ist!), den unrichtigen Rechtsschein einer anderen Vertretungssituation (§§ 709, 714 BGB) gesetzt hat, sodass ein wirksamer schuldrechtlicher Vertrag möglicherweise über die allgemeine Rechtsscheinhaftung – sofern diese neben der Spezialregelung des § 899a BGB anwendbar bleibt – argumentativ begründet werden kann. 377

Bis zu einer (gerichtlichen oder gesetzlichen) Klärung der Reichweite des Gutglaubensschutzes hinsichtlich der schuldrechtlichen Vertretungsmacht sollte jedoch zumindest eine teilweise Verbesserung der Situation des Erwerbers geschaffen werden, indem die Auflassung auch hilfsweise der Erfüllung einer daneben geschaffenen Übereignungsverpflichtung der handelnden Personen dient und damit konditionsfest ist. (War die GbR bei der dabei im Innenverhältnis getroffenen Abrede, 378

---

213 *Gutachten* DNotI-Report 2010, 13.
214 Gegen die Erstreckung etwa Palandt/*Bassenge* BGB 69. Aufl. 2010 § 899a Rn. 7; jurisPK/*Toussaint* § 899a BGB Rn. 25, BeckOK/*Eckert* § 899a Rz 6, *Krüger* NZG 2010, 801, 805.
215 Für die Erstreckung etwa *Lautner* DNotZ 2009, 650, 671 f.; *Ruhwinkel* MittBayNot 2009, 421, 423; *Rebhan* NotBZ 2009, 445, 447; *Hertel*, DAI-Skript »Aktuelle Probleme der notariellen Vertragsgestaltung im Immobilienrecht 2009/2010«, S. 12 und *Hartmann* ZNotP 2011, 139, 145 (Analogie zu § 899a BGB).
216 Ähnlich wie das Handelsregister für die KG, ersetzt dann das Grundbuch für das betreffende Grundstück das fehlende GbR-Register.
217 Stellungnahme des Bundes Deutscher Rechtspfleger vom 18.05.2009, www.bdr-online.de, S. 16-19. Hieraus lässt sich aber kein »analogiezerstörender Hinweis« (*Bestelmeyer* RPfleger 2010, 169, 175) gewinnen, vgl. *Heinze* RNotZ 2010, 289, 297: ein Interessenverband kann dem Gesetzgeber keine Auslegung vorschreiben.
218 *Heinze* RNotZ 2010, 289, 298.

mit der Auflassung die Verpflichtung der Gesellschafterpersonen zu erfüllen, nicht existent oder nicht wirksam vertreten, führt dies nur zu einem Bereicherungsausgleich zwischen der »Schein-GbR« und ihren »Schein-Gesellschaftern«, wegen des Vorrangs der Leistungskondiktion aber nicht ggü. dem Erwerber, da aus dem Empfängerhorizont darin jedenfalls eine [mit Rechtsgrund erfolgte] Leistung der Schein-Gesellschafter liegt[219]).

▶ Formulierungsvorschlag: Schuldrechtliche Doppelverpflichtung bei Veräußerung durch GbR

379 Die Erschienenen A und B (also die im Grundbuch eingetragenen Gesellschafter der veräußernden GbR) verpflichten sich zugleich persönlich, über ihre gesetzliche Haftung für die GbR hinaus, zur Übertragung des vorgenannten Grundbesitzes; die seitens der GbR nachstehend erklärte Auflassung dient zugleich der Erfüllung dieser Übertragungsverpflichtung, so dass darin eine Leistung der für die GbR auftretenden Personen liegt. Den Beteiligten ist bekannt, dass das Gesetz unmittelbar nur das Vertrauen darauf schützt, die GbR sei Eigentümer der Immobilie und könne diese wirksam übertragen, wenn sie dabei durch die im Grundbuch eingetragenen Gesellschafter vertreten wird. Um einen jedenfalls wirksamen Rechtsgrund zum Behaltendürfen dieses Eigentums zu schaffen, verpflichten sich die handelnden Gesellschafter auch selbst; der Notar hat jedoch darauf hingewiesen, dass die durch die GbR bewilligte Vormerkung wohl nur dann wirksam ist, wenn auch die GbR sich wirksam verpflichtet hat, was er nicht prüfen kann. Von einer vorherigen Übertragung des Eigentums an die auftretenden Gesellschafter als Bruchteilseigentümer oder einer »Umwandlung« in eine oHG oder einer Abwicklung über Anderkonto mit Auszahlung erst nach Umschreibung sehen die Beteiligten ab.

380 Die Wirksamkeit der Vormerkung ist damit noch nicht gewährleistet; hierzu bedürfte es entweder der Gewissheit, dass die GbR tatsächlich durch die handelnden Personen vertreten werden konnte, oder aber der vorherigen Überführung in das Eigentum der Handelnden als Bruchteilseigentümer bzw. in das Eigentum einer OHG durch identitätswahrende Umwandlung, oder schließlich der Abwicklung über **Anderkonto** mit Auszahlung erst nach störungsfreier Umschreibung, also nachdem feststeht, dass die Vormerkung[220] sich nicht »bewähren« musste. Freilich sind die Hinterlegungsanweisungen wegen der Ungewissheit über Bestehen und Vertretung der GbR außerhalb des dinglichen Bereichs auch durch die Auftretenden selbst zu erteilen.

381 Dem Grundsatz nach stellt sich dasselbe Risiko der Unwirksamkeit des schuldrechtlichen Geschäftes aufgrund unwirksamer Vertretung der GbR auch wenn die GbR auf Erwerberseite auftritt, allerdings wird hier i.d.R. bereits im Auftreten der Personen als Gesellschafter ggf. die stillschweigende »ad hoc« Gründung einer neuen GbR gesehen werden können (Rdn. 382 ff.).

(3) GbR als Erwerbende

(a) Aus Sicht des Notars

382 In zahlreichen Sachverhalten zu erwägen und insb. in Norddeutschland auch unter Ehegatten (»Hamburger Modell«) weit verbreitet ist der Erwerb durch mehrere Personen in **neugegründeter GbR**. Sofern keine Verpflichtung zum Erwerb bestimmten Grundbesitzes im Gesellschaftsvertrag (sei es als Gesellschafterbeitrag oder als Abfindung bei Liquidation) enthalten ist, bedarf dieser selbst keiner Form, kann also auch bspw. mündlich vor oder anlässlich der Beurkundung geschlossen werden und weitgehend die gesetzlichen Regelungen der §§ 705 ff. BGB zugrunde legen (möglicherweise mit Ausnahme der Folgen bei Versterben des Gesellschafters [§ 727 BGB]) und des jederzeitigen Kündigungsrechtes [§ 723 BGB]). Besteht zwar (als Gesellschaftszweck) die Verpflichtung zum Erwerb eines

---

[219] Hartmann ZNotP 2011, 139, 141. Dagegen mag eingewendet werden, der Erwerber könne sich nicht einerseits auf den Erwerb durch die GbR berufen, andererseits aber den Standpunkt vertreten, er habe die Leistungsbestimmung der für die GbR auftretenden »Nichteigentümer« für vorrangig erachtet. Ein etwa entgegen der hier vertretenen Auffassung bestehender Kondiktionsanspruch verjährt gem. § 196 BGB erst in 10 Jahren!

[220] Auf die bei dieser Gestaltung aus Kostengründen, jedenfalls bei rascher Abwicklung und Zweifeln an ihrer Wirksamkeit, ohnehin verzichtet werden wird. Der Fristlauf für Gläubigeranfechtungen läuft dann aber stets erst mit Antrag auf Eigentumsumschreibung (§ 140 Abs. 2 Satz 1 InsO), nicht ab Antrag auf Eintragung der Vormerkung (§ 140 Abs. 2 Satz 2 InsO).

bestimmten Grundstücks, ist dieser Erwerbswille jedoch für keinen Beteiligten davon abhängig, dass ein vom Gesetz abweichender GbR-Vertrag zustande kommt, genügt die Beurkundung der Gründungswillenserklärung als solcher:

▶ **Formulierungsvorschlag: Erwerb in GbR (schuldrechtliche Einigung)**

..... veräußert hiermit an die hiermit gegründete Gesellschaft bürgerlichen Rechtes [unter der Bezeichnung ....., Anschrift: .....], bestehend aus A, B und C, an der die genannten Gesellschafter zu gleichen Teilen beteiligt sind *(ggf. Zusatz: – im Übrigen gelten §§ 705 ff. BGB mit der Maßgabe, dass bei Versterben eines Gesellschafters die Gesellschaft mit dessen Rechtsnachfolgern von Todes wegen fortgesetzt wird).*   383

Sofern die erwerbenden Gesellschafter bereits weiteres Vermögen in Gesamthand halten, sollte klargestellt werden, ob es sich (mitunter empfehlenswerterweise[221]) um eine neue GbR handelt, etwa durch Beifügung einer »Objektbezeichnung« zur Angabe der Gesellschafter. Aber auch der Erwerb einer Mehrzahl von Grundstücken in einer einzigen GbR ist durchaus häufig. Beide Varianten ersparen eine gegenständliche Zuordnung einzelner Immobilien, was frühzeitig Rivalitäten auslösen könnte.[222]   384

Auch wenn eine (behauptete) bereits existierende – dann allerdings genau zu bezeichnende, Rdn. 393 – GbR als Erwerberin auftritt, hat der Notar an sich gem. § 12 BeurkG ihre Existenz und ihre wirksame Vertretung zu prüfen. § 899a BGB kommt ihm dabei nicht zugute, da die Gesellschaft noch über keine Grundbucheintragung verfügt; selbst wenn sie bereits anderen Grundbesitz innehat, liegt kein Vorgang »in Ansehung des eingetragenen Rechtes« vor. Allerdings genügt die (auch nur mündliche) Behauptung der auftretenden Personen, sie bildeten gemeinsam eine GbR, die als Erwerberin auftreten solle: Notfalls ist die GbR durch die entsprechende Erklärung – die allerdings dann nicht im Sinne einer bloßen Wissenserklärung formuliert sein darf, s. Rdn. 390 – im Kaufvertrag gegründet worden (ein anders lautender vorsätzlicher Vorbehalt trotz Vorliegens entsprechender Willenserklärungen wäre gem. § 116 BGB unbeachtlich[223]). War der frühere Gründungsakt (etwa wegen Verstoßes gegen die Notwendigkeit der notariellen Form, wenn eine Verpflichtung zum Erwerb von Grundbesitz eingegangen wurde) unwirksam, liegt in dieser Erklärung eine Bestätigung gem. § 141 BGB.[224] Ob die Aussage der Beteiligten wahr ist, kann der Notar nicht überprüfen; jedenfalls kommt ein wirksamer Vertrag – sei es mit der bereits bestehenden, sei es mit einer neu geschaffenen GbR – zustande.   385

Die Frage, ob es sich um eine neu gegründete oder eine bereits bestehende Gesellschaft handelt, kann nur dann nicht dahingestellt bleiben, wenn es den Beteiligten, vor allem dem Veräußerer, darauf ankommt, tatsächlich mit einem bestimmten Vertragspartner zu kontrahieren. Diese Identitätsfrage (also die Prüfung der Wahrheit der Behauptungen auf Erwerberseite) ist z.B. entscheidend, wenn die angeblich bestehende Gesellschaft bereits über Haftungsvermögen verfügt.[225] Ist diese Frage jedoch bedeutungslos, etwa da auch die in der Vergangenheit »gegründete« Gesellschaft kein aus Sicht des Veräußerers oder Erwerbers maßgebliches »Vorleben« gehabt hat, liegt lediglich ein Irrtum über das Datum der wirksamen Gründung der GbR vor, also eine nicht vertragserhebliche Eigenschaft des Erwerbers. Auch dem Bestimmtheitsgrundsatz des Verfahrensrechts ist damit Genüge getan (die Erwerberin ist hinsichtlich ihrer Identifikationsmerkmale unterscheidbar bezeichnet; offen ist nur, ob diese Identifikationsmerkmale zutreffend sind, was jedoch nach derzeitiger Rechtslage niemand mit absoluter Sicherheit verifizieren kann.)   386

---

221 Anderenfalls besteht die Gefahr der »Infektion« des gesamten Gesellschaftsvermögens wegen einer gewerblichen Einzeltätigkeit, z.B. eines gewerblichen Grundstückshandels (§ 15 Abs. 3 Nr. 1 EStG); ferner kann objektbezogen übertragen werden.
222 Wobei die Variante der Einzel-GbR je Objekt den Vorteil leichterer Auseinandersetzung (etwa durch wechselseitige Austritte) bietet.
223 *Ruhwinkel* MittBayNot 2009, 177, 179.
224 *Lautner* MittBayNot 2010, 288 weist allerdings zu Recht darauf hin, dass es hierfür eines Bestätigungswillens, also des Bewusstseins möglicher Unwirksamkeit, bedarf.
225 *Lautner* MittBayNot 2010, 288 gegen *Weimer* NotBZ 2010, 27, 30, und NotBZ 2010, 321 ff. der diese Frage für aus Sicht des Verkäufers typischerweise ohne Belang hält.

387 Anderenfalls – auch bei ausdrücklicher Verwahrung gegen eine vorsorgliche rechtsgeschäftliche (Neu-) Begründung – droht das Risiko, dass der schuldrechtliche Vertrag und die Auflassung mit einem nicht existierenden oder einem nicht wirksam vertretenen Beteiligten geschlossen wurden, also gänzlich unwirksam oder i.S.d. § 177 BGB noch schwebend unwirksam waren, und auch durch die Umschreibung im Grundbuch keine Heilung eintreten kann. Immerhin: Ein Kaufpreisrückzahlungsbegehren der Schein-GbR, deren Erwerb nicht stattgefunden hat, dürfte bereicherungsrechtlich daran scheitern, dass ihr die Zahlung nicht zuzurechnen ist; dem Rückzahlungsanspruch der aufgetretenen Schein-Gesellschafter kann der Verkäufer den Schadensersatzanspruch des § 179 Abs. 1 BGB entgegen halten. Den Beteiligten wird dieses Risiko vor Augen geführt werden müssen (zur Vollstreckungsunterwerfung der Erwerberseite mit Doppelverpflichtung der Erschienenen vgl. Rdn. 1294, ähnlich in Bezug auf Finanzierungsgrundpfandrechte Rdn. 393 f.):

▶ **Formulierungsvorschlag: Risiken für den Veräußerer bei Erwerb durch GbR**

388 Der Notar hat den Veräußerer darauf hingewiesen, dass ein positiver Nachweis über die Existenz der als Erwerberin auftretenden GbR und deren wirksame Vertretung derzeit nicht möglich ist. Der Veräußerer läuft demnach Gefahr, die in diesem Vertrag durch den Erwerber übernommenen Pflichten bei der GbR – mangels Existenz bzw. mangels wirksamer Vertretung – nicht beitreiben zu können. Der Notar hat daher dem Veräußerer empfohlen, sich Sicherheiten stellen zu lassen bzw. die eigene Leistung erst dann zu erbringen, wenn die Erbringbarkeit der Gegenleistung (etwa durch Hinterlegung auf Notaranderkonto) nachgewiesen ist bzw. auch die erschienenen Personen auf Erwerberseite sich persönlich zur Erbringung der Gegenleistung verpflichten und insoweit der Vollstreckung unterwerfen. Den Beteiligten auf Erwerberseite hat er anheim gestellt, vorsorglich in der Kaufurkunde eine neue erwerbende GbR zu gründen, was jedoch nicht gewünscht wurde.

389 Erklären allerdings die auf Erwerberseite Erschienenen, dass ihre GbR aus noch mehr Personen bestehe, bedarf es entweder der Mitwirkung dieser weiteren Personen, oder der Vorlage einer Vollmacht in Urschrift oder Ausfertigung, welche durch alle im schriftlichen und in der Form des § 29 GBO vorgelegten Gesellschaftsvertrag aufgeführten Gesellschafter ausgestellt wurde, da der Gesellschaftsvertrag allein nach jedenfalls herrschender Meinung kein Rechtsscheinträger i.S.d. § 172 BGB für eine wirksame organschaftliche Bevollmächtigung sein kann.[226] Der Nachweis, dass es zwischen der schriftlichen Abfassung des Gesellschaftsvertrages und der Erteilung der Vollmacht keine Änderung des Gesellschaftsvertrages gegeben hat, kann weder verlangt noch geführt werden; die auftretenden Personen sollten dies allerdings versichern (Rdn. 391).

▶ **Formulierungsvorschlag: Erwerb durch eine angeblich bereits bestehende GbR**

390 Die Anwesenden, A, B, C, erklären: Wir haben mit Vertrag vom ..... eine Gesellschaft des bürgerlichen Rechts mit dem Sitz in ..... gegründet, deren alleinige Gesellschafter wir sind. Wir haben keine vom Gesetz abweichende Regelung über die Geschäftsführung und Vertretung getroffen, sodass wir alle gemeinschaftlich zur Vertretung dieser Gesellschaft befugt sind. Vorsorglich bestätigen wir hiermit nochmals die Gründung dieser Gesellschaft und deren Vertretung gemäß §§ 709, 714 BGB durch uns, A, B, C, gemeinsam. An weiteren Gesellschaften bürgerlichen Rechtes sind wir nicht beteiligt.

▶ **Formulierungsvorschlag: Erklärung des Bevollmächtigten einer erwerbenden GbR**

391 Der auf Erwerberseite Handelnde X erklärt und steht dafür ein, dass die erwerbende GbR gemäß dem vorgelegten schriftlichen und mit Unterschriftsbeglaubigung versehenen Gesellschaftsvertrag seit ihrer Gründung unverändert aus X, Y und Z besteht, und gemäß der in Urschrift/Ausfertigung vorgelegten Vollmacht durch X allein vertreten werden kann. X ist bekannt, dass er für die in dieser Urkunde eingegangenen Verpflichtungen persönlich haftet, auch wenn die GbR nicht existieren bzw. nicht wirksam vertreten sein sollte.

---

226 *Ruhwinkel* MittBayNot 2007, 92 (95) m.w.N., OLG München, 17.08.2010 – 34 W 98/10, MittBayNot 2011, 60 Tz. 20; a.A. *Kiehnle* ZHR 2010, 209, 225.

I. Beteiligte

(b) Aus Sicht des Grundbuchamtes

(aa) im Bereich des § 19 GBO

Eintragungen zugunsten einer GbR, die dem Bewilligungsgrundsatz des **§ 19 GBO** (formelles Konsensprinzip) unterfallen, oder aufgrund behördlichen Eintragungsersuchens (§ 38 GBO) ergehen,[227] sind unproblematisch: Das Grundbuchamt hat lediglich zu prüfen, ob der Rechtsträger unter der behaupteten, genau anzugebenden[228] Bezeichnung bestehen kann, die Existenz und die wirksame Vertretung sind nicht zu verifizieren. Nur wenn das Grundbuchamt sicher wüsste, dass die Eintragung das Grundbuch dauernd unrichtig machen würde, könnte sie abgelehnt werden. Es genügt also eine abstrakte Plausibilitätskontrolle, ohne Vorlage des Gesellschaftsvertrages.[229] Dies gilt bspw. auch bei der Eintragung einer Vormerkung[230] oder beschränkt dinglicher Rechte zugunsten einer GbR. Wird sodann über diese ohne vertiefte Prüfung eingetragenen Rechte verfügt, helfen wieder § 899a BGB materiell- und § 47 Abs. 2 GBO verfahrensrechtlich. Die Einigung selbst muss allerdings die Beteiligten mit derselben Bestimmtheit definieren wie im Bereich des § 20 GBO.[231]

392

(bb) im Bereich des § 20 GBO

Anders liegt es im Bereich des **§ 20 GBO**, also bei der Auflassung bzw. der Einigung über Entstehung bzw. Übergang eines Erbbaurechtes, wo das materielle Konsensprinzip,[232] Rdn. 874, zur vollumfänglichen Grundbuchprüfung nötigt:

393

(aaa) Identität der GbR

Ist Erwerber eine (angeblich) **bereits bestehende** GbR, sind zunächst (zur Bestimmung des tatsächlichen Auflassungsempfängers) bereits in der Urkunde hinreichende Merkmale zur **Identität** dieser Gesellschaft vonnöten (vgl. den Formulierungsvorschlag in Rdn. 390). Nach Auffassung des OLG München[233] genügt es bspw. den Anforderungen an den Inhalt der Einigung (»was«) nicht, lediglich an eine »zwischen den Beteiligten zu 2 und 3 bestehende GbR« aufzulassen, solange nicht erklärt wird, dass entweder zwischen ihnen keine weitere GbR existiere, oder aber die betreffende GbR näher bezeichnet ist (Gründungsdatum, Sitz, selbst gewählte Bezeichnung, Umsatzsteuernummer).[234] Richtigerweise kann eine etwa verbleibende Unbestimmtheit durch spätere »Bestätigungs- und Geständniserklärungen« der aufgetretenen Gesellschafter behoben werden,[235] zumal die Auflassung selbst als Willenserklärung der Auslegung zugänglich ist,[236] und hinsichtlich der (außerurkundlich nicht ergänzbaren) Bewilligung § 47 Abs. 2 GBO und § 15 Abs. 1 c GBV nur die dort genannten Angaben fordern.

394

---

227 Beispiel nach OLG Hamm, 17.03.2011 – I-15 W 706/10, ZfIR 2011, 432: Eintragungsersuchen des Vollstreckungsgerichts nach Zuschlag zugunsten einer GbR ist ohne weitere Prüfung zu vollziehen, wenn die gem. § 47 Abs. 2 GBO zu bezeichnenden Gesellschafter angegeben sind.

228 OLG München, 13.12.2010 – 34 Wx 153/10, JurionRS 2010, 33249: Bewilligung der Abtretung einer Buchgrundschuld an eine GbR.

229 Vgl. *Böhringer* NotBZ 2009, 86, 88.

230 OLG Schleswig, 09.12.2009 – 2 W 168/09, RPfleger 2010, 320.

231 Hierauf weist *Lautner* MittBayNot 2010, 286, 289 zu Recht hin.

232 Allgemein *Peykan* Die grundbuchrechtliche Prüfungskompetenz des Rechtspflegers bei notariell beurkundeten Rechtsgeschäften.

233 OLG München, 05.02.2010 – 34 Wx 116/09, RNotZ 2010, 328 m. Anm. *Rezori*; ebenso KG, 22.06.2010 – 1 W 277/10, NotBZ 2010, 316 und KG, 25.11.2010 – 1 W 417/10, NotBZ 2011, 54.

234 *Heinze* RNotZ 2010, 281, 302.

235 OLG Saarbrücken, 26.02.2010 – 5 W 371/09-134, ZfIR 2010, 329 m. zust. Anm. *Zimmer*; zustimmend auch *Weimer* NotBZ 2010, 195: die Frage des gemeinten Beteiligten sei außerhalb von Registern eine Frage des materiellen Rechtes (a.A. OLG München, vorvorangehende Fußnote: sofortige Zurückweisung, da nicht sichergestellt werden kann, dass der später vorgelegte Vertrag die zunächst nicht näher bezeichnete Gesellschaft betrifft).

236 Dabei kommt dem Wortlaut der Urkunde besonderes Gewicht zu; selbst naheliegende Zweifel haben außer Betracht zu bleiben, wenn zur Behebung dieser Zweifel nicht offenkundige, außerhalb der Urkunde liegende Umstände zu berücksichtigen sind, BayObLG DNotZ 1974, 441, 442.

395 Die großzügigere Sichtweise hat der BGH, Beschl. v. 28.04.2011[237] bestätigt: Im Hinblick auf die zur Eintragung erforderlichen Identitätsmerkmale, zur Wahrung des grundbuchlichen Bestimmtheitsgrundsatzes, hält der BGH (Tz. 12) die in § 47 Abs. 2 Satz 1 GBO geforderten Merkmale für ausreichend. Demnach bedarf es lediglich der Angabe der Gesellschafter, d.h. bei natürlichen Personen des Vor- und Familiennamens sowie des Geburtsdatums oder – anstelle des Geburtsdatums – des Berufs und Wohnorts (§ 15 Abs. 1 Buchst. a) GBV), bei juristischen Personen, Handels- und Partnerschaftsgesellschaften, des Namens sowie der Firma und des Sitzes (§ 15 Abs. 1 Buchst. c) GBV). Darüber hinausgehende Angaben, etwa zu Gründungszeitpunkt, Gründungsort oder zum selbst gewählten Namen sind nicht erforderlich, jedoch möglich und angesichts der tatsächlichen Verwechslungsgefahren[238] uneingeschränkt sinnvoll; werden sie angegeben, hat sie das Grundbuchamt zusätzlich einzutragen (§ 15 Abs. 1 Buchst. c) Halbs. 2 GBV).[239] Weitere Identitätsnachweise darf das Grundbuchamt zur Sicherstellung einer korrekten Bezeichnung der einzutragenen GbR nicht verlangen.

396 Von besonderer Bedeutung ist die Identitätsprüfung, wenn dem bereits vorhandenen Grundstück einer GbR ein weiteres, hinzuerworbenes Grundstück als Bestandteil zugeschrieben soll oder Vereinigung gem. § 890 Abs. 1 BGB beantragt wird. Auch dann wird das Grundbuchamt jedoch die vom Notar vorgenommene Identitätsprüfung – ebenso wie bei natürlichen Personen[240] als Nachweis i.S.d. § 415 ZPO genügen lassen müssen, wenn es keine Anhaltspunkte dafür hat, dass sie falsch sei.[241]

(bbb) Existenz der GbR

397 Ist der Auflassungsbeteiligte sonach fixiert, bedarf es des Nachweises seiner **Existenz**. Ein »Vollbeweis« ist insoweit denknotwendig unmöglich. Auch wenn die erwerbende GbR bereits in einem anderen Grundbuch (etwa am Nachbargrundstück) eingetragen ist, macht der Rechtsgedanke des § 899a BGB weitere Nachweise zur Existenz nicht entbehrlich, da die Verfügung gerade nicht das eingetragene Eigentum betrifft[242] (und vor dem 04.12.2008 das Grundbuchamt die GbR-Verhältnisse auf Erwerberseite ohnehin nicht prüfte, da es sich lediglich um eine durch die Parteien zu wählende Berechtigungsform i.S.d. § 47 Abs. 1 GBO handelte). Lediglich im Hinblick auf die Vertretungsfrage – unten ccc) -, also die Prüfung des unveränderten Fortbestehens des Gesellschafterkreises, dürften (analog der Entscheidung des BGH vom 04.12.2008 zum Vollstreckungstitel, Rdn. 316) sich weitere »Beweise« erübrigen, solange keine auf Tatsachen begründeten weiteren Anhaltspunkte für eine abweichende Beurteilung vorliegen.[243]

398 Das Meinungsbild zum **Existenznachweis bestehender GbRs** war bis zur Entscheidung des BGH vom 28.04.2011, Rdn. 402, sehr uneinheitlich,[244] es ließen sich drei Gruppen unterscheiden: (1) Die **strenge**, z.B. vom OLG München,[245] dem OLG Schleswig,[246] dem KG,[247] dem OLG

---

237 BGH, 28.04.2011 — V ZB 194/10, ZfIR 2011, 487, m. Anm. *Böttcher* 461 ff.; vgl. auch *Zimmer* NotBZ 2011, 260, sowie DNotI-Report 2011, 92.
238 *Hartmann* RNotZ 2011, 401, 403 hält die Ansicht des BGH, verbleibende Identitätszweifel auszublenden, für eine Falschbewertung der Realität.
239 Das Wort »können« letzterer Vorschrift stellt lediglich klar, dass ohne entspechende Antragstellung der Name und Sitz nicht mit eingetragen werden dürfen, werden sie jedoch genannt, reduziert sich das Eintragungsermessen des Grundbuchamts auf Null, vgl. *Heinze*, RNotZ 2010, 289, 294; *Lautner* DNotZ 2009, 650, 655; *Bestelmeyer* ZIP 2011, 1389.
240 BGH, 29.09.2010 – XII ZR 41/09, NJW 2011, 778 m. Anm. *Wolfsteiner*.
241 *Böhringer* NotBZ 2011, 317, 320.
242 *Bestelmeyer* RPfleger 2010, 169, 178.
243 So auch *Böhringer* RPfleger 2010, 406, 407.
244 Vgl. die Übersicht bei *Wagner* ZNotP 2011, 172 ff.; zuvor *Heinze* RNotZ 2010, 281, 300.
245 OLG München, 20.07.2010 – 34 Wx 063/10, DNotI-Report 2010, 149; ebenso OLG München, 17.08.2010 – 34 Wx 98/10, ZNotP 2010, 440 und OLG München, 25.08.2010 – 34 W 110/10 (Az BGH: V ZB 232/10); ebenso LG Magdeburg, 02.03.2010 – 3 T 94/10 (*»Eine Lösung des Problems kann nur dadurch geschaffen werden, dass die erwerbende GbR im betreffenden Erwerbsvertrag explizit gegründet wird ..«*).
246 OLG Schleswig, 09.12.2009 – 2 W 168/09, RPfleger 2010, 320.
247 KG, 05.10.2010 – 1 W 392/10; KG, 25.11.2010 – 1 W 417/10, NZG 2011, 61.

Hamm[248] sowie dem OLG Köln[249] vertretene, **Linie**, will, auf § 29 GBO pochend, keinerlei Nachweismittel akzeptieren und verweist resigniert darauf, »*es sei Sache des Gesetzgebers, zu bestimmen, ob eine grundsätzlich als grundbuchfähig angesehene GbR unter anderen, ggf. erleichterten, Voraussetzungen als den bisher in § 29 Abs. 1 GBO bestehenden ihre Grundbucheintragung erreichen kann.*«.[250] Demnach müsste stets eine GbR-Neugründung in der Kaufurkunde[251] (falls versäumt, eine GbR-Neugründung in einer Nachtragsurkunde für denselben Erwerb unter Wiederholung der Auflassung) für diesen Erwerb erfolgen, und sodann – am besten in derselben Urkunde (außerhalb der Reichweite des § 20 GBO, allerdings wohl als kostenrechtlich gegenstandsverschiedene Erklärung gem. § 36 Abs. 2 KostO) – die Gesellschaftsanteile auf die Alt-GbR mit Anwachsungsfolge übertragen werden.[252] Der Übergang der Immobilienanwartschaft in das quotengleich gehaltene Vermögen der Zielgesellschaft durch Anwachsung wäre gem. § 6 Abs. 3 Satz 1 GrEStG steuerfrei, führt aber bei Anteilsverschiebungen in den folgenden 5 Jahren zu einer Nachbesteuerung gem. § 6 Abs. 3 Satz 2 GrEStG.[253]

War der Kaufvertrag – der nun in die der strengen Auffassung geschuldete »Endvollzugsblockade« gerät – bereits beurkundet, und ist der Käufer mit dem Erwerb durch eine (personengleiche) Neu-GbR einverstanden, konnte in einer neuerlichen Urkunde eine solche »Zweck-GbR« gegründet werden, an welche der Eigentumsverschaffungsanspruch abgetreten wird (sodass die akzessorisch übergehende[254] Vormerkung durch die Neu-GbR zur Löschung zu bewilligen ist); die Auflassung wird sodann, ggf. neuerlich, durch den Verkäufer an die Neu-GbR erklärt (alternativ wird der erste Vertrag aufgehoben und durch einen Kaufvertrag mit Auflassung an die in der Erwerbsurkunde neu gegründete Zweck-GbR ersetzt). Grunderwerbsteuerlich war der erste Weg (also die Vertragsübernahme) sicherer.[255] **399**

(2) Sofern ein unterschriftsbeglaubigter Gesellschaftsvertrag existiert und demnach ein Nachweis gem. § 29 Abs. 1 Satz 1 (nicht Satz 2) GBO erbracht werden kann, wurde durch eine großzügigere **400**

---

248 OLG Hamm, 02.11.2010 – I-15 W 440/10, NotBZ 2011, 44.
249 OLG Köln, 29.11.2010 – 2 Wx 26/10, NZG 2011, 297, 298; ebenso OLG Köln, 13.12.2010 – 2 Wx 137/10, RNotZ 2011, 160 m. Anm. *Heinze*.
250 Pikanterweise hatte der Gesetzgeber selbst bei Verabschiedung des § 899a BGB hinsichtlich der von ihm damals gesehenen ungelösten Fragen (eingetragene namenstragende Alt-GbR ohne Nennung der Gesellschafter) darauf vertraut, die Grundbuchpraxis und die Rechtsprechung solle ihrerseits billige Lösungen unterhalb des Niveaus des § 29 GBO entwickeln, BT-Drucks. 16/13437 S. 30. Die Praxis (und damit die Notare) kommt bei solchen gegenseitigen Verweisungen unter die Räder beider Mühlsteine!
251 Nach OLG Hamm, 12.10.2010 – I-W 15 306/10, NotBZ 2011, 134 genügt auch ein in unmittelbarem zeitlichem Zusammenhang mit dem Kaufvertrag unterschriftsbeglaubigter Gesellschaftsvertrag, nach OLG Hamm, 14.10.2010 – I-15 W 442/10, NotBZ 2011, 134 (nur Ls.) genüge für die Neugründung in der Kaufurkunde bereits die Formulierung »an die Käufer als Gesellschafter bürgerlichen Rechtes«.
252 So *Rebhan* NotBZ 2009, 445, 450; *Bestelmeyer* RPfleger 2010, 169, 183. Fraglich ist, ob gem. § 22 Abs. 2 GBO analog (Zustimmung des »eintretenden« Gesellschafters) sich dasselbe Nachweisproblem stellte wie bei der unmittelbaren Auflassung i.R.d. § 20 GBO; jedenfalls im Lichte der BGH-Entscheidung v. 28.04.2011 genügt die Erklärung der handelnden Personen, sie seien die einzigen Gesellschafter der Ziel-GbR: OLG Nürnberg, 13.09.2011 – 10 W 847/11, ZfIR 2011, 877 m. Anm. *Heinze*.
253 *Ihle* DNotZ 2010, 725, 748 (auch zur grunderwerbsteuerlichen Beurteilung anderer »Reparaturwege«: die neuerliche Auflassung an eine in der Nachtragsurkunde neu gegründete GbR Nr. II löst wiederum Steuer nach § 1 Abs. 1 Nr. 1 GrEStG aus, die nicht gem. § 16 GrEStG storniert wird, da keine vollständige Entlassung der GbR Nr. I aus den vertraglichen Bindungen stattfindet. Vorzugswürdig ist die (»dreiseitige«) Vertragsübernahme durch die GbR Nr. II, da für diesen Erwerb i.S.d. § 1 Abs. 1 Nr. 5 bzw. Nr. 7 GrEStG ebenfalls die Freistellung gem. § 6 Abs. 3 Satz 1 GrEStG gewährt wird, wenn auch unter dem Risiko der Nachbesteuerung bei Änderungen im Gesellschafterbestand in den folgenden 5 Jahren, a.a.O. Satz 2.
254 Wegen § 39 GBO muss zuvor eine Grundbuchberichtigung erfolgen, bei welcher aber die Berichtigungsbewilligungsberechtigung der »Alt-GbR« analog § 899a BGB vermutet wird, OLG München, 07.09.2010 – 34 Wx 100/10, NZG 2010, 1138; ebenso OLG Schleswig, 28.05.2010 – 2 W 40/10, ZEV 2010, 641 m. Anm. *Langenfeld*.
255 Kein Anfall von Grunderwerbsteuer bei der Abtretung des Erwerbsanspruchs zwischen quotengleichen Personengesellschaften, allerdings fünfjährige Behaltensfrist gem. § 6 Abs. 3 Satz 2, Abs. 4 GrEStG; bei der Rückabwicklungsvariante dürfte § 16 GrEStG wegen des engen Zusammenhangs beider Geschäfte versagt werden, *Gutachten* DNotI-Report 2010, 189, 192.

Meinung (a) überwiegend vertreten, ohne konkrete Anhaltspunkte für Veränderungen bedürfe es keiner weiteren Unterlagen als dieses Vertrages.[256] Viele LG hatten sich dieser Auffassung, häufig allerdings schon vor dem 18.08.2009, angeschlossen.[257] (b) Andere LG und das OLG Frankfurt am Main[258] verlangen – in Fortführung der Linie, die zwischen dem 04.12.2008 und der Gesetzesreform in Bezug auf veräußernde GbRs vertreten wurde (Rdn. 334) – eine eidesstattliche Versicherung der »selbsterklärten« Gesellschafter zum Gesellschafterbestand, jedenfalls wenn der Vertrag längere Zeit (mehrere Jahre) zurückliegt (OLG Nürnberg[259]).

401 (3) Die dritte, noch **liberalere Meinungsgruppe** in Literatur[260] und Rechtsprechung (OLG Saarbrücken,[261] OLG Dresden,[262] OLG Brandenburg,[263] OLG Oldenburg[264]) schließlich hielt (a) die schlichte, in der Urkunde wiedergegebene Bestätigungserklärung der Gesellschafter, eine GbR gegründet zu haben und deren einzige Gesellschafter zu sein (bzw. Angaben zur abweichenden Vertretungsregelung), für ausreichend. Diese Bestätigung liegt gem. OLG Saarbrücken[265] und dem 9. Senat des OLG Nürnberg[266] sogar in der Wiedergabe der Verhältnisse der Beteiligten im Urkundseingang, was ebenso genüge wie eine nochmalige schriftliche Bestätigung im Text der Urkunde,[267] ähnlich der nachträglichen Bestätigung einer mündlich erteilten Vollmacht in der Form des § 29 GBO. Für diese Sichtweise sprach der Blick auf die BGH-Entscheidung vom 04.12.2008: Im streitigen Zivilverfahren, das der grundbuchlichen Vollstreckungsphase vorausgegangen war, wurde die Identität der handelnden Personen und ihre wirksame Vertretung als richtig unterstellt, sofern nicht vom Prozessgegner bestritten, sodass mangels Bestreitens letztlich eine einseitige Erklärung über Gesellschaftsverhältnisse, sogar mehr als 2 Jahre alt, als ausreichend für eine Grundbucheintragung gewertet wurde.[268] Dafür spricht weiter die systematische Nähe des § 47 Abs. 2 GBO zu § 47 Abs. 1 GBO: das Berechtigungsverhältnis mehrerer Beteiligter wird vom Grundbuchamt ohne Richtigkeitsnachweis aufgrund der Erklärung der Beteiligen selbst übernommen; vermutlich war dies auch die Intention des Gesetzgebers.[269] Dagegen sprach allerdings, dass alleine die Eigenbestätigung gerade die entscheidende Frage unbeantwortet lässt, ob der Bestätigende »der Richtige« ist[270] – dies unterscheidet den Sachverhalt von der beglaubigten Bekräftigung einer mündlich erteilten Vollmacht. (b) Eine Spielart dieser Ansicht verlangt schließlich zusätzlich zur Bestätigungserklärung die

---

256 *Lautner* DNotZ 2009, 650, 658; wohl auch BGH, 04.12.2008 – V ZB 74/08, DNotZ 2009, 115 Leitsatz 3 und Rn. 25 und möglicherweise auch OLG Rostock, 14.09.2010 – 3 W 100/10, NotBZ 2011, 64 (»jedenfalls« ist ein – in casu nicht vorliegender – Gesellschaftsvertrag in der Form des § 29 GBO erforderlich).
257 Z.B. LG Oldenburg NdsRPfl 2009, 216; weitere Nachweise bei *Heinze* RNotZ 2010, 281, 300 Fn. 132.
258 OLG Frankfurt am Main, 17.06.2010 – 20 W 195/10.
259 OLG Nürnberg, 08.04.2010 – 10 W 277/10, NotBZ 2010, 315; LG Traunstein RPfleger 2009, 448; LG Darmstadt, 24.03.2009 – 26 T 31/09; *Bielicke* RPfleger 2007, 441, 443.
260 *Ruhwinkel* MittBayNot 2009, 177, 180; *ders.* MittBayNot 2009, 421, 424 und DNotZ 2010, 305 mit Hinweis darauf, auch der unterschriftsbeglaubigte Gesellschaftsvertrag sei lediglich eine Eigenerklärung (eben nicht nur des Inhalts »wir haben eine GbR gegründet« sondern des Inhalts »wir haben eine GbR mit folgenden Maßgaben gegründet ..«); *Böttcher* ZNotP 2010, 173, 177 mit Hinweis darauf, dass auch in der Form des § 29 GBO abgegebene Geständniserklärungen ausreichend sein müssten, Meikel/*Böttcher* Einl. I Rn. 89. Gestützt auf § 47 Abs. 1 GBO, wonach das Berechtigungsverhältnis keines Nachweises bedarf, im Ergebnis ebenso *Reymann* ZNotP 2011, 84, 101 ff.
261 OLG Saarbrücken, 26.02.2010 – 5 W 371/09, DNotZ 2010, 301 m. Anm. *Ruhwinkel*.
262 OLG Dresden, 21.10.2010 – 17 W 1065/10, NotBZ 2010, 463.
263 OLG Brandenburg, 07.10.2010 – 5 Wx 77/10, RPfleger 2011, 148.
264 OLG Oldenburg, 19.07.2010 – 12 W 133/10, RNotZ 2010, 538.
265 OLG Saarbrücken, 26.02.2010 – 5 W 371/09, DNotZ 2010, 301 m. Anm. *Ruhwinkel*.
266 OLG Nürnberg, 12.11.2010 – 9W 1373/10, JurionRS 2010, 35694.
267 OLG Oldenburg, 19.07.2010 – 12 W 133/10, DNotI-Report 2010, 149; OLG Brandenburg, 07.10.2010 – 5 Wx 77/10, JurionRS 2010, 25642.
268 *Ruhwinkel* DNotZ 2010, 306 mit Hinweis darauf, dass im vorangegangenen Zivilprozess offensichtlich zudem die Gesellschaft – unbeanstandet – durch einen Gesellschafter vertreten wurde, also nicht einmal alle Gesellschafter eine Erklärung abgaben.
269 Vgl. ausführlich *Reymann* ZNotP 2011, 84, 101 ff. und BT-Drucks. 16/13437 S. 24 li. Sp. unten: »*.. beabsichtigt, dass eine GbR nur unter Angabe ihrer Gesellschafter am Grundbuchverfahren teilnehmen kann.*«.
270 *Lautner* MittBayNot 2010, 286, 289.

Vorlage eines öffentlich beglaubigten Gesellschaftsvertrages in den Fällen, in denen nur einzelne Gesellschafter auftreten.[271]

Die Lähmung des Grundbuchverkehrs mit bereits bestehender GbR, die durch zahlreiche Rechtspfleger[272] und die strenge Linie oben (a) einiger OLG entgegen der Intention des Gesetzgebers ins künstliche Koma versetzt und demnach folgerichtig für »klinisch tot«[273] erklärt wurde, wurde beendet durch den **BGH, Beschl. v. 28.04.2011**,[274] dem die OLG naturgemäß folgen.[275] Darin findet der BGH eine das sonstige Grundbuchrecht nicht beschädigende,[276] also § 29 GBO nicht unter Rückgriff auf die Grundsätze der Beweisnot[277] (Anwendung der subsidiären Beweisvorschriften der freiwilligen Gerichtsbarkeit in §§ 29 bis 31 FamFG,[278] wenn nämlich der formgerechte Ausschluss entfernter Möglichkeiten den geordneten Grundbuchverkehr unnötig erschweren würde[279]) aufweichende, Lösung, und zwar durch Rückgriff auf den Willen des Gesetzgebers, der sich in der systematischen Stellung der § 47 Abs. 2 GBO manifestiert:

402

Die Einfügung des § 899a BGB und des § 47 Abs. 2 GBO mit Wirkung ab 18.08.2009 durch das ERVGBG sollte wieder eine verlässliche Grundlage für den Rechtsverkehr mit einer GbR schaffen,[280] indem die GbR grundbuchverfahrensrechtlich wieder so behandelt wird wie vor der Anerkennung ihrer Rechtsfähigkeit. Mögen einzelne Richter des V. Senats die gesetzgeberische Leistung auch zuvor gescholten haben,[281] verhilft ihr der BGH nun zum Durchbruch, indem er darauf verweist, dass § 47 Abs. 2 Satz 1 GBO die Vorgabe zu entnehmen sei, bei der Eintragung einer erwerbenden GbR als Grundstückseigentümerin sei weder hinsichtlich der Existenz noch der Vertretung der GbR ein Richtigkeitsnachweis in der Form des § 29 Abs. 1 GBO zu erbringen. Wie auch i.R.d. § 47 Abs. 1 GBO, also beim Anteils- oder Gemeinschaftsverhältnis mehrerer Personen, die Auflassungsempfänger sind, werden die von den Beteiligten geäußerten Angaben vom Grundbuchamt nicht auf ihre materielle Richtigkeit geprüft, insb. kann kein Nachweis in der Form des § 29 Abs. 1 GBO verlangt werden, es sei denn, es bestünden Anhaltspunkte dafür, dass das Grundbuch durch die Umsetzung der Angaben der Beteiligten unrichtig würde.[282] Dies gilt auch für eine anderswo bereits eingetragene GbR.[283]

403

Andernfalls hätte die Neuregelung des § 47 Abs. 2 GBO in die §§ 19 bis 27 GBO eingegliedert werden müssen, welche eintragungsbegründende Erklärungen betreffen, die in der Form des § 29 GBO nachzuweisen sind (§§ 30 bis 37 GBO enthalten Sonderregelungen zur Nachweisform und §§ 44 ff. GBO, also auch § 47 GBO, Regeln, mit welchem Inhalt Grundbucheintragungen vorzunehmen sind). Allein die abstrakte Möglichkeit, dass sich bei einer GbR jederzeit mündlich verurs-

404

---

271 *Ruhwinkel* MittBayNot 2009, 421, 424; das LG Darmstadt, 24.03.2009 – 26 T 31/09 hat zur Rechtslage vor der Reform alternativ in diesen Fällen genügen lassen eine eidesstattliche Versicherung, dass kein schriftlicher Gesellschaftsvertrag existiere.
272 In Form textidentischer, über das Intranet (www.rechtspflegerforum.de, Unterforum Grundbuch) verbreiteter, Zwischenverfügungen.
273 *Bestelmeyer* RPfleger 2010, 169 – 192.
274 BGH, 28.04.2011 – V ZB 194/10, ZfIR 2011, 487, m. Anm. *Böttcher* 461 ff.; vgl. auch *Zimmer* NotBZ 2011, 260, sowie DNotI-Report 2011, 92. Kritisch *Hartmann* RNotZ 2011, 401, 404: »fehlt hinreichende normative Basis«.
275 Z.B. OLG Zweibrücken, 30.05.2011 – 3 W 33/11 und 3 W 34/11, OLG München, 15.06.2011 – 34 Wx 158/10, MittBayNot 2011, 396 m. Anm. *Ruhwinkel*.
276 Dies hatte *Demharter* EWiR 2011, 277, noch befürchtet. Er kritisiert in RPfleger 2011, 487 allerdings, die für § 47 Abs. 1 GBO geltenden Grundsätze könnten auf dessen Abs. 2 nicht übertragen werden, da es nicht um die Eintragung eines Gemeinschaftsverhältnisses, sondern des Berechtigten selbst gehe.
277 Vgl. Bauer/v. Oefele/*Knothe* § 29 GBO Rn. 163 ff.; Meikel/*Hertel* § 29 GBO Rn. 435 ff.; BeckOK/*Otto* § 29 GBO Rn. 30 ff.; zur dafür notwendigen »Unmöglichkeit« des formgerechten Nachweises *Heinze* ZNotP 2010, 409, 415 ff. Beispiel aus der Rechtsprechung: BayObLG, 22.05.2001 – 2 ZBR 49/01, BayObLGZ 2001, 132 zum Nachweis der Vertretung einer katholischen Pfarrpfründestiftung.
278 *Heinze* RNotZ 2010, 281, 303.
279 BGH RPfleger 1985, 234; KG NJW-RR 1998, 447, 2. Ls.
280 Vgl. Beschlussempfehlung und Bericht des Rechtsausschusses vom 17.06.2009 Drucks. 16/13437, S. 24.
281 Vgl. insb. *Krüger* NZG 2010, 801.
282 Vgl. § 47 Abs. 1 GBO, etwa im Hinblick auf Erwerber in ausländischem Güterstand, OLG München, 16.02.2009 – 34 Wx 95/08, DNotZ 2009, 683; OLG Schleswig, 19.08.2009 – 2 W 82/08, FGPrax 2010, 19.
283 *Zimmer* NotBZ 2011, 261.

achte Veränderungen ergeben können, genügt nicht als Anhaltspunkt, der das Grundbuchamt zur Vermeidung einer Unrichtigkeit zu weiteren Nachforschungen oder Nachweisverlangen berechtigt, worauf *Reymann*, auf den das vom BGH aufgegriffene Argument im Wesentlichen zurückgeht, zu Recht hinweist.[284]

405 Auch wenn im konkreten Fall nicht zu thematisieren, dürfte es – wie schon bisher von den Vertretern der großzügigen Linie für richtig gehalten – genügen, dass die Bezeichnung der GbR und ihrer Gesellschafter inzidenter im Urkundseingang des notariellen Erwerbsvertrags enthalten ist, da sich die Beteiligten diese Erklärung zu eigen machen; weiterer, vor allem papiergebundener Nachweise oder gar gesteigerter Formen der Erklärungen wie eidesstattlicher Versicherungen o.ä. bedarf es nicht.[285]

(ccc) Vertretung der GbR

406 Ist der Nachweis der Existenz der auflassungsempfangenden GbR geführt, bedarf es im Bereich des § 20 GBO sodann des Nachweises ihrer wirksamen **Vertretung** bei der dinglichen Einigung: (1) Handeln alle (angeblichen) Gesellschafter entsprechend der gesetzlichen Vermutung der §§ 709, 714 BGB, sind die Nachweisanforderungen identisch mit den in Bezug auf die Existenz der Gesellschaft selbst angelegten Kriterien, oben (⊠) – und waren damit vor dem BGH, Beschl. v. 28.04.2011 ebenso ungewiss.[286] Nachweise, dass die Zusammensetzung der Gründungsgesellschafter keine Änderung erfahren hat, kann das Grundbuchamt – wie stets bei negativen Tatsachen – nur verlangen, wenn es auf konkreten Anhaltspunkten basierende ernste Zweifel an der Fortgeltung hat;[287] eine öffentliche Urkunde verliert ihre Beweiskraft nicht durch bloßen Zeitablauf. (2) Sind, abweichend von §§ 709, 714 BGB, im Gesellschaftsvertrag einzelne Gesellschafter mit Geschäftsführungs- und Vertretungsbefugnis ausgestattet worden, muss dieser auf jeden Fall in unterschriftsbeglaubigter Form (§ 29 Abs. 1 GBO)[288] vorgelegt werden; Nachweise zu seiner Nichtänderung wiederum nur im Ausnahmefall – entgegen auch insoweit strengerer Rechtsprechung.[289]

407 (3) Hat dagegen die erwerbende GbR eine rechtsgeschäftliche Vollmacht erteilt, bedarf es des Nachweises der wirksamen Vertretung der GbR bei der Erteilung dieser Vollmacht.[290] Immerhin genügt es, dass alle Gesellschafter der GbR als natürliche Personen die Vollmacht einem Dritten erteilen, sie brauchen dabei nicht ausdrücklich »im Namen der GbR« zu handeln (Rdn. 597). (4) Liegen schließlich weder eine rechtsgeschäftliche Vollmacht noch eine satzungsmäßige Vertretungsregelung vor, sondern wurde ein geschäftsführender Gesellschafter durch Beschluss der Gesellschafterversammlung gewählt, gibt es derzeit keine das Nachweisverfahren erleichternde Analogie zu §§ 24, 26 WEG. Es bedarf also einer notariellen Tatsachenbeurkundung bei einer Vollversammlung, im Fall von Mehrheitsbeschlüssen müssen sämtliche Gesellschafter in der Form des § 29 GBO feststellen, wer aufgrund des Mehrheitsbeschlusses die Gesellschaft vertreten kann, es sei denn die in der Form des § 29 GBO vorgelegte Satzung erlaubt ausdrücklich die Mehrheitswahl eines Vertreters.

---

284 *Reymann* ZNotP 2011, 84, 103.
285 Vgl. *Böttcher* AnwBl. 2011, 1, 5.
286 KG, 25.11.2010 – 1 W 417/10, NotBZ 2011, 54 lässt demnach weder Eigenerklärungen der Gesellschafter noch eidesstattliche Versicherungen zum Nachweis der Vertretungsverhältnisse (d.h. des Mitgliederbestandes) einer »Altgesellschaft« zu (Gründung 2008, Kaufvertrag 2010).
287 Vgl. etwa LG Oldenburg NdsRPfl 2009, 216 (»Alter des Gesellschaftsvertrages gleichgültig«), LG München II, 16.04.2009 – 8 T 1525/09 (Gesellschaftsvertrag aus dem Jahr 1973); LG Verden, 06.05.2009 – 3a T 60/09 (Vertrag aus dem Jahr 2007); a.A. *Bestelmeyer* RPfleger 2010, 169, 179 m.w.N. in Fn. 105.
288 KG, 08.03.2011 – 1 W 99/10, ZfIR 2011, 381 (nur Ls.).
289 OLG München, 20.07.2011 – 34 Wx 131/10, RNotZ 2011, 601: Vorlage des – jederzeit änderbaren – Gesellschaftsvertrages genügt nicht, da §§ 172, 173 BGB dafür nicht gelten.
290 Haben alle Gesellschafter die GbR gem. §§ 709, 714 BGB vertreten, bedarf es hierzu der Vorlage des unterschriftsbeglaubigten Gesellschaftsvertrages samt späterer Mitgliederänderungen, wie sie auch zur Berichtigung des Gesellschafterbestandes einer bereits eingetragenen GbR notwendig wären. Im Fall der Ernennung vertretungsberechtigter Gesellschafter in der »Satzung« muss diese gem. § 29 GBO vorgelegt werden. Im Fall der Ernennung vertretungsberechtigter Gesellschafter durch Mehrheitsbeschluss muss die Satzung in der Form des § 29 GBO vorgelegt werden (zum Nachweis, dass ein solcher Beschluss dort eröffnet ist), und der Beschluss selbst durch notarielles Tatsachenprotokoll oder Bestätigung aller mitwirkenden Gesellschafter belegt sein.

I. Beteiligte

(c) Finanzierung durch die erwerbende GbR

Zusätzliche Probleme ergeben sich, wenn – wie regelmäßig – der Verkäufer bei der Bestellung der Finanzierungsgrundschuld durch den Käufer, hier die (angebliche) GbR, vertreten wird (»Vorwegfinanzierungsvollmacht«, Rdn. 1393 ff.). Existiert die GbR tatsächlich nicht, kann sie auch nicht Bevollmächtigte sein und keine wirksamen Erklärungen abgeben, weder dingliche (§ 873 BGB), noch schuldrechtliche (§ 780 BGB; Sicherungsabrede, Darlehensvertrag als causa etc), noch prozessuale (§§ 794 Abs. 1 Nr. 5, 800 ZPO) oder grundbuchrechtliche (§ 19 GBO). § 899a BGB, § 47 Abs. 2 GBO helfen in diesem Fall nicht, auch nicht in ihrer durch den BGH, Beschl. v. 28.04.2011 vermittelten Ausprägung, da ja nicht die GbR einzutragen ist, sondern der Verkäufer als Besteller durch sie vertreten werden können soll. 408

Der Notarpraxis ist also zu raten, die Vorwegfinanzierungsvollmacht ausdrücklich[291] ebenso jedem für die (Schein-) GbR auftretenden Gesellschafter zu erteilen (und diesen sodann in der Grundschuldbestellung auch als [zugleich] selbst Bevollmächtigten auftreten zu lassen). Damit ist jedenfalls (aufgrund Auftretens zumindest eines tatsächlich existierenden Bevollmächtigten) sichergestellt, dass das dingliche Grundpfandrecht und die begleitende prozessuale Erklärung (Vollstreckungsunterwerfung gem. § 800 Abs. 1 ZPO) noch durch den vertretenen Verkäufer wirksam entstehen konnten. Dieses dingliche Recht ist konditionsfest, wenn der Darlehensvertrag (als causa) jedenfalls deshalb wirksam ist, weil er (auch) mit den Gesellschaftern, nicht nur in Ausfüllung ihrer akzessorischen Haftung dafür, zustande gekommen ist. 409

▶ **Formulierungsvorschlag: Finanzierungsvollmacht und -grundschuld bei Erwerb durch GbR**

Allein der Käufer hat dafür zu sorgen, dass etwa benötigte Finanzierungsmittel rechtzeitig zur Verfügung stehen. Um ihm dies zu erleichtern, ist der Verkäufer verpflichtet die Beleihung des Vertragsobjekts bereits vor Umschreibung zu gestatten, allerdings nur unter Einhaltung der nachfolgenden Sicherungsabreden. 410

Der Verkäufer erteilt daher der erwerbenden BGB-Gesellschaft, ebenso jedem für diese auftretenden Beteiligten persönlich, jeweils befreit von § 181 BGB, folgende Vollmacht: ..... *[folgt weiterer Inhalt gem. Muster in Rdn. 1400].*

[Der Urkundseingang der Grundschuldbestellung gibt sodann die Funktionen der Handelnden auf Erwerberseite wie folgt wieder:]

[Es erscheinen .....] die Herren A und B, persönlich bekannt, handelnd als persönlich Bevollmächtigte und in gemeinsamer Vertretung für die ebenfalls bevollmächtigte, erwerbende BGB-Gesellschaft; jeder Bevollmächtigte wiederum handelt zugleich eigenen Namens – als möglicher Kreditnehmer, Schuldner, und künftiger Eigentümer – wie auch für Herrn und Frau C als Verkäufer und derzeitiger Eigentümer, jeweils aufgrund der Vollmacht, die in § 9 des dem Grundbuchamt zeitgleich vorgelegten Kaufvertrags vom heutigen Tag enthalten ist. Derzeitiger und künftiger Eigentümer werden nachstehend auch zusammenfassend »der Eigentümer« oder »der Sicherungsgeber« genannt. .....

Andernfalls kann das dingliche Recht selbst nur – dann gestützt auf § 899a BGB – wirksam erworben werden, wenn die bereits als Eigentümerin eingetragene (möglicherweise jedoch nicht existente) GbR ihrerseits sodann die Grundschuld eigenen Namens bestellt. § 899a BGB schafft jedoch (ebenso wenig wie die bloße Eintragung im Grundbuch bei § 800 Abs. 1 ZPO) **keine wirksamen Vollstreckungsunterwerfungen**, wenn die – nunmehr im eigenen Namen auftretende – GbR nicht existierte oder nicht wirksam vertreten war, vgl. Rdn. 370 (anders bei Bestellung noch namens des Verkäufers, Rdn. 408). Auch hinsichtlich des abstrakten Schuldversprechens (§ 780 BGB) der GbR als Kreditnehmer und der diese begleitenden persönlichen Vollstreckungsunterwerfung gibt es in diesen Fällen keine Hoffnung. Die Kreditpraxis verlangt daher (vergleichbar der Gestaltungsempfehlung des Notars hinsichtlich der Vollstreckungsunterwerfung auf Erwerberseite in Bezug auf 411

---

291 Der BGH gewinnt dieses Ergebnis in Tz 28 des Beschl. v. 28.04.2011 – V ZB 194/10, ZfIR 2011, 487, m. Anm. *Böttcher* 461 ff., durch Auslegung.

den Kaufpreis, Rdn. 1294), diese Erklärungen sowohl namens der (behaupteten) GbR als auch namens deren Gesellschafter persönlich, und zwar nicht nur in Bezug auf deren mögliche akzessorische Haftung analog § 128 HGB für die Schuld der behaupteten GbR, sondern aus eigener (bei mehreren gesamtschuldnerischer) Verpflichtung.

(4) Übergangsregelung

412 Die Novelle trat am 18.08.2009 in Kraft. Sie gilt gem. Art. 229 § 21 EGBGB auch uneingeschränkt, wenn die Eintragung bereits zuvor erfolgt ist, und zwar ohne Zeitlimit, also rückwirkend bis zum Inkrafttreten des BGB.[292] Anderenfalls wären vergangene Rechtserwerbe, die nicht durch die tatsächlich vertretungsberechtigten Personen veranlasst wurden, erst durch die Buchersitzung oder einen gutgläubigen Nacherwerb geheilt worden. Demnach erstreckt sich der Gutglaubensschutz bei künftig stattfindenden Verfügungen auf die Gesellschafterstellung auch solcher »Alt-Gesellschaften«, die (nunmehr unzutreffend) als »A, B, C in Gesellschaft bürgerlichen Rechts« oder als »A, B, C als Gesellschafter bürgerlichen Rechts« verlautbart sind – diese Eintragungen sind nach Auffassung des BGH[293] ebenfalls so zu lesen, dass sie das Eigentum der GbR wiedergeben –, ebenso natürlich auf diejenigen Fälle, die (nunmehr korrekt) bereits als »Gesellschaft bürgerlichen Rechts, bestehend aus A, B, C« eingetragen sind. Vertreten also die im Grundbuch eingetragenen Gesellschafter eine GbR, kann das Grundbuchamt wegen der auch ihm ggü. gem. § 899 Satz 1, 891 Abs. 1 BGB geltenden Vermutung keine weiteren Nachweise (wie Gesellschaftsvertrag samt Nachträgen, eidesstattliche Versicherungen etc) mehr fordern.[294]

413 War zum Zeitpunkt des Inkrafttretens der Neuregelung lediglich der Antrag auf Eintragung der Namens-GbR gestellt, kann dieser Antrag nicht mehr vollzogen werden, da § 47 Abs. 2 Satz 1 GBO selbst unmittelbar am 18.08.2009 in Kraft trat.

(5) Namens-GbR

414 Allerdings gilt § 47 Abs. 2 Satz 1 GBO nicht für Alt-Gesellschaften. Wurde also – bspw. als Folge der BGH-Entscheidung vom 04.12.2008 – eine Namens-GbR ohne Wiedergabe der Gesellschafter eingetragen, hat es dabei sein Bewenden, ein Zwang zur nachträglichen Eintragung der Gesellschafter (als bloße Ergänzung, Kostenfolge: § 67 KostO[295]) besteht nicht. Den Antrag auf **Vervollständigung** kann sowohl die GbR als auch – gem. § 14 GBO – ein an deren Grundstück eingetragener Grundpfandgläubiger stellen.[296] Für diese Altfälle stellt sich also nach wie vor das Problem, die Existenz und die Vertretung der verfügenden GbR nachzuweisen. Insoweit besteht weiterhin die Gefahr einer endgültigen faktischen Grundbuchblockade, wenn sich Praxis und Rechtsprechung nicht zu einer graduellen Absenkung des Nachweisniveaus hinsichtlich der Beweisintensität und der Beweismittelbeschränkung durchringen können, etwa unter dem Gesichtspunkt der Beweisnot.[297] So hat der BGH beispielsweise – allerdings unter Verkennung des Voreintragungserfordernisses, § 39 GBO[298] – für die Löschung einer zugunsten einer Namens-GbR eingetragenen Zwangssiche-

---

292 PfälzOLG Zweibrücken, 20.10.2009 – 3 W 116/09, RPfleger 2010, 208.
293 BGH DNotZ 2007, 119 m. Anm. *Volmer*.
294 OLG München, 18.08.2009 – 34 Wx 047/09, JurionRS 2009, 34860, bereits zum neuen Recht!
295 1/4 Gebühr, aus 5 bis 10 % des Grundstückswertes, vgl. die Nachweise bei *Heinze* DNotZ 2010, 698 Fn. 12; OLG München, 24.09.2010 – 34 Wx 2/10, MittBayNot 2011, 344 m. Anm. *Weigl* unter II.2.a der Entscheidungsgründe, a.A. (volle Gebühr nach § 60 KostO) OLG Frankfurt am Main, 19.11.2009 – 20 W 70/09, BeckRS 2010, 01550.
296 OLG Schleswig, 06.04.2011 – 2 W 60/10, JurionRS 2011, 19109, wo (allerdings noch vor der Entscheidung des BGH v. 28.04.2011 – V ZB 194/10, JurionRS 2011, 16453) eidesstattliche Versicherungen der Betroffenen über ihre Stellung als (alleinige) Gesellschafter und der historische Gesellschaftsvertrag mit notariell beglaubigten (nachträglich anerkannten) Unterschriften verlangt wird.
297 Vgl. Meikel/*Hertel* § 29 GBO Rn. 438 ff.; dagegen *Bestelmeyer* RPfleger 2010, 169, 187: »daraus folgt, dass die eingetragene Namens-GbR über ihr Eigentum nicht mehr verfügen kann«.
298 *Bestelmeyer* Rfleger 2012, 63 ff.

rungshypothek die Bewilligung durch den rechtsgeschäftlichen Bevollmächtigten der GbR, der im Tenor des Vollstreckungstitels genannt war, genügen lassen.[299]

Steht die GbR nur unter ihrem Namen im Grundbuch, wird demnach, wenn der Erwerb nach § 20 GBO stattgefunden hat, die Gesellschafterstellung durch den bei den Grundakten (§ 10 GBO) befindlichen Erwerbsvertrag nachgewiesen werden können, bei dem eine Prüfung der Existenz und Vertretung der GbR (z.B. als Auflassungsempfänger) bereits stattgefunden hat – anders in den Fällen der lediglich bewilligten Eintragung beschränkt dinglicher Rechte (§ 19 GBO). In ersterem Fall können wohl ohne konkrete Anhaltspunkte weitere Nachweise nicht verlangt werden (vergleichbar zur BGH-Entscheidung vom 04.12.2008, wo der 2 Jahre alte gerichtliche Titel als Grundlage genügte). Das OLG München[300] und das OLG Zweibrücken[301] lassen es als Nachweis jedenfalls genügen, wenn die »**Namens-GbR**« in der damaligen Erwerbsurkunde notariell gegründet wurde, solange keine tatsächlichen Anhaltspunkte für eine zwischenzeitliche Änderung des Gesellschafterbestandes bestehen (»Richtigstellung« dergestalt, wie die GbR bei hypothetisch früherer Geltung des § 47 Abs. 2 GBO hätte eingetragen werden müssen). 415

Bei Namens-GbR, die nicht in der Erwerbsurkunde gegründet wurden, verlangt die grundbuchliche Praxis, soweit sie solche Verfügungen überhaupt vollzieht, eidesstattliche Versicherungen bzw. »lockert das Nachweisniveau des § 29 GBO nach den Umständen des Einzelfalls« gemäß den Grundsätzen des sog. Freibeweises;[302] das OLG Köln und Vertreter der »strengen Linie«[303] halten auch dies für ungeeignet.[304] Andernfalls droht die Gefahr, dass die GbR zwar (damals) als namensführende Gesellschaft ohne Schwierigkeiten in das Grundbuch hineinkam, jedoch jetzt nicht mehr herausgerät;[305] allenfalls wäre an die Bestellung eines Pflegers für unbekannte Beteiligte gem. § 1913 BGB zu denken.[306] Auch wenn für den Vollzug von Verfügungen (sofern sie überhaupt vorgenommen werden können) nicht erforderlich, sollte auf jeden Fall bei diesem Anlass die Buchung der Gesellschafter (als Richtigstellung) miterfolgen. 416

Im Lichte des BGH-Beschlusses vom 28.04.2011 ist dieser großzügigen Linie beizupflichten: Der Grundbuchstand (Namens-GbR) gibt (entgegen OLG Köln[307]) den wahren Rechtszustand wieder. Die Nennung der Gesellschafter ist auch keine Richtigstellung der Berechtigten, da diese mit ihrem Namen richtig bezeichnet ist, sondern eher eine Vervollständigung, dahin gehend dass neben ihrem Namen auch die Gesellschafter eingetragen werden, sodass sie künftig – bei weiteren Verfügungen – sich auf § 899a Satz 2 i.V.m. §§ 891 ff. BGB berufen können. Gem. **§ 47 Abs. 2 Satz 2 GBO** sind im Eintragungsverfahren die Vorschriften, die sich auf die Eintragung des Berechtigten beziehen, entsprechend für die Eintragung der Gesellschafter heranzuziehen, sodass die GbR verfahrensrechtlich im Wesentlichen auch insoweit weiter so behandelt wird wie vor der Anerkennung ihrer Rechts- 417

---

299 BGH, 13.10.2011 – V ZB 90/11, ZfIR 2012, 58 m. krit. Anm. *Schneider* - richtigerweise hätte das Urteil gem. § 313 Abs. 1 Nr. 1 ZPO den gesetzlichen Vertreter, also alle GbR-Gesellschafter, die Vollmacht erteilt haben, aufführen müssen. Auch die damalige Prozessvollmacht, § 81 ZPO, deckt die nunmehrige Löschung nicht mehr. Beim Vertreterhandeln kommt es richtigerweise auf die Verhältnisse bei der nunmehrigen Löschung an, ohne »Rückprojektion« im Sinne eines »actus contrarius«.
300 OLG München, 27.04.2010 – 34 Wx 32/10, DNotZ 2010, 691 m. Anm. *Heinze*.
301 OLG Zweibrücken, 10.05.2011 – 3 W 47/11, RNotZ 2011, 421.
302 OLG Schleswig, 23.02.2011 – 2 W 14/11, ZfIR 2011, 409 (spätere notariell beurkundete Bestätigung eines früheren privatschriftlichen Gesellschaftsvertrages).
303 *Bestelmeyer* ZfIR 2011, 395 ff.: eintragungsbedürftige Verfügungen gesellschafterlos eingetragener Namens-GbRs sind aufgrund eines Versäumnisses des Gesetzgebers derzeit nicht möglich. Als Vorfrage fehlt es zudem schon am Nachweis, dass die eingetragene GbR beim Erwerb überhaupt wirksam vertreten wurde und damit nun Eigentümer ist.
304 OLG Köln, 20.12.2010 – 2 Wx 118/10, RNotZ 2011, 166 m. Anm. *Heinze*.
305 *Kesseler* NZM 2009, 190; er schlägt vor, dass die Gesellschafter, notariell beglaubigt, erklären, wie die zwischen ihnen begründete und betroffene Gesellschaft zusammengesetzt und vertreten sei, was jedoch als bloße Eigenbehauptung nicht ohne Weiteres ausreichen wird.
306 *Heinze* RNotZ 2011, 173, 175, mit Hinweis auf LG Kaiserslautern FamRZ 1995, 1382 (in einem Teilungsversteigerungsverfahren nach dem Tod eines BGB-Gesellschafters).
307 20.12.2010 – 2 Wx 118/10, RNotZ 2011, 166.

fähigkeit durch die Rechtsprechung (etwa mit der Folge, dass gem. § 39 Abs. 1 GBO die Voreintragung des Mitgesellschafters notwendig ist, wobei auf Zwischenstufen verzichtet werden kann[308]).

418 Im Rahmen dieser »Vervollständigung« hat das Grundbuchamt in freier Beweiswürdigung aller ihm bekannten Tatsachen seine Prüfung zu führen, also auch nichturkundliche Beweise und Erfahrungssätze heranzuziehen.[309] Wurde die GbR als Eigentümerin im Rahmen eines Verfahrens nach § 20 GBO eingetragen und wurde die Gesellschaft i.R.d. Erwerbsurkunde ad hoc gegründet, können daher die damaligen, aus der Erwerbsurkunde ersichtlichen Gesellschafter zu Recht ohne Weiteres nachträglich in das Grundbuch eingetragen werden.[310] Dies muss auch gelten, wenn die GbR bereits vor Abschluss der Erwerbsurkunde entstanden ist;[311] auch hier genügt die ursprüngliche Gründungsurkunde, selbst wenn sie nicht die Form des § 29 GBO wahrt (Grundsätze des Freibeweises, § 26 FamFG), wenn keine tatsächlichen Anhaltspunkte für eine zwischenzeitliche Änderung des Gesellschafterbestands bestehen.

419 Schwierig sind allerdings die Fälle, in denen eine Namens-GbR aufgrund schlichter Bewilligung des verlierenden Teils, also nach **§ 19 GBO**, eingetragen wurde, ohne selbst beteiligt zu sein.[312] Hier könnte der Fall eintreten, dass aufgrund schlichter Behauptung nunmehr Gesellschafter eingetragen werden, die solche nicht sind, und diese sodann – an gutgläubige Dritte – über das zugunsten der GbR eingetragene Recht verfügen, sodass die wahre GbR materiell ihr Recht verlöre. I.R.d. Freibeweises wird das Grundbuchamt in diesen Fällen den ursprünglich Bewilligenden anzuhören haben, ebenso die von diesem benannten Gesellschafter;[313] das Grundbuchamt wird berechtigt sein, zumindest die Erklärung der Anzuhörenden in unterschriftsbeglaubigter Form zu verlangen.[314] Es mag sich weiter empfehlen, in diesen Fällen eine eidesstattliche Versicherung zu fordern, wie sie richterrechtlich anerkannt ist zum Nachweis ergänzender (das notarielle Testament spricht nur von »den Kindern«[315]) oder negativer Tatsachen (Scheidungs-[316] oder Pflichtteilsklausel[317] bei gemeinschaftlichem Testament, vgl. Rdn. 734) i.R.d. § 35 Abs. 1 Satz 2 GBO. Die für die Strafbarkeit gem. § 156 StGB erforderliche allgemeine Zuständigkeit des Grundbuchamtes als Behörde (§ 11 Abs. 1 Nr. 7 StGB) zur Abnahme von eidesstattlichen Versicherungen ergibt sich wohl bereits aus § 35 Abs. 3 Satz 2 GBO, die »besondere Zuständigkeit« gerade in Bezug auf den Vorgang, auf den sie sich bezieht dürfte angesichts der Beweisnot zu bejahen sein.[318]

d) Nachweise zur Berichtigung des Grundbuches

420 Durch den Gesellschafterwechsel außerhalb des Grundbuchs (Eintritt, Austritt, Versterben, Einzelrechtsnachfolge etc.) wird das Grundbuch zwar streng genommen nicht unrichtig i.S.d. § 22 GBO, § 894 BGB; das Grundbuch wird jedoch hinsichtlich der Gesellschafter als unrichtig behandelt, sodass die Vorschriften über den Unrichtigkeitsnachweis bzw. die Berichtigungsbewilligung entsprechend gelten. Die GbR ist zudem gem. § 82 Satz 3 GBO (Rdn. 355) gehalten, die Angaben zum Gesellschafterbestand im Grundbuch richtig zu stellen. Daher wird auch kostenrechtlich, obwohl streng genommen kein »neuer Eigentümer« einzutragen ist, § 60 Abs. 1 KostO angewendet[319] (und nicht, wie unmittelbar

---

308 *Lautner* DNotZ 2009, 650, 666; *Böhringer* RPfleger 2009, 537, 542; a.A. OLG München, 27.04.2006 – 32 Wx 67/06, MittBayNot 2006, 496, m. abl. Anm. *Lautner*.
309 Vgl. etwa OLG Schleswig, 23.02.2011 – 2 W 14/11, ZfIR 2011, 409, mit Besprechung *Bestelmeyer*, S. 395.
310 OLG München, 27.04.2010 – 34 Wx 32/10 DNotZ 2010, 691.
311 *Heinze* DNotZ 2011, 695, 697.
312 Vgl. *Böttcher* ZFiR 2011, 467.
313 *Heinze* DNotZ 2010, 695, 698.
314 Vgl. *Böttcher* ZfIR 2011, 461, 467.
315 *Gutachten* DNotI-Report 2006, 109, 111.
316 *Gutachten* DNotI-Report 2006, 181.
317 OLG Köln, 14.12.2009 – 2 Wx 59/09 RPfleger 2010, 263.
318 Für Statthaftigkeit *Heinze* RNotZ 2010, 281, 304; a.A. *Schubert* ZNotP 2009, 179, 180; *Bestelmeyer* RPfleger 2010, 169, 182/183, *Lautner* MittBayNot 2010, 286, 290.
319 OLG Frankfurt am Main, 19.11.2009 – 20 W 70/09, BeckRS 2010, 01550.

nach dem BGH, Urt. v. 04.12.2008, als die Angabe der Gesellschafter nur der Erleichterung der Identifikation diente, § 67 KostO – oben Rdn. 331), wohl mit dem Wert des § 61 Abs. 2 Satz 1 KostO.[320]

§ 899a BGB betrifft zwar nach dem Wortlaut nur Verfügungen »in Ansehung des eingetragenen Rechts«, also nicht in Bezug auf Rechtsgeschäfte über Gesellschaftsanteile, diese Einschränkung des Vermutungstatbestands hat aber keine Bedeutung für die grundbuchverfahrensrechtliche Behandlung von Rechtsgeschäften mit unmittelbarem Bezug zum Grundstück, also Anteilsveränderungen an grundbesitzhaltenden GbR. Im Ergebnis gilt demnach analog § 899a BGB auch für die Zwecke des Grundbuchrechts, dass die eingetragenen Gesellschafter bewilligungsberechtigt sind; diese Frage wird also – soweit es um eine grundbesitzhaltende GbR geht – nicht mitgliedschaftrechtlich, sondern grundbuchrechtlich angeknüpft.[321] **421**

Soweit als Folge von Änderungen im Gesellschafterbestand Berichtigungen im Grundbuch durchzuführen sind (§§ 899a, 894 BGB, auch zur Wahrung des Voreintragungsgrundsatzes des § 39 GBO), gelten demnach auch ggü. dem Grundbuchamt die im Grundbuch eingetragenen Gesellschafter als **bewilligungsberechtigt**.[322] Von § 899a BGB geht dieselbe Vermutungswirkung (bezogen auf die Gesellschafterstellung) aus wie von § 891 BGB vor Anerkennung der Rechts- und Grundbuch-Buchungsfähigkeit der GbR.[323] Andernfalls würde § 899a BGB leerlaufen, sobald eine Mitgliedschaftsübertragung stattgefunden hat, und auch § 82 Satz 3 GBO (Berichtigungszwang) hätte keinen Anwendungsbereich,[324] vgl. Rdn. 428. **422**

Diese Vermutung gilt auch, wenn wegen Ausscheidens des vorletzten Gesellschafters einer GbR diese liquidationslos erlischt und das Grundbuch damit nicht nur hinsichtlich des Gesellschafterbestandes, sondern auch der Fortexistenz der Gesellschaft unrichtig wird.[325] Dieselben Grundsätze sind anwendbar, wenn bei einer grundbesitzhaltenden GbR sämtliche Gesellschaftsanteile auf einen Dritten übertragen werden, sodass selbst dann – entgegen OLG München[326] – kein Nachweis des Eigentumsübergangs in Form einer Auflassung, § 20 GBO, verlangt werden kann. **423**

aa) Hinzutreten weiterer Gesellschafter

Tragen die »Buch-Gesellschafter« vor, sie seien nicht mehr oder nicht mehr in dieser Zusammensetzung Gesellschafter, sondern **weitere** seien **hinzugekommen**,[327] wird der Notar, auch wenn er dadurch die Möglichkeit gutgläubigen Erwerbs vom Nichtberechtigten vereitelt, zunächst auf die **Berichtigung des Grundbuchs** hinwirken. Diese ist zur Wahrung des Voreintragungsgrundsatzes (§ 39 GBO) stets erforderlich, wenn ein anderer als der im Grundbuch noch Eingetragene mitwirkt.[328] **424**

---

320 *Heinze* RNotZ 2010, 281, 308.
321 Vgl. OLG München, 01.12.2010 – 34 Wx 119/10, ZIP 2011, 466; OLG München, 14.01.2011 – 34 Wx 155/10, MittBayNot 2011, 224, m. zust. Anm. *Ruhwinkel*, S. 228; OLG Zweibrücken, 20.10.2009 – 3 W 116/09, NJW 2010, 384; OLG Zweibrücken, 08.09.2010 – 3 W 128/10, DNotZ 2011, 207.
322 OLG München, 07.09.2010 – 34 Wx 100/10, NotBZ 2010, 422; ebenso OLG Zweibrücken, 09.09.2010 – 3 W 128/10, DNotZ 2011, 207 und OLG Brandenburg, 27.04.2011 – 5 Wx 89/10, NotBZ 2011, 443; a.A. *Bestelmeyer* RPfleger 2010, 169, 185 f. mit dem Argument, auch der Erwerb der Mitgliedschaft falle materiell-rechtlich nicht unter § 899a BGB. Tatsächlich handelt es sich aber bei der Berichtigung des Grundbuches als Folge der Änderung der Mitgliedschaft um eine immobilienbezogene, nicht eine gesellschaftsbezogene Maßnahme.
323 *Böhringer* RPfleger 2009, 537, 540 f.; *Heßeler/Kleinhenz* WM 2010, 446, 449 f.; BT-Drucks. 16/13437 S. 24 li. Sp. Unten.
324 Vgl. im Einzelnen *Gutachten* DNotI-Report 2010, 145 ff.
325 OLG München, 14.01.2011 – 34 Wx 155/10, ZfIR 2011, 303; OLG Frankfurt am Main, 15.04.2011 – 20 W 530/10, NotBZ 2011, 402.
326 OLG München, 11.10.2010 – 27 Wx 52/10, MittBayNot 2011, 225, mit zu Recht ablehnender Anm. *Ruhwinkel*, S. 228.
327 Veränderungen der Anteilshöhe innerhalb der GbR sind ohnehin nicht eintragungsfähig, da sachenrechtlich unerheblich und damit unzulässig; OLG München Rpfleger 2005, 530 m. Anm. *Demharter*.
328 OLG München, 27.04.2006 – 32 Wx 67/06, MittBayNot 2006, 496 m. krit. Anm. *Krick*: sogar wenn lediglich die Grundbuchberichtigung aufgrund GbR-Anteilsveräußerung von A an B (im Grundbuch noch nicht verlautbart) und sodann von B an C beantragt wird, müsse zunächst B eingetragen werden.

B. Gestaltung eines Grundstückskaufvertrages

425 Zur Absicherung des Berichtigungsanspruchs des § 899a Satz 2 i.V.m. § 894 BGB ist die Eintragung des Widerspruchs nach § 899 BGB zulässig, wenn im Grundbuch der Gesellschafterbestand der GbR – aufgrund bereits erfolgter Abtretung eines Anteils – unzutreffend verlautbart ist. Wechseln Gesellschafter einer GbR, die Gläubiger eines Briefgrundpfandrechts ist, muss der Brief vorgelegt werden (§§ 41, 42 GBO) und ist amtswegig hinsichtlich des darin wiedergegebenen Gesellschafterbestands zu ergänzen, § 62 GBO.

426 Zur Berichtigung als Folge einer **Gesellschaftsanteilsabtretung** sind erforderlich:
– sofern der Gesellschaftsvertrag die Übertragung der Gesellschafterstellung ohne Beschränkungen erlaubt, lediglich die Berichtigungsbewilligung des veräußernden und des erwerbenden Alt- bzw. Neugesellschafters, ferner der Nachweis des Inhalts des Gesellschaftsvertrages, sei es auch nur in schriftlicher Form als Schlüssigkeitsnachweis zur Veräußerlichkeit der Mitgliedschaft;[329]
– einen Nachweis, dass der Gesellschaftsvertrag (der z.B. die Abtretung des Anteils erlaubt) zwischenzeitlich nicht abgeändert wurde, kann das Grundbuchamt nur verlangen, wenn es durch konkrete Tatsachen belegte Zweifel daran hat, dass solche Änderungen möglicherweise erfolgt sind;[330]

427 – anderenfalls, also sofern der Gesellschaftsvertrag die Übertragung der Mitgliedschaft als solcher nicht erlaubt, die Berichtigungsbewilligung aller eingetragenen Gesellschafter der GbR und des neuen Gesellschafters (§ 22 Abs. 2 GBO) in öffentlich beglaubigter Form, zusätzlich die schlüssige textliche Darlegung derjenigen materiellen Rechtsvorgänge, die einen Wechsel außerhalb des Grundbuchs bewirkt haben sollen,[331] und zwar in der Bewilligung, nicht lediglich im Antrag. Damit wird der besonderen Prüfungsverantwortung des Grundbuchamts bei Veränderungen in Abteilung I (vgl. § 20 GBO) Rechnung getragen. Die Vorlage des Abtretungsvertrages selbst kann jedoch nicht verlangt werden.

428 – Die noch strengere neuere Rechtsprechung verlangt hingegen in allen Fällen der rechtsgeschäftlichen Einzelrechtsnachfolge, auch der Übertragung auf einen Mitgesellschafter, die **Mitwirkung aller Mitgesellschafter** als Beteiligter,[332] da nicht auszuschließen sei, dass nach dem Inhalt des (allenfalls in der Sekunde der Abfassung, jedoch nicht mehr später, feststehenden) Gesellschaftsvertrags Zustimmungserfordernisse etc. einzuhalten wären. Immerhin begründet § 899a BGB i.V.m. § 47 Abs. 2 GBO auch für das Grundbuchamt insoweit die Vermutung, dass alle eingetragenen Gesellschafter zur Verfügung über einen Gesellschaftsanteil befugt sind, soweit das eingetragene Recht betroffen ist (Rdn. 421).

429 Beim **Eintritt eines Gesellschafters** ist die Bewilligung durch alle bisherigen Gesellschafter abzugeben, unter entsprechender textlicher schlüssiger Darlegung der Umstände des Beitritts; die Beitrittserklärung selbst (Änderung des Gesellschaftsvertrages) braucht nicht beigefügt zu werden. Der Eintretende muss gem. § 22 Abs. 2 GBO zustimmen.

430 Gem. § 22 Abs. 1 Satz 1 GrEStG bedarf es weiter zur »Eintragung eines Erwerbers eines Grundstücks in das Grundbuch« stets der Vorlage der grunderwerbsteuerlichen **Unbedenklichkeitsbescheinigung**.[333] Die Norm erfasst sowohl konstitutive wie auch berichtigende Eintragungen, allerdings nicht allein bloße Richtigstellungen. Da ein Wechsel im Gesellschafterbestand nunmehr wieder wie eine Grundbuchberichtigung behandelt wird, steht außer Zweifel, dass – wie vor der Entscheidung des BGH vom 04.12.2008 – die Unbedenklichkeitsbescheinigung des Finanzamts vorgelegt werden muss.[334]

---

329 Vgl. BayObLG DNotZ 1998, 811, BayObLGZ 1991, 301, *Gutachten* DNotI-Report 2001, 81.
330 Vgl. *Schöner/Stöber* Grundbuchrecht Rn. 982e; *Böttcher* ZNotP 2009, 42, 44; ebenso schon zur Rechtslage vor der Anerkennung der Rechtsfähigkeit der GbR *Eickmann* RPfleger 1985, 85, 90.
331 Vgl. BayObLG MittRhNotK 1990, 79; OLG Jena FGPrax 2001, 12, m. Anm. *Demharter*, 54 ff.; LG Mainz RNotZ 2008, 350.
332 So OLG Zweibrücken NJW 2010, 384; OLG München, 01.12.2010 – 34 Wx 119/10, ZfIR 2011, 303.
333 Gemäß OLG Frankfurt am Main DNotI-Report 2005, 14 auch, wenn erkennbar weniger als 95 % der Anteile übergehen (es könnte zwar kein Fall des § 1 Abs. 2a, sondern des § 1 Abs. 3 GrEStG oder des § 42 AO vorliegen).
334 Vgl. *Böttcher* ZfIR 2009, 613, 623.

bb) Austritt oder Ausschluss eines Gesellschafters

Ist lediglich ein Gesellschafter (durch allseitige Vereinbarung) mit Anwachsungsfolge **ausgeschieden**, wird ebenfalls überwiegend[335] die Berichtigungsbewilligung des ausscheidenden und aller verbleibenden (durch die Anwachsung begünstigten) Gesellschafter gefordert. Richtigerweise ist die Mitwirkung letzterer zwar materiell rechtlich, nicht aber grundbuchrechtlich erforderlich.[336] Etwas anderes ergibt sich auch nicht aus § 22 Abs. 2 GBO, der lediglich dann einschlägig wäre, wenn jemand neu als Eigentümer (Gesellschafter) einzutragen würde. 431

Wurde ein Gesellschafter aus wichtigem Grund (§ 737 BGB) ausgeschlossen und wirkt er an der Berichtigung nicht mit, muss auch das Bestehen eines wichtigen Grundes in der Form des § 29 GBO (!) nachgewiesen werden.[337] 432

cc) Tod eines Gesellschafters

Ist ein Gesellschafter **verstorben**, sind die Anforderungen wegen der möglichen unterschiedlichen gesellschaftsvertraglichen Regelungen noch komplexer:[338] 433

Vertragliche Nachfolgeregelungen können entweder als **Fortsetzungsklauseln** (z.B. einfache Fortsetzungsklausel bei der GbR: Anteil wächst den verbleibenden Gesellschaftern an, GbR ist nicht aufgelöst[339]) oder als qualifizierte Fortsetzungsklausel nur beim Tod bestimmter Gesellschafter oder im Sinn einer Anwachsung nur an bestimmte andere Gesellschafter konzipiert sein. Der Gesellschaftsanteil erlischt und fällt nicht in den Nachlass; dort befinden sich allenfalls Auseinandersetzungsansprüche, soweit nicht ausgeschlossen. Denkbar sind auch **Eintrittsklauseln** (Zuwendung eines Eintrittsrechtes); der Mitgliedschaftswechsel selbst vollzieht sich durch Erklärung des Berechtigten oder Aufnahmevertrag. Die Zuwendung des Eintrittsrechtes kann durch Gesellschaftsvertrag oder erbrechtlich erfolgen. Zusätzlich kann dem Eintrittsberechtigten auch der Kapitalanteil des verstorbenen Gesellschafters zugewendet werden; die verbleibenden Gesellschafter halten diesen dann bis zu dessen Eintritt für ihn treuhänderisch, sodass zwischenzeitlich ein Abfindungsanspruch noch nicht entstanden ist.

Des Weiteren kann der Eintritt durch **rechtsgeschäftliche Nachfolgeklausel**, also aufschiebend auf den Tod bedingte Schenkung und Abtretung des Anteils an den Berechtigten durch Vertrag mit diesem erfolgen; der Anteil ist dann bereits zu Lebzeiten und damit außerhalb des Nachlasses übertragen. Bei der als vierte Variante denkbaren **erbrechtlichen Nachfolgeklausel** schließlich wird der Vorrang des Gesellschaftsrechtes durch schlichte Vererblichstellung des Anteils (einfache erbrechtliche Nachfolgeklausel) aufgehoben, der Anteil fällt dann in den Nachlass (allerdings mit der Besonderheit, dass mehrere Erben ihn in Höhe ihrer Erbquote, nicht in Erbengemeinschaft halten).[340] Die qualifizierte erbrechtliche Nachfolgeklausel stellt den Anteil allerdings nur zugunsten namentlich benannter oder nach eindeutigen Merkmalen bezeichneter Personen (ältester Sohn, abgeschlossenes BWL-Studium etc.) vererblich und muss daher durch eine Verfügung von Todes wegen flankiert werden.[341] Sind qualifizierte Nachfolgeeröffnung im Gesellschaftsvertrag und Verfügung von Todes wegen konkordant, soll die Mitgliedschaft im Wege einer Sondererbfolge (ähnlich dem Höfe- 434

---

335 Vgl. *Schöner/Stöber* Grundbuchrecht Rn. 982b; *Wenz* MittRhNotK 1996, 377 (383); *Schaal* RNotZ 2008, 569, 579; OLG Hamm, 28.06.2011 – I-15 W 170/11, RPfleger 2011, 663.
336 *Böttcher* ZfIR 2009, 613, 621; ebenso OLG Jena, 23.06.2011 – 9 W 181/11, ZfIR 2011, 716; KG, 17.06.2011 – 1 W 491/11, ZfIR 2011, 732 (nur Ls.).
337 OLG Hamm v. 24.05.2007 RNotZ 2007, 612.
338 Vgl. ausführlicher *Krauß* Vermögensnachfolge in der Praxis Rn. 123 ff.; zu ertrag- und schenkungsteuerlichen Folgen dort Rn. 4582 ff.
339 Die Fortsetzungsklausel gilt auch, wenn die Mehrheit der Gesellschafter kündigt, BGH v. 07.04.2008 – II ZR 3/06, DNotI-Report 2008, 93.
340 Soll nur eine Person den Anteil als Vermächtnisnehmer erhalten, bedarf es also einer erbrechtlichen Eintrittsklausel, vgl. *Gutachten* DNotI-Report 2004, 141.
341 Nach BGH NJW 1978, 264 soll bei Unterlassung der Benennung und damit Fehlschlagen der qualifizierten erbrechtlichen Nachfolgeklausel diese in eine einfache Fortsetzungsklausel mit Eintrittsrecht des Benannten umgedeutet werden können.

und Heimstättenrecht) unmittelbar dem benannten Erben zustehen, weichende Erben haben ggf. erbrechtliche Ausgleichsansprüche.

435 Dies bedingt unterschiedliche Nachweisanforderungen, je nachdem welche der Alternativen des § 22 GBO zur Berichtigung nach dem Versterben eines Gesellschafters gewählt wird:
– Soll die Berichtigung aufgrund Unrichtigkeitsnachweises (§ 22 Abs. 1 Satz 1 GBO) erfolgen – hierbei sind die Prüfungsanforderungen strenger als bei der Berichtigungsbewilligung –,[342] genügt nicht allein die Vorlage der Sterbeurkunde und der Nachweis der Erbfolge (gem. § 35 GBO).[343] Erforderlich ist vielmehr auch der Nachweis des Inhalts des Gesellschaftsvertrages, und zwar in der Form des § 29 GBO,[344] auch wenn diese Beglaubigung nur unter erheblichen Erschwerungen erreicht werden kann oder überhaupt nicht möglich ist. Ausnahmen (Vorlage eines privatschriftlichen Vertrages) wurden insoweit nur vereinzelt geduldet.[345]

436 – Scheitert diese Nachweisvariante, ist Berichtigungsbewilligung all derjenigen, die durch die beantragte Eintragung auch nur möglicherweise in ihren Rechten betroffen sind, in öffentlich beglaubigter Form erforderlich. Auch insoweit genügen nicht nur die Bewilligungen der Erben des verstorbenen Gesellschafters und aller Mitgesellschafter, es bedarf weiterhin der Vorlage des Gesellschaftsvertrages zum Nachweis darüber, dass kein Eintrittsrecht an eine nicht zum vorgenannten Kreis gehörende Person darin enthalten ist.[346]

437 – Liegt der Gesellschaftsvertrag nicht in der Form des § 29 GBO vor, würde demnach eine Berichtigung in beiden Varianten ausscheiden. Da in der Variante der Berichtigungsbewilligung geringere Anforderungen an den Prüfungsumfang des Grundbuchamtes zu stellen sind, lässt die Rechtsprechung insoweit jedoch die Vorlage des privatschriftlichen Gesellschaftsvertrages oder übereinstimmende Angaben der Beteiligten über dessen mündlich getroffenen Inhalt, soweit es um die Person externer Eintrittsberechtigter geht, genügen.[347] Nachweise, dass der Gesellschaftsvertrag nicht zwischenzeitlich geändert wurde, kann das Grundbuchamt nur dann verlangen, wenn es durch konkret belegte Tatsachen Zweifel an der Richtigkeit der Erklärung hat.[348]

438 Auf Beweismittel außerhalb des § 29 GBO rekurrieren muss das Grundbuchamt naturgemäß stets in den Fällen, in denen außer dem Inhalt des Gesellschaftsvertrages weitere Kriterien über die Person des Eintrittsberechtigten nachzuweisen sind (z.B. wer von mehreren als erster die Befähigung zur Führung des Unternehmens erworben habe o.Ä.).[349] Auch wenn das Grundbuchamt im Rahmen des Berichtigungszwangs (§ 82 GBO) die Erben des verstorbenen Gesellschafters in Anspruch nehmen will, hat es zuvor amtswegig unter Ausschöpfung aller Beweismöglichkeiten (z.B. Anordnung des persönlichen Erscheinens gem. § 33 Abs. 1 und 3 FamFG, Vorlage des privatschriftlichen Gesellschaftsvertrages im Wege des Urkundsbeweises gem. § 35 FamFG i.V.m. § 142 Abs. 1 ZPO) sich Gewissheit über die Rechtsnachfolge zu verschaffen.[350]

439 Enthält der (ggf. privatschriftlich vorgelegte, Rdn. 437) Gesellschaftsvertrag keine von § 727 BGB abweichende Bestimmung, wird die Gesellschaft zwar durch den Tod eines Gesellschafters aufgelöst, besteht jedoch als identische Wirkungseinheit in Form der Liquidationsgesellschaft fort. Anstelle des Verstorbenen ist dessen Erbe Mitglied geworden; als Folge der Auflösung hat sich der Gesellschaftszweck, nicht aber Vermögen oder Rechtsfähigkeit der Gesellschaft geändert. Es genügt also die Berichtigungsbewilligung des Erben (auch wegen § 22 Abs. 2 GBO) samt Nachweis der

---

342 Vgl. *Ertl* MittBayNot 1992, 13.
343 Die bloße Behauptung der Erbfolge durch den Testamentsvollstrecker genügt nicht OLG Köln DNotZ 2005, 555.
344 BayObLG DNotZ 1992, 159.
345 So etwa OLG Zweibrücken MittBayNot 1995, 210; LG Mainz ZErb 2007, 464.
346 BayObLG MittBayNot 2001, 73.
347 BayObLG DNotZ 1992, 160; OLG Schleswig MittRhNotK 1992, 151.
348 *Schöner/Stöber* Grundbuchrecht Rn. 982e; *Kremer* RNotZ 2004, 251.
349 Vgl. *Ertl* MittBayNot 1992, 18 f.; *Kremer* RNotZ 2004, 251.
350 OLG Hamm, 02.11.2011 – I-15 W 402/11.

I. Beteiligte

Erbenstellung (§ 35 GBO).[351] Etwa zuvor einzelnen Gesellschaftern verliehene Einzelvertretungsbefugnisse erlöschen gem. § 730 Abs. 2 Satz 2 BGB mit der Auflösung, sodass die Geschäftsführung und Vertretung allen Gesellschaftern gemeinsam zusteht.[352]

dd) Insolvenz eines Gesellschafters; Verfügungsbeschränkungen

Wird über das Vermögen eines BGB-Gesellschafters das Insolvenzverfahren eröffnet, führt dies gem. § 728 Abs. 2 BGB zur Auflösung der Gesellschaft, wobei die Rechte des betroffenen Gesellschafters i.R.d. dann vorzunehmenden Auseinandersetzung durch den Insolvenzverwalter gem. § 80 InsO wahrgenommen werden; die Insolvenzeröffnung hat also Einfluss auf die Vertretung.[353] Würde der insolvente Gesellschafter weiter mit den übrigen Gesellschaftern über das Vermögen der GbR (Grundstück) verfügen, dürfte insoweit nunmehr gutgläubiger Erwerb möglich sein (nach der bisherigen Rechtslage wäre er als Vertreter ohne Vertretungsmacht anzusehen gewesen, sodass ein gutgläubiger Erwerb i.R.d. §§ 81, 91 InsO i.V.m. § 892 BGB nicht in Betracht kam).[354] **440**

§ 32 Abs. 1 Nr. 1 InsO sieht die Eintragung eines Insolvenzvermerks bei Grundstücken vor, wenn der Insolvenzschuldner als Eigentümer eingetragen ist, was bei der Insolvenzeröffnung über das Vermögen eines BGB-Gesellschafters selbst nicht der Fall ist. Die bisher herrschende Meinung[355] lehnte nach der alten Rechtslage zu Recht die Eintragung eines Insolvenzvermerks im Grundbuch ab, wenn lediglich über das Vermögen des GbR-Gesellschafters das Insolvenzverfahren eröffnet wurde. Zur Vermeidung gutgläubigen Erwerbs unter Mitwirkung des insolventen, hinsichtlich der Ausübung seiner Gesellschafterrechte damit an sich nicht mehr verfügungsbefugten Gesellschafters nach neuem Recht wird jedoch wohl nunmehr die Eintragung eines solchen Insolvenzvermerks möglich sein müssen.[356] **441**

Anders verhält es sich bei Verfügungsbeschränkungen, welche die Mitgliedschaft als solche betreffen, nicht aber die Befugnis des Gesellschafters, namens der GbR zu handeln, beeinträchtigen. So dürfte – anders als vor der Anerkennung der Grundbuchfähigkeit der GbR[357] – die Eintragung eines Nießbrauchs,[358] einer Verpfändung, oder Pfändung eines GbR-Anteils nicht (mehr) eintragungsfähig sein,[359] ebenso wenig die Testamentsvollstreckung über einen Gesellschafter[360] oder die Nacherbenbeschränkung,[361] ebenso wenig (wohl) Verfügungsbeschränkungen infolge aufschiebend bedingter (Sicherungs-)rückabtretung eines GbR-Anteils[362] (§ 161 BGB: Rdn. 753). Eintragungsfä- **442**

---

351 OLG München, 07.09.2010 – 34 Wx 100/10, NotBZ 2010, 422 (dort bedurfte es zusätzlich der Berichtigungsbewilligung der verbleibenden Gesellschafter, da der Erbe den Liquidationsgesellschaftsanteil abgetreten hatte, ohne dass der schriftlich vorliegende Gesellschaftsvertrag die Übertragung der Mitgliedschaft erlaubt hätte, vgl. oben Rdn. 427); vgl. auch *Hügel/Wilsch* GBO § 35 Rn. 146.
352 BGH, 05.07.2011 – II ZR 209/10, RNotZ 2011, 626 (nur Ls.).
353 KG, 28.12.2010 – 1 W 409/10, NotBZ 2011, 135.
354 Vgl. *Keller* NotBZ 2001, 397; *Meikel/Böttcher* Anhang §§ 19, 20 GBO Rn. 46.
355 Z.B. OLG Rostock RPfleger 2004, 94; OLG Dresden NotBZ 2003, 159; a.A. LG Duisburg RPfleger 2006, 465.
356 OLG München, 02.07.2010 – 34 Wx 62/10, ZIP 2011, 37, OLG Dresden, 05.10.2011 – 17 W 0828/11, NotBZ 2011, 444; ebenso. *Böttcher* ZfIR 2009, 613 (624), *Bestelmeyer* RPfleger 2010, 169, 189 und *Heinze* RNotZ 2010, 281, 306.
357 Die Eintragungsfähigkeit einer Verpfändung nach altem Recht bejahend OLG Düsseldorf RNotZ 2004, 230; ebenso einer Nießbrauchsbestellung: OLG Hamm DNotZ 1977, 376; gegen die Eintragungsfähigkeit einer Pfändung: OLG Düsseldorf RNotZ 2004, 230; differenzierend *Lindemeier* DNotZ 1999, 876, 910 ff.
358 OLG München, 25.01.2011 – 34 Wx 148/10, notar 2011, 95 m. Anm. *Abicht:* trotz Verfügung über den belasteten Gesellschaftsanteil bleibt der Nießbrauch unabhängig von der Eintragung in das Grundbuch bestehen; auf den Grundbesitz, der im Eigentum der GbR steht, hat der Anteilsnießbrauch ohnehin keinen Einfluss, ebenso OLG Celle, 25.05.2011 – 4 W 39/11, RNotZ 2011, 489.
359 *Lautner* DNotZ 2009, 650, 670; *Bestelmeyer* RPfleger 2010, 169, 188 f.; *Heinze* RNotZ 2010, 289, 307 zieht insoweit die Eintragung eines Widerspruchs in Betracht.
360 Da er nicht zur Vertretung der Gesellschaft bei der Veräußerung eines GbR-Vermögensgegenstandes berechtigt ist, vgl. *Heinze* RNotZ 2010, 281, 307.
361 OLG München, 18.11.2010 – 34 Wx 096/10.
362 OLG Köln, 20.12.2010 – 2 Wx 118/10, RNotZ 2011, 166 m. abl. Anm. *Heinze*; a.A. auch *Böttcher* ZfIR 2009, 613, 621 f. und ZfIR 2011, 466, a.A. auch OLG Dresden, 04.01.2010 – 3 W 1242/09, Juris: mit Eintritt der Bedingung

ee) Änderung sonstiger Identifikationsmerkmale

443 Vom Gesellschafterwechsel zu unterscheiden sind sonstige Änderungen der Identifikationsmerkmale, die nicht durch § 899a Satz 1 BGB zum positiven Inhalt des Grundbuchs erklärt wurden (z.B. die Bezeichnung bei einer namenstragenden GbR durch Vereinbarung aller Gesellschafter oder durch Mehrheitsbeschluss). Insoweit bedarf es der Vorlage des Beschlusses und – sofern lediglich eine Mehrheitsentscheidung vorliegt – des Gesellschaftsvertrages zum Nachweis, dass eine solche Mehrheitsentscheidung dort eröffnet ist, und zusätzlich der Nachweise, dass der Beschluss ordnungsgemäß zustande gekommen ist, insb. eine korrekte Ladung vorlag.[364]

444 In gleicher Weise kann auch eine bisher namenlose GbR einen Namen annehmen, und zwar durch Änderung des Gesellschaftsvertrages. Grundbuchrechtlich handelt es sich hier lediglich um eine Richtigstellung (also die Änderung von tatsächlichen Angaben), sodass das Freibeweisverfahren gilt, ohne Beschränkung auf die Beweismittel des § 29 Abs. 1 GBO, unter Einschluss auch von amtswegigen Ermittlungen gem. § 26 FamFG.

445 Die Verlegung des Sitzes schließlich ist ein lediglich tatsächlicher Akt der Begründung eines anderen Verwaltungsschwerpunktes (keine Satzungsänderung), sodass insoweit ebenfalls lediglich eine Richtigstellung tatsächlicher Angaben vorliegt – § 82 Satz 3 GBO (Berichtigungszwang) gilt insoweit nicht, ebenso wenig der Voreintragungsgrundsatz des § 39 GBO.

446 Wird die GbR durch Beschluss aufgelöst, bleibt sie als Abwicklungsgesellschaft rechtsfähig; zur Liquidation sind gem. § 730 Abs. 2 Satz 2 BGB im Zweifel alle Gesellschafter gemeinschaftlich berechtigt und verpflichtet. Der Zusatz »i.L.« stellt lediglich eine Richtigstellung tatsächlicher Angaben dar, für den der Freibeweis gilt.

ff) Formempfehlung

447 Aufgrund der praktischen Beweisprobleme bei der Nachführung des Grundbuchs ist anzuraten, den Gesellschaftsvertrag (und spätere Anteilsabtretungen) zumindest in unterschriftsbeglaubigter Form vorzuhalten, wenn die Gründung[365] nicht ohnehin einer strengeren **Form** unterliegt:

448 Verpflichtet der Gesellschaftsvertrag zum Erwerb von bestimmtem Grundbesitz[366] (oder zu dessen Übertragung anstelle eines Versilberungsanteils bei Liquidation), bedarf er zu seiner Wirksamkeit der notariellen Beurkundung (kostenrechtlich wird dadurch eine weitere 20/10-Gebühr ausgelöst!). Unterbleibt diese, ist zweifelhaft ob die Auflassung an die »Gesellschaft« diesen Formmangel in den Fällen der ersten Alternative mit Grundbuchvollzug heilt, da § 311b Abs. 1 Satz 2 BGB eine i.Ü. wirksame Auflassung (hier an einen noch nicht existenten Empfänger!)[367] voraussetzt (in den Fällen der zweiten Alternative träte Heilung erst mit Liquidation ein). Wird der Gesellschaftsvertrag in der Kaufurkunde mitbeurkundet, handelt es sich um gegenstandsverschiedene Geschäfte; eine zusätzliche Bewertung unterbleibt jedoch, wenn sich die Erklärung darin erschöpft, eine GbR zu gründen,

---

würde zwar der Übergang des Gesellschaftsanteils zurück an den bisherigen Berechtigten nicht vereitelt, aber doch beeinträchtigt, weil das Gesellschaftsvermögen durch den gutgläubigen Wegerwerb des Grundstücks seitens eines Dritten (unter Mitwirkung des Neugesellschafters, trotz der aufschiebend bedingten Rückabtretung) geschmälert wurde.

363 *Gutachten* DNotI-Report 2010, 131, 133.
364 Vgl. *Ruhwinkel* MittBayNot 2009, 177 (183).
365 Zur Form bei der Abtretung von GbR-Anteilen vgl. Rdn. 751.
366 Anders verhielt es sich etwa, wenn eine GbR »auf Vorrat« zur Verwaltung künftig etwa gehaltenen Grundbesitzes gegründet wird.
367 Denkbar wäre allenfalls eine Auslegung der Auflassung dahin gehend, sie sei an die Gesellschafter zu Bruchteilen erklärt worden; hiergegen zu Recht *Wolfsteiner* DNotZ 2003, 631.

e) Vor- und Nachteile der GbR

Der Erwerb in GbR birgt den **Vorteil**, dass kein Gesellschafter seinen Anteil ohne Mitwirkung des anderen veräußern kann und dass Übertragungen der Gesellschaftsanteile bis zur Anwachsung bzw. zur Vereinigung von 95 % der Anteile in einer Hand (§ 1 Abs. 1 Nr. 3, Abs. 2a GrEStG), ferner bis zur Grenze des Gestaltungsmissbrauchs (§ 42 AO) **grunderwerbsteuerfrei** sind (was bspw. beim Erwerb zwischen Geschwistern von Bedeutung ist, wo sonst – bei Direktübertragung von Grundstücksanteilen – Grunderwerbsteuer anfallen würde. Teilweise wird in diesem Fall empfohlen, den möglichen künftigen Miterwerber von Anfang an als Mitgesellschafter einer GbR mit im Grundbuch aufzuführen, an welcher er zu 0 % beteiligt ist, sodass keine Notargebühren und geringe Grundbuchberichtigungskosten anfallen).[369] 449

Wegen der Möglichkeit grds. formfreier Übertragung von GbR-Anteilen ist es für den pfändenden Gläubiger[370] oder den Insolvenzverwalter kaum nachprüfbar, ob sein Schuldner noch Anteilsinhaber ist;[371] er ist ggf. auf Anfechtungsrechte beschränkt. Die Pfändung des Anteils führt typischerweise kraft Satzung zum Ausscheiden des Betroffenen, sodass das Gesellschaftsvermögen abgeschirmt ist. Fortsetzungsklauseln und qualifizierte Nachfolgeklauseln erlauben den transmortalen Erhalt der Gesellschaft und eine gezielte punktuelle Erbfolge. Bei beschränkt persönlichen Dienstbarkeiten erlaubt die Begünstigung einer GbR (mit Abtretbarkeit und Vererblichkeit der Gesellschafterstellung) faktisch die Unübertragbarkeit und Lebenszeitbeschränkung solcher Positionen (über §§ 1092 Abs. 2 und 3 BGB hinaus) außer Kraft zu setzen. 450

Besonders günstig erscheint die GbR-Lösung als Erwerbsform bei ungewissen künftigen Finanzierungsbeiträgen (z.B. zweier Partner einer nichtehelichen Lebensgemeinschaft), da sie »bewegliche Beteiligungsquoten« ermöglicht. Würde die starre Bruchteilsgemeinschaft gewählt, könnten überobligationsmäßige Finanzierungsbeiträge eines Beteiligten nämlich Schenkungsteuer gem. § 7 Abs. 1 Nr. 1 ErbStG auslösen, sobald sie über den geringen Freibetrag hinausgehen,[372] ferner unterliegt die Quotenverschiebung unter bestehenden Gesellschaftern gem. § 1 Abs. 3 GrEStG erst der Grunderwerbsteuer, wenn mindestens 95 % in einer Hand vereinigt sind (dann bezogen auf die Zuerwerbe in den vorangehenden 5 Jahren (vgl. Rdn. 3452 ff.). Es ist hilfreich, potenzielle Käufer durch ein entsprechendes Merkblatt mit dem Für und Wider der GbR- bzw. Bruchteilslösung vertraut zu machen, vgl. Rdn. 3894. 451

---

368 Vgl. *Notarkasse* Streifzug durch die Kostenordnung, 6. Aufl. Rn. 945.
369 Vgl. *Carlé* ErbStB 2004, 316. In der »Zuwendung« einer Gesellschafterstellung ohne Kapitalbeteiligung liegt keine Schenkung BGH BB 1959, 574. Der GbR-Vertrag ist allerdings beurkundungspflichtig und vermittelt ein unabdingbares Mindestmaß an Bindungen (Veräußerung nur unter grundbuchlicher Mitwirkung des weiteren Beteiligten etc.), was den möglichen grunderwerbsteuerlichen Vorteil mehr als aufwiegen dürfte.
370 Da die Pfändung des Anteils dem Gläubiger weder die Stellung noch die Rechte eines Gesellschafters vermittelt und demnach Verfügungen über Gegenstände des Gesellschaftsvermögens weiterhin möglich bleiben, wird sie nicht (berichtigend) im Grundbuch eingetragen OLG Hamm, DNotZ 1987, 357, ebenso wenig die Nacherbenbeschränkung beim nachlasszugehörigen GbR-Anteil OLG Stuttgart Rpfleger 2007, 136 (anders bei der durch den Gesellschaftsvertrag oder alle anderen Gesellschafter erlaubten Verpfändung des Anteils, die zu einer Abspaltung der Gesellschafterbefugnisse führt und daher im Grundbuch zur Zerstörung guten Glaubens eingetragen werden kann OLG Hamm DNotZ 1977, 376; OLG Düsseldorf RNotZ 2004, 230 [str.] ebenso wie im Fall des Nießbrauchs, der sogar bei Vereinigung aller Anteile in einer Hand eintragungsfähig bleiben soll: LG Hamburg Rpfleger 2005, 663).
371 § 892 BGB gilt nicht (anders § 15 Abs. 2 HGB: negative Publizität des Handelsregisters gilt auch für Vollstreckungsmaßnahmen). Die Pfändung in das Gesellschaftsvermögen bedarf eines Titels gegen alle Gesellschafter, § 736 ZPO (nicht wie bei KG oder oHG gegen die Gesellschaft).
372 Vgl. *v. Proff zu Irnich* RNotZ 2008, 325.

B. Gestaltung eines Grundstückskaufvertrages

452 Eine »Kurzregelung« einer GbR auf Erwerberseite mit der Vereinbarung »beweglicher Beteiligungsquoten« könnte etwa folgendermaßen formuliert sein:

▶ **Formulierungsvorschlag: GbR auf Erwerberseite mit Quotenanpassungsabrede nach Finanzierungsbeiträgen**

Die Käufer erklären, dass die jeweilige Beteiligung am Vermögen der erwerbenden Gesellschaft bürgerlichen Rechts sowie am Liquidationserlös und etwaigen laufenden Gewinnen, ebenso die für die Abfindung eines Gesellschafters beim Ausscheiden maßgebliche Höhe der Beteiligung, dem Anteil des Gesellschafters an den jeweils zum Ende eines Kalenderjahres insgesamt ab heute geleisteten Finanzierungs- und Investitionsbeiträgen zueinander entspricht.

Als zu berücksichtigende Beiträge gelten dabei Eigenkapitalleistungen auf den Kaufpreis und künftige Aufwendungen zur Instandhaltung des Objekts sowie Bestandserweiterungen (nicht jedoch bloße Unterhaltungsmaßnahmen) sowie Tilgungsleistungen auf objektbezogene Darlehen (nicht jedoch Zinszahlungen, ebenso wenig laufende Kosten wie Grundsteuer, Versicherung, Verbrauchskosten, Reparaturen etc.) Arbeitsleistungen werden zusätzlich berücksichtigt, wenn hierdurch Fremdhandwerkerleistungen erspart wurden, allerdings nur in Höhe eines Stundenwerts von 15 €. Leistungen von Eltern oder Geschwistern eines Gesellschafters sind dem betreffenden Gesellschafter zuzurechnen. Kann ein Ehegatten wegen der Erziehung gemeinsamer Kinder keiner oder nur einer reduzierten Erwerbstätigkeit nachgehen, ist er so zu stellen, als habe er die berücksichtigungsfähigen Finanzierungsbeiträge in gleicher Höhe wie vor der kinderbedingten Aufgabe seiner beruflichen Tätigkeit weitergeführt. Die Beteiligten verpflichten sich, über die wechselseitigen Beiträge, auch der zuzurechnenden Angehörigen, Buch zu führen und den Jahresendstand jeweils als Prozentverhältnis auszudrücken sowie diesen zu unterzeichnen; dies gilt schuldrechtlich und dinglich als Übertragung der entsprechenden Anteile mit Wirkung auf das betreffende Jahresende. Sie geben die entsprechenden Übertragungserklärungen bereits heute dem Grunde nach ab und nehmen sie entgegen.

Nutzungsentschädigungen wegen unterschiedlicher Beteiligungshöhe können erst ab einer Kündigung in Höhe der anteiligen ortsüblichen Kaltmiete verlangt werden, ebenso sind dann die hälftigen (bei Alleinnutzung ausschließlichen) Verbrauchs- und Nebenkosten zu tragen.

Die Gesellschaft kann vor dem ..... (*Datum, z.B. 15 Jahre ab heute*) nur aus wichtigem Grund gekündigt werden; als solcher gilt
– die Beendigung der nichtehelichen Lebensgemeinschaft über länger als sechs Monate durch schriftliche Mitteilung an den anderen Gesellschafter oder behördliche Ummeldung;
– ebenso die Pfändung des Gesellschaftsanteils des anderen Gesellschafters oder die Insolvenzeröffnung bzw. dessen Ablehnung mangels Masse.
– *(sofern nicht für diesen Fall nachstehend die Anwachsungsregelung vereinbart ist)*: sowie das Ableben des anderen Gesellschafters

Mit Wirksamwerden einer Kündigung hat der Kündigende binnen drei Monaten, im Falle der Kündigung wegen Beendigung der Lebensgemeinschaft zunächst binnen sechs Wochen der Gesellschafter mit der aktuell höheren Beteiligung, sodann binnen sechs weiterer Wochen der andere Gesellschafter, das Recht, vom Mitgesellschafter (*sofern nachstehend keine Anwachsungsklausel im Todesfall*: bzw. dessen Erben) anstelle einer Abfindung die Übernahme der im Gesellschaftsvermögen befindlichen Immobilie zu verlangen. Übernahmepreis ist die (auch im Außenverhältnis schuldbefreiende) Übernahme der für Erwerb, Umbau und Erhaltung des Objektes eingegangenen Verbindlichkeiten, gleich ob solche der Gesellschaft oder des ausscheidenden Gesellschafters, mindestens jedoch – sofern der anteilige, hierauf anzurechnende Schuldübernahmebetrag geringer ist – achtzig vom Hundert des anteiligen Verkehrswertes der im Gesellschaftsvermögen befindlichen Immobilie im Zeitpunkt des Übernahmeverlangens. Kommt über den Verkehrswert binnen eines Monats ab Übernahmeverlangen keine Einigung zwischen den Beteiligten zustande, bestimmt ihn der örtlich zuständige Gutachterausschuss gem. § 315 BGB; hinsichtlich der Gutachtenskosten gilt § 92 ZPO. Wird ein Übernahmeverlangen nicht fristgerecht gestellt oder bereits zuvor darauf verzichtet, ist das Gesellschaftsvermögen zu räumen und bestmöglich zu verkaufen; nach Ablauf von sechs Monaten (*alternativ: eines Jahres etc.*) kann jeder Beteiligte den Verkauf zum dann bestehenden Meistgebot ohne weiteres Zuwarten verlangen. Nach Begleichung der Veräußerungsnebenkosten und Tilgung aller für Erwerb, Umbau, und Erhaltung eingegangenen Verbindlichkeiten ist der verbleibende Erlös im Verhältnis der dann bestehenden Beteiligungsquoten auszukehren.

Verfügungen über Gesellschaftsanteile bedürfen der Zustimmung beider; die Geschäftsführung und Vertretung wird ebenfalls durch beide gemeinschaftlich wahrgenommen.

Beim Tod eines Gesellschafters wird die Gesellschaft mit seinen Erben fortgesetzt.

(**Alternativ:** *Beim Tod eines Gesellschafters wächst dessen Beteiligung, sofern nicht zuvor gekündigt, mit allen Aktiva und Passiva dem anderen Gesellschafter, der somit Alleineigentümer wird, an; die Beteiligung ist also nicht vererblich. Eine Abfindung erhalten die Erben bzw. Vermächtnisnehmer des Verstorbenen nicht; sie können jedoch vom verbleibenden Gesellschafter uneingeschränkte Freistellung aus der (Mit-)schuld oder (Mit-)haftung von Verbindlichkeiten verlangen, die zur Finanzierung des Erwerbs, Umbaus, und der Erhaltung des Gesellschaftsvermögens eingegangen wurden, gleich ob es sich um eine Gesellschafts- oder eine Gesellschafterschuld handelt. Der wechselseitige Abfindungsausschluss beruht auf dem beiderseits etwa gleich hohen Risiko des Vorversterbens und ist im Interesse des jeweils Überlebenden vereinbart, stellt also nach Einschätzung der Beteiligten keine Schenkung dar.*)

Natürlich dürfen die **Nachteile der GbR** (gesamtschuldnerische Haftung auch für deliktische Ansprüche[373] ohne Ausschlussmöglichkeit außerhalb einer Individualvereinbarung mit dem Dritten,[374] Haftung bei späterem Beitritt auch für die bereits begründeten »Alt«-Verbindlichkeiten, jederzeitige Kündigung durch einen Gesellschafter mit nur geringen Möglichkeiten der Abweichung von der Verkehrswertabfindung gem. §§ 723, 738 BGB) nicht verschwiegen werden. Bei Beteiligung Minderjähriger sorgt das Sonderkündigungsrecht bei Erreichen der Volljährigkeit (§ 723 Abs. 1 Satz 3 Nr. 2 BGB) für Risiken. Diese erfordern gestalterischen Aufwand bzw. legen umgekehrt nahe, es entgegen der bisherigen Praxis bei der gesetzlichen Regelung zu belassen (z.B. Gesamtvertretung aller gem. § 709 BGB zur Kenntnis des Verpflichtungsumfangs).[375] 453

Sofern der Gesellschaftsvertrag nicht mit (oder vorab) beurkundet wird, besteht keine Verpflichtung des Notars, auf die wirtschaftlichen und rechtlichen Risiken der Erwerbsform »GbR« näher einzugehen. Gleichwohl durchgeführte Erörterungen mit geschäftlich unerfahrenen Beteiligten könnten jedoch etwa wie folgt dokumentiert werden. 454

▶ Formulierungsvorschlag: Rechtsformspezifische Risiken einer GbR

Den beteiligten Erwerbern ist hierbei insbesondere bekannt, dass
– die GbR zwar als solche Träger von Rechten und Pflichten sein kann, sie aber – von wenigen Ausnahmen abgesehen – im Rechtsverkehr nicht sicher beweisen kann, dass sie existiert und von wem sie vertreten wird,
– alle Gesellschafter der erwerbenden GbR gesamtschuldnerisch und mit ihrem gesamten, auch sonstigen, Vermögen, für den Kaufpreis und alle weiteren Verpflichtungen der GbR haften,
– eine Übertragung des GbR-Anteils wie auch des Gesellschaftsvermögens nur unter Mitwirkung bzw. Zustimmung aller möglich ist,
– der Tod oder die Insolvenz eines Gesellschafters zur Auflösung der GbR führen, ebenso wie die jederzeit mögliche Kündigung durch einen Gesellschafter,
sofern keine abweichenden Regelungen getroffen werden.

---

373 Angleichung an die Haftungsverfassung der OHG (§ 128 HGB) in BGH, 24.02.2003 – II ZR 385/99, DStR 2003, 749 entgegen der früheren Rspr.; verfassungsrechtliche Bedenken bei *Canaris* ZGR 2004, 94; dagegen *Altmeppen* NJW 2004, 1563.
374 BGH DNotZ 2000, 135; hiergegen krit. *Wälzholz* MittBayNot 2003, 35. Gemäß BGH DNotZ 2002, 805 verbleibt es jedoch bei der bisherigen Rspr. der nur anteiligen Haftung mit dem Gesellschaftsanteil für Immobilienfonds und WEG-Gemeinschaften.
375 Denkbar ist allerdings, dass alle Gesellschafter einem Dritten eine rechtsgeschäftliche (nicht gesellschaftsrechtliche) Vollmacht erteilen, die dann nach allgemeinen Grundsätzen betragsmäßig beschränkt werden kann. Zur konkludent erteilten rechtsgeschäftlichen Alleinvertretungsmacht (Gestattung für ca. 95 % der Verträge der GbR) vgl. BGH DNotZ 2005, 710.

5. Bruchteilsgemeinschaft

455 Die Regelform des Erwerbs durch mehrere Personen (Ehegatten, Geschwister etc.) ist sicherlich weiterhin die **Bruchteilsgemeinschaft**, häufig – wie gesetzlich vermutet – zu gleichen Kopfanteilen (§§ 1008 ff., 752 BGB). Ihr Vorteil liegt in der uneingeschränkten Teilhabe am öffentlichen Glauben des Grundbuches; ihr Nachteil ggü. der gesellschaftsrechtlichen Lösung im Fehlen von Instrumenten zur Vinkulierung der Anteile und zum erbrechtlichen Von-Selbst-Erwerb (Anwachsung; Abfindungsausschluss). Zu Notmaßnahmen ist jeder Teilhaber berechtigt (§ 744 Abs. 2 BGB); Mehrheitsentscheidungen (gemessen an den Anteilsquoten) genügen für Maßnahmen der ordnungsgemäßen Verwaltung, wozu auch Verfügungen (Kündigung eines Mietvertrages[376]) zählen können.

456 Gesichtspunkte der ausgewogenen Vermögensverteilung (etwa zur gleichmäßigen Inanspruchnahme künftiger Erbschaftsteuerfreibeträge) sowie der Pflichtteilsvermeidung[377] (etwa bei Vorhandensein nicht- oder erstehelicher Abkömmlinge) und schließlich der Haftungsvermeidung[378] legen jedoch nicht selten den **Alleinerwerb** durch einen Ehegatten nahe. Kreditinstitute, die i.R.d. Kaufpreisfinanzierung auch eine Bürgschaft oder Mitschuldnerschaft des Ehegatten verlangen, drängen andererseits zunehmend darauf, diesen zumindest zu einem geringen Anteil als Miteigentümer eintragen zu lassen, um die vermutete Sittenwidrigkeit ruinöser Bürgschafts- oder Mithaftungsversprechen nahestehender Personen (sog. »**Nahbereichsbürgschaften**«) zu entkräften.[379] Dieser (oft von den Beteiligten nicht gewollte) Miterwerb ist allerdings nicht unbedingt hinreichender Beleg dafür, dass die Haftungsübernahme – wie vom BGH gefordert – mit der tatsächlichen Interessenlage übereinstimmt.[380]

457 Der Notar sollte Bruchteilserwerber darauf hinweisen, dass
– jeder Miteigentumsanteil ein **selbstständiges Grundbuchobjekt** darstellt, also unabhängig vom anderen Miteigentumsanteil veräußert oder belastet werden kann – zur Vervielfachung der grunderwerbsteuerlichen Bagatellgrenze des § 3 Nr. 1 GrEStG (2.500,00 €) mag es sich gar empfehlen, diese Mehrheit an Übertragungsvorgängen beim schlichten gemeinsamen Kauf oder Verkauf eines Grundstücks darzustellen (vgl. Rdn. 3473 f.);
– keine gegenseitigen gesetzlichen Vorkaufsrechte oder sonstige Mitwirkungsmöglichkeiten bestehen, also jeder Miteigentümer über seinen Anteil frei verfügen, ihn auch teilen und an mehrere Erwerber übertragen kann;[381]

---

376 BGH, 26.04.2011 – II ZR 159/09, JurionRS 2010, 19505.
377 Wobei darauf hinzuweisen ist, dass in der Begleichung des Kaufpreises bzw. der Tilgung aufgenommener Verbindlichkeiten für die Anschaffung der im Alleineigentum des anderen Ehegatten stehenden Immobilie eine ehebedingte Zuwendung liegt, die zwar (bei Eigennutzung) gem. § 13 Abs. 1 Nr. 4 Buchst. a) ErbStG steuerfrei bleibt, jedoch i.R.d. § 2325 BGB der unmittelbaren Schenkung, auch hinsichtlich des Nicht-Anlaufens der 10-Jahres-Frist, gleichgestellt ist BGH FamRZ 1989, 732. Zum gem. § 1360a BGB geschuldeten Familienunterhalt zählen neben § 1357 BGB nur Haushaltskosten im eigentlichen Sinn, also Anschaffung, Instandhaltung und Erneuerung des Hausrats sowie die Tragung von Miete und Nebenkosten, im Eigentumsfall also die Unterhaltskosten und die Verzinsung bestehender Verbindlichkeiten. Der Eigentumserwerb bzw. die Tilgung dafür eingegangener Verbindlichkeiten zählen dagegen zur Vermögensbildung, bzgl. derer kein vorgesetzlicher Anspruch auf Teilhabegerechtigkeit bestehe (vgl. BGH MittBayNot 2004, 279 m. Anm. *Brandt*).
378 Wobei die in vorstehender Fußnote erläuterten Tatbestände dadurch verdeckter ehebedingter Zuwendungen ebenso zur 4-jährigen Gläubigeranfechtung berechtigen (BGH NJW 1991, 1610) und auch i.R.d. § 2287 BGB (bösliche Schenkungen zulasten des Vertragserben) gleichgestellt sind (BGH MittBayNot 1992, 150).
379 Gestützt etwa auf BGH, 27.05.2003 – IX ZR 283/99, MittBayNot 2005, 221 m. Anm. *Leiß*, S. 199 ff.; so verfährt etwa die Landesbodenkreditanstalt gem. Wohnraumförderungsbestimmungen 2003, Teil I Nr. 11,1, gem. Bekanntmachung des Bayerischen StMI v. 11.11.2002 – II C 1-4700-003/02.
380 Vgl. Rundschreiben der Landesnotarkammer Bayern 5/2003, Nr. 8; *Leiß* MittBayNot 2005, 202.
381 *Gutachten* DNotI-Report 2004, 94 m.w.N.; a.A. nur *Hilbrandt* AcP 2002, 643 ff.

- jeder Miteigentümer, sofern nicht ausdrücklich oder stillschweigend[382] anders vereinbart, die **Aufhebung der Gemeinschaft** im Wege der Teilungsversteigerung des gesamten Objektes[383] verlangen kann bzw. die Pfändung eines einzelnen Miteigentumsanteils zur Versteigerung des Gesamtobjektes führt; 458
- alle Entscheidungen über Verwaltung und Veräußerung des Objektes (ausgenommen Notgeschäftsführungsmaßnahmen und Maßnahmen der ordnungsgemäßen Verwaltung[384]) der Zustimmung bzw. der Mitwirkung aller Miteigentümer bedürfen.[385]

Nicht selten werden Miteigentümer daher im Verhältnis zueinander Vereinbarungen treffen, die z.T. nur schuldrechtlicher – also bilateraler – Natur sind (z.B. Abrede dahin gehend, dass der Erlös aus einem Verkauf nach Abzug der Verbindlichkeiten nicht im Verhältnis der Miteigentumsanteile, sondern der tatsächlichen Finanzierungsbeiträge zu teilen sei),[386] oder deren schuldrechtlicher Inhalt »verdinglicht« ist, also aufgrund Grundbucheintragung auch ggü. Einzelrechtsnachfolgern durchsetzbar ist 459

▶ Beispiel:

Ankaufsrechte, gesichert durch Vormerkung – Formulierungsvorschlag nachstehend - ; Anspruch auf Auszahlung investierter Arbeitsleistung bei Verkauf, Versteigerung oder Versterben, gesichert durch ein gegen den jeweiligen Miteigentümer gem. § 800 ZPO gerichtetes Grundpfandrecht; Verpflichtung zur Mitwirkung an einer Sondereigentumsbegründung nach § 3 WEG (gesichert durch Vormerkung).[387]

▶ Formulierungsvorschlag: wechselseitige Ankaufsrechte unter Miteigentümern

Herr A und Frau A räumen sich gegenseitig das nicht veräußerliche und nicht vererbliche Recht ein, den heute erworbenen Miteigentumsanteil am Vertragsobjekt entgeltlich zu erwerben (Ankaufsrecht), und zwar bei wirksamer Ausübung des Ankaufsrechtes nach Eintritt eines der nachstehend aufgeführten Tatbestände, und zu den nachgenannten Bedingungen.

Die Ausübung erfolgt durch einseitige formlose, empfangsbedürftige Willenserklärung des Berechtigten gegenüber dem Verpflichteten binnen zwei Monaten nach Kenntnis von einem der nachgenannten Tatbestände. Üben beide Berechtigte das Ankaufsrecht aus (etwa im Scheidungsfall), hat das Ankaufsverlangen von Frau A den Vorrang.

Das Ankaufsrecht kann nur ausgeübt werden, wenn der jeweilige Eigentümer
(a) seinen Miteigentumsanteil ganz oder teilweise ohne schriftliche Einwilligung des Ankaufsberechtigten (bzw. seines gesetzlichen Vertreters oder Bevollmächtigten) veräußert oder sonst das Eigentum daran verliert, oder belastet,
(b) von Zwangsvollstreckung in den Miteigentumsanteil betroffen ist, sofern die Maßnahme nicht binnen zwei Monaten aufgehoben wird,

---

382 So BGH, 12.11.2007 – II ZR 293/06, DNotI-Report 2008, 37 bei einem gemeinschaftlichen Privatweg.
383 Ein Einzelausgebot der Miteigentumsanteile wäre unzulässig, BGH, 07.05.2009 – V ZB 12/09, DNotZ 2010, 54. Zur Erlösverteilung bei unterschiedlich belasteten Miteigentumsanteilen vgl. BGH, 16.12.2009 – XII ZR 124/06, DNotZ 2010, 777.
384 Hierzu soll gem. OLG Schleswig, 29.05.2009 – 4 U 100/08, ZEV 2009, 634 (n.rk., Az BGH: II ZR 159/09, JurionRS 2010, 19505) auch die Kündigung eines Mietverhältnisses gehören, und zwar auch dann, wenn die Bruchteilsgemeinschaft aus Familienangehörigen besteht und die Kündigung ggü. einem Familienunternehmen erfolgt (fragwürdig).
385 Wobei ein Miteigentümer aufgrund seiner Gebrauchsbefugnis nach §§ 743 Abs. 2, 745 Abs. 3 BGB in bestimmten Grenzen die Miteigentümer zu einer Mitwirkung verpflichten kann (z.B. zur gemeinschaftlichen Bestellung einer Baulast zu seinen Gunsten in den Grenzen der Billigkeit und der bisherigen Nutzung BGH, 08.03.2004 – II ZR 5/02, DNotI-Report 2004, 98).
386 Zweckmäßigerweise werden die Beteiligten festlegen, ob hierunter auch Beiträge zum Gebäudeunterhalt, nur Tilgungsanteile oder auch Verzinsung, nur Geldbeiträge oder auch Arbeitsleistungen etc. fallen, und eine Pflicht zur schriftlichen Aufzeichnung mit zeitnaher gemeinsamer Unterzeichnung vorsehen.
387 Zur Bestimmbarkeit des Anspruchs müssen die Grunddaten der Gemeinschaftsordnung zum Inhalt der Verpflichtung werden; i.Ü. wird die ausdrückliche Einräumung eines abgrenzbaren Leistungsbestimmungsrechtes unabdingbar sein BGH NJW 1986, 845.

B. Gestaltung eines Grundstückskaufvertrages

(c) in Insolvenz fällt, die Eröffnung des Verfahrens mangels Masse abgelehnt wird, oder die eidesstattliche Versicherung abgibt
(d) vor dem Ankaufsberechtigten verstirbt, oder
(e) wenn in Bezug auf die Ehe der Ehegatten A Antrag auf Scheidung gestellt wird.

Nach Ausübung des Ankaufsrechtes gilt:
1. Als Kaufpreis ist der dem anzukaufenden Prozentanteil entsprechende Wert der Immobilie zugrundezulegen. In den ersten fünf Jahren ab heute ist dies die Summe aus dem heutigen Grundstückskaufpreis samt Erwerbsnebenkosten zuzüglich der schriftlich festzuhaltenden Fremdkosten für Abriss und Errichtung des Bauwerks. Nach Ablauf von fünf Jahren ist der dann zu ermittelnde Verkehrswert der Immobilie zum Zeitpunkt der Ausübung des Ankaufsrechtes zugrundezulegen. Kommt eine gütliche Einigung der Beteiligten hierüber binnen vier Wochen nach Aufforderung durch einen Teil nicht zustande, entscheidet ein durch den Präsidenten der örtlich zuständigen Industrie- und Handelskammer zu bestellender vereidigter Sachverständiger als Schiedsgutachter. Die Beteiligten unterwerfen sich dem Ergebnis dieses Gutachtens als billiger Bestimmung des Betrages gem. § 315 BGB und vereinbaren diesen noch zu beziffernden Betrag bereits heute. Einwendungen gegen das Gutachten bleiben nur hinsichtlich etwaiger grober Mängel in analoger Anwendung des § 1059 Abs. 2 ZPO (Aufhebung eines Schiedsspruches) vorbehalten. Die durch die Einschaltung des Gutachters entstehenden Kosten trägt derjenige Teil, dessen Betragsvorschlag vom Schiedsergebnis weiter entfernt lag.
2. Der Kaufpreis ist zur Zahlung fällig, wenn der den Ankauf beurkundende Notar dem Käufer mitgeteilt hat, dass die Auflassungsvormerkung zu seinen Gunsten eingetragen wurde, alle etwa erforderlichen Genehmigungen und Vorkaufsrechtsverzichtserklärungen erteilt sind und ferner alle Lastenfreistellungsunterlagen in öffentlich beglaubigter Form vorliegen und etwaige Ablösebeträge aus dem Kaufpreis erfüllbar sind.
3. Besitz, Nutzungen und Lasten, Haftung, Verkehrssicherung und Gefahr gehen mit vollständiger Kaufpreiszahlung auf den Käufer über.
4. Eine Gewährleistung wird nicht geschuldet. Soweit der Vertragsbesitz von Personen ohne Miet-/Pachtvertrag genutzt wird, steht dem Käufer ein Anspruch auf Räumung bis zur Kaufpreiszahlung zu.
5. Die Kosten für die Beurkundung, eventuelle Genehmigungen und den Vollzug des Ankaufvertrages sowie die Grunderwerbsteuer trägt der Käufer. Etwaige Lastenfreistellungskosten trägt der Verkäufer.

Die Vertragsteile sind sich über die Einräumung des bedingten Anspruchs einig.

Zur Sicherung des vorstehend eingeräumten, bedingten Anspruchs auf Übertra¬gung bestellt hiermit Herr A zugunsten Frau A und Frau A zugunsten Herrn A an ihrem jeweiligen, bei Eigentumsumschreibung entstehenden grundbuchlichen Miteigentumsanteil eine

Eigentumsvormerkung

und

bewilligt und beantragt

deren Eintragung im Grundbuch an nächstoffener Rangstelle, insbesondere als im Rang nach der Finanzierungsgrundschuld. Die Vormerkungen sind als Sicherungsmittel auflösend befristet. Sie erlöschen mit dem Tod des jeweils Berechtigten. Den Beteiligten ist bekannt, dass die Eintragung erst mit Umschreibung des Eigentums auf sie erfolgen kann.

460 Während bei der schlichten Bruchteilsgemeinschaft Verwaltungs- und Nutzungsregelungen unmittelbar für und gegen Sonderrechtsnachfolger gelten (§§ 746, 751 Satz 1 BGB), ist beim Grundstückseigentum für die dingliche Wirkung **gegen** (nicht für) den Sonderrechtsnachfolger die Eintragung der Miteigentümervereinbarung im Grundbuch als dingliche Belastung erforderlich, **§ 1010 BGB** (Sicherung durch Vormerkung[388]). Zu denken ist an den Ausschluss des Rechtes, die

---

[388] Und zwar auch am ungeteilten Eigentum; eine einheitliche Vormerkung zur Sicherung des Anspruchs auf Übertragung des Miteigentums und auf Eintragung einer Vereinbarung nach § 1010 BGB dürfte genügen, vgl. *Gutachten* DNotI-

Aufhebung der Gemeinschaft aus einem anderen als einem wichtigen Grund zu verlangen (§ 749 BGB)[389] – allerdings ohne Wirkung in der Insolvenz (§ 84 Abs. 2 InsO) und ggü. Gläubigern (§ 753 BGB) –,[390] Regelungen zur Nutzung, und (str.) zur künftigen Teilung des Grundstücks etc.

▶ **Beispiel:**

> Wird ein gemeinschaftlicher Garagenhof in Miteigentumsanteilen gehalten, hat eine solche Vereinbarung den Charakter einer »Gemeinschaftsordnung«; wollen Miteigentümer ihre Grundstücksbereiche ohne Vermessung separieren, lässt sich über § 1010 BGB ein der Realteilung wirtschaftlich vergleichbares, jedoch weniger krisensicheres, Ergebnis erzielen. Weitere Anwendungsbereiche sind Zuordnungen von Einzelparkplätzen und Duplex-Parkern,[391] ebenso Parzellenregelungen in Sport- oder Freizeitanlagen oder Nutzungsregelungen in losen Wohngemeinschaften, die nicht nach WEG »verfestigt« aufgeteilt werden sollen.[392]

Nach herrschender Meinung ist jedoch Voraussetzung, dass zumindest zwei Eigentümer vorhanden sind, sodass die Eintragung frühestens mit Umschreibung des ersten Miteigentumsanteils möglich ist.[393] Die besseren Gründe (und das praktische Bedürfnis – man denke etwa an die Rangsicherung im Verhältnis zur Käuferfinanzierung!) sprechen jedoch dafür, Vereinbarungen und Eintragungen nach § 1010 BGB durch den Alleineigentümer jedenfalls dann zuzulassen, wenn bereits »fiktives Miteigentum« gem. § 3 Abs. 6 GBO durch Zubuchung im Eigenbesitz zu herrschenden Grundstücken entstanden ist.[394] Auch eine spätere (möglicherweise nur vorübergehende) Vereinigung von Miteigentumsanteilen in einer Hand würde dann nicht zum Untergang solcher Vereinbarung führen.[395] **461**

Miteigentümervereinbarungen bilden ferner einen (wegen der Gefahr der Versteigerung durch Belastungsgläubiger[396] nur unvollkommenen) Ersatz für WEG-Teilungen, wo diese – etwa wegen des seit 1998 auch ohne Rechtsverordnung der Landesregierung möglichen Genehmigungsvorbehalts in Gebieten mit Fremdenverkehrsfunktion (§ 22 BauGB, Rdn. 1556) zur Vermeidung von »Rollladensiedlungen« – nicht zur Verfügung stehen.[397] Auch auf Wohnungsrechte (§ 1093 BGB) wird trotz ihrer Unveräußerlichkeit und Unvererblichkeit zurückgegriffen.[398] **462**

Report 2007, 185 ff.
389 Wobei der Notar darauf hinweisen wird, dass in mancher sonst ausweisloser Situation die Teilungsversteigerung das einzige Druckmittel zu vernünftigem Verhandeln darstellt. Auch der Sterbefall ist kein wichtiger Grund i.S.d. § 749 Abs. 2 Satz 1 BGB, LG Konstanz, 12.12.2008 – 2 O 410/08, D ZErb 2010, 247. Haben Partner einer nichtehelichen Lebensgemeinschaft beim gemeinsamen Erwerb einer Immobilie die Teilungsversteigerung ausgeschlossen, liegt nach BGH DStR 2004, 50 im Scheitern der Lebensgemeinschaft kein Wegfall der Geschäftsgrundlage!
390 Zur Pfändung und Überweisung des Aufhebungsanspruchs BGH, 20.12.2005 – VII ZB 50/05, Rpfleger 2006, 204 m. krit. Anm. *Ruhwinkel* MittBayNot 2006, 413 (Pfändbarkeit des Anspruchs auf Aufhebung der Gemeinschaft gem. § 857 Abs. 3 ZPO, jedenfalls wenn auch der künftige Anspruch auf den Anteil am Auseinandersetzungsguthaben gepfändet wurde).
391 Alternativ wird auch eine Gebrauchsregelung nach § 10 Abs. 2, 15 Abs. 1 WEG (Sondernutzungsrecht am Sondereigentum für den jeweiligen Miteigentümer!) für zulässig gehalten, vgl. Nachweise bei *Gutachten* DNotI-Report 2007, 185; a.A. KG DNotZ 2004, 634 m. Anm. *Häublein*.
392 Beispiele (mit Formulierungsvorschlag) *Milzer* ZNotP 2006, 290 ff.
393 Vgl. im Einzelnen *Tschon* RNotZ 2006, 225 m.w.N.
394 So auch LG Memmingen MittBayNot 1999, 77; ausführlich *Tschon* RNotZ 2006, 226 ff.
395 *Rehle* MittBayNot 1999, 80 arg. § 1197 BGB. Jedenfalls wenn die früheren Miteigentumsanteile mit einem auf Zahlung gerichteten Recht (Grundpfandrecht, Reallast) belastet sind, ist die Fortgeltung der Miteigentümervereinbarung unstreitig.
396 Es droht das Auseinanderbrechen der Bruchteilsgemeinschaft bei Teilungsversteigerung aus wichtigem Grund (§ 749 BGB) und bei der Auseinandersetzung nach § 753 BGB, auch wenn nur ein Miteigentumsanteil belastet ist (§ 753 BGB).
397 OLG Schleswig DNotZ 2000, 779. Das VG Augsburg MittBayNot 2006, 172 bejaht allerdings einen Anspruch auf Erteilung der Genehmigung zur Bildung von Wohnungseigentum gem. § 22 BauGB, wenn auch das bisher in Bruchteile (mit Regelung nach § 1010 BGB) aufgeteilte Gebäude nach Maßgabe der Baugenehmigung als Zweitwohnung genutzt werden kann.
398 *Hürth* RPfleger 2008, 411 hält dies für unzulässige Umgehungen.

▶ Formulierungsvorschlag: Ausschluss des Versteigerungsrechtes unter Miteigentümern

463 **Miteigentümervereinbarungen**

Die beteiligten Käufer wurden auf die gesetzlichen Regelungen hinsichtlich des Miteigentums hingewiesen. Vereinbarungen hierzu (z.B. Nutzungsregelung, teilweiser Ausschluss des Versteigerungsrechtes, gegenseitige Vorkaufsrechte) werden nur insoweit getroffen, als das Recht jedes Miteigentümers, die Aufhebung der Gemeinschaft aus einem anderen als einem wichtigen Grunde zu verlangen, für immer ausgeschlossen wird. Die Eintragung dieser Vereinbarung nach §§ 749, 1010 BGB an nächstoffener Rangstelle im Grundbuch als Belastung des jeweiligen Miteigentumsanteils zugunsten des jeweiligen Inhabers der anderen Miteigentumsanteile wird

bewilligt

und beantragt Zug-um-Zug mit Eigentumsumschreibung auf den Käufer.

464 Die besonders praxiswichtigen Kosten- und Lastenregelungen zählen, da nicht Gegenstand der »Verwaltung«, nach herrschender Meinung[399] nicht zum verdinglichbaren Bereich der Vereinbarung gem. § 1010 BGB. Sie bedürfen also der ausdrücklichen Vertragsübernahme. Rechtsnachfolgeklauseln sorgen für eine Basisabsicherung; vorsichtigere Gestalter knüpfen die Ausübung der gem. § 1010 BGB gesicherten Nutzungsrechte an den Eintritt in die Verpflichtung zur Tragung der zugeordneten Kosten und Lasten bzw. deren tatsächlicher Erfüllung.[400] Im Verhältnis zu Dritten (z.B. Erschließungsträgern) bleiben die Miteigentümer ohnehin stets Gesamtschuldner, anders als bei der Aufteilung nach WEG.

Sollen demgemäß auch Nutzungs- und Lastentragungsbereichen separiert werden, kann die Regelung bspw. wie folgt erweitert werden:

▶ Formulierungsvorschlag: Miteigentümervereinbarung mit Separierung von Nutzungs- und Kostentragungsbereichen

465 Miteigentümervereinbarungen
- Die beteiligten Käufer wurden auf die gesetzlichen Regelungen hinsichtlich des Miteigentums hingewiesen. Vereinbarungen hierzu werden wie folgt getroffen:
- das das Recht jedes Miteigentümers, die Aufhebung der Gemeinschaft aus einem anderen als einem wichtigen Grunde zu verlangen, ist für immer ausgeschlossen.
- Der jeweilige Inhaber des Miteigentumsanteils, der in heutiger Urkunde durch Herrn A erworben wird (»Anteil A«) ist zur ausschließlichen Benutzung des im beigefügten Lageplan rot gekennzeichneten Grundstücksteils, der jeweilige Inhaber des heute von Herrn B erworbenen Anteils (»B«) zur ausschließlichen Benutzung des im Plan grün gekennzeichneten Grundstücksteils berechtigt. Die Ausübung dieser Berechtigung ist jedoch daran geknüpft, dass auch die Kosten und Lasten der Unterhaltung, Instandhaltung und Instandsetzung, Verkehrssicherung und Haftung für diese Flächen durch den jeweiligen Inhaber des Anteils A bzw. B getragen werden bzw. sich ein Rechtsnachfolger hierzu verpflichtet. Im Verhältnis zueinander gelten die Bestimmungen des öffentlich-rechtlichen und bürgerlich-rechtlichen Nachbarrechtes, wie wenn es sich um selbstständige Grundstücke handeln würde. Die nicht farblich gekennzeichnete Zugangsfläche steht zur gemeinschaftlichen Nutzung zur Verfügung; bauliche Veränderungen auf dieser Fläche sind nur einvernehmlich möglich. Deren Kosten und Lasten im obigen Sinne tragen – soweit sie nicht als Beschädigungen dem Verursacher zugeordnet werden können – die Anteilsinhaber A und B als Voraussetzung der Nutzungsausübung je hälftig.
- Auf Verlangen eines jeden Anteilsinhabers ist auf je hälftige Kosten die Vermessung und Zerlegung in drei Grundstücke im je alleinigen Eigentum des Anteilsinhabers A und B bzw. in deren je hälftigem Miteigentum herbeizuführen.

---

[399] OLG Hamm DNotZ 1973, 549; *Schnorr* Die Gemeinschaft nach Bruchteilen, S. 276 f.; *Ermann/Aderhold* BGB § 1010 Rz. 4 m.w.N.; a.A. BayObLG DNotZ 1993, 391 und nunmehr OLG Hamm, 20.01.2011 – 15 W 249/10, RNotZ 2011, 344 jedenfalls sofern die Benutzungs- und die Kostenregelung nur als einheitliche gewollt seien.
[400] Vgl. *Tschon* RNotZ 2006, 222.

Die Eintragung dieser Vereinbarung nach §§ 749, 1010 BGB an nächstoffener Rangstelle im Grundbuch als Belastung des jeweiligen Miteigentumsanteils zugunsten des jeweiligen Inhabers der anderen Miteigentumsanteile wird

bewilligt

und beantragt Zug-um-Zug mit Eigentumsumschreibung auf den Käufer. Wechselseitige Vorkaufs- oder Ankaufsrechte werden nicht gewünscht.

6. Vollmachten und Vertretungsverhältnisse

Es ist eher selten geworden, dass alle an einem Urkundsgeschäft materiell Beteiligten bei der Beurkundung tatsächlich anwesend sind. Vielmehr handeln häufig Bevollmächtigte (Rdn. 467 ff.) bzw. vollmachtlose Vertreter vorbehaltlich nachträglicher Genehmigung (Rdn. 497 ff.),[401] oder es sind die Vertretungsverhältnisse für juristische Personen bzw. Personenhandelsgesellschaften nachzuweisen (Rdn. 516 ff.). 466

a) Rechtsgeschäftliche Vertretung

aa) Umfang

Gem. §§ 17, 12 BeurkG hat der Notar das Vorliegen der Vertretungsmacht zu prüfen, d.h. festzustellen, ob eine **Vertretung** überhaupt **zulässig** ist, ob die Vollmacht wirksam erteilt ist, und ob das Rechtsgeschäft vom Umfang der Vollmacht **gedeckt** ist. Der Vertretene muss zumindest i.S.e. »Geschäftes für wen es angeht«[402] bestimmbar[403] sein. Wegen § 29 GBO ist für Rechtsgeschäfte, die des grundbuchamtlichen Vollzugs bedürfen, zumindest die notarielle Beglaubigung[404] (entgegen § 167 Abs. 2 BGB) erforderlich. Die Vollmacht selbst bedarf analog § 311b Abs. 1 Satz 1 BGB der notariellen Beurkundung, wenn sie »unwiderruflich« und damit rechtlich bindend ist,[405] oder zwar rechtlich widerruflich ist, tatsächlich aber eine Bindung geschaffen hat[406] und damit i.S.e. »Umgehungsgeschäfts« das Gebundensein an die Grundstücksübertragung vorweggenommen hat (vgl. Rdn. 99). 467

Alle Teile des zu beurkundenden Rechtsgeschäfts müssen vom Umfang der Vollmacht zweifelsfrei gedeckt sein (umfasst eine reine Verkaufsvollmacht auch die Vorwegbeleihung durch den Käufer? Erlaubt die Vollmacht zur Eintragung von Grundpfandrechten auch die Vereinbarung dinglicher Zinsen?[407] Berechtigt eine Vollmacht »zur Anpassung der Teilungserklärung aufgrund des beigefügten Freiflächengestaltungsplans bezüglich der Geh- und Fahrtrechte« auch zur Eintragung dieser Geh- und Fahrtrechte selbst?[408] Ermöglicht eine Vollmacht zur »Vermögensverwaltung« auch die Grundstücksveräußerung?[409]). 468

Die Vollmacht muss von den **Beschränkungen des § 181 BGB** befreien, wenn (wie regelmäßig) der Bevollmächtigte zugleich Erklärungen im eigenen Namen abzugeben hat (z.B. die Erklärung 469

---

401 Hierzu ausführlich *Kuhn* RNotZ 2001, 305 ff.
402 Die Bestimmung des Vertretenen kann dem Vertreter überlassen werden BGH WM 1988, 1418; so etwa wenn der Verkäufer bereits den Kaufpreis erhalten hat BGH WM 1978, 12.
403 Es genügt bspw., wenn der Unternehmensträger erkennbar ist, mag auch die Firmenbezeichnung unzutreffend sein BGH NJW 1996, 1053.
404 Werden Textänderungen nach der notariellen Unterschriftsbeglaubigung vorgenommen, ist die Form des § 29 GBO weiter erfüllt, allerdings unterliegt es der Beweiswürdigung des Grundbuchamtes, ob die Änderung mit dem Willen des Unterzeichnenden vorgenommen wurde (OLG Frankfurt am Main, 08.03.2006 – 20 W 21/05, DNotZ 2006, 767 mit Hinweis auf § 40 Abs. 5 BeurkG).
405 BGH DNotZ 1952, 477.
406 BGH DNotZ 1965, 549.
407 Für letzteren Fall bejahend BayObLG MittBayNot 1987, 140.
408 Für letzteren Fall ablehnend OLG München,27.04.2009 – 34 Wx 022/09, NotBZ 2009, 501.
409 Bejaht durch OLG München, 16.12.2009 – 34 Wx 97/09, NotBZ 2010, 144 m. Anm. *Renner*.

und Entgegennahme der Auflassung,⁴¹⁰ § 925 BGB, die wegen des Erfordernisses gleichzeitiger Anwesenheit nicht in Angebot und Annahme aufgespalten werden kann). Zu In-Sich-Geschäften bei organschaftlicher Vertretung vgl. Rdn. 598 ff.

470 Schließlich muss die Vollmacht auch eine ausreichende **zeitliche Reichweite** aufweisen, darf also nicht bspw. »mit der Auflassung« erlöschen, sondern frühestens »mit Vollzug der Auflassung«. Zur Klarstellung (vgl. § 168 BGB i.V.m. § 672 BGB) empfiehlt sich auch eine Aussage zum (im Zweifel gegebenen) post- bzw. transmortalen Charakter der Vollmacht.⁴¹¹ Auch die durch eine juristische Person erteilte Vollmacht erlischt nicht durch die (wegen Vorhandenseins weiterer Aktiva voreilige) Löschung des Vollmachtgebers im Handelsregister.⁴¹²

471 Die Vollmacht sollte (möglichst ausdrücklich⁴¹³) die **Erteilung von Untervollmachten** einschließen, wenn im Kaufvertrag (etwa für Zwecke des Vollzugs oder der Finanzierung) weitere Vollmachten an Beteiligte oder Angestellte des Notariats notwendig werden. Die Untervollmacht darf die Reichweite der Hauptvollmacht nicht überschreiten (also bspw. nicht bei einer befristeten oder einer bedingten Hauptvollmacht als solche unbefristet oder unbedingt sein und nicht von § 181 BGB befreien, wenn es der Hauptbevollmächtigte nicht ist).⁴¹⁴ Die Untervollmacht ist jedoch – einmal wirksam erteilt – in ihrem Bestand vom Fortbestehen der Hauptvollmacht unabhängig, sofern sich aus ihr und aus der dem Hauptbevollmächtigten erteilten Rechtsmacht nichts anderes ergibt.⁴¹⁵ In diesem Regelfall ist lediglich bei der Erteilung,⁴¹⁶ nicht aber bei der Verwendung der Untervollmacht, die Ausfertigung der Hauptvollmacht (wegen § 172 BGB) mit vorzulegen.⁴¹⁷

472 Von einer aus dem Handelsregister ersichtlichen **Prokura** sind die typischen Handelsgeschäfte des Unternehmens erfasst, jedoch (sofern keine Immobiliarprokura gem. § 49 Abs. 2 HGB erteilt ist) weder die Veräußerung noch die Belastung von Grundstücken des Geschäftsherrn.⁴¹⁸ Besteht Immobiliarprokura, kann der Prokurist auch Grundstücke solcher Gesellschaften verkaufen oder belasten, für welche sein Vollmachtgeber seinerseits handeln kann (z.B. Grundbesitz der KG, deren Komplementärin ihm Immobiliarprokura erteilt hat).⁴¹⁹ Ein Erwerb von Immobilien (sofern nicht zum Zweck der Finanzierung zugleich eine Belastung stattfindet) ist allerdings durch Prokuristen stets möglich, ebenso die Veräußerung der Immobilie eines Dritten, der dem Geschäftsherrn des Prokuristen Verkaufsvollmacht erteilt hat.⁴²⁰ Dies gilt auch, wenn die Prokura erteilende Gesellschaft sich in Liquidation befindet.⁴²¹

---

410 Gem. BayObLG Rpfleger 1993, 441 handelt es sich bei der Erklärung der Auflassung nicht um die Erfüllung einer Verbindlichkeit i.S.d. § 181 BGB, letzter Satzteil; a.A. *Schneeweiß* MittBayNot 2001, 341 und wohl auch der Gesetzgeber des Verkehrsflächenbereinigungsgesetzes (vgl. § 7 Abs. 3 Satz 2 VerkFlBerG).
411 Eine transmortale Vollmacht bleibt auch dann bestehen, wenn im Testament für dieselbe Maßnahme (Erfüllung eines Vermächtnisses) Testamentsvollstreckung angeordnet wurde, OLG München, 15.11.2011 – 34 Wx 388/11, JurionRS 2011, 29624.
412 OLG Dresden, 01.12.2008 – 3 W 1123/08, DNotZ 2009, 305.
413 Zur sonst anzustellenden Auslegung (weite, nicht auf personalem Vertrauen basierende postmortale Vollmacht berechtigt auch zur Unterbevollmächtigung, trotz des Gebotes enger Auslegung im Grundbuchrecht): OLG München, 21.04.2011 – 34 Wx 1/11, NotBZ 2011, 452.
414 BayObLG MittBayNot 1993, 150.
415 Hierzu im Einzelnen *Bous* RNotZ 2004, 483 ff.
416 Wird die Untervollmacht in notarieller Form erteilt, ist daher die beglaubigte Abschrift der Hauptvollmachtsausfertigung gem. § 12 Satz 1 BeurkG beizufügen, vgl. BayObLG RNotZ 2002, 53.
417 *Schöner/Stöber* Grundbuchrecht Rn. 3584, Fn. 13.
418 Also des Kaufmanns, den der Prokurist vertritt: OLG Hamm, 13.10.2011 – I-15 Wx 117/11, NotBZ 2012, 43.
419 *Gutachten* DNotI-Report 2009, 83.
420 LG Chemnitz, 18.02.2008 – 3 T 842/07, NotBZ 2008, 241.
421 Kein »automatisches« Erlöschen erteilter Prokuren, OLG München, 09.08.2011 – 31 Wx 314/11, NotBZ 2011, 407.

I. Beteiligte

bb) Inhaltliche Beschränkungen

Soweit Formulierungen als Bedingungen oder Beschränkungen der Vollmacht verstanden werden können, müsste der Eintritt der Bedingung in grundbuchlicher Form (§ 29 GBO) nachgewiesen werden,[422] was selten gelingt. **473**

▶ **Beispiele:**

Eine »Vollmacht zur Bestellung von Grundpfandrechten zum Zweck der Baufinanzierung« würde erfordern, dass der Gläubiger in gesiegelter oder notariell beglaubigter Form bestätigt, dass die Kreditmittel nur zur Baufinanzierung eingesetzt werden (nach noch strengerer Lesart wäre auch damit nur nachgewiesen, dass der Gläubiger – wiewohl als selbst Gestaltender – diese Erklärung abgibt, nicht aber der Umstand als solcher, vgl. Rdn. 474). Ist eine Grundpfandrechtsbestellungsvollmacht dem Wortlaut nach beschränkt »auf das zur Kaufpreisfinanzierung Zweckdienliche«, berechtigt sie jedenfalls nicht zur Bestellung einer Grundschuld in den Kaufpreis übersteigender Höhe.[423] Eine Vollmacht zur Bestellung von Grunddienstbarkeiten »die im Rahmen der Baumaßnahmen notwendig sind« ist untauglich, da die Notwendigkeit nicht mit den im Grundbuchverfahren zulässigen Beweismitteln nachgewiesen werden kann.[424] Eine Vollmacht zur Abgabe einer Grundbuchbewilligung in einem Angebot, die unter der aufschiebenden Bedingung erteilt ist, dass das frei widerrufliche Angebot nicht vor der Annahme widerrufen wurde, bedarf des Nachweises dieser negativen Tatsache in der Form des § 29 GBO.[425]

Praktisch unlösbar sind die Probleme, wenn solche Bedingungen auf tatsächliche Umstände abstellen (z.B. bei einer Vorsorgevollmacht, die auch im Außenverhältnis, also unter Beschränkung des rechtlichen Könnens und nicht nur des rechtlichen Dürfens, erteilt ist »für den Fall, dass ich in meiner Entscheidungsfähigkeit zeitweise oder dauernd eingeschränkt bin«, bzw. bei der Einsetzung eines Zweitbevollmächtigten »für den Fall der Verhinderung des Erstbevollmächtigten«[426]), und nicht auf den Nachweis als solchen (z.B. »für den Fall, dass ein Arzt schriftlich bestätigt, dass ich in meiner Entscheidungsfähigkeit eingeschränkt bin«). Im ersteren Fall würde nämlich die notarielle Unterschriftsbeglaubigung unter eine solche ärztliche Bestätigung lediglich bezeugen, dass die Erklärung von diesem Arzt abgegeben wurde; die formelle Beweiskraft des § 415 ZPO erstreckt sich jedoch nicht auf die Richtigkeit des bestätigten Sachverhalts als solchen.[427] **474**

Es ist dringend ratsam, solche Einschränkungen entweder eindeutig[428] zum Gegenstand des Innenverhältnisses (Auftragsverhältnis) zu machen oder aber sie dergestalt zu fassen, dass sie die Aufnahme eines bestimmten Wortlautes in die Urkunde bedingen, jedoch keine darüber hinausgehende Prüfungstätigkeit des Grundbuchamtes zur Folge haben. **475**

---

422 OLG Köln, 10.04.2007 – 2 Wx 20/07, FGPrax 2007, 102; ähnlich OLG Koblenz RNotZ 2007, 270 bei einer Vorsorgevollmacht, die nur gelten solle, wenn ein ärztliches Attest mit bestimmtem Inhalt vorgelegt wird.
423 OLG München, 21.10.2010 – 34 Wx 133/10, NotBZ 2011, 105.
424 So BayObLG RNotZ 2005, 173.
425 KG, 21.10.2008 – 1 W 246/08, RPfleger 2009, 147 (zu differenzieren von den Anforderungen an den Nachweis des Fortbestandes einer einmal wirksam erteilten Vollmacht, wo das Grundbuchamt nur bei konkreten Anhaltspunkte für einen Widerruf weitere Ermittlungen anstellen darf, vgl. *Schöner/Stöber* Grundbuchrecht Rn. 3598).
426 OLG München, 16.12.2009 – 34 Wx 97/09, NotBZ 2010, 144 m. Anm. *Renner*: unterschriftsbeglaubigte Erklärung des Erstbevollmächtigten, er sei aus dienstlichen Gründen verhindert, genügt nicht.
427 OLG Köln RNotZ 2007, 483; ähnlich OLG Frankfurt am Main MittRhNotK 1996, 53 zur Bewilligung einer Löschung »unter der Bedingung, dass es zu einer Verzögerung an der Baustelle um mehr als 3 Wochen gegenüber dem Zeitplan kommt«.
428 Bei Unklarheiten (Vollmacht wird einerseits als unbedingt bezeichnet, andererseits wird der Vorsorgefall als Bedingung genannt) kann das Grundbuchamt eine klarstellende Erklärung des Vollmachtgebers in der Form des § 29 GBO verlangen, OLG Frankfurt am Main, 15.10.2010 – 20 W 399/10, DNotZ 2011, 745 m. Anm. *G. Müller* sowie OLG Frankfurt am Main, 29.06.2011 – 20 W 278/11, JurionRS 2011, 25420.

B. Gestaltung eines Grundstückskaufvertrages

▶ Beispiel:

> Die Vollmacht ist dahin gehend eingeschränkt, dass i.R.d. Grundpfandrechtsbestellung eine Einschränkung der Zweckerklärung zu formulieren sei, wonach das Grundpfandrecht vor Eigentumsumschreibung nur als Absicherung für Zahlungen, die mit Tilgungswirkung auf den Kaufpreis geleistet wurden, verwendet werden kann. Dieser Antrag bzgl. des schuldrechtlichen Sicherungsvertrages (§ 145 BGB) wird mit vorbehaltloser Entgegennahme durch den Grundpfandgläubiger wirksam (§ 362 HGB). Das Grundbuchamt hat demnach lediglich zu prüfen, ob die entsprechende Formulierung in die Grundschuldurkunde aufgenommen wurde.

476 Wird die das Innenverhältnis regelnde Beschränkung in der Vollmachtsurkunde aufgeführt, und ist dem Grundbuchamt die Verletzung dieser Beschränkung evident,[429] darf es die Vollmacht selbst dann nicht akzeptieren, wenn der betreffende Umstand (etwa in einer Vollmacht zur Änderung einer Teilungserklärung) »außerhalb der Prüfungszuständigkeit des Grundbuchamtes« gestellt ist.[430] Allein der Umstand, dass die Innenabrede zur Verwendung der Vollmacht gegen § 308 Nr. 4 BGB verstößt, da sie dem Verwender zu umfangreiche Änderungen des Leistungsinhalts gestattet,[431] macht jedoch die –abstrakte – Vollmacht im Außenverhältnis nicht unwirksam.[432] Sind Vollmachten ausdrücklich oder stillschweigend (z.B. da sie allein dem Vorteil des Bevollmächtigten dienen) unwiderruflich, d.h. nur aus wichtigem Grund widerruflich, ist ein dem Grundbuchamt zur Kenntnis gebrachter Widerruf nur zu beachten, wenn das Vorliegen eines wichtigen Grundes zu seiner Überzeugung dargetan ist.[433]

cc) Gesetzliche Verbote

477 Die Vollmacht darf nicht gegen gesetzliche Verbote verstoßen. Für vor dem 01.07.2008 erteilte Vollmachten ist das **Rechtsberatungsgesetz**[434] insoweit besonders bedeutsam: Gebot der geschäftsmäßigen Besorgung fremder Rechtsangelegenheiten,[435] die nicht mit der gewerblichen Hauptleistung in unmittelbarem Zusammenhang stehen,[436] nur durch zugelassene Berufsgruppen, etwa Anwälten sowie Wirtschaftsprüfern/Steuerberatern in Zusammenhang mit ihren hauptberuflichen Aufgaben,[437] oder aufgrund Erlaubnis durch den Präsidenten des LG. Das Verbot gilt u.U. auch für umfassende Vollmachten zur Verwertung dinglicher Sicherheiten.[438] Der mit einem nicht gem. § 1 RBerG befugten Treuhänder einer Bauherrengemeinschaft geschlossene Geschäftsbesorgungsvertrag

---

429 Zum insoweit anzulegenden strengen Maßstab: OLG München, 17.02.2009 – 34 Wx 091/08, MittBayNot 2010, 129 m. Anm. *Basty*.
430 Beispiel nach OLG München, 13.06.2006 – 32 Wx 79/06, NotBZ 2007, 28 m. zu Recht abl. Anm. *Holzer*; im Ergebnis abl. auch *Böttcher* ZNotP 2007, 298: die Vollmacht zur Änderung der Teilungserklärung ist im Innenverhältnis beschränkt auf Vorgänge »durch die die Rechte des Käufers bei wirtschaftlicher Betrachtungsweise nicht geschmälert werden« und soll zur Begründung eines Sondernutzungsrechts an einem gemeinschaftlichen Waschraum eingesetzt werden. In der Entscheidung OLG München, 17.02.2009 – 34 Wx 091/08, MittBayNot 2010, 129 m. Anm. *Basty* konnte diese Frage ausdrücklich offenbleiben, da der Wortlaut der internen Beschränkung (»keine Belastungen entstehen«) eng im Sinne lediglich finanzieller Belastungen ausgelegt wurde, und das Grundbuchamt insoweit auf eine grobe Evidenzkontrolle beschränkt sei.
431 Vgl. hierzu *Schüller* RNotZ 2010, 203, 209.
432 A.A. zu Unrecht LG Nürnberg-Fürth, 29.07.2009 – 14 S 1895/09, MittBayNot 2010, 132 m. abl. Anm. *Basty* S. 131.
433 OLG München, 17.02.2009 – 34 Wx 091/08, MittBayNot 2010, 129 m. Anm. *Basty* (dort auch zur Unwiderruflichkeit von Änderungsvollmachten in Bauträgerverträgen); großzügiger OLG Stuttgart MittBayNot 1997, 370: das Vorliegen eines wichtigen Grundes muss für das Grundbuchamt wahrscheinlich sein.
434 Vgl. hierzu *Esser* RNotZ 2005, 69 ff.
435 Die Testamentsvollstreckung zählt nicht dazu, ist also durch Banken und Steuerberater zulässig BGH RNotZ 2005, 120 und 122.
436 Unproblematisch daher die Übernahme weiterer Geschäftsbesorgungsleistungen durch einen Bauträger (»Rundum-Sorglos-Paket«) OLG München MittBayNot 2007, 116.
437 Treuhandvertrag im Immobilienfonds-Kapitalanlagemodell liegt außerhalb dieses Zusammenhangs BGH, 01.02.2007 – III ZR 281/05, DStR 2007, 633.
438 LG Chemnitz RPfleger 2008, 325 m. Anm. *Goldbach*; ähnlich zur Rechtslage ab 01.07.2008 (RDG) *Klawikowski* RPfleger 2008, 404.

ist gem. § 134 BGB nichtig;[439] dies erfasst auch die zu dessen Ausführung erteilte Erwerbsvollmacht,[440] möglicherweise auch entsprechende Verkaufsvollmachten (Rdn. 487).

478 Im Einzelfall kann die Vollmacht trotz Verstoßes gegen das RBerG bei Vorlage des Originals oder der Ausfertigung gleichwohl gem. §§ 171 Abs. 1, 172 Abs. 1 BGB nach **Rechtsscheingrundsätzen** als wirksam zu behandeln sein bzw. es können (gestützt allerdings nur auf Umstände vor oder bei Vertragsschluss) die Grundsätze der Duldungsvollmacht eingreifen,[441] und zwar auch bei kreditfinanziertem verbundenem Immobilienerwerb im Wege der Schuldübernahme;[442] allerdings möglicherweise unter dem Vorbehalt, dass sich die Unwirksamkeit gem. § 1 RBerG nicht bereits aus dem Inhalt der Vollmacht selbst ergeben dürfe.[443] Die Rechtsscheinhaftung gilt (entgegen der früheren Rechtsprechung des II. Bankrechts-Senats des BGH)[444] auch ggü. »bösgläubigen«, in die Vertriebsorganisation eingegliederten Bauträgern, oder Banken, da §§ 171 ff. BGB kein Vertrauensverhältnis zwischen Vertreter und Vertretenem voraussetzt.[445] Der gem. § 173 BGB schädliche Vorwurf der Fahrlässigkeit könne auch Banken ggü. im Hinblick auf die bis zum Jahr 2000 weitverbreitete Praxis der Vollmachtserteilung an nichtanwaltliche Treuhänder nicht erhoben werden.

479 Dies gilt allerdings nicht für eine Zwangsvollstreckungsunterwerfung, die aufgrund einer solchen materiell-rechtlich unwirksamen Vollmacht erklärt wurde, da die Grundsätze der Rechtsscheinshaftung im Prozessrecht nicht gelten.[446] Besteht jedoch eine wirksame Verpflichtung zur Abgabe einer Vollstreckungsunterwerfung – sei es aufgrund persönlichen Abschlusses des Darlehensvertrages oder wegen nach Rechtsscheingrundsätzen wirksamer Verpflichtung bzw. wegen der Beitrittshaftung zu einer GbR, § 130 HGB – kann sich allerdings der Darlehensnehmer nicht auf die Unwirksamkeit der Vollstreckungsunterwerfung berufen.[447]

480 In dem zum 01.07.2008 in Kraft getretenen **Rechtsdienstleistungsgesetz (RDG)** ist der erlaubnispflichtige Tatbestand enger definiert als »Tätigkeit in konkreten fremden[448] Angelegenheiten, soweit sie eine rechtliche Prüfung des Einzelfalls erfordert«; bloße Nebenleistungen[449] sowie unentgeltlich[450] erbrachte Rechtsdienstleistungen sind gem. §§ 5, 6 RDG nunmehr erlaubt. Ausweislich der Regierungsbegründung[451] sollten durch das RDG die Fälle bloßer Stellvertretung im Rechtsverkehr ausgenommen bleiben, soweit nicht der Rechtsuchende eine besondere rechtliche Aufklärung sei-

---

439 BGH NJW 2001, 70. Jedoch fällt die Übertragung der Geschäftsführung einer Immobilienfonds-GbR auf einen Dritten samt begleitender Vollmacht grds. nicht unter Art. 1 § 1 RBerG (anders u.U. bei Vollmacht zu umfassender Vertretung bei der Aufnahme persönlicher Kredite zur Gesellschaftsanteilsfinanzierung: BGH, 17.10.2006 – XI ZR 19/05, DStR 2007, 209.
440 Gem. BGH NJW 2002, 6; die Berufung auf die Nichtigkeit ist nicht treuwidrig, BGH, 29.07.2008 – XI ZR 394/06, ZfIR 2008, 716 m. Anm. *Frisch*. Zum Ganzen vgl. auch *Ott* DStR 2003, 2026 und *Wertenbruch* DStR 2004, 917 ff. Zur (verneinten) Eigenhaftung nach § 179 Abs. 2 BGB *Dorkal/Losert* DStR 2005, 1145.
441 BGH, DNotI-Report 2002, 110; NJW 2002, 2325; DNotI-Report 2004, 47; DNotI-Report 2004, 114 und *Nittel* NJW 2002, 2599; bestätigt in BGH NJW 2003, 2091 ebenso BGH, 28.03.2006 – XI ZR 239/04, NotBZ 2006, 241.
442 BGH DNotI-Report 2005, 22.
443 OLG Karlsruhe NJW 2003, 2690.
444 BGH, 14.06.2004 – II ZR 395/01, NJW 2004, 2731 m. Anm. *Nittel*, S. 2712 (keine Geltung ggü. Banken) BGH, 28.06.2004, DNotI-Report 2004, 201 auch keine Geltung bei Zwischenschaltung eines Finanzierungsvermittlers, auch nicht ggü. Bauträgern (BayObLG MittBayNot 2004, 116).
445 BGH, 25.04.2006 – XI ZR 219/04, ZIP 2006, 1088 sowie XI ZR 29/05, ZIP 2006, 987.
446 BGH, IV ZR 222/02, DNotI-Report 2003, 86; es kann also eine Genehmigung gem. § 89 ZPO erfolgen.
447 BGH DNotI-Report 2003, 198, DNotI-Report 2004, 47.
448 Hieran kann es in Vertretungsfällen bereits fehlen, wenn der Vertreter aufgrund seiner engen Beziehung auch ein eigenes Interesse an der Angelegenheit hat, so etwa unter Ehegatten (BGH AnwBl. 1964, 52; vgl. *Sauer* RNotZ 2009, 93).
449 Etwa Vertragsabschlüsse durch einen Vermögensverwalter.
450 Bei unentgeltlichen Inkassodienstleistungen muss jedoch gem. § 6 Abs. 2 RDG die Erbringung unter Anleitung einer Person mit Befähigung zum Richteramt erfolgen, sonst verstößt z.B. die Ermächtigung zur gerichtlichen Geltendmachung (etwa gegen die sanierungsunwilligen Kommanditisten einer Publikums-KG) in der Satzung einer »Inkasso-Zweckgesellschaft« gegen § 134 BGB, vgl. BGH, 12.04.2011 – II ZR 197/09, notar 2011, 412 m. Anm. *Kilian*.
451 BT-Drucks. 16/3655, S. 46; die später abweichende Formulierung im Vergleich zum Wortlaut, der der Regierungsbegründung zugrunde lag, sollte lediglich klarstellenden Charakter haben, vgl. Bericht des Bundestags-Rechtsausschusses, BT-Drucks. 16/6634., S. 50.

B. Gestaltung eines Grundstückskaufvertrages

tens des Bevollmächtigten erwartet. Dies gelte auch in den »Treuhandfällen« bei Bauträger- oder sonstigen Anlagemodellen. Demnach dürften Erwerbs- oder Verkaufsvollmachten (vgl. hierzu Rdn. 487), die ab 01.07.2008 erteilt sind, nur dann unter das gesetzliche Verbot des RDG fallen, wenn der Vollmachtgeber dem Bevollmächtigten die Vollmacht gerade im Hinblick darauf erteilt, dass er ihn für besonders geschäftsgewandt und rechtskundig hält.[452]

481 Gem. § 45 Abs. 1 Nr. 1 und 2 BRAO darf ein Rechtsanwalt nicht als Vertreter einer Partei tätig werden, wenn er oder ein mit ihm zur gemeinsamen Berufsausübung (auch überörtlich) verbundener Rechtsanwalt als Notar in der Angelegenheit bereits tätig war; ein Verstoß führt aber – im Interesse der Verkehrssicherheit – nicht zur Unwirksamkeit der abgegebenen Willenserklärungen,[453] sondern nur zur Unwirksamkeit des Anwaltsvertrages.[454]

482 Erteilt das Organ einer juristischen Person (z.B. GmbH) mit Wirkung für diese eine Generalvollmacht,[455] kann diese gegen das **Verbot der umfassenden Übertragung der organschaftlichen Vertretungsmacht** (»organverdrängende Vollmacht«) ohne gleichzeitige Übernahme der an die Organstellung geknüpften, strafbewehrten Pflichten verstoßen und demnach unwirksam sein.[456] Gleiches gilt für eine Generalvollmacht des Insolvenzverwalters zur »Weitergabe« seiner Parteistellung kraft Amtes[457] (Rdn. 3108). Anders verhält es sich, wenn lediglich eine **Generalhandlungsvollmacht** im Bereich des Geschäftsbetriebs der GmbH erteilt wird, also ausdrücklich die öffentlichen Pflichten wie z.B. Buchführung und Aufstellung des Jahresabschlusses und des Lageberichts, Anmeldungen zum Handelsregister, Stellung des Insolvenzantrags, die strafrechtlich sanktionierten Pflichten des Geschäftsführers (§§ 79, 82, 84 GmbHG-Gesetz), sowie die übrigen organschaftlichen Rechte und Pflichten eines Geschäftsführers, etwa die Einberufungspflicht nach § 49 GmbHG, ausgenommen sind.[458]

483 Schreiben gesetzliche Bestimmungen des öffentlichen Rechtes[459] Gesamtvertretung durch mehrere Personen vor (»Doppelspitze«, so z.B. § 64 Abs. 1 Satz 2 GO NW für Grundstücksveräußerungen durch nordrhein-westfälische Gemeinden durch den Bürgermeister und einen Vertreter oder einen vertretungsberechtigten Bediensteten, sofern kein Geschäft der laufenden Verwaltung vorliegt), dient dies dem Schutz des Vertretenen vor den Vertretern, kann also nicht durch die Erteilung einer umfassenden Einzelvollmacht zur Vertretung in allen Grundstücksangelegenheiten umgangen werden,[460] eine solche Vollmacht ist nichtig. Rein betragsmäßige Begrenzungen reichen nicht; maßgebend ist auch die Art der Rechtsgeschäfte, zu denen die »Einzelvollmacht« berechtigt.[461] Die mangels wirksamer Vertretung schwebend unwirksamen Rechtsgeschäfte (§ 177 BGB) können jedoch durch Nachgenehmigung geheilt werden,[462] sofern nicht ohnehin bereits Buchersitzung eingetreten ist (§ 900 BGB: 30 Jahre). Gemeinderatsrichtlinien können allenfalls eine Konkretisierung

---

452 Vgl. auch *Gutachten* DNotI-Report 2008, 125.
453 BGH NJW 1993, 1926.
454 BGH NJW 2011, 373.
455 Nach OLG Hamm, 12.10.2010 – I-15 W 98/10, NotBZ 2011, 180 ist für das Grundbuchamt von einer unwirksamen »organverdrängenden« Vollmacht nicht schon auszugehen, wenn der Dritte »umfassend zur gerichtlichen und außergerichtlichen Vertretung« der juristischen Person bevollmächtigt ist.
456 Vgl. BGH DNotZ 2003, 147; zu den Zulässigkeitsgrenzen im Einzelnen (mit Blick auf »shared legal services« im Konzernverbund) vgl. *Schippers* DNotZ 2009, 353 ff., der bei Überschreiten der Grenzen für eine geltungserhaltende Reduktion (anstelle einer »Vergiftung« der gesamten Vollmacht) plädiert.
457 Vgl. *Kesseler* RNotZ 2004, 222 m.w.N.
458 Beispiel: BGH, 20.10.2008 – II ZR 107/07, NotBZ m. Anm. *Vossius*.
459 Die Rechtsprechung gilt nicht für juristische Personen des Privatrechts, z.B. eine Stiftung, die nach ihren Statuten Gesamtvertretung vorsieht, OLG Hamm, 12.10.2010 – I-15 W 98/10, NotBZ 2011, 180.
460 BGH, 27.10.2008 – II ZR 158/06 (»Gelsenkirchener Trabrennbahn«) NotBZ 2009, 135; ihm folgend OLG Hamm, 25.05.2010 – I-15 Wx 160/10, notar 2010, 450 m. Anm. *Kilian* (»grundstücksbezogene Rechtsgeschäfte bis max. 50.000 €« genügt § 64 Abs. 3 GO-NRW nicht, da kein »bestimmter, sachlich abgegrenzter Kreis von Geschäften«). Ähnlich ist die Rechtslage in Hessen (§ 71 Abs. 2 HGO) und Mecklenburg-Vorpommern (§ 38 Abs. 6 KV-MV).
461 OLG Brandenburg, 30.08.2010 – 5 Wx 31/10, NotBZ 2011, 40 zu §§ 56, 57 Abs. 2 BbgKVerf (»Kreis von Geschäften«).
462 Vgl. im Einzelnen DNotI-Gutachten Nr. 91614 v. 19.03.2009.

des Umfangs der ausgenommenen »Geschäfte der laufenden Verwaltung« enthalten, unterliegen jedoch (mangels Definitionskompetenz des Gemeinderats) der gerichtlichen und grundbuchamtlichen[463] Kontrolle. Nur bei evidenten Verstößen kann das Grundbuchamt (und der Notar) eine nach § 29 Abs. 3 GBO äußerlich ordnungsgemäße Vollmacht zurückweisen.

dd) Vollmachten durch Verwalter fremden Vermögens

Hat ein Insolvenzverwalter Spezialvollmachten erteilt, erlischt mit der Verfügungsbefugnis des Insolvenzverwalters (etwa infolge erfolgreicher Beschwerde gegen den Eröffnungsbeschluss, Aufhebung der Insolvenz nach Schlussverteilung oder Einstellung mangels Masse) auch die durch ihn erteilte Vollmacht, da er nicht mehr Rechte übertragen kann, als er selbst hat (sodass er, da selbst nicht von den Beschränkungen des § 181 BGB befreibar, auch dem Bevollmächtigten eine solche generelle Befreiung nicht erteilen kann;[464] zur Nachgenehmigung vgl. Rdn. 498). Auch § 172 Abs. 2 BGB soll keinen Schutz vermitteln, da sich diese Norm nicht auf den guten Glauben an den Fortbestand des Verwalteramtes bezieht. Es wird deshalb empfohlen, bei Verwendung einer solchen Vollmacht eines Insolvenzverwalters sich über die Fortdauer des Verfahrens zu vergewissern.[465] Ein bloßer Verwalterwechsel soll jedoch nach herrschender Auffassung[466] bereits erteilte Vollmachten unberührt lassen, was allerdings im Hinblick auf vorstehenden Grundsatz Bedenken begegnet. **484**

Gleiches gilt nach herrschender Meinung für die durch einen Testamentsvollstrecker erteilte Vollmacht,[467] wobei aber differenzierend vertreten wird, diese Vollmacht erlösche nicht bereits zwingend mit dem Ende der Amtszeit des erteilenden Vollstreckers, sondern erst mit dem Ende der Testamentsvollstreckung als solcher,[468] während eine neuere Auffassung[469] im jeweiligen Einzelfall darauf abstellt, wie weit die Amtskompetenz des Testamentsvollstreckers reicht und wie das Rechtsgeschäft der Vollmachtserteilung auszulegen sei; dem Geschäftspartner ggü. hafte der Bevollmächtigte nach § 179 BGB (analog) dann sowohl für die Wirksamkeit der Vollmacht wie für das Bestehen der erforderlichen Amtskompetenz. **485**

ee) Verwertungsvollmacht an Grundpfandgläubiger

Nicht selten verlangen die Grundpfandgläubiger notleidend gewordener Kredite unwiderrufliche **Verkaufsvollmachten**[470] um den Grundbesitz zu einem ihnen als angemessen erscheinenden Preis veräußern zu können. Hierbei sind folgende Aspekte zu beachten:
– Sofern die gesicherte Forderung[471] noch nicht fällig ist,[472] verstößt bereits die Vollmacht gegen § 1149 BGB (Verbot der Verfallabrede,[473] das auch für Grundschulden gilt)[474] und ist damit nichtig (§ 134 BGB). **486**

---

463 OLG München, 04.02.2009 – 34 Wx 114/08, MittBayNot 2009, 222; OLG Hamm, 25.05.2010 – I-15 Wx 160/10; vgl. *Heggen* ZNotP 2009, 342.
464 BayObLG, 26.02.1993, MittBayNot 1993, 150.
465 Vgl. *Kesseler* RNotZ 2004, 224.
466 *Winkler* ZEV 2001, 282; a.A. *Kesseler* RNotZ 2004, 224.
467 Vgl. z.B. OLG Düsseldorf ZEV 2001, 281, 282; Staudinger/*Reimann* BGB 2003 § 2218 Rn. 14 m.w.N.
468 So *Winkler* ZEV 2001, 282; *J. Mayer* in: Bamberger/Roth BGB 2000 § 2218 Rn. 6.
469 *Muscheler* ZEV 2008, 213 ff.
470 Vgl. hierzu Rundschreiben 07/2008 der BNotK vom 07.03.2008 sowie, darauf Bezug nehmend, *Gutachten* DNotI-Report 2008, 121 ff.; *Böttcher* ZfIR 2010, 521, 536 ff.
471 Hierauf ist bei der Grundschuld abzustellen, vgl. Staudinger/*Wolfsteiner* BGB 2009 § 1149 Rn. 16; die Grundschuld selbst war bei Bestellungen vor dem 19.08.2008 gem. § 1193 Abs. 2 BGB a.F. i.d.R. sofort fällig. Möglicherweise ist (ebenso wie bei der, allerdings akzessorischen, Hypothek) künftig auf die Fälligkeit von Forderung und Grundschuld abzustellen, *Gutachten* DNotI-Report 2008, 123.
472 D.h. Kündigung ggü. dem Darlehensnehmer oder Auslaufen der Festzinsperiode ohne Fortsetzungsangebot.
473 Im Pfandrecht wurde das Verbot der Verfallklausel für gewerbliche Verpfänder durch § 1259 BGB gelockert (Möglichkeit freihändigen Verkaufs oder eigener Übernahme zum Börsen- oder Marktpreis).
474 So *Clemente* Recht der Sicherungsgrundschuld Rn. 650 m.w.N.; a.A. Erman/*Wenzel* BGB § 1149 Rn. 2.

B. Gestaltung eines Grundstückskaufvertrages

- § 138 BGB könnte tangiert sein, wenn die Vollmacht aufgrund einer vermögensbedingten Zwangslage des Eigentümers zustande kommt (Rdn. 120),[475] oder wenn sie die Entscheidungsfreiheit nachrangig gesicherter Gläubiger beeinträchtigen kann, etwa da der anvisierte Verkaufspreis über dem Darlehensbetrag der bevollmächtigten Bank, jedoch unter dem Verkehrswert liegt.

487 – Bei vorformulierten Verkaufsvollmachten kann ein zu geringer Mindestverkaufspreis eine unangemessene Benachteiligung des Verbrauchers (Verkäufers) zur Folge haben; das Fehlen inhaltlicher Vorgaben zur Ausgestaltung des schuldrechtlichen Rechtsgeschäfts kann zur Intransparenz führen (§ 307 Abs. 1 Satz 1 bzw. 2 BGB).

- Vor dem 01.07.2008 erteilte umfassende Verkaufsvollmachten konnten gegen das Rechtsberatungsgesetz verstoßen und demnach nichtig sein (Rdn. 478), jedenfalls wenn die Bank nicht nur die eigene Rechtsangelegenheit der Verwertung sondern auch die fremde des Eigentümers betreibt;[476] die hierzu für Erwerbsvollmachten (»Treuhänder«) entwickelten Grundsätze dürften auch für Veräußerungsvollmachten gelten. Der insoweit abweichende Wortlaut des seit 01.07.2008 geltenden Rechtsdienstleistungsgesetzes soll jedoch bloße Stellvertretungsfälle freistellen, es sei denn, der Eigentümer erteilte der Bank deshalb Vollmacht, weil er sie für besonders rechtskundig hält.[477]

488 – Es handelt sich, jedenfalls bei der »unwiderruflichen«, um eine fremdnützige Verkaufsvollmacht, der zumindest mittelbar die Verpflichtung zur Veräußerung an den durch die Bank ermittelten Erwerbsinteressenten zugrunde liegt, sodass auch das zugrunde liegende Rechtsverhältnis (Auftrag, Pflicht zu Verkaufsbemühungen, ggf. Zusage des Erlasses von nach Verkauf verbleibenden Restschulden etc, nicht aber [Verstoß gegen § 1136 BGB!] eine Verpflichtung des Eigentümers, eigene Veräußerungen zu unterlassen) – demnach unter Mitwirkung bzw. Nachgenehmigung der Bank – beurkundungsbedürftig ist[478] (mit der Folge der Formnichtigkeit[479] der allein beurkundeten Vollmacht);[480] dem FA ist dann zudem Anzeige gem. § 18 Abs. 1 Nr. 1 GrEStG zu erstatten.[481]

489 – Im Hinblick auf § 17 Abs. 2a Satz 2 Nr. 1 BeurkG (Hinwirkenspflicht auf die persönliche Abgabe der Willenserklärung des Verbrauchers) ist zu bedenken, dass der den Kaufvertrag beurkundende Notar die Verwendung der Vollmacht zurückweisen wird, wenn an einen Unternehmer verkauft wird (es sei denn, in der Verkaufsvollmacht wird bereits die wirtschaftliche Dereliktion der Immobilie gesehen).

- Dem Vollmachtgeber ist schließlich zu verdeutlichen, dass der Bevollmächtigte, um die Verkaufschancen zu steigern, versucht sein könnte, die Sachmängelrechte des Käufers nicht oder kaum einzuschränken, während eine Verwertung in der Zwangsversteigerung stets »gewährleistungsfrei« erfolgt wäre (§ 56 Satz 3 ZVG), oder sonstige Verkäuferpflichten (zur vorzeitigen Besitzübergabe, zur Tragung der Vertragskosten etc.) zu begründen. Zumindest im mitbeurkundeten Grundverhältnis sollten daher hierzu nähere, über den Verweis auf § 315 BGB hinausgehende, Abreden getroffen werden, z.B. auch hinsichtlich des Mindestverkaufspreises, der Kostentragung, der Verteilung der Erschließungskosten etc. (wobei den Beteiligten verdeutlicht

---

475 Vgl. im Einzelnen *Gutachten* DNotI-Report 2008, 124.
476 Etwa i.H.e. das Darlehen übersteigenden Kaufpreisanspruchs, vgl. *Esser* RNotZ 2005, 69, 96; gegen diese Differenzierung RS 7/2008 der BNotK vom 07.03.2008, da es sonst der Bevollmächtigte in der Hand hätte, durch Vereinbarung eines – zum Nachteil des Grundstückseigentümers – entsprechend niedrigen Kaufpreises sein Handeln erlaubnisfrei zu stellen.
477 *Gutachten* DNotI-Report 2008, 125; offengelassen in BNotK-RS Nr. 7/2008 v. 07.03.2008 Nr. 4.
478 BGH DNotZ 1990, 359 und BGH DNotZ 1991, 374 zur Immobilientreuhand bzw. zu Bauherrenmodellen.
479 Sofern die unterlassene Mitbeurkundung des Auftragsverhältnisses allerdings der Bank zuzurechnen ist, wird sie sich auf den Formmangel (etwa im Hinblick auf die Zusage zum Restschuldenerlass) gem. § 242 BGB nicht berufen können.
480 Vgl. *Schöner/Stöber* Grundbuchrecht Rn. 3537; BayObLG DNotZ 1997, 312; der zustande kommende Kaufvertrag wäre schwebend unwirksam bis zur Erteilung der Zustimmung des Eigentümers bzw. bis zum Vollzug im Grundbuch. Möglicherweise können jedoch nicht beurkundungsbedürftige Verträge (Mietvertrag) schon zuvor wirksam zustande gebracht werden (Umdeutung in eine darin enthaltene, wirksame formfreie Vollmacht).
481 Vgl. Merkblatt über die steuerlichen Beistandspflichten der Notare vom Mai 2006, Teil B Rn. 2.1.6 (www.finanzamt.bayern.de/informationen/steuerinfos/fachthemen/erbschaftsteuer).

werden sollte, dass Regelungen im Auftragsverhältnis, anders als solche in der Vollmacht, die Wirksamkeit eines davon abweichend geschlossenen Vertrages nicht hindern).

ff) Nachweis und Beurkundungsverfahren

Der **Nachweis** über den Bestand der Vollmacht und ihren Inhalt erfolgt bei unterschriftsbeglaubigten Vollmachten durch Vorlage der Urschrift, bei beurkundeten Vollmachten durch Vorlage einer auf seinen Namen lautenden[482] **Ausfertigung** der Notarurkunde bzw. (bei Prozessvergleichen) des gerichtlichen Protokolls,[483] da lediglich die Ausfertigung die Rechtsscheinswirkung der §§ 172, 171 BGB ggü. gutgläubigen[484] Vertragspartnern, auch dem Grundbuchamt,[485] auslöst.[486] Diese Rechtscheinswirkung überwindet auch die als Folge eines Verstoßes gegen das RBerG eintretende Nichtigkeit der Vollmacht, auch im Zusammenhang mit verbundenen Geschäften i.S.d. § 9 VerbrKrG (s. Rdn. 473). Von dieser dem Notar vorzulegenden oder bei ihm verwahrten[487] Ausfertigung ist eine beglaubigte Abschrift zur Urkunde zu fertigen und dem Grundbuchamt mit einzureichen. Eines weiteren Nachweises darüber, dass die Vollmacht bis zum Endvollzug der Urkunde nicht widerrufen wird, bedarf es nicht, zumal der Zeitpunkt der maßgeblichen Urkundsvorlegung gem. § 172 BGB der Moment der Abgabe (§ 130 Abs. 1 BGB) bzw. des Zugangs der Willenserklärung ist (und zwar sowohl hinsichtlich schuldrechtlicher Erklärungen, als auch der Auflassung, und der verfahrensrechtlichen Eintragungsbewilligung).[488] Die Rechtsscheinswirkung des § 172 BGB ist jedoch zerstört, wenn sich erweist, dass die Vollmachtsurkunde dem Bevollmächtigten nicht, wie vom Gesetz verlangt, »ausgehändigt« wurde, sondern z.B. entwendet wurde.[489]

490

Auch hinsichtlich des (Verlusts des) guten Glaubens steht die ganz herrschende Meinung auf dem Standpunkt, dass selbst beim mehraktigen dinglichen Rechtserwerb die nach der dinglichen Einigung (§ 873 Abs. 2 BGB) eintretende Kenntnis von einem Widerruf, oder der Kraftloserklärung der Vollmachtsurkunde nicht mehr schaden kann.[490] Kennt allerdings das Grundbuchamt den zwischenzeitlichen Widerruf[491] bzw. die Kraftloserklärung, soll es nach (fragwürdiger) Auffassung der Rechtsprechung trotz der nach materiellem Recht bei Gutgläubigkeit eingetretenen Bindung

491

---

482 OLG München, 19.05.2008 – 34 Wx 023/08, DNotI-Report 2008, 135; dies wird bedeutsam, wenn mehrere Personen in derselben Urkunde bevollmächtigt wurden (unzutreffenderweise a.A. OLG Köln Rpfleger 2002, 197 m. abl. Anm. *Waldner*, 198 f.).
483 KG, 03.11.2011 – 1 W 495/10 (anstelle der namensbezogenen Ausfertigung ist darauf abzustellen, ob die Ausfertigung im Besitz des Vertreters ist).
484 Der gute Glaube wird gem. BGH, 02.12.2003 – XI ZR 53/02, ZNotP 2004, 195 nicht durch das Kennen bzw. Kennenmüssen der Umstände, aus denen sich der Mangel der Vertretungsmacht ergibt, sondern nur des Fehlens der Vertretungsmacht selbst, zerstört.
485 Hat dieses allerdings aus anderer Quelle, etwa durch Beiziehung der Betreuungsakten, sichere Kenntnis von der Unwirksamkeit der Vollmacht bei Abgabe der Bewilligung, soll es trotz § 172 BGB berechtigt sein, einen neuen Vertretungsnachweis zu verlangen OLG Hamm NotBZ 2004, 397. Dagegen zu Recht krit. *Bous* Rpfleger 2006, 357.
486 Haben in derselben Urkunde mehrere Vollmachtgeber gehandelt, deren einer die Vollmacht widerruft, ist dies auf der Ausfertigung zu vermerken BGH NJW 1990, 25.
487 Es genügt, dass der Dritte Möglichkeit hat, sich davon Kenntnis zu verschaffen, auch wenn er von dieser Möglichkeit keinen Gebrauch macht, OLG Frankfurt am Main, 23.11.2007, RNotZ 2008, 153.
488 Vgl. ausführlich *Bous* Rpfleger 2006, 360.
489 OLG München, 10.09.2009 – 34 Wx 044/09, NotBZ 2009, 490.
490 Vgl. AnwKomm-BGB/*Ackermann* § 173 Rn. 6, 8; Erman/*Palm* BGB § 173 Rn. 4; MünchKomm-BGB/*Schramm* § 173 Rn. 4 f.; Staudinger/*Schilken* BGB § 173 Rn. 8 gegen RGRK/*Steffen* BGB § 173 Rn. 2. Auch die Antragstellung beim Grundbuchamt ist (anders als nach § 892 Abs. 2 BGB) nicht maßgeblich – dass beim gutgläubigen Erwerb vom Nichtberechtigten die Voraussetzungen an sich bis zur Vollendung gegeben sein müssten, liegt am materiell-rechtlichen Erfordernis der Inhaberschaft des Verfügenden bis zum Eintritt der Rechtsänderung.
491 Bei »Unwiderruflichkeit« (also Widerruflichkeit nur aus wichtigem Grund) muss auch der wichtige Grund zur Überzeugung des Grundbuchamtes dargetan sein: OLG München, 17.02.2009 – 34 Wx 091/08, MittBayNot 2010, 129 m. Anm. *Basty*; großzügiger OLG Stuttgart MittBayNot 1997, 370: das Vorliegen eines wichtigen Grundes muss für das Grundbuchamt wahrscheinlich sein.

B. Gestaltung eines Grundstückskaufvertrages

(§§ 172, 873 Abs. 2 BGB) den Antrag zurückweisen können (ähnlich der umstrittenen Berechtigung zur Verhinderung lediglich auf den guten Glauben gem. § 892 BGB gestützten Rechtserwerbs).[492]

492 In keinem Fall genügt die bloße **Verweisung auf die beim Notar verwahrte Urschrift oder die Vorlage einer beglaubigten Abschrift**. Anderes gilt nur dann, wenn dem Bevollmächtigten gem. § 51 Abs. 1 BeurkG ein gesetzlicher Anspruch auf Erteilung einer Ausfertigung zusteht, da dieser Anspruch den Besitz des Ausfertigungsexemplars selbst ersetzt.

▶ Beispiel:

Wird in einem Teilflächenkauf eine Vollmacht zur Erklärung der Auflassung nach Vorliegen des amtlichen Veränderungsnachweises erteilt, braucht bei Beurkundung der Auflassung nicht eine Ausfertigung der Auflassungsvollmacht beigefügt zu werden, sondern es genügt, auf die in der dem Grundbuchamt bereits vorliegenden Stammurkunde enthaltene Vollmacht zu verweisen.

Anders läge es, wenn im Vollmachtstext selbst ihre Wirksamkeit an den tatsächlichen Besitz der Vollmacht[493] oder gar an ihre Vorlage geknüpft wäre; in diesem Fall genügt die bloße Bezugnahme nicht.

493 Die Eingangsformulierung für den typischen Fall des Handelns mit Vollmachtsausfertigung könnte entsprechend dem nachfolgenden Formulierungsvorschlag lauten:

▶ Formulierungsvorschlag: Handeln in Vollmacht

..... hier handelnd nicht eigenen Namens,

sondern aufgrund in Ausfertigung vorgelegter und dieser Urkunde in beglaubigter Abschrift beizufügender Vollmacht für .....

494 Wird in einer Urkunde Vollmacht erteilt (z.B. für die Erklärung und den Vollzug der Auflassung), sollten regelmäßig die folgenden Vollmachtseigenschaften enthalten sein.

▶ Formulierungsvorschlag: Vollmachtseigenschaften

495 ..... befreit von den Beschränkungen des § 181 BGB, über den Tod hinaus und mit dem Recht zur Erteilung von Untervollmacht.

496 Kostenrechtlich wird die dem Original der Urkunde beizufügende (§ 12 Satz 1 BeurkG) beglaubigte Abschrift der Vollmacht nicht berücksichtigt (insb. fällt hierfür keine Beglaubigungsgebühr gem. § 55 KostO an, vgl. § 136 Abs. 1 Nr. 2 Halbs. 2 KostO »für die Akten zurückbehaltene Abschrift«). Da jedoch auch dem Grundbuchamt die Vertretungsnachweise in der Form des § 29 GBO vorzulegen sind, kann hierfür eine Beglaubigungsgebühr gem. § 55 KostO (50ct pro Seite, mindestens 10 €) in Ansatz gebracht werden,[494] für mehrere Grundbuchvorlagen in derselben Angelegenheit (Einreichung für die Vormerkung und erneut für den Endvollzug) allerdings nur einmal. Hinzukommt kommt (sowohl für die beglaubigte Beifügung der Vollmacht zur Urschrift als auch für das Grundbuchamt) die Dokumentenpauschale gem. § 136 Abs. 1 Nr. 1 und Nr. 2 KostO.

b) »Nachgenehmigung«

aa) Person des vollmachtlosen Vertreters

497 Ist keine (wirksame bzw. ausreichende) Vollmacht erteilt oder will der Bevollmächtigte hiervon keinen Gebrauch machen[495] (etwa weil eine im Innenverhältnis erforderliche Abstimmung noch nicht erfolgt ist), kommt ein Handeln durch einen vollmachtlosen Vertreter vorbehaltlich nachträglicher Genehmigung des Vertretenen in Betracht (§§ 177 ff. BGB). Der »falsus procurator« kann

---

492 OLG Hamm, 11.05.2004 – 15 W 163/04, DNotI-Report 2004, 181; dagegen vehement *Bous* Rpfleger 2006, 363 (»Gefährdung der Verkehrsfähigkeit des Rechtsinstituts der Vollmacht«).
493 Formulierungsvorschlag bei *Braun* NotBZ 2009, 492.
494 Vgl. *Ländernotarkasse* NotBZ 2010, 334.
495 So etwa in BGH, 02.10.2009 – V ZR 185/08, MittBayNot 2010, 39 (»wenn der Vertreter eine Erklärung im Namen des Vertretenen ausdrücklich als ›vollmachtlos‹ abgibt«).

ein Dritter, ein an der Urkunde selbst Beteiligter (dann i.R.d. Nachgenehmigung Befreiung von § 181 BGB erforderlich, sofern der vollmachtlose Vertreter »auf anderer Seite« beteiligt ist!) oder ein Mitarbeiter des Notars sein (wobei in letzterem Fall die in Rdn. 1783 geäußerten Bedenken zu berücksichtigen sind).

Tritt ein Vertreter zugleich für mehrere auf verschiedener Vertragsseite stehende Beteiligte auf, muss er durch alle Vertretenen (i.R.d. ihm erteilten Vollmacht) von den Beschränkungen des **§ 181 BGB** befreit sein.[496] War allerdings für alle Beteiligten lediglich ein (derselbe) »Vertreter« vollmachtlos tätig, muss der jeweilige Prinzipal i.R.d. Genehmigung keine Befreiung von § 181 BGB erteilen; der Schutzzweck des § 181 BGB ist im Hinblick auf den bereits abgeschlossenen Vertrag nicht tangiert.[497] War allerdings einer der Beteiligten mit Vertretungsmacht vertreten, muss insoweit Befreiung von § 181 BGB vorliegen, da dieser Prinzipal an die Erklärung bereits gebunden ist, und damit gerade die Interessenkollision vorliegt, die § 181 BGB vermeiden wollte.[498] 498

Wird die Nachgenehmigung ihrerseits nicht durch den Vertretenen selbst, sondern in seinem Namen wiederum durch einen Vertreter erteilt, braucht letzterer nicht selbst von § 181 BGB befreit zu sein – er hätte das Rechtsgeschäft auch unmittelbar für seinen Prinzipal zustande bringen können –, es sei denn die Genehmigung würde sich ausnahmsweise für ihn als In-Sich-Geschäft darstellen.[499] Dass der Vertragsschluss selbst § 181 BGB unterfiel, strahlt auf die Genehmigung, ein tatbestandlich selbstständiges Rechtsgeschäft, nicht aus.[500]) Dies wird etwa bedeutsam, wenn eine Person zugleich für sich selbst bzw. als Vertreter eines Dritten und als vollmachtloser Vertreter für eine Gemeinde gehandelt hat; der diese Erklärungen für die Gemeinde genehmigende Bürgermeister kann nicht von § 181 BGB befreit sein. Gleiches gilt, wenn der (ebenfalls nicht von § 181 BGB befreibare) Insolvenzverwalter[501] mit Wirkung für die Masse einen Kaufvertrag genehmigt, bei dem die andere Partei (z.B. der Käufer) den Gemeinschuldner vollmachtlos mitvertreten hat (oder ein Dritter, etwa Büromitarbeiter, beide Seiten vertreten hat).[502] Eine nachträgliche Genehmigung unter gleichzeitiger Befreiung von § 181 BGB kann weder der Gemeinschuldner noch die Gläubigerversammlung oder das Insolvenzgericht erteilen, sondern allenfalls ein hierfür bestellter Sonderverwalter (§ 56 InsO).[503] 499

bb) Verfahren

Das **Rechtsgeschäft** ist bis zur Erteilung der Genehmigung **schwebend unwirksam** und wird sodann rückwirkend mit dem beurkundeten Inhalt gültig (§ 184 Abs. 2 BGB); über die mit der ausstehenden Genehmigung verbundenen Unsicherheitsfolgen ist zu belehren (s. Rdn. 509).[504] Während der Schwebephase kann der Vertrag aufgrund seiner bedingten Bindungswirkung nur durch Rechtsgeschäft mit dem vollmachtlos Vertretenen selbst, nicht mit dem falsus procurator als solchem, aufgehoben oder geändert werden,[505] selbst wenn der Vertrag dem Vertretenen noch gar 500

---

496 OLG Düsseldorf DB 1999, 578; *Tebben* DNotZ 2005, 173 m.w.N., auch zur Gegenansicht; eingehend *Klepsch/Klepsch* NotBZ 2008, 321.
497 Vgl. *Abicht* RNotZ 2010, 493, 503 m.w.N.
498 LG Saarbrücken MittBayNot 2000, 433; BayObLG MittBayNot 1986, 86; vgl. *Abicht* RNotZ 2010, 493, 503.
499 Da er z.B. selbst an der Urkunde beteiligt war *Baetzgen* RNotZ 2005, 198; *Tebben* DNotZ 2005, 179 gegen *Neumeyer* RNotZ 2001, 265, oder da er die Erklärung der Genehmigung zugleich ggü. sich selbst als Vertreter der anderen Vertragspartei abgibt (Bürgermeister einer vollmachtlos vertretenen Gemeinde, welcher für diese genehmigt, ist zugleich Vorstand des weiteren Vertragspartners, eines Vereins). Vgl. zum Meinungsstand auch *Abicht* RNotZ 2010, 493, 498.
500 Vgl. *Schöner/Stöber* Grundbuchrecht Rn. 3559a.
501 Dem Grunde nach gilt das Verbot des § 181 BGB auch für gesetzliche Vermögensverwalter als Parteien kraft Amtes, vgl. *Reull/Heckschen/Wienberg* Insolvenzrecht in der Kautelarpraxis, S. 85.
502 Wohl h.M., vgl. *Gutachten* des DNotI Nr. 70876 v. 25.09.2006.
503 Vgl. *Klepsch/Klepsch* NotBZ 2008, 326 m.w.N.
504 BGH DNotZ 1997, 62.
505 Arg. aus § 178 Satz 1 BGB, wonach der Vertragspartner nur zum Widerruf berechtigt ist, wenn er den Mangel der Vertretungsmacht nicht kannte (was bei Offenlegung in der notariellen Urkunde gerade nicht der Fall sein kann), vgl. *Gutachten* DNotI-Report 2011, 41 ff.

B. Gestaltung eines Grundstückskaufvertrages

nicht zur Kenntnis gebracht wurde. Der Eingang der Nachgenehmigung ist der Grunderwerbsteuerstelle des FA auf dem Rücksende-Formblatt als Voraussetzung für den Eintritt der Wirksamkeit anzuzeigen. Da es sich bei der Genehmigung um eine einseitige, empfangsbedürftige Willenserklärung handelt, die erst wirksam wird mit Zugang, also sobald sie derart in den Bereich des Empfängers gelangt ist, dass dieser unter normalen Umständen die Möglichkeit der Kenntnisnahme[506] davon hat, sollte der Notar in der Urkunde bevollmächtigt werden, die Genehmigung für alle Beteiligten entgegenzunehmen.

501 Zur **Setzung der Frist** des § 177 Abs. 2 BGB kann der Notar (ohne Verstoß gegen seine Unparteilichkeit)[507] beauftragt werden (Muster Rdn. 511); im Zweifel liegt dieser Auftrag jedoch nicht bereits in dem an ihn gerichteten Ersuchen, die Nachgenehmigung einzuholen.[508] Sind mehrere Beteiligte Vertragspartner des vollmachtlosen Vertreters, müssen an sich alle an der Aufforderung (bzw. dem diesbezüglichen Auftrag an den Notar) mitwirken,[509] sofern sich nicht aus dem Innenverhältnis etwas anderes ergibt (es empfiehlt sich in der Praxis, die diesbezügliche Weisung **eines** Beteiligten genügen zu lassen).

502 Fraglich ist, inwieweit der Genehmigende Verwendungsauflagen im Hinblick auf die Tragung der Kosten etwa dergestalt mit der Genehmigung verknüpfen kann, dass die Genehmigungsurkunde erst dann im Rechtsverkehr eingesetzt werden dürfe, wenn der Erklärungsgegner die dafür angefallenen notariellen Gebühren (Entwurfsfertigung bzw. Unterschriftsbeglaubigung, ggf. Vertretungsnachweisen und Übernahme des Übersendungsauftrages) entrichtet hat. Dies wurde bisher in erster Linie im Zusammenhang mit der Erteilung von WEG-Verwalterzustimmungen diskutiert.[510] Der Notar selbst hat jedenfalls kein Zurückbehaltungsrecht i.S.d. § 10 KostO, erst recht nicht, wenn dieser die Urkunde einem Kollegen zu dessen Vollzug übermittelt.[511] Der zu Unrecht »beauflagte« Notar darf jedoch die »Treuhandanweisung« nicht schlicht ignorieren, sondern hat die Genehmigungsurkunde zurückzusenden bzw. deren Rücksendung anzukündigen, wenn keine »Herabstufung« auf eine bloße Bitte um Zahlungsvermittlung erfolgt.

503 Als »weiche Form der Auflage« hat sich folgendes Übersendungsverfahren bewährt:

▶ **Formulierungsvorschlag: Übersendung einer Genehmigung mit »weicher Treuhandauflage« hinsichtlich der Gebührenbegleichung**

Sehr geehrter Herr Kollege,

anbei erhalten Sie das Original der im Betreff genannten Verwalterzustimmung samt Verwalternachweis.

Ich bin angewiesen, Sie zu bitten, die Urkunden nur zu verwenden, wenn Sie sich in der Lage sehen, die ebenfalls beigefügte Kostenrechnung entweder selbst zu begleichen oder sicherzustellen, dass sie innerhalb 4 Wochen beglichen wird. Selbstverständlich respektiere ich es gerne, wenn Sie die Kosten nicht auslegen oder sicherstellen wollen; bitte schicken Sie die Unterlagen in diesem Fall – zur Arbeitserleichterung gerne auch kommentarlos – an mich zurück. Ich werde die Kosten dann selbst erheben und Ihnen die Zustimmung anschließend wieder übermitteln.

Mit freundlichen kollegialen Grüßen

.....

---

506 Diese Möglichkeit wird auch vermittelt durch Zugang einer (elektronisch) beglaubigten Abschrift, § 39a BeurkG, vgl. *Gutachten* DNotI-Report 2011, 89; materiell-rechtlich bedarf die Genehmigung ja gem. § 182 Abs. 2 BGB keiner besonderen Form.
507 BGH, referiert bei *Brambring* DNotI-Report 1995, 26 ebenso BGH MittBayNot 2001, 407.
508 So richtig OLG Naumburg DNotI-Report 1995, 26 gegen OLG Köln NJW 1995, 1499.
509 BGH, 02.04.2004 – V ZR 107/03, NotBZ 2004, 229.
510 *Gutachten* DNotI-Report 1997, 209; *Wochner* ZNotP 1998, 478; Beschlussfassung der 74. Vertreterversammlung der BNotK BNotK-Intern Ausgabe 2/1997, S. 3 – 5.
511 *Korintenberg/Lappe* KostO 17. Aufl. § 10 KostO Rn. 29; *Ländernotarkasse* NotBZ 2008, 339.

cc) Form

Die Nachgenehmigung bedarf nicht der Form des Geschäfts selbst,[512] allerdings wegen § 29 GBO der notariellen Beglaubigung; bei siegelführenden Körperschaften der Siegelung samt Unterzeichnung (diese begründen ggü. dem Grundbuchamt die Vermutung der Ordnungsgemäßheit der Erklärung, einschließlich der Vertretungsbefugnis des Unterzeichners).[513] Da bei der Unterschriftsbeglaubigung unter einer Nachgenehmigung insb. dann, wenn der Genehmigungsentwurf von einem anderen Notar stammt, nur eingeschränkte[514] Belehrungspflichten hinsichtlich des Vertretergeschäfts selbst gelten (§ 40 Abs. 2 BeurkG: Ermittlung etwaiger Anlässe zur Versagung der Amtstätigkeit), liegt in der systematischen und planmäßigen Beurkundung durch vollmachtlose Vertreter ein Verstoß gegen § 17 Abs. 2a BeurkG, jedenfalls dann, wenn hierdurch der belehrungsbedürftige Beteiligte (z.B. der Käufer bei Bauträgerverträgen) von der Beurkundung ausgeschlossen wird. **Kostenrechtlich** steht die Rechtsprechung überwiegend auf dem Standpunkt,[515] der Notar, der die auswärtige Nachgenehmigung unter Übersendung eines von ihm gefertigten Genehmigungsentwurfs einhole, müsse (zur Vermeidung der Sanktion des § 16 KostO) über die dadurch ausgelösten Mehrkosten belehren, da bei Fertigung des Genehmigungsentwurfs durch den auswärtigen Notar für die erste Beglaubigung gem. § 145 Abs. 1 Satz 4 KostO keine Gebühr angefallen wäre.

504

dd) Wirkung

Die **Genehmigung** erfasst das **Rechtsgeschäft im Ganzen**. Nur wenn der zu genehmigende Vertrag in der Weise teilbar ist, dass bspw. einzelne Vertragsobjekte unter Anpassung des Kaufpreises herausgenommen werden können, und die Veräußerung der verbleibenden Objekte gleichwohl gewollt ist, kann auch die Genehmigung »in Teilen« erfolgen.[516] Die mit einer Auflage versehene Genehmigung gilt als nicht erteilt, sodass der Vertrag nicht wirksam wird.[517] Eine »nachträgliche Vollmachtserteilung« ist dagegen als Genehmigung auszulegen.[518]

505

ee) Verweigerung

Wird die Erteilung der Genehmigung endgültig (und sei es auch mündlich)[519] verweigert oder gilt sie als nicht erteilt wegen fruchtlosen Ablaufs einer Frist gem. § 177 Abs. 2 BGB, können Ansprüche aus §§ 311 Abs. 2, 280 Abs. 1 BGB (Verschulden bei Vertragsverhandlungen) gegen den Vertretenen auf das Vertrauensinteresse bestehen, sofern ihm das (bei formbedürftigen Rechtsgeschäften vorsätzliche)[520] Verschulden des vollmachtlosen Vertreters als seines Verhandlungsgehilfen nach § 278 BGB zuzurechnen ist.

506

Wurde jedoch der **falsus procurator aus eigenem Antrieb** tätig, unterliegt er einer Eigenhaftung aus § 179 Abs. 1 BGB, es sei denn, der Käufer kannte den Mangel der Vertretungsmacht (§ 179

507

---

512 BGH NJW 1994, 1344; § 182 Abs. 2 BGB.
513 Vgl. OLG Düsseldorf MittBayNot 2004, 261.
514 Der BGH, 11.11.2004 – III ZR 63/04, ZNotP 2005, 73 sieht solche allenfalls unter dem Gesichtspunkt der betreuenden Belehrungs- oder Warnpflicht nach § 14 Abs. 1 Satz 2 BNotO zum Schutz vor unerkannten, dem Notar erkennbaren Gefahren (erst recht wenn das Vertretergeschäft nicht von ihm beurkundet wurde BGH DNotZ 1994, 764).
515 OLG Brandenburg, 20.10.2010 – 7 Wx 13/10, ZNotP 2011, 238; vgl. *Wudy* notar 2011, 285, 288.
516 OLG Hamm DNotZ 2002, 266 für einen Unternehmenskaufvertrag (asset deal), bei welchem eines von zahlreichen Grundstücken (mit Einzelausweis des Kaufpreisanteiles) ausgenommen werden sollte.
517 BGH DNotZ 1983, 624.
518 LG Potsdam NotBZ 2004, 38.
519 MünchKomm-BGB/*Schramm* § 177 Rn. 48; DNotI-Gutachten Nr. 65234 v. 30.01.2006.
520 BGH DStR 2001, 802; DNotZ 1997, 624; OLG Rostock DNotI-Report 2003, 117: § 311 Abs. 2 BGB darf nicht einen dem Formerfordernis zuwiderlaufenden indirekten Zwang zum Vertragsschluss bewirken. C.i.c. setzt also bei Grundstückskaufverträgen vorsätzliches pflichtwidriges Verhalten, etwa das Vorspiegeln einer tatsächlich nicht bestehenden Abschlussbereitschaft, voraus, vgl. OLG Celle, 01.12.2011 – 16 U 95/11, ZfIR 2012, 75 (nur Ls.).

Abs. 3 Satz 1 BGB);[521] diese Kenntnis kann sich auch aus den Umständen ergeben.[522] Zu seiner eigenen Absicherung wird der vollmachtlose Vertreter jedoch regelmäßig einen deutlichen Hinweis auf das Fehlen der Vollmacht (bereits im Urkundseingang) aufnehmen lassen. Dem vollmachtlosen Vertreter ist es allerdings gem. § 242 BGB verwehrt, sich auf den Ausschluss seiner Haftung zu berufen, wenn der andere Teil aufgrund besonderer Umstände, insb. entsprechender Erklärungen des Vertreters, auf das Wirksamwerden des Vertrages vertrauen durfte.[523] Behauptet der Vertreter das Vorliegen einer mündlichen Vollmacht und verspricht lediglich, sie in gehöriger Form (§ 29 GBO) nachzureichen, wird bei Fehlen der Vollmacht seine Haftung zu bejahen sein, es sei denn, der Käufer kannte den Mangel oder hätte ihn kennen müssen (vgl. Rdn. 515).

ff) Formulierungen

508　Die Eingangsformulierung bei Beurkundung mit einem vollmachtlosen Vertreter (verbunden mit einem Hinweis auf die schwebende Unwirksamkeit des Geschäftes bis zu deren Erteilung zur Vermeidung ungesicherter Dispositionen der Beteiligten) könnte bspw. lauten:

▶ **Formulierungsvorschlag: Beurkundung mit vollmachtlosem Vertreter mit Hinweis auf die Folgen**

509　..... hier handelnd nicht eigenen Namens,

sondern vorbehaltlich nachträglicher Genehmigung in öffentlich beglaubigter Form für

.....

Der Notar wird auf Kosten des nicht Erschienenen beauftragt und allseits bevollmächtigt, den Entwurf der Nachgenehmigung zu fertigen, diese anzufordern, für alle Beteiligten entgegenzunehmen und den dann zu erteilenden Ausfertigungen beizufügen. Eine Frist gem. § 177 Abs. 2 BGB soll er jedoch erst auf schriftliche Weisung eines Erschienenen stellen. Den Beteiligten ist bekannt, dass bis zur Erteilung der Genehmigung der Vertrag noch schwebend unwirksam ist.

510　Wird der Notar beauftragt, ausdrücklich[524] eine Frist gem. § 177 Abs. 2 BGB zu setzen (Rdn. 500),[525] nach deren Ablauf die Genehmigung als verweigert gilt – es sei denn die erschienene Partei, deren Schutz die Bestimmung gilt, verlängert die Frist einseitig, was ggü. dem Grundbuchamt ggf. in der Form des § 29 GBO zu bestätigen ist – könnte dies etwa (unter gleichzeitiger Verlängerung der gesetzlichen 2-Wochen-Frist[526]) wie folgt formuliert sein:

▶ **Formulierungsvorschlag: Fristsetzung gem. § 177 Abs. 2 BGB**

511　Die erschienene Vertragspartei fordert hiermit die vollmachtlos Vertretenen zur Erklärung über die Genehmigung auf und beauftragt den Notar, diese Aufforderung durch Übersendung einer Kopie des Kaufvertrages bei Einholung der Nachgenehmigung den nicht Erschienenen per Einschreiben/Rückschein zu übermitteln. Den Beteiligten ist bekannt, dass die Genehmigung demnach nur noch gegenüber der auffordernden Partei erklärt werden kann; diese bevollmächtigt den Notar, sie mit Wirkung für alle Beteiligten entgegenzunehmen. Die Ausschlussfrist von 2 Wochen ab Zugang der Aufforderung beim jeweiligen Vertretenen wird verlängert auf eine Frist von ..... Tagen ab Zugang

---

521　Handelt der falsus procurator für einen nicht existierenden Rechtsträger, ist für den Ausschluss seiner Haftung gem. § 179 Abs. 3 BGB nicht zusätzlich erforderlich, dass der Vertragspartner auch Kenntnis von der Nichtexistenz des Vertretenen hat, BGH, 12.11.2008 – VIII ZR 170/07, ZNotP 2009, 64.

522　So großzügigerweise OLG Celle RNotZ 2005, 301 im Fall des Auftretens eines Notarangestellten für den nicht Erschienenen. Auch persönliches Vertrauen wurde nicht in Anspruch genommen.

523　BGHZ 105, 283; BGH, 12.11.2008 – VIII ZR 170/07, ZNotP 2009, 64.

524　Die Aufforderung zur Genehmigung i.S.d. § 177 Abs. 2 BGB muss deutlich und klar auf diesen Charakter hinweisen, OLG Hamm, 08.08.2011 – I-5 U 46/11, JurionRS 2011, 25455.

525　Gem. OLG Zweibrücken NotBZ 2002, 111 braucht die Aufforderung nach § 177 Abs. 2 BGB nicht mit einem Hinweis auf die gesetzliche 2-Wochen-Frist verbunden zu werden.

526　Eine solche Verlängerung kann im Lichte des § 308 Nr. 1 BGB bedenklich sein, wenn der Verbraucher bereits gebunden ist, jedoch der Unternehmer eine unangemessen lange Nachgenehmigungsprüfungsfrist hat, ähnlich überlangen Angebotsbindungszeiten, vgl. Rdn. 1975 f.

der Aufforderung. Nach deren fruchtlosem Ablauf ist der Vertrag gescheitert, da die Genehmigung als verweigert gilt, es sei denn die erschienene Vertragspartei hätte vorher die Erklärungsfrist einseitig weiter verlängert; dies hat sie ggf. in der Form des § 29 GBO zu bestätigen.

Maßgeblich für die Einhaltung der Frist ist der Eingang der Genehmigung in grundbuchtauglicher Form und auflagenfrei beim amtierenden Notar. Dieser wird ermächtigt, durch Eigenurkunde die Einhaltung der Frist festzustellen.

Den anderen Beteiligten ist bekannt, dass vertragliche (Schadensersatz-)ansprüche mangels wirksamer Vertragsgrundlage bei Nichterteilung der Genehmigung nicht geltend gemacht werden können, etwaige Ansprüche aus Verschulden bei Vertragsverhandlungen jedoch unberührt bleiben.

Wenn ausnahmsweise ein Hauptbeteiligter, der besonders belehrungsbedürftig erscheint, an einer Beurkundung nicht teilnehmen kann, ist dies im Einzelfall unter folgenden Kautelen, die in die Urkunde aufgenommen werden und in dem Nachgenehmigungsentwurf durch den Beteiligten bestätigt werden sollen, denkbar: 512

▶ Formulierungsvorschlag: Fehlen eines Hauptbeteiligten bei der Beurkundung

..... hier handelnd 513
(a) eigenen Namens sowie
(b) vorbehaltlich nachträglicher Genehmigung, mit deren Einholung unter Entwurfsfertigung und Entgegennahme für alle Beteiligten der amtierende Notar auf Kosten des Erschienenen beauftragt und bevollmächtigt wird – mit der Setzung der Frist des § 177 Abs. 2 BGB jedoch nur aufgrund schriftlicher Weisung durch einen Erschienenen –, für den Käufer, ...

Der amtierende Notar erläutert hierzu, dass an sich die in dieser Urkunde enthaltenen Erklärungen und Belehrungen unmittelbar auch dem Käufer gegenüber abzugeben sind und daher dringend erwünscht und in § 17 Abs. 2a BeurkG vorgesehen sei, dass dieser oder eine Person seines Vertrauens bei der Beurkundung anwesend ist. Der Erschienene erklärt, die Abwesenheit des Käufers beruhe auf dessen eigenem Wunsch. Dieser habe Teilungserklärung und Entwurf des Kaufvertrages vor mehr als 14 Tagen erhalten und geprüft sowie etwaige Änderungswünsche mitgeteilt. Auch das Objekt selbst sei dem Käufer bekannt. Aus Zeitgründen wolle der Käufer den auf der Grundlage des Entwurfes zu schließenden Kaufvertrag lediglich nachgenehmigen. *[Der Notar hat vorab hierzu eine Faxbestätigung des vollmachtlos Vertretenen eingeholt].*

Wenn irgend möglich, sollten die Erklärungen zu § 17 Abs. 2a Satz 2 BeurkG im Wege der Vorabanfrage beim später vollmachtlos Vertretenen unmittelbar verifiziert werden, etwa durch ein Schreiben samt Rückantwort folgenden Inhalts: 514

▶ Formulierungsvorschlag: Anfrage und Einverständniserklärung gemäß § 17 Abs. 2a Satz 2 BeurkG

Sehr geehrte .....,

der Termin zur Beurkundung des Kaufvertrags mit ..... ist für ....., ... Uhr, angesetzt. Mir wurde mitgeteilt, dass Sie an dieser Beurkundungsverhandlung nicht persönlich teilnehmen wollen.

Zur Wahrung Ihrer Interessen, zur unmittelbaren Mitwirkung bei möglichen Verhandlungen noch im Beurkundungstermin und zur unmittelbaren Klärung offener Fragen, ebenso zur umfassenden Erläuterung der Vereinbarungen ist eine persönliche Präsenz im Beurkundungstermin stets empfehlenswert; der Notar soll zudem bei Verträgen zwischen einem Verbraucher und einem Unternehmer (wie hier vorliegend) gemäß § 17 Abs. 2a Satz 2 Nr. 1 BeurkG darauf hinwirken, dass die Erklärungen des Verbrauchers durch ihn persönlich oder durch eine Person seines Vertrauens abgegeben werden.

Um sicherzustellen, dass der Zweck des Gesetzes nicht verfehlt wird, bitte ich Sie, beigefügte Einverständniserklärung – sofern zutreffend – zu ergänzen und an mich zurückzusenden.

B. Gestaltung eines Grundstückskaufvertrages

Anhang:

Einverständniserklärung

Ungeachtet der Empfehlung des Notars und der Vorschrift des § 17 Abs. 2a Satz 2 Nr. 1 BeurkG, wonach die Erklärungen eines Verbrauchers, wenn er mit einem Unternehmer einen Vertrag schließt, durch ihn persönlich oder durch eine Person seines Vertrauens abgegeben werden sollen, wünsche ich, der Unterzeichner, bei der Beurkundung des Kaufvertrags über das Objekt ..... nicht persönlich anwesend zu sein, sondern bin mit meiner vollmachtlosen Vertretung einverstanden.

Ich bitte sodann um Übersendung des beurkundeten Textes samt Entwurf für die von mir zu erteilende Nachgenehmigung.

Für etwaige Rückfragen, die während des Beurkundungstermins notwendig werden, bin ich voraussichtlich unter Telefonnummer ..... erreichbar.

Die persönliche Anwesenheit kommt nicht in Betracht, weil (*Angabe des Grundes, z.B.: Krankenhausaufenthalt, Kuraufenthalt, räumliche Entfernung und erschwerte Anreise etc.*)

Über die rechtliche und wirtschaftliche Tragweite des Rechtsgeschäfts bin ich informiert, weil (*Angabe des Grundes, z.B.: da ich selbst ausreichend rechtskundig bin/da ich Herrn Rechtsanwalt/Notar ..... konsultiert habe, der mich umfassend informiert hat/da ich mit dem beurkundenden Notar telefonisch am ..... noch offene Fragen erörtert habe*).

Ich erkläre gegenüber dem Notar und dem (vollmachtlosen) Vertreter, die Notarkosten zu übernehmen, welche durch die in meinem Namen abgegebenen Erklärungen ausgelöst werden (§§ 3 Nr. 2, 141 KostO), selbst wenn ich die Urkunde nicht nachgenehmigen sollte.

Ort, Datum   Unterschrift

gg) Mündliche Vollmacht

515 **Kein Fall der vollmachtlosen Vertretung** liegt vor, wenn ein Erschienener erklärt, aufgrund **mündlicher oder privatschriftlicher Vollmacht** für einen materiell Beteiligten zu handeln (vorausgesetzt, die nicht der Form des § 311b Abs. 1 Satz 1 BGB genügende Vollmacht ist gem. § 167 Abs. 2 BGB materiell wirksam, d.h. es liegt keine Vorwegnahme einer Grundstücksübertragung vor). In diesem Fall ist nämlich die materielle Bindung bereits eingetreten. Das Rechtsgeschäft kann allerdings grundbuchlich nur vollzogen (also auch eine Vormerkung zur Sicherung des Anspruchs nur eingetragen) werden, wenn das Bestehen der Vollmacht in notariell beglaubigter Form nachgewiesen wird. Wird diese Vollmachtsbestätigung nicht beigebracht, obwohl die mündliche Vollmacht erteilt worden war, liegt ein Fall der Nichterfüllung vor, der zu Schadensersatz statt der ganzen Leistung berechtigt. Wurde das Bestehen einer mündlichen Vollmacht fälschlich behauptet, haftet der falsus procurator selbst gem. § 179 BGB, sofern nicht der andere Beteiligte den Mangel der Vertretungsmacht kannte.

c) Gesetzliche Vertretung natürlicher Personen

aa) Minderjährige

(1) Vertretung durch die Eltern

516 **Minderjährige Kinder** stehen unter der Personen- und Vermögenssorge **beider Eltern** und werden daher durch diese gemeinschaftlich vertreten (§ 1629 Abs. 1 Satz 2 BGB); zur internationalrechtlichen Anknüpfung vgl. Rdn. 645. Bei der Prüfung der wirksamen gesetzlichen Vertretung des Kindes durch die Eltern treffen den Notar an sich die gleichen Prüfungspflichten wie in anderen Fällen der gesetzlichen Vertretung (§§ 12, 17 BeurkG). Im vorgenannten Normalfall kann er sich auf eine Plausibilitätsprüfung dahin gehend beschränken, ob die erschienenen Personen tatsächlich

Eltern des betreffenden Kindes sein können; die Vorlage entsprechender Auszüge aus dem Familien-Stammbuch dürfte allenfalls bei Namensverschiedenheit angezeigt sein.[527]

Erscheint nur ein Elternteil und erklärt, gesetzlich zur alleinigen Vertretung des Kindes berechtigt zu sein, wird der Notar hierzu weitere Nachweise verlangen (z.B. Sterbeurkunde des anderen Elternteils, Scheidungsurteil, Nachweis über ein Ruhen des elterlichen Sorgerechtes des anderen Teils gem. §§ 1673 bis 1675 BGB, Urteil zur Übertragung des Sorgerechtes bei getrennt lebenden Eltern gem. § 620 Abs. 1 Nr. 1 ZPO, Nachweis über die Übertragung des Sorgerechtes auf einen Elternteil durch das FamG, § 1628 BGB, Anordnungen gem. § 1638 BGB durch das Gericht, angeordneter Ausschluss eines Elternteils bzgl. geerbten oder geschenkten Vermögens nach § 1638 Abs. 3 BGB).[528] Fehlt es nämlich tatsächlich an der Vertretungsmacht, ist auch kein gutgläubiger Erwerb möglich, da § 892 BGB nur den guten Glauben an das Eigentum, teilweise auch das Fehlen von Verfügungsbeschränkungen, nicht aber an die Vertretungsmacht schützt. 517

Das **nichteheliche minderjährige Kind** wird regelmäßig durch die Mutter allein vertreten (§ 1705 Satz 1 BGB), sofern diese nicht minderjährig ist (dann Amtsvormundschaft des Jugendamtes, § 1673 Abs. 2 BGB). Ein Nachweis darüber, dass nicht ausnahmsweise durch Sorgerechtserklärung der Mutter **gemeinsames Sorgerecht** mit dem Vater begründet wurde, § 1626a BGB, wird regelmäßig nicht verlangt werden können; ggf. ist hierzu eine Auskunft des Jugendamtes nach § 58a SGB VIII erforderlich, bei dem diese (ebenfalls notariell zu beurkundenden!) Sorgerechtserklärungen anzuzeigen sind. 518

(2) Handeln des Kindes mit Genehmigung der Eltern

Handelt das beschränkt geschäftsfähige, also mindestens 7 Jahre alte, Kind selbst, ohne dass ein lediglich rechtlich vorteilhaftes Geschäft (s. nachstehend Rdn. 524 ff.) vorliegt, bedarf es hierfür der vorherigen oder nachträglichen Zustimmung der Eltern bzw. des sorgeberechtigten Elternteils (nach h.M.[529] ist auch rechtsgeschäftliche Spezialvollmacht, jedoch keine Generalvollmacht, zur Wahrnehmung von Sorgerechtsangelegenheiten möglich). Die vorherige Zustimmung (= Einwilligung) des gesetzlichen Vertreters, eine empfangsbedürftige Willenserklärung, kann bis zur Vornahme des Rechtsgeschäfts selbst frei widerrufen werden. Die Einwilligung kann sowohl dem Minderjährigen ggü. als auch dem Dritten ggü. widerrufen werden, § 183 BGB. 519

Gem. § 108 Abs. 2 BGB kann, sofern keine vorherige Einwilligung vorliegt, der andere Vertragsteil den Schwebezustand (vergleichbar § 1829 Abs. 2 BGB, vgl. Rdn. 1627) beenden, indem er den Vertreter des Minderjährigen zur Erklärung über die Genehmigung auffordert. In diesem Fall wird die bereits dem Minderjährigen ggü. erteilte oder verweigerte Genehmigung unwirksam, sodass auch ein eigentlich bereits beendeter Schwebezustand rückwirkend wieder auflebt. Zugleich wird hierdurch eine (durch Erklärung des Vertragspartners verlängerbare) 2-Wochen-Frist in Gang gesetzt, nach deren fruchtlosem Ablauf die Genehmigung als verweigert gilt. Eine Notwendigkeit, diese Frist kautelarjuristisch zu verlängern (vgl. Rdn. 1659 für die Frist zur Erklärung der familiengerichtlichen Genehmigung), besteht nicht. 520

Wird ein einseitiges Rechtsgeschäft ohne vorherige Einwilligung des gesetzlichen Vertreters vorgenommen, ist es gem. § 111 Satz 1 BGB endgültig unwirksam. Bei empfangsbedürftigen Willenserklärungen wendet die herrschende Meinung allerdings § 180 Satz 2, 2. Alt., BGB analog an, sofern der Geschäftsgegner mit der Vornahme des Geschäfts ohne die erforderliche Einwilligung einverstanden ist, sodass die §§ 108, 109 BGB unmittelbar gelten und das einseitige Rechtsgeschäft mithin lediglich schwebend unwirksam ist bis zur Erteilung der Genehmigung durch den gesetzlichen Vertreter, möglicherweise auch des Gerichts. 521

---

527 Möglicherweise strenger *Kölmel* RNotZ 2010, 1, 10.
528 Beispiel: OLG Karlsruhe RNotZ 2004, 267.
529 *Gutachten* DNotI-Report 2010, 203, 204.

B. Gestaltung eines Grundstückskaufvertrages

(3) Vormundschaft

522 **Minderjährige**, die **nicht unter elterlicher Sorge** stehen, werden durch einen **Vormund** vertreten (der wohl auch – analog § 1776 BGB – durch Benennung für den Fall des lebzeitigen Ausfalls, nicht nur durch Testament für den Fall des Versterbens, bestimmt werden kann[530]); hinsichtlich des Ausschlusses gelten gem. §§ 1795, 181 BGB die obigen Grundsätze. Ein **Ergänzungspfleger** (Rdn. 537 ff.) ist für einen Minderjährigen zu bestellen, wenn die gesetzlich sorgeberechtigten Eltern an der Vertretung des Minderjährigen (z.B. wegen eigener Befassung) verhindert sind. Für Volljährige, die aufgrund einer psychischen Krankheit oder körperlicher, geistiger oder seelischer Behinderung an der Besorgung ihrer Angelegenheiten gehindert sind, kann auf Antrag oder von Amts wegen ein Betreuer bestellt werden, sofern nicht durch eine Vorsorgevollmacht (§ 1896 Abs. 2 BGB) Hilfe sichergestellt ist.

523 ▶ Hinweis:

Alle vorgenannten Personen (Vormund, Gegenvormund, Pfleger, Betreuer sowie Ergänzungsbetreuer für den Fall, dass es um ein Rechtsgeschäft zwischen Betreuer und Betreutem geht) haben sich durch ihre **Bestellungsurkunde** auszuweisen, die in beglaubigter Abschrift beizufügen ist, und aus der sich auch der Umfang ihres Wirkungs- bzw. Aufgabenkreises ergibt.[531] Sofern das Jugendamt als Amtsvormund handelt, erstellt es hierüber selbst eine Amtsbescheinigung.

(4) Lediglich rechtlich vorteilhaftes Geschäft

524 Das beschränkt geschäftsfähige Kind kann selbst handeln bei allen Vorgängen, die ihm einen lediglich rechtlichen Vorteil i.S.d. § 107 BGB vermitteln.[532] Dies hat der Notar nach den bekannten Grundsätzen des allgemeinen Teils des BGB zu prüfen:

Übersicht: lediglich rechtlich vorteilhafte Gestaltungen
- der Vorbehalt[533] eines Nießbrauchs oder Wohnungsrechts, sofern der Eigentümer nicht zum Aufwendungs- und Kostenersatz gem. §§ 1049, 667 ff. BGB verpflichtet ist;[534] rechtlich nachteilhaft ist der Nießbrauch auch, wenn der Nießbraucher abweichend von §§ 1042 Satz 2, 1047 BGB auch die außerordentlichen Ausbesserungen und Grundstückslasten trägt (»Nettonießbrauch«[535]),
- der Vorbehalt der Beleihungsmöglichkeit durch den Veräußerer,
- die Übernahme dinglicher Belastungen ohne Verbindlichkeiten[536] (s. aber Rdn. 1620) – anders also im Fall einer Reallast wegen der persönlichen Haftung während der eigenen Eigentumszeit aus § 1108 BGB,
- die Übernahme von Dienstbarkeiten, sofern nicht dem Grundstückseigentümer die Unterhaltung einer Anlage unterliegt mit der reallastähnlichen Haftung des §§ 1021 Abs. 3, 1108 Abs. 1 BGB,[537]
- die Übernahme dinglicher Vorkaufsrechte oder vorgemerkter Wiederkaufsrechte,[538]

---

530 *Gutachten* DNotI-Report 2010, 203, 206.
531 Vgl. etwa für den Betreuer § 290 FamFG.
532 Ausführlich *Kölmel* RNotZ 2010, 618 ff. Tabellarische Übersicht, auch zum Erfordernis familiengerichtlicher Genehmigung, bei *Rupp* notar 2011, 300 ff.
533 Vgl. BGHZ 161, 70; jeweils gleichgültig ob der Nießbrauch noch vom Veräußerer bestellt wird oder ob der Erwerber sich im Erwerbsvertrag zu dessen Bestellung verpflichtet, vgl. *Krüger* ZNotP 2006, 205 und *Kölmel* RNotZ 2010, 618, 642 f.
534 Großzügiger *Böttcher* Rpfleger 2006, 296: da der Eigentümer nur nach GoA-Vorschriften (§§ 1049, 677 ff. BGB) hafte, müsse er nur für objektiv gebotene Verwendungen aufkommen; zum Streitstand insgesamt *Kölmel* RNotZ 2010, 618, 638 ff. Bei dinglichem Ausschluss der Verwendungsersatzpflicht bleibt die rechtliche Vorteilhaftigkeit erhalten.
535 Vgl. im Einzelnen *Krauß* Vermögensnachfolge in der Praxis Rn. 1171.
536 Jedenfalls wenn die Zwangsvollstreckungsunterwerfung bereits in der Grundpfandrechtsurkunde enthalten war, vgl. BGH DNotZ 2005, 549; in der Übernahme des lediglich dinglichen (wenngleich valutierten) Rechtes liegt auch kein familiengerichtlich genehmigungspflichtiger »entgeltlicher Erwerb«, vgl. *Gutachten* DNotI-Report 2005, 195.
537 Es sei denn die persönliche Haftung wäre durch Vereinbarung ausgeschlossen und diese Inhaltsänderung im Grundbuch eingetragen, vgl. *Böhringer* BWNotZ 2006, 120.
538 *Rastätter* BWNotZ 2006, 6; *Klüsener* Rpfleger 1981, 261.

- die Anordnung der Ausgleichspflicht nach § 2050 Abs. 3 BGB[539] sowie
- nach (vereinzelt bestrittener[540]) überwiegender Auffassung auch die Vereinbarung eines Rückforderungsvorbehalts bei Beschränkung der Haftung des Minderjährigen auf das Objekt analog § 818 Abs. 3 BGB (»Bereicherung«),[541] sowie
- die allgemeine, durch das Innehaben des Eigentums begründete Verpflichtung zur Tragung jedenfalls der wiederkehrenden[542] öffentlich-rechtlichen Grundstückslasten,[543]
- die durch das Rechtsgeschäft als solche ausgelöste Pflicht zur Tragung der Notar- und Gerichtskosten sowie der Grunderwerb- bzw. Schenkungsteuer[544]

stehen der lediglich rechtlich vorteilhaften Natur einer Zuwendung nicht entgegen,[545] allerdings:

Übersicht: rechtlich nachteilhafte Gestaltungen 525
- die Überlassung eines vermieteten Objekts,[546] auch wenn Vermieter zunächst der Veräußerer bleibt, aufgrund vorbehaltenen Nießbrauches,[547]
- und die Übertragung einer Eigentumswohnung, und zwar jedenfalls seit 01.07.2007 in jedem Fall[548] (als Folge der in § 10 Abs. 8 WEG geschaffenen, im Außenverhältnis unbeschränkbaren, primären, akzessorischen, anteiligen Haftung für die Verbindlichkeiten eines Dritten, des Verbandes der Wohnungseigentümer sowie möglicherweise auch als Folge der Wirkung nicht im Grundbuch eingetragener Beschlüsse gegen den Rechtsnachfolger gem. § 10 Abs. 4 WEG, v.a. wenn eine Öffnungsklausel vereinbarungs- und gesetzesändernde Beschlüsse ermöglicht) – zuvor jedenfalls wenn die Gemeinschaftsordnung vom dispositiven Recht des WEG nachteilig abweicht[549] bzw. beim Eintritt in einen Verwaltervertrag,[550]
- die Übernahme einer Reallast wegen der in § 1108 BGB enthaltenen persönlichen Haftung des jeweiligen Eigentümers, sofern diese nicht dinglich abbedungen wurde,
- auch die vom Veräußerer rechtzeitig angeordnete Anrechnung auf den künftigen Pflichtteil (§ 2315 BGB) soll – wegen ihrer Vergleichbarkeit zum beschränkten Pflichtteilsverzicht – nach

---

539 BGHZ 15, 168; vgl. im Einzelnen *Krauß* Vermögensnachfolge in der Praxis Rn. 1621 ff.
540 *Böttcher* Rpfleger 2006, 297: jede schuldrechtliche Rückübereignungspflicht bedarf als per se nachteilhaftes Geschäft der Genehmigung; die bewilligte Vormerkung kann mangels hinreichender Grundlage nicht einmal zur Sicherung eines möglichen künftigen (nach Genehmigung entstehenden, bedingten) Anspruchs aufrechterhalten werden.
541 BayObLG ZEV 2004, 340: Schädlich sind also insb. vertragliche Regelungen zu den Rückforderungsfolgen, die zu einer Wertersatz- oder Schadensersatzzahlung oder auch nur zur Tragung der Rückauflassungskosten aus dem sonstigen Vermögen führen können, vgl. *Krauß* Vermögensnachfolge in der Praxis Rn. 1956.
542 Für Erschließungslasten noch offen; die latente allgemeine Beitragspflichtigkeit führt jedenfalls nicht zum rechtlichen Nachteil, sondern nur bei konkret erkennbaren Beitragslasten; Gleiches dürfte gelten für die allgemeine »Polizeipflichtigkeit« sowie die allgemeine Verkehrssicherungspflicht, vgl. *Kölmel* RNotZ 2010, 618, 633 ff.
543 Die Lit. argumentiert, diese Lasten träfen den Minderjährigen nicht aufgrund des Rechtsgeschäftes, sondern kraft öffentlichen Rechtes; der BGH, 25.11.2004, NJW 2005, 415 und BGH, 03.02.2005, NJW 2005, 1430 reduziert § 107 BGB teleologisch, da diese typischerweise aus den Erträgen zu deckenden Leistungen gemeinhin nicht als Rechtsnachteil angesehen würden; vgl. *Führ/Menzel* JR 2005, 418. vgl. im Einzelnen *Kölmel* RNotZ 2010, 618, 627 ff.
544 Vgl. *Kölmel* RNotZ 2010, 618, 630 ff.
545 Vgl. BayObLGZ 1979, 54; OLG Köln, MittBayNot 1998, 106.
546 OLG Oldenburg NJW-RR 1988, 839.
547 BayObLG ZNotP 2003, 307 und BGH, 03.02.2005 – V ZB 44/04, ZNotP 2005, 227 m. insoweit zust. Anm. *Feller* MittBayNot 2005, 415 (wegen des bei Beendigung des Nießbrauches potenziell stattfindenden Übergangs des Mietverhältnisses auf den Erwerber. Zu Recht krit. hierzu *Fembacher* DNotZ 2005, 629: es handelt sich um die lediglich theoretische Möglichkeit einer künftigen Belastung, außerdem könnte auch bei der – nach BGH unentgeltlich bleibenden – Überlassung eines grundpfandrechtlich belasteten Grundstücks dem minderjährigen Erwerber durch die Zwangsverwaltung (§ 866 Abs. 1 ZPO) die »Vermietung wider Willen« drohen (§ 152 Abs. 1 ZVG).
548 BGH, 30.09.2010 – V ZB 206/10, NotBZ 2011, 94 m. Anm. *Krauß; Elzer* ZfIR 2011, 28; zuvor schon OLG München, 06.03.2008 – 34 Wx 14/08, NotBZ 2008, 161.
549 BGHZ 78, 32.
550 OLG Hamm Rpfleger 2000, 449, BayObLG 2003, 473.

herrschender,[551] allerdings bestrittener[552] Ansicht ebenfalls die lediglich rechtliche Vorteilhaftigkeit beseitigen,
- das tatsächliche Bestehen rückständiger Grundstückslasten (etwa bereits veranlagter Erschließungskosten) dürfte ebenfalls die rechtliche Nachteilhaftigkeit bedingen, sofern keine Ablösungsvereinbarung geschlossen wird und andere (etwa die Eltern) die Zahlungsverpflichtungen unter Freistellung des Minderjährigen übernehmen,
- rechtlich nachteilhaft wäre auch die nachträgliche[553] Eintragung solcher Rechte, die bei Vorbehalt i.R.d. Übertragung selbst lediglich den Umfang der Schenkung mindern würden (etwa des für den Eigentümer leistungsfreien Nießbrauchs). Daher sollten Umschreibungsantrag und Antrag auf Eintragung beschränkt dinglicher Rechte zugunsten des Veräußerers gem. § 16 Abs. 2 GBO verbunden sein (die Rechtsprechung nimmt eine solche Verbindung, allerdings zum Schutz des Veräußerers vor der Eintragung störender »Zwischenrechte«, ohnehin an[554]).

526 Bei der Bestellung oder Übertragung eines **Erbbaurechtes** zugunsten eines bzw. an einen Minderjährigen ist zu differenzieren: der notwendige (»gesetzliche«) dingliche Inhalt beeinträchtigt die rechtliche Vorteilhaftigkeit einer Schenkung nicht. Hinsichtlich des fakultativen dinglichen Rechtsinhalts (§ 2 ErbbauRG) führen Errichtungspflichten (a.a.O. Nr. 1), Unterhaltungs- und Wiederaufbaupflichten (Nr. 2) und Vertragsstrafen (Nr. 5) zu einer Nachteilhaftigkeit des Erfüllungsgeschäftes,[555] die auch für das Grundbuchamt relevant ist, während lediglich schuldrechtliche Pflichten von vornherein lediglich das Verpflichtungsgeschäft betreffen (dort also ebenfalls § 107 BGB ausschließen, aber außerhalb des Prüfungsumfangs des Grundbuchamtes).

527 Wird ein **Nießbrauch zugunsten eines Minderjährigen** mit dem gesetzlichen Inhalt bestellt, enthalten bereits §§ 1036 Abs. 2, 1041 BGB (Unterhaltungspflicht), § 1045 BGB (Versicherungspflicht) und § 1047 BGB (Pflicht zur Tragung der laufenden Lasten und Kosten) für rechtliche Nachteile des Erfüllungsgeschäftes. Mit dinglicher Wirkung (»Bruttonießbrauch«,[556]) können zwar letztere Pflichten abbedungen werden, von der Unterhaltungspflicht, die dem Nießbrauch wesensimmanent ist, kann aber nur schuldrechtliche Freistellung erfolgen, sodass die herrschende Meinung die Zuwendung eines Nießbrauchs stets als dinglich rechtlich nachteilhaft wertet.[557] Gleiches gilt für die Zuwendung eines **Wohnungsrechtes** aufgrund der dinglich nicht ausschließbaren Unterhaltungspflicht, § 1093 Satz 2 i.V.m. § 1041 BGB. Einer gerichtlichen Genehmigung bedarf jedoch allenfalls das schuldrechtliche Geschäft, also nicht der grundbuchliche dingliche Vollzug,[558] Rdn. 1613.

528 Die Bestellung einer **Grunddienstbarkeit** zugunsten eines Minderjährigen kann zu einem rechtlichen Nachteil führen, wenn den Berechtigten eine Pflicht zur Unterhaltung der Anlage auf dem fremden Grundstück trifft (§ 1021 Abs. 1 Satz 2 BGB mit Verweisung auf die Reallastvorschriften), ebenso aus der Unterhaltungspflicht gem. § 1020 Satz 2 BGB. Gleiches gilt für beschränkt persönliche Dienstbarkeiten aufgrund der Verweisung in § 1090 Satz 2 BGB. Lediglich rechtlich vorteilhaft sind dagegen die Bestellung eines Vorkaufrechtes sowie von Grundpfandrechten zugunsten eines Minderjährigen.[559]

---

551 *Mayer* Übergabevertrag Rn. 145 m.w.N.; Staudinger/*Haas* BGB (1998) § 2315 Rn. 31; vgl. im Einzelnen *Krauß* Vermögensnachfolge in der Praxis Rn. 1671.
552 OLG Dresden MittBayNot 1996, 291; zustimmend *Everts* Rpfleger 2005, 180 f.: keine Vergleichbarkeit mit dem vertraglichen Pflichtteilsverzicht; Bedeutungslosigkeit bloßer »Pflichtteilserwartungen«.
553 *Krüger* ZNotP 2006, 205 plädiert dagegen dafür, der »logischen Sekunde« des abstrakt unbelasteten Eigentums kein rechtliches Gewicht beizumessen, also den vorbehaltenen und den eingeräumten Nießbrauch gleich zu behandeln.
554 Vgl. BayObLG DNotZ 1977, 367; OLG Hamm DNotZ 1973, 615; OLG München Rpfleger 2006, 68; krit. hierzu *Bestelmeyer* Rpfleger 2006, 318: Verwechslung von materiellrechtlicher Rangeinigung gem. § 879 Abs. 3 BGB und verfahrensrechtlicher Rangbestimmung gem. § 45 Abs. 3 GBO.
555 Vgl. im Einzelnen *Kölmel* RNotZ 2011, 332, 336 f.
556 Vgl. *Krauß* Vermögensnachfolge in der Praxis Rn. 1160.
557 Vgl. *Kölmel* RNotZ 2011, 332, 338.
558 OLG München, 08.02.2011 – 34 Wx 40/11, ZEV 2011, 267 (für den Nießbrauch).
559 Vgl. *Kölmel* RNotZ 2011, 332, 340; die Pflicht zur späteren Abgabe einer Löschungsbewilligung etc bleiben als wirtschaftlich unbedeutend außer Betracht.

Bei lediglich dinglich nachteilhaften[560] Schenkungen des gesetzlichen Vertreters – etwa bei der Schenkung einer Kommanditbeteiligung oder von Wohnungs- oder vermietetem Eigentum –[561] legte der BGH bisher eine **Gesamtbetrachtung** aus schuldrechtlichem und dinglichem Vertrag zugrunde,[562] um dem Dilemma zu entgehen, dass die schlichte Erfüllung eines wirksamen Verpflichtungsgeschäfts, möge sie auch für sich gesehen rechtlich nachteilig sein, sonst gem. §§ 1629 Abs. 2 Satz 1, 1795 Abs. 1 Nr. 1 Halbs. 2, Abs. 2, 181 Halbs. 2 BGB keinen Vertretungsausschluss zur Folge hätte. Bei der Erfüllung einer Verbindlichkeit kann es sich sowohl um eine solche handeln, die der Minderjährige zu erfüllen hat, als auch um solche, die ggü. dem Minderjährigen zu erfüllen sind[563] (z.B. die Annahme und Erfüllung[564] eines zu seinen Gunsten angeordneten Vermächtnisses[565]).

529

Dogmatisch sauberer wäre es, wie bereits früh in der Literatur gefordert[566] und möglicherweise nun auch vom BGH geteilt,[567] unter Wahrung des Trennungsprinzips die in § 1795 Abs. 1 Nr. 1, letzter Halbs. BGB geregelte Ausnahme vom Vertretungsverbot teleologisch zu reduzieren auf solche Fälle, in denen das in der Erfüllung einer Verbindlichkeit bestehende Rechtsgeschäft über den Erfüllungserfolg hinaus nicht zu weiteren rechtlichen Nachteilen für den Vertretenen führt. Solange der BGH die Gesamtbetrachtungslehre nicht insgesamt aufgegeben hat, sollte der Notar vorsichtigerweise hinsichtlich der Einholung von Genehmigungen und bei der Regelung der Fälligkeitsvoraussetzungen davon ausgehen, dass die rechtliche Nachteilhaftigkeit des Verfügungsgeschäfts auch die Nachteilhaftigkeit des Verpflichtungsgeschäfts zur Folge hat.

530

Ist hingegen – wie häufig – bereits das schuldrechtliche Grundgeschäft rechtlich nachteilhaft (etwa wegen darin enthaltener Rücktrittsregelungen, die nicht lediglich bereicherungsrechtlichen Abwicklungscharakter haben) und mangels Genehmigung durch Pfleger und Gericht noch schwebend unwirksam, allerdings das dingliche Geschäft unter Beachtung des Abstraktionsprinzips lediglich rechtlich vorteilhaft und demnach genehmigungsfrei wirksam, könnte der Grundbuchvollzug (sofern nicht § 139 BGB eingreift) ohne Weiteres erfolgen.[568] Jedenfalls für diese Alternative wurde die Gesamtbetrachtung ausdrücklich aufgegeben.[569] Der Minderjährige wäre jedoch, falls später das schuldrechtliche Grundgeschäft mangels Genehmigungsfähigkeit endgültig unwirksam wird, einem (wegen § 818 Abs. 3 BGB nicht zur rechtlichen Nachteilhaftigkeit führenden) gesetzlichen Rückforderungsanspruch des Übergebers aus § 812 Abs. 1 Satz 1, 1. Alt. BGB ausgesetzt, sodass in der Praxis der Notar stets übereinstimmend angewiesen werden sollte, gem. § 53 BeurkG den Vollzug erst nach Pflegerbestellung und familiengerichtlicher Genehmigung, mag diese auch lediglich zum schuldrechtlichen Grundgeschäft erforderlich sein, vorzunehmen.[570] Ist – wie regelmäßig – bei

531

---

560 Für die anderen Sachverhaltsalternativen (beide Geschäfte sind nachteilhaft oder sind vorteilhaft, oder lediglich das dingliche Geschäft ist vorteilhaft) bleibt es beim TrennungsPrinzip, vgl. *Wojcik* DNotZ 2005, 655 ff.
561 Vgl. den Überblick bei *Everts* ZEV 2004, 232; krit. *Feller* MittBayNot 2005, 416.
562 BGH NJW 1981, 111, a.A. noch BGHZ 15, 168.
563 BayObLG DNotZ 2004, 925.
564 Daher können Eltern (als Erben) ihr minderjähriges Kind (als Vermächtnisnehmer) bei der Entgegennahme eines auf der Verfügungsebene (vermietetes Objekt) nachteilhaften Vermächtnisses nicht vertreten, OLG München, 08.02.2011 – 34 Wx 18/11, NotBZ 2011, 186 (Ergänzungspfleger nötig).
565 *Gutachten* DNotI-Report 2008, 133, auch zu den Problemen des Nachweises ggü. dem Grundbuchamt, § 29 GBO.
566 *Feller* DNotZ 1989, 75 ff.
567 BGH, 03.02.2005 – V ZB 44/04, DNotZ 2005, 625; vgl. *Böttcher* Rpfleger 2006, 293.
568 So der Sachverhalt bei BGH, 25.11.2004 – V ZB 13/04, ZEV 2005, 66, m. Anm. *Everts* und *Schmitt* NJW 2005, 1090 sowie *Feiler* MittBayNot 2005, 412.
569 Vgl. vorstehende Fußnote. Der BGH erwägt im Urt. v. 03.02.2005 – V ZB 44/04, NJW 2005, 1430 die teleologische Reduktion des § 181 BGB a.E. (»Erfüllung einer Verbindlichkeit«) auf solche Sachverhalte, in denen eine wirksame Verpflichtung des Vertretenen (Minderjährigen), nicht des Vertreters, besteht.
570 Anders mag es ausnahmsweise liegen, wenn die Beteiligten einen möglichst frühzeitigen, lediglich dinglichen Rechtserwerb wünschen, etwa wegen des Anlaufens der 10-Jahres-Fristen des § 2325 BGB bzw. des § 9 ErbStG (Anwendungsfall: BFH ZEV 2005, 530 m. Anm. *Everts*), vgl. *Feller* MittBayNot 2005, 413.

B. Gestaltung eines Grundstückskaufvertrages

Kaufverträgen[571] dies zugleich Fälligkeitsvoraussetzung und die Umschreibungsvorlage an den Zahlungsnachweis geknüpft, wurde diesem Risiko bereits immanent Rechnung getragen.

(5) Ausschluss der elterlichen Vertretungsmacht

532 Besonderes Augenmerk ist dem möglichen Ausschluss der Eltern von der gesetzlichen Vertretung (sei es im Hinblick auf die Genehmigung der Kindeserklärung, sei es i.R.d. Vertretererklärung im Namen des Kindes) zu widmen, zumal solche Vertretungsdefekte nicht – auch nicht durch gerichtliche Genehmigung oder durch späteren Vollzug im Grundbuch – geheilt werden können; der Notar erfüllt damit zugleich seine Pflicht gem. §§ 12, 17 BeurkG.

533 § 1629 Abs. 2 BGB verweist hinsichtlich des Vertretungsausschlusses auf die Sachverhalte des § 1795 BGB, in denen ein Vormund das Mündel nicht vertreten kann. Umfasst hiervon sind insb.
– gem. §§ 1795 Abs. 2, 181, 1. Alt., BGB Rechtsgeschäfte zwischen dem Minderjährigen und einem oder beiden Elternteilen im eigenen Namen (bei dem also Eltern und Kind auf »verschiedenen Seiten«[572] stehen, etwa bei der Verteilung des Erlöses aus der Veräußerung eines [z.B. erben-] gemeinschaftlich gehaltenen Gegenstands[573]),[574] sowie
– gem. §§ 1795 Abs. 2, 181, 2. Alt., BGB Geschäfte zwischen dem Minderjährigen, einerseits, und einem oder beiden Elternteile als Vertreter eines Dritten, andererseits.

– In beiden Alternativen ist der Vertretungsausschluss aufgrund teleologischer Reduktion des § 181 BGB dann nicht anwendbar, wenn das in Rede stehende Rechtsgeschäft für den Minderjährigen rechtlich lediglich vorteilhaft i.S.d. § 107 BGB ist (Rdn. 524 ff.), da in diesen Fällen ein Schutzbedürfnis nicht besteht (Annahme einer von den Eltern stammenden Schenkung für den minderjährigen Erwerber). –

534 – gem. § 1795 Abs. 1 Nr. 1 BGB Rechtsgeschäfte zwischen dem Minderjährigen, einerseits, und dem Ehegatten, eingetragenen Lebenspartner oder in gerader Linie Verwandten des vertretenden Elternteils, andererseits. Dadurch wird § 181 BGB »personell ausgeweitet«, sodass – wie bei § 181 BGB unmittelbar – der Vertretungsausschluss nicht greift, wenn ein rechtlich lediglich vorteilhaftes Geschäft betroffen ist. Die betreffende Verwandtschaftsbeziehung muss zum Zeitpunkt der Vornahme des Rechtsgeschäfts gegeben sein. Es genügt, wenn eine der in § 1795 Abs. 1 Nr. 1 BGB genannten Personen begünstigter Dritter eines Vertrags i.S.d. § 328 BGB ist, ohne selbst Vertragspartner zu sein, oder wenn Erklärungen gem. §§ 873 Abs. 2, 875 BGB zu einer Rechtsänderung zugunsten einer der genannten Personen führen sollen.[575]

535 – gem. § 1795 Abs. 1 Nr. 2 BGB die Übertragung einer durch Pfandrecht, Hypothek oder Bürgschaft gesicherten Forderung des Kindes gegen einen Elternteil oder die Aufhebung/Minderung einer solchen Sicherheit bzw. einer Verpflichtung des Kindes hierzu. Da das Verfügungsgeschäft in solchen Fällen allein zwischen Zedent und Zessionar stattfände (§ 398 BGB), wären die gesetzlichen Vertreter als Schuldner hieran selbst nicht beteiligt, sodass es dieser Ausweitung bedürfte.

---

571 Bei Überlassungsverträgen mit Minderjährigen, in denen der Veräußerer sich z.B. vormerkungsgesicherte Rückforderungsrechte vorbehalten will, bestünde zusätzlich auch für den Veräußerer die Gefahr, das Eigentum zunächst zu verlieren ohne eine Vormerkungssicherung zu erwerben, da der schuldrechtliche (bedingte) Rückforderungsanspruch mangels Genehmigung noch nicht entstanden ist *Reiß* RNotZ 2005, 226.
572 Also keine Ergänzungspflegschaft beim Verkauf eines Grundstücks durch eine Erbengemeinschaft aus Eltern und minderjährigem Kind OLG Frankfurt am Main, 23.02.2007 – 1 UF 371/06, NotBZ 2007, 371.
573 Vgl. *Mahlmann* ZEV 2009, 320 ff., der ergänzend dafür plädiert, dem minderjährigen Miterben auch beim »Innenbeschluss« über den geplanten Verkauf (auch ohne Erlösverteilungsabrede) einen Ergänzungspfleger beizuordnen, jedenfalls wenn der Verkauf keine notwendige Maßnahme i.S.d. § 2038 Abs. 1 Satz 2 BGB (Alleinvertretungsrecht, kein Beschluss erforderlich) und keine ordnungsgemäße Verwaltungsmaßnahme i.S.d. § 2038 Abs. 2, 745 Abs. 1 BGB darstellt (Mehrheitsbeschluss genügt). Für die Wirksamkeit des anschließenden Veräußerungsvorgangs ggü. dem Erwerber selbst ist diese Frage jedoch ohne Bedeutung.
574 An der Gegenüberstellung Eltern/Kind soll es nach OLG Hamm DNotZ 2003, 635 fehlen, wenn die Vorerbin als gesetzliche Vertreter/in des Nacherben einer Grundschuldbestellung zustimmt: Erklärungsadressat sei der Grundschuldgläubiger.
575 Staudinger/*Engler* 2004 § 1795 Rz. 14.

– ferner gem. § 1796 BGB (i.V.m. § 1629 Abs. 2 Satz 3 BGB) Rechtsgeschäfte, wenn das FamG bei Vorliegen eines erheblichen Interessengegensatzes den Eltern die Vertretung für einzelne Angelegenheit entzogen hat. Die Vertretungsmacht entfällt mit der Bekanntmachung des Beschlusses, § 40 Abs. 1 FamFG.

Demselben Vertretungsausschluss beim In-Sich-Geschäft, das für den Vertretenen nicht ausschließlich rechtlich vorteilhaft ist, unterliegen alle gesetzlichen Vertreter (z.B. gem. § 1908i Abs. 1 Satz 1 BGB i.V.m. §§ 1795 Abs. 2, 181 BGB der Betreuer, der ein für den Betreuten bestelltes Grundpfandrecht an seinem, des Betreuers, Grundstück löschen lassen möchte).[576]   536

(6) Pflegschaft

In allen diesen Fällen des Vertretungsausschlusses bedarf es einer **Ergänzungspflegschaft, § 1909 BGB**, die – ggf. auf Anregung der Beteiligten – durch das FamG angeordnet wird. Zuständig ist dabei das AG, in dessen Bezirk das betreffende Kind seinen gewöhnlichen Aufenthalt hat, § 152 Abs. 2 FamFG. Es handelt sich um eine Rechtspflegersache, § 3 Nr. 2a RPflG sowohl hinsichtlich der Anordnung der Pflegschaft als auch hinsichtlich der (nur beschränkt überprüfbaren[577]) Auswahl und Bestellung des Pflegers, §§ 151 Nr. 5, 111 Nr. 2 FamFG.   537

Auch wenn nur Zweifel an einem möglicherweise nicht ausschließlich rechtlich vorteilhaften Geschäft bestehen, sollte[578] diese Ergänzungspflegschaft gem. § 1909 BGB (bzw. Ergänzungsbetreuung nach § 1899 Abs. 4 BGB) eingeleitet werden, zumal die sonst möglicherweise gegebene Unwirksamkeit der Auflassung nicht durch den Grundbuchvollzug geheilt wird und auch die steuerliche Anerkennungsfähigkeit infrage stellen kann.[579] Für mehrere minderjährige Erwerber genügt ein Pfleger, sofern nicht zugleich ein Rechtsverhältnis im Innenverhältnis der Erwerber, z.B. eine GbR, zu gestalten ist. Stehen Eltern und Kind jedoch auf derselben Seite (beide verkaufen ein gemeinschaftliches Grundstück an Dritte), bedarf es keines Ergänzungspflegers, auch nicht beim Verkauf aus einer Erbengemeinschaft aus Elternteil und minderjährigem Kind, da sich diese am Verkaufserlös fortsetzt und demnach keine Auseinandersetzung damit verbunden ist.[580] Die Auseinandersetzung des Erlöses erfordert jedoch auf der Seite eines jeden minderjährigen Mitgliedes der Erbengemeinschaft einen Ergänzungspfleger.[581]   538

Über die Notwendigkeit einer Ergänzungspflegschaft für Eltern hatte bei vor dem 01.09.2009 eingeleiteten Verfahren in jedem Fall das FamG zu entscheiden, für die Bestellung und Beaufsichtigung des Ergänzungspflegers und die Genehmigung seiner Erklärungen ist jedoch das Vormundschaftsgericht zuständig,[582] wobei allerdings auch das FamG die Bestellung an sich ziehen kann.[583] Für die Anordnung, Bestellung und Überwachung eines Betreuers oder Ergänzungsbetreuers war   539

---

576 Und zwar auch, wenn die Aufgabeerklärung gem. § 875 Abs. 1 Satz 2 BGB ggü. dem Grundbuchamt abgegeben wird, da dieses im Interesse des Eigentümers eingeschaltet wird *Gutachten* DNotI-Report 2004, 199; BGH DNotZ 1981, 22.
577 OLG Köln, 24.02.2011 – 4 UF 43/11, NotBZ 2011, 297: »vertretbares Ergebnis« (Entscheidung für familienfremde Person).
578 Wegen der Unüberschaubarkeit der Fallgruppen zur »lediglich rechtlichen Vorteilhaftigkeit« empfiehlt dies *Wilhelm* NJW 2006, 2353 generell, trotz der dadurch ausgelösten Gerichtskosten (10/10 Gebühr aus dem vollen Wert).
579 LG Würzburg MittBayNot 1978, 14.
580 OLG Frankfurt am Main, 23.02.2007 – 1 UF 371/06, MittBayNot 2008, 56.
581 Vgl. *Mahlmann* ZEV 2009, 320 ff., der dafür plädiert, dem minderjährigen Miterben auch beim »Innenbeschluss« über den geplanten Verkauf (auch ohne Erlösverteilungsabrede) einen Ergänzungspfleger beizuordnen, jedenfalls wenn der Verkauf keine notwendige Maßnahme i.S.d. § 2038 Abs. 1 Satz 2 BGB (Alleinvertretungsrecht, kein Beschluss erforderlich) und keine ordnungsgemäße Verwaltungsmaßnahme i.S.d. § 2038 Abs. 2, 745 Abs. 1 BGB darstellt (Mehrheitsbeschluss genügt). Für die Wirksamkeit des anschließenden Veräußerungsvorgangs ggü. dem Erwerber selbst ist diese Frage jedoch ohne Bedeutung.
582 Vgl. BayObLG FamRZ 2000, 568; OLG Hamm NJW-RR 2001, 437; *Gutachten* DNotI-Report 2003, 25 ff.; BayObLG ZEV 2004, 341; *Everts* ZEV 2005, 70; a.A. *Servatius* NJW 2006, 334 (FamG wegen Vorrangs des § 1643 Abs. 1 BGB).
583 Palandt/*Diederichsen* BGB § 1697 Rn. 1. Dann soll nach bestrittener Auffassung des OLG Hamm FamRZ 2001, 717 das FamG auch zur Genehmigung der Handlungen des Ergänzungspflegers zuständig sein.

nach alter Rechtslage stets das Vormundschaftsgericht zuständig. In Verfahren ab dem 01.09.2009 liegt die Zuständigkeit für Minderjährige beim FamG, i.Ü. beim Betreuungsgericht.

540 Ist der **Pfleger** bereits bestellt und »verpflichtet«, weist er sich aus durch seinen **Pflegerausweis** (Bestallungsurkunde) aus, die der Niederschrift in beglaubigter Abschrift beigefügt wird. Soll er erst durch das Gericht bestellt werden (sodass seine in der Urkunde abgegebenen Erklärungen an sich nach Bestellung zum Pfleger in dieser Eigenschaft zu wiederholen wären), erleichtert folgendes Verfahren, das schlüssiges Handeln[584] mit Erklärungswert belegt, den Vollzug:

▶ Formulierungsvorschlag: Noch vorzunehmende Bestellung eines Pflegers

541 Die Vertragsteile bevollmächtigen den Notar ferner, für sie die Bestellung eines Pflegers zu beantragen, den Bestallungsausweis von ihm entgegenzunehmen, und hierüber befreit von § 181 BGB eine Eigenurkunde zu errichten. In der Aushändigung des Bestallungsausweises an den Notar liegt die Nachgenehmigung des als Pfleger vorgesehenen Beteiligten zu den heute von ihm abgegebenen Erklärungen in seiner künftigen Eigenschaft als Pfleger.

542 Über die Aushändigung der Bestallungsurkunde (wie auch über die Entgegennahme der familiengerichtlichen Genehmigung) ist sodann eine Eigenurkunde zu fertigen und in gesiegelter Form der Kaufvertragsurkunde beizufügen, etwa mit folgendem Wortlaut:

▶ Formulierungsvorschlag: Eigenurkunde über die Aushändigung der Bestallungsurkunde/ Bestallungsurkunde des Pflegers

543   Feststellung

Am heutigen Tage habe ich, Notar, aufgrund der in § ..... der diesamtlichen Urkunde URNr. ..... vom ..... erteilten Vollmacht, die Genehmigung des durch das AG – Familiengericht – bestellten Ergänzungspflegers für alle Beteiligten in Empfang genommen.

Die Genehmigung des Ergänzungspflegers erfolgte konkludent durch Übergabe der Bestallungsurkunde, Geschäftszeichen des Amtsgerichtes vom ..... (oder: Übergabe einer Ausfertigung des amtsgerichtlichen Beschlusses über die Anordnung der Ergänzungspflegschaft und die Auswahl des Ergänzungspflegers) zum Zwecke der Anfertigung einer beglaubigten Abschrift, die beigefügt ist Hierüber errichte ich eine Eigenurkunde.

Die Erklärungen des Ergänzungspflegers bedürfen zu ihrer Wirksamkeit noch der familiengerichtlichen Genehmigung, die bereits beantragt ist.

bb) Betreuung

544 Ist ein Betreuer bestellt,[585] sollte stets dieser an der Urkunde mitwirken. Es ist zwar durchaus denkbar, dass auch der Betreute selbst (noch) geschäftsfähig ist (die frühere statusrechtliche Entmündigung ist ja seit dem 01.01.1992 abgeschafft, sodass der Notar sich von der Geschäftsfähigkeit in jedem Einzelfall überzeugen muss), und daher u.U. auch die Erklärung des Betreuten selbst wirksam wäre. Da jedoch möglicherweise übersehen wird, dass eine **Betreuung mit Einwilligungsvorbehalt** (§ 1903 BGB) vorliegt[586] und die Erklärung des Betreuers selbst auf jeden Fall (auch bei bestehender Geschäftsfähigkeit des Betreuten) wirksam ist, sollte als »sicherer Weg« immer auf die Mitwirkung des Betreuers an der Urkunde Wert gelegt werden. Die Bestellungsurkunde des Betreuers (früherer »Betreuerausweis«) gem. § 290 FamFG genießt freilich keinen öffentlichen Glauben, weder hinsichtlich

---

584 LG Aachen MittRhNotK 1963, 1.
585 Zum insoweit anzuwendenden Verfahren vgl. *Schaal* notar 2010, 268 ff. (ärztliches Gutachten, Anhörung, regelmäßig Bestellung eines Verfahrenspflegers gem. § 276 FamFG, mündliche Verpflichtung gem. § 289 FamFG, Aushändigung der Bestallungsurkunde gem. § 290 FamFG).
586 In diesem Fall hängt das Wirksamwerden des Rechtsgeschäfts von der Genehmigung des Betreuers ab, § 108 BGB, es sei denn, die Willenserklärung bringt dem Betreuten einen lediglich rechtlichen Vorteil (§ 1903 Abs. 3 BGB).

der wirksamen Anordnung und des Umfangs der Betreuung noch in Bezug auf etwaige Einwilligungsvorbehalte.[587]

Andererseits existieren Sachverhalte, in denen der Betreuer an der Mitwirkung gehindert ist. Stets zu beachten sind nämlich die **gesetzlichen Schenkungsverbote** für Betreuer, Vormünder, Pfleger, und Testamentsvollstrecker (z.B. §§ 1641, 1804, 2205 Satz 3 BGB), die bspw. auch die Beurkundung einer gemischten Schenkung im Gewand eines Grundstückskaufvertrages mit Nichtigkeitsfolge[588] verbieten. Eine etwa gleichwohl erteilte betreuungsgerichtliche (in Verfahren bis zum 31.08.2009: vormundschaftsgerichtliche) Genehmigung hat naturgemäß keine Heilungswirkung.[589] Der Nachweis der Entgeltlichkeit (bzw. des Vorliegens einer privilegierten »Anstandsschenkung«[590] – § 1804 Satz 2 BGB – [oder einer Ausstattung][591] – § 1908 BGB –) ggü. dem Grundbuchamt **bei Eintragung der Auflassung**[592] erfolgt nach den gleichen Grundsätzen wie bei der Nacherbfolge (s. Rdn. 1681). Daneben existieren erb- und familienrechtliche Sachverhalte, in denen der Betreuer nur bei tatsächlicher Geschäftsunfähigkeit des Betreuten[593] oder gar nicht[594] wirksam handeln kann.

545

Ist der Betreuer nicht »für alle Angelegenheiten« oder zumindest »für alle Vermögensangelegenheiten« bestellt, muss sein in der Bestellungsurkunde angegebener **Aufgabenkreis** kritisch geprüft und ggf. seine Erweiterung verlangt werden (zweifelhaft ist bspw., ob die »Regelung des Nachlasses« auch zur Mitwirkung am Verkauf von Nachlassgrundstücken berechtigt[595]). Ferner sind die Mitwirkungsverbote des § 1795 BGB (etwa bei Bestellung naher Verwandter zu Betreuern) und des § 181 BGB (§ 1795 Abs. 2 BGB) zu beachten – sofern das Rechtsgeschäft dem Betreuten nicht lediglich einen rechtlichen Vorteil bringt –, die zur Bestellung eines Ergänzungsbetreuers gem. § 1899 Abs. 4 BGB führen. Besteht lediglich eine tatsächliche Interessenkollision i.S.d. § 1796 BGB, hat das Gericht ggf. auch während einer Transaktion (mit Wirkung für die Zukunft) die Vertretungsmacht für einzelne Rechtsgeschäfte zu entziehen und hierfür einen Ergänzungsbetreuer zu bestellen; ggf. empfiehlt sich die vorherige Kontaktaufnahme mit dem Betreuungsgericht.[596]

546

Bei »Betreuungsverhältnissen« nach ausländischem Recht, die in Bezug auf inländischen Grundbesitz bestehen sollen, hat der Notar die Anerkennungsfähigkeit der ausländischen Erwachsenenschutzmaßnahme gem. § 109 FamFG zu prüfen; ist diese zu bejahen, gelten hinsichtlich der Vertretungsmacht und der Genehmigungserfordernisse die Normen des Anordnungsstaates. Unterliegt der Sachverhalt allerdings dem **Haager Erwachsenenschutzübereinkommen** (ESÜ), divergieren also

547

---

587 MünchKomm-ZPO/*Schmidt-Recla* § 290 FamFG Rn. 1; *Neuhausen* RNotZ 2003, 157, 163.
588 Es sei denn, der Vertretene (z.b. Betreute), in dessen Namen unwirksam gehandelt wurde, ist selbst geschäftsfähig und genehmigt die Verfügung, § 177 BGB. Gleiches gilt beim unwirksamen Handeln im eigenen Namen mit Wirkung für fremdes Vermögen, z.B. beim Testamentsvollstrecker, wenn alle Erben zustimmen. Dies mag sich in Zweifelsfällen (»Freundschaftspreis«) vorsorglich empfehlen. Die Erbenstellung der Zustimmenden ist dann jedoch dem Grundbuchamt nachzuweisen LG Hamburg Rpfleger 2005, 665.
589 BayObLG MittBayNot 1996, 432.
590 Zu weitgehend LG Traunstein MittBayNot 2005, 231 m. abl. Anm. *Böhmer*, wo »sittliche Pflicht« mit »Sitte« (Üblichkeit) gleichgesetzt wird.
591 Großzügig OLG Stuttgart MittBayNot 2005, 229 m. krit. Anm. *Böhmer*, das die Angemessenheit i.S.d. § 1624 BGB nicht allein danach bemisst, was den Eltern noch verbleibt, sondern auch die Nachhaltigkeit der Versorgungssicherung in Gestalt der »Gegenleistungen« prüft.
592 Bei Eintragung der Vormerkung ist der mögliche Verstoß wegen des begrenzten Prüfungsumfangs des § 19 GBO nicht zu berücksichtigen BayObLG DNotI-Report 2003, 126 und OLG Zweibrücken, 03.11.2006 – 3 W 188/06, NotBZ 2007, 34.
593 Z.B. Abschluss eines Ehevertrages (§ 1411 Abs. 2 BGB), Abgabe von Vaterschaftsanerkenntnissen oder Zustimmungen hierzu (§ 1596 Abs. 1 Satz 3, Abs. 3 BGB), Erb-, Pflichtteils- oder Zuwendungsverzichte (§ 2347 Abs. 2 BGB), Anfechtung eines Erbvertrages (§ 2282 Abs. 2 BGB).
594 Errichtung einer Verfügung von Todes wegen, Rücktritt von einem Erbvertrag durch den Erblasser, aber auch höchstpersönliche Rechtshandlungen wie die Ausübung der elterlichen Sorge.
595 Beispiel nach *Schaal* notar 2010, 268, 272.
596 Der Betreuer selbst hat zur Vermeidung eigener Haftung (§§ 1908i i.V.m. 1833 BGB) die Interessenkollision anzuzeigen, vgl. *Schaal* notar 2010, 268, 274.

B. Gestaltung eines Grundstückskaufvertrages

Staatsangehörigkeit und Aufenthalt oder Belegenheitsort und Aufenthalt[597] i.R.d. Vertragsstaaten,[598] ist die Vertretungsmacht des ausländischen gesetzlichen Vertreters nach den Normen des Aufenthaltsstaates anzuerkennen (Art. 22 Abs. 1 ESÜ), zusätzlich gelten jedoch die Genehmigungserfordernisse des Belegenheitsstaates (also §§ 1908i, 1812, 1821, 1822 BGB), Art. 14 ESÜ. Die Genehmigung wird, in Anwendung deutschen materiellen Rechtes, durch das zuständige Gericht im Aufenthaltsstaat erteilt, welches jedoch ein deutsches Gericht hiermit betrauen kann (Art. 8 ESÜ).

▶ Formulierungsvorschlag: Mitwirkung eines Betreuers

548
....., hier handelnd nicht eigenen Namens,

sondern als gerichtlich bestellter Betreuer unter Vorlage seiner in beglaubigter Abschrift beizufügenden, den Aufgabenkreis umfassenden, Bestellungsurkunde für

.....,

die Genehmigung des Betreuungsgerichtes sich vorbehaltend. Er erklärt nach Hinweis des Notars auf § 1908i i.V.m. § 1804 BGB (Schenkungsverbot), dass es sich nach seiner Überzeugung um ein vollentgeltliches Geschäft handele, ferner dass eine Interessenkollision i.S.d § 1796 BGB nicht vorliege. Korrespondenz für den Betreuten soll ausschließlich an die Anschrift des Betreuers erfolgen.

549 Verstirbt das Mündel/der Betreute, erlischt das Amt des Vormundes/Betreuers (mit Ausnahme unaufschiebbarer Notgeschäftsführungsmaßnahmen gem. § 1698b BGB)[599] und damit auch die (»Doppel-«) Vollmacht an den Notar, den Vertrag durch Mitteilung und Genehmigung einer etwa bereits erteilten betreuungs-/familiengerichtlichen Genehmigung wirksam werden zu lassen. War diese Wirksamkeit gem. § 1829 BGB bereits eingetreten,[600] der Schwebezustand also beendet, sind die damit bindend gewordenen Pflichten und Rechte auf die Erben übergegangen. Stirbt der Betreute/das Mündel während des Schwebezustandes, »führen« die Erben diesen »weiter«, indem sie über Erteilung oder Versagung der Genehmigung entscheiden;[601] eine gleichwohl durch das Gericht erteilte »Genehmigung«, mag sie auch scheinbar nach § 1829 BGB wirksam geworden sein, ist ohne Belang.

550 Ähnliches gilt beim **Ableben des Vormundes/Betreuers/Nachlasspflegers** selbst,[602] oder bei einer dem Betreuer/Vormund/Nachlasspfleger mitgeteilten Entlassung (vgl. § 1908b BGB) bzw. Aufhebung der Betreuung (§ 1908d BGB), ebenso beim Ablauf der Befristung der Amtsstellung eines vorläufigen Betreuers (§ 302 FamFG: längstens 6 Monate), sofern dieser ausnahmsweise auch zu Vermögensdispositionen berufen gewesen sein sollte.[603] Wird ein neuer Betreuer/Vormund/Nachlasspfleger bestellt, kann dieser allerdings das Genehmigungsverfahren, sofern es nicht bereits gem. § 1829 BGB wirksam abgeschlossen wurde, zu Ende führen[604] (die Mitteilung der Genehmigung hat er allerdings selbst vorzunehmen bzw. dem Notar seinerseits hierzu neuerliche Vollmacht zu erteilen).

▶ Hinweis:

551 Vorsichtshalber sollte daher der Notar vor Mitteilung der Fälligkeit – nachdem die betreuungsgerichtliche Genehmigung samt Rechtskraftzeugnis durch Mitteilung an den anderen Vertrags-

---

[597] Vgl. *Ludwig* DNotZ 2009, 521, 529 und *Schaal* notar 2010, 268, 280.
[598] Vertragsstaaten sind seit 01.01.2009 Deutschland, Frankreich und Schottland, seit 01.07.2009 auch die Schweiz.
[599] Es handelt sich dabei um eine Pflicht ggü. dem Betreuten bzw. nicht ggü. dem anderen Vertragsteil, allerdings unter engen Voraussetzungen (mit dem Aufschub ist Gefahr in Verzug verbunden und der Erbe kann nicht anderweitig Fürsorge treffen). Im Regelfall liegen diese Voraussetzungen nicht vor, vgl. LG Koblenz FamRZ 1995, 1376. Auch § 1698a BGB analog hilft nicht weiter, vgl. *Schaal* notar 2010, 268, 276 mit Hinweisen auch zur Gegenansicht Fn. 132.
[600] Nach LG Memmingen MittBayNot 1983, 76 soll Gleiches gelten, wenn der Pflegling zwar vor Erteilung und Mitteilung der Genehmigung verstorben ist, aber weder Gericht noch Notar davon Kenntnis hatten: die Genehmigung sei zunächst allenfalls anfechtbar, nicht nichtig, sodann nach §§ 55, 62 FGG bindend.
[601] BayObLGZ 1964, 351 (ähnlich § 1829 Abs. 3 BGB, wonach ab Volljährigkeit des Mündels nur dieses selbst zur Entscheidung berufen ist).
[602] Bei gemeinsam sorgeberechtigten Eltern bleibt die elterliche Sorge dem Überlebenden allein (§ 1680 Abs. 1 BGB).
[603] *Schaal* notar 2010, 268, 278.
[604] Vgl. MünchKomm-BGB/*Schwab* § 1908c Rn. 17.

teil »wirksam geworden« und sodann die Vormerkung eingetragen worden ist – prüfen, dass den gerichtlichen Betreuungs-/Vormundschaftsakten keine Hinweise auf eine vor Wirksamwerden der Genehmigung eingetretene Beendigung der Vormundschaft/Betreuung zu entnehmen sind (Ableben des Betreuten oder Betreuers, Amtsenthebung, Aufhebung der Betreuung).

Soll diese Vorsorge nicht nur in die Verantwortung des Notars – über das Pflichtprogramm hinaus – gestellt, sondern zum Schutz des Käufers zur Fälligkeitsvoraussetzung erhoben werden, könnte formuliert werden: 552

▶ Formulierungsvorschlag: Fälligkeitsregelung bei Betreuung (sichere Abwicklung)

Der Notar wird den Beteiligten den Eintritt der nachstehenden **Voraussetzungen** bestätigen (Versand an den Käufer per Einwurf-Einschreiben); der Käufer schuldet die Gutschrift des Kaufpreises spätestens zum Fälligkeitszeitpunkt, nämlich 14 Tage nach Zugang dieser Mitteilung:

..... die betreuungsgerichtliche Genehmigung ist ohne Auflagen oder Bedingungen erteilt und ein gerichtliches Rechtskraftzeugnis hierzu liegt vor (1), wurde für die Beteiligten durch den Notar entgegengenommen und mitgeteilt (2), und Einsichtnahme in die Betreuungsakten hat keine Anhaltspunkte dafür ergeben, dass zum Zeitpunkt gemäß (2) die Betreuung nicht mehr bestand (3). Ferner muss der Betreuer schriftlich bestätigt haben, dass zum Zeitpunkt gem. (2) der Betreute noch am Leben und er als Betreuer noch eingesetzt war (4).

cc) Nachlasspflegschaft/Nachlassverwaltung

Bedarf ein Nachlass der gerichtlichen Fürsorge (etwa da die Erben nicht bekannt sind), kann das Gericht von Amts wegen[605] einen Nachlasspfleger, i.d.R. mit dem Wirkungskreis »Sicherung und Verwaltung des Nachlasses, Ermittlung der Erben[606]«, bestellen (§§ 1960, 1961 BGB). Für diese Nachlasspflegschaft gilt – wie für alle Pflegschaften – gem. § 1915 Abs. 1 BGB das Vormundschaftsrecht (nicht aber das Betreuungsrecht!) entsprechend, §§ 1773 bis 1895 BGB, wobei gerichtliche Zuständigkeiten beim Nachlassgericht liegen, § 1962 BGB (funktionell fast ausschließlich beim Rechtspfleger). Verfahrensrechtlich gelten §§ 271 ff. FamFG, mit den Zuständigkeitsnormen der §§ 343, 344 FamFG (grds. also das Nachlassgericht am letzten Wohnsitz des Verstorbenen). 553

Der Nachlasspfleger ist gesetzlicher Vertreter der bislang unbekannten Erben, nicht Inhaber eines Amtes. Zu unterscheiden ist die gewöhnliche Nachlasspflegschaft (Sicherungspflegschaft i.S.d. § 1960 BGB – der Sicherungsanlass beurteilt sich allein nach den Interessen des mutmaßlichen Erben[607]), die Prozesspflegschaft i.S.d. § 1961 BGB und die Nachlassverwaltung, § 1975 BGB (hierzu Rdn. 552 f.). Der Nachlasspfleger (wie auch der Nachlassverwalter) legitimiert sich durch Vorlage des Originals der Bestellungsurkunde, die allerdings weder öffentlichen Glauben noch den Schutz des § 172 BGB genießt.[608] 554

Die Vertretungsmacht des Nachlasspflegers für die unbekannten Erben[609] wird begrenzt durch den zugewiesenen Wirkungskreis, das Erfordernis von Genehmigungen durch das Nachlassgericht (§§ 1915, 1812 ff., 1821, 1822 BGB), das Schenkungsverbot (§ 1915 Abs. 1 i.V.m. § 1804 BGB) und das Verbot von In-sich-Geschäften (§ 1915 i.V.m. § 1795 i.V.m. § 181 BGB). Ein Einwilligungsvorbehalt ist nur 555

---

605 Die Nachlasspflegschaft kann auch bei bedürftigem Nachlass nicht von einem Vorschuss auf die Gerichtskosten durch den antragstellenden Gläubiger abhängig gemacht werden, OLG Hamm, 17.06.2010 – 15 W 317/10, ZEV 2011, 190.
606 Nur in wenigen Bundesländern hat das Nachlassgericht von Amts wegen Erben zu ermitteln, so etwa in Bayern gem. Art. 37 ff. BayAGGVG, es sei denn, zum Nachlass gehört kein Grundstück oder grundstücksgleiches Recht; ferner gem. § 41 des baden-württembergischen Landesgesetzes zur freiwilligen Gerichtsbarkeit.
607 OLG Hamm, 28.10.2010 – I-15 W 302/10, FGPrax 2011, 84: zu regelnde Verbindlichkeiten, drohende Vollstreckung, Einkommensteuererklärungen etc. können daher keinen Sicherungsanlass begründen.
608 BayObLG FamRZ 1994, 1059; *Schaal* notar 2010, 393, 405.
609 Ist Nachlasspflegschaft angeordnet, darf das Grundbuchamt die Erbfolge nicht selbst »feststellen«; die Genehmigung durch das Nachlassgericht dürfte allenfalls bei erkennbarer Nichtigkeit unberücksichtigt bleiben, OLG Köln, 15.10.2010 – 2 Wx 156/10, ZEV 2011, 193.

bei der Betreuung (§ 1903 BGB), nicht aber bei der Nachlasspflegschaft möglich, sodass der tatsächliche Erbe stets auch selbst Verpflichtungs- oder Verfügungsgeschäfte eingehen kann.

556 Im Grundbuch wird die Nachlasspflegschaft nicht eingetragen. Soll (ausnahmsweise) Grundbesitz durch den Nachlasspfleger veräußert werden, bspw. zur Begleichung von Verbindlichkeiten, bedarf dies der nachlassgerichtlichen Genehmigung (§ 1915 i.V.m. § 1821 BGB, § 1962 BGB), bei der nicht nur die Verkehrswertgerechtigkeit, sondern auch die Notwendigkeit eines Verkaufs überhaupt sehr eingehend zu prüfen ist (liegt doch die eigentliche Aufgabe des Nachlasspflegers in der bloßen Sicherung des Nachlasses für die noch zu findenden Erben).

557 Gegenüber **Nachlassgläubigern** hat der Nachlasspfleger zunächst die 3-Monats-Einrede (ab Bekanntmachung des Bestellungsbeschlusses, § 40 FamFG), vgl. §§ 2014, 2017 BGB. Ist der Nachlasspfleger auch zur Verwaltung des Nachlasses (und nicht nur zur Ermittlung der Erben) bestellt, kann ausnahmsweise auch die Befriedigung von Nachlassgläubigern zu seinem Aufgabenkreis gehören, wenn dies zur Abwendung von Schaden (Kosten durch unnötige Rechtsstreitigkeiten) geboten ist. Ein gegen den Erblasser ggf. schon vorhandener Titel muss gegen die durch den Nachlasspfleger vertretenen unbekannten Erben umgeschrieben werden. Ist anhand der Unterlagen mit unbekannten Gläubigern zu rechnen, kann der Nachlasspfleger ein Aufgebotsverfahren gem. §§ 1970 ff. BGB, §§ 433 ff. FamFG, durchführen zur Prüfung, ob ein Nachlassinsolvenzverfahren zu beantragen ist.

558 Die Nachlasspflegschaft kann auch im Zusammenhang mit Löschungen bedeutsam werden: möglicherweise sieht das dann zuständige AG Berlin-Schöneberg (§§ 35b Abs. 1 Nr. 1, 39 Abs. 2 FGG i.V.m. § 36 Abs. 2 FGG) auch ein Fürsorgebedürfnis für die Bestellung eines Abwesenheitspflegers (str., da die Löschung primär im Interesse des Eigentümers liegt) bzw., bei verstorbenen Berechtigten, eines Nachlasspflegers gem. § 1961 BGB. Gestützt auf § 1960 BGB kann die Bestellung eines Nachlasspflegers bereits dann verlangt werden, wenn noch nicht feststeht, ob die gesicherte Forderung bereits erfüllt ist (die Überprüfung dieses Umstandes ist ja gerade Aufgabe des Nachlasspflegers).[610] Der Nachlasspfleger kann sodann, obgleich seine Bestellung zum Schutz der Erben angeordnet ist, zur Vermeidung von Prozessen fest stehende Nachlassverbindlichkeiten begleichen und hierfür auch Nachlassvermögen veräußern.[611]

559 Die **Nachlassverwaltung** (§ 1975 BGB) ist eine Nachlasspflegschaft zum Zweck der Befriedigung der Nachlassgläubiger. Daneben dient sie als Mittel der Haftungsbeschränkung bei unübersichtlichen Nachlässen (bei denen also der Erbe nicht schon von vornherein die Überschuldung kennen und demnach – wie gem. § 1980 Abs. 1 Satz 1 BGB verpflichtet – das Insolvenzverfahren beantragen kann). Das Verfahren wird (anders als bei der normalen Nachlasspflegschaft) nur auf Antrag eingeleitet; berechtigt ist der Erbe, sofern er nicht allen Nachlassgläubigern ggü. endgültig unbeschränkt haftet (§§ 1981 Abs. 1, 2013 Abs. 1 Satz 1 BGB), ferner der Nachlassgläubiger[612] (sogar neben einer bereits bestehenden Testamentsvollstreckung[613]), wenn Anhaltspunkte vorliegen, dass seine Befriedigung aufgrund des Verhaltens des Erben gefährdet ist (§ 1981 Abs. 2 BGB, Glaubhaftmachung gem. § 31 FamFG).

560 Der Nachlassverwalter hat gem. § 1985 Abs. 1 BGB die Aufgabe der Verwaltung des Nachlasses und Befriedigung der Nachlassgläubiger, er ist Amtstreuhänder mit grds. unbeschränkter Verpflich-

---

610 *Gutachten* DNotI-Report 2010, 76; *Wenckstern* DNotZ 1993, 547, 556; LG Augsburg DNotZ 1968, 558, 560: Fürsorgebedürfnis ist (allein aus der – maßgeblichen – Sicht der Erben) zu bejahen; OLG Hamm, 25.06.2010 – I-15 W 308/10, ZErb 2010, 269 ermöglicht die Nachlasspflegschaft auch auf Antrag eines Vermieters zur Abwicklung eines Wohnraummietverhältnisses.

611 OLG München, 07.01.2010 – 31 Wx 154/09, MittBayNot 2010, 403.

612 Aufhebung einer Nachlassverwaltung gegen den Widerspruch eines Gläubigers nur, wenn die Erfüllung seiner Ansprüche auch künftig etwa bei wiederkehrenden Leistungen in geeigneter Weise sichergestellt ist, OLG Hamm, 25.05.2010 – I-15 W 28/10, ZErb 2010, 271.

613 *Storz* ZEV 2010, 549 ff.

tungs- und Verfügungsbefugnis[614] (allerdings nicht befreit von § 181 BGB), und nicht lediglich gesetzlicher Vertreter. Durch die Anordnung der Nachlassverwaltung verliert der Erbe seine Verfügungsbefugnis über die Nachlassgegenstände (§ 1984 Abs. 1 Satz 2 BGB i.V.m. § 81 InsO); allerdings kommt bei Grundstücken ein gutgläubiger Erwerb in Bezug auf Rechtshandlungen des Erben in Betracht, sofern die Nachlassverwaltung nicht im Grundbuch eingetragen ist (§ 80 Abs. 1 Satz 2 InsO, § 1984 Abs. 1 Satz 2 BGB, §§ 892, 893 BGB). Die Genehmigungserfordernisse der §§ 1821, 1822 BGB gelten wie beim Nachlasspfleger (§§ 1975, 1962, 1915 BGB). Vollmachten (auch post- oder transmortale) des Erben erlöschen (§ 117 InsO analog).[615]

dd) Testamentsvollstreckung

(1) Eintragung des Vermerks

Zur Verhinderung gutgläubigen Erwerbs (§§ 2211 Abs. 2, 892 BGB) wird die Testamentsvollstreckung als Verfügungsbeschränkung des betroffenen Erben in Bezug auf die betroffene Liegenschaft bzw. das betroffene beschränkt dingliche Recht vermerkt (§ 52 GBO), und zwar von Amts wegen gleichzeitig mit der Berichtigung des Grundbuches durch die Erbfolge.[616] Zum Nachweis der Unrichtigkeit genügt nicht der Erbschein, da er weder Umfang noch Person des Vollstreckers enthält; vielmehr bedarf es (1) eines Testamentsvollstreckerzeugnisses gem. § 2368 BGB oder aber (2) (a) des notariellen Testaments samt Eröffnungsprotokoll (§ 35 GBO) und zusätzlich (b) des Nachweises der Amtsannahme in unterschriftsbeglaubigter Form bzw. durch beglaubigte Protokollabschrift der Amtsannahme vor dem Nachlassgericht sowie, sofern der Vollstrecker durch einen bestimmungsberechtigten Dritten oder das Nachlassgericht benannt wurde, (c) der unterschriftsbeglaubigten privaten Benennungserklärung bzw. der beglaubigten Abschrift der nachlassgerichtlichen Niederschrift. Für das Grundbuchamt gibt das Testamentsvollstreckerzeugnis gem. § 35 Abs. 2 GBO vollen Beweis; allenfalls bei sehr alten Zeugnisausfertigungen mag (im Hinblick auf die automatische Kraftlosigkeit mit Beendigung des Amtes, § 2368 Abs. 3 Halbs. 2 BGB) eine neue Ausfertigung verlangt werden[617] oder aber sind die Nachlassakten beizuziehen. Lediglich bei der Vollstreckung über Nacherbenrechte (§ 2222 BGB) kann der Vollstrecker auf die Eintragung verzichten.[618] Erstreckt sich die Testamentsvollstreckung nur auf einen GbR- oder sonstigen Personengesellschaftsanteil,[619] erfolgt keine Eintragung, da diese sich nicht auf die »Innenseite der Beteiligung« erstreckt. Anders verhält es sich beim Gütergemeinschaftsanteil.[620]

561

(2) Mitwirkung des Vollstreckers

Werden Beteiligte aufgrund Verfügung von Todes wegen durch den **Testamentsvollstrecker** als Partei kraft Amtes vertreten, kann – ab der Annahme des Amtes[621] – nur dieser wirksame Erklärungen abgeben. Ein zur Erfüllung eines Vermächtnisses (§ 2223 BGB) eingesetzter Testamentsvollstrecker handelt dabei sowohl (konkludent befreit von § 181 BGB) für die Erben als auch für den Vermächtnisnehmer, er kann die Auflassung auch (ohne Mitwirkung der Eltern) für einen

562

---

614 Bei Personengesellschaftsanteilen hat er, wie der Testamentsvollstrecker, aufgrund der Zugehörigkeit zum Nachlass ungeachtet der Sondervererbung, die Vermögensrechte einschließlich des Kündigungsrechtes nach § 725 BGB, nicht aber die mitgliedschaftlichen Rechte, vgl. *Schaal* notar 2010, 393, 403.
615 *Staudinger/Marotzke* § 1984 BGB Rn. 4 m.w.N.
616 BayObLG, 25.10.1995 – 2 Z BR 114/95, ZEV 1996, 150 m. Anm. *Schaub* NJW-RR 1996, 1167.
617 Kein Anspruch auf Erteilung eines nachlassgerichtlichen »Fortbestandszeugnisses«, OLG Köln, 16.11.2010 – 2 Wx 153/10, MittBayNot 2011, 322 (str.).
618 *Walloschek* ZEV 2011, 167, 169.
619 Entgegen LG Hamburg, 15.09.2008 – 321 T 55/08, ZfIR 2008, 794 m. abl. Anm. *Lang*; zur Reichweite der Testamentsvollstreckung am GbR-Anteil vgl. LG Leipzig, 13.05.2008 – 6 T 212/08, ZEV 2009, 96; *Gutachten* DNotI-Report 2010, 15.
620 BGH NJW 1983, 2247; *Hügel/Zeiser* § 52 GBO Rn. 17.
621 Durch (nicht formgebundene) Erklärung ggü. dem Nachlassgericht, § 2202 BGB; zuvor kann analog § 1960 BGB ein Nachlasspfleger (nach a.A. analog § 1913 BGB ein Pfleger für den noch unbekannten Testamentsvollstrecker) bestellt werden; vgl. *Schaal* notar 2010, 431, 432.

minderjährigen Erwerber entgegennehmen.[622] Der Vollstrecker hat seine Testamentsvollstreckereigenschaft durch Vorlage der Urschrift oder Ausfertigung des Testamentsvollstreckerzeugnisses nachzuweisen. Die Rechtsprechung verlangt die Vorlage des Dokuments in dieser Form zur Einsichtnahme beim Grundbuchamt,[623] die Praxis begnügt sich regelmäßig mit der Beifügung einer beglaubigten Abschrift und der Versicherung des Notars, dass die Vorlage der Urschrift/Ausfertigung bei der Beurkundung erfolgte.[624] Sofern die Nachlassakten beim selben AG geführt werden wie das Grundbuchamt, genügt auch eine Bezugnahme auf die (dann genau zu zitierenden) Akten, in denen sich ein Vermerk über die Erteilung des **Testamentsvollstreckerzeugnisses** und keine weiteren Aktenvorgänge über die vorzeitige Beendigung des Amtes[625] befinden.

▶ Hinweis:

563   Vorsichtigerweise kann die dort verwahrte Verfügung von Todes wegen eingesehen werden zur Prüfung, ob sich in jener Beschränkungen der Verfügungsmacht des Testamentsvollstreckers mit Außenwirkung finden (§ 2368 Abs. 1 Satz 2 BGB), die im Testamentsvollstreckerzeugnis jedoch nicht zwingend erscheinen müssen.[626] Solche »Sperren mit Außenwirkung« sind jedoch wegen § 137 Satz 1 BGB überwindbar durch gemeinsames Zusammenwirken aller Erben und des Testamentsvollstreckers.[627] Dem Testamentsvollstrecker können ferner In-Sich-Geschäfte durch den Erblasser gestattet werden; eine solche Befreiung von § 181 BGB liegt regelmäßig z.B. vor bei der Ernennung eines Miterben zum Vollstrecker.[628]

564 Die Eingangsformulierung in der Urkunde bei Beteiligung eines Testamentsvollstreckers könnte etwa wie folgt lauten:

▶ Formulierungsvorschlag: Mitwirkung eines Testamentsvollstreckers

..... hier handelnd nicht eigenen Namens,

sondern als Testamentsvollstrecker unter heutiger Vorlage der Urschrift/Ausfertigung seines in beglaubigter Abschrift beizufügenden Testamentsvollstreckerzeugnisses (§ 2368 BGB) / unter Bezugnahme gem. § 34 GBO auf die beim selben AG geführten Nachlassakten Az. VI ..... über den Nachlass des verstorbenen .....

Er erklärt nach Hinweis des Notars auf § 2205 Satz 3 BGB (Schenkungsverbot), dass es sich nach seiner Überzeugung um ein vollentgeltliches Geschäft handele, ferner, dass im Testament keine Beschränkungen seiner Vertretungsmacht enthalten seien. Die Beteiligten begnügen sich mit diesen Angaben und verzichten darauf, die vorsorgliche Zustimmung aller Erben zum heutigen Vertrag einzuholen. Nur auf deren ausdrücklichen Wunsch sind Vertragsabschriften und Mitteilungen auch den Erben selbst zu erteilen.

(3) Fortdauer des Amtes

565 Das Zeugnis nach § 2368 BGB verschafft dem Käufer Gutglaubensschutz hinsichtlich der Verfügungsbefugnis des Vollstreckers,[629] allerdings nicht hinsichtlich des Fortbestands des Amtes (§ 2368

---

622 OLG Hamm, 27.07.2010 – 15 Wx 374/09, ZEV 2011, 198; kritisch zur Begründung *Muscheler* ZEV 2011, 230 ff.: die Frage des § 181 BGB (analog) stellt sich nur, wenn der Testamentsvollstrecker mit sich selbst als Privatperson oder mit einem nachlassfremden Dritten kontrahiert.
623 BayObLG DNotZ 1996, 20.
624 LG Köln RPfleger 1977, 29; *Haegele* RPfleger 1967, 40.
625 Nach BayObLG NotBZ 2005, 186 kann das Grundbuchamt wegen § 35 Abs. 2 GBO das Testamentsvollstreckerzeugnis allenfalls zurückweisen, wenn ihm Umstände bekannt sind, welche dessen Unrichtigkeit belegen und die Einziehung (nicht lediglich die ex nunc wirkende Abberufung, § 2227 BGB) erwarten lassen.
626 Nach BGH NJW 1984, 1464 können solche Anweisungen die Verfügungsmacht im Außenverhältnis beschränken; richtiger dürfte es sein, mit der überwiegenden Lit. (vgl. Nachweise bei *Schöner/Stöber* Grundbuchrecht Rn. 3428 m.w.N.) darin nur schuldrechtliche Anordnungen zu sehen, die ggf. zu einer Schadensersatzpflicht des Testamentsvollstreckers führen können.
627 Nicht des Vermächtnisnehmers, auch wenn sein Vermächtnissubstrat betroffen ist, vgl. *J. Mayer* MittBayNot 2010, 345, 348.
628 Vgl. *Klepsch/Klepsch* NotBZ 2008, 326 m.w.N.
629 § 2368 Abs. 3 Halbs. 1 BGB i.V.m. § 2366 BGB: Schutz eines gutgläubigen Käufers davor, dass sich aus einem später aufgefundenen privatschriftlichen Testament eine andere Erbfolge oder die Nichtanordnung der Testamentsvollstre-

Abs. 3 Halbs. 2 BGB: Kraftlosigkeit des Zeugnisses, ohne dass es – wie beim Erbschein – der Einziehung, Kraftloserklärung oder Herausgabe an das Nachlassgericht bedürfte[630]). Wurde daher der Vollstrecker vor Eintragung der Eigentumsvormerkung des Amtes enthoben oder ist sein Amt wegen Versterbens vorher erloschen, konnte der Käufer nicht einmal die Vormerkung gutgläubig erwerben; § 878 BGB hilft nach überwiegender (wenngleich unrichtiger) Auffassung nicht.[631]

▶ Hinweis:

Notare sollten daher, jedenfalls bevor sie die Fälligkeit bescheinigen, durch Einsicht in die Nachlassakten oder durch Anforderung eines sog. »Fortdauerzeugnisses« des Nachlassgerichts[632] nach Eintragung der Vormerkung prüfen, dass das Amt des Vollstreckers noch fortbesteht.[633]

Sofern entsprechende Kontrolle wiederum (vergleichbar der Konstellation in Rdn. 552) nicht nur der Vorsorge des Notars überantwortet bleiben, sondern zur Fälligkeitsvoraussetzung erhoben soll, könnte formuliert werden: **566**

▶ Formulierungsvorschlag: Fälligkeitsregelung bei Testamentsvollstreckung (sichere Abwicklung)

Der Notar wird den Beteiligten den Eintritt der nachstehenden **Voraussetzungen** bestätigen (Versand an den Käufer per Einwurf-Einschreiben); der Käufer schuldet die Gutschrift des Kaufpreises spätestens zum Fälligkeitszeitpunkt, nämlich 14 Tage nach Zugang dieser Mitteilung:

..... Einsichtnahme in die Nachlassakten hat keine Anhaltspunkte dafür ergeben, dass zum Zeitpunkt der Eintragung der Eigentumsvormerkung des Käufers der heute mitwirkende Vollstrecker nicht mehr im Amt war, und dieser Vollstrecker hat dem Notar auch seinerseits nach Eintragung der Vormerkung unter Vorlage des Vollstreckerzeugnisses schriftlich bestätigt, dass er als Vollstrecker noch eingesetzt ist.

Anders als im Fall einer rechtsgeschäftlichen oder gesetzlichen Stellvertretung, bei der die Verfügungsbefugnis des einmal wirksam Vertretenen durch den späteren Wegfall des Vertreters nicht beeinträchtigt wird, ist bei dem im eigenen Namen verfügenden Sachwalter als Partei kraft Amtes (also insb. beim Testamentsvollstrecker und beim Insolvenzverwalter) erforderlich, dass dessen Verfügungsbefugnis nicht nur zum Zeitpunkt der sachenrechtlich bindenden Erklärung vorliegt, sondern **bis zum Endvollzug** im Grundbuch fortbesteht. Dieses Risiko lässt sich auf der Ebene der Zahlung allenfalls durch Einschaltung eines Anderkontos und Auszahlung erst nach wirksamer Umschreibung samt Prüfung, dass die Verfügungsbefugnis des Amtswalters zu diesem Zeitpunkt noch bestand, beseitigen. **567**

Angesichts der statistisch vernachlässigbaren Fälle vorzeitiger Beendigung der Amtswalterfunktion dürfte hierfür im Regelfall jedoch keine Veranlassung bestehen, ebenso wenig wie das Grundbuchamt, sofern ihm das Vorliegen der Bestellungsurkunde im Zeitpunkt der Beurkundung als beglaubigte Abschrift zur Kenntnis gebracht wird, vor Endvollzug neuerliche Nachweise verlangen wird **568**

---

ckung ergibt, vgl. auch *Schaal* notar 2010, 431, 432.
630 Die förmliche Einziehung wäre sogar unzulässig, OLG Köln RPfleger 1986, 361 (anders beim Erbschein: §§ 2361 Abs. 1 und 2, 2362 Abs. 1 BGB).
631 § 878 BGB, der den Zeitpunkt von der Vollendung des Rechtserwerbs auf die Antragstellung beim Grundbuchamt vorverlegt, gilt nur bei Beeinträchtigungen der Verfügungsbefugnis, nicht aber beim Wegfall der Amtsbefugnisse, wird jedoch hierauf u.U. analog angewendet (dafür Staudinger/*Gursky* BGB, § 883 und LG Mönchengladbach, 05.11.2009 – 5 T 430/09, RNotZ 2010, 540 [Amtsenthebung eines Testamentsvollstreckers]; dagegen *Mayer/Bonefeld/Daragan* Testamentsvollstreckung Rn. 342 und *Schmenger* BWNotZ 2004, 97 m.w.N. sowie die ganz h. Rspr: OLG Köln MittRhNotK 1981, 139 f.; BayObLG MittBayNot 1975, 228; OLG Düsseldorf, 04.02.2010 – I-3 Wx 207/09, hierzu *Diefenbach/Hillmann* ZErb 2011, 205). Vgl. auch Rdn. 384 zur parallelen Fragestellung hinsichtlich des Insolvenzverwalters sowie Rdn. 885 i.R.d. § 878 BGB.
632 Zum Begriff JurisPk-BGB/*Lange* § 2368 Rn. 6; *Schaal* notar 2010, 431, 435.
633 Hierzu ausführlich *Zahn* MittRhNotK 2000, 104 f.; *Heil* RNotZ 2001, 269.

(vgl. auch unten Rdn. 3107).[634] Gleiches gilt für das stets bestehende Risiko, dass der Testamentsvollstrecker den Gegenstand aus seiner Verwaltung freigegeben hat; das Testamentsvollstreckerzeugnis gibt dazu schon inhaltlich keine Auskunft.[635]

569 Sofern die Testamentsvollstreckung bei Eintragung der Vormerkung noch bestand, also ein wirksamer schuldrechtlicher Eigentumsverschaffungsanspruch begründet und durch Vormerkung gesichert wurde, sind allerdings (bei Erlöschen der Vollstreckung insgesamt) die Erben bzw. ist ein Ersatzvollstrecker zur neuerlichen Erklärung der Auflassung verpflichtet; die Rechtsposition des Käufers bleibt also durchsetzbar.

570 Anders verhält es sich jedoch in den seltenen Fällen, in denen die Testamentsvollstreckung vor Vollendung des Eigentumserwerbs entfällt, sodann aber nicht die Erben selbst oder ein Ersatzvollstrecker zur (gem. Rdn. 568 erzwingbaren) neuerlichen Erklärung der Auflassung berufen ist, sondern ein Insolvenzverwalter: Wurde die Vormerkung bei Umschreibung, wie i.d.R. bewilligt, wegen Fehlens störender Zwischeneintragungen gelöscht (ohne dass das Eigentum wirksam übergegangen wäre), kann der Insolvenzverwalter seine Mitwirkung verweigern, da § 106 InsO ihn nicht mehr daran hindert, es bei der wechselseitigen Nichterfüllungseinrede noch nicht vollständig erfüllter Verträge zu belassen (Rdn. 3069).[636] Soll auch dieses (seltene) Risiko vermieden werden, darf die Löschung der Vormerkung erst nach (jedenfalls insoweit) sicherem Eigentumserwerb erfolgen:

▸ Formulierungsvorschlag: Löschung der Vormerkung bei Testamentsvollstreckung (sichere Abwicklung)

571 Der Käufer bewilligt, die Vormerkung bei der Eigentumsumschreibung wieder zu löschen, vorausgesetzt, dass nachrangig keine Eintragungen bestehen bleiben, denen er nicht zugestimmt hat.

Um zu vermeiden, dass die Vormerkung aufgegeben wird, obwohl im Zeitpunkt der Umschreibung die Amtsbefugnis des Testamentsvollstreckers bereits beendet war und demnach die Eigentumsverschaffung gegen Rechtsnachfolger durchgesetzt werden muss, weisen die Beteiligten den Notar an, Ausfertigungen oder beglaubigte Abschriften dieser Urkunde nur im Auszug – ohne vorstehende Löschungsbewilligung – zu erteilen, und den Löschungsantrag erst zu stellen, nachdem
– Einsichtnahme des Notars in die Nachlassakten nach Umschreibung keine Anhaltspunkte dafür ergeben hat, dass zum Zeitpunkt der Umschreibung der heute mitwirkende Vollstrecker nicht mehr im Amt war,
– und dieser Vollstrecker dem Notar auch seinerseits nach Umschreibung unter Vorlage des Vollstreckerzeugnisses schriftlich bestätigt hat, dass er als Vollstrecker noch zum damaligen Zeitpunkt eingesetzt war.

Allgemein zur Löschung des Testamentsvollstreckervermerks i.R.d. Lastenfreistellung vgl. Rdn. 2063 f.

(4) Nachweis der Entgeltlichkeit

572 Gem. § 2205 Satz 3 BGB sind auch dem Vollstrecker **unentgeltliche Verfügungen** verwehrt (oben Rdn. 544), es sei denn, alle Erben, Vermächtnisnehmer und Nacherben[637] stimmen der Verfügung zu.[638] Keine Unentgeltlichkeit liegt vor, wenn der Testamentsvollstrecker eine ausdrückliche letztwillige Anordnung vollzieht,[639] es sei denn, diese wäre unwirksam.[640]

---

634 Vgl. *Kesseler* RNotZ 2004, 220; anders möglicherweise i.R.d. § 727 ZPO, wo BGH Rpfleger 2005, 610 den bloßen Nachweis der historischen Bestellung nicht als ausreichend ansieht.
635 *Schaal* notar 2010, 431, 435.
636 Hierauf weist *Kesseler* ZNotP 2008, 117 zu Recht hin, vgl. auch DNotI-Gutachten Nr. 101894 v. 19.07.2010 und *Schaal* notar 2010, 431, 436 (dies gilt auch für das Verhältnis zu einem etwaigen Nachlassverwalter).
637 Wohl nicht die Ersatznacherben, vgl. *Zimmermann* Die Testamentsvollstreckung Rn. 488; *Reimann* ZEV 2007, 262.
638 BGH DNotZ 1972, 90.
639 OLG München, 31.05.2010 – 34 Wx 28/10, ZEV 2011, 197.
640 OLG München, 30.06.2010 – 34 Wx 31/10, ZEV 2011, 195: bei ernsthaften Zweifeln an der Testierfähigkeit (trotz der Vollbeweiswirkung des Testamentsvollstreckerzeugnisses, § 35 Abs. 2 GBO: eine rechtsgrundlose Verfügung ist unentgeltlich).

> Hinweis:

> Sofern der vom Grundbuchamt i.R.d. Endvollzugs[641] verlangte Nachweis über die Vollentgeltlichkeit nicht ohne Schwierigkeit geführt werden kann,[642] empfiehlt es sich daher, die (gem. §§ 35, 36 GBO legitimierten) Erben an der Urkunde mitzubeteiligen. Die Erfüllung einer letztwilligen Verfügung stellt jedoch keine unentgeltliche Verfügung dar;[643] zum Nachweis des Inhalts der letztwilligen Verfügung genügen auch privatschriftliche Testamente.[644]

ee) Insolvenzverwalter

Ähnlich liegt es bei Mitwirkung eines **Insolvenzverwalters**, der die Bestellungsurkunde gem. § 56 Abs. 2 InsO zur Fertigung einer beglaubigten Abschrift hiervon (§ 12 BeurkG analog)[645] vorzulegen[646] hat, sofern nicht ein Verweis auf die beim AG des Grundbuchamtes geführten Insolvenzakten möglich ist. Der vorläufige Verwalter hat zusätzlich zur Bestallungsurkunde (§§ 21 Abs. 2 i.V.m. 56 InsO) auch eine Ausfertigung des gerichtlichen Beschlusses über die Anordnung eines allgemeinen Verfügungsverbotes vorzulegen, da die Bestellungsurkunde zur Reichweite seiner Befugnisse keine Aussage enthält.[647]

573

> **Formulierungsvorschlag: Mitwirkung eines Insolvenzverwalters**

> ....., hier handelnd nicht eigenen Namens,

> sondern in seiner Eigenschaft als Insolvenzverwalter nach § 56 InsO über das Vermögen des Insolvenzschuldners .....

> aufgrund Bestellung durch das AG – Insolvenzgericht – ..... durch Beschluss v. ....., Az. ..... Auf die unter diesem Aktenzeichen beim Insolvenzgericht geführten Akten wird Bezug genommen. Die durch den Insolvenzverwalter bei Beurkundung vorgelegte Bestellungsurkunde nach § 56 Abs. 2 InsO wird dieser Urkunde in beglaubigter Abschrift beigefügt.

574

In beiden Fällen wird der Notar jedoch nicht zur Haftungsvermeidung verpflichtet sein, zusätzlich einen Nachweis über den Fortbestand des Amtes (Rdn. 576) zu verlangen,[648] auch wenn die Bestallungsurkunde bereits vor längerer Zeit ausgestellt wurde,[649] zumal auch dieser bis zum Endvollzug gefordert werden müsste (s.o. Rdn. 567). Der Bestallungsurkunde kommt dabei (anders als dem Testamentsvollstreckerzeugnis nach § 2368 BGB) keinerlei Gutglaubenswirkung zu; auch der öffentlich bekannt zu machende Eröffnungsbeschluss belegt nicht, dass der Verwalter das Amt ange-

575

---

641 Die Eintragung der Vormerkung kann wegen des formellen KonsensPrinzips (§ 19 GBO) nur von diesem Nachweis abhängig gemacht werden, wenn das Grundbuchamt aus den vorgelegten Unterlagen und sonstigen ihm bekannten Umständen mit Sicherheit erkennt, dass § 2205 Satz 3 BGB verletzt ist, vgl. OLG Zweibrücken, 03.11.2006 – 3 W 188/06, ZEV 2007, 32 und OLG Frankfurt am Main, 16.09.2010 – 20 W 360/10, ZEV 2011, 534.
642 Gem. BayObLG DNotZ 1989, 182 und OLG München, 06.12.2011 – 34 Wx 403/11 sind hierbei die allgemeine Lebenserfahrung und auch nur als wahrscheinlich nachgewiesene Geschehensabläufe zugrunde zu legen; Unentgeltlichkeit liegt nicht nur dann vor, wenn objektiv noch ein besserer Preis erzielbar gewesen wäre, sondern nur, wenn der Testamentsvollstrecker wusste oder sich der Erkenntnis verschloss, dass dem Nachlass keine gleichwertige Gegenleistung zufließt. Die Form des § 29 GBO muss bei Beweisnot nicht eingehalten werden. Vgl. *Gutachten* DNotI-Report 2011, 135.
643 OLG Karlsruhe/Freiburg NJW-RR 2005, 1097.
644 OLG München, 18.02.2010 – 34 Wx 9/10, RNotZ 2010, 397; BayObLG NJW-RR 1989, 587.
645 Es handelt sich nicht um einen Fall der Vertretung, sondern der gerichtlich bestellten Sachwaltung (»Partei kraft Amtes«) *Winkler* BeurkG § 12 Rn. 12.
646 Verweigert der Verwalter die Vorlage der Bestellungsurkunde, haftet er der Masse gem. § 60 InsO für die Kosten der vermeidbaren Klauselerteilungsklage, vgl. *Gutachten* DNotI-Report 2007, 97.
647 *Wagner* ZfIR 2009, 345, 348.
648 So ausdrücklich LG Bonn RNotZ 2004, 340 zur Frage, ob der Notar vor einer Klauselumschreibung auf den Insolvenzverwalter (§ 727 ZPO) dies zu prüfen habe.
649 OLG München, 16.09.2011 – 34 Wx 376/11, DNotZ 2011, 951 m. Anm. *Heinze* hält grundbuchrechtlich eine 2 Jahre alte Bestallungsurkunde für ausreichend. KG, 21.11.2011 – 1 W 652/11 lässt eine vor mehr als einem Jahr ausgestellte Bescheinigung genügen, jedenfalls wenn sie im Original dem Notar 12 Tage vor der Vorlage beim Grundbuchamt zur Fertigung einer beglaubigten Abschrift vorgelegt wird.

nommen hat.⁶⁵⁰ Zu ausländischen Gerichtsverfahren vgl. Rdn. 3049 ff. Wurde wenigstens die Vormerkung wirksam erworben, bleibt der gesicherte Erwerbsanspruch gem. § 106 InsO durchsetzbar, Rdn. 3069 ff. Allerdings darf zu diesem Zweck nicht die Vormerkung »verfrüht« mit Umschreibung des Eigentums gelöscht werden, vgl. Rdn. 578.

▶ Hinweis:

576 Vorsichtige Notare prüfen auch hier durch Einsicht in die Insolvenzakten zumindest vor Fälligstellung des Kaufpreises und bei Verwendung einer Insolvenzverwaltervollmacht,⁶⁵¹ dass dessen Amt nicht durch Beendigung des Insolvenzverfahrens, Enthebung oder Ableben bereits vorher erloschen ist. § 878 BGB gilt nämlich jedenfalls nach noch herrschender Rechtsprechung nur für den Verlust der Berechtigung, nicht aber für den hier einschlägigen Wegfall der Verfügungsbefugnis, Rdn. 885.⁶⁵² Ein solches Einsichtsrecht des Notars ergibt sich aus § 4 InsO i.V.m. § 299 Abs. 2 ZPO (berechtigtes Interesse zumindest aufgrund der unklaren Rechtslage zu § 878 BGB). Eine Pflicht zur schriftlichen Auskunftserteilung durch das Insolvenzgericht ggü. dem Notar existiert jedoch nicht, auch nicht gestützt auf den Anspruch auf Amtshilfe.⁶⁵³ Auf der Internetseite www.insolvenzbekanntmachungen.de (§ 9 Abs. 1 Satz 1 InsO) wird die Abberufung eines Insolvenzverwalters nicht bekannt gemacht.⁶⁵⁴

577 Sofern entsprechende Kontrolle wiederum (vergleichbar der Konstellation in Rdn. 552, 566) nicht nur der Vorsorge des Notars überantwortet bleiben, sondern zur Fälligkeitsvoraussetzung erhoben soll, könnte formuliert werden:

▶ Formulierungsvorschlag: Fälligkeitsregelung bei Verkäuferinsolvenz (sichere Abwicklung)

Der Notar wird den Beteiligten den Eintritt der nachstehenden Voraussetzungen bestätigen (Versand an den Käufer per Einwurf-Einschreiben); der Käufer schuldet die Gutschrift des Kaufpreises spätestens zum Fälligkeitszeitpunkt, nämlich 14 Tage nach Zugang dieser Mitteilung:

..... Einsichtnahme in die Insolvenzakten hat keine Anhaltspunkte dafür ergeben, dass zum Zeitpunkt der Eintragung der Eigentumsvormerkung des Käufers der heute mitwirkende Insolvenzverwalter nicht mehr im Amt war (bzw. das Insolvenzgericht hat die Fortdauer des Amtes bestätigt), und dieser Verwalter hat dem Notar auch seinerseits nach Eintragung der Vormerkung schriftlich bestätigt, dass er als Verwalter noch eingesetzt ist und das Vertragsobjekt dem Insolvenzbeschlag noch unterliegt.

578 Soll Vorsorge dagegen getroffen werden soll, dass die Umschreibung des Eigentums aufgrund Wechsels oder Wegfalls des Insolvenzverwalters nicht wirksam ist (§ 878 BGB ist, vgl. Rdn. 587, jedenfalls nach Ansicht der Rechtsprechung nicht anwendbar), die Vormerkung jedoch verfrüht mit gelöscht wird und demnach der Schutz der §§ 883, 888 BGB, § 106 InsO zumindest fraglich ist (da in der Löschung eine Aufgabe der Vormerkung gem. § 875 BGB vermutet wird), mag sich, sofern nicht die Anderkontolösung gewählt wird (Rn 2465) folgende Vorgehensweise empfehlen⁶⁵⁵ (vergleichbar Rdn. 571):

---

650 Vgl. *Kesseler* RNotZ 2004, 462; ebenso wenig genügt gem. BGH RNotZ 2006, 144 m. zur Begründung krit. Anm. *Kesseler*, der Verweis auf die Veröffentlichung im elektronischen Bundesanzeiger oder auf der Internetseite www.insolvenzbekanntmachungen.de zur Umschreibung einer Vollstreckungsklausel in dinglicher Hinsicht gegen den Insolvenzverwalter nach § 727 ZPO. Im Klauselverfahren ausreichend wäre eine Bescheinigung des Insolvenzgerichtes oder ein Geständnis des Insolvenzschuldners und des Insolvenzverwalters je zu notarieller Niederschrift.
651 Diese verliert ihre Wirkung mit Wegfall der Sachwalterstellung des Verwalters, vgl. *Kesseler* RNotZ 2004, 224.
652 Vgl. OLG Köln MittRhNotK 1981, 139; BayObLG MittBayNot 1975, 228 f. und wohl auch ZEV 1999, 69; a.A. Bamberger/Roth/*Kössinger* BGB § 878 Rn. 14 f. m.w.N.; *Kesseler* RNotZ 2004, 218 und AG Rostock NotBZ 2004, 203; auch gutgläubiger Erwerb (§ 892 BGB) wird durch den Insolvenzvermerk (§ 32 InsO) ausgeschlossen.
653 DNotI-Gutachten Nr. 11374, v. 26.10.2004: keine Behördeneigenschaft des Notars i.R.d. Vollzugstätigkeit; *Reull/Heckschen/Wienberg* Insolvenzrecht in der Kautelarpraxis, S. 183.
654 Vgl. BGH Rpfleger 2005, 610; gem. § 1 Satz 1 InsIntBekV, BGBl. I 2002, S. 677 ersetzt die Internetveröffentlichung nur solche Bekanntmachungen, die nach der InsO zu veröffentlichen sind, mithin nicht die Entlassung eines Insolvenzverwalters. Alle ein Verfahren betreffenden Eintragungen werden zudem 6 Monate nach Rechtskraft der Einstellung des Verfahrens gelöscht.
655 Zum Problem vgl. *Grziwotz/Everts/Heinemann/Koller* Rn. 413.

▸ **Formulierungsvorschlag: Löschung der Vormerkung bei Verkauf durch den Insolvenzverwalter (sichere Abwicklung)**

Der Käufer bewilligt, die Vormerkung bei der Eigentumsumschreibung wieder zu löschen, vorausgesetzt, dass nachrangig keine Eintragungen bestehen bleiben, denen er nicht zugestimmt hat.

Um zu vermeiden, dass die Vormerkung aufgegeben wird, obwohl im Zeitpunkt der Umschreibung die Amtsbefugnis des heute handelnden Insolvenzverwalters bereits beendet war und demnach die Eigentumsverschaffung anderweit durchgesetzt werden muss, weisen die Beteiligten den Notar an, Ausfertigungen oder beglaubigte Abschriften dieser Urkunde nur im Auszug – ohne vorstehende Löschungsbewilligung – zu erteilen, und den Löschungsantrag erst zu stellen, nachdem

– Einsichtnahme des Notars in die Insolvenzakten nach Umschreibung keine Anhaltspunkte dafür ergeben hat, dass zum Zeitpunkt der Umschreibung der heute mitwirkende Verwalter nicht mehr im Amt war, oder das Insolvenzgericht dies schriftlich bestätigt,

– und dieser Insolvenzverwalter dem Notar auch seinerseits nach Umschreibung unter Vorlage des Insolvenzverwalterzeugnisses schriftlich bestätigt hat, dass er als Verwalter noch zum damaligen Zeitpunkt eingesetzt war.

Allgemein zur Löschung des Insolvenzverwaltervermerks i.R.d. Lastenfreistellung vgl. Rdn. 2066 f.

Der **Treuhänder im Verbraucherinsolvenzverfahren** darf ein grundpfandrechtlich belastetes Grundstück nur veräußern, nachdem das Verwertungsrecht wegen Untätigkeit des absonderungsberechtigten Grundpfandgläubigers nach Fristsetzung durch das Insolvenzgericht auf ihn übergegangen ist (§ 313 Abs. 3 Satz 3 InsO i.V.m. § 173 Abs. 2 Satz 2 InsO analog)[656] oder wenn die absonderungsberechtigten Gläubiger der Veräußerung durch den Treuhänder zugestimmt haben.[657] Dabei handelt es sich jedoch nach richtiger, jetzt herrschender Meinung lediglich um Beschränkungen im Innenverhältnis (vgl. im Einzelnen Rdn. 3061). 579

▸ **Hinweis:**

Hinzuweisen ist schließlich darauf, dass zwar der Schutz des **guten Glaubens** bei fehlendem Insolvenzvermerk praktisch umfassend durch §§ 81, 91 InsO i.V.m. §§ 878, 892 BGB gewährleistet ist – auch der Notar ist mangels konkreter Anhaltspunkte nicht verpflichtet, aktiv nach Insolvenzbeschränkungen zu forschen (etwa durch Anwahl der Internetseite www.insolvenzbekanntmachungen.de)[658] – dies gilt jedoch nicht umgekehrt für den eingetragenen Vermerk, dem keinerlei konstitutive Bedeutung zukommt: Weder ist der gute Glaube daran, dass tatsächlich die Insolvenz eröffnet wurde bzw. vorläufige Insolvenzverwaltung besteht, geschützt, noch der gute Glaube daran, dass das betroffene Grundstück zur Insolvenzmasse zählt.[659] Im Hinblick auf die jederzeit gegebene Möglichkeit des Insolvenzverwalters, das Grundstück durch schlichte Erklärung ggü. dem Gemeinschuldner aus der Insolvenzmasse freizugeben (vgl. Rdn. 3087), lässt sich die Zugehörigkeit des Grundstücks zur Masse mit den Mitteln des § 29 GBO ohnehin nicht nachweisen. Es dürfte jedoch zu weit gehen, dem Notar aufzubürden, trotz des eingetragenen Insolvenzvermerks »zur Sicherheit« sich beim Verwalter und dem Gemeinschuldner nach etwa erteilten Freigaben oder der Zugehörigkeit zum insolvenzbeschlagsfreien Vermögen (§ 35 InsO) zu erkundigen.[660] 580

d) Vertretung juristischer Personen und Handelsgesellschaften

Firma und Sitz einer juristischen Person sind im Grundbuch möglichst in Übereinstimmung mit der aktuellen Eintragung im Handelsregister zu vermerken (§ 15 GBV) und zwar auch dann, wenn die im Register verlautbarte Firma unzulässig ist (»gGmbH«), jedoch besteht keine Amtspflicht des 581

---

656 Vgl. *Suppliet* NotBZ 2003, 307 und Uhlenbruck/*Vallender* InsO § 313 Rn. 112.
657 LG Kiel Rpfleger 2004, 730.
658 Vgl. *Steinkühler* MittBayNot 2007, 244 gegen OLG Zweibrücken MittBayNot 2007, 240.
659 Vgl. *Kesseler* RNotZ 2004, 217.
660 Ebenso *Kesseler* RNotZ 2004, 217.

B. Gestaltung eines Grundstückskaufvertrages

Grundbuchamtes Grundbuch und Register in Übereinstimmung zu halten.[661] Zu eigenen Nachforschungen bei anderen Handelsregistern, auch wenn sie online möglich sind, ist das Grundbuchamt nicht verpflichtet.[662]

aa) Nachweise gem. § 32 GBO

582 Gem. § 32 Abs. 1 Satz 1 GBO in der ab 01.10.2009 geltenden Fassung kann der Nachweis über Bestehen, Sitz, Firma und Vertretung juristischer Personen und Personengesellschaften (unter anderem) durch eine notarielle Bescheinigung i.S.d. § 21 Abs. 1 Nr. 1 BNotO geführt werden, soweit sich diese Umstände aus einer Eintragung in das Handels-, Vereins- oder Genossenschafts- bzw. Partnerschaftsregister ergeben. Anzugeben ist dabei, ob Allein-[663] oder Gesamtvertretungsmacht besteht, und – jedenfalls sofern hierunter fallende Erklärungen abgegeben werden – ob aufgrund allgemeiner Regelung in der Satzung oder aufgrund allgemeinen Beschlusses des Bestellungsorgans, gestützt[664] auf entsprechende Ermächtigung in der Satzung, Befreiung von § 181 BGB[665] erteilt wurde, ggf. (§ 112 AktG: Rn. 484) beschränkt auf den Fall der Mehrfachvertretung. Die Bescheinigung darf allerdings nur erteilt werden, wenn sie sich auf einen durch die Geschäftsstelle des Gerichts gem. § 9 Abs. 2 Satz 4 HGB beglaubigten[666] Registerauszug oder auf die Einsicht in das Register – gleich ob noch in Papierform oder bereits elektronisch geführt[667] – stützt. Die Einsicht kann auch von zuverlässigen Wahrnehmungsgehilfen des Notars durchgeführt worden sein. Das Datum der Einsichtnahme bzw. das Datum des Beglaubigungsvermerks unter dem Registerauszug sind in der Bescheinigung anzugeben.

▶ **Formulierungsvorschlag: Notarielle Bescheinigung über organschaftliche Vertretungsmacht**

583 Hierzu bescheinige ich gem. § 21 Abs. 1 Nr. 1 BNotO aufgrund Einsicht in das Handelsregister des AG ..... vom ....., dass vorgenannte Gesellschaft dort unter HRB ..... eingetragen ist und durch ..... als Geschäftsführer einzeln und von den Beschränkungen des § 181 BGB befreit vertreten werden kann.

Sofern die erforderlichen **Registereinsichten** (möglichst nicht länger als 14 Tage vor dem Datum der Beurkundung)[668] zum Termin bereits vorliegen (was durch eine überlegte Ablaufplanung bei rechtzeitiger Terminankündigung bzw. durch, wo möglich, elektronischen Abruf des Registerabzuges[669] gewährleistet sein wird), ist die Vertretungsbescheinigung Bestandteil der Urkunde, anderenfalls wird sie nachträglich separat erstellt. Nach der deutschlandweiten Umstellung des Handelsregisters auf elektronische Führung besteht die Möglichkeit des Abrufes als »**aktueller Ausdruck**« (enthaltend alle derzeit gültigen Eintragungen), als »**chronologischer Ausdruck**« (mit allen Daten ab der Umstellung auf die elektronische Registerführung), oder als »**historischer Ausdruck**« (mit allen Daten, die bis zur Umstellung auf die elektronische Registerführung gültig waren).

---

661 OLG München, 26.02.2008 – 34 Wx 5/08, NotBZ 2008, 163.
662 OLG Hamm, 17.01.2008 – 15 W 370/07, ZfIR 2008, 502 m. Anm. *Heinze*.
663 »Alleinvertretung« und »Einzelvertretung« sind dabei begrifflich gleichbedeutend, vgl. BGH, 19.03.2007 – II ZB 19/06, DNoZ 2007, 861.
664 OLG Hamm NJW-RR 1998, 1193 (1994); vgl. *Klepsch/Klepsch* NotBZ 2008, 329.
665 Nach nun überwiegender Auffassung zählt die Befreiung von § 181 BGB, auch wenn sie auf bestimmte Arten von Geschäften oder auf Geschäfte mit bestimmten Dritten beschränkt ist, gem. § 10 Abs. 1 Satz 2 GmbHG nicht nur zu den eintragungsfähigen, sondern auch zu den (mit Mitteln des Registerzwangs erzwingbaren) eintragungspflichtigen Umständen, vgl. OLG Stuttgart v. 18.10.2007, RNotZ 2008, 109.
666 Eine förmliche »beglaubigte Abschrift« eines amtlichen Ausdrucks des elektronischen Handelsregisters kann der Notar mangels Urkundsqualität des Ausdrucks nicht erstellen (§ 42 BeurkG).
667 Vgl. BNotK-Rundschreiben Nr. 14/2003 v. 14.04.2003.
668 Dieser Zeitraum orientiert sich an der Karenzfrist des § 15 Abs. 2 HGB. Großzügiger *Melchior/Schulte* NotBZ 2003, 344: 6 Wochen.
669 Kosten: 4,50 €, auch für mehrere Ausdrucke in unterschiedlicher Darstellung für dasselbe Unternehmen während derselben Abrufsitzung, Nr. 400 JVKostO.

I. Beteiligte

Gem. § 21 Abs. 1 Nr. 2 BNotO kann eine notarielle Bescheinigung auch erstellt werden über Firmenänderungen, Umwandlungen oder sonstige rechtserhebliche Umstände, was insb. dann erforderlich wird, wenn im Grundbuch der Verkäufer oder ein Gläubiger noch unter einer früheren Bezeichnung oder als ein zwischenzeitlich durch Verschmelzung untergegangener Rechtsträger eingetragen ist. 584

Anstelle einer notariellen Vertretungsbescheinigung kann der Nachweis für die unter Rdn. 582 genannten Umstände auch durch einen amtlichen Registerausdruck bzw. eine beglaubigte Registerabschrift geführt werden, § 32 Abs. 1 Satz 3 GBO. Daneben kann gem. § 32 Abs. 2 GBO auf das **elektronische Register Bezug genommen** werden; erforderlich ist dabei nur die Nennung des Registergerichts und des Registerblattes; das Grundbuchamt kann dann nicht durch Zwischenverfügung die Beibringung eines Registerauszugs verlangen.[670] Andere Umstände, wie etwa Umwandlungen, erfordern jedoch weiterhin eine notarielle Bescheinigung.[671] Nach der vor 01.10.2009 geltenden Rechtslage konnte diese Bezugnahme nur stattfinden, wenn das Handels-, Vereins-, Genossenschafts- oder Partnerschaftsregister beim selben AG[672] geführt wurde (§ 34 GBO).[673] 585

▶ Hinweis:

Die Erstellung einer separaten Vertretungsbescheinigung wäre kostenrechtlich eine nicht abzurechnende, da unrichtige Sachbehandlung (§ 16 KostO).

Natürlich muss sich der Notar vor Bezugnahme auf die Register davon überzeugen, dass die von den Beteiligten behaupteten Rechtsverhältnisse dort tatsächlich eingetragen sind.

§ 32 GBO verdrängt nicht die allgemeinen Nachweismöglichkeiten gem. § 29 Abs. 1 GBO. Letzterer Weg ist der einzig gangbare, wenn z.B. bei Gesamtvertretung eine Ermächtigung eines Organs analog § 78 Abs. 4 Satz 1 AktG bzw. § 125 Abs. 2 Satz 2 HGB erteilt wurde, da diese im Register nicht eingetragen werden können. Der Nachweis kann dann nach Ansicht der Rechtsprechung[674] durch einen unterschriftsbeglaubigten Gesellschafterbeschluss geführt werden (im konkreten Beispielsfall der Gesamtvertreterermächtigung fraglich, weil diese durch den anderen organschaftlichen Vertreter zu erteilen ist, nicht durch die Gesellschafter, wie etwa im Fall der Einzelbefreiung von § 181 BGB). 586

bb) Vorgesellschaften

Auch die **Vor-GmbH**, die mit Beurkundung des Beschlusses über die Gründung einer GmbH und der Satzungsfeststellung entsteht, ist grundbuchfähig. Sie kann sowohl als Vormerkungsberechtigte als auch als Eigentümerin eingetragen werden. Der Geschäftsführer der Vor-GmbH wird nicht als Organ tätig, sondern i.R.d. ihm erteilten Vertretungsmacht (Ermächtigung). Diese ist beschränkt auf den Zweck der Vor-GmbH, also grds. auf das Betreiben des Eintragungsverfahrens, es sei denn, alle Gründungsgesellschafter haben einvernehmlich die Vertretungsmacht erweitert. Diese Erweiterung kann bereits in die GmbH-Errichtungsurkunde aufgenommen werden; anderenfalls mag es sich empfehlen, alle Gründungsgesellschafter das Erwerbsgeschäft nachgenehmigen zu lassen, wenn nicht die Zugehörigkeit zu den Gründungsgeschäften (etwa bei einer Grundstückseinbringung als Sacheinlage) manifest ist. Gleiches gilt hinsichtlich der Vor-AG[675] für ihren (künftigen) Vorstand,[676] 587

---

670 OLG Frankfurt am Main, 29.06.2011 – 20 W 267/11, DNotZ 2012, 141.
671 Vgl. *Meyer/Mödl* DNotZ 2009, 743, 758.
672 Die räumliche Trennung von Registergericht und Grundbuchamt stand § 34 GBO nicht entgegen, LG Saarbrücken NotBZ 2002, 462.
673 Die Vorschrift galt analog auch für das Genossenschaftsregister und sonstige beim selben AG geführte Register und Akten, LG Saarbrücken MittBayNot 2003, 385.
674 OLG München, 16.09.2011 – 34 Wx 376/11, DNotZ 2011, 951 m. Anm. *Heinze*.
675 Hierzu *Gutachten* DNotI-Report 2007, 137 ff.
676 Wird bei der Sachgründung einer AG nicht nur das Verpflichtungsgeschäft der Sacheinlage als unselbstständiger Bestandteil des Gesellschaftsvertrags (BGHZ 45, 338/345), sondern auch dessen Erfüllung i.R.d. Gründungsvorgangs selbst vorgenommen, wird die »im Entstehen befindliche« Vor-AG durch die Gründer »repräsentiert«, vgl. *Gutachten* DNotI-Report 2007, 25 m.w.N.

B. Gestaltung eines Grundstückskaufvertrages

das Rechtsgeschäft der Vor-AG ist zudem im Gründungs-(und ggf. Gründungsprüfungs-)bericht, §§ 32, 33 AktG, sowie in der Handelsregisteranmeldung[677] zu berücksichtigen.

588 Zur Bescheinigung der Vertretungsverhältnisse steht mangels Registereintragung die Bescheinigung gem. § 21 BNotO nicht zur Verfügung, sodass ein Zeugnis eigener Art erforderlich ist.

▶ Formulierungsvorschlag: Bescheinigung der Vertretungsverhältnisse bei einer Vor-GmbH

589 Hierzu bescheinige ich, ..., Notar, dass zu diesamtlicher Urkunde vom ..... URNr. ..... (Originalurkunde liegt vor) die genannte GmbH mit dem genannten künftigen Sitz gegründet wurde. In der gleichzeitig stattfindenden Gesellschafterversammlung wurde der Erschienene zum ersten Geschäftsführer der Gesellschaft bestellt.

Der vorgenannte Geschäftsführer ist stets einzeln zur Vertretung der Gesellschaft berechtigt und von den Beschränkungen des § 181 BGB befreit.

Die Geschäftsführerbestellung wurde sofort wirksam. Die Eintragung der Gesellschaft in das Handelsregister ist noch nicht erfolgt. Der Geschäftsführer erklärt, durch alle Gesellschafter auch im Innenverhältnis zur Vornahme des heutigen Rechtsgeschäftes ermächtigt zu sein.

Auf die Folgen und Risiken einer Geschäftstätigkeit vor Eintragung der Gesellschaft hat der Notar hingewiesen, insbes. auf die dadurch begründete gesamtschuldnerische persönliche Haftung der Handelnden und die Gefahr einer Differenzhaftung sowie einer falsch abgegebenen Versicherung des Geschäftsführers, wenn durch vorher eingegangene Verpflichtungen das Stammkapital der Gesellschaft zum Zeitpunkt der Eintragung bilanziell gemindert ist.

590 Wird die **Vor-GmbH beendet**, weil die Gründungsgesellschafter die Eintragung nicht mehr weiter betreiben,[678] oder aus wichtigem Grund analog § 723 Abs. 1 Satz 2, Abs. 3 Nr. 1 BGB gekündigt,[679] soll eine bereits eingetragene Vormerkung im Grundbuch gegenstandslos werden;[680] gesellschaftsrechtlich handelt es sich nun um eine (auf Liquidation oder nichtkörperschaftliche Fortführung gerichtete) Gesellschaft des bürgerlichen Rechtes,[681] die durch die Gesellschafter vertreten wird.[682] Bei der nicht zur Eintragung gelangenden **Vor-AG** erfolgt eine Liquidation analog §§ 262 ff. AktG durch den Vorstand (§ 265 AktG) mit Verlustdeckungshaftung der Gründer;[683] die Rechte und Pflichten einer gescheiterten Ein-Personen-Vor-AG gehen ohne Weiteres auf den alleinigen Gründer über.[684]

591 Wird der Vertrag sodann gleichwohl vollzogen, ist demnach im Hinblick auf die Auflassung eine **Nachtragsurkunde** notwendig; scheitert der Vertrag (wie i.d.R.), ist der Verkäufer für Vorkehrungen zur Löschung der Vormerkung dankbar (optimal ist die auflösend bedingte Vormerkung, Rdn. 850, da sie den Nachweis der derzeitigen Zusammensetzung der Liquidations-GbR und die Bewilligung/Bevollmächtigung durch GbR-Gesellschafter entbehrlich macht[685]). Hat jedoch (wie

---

677 Nachweis der notwendigen wertgleichen Deckung, da über die Bareinlage bereits vor Eintragung verfügt wurde, vgl. *Gutachten* DNotI-Report 2007, 142.
678 Nach BGHZ 134, 333, verbleibt es bei der bloßen Verlustdeckungshaftung (Erstattung der Fehlbeträge im Innenverhältnis ggü. der Gesellschaft, und zwar unbeschränkt, wenn die Gesellschafter der vorzeitigen Geschäftstätigkeit nicht widersprochen haben, sonst beschränkt auf ihre versprochenen Einlagen), wenn die Geschäftstätigkeit nach Scheitern der GmbH-Eintragung sofort eingestellt wird. Wird das Geschäft jedoch gleichwohl fortgeführt, ohne dass die Eintragungsabsicht weiterverfolgt würde, haften die Gesellschafter gem. BGH, GmbH-Rundschau 2003, 97, wie bei einer Personengesellschaft (OHG).
679 BGH, 23.10.2006 – II ZR 162/05, DStR 2006, 2322.
680 BayObLG MittBayNot 1987, 249; richtig dagegen *Schöner/Stöber* Grundbuchrecht 13. Aufl. 2004 Rn. 993: Umdeutung in eine Sicherung zugunsten der Gründungsgesellschafter in GbR.
681 Vgl. OLG Hamm, 19.07.2006 – 20 U 214/05, DStR 2006, 1664.
682 Im Prozess bleibt sie jedoch parteifähig und weiter durch den Prozessbevollmächtigten vertreten, BGH, 31.03.2008 – II ZR 308/06, GmbHR 2008, 654.
683 *Gutachten* DNotI-Report 2007, 141 m.w.N.
684 BGH NJW-RR 1999, 1554; a.A. *Petersen* NZG 2004, 400, 405.
685 Nach einer im Vordringen befindlichen Ansicht erfolgt die »Rückabwicklung« einer Vor-GmbH oder Vor-AG im Innenverhältnis (also nicht die Vertretung im Außenverhältnis) nicht durch alle Gesellschafter, sondern analog §§ 60 ff. GmbHG, § 265 Abs. 1 AktG durch die »Geschäftsführer« bzw. »Vorstandsmitglieder«, BGH, 28.11.1997 – V ZR 178/96, DStR 1998, 499 und BGH, 23.10.2006 – II ZR 162/05, DStR 2006, 2322.

im Regelfall) die Eintragung der GmbH im Handelsregister stattgefunden, kann auf einseitigen schriftlichen Antrag das Grundbuch berichtigt werden; zum Nachweis der Unrichtigkeit genügt eine Vertretungsbescheinigung des Notars gem. § 21 BNotO.[686]

Gesellschaftsrechtlich besteht Identität zwischen der Vor-GmbH und der GmbH. Dies gilt jedoch nicht im Verhältnis zwischen sog. **Vorgründungsgesellschaft** (Gesellschaft des bürgerlichen Rechts zur Verfolgung des Zwecks einer GmbH-Gründung) und »**Vor-GmbH**« (ab notarieller Beurkundung) – dort bedarf der Übergang von Rechten und Ansprüchen einer Einzelübertragung, z.B. im Wege der Einbringung als Sacheinlage gem. § 5 Abs. 4 GmbHG. In diesem Fall entstehen die **Transaktionskosten** und die **Grunderwerbsteuer zweifach**.[687]   592

cc) Handels- und Kapitalgesellschaften

Eine **Kommanditgesellschaft** (KG) wird stets durch den persönlich haftenden Gesellschafter vertreten (§§ 161 Abs. 2, 125 HGB, was nunmehr auch in das Handelsregister einzutragen ist). Die organschaftliche Vertretungsmacht (§ 126 HGB) bei Personenhandelsgesellschaften findet ihre Grenze erst bei Grundlagengeschäften, welche die Veräußerung des gesamten Unternehmens betreffen[688] (Erfordernis der Mitwirkung aller Gesellschafter, Analogieschluss zu § 179a AktG); diese Voraussetzungen sind bei der Veräußerung von Immobilien, auch des gesamten Immobilienbestandes, einer Personengesellschaft nicht erfüllt, da der Handel mit Immobilien deren eigentliches, gewolltes Unternehmensziel darstellt.[689]   593

Die KG entsteht, sofern sie ein Handelsgewerbe i.S.d. § 1 Abs. 2 HGB betreibt, mit der Aufnahme des Geschäftsbetriebs, aber nur wenn dieser mit Einverständnis aller Gesellschafter erfolgt, anderenfalls erst mit der Eintragung in das Handelsregister. Vorsichtigerweise sollten daher alle Gesellschafter an der Beurkundung teilnehmen (um der Obliegenheit des Nachweises enthoben zu sein, die Aufnahme der Geschäftstätigkeit bei einem Handelsgewerbe sei mit Einverständnis aller Gesellschafter erfolgt, oder um Abgrenzungsschwierigkeiten zwischen einem Handelsgewerbe und einer lediglich vermögensverwaltenden KG nicht relevant werden zu lassen). Eine fälschlicherweise für eine »**KG in Gründung**«, die mangels Vorliegens eines Handelsgewerbes noch nicht wirksam begonnen hat, eingetragene Vormerkung soll jedoch nach der Rechtsprechung gleichwohl wirksam sein;[690] richtigerweise wird man sie in eine Vormerkung für eine GbR umdeuten (Identität der GbR mit der nach Eintragung entstehenden KG).   594

▶ Hinweis:

Kautelarjuristisch wird es sich empfehlen, die Vormerkung zugunsten der GbR zu bewilligen und die Auflassung auf die KG (derzeit noch in Gründung) zu erklären,[691] den Endvollzug jedoch erst dann vorzunehmen, wenn die KG im Handelsregister eingetragen ist, und hierüber Nachweis zu führen. Dieser Nachweis kann durch Auszug bzw. Bezugnahme (§ 32 Abs. 2 GBO) auf das Handelsregister geführt werden, sodass es auf die sonst bestehenden Unsicherheiten, wie   595

---

686 Nach Ansicht des OLG Köln GmbH-Rundschau 1990, 399, kann das Grundbuchamt in diesem Fall die nachträgliche Genehmigung der Urkunde durch den Geschäftsführer der GmbH nach deren Eintragung verlangen.
687 Vgl. OLG Koblenz NZG 2003, 32: Auch wer in der erklärten Absicht, eine GmbH zu gründen, im Namen der Vorgründungs- »GmbH« einen Vertrag schließt, wird selbst Vertragspartner.
688 Night-Club-Entscheidung des BGH NJW 1995, 596.
689 *Spranger* ZfIR 2011, 234 ff.
690 BayObLG DNotZ 1986, 156; die Vormerkung sei kein dingliches Recht im eigentlichen Sinne, sondern sichert den Anspruch der künftigen Gesellschaft, sofern letztere hinreichend bestimmbar ist.
691 Zögernd insoweit *Wälzholz* in: Aktuelle Tendenzen und Entwicklungen im Gesellschaftsrecht NotRV Würzburg 2004, S. 30: unzulässige aufschiebende Bedingung. Bedenken könnten eher bestehen angesichts der strengen, jedoch unzutreffenden, Rspr. des BayObLG m. krit. Anm. *Heil* DNotZ 2004, 379, wonach die (materiell-rechtlich noch so bestehende) GbR nicht auflassungserklärungsfähig sei, sondern alle Gesellschafter zu nennen wären.

B. Gestaltung eines Grundstückskaufvertrages

die z.Zt. der Auflassungserklärung materiell-rechtlich bestehende GbR vertreten werden konnte (Rdn. 426 ff.), dann nicht mehr ankommt.[692]

596 Für **Gesellschaften**, für die **kein gerichtliches Register** besteht (z.B. wirtschaftlicher Verein gem. § 22 BGB, Gesellschaft des bürgerlichen Rechtes, Stiftung), steht der Weg des § 21 BNotO nicht zur Verfügung. Hier muss der **Nachweis durch sonstige Dokumente** geführt werden, etwa die Satzung, den Gesellschaftsvertrag etc. Bei Stiftungen wird regelmäßig eine Bescheinigung der Stiftungsaufsicht über die Zusammensetzung und Vertretungsmacht des Stiftungsvorstandes erteilt.[693]

597 Zu den verschiedenen Varianten der Vertretung einer GbR (durch Zusammenwirken aller Gesellschafter, durch gesellschaftsvertraglich oder im Beschlusswege geschaffene organschaftliche Vertretung eines Gesellschafters, durch rechtsgeschäftliche Bevollmächtigung eines Gesellschafters oder eines Dritten) und den (im Einzelnen unsicheren) Nachweismöglichkeiten ggü. dem Grundbuchamt vgl. Rdn. 406 ff. Haben alle Gesellschafter einer GbR einem Dritten Vollmacht erteilt, ist diese auch für die GbR wirksam, die durch alle Gesellschafter gemeinsam vertreten wird (eine eigenständige Vollmacht »der GbR« ist also nicht erforderlich).[694] Dies gilt nicht nur für »Altfälle«,[695] also Vollmachten aus der Zeit vor »Anerkennung« der Teilrechtsfähigkeit der GbR, Rdn. 309 ff.

598 Weitere Probleme entstehen, wenn die im Handelsregister eingetragenen Organe aus Rechtsgründen an der Vertretung gehindert sind: Die **Aktiengesellschaft** (AG) wird zwar gem. § 78 AktG durch den Vorstand, in den Ausnahmefällen des **§ 112 AktG**, also insb. im Verhältnis zu anderen, auch ausgeschiedenen[696] Vorstandsmitgliedern, jedoch durch den Aufsichtsrat vertreten (§ 112 AktG). Gleiches gilt für die eingetragene Genossenschaft (§ 39 Abs. 1 GenG).[697] Sofern die Satzung nicht eine Ermächtigung zugunsten einer Person, also des Vorsitzenden des Aufsichtsrates, vorsieht, oder diese rechtsgeschäftlich in der Form des § 29 GBO (notariell beglaubigt) erteilt wird, müssen alle Aufsichtsratsmitglieder mitwirken. Zum Nachweis über die Mitgliedschaft im Aufsichtsrat ist das Protokoll[698] der betreffenden Hauptversammlung bzw. der Gesellschaftsgründung heranzuziehen. Nach untergerichtlicher Rechtsprechung[699] soll § 112 AktG entsprechend anwendbar sein, wenn das Vorstandsmitglied »wirtschaftlicher Vertragspartner« ist, z.B. Alleingesellschafter der mit der AG kontrahierenden GmbH. Ein Verstoß gegen § 112 AktG führt zur schwebenden Unwirksamkeit, nicht zur Nichtigkeit des Rechtsgeschäfts.[700] Eine erweiternde Auslegung auf Fälle »wirtschaftlicher Identität«, also auf Verträge mit anderen wirtschaftlichen Personen, die (überwiegend?) in der Hand des Vorstandsmitglieds sind, wird von der herrschenden Meinung zu Recht abgelehnt.[701]

---

692 OLG Hamm, 14.12.2010 – I-15 W 201 und 202/10, MittBayNot 2011, 252.
693 Die Vertretungsbescheinigung der Stiftungsaufsichtsbehörde nach § 9 Abs. 7 LStiftG-RP erfüllt die Voraussetzungen des § 29 GBO, OLG Zweibrücken, 30.11.2010 – 3 W 177/10, ZfIR 2011, 319 m. Anm. *Heinze*: »bestmögliche Nachweismöglichkeit angesichts bestehender Beweisnot«; vgl. auch *Roth* NotBZ 2011, 244 ff.: analoge Anwendung der §§ 172 ff. BGB auf die von der Stiftung beantragte Vertretungsbescheinigung.
694 BGH, 20.01.2011 – V ZB 266/10, DNotZ 2011, 361 m. Anm. *Böttcher* (vgl. auch *Lautner* MittBayNot 2011, 495); gegen KG, 14.09.2010 – 1 W 380/10, RNotZ 2011, 106, vgl. *Führ*, RNotZ 2011, 155. Dabei kommt es nicht darauf an, ob die Generalvollmacht exemplarisch die Ausübung von Stimmrechten aufzählt.
695 Solche »Altvollmachten« hatte schon OLG München, 26.08.2009 – 34 Wx 54/09, MittBayNot 2010, 126 m. Anm. *Ruhwinkel* anerkannt, »jedenfalls wenn sie schon bisher für die GbR verwendet wurden«.
696 BGHZ 103, 213; BGH DStR 2005, 432.
697 BGH NJW 1995, 2559; DNotI-Gutachten Nr. 31553; *Hildebrandl/Kessler* Berliner Kommentar zum GenG 2001 § 39 Rn. 2. Befreiung von § 181 BGB kann daher nur hinsichtlich des Mehrfachvertretungsverbotes erteilt werden, vgl. PfälzOLG, 15.06.2009 – 3 W 14/09, RNotZ 2009, 668, ebenso *Klepsch/Klepsch* NotBZ 2008, 331.
698 Und zwar auch, wenn dieses nur privatschriftlich vorliegt, etwa bei der »kleinen AG« (Beweisnotstand).
699 LG Koblenz ZNotP 2002, 322 m. abl. Anm. *Fischer* ZNotP 2002, 297 ff.; ausführlich *Gutachten* DNotI-Report 2004, 75 ff.
700 OLG Celle BB 2002, 1483 und OLG Karlsruhe WM 1996, 191; gegen OLG Stuttgart BB 1992, 1669. Allerdings muss sich der lediglich schlüssig Handelnde der Genehmigungsbedürftigkeit bewusst sein BGH DStR 2005, 432.
701 Vgl. *Suttmann* MittBayNot 2011, 1, 9; offen gelassen in OLG Celle MittBayNot 2002, 410.

I. Beteiligte

I.Ü., also außerhalb des Anwendungsbereichs des § 112 AktG, ist **§ 181 BGB** zu beachten.[702] Es erfasst Geschäfte zwischen Organ und Gesellschaft[703] ebenso wie Fälle der Mehrfachvertretung. Der Befreiung von § 181 BGB bedarf es nicht bei der Erfüllung einer Verbindlichkeit, etwa beim Abschluss des dinglichen Einbringungsvertrags (nicht der zugrunde liegenden schuldrechtlichen Abrede!).[704] In Sonderfällen wird die Gesellschaft nicht durch den Geschäftsführer, sondern durch die Gesellschafterversammlung vertreten, so etwa beim Abschluss des Anstellungsvertrags mit dem Geschäftsführer als Annex-Kompetenz zur Bestellung und Abberufung, § 46 Nr. 5 GmbHG,[705] ebenso beim Abschluss eines Übernahmevertrages im Rahmen einer Kapitalerhöhung, §§ 55 ff. GmbHG.[706] Noch nicht vollständig geklärt ist schließlich die Anwendbarkeit des § 181 BGB auf Beschlüsse von Gesellschaftsorganen[707] (sicherlich zu bejahen für sog. Grundlagenbeschlüsse, wie Satzungsänderungen, Auflösungs-, Umwandlungs- und Unternehmensvertragszustimmungsbeschlüsse etc.); offen ist auch die – zu verneinende – Frage, ob in Konzernsachverhalten eine teleologische Ausnahme von § 181 BGB zu machen sei.

599

Die Beschränkungen des § 181 BGB können nicht »umgangen« werden durch Einschaltung eines Untervertreters, und zwar unabhängig davon, ob Letzterer weisungsabhängig ist oder nicht: Es bedarf einer ununterbrochenen Legitimationskette vom Untervertreter zum Vertretenen (also zur Gesellschaft), die jeweils die Befreiung von § 181 BGB einschließt.[708] Anders liegt es jedoch, wenn aufseiten der Gesellschaft ein Prokurist tätig wird, der diese – jedenfalls nach Ansicht des BGH[709] – bei Geschäften zwischen der Gesellschaft und einem Organmitglied wirksam vertreten kann, auch wenn er selbst nicht von § 181 BGB befreit ist: Er ist nicht lediglich Unterbevollmächtigter des Organvertreters, sondern unmittelbarer Vertreter des Inhabers des Handelsgeschäfts.[710] Ebenfalls nach Ansicht des BGH[711] soll bei Gesamtvertretung ein Vertretungsberechtigter für ein bestimmtes Rechtsgeschäft einen anderen ermächtigen können, die Gesellschaft allein zu vertreten,[712] und zwar auch zum Abschluss eines Vertrags mit dem anderen Organmitglied.

600

Die erforderliche **Befreiung** von § 181 BGB kann bei einer GmbH bereits in der Satzung enthalten sein, sei es generell, beschränkt auf bestimmte Arten von Geschäften oder für bestimmte Geschäftsführer, oder aber das Bestellungsorgan kann Befreiung erteilen, sei es für den Einzelfall oder generell, wobei auch hier die Rechtsprechung verlangt, dass die Satzung eine entsprechende Möglichkeit der Befreiung vorsieht.[713] Die generelle Befreiung von § 181 BGB ist stets in das Handelsregister einzutragen, die Befreiung im Einzelfall ist weder eintragungsbedürftig[714] noch eintragungsfähig.

601

Bei der OHG bzw. KG kann Befreiung von § 181 BGB für den/die Komplementäre sowohl durch die Satzung als auch durch Gesellschafterbeschluss erfolgen; die Befreiung selbst ist zwar eintragungsfähig, nicht aber eintragungspflichtig.[715]

602

---

702 Vgl. hierzu die instruktive Übersicht bei *Suttmann* MittBayNot 2011, 1 ff.
703 Bei der GmbH & Co KG gilt dies sowohl für Geschäfte zwischen der GmbH und der KG als auch für Geschäfte zwischen dem GmbH-Geschäftsführer und der KG. Die Befreiung kann auch im Handelsregister der KG eingetragen werden, BayObLG MittBayNot 2000, 241.
704 Vgl. *Betzgen* RNotZ 2005, 193, 195.
705 OLG Köln GmbHR 1991, 156, 157.
706 BGH NJW 1968, 398, 399; BFH DStRE 2002, 694, 696.
707 Vgl. im Einzelnen *Suttmann* MittBayNot 2011, 1, 14.
708 Vgl. im Einzelnen *Suttmann* MittBayNot 2011, 1, 5.
709 BGH NJW 1984, 2085.
710 Anderes dürfte nur gelten bei der AG, da sonst § 112 AktG »ausgehebelt« werden könnte.
711 BGHZ 64, 72; *Gutachten* DNotI-Report 2000, 49 ff.
712 Allgemeines Rechtsprinzip, abgeleitet aus §§ 125 Abs. 2 Satz 2 HGB, § 78 Abs. 4 Satz 1 AktG, § 25 Abs. 3 Satz 1 GenG.
713 Ständige Rechtsprechung, z.B. OLG Hamm NJW-RR 1998, 1193, 1194; OLG Nürnberg RPfleger 2010, 374, 376; wohl auch BGH NJW 2000, 664, 665. Dies gilt auch, wenn die Befreiung nur für Geschäfte mit einem bestimmten Dritten erteilt werden soll: OLG Nürnberg, 05.02.2010 – 12 W 376/10, MittBayNot 2010, 404.
714 Vgl. BGH MittBayNot 1983, 135.
715 BayObLG MittBayNot 2000, 53.

dd) Ausländische juristische Personen

603 Schwieriger ist die Überprüfung der Existenz und korrekten Vertretung bei der Beteiligung **ausländischer juristischer Personen**. Für die Praxis der Notare[716] und Gerichte hilfreich sind Länderübersichten[717] (s.a. Rdn. 611 ff.) sowie Gutachtensammlungen[718] zur Vertretung ausländischer Gesellschaften.

Über die **Societas Europaea** (SE)[719] hingegen, bei der die Satzung zwischen dem monistischen System (board system; durch den Verwaltungsrat bestellte geschäftsführende Direktoren) oder dem dualistischen System (Leitungsorgan neben einem Aufsichtsorgan) wählen kann, gibt das nationale Ursprungsregister der SE Auskunft.[720]

604 Wird für eine inländische, eingetragene[721] **Zweigniederlassung** gehandelt, können sich Dritte auf die Publizitätswirkung des Handelsregisters zwar in Bezug auf die Vertretungsbefugnis der eingetragenen Personen berufen, allerdings nicht in Bezug auf die (Fort-) Existenz der Gesellschaft selbst, da insoweit die Eintragung im Register der Zweigniederlassung nur deklaratorisch ist.[722] Insb. bei britischen Limiteds ist häufig die Gesellschaft selbst (etwa aufgrund Verletzung von Einreichungspflichten) bereits erloschen, ohne dass dies den beteiligten Personen bekannt ist.[723] Liegt daher die Anmeldung der Zweigniederlassung längere Zeit zurück, kann das Grundbuchamt zusätzlich einen zeitnahen Nachweis über die Existenz der ausländischen juristischen Person selbst fordern, vgl. unten Rdn. 605 ff.

605 Zum Nachweis der Existenz und der Vertretung ausländischer Gesellschaften stehen weder die Beweiserleichterung des § 32 GBO (Bezugnahmemöglichkeit) noch ein formalisiertes Verfahren gem. § 21 BNotO (Vertretungsbescheinigung) zur Verfügung, sodass das Grundbuchamt in freier Beweiswürdigung, jedoch i.R.d. Formerfordernisses des § 29 Abs. 1 GBO, entweder einen öffentlich beglaubigten Auszug aus einem ausländischen Register oder eine Bescheinigung eines ausländischen[724] bzw. deutschen Notars[725] verlangt; samt Übersetzung in die deutsche Sprache (§ 184 Satz 1 GVG), sofern Rechtspfleger bzw. Richter der fremden Sprache nicht kundig sind.[726] Der deutsche Notar wird sich hierzu nur bereitfinden, wenn er das ausländische Gesellschaftsrecht hinreichend kennt und Letzteres belastbare Quellen, wenn möglich mit gewisser Gutglaubenswirkung,

---

716 Auch insoweit ist der Notar zur Prüfung der ordnungsgemäßen Vertretung verpflichtet, vgl. BGH NJW 1993, 2744.
717 Z.B. *Reithmann/Martiny* Internationales Vertragsrecht Rn. 2292 ff.; *Bauer/v. Oefele* GBO S. 1660 ff., Rn. 126 ff.; ferner Beck'sches Notarhandbuch Teil H Rn. 208 ff.; *Süß* in: Würzburger Notarhandbuch Teil 7 Kap. 6 Rn. 1 ff.
718 Vgl. auch Bd. III/1 der vom Deutschen Notarinstitut Würzburg herausgegebenen Schriftenreihe »Notarielle Fragen des internationalen Rechtsverkehrs«, 1995.
719 Maßgeblich ist die SE-Verordnung 2157/01, v. 08.10.2001, AblEG L 294 v. 10.11.2001, S. 1 – 21 = www.europa.eu.int/eur-lex/de sowie die nationalen Ausführungsgesetze, vgl. *Hommelhoff* AG 2001, 279, schließlich das Satzungsrecht der Gesellschaft.
720 Sie sind auch gem. § 43 SE-Ausführungsgesetz auf dem Briefbogen anzugeben; falsche Angaben können Rechtsscheinhaftung begründen.
721 Bei dieser deklaratorischen Eintragung sind auch die Vertretungsverhältnisse anzumelden (§ 13g Abs. 2 Satz 2 HGB i.V.m. § 8 Abs. 4 GmbHG) und zwar nach dem Personalstatut des Gründungsstaates. Eine Befreiung von § 181 BGB ist daher bei einer Ltd. nicht eintragungsfähig, da ein director lediglich allgemeinen Beschränkungen aus dem Treueverhältnis zur Gesellschaft unterliegt. LG München MittBayNot 2005, 512 auch zur a.A.; *Wachter* ZNotP 2005, 122.
722 KG RNotZ 2004, 98, 100.
723 Vgl. im Einzelnen *Mödl* RhNotZ 2008, 16.
724 Vgl. LG Kleve RNotZ 2008, 30: niederländischer Notar für eine dortige B.V. Grds. genügt eine ausländische Notarbescheinigung aber nicht § 32 GBO, vgl. OLG Hamm, 15.07.2011 – I-15 W 97/11, DNotI-Report 2011, 138.
725 Jedenfalls wenn das ausländische Register dem deutschen Handelsregister funktional entspricht, OLG Schleswig, 13.12.2007, NotBZ 2008, 428 (für Schweden bejaht), OLG Brandenburg, 19.01.2011 – 5 Wx 70/10, MittBayNot 2011, 222 (für Russland verneint).
726 OLG Dresden, 12.04.2010 – 17 W 306/10, DNotZ 2011, 51: Übersetzung durch vereidigten Übersetzer nicht erforderlich, wenn sich bei den Grundakten bereits ein im Aufbau identischer früherer Auszug samt vereidigter Übersetzung befindet.

aufweist.[727] Es handelt sich jedoch de lege lata[728] lediglich um eine gutachterliche Äußerung i.S.d. § 24 BNotO. Ist das ausländische Register dem deutschen Handelsregister vergleichbar, genügt stets der Auszug, dessen Inhalt unbefangen auszulegen ist (»vertretungsberechtigt« bedeutet demnach grds. »alleinvertretungsberechtigt«[729]).

Rechtsfähigkeit und Vertretung einer Gesellschaft richten sich nach dem **Gesellschaftsstatut**, das nach der in Deutschland weiterhin herrschenden **Sitztheorie**[730] an den tatsächlichen Verwaltungssitz anknüpft. Dieser liegt dort, wo zumindest dem Schwerpunkt nach grundlegende Entscheidungen der Unternehmensleitung effektiv in laufende Geschäftsführungsakte umgesetzt werden.[731] Die Rechtsprechung erkennt einen Anscheinsbeweis dahin gehend an, dass sich der tatsächliche Sitz der Hauptverwaltung in dem Staat befinde, nach dessen Recht die Gesellschaft erkennbar organisiert ist.[732] Befindet sich jedoch der tatsächliche Verwaltungssitz bspw. einer Schweizerischen AG in Deutschland, ist sie hier nicht als AG rechtsfähig; vielmehr handelt es sich um eine GbR oder eine oHG deutschen Rechts.[733]

606

▶ Hinweis:
Zu beachten ist jedoch gem. Art. 4 Abs. 1 Satz 2 EGBGB die **Rück- oder Weiterverweisung** durch das am Verwaltungssitz geltende internationale Privatrecht, bspw. falls dies auf der Gründungstheorie beruht (wie etwa in Großbritannien, der Schweiz und den Niederlanden).

Für Gesellschaften mit Satzungssitz in einem anderen **EU-Mitgliedstaat** ist jedoch aufgrund der Entscheidungen des EuGH (Centros,[734] Überseering[735] und Inspire Art[736]) die **Gründungstheorie** maßgebend, auch wenn der Verwaltungssitz sich nun im Inland befindet. Diese unterliegen also (auch hinsichtlich ihrer inländischen Rechtsfähigkeit Rdn. 646) weiter dem Heimatrecht, nach dessen Normen die Gründung sich vollzogen hat. Gleiches gilt für Kapitalgesellschaften aus EWR-Mitgliedstaaten (also Island, Liechtenstein[737] sowie Norwegen) und nach Maßgabe des deutsch-amerikanischen Freundschaftsvertrages von 1954 für US-amerikanische Gesellschaften.[738] Somit besteht ein »**gespaltenes Kollisionsrecht**«.[739]

607

Umstritten ist, inwieweit für einzelne, bislang gesellschaftsrechtlich angeknüpfte Fragen, etwa die Bestimmung über kapitalersetzende Darlehen, Insolvenzverschleppung und Ähnliches durch Anknüpfung an das Insolvenz- oder Deliktstatut gleichwohl deutsches Recht angewendet werden kann.[740] Nationale Einschränkungen der Niederlassungsfreiheit sind nach »Inspire Art« (Rdn. 607) nur zulässig, wenn sie in nicht diskriminierender Weise angewendet werden, aus zwingenden Gründen des Allgemeininteresses gerechtfertigt sind und zur Erreichung des Zieles geeignet und erforderlich sind.

608

---

727 Vgl. im Einzelnen *Süß* in: Würzburger Notarhandbuch Teil 7 Kap. 6 Rn. 1 ff.
728 Für eine entsprechende Erweiterung des § 21 BNotO de lege ferenda jedoch *Deutscher Notarverein* notar 2008, 237.
729 OLG München, 09.03.2010 – 31 Wx 036/10, RNotZ 2010, 350 (für japanisches Handelsregister).
730 BGH NJW 1992, 2026; BGH NJW 1997, 658; BayObLG DNotZ 1999, 233; OLG Hamburg RNotZ 2007, 419 (auf der Isle of Man gegründete Ltd), auch im Verhältnis zur Schweiz: BGH 27.10.2008 – II ZR 158/06, DNotZ 2009, 385 m. Anm. *Thölke* gegen OLG Hamm DNotI-Report 2006, 195.
731 So die sog. »Sandrock'sche Formel«, Festschrift für Beitzke, S. 683.
732 Vgl. etwa OLG Hamm DB 1995, 137.
733 BGH NJW 2002, 3359; BGH, 27.10.2008 – II ZR 158/06, DNotI-Report 2009, 7.
734 NJW 1999, 2027.
735 EuGH, 05.11.2002 – C 208/00, NJW 2002, 3614: Verstoß gegen Art. 43 und 48 EGV. Hierzu *Döser* in: Aktuelle Tendenzen und Entwicklungen im Gesellschaftsrecht NotRV Würzburg 2004, S. 88 ff.
736 NJW 2003, 3331.
737 BGH, 19.09.2005 – II ZR 372/03, DNotZ 2006, 143 m. Anm. *Thölke*; gem. Art. 31 des EWR-Abkommens gilt dies auch für alle in einem anderen EFTA-Staat gegründeten Gesellschaften.
738 BGH, 05.07.2004 – II ZR 389/02, NJW-Spezial 2004, 268.
739 Vgl. *Geyrhalter/Gänzler* NZG 2003, 411.
740 Vgl. *Sandrock* BB 2004, 901.

B. Gestaltung eines Grundstückskaufvertrages

609 Ein im Januar 2008 initiierter Gesetzesentwurf[741] zur **Neuregelung des Internationalen Gesellschaftsrechts** beabsichtigt, für grenzüberschreitend tätige Gesellschaften, Vereine und sonstige juristische Personen, auch wenn sie nicht der EU oder dem Europäischen Wirtschaftsraum angehören, nicht mehr die bisher geltende Sitztheorie, sondern die Gründungstheorie für anwendbar zu erklären. Damit wird den Geboten der Niederlassungsfreiheit (Art. 43 und 48 des EG-Vertrags) weltweit Rechnung getragen. Das Gründungsstatut bemisst sich nach dem Recht des Staates, in dem solche Gesellschaften in ein öffentliches Register eingetragen sind; es ist für alle Fragen der inneren Verfassung einer Gesellschaft, ihres Auftretens im Rechtsverkehr sowie für die Haftung der Gesellschaft und ihrer Mitglieder maßgeblich.

610 Auch die Verfahren zur Umwandlung einer Gesellschaft richten sich nach dem Recht des Gründungsstaats. Sofern beide betroffenen Rechtsordnungen dies zulassen, ist künftig auch ein grenzüberschreitender Rechtsformwechsel möglich, d.h. die Gesellschaft kann unter Wahrung ihrer Identität sich dem Recht eines anderen Staats unterstellen (mit der Folge, dass die GmbH im deutschen Handelsregister gelöscht und als »Société à Responsabilité Limitée – S.A.R.L.« in das französische Registre de Commerce eingetragen wird). Damit würden die Vorarbeiten der Kommission »Internationales Gesellschaftsrecht« des deutschen Rats für IPR im Wesentlichen umgesetzt. Eine Sitzverlegung in das Ausland unter Wahrung der inländischen Rechtsform (sodass die deutsche GmbH als solche in das französische Handelsregister einzutragen wäre) wird durch die europarechtliche Niederlassungsfreiheit (Art. 49, 54 AEUV, vormals Art. 43, 48 EG) darüber hinaus nicht verlangt.[742]

611 Für die wichtigsten Handelspartner Deutschlands ergibt sich derzeit folgende Länderübersicht:[743]

– Belgien
Angeknüpft wird an den tatsächlichen Verwaltungssitz (Art. 56 HGGB). Eine AG (Société anonyme, S.A.) wird durch den Verwaltungsrat (conseil d'administration) vertreten, der aus mindestens drei Mitgliedern besteht und im Zweifel gesamtvertretungsberechtigt ist, Art. 518, 522 Abs. 2 HGGB. Die Satzung kann jedoch gem. Art. 522 Abs. 4 HGGB Alleinvertretungsbefugnis einräumen. In-sich-Geschäfte sind nach der Rechtsprechung unwirksam, ohne Heilungsmöglichkeit durch Genehmigung. Bei der GmbH (Société privé à responsabilité limitée, S.P.R.L.) werden Geschäftsführer bestellt, die mangels abweichender Vertretungsregelung im Handelsregister alleinvertretungsberechtigt sind. Der Nachweis der Vertretung kann jeweils durch beglaubigten Auszug aus dem öffentlichen, zentral geführten »registre de commerce« geführt werden; die dortigen Eintragungen haben negative Publizität. Belgische gerichtliche Urkunden benötigen[744] zur Verwendung in Deutschland keine Apostille oder sonstige Legalisation.

612 – Dänemark
Das Gesellschaftsstatut folgt der Gründungstheorie. Eine AG (Aktieselskab, A/S) wird in laufenden Geschäften durch den Vorstand (direktion), ggf. erst nach Ermächtigung durch den Aufsichtsrat (bestyrelse) vertreten. Im Zweifel besteht gem. § 60 Abs. 1 AktG Alleinvertretungsberechtigung; satzungsbedingt ist jedoch Gesamtvertretung durch mehrere Mitglieder des Aufsichtsrates oder ein Mitglied des Aufsichtsrates mit dem Vorstand die Regel. Für die Vertretung einer GmbH (Anpartsselskab, ApS) gilt dasselbe; in kleineren Gesellschaften besteht häufig lediglich eine Geschäftsführung (direktion).
Die Existenz und Vertretungsmacht dänischer AG ergibt sich aus dem Gewerbe- und Gesellschaftsamt in Kopenhagen, dem positive Publizitätswirkung zukommt (§§ 62, 154 ff. AktG).

---

741 Hierzu kommentierend *Deutscher Notarverein* notar 2008, 39.
742 EuGH, 16.12.2008 – C 210/06 (Cartesio), GmbHR 2009, 86 m. Anm. *Meilicke*; hierzu *Nolting* NotBZ 2009, 109 ff. und *Herrler* DNotZ 2009, 484 ff.; eine solche Sitzverlegung in das Ausland kann auch nicht in das deutsche Handelsregister eingetragen werden, OLG München, 04.10.2007 – 31 Wx 036/07, MittBayNot 2008, 142. Allerdings erlaubt § 5 AHG, § 4a GmbHG einen Verwaltungssitz in einem anderen Staat.
743 Vgl. im Einzelnen *Süß* in: Würzburger Notarhandbuch Teil 7 Kap. 6 Rn. 16 ff.
744 Gem. Art. 1 i.V.m. Art. 2 Nr. 1 des deutsch-belgischen Übereinkommens v. 25.06.1980.

Dänische Notare stellen Vertretungsbescheinigungen für den internationalen Rechtsverkehr aus, die[745] in Deutschland ohne weitere Anerkennungsförmlichkeiten verwendbar sind.

– England[746]

613

Während eine »public limited company« (plc.) gem. Sect. 282 des englischen Company Act 1985 grds. mindestens zwei directors haben muss, die das board bilden, kann eine »private limited company« (ltd.) auch nur durch einen einzigen director vertreten werden. Director kann jede »nicht disqualifizierte«[747] natürliche oder juristische Person, auch des Auslands, sein. Die ersten directors werden in der Satzung (articles of association) bestimmt oder nach Benennung bei der Gründung in Formular 10 angegeben; spätere directors werden durch Mehrheitsbeschluss der Gesellschafterversammlung gewählt. Da es an einer gesetzlichen Bestimmung der Kompetenzen der directors fehlt, ist die Satzung maßgebend, die i.d.R. der Mustersatzung (Regulation 70, Table A[748] zum Companies Act 1985) folgt. Letztere sieht, mangels abweichender Bestimmungen, Verwaltung und Vertretung in Gesamtberechtigung bei nur einem director naturgemäß in Alleinvertretung vor. Einzelne directors, etwa der »chairman« bzw. »managing director« oder leitende Angestellte können durch Beschluss des Vorstandes (board), der Gesellschafter oder durch die Satzung zur Wahrnehmung einzelner Geschäfte ermächtigt sein.

Zum Schutz des Rechtsverkehrs und als Einschränkung der sog. ultra vires-Lehre (Unwirksamkeit jeglichen Gesellschaftshandelns außerhalb des Satzungszwecks) schützt Sect. 35A (1) Companies Act 1989 den guten Glauben an das Fehlen satzungsmäßiger Beschränkungen, wenn eine schriftliche Vollmacht vorgelegt wird, die von zwei directors oder einem director mit dem secretary unterschrieben ist und das Siegel (common seal) der Gesellschaft enthält.[749]

614

Der secretary, der gem. section 283 Companies Act nicht personenidentisch mit einem Einzeldirector sein kann, unterzeichnet die meisten Meldungen an das companies house und übernimmt Einladung und Protokollführung bei den annual and extraordinary general meetings und den board meetings (Direktorenversammlungen). Er führt ferner die vier statutory registers, die jede Limited an ihrem Satzungssitz aufzubewahren hat:

615

– das stets in England bzw. Wales aufzubewahrende register of members mit Namen, Adressen, Eintrittsdatum, Anzahl der Anteile und Höhe des eingezahlten Kapitals,[750]
– das register of directors and secretaries mit Name, Adressen, Nationalität und Direktorenposten der letzten 5 Jahre der directors und des secretary,
– das ebenfalls in England bzw. Wales aufzubewahrende register of directors‹ interests, mit Angaben zu den Beteiligungen der directors, ihrer Ehefrauen und Kinder an der Limited,
– das register of charges als Verzeichnis der Sicherheiten am Unternehmensvermögen.
– Selbstkontrahieren oder Mehrvertretung führt nicht zur Unwirksamkeit, sondern allenfalls zur Anfechtbarkeit.

---

745 Nach dem Abkommen zwischen dem Deutschen Reich und dem Königreich Dänemark v. 17.06.1936.
746 Vgl. *Klein* Rpfleger 2003, 629 ff.; *Langhein* NZG 2001, 1123; DNotI-Gutachten Nr. 14128.
747 Die Disqualifikation erfolgt durch Gerichtsbeschluss aufgrund Begehung einer Straftat, Pflichtverletzungen oder dauernden Verstößen gegen Mitteilungspflichten, etwa die Jahresmeldung = annual return zu Gesellschaft, Kapital, directors, secretary, und in manchen Jahren auch zu Gesellschaftern. Das Berufsverbot dauert bis zu 15 Jahre. Betroffene Personen sind in einem öffentlich einsehbaren Register beim companies house verzeichnet.
748 Table B enthält das gesetzliche Muster des »Memorandum of Association«, mit Angaben zu Sitz, Firma, Gesellschaftszweck, Kapital und Haftungsbeschränkung der Limited. Der Gesellschaftszweck wird i.d.R. sehr allgemein gehalten, etwa »to carry on business as a general commercial company«. Die Firma kann frei gewählt werden, auch in deutscher Sprache (die Verwendung bestimmter potenziell irreführender Begriffe wie »international«, »Holding« etc. bedarf jedoch der Genehmigung des secretary of state). Demgegenüber bestimmen die »Articles of Association« – Muster in Table A des Companies Act – die innere Ordnung, Kapitalverfassung und Leitung der Gesellschaft.
749 Vgl. *Heinz* ZNotP 2000, 412; *Langhein* NZG 2001, 126; *Claudet* Notarius International 2002, 39, 60.
750 Zur Abtretung von Anteilen an einer Limited (dingliche conveyance und schuldrechtlicher contract) vgl. *Fetsch* GmbHR 2008, 133 (136).

B. Gestaltung eines Grundstückskaufvertrages

616 Die Existenz einer Gesellschaft und die aktuelle Zusammensetzung des board of directors sowie die Person des secretary können durch einen Auszug des Registrar of Companies (ein dem jeweiligen Wirtschaftsministerium unterstelltes Registrierungsbüro: Companies Registration Office, Cardiff, bei dem die Gründungsurkunden[751] – allerdings ohne weitere Prüfung – zu hinterlegen sind)[752] nachgewiesen werden.[753] Auch die Mitglieder des board of directors bzw. die secretaries sind im companies house registriert, allerdings (entgegen der Vorgaben der europäischen Publizitätsrichtlinie) ohne Angabe der Vertretungsbefugnis. Sind mehrere directors vorhanden, bedarf es also des Nachweises der Einzelermächtigung bzw. der Ermächtigung für bestimmte Geschäfte durch Beschluss des board oder Satzungsregelung, die durch eine Bescheinigung (certificate[754]) des secretary der Gesellschaft (eine Art Schriftführer, der das Protokollbuch = minute book führt) erstellt wird. Dieser bekräftigt vor einem englischen Notar die Wahrheit seiner eigenen Erklärung (affidavit).

617 Die Praxis behilft sich mit einer gutachtlichen »Bestätigung«[755] des Notars, dem vorgenannte Unterlagen (der Registerauszug regelmäßig via internet) vorliegen, oder aber (vorzuziehen) der mit erheblichen Kosten verbundenen[756] Bescheinigung eines britischen civil law notary (Notare der City of London = Scrivener Notaries.[757]) Im zwischenstaatlichen Verkehr ist eine Apostille vonnöten.

Auch für die Eintragung einer Limited & Co KG ist die Existenz der Komplementär-Ltd[758] und die Vertretungsbefugnis ihrer Organe in vollem Umfang nachzuweisen,[759] diese Vertretungsbefugnis wird, da eine Verweisung auf ein anderes mit öffentlichem Glauben versehenes Register fehlt, anders als bei der GmbH & Co KG auch im Handelsregister der KG mit eingetragen.[760]

618 – Frankreich
Das Gesellschaftsstatut richtet sich nach dem tatsächlichen Verwaltungssitz. Die »große« AG (Société anonyme, S.A.) sowie die »kleine« AG (Société par actions simplifiée, S.A.S.) werden im Regelfall durch den Verwaltungsrat (conseil d'administration) geleitet, dessen Vorsitzender (Président Directeur Général, PDG) die Gesellschaft allein vertritt.[761] Der Verwaltungsrat kann daneben (auch mehrere) directeurs généraux ernennen, die im Verhältnis zu Dritten dieselben Befugnisse wie der »président« haben. Seit 1966 besteht daneben die Möglichkeit eines dualistischen Systems mit Vorstand (directoire) und Aufsichtsrat (conseil de surveillance). Auch hier ist der Vorstandsvorsitzende (Président Directeur Général = PDG) vertretungsberechtigt sowie ggf. weitere Directeurs Généraux gemäß Ernennung durch den Aufsichtsrat.[762]

---

751 Und zwar das memorandum of association, die articles of association (es sei denn von Table A wird nicht abgewichen – die Vorlage der Gesetzesnorm der Table A kann nicht durch das Registergericht in begl. Übersetzung verlangt werden: OLG Zweibrücken DNotZ 2008, 795), ein statement of particulars of directors and secretary and situation of registered office (directors und secretary nehmen ihre Ämter durch Unterschrift auf diesem Formular an), eine declaration of compliance des director oder secretary in Gegenwart eines notary, solicitor oder barrister sowie ein Scheck über die Registrierungsgebühr von 20 GBP (premium service, innerhalb eines Tages: 80 GBP).
752 Crown Way Cardiff CF4 3ZU; Bestellung auch über das Internet: www.companieshouse.gov.uk (dort finden sich auch Formblätter für die Registeranmeldung).
753 In verwandten Rechtsordnungen (Irland, Malaysia, Singapur, Bahamas etc.) ergibt sich aus dem Gesellschaftsregister häufig nicht die Zusammensetzung des board of directors und die Person des secretary.
754 *Heckschen* NotBZ 2005, 25 gegen LG Berlin NotBZ 2005, 41; vgl. auch *Bormann* NotBZ 2005, 205.
755 Diese hat nicht die Beweiskraft des § 21 BNotO *Arndt/Lerch/Sandkühler* BNotO, § 21 Rn. 9.
756 Zwischen 250,00 und 400,00 €, vgl. *Wachter* GmbHR 2007, 1158.
757 Muster einer solchen Bescheinigung bei *Süß* in: Würzburger Notarhandbuch Teil 7 Kap. 6 Rn. 35. Hauptkanzleien sind: www.cheeswrights.co.uk, www.depinna.co.uk, www.john-venn.co.uk, www.saville-notaries.com, www.scriveners.org.uk.
758 Da die bloße Komplementärgesellschaft keine wirtschaftliche Tätigkeit ausübt, kann die Eintragung einer Zweigniederlassung der Ltd. im Handelsregister nicht erzwungen werden: OLG Frankfurt am Main, 24.04.2008, GmbH-StB 2008, 201.
759 OLG Dresden, 21.05.2007, GmbHR 2007, 1156.
760 BayObLG GmbHR 1986, 305 in Analogie zu § 33 Abs. 2 Satz 2 HGB; LG Stade GmbHR 2007, 1160; LG Berlin GmbHR 2003, 719 für eine GbR & Co KG in Anlehnung an § 106 Abs. 2 Nr. 4 HGB.
761 Vgl. Art. L 225-56 Code de Commerce für die S.A, Art. L 227-6 für die S.A.S.
762 Art. L 225-66 Code de Commerce.

Hinsichtlich des Selbstkontrahierens existieren differenzierte Regelungen: Die Gewährung von Darlehen oder Sicherheiten zugunsten eines Organs ist nichtig,[763] während laufende Geschäfte mit der Gesellschaft zu gewöhnlichen Bedingungen zulässig sind. I.Ü. müssen Verträge mit einem Organ oder einem Gesellschafter, der zu mehr als 5 % beteiligt ist, offengelegt und zuvor von der Gesellschafterversammlung genehmigt werden, anderenfalls sind sie anfechtbar.[764] Die GmbH (Société à responsabilité limitée, S.A.R.L.)[765] wird durch den oder die Geschäftsführer (gérants) vertreten, die im Zweifel alleinvertretungsberechtigt sind.[766] Abweichende Satzungsanordnung einer Gesamtvertretung ist zwar möglich, wirkt jedoch nicht ggü. Dritten.[767]	619

Die Tatsache der Gründung und die Mitglieder der Verwaltung ergeben sich aus dem beim Handelsgericht geführten und online einsehbaren[768] registre de commerce et des sociétés (RCS), aus dem der greffier beglaubigte Auszüge (»extrait Kbis«, vergleichbar dem deutschen aktuellen Ausdruck) erstellt. Im Rechtsverkehr zu Deutschland sind weder Legalisation noch Apostille erforderlich.[769]

– Italien	620

Das Gesellschaftsstatut folgt der Gründungstheorie; es gilt jedoch italienisches Recht, wenn der faktische Verwaltungssitz in Italien liegt.[770] Eine AG (società per azioni, S.p.A.) wird durch den Verwaltungsrat, consiglio di amministrazione, vertreten, dessen jeweilige Vertretungsbefugnis sich aus der Satzung und dem Handelsregister (Art. 2384 C.C.) ergibt. Der Verwaltungsrat kann weiter geschäftsführende Mitglieder (consiglieri delegati) mit gleicher Kompetenz ernennen. Seit 01.01.2004 erlaubt das Gesetz auch die Organisation der Geschäftsführung nach dem »deutschen« dualistischen System aus Vorstand (consiglio di gestione) und Aufsichtsrat (consiglio di sorveglianza) – die Vertretung obliegt dann den Vorstandsmitgliedern nach Maßgabe der Satzung, wie im Handelsregister zu vermerken ist – oder aber nach dem angelsächsischen »monistischen« System; bei letzterem teilen sich die Mitglieder des board in geschäftsführende und in beaufsichtigende Mitglieder.

Eine GmbH (società a responsabilità limitata, S.R.L.) wird durch die Geschäftsführer (amministratori) vertreten oder aber – sofern mehrere Geschäftsführer bestellt sind – durch deren Gesamtheit als sog. Verwaltungsrat (consiglio di amministrazione).[771] Im Fall des Selbstkontrahierens oder der Mehrfachvertretung ist das Rechtsgeschäft auf Antrag der Gesellschaft anfechtbar, sofern das Organ nicht zum Abschluss gesondert für den Einzelfall ermächtigt wurde oder ein Beschluss des Verwaltungsrates zugrunde liegt.	621

Das Unternehmensregister wird durch die Handelskammern unter Aufsicht eines Richters geführt und genießt positive wie negative Publizität. Computerauszüge können ohne Unterschrift (visura) oder beglaubigt (certificato) erstellt werden; einer Legalisation oder Apostille bedarf es nicht.[772]

– Niederlande	622

Gesellschaftsstatut ist das Recht, nach dem die Gesellschaft gegründet worden ist.[773] Eine GmbH (Besloten Vennootschap met beperkte Aansprakelijkheid, B.V.) wird vom Geschäftsführer (bestuurder) vertreten, und zwar jeweils allein, es sei denn, Gesamtvertretung ist im Register eingetragen. Gleiches gilt für die AG (Naamloze Vennootschap, N.V.). Hinsichtlich des Selbst-

---

763 Art. L 225-43 Code de Commerce.
764 Art. L 225-38 und L 225-42 Code de Commerce.
765 Übersicht bei *Pfeifer* GmbHR 2008, 1208 ff.
766 Art. L 223-18 (5) Code de Commerce.
767 Vgl. *Krahé* MittRhNotK 1987, 73.
768 www.infogreffe.fr/infogreffe/index.jsp.
769 Gem. Vertrag v. 13.08.1971.
770 Art. 25 Abs. 1 des italienischen IPR-Gesetzes v. 31.05.1995.
771 Gem. Art. 2475 Abs. 3 Codice Civile i.V.m. Art. 2257 Codice Civile kann bei mehreren Geschäftsführern auch Einzelvertretungsbefugnis geschaffen werden.
772 Gem. deutsch-italienischem Vertrag v. 07.06.1969.
773 Art. 240 des niederländischen Gesetzbuchs (Burgerlijk Wetboek).

B. Gestaltung eines Grundstückskaufvertrages

kontrahierens sind Geschäftsführer von der Vertretung ausgeschlossen, wenn eine Interessenkollision vorliegt; sie können jedoch in den Statuten der Gesellschaft hiervon befreit werden (Art. 2: 256 niederländisches BGB). Das Handelsregister wird bei den Handelskammern geführt, wobei die Eintragung der Gesellschaft und der Geschäftsführer nur deklaratorische Bedeutung hat. Es genießt jedoch negative und positive Publizität.[774]

623 – Österreich
Das Gesellschaftsstatut folgt der Anknüpfung an den tatsächlichen Hauptverwaltungssitz, für Gesellschaften aus einem EU-Staat gilt jedoch die Gründungstheorie. Eine GmbH (Ges.m.b.H.) wird durch Geschäftsführer vertreten, die grds. kollektivvertretungsberechtigt sind. Durch Gesellschaftsvertrag kann jedoch einzelnen oder mehreren Geschäftsführern Einzelvertretungsbefugnis oder gemischte Vertretungsbefugnis mit einem Prokuristen oder Gesamtvertretungsberechtigung zu zweit oder zu dritt verliehen werden. Eine AG wird gem. Art. 71 Abs. 1 öst. AktG durch den Vorstand vertreten (bei mehreren Vorständen grds. gemeinsam, sofern nicht die Satzung unmittelbar oder der Aufsichtsrat auf Grundlage der Satzung anderes beschließt). In-sich-Geschäfte bedürfen der Einwilligung oder Genehmigung.[775]

Das österreichische Firmenbuch (bei den Gerichten) gewährt negative Publizität für die einzutragenden Tatsachen. Einer Beglaubigung oder Legalisation bedarf es im zwischenstaatlichen Verkehr nicht.[776]

624 – Polen
Maßgeblich ist das Sitzrecht. Die polnische GmbH[777] (spólka z ograniczona odpowiedzialnoscia, »Sp. z o.o.«) bedarf notarieller Beurkundung; sie wird im bei den AG elektronisch[778] geführten Unternehmerregister eingetragen. Die Eintragung genießt öffentlichen Glauben, auch hinsichtlich der vertretungsberechtigten Vorstände (Art. 17 Abs. 1 Gesetz über das Landes-Gerichtsregister).

625 – Schweiz
Maßgeblich ist das Gründungsstatut. Eine AG wird durch den Verwaltungsrat (vergleichbar dem Vorstand einer deutschen AG) vertreten,[779] und zwar grds. je einzeln, sofern die Statuten oder das Organisationsreglement nichts anderes bestimmen. Selbstkontrahieren ist wegen der damit verbundenen Interessenkollision grds. unzulässig, sofern nicht eine Einzelermächtigung vorliegt oder diese Ermächtigung (wie etwa zwischen Konzerngesellschaften) den Umständen entnommen werden kann. Die Generalversammlung oder ein anderes Mitglied des Verwaltungsrates kann die Unwirksamkeit »heilen«.
Eine GmbH wird gem. Art. 811 Abs. 1 Obligationenrecht (OR) durch die Gesellschaftergemeinschaft vertreten, sofern die Satzung nicht diese Befugnis auf einzelne Gesellschafter oder Dritte überträgt.
Die Gesellschaft, ihre Organe und die Vertretungsmacht sind im Handelsregister, das kantonal geführt wird und negative sowie positive Publizität genießt, einzutragen. Die Einsicht ist online möglich.[780] Einem beglaubigten Auszug ist die Apostille beizufügen.[781]

626 – Spanien
Überwiegend wird an den tatsächlichen Verwaltungssitz angeknüpft. Eine AG (Sociedad Anónima, S.A.) kann durch eine einzige Person (administrador) oder durch mehrere Personen als

---

774 *Limmer* Notarius international 1997, 35.
775 Vgl. im Einzelnen, auch zur Sondersituation beim Alleingesellschafter-Geschäftsführer (Erfordernis der sofortigen Errichtung einer manipulationssicheren Urkunde) *Süß* in: Würzburger Notarhandbuch Teil 7 Kap. 6 Rn. 77 – 80.
776 Deutsch-österreichischer Beglaubigungsvertrag v. 21.06.1923.
777 Vgl. *Lakomy* NotBZ 2011, 113.
778 www.krs.ms.gov.pl.
779 Vgl. Art. 716 Abs. 2 des schweizerischen Obligationenrechts.
780 Bspw. über http:\\zefix.admin.ch.
781 Die kantonalen Handelsregister sind keine Gerichte i.S.d. deutsch-schweizerischen Vertrages über die Beglaubigung öffentlicher Urkunden v. 14.02.1907.

Kollegialorgan (consejo de administración) vertreten werden, welch letztere i.R.d. Satzung durch Beschluss diese Befugnis auch einem geschäftsführenden Ausschuss (comisión ejecutiva) oder einem oder mehreren geschäftsführenden Mitgliedern (consejeros delegados) oder Dritten übertragen können. Hinsichtlich des Selbstkontrahierens ist allgemeine Ermächtigung möglich.

Eine GmbH (sociedad de responsabilidad limitada, S.R.L.) kann durch einen einzelnen oder mehrere Verwalter (administradores) oder einen Verwaltungsrat (consejo de administración) mit Delegationsmöglichkeiten ähnlich der AG vertreten werden. Dies gilt auch für die sog. Blitz-GmbH (Sociedad Limitada Nueva Empresa), die binnen 48 Stunden mit einem Mindestkapital von 3.012,00 € einzutragen ist.[782]

627

Das in jeder Provinzhauptstadt eingerichtete Handelsregister (registro mercantil) genießt guten Glauben und enthält Eintragungen zur Gesellschaft, zu den Organen und ihrer Vertretungsmacht. Eine Apostille ist notwendig.

– Vereinigte Staaten von Amerika
Für US-amerikanische companies, v.a. die business corporation, kann nicht einmal auf die in der britischen Praxis bewährte Registrierungsbehörde zurückgegriffen werden. Der secretary of state (regelmäßig zugleich Behörde für die Ausstellung der Apostille nach der Haager Konvention) kann jedoch durch öffentliche Urkunde bestätigen, dass die corporation nach dem Recht des jeweiligen Staates gegründet sei und sich »in good standing« befinde, also nach Aktenlage noch fortbesteht.[783] Die ordnungsgemäße Vertretung der US-Gesellschaft (typischerweise durch den president als denjenigem »officer«, der für die gesamte Gesellschaft vertretungsbefugt ist – zu differenzieren vom board of directors als Geschäftsführungsgremium) kann allenfalls durch Eigenerklärung des company's secretary oder das sog. acknowledgement by cooperation, also die Bestätigung des für die Gesellschaft Handelnden in eigener Sache, ggü. einem notary public »nachgewiesen« werden (dessen Unterschrift sodann mit Apostille zu versehen ist). Angesichts der ungenügenden Dokumentenlage ist der Prüfungsmaßstab des § 12 FGG (ab 01.09.2009: § 26 FamFG) entsprechend reduziert.

628

ee) Öffentlich-rechtliche Körperschaften

Öffentlich-rechtliche Körperschaften, auch politische Gebietskörperschaften und Kirchen,[784] werden aufgrund Gesetzes oder Verordnung i.V.m. innenrechtlichen Regelungen vertreten.[785] So enthält bspw. § 2 Abs. 6 des Gesetzes über die Errichtung der **Bundesanstalt für Immobilienaufgaben** (BImA)[786] eine gesetzliche Vertretungsbefugnis der BImA für die BRD im Rechtsverkehr (auch wenn ihr am 01.01.2005 eingetretener[787] gesetzlicher Eigentumserwerb – Gesamtrechtsnachfolge analog § 40 GBO[788] – auf Liegenschaften begrenzt ist, die bisher zum Geschäftsbereich des BMF zählten,[789] zuzüglich solcher Liegenschaften anderer Ministerien, die durch schriftliche Vereinbarung vor dem 01.01.2012 auf die BImA übertragen wurden – Eigentumserwerb gem. § 2

629

---

782 Wobei dort ein Verwaltungsrat nicht möglich ist, vgl. *Vietz* GmbHR 2003, 27.
783 Hierzu und zum Folgenden ausführlich *Fischer* ZNotP 1999, 352 ff.
784 Für Bayern: *Seeger* MittBayNot 2003, 361 (evangelisch-lutherische Kirche); *Eckert/Heckel* MittBayNot 2006, 471.
785 Eine instruktive Übersicht über die Bestimmungen zur Vertretung der Körperschaften öffentlichen Rechtes findet sich im »Handbuch des Grundbuchrechts« von *Schöner/Stöber* Rn. 3662 ff. sowie in BeckOK-GBO/*Reetz* »Vertretungsmacht« Rn. 242 ff. (auch zu Sondervermögen des öffentlichen Rechtes, wie Bundeseisenbahnvermögen etc.).
786 BImA v. 14.12.2004, BGBl. I 2004, S. 3235.
787 Fraglich ist, ob eine vor dem 01.01.2005 durch den Bund erklärte, danach zum Vollzug vorgelegte Auflassung die BImA bindet (§ 878 BGB ist beim Verlust der Verfügungsbefugnis nicht anwendbar und wird im BImAG auch nicht wie etwa in § 8 Abs. 3 Satz 2 VZOG für entsprechend anwendbar erklärt). Der Bund bleibt wohl lediglich schuldrechtlich verpflichtet und kann diese Pflicht wegen der Fachaufsicht über die BImA auch erfüllen.
788 OLG Schleswig, 30.03.2006 – 2 W 5/06, DNotZ 2006, 768.
789 Dies umfasst das »allgemein Grundvermögen« (§ 2 Abs. 1 BImAG), »Dienstliegenschaften« (§ 1 Abs. 1 BImAG), nicht jedoch das treuhänderisch verwaltete Finanzvermögen in den neuen Ländern gem. Art. 22 Abs. 1 des Einigungsvertrages.

B. Gestaltung eines Grundstückskaufvertrages

Abs. 3 Satz 3 BImAG mit Abschluss der Vereinbarung[790] –, schließlich alle weiteren Immobilien ab 01.01.2012, sofern nicht gem. § 2 Abs. 4 BImAG durch Einzelabrede hiervon ausgenommen).

630 Diese bundesunmittelbare Anstalt des öffentlichen Rechtes wird gem. § 4 Abs. 1 BImAG durch den im Bundesanzeiger[791] namentlich benannten Vorstand, i.Ü. durch Vollmachten in üblicher Form, vertreten. Ziff. III § 1 Abs. 1 bis 4 der genannten Bekanntmachung regeln insoweit lediglich Funktionsanforderungen an zeichnungsberechtigte Mitarbeiter, ersetzen aber keine namentliche Vollmacht nach Maßgabe des § 29 GBO. Wird eine solche in gesiegelter Form vorgelegt, darf das Grundbuchamt (und in analoger Anwendung auch der Notar) gem. § 29 Abs. 3 GBO mangels besseren Wissens annehmen, dass die dabei handelnden Personen (»Leiter regionales Verkaufsteam«) diesen Kriterien genügen.[792] Gleiches gilt, wenn für Bundesländer kaufmännisch eingerichtete Staatsbetriebe tätig werden.[793]

631 ▶ **Hinweis:**

Zu beachten ist, dass nach zahlreichen kommunalrechtlichen Vorschriften die Beschlussfassung durch den **Gemeinderat/**die Verordnetenversammlung, sei es als bloße Frage des Innenrechtes, als Formerfordernis oder als Voraussetzung des wirksamen Bestehens einer Vertretungsmacht (so in Bayern),[794] erforderlich ist. Dieser Nachweis wird, sofern es sich um ein Problem des Außenrechtes handelt, durch einen seitens der Gemeindeverwaltung gesiegelten Auszug aus dem Beschlussbuch der Gemeinde/des Stadtrates geführt. Einzelne Gemeindeordnungen verlangen weiterhin (als materiellrechtliche Vertretungsregelung zur Vermeidung der §§ 177 ff. BGB)[795] bei der Unterzeichnung durch den Bürgermeister die Angabe der Amtsbezeichnung; es dürfte genügen, dass sich sein Handeln für die Gemeinde aus dem Urkundseingang ergibt.

632 Nicht selten unterliegen **Organe**, auch wenn ihr rechtliches Können im Außenverhältnis unbeschränkbar ist, im Innenverhältnis, also hinsichtlich des **rechtlichen** »**Dürfens**«, aus **Gesellschaftsvertrag**, Geschäftsführervertrag, Beschlussordnung oder ähnlichen Rechtsquellen Beschränkungen, die sie an die vorherige Zustimmung der Gesellschafterversammlung, bestimmter Gesellschafter, eines Beirates, Aufsichtsrates o.Ä. binden (sog. **Gremienvorbehalt**). Da es sich um Verhältnisse des Innenrechtes handelt, sind diese (bis zur Grenze ihrer Relevanz für die Außenwirksamkeit nach den Grundsätzen des Missbrauchs der Vertretungsmacht[796] sowie des kollusiven Zusammenwirkens mit der anderen Vertragspartei) weder durch den Notar noch durch das Grundbuchamt oder den anderen Vertragsbeteiligten zu prüfen, was angesichts der strengen Anforderungen an Inhalt,[797] Form und Frist der Einberufung und Beschlussfassung auch gar nicht möglich wäre.

---

790 Vgl. im Einzelnen *Stellwaag* Rpfleger 2008, 293; Grundbuchberichtigung durch Bewilligung des Bundes oder Vorlage der (gesiegelten, § 29 Abs. 3 GBO) Vereinbarung als Unrichtigkeitsnachweis.
791 Ziff. I der Bekanntmachung v. 20.01.2005, BAnz. Nr. 34 v. 18.02.2005.
792 Vgl. DNotI-Gutachten Nr. 63438 v. 17.11.2005 (§ 29 GBO).
793 So etwa die Immobilien Freistaat Bayern (IMBY) für den Freistaat Bayern als kaufmännisch eingerichteter Staatsbetrieb nach Art. 26 Abs. 1 BayHO, vgl. Schreiben des BayStMinI v. 20.09.2010 – IIC4-4702-006/07.
794 BayObLG MittBayNot 1997, 120 m. Anm. *Grziwotz*; Gutachten DNotI Nr. 11304 – Art. 38 Abs. 1 BayGO regelt also nur das Vertretungsrecht als solches. Für die Vertretungsmacht ist auf die Zuständigkeitsverteilung zwischen Bürgermeister (laufende und unaufschiebbare Geschäfte) und Gemeinderat abzustellen; ggf. ist der Vertrag bis zur Genehmigung durch das »zuständige« Organ schwebend unwirksam. Vgl. hierzu *Knemeyer* in: Notarielle Vertragsgestaltung für Kommunen, Deutsche Notarrechtliche Vereinigung Würzburg 2003, S. 122 f. m.w.N. Zur Reichweite des Art. 36 Abs. 1 BayGO (»Vollzugsgeschäfte«): OLG München, 04.02.2009 – 34 Wx 114/08, MittBayNot 2009, 222.
795 BGH NJW 1994, 1528: keine Frage der Formnichtigkeit!
796 Der BGH stellt im Hinweisbeschl. v. 10.04.2006 – II ZR 337/05, NZG 2006, 626 klar, dass auch bei den gesetzlich unbeschränkten Vertretungsregelungen des Handelsrechtes (Komplementär, Geschäftsführer, Prokurist) keine strengeren Regelungen gelten, es also genügt, dass der Vertragspartner den Verstoß gegen die interne Beschränkung kennt oder sie sich ihm aufdrängt – auf eine Nachteiligkeit des Handelns für die Gesellschaft kommt es nicht an.
797 Z.B. BGH, 02.07.2007 – II ZR 111/05, JurionRS 2007, 43042: Nichtigkeit eines Vereinsbeschlusses, wenn in der Tagesordnung nur allgemein die Zustimmung zu einer Grundstücksveräußerung genannt war, ohne zu erwähnen, dass bereits ein konkreter Vertrag ausgehandelt wurde.

▶ Hinweis: 633

Soll eine Beurkundung stattfinden, ehe das vorbehaltene Innen-Votum vorliegt, kann entweder ein Rücktrittsrecht vereinbart werden (das zum Schutz des anderen Beteiligten an das Vorliegen eines schriftlichen Protokolls über die abweichende Beschlussfassung geknüpft werden kann), oder aber der Geschäftsführer handelt zunächst als Privatperson vorbehaltlich einer Genehmigung der Gesellschaft, die er später, nach positivem Votum, ggf. auch selbst erteilen kann.

Auch die **Europäische Gemeinschaft** ist nicht nur gem. Art. 210 EG-Vertrag Völkerrechtssubjekt, sondern genießt zugleich gem. Art. 211 EG-Vertrag in jedem Mitgliedstaat volle Rechtsfähigkeit als juristische Person.[798] Sie wird gem. Art. 211 Abs. 2 EG-Vertrag durch die Kommission vertreten. 634

Die **EU** hingegen ist lediglich eine »Dachorganisation« der fortbestehenden Europäischen Gemeinschaften (Abschnitt M des Maastrichter Vertrages v. 07.02.1992) und damit derzeit nicht Grundbuchsubjekt oder Begünstigter dinglicher Rechte.[799]

ff) Sondervermögen

Das durch deutsche[800] **Investmentfonds** für die Anleger gehaltene Vermögen bildet Sondervermögen i.S.d. §§ 2 Abs. 2 bis 4, 4, 30 ff. Investmentgesetz (InvG). Diese Gegenstände stehen gemäß § 30 Abs. 1 InvG nach Maßgabe der Vertragsbedingungen entweder unmittelbar im Eigentum der Kapitalanlagegesellschaft oder aber im Miteigentum der Anleger. Gleichgültig welche der beide Varianten verwirklicht ist, ist die Kapitalanlagegesellschaft gemäß § 31 Abs. 1 InvG berechtigt, im eigenen Namen über die zum Sondervermögen gehörenden Gegenstände zu verfügen und alle Rechte aus ihnen auszuüben (im Grundbuch wird daher regelmäßig[801] die verwaltende Kapitalanlagegesellschaft als solche eingetragen). Für Immobiliensondervermögen enthalten §§ 66 ff. InvG Sonderregelungen, etwa in § 82 InvG schuldrechtliche Bestimmungen zur Zulässigkeit der Veräußerung oder Belastung (so darf z.B. der Kaufpreis den vom Sachverständigenausschuss ermittelten Wert nicht unterschreiten); ein Verstoß hiergegen lässt jedoch gemäß § 82 Abs. 5 InvG die Wirksamkeit der Verfügung unberührt. 635

Die Verfügung über zu einem Immobilien-Sondervermögen gehörende Immobilien (ebenso wie die Belastung von Immobilien, die einem sonstigen Sondervermögen gehören) bedürfen gemäß § 26 Abs. 1 Nr. 3 bzw. Nr. 4 InvG der Zustimmung der **Depotbank**; ohne diese Zustimmung ist die Verfügung gegenüber den Anlegern unwirksam, wobei jedoch gemäß § 26 Abs. 2 Satz 4 InvG der gute Glaube an die Verfügung eines Nichtberechtigten geschützt wird. Die Kapitalanlagegesellschaft hat daher gemäß § 76 InvG dafür zu sorgen, dass die Verfügungsbeschränkung des § 26 Abs. 1 Nr. 3 InvG (unter namentlicher Nennung der Depotbank) in das Grundbuch eingetragen wird. 636

7. Fälle mit Auslandsberührung

a) Sprachkunde

Mit der zunehmenden Internationalisierung des Personen- und Wirtschaftsverkehrs nimmt auch im Rahmen notarieller Beurkundung die Befassung mit Auslandssachverhalten oder Ausländersachverhalten[802] zu. Sie geben beurkundungsrechtlich Anlass, die **Sprachkunde der Beteiligten** zu beurteilen; vorsorglich empfiehlt sich ein Vermerk. 637

---

798 Vgl. *Geiger/Geiger* EG-Vertrags-Kommentar, Art. 211 Rn. 1.
799 Vgl. *Böhringer* BWNotZ 2006, 128 m.w.N.
800 Zur Situation bei französischen Fonds und der entsprechenden Eintragung im Grundbuch (der Fonds selbst ist Eigentümer, wird jedoch gesetzlich vertreten durch seine Geschäftsführungsgesellschaft), vgl. *Vossius* notar 2012, 25 ff.
801 Sind die Anleger als Eigentümer eingetragen, muss beim Zustimmungsvorbehalt gem. § 26 Abs. 1 Nr. 3 und 4 InvG auch die Verfügungsbefugnis der Kapitalanlagegesellschaft mit genannt werden, da sonst der irreführende Eindruck entsteht, der Zustimmungsvorbehalt beziehe sich auf Verfügungen des eingetragenen Eigentümers: BGH, 30.06.2011 – V ZB 200/10, DNotZ 2012, 56.
802 In der BRD lebten Ende 2003 7,33 Mio. Ausländer, davon 25,6 % Türken.

B. Gestaltung eines Grundstückskaufvertrages

▶ **Formulierungsvorschlag: Vermerk über die Sprachkunde der Beteiligten**

638 Alle Beteiligten sind – auch nach der Überzeugung des amtierenden Notars – der deutschen Sprache vollständig mächtig, sodass sich die Zuziehung eines Dolmetschers erübrigt.

639 Fehlt es an der erforderlichen Sprachkunde[803] und kann der Notar nicht selbst die Übersetzung vornehmen bzw. gar in der ausländischen Sprache, der alle Beteiligten mächtig sind, gem. § 5 Abs. 2 BeurkG beurkunden, ist gem. § 16 Abs. 3 Satz 1 BeurkG ein Dolmetscher[804] beizuziehen. Der Rechtsgedanke des § 17 Abs. 1 BeurkG verlangt, dass grds. ein **staatlich geprüfter Dolmetscher**[805] beigezogen wird. Ein aus dem Freundeskreis stammender »selbsternannter« Dolmetscher[806] kann genügen, wenn der Beteiligte weitgehend sprachkundig ist und die Beurkundung daher in weiten Teilen selbstständig verfolgen kann, ferner wenn der Notar sich zumindest passiv in der Zielsprache bewegen kann oder bei einfachen Angelegenheiten (bspw. eidesstattlichen Versicherungen), weiterhin wenn der anwaltliche Vertreter des Beteiligten zugleich als Dolmetscher fungieren soll und schließlich bei Unzumutbarkeit der Beziehung eines staatlich geprüften Dolmetschers etwa in exotischen Sprachen.

640 Auch bei Vorliegen einer schriftlichen Übersetzung ist der (zwingend ebenfalls zu verlesende[807]) **deutschsprachige** Text der **autoritative** (vgl. Formulierungsvorschlag in Rdn. 696) und dem Grundbuchamt vorzulegen, da die Eintragungsbewilligung (als »Verlängerung des Grundbuchs« gem. § 874 BGB, § 44 Abs. 2 GBO) und sonstige durch zur Eintragung erforderliche Erklärungen durch deutschsprachige Urkunden nachzuweisen ist, anders als im Zivil- und Strafprozess (§ 184 GVG) genügt eine beglaubigte Übersetzung jedenfalls bei der Bewilligung[808] nicht.[809]

▶ **Formulierungsvorschlag: Beiziehung eines nicht staatlich geprüften Dolmetschers**

641 Herr ..... gab zur Überzeugung des Notars zu verstehen, dass er der deutschen Sprache nicht kundig sei und sich nur in türkischer Sprache verständigen könne.

Es wurde daher

.....,

wohnhaft in .....,

ausgewiesen durch .....

als Dolmetscher zugezogen.

Gegen den Dolmetscher liegen keine Ausschließungsgründe vor.

---

803 Dies ist auch der Fall, wenn der Notar in der Niederschrift festhält, der Beteiligte sei des Deutschen »weitgehend mächtig« LG Dortmund NotBZ 2005, 342.

804 Für den die persönlichen Ausschließungsgründe der §§ 6, 7 BeurkG entsprechend gelten, sodass z.B. nicht der sprachkundige Ehegatte übersetzen darf. Sofern nicht alle Beteiligten darauf verzichten, ist der Dolmetscher analog § 189 GVG zu vereidigen; er kann sich auf einen bereits geleisteten Eid beziehen, sofern dieser nicht nur für gerichtliche Angelegenheiten gilt.

805 In zahlreichen Landes-Dolmetschergesetzen ist für vereidigte Dolmetscher eine Eintragung in beim Präsidenten des LG geführte Listen vorgesehen. Häufig sind diese allerdings nur für gerichtliche Angelegenheiten vereidigt, sodass, sofern nicht verzichtet wird, unter Verwendung der Formel des § 189 GVG nochmals zu vereidigen ist, vgl. *Lerch* NotBZ 2006, 9. Für schriftliche Übersetzungen existiert daneben der »ermächtigte Übersetzer«, dem gem. § 2 Abs. 1 BeurkVereinfachungsVO v. 21.10.1942 (i.d.R. durch den Präsidenten des LG) die Befugnis verliehen wurde, die Richtigkeit und Vollständigkeit einer Übersetzung zu bescheinigen, was bspw. für den Handelsregisterverkehr ausreicht, vgl. LG Chemnitz NotBZ 2006, 254.

806 Vgl. hierzu ausführlich *Renner* ZNotP 2005, 145 ff.; gar für verfassungsrechtlich geboten hält dies *Eckhardt* ZNotP 2005, 221 ff. und möglicherweise auch *Wendt* (RiBGH) in einem Vortrag auf der 3. Jahresarbeitstagung des Notariats in Bonn am 22.09.2005, ZNotP 2006, 5.

807 *Gutachten* DNotI-Report 2006, 183; die Übersetzung ersetzt die Verlesung lediglich im Hinblick auf den Sprachunkundigen.

808 Bei Vollmachten etc. genügt nach KG HRR 1930 Nr. 237 eine amtliche Übersetzung, nach OLG Zweibrücken Rpfleger 1999, 326 ist auch ein dem Grundbuchamt verständlicher englischsprachiger Unterschriftsbeglaubigungsvermerk unter einer deutschen Vollmacht ausreichend.

809 Vgl. *Gutachten* DNotI-Report 2005, 161 m.w.N.

Der Dolmetscher ist der deutschen und der fremden Sprache mächtig, ist aber als Dolmetscher nicht allgemein vereidigt. Alle Beteiligten verzichten auf eine Vereidigung des zugezogenen Dolmetschers. Der Dolmetscher wurde vom Notar darüber belehrt, dass er treu und gewissenhaft zu übertragen habe. Der Dolmetscher verständigte sich mit Herrn A und gab dessen Erklärungen, wie in dieser Urkunde niedergelegt, zur Niederschrift ab.

Der Notar wies Herrn A darauf hin, dass er eine schriftliche Übersetzung verlangen könne. Herr A verzichtete auf die Vorlegung einer schriftlichen Übersetzung. (*Anm.: Anderenfalls ist die schriftliche Übersetzung dem Unkundigen während des Vorlesens vorzulegen und der Urkunde sodann beizufügen.*)

Diese Urkunde wurde vom Notar in deutscher Sprache vorgelesen und von dem Dolmetscher anstelle des Vorlesens in die türkische Sprache mündlich übersetzt. Die Niederschrift wurde von den Erschienenen genehmigt und von ihnen, dem Dolmetscher und dem Notar eigenhändig unterschrieben.

b) Rechts- und Geschäftsfähigkeit

Die Rechts- und Geschäftsfähigkeit richtet sich gem. Art. 7 Abs. 1 EGBGB nach dem **Recht der Staatsangehörigkeit** der betreffenden Person im Zeitpunkt der Abgabe der Willenserklärung. Letztere wird regelmäßig durch den Pass nachgewiesen. Gehört eine Person mehreren Staaten an, ist das Recht des Staates, dem die Person am engsten verbunden ist (sog. effektive Staatsangehörigkeit) maßgeblich; entscheidend sind insb. Aufenthalt oder Lebensverlauf des Mehrstaaters, Art. 5 Abs. 1 EGBGB. Ist der Mehrstaater zugleich Deutscher, ist stets die deutsche Staatsangehörigkeit vorrangig (Art. 5 Abs. 1 Satz 2 EGBGB). Deutschen Staatsangehörigkeiten stehen solche Personen gleich, die Deutsche i.S.d. Art. 116 Abs. 1 GG sind, also Flüchtlinge, Vertriebene, Spätaussiedler,[810] ohne die deutsche Staatsangehörigkeit zu besitzen. Bei Staatenlosen ist der gewöhnliche Aufenthalt maßgeblich (Art. 5 Abs. 2 EGBGB), bei anerkannten Asylberechtigten der Wohnsitz (§ 2 AsylVfG). 642

In einer Reihe von Staaten tritt die **Volljährigkeit** erst mit 19, 20 oder 21 Jahren ein (teilweise wird nach der Religions- oder Volksgruppenzugehörigkeit differenziert).[811] Heirat führt in den meisten Fällen zu früherer Geschäftsfähigkeit. 643

Wird die **mangelnde Geschäftsfähigkeit** unverschuldet (§ 122 Abs. 2 BGB) nicht erkannt, kann diese gem. Art. 12 EGBGB dem Vertragspartner nur entgegengehalten werden, soweit es sich um familien- oder erbrechtliche Geschäfte bzw. Verfügungen über im Ausland gelegenen Grundbesitz handelt. Dieser Schutz des Rechtsverkehrs entfällt nicht bereits durch Kenntnis von der Ausländereigenschaft des Vertragspartners.[812] 644

Die Zuweisung, die Ausübung und das Erlöschen der elterlichen Verantwortung richtete sich bisher nach Art. 21 EGBGB, seit 01.01.2011 nach dem **Haager Kinderschutzübereinkommen** (KSÜ), das in Art. 15 bis 17 KSÜ auf das Recht des gewöhnlichen Aufenthalt des Kindes abstellt (auch wenn dieser in einem Staat ist, der nicht zu den Vertragsstaaten[813] des KSÜ gehört, Art. 20 KSÜ, ohne Rück- oder Weiterverweisung). Hinsichtlich der internationalen Zuständigkeit der Gerichte oder Behörden der Vertragsstaaten für Schutzmaßnahmen, z.B. gerichtliche Genehmigungen, stellen Art. 5 ff. KSÜ ebenfalls auf den gewöhnlichen Aufenthalt des Kindes ab; innerhalb der EG (mit Ausnahme Dänemarks) sind insoweit jedoch Art. 8 ff. der Brüssel-IIa Verordnung vorrangig.[814] 645

Ausländische Gesellschaften und **juristische Personen** können im inländischen Rechts- und Grundbuchverkehr nur auftreten, wenn sie aus Sicht des deutschen Rechtes rechtsfähig sind.[815] Das 646

---

810 Die relevanten Bestimmungen sind teilweise abgedruckt und kommentiert bei Palandt BGB Anhang zu Art. 5 EGBGB.
811 Eine Übersicht findet sich bei *Süß* Rpfleger 2003, 54 ff.
812 *Schotten* DNotZ 1994, 673 f.
813 Aktuelle Länderliste auf der Homepage der Haager Konferenz für Internationales Privatrecht, www.hcch.net.
814 *Gutachten* DNotI-Report 2011, 46.
815 Grundbuchrechtlich handelt es sich um eine weitere Eintragungsvoraussetzung i.S.d. § 29 Abs. 1 Satz 2 GBO, die durch öffentliche Urkunde nachgewiesen werden muss, da § 32 GBO für ausländische juristische Personen- und Kapitalge-

deutsche IPR enthält keine gesetzliche Regelung des internationalen Gesellschaftsrechtes. Die Rechtsprechung beurteilte bisher die Rechtsfähigkeit einer Gesellschaft (das Personalstatut) einhellig nach dem Recht desjenigen Staates, in dem sich der effektive Verwaltungssitz (nicht notwendig der satzungsmäßige Sitz!) befindet, sog. **Sitztheorie**.[816] Demnach wären Auslandsgesellschaften mit tatsächlichem alleinigem Sitz im Inland nicht rechtsfähig, sondern allenfalls als GbRen zu behandeln.

647 Soweit jedoch Gesellschaften betroffen sind, die in einem Mitgliedsland des EG-Vertrages oder der EFTA wirksam gegründet wurden und dort weiter ihren satzungsmäßigen Sitz haben (mag er auch nicht mehr der effektive sein), verstößt diese Rechtsprechung gegen unmittelbar anwendbares europäisches Recht (Diskriminierungsverbot, »Überseering-Entscheidung«), sodass diese ausländischen Gesellschaften als rechts- und damit grundbuchfähig anzusehen sind. Sind ausländische Gesellschaften in ihrem Heimatstaat (etwa wegen Nichtbeachtung von Meldeauflagen etc.) gelöscht worden, gelten sie aus deutscher Sicht noch so lange als fortbestehend (»parteifähige Restgesellschaft«[817]), als ihnen zuzuordnendes inländisches Vermögen vorhanden ist.[818] Es ist demnach ein Pfleger zu bestellen, §§ 1911, 1913 BGB, unter Anwendung deutschen Rechtes (Art. 24 Abs. 2, 43 Satz 1 EGBGB).

c) Verwendung von Vollmachten

648 Vollmachten zur Verfügung über Grundstücke oder Rechte an Grundstücken werden stets angeknüpft nach dem **Recht des Belegenheitsstaates** (lex rei sitae), wobei jedoch teilweise Möglichkeiten einer abweichenden Rechtswahl bestehen.[819] Formgültig ist eine Vollmacht jedoch bereits dann (Art. 11 Abs. 1 EGBGB), wenn sie entweder dem Recht des Staates entspricht, in dem sie errichtet wurde, oder dem Recht des Staates, in dem von ihr Gebrauch gemacht wird. Es ist also durchaus denkbar, dass nach ausländischem Errichtungsrecht eine formlose Vollmacht genügt, die allerdings für Zwecke des Grundbuchvollzugs gem. § 29 GBO stets öffentlich beglaubigt sein muss. Eine solche Beglaubigung kann auch durch einen ausländischen Notar erfolgen.

649 Regelmäßig ist jedoch für die Verwendung solcher Urkunden in Deutschland die Erteilung der **Apostille** nach der Konvention von Den Haag oder ein komplizierteres Verfahren (Überbeglaubigung und Legalisation durch vorgeordnete Behörden des Errichtungsstaates und ggf. eine diplomatische Vertretung des Verwendungsstaates) erforderlich. Eine instruktive Übersicht über die Voraussetzungen der Verwendung ausländischer Urkunden in Deutschland (wie auch die Anforderungen, die an deutsche notarielle Urkunden im Ausland gestellt werden, wenn sie dort vor Behörden oder staatlichen bzw. gerichtlichen Stellen verwendet werden sollen) findet sich im Handbuch für das Notariat in Bayern (herausgegeben von der Notarkasse A.d.ö.R. in München),[820] Ordnungsnr. 220. Die **Auflassung** gem. § 925 BGB kann jedoch nur in Anwesenheit eines **deutschen Notars** erklärt werden (vgl. unten Rdn. 3090).

d) Güterstand

650 Sind verheiratete Ausländer auf Veräußerer- und/oder Erwerberseite beteiligt, stellen sich besondere Probleme zur Erfassung **etwaiger Verfügungsbeschränkungen des ausländischen Güterrechtes** bzw. zur Ermittlung des zutreffenden Beteiligungsverhältnisses auf Erwerberseite (Rdn. 651 ff.).

---

sellschaften nicht gilt.
816 Vgl. etwa BGH WM 2002, 1929; BayObLGZ 1998, 197 f.
817 OLG Nürnberg, 10.08.2007, GmbHR 2008, 41 m. Anm. *Werner*.
818 OLG Stuttgart NJW 1974, 1628; nach britischem Recht gelten jedoch bei der Liquidation übersehene Gegenstände als herrenloses Vermögen, das sich die Krone aneignen kann, was jedoch wohl für das in Deutschland gelegene Vermögen aufgrund der territorialen Beschränkungen nicht gelten wird, vgl. *Süß* in: Würzburger Notarhandbuch Teil 7, Kap. 6 Rn. 14 (Fn. 35).
819 Etwa gem. Art. 14 des Haager Übereinkommens vom 14.03.1978 über das auf die Stellvertretung anwendbare Recht, das seitens der Mitgliedstaaten als sog. loi uniforme (Art. 4) auch ggü. Nichtvertragsstaaten gilt (vgl. *Gutachten* DNotI-Report 2007, 107, 109).
820 (Vertrieb: Carl Gerber Verlag, Muthmannstr. 4, 80939 München).

▶ Hinweis:

Im Grundbuch ist zudem das Gemeinschaftsverhältnis gem. § 47 GBO seinem tatsächlichen Inhalt nach (schlagwortartig) anzugeben; es genügt nicht die allgemeine Bezeichnung »im gesetzlichen Güterstand des türkischen Rechts;«[821] ausreichend wäre jedoch eine Ergänzung in Bezug auf die Eigentumsform selbst: »zum gemeinschaftlichen Eigentum im gesetzlichen Güterstand des italienischen Rechts (Errungenschaftsgemeinschaft)«.

Ggf. kommt auch eine Rechtswahl in Betracht (Rdn. 675 ff.). Beurkundungsrechtlich ist der Notar gehalten, in der Niederschrift zu vermerken, dass das deutsche IPR auf die Anwendung ausländischen Rechts verweist; er braucht letzteres jedoch nicht inhaltlich zu kennen oder gar zu erläutern (§ 17 Abs. 3 Satz 1 und 2 BeurkG).

aa) Ermittlung des maßgeblichen Güterrechtes

651 Art. 14 EGBGB regelt aus der Sicht des deutschen IPR das (wandelbare) **Ehewirkungsstatut**, das mittelbar auch maßgeblich ist für das Güterrecht (Art. 15 EGBGB), das Scheidungs- und Versorgungsausgleichsrecht, Unterhalt und Adoption (Art. 17, 18, 22 EGBGB). Dort ist die sog. **Kegel'sche Stufenleiter** normiert (übereinstimmende Staatsangehörigkeit, gemeinsamer gewöhnlicher Aufenthalt, sonstige engste Verbindung). Das Güterrecht seinerseits knüpft aus deutscher Sicht unwandelbar[822] in Art. 15 Abs. 1 EGBGB an das Ehewirkungsstatut zum Zeitpunkt der Eheschließung an. Daher ist i.R.d. Sachverhaltsaufklärung zu ermitteln:
– die Staatsangehörigkeit und der gewöhnliche Aufenthalt beider Ehepartner zum Zeitpunkt der Eheschließung,
– der erste eheliche Wohnsitz,
– bisherige Eheverträge und bisherige Rechtswahlerklärungen.

652 Hinsichtlich der ersten Prüfungsstufe, der **Staatsangehörigkeit**, ist zu berücksichtigen, dass allein die Präsentation eines deutschen Passes diese Frage nicht bereits klärt. Gem. § 25 Abs. 1 StAG führt der spätere, auf Antrag erfolgte Erwerb einer ausländischen Staatsangehörigkeit automatisch zum Verlust der deutschen, sofern der zusätzliche Erwerb nicht vorab durch die deutsche Behörde genehmigt wurde. Dies ist z.B. häufig bei ehemals türkischen, sodann eingebürgerten Beteiligten der Fall, die anlässlich eines Aufenthaltes in der Türkei »zusätzlich« diese Staatsbürgerschaft angenommen haben, »um spätere Probleme zu vermeiden«.[823]

653 Eine solche Sachverhaltsermittlung, die auch für das Grundbuchamt i.R.d. Vollzugs der Auflassung (§ 20 GBO – materielles Konsensprinzip[824]) von Bedeutung ist, könnte in der Urkunde etwa wie folgt wiedergegeben werden:

▶ Formulierungsvorschlag: Erklärung ausländischer Eheleute zum Güterstand

Erklärungen zum Güterstand

Die Ehegatten ..... erklären vorab:

Wir haben am ..... in ..... die Ehe geschlossen.

Zur Zeit dieser Eheschließung war der ..... ausschließlich ..... Staatsangehöriger und die Ehefrau ausschließlich ..... Staatsangehörige.

Zur Zeit der Eheschließung hatte der Ehemann seinen gewöhnlichen Aufenthalt in ....., die Ehefrau in ....., beide also in der Bundesrepublik Deutschland.

---

821 Vgl. PfälzOLG Zweibrücken, 10.01.2008, MittBayNot 2009, 44 m. Anm. *Süß*.
822 Selbst dann, wenn das berufene ausländische Güterrecht (etwa in Serbien, Kroatien und Slowenien) seinerseits von Wandelbarkeit ausgeht (keine Rückverweisung), vgl. OLG Nürnberg, 03.03.2011 – 9 UF 1390/10, MittBayNot 2011, 337.
823 *Emmerling de Oliveira/Heggen* notar 2011, 39.
824 Allgemein *Peykan* Die grundbuchrechtliche Prüfungskompetenz des Rechtspflegers bei notariell beurkundeten Rechtsgeschäften.

B. Gestaltung eines Grundstückskaufvertrages

> Die Beteiligten sind ferner der Überzeugung, dass das Recht, zu dem sie beide z.Zt. der Eheschließung die engsten Beziehungen hatten, das Recht des Staates Bundesrepublik Deutschland ist. Der erste eheliche Wohnsitz war in .....
>
> Aufgrund dieses Sachverhalts sind wir der Ansicht, dass die güterrechtlichen Wirkungen unserer Ehe dem Recht der Bundesrepublik Deutschland unterliegen (Art. 15 Abs. 1, 14 Abs. 1 EGBGB).
>
> Auf die Möglichkeit einer vorsorglichen Rechtswahl zugunsten des deutschen Rechtes wurden wir hingewiesen. Wir wünschen diese jedoch nicht.

654 Besonderheiten gelten für **vor dem 01.09.1986** (Inkrafttreten des IPR) geschlossene Ehen. Wurde die Ehe vor dem 01.04.1953 geschlossen, wird weiter angeknüpft an das Staatsangehörigkeitsrecht des Mannes, eine Rechtswahl ist aber gem. Art. 220 Abs. 3 Satz 6 EGBGB möglich.[825] Bei Ehen, die zwischen dem 09.04.1983 und dem 31.08.1986 geschlossen wurden, gilt bereits die oben wiedergegebene Rechtslage gem. Art. 15 EGBGB. Für Ehen, die zwischen dem 31.03.1953 und dem 09.04.1983 geschlossen wurden, gilt eine Übergangsregelung nur noch für die Zeit von der Eheschließung bis zum 08.04.1983.[826]

655 Die Verweisung des deutschen IPR auf eine ausländische Rechtsordnung ist eine **Gesamtverweisung**, erfasst also das ausländische materielle Recht wie auch das ausländische IPR. Besonderheiten ergeben sich demzufolge, wenn das ausländische IPR (anders als das deutsche) von der Wandelbarkeit des Güterrechts ausgeht, z.B. den jeweils aktuellen Lebensschwerpunkt der Eheleute zugrunde legt (wie etwa das italienische Recht:[827] dauernder Aufenthalt in Deutschland führt demnach wieder ins deutsche Recht), oder auch bei unwandelbarem Statut anders an das deutsche IPR anknüpft. Eine solche Weiter- oder Rückverweisung wird vom deutschen Recht gem. Art. 4 Abs. 1 Satz 2 EGBGB dann als endgültig akzeptiert. Auch das ausländische materielle Recht kann wiederum Differenzierungen enthalten je nachdem, ob die Eheleute getrennt leben oder nicht (Beispiel: Bosnien).

656 Bleibt die Verweisung in das ausländische materielle Recht bestehen, ist zu ermitteln, ob die Ehegatten nach jenem Recht eine vorrangige ehevertragliche Festlegung vorzunehmen in der Lage sind (die nach einigen Rechtsordnungen auch durch Erklärung vor dem Standesbeamten getroffen werden kann) und vereinbart haben; hilfsweise welcher »gesetzliche Güterstand« dort gilt.[828] Dabei führt die schlagwortartige Bezeichnung, welche dieser Güterstand in deutscher Sprache erfährt, häufig zu Missverständnissen oder Fehlern (Beispiel: der für die skandinavischen Rechtsordnungen häufig gewählte Begriff »Gütergemeinschaft« verdeckt, dass es sich tatsächlich um eine Gütertrennung handelt, die erst bei Beendigung der Ehe zu einer Vergemeinschaftung und Teilung führt, Rdn. 659; ähnlich irreführend ist die »allgemeine Gütergemeinschaft« niederländischen Rechts, Rdn. 666).

---

825 Vgl. i.E. *Schatten/Schmellenkamp* DNotZ 2009, 518 ff.
826 Die von Rspr. des BGH (z.B. DNotZ 1987, 292) gegen den Wortlaut angenommene Fortgeltung auch nach dem 08.04.1984 ist, jedenfalls soweit an das Heimatrecht des Mannes angeknüpft wird, verfassungswidrig, BVerfG MittBayNot 2003, 403 m. Anm. *Eule*, S. 335.
827 *Süß* MittBayNot 2007, 385.
828 Etwa anhand des Loseblatt-Werks *Bergmann/Ferid* Internationales Ehe- und Kindschaftsrecht sowie *Ring/Süß* Eherecht in Europa. Eine Länderübersicht findet sich auch im Beck'schen Notarhandbuch Abschnitt G Rn. 133 sowie bei *Süß* Rpfleger 2003, 60 ff. und auf der Internetseite der Württembergischen Notarakademie (www.notarakademie.de – IPR Informationen).

I. Beteiligte

Vorrangig zu beachten ist jedoch für **volksdeutsche Vertriebene, Spätaussiedler**[829] und deren Ehegatten der Wechsel zum deutschen Güterrecht mit Beginn des 4. Monats nach ihrer Aufnahme in Deutschland (§§ 1 Abs. 1, 3 VFGüterstandsG, Art. 15 Abs. 4 EGBGB).[830] **657**

Basisinformationen zu einigen praxiswichtigen Güterständen:[831] **658**

- Belgien
Gesetzlicher Güterstand ist eine besonders ausgestaltete Errungenschaftsgemeinschaft mit Gesamtgutsvermutung. Zum Gesamtgut gehören Einkünfte aus Berufstätigkeit, Vermögenserträgnisse sowie Güter, die den Ehegatten gemeinschaftlich geschenkt oder vererbt wurden. Zum Eigengut gehört voreheliches Vermögen sowie Erwerb durch Schenkung oder von Todes wegen. Bei Grundbesitz wird die Anschaffung Eigengut, wenn mindestens 50 % des Kaufpreises aus Eigengutmitteln stammen. Das Eigengut verwaltet jeder Ehegatte selbst (allerdings sind Verfügungen über die Ehewohnung nur mit Zustimmung des anderen möglich, es sei denn die Familienwohnung liegt außerhalb Belgiens), beim Gesamtgut besteht konkurrierende Verfügungsbefugnis jedes Ehegatten mit der Verpflichtung, die Interessen des anderen zu wahren.

- China **659**
Gesetzlicher Güterstand der VR China ist die Errungenschaftsgemeinschaft (in den Sonderverwaltungszonen Hongkong und Macau stattdessen die Gütertrennung mit Zugewinnausgleich). Nur eingebrachtes Vermögen, Gebrauchsgegenstände des täglichen Lebens, schenkweiser und letztwilliger Erwerb bildet Eigengut. Die Verpflichtung und Bezahlung kann jedoch durch einen Ehegatten bewirkt werden, Eigentümer werden allerdings beide. § 24 des Rechtsanwendungsgesetzes (RAG-CH) erlaubt seit 01.04.2011 die Rechtswahl des gewöhnlichen Aufenthalts einer Partei, das Recht ihrer Staatsangehörigkeit oder das Recht des Ortes, an dem das Vermögen im Wesentlichen belegen ist; andernfalls gilt das (wandelbare) Recht des gemeinsamen gewöhnlichen Aufenthaltes oder der gemeinsamen Staatsangehörigkeit, sodass ggf. eine Rückverweisung auf deutsches Recht i.S.d. Art. 4 Abs. 1 Satz 2 EGBGB stattfindet.[832]

- Dänemark **660**
Aufgrund der Einzelverfügungsbefugnis entspricht der gesetzliche Güterstand wirtschaftlich einer Gütertrennung, aber mit auf den Zeitpunkt der Auflösung der Ehe aufgeschobener Gütergemeinschaft. Verfügungen über die in die Gemeinschaft fallende Familienwohnung sind bei fehlender Zustimmung des anderen Ehegatten anfechtbar.

- Finnland
Ebenfalls Gütertrennung mit auf die Aufhebung der Ehe aufgeschobener Gütergemeinschaft. Verfügungen über die Familienwohnung bedürfen stets der Zustimmung des anderen Ehegatten.

- Frankreich **661**
Errungenschaftsgemeinschaft (Art. 1400 ff. CC). Eigengut ist der Erwerb durch Schenkung, Vermächtnis oder Erbfolge während der Ehe, alles andere wird gemeinschaftliches Vermögen (der Gegenbeweis ist durch Urkunde zu führen). Jeder Ehegatte darf das Gesamtgut allein verwalten und darüber verfügen, ausgenommen unentgeltliche Verfügungen sowie entgeltliche

---

[829] Str. (§ 4 BFVG: seit 01.01.1993); für entsprechende Anwendung die h.M.: *Staudinger/v. Bar/Mankowski* BGB Art. 15 EGBGB Rn. 441; *Scheugenpflug* MittRhNotK 1999, 374. Vorsorglich ist Rechtswahl zu empfehlen; vgl. Mitteilungen der NotK Koblenz Teil I Nr. 4/99, S. 112 ff. Nach Ansicht des OLG Hamm, 08.10.2009 – I-15 Wx 292/08, RNotZ 2010, 206 m. Anm. *Böttcher* verweist jedenfalls Art. 161 des RussFGB auf das Güterrecht des letzten Wohnsitzes, für Spätaussiedler also auf deutsches Recht, Art. 4 Abs 1 Satz 2 EGBGB). Ausführlich hierzu auch *Süß* MittBayNot 2010, 225 ff. (Ausnahme zur kollisionsrechtlichen Versteinerung bei Spätaussiedlern).
[830] Hierzu *Hohloch* FamRZ 2010, 1216 ff.; *Schmellenkamp* RNotZ 2011, 530 (zu OLG Düsseldorf, 22.02.2011 – I-25 Wx 8/11, NJW-RR 2011, 1017: Kasachstan).
[831] Vgl. hierzu ausführlich *Hertel* in: Würzburger Notarhandbuch Teil 7 Kap. 4 Rn. 1 ff., ferner *Rieck* Ausländisches Familienrecht und *Süß/Ring* Eherecht in Europa.
[832] *Gutachten* DNotI-Report 2011, 67.

Veräußerung von Grundstücken bzw. Bestellung dinglicher Rechte an Grundstücken. Ehevertragliche Änderungen sind durch notarielle Urkunde nach Ablauf von 2 Jahren seit Heirat oder seit der letzten Änderung des Güterstands möglich, bedürfen jedoch der gerichtlichen Genehmigung (Wahlgüterstände sind die vertragliche Gütergemeinschaft, die Gütertrennung oder die Teilhabe am Zugewinn).

662 – Griechenland
Gütertrennung mit Zugewinnausgleich im Fall der Auflösung der Ehe oder bei mehr als 3-jährigem Getrenntleben (Art. 1397 ff. ZGB). Der ausgleichspflichtige Beitrag wird i.H.e. Drittels der Vermögenszunahme vermutet. Schenkungen oder Erbschaften sowie hieraus gewonnene Surrogate bleiben bei der Zugewinnberechnung außer Betracht. Verfügungsbeschränkungen sind nicht ersichtlich.

– Großbritannien
Gütertrennung (Married Women's Property Act 1882); bei Scheidung kein allgemeines Zugewinnausgleichsverfahren, allerdings gerichtliche Rechtsbehelfe zur »Entscheidung aller das Eigentum von Eheleuten betreffenden Fragen«. Für die eheliche Wohnung gelten unübersichtliche Sonderregeln (Case Law). Verfügungsbeschränkungen bestehen nicht. Ähnlich ist die Rechtslage in Schottland (Married Women's Property Scotland Act 1881).

663 – Italien
Errungenschaftsgemeinschaft (Communione Legale, Art. 177 ff. CC). Zum Eigengut zählen das voreheliche Vermögen, späterer unentgeltlicher Erwerb und Erbschaften (es sei denn, der Zuwendende wollte Gesamtgut begründen) sowie nach der Eheschließung entgeltlich erworbene Immobilien, wenn beim Erwerb der andere Ehegatte seine Zustimmung hierzu erklärt hat und es sich um Grundstücke i.S.d. Art. 179 Buchst. c), d), f) CC handelt.[833] Die Verwaltung des Gesamtguts steht jedem Ehegatten zu, gemeinschaftliche Verwaltung ist bei außerordentlichen Maßnahmen notwendig. Gem. Art. 184 CC sind Alleinverfügungen über Immobilien wirksam, wenn nicht innerhalb eines Jahres ab Umschreibung der andere Ehegatte auf Nichtigerklärung klagt. Ein notarieller Wechsel des Güterstands (Gütertrennung oder modifizierte Errungenschaftsgemeinschaft) ist möglich, das Güterrechtsstatut seinerseits unterliegt der Wandelbarkeit nach dem jeweiligen Lebensschwerpunkt, sodass dauernder Aufenthalt in Deutschland in die Güterstände des BGB führt.[834]

664 – Serbien und Montenegro
Abgewandelte Form der Errungenschaftsgemeinschaft. Gesamthandsvermögen ist das während der Ehe durch Arbeit Erworbene sowie hieraus erzielte Surrogate. Auf andere Weise als durch Arbeit (also insb. durch Schenkung oder Erbschaft) erworbenes Vermögen wird Sondervermögen des betreffenden Ehegatten. Das gemeinschaftliche Vermögen verwalten beide gemeinsam, das Sondervermögen der jeweilige Ehegatte allein. Eine Übertragung der Verwaltungs- und Verfügungsbefugnis ist durch (jederzeit kündbare) Vereinbarung möglich.

– Kroatien
Ähnlich der vorgeschilderten Rechtslage in Serbien und Montenegro, die Errungenschaft steht jedoch den Eheleuten zu Bruchteilen (nicht zur gesamten Hand) zu.

– Bosnien
Errungenschaftsgemeinschaft, jedoch nur für Erwerb »während der Ehegemeinschaft«, sodass bei tatsächlicher Trennung kein »gemeinschaftliches Eigentum« mehr entsteht (Art. 264 Abs. 2 BosnFamilienG).

---

833 Dies sind: unbewegliche Sachen des engsten persönlichen Gebrauchs (c), Grundstücke die der Berufsausübung dienen (es sei denn sie zählen zum Vermögen eines im Gesamtgut befindlichen Betriebes (d) und Surrogate aus Tausch oder Verkaufserlös der unter c und d genannten Objekte, sofern dies ausdrücklich beim Erwerbsakt erklärt wurde (f).

834 *Süß* RPfleger 2003,60; MittBayNot 2007, 385.

– Luxemburg 665
Gesetzlicher Güterstand ist die Errungenschaftsgemeinschaft nach Art. 1400 ff. CC. Erwerb durch Arbeit oder Nutzung des jeweiligen Eigenvermögens wird gemeinschaftliches Vermögen, Eigengut sind das durch Erbschaft oder Schenkung Erworbene sowie Vermögenswerte persönlichen Charakters. Die Eigenschaft als gemeinschaftliches Vermögen wird gem. Art. 1402 CC vermutet. Das Gesamtgut kann jeder Ehegatte allein verwalten, ausgenommen sind unentgeltliche und ungewöhnliche Geschäfte.

– Niederlande 666
Gesetzlicher Güterstand ist die allgemeine Gütergemeinschaft, Art. 93 ff. B.W. (Burgerlijk Wetboek), die allerdings kein Gesamtgut im eigentlichen Sinne kennt, sondern als zunächst anteiliges Miteigentum mit starken Bindungen ausgestaltet ist; bei Auflösung der »Gütergemeinschaft« entsteht je hälftiges Anteilseigentum gem. Art. 1:100 B.W. (sodass richtigerweise im deutschen Grundbuch zunächst noch kein Bruchteilseigentum eingetragen werden kann[835]). Höchstpersönliche Gegenstände und höchstpersönliche Verbindlichkeiten sowie Schenkung oder Erbschaft mit der Bestimmung, nicht Bestandteil des Gesamtguts zu sein, sind Sondervermögen. Jeder Ehegatte verwaltet das von ihm in die Gemeinschaft eingebrachte Gut; ferner kann jeder Ehegatte ungeachtet der »Gütergemeinschaft« Vermögensgegenstände allein, unter seinem Namen, erwerben und hierüber alleine verfügen, solange die »Gütergemeinschaft« nicht durch Tod, Scheidung oder Eintritt eines anderen Güterstandes aufgelöst ist.[836] Verfügungen über die Ehewohnung[837] und deren Einrichtung sowie die Übernahme von Bürgschaften und Schuldübernahmen außerhalb eines Gewerbes bedürfen jedoch der Zustimmung des anderen Ehegatten. Notarielle Eheverträge sind möglich, allerdings nach Eheschließung nur mit gerichtlicher Genehmigung und nur nach Ablauf mindestens eines Jahres seit der Heirat.

– Österreich 667
Gütertrennung (§ 1237 ABGB) – bei Scheidung, Aufhebung oder Nichtigerklärung der Ehe werden jedoch das eheliche Gebrauchsvermögen und die ehelichen Ersparnisse aufgeteilt. Notarielle Eheverträge sind möglich.

– Polen
Errungenschaftsgemeinschaft (Art. 31 des Familien- und Vormundschaftsgesetzbuchs, FVGB, in der seit 20.01.2005 novellierten Form)[838] – Sondervermögen sind das voreheliche, das ererbte oder geschenkte Vermögen sowie Gegenstände des persönlichen Bedarfs oder der Berufsausübung. Die Verwaltung des Gemeinschaftsvermögens erfolgt durch jeden Ehegatten; bei Überschreiten des Rahmens gewöhnlicher Verwaltung ist die (ggf. formbedürftige) Zustimmung des anderen Ehegatten erforderlich, gutgläubiger Erwerb ist möglich. Durch notariellen Ehevertrag kann erweiterte oder eingeschränkte Gütergemeinschaft, Gütertrennung oder Gütertrennung mit Zugewinnausgleich vereinbart werden.

– Schweiz 668
Errungenschaftsbeteiligung (Art. 181 ZGB) als gesetzlicher Güterstand (bis zum 31.12.1987: »Güterverbindung«). Auf Begehren eines Ehegatten kann durch den Richter als außerordentlicher gesetzlicher Güterstand die Gütertrennung bei Vorliegen eines wichtigen Grundes angeordnet werden, etwa bei Zwangsvollstreckung gegen einen Ehegatten. Von Gesetzes wegen tritt sie bei Konkurs eines Ehegatten ein. Sie entspricht weitgehend der Zugewinngemeinschaft deutschen Rechtes: Während des Güterstands bleibt das Eigentum der Ehegatten getrennt, bei

---

835 OLG Schleswig, 19.08.2009 – 2 W 82/09; *Schotten/Schmellenkamp* Das Internationale Privatrecht in der notariellen Praxis Anhang II, Länderbericht »Niederlande«, Fn. 36; *Eule* MittBayNot 2008, 197. Soll nach fälschlicher Buchung zu Bruchteilen die Eintragung in Gütergemeinschaft nach niederländischem Recht erfolgen, genügt ein gem. § 30 GBO formloser berichtigender Antrag; eine Wiederholung der Auflassung ist nicht erforderlich.
836 Vgl. *Döbereiner* MittBayNot 2001, 266; *Tomlow* in: Deutsch-Niederländischer Rechtsverkehr in der Notariatspraxis, S. 77 ff.
837 D.h. eine mindestens durch einen Ehegatten selbst genutzte Wohnung.
838 Vgl. hierzu *Gralla* ZNotP 2005, 202 ff.

Beendigung entstehen Ausgleichsansprüche (wobei jedoch Wertveränderungen des Anfangsvermögens außer Betracht bleiben). Gegenstände des persönlichen Gebrauchs, durch Erbgang oder unentgeltlich erworbenes Gut, Entschädigungen für körperliche oder seelische Beeinträchtigung sowie Ersatzanschaffungen gehören kraft Gesetzes zum Eigengut. Durch Ehevertrag können bestimmte Erträge des Eigenguts und Vermögenswerte, die in Ausübung eines Berufs oder Gewerbes erzielt wurden, dem Eigengut zugewiesen werden (Art. 199 ZGB). Jeder Ehegatte verwaltet sein Vermögen (Errungenschaft und Eigengut) allein und verfügt darüber innerhalb der gesetzlichen Schranken (z.B. Beschränkung der Verfügungsbefugnis des zur vermögensrechtlichen Leistung verpflichteten Ehegatten, Art. 178 ZGB, und Verfügungen über Rechte an Wohnräumen, Art. 169 ZGB). Wird kein Beweis für eine andere vermögensrechtliche Zuordnung erbracht, besteht die Vermutung, dass Vermögenswerte in Miteigentum beider stehen (Art. 200 Abs. 2 ZGB).

669 – Spanien
Errungenschaftsgemeinschaft (Sociedad Legal de Ganancialos, Art. 1344 bis 1410 Codigo Civil): Sondervermögen umfasst das voreheliche Vermögen, das unentgeltlich oder als Ersatz für bzw. auf Kosten von Sondervermögen Erworbene, ferner Kleidung und persönliche Gebrauchsgegenstände. Das Gesamtgut der Errungenschaftsgemeinschaft wird von beiden Ehegatten gemeinsam verwaltet, bei unaufschiebbaren Verfügungen besteht Alleinvertretungsrecht. Bei Scheidung erhält jeder Ehegatte vom gemeinsamen Vermögen die Hälfte. Durch notarielle Urkunde kann Gütertrennung oder der Güterstand der Teilhabe (vergleichbar der deutschen Zugewinngemeinschaft) vereinbart werden. In den Foral-Rechtsgebieten (z.B. Baskenland, Katalonien, Aragonien sowie den Balearen und Galizien) bestehen Sonderregelungen, z.B. ist auf Mallorca und Menorca gesetzlicher Güterstand die Gütertrennung (mit der Vermutung, dass Vermögensgegenstände, die den ehelichen Haushalt ausmachen, beiden Eheleuten hälftig zustehen).

670 – Türkei
Aufgrund des neuen türkischen Zivilgesetzbuchs gilt seit 01.01.2002 der gesetzliche Güterstand der Errungenschaftsbeteiligung, der die frühere Gütertrennung abgelöst hat. Bis zum 31.12.2002 konnten Eheleute für die Weitergeltung der Gütertrennung optieren, anderenfalls ist das am 31.12.2001 jeweils vorhandene Eigentum als Eigengut i.S.d. Art. 220 Nr. 2 TürkZGB anzusehen, unterliegt also weiter allein der eigenen Verfügung. Entgeltlich ab dem 01.01.2002 erworbene Vermögenswerte sind jedoch Errungenschaft i.S.d. Art. 219 TürkZGB.[839] Die Errungenschaftsbeteiligung des türkischen (und schweizer) Rechtes ähnelt stärker der Zugewinngemeinschaft als der Errungenschaftsgemeinschaft. Auch hier wird kein gemeinschaftliches Eigentum gebildet, sondern es erfolgt ein schuldrechtlicher Ausgleich nach Beendigung der Ehe (bzw. des Güterstands), wobei im Unterschied zur Zugewinngemeinschaft der Wertzuwachs des in die Ehe eingebrachten Vermögens unberücksichtigt bleibt. Über seine Eigengüter und die ihm gehörenden, in die Errungenschaft fallenden Gegenstände kann jedoch jeder weiterhin allein verfügen (Art. 223 TürkZGB). Des Weiteren haftet jeder für seine Schulden mit seinem gesamten Vermögen (Art. 224 TürkZGB). Die Veräußerung der Familienwohnung kann allerdings gem. Art. 194 Abs. 1 TürkZGB bei Geltung des türkischen Ehewirkungsstatuts (also unabhängig vom Güterstand) nur mit ausdrücklicher Zustimmung des anderen Ehegatten erfolgen. Wird Letzteres übersehen, schützt wohl[840] Art. 16 EGBGB i.V.m. § 1412 BGB (§ 892 BGB) den gutgläubigen Erwerber. Durch notarielle Urkunde (Art. 205 Abs. 1 türkZGB) kann auch bei Geltung türkischen Güterrechtsstatuts, also ohne vorherige Rechtswahl, Gütertrennung gem. Art. 203 türkZGB vereinbart werden, auch vor einem deutschen Notar.[841]

---

839 Vgl. im Einzelnen *Naumann* RNotZ 2003, 343 ff. und *Ogdendahl/Rumpf* RNotZ 2003, 371 ff.: Miteigentum beider Ehegatten möglich.
840 Zweifel sind deshalb angebracht, weil es sich nicht um eine spezifisch güterrechtliche Anknüpfung handelt.
841 *Emmerling de Oliveira/Heggen* notar 2011, 39, 42.

– Ungarn
Errungenschaftsgemeinschaft gem. §§ 27 ff. des Ungarischen Familiengesetzes: Verfügungen über das Gemeinschaftsgut erfolgen gemeinsam, wobei zugunsten gutgläubiger Dritter vermutet wird, dass die erforderliche Zustimmung des anderen Ehegatten erteilt sei. Durch notarielle Vereinbarung vor der Eheschließung, dass ausschließlich ein Sondergut gebildet werde, kann faktisch eine Gütertrennung erreicht werden, Wahlgüterstände bestehen nicht.

671

– USA[842]
In 42 Staaten gilt Gütertrennung (separation of property); in Arizona, California, Idaho, Louisiana, New Mexico, Nevada, Texas, Washington, Wisconsin, Puerto Rico – also dem ehemals französischen und spanischen Kolonialgebiet mit romanischer Rechtstradition – gilt Errungenschaftsgemeinschaft (community of acquets and gains). In den Gütertrennungsstaaten hat das Gericht bei Scheidung unter Berücksichtigung verschiedener Faktoren eine gerechte Verteilung (equitable distribution) des während der Ehe erworbenen Vermögens vorzunehmen. In den Staaten der Errungenschaftsgemeinschaft zählt zum Eigengut (individual property) das voreheliche, das durch Schenkung oder Erbschaft erworbene und als Schadensersatz für Körperverletzung erhaltene Vermögen. Alles andere Vermögen ist Gesamtgut (community oder marital property), an dem jeder Ehegatte ideell zur Hälfte beteiligt ist. Die Verfügungsbefugnis über das Gesamtgut ist von Staat zu Staat unterschiedlich geregelt. Bei Scheidung erfolgt ebenfalls eine Teilung nach Billigkeitsgesichtspunkten.

672

Falls das ausländische Recht auf einen der Gütergemeinschaft (das gesamte Vermögen eines Ehegatten wird Gesamtgut) oder der Errungenschaftsgemeinschaft (das während der Ehe erworbene Vermögen wird gemeinschaftlich) vergleichbaren Güterstand verweist, erwerben beide Ehegatten gemeinsam und müssen auch – sofern das Grundstück zum Gesamtgut gehört – gemeinsam über dieses verfügen. Nur soweit das anwendbare ausländische Recht dies gestattet, kommt die Vereinbarung von Vorbehaltsgut (i.R.d. Kaufvertrages, ähnlich einer Rechtswahl Rdn. 675) in Betracht. Ist der gesetzliche Güterstand jedoch die Gütertrennung, stellen sich keine weiteren Schwierigkeiten.

673

Zahlreiche ausländische Rechtsordnungen enthalten Zustimmungsvorbehalte zugunsten des Ehegatten bei der Veräußerung und Belastung des **Familienwohnheims**. Dies ist etwa der Fall[843] für Belgien (Art. 215 § 1 CC), Brasilien (Art. 235 CC), Bulgarien (Art. 23 BGB), Dänemark (§ 18 EheG), Finnland (§ 38 EheG), Frankreich (Art. 215 Abs. 3 CC), Irland (Sec. 3 Family Home Protection Act), Luxemburg, Niederlande (Art. 88 BW), die Schweiz (Art. 169 ZGB), Spanien (Art. 1320 CC) und – wie bereits geschildert – die Türkei (Art. 194 ZGB). Teilweise unterliegen diese Vorschriften dem Statut der allgemeinen Ehewirkungen (so etwa Belgien, Frankreich, Niederlande, Spanien, Schweiz und Türkei gem. Art. 14 EGBGB, gelten also nicht nur beim gesetzlichen Güterstand des jeweiligen Staates, teilweise unterliegen sie dem Ehegüterstatut (etwa Finnland) des Art. 15 EGBGB. Fehlt die materiell-rechtlich erforderliche Zustimmung, greift § 892 Abs. 2 BGB nicht (da es sich um nicht eintragungsfähige Verfügungsbeschränkungen handelt), wohl aber der Schutz des Art. 12 bzw. des Art. 16 EGBGB (i.V.m. § 1412 BGB) zugunsten eines gutgläubigen Käufers,[844] der die konkrete Anwendbarkeit ausländischen Güterrechts[845] bzw. das Fehlen der Handlungsfähigkeit nicht positiv kennt.

674

bb) Rechtswahl

Sofern die in Auslands- oder gemischt nationaler Ehe verheirateten Beteiligten sich gleichwohl dem Güterrecht des BGB unterstellen wollen, besteht die Möglichkeit einer **Rechtswahl** gem. Art. 15 Abs. 2 EGBGB, die der **notariellen Beurkundung** bedarf. Gewählt werden kann das Recht des

675

---

842 Hierzu ausführlich *Bardy* RNotZ 2005, 137 ff.
843 Vgl. *Fetsch* RNotZ 2007, 470; *Henrich/Schwab/Ferrand* Der Schutz der Familienwohnung in Europäischen Rechtsordnungen, S. 45, 54 ff.
844 LG Aurich MittRhNotK 1990, 220, 221; *Fetsch* RNotZ 2007, 470.
845 Die Erkenntnis, dass ausländisches Recht zur Anwendung kommen *kann*, ist bei Art. 16 Abs. 1 EGBGB noch unschädlich.

B. Gestaltung eines Grundstückskaufvertrages

Staates, dem zumindest einer der Ehegatten angehört oder in dem mindestens einer der Eheleute seinen gewöhnlichen Aufenthalt hat, gem. Art. 15 Abs. 2 Nr. 3 EGBGB schließlich auch das deutsche Recht für dort gelegenes unbewegliches Vermögen (allerdings mit der Folge einer Güterrechtsspaltung, da sich letztere **Rechtswahl** nur auf inländischen Grundbesitz bezieht).

676 Soll zugleich ein Wechsel der allgemeinen Ehewirkungen eintreten, müsste eine Rechtswahl nach Art. 14 EGBGB geprüft werden, die jedoch nur unter sehr eingeschränkten Voraussetzungen in Betracht kommt. Die Rechtswahl wird regelmäßig in der **Kaufvertragsurkunde** vorgenommen, ist jedoch **kostenrechtlich gegenstandsverschieden** (Rdn. 3143); Gegenstandswert ist das Reinvermögen der Ehegatten, bei gegenständlich beschränkter Rechtswahl jedoch höchstens der Wert des betroffenen unbeweglichen Vermögens selbst (letzteres ohne Abzug von Verbindlichkeiten, § 39 Abs. 3 Satz 1 und 2 KostO). Die Rechtswahl ist wegen ihrer Auswirkung auf das Erbrecht den Geburtsstandesämtern der betreffenden Ehegatten (bzw. dem AG Berlin-Schöneberg, Hauptkartei für Testamente) anzuzeigen.

▶ Hinweis:

Häufig empfiehlt sich ferner eine Registrierung im deutschen Güterregister, da nach zahlreichen Rechtsordnungen die Registrierung und Veröffentlichung der Rechtswahl Wirksamkeitsvoraussetzung für eine Anerkennung auch im Ausland ist. Zu bedenken ist auch, dass der beendete ausländische Güterstand (nicht notwendig im Zuge des Kaufvertrages) abzuwickeln ist.

677 Einige **Formulierungshinweise zu Rechtswahlvereinbarungen**.

▶ Formulierungsvorschlag: Einleitung einer Rechtswahlvereinbarung

Soweit aufgrund dieses Sachverhaltes für unser Ehegüterrecht nicht das Recht der Bundesrepublik Deutschland Anwendung findet, treffen wir ehevertraglich die nachfolgende Rechtswahl.

Wir wünschen deren Eintragung in das deutsche Güterrechtsregister derzeit nicht; sie kann jedoch jederzeit einseitig auf eigene Kosten beantragt werden.

Mit Rücksicht darauf, dass sich die überwiegenden Vermögenswerte der Beteiligten in der Bundesrepublik Deutschland befinden und die Beteiligten auch in Zukunft nach ihrer Einschätzung keine intensiven wirtschaftlichen Beziehungen zum betreffenden ausländischen Staat unterhalten werden, legen sie auf eine Anerkennung dieser ehevertraglichen Vereinbarungen im jeweiligen Heimatstaat keinen Wert. Der beurkundende Notar soll daher keine Schritte zur Überprüfung der Rechtslage im betreffenden Auslandsstaat einleiten, oder evtl. für die Wirksamkeit der Rechtswahl dort notwendige behördliche Genehmigungen einholen. Die Beteiligten wissen, dass dem Notar das einschlägige ausländische Recht nicht bekannt ist; sie bestehen dennoch auf sofortiger Beurkundung und entbinden ihn insoweit von jeder Haftung.

▶ Formulierungsvorschlag: Rechtswahl nach Art. 15 Abs. 2 Nr. 2 EGBGB (Aufenthalt eines Ehegatten)

678 Wir wählen mit Wirkung vom heutigen Tage an für die gesamten güterrechtlichen Wirkungen unserer Ehe das Recht der Bundesrepublik Deutschland. Diese Rechtswahl soll nach Möglichkeit auch im Ausland gelten.

Vorstehende Rechtswahl wird getroffen gem. Art. 15 Abs. 2 Nr. 1 bzw. Nr. 2 EGBGB, da zumindest einer der Ehegatten die Staatsangehörigkeit der Bundesrepublik Deutschland innehat, bzw. sich hier sein gewöhnlicher Aufenthalt befindet.

Aufgrund dieser Rechtswahl tritt der gesetzliche Güterstand der Zugewinngemeinschaft des deutschen Rechtes ein. Bei diesem Güterstand soll es verbleiben, und zwar nach Maßgabe der jetzt geltenden gesetzlichen Bestimmungen und mit allen zukünftigen Änderungen des gesetzlichen Güterstandes.

Wir wurden über die Grundzüge des gesetzlichen Güterstandes der Zugewinngemeinschaft informiert. Uns ist demnach insbes. bekannt, dass eine Vermischung des eingebrachten bzw. später erworbenen Vermögens jedes Ehegatten nicht stattfindet, vielmehr jeder Ehegatte sein Vermögen selbst verwaltet solange nicht das nahezu gesamte Vermögen betroffen ist. Bei

Beendigung des Güterstandes entsteht ein Anspruch auf Ausgleich des jeweils erzielten Zugewinns, wobei geerbtes oder von Dritten geschenktes Vermögen als Anfangsvermögen gilt.

Eine Auseinandersetzung hinsichtlich des beendeten bisherigen Güterstandes soll in dieser Urkunde nicht stattfinden, ebenso wenig eine Aussage darüber, ob die Mittel für das heute erworbene Vermögen aus ehelichem Anfangsvermögen oder späterem Zugewinn stammen.

Die Folgen dieser Rechtswahl sollen ab unserer Eheschließung eintreten; auch wenn diese Wirkung nicht unmittelbar eintreten sollte, verpflichten wir uns, uns so zu stellen, als wäre dies der Fall, und hinsichtlich bisheriger Erwerbe den notwendigen Vollzug durchzuführen.

▸ **Formulierungsvorschlag: Rechtswahl nach Art. 15 Abs. 2 Nr. 3 EGBGB (gesamtes unbewegliches Vermögen in Deutschland)**

Wir wählen mit Wirkung vom heutigen Tage an für die güterrechtlichen Wirkungen unserer Ehe hinsichtlich des gesamten in der Bundesrepublik Deutschland belegenen jetzigen und künftigen unbeweglichen Vermögens das Recht der Bundesrepublik Deutschland.

679

Aufgrund dieser Rechtswahl tritt hinsichtlich unseres genannten unbeweglichen Vermögens der gesetzliche Güterstand der Zugewinngemeinschaft ein. Bei diesem Güterstand soll es verbleiben, und zwar nach Maßgabe der jetzt geltenden Bestimmungen einschließlich aller künftigen Änderungen des gesetzlichen Güterstandes. Wir wurden über die Grundzüge der Zugewinngemeinschaft des deutschen Rechtes informiert, bspw. auch darüber, dass bei Alleinerwerb durch einen Ehegatten zu dessen Verfügungen i.d.R. gem. § 1365 BGB die Zustimmung des anderen Ehegatten erforderlich ist, da das Grundstück das überwiegende dem gesetzlichen Güterstand unterliegende Vermögen darstellen wird. Uns ist demnach weiter bekannt, dass eine Vermischung des eingebrachten bzw. später erworbenen Vermögens jedes Ehegatten nicht stattfindet. Bei Beendigung des Güterstandes entsteht ein Anspruch auf Ausgleich des jeweils bzgl. des unbeweglichen Vermögens in Deutschland erzielten Zugewinns, wobei geerbtes oder von Dritten geschenktes Vermögen als Anfangsvermögen gilt.

Eine Auseinandersetzung hinsichtlich des beendeten bisherigen Güterstandes soll in dieser Urkunde nicht stattfinden.

Uns ist bekannt, dass unser bewegliches inländisches Vermögen sowie im Ausland befindliches Vermögen von dieser Rechtswahl nicht erfasst sind.

Die Folgen dieser Rechtswahl sollen (bzgl. des unbeweglichen Vermögens in der Bundesrepublik Deutschland, das wir bereits bisher innehaben) ab Erwerb dieses Vermögens gelten; auch wenn diese Wirkung nicht unmittelbar eintreten sollte, verpflichten wir uns, uns so zu stellen, als wäre dies der Fall, und hinsichtlich bisheriger Erwerbe den notwendigen Vollzug durchzuführen.

▸ **Formulierungsvorschlag: Rechtswahl nach Art. 14 EGBGB (erfasst auch die allgemeinen Ehewirkungen)**

Eine gemeinsame Staatsangehörigkeit hatten bzw. haben wir nicht. Wir haben unseren gewöhnlichen Aufenthalt auch nicht in demselben Staat, da der Ehemann als Soldat der amerikanischen Armee während der Dauer seiner hiesigen Stationierung seinen gewöhnlichen Aufenthalt im Heimatstaat behalten hat.

680

Gem. Art. 14 Abs. 3 EGBGB können und wollen wir daher hinsichtlich der allgemeinen Ehewirkungen folgende Rechtswahl hinsichtlich der allgemeinen Ehewirkungen treffen:

Wir wählen hiermit das Recht der Bundesrepublik Deutschland, und zwar in seiner derzeitigen Fassung, mit allen künftigen gesetzlichen Änderungen.

Uns ist bekannt, dass diese Rechtswahl über eine Vereinbarung hinsichtlich des Güterrechtes (Art. 15 EGBGB) hinausgeht, dass sie insbes. das Recht bestimmt, dem die Scheidung unterliegt (Art. 17 Abs. 1 EGBGB), ferner dass das deutsche Recht demnach im Zweifel für die Durchführung des Versorgungsausgleichs und des nachehelichen Unterhalts maßgeblich ist (Art. 17 Abs. 3, 18 Abs. 4 EGBGB).

Über die Grundzüge des deutschen Rechtes zu den genannten Bereichen wurden wir informiert.

Uns ist bekannt, dass der Notar nicht überprüft hat, bzw. nicht überprüfen kann, ob das möglicherweise ebenfalls einschlägige ausländische Recht die vorstehende Vereinbarung nach Inhalt und Form anerkennt und sie auch im Rahmen eines etwaigen Scheidungsverfahrens im Ausland respektieren würde. Da wir jedoch ein evtl. Scheidungsverfahren vor deutschen Gerichten durchführen möchten, legen wir keinen Wert auf die Anerkennung im Ausland. Wir entbinden den Notar insoweit von jeder Haftung.

Der Notar hat uns ferner darüber belehrt, dass zusätzlich eine Güterrechtswahl gem. Art. 15 EGBGB empfehlenswert ist, da das Güterrecht sich nach den allgemeinen Ehewirkungen zum Zeitpunkt der Eheschließung richtet und eine nachträgliche Rechtswahl hinsichtlich der allgemeinen Ehewirkung gem. Art. 14 EGBGB keine Rückwirkung auf den Zeitpunkt der Eheschließung entfaltet.

681 Gem. § 17 Abs. 3 Satz 1 BeurkG hat der Notar darauf hinzuweisen, dass möglicherweise ausländisches Recht zur Anwendung berufen ist; über dessen Inhalt braucht er nicht zu belehren. Fehlt ein Vermerk hierüber in der Urkunde, kehrt sich im Haftungsprozess die Beweislast dahin gehend um, dass nicht der Anspruchsteller das Fehlen der Belehrung, sondern der Notar deren Erteilung zu beweisen hat.[846]

▶ **Formulierungsvorschlag: Allgemeiner Belehrungshinweis bei möglicher Anwendbarkeit ausländischen Rechtes**

682 Die Erschienenen wurden darauf hingewiesen, dass auf diese Urkunde ausländisches Recht zur Anwendung kommen könnte, der Notar dieses ausländische Recht nicht kennt, insbes. nicht weiß, ob nach diesem ausländischen Recht Bedenken gegen die Wirksamkeit der Urkunde bestehen. Die Erschienenen bestanden dennoch auf Beurkundung; sie wünschen die Erstellung eines Gutachtens zum Auslandsrecht bzw. die Hinzuziehung eines ausländischen Juristen nicht.

683 Sofern die Pläne zur Vereinheitlichung des Europäischen Ehevertrags-Kollisionsrechtes (Kommissionsvorschlag vom 18.03.2011 KOM 2011/126[847]) umgesetzt werden, knüpft das Güterrecht künftig (Art. 17 Abs. 1a EhegüterR-VO) – abweichend von der derzeitigen Kegel'schen Stufenleiter – in erster Linie an den ersten gemeinsamen Aufenthalt der Ehegatten an, ersatzweise an übereinstimmende Staatsangehörigkeit, und zuletzt an den Staat engster Verbindung. Vor oder nach der Eheschließung können (in Deutschland notariell zu beurkundende) Rechtswahlerklärungen getroffen werden (zugunsten eines Staates, dem zumindest einer der Ehegatten angehört oder in dem er seinen gewöhnlichen Aufenthalt hat); eine auf einzelne Immobilien beschränkte Rechtswahl (Art. 15 Abs. 2 Nr. 3 EGBGB) wird dann jedoch nicht mehr möglich sein.

cc) Behelfslösung

▶ Hinweis:

684 Sofern weder die sichere Ermittlung des Güterrechtes der Beteiligten gelingt noch eine (ggf. vorsorgliche) Rechtswahl getroffen werden soll, empfiehlt es sich stets als »Auffanglösung«, **bei Veräußerung** durch einen ausländischen Staatsangehörigen, der verheiratet ist, den Ehegatten mitwirken zu lassen.[848]

685 Der **Erwerb** sollte in solchen Fällen auf beide Eheleute in Miteigentum erklärt werden. Die Auflassung ist nämlich auch dann wirksam, wenn das Gemeinschaftsverhältnis nicht richtig angegeben wurde;[849] das Grundbuchamt darf den Antrag auf Eintragung nur zurückweisen, wenn es aufgrund

---

846 OLG Frankfurt am Main, 12.05.2010 – 4 U 219/09, notar 2010, 370 m. Anm. *Stuppi* (bei einem »Kaufvertrag mit Auflassung« über in der Türkei belegene Eigentumswohnung [!]).
847 Vgl. *Döbereiner* MittBayNot 2011, 463 ff.
848 Wird die Auslandsberührung nicht erkannt und wirkt der Ehegatte nicht mit, wird der gutgläubige Erwerber andererseits durch Art. 16 Abs. 1 EGBGB geschützt, vgl. *Amann* MittBayNot 1986, 226; *Naumann* RNotZ 2003, 352 zur Unkenntnis von Verfügungsbeschränkungen des türkischen Güterrechtes (Art. 223, 194 ZGB-Türkei) bei Veräußerung des Familienheims durch den Alleineigentümer ohne die erforderliche Zustimmung des Ehegatten.
849 BGH DNotZ 1982, 696.

nachgewiesener Tatsachen zu der sicheren Erkenntnis gelangt ist, dass das Grundbuch damit unrichtig würde.[850] Bloße Zweifel rechtfertigen also keine Zwischenverfügung[851] (anders allerdings, wenn Erwerber bereits bei anderem Grundbesitz in ausländischem Güterstand eingetragen sind[852]). Hat nur ein Ehegatte erworben und wurde der andere Ehegatte kraft anwendbaren ausländischen Rechtes mitberechtigt (hat also das ausländische Güterrecht das erworbene Eigentum bspw. zum Gesamtgut werden lassen[853]), ist die Auflassung ebenfalls wirksam, das Grundbuch ist auf Antrag und Nachweis ohne Mitwirkung des Veräußerers zu berichtigen. Enthält ausnahmsweise das anwendbare ausländische Güterrecht Erwerbsbeschränkungen des Inhalts, dass keiner der Ehegatten allein erwerben kann, wäre die Auflassung auf einen Erwerber unwirksam (eine hilfsweise, also bedingt, erklärte weitere Auflassung in das Gemeinschaftsverhältnis ausländischen Rechtes würde gar gegen § 925 Abs. 2 BGB verstoßen),[854] diese Unwirksamkeit aufgrund ausländischen Güterrechtes oder wegen fehlender Handlungsfähigkeit kann jedoch einem gutgläubigen Veräußerer nicht entgegengehalten werden, wenn Letzterer sich auf Art. 16 Abs. 1[855] oder Art. 12 EGBGB berufen kann.[856] Anderenfalls ist die unwirksame Auflassung umzudeuten in eine Auflassungsvollmacht des Veräußerers, sodass die Erwerber anschließend erneut die Auflassung im korrekten Gemeinschaftsverhältnis erklären und entgegen nehmen können.

e) Anwendbares Recht; Gerichtsstand

aa) Vertragsstatut

Ab dem 17.12.2009 gilt anstelle der Art. 27 bis 37 EGBGB die Verordnung des Europäischen Parlaments und des Rates über das auf internationale vertragliche Schuldverhältnisse anzuwendende Recht, sog. **ROM I Verordnung**,[857] unmittelbar in allen Mitgliedsstaaten der Gemeinschaft (mit Ausnahme von Dänemark[858]).[859] Zusammengefasst gilt demnach: Gewerbetreibende können für grenzüberschreitende Verträge wählen, welches Recht hierauf anzuwenden ist; hilfsweise gilt das Recht am Ort derjenigen Partei, welche die geschäftstypische Leistung (beim Kaufvertrag also die Lieferung der Ware) erbringt. Bei einem Vertrag zwischen Unternehmer und Verbraucher besteht zwar ebenfalls die Möglichkeit der Rechtswahl, allerdings sind durch den Unternehmer die zwingenden Vorschriften des Rechts des Verbrauchers (z.B. die Gewährleistungsfristen des deutschen Kaufrechts bei einem hiesigen Verbraucherkäufer) zu beachten.[860] Treffen Parteien in einem Vertrag zwischen Unternehmer und Verbraucher keine Rechtswahl – die sich eindeutig zumindest aus den Umständen des Falles ergeben muss (Art. 3 Abs. 1 Rom I-VO), und ggf. auch lediglich abtrennbare Teile des Gesamtvertrages umfassen kann[861] –, findet hilfsweise stets das am Wohnort des Verbrauchers geltende Recht Anwendung.[862] Für Verfügungsgeschäfte (etwa die Auflassung) gilt die ROM

686

---

850 BayObLG MittBayNot 1992, 269 und MittBayNot 2001, 221 m. Anm. *Riering*; OLG Hamm MittRhNotK 1996, 364; OLG Karlsruhe RPfleger 1994, 248; LG Duisburg RNotZ 2003, 396 zur (möglichen) Eintragung türkischer Eheleute als Miteigentümer.
851 *Schöner/Stöber* Grundbuchrecht Rn. 3421b; *Demharter*, Anhang zu § 13 GBO Rn. 30.
852 OLG Düsseldorf, 20.01.2010 – I-3 Wx 258/09, FamRZ 2010, 319.
853 *Wolfsteiner* DNotZ 1987, 67, 87.
854 *Schöner/Stöber* Grundbuchrecht Rn. 782.
855 Die Erkenntnis, dass ausländisches Recht zur Anwendung kommen kann, ist dabei noch unschädlich.
856 Nach Ansicht von *Böhringer* BWNotZ 1988, 53 ist in diesen Fällen der Eigentumswechsel durch das Grundbuchamt gleichwohl einzutragen.
857 Das Dokument kann unter http://register.consilium.europa.eu/pdf/de/07/st03/st03691.de07.pdf heruntergeladen werden; auszugsweise abgedruckt in ZNotP 2009, 54 ff.
858 Das Vereinigte Königreich darf aufgrund eines Zusatzprotokolls zum EG-Vertrag noch über seine Teilnahme entscheiden.
859 Vgl. *Fetsch* RNotZ 2007, 463 noch zum Verodnungsentwurf.
860 Und zwar bei allen Verbraucherverträgen, nicht nur (wie bisher) bei Warenkauf- und Dienstleistungsverträgen sowie darauf bezogenen Kreditverträgen.
861 *Reithmann* ZNotP 2009, 45, 47.
862 Durch die Aufrechterhaltung der Rechtswahlmöglichkeit zwischen Unternehmer und Verbraucher sollte vermieden werden, dass ein mittelständischer Lieferant sich auf bis zu 27 Rechtsordnungen einstellen muss, wenn er – z.B. über das Internet – seine Ware an Verbraucher in anderen europäischen Staaten verkauft.

B. Gestaltung eines Grundstückskaufvertrages

I Verordnung nicht. Die am 11.01.2009 in Kraft getretene ROM II Verordnung erfasst das auf außervertragliche Schuldverhältnisse anzuwendende Recht.

687 Schuldrechtliche Verträge unterliegen gem. Art. 3 Abs. 1 Satz 2 Rom I-VO (zuvor: Art. 27 Abs. 1 EGBGB[863]) grds. dem durch die Beteiligten ausdrücklich oder (i.d.R.) stillschweigend[864] **gewählten Recht**. Allerdings können sich die Parteien durch Wahl einer ausländischen Rechtsordnung bei Sachverhalten, die allein mit einem Staat verbunden sind (Inlandsparteien bei inländischem Objekt) nicht über die zwingenden Normen des Heimatrechtes hinwegsetzen (Art. 3 Abs. 4 Rom I-VO; zuvor: Art. 27 Abs. 3 EGBGB, vgl. Rdn. 693); darüber hinaus besteht die zivilrechtliche Grenze des § 138 BGB (Ausübung der wirtschaftlichen Übermacht einer Partei) und die IPR-rechtliche Grenze des ordre-public-Vorbehaltes (Art. 6 EGBGB).

688 I.d.R. erfolgt eine solche Rechtswahl **stillschweigend**,[865] etwa durch Verwendung der Terminologie einer bestimmten Rechtsordnung[866] oder ausdrückliche Bezugnahme auf solche Rechtsvorschriften,[867] ferner durch Gerichtsstands- oder Schiedsgerichtsvereinbarungen,[868] aber auch schlicht durch den Vertragsabschluss zwischen im Inland ansässigen Parteien in deutscher Sprache[869] oder durch die Beteiligung von Rechtsanwälten eines bestimmten Staates an der Ausarbeitung des Vertrages.[870] Allein die gewählte Vertragssprache, der Abschlussort oder die Währungsangabe beim Kaufpreis sollen jedoch nicht genügen.

689 Der »**Rechtswahlvertrag**« ist eine vom schuldrechtlichen und sachenrechtlichen Vertrag zu trennende kollisionsrechtliche Vereinbarung, deren Zustandekommen und Wirksamkeit sich allerdings nach dem von den Parteien für den Hauptvertrag gewählten Recht beurteilt (Art. 3 Abs. 5, 10 Rom I-VO; alt Art. 27 Abs. 4, 31 EGBGB).

690 Fehlt es an einer (auch stillschweigenden) Rechtswahl, vermutet Art. 4 Abs. 1 Buchst. c) Rom I-VO (zuvor Art. 28 Abs. 3 EGBGB [als Ausgestaltung des allgemeinen Grundsatzes der engsten Verbindung, Art. 28 Abs. 1 EGBGB]) für schuldrechtliche Verträge über dingliche Immobiliarrechte (oder Nutzungsrechte an Immobilien) die Anwendbarkeit des Rechts der **Belegenheit des Grundstücks**. Werden in einem einheitlichen Vertrag Grundstücke in mehreren Staaten verkauft, soll der Schwerpunkt entscheiden (kein gespaltenes Vertragsstatut).[871]

bb) Form- und Vollmachtsstatut

691 Hinsichtlich der einzuhaltenden Form genügt jedoch aus Sicht des deutschen IPR[872] neben der Form des Vertragsstatuts auch die Ortsform des Vertragsabschlusses (Art. 11 Abs. 1 EGBGB, locus regit formam actus):

▶ Beispiel:

Ein im Inland geschlossener Vertrag über ausländische Immobilien, der deutschem Vertragsstatut unterliegen soll (etwa im Rahmen einer Erbauseinandersetzung, die inländisches und ausländisches Vermögen umfasst), bedarf also nach beiden Kriterien der notariellen Beurkun-

---

863 Als Umsetzung des EG-Vertragsrechts-Übereinkommens, BGBl. II 1991, S. 871 (s. hierzu MünchKomm-BGB/*Martiny* vor Art. 27 EGBGB Rn. 13 ff.
864 Art. 27 Abs. 1 Satz 2 EGBGB; die konkludente Rechtswahl kann auch in der Vereinbarung einer Gerichtsstandsklausel oder eines Schiedsgerichts eines bestimmten Landes liegen (qui eligit iudicem/arbitrum, eligit ius).
865 Vgl. *Fetsch* RNotZ 2007, 459.
866 BGH NJW 2004, 3706.
867 BGH NJW-RR 2000, 1002, 1004.
868 BGH NJW-RR 2005, 206, 208.
869 BGH NJW 2003, 2605, 2606.
870 BGH NJW-RR 2000, 1002, 1004.
871 Vgl. *Reithmann/Martiny/Limmer* Internationales Vertragsrecht Rn. 948.
872 Anders möglicherweise aus Sicht ausländischer Rechtsordnungen, falls diese auch für schuldrechtliche Grundstücksverträge zwingend die lex rei sitae anordnen, Art. 11 Abs. 4 EGBGB.

dung (§ 311b BGB).[873] Umgekehrt kann auch bei inländischem Grundbesitz eine wirksame schuldrechtliche Urkunde durch einen ausländischen Notar errichtet werden bzw. gar eine privatschriftliche oder gar mündliche Vereinbarung genügen, soweit der Vertragsabschlussort und/oder das Vertragsstatut sich nach ausländischem Recht richtet, also nicht bei einem reinen Inlandsfall gem. Art. 27 Abs. 3 EGBGB ohne ausländische Beteiligte. § 311b Abs. 1 BGB gilt nicht als zwingende »Sperrvorschrift« i.S.d. Art. 11 Abs. 4 EGBGB.[874] Hinsichtlich der dinglichen Erklärungen (Auflassung) verbleibt es jedoch zwingend bei der Anwendbarkeit des Sachstatuts gem. Art. 43 EGBGB, also der lex rei sitae.

Hiervon zu unterscheiden ist weiter das sog. **Vollmachtsstatut**, das im EGBGB nicht ausdrücklich geregelt ist. Die ständige Rechtsprechung[875] unterstellt die Vollmacht dem Recht des Staats, in dem sie bestimmungsgemäß ihre Wirkung entfalten soll (sog. »Wirkungslandprinzip«). Für gesellschaftsrechtliche Vollmachten (Prokura, Handlungsvollmacht) soll das Recht am Sitz des Unternehmens maßgeblich sein, bei Generalvollmachten derjenige Staat, in dem schwerpunktmäßig von der Vollmacht Gebrauch gemacht werden soll. Eine Rechtswahl wird als zulässig angesehen. 692

cc) Eingriffsnormen

Wirtschaftspolitische Vorschriften, die zumindest überwiegend im öffentlichen Interesse erlassen wurden (z.B. Genehmigungserfordernisse nach dem Grundstücksverkehrsgesetz, der GVO, Kartellrecht, Außenwirtschaftsrecht, Devisenvorschriften, Kulturgüterschutzbestimmungen etc.) unterliegen jedenfalls nicht dem Vertragsstatut, können also nicht durch Wahl einer ausländischen Rechtsordnung abbedungen werden; dies gilt wohl auch für die MaBV.[876] Nach einer im Vordringen befindlichen Auffassung soll dies auch umgekehrt gelten für Eingriffsnormen anderer EG-Staaten, die auf den Grundstücksvorgang »der Sache nach« Anwendung fänden und die jedenfalls dann nicht durch Wahl eines abweichenden (z.B. deutschen) Vertragsstatuts abbedungen werden können, wenn sie ihrerseits mit den Grundfreiheiten des EG-Vertrags vereinbar sind.[877] 693

dd) Sach- und Verfahrensstatut

Anders verhält es sich hinsichtlich der dinglichen Erklärungen sowie hinsichtlich des Erwerbs und Inhalts des Eigentums: Für diese hat Art. 43 Abs. 1 EGBGB die bereits zuvor gewohnheitsrechtlich verfestigte **lex-rei-sitae-Regel** kodifiziert und eine abweichende Rechtswahl nicht erlaubt. Dies erleichtert zugleich die Führung nationaler Register und führt aufgrund ihrer Eindeutigkeit zu einem Entscheidungseinklang.[878] Daher bedarf es bei inländischem Grundbesitz stets der Auflassung in Gegenwart eines deutschen Notars (Rdn. 965; zu den Kostenfolgen: 20/10 Gebühr, vgl. Rdn. 3171). 694

Ähnlich den dinglichen Erklärungen (einschließlich der Bestellung beschränkt dinglicher Rechte), Art. 43 Abs. 1 EGBGB, unterliegen auch **verfahrensrechtliche Erklärungen** einer Sonderanknüpfung: Maßgeblich ist das Verfahrensrecht am Sitz der zuständigen registerführenden Stelle, für deutsche Grundstücke also die GBO. Auch zivilprozessuale Erklärungen (wie die Vollstreckungsunterwerfung, § 794 Abs. 1 Nr. 5 ZPO) unterliegen dem Verfahrensrecht am Amtssitz des Notars, auch wenn die Unterwerfungserklärung sich auf einen materiellen Anspruch bezieht, der seinerseits ausländischem Recht unterliegt.[879] 695

---

873 Vgl. MünchKomm-BGB/*Martiny* Art. 28 EGBGB Rn. 151.
874 Vgl. *Fetsch* RNotZ 2007, 464.
875 Etwa BGH NJW 2004, 1315, 1316; vgl. *Gutachten* DNotI-Report 2007, 107, 108.
876 Vgl. MünchKomm/*Martiny* 4. Aufl. 2006 Art. 28 EGBGB, Rn. 154; *Fetsch* RNotZ 2007, 461.
877 Vgl. *Fetsch* Eingriffsnormen und EG-Vertrag, S. 319 bis 389.
878 Vgl. im Einzelnen MünchKomm-BGB/*Wendehorst* Art. 43 EGBGB Rn. 4.
879 Vgl. *Wolfsteiner* Die vollstreckbare Urkunde 2. Aufl. 2006 Rn. 52-1 u. 2, BGH DNotZ 1981, 783, 740 zum schweizerischen Recht.

B. Gestaltung eines Grundstückskaufvertrages

ee) Gerichtsstand

696 Die **internationale Zuständigkeit** unterliegt in erster Linie der EuGVO v. 22.12.2000,[880] auch »Brüssel I« genannt. Sie hat unter den EU-Mitgliedstaaten (außer Dänemark) das Übereinkommen v. 27.09.1968 (»GVÜ«) ersetzt. Daneben existiert eine im Hinblick auf die damaligen EFTA-Staaten abgestimmte »Parallel-Konvention« in Gestalt des »Luganer Übereinkommens« v. 16.09.1988 (»LugÜ«),[881] das inhaltlich an die Vorschriften der EuGVO angepasst wird. Sie erlauben, sofern mindestens eine Partei ihren Wohn-/Geschäftssitz in einem Mitgliedstaat hat, die Vereinbarung der ausschließlichen Zuständigkeit eines Gerichtes oder der Gerichte eines Mitgliedstaates über bereits entstandene oder künftige Rechtsstreitigkeiten; diese Vereinbarung (Art. 23 Abs. 1 EuGVO, Art. 17 Abs. 1 Satz 1 GVÜ/LugÜ) geht der nationalen Regelung in §§ 38 ff. ZPO (Rdn. 697) vor. Erforderlich ist – auch bei Kaufleuten – Schriftform oder schriftliche Bestätigung bzw. elektronische Übermittlung; i.R.v. AGB bedarf es einer tatsächlichen Übereinkunft, etwa durch deutliche Hervorhebung, § 38 Abs. 1 ZPO.

697 Die **örtliche Zuständigkeit** richtet sich nach deutschem Recht für das Eigentum betreffende dingliche Klagen gem. § 24 ZPO und für zugehörige persönliche Klagen (etwa auf Zahlung der Überbaurente) gem. § 26 ZPO nach dem Belegenheitsort des Grundstücks, während für schuld-(vertrags)rechtliche Streitigkeiten der allgemeine Gerichtsstand (Wohn-/Geschäftssitz des Beklagten, §§ 13 ff. ZPO) und der besondere Gerichtsstand des Erfüllungsortes (§ 29 ZPO) nach Wahl des Klägers konkurrieren. **Kaufleute** sowie juristische Personen des öffentlichen Rechtes können gem. § 38 Abs. 1 ZPO (auch stillschweigend und in AGB[882]) die örtliche Zuständigkeit eines anderen Gerichtes vereinbaren (**Prorogation**); unter Nichtkaufleuten bedarf diese Vereinbarung der Schriftform und ist nur zulässig, wenn mindestens eine Partei keinen Gerichtsstand im Inland hat (§ 38 Abs. 2 ZPO) oder sie ausdrücklich für den Fall geschlossen ist, dass die beklagte Partei künftig ihren Wohnsitz im Ausland nehmen oder unbekannten Aufenthaltes sein wird (§ 38 Abs. 3 Nr. 2 ZPO). Weiter muss die Gerichtsstandsvereinbarung stets ein bestimmtes Rechtsverhältnis (§ 40 Abs. 1 ZPO) vermögensrechtlicher Natur (§ 40 Abs. 2 Satz 1 Nr. 1 ZPO)[883] betreffen und es darf kein ausschließlicher Gerichtsstand bestehen (§ 40 Abs. 2 Satz 1 Nr. 2 ZPO; also keine Prorogation im Bereich der dinglichen Klagen des § 24 ZPO, bei Wohnraummietsachen gem. § 29a Abs. 1 und bei Haustürgeschäften, § 29c ZPO).

698 Hierzu folgender Formulierungsvorschlag:

▶ **Formulierungsvorschlag: Gerichtsstandsvereinbarung unter Kaufleuten und bei Wegzug ins Ausland**

Verkäufer und Käufer sind Kaufleute. Die Parteien vereinbaren als Gerichtsstand für alle Streitigkeiten aus diesem Vertrag, soweit sie nicht von § 24 ZPO erfasst sind, ... Dieser Gerichtsstand gilt auch dann als vereinbart, wenn der Schuldner gemäß § 38 Abs. 3 Nr. 2 ZPO nach rechtskräftigem Abschluss dieser Vereinbarung seinen Wohnort/Geschäftssitz bzw. den gewöhnlichen Aufenthaltsort verlegt oder dessen Wohnsitz/Geschäftssitz oder gewöhnlicher Aufenthaltsort zum Zeitpunkt der Klageerhebung nicht bekannt ist.

ff) Vertragssprache

699 Sofern der Notar der fremden Sprache hinreichend kundig ist, kann ein Grundstückskaufvertrag gem. § 5 Abs. 2 BeurkG auch in fremder, bspw. englischer, Sprache errichtet werden. Sind alle Beteiligten der verwendeten Sprache nach Überzeugung des Notars mächtig (§ 16 Abs. 1 BeurkG), bedarf es keines weiteren Übersetzers. Wegen § 184 GVG (Deutsch als Gerichtssprache) müssen jedoch zumindest die Anträge und Bewilligungen sowie die vom Grundbuchamt zu prüfenden materiell-rechtlichen Erklärungen, bspw. die Auflassung (§ 20 GBO), in deutscher Sprache abge-

---

880 Verordnung (EG) Nr. 44/2001 v. 22.12.2000 über die gerichtliche Zuständigkeit und die Anerkennung und Vollstreckung von Entscheidungen in Zivil- und Handelssachen (EuGVO).
881 MünchKomm-BGB/*Martiny* vor Art. 27 EGBGB Rn. 51 ff.
882 *Musielak* ZPO § 38 Rn. 12.
883 Ausnahmsweise ist eine Prorogation auch in nichtvermögensrechtlichen Streitigkeiten zulässig, nämlich wenn sich die Eingangszuständigkeit nach der Höhe des Streitwertes bemisst, also kein Fall der §§ 23 Nr. 2, 23a, 23b GVG vorliegt.

fasst werden, was nicht hindert, dass (bspw. zweispaltig, ggf. aufgrund Übersetzung durch den Notar – Muster im Anhang Teil E, Rdn. 3914, 3915)[884] sie auch in englischer Sprache wiederholt werden. Mitteilungen an Dritte (z.B. Vorkaufsberechtigte gem. § 469 BGB) sind ebenfalls in der Vertrags- und Verhandlungssprache zulässig und wirksam.[885]

Für den Fall einer **möglichen Divergenz** beider Texte ist zu klären, welche Version den Vorrang hat, also die autoritative Fassung darstellt; wegen der exakteren und spezifisch juristischen Terminologie des deutschen Sachenrechts wird dies regelmäßig die deutsche Fassung sein. Eine (z.T. klarstellende) Vereinbarung, welche die Anwendbarkeit deutschen Rechtes mit der Wahl eines abweichenden örtlichen Gerichtsstands unter Kaufleuten vereinbart und zugleich die Maßgeblichkeit des deutschen Vertragstextes bestätigt, könnte etwa wie folgt lauten: 700

▸ Formulierungsvorschlag: Anwendbarkeit deutschen Rechtes, Gerichtsstandsvereinbarung

Dieser Vertrag unterliegt dem Recht der Bundesrepublik Deutschland. Soweit nicht Rechte i.S.d. § 24 ZPO (z.B. Eigentum und dingliche Belastungen) betroffen sind, ist Gerichtsstand für alle Streitigkeiten aus diesem Vertrag Frankfurt am Main.

Rechtlich maßgebend, auch für Zwecke der Auslegung, ist allein der deutsche Text; die beigegebene englische Übersetzung dient lediglich der Erleichterung des Verfahrensablaufs.

II. Vertragsobjekt

1. Grundbuchliche Vorfragen

a) Grundbucheinsicht

Gem. § 21 BeurkG soll der Notar nur beurkunden, wenn für gebuchte Grundstücke[886] zuvor das Grundbuch[887] eingesehen wurde. Zur Einsichtnahme bedarf es gem. § 43 GBV nicht der Darlegung des berechtigen Interesses i.S.d. § 12 GBO[888] (letzteres erfordert gemäß üblicher Formulierung ein verständiges, durch die Sachlage gerechtfertigtes[889] Interesse an der Einsicht; die Verfolgung unbefugter Zwecke oder bloßer Neugier[890] muss ausgeschlossen sein). Ist die Grundbucheinsicht unterblieben, verlangt das Gesetz einen Risikohinweis, etwa folgenden Wortlauts: 701

---

884 Kostenrechtlich: § 147 Abs. 2 KostO, vgl. *Notarkasse* Streifzug durch die Kostenordnung Rn. 702.

885 Allerdings ist dem Notar analog § 16 BeurkG zu empfehlen, in einem Begleitschreiben das Thema der Mitteilung zu erläutern, sodass der Empfänger über die Notwendigkeit einer Übersetzung entscheiden kann, DNotI-Gutachten v. 12.08.2008 FaxAbrufNr. 11543.

886 Für sog. buchungsfreie Grundstücke, die nicht zur Teilnahme am Grundbuchverkehr bestimmt sind, wird nur auf Antrag ein Grundbuchblatt angelegt, § 3 Abs. 2 GBO (z.B. Wasserläufe, Kirchen- und Klosterbesitz, öffentliche Wege aufgrund entsprechender Widmung etc.). Für sonstige (versehentlich) nicht gebuchte Grundstücke ist gem. §§ 116 ff. GBO, ggf. als Ergebnis eines Aufgebotsverfahrens nach §§ 119 ff. GBO, ein Grundbuchblatt anzulegen, zur Ermöglichung der Eintragung einer Aneignung als Folge 30jährigen Eigenbesitzes, § 927 Abs. 2 BGB, vgl. *Gutachten* DNotI-Report 2011, 26.

887 D.h. das Grundbuchblatt (§ 3 Abs. 1 GBO) bzw. dessen im Datenspeicher aufgenommene und auf Dauer unverändert in lesbarer Form wiedergebbare Inhalte des Grundbuchblattes beim elektronischen Grundbuch (§ 126 Abs. 1 Satz 2 Nr. 2 GBO, § 62 GBV).

888 Ein Makler hat Einsichtsinteresse nur, wenn eine beträchtliche Wahrscheinlichkeit für die Entstehung eines Provisionsanspruchs besteht, OLG Dresden, 03.12.2009 – 3 W 1228/09, NJW-RR 2010, 1175; OLG Stuttgart, 28.09.2010 – 8 W 412/10, DNotZ 2011, 286 m. Anm. *Völzmann*. Grundbucheinsichten im Auftrag eines Maklers darf der Notar nur nach Prüfung des dahinter stehenden rechtlichen Interesses eines Beteiligten vornehmen, z.B. nach Vorlage des Maklerauftrags, OLG Celle, 03.03.2011 – Not 26/10, RNotZ 2011, 367 und OLG Celle, 15.07.2011 – Not 7/11 MittBayNot 2012, 65. Nachrichtenmagazine können im Rahmen von Recherchen (Kreditgewährung durch Unternehmen an Politiker) ebenfalls, ggf. beschränkt, einsichtsberechtigt sein, BGH, 17.08.2011 – V ZB 47/11, ZfIR 2011, 812 m. Anm. *Böttcher*. Zum Einsichtsrecht aus familien- und erbrechtlichen Interessen *Böhringer* ZfIR 2011, 710 ff.

889 Der Kaufinteressent muss hierfür darlegen, dass er bereits in Vertragsverhandlungen eingetreten ist, BayObLG BWNotZ 1991, 144.

890 Beispiel: Keine Einsicht durch den Sohn, der sich Rückschlüsse auf die Betreuungsbedürftigkeit des Vaters erhofft, OLG München, 22.06.2011 – 34 Wx 253/11, RNotZ 2011, 604. Ebenso wenig besteht ein Einsichtsrecht eines Pflichtteilsberechtigten in die Grundakten eines Grundstücks, das niemals dem Erblasser gehörte (also eines Dritten), das darauf

B. Gestaltung eines Grundstückskaufvertrages

▶ Formulierungsvorschlag: Risikohinweis bei fehlender Einsicht in das Grundbuch

Vorstehende Angaben über den Grundbuchstand beruhen auf .....

Aus Zeitgründen war dem Notar eine unmittelbare Einsichtnahme in das Grundbuch und die Grundakten nicht möglich. Er hat auf die hieraus erwachsenden Gefahren (etwa Bestehen weiterer Belastungen; abweichender Eigentümer oder Grundstücksbeschrieb) hingewiesen. Die Beteiligten wünschten gleichwohl die sofortige Beurkundung.

702 Ergibt in solchen Fällen die **spätere Einsicht** des Grundbuchs abwicklungsrelevante Informationen, hat der Notar die Beteiligten unverzüglich hierüber aufzuklären und ggf. geeignete Vertragsanpassungen vorzuschlagen. In gleicher Weise ist organisatorisch sicherzustellen, dass Zwischenverfügungen des Grundbuchamtes dem Notar zur Kenntnis gelangen, zeitnah abgearbeitet werden[891] und ggf. die Beteiligten über zu erwartende Verzögerungen im Ablauf informiert werden.

703 Der Notar ist allerdings nicht verpflichtet den **Liegenschaftskataster** beizuziehen, auch wenn sich die Richtigkeitsvermutung des Grundbuches (§ 891 BGB) auch auf den Grenzverlauf bezieht, der sich für das betreffende Grundstück aus dem Kataster ergibt (die Verbindung zwischen Plan und Grundbuch wird durch § 2 Abs. 2 GBO hergestellt).[892] Angesichts der vielerorts bereits erreichten Abrufbarkeit von Lageplänen über das Internet ist die Fertigung eines solchen Auszugs zur Aushändigung an den Käufer eine häufig anzutreffende Serviceleistung des modernen Notariats. Wird umgekehrt ein katasterrechtlicher Zeichenfehler berichtigt (dies geschieht durch Erlass eines auf Änderung des Flurkartenwerks gerichteten Verwaltungsakt), hat das Katasteramt seinerseits nicht zu prüfen, ob infolge des Zeichenfehlers bereits gutgläubiger Erwerb eingetreten ist.[893]

704 Die **Einsicht des Grundbuchs** kann durch zuverlässige **Mitarbeiter**[894] (für deren Verschulden der Notar haftet),[895] durch Kollegen bei auswärtigen Grundbuchämtern,[896] durch Einsicht in das elektronische Grundbuch – seit 01.10.2009 ist auch in andere Bundesländer der Zugang durch Wegfall der Einrichtungs- und Grundgebühr erleichtert – oder durch einen schriftlichen Grundbuchauszug erfolgen.

▶ Hinweis:

Es ist ratsam, das Datum der Grundbucheinsicht zu vermerken und zugleich anzugeben, auf welche Weise die Einsicht erfolgte (bspw. ob die Grundbuchblattabschrift beglaubigt war oder nicht).

705 Die Einsicht 2, in Routinefällen bis zu 6 Wochen vor Beurkundung hat die Rechtsprechung als ausreichend gewertet.[897] **Nach Eintragung der Vormerkung** ist **erneut Einsicht** zu nehmen, um festzustellen, ob zwischenzeitlich andere Eintragungen, die i.R.d. Lastenfreistellung noch wegzufertigen sind, erfolgt sind. Bei **auswärtigen Grundbuchämtern** geschieht dies zweckmäßigerweise dadurch, dass mit dem Antrag auf Eintragung der Eigentumsvormerkung ein beglaubigter Grundbuchauszug nach Vollzug dieses Antrags bestellt wird.

---

gestützt wird, dort befinde sich wohl ein Vertrag, der belege, dass der Erblasser dem Dritten den Kaufpreis mittelbar geschenkt habe, OLG München, 23.02.2011 – 34 Wx 61/11, DNotZ 2011, 916.
891 BGH NJW 1997, 2751.
892 BGH, 02.12.2005 – V ZR 11/05, NotBZ 2006, 92 (sodass offenbleiben kann, ob an der betreffenden Fläche bereits in der Vergangenheit gutgläubig Eigentum erworben wurde).
893 OVG Mecklenburg-Vorpommern, 20.06.2006 – 3 L 52/01, NotBZ 2008, 433.
894 Selbst wenn entgegen DNotI-Gutachten Nr. 11539 v. 24.09.2008 § 13 FGG auf die Einsicht in die Grundakten Anwendung fände, sind seine Voraussetzungen gewahrt, da die Mitarbeiter für den Notar Einsicht nehmen (§ 10 Abs. 2 FamFG, bzw. vor dem 01.09.2009: § 13 Abs. 2 Nr. 3 FGG). Eine eigene Vollmacht ist gem. § 43 Abs. 2 GBV nicht erforderlich.
895 Für deren Verschulden haftet der Notar wie für eigenes Verschulden, BGH DNotZ 1996, 581.
896 Als Gefälligkeit oder als »Amtstätigkeit«, vgl. *Ländernotarkasse* NotBZ 2008, 457.
897 LG München II MittBayNot 1978, 237; OLG Frankfurt am Main DNotZ 1985, 244.

Die Einsicht erfasst den **kompletten Grundbuchbeschrieb**[898] samt Grundstücksgröße,[899] die Bezeichnung des Sondereigentums samt späterer Änderungen im Bestand,[900] die genaue Bezeichnung des Eigentümers, das Datum des vorangehenden Eigentumserwerbs[901] sowie die Belastungen hinsichtlich Abteilung II und III durch schlagwortartige Bezeichnung und Benennung des Gläubigers. Sind Belastungen rot (bzw. beim elektronischen Grundbuch schwarz) unterstrichen, empfiehlt sich auch die **routinemäßige Überprüfung** des insoweit allein maßgeblichen[902] **Löschungsvermerks** in Spalten 6 und 7 der Abteilung II bzw. Spalten 8 bis 10 der Abteilung III.

706

Sofern Grundpfandrechte mit oder ohne zugrunde liegender Verbindlichkeit übernommen werden, sind auch die Grundbuchzinsen sowie Nebenleistungen samt Bezugsgröße[903] und der Beginn der Verzinsung sowie die Unterwerfung nach § 800 ZPO anzugeben; sonst reichen Betrag und Währung, Name des Gläubigers (wie im Grundbuch angegeben) und die Angabe, ob es sich um eine Grundschuld oder eine Hypothek mit oder ohne Brief handelt. Nimmt das Bestandsverzeichnis lediglich auf das Liegenschaftsbuch Bezug (§ 6 Abs. 4 Satz 1 Grundbuchverfügung, Beispiel: »*Landwirtschaftliches Anwesen Haus Nr. 5 in R., vgl. Auszug aus dem Liegenschaftsbuch Gemarkung R Nr. ...*«), ist auch dieser amtliche Auszug einzusehen, der sich i.d.R. bei den Grundakten befindet.[904]

707

In Extremfällen kann eine aufmerksame Prüfung des Grundbuches auch zur Aufdeckung **inhaltlich unzulässiger Eintragungen** führen, an die sich nicht einmal gutgläubiger rechtsgeschäftlicher Erwerb anschließen könnte.

708

▶ Beispiele:

Ein Erbbaurecht ist im Grundstücksgrundbuch entgegen § 10 Abs. 1 ErbbauRG im Rang hinter einem Grundpfandrecht eingetragen; ein Wohnungseigentumsgrundbuch nimmt auf zwei sich widersprechende Eintragungsbewilligungen Bezug, deren eine die Räume als Sondereigentum, die andere als Gemeinschaftseigentum einstuft.[905]

▶ Hinweis:

Es ist ratsam (wenngleich nicht vorgeschrieben), den vollständigen Grundbuchinhalt – wie vorstehend erfasst – auch in der Urkunde wiederzugeben. Hierin liegt kein Verstoß gegen Geheimhaltungsinteressen des Verkäufers, dem (häufig aus falsch verstandener Deutung des Wesens einer Grundpfandeintragung) die Verlesung der eingetragenen Belastungen peinlich sein könnte. In zahlreichen Haftpflichtfällen geriet der Notar bzgl. der Frage, ob auf bestimmte Belastungen

709

---

898 Gem. BGH NJW 1996, 520, hat der Notar bspw. zur Vermeidung eigener Haftung bei im Grundbuch als Straßenland bezeichneten Flächen die Frage aufzuwerfen, ob diese zum selben Kaufpreis veräußert würden.
899 Auch wenn diese nicht am öffentlichen Glauben des Grundbuchs teilhat. Flächenberichtigungen, die nach Fertigstellung der Digitalen Flurkarte aufgrund automatisierten Vergleichs mit der Buchfläche vereinfacht ermittelt werden können, erfolgen auf Ersuchen des Katasteramtes unmittelbar im Grundbuch; der Eigentümer wird informiert.
900 Gem. BGH, 19.10.2007 – V ZR 211/06, ZfIR 2008, 574 m. Anm. *Müller* reicht insoweit nicht die Bezugnahme auf die Änderungsbewilligung; erforderlich ist der Vermerk auf dem Grundbuchblatt selbst.
901 Wegen des Hinweises auf die Gefahr der Besteuerung privater Veräußerungserlöse gem. § 23 EStG; auch wenn der Notar gem. BGH DNotZ 1996, 116, OLG Koblenz MittBayNot 2003, 69 und LG Stuttgart MittBayNot 2005, 338 nicht verpflichtet sei, das Grundbuch auf solche Tatsachen abzusuchen, soll er gemäß BGH DNotZ 1989, 452 haften, wenn er aus den ihm bzw. seinen Mitarbeitern vorliegenden Unterlagen den Sachverhalt erkennt oder erkennen könnte und nicht auf die Steuerfolge hinweist.
902 Wird allerdings bei Übertragung eines Grundstückes auf ein anderes Grundbuchblatt ein eingetragenes Recht nicht mitübertragen, gilt es auch ohne Löschungsvermerk als wirksam gelöscht: § 46 Abs. 2 GBO. Gutgläubig lastenfreier Erwerb ist möglich, wenn es an einer materiellen Aufgabeerklärung nach § 875 BGB fehlte, BayObLG MittBayNot 2004, 127.
903 Jedenfalls nach Ansicht des OLG Brandenburg, 06.06.2011 – 5 Wx 45/11 gehört zur grundbuchlichen Bestimmtheit die Angabe der Bezugsgröße der einmaligen Nebenleistung (Nominalbetrag der Grundschuld).
904 Gem. OLG München, 27.02.2007, MittBayNot 2007, 314 ist dieser Auszug durch das Grundbuchamt selbst auf dem Laufenden zu halten, ohne Beibringungspflicht des Eigentümers.
905 Denkbar ist dann allerdings der gutgläubige Erwerb isolierten Miteigentums; die WEG-Gemeinschaft ist zur Änderung der Teilungserklärung verpflichtet (BGH MittBayNot 2005, 140).

hingewiesen wurde (Nacherbenvermerk,[906] privates dingliches Vorkaufsrecht,[907] zu löschende Grundpfandrechte, die den Kaufpreis übersteigen), nur deshalb in Beweisnot, weil diese nicht im Urkundstext aufgeführt waren. Eine lediglich verkürzte Wiedergabe (»Vermerk« anstelle von »Zwangsversteigerungsvermerk«) beschwört die Gefahr herauf, dass dem Notar unzureichende Belehrung über die Bedeutung der eingetragenen Belastungen, auch hinsichtlich ihrer Indizwirkung in Bezug auf die wirtschaftliche Verlässlichkeit gerade bei Verbraucherverträgen mit hinausgezogener Leistungserbringung (Fertigstellungsrisiko in Bauträgerverträgen!) angelastet wird.[908] Dies gilt jedoch nicht für gelöschte Belastungen, auch wenn sie aufgrund der Rötung noch sichtbar sind.

710 Außerdem erhält das Fachpersonal des Notars durch die vollständige Wiedergabe des Grundbuchstandes ein übersichtliches »Arbeitsprogramm« hinsichtlich der zur Lastenfreistellung vorzunehmenden Maßnahmen. In vielen Notariats-EDV-Programmen sind ferner die Vollzugsschreiben und die Fälligkeitsüberwachung an die Sachdaten gekoppelt, die in der Urkunde wiedergegeben werden. Aus der Eintragung von Grundpfandrechten zugunsten von Wohnungsbauförderungsanstalten können sich ferner Hinweise auf das Bestehen einer Wohnungsbindung ergeben. (Auch insoweit ist der Notar jedoch nicht von sich aus zur Erkundung verpflichtet.)[909] Schließlich weisen Mithaftvermerke oft auf Tiefgaragenstellplätze, Miteigentumsanteile an Gemeinschaftsflächen oder sonstige funktionell zugeordneten Grundbuchobjekte hin, die möglicherweise mitverkauft sein sollen.

711 Nicht zu verkennen ist die **Entwertung des Grundbuches** als verlässliche Informationsquelle und Träger guten Glaubens als Folge gerichtlicher und gesetzlicher Entwicklungen:[910] Öffnungsklauseln erlauben sogar die Schaffung von Sondernutzungsrechten ohne Eintragung, Vormerkungen können »wiederverwendet« oder auf weitere Erwerbsgründe erstreckt worden sein, gem. § 88 InsO unwirksam gewordene Zwangssicherungshypotheken wieder aufgelebt sein. Zwischen dem 04.12.2008 und dem 18.08.2009 konnten »Namens-GbRs« ohne Angabe vertretungsbefugter Gesellschafter eingetragen werden. Baulasten, Bundesbodenschutzlasten, altrechtliche Dienstbarkeiten, landesrechtliche Vorkaufsrechte mit Vormerkungswirkung bestehen außerhalb des Grundbuches. Hinzu kommen Sachverhalte in den neuen Bundesländern (alte Mitbenutzungsrechte, gesetzliche Dienstbarkeiten für Energieversorger, nicht bezeichnete Funktionsflächen beim Gebäudeeigentum, ungeteilte Hofräume etc.).

b) Grundakteneinsicht

712 Nur bei gezielter Nachfrage oder erkennbaren Unklarheiten[911] wird der Notar verpflichtet sein, die **Grundakten** auf unerledigte Eintragungsanträge durchzusehen[912] oder gem. § 874 BGB, § 44 Abs. 2 GBO i.d.R. ohne erläuternde Zusätze[913] in Bezug genommene Eintragungsbewilligungen aus

---

906 BGH DNotZ 1969, 173.
907 BGH DNotZ 1984, 636.
908 BGH, 22.07.2010 – III ZR 293/09, MittBayNot 2011, 78 m. Anm. *Regler*.
909 OLG Köln DNotZ 1987, 695.
910 Vgl. die Übersicht bei *Böhringer* NotBZ 2010, 84 ff.
911 BGH, 04.12.2008 – II ZR 51/08, ZfIR 2009, 209 m. Anm. *Langl Friedrich*: weder Belehrungs- noch gar Einsichtspflicht in die Grundakten (Teilungserklärungspläne) bei Verkauf von Sondereigentum, außer bei ersichtlichen Indizien für ein Auseinanderfallen. Daran wird auch die künftig gem. §§ 94 ff. GBV gegebene Möglichkeit der elektronischen Führung der Grundakte nichts ändern, sofern der Notar keinen dezidierten Auftrag zur Einsichtnahme erhält, vgl. *Regler* MittBayNot 2009, 319, 320.
912 OLG Köln DNotZ 1989, 454.
913 Auf solche Zusätze besteht kein durchsetzbarer Anspruch, OLG Zweibrücken RNotZ 2007, 280 (keine sog. Fassungsbeschwerde mit dem Ziel, anstelle der abstrakten Formulierung »der Inhalt des Sondereigentums ist geändert« die konkret zugewiesenen Sondernutzungsrechte zu nennen).

den Grundakten des Vertragsobjekts[914] beizuziehen[915] bzw. zu kopieren.[916] Der BGH[917] hält ein solches Unterlassen dagegen für **haftungsbegründend**, wenn infolgedessen bspw. die (im Grundbuch selbst nicht eingetragene) Vererblichkeit eines dinglichen Vorkaufsrechts übersehen wird und demnach Löschung ohne Mitwirkung der Erben erfolgt. Wurde die Erforderlichkeit der Zustimmung nach § 12 WEG entgegen § 3 Abs. 2 Wohnungseigentums-GBV nicht im eigentlichen Grundbuch vermerkt, lässt sich ein dauerhaft schwebend unwirksamer Vertrag nur durch vorsorgliche Einsicht in die Grundakten verhindern; Gleiches gilt hinsichtlich der vorbehaltenen Zustimmung des Grundstückseigentümers zur Erbbaurechtsveräußerung, die entgegen § 56 Abs. 2 GBV nicht vermerkt ist.

In gleichem Maße, in dem das eigentliche Grundbuch (zwar technisch leichter zugänglich, jedoch) als Publizitätsquelle entwertet wird, erfahren die Grundakten, jedenfalls wenn sie ordentlich geführt sind, eine Aufwertung. So lässt sich etwa einer Vormerkung nicht mehr ansehen, ob und welchen Anspruch sie in welchem Rang sichert, seit der BGH die Novation und die Extension des Sicherungsinhalts ohne grundbücherliche Verlautbarung ermöglicht hat (Rdn. 898 f.). Manche Rechtsänderungen lassen sich nach neuer Rechtsprechung sogar nicht einmal mehr aus den Grundakten entnehmen (z.B. Rang einer durch Insolvenzeröffnung gem. § 88 InsO erloschenen und durch mündliche Freigabe des Grundstücks durch den Verwalters wieder entstandenen Sicherungshypothek, Rdn. 2148). 713

Jedenfalls ist die Grundakteneinsicht im Erst-Recht-Schluss zu § 21 BeurkG verzichtbar, sodass vorsichtigerweise bei der Wiedergabe des Grundbuchstandes aufgenommen sein kann, dass keine Einsicht der Grundakten erfolgte. 714

▶ Formulierungsvorschlag: Einsicht nur in das Grundbuch, nicht in die Grundakten

Das Grundbuch des AG ..... für ..... Blatt ..... wurde am ..... eingesehen. 715

Dort ist folgender Grundbesitz vorgetragen:

..... /1000 Miteigentumsanteil an

Flst.Nr. .....

verbunden mit dem Sondereigentum an .....

Ein Vermerk, wonach die Zustimmung des Verwalters zur Veräußerung erforderlich sei, ist im Bestandsverzeichnis nicht eingetragen.

Als Eigentümer ist eingetragen:

.....

Der Grundbesitz ist im Grundbuch wie folgt belastet:

Abteilung II:

.....

Abteilung III:

.....

Einsichtnahme in die Grundakten ist nicht erfolgt, womit sich die Beteiligten nach Risikohinweis einverstanden erklären.

---

914 BGH, 04.12.2008 – II ZR 51/08, ZNotP 2009, 77 weist insoweit (als Argument gegen die allgemeine Pflicht zur Einsicht) darauf hin, dass bei WEG sonst regelmäßig auch die Grundakten anderer Sondereigentumseinheiten beigezogen werden müssten.
915 *Reithmann* MittBayNot 2005, 207 (ausgenommen natürlich Fälle gezielter Nachfrage oder zur Erfüllung der Pflicht zur Belehrung über die rechtliche – nicht wirtschaftliche – Tragweite des Geschäftes).
916 Nach OLG Saarbrücken, 02.11.2006 – 5 W 241/06, DNotZ 2007, 228 muss das Grundbuchamt einen Farbkopierer bereithalten, um farbige Markierungen wiedergeben zu können (§ 12 Abs. 2 GBO, § 46 Abs. 2 GBV), vgl. *Munzig* MittBayNot 2007, 495.
917 BGH, 12.11.2004 – V ZR 322/03, MittBayNot 2005, 245, grobe Fahrlässigkeit durch Unterlassen der Einsicht in die Grundakten.

c) Baulastenverzeichnis

716 Im Gegensatz zur Einsicht des Grundbuchs besteht **keine Pflicht des Notars**, vor Beurkundung das sog. »Baulastenverzeichnis« einzusehen[918] (das in Baden-Württemberg, wo die Eintragung zudem nur deklaratorische Bedeutung hat, bei der Gemeinde, in den übrigen Ländern überwiegend bei der Bauaufsichtsbehörde, in Bremen bei der Bauordnungsbehörde geführt wird). Das nach Verwaltungsverfahrensrecht erforderliche **berechtigte Interesse** für die Einsichtnahme gilt jedoch beim Notar als gegeben.[919]

> **Hinweis:**
>
> In Bundesländern, in denen Baulasten[920] bestehen (also nicht in Bayern und Brandenburg),[921] sollte der Notar jedoch einen **Hinweis hierauf in die Urkunde aufnehmen** und eine Regelung zu den zivilrechtlichen Konsequenzen im Verhältnis der Beteiligten zueinander anregen, z.B. sofern der Verkäufer hierzu bereit ist, deren Nichtbestehen zum Gegenstand einer Beschaffenheitsvereinbarung oder gar einer Garantieerklärung erheben.

717 Sind gleichwohl Baulasten vorhanden, begründet dies einen Sachmangel des Grundstücks,[922] soweit es sich nicht um Nutzungsbeschränkungen handelt (dann Rechtsmangel,[923] der nicht unter die Haftungsausschlussnorm des § 436 Abs. 2 BGB fällt).[924] Vor dem Hintergrund der in Kaufverträgen typischerweise enthaltenen, für Sach- und Rechtsmängel sehr differierenden Bestimmungen (Ausschluss der Mängelrechte für Sach-, Aufrechterhaltung für Rechtsmängel) empfiehlt sich daher eine eigenständige **vertragliche Regelung zur Baulastenthematik**. Wegen der »dinglichen« Wirkung der – wenn auch öffentlich-rechtlichen – Baulastentatbestände und angesichts des Umstandes, dass der Verkäufer typischerweise die der Baulastenvereinbarung zugrunde liegenden Tatbestände[925] besser kennen wird als der Käufer, dürfte eine Behandlung nach den Grundsätzen für Rechtsmängel näher liegen als der Grundsatz »caveat emptor« (Eigenvorsorge des Käufers). Eine solche Klausel im »Standard-Entwurf« könnte – wobei insoweit Abschwächungen in Richtung auf eine bloße Wissenserklärung auf Veranlassung des Verkäufers besonders häufig sind – lauten:

> **Formulierungsvorschlag: Regelungen zu Baulasten**

718 § ..... Baulasten

> Der Notar hat darauf hingewiesen, dass grundstücksbezogene öffentlich-rechtliche Verpflichtungen, die insbes. für Bauvorhaben von Bedeutung sind, sich aus Eintragungen im bei der Bauaufsichtsbehörde geführten Baulastenverzeichnis ergeben können, das er nicht eingesehen hat.

---

918 OLG Schleswig DNotZ 1991, 339.
919 Vgl. z.B. Nr. 83.8 der Verwaltungsvorschift zur BauO-NW. Schriftliche Auskünfte lösen erhebliche Gebühren aus (50,00 € je Grundstück gem. Tarifstelle 2.5.6.3 der AVerwGebO NRW; die Negativauskunft über das Fehlen von Baulasten lediglich 10,00 € je Grundstück).
920 I.S.d. Landesbauordnung, z.B. § 83 LBO-NRW gem. § 83 der Musterbauordnung 2002, zu unterscheiden vom Begriff der Straßenbaulast etwa in §§ 3 ff. FStrG, der kreuzungsrechtlichen Baulast (etwa gem. Eisenbahnkreuzungsgesetz – KreuzG), und der Kirchenbaulast (etwa der Verpflichtung zur Unterhaltung eines Pfarrhauses, vgl. *Zängl* BayVBl 1998, 609 ff.).
921 Die insb. aus DDR-Zeit bestehenden Baulasten bleiben jedoch gem. § 65 Abs. 5 LBO-Brandenburg bis zu einer eventuellen Ersetzung durch Grunddienstbarkeiten in Kraft.
922 BGH DNotZ 1978, 621; vgl. auch BGH, 15.07.2011 – V ZR 171/10, NotBZ 2011, 434 m. Anm. *Krauß* = ZfIR 2011, 792 m. Anm. *Hertel*: Baulast, welche die Veränderung der äußeren Gebäudegestalt gem. § 35 Abs. 4 Nr. 4 BauGB verbietet, ist Sachmangel.
923 OLG Hamm DNotZ 1988, 700.
924 BT-Drucks. 14/6040, S. 219.
925 Zivilrechtlich liegt häufig zwischen dem Eigentümer des »herrschenden« und des »dienenden« Grundstücks eine Sicherungsabrede zugrunde, aus der sich auch die Verpflichtung zur Bestellung einer Grunddienstbarkeit ergibt, vgl. BGHZ 106, 348 ff. und BGH NJW-RR 1995, 15 f. Umgekehrt kann sich aus dem begleitenden Schuldverhältnis einer Grunddienstbarkeit, die zur Sicherung der Bebaubarkeit des Nachbargrundstücks bestellt wurde, die Verpflichtung zur Eintragung einer Baulast ergeben: BGH, 15.05.2008 – V ZR 204/07, JurionRS 2008, 15306; BGH DNotZ 1989, 565.

Sodann alternativ:

Die Beteiligten vereinbaren als geschuldete Sachbeschaffenheit bzw. Leistungsinhalt, dass das Vertragsobjekt im Zeitpunkt des Gefahrübergangs frei von Baulasten ist.

Alternativ:

Der Verkäufer hat dem Käufer den zu Beweiszwecken in Kopie beigefügten Auszug aus dem Baulastenverzeichnis übergeben. Diese Eintragung ist dem Käufer bekannt und wird übernommen. I.Ü. ist als geschuldete Beschaffenheit bzw. als Leistungsinhalt vereinbart, dass keine weiteren Baulasten bei Gefahrübergang bestehen.

Alternativ:

Ein Auszug aus dem Baulastenverzeichnis wurde von keiner Seite eingeholt. Gleichwohl wünschen die Beteiligten die heutige Beurkundung. Der Verkäufer erklärt, dass lediglich (z.B. eine Vereinigungsbaulast hinsichtlich der Flurstücke 4 und 5) bestehe. Diese wird vom Käufer übernommen. I.Ü. ist als geschuldete Beschaffenheit bzw. als Leistungsinhalt vereinbart, dass keine weiteren Baulasten bei Gefahrübergang bestehen.

Alternativ:

Ein Auszug aus dem Baulastenverzeichnis wurde von keiner Seite eingeholt. Gleichwohl wünschen die Beteiligten die heutige Beurkundung. Der Käufer übernimmt gleichwohl etwaige heute bestehende Baulasten als vertragsgemäß, ausdrücklich ohne diese zu kennen, und trotz warnenden Hinweises des Notars.

Der Verkäufer übernimmt dadurch also keine verschuldensunabhängige Garantie, muss allerdings die bei Sach- und Rechtsmängeln nunmehr einheitlichen Mängelrechte (Minderung, bei Erheblichkeit Rücktritt, bei Verschulden Schadensersatz bzw. Aufwendungsersatz) gewärtigen. Der zwischen Sach- und Rechtsmangel differierende maßgebliche Zeitpunkt (Besitzübergang bei Sachmängeln/Eigentumserwerb bei Rechtsmängeln) wird nach Sachmängelgrundsätzen fixiert.

Typische Anwendungsbereiche[926] für Baulasten sind nach den einschlägigen **Landesbauordnungen** etwa   719

– die Sicherung der Zufahrt (Duldung der Anlegung, Unterhaltung und Benutzung einer Zufahrt durch den Hinterlieger),[927]
– die sog. Vereinigungsbaulast[928] zur Errichtung eines Gebäudes auf mehreren Grundstücken (die allerdings im Gegensatz zur Vereinigung gem. § 890 Abs. 1 BGB nicht zum Entstehen eines einheitlichen Grundbuchgrundstücks etwa i.S.d. § 1 WEG führt),
– die Anbaubaulast (v.a. bei Doppel- oder Reihenhäusern),
– die Abstandsbaulast,[929]
– die Baulast zur Sicherung baurechtskonformer Verhältnisse nach Grundstücksteilung oder   720
Grenzänderung, insb. zur Beseitigung der Versagungsgründe, die früher einer Teilungsgenehmigung entgegenstanden,[930]
– die Baulast zur Sicherung der Standfestigkeit (etwa bei Kommun-Mauern, um die Standfestigkeit der gemeinsamen Bauteile aus dem Abbruch einer der beiden baulichen Anlagen zu erhalten),
– die Stellplatzbaulast (mittlerweile auch für Fahrradabstellbereiche),[931]

---

926 Formulierungsmuster für zahlreiche typische Baulasten s. *Spanowsky-Stern* in: Lambert/Lang/Topf/Frenz Handbuch der Grundstückspraxis, S. 748 f.
927 Vgl. etwa § 4 Abs. 2 Satz 2 LBO-Hamburg.
928 Eine korrespondierende Dienstbarkeit, dass »mehrere Grundstücke zum Zwecke der Errichtung eines Gebäudes hinsichtlich der baurechtlichen Anforderungen als ein Grundstück behandelt werden« soll allerdings gem. LG Frankfurt an der Oder RNotZ 2008, 549 zu unbestimmt sein.
929 Vgl. etwa § 7 Abs. 1 LBO-Hessen.
930 Vgl. § 11 Abs. 2 LBO-Bremen.
931 Vgl. § 55 Abs. 5 Satz 1, Halbs. 2 LBO-Schleswig-Holstein.

- die Spielflächenbaulast (zur Bereitstellung von Kinderspielplätzen und Freizeitplätzen)[932] und
- die Leitungsbaulast für Trink-, Lösch- und Abwasser.[933]

721 Auch im **Bauplanungsrecht** kann die Baulast eingesetzt werden, etwa als Mittel für Verzichte und Anerkenntnisse gem. §§ 32, 33 BauGB (z.B. Verzicht des Eigentümers auf Ersatz der Werterhöhung oder Anerkenntnis der künftigen Festsetzungen des Bebauungsplans, jeweils mit Wirkung auch für Rechtsnachfolger), ferner zur Sicherung eines Altenteilerhauses gem. § 35 Abs. 1 Nr. 1 BauGB sowie als Mittel der Nutzungssicherung gem. § 35 Abs. 5 BauGB, schließlich zur Sicherung wegemäßiger Erschließung nach §§ 30 bis 35 BauGB und zur Sicherung einer Verpflichtung zur Durchführung der Altlastensanierung als Voraussetzung für die Verwirklichung eines Bebauungsplans.[934]

722 Aus Sicht der Bauaufsichtsbehörde bietet die Baulast im Verhältnis zur zivilrechtlichen Dienstbarkeit den **Vorteil** erleichterter Durchsetzung ohne Anrufung der ordentlichen Gerichte (durch Ordnungsverfügung)[935] sowie erhöhter Rechtsbeständigkeit, da die Baulasteintragung als Verwaltungsakt bei nicht fristgemäßer Anfechtung etwaige Bestellungsmängel, soweit diese nicht zur Nichtigkeit geführt haben, heilen kann.[936] Die **schriftliche Baulasterklärung** ist vor der zuständigen Bauaufsichtsbehörde zu unterzeichnen (in einzelnen Bundesländern kommt auch eine Beglaubigung durch Vermessungsstellen oder Gemeindebehörden in Betracht); alternativ ist auch notarielle Unterschriftsbeglaubigung möglich. Für die Eintragung werden **Verwaltungsgebühren** (in Nordrhein-Westfalen z.B. zwischen 50,00 € und 250,00 €) erhoben.[937] Das Baulastenverzeichnis genießt jedoch keinen öffentlichen Glauben[938] und weist kein Rangverhältnis zu den im Grundbuch eingetragenen Rechten auf.[939]

723 Aufgrund seiner öffentlich-rechtlichen Natur ist die zivilrechtliche »Einbindung« schwierig:
- Nach überwiegender Auffassung wird die Bestellung einer Baulast einer »**Verfügung**« i.S.d. § 883 Abs. 2 BGB gleichgestellt, sodass sie ggü. einem vormerkungsgesicherten Erwerber nicht wirkt.[940] Wegen der Verfügungsgleichheit bedarf auch ein minderjähriger Grundstückseigentümer zur Bestellung einer Baulast der familiengerichtlichen Genehmigung gem. §§ 1643 Abs. 1, 1821 Abs. 1 Satz 1 BGB.

724 - V.a. die öffentlich-rechtliche Literatur lässt die Bestellung von Baulasten ohne Mitwirkung/**Zustimmung der am »belasteten« Grundstück dinglich Berechtigten** zu, da sie »unbeschadet der Rechte Dritter« bestehe, auch wenn dadurch eine erhebliche Wertminderung eintritt (Beispiel: Baulast, die eine Gebäudeerrichtung untersagt)[941] und auch wenn die Baulast zeitlich nach dem dinglichen Recht bestellt wurde.[942] Die eher zivilrechtlich geprägte Literatur fordert währenddessen die Zustimmung der im Grundbuch bereits eingetragenen dinglich Berechtigten,[943] um eine verfassungswidrige Aushöhlung des Werterhaltungsinteresses der dinglich Berechtigten zu vermeiden.

---

932 Vgl. etwa § 11 LBO-Rheinland-Pfalz.
933 Vgl. etwa § 42 Abs. 1 und 2 LBO-Niedersachsen.
934 Dem steht nicht entgegen, dass Baulasten wegen des Subsidiaritätsgrundsatzes nicht eingetragen werden dürfen, wo sich ihr Verpflichtungsinhalt bereits unmittelbar aus dem Gesetz ergibt, da im BBodSchG lediglich eine Ermächtigungsgrundlage zur Anordnung der Altlastensanierung enthalten ist, vgl. *Fugmann* LKV 1996, 118.
935 OVG Niedersachsen NJW 1996, 1363; *Schmitz-Vornmoor* RNotZ 2007, 124.
936 Vgl. OVG Niedersachsen NVwZ-RR 2005, 791.
937 Vgl. *Schmitz-Vornmoor* RNotZ 2007, 125.
938 *Drischler* NVwZ 1985, 726.
939 *Schmitz-Vornmoor* RNotZ 2007, 140 schlägt de lege ferenda die Eintragung eines Baulastvermerks im Grundbuch vor und regt die Beurkundungspflicht (§ 128 BGB) für Baulastbestellungen an.
940 OVG Niedersachsen NJW 1998, 1169.
941 *Boeddinghaus/Hahn/Schulte* Bauordnung NRW § 83 Rn. 53, zitiert bei *Schmitz-Vornmoor* RNotZ 2007, 128.
942 Es sei denn, ein Versteigerungsvermerk wäre bereits zugunsten des dinglich Berechtigten eingetragen, vgl. OVG Nordrhein-Westfalen NJW 1996, 1362.
943 *Schöner/Stöber* Grundbuchrecht Rn. 3200; *Alff* Rpfleger 1993, 362; *Schmitz-Vornmoor* RNotZ 2007, 130.

- In der **Zwangsversteigerung** soll die Baulast »außerhalb des geringsten Gebots« überleben, da sie stets auch Wirkung gegen den Rechtsnachfolger zeitige, selbst wenn aus zeitlich früher bestellten dinglichen Rechten die Versteigerung betrieben wird.[944]
- Vereinigungsbaulasten (etwa bei privilegierten Vorhaben im Außenbereich, § 35 BauGB) sind häufig mit einem »Verbot der Einzelveräußerung des Flurstücks« verknüpft. Dies wertet das BVerwG[945] als gesetzliches Verbot i.S.d. § 134 BGB, während die neuere Literatur[946] hierin den gem. § 137 Satz 1 BGB unzulässigen Versuch einer Einschränkung der Verfügungsbefugnis durch Rechtsgeschäft sieht.

Da über Wesen und Rechtswirkungen der **Baulast häufig Fehlvorstellungen** anzutreffen sind, sollte der Notar zumindest **folgende Grundzüge**[947] erläutern:

Die Baulast hat eine dingliche verwaltungsrechtliche Verpflichtung zu einem grundstücksbezogenen Tun, Dulden oder Unterlassen zum Gegenstand (»dingliche« Wirkung der Baulast) und begründet öffentlich-rechtliche Verpflichtungen, die wie normative öffentlich-rechtliche Vorschriften für Bauvorhaben maßgeblich sein[948] und ggf. durch bauaufsichtliche Verfügungen durchgesetzt werden können.[949] Ein privatrechtlicher Nutzungsanspruch des »begünstigten Grundstücks« ist damit nicht verbunden, auch nicht i.S.e. »Reflexes« aus der öffentlich-rechtlichen Verpflichtung »zugunsten Dritter«. Vielmehr nutzt der »vermeintlich Begünstigte« das von der Baulast betroffene Grundstück, sofern er keinen zivilrechtlichen Duldungstitel[950] hat, ohne Rechtsgrund und ist dadurch ungerechtfertigt bereichert[951] (gerichtet ggf. auf Wertersatz gem. § 818 Abs. 2 BGB, solange die Behörde ihre Mitwirkung an der Löschung der Baulast versagt).[952] Verzichtet die Behörde auf die Baulast,[953] verletzt sie dadurch keine subjektiv-öffentlichen Rechte des bisher »Begünstigten«.[954] Allein die Eintragung einer Baulast stellt daher keine privatrechtliche Sicherung dar und sollte durch eine parallele Grunddienstbarkeit ergänzt werden.

d) Voreintragung; Vorvollzug

aa) Grundsatz

Der die Eigentumsvormerkung bzw. Auflassung bewilligende Verkäufer muss grds. voreingetragen sein, § 39 GBO. Häufig veräußert er weiter, bevor er seinerseits das Eigentum erworben hat, und mitunter werden beide Verträge bei verschiedenen Notaren beurkundet. In diesem Fall ist insb. sicherzustellen, dass der Vollzugsnotar des Zweitvertrages zuverlässig verständigt wird, sobald aufgrund des Abwicklungsstandes des Erstvertrages (Vorlage der Endvollzugsanträge) die Anträge aus seiner, der zweiten, Urkunde gestellt werden können (i.d.R. gerichtet auf Eintragung der Finanzierungsgrundschulden sowie der Vormerkung). Zwar ist es interkollegialer Usus, beim **Stufenvollzug**

---

944 BVerwG MittRhNotK 1993, 77; a.A. *Drischler* Rpfleger 1986, 289 ff.: da weder öffentliche Last i.S.d. § 10 Abs. 1 Nr. 3 ZVG noch überhaupt in einem Rangverhältnis zu Grundbuchrechten, könne eine Berücksichtigung nur im Weg der doppelten Ausbietung gem. § 59 ZVG erfolgen.
945 BVerwG NJW 1991, 2784; DNotI-Report 2000, 166.
946 *Schmitz-Vornmoor* RNotZ 2007, 135 m.w.N.
947 Vgl. hierzu auch umfassend *Harst* MittRhNotK 1984, 229 ff.; *Steinkamp* MittRhNotK 1998, 117; *Schmitz-Vornmoor* RNotZ 2007, 121 ff.; *Schwarz* Baulasten im öffentlichen Recht und im Privatrecht, passim.
948 OVG Berlin-Brandenburg LKV 1997, 103.
949 OVG Rheinland-Pfalz, 06.11.2009 – 8 A 10581/09, ZfIR 2010, 196 m. Anm. *Krüger*. Die öffentlich-rechtliche Durchsetzung ist auch dann nicht ermessensfehlerhaft, wenn ein zivilrechtlicher Duldungsanspruch nicht besteht.
950 Umgekehrt kann sich allerdings aus dem gesetzlichen Schuldverhältnis einer bestehenden Grunddienstbarkeit ein Anspruch auf Bestellung einer Baulast ergeben, vgl. LG Bochum RNotZ 2002, 405; ausführlich *Klam* ZNotP 2003, 89 ff.: Zweck der Grunddienstbarkeit und Notwendigkeit der Baulast für den Begünstigten sind abzuwägen, die mutmaßliche Entscheidung der Baubehörde ist »vorwegzunehmen«.
951 BGH DNotZ 1986, 140.
952 Der Anspruch auf Rückgewähr der Baulast dürfte in regelmäßiger (3-jähriger) Frist verjähren, möglicherweise aber auch in der 10-jährigen Frist analog § 196 BGB: *Amann* DNotZ 2002, 125.
953 Die Löschung einer Baulast ist Verwaltungsakt (Verpflichtungsklage!), OVG NJW 2003, 768.
954 OVG Nordrhein-Westfalen DNotZ 1988, 693.

aufgrund der erteilten Vollzugsvollmacht auf entsprechende Mitteilungsbitten des Nachvollzugsnotars diesem entsprechende Nachricht zu geben, unmittelbar verpflichtet werden sollte hierzu jedoch der Verkäufer, z.B. durch folgenden Textbaustein:

▶ **Formulierungsvorschlag: Hinweise auf Vorvollzugsschritte bei Stufenabwicklung mehrerer hintereinander geschalteter Verträge**

728 Den Beteiligten ist bekannt, dass Eintragungen, die dem Vollzug der heutigen Urkunde dienen – auch soweit es sich um Voraussetzungen der Fälligkeit handelt – im Grundbuch erst erfolgen können, wenn der heutige Verkäufer im Grundbuch als Eigentümer eingetragen ist. Der Verkäufer hat seine eigene Eintragung in das Grundbuch zügig zu betreiben; mehrere Verkäufer schulden sich die Mitwirkung hieran auch untereinander. Der Verkäufer wird den amtierenden Notar unaufgefordert davon in Kenntnis setzen, sobald er als Eigentümer eingetragen ist, und ihm ggf. die neue Grundbuchstelle mitteilen. Eine eigene Nachforschungspflicht des Notars besteht nicht.

729 An der **Voreintragung fehlt es häufig**, wenn **Erbfolgen** noch nicht vollzogen sind. Da die Erbengemeinschaft als solche nicht rechtsfähig ist,[955] bedarf es hierzu der namentlichen Eintragung aller Miterben. Das Grundbuchamt kann mit Mitteln des Grundbuchzwangs (§ 82 GBO) hierzu anhalten.[956]

Gem. § 60 Abs. 4 KostO ist die Berichtigung binnen 2 Jahren[957] seit dem Erbfall kostenfrei,[958] sogar wenn ohne Voreintragung der Erbengemeinschaft eine Erbteilsübertragung oder Auseinandersetzung stattfindet und der Miterbe erst dann eingetragen wird.[959]

bb) Gesamtrechtsnachfolgen

730 Gem. § 40 Abs. 1 GBO in seiner durch ständige Rechtsprechung geprägten Ausformung ist die Voreintragung ausnahmsweise entbehrlich, wenn die Bewilligung noch vom Erblasser stammt oder wenn nur die Eintragung der Vormerkung bzw. die Umschreibung des Eigentums durch den Erben, den Nachlass- oder Nachlassinsolvenzverwalter,[960] oder (in analoger Anwendung) den Erbschaftserwerber[961] bewilligt wird. Dies gilt auch, wenn aufgrund einer **post- oder transmortalen Vollmacht** des Verstorbenen gehandelt wird, wobei die aufgrund dieser Vollmacht abgegebenen Bewilligungen solche des Erben sind, nicht des Erblassers.[962] Der aufgrund solcher Vollmacht Handelnde braucht weder die Erben namhaft zu machen, für die er handelt,[963] geschweige denn einen Erbnachweis hierzu vorzulegen.[964]

---

955 BGH, 17.10.2006 – VIII ZB 94/05, Rpfleger 2007, 75; *Ann* MittBayNot 2003, 193 ff.; nach BGH NJW 2002, 3389 genügt die Bezeichnung als »Erbengemeinschaft nach ...« nicht einmal dem mietvertraglichen Schriftformerfordernis des § 550 BGB a.F.; möglicherweise großzügiger nun BGH, 02.11.2005 – XII ZR 233/03, DStR 2006, 1951 zur GbR, bei der die spätere Eintragung der Gesellschafter im Grundbuch als nachträgliches Bestimmungsmittel für den Mietvertrag genüge.
956 Nach OLG Hamm, 28.05.2010 – 15 W 212/10, ZEV 2010, 596 scheiden Zwangsmittel aus, wenn die Berichtigung binnen 2 Jahren nach dem Sterbefall stattfindet (analog § 60 Abs. 4 KostO).
957 Es genügt die rechtzeitige Antragstellung, OLG Frankfurt am Main, 27 – 02 2007 487/06, MittBayNot 2007, 522.
958 Andernfalls fällt bei Berichtigung auf Ehegatten und/oder Abkömmlinge eine 5/10-Gebühr, für die Eintragung anderer Erben eine 10/10-Grundbuchgebühr an. Der Berichtigungsantrag selbst kann gem. § 30 GBO formfrei gestellt werden.
959 OLG München RNotZ 2006, 253; a.A. OLG Düsseldorf MittBayNot 2007, 245.
960 LG Mainz, 31.01.2007 – 8 T 225/06, NotBZ 2007, 226.
961 LG Nürnberg-Fürth, 28.08.2007 – 7 T 7087/07, RPfleger 2007, 657 (beim Erwerb aller Erbanteile), nicht jedoch bei Erwerb lediglich eines Erbanteils, BayObLG RPfleger 1995, 103.
962 Für eine (vom BMJ nicht aufgegriffene, *Kurze* ZErb 2008, 401) Ergänzung des § 40 Abs. 1 GBO de lege ferenda plädiert *Findeklee* ZErb 2007, 172. Für die reine Umschreibung (§ 40 Abs. 1 GBO) genügt jedoch die unwiderrufene transmortale Vollmacht, vgl. LG Stuttgart, 20.07.2007, ZEV 2008, 198.
963 *Bestelmeyer* RPfleger 2008, 552, 563; LG Stuttgart, 20.07.2007 – 1 T 37/07, ZEV 2008, 198.
964 OLG Frankfurt am Main, 29.06.2011 – 20 W 168/11, DNotZ 2012, 140; LG Neuruppin MittBayNot 2004, 46.

▶ Hinweis:

Sofern also – wie regelmäßig – der Käufer ein Finanzierungsgrundpfandrecht vor Eigentumsumschreibung benötigt, ist die Berichtigung des Grundbuchs ohnehin zwingend erforderlich.[965] Um die aufwands- und kostenträchtige Berichtigung (v.a. die Beschaffung der Erbnachweise) auch zu vermeiden in Fällen, in denen der Käufer (wie regelmäßig) ein Finanzierungsgrundpfandrecht benötigt, müsste der Kaufvertrag die Einschaltung eines Notaranderkontos vorsehen, auf welches der Finanzierungsgläubiger nach Beurkundung der Käufergrundschuld (sowie der Käufer seinen Eigenanteil samt Grunderwerbsteuer) überweist, und aus dem die Auszahlung an den Verkäufer erst nach Umschreibung unter gleichzeitiger rangrichtiger Eintragung der Käufergrundschuld erfolgt,[966] Rdn. 1333.

§ 40 Abs. 1 GBO gilt analog für alle Fälle der Gesamtrechtsnachfolge, etwa Umwandlungen.[967] Beim Testamentsvollstrecker ist allerdings gem. § 40 Abs. 2 GBO auch für Belastungen innerhalb seiner Verfügungsbefugnis eine Voreintragung des Erben entbehrlich.

731

Gleichwohl ist die **Berichtigung des Grundbuches** dringend **zu empfehlen**, um das Rechtsgeschäft gegen Gefährdungen zu »immunisieren«: Beruht die Erbfolge auf einem notariellen Testament bzw. Erbvertrag und wird auf die Berichtigung des Grundbuches verzichtet (§ 35 Abs. 1 Satz 2 GBO, hierzu nachstehend Rdn. 734), ist der Erwerber, sofern sich der Verkäufer nicht als der wahre Erbe herausstellt (z.B. wegen eines zeitlich späteren, noch nicht bekannten Testaments), nicht geschützt, und zwar weder gem. § 892 BGB noch gem. § 2366 BGB (da ja kein Erbschein vorlag). Wird mit einer post- oder transmortalen Vollmacht gehandelt, gewährt § 172 Abs. 2 BGB wenigstens einen begrenzten Schutz des Vertrauens in den Bestand der Vollmacht[968] (der Widerruf kann nach herrschender Meinung durch jeden Miterben einzeln für seiner Person erklärt werden);[969] nach der Berichtigung ist freilich die transmortale Vollmacht mangels Voreintragung des Erblassers nicht mehr verwendbar.[970]

732

Der Notar sollte deutlich warnen:

733

▶ Formulierungsvorschlag: Hinweis auf Notwendigkeit der Grundbuchberichtigung bei Vorliegen eines öffentlichen Testaments

Der Notar hat empfohlen, das Grundbuch hinsichtlich der eingetretenen Erbfolge berichtigen zu lassen. Er hat dem Käufer erläutert, dass er trotz Kaufpreiszahlung und Umschreibung das Eigentum möglicherweise verlieren kann, wenn sich später herausstellt, dass der Erblasser nicht Eigentümer war oder der Verkäufer etwa wegen eines späteren Testamentes nicht Eigentümer wurde.

cc) Nachweis der Erbfolge

Gem. § 35 Abs. 1 Satz 2 GBO kann der Erbnachweis i.d.R.[971] durch Vorlage des notariellen Testaments[972] samt Eröffnungsvermerk bzw. durch Verweisung auf die beim selben Gericht geführten, diese enthaltenden Nachlassakten, erfolgen, sofern sich daraus mit Mitteln einfacher erläuternder

734

---

965 Seit RGZ 88, 345, 349; KG, 02.08.2011 – 1 W 243/11, BeckRS 2011, 20271; *Milzer* DNotZ 2009, 325, 326 plädiert stattdessen für eine analoge Anwendung auch auf die Bestellung von Finanzierungsgrundpfandrechten.
966 Vgl. *Milzer* DNotZ 2009, 334.
967 Wobei allerdings str. ist, ob § 892 BGB den gutgläubigen Käufer schützt, wenn ein durch den neuen Rechtsträger veräußertes Grundstück schon den früheren, im Grundbuch noch eingetragenen Rechtsträger nicht gehört hätte (vgl. Staudinger/*Gursky* BGB Überarbeitung 2002 § 892 Rn. 37).
968 Vgl. *Findeklee* ZErb 2007, 174.
969 Staudinger/*Werner* BGB [2002] § 2038 Rn. 5 m.w.N.
970 *Milzer* NotBZ 2009, 482.
971 KG, 05.10.2006 – 1 W 146/06, ErbStB 2007, 236.
972 Auch eines Ausländers, wenn eine Rechtswahl zugunsten des deutschen Rechts (§ 25 Abs. 2 EGBGB) zumindest konkludent enthalten ist, LG München, 05.02.2007, RNotZ 2008, 31.

Auslegung die Person des/der Erben (bzw. die Person des Ersatzerben nach einer Ausschlagung)[973] entnehmen lässt. Eine bloße postmortale Vollmacht zugunsten dessen, der sich als Erbe bezeichnet, erlaubt ihm dagegen gem. § 35 Abs. 1 Satz 1 GBO nicht, das Grundbuch auf sich selbst berichtigen zu lassen.[974] Ist **Nacherbfolge** angeordnet, bedarf die Berichtigung auf den Nacherben zusätzlich des Nachweises des Nacherbfalls (i.d.R. durch Sterbeurkunde) sowie ggf. der eidesstattlichen Versicherung der Nacherben, dass keine weiteren Nacherben (z.B. weitere Geschwister) vorhanden sind;[975] nach strengerer Auffassung bedarf es jedenfalls bei einem handschriftlichen Testament stets eines nach Eintritt des Nacherbfalls auf den Nacherben ausgestellten Erbscheins.[976] Gleiches gilt für den Nachweis der Erbfolge ggü. dem Handelsregister gem. § 12 Abs. 2 HGB.[977] Lediglich im Erbscheinsverfahren (und nicht etwa durch selbstständigen »Feststellungsbeschluss«) wird bspw. die Wirksamkeit einer Ausschlagung überprüft.[978]

735 Ungeeignet ist das öffentliche Testament/der öffentliche Erbvertrag demnach bspw., wenn:
– die Erben nicht namentlich benannt sind,[979]
– weitere Erben hinzugekommen sein könnten (»A, B, und etwaige weitere uns geborene Kinder«) – die negative Tatsache, dass keine weiteren Kinder geboren wurden, macht allerdings keinen Erbschein erforderlich, sondern kann durch eidesstattliche Versicherung des hinterbliebenen Ehegatten oder eines Abkömmlings glaubhaft gemacht werden, zumal auch das Nachlassgericht im Erbscheinsverfahren keine anderen Erkenntnismöglichkeiten hätte,[980]
– der Erbvertrag einen freien (voraussetzungslosen) Rücktrittsvorbehalt enthält – auch hier genügt jedoch die eidesstattliche Versicherung der Erben, keiner der Erbvertragspartner habe den Rücktritt erklärt -,[981]
– der Nacherbfall an andere Umstände als den Tod des Vorerben anknüpft,[982]

736 – die Erbeinsetzung bedingt ist, z.B. über § 2077 BGB hinausgehende auflösende Bedingung der Wiederheirat oder der Geltendmachung des Pflichtteils »Pflichtteilsstrafklausel«: In diesem Fall kann eine eidesstattliche Versicherung erforderlich sein, dass diese Umstände nicht eingetreten seien.[983] Davon zu unterscheiden sind fakultative Verwirkungsklauseln (die bei Eintritt des Umstandes eine einseitige Änderung durch neues Testament ermöglichen),[984]

---

973 LG Aschaffenburg, 12.08.2009 – 4 T 13/09, ZEV 2009, 577: Anwendung gesetzlicher Vermutungsregelungen, z.B. §§ 2069, 2102 BGB; kritisch zur inzidenten Prüfung der Wirksamkeit einer Ausschlagung: *Böttcher* ZEV 2009, 580.
974 BayObLG, 24.02.1994 – 2Z BR 119/93, NJW-RR 1994, 914.
975 BayObLG DNotZ 2001, 385; *Gutachten* DNotI-Report 2008, 114; OLG Hamm, 05.04.2011 – 15 W 34/11, RPfleger 2011, 494 m. krit. Anm. *Jurksch* S. 665: keine Erbscheinsvorlage, wenn die Person des Nacherben durch Personenstandsurkunden festgestellt und das Nichtvorhandensein Weiterer durch eidesstattliche Versicherung belegt werden kann.
976 OLG Zweibrücken, 25.11.2010 – 3 W 179/10, RNotZ 2011, 113; OLG München, 11.04.2011 – 34 Wx 160/11, BeckRS 2011, 14510; ebenso *Meikell/Roth* § 35 GBO Rn. 2: die Beweismittelbeschränkung in § 35 GBO ist enger als in § 29 GBO, daher ist die Frage der Offenkundigkeit irrelevant.
977 OLG Schleswig, 19.07.2006 – 2 W 109/06, Rpfleger 2006, 643 m. teilweise abl. Anm. *Peißinger* Rpfleger 2007, 195; ebenso LG München I Rpfleger 2007, 316: Bei Rechtswahl zugunsten des deutschen Rechtes und klarer Regelung ist kein Erbschein erforderlich, auch nicht bei ausländischem Erblasser.
978 OLG München, 25.02.2010 – 31 Wx 20/10, notar 2010, 201, auch nicht im Rahmen landesrechtlich von Amts wegen durchzuführenden Erbenermittlungsverfahren.
979 OLG Hamm DNotZ 1966, 180.
980 Vgl. *Gutachten* DNotI-Report 2008, 153 f., OLG Düsseldorf, 04.01.2010 – 3 Wx 217/09, ZEV 2010, 98.
981 OLG München, 03.11.2011 – 34 Wx 272/11, NotBZ 2012, 56.
982 BGH NJW 1982, 2994; OLG Stuttgart NJW-RR 1992, 516.
983 LG Bochum Rpfleger 1992, 194 f.; *Gutachten* DNotI-Report 2006, 181; OLG Köln, 14.12.2009 – 2 Wx 59/09, RPfleger 2010, 263; OLG Hamm, 08.02.2011 – 15 W 27/11, RNotZ 2011, 350; vgl. *Möller* Erbrecht Effektiv 2011, 184 ff.
984 Diese vermeiden auch die gefährlichen Nachwirkungen automatischer Verwirkungsklauseln gem. BGH, 12.07.2006 – IV ZR 298/03, Rpfleger 2006, 605 (im Streitfall hatte es eines der Kinder vorgezogen, bei einem Berliner Testament anstelle der bereits angenommenen Miterbschaft nach dem Tod des längerlebenden Ehegatten, die mit einem Vorausvermächtnis belastet war, den [bereits verjährten] Pflichtteil nach dem erstverstorbenen Ehegatten zu verlangen um sodann für den zweiten Sterbefall den unbelasteten Pflichtteil zu erhalten).

– das öffentliche Testament später handschriftlich (teilweise) widerrufen wurde,[985]
– oder mehrere notarielle Testamente nicht deckenden Inhalts vorhanden sind, deren rechtliche Würdigung das Grundbuchamt nicht abschließend vornehmen kann (verstößt die spätere Anordnung einer Testamentsvollstreckung gegen die Bindungswirkung des ersten, gemeinschaftlichen, Testaments?).[986]

Liegen diese Ausnahmesachverhalte nicht vor, haben auch Vertragspartner kein Zurückbehaltungsrecht bis zur Vorlage eines Erbscheins,[987] auch wenn nur dieser ihn vor der Zahlung an einen Nichtberechtigten schützen würde (§ 2367 BGB). Selbst das in Nr. 5 AGB-Banken vorbehaltene Recht der Kreditinstitute, einen Erbschein zu verlangen, kann als analog § 315 BGB gebundene Ermessensentscheidung wohl nur entsprechend der Wertung des Grundbuchamtes (§ 35 Abs. 1 Satz 2 GBO) und des Handelsregisters (§ 12 Abs. 2 Satz 2 HGB),[988] ausgeübt werden.[989] Daher genügt i.d.R. die Vorlage eines notariellen Testaments mit Eröffnungsniederschrift.[990] **737**

Hingewiesen sei schließlich auf die Nachweiserleichterung bei Grundbesitzwerten[991] unter 3.000,00 € gem. § 35 Abs. 3 GBO (eidesstattliche Versicherung).

Aber auch wenn der Verkäufer seine Erbenstellung durch Ausfertigung eines deutschen[992] **Erbscheins**,[993] ggf. in Anwendung ausländischen Rechtes (§ 2369 BGB a.F., nunmehr im deutschen Erbschein mit Weltgeltung enthalten),[994] nachweist, ist die **Berichtigung** vor (oder gleichzeitig mit)[995] der Eintragung der Eigentumsvormerkung des Käufers zu empfehlen: Bei §§ 2365, 2366 BGB muss nämlich der gute Glaube an die Erbenstellung des Verkäufers noch im Zeitpunkt der Eigentumsumschreibung (bzw. sofern eine Vormerkung bestellt wird, zum Zeitpunkt der Eintragung der Vormerkung)[996] vorhanden sein – und dieser gute Glaube erlischt bereits mit der Kraftloserklärung des Erbscheins, mag er auch als Urkunde im Rechtsverkehr noch im Umlauf sein –;[997] bei Anknüpfung an den Grundbuchstand (nach Berichtigung) genügt der gute Glaube zum Zeitpunkt des **Antrags** auf Eintragung der Vormerkung, **738**

---

985 BayObLG NJW-RR 1987, 266.
986 OLG München, 03.06.2008, ZEV 2008, 340.
987 BGH, 07.06.2005 – XI R 311/04, NJW 2005, 2779 m. Anm. *Starke* NJW 2005, 3184: Kein Leistungsverweigerungsrecht zur Erzwingung der Beibringung eines Erbscheins; gemäß KG, 18.02.2009 – 1 W 37/08, ZErb 2009, 161 besteht jedoch ein Leistungsverweigerungsrecht bis zur Vorlage eines geeigneten Nachweises der Erbenstellung.
988 Hierzu *Lange* ZEV 2009, 371 ff.
989 *Starke* NJW 2005, 3186 f.; *Ivo* ZErb 2006, 7; *Gutachten* DNotI-Report 2005, 83; anderenfalls droht ein Verstoß gegen § 307 Abs. 2 Nr. 1 BGB: *Keim* WM 2006, 755 f.
990 Nach OLG Frankfurt am Main, 10.06.2011 – 19 U 13/11, ZErb 2011, 275 kann die Bank auf die Wirksamkeit des Testaments vertrauen, selbst wenn dieses auf einen vorangehenden Erbvertrag Bezug nimmt, jedenfalls wenn beide durch denselben Notar beurkundet wurden.
991 Abzustellen ist auf den Wert des Gesamtgrundstücks, nicht des Erbanteils: OLG Rostock NotBZ 2006, 104.
992 Ausländische Erbnachweise stellen keine »unanfechtbaren Entscheidungen« i.S.d. § 108 Abs. 1 FamFG dar, die ohne Weiteres anzuerkennen wären, sodass (bei Fehlen staatsvertraglicher Regelungen über die Anerkennung ausländischer Erbscheine) die Grundbuchberichtigung hierüber nicht herbeigeführt werden kann, vgl. OLG Bremen, 19.05.2011 – 3 W 6/11, NotBZ 2011, 337; hierzu *Schäuble* ZErb 2011, 267 ff.
993 Nicht ausreichend ist ein »Ermittlungsbeschluss« nach Landesrecht, z.B. § 41 LFGG-BaWü, vgl. BayObLG, 12.01.1989 – 108/88, DNotZ 1989, 574 zu Art. 37 BayAGGVG, ebenso wenig der Feststellungsbeschluss des Nachlassgerichts gem. § 1964 BGB hinsichtlich des Fiskalerbrechts, *J. Mayer* ZEV 2010, 449. Es reicht aber aus, dass sich in den Nachlassakten ein Erbschein »nur für Handelsregisterzwecke« befindet, OLG München, 27.05.2011 – 34 Wx 93/11, RNotZ 2011, 544.
994 Bsp.: Österreichischer Staatsbürger hinterlässt Grundstück in Deutschland, vgl. *Tersteegen* ZErb 2007, 339 zum Erfordernis der Einantwortung durch das österreichische Verlassenschaftsgericht.
995 Vgl. *Egerland* NotBZ 2005, 286: sonst kein gutgläubiger Erwerb der Vormerkung gem. §§ 893, 2. Alt., 892 Abs. 1 Satz 1 BGB.
996 Ist die Vormerkung gutgläubig erworben worden, dürfte (wie in BGH DNotZ 1972, 365) der spätere Wegfall des guten Glaubens bzw. die spätere Einziehung des unrichtigen Erbscheins nicht mehr schaden, sonst wäre der gutgläubige Erwerb der Vormerkung sinnlos.
997 Vgl. bereits *Vollhardt* MittBayNot 1986, 114.

B. Gestaltung eines Grundstückskaufvertrages

§ 892 Abs. 2 BGB.[998] Schließlich ist auch die Gutglaubensschutzwirkung des Erbscheins begrenzt; sie erfasst bspw. in negativer Hinsicht lediglich das Fehlen erbrechtlicher Verfügungsbeschränkungen wie der Nacherbfolge oder einer Testamentsvollstreckung (§ 2365 Halbs. 2 BGB), erstreckt sich aber bspw. nicht auf die Nichtexistenz früherer Erbteilsübertragungen, -pfändungen oder -verpfändungen.

▶ **Formulierungsvorschlag: Hinweis auf Notwendigkeit der Grundbuchberichtigung bei Vorliegen eines Erbscheins**

739 Der Notar hat empfohlen, das Grundbuch hinsichtlich der eingetretenen Erbfolge aufgrund des Erbscheins spätestens mit der Eintragung der Vormerkung berichtigen zu lassen. Er hat dem Käufer erläutert, dass ihn anderenfalls die Vormerkung nicht schützt, wenn zuvor der Erbschein gerichtlich eingezogen wird, z.B. weil ein späteres Testament aufgefunden oder die Unwirksamkeit eines etwa bisher maßgeblichen Testamentes festgestellt wird; ferner dass er zu keinem Zeitpunkt davor geschützt ist, dass ein im Erbschein aufgeführter Miterbe nicht mehr Inhaber seines Anteils ist oder über diesen nicht allein verfügen kann, etwa aufgrund von Pfändungen.

740 Die Grundbuchberichtigung erfolgt, sofern nicht ein notarielles Testament samt Eröffnungsvermerk vorgelegt oder auf die Nachlassakten (beim selben AG) verwiesen werden kann, unter **Vorlage einer Ausfertigung des Erbscheins**. Auf diesen kann auch dann nicht verzichtet werden, wenn der durch Testamentsvollstreckerzeugnis (§ 2368 BGB) legitimierte Vollstrecker die Berichtigung des Grundbuchs beantragt.[999] Eine bloße beglaubigte Abschrift des Erbscheins ist nicht ausreichend, da sie bei Einziehung des Erbscheins nicht aus dem Verkehr gezogen würde. Nach richtiger Auffassung genügt es (wie bei der Vollmacht), dass der Erbschein in Ausfertigung dem Notar vorgelegt wird und dieser eine beglaubigte Abschrift hiervon fertigt, jedenfalls wenn der Grundbuchantrag zeitnah daraufhin gestellt wird.[1000] Zahlreiche Grundbuchämter verlangen allerdings,[1001] dass die Ausfertigung des Erbscheins beim Grundbuchamt mit eingereicht wird; sie wird jedoch auf Verlangen dem Notar zur Rückleitung an den Erben zurückgereicht. Das Grundbuchamt kann den Erbschein nur dann beanstanden, wenn ihm neue, vom Nachlassgericht offensichtlich nicht berücksichtige Umstände bekannt werden, es sei denn, das Nachlassgericht erklärt auf Nachfrage, dennoch am Erbschein festzuhalten.[1002] Bei Vorlage eines **notariellen Testamentes** oder Erbvertrages samt Eröffnungsvermerk (beide genügen in beglaubigter Abschrift), kann das Grundbuchamt nur in Ausnahmefällen einen Erbschein verlangen, etwa wenn Anhaltspunkte für die Existenz einer späteren privatschriftlichen Verfügung von Todes wegen vorliegen oder wenn die Person der Erben im Testament nicht exakt bezeichnet ist (»Ich setze meine Abkömmlinge zu Erben ein.«), vgl. Rdn. 735.[1003]

741 Die hohen Kosten einer gerichtlichen Erbscheinserteilung (volle Gebühr aus dem Reinnachlass gem. § 107 Abs. 1 KostO; bei auf Grundbuchzwecke beschränkter Erteilung volle Gebühr aus dem Immobilienwert abzüglich dinglicher Belastungen, § 107 Abs. 3 KostO) lassen sich reduzieren durch Erteilung eines **gerichtlichen Überweisungszeugnisses gem. § 36 GBO** (Mindestgebühr gem. § 111 Abs. 1 Nr. 1 KostO), wenn dem Nachlassgericht (i) die Erbfolge als solche (mit allen für die Erbscheinserteilung erforderlichen Voraussetzungen, einschließlich der eine 10/10-Gebühr [§ 49 KostO] auslösenden eidesstattlichen Versicherung) nachgewiesen ist und (ii) sich anschließende Erbauseinandersetzungs-, Abschichtungs- oder Erbteilsübertragungsvorgänge formwirksam[1004] erklärt und dem Nachlassgericht vorgelegt wurden.

---

998 Gem. BGH DNotZ 1972, 365 schadet bei gutgläubigem Erwerb der Vormerkung der Verlust des guten Glaubens vor Eigentumsumschreibung nicht.
999 OLG München, 27.05.2011 – 34 Wx 93/11, RNotZ 2011, 544.
1000 KG DNotZ 1972, 615; OLG Köln Rpfleger 1984, 182.
1001 Gestützt auf *Schöner/Stöber* Grundbuchrecht Rn. 782.
1002 *Meikel/Roth* § 35 GBO Rn. 87 ff., 91 ff. m.w.N.; *Gutachten* DNotI-Report 2011, 141, 143; das Nachlassgericht ist zur Einziehung von Amts wegen auch befugt, wenn eine eigene Amtsermittlungspflicht (wie etwa gem. Art. 12 § 24 Abs. 1 NEhelG bei Sterbefällen nichtehelich Geborener zwischen 29.05.2009 und 15.04.2011) nicht besteht.
1003 OLG Frankfurt am Main MittBayNot 1999, 184.
1004 Das Nachlassgericht selbst kann Auflassungserklärungen nur im Rahmen eines »echten Auseinandersetzungsverfahrens« entgegennehmen, vorbehaltlich rechtskräftiger gerichtlicher Bestätigung (§§ 371, 372 Abs. 2 FamFG); i.Ü. bleibt es

Sofern aufgrund Erbfolge eine Berichtigung des Grundbuches noch erforderlich ist, könnte der   742
Kaufvertrag sich hierzu z.B. wie folgt verhalten

▶ **Formulierungsvorschlag: Vorvollzug der Erbfolge im Grundbuch**

Der eingetragene Eigentümer ..... ist nach Angabe des erschienenen Verkäufers am ..... in ..... verstorben und wurde kraft ..... von ihm alleine beerbt.

Die Berichtigung des Grundbuches wird vom Verkäufer beantragt. Den Beteiligten ist bekannt, dass Eintragungen, die dem Vollzug der heutigen Urkunde dienen – auch soweit es sich um Voraussetzungen der Fälligkeit handelt – im Grundbuch erst erfolgen können, wenn die genannte Erbfolge im Grundbuch vollzogen ist.

Der Verkäufer ist gegenüber dem Käufer – mehrere Verkäufer auch untereinander – verpflichtet, die zur Berichtigung des Grundbuches erforderlichen Nachweise auf eigene Kosten unverzüglich zu beschaffen. Dem Verkäufer ist bekannt, dass hierzu Ausfertigungen der Erbscheine erforderlich sind oder beglaubigte Abschriften notarieller Verfügungen von Todes wegen samt Eröffnungsniederschrift.

Der Verkäufer wird dem amtierenden Notar die zur Grundbuchberichtigung erforderlichen Unterlagen unaufgefordert zur Verfügung stellen. Ist dies nicht bis zum ..... erfolgt, kann der Käufer vom Vertrag zurücktreten; der als Verkäufer Erschienene hat ihm die Notar- und Grundbuchkosten für diesen Vertrag und seine Finanzierung zu erstatten. Weiter gehende Ansprüche sind ausgeschlossen, soweit sie nicht auf Vorsatz, Arglist oder Garantie beruhen.

2. Grundbuchlicher Verkaufsgegenstand

a) Differenzierungen

Eine für die Vertragsgestaltung entscheidende »frühe Weggabelung« liegt in der **Definition des**   743
grundbuchlichen Vertragsobjekts:
– ein gesamtes Grundstück im Rechtssinn (also das im Bestandsverzeichnis unter einer laufenden Nummer gebuchte Grundstück, auch wenn es aus mehreren Flurstücken besteht) bzw. ein Katastergrundstück (also ein Flurstück, wie in der Flurkarte bezeichnet),
– oder eine noch zu vermessende Teilfläche (Rdn. 768 ff.),
– Miteigentumsanteile an einem Grundstück,
– Wohnungs- oder Teileigentum (als bereits gebildete Einheit oder als noch zu bildende Einheit), vgl. Rdn. 800 ff.,
– Erbbaurecht bzw. Wohnungserbbaurecht, vgl. Rdn. 2870 ff.

Auch der **derzeitige bzw. künftig geschuldete Zustand des Grundstückes** ist ein wichtiges Diffe-   744
renzierungskriterium. Es kann sich z.B. handeln um
– landwirtschaftlich genutzte Grundstücke,
– einen Bauplatz zur Wohnbebauung,
– eine gewerblich genutzte Immobilie,
– ein zu privaten Wohnzwecken bestimmtes Einfamilienhaus,
– ein als Renditeobjekt zu erwerbendes Mehrfamilienhaus.

Je nach den Bedürfnissen der konkreten Kanzleipraxis wird der Notar für die verschiedenen Fallgestaltungen je eigene »Standardmuster« kreieren, die durch Variation auf die besonderen Umstände des Einzelfalls anzupassen sind.

b) Bezeichnung

Zur **Identifizierung des Grundstücks** im grundbuchrechtlichen und im katasterrechtlichen Sinn   745
sollte der Vertragsgegenstand sowohl mit der Grundbuchstelle (Grundbuch des AG ... von ... Blatt ... lfd. Nr. ...) als auch hinsichtlich seiner Liegenschaftsbezeichnung im Katasterplan (Gemarkung ...

---

bei der Zuständigkeit der Notare und Konsularbeamten für die Entgegennahme der Auflassung, § 36 Abs. 2 GBO.

B. Gestaltung eines Grundstückskaufvertrages

Flur ... Flurstück ... Wirtschaftsart[1005] und Flächengröße) wiedergegeben werden. Offensichtliche Unrichtigkeiten in der Bezeichnung können dabei gem. § 44a Abs. 2 BeurkG berichtigt werden, vgl. Rdn. 276.[1006] Unterläuft bei der Identifizierung des Vertragsobjekts irrtümlich[1007] eine **Falschbezeichnung** (z.B. auch durch Auseinanderfallen von Karteneinzeichnung und Flurstücksnennung, Rdn. 47), sind jedoch Kaufvertrag und Auflassung (trotz der Formbedürftigkeit!)[1008] gleichwohl in Bezug auf das tatsächlich gewollte Grundstück – sofern dieses tatsächlich existiert[1009] – gültig (falsa demonstratio non nocet),[1010] d.h. der Käufer erwirbt mit Umschreibung des zwar erklärten, jedoch nicht gewollten Grundstückes im Grundbuch kein Eigentum. Bleibt das Gemeinte hinter dem Bezeichneten zurück (veräußert werden soll eine Teilfläche, benannt wird das gesamte Grundstück),[1011] beziehen sich Veräußerungsverpflichtung und Auflassung damit nur auf diese Teilfläche (mag letztere auch materiellrechtlich wegen ausreichender Bestimmtheit wirksam sein, bedarf es zum Vollzug der Abvermessung zur Bildung eines buchbaren Grundstücks, § 2 Abs. 3 GBO.

746 Einigen sich umgekehrt die Parteien auf die Übertragung einer größeren Fläche (»der angelegte Garten«, wie er in der Natur gezeigt wurde), wählen aber fälschlich eine dahinter zurückbleibende Flurstücksbezeichnung (das Gemeinte geht also über das Bezeichnete hinaus), besteht die Übereignungspflicht in Bezug auf die Gesamtfläche (die Formel »gekauft wie besichtigt« erhält dadurch einen für den Verkäufer gefährlichen neuen Sinn, muss er doch dem Käufer den Zusatzaufwand für die Beschaffung der »mitverkauften« Fläche aus fremdem Eigentum als Schaden ersetzen!).[1012] Freilich darf nicht schon jede geringe Abweichung der Grenzzeichen bzw. Umzäunung von der tatsächlichen Grenze Anlass sein zur Anwendung der falsa-demonstratio-Grundsätze; regelmäßig wollen die Beteiligten das Grundstück in seiner grundbuchmäßigen Erfassung veräußern bzw. erwerben.[1013] Verfahrensrechtlich werden die Voraussetzungen einer Schreibfehlerberichtigung (§ 44a Abs. 2 BeurkG, vgl. Rdn. 276) in aller Regel nicht vorliegen; es bedarf daher einer **übereinstimmenden Nachtrags-**[1014] **und Identitätserklärung** in der Form des § 29 GBO.[1015]

747 Ein Grundstück im katastermäßigen Sinn, also mit eigener Flurnummer, kann gleichwohl rechtlich im jeweiligen »Allein«-Eigentum der Eigentümer der anliegenden Grundstücke stehen, aus denen Flächen zu dem Katastergrundstück gezogen worden sind.

1005 Die Angabe zur Wirtschaftsart im Veränderungsnachweis des Katasteramts ist für das Grundbuchamt verbindlich, nimmt jedoch (selbstverständlich) nicht am öffentlichen Glauben teil, vgl. OLG München, 22.07.2011 – 34 Wx 148/11 DNotZ 2012, 142.
1006 Nach LG Regensburg, 15.07.2008 – 5 T 216/08, MittBayNot 2009, 63 sogar für den Fall, dass eine zu einer Eigentumswohnung gehörende anteilige Verkehrsfläche übersehen wurde.
1007 Die Grundsätze der falsa demonstratio greifen nicht bei bewusster Falschbezeichnung, BGHZ 87, 153.
1008 Gänzlich gegen eine Aufweichung der Anforderungen an die Einhaltung des Formzwangs im Bereich des § 311b Abs. 1 BGB *Dötterl* NotBZ 2006, 190: § 125 BGB (nur in Ausnahmefällen Korrektur nach § 242 BGB); ggf. Schadensersatzpflicht der Verantwortlichen.
1009 OLG Frankfurt am Main NotBZ 2004, 440 (anderenfalls Haftung wegen eines Rechtsmangels).
1010 BGHZ 87, 152; OLG Naumburg NotBZ 2006, 215; und zwar (entgegen OLG Frankfurt am Main NotBZ 2004, 440) unabhängig davon, ob der übereinstimmende Wille in der Urkunde angedeutet wurde (vgl. zum Ganzen umfassend *Bergermann* RNotZ 2002, 557 ff.).
1011 BGH, 07.12.2001 – V ZR 65/01, NotBZ 2002, 97 m. krit. Anm. *Waldner* NotBZ 2002, 174, der eine Abwicklung nach Geschäftsgrundlagenlehre, § 313 BGB, favorisiert.
1012 BGH, 18.01.2008 – V ZR 174/06, NotBZ 2008, 229 m. krit. Anm. *Waldner*.
1013 *Krüger* ZNotP 2009, 3.
1014 Kostenrechtlich nach *Ländernotarkasse* NotBZ 2007, 402 und *Notarkasse* Streifzug durch die KostO Rn. 23: § 42 KostO aus 20 % des betreffenden Grundstückswerts, ähnlich LG Schwerin NotBZ 2007, 419.
1015 *Bergermann* RNotZ 2002, 568 f. m.w.N. ähnlich OLG München, 04.10.2006 – 32 Wx 144/06, MittBayNot 2007, 50: Wurde das von einer Dienstbarkeitsbestellung betroffene Grundstück zwar im Plan korrekt bezeichnet, aber keine Eintragungsbewilligung insoweit abgegeben, mögen die Parteien zwar materiell-rechtlich gebunden sein, zur Eintragung ist gleichwohl eine weitere Bewilligung erforderlich. OLG Koblenz, 22.02.2007 – 5 U 836/06, NotBZ 2007, 417: falsa demonstratio setzt voraus, dass das angeblich Vereinbarte in der formgerechten Erklärung zumindest angedeutet ist; OLG München, 23.09.2008 – 34 Wx 076/08, RNotZ 2009, 168: auch wenn materiell-rechtlich die Voraussetzungen der falsa demonstratio vorliegen, bedarf es grundbuchrechtlich einer erneuten Bewilligung in der Form des § 29 GBO.

▶ Beispiele:

Bei Anliegerwegen oder Gräben mit eigener Flurstücksnummer[1016] oder Anliegergewässern, die zum Eigentum der Ufergrundstücke zählen.[1017]

Wird das gesamte Anliegergrundstück verkauft, ist damit auch die zum Weg (wenngleich dieser insgesamt über eine eigene Flurstücksnummer verfügt) gezogene Teilfläche mitveräußert.[1018] Wird lediglich eine Teilfläche (mag sie auch am »Anliegerweg« anliegen) veräußert, bedarf es der ausdrücklichen Mitveräußerung und -auflassung der zum Weg gezogenen Teilfläche, da diese nicht notwendig zur veräußerten Teilfläche gezogen sein muss, sondern gedanklich auch zum Rest-Anliegergrundstück, sofern dieses noch am Weg in seinem ferneren Verlauf anliegt, gezogen sein kann.[1019] Sofern keine abweichende Grenzziehung festgestellt werden kann, wird gemeinhin die Wegmitte als Begrenzung der zum Weg gezogenen Eigentumsflächen angesehen.

▶ Hinweis:

Im Grundbuch sind solche Anliegerwege im Beschrieb des Grundstückes typischerweise (nach Maßgabe der Katastereinrichtungsanweisung) beschrieben als »... hierzu die zum Weg FlNr. ... gezogene Teilfläche«.

c) Mehrheit von Objekten

Sind **mehrere selbstständige grundbuchfähige Objekte Gegenstand einer einzigen Erwerbsurkunde**, sollte sich die Urkunde dazu verhalten, ob alle Objekte als »Paket« anzusehen sind, sodass die Fälligkeit des Kaufpreises und die Abwicklung des Vertrages nur einheitlich erfolgen können, oder ob sie je selbstständige Erwerbstatbestände repräsentieren, die lediglich aus Gründen der Kostendegression und zur textlichen Vereinfachung zusammengefasst wurden. Die Formulierungen im Kaufvertrag könnten etwa wie folgt lauten: 748

▶ Formulierungsvorschlag: Mehrere selbstständige Objekte als Gegenstand einer Erwerbsurkunde – »Paketlösung«

Ausdrücklich wird klargestellt, dass alle in der heutigen Urkunde erwähnten selbstständig übertragungsfähigen Objekte Gegenstand eines rechtlich und wirtschaftlich einheitlichen Vertragsverhältnisses sind. Die Durchführung, Änderung oder Rückabwicklung der Vereinbarungen kann also nur insgesamt und einheitlich erfolgen. 749

▶ Formulierungsvorschlag: Mehrere selbstständige Objekte als Gegenstand einer Erwerbsurkunde – »Trennungslösung«

Ausdrücklich wird klargestellt, dass jedes in der heutigen Urkunde erwähnte selbstständig übertragungsfähige Objekt Gegenstand eines eigenen Vertragsverhältnisses ist, deren Mehrzahl lediglich in der heutigen Urkunde aus Gründen der Vereinfachung und Kostenersparnis textlich zusammengefasst wurde. Jedes Einzelvertragsverhältnis kann jedoch unabhängig von den anderen durchgeführt und ggf. geändert oder rückabgewickelt werden, gleichgültig ob die Beteiligten identisch sind oder nicht. 750

d) Abgrenzung: Erwerb von GbR-Anteilen

Kein unmittelbarer Fall des Immobilienerwerbs, der in diesem Werk zu behandeln wäre, liegt beim **Erwerb eines Anteils an einer Gesellschaft des bürgerlichen Rechts (GbR)** vor, in deren Gesamthandsvermögen sich ihrerseits eine oder mehrere Immobilien befinden, bei Anteilsverschiebungen innerhalb der GbR,[1020] beim mittelbaren Immobilienerwerb aufgrund Anwachsung als Folge des 751

1016 Vgl. etwa BayObLG Rpfleger 1977, 103 sowie BayObLG Rpfleger 1993, 104.
1017 BayObLG MittBayNot 1983, 64; OLG Celle MittBayNot 1984, 29.
1018 BayObLG DNotZ 1993, 388.
1019 BayObLG DNotZ 1998, 820.
1020 Keine Grundbucheintragung möglich, auch nicht lediglich deklaratorischer Natur, OLG München NotBZ 2005, 265.

B. Gestaltung eines Grundstückskaufvertrages

Austritts aus einer GbR bzw. der Abschichtung aus einer Erbengemeinschaft (einverständliches Ausscheiden mit Anwachsungsfolge).[1021] Weder das schuldrechtliche Geschäft noch die Abtretung selbst bedürfen nach derzeit wohl herrschender Meinung der notariellen Beurkundung, selbst dann nicht, wenn das Gesellschaftsvermögen lediglich aus Grundbesitz oder bspw. GmbH-Anteilen besteht, es sei denn, die Errichtung der GbR hätte nur dazu gedient, die Formpflicht zu umgehen.[1022] Eine im Vordringen befindliche Auffassung fordert jedoch angesichts der sonst vereitelten Formzwecke des § 311b BGB, dass die GbR-Anteilsübertragung jedenfalls dann der notariellen Beurkundung bedürfe, wenn Gesellschaftszweck lediglich das Halten und Verwalten von Immobilien ist.[1023]

752 Soll bei der entgeltlichen Übertragung von GbR-Anteilen das **Zug-um-Zug-Prinzip** zum Tragen kommen und zudem gesichert werden, dass sich der Grundbesitz noch immer im Vermögen der Gesellschaft befindet, sobald der Anteilserwerb des Käufers wirksam wurde,[1024] besteht seit der Anerkennung der (beschränkten) Rechtssubjektivität der GbR (vgl. ausführlich Rdn. 309 ff.) nicht mehr die – bei der Übertragung von Erbanteilen, vgl. nachstehend Rdn. 758, weiterhin favorisierte – Möglichkeit, den Leistungsaustausch mittels einer Verfügungsbeschränkung nach § 161 BGB zu sichern,[1025] Rdn. 441. Durch die Abtretung des Gesellschaftsanteils ändert sich – auch wenn sie bedingt erfolgt – nicht mehr die Eigentumslage am Grundstück, sondern allenfalls die Vertretung der Gesellschaft.

753 Denkbar ist jedoch – da § 899a BGB hinsichtlich der Gesellschafterstellung, die quasi zum Inhalt des Grundbuchs wird, auch auf § 899 BGB verweist – die Eintragung eines **Widerspruchs** gegen die Richtigkeit der Eintragung des veräußernden Gesellschafters in das Grundbuch. Demnach gestaltet sich die rechtssichere Übertragung des GbR-Anteils (Gesamtvertragsmuster in Rdn. 3920) wie folgt:
– Abtretung des GbR-Anteils mit sofortiger Wirkung, allerdings unter der **auflösenden Bedingung**, dass der Verkäufer wegen Verletzung von Pflichten des Käufers (insb. der Kaufpreiszahlung) wirksam vom Vertrag zurücktritt; diese auflösende Bedingung erlischt ihrerseits, wenn die Grundbuchberichtigung hinsichtlich der Anteilsabtretung durch den Notar beim Grundbuchamt beantragt wird (4. Punkt), sodass ab diesem Zeitpunkt der Schwebezustand beendet ist. Ausfertigungen oder beglaubigte Abschriften, die die unbedingte Anteilsabtretung und den Widerspruch enthalten, dürfen erst nach Nachweis der Kaufpreiszahlung erteilt werden.

754 – Aufgrund Bewilligung des Verkäufers wird ein Widerspruch (§ 899a Satz 2 BGB i.V.m. § 899 BGB) gegen die Richtigkeit des Grundbuchs zugunsten des Anteilserwerbers eingetragen. Dadurch wird der Erwerber vor Verfügungen über den Grundbesitz ohne seine Mitwirkung geschützt (das Grundbuch ist aufgrund der sofort wirksam werdenden Abtretung unrichtig; die sofortige Berichtigung des Grundbuches gem. § 82 Satz 1 GBO kann jedoch nicht erzwungen werden, da das Sicherungsinteresse des Verkäufers als berechtigter Grund i.S.d. § 82 Satz 2 GBO entgegensteht).[1026]
– Sodann wird der Kaufpreis – ggf. nach Eintritt weiterer notwendiger Bedingungen (etwa Zustimmung der übrigen Gesellschafter, Nachweis der Zugehörigkeit bestimmter Objekte zum Gesellschaftsvermögen etc.) – fällig gestellt.

755 – Mit Zahlung des Käufers (und Vorliegen der Unbedenklichkeitsbescheinigung) beantragt der Notar sodann den Vollzug der Abtretung des Gesellschaftsanteils samt der – bereits in der Ur-

---

1021 BGH DNotZ 1999, 60; BGH DNotI-Report 2005, 24 und LG Köln NotBZ 2004, 75; diese soll auch bei Immobiliennachlässen sogar schuldrechtlich und dinglich formfrei möglich sein (krit. *Reimann* ZEV 1998, 214 mit Vertragsmuster; zustimmend *Wesser/Saalfrank* NJW 2003, 2937 – allerdings bedarf es zur deklaratorischen Grundbuchberichtigung stets der Berichtigungsbewilligung oder des Unrichtigkeitsnachweises in der Form des § 29 GBO). Schwierig ist die Zug-um-Zug-Absicherung (aufschiebende Bedingung!); weiterhin ist dem Ausscheidenden zu verdeutlichen, dass er trotz Abwachsung der Nachlassverbindlichkeiten für diese im Außenverhältnis weiter haftet.
1022 BGH, 10.03.2008 – II ZR 312/06, GmbHR 2008, 589 m. Anm. *Werner*.
1023 Vgl. *Heckschen* NotBZ 2008, 304.
1024 Vgl. hierzu *Ruhwinkel* MittBayNot 2009, 421, 425.
1025 Vgl. OLG Köln, 20.12.2010 – 2 Wx 118/10, RNotZ 2011, 166 m. abl. Anm. *Heinze*, a.A. *Böttcher* ZfIR 2009, 613, 621 f.
1026 *Heinze* RNotZ 2011, 173, 176.

kunde bewilligten – Löschung des Widerspruchs beim Grundbuchamt. Die auflösende Bedingung erlischt mit dieser Vorlage beim Grundbuchamt, sodass die Abtretung nun unbedingt ist.
– Um sicherzugehen, dass für den Fall der Nichtzahlung der Veräußerer wieder am Verkauf von GbR-Grundbesitz mitwirken kann, sollte eine »Schubladenlöschung« oder Löschungsvollmacht hinsichtlich des Widerspruchs in den Anteils-Kaufvertrag aufgenommen werden, ebenso wie in Bezug auf eine Vormerkung am Grundbesitz unmittelbar, vgl. Rdn. 941 ff.

Alternativ kann die Absicherung (ohne »Zwischeneintragung« eines Widerspruchs) unter Einschaltung eines Anderkontos dergestalt erfolgen, dass die Abtretung unter der aufschiebenden Bedingung der vollständigen Einzahlung auf diesem Konto stattfindet, und die Auszahlung sodann nach Vollzug des Berichtigungsantrags – im Grundbuch des Grundstücks, dessen weiterhin gegebene Zugehörigkeit zum GbR-Vermögen damit verifiziert ist – erfolgt (materiell ist der Erwerber durch § 161 Abs. 1 BGB geschützt; ein gutgläubiger Erwerb von GbR-Anteilen ist auch gem. § 899a BGB nicht möglich. Bis zum Eintritt der aufschiebenden Bedingung ist das Grundbuch nicht unrichtig, sodass die Eintragung eines Widerspruchs nicht in Betracht kommt;[1027] ab der Einzahlung ist die Eintragung des Widerspruchs zwar möglich, wird aber aus Kostengründen im Hinblick auf die sichernde Funktion des Anderkontos unterbleiben). 756

e) Weitere Abgrenzung: Erwerb von Erbanteilen; Abschichtung

Ebenfalls als Rechtskauf zu klassifizieren ist der **Erwerb eines Erbteils** (Gesamtvertragsmuster in Rdn. 3918), auch wenn sich im Nachlass Grundstücke befinden (§ 2033 BGB). Er ist mit deutlich höheren Risiken belastet: Der gute Glaube des Grundbuches nach § 892 BGB erstreckt sich nicht auf das Bestehen, die Inhaberschaft und die Unbelastetheit des Erbteils, und auch der öffentliche Glaube des Erbscheins (§ 2366 BGB) sichert nur den Erwerb von Gegenständen im Nachlass, nicht den Erwerb des Erbteils. Nicht einmal die Zugehörigkeit des Grundstückes zur Erbengemeinschaft ist gesichert. 757

Eine Vormerkung kann nicht eingetragen werden, sodass 758
– zur Sicherung beider Beteiligter die dingliche Abtretung des Erbteils nach § 2033 Abs. 1 BGB durch die Entrichtung des Kaufpreises bedingt sein sollte:[1028] Handelt es sich um eine **aufschiebende Bedingung** (nämlich der Kaufpreiszahlung),[1029] kann die auf § 161 BGB beruhende Verfügungsbeschränkung in Abteilung II zugunsten des Erwerbers eingetragen werden; sie verhindert auch Verfügungen über einzelne Nachlassgegenstände durch die Gemeinschaft der Miterben.[1030] Handelt es sich (wie i.d.R. bei Erbteilserwerb durch einen Dritten) um eine **auflösende Bedingung** (des Rücktritts wegen Nichtzahlung), ist mit Berichtigung des Grundbuches auf den Erwerber wegen § 892 Abs. 1 Satz 2 BGB die für den Fall des Eintritts der auflösenden Bedingung eintretende rückwirkende (§ 158 Abs. 2, letzter Halbs. BGB) Verfügungsbeschränkung zugunsten des Veräußerers einzutragen (zur Vermeidung des gem. § 161 Abs. 3 BGB möglichen gutgläubigen Zwischenerwerbs Dritter). Diese darf erst mit Zahlung des Kaufpreises gelöscht werden (durch Vollmacht an den Notar, die Löschung dann zu bewilligen, oder Bewilli-

---

1027 Das Grundbuchamt kann freilich zur Eintragung des Widerspruchs bewegt werden, indem eine isolierte Bewilligung des veräußernden Gesellschafters vorgelegt wird, ggf. in einer Anlage, vgl. *Heinze* in Kölner Notarhandbuch Gesellschaftsrecht, 2010, Teil A Rn. 256.

1028 Alternativ ist auch eine unbedingte Abtretung, jedoch unter Rückverpfändung an den Verkäufer (auflösend bedingt auf die Kaufpreiszahlung) denkbar, vgl. *Waldner* Immobilienkaufverträge Rn. 24.

1029 Diese mag beim Erwerb des Erbteils des einzigen anderen Miterben vorzuziehen sein: Bei sofortigem Rechtsübergang wäre die Erbengemeinschaft durch Alleineigentumserwerb beendet, und es ist nicht gesichert, dass sie bei Eintritt einer auflösenden Bedingung wieder (gem. § 158 Abs. 2, letzter Halbs. BGB rückwirkend) entstehen würde. Es muss aber dann bestimmt sein, dass die aufschiebende Bedingung dem Grundbuchamt ggü. ferner als eingetreten gilt, sobald der Notar die eigentliche Grundbuchberichtigung beantragt; im Innenverhältnis ist er angewiesen, dies erst nach Zahlungsnachweis vorzunehmen (vgl. *Heinze* RNotZ 2010, 281, 307).

1030 BayObLG MittBayNot 1994, 223; *Mauch* BWNotZ 1993, 140 (§ 892 Abs. 1 Satz 2 BGB gilt nach h.M. analog für absolute Verfügungsverbote zur Vermeidung gutgläubigen Erwerbs).

gung in der Urkunde mit der Anweisung an den Notar, vollständige Ausfertigungen/beglaubigte Abschriften erst nach Kaufpreiszahlung zu erteilen).

759 – Weiterhin sollte zur Sicherung des Erwerbers, sobald der Erbteil dinglich (sei es auch auflösend bedingt) übergegangen ist, bis zur Berichtigung des Grundbuches (die z.B. wegen Fehlens der grunderwerbsteuerlichen Unbedenklichkeitsbescheinigung[1031] noch aussteht) ein **Widerspruch eingetragen** werden. Dieser zerstört den öffentlichen Glauben des Grundbuches daran, dass bei Verfügungen über Nachlassgegenstände der Veräußerer noch mitberechtigt sei. Der Widerspruch ist gleichzeitig mit der Berichtigung des Grundbuches (nach Vorliegen der grunderwerbsteuerlichen Unbedenklichkeitsbescheinigung etc) zu löschen, sofern keine Zwischeneintragungen ohne Zustimmung des Erwerbers stattgefunden haben.

760 – Die schuldrechtliche Abwicklung (**Kaufpreiszahlung**) erfolgt zur Absicherung beider Beteiligter dergestalt, dass der Erbteilserwerber zur Zahlung verpflichtet ist, sobald (bei auflösend bedingtem Sofortübergang) der Widerspruch im Grundbuch eingetragen ist und ggf. bestehende **Miterbenvorkaufsrechte** (Rdn. 761) nicht ausgeübt wurden (bei der Variante der auflösend bedingten Sofortabtretung ist dieses Miterbenvorkaufsrecht abweichend von § 464 Abs. 1 Satz 1 BGB dem Erwerber ggü. auszuüben, § 2035 Abs. 1 BGB, sodass das sonst bestehende Risiko der Verheimlichung einer dem Verkäufer zugegangenen Ausübungserklärung [Rn. 1427] ausscheidet). Erfolgt die Berichtigung des Grundbuches aufgrund der sofort (auflösend bedingt) erklärten dinglichen Erbteilsübertragung bereits vor der Entrichtung des Kaufpreises, wird zur Sicherung des Verkäufers die oben erwähnte Verfügungsbeschränkung in Abteilung II eingetragen und mit Bestätigung des Geldeingangs gelöscht.

761 **Vorkaufsverpflichtet** gem. § 2034 BGB ist der Miterbe oder dessen Erbe[1032] (nicht der Erbteilserwerber)[1033] beim Verkauf des Erbteils an einen außerhalb der Erbengemeinschaft stehenden **Dritten** (also an Personen, die in Bezug auf diesen Nachlass weder Miterben, noch deren [Erbes-]erben sind noch den Erbteil in vorweggenommener Erbfolge erworben haben).[1034] **Vorkaufsberechtigt** ist auch der Erbe bzw. Erbeserbe eines Erbteils (arg. § 2034 Abs. 2 Satz 2 BGB), nicht aber derjenige, der einen Erbteil in vorweggenommener Erbfolge erhielt,[1035] unstreitig ebenso wenig der entgeltliche Erbteilserwerber.[1036] Auch der Veräußerer des Erbteils verliert zwar nicht seine Miterbenstellung, aber seine Beteiligung am Nachlass und damit das (gegen das Eindringen Fremder gerichtete) Vorkaufsrecht.[1037]

762 Die gesetzlichen Mängelrechte des § 2376 Abs. 1 BGB sind beim Erwerb durch einen Miterben, der die Verhältnisse der Erbengemeinschaft kennen sollte, zu weitgehend, jedoch bei der Veräußerung an einen außenstehenden Dritten nicht ausreichend und durch Beschaffenheitsvereinbarungen bzw. Garantien zu ergänzen.[1038]

Eine Heilung formunwirksamer schuldrechtlicher notarieller Verträge (§ 2371 BGB) analog § 311b Abs. 1 Satz 2 BGB tritt durch die dingliche Übertragung nach herrschender Meinung[1039] nicht ein.

1031 Davon kann das Grundbuchamt die Berichtigung abhängig machen, OLG Celle, 19.05.2011 – 4 W 56/11, FG-Prax 2011, 218.
1032 BGH DNotZ 1967, 313.
1033 Auch dann nicht, wenn der Erbteilserwerb unentgeltlich oder zwar entgeltlich aber an einen gesetzlichen Erben erfolgte, also seinerseits ebenfalls kein Vorkaufsrecht auslöste (Umgehungsmöglichkeit!).
1034 BGH DNotZ 1966, 242.
1035 BGH, 19.01.2011 – IV ZR 169/10, NotBZ 2011, 256 m. Anm. *Krause* – und zwar auch dann nicht, wenn der Erwerber später den Veräußerer beerbt: kein Erstarken zum »Vollrecht«; OLG München, 10.03.2009 – 13 U 4486/08, DNotI-Report 2009, 140, differenzierend *Herrler* ZEV 2010, 72 ff.: er ist nur Dritter auf der Tatbestandsseite, d.h. vorkaufsrechtsauslösend, nicht aber auf der Rechtsfolgenseite, also nicht vorkaufsberechtigt; noch offen *Gutachten* DNotI-Report 2009, 59 ff.
1036 OLG München, 05.07.2010 – 21 U 1843/10, ZErb 2010, 270, 271.
1037 BGH DNotZ 1993, 536.
1038 Vgl. *Hertel* in: Amann/Brambring/Hertel Vertragspraxis nach neuem Schuldrecht, S. 194.
1039 BGH DNotZ 1971, 37, BGH NJW 1967, 1128; a.A. *Muscheler* RNotZ 2009, 65.

> Hinweis:
>
> Zur Berichtigung des Grundbuches ist (außer bei Verwandten- und Ehegattengeschäften) die grunderwerbsteuerliche **Unbedenklichkeitsbescheinigung** erforderlich,[1040] ferner bedarf es bei land- bzw. forstwirtschaftlichem Grundbesitz in der Erbengemeinschaft der Genehmigung nach § 2 Abs. 2 Nr. 2 GrdStVeG.

763

Anstelle einer Einzelrechtsübertragung des Erbanteils kann die persönliche Teilerbauseinandersetzung auch durch Aufgabe der Mitgliedschaftsrechte an der Erbengemeinschaft erfolgen, sodass die bisherige wirtschaftliche Beteiligung des Ausscheidenden den übrigen Miterben kraft Gesetzes im Verhältnis ihrer bisherigen Beteiligungen anwächst. Der BGH hat diese sog. **Abschichtung**[1041] in Analogie zum Gesamthandsmodell der GbR (§ 738 BGB) als dritten Weg der Erbauseinandersetzung (neben der Erbteilsübertragung oder der Verfügung über Nachlassgegenstände) anerkannt. Die dingliche Rechtsänderung an den Nachlassgegenständen tritt eo ipso ein; scheidet der »vorletzte« Miterbe aus, wachsen alle Nachlassgegenstände dem Verbleibenden an. Befinden sich im Nachlass Grundstücke, bedarf es also lediglich einer Grundbuchberichtigung (§ 894 BGB).

764

Die Abschichtung ist nach Ansicht des BGH **formfrei**, da der Schutzzweck der §§ 2033 Abs. 1 Satz 2, 2371 BGB nicht zutreffe; dem ist die herrschende Literatur entgegengetreten.[1042] An das Vorliegen eines Rechtsbindungswillens sind jedenfalls erhöhte Anforderungen zu stellen.[1043] Befinden sich im Nachlass Grundstücke, bedarf es jedenfalls der unterschriftsbeglaubigten Berichtigungsbewilligungen (§§ 22, 29 GBO) aller Miterben samt schlüssiger Darlegung des Sachverhalts, sodass auch der (i.Ü. privatschriftliche) Abschichtungsvertrag vorzulegen ist.

765

Erfolgt die Abschichtung – wie regelmäßig – gegen Entgelt, sollte zur **Absicherung** der Zug-um-Zug-Leistung der dingliche Anteilsverzicht des Ausscheidenden aufschiebend bedingt auf die Erbringung dieser Gegenleistung erklärt werden. Zum Nachweis des Bedingungseintritts ggü. dem Grundbuchamt eignet sich die notarielle Eigenurkunde, zu deren Fertigung der Notar nach Eingang der Zahlungsbestätigung ermächtigt wird. Die Haftung für Nachlassverbindlichkeiten wird durch den Ausscheidensakt nicht beendet; hierzu bedürfte es (wie bei der GbR) der »Entlassung« durch den Gläubiger.[1044] Daher wird regelmäßig der dingliche Anteilsverzicht weiterhin aufschiebend bedingt auf die Genehmigung der (dann befreienden) Schuldübernahme durch den Gläubiger erklärt.

766

Unklar ist, ob nach Ansicht des BGH nicht nur die Formbestimmungen, sondern auch die schuldrechtlichen Regelungen des Erbschaftskaufs nicht auf die Abschichtung Anwendung finden. Vorsichtshalber empfiehlt sich die vertragliche Ausgestaltung, üblicherweise im Sinn eines Ausschlusses der Sachmängelrechte, bei weitgehender Aufrechterhaltung der Rechtsmängelansprüche. Auch empfiehlt sich vorsichtshalber die Anzeige beim Nachlassgericht analog § 2384 BGB.

767

Muster einer Abschichtung gegen Abfindung (mit Vollzugsunterstützung durch den unterschriftsbeglaubigenden Notar) findet sich in Rdn. 3919.

3. Besonderheiten beim Teilflächenerwerb

a) Vertragsobjekt

§ 311b Abs. 1 BGB verlangt materiell-rechtlich, auch zur Haftungsvermeidung,[1045] und § 28 GBO grundbuchrechtlich eine so **genaue Beschreibung** des zu veräußernden Grundstücksteils, dass Lage

768

1040 OLG Frankfurt am Main MittBayNot 2006, 334, auch wenn § 1 Abs. 2a GrEStG wohl nicht gegeben ist (es könnte § 1 Abs. 3 GrEStG oder § 42 AO einschlägig sein).
1041 In den Urteilen v. 21.01.1998, DNotZ 1999, 60, sowie v. 27.10.2004, ZEV 2005, 22.
1042 *Keller* ZEV 1998, 281, 283 ff.; *Keim* RNotZ 2003, 375, 386, *Spanke* Das Ausscheiden einzelner Miterben aus der Erbengemeinschaft durch Abschichtung, S. 50 ff.: zumindest analoge Anwendung als Schutz vor Übereilung.
1043 OLG Rostock, 26.02.2009 – 3 U 212/08, ZEV 2009, 464.
1044 Van Venrooy DNotZ 2012, 119, 126 m.w.N.
1045 BGH, 16.10.2003 – III ZR 62/03, NJW 2004, 69.

und Grenze auch durch außenstehende Dritte eindeutig bestimmt werden könnten. Dies kann durch verbale Beschreibung von Geländemarkierungen, durch die Angabe einer möglichst exakt zu treffenden Flächengröße (mit gleichzeitiger Bezeichnung der variablen Grenzlinie) oder – so der Regelfall[1046] – durch Einzeichnung (der Beteiligten, Rdn. 48) in einem Lageplan erfolgen, der gem. § 9 Abs. 1 Satz 2 BeurkG als Anlage zur Niederschrift zu nehmen ist. Zu diesem Zweck muss der Plan den Beteiligten zur Durchsicht vorgelegt und von ihnen genehmigt werden (was durch separate Unterzeichnung des Planes bestätigt werden kann). Er ist sodann mit der Niederschrift durch Schnur und Prägesiegel zu verbinden.

769 Es ist beurkundungsrechtlich nicht erforderlich (wenngleich ratsam), einen Auszug aus dem amtlichen Katasterplan beizufügen; es genügt auch jeder andere maßstabsgerechte[1047] Plan.[1048] Kann die Teilfläche weder aus dem Lageplan noch aus der verbalen Beschreibung oder aus ergänzender Vertragsauslegung[1049] genau bestimmt werden, ist der Kaufvertrag nichtig (mangels Einigung über die essentialia negotii), da die Rechtsprechung die hilfsweise Einräumung eines Bestimmungsrechtes zugunsten eines Vertragsteils im Weg der Auslegung bisher ablehnt.[1050]

770 Es genügt allerdings zur Wirksamkeit die Einigkeit über Größe, Lage und Zuschnitt anhand einer (nicht notwendig maßstabsgerechten) zeichnerischen Darstellung sowie das Vorhaben, i.R.d. späteren Grenzziehung die genaue Konkretisierung gemeinsam vorzunehmen[1051] (zur Wahrung des sachenrechtlichen Bestimmtheitsgrundsatzes, etwa zur Bildung von Sondernutzungsrechten nach § 15 WEG, wäre allerdings eine so deutliche Kennzeichnung erforderlich, dass die Grenzen durch Dritte im Wege der Vermessung festgelegt werden können).[1052] Haben die Beteiligten die Teilfläche zwar im Plan gekennzeichnet, gingen dabei jedoch von einer bestimmten Größe aus (wie sich aus der Begrenzung der Vollmacht zur Messungsanerkennung und Auflassung auf 5 % Abweichung ergeben kann), ist der Vertrag bei größerer Abweichung (gem. § 313 BGB, vgl. Rdn. 1998) anzupassen[1053] bzw. aufzulösen.[1054]

771 Vorsichtshalber ist zu empfehlen, das maßgebliche Kriterium (Flächenmaß oder Zeichnung oder topografische Merkmale in der Natur)[1055] zu bezeichnen, hilfsweise einem Vertragsteil oder einem Dritten Befugnisse nach §§ 315, 317 BGB einzuräumen.[1056]

▶ Formulierungsvorschlag: Bestimmungsrecht eines Vertragsteils bei Teilflächenkäufen

772 Soweit die Beschreibung der Grenzlinien und die Einzeichnung im Lageplan bei der in Natur vorzunehmenden Abmarkung noch Zweifel bestehen lassen, bestimmt der Verkäufer (Alternativ: der Käufer) den Grenzverlauf nach billigem Ermessen gem. § 315 BGB.

1046 Nach BGH DNotZ 1981, 235 geht im Zweifel die zeichnerische Darstellung, sofern sie im Widerstreit mit einer Flächengröße steht, vor.
1047 Jedenfalls darf eine beigefügte Skizze nicht maßstäblich völlig ungenau sein, vgl. OLG Brandenburg, 16.02.1999 – 6 U 107/98, NJ 2000, 547.
1048 BGH ZfIR 1999, 818; BGH ZNotP 2002, 313 fordert zur Wirksamkeit des Vertrages, dass sich die Beteiligten über Größe, Lage und Zuschnitt der Fläche entsprechend einer zeichnerischen – nicht notwendig maßstabsgerechten – Darstellung in einem der Kaufvertragsurkunde beigefügten Plan und über die spätere Konkretisierung der Fläche durch eine genaue Grenzziehung einig sind und dieser Wille in der Urkunde seinen Niederschlag gefunden hat.
1049 Hierfür plädiert *Kanzleiter* MittBayNot 2002, 13.
1050 BGH NJW 1988, 1262; a.A. möglicherweise nunmehr OLG Düsseldorf MittBayNot 2002, 44.
1051 BGH DNotZ 2002, 937; umfassend zur Entwicklung der Rspr. *von Campe* NotBZ 2003, 41 ff.
1052 OLG Saarbrücken MittBayNot 2005, 43.
1053 BGH, 30.09.2011 – V ZR 17/11, ZNotP 2012, 28.
1054 Unter den Voraussetzungen des § 313 Abs. 3 BGB: BGH, 30.01.2004 – V ZR 92/03, NotBZ 2004, 189; teilweise abweichender Ansatz bei *Kanzleiter* MittBayNot 2004, 401 ff.: Anwendung des § 119 Abs. 2 BGB (mit Schadensersatzfolge des § 122 BGB) und des § 313 BGB nebeneinander bei beiderseitigem Eigenschaftsirrtum.
1055 Beispiel: »die derzeit als Garten angelegte Fläche« BGH, 18.01.2008 – V ZR 174/06, DNotI-Report 2008, 51.
1056 *Von Campe* DNotZ 2000, 109; OLG Frankfurt am Main, 11.08.2011 – 20 W 277/11, DNotI-Report 2011, 190: dann sind Abweichungen von 4,5 % nicht bedenklich.

Verlieren Teilflächen aufgrund der Wegmessung die Anbindung an das öffentliche Verkehrs- oder Leitungsnetz, ist die Bestellung von Grunddienstbarkeiten über die »Vorderliegerfläche« zugunsten des »Hinterlieger-Grundstücks« erforderlich, unabhängig davon, welches von beiden die verkaufte Teilfläche ist. Zur rechtssicheren Abwicklung (Vermeidung einer Rangverschlechterung oder gar der Löschung durch den »Einheits-Eigentümer« vor Umschreibung der Teilfläche auf den Käufer), vgl. unten (Rdn. 1355 ff.). Zur Haftungsvermeidung ist der Notar nach Ansicht der Rechtsprechung[1057] gehalten, die Absicherung von Leitungsrechten mit den Beteiligten zu erörtern, wenn z.B. Wegerechte bestellt werden, sodass es sich lohnt, einen »Vorlese-Stolperstein« in Teilflächenverkäufen zu platzieren. Dieser könnte folgenden Inhalt aufweisen: 773

▶ **Formulierungsvorschlag: Prüfung von Dienstbarkeiten bei Teilflächenkäufen**

Wechselseitige Grunddienstbarkeiten, etwa zur Absicherung von Zu- oder Überfahrtsrechten sowie Ver- und Entsorgungsleitungen, sind nach Angabe der Beteiligten nicht erforderlich. 774

b) Vollzugsrisiken

Sofern die Teilung des Grundstückes/Flurstückes nach landesbaurechtlichen Vorschriften (z.B. Hamburg, Niedersachsen, Nordrhein-Westfalen) oder im (nach Abschaffung des § 19 BauGB) verbleibenden Anwendungsbereich der Umlegung (§ 51 Abs. 1 Nr. 1 BauGB), im Enteignungsverfahren (§ 109 Abs. 1 BauGB), im förmlich festgelegten Sanierungs- (§ 144 Abs. 2 Nr. 5 BauGB) und städtebaulichen Entwicklungsbereich (§ 169 Abs. 1 Nr. 1 BauGB) einer bauplanungsrechtlichen Genehmigung bedarf und diese nicht erteilt wird bzw. werden kann, ist bzw. wird die Übereignung unmöglich mit der Folge, dass grds. auch der Kaufpreiszahlungsanspruch des Verkäufers erlischt (§ 326 Abs. 1 Satz 1 BGB), es sei denn der Käufer befände sich im Annahmeverzug oder wäre für das Leistungshindernis weit überwiegend verantwortlich (§ 326 Abs. 2 Satz 1 BGB: Letzterem Fall ist die vertragliche Übernahme des betreffenden Risikos gleichzustellen).[1058] 775

Darüber hinaus sollte jedoch, wenn die Genehmigungserteilung nicht gesichert ist, bei der Vertragsgestaltung eine durch die Schuldrechtsreform herbeigeführte Verschärfung des Haftungsrisikos des Verkäufers berücksichtigt werden: Während nach der früheren Rechtslage die Versagung der Teilungsgenehmigung bei a priori fehlenden Genehmigungsvoraussetzungen als anfängliche objektive Unmöglichkeit zu werten war (mit der Folge der Unwirksamkeit des Kaufvertrages gem. § 306 BGB a.F. und einer Ersatzpflicht bzgl. des Vertrauensschadens gem. § 307 Abs. 1 Satz 1 BGB a.F. allenfalls dann, wenn der Verkäufer die Unmöglichkeit kannte oder kennen musste), haftet nunmehr der Verkäufer bei **anfänglicher Unmöglichkeit** gem. § 311a Abs. 2 BGB stets auf das **positive Interesse**, es sei denn, dass er das Hindernis weder kannte noch seine Unkenntnis zu vertreten hat. Wenn also beide Parteien das Hindernis hätten erkennen können, wird das Haftungsrisiko zwischen beiden gem. § 254 BGB verteilt. I.d.R. wird es sachgerecht sein, solche **Schadensersatzansprüche beiderseits vertraglich auszuschließen**.[1059] Dies kann z.B. dadurch erreicht werden,[1060] dass für diesen Fall ein vertragliches Rücktrittsrecht vereinbart wird, oder aber durch Vereinbarung einer aufschiebenden Bedingung, etwa mit folgendem Wortlaut: 776

▶ **Formulierungsvorschlag: Vereinbarung einer aufschiebenden Bedingung bei Teilflächenverkauf**

Im Hinblick darauf, dass eine Teilungsgenehmigung oder ein entsprechendes Negativzeugnis zu diesem Vertrag erforderlich ist, vereinbaren die Vertragsteile weiter Folgendes: Der schuld- 777

1057 OLG Celle, 02.03.2005 – 3 U 233/04, OLGR 2005, 270; ebenso OLG Celle, 26.08.2009 – 3 U 58/09, ZfIR 2009, 838: Schaden i.H.d. Notwegerente.
1058 OLG Brandenburg, 07.09.2006 – 5 U 162/05, MittBayNot 2007, 120 m. Anm. *Kilian*.
1059 Vgl. *Wälzholz/Bülow* MittBayNot 2001, 510.
1060 Im Hinblick auf OLG Brandenburg, 07.09.2006 – 5 U 162/05, MittBayNot 2007, 120 empfiehlt *Kilian* MittBayNot 2007, 120 zusätzlich die Klarstellung, der Käufer übernehme nicht das Risiko für die Erteilung der Genehmigung, damit auch der Anspruch auf den Kaufpreis nicht analog § 326 Abs. 2 BGB aufrechterhalten bleibt. Dies wird jedoch auch durch die insgesamt auflösende Wirkung des Bedingungseintritts erreicht.

rechtliche Teil dieses Vertrages steht unter der aufschiebenden Bedingung der Erteilung der Teilungsgenehmigung oder eines entsprechenden Negativzeugnisses. Auf die Bestandskraft oder etwa ergehende Auflagen kommt es für den Bedingungseintritt nicht an. Der Notar wird beauftragt, den Vertragsvollzug vor Bedingungseintritt in jeder Hinsicht zu betreiben. Dies gilt auch für die Eigentumsvormerkung. Er wird ferner beauftragt, namens der Beteiligten die Genehmigung zu beantragen und bei uneingeschränkter Erteilung entgegenzunehmen. Versagende oder einschränkende Bescheide sind hingegen den Beteiligten direkt zuzustellen. Der Schwebezustand endet mit Bedingungseintritt und mit Bedingungsausfall, spätestens jedoch am ....., sofern bis dahin die Genehmigung oder ein entsprechendes Negativzeugnis nicht erteilt wurde. Mit Fristablauf ist dieser Vertrag endgültig unwirksam.

Wird der Vertrag nicht wirksam, so trägt alle Kosten der ..... Die Eigentumsvormerkung ist unverzüglich zur Löschung zu bewilligen.

778 Die Vereinbarung einer aufschiebenden Bedingung führt ferner dazu, dass die Grunderwerbsteuer erst mit Erteilung der Teilungsgenehmigung fällig wird (ohne diese Vorkehrung würde die Versagung der Teilungsgenehmigung nur als Vollzugshindernis, nicht als Wirksamkeitsvoraussetzung des Vertrages gewertet).[1061]

Besonderheiten des Teilflächenerwerbs hinsichtlich der Vormerkung und der Auflassungserklärung werden unter Rdn. 769, 898, 906 f. bzw. 777 ff. behandelt; zur Absicherung von Ansprüchen auf Dienstbarkeitsbestellung zugunsten noch zu vermessender Kaufflächen s. Rdn. 1357. Die Kaufpreisanpassung je nach Ergebnis der amtlichen Vermessung ist Rdn. 1031 erläutert.

c) Lastenfreistellung

779 Die abzugebenden **Pfand- und Lastenfreistellungserklärungen**, insb. in Bezug auf Grundpfandrechte, sollten zur Vermeidung von Schwierigkeiten beim Endvollzug von vornherein bei der Bezeichnung des freigegebenen Grundstückes eine gewisse Bandbreite belassen. Sie können sich auch von vornherein auf die sich im noch aufzustellenden Veränderungsnachweis ergebende Teilfläche beziehen.[1062]

▶ Formulierungsvorschlag: Pfandfreigabe vor Vermessung

780 ..... eine gem. Kaufvertrag ...../2011 des Notars ..... zu vermessende Teilfläche von ca. 600 m², oder mehr oder weniger, je nach Ergebnis der amtlichen Vermessung.

781 Soll bei zu **erwartender langer Vollzugsdauer** auch das Risiko einer Abtretung des Grundpfandrechtes oder der Insolvenz des Gläubigers (§ 106 InsO!, vgl. Rdn. 1224) bzw. einer Zwangsverfügung über das betreffende Grundpfandrecht (§ 883 Abs. 2 Satz 2 BGB) vor Vollzug der Freigabe abgesichert sein, kann die ggü. dem Eigentümer eingegangene Verpflichtung zur Freigabe durch eine vom Gläubiger zu bewilligende, beim Grundpfandrecht (und ggf. auf dem Grundschuldbrief!) einzutragende »**Freigabevormerkung**« gesichert werden.[1063] Ein solchermaßen vorgemerkter Freigabeanspruch ist auch einem eventuellen **Zessionar bzw. Insolvenzverwalter ggü. durchsetzbar**,[1064]

1061 So BFH, 10.02.2005 – II B 115/04, DStR 2005, 1857 in einem Verfahren zur Aussetzung der Vollziehung: Auch bei miterklärter Auflassung fällt Grunderwerbsteuer erst mit Eintritt der Bedingung an; zustimmend *Klass* DStR 2005, 1717 und *Bünning* DStR 2005, 1858. A.A. zuvor FG Düsseldorf DStRE 2003, 302: Besteuerung der (regelmäßig miterklärten und wegen § 925 Satz 2 BGB bedingungsfeindlichen) Auflassung, § 1 Abs. 1 Nr. 2 GrEStG – die Grunderwerbsteuer knüpfe nicht an den Erfolg, sondern an Rechtsvorgänge an (ähnlich *Gottwald* MittBayNot 2003, 343; wegen Vorranges des § 1 Abs. 1 Nr. 2 GrEStG. Demnach müsste der Zinsvorteil aus späterer Fälligkeit der Grunderwerbsteuer mit dem Notarkostennachteil aus separater Erklärung der Auflassung abgewogen werden).
1062 BayObLGZ 1986, 330; BayObLG MittBayNot 2005, 42.
1063 Vgl. *Wörner* MittBayNot 2001, 450 ff.
1064 Anderenfalls wäre lediglich der bewilligende frühere Rechtsinhaber verpflichtet gewesen, den Zessionar entsprechend zu binden; bei Verletzung dieser Pflicht bleiben dem Käufer (der aus der ursprünglichen Freigabeverpflichtung als Dritter nach § 328 BGB berechtigt war) jedoch allenfalls (ggf. uneintreibbare) Schadensersatzansprüche gegen den früheren Gläubiger, vgl. *Gutachten* DNotI-Report 2000, 38 f.

die tatsächliche Bewilligung kann also über §§ 883 Abs. 2, 888 BGB bzw. § 106 InsO erzwungen werden[1065] (zur vergleichbaren Löschungsvormerkung s. Rdn. 1224 f.).

▶ Formulierungsvorschlag: Freigabevormerkung

> Der Berechtigte des einleitend bezeichneten Rechtes verpflichtet sich hiermit unwiderruflich, die o.g. Teilfläche, so wie sie sich hinsichtlich Ausmaß, Größe und Beschrieb nach der amtlichen Vermessung aus dem künftigen Fortführungsnachweis samt Messungsanerkennung ergibt, von seinem Recht in Haupt- und Nebensache freizugeben und bewilligt bereits heute die dementsprechende Pfandfreigabe. Soweit es sich um auf Zahlung gerichtete Rechte handelt, verzichtet er auf sein Recht, bzgl. dieser Teilfläche die Zwangsversteigerung durchzuführen.
>
> Zur vorläufigen Sicherung bis zum Vollzug der o.g. Freigabe bewilligt der Berechtigte die Eintragung einer Vormerkung bei seinem oben bezeichneten Recht zugunsten des Eigentümers, bei mehreren als Berechtigte gem. § 432 BGB.
>
> Die Eintragung der Freigabevormerkung sowie der Pfandfreigabe nach amtlicher Vermessung in das Grundbuch wird vom Berechtigten bewilligt.
>
> Der Berechtigte des vorbezeichneten Rechtes bevollmächtigt vorsorglich darüber hinaus den Notar ..... sowie dessen Vertreter und Nachfolger im Amt, die freigegebene Teilfläche nach Vorliegen des amtlichen Messungsergebnisses genau zu bezeichnen und die Freigabeerklärung zu wiederholen, wobei eine Mehrfläche von bis zu 10 % als unschädlich gilt.
>
> Er verpflichtet sich weiter, alles zu tun, was zur endgültigen Freistellung der oben bezeichneten Teilfläche von seiner Seite noch erforderlich sein sollte.
>
> Kosten trägt der Berechtigte für diese Erklärung und ihren grundbuchamtlichen Vollzug nicht.

782

Falls dieser besonders sichere Weg (Sicherung der Freigabeverpflichtung durch Freigabevormerkung bis zu ihrer Erfüllung) beschritten wird, muss auch eine Anpassung der Formulierung der **Fälligkeitsvoraussetzungen** erfolgen. Die auf die Lastenfreistellung bezogene Textpassage könnte dann etwa wie folgt lauten:

783

▶ Formulierungsvorschlag: Fälligkeitsregelung zur Lastenfreistellung bei Löschungs- bzw. Freigabevormerkung

> ..... Bestätigung, dass die Gläubiger der vor oder mit der Vormerkung eingetragenen Belastungen, die der Käufer nicht zu übernehmen hat, sich dem Käufer gegenüber zur Lastenfreistellung verpflichtet haben und sowohl die Freigabe/Löschung als auch die Eintragung einer Vormerkung zur Sicherung der Verpflichtung zur Freigabe/Löschung in grundbuchmäßiger Form bewilligt haben. Diese Erklärungen müssen bedingungslos oder nur unter solchen Zahlungsauflagen erteilt sein, die aus dem Kaufpreis erfüllbar sind. Der Notar wird allseits bevollmächtigt, diese Erklärungen und Bewilligungen zur Lastenfreistellung – zur Beschleunigung, ungeachtet der Kostenfolge, unter Fertigung des Entwurfs – anzufordern, für alle am Vertrag und der Kaufpreisfinanzierung Beteiligten auch gem. § 875 Abs. 2 BGB entgegenzunehmen und zu verwenden.

784

Die Freigabevormerkung wird gem. § 12 Abs. 1c GBV in der Veränderungsspalte des betroffenen Grundpfandrechtes, Abteilung III, eingetragen (1/4-Gebühr gem. §§ 66 Abs. 1 Satz 2, 68 KostO). Einer Löschungsbewilligung bzgl. der Freigabevormerkung bedarf es bei Endvollzug nicht, bei Eintragung der Freigabe selbst entsteht die übliche 1/4-Gebühr ohne zusätzliche Berechnung der zugleich erfolgenden Löschung der Freigabevormerkung (§ 17 Abs. 3 GBV).

785

Es ist zweifelhaft, ob dieselbe Wirkung (Schutz vor Abtretung, Zwangsverfügung, Insolvenz hinsichtlich des Grundpfandrechtsinhabers) auch dadurch erreicht werden könnte, dass das i.Ü. bestehen bleibende Grundpfandrecht hinter die Eigentumsvormerkung zugunsten des Teilflächenkäufers zurücktritt (vgl. im Einzelnen Rdn. 1228).

786

[1065] Die im nachstehenden Formular dem Notar erteilte Vollmacht zur Wiederholung der Bewilligung nach Vorliegen des Messungsergebnisses geht allerdings ins Leere, sofern das Grundpfandrecht abgetreten wurde bzw. erlischt gem. § 117 InsO bei Insolvenzeröffnung.

787 Solche Freigabevormerkungen können sich auf beschränkt dingliche Rechte beziehen, nicht aber bspw. auf die Vormerkung selbst, mag diese auch kraft ihrer Sicherungsfunktion gewisse dingliche Wirkungen haben. (Beispiel: Der Berechtigte einer Rückübertragungsvormerkung, die etwa im Zuge einer vorweggenommenen Erbfolge eingetragen wurde, hat sich verpflichtet, gegen Zahlung einer Entschädigung der Veräußerung einer bestimmten Teilfläche zuzustimmen.)[1066] Die Absicherung erfolgt in diesem Fall **nicht** über eine »**Freigabevormerkung an der Vormerkung**«, sondern über die inhaltliche Umgestaltung des gesicherten, vorgemerkten Anspruchs selbst, wobei diese Vereinbarung unter der aufschiebenden Bedingung der Zahlung des beanspruchten Betrags steht (letztere sichert gem. § 161 BGB gegen spätere Verfügungen des Berechtigten, Gläubigerzugriffe die Insolvenzeröffnung).

788 Der Abwicklungsauftrag an den Notar könnte dann wie folgt formuliert sein:

▶ Formulierungsvorschlag: Vollzugsauftrag zur Reduzierung eines vormerkungsgesicherten Anspruchs beim Teilflächenverkauf

Der Notar wird beauftragt und bevollmächtigt, zwischen dem Verkäufer und dem Berechtigten der in Abteilung II lfd. Nr. ..... eingetragenen (z.B. Rückübertragungs-) Vormerkung eine auch dem Käufer gegenüber wirkende Vereinbarung dahingehend zu treffen, dass sich der gesicherte Anspruch – gegebenenfalls aufschiebend bedingt auf die Zahlung einer aus dem Kaufpreis erfüllbaren Zahlungsauflage – nicht mehr auf die zu veräußernde Teilfläche bezieht, also die Rechtsfolge des § 883 Abs. 2 BGB nicht gegen den Übereignungsanspruch des Käufers und etwaige zugunsten der Finanzierungsgläubiger des Käufers einzutragende Grundpfandrechte geltend gemacht werden kann

789 Um zu vermeiden, dass der von der Freigabepflicht betroffene Anspruch samt akzessorischer Vormerkungssicherung zwischenzeitlich an einen Dritten abgetreten wird, kann diese Inhaltsänderung – was jedoch dann eine entsprechende Bewilligung des Freigabeverpflichteten in der Form des § 29 GBO voraussetzt – bei der Vormerkung vermerkt werden, und zwar als auflösende Bedingung der Vormerkung (nicht des gesicherten Anspruchs selbst) in Bezug auf die freizugebende Fläche:

▶ Formulierungsvorschlag: Verlautbarung der Inhaltsreduzierung der Vormerkung durch auflösende Bedingung

(Im Anschluss an Formulierungsvorschlag Rdn. 788): Des weiteren wird der Notar beauftragt und bevollmächtigt, beim Berechtigten der in Abteilung II Nr. ..... eingetragenen Vormerkung unter Entwurfsfertigung eine Bewilligung dahingehend einzuholen, im Weg der Inhaltsänderung bei der Vormerkung im Grundbuch zu vermerken, dass die Vormerkung hinsichtlich der von der Freigabeverpflichtung erfassten Teilfläche von ca. ..... m² – wie vorstehend beschrieben – auf die Zahlung eines vom Berechtigten zu bestimmenden Geldbetrags auflösend bedingt ist.

790 Stattdessen kann auch ein bedingter Wirksamkeitsvermerk eingetragen werden, insb. wenn es um die Verlautbarung der Unwirksamkeit der freizugebenden Vormerkung ggü. einzutragenden anderen Rechten, z.B. Dienstbarkeiten oder Grundpfandrechten, geht (vgl. zum Wirksamkeitsvermerk i.R.d. Kaufpreisfinanzierung insb. Rdn. 1363 ff.).

▶ Formulierungsvorschlag: Verlautbarung der Inhaltsreduzierung der Vormerkung durch Wirksamkeitsvermerk

(Im Anschluss an Formulierungsvorschlag Rdn. 788): Ergänzend wird der Notar beauftragt und bevollmächtigt, beim Berechtigten der in Abteilung II lfd. Nr. ..... eingetragenen Vormerkung unter Entwurfsfertigung eine Bewilligung dahingehend einzuholen, sowohl bei seiner Vormerkung als auch bei der noch einzutragenden Eigentumsverschaffungsvormerkung des Käufers einen Vermerk einzutragen, wonach die freizugebende Vormerkung, Abteilung II lfd. Nr. ....., keine Wirkungen gegenüber dem Anspruch auf Grundstücksübereignung, wie in der heutigen Urkunde begründet, besitzt (Wirksamkeitsvermerk).

1066 Vgl. zu diesem Beispiel *Kesseler* in: DAI-Skript, Aktuelle Probleme der notariellen Vertragsgestaltung im Immobilienrecht 2009/2010, S. 74 ff.

d) Abwicklung in Grundbuch und Kataster

Die Bildung der zu übereignenden Teilfläche in Kataster und Grundbuch erfordert in aller Regel (zur Ausnahme der »Sonderung« vgl. Rdn. 793) eine Liegenschaftsvermessung. Die Beteiligten legen in der Urkunde fest, wer den Vermessungsantrag stellt und auf wessen Kosten (zur gesetzlichen Lösung: Rdn. 3182) dies geschieht. Zur Verdeutlichung der sich aus der Eigentumsverschaffungspflicht ergebenden Mitwirkungspflichten wird regelmäßig auch auf die Notwendigkeit der Messungsanerkennung und Auflassung (die i.d.R. in Vollmacht durch einen Beteiligten erklärt wird) hingewiesen. 791

▸ **Formulierungsvorschlag: Pflicht zur Vermessung und Messungsanerkennung**

> Die Beteiligten verpflichten sich, nach Vorliegen des amtlichen, korrekten Messungsergebnisses dieses anzuerkennen und die Auflassung zu erklären. 792
>
> Der Käufer ist beauftragt und bevollmächtigt, auf eigene Kosten den erforderlichen Vermessungsantrag unverzüglich zu stellen.

Einzelne Landesvermessungsgesetze[1067] erlauben die Bildung katasterlicher Flurstücke, die dann unmittelbar Gegenstand des sachenrechtlichen und grundbuchlichen Verkehrs werden können, ohne unmittelbare Liegenschaftsvermessung, aufgrund schlichter »**Sonderung**«, also durch Feststellung der Grenzen ausschließlich im Plan, etwa im Wege satellitenunterstützter Einzeichnung. Der Verzicht auf die Grenzkennzeichnung in Natur erhöht allerdings die Gefahr von Nachbarschaftskonflikten (Überbauungen!) und das Risiko für Investitionen (Beseitigungsansprüche!) und sollte daher in erster Linie im land- und forstwirtschaftlichen Außenbereich in Betracht kommen. Die dinglichen **Abmarkung**sansprüche aus § 919 BGB bestehen ohnehin daneben fort; auf sie kann allenfalls mit schuldrechtlicher Wirkung für den Erklärenden selbst verzichtet werden.[1068] Die (zu gleichen Teilen allen betroffenen Eigentümern zur Last fallende) Abmarkung selbst hat keine konstitutive (z.B. eigentumsübertragende) Wirkung, sondern vermittelt i.S.d. § 286 ZPO erheblichen Beweiswert für den Grenzverlauf. Stellt sie sich freilich später als unzutreffend heraus, können die Nachbarn, welche das Abmarkungsprotokoll unterzeichnet und damit konkludent einen »Grenzfeststellungsvertrag« geschlossen haben, von letzterem wegen Wegfalls der Geschäftsgrundlage zurücktreten.[1069] Für die Buchung im Grundbuch ist die Abmarkung nicht notwendig; über die behauptete Unrichtigkeit der Grenzdarstellung hat demnach auch die Katasterbehörde, nicht das Grundbuchamt (etwa durch Eintragung eines Amtswiderspruchs) zu entscheiden.[1070] 793

Zur Ermöglichung rascherer Verfügung und Belastung der Parzellen ist die Sonderung segensreich als »Zwischenlösung« in Neubaugebieten, bis die Straßen im endgültigen Verlauf errichtet und die Neubaugebäude zugleich eingemessen werden können. Wollen die Beteiligten dauerhaft lediglich durch Sonderung die Bildung des Katastergrundstücks erreichen, kann sich allerdings mit Blick auf Rdn. 793 ein Warnhinweis empfehlen: 794

▸ **Formulierungsvorschlag: Grundstücksbildung lediglich durch Sonderung; Warnhinweis**

> Die Beteiligten beabsichtigen, die katasterliche Flurstücksbildung ohne tatsächliche Abmarkung in Natur aufgrund schlichter Plansonderung durchzuführen. Der Notar hat darauf hingewiesen, dass aufgrund des vor Ort nicht feststellbaren Grenzverlaufs Streitigkeiten (Überbauungen!) und Investitionsrisiken (Beseitigungsansprüche!) entstehen können; ferner dass die jeweiligen betroffenen, benachbarten Grundstückseigentümer gem. § 919 BGB die künftige Abmarkung auf sodann je hälftige Kosten verlangen können, sodass die schlichte Planvermessung lediglich als Zwischenlösung oder im dauerhaft nicht bebauten Außenbereich empfehlenswert sei.

Die zu übereignende Teilfläche kann katasterrechtlich als unselbstständiges »**Zuflurstück**« ausgestaltet sein, das lediglich i.R.d. Fortführungsnachweises gebildet wird oder aber durch **Zerlegung** 795

1067 Etwa § 12 Abs. 2 Satz 2 Vermessungs- und Geo-Informationsgesetz Sachsen-Anhalt.
1068 Staudinger/*Roth* BGB 2002 § 919 Rn. 4.
1069 OLG Brandenburg, 28.08.2008 – 5 U 111/06, NotBZ 2010, 224.
1070 OLG München, 24.07.2009 – 34 Wx 027/09, NotBZ 2010, 236.

B. Gestaltung eines Grundstückskaufvertrages

(mit der Folge der Bildung eines eigenen Flurstücks) und anschließende Verschmelzung in einem zweiten Fortführungsnachweis vollzogen wird. Letztere Alternative ist trotz der dadurch herbeigeführten Vermehrung der Flurstücke im Vordringen begriffen,[1071] um einen höheren Übereinstimmungsgrad zwischen Grundbuch und Kataster zu gewährleisten und dem Risiko ewig unvollzogener oder letztlich zu stornierender Fortführungsnachweise gegenzusteuern. Problematisch für das Zusammenwirken zwischen Vermessungsamt und Notar ist es, wenn der Zerlegungs-Fortführungsnachweis als Teilung im Eigenbesitz[1072] unmittelbar beim Grundbuchamt vollzogen wird, ohne dass der Notar hierüber informiert würde.[1073]

796 **Vermessungskostenrechtlich** wird i.d.R. der komplementär notwendige Verschmelzungs-Fortführungsnachweis kostenfrei erstellt, sobald die Beteiligten und der vollziehende Notar mitteilen, welche Verschmelzungen stattfinden sollen und (insb. angesichts der freizugebenden Belastungen) können; auch **grundbuchkostenrechtlich**[1074] (nicht jedoch zwingend notarkostenrechtlich)[1075] fallen – jedenfalls beim Mitvollzug – keine zusätzlichen Gebühren an. Insb. bei umfangreichen Vermessungsvorgängen mit zahlreichen Beteiligten (z.B. Straßenvermessungen) ist die bei separaten Zerlegungen und Verschmelzungen gegebene Möglichkeit des Teilvollzugs segensreich; auch steht dann bereits aufgrund des »Zerlegers« (oder dessen Vollzugs im Grundbuch) eine hinreichend exakte Beschreibung der zu übereignenden oder mit Rechten in Abteilung II (vgl. Rdn. 1370) bzw. Abteilung III zu belastenden Fläche i.S.d. § 28 Satz 1 GBO zur Verfügung.

797 Mehrere Grundstücke können grundbuchlich im Wege der **Bestandteilszuschreibung** (§ 890 Abs. 2 BGB) oder der **Vereinigung** (§ 890 Abs. 1 BGB) zusammengeführt, und darüber hinaus im Fall der Vereinigung zusätzlich katasterrechtlich zu einem Flurstück verschmolzen werden. Die Zuschreibung als Bestandteil führt zur »automatischen« Erstreckung der in Abteilung III (nicht II!) am Hauptgrundstück eingetragenen Rechte auf das zugeschriebene Grundstück (§ 1131 BGB), im Rang nach den dortigen, unverändert bleibenden Belastungen, ohne dass es einer rechtsgeschäftlichen Nachverpfändung bedarf, und erfasst auch die dingliche Vollstreckungsunterwerfung nach § 800 ZPO. Sie ist damit, wenn diese Erstreckung erreicht werden soll, erheblich kostengünstiger als die Vereinigung.[1076] Bei der Vereinigung (auch im Fall katasterrechtlicher Verschmelzung) bleiben die Belastungen der bisherigen Einzelgrundstücke an den entsprechenden Teilstücken bestehen.[1077]

798 Materiell-rechtlich ist gem. § 890 BGB in beiden Varianten lediglich identische Eigentumslage erforderlich, grundbuchverfahrensrechtlich darf jedoch gem. §§ 5, 6 GBO keine »Verwirrung zu be-

---

1071 In Bayern soll bspw. dadurch der Bestand unvollzogener Fortführungsnachweise Ende 2007 für wenige Tage auf Null reduziert werden, was für die Einführung des Amtlichen Liegenschaftskataster-Informationssystems ALKIS zum 01.06.2008 erforderlich ist. Ab 01.04.2006 werden keine »Zuflurstücke« mehr gebildet, ab 01.10.2007 werden die unvollzogenen Zuflur-Fortführungsnachweise storniert und die Übergangsflächen als eigene Flurstücke verselbstständigt. Sofern bereits aufgrund des ehemaligen Fortführungsnachweises, bezogen auf die Flurstücke, Beurkundungen stattgefunden haben, soll die Identität des Zuflurstückes mit der neuen Flurstücksbezeichnung durch gesiegelte Bestätigung des Vermessungsamtes nachgewiesen werden, vgl. Sammelrundschreiben Nr. 2007/2 der Landesnotarkammer Bayern v. 15.02.2007.
1072 Z.B. gem. § 45 Abs. 2 Nr. 1 Buchst. a) BayGBGA; zuständig ist der Urkundsbeamte der Geschäftsstelle, § 12c Abs. 2 Nr. 2 GBO. Vollzogen wird eine Flurstückszerlegung, keine Grundstücksteilung. Sie ist gem. § 69 Abs. 1 Nr. 3 KostO grundbuchkostenfrei.
1073 Vorzuziehen ist daher die – ebenfalls grundbuchkostenfreie – Vorlage des »Zerlegers« durch den Notar als Boten des Vermessungsamtes (anders bei eigenem Antrag: Gebühr nach § 67 Abs. 1 Nr. 4 KostO).
1074 Die im Zusammenhang mit einer Eigentumsumschreibung erfolgende Teilung, Vereinigung oder Bestandteilszuschreibung sind gebührenbefreit (Umkehrschluss aus § 67 Abs. 1 Nr. 4 KostO), ebenso die Verschmelzung (§ 69 Abs. 1 Nr. 3 KostO).
1075 Da die anschließende Verschmelzung nicht zum dinglichen Vollzug des schuldrechtlichen Geschäfts zwingend erforderlich und damit nicht gegenstandsgleich i.S.d. § 44 Abs. 1 KostO ist, vgl. *Strauß* MittBayNot 2006, 482 und unten Rn. 3142.
1076 Notargebühr: halbe Gebühr für den Bestandteilszuschreibungsantrag (§ 38 Abs. 2 Nr. 5a KostO) aus ca. 20 % des zugeschriebenen Grundstücks; Vereinigung: halbe Gebühr aus einem Teilwert beider Objekte zuzüglich volle Gebühr für die Nachverpfändung aus dem Grundschuld- oder hinzukommenden Objektwert, je nachdem welcher niedriger ist.
1077 Vgl. BGH MittBayNot 2006, 227: auch bei der Verschmelzung lässt sich anhand der Genese nachverfolgen, wo in welcher Rangfolge welche Rechte bestehen.

sorgen« sein. Die Voraussetzungen des letzteren unbestimmten, jedoch gerichtlich überprüfbaren[1078] Rechtsbegriffs sind erfüllt, wenn »wegen unterschiedlicher Belastung der Grundstücke das Grundbuch unübersichtlich oder bei der Zwangsvollstreckung zu Verwicklungen führen würde«.[1079]

Hierzu werden drei Ansichten[1080] vertreten: **799**
- Verwirrung sei bei unterschiedlichen Belastungen bzw. Belastungen in unterschiedlicher Rangfolge stets zu besorgen (ausgenommen die gesetzliche Erstreckungswirkung, § 1131 BGB).[1081]
- Unterschiedliche oder verschiedenrangige Belastungen führen (nach wohl herrschender Ansicht) nur dann zur Verwirrung, wenn es sich um Verwertungsrechte[1082] handelt oder ein Verwertungsrecht der nachrangigen Teilbelastung vorgeht[1083] und anschließend eine katasteramtliche Verschmelzung erfolge, sodass keine separat versteigerbaren Objekte mehr existieren und zur Verteilung des Erlöses die Werte der Teile ermittelt werden müssten.[1084]
- Auch bei nachfolgender Katasterverschmelzung genügt es zur Ablehnung einer Verwirrungsgefahr, dass – ggf. nach längeren Ermittlungen – die ursprünglichen Belastungen noch feststellbar bleiben. Ist nur eines der gem. § 890 Abs. 1 BGB vereinigten Grundstücke belastet, scheidet demnach eine Verwirrungsgefahr gänzlich aus.[1085]

4. Besonderheiten bei Sondereigentum

Der Umfang des »**Raumeigentums**« bemisst sich nach dem der Teilungserklärung beigefügten und **800** in der Grundbucheintragung in Bezug genommenen Aufteilungsplan, § 7 WEG. Steht dieser allerdings in (nicht durch Auslegung beseitigbarem) Widerspruch zum Text der Teilungserklärung nach § 8 WEG bzw. dem Teilungsvertrag nach § 3 WEG, hat keiner der Erklärungsinhalte Vorrang; es entsteht nur Gemeinschaftseigentum,[1086] ggf. mit Anpassungsanspruch gegen Ausgleichszahlung.[1087] Bei Abweichung zwischen Aufteilungsplan/Teilungserklärung einerseits und Baukörper andererseits gilt: (1) Werden zusätzliche Einheiten oder Räume gebaut, stehen diese im Gemeinschaftseigentum; sie können nur nach §§ 3, 4 WEG in Sondereigentum überführt werden.[1088] (2) Werden geplante Räume nicht gebaut, besteht das Anwartschaftsrecht fort.

(3) Bei **Abweichungen** zwischen einzelnen Sondereigentumseinheiten untereinander bzw. zwischen **801** Sondereigentum und Gemeinschaftseigentum ist die Rechtslage weniger klar: (a) Bei »minimaler« Abweichung (bis ca. 3 %)[1089] soll Sondereigentum entsprechend der tatsächlichen Bauausführung entstehen. (b) Bei »geringfügiger« Abweichung kommt ein Umbauanspruch (gestützt auf § 21 Abs. 4, Abs. 5 Nr. 2 WEG und den Anspruch auf planmäßige Ersterstellung), ggf. begrenzt durch den Rechtsgedanken der §§ 251, 252 Abs. 2 BGB mit finanziellem Nachteilsausgleich, in Betracht.[1090] (c) Deckt sich zwar die räumliche Umgrenzung der Bauausführung mit dem Plan, wurde

---

1078 BayObLG DNotZ 1978, 102.
1079 *Röll* DNotZ 1968, 523.
1080 Vgl. im Einzelnen m.w.N., *Meikel/Böttcher* GBO § 5 Rn. 35; *Gutachten* DNotI-Report 2006, 189 ff.; *Amann* in *Amann/Hertel/Everts* Aktuelle Probleme der notariellen Vertragsgestaltung im Immobilienrecht 2006/2007, S. 238 ff.
1081 In diese Richtung wohl auch *Stöber* MittBayNot 2001, 284 ff.; ähnlich *Morvilius* MittBayNot 2006, 231: Von einer anschließenden Katasterverschmelzung müsse immer ausgegangen werden, zumal letztere gem. § 2 Abs. 2 GBO ohne weitere Prüfung in das Grundbuch übernommen werden muss.
1082 Unproblematisch sind demnach Dienstbarkeiten, vgl. § 7 Abs. 2 Satz 1 GBO. Reallasten sind in § 7 Abs. 2 GBO (obwohl Verwertungsrecht) privilegiert als Teil eines Leibgedings, da hieraus kaum versteigert wird, *Stöber* MittBayNot 2001, 281, sonst jedoch nicht (teleologische Reduktion).
1083 Auch dann müsste der Anteil des Versteigerungserlöses bestimmt werden, der auf die »Teilfläche« entfällt, denn nur hieraus kann die Entschädigung für wegfallende nachrangige Rechte gewährt werden.
1084 In diese Richtung BGH, 24.11.2005 – V ZB 23/05, DNotZ 2006, 288.
1085 OLG Brandenburg, 31.03.2009 – 5 Wx 9/09, RNotZ 2009, 539; zustimmend *Böttcher* ZfIR 2010, 6 ff.
1086 BGH NJW 2004, 1798; OLG Hamm DNotZ 2003, 945.
1087 *Hügel/Scheel* Rechtshandbuch Wohnungseigentum 2. Aufl. 2007 Teil 2 Rn. 67.
1088 OLG München MietRB 2005, 320; BayObLG NJW-RR 1990, 657.
1089 *Armbrüster* ZWE 2005, 188; OLG Hamburg ZWE 2002, 594.
1090 KG ZWE 2001, 554; BGH NJW 2004, 1801.

jedoch ein Raum tatsächlich einer anderen Wohnung zugeordnet (fehlt es also an einer räumlichen Abgrenzung zu diesem anderen Sondereigentum), zählt dieser Raum dennoch zu demjenigen Sondereigentum, dessen Bestandteil er nach Aufteilungsplan bildet (das bloße Verschieben von Wänden bleibt also rechtlich ebenso irrelevant wie durch das Versetzen eines Grenzsteins das Grundstück nicht im Rechtssinne vergrößert werden kann). Infolge Bezugnahme auf diesen Plan im Grundbuch ist anderweitiger gutgläubiger Wegerwerb (i.R.d. Verkaufs der äußerlich »begünstigten« Wohnung) nicht möglich. Wird die »benachteiligte« Wohnung verkauft, decken sich regelmäßig Auflassung (bezogen auf die besichtigte Wohnung ohne das weitere Zimmer) und Grundbuchumschreibung (unter Einschluss des weiteren Zimmers) nicht, sodass das Grundbuch unrichtig ist (und auch insoweit gutgläubiger Erwerb sich bei neuerlichem Auseinanderfallen von Einigung und Eintragung nicht anschließen kann).[1091] Solche Störfälle lassen sich allenfalls vermeiden durch Beiziehung der in Bezug genommenen Aufteilungspläne auch beim Verkauf von Bestandsobjekten.

802 In gleicher Weise schwierig gestaltet sich die korrekte Ermittlung des Vertragsgegenstands bei Sondereigentumseinheiten in Bezug auf mit zu veräußernde **Stellplätze, Garagen, Kellerräume** etc. Sie können als selbstständige Teileigentumseinheit derselben oder einer anderen WEG-Gemeinschaft gebucht sein (Indiz hierfür ist z.B. ein Gesamthaftvermerk bei einem eingetragenen Abt. III-Recht), als Miteigentumsanteil an einem solchen (Duplex- oder Vierfachparker) bzw. an einem getrennten Garagenhofgrundstück (dann regelmäßig mit dinglicher Benutzungsregelung gem. § 1010 BGB und Aufhebungsausschluss § 749 BGB, vgl. Rdn. 455 ff.), oder als **Sondernutzungsrechte**, zugeordnet einem Sondereigentum – nicht jedoch dem bloßen Bruchteil an einem Sondereigentum[1092] – schließlich ebenfalls als Gebrauchsregelung i.S.d. § 15 Abs. 1 WEG, in Bezug auf in Bruchteilseigentum stehendes Sondereigentum.[1093] Soll die Benutzung eines solchen (insb. Stellplatz-) Sondernutzungsrechtes Dritten dinglich eingeräumt werden (durch z.B. Grunddienstbarkeit), bedarf des dabei aber nach herrschender Meinung der Eintragung der Dienstbarkeit an allen Grundbüchern![1094]

803 In Bezug auf **Sondernutzungsrechte** leidet die Aussagekraft des Grundbuchamts in besonders ärgerlicher Weise als Folge dessen, dass regelmäßig lediglich – von der Rechtsprechung gedeckt[1095] – der allgemeine Hinweis »Sondernutzungsrechte sind begründet« aufgenommen wird, nicht die konkrete Information »zugeordnet ist das Sondernutzungsrecht an einer Gartenfläche und an Stellplatz Nr. 14«. Dies macht ggf. Recherchen in der Teilungserklärung und den An- und Weiterverkaufsurkunden erforderlich, in besonderem Maße bei bedingten Sondernutzungsrechten (positives Zuweisungselement i.R.d. Erstverkaufs in Ergänzung zur Ausschluss anderer Sondereigentümer bei der Begründung der Sondernutzungsrechte dem Grunde nach[1096]).

804 Soll der Urkundstext einen »Stolperstein« enthalten, der beim Vorlesen die Beteiligten ggf. zum Widerspruch und damit den Notar zu weiteren Recherchen provoziert, könnte bspw. formuliert werden:

▸ Formulierungsvorschlag: Kein Mitverkauf von Stellplätzen, Wegeanteilen etc.

Nach Auskunft der Beteiligten gehören zum Vertragsobjekt keine Stellplätze, Anteile an Privatwegen etc, die auf getrennter Grundbuchstelle vorgetragen sind.

1091 BGH v. 18.07.2008 – V ZR 97/07, notar 2008, 371.
1092 OLG München, 21.11.2011 – 34 Wx 357/11, NotBZ 2012, 55, und *Schöner/Stöber* Grundbuchrecht Rn. 2910 und 2963, zu Recht gegen OLG Nürnberg, 03.08.2011 – 10 W 302/11, MittBayNot 2012, 42 m. zust. Anm. *Kühnlein*. Rechtsicher ist die Miteigentümerregelung gem. § 1010 BGB zwischen den Bruchteilsinhabern des Sondereigentums.
1093 OLG Jena MittBayNot 2000, 443; OLG Frankfurt am Main RPfleger 2000, 212.
1094 OLG Schleswig, 03.08.2011 – 2 W 2/11, NotBZ 2011, 408; vgl. auch *Gutachten* DNotI-Report 1999, 165.
1095 OLG München DNotZ 2007, 47 und OLG Zweibrücken NotBZ 2007, 300; vgl. auch OLG Zweibrücken, 01.02.2008, notar 2008, 219 zu auflösend und aufschiebend bedingten Sondernutzungsrechten: Nachweis der Bedingung muss nicht gem. § 29 GBO möglich sein, es sei denn das bedingte soll in ein unbedingtes Recht umgeschrieben werden (anderenfalls ist Bewilligung aller Eigentümer nötig!).
1096 Zur grundsätzlichen Zulässigkeit solcher Zuweisungsvorbehalte vgl. BGH, 02.12.2011 – V ZR 74/11, DNotI-Report 2012, 21 (auch kein Verstoß gegen §§ 305 ff und 242 BGB).

Vertragsgegenstand kann auch ein Sondereigentum sein, das durch **Unterteilung** eines bereits gebildeten Sondereigentums (in analoger Anwendung von § 8 WEG durch Erklärung ggü. dem Grundbuchamt) entsteht. Es bedarf auch hierzu eines Aufteilungsplans mit ergänzender Abgeschlossenheitsbescheinigung, bezogen lediglich auf das unterteilte Sondereigentum. Die Zustimmung der übrigen Wohnungseigentümer ist entbehrlich, es sei denn, es findet eine Umwandlung von Sonder- in Gemeinschaftseigentum oder umgekehrt statt (etwa hinsichtlich des Eingangsflurs), dann bedarf es der Auflassung durch alle Sondereigentümer, § 4 WEG, selbst wenn am bisherigen Eingangsflur sodann gemeinschaftliches Sondernutzungsrecht der beiden entstandenen neuen Einheiten geschaffen wird. 805

Umgekehrt können mehrere **Sondereigentumseinheiten vereinigt** werden, und zwar entweder bloß in rechtlicher Hinsicht (gemäß § 890 Abs. 1 BGB, sodass ein einheitlicher vergrößerter Miteigentumsanteil, verbunden mit dem Sondereigentum an zwei Wohnungen entsteht)[1097] oder – wie i.d.R. – auch in tatsächlicher Hinsicht. Erfolgen dabei Durchbrüche von tragenden Mauern,[1098] bedarf es grds. der Zustimmung aller Wohnungseigentümer, § 22 Abs. 1 Satz 1 WEG, es sei denn, es wird dadurch keine Gefahr für die konstruktive Stabilität des Gebäudes und seine Brandsicherheit geschaffen.[1099] Weder der Umstand, dass nunmehr zwei Wohnungen durch dieselbe Familie genutzt werden können, noch die Entfernung von Mauerwerk als solchem stellt für sich genommen einen unbilligen Nachteil i.S.d. § 14 Nr. 1 WEG dar.[1100] In Teilungserklärungen wird häufig die Zustimmung zur Vereinigung von Sondereigentumseinheiten dem Verwalter überantwortet. 806

Veräußerungsgegenstand kann schließlich ein **einzelner Raum** als Bestandteil eines Sondereigentums sein, der einer aufnehmenden Sondereigentumseinheit in derselben WEG zugeordnet wird. Ähnlich einem Zuflurstück bei einer Teilflächenveräußerung (Rdn. 795) erfolgt die Einigung und Eintragung (unter Beachtung des § 925 BGB) dergestalt, dass die Zuordnung des aufgelassenen Objekts analog § 890 BGB in den betroffenen Grundbüchern vermerkt wird.[1101] Der schuldrechtliche Vertrag bedarf der notariellen Beurkundung gem. § 4 Abs. 3 WEG, § 311b Abs. 1 BGB.[1102] Der Anspruch auf Übereignung eines einzelnen Raums kann durch eine Vormerkung am »verlierenden« Sondereigentum gesichert werden;[1103] zur lastenfreien Abschreibung ist die Zustimmung der Inhaber dinglicher Rechte erforderlich (§§ 876, 877 BGB)[1104] – die Abwicklung eines solchen Kaufvertrags folgt also üblichen Gepflogenheiten. Die vorhandene Nummerierung des veräußerten Sondereigentumsraums kann beibehalten werden, da § 7 Abs. 4 Nr. 2 WEG nur bei der Begründung von Wohnungseigentum gilt.[1105] Verändern sich durch die Neuzuordnung jedoch die Grenzen des bestehenden Sondereigentums (was beim bloßen Kellertausch nicht der Fall ist), bedarf es der Vorlage eines neuen, auf die betroffenen Sondereigentumseinheiten beschränkten, Aufteilungsplans mit ergänzender Abgeschlossenheitsbescheinigung.[1106] 807

Die **Aufhebung von Sondereigentum** kann nur insgesamt erfolgen (ein Verzicht auf einzelnes Sondereigentum nach § 928 Abs. 1 BGB ist nicht möglich)[1107] und bedarf entsprechend § 4 WEG der dinglichen Erklärungen aller Sondereigentümer unter Zustimmung aller Belastungsgläubiger, mit anschließender Schließung der Wohnungsgrundbücher auf Antrag. Die Einigung nach § 4 WEG ist nur dann entbehrlich, wenn ein zuvor errichtetes Gebäude vollständig zerstört und dies 808

1097 Vgl. BGH DNotZ 1983, 487; mehrere Sondereigentumseinheiten brauchen nicht in sich abgeschossen zu sein.
1098 Nichttragende Mauern stehen im Mit-Sondereigentum der angrenzenden Eigentümer, sog. »Nachbareigentum«, sodass § 22 Abs. 1 WEG nicht trangiert ist, vgl. OLG Schleswig NZM 2003, 482.
1099 Vgl. BGH NJW 2001, 1212.
1100 BayObLG ZMR 2003, 213; OLG Celle ZWE 2002, 533.
1101 OLG Hamburg DNotZ 1965, 176.
1102 OLG Zweibrücken FGPrax 2001, 105.
1103 LG Würzburg MittBayNot 173.
1104 BayObLG MittBayNot 1993, 214.
1105 BayObLG WE 1992, 290.
1106 OLG Zweibrücken FGPrax 2001, 105.
1107 OLG Zweibrücken FGPrax 2002, 200; BGH, DNotZ 2007, 845.

durch eine Bescheinigung der Baubehörde gem. § 9 Abs. 1 Nr. 2 WEG nachgewiesen ist: dann genügt der Antrag aller Wohnungseigentümer in der Form des § 29 GBO. Ein solcher Antrag genügt schließlich auch, wenn sich alle Sondereigentumsrechte in einer Person vereinigt haben, § 9 Abs. 1 Nr. 3 WEG. Die Zustimmung dinglich Berechtigter (gem. § 9 Abs. 2 WEG i.V.m. §§ 867, 877 BGB) ist nur entbehrlich bei Belastungen, die das Grundstück als Ganzes betreffen oder die an allen Sondereigentumseinheiten einheitlich bestehen.

809 Zur Abveräußerung einer wegzumessenden Teilfläche des gemeinschaftlichen Grundstücks bedarf es wiederum der Mitwirkung aller Sondereigentümer samt Freigabe durch alle Belastungsgläubiger;[1108] eine diese Veräußerung sichernde Vormerkung kann nur an allen Sondereigentumseinheiten gleichzeitig eingetragen werden.[1109] Verdinglichte Ermächtigungen in Gemeinschaftsordnungen sind bezüglich der sachenrechtlichen Grundlagen nicht möglich,[1110] sodass mit rechtsgeschäftlichen Vollmachten gearbeitet werden muss. Sachenrechtlich ist ferner die Erklärung der Teilaufhebung des Sondereigentums an der veräußerten Teilfläche, ebenfalls in Auflassungsform, erforderlich.[1111]

810 Im umgekehrten Fall des **Hinzuerwerbs einer Fläche** zum aufgeteilten Grundstück (also nicht des Erwerbs in das Eigentum des Verbandes der Wohnungseigentümer als solchem, hierzu vgl. Rdn. 2435 ff.) müssen ebenfalls alle Wohnungseigentümer, im Verhältnis ihrer Miteigentumsanteile, an der Auflassung mitwirken;[1112] das Grundstück bzw. Zuflurstück wird dem vorhandenen Grundstück als Bestandteil gem. § 890 Abs. 2 BGB zugeschrieben[1113] oder mit ihm nach § 890 Abs. 1 BGB vereinigt bzw. katasterrechtlich verschmolzen. Die Rechtsprechung verlangt zusätzlich eine Erklärung aller Wohnungseigentümer nach §§ 3, 4 WEG dahin gehend, dass sich die Gemeinschaftsordnung auf die zugeschriebene Grundstücksfläche erstrecken solle.[1114]

5. Mitverkaufte bewegliche Gegenstände

a) Bestandteile – Zubehör – Inventar – Mobiliar

811 Gegenstand eines Immobilienkaufvertrages sind zugleich, da sie nicht Gegenstand eigener Rechte sein können, die **wesentlichen Bestandteile des Grundstücks** (gem. § 94 Abs. 1 BGB also insb. die mit dem Grund und Boden fest verbundenen Gebäude, Umzäunungen etc., nicht jedoch in Ausübung eines dinglichen Rechtes[1115] errichtete Scheinbestandteile [Rn. 2180], wie etwa Photovoltaikanlagen auf fremden Grund und Boden)[1116] sowie die **wesentlichen Bestandteile solcher Gebäude selbst** (§ 94 Abs. 2 BGB). Hierzu zählen auch die Dachantenne[1117] (wohl jedoch nicht lediglich festgeklemmte Parabolantennen),[1118] Zentralheizungsanlage, Herde, Markisen,[1119] Bodenbeläge, bei Geschäftshäusern auch Alarmanlagen[1120] und zu den wesentlichen Bestandteilen des Grundstücks eine Fertiggarage und ein in den Boden eingelassenes Fertigteil-Schwimmbecken.[1121] Einbaumöbel gehören dann nicht zu den wesentlichen Bestandteilen, wenn sie nach Ausbau an

---

1108 Bei großen Anlagen kann sich die Einholung eines Unschädlichkeitszeugnisses gem. Art. 120 EGBGB i.V.m. den Landesgesetzen lohnen, vgl. Rn. 1170.
1109 BayObLG MittBayNot 2002, 189.
1110 BGH NJW 2003, 2156.
1111 OLG Frankfurt am Main DNotZ 1991, 604.
1112 OLG Zweibrücken DNotZ 1991, 605.
1113 OLG Frankfurt am Main DNotZ 1993, 612.
1114 OLG Zweibrücken DNotZ 1991, 605.
1115 Keine Scheinbestandteilseigenschaft einer Windkraftanlage, wenn der Eigentümer bei Ende des schuldrechtlichen Nutzungsvertrages ein Übernahmerecht hat, OLG Koblenz, 21.09.2006 – 5 U 738/06, ZfIR 2007, 292 m. abl. Anm. *Wicke*.
1116 Zu den erforderlichen schuldrechtlichen sowie dinglichen Regelungen (Dienstbarkeit, Instandhaltungsreallast) s. *Kappler* ZNotP 2007, 257 ff. mit Formulierungsvorschlag.
1117 BGH NJW 1975, 688.
1118 *Schulte-Thoma* RNotZ 2004, 63.
1119 *Schulte-Thoma* RNotZ 2004, 64.
1120 OLG Hamm NJW 1976, 1269.
1121 BGH NJW 1983, 567; anders bei einem »Sauna-Club«: AG Betzdorf DGVZ 1989, 189.

anderer Stelle wieder verwendet werden können. Bei Einbauküchen im eigentlichen Sinne (Gebäudewand bildet Rückwand der Kücheneinrichtung)[1122] variiert die Verkehrsanschauung zwischen Norddeutschland (wesentlicher Bestandteil des Gebäudes)[1123] und West- und Süddeutschland (kein wesentlicher Bestandteil).[1124]

812 Kraft gesetzlicher Vermutung (§ 311c BGB) ist von einer Veräußerung oder Belastung auch das **Zubehör** umfasst, und zwar ohne Rücksicht darauf, in wessen Eigentum sie stehen.[1125] Hierbei handelt es sich gem. § 97 Abs. 1 BGB um bewegliche Sachen, die – ohne wesentlicher oder einfacher Bestandteil der Hauptsache zu sein – dem wirtschaftlichen Zweck[1126] der Hauptsache zu dienen bestimmt sind und mit ihr in einem dieser Bestimmung entsprechenden räumlichen Verhältnis stehen; maßgeblich ist dabei die Verkehrsanschauung. Diese sind, sofern bei Grundbuchvollzug noch vorhanden,[1127] jedenfalls[1128] gem. § 926 Abs. 1 Satz 1 BGB auch von den Erklärungen zur Eigentumsverschaffung umfasst (allerdings nicht im Weg der Auflassung, sondern im Weg der Einigung und Übergabe gem. §§ 929 ff. BGB, bei fremden Gegenständen gem. §§ 932 ff. BGB, 926 Abs. 1 Satz 2 BGB).

▶ Beispiele für Zubehör:

> Alarmanlage bei einem Wohngebäude;[1129] Bierausschankanlage bei einer Gaststätte;[1130] Kohle-[1131] oder Ölvorräte[1132] zum Heizen (str.); »Standardeinbauküchen« aus serienmäßig hergestellten Einzelteilen[1133] (teilweise a.A. schlichte bewegliche Gegenstände).[1134]

813 Weder Bestandteile noch Zubehör stellen Gartenmöbel und -geräte, Sandkasten und Schaukel,[1135] nach str. Auffassung Heizmaterial (a.A. Zubehör, Rdn. 812), Lampen,[1136] Vorhänge, sonstige Einrichtungsgegenstände, Kellerbar, Sauna,[1137] Waschmaschinen etc. dar. Gleiches gilt im Regelfall für eine vom Mieter (in Mitnahmeabsicht) eingebaute Küche.[1138] Sollen solche Gegenstände mitverkauft werden, sind sie ausdrücklich aufzuführen und gem. §§ 929 ff. BGB zu übereignen (i.d.R. aufschiebend bedingt auf den Zeitpunkt der Kaufpreiszahlung).

b) Vertragstechnik

814 Beurkundungsbedürftig sind Vereinbarungen stets, wenn sie von der gesetzlich vermuteten Mitveräußerung des Zubehörs abweichen,[1139] ferner wenn aus Sicht eines Beteiligten des Grundstückskaufs, die vom anderen Beteiligten zumindest hingenommen wird, das Immobiliengeschäft mit dem Mit-

---

1122 Dieses Merkmal verlangt BFH DB 1971, 656.
1123 BGH NJW-RR 1990, 587.
1124 OLG Düsseldorf NJW-RR 1994, 1039; OLG Nürnberg FamRZ 2003, 156: Zubehör.
1125 Der Verkäufer hat sich daher zu versichern, ob er dieser Verschaffungspflicht genügen kann, vgl. *Binger* MittRhNotK 1984, 211.
1126 Dieser kann sich aus Gliederung, Einteilung, Eigenart oder Bauart, aber auch aus der Ausstattung mit betriebsdienlichen Maschinen für den gewerblichen Betrieb (Schreinerei) ergeben, vgl. BGH NJW 2006, 993. Zur Funktion der Verkehrsauffassung *C.F. Maier* BWNotZ 2008, 144.
1127 OLG Augsburg OLGRspr 34, 177.
1128 Wenn nicht bereits zuvor nach § 929 Satz 1 BGB eine Übereignung stattfand, *Schulte-Thoma* RNotZ 2004, 69.
1129 OLG München MDR 1979, 934.
1130 OLG Celle OLGZ 80, 13.
1131 OLG Düsseldorf NJW 1966, 1714.
1132 *Binger* MittRhNotK 1984, 212 (anders u.U. wenn Tank bereits vor Bezugsfertigkeit befüllt wurde).
1133 OLG Düsseldorf NJW-RR 1994, 1039; OLG Nürnberg MDR 2002, 815.
1134 OLG Karlsruhe NJW-RR 1986, 19.
1135 BGH NJW 1983, 567.
1136 Ausführlich *Schulte-Thoma* RNotZ 2004, 63.
1137 A.A. AG Aschaffenburg DGVZ 1998, 158: Zubehör.
1138 BGH, 20.11.2008 – IX ZR 180/07, DNotZ 2009, 380.
1139 BGH NJW 2000, 357; *Kohler* DNotZ 1991, 364.

verkauf sonstiger beweglicher Sache, die nicht Zubehör sind, in rechtlichem Zusammenhang steht.[1140] Bei umfangreicheren Sachgesamtheiten empfiehlt es sich, durch die Beteiligten einvernehmlich eine **Liste** erstellen zu lassen und diese als mitverlesenen Bestandteil der Urkunde beizufügen. Scheuen die Beteiligten diesen Aufwand, kann der Kreis der mitverkauften beweglichen Gegenstände pauschal umschrieben werden, was aber die Beteiligten entweder mit dem Dilemma des Nachweises zurücklässt oder möglicherweise dem Käufer die Entsorgungslast aufbürdet für wertlosen Plunder ...).

▶ Formulierungsvorschlag: Pauschaler Mitverkauf beweglicher Gegenstände

815 Mitverkauft sind all diejenigen Möbelstücke, die sich zur Zeit der Besichtigung vom ..... im Vertragsbesitz / im Wohn- und Esszimmer befanden.

ALT: Mitverkauft sind all diejenigen Möbelstücke, die der Verkäufer beim Besitzübergang zurücklässt.

816 Entgegen der gesetzlichen Vermutung wird Heizmaterial (insb. der Öltankinhalt) i.d.R. mitverkauft sein und nicht getrennt abgelöst. Hierzu empfiehlt sich eine ausdrückliche Regelung:

▶ Formulierungsvorschlag: Verkauf von Heizmaterial

Neben dem Zubehör sind keine beweglichen Gegenstände mitverkauft, jedoch die derzeitigen Brennstoffvorräte abzüglich des Verbrauchs bis zum Besitzübergang.

817 Insb. im Hinblick auf technische Einrichtungen werden mitunter Klarstellungen gewünscht:

▶ Formulierungsvorschlag: Klarstellung zum Mitverkauf technischer Einrichtungen

Fest mit dem Verkaufsgegenstand verbundene Gegenstände sowie dessen betriebsnotwendige Einrichtung wie z.B. die gesamte Heizungsanlage, die Radio-/Fernsehantenne, Satellitenantenne inkl. betriebsnotwendiger Endgeräte (Receiver), übermittelnde Telekommunikationseinrichtungen (z.B. Splitter, Kopfstellen der ISDN-Hausverteilung, zugehörige Router) ohne jedoch die eigentlichen Endgeräte (z.B. Telefone, Faxgeräte), zählen zum Gebäude und sind mitverkauft.

c) Steuerrecht

818 In aller Regel wird ein **Teil des Kaufpreises** als auf die beweglichen Gegenstände (Zubehör und sonstige bewegliche Sachen) entfallend separat ausgewiesen. Soweit dieser Betrag realistisch und für das **FA** nachvollziehbar ist, wird die **Grunderwerbsteuer** auf diesen Teil nicht erhoben. **USt** auf die mitverkauften beweglichen Gegenstände ist nicht auszuweisen, es sei denn, ein Unternehmer verkauft diese im Rahmen seines Unternehmens, was selten der Fall sein dürfte. Grundbuchkosten (§§ 60, 65 KostO) und die notarielle Vollzugsgebühr (§ 146 KostO) werden auf den betreffenden Kaufpreisteil nicht erhoben.[1141] Wird das Objekt zur Einkünfteerzielung benutzt, nimmt der Anschaffungsaufwand für die beweglichen Gegenstände an der Gebäudeabschreibung nicht teil, ist jedoch, sofern mitvermietet, Gegenstand einer selbstständigen, auf bspw. 5 bis 7 Jahre angelegten Abschreibungsreihe, was regelmäßig erwünscht ist.

819 Im Fall der Selbstnutzung war allerdings zu berücksichtigen, dass der Aufwand für bewegliche Gegenstände nicht zur Bemessungsgrundlage der Eigenheimzulage zählt (die jedoch regelmäßig bereits durch Grund und Boden oder Gebäude hinsichtlich der max. möglichen 125.000,00 € erreicht sein wird). Auch ist zu bedenken, dass teilweise bei der Kreditfinanzierung des Käufers Probleme auftreten können, weil sein Finanzierungsinstitut den auf die beweglichen Gegenstände entfallenden Kaufpreisanteil bei der Beleihungsprüfung »herausrechnet« und eine Kreditierung insoweit möglicherweise ablehnt, da Darlehen zu diesen Konditionen nur zur Anschaffung von Grundstücken oder Gebäuden gewährt werden.

1140 BGH MittBayNot 2000, 101; MittBayNot 2001, 68; MittBayNot 2003, 46.
1141 OLG Zweibrücken Rpfleger 1986, 73; a.A. *Schulte-Thoma* RNotZ 2004, 82.

d) Zivilrechtliche Bewertung

Die **rechtliche Bewertung mitverkaufter beweglicher Gegenstände** (zu denen auch das Zubehör zählt) wird durch die mit der Schuldrechtsreform seit 01.01.2002 umgesetzte EU-Richtlinie zum Verbrauchsgüterkauf deutlich erschwert. Der Schutzzweck dieser Richtlinie, die dem europäischen Verbraucher den grenzüberschreitenden Einkauf erleichtern soll, wird hinsichtlich des Mitverkaufs beweglicher Gegenstände bei Grundstücksgeschäften sicherlich nicht tangiert;[1142] gleichwohl ist bis zu anderweitiger obergerichtlicher Rechtsprechung von der wortlautorientierten Anwendbarkeit der **§§ 474 ff. BGB** auszugehen.[1143] Dies bedeutet: 820

aa) Mitverkauf beweglicher Gegenstände von Verbraucher an Verbraucher

Sofern der Mitverkauf der beweglichen Gegenstände von **Verbraucher an Verbraucher** (oder von Unternehmer an Unternehmer) und **außerhalb von Formularverträgen** stattfindet, also kein »Stellen von Vereinbarungen« mit Verwendungsabsicht für mehrere Verträge vorliegt, kann es bei der regelmäßig gewollten und bisher durchgehend praktizierten Regelung (Ausschluss der Sachmängelhaftung, Beibehaltung der Rechtsmängelhaftung) verbleiben. Wegen der Gefahr des Rücktrittsrechts bei »erheblichen« Pflichtverletzungen sollte eine diesbezügliche Klarstellung dahin gehend erfolgen, dass ein Rücktritt nur den Mobiliarteil erfasst.[1144] Die Formulierung könnte etwa wie folgt lauten: 821

▶ Formulierungsvorschlag: Mitverkauf beweglicher Gegenstände von Verbraucher an Verbraucher (weder Formular-Verbrauchervertrag noch Verbrauchsgüterkauf)

Mitverkauft und in dem in dieser Urkunde ausgewiesenen (Gesamt-) Kaufpreis mitenthalten sind die folgenden beweglichen Sachen unter Gewähr für die Freiheit von Rechten Dritter: (.....) 822

Den Wert dieser Gegenstände veranschlagen die Vertragsteile auch gegenüber der Grunderwerbsteuerstelle des FA auf

..... €.

Der Verkäufer haftet nicht für Sachmängel und leistet keine Garantien, tritt jedoch etwaige ihm für diese Gegenstände gegen Dritte zustehende Ansprüche an den Käufer ab. Vertragsstörungen wegen des Kaufs beweglicher Sachen lassen den Grundstückskaufvertrag unberührt.

Die Vertragsteile sind aufschiebend bedingt auf den Erhalt des Kaufpreises über den Eigentumsübergang einig. Die Übergabe erfolgt mit Besitzübergang hinsichtlich des Grundstücks.

bb) Mitverkauf beweglicher Gegenstände beim Verbrauchsgüterkauf

Sofern ein **Verbrauchsgüterkauf** vorliegt, darf sich der Unternehmer nicht auf Vereinbarungen berufen, die von den §§ 433 bis 435, 437, 439 bis 443, 574 bis 479 BGB abweichen (mit ausdrücklichem Umgehungsverbot in § 475 Abs. 1 Satz 2 BGB, etwa durch »Vorschieben« eines Verbraucher-Verkäufers durch einen dahinterstehenden Unternehmer.)[1145] Uneingeschränkt zulässig sind vom Gesetz abweichende Vereinbarungen erst nach der Mitteilung eines Mangels. Man könnte sich angesichts der Formulierung »nicht berufen kann« auf den Standpunkt stellen, es handele sich (anders als nach der ursprünglichen Gesetzesfassung »unwirksam ist«)[1146] um keinen Verstoß gegen § 4 BeurkG, wenn der Notar solche Bestimmungen gleichwohl beurkundet. Vorsichtigerweise sollte jedoch der Textbaustein für den Mitverkauf beweglicher Sachen bei Vorliegen eines Verbrauchsgüterkaufs (jedoch ohne AGB-Kontrolle) diese Besonderheiten berücksichtigen: Ausgeschlossen wer- 823

1142 *Wälzholz/Bülow* MittBayNot 2001, 518; daher für Nichtanwendung der Normen aufgrund teleologischer Reduktion: *Feller* MittBayNot 2003, 84 f.
1143 *Schulte-Thoma* RNotZ 2004, 79.
1144 Hierin liegt entgegen *Litzenburger* RNotZ 2002, 36 auch beim Verbrauchsgüterkauf kein Verstoß gegen § 475 BGB, wie § 139 BGB beim zusammengesetzten Vertrag zeigt, *Schulte-Thoma* RNotZ 2004, 81.
1145 BGH, 22.11.2006 – VIII ZR 72/06, DNotZ 2007, 288: Mängelrechte des Käufers (beim Gebrauchtwagenkauf) nach §§ 474 ff. BGB richten sich gegen den eigentlichen Unternehmer.
1146 BT-Drucks. 14/7052, S. 199 zu § 475 BGB.

B. Gestaltung eines Grundstückskaufvertrages

den können nur noch Schadensersatzansprüche (§ 475 Abs. 3 BGB), und die Verjährungsfrist kann von 2 auf 1 Jahr bei nach objektiven Maßstäben[1147] gebrauchten[1148] Sachen (wie sie regelmäßig vorliegen werden) verkürzt werden, § 475 Abs. 2 BGB in Abweichung von § 438 BGB. Zulässig (und i.d.R. notwendig) sind jedoch Beschaffenheitsvereinbarungen gem. § 434 Abs. 1 Satz 1 BGB bzw. Hinweise auf vorhandene Mängel (mit der Folge des § 442 BGB), um die erforderliche Beschränkung bei gebrauchtem[1149] Inventar auf der Tatbestandsseite herbeizuführen.

824 Eine solche Formulierung könnte etwa folgenden Wortlaut haben:

▶ Formulierungsvorschlag: Mitverkauf beweglicher Gegenstände beim Verbrauchsgüterkauf

Mitverkauft und in dem in dieser Urkunde ausgewiesenen (Gesamt-) Kaufpreis mitenthalten sind die folgenden beweglichen Sachen unter Gewähr für die Freiheit von Rechten Dritter: (.....)

Den Wert dieser Gegenstände veranschlagen die Vertragsteile auch gegenüber der Grunderwerbsteuerstelle des FA auf

..... €.

Küche und Küchengeräte sind seit sieben Jahren in Gebrauch; die Herdklappe schließt nicht mehr vollständig.

Der Verkauf vorstehender beweglicher Sachen erfolgt im Hinblick auf Sachmängel jeder Art unter Ausschluss des Rechts auf Schadensersatz. Die Verjährungsfrist verbleibender Rechte wird hinsichtlich gebrauchter Sachen auf ein Jahr verkürzt. Der Verkäufer tritt ferner etwaige ihm für diese Gegenstände (z.B. wegen Sachmängeln) zustehende Ansprüche gegen Dritte an den Käufer ab.

Vertragsstörungen wegen des Kaufs beweglicher Sachen lassen den Grundstückskaufvertrag unberührt. Die Verträge sind insoweit unabhängig voneinander. Der Notar hat auf die Besonderheiten bei Verträgen von Unternehmern mit Verbrauchern hingewiesen.

Die Vertragsteile sind aufschiebend bedingt auf den Erhalt des Kaufpreises über den Eigentumsübergang einig. Die Übergabe erfolgt mit Besitzübergang hinsichtlich des Grundstücks.

cc) Mitverkauf beweglicher Gegenstände im Formular- und Verbrauchervertrag

825 Handelt es sich um **Serienverkäufe von Unternehmer an Endverbraucher** (Verbraucher- oder Formularverträge), sind zusätzlich die Beschränkungen der §§ 305 ff. BGB (ehemals AGBG) zu beachten. Demnach ist ein **Ausschluss von Schadensersatzansprüchen** für Lebens-, Körper- und Gesundheitsschäden unwirksam; dies gilt auch für Pflichtverletzungen durch Erfüllungsgehilfen. Wegen der sonst möglicherweise gegebenen Beeinträchtigung von Zurückbehaltungsrechten darf der Eigentumsübergang nur von der Bezahlung des »geschuldeten« Kaufpreises abhängig gemacht werden.

826 Diese Klausel lautet also z.B. wie folgt:

▶ Formulierungsvorschlag: Mitverkauf beweglicher Gegenstände im Formular- oder Verbrauchervertrag

Mitverkauft und in dem in dieser Urkunde ausgewiesenen (Gesamt-) Kaufpreis mitenthalten sind die folgenden beweglichen Sachen: .....

Den Wert dieser Gegenstände veranschlagen die Vertragsteile auch gegenüber der Grunderwerbsteuerstelle des FA auf

---

1147 Ist eine Sache objektiv neu, kann zwischen Unternehmer und Verbraucher nicht die »Gebrauchtheit« als Beschaffenheitsvereinbarung vereinbart werden, BGH, 15.11.2006 – VIII ZR 3/06, NJW 2007, 674.

1148 Mit z.T. schwieriger Abgrenzung: Pferde gelten gem. BGH, 15.11.2006 – VIII ZR 3/06, NJW 2007, 674 als neu, wenn sie noch jung (jedenfalls gegeben bei einem Alter von 6 Monaten) und weder zur Zucht noch als Reittier »verwendet« worden sind.

1149 Die Eigenschaft »gebraucht« kann bei objektiv neuem Inventar nicht als Beschaffenheit vereinbart werden, um die Grenzen des § 475 BGB zu umgehen: BGH, 15.11.2006 – VIII ZR 3/06, NJW 2007, 674.

..... €.

Der Verkäufer schuldet auch insoweit lastenfreien Besitz- und Eigentumsübergang.

Der Verkauf erfolgt unter Ausschluss jeglicher Schadensersatzhaftung für Sachmängel, außer für den Fall der Arglist. Garantien werden nicht abgegeben. Die Verjährungsfrist für Rechte wegen Pflichtverletzungen beträgt hinsichtlich gebrauchter beweglicher Sachen ein Jahr, hinsichtlich neuer beweglicher Sachen 2 Jahre.

Hinsichtlich von Schadensersatzansprüchen bleibt die Haftung für vorsätzliche oder grob fahrlässig verursachte Schäden und für Schäden aus der Verletzung des Lebens, des Körpers oder der Gesundheit, die auf einer fahrlässigen Pflichtverletzung beruhen, unberührt. Einer vorsätzlichen oder fahrlässigen Pflichtverletzung des anderen Vertragsteils steht diejenige seines gesetzlichen Vertreters oder Erfüllungsgehilfen gleich.

Vertragsstörungen wegen des Kaufs beweglicher Sachen lassen den Grundstückskaufvertrag unberührt. Die Verträge sind insoweit unabhängig voneinander. Der Notar hat auf die Besonderheiten bei »Serienverträgen« von Unternehmern mit Verbrauchern (Verbrauchsgüterkauf und Sonderbestimmungen über AGB) hingewiesen.

Die Beteiligten sind aufschiebend bedingt bis zur vollständigen Bezahlung des geschuldeten Kaufpreises über den Eigentumsübergang einig. Die Übergabe erfolgt mit Besitzübergang hinsichtlich des Grundstücks.

6. Mitverkauf einer Fotovoltaikanlage

a) Eigentumsverhältnisse, Sicherung

Thermische Solaranlagen (zur Lieferung von Wärme für das Haus, auf dem sie angebracht sind, insbesondere zur Erfüllung der Vorgaben des EEWärmeG 2009 zur Nutzung regenerativer Energien, Rdn. 2375 ff) sind stets Teil der Heizung und damit wesentlicher Bestandteil i.S.d § 94 Abs. 2 BGB. Schwieriger ist die Beurteilung bei **Fotovoltaikanlagen** zur Erzeugung von Strom, der überwiegend in das öffentliche Netz eingespeist wird, insbesondere auf der Grundlage des zum 01.01.2009 neu gefassten »Gesetz für den Vorrang erneuerbarer Energien« (EEG). Es fördert die Installation[1150] von **Fotovoltaik-Anlagen** auf Dachflächen (§ 33 EEG)[1151] sowie Freiflächen (§ 32 EEG) durch garantierte Einspeisevergütungen. Bei der »Indachmontage«, bei der Dachziegel »eingespart« werden, ebenso bei der in die Fassade integrierten Montage (anstelle von Fenstermodulen) handelt es sich stets um wesentliche Gebäudebestandteile. Bei der regelmäßig anzutreffenden aufgeständerten Montage hingegen sind die Module weder »zur Herstellung des Gebäudes eingefügt« (und damit wesentlicher Bestandteil, § 94 Abs. 2 BGB) noch »dem wirtschaftlichen Zweck der Hauptsache zu dienen bestimmt« (und damit auch kein Zubehör, § 97 Abs. 1 BGB); vielmehr liegen schlichte bewegliche Sachen vor (str.; vgl. auch Rdn. 2557 zur Rechtslage in Contracting-Fällen).

827

Zur eindeutigen Schaffung getrennter Rechtsverhältnisse (§ 95 Abs. 1 Satz 2 BGB, auch bei identischem Eigentum an Gebäude und Anlage[1152]), vor allem aber zur Ermöglichung autonomen Betriebs der Fotovoltaik-Anlage samt Zubehör (Netzeinspeisegerät, Einspeisezähler, Generatoran-

828

1150 Auf Gebäuden im Außenbereich (§ 35 BauGB) ist die Errichtung einer Fotovoltaikanlage auf dem Dach an sich genehmigungspflichtig, OVG Nordrhein-Westfalen, 20.09.2010 – 7 B 985/10, JurionRS 2010, 23805 – *dies führte zur gegenwirkenden Ergänzung des § 35 Abs. 1 Nr. 8 BauGB ab 30.07.2011, vgl. Berndt/Schelske NWB 2012, 744 ff.* Auch der Denkmalschutz kann der Errichtung entgegenstehen, OVG Koblenz, 16.08.2011 – 8 A 10590/11, ZfIR 2012, 76 (nur Ls.).

1151 Höhere Vergütung auch, wenn Tragwerk eigens für die Module geschaffen wurde: BGH, 29.10.2008 – VIII ZR 313/07, ZfIR 2009, 135 m. Anm. *Aigner/Mohr*.

1152 Entgegen OLG München, 30.09.2011 – 34 Wx 328/11, RNotZ 2012, 44 führt trotz des Wortlautes des § 95 Abs. 1 Satz 2 BGB (»an einem fremden Grundstück«) auch eine Eigentümerdienstbarkeit die Scheinbestandteileigenschaft herbei, vgl. RGZ 142, 231 (die praeter legem entwickelte Figur der Eigentümerdienstbarkeit ist späteres Recht). Wie beim Eigentümernießbrauch – BGH, 14.07.2011 – V ZB 271/10 DStR 2011, 2209 – ist auch bei der Eigentümerdienstbarkeit kein Nachweis eines berechtigten Interesses erforderlich.

schlusskasten etc.) wird vor der Anbringung[1153] eine **Dienstbarkeit** zugunsten des Anlagebetreibers (der mit dem Grundstückseigentümer identisch sein kann!)[1154] bestellt[1155] und – im Rang danach – eine inhaltsgleiche Dienstbarkeit für die finanzierende Bank,[1156] sodass diese, falls der Anlagenbetreiber aus dem Nutzungsverhältnis mit dem Grundstückseigentümer ausscheidet und das Darlehen nicht weiterbedient, in dessen »Fußstapfen treten« kann. Zugleich wird dadurch eine Sicherung des Anlagebetreibers gegen die Gefahr etwa der Beendigung des Nutzungsverhältnisses in der Insolvenz des Eigentümers (§ 111 InsO) erreicht, vgl. Rdn. 1924 ff. zur Mietsicherungsdienstbarkeit.

829 Schwierigkeiten bereitet allerdings die **Rechtsnachfolge**, wenn Begünstigter der Dienstbarkeit nicht eine Gesellschaft ist, deren Anteile übertragen werden.[1157] Die Alternativlösung einer Grunddienstbarkeit zugunsten des jeweiligen Eigentümers einer entfernten Kleinstparzelle scheidet (mangels Vorteils für das herrschende Grundstück) aus. Gem. § 1092 Abs. 3 BGB ist die beschränkt persönliche Dienstbarkeit nicht übertragbar, da sie nicht der Fortleitung, sondern der Gewinnung von Elektrizität dient.[1158] Bei juristischen Personen und Personenhandelsgesellschaften eröffnet immerhin § 1092 Abs. 2 i.V.m. § 1059a Abs. 1 Nr. 1 BGB in den Fällen der Gesamtrechtsnachfolge (Verschmelzung) bzw. i.V.m. § 1059a Abs. 1 Nr. 2 BGB in den Fällen der Einzelrechtsnachfolge (mittels Feststellung durch den Präsidenten des LG) die Möglichkeit einer Übertragung. Bei natürlichen Personen kann im Wege eines echten oder unechten Vertrags zugunsten Dritter ein Anspruch der Erben (Gesamtrechtsnachfolger) oder eines durch den Erstbegünstigten benannten Einzelnachfolgers auf Neubestellung geschaffen werden, der durch Vormerkung zugunsten des Versprechensempfängers gesichert wird[1159] (was allerdings im Fall der Einzelnachfolge für den Eigentümer das Risiko aufwirft, dass der neue Betreiber nicht in die bestehenden schuldrechtlichen Nutzungs- und Versicherungsverträge etc. eintritt, sodass er die Berechtigung nicht allein an die Benennung knüpfen wird). Eine unmittelbare Dienstbarkeit »zugunsten der Erben« einer noch lebenden Person ist nicht eintragungsfähig.[1160]

830 Die Praxis schafft über § 328 BGB einen Anspruch der **finanzierenden Bank**[1161] als Versprechensempfängerin, im Weg eines unechten Vertrags zugunsten Dritter ein (vormerkungsgesichertes) Recht einzuräumen, einen oder beliebig viele Rechtsnachfolger zu benennen, zu deren Gunsten dann Dienstbarkeiten zu bestellen sind. Dieser Anspruch aus unechtem Vertrag zugunsten Dritter unterliegt nach herrschender Auffassung[1162] nicht dem Abtretungsverbot des Bestellungsanspruchs in Bezug auf die beschränkt persönliche Dienstbarkeit selbst (§ 399, 1. Alt., BGB);[1163] er ist auch, sofern Versprechensempfänger der derzeitige Vertragspartner ist, vererblich (andernfalls würde er vor seiner Erfüllbarkeit untergehen!). Diese Vormerkung zugunsten des Versprechensempfängers,

---

1153 Die nachträgliche Bestellung einer Dienstbarkeit bewirkt dies nach h. M. nicht, vgl. im einzelnen *Reymann* DNotZ 2010, 94 ff., allerdings kann es insbesondere bei der aufgeständerten Bauweise (in der die Solarmodule nicht einen Teil des Daches selbst ersetzen) schon von vornherein an der Bestandteilseigenschaft fehlen.
1154 OLG München, 30.09.2011 – 34 Wx 328/11, RNotZ 2012, 44 lässt zum Nachweis des berechtigten Interesses an einer Eigentümerdienstbarkeit den (nicht die Form des § 29 GBO wahrenden) Vortrag genügen, die Anlage auch nach einer etwaigen Grundstücksveräußerung weiterbetreiben zu wollen.
1155 Formulierungsbeispiel einer Sicherungsdienstbarkeit, kombiniert mit einer Erhaltungsreallast bei *Kappler* ZNotP 2007, 257, 262 ff.; vgl. auch *Reymann* DNotZ 2010, 84 ff. Zur Bewertung *Tiedtke* MittBayNot 2010, 444 ff.
1156 Besteht Scheinbestandteilseigenschaft, ist eine Sicherungsübereignung an die Bank möglich, andernfalls können nur die Einspeisevergütungs- und die Entschädigungsansprüche gegen den Gebäudeeigentümer aus § 951 Abs. 1 Satz 1 BGB i.V.m. § 812 ff. BGB sicherungsabgetreten werden.
1157 Insb. eine GmbH & Co. KG, ggf. auch eine UG (haftungsbeschränkt), wobei jedoch die Pflicht zur Bildung der gesetzlichen Rücklage gem. § 5a Abs. 3 GmbHG die Ausschüttungshöhe beschränkt.
1158 Zur Übertragbarkeit von Leitungsdienstbarkeiten ohne Zustimmung des Eigentümers vgl. OLG Hamm, 22.06.2010 – I-15 W 299/10, notar 2011, 236.
1159 Formulierungsvorschlag bei *Schöner/Stöber* Grundbuchrecht Rn. 1202; für die Einzelrechtsnachfolge bei *Kappler* ZNotP 2007, 257, 262.
1160 OLG München, 24.11.2010 – 34 Wx 103/10, RNotZ 2011, 245.
1161 Vgl. hierzu *Berndt/Schelske* NWB 2012, 744, 747 ff.
1162 *Reymann* DNotZ 2010, 103 m.w.N.; *Keller* ZfIR 2011, 705, 708 f.
1163 Sodass dem benannten Rechtsnachfolger der Schutz der eingetragenen Vormerkung zugute kommt, § 401 BGB.

§ 335 BGB,[1164] wird gem. § 12 Abs. 1b GBV in Spalte 3 der Abteilung II des Grundbuchs vorgemerkt und nach sodann – auf der rechten Hälfte der Spalte – zugunsten des benannten Dritten die Dienstbarkeit selbst nach ihrer Bewilligung eingetragen (§ 19 Abs. 1 GBV). Die Rechtsprechung lässt es sogar zu, ähnlich den bisher entschiedenen Fällen der sukzessiven Ausschöpfung einer Vormerkung für mehrere Bestellungssachverhalte (etwa i.R.d. Erbbauzinserhöhungsvormerkung), eine unbestimmte Vielzahl von Bestellungsansprüchen durch eine Vormerkung zu sichern.[1165] Hierzu

▶ Formulierungsvorschlag: Dienstbarkeiten und Vormerkungen zur Sicherung einer Photovoltaikanlage

1. SACHSTAND 831

1.1

..... sind Miteigentümer je zur Hälfte des im Grundbuch des Amtsgerichts ..... von

Blatt ..... eingetragenen Grundstücks der Gemarkung ..... Flurst .....

in Abteilung II belastet wie folgt: ..... und in Abt. III: .....

Mit Vertrag vom ..... haben die Eigentümer die Dachfläche des auf dem genannten Flurstück befindlichen Gebäudes (gemäß beigefügter Lageskizze) zur Montage und zum Betrieb einer Photovoltaikanlage an ....., geboren am ....., wohnhaft in ..... (als Inhaber der Einzelfirma .....), (Nutzungsberechtigter) vermietet. Die Photovoltaikanlage wird nur auf die Dauer des genannten Nutzungsvertrags eingebaut, also zu einem vorübergehenden Zweck, und ist bzw. wird damit nicht wesentlicher Bestandteil des Gebäudes. Zur Sicherung dessen wird die beschränkte persönliche Dienstbarkeit nachstehend 2) bestellt.

1.2

Die ..... Bank finanziert dem Nutzungsberechtigten die Anschaffung und den Einbau der Photovoltaikanlage. Für die Laufzeit des Darlehens ist bzw. wird der Bank die Photovoltaikanlage zur Sicherheit übereignet. Bei Verzug des Eigentümers mit den Kapitaldienstleistungen in Höhe von mindestens 5 % der Ausgangsdarlehenssumme, ist die Bank berechtigt, ein ihr eingeräumtes Recht auf Eintritt in die Betreiberstellung auszuüben. Danach sind die vom Stromabnehmer gewährten Einspeisevergütungen, abzüglich aller für den Betrieb und die Wartung und Versicherung der Photovoltaikanlage anfallenden Kosten, auf das dem Eigentümer gewährte Darlehen bis zur Tilgung anzurechnen. Nach vollständiger Tilgung des Darlehens endet das Betreiberrecht der Bank. Zu dessen Sicherung wird nachstehend 3) eine weitere, aufschiebend bedingte, beschränkte persönliche Dienstbarkeit bestellt.

1.3

Der Eigentümer verpflichtet sich weiter dem Nutzungsberechtigten gegenüber als Versprechensempfänger gem. § 335 BGB, beschränkte persönliche Dienstbarkeiten gleichen Inhalts zu bestellen:
(a) zugunsten beliebiger vom Nutzungsberechtigten benannter Dritter – auch zugunsten mehrerer aufeinanderfolgender Dritter –, und zwar für den Fall, dass solche Dritte in den geschlossenen Nutzungsvertrag eintreten und diese Dritte die Rechte und Pflichten des Nutzungsberechtigten aus diesem Nutzungsvertrag übernehmen, oder
(b) zugunsten aller Erben und Erbeserben des Nutzungsberechtigten für beliebig viele Erbfälle, wenn diese Vertragspartei des geschlossenen Nutzungsvertrags werden.

Dieser Anspruch ist vererblich und übertragbar. Dem Eigentümer ist bewusst, dass die Löschung der Ursprungsdienstbarkeit zugunsten des Nutzungsberechtigten, ebenso der Vormerkung, im Grundbuch dessen Mitwirkung in notariell beglaubigter Form erfordert.

[1164] Nicht zugunsten der noch unbenannten Dritten, OLG Hamm, 22.12.2010 – 15 W 526/10, MittBayNot 2011, 299 m. Anm. *Keller*.
[1165] OLG München, 05.08.2010 – 27 Wx 45/10, MittBayNot 2011, 231 m. Anm. *Preuß*; optimistisch auch *Keller* DNotZ 2011, 99, 111 und ZfIR 2011, 705 ff. Dogmatische Begründung (Fall der Sukzessivberechtigung liegt auch bei der Bestellung von Dienstbarkeiten zugunsten beliebig vieler Nachfolger des Anlagenbetreibers vor) bei *Klühs* RNotZ 2012, 28 ff.

Zur Sicherung dieser Bestellungsverpflichtung wird nachstehend 4) eine Vormerkung bewilligt.

Demzufolge wird bewilligt und beantragt:

2. BESCHRÄNKTE PERSÖNLICHE DIENSTBARKEIT ZUGUNSTEN DES NUTZUNGSBERECHTIGTEN

Der Eigentümer für sich und seine Rechtsnachfolger im Eigentum räumt hiermit dem vorgenannten Nutzungsberechtigten das Recht ein, auf dem Dach des Gebäudes, das sich auf dem im Lageplan gelb eingezeichneten Teil des Grundstücks befindet, alle zum Betrieb der Photovoltaikanlage notwendigen Verrichtungen vorzunehmen, insbesondere auf dem genannten Gebäude die Photovoltaikanlage und an anderen dafür geeigneten Stellen alle erforderlichen Nebenanlagen (Module, Schalt- und Messstation, Trafo, Wechselrichter, unter- und oberirdische Anschlussleitungen, Kabelverbindungen usw.) zu montieren, die Photovoltaikanlage dort für den Betriebszeitraum zu belassen und zu betreiben.

Der Berechtigte ist ferner berechtigt, die zum Anschluss der Anlage an das öffentliche Netz erforderlichen Leitungen und Kabel zu verlegen, bzw. soweit erforderlich bestehende Leitungen mitzubenutzen.

Dem Berechtigten und den vom Berechtigten schriftlich beauftragten Personen ist es jederzeit gestattet, das genannte Grundstück zum Zweck der Erstellung, des Betriebs und Unterhaltung der Photovoltaikanlage mit deren Inspektionen, Wartungsarbeiten und Vornahme von Instandsetzungs- und Reparaturarbeiten, einschließlich der völligen Erneuerung bzw. Demontage der Anlage, uneingeschränkt zu betreten und mit Fahrzeugen aller Art zu befahren.

Nach Durchführung der Installationen hat der Berechtigte eventuell entstandene Schäden am Grundstück und Gebäude zu beseitigen.

Die Unterhaltungs- und Verkehrssicherungspflicht für die Photovoltaikanlage samt Nebenanlagen obliegt dem Berechtigten. Der Berechtigte hat die Photovoltaikanlage samt Nebenanlagen auf seine Kosten in einem ordnungsgemäßen Zustand zu halten.

Der Eigentümer darf für die Dauer des Vorhandenseins dieser Anlage nichts errichten, umbauen oder entfernen, was den Bestand, den Betrieb oder die Nutzung der Anlage beeinträchtigt oder gefährdet.

Baulichkeiten, Bäume und Sträucher dürfen die Anlage nicht gefährden oder ihren Betrieb beeinträchtigen. Ihre Beseitigung ist nach vorheriger Rücksprache mit dem Eigentümer durch den Berechtigten zulässig.

Des Weiteren ist der Eigentümer verpflichtet, das Gebäude so zu unterhalten, dass der Bestand und der Betrieb der Photovoltaikanlage während der Betriebszeit nicht gefährdet ist.

Die Dienstbarkeit erlischt, wenn der oben genannte Nutzungsvertrag durch Zeitablauf oder durch einvernehmliche Aufhebung endet oder wenn der Nutzungsvertrag aus anderen Gründen endet, die der Berechtigte zu vertreten hat. Den Beteiligten ist bekannt, dass es zur Löschung im Grundbuch der Bewilligung des dann Berechtigten bedarf.

Zur Sicherung der eingeräumten Rechte bewilligt der Eigentümer und beantragt der Nutzungsberechtigte die Eintragung einer beschränkten persönlichen Dienstbarkeit an dem Grundstück Flurst. ..... zugunsten des Nutzungsberechtigten.

Die beschränkte persönliche Dienstbarkeit soll im Grundbuch zunächst nächstoffene Rangstelle erhalten, jedoch Gleichrang mit den nachbestellten Rechten 3) und 4).

Die in Abt. III eingetragene Buchgrundschuld zu ..... soll hinter die heute bestellten Rechte zurücktreten; der Notar wird beauftragt, die Rangrücktrittserklärung einzuholen. Dem Rangrücktritt wird durch den Eigentümer zugestimmt.

3. AUFSCHIEBEND BEDINGTE BESCHRÄNKTE PERSÖNLICHE DIENSTBARKEIT ZUGUNSTEN DER BANK

Zur Absicherung des oben 1. erläuterten Eintrittsrechtes bestellt, bewilligt und **beantragt** der Eigentümer hiermit die Eintragung einer durch die Ausübung des vorstehend bezeichneten Eintrittsrechtes aufschiebend bedingten beschränkten **persönlichen Dienstbarkeit** zugunsten der Bank zu Lasten des vorbezeichneten Grundstücks im Gleichrang mit dem oben 2. bestellten Recht und mit dem in 2. genannten Inhalt.

4. VORMERKUNG ZUGUNSTEN DES NUTZUNGSBERECHTIGTEN

Zur Sicherung des in 1.3 genannten Anspruchs des Nutzungsberechtigten als Versprechensempfänger bewilligt der Eigentümer und beantragt der Nutzungsberechtigte die Eintragung einer Vormerkung im Grundbuch zulasten des vorgenannten Grundstücks und zugunsten des Nutzungsberechtigten im Gleichrang mit den zuvor unter 2. und 3. bewilligten und beantragten beschränkten persönlichen Dienstbarkeiten.

Wird demgemäß die auf dem fremden Gebäude befindliche Photovoltaikanlage verkauft (Rdn. 836), hat der Grundstückseigentümer (in Erfüllung des vormerkungsgesicherten Anspruchs) eine neue beschränkte persönliche Dienstbarkeit für den Erwerber zu bestellen, unter Umschreibung der Vormerkung in deren Rang; die Vormerkung selbst bleibt bestehen. Zustimmungen nachrangiger Gläubiger sind nicht erforderlich. Zugleich ist der Anspruch des bisherigen Betreibers auf Benennung weiterer künftiger Dienstbarkeitsberechtigter an den neuen Betreiber abzutreten, und die Benennung des Berechtigten bei der eingetragenen Vormerkung zu berichten. Hinzu treten Übernahmeerklärungen in Bezug auf den Einspeisungsvertrag etc., siehe Rdn. 834. 832

In Betracht kommt schließlich die schlichte Nutzungsüberlassung gem. § 1092 Abs. 1 Satz 2 BGB durch die Bank als alleinige Dienstbarkeitsberechtigte, allerdings behaftet mit dem Nachteil, dass bei einem Wechsel der Bank die dingliche Absicherung insgesamt entfiele. 833

b) Verkauf der Anlage

Befindet sich auf dem veräußerten Gebäude oder Grundstück eine Fotovoltaikanlage, die nicht an einen Dritten vermietet ist (zu dieser Konstellation vgl. Rdn. 1876 ff), sondern ebenfalls dem Käufer mitübertragen werden soll, bedarf der Mitverkauf der notariellen Beurkundung, da jedenfalls aus Sicht des Verkäufers (der sie nur unter hohem Wertverlust entfernen könnte) die Immobilienveräußerung an diese Übernahme geknüpft ist. Grunderwerbsteuer fällt auf den hierauf entfallenen Kaufpreisanteil nicht an (Rdn. 3491); umsatzsteuerlich liegt eine Geschäftsveräußerung im Ganzen i.S.d. § 1 Abs. 1a UStG vor (Rdn. 1877, 3516); zur einkommensteuerlichen Behandlung der Einspeisungsvergütungen vgl. Rdn. 1879. Regelungsbedürftig sind auch die Abtretung der Ansprüche gegen den Lieferanten der Module (oft bestehen Herstellergarantien bis zu 20 Jahren) sowie den Monteur anstelle eigener Haftung des Verkäufers (es liegt ein Verkauf Unternehmer an Unternehmer vor), ggf. die Übernahme eines zur Finanzierung geschlossenen Kreditvertrages, jedenfalls aber des Vertrages mit dem Energieversorger und bestehender Versicherungsverträge. 834

▶ Formulierungsvorschlag: Mitverkauf einer Fotovoltaikanlage

> Mitverkauft ist die auf der Südseite des Daches des Hauptgebäudes montierte Fotovoltaikanlage samt Zubehör, die elektrische Energie ausschließlich an den Energieversorger ..... liefert. Auf sie entfällt ein Kaufpreisanteil von ..... Euro, *der in Höhe der Darlehensvaluta am Stichtag der Zahlung des verbleibenden Kaufpreises durch Schuld- bzw. Erfüllungsübernahme gem. nachstehend (4) teilweise getilgt wird.* Aufschiebend bedingt auf die Zahlung des Kaufpreises sind sich die Beteiligten über den Eigentumsübergang und die Besitzeinräumung hieran einig. Der Verkäufer steht dafür ein, dass Rechte Dritter an der Anlage nicht bestehen (*ggf.: mit Ausnahme der Sicherungsübereignung an die X-Bank zur Sicherung des nachstehend übernommenen Darlehens*). Ansprüche wegen Sachmängeln gegen den Verkäufer werden (ausgenommen Fälle des Vorsatzes und der Arglist) ausgeschlossen. Der Verkäufer steht jedoch dafür ein, dass eine Herstellergarantie über ..... % Leistung auf einen Zeitraum von ..... Jahren ab Inbetriebnahme (diese war .....) besteht; er tritt alle Ansprüche hieraus, ebenso wie Ansprüche gegen Planer, Lieferanten, Montage- und Wartungsunternehmen an den dies annehmenden Käufer ab, aufschiebend bedingt auf die Kaufpreiszahlung.
>
> Ebenfalls mit Wirkung ab Kaufpreiszahlung tritt der Käufer anstelle des Verkäufers in folgende objektbezogenen Verträge ein: (1) den Einspeisungsvertrag mit dem o.g. Energieversorger vom ....., (2) den Versicherungsvertrag mit ..... vom ....., (3) den Wartungsvertrag mit ..... vom .....,

835

B. Gestaltung eines Grundstückskaufvertrages

(4) *den Darlehensvertrag mit ..... vom .....* Bis zur Erteilung der Zustimmung der Vertragspartner, welche die Beteiligten selbst zu beschaffen sich verpflichten, ist der Käufer zur Freistellung des Verkäufers verpflichtet. Wird die Vertragsübernahmegenehmigung durch den Darlehensgläubiger gem. (4) verweigert, ist der Käufer zur Ablösung des Darlehens in Anrechnung auf den dann unmittelbar zu leistenden Kaufpreis verpflichtet. Alle erwähnten Verträge sind dem Käufer bekannt; der Verkäufer versichert, dass sie ungekündigt bestehen und keine oben nicht erwähnten Vertragsänderungen erfolgt sind.

Die Abrechnung des Darlehens, der Versicherungsprämien und Vergütung für den Wartungsvertrag sowie der Einspeisungsvergütung zwischen Verkäufer und Käufer erfolgt taggenau auf den Zeitpunkt der Kaufpreiszahlung.

836 Beim Verkauf einer Anlage auf einem Fremddach (zur spiegelbildlichen Situation des Verkaufs eines Gebäudes, auf dessen – angemietetem - Dach sich die Anlage eines Dritten befindet vgl. Rdn. 1876 ff) in Verbindung mit dem Verkauf eines (i.d.R. benachbarten) Gebäudes des bisherigen Anlagenbetreibers sind ferner in Bezug auf die eingetragene Dienstbarkeit und Bestellungsvormerkung (Rdn. 831) die in Rdn. 833 erwähnten Erklärungen abzugeben:

▶ Formulierungsvorschlag: Mitverkauf einer Fotovoltaikanlage auf fremdem Gebäude

837 Mitverkauft ist die auf der Südseite des Daches des Nachbargebäudes (FlSt ....., Grundbuch des AG ..... für ..... Blatt .....) montierte Fotovoltaikanlage samt Zubehör, die elektrische Energie ausschließlich an den Energieversorger ..... liefert. Zur Sicherung des Bestandes und Betriebes dieser Anlage ist im genannten Grundbuchblatt (Abt. II lfd Nr. .....) eine beschränkte persönliche Dienstbarkeit für den Verkäufer eingetragen, im Rang danach eine Vormerkung zu seinen Gunsten zur Sicherung seines Anspruchs auf Eintragung neuer Dienstbarkeit für von ihm zu benennende Dritte, sowie eine aufschiebend bedingte Dienstbarkeit zugunsten der ..... Bank, welche ein Darlehen zur Finanzierung der Anlage ausgereicht hat.

Auf diese Anlage entfällt ein Kaufpreisanteil von ..... Euro, *der in Höhe der Darlehensvaluta am Stichtag der Zahlung des verbleibenden Kaufpreises durch Schuld- bzw. Erfüllungsübernahme gem. nachstehend (4) teilweise getilgt wird.* Aufschiebend bedingt auf die Zahlung des Kaufpreises sind sich die Beteiligten über den Eigentumsübergang und die Besitzeinräumung hieran einig. Der Verkäufer steht dafür ein, dass Rechte Dritter an der Anlage nicht bestehen (*ggf.: mit Ausnahme der Sicherungsübereignung an die X-Bank zur Sicherung des nachstehend übernommenen Darlehens*). Ansprüche wegen Sachmängeln gegen den Verkäufer werden (ausgenommen Fälle des Vorsatzes und der Arglist) ausgeschlossen. Der Verkäufer steht jedoch dafür ein, dass eine Herstellergarantie über ..... % Leistung auf einen Zeitraum von ..... Jahren ab Inbetriebnahme (diese war .....) besteht; er tritt alle Ansprüche hieraus, ebenso wie Ansprüche gegen Planer, Lieferanten, Montage- und Wartungsunternehmen an den dies annehmenden Käufer ab, aufschiebend bedingt auf die Kaufpreiszahlung.

Ebenfalls mit Wirkung ab Kaufpreiszahlung tritt der Käufer anstelle des Verkäufers in folgende objektbezogenen Verträge ein: (1) den Einspeisungsvertrag mit dem o.g. Energieversorger vom ....., (2) den Versicherungsvertrag mit ..... vom ....., (3) den Wartungsvertrag mit ..... vom ....., (4) den Vertrag über die Anmietung der Dachfläche mit dem Eigentümer des belasteten Grundstücks vom ..... (5) *den Darlehensvertrag mit ..... vom .....* Bis zur Erteilung der Zustimmung der Vertragspartner, welche die Beteiligten selbst zu beschaffen sich verpflichten, ist der Käufer zur Freistellung des Verkäufers verpflichtet. Wird die Vertragsübernahmegenehmigung durch den Darlehensgläubiger gem. (5) verweigert, ist der Käufer zur Ablösung des Darlehens in Anrechnung auf den dann unmittelbar zu leistenden Kaufpreis verpflichtet. Alle erwähnten Verträge sind dem Käufer bekannt; der Verkäufer versichert, dass sie ungekündigt bestehen und keine oben nicht erwähnten Vertragsänderungen erfolgt sind.

Die Abrechnung des Darlehens, der Versicherungsprämien und Vergütung für den Wartungsvertrag sowie der Einspeisungsvergütung zwischen Verkäufer und Käufer erfolgt taggenau auf den Zeitpunkt der Kaufpreiszahlung.

Aufschiebend bedingt auf die Kaufpreiszahlung tritt der Verkäufer als bisheriger Betreiber seinen (durch Vormerkung gesicherten) Anspruch gegen den Grundstückseigentümer, beschränkte persönliche Dienstbarkeiten zugunsten der künftig von ihm zu benennenden Dritten zur

Eintragung zu bewilligen, an den dies annehmenden Käufer ab. Der amtierende Notar, sein Sozius, Vertreter und Nachfolger im Amt wird bevollmächtigt, im Wege der Eigenurkunde die Berichtigung der zugunsten des Verkäufers eingetragenen Vormerkung Abt. II lfd Nr. ..... am o.g. belasteten Grundstück auf den heutigen Käufer zu bewilligen und zu beantragen, sobald er die Eigentumsumschreibung am erworbenen Grundstück selbst bewilligt und beantragt.

Der Notar wird ferner angewiesen, die Vereinbarung über die Veräußerung der Fotovoltaikanlage (im Auszug) dem Eigentümer des belasteten Grundstücks zu übermitteln mit der Aufforderung, eine vom Notar zu entwerfende Bewilligung zur Eintragung einer beschränkt persönlichen Dienstbarkeit zugunsten des Käufers auf dessen Kosten abzugeben, mit der Auflage, darüber – unter Ausnutzung des durch die Vormerkung gesicherten Ranges – nur zu verfügen, wenn zugleich die für den Verkäufer eingetragene beschränkte persönliche Dienstbarkeit gelöscht wird.

Der Verkäufer seinerseits bevollmächtigt den amtierenden Notar, seinen Sozius, Vertreter oder Nachfolger im Amt, die Löschung der für ihn eingetragenen beschränkten persönlichen Dienstbarkeit zu bewilligen, sobald er die Eigentumsumschreibung am erworbenen Grundstück selbst bewilligt und beantragt.

7. Mitübertragene Agrarförderungsansprüche

a) EU-Agrarreform 2005

Die EU-Agrarreform 2003[1166] führte seit 01.01.2005 (bis zur nächsten Neuregelung 2013) zur Entkoppelung der bisher nach der Art des Produkts differenzierenden Agrarbeihilfen: Mit Ausnahme von Hopfen und Tabak (und teilweise Stärkekartoffeln sowie Trockenfutter) entfallen Direktzahlungen, insb. die Milchprämie (frühere Referenzmenge nach Zusatzabgabenverordnung). Jeder Betriebsinhaber erhält entsprechend der bisher von ihm bewirtschafteten Fläche Zahlungsansprüche als Rechengröße, bestehend aus einem zwischen Dauergrünland und Ackerland differenzierten Basisbetrag und dem »betriebsindividuellen Prämienanteil (BIP)«, letzterer gemessen an den Direktbeihilfen der Referenzjahre 2000 bis 2002. Steuerrechtlich handelt es sich bei den zugeteilten Zahlungsansprüchen um immaterielle Wirtschaftsgüter des Anlagevermögens (die im Fall entgeltlichen Erwerbs zu aktivieren sind).[1167]

838

Diese Zahlungsansprüche, die mit **Identifikationsnummern** versehen werden,[1168] sind nicht an eine bestimmte Fläche gebunden, sondern können mit jeder dem Betriebsinhaber mindestens 10 Monate lang zur Verfügung stehenden Fläche »aktiviert« werden. Diese Fläche muss nicht tatsächlich bewirtschaftet, sondern lediglich in gutem landwirtschaftlichem und ökologischem Zustand gehalten werden (»**cross compliance**«).[1169] Die endgültige Festsetzung der Zahlungsansprüche erfolgte bis 31.12.2005. Zwischen 2009 und 2013 werden sie dann schrittweise an den »regionalen Zielwert« angepasst[1170] und unterliegen ferner zur Bildung einer »nationalen Reserve« bis Ende 2012 einer jährlichen prozentualen Kürzung (»Modulation«). Eine Sonderregelung gilt für Obst-, Gemüse- oder Speisekartoffel- (»OGS«-) Anbauflächen: Bei ihnen bedarf die Aktivierung der Zahlungsansprüche einer zusätzlichen »OGS-Genehmigung«, die fortan an den betreffenden Zahlungsanspruch geknüpft ist.[1171]

839

1166 Vgl. *Schmitte* MittBayNot 2004, 95; *Fischer* MittBayNot 2005, 273; *Gehse* RNotZ 2007, 61 ff.; Betriebsprämiendurchführungsgesetz v. 21.07.2004, BGBl. I 2004, S. 1763 mit Änderungen S. 1861 und 1868 sowie BGBl. I 2006, S. 942; EU-Verordnungen 1782/03 und 864/2004, abrufbar unter www.europa.eu.int/eur-lex/pri/de/oj/dat.
1167 Vgl. im Einzelnen BMF v. 25.06.2008, EStB 2008, 393; jedenfalls sobald das Wirtschaftsgut »Prämienberechtigung« in Verkehr gebracht wurde, vgl. BFH, 30.09.2010 – IV R 28/08, EStB 2011, 5.
1168 Gem. InVeKoSDG (BGBl. I 2004, S. 1763 und 3194).
1169 Anhänge III und IV der EG-Verordnung Nr. 1783/2003, vgl. »Meilensteine« des Bundesministeriums für Verbraucherschutz, Ernährung und Landwirtschaft, Rn. 64, 203 ff.
1170 Vgl. § 6 BetrPrämDurchfG; dieser wird voraussichtlich zwischen 265,00 € (Saarland) und 360,00 € (Schleswig-Holstein) je Hektar liegen.
1171 Vgl. *Gehse* RNotZ 2007, 66.

B. Gestaltung eines Grundstückskaufvertrages

840 Die Zahlungsansprüche stehen demjenigen zu, der die Fläche am jeweiligen Stichtag[1172] in gutem landwirtschaftlichen Zustand hält, im Fall der Verpachtung also dem **Pächter**.[1173] Bei Beendigung der Pacht ist der Pächter – anders als bei Milchreferenzmengen und Zuckerrübenlieferrechten – jedenfalls gesetzlich nicht verpflichtet, die Zahlungsansprüche an den Verpächter zu übertragen,[1174] auch nicht gem. § 596 Abs. 1 BGB.[1175] Dies gilt auch für Altverträge[1176] ohne Prämienübertragungsregelung;[1177] allerdings könnte dort ein Anspruch auf Vertragsanpassung gem. § 593 Abs. 1 BGB wegen der durch den Systemwechsel der Agrarförderung nachhaltig veränderten Verhältnisse bestehen. Anderenfalls sind der Eigentümer und der neue Pächter darauf angewiesen, sich gegen Entgelt solche Zahlungsansprüche wieder zu beschaffen, soweit sie nicht als »Betriebsinhaber in besonderer Lage« Ansprüche aus der nationalen Reserve zugeteilt erhalten. In neuen Pachtverträgen[1178] wird nunmehr in aller Regel der Pächter zur Rückübertragung der entkoppelten Betriebsprämien verpflichtet, was auch in AGB zulässig ist.[1179] Wurden landwirtschaftliche Flächen veräußert und erhielt der Käufer für die Bewirtschaftung dieser Flächen Prämien zugeteilt, muss er diese bei Rückabwicklung des Kaufs nicht an den Verkäufer oder an einen von ihm benannten Dritten übertragen.[1180]

841 Bei Vererbung oder vorweggenommener Erbfolge erhält der Erwerber die Zahlungsansprüche zugewiesen, sofern er Betriebsinhaber ist/wird, gegen Vorlage des Erbscheins bzw. Hofübergabevertrages.

Zahlungsansprüche können auch an andere Betriebsinhaber innerhalb desselben Bundeslandes **übertragen** werden, mit oder ohne[1181] Flächen. Die Übertragung von Zahlungsansprüchen ohne Fläche ist jedoch erst dann möglich, wenn der Betriebsinhaber mindestens 80 % seiner Ansprüche innerhalb eines Kalenderjahres genutzt hat.[1182] Zahlungsansprüche können schließlich auch isoliert verpachtet werden.[1183]

b) Formulierungen

842 Sollen Zahlungsansprüche aus EU-Agrarförderung mitübertragen werden, könnte etwa wie folgt formuliert werden:[1184]

▶ Formulierungsvorschlag: Mitübertragung von Ansprüchen auf Agrarförderung (EU 2003)

Mitverkauft und mit Zahlung des Kaufpreises aufschiebend bedingt abgetreten sind gesamt ..... [z.B. Anzahl nach Hektargröße] Zahlungsansprüche gem. Betriebsprämiendurchführungsgesetz, davon ..... Acker-, ... Dauergrünland, und ..... Stilllegungszahlungsansprüche (Identifikationsnummern ..... bis .....). Keiner der betreffenden Zahlungsansprüche ist mit Sondergenehmigung für Obst-, Gemüse- oder Speisekartoffelanbau versehen. Die Beteiligten erklären

---

1172 Regelmäßig der 15.05. eines Jahres, wobei die Fläche dann mindestens 10 Monate zur Verfügung stehen muss. Im Fall des Erwerbs zählt der Besitzübergang zu diesem Stichtag; ggf. hilft ein vorgeschalteter Pachtvertrag.
1173 Umfassend zur Pacht und zum isolierten Erwerb von Zahlungsansprüchen *Krämer* NotBZ 2008, 133 ff. und 216 ff.
1174 Vgl. »Meilensteine der Agrarpolitik 2005« Rn. 35 sowie »Die EU-Agrarreform, Umsetzung in Deutschland 2006« des Bundesministeriums für Verbraucherschutz, Ernährung und Landwirtschaft, (abrufbar unter www.bmelv.de (Service-Onlinebestellung), vgl. weiter *Fischer* MittBayNot 2005, 274; *Krüger/Schmitte* AuR 2005, 86; OLG Oldenburg, 21.09.2006 – 10 U 4/06, NotBZ 2007, 260; a.A. *Jansen/Hannusch* AuR 2005, 45.
1175 BGH, 24.11.2006 – LwZR 1/06, MittBayNot 2008, 37 m. Anm. *Gehse*. Dies ist europarechtskonform, EuGH, 21.01.2010 – C-470/08, NL-Briefe zum Agrarrecht (BzAR) 2010, 110.
1176 Eine Übergangsregelung wie in § 12 Abs. 2 MilchabgabenVO (BGBl. I 2004, S. 2143) fehlt.
1177 Solche Übertragungsregelungen gelten trotz des Systemwechsel im Zweifel auch für die Zahlungsansprüche neuen Rechts, BGH, 24.04.2009 – LwZR 11/08, DNotZ 2009, 951. Sie sind auch formularvertraglich möglich, OLG Naumburg, 26.11.2009 – 2 U 90/09 (Lw), NL-Briefe zum Agrarrecht (BzAR) 2010, 152.
1178 Muster bei *Krämer* NotBZ 2008, 292 (mit getrennter Verpachtung der Zahlungsansprüche).
1179 OLG Naumburg, 26.11.2009 – 2 U 90/09 (Lw), NL-Briefe zum Agrarrecht (BzAR) 2010, 152.
1180 BGH, 22.01.2010 – V ZR 170/08, JurionRS 2010, 10668.
1181 Muster eines solchen Kaufvertrags bei *Krämer* NotBZ 2008, 297.
1182 Anderenfalls muss er alle Zahlungsansprüche, die er im ersten Jahr nicht genutzt hat, freiwillig an die nationale Reserve abtreten, »Meilensteine« des BMVEL, Rn. 73.
1183 *Krämer* NotBZ 2008, 216 f.; Muster bei *Krämer* NotBZ 2008, 293.
1184 Vgl. *Gehse* RNotZ 2007, 67.

auch gegenüber der Grunderwerbsteuerstelle, dass auf diese Prämien ein Kaufpreisanteil von ..... € entfalle.

Der Verkäufer steht dafür ein, dass die verkauften Flächen in gutem landwirtschaftlichem und ökologischem Zustand gehalten wurden.

Der Notar wies darauf hin, dass die Übertragung bei der zuständigen Landesstelle innerhalb eines Monats nach Vertragsschluss unter Verwendung eines Formulars anzuzeigen ist, ferner dass die Übertragung nur möglich ist, wenn auch der Erwerber landwirtschaftliche Tätigkeit als Betriebsinhaber im selben Bundesland ausübt.

Sofern keine Zahlungsansprüche mitübertragen werden sollen, sollte auch dies ausdrücklich klargestellt werden, ggf. mit näheren Erläuterungen: 843

▶ Formulierungsvorschlag: Nichtübertragung von EU-Agrarförderungsansprüchen

Ansprüche auf landwirtschaftliche Beihilfen sind nicht mit übertragen.

(ggf. Zusatz: .....; diese stehen bereits dem Käufer als bisherigem Pächter zu, da der die Fläche seit Beginn des Referenzzeitraums 2000 in eigener Bewirtschaftung gehalten hat.)

(oder z.B. Zusatz: .....; diese stehen dem derzeitigen Pächter zu, der die Fläche seit Beginn des Referenzzeitraums 2000 in eigener Bewirtschaftung gehalten hat. Der Pachtvertrag enthält keine Verpflichtung zur Rückübertragung der Zahlungsansprüche bei Pachtende.).

Ist die verkaufte landwirtschaftliche Fläche an Dritte verpachtet, der Pächter jedoch (aufgrund entsprechender vertraglicher Vereinbarung, vgl. Rdn. 840) zur Rückübertragung der Prämienrechte bei Pachtende verpflichtet, kann dieser Anspruch an den Käufer mitübertragen werden: 844

▶ Formulierungsvorschlag: Abtretung des Anspruchs gegen den Pächter auf Rückübertragung von EU-Agrarförderungsansprüchen

Dem Pächter wurden nach dessen Erklärung, für deren Richtigkeit der Verkäufer keine Gewähr übernimmt, hinsichtlich der Vertragsfläche gesamt ..... [z.B. Anzahl nach Hektargröße] Zahlungsansprüche gem. Betriebsprämiendurchführungsgesetz zugeteilt, davon ..... Acker-, ... Dauergrünland, und ..... Stilllegungszahlungsansprüche (Identifikationsnummern ..... bis .....).

Keiner der betreffenden Zahlungsansprüche ist mit Sondergenehmigung für Obst-, Gemüse- oder Speisekartoffelanbau versehen. Der Verkäufer steht dafür ein, dass der Pächter bei Beendigung des Pachtverhältnisses zur Rückübertragung dieser Zahlungsansprüche an den Verpächter verpflichtet ist. Der Verkäufer tritt aufschiebend bedingt auf den Erhalt des Kaufpreises diesen Anspruch auf Rückübertragung an den Käufer ab und verpflichtet sich, die Abtretung nach Eintritt der aufschiebenden Bedingung dem Pächter anzuzeigen. Die Beteiligten erklären auch gegenüber der Grunderwerbsteuerstelle, dass auf die Abtretung des Rückübertragungsanspruchs hinsichtlich dieser Prämien ein Kaufpreisanteil von ..... € entfalle.

Sollte der Veräußerer gegen die Verpflichtung, die Flächen in gutem landwirtschaftlichen und ökologischen Zustand zu halten, verstoßen haben, dürfte dies, sofern der Erwerber den Zustand nicht aufrechterhält, Letzterem nicht zum Nachteil gereichen. Eine Versicherung oder gar Garantie des Veräußerers, die sog. »cross compliance« eingehalten zu haben, ist daher allenfalls bei nicht mehr behebbaren Zuständen (z.B. extremer Pestizidbelastung) zu erwägen.[1185] 845

c) »Milchquoten«

Die sog. »**Milchquoten**« (Anlieferungsrechte bei der Molkerei) gingen bis zum 31.03.2000 unter der Geltung der »Milch-Garantiemengen-VO« flächengebunden über, werden jedoch nunmehr nach Maßgabe der politisch durchaus umstrittenen Milchabgabenverordnung (MilchQuotV,[1186] zuvor der ZAVO)[1187] grds. über sog. Übertragungsstellen »West« und »Ost« zu festgesetzten Termi- 846

1185 Großzügiger *v. Jeinsen* Agrar- und Umweltrecht 2003, 294.
1186 BGBl. I 2007, S. 295, gültig ab 01.04.2007.
1187 BGBl. I 2000, S. 27, geändert insb. in BGBl. I 2002, S. 586.

nen und Preisen (»Gleichgewichtspreis«, § 17 MilchQuotV) innerhalb West- bzw. Ostdeutschlands übertragen (»Börsenpflicht«).

847 Außerhalb dieser Börse ist eine Übertragung von Milchreferenzmengen möglich:
- i.V.m. der (entgeltlichen oder unentgeltlichen) Veräußerung oder Verpachtung[1188] des gesamten[1189] Milcherzeugungsbetriebes (§ 22 Abs. 1 MilchQuotV);
- ferner im Wege der vorweggenommenen Erbfolge (§ 21 Abs. 1 MilchQuotV) als dauerhafte Übertragung, wobei rechtlich zulässige Vorbehalte die Dauerhaftigkeit nicht hindern
- sowie durch schriftliche Vereinbarung zwischen Ehegatten, Verpartnerten bzw. Verwandten in gerader Linie (§ 21 Abs. 2 MilchQuotV);
- schließlich bei Einbringung eines Betriebes in eine Gesellschaft, sofern der Einbringende dort 2 Jahre lang mitarbeitet (§ 23 MilchQuotV) und i.R.d. Auflösung von Gesellschaften bei der Verteilung ihrer Vermögenswerte an die Gesellschafter (§ 25 MilchQuotV).

848 Auch solche Übertragungen sind der Landesstelle anzuzeigen und von dieser zu bescheinigen (§ 27 Abs. 1 MilchQuotV). Wird die mit dem Gesamtbetrieb erworbene Milchquote vor Ablauf des zweiten »Quotenjahres« (das jeweils am 01.04. beginnt) weiterveräußert, ist diese weiterveräußerte Quote grds. einzuziehen (§ 22 Abs. 3 und 4 MilchQuotV, was wirtschaftlich der Unübertragbarkeit gleichkommt); auch beim regulären Verkauf über die Börse findet stets zumindest ein Basisabzug (§ 31 Abs. 3 MilchQuotV) statt.

Trotz ihrer eingeschränkten Verfügbarkeit unterliegen Milchquoten der Pfändung.[1190]

849 Wird ein Milch erzeugender landwirtschaftlicher Betrieb verkauft, sind gem. § 22 Abs. 1 Satz 3 MilchQuotV die übertragenen Anlieferungsquoten ausdrücklich im Vertrag zu nennen; der hierauf entfallende Kaufpreisteil sollte wegen der Grunderwerbsteuerersparnis beziffert werden:[1191]

▸ Formulierungsvorschlag: Verkauf eines Milcherzeugungsbetriebs

Gegenstand des Verkaufs ist ein milcherzeugender landwirtschaftlicher Betrieb. Die dem Verkäufer gehörenden Anlieferungsquoten i.H.v. ..... . Mit einem Referenzfettgehalt von ..... % sind ebenfalls verkauft und werden – aufschiebend bedingt auf die Zahlung des gesamten Kaufpreises – an den Käufer übertragen (§ 22 Abs. 1 MilchQuotV). Die Beteiligten werden die Anzeige bei der zuständigen Landesstelle selbst vornehmen und die zur Vorlage bei der Molkerei erforderliche Übertragungsbescheinigung einholen. Ihnen ist bekannt, dass eine Weiterveräußerung der erworbenen Milchquote binnen zwei Quotenjahren grds. zu deren ersatzloser Einziehung führt.

d) Zuckerrübenlieferrechte

850 Besonderheiten gelten auch für sog. **Zuckerrübenlieferrechte**.[1192] Die seit 1968 bestehende Zuckermarktordnung sieht neben Ein- und Ausfuhrbeschränkungen mit Drittländern eine Interventionspreisregelung im Binnenhandel und eine Kontingentierung durch Quotenregelung vor.[1193] Bei letzterer wird zwischen A-, B- und C-Zucker unterschieden, jeweils mit unterschiedlichen Mindestpreisen (A-Zucker entspricht der Grundquote, B-Zucker umfasst den Bereich zwischen Grundquote und Höchstquote, C-Zucker darüber hinausgehende Ernten; seit 2005 wird unterschieden zwischen »Quoten-Rüben« entsprechend der bisherigen A- und B-Rüben, Industrierüben, Ethanolrüben etc.). Die Unterverteilung innerhalb des der BRD zugewiesenen Kontingents erfolgt durch die Zu-

---

1188 Vgl. hierzu *Gehse* MittBayNot 2008, 337, auch zur Rechtslage bei Beendigung von Altpachtverträgen, §§ 48 ff. MilchQuotV.
1189 Bei Übertragungen zwischen Verwandten in gerader Linie oder auf den Ehegatten genügt gem. § 7 Abs. 2 Satz 5 ZAVO auch die Übertragung eines Betriebsteils.
1190 BGH, 20.12.2006 – VII ZB 92/05, Rpfleger 2007, 272 ff.
1191 *Hertel* DNotZ 2000, 325, 328.
1192 Vgl. *Gehse* RNotZ 2007, 73 ff.
1193 Art. 10 bis 21 der EG-Verordnung 1260/2001.

ckerhersteller als »beliehene Unternehmer«, die neben den Grundsätzen des Verwaltungsprivatrechtes auch das Kartellrecht (als marktbeherrschende Unternehmen i.S.d. § 20 Abs. 1 GWB) zu beachten haben.

Zugeteilte Lieferrechte bilden nach Ansicht des BGH[1194] kein Zubehör eines veräußerten landwirtschaftlichen Grundstückes, sondern sind betriebsbezogen, gehen also nur im Fall ausdrücklicher Vereinbarung über, die wegen ihrer Einbindung in den Rahmen der Grundstücksübertragung beurkundungspflichtig ist.[1195] (Steuerrechtlich handelt es sich um abnutzbare immaterielle Wirtschaftsgüter).[1196] Die Abtretung ist dem Zuckerhersteller anzuzeigen, bei einer Vinkulierung des Anspruchs ist zusätzlich dessen Zustimmung einzuholen (§ 399 BGB), was auch durch den Notar erfolgen kann (mit der Kostenfolge des § 147 Abs. 2 KostO). Werden Flächen zum Rübenanbau landwirtschaftlich verpachtet, sind die Zuckerrübenrechte als Bestandteil der ordnungsgemäßen Bewirtschaftung bei Pachtende (anders als die EU-Agrarförderansprüche) an den Verpächter zurückzuübertragen.[1197]

851

Zur langfristigen Einbeziehung der Zuckermarktordnung in die Betriebsprämienregelung werden nunmehr die A- und B-Quoten zu einer **einheitlichen Produktionsquote** zusammengefasst, für die der Mindestpreis bis zum Wirtschaftsjahr 2009/2010 schrittweise um ca. 40 % gesenkt wird. Ein erheblicher Teil des frei gewordenen Prämienvolumens wird in die von der Produktion entkoppelte Betriebsprämienregelung als sog. »**Zuckerausgleich**« integriert.[1198] Aufgrund der Angleichung aller Zahlungsansprüche an den regional einheitlichen Wert ab dem Jahr 2010 werden jedoch v.a. flächenarme Betriebe dauerhaft Subventionen verlieren.

852

▶ Formulierungsvorschlag: Vereinbarung über mitverkaufte Zuckerrübenlieferungsrechte

Aufschiebend bedingt auf die Kaufpreiszahlung sind mitübertragen ..... Tonnen A-Rüben- und ..... Tonnen B-Rüben-Lieferrechte bei der Südzucker AG. Der Verkäufer verpflichtet sich, die Übertragung nach Eintritt der aufschiebenden Bedingung im laufenden Zuckerwirtschaftsjahr dem Erzeuger anzuzeigen. Auf die Zuckerrübenlieferrechte entfallen vom Kaufpreis ..... € je Tonne A-Rüben, ... € je Tonne B-Rüben. Die Beteiligten stellen klar, dass Veränderungen des Wertes dieser Lieferrechte etwa aufgrund einer allg. Absenkung der Mindestpreise oder sonstiger Kürzungen, v.a. infolge Änderung der Zuckermarktordnung und Einbeziehung in die Betriebsprämienregelung, ohne Einfluss bleiben, insbes. den Käufer nicht zu einer Minderung, zur Geltendmachung von Schadensersatz oder zum Rücktritt berechtigen.

853

8. Urhebernutzungsrechte

Hat der Verkäufer als Bauherr oder hat ein Architekt den Kaufgegenstand als Ergebnis einer persönlichen geistigen Schöpfung gestaltet (§§ 1, 2 Abs. 1 Nr. 4, 2 Abs. 2 UrhG), kann dieses Werk als Ausfluss des Urheberpersönlichkeitsrechtes des Gestalters Schutz gegen Entstellungen (§ 14 UrhG)[1199] und Veränderungen (§ 39 UrhG, sog. **Werktreue**) genießen. Allerdings ist der Umfang der einem Architekten zustehenden Urheberrechte abhängig von der Leistungsphase des Auftrages.[1200] Der Ar-

854

1194 BGH DNotZ 1991, 667.
1195 Vgl. *Uhlig* DNotZ 1990, 673.
1196 Abschreibung bei entgeltlichem Erwerb auf 15, u.U. 10 Jahre, BFH, 17.03.2010 – IV R 3/08, EStB 2010, 286; das Bay. Landesamt für Steuern, 20.07.2009 – S 2134.2.1-6/11, St33 lässt es zu, den 31.12.2015 (Endbefristung der derzeitigen Zuckermarktverordnung) als Endzeitpunkt der AfA zugrunde zu legen, vgl. *Hilbertz* EStB 2010, 443.
1197 BGH NJW 2001, 2537; *Grages* Agrar- und Umweltrecht 2003, 332.
1198 Erhöhung um betriebsindividuelle Zuckergrundbeträge und weitere Zuckerbeträge gem. §§ 5 Abs. 4a, 5a BetrPrämDurchfG.
1199 Vgl. zu den Abwägungen bei Bauwerken (Sicherheits- und Kostenbelange) *Wandtke/Bullinger* Praxiskommentar zum Urheberrecht § 14 Rn. 31 ff; Kurzüberblick bei *Stellmann/Depprich* ZflR 2012, 41 ff.
1200 Gem. BGH NJW 1975, 1165 kann der Architekt bspw. nach Erbringung und Honorierung der Planungsleistungen bis zur Leistungsphase 4 nicht dem Bauherren untersagen, das Werk ohne seine Mitwirkung zu vollenden, da ihm über das Honorar hinaus ein weiteres Entgelt für die Nutzung der Pläne nicht zusteht, außer ihm wäre nur die Vorplanung übertragen worden (OLG Celle NJW-RR 2000, 191).

chitektenvertrag bestimmt ferner, ob der Bauherr Inhaber des Nutzungsrechtes wird (§ 44 Abs. 1 UrhG), das ihm nicht schon in seiner Eigenschaft als Eigentümer des Werkoriginals zusteht.

855 Bestehen fremde Urheberrechte am Werk, begrenzen diese die Sachherrschaft des Eigentümers (§ 903 BGB); sie wirken ggü. jedermann, sind vererblich und erlöschen erst 70 Jahre nach dem Tod des Urhebers (§§ 29 Abs. 1, 64 UrhG). Verstöße sind gem. § 97 Abs. 1 UrhG schadensersatz- und unterlassungsbewehrt. Urheberrechte stehen nicht nur »Entstellungen« (§ 14 UrhG), sondern auch sonstigen Veränderungen, auch hinsichtlich der Fassadengestaltung, entgegen (§ 39 Abs. 1 UrhG). Die i.R.d. Letzteren gem. § 39 Abs. 2 UrhG anzustellende Abwägung kann jedoch zugunsten des Eigentümers ausfallen, wenn Änderungen zur Nutzungserhaltung, aus wirtschaftlichen oder technischen Gründen (insb. bei Zweckbauten)[1201] oder aus Gründen der Sicherheit erfolgen, nicht jedoch allein aus geschmacklichen Motiven.[1202] Vorsichtige Käufer verlangen dem Verkäufer eine Zusicherung ab, dass bauliche Veränderungen am Kaufobjekt uneingeschränkt zulässig seien, also nicht in fremde Urheberrechte eingreifen, hilfsweise das Einstehen dafür, welche Urhebernutzungsrechte ihm zustehen und dass diese übertragbar seien, sowie die Übertragung dieser Rechte selbst. I.d.R. beschränken sich allerdings Formulierungen in Kaufverträgen auf die Übertragung der Urhebernutzungsrechte, soweit sie dem Verkäufer zustehen:

▸ Formulierungsvorschlag: Übertragung der Urhebernutzungsrechte

856 Der Verkäufer überträgt an den dies annehmenden Käufer aufschiebend bedingt auf den Zeitpunkt der Kaufpreiszahlung sämtliche ihm etwa zustehenden Urhebernutzungsrechte an Planung und Werkausführung des Kaufobjektes, einschließlich der Rechte, die Gebäude ohne Mitwirkung Dritter zu ändern, soweit das Urheberpersönlichkeitsrecht dem nicht entgegensteht.

9. Mitübertragene öffentlich-rechtliche Genehmigungen

857 Baugenehmigungen sind grundstücksbezogen. Sie begründen kein persönliches Inhaberrecht, sondern stellen eine Art »Unbedenklichkeitsbescheinigung« dar hinsichtlich der Vereinbarkeit des Vorhabens mit dem öffentlichen Recht, ohne Rücksicht auf die Person des Bauherren.[1203] Die in den einzelnen Landesbauordnungen enthaltenen Bestimmungen,[1204] wonach Baugenehmigungen auch für und gegen Rechtsnachfolger wirken, haben daher im Kern deklaratorischen Charakter. Damit unterscheidet sich die Baugenehmigung von sonstigen Konzessionen, die zwar ebenfalls z.T. ortsbezogen sind, i.Ü. jedoch bspw. auf die Zuverlässigkeit oder Eignung des Konzessionsinhabers abstellen (etwa die gaststättenrechtliche Erlaubnis).

858 Aus diesem Grund geht die verwaltungsgerichtliche Rechtsprechung davon aus, dass die Übertragung des Eigentums an einem Baugrundstück zugleich den Übergang der Rechte und Pflichten aus der dem bisherigen Eigentümer erteilten Baugenehmigung zur Folge hat, ohne dass es einer besonderen Übertragungshandlung bedarf. Etwas anderes gelte nur dann, wenn sich der bisherige Eigentümer die Inhaberschaft an der Baugenehmigung durch besondere Vereinbarung vorbehalte.[1205] Ein »automatischer« Übergang findet demnach auch beim Erwerb eines Grundstücks in der Zwangsversteigerung statt.[1206] Hängt ausnahmsweise eine baurechtliche Privilegierung von persönlichen Voraussetzungen ab (***Beispiel:*** *§ 35 Abs. 1 Nr. 1 BauGB: Gebäude für einen landwirtschaftlichen Betrieb, Abhängigkeit von der individuellen Betriebsweise des Bauherrn*), kommt jedoch ein Widerruf der Baugenehmigung in Betracht.

1201 BGH GRUR 1999, 420, 426 (Verbindungsgang wegen Schulerweiterung).
1202 *Goldmann* GRUR 2005, 639, 643.
1203 Grundlegend *Niehues* Dinglichkeit im Verwaltungsrecht; vgl. auch *Kreppel*, Rechtsnachfolge in anlagebezogener Zulassungsakte im Bereich des Umweltrechts, S. 71 ff.
1204 Vgl. § 58 Abs. 2 BauO-BW, § 62 Abs. 4 BauO-Berlin, § 75 Abs. 2 BauO-NW etc.
1205 VGH Baden-Württemberg, 30.03.1995 – 3 S 1106/94, NVwZ-RR 1995, 562.
1206 VG Freiburg, 23.11.1989 – 6 K 259/88, NJW-RR 1991, 143.

III. Dingliche Erklärungen

859 Stets zu berücksichtigen ist allerdings die zeitliche Reichweite einer erteilten Genehmigung (z.B. Art. 69 BayBO: 4 Jahre ab Erteilung, mit jeweils bis zu zweijähriger Verlängerungsmöglichkeit auf schriftlichen Antrag). Geht eine baurechtliche Genehmigung (und sei es auch stillschweigend) auf den Erwerber über, empfiehlt es sich, den hierauf entfallenden Kaufpreisanteil getrennt auszuweisen (vgl. Rdn. 1027). Er mindert dann die Bemessungsgrundlage für die Grunderwerbsteuer und unterliegt möglicherweise seinerseits der USt, wenn ein Unternehmer veräußert.

III. Dingliche Erklärungen

1. Verfahrensfragen

a) Antrag

860 Verfahrensrechtlich setzen dingliche Rechtsänderungen im deutschen[1207] Grundbuch regelmäßig einen Antrag (§ 13 GBO) und eine Bewilligung (§ 19 GBO) voraus. **Antragsberechtigt** ist jeder, dessen Recht von der Eintragung betroffen wird oder zu dessen Gunsten eine Eintragung erfolgen soll, also der »verlierende Teil« ebenso wie der »gewinnende Teil«, mithin bei Grundschuldbestellungen auch das Kreditinstitut (§ 13 Abs. 1 Satz 2 GBO). Es handelt sich um eine reine Verfahrenshandlung, sodass kein »Verzicht auf das Antragsrecht« möglich ist. Vertretung ist zulässig (und wird zugunsten des beurkundenden/beglaubigenden Notars gem. § 15 GBO vermutet – die Beschränkungen des § 10 Abs. 2 FamFG gelten insoweit nicht, Rdn. 1393),[1208] die Vollmacht muss nur dann in der Form des § 29 GBO, also durch öffentliche oder öffentlich beglaubigte Urkunde, nachgewiesen werden, wenn sie auch Erklärungen – etwa Rangbestimmungen – enthält, die für die Eintragung erforderlich sind (»gemischter Antrag«).

861 Allein die **Antragsrücknahme** bedarf der Beglaubigung (§ 31 Satz 1 GBO; für den Notar, der einen auf § 15 GBO gestützten Antrag gestellt hat, gilt jedoch die Rücknahmemöglichkeit des § 24 Abs. 3 BNotO durch unterschriebene, mit Dienstsiegel versehene Erklärung). Die Rechtsprechung hat eine Auslegungsregel dahin gehend aufgestellt, dass ein vom Notar gem. § 15 GBO ohne weitere Spezifizierung gestellter Antrag als für alle Beteiligten gestellt gilt, die antragsberechtigt sind, also z.B. bei Grundpfandrechten sowohl namens des Gläubigers als auch des Eigentümers, sodass die Rücknahme durch einen Beteiligten das Verfahren noch nicht beendet. Bei Löschungen sind der Eigentümer und der zu Löschende (nicht aber der aufrückende nachrangige Gläubiger) antragsberechtigt.[1209] Will der Notar, auch im Hinblick auf die Kostenschuldnerschaft, pauschal den Antragsteller bezeichnen, könnte dies etwa im Grundbuchvorlageschreiben wie folgt geschehen:

▶ Formulierungsvorschlag: Bezeichnung des Antragstellers im Grundbuchverfahren

862 Zu Grundbuchblatt ..... beantrage ausschließlich ich nach § 15 GBO und ggf. aufgrund weitergehender Vollzugsvollmacht im Namen aller Antragsberechtigten – bei der Eintragung von Grundpfandrechten insbesondere auch im Namen des Gläubigers; bei der Löschung von Grundpfandrechten bzw. beim Vollzug von Freigaben jedoch weder nach § 15 GBO, noch im Namen des Gläubigers, sondern ausschließlich im Namen des im Vertrag, sonst der Bewilligung, genannten Kostenschulders - .....

863 Das Gesetz zur Einführung des elektronischen Rechtsverkehrs und der elektronischen Akte im Grundbuchverfahren (ERVGBG) eröffnet den Ländern ab 01.10.2009 die Möglichkeit, in Bezug auf einzelne Grundbuchämter oder insgesamt den elektronischen Rechtsverkehr einzuführen. Geplant ist dies in Baden-Württemberg (ab 2011), Berlin, Hessen (Pilotbetrieb in zwei AG), Nordrhein-Westfalen, sowie Sachsen. Das Programm XNotar wird hierfür erweitert.

[1207] Vergleichender Überblick zu den Immobilienregistrierungssystemen bei *Weike* notar 2009, 92 ff.
[1208] Dies wurde durch eine Ergänzung des § 15 GBO (»... auch durch Personen vertreten lassen, die nicht nach § 10 Abs. 2 FamFG vertretungsbefugt sind«) klargestellt, vgl. *Abicht* notar 2009, 346 (353); *Meyer/Bormann* RNotZ 2009, 470 (473); *Reetz* NotBZ 2009, 353 ff.
[1209] *Bauer/v. Oefele/Wilke* GBO § 13 Rn. 42, 43 m.w.N.

B. Gestaltung eines Grundstückskaufvertrages

864 Zur **Reduzierung des Arbeitsanfalls** (Anzahl der Fallerzeugungen und Aktenverwaltung) sowie um der Aufblähung des Grundaktenbestands bis zur endgültigen Digitalisierung des gesamten Grundbuchinhalts gegenzusteuern, legen viele Grundbuchämter Wert darauf, dass lediglich schuldrechtliche Teile der Urkunde, insb. soweit sie leicht separierbar sind, etwa die Baubeschreibung, nicht mit eingereicht werden. Gleiches gilt für mehrfache Urkundsausfertigungen, wenn zunächst eine Ausfertigung lediglich im Auszug (ohne die Auflassung) eingereicht wurde zur Eintragung der Vormerkung. Die Gestaltung des Grundbuchantragsblatts sollte (z.B. rechts oben) Platz für den Einlaufstempel des Präsentatsbeamten lassen und lediglich links oben geklammert sein. Um Rückfragen zu vermeiden, empfiehlt es sich ferner, bereits im Antrag den Gegenstands-/Geschäftswert anzugeben, soweit er sich nicht bereits aus der Urkunde ergibt, etwa bei gemischten Schenkungen, sowie den Wert einzutragender beschränkt dinglicher Rechte, die nicht auf eine Geldleistung gerichtet sind.

865 Obwohl viele Grundbuchämter zur Vermeidung mehrfacher Fallbearbeitung wünschen, Löschungen zusammen mit der Endvollzugsvorlage zu beantragen, ist es (mit Blick auf nachrangige Finanzierungsgläubiger) ratsam, sofort **löschungsreife Rechte** unmittelbar zur Löschung zu beantragen.

866 Der Antrag kann lediglich mit Bedingungen verknüpft werden, die dem Grundbuchamt selbst ersichtlich sind (Fehlen von Zwischeneintragungen bei der Löschung der Vormerkung), oder als verbundener Antrag i.S.d. § 16 Abs. 2 GBO gestellt werden mit der Folge, dass entweder mehrere gestellte Anträge insgesamt oder gar nicht vollzogen werden (Beispiel: Antrag auf Vollzug der Eigentumsumschreibung zugleich mit Eintragung einer Rückübertragungsvormerkung für den Veräußerer). Dem **Zeitpunkt** des Antragseingangs beim Grundbuchamt kommt Bedeutung für die Reihenfolge der Erledigung (§ 17 GBO), für den Zeitpunkt der erforderlichen Gutgläubigkeit (§ 892 Abs. 2 BGB, s. Rdn. 889) und für den Rang (§ 45 GBO) zu:

▶ Hinweis:

867 Grundbuchrechtlich ist zu beachten, dass mehrere Anträge (z.B. auf Eintragung der Finanzierungsgrundschuld und der Vormerkung), die an ein auswärtiges Grundbuchamt per Post im selben Umschlag versandt werden, als gleichzeitig gestellt gelten, sodass Übermittlung an aufeinanderfolgenden Tagen (in der Hoffnung auf entsprechend versetzten Posteingang) oder materiell-rechtliche Rangbestimmungen gem. § 879 BGB in der Urkunde selbst[1210] bzw. verfahrensrechtliche Rangbestimmungen nach § 45 Abs. 3 GBO in der Form des § 29 GBO[1211] erforderlich sind. Fraglich ist, ob aufgebrachte Vermerke (»I«, »II«) eine Antragsreihenfolge ähnlich der zeitlichen Staffelung bei physischer Übergabe an den Präsentationsbeamten des örtlichen Grundbuchamtes bestimmen können.[1212]

868 Gestellte, jedoch unerledigte Anträge werden in einem elektronischen Hilfsverzeichnis, der sog. **Markentabelle**, erfasst, das allerdings keinen Gutglaubens- bzw. Vertrauensschutz vermittelt, und demnach bei Rangbescheinigungen die Einsicht in die Grundakten nicht ersetzt (s. hierzu auch Rdn. 891; Formulierungsvorschlag in Rdn. 1337).[1213] Hinzu kommt, dass Anträge, die mehrere Grundbuchblätter betreffen (z.B. auf Eintragung einer Gesamtgrundschuld) nicht zwingend bei allen Blättern vermerkt werden, sondern nur im internen Geschäftsstellenautomationsprogramm, sodass lediglich die Geschäftsstelle des Grundbuchamtes hierüber Auskunft geben kann.[1214]

1210 OLG Brandenburg FGPrax 2002, 49.
1211 KG MittBayNot 2001, 79; in Betracht kommt etwa eine Eigenurkunde aufgrund entsprechender (§ 15 GBO) erweiternder Vollzugsvollmacht (zu diesem Erfordernis Gutachten, DNotI-Report 2006, 151). Eine (z.B. mangels Voreintragung) materiell unwirksame Rangrücktrittsvereinbarung i.S.d. § 879 f. BGB kann als wirksame Rangbestimmung i.S.d. § 45 Abs. 3 GBO umgedeutet werden, OLG München, 14.03.2006 – 32 Wx 31/06, RNotZ 2006, 545.
1212 Dagegen OLG Koblenz DNotZ 1976, 549 (»gesetzeswidrige Praxis«), dafür teilweise die Lit., etwa *Spiritus* DNotZ 1977, 343; Staudinger/*Kutter* BGB § 879 Rn. 40 – 42, *Gutachten* DNotI-Report 2006, 149.
1213 Bei einigen Grundbuchämtern, etwa München, enthält die Markentabelle aufgrund eines technischen Defekts nicht alle gestellten Anträge!
1214 So z.B. gemäß Nr. 5.2.2 der Grundbuchgeschäftsanweisung LSA v. 08.11.2010.

b) Bewilligung

Die weiter erforderliche **Bewilligung** (§ 19 GBO) ist nach jetzt herrschender Meinung eine Verfahrenshandlung ohne rechtsgeschäftlichen Charakter.[1215] Bewilligungsberechtigt ist der »verlierende Teil«, der entweder unmittelbar betroffen ist (bisheriger Rechtsinhaber bzw. bisheriger Buchberechtigter; bei einer Verfügungsbeschränkung derjenige, der die Ausübung seines Rechts vereiteln würde) oder der mittelbar Betroffene (etwa Zustimmungsverpflichte i.S.d. § 27 GBO, sowie gleich- oder nachstehende dinglich Berechtigte bei Inhaltserweiterung eines Rechts).[1216] Der Kreis der wirtschaftlich möglicherweise nachteilig Betroffenen kann durchaus größer sein als der Kreis der Bewilligungsbeteiligten: so bedarf zwar die Aufhebung eines Sondernutzungsrechts (SNR) materiellrechtlich der (formlosen) Einigung aller Wohnungseigentümer gem. § 10 Abs. 2 WEG (§ 875 BGB gilt insoweit nicht), grundbuchlich ist jedoch zur Löschung des SNR nur die Bewilligung des bisherigen Inhabers als »verlierenden Teils« erforderlich.[1217]

869

Die Bewilligung bedarf (ebenso wie der Nachweis sonstiger für die Eintragung erforderlicher Tatsachen, sofern keine Offenkundigkeit i.S.d. § 29 Abs. 1 Satz 2 GBO vorliegt)[1218] verfahrensrechtlich der **Form des § 29 GBO**, also der Beifügung eines Siegels durch eine siegelbefugte Stelle (beeidigte Dolmetscher zählen nicht dazu)[1219] oder der notariellen Unterschriftsbeglaubigung, welcher auch die Beurkundung (§ 129 Abs. 2 BGB) oder die Vorlage einer Ausfertigung des Feststellungsbeschlusses über einen gerichtlich geschlossenen Vergleich (§ 278 Abs. 6 ZPO)[1220] genügt; die bloße Abschriftsbeglaubigung einer privatschriftlichen Urkunde genügt nicht.[1221] Das unterschriftsbeglaubigte Dokument (etwa die Genehmigung eines vollmachtlos Vertretenen) kann in Urschrift, in beglaubigter Abschrift, oder in elektronisch beglaubigter Abschrift i.S.d. § 39a Satz 1 BeurkG (Beweiswert gem. §§ 371a Abs. 2, 437 ZPO) vorliegen, letztere muss allerdings, bis die Grundbuchämter die Voraussetzungen gem. §§ 135 ff. GBO geschaffen haben, wiederum ausgedruckt und als beglaubigte Abschrift des qualifiziert elektronisch signierten Dokumentes eingereicht werden (»Medientransfer« i.S.d. § 42 Abs. 4 BeurkG,[1222] mit identischem Beweiswert gem. § 416a ZPO).[1223]

870

Die Bewilligung beschränkt sich auf die eintragungsfähigen dinglichen Erklärungen; ggf. hilft die Auslegung der Grundbucherklärungen.[1224] Sie kann auch im Antrag stillschweigend mit enthalten sein.[1225] Sie ist **bedingungsfeindlich**, kann also z.B. nicht eine Löschung »aufschiebend bedingt auf den Zeitpunkt der Pflegebedürftigkeit« zum Inhalt haben[1226] (§ 16 Abs. 1 GBO: kein Antrag unter Vorbehalt, der für die Bewilligung entsprechend gilt). Zulässig sind lediglich Rechtsbedingungen

871

1215 Zum Streit über die Rechtsnatur der Grundbuchbewilligung *Meikel/Böttcher* GBO § 19 Rn. 29 m.w.N., auch zu den früher vertretenen materiell-rechtlichen und »gemischten« Theorien.
1216 Hiervon gelten eng umgrenzte Ausnahmen, z.B. die Erweiterung der Haftung für Hypothekenzinsen bis zu 5 %, § 1119 BGB, die Umwandlung einer Sicherungshypothek in eine gewöhnliche Hypothek, § 1186 BGB, sowie die Umwandlung einer Hypothek in eine Grundschuld oder umgekehrt, § 1198 BGB.
1217 BGH DNotZ 2001, 381; dass der »Zuerwerb« des SNR wirtschaftliche Nachteile für die anderen Sondereigentümer haben kann, berücksichtigt das Grundbuchrecht nicht.
1218 Nach OLG Bremen, 12.10.2010 – 3 W 14/10, ZfIR 2011, 108 m. Anm. *Heinze* liegt Offenkundigkeit bei Bezugnahme auf Register oder Akten (z.B. Nachlassakten, aus denen sich die Beendigung einer Testamentsvollstreckung ergibt) nur vor, wenn diese beim selben AG geführt werden (trotz Aufhebung des § 34 GBO).
1219 Daher bedarf die Unterschrift eines beeidigten Dolmetschers unter der Übersetzung eines fremdsprachlichen Beglaubigungsvermerks wiederum der notariellen Beglaubigung, KG, 29.03.2011 – 1 W 415/10 notar 2011, 298 m. Anm. *Stuppi* (auch bei öffentlich beeidigtem Dolmetscher handelt es sich um eine Privaturkunde).
1220 KG, 06.01.2011 – 1 W 430/10, DNotZ 2011, 854.
1221 OLG Köln, 24.11.2008 – 2 Wx 41/08, RNotZ 2009, 240.
1222 Zur Formulierung des Beglaubigungsvermerks in diesem Fall *Malzer* DNotZ 2006, 9, 16 ff.
1223 *Gutachten* DNotI-Report 2011, 89.
1224 OLG München, 09.05.2008 – 34 Wx 139/07, MittBayNot 2008, 479. Zur Auslegung der Bewilligung in Bezug auf das gem. § 47 Abs. 1 GBO (Ordnungsvorschrift) anzugebende Gemeinschaftsverhältnis: OLG Rostock, 16.03.2011 – 3 W 214/10, NotBZ 2011, 301.
1225 LG Schwerin, 09.08.2010 – 5 T 320/08, NotBZ 2010, 430.
1226 OLG Hamm, 02.08.2010 – 15 W 265/10, ZfIR 2010, 844 m. Anm. *Grziwotz* (allerdings kann das zu löschende dingliche Recht selbst auflösend bedingt bestellt sein).

B. Gestaltung eines Grundstückskaufvertrages

oder solche, die das Grundbuchamt aufgrund der eigenen Akten oder objektiv unzweifelhafter Umstände prüfen kann – z.B. eine auflösende Befristung, bis zu welcher eine Löschungsbewilligung vollzogen sein muss[1227] –, ferner solche Bedingungen, deren Eintritt oder Ausfall mit Mitteln des § 29 GBO nachgewiesen werden kann. § 16 Abs. 2 GBO erlaubt ferner **verbundene Anträge**, die nur gemeinsam oder gar nicht vollzogen werden können, vgl. Rdn. 968.

872 Bei der Eintragung von Rechten wird zu deren näherer dinglicher Ausgestaltung – in Ergänzung zum schlagwortartigen Eintragungsvermerk selbst[1228] – auf das Bewilligungsdokument Bezug genommen (§ 874 BGB, § 44 Abs. 2 GBO); dabei ist nunmehr die Urkundsnummer und der Name des Notars bzw. Notarverwalters[1229] anzugeben, um ggf. den Inhalt auch aus dessen Urkundensammlung erschließen zu können. Wird in der Bewilligungsurkunde ihrerseits auf einen beigefügten Lageplan Bezug genommen, wird auch dieser zum Grundbuchinhalt, im Zweifel aber nur in Hinsicht auf die örtliche Positionierung der eingeräumten Rechte.[1230]

873 Mit der Entziehung der rechtlichen Verfügungsbefugnis (etwa durch Insolvenzeröffnung, § 80 Abs. 1 InsO oder Anordnung der Nachlassverwaltung gem. § 1984 Abs. 1 BGB etc.) entfällt auch die **Bewilligungsbefugnis**. Sie muss an sich noch bei der Eintragung vorliegen, sofern nicht § 878 BGB (Rdn. 885 ff.) den maßgeblichen Zeitpunkt vorverlegt. Die Eintragungsbewilligung wird wirksam, wenn sie (und zwar in Urschrift oder Ausfertigung) dem Grundbuchamt vorliegt oder dem Begünstigten bzw. Dritten ausgehändigt ist bzw. der Begünstigte einen unwiderruflichen Anspruch auf Aushändigung dieser Urschrift oder Ausfertigung hat (§ 51 Abs. 1 BeurkG). Ein Widerruf der Bewilligung selbst ist dogmatisch ausgeschlossen, sie kann allenfalls ihre Wirksamkeit verlieren.[1231] Mit der wirksamen[1232] Eintragung ist die Bewilligung »verbraucht«, auch wenn das Recht später gelöscht wird, sodass für eine neue Eintragung eine neue Bewilligung erforderlich ist.[1233]

874 Nach dem (in § 19 GBO normierten) **formellen Konsensprinzip** bedarf es zur Eintragung bspw. beschränkt dinglicher Rechte lediglich der Bewilligung des voreingetragenen Betroffenen in gehöriger Form (§§ 19, 29, 39 GBO), die Wirksamkeit der Einigung selbst i.S.d. § 873 Abs. 1 BGB ist nicht dem Grundbuchamt nachzuweisen (aber für das Entstehen des Rechts gleichwohl materiellrechtlich erforderlich). Die auf einfache Weise, ohne Mitwirkung des tatsächlichen »Begünstigten«, zu erlangende Grundbucheintragung verdunkelt mitunter den Blick darauf, dass die für das Entstehen des Rechtes erforderliche dingliche Einigung tatsächlich stattgefunden haben muss – wobei dingliche Rechte nicht durch Vertrag zugunsten Dritter (§ 328 BGB) bestellt werden können, also die aus Beweiszwecken zumindest privatschriftliche Annahme der Einigungserklärung durch den nicht anwesenden Beteiligten erfolgen muss. Mit konkludenten Einigungen ist die Rechtsprechung zurückhaltend: allein in Zahlungen, die der Grundstückseigentümer wegen einer eingetragenen, jedoch nicht wirksam bestellten Reallast erbracht hat, liege noch kein Angebot auf nachträgliche Bestellung der Reallast, das der Begünstigte stillschweigend angenommen habe.[1234]

875 Nur im Fall der Auflassung eines Grundstücks (§ 925 BGB) und bei der Bestellung, Inhaltsänderung oder Übertragung eines Erbbaurechts gilt das **materielle Konsensprinzip** (§ 20 GBO), wo-

---

1227 DNotI-Gutachten Nr. 102741 v. 17.05.2010; allerdings dürfte in der Praxis die Treuhandauflage an den Notar häufiger sein, den (unbedingten) Löschungsantrag zurückzunehmen, wenn die Löschung nicht bis zum Enddatum vollzogen ist.
1228 Zu den anzustellenden Zweckmäßigkeitserwägungen vgl. OLG Schleswig, 18.05.2010 – 2 W 38/10, NotBZ 2010, 427.
1229 LG Essen, 30.04.2010 – 7 T 115/10, RNotZ 2010, 540.
1230 OLG Nürnberg, 19.07.2010 – 4 U 408/10, NotBZ 2010, 426: Angabe eines Rohrdurchmessers im Lageplan einer Leitungsdienstbarkeit stellt keine Begrenzung der zulässigen Rohrdurchführung dar.
1231 BGH DNotZ 1983, 309. Hat der Erklärungsgegner einen Ausfertigungsanspruch gem. § 51 BeurkG, müsste er auf diesen verzichten oder das Gericht müsste im Rahmen eines Erwerbsverbots aufgrund einstweiliger Verfügung aussprechen, dass keine Ausfertigungen der Urkunde erteilt werden dürfen.
1232 Kein Verbrauch der Bewilligung, wenn die eingetragene Dienstbarkeit mangels unrichtiger Bezeichnung des belasteten Grundstücks nicht wirksam entstanden ist, OLG München, 29.01.2009 – 34 Wx 070/08, RNotZ 2009, 326.
1233 OLG Frankfurt am Main, 28.01.2008, RNotZ 2008, 494.
1234 OLG Hamm, 29.09.2011 – I-5 U 44/11, NotBZ 2012, 43.

nach das Grundbuchamt die Wirksamkeit der dinglichen Einigung (und nur dieser) samt aller diese betreffenden Genehmigungen des privaten und öffentlichen Rechtes etc. in vollem Umfang zu prüfen hat. In diesen Fällen besteht an der Übereinstimmung zwischen Grundbucheintragung und materieller Rechtslage ein besonderes Interesse.

Ersetzt werden kann die Bewilligung etwa durch den Nachweis der **Unrichtigkeit**[1235] des Grundbuchs in der Form des § 29 GBO (§§ 22, 23 Abs. 2, 24, 27 Satz 2 GBO), das Unschädlichkeitszeugnis (Art. 120 EGBGB), ein Ausschlussurteil (§ 927 Abs. 2 BGB) oder eine einstweilige Verfügung (§ 938 ZPO). Das Grundbuchamt kann ferner durch Zwangsgeldfestsetzung zur Berichtigung anhalten.[1236] Darüber hinaus enthält das Gesetz Bestimmungen, welche die an sich erforderliche Zustimmung z.B. dinglich Berechtigter (Grundpfandgläubiger an den Sondereigentumseinheiten zur Änderung der Gemeinschaftsordnung,[1237] §§ 877, 876 BGB analog) entbehrlich machen, vgl. § 5 Abs. 4 WEG (Zustimmung nur zur Begründung, Änderung, Übertragung oder Aufhebung eines Sondernutzungsrechtes – SNR –, es sei denn das belastete Sondereigentum wird gleichzeitig ebenfalls mit einem, nicht notwendig gleichartigen,[1238] SNR verbunden oder die dingliche Rechtsstellung anderer Sondereigentümer wird dadurch nicht berührt.[1239] Für die vorangehende Aufhebung eines SNR gilt § 5 Abs. 4 Satz 3 WEG allerdings nicht analog, auch wenn anschließend jedem Sondereigentum neue SNR zugewiesen werden,[1240] ebenso wenig gilt § 5 Abs. 4 Satz 3 WEG analog, wenn früheres Gemeinschaftseigentum auf alle Sondereigentumseinheiten aufgeteilt wird).[1241]

876

2. Eigentumsvormerkung

Da der Verkäufer nicht nur die Erklärung der Auflassung schuldet, sondern die Verschaffung des Eigentums, wird in diesem Kapitel anstelle der herkömmlichen Bezeichnung »Auflassungsvormerkung« der Begriff »**Eigentumsvormerkung**«[1242] verwendet. Sie stellt ein zentrales Sicherungsmittel für den Käufer dar, sodass bei einem Verzicht der Beteiligten hierauf (z.B. aus Kostengründen oder wegen überragender Vertrauenswürdigkeit des Verkäufers) der Notar deutlich auf die damit verbundenen Risiken hinweisen und dies in der Urkunde vermerken muss.

877

▶ Formulierungsvorschlag: Verzicht auf die Eigentumsvormerkung

> Der Notar hat erläutert, dass eine Eigentumsvormerkung im Grundbuch gegen anderweitige Veräußerung oder Belastung, Pfändung oder Insolvenz während der Abwicklungsphase dieses Vertrages schützen würde. Gleichwohl verzichten die Beteiligten darauf, eine solche Vormerkung zur Eintragung zu bewilligen und zu beantragen.

1235 Zu den Rechtsmitteln gegen die Zurückweisung eines Berichtigungsantrags vgl. OLG Rostock, 09.06.2009 – 3 W 37/09, RNotZ 2009, 598.
1236 Seit der Neufassung des § 35 FamFG geht keine Androhung mehr voraus, OLG München, 05.02.2010 – 34 Wx 128/09, BeckRS 2010, 07320.
1237 Beispiel: nachträgliche Vereinbarung einer Verfügungsbeschränkung gem. § 12 WEG, Änderung des Kostenverteilungsschlüssels, Umwandlung von Wohnungs- in Teileigentum und umgekehrt. Sind in der Urkunde zugleich sachenrechtliche (z.B. Auflassungs-) Erklärungen enthalten, bedarf es hierzu aber weiterhin der Mitwirkung dinglich Berechtigter, so z.B. bei der Änderung der Anteile der Miteigentümer, der Änderung des Gegenstandes des Sondereigentums, sowie der Umwandlung von Gemeinschafts- in Sondereigentum und umgekehrt.
1238 Der geschädigte Gläubiger kann ggf. Unterlassungsklage gem. § 1134 BGB erheben und hat Schadensersatzansprüche gegen seinen Vertragspartner. »Umgangen« werden könnte § 5 Abs. 4 WEG, indem neben dem Grundpfandrecht eine Dienstbarkeit (bedingtes Betretungsrecht) bestellt wird.
1239 Bsp. nach OLG Jena, 27.07.2011 – 9 W 264/11, NotBZ 2011, 405: Änderung der Nutzungsmöglichkeit eines bereits eingeräumten SNR am Dachboden; die allenfalls wirtschaftliche/faktische Betroffenheit der anderen Sondereigentümer, die von der Nutzung schon bisher ausgeschlossen waren, bleibt außer Betracht.
1240 OLG München, 19.05.2009 – 34 Wx 036/09, RNotZ 2009, 541.
1241 OLG Düsseldorf, 17.12.2009 – I-3 Wx 225/09, RNotZ 2010, 198.
1242 Vgl. zu »falschen Begriffsbildungen« *Weirich* NotBZ 2003, 56. Der Begriff »Eigentumsvormerkung« dokumentiert, dass sowohl die Verschaffung des Eigentums als auch die Freistellung von nicht zu übernehmenden Belastungen gesichert ist; vgl. *Amann* MittBayNot 2004, 165.

878 Dies ist v.a. der Fall bei Verkäufen durch die öffentliche Hand. In Ländern, in denen die Eintragung von Finanzierungsgrundpfandrechten an noch kommunalen Grundstücken jedoch der mitunter schwer zu erlangenden **Genehmigung der Kommunalaufsicht** bedarf, wird allerdings gleichwohl die Eintragung der Vormerkung sinnvoll sein, weil dort die Verpfändung des Eigentumsverschaffungsanspruchs (als Vorstufe zur Eintragung des Grundpfandrechtes selbst, die in diesem Fall erst mit der Eigentumsumschreibung erfolgt) berichtigend vermerkt werden kann. Sofern diese Verwendung nur möglicherweise in Betracht kommt, empfiehlt es sich, in der Urkunde die Eintragung der Eigentumsvormerkung durch die öffentliche Hand zwar bewilligen zu lassen, jedoch den Notar anzuweisen, Antrag nur auf schriftliche Weisung des Käufers oder seines Finanzierungsgläubigers zu stellen (Muster s. Rdn. 1376).

879 Auch wenn bei Abwicklung über ein **Notaranderkonto** die Auszahlung des hinterlegten Betrages erst nach Eigentumsumschreibung erfolgt und damit eine ungesicherte Vorleistung des Käufers wirtschaftlich vermieden werden kann, sind mit der Eintragung der Vormerkung zeitlich vorverlagerte Schutzwirkungen verbunden, die sie fast immer unentbehrlich machen.

880 Handelt es sich um **Verkäufe von Teilflächen**, in denen die Umschreibung wegen der Vermessung erfahrungsgemäß lange Zeit in Anspruch nimmt, sollte ebenfalls stets, unabhängig von der Zuverlässigkeit des Verkäufers, zur Vormerkung (am noch ungeteilten Grundstück) geraten werden, um den Teilflächenverkauf im Grundbuch zu verlautbaren. Es kommt immer wieder vor, dass sonst bei einem Wechsel des maßgeblichen Personals in der Kommunalverwaltung der frühere, zwar bezahlte, aber noch nicht abgewickelte Verkauf in Vergessenheit gerät und das Gesamtgrundstück nochmals an einen gutgläubigen Erwerber veräußert wird.

a) Sicherungswirkungen

881 Die wirksame Eigentumsvormerkung sichert den von ihr erfassten[1243] Anspruch des Käufers, lastenfreies Eigentum zu erhalten, gegen die nachfolgend genannten Beeinträchtigungen. Wirksam erworben kann die Vormerkung auch durch Bewilligung des bloßen Buchberechtigten, sofern der Erwerber bei Stellung des Eintragungsantrags gutgläubig war (§ 892 Abs. 2 BGB), dann können die nachgenannten Umstände den gutgläubigen Eigentumserwerb nicht mehr verhindern. Sogar der gutgläubige abgeleitete Erwerb einer Vormerkung ist möglich.[1244]

aa) Beeinträchtigungen aufgrund rechtsgeschäftlicher Verfügungen des Veräußerers

▶ Beispiele:
882   Parallelverkauf, vertragswidrige spätere Beleihung.

Der vorgemerkte Ersterwerber kann gem. §§ 883 Abs. 2, 888 Abs. 1 BGB[1245] mit Fälligkeit des Erwerbs seines (nun beeinträchtigten) Rechtes (vgl. Rdn. 1130) vom späteren Belastungsgläubiger Zustimmung zur Löschung und vom späteren Zweiterwerber, sobald jener Zweiterwerb vollzogen ist, Zustimmung zum Vollzug der Auflassung an den vormerkungsgesicherten Ersterwerber verlangen. Dies gilt naturgemäß nicht, wenn der vormerkungsgesicherte Erwerber die später eingetragene Belastung schuldrechtlich zu übernehmen verpflichtet ist.[1246] Die Vormerkung bewirkt jedoch keine Grundbuchsperre und entbindet den Verkäufer nicht von seiner fortbestehenden Pflicht zur La-

---

1243 LG Bonn MittBayNot 2005, 47: § 885 Abs. 2 BGB fordert nähere Bezeichnung des zu sichernden Anspruchs bei der Eintragung.
1244 BGH NJW 1957, 1229: Durch den Buchberechtigten bewilligte Vormerkung ist zwar eingetragen, wegen Bösgläubigkeit des Erstberechtigten aber nicht wirksam entstanden. Dieser Buchinhaber der Vormerkung kann sie jedoch durch Abtretung des bestehenden Verschaffungsanspruchs einem gutgläubigen Zweiterwerber verschaffen.
1245 Der Hilfsanspruch auf Erteilung der Zustimmung ist nur zusammen mit dem gesicherten Hauptanspruch abtretbar, vgl. RG JW 1927, 1413.
1246 BGH, 20.07.2007 – V ZR 245/06, MittBayNot 2008, 211 (nach Eintragung der Vormerkung durch den Käufer bewilligte und eingetragene Dienstbarkeit; kein Rücktritt der Vormerkung).

stenfreistellung, die erst mit Vollzug der (gem. § 888 BGB erzwingbaren) Löschungsbewilligung des Nachranggläubigers erfüllt ist, vgl. zur Abwicklung Rdn. 1128 ff. Dieser Schutz gegen rechtsgeschäftliche Verfügungen wird gem. § 17 GBO bereits mit Stellung des Antrags auf Eintragung der Vormerkung vermittelt,[1247] wobei allerdings vom Grundbuchamt versehentlich vorgezogene Erledigungen nicht zur Unwirksamkeit der zeitlich zwar später beantragten, jedoch entgegen § 17 GBO früher erfolgten Eintragung führen.[1248]

bb) Beeinträchtigungen aufgrund Zwangsvollstreckungsmaßnahmen Dritter gegen den Verkäufer gem. § 883 Abs. 2 Satz 2 BGB

Die Vormerkung bewirkt auch hier keine Einstellung des Versteigerungsverfahrens selbst (zum Verfahren vgl. Rdn. 1128 ff.). Voraussetzung ist allerdings, dass der gesicherte Anspruch bereits – zumindest bedingt – entstanden (wenn auch ggf. noch nicht fällig) ist.[1249] Der Gläubiger der vormerkungswidrig eingetragenen Belastung ist gem. § 888 BGB zur Abgabe der Löschungsbewilligung verpflichtet, sobald der vorgemerkte Anspruch (auf insoweit lastenfreien Eigentumserwerb) fällig – nicht notwendig durch Eigentumsumschreibung bereits teilweise erfüllt! – ist. Er hat auch die Kosten der Löschungszustimmung zu tragen (§ 897 BGB gilt nicht analog), allerdings wohl nicht die Kosten ihres grundbuchlichen Vollzugs.[1250]

883

cc) Beeinträchtigungen aufgrund Eintritt späterer Verfügungsbeschränkungen

Auf nachträglich gegen den Eigentümer gerichtete Verfügungsbeschränkungen wendet die Rechtsprechung § 883 Abs. 2 BGB analog an, stellt sie also »Verfügungen über das Grundstück« gleich.[1251] Allerdings entfaltet die Vormerkung keine Schutzwirkung gegen den späteren Eintritt allgemeiner, also nicht gegen den Verkäufer allein gerichteter, öffentlich-rechtlicher Genehmigungserfordernisse, etwa bei Inkrafttreten einer Sanierungssatzung zwischen schuldrechtlichem Vertrag und Erklärung der Auflassung. War auch die Auflassung bereits erklärt, bedarf es zwar materiellrechtlich keiner Sanierungsgenehmigung i.S.d. § 144 Abs. 2 BauGB mehr,[1252] jedoch kann die verfahrensrechtliche Grundbuchsperre des § 145 Abs. 6 i.V.m. § 22 Abs. 6 BauGB nur durch Vorlage eines entsprechenden Negativattestes überwunden werden, auf das ein Anspruch besteht.

884

Auch ggü. späteren Verfügungsbeschränkungen wird der Schutz unter den Voraussetzungen des **§ 878 BGB** auf den Zeitpunkt der Antragstellung vorverlegt und setzt sich auch gegen zwar eingetragene, aber noch nicht wirksame Beschränkungen durch (z.B. ein noch nicht zugestelltes gerichtliches Verfügungsverbot).[1253]

885

1247 Im Einzelnen ist str., inwieweit das Grundbuchamt gutgläubigen Erwerb auch dann noch zu ermöglichen hat, wenn es anderweitig von Verfügungsbeschränkungen Kenntnis hat (z.B. von einem zwar zugestellten und damit wirksam gewordenen, jedoch noch nicht im Grundbuch eingetragenen gerichtlichen Veräußerungsverbot mit relativer Wirkung, §§ 135 ff. BGB: Nach BayObLG DNotI-Report 2003, 165 erfolgt keine Eintragung der Vormerkung mehr; a.A. *Schöner/Stöber* Grundbuchrecht Rn. 352; differenziert OLG Schleswig NotBZ 2004, 320).
1248 Kein Amtswiderspruch, wenn zur Wahrung des § 17 GBO eine spätere Eintragung bedenklicherweise unter einem früheren Datum erfolgt, was das Software-Programm SolumSTAR erlaubt: OLG Köln, 08.05.2006 – 2 Wx 2/06, RNotZ 2006, 616.
1249 Beispiel: Für den Fall der Zwangsversteigerung soll ein Grundstück (vormerkungsgesichert) an die Kinder herauszugeben sein, allerdings sollen die Kinder einen solchen Anspruch erst nach dem Tod der Mutter (des Veräußerers) erwerben: Bei Zwangsvollstreckung zu Lebzeit der Mutter steht die Vormerkung, obwohl älteres Recht, nicht entgegen: BGH, 26.04.2007 – XI ZR 139/06, DNotZ 2007, 829 m. Anm. *Amann*.
1250 *Gutachten* DNotI-Report 2012, 2 ff (begrenzter Pflichtumfang des § 888 BGB; auch bei analoger Anwendung der §§ 897 ff BGB läge allenfalls ein »sonstiger Schaden« i.S.d. § 992 BGB vor, jedoch fehlt es an verbotener Eigenmacht).
1251 Vgl. etwa BGH DNotZ 2007, 686.
1252 OLG Celle NotBZ 2002, 226.
1253 BayObLG NotBZ 2003, 426 m. Anm. *Schilling* NotBZ 2003, 416: Die Zustellung der einstweiligen Verfügung (§ 929 Abs. 3 ZPO) wird nicht etwa durch die Grundbucheintragung ersetzt. Bei der zeitlich später eingetragenen Vormerkung ist in diesem Fall ein Wirksamkeitsvermerk ggü. dem damals noch nicht wirksamen, allerdings bereits eingetragenen, Verfügungsverbot statthaft.

B. Gestaltung eines Grundstückskaufvertrages

Unter § 878 BGB fallen alle außerhalb des Grundbuches entstehenden Beeinträchtigungen der Verfügungsbefugnis des Berechtigten absoluter und relativer Natur.

▶ Beispiele:

- die Beschlagnahme des Grundstückes durch Zwangsversteigerung oder Zwangsverwaltung (§§ 20, 23, 146 ZVG),
- der Erlass eines einstweiligen Verfügungsverbotes[1254] (§ 938 Abs. 2 ZPO; nicht jedoch eines Erwerbsverbotes, Rdn. 2333),[1255]
- die Anordnung der Nachlassverwaltung (§ 1984 BGB), die Anordnung der Testamentsvollstreckung (§§ 2211 BGB), und der Nacherbfolge (§ 2113 Abs. 1 BGB),
- aber auch der Eintritt einer Verfügungsbeschränkung gem. § 5 ErbbauRG, § 12 WEG, §§ 1365, 1423 ff. BGB etc.

§ 878 BGB schützt jedoch nicht gegen den nachträglichen Wegfall der Verfügungsmacht als solcher, also den Verlust des Amtes eines Insolvenzverwalters, Testamentsvollstreckers, Nachlassverwalters etc. während des Grundbuchverfahrens (noch herrschende Meinung vgl. Rdn. 567, 576)[1256] und gegen den Verlust der Rechtsinhaberschaft vor Grundbucheintragung, etwa bei später vereinbarter Gütergemeinschaft.[1257]

886 § 878 BGB gilt unmittelbar für die Einigung nach § 873 BGB, die Aufgabeerklärung (§ 875 BGB) und die Inhaltsänderung von Grundstücksrechten (§ 877 BGB) sowie zahlreiche weitere dingliche Sachverhalte kraft Verweisung,[1258] wird jedoch analog auf die bewilligte Vormerkung angewendet.[1259] Erforderlich ist die nach § 873 Abs. 2 BGB[1260] bindend gewordene Einigung über das dingliche Recht, das Vorliegen aller materiell-rechtlichen Wirksamkeitsvoraussetzungen (etwa von Genehmigungen Dritter)[1261] und die Stellung des Vollzugsantrags gem. § 13 GBO;[1262] anders als bei § 892 BGB ist es jedoch ohne Bedeutung, ob und wann die Verfügungsbeschränkung dem Erwerber bekannt oder im Grundbuch vermerkt ist.

dd) Gutgläubiger Erwerb

887 §§ 892, 893 BGB schützen das Vertrauen auf die **Richtigkeit des Grundbuchs** (1) hinsichtlich des Bestehens der im Grundbuch eingetragenen dinglichen Rechte, (2) hinsichtlich des Nichtbestehens nicht (mehr) eingetragener, eintragungsfähiger dinglicher Rechte, (3) hinsichtlich des Nichtbestehens nicht (mehr) eingetragener relativer Verfügungsbeschränkungen und schließlich (4) hinsichtlich der Inhaberschaft eines Rechts zugunsten desjenigen, der eingetragen ist, insb. des Eigentums an Grundbesitz (häufigste Fälle der Unrichtigkeit: Geschäftsunfähigkeit bei vorangegangener Auf-

---

[1254] BGH, 23.03.2006 – IX ZR 134/04, ZfIR 2006, 677 m. Anm. *Dümig* (verkennt der Notar allerdings fälschlich die Schutzwirkung der eingetragenen Vormerkung und suspendiert den Vollzug, wird der Kausalzusammenhang einer Haftung des Antragstellers bei Aufhebung der einstweiligen Verfügung, § 945 ZPO, durch den Fehler des Notars nicht unterbrochen).

[1255] OLG Hamm DNotZ 1970, 661.

[1256] Vgl. etwa OLG Köln MittRhNotK 1981, 139; OLG Frankfurt am Main OLGZ 1980, 100.

[1257] Vgl. BayObLG MittBayNot, 1975, 228.

[1258] Z.B. die Rangänderung (§ 880 Abs. 2 Satz 1 BGB), die Belastungszustimmung bei Teilung des mit einer Reallast belasteten Grundstücks (§ 1109 Abs. 2 BGB), den Briefausschluss (§ 1116 Abs. 2 Satz 3 BGB), die Forderungsauswechslung (§ 1180 Abs. 1 Satz 2 BGB), die Bestellung einer ursprünglichen Eigentümergrundschuld (§ 1196 Abs. 2 BGB) etc.

[1259] Seit BGHZ 28, 182; 33, 123; 60, 46.

[1260] Ist die bewilligte Vormerkung im beurkundeten Vertrag enthalten, wie i.d.R., wird sie nach § 873 Abs. 2, 1. Alt. BGB mit der Beurkundung bindend.

[1261] Vgl. OLG Frankfurt am Main, 14.03.2005 – 20 W 312/04, NotBZ 2007, 26; dies gilt jedoch nicht i.R.d. Anwendung des § 878 BGB auf die bewilligte Vormerkung, vgl. *Schöner/Stöber* Grundbuchrecht Rn. 121.

[1262] Gleichgültig ob durch Verkäufer oder Käufer; im Hinblick auf das Risiko, dass der Insolvenzverwalter des Verkäufers einen lediglich in dessen Namen gestellten Antrag zurücknimmt und damit den Schutz des § 878 BGB vereitelt, sollte der Antrag aber stets (zumindest auch) im Namen des Käufers gestellt sein.

lassung, unrichtig festgestellte Erbfolge).¹²⁶³ Die Gutglaubenswirkung erstreckt sich auch auf die in Bezug genommenen Bewilligungsinhalte (z.B. die Zuordnung eines Sondernutzungsrechts)¹²⁶⁴ und auf die Begrenzungsangaben (Grenzverlauf), die durch den Hinweis auf die Flurkarte des Katasteramts (Bezeichnung der Flurstücksnummer) in das Grundbuch aufgenommen sind,¹²⁶⁵ nicht jedoch auf die Größenangabe (Quadratmeterzahl), Angabe zur Lage, Bebaubarkeit etc. Ebenso wenig geschützt wird der gute Glaube an persönliche Verhältnisse des Eigentümers bzw. Berechtigten (Verfügungsbefugnis, Rechtsfähigkeit etc.). Auch absolute Verfügungsbeschränkungen, z.B. § 1365 BGB, können nicht – jedenfalls nicht über § 892 BGB – gutgläubig überwunden werden.

Der wahre Berechtigte verliert infolge gutgläubigen Wegerwerbs seine dingliche Position und erhält stattdessen einen **schwachen Bereicherungsanspruch** (ggf. auch einen starken Schadensersatzanspruch) gegen den Verfügenden, bei unentgeltlicher Wegveräußerung gem. § 816 Abs. 1 Satz 2 BGB auch gegen den begünstigten Dritten. Gutgläubiger Erwerb wird verhindert durch Eintragung eines Widerspruchs gegen die Richtigkeit, § 899 BGB (regelmäßig im Weg einstweiliger Verfügung)¹²⁶⁶ oder § 53 GBO, sowie durch Verschaffung positiver Kenntnis (grob fahrlässige Unkenntnis schadet nicht) bis zu dem Zeitpunkt, der für die Kenntnisverschaffung noch maßgeblich ist, § 892 Abs. 2 BGB. Dies ist an sich der Zeitpunkt, an dem alle materiell (außer der Eintragung) noch zum Rechtserwerb erforderlichen Tatbestände vorliegen und Antrag beim Grundbuchamt gestellt wird. Auch hier hilft die Vormerkung: 888

Der gute Glaube i.S.d. § 892 BGB an die Richtigkeit des Grundbuchs braucht – wenn die Vormerkung ihrerseits gem. § 893 Fall 2 BGB (»Verfügung über ein Recht«) gutgläubig erworben wurde¹²⁶⁷ – bei einem Verkehrsgeschäft¹²⁶⁸ nunmehr nicht mehr bis zum Antrag auf Eigentumsumschreibung, sondern nur bis zur Antragstellung auf Eintragung der Vormerkung vorliegen, sodass ein Wegfall dieses guten Glaubens zwischen Vormerkung und Eigentumsumschreibung¹²⁶⁹ nicht mehr schadet und auch das Grundbuchamt trotz Kenntnis des Mangels den Eigentumserwerb zu vollziehen hat.¹²⁷⁰ Dieser im Vergleich zu rechtsgeschäftlichen Vorgängen »erweiterte Erwerbsschutz« (auch »Konservierungswirkung der Vormerkung« genannt) kommt bspw. in Betracht, wenn der Verfügende die Annahme der Erbschaft, in welcher sich das Grundstück befindet, nach Bewil- 889

1263 Die Unrichtigkeit kann auch rückwirkend eintreten, z.B. als Folge des 2. Gesetzes zur Gleichstellung nichtehelicher Kinder für Sterbefälle seit 29.05.2009, vgl. *Gutachten* DNotI-Report 2011, 141 f.
1264 OLG Hamm, 21.10.2008 – I-15 Wx 140/08, DNotZ 2009, 383 in einem Sachverhalt, wo bei der Bildung von Sondernutzungsrechten die »negative Komponente« (Ausschluss anderer Sondereigentümer) mangels hinreichender Bestimmtheit unwirksam war. Vgl. auch *Klühs* ZNotP 2010, 177 ff. zur Frage des Zugangs der Zuweisungserklärung bei zeitlich gestreckter Begründung von Sondernutzungsrechten. Ähnlich LG Nürnberg-Fürth, 10.06.2009, NJW 2009, 3442 zu einem aufgrund unwirksamer Vollmacht zur Eintragung bewilligten Sondernutzungsrecht. Nicht möglich ist allerdings der gutgläubige Erwerb von lediglich beschlussmäßig (aufgrund Öffnungsklausel) geschaffenen Sondernutzungsrechten, vgl. *Hertel/Albrecht/Kesseler* Aktuelle Probleme notarieller Vertragsgestaltung im Immobilienrecht 2009/2010 DAI-Skript S. 136.
1265 Vgl. BGH DNotI-Report 2006, 41.
1266 Hierfür muss lediglich der Berichtigungsanspruch glaubhaft gemacht werden (§§ 936, 920 ZPO), nicht jedoch die Gefährdung des Rechts selbst (§ 899 Abs. 2 Satz 2 BGB).
1267 BGHZ 57, 341.
1268 Ein solches liegt auch vor, wenn der Erwerber bereits Miteigentümer ist oder als solcher zu Unrecht eingetragen ist, vgl. BGH, 29.06.2007 – V ZR 5/07, ZNotP 2007, 380, allerdings nach h.M. nicht bei der Auseinandersetzung einer Erbengemeinschaft, OLG Hamm FamRZ 1975, 510.
1269 Gegenstand gutgläubigen Erwerbs können allerdings alle Eintragungen sein, die spätestens mit dem Endvollzug erfolgen, z.B. bei der versehentlichen Löschung eines Rechtes bei Umschreibung auf den (gutgläubigen) Erwerber, BayObLG MittBayNot 2004, 127.
1270 OLG Köln, 15.09.2010 – 2 Wx 54/10, RNotZ 2011, 41 m. krit. Anm. *Kesseler* RNotZ 2011, 470; OLG Schleswig NotBZ 2004, 320. Richtigerweise bedarf es grundbuchlich auch hier (wie bei der »normal«, nicht »gutgläubig vom Nichtberechtigten« erworbenen Vormerkung) der Zustimmung des Dritten (auf den das Grundbuch berichtigt wird) gem. § 888 BGB.

B. Gestaltung eines Grundstückskaufvertrages

ligung der Vormerkung wirksam anficht, sodass das Grundbuch auf den Ersatzerben zu berichtigen ist – im Ergebnis setzt sich der Vormerkungsberechtigte auch gegen ihn durch.[1271]

890 Ist die Vormerkung allerdings noch nicht eingetragen, wird das **Grundbuchamt** nach Ansicht der Rechtsprechung,[1272] auf welche sich die Praxis trotz der vehementen Kritik des Schrifttums[1273] aus Gründen der Vorsicht einrichten sollte, wegen des Legalitätsprinzips die beantragte Eintragung (der Vormerkung oder einer nicht durch Vormerkung prophezeiten Eigentumsumschreibung) ablehnen, wenn es erkennt, dass der Rechtserwerb nur aufgrund der Gutgläubigkeit erfolgen kann, und diesen damit **vereiteln**: § 892 Abs. 2 BGB gelte nicht für den Grundbuchbeamten; einen »Vertrauensschutz« des Erwerbers gebe es erst nach erfolgter Eintragung, sodass er das Grundbuchverfahren abwarten müsse.[1274] Dagegen ist einzuwenden, dass § 892 Abs. 2 BGB die Wirksamkeit einer dinglichen Einigung und demnach wohl auch der Bewilligung bereits auf den Zeitpunkt der Antragsstellung fingiert, das Grundbuchamt also auch hieran gebunden sein sollte.

891 ▶ Hinweis:

Rangbescheinigungen, die allein an die Antragsstellung anknüpfen,[1275] sind aufgrund der durch die Rechtsprechung geschaffenen immanenten Schwäche des § 892 BGB mit Vorsicht bzw. nur unter Nennung dieses Vorbehaltes zu erteilen.

ee) Beeinträchtigung aufgrund einer Insolvenz des Verkäufers (§ 106 Abs. 1 InsO)

892 Dieser Schutz greift selbst dann, wenn ein künftiger oder bedingter Anspruch gesichert ist und dessen Wirksamkeitsbedingung erst nach Insolvenzeröffnung eintritt (Rdn. 3058).[1276] Nach früher herrschender Auffassung sollte aufgrund Vorranges der §§ 81, 91 InsO der vormerkungsgesicherte künftige Anspruch sich nur dann »durchsetzen«, wenn die fehlenden Voraussetzungen für die Entstehung eines solchen Anspruchs vor Eröffnung des Insolvenzverfahrens eingetreten seien oder infolge Rückwirkung als vorher eingetreten gelten, z.B. bei Genehmigungen (§ 184 BGB).[1277] Die schlichte Vereinbarung einer »Treuhandschaft« ohne Vormerkung begründet jedoch kein Aussonderungsrecht,[1278] ebenso wenig die nach Rücktritt zur bloßen »Buchposition« herabgesunkene Vormerkung.[1279]

893 Der Insolvenzverwalter ist im Fall der Vormerkungssicherung verpflichtet, die **Auflassung zu erklären** (eine diesbezüglich etwa erteilte Vollmacht an andere Vertragsbeteiligte oder an Angestellte des Notars, die Bewilligung zu erklären, erlischt gem. § 117 Abs. 1 InsO!) bzw. durch Nachgenehmigung auf Kosten der Masse[1280] mitzuwirken, ohne allerdings in das Veräußerungsgeschäft i.Ü. ein-

---

1271 *Gutachten* DNotI-Report 2006, 45 ff.; a.A. *Assmann* Die Vormerkung, S. 106.
1272 Vgl. etwa RGZ 71, 38; OLG Düsseldorf MittBayNot 1975, 224; BayObLG NJW 195, 1120.
1273 Vgl. etwa MünchKomm-BGB/*Wacke* § 892 Rn. 70; *Schöner/Stöber* Grundbuchrecht Rn. 352; *Ertl* Rpfleger 1980, 44; *Tiedtke* Gutgläubiger Erwerb, S. 96 f.; *Kesseler* ZNotP 2004, 338 ff.; Überblick in *Gutachten* DNotI-Report 2011, 141 f.
1274 Vgl. umfassend und krit. *Kössinger* in: *Bauer/von Oefele* Grundbuchordnung § 19 Rn. 242 ff.
1275 Zum Umfang der Ermittlungspflicht der Notariatsmitarbeiter bei Rangbescheinigungen OLG Köln RNotZ 2004, 415 (begrenzt auf mehrmalige vergebliche Versuche zur Auffindung der Grundbuchakte).
1276 BGH ZNotP 2001, 482: Durch Vormerkung wurde ein Anspruch aus einem Verkäuferangebot gesichert, das erst nach Insolvenzeröffnung seitens des Angebotsempfängers angenommen wurde.
1277 Vgl. *Amann* in: Beck'sches Notarhandbuch A I Rn. 170.
1278 BGH DNotZ 2004, 128 zu einer schuldrechtlichen Vereinbarung des Eigentümers mit einem »Treugeber«, ab sofort das Eigentum treuhänderisch für Letzteren zu halten.
1279 BGH, 22.01.2009 – IX ZR 66/07, ZNotP 2009, 159: kein Fall des § 55 Abs. 1 Nr. 2 i.V.m. § 103 InsO, da die Vormerkungsbewilligung keine Leistungsbewirkung der Insolvenzschuldnerin an den Käufer darstellt, sondern lediglich eine Sicherheit darstelle; der bloße »Lästigkeitswert« darf nicht zur Sicherung des rechtlich ungesicherten Rückzahlungsanspruchs aus bereits entrichteten Kaufpreisteilen verwendet werden. Das schuldrechtliche Zurückbehaltungsrecht gem. § 273 BGB, das die h.M. dem Buchvormerkungsberechtigten zugesteht (a.A. *Kesseler* DNotZ 2009, 440), ist seinerseits nicht insolvenzfest.
1280 Die Kosten für die Nachgenehmigung fallen ihm zur Last: Zwar treffen die eigentlichen Auflassungskosten gem. § 448 Abs. 2 BGB i.d.R. den Käufer; Erfüllungsort der Auflassungserklärung ist allerdings das Grundbuchamt (OLG Stutt-

zutreten (§ 103 Abs. 2 InsO). Die Reichweite der durch § 106 InsO begründeten Mitwirkungspflichten des Verwalters und Formulierungshilfen hierzu sind unten Rdn. 3074 ff. dargestellt.

Wurde das Insolvenzverfahren bereits vor Eintragung der Vormerkung eröffnet (oder ein allg. Verfügungsverbot erlassen unter gleichzeitiger Bestellung eines vorläufigen Insolvenzverwalters, § 21 Abs. 2 InsO), ohne dass die diesbezüglichen Vermerke gem. §§ 32 bzw. 23 Abs. 3 InsO im Grundbuch eingetragen wurden oder dem Erwerber diese Umstände bekannt waren, ist ein gutgläubiger Erwerb der Vormerkung (mit der hieraus folgenden Schutzwirkung gem. § 106 Abs. 1 InsO) möglich. Da die Gutglaubensschutzvorschrift des § 892 Abs. 1 BGB nur für relative Verfügungsverbote gilt, wird sie in § 81 Abs. 1 Satz 2 InsO (bei Verfügungen des Insolvenzschuldners) und in § 91 Abs. 2 InsO (für Verfügungen eines reinen Buchberechtigten) für entsprechend anwendbar erklärt, vgl. Rdn. 3055 ff. 894

Die oben Rdn. 890 referierte Rechtsprechung vereitelt allerdings faktisch die Vorverlagerung der Schutzwirkung häufig dadurch, dass sie die Nichteintragung der Vormerkung durch das Grundbuchamt billigt, wenn dieses zwischenzeitlich von der Verfahrenseröffnung Kenntnis erlangt hat.

Zur Vorverlegung des Zeitpunktes der »Vornahme« eines Immobilienrechtsgeschäfts auf die Beantragung der Vormerkung, mit Blick auf die Gefahr späterer Gläubigeranfechtung gem. § 140 Abs. 2 InsO, § 8 Abs. 2 AnfG vgl. Rdn. 1530.

ff) Weitere Schutzwirkungen

Im Sonderrecht der neuen Bundesländer, das im abschließenden Kapitel (s. Rdn. 3637) dargestellt wird, knüpfen sich an die Vormerkung zusätzliche Immunitätsvorteile (z.B. ggü. einem Widerruf der GVO-Genehmigung zum Vorerwerb, ggü. abweichenden Zuordnungsbescheiden in Rekommunalisierungsverfahren etc.). Ist bspw. die Kommune noch nicht als Eigentümerin eingetragen, sondern verfügt gem. der gesetzlichen Ermächtigung des § 8 VZOG, empfiehlt sich die Eintragung der Vormerkung auf jeden Fall, immunisiert die Vormerkung gegen spätere abweichende Zuordnungsbescheide zugunsten eines anderen Rechtsnachfolgers des Volkseigentums (§ 11 Abs. 1 Satz 3 Nr. 5 VZOG, Rdn. 3649). 895

b) Materielle Sicherungsvoraussetzungen

aa) Akzessorietät

Die vorstehend skizzierte Schutzwirkung der Vormerkung setzt wegen der streng akzessorischen Natur der Vormerkung stets einen[1281] vormerkungsfähigen Anspruch auf dingliche Rechtsänderung (bspw. auch die Zuordnung eines Sondernutzungsrechtes als Inhalt des Sondereigentums[1282] oder einen Anspruch auf Übertragung eines Sondernutzungsrechtes)[1283] voraus. Materiell-rechtlich ist zudem die (formlose) Bewilligung des Eigentümers gem. § 885 Abs. 1 BGB erforderlich, grundbuchrechtlich die Eintragung am betroffenen Grundstück (oder ideellen Miteigentumsanteil hieran),[1284] wofür Antrag und Bewilligung, Letztere in beglaubigter Form, notwendig sind (§§ 13, 19, 29 GBO). 896

---

gart Recht 1908 Nr. 3399), sodass der Insolvenzverwalter die Mehrkosten seiner Erklärung an einem anderen Ort zu tragen hat. A.A. *Kesseler* RNotZ 2004, 194: Kostenteilung zwischen Erwerber und Masse.
1281 Nach BayObLG DNotI-Report 2002, 14 kann ein Anspruch auf Bestellung mehrerer dinglicher Rechte (im genannten Beschluss: 35 Erbbaurechte) aus einheitlichem Lebensvorgang durch eine einzige Vormerkung gesichert werden. In gleicher Weise soll ein (bei Insolvenz u.Ä.) vereinbartes Ankaufsrecht und ein schuldrechtliches Vorkaufsrecht zugunsten desselben Begünstigten durch eine Vormerkung sicherbar sein: BayObL, NotBZ 2003, 72 gegen *Schöner/Stöber* Grundbuchrecht Rn. 1453.
1282 BayObLG DNotZ 1979, 307.
1283 Sicherbar durch Vormerkung am »abgebenden« Sondereigentum (vgl. *Hügel/Scheel* Rechtshandbuch Wohnungseigentum, S. 163).
1284 Dies ist (anders als bei Vorkaufsrecht, Reallast, Hypothek: §§ 1095, 1106, 1114 BGB) auch durch den Alleineigentümer möglich: BayObLG Rpfleger 2005, 78.

897 Naturgemäß setzt sich die Sicherungswirkung einer Vormerkung nur gegen ggf. nachrangig erfolgende Belastungen durch; bereits im Grundbuch vermerkte Eintragungen sind daher Gegenstand der »Lastenfreistellung« als weiterer Fälligkeitsvoraussetzung (vgl. Rdn. 1124 ff.) und typischerweise Inhalt der notariellen Abwicklungstätigkeit. Fraglich ist der Sicherungsumfang einer Vormerkung ggü. Umständen, die im Rangklassensystem des **§ 10 ZVG** vor allen Grundbucheintragungen rangieren, etwa rückständigen öffentlichen Abgaben (Grundsteuer!), den Feststellungskosten des Insolvenzverwalters sowie (seit 01.07.2007, vgl. Rn. 1133 ff.) rückständigen Hausgeldern ggü. dem Verband der Wohnungseigentümer (§ 10 Abs. 1 Nr. 2 ZVG).

898 Die **Vormerkung** ist also **wirkungslos**, wenn der **Übereignungsanspruch** (etwa wegen Verstoßes gegen § 311b Abs. 1 Satz 1 BGB) **nichtig** ist[1285] oder nach Rücktritt oder einvernehmlicher Aufhebung nicht mehr besteht bzw. in ein Rückgewährschuldverhältnis umgewandelt wurde.[1286] Zurückbehaltungsrechte an dieser reinen »Buchvormerkung« sind nicht insolvenzfest, Rn. 2532. Dem Käufer, der bereits angezahlt oder gar bezahlt hat, ist in diesem Fall zu raten, die Umschreibung herbeizuführen, und die Rückübertragung dann ins Synallagma des § 348 BGB zu stellen,[1287] wenn nicht sein Rückzahlungsanspruch seinerseits durch ein Grundpfandrecht bzw. eine darauf gerichtete Vormerkung gesichert wurde (Rdn. 1097). Soll nach einer solchen Umwandlung in ein Rückgewährschuldverhältnis gleichwohl der Vertrag durchgeführt werden (ein »Rücktritt« vom »Rücktritt« ist bekanntlich nicht möglich!), bedarf es eines **Neuabschlusses in notariell beurkundeter Form** (bzw. in den Fällen der wegen Genehmigungsverweigerung endgültig unwirksamen Rechtsgeschäfte einer Bestätigung analog § 141 Abs. 1 BGB in notariell beurkundeter Form).[1288]

bb) »Recycling« und »Extension« der Vormerkung

899 Nach allerdings heftig kritisierter[1289] Rechtsprechung des BGH[1290] soll es jedoch möglich sein, eine bereits wirkungslos gewordene oder einen nicht entstandenen Anspruch sichernde Vormerkung zur Sicherung eines neu begründeten Eigentumsverschaffungsverhältnisses »**wiederzubeleben**«, wenn Schuldner und Gläubiger sowie Anspruchsziel identisch sind (der Kaufpreis und sonstige Vertragsbedingungen können allerdings abweichen, und das dinglich beanspruchbare Recht kann hinter dem ursprünglich vereinbarten zurückbleiben, jedoch nicht darüber hinausgehen) und für den neuen Anspruch eine formfreie materiell-rechtliche Bewilligung gem. § 885 Abs. 1 Satz 1 BGB (nicht zu verwechseln mit der grundbuchlichen Bewilligung gem. §§ 19, 29 GBO!) abgegeben wird. Die Schutzwirkung beginnt jedoch erst mit der neuerlichen Bewilligung, erstreckt sich also nicht auf zwischenzeitlich eingetragene Belastungen. Der tatsächliche Rang dieser »recycelten« Vormerkung ist demnach aus dem Grundbuch nicht ersichtlich, was zu erheblicher Rechtsunsicherheit führt[1291] und die Löschung unwirksam gewordener Vormerkungen durch Unrichtigkeitsnachweis faktisch ausschließt (Rdn. 1154). Das OLG München vertritt übrigens die unzutreffende Auffassung, eine solche »Aufladung« könne nicht stattfinden, wenn die Vormerkung einen von Anfang an

---

1285 Dem Insolvenzverwalter, der die Löschung der unwirksamen Vormerkung verlangt, kann wegen bereits erbrachter Kaufpreiszahlungen kein Zurückbehaltungsrecht entgegengehalten werden, da § 273 BGB nicht insolvenzfest ist und §§ 320 ff. BGB auf nichtige Verträge keine Anwendung findet: BGH MittBayNot 2003, 66.
1286 BGH, 22.01.2009 – IX ZR 66/07, DNotZ 2009, 434 m. Anm. *Kesseler*; a.A. *Bohrer* DNotZ 2007, 500, 502 ff. (maius minus continet: die Vormerkung sichere nach Rücktritt den Anspruch auf Eintragung einer Höchstbetragssicherungshypothek gem. § 1190 Abs. 1 BGB).
1287 So etwa in BGH NJW-RR 2009, 562.
1288 BGH DNotZ 2000, 288; es genügt, dass die Bestätigungsurkunde auf die ursprüngliche Urkunde, die das zu bestätigende Rechtsgeschäft enthält, verweist. Eine vollständige Neubeurkundung muss also nicht vorgenommen werden. Wird allerdings wegen Zweifeln an der Wirksamkeit einer Auflassung diese wiederholt, ist der Eigentumswechsel aber bereits im Grundbuch vollzogen, kann ein sog. Klarstellungsvermerk nicht verlangt werden (zumal gerade nicht klargestellt werden kann, welche Auflassung Eintragungsgrundlage ist, vgl. BayObLG MittBayNot 2002, 115).
1289 *Volmer* ZfIR 2000, 207; *Demharter* MittBayNot 2000, 106; *Amann* MittBayNot 2000, 197.
1290 BGH, 26.11.1999, DNotZ 2000, 639.
1291 *Hagen/Brambring* Der Grundstückskauf Rn. 482.

nicht vormerkungsfähigen Anspruch sichern sollte (zu unterscheiden vom Noch-Nicht-Entstehen bzw. Erlöschen des vormerkungsfähigen Anspruchs).[1292]

Verändert sich der durch die Vormerkung gesicherte Anspruch auf dingliche Rechtsänderung (z.B. weil die Annahmefrist für ein notariell beurkundetes Angebot verlängert wird, die zu übertragende Teilfläche sich vergrößert, oder die Rückforderungsgründe, die zur vormerkungsgesicherten Rückübertragung führen können, sich erweitern), müsste dies an sich als Inhaltsänderung bei der Vormerkung vermerkt werden,[1293] wozu die Zustimmung der im Rang nach der Vormerkung etwa zwischenzeitlich eingetragenen dinglich Berechtigten erforderlich ist.[1294] Auch hier erlaubt der BGH jedoch – im Erst-Recht-Schluss zum oben Rn. 899 erläuterten »Recycling« (**Novation**) vollständig erloschener Vormerkungen, tatsächlich handelt es sich jedoch um eine Erweiterung, also ein aliud, nicht ein schlichtes Wiederauffüllen – gegen die Literatur[1295] die Erweiterung (**Extension**) der durch die Vormerkung gesicherten Ansprüche allein durch materiellrechtliche Bewilligung in der Nachtragsurkunde, welche weder bei den Grundakten verwahrt werden müsse noch zu einer Änderung des Grundbuchinhaltes selbst führe.[1296] 900

Eine **vermittelnde Auffassung** in der Literatur[1297] will immerhin als Voraussetzung des erneuerten oder veränderten Vormerkungsschutzes (einschließlich des »Ranges«) verlangen, dass die neue Bewilligung zur Verwahrung zu den Grundakten gelangen müsse (damit ließe sich die Löschbarkeit von Vormerkungen zur Sicherung lebzeitiger Ansprüche gegen Sterbenachweis erhalten, Rn. 942a, da bereits das Fehlen neuer Deponate in den Grundakten als Nachweis des Unterbleibens einer Inhaltsänderung genügen würde!). 901

Maßgebend ist nach Ansicht des BGH, dass die »Zielrichtung« des gesicherten Anspruchs identisch bleibe, da Anspruchsziel, Gläubiger und Schuldner (nicht aber der Anspruchsgrund)[1298] die drei Individualisierungsmerkmale einer Vormerkung definieren.[1299] Damit wird der Wert einer (Online-) Einsicht in das Grundbuch entscheidend herabgesetzt;[1300] die Vormerkung ist auf dem Weg zu einem lediglich abstrakten Sicherungsmittel.[1301] Sichert die Vormerkung einen Anspruch auf Bestellung eines beschränkt dinglichen Rechtes, etwa einer Dienstbarkeit, oder Änderung eines Vertrages, bzgl. dessen die Auflassung bereits erklärt ist, sodass der Anspruch ohne notarielle Beurkundung geändert werden kann, lädt diese Rechtsprechung zum Missbrauch durch betrügerische Rückdatierung (etwa zur Entwertung ggü. nachrangigen Grundpfandrechten) geradezu ein![1302] Es 902

1292 Vgl. OLG München, 11.03.2010 – 34 Wx 007/10, MittBayNot 2010, 471 m. krit. Anm. *Amann* MittBayNot 2010, 451; gegen die Unterscheidung auch *Abicht* notar 2011, 237, die jedoch vorsichtshalber empfiehlt, anstelle der ungewissen Aufladung einer bereits eingetragenen Vormerkung eine neue Vormerkung zu bewilligen.
1293 So noch BGH, 22.04.1959 – V ZR 193/57, LM BGB § 883 Nr. 6.
1294 OLG Frankfurt am Main DNotZ 1994, 247.
1295 Z.B. *Amann* MittBayNot 2000, 197, 200.
1296 BGH, 07.12.2007 – V ZR 21/07, RNotZ 2008, 222 m. krit. Anm. von *Heggen* RNotZ 2008, 213 ff.; *Amann* DNotZ 2008, 520 ff.; *Böttcher* NotBZ 2008, 401 ff. (positiver *Krause* NotBZ 2008, 407 ff.) und *Demharter* MittBayNot 2008, 214 ff. Der BGH weist darauf hin, es sei angezeigt, bei der ursprünglichen Urkunde, auf die im Vormerkungstext Bezug genommen wird, auf die Nachtragsurkunde z.B. durch einen Bleistiftvermerk (untechnisch) zu verweisen. Dafür fehlt es allerdings an einer Grundlage.
1297 *Kohler* DNotZ 2011, 808, 825 ff. (gestützt auf § 885 Abs. 1 Satz 1 BGB, wonach die Eintragung der Vormerkung »aufgrund« der Bewilligung erfolgen müsse), zur Rang-(= Wirksamkeitszeitpunkts-)frage S. 847. Dem ist entgegenzuhalten, dass gem. § 10 Abs. 1 Satz 1 GBO nur solche Urkunden bei den Grundakten aufzubewahren sind, auf welche eine Eintragung gründet oder Bezug nimmt.
1298 Z.B. Kauf statt Schenkung, bedingter Anspruch statt unbedingter Anspruch, Veränderung der Voraussetzungen des Anspruchs (z.B. durch Reduzierung des Kaufpreises).
1299 *Heggen* RNotZ 2008, 215.
1300 Die Aussagekraft des Grundbuchs wird auch andernorts geschwächt, etwa durch bloß pauschale Erwähnung von Sondernutzungsrechten nach dem WEG (»Sondernutzungsrechte sind begründet«), vgl. Rdn. 800.
1301 *Zimmer* ZfIR 2008, 91.
1302 *Böttcher* NotBZ 2008, 406; *Amann* DNotZ 2008, 520, 528.

bleibt allerdings abzuwarten, ob z.B. der IX. (-Insolvenz) Senat des BGH die Auffassung des V. (-Grundstücks) Senats teilt.

cc) Schuldübernahme

903 Sollen vormerkungsgesicherte Verpflichtungen (etwa aus einem Wiederkaufsrecht, Rdn. 2479 ff, zugunsten einer Gemeinde aus begünstigter Grundstücksabgabe, oder aus einem noch nicht abgewickelten Teilflächenverkauf) durch einen neuen Verpflichteten übernommen werden (»Schuldübernahme«), erlischt die Vormerkung, wenn nicht zugleich das betroffene »verpflichtete« Grundstück auf den neuen Schuldner übergeht: Vormerkungsschuldner (gebuchter Eigentümer) und persönlicher Schuldner sind nicht mehr identisch (Verstoß gegen das Identitätsprinzip).[1303] Nur wenn ein synchronisierter Eigentümer- und Schuldnerwechsel stattfindet, also persönliche Verpflichtung und Vormerkung gleichzeitig auf den neuen Eigentümer übergehen (dem gegenüber das Wiederkaufsrecht sodann ausgeübt werden kann), bleibt die Vormerkung bestehen.[1304]

904 Der Schuldnerwechsel kann (und sollte) im Grundbuch klarstellend (nicht konstitutiv) vermerkt werden, da sonst der unzutreffende Eindruck entsteht, es handele sich um eine dem Vormerkungsberechtigten gegenüber unwirksame Veräußerung ohne gleichzeitige Übernahme der Verpflichtung.[1305] Ändern sich auch die Wiederkaufsgründe (bisher wurde auf Verkauf, Vermietung, Nichterrichtung etc durch den Erstkäufer – und nicht den jeweiligen Eigentümer – abgestellt, nunmehr müssen diese Umstände in der Person des Zweiterwerbers vorliegen) bedarf die Inhaltsänderung nach Ansicht des BGH zwar keines Vermerks bei der Vormerkung, aber einer neuen Bewilligung, vgl. Rdn. 900.[1306]

▶ **Formulierungsvorschlag: Übernahme einer vormerkungsgesicherten Verpflichtung**

905 Die im Grundbuch eingetragene Vormerkung Abt. II lfd Nr. ..... sichert bedingte Übertragungsverpflichtungen des Verkäufers gegenüber ..... (Gläubiger), wie in der Urkunde des Notars ..... vom ..... UR ...../1988 (»Vorurkunde«) vereinbart. Der Käufer übernimmt diese bedingten Verpflichtungen gegenüber dem Gläubiger aufschiebend bedingt auf den Zeitpunkt des Eigentumsübergangs; er stellt den Verkäufer im Innenverhältnis ab Besitzübergang insoweit frei. Hinsichtlich der Tatbestände, die das Übertragungsverlangen des Gläubigers auslösen können, wird ab Eigentumsübergang auf die Person, das Verhalten, das Eigentum etc. des Käufers abgestellt. Der Notar soll eine Erklärung des Gläubigers dahingehend einholen, dass (1) der heutige Verkauf das bedingte Übertragungsverlangen nicht auslöst, (2) der Gläubiger der Vertragsübernahme in für den Verkäufer befreiender Weise zustimmt, und (3) mit der Inhaltsänderung der auslösenden Tatbestände einverstanden ist.

Verkäufer und Käufer bewilligen, im Zeitpunkt des Eigentumsübergangs (§ 16 Abs. 2 GBO) bei der fortbestehenden Vormerkung klarstellend zu vermerken, dass sie nunmehr die Verpflichtungen des Käufers nach Maßgabe dieser Urkunde in Verbindung mit der Vorurkunde sichert.

dd) bedingte und künftige Ansprüche

906 Auch **bedingte Übereignungsansprüche** sind gem. § 883 Abs. 1 Satz 2 BGB vormerkungsfähig, ebenso **künftige** (insb. schwebend unwirksame) Ansprüche, sofern der Verkäufer zumindest vorläufig gebunden ist.[1307] Dies ist etwa der Fall, wenn Genehmigungen nach § 1365 BGB oder Zustimmungen nach § 12 WEG bzw. öffentlich-rechtliche Genehmigungen bzw. die kommunalaufsicht-

---

1303 Staudinger/*Gursky* BGB Neubearb. 2008 § 883 Rdn. 79; gleiches ergibt sich aus § 418 Abs. 1 Satz 1 BGB analog (Erlöschen akzessorischer Sicherungsrechte).
1304 OLG Düsseldorf, 18.04.2011 – I-3 Wx 85/11, DNotZ 2012, 63 m. Anm. *Reymann*. Im Sinne des § 418 Abs. 1 Satz 3 BGB analog (falls überhaupt anwendbar) stimmen alter und neuer Eigentümer des »verhafteten Gegenstandes« jeweils zu.
1305 OLG Düsseldorf, 18.04.2011 – I-3 Wx 85/11, DNotZ 2012, 63 m. Anm. *Reymann*; a.A. KG, JR 1927 Nr. 1394.
1306 BGH, 07.12.2007 – V ZR 21/07, DNotZ 2008, 514 m. Anm. *Amann.*; *Amann* MittBayNot 2010, 451, 454f; a.A. *Kesseler* NZI 2008, 327, 328.
1307 Details bei Staudinger/*Gursky* BGB § 883 Rn. 118 ff.

liche Genehmigung[1308] noch ausstehen, ferner wenn auf Erwerberseite ein vollmachtloser Vertreter bzw. ein Minderjähriger ohne Genehmigung seines gesetzlichen Vertreters und/oder des FamG gehandelt hat. Voraussetzung der Vormerkungsfähigkeit (und damit der Insolvenzfestigkeit) ist ein »**sicherer Rechtsboden**« des Anspruchs (sodass kraft Gesetzes als vormerkungsgesichert geltende Ansprüche, die jedoch das Kriterium des sicheren Rechtsbodens nicht erfüllen, noch nicht insolvenzgeschützt sind).[1309] Dieser ist bei bedingten Ansprüchen stets gegeben,[1310] es sei denn, der Verpflichtete (Verkäufer) könnte die Entstehung des künftigen oder bedingten Anspruchs durch einseitige rechtsgeschäftliche Erklärung, etwa einen vorbehaltenen freien Widerruf, voraussetzungslosen Rücktritt oder durch beliebige Kündigung, beseitigen.[1311] Wurde in diesen Fällen gleichwohl eine Vormerkung (noch als schlichtes Buchrecht) eingetragen, erstarkt diese jedoch eo ipso,[1312] sobald die Bindungsfreiheit des Schuldners entfallen ist.

▶ Hinweis:

Von der Eintragung der Vormerkung vor wirksamer Genehmigung/Nachweis über die Vertretung des Käufers ist jedoch abzuraten: Wird der »Käufer« nicht Partei des Kaufvertrages, dürfte er wenig Anstrengung unternehmen, die »aufgedrängte« Vormerkung zur Löschung zu bewilligen. Allenfalls kann in diesen Fällen der Notar (wie bei der Vollmacht zur Nachholung der Eintragungsbewilligung bzgl. der Auflassung nach Kaufpreiszahlung) bevollmächtigt werden, die Bewilligung zur Eintragung einer Vormerkung durch Eigenurkunde erst dann abzugeben, wenn die Nachgenehmigung des Käufers/der Vertretungsnachweis vorliegt.

907

Anders verhält es sich jedoch, wenn auf Veräußererseite die Genehmigung des gesetzlichen Vertreters bzw. Vormunds und/oder des Familien-/Betreuungsgerichts noch aussteht[1313] bzw. wenn auf Veräußererseite ein vollmachtloser Vertreter gehandelt hat[1314] bzw. auf Veräußererseite noch ein Testamentsvollstrecker, Insolvenzverwalter etc. zustimmen muss.[1315] In gleicher Weise kann ein Verkäuferangebot durch Vormerkung gesichert werden, ein Käuferangebot jedoch nicht. Auch Ansprüche aus »Optionsverträgen« (mehrfach bedingten Kaufverträgen), schuldrechtlichen Vorkaufsrechten[1316] oder Wiederkaufsrechten[1317] können (und sollten!) durch Vormerkung gesichert werden.

908

1308 Für letztere z.T. str. wegen der Nähe zum »familien-/betreuungsgerichtlichen Element«: *Hueber* NotBZ 1999, 219; dafür jedoch die h.M: OLG Dresden DNotI-Report 1995, 468; OLG Rostock DNotI-Report 1996, 196; *Böhringer* NJ 1996, 231; LG Erfurt NotBZ 2008, 128 m. zust. Anm. *Döbereiner*.
1309 Etwa der Löschungsanspruch des nachrangigen Gläubigers (§ 1179a BGB), der erst mit seiner Entstehung (Vereinigung von Grundschuld und Grundstückseigentum in einer Person) insolvenzgesichert ist und zuvor als Ausnahme vom Identitätsgebot sich lediglich auf das mögliche künftige Eigentümerrecht bezieht, vgl. BGH, 09.03.2006 – IX ZR 11/05, NJW 2006, 2408 m. Anm. *Rein* NJW 2006, S. 3470 = NotBZ 2006, 395 m. Anm. *Krause* = MittBayNot 2007, 45 m. Anm. *Amann* MittBayNot 2007, 13 ff.
1310 BGH, 05.12.1996 – V ZB 27/96, DNotZ 1997, 720; es bedarf also der noch von BayObLG DNotZ 1978, 39 entwickelten Differenzierung zwischen bedingten und künftigen Ansprüchen nicht mehr.
1311 *Amann* MittBayNot 2007, 17, nicht jedoch bei Abhängigkeit von sonstigen Umständen; vgl. OLG München, 11.03.2010 – 34 Wx 007/10, MittBayNot 2010, 471 m. krit. Anm. *Amann* MittBayNot 2010, 451: keine Amtslöschung gem. § 53 Abs. 1 Satz 2 GBO, sondern Unrichtigkeit des Grundbuches, also Löschung auf Antrag gem. § 22 GBO.
1312 Anders als in den Fällen des »Recycling« einer Vormerkung für einen Nachfolgevertrag (Rdn. 898) gibt es keinen neu geschaffenen Anspruch, der durch formlose Bewilligung (§ 885 BGB) zu sichern wäre, vgl. *Amann* MittBayNot 2010, 451, 453.
1313 OLG Oldenburg DNotZ 1971, 484; *Heggen* NotBZ 2010, 398 f.
1314 BayObLG Rpfleger 1977, 361.
1315 KG NJW 1973, 430.
1316 Das dingliche Vorkaufsrecht ist bereits kraft Gesetzes (§ 1098 Abs. 2 BGB) vormerkungsgesichert, sodass insoweit die »zusätzliche« Eintragung einer Vormerkung nicht statthaft wäre.
1317 BGHZ 75, 288.

c) Verfahrensrechtliche Sicherungsvoraussetzungen

909 **Rasche Vorlage** beim Grundbuchamt ist entscheidend (i.d.R. nicht später als vier Arbeitstage nach Beurkundung).[1318] Um verfahrensrechtliche Gefährdungen zu vermeiden, ist der Eintragungsantrag gem. § 15 GBO auch namens des Käufers zu stellen.[1319] Die **Eintragungsbewilligung** ihrerseits ist nach herrschender Meinung[1320] **nicht mehr rücknehmbar**, wenn sie mit Einverständnis des Bewilligenden in Ausfertigung dem Grundbuchamt vorliegt, dem Dritten in Ausfertigung zugegangen ist oder dieser einen diesbezüglichen Ausfertigungsanspruch hat. Diese verfahrensrechtlichen Vorkehrungen versagen allerdings, wenn das Grundbuchamt den Eintragungsantrag bei Vorhandensein nicht rückwirkend heilbarer Mängel[1321] zurückweist (statt eine Zwischenverfügung zu erlassen) oder aber den Antrag nach Ablauf der in der Zwischenverfügung gesetzten Frist zurückweist, was auch möglich ist, wenn das Beschwerdegericht – ab 01.09.2009 ist dies das OLG (§ 72 GBO) i.R.d. unbefristet bleibenden Beschwerde, die auch beim Grundbuchamt eingelegt werden kann – noch nicht entschieden hat.[1322]

▶ Hinweis:

910 Um die **maximale Schutzwirkung** zu gewährleisten, ist es unabdingbar, dass die Vormerkung sowohl materiell-rechtlich als auch grundbuchrechtlich bestehen bleibt, bis der gesicherte Anspruch tatsächlich vollständig erfüllt ist.

Wurde bspw. das Eigentum umgeschrieben, jedoch im Rang nach der Vormerkung eine weitere Belastung eingetragen (z.B. Zwangssicherungshypotheken für Drittgläubiger), darf die Vormerkung nicht mit Endvollzug gelöscht werden. Der Löschungsantrag könnte als materiell-rechtliche Aufgabeerklärung gem. § 875 BGB gewertet werden, die mit dem grundbuchamtlichen Vollzug der Löschung zu deren Untergang führt, sodass kein Beseitigungsanspruch mehr ggü. den nachrangigen Belastungen geltend gemacht werden könnte (vgl. auch Rdn. 2121; zum Verfahren beim Vorgehen gegen nachrangige vormerkungswidrige Belastungen vgl. Rdn. 1128 ff.).

911 Selbst wenn die Vormerkung nur grundbuchrechtlich gelöscht wird, ohne dass zugleich eine materiell-rechtliche Aufgabeerklärung gem. § 875 BGB vorlag, könnten Dritte (bei Wahrung des Voreintragungsgrundsatzes) wirksame Zwischenrechte erwerben.

▶ Hinweis:

Daher sollte die (aus Kostengründen bereits im Kaufvertrag mögliche und sinnvolle) Bewilligung der Löschung der Vormerkung durch den Käufer an die Bedingungen geknüpft sein, dass der Käufer Eigentümer wurde und keine Zwischeneintragungen erfolgt sind, denen er nicht zugestimmt hat. Es handelt sich hierbei um Umstände, die das Grundbuchamt selbst prüfen kann, sodass sie im Grundbuchverfahren zulässig sind.[1323]

Sofern bei Löschung der Vormerkung noch unerledigte weitere Eintragungsanträge vorliegen, ist dies ungefährlich, da mit Umschreibung auf den Käufer dieser dem Vollzug der noch nicht erledigten Anträge zustimmen müsste.

912 Die Formulierung zur Bewilligung der Eintragung und Löschung einer Eigentumsvormerkung ist demgemäß einfach.

1318 LG Duisburg MittRhNotK 1993, 76; großzügiger LG Nürnberg-Fürth MittBayNot 2004, 212: »regelmäßige« Vorlagefrist von 10 Tagen.
1319 Vgl. *Nieder* in: Münchner Vertragshandbuch, Bd. 5, Formular I.1, S. 43.
1320 *Nieder* NJW 1984, 331; BGH NJW 1982, 2817.
1321 OLG Düsseldorf, 21.01.2009 – I-3 Wx 230/08, RNotZ 2009, 238: Zwischenverfügung ist nur zulässig bei rückwirkend heilbaren Mängeln.
1322 *Kleist* MittRhNotK, 1985, 142; ggf. ist eine einstweilige Anordnung gem. § 76 Abs. 1 GBO zu beantragen, vgl. *Nieder* in: Münchner Vertragshandbuch, Bd. 5, S. 45.
1323 BGH DNotZ 1991, 757; BayObLG MittBayNot 2002, 113.

III. Dingliche Erklärungen

▶ Formulierungsvorschlag: Bewilligung einer Vormerkung samt Antrag

Um den vereinbarten Eigentumserwerb zu sichern, bewilligt der Verkäufer und **beantragt** der Käufer, zu dessen Gunsten am Vertragsobjekt eine

Vormerkung

gem. § 883 BGB ohne weitere Voraussetzungen an nächst offener Rangstelle einzutragen. Der Käufer bewilligt und beantragt, diese Vormerkung bei der Eigentumsumschreibung wieder zu löschen, sofern nachrangig keine Eintragungen bestehen bleiben, denen er nicht zugestimmt hat.

Ist die Bewilligung noch ausgesetzt (»Rückbehalt der Vormerkung«), kann gem. Rdn. 947 formuliert werden. Soll jedoch nur der Antrag auf Eintragung der bewilligten Vormerkung (z.B. aus Kostengründen) derzeit noch nicht gestellt werden – etwa in den Fällen der Rdn. 877 – variiert der Text nur geringfügig: 913

▶ Formulierungsvorschlag: Lediglich bewilligte Vormerkung ohne Antrag

Um den vereinbarten Eigentumserwerb zu sichern, bewilligt der Verkäufer, zugunsten des Käufers am Vertragsobjekt eine

Vormerkung

gem. § 883 BGB ohne weitere Voraussetzungen an nächst offener Rangstelle einzutragen. Der Käufer stellt derzeit **keinen Eintragungsantrag**; auch der Notar soll diesen erst auf schriftliche Weisung des Käufers oder seines Finanzierungsgläubigers stellen. Der Käufer bewilligt und beantragt, diese Vormerkung – sofern eingetragen – bei der Eigentumsumschreibung wieder zu löschen, sofern nachrangig keine Eintragungen bestehen bleiben, denen er nicht zugestimmt hat.

Zur Sicherung des Erwerbs einer Teilfläche könnte die nachfolgende Formulierung genutzt werden. 914

▶ Formulierungsvorschlag: Bewilligung einer Vormerkung samt Antrag (Teilfläche)

Um den vereinbarten Eigentumserwerb zu sichern, bewilligt der Verkäufer und **beantragt** der Käufer, zu dessen Gunsten eine

Vormerkung

gem. § 883 BGB an dem in § 1 bezeichneten Grundbesitz ohne weitere Voraussetzungen an nächst offener Rangstelle einzutragen. Der Käufer bewilligt, die Vormerkung mit Vollzug des Fortführungsnachweises nach Vermessung auf die verkaufte Teilfläche zu beschränken und bei Eigentumsumschreibung wieder zu löschen, sofern nachrangig keine Eintragungen bestehen bleiben, denen er nicht zugestimmt hat.

d) »Abtretung der Vormerkung« (A-B-C Verkäufe)

aa) Hinsichtlich der Vormerkung

Wird der durch die Vormerkung gesicherte[1324] Anspruch auf dingliche Rechtsänderung abgetreten,[1325] führt dies zugleich zum Übergang der streng akzessorischen Vormerkung gem. § 401 BGB.[1326] Dies kann und sollte aufgrund Berichtigungsbewilligung des bisher eingetragenen Vormerkungsberechtigten[1327] im Grundbuch vermerkt werden. Die Abtretung des genannten Anspruchs auf dingliche Rechtsänderung ist stets möglich, solange die Abtretbarkeit nicht durch Ver- 915

[1324] Erfolgt die Abtretung an C bereits vor Eintragung der Vormerkung zugunsten des B, dürfte letzterer keine wirksame Vormerkung erworben haben, DNotI-Gutachten Nr. 84509 (April 2008), a.A. *Deimann* RPfleger 2001, 583: Anwartschaft auf Erwerb der Vormerkung, gestützt auf die Bewilligung, geh3 analog § 401 BGB auf C über, sodass lediglich Grundbuchberichtigung erforderlich sei.
[1325] Das Verfügungsgeschäft selbst ist formfrei, hinsichtlich des Verpflichtungsgeschäfts dürfte (obwohl Rechtskauf) wegen der mittelbaren Grundstückserwerbspflicht § 311b Abs. 1 BGB entsprechend gelten, MünchKomm-BGB/*Kanzleiter* § 311b Rn. 16; gegen *Wolfsteiner* Rpfleger 1976, 120.
[1326] *Deimann* Rpfleger 2001, 585.
[1327] BayObLG MittBayNot 1999, 70.

B. Gestaltung eines Grundstückskaufvertrages

einbarung (§ 399, 2. Alt. BGB) ausgeschlossen ist, was bei der Vormerkung im Grundbuch zur Warnung des Rechtsverkehrs deklaratorisch vermerkt werden kann,[1328] oder sofern sich ein solcher Ausschluss nicht aus den Umständen ergibt (§ 399, 1. Alt. BGB: Inhaltsänderung bei Vorkehrungen zur erleichterten Löschung zulasten des Erstkäufers). Solche Fallgestaltungen kommen bspw. in Betracht, wenn der Verkäufer seinerseits das Objekt erst vor Kurzem erworben hat und noch nicht Eigentümer ist, sondern bisher lediglich vormerkungsgesichert, der Weiterverkauf aber »über ihn« durchgeführt werden soll.[1329]

▶ Hinweis:

916 Es ist jedoch klarzustellen, dass die Abtretung des Übereignungsanspruchs gegen den Vorverkäufer (A) nur **sicherungshalber**[1330] erfolgt, d.h. geschuldeter Gegenstand tatsächlich das Eigentum am Objekt selbst ist. Um zu gewährleisten, dass der »Zwischenerwerber« (B) wieder vormerkungsgesichert ist, wenn der Weiterverkauf sich mangels Finanzierung zerschlägt, und die Auflassung in diesem Fall nicht mehr unmittelbar an den Enderwerber (C) zu erklären ist, kann die Weiterabtretung auflösend bedingt durch das Erlöschen des Eigentumsverschaffungsanspruchs aus dem Weiterverkauf wegen Zahlungsverzugs[1331] (d.h. Rücktritts oder Schadensersatzverlangen statt der Leistung, § 281 Abs. 4 BGB) erfolgen.[1332]

917 Außerdem ist stets eine **originäre Eigentumsvormerkung** des Verkäufers (als künftigen Eigentümers)[1333] auf den Enderwerber zu bewilligen. Denn hat der Vorverkäufer (A) die Leistungshandlung[1334] (Auflassungserklärung) – wie i.d.R. – bereits ohne Kenntnis der (ohnehin meist späteren!) Abtretung im Verhältnis zu seinem Vertragspartner (B) vollzogen, muss sie der Enderwerber (C), obwohl Inhaber des Verschaffungsanspruchs, gem. § 407 Abs. 1 BGB gegen sich gelten lassen, sodass die an ihn abgetretene Vormerkung ohnehin wertlos wird.[1335] Es ist dann allerdings nicht sichergestellt, dass die originäre Vormerkung zeitgleich mit eingetragen wird, da ein diesbezüglicher Verbund (§ 16 Abs. 2 GBO) mit den Vorlageanweisungen im Vertrag A – B nicht vereinbar wäre. B ist dann sowohl vertraglich als auch aus § 816 Abs. 2 BGB zur Weiterübereignung an C verpflichtet.

918 Es erscheint auch (unabhängig vom Vertrauensschutzgedanken des § 407 BGB) wertungsgerecht, dem Vorverkäufer (»A«) trotz der abgetretenen Erwerbsansprüche die Leistung unmittelbar an seinen Vertragspartner (»B«) zu eröffnen, um bspw. die Nachteile fortbestehenden Eigentums (Haftung für öffentliche Lasten etc., s. Rdn. 28) zu vermeiden, solange der Weiterverkauf an »C« noch

---

1328 Vgl. OLG Köln RNotZ 2004, 263. Der zusätzliche Vermerk eines Verpfändungsverbotes ist jedoch wegen § 1274 Abs. 2 BGB unstatthaft.
1329 Also kein neuer Direktverkauf des Voreigentümers an den Enderwerber, kein echter Vertrag des Voreigentümers mit dem Zwischeneigentümer zugunsten des Enderwerbers als Dritten nach § 328 BGB und kein Schuldbeitritt des Voreigentümers zum Folgevertrag, vgl. *Amann* NotBZ 2005, 1.
1330 BGH DNotZ 1995, 47; i.d.R. nicht erfüllungshalber, da der Enderwerber wohl kaum das Eigentum sich beim Ursprungseigentümer verschaffen müssen will, und erst recht nicht an Erfüllungs statt (der Käuferanspruch soll ja nicht bereits mit Erwerb des Übereignungsanspruchs erfüllt sein).
1331 Eine schlicht an das Erlöschen des Eigentumsverschaffungsanspruchs aus dem Weiterverkauf vor seiner Erfüllung anknüpfende auflösende Bedingung würde in der Insolvenz des Zwischenerwerbers nach Zahlung des Kaufpreises an den Vorverkäufer zum ungewollten Wegfall der (abgetretenen) Vormerkung und damit des Insolvenzschutzes führen, vgl. *Monath* RNotZ 2004, 384.
1332 *Monath* RNotZ 2004, 375. Die auflösende Bedingtheit kann im Grundbuch berichtigend bei der abgetretenen Vormerkung verlautbart werden, BayObLG DNotZ 1986, 496.
1333 Wegen § 885 Abs. 1 BGB erfolgt die Eintragung nicht allein aufgrund der Anwartschaftsstellung des bewilligenden Zwischenerwerbers, ebenso wenig liegt in der Auflassung des »A« an »B« die (konkludente) Ermächtigung zur Bewilligung einer originären Vormerkung; eine ausdrückliche Ermächtigung würde gegen das vormerkungsrechtliche Identitätsgebot verstoßen. Vgl. *Monath* RNotZ 2004, 361 ff. m.w.N.
1334 Abzustellen ist auf die Kenntnis z.Zt. der Leistungshandlung, nicht des Leistungserfolgs (BGHZ 105, 360).
1335 Die für den Enderwerber (C) eingetragene Vormerkung wird dann wertlos, vgl. im Einzelnen *Amann* in: FS für Schippel, S. 96; a.A. zuvor OLG Düsseldorf MittRhNotK 1989, 252 und weiterhin *Schmidt* in: Münchener Vertragshandbuch, Bd. 5, S. 273 ff.

nicht vollzugsreif ist.[1336] Der Abtretungsempfänger (»C«) erteilt somit seinem Vertragspartner (B) **Einziehungsermächtigung**[1337] und gestattet daher dem »A« die (möglicherweise, etwa bei Teilflächen, noch zu erklärende) Auflassung an den »B«. Anders als im Anwendungsbereich des § 407 BGB lässt sich die Erfüllungswirkung einer Ermächtigung (zur Einziehung des Eigentumsverschaffungsanspruchs) an »B« (§§ 185 Abs. 1, 362 Abs. 2 BGB) bei noch zu erklärender Auflassung des »A« beschränken, etwa auf den Fall, dass mit dem Eigentumserwerb des »B« auch die originäre Vormerkung zugunsten des »C« rangrichtig eingetreten werde.

Dieser Weg würde versperrt, wenn zusätzlich zum Eigentumsverschaffungsanspruch auch das (vormerkungsgestützte) Anwartschaftsrecht[1338] des »B« an »C« mitübertragen würde;[1339] ein Durchgangserwerb des »B« wäre dann nicht mehr möglich.

▸ Formulierungsvorschlag: Auflassung an den Zwischenerwerber bei abgetretenem Eigentumsverschaffungsanspruch

Überträgt der Vorverkäufer das Eigentum an den heutigen Verkäufer, der zur Einziehung weiterhin ermächtigt ist, gilt der abgetretene Übereignungsanspruch des Käufers gegen den Vorverkäufer als erfüllt, sobald die originäre Vormerkung für den Käufer rangrichtig eingetragen ist; anderenfalls kann der Käufer kraft des abgetretenen Eigentumsverschaffungsanspruchs von dem Vorverkäufer keinesfalls Schadensersatz verlangen, sondern ausschließlich die Erklärungen zum Eigentumsübergang auf den Käufer, wenn dem Vorverkäufer für deren Kosten sowie für die Kosten der Eigentumsumschreibung zuvor Sicherheit geleistet ist. Der Notar wird beauftragt, an die ihm mitgeteilte Anschrift des Vorverkäufers eine Ausfertigung zur Anzeige der Abtretung und der Einziehungsermächtigung zu übersenden.

919

▸ Hinweis:

Es ist jedoch deutlich darauf hinzuweisen, dass der Enderwerber durch die »**abgeleitete**« **Vormerkung** weit weniger geschützt ist (Rdn. 921 ff.) als durch eine **originäre Vormerkung**, die nach Zwischeneintragung seines Verkäufers unmittelbar zu seinen Gunsten eingetragen werden könnte (und wird, sofern die eingeschränkte Einziehungsermächtigung gem. §§ 446, 447 BGB zum Tragen kommt, allerdings nicht bei bereits zuvor an B erklärter Auflassung: § 407 BGB). Im **Bauträgervertrag** genügt daher (wohl) die lediglich »abgetretene Vormerkung« nicht zur Fälligstellung gem. § 3 Abs. 1 Satz 1 Nr. 3 MaBV.[1340] Ebenso wenig kann die bloße Abtretung des Eigentumverschaffungsanspruchs der im Vertrag vereinbarten originären Käufervormerkung als Fälligkeitsvoraussetzung gleichstehen.[1341]

920

Zu nennen sind v.a. folgende Risiken:
– Der Schutz des **guten Glaubens** an die Richtigkeit des Grundbuchs (§ 892 BGB) und

921

1336 Der Übereignungsanspruch des Enderwerbers gegen den Vorverkäufer sollte dann kraft Vereinbarung als erfüllt gelten, wenn die originäre Vormerkung für den Enderwerber rangrichtig eingetragen ist; der Enderwerber hat dann nur noch Ansprüche gegen seinen Vertragspartner (»Zwischenerwerber«).
1337 So die Auslegung des BGH DNotZ 1995, 47. Mit deren Anzeige an den Voreigentümer (A) ist jenem das Risiko deren Unwirksamkeit, des Widerrufs (sofern nicht ausgeschlossen) oder der vertraglichen Aufhebung abgenommen analog § 409 Abs. 1 BGB, *Monath* RNotZ 2004, 371.
1338 Dieses entsteht nach h.M. mit Erklärung der Auflassung und Eintragung einer Vormerkung (BGH, DNotZ 1982, 621 – a.A. wegen der lediglich schuldrechtlichen Vormerkungsnatur *Tetenberg* Die Anwartschaft des Auflassungsempfängers); die zweite Erscheinungsform, das »antragsgestützte Anwartschaftsrecht« (Auflassung und gestellter Umschreibungsantrag, *Medicus* DNotZ 1990, 275 ff. m.w.N.) ist i.R.d. Kettenverkaufs weniger relevant.
1339 Das schuldrechtliche Geschäft muss dann § 311b BGB, das dingliche § 925 BGB genügen, vgl. *Monath* RNotZ 2004, 368. Die Übertragung der vormerkungsgestützten Anwartschaft setzt den Erwerb des vormerkungsgeschützten Übereignungsanspruchs voraus, kann also nicht der Umgehung des § 399 BGB dienen. Gutgläubiger Erwerb ohne die Vormerkung ist nicht möglich.
1340 Vgl. im Einzelnen zum Streitstand *Basty* Der Bauträgervertrag Rn. 284. Durch Gesetzesänderung entschieden ist allerdings lediglich, dass die Vormerkung am Vertragsobjekt selbst eingetragen sein muss (also nicht auf Bildung des Sondereigentums nach WEG gerichtet sein kann).
1341 BGH, 27.10.2006 – V ZR 234/05, NJW 2007, 508.

B. Gestaltung eines Grundstückskaufvertrages

– der Schutz vor **Insolvenz** vor dem Zeitpunkt beiderseitiger Vertragserfüllung (§§ 103, 106 InsO; vgl. unten Rdn. 3069 ff.)[1342] richten sich nur gegen den Voreigentümer A, nicht aber gegen seinen unmittelbaren Verkäufer B,[1343] es sei denn, A wäre (untypischerweise) der Eigentumsverschaffungspflicht des B im Verhältnis zu C als weiterer Schuldner beigetreten.

Anderenfalls gilt nach herrschender Meinung im Insolvenzfall:[1344]

– Im Verhältnis A – B besteht noch das Wahlrecht des an die Stelle des B getretenen Insolvenzverwalters (§ 106 InsO schützt nur bei Insolvenz des Verkäufers), bis wenigstens B seine Pflichten vollständig erfüllt hat, also den Kaufpreis und die Grunderwerbsteuer bezahlt und den Gegenstand abgenommen hat, was i.d.R. nicht der Fall sein wird. Verlangt der Verwalter Erfüllung, schafft er damit Masseverpflichtungen, die von der zuvor erklärten Sicherungsabtretung des Eigentumsver-schaffungsanspruchs des B an C nicht erfasst werden.[1345] Auch die vorsorgliche Mitübertragung eines Anwartschaftsrechtes des B ändert am Ergebnis nichts.[1346]

– Lehnt er die Erfüllung ab, geht die Sicherungszession ohnehin ins Leere. C kann in diesem Fall[1347] das Wahlrecht auch nicht dadurch beseitigen, dass er schlicht als Dritter gem. § 267 BGB die Kaufpreisschuld des B ggü. A tilgt, da zum maßgeblichen Zeitpunkt der Insolvenzeröffnung der synallagmatische Vertrag noch nicht beiderseits erfüllt war. Im Verhältnis B – C hätte diese Direktzahlung wegen § 82 InsO keine Erfüllungswirkung; auch kann C nicht ggü. B mit seinem Erstattungsanspruch aufrechnen, da die Aufrechnungslage erst nach Insolvenzeröffnung entstanden ist, § 96 Abs. 1 Nr. 2 InsO. C liefe dann also sogar Gefahr, zweimal zahlen zu müssen.

922
– Wählt der Insolvenzverwalter die Nichterfüllung in beiden Verhältnissen, bleibt dem C nur auf einen unmittelbaren neuen Kaufabschluss mit A zu möglichst nicht schlechteren Konditionen zu hoffen (die schlichte Auflassung A – C genügt schon wegen § 925a BGB nicht); die Rückgewähr etwaiger durch ihn bereits erbrachter Leistungen ist jedoch schlichte Insolvenzforderung.

– Selbst wenn (untypischerweise) im Verhältnis A – B das Insolvenzverwalterwahlrecht wegen Erfüllung zumindest seitens des B nicht mehr bestünde, besteht es im Verhältnis B zu C, soweit noch keine dieser Parteien vollständig erfüllt hat. Lehnt der Verwalter die Erfüllung ab, greift jedoch die Sicherungsabtretung[1348] des Eigentumsverschaffungsanspruchs A – B an den C, die bereits vor Insolvenzeröffnung erfolgt ist[1349] und demnach das Absonderungsrecht gem. § 51 Nr. 1 InsO gewährt, selbst wenn die aufschiebende Bedingung (Zahlung des Kaufpreises durch C) erst nach Insolvenzeröffnung eintritt.[1350] Der Verwalter kann die Forderung nach § 166 Abs. 2 InsO

1342 Bei Insolvenzeröffnung über das Vermögen des »Zwischenerwerbers« sind typischerweise weder dessen Ankauf noch der Weiterverkauf vollständig erfüllt, sodass beide Ansprüche erlöschen bzw. ihnen wechselseitige Nichterfüllungseinreden entgegenstehen.

1343 Möglicherweise jedoch in diese Richtung tendierend HK-InsO/*Marotzke* § 106 Rn. 52 ff.

1344 A.A. allerdings *Kesseler* ZNotP 2008, 155, wonach die Masse durch Bereicherungsansprüche ausreichend geschützt sei und C an A ohne Kollision mit Masserechten leisten könne.

1345 BGHZ 135, 26; zweifelnd *Schöner/Stöber* Grundbuchrecht Rn. 3147. Gleiches gilt, wenn mit BGH DNotZ 2002, 648 die Eröffnung des Insolvenzverfahrens nicht zur unmittelbaren Umgestaltung des Vertragsverhältnisses, sondern nur zu dessen Undurchführbarkeit wegen wechselseitiger Nichterfüllungseinreden (§ 320 BGB) führen sollte; § 106 InsO kann bei Insolvenz des Zwischenerwerbers diese Undurchführbarkeit nicht überwinden. Denkbar wäre allenfalls eine analoge Anwendung des § 106 InsO, dagegen *Monath* RNotZ 2004, 382.

1346 *Gutachten* DNotI-Report 1999, 67.

1347 Entgegen *Huber* MittBayNot 2004, 59 f. und *Amann* NotBZ 2005, 8, die darauf hinweisen, dass der Insolvenzverwalter hieran nicht mitzuwirken brauche und es auch nicht verhindern könne, da die Masse nicht mit Zahlungen belastet ist.

1348 Sofern der Verwalter diese nicht gem. §§ 129 ff. InsO anfechten kann.

1349 Nach BGH, 22.10.2009 – IX ZR 90/08, DNotZ 2010, 370 würde sogar bei einer Vorauszession der zwischenzeitliche Eintritt einer Verfügungsbeschränkung (Insolvenz) nicht schaden, selbst wenn die zedierte Forderung erst danach entsteht, da die Verfügungsbefugnis bei der Vorauszession (abweichend vom Regelfall bei mehraktigen Tatbeständen) nur im Zeitpunkt der Abtretung (des Verfügungstatbestandes), nicht aber des Verfügungserfolgs vorhanden sein muss.

1350 Vgl. *Monath* RNotZ 2004, 384; grundlegend BGH, 27.05.2003 – IX ZR 51/02, ZNotP 2003, 385: Auch vor Insolvenzeröffnung erklärte unbedingte Sicherungsabtretungen eines bedingten (nicht bloß künftigen) Rechtes fallen nicht mehr in die Masse; darin liegt weder eine insolvenzabhängige Lösungsklausel, noch stellt der Rückzahlungsanspruch eine originäre Masseforderung dar, noch beeinflusst die Abtretung des Anspruchs das Wahlrecht des Verwalters in

(also Eigentumsverlangen durch erstmalige oder – falls bereits an B erklärt[1351] – neuerliche Auflassung A an C) gegen eine Kostenpauschale von gesamt 9 % selbst einziehen[1352] oder dies dem Zessionar gegen einen Kostenbeitrag von immerhin 4 % für die Feststellung des Anspruchs[1353] überlassen (§§ 166 Abs. 2 Satz 1, 170 Abs. 2, 171 Abs. 1 Satz 2 InsO). Diese Kostenbeiträge wären ihm bei unmittelbarer Vormerkung erspart geblieben.

– Durch die Abtretung werden möglicherweise unerkannte **Nichtigkeitsgründe** aus dem Erstkauf (z.B. Geisteskrankheit des »A«) in den Zweitverkauf »importiert«.   923

– Gerät der Eigentumsverschaffungsanspruch wegen **Zahlungsverzugs des B** (infolge Rücktritts, § 323 BGB, oder Schadensersatzverlangen statt der Leistung, § 281 Abs. 4 BGB, des A) später in Wegfall, ist C nicht mehr grundbuchrechtlich gesichert.

– B könnte seinen Eigentumsverschaffungsanspruch bereits zuvor einem Dritten **abgetreten** haben: Kein Schutz des guten Glaubens an den Bestand und die Einredefreiheit eines schuldrechtlichen Anspruchs.[1354]

– Der Eigentumsverschaffungsanspruch des B könnte ferner vor[1355] seiner Abtretung an C bereits **gepfändet** worden sein. Gleiches könnte gelten für ein ihm etwa zustehendes Anwartschaftsrecht (mangels Drittschuldners genügt insoweit die Zustellung alleine bei B!),[1356] sodass außerhalb des Grundbuches eine Sicherungshypothek entsteht, im Rang vor der originären Vormerkung des C bzw. als Belastung seines Eigentums bei Umschreibung auf ihn.[1357]   924

▶ Hinweis:

Schließlich ist bereits auf einer vorgelagerten Ebene genau zu prüfen, ob im Erstvertrag nicht Beschränkungen oder Ausschlüsse des Anspruchs auf Eigentumsverschaffung enthalten sind (§ 399 BGB); so etwa dann, wenn die dortige originäre Vormerkung schon zur Löschung bewilligt wurde (»Schubladenerklärung« für den Fall der Nichtzahlung).[1358]

bb) Hinsichtlich der Auflassung

Wegen der Ermächtigung zur Weiterauflassung, die in der zu eigenen Gunsten erklärten (nicht mehr unter Vollzugsbedingungen stehenden) Auflassung (jedenfalls im Zweifel) liegt,[1359] ist es grundbuchrechtlich möglich, im Wege zweier aufeinanderfolgender Auflassungen unmittelbar vom   925

---

unzulässiger Weise. Die Abgrenzung zur bloß künftigen Forderung soll sich danach vollziehen, ob die Mittel zur Begründung des Anspruchs bereits vor Eröffnung des Verfahrens aus dem Schuldnervermögen ausgeschieden sind. Die Vorausabtretung einer künftigen Forderung ist ebenfalls insolvenzfest, wenn nur die Forderung in diesem Sinn noch vor Insolvenzeröffnung entstanden ist; in gleicher Weise ist die unter einer Potestativbedingung vereinbarte Abtretung insolvenzfest (BGH, 17.11.2005 – IX R 162/04, ZNotP 2006, 101 m. Anm. *Kesseler* ZNotP 2006, 94 ff.

1351 *Amann* NotBZ 2005, 6.
1352 Und dem Gläubiger den hieraus erzielten Erlös auskehren, was jedoch im vorliegenden Fall kaum praktisch werden wird, vgl. *Reul* Insolvenzrecht in der notariellen Praxis, S. 62.
1353 Vgl. BGH NotBZ 2004, 388.
1354 *Monath* RNotZ 2004, 378.
1355 Nach der Abtretung scheitert sowohl die Pfändung des (nicht mehr dem »B« zustehenden) Erwerbsanspruchs als auch seines vormerkungsgestützten (da auf demselben Anspruch basierenden) Anwartschaftsrechtes (sodass die Sicherungsabtretung nach erklärter Auflassung an »B« bisweilen als Pfändungsschutz gewählt wird; *Amann* NotBZ 2005, 2). Wird das antragsgestützte Anwartschaftsrecht gepfändet und an B (mit Sicherungshypothek belastet) geleistet, kann allerdings C, dem ggü. dies gem. § 407 Abs. 1 BGB wirksam ist, gem. § 816 Abs. 2 BGB vom Gläubiger der Sicherungshypothek (als Pfändungsberechtigter beim Nichtberechtigten) Löschung verlangen, *Amann* DNotZ 1997, 119 f.
1356 Während die Pfändung des Erwerbsanspruchs nur mit Zustellung beim Drittschuldner »A« gem. §§ 846, 829 Abs. 3 ZPO wirksam wird. Folge: Auflassungserklärung an bzw. Auflassungsgenehmigung durch einen Sequester, § 848 Abs. 2 ZPO. Auch nach Entstehung eines Anwartschaftsrechtes kann weiterhin nur der schuldrechtliche Erwerbsanspruch gepfändet werden: OLG München, 07.04.2010 – 34 Wx 035/10, NotBZ 2010, 469.
1357 Vgl. *Monath* RNotZ 2004, 379.
1358 Ebenso *Monath* RNotZ 2004, 370.
1359 OLG Frankfurt am Main, 14.03.2005 – 20 W 312/04, NotBZ 2007, 26 (darin liegt allerdings keine Ermächtigung zur Belastung).

ursprünglichen Eigentümer auf den Enderwerber umzuschreiben (»**Sprungauflassung**«). Dies wird vom Zwischenerwerber, der eigene Eintragungskosten sparen möchte, häufig gewünscht. Der Enderwerber ist in diesem Fall jedoch zu keinem Zeitpunkt durch eine originäre Vormerkung geschützt. Entscheidende Beschleunigungseffekte sind damit ebenfalls nicht verbunden (könnte doch die Vormerkung für den Enderwerber zeitgleich mit der Umschreibung auf den Zwischenerwerber eingetragen werden), und schließlich widerspricht die verzögerte Umschreibung (bis die Voraussetzungen des Zweitvertrages erfüllt sind) den Vorlageanweisungen des Erstvertrages, sofern das Verfahren dort nicht offengelegt und akzeptiert wurde.

926 Von der Möglichkeit der Kettenauflassung sollte daher nur sehr behutsam und unter deutlicher **Betonung der damit verbundenen Risiken** Gebrauch gemacht werden, etwa wenn der Kaufpreis aus dem Ersterwerb bereits fällig gestellt und bezahlt ist oder es sich dabei um eine Übertragung in privatem Umfeld (vorweggenommene Erbfolge) handelt. Eine Formulierung über die Weiterabtretung des Erwerbsanspruchs und die Erklärung der Zweitauflassung ohne Zwischeneintragung könnte dann etwa wie folgt lauten:

▶ Formulierungsvorschlag: Abtretung des Eigentumsverschaffungsanspruchs und Kettenauflassung

Der Verkäufer tritt zur Sicherung der vorstehenden Eigentumsverschaffungspflicht seinen aus der genannten Vorurkunde resultierenden Anspruch auf Verschaffung des Eigentums an dem vorbezeichneten Grundbesitz an den dies annehmenden Käufer ab. Die Abtretung ist auflösend bedingt dadurch, dass der Übereignungsanspruch des Käufers wegen Zahlungsverzugs vor seiner Erfüllung erlischt. Gem. § 401 BGB geht die diesbezügliche Eigentumsvormerkung auf den Käufer über. Etwaige Anwartschaftsrechte sind nicht mitübertragen.

Der Verkäufer bewilligt und der heutige Käufer beantragt im Wege der Grundbuchberichtigung die Eigentumsvormerkung dahin gehend abzuändern, dass künftig der Käufer auflösend bedingter Berechtigter aus der genannten Vormerkung ist.

Die Beteiligten stellen klar, dass die Abtretung des Erwerbsanspruches nur sicherungshalber erfolgt; Kaufgegenstand ist nicht der Erwerbsanspruch der Vorurkunde, sondern der vorbezeichnete Grundbesitz.

Überträgt der Vorverkäufer das Eigentum an den heutigen Verkäufer, der zur Einziehung weiterhin ermächtigt ist, gilt der abgetretene Übereignungsanspruch des Käufers gegen den Vorverkäufer als erfüllt, sobald die originäre Vormerkung für den Käufer rangrichtig eingetragen ist; anderenfalls kann der Käufer kraft des abgetretenen Eigentumsverschaffungsanspruchs von dem Vorverkäufer keinesfalls Schadensersatz verlangen, sondern ausschließlich die Erklärungen zum Eigentumsübergang auf den Käufer, wenn dem Vorverkäufer für deren Kosten sowie für die Kosten der Eigentumsumschreibung zuvor Sicherheit geleistet ist. Der Notar wird beauftragt, an die ihm mitgeteilte Anschrift des Vorverkäufers eine Ausfertigung zur Anzeige der Abtretung und der Einziehungsermächtigung zu übersenden.

Der Notar hat eindringlich davor gewarnt, ohne Zwischenerwerb des Verkäufers Zahlungen zu leisten. Die »abgetretene Vormerkung« bietet z.B. keinen Schutz bei Insolvenz des heutigen Verkäufers, bei unerkannten Fehlern des Ersterwerbs oder bei dessen Rückabwicklung, ferner im Fall vorheriger Pfändung oder anderweitiger Abtretung des Verschaffungsanspruchs. Gleichwohl wünschen die Beteiligten diese Abwicklung zur Reduzierung der Eintragungs- und Zwischenfinanzierungskosten anstelle eines schrittweisen Vollzugs oder des unmittelbaren Eintritts des Enderwerbers in den Vertrag mit dem Voreigentümer.

Verkäufer und Käufer sind über den vereinbarten Eigentumsübergang in ihrem Erwerbsverhältnis einig. Der Verkäufer gibt diese Erklärung ab aufgrund der Ermächtigung zur Weiterauflassung, die in der auf ihn erfolgten Auflassungserklärung zugleich enthalten ist (§ 185 BGB). Diese Erklärung der

Auflassung

enthält jedoch ausdrücklich weder die Eintragungsbewilligung noch den Eintragungsantrag. Zu deren Erklärung wird der amtierende Notar, sein amtlicher Vertreter oder Nachfolger durch die

Beteiligten unwiderruflich, über den Tod hinaus und unter Befreiung von den Beschränkungen des § 181 BGB bevollmächtigt.

Der Notar wird angewiesen, die Eigentumsumschreibung gemäß dieser Vollmacht erst zu bewilligen und zu beantragen, wenn ihm der Verkäufer unverzüglich nach Erhalt des Geldes schriftlich bestätigt oder hilfsweise der Käufer nachgewiesen hat, dass der Kaufpreis (ohne etwaige Zinsen) bezahlt ist. Sofern die Auflassung unmittelbar vom Vorverkäufer auf den heutigen Käufer vollzogen wird, sind zusätzlich die Anweisungen für die Erklärung der Auflassungsbewilligung aus der genannten Vorurkunde einzuhalten.

cc) Hinsichtlich der Kaufpreiszahlung

Noch komplexer und risikobehafteter gestaltet sich die Gesamtabwicklung, wenn der Zwischenerwerber (B) hinsichtlich der **Gegenleistung** ohne eigenen Finanzeinsatz lediglich »**durchhandelt**«, also auch die Kosten der Zwischenfinanzierung sich ersparen möchte. Er bedient sich in diesem Fall der Kaufpreismittel des Enderwerbers (C), um sowohl seine Zahlungspflicht ggü. dem Voreigentümer (A) zu erfüllen – ggf. unter Wegfertigung eingetragener Gläubiger in Anrechnung hierauf – als auch seinen eigenen Zwischengewinn zu materialisieren. Zwei Varianten sind zu unterscheiden, je nachdem, ob C vor seiner eigenen Zahlung durch eine eigene Vormerkung geschützt sein soll oder nicht: 927

– Soll (wie vorzuziehen) C durch eine am Eigentum des B einzutragende Vormerkung gesichert sein, bevor seine Zahlung erfolgt, bedarf es korrespondierender Bereitschaft des A, der Umschreibung auf B bereits dann zuzustimmen, wenn die **Zahlung** des Kaufpreises **an** ihn, **A**, noch nicht erfolgt, jedoch zumindest dergestalt **sichergestellt** ist, dass die Auszahlung aus einem für den Vertrag B – C eingerichteten Anderkonto an ihn erfolgen kann, sobald[1360] mit der Umschreibung auf B die Vormerkung für C rangrichtig eingetragen ist (vgl. auch unten Rdn. 935). Die Hinterlegungsbedingungen B – C dürfen in diesem Fall aufgrund entsprechender Abrede zugunsten des A als Dritten (§ 328 BGB) nicht mehr abgeändert werden können.[1361] Erfolgt bei Fehlen einer solchen Anweisung die Umschreibung auf B ohne vorherige Zahlung oder umgekehrt die Auszahlung zulasten des C ohne vorherige rangrichtige Vormerkungseintragung, könnte der Notar sich der Untreue (Treubruchstatbestand gem. § 266 Abs. 1, 2. Alt. StGB aufgrund Vermögensgefährdung entweder des A oder des C) schuldig gemacht haben.[1362] Hinzu kommen die berufsrechtlichen Risiken aus der »Überverbriefung« bei Kettenverkäufen,[1363] Rdn. 129. 928

– Soll jedoch zusätzlich auf Zwischeneintragung des B verzichtet werden, also entgegen der Risikohinweise oben Rdn. 920 f. der Kaufpreis des C bereits fällig gestellt werden, wenn lediglich die Abtretung bei der Vormerkung des B vermerkt ist, alle erforderlichen Genehmigungen und Vorkaufsrechtszeugnisse für beide Verträge vorliegen und die Lastenfreistellung (am Eigentum des A) gewährleistet ist (»**schuldrechtliche und dingliche Sprungabwicklung**«), muss im Erstvertrag (A – B) dafür Sorge getragen werden, dass A zum Zeitpunkt der Zahlung des C noch nicht zurückgetreten ist oder Schadensersatz statt der ganzen Leistung verlangt hat. Die Fälligkeit der Kaufpreisschuld des B muss also ausreichend spät befristet sein (»nicht jedoch vor dem ...«) oder 929

1360 Es müssen also alle (bis zu ihrer Erfüllung einseitigen) Verwendungsauflagen finanzierender Kreditinstitute sowie die sonstigen Auszahlungsvoraussetzungen (Genehmigungen zum Folgevertrag etc.) erfüllt sein.
1361 Vgl. *Gutachten* DNotI-Report 1998, 217; *Monath* RNotZ 2004, 387.
1362 Vgl. Rundschreiben der Landesnotarkammer Bayern v. 16.02.1998, S. 4 zu einer Konstruktion, bei welcher (wie üblich) die Auflassung des Ersterwerbs erst nach erfolgter Kaufpreiszahlung vollzogen werden darf, der Kaufpreis aus dem Weiterverkauf, auf Anderkonto hinterlegt, jedoch ausgezahlt werden soll, wenn »für den Antrag auf Eintragung der originären Vormerkung zugunsten des Zweiterwerbers keine Eintragungshindernisse bestehen«. Letztere sind aber denknotwendig nie ausgeschlossen, da der Zwischenerwerber bis zu seinem eigenen Eigentumserwerb als Nichtberechtigter bewilligt hat und zudem nicht ausgeschlossen werden kann, dass sein Erwerbsanspruch (vor der Weiterabtretung) gepfändet wurde, sodass außerhalb des Grundbuches vor der Vormerkung des Zweiterwerbers eine Sicherungshypothek gem. § 848 Abs. 2 Satz 2 ZPO entsteht.
1363 BGH, 14.12.2009 – NotSt (B) 2/09, ZNotP 2010, 116 (Vorläufige Amtsenthebung bei An- und Verkauf binnen weniger Tage und Differenzen zwischen 60 und 286 %).

gar die weiteren Fälligkeitsbedingungen des Vertrages B – C mit einschließen, vorbehaltlich eines großzügigen Endtermins. Hierzu wird A allenfalls bereit sein, wenn sich die Kaufpreisschuld des B ab dem Zeitpunkt, an dem ihre Fälligkeit üblicherweise eingetreten wäre, verzinst.

930 Auch in diesem Fall wird häufig durch A die Einschaltung eines **Anderkontos** gewünscht, um hinsichtlich der Liquidität des C sicher zu sein, und bspw. die Weiterabtretbarkeit des Eigentumsverschaffungsanspruchs an den Eingang des Betrages auf dem Anderkonto zu knüpfen (wobei einseitige Verwendungsauflagen des Einzahlenden, ggf. Gläubigers, erfüllt sein müssen). Zusätzlich kann das Anderkonto dazu dienen, den A von dem Risiko zu entlasten, für die Grunderwerbsteuer aus seinem Verkauf aufkommen zu müssen: Für die Umschreibung A auf C bedarf es lediglich der Unbedenklichkeitsbescheinigung aus dem Erwerbsvorgang B – C,[1364] sodass aus dem Anderkontobetrag des C zulasten des B ggf. dessen Grunderwerbsteuerschuld bedient werden soll.

> **Hinweis:**
>
> Nur unter eindringlichsten Warnungen ist das im Anhang Teil E Muster XXI (Rdn. 3910) abgedruckte Muster eines Verkaufs mit solcher schuldrechtlicher und dinglicher Sprungabwicklung (Gesamttext des Verkaufs B – C sowie Besonderheiten des Vertrages A – B) zu rechtfertigen.

931 Typischerweise wird der Enderwerber (C) den Kaufpreis nicht (ausschließlich) aus Eigenmitteln aufbringen, sondern hierzu einen Kredit benötigen, sodass vor Ausreichung (bzw. Verwendungsfreigabe im Fall einer Hinterlegung) der Darlehensbeträge die Eintragung eines **Finanzierungsgrundpfandrechts** notwendig ist:
– Wird der Zwischenerwerber (B) eingetragen, treten keine weiteren Besonderheiten auf: Die aufgrund der im Vertrag B–C enthaltenen Beleihungsvollmacht bestellte Grundschuld zur Finanzierung des C wird (noch im Rang vor der originären Vormerkung zugunsten des C) eingetragen mit Umschreibung auf B; damit tritt die Fälligkeit des Kaufpreises bzw. die Auszahlungsreife der hinterlegten Summe gemäß oben Rdn. 927, erster Gliederungspunkt ein.

932 – Schwieriger gestaltet sich jedoch die Abwicklung, wenn auf Zwischeneintragung des B »verzichtet« werden soll, wovor (wie oben Rdn. 920 f. ausgeführt) dringend zu warnen ist. Die bloße Verpfändung der abgetretenen Erwerbsansprüche wird wegen der Schwächen eines solchen abgeleiteten Anspruchs von Banken typischerweise nicht als ausreichend akzeptiert.[1365] B kann in diesem Fall den Enderwerber (C) nicht bevollmächtigen, es sei denn, die im Erstvertrag seitens des A erteilte Finanzierungsvollmacht würde zur Erteilung von Untervollmacht berechtigen.[1366] Ist dies der Fall, da bereits beim Erstvertrag offengelegt wurde, dass eine zeitnahe Weiterveräußerung ohne Zwischeneintragung beabsichtigt ist, und erklärt sich A mit dem späteren, auf den Vertrag B–C Rücksicht nehmenden Erhalt des Kaufpreises (etwa im Gegenzug gegen dessen Verzinsung) einverstanden, wird allerdings die Untervollmacht nur mit der Maßgabe erteilt sein, dass Inhalt und Sicherungszweck des bestellten Grundpfandrechtes nur für denjenigen Teil der Darlehensvaluta, der den an A zu leistenden Kaufpreisbetrag übersteigt, abweichen dürfen. Ohne eine solche ausdrückliche Untervollmacht wäre allenfalls denkbar, dass B aufgrund der ihm, B, erteilten Vollmacht ein Finanzierungsgrundpfandrecht zugunsten der Bank des C bestellt, sofern in dieser Finanzierungsvollmacht (A–B) geregelt ist, dass die Verwendungsbeschränkungen (für Zahlungen mit Tilgungswirkung auf den Kaufpreisanspruch des A) entfallen, sobald dieser Kaufpreis gezahlt ist und nicht erst mit der Eigentumsumschreibung (hier zugunsten des C).[1367]

933 Im Verkauf eines dem Verkäufer noch nicht gehörenden Grundstückes kann nach neuem Recht die Übernahme eines **Beschaffungsrisikos** gem. § 276 Abs. 1 Satz 1 BGB liegen mit der Folge einer verschuldensunabhängigen Haftung für die Eigentumsverschaffung. Ist der »Zwischenverkäufer«

1364 Vgl. Wortlaut § 22 Abs. 1 GrEStG »die Grunderwerbsteuer«; *Boruttau* Grunderwerbsteuergesetz § 22 GrEStG Rn. 27.
1365 Vgl. *Monath* RNotZ 2004, 388.
1366 Davon ist ohne ausreichenden Wortlaut nicht auszugehen, vgl. OLG Düsseldorf MittRhNotK 1999, 244.
1367 Vgl. *Monath* RNotZ 2004, 388.

nicht bereit, dieses Risiko zu übernehmen, sollte er auf einen Ausschluss der Schadensersatzpflicht und stattdessen allein die Übernahme der Vertragskosten drängen. Denkbar ist auch ein auf den eigenen Erwerb aufschiebend bedingter Vertrag oder die Vereinbarung eines Rücktrittsrechts für den Fall, dass der Erwerb des Grundstückes nicht bis zu einem bestimmten Zeitpunkt vollzugsreif sein sollte.[1368]

dd) Alternative Gestaltungsmöglichkeiten

Unter Berücksichtigung der geschilderten Unzulänglichkeiten und (nicht vollständig beherrschbaren) Risiken des »abgekürzten« A-B-C Vertrages, v.a. unter Einschluss der »schuldrechtlichen Direktabwicklung« zum Zwecke der Einsparung des Zwischenfinanzierungsaufwandes bei B, wird der Notar den Beteiligten empfehlen, ja sie geradezu drängen, die Rechtsverhältnisse Schritt für Schritt zu vollziehen. Die Sicherungsabtretung des Verschaffungsanspruchs aus dem Erstvertrag ist zur Verstärkung der Position des Zweitkäufers durchaus empfehlenswert, solange die Fälligkeit des Zweitkaufpreises an die Eintragung der originären Vormerkung geknüpft bleibt. Umgekehrt kann auch der Weiterverkauf durchaus bereits vor dem Ankauf beurkundet werden (um zumindest das Vermarktungsrisiko des B zu reduzieren), allerdings unter Wahrung der oben Rdn. 933 genannten Kautelen zur Beschränkung des übernommenen Beschaffungsrisikos. B könnte den hieraus resultierenden Kaufpreisanspruch – Nachweis der Bonität des C vorausgesetzt – an seine Bank zu Sicherungszwecken abtreten und die Abtretung bereits im Kaufvertrag dem C offen legen (§ 407 BGB). 934

Ist der Erstverkäufer (A) hierzu bereit, kann den Beteiligten stattdessen auch folgende Lösung für die **Finanzierung beider Verträge durch den Letzterwerber** (C) empfohlen werden: Der Zwischenerwerber (B) wird bereits vor Zahlung des Kaufpreises als Eigentümer eingetragen; die Interessen des A werden hinsichtlich seines Rückübertragungsanspruchs im Fall des Rücktritts nach Nichtzahlung durch eine Vormerkung, und/oder hinsichtlich des Kaufpreisanspruches durch ein nachrangiges Grundpfandrecht am Vertragsobjekt, das als verbundener Antrag (§ 16 Abs. 2 GBO) mit der Auflassung einzutragen ist, gesichert. C wird durch nachrangige Finanzierungsgrundschuld und originäre Vormerkung gesichert und entrichtet den Kaufpreis sodann bei Fälligkeit in der Höhe an A, die als Treuhandauflage zur Löschung dessen Vormerkung und/oder Grundpfandrechtes erforderlich ist (Kaufpreis des Erstvertrages ggf. zuzüglich Zinsen ab Besitzübergang auf B und der Löschungskosten der Belastungen, die aufgrund des vorzeitigen Eigentumsübergangs auf B notwendig waren), i.Ü. an B. In einer möglichen Insolvenz des B sind sowohl A (durch Vormerkung: § 106 InsO und Grundpfandrecht: Absonderungsanspruch gem. § 49 InsO) als auch C (durch Vormerkung: § 106 InsO) gesichert. 935

Voraussetzung für das Gelingen dieses **Alternativmodells** ist jedoch, dass 936
– der Kaufpreis des C ausreicht, um den Vertrag A – B unter Wegfertigung der Altbelastungen zu erfüllen. Hieran kann es fehlen, wenn Gegenstand des Vertrages A – B das Gesamtobjekt, jedoch des Vertrages B – C lediglich eine einzelne dort durch WEG-Teilung gebildete (bzw. zu errichtende) Wohnung ist;
– die Gestaltung des Vertrages A – B auf die spätere Zahlung aus dem Zweitvertrag Rücksicht nimmt, insb. die Fälligkeit erst dann eintritt, wenn der Kaufpreis des C fällig und finanzierbar ist;
– die Beteiligten, v.a. B, keine Vorbehalte dagegen hegen, dass es kaum vermeidbar ist, den Kaufpreis B – C dem Erstverkäufer offenzulegen. Die zu erwartende Reaktion, nämlich ein Direktvertrag zwischen A und C zu Konditionen, die zwischen beiden Kaufpreisen liegen und damit jedem Beteiligen einen Vorteil ohne Zwischenschaltung des B verschafft, wäre nur allzu menschlich.

Vergleichbar dieser »sicheren Alternativlösung« ist der Rdn. 2163 ff. vorgeschlagene Weg einer Veräußerung des »künftigen Grundstücks« nach Abgabe des Meistgebotes.

1368 Vgl. *Wälzholz/Bülow* MittBayNot 2001, 520.

e) Vormerkung für Ansprüche zugunsten Dritter

937 Der durch Vormerkung gesicherte Anspruch muss nicht auf Leistung an den Vormerkungsbegünstigten selbst gerichtet sein, sondern kann auch zugunsten eines Dritten bestehen. Solche Konstellationen kommen häufig vor bei Angeboten mit Benennungsrecht (vgl. hierzu Rdn. 2967 zu den üblicherweise gewählten Konstruktionen), aber auch wenn sonstige bedingte Ansprüche auf Übereignung an einen noch zu bestimmenden Dritten geschaffen werden sollen (Bsp: Der Kreditgeber lässt sich die künftige Vermarktung nach Kündigung des Grundpfandrechts, § 1149 BGB, durch eine Vormerkung sichern. Erwerber soll naturgemäß der durch den Kreditgeber gefundene künftige Käufer sein; ähnlich: Absicherung der Vermarktungsinteressen sog. »Margenmakler«, der Investitionsinteressen eines Erschließungsträgers etc.).[1369]

938 Der dinglichen Sicherung sind dabei jedoch insoweit Grenzen gesetzt, als (1) Anspruchsinhaber und Vormerkungsberechtigte jeweils identisch sein müssen und (2) eine Vormerkungssicherung nicht für einen derzeit noch nicht bestimmten künftigen Berechtigten (»den jeweiligen Benannten«) in Betracht kommt.[1370] Demnach kann der **Anspruch des Versprechensempfängers** (z.B. Benennungsberechtigten) sowohl im Hinblick auf die bedingte Pflicht zur Übereignung an ihn, den Benennungsberechtigten selbst, als auch an den bedachten Dritten gesichert werden. Zugunsten des Dritten selbst kann erst dann, wenn er benannt wurde[1371] (allerdings noch vor der Annahme!), eine eigene Vormerkung eingetragen werden, falls der Dritte einen eigenen (sei es auch durch die Annahme und die Entrichtung des Kaufpreises noch bedingten) Übereignungsanspruch erwerben soll, es sich also um einen echten Vertrag zugunsten Dritter gem. § 328 BGB handelt.

939 Bevor diese, den Benannten unmittelbar schützende, weitere Vormerkung eingetragen ist, genießt er nur mittelbar dadurch Schutz, dass die bereits zugunsten des Benennungsberechtigten eingetragene Vormerkung, sofern sie auch den Anspruch auf Übereignung an den benannten Dritten selbst schützt, den Benennungsberechtigten (nicht aber ihn, den Benannten) in die Lage versetzt, nach der Annahme des Angebots die Löschung beeinträchtigender Zwischenverfügungen zu verlangen.[1372]

940 Alternativ kann auch das Angebot selbst weitergabefähig ausgestaltet werden, jedenfalls in den Fällen, in denen der erste Angebotsempfänger auch selbst annehmen kann (andernfalls läge, mangels annahmefähiger Person, noch gar kein wirksames Angebot vor, vgl. Rdn. 2966). Mit der Abtretung kann dann eine berichtigende Eintragung bei der Vormerkung dahin gehend bewilligt werden, dass sie nunmehr den (noch durch die Annahme bedingten) Anspruch des neuen Angebotsempfängers sichert. Hat der Anbietende im Angebot vorgesorgt, dass die für den ersten Angebotsempfänger bewilligte Vormerkung erleichtert zur Löschung gelangt, wenn die Annahme nicht stattfinden sollte, wird der Anbietende jedoch die Abtretbarkeit des Angebots daran knüpfen, dass auch der Abtretungsempfänger dieselben Erklärungen abgibt (oder, darüber hinausgehend, insoweit einschränkt, dass die Abtretung nur wirksam ist, wenn gleichzeitig mit der Entgegennahme der Abtretung auch die Annahme des ursprünglichen Angebots erfolgt und damit die im Kaufvertrag enthaltenen Löschungserleichterungsmechanismen greifen).

f) Gefahren der Vormerkung für den Verkäufer

941 Scheitert der Kaufvertrag aufgrund Nichtzahlung des Käufers, kann der Verkäufer Schadensersatz statt der ganzen Leistung verlangen und/oder vom Vertrag zurücktreten. Die akzessorische Vormerkung ist damit materiell-rechtlich wirkungslos, kann jedoch nur gelöscht werden, wenn die Unrich-

---

1369 Zum Folgenden vgl. *Kesseler* DAI-Skript, Aktuelle Probleme der notariellen Vertragsgestaltung im Immobilienrecht 2009/2010, S. 62 ff.
1370 A.A. bspw. *Assmann* ZfIR 2009, 244, 249; *Treuß* AcP 2001, 580, 606 f.; zur Begründung der h.M. vgl. BayObLG DNotZ 1997, 153, 154.
1371 Daher keine Vormerkung für einen noch nicht benannten Dritten, als Nachfolger eines Dachnutzungsvertrages (Dienstbarkeit), vgl. OLG Hamm, 22.12.2010 – 15 W 526/10, MittBayNot 2011, 299 m. Anm. *Keller*.
1372 Vgl. BGH, 10.10.2008 – V ZR 137/07, ZfIR 2009, 244, m. Anm. *Assmann*.

tigkeit des Grundbuchs in der Form der § 29 GBO nachgewiesen werden kann (§ 22 Abs. 1 Satz 1 GBO), woran es regelmäßig fehlen wird,[1373] oder wenn der Käufer die Löschung bewilligt (Berichtigungsbewilligung). Gleiches gilt, wenn der Kaufvertrag anfänglich nichtig war (§§ 104 ff., 138 BGB). Wird der Eigentumsverschaffungsanspruch gepfändet[1374] und dies bei der Vormerkung vermerkt, bedarf es grundbuchlich auch der Berichtigungsbewilligung des Pfändungsgläubigers.

Auf die Löschung besteht in diesen Fällen zwar gem. § 894 BGB ein Rechtsanspruch, der jedoch gegen den häufig zahlungsunfähigen oder nicht mehr erreichbaren Käufer nur unter erheblichem Zeit- und Kostenaufwand (Gegenstandswert ist die ursprüngliche Kaufpreissumme;[1375] öffentliche Zustellung etc.) durchgesetzt werden kann. Lediglich mittelbare Urteilsaussagen, die auf die Unwirksamkeit des vormerkungsgesicherten Anspruchs schließen lassen (z.B. Untersagung der Zwangsvollstreckung in einem Verfahren gem. § 767 ZPO) genügen nicht.[1376] Im kriminellen Milieu lässt sich die faktische Sperrwirkung einer Vormerkung geradezu als »Erpressungsmittel« einsetzen.[1377] Der **Notar** ist zwar nicht grds. verpflichtet, auf die in der Vormerkung möglicherweise liegende Vorleistung hinzuweisen,[1378] sollte jedoch in geeigneten Fällen (Käufer ist z.B. eine GmbH in Gründung, eine natürliche oder juristische Person mit Sitz im Ausland, ein Erwerber, dessen Finanzierung nach eigenem Bekunden noch nicht gesichert ist) mit den Beteiligten folgende **Sicherungswege**[1379] **beraten**. 942

aa) Rückbehalt der Vormerkung

Die Vormerkung soll erst eingetragen werden,[1380] wenn die Finanzierung des Kaufpreises oder zumindest der Ausgleich etwaiger Verzögerungs- und Rechtsverfolgungsschäden des Verkäufers bei Nichtlöschung gesichert ist. Die Finanzierung kann bspw. gesichert sein durch Einzahlung auf Anderkonto oder durch Vorlage einer Bankbürgschaft, Rdn. 944[1381] (mit Abstrichen auch durch eine qualifizierte Finanzierungsbestätigung, Rdn. 945): 943

▶ Formulierungsvorschlag: Anforderungen an eine zu stellende Kaufpreiszahlungsbürgschaft

..... eine selbstschuldnerische, unbefristete und unbedingte, unter Verzicht auf die Einreden der Anfechtung und Aufrechnung sowie auf Hinterlegungsmöglichkeit erklärte unwiderrufliche Bürgschaft eines als Zoll- oder Steuerbürge anerkannten Kreditinstitutes oder Kreditversicherers oder einer Sparkasse in Höhe des Kaufpreises 944

▶ Formulierungsvorschlag: »Qualifizierte Finanzierungsbestätigung«

..... eine Bestätigung einer dem Einlagensicherungsfonds angehörenden deutschen Bank oder eines Kreditinstituts mit öffentlich-rechtlicher Gewährträgerschaft, wonach die Finanzierung des Kaufpreises gesichert ist – diese Bestätigung darf nicht mehr unter dem Vorbehalt einer 945

1373 An den Unrichtigkeitsnachweis sind sehr strenge Anforderungen zu stellen: Eine Vormerkung zur Sicherung eines befristeten Ankaufsrechtes ist auch 2 Jahre nach dessen Ablauf nicht löschbar, da ein vor dessen Auslaufen geschlossener Vertrag auch nach 2 Jahren u.U. noch nicht zum Grundbuchamt gelangt sein könnte: BayObLG DNotI-Report 2004, 170. Zu berücksichtigen ist ferner, dass eine unwirksam gewordene Vormerkung gem. BGHZ 143, 175 ff. durch Neubegründung eines deckungsgleichen Anspruchs und Bewilligung außerhalb des Grundbuches wieder wirksam werden konnte, vgl. Rdn. 694 und *Schöner/Stöber* Grundbuchrecht Rn. 1543.
1374 Dies ist auch nach Erklärung der Auflassung, vor Umschreibung, noch möglich, OLG München, 07.04.2010 – 34 Wx 35/10.
1375 OLG Köln MittBayNot 2005, 139 und OLG München MDR 1997, 599 (§ 6 ZPO); a.A. OLG Schleswig MittBayNot 2005, 139 (offener Kaufpreisrest, § 3 ZPO).
1376 OLG München, 27.11.2009 – 34 Wx 102/09, RNotZ 2010, 135; i.R.d. Unrichtigkeitsnachweises gelten Vermutungen wie etwa § 139 BGB nicht.
1377 *Bohrer* DNotZ 2007, 501.
1378 BGH NJW 1993, 2744.
1379 Vgl. *Möller* MittRhNotK 1990, 33; *Hagenbucher* MittBayNot 2003, 249 ff., kostenrechtlicher Überblick bei *Wudy* notar 2008, 336 ff.
1380 Allerdings kann sich der Käufer die Vormerkung auch durch einstweilige Verfügung verschaffen, ohne die Gefährdung seines Anspruchs glaubhaft zu machen (§ 885 Abs. 1 Satz 2 BGB).
1381 Hierfür plädiert *Bohrer* DNotZ 2007, 510: Herbeiführung eines vorläufigen Leistungsaustausches.

B. Gestaltung eines Grundstückskaufvertrages

Bonitäts- oder Beleihungsprüfung, sondern allenfalls unter dem Vorbehalt der rangrichtigen Eintragung eines zu bestellenden Grundpfandrechtes stehen – .....

946 Die Deckung der möglichen Rechtsverfolgungsschäden des Verkäufers kann durch Einzahlung eines Teilbetrages in ausreichender Höhe auf ein Notaranderkonto gesichert werden,[1382] wobei jedoch keine entgegenstehenden Verwendungsauflagen des Gläubigers bestehen dürfen, sodass letztere Lösung praktisch nur bei ausreichendem Eigenkapitalbestand des Käufers denkbar ist. Um zu vermeiden, dass der Käufer von sich aus Antrag auf Eintragung der Vormerkung stellt, dürfen Ausfertigungen bzw. beglaubigte Abschriften der Urkunde bis zum Vorliegen dieses Umstandes nur ohne die Bewilligung der Vormerkung versandt werden; oder aber der Notar ist zu bevollmächtigen, durch Eigenurkunde die Bewilligung der Vormerkung vorzunehmen, sobald die vereinbarten Umstände eingetreten sind bzw. durch den Verkäufer bestätigt wurden.

▶ **Formulierungsvorschlag: Ausgesetzte Bewilligung einer Eigentumsvormerkung**

947 Der Verkäufer ist verpflichtet, den Eigentumsanspruch des Käufers durch Vormerkung zu sichern, sobald der Käufer ..... [einen Betrag von ..... € gemäß nachstehender Hinterlegungsvereinbarung auf ein Anderkonto des Notars hinterlegt hat / eine Bürgschaft, die den in § ..... genannten Anforderungen genügt, dem Notar zur Weiterleitung an den Verkäufer übersandt hat].

Der Verkäufer bevollmächtigt den amtierenden Notar, Vertreter oder Nachfolger im Amt, und zwar unwiderruflich, über den Tod hinaus und befreit von § 181 BGB, die Eintragung der Vormerkung durch Eigenurkunde zu bewilligen. Er weist ihn gem. § 53 BeurkG an, dies erst zu veranlassen, wenn die Voraussetzungen des vorangehenden Absatzes erfüllt sind.

Der Käufer beantragt die Eintragung dieser Vormerkung. Er bewilligt und beantragt, sie bei der Eigentumsumschreibung wieder zu löschen, sofern nachrangig keine Eintragungen bestehen bleiben, denen er nicht zugestimmt hat.

bb) »Schubladen«löschung oder -vollmacht

948 Wird die Vormerkung sofort eingetragen, verlangt der Verkäufer möglicherweise eine vom Käufer bereits vorab zu separater Urkunde erklärte Löschungsbewilligung (»Schubladenlöschung«) – allerdings mit der Folge einer sofort entstehenden Entwurfsgebühr[1383] sowie weiteren Treuhandgebühr[1384] – oder aber eine in derselben Urkunde bewilligte Löschung (sodass vor Eintritt der Verwendungsvoraussetzungen Ausfertigungen/beglaubigte Abschriften nur im Auszug erteilt werden dürfen), was jedenfalls[1385] eine Treuhandgebühr aus einem Teilwert von ca. 20 – 30 %[1386] des gesicherten Anspruchs auslöst.

949 Abwicklungstechnisch einfacher ist eine bloße Vollmacht zur Löschung der Vormerkung, die allerdings im Insolvenzfall versagt (§ 117 InsO). Diese Vollmacht kann separat erteilt werden oder (kostenrechtlich vorzugswürdig)[1387] in der Kaufurkunde; sie kann dem Verkäufer, einem Dritten (z.B. Notariatsmitarbeiter), oder auch dem Notar zur Ausübung durch Eigenurkunde erteilt werden;[1388] ist sie dem Verkäufer oder einem Dritten, der nicht Notariatsmitarbeiter ist, erteilt, dürfen bis zur Glaub-

---

1382 Beispielsfall: OLG Köln, 01.10.2007 – 2 Wx 30/05, NotBZ 2008, 160 m. Anm. *Renner*, der zu Recht eine Risikoabschätzung im Einzelfall betont.
1383 OLG Hamm, 11.03.2008 – 15 W 60/07, ZNotP 2009, 118 m. Anm. *Tiedtke* und OLG Hamm, 05.10.2010 – 15 Wx 156/09, ZNotP 2011, 158 m. Anm. *Tiedtke* sieht hierin unrichtige Sachbehandlung (ggü. der bereits in die Urkunde aufgenommenen Bewilligung), sodass gem. § 16 KostO keine Gebühr erhoben werden dürfe (obwohl die Gestaltung der Empfehlung des BGH DNotZ 1994, 485 [489] folgt).
1384 Vgl. *Klein* RNotZ 2004, 255; KG, 16.07.2007 – 1 W 69/04, ZNotP 2008, 134; *Tiedtke* ZNotP 2008, 296; *Wudy* notar 2008, 185.
1385 Die Bewilligung selbst ist als Sicherungsgeschäft wohl kostenrechtlich gegenstandsgleich, vgl. *Lappe* NotBZ 2003, 24; *Tiedtke* ZNotP 2008, 135 und ZNotP 2008, 296.
1386 *Fembacher/Klinger* MittBayNot 2005, 107.
1387 Analog OLG Hamm, 11.03.2008 – 15 W 60/07, RNotZ 2008, 434 läge sonst eine unrichtige Sachbehandlung i.S.d. § 16 KostO liegen, vgl. *Wudy* notar 2008, 337.
1388 Vgl. OLG Jena MittBayNot 2003, 303.

haftmachung des Löschungsanspruchs nur Ausfertigungen des Kaufvertrages im Auszug erteilt werden. Die Vollmacht selbst ist kostenrechtlich gegenstandsgleich zum Kauf;[1389] für die »Suspendierung« durch Erteilung einer Ausfertigung im Auszug fällt jedoch sofort eine Gebühr nach § 147 Abs. 2 KostO an. Ist bei Ausübung der Vollmacht die Löschungsbewilligung zu entwerfen, fällt hierfür eine Gebühr nach § 3 (Abs. 2 Nr. 5a KostO an, allerdings nicht bei Fertigung einer Eigenurkunde durch den bevollmächtigten Notar – hier bleibt es im allein bei der (allerdings erst bei Ausübung) entstehenden Gebühr für die Treuhandtätigkeit nach § 147 Abs. 2 KostO.[1390]

Mit *Amann*[1391] sind bei der **Konzeption** folgende **Aspekte** zu beachten: 950
– Die **Eintragung der Vormerkung** selbst muss zurückgehalten werden, bis die »Schubladenlöschung« bzw. die Vollmacht durch den Käufer wirksam erteilt wurde (leicht zu übersehen, wenn der Käufer bei der Beurkundung nicht wirksam vertreten ist).
– Der **Übereignungsanspruch** darf in diesem Fall nicht abtretbar sein, sonst könnte der Käufer die Berichtigung der Vormerkung zugunsten eines Zweiterwerbers bewilligen, der seinerseits keine entsprechende Vollmacht bzw.»Schubladenlöschung« erteilt.

– Die **Tatbestände, die zur Unwirksamkeit der Vormerkung geführt haben**, sind zumindest 951 glaubhaft (§ 294 ZPO) nachzuweisen und dem Käufer muss Gelegenheit gegeben werden, binnen angemessener Frist dem Vorbringen des Verkäufers substanziiert zu widersprechen. Der Notar kann keine richterliche Funktion wahrnehmen, sondern nur die offensichtlichen Fälle erfassen, etwa bei einem Käufer unbekannten Aufenthalts. Die Nachweisvoraussetzungen für die Löschung der Vormerkung sind wegen der zentralen Bedeutung dieses Sicherungsmittels für den Käufer regelmäßig von der **Beurkundungspflicht** erfasst.[1392] In Zweifelsfällen sollte der Notar sein beabsichtigtes Vorgehen (also die Verwendung der Löschungsvollmacht/Vorlage der »Schubladenlöschung«, nicht aber das Unterbleiben dieser Verwendung) in einem beschwerdefähigen Vorbescheid (Rdn. 2022)[1393] ankündigen. Die beabsichtigte Verweigerung der Verwendung wird der Notar den Beteiligten dagegen begründet schriftlich mitteilen.[1394] Legt der Beteiligte gegen den die Gebrauchnahme ankündigenden Vorbescheid keine Beschwerde ein oder beschreitet er nicht den Weg der Untätigkeitsbeschwerde nach § 15 Abs. 2 Satz 1 BNotO gegen den ablehnenden Bescheid,[1395] haftet der Notar wegen § 19 Abs. 1 Satz 2 BNotO, § 839 BGB nicht mehr. Verhält sich der Notar entsprechend der Anweisung des Beschwerdegerichts, scheidet seine Haftung wegen Übereinstimmung mit der Auffassung eines Kollegialspruchkörpers ebenfalls aus.[1396]

– Gelegentlich trägt der Käufer Gründe vor, die ihm ein **Zurückbehaltungsrecht** ggü. dem fällig 952 gewordenen Kaufpreis gewähren (z.B. Nichterbringung separat, außerhalb der Fälligkeit, geschuldeter Werkleistungen; nachrangige, wegzufertigende Belastungen; Ansprüche wegen Nichtvorliegens vereinbarter Beschaffenheiten). Die Verwendungsvereinbarung kann solche Sachverhalte auf verschiedene Weise erfassen, um ihm die Wahrung seiner Rechte (im Verbraucher- und Formularvertrag wegen § 309 Nr. 2 Buchst. b) BGB notwendig) zu ermöglichen: Entweder wird für diesen Fall die Verwendung der Löschung/Vollmacht in das pflichtgemäße

---

1389 *Wudy* notar 2008, 337.
1390 Ähnlich wie bei der Bewilligung der Eigentumsumschreibung durch Eigenurkunde: *Bengel/Tiedke* in: Korintenberg/Loppe/Bengel/Reimann KostO § 147 Rn. 91; *Fembacher/Klinger* MittBayNot 2005, 107. Für Entwurfsgebühr allerdings *Klein* RNotZ 2004, 254 (allenfalls Niederschlagung nach § 16 KostO). Die bloße Vollmacht ist als Sicherungsvereinbarung auf jeden Fall gegenstandsgleich.
1391 *Amann* in: Beck'sches Notarhandbuch, Teil A I Rn. 172 ff.; DAI-Tagungsunterlage »Aktuelle Probleme der notariellen Vertragsgestaltung im Immobilienrecht« Frühjahr 2004, S. 98 ff. und Februar 2005, S. 90 f.
1392 *Fembacher/Klinger* MittBayNot 2005, 106.
1393 Vgl. hierzu umfassend Schippel/Bracker/*Reithmann* BNotO § 15 Rn. 79; OLG Zweibrücken MittBayNot 2001, 228.
1394 *Everts* ZNotP 2005, 220; *Sandkühler* in: Arndt/Lerch/Sandkühler BNotO § 15 Rn. 49b.
1395 Beispiel hierfür: BGH, 02.12.2010 – V ZB 174/10, MittBayNot 2011, 422: ist die Löschung für den Fall bewilligt, »dass der Vertrag durch Rücktrittserklärung aufgehoben ist, was dem Notar nachzuweisen ist« verweigert der Notar zu Recht die Löschung, wenn dieser Nachweis nicht geführt wird.
1396 *Keidel/Winkler* BeurkG, § 4 Rn. 12.

Ermessen des Notars gestellt[1397] (2. Alt. des Bausteins Rdn. 956) oder aber (dortige 1. Alt.) der Vollzug der Löschung unterbleibt nur dann, wenn der Käufer binnen zu setzender Frist Klage auf Feststellung der Unwirksamkeit des Verkäuferrücktritts erhebt.

953 – Sofern der Käufer vorträgt, er habe bereits **Teilleistungen erbracht**, darf die Löschung der Vormerkung nur Zug-um-Zug gegen deren Rückgewähr erfolgen. Hat der Käufer bereits Teile des Kaufpreises entrichtet, kann er die Löschung der (nach Rücktrittserklärung zur bloßen Buchposition herabgestuften)[1398] Vormerkung bis zur Rückzahlung des ggf. nach Verrechnung mit dem Schadensersatz verbleibenden Kaufpreises zurückbehalten,[1399] sodass ihm diese Einrede auch i.R.d. Verwendungsabrede zur Löschungsvollmacht oder »Schubladenlöschung« erhalten bleiben muss, § 309 Nr. 2 Buchst. b) BGB.

Soll diese Zug-um-Zug-Abwicklung in der Löschungsregelung ausführlicher dargestellt werden (zur Kurzform vgl. unten Rdn. 956) könnte entsprechend der nachfolgenden Formulierung formuliert werden.

▶ Formulierungsvorschlag: Löschung der Vormerkung bei Scheitern des Vertrages im Fall von Teilleistungen

954 [die Löschung soll erfolgen, sobald folgende Voraussetzungen erfüllt sind:] .....

Der Verkäufer hat etwa erhaltene Kaufpreisteilbeträge auf ein neu anzulegendes Anderkonto des vollziehenden Notars mit der Anweisung hinterlegt, diese Zug-um-Zug gegen Sicherstellung der Löschung der Eigentumsvormerkung und Finanzierungsgrundschuld an den Käufer bzw. dessen Finanzierungsgläubiger zurückzuzahlen. Hinsichtlich der Höhe der erhaltenen Kaufpreisteile ist eine entsprechende vom Verkäufer abzugebende Versicherung maßgebend, sofern nicht der jeweilige Käufer dem amtierenden Notar die Zahlung höherer Beträge mittels Bankbestätigung binnen 14 Tagen nach schriftlicher Aufforderung an die letzte bekannt gegebene Anschrift nachweist.

– Die **vorformulierte Löschungsvollmacht in Verbraucher- und Formularverträgen** kann gegen § 308 Nr. 3, 5 oder 6 BGB verstoßen (Möglichkeit des Verwenders/Unternehmers, sich von seiner Leistungspflicht zu lösen;[1400] Fiktion der Abgabe einer Erklärung und deren Zugangs).

955 – **Besteht der gesicherte Anspruch noch** (mangels wirksamen Rücktritts), erlischt die Vormerkung mangels materiell-rechtlicher Aufgabeerklärung des Käufers nach § 875 BGB nicht,[1401] sondern besteht außerhalb des Grundbuches und kann durch einstweilige Verfügung im Weg des Widerspruchs gegen die Löschung wieder eingetragen werden (§ 899 BGB). Die ursprüngliche Sicherungswirkung lebt ab dem Zeitpunkt der Eintragung des Widerspruchs wieder auf; sie bestand stets ggü. beeinträchtigenden Verfügungen während der grundbuchrechtlichen Verlautbarung der Vormerkung (im Fall einer materiell-rechtlichen Aufgabeerklärung würde diese Sicherungswirkung rückwirkend entfallen;[1402] die Neueintragung einer Vormerkung aufgrund materiell-rechtlicher einstweiliger Verfügung gem. § 885 Abs. 1 BGB lässt die Sicherungswirkung nur für die Zukunft neu entstehen). Daher mag sich eine Klarstellung empfehlen, dass die Vollmacht nicht zur Aufgabe der Vormerkung nach materiellem Recht (§ 875 BGB) berechtige.

1397 Berufsrechtlich warnt hiervor *Bohrer* DNotZ 2007, 509 (Notare haben Zeugnis zu geben, nicht aber zu entscheiden).
1398 So die ganz h.M.; a.A. *Bohrer* DNotZ 2007, 505, der dafür plädiert, die Vormerkung sichere sodann – wie im Bürgschafts- und Hypothekenrecht – die Rückabwicklungs- und Rechtsverfolgungsansprüche (§§ 767 Abs. 1, 1118 BGB), ähnlich *Bohrer* DNotZ 2009, 803; dagegen *Kesseler* ZNotP 2010, 202: der Anspruchsgrund mag derselbe sein, die Anspruchsziele sind völlig verschieden.
1399 BGH DNotZ 1989, 760; BGH NJW 2000, 278; *Schöner/Stöber* Grundbuchrecht Rn. 1539.
1400 Tatsächlich wird allenfalls ein Hindernis für eine künftige Pflichtverletzung des Verwenders beseitigt.
1401 Es sei daher klargestellt, dass die »Schubladen-Löschung« oder die Löschungsvollmacht nur die Abgabe der verfahrensrechtlichen Erklärung nach § 19 GBO umfasst.
1402 Staudinger/*Gursky* BGB § 886 Rn. 33.

Die Formulierung für eine solche Löschungsvollmacht könnte etwa wie folgt lauten: 956

▶ Formulierungsvorschlag: Löschung der Vormerkung bei Scheitern des Vertrages

Der Notar hat den Beteiligten erläutert, dass die Eintragung der Eigentumsvormerkung zugunsten des Käufers u.U. eine ungesicherte Vorleistung darstellt, die weitere Verfügungen über das Grundstück wirtschaftlich blockieren kann, wenn der Käufer trotz Scheiterns des Vertrages deren Löschung nicht bewilligt. Die Löschung durch gerichtliches Urteil ist mit Zeitverlust und einem erheblichen Kostenrisiko verbunden. Aus diesem Grund vereinbaren die Beteiligten nach Hinweis auch auf abweichende Gestaltungsmöglichkeiten, etwa die Zahlung über Notaranderkonto:

Der Käufer bevollmächtigt die Notarfachangestellten ....., und zwar jeden einzeln, die Löschung der zu seinen Gunsten einzutragenden Vormerkung nach § 19 GBO zu bewilligen und zu beantragen. Von der Vollmacht kann nur durch Erklärung vor dem amtierenden Notar Gebrauch gemacht werden.

Die Beteiligten weisen den Notar übereinstimmend an, die Löschungsbewilligung für die Vormerkung dem Grundbuchamt im Namen beider Beteiligten, jedoch auf Kosten des Käufers, erst zum Vollzug vorzulegen, wenn folgende im Innenverhältnis erforderliche Voraussetzungen erfüllt sind:

Der Notar hat die Bestätigung über die Fälligkeit des Kaufpreises an den Käufer unter der im Urkundseingang genannten bzw. zuletzt mitgeteilten Anschrift versandt; weitere Nachforschungspflichten treffen ihn bei Unzustellbarkeit nicht. Der Notar hat dem Käufer dringend empfohlen, Anschriftenänderungen mitzuteilen und auf notarielle Anfragen unverzüglich zu reagieren.

Der Verkäufer hat dem Notar schriftlich mitgeteilt, dass er wegen nicht rechtzeitiger Zahlung des Kaufpreises von dem Kaufvertrag zurückgetreten ist bzw. Schadensersatz statt der ganzen Leistung verlangt hat.

Sodann Alternative 1: [Käufer muss zur Vermeidung der Löschung Klage erheben]

Der Käufer hat dem Notar auf per Einwurfeinschreiben übersandte Anforderung hin nicht innerhalb von sechs Wochen nachgewiesen, dass der Kaufpreis gezahlt sei oder aber dass ein gerichtliches Verfahren zur Feststellung der Unwirksamkeit des Rücktritts des Verkäufers anhängig ist.

Weist der Käufer nach, dass ein Teil des Kaufpreises gezahlt ist, darf die Löschung der Vormerkung nur Zug-um-Zug gegen Erstattung des bereits gezahlten Betrages erfolgen.

Die Abtretung des Anspruchs auf Auflassung und auf Verschaffung des Eigentums wird ausgeschlossen.

Oder Alternative 2: [Vom Käufer vorgebrachte Einreden gegen die Kaufpreisschuld können genügen]

Der Käufer hat dem Notar auf per Einwurfeinschreiben übersandte Anforderung hin nicht innerhalb von sechs Wochen nachgewiesen, dass der Kaufpreis gezahlt sei. Der Notar ist nicht verpflichtet, die Löschung der Vormerkung zu veranlassen, wenn der Käufer Gründe vorträgt, wonach ihm eine Einrede gegen den Kaufpreisanspruch zustehe.

Weist der Käufer nach, dass ein Teil des Kaufpreises gezahlt ist, darf die Löschung der Vormerkung nur Zug–um-Zug gegen Erstattung des bereits gezahlten Betrages erfolgen.

Die Abtretung des Anspruchs auf Auflassung und auf Verschaffung des Eigentums wird ausgeschlossen.

cc) Auflösend bedingte Vormerkung

Denkbar ist weiterhin, eine auflösend bedingte Vormerkung (auch bei einem gesicherten Anspruch, der bereits ohne Bedingungen entstanden ist) zu bewilligen.[1403] Im **Außenverhältnis zum Grundbuchamt** muss der Bedingungseintritt an das Einreichen einer Eigenurkunde[1404] des Notars ge- 957

1403 Vgl. *Basty* in: Kersten/Bühling § 36 Rn. 66.
1404 Eine unmittelbare Eigenurkunde kann nur bewirkende Urkunde, keine bloße Zeugnisurkunde über eigene Wahrnehmungen sein. Eine gesetzliche Ermächtigung zur Erteilung anderer Bescheinigungen, wie etwa in § 21 BNotO für

knüpft werden; im **Innenverhältnis** ist der Notar gehalten, diese nur bei bestimmten Voraussetzungen einzureichen (z.B. wenn bis zu einem bestimmten Zeitpunkt nicht die Vertretungsbescheinigung des Käufers in grundbuchtauglicher Form vorliegt, das Vorliegen einer Bankbürgschaft bestätigt wurde). Damit wird ermöglicht, schon bei Auftreten eines vollmachtlosen Vertreters für den Käufer oder bei ungeklärten Vertretungsverhältnissen[1405] (man denke an eine ausländische Kapitalgesellschaft oder eine Vor-GmbH, die möglicherweise vor Eigentumserwerb die Eintragungsabsicht aufgibt und damit zur Liquidations-GbR wird, Rdn. 590) die Sicherungswirkungen im Grundbuch zu ermöglichen, allerdings nachträglich entfallen zu lassen, wenn die Bedingung nicht in bestimmter Zeit eintritt. Mit Eintritt der auflösenden Bedingung erlischt die Vormerkung dann allerdings auch materiell-rechtlich. Kostenrechtlich fällt lediglich eine Betreuungsgebühr gem. § 147 Abs. 2 KostO an, falls und sobald der Notar den Bedingungseintritt durch Eigenurkunde nachzuweisen hat.[1406]

▸ Formulierungsvorschlag: Auflösend bedingte Vormerkung

958 Der Notar hat den Beteiligten erläutert, dass die Eintragung der Eigentumsvormerkung zugunsten des Käufers u.U. eine ungesicherte Vorleistung darstellt, die weitere Verfügungen über das Grundstück wirtschaftlich blockieren kann, wenn der Käufer trotz Scheiterns des Vertrages deren Löschung nicht bewilligt. Die Löschung durch gerichtliches Urteil ist mit Zeitverlust und einem erheblichen Kostenrisiko verbunden. Aus diesem Grund vereinbaren die Beteiligten nach Hinweis auch auf abweichende Gestaltungsmöglichkeiten, etwa die Zahlung über Notaranderkonto:

Die zugunsten des Käufers bewilligte Vormerkung ist als ihrerseits auflösend bedingt. Auflösende Bedingung ist der Zugang einer Eigenurkunde des amtierenden Notars, seines Vertreters oder Amtsnachfolgers beim Grundbuchamt, in welcher dieser den Eintritt der auflösenden Bedingung bestätigt. Alle Beteiligten erteilen hierzu entsprechende unwiderrufliche Vollmacht, sofern nicht binnen ..... Wochen ab heute.

(z.B.: die erwerbende Vor-GmbH ihre Eintragung im Handelsregister nachgewiesen hat //

die erwerbende private limited company (ltd.) nach britischem Recht ihre Existenz und Vertretung durch die heute handelnden Personen nachgewiesen bzw. Nachgenehmigungen der tatsächlichen Vertreter in grundbuchtauglicher Form beigebracht hat //

der Verkäufer dem Notar das Vorliegen einer Bankbürgschaft gem. § ..... dieser Urkunde bestätigt hat, wozu er nach deren Erteilung verpflichtet ist.)

▸ Hinweis:

959 Bestehen Zweifel hinsichtlich der lauteren Absichten des Käufers kann schließlich auch das Anfordern eines **Kostenvorschusses** hinsichtlich der zu erwartenden Notargebühren abschreckend wirken! Dieser Schritt empfiehlt sich (unabhängig von der in der Vormerkungseintragung liegenden Vorleistung) auch im Kosteninteresse des Notars bei Beteiligten mit ausländischem Wohnsitz. Ggf. kann der Beteiligte dann bereits zu Händen des Notars auch einen Vorschuss auf die zu erwartenden Grundbuchkosten leisten und den Notar anweisen, diese für ihn zu begleichen, zumal jegliche Eintragungen (Vormerkung, Finanzierungsgrundpfandrechte, Umschreibung) bei ausländischen Beteiligten i.d.R. erst nach Begleichung eines Kostenvorschusses gem. § 8 Abs. 2 KostO erfolgen werden.

3. Auflassung

a) Form, Inhalt

aa) Erforderlichkeit

960 Einer Auflassung bedarf es zum Eigentumserwerb aufgrund rechtsgeschäftlicher Übereignung, nicht aufgrund Gesetzes oder Hoheitsaktes. Demgemäß gilt **in familienrechtlicher Hinsicht**: Die

---

Registerbescheinigungen, fehlt. Daher wird die »Bestätigung« des Notars nur mittelbar zum Bedingungsinhalt erhoben, vgl. *Hagenbucher* MittBayNot 2003, 256.

1405 So der Fall BGH DNotZ 1994, 485.
1406 *Wudy* notar 2008, 338.

Begründung einer Gütergemeinschaft durch Ehevertrag bedarf naturgemäß keines Vollzugs durch Auflassung (sondern lediglich einer Grundbuchberichtigung), ebenso wenig das Ausscheiden eines Abkömmlings aus der fortgesetzten Gütergemeinschaft aufgrund der Anwachsungsfolge des §§ 1490, 1491 BGB. Auflassung und Umschreibung sind jedoch konstitutiv erforderlich bei der Auseinandersetzung des Gesamtguts einer Gütergemeinschaft, bei der Erfüllung einer ehevertraglichen Erklärung zum Vorbehaltsgut (§ 1418 Abs. 2 BGB) und bei der Erfüllung der Aufhebung der Vorbehaltsguteigenschaft durch Einbringung in das Gesamtgut.

In erbrechtlicher Hinsicht bedürfen die (auch bedingten) Erbteilsübertragungen (§ 2033 BGB, Rdn. 757 ff.) keiner Auflassung, auch wenn alle Erbanteile auf eine aus denselben Personen bestehende GbR übertragen werden. Ohne Auflassung vollziehen sich auch Vorgänge »ohne Eigentumswechsel« (z.B. Erfüllung eines Vorausvermächtnisses durch und an einen Alleinerben, der i.Ü. durch Nacherbfolge beschränkt ist). Zur Entbehrlichkeit neuerlicher Auflassungen bei Versterben eines Beteiligten während der Abwicklung s. Rdn. 960. Ebenfalls keine Auflassung ist erforderlich beim »Ausscheiden« eines Miterben mit der Folge der Anwachsung an die verbleibenden Erben, sog. »**Abschichtung**«, Rdn. 764.[1407]   **961**

Eine Auflassung ist jedoch notwendig bei einem »klassischen« Vollzug eines schuldrechtlichen Auseinandersetzungsvertrages, § 2042 BGB, durch Übertragung in Alleineigentum der bisherigen Miterben.

In gesellschaftsrechtlicher Hinsicht bedarf es der Auflassung bei der Übertragung eines Grundstückes aus einer GbR an einzelne Gesellschafter oder an eine – auch aus den gleichen Personen bestehende – GbR anderer Identität[1408] oder andere Gesamthandsgemeinschaft (z.B. von einer Erbengemeinschaft an eine GbR). **Auflassungsfrei** sind dagegen **alle Anwachsungsvorgänge** (also Ausscheiden aus einer GbR, Anteilsübertragung – Rdn. 751 ff. -, Vereinigung aller Anteile in einer Hand, Formwechsel). Die Einbringung von Grundstücken in eine (ggf. zugleich gegründete) Gesellschaft sowie die Übertragung bei Auseinandersetzung der Gesellschaft erfordern jedoch eine Auflassung. Alle **umwandlungsrechtlichen Vorgänge** mit identitätswahrender Wirkung (Formwechsel) oder mit Wirkung einer Gesamtrechtsnachfolge (Verschmelzung, Vermögensübertragung) bzw. einer partiellen Gesamtrechtsnachfolge (Spaltung) sind jedoch auflassungsfrei. Gleiches gilt, wenn ein bisher nicht rechtsfähiger Verein (dessen Mitglieder also einzeln im Grundbuch eingetragen sind) Rechtsfähigkeit als e.V. erwirbt sowie beim Anfall von Vereins- oder Stiftungsvermögen an den Fiskus, §§ 46, 88 BGB. Zur Fortgeltung der erklärten Auflassung bei einem anschließenden Wechsel im Gesellschafterbestand s. Rdn. 970.   **962**

Keiner Auflassung bedarf es schließlich in den Fällen des **originären Eigentumserwerbs** (z.B. Aneignung[1409] eines nach Eigentumsaufgabe[1410] herrenlosen Grundstücks, § 928 BGB, sowie gem. § 927 BGB nach Ausschlussurteil im Aufgebotsverfahren);[1411] die Übertragung dieser Aneignungsrechte erfordert jedoch eine Auflassung. Häufig sind ferner die Fälle des Eigentumserwerbs durch Hoheitsakt (Zuschlag in der Zwangsversteigerung, § 90 ZVG) oder Gesetz (Flurbereinigungsplan, §§ 61, 79 FlurbG; Enteignungsentscheidung der Behörde, § 112 BauGB, Umlegungsplan nach § 72 BauGB); anders jedoch bei »freiwilligen« Grundstücksübertragungen zur Abwendung einer Übereignung oder zur Herbeiführung der Bereinigung auf privatrechtlicher Grundlage. Zum »Austausch« des Grundstücks im Flurbereinigungs- und Umlegungsverfahren (Einbringungs-/Ersatzgrundstück) s. Rdn. 1569 ff.   **963**

1407 Grundsatzentscheidung BGH NJW 1998, 1557; bestätigt durch BGH NJW 2005, 284; krit. *Schmidt* AcP 2005, 305.
1408 Vgl. DNotI-Report 2000, 151. Insoweit wurde bereits vor der Grundsatzentscheidung des BGH NJW 2001, 1056 die (Teil-) Rechtsfähigkeit der GbR de facto anerkannt.
1409 Hierzu *Zimmer* NotBZ 2009, 397, 400.
1410 Eigentumsaufgabe kommt nicht in Betracht bei isoliertem Miteigentumsanteil (BGH DNotZ 2007, 840) oder Sondereigentum (BGH DNotZ 2007, 845), vgl. im Überblick *Böhringer* notar 2010, 246 ff.
1411 Kein Aufgebotsverfahren für ein Grundstück am Bett eines Gewässers erster Ordnung (Bodensee): *Mai* notar 2011, 98 ff.

964 Im Bereich des **Wohnungs- und Teileigentums** ist eine Auflassung bei der Übertragung (»Umwandlung«) von gemeinschaftlichem Eigentum in Sondereigentum und umgekehrt notwendig,[1412] ebenso bei der Übertragung von Räumen zwischen verschiedenen Sondereigentumseinheiten (z.B. Kellertausch).[1413] Die Übertragung eines Sondernutzungsrechts ist jedoch Inhaltsänderung des Sondereigentums (formloser Vertrag gem. § 10 Abs. 1 WEG, mit Bewilligung des verlierenden Teils, § 29 GBO).

bb) Abgabe der Auflassungserklärung

965 Das Einigsein über den Übergang des Eigentums an unbeweglichen Sachen (»Auflassung«)[1414] muss bei gleichzeitiger Anwesenheit beider Vertragsteile vor einem **deutschen**[1415] **Notar** oder im Rahmen eines gerichtlichen Vergleichs[1416] bzw. eines rechtskräftig bestätigten Insolvenzplans (§ 925 Abs. 1 Satz 3 BGB, §§ 254 Abs. 1 Satz 2, 248, 228 InsO) erklärt werden. Diese Erklärung muss nach materiellem Recht keiner bestimmten Form genügen,[1417] allerdings ist gleichzeitige Anwesenheit der Beteiligten vor einem deutschen Notar nachzuweisen, was durch bloße Beglaubigung der Unterschriften, selbst wenn mit gleichem Datum versehen, nicht gelingt,[1418] ebenso wenig durch Unterzeichnung eines Textes, der zwar die Erklärung, nicht aber die Annahme der Auflassung enthält.[1419] Rechtsgeschäftliche Vertretung ist zwar denkbar, auch durch den anderen Beteiligten,[1420] nicht jedoch eine Aufspaltung in Antrag und Annahme (s. Rdn. 2981). Ist der Kaufvertrag vor einem **ausländischen Notar** beurkundet worden, wird für die Auflassung vor einem deutschen Notar eine volle 20/10-Gebühr erhoben.[1421] Ist der andere Teil durch Urteil zur Auflassung verpflichtet, genügt gem. § 894 ZPO die Erklärung der Auflassung durch den verbleibenden Beteiligten unter Vorlage[1422] einer vollstreckbaren[1423] Ausfertigung des rechtskräftigen Urteils vor einem deutschen Notar, von welchem dieser

---

1412 Ein neuerlicher Aufteilungsplan mit Abgeschlossenheitsbescheinigung ist nach BayObLG ZNotP 1998, 116 m. zust. Anm. *Demharter* ZNotP 1998, 306 entbehrlich, wenn die Änderung in der Eintragungsbewilligung unter Bezug auf den alten Aufteilungsplan (z.B. Wegfall einer Nummer in einem Kellerraum) ausreichend exakt definiert werden kann.

1413 Vgl. BayObLG DNotZ 1999, 212; OLG München, 30.07.2008, RNotZ 2009, 46: erforderlich ist weder die Mitwirkung anderer Sondereigentümer; die zivilrechtliche Wirksamkeit ist ferner unabhängig von etwaigen Abgeschlossenheitsnachweisen (deren es nach OLG Zweibrücken FGPrax 2001, 105 bei der Übertragung eines Kellers nicht bedarf).

1414 Der Begriff stammt aus dem germanischen Recht (Sachsenspiegel: Landrecht I 9 § 5): Offenlassen des Tores bzw. der Türe. Das österreichische ABGB spricht von »Aufsandung«.

1415 KG DNotZ 1987, 44.

1416 Auch insoweit (§ 925 Abs. 1 Satz 3 BGB) müssen beide Beteiligten anwesend oder wirksam vertreten sein, OLG Düsseldorf, 28.08.2006 – I-3 Wx 137/06, DNotZ 2007, 46.

1417 Es genügt sogar schlüssige Zustimmung zum verlesenen, die Auflassung enthaltenden Vertragstext (OLG Rostock, 28.04.2006 – 7 U 48/06, DNotZ 2007, 220 = MittBayNot 2006, 415 zu einem Fall, in welchem die Urkunde durch einen Beteiligten nicht unterzeichnet wurde; die Auflassung war gleichwohl wirksam und der Mangel der Beurkundungsform hinsichtlich des schuldrechtlichen Geschäftes konnte demnach durch Grundbuchvollzug geheilt werden).

1418 OLG München, 26.11.2008 – 34Wx 088/08, DNotZ 2009, 292.

1419 Der Auslegung durch das Grundbuchamt sind Grenzen gesetzt durch den Bestimmtheitsgrundsatz und das Erfordernis urkundlich belegter Eintragungsunterlagen, § 29 GBO: PfälzOLG, 05.05.2009 – 3 W 60/09, RNotZ 2009, 654 m. zu Recht krit. Anm. *Schmitz*; kritisch auch *Abicht* notar 2010, 294.

1420 Es handelt sich i.R.d. § 181 BGB um ein »Rechtsgeschäft zur Erfüllung einer Verbindlichkeit«, vgl. DNotI-Gutachten Faxabruf 100910. *Stavorinus* notar 2011, 415, 422 weist zu Recht darauf hin, dass auch der Gesetzgeber diese Auffassung teilen dürfte: § 3 Abs. 4 Satz 3 VerkFlBerG (Rdn. 3854 ff.) verweist u.a. auf § 17 Abs. 3 Satz 3 SachenRBerG, wonach der dort genannten Grundstückseigentümervertreter von § 181 BGB nicht befreit sind; sie können jedoch gem. § 7 Abs. 3 Satz 1 VerkFlBerG eine Vollmacht zur Erklärung der Auflassung an sich selbst erteilen.

1421 § 38 Abs. 2 Nr. 6 Buchst. a) KostO ist nicht einschlägig; vgl. im Einzelnen Rdn. 2168.

1422 BayObLG, Rpfleger 1983, 93 – es genügt jedoch die Vorlage beim Notar, der hiervon beglaubigte Abschrift fertigt, vgl. *Gutachten* DNotI-Report 2007, 50 ff. und 2008, 9 ff.; a.A. Staudinger/*Pfeifer* BGB § 925 Rn. 84: Das Vorhandensein des rechtskräftigen Urteils genügt, sodass dieses erst bei Grundbuchvorlage nachgewiesen werden muss.

1423 Sofern, wie i.d.R., die Verurteilung nur Zug-um-Zug gegen Erbringung der Gegenleistung erfolgt, kann die vollstreckbare Ausfertigung durch den Urkundsbeamten der Geschäftsstelle gem. § 894 Abs. 1 Satz 2 i.V.m. § 726 Abs. 2 ZPO erst nach dem Nachweis dieser Leistung oder des Gläubigerannahmeverzuges erfolgen; die Prüfung erfolgt also allein im Klauselerteilungsverfahren, nicht durch das Grundbuchamt.

beglaubigte Abschrift fertigt. Hierdurch wird die Anwesenheit des[1424] Verurteilten fingiert; die Willenserklärung gilt als bereits i.R.d. Urteils abgegeben.[1425]

Da eine bestimmte Reihenfolge der beiden Verfügungselemente »Auflassung« und »Eintragung« liegenschaftsrechtlich nicht vorgeschrieben ist, kann die zur Eintragung geführt habende, jedoch unerkannt nichtig gewesene Auflassung später (mit ex-nunc-Wirkung) wiederholt werden. Es bedarf dann keiner neuerlichen Eintragung, allerdings ist (v.a. zur Feststellung des Zeitpunktes) ein Klarstellungsvermerk[1426] denkbar und empfehlenswert.[1427] Dieser setzt allerdings voraus, dass die Wirksamkeit (ausschließlich) der zweiten Auflassung feststeht.[1428] **966**

Bei einer **Auflassung an mehrere Personen** ist die Angabe des Gemeinschaftsverhältnisses gem. § 47 GBO unentbehrlich. Wegen Verstoßes gegen den Bestimmtheitsgrundsatz unwirksam wäre es, die Auflassung an die Erwerber zu Bruchteilen »bzw. sofern in Gütergemeinschaft lebend, zum Gesamtgut in Gütergemeinschaft« zu erklären;[1429] denkbar wäre jedoch, zwei Auflassungen erklären zu lassen und lediglich die zutreffende zu vollziehen. Zu Besonderheiten im Zusammenhang mit dem Erwerb aus einer oder durch eine **Gütergemeinschaft** vgl. oben Rdn. 305 ff. Auch Miterben in Erbengemeinschaft können Auflassungsempfänger sein (nicht jedoch »die Erbengemeinschaft selbst« mangels Rechtsfähigkeit, Rn. 599), wenn die Voraussetzungen des Surrogationserwerbs gem. § 2041 BGB (Rechts-, Ersatz- oder Beziehungssurrogation) vorliegen,[1430] z.B. beim Erwerb aus Nachlassmitteln oder auch aus nachlassfremder Finanzierung als Zubehör- oder Ersatzstück für einen Nachlassgegenstand. Die beteiligten Erben haben den Sachverhalt und ihren diesbezüglichen Erwerbswillen in der Urkunde darzustellen, ohne dass der Notar zur aktiven Überprüfung verpflichtet wäre. **967**

cc) Bedingungsfeindlichkeit

Gem. § 925 Abs. 2 BGB kann die Auflassung **nicht unter einer rechtsgeschäftlichen Bedingung oder einer Zeitbestimmung** erfolgen. Im Wortlaut der Urkunden sollten daher aufschiebende oder auflösende Bedingungen oder Befristungen ausdrücklich[1431] auf den schuldrechtlichen Teil der Vereinbarungen beschränkt bleiben. Möglich sind jedoch **verbundene Anträge** gem. § 16 Abs. 2 GBO (Ausnahme zur Bedingungsfeindlichkeit von Antrag und Bewilligung, Rn. 689), die häufig den Endvollzug der Urkunde an die gleichzeitige Eintragung einer Restkaufgeldhypothek oder einer Rückauflassungsvormerkung binden. **968**

▶ Hinweis:

Diese **grundbuchrechtliche Koppelung** bietet ggü. der rein vollzugstechnischen Anweisung an den Notar, zwei bestimmte Anträge nur gemeinsam vorzulegen, den Vorteil, dass die Auflassung durch das Grundbuchamt nicht vollzogen werden darf, wenn (z.B. aufgrund eines Büroversehens) nur einer der Anträge gestellt wurde. Verstößt das Grundbuchamt jedoch gegen die Antragsverknüpfung, wird das Grundbuch allerdings nicht unrichtig.[1432]

1424 Ist Auflassung an mehrere geschuldet, liegt i.d.R. eine unteilbare Leistung vor, sodass Vollzug erst mit Vollstreckbarkeit hinsichtlich Aller möglich ist, OLG München, 14.10.2008 – 34 Wx 062/08, DNotZ 2009, 223.
1425 BayObLG DNotI-Report 2005, 103, daher ist der Erschienene auch nicht Veranlassungsschuldner der Urkundenkosten.
1426 Zum Klarstellungsvermerk über den Inhalt einer Dienstbarkeit LG Chemnitz NotBZ 2006, 217 m. Anm. *Holzer*; OLG Düsseldorf, 17.12.2008 – I-3 Wx 211/08, RNotZ 2009, 236; ablehnend hierzu *Hintzen* Rpfleger 2006, 466, umfassend zu Klarstellungsvermerken *Holzer* NotBZ 2008, 14 ff. sowie *Munzig* MittBayNot 2008, 126 in Anm. zu LG München II, 21.08.2007 – 6 T 2241/07 (Eintragung einer Befristung nicht nur durch Bezugnahme auf die Eintragungsbewilligung).
1427 Vgl. *Böhringer* NotBZ 2004, 13.
1428 BayObLG DNotZ 2002, 731: Kein Klarstellungsvermerk bei »vorsorglicher« Wiederholung.
1429 OLG Zweibrücken MittBayNot 1980, 68.
1430 Hierzu *Böhringer* NotBZ 2011, 317, 322.
1431 KG Rpfleger 2006, 391: Im Zweifel ergebe sich durch Auslegung, dass vereinbarte Bedingungen und Befristungen sich lediglich auf den schuldrechtlichen Teil bezögen.
1432 Nach LG Hamburg Rpfleger 2004, 418 ist nicht einmal ein Amtswiderspruch einzutragen.

dd) Bindung von Rechtsnachfolgern

969 Die vom **Erblasser erklärte Auflassung** bindet dessen Gesamtrechtsnachfolger (Erben),[1433] auch ein Widerruf durch die Erben scheidet aus, da die materiell-rechtliche Einigungserklärung durch die Beurkundung gem. § 873 Abs. 2 BGB bindend geworden ist.[1434] Die formell-rechtliche Eintragungsbewilligung, sofern sie vor dem Tod abgegeben worden ist, bleibt ebenfalls gem. § 130 Abs. 2 BGB wirksam.[1435] Gleiches gilt beim **Tod des Auflassungsempfängers** vor seiner Eintragung; es bedarf lediglich des Erbnachweises (§ 35 GBO) und eines Antrags auf Eintragung der Erben.[1436] Eine vor dem Tod erklärte Auflassungsvollmacht erlischt im Zweifel gem. § 168 BGB i.V.m. §§ 672, 675 BGB nicht durch den Tod und ist auch nicht durch die Rechtsnachfolger widerruflich, da sie im besonderen Interesse des Bevollmächtigten erteilt wurde.[1437]

970 Gleiches gilt für einen Wechsel der Gesellschafter in einer **GbR** auf Veräußerer- oder Erwerberseite nach Erklärung der Auflassung oder gar Entstehung eines Anwartschaftsrechtes (also nach zusätzlicher Eintragung der Vormerkung): Es bedarf keiner neuerlichen Einigung über den Übergang, aufgrund der Anwachsung wirkt die geschaffene Rechtslage ohne Weiteres auch für den Eintretenden.[1438] Ebenso wenig bedarf es einer Wiederholung der Auflassung beim Wechsel in der Zusammensetzung des teilrechtsfähigen Verbands »Wohnungseigentümergemeinschaft« (Rdn. 2432).

Erforderlich ist allerdings ggü. dem Grundbuchamt der Nachweis des Gesellschafterwechsels i.R.d. Endvollzugs wie bei einer Berichtigung bei der veräußernden GbR (oben Rdn. 426).

971 Schwieriger zu beurteilen ist die Fortwirkung einer durch einen **Sachverwalter mit Wirkung für fremdes Vermögen** erklärten Auflassung (z.B. Testamentsvollstrecker, Insolvenzverwalter), wenn dessen Verfügungsmacht und damit Auflassungsberechtigung vor Vollzug entfällt und damit wieder dem Rechtsinhaber (Insolvenzschuldner, Erbe) zusteht. § 878 BGB ist nach für die Praxis maßgeblicher,] noch herrschender Rechtsprechung (Rdn. 567, 576, 885) hierauf nicht entsprechend anwendbar. Demnach bedarf es bei einer solchen Beendigung der Verfügungsentziehung auf Veräußer- und Erwerberseite (wohl) der neuerlichen Auflassung.[1439]

ee) Teilflächen

972 I.R.d. dinglichen Einigung (Auflassung) ist der erfasste reale Teil des Grundstücks (auch zur Vermeidung haftungsrechtlicher Konsequenzen)[1440] so genau zu bezeichnen, dass aufgrund dieses Beschriebs jedermann die Umgrenzung des aufgelassenen Teils bestimmen kann. Zum Vollzug sowie i.R.d. Bewilligung[1441] ist jedoch gem. § 28 Abs. 1 GBO die Bezeichnung in Übereinstimmung mit dem Grundbuch (Gemarkung, Flur, Flurstücksnummer) erforderlich. Letztere Anforderungen gehen demnach über das bloße schuldrechtliche sowie über das dingliche Bestimmbarkeitserfordernis hinaus,[1442] auch im Rahmen von Ausgliederungserklärungen.[1443]

1433 BayObLGZ 1990, 312.
1434 BGHZ 32, 369.
1435 *Kofler* MittRhNotK 1971, 671.
1436 BayObLGZ 33, 299.
1437 KG DNotZ 1972, 18.
1438 LG Köln RNotZ 2002, 54 beim Wechsel auf Veräußererseite.
1439 A.A. das überwiegende Schrifttum, z.B. *Schöner/Stöber* Grundbuchrecht Rn. 125 m.w.N.; *Böhringer* BWNotZ 1985, 102.
1440 Vgl. BGH, 16.10.2003 – II ZR 62/03, ZAP 2004, 13, wo lediglich vom »Vertragsgegenstand« die Rede war, ohne dass deutlich wurde, ob es sich um einen Miteigentumsanteil an einer Teilfläche oder an einem Flurstück handelte.
1441 *Demharter* MittBayNot 2008, 125.
1442 OLG München, 18.10.2010 – 34 Wx 341/11: bloße Einzeichnung in Lageplan mit Größenangabe genügt nicht.
1443 Daher genügen bei Ausgliederungsverträgen zwar sog. »All-Klauseln«, d.h. die pauschale Bezeichnung aller zu einem bestimmten Unternehmensbereich zählenden Gegenstände, vgl. BGH, 08.10.2003 – XII ZR 50/02, RNotZ 2003, 622; fehlt aber bei (z.B. »vergessenen«) Grundstücken die Bezeichnung i.S.d. § 28 GBO (§ 126 Abs. 2 Satz 2 UmwG), gehen diese nicht außerhalb des Grundbuchs über, sondern es bedarf einer Auflassung (Formulierungsvorschlag bei *Heckschen* NotBZ 2008, 193), zu welcher die beteiligten Rechtsträger jedoch verpflichtet sind, vgl. BGH, 25.01.2008 – V ZR 79/07, ZfIR 2008, 463 m. Anm. *Lüke/Scherz*; *Leitzen* ZNotP 2008, 272 ff., *Krüger* ZNotP 2008, 466 ff.; *Link* RNotZ

Die Angaben des § 28 Abs. 1 GBO müssen also, wenn die Auflassung (bereits mit oder noch ohne Eintragungsbewilligung, vgl. Rdn. 994) materiellrechtlich wirksam bereits vorher erklärt wurde, vor Grundbuchvollzug nachgeholt werden, und zwar sowohl zur Ergänzung der Auflassung als auch der (sofern nicht erstmals abgegeben) verfahrensrechtlichen Bewilligung gem. § 19 GBO. Zu dieser sog. ergänzenden »Identitätserklärung«[1444] (nicht zur erneuten Erklärung der Auflassung) können sich die Beteiligten gegenseitig oder aber den amtierenden Notar bevollmächtigen (im Wege der Eigenurkunde;[1445] § 181 BGB gilt bei dieser verfahrensbezogenen Erklärung nicht).[1446] 973

▶ Formulierungsvorschlag: Identitätserklärung durch Eigenurkunde

Der amtierende Notar, sein amtlicher Vertreter oder Nachfolger im Amt und die an der Notarstelle tätigen Angestellten werden je einzeln und befreit von § 181 BGB bevollmächtigt, alle Erklärungen abzugeben, die zur grundbuchmäßigen Bezeichnung des betroffenen Grundbesitzes und zur Herbeiführung der Wirkungen der rechtsgeschäftlichen Vereinbarungen der heutigen Urkunde bzgl. dieses Grundbesitzes erforderlich sind, auch im Wege der Eigenurkunde. 974

▶ Hinweis:

Beides ist jedoch riskant und möglicherweise für den Grundbuchvollzug nicht ausreichend: Eine Identitätserklärung setzt nämlich voraus, dass das vermessene Grundstück mit dem im Kaufvertrag bezeichneten exakt übereinstimmt. Weicht es – und sei es auch nur geringfügig – hiervon ab, bedarf es einer neuerlichen Auflassung. Weicht das vermessene Grundstück von der verkauften Teilfläche auch hinsichtlich des Zuschnitts allerdings deutlich ab, besteht schuldrechtlich keine Verpflichtung zur Abgabe bzw. Entgegennahme der Auflassung.[1447] 975

Aus diesem Grund empfiehlt es sich,[1448] stets nach Vorliegen des amtlichen Veränderungsnachweises i.R.e. sog. »Messungsanerkennung und Auflassung« die Auflassung auf der Basis des Veränderungsnachweises erneut zu erklären. Kostenrechtlich werden Auflassung und Identitätserklärung[1449] gleichbehandelt.

In dieser Nachtragsurkunde – Gesamtmuster vgl. Teil E Formular, Rn. 3303 – werden zugleich etwaige Kaufpreisanpassungen und notwendige Bewilligungen für bspw. Dienstbarkeitsbestellungen (da erst jetzt das dienende bzw. herrschende Grundstück genau beschrieben werden kann) enthalten sein. Soweit Grundpfandrechte bisher nur durch Verpfändung der Ansprüche auf Eigentumsverschaffung gesichert waren, kann die Bewilligung zur Eintragung des Grundpfandrechtes selbst und der Antrag auf Löschung des Verpfändungsvermerks abgegeben werden.[1450] Zur Beurkundung des 976

2008, 358 ff.; *Weiler* MittBayNot 2008, 310 ff.; abschwächend OLG Schleswig, 01.10.2009 – 2 W 241/08, ZNotP 2010, 108 m. abl. Anm. *Leitzen* ZNotP 2010, 91 ff. (zustimmend: *Perz* DNotZ 2010, 69 ff.) und OLG Düsseldorf, 19.04.2010 – I-3 Wx 88/10, ZfIR 2010, 842 m. zust. Anm. *Ising* S. 821: Ausnahme von § 28 GBO bei »eindeutiger Bestimmtheit«. Bei Teilflächen genügt die Bezugnahme auf einen genehmigten Veränderungsnachweis (katastermäßige Bezeichnung); die Identitätserklärung kann später, sogar nach Eintragung der Spaltung, nachgeholt werden. Offen ist, ob eine solche nachträgliche Feststellung auch erfolgen kann, wenn im Ausgliederungsplan nicht auf einen Veränderungsnachweis Bezug genommen ist; eher zurückhaltend insoweit *Krüger* ZNotP 2008, 466, 468; *Gutachten* DNotI-Report 2009, 97, 99. Die geschilderten strengen Anforderungen gelten wohl auch für Dienstbarkeiten, vgl. *Ising* ZfIR 2010, 386.

1444 Die an sich (sofern sie sich nicht zur Kaufpreisanpassung verhält) eine rein verfahrensrechtliche Erklärung ist, sodass eine 5/10, Gebühr gem. § 38 Abs. 2 Nr. 5a KostO anfällt aus ca. 10–20 % des Rechtsgeschäfts, vgl. OLG Hamm, 03.05.2007 – 15 W 418/06, MittBayNot 2008, 72 m. Anm. Notarkasse, ebenso nun *Notarkasse* Streifzug durch die Kostenordnung, 8. Aufl. 2010 Rn. 123.
1445 Vgl. *Böttcher*, ZNotP 2008, 263.
1446 OLG Frankfurt am Main, 11.08.2011 – 20 W 277/11, DNotI-Report 2011, 190.
1447 BGH NJW 1995, 957: vermessenes Grundstück ist 5 m kürzer, dafür 2 m breiter und hat eine abgeschrägte Ecke.
1448 Ebenso *Schöner/Stöber* Grundbuchrecht Rn. 885.
1449 § 38 Abs. 2 Nr. 5a KostO aus einem Teilwert von ca. 20 % (vgl. OLG Hamm, 03.05.2007 – 15 W 418/06, ZNotP 2007, 319 m. Anm. Tiedtke).
1450 Als verbundene Anträge gem. § 16 Abs. 2 GBO! Zu beachten ist jedoch, dass der bloße Verpfändungsvermerk nicht gegen Verlust oder Rangverschlechterung der außerhalb des Grundbuches entstehenden Sicherungshypothek (§ 1287

Nachtrags über die Messungsanerkennung und Auflassung werden sich die Beteiligten häufig (wenn nicht besonderes Misstrauen herrscht) gegenseitig bevollmächtigen:

▶ **Formulierungsvorschlag: Vollmacht zur Messungsanerkennung und Auflassung**

977 Die Vertragsteile erteilen sich hiermit gegenseitig, und zwar jedem für sich allein, unter Befreiung vom Verbot des Selbstkontrahierens

Vollmacht

zur Vertretung bei dem Antrag über die Vermessung der Vertragsfläche, bei der Beurkundung des Nachtrages über die Messungsanerkennung und Auflassung sowie zur Abgabe aller Erklärungen und Stellung von Anträgen, die damit zusammenhängen und zum Vollzug dieser Urkunde, der Nachtragsurkunde und des einschlägigen Veränderungsnachweises erforderlich und zweckdienlich sind. Der Vollzug der Auflassung darf jedoch erst nach Zahlung des vorläufigen Kaufpreises erfolgen.

978 Allerdings ist zu berücksichtigen, dass die Vollmacht nur dann gilt und verwendbar bleibt, wenn das tatsächlich vermessene Grundstück nicht ein »aliud« ggü. dem ursprünglich verkauften darstellt. (Das aliud ist aufgrund der Schuldrechtsreform dem Sachmangel gleichgestellt, § 434 Abs. 3, 1. Alt. BGB, oben Rdn. 2173).

▶ **Hinweis:**

In der Grundbuchpraxis wird daher die Mitwirkung beider Beteiligter verlangt, wenn die Abweichung bei kleinen Grundstücken über 10 %,[1451] bei großen Grundstücken (ab etwa 600 m²) über 5 % beträgt. Denkbar ist aber auch, dass die Vollmacht zur Messungsanerkennung und Auflassung ihrerseits im Außen- wie im Innenverhältnis ohne Begrenzung erteilt ist; in diesem Fall ist sie ohne weitere Nachweis grundbuchtauglich.[1452]

979 Vorsorglich kann als »Zwischenlösung« in der Vollmacht klargestellt werden, dass sie unabhängig vom Maß der Abweichung zur Messungsanerkennung und Auflassung ermächtigt, der Notar aber im Innenverhältnis die schriftliche Zustimmung beider vorab einzuholen habe. Obige Vollmacht würde dann wie folgt erweitert:

▶ **Formulierungsvorschlag: Beschränkung der Vollmacht zur Messungsanerkennung im Innenverhältnis**

980 Ausdrücklich wird klargestellt, dass diese Vollmacht im Außenverhältnis, auch gegenüber dem Grundbuchamt, ohne Rücksicht auf das Maß der Abweichung von der derzeit angenommenen Flächengröße gilt. Im Innenverhältnis darf die Vollmacht jedoch bei einer Abweichung der Flächengröße um mehr als ..... % nur an der Amtsstelle des amtierenden Notars zur Messungsanerkennung und Auflassung verwendet werden, und nur dann, wenn beide Vertragsteile vorher nach Übersendung des Fortführungsnachweises und eines Entwurfes der Nachtragsurkunde schriftlich zugestimmt haben.

981 In diesen Fällen muss ferner damit gerechnet werden, dass das Grundbuchamt die neuerliche Einholung der bereits zur Vorurkunde erteilten Genehmigungen, insb. der (ggf. landesrechtlichen und i.R.d. §§ 144, 169 BauGB auch bundesrechtlichen) Teilungsgenehmigung, verlangt.

Übersteigt die Abweichung die vereinbarte Toleranzschwelle und haben die Beteiligten sich nicht i.R.d. Bezeichnung des Vertragsobjektes auf die Maßgeblichkeit der Planeinzeichnung unabhängig von der Flächengröße verständigt, sieht die Rechtsprechung hierin eine Geschäftsgrundlage, deren Wegfall zur Anpassung oder Auflösung des Vertrages berechtigt.[1453]

BGB) schützt, da dessen Eintragung noch keine Kenntnis dahin gehend verschafft, das Grundbuch sei mangels Eintragung der Hypothek unrichtig (BayObLG DNotZ 1986, 345; DNotI-Report 2002, 177).
1451 Vgl. *Geißel* MittRhNotK 1997, 336.
1452 OLG Hamm, 24.06.2010 – 15 W 225/10.
1453 BGH, 30.01.2004 – V ZR 92/03, DNotI-Report 2004, 61.

b) Überwachung der Eigentumsumschreibung

982 Es zählt zu den zentralen Sicherungsaufgaben des Notars, nicht nur den Käufer vor vorzeitiger Zahlung des Kaufpreises zu bewahren, sondern auch zu verhindern, dass der Verkäufer das Eigentum verliert, bevor er die Gegenleistung (regelmäßig also den Kaufpreis) vollständig empfangen hat. **Folgende Möglichkeiten** stehen hierfür zur Verfügung.[1454]

aa) Getrennte Beurkundung

983 Die Auflassung wird nicht bereits in der Kaufvertragsurkunde miterklärt, sondern zu getrennter Urkunde protokolliert, zu der sich der Verkäufer erst dann einfinden wird, wenn er die ihm geschuldeten Leistungen erhalten hat. Dadurch wird allerdings eine neuerliche 5/10-Gebühr nach § 38 KostO ausgelöst, sodass einige OLG hierin eine unrichtige Sachbehandlung gem. § 16 KostO sehen[1455] oder gar disziplinarisch ahnden wollen;[1456] außerdem werden die Beteiligten den zweiten Termin beim Notar als unnötige Förmelei empfinden. Auch könnte umgekehrt dem Käufer das Risiko drohen, dass der Verkäufer nach Erhalt des Kaufpreises nicht mehr erreichbar ist, verstirbt oder beurkundungsunwillig ist; es drohen erhebliche prozessuale Mehrkosten.[1457] Vor Erklärung der Auflassung bedarf ferner jede über bloße Abwicklungsanpassungen hinausgehende Änderung des Kaufvertrages der notariellen Beurkundung.[1458]

984 Die mögliche Beurkundungsunwilligkeit des Verkäufers wird durch eine Spielart dieses Verfahrens vermieden, die (insb. in Baden)[1459] zur getrennten Fertigung einer Genehmigung zur Auflassung (nicht der Auflassung selbst) führt: Der Käufer erklärt in einem i.Ü. üblich abgeschlossenen Kaufvertrag die Auflassung lediglich als vollmachtloser Vertreter des Verkäufers, Letzterer genehmigt sie zu getrenntem Dokument im Beurkundungstermin nach und weist den Notar an, diese Genehmigung erst nach Zahlungsnachweis zu verwenden. Dadurch entsteht allerdings nicht nur eine 5/10 Gebühr für die Fertigung der Genehmigungserklärung, sondern zusätzlich eine Betreuungsgebühr nach § 147 KostO.

bb) Vollmacht

985 Teilweise wird in Ergänzung der obigen Alternative eine **Vollmacht an Mitarbeiter des Notars oder an den Verkäufer** beurkundet, die Auflassung zu getrennter Urkunde zu erklären und (befreit von § 181 BGB)[1460] entgegenzunehmen, kombiniert mit einem Auftrag an den Notar, diese erst dann zu protokollieren, wenn die Bezahlung des Kaufpreises in geeigneter Weise nachgewiesen ist. Eine Vollmacht an den Notar selbst (ggf. mittels Eigenurkunde) scheidet aus, da der Notar diese Erklärung vor einem anderen Notar abgeben müsste. Die Bevollmächtigung der Angestellten begegnet jedoch **arbeits- und haftungsrechtlichen Bedenken** (persönliche Schadensersatzpflicht des Mitarbeiters bei Schlechterfüllung des Auftrags;[1461] ggf. Freistellungsanspruch gegen den Notar

---

[1454] Übersichtsdarstellung bei *Amann* MittBayNot 2001, 150.
[1455] OLG Köln MittRhNotK 1997, 328 und OLG Düsseldorf DNotZ 1996, 324; a.A. jedoch OLG Hamm MittBayNot 1998, 275.
[1456] OLG Celle DNotZ 2004, 196 m. zu Recht abl. Anm. *Kanzleiter*: Der Notar müsse die Risikoabwägung den Beteiligten überlassen und dürfe sie nicht durch eigene Ermessensentscheidung entbehrlich machen.
[1457] Gebührenstreitwert einer Klage auf Auflassung ist der Grundbesitzwert, nicht die streitige Restforderung; vgl. *Amann* MittBayNot 2001, 153 ff.; BGH DNotZ 2002, 216.
[1458] BGH DNotZ 1988, 548.
[1459] Zurückgehend auf *Greiner* BWNotZ 1969, 243.
[1460] *Schneeweiß* MittBayNot 2001, 341 hält diese Befreiung nicht für erforderlich (Erfüllung einer Verbindlichkeit); a.A. BayObLG RPfleger 1993, 441.
[1461] Der BGH RNotZ 2003, 62 lehnt einen stillschweigenden Haftungsverzicht ab. Einen formularmäßigen Haftungsverzicht, vom Notar entworfen, würde sich der Angestellte als »Verwender« zunutze machen und damit wohl gegen §§ 307 Abs. 2 Nr. 2, § 309 Nr. 7 BGB verstoßen (Kardinalpflichten). Allenfalls eine Beschränkung auf grobe Fahrlässigkeit ist denkbar.

B. Gestaltung eines Grundstückskaufvertrages

nach den Grundsätzen der betrieblich veranlassten Tätigkeit[1462] und ohne Exkulpationswirkung ggü. Dritten[1463] mit zudem unklarem Versicherungsschutz).[1464]

986 Die Auflassungsvollmacht an Angestellte verstieß möglicherweise gegen § 1 RBerG – gegen das seit 01.07.2008 an dessen Stelle getretene RDG wohl nur in den seltenen Fällen, in denen der Rechtsuchende besondere rechtliche Aufklärung gerade vom Vertreter, nicht vom Notar, erwartet, Rdn. 480 –; jedoch wohl nicht gegen § 17 Abs. 2a BeurkG.[1465] Die Vollmachtslösung krankt ferner an der grds. stets gegebenen Widerruflichkeit von Vollmachten sowie daran, dass eine möglicherweise (z.B. wegen Formmangels) gegebene Unwirksamkeit des Kaufvertrages auch die Vollmacht erfassen würde, sodass mangels wirksamer Auflassung die Heilung des Formmangels nicht gem. § 311b Abs. 1 Satz 2 BGB eintreten könnte. Sofern an der Kaufvertragsbeurkundung ihrerseits Bevollmächtigte beteiligt sind, müssen diese zur Erteilung von Untervollmachten ermächtigt sein. Ist die Auflassung noch nicht erklärt, bedürfen Vertragsänderungen, sofern es sich nicht um geringe technische Anpassungen handelt, in jedem Fall der Beurkundungsform (Rdn. 105). Eine Klage auf Abgabe der Auflassungserklärung löst schließlich notwendig Gerichtskosten aus dem vollen Geschäftswert aus.[1466] Dem steht als Vorteil ggü., dass eine vom Grundbuchamt etwa unachtsamerweise vorgenommene Umschreibung, da ja die Auflassung auch materiellrechtlich noch nicht erklärt wurde, nicht zum Eigentumsverlust führt.

987 Die besseren Gründe sprechen allerdings wohl[1467] für die Mitbeurkundung der Auflassung, zumal dadurch der Käufer (jedenfalls mit Eintragung der Eigentumsvormerkung) ein Anwartschaftsrecht erhält, das ihm auch deliktischen Schutz gewährt.[1468] Es muss dann aber sichergestellt werden, dass die Auflassung im Grundbuch nicht vollzogen wird, bevor die Kaufpreiszahlung erfolgt oder gesichert (Bankbürgschaft!) ist. Damit wird keine materiell-rechtliche Vorleistungspflicht[1469] des Käufers (zuerst Kaufpreiszahlung, dann Eigentumserwerb) begründet,[1470] sondern das Zug-um-Zug-

---

1462 Großer Senat des BAG NJW 1995, 210 (in Fortentwicklung der früheren Grundsätze der gefahrgeneigten Arbeit): Bei vorsätzlicher oder grob fahrlässiger Schadensverursachung haftet der Arbeitnehmer voll, bei mittlerer tritt Haftungsteilung ein, und nur bei leichtester Fahrlässigkeit ist der Arbeitnehmer vollständig freizustellen (vgl. *Schaub* Arbeitsrechtshandbuch § 52 Rn. 47 ff.).
1463 Die Haftung des Angestellten selbst stellt daher keine anderweitige Ersatzmöglichkeit i.S.d. § 19 Abs. 1 Satz 2 BNotO dar; vgl. BGH RNotZ 2003, 62.
1464 Nach Auffassung der BNotK ist in der Berufshaftpflichtversicherung des Notars gem. § 19a Abs. 1 Satz 1 BNotO allenfalls die Haftung nach § 179 BGB mitversichert, DNotZ 1998, 522; vgl. *Arndt/Lerch/Sandkühler* BNotO § 19a Rn. 20.
1465 Die Richtlinienempfehlungen der BNotK DNotZ 1999, 258, und der meisten Landesnotarkammern (z.B. Abschnitt II Nr. 1c der Richtlinien der LNotK Bayern gem. § 67 Abs. 2 BNotO) untersagen die systematische Beurkundung mit Mitarbeitern des Notars als Vertreter der Beteiligten, sofern es sich nicht um Erfüllungs- und Vollzugsgeschäfte handelt. Zu den Vollzugsgeschäften zählen nicht die Finanzierungsgrundpfandrechte des Käufers (OLG Schleswig, 06.07.2007 – Not 1/07, ZNotP 2007, 430 m. Anm. *Zimmer*, S. 407 = RNotZ 2007, 622 mit zur Begründung krit. Anm. *Litzenburger*; a.A. zuvor die Richtlinien der Kammern Frankfurt und Hamburg bei ausreichender vorheriger Belehrung, vgl. www.bnotk.de/Richtlinienempfehlungen/Synopse und *Helms* ZNotP 2005, 18 m.w.N.), wohl aber die Erklärung der Auflassung, wenn sie vom Verkäufer zu erklären und vom Käufer entgegenzunehmen nach Kaufpreiszahlung ist und diese Bestätigung dem Notar vorliegt.
1466 *Amann* MittBayNot 2001, 150 ff.
1467 Die getrennte Beurkundung von schuldrechtlichem Kaufvertrag und Auflassung verletzt aber keine notarielle Amtspflicht, vgl. BayObLG MittBayNot 2000, 575 m. Anm. *Tiedtke*.
1468 *Brambring* in: FS für Hagen, S. 251.
1469 Hierbei ist ohnehin zu beachten, dass auch nach allgemeinen Grundsätzen eine etwa vereinbarte Vorleistungspflicht entfallen würde, wenn die »Gegenseite« sich ernsthaft weigert, den Vertrag zu erfüllen (BGHZ 88, 248); sie lebt erst dann wieder auf, wenn diese Verpflichtung vorbehaltlos anerkannt wird (BGH WM 1983, 1059).
1470 Diese würde in AGB gegen das Vorleistungsverbot verstoßen, BGH NotBZ 2001, 462 m. Anm. *Reich* = DNotZ 2002, 41, m. abl. Anm. *Basty*; hierauf gestützt, jedoch undifferenziert: LG Erfurt NotBZ 2003, 280 m. abl. Anm. *Basty*; OLG Köln RNotZ 2002, 238 stellt klar, dass die Vereinbarung einer Vorlagesperre nach § 53 BeurkG nicht gegen das AGB-Gesetz (nunmehr §§ 305 ff. BGB) verstößt (ebenso LG Bonn MittBayNot 2002, 411). Umfassend hierzu *Keim* MittBayNot 2003, 21 ff.

Leistungs-Prinzip verfahrensrechtlich[1471] umgesetzt, unter Berücksichtigung der beschränkten Prüfungsmöglichkeiten des Notars.[1472]

▶ Hinweis:

Es mag sich empfehlen, zumindest bei Serien- und Verbraucherverträgen klarzustellen, dass die Verfahrensanweisungen an den Notar das materiell-rechtliche Pflichtenprogramm der Beteiligten (Zug-um-Zug-Leistung des Eigentums gegen Zahlung des geschuldeten, ggf. also wirksam geminderten, Kaufpreises, idealtypisch also dessen Entrichtung in bar im Zimmer des Rechtspflegers bei Unterzeichnung der Eintragung) unberührt lässt.[1473] Auch wenn der Kaufpreisanspruch verjährt ist, kann der Verkäufer dem Anspruch auf Eigentumsverschaffung die Einrede des unerfüllten Vertrages entgegenhalten,[1474] denn durch Verjährung ist keine Erfüllung der geschuldeten Kaufpreisverpflichtung eingetreten.[1475]

988

Hierzu werden **drei Möglichkeiten** erörtert, die kostenrechtlich zu keinen unterschiedlichen Ergebnissen führen (Teilwert von ca. 30 % aus dem Kaufpreis als Gebühr gem. § 147 Abs. 2 KostO), deren jedoch nur zwei empfehlenswert sind:

cc) »Verzicht« auf Antragsrecht?

Nicht ratsam ist es, den Käufer auf sein eigenes Recht, die Umschreibung des Eigentums zu beantragen, »**verzichten**« zu lassen. Entgegen früherer Rechtsprechung des OLG Hamm[1476] dürfte ein endgültiger Verzicht auf das Antragsrecht nicht möglich sein.[1477]

989

dd) Ausfertigungssperre

Der »**beurkundungsrechtliche Weg**« der sog. Ausfertigungssperre sieht vor, dass die Beteiligten den Notar in der Urkunde anweisen, vor Nachweis der Kaufpreiszahlung dem Käufer und dem Grundbuchamt keine Ausfertigung oder beglaubigte Abschrift zu erteilen, welche die Auflassung enthält. Verkäufer und Käufer erteilen damit gem. § 53 BeurkG eine übereinstimmende abweichende Anweisung, sodass die gesetzliche Pflicht zum sofortigen Vollzug der erklärten Auflassung »suspendiert« ist. Gem. §§ 42 Abs. 3, 49 Abs. 5 BeurkG kann auf Antrag eine beglaubigte Abschrift oder Ausfertigung auch im Auszug erteilt werden (insoweit ist ein Verzicht gem. § 51 Abs. 2 BeurkG möglich).

990

Dieser Weg stellt jedoch die **Kanzleimitarbeiter des Notars** vor die Aufgabe, stets genau zwischen »ungefährlichen« und »gefährlichen« Ausfertigungen bzw. beglaubigten Abschriften zu differenzieren, den genauen Standort und vollständigen Umfang der Auflassungserklärung festzustellen und (z.B. durch Abdecken bei der Kopie) zu »neutralisieren«, und führt zu einer Aufblähung der Grund-

991

1471 Ebenso liegt es bei der gerichtlichen Durchsetzung eines Anspruches auf Auflassung, wenn dieser Zug-um-Zug an die Erbringung der Gegenleistung geknüpft ist: Die Auflassung gilt gem. § 894 Abs. 1 Satz 2 ZPO erst mit Vorliegen einer vollstreckbaren Urteilsausfertigung als abgegeben; dies erfolgt erst nach Beweis über die Entrichtung oder Sicherstellung des Kaufpreises (§ 726 ZPO).
1472 Gem. BayObLG DNotI-Report 2002, 174 ist die übereinstimmend dem Notar erteilte Weisung, erst nach Zahlungsnachweis die Auflassung zu vollziehen, selbst dann beachtlich, wenn die materiell-rechtliche AGB-Widrigkeit der Vorlagesperre gerügt wird.
1473 Vgl. *Basty* DNotZ 2002, 45 zum Bauträgervertrag; *Keim* MittBayNot 2003, 27 zum Kaufvertrag.
1474 BGH, 19.05.2006 – V ZR 40/05, DNotZ 2006, 849 = ZfIR 2006, 670 m. Anm. *Blank*: Der Kaufpreisanspruch muss lediglich wirksam entstanden und synallagmatisch verknüpft gewesen sein, beide Ansprüche müssen sich also nicht als gemeinsam fällig in unverjährter Zeit gegenübergestanden haben, § 390 Satz 2 BGB a.F. = § 215 BGB n.F. (a.A. die Vorinstanz OLG Frankfurt am Main NJOZ 2005, 1193).
1475 So bereits *Reithmann* NotBZ 1998, 237.
1476 DNotZ 1975, 686, ebenso *Piehler* in: Gedächtnisschrift Peter Arens 1993, S. 330 ff.
1477 OLG Frankfurt am Main DNotZ 1992, 389; *Stöber/Schöner* Grundbuchrecht Rn. 88, 183; *Bauer/v. Oefele* GBO § 13 Rn. 66 jeweils m.w.N. Die Beteiligten können kein eigenes Verfahrensrecht schaffen; Abreden haben also allenfalls schuldrechtliche Wirkung.

B. Gestaltung eines Grundstückskaufvertrages

akten durch zweimalige Einreichung der Urkunde. Dem ist abgeholfen[1478] durch die (allerdings etwas gekünstelt wirkende) textliche »Auslagerung« der Auflassung[1479] in eine separate **Anlage** zur Urkunde mit der Folge, dass dem Grundbuchamt zunächst eine Ausfertigung im Auszug, ohne die Anlage (§ 49 Abs. 5, 42 Abs. 3 BeurkG),[1480] eingereicht wird. Gem. § 51 Abs. 2 BeurkG können die Beteiligten auf ihr Recht verzichten, vollständige Ausfertigungen zu erhalten.

992 Beim Endvollzug wird sodann wiederum eine Ausfertigung (im Auszug) der Anlage selbst vorgelegt, wobei die Anlage zu diesem Zweck die erforderlichen Angaben zu den Beteiligten, zumindest die Urkundsnummer als Identifikationsbehelf, zu enthalten hat; anderenfalls muss sie ergänzt werden um die Titel- und die Unterschriftsseite. Der (versehentliche) Vollzug der Umschreibung durch das Grundbuchamt aufgrund einer »entschärften« Ausfertigung wäre übrigens wirksam, da die Auflassung ja tatsächlich erklärt wurde und lediglich zu diesem Zeitpunkt dem Rechtspfleger noch nicht schriftlich vorlag.[1481]

993 Eine solche Anweisung, die allerdings im Hinblick auf die Gefahr der Verjährung (§ 196 BGB: 10 Jahre) den anderen Lösungen überlegen sein dürfte (Rdn. 2622), könnte etwa in Anlehnung an *Brambring*[1482] wie folgt formuliert sein:

▶ Formulierungsvorschlag: Ausfertigungssperre

Der Verkäufer muss dem Käufer das Eigentum Zug-um-Zug gegen Zahlung des geschuldeten Kaufpreises verschaffen. Alle Beteiligten weisen daher den Notar gem. § 53 BeurkG an, die Eintragung des Eigentumswechsels erst zu veranlassen, nachdem der Verkäufer den Eingang des geschuldeten Betrages originalschriftlich bestätigt oder hilfsweise der Käufer die Zahlung des vereinbarten Kaufpreises (jeweils ohne Zinsen) durch Bankbestätigung nachgewiesen hat. Bis zu diesem Zeitpunkt sind Ausfertigungen und beglaubigte Abschriften nur im Auszug, ohne die *Anlage*, zu erteilen, in welcher die Erklärungen zum Eigentumswechsel enthalten sind. Die Beteiligten verzichten also bis zu diesem Zeitpunkt auf ihr Recht, vollständige Ausfertigungen zu erhalten.

ee) Ausgesetzte Bewilligung

994 Moderner ist der auf *Ertl*[1483] zurückgehende und mittlerweile auch in der Rechtsprechung[1484] und im Schrifttum[1485] anerkannte »**grundbuchrechtliche Weg**«, der darin liegt, dass die Auflassung zwar erklärt wird, jedoch ausdrücklich[1486] keine Eintragungsbewilligung enthält. Die Beteiligten bevollmächtigen den Notar unwiderruflich[1487] übereinstimmend, die Eintragungsbewilligung durch Eigenurkunde »nachzuholen«, sobald ihm die Kaufpreiszahlung nachgewiesen ist (Formulierungs-

---

1478 Lobend zur Verringerung des Umfangs der Grundakten LG Ingolstadt MittBayNot 1993, 18.
1479 *Amann* in Amann/Albrecht/Hertel, Aktuelle Probleme der notariellen Vertragsgestaltung 2007/2008 (DAI-Skript) S. 23 empfiehlt, bei der untechnischen Verweisung auf diese Anlage nicht das Wort »Auflassung« zu verwenden, damit nicht in dieser Verweisung schon das Einigsein über den Eigentumsübergang gesehen werden kann, sondern z.B. lediglich auf die dort enthaltenen »Erklärungen zum Eigentumswechsel« zu verweisen.
1480 Oder eine beglaubigte Abschrift im Auszug, § 42 Abs. 3 BeurkG.
1481 *Recker* Anm. zu OLG Köln MittRhNotK 1997, 328.
1482 *Brambring* in: Beck'sches Notarhandbuch A I Rn. 180.
1483 MittBayNot 1992, 102; *Weser* MittBayNot 1993, 263.
1484 OLG Frankfurt am Main MittBayNot 2001, 225; möglicherweise bereits BGH Rpfleger 1973, 355; BGH DNotZ 1988, 109; BayObLG DNotZ 1975, 685; BayObLG DNotZ 1995, 57; OLG Stuttgart, 11.10.2007 – 8 W 353/07, MittBayNot 2008, 122 m. Anm. *Demharter*: »die Auflassung enthält i.d.R. – aber nicht immer – die zusätzlich erforderliche Eintragungsbewilligung«.
1485 Vgl. etwa *Weser* MittBayNot 1993, 253; *Wulf* MittRhNotK 1996, 44; *Schöner/Stöber* Grundbuchrecht Rn. 97; *Monath* RNotZ 2004, 363 m.w.N.
1486 Nach *Böttcher* ZNotP 2008, 259 ist diese ausdrückliche Verwahrung gar nicht erforderlich (»es widerspricht der Logik, einen Doppeltatbestand zu schaffen, ihn aber dann stets einheitlich anzunehmen«). Andererseits entnimmt die Rechtsprechung einer einschränkungslos erklärten Auflassung, etwa in Übergabeverträgen, auch die Bewilligung, z.B. OLG Düsseldorf, 23.11.2009 – 3 Wx 231/09, MittBayNot 2010, 307 m. Anm. *Demharter*.
1487 Da es sich um eine verfahrensrechtliche Bewilligungsvollmacht handelt, dürfte § 86 ZPO gelten (*Meikel/Lichtenberger* GBO § 19 Rn. 184), d.h. die Vollmacht erlischt nicht durch den Tod des Vollmachtgebers oder den Verlust seiner

vorschlag: Rdn. 1000). Es genügt also ein entsprechender Bewilligungswortlaut im Endvollzugsantrag des Notars, der zu diesem Zweck gesiegelt sein muss. § 181 BGB steht nicht entgegen.[1488]

Dieser Weg hat den Vorteil, dass **nur eine** (komplette) **Ausfertigung** den Beteiligten und dem Grundbuchamt erteilt wird, dass der Notar selbst bei Endvollzug das »fehlende Element« hinzufügt und bei dieser Gelegenheit prüfen kann, ob die Voraussetzungen hierfür vorliegen, und dass auch bei der Fertigung von Ausfertigungen oder beglaubigten Abschriften für Dritte (Finanzierungsgläubiger, Makler etc.) keine Vorsicht walten muss. In dogmatischer Hinsicht wurde eingewendet, es sei höchstrichterlich noch nicht geklärt, ob für den Vollzug überhaupt eine separate Eintragungsbewilligung gem. § 19 GBO erforderlich ist.[1489] Die dieser Kritik zugrunde liegende Lehre von der rechtsgeschäftlichen (nicht verfahrensrechtlichen) Natur der Bewilligung ist jedoch durch die Rechtsprechung überwunden (vgl. Nachw. bei Rn. 806). Der grundbuchrechtliche Weg empfiehlt sich auch zur Verschlankung der Grundbuchakten.[1490]

ff) Prüfungsverfahren

Allen Abwicklungsvarianten gemeinsam ist die Notwendigkeit, vor Erklärung bzw. Vorlage der Auflassung bzw. Hinzufügen der Eintragungsbewilligung hierzu die **Kaufpreiszahlung nachgewiesen** zu erhalten. Dabei handelt es sich um eine selbstständige Betreuungstätigkeit des Notars außerhalb seiner Amtsgewährungspflicht und demnach im Haftungsfall ohne das Privileg der Verweisung auf andere Schädiger,[1491] § 19 Abs. 1 Satz 2 BNotO. Am sichersten kann der Nachweis natürlich durch Erklärung des Verkäufers erfolgen, wozu dieser auch ohne ausdrückliche Vereinbarung verpflichtet ist (§ 368 BGB). Zur Erleichterung sollte ihm zu diesem Zweck zusammen mit der Kopie der Fälligkeitsmitteilung ein »Formular« übersandt werden.

▶ Hinweis:

Der Nachweis sollte aus Gründen der Haftungsentlastung **schriftlich** erfolgen, bei dieser »verfahrensrechtlichen Schriftform« genügt wie bei § 54a Abs. 4 BeurkG (Hinterlegungsanweisung) auch ein unterzeichnetes Fax,[1492] ja sogar (in Parallele zur prozessualen Schriftform des § 130 ZPO) ein Computerfax mit facsimiliert generierter Unterschrift,[1493] jedoch keine bloße E-Mail (Textform).[1494]

Mehrere Verkäufer können sich hierzu in der Urkunde gegenseitig Vollmacht erteilen, soweit die Zahlung auf ein gemeinsames Konto stattfindet. Im Anschreiben kann der Verkäufer darauf hin-

---

Prozessfähigkeit. Die Unwiderruflichkeit ergibt sich aus dem zugrunde liegenden notariellen Treuhandverhältnis, *Reithmann* ZNotP 2005, 325, sollte aber rechtsgeschäftlich bestätigt werden.

1488 LG Karlsruhe, 28.03.2008 – 11 T 476/07, MittBayNot 2008, 382 (gestützt auf § 181, Halbs. 2 BGB analog; tatsächlich handelt es sich bei der Bewilligung um eine dem Grundbuchamt ggü. abzugebende Erklärung, sodass sich das Problem des § 181 BGB mangels Personenidentität nicht stellt, *Kössinger* MittBayNot 2008, 383).

1489 Zum Streitstand vgl. *Böttcher* ZNotP 2008, 258 ff.; *Kössinger* in: *Bauer/v. Oefele* Grundbuchordnung § 20 Rn. 41 ff. Krit. insoweit v.a. *Kesseler* ZNotP 2004, 343 Fn. 29 und ZNotP 2005, 176 ff.: Die Eintragungsbewilligung habe Vereinfachungsfunktion hinsichtlich der dem Grundbuchamt vorzulegenden Nachweise, sei aber keine zwingende Verfahrenserklärung (stehe also im Verhältnis zur Einigung i.S.e. »anstatt«, nicht eines »sowohl als auch«). Zweifelnd auch *Dieckmann* BWNotZ 2008, 138 mit Hinweis auf RGZ 141, 374.

1490 § 24a GBV ordnet an, dass Eintragungsbewilligungen doppelseitig bedruckt und nur einmal zu den Grundakten einzureichen seien.

1491 BGH, 06.07.2006 – III ZR 80/05, DNotZ 2006, 857.

1492 BGH DNotZ 2006, 56.

1493 GemSOGB, 05.04.2000, GmS-OBG 1198, NJW 2000, 2340; *Heinemann* ZNotP 2002, 104 – allerdings genügt die eingescannte Unterschrift bei einem mittels herkömmlichen Faxgerätes versandten Schriftsatz nicht § 130 Abs. 6 ZPO, vgl. BGH, 10.10.2006 – XI ZB 40/05, NJW-Spezial 2007, 143.

1494 *Hertel* empfiehlt (DAI-Skript »4. Jahresarbeitstagung des Notariats« 2006, S. 494) eine Klarstellung im Text der Urkunde, z.B. »schriftlich (auch Fax, aber kein E-Mail)«.

998 Allerdings sollten dem Käufer eigene Nachweise nicht abgeschnitten werden, zumal wenn der Verkäufer verzieht oder in der Beantwortung der Schreiben des Notars nachlässig ist. In Betracht kommen insoweit allerdings nur **Bankbestätigungen**,[1497] ggf. auch Nachweise zum Vorliegen der Voraussetzungen einer gerichtlichen Hinterlegung (§§ 372 ff. BGB), falls hierdurch erfüllt wurde (vgl. Rdn. 2608). Hat der Käufer gemindert und bestreitet der Verkäufer die Berechtigung hierzu, muss jedoch der Käufer **negative Feststellungsklage** dahin gehend erheben, dass er nichts mehr schulde.[1498]

999 Inhaltlich sollte die Umschreibung schließlich nur vom Nachweis der Zahlung des Hauptsachebetrages abhängig gemacht werden, also ohne Berücksichtigung etwaiger Verzugszinsen (und etwaiger bis zum 01.04.2004 bzw. auch weiterhin für bewegliche Sachen an den Verkäufer zu entrichtender USt), die der Verkäufer selbst zu verfolgen hat,[1499] ebenso wenig von der Bezahlung etwaiger späterer »Sonderwünsche« bei werkvertraglichen Elementen.[1500] Umgekehrt muss auch der Käufer, der sich auf Minderungen beruft, seinen Anspruch auf Auflassung ggf. klageweise durchsetzen. Die materiell-rechtliche Pflicht zur Auflassung ihrerseits besteht Zug-um-Zug gegen Entrichtung des »geschuldeten« Kaufpreises (vgl. Rdn. 988).

1000 Eine solche Formulierung könnte bei Zugrundelegung der grundbuchrechtlichen Vorlagesperre wie folgt gefasst sein:

▶ Formulierungsvorschlag: Ausgesetzte Bewilligung zur Auflassung

Die Beteiligten sind über den Eigentumsübergang im angegebenen Erwerbsverhältnis einig. Sie bewilligen und beantragen jedoch derzeit nicht, diese

Auflassung

im Grundbuch einzutragen; vielmehr bevollmächtigen sie hierzu den amtierenden Notar, Vertreter oder Nachfolger im Amt, und zwar unwiderruflich, über den Tod hinaus und befreit von § 181 BGB.

Der Verkäufer muss dem Käufer das Eigentum Zug-um-Zug gegen Zahlung des geschuldeten Kaufpreises verschaffen. Alle Beteiligten weisen daher den Notar gem. § 53 BeurkG an, die Umschreibung gemäß dieser Vollmacht durch Eigenurkunde erst zu veranlassen, nachdem der Verkäufer den Eingang des geschuldeten Betrages originalschriftlich bestätigt oder hilfsweise der Käufer die Zahlung des vereinbarten Kaufpreises (jeweils ohne Zinsen) durch Bankbestätigung nachgewiesen hat.

1001 Einvernehmlich können jedoch die Beteiligten den Notar anweisen, die Vorlage zum Endvollzug noch von weiteren Umständen abhängig zu machen. Wird bspw. ein Teil des Kaufpreises durch Schuldübernahme belegt, ist das Vorliegen der Gläubigergenehmigung gem. § 415 BGB (bzw. die anderweitige Tilgung der Verkäuferverbindlichkeiten, etwa infolge Ablösung durch ein neues Käuferdarlehen) in aller Regel Voraussetzung für Umschreibungsbewilligung und/oder -antrag, vgl.

1495 Mit Vollzug der Gutschrift ist der Überweisungsauftrag nicht mehr widerruflich, § 676a Abs. 2 und 4 BGB bzw. (ab 11.06.2010) § 675p BGB.

1496 Zur Frage des Vollzugs einer Auflassung bei »Zahlung unter Vorbehalt« vgl. DNotI-Gutachten Nr. 11207 mit Differenzierung zwischen materiell-rechtlichem und zahlungstechnischem Vorbehalt.

1497 Vgl. DNotI-Gutachten Nr. 11366. Tauglich ist sowohl eine Bestätigung der Käufer- als auch der Verkäuferbank, wobei Erstere leichter zu erhalten sein wird.

1498 Die Prozesskosten sind wegen des geringeren Streitwerts (streitiger Restbetrag) allerdings weit niedriger, als wenn der Käufer auf Erklärung der Auflassung klagen müsste.

1499 Dies gilt nach OLG Hamm DNotI-Report 2003, 126 im Zweifel auch, wenn die Urkunde nur von »Zahlung des gesamten Kaufpreises« spricht. Ebenso OLG Hamm DNotI-Report 2006,115: Weder »fristgerechte Zahlung« noch die Entrichtung etwa geschuldeter Verzugszinsen ist nachzuweisen bzw. zu prüfen.

1500 OLG Düsseldorf NotBZ 2004, 161. Zur Koordinierungspflicht des Bauträgerverkäufers, wenn Sonderwünsche durch den Käufer an Dritte beauftragt werden, OLG Hamm, 19.09.2006 – 21 U 44/06, DNotI-Report 2006, 185.

Rdn. 957. In der Variante der ausgesetzten Bewilligung könnte die gemeinsame Anweisung dann wie folgt lauten:

▶ **Formulierungsvorschlag: Ausgesetzte Auflassungsbewilligung bei Schuldübernahme**

Die Beteiligten sind über den Eigentumsübergang im angegebenen Erwerbsverhältnis einig. Sie bewilligen und beantragen jedoch derzeit nicht, diese 1002

Auflassung

im Grundbuch einzutragen; vielmehr bevollmächtigen sie hierzu den amtierenden Notar, Vertreter oder Nachfolger im Amt, und zwar unwiderruflich, über den Tod hinaus und befreit von § 181 BGB.

Der Verkäufer muss dem Käufer das Eigentum Zug-um-Zug gegen endgültige Befreiung von den nachgenannten Verbindlichkeiten verschaffen. Alle Beteiligten weisen daher den Notar gem. § 53 BeurkG an, die Umschreibung gemäß dieser Vollmacht durch Eigenurkunde erst zu veranlassen, nachdem der Gläubiger dieser Verbindlichkeiten ihm originalschriftlich bestätigt hat, dass entweder die Schuldübernahmegenehmigung erteilt oder für den Fall der Eigentumsumschreibung unwiderruflich zugesagt ist, oder die nachgenannten Verbindlichkeiten des Verkäufers auf andere Weise vollständig getilgt wurden.

Sofern der Käufer damit einverstanden ist, lässt sich das Risiko des Verkäufers, aus gesetzlicher Gesamtschuld – § 5 KostO – für die Notargebühren des Käufers herangezogen zu werden, etwas abmildern durch »Rückbehalt des Eigentums« bis zu deren Begleichung. Damit ist zugleich die Kontroverse bedeutungslos, ob nicht bereits § 10 KostO ein Zurückbehaltungsrecht auch an der für das Grundbuchamt bestimmten Ausfertigung der Urkunde gewährt, vgl. Rdn. 1963. Zusätzlich kann dem Verkäufer für den Fall seiner Inanspruchnahme ein Rücktrittsrecht eingeräumt werden, vgl. Rdn. 1966. 1003

▶ **Formulierungsvorschlag: Ausgesetzte Auflassungsbewilligung auch abhängig von Zahlung der Notarkosten**

Die Beteiligten sind über den Eigentumsübergang im angegebenen Erwerbsverhältnis einig. Sie bewilligen und beantragen jedoch derzeit nicht, diese 1004

Auflassung

im Grundbuch einzutragen; vielmehr bevollmächtigen sie hierzu den amtierenden Notar, Vertreter oder Nachfolger im Amt, und zwar unwiderruflich, über den Tod hinaus und befreit von § 181 BGB.

Der Verkäufer muss dem Käufer das Eigentum verschaffen Zug-um-Zug gegen Zahlung des geschuldeten Kaufpreises und Wegfall des Risikos, für die Grunderwerbsteuer und Notargebühren des Käufers als Zweitschuldner in Anspruch genommen zu werden. Alle Beteiligten weisen daher den Notar gem. § 53 BeurkG an, die Umschreibung gemäß dieser Vollmacht durch Eigenurkunde erst zu veranlassen, nachdem
- zum einen der Verkäufer den Eingang des geschuldeten Betrages originalschriftlich bestätigt oder hilfsweise der Käufer die Zahlung des vereinbarten Kaufpreises (jeweils ohne Zinsen) durch Bankbestätigung nachgewiesen hat
- des Weiteren die den Käufer treffenden Notargebühren durch diesen entrichtet wurden
- und, sofern der Verkäufer vor Endvollzugsvorlage unaufgefordert nachweist, als Zweitschuldner die Grunderwerbsteuer beglichen zu haben, diese durch den Käufer erstattet wurde; der Nachweis ist wie im ersten Spiegelstrich beschrieben zu führen.

Gem. § 53 BeurkG darf der Notar – abgesehen von der vorstehenden, ihm übereinstimmend erteilten Weisung zur Überwachung der Umschreibung – den **Endvollzug** nur dann **aussetzen**, wenn ihn entweder beide Beteiligten übereinstimmend anweisen oder wenn sich aus eigener Erkenntnis oder aus dem Sachvortrag eines Beteiligten Umstände ergeben, die eine hohe Wahrscheinlichkeit 1005 dafür begründen, dass durch den Vollzug der Urkunde das Grundbuch unrichtig würde[1501] (anders als beim Anderkonto [§ 54c Abs. 3 BeurkG; Rn. 1203], genügt also die bloße Berufung hierauf nicht)[1502] oder aber ein Beteiligter einen erklärten Rücktritt aufgrund eines ausreichend substantiierten und glaubhaft erscheinenden Sachverhalts vorträgt, dem der andere Teil nur mit »fadenscheinigen Argumenten« zu begegnen suche.[1503]

1006 Außerhalb dieser engen Grenzen ist die einseitige »Anweisung« an den Notar, die Auflassung nicht zu vollziehen (bzw. die bewilligte Auflassung nicht vorzulegen) nicht beachtlich, auch wenn die diesbezüglichen Treuhandanweisungen nicht ausdrücklich als unwiderruflich bezeichnet wurden.[1504] Allenfalls kann der Notar aufgrund seiner Amtspflicht zur Unparteilichkeit den Antrag auf Umschreibung für etwa einen Monat zurückstellen, um dem anderen Teil Gelegenheit zu Mitteln des einstweiligen Rechtsschutzes zu geben (z.B. beim behauptetem Rücktritt durch den Verkäufer zur Bewirkung eines Erwerbsverbotes gegen den Käufer, Rdn. 1797;[1505] vgl. Rdn. 131.

c) Umschreibung vor Kaufpreiszahlung

1007 Insb. in Fällen der Verrentung des Kaufpreises oder aber wenn Kaufpreisteile zeitlich sehr viel später bezahlt werden, z.B. nach Eintritt bestimmter Umstände oder bei schwer verkäuflichen Objekten, wird der Käufer (zur Ermöglichung eigener Beleihung über die Finanzierung des Kaufpreises hinaus, sowie zur Erlangung der Eigenheimzulage) regelmäßig darauf drängen, dass die Auflassung nicht erst (wie vorstehend Rn. 794 ff. erläutert) dann vollzogen wird, wenn der vollständige Kaufpreis bezahlt ist, sondern bspw. schon nach Leistung einer Anzahlung. Zur **Absicherung des Verkäufers** stehen dann **folgende Möglichkeiten** zur Auswahl.

aa) Rückübereignungsvormerkung

1008 Zahlt der Käufer den Restkaufpreis bei Fälligkeit nicht (bzw. wird bei vereinbarter Raten- oder Rentenzahlung nach Erreichen eines bestimmten Rückstandes die Gesamtsumme in kapitalisierter Höhe fällig und nicht beglichen) und tritt der Verkäufer daraufhin vom Kaufvertrag zurück, ist der schuldrechtliche Rückgewähranspruch des Verkäufers möglicherweise uneinbringlich oder von geringem Wert, weil der Käufer das Objekt an einen gutgläubigen Zweiterwerber weiterveräußert hat bzw. Belastungen eingetragen sind, die den Kaufgegenstand wirtschaftlich entwerten. Es ist daher unabdingbar, zur Sicherung des bedingten Rückgewähranspruchs eine **Rückübereignungsvormerkung mit Vollzug der Auflassung** (als verbundener Antrag i.S.d. § 16 Abs. 2 GBO) eintragen zu lassen.[1506] Dem Käufer muss allerdings bewusst sein, dass eine Beleihung oder Veräußerung des Objekts vor Entrichtung des Restkaufpreises praktisch ausgeschlossen ist, da kaum ein Gläubiger ein

---

1501 BayObLG MittBayNot 1998, 189, 200; MittBayNot 2000, 129; OLG Düsseldorf MittBayNot 2002, 206; vergleichbar dem einseitigen Widerruf der Hinterlegungsanweisung gem. §§ 54c und 54d BeurkG. Ebenso BayObLG ZNotP 2004, 36; ZNotP 2004, 295: Es ist grds. nicht Sache des Notars, einseitig geltend gemachte Anfechtungs- oder Unwirksamkeitsgründe zu prüfen; dies haben die Beteiligten selbst ggf. im Wege einstweiligen Rechtsschutzes im Prozesswege zu veranlassen. Der weitere Vollzug darf nur in besonderen Ausnahmefällen abgelehnt werden.
1502 Die unterschiedliche Sichtweise rechtfertigt sich dadurch, dass nur i.R.d. § 54c Abs. 3 Satz 3 Nr. 2 BeurkG ein Instrumentarium zur Verfügung steht, den einmal eingetretenen Vollzugsstopp wieder zu beseitigen (Unbeachtlichkeit des Widerrufs, wenn nicht binnen gesetzter Frist Klage erhoben wird).
1503 Vgl. OLG Hamm MittBayNot 1994, 370; OLG Hamm, 16.02.2006 – 15 W 268/05, RNotZ 2006, 489 (im Sachverhalt lagen diese Voraussetzungen nicht vor, da der Rücktrittsgrund mehrfach streitig war); vgl. auch *Hertel* in: Amann/Hertel/Everts Aktuelle Probleme der notariellen Vertragsgestaltung im Immobilienrecht 2006/2007 (DAI-Skript), S. 257 ff.
1504 BayObLG DNotZ 1998, 645; *Reithmann* ZNotP 2004, 319 begründet dies mit der Parallele zu vielseitigen Treuhandverfahren.
1505 So die Empfehlung im Sachverhalt des OLG Hamm, 16.02.2006 – 15 W 268/05, RNotZ 2006, 489; vgl. auch *Hertel* in: Amann/Hertel/Everts Aktuelle Probleme der notariellen Vertragsgestaltung im Immobilienrecht 2006/2007 (DAI-Skript), S. 257 ff.
1506 Vgl. *Kanzleiter* DNotZ 1996, 246. Verstößt das Grundbuchamt jedoch gegen die Antragsverknüpfung, führt dies weder zur Unrichtigkeit des Grundbuches noch zur Eintragung eines Amtswiderspruches, vgl. LG Hamburg Rpfleger 2004, 418.

Grundpfandrecht valutieren wird, das im Rang nach der Vormerkung eingetragen wird und damit für den Fall des Entstehens des gesicherten bedingten Anspruchs gem. § 888 BGB zu löschen wäre.

bb) Bestellung dinglicher Rechte zur Sicherung des Restkaufpreisanspruchs

Sofern das Sicherungsinteresse des Verkäufers nicht in erster Linie auf die Rückerlangung des Eigentums an der Immobilie im Fall seines Rücktritts wegen Nichterfüllung gerichtet ist, sondern auf eine dingliche Verwertungsmöglichkeit zur zwangsweisen Beitreibung der ausstehenden Geldzahlungen, empfiehlt sich die **Eintragung** – ebenfalls i.S.e. verbundenen Antrags gem. § 16 Abs. 2 GBO mit Umschreibung des Eigentums – **eigener dinglicher Rechte am Vertragsobjekt** zugunsten des Verkäufers, bei gleichzeitiger Eintragung der Vormerkung zur Sicherung der »Rückabwicklungsoption« (Rdn. 1008) im Rang hinter Letzterer (vgl. Rdn. 28). Bei Zahlungen auf **Rentenbasis** (Rdn. 1048 ff.) eignet sich die **Reallast**.[1507] Diese schafft einen dinglichen Verwertungsanspruch wegen des Rentenstammrechtes und wegen der Einzelleistungen (für welche die Vorschriften über Hypothekenzinsen entsprechend gelten) und zugleich gem. § 1108 BGB eine persönliche Zahlungsschuld des Eigentümers für die während seiner Eigentumszeit fällig werdenden Einzelleistungen (wegen derer eine Unterwerfung unter die Zwangsvollstreckung gem. § 794 Abs. 1 Nr. 5 ZPO in die Urkunde aufgenommen werden kann). Vorsorglich sei darauf hingewiesen, dass insoweit ergänzend (Art. 115 EGBGB) landesrechtliche Bestimmungen gelten können, die bspw. ewige Reallasten, die nicht auf feste Geldrenten gerichtet sind, verbieten,[1508] oder die (etwa in Nordrhein-Westfalen, Niedersachsen und Bremen) dem Grundstückseigentümer einen gesetzlichen Anspruch auf Ablösung der Reallast gegen Zahlung einer (auf den 25fachen Jahresbetrag gedeckelten) Abfindung gewähren.[1509]

1009

Die Einzelleistungen müssen bestimmbar sein, was auch bei der regelmäßig empfehlenswerten Vereinbarung von Wertsicherungsklauseln[1510] gegeben ist, allerdings nicht mehr bei für Vorgänge bis Ende 2007[1511] i.d.R. steuerlich motivierter Abänderbarkeit analog § 323 ZPO i.S.e. dauernden Last (sodass die Reallast nur dann geeignet ist, wenn die Anwendbarkeit des § 323 ZPO lediglich schuldrechtlichen Charakter[1512] hat, anderenfalls sich die Sicherung durch eine Grundschuld aufgrund ihres abstrakten Charakters empfiehlt).

1010

Allerdings weist die Reallast »**dingliche Unzulänglichkeiten**« auf:

1011

– Ist bei Versterben des Verkäufers eine **Einmalzahlung** vereinbart (etwa bei einer Leibrente mit Mindestlaufzeit) oder soll bei erheblichen Rückständen, Insolvenz oder anderweitiger Zwangsversteigerung in das besicherte Objekt eine **Verfallvereinbarung** zur sofortigen Fälligkeit des (dann abzuzinsenden) Gesamtbetrages führen, müsste diese allerdings durch **zusätzliche Eintragung einer Höchstbetragshypothek**[1513] gesichert werden, da dinglich wirkende Verfallklauseln bei der Reallast nicht möglich sind.[1514]

– Vorsorge empfiehlt sich bei der Reallast ferner hinsichtlich der möglicherweise nach jetzigem Schuldrecht eintretenden kurzen (3-jährigen) **Verjährung** nicht nur der Einzelleistungen, son-

1012

1507 Die Rentenschuld ist deshalb ungeeignet, weil sie gem. § 1129 Abs. 2 BGB durch Zahlung eines bestimmten Betrags abgelöst werden kann, was bei dem der Verrentung typischen Versorgungscharakter i.d.R. nicht gewollt sein wird.
1508 Z.B. Art. 30 PreußAGBGB i.V.m. § 22 Abs. 2 des NRW-Gesetzes vom 28.11.1961; zulässig sind jedoch auch dort Reallasten für zeitlich befristete Naturalleistungen, vgl. *Lange-Parpart* RNotZ 2008, 384.
1509 Kritisch hiergegen *Sokolowski* ZfIR 2011, 65.
1510 Diese bedürfen gem. § 2 Abs. 1 Satz 2 PreisAngG der Genehmigung des Bundesamts für Ausfuhrkontrolle und Wirtschaft. Gem. § 3 PrKV sind Wertsicherungsklauseln, die bei auf Lebenszeit oder auf mindestens 10 Jahre unkündbar geschuldete Leistungen vereinbart werden, genehmigungsfrei.
1511 Für Vermögensübertragungen ab 2008 spielt die Unterscheidung zwischen steuerrechtlicher Leibrente einerseits und dauernder Last andererseits gem. § 10 Abs. 1 Nr. 1a EStG keine Rolle mehr, vgl. *Krauß* Vermögensnachfolge in der Praxis Rn. 5000 ff.
1512 Vgl. BayObLG DNotZ 1980, 94.
1513 Formulierungsbeispiel bei *Nieder* in: Münchener Verlagshandbuch, Bd. IV/2 Formular XVI.8.
1514 OLG Köln DNotZ 1991, 808; *Lange-Parpart* RNotZ 2008, 393.

dern auch des »Stammrechtes«. Allein die Titulierung der Forderung würde wegen § 197 Abs. 2 BGB (Bereichsausnahme für regelmäßig wiederkehrende Leistungen) möglicherweise nicht helfen. Es spricht vieles dafür, dass der Gesetzgeber des Schuldrechtmodernisierungsgesetzes nicht (mehr) von der Stammrechtslehre ausging,[1515] vorsorglich[1516] könnte jedoch folgende Vereinbarung getroffen werden:

▶ Formulierungsvorschlag: Vorkehrung zur Verjährung bei der Reallast

1013 Die Beteiligten vereinbaren vorsorglich, dass das sog. »Stammrecht« erst 30 Jahre nach gesetzlichem Beginn bzw. Neubeginn der Verjährung verjährt; für die Einzelleistungen bleibt es bei der gesetzlichen Verjährungsfrist von 3 Jahren.

1014 Unbefriedigend gelöst ist (außerhalb des § 9 Abs. 3 Nr. 1 ErbbauRG) schließlich die **Fortexistenz des dinglichen**[1517] **Reallastrechtes nach Vollstreckung in das Objekt wegen rückständiger Einzelleistungen**: An dessen Stelle tritt ein Ersatzanspruch aus dem Versteigerungserlös (§ 91 Abs. 1 ZVG).[1518] Die Vereinbarung einer von § 12 ZVG abweichenden Befriedigungsreihenfolge, auch beschränkt auf die Versteigerung aus rückständigen Einzelansprüchen, ist im allgemeinen Reallastrecht jedoch nicht mit dinglicher Wirkung möglich,[1519] wohl auch nicht entgegen der Vorschläge des Schrifttums[1520] durch rechtzeitige Teilung der Reallast in einen vorrangigen Teilbetrag wegen der künftigen Leistung und einen nachrangigen Teilbetrag wegen der bereits fälligen Leistung.[1521] Der Gläubiger wäre, um den Verlust des dinglichen Rechtes zu vermeiden, auf den persönlichen Anspruch aus § 1108 BGB oder die Anordnung der bloßen Zwangsverwaltung angewiesen. Der BGH empfiehlt, den Anspruch auf Neubestellung einer Reallast nach Untergang des Rechtes, aus dem die Versteigerung betrieben wird, durch vorrangige Vormerkung zu besichern. Der gesicherte Anspruch richtet sich gegen den derzeitigen,[1522] bindet jedoch wegen §§ 888 Abs. 1, 883 Abs. 2 BGB im Ergebnis den »jeweiligen« Eigentümer. Fraglich ist, ob diese Vormerkung mit ihrer erstmaligen Ausnutzung »verbraucht« wäre.[1523] Die Vormerkung sichert allerdings nicht den Anspruch auf

---

1515 Vgl. *Amann* DNotZ 2002, 117. § 197 Abs. 2 BGB setzt wie selbstverständlich voraus, dass künftig fällige titulierte Leibrentenleistungen nicht insgesamt verjähren, sondern im Jahresrhythmus der §§ 195, 199 Abs. 1 BGB.

1516 Die dingliche Reallast selbst verjährt hinsichtlich eines dort evtl. etwa bestehenden Stammrechts wegen § 902 Abs. 1 Satz 2 BGB ohnehin nicht; allerdings kann bei der typischerweise gegebenen Sicherungsreallast einem Vorgehen aus dem dinglichen Recht wohl entgegengehalten werden, dass die besicherte Forderung selbst verjährt ist. § 216 BGB gilt (vgl. dort Abs. 3) nicht, wenn die gesicherten Ansprüche auf wiederkehrende Leistungen gerichtet sind.

1517 Aus dem regelmäßig gem. § 794 Abs. 1 Nr. 5 ZPO titulierten persönlichen Anspruch gem. § 1108 BGB kann der Reallastberechtigte ebenfalls vorgehen, die dingliche Reallast fällt dann insgesamt, da einer besseren Rangklasse angehörend (§ 10 Abs. 1 Nr. 4 statt 5 ZVG), in das geringste Gebot (allerdings ebenfalls alle etwaigen nachrangigen Sicherungshypotheken etc., sodass das Grundstück häufig nicht mehr verwertbar ist!).

1518 Bei Reallasten auf unbestimmte Dauer (Lebenszeit) ist hierfür dem Versteigerungserlös ein sog. Deckungskapital zu entnehmen, das dem kapitalisierten Wert der künftigen Leistungen (max. jedoch dem 25-fachen Jahresbetrag) entspricht, dessen Anlageart der Gläubiger bestimmt, und dem er sodann quartalsweise (§ 92 Abs. 2 ZVG) den Jahreswert der Realleistung entnehmen kann.

1519 BGH ZNotP 2004, 110 auf Divergenzvorlage des OLG Hamm ZNotP 2003, 31; a.A. BayObLG DNotZ 1991, 805 (nach *Amann* DNotZ 1993, 233 war die Regelung jedoch vollstreckungsrechtlich ungeeignet).

1520 Reithmann/Albrecht/*Albrecht* Handbuch der notariellen Vertragsgestaltung Rn. 642; *Amann* DNotZ 1993, 230 und DNotZ 2004, 605; OLG Hamm ZfIR 2002, 994; dagegen krit. *Dümig* ZfIR 2002, 962: Rückständige Raten sind Einzelleistungen und damit nicht mehr reallastfähig.

1521 BGH, 02.10.2003 – V ZB 38/02, DNotZ 2004, 615 m. Anm. *Oppermann* RNotZ 2004, 86 und *Dümig* MittBayNot 2004, 153. *Amann* DNotZ 2004, 605 ff. verteidigt die Aufspaltung der Reallast in rangverschiedene Teile zugleich als Ausdruck eines allgemein aus § 1151 BGB sprechenden Teilbarkeitsgrundsatzes. Umfasst die nachrangige Teilreallast nur rückständige Leistungen (ohne Stammrechtsanteil), sei die Aufspaltung zwar nicht eintragungsfähig, jedoch im Versteigerungsverfahren nach Anmeldung (§ 37 Nr. 4 ZVG) zu berücksichtigen.

1522 Die Vormerkung muss auch so bewilligt werden, OLG München, 30.01.2007 – 32 Wx 9/07, DNotZ 2007, 2996 m. Anm. *Amann* = NotBZ 2007, 102 m. Anm. *Otto*.

1523 So *Oppermann* RNotZ 2004, 87 f.; a.A. wohl OLG München, 30.01.2007 – 32 Wx 9/07, NotBZ 2007, 102 m. Anm. *Otto*, obwohl die dort angeführten Belegzitate andere Sachverhalte umfassten (z.B. BayObLG NotBZ 2003, 72: einheitliches Anspruchsziel [Eigentumsverschaffung] aus mehreren Gründen [Ankaufs- und Vorkaufsrecht]).

Vollstreckungsunterwerfung wegen der zu bestellenden Reallast (in dinglicher und/oder persönlicher Hinsicht).[1524]

– Mit geringeren Kosten verbunden, im Ansatz sicherlich mehrfach wirksam und die Beleihbarkeit des Grundstückes mäßiger einschränkend, ist allerdings der Vorschlag, im Rang nach der Reallast eine nicht abtretbare Grundschuld in geringer Höhe zu bestellen, die der Absicherung der rückständigen Verbindlichkeiten aus der Reallastabrede dient (der Betrag sollte die voraussichtliche Summe der Rückstände wiedergeben, die zu einer Versteigerung Veranlassung geben) und aus der sodann die Versteigerung wegen der Rückstände betrieben wird, sodass die Reallast wiederum insgesamt in das geringste Gebot fällt. Zur Erhaltung der mehrfachen Verwendung könnte der Gläubiger rechtzeitig die Grundschuld teilen und lediglich aus dem letztrangigen Teil die Vollstreckung betreiben. 1015

▶ **Formulierungsvorschlag:**[1525] Vorkehrung zur Fortexistenz der Reallast nach Versteigerung

Der Notar hat den Gläubiger auf Folgendes hingewiesen: Sollte er künftig aus dem dinglichen Recht der Reallast die Zwangsversteigerung in das Grundstück betreiben, geht die Reallast unter; an ihre Stelle tritt eine Beteiligung am Versteigerungserlös in Höhe max. des 25-fachen Jahresbetrages. Vorsorgemöglichkeiten (wie etwa die Vereinbarung eines Anspruchs auf Neubestellung von Reallasten und dessen Sicherung durch eine vorrangige Vormerkung im Grundbuch) wurden erörtert. Die Beteiligten vereinbaren hierzu: 1016

Zur Sicherung rückständiger Ansprüche aus der vorstehend vereinbarten monatlichen Zahlungsverpflichtung in Haupt- und Nebensache bestellt der Eigentümer zugunsten des Gläubigers im Rang nach der Reallast eine Grundschuld ohne Brief, die nur mit Zustimmung des Eigentümers abtretbar ist, i.H.v. (bspw.) 10.000,00 € nebst 18 % Zinsen und 5 % Nebenleistung hieraus ab dem Tag der Eintragung. Kapital und Nebenleistung sind sofort, die Zinsen jährlich nachträglich fällig. Der Eigentümer unterwirft sich wegen Kapital, Nebenleistung und Zinsen der Zwangsvollstreckung in den belasteten Grundbesitz in der Weise, dass die Vollstreckung gegen den jeweiligen Eigentümer zulässig ist. Er bewilligt und der Gläubiger beantragt die Grundschuld samt Vermerk nach § 800 ZPO in das Grundbuch einzutragen.

– U.U. ist schließlich auch ein in der Verwertungssituation zu ergreifender rein versteigerungsrechtlicher Behelf tragfähig, und zwar die Bestimmung des Fortbestandes des Stammrechtes im geringsten Gebot als abweichende Versteigerungsbedingung i.S.d. §§ 59 Abs. 1, 52 Abs. 1 ZVG durch den Reallastgläubiger. Hierzu ist wohl nicht die Zustimmung nachrangiger Gläubiger erforderlich,[1526] möglicherweise aber die (dann nicht zu erlangende) des Eigentümers[1527] zur Vermeidung eines Doppelausgebotes. 1017

– Aus dem regelmäßig gem. § 794 Abs. 1 Nr. 5 ZPO titulierten persönlichen Anspruch gem. § 1108 BGB kann der Reallastberechtigte ebenfalls vorgehen, die dingliche Reallast fällt dann insgesamt, da einer besseren Rangklasse angehörend (§ 10 Abs. 1 Nr. 4 statt Nr. 5 ZVG), in das geringste Gebot (allerdings ebenfalls alle etwaigen nachrangigen Sicherungshypotheken etc, sodass das Grundstück häufig nicht mehr verwertbar ist!). 1018

1524 *Amann* DNotZ 2004, 602.
1525 In Anlehnung an *Oppermann* RNotZ 2004, 90.
1526 *Otto* NotBZ 2007, 104; a.A. *Muth* Rpfleger 1987, 397.
1527 Offen lassend *Eickmann* NotBZ 2004, 264 Fn. 2; a.A. *Stöber* NotBZ 2004, 266 ff., vgl. auch *Amann* DNotZ 2007, 298.

B. Gestaltung eines Grundstückskaufvertrages

▶ Hinweis:

1019 Ist die (Rest-) Kaufgeldforderung nicht auf Verrentungsbasis, sondern in einzelnen Raten oder als Einmalbetrag fällig, empfiehlt sich zu deren Sicherung die Eintragung eines **Grundpfandrechtes**.

In Betracht kommt z.B. die Sicherungshypothek, die gem. § 1184 BGB streng akzessorisch und gem. § 1185 Abs. 1 BGB stets brieflos ist, regelmäßig verbunden mit der dinglichen Vollstreckungsunterwerfung gem. § 800 Abs. 1 ZPO gegen den jeweiligen Eigentümer und einer »persönlichen Vollstreckungsunterwerfung« gem. § 794 Abs. 1 Nr. 5 ZPO in das sonstige Vermögen des Schuldners wegen eines daneben abgegebenen abstrakten Schuldanerkenntnisses.[1528] Die Eintragung des Grundpfandrechtes ist als verbundener Antrag i.S.d. § 16 Abs. 2 GBO mit dem Vollzug der Auflassung zu verknüpfen.[1529]

1020 Um zu vermeiden, dass durch Verpfändung oder Abtretung der Eigentumsverschaffungsansprüche bzw. der Anwartschaft des Käufers eine Sicherungshypothek (§ 1287 Satz 2 BGB, § 848 ZPO) entsteht,[1530] sollte die **Abtretbarkeit** (und damit auch Verpfändung, § 1274 Abs. 2 BGB) dieser Ansprüche **vertraglich ausgeschlossen** werden. Eine solche Sicherungshypothek, die auch durch die weiterhin mögliche (§ 851 Abs. 2 ZPO) Pfändung des Erwerbsanspruchs entstehen kann, hätte zwar »Lästigkeitswert« (Beseitigungsmühen gem. § 888 BGB), wäre allerdings dem im Kaufvertrag vorbehaltenen (wenn auch erst mit Umschreibung zweckmäßigerweise aufgrund verbundenen Antrags gem. § 16 Abs. 2 GBO eingetragenen) Kaufpreissicherungsgrundpfandrecht ggü. nachrangig.[1531]

1021 Eigentümerrechte und Rückgewähransprüche bzgl. etwaiger vorrangiger Grundpfandrechte (zur Fremdfinanzierung) sollten an den Verkäufer abgetreten werden, u.U. sogar durch eine »dreiseitige« Zweckvereinbarung zwischen Verkäufer (als Inhaber des nachrangigen Grundpfandrechtes), Käufer (als Eigentümer) und Gläubiger der erstrangigen Grundschuld deren Revalutierung ohne Zustimmung des Verkäufers ausgeschlossen werden.

1022 Nicht selten wird der Käufer die **Restkaufgeldzahlung** durch **Aufnahme eines Bankdarlehens** ablösen. In diesem Fall empfiehlt es sich, zur Vermeidung der sonst für die Löschung der Hypothek und Neueintragung einer Grundschuld zugunsten des Kreditinstituts anfallenden Kosten anstelle der Sicherungshypothek eine Buchgrundschuld samt Zinsen[1532] und Nebenleistungen einzutragen, bei der mit dinglicher Wirkung die Abtretbarkeit ausgeschlossen oder (zur Vermeidung von Missbräuchen) an die Zustimmung des Grundstückseigentümers geknüpft ist. Wegen § 1193 Abs. 2 Satz 2 BGB sollte ab 14.08.2008 die Kündigung sogleich ausgesprochen und entgegengenommen werden (vgl. Rdn. 1420). Eine solche Formulierung könnte etwa wie folgt lauten:

▶ Formulierungsvorschlag: Kaufpreisrestgrundschuld

1023 Ein Kaufpreisrestbetrag i.H.v. ..... € ist bis zum ..... gestundet. Im Fall des Verzuges gelten die obigen Vereinbarungen entsprechend.

Das Eigentum soll gleichwohl bereits gegen Zahlung des ersten Kaufpreisteiles umgeschrieben werden. Zur Sicherung des Anspruchs des Verkäufers auf Kaufpreisrestzahlung bestellt der Käufer daher zugunsten des Verkäufers als Berechtigten eine

Grundschuld ohne Brief

i.H.v. ..... € nebst 18 % Jahreszinsen ab heute, die nachträglich jeweils am 31.12. eines Jahres fällig sind, und einer einmaligen, sofort fälligen Nebenleistung i.H.v. 5 % hieraus,

und

1528 Vgl. im Einzelnen *Kanzleiter* DNotZ 1996, 248.
1529 Verstößt das Grundbuchamt jedoch gegen die Antragsverknüpfung, führt dies weder zur Unrichtigkeit des Grundbuches noch zur Eintragung eines Amtswiderspruches, vgl. LG Hamburg Rpfleger 2004, 418.
1530 BayObLG Rpfleger 1972, 182.
1531 Vgl. *Schöner/Stöber* Grundbuchrecht Rn. 1562 m.w.N.
1532 Dann verkehrsüblich mit einem Höchstzinssatz von 18 %; zulässig wäre aber auch ein variabler Zins (z.B. fünf Prozentpunkte über dem Basiszins, OLG München, 16.05.2011 – 34 Wx 71/11, ZfIR 2011, 584 (nur Ls.).

bewilligt und beantragt

deren Eintragung im Rang nach ..... am Vertragsobjekt im Grundbuch mit der Maßgabe, dass
- der jeweilige Eigentümer der sofortigen Zwangsvollstreckung aus dieser Urkunde unterworfen ist (§ 800 ZPO); der heutige Käufer unterwirft den Pfandbesitz in Ansehung der Grundschuld samt Zinsen der sofortigen Zwangsvollstreckung in der Weise, dass die Zwangsvollstreckung gegen den jeweiligen Eigentümer zulässig sein soll,
- die Abtretung der Grundschuld der Zustimmung des heutigen Käufers bedarf,

was hiermit vereinbart, bewilligt und beantragt wird. Die Grundschuld wird hiermit gem. § 1193 Abs. 2 Satz 2 BGB gekündigt; der Empfang der Kündigung wird bestätigt.

Der Gläubiger erhält die Grundschuld als Sicherheit mit der Maßgabe, dass der Anspruch des Eigentümers auf Rückgewähr der Grundschuld und der sonstigen eingeräumten Sicherheiten erst 30 Jahre nach gesetzlichem Verjährungsbeginn verjährt.

Der Antrag auf Eintragung der Grundschuld und auf Eintragung der Auflassung werden als verbundene Anträge gestellt, sodass beide Anträge nur gemeinsam vollzogen werden können (§ 16 Abs. 2 GBO). Bis zur vollständigen Zahlung des Kaufpreises ist der Anspruch auf Verschaffung des lastenfreien Eigentums nicht abtretbar oder verpfändbar.

Der Verkäufer als Gläubiger wird an einer Abtretung der Grundschuld an etwaige Finanzierungsgläubiger des Käufers mitwirken, sofern sichergestellt ist, dass die dadurch zu sichernden Darlehen der Tilgung der Kaufpreisrestschuld dienen. Aus diesem Grunde wurden Zinsen und Nebenleistungen der Grundschuld denen eines Grundpfandrechtes bei Fremdfinanzierung vergleichbar gestaltet. Ggf. ferner: Eigentümerrechte und Rückgewähransprüche bzgl. vorrangiger Grundpfandrechte werden an den dies annehmenden Verkäufer abgetreten. Diesem wurde empfohlen, durch Beteiligung an der Zweckvereinbarung die Revalutierung der vorrangigen Grundschuld an seine Zustimmung zu binden.

IV. Kaufpreis: Fälligkeit, Gläubigerablösung, Finanzierung

1. Art der Gegenleistung

Bildet auch die Zahlung eines Kaufpreises (in einem oder mehreren Teilbeträgen) bzw. die Übernahme von Verbindlichkeiten die ganz überwiegend anzutreffende Gegenleistung, bleibt es den Beteiligten unbenommen, auch Dienstleistungen (Pflegeverpflichtung, hauswirtschaftliche Versorgung, Grabpflege etc.) oder **Naturalleistungen** im Rahmen eines entgeltlichen, kaufmännisch abgewogenen Rechtsgeschäftes zu vereinbaren. Regelmäßig wird aber, insb. unter Verwandten, dann eine gemischte Schenkung oder Schenkung unter Auflagen (vorweggenommene Erbfolge) vorliegen, für die §§ 516 ff., 1624 BGB gilt.[1533] Die synallagmatische Verknüpfung mit der Verschaffung von Besitz und Eigentum an einem anderen Grundstück (mit oder ohne »Tauschaufgabe« = bare Aufzahlung) führt allerdings über § 480 BGB zur uneingeschränkten Anwendung der Sachkaufbestimmungen; Entsprechendes gilt für den Fall eines »**Tausches**« gegen ein beschränkt dingliches Recht (Vereinbarung eines lebzeitigen Wohnrechtes für den Veräußerer; i.d.R. auszulegen als verschuldensunabhängige Garantie).[1534]

1024

a) Kaufpreisaufteilung

Werden zugleich bewegliche Gegenstände, z.B. Zubehör i.S.d. § 97 BGB, mit verkauft, ist es häufig auch zur Reduzierung der Grunderwerbsteuer und Grundbuchkosten ratsam, den auf diese Gegenstände entfallenden Teil des Kaufpreises auszuweisen (zu den damit verbundenen Vor- und Nachteilen s. Rdn 818). Gleiches gilt für den Kaufpreisanteil, der auf mit verkaufte landwirtschaftliche Betriebsprämien (Rdn 842) und (wohl) auch auf den Verbundanteil des Verkäufers an der Instandhaltungs-

1025

1533 Vgl. im Einzelnen *Krauß* Vermögensnachfolge in der Praxis Rn. 43 ff., 196 ff.
1534 BGH ZEV 2003, 246: daher verschuldensunabhängiger Anspruch auf Ersatz anderweitiger Wohnkosten, wenn das Wohnrecht in der Zwangsversteigerung untergeht: Auslegung als Garantie, der Erwerber werde seine vorrangig eingetragenen Darlehensverpflichtungen erfüllen.

rücklage der teilrechtsfähigen Eigentümergemeinschaft nach § 21 Abs. 5 Nr. 4 WEG entfällt,[1535] etwa durch folgende Formulierung:

▶ **Formulierungsvorschlag: Kaufpreisanteil für WEG-Instandhaltungsrücklage**

1026 Im Kaufpreis enthalten ist das Entgelt für den Anteil des Verkäufers an der Instandhaltungsrücklage nach § 21 Abs. 5 Nr. 4 WEG, den der Verkäufer nach bestem Wissen zum Vorjahresende mit ..... beziffert.

1027 Ähnlich kann verfahren werden hinsichtlich des Entgelts für mit übertragene sonstige Rechte und Dienstleistungen (etwa Planunterlagen, Baugenehmigung samt Statik etc.).[1536] Wichtig ist in diesem Zusammenhang die **exakte Definition** der übertragenen Rechte (z.B. hinsichtlich des Anspruchs auf Rückerstattung der Stellplatzablöse bei Erlöschen der Baugenehmigung ohne Ausübung).[1537] Bzgl. des darauf entfallenden Kaufpreisteiles kann bei Veräußerung durch ein Unternehmen USt anfallen.

1028 Ertragsteuerlich relevant ist die Bezifferung der aufgrund und Boden, Gebäude sowie Außenanlagen/Umzäunungen jeweils entfallenden Kaufpreisteile, innerhalb eines Gebäudes die Kaufpreisaufteilung. zwischen verschiedenen Gebäudeteilen, die steuerlich als getrennte Wirtschaftsgüter gelten (Rdn. 2677, z.B. eigengenutzte Wohnung/betrieblich genutzter Bereich). Die Finanzverwaltung misst insoweit der vertraglichen Vereinbarung hohen Stellenwert bei, vgl. Rdn. 2680. Den Grund und Boden-Anteil ermittelt die Finanzverwaltung jedoch regelmäßig aus eigenen Erkenntnisquellen, etwa Bodenrichtwertkarten[1538] oder – im landwirtschaftlichen Bereich – Schätzungskarten nach dem Bodenschätzungsgesetz.[1539]

1029 In besonderen Konstellationen kann sich auch empfehlen, beim Verkauf eines »einheitlichen« Grundstücks nach verschiedenen **Funktionsflächen** innerhalb des Gesamtflurstücks zu differenzieren. Bedeutsam ist dies insb., wenn rechtsgeschäftliche Vorkaufsberechtigungen nur an Teilflächen bestehen, oder wenn die Gemeinde ihr »preislimitiertes« Vorkaufsrecht an Teilflächen, beschränkt auf den Entschädigungswert gem. § 28 Abs. 4 Satz 1 BauGB, ausübt ohne dass der Verkäufer von seinem dann gesetzlich eingeräumten Rücktrittsrecht Gebrauch macht: Der Kaufpreis für die (nach Wegmessung des Vorkaufsbereichs) an den ursprünglichen Erwerber verkaufte Fläche entspricht dann den realen Gegebenheiten des höheren Wertes, ist also nicht lediglich das Ergebnis einer prozentualen Reduzierung in der Proportion der Flächengrößen.

▶ **Beispiel:**

Die Vertragsfläche umfasst sowohl eine Wegetrasse als auch ein Baufeld. Übt die Gemeinde das Vorkaufsrecht hinsichtlich der Wegefläche zum niedrigen Entschädigungswert öffentlicher Straßentrassen aus und wird der Kaufvertrag hinsichtlich des Baufelds aufrechterhalten, ist dieser »Restkaufpreis« nach dem Vertrag nur als der Preis für das Baufeld, wie im ursprünglichen Vertrag ausgewiesen, zu bemessen.[1540]

b) Festpreis oder Anpassung

1030 Im Regelfall wird der Kaufpreis als Einmalzahlung ausgewiesen sein und nicht der USt unterliegen. Zu den Voraussetzungen, zur Durchführung und zu den Rechtsfolgen einer »Option zugunsten der

---

1535 Wegen der Reduzierung der grunderwerbsteuerlichen Bemessungsgrundlage, vgl. Rdn. 1857. Die Formulierung sollte allerdings klarstellen, ob es sich um eine reine Wissenswiedergabe handelt oder ob der Verkäufer hierfür Gewähr übernimmt.
1536 Werden die Kaufpreisbestandteile (etwa der auf Sanierungsleistungen entfallende Anteil und die Vergütung für das Bestandsgebäude) zum Zwecke der Steuerhinterziehung unrichtig angegeben, berührt dies die Wirksamkeit des Gesamtvertrages nicht (insb. nicht gem. §§ 117, 139 BGB): BGH DNotZ 2003, 123.
1537 Nach BGH, 14.11.2003 – V ZR 346/02, DNotI-Report 2004, 46 steht ohne anderweitige Regelung dieser Rückzahlungsanspruch weiter dem Verkäufer zu.
1538 Diese stehen teilweise bereits kostenlos online zur Verfügung, etwa in Thüringen (www.bodenrichtwerte-th.de) oder in Sachsen-Anhalt (www.lvermgeo.sachsen-anhalt.de).
1539 BGBl. I 2007, S. 3176 ff., für Acker- und Grünland (Dauergrünland, Streuwiesen, Hutungen).
1540 Beispiel angelehnt an den Sachverhalt im BGH, 11.10.2007 – III ZR 298/06, NotBZ 2008, 66 m. Anm. *Hueber*.

Umsatzsteuer« (Verzicht auf Befreiung) wird auf die Ausführungen im steuerrechtlichen Abschnitt (Rdn. 3505 ff.) verwiesen.

Bei Fehlen einer Option zur USt berechtigt eine Erhöhung der »Vorkosten«, bspw. aufgrund **Anhebung des allgemeinen Umsatzsteuersatzes** von 16 % auf 19 % zum 01.01.2007,[1541] nicht zu einer Erhöhung des Verkaufspreises, auch nicht im Bauträgervertrag, wo die umsatzsteuerbelasteten Bauunternehmerleistungen in erheblichem Maße in das Endprodukt Eingang finden – eine solche Erhöhung würde der typischerweise getroffenen Festpreisabrede widersprechen. Auch § 29 UStG gewährt keinen gesetzlichen Ausgleich, da die Bestimmung nicht für Verträge gilt, die ihrerseits nicht der USt unterliegen. **Vertragliche Anpassungsklauseln** an Umsatzsteuerveränderungen müssen im Formular- und Verbrauchervertrag (neben dem Gebot der Transparenz und der Angemessenheit)[1542] insb. § 309 Nr. 1 BGB (Preisänderungsverbot für Leistungen binnen 4 Monaten ab Vertragsschluss),[1543] genügen.

Bei **noch zu vermessenden Teilflächen** wird der Kaufpreis oft als Quadratmeterpreis vereinbart mit der Folge, dass nach Beurkundung der Messungsanerkennung und Auflassung eine Nach- oder Rückzahlung fällig ist. Eine zu hohe, vor allem nicht auf einen Vermessungsingenieur zurückgehende, Schätzung kann dabei zu ungesicherten Vorleistungen des Käufers führen, wobei die notarielle Empfehlung[1544] einer teilweisen Hinterlegung auf Anderkonto kaum Begeisterung finden wird. **1031**

▶ Formulierungsvorschlag: Kaufpreisanpassung

Bei Abweichungen des amtlichen Messungsergebnisses von der angenommenen, auf einer Schätzung der Beteiligten beruhenden, Fläche ist der Kaufpreis binnen 2 Wochen nach Messungsanerkennung und Auflassung, jedoch nicht vor Fälligkeit im Übrigen, beiderseits auf der Grundlage eines m²-Preises von ..... € auszugleichen. Auf genauere Ermittlung der voraussichtlichen Flächengröße bzw. wechselseitige Absicherung des Nach- bzw. Rückzahlungsrisikos, etwa durch Hinterlegung auf einem Anderkonto, wird trotz notariellen Hinweises verzichtet.

Denkbar ist jedoch auch in diesem Fall eine Festpreisabrede etwa folgenden Wortlauts: **1032**

▶ Formulierungsvorschlag: Festpreisabrede

Der Kaufpreis ist ein Festpreis, somit auch im Fall einer Abweichung des amtlichen Messungsergebnisses von der derzeit angenommenen Fläche nicht anzupassen. Das Flächenmaß ist nicht Gegenstand einer Eigenschaftsvereinbarung oder Garantie.

Häufig sind ferner »Pauschalfestpreisabreden«, wenn zugleich Bauleistungen erbracht werden: **1033**

▶ Formulierungsvorschlag: Pauschalfestpreis unter Einschluss von Werkleistungen

Der Pauschalfestpreis versteht sich für die Erbringung aller nach diesem Vertrag geschuldeten Leistungen; darunter fallen insbes. alle Kosten für Materialien, Geräte, Löhne, Lohnnebenkosten, Gebühren, Prüfkosten, Baustelleneinrichtung, Kosten der Versorgung der Baustelle mit

---

1541 Maßgeblich ist der Zeitpunkt der Leistungsausführung, nicht der Vereinnahmung des Betrages (§ 27 Abs. 1 Satz 2 UStG), und zwar auch bei der Ist-Besteuerung, also bei Anzahlungen (§ 13 Abs. 1 Nr. 1 Buchst. a) Satz 4 UStG) und bei der Besteuerung nach vereinnahmten Entgelten (§§ 13 Abs. 1 Nr. 1 Buchst. b), 20 UStG). Die teilweise problematisierte Frage der Aufspaltung eines Bauträgervertrages in Teilleistungen vor und nach dem Stichtag stellt sich bei Nichtunternehmern mangels Optionsmöglichkeit nicht; aber auch bei ausnahmsweise steuerpflichtigen Verträgen dürfte der Ratenplan nach MaBV genügen, vgl. *Everts* ZfIR 2006, 665.

1542 Demnach dürfte die Einbeziehung der Grundstücksrate unzulässig sein. Weiterhin ist zu erwägen, nur eine teilweise Weitergabe der Umsatzsteuererhöhung zuzulassen, da der Unternehmergewinn ja umsatzsteuerfrei ist, vgl. im Einzelnen *Gutachten* DNotI-Report 2006, 77 sowie *Everts* ZfIR 2006, 663 und die Wiedergabe der Formulierungsvorschläge in DNotI-Report 1998, 11.

1543 Wobei str. ist, ob es beim Bauträgervertrag auf den vereinbarten Fertigstellungstermin ankommt – so *Reithmann/Meichsner/v. Heymann* Kauf vom Bauträger Teil B Rn. 68 – oder auf die Fälligkeit der einzelnen Ratenzahlung – so die h.M., vgl. *Riemenschneider* in: Grziwotz/Koeble Handbuch Bauträgerrecht 3. Teil Rn. 413.

1544 Zur Vermeidung einer Haftung wegen Verletzung der »doppelten Belehrungspflicht« bei ungesicherten Vorleistungen, Rn. 123, vgl. OLG Nürnberg DNotZ 1990, 458 ff.

Strom und Wasser während der Bauzeit usw., auch soweit in diesem Vertrag oder den Vertragsgrundlagen nicht im Einzelnen aufgeführt. Nachforderungen sind auch für den Fall außergewöhnlicher Steigerung von Material- oder Lohnkosten ausgeschlossen.

Zum Leistungsumfang des Verkäufers, der durch den vereinbarten Pauschalfestpreis abgegolten wird, gehören insbes.:
(a) alle Planungs-, Architekten-, Vorbereitungs- und Nacharbeiten, die zur Ausführung der eigenen Leistung des Verkäufers notwendig sind, dies bedeutet im Einzelnen alle zur schlüsselfertigen Herstellung erforderlichen Architektenleistungen, Leistungen des Statikers und etwa sonst zur Durchführung des Bauvorhabens erforderlicher Sonderfachleute; zu den Architektenleistungen rechnen insbes. die für die Errichtung des Bauwerkes und die Durchführung des Bauvorhabens notwendigen Leistungen gem. § 15 HOAI; zu den Statikerleistungen gehören insbes. die in § 54 Abs. 3 HOAI aufgeführten Leistungen, soweit sie für das Bauvorhaben benötigt werden.
(c) die Gebäudeabsteckungen und amtliche Gebäudeeinmessung nach Fertigstellung.
(d) Lieferung und Einbau aller von der örtlichen Berufsfeuerwehr geforderten Einrichtungen an und innerhalb des Baukörpers (z.B. Schlauchanschlüsse, Wandhydranten und Feuerlöscher).
(e) Regelmäßige Information des Bauherrn über den Baufortschritt.
(f) Übergabe der Bedienungsunterlagen und -vorschriften für Betrieb, Unterhaltung und Wartung aller technischen Anlagen und sonstigen wartungsbedürftigen Gebäudeteilen einschließlich evtl. Wartungsangeboten und Garantieunterlagen des Herstellers.
(g) Herausgabe aller behördlichen, berufsgenossenschaftlichen und anderen Genehmigungs- und Abnahmeunterlagen, Prüfzeugnisse u.ä.
(h) Übergabe einer Liste aller vom Verkäufer beauftragten Dritten, insbes. Subunternehmer, Architekten und Sonderfachleute unter Angabe des jeweils vergebenen Gewerks.
(i) Übergabe aller sonstigen das Bauvorhaben betreffenden Unterlagen, Bescheinigungen u.ä., die zur vorgesehenen Nutzung des Gebäudes erforderlich sind.

Die örtlichen Verhältnisse der Nachbargrundstücke und des Baugrundstückes sind dem Verkäufer bekannt und bei Vertragsschluss von ihm berücksichtigt.

Bauleistungen, die gemäß diesem Vertrag und seinen Grundlagen vom Käufer nicht angeordnet oder schriftlich genehmigt wurden, können in der Abrechnung nicht besonders geltend gemacht werden, auch wenn sie werterhöhend für das Bauwerk sein sollten. Alle vom Käufer angeordneten zusätzlichen Leistungen bedürfen der schriftlichen Vereinbarung.

Ergeben sich auf rechtzeitige Anordnung des Käufers vom Verkäufer akzeptierte Änderungen der Ausführung, die jedoch nicht über den vereinbarten Leistungsumfang hinausgehen, bleibt der Pauschalfestpreis davon unberührt.

Der Pauschalfestpreis ist über die gesamte vertragliche Laufzeit garantiert, darüber hinaus auch dann, wenn Verzögerungen nicht auf Umständen beruhen, die der Käufer zu vertreten hat.

1034 Insb. bei **Bauplatzflächen für komplexe Wohnbebauung** oder Gewerbebebauung setzt sich die Gegenleistung aus einem »Basiskaufpreis« und einer »**Erhöhungskomponente**« zusammen, die vom Maß der in der zu erteilenden Baugenehmigung zugelassenen baulichen Nutzung (Geschossflächenzahl oder Grundflächenzahl) bzw. den Festsetzungen eines noch zu erlassenden Bebauungsplans (Mischgebiet, Gewerbegebiet etc.) abhängt. Je nach der erwarteten zeitlichen Dauer bis zum Eintritt der für die Erhöhungskomponente maßgeblichen Umstände kann entweder die Eigentumsumschreibung zurückgehalten werden, bis der gesamte Kaufpreis feststeht und bezahlt ist, oder es wird eine der vorstehend unter Rdn. 1007 erläuterten Techniken der Absicherung des Verkäufers bei vorzeitiger Umschreibung Anwendung finden. Die Ermittlung des endgültig geschuldeten Kaufpreises (die auch von Bedeutung für die endgültige Festsetzung der Grunderwerbsteuer ist) kann durch einen Bevollmächtigten (i.d.R. Dritten) nur dann erfolgen, wenn diesem die Feststellung anhand eindeutiger und ohne Sachkunde auswertbarer Kriterien ohne Weiteres möglich ist, sonst empfiehlt sich die Feststellung in einer von beiden Beteiligten zu unterzeichnenden Nachtragsbeurkundung.

Formulierungsvorschlag für eine Kaufpreiserhöhungsklausel:[1545] 1035

▶ **Formulierungsvorschlag: Kaufpreiserhöhung abhängig von der Bebaubarkeit**

Der Kaufpreis erhöht sich um ..... €, wenn ein Bebauungsplan innerhalb von zehn Jahren ab heute in Kraft tritt, der auf dem Grundstück mindestens ein allgemeines Wohngebiet mit einer Grundflächenzahl (GRZ) von 0,4 und einer Geschossflächenzahl (GFZ) von 1,2 i.S.d. Baunutzungsverordnung zulässt. Auf dingliche Sicherung der Kaufpreiserhöhungskomponente, Rückbehalt der Eigentumsübertragung und Sicherung durch Dritte (Bürgschaft) wird verzichtet. Der Käufer unterwirft sich jedoch wegen des abstrakt anerkannten Erhöhungsbetrages der Zwangsvollstreckung aus dieser Urkunde in sein Vermögen mit der Maßgabe, dass vollstreckbare Ausfertigung nur gegen Bestätigung der Bauplanungsbehörde über das Inkrafttreten eines den vorstehenden Bedingungen genügenden Bebauungsplans innerhalb der maßgeblichen Frist erteilt werden darf.

Da bei dieser Fallgestaltung es allein der Käufer in der Hand hat, ob und zu welchem Zeitpunkt er 1036
die erforderlichen bauplanerischen Umsetzungen im Hinblick auf die kaufpreiserhöhende Nutzungsänderung initiiert, ist auf Betreiben des Veräußerers in der Praxis auch eine Verbindung aus Grundstückskaufvertrag (aufschiebend bedingt auf das Inkrafttreten des genannten Bebauungsplans) und städtebaulichem Vertrag zwischen Veräußerer und Kommune (der auch die vom Veräußerer zu tragenden Folgekostenbeiträge, wie Zahlung der kommunalen Planungskosten, Zuschüsse zur Vergrößerung von Kindergärten etc., enthält) zu beobachten. Der Käufer übernimmt (sobald die aufschiebende Bedingung eingetreten ist) lediglich die Verpflichtung zur Übereignung der Erschließungsanlagen an die Kommune und Finanzbeiträge bis zu einem vorab definierten Rahmen; darüber hinaus verhandelte Verpflichtungen verbleiben beim Verkäufer, zehren jedoch dessen Mehrerlös aufgrund der vorausgesetzten bauplanerischen Höherstufung nicht auf.[1546]

Ähnliche **Fälle nachträglicher Kaufpreiserhöhung** sind z.B. häufig bei Veräußerung an einen privile- 1037
gierten Personenkreis (Einheimischenmodelle – vgl. Rdn. 2488 ff.; Privatisierung an Mieter), sofern bestimmte »Auflagen« (z.B. Eigennutzung über einen bestimmten Zeitraum) nicht erfüllt werden; der zur Abschöpfung der Differenz zum Verkehrswert bestimmte Aufzahlungsbetrag darf dann jedoch nicht über die gesamte Bindungszeit gleich sein, sondern muss die Dauer des Verstoßes berücksichtigen.[1547]

Werden Immobilien in Form von share deals, also durch Erwerb von Gesellschaftsanteilen, übertra- 1038
gen, findet häufig eine Kaufpreisanpassung an endgültige **Stichtagsbilanzen** oder auch eine nachträgliche Kaufpreisveränderung nach Maßgabe künftiger Gewinne oder Erträge der Zielgesellschaft statt.

c) Fälligkeits-/Nutzungszinsen/Stundung

In kaufvertraglichen Fälligkeitsregelungen liegt der Natur nach eine zinslose Stundung (Rdn. 1090) 1039
der (sonst gem. § 271 Abs. 1 BGB) sofort fälligen Kaufpreisschuld bis zum Eintritt und zum Nachweis bestimmter, den Käufer absichernder Ereignisse (Rdn. 1095 ff.). Eine Verzinsung des Kaufpreises ab seiner Fälligkeit (»Betagung«), also Eintritt des auslösenden Umstandes, während der Erfüllungsfrist bis zur tatsächlichen Entrichtung (zu unterscheiden von der Verzugsverzinsung, vgl. Rdn. 1324 ff.) wird bei einem beiderseitigen Handelsgeschäft vermutet (§ 353 Satz 1 HGB, Höhe: 5 % gem. § 352 Abs. 1 Satz 1 HGB). Sie kann auch außerhalb dieses Anwendungsbereichs vertraglich vereinbart werden:

▶ **Formulierungsvorschlag: Fälligkeitszinsen**

Ab Zugang der notariellen Mitteilung über die Fälligkeitsvoraussetzungen ist der Kaufpreis bis 1040
zu seiner Gutschrift mit 6 % jährlich zu verzinsen; die Zinsen sind jeweils am Ende des Kalendermonats, spätestens mit der Gutschrift des Kaufpreises, fällig. Etwa weiter gehende Verzugszinsen bleiben unberührt.

1545 In Anlehnung an *Franckenstein* NJW 2003, 3445 ff.
1546 Vgl. *Franckenstein* NJW 2003, 3448.
1547 OLG München NVwZ 1999, 1025.

B. Gestaltung eines Grundstückskaufvertrages

1041 Eine solche Fälligkeitsverzinsung ist zwar im Individualvertrag bei ausreichend klarer Regelung zulässig, sie verstoßen aber in Formular- oder Verbraucherverträgen vor Besitzübergang – also solange es sich nicht um Nutzungszinsen, Rdn. 1042, handelt – gegen § 309 Nr. 4 BGB (Erfordernis der Mahnung) bzw. gegen die Generalklausel des § 307 Abs. 2 Nr. 1 BGB.

1042 Dagegen sind Zinsen ab Besitzübergang (»**Nutzungszins**«) – wie in § 452 BGB a.F. früher vermutet – auch in AGB zulässig.[1548]

▶ Formulierungsvorschlag: Nutzungszinsen

1043 Ab dem Übergang von Besitz und Nutzungen des Kaufobjektes auf den Käufer ist der Kaufpreis bis zu seiner Gutschrift mit 6 % jährlich zu verzinsen; die Zinsen sind jeweils am Ende des Kalendermonats, spätestens mit der Gutschrift des Kaufpreises, fällig. Etwa weiter gehende Verzugszinsen bleiben unberührt.

1044 Hingegen ist eine Verzinsung unabhängig von Fälligkeit oder Besitzübergang überraschend und im klauselkontrollierten Kontext daher gem. § 305c Abs. 1 BGB unwirksam.[1549] Zahlt umgekehrt der Käufer bewusst vor der vereinbarten Fälligkeit (etwa um den hieran geknüpften Besitzübergang früher herbeizuführen), hat er gegen den Verkäufer keinen gesetzlichen (etwa bereicherungsrechtlichen) Anspruch auf »**Zwischenzinsen**«.[1550]

1045 Wird ein entgeltlicher Zahlungsaufschub (im Vergleich zur gesetzlichen Fälligkeit des § 271 Abs. 1 BGB) einem Verbraucher durch einen Unternehmer (vor dem 11.06.2010: für mehr als 3 Monate) gewährt, kann hierin ein »**Zahlungsaufschub oder sonstige Finanzierungshilfe**« i.S.d. § **499 Abs. 1 BGB** (ab 11.06.2010: § 506 Abs. 1 BGB) liegen – wohl nicht aber ein Teilzahlungsgeschäft i.S.d. §§ 499 Abs. 2, 501 BGB, da dieses auf Immobilien nicht passt.[1551] Demzufolge hat die notarielle Urkunde zur Vermeidung eines Widerrufsrechts (und zur Vermeidung der Anwendbarkeit der Vorgaben in §§ 492 und 495 BGB) die Mindestangaben des § 491 Abs. 3 Nr. 1 BGB zu erfüllen, also exakte Angaben über den Jahreszins, die Kosten und deren Änderung zu enthalten.[1552]

1046 Seit **11.06.2010** wurden diese Informationspflichten erweitert: § 506 Abs. 1 BGB nimmt mit §§ 358 bis 359a und §§ 491a bis 502 BGB fast alle für das Verbraucherdarlehen geltenden Bestimmungen in Bezug, ausgenommen nur § 492 Abs. 4 BGB.; sie nehmen zudem dem Verbraucher nicht das Widerrufsrecht als solches, sondern treten an die Stelle der bisherigen Widerrufsbelehrung (s. im Einzelnen Rdn. 13, 20 ff.).

1047 Wird die Stundung jedoch **zinslos und für länger als 1 Jahr** gewährt, führt § 12 Abs. 3 BewG[1553] zu einer steuerlichen Abzinsung des Kaufpreises auf den Zeitpunkt der vom Notar zu bescheinigenden Fälligkeitsvoraussetzungen (mit der Folge geringeren Veräußerungserlöses bzw. geringerer Anschaffungskosten); die verbleibende Differenz, der Zinsanteil, bildet beim Verkäufer steuerpflichtige Einkünfte gem. § 20 Abs. 1 Nr. 7 EStG im Jahr des Zuflusses, die als Einkünfte aus Kapitalvermögen bei Überschreiten des Sparerfreibetrages zu versteuern sind; der Käufer kann diesen Zinsanteil, soweit er das übernommene Vermögen zur Vermietung nutzt, als Werbungskosten gem. § 9 Abs. 1 Nr. 1 EStG sofort geltend machen.

d) Verrentung

1048 Zu unterscheiden vom Ratenzahlungskauf (Rdn. 16 ff., auch zur Anwendbarkeit des Verbraucherkreditrechtes bei entgeltlicher Stundung durch einen Unternehmer ggü. einem Verbraucher, § 506

1548 BGH NJW-RR 2001, 64.
1549 BGH NJW 1986, 1805.
1550 OLG Düsseldorf DNotI-Report 2005, 52.
1551 Sie werden nicht »geliefert« i.S.d. § 499 Abs. 2 BGB, vgl. *Hügel/Salzig* Mietkauf C Rn. 87, MünchKomm/*Habersack* 4. Aufl. § 499 BGB Rn. 37; a.A. *Biermann-Ratjen* DNotZ 2007, 788, 793.
1552 Vgl. *Gutachten* DNotI-Report 2005, 108; zu weitgehend wohl OLG Koblenz BauR 2004, 1951 zum Fertighausvertrag.
1553 BFH, BStBl. II 1981, S. 160; BMF-Erlass zur vorweggenommenen Erbfolge, v. 13.01.1993, Tz. 11, DStR 1993, 93 ff.; vgl. zu Bilanzierungsfragen (§ 6 Abs. 1 Nr. 3 und Nr. 3 Buchst. a) EStG) BMF-Schreiben, v. 26.05.2005, DStR 2005, 1005.

Abs. 1 BGB n.F.) ist der (in Einzelfällen gesetzlich verbotene)[1554] **Kauf auf Rentenbasis**, der bspw. von kinderlosen betagten Veräußerern zur Absicherung des Lebensabends manchmal gewünscht wird. Als Alternative (insb. für kinderlose Senioren) entwickelt der Bundesverband öffentlicher Banken Deutschlands (VÖB) das Konzept einer sog. »**Rückwärtshypothek**« nach angloamerikanischem Vorbild (reverse mortgage),[1555] wonach über 60-jährige Immobilieneigentümer diese gegen Zahlung einer lebenslangen Rente zugunsten einer Bank beleihen (die auf Lebenszeit festen Zinsen werden dem Kapital zugeschlagen; der maximale Rückzahlungsbetrag soll den Verkehrswert nicht überschreiten).[1556]

▶ Hinweis:

I.R.d. § 17 BeurkG sollte der Notar prüfen, ob dieses Gestaltungsinteresse des Veräußerers nicht von der (i.d.R. unzutreffenden) Vorstellung geprägt ist, bei Erhalt einer Einmalzahlung sei diese zu versteuern. Auch müssen dem Veräußerer die Risiken vor Augen geführt werden, die entstehen, wenn der Erwerber illiquide wird oder der Verkäufer daher darauf verwiesen ist, die zum Lebensunterhalt dringend benötigten Zahlungen durch Zwangsvollstreckung beizutreiben.

Dem Käufer wiederum muss bewusst sein, dass er einen möglicherweise deutlich höheren Kaufpreis zu entrichten hat, falls der Veräußerer länger lebt als nach den allgemeinen Sterbetafeln zu erwarten war. Da dieses Risiko nicht – wie etwa bei Lebensversicherungsgesellschaften – durch eine hohe Zahl von Sachverhalten ausgeglichen werden kann, sollte auf die Möglichkeit der Leibrentenversicherung mit Prämienrückgewähr im Todesfall hingewiesen werden.[1557] Regelmäßig wird der Notar bei der Festlegung der Rentenhöhe assistieren müssen[1558] – allerdings unter ausdrücklicher Klarstellung, damit keine Gewähr für die Ermittlung der »richtigen Rentenhöhe« zu übernehmen – und auch die Frage anzusprechen haben, ob eine Mindestlaufzeit (z.B. zur Absicherung etwaiger Erben) oder eine Höchstlaufzeit (die sich allerdings mit dem Versorgungscharakter nicht verträgt) vereinbart sind. Seitdem die schenkungsteuerlichen Tabellen (die jährlich neu gem. § 14 Abs. 1 Satz 4 BewG bekannt gemacht werden) auf den jeweils aktuellen Sterbetafeln[1559] basieren, können auch diese herangezogen werden, allerdings im Bewusstsein dessen, dass dort ein relativ hoher Abzinsungssatz von 5,5 % (§ 12 Abs. 3 BewG) »eingewoben« ist, der jedenfalls nach derzeitigen Marktverhältnissen allenfalls dann akzeptabel erscheint, wenn zusätzlich eine Anpassung an die Inflation erfolgt (Gleitklausel nach Maßgabe des Verbraucherpreisindex).

1049

Zu berücksichtigen sind auch die Zahl der Berechtigten (Eheleute als Gesamtgläubiger – mindert sich die Rentenhöhe nach Ableben eines der beiden Berechtigten?),[1560] die Zahlungsperioden (monatlich/jährlich), die Vor- oder Nachschüssigkeit, und die ggf. zusätzliche Vereinbarung einer Wertsicherung (ab welchem Schwellenwert? bzw. stets rhythmisch in bestimmten Zeitabständen? nur

1050

1554 Z.B. beim Verkauf einer Apotheke, wenn die Rente umsatzabhängig ist (§ 8 Satz 2 ApothekenG), außer die Zahlung erfolgt an ein (auch zur Verpachtung berechtigtes) erbberechtigtes Kind/den erbberechtigten Ehegatten gem. § 8 Satz 3 ApothekenG; BGH NJW 1997, 3091.
1555 Gefördert durch die Federal Housing Administration, im Jahr 2008: 17 Mrd. $.
1556 Beispiel: www.immokasse.de (als Einmalzahlung, Zeitrente oder Kreditrahmen).
1557 *Hase* DNotZ 1961, 387 ff.
1558 Verrentungstabellen auf der Basis der allgemeinen Sterbetafeln finden sich etwa bei *Schöner/Stöber* Grundbuchrecht Rn. 3241 f.; *Heubeck/Heubeck* DNotZ 1985, 469 und 606 sowie DNotZ 1996, 761 und DB 1998, 2542 – diese Tabellen werden auch für die steuerliche Bewertung von Pensionsverpflichtungen angewendet; ferner in *Schneider/Stahl* Kapitalisierung und Verrentung. Die Regelungen des Steuer-, Verfahrens- und Kostenrechtes (§ 14 BewG, § 24 KostO, § 9 ZPO, § 17 GKG) sind nur begrenzt übertragbar.
1559 Derzeit Sterbetafel 2008/2010 des statistischen Bundesamtes, kostenfrei zu beziehen unter www.destatis.de unter dem Menüpunkt Bevölkerung/Geburten und Sterbefälle/Periodensterbetafeln und Lebenserwartung/aktuelle Sterbetafeln für Deutschland. Das Deutsche Zentrum für Altersfragen Berlin ermöglicht die Berechnung der durchschnittlichen Lebenserwartung zumeist nach neueren Sterbetabellen, www.gerostat.de.
1560 Falls keine Minderung eintritt, kann bei der Berechnung der Rente einfach der Beteiligte mit dem höheren Kapitalisierungsfaktor zugrunde gelegt werden, anderenfalls ist die Summe zu bilden aus der vollen Rente, multipliziert mit dem niedrigeren Kapitalisierungsfaktor, und der verringerten Rente, multipliziert mit der Differenz zwischen dem höheren und dem niedrigeren Kapitalisierungsfaktor für die verbleibenden Jahre.

auf Verlangen oder »automatisch«?). Behält sich der Verkäufer ein Wohnungsrecht vor, mindert sich der Rentenbetrag für die Dauer dessen Inanspruchnahme um den Betrag der ersparten Miete (ggf. abzüglich der weiter vom Wohnungsberechtigten zu tragenden Instandhaltungs- und Erhaltungsaufwendungen), wobei aus Sicht des Käufers regelmäßig der Abschluss eines Mietvertrages unter Ausschluss des Eigenbedarfskündigungsrechtes ertragsteuerlich vorzugswürdig ist.

1051 Auch bei Eintragung einer Reallast zur Sicherung wiederkehrender Leistungen in gleichbleibender, allenfalls wertgesicherter, Höhe empfiehlt sich allerdings **Vorsorge zu einem möglichen Verjährungsproblem** (vgl. auch oben Rdn. 1012 zur Reallast): Bisher verjährte das **Stammrecht der Leibrente** in 30 Jahren (§ 195 BGB a.F.), die Einzelleistung in 4 Jahren (§ 197 BGB a.F.). Seit der Schuldrechtsreform würden, wenn die Stammrechtslehre aufrechterhalten bliebe, sowohl Stammrecht als auch Einzelforderung der **einheitlichen Regelverjährung von 3 Jahren** unterliegen, sodass eine Leibrentenvereinbarung ohne Verjährungsverlängerung bzw. ohne Stundungsvereinbarung (§ 205 BGB) wenig hilfreich wäre. Allein die Titulierung der Forderung würde wegen § 197 Abs. 2 BGB (Bereichsausnahme für regelmäßig wiederkehrende Leistungen) möglicherweise nicht helfen. Es spricht vieles dafür, dass der Gesetzgeber des Schuldrechtmodernisierungsgesetzes nicht (mehr) von der Stammrechtslehre ausging;[1561] vorsorglich könnte jedoch folgende Vereinbarung getroffen werden:

▶ Formulierungsvorschlag: Verjährungsvereinbarung für Stammrecht der Leibrente

1052 Die Beteiligten vereinbaren vorsorglich, dass das sog. »Stammrecht der Leibrente« (§§ 759 ff. BGB) erst 30 Jahre nach gesetzlichem Beginn bzw. Neubeginn der Verjährung verjährt; für die Einzelleistungen bleibt es bei der gesetzlichen Verjährungsfrist von 3 Jahren.

1053 Die **dingliche Reallast** selbst verjährt hinsichtlich eines dort ebenfalls etwa bestehenden Stammrechts wegen § 902 Abs. 1 BGB ohnehin nicht; allerdings kann bei der typischerweise gegebenen Sicherungsreallast einem Vorgehen aus dem dinglichen Recht wohl entgegengehalten werden, dass die besicherte Forderung selbst verjährt ist. § 216 BGB gilt (vgl. dort Abs. 3) nicht, wenn die gesicherten Ansprüche auf wiederkehrende Leistungen gerichtet sind.

1054 Zur erleichterten Beitreibung und ggf. auch zur Ermöglichung einer Rückerlangung des Grundstücks bei Nichtzahlung empfiehlt es sich, bei Rückstand mit einer bestimmten Zahl an Raten oder in einer bestimmten Höhe, im Fall der Insolvenz des Käufers oder der Zwangsvollstreckung in den Grundbesitz dem Verkäufer die Möglichkeit einzuräumen, den noch offenen Gesamtbetrag (abgezinst) einschließlich der Rückstände fällig zu stellen; da dieser Betrag nicht über die Reallast gesichert ist, bedarf es im Rang danach der Eintragung einer gem. § 800 ZPO vollstreckbaren Grundschuld für den Verkäufer. Diese dient zugleich als Vorkehrung zur Sicherung der Fortexistenz der Reallast selbst (»des Stammrechtes«) im Fall der Beitreibung einzelner Rückstandsraten im Wege der Zwangsversteigerung, Rdn. 1014 ff.

1055 Für den Fall der Leistungsstörung auf Erwerberseite ist der Verkäufer aber nicht nur hinsichtlich der Beitreibung der offenen Rentenzahlungen für die Zukunft (also in der Variante des »Vorwärtsganges«) schutzbedürftig, sondern auch für den Fall des Rücktritts (also in der Variante des »Rückwärtsganges«). Damit letzterer nicht durch zwischenzeitliche Veräußerungen oder Belastungen faktisch vereitelt wird, muss an erster Rangstelle daher eine Vormerkung den möglichen künftigen Rückgewähranspruch des Verkäufers sichern, (vgl. oben Rdn. 1008); wie alle anderen dinglichen Rechte löschbar bei Todesnachweis, also als durch den Tod auflösend befristetes Recht.

1056 ▶ Hinweis:

Es muss für den Rücktrittsfall vertraglich vereinbart werden, in welcher Höhe die bereits geleisteten Rentenzahlungen (Tilgungsanteil im Unterschied zum Nutzungsanteil) Zug-um-Zug gegen Rückgewähr der Immobilie zurückzuzahlen sind. Eine Pflicht zur entschädigungslosen Rückübertragung bei Rückständen mit der Rentenzahlung (»Verfallklausel«) verstößt regelmäßig gegen die guten Sitten, zumal sie den Käufer umso härter trifft, je länger er sich vertragstreu

---

[1561] Vgl. *Amann* DNotZ 2002, 117.

verhalten hat.¹⁵⁶² Der Einbehalt bemisst sich am Wert der Nutzungen je Monat, die der Käufer (durch Eigennutzung oder Vermietung) hätte ziehen können, und wird oft unter Verbrauchern oder im rein unternehmerischen Verkehr maßvoll erhöht zur pauschalierten Abgeltung des Schadensersatzes wegen Nichterfüllung, der in einer bloßen Verschlechterung der Marktlage liegt; im Verbrauchervertrag ist insoweit § 309 Nr. 5 BGB zu beachten. Hinzu kommt konkret zu belegender Schadensersatz, etwa wegen einer Verschlechterung des Kaufobjektes, die über die bloße Abnutzung hinausgeht (infolge Beschädigung oder objektiv wertmindernden Umbaus), oder wegen einer Vermietung, die von marktüblichen Konditionen schuldhaft nachteilig abweicht (Abschluss eines Mietvertrages mit geringer Miete und langjährigem Ausschluss des Kündigungsrechtes kurz vor der Rückübertragung). Werterhöhende Aufwendungen des Käufers sind regelmäßig nur nach den Grundsätzen aufgedrängter Bereicherung zu ersetzen; die Rückübertragung ist Zug-um-Zug gegen Entrichtung des sich insgesamt zugunsten des Käufers ergebenden Saldos geschuldet.

Zum Verkauf gegen Leibrente eignen sich in erster Linie Objekte, die in Abt. III unbelastet sind (anderenfalls ist der Anspruch auf die monatlichen Leistungen jedenfalls i.H.d. Annuität an die abzulösende Bank abzutreten, und der Käufer muss hinsichtlich der bei frühem Versterben des Verkäufers verbleibenden Restschuld durch eine Risikolebensversicherung des Verkäufers [Restschuldversicherung] abgesichert sein, deren Prämien ebenfalls in Anrechnung auf die Leibrente von ihm bedient werden – es sei denn, der Käufer ist damit einverstanden, als Mindestkaufpreis den zur Lastenfreistellung erforderlichen Betrag zu entrichten, selbst bei frühem Ableben des Leibrentenempfängers). Je älter der Verkäufer, und je besser die Bonität des Käufers, umso geringer sind die mit dem Leibrentenkauf verbundenen wechselseitigen Risiken. Dem Käufer muss darüber hinaus bewusst sein, dass ein Weiterverkauf des Objektes vor Erledigung der Leibrentenpflicht ihn im Verhältnis zum Verkäufer nicht von der Pflicht zur Leistung der Leibrente befreit, auch wenn im Innenverhältnis der neue Käufer diese zu übernehmen verspricht. Ein Weiterverkauf kann ferner wirtschaftlich nur an einen Nacherwerber erfolgen, der die Leibrentenzahlung zu übernehmen bereit ist, da eine Lastenfreistellung mangels Ablösungsrechts des Käufers erst mit dem Tod des Verkäufers herbeigeführt werden kann. 1057

Daher eignen sich Leibrentenkäufe in der Praxis insb. für Käufer, die (etwa wegen geplanter Eigennutzung auf lange Zeit) keinen Weiterverkauf vor dem Ableben des Verkäufers in Betracht ziehen. Anderenfalls sollte der Käufer darauf drängen, dass ihm nachgelassen wird, die Leibrentenzahlungspflicht (gegen Löschung aller zugunsten des Verkäufers eingetragener Rechte) abzulösen durch Einzahlung eines Einmalbetrages in eine der staatlichen Rentenaufsicht unterliegende Rentenversicherung, die ihrerseits dem Verkäufer die geschuldeten Zahlungen in wertgesicherter Höhe auf Lebenszeit garantiert; noch nicht verbrauchtes Kapital verbleibt dadurch beim Käufer. Behält er sich dieses Recht vor, wird häufig auch der Verkäufer für sich eine solche Option (mit ausreichend langer Ankündigungsfrist) wünschen. 1058

Ein Gesamtmuster eines Kaufvertrages auf Leibrentenbasis mit den beschriebenen Absicherungen ist im Materialteil, Muster E XVII (Rdn. 3906), enthalten. Zum schillernden Begriff des sog. **Mietkaufs** wird auf die Ausführungen oben Rdn. 7 ff. verwiesen, zum Ratenkauf (Kauf unter teilweiser Stundung des Kaufpreises) auf Rdn. 16 ff.

e) Schuldübernahme

Insb. wenn der Verkäufer zu günstigen Konditionen finanziert hat, sind beide Beteiligten daran interessiert, zumindest einen Teil des Kaufpreises durch Schuldübernahme¹⁵⁶³ zu belegen. Der Verkäufer spart sich dadurch die Kosten der Löschung des Grundpfandrechts und möglicherweise hohe Vorfälligkeitsentschädigungen (§ 490 Abs. 2 BGB gewährt ihm zwar bei Veräußerung ein 1059

1562 BGH, 17.10.2008 – V ZR 14/08, ZNotP 2008, 490 (dort im Verein mit einem Belastungsverbot).
1563 Vgl. *Ogilvie* MittRhNotK 1990, 145 ff.

außerordentliches Darlehenskündigungsrecht, erkennt jedoch in Satz 3 den Schadensersatzanspruch des Gläubigers an); der Käufer erhält die Chance, eine günstige Finanzierung zu übernehmen, ohne hierfür neuerliche Wertermittlungs- und Grundbuchkosten aufwenden zu müssen. Der Gläubiger (das Kreditinstitut) wird hieran allerdings nur mitwirken, wenn er am Aufbau einer Kundenbeziehung zum Käufer besonderes Interesse hat. Die Schuldübernahme als andere Art der Kaufpreisentrichtung (§§ 415 ff. BGB) ist zu unterscheiden von der Übernahme lediglich des dinglichen Grundpfandrechts zur Neuvalutierung durch neuen Kredit des Käufers (als Ausnahme von der sonst geschuldeten Lastenfreistellung i.R.d. Rechtsmängelhaftung).

1060 Entscheidend bei der Abwicklung der befreienden (privativen) Schuldübernahme ist die **Zustimmung des Gläubigers gem. §§ 414 ff. BGB** (im Rahmen eines direkten Vertrages zwischen Neuschuldner und Gläubiger, § 414 BGB, oder i.R.d. Genehmigung nach **§ 415 BGB** zu einem Vertrag zwischen Altschuldner und Neuschuldner). Die gesetzliche Regelung des § 416 BGB, dass bei einer grundpfandrechtlich gesicherten Darlehensforderung der Erwerber den Umstand der Schuldübernahme nach Umschreibung des Eigentums auf ihn dem Gläubiger anzuzeigen habe und dieser erst dann genehmigen könne (bzw. die Genehmigung nach Ablauf von 6 Monaten als erteilt gelte), ist in der Praxis nicht durchführbar, da kein Verkäufer die Eigentumsumschreibung gestatten wird, bevor er nicht sicher ist, dass er von den Verbindlichkeiten befreit wird.[1564]

▶ Hinweis:

Es ist daher den Beteiligten dringend i.R.d. Vorbesprechung anzuraten, bereits vor Beurkundung mit dem Kreditinstitut Kontakt aufzunehmen und zu eruieren, ob mit einer Genehmigung der Schuldübernahme gerechnet werden kann.

aa) Vorklärungen

1061 In diesem Zusammenhang lassen sich zahlreiche Vorfragen klären um die Beurkundung zu erleichtern:
– Wird für die Schuldübernahme eine Bearbeitungsgebühr verlangt? (I.d.R. teilen sich Verkäufer und Käufer diese.)
– Verbleibt es bei den bisherigen Konditionen oder tritt eine Verschlechterung ein, die der Käufer möglicherweise nicht mehr hinnehmen wird?
– Verlangt (wie regelmäßig der Fall) der Gläubiger eine persönliche Vollstreckungsunterwerfung des Käufers in der Urkunde zur Absicherung eines abstrakten Schuldversprechens i.H.d. Nennbetrages der Grundschuld samt Zinsen (die zu diesem Zweck im Eingang der Urkunde komplett wiedergegeben werden sollten), um hinsichtlich der Absicherung des Kredites genauso zu stehen, wie der Gläubiger bei einem neu bestellten Grundpfandrecht stünde?

1062 – Soll ein nicht zur Schuldübernahme benötigter »Spitzenbetrag« des Grundpfandrechts gelöscht werden, sofern bereits Teile des ursprünglichen Darlehens getilgt wurden?
– Ist die Übernahme des Darlehens an den Abschluss weiterer Verträge geknüpft, z.B. einer Restschuld-Risiko-Lebensversicherung?
– Handelt es sich um Darlehen, die z.B. zur Vorfinanzierung eines Bausparvertrages gewährt wurden, sodass parallel ein neuer Bausparvertrag bespart werden muss?
– Was geschieht mit einem dem Verkäufer belasteten Disagio, dessen Verteilungszeit noch nicht abgelaufen ist?
– Wie hoch ist die voraussichtliche Darlehensresthöhe am Übernahmestichtag (z.B. am Monatsersten nach Mitteilung des Notars über den Eintritt der Fälligkeitsvoraussetzungen, vgl. Rdn. 1088)?

[1564] Ungeachtet des irreführenden Wortlautes (»nur« in § 416 Abs. 1 Satz 1 BGB) kann die Schuldübernahme auch unmittelbar gem. § 415 BGB ohne die modifizierenden Bestimmungen des § 416 BGB zu grundpfandrechtlich gesicherten Verbindlichkeiten erfolgen (RGZ 63, 50).

bb) Einholung der Gläubigergenehmigung

Die Einholung der Genehmigung des Gläubigers gem. § 415 Abs. 1 BGB (im Regelfall handelt es sich um eine nachträgliche Zustimmung) ist insb. **im Interesse des Veräußerers**, der sonst (bei bloßem Schuldbeitritt mit interner Erfüllungsübernahmeverpflichtung) für die Verbindlichkeiten weiter haften würde, unabdingbar. Sie ist oftmals erforderlich, um eine außerordentliche Kündigung des Darlehens durch den Gläubiger zu vermeiden, die nach den Kreditbedingungen üblicherweise dann möglich ist, wenn das Eigentum an dem durch Grundpfandrechte belasteten Grundbesitz an andere Personen übergeht. Mit der Einholung der Schuldübernahmegenehmigung wird zweckmäßigerweise der Notar betraut, zumal im gleichen Zug weitere Erklärungen des Gläubigers notwendig sein können (z.B. Entlassung des Veräußerers aus erklärten Schuldanerkenntnissen mit Vollstreckungsunterwerfung; Anpassung der Sicherungsvereinbarung), die vom Notar nach den Maßgaben des Kaufvertrages vorformuliert und dem Gläubiger zur rechtswirksamen Unterzeichnung übermittelt werden. Die hierfür zusätzlich anfallende geringe Vollzugsgebühr (5/10-Gebühr gem. § 147 Abs. 2 KostO aus einem Teilwert des Schuldübernahmebetrages) steht außer Relation zu der dadurch für die Beteiligten gewährleisteten Sicherheit.

1063

Zu regeln ist, **welcher Rechtszustand bestehen soll**, zum einen bis zur Entscheidung des Gläubigers über die Schuldübernahmegenehmigung, zum anderen für den Zeitraum ab etwaiger Ablehnung einer solchen Genehmigung. Für den ersteren Zeitraum bleibt es i.d.R. bei der gesetzlichen Vermutung des § 415 Abs. 3 BGB, d.h. es handelt sich bis zur Entscheidung des Gläubigers um eine schuldrechtliche Freistellungsverpflichtung im Innenverhältnis (Erfüllungsübernahme).

1064

Wird die Genehmigung der Schuldübernahme allerdings durch den Gläubiger verweigert, bzw. nicht binnen einer durch die Beteiligten im Vertrag vereinbarten max. Frist erteilt, ist der Käufer zur Ablösung im Weg der Direktzahlung verpflichtet; es gilt also nicht die Vermutungsregelung des § 415 Abs. 3 BGB (wonach die nicht genehmigte Schuldübernahme als bloße Erfüllungsübernahme im Innenverhältnis = Haftungsfreistellung fortbestehen solle). Die vertragliche Regelung soll auch diese Alternative miterfassen. Gleiches gilt zur Frage der »rückwirkenden Aufhebung«[1565] der Schuldübernahme, falls der Kaufvertrag aus anderen Gründen scheitern sollte,[1566] oder falls die Durchführung der Schuldübernahme für den Käufer so entscheidend war, dass der Vertrag anderenfalls nicht wirksam werden soll (aufschiebende Bedingung).

1065

cc) Vollzugssperre

Da der Verkäufer natürlich großen Wert auf den Eintritt seiner dauerhaften Entlastung legt, muss auch insoweit eine Auflassungs-Vollzugssperre vorgesehen sein (zu den verschiedenen Möglichkeiten vgl. Rdn. 906 ff.). Z.B. ist der Notar zu bevollmächtigen, die Eintragungsbewilligung durch Eigenurkunde (im Grundbuch-Vollzugsantrag) dann nachzuholen, wenn ihm entweder die Zusage der Schuldübernahmegenehmigung bzw. diese selbst vorliegt oder der bisherige Gläubiger die anderweitige vollständige Tilgung der Verbindlichkeiten schriftlich bestätigt hat, Rdn. 911.

1066

dd) Grundpfandrecht; Vollstreckungsunterwerfung

Häufig wird der Veräußerer zur Absicherung der nunmehr vom Erwerber zu übernehmenden Verbindlichkeiten ein **Grundpfandrecht** bestellt haben, das auch künftig der Absicherung dieser Verbindlichkeiten dienen soll, zumal sonst die Schuldübernahmegenehmigung des Gläubigers wohl kaum zu erlangen ist und eine Löschung des Grundpfandrechts aus dem Sicherungsvertrag nicht verlangt werden kann. Die Eigentümerrechte und Rückgewähransprüche des Verkäufers an diesem Grundpfandrecht (zu deren Bedeutung vgl. Rdn. 2072 ff) sind an den Käufer, aufschiebend bedingt

1067

1565 Hat der Käufer bereits Zins und Tilgung geleistet, kann er diese gem. § 284 BGB nur vom Verkäufer, nicht aber vom Kreditinstitut (etwa gem. § 812 BGB) herausverlangen, vgl. BGH NJW 1979, 157.
1566 Wobei sich diese Rechtsfolge möglicherweise bereits aus § 139 BGB ergibt.

auf den Zeitpunkt der (Genehmigung der) Schuldübernahme, abzutreten, so dass er künftig, als neuer Eigentümer, diese Grundpfandrechte »an der Leine« hat.[1567]

1068 Um den Gläubiger der Notwendigkeit zu entheben, vor einer Verwertung des Grundstücks auf Duldung der Zwangsversteigerung zu klagen (§ 1147 BGB), wird sich der damalige Besteller regelmäßig in notarieller Urkunde der Zwangsvollstreckung unterworfen haben, und zwar in »dinglicher Hinsicht« wie auch in »persönlicher Hinsicht«:
– Erstere ermöglicht den Verwertungszugriff auf die Immobilie, und zwar gemäß der (eigentlich überflüssigen)[1568] Regelung in § 800 Abs. 1 ZPO bei Abgabe einer diesbezüglichen prozessualen Erklärung und Eintragung im Grundbuch mit Wirkung gegen den »jeweiligen Eigentümer«.
– Letztere berechtigt dazu, nach Zustellung des Titels Vollstreckungsmaßnahmen in das sonstige Vermögen des damaligen Schuldners oder seines Gesamtrechtsnachfolgers auszubringen (etwa Pfändungen beweglicher Sachen, Pfändung und Überweisung von Forderungen, Eintragung einer Zwangssicherungshypothek auf anderen Grundbesitz und dessen Verwertung etc.).

1069 Wird die Abgabe eines abstrakten Schuldanerkenntnisses mit Vollstreckungsunterwerfung seitens des Gläubigers in voller Grundschuldhöhe verlangt, sollte zur Kostensenkung für den Erwerber in diesem Fall auch die neuerliche **dingliche Vollstreckungsunterwerfung** durch ihn als künftigen Eigentümer abgegeben und durch Bezugnahme auf die neuerliche Bewilligung im Grundbuch vermerkt werden, da sie die Kosten der Klauselumschreibung (§ 133 KostO) vermeidet.[1569]

1070 Demgegenüber wirkt allerdings die »**persönliche Vollstreckungsunterwerfung**« gem. § 794 Abs. 1 Nr. 5 ZPO, die in der ursprünglichen Grundpfandrechtsbestellung dann typischerweise ebenfalls mit enthalten war, nicht gegen den Schuldübernehmer als »Einzelrechtsnachfolger« des damaligen Beteiligten[1570] (zur Rechtsnachfolge auf Gläubigerseite vgl. Rdn. 2086 a.E.) Vielmehr bedarf es, wenn der Gläubiger auf dieser Absicherung besteht, der neuerlichen Vollstreckungsunterwerfungserklärung des Erwerbers, am besten im Kaufvertrag selbst. Diese mit einer 10/10-Gebühr gem. § 36 Abs. KostO zu bewertende prozessuale Erklärung ist allerdings gegenstandsverschieden zur Übertragung des Vermögens selbst und daher kostenrechtlich zusätzlich in Ansatz zu bringen; erforderlich ist eine Vergleichsrechnung gem. § 44 Abs. 2 KostO. Frühzeitiger Kontakt mit dem Gläubiger empfiehlt sich für den Schuldner bei beabsichtigter Übernahme der grundpfandrechtlich gesicherten Verbindlichkeiten daher auch unter diesem Aspekt: Kann nämlich der Gläubiger dazu bewogen werden, angesichts der Objektbonität und/oder des überschaubaren Restkreditbetrages auf die persönliche Vollstreckungsunterwerfung zu verzichten, also nicht eine im Vergleich zur ursprünglichen Bestellung durch den Veräußerer identische Sicherheitenlage zu verlangen, ist dies für den Erwerber mit einer Ersparnis an Notargebühren verbunden.

1071 Wegen des (aus allgemeinen Prinzipien des Prozessrechts folgenden)[1571] **Bestimmbarkeitserfordernisses der Vollstreckungsunterwerfungserklärung** enthält eine Grundpfandrechtsurkunde (und dementsprechend auch der Kaufvertrag mit Schuldübernahme) ein der Höhe nach in Haupt- und Nebensache bestimmtes Schuldverhältnis, auf das sich die (kostenrechtlich dann als Sicherungsgeschäft gegenstandsgleiche) prozessuale Vollstreckungsunterwerfungserklärung bezieht: I.d.R. handelt es sich um ein abstraktes Schuldanerkenntnis, das der Besteller i.H.d. Grundschuldbetrages und der Grundschuldzinsen ab dem Datum der Beurkundung (in abstrakt anerkannter Höhe der dinglichen Zinsen und etwaiger Nebenleistungen) abgibt (§ 780 BGB). Damit kann die Vollstreckung ggf. ein-

---

1567 OLG Karlsruhe, 16.06.2011 - 9 U 89/10, NotBZ 2012, 49 (nur Ls.) sieht diese Abtretung konkludent miterklärt.
1568 Jeder neue Eigentümer der »streitbefangenen (= belasteten) Sache« wäre gem. §§ 727, 325 ZPO ohnehin der Vollstreckung unterworfen; ein gutgläubig-titelfreier Erwerb scheidet bei Grundpfandrechten gem. § 325 Abs. 3 ZPO aus. Daher ist auch bei anderen als notariellen Titeln aus Grundpfandrechten (etwa Reallasten), also außerhalb des § 800 Abs. 1 ZPO, eine Klauselerteilung gegen den Einzelrechtsnachfolger auf Schuldnerseite möglich.
1569 Vgl. *Kersten* ZNotP 2001, 315 r. Sp.
1570 Die Schuldübernahme ist gem. BGHZ 61, 140 kein Fall des § 727 ZPO.
1571 § 253 Abs. 2 ZPO; nach a.M. ist das früher im Wortlaut verankerte Bestimmbarkeitserfordernis nun im Merkmal der Anspruchsbezeichnung aufgegangen, *Münch* ZNotP 1998, 480.

geleitet werden, ohne in der Form des § 726 ZPO Nachweise über den aktuellen Bestand der Forderungen in Haupt- und Nebensache vorlegen zu müssen; würde der Gläubiger unerlaubter Weise einen höheren Betrag als den tatsächlich aus dem Grundverhältnis (z.B. Kontokorrent) noch geschuldeten vollstrecken, wäre das abstrakte Schuldbekenntnis insoweit kondizierbar.

Sofern also der Gläubiger der zu übernehmenden Schuld es verlangt, ist in den Kaufvertrag neben den Vereinbarungen zur Schuldübernahme auch ein **abstraktes Schuldanerkenntnis des Erwerbers** ggü. dem Gläubiger zu protokollieren i.H.d. eingetragenen Grundschuld samt Zinsen und sonstiger Nebenleistungen ab dem Datum der Bewilligung der Grundschuld – diese Daten sind demgemäß in die Notarurkunde, bspw. i.R.d. Wiedergabe des Grundbuchstands, vollständig aufzunehmen, bloßer Verweis auf das Grundbuch genügt zur Schaffung des Titels nicht –, verbunden mit einer Vollstreckungsunterwerfungserklärung des Erwerbers gem. § 794 Abs. 1 Nr. 5 ZPO. Für die Erteilung der vollstreckbaren Ausfertigung zugunsten des Gläubigers aus diesem »persönlichen Titel« ggü. dem Gläubiger ist der Notar der Kaufvertragsurkunde zuständig; es handelt sich natürlich nicht um eine Klauselumschreibung, sondern um eine originäre erstmalige Klauselerteilung. Im Regelfall wird dabei (ähnlich wie i.R.d. Grundschuldbestellung selbst) auf den Nachweis sonstiger die Vollstreckbarkeit begründender Tatsachen verzichtet, sodass die vollstreckbare Ausfertigung ohne Weiteres dem Gläubiger übersandt werden kann. 1072

Wird die Abgabe eines abstrakten Schuldanerkenntnisses mit Vollstreckungsunterwerfung seitens des Gläubigers in voller Grundschuldhöhe verlangt, sollte zur Kostensenkung für den Erwerber in diesem Fall auch die neuerliche **dingliche Vollstreckungsunterwerfung** durch ihn als künftigen Eigentümer abgegeben und durch Bezugnahme auf die neuerliche Bewilligung im Grundbuch vermerkt werden, da sie die Kosten der Klauselumschreibung (§ 133 KostO) vermeidet.[1572] 1073

Zur Reduzierung der mit einer Vollstreckungsunterwerfung einhergehenden 10/10-Gebühr (§ 36 Abs. 1 KostO) kann auch erwogen werden, dass der Erwerber sich in persönlicher Hinsicht nur wegen eines **Teilbetrages** der Zwangsvollstreckung unterwirft. Da der dingliche Titel ja (gem. § 800 ZPO) weiterhin insgesamt vollstreckbar ist, droht dem Gläubiger nicht die (bei einem nur für den **zuletzt – nicht: letztrangig!**[1573] **– zu zahlenden Teilbetrag dinglich vollstreckbaren** Grundpfandrecht bestehende) Gefahr, dass eine Leistung in der Zwangsvollstreckung nach § 75 ZVG immer auf den vollstreckbaren Teil zu verrechnen ist und damit gem. § 775 Nr. 5 ZPO zum Titelverlust führt[1574] und zudem nachrangige oder gleichrangige dingliche Gläubiger[1575] in der Versteigerung nach § 268 BGB[1576] berechtigt sind, den titulierten Teil der Grundschuld (ohne Rücksicht auf die Höhe der tatsächlich noch gesicherten Forderung)[1577] abzulösen und dadurch die Versteigerung abzuwenden,[1578] allerdings ohne damit das Grundpfandrecht insgesamt zu erwerben.[1579] 1074

1572 Vgl. *Kersten* ZNotP 2001, 315 r. Sp.
1573 Dann bedürfte es einer Teilung der Grundschuld, das erstrangige Recht fällt in das geringste Gebot, sodass möglicherweise sich keine Bieter finden, AnwK-BGB/*Zimmer* § 1151 Rn. 7.
1574 BGH, 29.03.2007 –V ZB 160/06, NotBZ 2007, 327; hierzu *Zimmer/Pieper* NotBZ 2007, 319 ff.; eine etwa abweichende Tilgungsklausel berechtigt nur bei freiwilligen Tilgungsleistungen zur Zurückweisung gem. § 266 BGB, nicht jedoch bei Geltendmachung der titulierten Teilforderung, vgl. *Kesseler* ZfIR 2007, 501.
1575 Sogar wenn das Grundpfandrecht erst nach Anordnung der Zwangsversteigerung entstanden ist, BGH, 05.10.2006 – V ZB 2/06, DNotZ 2007, 37.
1576 Zu den Schwierigkeiten des grundbuchrechtlichen Nachweises der Ablösung (keine Bindungswirkung der vollstreckungsgerichtlichen Feststellung der Ablösung; Hinterlegung allein beweist nicht die materiellen Voraussetzungen der Hinterlegung, geschweige denn der Ablösung) vgl. OLG München, 12.12.2007, ZfIR 2008, 505 m. Anm. *Böttcher*.
1577 BGH, 11.05.2005 – IV ZR 279/04, ZNotP 2005, 338. Der Mehrbetrag, der dem abgelösten vorrangigen Gläubiger dadurch zukommt, ist nicht zwischen den Gläubigern bereicherungsrechtlich auszugleichen, sondern steht dem Eigentümer (bzw. demjenigen, dem der Eigentümer seine Rückgewähransprüche abgetreten hat) zu.
1578 Hierzu beim dinglichen Titel *Wolfsteiner* DNotZ 1990, 591.
1579 Hierzu ist Ablösung in voller Höhe notwendig (BGH DNotZ 1990, 586), sofern nicht der Gläubiger eine Teilzahlung annimmt; dann erwerben die nachrangigen Gläubiger den titulierten Teil der Grundschuld jedoch im Rang nach dem Restbetrag der Grundschuld (§§ 1150, 268 Abs. 3 Satz 2 BGB; *Gaberdiel* Kreditsicherung durch Grundschulden, 6. Aufl. 2000 Rn. 324).

1075 Begnügt sich der Gläubiger gar mit der Abgabe eines abstrakten Schuldanerkenntnisses samt persönlichen Vollstreckungsunterwerfung lediglich i.H.d. noch bestehenden Darlehensschuld, handelt es sich um ein gegenstandsgleiches Sicherungsgeschäft, das demnach nicht getrennt in Ansatz zu bringen ist.[1580]

Die bei neu einzutragenden Grundschulden weiter diskutierte Kostenminderungsstrategie der Bestellung zweier Grundpfandrechte, von denen nur eines vollstreckbar ist,[1581] kommt bei einer bereits eingetragenen, dinglich vollstreckbaren Grundschuld nicht in Betracht, ebenso wenig die bloße Vollmacht[1582] an den Gläubiger zur Vollstreckungsunterwerfung namens des neuen Schuldners.

ee) Sicherungsabrede

1076 Die Eintragung einer Grundschuld zugunsten eines Bankgläubigers dient nicht einer Verdoppelung der Schuldverhältnisse, sondern der Absicherung der Darlehensverbindlichkeit. Es handelt sich also um ein »**Sicherungsgrundpfandrecht**« (§ 1192 Abs. 1a BGB), dessen Verwertung zwar jederzeit möglich wäre, allerdings erst dann schuldrechtlich zulässig ist und keinen Fall der ungerechtfertigten Bereicherung darstellt, wenn der Sicherungsfall tatsächlich eingetreten ist. Welche Verbindlichkeiten durch das Grundpfandrecht gesichert werden, ist Gegenstand des sog. »schuldrechtlichen Sicherungsvertrages« (auch »Zweckvereinbarung« oder »Zweckabrede« genannt). Dieser Vertrag wird typischerweise aus Anlass der ersten Kreditgewährung mit Grundpfandrechtsbestellung geschlossen.

1077 Denkbar sind enge oder weite Fassungen der Zweckerklärung (Absicherung nur eines bestimmten Kredites oder aber aller Ansprüche aus laufender Geschäftsverbindung, die Absicherung eigener Verpflichtungen des Schuldners oder aber auch von Drittverbindlichkeiten anderer, z.B. nahestehender Kreditnehmer; bei mehreren Schuldner können künftige Verbindlichkeiten nur für den Fall abgesichert sein, dass sie von allen gemeinschaftlich eingegangen oder zumindest schriftlich bestätigt werden oder auch für den Fall, dass nur einer der mehreren Schuldner/Eigentümer diese eingeht). Insb. die **formularmäßige Sicherung künftiger Dritt- (auch Ehegatten-) Verbindlichkeiten** kann als unangemessene oder **überraschende Klausel** (§§ 305c, 307 BGB) unwirksam sein.[1583] Gleiches gilt, wenn eine Grundschuld zur Sicherung des Darlehens eines Dritten bestellt ist, jedoch auch für künftige Ansprüche gegen den Hauptschuldner dient.[1584]

1078 Mit dem Übergang der Verbindlichkeit und dem Fortbestand der Grundschuld zu deren dinglichen Sicherung ist **keine Änderung des Sicherungsvertrages** verbunden. Sofern bisher eine »enge Fassung« der Zweckbestimmungserklärung galt, also die Verwertung der Grundschuld beschränkt war auf Rückstände ausschließlich des nunmehr zu übernehmenden Kredites, kann sie in dieser Form bestehen bleiben; allerdings wird eine künftige Anpassung erforderlich werden, wenn der übernommene Kredit getilgt ist. Dies kann jedoch unmittelbar zwischen Gläubiger und Erwerber stattfinden. Problematisch ist der Fortbestand der bisherigen Zweckvereinbarung allerdings dann, wenn diese – wie bisher häufig noch üblich – in »weiter Fassung« alle Ansprüche aus der gesamten Geschäftsverbindung zwischen Gläubiger und bisherigem Schuldner (Verkäufer) absicherte.

1079 Würde sie nicht angepasst, droht dem Erwerber das Risiko einer Versteigerung wegen sonstiger Verbindlichkeiten des Verkäufers (z.B. einer Überziehung dessen Kontokorrentrahmens), obwohl er, der

---

1580 OLG Hamm MittBayNot 1970, 64; *Notarkasse* Streifzug durch die Kostenordnung Rn. 1319 ff.
1581 Ist nur eine der beiden Grundschulden dinglich vollstreckbar, besteht die Gefahr, dass der Schuldner auf die vollstreckbare Grundschuld zahlt. Sofern die Bank Leistung aus der Grundschuld verlangt, muss sie nämlich diese auch auf das dingliche Recht entgegennehmen, trotz der schuldrechtlichen Vereinbarung einer Verrechnung von Zahlungen auf die gesicherten Verbindlichkeiten (BGH DNotZ 1988, 487).
1582 § 87 ZPO dürfte jedoch eine unwiderrufliche, von § 181 BGB befreite Vollmacht nicht zulassen; ferner erlischt die Vollmacht jedenfalls bei Insolvenzeröffnung (§ 117 InsO) und bindet einen Rechtsnachfolger mangels Vormerkbarkeit nicht; vgl. hierzu auch *Dux* WM 1994, 1145. Beurkundungsbedürftig ist die Vollmacht zur Vollstreckungsunterwerfung allerdings nicht, vgl. Rdn. 893.
1583 Vgl. OLG Saarbrücken, 11.05.2006 – 8 U 449/05-125, OLG 2006, 778 m.w.N.; gültig bleibt jedoch die Sicherungsabrede hinsichtlich des Teils der Grundschuld auf dem eigenen Miteigentumsanteil.
1584 OLG Celle, 24.10.2007, NotBZ 2008, 273.

Erwerber, seine Verpflichtungen ggü. dem Kreditinstitut stets ordnungsgemäß erfüllt hat. Bei der notwendig werdenden Anpassung der Zweckvereinbarung ist allerdings auch das Sicherungsinteresse des Veräußerers zu berücksichtigen: Würde nämlich an die Stelle der bisherigen weiten Sicherungszweckerklärung, bezogen auf die Ansprüche des Gläubigers ggü. dem Verkäufer aus der gesamten Geschäftsverbindung, nunmehr eine identisch weite Zweckerklärung, bezogen auf die Ansprüche des Käufers aus der gesamten Geschäftsverbindung, treten, liefe der Verkäufer Gefahr, vor Zahlung des Restkaufpreises mit Vollstreckungsmaßnahmen überzogen zu werden wegen Beträgen, die nicht an ihn geleistet wurden.

Ein Textbaustein zur Schuldübernahme (mit schuldrechtlicher und dinglicher Vollstreckungsunterwerfung) könnte etwa folgendermaßen lauten: 1080

▶ Formulierungsvorschlag: Schuldübernahme

Ein Kaufpreisteil von ..... € soll dadurch getilgt werden, dass der Käufer die durch das Grundpfandrecht Abt. III lfd. Nr. ..... gesicherten Verbindlichkeiten samt etwaigen Rückständen auf seine Kosten anstelle des bisherigen Schuldners in schuldbefreiender Weise zur Verzinsung und Tilgung ab dem Tage der Fälligkeit der ersten Kaufpreisrate übernimmt. Gelangt der Vertrag nicht zur Durchführung, ist er hiervon wieder rückwirkend freizustellen.

Für die Anrechnung der Schuldübernahme auf den Kaufpreis ist der vom Gläubiger zum Übernahmestichtag geforderte Betrag verbindlich. Etwaige Abweichungen von dem heute angenommenen Betrag sind bei der Kaufpreisrestzahlung zu berücksichtigen. Etwaige für die Schuldübernahme in Rechnung gestellte Gebühren gehen zulasten des Verkäufers; trägt sie der Käufer, sind sie mit dem Anrechnungsbetrag zu berücksichtigen.

Die Konditionen der zu übernehmenden Verbindlichkeiten (Zinsen, Laufzeit, Tilgungsmöglichkeiten, Kosten etc.) sind den Beteiligten nach Angabe bekannt. Der beurkundende Notar kennt diese nicht; er hat jedoch auf die mögliche Anwendbarkeit der gesetzlichen Regelung über Verbraucherdarlehensverträge sowohl auf den bisherigen Schuldvertrag als auch auf die Vertragsübernahme und die daraus resultierenden Folgen, insbes. das Widerrufsrecht des Schuldübernehmers, hingewiesen.

Der Verkäufer tritt aufschiebend bedingt mit Kaufpreiszahlung alle Rechte und Ansprüche, die ihm am Tage der Eigentumsumschreibung an dem vom Käufer übernommenen Grundpfandrecht zustehen, an den Käufer ab. Er bewilligt, die Abtretung der Eigentümerrechte in das Grundbuch einzutragen.

Der Käufer anerkennt – mehrere als Gesamtschuldner – dem Grundpfandrechtsgläubiger einen Geldbetrag i.H.d. Grundpfandrechtsnennbetrages und der Zinsen und Nebenleistungen ab dem Datum der Grundbuchbewilligung in der Weise zu schulden, dass dieses Anerkenntnis die Zahlungsverpflichtung selbstständig begründet. Er unterwirft sich der sofortigen Vollstreckung aus dieser Urkunde in sein Vermögen sowie als künftiger Eigentümer in den Grundbesitz mit der Maßgabe, dass vollstreckbare Ausfertigung frühestens ab Genehmigung der Schuldübernahme oder schriftlicher Mitteilung des Käufers über die Neuvalutierungsabsicht erteilt werden darf und die dingliche Vollstreckung gegen den jeweiligen Eigentümer zulässig ist (§ 800 Abs. 1 ZPO), was hiermit vereinbart und zur Eintragung bewilligt und beantragt wird.

Der Notar wird damit beauftragt, diese Schuldübernahme dem Gläubiger unter Übersendung einer Ausfertigung der heutigen Urkunde gem. § 415 Abs. 1 BGB mitzuteilen und dessen Genehmigung für die Beteiligten zu beantragen und entgegenzunehmen. In der Erklärung sind zugleich die Zweckerklärungen dahin gehend anzupassen, dass diese Grundpfandrechte künftig nur noch für die Verbindlichkeiten der Schuldübernehmer haften, bis zur Eigentumsumschreibung nur mehr für den übernommenen Kredit. Die Entlassung des Verkäufers aus Schuldanerkenntnissen und persönlichen Vollstreckungsunterwerfungen im zu übernehmenden Grundpfandrecht hat der Notar nicht zu betreiben.[1585]

[1585] Die Formulierung geht davon aus, dass der Verkäufer dem Kreditinstitut noch andere Beträge schuldet, wegen derer die persönliche Vollstreckungsunterwerfung aufrechterhalten werden muss.

Sollte die Genehmigung der Schuldübernahme verweigert oder nur unter Bedingungen genehmigt werden, denen der Käufer nicht zustimmt, ist der Kaufpreis auch insoweit durch unmittelbare Zahlung zu erbringen. Er ist fällig binnen vierzehn Tagen, nachdem der Notar dem Käufer schriftlich bestätigt hat, dass bzgl. des betreffenden Grundpfandrechtes Löschungsbewilligung vorliegt unter Zahlungsauflagen, die aus dem Kaufpreis erfüllbar sind. Sofern der Käufer dem Notar vorher schriftlich die Absicht mitgeteilt hat, das Grundpfandrecht dinglich zur eigenen Neuvalutierung übernehmen zu wollen, tritt an die Stelle der Löschungsbewilligung die Nichtvalutierungsbestätigung unter gleichzeitiger Entlassung des Verkäufers aus persönlichen Haftungen und Anpassung der Sicherungsvereinbarung. Der Verkäufer hat gegen den Käufer nur Anspruch auf Erfüllung dieser Gläubigerauflagen, die der Notar ohne weitere Prüfung dem Käufer mitteilt, nicht auf Zahlung an sich oder sonstige Dritte.

ff) Anwendbarkeit der §§ 491 ff. BGB?

1081 Das in Ablösung des Abzahlungsgesetzes am 01.01.1991 in Kraft getretene Verbraucherkreditgesetz, das nunmehr als §§ 491 ff. unter gleichzeitiger Trennung zwischen reinen Darlehen und sog. Finanzierungshilfen (seit 10.06.2010: §§ 506 ff.) in das BGB integriert wurde, enthält zum Schutz des Verbrauchers ggü. dem Unternehmer[1586] v.a. folgende Bestimmungen
- Formvorschriften und Aufklärungspflichten zugunsten des Verbrauchers (§ 492, auch für Vollmachten[1587] außer sie sind notariell beurkundet, § 492 Abs. 4 Satz 2 BGB),[1588] z.B. die Pflicht zur Angabe des Gesamtbetrages der zu erbringenden Leistungen – vgl. Rdn. 1082 –,[1589]
- Vorgabe günstiger Vertragsbedingungen für den Verbraucher, sofern gegen Aufklärungspflichten verstoßen wird (§ 494 Abs. 3 ff. BGB),
- Widerrufs- und Rückgaberechte (§§ 495, 355 BGB: bei ordnungsgemäßer Belehrung 2 Wochen, sonst ohne Fristablauf)
- Einwendungsdurchgriff bei Drittfinanzierung (§§ 358 und 359 BGB), d.h. Minderung der Darlehensraten bei Mängeln der verbunden finanzierten Wohnung (relevant bspw. bei Insolvenz des Bauträgers!),[1590]
- Wechsel- und Scheckverbot (§ 496 Abs. 3 BGB),
- Zinsbeschränkungen und Tilgungsanrechnungsgebote (§ 497 BGB),
- Kündigungs- und Rücktrittsbeschränkungen (§§ 503, sonst 498 BGB),
- sowie ein unabdingbares Recht zur vorzeitigen Tilgung (§ 500 Abs. 2 BGB).

1082 Bei Verbraucherdarlehensverträgen bestehen umfassende Informationspflichten, deren Verletzung teils zur Nichtigkeit des Vertrages (§ 494 Abs. 1 i.V.m. Art. 247 §§ 6 und 9 – 13 EGBGB, jedenfalls bis zur Auskehrung des Darlehens – möglicherweise mit Weiterungen für die Vermögensübertragung an sich: § 139 BGB), teils zur Reduzierung auf den gesetzlichen Verzugszins anstelle höherer vereinbarter Zinsen (sofern effektiver Jahreszins, Sollzinssatz oder Gesamtbetrag nicht angegeben sind, § 494 Abs. 2 BGB) bzw. einer prozentualen Herabsetzung des Sollzinses (§ 494 Abs. 3 BGB: falls effektiver Jahreszins zu niedrig angegeben), teils zum Entfallen einzelner Kostenpositionen (sofern nicht genannt, § 494 Abs. 4 Satz 1 BGB), zur Möglichkeit jederzeit Kündigung (§ 494

1586 Die unternehmerische Tätigkeit braucht sich nicht auf die Kreditvergabe zu beziehen; es genügt, dass letztere in Ausübung einer gewerblichen/freiberuflichen Tätigkeit, auch erstmalig, erfolgt (BGH, 09.12.2008 – XI ZR 513/07, DNotZ 2009, 429: Darlehensvergabe durch eine GmbH).
1587 Entgegen der Rspr. des BGH DNotZ 2001, 620 und 769.
1588 Jedenfalls aus diesem Grund sollten General- und Vorsorgevollmachten nicht nur beglaubigt sein! *Dörrie* ZfIR 2002, 93 will allerdings § 492 Abs. 4 Satz 1 BGB einschränkend nur auf Spezialvollmachten für Kreditvertragsabschlüsse anwenden. Für vor dem 01.01.2002 erteilte Vollmachten bleibt es allerdings gem. Art. 229 § 5 Satz 1 EGBGB bei der bisherigen Rechtslage, sie sind also auch ohne Angabe des Effektivzinses etc. gültig.
1589 Unter Sanktion der Vertragsnichtigkeit, allerdings mit Heilung gem. § 494 Abs. 2 Satz 1 BGB durch Empfang der Darlehensvaluta, der auch in der Auszahlung an den Verkäufer im Rahmen eines drittfinanzierten Immobilien- oder Fondserwerbs liegt, vgl. BGH, 25.04.2006 – XI ZR 29/05, DStR 2006, 1087 Tz. 30 ff. (a.A. noch BGH, 14.06.2004 – II ZR 393/02, DStR 2004, 1346.).
1590 Dieser Einwendungsdurchgriff kann (anders als das Widerrufsrecht bis zum 01.07.2005) nicht durch gesonderte schriftliche Vereinbarung ausgeschlossen werden (§ 506 Abs. 3 BGB, Art. 34 Satz 2 OLG-Vertretungsänderungsgesetz).

Abs. 6 Satz 1 BGB, sofern der Vertrag hierzu keine Aussage trifft) oder zur Befreiung von der Pflicht zur Stellung von Sicherheiten führt (§ 494 Abs. 6 Satz 2 und 3 BGB, sofern im Vertrag nicht erwähnt und die Kreditsumme unter 75.000 € beträgt). Diese Angaben werden aus Anlass einer Beurkundung dem Erwerber (Schuldübernehmer) in den seltensten Fällen zur Verfügung gestellt werden können; auch eine neuerliche **Belehrung über etwaige Widerrufsmöglichkeiten** (mit der Folge des Anlaufens der 14 Tages-Frist, § 495 Abs. 2 Satz 1 Nr. 2b i.V.m. § 492 Abs. 2 BGB i.V.m. Art. 247 § 6 Abs. 2 EGBGB, andernfalls läuft die Frist ewig, da § 355 Abs. 4 BGB gem. § 495 Abs. 2 Satz 2 BGB nicht gilt) wird in aller Regel nicht stattfinden.

– Der BGH hat die **Anwendbarkeit des Verbraucherkreditgesetzes** bejaht nicht nur für den Schuldbeitritt durch einen Verbraucher,[1591] sondern auch für eine Vertragsübernahme zwischen zwei Verbrauchern im Weg eines echten dreiseitigen Vertrages, an dem also bisheriger Schuldner, neuer Schuldner und Gläubiger beteiligt sind.[1592] **1083**

– Er hat die **Anwendbarkeit offengelassen** für den Fall einer zweiseitigen Vertragsübernahme durch Direktvereinbarung zwischen bisherigem und neuem Schuldner, welcher der Gläubiger lediglich zustimmt. Das OLG Düsseldorf[1593] hat für diesen Fall die Anwendbarkeit verneint: Zwar stehe aus der Sicht eines Neuschuldners die abgeleitete Darlehensverpflichtung in ihrer Auswirkung der Belastung aus einer originär eingegangenen Kreditverpflichtung gleich; kein Verbraucher könne jedoch erwarten, dass er von einem anderen Verbraucher als seinem unmittelbaren Vertragspartner dieselbe Aufklärung erfährt wie von einem professionell-gewerblich tätigen Kreditgeber.[1594] Auch ist zu bedenken, dass bei Anwendung des Widerrufsrechts auf die bilaterale Vertragsübernahmevereinbarung selbst die Kreditverbindlichkeit nach Widerruf wieder auf den früheren Schuldner rückgeführt wird, dem dadurch – obwohl er selbst Verbraucher ist – ein besonderes Opfer auferlegt würde.[1595] Das OLG Dresden verwehrt weiterführend vorsorglich dem Übernehmer die Berufung auf Verstöße gegen §§ 491 ff. BGB, sobald die Bank den Verkäufer aus der Haftung entlassen hat und die Beteiligten den »Kaufpreis« insoweit als getilgt betrachten.[1596] Eine Entscheidung des BGH steht noch aus. **1084**

– Richtigerweise[1597] unterfällt schließlich die **bloße Erfüllungsübernahme**, die also gänzlich ohne Mitwirkung des Gläubigers stattfindet, erst recht nicht dem Verbraucherkreditgesetz. Im Unterschied zu einer Schuldübernahme wird bei der Erfüllungsübernahme (§ 329 BGB: kein eigenes Forderungsrecht des Gläubigers) lediglich das Ziel festgeschrieben, den Veräußerer von der Haftung zu befreien, der Weg, den der Erwerber hierfür einschlägt, bleibt ihm jedoch freigestellt: Er kann dieses Ziel durch Tilgung im Rahmen einer neuen Darlehensaufnahme, Schuldübernahme, Tilgung aus Eigenmitteln etc. erreichen.[1598] **1085**

Solange zur Fallgruppe der bilateralen Vertragsübernahme mit bloßer Genehmigung durch den Gläubiger noch keine höchstrichterliche Rechtsprechung vorliegt, weichen vorsichtige Gestalter daher auf die **bloße Freistellungspflicht** aus. Sie ist beim Überlassungsvertrag[1599] und der Auseinandersetzungsvereinbarung der direkten, zudem weit weniger flexiblen Schuldübernahmeverein- **1086**

1591 BGH NJW 2003, 2746, auch beim Schuldbeitritt des geschäftsführenden Alleingesellschafters zur Schuld »seiner« GmbH: BGH, 08.11.2005 – XI ZR 34/05, DNotI-Report 2006, 26; ebenso beim Schuldbeitritt des Geschäftsführers zur Anschubfinanzierung für »seine« GmbH & Co. KG, BGH, 24.07.2007 – XI ZR 208/06, GmbHR 2007, 1154.
1592 BGH DNotI-Report 1999, 130; zust. *Martinek* JZ 2000, 551.
1593 MittBayNot 2001, 313.
1594 Ebenso *Vollmer* MittBayNot 2001, 316 und bereits *Kurz* DNotZ 1997, 558 ff.
1595 So aber *Dazert* Mithaftung und Sukzession bei Verbraucherkreditverträgen, S. 150.
1596 OLG Dresden, 04.10.2006 – 8 U 639/06, JurionRS 2006, 25362, das im Grunde jedoch ebenfalls (wie das OLG Düsseldorf) von der Nichtanwendbarkeit der §§ 491 ff. BGB ausgeht.
1597 A.A. allerdings Staudinger/*Kessal-Wulf* BGB § 491 Rn. 22.
1598 Vgl. zum Ausweichen auf die Erfüllungsübernahme auch *Kurz* DNotZ 1997, 552 sowie MittBayNot 1997, 129, 134.
1599 Zur Detailausgestaltung, insb. den möglichen Konsequenzen eines Scheiterns der tatsächlichen Freistellung binnen kurzer Frist und zur möglichen Umwandlung in einen Geldanspruch bei Insolvenz des Freistellungsgläubigers (Veräußerers) vgl. *Krauß* Vermögensnachfolge in der Praxis Rn. 1672 ff.

barung vorzuziehen, trifft allerdings beim Kaufvertrag i.d.R. zumindest nicht die Interessen des Käufers, da dieser gerade an dem bisherigen, günstigen Zinssatz des Veräußererdarlehens interessiert war. Die Vereinbarung einer Freistellungspflicht wäre abweichend von obigem Textbaustein im Eingang etwa wie folgt zu formulieren:[1600]

▸ **Formulierungsvorschlag: Vereinbarung einer Freistellungspflicht**

1087 Der Käufer verpflichtet sich dem Verkäufer gegenüber, den Verkäufer von dieser Verbindlichkeit mit Wirkung ab ..... (= Stichtag) freizustellen. Dem Käufer steht es frei, dies zu bewirken, indem er mit dem Gläubiger eine befreiende Schuldübernahme vereinbart oder indem er die Verbindlichkeit tilgt und mit diesem oder einem anderen Gläubiger ausschließlich im eigenen Namen eine neue Darlehensverbindlichkeit begründet oder indem er auf andere Weise die Freistellung des Verkäufers herbeiführt.

Hierbei handelt es sich um eine wesentliche Pflicht des Käufers, deren Erfüllung er dem Verkäufer innerhalb von ..... ab heute durch Bestätigung des Gläubigers nachzuweisen hat. Die Bestätigung darf an die Bedingung geknüpft sein, dass der Käufer im Grundbuch als Eigentümer eingetragen werden wird *(Anm.: Es folgen wie oben weitere Ausführungen zur Relevanz der Bestätigung für die Umschreibungssperre bzw. zu den Konsequenzen bei Scheitern der Freistellung.)*

2. Fälligkeit

a) Voraussetzungen

aa) Risikolage

1088 Die **Zug-um-Zug-Abwicklung** im idealen Sinn, wie sie bei Übereignung beweglicher Sachen gegen Barzahlung stattfindet, ist bei Grundstücksgeschäften schon deshalb ausgeschlossen, weil das Eigentum erst mit Grundbuchumschreibung übergeht und die Auflassung nicht unter einer Bedingung erklärt werden kann. Allenfalls mit sonstigen Verkäuferpflichten (z.B. Verschaffung des Besitzes) kann die Zahlung (durch bankbestätigten Scheck) in ein Gleichzeitigkeitsverhältnis treten. Ziel der notariellen Beratung und Vertragsempfehlung ist es daher, ein diesem Idealzustand möglichst nahe kommendes Ergebnis auch für die Eigentumsverschaffungspflicht zu erreichen. Da die Kaufpreiszahlung erst nach Umschreibung des Eigentums kaum in Betracht kommt (vgl. zu dieser Variante oben Rdn. 1007 ff.), geht der Käufer in Vorleistung. Der Kaufpreis darf allerdings erst dann fällig gestellt werden, wenn seine Ansprüche auf Erwerb lastenfreien Eigentums und Verschaffung des Besitzes bestmöglich gesichert sind.

1089 Soll der Erwerber den Kaufpreis bereits vor diesem Zeitpunkt entrichten, ist dies allenfalls bei einem hinsichtlich Bonität und Gesetzestreue über alle Zweifel erhabenen Verkäufer (öffentliche Hand; Körperschaften des öffentlichen Rechts) vertretbar, oder wenn der Verkäufer vor Zahlung eine selbstschuldnerische Bankbürgschaft zur Sicherung des Rückzahlungsanspruchs bei Scheitern des Vertrages stellt. Ohne eine solche muss zumindest dieser bedingte Rückzahlungsanspruch an die finanzierende Bank des Käufers zu deren Finanzierung abgetreten worden sein.[1601] Im Verhältnis zum Käufer sollte sich der Verkäufer wegen der bedingten Rückzahlungspflicht im Fall des Nichtvollzugs des Kaufvertrages der Zwangsvollstreckung unterwerfen.

1600 Im Anschluss an *Amann* MittBayNot 2002, 245 ff.
1601 Die unbedingte Abtretung einer solchen bedingten Forderung ist nach BGH, 27.05.2003 – IX ZR 51/02, ZNotP 2003, 385 regelmäßig insolvenzfest; in ihr liegt weder eine insolvenzabhängige Lösungsklausel, noch stellt der Rückzahlungsanspruch eine originäre Masseforderung dar, noch beeinflusst die Abtretung des Anspruchs das Wahlrecht des Verwalters in unzulässiger Weise. Die Abgrenzung zur bloß künftigen Forderung soll sich danach vollziehen, ob die Mittel zur Begründung des Anspruchs bereits vor Eröffnung des Verfahrens aus dem Schuldnervermögen ausgeschieden sind. Die Vorausabtretung einer künftigen Forderung ist ebenfalls insolvenzfest, wenn nur die Forderung in diesem Sinn noch vor Insolvenzeröffnung entstanden ist; in gleicher Weise ist insolvenzfest die unter einer Potestativbedingung vereinbarte Abtretung (BGH, 17.11.2005 –IX R 162/04, ZNotP 2006, 101 m. Anm. *Kesseler*, 94 ff.

bb) Bedeutung der Fälligkeitsregelung

Gem. § 271 Abs. 1 BGB kann mangels abweichender Bestimmung eine Leistung »sofort« verlangt werden; sie ist zugleich sofort »erfüllbar«. Ersteres (die Fälligkeit) hat Bedeutung für die Möglichkeit der Verzugsetzung (§ 286 Abs. 1 S. 1 BGB) und der Klagbarkeit der Forderung (§§ 257 ZPO) sowie für den Verjährungsbeginn (§ 199 Abs. 1 Nr. 1 BGB), letzteres (die Erfüllbarkeit) für die Möglichkeit des Annahmeverzugs (§§ 293 ff. BGB). Davon zu trennen ist die Frage, ob durch (regelmäßig getroffene) abweichende Fälligkeitsbestimmungen (Rdn. 1095 ff) dem Schuldner Einwendungen abgeschnitten werden sollen (deren Vorliegen sonst den Verzugseintritt hindern würde, vgl. Rdn. 1323), also eine Vorleistungspflicht geschaffen wird.[1602] Letzteres ist nur - ausnahmsweise - dann der Fall, wenn es sich um ein (relatives oder absolutes) Fixgeschäft handelt, also der Verkäufer erkennbar besonderes Interesse am sofortigen Erhalt der Leistung bei Fälligkeit hat und demnach etwaige Streitigkeiten über die zu erbringende Gegenleistungen auf einen Rückforderungsprozess beschränkt sind (vgl. Rdn. 1091). In allen anderen (Normal-)fällen erhält der Schuldner durch die Fälligkeitsvereinbarung eine zusätzliche Einrede (die der zinslosen[1603] Stundung für den vereinbarten Zeitraum), verliert seine Einreden jedoch im Übrigen (etwa i.S.d. §§ 273, 320 BGB) nicht. Die Forderung ist als Folge der Stundung »betagt«, bleibt jedoch sofort erfüllbar (§ 271 Abs. 2 BGB). 1090

Liegt ausnahmsweise eine Fälligkeitsregelung mit Fixgeschäftscharakter vor, die tatsächlich eine Vorleistungspflicht des Käufers schafft und ihm insbesondere die Einrede des unerfüllten Vertrages (§ 320 BGB, z.B. bei Eintragungen nach seiner Vormerkung, vgl. Rdn. 1128 ff) abschneidet, sollte dieser Umstand ausdrücklich betont werden. Im Formular- und verbrauchervertraglichen Kontext scheitert diese Variante an § 309 Nr. 2 BGB. 1091

▶ Formulierungsvorschlag: Fälligkeitsregelung als Fixgeschäft

Der Kaufpreis ist ohne weitere Voraussetzungen und ohne Stellung von Sicherheiten fällig am ..... Zurückbehaltungsrechte des Käufers gegen diese Zahlungspflicht sind ausgeschlossen; dem Käufer steht lediglich die Rückforderungsklage offen. 1092

Diametral entgegengesetzt zum Fixgeschäft sind Vereinbarungen, wonach der Kaufpreis (oder andere Pflichten, wie etwa die Räumungspflicht des Verkäufers) auf »unbestimmte Zeit«, also z.B. bis zur einer Kündigung durch den Verkäufer, gestundet seien, dann regelmäßig unter Vereinbarung von Stundungs- oder Nutzungszinsen, Rdn. 1039 ff, und mit der Abrede, dass Erfüllbarkeit dennoch ab sofort gegeben ist, der Käufer also auf die Stundung »verzichten« kann. 1093

▶ Formulierungsvorschlag: Stundung des Kaufpreises bis zur Kündigung durch den Verkäufer

Der Kaufpreis ist ab dem Zugang der notariellen Mitteilung über das Vorliegen der oben a, b, c genannten Voraussetzungen gestundet bis zum Ablauf eines Monats nach Zugang einer Kündigung des Verkäufers beim Käufer. Während dieses Stundungszeitraums ist der Kaufpreis bis zur Gutschrift in Höhe von 4 % zu verzinsen. Dem Käufer ist frühere Zahlung jederzeit gestattet. 1094

cc) »Regelfälligkeitsvoraussetzungen«

Idealtypisch sind daher **Fälligkeitsregelungen**, die auf folgende »Basisvoraussetzungen« abstellen:
– Eintragung der Eigentumsvormerkung zugunsten des Käufers (vgl. hierzu oben Rdn. 845 ff.) bzw. Vorliegen einer Zwischenverfügung, dass der Eintragung lediglich die Zahlung eines Kostenvorschusses durch den Käufer entgegen steht;[1604] allenfalls bei außerordentlich langen 1095

1602 Vgl. hierzu und zum Folgenden *Krafka* MittBayNot 2011, 459 ff.
1603 Zu Folgen einer verzinslichen Stundung bei Verbraucherkäufen vgl. Rdn. 1045.
1604 Teilweise wird empfohlen, die Beteiligten auch untereinander ausdrücklich zu verpflichten, die Voraussetzungen der Fälligkeit herbeizuführen. Die Gerichtskostenlast trägt im Verhältnis zum Verkäufer jedoch ohnehin (Rdn. 2643 ff.) bereits der Käufer.

Grundbuchvollzugszeiten und risikofreudigen Notaren[1605] mag lediglich eine diesbezügliche Notarbestätigung[1606] als Fälligkeitsvoraussetzung vereinbart werden:

▶ **Formulierungsvorschlag: Fälligkeitsregelung bei Notarbestätigung zur Vormerkung**

1096 ..... Bestätigung des Notars, wonach die Eintragung der Vormerkung unwiderruflich bewilligt wurde, der Antrag gestellt ist und gemäß einer mindestens 3 Arbeitstage später erfolgten Einsicht in das Grundbuch, die Markentabelle und die Grundakten keine Umstände erkennbar sind, die – Zahlung eines etwa geforderten Vorschusses vorausgesetzt – der Eintragung nach den derzeitigen und den mit Zustimmung des Käufers bestellten Belastungen entgegenstehen. Der Notar hat warnend darauf hingewiesen, dass dennoch – auch nicht erkennbare – Eintragungshindernisse bestehen können, etwa vorgehende, versehentlich nicht registrierte Anträge, oder vorherige Insolvenzeröffnung beim Verkäufer, die nach Antragstellung, aber vor Eintragung dem Grundbuchamt bekannt wird.

Ohne ausdrückliche Vereinbarung steht die bloße Abtretung des Eigentumsverschaffungsanspruchs des Verkäufers an den Käufer (A-B-C Abwicklung, oben Rdn. 915 ff.) der im Vertrag vereinbarten originären Käufervormerkung als Fälligkeitsvoraussetzung nicht gleich.[1607]

1097 Nicht verkannt werden soll, dass die »sicher geglaubte« Schutzwirkung der Vormerkung nachträglich entfallen kann, wenn es vor Eigentumsumschreibung (danach hilft § 348 BGB, die Rückübereignungspflicht steht im Synallagma) zum Rücktritt kommt, möglicherweise gar durch (unbedachte) Erklärung des Käufers. Die zur bloßen Buchposition gewordene Vormerkung sichert[1608] nicht etwa als »Minus« einen Anspruch auf Eintragung eines Grundpfandrechtes in Bezug auf den Rückzahlungsanspruch, und das Zurückbehaltungsrecht am Buchrecht (§ 273 BGB)[1609] ist nicht insolvenzfest, Rdn. 3073. Geholfen hätte (neben dem Unterlassen des Rücktritts) die Bewilligung und Eintragung einer Vormerkung[1610] zur Sicherung des Anspruchs auf Eintragung einer Höchstbetragshypothek, § 1190 Abs. 1 BGB, i.H.d. Kaufpreises, im Gleichrang mit der Eigentumsvormerkung selbst:[1611]

▶ **Formulierungsvorschlag: Bewilligung einer Vormerkung auf Eintragung einer Höchstbetragssicherungshypothek zur Sicherung der Kaufpreisrückzahlung**

Zur Sicherung etwaiger Rückzahlungsansprüche, die dem Käufer (etwa infolge Minderung, Rücktritts oder einvernehmlicher Kaufpreisherabsetzung) vor Eigentumsumschreibung zustehen könnten, verpflichtet sich der Verkäufer, auf Kosten des Käufers eine Höchstbetragssicherungshypothek in Höhe des Kaufpreises im Gleichrang mit der Eigentumsvormerkung zu bestellen. Er bewilligt und der Käufer beantragt, diesen Anspruch durch Eintragung einer Vormerkung in diesem Rang zu sichern; der Käufer bewilligt deren Löschung mit Eigentumsumschreibung. Die Eintragung der Hypothekenbestellungsvormerkung im Gleichrang mit der Eigentumsvormerkung ist Fälligkeitsvoraussetzung.

1098 Besonders gefährlich ist diese rücktrittsbedingte Entwertung der Vormerkung allerdings dann, wenn der Rücktritt durch den Verkäufer erklärt wird, weil der Käufer in zu hohem Umfang gemindert oder – beim Bauträgervertrag – gem. § 641 Abs. 2 BGB (doppelte Mangelbeseitigungskosten) einbehalten hat. In solchen Fällen verhandelt der Käufer über den Mangelumfang »mit dem Rücken zur Wand« und muss demnach mitunter erwägen, die Eigentumsumschreibung durch vollständige Zahlung (unter Vorbehalt, Rdn. 1252) herbeizuführen um somit Rückzahlung und Rückübereignung im Synallagma zu wissen (§ 348 BGB). Will ihn der Vertragsgestalter schützen, kann

---

[1605] Jedoch wegen § 3 Abs. 1 Satz 1 Nr. 2 MaBV nicht beim Kauf vom Bauträger.
[1606] Muster (bezogen auf die Eintragung von Grundpfandrechten, sog. Rangbescheinigung) der BNotK in DNotZ 1999, 369. Zu den Haftungsgefahren: OLG Brandenburg, 05.06.2008, RNotZ 2009, 114 m. Anm. *Heinze* (vergessener Vorbehalt, dass Grundschuldbrief noch nicht im Original vorliegt).
[1607] BGH, 27.10.2006 – V ZR 234/05, NJW 2007, 508.
[1608] Entgegen *Bohrer* DNotZ 2007, 500, 502 ff.
[1609] H.M.; gegen ein solches Zurückbehaltungsrecht jedoch *Kesseler* DNotZ 2009, 440.
[1610] Wenn der Kostenaspekt (§ 66 Abs. 1 KostO) keine bestimmende Rolle spielt, kann zur Beschleunigung natürlich auch unmittelbar die Hypothek selbst eingetragen werden.
[1611] Wie es *Bohrer* DNotZ 2009, 804 vorschlägt.

er die Rücktrittsberechtigung des Verkäufers daran knüpfen, dass er eine Bankbürgschaft zur Rückzahlungssicherung bereits geleisteter Kaufpreisteile zu stellen hat. Hierzu[1612]

▶ **Formulierungsvorschlag: Beschränkung der Rücktrittsberechtigung des Verkäufers bei Teilleistungen des Käufers**

Sofern der Käufer bereits Teilleistungen auf den Kaufpreis erbracht hat, kann der Verkäufer den Rücktritt vom Vertrag nur erklären, wenn er dem Käufer eine selbstschuldnerische Bankbürgschaft in Höhe der Teilleistung zur Sicherung seiner Rückzahlungsansprüche gestellt hat oder mit der Rücktrittserklärung stellt. 1099

– Erteilung aller für die Wirksamkeit des Vertrages bzw. dessen Erfüllung (Eigentumsumschreibung) etwa erforderlichen **Vorkaufsrechtsnegativzeugnisse und Genehmigungen** (vgl. hierzu nachstehend Rdn. 1342 ff.). Eine hiervon abweichende Fälligkeitsregelung zu beurkunden – möglicherweise mit der Folge einer Zahlung auf einen noch schwebend unwirksamen Vertrag[1613] – ohne über die Gefahren eingehend zu belehren, beschwört deutliche Haftungsrisiken herauf[1614] und lässt die Bereitschaft des Veräußerers erlahmen, zur Erteilung der Genehmigungen beizutragen. Wird der Kaufpreis fällig und bezahlt, ohne dass Nichtausübungserklärungen hinsichtlich gesetzlicher oder rechtsgeschäftlicher Vorkaufsrechte vorliegen, lässt sich das Rückforderungsrisiko des Käufers zumindest teilweise absichern, und zwar durch sicherungshalber erfolgende (unbedingte) Abtretung des gegen den Vorkäufer entstehenden bedingten Kaufpreisanspruchs an den Käufer,[1615] wobei jedoch darauf hinzuweisen ist, dass im Fall der preislimitierten Vorkaufsrechte, etwa gem. § 28 Abs. 3 BauGB, der Vorkaufspreis hinter dem bereits gezahlten eigenen Kaufpreis zurückbleiben kann, und weiter, dass häufig der Nachweis über die Nichtausübung gesetzlicher Vorkaufsrechte zur Voraussetzung der Eigentumsumschreibung erhoben ist, § 28 Abs. 1 Satz 2 BauGB). 1100

Die Formulierung der Fälligkeitsvoraussetzungen hinsichtlich zu erteilender behördlicher oder gerichtlicher Genehmigungen muss sich – um nicht unerfüllbare Verheißungen zu wecken (etwa im Sinn von »der Vertrag rechtswirksam geworden ist«) – beschränken auf die Wiedergabe des konkret vereinbarten Pflichtenprogramms des Notars, etwa hinsichtlich der familien-/betreuungsgerichtlichen Genehmigung (vgl. Rdn. 1648): 1101

▶ **Formulierungsvorschlag: Fälligkeitsregelung bei familien-/betreuungsgerichtlicher Genehmigung nach FamFG**

(Der Kaufpreis ist fällig ..... nach Zugang der Mitteilung des Notars, dass .....),

die Genehmigung durch das Familien-/Betreuungsgericht erteilt wurde, ein Rechtskraftzeugnis (§ 46 FamFG) hierzu vorliegt, und die Genehmigung sodann vom Notar den Beteiligten durch Eigenurkunde gem. § 1829 BGB mitgeteilt wurde.

– Freistellung von allen durch den Käufer nicht zu übernehmenden Grundstücksbelastungen (je nach Fallgestaltung Löschung, Freigabe, Nichtvalutierungserklärung, ggf. auch Schuldübernahmegenehmigung hinsichtlich zugrunde liegender Verbindlichkeiten) – vgl. im Einzelnen Rdn. 1124 1102

Besteht Anlass zur Befürchtung, die Vormerkung könnte durch (kraft Gesetzes vorrangige, § 10 Abs. 1 Nr. 2 ZVG) Hausgeldrückstände ggü. dem Verband der Wohnungseigentümer in einer Zwangsversteigerung (s. im Einzelnen Rdn. 1133 ff.) untergehen, sollte auch deren Nichtvorliegen (bzw. die Kenntnis ihres Umfangs als Ablösebetrag) zu den Fälligkeitsvoraussetzungen gehören:[1616] 1103

1612 Im Anschluss an *Kesseler* DAI-Skript Aktuelle Probleme der notariellen Vertragsgestaltung im Immobilienrecht 2009/2010, S. 61.
1613 Dies ist denkbar (BGH DNotZ 1999, 306), auch bei einem aufschiebend bedingten Kaufvertrag (KG, 22.09.2006 – 25 U 54/05, NotBZ 2007, 329).
1614 Vgl. BGH, 11.11.2004 – II ZR 101/03, NotBZ 2005, 106: Zahlung vor sanierungsrechtlicher Genehmigung, die später bestandskräftig versagt wurde. Die Belehrung, dass eine ungesicherte Vorleistung vorliege, sei nach BGH nicht ausreichend; es bedürfe eines Hinweises auf die Empfehlung, die Genehmigung zur Fälligkeitsvoraussetzung zu erheben.
1615 Diese hat auch bei nachfolgender Insolvenz des Verkäufers Bestand, BGHZ 70, 77; BGH, 27.05.2003, DNotZ 2004, 123.
1616 Vgl. *Kesseler* NJW 2009, 121 ff.

▶ Formulierungsvorschlag: Fehlen von WEG-Hausgeldrückständen als Fälligkeitsvoraussetzung

dem Notar liegt eine Bestätigung des vom Verkäufer benannten WEG-Verwalters vor, in der letzterer zum einen seine Verwaltereigenschaft bestätigt, zum anderen mitteilt, dass zum Zeitpunkt der Anfrage keine Rückstände an Hausgeldern oder Umlagen gegenüber der Gemeinschaft der Wohnungseigentümer bestehen bzw. nach Zahlung eines zu beziffernden Betrages nicht mehr bestehen werden. Ein solcher in der Bestätigung genannter Rückstandsbetrag ist für Zwecke dieses Vertrages zu behandeln wie ein Betrag, den ein Kreditinstitut als Voraussetzung für die Verwendung von Löschungsdokumenten fordert.

1104 Anlass dazu besteht in aller Regel allerdings nur bei einem prekären Verkäufer, etwa einer hochbelasteten und zusätzlich mit Sicherungshypotheken versehenen Abteilung III. In diesem Fall ist i.R.d. Lastenfreistellungsregelung sicherzustellen, dass die vom WEG-Verwalter etwa mitgeteilten Rückstände wie Ablösebeträge von Grundpfandgläubigern behandelt werden.

1105 Dem Grunde nach besteht dasselbe Risiko – und zwar stets – in Bezug auf öffentliche Lasten, die auf dem Grundstück ruhen, also z.B. in Bezug auf Grundsteuer, Erschließungsbeiträge, Schornsteinfegergebühren[1617] und landesrechtlich z.T. auch Brandversicherungsprämien. Bis auf die Erschließungskosten erreichen diese Positionen allerdings selten Größenordnungen, die für den Käufer bedrohlich sind. Nur bei evident prekären Sachverhalten sowie bei Objekten, hinsichtlich derer die Zwangsversteigerung bereits angeordnet ist, wird daher der Notar anregen, die Fälligkeits- (bzw. bei Hinterlegung Auszahlungs-)voraussetzungen auch um diese Aspekte zu erweitern, soweit sie einfach zu erfragen sind (Grundsteuer und Erschließungskosten nach BauGB bei der Gemeinde).

1106 Die vorgeschilderte »klassische Trias« der Fälligkeitsvoraussetzungen, eingebettet in einen Gesamtbaustein, lässt sich demnach wie folgt wiedergeben:

▶ Formulierungsvorschlag: Übliche Fälligkeitsvoraussetzungen (Gesamtbaustein)

Der Notar wird den Beteiligten den Eintritt der nachstehenden **Voraussetzungen** bestätigen (Versand an den Käufer per Einwurf-Einschreiben); der Käufer schuldet die Gutschrift des Kaufpreises spätestens zum Fälligkeitszeitpunkt, nämlich 14 Tage nach Zugang dieser Mitteilung:
– die Eigentumsvormerkung ist im Grundbuch eingetragen,
– dem Notar liegt hinsichtlich der gesetzlichen Vorkaufsrechte nach dem BauGB eine gesiegelte Erklärung der zuständigen Gebietskörperschaft vor, wonach solche Vorkaufsrechte nicht bestehen oder zum gegenwärtigen Kauf nicht ausgeübt werden,
– der Notar verfügt in grundbuchtauglicher Form über alle Unterlagen zur Freistellung von solchen Belastungen, die im Grundbuch vor oder mit der Vormerkung eingetragen und vom Käufer nicht zu übernehmen sind. Ihre Verwendung darf allenfalls von Zahlungsauflagen abhängig sein, für die der Kaufpreis ausreicht. Der Notar wird allseits bevollmächtigt, diese Unterlagen – zur Beschleunigung, ungeachtet der Kostenfolge, unter Fertigung des Entwurfs – anzufordern, für alle am Vertrag und dessen Finanzierung Beteiligten auch gem. § 875 Abs. 2 BGB entgegenzunehmen und zu verwenden.

Stehen Genehmigungen oder Lastenfreistellungsdokumente unter Zahlungsauflagen, teilt der Notar diese den Beteiligten ohne weitere Prüfung mit. Der Kaufpreis kann insoweit bei Fälligkeit nur durch Erfüllung solcher Auflagen erbracht werden, ist also zweckgebunden, ohne dass der Zahlungsempfänger hieraus eigene Rechte erwirbt. Der Restbetrag nach Berücksichtigung etwaiger solcher Treuhandauflagen ist zu überweisen auf das Konto des Verkäufers bei der ....., BLZ ....., Konto-Nr. ....

1107 **Nur ggü. erstklassigen Schuldnern**, z.B. der öffentlichen Hand, kommt in Betracht, die Kaufpreisfälligkeit nach Mitteilung über den Vollzug der Eigentumsumschreibung eintreten zu lassen. Es muss dabei auch gewährleistet sein, dass die Unbedenklichkeitsbescheinigung des FA wegen der Grunderwerbsteuer (wie bspw. stets, wenn Schuldner die öffentliche Hand ist) zügig vorliegt, damit durch diesen atypischen Fälligkeitszeitpunkt keine wesentliche Verzögerung der Zahlung eintritt.

1617 Vgl. § 25 Abs. 4 SchornsteinfegerG hinsichtlich der Gebühr nach der Kehr- und ÜberprüfungsgebührenO; bei Sondereigentum haftet die Gemeinschaft der Wohnungseigentümer, vgl. VG Darmstadt v. 07.12.2006, NJW-Spezial 2007, 386.

dd) Weitere Fälligkeitsumstände

Die o.g. »**Basisvoraussetzungen**« werden i.R.d. Vollzugstätigkeit regelmäßig durch den Notar eingeholt, überwacht und bestätigt. Hinzu treten häufig weitere Umstände (sei es auch nur für die Fälligkeit einzelner Kaufpreisteile), die durch den Notar nicht überwacht werden, bspw. die Räumung des Vertragsobjekts durch den Verkäufer (Muster s. Rdn. 1109), die Klärung der Bebaubarkeit (positiver Bauvorbescheid oder Bekanntgabe[1618] bzw. Bestandskraft[1619] einer Baugenehmigung[1620] für eine bestimmte Mindestbebauung, Muster s. Rdn. 2582), der Auszug des Mieters aus dem verkauften Objekt oder die Durchführung (Abnahme bzw. Abnahmebescheinigung gem. § 641a BGB a.F.)[1621] etwaiger vom Verkäufer noch durchzuführender Renovierungsarbeiten. Die Fälligkeit tritt in diesem Fall regelmäßig ein binnen eines bestimmten Zeitraums (z.B. 10 oder 14 Tage), nachdem sowohl die Bescheinigung des Notars über den Eintritt der »Basisvoraussetzungen« erteilt wurde als auch der nicht vom Notar zu bestätigende Umstand tatsächlich eingetreten ist. Soweit die Umstände im Einflussbereich des Verkäufers wurzeln (bspw. Räumung durch den Verkäufer oder Auszug des Mieters), erscheint es sachgerecht, den Verkäufer zu verpflichten, den Eintritt dieser weiteren Voraussetzung rechtzeitig anzukündigen.

1108

Demnach lautet die »klassische« Fälligkeitsregelung, wenn zu den vom Notar zu bescheinigenden Standardvoraussetzungen die Räumung tritt, z.B. folgendermaßen:

1109

▶ Formulierungsvorschlag: Fälligkeitsregelung nach üblichen Voraussetzungen und Räumung (Gesamtbaustein)

Der Kaufpreis muss zur Vermeidung der Verzugsfolgen innerhalb von vierzehn Tagen gutgeschrieben sein, nachdem die beiden nachgenannten Umstände eingetreten sind:

(1) dem Käufer ist die Bestätigung des Notars (Versand per Einwurf-Einschreiben) zugegangen, dass

   (a) die Eigentumsvormerkung im Grundbuch eingetragen ist,

   (b) dem Notar hinsichtlich der gesetzlichen Vorkaufsrechte nach dem BauGB eine gesiegelte Erklärung der zuständigen Gebietskörperschaft vorliegt, wonach solche Vorkaufsrechte nicht bestehen oder zum gegenwärtigen Kauf nicht ausgeübt werden und

   (c) der Notar in grundbuchtauglicher Form über alle Unterlagen verfügt zur Freistellung von solchen Belastungen, die im Grundbuch vor oder mit der Vormerkung eingetragen und vom Käufer nicht zu übernehmen sind. Ihre Verwendung darf allenfalls von Zahlungsauflagen abhängig sein, für die der Kaufpreis ausreicht. Der Notar wird allseits bevollmächtigt, diese Unterlagen – zur Beschleunigung, ungeachtet der Kostenfolge, unter Fertigung des Entwurfs – anzufordern, für alle am Vertrag und dessen Finanzierung Beteiligten auch gem. § 875 Abs. 2 BGB entgegenzunehmen und zu verwenden.

(2) der Verkäufer hat dem Käufer wahrheitsgemäß mitgeteilt, dass die vollständige Räumung des Anwesens erfolgt ist, sodass dieses bei Besitzübergang grob gereinigt übergeben werden kann. Diese Fälligkeitsvoraussetzung prüft und bescheinigt der Notar nicht.

Stehen Genehmigungen oder Lastenfreistellungsdokumente unter Zahlungsauflagen, teilt der Notar diese den Beteiligten ohne weitere Prüfung mit. Der Kaufpreis kann insoweit bei Fälligkeit nur durch Erfüllung solcher Auflagen erbracht werden, ist also zweckgebunden, ohne dass der Zahlungsempfänger hieraus eigene Rechte erwirbt. Der Restbetrag nach Berücksichtigung

---

1618 I.S.d. Art. bzw. § 43 Abs. 1 LVwVfG.

1619 Allerdings mit der Maßgabe, dass Drittbetroffene (Nachbarn), denen die Genehmigung rechtsfehlerhafterweise nicht zugestellt wurde, außer Betracht zu bleiben haben, da sonst die Anfechtung auch nach Ablauf der Monats- und Jahresfrist der §§ 70, 58 Abs. 2 VwGO möglich ist: Bestandskraft im Verhältnis zum Antragsteller und solchen Dritten, denen die Genehmigung zugestellt wurde.

1620 Übernimmt der Notar entgegen obiger Empfehlung auch die Prüfung des Vorliegens einer Baugenehmigung als Voraussetzung der Fälligkeit, haftet er für den Schaden, wenn er bspw. nicht erkennt, dass die vorgelegte Genehmigung ein anderes Objekt betrifft: BGH DNotZ 2002, 717.

1621 Auch außer Kraft getretene Normen können Gegenstand vertraglicher Vereinbarungen sein (Umkehrschluss aus § 1409 BGB: Verbot der Vereinbarung außer Kraft getretener Güterstände).

etwaiger solcher Treuhandauflagen ist zu überweisen auf das Konto des Verkäufers bei der ....., BLZ ....., Konto-Nr. ....

Aufschiebend bedingt ab Zahlung des Kaufpreises überträgt der Verkäufer dem Käufer alle Eigentümerrechte und Rückübertragungsansprüche in Bezug auf Grundpfandrechte am Vertragsobjekt und bewilligt deren Umschreibung.

1110 Bei **Abwicklung über Anderkonto** stellen die genannten »Fälligkeitsvoraussetzungen« spiegelbildlich »Auszahlungsvoraussetzungen« für den hinterlegten Betrag dar.

ee) Fälligkeitsmitteilung

1111 Regelmäßig übernimmt der Notar im Rahmen einer sonstigen Betreuung gem. § 24 Abs. 1 Satz 1 BNotO (d.h. mit der Folge originärer Haftung ohne Möglichkeit, die Beteiligten auf einen anderweitigen Ersatzanspruch verweisen zu können),[1622] jedoch außerhalb seiner Pflichttätigkeit (also ohne Amtsgewährungspflicht) die Aufgabe, den Eintritt der von ihm herbeizuführenden bzw. zu beurteilenden Fälligkeitsvoraussetzungen den Beteiligten zu bescheinigen (sog. **Fälligkeitsmitteilung**). Auf deren sorgfältige[1623] Überprüfung und die exakte Abfassung des Fälligkeitsschreibens ist besonderes Augenmerk zu legen (bürointern am besten dadurch, dass die Fälligkeitsmitteilungen auf getrenntem Stapel von der sonstigen Tagespost separiert werden).

▶ Hinweis:

Insb. ist bei **Verwendung allgemeiner Textbausteine** darauf zu achten, dass die Besonderheiten des Einzelfalls (z.B. abweichende Zahlungsfrist, Abhängigkeit von weiteren, nicht vom Notar zu bescheinigenden Voraussetzungen, konkrete Abfassung der Treuhandaufträge zur Lastenfreistellung, vgl. dazu Rdn. 1124 ff.) berücksichtigt werden.

1112 Wurde aufgrund fehlerhafter Fälligkeitsmitteilung verfrüht, in falscher Höhe oder auf falsche Konten überwiesen, entsteht oft ein Schaden,[1624] der über den bloßen Zinsnachteil hinausgeht und bis zur Uneinbringlichkeit der zurückzuverlangenden Fehlüberweisungen gehen kann. Auch bei verspäteter Fälligkeitsmitteilung droht dem Notar Unbill (Zinsschaden des Verkäufers, verspätete Besitzerlangung beim Käufer, späterer Zeitpunkt der steuerlichen Anschaffung etc.). Die Fälligkeitsmitteilung ist also ein zentrales Moment in der Abwicklung des Kaufvertrages und besonders haftungsträchtig.

▶ Hinweis:

1113 Es hat sich in der Praxis bewährt, die dem Käufer mitzuteilenden Ablöseforderungen der Grundpfandgläubiger des Verkäufers (vgl. hierzu Rdn. 1124) dadurch zur Kenntnis zu bringen, dass die Begleitschreiben der Grundpfandgläubiger in Kopie beigefügt und die relevanten Daten (Beträge, Tageszinsen, Befristung des Treuhandauftrags, Kontoverbindungen, zu verwendende Überweisungstexte) durch Leuchtstift gekennzeichnet werden. Auch die Mitteilung über eine Änderung der eigenen Kontoverbindung des Verkäufers[1625] kann durch Übermittlung einer Abschrift der Verkäufernachricht erfolgen. Der Verkäufer erhält eine Kopie des Fälligkeitsschreibens und ein Formular zur Bestätigung der Kaufpreiszahlung, um dessen Rücksendung er im Begleitbrief nach vorhaltloser Gutschrift des geschuldeten Gesamtbetrages gebeten wird. Den Eingang der Lastenfreistellungsbeträge bestätigen (ggf. auf Anfrage oder durch Rück-Fax) die Grundpfandgläubiger selbst.

1622 OLG München DNotZ 1991, 337.
1623 Auch aus Haftungsvorsorge, vgl. BGH DNotZ 2003, 122 zum Zinsschaden bei unrichtiger Mitteilung.
1624 Da eine Beschwerde gem. § 15 Abs. 2 BNotO nicht mit dem Ziel, eine bereits erteilte Fälligkeitsmitteilung zurückzunehmen eingelegt werden kann (OLG München, 05.07.2007 – 32 Wx 50/07, DNotI-Report 2007, 135), kann im Haftpflichtprozess auch nicht auf diese Schadensbehebungsmöglichkeit verwiesen werden.
1625 Zu welcher der Notar i.R.d. durch die Fälligkeitsmitteilung übernommenen selbstständigen Betreuungsgeschäftes nach § 24 Abs. 1 Satz 1 BNotO verpflichtet ist, OLG Brandenburg DNotI-Report 2002, 133.

Die sog. »**konstitutive Fälligkeitsmitteilung**« (Rdn. 1106), die per se die Fälligkeit des Kaufpreises binnen bestimmter Frist auslöst, stellt den Regelfall dar und wird bspw. auch in § 3 MaBV für den Bereich des Bauträgervertrages[1626] vorausgesetzt. Zu unterscheiden hiervon ist die »**deklaratorische Mitteilung**« (Rdn. 1115), wonach die Zahlungsfrist mit dem Erhalt der Mitteilung des Notars über die betreffenden Umstände[1627] beginnt, sofern nicht der Käufer zuvor anderweitig Kenntnis von den Fälligkeitsumständen erlangt hat. Letztere nimmt etwas Verantwortung (und Schiedsrichterrolle) von den Schultern des Notars, da sie zumindest die Möglichkeit offenlässt, dass die Fälligkeit unabhängig von der Tätigkeit des Notars eintritt, wodurch Büroversehen u.U. »geheilt« werden. 1114

▶ Formulierungsvorschlag: Deklaratorische Fälligkeitsmitteilung

> Der Kaufpreis ist fällig 3 Wochen nach Eintritt der Voraussetzungen a, b, c. Der Notar wird den Beteiligten das Vorliegen der Fälligkeitsvoraussetzungen spätestens eine Woche nach deren Eintritt mitteilen. 1115

Der Nachweis der anderweitigen sicheren Kenntnis des Käufers von den betreffenden Umständen (in allen notwendigen Details, insb. bzgl. der Treuhandaufträge der abzulösenden Gläubiger) wird jedoch in der Praxis kaum gelingen.[1628] Hingegen kann bei der deklaratorischen Fälligkeitsmitteilung der Gläubiger durch Mahnung Verzug begründen, wenn bspw. die notarielle Fälligkeitsmitteilung nicht erfolgt ist (bei der konstitutiven Variante würde diese Mahnung ins Leere gehen, da mangels Mitteilung des Notars der Kaufpreis noch nicht fällig sein kann). Häufig wird auch bei der deklaratorischen Fälligkeitsmitteilung der Zugang der notariellen Mitteilung als (weiteres) Ereignis vereinbart, dessen Eintritt nach Ablauf der Zahlungsfrist ohne weitere Mahnung Verzug i.S.d. § 286 Abs. 2 Nr. BGB auslösen kann (Rdn. 1320). 1116

Unberührt vom Mechanismus der notariellen Fälligkeitsmitteilung (welche die bis dahin zinslose Stundung beendet, Rdn. 1090) bleiben die dem Käufer ggf. gegen den fälligen Kaufpreis zu Gebote stehenden Zurückbehaltungsrechte und die Einrede des nicht erfüllten Vertrages, etwa bei Vorliegen eines Sachmangels, Rdn. 1971[1629] – oder Rechtsmangels, den der Käufer nicht (als Folge einer diesbezüglichen Beschaffenheitsvereinbarung bzw. einer Vereinbarung nach § 435 BGB – Willenserklärung – oder aber wegen Vertragsabschlusses trotz Kenntnis [§ 442 BGB] – Wissenserklärung –) hinzunehmen hat. Häufiger Sachverhalt ist z.B. das Bestehen nach der Eigentumsvormerkung eingetragener Belastungen, die von der Fälligkeitsmitteilung naturgemäß nicht erfasst werden (Rdn. 1128 f.). 1117

ff) Versendungsart

Nach der **Rechtsprechung** genügt die Versendung der Fälligkeitsmitteilung durch **einfachen Brief**.[1630] Um zumindest den Nachweis über den Einwurf in den Briefkasten des Käufers führen zu können (mit Zugangsfolge, sobald nach der Verkehrsauffassung mit der nächsten Entnahme zu 1118

1626 Zur Frage, ob auch der Bautenstandsmitteilung konstitutive Fälligkeitswirkung zukommen kann und soll, vgl. *Tersteegen* NotBZ 2005, 233 ff. Voraussetzung muss dann jedoch weiterhin sein, dass der betreffende Bautenstand auch wirklich erreicht wurde. Der zwischen Verkäufer und Architekt bestehende Vertrag über die Erstellung von Bautenstandsberichten hat drittschützende Wirkung für die Erwerber, deren Ratenzahlung hierauf beruhen, BGH, 25.09.2008 – VII ZR 35/07, DNotI-Report 2008, 182.
1627 Hierin liegt eine Schwäche der deklaratorischen Fälligkeitsmitteilung: zwischen dem (nach der Klausel maßgeblichen) Eintritt der Voraussetzung »Eintragung der Eigentumsvormerkung« und der Kenntnis des Notars hiervon (durch Eintreffen eines Grundbuchauszuges bei einem auswärtigen Grundbuchamt) können durchaus einige Tage vergehen!
1628 Vgl. hierzu *Reithmann/Albrecht* Handbuch der Vertragsgestaltung Rn. 471.
1629 *Etschelbach* ZAP Fach 3, S. 235.
1630 LG Traunstein MittBayNot 1995, 244; LG Saarbrücken DNotI-Report 1997, 40; ähnlich OLG Düsseldorf RNotZ 2005, 374 (gegen LG Mönchengladbach RNotZ 2005, 126, zur Übersendung einer vollstreckbaren Ausfertigung); *Haug* Die Amtshaftung des Notars Rn. 677; *Bous* RNotZ 2005, 100; im Ergebnis auch *Gutachten* DNotI-Report 2007, 84, da jedenfalls nach Ablauf der Zahlungsfrist der Verkäufer rückfragen wird. Ebenso LG Berlin DNotI-Report 2003, 135, zur Übersendung von Mitteilungen durch einen Rechtsanwalt. Abweichend OLG Oldenburg DNotZ 1998, 652: Versendungsart eines Grundschuldbriefes müsse gewährleisten, dass Verlust zeitnah entdeckt werde (ggf. also einfacher Brief mit Empfangsquittung und Rücklaufüberwachung).

rechnen ist),¹⁶³¹ empfiehlt sich jedoch zumindest im Inland¹⁶³² die Versendung mittels **Einwurf-Einschreibens**. Die (jedenfalls bei ordnungsgemäßer Durchführung)¹⁶³³ »noch sicherere Variante« der **Zustellung über den Gerichtsvollzieher** (§ 132 Abs. 1 BGB: öffentliche Zustellungsurkunde gem. § 182 ZPO, Zugang erfolgt auch durch Niederlegung auf der Post) wirkt diskriminierend¹⁶³⁴ und führt zu erheblichen Kostensteigerungen sowie zeitlichen Verzögerungen, da berufstätige Käufer tagsüber für den Postboten bzw. Gerichtsvollzieher kaum anzutreffen sind und daher die Schriftstücke zu einem ihnen geeigneten Zeitpunkt, bspw. Samstag Vormittag, auf dem Niederlegungspostamt abzuholen haben, was regelmäßig auf erheblichen Unwillen stößt. Diese Versendungsart oder zumindest die Beifügung eines privatschriftlichen Empfangsbekenntnisses wird sich daher nur aufdrängen, wenn der Käufer vorträgt, die erste Fälligkeitsmitteilung, die per Einwurf-Einschreiben versandt wurde, nicht erhalten zu haben (die Rechtsprechung knüpft an den Nachweis der Absendung insoweit bisher nicht den Anscheinsbeweis des Zugangs¹⁶³⁵ und misst dem Auslieferungsbeleg lediglich Indizwirkung, nicht die Qualität einer öffentlichen Urkunde bei)¹⁶³⁶ oder einen anderen Inhalt des Briefes behauptet.

1119 Das **Übergabe-Einschreiben** schließlich ist nicht zu empfehlen, führt doch die bloße Einlegung des Benachrichtigungsscheins in den Briefkasten nicht zum Zugang,¹⁶³⁷ ausgenommen Fälle der Zugangsvereitelung¹⁶³⁸ oder -verweigerung.¹⁶³⁹ Die persönliche Zustellung schließlich durch den Notar selbst unmittelbar an den Zustellungsempfänger¹⁶⁴⁰ gem. § 20 Abs. 1 Satz 2 vorletzte Var. BNotO, die in einer mit der Urschrift des in Ausfertigung übergebenen Schriftstücks zu verbindenden Vermerkurkunde gem. § 39 BeurkG¹⁶⁴¹ festgehalten wird, hat keine praktische Relevanz, zumal sich die Zugangsfiktion des § 132 Abs. 1 BGB hieran nicht knüpft.¹⁶⁴²

Auf jeden Fall ist zu empfehlen, die Versendungsart der Fälligkeitsmitteilung in der Urkunde ausdrücklich wiederzugeben, sodass sie Bestandteil der Einigung beider Parteien wird. Damit wird zugleich das Beweisrisiko »verteilt«.¹⁶⁴³

1120 I.R.d. § 127 BGB (also der gewillkürten Schriftform) steht die Übermittlung per **Telefax** dem eingeschriebenen Brief gleich.¹⁶⁴⁴ Es bestehen daher keine grds. Bedenken, die Übersendung der Fälligkeitsmitteilung an den Käufer per Fax vorzunehmen (wenn auch die Lesbarkeit von Hervorhebungen etwa auf den beizufügenden Treuhandauflagen darunter leidet). Der sog. »OK«-Vermerk

---

1631 Vgl. im Einzelnen Palandt/*Heinrichs* BGB 66. Aufl., § 130 Rn. 6. Der Vollbeweis für den Zugang lässt sich jedoch beim Einwurf-Einschreiben nicht führen (OLG Koblenz, 25.11.2005 – 11 WF 1013/04 in einer Familiensache, DNotI-Dokumentenabruf Nr. 11wf1013_04); nach AG Kempten NJW 2007, 1215 nicht einmal der Anscheinsbeweis, a.A. LG Berlin GE 2001, 770; AG Hannover NJOZ 2004, 67.
1632 Im Ausland wird seitens der Deutsche Post AG unter der Bezeichnung »Einschreiben International« lediglich das Übergabe-Einschreiben (ggf. mit »Zusatzdienstleistung Rückschein International«) angeboten.
1633 Zu Zustellungsfehlern kommt es insb., wenn der Vollzieher das zuzustellende Originaldokument entgegen § 186 ZPO a.F., § 193 ZPO n.F. nicht zurücklässt, vgl. OLG Zweibrücken, 18.04.2005 – 3 W 15/05, JurionRS 2005, 13925.
1634 Auch wenn der Gerichtsvollzieher die Zustellung durch die Post vornimmt, § 194 ZPO.
1635 OLG Köln MDR 1987, 405; für Einwurfeinschreiben: LG Potsdam NJW 2000, 3722 – a.A. AG Paderborn NJW 2000, 3723 und *Putz* NJW 2007, 2450 m.w.N.
1636 Vgl. *Lichtenwimmer* MittBayNot 2005, 397.
1637 BGH NJW 1998, 976; OLG Brandenburg NJW 2005, 1585.
1638 BGH NJW 1996, 1967.
1639 BGH NJW 1983, 930 f. An sich besteht keine allgemeine Obliegenheit, Übergabe-Einschreiben nach Benachrichtigung von der Poststelle abzuholen (Soergel/*Hefermehl* BGB § 130 Rn. 10, 25); es muss sich jedoch so behandeln lassen als wäre dies geschehen, wenn ihm ein Schreiben angekündigt wurde (OLG Brandenburg NJW 2005, 1586) oder wenn er zu der Person, die als Absender auf dem Benachrichtigungsschein angegeben ist, in vertraglicher Beziehung steht (BGH NJW 1998, 976, 977).
1640 Keine Ersatzzustellung gem. §§ 178 ff. ZPO möglich!
1641 Vgl. *Kersten/Bühling* § 17 Rn. 39m.
1642 Vgl. *Gutachten* DNotI-Report 2005, 156.
1643 *Lichtenwimmer* MittBayNot 2005, 397; ebenso die Empfehlung in *Gutachten* DNotI-Report 2007, 85.
1644 Vgl. BGH NJW 2004, 1320.

im Absendefaxprotokoll wird allerdings überwiegend[1645] nicht als ausreichender Zugangsbeweis gewertet, was technisch fragwürdig erscheint, da das Sendeprotokoll[1646] nicht nur auf einer Selbstprüfung des Absende-, sondern auf einer Rückmeldung des Empfangsgeräts beruht.[1647]

gg) Frist

Den Lauf der regelmäßig 10- bis 14-tägigen (oder an einer etwas reduzierten Anzahl an Bankarbeitstagen orientierten) Zahlungsfrist in Gang setzen sollte der **Zugang**, nicht die bloße Absendung der notariellen Fälligkeitsmitteilung; bei Verbraucher- und bei Formularverträgen lassen §§ 308 Nr. 6 und 309 Nr. 12 BGB (Verbot der Zugangsfiktion und der Beweislastumkehr) keine andere Wahl,[1648] im Individualvertrag kann mangels Verschulden (§ 286 Abs. 4 BGB) kein Verzug eintreten, sofern nicht im Ausnahmefall anderweitige Kenntnis des Käufers von der Fälligkeit vorliegt oder (im Fall der deklaratorischen Mitteilung) durch den Verkäufer verschafft wurde. Enthält der Vertrag keine näheren Regelungen, müsste der Käufer im nichtunternehmerischen Verkehr (Geldschuld = Schickschuld) innerhalb der vereinbarten Frist nur die Leistungshandlung vornehmen, also den Überweisungsauftrag bei gedecktem Konto seinem Kreditinstitut zugehen lassen, und letzteres müsste den Auftrag innerhalb der Frist angenommen haben.[1649]

1121

Den Interessen der Beteiligten eher gerecht wird jedoch das Abstellen auf den Leistungserfolg, also das **Datum der Gutschrift auf dem Empfängerkonto**. Nur so lässt sich zudem die Erfüllung der Käuferpflichten auch mit Blick auf Verzugsfolgen ohne Nachweisprobleme überprüfen.[1650] Im Zahlungsverkehr zwischen Unternehmern (sog. »Geschäftsverkehr«) – und damit möglicherweise erst recht auch zwischen Verbrauchern[1651] – wird dies auch durch Art. 3 Abs. 1 Buchst. c) Doppelbuchst. ii) der EG-Zahlungsverzugsrichtlinie (RL 2000/35/EG) gefordert.[1652] Fällt der Fristablauf auf einen Samstag, Sonntag oder Feiertag, verlängert sich die Frist auf den nächsten Werktag, § 193 BGB.[1653]

1122

Deutliche Verlängerungen der üblichen Fälligkeitsfristen sind durch das Abstellen auf den Geldeingang nicht veranlasst: Gem. § 675s Abs. 1 Satz 1 und 3 BGB ist der Zahlungsdienstleister verpflichtet sicherzustellen, dass der Zahlungsbetrag spätestens am Ende des auf den Zugangszeitpunkt des Zahlungsauftrags folgenden Geschäftstags beim Zahlungsdienstleister des Zahlungsempfängers eingeht (wurde der Überweisungsauftrag in Papierform erteilt, verlängert sich die Frist um einen weiteren Tag). Für Zahlungsvorgänge innerhalb des Europäischen Wirtschaftsraums, die nicht in Euro erfolgen, können ein Zahler und sein Zahlungsdienstleister gem. § 675s Abs. 1 Satz 2 BGB eine Frist von maximal 4 Geschäftstagen vereinbaren. Mit der Ausführung ist der Auftrag gem. § 675p BGB unwiderruflich.

1123

1645 Anders OLG Celle, 19.06.2008 – 8 U 80/07, JurionRS 2008, 19213; ähnlich OLG Karlsruhe, 30.09.2008 – 12 U 65/08, JurionRS 2008, 28198 wenn ein Zeuge beim Versand anwesend war; das OLG München, 02.07.2008 – 7 U 2451/08, JurionRS 2008, 21562verlangt immerhin eine ausdrückliche Erklärung des Empfängers, es sei kein Fax angekommen.
1646 Dieses müsse jedenfalls bei fristgebundenen Schriftsätzen ausgedruckt werden (VGH Bayern NJW 2006, 169), das bloße Vertrauen auf die Display-Anzeige genüge nicht.
1647 Vgl. *Gregor* NJW 2005, 2885 mit Hinweis auf Abschnitt 5.3.6.1.7 der Regelungsnorm T.30 der Internationalen Fernmeldeunion (ITU), jedenfalls bei einem unmanipulierten Protokoll, sodass nur letztere Tatsache vom Absender im Bestreitensfall zu beweisen wäre.
1648 Im Individualvertrag kann eine Zugangsfiktion (3 Tage nach Aufgabe zur Post) vereinbart werden, BGHZ 130, 71. Sie ersetzt aber nicht das Verschuldenserfordernis als Verzugsvoraussetzung und bürdet, sofern keine abweichenden Regelungen getroffen sind (was der BGH ausdrücklich zulässt), gleichwohl dem Verkäufer die Beweislast für den tatsächlichen Zugang auf, BGH, 26.11.2004 –V ZR 119/04, MittBayNot 2005, 395 m. Anm. *Lichtenwimmer*.
1649 In §§ 676a ff. BGB (ab 11.06.2010: § 675b ff. BGB) n.F. ist Grundlage nicht mehr die Weisung i.R.d. Giroverhältnisses, sondern der Überweisungsvertrag.
1650 Im Handelskauf wird dadurch § 353 HGB abbedungen.
1651 *Jäger* MittBayNot 2008, 471.
1652 EuGH, 03.04.2008 – C 306/06 (Telecom), DNotZ 2009, 196 m. Anm. *Staudinger*.
1653 § 193 BGB gilt sowohl für Fristen, nach deren Ablauf die Fälligkeit eintritt, als auch für solche, nach deren Ablauf Verzug beginnt, vgl. BGH, 01.02.2007 – III ZR 159/06, DNotZ 2007, 672.

b) Insb.: Die Lastenfreistellung

1124 Da die weiteren »Basisvoraussetzungen« der Kaufpreisfälligkeit Gegenstand der Darstellung in eigenen Kapiteln sind (Vormerkung, Genehmigungen bzw. Vorkaufsrechtsnegativzeugnisse), ist an dieser Stelle der Mechanismus der **Lastenfreistellung aus Kaufpreismitteln** zu erläutern. Diejenigen Löschungen, die i.R.d. Endvollzugs erfolgen, ohne Voraussetzungen der Kaufpreisfälligkeit zu sein (Nacherbenvermerk, Testamentsvollstreckervermerk, Insolvenzvermerk etc.) werden Rdn. 2054 ff. behandelt. Zur Löschung von rechtsgeschäftlichen Vorkaufsrechten, die für den ersten Verkaufsfall bestellt und hierbei nicht ausgeübt werden, vgl. Rdn. 1766 ff.

1125 Die buchungsmäßige Beseitigung einer Belastung erfolgt durch Eintragung eines Löschungsvermerks in der Löschungsspalte des betreffenden Rechts (das Röten bzw. Unterstreichen der betreffenden Belastung ist lediglich ein buchungstechnisches, begleitendes Hilfsmittel) – § 46 Abs. 1 GBO – oder aber durch Nichtmitübertragung bei der Anlegung eines Nachfolge-Grundbuchblatts – § 46 Abs. 2 GBO –.[1654] (Ein Anspruch auf Neuanlegung eines Grundbuchblattes besteht freilich nicht, auch nicht um gelöschte »Zwangseintragungen«, wie etwa Zwangsversteigerungs-, oder Insolvenzvermerke, nicht mehr ersichtlich zu machen).[1655] Materiell-rechtlich erlischt das Recht allerdings nur dann, wenn auch die weiteren materiell-rechtlichen Voraussetzungen, außer der Eintragung der Löschung, vorliegen, z.B. die wirksame Aufgabeerklärung gem. § 875 BGB. Fehlt diese, ist wegen der Gefahr gutgläubig lastenfreien Erwerbs ein **Amtswiderspruch** gem. § 53 Abs. 1 Satz 1 GBO[1656] einzutragen und die Neueintragung des Rechts vorzunehmen. Dieser gutgläubig lastenfreie Wegerwerb droht (entgegen der Rechtsprechung)[1657] auch bei der Veräußerung lediglich eines Miteigentumsanteils; kann (versehentlich gelöscht) das Recht am verbleibenden Anteil materiell nicht fortbestehen (Grunddienstbarkeit), erlöscht es insgesamt[1658] ähnlich der »Buchversitzung«, § 901 BGB.

Folgende **Schwierigkeiten** können i.Ü. auftreten und bedürfen kautelarjuristischer Vorsorge:[1659]

aa) Erfasste Eintragungen

(1) Rechte vor der Vormerkung

1126 Auf jeden Fall müssen die Lastenfreistellungsunterlagen vorliegen für diejenigen Belastungen, die im Rang (also nach Maßgabe ihres Eintragungszeitpunktes) **vor der Eigentumsvormerkung** des Käufers im Grundbuch vermerkt sind und nicht übernommen werden sollen i.S.d. § 435 BGB. Im Übersehen solcher Eintragungen, insb. sofern sie nach der vertragsvorbereitenden Grundbucheinsicht erfolgt sind, liegt eine häufige Haftungsursache. **Optimale Vorsorge** erfordert daher stets eine neuerliche Einsicht in das Grundbuch nach Eintragung der Vormerkung (bei auswärtigen, nicht an die EDV-Einsicht angeschlossenen Grundbuchämtern durch Prüfung eines unbeglaubigten Grundbuchauszuges, der bei Vorlage der Vormerkung mit beantragt wird).

1127 Als »**zweitbeste Lösung**« kommt in Betracht, den Antrag auf Eintragung der Vormerkung mit einer Rangbestimmung nach § 45 Abs. 3 GBO dergestalt zu versehen, dass die Vormerkung nur im Rang nach den in der Urkunde benannten Rechten und der Finanzierungsgrundschuld des Käufers eingetragen werden könne; in diesem Fall muss das an diese materiell-rechtliche Rangbestimmung (§§ 873, 879 Abs. 3 BGB) gebundene Grundbuchamt bei weiteren vorrangigen Eintragungen eine

---

1654 Ein Löschungsvermerk unterbleibt, allerdings wird die Eintragung im bisherigen Grundbuch gerötet; der Abschreibungsvermerk stellt die Verknüpfung zur Löschung her.
1655 BayObLG NJW-RR 1993, 475: keine »Grundbuchwäsche«; u.U. anders bei Eintragungen, die unter Verletzung gesetzlicher Vorschriften vorgenommen wurden, oder wenn längere Zeit vergangen ist.
1656 Zu den (strengen) Anforderungen an den Nachweis der Unrichtigkeit und der Verletzung gesetzlicher Vorschriften OLG München, 20.09.2010 – 34 Wx 085/10, NotBz 2011, 61.
1657 OLG Dresden, 25.01.2010 – 3 W 246/09, ZfIR 2010, 545.
1658 *Heggen* ZfIR 2010, 550 ff.
1659 Vgl. zum Folgenden *Amann* in: Beck'sches Notarhandbuch A I Rn. 100 ff.

Zwischenverfügung erlassen.[1660] Die Rangbestimmung haben die Beteiligten in der Urkunde zu treffen[1661] oder den Notar hierzu zu bevollmächtigen, da die allgemeine grundbuchliche Vollzugsvollmacht des § 15 GBO nicht ausreicht. Lässt das Grundbuchamt diese Rangbestimmung versehentlich unbeachtet und führt der Notar keine Rangprüfung durch, wird die dadurch ausgelöste Staatshaftung (§ 839 BGB) den Notar jedoch nicht exkulpieren.

(2) Rechte nach der Vormerkung?

Zu klären ist insb., ob als Voraussetzung der Fälligkeit auch bei Belastungen, die ohne Zustimmung[1662] oder Rangrücktritt des Käufers **nach der Eintragung seiner Eigentumsvormerkung** hinzugekommen sind, Löschungsbewilligungen vorliegen müssen (auf deren Erteilung nach § 888 BGB ein Anspruch besteht), dem Käufer also die Last der Wegfertigung, die weiterhin den Verkäufer träfe, durch den notariellen Vollzug abgenommen wird, oder ob sich die Einholung der Unterlagen auf die Rechte im Rang vor der Eigentumsvormerkung beschränkt. Letzteres ist der in den meisten Verträgen vereinbarte Regelfall, zumal es an einer klaren Abgrenzung fehlt, wie lange das Grundbuch »nachwirkend« im Hinblick auf später eingetragene Belastungen zu überwachen sei.

1128

▶ Hinweis:

Der Notar sollte dann jedoch bei später eingetragenen Belastungen den Käufer in der Fälligkeitsmitteilung darauf hinweisen, dass ihm ein **Zurückbehaltungsrecht nach § 320 BGB**[1663] hinsichtlich des Kaufpreises zusteht, bis der Verkäufer seine (trotz des aus §§ 883, 888, 886 BGB dem Käufer zu Gebote stehenden Instrumentariums fortbestehende) Pflicht zur Lastenfreistellung auch insoweit erfüllt hat, vgl. Formulierungsvorschlag in Rdn. 2142. Sinnvollerweise wird der Käufer den Verkäufer ermächtigen, den Anspruch aus § 888 BGB im Wege gewillkürter Prozessstandschaft geltend zu machen.[1664]

1129

Hiervon Gebrauch zu machen, ist dem Käufer **dringend zu empfehlen:** Erfüllt nämlich der Berechtigte der nachrangigen Eintragung seine Löschungsverpflichtung aus § 888 BGB, die der Käufer mit Fälligkeit[1665] (nicht erst nach Erfüllung)[1666] des gesicherten Anspruchs verlangen, jedoch erst Zug um Zug mit der eigenen Eintragung bewirken[1667] kann, nur zögerlich, kann der Vormerkungs-

1130

1660 BGH DNotZ 1990, 725; *Bauch* Rpfleger 1983, 421.
1661 Dann sind sie auch für das Grundbuchamt beachtlich, sodass (aufgrund der Gleichzeitigkeit des Posteingangs) eingetragene Gleichrangvermerke zur Unrichtigkeit des Grundbuchs führen würden; OLG Brandenburg FGPrax 2002, 49. Ein »Rangrücktritt« i.S.d. § 880 BGB, der mangels Voreintragung des zurücktretenden Rechtes unwirksam ist, kann in eine Rangbestimmung gem. § 45 Abs. 3 GBO umgedeutet werden, OLG München, 14.03.2006 – 32 Wx 31/06, NotBZ 2007, 260.
1662 BGH, 20.07.2007 – V ZR 245/06, MittBayNot 2008, 211: nach Eintragung der Vormerkung durch den Käufer bewilligte und eingetragene Dienstbarkeit; obwohl kein Rücktritt der Vormerkung erfolgt ist, besteht kein Löschungsanspruch.
1663 Vgl. BGH, 05.12.2003 – V ZR 341/02, DNotZ 2004, 464 m. Anm. *Oppermann*.
1664 Nach *Oppermann* DNotZ 2004, 466 Fn. 1 sei er hierzu gar verpflichtet, wenn dem Verkäufer die Mittel zur Lastenfreistellung fehlen.
1665 BGH, 02.07.2010 – V ZR 240/09, ZfIR 2011, 60 m. Anm. *Wilhelm* S. 46 ff., mit Hinweis darauf, im Fall der vormerkungswidrigen Eintragung eines Dritten als Eigentümer könne der Vormerkungsgeschützte seinerseits erst als Eigentümer eingetragen werden, wenn der Dritte zugestimmt hat, sodass zur Beseitigung vormerkungswidriger Belastungen ebenso wenig die vorherige Umschreibung verlangt werden könne (*Krüger* ZNotP 2011, 82); ebenso Staudinger/*Gursky* BGB § 888 Rn. 36 m.w.N., ähnlich *Kesseler* ZfIR 2007, 88 mit der Begründung, die beanspruchbare Zustimmung i.S.d. § 888 BGB sei keine grundbuchrechtliche Erklärung i.S.d. § 19 GBO, sondern eine materielle Erklärung zur Feststellung, dass tatsächlich ein Fall relativer Unwirksamkeit vorliege, und somit auch vor Umschreibung verfolgbar. Lediglich ggü. nachrangigen Vormerkungen gründe sich der Anspruch auf § 886 BGB, also erst nach Erwerb der Rechtsposition, die durch die vorrangige Vormerkung gesichert wurde (hier des Eigentums).
1666 So *Schöner/Stöber* Grundbuchrecht Rn. 1529; OLG Zweibrücken, 27.04.2006 – 4 U 55/05, DNotZ 2006, 861 und OLG Rostock, 26.10.2006 – 7 U 1/06, NotBZ 2007, 223.
1667 BGH, 14.07.2000 – V ZR 384/98, NJW 2000, 3496; BGH, 02.07.2010 – V ZR 240/09, ZfIR 2011, 60 m. Anm. *Wilhelm* S. 46 ff. mit Hinweis darauf, dass sonst der Dritte befürchten müsste, seine Position vorzeitig zu verlieren, obwohl der vormerkungsgesicherte Anspruch später einverständlich aufgehoben wird. Geschuldet ist also die Bewilligung der Löschung z.B. der nachrangigen Sicherungshypothek »bei Umschreibung des Eigentums auf den Käufer«.

begünstigte nach Ansicht des BGH[1668] keinen Ersatz verlangen, sondern bleibt auf Ansprüche gegen den Verkäufer, der seine Pflicht zur Lastenfreistellung nicht erfüllt hat, verwiesen. Besonders tückisch ist die Situation bei einem fraudulenten Verkäufer, der z.B. für eine nicht existente, angeblich in einem unzugänglichen Land lebende Person eine nachrangige Belastung einträgt, da in diesem Fall der Anspruch aus § 888 BGB ins Leere geht und auch der Unrichtigkeitsnachweis nach § 22 GBO praktisch nicht geführt werden kann (vgl. Rdn. 1169).

1131 Schließlich ist die Eintragung nachrangiger Belastungen, insb. ohne Zutun des Verkäufers, typischerweise ein Zeichen für eine finanziell prekäre Situation, sodass die Kostenerstattung aus einem ggf. zu führenden Rechtsstreit gegen den nachrangigen Belastungsgläubiger ungesichert erscheint, es sei denn, der Käufer behält den Kaufpreis (anteilig, § 320 Abs. 2 BGB) zurück. Das Zurückbehaltungsrecht erlischt, sobald der vormerkungswidrig eingetragene Gläubiger dem Notar die Löschungsbewilligung unter der Auflage[1669] übermittelt, davon Zug um Zug mit Umschreibung auf den Käufer (Erfüllung des vormerkungsgesicherten Anspruchs) Gebrauch zu machen – die vorherige Umschreibung kann nicht verlangt werden. Die Notarkosten der Löschungsbewilligung hat der vormerkungswidrig nachrangige Gläubiger zu tragen, die Kosten der Löschung im Grundbuch der zur rechtsmängelfreien Lieferung verpflichtete Verkäufer. Rechnet der Käufer mit seinem Schadensersatzanspruch (beruhend auf der verzögerten Weiterverwertung bzw. auf den Kosten der Zwangslöschung des nachrangigen Rechts) gegen den Kaufpreis auf, muss allerdings berücksichtigt werden, dass mögliche Treuhandauflagen zur Löschung vorrangiger Gläubiger dadurch u.U. nicht mehr erfüllt werden können.

(3) Öffentliche Lasten/Hausgeldforderungen?

1132 Seit dem 01.07.2007 ist die Hausgeldforderung des Verbandes der Wohnungseigentümer gem. § 10 Abs. 1 Nr. 2 ZVG bis zu einer Höhe von 5 % des Verkehrswertes durch Einordnung in Rangklasse 2 nicht mehr schlichter persönlicher Anspruch (Rangklasse 5), sondern sogar ggü. öffentlichen Lasten (Rangklasse 3) in der Zwangsversteigerung bevorrechtigt (vgl. im Einzelnen Rdn. 2456 ff.). Relevant wird dies beim Erwerb von Sondereigentum,
– in einer WEG-Anlage, in der nicht bereits die Gemeinschaftsordnung eine Haftung für Rückstände des Voreigentümers anordnet, oder eine Öffnungsklausel enthält, auf deren Grundlage ein dahin gehender Beschluss gefasst wurde (Rdn. 2454; dadurch wird eine »quasi-dingliche« Haftung des Sondereigentums selbst für Rückstände geschaffen, wie sie bei öffentlichen Lasten, etwa der Grundsteuer: Rdn. 3431 oder bei Erschließungskosten: Rdn. 1942, gesetzlich angeordnet ist)
– und sofern die WEG-Gemeinschaft während der Kaufvertragsabwicklung die Zwangsversteigerung betreibt (nach Umschreibung scheidet ein Versteigerungsantrag aus, da das Sondereigentum nicht dinglich haftet, sofern nicht die Teilungserklärung diese Haftung begründet, vgl. vorstehenden Punkt), oder der Verkäufer währenddessen in Insolvenz fällt, sodass der WEG-Verband dann auch ohne vorherige Beschlagnahme absonderungsberechtigt ist, Rdn. 3048.

1133 Fraglich ist, inwieweit die **Vormerkung** sich gegen die spätere Beschlagnahme zugunsten der WEG-Gemeinschaft (durch Versteigerungsanordnung auf deren Antrag hin oder späteren Verfahrensbeitritt) durchsetzt. Diese »Rangfrage« ist noch ungeklärt:
– Die strenge Auffassung ordnet die Vormerkung wie sonstige dingliche Rechte i.R.d. § 10 Abs. 1 ZVG in Rangklasse 4 ein, sodass die vorgemerkte Umschreibung des Eigentums kein die Versteigerung aus der Hausgeldforderung hinderndes Recht i.S.d. § 28 ZVG ist und demnach eine auch nach ihrer Eintragung erfolgende Beschlagnahme auf Betreiben der WEG-Gemeinschaft

---

[1668] BGHZ 49, 263 – mit der Begründung, die Verzugsbestimmungen fänden auf die verfahrensrechtliche Vorschrift des § 888 BGB keine Anwendung; a.A. *Hager* JuS 1990, 435; Staudinger/*Gursky* BGB § 888 Rn. 47 m.w.N.
[1669] Gegen die vom BGH akzeptierte Verknüpfung des Vollzugs der Löschung mit dem Vollzug der Eigentumsumschreibung *Muthorst* DNotZ 2011, 729 ff.: ob die Löschungsbewilligung zu Recht abgegeben sei, entscheide sich allein zwischen Vormerkungsberechtigtem und Nachranggläubiger, der gegen die Vormerkung alle Einwendungen und Einreden geltend zu machen habe.

sich gegen den vorgemerkten Erwerb durchsetzt[1670] § 10 Abs. 1 Nr. 2 ZVG schafft also in der Versteigerung einen »verdinglichten Vorrang« solcher Rückstände.[1671] Der für das Insolvenzrecht zuständige IX. Senat des BGH dürfte dieser Auffassung zuneigen, da er dem Verband der Wohnungseigentümer wegen seiner Hausgeldforderungen in der Insolvenz des Wohnungseigentümers quasi-dingliche Absonderungsrechte gem. § 49 InsO zuerkennt.[1672]

– Die vermittelnde Auffassung ordnet zwar die Vormerkung ebenfalls in Rangklasse 4 ein, sieht jedoch im so erworbenen Eigentum ein die Versteigerung hinderndes Recht i.S.d. § 28 ZVG, sodass sich ein Wettlauf zwischen Vollzug des Kaufvertrages und Zuschlag in der Versteigerung entspannt (erfolgt der Zuschlag vorher, geht demnach die Vormerkung als nicht in das geringste Gebot fallendes Recht unter).[1673]

– Eine neuere Auffassung[1674] schließlich platziert die Vormerkung ebenso wie das vorgemerkte Eigentum gänzlich außerhalb der Rangklassen des § 10 ZVG und stellt stattdessen auf die materielle Wirksamkeit ab ggü. den Rechten, aus denen die Versteigerung betrieben wird (sodass es auf die zeitliche Reihenfolge zur Eintragung der Vormerkung ankommt: erfolgt die Eintragung der Vormerkung vor der Beschlagnahme zugunsten des WEG-Verbandes, setzt sich die Vormerkung gegen den zwischenzeitlichen Zuschlag durch, da das Vollstreckungsprivileg nur greife bei Verfahren gegen denjenigen Eigentümer, der auch persönlicher Schuldner ist, gegen den Nachfolger also nur bei entsprechender Haftungserstreckung in der Teilungserklärung).

Das Risiko einer Inanspruchnahme des Käufers aus solchem rückständigem Hausgeld (das bei entsprechender Bestimmung in der Teilungserklärung, Rdn. 2454, stets besteht, sonst nur im Rahmen einer Zwangsversteigerung – dort nach herrschender Meinung stets, nach Mm. nur bei »zeitlich überholender« Vollstreckung) lässt sich bspw. dadurch reduzieren, dass als weitere Voraussetzung der Fälligkeit eine Bestätigung des WEG-Verwalters über das Fehlen solcher Rückstände vereinbart wird (vgl. Formulierungsvorschlag in Rdn. 1103). Anlass dazu besteht in aller Regel allerdings nur bei einem prekären Verkäufer, etwa einer hochbelasteten und zusätzlich mit Sicherungshypotheken versehenen Abteilung III. In diesem Fall ist i.R.d. Lastenfreistellungsregelung sicherzustellen, dass die vom WEG-Verwalter etwa mitgeteilten Rückstände wie Ablösebeträge von Grundpfandgläubigern behandelt werden (und zwar auch, soweit sie über den Betrag hinausgehen, der nach § 10 Abs. 1 Nr. 2 ZVG durchsetzbar wäre). 1134

Noch sicherer ist die Einschaltung eines Anderkontos,[1675] auf dem z.B. 7 % des Kaufpreises (orientiert an der Privilegierungsgrenze des § 10 Abs. 1 Nr. 2 ZVG: 5 % des Verkehrswertes, zuzüglich eines Sicherheitszuschlags) hinterlegt werden, bis die Umschreibung ohne weitere Eintragungen oder Vermerke erfolgt ist, andernfalls (also bei vorheriger Einleitung eines Versteigerungsverfahrens durch den WEG-Verband, sei es auch nach der Vormerkung), die Beträge zur Befriedigung der WEG-Gemeinschaft verwendet werden können. 1135

Dem Grunde nach besteht dasselbe Risiko – und zwar stets – in Bezug auf **öffentliche Lasten**, die auf dem Grundstück ruhen, also z.B. in Bezug auf Grundsteuer: Rdn. 3430, Erschließungsbeiträge: Rdn. 1942, Schornsteinfegergebühren[1676] und landesrechtlich z.T. auch Brandversicherungsprämien. Bis auf die Erschließungskosten erreichen diese Positionen allerdings selten Größenord- 1136

1670 So z.B. *Stöber* NJW 2000, 3600 sowie *Stöber* ZVG § 10 Rn. 16.8. Diesem Kommentar folgen zahlreiche Praktiker bei den Versteigerungsgerichten.
1671 Dafür spricht der im Vergleich zu § 1147 BGB nahezu identische Wortlaut des § 10 Abs. 1 Nr. 2 ZVG, und die Gesetzesbegründung (BT-Drucks. 16/887, S. 43 ff.), die nicht an den Fortbestand des Eigentums des schuldenden Wohnungseigentümers anknüpft, vgl. *Schneider* ZMR 2009, 165; *Böttcher* ZflR 2010, 347 und ZflR 2010, 521, 531; *Suilmann* NotBZ 2010, 365 ff.: Titelumschreibung gegen den Erwerber.
1672 BGH, 21.07.2011 – IX ZR 120/10, ZflR 2011, 825 m. Anm. *Derleder*, vgl. näher Rdn. 3048.
1673 So DNotI-Gutachten § 883 BGB – 85820.
1674 Vgl. *Kesseler* NJW 2009, 121 (123).
1675 Vgl. *Fabis* ZflR 2010, 354, 358, mit Formulierungsvorschlag.
1676 Vgl. § 25 Abs. 4 SchornsteinfegerG hinsichtlich der Gebühr nach der Kehr- und ÜberprüfungsgebührenO; bei Sondereigentum haftet die Gemeinschaft der Wohnungseigentümer, vgl. VG Darmstadt, 07.12.2006, NJW-Spezial 2007, 386.

B. Gestaltung eines Grundstückskaufvertrages

nungen, die für den Käufer bedrohlich sind. Nur bei evident prekären Sachverhalten sowie bei Objekten, hinsichtlich derer die Zwangsversteigerung bereits angeordnet ist, wird daher der Notar anregen, die Fälligkeits- (bzw. bei Hinterlegung Auszahlungs-)voraussetzungen auch um diese Aspekte zu erweitern, soweit sie einfach zu erfragen sind (Grundsteuer und Erschließungskosten nach BauGB bei der Gemeinde; vgl. Rdn. 3911 Muster XXII).

bb) Erforderliche Unterlagen

(1) Risiko der Löschungskosten

1137 I.R.d. Kaufvertragsabwicklung wird typischerweise (zu Recht) das Risiko vernachlässigt, dass die den Verkäufer treffenden **Kosten der grundbuchlichen Löschung/Freigabe** von jenem nicht getragen werden können und somit allein durch Entrichtung der vom Gläubiger geforderten Ablösesumme (die typischerweise auch die dort angefallenen Eigenkosten für die notarielle Beglaubigung der Bewilligung enthält) die Löschung nicht gewährleistet ist. Dieses Vorgehen ist angesichts der häufig überschaubaren Höhe der Grundbuchlöschungskosten (1/2-Gebühr) vertretbar; gerade bei Globalgrundschulden eines gewerblichen Verkäufers (Bauträgers), die am letzten Objekt zu löschen sind, können diese Gebühren allerdings schmerzhaft sein, wenn das AG nicht der in Rdn. 3135 erläuterten analogen Anwendung des § 23 Abs. 2 Halbs. 2 KostO (Bewertung nach Freigabegrundsätzen, limitiert auf den Objektwert) folgt.

1138 Bestehen allerdings insoweit Zweifel, etwa bei Veräußerung eines Objekts mit Zwangsversteigerungsvermerk oder bei Vorausabtretung des vollen Kaufpreises an einen abzulösenden Gläubiger, kann die Gefahr einer Inanspruchnahme des Käufers aus solchen Grundbuchlöschungskosten dadurch gebannt werden, dass der den Kaufpreis erhaltende Gläubiger sich privatschriftlich vorab zur Übernahme der Kosten verpflichtet, oder aber (sofern keine Vorausabtretung vorliegt) dass der Käufer berechtigt ist, den (nach der Kostenordnung zu ermittelnden) Betrag der Löschungskosten bis zu deren Vollzug einzubehalten, sodass nur Gläubigerablösungsauflagen bis zur entsprechend reduzierten Höhe entgegengenommen werden können. Bei Abwicklung über Notaranderkonto kann der Notar zum Einbehalt solcher großzügig zu schätzender Beträge und zur direkten Begleichung vorgelegter Rechnungen der Justizkasse für Rechnung des Verkäufers angewiesen werden (vgl. Rdn. 2138 bei Veräußerung eines in Versteigerung befindlichen Grundstücks).

(2) Löschungsdokumente

1139 Die **Sicherung der Lastenfreistellung** erfordert, dass **die für den Grundbuchvollzug erforderlichen Unterlagen** (Löschungsbewilligungen, Freigabebewilligungen[1677] in Bezug allein auf das zu veräußernde Objekt[1678] bei Gesamtgrundpfandrechten, Grundpfandrechtsbriefe [Rn. 953 ff.], ggf. samt Abtretungserklärungen in kompletter Kette auf den Bewilligenden – Ausnahme Rdn. 1180) dem Notar in **grundbuchtauglicher** (d.h. öffentlich beglaubigter oder gem. § 29 Abs. 3 GBO gesiegelter) **Form** vorliegen, und zwar entweder auflagenfrei oder unter Auflagen, die aus dem Kaufpreis erfüllbar sind. Ist ein Notar selbst Grundbuchgläubiger (etwa aufgrund Gebührenschulden des Eigentümers), muss seine Unterschrift durch einen anderen Notar beglaubigt werden;[1679] eine Eigenurkunde (Rdn. 1794 ff.) ist nicht möglich. Auf diese Weise ist es möglich, insb. die in Abteilung III eingetragenen Belastungen aus dem Kaufpreis selbst wegzufertigen; oft wäre der Verkäufer gar nicht in der Lage, dies aus eigenen Mitteln vorab durchzuführen.

1677 Zu unterscheiden von der formalrechtlichen Freigabe einer materiell nicht betroffenen Teilfläche (§ 894 BGB!), Rdn. 826.
1678 Z.B. lediglich eines Miteigentumsanteils: BGH, 19.03.2010 – V ZR 52/09, ZNotP 2010, 225; hierzu *Schmidt-Räntsch* ZNotP 2011, 5.
1679 OLG Zweibrücken Rpfleger 1982, 276 ff.; *Gutachten* DNotI-Report 1998, 169 (kein Fall des § 29 Abs. 3 GBO; Mitwirkungsverbot gem. § 3 Abs. 1 Nr. 1 BeurkG).

Das im Bauträgervertrag (als Mindeststandard) in § 3 Abs. 1 MaBV[1680] vorgesehene **Freigabeversprechen** als Vertrag zwischen Verkäufer und Gläubiger[1681] zugunsten des Erwerbers gem. § 328 BGB,[1682] die Löschung unter bestimmten Voraussetzungen herbeizuführen, eignet sich für den typischen Kaufvertrag, der in überschaubarer Zeit (also etwa ohne langwierige Vermessung) abgewickelt wird, nicht, zumal ggf. auf Abgabe der tatsächlichen Bewilligung gleichwohl noch geklagt werden müsste.[1683] (Allerdings kann bei Privatgläubigern zusätzlich eine Freigabeverpflichtung vereinbart werden, die durch Löschungsvormerkung gesichert wird, zum Schutz gegen anderweitige Pfändung, Insolvenz, Abtretung vor Wirksamwerden der Aufgabeerklärung, vgl. Rdn. 1222). 1140

Die **Art der zu beschaffenden Unterlagen** richtet sich nach der eingetragenen Belastung, ggf. auch nach dem Willen des Verkäufers: Sofern bspw. Grundpfandrechte auch an anderem, nicht mitverkauftem Grundbesitz eingetragen sind (Gesamtbelastungen), hat er zu entscheiden, ob nur die Freigabe des verkauften Grundstücks bzw. Flurstücks erklärt werden soll (§ 1175 Abs. 1 Satz 2 BGB) oder aber die Löschung des **Gesamtgrundpfandrechts** an allen Grundbuchstellen. Dabei ist zu berücksichtigen, dass die in der Form des § 29 GBO zu erteilende Löschungszustimmung des Eigentümers, § 27 GBO, hinreichend deutlich machen muss, ob sie sich auch auf anderen als den verkauften Grundbesitz bezieht.[1684] 1141

Nicht möglich ist allerdings die »Freigabe« eines nur ideellen Miteigentumsanteils eines Grundstücks, das mit einer einheitlichen Grundschuld belastet ist[1685] (anders als im Fall der isolierten Bruchteilsbelastung, wie sie auch nach einer Verteilung gem. § 1132 BGB entstehen kann, sowie im Fall der echten Gesamtgrundschuld über mehrere Miteigentumsanteile verschiedener Eigentümer. Besteht nach der Sicherungsabrede ein Anspruch auf Rückführung der dinglichen Sicherheiten bei Übersicherung, kann diese durch »horizontale Teillöschung« an allen mit der Gesamtgrundschuld belasteten Objekten, aber auch durch »vertikale Teillöschung«, also Freigabe eines Objektes, verlangt werden, sofern im letzteren Fall alle Gläubiger des Freigabeanspruchs – die Eigentümer der belasteten Objekte, welche diesen Anspruch als Bruchteilsberechtigte innehaben, §§ 741, 747 Satz 2 BGB – damit einverstanden sind.).[1686] 1142

Die zur Löschung erforderlichen Dokumente werden durch den Notar treuhänderisch für die Vertragsbeteiligten verwahrt (Rdn. 1189 ff.); sie führen zur Löschung des Rechtes aufgrund **Eigentümerzustimmung, § 27 GBO** (Rdn. 2038 ff.). Weder durch den verwahrenden und vollziehenden Notar noch das Grundbuchamt ist dabei zu prüfen, ob die Löschungsunterlagen damit tatsächlich dem Berechtigten erteilt wurden – formularmäßige Empfangsvertretungsklauseln bei mehreren Anspruch- 1143

1680 Diese Anforderungen sind im Einzelnen komplex, vgl. etwa BGH, 07.04.2011 – VII ZR 209/07, NJW 2011, 1729 zu einer Aufrechnungsklausel, die zwar § 309 Nr. 3, nicht aber § 307 Abs. 1 BGB genügt, sowie OLG München, 30.06.2011 – 9 U 1977/10, DNotZ 2011, 929 m. krit. Anm. *Basty* zur Unzulässigkeit einer Klausel, welche die Freigabe davon abhängig macht, der Käufer habe die Nichtvollendung nicht zu vertreten, und die Rückzahlung geleisteter Zahlungen davon abhängig macht, dass die Käufervormerkung gelöscht werde.
1681 Dieser könne gemäß LG Düsseldorf RNotZ 2005, 294 auch ein Privater sein, krit. *Bischoff* RNotZ 2005, 295, wegen des Durchsetzungsrisikos.
1682 BGH DNotZ 1977, 356; BGH DNotZ 1992, 560; vgl. § 3 Abs. 1 Satz 1 Nr. 3 MaBV und hierzu BGH, DNotZ 2005, 380 m. Anm. *Schmucker*; das Muster der BNotK enthalte eine Wahlschuld, sodass der Erwerber durch Ausübung des Gestaltungsrechtes die Rückzahlung gegen Herausgabe des Bautorsos erzwingen könne (§ 265 BGB). Zur Zulässigkeit der Zahlstellenklausel (die freilich der Abtretung oder Zweckbindung unterlegen ist) BGH DNotI-Report 2006, 41.
1683 Auf Klagen zur Erfüllung der Sicherungsabrede durch Löschung findet gem. Art. 5 Nr. 1 Buchst. a), 16 Abs. 6 EuGVO bzw. nach dem Luganer Abkommen deutsches Recht Anwendung, auch bei Gläubigern mit Sitz im Ausland, *Gutachten* DNotI-Report 2005, 102.
1684 *Schöner/Stöber* Grundbuchrecht 13. Aufl. 2004 Rn. 2759; nach LG München I RPfleger 2008, 21 genügt dem die Formulierung »stimmen der Löschung sämtlicher Belastungen, die vom Erwerber nicht übernommen werden, zu« nicht.
1685 OLG Celle, 18.02.2009 – 3 U 170/08, RNotZ 2009, 389.
1686 BGH, 19.03.2010 – V ZR 52/09, ZNotP 2010, 225; *Schmidt-Räntsch* 8. Jahresarbeitstagung des Notariats, September 2010, DAI-Skript Bd. I S. 345 ff.; ähnlich BGH, 12.12.2008 – V ZR 49/08 (zum Ausnahmefall des Berichtigungsanspruchs eines einzelnen von mehreren belasteten Eigentümern alleine); hierzu *Schmidt-Räntsch* ZNotP 2011, 4.

sinhabern verstoßen nach Ansicht des BGH gegen § 307 BGB–,[1687] oder ob die Rückgewähransprüche (auch) Dritten zugestanden hätten, und damit auf schuldrechtlicher Ebene noch nicht erfüllt sind. Wird letzteren infolge der Löschung eine Befriedigungsmöglichkeit genommen, kann ein bereicherungsrechtlicher Ausgleichsanspruch gem. § 816 Abs. 2 BGB bestehen.[1688]

1144 Des Weiteren ist dem Verkäufer vor Augen zu führen, dass die für Zwecke des Vertrages einzuholenden Erklärungen lediglich die dingliche Freistellung des Objektes als solche betreffen, also den Käufer vor erneuter Inanspruchnahme (§ 800 ZPO) schützen, er – der Verkäufer – allerdings möglicherweise mit Restkrediten belastet bleibt, und auch die Verpflichtung aus dem im Grundpfandrecht regelmäßig mit enthaltenen abstrakten Schuldanerkenntnis mit »persönlicher Vollstreckungsunterwerfung« fortbesteht, sofern nicht die Bank (etwa durch Übersendung der vollstreckbaren Ausfertigung an den Notar) einen diesbezüglichen Erlassvertrag anbietet, den der Verkäufer (durch Entgegennahme des ihm durch den Notar nach Erfüllung der Treuhandauflagen übersandten Dokuments) annimmt.[1689]

1145 Ist daher der Verkäufer zur Veräußerung nur bereit, wenn durch den Kaufpreis alle objektbezogenen Verbindlichkeiten abgegolten werden können, und lässt sich der Käufer auf diese ungewisse Erwartung (Ausnutzung einer Drucksituation ggü. dem Gläubiger) ein, wäre die betreffende Textpassage in der Fälligkeitsmitteilung wie folgt zu formulieren:

▶ **Formulierungsvorschlag: Völlige Entschuldung des Verkäufers als Fälligkeitsvoraussetzung**

1146 (Der Kaufpreis ist fällig ..... nach Zugang der Mitteilung des Notars, dass .....),

dem Notar die grundbuchlich erforderlichen Lastenfreistellungsunterlagen vorliegen für alle vor oder mit der Vormerkung eingetragenen Belastungen, die der Käufer nicht zu übernehmen hat. Hinsichtlich des Abt. III lfd. Nr. ..... eingetragenen Grundpfandrechtes hat der Gläubiger weiterhin zu bestätigen, dass mit Erhalt des Ablösebetrages keine weiteren schuldrechtlichen Ansprüche und Vollstreckungstitel gegen den Verkäufer mehr bestehen; der Verkäufer bietet dem Gläubiger hiermit einen hierauf gerichteten Erlassvertrag an. Diese Erklärungen müssen (soweit für das Grundbuchamt bestimmt, in grundbuchmäßiger Form) bedingungslos oder nur unter solchen Zahlungsauflagen erteilt sein, die aus dem Kaufpreis erfüllbar sind. Der Notar wird allseits bevollmächtigt, die genannten Unterlagen zur Lastenfreistellung – zur Beschleunigung, ungeachtet der Kostenfolge, unter Fertigung des Entwurfs – anzufordern, für alle am Vertrag und der Kaufpreisfinanzierung Beteiligten auch gem. § 875 Abs. 2 BGB entgegenzunehmen und zu verwenden. Dem Gläubiger Abt. III lfd. Nr. ..... ist eine Ausfertigung des Kaufvertrages zu übersenden.

(*Anm.: i.Ü. wie Formulierung in Rdn. 1230*)

1147 Erteilt ein **Hypothekengläubiger** sich durch **Quittung** für befriedigt, ist eine durch ihn etwa zusätzlich abgegebene Löschungsbewilligung unbehelflich, da die Hypothek entweder auf den Eigentümer (§§ 1143 Abs. 1, 1163 Abs. 1 Satz 2, 1172 Abs. 1, 1173 BGB), den persönlichen Schuldner (§§ 1164, 1174 BGB) oder einen Dritten (§§ 1150, 774 BGB) übergegangen ist.[1690] Anders liegt es, wenn der Gläubiger in einer »**löschungsfähigen Quittung**« den (nunmehrigen) Eigentümer als Zahlenden benennt (bei Gesamthypotheken ferner, ob nur für eigene Rechnung oder auch für Rechnung des anderen Miteigentümers gezahlt wurde)[1691] oder schlichte Löschungsbewilligung erteilt – in diesen Fällen genügt die ohnehin weiter notwendige Eigentümerzustimmung nach § 27 Satz 1 GBO. In

---

1687 BGH DNotZ 1989, 621.
1688 BGH 09.05.2007 – IV ZR 182/06, DNotI-Report 2007, 189: der Ehemann hatte nach einer Ehegatten-Teilungsversteigerung den Zuschlag erhalten; die Löschungsunterlagen für zwei im geringsten Gebot voll berücksichtigte Grundpfandrechte wurden ihm allein zugesandt und von ihm zur Löschung verwendet.
1689 Vgl. *Gutachten* DNotI-Report 2003, 121.
1690 Vgl. OLG Hamm RNotZ 2005, 175.
1691 Leistet nur einer von mehreren betroffenen Eigentümern auf eine Gesamthypothek, erwirbt er die Hypothek an seinem Grundstücksteil, die an den anderen Teilen erlischt gem. § 1173 Abs. 1 Satz 1 BGB, bei gemeinschaftlicher Befriedigung steht sie den Eigentümern gemeinschaftlich zu: §§ 1163 Abs. 1 Satz 2, 1172 Abs. 1 BGB. Erkennt das Grundbuchamt später die Unzulänglichkeit einer Quittung, auf deren Grundlage in der Vergangenheit eine Gesamthypothek auf einen der Eigentümer alleine umgeschrieben wurde, muss es entgegen § 891 BGB zur Löschung auf der Mitwirkung des anderen Eigentümers bestehen, OLG München, 28.02.2011 – 34 Wx 101/10, DNotZ 2011, 918.

Sonderfällen (Althypotheken an ehemaligen Reichsheimstättengrundstücken, Rdn. 1724) genügt bereits der Tilgungsnachweis, da verdeckte Eigentümergrundschulden dort nicht entstehen können.

Vereinzelt kann der Nachweis gelingen, dass die der Hypothek zugrunde liegende Forderung durch **Zeitablauf erloschen** (nicht nur verjährt) ist, z.B. bei einer Hypothek zur Sicherung einer Schuldverschreibung, die nicht innerhalb der 30-jährigen Vorlegungsfrist des § 801 Abs. 1 Satz 1 BGB vorgelegt wurde.[1692] Ein (klageweise durchzusetzender) Löschungsanspruch in Bezug auf **Getränkedienstbarkeiten** besteht allerdings nicht schon dann, wenn der Nachweis der Sittenwidrigkeit der überlang gewordenen schuldrechtlichen Verpflichtung gelingt, vielmehr muss die Dienstbarkeit auch zur Sicherung dieser Verpflichtung dienen. Ohne Sicherungscharakter besteht also die faktische Bindung des Eigentümers fort.[1693]

1148

Für Grundpfandrechte und Reallasten aus der Zeit vor der Währungsreform 1948, die also noch auf Goldmark[1694] oder Reichsmark lauten, und demnach in den alten Bundesländern zum 21.06.1948 im Verhältnis 10:1[1695] auf DM umgestellt werden (zum Beitrittsgebiet vgl. Rdn. 3794: überwiegend 1:1) gelten, sofern der noch vermerkte Betrag nach Umrechnung (auch wenn die Umstellung im Grundbuch noch nicht vollzogen ist) 3.000,00 € (5.867,49 DM) nicht übersteigt, für die Löschung zwei »Nachweiserleichterungen«: Gem. § 18 Abs. 1 Satz 1 **Grundbuchmaßnahmengesetz** (GBMaßnG) genügen Löschungsbewilligungen in schlichter Schriftform und gem. § 18 Abs. 1 Satz 2 GBMaßnG kann anstelle eines schwer zu beschaffenden Erbscheins auch ein »minderer« Erbnachweis akzeptiert werden, etwa eine privatschriftliche Versicherung an Eides statt.

1149

(3) Unrichtigkeitsnachweis

Teilweise kann alternativ der Unrichtigkeitsnachweis in grundbuchlicher Form geführt werden (Fälle des § 22 GBO). Letzteres kommt insb. in Betracht, wenn eine vom **Ausübungsbereich einer Dienstbarkeit**[1696] einschließlich der damit verbundenen, oft im Plan allerdings nicht eingezeichneten, Nebenrechte (Betretungsrecht bei Leitungsdienstbarkeiten!)[1697] nicht erfasste Teilfläche weggemessen werden soll und die Voraussetzungen des **§ 1026 BGB** sich aus ausreichend bezeichneten, mit vorgelegten oder bereits vorliegenden Urkunden oder amtlichen Fortführungsnachweisen ergeben[1698] bzw. aus dem Text der Bewilligung selbst (nicht aber aus sonstigen Umständen, seien sie auch offenkundig oder nachgewiesen,[1699] z.B. bei Bezugnahme auf in der Vergangenheit liegende natürliche Gegebenheiten).[1700]

1150

1692 BGH, 12.12.2008 – V ZR 49/08, RPfleger 2009, 305.
1693 OLG Karlsruhe, 14.05.2008 – 6 U 122/07, MittBayNot 2009, 228; BGH NJW-RR 1992, 593 m. Anm. *Bormann*.
1694 Durch § 1 Abs. 1 der VO über wertbeständige Rechte v. 16.11.1940, RGBl. 1940 I, S. 1521 der Reichsmark gleichgestellt (vormals der amtlich festgestellte Preis von 1/2790tel Kilo Feingold).
1695 Regelumstellungsverhältnis in den alten Bundesländern gem. § 16 Abs. 1 UmstellungsG (Ausnahme 1:1 gem. § 18 UmstG und §§ 2,7 der 40. DurchführungsVO zum UmstG, beantragbar bis 31.12.1964 und zu vollziehen bis 31.12.1965; zum damaligen Umstellungsschutzvermerk s. §§ 4 ff. GBMaßnVO).
1696 Dieser kann rechtsgeschäftlich bestimmt sein (§ 1023 Abs. 1 Satz 2 BGB), oder durch langjährige tatsächliche Ausübung (BayObLG DNotZ 1984, 565). Eine Änderung des Ausübungsbereichs bedarf im ersteren Fall der Einigung und Eintragung (BGH DNotZ 1976, 530; unter Zustimmung aller dinglich Berechtigten am dienenden und am herrschenden Grundstück, es sei denn die Verlegung beruht auf gesetzlichem Anspruch: § 1023 Abs. 1 BGB); in letzterem Fall bedarf es wohl der Einigung ohne Eintragung, BGH, 07.10.2005 – V ZR 140/04, MittBayNot 2006, 226.
1697 OLG München, 30.10.2009 – 34 Wx 104/09, NotBZ 2010, 63 (die Pflicht zur schonenden Ausübung nur entlang der Trasse, § 1023 BGB, ist nur im Verhältnis zwischen den Beteiligten selbst von Bedeutung).
1698 BayObLG NotBZ 2004, 70.
1699 OLG Celle, 14.04.2010 – 4 W 43/10, juris (zur Parallelvorschrift des § 1025 Satz 2 BGB: partielles Fortbestehen bei Teilung des herrschenden Grundstücks).
1700 Beispiel nach OLG Zweibrücken, 11.03.2010 – 3 W 8/10, NotBZ 2010, 470: »Betrieb eines SB-Warenhauses einschließlich der bereits am 02.10.2008 vorhandenen Stellplätze«.

B. Gestaltung eines Grundstückskaufvertrages

▶ **Formulierungsvorschlag: Lastenfreistellung nach § 1026 BGB**

1151 Die Beteiligten beantragen auf Kosten des Verkäufers die lastenfreie Abschreibung der verkauften Teilfläche gem. § 1026 BGB von der eingetragenen Leitungsdienstbarkeit Abteilung II lfd. Nr. 2 unter Bezugnahme auf die der Eintragungsbewilligung beigefügte Karte und den Lageplan des Vermessungsergebnisses.

Kann der Kartenbeweis nicht zur Zufriedenheit des Grundbuchrechtspflegers geführt werden, bedarf es einer zu bewilligenden »**Freigabe**« des Begünstigten (materiell-rechtlich ist er hierzu gem. § 894 BGB zur Vermeidung einer Unrichtigkeit des Grundbuchs verpflichtet, allerdings ohne die Kosten für die Freigabe zu tragen [§ 897 BGB]).

1152 Bei **dinglich befristeten** Rechten ergibt sich die Unrichtigkeit nach Fristablauf bereits aus dem Grundbuchinhalt, anders, wenn die Befristung auf die Vollendung eines bestimmten Lebensjahres des Begünstigten abstellt: sein zur Erfüllung der Voraussetzungen des § 15 GBV im Grundbuch mit angegebenes Geburtsdatum wurde ja aufgrund der Bewilligungsurkunde eingetragen, deren Beweiskraft sich nicht hierauf erstreckt, es bedarf daher gem. § 29 Abs. 1 Satz 2 GBO der Vorlage einer Geburtsurkunde zur Ermittlung der Frist.[1701] Auch auflösende Bedingungen (oder der endgültige Ausfall aufschiebender Bedingungen) können mitunter mit grundbuchlichen Beweismitteln belegt werden.[1702]

1153 Der bloße Unrichtigkeitsnachweis (durch Sterbeurkunde) genügt auch, wenn das **zu löschende Recht nicht vererblich** ist und rückständige Leistungspflichten ausgeschlossen sind (Wohnrecht ohne Instandhaltungspflicht des Eigentümers).[1703] Sofern jedoch bei nicht vererblichen Rechten Rückstände i.S.d. § 23 GBO denkbar sind, muss entweder das Sperrjahr abgewartet werden, oder es sind Löschungsbewilligungen aller nunmehrigen Begünstigen die ihre Erbenstellung durch einen Erbschein (§ 35 GBO) oder ein notarielles Testament samt Eröffnungsvermerk – jeweils in beglaubigter Abschrift – nachzuweisen haben) einzuholen, es sei denn, eine **Vorlöschungsklausel** gem. § 23 Abs. 2 GBO ist vereinbart und eingetragen.

▶ Beispiel:

Nicht vererbliches[1704] Vorkaufsrecht, wie gem. § 473 Satz 1 BGB im Zweifel bei nicht befristeten schuldrechtlichen Vorkaufsrechten – es könnte noch vor dem Tod wirksam ausgeübt worden sein; auf den Tod des Berechtigten befristetes Grundpfandrecht.

Anderenfalls genügt zur Löschung der **Todesnachweis** durch Sterbeurkunde (ebenfalls in gesiegelter Form), die ggf. beim Standesamt (bei Kenntnis des Sterbedatums und Sterbeorts) beschafft werden kann.

1154 Bei akzessorischen Rechten, etwa der **Vormerkung**, kann die Unrichtigkeit des Grundbuches (§ 22 Abs. 1 GBO) an sich durch den Nachweis, dass der gesicherte Anspruch endgültig erloschen sei, belegt werden. Schon dieser Nachweis ist in der Form des § 29 GBO kaum zu führen (das Grundbuchamt muss sich »einen hinreichenden Grad an Gewissheit verschaffen, der Zweifeln Schweigen gebietet, ohne sie völlig auszuschließen; es sei denn konkrete Umstände lassen im Einzelfall auch einen anderen Schluss zu«).[1705] Als Folge der Rechtsprechung des BGH zum »Recycling« (Wiederaufladung) funktionslos gewordener Vormerkungen oder zur »Extension« der Anspruchstatbestän-

---

1701 Vgl. OLG München, 05.01.2010 – 34 Wx 122/09, hierzu *Michael* notar 2010, 412.
1702 OLG München, 27.09.2011 - 34 Wx 241/11, NotBZ 2012, 59 zu einem Fall, in dem ein Vorkaufsrecht aufschiebend bedingt war für den Fall, dass ein vorrangiges Vorkaufsrecht nicht ausgeübt wurde: kommt der erste Kaufvertrag zwischen dem Eigentümer und dem Berechtigten des ersten Vorkaufsrechtes zustande, ist die Bedingung endgültig ausgefallen.
1703 S. im Einzelnen *Krauß* Vermögensnachfolge in der Praxis Rn. 1309 ff.
1704 BGH, 12.11.2004 – V ZR 322/03, DNotI-Report 2005, 5: bei Zweifeln über die Vererblichkeit ist den Erben durch das Grundbuchamt rechtliches Gehör zu gewähren. Hat der Eigentümer die Löschung beantragt und dabei grob fahrlässig die Vererblichkeit des Rechtes verkannt, haftet er nicht nach § 823 BGB.
1705 Plastisch für die auftretenden Schwierigkeiten OLG München, 18.11.2011 – 34 Wx 425/11: Eine Vormerkung zur Sicherung der Rückübertragung bei Nichtleistung des Kaufpreises (im Falle einer vorzeitiger Eigentumsumschreibung) kann auch nach 50 Jahren nicht ohne Nachweis gelöscht werden.

de (Rdn. 899, 900) – und zwar ohne Verlautbarung in Grundbuch oder Grundakten – ist dieser Weg jedoch faktisch aussichtslos geworden,[1706] sofern nicht aus dem »*Zusammenhang der Umstände hinreichend sicher festgestellt werden kann, dass die Vormerkung nicht durch Vereinbarung eines anderen Anspruchs auf dieselbe Leistung wieder aufgeladen worden ist*«.[1707]

Die bloße Abrede im Vertrag, künftige Änderungen der zugrunde liegenden Tatbestände nur im Rahmen einer neuen Vormerkung vereinbaren zu wollen, reicht, da ihrerseits ohne Kenntnis des Grundbuchamtes abänderbar, sicherlich nicht.[1708] Es hilft nur, die Vormerkung ihrerseits als Sicherungsmittel z.B. auf den Tod des Berechtigten oder ein bestimmtes Datum **auflösend zu befristen**, sodass hinsichtlich des dinglichen Rechtes keine Rückstände möglich sind und demnach § 22 GBO unmittelbar gilt.[1709] Der gesicherte Anspruch kann allerdings weiter verfolgt und zu dessen Sicherung im Weg der einstweiligen Verfügung eine neue Vormerkung gem. § 885 Abs. 1, 1. Alt. BGB erzwungen werden (wenn auch mit ggf. verschlechtertem Rang). Daneben besteht die Möglichkeit, dem Beschwerten (Grundstückseigentümer) eine Löschungsvollmacht zu erteilen, deren Ausübung an die Vorlage einer Sterbeurkunde des Vormerkungsberechtigten (also einen grundbuchlich mit Mitteln des § 29 GBO überprüfbaren Umstand) geknüpft wird (bzw. an den Ablauf von 3 Monaten nach dem durch Sterbeurkunde nachgewiesenen Todesdatum, um ggf. den Widerruf der Vollmacht durch einstweilige Verfügung zu ermöglichen); eines Nachweises der Erbfolge nach dem verstorbenen Vormerkungsberechtigten bedarf es in diesem Fall nicht.[1710]

1155

(4) Berechtigter

Die Bewilligung kann außer durch den im Grundbuch **voreingetragenen (§ 39 GBO) Berechtigten** auch durch einen Nichtberechtigten erklärt werden, wenn der wahre Berechtigte ihn hierzu ermächtigt hat (§ 185 Abs. 1 BGB). Eine solche (im Grundbuch nicht eintragungsfähige) Ermächtigung liegt bspw. in einer (in der Form des § 29 GBO vorgelegten) Abtretung eines Buchgrundpfandrechtes, die im Grundbuch zwar nicht vollzogen wurde, jedoch den sich solchermaßen legitimierenden Zessionar zur Abgabe der Löschungsbewilligung konkludent ermächtigt. Einer Voreintragung der Abtretung bedarf es hierfür nicht.[1711]

1156

▶ Hinweis:

Als sicher gelten kann die Abgabe einer Löschungs- oder Freigabebewilligung aufgrund einer (nicht vollzogenen) beglaubigten Abtretungskette freilich nur bei Kreditinstituten. Derjenige, der die bisher nicht vollzogene Abtretung erklärt hat, ist weiterhin Vollrechtsinhaber und kann demnach weiterhin über das Recht verfügen; die Zweitverfügung kann sodann vollzogen werden, bevor die (gem. § 185 BGB mit Wirkung für den Altrechtsinhaber erklärte) Löschungsbewilligung des Erstabtretungsempfängers vorgelegt werden kann!

Tückisch wirkt sich der Umstand aus, dass bei **subjektiv-dinglichen Rechten** die Bezeichnung des »herrschenden Grundstücks« durch die schlichte Angabe der Flurstücksnummer in falsche Sicherheit wiegt: sie bezieht sich auf die Flurstücksbezeichnung zum Zeitpunkt der historischen Bewilligung.

1157

1706 OLG Köln, 25.11.2009 – 2 Wx 98/09, FGPrax 2010, 14 ff.; OLG Bremen, 03.11.2010 – 3 W 17/10 notar 2011, 169, OLG Schleswig, 09.07.2010 – 2 W 94/10, RNotZ 2011, 108; OLG Düsseldorf, 02.03.2011 – I-3 Wx 266/10, RNotZ 2011, 295; *Heggen* RNotZ 2011, 329 ff. Kritisch *Amann* MittBayNot 2010, 451, 456: der ursprünglich zum Inhalt des Grundbuchs gewordene Vormerkungsinhalt gilt auch dem Grundbuchamt ggü. gem. § 891 BGB als fortbestehend; dies dürfte aber wohl nur gelten, soweit die für die Vormerkung notwendigen Elemente im Grundbuch zu verlautbaren sind, also in Bezug auf Gläubiger und Schuldner des Anspruchs sowie den Inhalt i.S.d. gewünschten Rechtsänderung.
1707 Löschung 9 Jahre nach Ableben des Vormerkungsberechtigten: OLG Hamm, 11.01.2011 – 15 W 629/10, NotBZ 2011, 294; gegen die Berücksichtigung einer »ganz entfernten Möglichkeit« auch OLG Schleswig FGPrax 2011, 72, 73 f.
1708 Entgegen *Michael* notar 2010, 407, 411.
1709 Vgl. *Preuß* DNotZ 2011, 696, 702; Formulierungsvorschlag bei *Krauß* Vermögensnachfolge in der Praxis Rn. 1975.
1710 DNotI-Gutachten Nr. 112 215.
1711 BGH, 15.07.2010 – V ZB 107/10, DNotZ 2011, 199; hierzu *Schmidt-Räntsch* ZNotP 2011, 7.

B. Gestaltung eines Grundstückskaufvertrages

Wurde das herrschende[1712] Grundstück zwischenzeitlich **geteilt**, besteht die Berechtigung an sich für die Eigentümer aller daraus entstandenen Flächen (im Sinne eines einheitlichen Gesamtrechtes, analog §§ 428, 432 BGB)[1713] fort – was zur einer Potenzierung der Anzahl notwendiger Erklärungen führen kann –, sofern nicht im Einzelfall, die Berechtigung zugunsten einzelner der Teilflurstücke aufgrund Aufgabeerklärung (§ 875 BGB) und Bewilligung (§ 19 GBO) oder wegen fehlenden Vorteils – z.B. bei Grunddienstbarkeiten gem. § 1025 Satz 2 BGB[1714] – erloschen ist. Katasteränderungen in Bezug auf das herrschende Grundstück werden in der Veränderungsspalte der betreffenden Eintragung am dienenden Grundstück selten vermerkt; es besteht auch kein Anspruch darauf.[1715]

▶ Hinweis:

1158   Sichere Abwicklung erfordert also, dass die Entwicklung des »herrschenden Grundstücks« beim Vermessungsamt oder in der Veränderungsspalte des herrschenden Grundbuchbeschriebs ab dem Zeitpunkt der historischen Bewilligung nachverfolgt wird. Stellt sich andernfalls z.B. später heraus, dass das historische Grundstück FlNr. 157 zwischenzeitlich in die FlSt. 157 bis 157/10 zerlegt wurde, liegt jedoch lediglich die Freigabe-/Löschungs-/Rangrücktrittsbewilligung in Bezug auf FlSt 157 vor, wurde die Fälligkeit des Kaufpreises zu Unrecht, zumindest aber verfrüht, bescheinigt. Zum möglichen Erfordernis einer Zustimmung der Belastungsgläubiger am herrschenden Grundstück zur Löschung subjektiv dinglicher Rechte vgl. Rdn. 1183.

1159   Keine Form einer solchen »gespaltenen Rechtsnachfolge« stellt hingegen die isolierte Abtretung von **Grundpfandrechtsnebenleistungen**, z.B. Zinsen oder sonstigen einmaligen Nebenleistungen, dar. Da § 401 BGB insoweit nicht gilt, können sie (soweit rückständig, durch schuldrechtlichen Abtretungsvertrag, sofern künftig fällig werdend, durch dingliche Abtretung gem. §§ 1153, 1154 BGB, vgl. §§ 1158 ff. BGB) übertragen werden, allerdings ohne Möglichkeit einer Grundbucheintragung. Da bei einer Löschung des Kapitalgrundpfandrechtes kein isoliertes »Zinsgrundpfandrecht« zurückbleiben kann, da dem System des BGB fremd, bedarf es zur Löschung des Grundpfandrechtes nur der Bewilligung seines Inhabers, nicht auch der Inhaber der (ohnehin nicht voreintragungsfähigen) Inhaber der Nebenrechte.[1716]

1160   Besonders tückisch sind zu löschende Belastungen, bei denen die Vermutung der Inhaberschaft beim Grundbuchberechtigten (§ 891 BGB) nur eingeschränkt gilt. Praxiswichtig ist insb. die von einem früheren Eigentümer bestellte **Höchstbetragshypothek**: es handelt sich um eine zunächst nur dem Haftungsrahmen nach bestimmte Sicherungshypothek,[1717] deren rechtliche Zuordnung erst durch eine Forderungsfeststellung verbindlich getroffen wird.[1718] Da nicht ausgeschlossen werden kann, dass dem früheren Eigentümer (Besteller) aufgrund damaliger Forderungsfeststellung nunmehr ein Fremdrecht am Grundstück zusteht, verlangt die Praxis auch dessen Bewilligung, so-

---

1712 Wurde das dienende Grundstück, etwa nach WEG, in Bruchteilseigentum aufgeteilt, führt bereits das Erlöschen an einem Sondereigentum zum Untergang der gesamten Dienstbarkeit, OLG Düsseldorf, 22.09.2010 – I-3 Wx 46/10, NotBZ 2010, 451 m. krit. Anm. *Otto* (§ 52 Abs. 2 Satz 2 Nr. 2 ZVG analog bei Versteigerung durch ein vorrangiges Grundpfandrecht?).

1713 BGH DNotZ 2008, 528.

1714 Von § 1025 Satz 2 BGB kann in der Praxis nur nach (berichtigender) Bewilligung des Betroffenen Gebrauch gemacht werden, da der Unrichtigkeitsnachweis gem. §§ 22 GBO, 894 BGB typischerweise nicht in grundbuchmäßiger Form geführt werden kann.

1715 OLG München, 24.07.2009 – 34 Wx 50/09, ZfIR 2010, 239.

1716 *Gutachten* DNotI-Report 2011, 9 m.w.N.; OLG Nürnberg, 23.03.2011 – 10 W 84/11, DNotZ 2011, 921; a.A. *Keith* NotBZ 2011, 351 ff.: Zinsrückstandsgrundpfandrechte seien i.R.d. § 1159 BGB eintragbar, wenn sie abgetreten wurden oder durch Ablösung gem. § 268 BGB übergegangen sind, sie einer Rangänderung unterzogen oder sonst inhaltlich geändert wurden.

1717 Bei welcher sich der Gläubiger zum Beweis der Forderung nicht auf den Grundbucheintrag berufen kann (§§ 1184, 1190 Abs. 3 BGB).

1718 MünchKomm-BGB/*Eickmann* § 1190 Rn. 9 f.; *Meyer-König* Rpfleger 2004, 349.

fern er bei der Veräußerung des Grundstücks nicht (wie stets zu empfehlen) die **Eigentümerrechte** abgetreten und deren Umschreibung bewilligt hat.[1719]

Dagegen bewirkt die Eintragung von (Ansprüchen auf Übertragung von) Grundpfandrechten in das »**Refinanzierungsregister**« (als treuhänderisch, etwa im Rahmen von »Verbriefungen« für andere gehaltene Rechte) keine Änderung der Verfügungsbefugnis (§ 22j Abs. 1 Satz 3 KWG)[1720] sondern schützt lediglich vor dem Zugriff in der Insolvenz des Verfügungsberechtigten, die sonst nur durch Vollrechtsübertragung der verbrieften Vermögenswerte an die refinanzierende Stelle (»Zweckgesellschaft« i.S.d. § 1 Abs. 26 KWG) gewährleistet gewesen wäre. Das Register wird beim Verfügungsberechtigten (Refinanzierungsschuldner, § 1 Abs. 24 KWG) oder durch weniger sichere Treuhandabreden regelmäßig in elektronischer Form geführt. 1161

Mit Anerkennung der Teilrechtsfähigkeit der **Wohnungseigentümergemeinschaft**[1721] hat sich die Rechtslage für die Löschung (etwa zur Beitreibung von Wohngeldrückständen) eingetragener Sicherungshypotheken deutlich vereinfacht, gleichgültig ob als deren Gläubiger bereits der (durch den WEG-Verwalter vertretene) »Verband« vermerkt ist oder nicht:[1722] aus der Befugnis des Verwalters, Lasten- und Kostenbeiträge anzufordern (§ 27 Abs. 3 Satz 1 Nr. 4, Abs. 1 Nr. 4 und 5 WEG) ergibt sich richtiger Weise auch die Annexkompetenz zur Löschung diesbezüglicher Eintragungen.[1723] Die in der früheren Praxis entwickelten Behelfsmethoden[1724] zur Löschung »bleierner« Hypotheken (mit mehreren hundert eingetragenen Gläubigern) sind damit entbehrlich geworden. 1162

(5) Gelöschte/unbekannte Inhaber

Handelt es sich beim Berechtigten um eine bereits im Handelsregister »**gelöschte**« **juristische Person** oder Handelsgesellschaft, besteht diese – da Vermögen zumindest in Gestalt der Buchposition noch vorhanden ist – als parteifähige[1725] Liquidationsgesellschaft fort (sog. Lehre vom Doppeltatbestand).[1726] Die im Ergebnis verfrühte (ohnehin lediglich deklaratorische, das Fehlen von Aktivvermögen voraussetzende)[1727] Löschung im Handelsregister ist ihrerseits, sofern vom Handelsregisterzweck wegen weiterer Abwicklungsakte geboten, nach § 395 FamFG zu löschen; es findet Nachtragsliquidation statt (und zwar nicht im Wege schlichten privatrechtlichen Beschlusses,[1728] sondern durch gerichtliche Ernennung [nicht notwendig Eintragung][1729] des Nachtragsliquidators, 1163

1719 Vgl. *Meyer-König* Rpfleger 2004, 349 m.w.N.; gegen LG Hamburg.
1720 Eine vom Verfügungsberechtigten entgegen der Absprache mit dem im Refinanzierungsregister eingetragenen Gläubiger vorgenommene Verfügung ist wirksam; sie begründet in der Insolvenz des Verfügungsberechtigten auch kein Aussonderungsrecht des Refinanzierungsgläubigers.
1721 BGH, 02.06.2005 – V ZB 32/05, NotBZ 2005, 327 m. Anm. *Schmidt*, S. 309 ff., auch zum Verfahren bei »Altrechten«. Durch die Rechtsprechungsänderung ist das Grundbuch nicht unrichtig geworden; die Löschungsbewilligung kann allerdings nunmehr der Verwalter für den Verband abgeben (*Hügel* DNotZ 2005, 768; *Wilsch* RNotZ 2005, 537).
1722 Vgl. *Wilsch* RNotZ 2005, 538. *Demharter* NZM 2005, 603 fordert darüber hinaus eine diesbezügliche Ermächtigung an den Verwalter, die sich jedoch als Annexkompetenz aus der Einforderung der Hausgeldumlage ergeben dürfte.
1723 *Böttcher* RPfleger 2009, 181, 182; a.A. allerdings OLG München, 16.02.2011 – 34 Wx 156/10, MittBayNot 2012, 47 m. Anm. *Then*: ermächtigender Beschluss bzw. Vereinbarung nach § 27 Abs. 3 Satz 1 Nr. 7 WEG erforderlich (allerdings zu einem Sachverhalt, in dem die Tilgung der gesicherten Schuld nicht nachgewiesen war), vgl. Rdn. 2432.
1724 Insb. die Abgabe einer löschungsfähigen Quittung durch den Verwalter (BayObLG Rpfleger 1995, 410), sodass feststand, dass sich die Hypothek in eine Eigentümergrundschuld umgewandelt hatte.
1725 Zum Nachweis der Parteifähigkeit (§ 50 Abs. 1 ZPO) ist allerdings zu belegen, dass noch verwertbares Vermögen der gelöschten Kapitalgesellschaft vorhanden ist, BGH, 25.10.2010 – II ZR 115/09, NotBZ 2011, 122.
1726 BGH NJW 2001, 304; BGH NJW 1996, 2035.
1727 LG München I, 19.06.2008, MittBayNot 2009, 59 (zur KG: § 157 Abs. 1 HGB).
1728 Ein solcher Gesellschafterbeschluss ist auch nicht »zusätzlich« erforderlich, OLG Koblenz, 09.03.2007 – 8 U 228/06, RNotZ 2007, 290.
1729 Wenn nur wenige Abwicklungsakte anstehen, kann die Wiedereintragung der Gesellschaft und des Liquidators unterbleiben, vgl. OLG München, 21.10.2010 – 31 Wx 127/10, MittBayNot 2011, 163.

z.B. gem. § 66 Abs. 5 GmbHG,[1730] in allen anderen Fällen analog § 273 Abs. 4 AktG).[1731] Verfügt eine im ausländischen Gründungsstaat gelöschte Kapitalgesellschaft (Limited) noch über Grundbesitz in Deutschland, besteht sie insoweit als parteifähige »Restgesellschaft« fort (Rdn. 647).[1732]

1164 Ist der Gläubiger zwar von Person, aber nicht hinsichtlich seines Aufenthalts bekannt, muss seitens des Verkäufers (gestützt auf die Forderung aus dem Sicherungsvertrag auf Rückgewähr der Grundschuld) Klage durch öffentliche Zustellung erhoben werden. Das **Aufgebotsverfahren** der §§ 1170, 1104 BGB i.V.m. (bis 31.08.2009) §§ 946 bis 959, 982 bis 986 ZPO bzw. (ab 01.09.2009) §§ 447 bis 451 FamFG ist nur zum Ausschluss unbekannter Gläubiger eröffnet[1733] – und zwar auch bei Vormerkungsgläubigern (§ 887 BGB), Berechtigten eines dinglichen Vorkaufsrechtes (§ 1104 BGB), einer Reallast (§ 1112 BGB), Schiffs- bzw. Luftfahrzeughypothek (§§ 66 f. SchiffRG, §§ 66 ff. LuftRG), eines Schiffsgläubigers (§ 110 BinSchG), eines Gesamtgutsgläubigers (§ 1489 BGB)[1734] –, wobei jedoch der Gläubiger eines Briefgrundpfandrechts auch dann als unbekannt gilt, wenn der Brief unauffindbar und der Aufenthalt des legitimierten letzten Inhabers unbekannt ist, der tatsächlich Briefbesitzer sich aber nicht durch Abtretungsketten legitimieren kann.[1735] Ist allerdings der Gläubiger der Briefgrundschuld nach Name, Anschrift und Aufenthalt bekannt, gilt § 1170 BGB nicht allein wegen des Verlustes des Grundschuldbriefes.[1736]

1165 § 6 Abs. 1 GrundbuchbereinigungsG (GrdBBerG) erlaubt im Beitrittsgebiet und in bestimmten Bundesländern (aufgrund Erstreckung gem. § 6 Abs. 3 GrdBBerG: Bayern,[1737] Berlin-West,[1738] Bremen,[1739] Nordrhein-Westfalen,[1740] Rheinland-Pfalz)[1741] darüber hinaus ein Aufgebotsverfahren auch bei Personen unbekannten Aufenthaltes im Fall des Nießbrauchs, der beschränkten persönlichen Dienstbarkeit, sowie gem. Abs. 1a Satz 2 auch bei Vorkaufsrechten,[1742] vgl. Rdn. 3808. Anderenfalls bleibt nur der Weg einer Klage auf Löschung mit öffentlicher Zustellung nach §§ 185 ff. ZPO, wobei der Anspruch auf Löschung ggf. ebenfalls materiell zu schaffen ist (z.B. beim Vorkaufsrecht für den ersten Verkaufsfall: Mitteilung des Kaufvertragsinhalts durch öffentliche Zustellung).[1743]

1166 Der praktisch bedeutsamste Fall eines Aufgebotsverfahrens (zum **Ausschluss unbekannter Grundpfandrechtsgläubiger, § 1170 BGB**)[1744] setzt weiter voraus, dass das Grundpfandrecht fällig ist (bei Bewilligungen ab dem 22.08.2008 ist § 1193 Abs. 2 Satz 2 BGB zu beachten, Rdn. 1419!); ferner müssen seit der letzten das Recht betreffenden Grundbucheintragung 10 Jahre verstrichen sein (worüber das Grundbuch unmittelbar Aufschluss gibt) und es darf kein zum Neubeginn der Verjährung führendes Anerkenntnis durch den Eigentümer erfolgt sein (Glaubhaftmachung durch Versicherung an Eides statt, § 450 Abs. 3 Satz 1 FamFG). Die ggf. gem. § 1193 Abs. 2 Satz 2 BGB erforderliche Kündigung ist durch öffentliche Zustellung zu bewirken, sodann der Forderungsbetrag gem. § 1142

1730 Beispiel: Löschung eines Vorkaufsrechts für eine »gelöschte« GmbH: OLG Düsseldorf, 14.07.2010 – 3 Wx 123/10, MittBayNot 2011, 303 m. Anm. *Frank*, zumal nicht auszuschließen sei, dass das Unternehmen zuvor das Vorkaufsrecht gem. § 1059a Nr. 2 BGB übertragen habe (unzutreffend, da es hierfür ein. § 873 BGB der Eintragung bedurft hätte; allenfalls § 23 GBO – Jahresfrist nach Erlöschen – sollte analog Anwendung finden).
1731 OLG Frankfurt am Main OLGZ 1993, 412; *Schmidt-Kessell/Müther* Handelsregisterrecht § 8 Rn. 243.
1732 OLG Nürnberg, 10.08.2007 – 13 U 1097/07, GmbH-StB 2008, 8.
1733 BGH, 03.03.2004 – IV ZB 38/03, NotBZ 2004, 350 m. Anm. *Krause*; vgl. *Schaal* RNotZ 2008, 589 ff.
1734 *Heinemann* NotBZ 2009, 300 ff.
1735 BGH, 29.01.2009 – V ZB 140/08, NotBZ 2009, 229 m. Anm. *Krause*; hierzu *Schmidt-Räntsch* ZNotP 2011, 8.
1736 KG, 25.10.2010 – 12 W 30/10, NotBZ 2011, 99 (nur Ls.).
1737 VO vom 05.04.1995, GVBl 1995, 157.
1738 VO vom 27.02.1995, GVBl 1995, 65.
1739 VO vom 23.10.2001, BremGBl 2001, 363 (befristet bis 31.12.2015).
1740 VO v. 13.02.2001, GV NRW 2001, 69 (mit unechter Befristung in § 3: Bericht zur Notwendigkeit eines Fortbestehens).
1741 VO v. 23.06.2003, GVBl 2003, 129, entfristet durch VO v. 17.02.2008, GVBl 2008, 257.
1742 BGH, 04.06.2009 – V ZB 1/09, NotBZ 2009, 358.
1743 Vgl. *Gutachten* DNotI-Report 2007, 12.
1744 Vgl. vgl. *Hertel/Albrecht/Kesseler* Aktuelle Probleme notarieller Vertragsgestaltung im Immobilienrecht 2009/2010 DAI-Skript, S. 159 ff.

Abs. 2[1745] i.V.m. §§ 372 ff. BGB zu hinterlegen; ggf. steht auch (zur Erzielung der Befriedigungswirkung) das vereinfachte Verfahren nach § 1171 BGB zur Verfügung. Der neue Eigentümer kann ein bereits eingeleitetes Verfahren gem. § 266 Abs. 1 ZPO übernehmen,[1746] es kann aber auch durch den bisherigen Eigentümer zu Ende geführt werden.[1747] Zur Herbeiführung eines »klassischen« Ausschließungsbeschlusses gem. § 1170 BGB (mit der Folge des Erwerbs des Grundpfandrechtes durch den Eigentümer und der Kraftloserklärung eines etwa erteilten Grundschuldbriefes) folgender Formulierungsvorschlag[1748]

▶ Formulierungsvorschlag: Antrag auf Durchführung eines Aufgebotsverfahrens (nach FamFG)

1167 Im Grundbuch des Amtsgerichts ..... für ..... Blatt ..... ist in meinem, des Antragstellers, Eigentum eingetragen: Flurstück .....

Es ist in Abteilung III belastet mit einer (nach damaligem Recht sofort fälligen) Grundschuld mit Brief für ..... über ..... DM samt Jahreszinsen in Höhe von ..... Prozent, eingetragen am ....., bewilligt am .....

In den letzten 10 Jahren ist keine Eintragung in bezug auf vorgenannte Grundschuld erfolgt. Ich habe die Grundschuld auch nicht in einer zum Neubeginn der Verjährung führenden Weise anerkannt (§ 212 Abs. 1 Nr. 1 BGB). Soweit ich in Erfahrung bringen konnte, ist der eingetragene Gläubiger der Grundschuld um etwa 1990 nach ..... ausgewandert und dort mutmaßlich verstorben. Nachforschungen, unter anderem bei der Deutschen Botschaft und den Deutschen Konsulaten im Auswanderungsland, sind ohne Resultat geblieben, auch inländische Verwandte des Berechtigten sind mir nicht bekannt. Weiterhin ist auch der Verbleib des Grundschuldbriefs unbekannt.

Ich beantrage daher als Antragsteller, den Grundschuldgläubiger der vorgenannten Grundschuld im Weg des Aufgebotsverfahrens auszuschließen (§ 1170 BGB i.V.m. §§ 447 ff. FamFG).

Zum Nachweis, dass in den letzten zehn Jahren keine zustimmungspflichtige Eintragung in das Grundbuch erfolgte, wird ein aktueller beglaubigter Grundbuchauszug beigefügt. Die Begleichung der Darlehensschuld weise ich durch eine privatschriftliche Quittung des Gläubigers vom ..... nach.

Weiter erkläre ich – vom Notar eingehend auf die Bedeutung einer eidesstattlichen Versicherung und die Folgen einer vorsätzlichen oder fahrlässigen Verletzung der Wahrheitspflicht (insbesondere §§ 156, 163 StGB) belehrt – an Eides Statt:

Mir ist nicht bekannt, wo sich der Gläubiger der Grundschuld befindet.

Mir ist nicht bekannt, wo sich der Grundschuldbrief befindet.

Die Grundschuld wurde nicht in einer zum Neubeginn der Verjährung führenden Weise anerkannt.

Ich bevollmächtige den Notar, seinen Vertreter oder Nachfolger im Amt, alle im Aufgebotsverfahren erforderlichen Rechtshandlungen für mich vorzunehmen, Zustellungen entgegenzunehmen und alle erforderlichen Anträge zu stellen und zurückzunehmen.

Ich beantrage für mich eine beglaubigte Abschrift sowie die Erteilung einer Ausfertigung an das Amtsgericht des Belegenheitsorts der Immobilie.

Ich trage die Kosten des Antrags sowie des Aufgebotsverfahrens, einschließlich der Bekanntmachung des Aufgebots und des Ausschließungsbeschlusses.

1168 Die schlichte **Hinterlegung** des Grundpfandrechtsbetrages (ggf. nach Umrechnung von Altwährungen gem. Rdn. 1149) unter Verzicht auf Rücknahme (§§ 374, 378 BGB) reicht dagegen zur

---

1745 Hierzu BGH, 16.07.2010 – V ZR 215/09, ZNotP 2010, 389: Ablösung nur möglich, wenn Duldungsanspruch vollständig abgelöst wird; hierzu *Schmidt-Räntsch* ZNotP 2011, 7.
1746 BGH, 29.01.2009 – V ZB 140/08, DNotZ 2009, 544.
1747 OLG Schleswig, 01.09.2010 – 2 W 80/10, RPfleger 2011, 167.
1748 In Anlehnung an *Heinemann* NotBZ 2009, 300 (307).

Löschung (außerhalb des § 10 GrdBBerG Rn. 3214 ff.) nicht aus, da das Bestehen eines Hinterlegungsgrundes (§ 372 BGB) als Voraussetzung der Schuld befreienden Wirkung nicht mit Mitteln des § 29 GBO nachgewiesen werden kann. Es ist also weiter die Bewilligung erforderlich. Möglicherweise sieht jedoch das dann zuständige AG Berlin-Schöneberg (§§ 35b Abs. 1 Nr. 1, 39 Abs. 2 FGG i.V.m. § 36 Abs. 2 FGG) auch ein Fürsorgebedürfnis für die Bestellung eines Abwesenheitspflegers (str., da die Löschung primär im Interesse des Eigentümers liegt) bzw., bei verstorbenen Berechtigten, eines **Nachlasspflegers** gem. § 1961 BGB (Rdn. 558).

1169 Soll ein bloßes Buchrecht für einen von Anfang an **nicht existenten Beteiligten** gelöscht werden[1749] (Grundbuchberichtigung), müssen i.R.d. § 22 GBO Beweiserleichterungen greifen, da es praktisch unmöglich ist, die Nichtexistenz einer natürlichen oder juristischen Person durch öffentliche Urkunde zu belegen.[1750]

(6) Unschädlichkeitszeugnis

1170 Verweigert ein dinglich Berechtigter die Freigabe einer Teilfläche (oder eines Einzelgrundstücks aus einer Gesamtbelastung), kann seine materiell-rechtliche Aufgabeerklärung (§ 875 BGB) und die Bewilligung möglicherweise ersetzt werden durch ein sog. »**Unschädlichkeitszeugnis**«. Maßgeblich hierfür sind die gem. Art. 120 EGBGB unberührt bleibenden landesrechtlichen Vorschriften,[1751] die als Ausprägung des Schikaneverbots (§ 226 BGB) nach einem streng rechtsstaatlichen Verfahren[1752] zu der Feststellung führen, dass die Abschreibung der Fläche für den Betroffenen ohne beeinträchtigende Wirkung ist[1753] bzw. gegen einen zu beziffernden Wertausgleich zu dulden sei. Aufgrund gesetzlicher Anordnung[1754] oder aufgrund Rechtsprechung[1755] finden diese Vorschriften auch auf die lastenfreie Abschreibung ideeller Miteigentumsanteile, auch wenn sie mit Sondereigentum verbunden sind, sowie die Ersetzung der Zustimmung dinglich Berechtigter zu Änderungen der Teilungserklärung[1756] entsprechende Anwendung. Ersetzt wird nicht nur die verfahrensrechtliche Eintragungsbewilligung i.S.d. § 13 GBO, sondern auch die materiell-rechtliche Aufgabeerklärung des Betroffenen selbst i.S.d. § 875 BGB, Zustimmungen Dritter hierzu gem. § 876 Satz 2 BGB, nebst gem. § 21 GBO vorzulegender Bewilligungen, wenn ein Herrschvermerk i.S.d. § 9 GBO eingetragen ist.[1757]

(7) Grundpfandrechtsbriefe

1171 Zu achten ist auf das Vorliegen (§§ 41 Abs. 1 Satz 1, 42 GBO) etwaiger **Grundschuld- oder Hypothekenbriefe** (Sicherungshypotheken gem. § 1185 BGB sowie Aufbauhypotheken nach dem ZGB der DDR sind auch ohne Briefausschlussvermerk allerdings stets Buchrechte) zusätzlich zur Löschungs-/Freigabebewilligung des eingetragenen oder eines durch öffentlich beglaubigte Abtretungskette (vgl. Rdn. 1181) legitimierten Berechtigten,[1758] ebenso für den Vollzug von Rangrücktritten bzw. bereits für die Eintragung einer Vormerkung zur Sicherung des Anspruchs auf Lö-

---

1749 Im Bereich des formellen Konsensprinzips (§ 19 GBO) ist dem Grundbuchamt die formfreie dingliche Einigung (§ 873 BGB) nicht nachzuweisen; es genügen die Angaben gem. § 15 GBV auch zu einer »fiktiven Person«.
1750 KG, 26.08.1997 – 1 W 2905/97, FGPrax 1997, 212; *Meikel/Brambring* Grundbuchrecht § 29 GBO Rn. 306; *Dümig* ZflR 2005, 240; *Böhringer* NotBZ 2007, 192: es gelten die allgemeinen Beweisregeln des § 15 FGG, einschließlich der Zeugeneinvernahme. Ein gutgläubiger Erwerb von der inexistenten Person droht nicht, sodass ein Amtswiderspruch gem. § 53 GBO ausscheidet.
1751 Vgl. Übersicht bei *Schöner/Stöber* Grundbuchrecht Rn. 739.
1752 BayObLG DNotZ 1994, 178, insb. im Hinblick auf die Gewährung rechtlichen Gehörs: VerfGH Bayern MittBayNot 1989, 22.
1753 LG Hof, 13.03.2009 – 24 T 70/08, MittBayNot 2009, 299: Minderung um 5 % hinsichtlich Wert und Größe.
1754 So etwa Art. 1 Abs. 2 BayUnschZG in der seit 01.09.2003 geltenden Fassung.
1755 BayObLG DNotZ 2003, 938.
1756 BayObLG MittBayNot 1993, 370.
1757 Art. 4 Abs. 1 Satz 1 UnschädlichkeitsG S-A bringt dies nun auch deutlich zum Ausdruck, vgl. *Meikel/Böhringer* Grundbuchordnung § 46 Rn. 97 m.w.N.
1758 Allein die Vorlage des Grundschuldbriefes kann nicht die Unrichtigkeit des (eine Fremdbriefgrundschuld ausweisenden) Grundbuches belegen (vgl. § 39 Abs. 2 GBO; OLG Hamm NotBZ 2006, 180).

schung oder Rangrücktritt.[1759] Die Echtheit des vorgelegten Briefes kann der Notar dabei unterstellen, auch bei »maschineller« Herstellung gem. § 87 Satz 1 GBV.[1760]

Liegt der Brief bereits aus anderem Anlass beim Grundbuchamt, bedarf es (auch zur Fälligstellung) der schriftlichen[1761] Einverständniserklärung des Briefeinreichers (bzw. des Aushändigungsberechtigten) ggü. dem Grundbuchamt, da sonst das Merkmal der »**Briefvorlage**« i.S.d. §§ 41, 42 GBO nicht erfüllt wäre; der Notar sollte daher auch beim Grundbuchantrag nicht in missverstehbarer Weise allein auf den bereits vorliegenden Brief »verweisen«, sondern das Einverständnis des Berechtigten beifügen. Werden Löschungs-, Freigabe- oder Rangrücktrittsbewilligungen beurkundet, ohne dass der Bewilligende den Brief vorlegt, ist gem. § 17 Abs. 1 BeurkG auf die Folgen hinzuweisen, die sich aus dessen Fehlen ergeben.[1762]

1172

Sind Grundpfandrechtsbriefe nicht mehr auffindbar, bedarf es zur Löschung i.d.R.[1763] deren Kraftloserklärung im Aufgebotsverfahren gem. § 1162 BGB durch gerichtlichen Beschluss (§§ 479 Abs. 1 FamFG) – vor dem 31.08.2009 durch Ausschlussurteil gem. §§ 946 ff., 1003 ff. ZPO –; diesem Beschluss geht eine öffentliche Aufforderung zur Anmeldung von Ansprüchen und Rechten auf den Grundpfandrechtsbrief voraus. Die Tatsache des Briefverlustes ist durch eidesstattliche Versicherung glaubhaft zu machen:

1173

▸ Formulierungsvorschlag: Antrag auf Aufgebotsverfahren für verlorenen Grundschuldbrief (nach FamFG)

Der Eigentümer beantragt gem. § 1162 BGB i.V.m. §§ 433 ff, 466 ff, FamFG beim AG ..... die Durchführung eines Aufgebotsverfahrens zur Kraftloserklärung des vorgenannten Grundschuldbriefes über ..... € zugunsten .....

Der Eigentümer ist nicht im Besitz einer Kopie des Grundschuldbriefes; daher wird hinsichtlich des wesentlichen Inhalts auf das Grundbuch Bezug genommen.

Der Notar hat den Eigentümer eingehend auf die Bedeutung einer eidesstattlichen Versicherung und die Folgen einer vorsätzlichen oder fahrlässigen Verletzung der Wahrheitspflicht, insbes. über die Bestimmungen der §§ 156, 163 StGB belehrt.

Sodann erklärte der Eigentümer mit der Versicherung, dass diese Angaben wahr sind, an Eides statt:

Mir ist nicht bekannt, wo sich der vorgenannte Grundschuldbrief befindet. Ich habe über die vorgenannte Grundschuld keine Verfügung getroffen, sie insbes. nicht abgetreten. Dieses Grundpfandrecht wurde auch nicht durch mich verpfändet oder durch Dritte gepfändet.

1759 OLG München, 24.02.2010 – 34 Wx 4/10, RNotZ 2010, 334 (sogar ein vollstreckbares Urteil, das zur Vorlage des Briefes verpflichtet, macht die Vorlage selbst nicht entbehrlich).

1760 *Bestelmeyer* RPfleger 2009, 1 ff. hält die auf der Basis von SoumSTAR, FOLIA und ARGUS erstellten Grundschuldbriefe wegen der Manipulierbarkeit im Erstellungsprozess für unwirksam, hiergegen überzeugend *Weikel/Schad* notar 2011, 31 ff. BeckOK-GBO/*Kral* § 56 Rn. 18 empfiehlt die Anbringung eines ergänzenden Vermerks. V. *Proff zu Irnich* RNoZ 2010, 384, 387 Fn. 28 weist zu Recht auf die entsprechenden Freigabeverfügungen der Landesjustizministerien hin; einzelne Landesjustizministerien haben in Erlassen (z.B. NRW am 19.03.2009, 3850-I.58) der Auffassung *Bestelmeyers* ausdrücklich widersprochen.

1761 H.M., vgl. *Heinze* ZNotP 2010, 20, m.w.N. in Fn. 5 (a.A. *Meikel/Bestelmeyer* § 41 GBO Rn. 41: notarielle Beglaubigung des Verwendungseinverständnisses erforderlich).

1762 BGH, 22.10.2009 – III ZR 250/08, ZfIR 2010, 72 m. krit. Anm. *Volmer* (Rangrücktritt wurde ohne Vorlage des Grundschuldbriefes vollzogen, da Notar in missverständlicher Weise auf den in anderem Kontext dem Grundbuchamt vorliegenden Brief Bezug nahm: es fehlt indes an einem Schaden, da der Vorrang nicht gutgläubig erworben werden konnte – die Legitimationswirkung der §§ 891 ff. BGB setzt voraus, dass der als Berechtigter des Briefrechtes Eingetragene im Besitz des Briefes ist, da das Grundbuch selbst wegen der Übertragungsmöglichkeit der §§ 1154 ff. BGB keine Gewähr bietet. Tatsächlich muss jedoch dem Grundbuchamt der Vorwurf gemacht werden, ohne Rückfrage den Grundschuldbrief verwendet zu haben). Kritisch auch *Heinze* ZNotP 2010, 21 f., differenzierend *Heinemann* DNotZ 2010, 714.

1763 Vgl. aber § 26 GBMaßnG: erleichtertes Verfahren bei durch Kriegseinwirkung oder Besatzungswirren verlorenen Grundschuldbriefen.

B. Gestaltung eines Grundstückskaufvertrages

Ich habe den Grundschuldbrief auch nicht dritten Personen zur Begründung eines Rechts an dem Brief ausgehändigt. Rechte aus dem Brief wurden mir gegenüber nicht geltend gemacht.

Der Eigentümer stellt den Antrag, den Grundschuldbrief für kraftlos zu erklären. Er beantragt daher den Erlass eines Ausschließungsbeschlusses gem. §§ 439 Abs. 1, 38 FamFG. Es wird gebeten, etwaige Gerichtskostenvorschüsse, auch hinsichtlich der Veröffentlichungskosten, unmittelbar beim Antragsteller einzufordern; es wird angeregt, den Geschäftswert gem. § 30 Abs. 1, 2 KostO mit 10 % des Grundschuldwertes anzusetzen.

Der Löschung der Grundschuld wird mit dem Antrag auf Vollzug im Grundbuch zugestimmt. Löschungsbewilligung des eingetragenen Gläubigers liegt vor.

Der Eigentümer bevollmächtigt den amtierenden Notar, seinen Vertreter oder Nachfolger im Amt, im gesetzlich zulässigen Umfang alle weiteren in diesem Aufgebotsverfahren erforderlichen Rechtshandlungen vorzunehmen, Zustellungen mit Wirkung für den Eigentümer entgegenzunehmen und alle erforderlichen Erklärungen abzugeben und Anträge zu stellen.

1174 Das Verfahren zur Kraftloserklärung von Urkunden, insb. Grundpfandrechtsbriefen, ist seit **01.09.2009** in §§ 433 bis 441 **FamFG** (allgemeine Vorschriften) und §§ 466 bis 484 FamFG (Besonderer Teil) geregelt. Zuständig bleibt das AG, in dessen Bezirk das belastete Grundstück gelegen ist, sofern Länder keine Konzentration der Zuständigkeit anordnen, § 466 Abs. 2 und 3 FamFG, § 23d GVG. Die Glaubhaftmachung durch den Antragsteller, den berechtigten Inhaber des Grundpfandrechts, erfordert weiterhin eine Versicherung an Eides statt, § 468 Nr. 3 i.V.m. § 31 FamFG.

1175 Das Aufgebotsverfahren kann auch durch den Grundstückseigentümer beantragt werden, wenn ihm der Grundschuldgläubiger eine Löschungsbewilligung ausgehändigt hat (gewillkürte Prozessstandschaft i.S.d. § 265 ZPO);[1764] dies gilt auch unter Geltung des FamFG.[1765] Diese Antragsbefugnis besteht (beim Veräußerer, dem die Löschungsbewilligung übersandt worden war) auch nach Eigentumsumschreibung fort, wenn weiterhin ein rechtliches Interesse vorhanden ist (z.B. aufgrund der fortbestehenden Verpflichtung zur Lastenfreistellung).[1766] Kann ein späterer Eigentümer allerdings die Umstände, die beim Rechtsvorgänger zur Inhaberschaft an der Briefhypothek oder zur gewillkürten Prozessstandschaft in Bezug auf die Briefgrundschuld geführt haben, nicht mehr aus eigener Kenntnis glaubhaft machen, fehlt ihm die Antragsberechtigung gem. § 467 Abs. 2 FamFG.[1767] In diesem Fall bleibt nur das Aufgebotsverfahren wegen eines unbekannten Gläubigers gem. § 1170 BGB,[1768] Rdn. 1164.

1176 Die bisherige Mindestaufgebotsfrist von 6 Monaten, § 1015 ZPO, ist entfallen, sodass wohl im Regelfall auf die neue 6-Wochen-Mindest-Frist des § 437 FamFG rekurriert werden dürfte, sofern der Landesgesetzgeber nicht gem. § 484 FamFG eine abweichende Frist bestimmt. Etwa bisher landesrechtlich angeordnete Mindest-Aufgebotsfristen (z.B. für Bayern gem. Art. 27 Abs. 1 Satz 3 BayAGGVG, Baden-Württemberg gem. §§ 25 Abs. 1, 30 Nr. 2 BWAGGVG, Berlin gem. § 9 Abs. 2 BerlAGZPO, Hamburg gem. § 5 HbgZPOAusfG, Niedersachsen gem. § 17a NdsAGBGB, Nordrhein-Westfalen gem. § 9 Abs. 2 PrAGZPO, Schleswig-Holstein gem. § 9 Abs. 2 PrAGZPO: mindestens 3 Monate, Bremen gem. § 2 BremZPOAusfG, Rheinland-Pfalz gem. § 2 Abs. 2 Satz 1 RhPfAGZPO, Saarland gem. § 38 Abs. 2 AGJusG: 6 Wochen) gelten bis zu einer Anpassung weiter. Fehlen landesrechtliche Bestimmungen,[1769] wie in Hessen und den neuen Bundesländern, gilt die bundesrechtliche Mindestfrist von 6 Wochen (Höchstfrist von einem Jahr: § 476 FamFG) unmittelbar.

1177 Ist der Briefverlust schon bei Beurkundung bekannt, wird im Hinblick auf die lange Verfahrensdauer die Fälligkeit des Kaufpreises schon bei Vorlage der schlichten Löschungsbewilligung des einge-

---

1764 BGH, 29.01.2009 – V ZB 140/08, RPfleger 2009, 325 ff.
1765 OLG München, 05.11.2010 – 34 Wx 117/10, MittBayNot 2011, 137.
1766 KG, 25.10.2010 – 12 W 30/10, NotBZ 2011, 99 (nur Ls.).
1767 OLG Düsseldorf, 06.07.2010 - 3 Wx 121/10, RNotZ 2012, 34.
1768 *Schriftleitung* RNotZ 2012, 34.
1769 §§ 57 bis 59 JustizG NRW (vgl. *Heggen* RNotZ 2011, 87 ff.) beziffert für NRW ab 2011 die Aushangfrist an der Gerichtstafel auf 3 Monate, daneben erfolgt eine einmalige Veröffentlichung im elektronischen Bundesanzeiger.

tragenen Gläubigers eintreten, allerdings ein den Nominalbetrag des zu löschenden Rechtes maßvoll (um etwaige Zinsen und die Veröffentlichungskosten des Ausschlussverfahrens,[1770] ferner die grundbuchlichen Löschungskosten, insgesamt also bspw. um ein Drittel)[1771] übersteigender Betrag auf Anderkonto hinterlegt werden und erst nach Vollzug der Löschung an den Verkäufer (mit Zinsen) ausgekehrt werden.

▸ Hinweis:

> Führt der Verkäufer das Aufgebotsverfahren nicht durch, kann der Käufer den erforderlichen Aufwand dem Anderkonto entnehmen. Ihm sollte allerdings vor Augen geführt werden, dass für voraussichtlich mindestens 2 bis 3 Monate eine erstrangige Beleihung mit Finanzierungsgrundpfandrechten nicht möglich sein wird, sodass höher zu verzinsende Zwischenfinanzierungen notwendig werden können.

Der Ausschließungsbeschluss kann zwar auch nach Rechtskraft aufgehoben werden, etwa also Folge eines binnen 5 Jahren möglichen Wiedereinsetzungsverlangens des ausgeschlossenen Berechtigten, § 439 Abs. 3 i.V.m. §§ 17 bis 19 FamFG, oder infolge Wiederaufnahme des Verfahrens binnen 10 Jahren, § 439 Abs. 3 FamFG i.V.m. § 48 Abs. 2 FamFG, §§ 578 bis 591 ZPO, allerdings ist die Grundschuld gutgläubig »wegerworben« worden (Wirksamkeit des Vertrages über die vertragliche Aufhebung des Grundpfandrechtes gem. § 893 BGB). 1178

Nachfolgender Formulierungsvorschlag geht von der praxisbedeutsamen Sachverhaltsvariante aus, dass im Zeitpunkt der Beurkundung nicht zu klären ist, ob der angeblich bereits dem Verkäufer übersandte Grundschuldbrief nicht versehentlich als »erledigter Vorgang« vernichtet wurde (i.d.R. bestätigt sich diese Befürchtung dann tatsächlich). Die Umschreibung des Eigentums soll davon jedoch nicht abhängen.[1772] 1179

▸ **Formulierungsvorschlag: Hinterlegung eines Kaufpreisteils bis zur Kraftloserklärung eines Grundpfandrechtsbriefes**

> Den Beteiligten ist bekannt, dass zur Löschung der eingetragenen Briefgrundschuld (und damit auch zur Schaffung der gewünschten Rangstelle etwaiger Finanzierungsbelastungen des Käufers) die Vorlage des Briefes erforderlich ist. Sollte dieser weder durch den im Grundbuch eingetragenen bzw. sich durch beglaubigte Abtretung(en) legitimierenden Gläubiger mit der Löschungsbewilligung übermittelt noch durch den Verkäufer binnen vier Wochen ab heute beigebracht werden, ist nur mehr die Löschungsbewilligung, nicht jedoch die Vorlage des Briefes Fälligkeitsvoraussetzung. Ein Kaufpreisteil i.H.v. ..... € (i.d.R. mindestens 5.000,00 €) ist in diesem Fall auf einem zu eröffnenden Anderkonto des amtierenden Notars zu hinterlegen; die Umschreibung des Eigentums erfolgt bereits gegen Zahlung des direkt zu entrichtenden Kaufpreises. Der Verkäufer hat, zugleich in Vollmacht für den Käufer als künftigen Eigentümer, unverzüglich den Brief durch gerichtliches Ausschlussurteil für kraftlos erklären zu lassen; die hierfür anfallenden Gerichts- und Grundbuchkosten sind gegen Nachweis dem Anderkonto zu entnehmen, ebenso die (den Verkäufer treffenden) Hebegebühren. Sofern der Käufer nicht mit schriftlichen Nachweisen dem Notar angezeigt hat, dass ihm weiterer Schaden (etwa aufgrund schlechterer Zinskonditionen) entstanden ist, ist der Restbetrag nach Löschung im Grundbuch für Rechnung des Verkäufers auszukehren; hat er einen solchen Schaden angezeigt, verbleibt der Restbetrag bis zu einer einvernehmlichen, ggf. gerichtlich herbeizuführenden Anweisung auf dem Anderkonto zur Erfüllung etwaiger Schadensersatz- oder Minderungsansprüche. Auf weitere Besicherung des Käufers (etwa durch Bankbürgschaft), wird trotz Hinweises des Notars

---

1770 Z.B. Art. 28 BayAGGVG. Diese sind nicht unerheblich, in München bspw. ca. 500 € für die Veröffentlichung des Aufgebots und ca. 700 € für die Veröffentlichung des Ausschließungsbeschlusses!
1771 Orientiert am gesetzlichen Modell des § 10 GrdBBerG, vgl. Rdn. 3809 f.
1772 Geht das Eigentum während des Aufgebotsverfahrens über, ohne dass der Käufer nunmehr Antragsteller wird (im Formulierungsvorschlag weiter vertreten durch den Verkäufer), wäre der Antrag des früheren Eigentümers als nicht mehr zulässig kostenpflichtig zurückzuweisen (1/2 Gebühr gem. § 130 Abs. 1 KostO aus dem vollen Geschäftswert, höchstens jedoch 400 €). Wird der Antrag aus sonstigen Gründen zurückgenommen, etwa da der Brief gefunden wird, reduziert sich die Gebühr auf 1/4 nach § 130 KostO, höchstens jedoch 250 €.

verzichtet, auch auf die Gefahr hin, dass ein Dritter sich als berechtigter Inhaber des Briefes legitimiert und nicht mehr erfüllbare Löschungsauflagen stellt.

(8) Eigentümerbriefgrundschulden

1180 Sofern **Eigentümerbriefgrundschulden** zugunsten des Veräußerers eingetragen sind, liegen häufig keine beglaubigten Abtretungserklärungen vor, sondern lediglich (materiell-rechtlich, jedoch nicht für den Grundbuchvollzug,[1773] ausreichend) privatschriftliche Abtretungserklärungen gem. § 1154 BGB. In diesem Fall wird üblicherweise die **Löschungs- oder Freigabebewilligung** durch den Verkäufer als grundbuchlich eingetragenen Gläubiger in der Urkunde selbst erklärt.[1774] Der Grundschuldbrief, der zur Löschung oder Freigabe gem. §§ 41 ff. GBO erforderlich ist, wird vom derzeitigen Grundpfandrechtsinhaber eingereicht[1775] unter Auflagen, die aus dem Kaufpreis zu erfüllen sind. Bei Vollzug der Löschung oder Freigabe wird jedoch der Grundschuldbriefinhaber nicht offengelegt (bei Einreichung durch einen anderen als den im Grundbuch eingetragenen Inhaber müsste eine notariell beglaubigte Kette von Abtretungserklärungen beigebracht werden,[1776] die oft mühsam zu beschaffen ist, obwohl gem. § 1155 BGB ein Anspruch auf Beglaubigung besteht).

1181 Dem Grundbuchamt ggü. gilt also, sofern es nicht anderweit (auch außerhalb der Form des § 29 GBO) sichere, Kenntnis vom wahren Gläubiger hat, der Verkäufer (Eigentümer) als Noch-Inhaber des Grundpfandrechts (§ 39 Abs. 1 GBO).[1777] Wird lediglich eine »Benachrichtigungsvollmacht«[1778] vorgelegt (nicht etwa eine Kopie der privatschriftlichen Abtretungserklärung in Form einer »Schutzschrift« des Abtretungsempfängers),[1779] ist § 891 BGB ebenso wenig erschüttert. War eine Abtretung der Briefgrundschuld im Grundbuch (und auf dem Brief) vermerkt worden, genügt die unterschriftsbeglaubigte Rückabtretung samt Briefvorlage, selbst wenn (versehentlich?) eine spätere neuerliche Abtretung an einen Dritten mit beim Grundbuchamt eingereicht wird (damit ist nicht zur Überzeugung des Grundbuchamtes dargetan, dass die neuerliche Abtretung angenommen wurde, ferner entspricht es gängiger Bankpraxis, anstelle einer Rückabtretung schlicht das Original der Abtretung samt Brief zurückzureichen).[1780]

1182 Der Grundschuldbrief, der über das Notariat eingereicht wird, muss allerdings dem Notariat (und nicht etwa dem Verkäufer!) zurückgereicht werden, sofern das Recht nicht insgesamt untergeht, damit der Notar den Brief gemäß der ihm gestellten Auflage dem tatsächlichen Inhaber zurückreichen kann (Übersendung per Express-Brief, der an die Stelle des früheren Wertbriefs getreten ist, um für den Fall des Briefverlustes die Kosten des Aufgebotsverfahrens zumindest teilweise ersetzt zu erhalten, samt Zweitschrift des Begleitschreibens als zurückzusendende Empfangsbestätigung).

1773 Vgl. OLG Köln, 24.11.2008 – 2 Wx 41/08, NotBZ 2009, 180 m. Anm. *Böttcher:* bloße Abschriftsbeglaubigung der originalschriftlichen, jedoch nicht unterschriftsbeglaubigten, Abtretungserklärung genügt nicht.
1774 Sie ist, sobald erteilt, unwiderruflich, da der Käufer gem. § 51 Abs. 1 BeurkG berechtigt ist, sich eine Ausfertigung erteilen zu lassen.
1775 Bzw. er stimmt der Verwendung des anderweit übermittelten Briefes zu diesem Zweck schriftlich zu, vgl. Rdn. 1171.
1776 OLG Hamm RNotZ 2006, 124.
1777 Für den gutgläubigen Erwerb bedarf es allerdings bei Briefrechten (wegen der Schwächung der Legitimationswirkung des Grundbuches durch die schriftliche Abtretbarkeit, § 1154 BGB) des Briefbesitzes beim grundbuchlichen Berechtigten: der wahre Briefinhaber soll davor geschützt werden, trotz des Briefbesitzes das Grundpfandrecht durch gutgläubigen Erwerb vom im Grundbuch eingetragenen Nichtberechtigten zu verlieren, vgl. BGH, 22.10.2009 – III ZR 250/08, ZNotP 2010, 24 Tz 17.
1778 OLG Zweibrücken, 11.01.2010 – 3 W 187/09, NotBZ 2010, 278.
1779 Dadurch soll dem Risiko vorgebeugt werden, dass der Buchberechtigte der Eigentümerbriefgrundschuld betrügerischer Weise behauptet, vom Verbleib des »verlorenen« Briefes nichts zu wissen, und diesen für kraftlos erklären lässt, ohne dass das Gericht dem Abtretungsempfänger rechtliches Gehör gewähren könnte.
1780 OLG München, 19.10.2011 – 34 Wx 208/11, JurionRS 2011, 29615.

(9) Zustimmung mittelbar Berechtigter bei subjektiv-dinglichen Rechten

Für die Aufhebung (im Ganzen oder in Teilen – Freigabe –, ebenso die nachträgliche Inhaltsänderung, § 877 BGB) eines subjektiv dinglichen, also dem jeweiligen Eigentümer eines »herrschenden Grundstücks« zustehenden Rechts (etwa einer Grunddienstbarkeit – § 1018 BGB, eines Vorkaufsrechts – § 1094 Abs. 2 BGB, einer Reallast – § 1105 Abs. 2 BGB, von landesrechtlichen Fischereirechten – Art. 69 EGBGB, etc.) bestimmt **§ 21 GBO** formalrechtlich, dass etwaige nach materiellem Recht (etwa gem. § 876 Satz 2 BGB, s. sogleich) erforderliche Zustimmungserklärungen und -bewilligungen der am herrschenden Grundstück eingetragenen Belastungsgläubiger dem Grundbuchamt nicht vorzulegen sind, es sei denn, das zu löschende/freizugebende/nachteilig in seinem Inhalt zu ändernde Recht wäre beim herrschenden Grundstück aktiv (im Bestandsverzeichnis) vermerkt, sog. »Herrschvermerk« i.S.d. § 9 GBO. Nur wenn durch einen solchen **Aktivvermerk** die Zugehörigkeit des subjektiv-dinglichen Rechts als Rechtsbestandteil des herrschenden Grundstücks, § 96 BGB, dort verlautbart ist, sind also diejenigen Gläubiger, die am herrschenden Grundstück eingetragen sind, bereits verfahrensrechtlich davor geschützt, dass dieses Recht, das ja für die Werthaltigkeit und Beleihbarkeit des herrschenden Grundstücks von großer Bedeutung sein kann, durch schlichte Aufgabeerklärung des derzeitigen Eigentümers des herrschenden Grundstücks im Grundbuch gelöscht wird und damit die Gefahr gutgläubig lastenfreien Wegerwerbs des dienenden Grundstücks besteht. Wollen sich die Belastungsgläubiger am herrschenden Grundstück hiergegen schützen, müssen sie von dem ihnen nach § 9 Abs. 1 Satz 2 GBO eingeräumten Recht Gebrauch machen, das subjektiv-dingliche Recht auf dem Blatt des herrschenden Grundstücks vermerken zu lassen. Unterlassen sie dies, wird dies verfahrensrechtlich als Indiz dafür gewertet, dass eine Beteiligung im Löschungsverfahren nicht gewünscht werde. 1183

§ 21 GBO ändert jedoch nicht das materielle Recht.[1781] Gem. § 876 Satz 2 BGB ist zur Aufhebung (damit zugleich zur Teilaufhebung = Freigabe und gem. § 877 BGB zur Inhaltsänderung) die Zustimmung der Belastungsgläubiger am herrschenden Grundstück erforderlich, es sei denn, deren Rechte würden durch die Aufhebung (bzw. Freigabe oder Inhaltsänderung) nicht berührt. Die Zustimmung ist (§ 876 Satz 3 BGB) ggü. dem Grundbuchamt oder ggü. dem Begünstigten (also ggü. dem Eigentümer des dienenden Grundstücks) zu erklären und unwiderruflich. Sie bedarf (außerhalb der §§ 21, 29 GBO: Bewilligung) materiell-rechtlich keiner Form. Als Belastungsgläubiger i.S.d. § 876 Satz 2 BGB kommen nicht nur Grundpfandrechte (denen die Grunddienstbarkeit als Bestandteil gem. §§ 1191, 1192 Abs. 1, 1120 BGB haftet), sondern auch sonstige Rechte in Abteilung II, etwa die Vormerkung, in Betracht. Die Frage der »Unberührtheit« ist, wie die Frage der »Betroffenheit« in den §§ 19, 21 GBO, abstrakt-rechtlich zu verstehen, stellt also nicht auf die konkreten wirtschaftlichen Auswirkungen ab. Sie wird kaum jemals zu verneinen sein. Wurde (wegen § 21 GBO) das herrschende Recht im Grundbuch ohne die materiell rechtlich erforderliche Zustimmung des mittelbaren Beteiligten (Belastungsgläubigers beim herrschenden Grundstück) gelöscht, ist dem Gläubiger zu empfehlen, möglichst umgehend Antrag auf Berichtigung des Grundbuchs durch Wiedereintragung des Rechts zu stellen,[1782] was freilich voraussetzt, dass er eine Bekanntmachungsnachricht gem. § 55 GBO erhalten hat. 1184

Durch die in der notariellen Praxis, auch in den hier vorgestellten Mustern, üblicherweise verwendete Formulierung, wonach dem Notar zur Bescheinigung der **Fälligkeit** die »grundbuchlich erforderlichen Lastenfreistellungsunterlagen« vorliegen bzw. er »in grundbuchtauglicher Form über alle Unterlagen zur Freistellung verfüge«, ist der Notar der materiell-rechtlich gleichwohl erforderlichen Beiziehung der Belastungsgläubiger am herrschenden Grundstück enthoben; die möglicherweise eintretende Verletzung ihrer Rechte hätten letztere durch die jederzeit mögliche Antragstellung auf Buchung der Grunddienstbarkeit im Herrschvermerk, § 9 Abs. 1 Satz 2 GBO, verhindern können. Anders liegt es, wenn die Fälligkeitsvoraussetzungen auf das Vorlegen der materiell-rechtlich erforderlichen Lastenfreistellungsdokumente abheben sollten. 1185

1781 Kritisch zu der damit in Kauf genommenen Grundbuchunrichtigkeit *v. Schuckmann* RpflStud 1997, 100.
1782 BeckOK-GBO/*Wilsch* § 21, Rz. 15.

B. Gestaltung eines Grundstückskaufvertrages

1186 Besonderheiten gelten, wenn am herrschenden Grundstück ein **Zwangsversteigerungsvermerk** eingetragen ist,[1783] da die Beschlagnahmewirkung (§ 20 Abs. 1 ZVG) in Form eines relativen Veräußerungsverbots (§ 23 Abs. 1 Satz 1 ZVG, §§ 135, 136 BGB) gem. § 1120 BGB auch das subjektiv dingliche Recht zugunsten des Beschlagnahmegrundstücks, als dessen Rechtsbestandteil i.S.d. § 96 BGB, umfasst. Dies bewirkt zwar keine Grundbuchsperre, führt aber nach herrschender Meinung dazu, dass die Löschung des von einem relativen Verfügungsverbot betroffenen beschränkt dinglichen Rechtes nur unter Nachweis der Zustimmung des Verbotsgeschützten möglich ist, da der Verfügungsverbotsvermerk sonst gegenstandslos würde.[1784]

(10) Eigentümerzustimmung

1187 Zur Löschung (nicht Freigabe, vgl. den Wortlaut des § 1183 BGB) und zum Rangrücktritt (§ 880 Abs. 2 Satz 2 BGB) von Grundpfandrechten bedarf es wegen der entstehenden Eigentümerrechte neben der Löschungsbewilligung des Gläubigers[1785] auch der Zustimmung des Eigentümers in grundbuchmäßiger Form (an seiner Stelle kann auch ein nachrangiger Gläubiger, um vorzurücken, sie erklären, wenn er das Zustimmungsrecht gepfändet und überwiesen erhalten hat).[1786] Diese sollte bereits in den Kaufvertrag aufgenommen werden und soweit formuliert sein, dass sie z.B. auch Grundpfandrechte (etwa Sicherungshypotheken) erfasst, die nachträglich eingetragen werden und deren Löschung gem. § 888 BGB erstritten wird,[1787] ferner dass hiervon bei bewilligter Totallöschung eines Gesamtgrundpfandrechts auch die nicht vom Verkauf betroffenen Grundbuchstellen erfasst sind:[1788]

▶ **Formulierungsvorschlag: Zustimmung des Eigentümers zur Lastenfreistellung**

1188 Allen zur Lastenfreistellung bewilligten Löschungen oder Rangänderungen wird mit dem Antrag auf Vollzug zugestimmt, auch soweit weiterer Grundbesitz betroffen ist.

cc) Treuhandauflagen

(1) Rechtliche Konstruktion

1189 Die »**Treuhandauflagen**« des Gläubigers werden dem Notar in Begleitschreiben[1789] zu den Lastenfreistellungsunterlagen »aufgegeben«; ein entsprechender (öffentlich-rechtlicher) Treuhandauftrag kommt jedoch erst durch Annahme (die auch stillschweigend erfolgen kann; regelmäßig wird auf den Zugang der Annahmeerklärung gem. § 151 BGB verzichtet) zustande. In den meisten Fällen verlangen allerdings Grundpfandgläubiger eine ausdrückliche Annahme des Treuhandauftrags durch **Rückfax** oder **Empfangsbestätigung**; im **Hinterlegungsverfahren** ist diese sogar ausdrücklich vorgeschrieben und die Annahme bei den Nebenakten zu verwahren (§ 54a Abs. 6 i.V.m. Abs. 5 BeurkG). Die Annahme des Verwahrungs- und Treuhandantrages unterliegt als sonstige Betreuung i.S.d. § 24 BNotO nicht der Urkundsgewährungspflicht der §§ 15 Abs. 1, 20 bis 22

1783 Vgl. *Gutachten* DNotI-Report 2010, 201 ff.
1784 *Raebel* in: *Lambert-Lang/Tropf/Frenz* Handbuch der Grundstückspraxis Teil 5, Rz. 186 – ähnlich im Fall der Vormerkung (relative Unwirksamkeit vormerkungswidriger Verfügungen, § 883 Abs. 2 BGB): KG HRR 1932, Nr. 617.
1785 Sofern zwischen Abgabe und Vollzug der Löschungsbewilligung ein erheblicher Zeitraum verstreichen kann und die Beteiligten auch das Risiko der Abtretung des Grundpfandrechts ohne schuldrechtliche Weitergabe der Löschungsverpflichtung absichern möchten, ist zu empfehlen, auf Bewilligung des Gläubigers die Löschungsverpflichtung durch eine beim Grundpfandrecht einzutragende »Löschungsvormerkung« zu sichern (nicht zu verwechseln mit dem gesetzlichen Löschungsanspruch nach §§ 1179a und 1179b BGB; vgl. Rn. 1222).
1786 OLG Dresden, 25.02.2010 – 3 W 81/10, NotBZ 2010, 410.
1787 Im Zweifel steckt dies gem. OLG Zweibrücken MittBayNot 1999, 564 bereits in der »Zustimmung des Eigentümers zu allen zur Lastenfreistellung erforderlichen Erklärungen«, a.A. BayObLG Rpfleger 1981, 23.
1788 *Schöner/Stöber* Grundbuchrecht, Rn. 2759; nach LG München I Rpfleger 2008, 21 genügt dem die Formulierung »stimmen der Löschung sämtlicher Belastungen, die vom Erwerber nicht übernommen werden, zu« nicht.
1789 Schriftform i.S.d. § 126 BGB (die auch die elektronische Form unter den Voraussetzungen der §§ 126 Abs. 3, 126a BGB einschließen würde) ist zwar nicht gesetzlich vorgeschrieben, allerdings die Regel; bloße Textform (E-Mail ohne Unterschrift) dürfte allerdings bei Zweifeln über den Urheber nicht genügen.

IV. Kaufpreis: Fälligkeit, Gläubigerablösung, Finanzierung

BNotO. Allerdings kann sich »aus Ingerenz« häufig eine »Ermessensreduzierung auf Null« ergeben, etwa wenn ein vom Notar beurkundetes Rechtsgeschäft sich nur durch Annahme des Treuhandauftrages abwickeln lässt.[1790]

(2) Typische Inhalte

Die Treuhandauflage besteht regelmäßig in der Erstattung der angefallenen, an sich den Gläubiger selbst treffenden[1791] Notargebühren für die Beglaubigung der Freigabe- oder Löschungsbewilligung, möglicherweise auch in der Zahlung einer »Bearbeitungsgebühr« (die allerdings bei löschungsreifen Grundpfandrechten nicht verlangt werden darf, da sie AGB-rechtlich vom gesetzlichen Leitbild eines unbedingten Löschungsanspruchs abweicht),[1792] auch nicht in Form sog. Siegelungsgebühren von Sparkassen[1793] sowie in der Rückzahlung der noch geschuldeten Darlehenssumme,[1794] die zu einem bestimmten Stichtag fällig gestellt wird, ggf. einschließlich Vorfälligkeitsentschädigung (§ 490 Abs. 2 Satz 3 BGB) zuzüglich Tageszinsen bei Eingang nach dem Abrechnungsstichtag. Der Kreditnehmer hat Anspruch auf ordnungsgemäße Abrechnung.[1795] **1190**

Ob der Verkäufer von seinem gesetzlich in § 490 Abs. 2 Satz 1 BGB geschaffenen außerordentlichen Kündigungsrecht Gebrauch macht oder aber mit dem Gläubiger über eine Änderung des Darlehensvertrages (mit dem Ziel vorzeitiger Tilgungsmöglichkeit) verhandelt, sollte ihm überlassen werden; in der Anforderung der Löschungsunterlagen durch den Notar liegt eine Kündigungserklärung schon mangels Vollmacht jedenfalls nicht.[1796] **1191**

Weitergehende Auflagen sollte der Notar sorgfältig prüfen und ggf. zurückweisen. So kann er kaum »gewährleisten«[1797] (i.S.e. Gewährübernahme für fremdes Handeln, hier des Grundbuchamtes), dass der Grundschuldbrief nach Vollzug der Freigabe an die Bank zurückgelangt; er kann dies allenfalls »sicherstellen«, indem er das seinerseits Erforderliche veranlasst, also die entsprechenden Anträge stellt. Auch ist es allein Gegenstand der Rechtsbeziehung zwischen der Bank und ihrem Kunden, eine schriftliche Einverständniserklärung über die Höhe der Vorfälligkeitsentschädigung zu verlangen.[1798] In Bauträgerfällen verlangt die Bank häufig vor der Löschung des Globalgrundpfandrechtes den Verzicht auf eine gem. § 7 MaBV erteilte Bürgschaft; dies dürfte gegen § 307 Abs. 1 BGB verstoßen.[1799] **1192**

Unter bestimmten Voraussetzungen kann der Verkäufer und bisherige Darlehensnehmer auch verlangen, dass der Gläubiger anstelle der Rückzahlung des Darlehens (ggf. samt Vorfälligkeitsentschä- **1193**

1790 Vgl. *Hertel* in: Eylmann/Vaasen BNotO/BeurkG § 23 BNotO Rn. 7.
1791 Sofern zur Abkürzung des Zahlungsweges die Kostenrechnung unmittelbar an den Bankkunden adressiert wird, sollte der Notar, um den unzutreffenden Eindruck einer Prüfung des »Innenverhältnisses« zwischen Bank und Kunde zu vermeiden, den Kunden darauf hinweisen, dass er, sofern Einwendungen gegen die unmittelbare Kostenerhebung bestehen, die Originalbeglaubigung samt Kostenrechnung dem Notar zurückzusenden habe, der sodann das Kreditinstitut selbst in Anspruch nimmt (vgl. Rundschreiben der LNotK Bayern, 2007/5 Nr. 6).
1792 BGH NJW 1991, 1953 (Abweichung von §§ 1144, 369 BGB).
1793 Schreiben des Sparkassenverbandes Bayern vom 22.03.2007 an die LNotK Bayern, vgl. Rundschreiben der LNotK Bayern, 2007/5 Nr. 5.
1794 Wobei der Umfang der gesicherten Verbindlichkeiten durch die Zweckvereinbarung begrenzt ist.
1795 Nach OLG München, 26.02.2008, NotBZ 2008, 277 ist die Vollstreckung unzulässig, solange diese nicht erteilt wird; eine Pauschalsumme ist nicht ausreichend.
1796 *Heinemann* NotBZ 2006, 115.
1797 So ist gem. KG, 21.09.2007 – 9 U 123/06, MittBayNot 2008, 236 eine Grundbucheintragung nicht »gewährleistet«, wenn die Eintragungskosten nicht gedeckt sind und der Notar nicht für diese Kosten einsteht.
1798 *Heinemann* NotBZ 2006, 116: dem Darlehensnehmer wird dadurch möglicherweise die Rückforderung zu hoher Ablösungsbeträge abgeschnitten; außerdem ist durchaus fraglich, ob die Vorfälligkeitsentschädigung vom Sicherungszweck des zu löschenden Grundpfandrechtes erfasst ist.
1799 Vgl. *Schmucker* in: Grziwotz/Koeble Bauträgerrecht Teil 3 Rn. 489; *Basty* Der Bauträgervertrag Rn. 373; ebenso BGH, 27.07.2006 – VII ZR 276/05, DNotZ 2007, 22 für den umgekehrten Fall, dass der Bauträgerkäufer vor der Inanspruchnahme der MaBV-Bürgschaft auf die Rechte aus der Pfandfreigabeerklärung verzichten müsse, da er nicht sicher sein könne, dass der Vertrag tatsächlich rückabgewickelt wird.

digung) den **Sicherheitenaustausch** wählt. Die als Ersatz gebotene Sicherheit (z.B. ein Grundpfandrecht auf einem anderen, ihm gehörenden Objekt) muss in gleicher Weise geeignet sein, das Risiko der Bank abzudecken (also an selber Rangstelle mit vergleichbarer oder besserer Werthaltigkeit des Objekts einzutragen sein); der Kunde muss bereit und in der Lage sein, alle mit dem Sicherheitenaustausch verbundenen Kosten zu tragen, und der Bank dürfen auch bei der Verwaltung und Verwertung der Ersatzsicherheit keine sonstigen Nachteile drohen.[1800] Diese Alternative ist für den Verkäufer insb. dann von Bedeutung, wenn anderenfalls hohe Vorfälligkeitsentschädigungen zu befürchten sind und wenn die zu entrichtenden Darlehenszinsen aufgrund nachvollziehbarer Umwidmung weiterhin als Werbungskosten bzw. Betriebsausgaben geltend gemacht werden können.[1801]

(3) Prüfungspflichten

1194 Über die **Höhe der Ablösung** besteht häufig Streit zwischen dem Verkäufer und seinem Kreditinstitut, insb. zur Bemessung der Vorfälligkeitsentschädigung[1802] im Fall der beim Verkauf zulässigen außerordentlichen Kündigung[1803] gem. § 490 Abs. 2 Satz 3 BGB. Der Notar muss klarstellen, dass er insoweit keine Überprüfung vornimmt[1804] und oft auch nicht vornehmen kann,[1805] sondern den ihm übermittelten Treuhandauftrag, sofern er aus dem Kaufpreis erfüllbar ist, als solchen zugrunde legt. Er ist ebenso wenig in der Lage zu prüfen,

– ob der Befriedigungsanspruch des Gläubigers aus § 1147 BGB etwa bei Uraltgrundpfandrechten verwirkt ist, sodass Treuhandauflagen gem. § 242 BGB nicht verlangt werden könnten (Rdn. 3795);
– ob der Gläubiger eines an aussichtsloser Rangstelle eingetragenen Grundpfandrechtes aufgrund der Nebenpflichten des allgemeinen Bankvertrages u.U. gar zur auflagenfreien Löschung verpflichtet ist.[1806]
– oder ob umgekehrt das Eingehen auf das Verlangen einer »**Lästigkeitsprämie**« für an offensichtlich aussichtsloser Rangstelle eingetragene Grundpfandrechte (oder nach Rücktritt zur bloßen Buchposition herabgesunkene Vormerkungen)[1807] seitens eines verkaufenden Insolvenzverwalters wegen Insolvenzzweckwidrigkeit (Rdn. 3105) nichtig wäre.[1808]

1800 Vgl. BGH, 03.02.2004 – XI ZR 398/02, DNotZ 2004, 776.
1801 Die in der vorangehenden Fußnote zitierte Rspr. des BGH erging zwar zu einem »Altfall« vor Inkrafttreten des § 490 BGB, dürfte jedoch auch für Anwendungsfälle seit der Schuldrechtsreform gelten: gem. § 490 Abs. 3 BGB bleiben andere, nicht auf Kündigung gerichtete Ansprüche, ausdrücklich unberührt.
1802 Hierzu BGH DNotZ 1998, 795; zur Berechnung im Einzelnen BGH NJW 1998, 592; BGH NJW 2001, 509 und BGH DNotZ 2005, 547 gegen den PEX-Pfandbriefindex und zugunsten der Wiederanlagerendite der Kapitalmarktstatistik der Bundesbank; *Langl/Beyer* WM 1998, 897; *Singer* ZAP 2005, Fach 8, S. 407. Besteht kein gesetzlicher (§ 490 Abs. 2 Satz 1 BGB, zuvor nach Rspr.: BGH DNotZ 1998, 795 bei Veräußerung und BGH DNotZ 1998, 792 bei umfangreicherer Neubeleihung) Anspruch auf Kündigung, unterliegt die Höhe der Vorfälligkeitsentschädigung nicht der Angemessenheitskontrolle, sondern nur den Grenzen des § 138 BGB: BGH DNotZ 2004, 120. Wird der Darlehensvertrag einvernehmlich aufgehoben, besteht Anspruch auf Vorfälligkeit nur bei ausdrücklicher Abrede: OLG Frankfurt am Main, 16.02.2005 – 23 U 52/04, OLGR Frankfurt 2005, 630 = ZIP 2005, 2010.
1803 *Heinemann* NotBZ 2006, 115 weist zu Recht darauf hin, dass daneben auch die Möglichkeit der Verhandlung über eine Abänderung des Darlehensvertrages (frühere Tilgungsmöglichkeit etc.) besteht. Dies ist Sache des Verkäufers (Darlehensnehmers); die Löschungsunterlagenanforderung des Notars enthält solche rechtsgeschäftliche Erklärungen nicht.
1804 Nach OLG Schleswig DNotI-Report 2001, 86, muss der Notar vor Auszahlung aus dem Anderkonto die Ablösebeträge den Beteiligten nicht mitteilen.
1805 Man denke nur an die Möglichkeit, dass der Insolvenzverwalter fehlerhafter Weise ein anfechtbar begründetes Grundpfandrecht dadurch anerkennt, dass er die Forderung aus dem Kaufpreis ablösen lässt und dadurch wegen Insolvenzzweckwidrigkeit die Grenzen seiner Verwaltungsmacht (§ 80 InsO) überschreitet, vgl. *Suppliet* NotBZ 2003, 307.
1806 So OLG Köln, 12.06.1995 – 16 U 102/92, BB 1995, 1922 (Schikaneverbot, wobei die Bank aber die dafür maßgeblichen Umstände nicht selbst ermitteln müsse); ähnlich OLG Schleswig, 23.02.2011 – 5 W 8/11, NotBZ 2011, 225 (Schadensersatz, da letzte Chance eines freihändigen Verkaufs durch Verlangen einer Lästigkeitsprämie vereitelt wurde).
1807 BGH, 22.01.2009 – IX ZR 66/07, DNotZ 2009, 434 m. Anm. *Kesseler*.
1808 BGH, 20.03.2008 – IX ZR 68/06, RPfleger 2008, 440.

▶ Hinweis:

Dem Verkäufer und ggf. auch dem Gläubiger ist also zu empfehlen, sich vorab über die **Höhe der Vorfälligkeitsentschädigung** (die durchaus verhandelbar ist, etwa wenn der Verkäufer den ihm verbleibenden Resterlös beim selben Kreditinstitut wieder anlegt) oder über die Höhe etwaiger »Lästigkeitsprämien« für Grundschulden an offensichtlich aussichtsloser Rangstelle, sofern bereits das erstrangige Darlehen den Kaufpreis aufzehrt, zu verständigen; ggf. sachkundige Hilfe beizuziehen.[1809] Nennt der Gläubiger nur »vorläufige« Ablösungsbeträge, kann der Notar die öffentlich-rechtlichen Treuhandtätigkeit nur übernehmen, wenn der Gläubiger (schriftlich) klarstellt, dass damit nur im Verhältnis zum Kunden mögliche Nachforderungen vorbehalten sein sollen, der aus dem Kaufpreis wegzufertigende Betrag jedoch endgültig feststehe. Die Vorfälligkeitsentschädigung für eine nicht mit einem Verkauf im Zusammenhang stehende Darlehensablösung ist i.Ü. – bis zur Grenze des § 138 BGB – ohnehin gänzlich frei verhandelbar.[1810] 1195

Es sind jedoch Fälle denkbar, in denen der Verkäufer sich mit Billigung des Käufers ausbedingt, beanstandete Ablöseforderungen mit dem Gläubiger nochmals »nachzuverhandeln«, um nicht auf spätere Rückforderungen angewiesen zu sein. Der Käufer wird sicherlich diese Verzögerungsperiode befristen. 1196

▶ Formulierungsvorschlag: Nachverhandlungsmöglichkeit für Lastenfreistellungsauflagen

Der Notar wird allseits bevollmächtigt, die Unterlagen zur Lastenfreistellung – zur Beschleunigung, ungeachtet der Kostenfolge, unter Fertigung des Entwurfs – anzufordern, für alle am Vertrag und der Kaufpreisfinanzierung Beteiligten auch gemäß § 875 Abs. 2 BGB entgegenzunehmen und zu verwenden.

Soweit eingetragene Gläubiger für die Lastenfreistellung Ablösebeträge verlangen, oder erforderliche Genehmigungen mit den Verkäufer treffenden Zahlungsauflagen versehen sind, soll der Notar diese dem Verkäufer unverzüglich durch Übersendung einer Faxkopie an Fax-Nr. ..... mitteilen. Erfolgt in den folgenden drei Kalendertagen keine Rückäußerung, werden diese Ablösebeträge im Rahmen der Fälligkeitsmitteilung zugrunde gelegt. Widerspricht der Verkäufer per Telefax (Nr. .....) innerhalb der genannten Frist, darf der Notar die Fälligkeitsmitteilung nicht vor Ablauf von 14 weiteren Tagen versenden, um dem Verkäufer Gelegenheit zu geben, die von ihm beanstandeten Valutastände oder Ablösebedingungen mit den Gläubigern nachzuverhandeln und auf deren Änderung hinzuwirken. Zur Erteilung sonstiger Weisungen an den Notar ist der Verkäufer nicht berechtigt.

Der Verkäufer kann vom Käufer nur Erfüllung der (ggf. geänderten) Zahlungsauflagen in Anrechnung auf den Kaufpreis verlangen, ohne dass die Empfänger insoweit ein eigenes Forderungsrecht erwerben. Notar und Käufer sind zur Überprüfung der geforderten Beträge hinsichtlich Grund und Höhe weder berechtigt noch verpflichtet.

Gleichwohl können (insbesondere im Verhältnis zu privaten Gläubigern) Streitigkeiten über die Höhe des Ablösungsbetrages verbleiben. Der Käufer sollte dann aufgrund ausdrücklicher Weisung des Verkäufers den Ablösebetrag überweisen unter dem materiell-rechtlichen Vorbehalt der Rückforderung durch den Schuldner (=den Verkäufer) in einem anschließenden Verfahren zur Klärung der tatsächlich geschuldeten Höhe. Eine solche Leistung unter Vorbehalt hat dann Erfüllungswirkung, wenn der Vorbehalt (der Rückforderung) nur solche Nebenwirkungen der Leistung beseitigen soll, auf die der Gläubiger (der Ablöseempfänger) weder kraft Vertrages noch kraft Gesetzes einen Anspruch hat, so dass die Ordnungsmäßigkeit der Leistung selbst dadurch nicht beseitigt wird. Dies ist z.B. der Fall, wenn der Vorbehalt die Anerkenntniswirkung der §§ 208, 212 BGB 1197

1809 Z.B. durch Stiftung Warentest (www.test.de/themen/bauen-finanzieren/analyse/Vorfaelligkeitsentschaedigung), oder durch die Verbraucherzentrale Hamburg (www.vzhh.de/baufinanzierung/30381/vorfaelligkeitsentschaedigung-wir-rechnen-nach); für einen Betrag von 60 €. Einzureichen ist eine Kopie des Darlehensvertrages, die Restschuld, der Ablösungszeitpunkt, und ggf. die bereits vorliegende Berechnung der Bank.
1810 OLG Schleswig, 03.05.2010 – 5 U 29/10, NotBZ 2011, 69 (nur Ls.).

oder den Rückforderungsausschluss des § 814 BGB vermeiden soll.[1811] Die tilgende Wirkung tritt jedoch nicht ein, wenn der Gläubiger aufgrund der Vorbehaltsleistung weiterhin die Beweislast für das Bestehen des Anspruchs tragen soll.[1812] Ist schon bei Beurkundung bekannt, dass so verfahren werden wird, könnte vereinbart werden:

▶ **Formulierungsvorschlag: Entrichtung der Ablöseforderung unter Vorbehalt der Rückforderung**

1198 Soweit der Gläubiger des Grundpfandrechtes Abt. III lfd. Nr. ..... dessen Löschung von der Zahlung eines Betrages über ..... Euro (»Akzeptanzbetrag«) hinaus abhängig macht, hat der Käufer bei Fälligkeit den Kaufpreis auch insoweit zweckgebunden durch Erfüllung der Auflage zu leisten, ohne dass der Zahlungsempfänger hieraus eigene Rechte erwirbt. Bezüglich des den vorgenannten Akzeptanzbetrag übersteigenden Höhe behält sich jedoch der Verkäufer die Rückforderung vor; die Zahlung hat insoweit also keine Anerkenntniswirkung und gilt nicht als Erfüllung in Kenntnis der Nichtschuld gem. § 814 BGB. Der Verkäufer ist berechtigt, diesen Vorbehalt dem Gläubiger mitzuteilen, der Käufer nimmt im Verwendungszweck seiner Überweisung dann hierauf Bezug.

(4) Risiko des Widerrufs

1199 Weiterhin muss sichergestellt sein, dass der Gläubiger vor »Erledigung« weder die Ablöseforderung verändert noch die Freistellungsunterlagen zurückverlangt.
– Die Widerruflichkeit der sachenrechtlichen Erklärung zur Pfandfreigabe (§ 1175 Abs. 1 Satz 2 BGB) bzw. der Löschungs-(= aufgabe)erklärung lässt sich nur dadurch abwenden, dass der Notar von der ihm bei richtiger Gestaltung[1813] erteilten Vollmacht, sie auch für den (derzeitigen und künftigen) Eigentümer gem. § 875 Abs. 2 BGB bindend entgegenzunehmen, Gebrauch macht und dies möglichst schriftlich (durch unterzeichneten Stempelaufdruck auf der Rückseite der sachenrechtlichen Erklärung) dokumentiert[1814] (ähnlich der Herstellung der Bindungswirkung auf der Grundschuldurkunde für den Gläubiger nach § 873 Abs. 2 BGB). Die – rein verfahrensrechtliche (Rdn. 869) – Löschungsbewilligung selbst (§ 19 GBO) wird ebenfalls mit der Aushändigung an den Begünstigten (oder den Notar als seinen Vertreter) wirksam (ein Widerruf der Bewilligung selbst ist dogmatisch ausgeschlossen, sie kann allenfalls ihre Wirksamkeit verlieren, Rdn. 871). Zudem kann durch Einbeziehung des Kaufpreisfinanzierungsgläubigers als Verwendungsbegünstigten dieser ggf. aus eigenem Recht die Löschung der Belastungen nach Erfüllung der Auflagen beantragen (sonst würde ihm ein solches Antragsrecht als lediglich mittelbar Begünstigtem nur im Fall eines bewilligten Rangrücktritts zustehen).[1815]

1200 – Zusätzlich sollte der bürgerlich-rechtliche Vertrag über die Löschungsvoraussetzungen – also die dem Notar sodann zu erteilenden Treuhandauflagen –, den der Notar in Vollmacht für den Verkäufer[1816] mit dessen Gläubiger zustande bringt, auch dem Käufer und dessen Finanzierungsgläubiger gem. § 328 BGB eigene Rechte gewähren, sodass Änderungen nur unter deren Mitwirkung zivilrechtlich wirksam sind. Auch ohne ausdrückliche vertragliche Vereinbarung (die nur für den Bauträgervertrag in § 3 Abs. 1 Nr. 3 Sätze 2 bis 5 MaBV gesetzlich geregelt ist) hat der BGH[1817]

1811 Vgl. Staudinger/*Olsen* § 362 BGB Rz. 24-63; BGH NJW 1982, 2301.
1812 BGH NJW 1983, 1111.
1813 OLG Hamm DNotI-Report 1995, 185; OLG Düsseldorf DNotZ 1995, 861.
1814 Eine besondere Form ist hierfür nicht vorgeschrieben. Ist die Verwendung von Löschungs-/Freigabeerklärungen allerdings mit Treuhandauflagen verbunden, hat sie der Notar zunächst treuhänderisch für den Gläubiger zu verwahren und darf sie daher für die unmittelbaren Vertragsbeteiligten erst entgegennehmen, wenn die Erfüllbarkeit der Auflagen gesichert ist, *Schilling* ZNotP 2004, 144. Fraglich ist, ob der Notar von der Ermächtigung zur Entgegennahme i.S.d. § 875 Abs. 2 BGB bei im Treuhandauftrag ausdrücklich befristeter Übersendung Gebrauch machen darf, ablehnend *Reithmann/Blank/Rinck* Notarpraxis Rn. 137.
1815 Vgl. *Demharter* GBO § 13 Rn. 47; hierzu auch LG Köln DNotI-Report 1998, 97.
1816 Nach OLG Düsseldorf WM 1995, 877 soll sogar in der Mitteilung eines Ablösebetrages durch den Gläubiger an den Verkäufer auch ohne Zutun des Notars ein »Auskunftsvertrag« liegen.
1817 DNotZ 1992, 560; hierzu *Gutachten* DNotI-Report 2000, 38 f.; *Clemente* Recht der Sicherungsgrundschuld Rn. 711.

eine schuldrechtliche Verpflichtung des Gläubigers zur Freigabe/Löschung bereits mit Übersendung einer Löschungsbewilligung und Erteilung einer Treuhandauflage angenommen. Öffentlich-rechtlich ist der Notar allerdings grds. an geänderte Treuhandauflagen des abzulösenden Gläubigers gebunden, auch wenn die Bank ihren Verpflichtungen damit zuwiderhandelt.[1818]

— Ob schließlich öffentlich-rechtlich die erteilte und angenommene[1819] Treuhandauflage ohne besondere Vorkehrungen stets widerruflich wäre, ist umstritten. Eine gesetzliche Regelung zu notariellen Treuhandverfahren (außerhalb des Hinterlegungsrechtes, §§ 54a ff. BeurkG) fehlt. Zwar sind Anträge im Bereich der freiwilligen Gerichtsbarkeit an sich frei rücknehmbar (ab 01.09.2009 ergibt sich dies ausdrücklich aus § 22 Abs. 1 FamFG);[1820] auch hat der BGH den Treuhandauftrag eines Finanzierungsgläubigers bei der Hinterlegung als vorgelagertes, bis zur Ausführung frei widerrufliches bilaterales Verhältnis qualifiziert (Rdn. 1504, 1020),[1821] was bei der Anderkontoabwicklung wohl auch für die Rechtsbeziehung zum abzulösenden Gläubiger gelten würde (Rdn. 1513)[1822] Andererseits hat der Beteiligte zuvor dem Notar Rechtsmacht übertragen (über Urkunden, ähnlich der Rechtsmacht über Geld beim Anderkonto), sodass vieles für eine Parallele eher zu mehrseitigen, nicht zu einseitigen Hinterlegungsverfahren spricht (demnach unter Rücksichtnahme auf die gleichermaßen betroffenen Interessen des Käufers und seiner Finanzierungsgläubiger). **1201**

Z.T. wird daher (v.a. in der älteren Lit.) die Treuhandauflage stets **als mehrseitige qualifiziert**,[1823] z.T. zumindest nach Absendung der Fälligkeitsmitteilung,[1824] sodass jedenfalls ab diesem Zeitpunkt auch öffentlich-rechtlich eine Änderung der Treuhandauflage unzulässig wäre. Eine modernere Literaturauffassung schließlich hält den Treuhandauftrag zwar für (bis zu seiner Erfüllung) stets widerruflich – ähnlich dem Treuhandauftrag der finanzierenden Bank bei der Abwicklung über Anderkonto –, entnimmt aber aus der Analogie zu § 54c Abs. 1 BeurkG die Unbeachtlichkeit eines Widerrufs/einer Änderung dann, wenn der Käufer bereits Zahlungen entsprechend der erteilten Fälligkeitsmitteilung des Notars veranlasst hatte.[1825] Nach untergerichtlicher Rechtsprechung[1826] soll schließlich der Widerruf des Treuhandverhältnisses durch den Gläubiger treuwidrig und auch öffentlich-rechtlich unbeachtlich sein, wenn dadurch schutzwürdige Interessen Dritter beeinträchtigt würden, z.B. die Zahlungsfrist bereits in Gang gesetzt wurde. Gleiches gelte für den (damit unbeachtlichen) Widerruf einer einseitigen Auszahlungsanweisung durch einen Pfändungsgläubiger, wenn die Auszahlungsanweisung ihrerseits nur mit Zustimmung des Auszahlungsempfängers abgeändert werden können sollte.[1827] **1202**

Oberstgerichtliche Rechtsprechung fehlt allerdings hierzu bisher. Vorsichtige Literaturstimmen raten daher dazu, die bestehende Unsicherheit dadurch zu beseitigen, dass der Notar (aufgrund entsprechender Ankündigung) öffentlich-rechtliche Treuhandauflagen nur dann annimmt, wenn sie für einen ausreichend befristeten Zeitraum (hierzu nachstehend Rdn. 1208) unwiderruflich erklärt sind.[1828] Nur dann sei auch sichergestellt, dass Zahlungsaufträge »aus dem Kaufpreis erfüllbar« sind. Wer ohnehin die Treuhandauflage – jedenfalls ab dem »kritischen Zeitpunkt« (Fälligkeitsmitteilung bzw. **1203**

1818 Vgl. BGH DNotZ 2001, 856 m. Anm. *Hertel*.
1819 Schriftform ist dabei (anders als bei § 54a Abs. 6 BeurkG) nicht vorgeschrieben.
1820 *Schilling* ZNotP 2004, 138.
1821 BGH DNotZ 2002, 269 m. Anm. *Hertel*; ebenso BGH RNotZ 2003, 402 m. Anm. *Kemp*.
1822 *Gutachten* DNotI-Report 1997, 3; DNotI-Report 2000, 39; *Schilling* ZNotP 2004, 139.
1823 So etwa *Preuß* Die notarielle Hinterlegung, S. 112; *Reithmann* Vorsorgende Rechtspflege durch Notare und Gerichte, S. 212 f.
1824 *Amann* in: Beck'sches Notarhandbuch A I Rn. 101; *Reithmann/Albrecht* Handbuch der notariellen Vertragsgestaltung Rn. 548.
1825 So *Hertel* in: Eylmann/Vaasen BNotO/BeurkG § 24 BNotO Rn. 29; *Renner* in: Huhn/v. Schuckmann BeurkG § 54c Rn. 74; *Schilling* ZNotP 2004, 139.
1826 LG Köln DNotI-Report 1998, 97; LG Dresden NotBZ 1998, 36; zust. *Reithmann* ZNotP 2004, 319.
1827 OLG Rostock NotBZ 2005, 339 ff., das jedoch nicht ausreichend dahin gehend differenziert, ob dem »mitwirkungsberechtigten Dritten« dadurch ein Recht i.S.d. § 328 BGB zustehen sollte, ob auf eine vorangehende Abtretung an den Auszahlungsberechtigten abzustellen sei oder ob § 54c BeurkG analog gilt.
1828 Ebenso *Hertel* in: Eylmann/Vaasen BNotO/BeurkG § 54c BeurkG Rn. 14; *Schilling* ZNotP 2004, 141 und RNotZ 2005, 41 sowie *Heinemann* NotBZ 2006, 117: einem dennoch erfolgenden Widerruf stünde der venire contra factum proprium – Einwand entgegen.

Vornahme der Zahlung) – für als öffentlich-rechtlich unwiderruflich bewertet, hält dagegen einen solchen zeitlich befristeten Ausschluss der Widerruflichkeit eher für schädlich.[1829] Zutreffend dürfte sein, die Vorsichtsmaßnahme in der Vollzugsverantwortung des Notars zu verankern, sie also nicht zur vertraglich vereinbarten Fälligkeitsvoraussetzung zu erheben, da sonst die Gefahr besteht, dass der Kaufvertrag nicht zur Vollzugsreife gelangt, wenn der abzulösende Gläubiger nicht bereit ist, sich für einen bestimmten Zeitraum des Rechts zur Änderung zu begeben und damit seine im Vergleich zur sonst bestehenden Rechtslage bestehende Position zu verschlechtern (zur Befristung vgl. Rdn. 1206).

1204 Die zur Herbeiführung der Bindung an die materiell-rechtliche Erklärung und an den bürgerlich-rechtlichen Vertrag über dessen Verwendungsvoraussetzungen notwendige Vollmacht sollte im Kaufvertrag enthalten sein:

▶ Formulierungsvorschlag: Vollmachtserteilung für den Notar zur Lastenfreistellung

Der Notar wird allseits bevollmächtigt, die Unterlagen zur Lastenfreistellung – zur Beschleunigung, ungeachtet der Kostenfolge, unter Fertigung des Entwurfs – anzufordern, für alle am Vertrag und der Kaufpreisfinanzierung Beteiligten auch gem. § 875 Abs. 2 BGB entgegenzunehmen und zu verwenden.

1205 Auch in den Anforderungsschreiben an die abzulösenden Gläubiger empfiehlt sich ein diesbezüglicher Hinweis zum öffentlich-rechtlichen Treuhandverhältnis (Rdn. 1208) und zum bürgerlich-rechtlichen Ablösevertrag:

▶ Formulierungsvorschlag: Anforderungsschreiben an abzulösende Gläubiger

Sollten Sie die Verwendung der Löschungsunterlagen von einer (teilweisen) Rückzahlung des Darlehens abhängig machen, übernehme ich bereits heute die Haftung dafür, dass die Löschung im Grundbuch erst vollzogen wird, wenn Sie mir den Eingang des geforderten Geldbetrages bestätigt haben. Ich darf Sie bitten, mir diese Haftentlassung zu gegebener Zeit zu übermitteln. Eine Bestätigung über Erhalt der Unterlagen und Annahme des öffentlich-rechtlichen Treuhandauftrages versende ich nur auf ausdrückliche Anforderung. Die Unterlagen nehme ich aufgrund der im Kaufvertrag enthaltenen Vollmacht für alle am Vertrag und seiner Finanzierung Beteiligten entgegen, sodass spätere Änderungen nur unter deren Mitwirkung zivilrechtlich zulässig sind.

1206 – Die abzulösende Bank wird regelmäßig hinsichtlich des (öffentlich-rechtlichen) Treuhandauftrages keine dauerhafte **Unwiderruflichkeit** akzeptieren, sondern diese **befristen**. Der Antrag darf nur angenommen werden, wenn die Funktion der Frist eindeutig bestimmt wurde: Ist ab dem genannten Termin eine Änderung der Löschungsauflagen bzw. die Rückforderung der Löschungsunterlagen vorbehalten? Oder sind zu diesem Zeitpunkt die Unterlagen unaufgefordert zurückzusenden? Praktikabel auch unter Aspekten der Büroeffizienz ist allein erstere Alternative. Die Frist selbst sollte[1830] so reichlich bemessen sein, dass die Abwicklung des Kaufvertrages auch bei verzögertem Vollzug gesichert erscheint, sofern keine grds. Störungen eintreten (wobei die üblichen Zeiträume bis zur Bescheinigung der Fälligkeit von Gemarkung zu Gemarkung, zwischen Vollarbeitszeit und Urlaubszeit, und nach Maßgabe der Genehmigungserfordernisse weit differieren werden). Kann die Fälligkeit durch den Notar so rechtzeitig bescheinigt werden, dass die dadurch in Gang gesetzte Zahlungsfrist vollständig innerhalb der Befristung liegt, ist jedenfalls ein deutlicher Hinweis des Notars auf diese Befristung angebracht (etwa durch Leuchtstiftmarkierung in einer beigefügten Kopie der Ablösebedingungen).

[1829] So bspw. *Kemp* RNotZ 2004, 460.
[1830] Nach LG Schwerin NotBZ 2007, 149 m. krit. Anm. *Suppliet* kann der Notar eine unter zu kurzer Befristung erteilte Treuhandauflage zurückweisen. Der vom Gericht obiter geäußerte Gegenschluss, der Notar müsse eine ausreichend befristete Treuhandauflage annehmen, trifft allerdings für eine solche »sonstige Betreuungstätigkeit« i.S.d. § 24 BNotO in dieser Allgemeinheit nicht zu, vgl. Rdn. 1189.

▶ Hinweis:

Überlappen sich Überweisungszeitraum und Widerrufsfrist dergestalt, dass der Gläubiger vor Ablauf der Zahlungsperiode die Lastenfreistellungsunterlagen zurückfordern könnte, muss vor Fälligkeitsmitteilung eine (dringend in Schriftform anzuratende)[1831] Verlängerung der Frist herbeigeführt werden es sei denn, der Gläubiger hat sich dazu bereit erklärt, während des Laufes der in Gang gesetzten Zahlungsfrist von seinem Widerrufs- oder Änderungsvorbehalt keinen Gebrauch zu machen. 1207

Eine hierzu animierende Formulierung im Anforderungsschreiben an abzulösende Gläubiger könnte etwa wie folgt lauten: 1208

▶ Formulierungsvorschlag: Aufforderung an den Gläubiger im Hinblick auf Befristungen des Treuhandverhältnisses

Das Darlehensverhältnis sollte zum Stichtag ..... (Monatsanfang vor dem geschätzten Fälligkeitstermin) abgerechnet werden unter Mitteilung der Stückzinsen für den Fall späterer Rückzahlung. Bitte stimmen sie die Ablöseforderung, sofern erforderlich, zuvor mit Ihrem Kunden ab. Um den Vollzug des Vertrages nicht zu gefährden, kann ich Treuhandauflagen öffentlich-rechtlich nur annehmen,
– wenn etwaige Befristungen ausgestaltet sind als Vorbehalt des Widerrufs oder der Änderung bezogen auf einen Zeitpunkt frühestens 2 Monate nach dem oben genannten Abrechnungsstichtag
– und wenn die Ausübung des Widerrufs ferner ausgeschlossen ist während des Laufs einer durch Fälligkeitsmitteilung in Gang gesetzten Zahlungsfrist und nach Erfüllung der bisherigen Auflagen.

Letztgenannte Einschränkung soll verhindern, dass Gläubiger etwa wegen eines Rechenfehlers die Ablöseforderung nachträglich berichtigen, obwohl der Kaufpreis bereits bezahlt wurde, auch so lange die Löschung noch nicht im Grundbuch vollzogen ist.

dd) Pfändungsschutz

(1) Gegen Zugriff auf den Kaufpreis

Sofern Drittgläubiger des Verkäufers in die noch nicht erfüllte Kaufpreisforderung vollstrecken (durch Zustellung des Pfändungsbeschlusses an den Käufer, § 829 ZPO) und Zahlung an sich selbst verlangen könnten, bestünde die Gefahr, dass die gepfändeten Kaufpreisteile für die Lastenfreistellung nicht zur Verfügung stehen und damit entgegen der möglicherweise bereits bestätigten Fälligkeit die Lastenfreistellung nicht gesichert ist. (Der Käufer könnte zwar dann die Unsicherheitseinrede gem. § 321 BGB – voraussichtliche Nichterfüllung der Pflicht zur rechtsmängelfreien, also unbelasteten, Lieferung, § 320 Abs. 2 BGB – dem Pfändungsgläubiger gem. § 835 ZPO i.V.m. §§ 412, 303 BGB entgegenhalten; im Ergebnis bleibt ihm aber dann nur die Rücktrittsmöglichkeit nach § 321 Abs. 2 BGB, der Kaufvertrag wäre gescheitert.) Vorsorgend bieten sich mehrere Lösungen an:[1832] 1209

Wurde der Kaufpreisanspruch bereits vor der Pfändung an den abzulösenden Gläubiger abgetreten, würde die Pfändung ins Leere gehen, da ein gutgläubiger Erwerb von Pfandrechten an einer nicht mehr dem Schuldner zustehenden Forderung nicht möglich ist. Dies setzt allerdings voraus, dass der abzutretende Betrag feststeht und der Gläubiger diese Abtretung vor der Pfändung angenommen hat.[1833] 1210

1831 Bei Hinterlegungsanweisungen für Anderkonten müssen Verlängerungen stets schriftlich erfolgen (vgl. § 54a Abs. 4 BeurkG) wobei Telefax genügt.
1832 Vgl. *Jursnik* MittBayNot 1999, 130 ff. m.w.N.
1833 Vgl. im Einzelnen *Hoffmann* NJW 1987, 3153.

B. Gestaltung eines Grundstückskaufvertrages

▶ Beispiel:

Es handelt sich um den gesamten Kaufpreis, der an den einzigen Grundpfandgläubiger zu entrichten ist.

Regelungsbedürftig ist die Zuordnung der »Nebenrechte«, wie etwa der Befugnis zur Mahnung, Fristsetzung und Titulierung,[1834] ferner zur Geltendmachung solcher Rechte, welche den Kaufpreisanspruch nachträglich entfallen lassen können, etwa des Rücktritts vom Vertrag. I.d.R. wird der Zessionar diese Rechte (und – im Fall eines entsprechenden Auftrags auch Pflichten –) dem Zedenten belassen; vgl. zur Einziehungsermächtigung[1835] mit Formulierungsvorschlag Rdn. 1237.

1211 In Betracht kommt weiter ein »echter Vertrag zugunsten Dritter« (§ 328 BGB, ohne Vorbehalt des Widerrufs)[1836] mit der Folge des originären Direkterwerbs der Kaufpreisforderung durch den Dritten, hinsichtlich dessen Person zwar bloße Bestimmbarkeit genügt, während die Höhe des zugewendeten Forderungs(teils) feststehen muss – woran es regelmäßig fehlt. Tituliert werden kann der Anspruch des Verkäufers gem. § 335 BGB auf Zahlung an den Dritten, wobei die Höhe der an den Dritten zu zahlenden Beträge in der Form des §§ 726, 727 ZPO nachzuweisen ist (was praktisch nur durch hierfür eröffnete Eigenurkunde des Notars, Rdn. 1795, gelingen kann).[1837] Hinsichtlich der Neben- und Gestaltungsrechte existieren allerdings dieselben Unsicherheiten wie bei der Abtretung.

1212 Letztere lassen sich vermeiden bei der Wahl eines **unechten**, also lediglich ermächtigenden **Vertrages zugunsten Dritter** (Erfüllungsübernahme gem. § 329 BGB): allein dem Verkäufer steht gegen den Käufer ein Anspruch (samt allen Nebenrechten) zu, gerichtet auf Befreiung von der Verbindlichkeit durch Zahlung an den Dritten, welch letzterer kein eigenes Forderungsrecht hat.[1838] Eine Abtretung dieses Anspruchs kommt allenfalls an den Zahlungsempfänger in Betracht, da sonst der Leistungsinhalt sich ändern würde (§ 399, 1. Alt. BGB); und eine Pfändung[1839] erfasst ihn lediglich mit dem vorgegebenen Inhalt (gerichtet auf Zahlung an den Dritten). Damit wirkt sich eine Pfändung nicht störend aus, es sei denn, der Verkäufer hätte sich gem. § 332 BGB das Recht ausbedungen, den Schuldbefreiungsanspruch ohne Zustimmung des Käufers zu ändern.[1840]

1213 Möglicherweise genügt bereits[1841] gem. § 851 Abs. 1 ZPO die **Zweckbindung** des Zahlungsanspruchs als solche,[1842] die sich stillschweigend aus dem Inhalt der Vereinbarung ergibt – auch hier erfasst die Pfändung den Kaufpreisanspruch nur in dieser vertraglich vereinbarten Gestalt, d.h. gerichtet auf Zahlung des Ablösungsbetrages an den wegzufertigenden Gläubiger.[1843] Eine Änderung der »Empfangszuständigkeit« (Verwendung für andere Zwecke als die Lastenfreistellung) kommt nur unter Mitwirkung des Schuldners (des Käufers) in Betracht.[1844]

1834 Für § 727 ZPO müsste die Annahme der Abtretung in öffentlich beglaubigter Form nachgewiesen werden, sofern nicht daneben ein Anspruch des Zedenten auf Zahlung an den Zessionar geschaffen und tituliert wird.
1835 Diese allein würde noch nicht zur Titulierung zugunsten des Zedenten (Einziehungsermächtigten) genügen, da der BGH die bloße Vollstreckungsstandschaft nicht als Fall des § 727 ZPO anerkennt, BGH DNotZ 1985, 472.
1836 Anderenfalls (also im Fall des § 328 Abs. 2 BGB) könnte der Gläubiger dieses Nebenrecht mit der Forderung pfänden und nach Überweisung (§ 835 ZPO) ausüben.
1837 *Hansmeyer* MittRhNotK 1989, 149, 154.
1838 Damit wird ein Ergebnis erreicht, das dem Schadensersatz bei Nichterfüllung des Käferanspruchs auf Lastenfreistellung (§ 435 BGB) entspricht: der Käufer könnte die Ablösebeträge selbst entrichten, vom Verkäufer als Schadensersatz verlangen und aufrechnen (auch gegen Zessionare, § 404 BGB).
1839 Nach *Gutachten* DNotI-Report 1994, 3 kommt eine Pfändung gem. § 851 Abs. 1 ZPO nicht in Betracht; tatsächlich dürfte diese zwar möglich sein, jedoch nicht zu einer Leistungsänderung führen.
1840 Vgl. *Jursnik* MittBayNot 1999, 132 m.w.N.
1841 *Hoffmann* NJW 1987, 3156 sieht hierin eine Auffanglösung, falls ausdrückliche Vereinbarungen unterblieben sind.
1842 Vgl. BGH DNotZ 1998, 626 zur Ablösevereinbarung bei Zahlung über Anderkonto; *Amann* ZNotP 1998, 130; BGH NJW 2000, 1270. Die Ablehnung der Zweckbestimmungslösung in der Entscheidung BGH DNotZ 2001, 850 war bedingt durch die atypische Sachverhaltskonstellation, bei der die Verbindlichkeiten des Verkäufers durch die Zahlung nicht verringert wurden.
1843 BGH DNotZ 1998, 626 m. Anm. *Albrecht*.
1844 Da dieser ein schutzwürdiges Interesse daran hat, BGH DNotZ 1998, 628; BGH DNotZ 2001, 852.

Bzgl. der **Vollstreckungsunterwerfung des Kaufpreises** sind keine Besonderheiten zu beachten, allerdings muss die Klausel, sofern sie erteilt wird, i.H.d. abzulösenden Beträge auf Zahlung an die abzulösenden Gläubiger gerichtet erteilt werden (vgl. Rdn. 1303 f.).

(2) Gegen Zugriff auf die Rückgewähransprüche bei Grundpfandrechten

Schließlich muss verhindert werden, dass die dem Verkäufer zustehenden **Eigentümerrechte oder Rückgewähransprüche** (hierzu Rdn. 2072 ff.) an Grundpfandrechten (auch soweit sie zur Finanzierung des Kaufpreises vorweg eingetragen wurden) durch Gläubiger des Verkäufers gepfändet werden, sodass die Löschung dieser Grundpfandrechte nur mit Zustimmung solcher Drittgläubiger erfolgen kann[1845] (es sei denn der vormerkungsgesicherte Käufer macht von der – teuren – Möglichkeit der vollständigen,[1846] abredewidrigen,[1847] Ablösung des dinglichen Rechtes nach Beschlagnahme des Grundstücks mit der Folge des Erwerbs der Grundschuld gem. §§ 1150, 268 Abs. 3 BGB Gebrauch).[1848]

1214

Hätte zudem der Verkäufer sein Wahlrecht (zwischen Aufhebung, Übertragung und Verzicht auf die Grundschuld) noch nicht ausgeübt im Zeitpunkt der Pfändung (die Wahl wird regelmäßig zugunsten der Aufhebung dadurch getroffen, dass der Notar in Vollmacht für den Verkäufer eine Löschungsbewilligung anfordert), könnte der Pfändungsgläubiger das Wahlrecht ausüben und bspw. Übertragung an sich verlangen. Daher müssen die Rückgewähransprüche und vorsorglich auch die Eigentümerrechte, sofern solche etwa durch abredewidrige Zahlung auf die Grundschuld selbst oder infolge Verzichtes (§ 1168 Abs. 1 BGB) bzw. Abtretung (§ 873 Abs. 1 BGB), bzw. im Fall der Sicherungshypothek durch Forderungsfeststellung (Rdn. 1160) entstanden sein sollten, aufschiebend bedingt auf die Zahlung des Kaufpreises, spätestens auf die Umschreibung des Eigentums, bereits im Kaufvertrag an den Erwerber abgetreten werden.

1215

Gem. § 161 Abs. 1 BGB ist damit sowohl der Käufer, der die **bedingte Abtretung** sofort in der Urkunde annimmt, gegen spätere neuerliche Abtretungen oder Pfändungszugriffe geschützt als auch der Verkäufer gegen den sofortigen Verlust seiner diesbezüglichen Verwertungsrechte, ohne dass er den Kaufpreis erhielte. Voraussetzung ist allerdings, dass die Abtretung der Eigentümerrechte und Rückgewähransprüche nicht im Sicherungsvertrag zwischen Grundpfandgläubiger und Eigentümer ausgeschlossen wurde (§ 399, 2. Alt. BGB – was einer Pfändung wegen § 851 Abs. 2 ZPO aber nicht im Wege stünde, auch dann nicht, wenn die versuchte Abtretung später durch den Grundpfandgläubiger genehmigt würde, da diese nicht auf den Abtretungsversuch zurückwirkt.)[1849]

1216

Schwierigkeiten bereitet diese Lösung der bedingten Abtretung weiterhin, wenn **Gesamtgrundpfandrechte** bestehen, jedoch nicht die Löschung am gesamten Grundbesitz betrieben wird (die Rechte an nicht mitverkauftem Besitz bestehen bleiben sollen). Da die abzutretenden Rechte nur

1217

1845 Bei Überweisung des gepfändeten Anspruchs zur Einziehung (§ 835 Abs. 1, 1. Alt ZPO) kann der Pfändungsgläubiger mit Wegfall des Sicherungszwecks die Übertragung an den Sicherungsgeber verlangen; er erwirbt dann an dieser Eigentümergrundschuld ein Pfandrecht analog § 848 Abs. 2 ZPO, § 1287 BGB, das bereits davor gebucht werden kann; bei Überweisung an Zahlungs statt (§ 835 Abs. 1, 2. Alt. ZPO) könnte er gar Abtretung an sich selbst verlangen, Staudinger/*Wolfsteiner* BGB § 1191 Bearb 2009 Rn. 185.

1846 Bei nur teilweiser Ablösung geht lediglich der letztrangige Teil über (§§ 268 Abs. 3 Satz 2, 1176 BGB). Die vollständige Ablösung setzt also voraus, dass der Käufer insoweit gegen die Kaufpreiszahlung aufrechnen kann (letztere also nicht gepfändet ist, § 392 BGB!) – die typischerweise vereinbarte Erfüllungsübernahme (§ 329 BGB) erfasst lediglich den unmittelbar noch geschuldeten Ablösebetrag der Darlehensschuld: Rdn. 1213.

1847 Das im Sicherungsvertrag mit der Bank typischerweise enthaltene Verbot der Zahlung auf das dingliche Recht wirkt nur schuldrechtlich: B, BGB, Vorbem. zu §§ 1191 ff. Rn. 71.

1848 Damit gehen die gepfändeten (von vornherein mit diesem Risiko belasteten) Rückgewähransprüche unter, vgl. DNotI-Gutachten Nr. 11454 v. 05.04.2006.

1849 BGH NJW 1990, 109; vgl. *Amann/Hertel* Aktuelle Probleme der notariellen Vertragsgestaltung, DAI-Skript Februar 2005, S. 52.

einheitlich bestehen (mit Ausnahme der teilweisen Aufhebung, § 875 BGB bzw. des Teilverzichtes = Freigabe, § 1175 Abs. 1 Satz 2 BGB, die naturgemäß objektbezogen erfolgen),[1850] müssten entweder
– vor der Abtretung im Sicherungsvertrag die Rückgewährpflichten auf die Einzelfreigabe beschränkt werden,
– oder aber der Verkäufer müsste sein Wahlrecht in diesem Sinne bereits dem Grundpfandgläubiger ggü. ausgeübt haben (bei herkömmlicher Abwicklung erfolgt die Ausübung erst nach der im Kaufvertrag erklärten Abtretung der Rechte, nämlich durch Einholung der Freigabeerklärung seitens des Notars im Auftrag des Verkäufers).

Der solchermaßen konkretisierte, auf Einzelfreigabe beschränkte Verkäuferanspruch kann dann in gewohnter Weise aufschiebend bedingt abgetreten werden.

1218 Ist diese **Konkretisierung noch nicht eingetreten**, sind aber bzgl. des weiter belasteten restlichen Besitzes während der Abwicklung dieses Kaufvertrages keine Verfügungen geplant,[1851] kann der Verkäufer auch die Gesamtrechte abtreten, allerdings
– nur sicherungshalber,
– (wie stets) unter der aufschiebenden Bedingung der vollständigen Kaufpreiszahlung,
– sowie weiter unter der auflösenden Bedingung des Vollzugs der Freigabe am Vertragsobjekt, sodass sie i.Ü. an ihn wieder zurückfallen.

ee) Weitere Risiken

(1) Verjährung des Löschungsanspruchs?

1219 Die Pflichten des (Buch-) Gläubigers zur Erfüllung des Grundbuchberichtigungsanspruchs des Eigentümers aus § 894 BGB sind gem. § 898 BGB unverjährbar. Hierunter fällt auch die Pflicht eines Gläubigers einer im Grundbuch noch eingetragenen, jedoch nicht mehr valutierenden Hypothek, die grundbuchliche Berichtigungsbewilligung (§ 19, 29, 22 GBO) abzugeben. Die (abstrakte) Grundschuld besteht jedoch fort, auch wenn sie nicht (mehr) valutiert. Dem Sicherungsgeber stehen aus dem Sicherungsvertrag, sonst aus Bereicherungsrecht Rückgewähransprüche (vgl. Rdn. 2072 ff.) gegen den Gläubiger zu, die jedoch gem. § 196 BGB nun in 10-jähriger Frist (erstmals also zum 31.12.2011) verjähren. Verjährungsbeginn ist allerdings wohl erst der Zeitpunkt, in dem feststeht, dass die Geschäftsbeziehung zum Gläubiger endgültig beendet ist,[1852] ferner kann in der Grundschuld (unter stillschweigender Annahme durch den Gläubiger) die Verjährung auf bis zu 30 Jahre verlängert werden, § 202 Abs. 2 BGB.

1220 Auch wenn der schuldrechtliche Anspruch bereits verjährt ist, steht dem Eigentümer allerdings gem. § 1192 Abs. 1 BGB der sachenrechtliche Anspruch auf Verzicht gem. § 1169 BGB zur Seite. Dieser erlischt nicht, da er eine dauernde Einrede zum Gegenstand hat, und verjährt nicht, da er der Verwirklichung des Eigentums dient und daher (wie § 985 BGB)[1853] an der Unverjährbarkeit des eingetragenen Rechtes (Eigentum) teilhat.[1854]

(2) Versteckte Unzulänglichkeit der Kaufpreishöhe

1221 Tückisch ist die Sachlage im Zusammenhang mit übernommenen Lastenfreistellungsauflagen allerdings dann, wenn die Summe der Ablöseforderungen der ablösenden Gläubiger – wie bei einem finanziell schwachen Verkäufer nicht selten – exakt die Summe des vereinbarten Kaufpreises er-

---

1850 Vgl. *Böhringer* BWNotZ 1994, 172.
1851 In diesem Fall bleibt wohl nur die Beschränkung der Rechte im Sicherungsvertrag, *Amann/Hertel* Aktuelle Probleme der notariellen Vertragsgestaltung, DAI-Skript Februar 2005, S. 53.
1852 *Amann* DNotZ 2002, 94, 121 f.
1853 Allerdings hält der BGH den Störungsbeseitigungsanspruch aus § 1004 BGB für verjährbar, BGHZ 125, 56, 63; kritisch hiergegen Staudinger/*Gursky* BGB (2008) § 902 Rn. 9. Deswegen befürchtet *Wolfsteiner* DNotZ 2003, 321, 325, dass der BGH auch § 1169 BGB für verjährbar halten dürfte.
1854 So überzeugend *Otte* DNotZ 2011, 897, 903; *Schäfer* WM 2009, 1308 ff.

reicht. Will der Käufer in diesem Fall **Minderungsrechte** geltend machen, oder mit ihm zustehenden Schadensersatzansprüchen (z.B. wegen Nichterfüllung der Lastenfreistellungspflicht des Verkäufers bzgl. nach der Vormerkung eingetragener Belastungen) aufrechnen oder aber sind vertragliche Preisanpassungsbestimmungen (abhängig vom Umfang der genehmigten Bebaubarkeit etc.) eingeräumt bzw. ist der Käufer berechtigt, den Kaufpreis für den Fall der Altlastenbeseitigung herabzusetzen etc., wird die Lastenfreistellung nicht mehr vollziehbar, es sei denn eine Änderung der Treuhandauflagen kann erreicht werden.

▸ Hinweis:

Ein ähnliches, häufig übersehenes Problem ergibt sich in den Fällen, in denen der Käufer in Anrechnung auf den Kaufpreis die vom Verkäufer geschuldete **Maklerprovision** unmittelbar an den Makler entrichten soll, da diese Summe nicht mehr zur Lastenfreistellung zur Verfügung steht.

(3) Gläubigerwechsel/Verfügungsbeschränkungen

Risiken können des Weiteren aus einer Abtretung des zu löschenden bzw. freizugebenden Grundpfandrechts vor Vollzug der Freigabe/Löschung erwachsen, sofern der Abtretungsempfänger keine identische Bewilligung abgibt und den Treuhandauflagen beitritt. 1222

Fällt der Gläubiger vor der Löschung im Grundbuch in Insolvenz oder wird er in seiner Verfügungsmacht beschränkt, hilft § 91 Abs. 2 InsO i.V.m. § 878 BGB nur, wenn die Aufgabeerklärung gem. § 875 Abs. 2 BGB – wie oben geschildert – unwiderruflich ist und die Bewilligung beim Grundbuchamt eingereicht und der Vollzugsantrag gestellt ist.

Beide Risiken (Insolvenz/Abtretung ohne Auflegung der Löschungspflicht) stellen bei inländischen Kreditinstituten wohl keine ernst zu nehmende Gefahr dar.

▸ Hinweis:

Bei Privatgläubigern, insb. in bekannt prekärer Lage, sind jedoch u.U. zusätzliche Absicherungen angezeigt. So kann eine Verpflichtung des Gläubigers, unter bestimmten Voraussetzungen das Grundpfandrecht freizugeben/zur Löschung zu bewilligen, vereinbart werden und durch eine **Vormerkung** am Grundpfandrecht gesichert werden,[1855] um zu vermeiden, dass Zessionare dieses ohne Kenntnis dieser Freigabe-/Löschungsverpflichtung erwerben.

Diese Vormerkung kann zugunsten des Berechtigten der in Abteilung II eingetragenen Eigentumsvormerkung eingetragen werden.[1856] Dabei handelt es sich um eine Vormerkung i.S.d. § 883 BGB, nicht eine bewilligte Löschungsvormerkung gem. § 1179 BGB (zugunsten eines anderen Nicht-Grundpfandrechts-Gläubigers am selben Grundstück, etwa eines Wohnungsberechtigten).[1857] Sie wird gem. § 12 Abs. 1c GBV in der Veränderungsspalte des betroffenen Grundpfandrechts, Abteilung III, vermerkt (Viertel-Gebühr gem. §§ 66 Abs. 1 Satz 2, 68 KostO). Einer Löschung der Löschungsvormerkung bedarf es nicht, bei endgültigem Vollzug der Grundpfandrechtslöschung entsteht die übliche 5/10-Gebühr, Rdn. 3178 (die Mitlöschung der Vormerkung ist dann kostenfrei § 17 Abs. 3 GBV). 1223

Im Fall der **Insolvenz** des Gläubigers ist das Freigabeversprechen infolge der eingetragenen Vormerkung nicht nur eine schlichte Insolvenzforderung, sondern gem. § 106 InsO (auch Rechte an einem Grundstück sind umfasst) insolvenzfest unabhängig davon, ob der nunmehrige Gemeinschuldner (Gläubiger 1224

1855 *Schöner* DNotZ 1974, 327, 342.
1856 Die Voraussetzungen des § 1179 BGB (Löschungsvormerkung für nachrangige Gläubiger) müssen nicht vorliegen, vgl. *Stöber* RPfleger 1977, 399 ff.
1857 § 1179 BGB schafft eine Ausnahme vom Identitätsgebot des Vormerkungsrechtes und von § 39 GBO (Voreintragungsgrundsatz). Entsprechend BGH, 09.03.2006 – IX ZR, NJW 2006, 2408 m. Anm. *Rein*, S. 3470 (zu § 1179a BGB) dürfte § 1179 BGB erst insolvenzfest sein, wenn der Löschungsanspruch durch Vereinigung von Grundschuld und Eigentum in einer Person (als Folge einer Abtretung oder des Verzichtes gem. § 1168 BGB) entstanden ist, *Amann* MittBayNot 2007, 13 ff.

des beschränkt dinglichen Rechtes) möglicherweise bereits seinerseits vollständig erfüllt hatte[1858] und deshalb oder wegen des Fehlens einer synallagmatischen Abrede im Freigabeverpflichtungsvertrag zwischen Verkäufer und Gläubiger kein Verwalterwahlrecht mehr bestand. Durch rechtsgeschäftliche Bewilligung wird damit ein besserer Schutzzustand geschaffen als beim gesetzlichen Löschungsanspruch des nachrangigen Gläubigers mit ungeschriebenem Vormerkungsschutz gem. § 1179a Abs. 1 BGB, der jedoch (da zuvor der sichere Rechtsboden nicht erreicht ist) erst insolvenzfest ist mit seiner Entstehung, also Vereinigung von Grundschuld und Grundstückseigentum in einer Hand.[1859]

1225 Im Fall der **Abtretung**[1860] kann die durch die Vormerkung gesicherte Freistellungsverpflichtung auch ggü. dem Zessionar durchgesetzt werden (§§ 883 Abs. 2 Satz 1, 888 BGB).[1861] Zugleich schützt die Vormerkung den Erwerber vor einer möglichen **Pfändung der Eigentümerrechte** bzw. Rückgewähransprüche durch Privatgläubiger des Ablösungsgläubigers (§ 883 Abs. 2 Satz 2 BGB). Sie verhindert allerdings nicht, dass der Ablösungsgläubiger aus dem zur Löschung vorgemerkten Recht noch die Zwangsversteigerung betreibt, da § 883 Abs. 2 Satz 2 BGB insoweit nicht greift.[1862]

1226 In der Praxis werden die Löschungsverpflichtung, die Bewilligung der Vormerkung, die Abgabe der Löschungsbewilligung und die Vollzugsvollmacht an den Notar in einer Urkunde verbunden (zur ähnlichen Freigabevormerkung s. Rdn. 782). Idealerweise ist der Gläubiger damit einverstanden, die Löschungsvormerkung selbst sofort eintragen zu lassen (allerdings auf die Gefahr hin, sie nur mehr unter Mitwirkung des Verkäufers, seines Kunden, löschen lassen zu können, wenn der Kaufvertrag nicht durchgeführt werden sollte). Hierzu[1863]

▸ Formulierungsvorschlag: Löschungsvormerkung

1227 Der Berechtigte des einleitend bezeichneten Rechts verpflichtet sich hiermit schuldrechtlich unwiderruflich gegenüber dem Eigentümer (Verkäufer), sein Recht in Haupt- und Nebensache, also samt Zinsen und Nebenleistungen, am Vertragsobjekt auf Kosten des Verkäufers (ggf.: nach Erfüllung folgender Treuhandauflagen, deren Einhaltung der Notar im Innenverhältnis zu überwachen hat: Zahlung von ..... € zuzüglich ..... € täglich ab ..... auf Konto ....., Verwendungszweck: .....) zur Löschung zu bringen.

Er bewilligt hiermit diese Löschung und erklärt die Aufgabe des Rechts. Im Innenverhältnis wird der amtierende Notar, sein Vertreter oder Nachfolger im Amt angewiesen, von dieser Löschungsbewilligung erst Gebrauch zu machen, wenn der Gläubiger die Erfüllung obiger Treuhandauflage schriftlich bestätigt hat oder sie durch Bankbestätigung nachgewiesen wurde; bis zu diesem Zeitpunkt ist dem Grundbuchamt lediglich beglaubigte Abschrift im Auszug, ohne die Löschungsbewilligung, vorzulegen. *[Alternativ, bei sehr vorsichtigen Gläubigern: Er bevollmächtigt unwiderruflich den amtierenden Notar, seinen Vertreter oder Nachfolger im Amt, die Löschung zu bewilligen. Er weist ihn an, dies erst nach Erfüllung vorstehender Treuhandauflage vorzunehmen.]*

Zur Sicherung der Löschungsverpflichtung bewilligt der Berechtigte die Eintragung einer Vormerkung bei seinem oben bezeichneten Recht zugunsten des Eigentümers, bei mehreren als Berechtigte gem. § 432 BGB.

1858 Maßgeblich ist insoweit die Definition des durch den Gläubiger des beschränkt dinglichen Rechtes geschuldeten Erfolges im Vertrag mit dem Verkäufer (Kreditnehmer) über die Herbeiführung der Lastenfreistellung: schlichte Abgabe der Löschungsbewilligung? Bindende Wirkung der Löschungsbewilligung gem. § 875 Abs. 2 BGB? Unwiderruflichkeit der Treuhandabrede? Vollzug der Löschung (wenngleich auf Kosten des Verkäufers)?
1859 BGH, 09.03.2006 – IX ZR 11/05, NJW 2006, 2408 m. Anm. *Rein*, S. 3470, anders noch OLG Köln Rpfleger 2005, 249.
1860 Die durch Übertragung der Rückgewähransprüche und bloße Anzeige an den betreffenden Grundschuldgläubiger naturgemäß nicht erfolgen kann; auch der gute Glaube des Grundschulderwerbers an die »freie Valutierbarkeit« wird dadurch nicht beeinträchtigt.
1861 Allein die Vereinbarung der Unabtretbarkeit des Grundpfandrechtes (§ 399 BGB) hilft nicht, da sie durch Eigentümer (= Verkäufer) und Gläubiger (d.h. ohne Mitwirkung des Käufers) wieder aufgehoben werden könnte.
1862 Insoweit ist der Rangrücktritt der Grundschuld hinter die Käufervormerkung (Rdn. 1228) überlegen. Das mit Aufhebungsvormerkung belastete Recht wird in der Versteigerung wie ein auflösend bedingtes Recht behandelt, mit ggf. hilfsweiser Erlöszuteilung nach § 119 ZVG, vgl. *Stöber* ZVG § 119 Nr. 2.2, Nr. 3.
1863 Vgl. *Gutachten* DNotI-Report 2004, 23.

> Die sofortige Eintragung der Löschungsvormerkung beim bezeichneten Recht in das Grundbuch wird vom Gläubiger bewilligt.
>
> Kosten trägt der Berechtigte für diese Erklärung und ihren grundbuchamtlichen Vollzug nicht.

Auch in Bauträgerfällen ist ein solches, durch Vormerkung gesichertes Freigabeversprechen sicherer als die in § 3 Abs. 1 Satz 1 Nr. 3 MaBV vorgesehene rein schuldrechtliche Erklärung.[1864]

Es ist zweifelhaft, ob dieselbe Wirkung auch dadurch erreicht werden könnte, dass das zu löschende Grundpfandrecht hinter die Eigentumsvormerkung zugunsten des Käufers zurücktritt.[1865] Abgesehen von den dadurch ausgelösten höheren Grundbuchkosten (**zuerst Rangrücktritt, dann Löschung**) fehlt es wohl i.S.d. § 883 Abs. 2 BGB an einer Verfügung über das vorgemerkte Recht, da beim Rangrücktritt die Vormerkung an dem Grundstück eingetragen ist, über das nicht verfügt wird, während bei der Löschungsvormerkung eine Zession exakt das vorgemerkte (Grundpfand-)Recht betrifft. Auch § 883 Abs. 3 BGB hilft nicht weiter, da die Bestimmung jedenfalls unmittelbar nur für halbspaltige Vormerkungen, die in Rechte umgeschrieben werden, gilt. Überlegen ist der Rangrücktritt jedoch im Hinblick auf das (eher theoretische) Risiko, dass aus dem betroffenen (noch vorrangigen) Grundpfandrecht vor Endvollzug die Zwangsversteigerung betrieben würde.[1866] Er ist allerdings kaum zu erreichen, solange die Treuhandauflagen des Gläubigers nicht erfüllt sind.

ff) Formulierungsvorschlag

Die entsprechenden Passagen der Fälligkeitsmitteilung unter Vorsorge gegen obige Aspekte (mit Ausnahme der Gefahr des Verlustes der Verfügungsmacht durch den Gläubiger vor Vollzug der Lastenfreistellung) könnten etwa wie folgt lauten:

▶ Formulierungsvorschlag: Fälligkeitsvoraussetzungen bei Lastenfreistellung (Standardvariante)

> (Der Kaufpreis ist fällig ..... nach Zugang der Mitteilung des Notars, dass .....),
>
> der Notar in grundbuchtauglicher Form über alle Unterlagen verfügt zur Freistellung von solchen Belastungen, die im Grundbuch vor oder mit der Vormerkung eingetragen und vom Käufer nicht zu übernehmen sind. Ihre Verwendung darf allenfalls von Zahlungsauflagen abhängig sein, für die der Kaufpreis ausreicht. Der Notar wird allseits bevollmächtigt, diese Unterlagen – zur Beschleunigung, ungeachtet der Kostenfolge, unter Fertigung des Entwurfs – anzufordern, für alle am Vertrag und dessen Finanzierung Beteiligten auch gem. § 875 Abs. 2 BGB entgegenzunehmen und zu verwenden.
>
> Stehen Genehmigungen oder Lastenfreistellungsdokumente unter Zahlungsauflagen, teilt der Notar diese den Beteiligten ohne weitere Prüfung mit. Der Kaufpreis kann insoweit bei Fälligkeit nur durch Erfüllung solcher Auflagen erbracht werden, ist also zweckgebunden, ohne dass der Zahlungsempfänger hieraus eigene Rechte erwirbt. Der Restbetrag nach Berücksichtigung etwaiger solcher Treuhandauflagen ist zu überweisen auf das Konto des Verkäufers bei der ....., BLZ ....., Konto-Nr. ..... .
>
> Aufschiebend bedingt ab Zahlung des Kaufpreises überträgt der Verkäufer dem Käufer alle Eigentümerrechte und Rückübertragungsansprüche in Bezug auf Grundpfandrechte am Vertragsobjekt und bewilligt deren Umschreibung.

Falls der in Rdn. 1224 beschriebene besonders sichere Weg (Sicherung der Löschungsverpflichtung durch Löschungsvormerkung bis zu ihrer Erfüllung) beschritten wird, muss auch eine Anpassung der Formulierung der **Fälligkeitsvoraussetzungen** erfolgen. Die auf die Lastenfreistellung bezogene Eingangstextpassage könnte dann (wenn der Gläubiger mit der sofortigen Eintragung der Lö-

---

1864 Vgl. *Vierling* MittBayNot 2009, 78 mit Formulierungsvorschlag S. 79.
1865 So aber *Jursnik* MittBayNot 1999, 135; ebenso für den Bauträgervertrag *Basty* Der Bauträgervertrag Rn. 394; *Bertolini* MittBayNot 1987, 174, mit Formulierungsvorschlag; dagegen *Wörner* MittBayNot 2001, 450.
1866 Das aufhebungsvorgemerkte Grundpfandrecht, das den Vorrang behalten hat, wird in der Zwangsversteigerung wie ein auflösend bedingtes Recht behandelt, sodass dem Gläubiger der Aufhebungsvormerkung (Käufer) der auf den Umfang der Vormerkung entfallende Erlös hilfsweise zugeteilt wird, § 119 ZVG.

schungsvormerkung nach dem Muster Rdn. 1227 einverstanden ist, mit dem kursiv gehaltenen Zusatz) etwa wie folgt lauten:

▶ **Formulierungsvorschlag: Fälligkeitsregelung zur Lastenfreistellung bei Löschungsvormerkung**

1232 ..... Bestätigung, dass die Gläubiger der vor oder mit der Vormerkung eingetragenen Belastungen, die der Käufer nicht zu übernehmen hat, sich dem Käufer gegenüber zur Lastenfreistellung verpflichtet haben und sowohl die Löschung als auch die Eintragung einer Vormerkung zur Sicherung der Verpflichtung zur Löschung in grundbuchmäßiger Form bewilligt haben. Diese Erklärungen müssen bedingungslos oder nur unter solchen Zahlungsauflagen erteilt sein, die aus dem Kaufpreis erfüllbar sind. *[Ggf: Die Löschungsvormerkung muss beim zu löschenden Recht eingetragen sein.]* Der Notar wird allseits bevollmächtigt, diese Erklärungen und Bewilligungen zur Lastenfreistellung – zur Beschleunigung, ungeachtet der Kostenfolge, unter Fertigung des Entwurfs – anzufordern, für alle am Vertrag und der Kaufpreisfinanzierung Beteiligten auch gem. § 875 Abs. 2 BGB entgegenzunehmen und zu verwenden.

c) Zahlungsweg

1233 Die in der Urkunde genannte Kontoverbindung für den nicht »zweckgebundenen« Kaufpreisteil kann der Verkäufer auch später (schriftlich) abändern; der Notar wird bei der Mitteilung solcher Fakten lediglich als Bote tätig.[1867] Soll bei mehreren Verkäufern (Ehegatten, Erbengemeinschaft) nur auf ein Konto überwiesen werden (vgl. hierzu im Detail Rdn. 2607 ff.), empfiehlt sich folgende Ergänzung:

▶ **Formulierungsvorschlag: Kontoverbindung bei mehreren Verkäufern**

1234 Der Kontoinhaber erhält hiermit umfassende Vollmacht seitens aller Mitglieder der Gemeinschaft auf Veräußererseite, den Eingang des Erlöses dem amtierenden Notar zu bestätigen und dessen Verteilung innerhalb dieser Gemeinschaft vorzunehmen.

Streiten mehrere Verkäufer über die Verteilung des Veräußerungserlöses (etwa im Zuge einer Vermögensauseinandersetzung), könnten sie ein »Und-Konto« mit gemeinschaftlicher Zeichnungsbefugnis einrichten, auf dem der Betrag bis zur übereinstimmenden Verfügung verbleibt. Ist der Notar hierzu bereit, kommt auch die Zahlung auf Anderkonto in Betracht (vgl. Rdn. 2607).

1235 Wählt der Käufer die Zahlung durch **Scheck** (wie häufig bei Angehörigen des angloamerikanischen Rechtskreises) und sind Gläubiger abzulösen, ist fraglich, ob mit Mitteln des Scheckrechts gewährleistet werden kann, dass der über den Ablösebetrag ausgereichte Scheck auch tatsächlich auf das in der Treuhandauflage genannte Konto gutgeschrieben wird. Denkbar wäre, den aufgedruckten Vermerk »nur zur Verrechnung« zu ergänzen (»ausschließlich auf Konto Nr. ... bei der ... Bank, BLZ ...«). Es ist umstritten, ob ein solcher Vermerk scheckrechtlich zu beachten ist.[1868]

1236 Werden Zahlungen von mehr als 12.500,00 € durch oder an **Gebietsfremde** erbracht, ist hierüber gem. §§ 59 bis 64 Außenwirtschaftsverordnung (AWV) der Deutschen Bundesbank, Servicezentrum Außenwirtschaftsstatistik, 55148 Mainz,[1869] auf amtlichem Vordruck (Formular für ausgehende Zahlungen: Z 1, für eingehende Zahlungen: Z 4; www.bundesbank.de/meldewesen/mw_aussenwirtschaft.php) Mitteilung zu erstatten.[1870] Die Angaben dienen lediglich der statistischen Auswertung, sind allerdings bußgeldbewehrt (§ 70 Abs. 6 Nr. 7 AWV). Meldepflichtig ist der inländische Empfänger/Zahler, beim Geldeingang auf einem Anderkonto also wegen der treuhänderischen Bindung des den Beteiligten noch nicht zugegangenen Betrages der Notar.

[1867] Bei einem Prätendentenstreit hinsichtlich des »frei verfügbaren« Kaufpreisteiles, etwa infolge Pfändung, kann eine Vertragslücke ggf. durch Anwendung der Hinterlegungsvorschriften geschlossen werden, sofern der Käufer nicht fahrlässig in Ungewissheit über die Person des Gläubigers ist (§ 372 BGB): OLG Jena, 02.11.2000 – 6 W 525/00 JurionRS 2000, 20645 und 6 W 583/00, JurionRS 2000, 20646.

[1868] Vgl. *Hefermehl* Wechselgesetz und Scheckgesetz, Art. 39 ScheckG Rn. 1.

[1869] Entgeltfreie und kompetente Hotline: Tel. 0800-1234-111.

[1870] § 26 Abs. 2 Außenwirtschaftsgesetz; vgl. *Schubert* MittBayNot 2005, 362. auch zu den dabei einzusetzenden Kennzahlen: für den Erhalt von Notargebühren aus dem Ausland Nr. 514; für die Zahlung des Kaufpreises für ein inländisches Grundstück Nr. 272.

Ferner treffen den Notar bei Zinsgutschriften auf Anderkonten, die einem Berechtigten mit Wohnsitz in einem anderen europäischen Mitgliedsstaat zustehen, nach § 8 der ZinsinformationsVO,[1871] Meldepflichten, denen kein Auskunftsverweigerungsrecht gem. § 102 Abs. 4 Satz 1 AO mehr entgegen steht. Die Datenübermittlung hat bis zum 31.05. nach dem Zuflussjahr auf elektronischem Wege an das Bundeszentralamt für Steuern zu erfolgen (www.bzst.de, Rubrik »EU-Zinsrichtlinie«), vgl. §§ 45e Satz 2, 45d Abs. 1 Satz 2 bis 4 und Abs. 2 EStG.[1872]

1237

d) Abtretung des Zahlungsanspruchs

Falls nicht vertraglich ausgeschlossen (§ 399 BGB; dieser Ausschluss ist zwischenzeitlich auch im vollkaufmännischen Verkehr möglich),[1873] kann der Verkäufer den Anspruch auf Zahlung des Kaufpreises, soweit er nicht zweckgebunden auf Zahlung an Ablösegläubiger gerichtet ist, formfrei an Dritte **abtreten**. Eine bereits vor Vertragsschluss durchgeführte (d.h. angenommene) Zession des künftigen Anspruchs[1874] ist auch im Bauträgervertrag (dort i.d.R. sicherungshalber an die finanzierende Bank des Bauträgers)[1875] zulässig. Die Vorausabtretung führt zum Durchgangserwerb beim Verkäufer,[1876] erfasst also ebenfalls den Anspruch max. i.H.d. über die Ablöseforderungen hinaus noch zur Verfügung stehenden Beträge. Als Nebenrecht analog § 401 BGB geht mit der Abtretung des Kaufpreisanspruchs auch der Auszahlungsanspruch (§ 667 BGB) gegen einen Treuhänder, der mit der Zahlungsabwicklung betraut ist, über.[1877] Kennt der Käufer die (vor oder nach Vertragsschluss erfolgte) Abtretung nicht, muss der Zessionar, obwohl wahrer Rechtsinhaber, Zahlungen an und Rechtsgeschäfte mit dem Verkäufer (Erlass, Stundung, Aufrechnung etc.) gem. § 407 BGB gegen sich gelten lassen; umgekehrt kann sich der Käufer, wenn ihm eine schriftliche Abtretungsanzeige des Verkäufers zugeht, auf diese verlassen (§ 409 BGB).

1238

Häufig wird der Zessionar den Verkäufer weiterhin zur **Einziehung** der Kaufpreisforderung **ermächtigen**, also einen »Forderungsausschnitt« rückübertragen zum Zwecke der Geltendmachung des Zahlungsanspruchs im eigenen Namen, zugunsten des »Zielkontos« des Zessionars.[1878] Dies kann auch dadurch erreicht werden, dass dem Verkäufer durch Vereinbarung mit dem Käufer ein eigener Anspruch auf Zahlung an den Abtretungsempfänger eingeräumt wird, der sodann dem Verkäufer auf dessen Antrag (gerichtet auf Zahlung an den Abtretungsempfänger) tituliert werden kann. Anderenfalls müsste der Abtretungsempfänger selbst Fristsetzung bzw. Verzugssetzung betreiben.[1879]

1239

Bei einer bereits erfolgten Abtretung könnte die Formulierung im Fall des »Parallelanspruchs« zugunsten des Verkäufers etwa lauten:

1240

▶ Formulierungsvorschlag: »Doppelanspruch« auf Zahlung bei Abtretung

> Der Anspruch auf Zahlung des Kaufpreises, soweit er nicht zweckgebunden zur Lastenfreistellung erforderlich ist, wurde bereits vor Beurkundung abgetreten an ..... Der Abtretungsempfänger hat diese Abtretung angenommen. Die Beteiligten vereinbaren jedoch, dass der Verkäufer daneben einen eigenen Anspruch auf Zahlung an den Abtretungsempfänger hat,

---

[1871] BGBl. I 2004, S. 128.
[1872] Vgl. RS der BNotK 31/2007 v. 18.10.2007, dem das Einführungsschreiben des BMF IV C 1 – S 2000 363/04 v. 06.01.2005 samt Nachträgen v. 13.06.2005 und 27.01.2006 beigefügt ist.
[1873] Aufhebung des entgegenstehenden § 354a HGB durch das Risikobegrenzungsgesetz, vgl. *Issad* notar 2008, 227.
[1874] Zulässig aufgrund eines Erst-Recht-Schlusses zu § 185 Abs. 2 BGB.
[1875] BGH, 11.10.2007 – VII ZR 235/05, NZM 2008, 51: kein Verstoß gegen § 4 Abs. 1 Satz 2, 6 Abs. 1 MaBV.
[1876] Vgl. Palandt/*Heinrichs* BGB § 398 Rn. 12: Direkterwerb nur, wenn z.Zt. der Abtretung der Rechtsgrund (Vertrag) bereits bestand.
[1877] BGH, 07.12.2006 – IX ZR 161/04, NotBZ 2007, 258.
[1878] OLG Brandenburg RNotZ 2004, 392.
[1879] Die Nachfristsetzung müsste der Zessionar vornehmen (BGH NJW 1985, 2640), sofern kein paralleler Anspruch des Verkäufers auf Zahlung an den Zessionar bestehen bleibt, vgl. vorstehende Fußnote.

B. Gestaltung eines Grundstückskaufvertrages

wegen dessen er weiterhin zur Mahnung, Beitreibung und Titulierung des Anspruchs (gerichtet auf Zahlung an den Abtretungsempfänger) berechtigt bleibt.[1880]

e) Erfüllung

1241 Eine in die Urkunde aufgenommene Bestätigung des Verkäufers, er habe den Kaufpreis bereits erhalten, hat den Charakter einer **Quittung (§ 368 BGB)**. Es handelt sich dabei um das Bekenntnis einer Tatsache,[1881] also eine »Wissenserklärung«, nicht aber um ein Rechtsgeschäft, das selbst rechtliche Verpflichtungen zur Folge hätte. Im Prozess kann daher – unter Berücksichtigung der Beweiswirkungen der Quittung – bewiesen werden, dass die Quittung falsch ist.[1882] Als bloße Wissenserklärung bedarf sie nicht der notariellen Beurkundung.[1883] Gleiches gilt für eine in der Urkunde bereits erteilte »Vorausquittung« für eine erst nach Beurkundung erfolgende Zahlung.[1884]

1242 **Erfüllung** (§ 362 Abs. 1 BGB) tritt als einmaliger, endgültiger und nicht rückgängig zu machender Vorgang ein, wenn der geschuldete Leistungserfolg bewirkt ist, der Gläubiger also den Geldbetrag, den er beanspruchen kann, endgültig (zur Wirkung der Zahlung unter Vorbehalt vgl. Rdn. 1252) zur freien Verfügung übereignet bzw. überwiesen erhält.[1885] Problematisch ist dies insb. bei **Zahlung eines Dritten**, z.B. durch eine **finanzierende Bank des Käufers**. Sie kommt dem Schuldner (Käufer) nur zugute, wenn sie dessen Verbindlichkeit erfüllen soll und mit einer entsprechenden Tilgungsbestimmung versehen ist. Letztere kann (1) entweder als eigene Tilgungsbestimmung des Dritten (der Bank) gem. § 267 Abs. 1 Satz 1 BGB erfolgen oder – wie i.d.R. – (2) der Dritte kann als Hilfsperson des Käufers dessen Tilgungsbestimmung gem. § 362 Abs. 1 BGB übermitteln (sodass eine Leistung des Anweisenden, des Käufers, vorläge).

1243 Eine **eigene Tilgungsbestimmung der Bank** (Nr. 1) liegt bei der Überweisung durch eine finanzierende Bank jedenfalls dann nicht vor, wenn Zweck ihrer Zahlung die Erfüllung der Verpflichtung aus dem (ggf. vermeintlichen) Darlehensvertrag ist, nicht die Erfüllung des Kaufvertrages. Ersteres ist insb. dann naheliegend, wenn die Darlehensauszahlungsansprüche des Käufers im Kaufvertrag (kostenrechtlich gegenstandsgleich bis zur Höhe des Kaufpreises) an den Verkäufer abgetreten wurden, sodass der Verkäufer insoweit aus eigenem Recht Überweisung verlangen konnte.

1244 An einer **eigenen Tilgungsbestimmung des Käufers i.S.d.** Nr. 2 wiederum soll es jedenfalls nach Ansicht des BGH fehlen, wenn der Darlehensvertrag nichtig ist (etwa unter Verwendung einer gegen das RechtsberatungsG verstoßenden Vollmacht geschlossen wurde, Rdn. 477).[1886] Dies weicht insoweit von der bisherigen Rechtsprechung ab, als die Anweisung grds. unabhängig ist von der Wirksamkeit des Darlehensvertrages (also des Deckungsverhältnisses zwischen Anweisendem und Angewiesenem), sie vielmehr nur bei gänzlich fehlendem, gefälschtem,[1887] ohne Vertretungsmacht[1888] oder geschäftsunfähig[1889] erteiltem Überweisungsauftrag nicht vorliegt. Der BGH ging demnach in früheren Entscheidungen von einer wirksamen, weiter übermittelten, Anweisung des Käufers selbst dann aus, wenn ein Darlehensauszahlungsanspruch gegen die Bank nicht bestand,[1890] stellt jedoch nun die Anweisung unter den (stillschweigenden) Vorbehalt der Wirksamkeit der Ab-

---

1880 Damit wird die Wertung des BGH MittBayNot 2002, 384 nachvollzogen, wonach bei einer Sicherungsabtretung der Zedent nach dem Parteiwillen regelmäßig weiter zur Beitreibung berechtigt sein soll.
1881 RGZ 108, 55; BGH NJW-RR 1988, 881.
1882 BGH MDR 1978, 914.
1883 KG, 23.09.2010 – 19 U 2/10, JurionRS 2010, 28828.
1884 BGH, 20.05.2011 – V ZR 221/10, DNotZ 2012, 48 m. Anm. *Böttcher* (weder Formnichtigkeit noch Unwirksamkeit als Scheingeschäft).
1885 Vgl. BGH, 23.01.1996 – XI ZR 75/95, NJW 1996, 1207.
1886 BGH, 27.06.2008 – V ZR 83/07, DNotZ 2008, 923 m. krit. Anm. *Keim* DNotZ 2009, 245 ff.; ablehnend auch *Braun/Daum* MittBayNot 2010, 275 ff.
1887 BGH NJW 1994, 2357, 2358.
1888 BGH ZIP 2001, 781.
1889 BGHZ 111, 382, 386.
1890 BGH ZIP 2001, 1241; vgl. *Keim* DNotZ 2009, 245, 248.

tretung des Darlehensauszahlungsanspruchs. Im Ergebnis kann demnach die Bank direkt beim Verkäufer kondizieren, ohne dass sich letzterer auf § 818 Abs. 3 BGB (Weggabe des Grundstücks als Gegenleistung) berufen könnte.[1891] Damit wird die interessengerechtere Rückabwicklung »über Eck«, also im Verhältnis Bank – Bankkunde, vereitelt.[1892] Hinzu kommt, dass die Bank sich mit dieser Überweisung außerhalb der (durch den Käufer aufgrund der insoweit beschränkten Vollmacht mit Wirkung ggü. dem Verkäufer als Noch-Sicherungsgeber zustande gebrachten) Sicherungsabrede gestellt hat, die ja »Zahlungen mit Tilgungswirkung auf die Kaufpreisschuld« verlangt – was im vorliegenden Fall für die Bank freilich nicht von Relevanz war, da sie nicht aus der Grundschuld gegen den Verkäufer vorging.

Aus Vorsichtsgründen ist daher von der Abtretung der Darlehensauszahlungsansprüche an den Verkäufer abzuraten, zumal sie ohnehin häufig gegen entsprechende Zessionsverbote im Darlehensvertrag (§ 399 BGB) verstößt und demnach ohne Wirkung bleibt. Wird der Verkäufer nicht Inhaber des Darlehensvalutierungsanspruchs, kann die (weiter übermittelte) Anweisung des Käufers nicht stillschweigend vom Bestand dieser Abtretung (und damit des Darlehensvertrages) abhängig sein, ferner liegt dann eine eigene Tilgungsbestimmung der Bank nahe, zumal ihr die Finanzierungsgrundschuld nur zur Verfügung steht, wenn sie Zahlungen »mit Tilgungswirkung auf die Kaufpreisschuld« erbracht hat, und sie regelmäßig eine Kopie der Fälligkeitsmitteilung unmittelbar durch den Notar erhalten haben wird. Die unwiderrufliche Anweisung zur Auszahlung der Darlehensvaluta an den Verkäufer, solange der Kaufpreis nicht bezahlt ist, gehört dagegen weiterhin zum Vorsorgeprogramm, und zwar (auch aus Kostengründen) im Kaufvertrag (also im »Valutaverhältnis«), nicht etwa allein im (möglicherweise unwirksamen) Darlehensvertrag. 1245

▶ Hinweis: 1246

Will der Verkäufer ganz sicher sein, den erhaltenen Kaufpreis dauerhaft zu behalten, sollte er – sofern dieser durch einen Dritten überwiesen wurde – auf der Abgabe einer wirksamen eigenen Kaufpreistilgungsbestimmung der Bank gem. § 267 Abs. 1 Satz 1 BGB bestehen (eine solche Willensrichtung wird der Bank ohnehin zu unterstellen sein, da ihr sonst die zur Vorwegbeleihung bestellte Finanzierungsgrundschuld nicht zur Verfügung steht, vgl. Rn. 1342). Stellt sich dann später die Nichtigkeit des Darlehensvertrages heraus, kann die Bank nur bei ihrem Kunden kondizieren, der wirksam von der Kaufpreisschuld befreit wurde.[1893]

Will der Notar insoweit Zweifel an der tatsächlichen Erfüllungswirkung ausräumen, kann er sich bspw. die Willensrichtung der finanzierenden Bank durch diese bestätigen lassen, muss dann aber konsequenterweise den Eingang dieser Bestätigung zur weiteren Voraussetzung des Vollzugs der Auflassung erheben: 1247

▶ **Formulierungsvorschlag: Einholung einer Bestätigung der Käuferbank (Tilgung des Kaufpreises)**

Beigefügt erhalten Sie die heute an den Käufer versandte Fälligkeitsmitteilung mit der Bitte, gemäß deren Inhalt zu verfahren. Die zu Ihren Gunsten am Vertragsobjekt bestellte Grundschuld ist, gemäß der erteilten Finanzierungsvollmacht des Verkäufers, hinsichtlich ihres Sicherungszwecks zunächst beschränkt auf solche Zahlungen, die Sie mit Tilgungswirkung auf die Kaufpreisschuld erbringen. Zudem hat der Verkäufer den Vollzug der Eigentumsumschreibung (Auflassung) auf den Käufer davon abhängig gemacht, dass eine Bestätigung Ihrerseits hierüber vorliegt. Dadurch soll sichergestellt werden, dass Ihre Zahlung zur Tilgung des Kaufpreises, nicht etwa nur zur Erfüllung des Darlehensauszahlungsanspruchs, erfolgt sei, und demnach bei Unwirksamkeit des Darlehensvertrages jedenfalls nicht vom Verkäufer, sondern von Ihrem Dar-

---

1891 Da bei der Nichtleistungskondiktion Aufwendungen, die der Bereicherungsschuldner für den Erwerb seitens Dritter tätigen musste, nicht abzugsfähig seien (jeder müsse das Bonitätsrisiko seines Vertragspartners tragen); hiergegen weist *Keim* zu Recht darauf hin, dass der Gläubiger (Bank) durch sein Verhalten (Überweisung) den Vertrauenstatbestand geschaffen hat, der den Herausgabeschuldner zur Übereignung veranlasste.
1892 *Braun/Daum* MittBayNot 2010, 275, 278.
1893 BGH DNotZ 1978, 544; *Keim* DNotZ 2009, 245, 250.

lehensnehmer, dem Käufer, zurückgefordert werden müsste (BGH, 27.06.2008 – V ZR 83/07). Ich bitte Sie daher, nach Überweisung des aus dem Darlehen geleisteten Betrages beigefügte Bestätigung an mich unterzeichnet zurückzuleiten.

Text der Bestätigung:

Wir bestätigen als finanzierende Bank des Käufers zu Ihrer Urkunde ...../2012, dass die durch uns getätigte Überweisung der (teilweisen) Tilgung des Kaufpreises diente.

Text der Vorlageanweisung hinsichtlich der Auflassung:

Der Verkäufer muss dem Käufer das Eigentum Zug-um-Zug gegen ordnungsgemäße Tilgung des geschuldeten Kaufpreises verschaffen. Alle Beteiligten weisen daher den Notar gem. § 53 BeurkG an, die Umschreibung gemäß dieser Vollmacht durch Eigenurkunde erst zu veranlassen, nachdem der Verkäufer den Eingang des geschuldeten Betrages originalschriftlich bestätigt oder hilfsweise der Käufer die Zahlung des vereinbarten Kaufpreises (jeweils ohne Zinsen) durch Bankbestätigung nachgewiesen hat. Sofern auf Veranlassung des Käufers ein Finanzierungsgrundpfandrecht bestellt wurde, hat der Gläubiger ferner schriftlich zu bestätigen, dass die Überweisung auch zur Tilgung des Kaufpreises, nicht lediglich zur Ausreichung des Darlehens, erfolgt ist.

1248 Alternativ kann er einen entsprechenden Hinweis an den Verkäufer senden, die Kaufpreiseingangsbestätigung an den Notar erst nach Vorliegen einer solchen Tilgungsbestimmung zurückzusenden, etwa wie folgt:

▶ **Formulierungsvorschlag: Hinweis an Verkäufer auf Notwendigkeit klarer Tilgungsbestimmung seitens der Käuferbank**

Bitte achten Sie vor der Rücksendung der unterzeichneten Bestätigung über den vertragsgemäßen Erhalt des Kaufpreises darauf, dass die Banküberweisung des Käufers bzw. seines Kreditinstitutes als Verwendungszweck eindeutig auf den Kaufvertrag Bezug nimmt, nicht etwa auf das Darlehen, das der Käufer zur Finanzierung des Kaufpreises aufgenommen hat. Will die Käuferbank nämlich nur ihre Pflicht zur Ausreichung des Darlehens erfüllen, nicht aber die Kaufpreisschuld des Käufers tilgen, könnte sie den Überweisungsbetrag unter Umständen von Ihnen zurückfordern, wenn der Darlehensvertrag nicht wirksam zustande gekommen sein sollte.

1249 Eine dritte Möglichkeit besteht darin, im Verhältnis zwischen Verkäufer und Käufer, also im Kaufvertrag, eine vorweggenommene Tilgungsbestimmung des Käufers aufzunehmen, die allerdings durch Anweisung an die Bank umzusetzen ist:[1894]

▶ **Formulierungsvorschlag: Vorweggenommene Tilgungsbestimmung des Käufers bei Kreditfinanzierung**

Verkäufer und Käufer vereinbaren bereits heute, dass sämtliche vom Käufer veranlasste Zahlungen, welche dessen Finanzierungsgläubiger unmittelbar an den Verkäufer leisten, als Zahlung des Käufers auf die Kaufpreisschuld anzusehen sind, auch wenn der Darlehensvertrag des Käufers nicht wirksam sein sollte. Diese Tilgungsbestimmung wird unwiderruflich getroffen; der Käufer verpflichtet sich zur entsprechenden Anweisung an seine Bank.

f) Unsicherheitseinrede, § 321 BGB

1250 Umgekehrt kann der bzgl. der Kaufpreiszahlung vorleistungspflichtige Käufer die Zahlung gem. **§ 321 BGB** verweigern, wenn nach Vertragsabschluss erkennbar wird, dass sein Anspruch auf die Gegenleistung (Besitzverschaffung, Eigentumsverschaffung, Rechts- und Sachmängelfreiheit, ggf. auch die Erbringung von Werkleistungen, die Erfüllung von Mietgarantien etc.) gefährdet wird. Entgegen der bisherigen Rechtslage braucht die **Gefährdung der Vermögenslage** nicht auf Illiquidität des anderen Vertragsteils zu beruhen (denkbar sind z.B. auch Krieg, Krankheit, Zusammenbruch von Vorlieferern etc.) und kann bereits (unerkannt) bei Vertragsschluss vorhanden gewesen sein.

1894 Ähnlich *Braun/Daum* MittBayNot 2010, 275, 282.

Insolvenzeröffnung bzw. deren Ablehnung mangels Masse sind nur dann ausreichende Grundlage für die Erhebung der Unsicherheitseinrede, wenn es sich um nicht (z.B. durch eine Vormerkung) gesicherte Ansprüche (etwa auf Sachmängelfreiheit, Mietgarantiezahlungen, Werkleistung) handelt.[1895] Der Käufer kann gem. § 321 Abs. 2 BGB eine angemessene Nachfrist setzen zur Erfüllung oder Stellung von Sicherheiten und nach deren Ablauf (zur Beendigung des Schwebezustandes) zurücktreten. Solange die Einrede besteht, befindet sich der Vorleistungspflichtige nicht in Verzug, vgl. Rn. 1323.[1896] Auch diese Regelungen sind sachgerecht und bedürfen keiner vertraglichen Modifikation mehr.

1251

Leistet der Käufer »**unter Vorbehalt**«, hat dies nur Erfüllungswirkung, wenn der Schuldner lediglich die Wirkung eines Anerkenntnisses i.S.d. §§ 208, 212 BGB (Neubeginn der Verjährung) vermeiden und die Möglichkeit der Rückforderung trotz § 814 BGB aufrechterhalten will.[1897] Die tilgende Wirkung tritt jedoch nicht ein, wenn der Gläubiger aufgrund der Vorbehaltsleistung weiterhin die Beweislast für das Bestehen des Anspruchs tragen soll.[1898]

1252

3. Sicherung der Zahlungspflicht

a) Erklärungen Dritter

Die im Kaufvertrag übernommenen Pflichten, insbesondere die Zahlungspflicht des Käufers, können durch Erklärungen Dritter, die als Bürgen (aa) oder als Mitschuldner (bb) auftreten, besichert werden. Daneben können Bestätigungen der »Hausbank« bzw. des finanzierenden Kreditinstituts des Käufers (cc) die Wahrscheinlichkeit der Erfüllung erhöhen und damit andere Vorkehrungen entbehrlich machen.

1253

aa) Bürgschaft

Eine Verpflichtung zur Stellung einer Bankbürgschaft zur Besicherung der Zahlungsverpflichtung kann zulasten eines Verbrauchers auch formularmäßig begründet werden (keine unangemessene Benachteiligung i.S.d. § 307 Abs. 2 Nr. 1 BGB).[1899]

1254

(1) Zustandekommen

Der Bürgschaftsvertrag (zwischen Bürge und Gläubiger oder Bürge und einem Dritten zugunsten des Gläubigers gem. § 328 BGB[1900]) kommt ohne Kenntnis, geschweige denn Mitwirkung des Hauptschuldners zustande. Er bedarf (wegen der damit verbundenen Warnfunktion) der Schriftform, § 766 BGB (auch in Bezug auf alle Nebenabreden); dies gilt auch für die Vollmachtserteilung zur Verbürgung.[1901] Telefax soll nicht genügen.[1902] Soweit die Bürgschaft ein Handelsgeschäft gemäß § 343 HGB darstellt (was beim Vollkaufmann gemäß § 344 HGB vermutet wird), entfällt allerdings der Formzwang (§ 350 HGB).

1255

1895 Im Regelfall wird der Anwendungsbereich des § 321 BGB durch sachgerechte Fälligkeitsregelung »aufgefangen«: Auch wenn nach Vertragsschluss, aber vor Eintragung der Vormerkung, weitere Belastungen eingetragen werden, wird der Kaufpreis erst fällig, wenn die Löschungsbewilligungen mit aus dem Kaufpreis erfüllbaren Auflagen vorliegen. Die Gefährdung der Verkäuferpflicht zur rechtsmängelfreien Lieferung verhindert also bereits vertraglich die Fälligkeit. Anders liegt es bei der Pflicht zur Einzahlung auf das Anderkonto zu einem bestimmten Zeitpunkt, BGH, 11.12.2009 – V ZR 217/08, ZNotP 2010, 98.
1896 BGH, 11.12.2009 – V ZR 217/08, ZNotP 2010, 98.
1897 BGH NJW 1982, 2301.
1898 BGH NJW 1983, 1111.
1899 BGH, 27.05.2010 – VII ZR 165/09, DNotZ 2010, 910 (§ 648a BGB betrifft lediglich Sicherheitsverlangen des Unternehmers nach Vertragsabschluss und hat daher keine Leitbildfunktion).
1900 BGH NJW 2001, 3327.
1901 Entgegen § 167 Abs. 2 BGB, vgl. BGH NJW 2000, 1179, 1180.
1902 OLG Düsseldorf NJW-RR 1995, 93.

1256 Der Bürgschaftsvertrag kann gegen die guten Sitten verstoßen, wenn der Bürge voraussichtlich nicht einmal die laufenden Zinsen der Hauptschuld aufzubringen vermag.[1903] Bei dieser Prognose sind alle erwerbsrelevanten Umstände zu berücksichtigen, insbesondere Alter, Schulbildung, Beruf und familiäre und sonstige Belastungen des erkennbar finanzschwachen Bürgen,[1904] aber auch eine zu erwartende Erbschaft.[1905] Die Leistungsfähigkeit des Hauptschuldners selbst, für dessen Insolvenz die Bürgschaft im Wesentlichen gestellt ist, bleibt dabei unberücksichtigt.[1906] Anderweitige Sicherheiten zugunsten des Gläubigers sind nur dann zu berücksichtigen, wenn sie das Haftungsrisiko des Bürgen in rechtlich gesicherter Weise auf ein vertretbares Maß beschränken.[1907] In Einzelfällen kann die Sittenwidrigkeit ferner dann entfallen, wenn besondere Anhaltspunkte dafür vorliegen, dass es zwischen nahen Verwandten zu Vermögensverschiebungen kommen könnte, die durch die Bürgschaftsverpflichtung des potentiellen Vermögensempfängers aufgefangen werden sollen. Die »Überforderungsrechtsprechung« ist jedoch nicht anwendbar auf Bürgschaften von Geschäftsführern oder Gesellschaftern für »ihr« Unternehmen, da sie das Risiko nicht aufgrund emotionaler Verbundenheit, sondern aus unternehmerischer Erwägung eingehen.[1908]

(2) Bürgschaftsvarianten

1257 Bei einer Bürgschaft auf erstes Anfordern werden alle Streitfragen, deren Beantwortung sich nicht sofort liquide beweisbar ergibt, nicht im Erstprozess gegen den Bürgen, sondern im Rückforderungsprozess ausgetragen,[1909] so dass die Gefahr besteht, dass der Gläubiger sich missbräuchlich Mittel beschafft, auch wenn der materielle Bürgschaftsfall noch nicht eingetreten ist.[1910] Demnach ist die formularmäßige Begründung solcher Bürgschaften auf erstes Anfordern gemäß § 307 Abs. 1 BGB unwirksam.[1911]

1258 Ebenso ist die formularmäßige Vereinbarung einer Bürgschaftsschuld über diejenige Verbindlichkeit des Hauptschuldners hinaus, die objektiver Anlass der Verbürgung war, wegen Verstoßes gegen die gesetzliche Leitentscheidung des § 767 Abs. 1 Satz 3 BGB unwirksam gemäß § 307 Abs. 1 BGB,[1912] da der Bürge davor geschützt werden muss, für neue Schulden einzustehen, deren Entstehung und ordnungsgemäße Tilgung er nicht beeinflussen kann (Verbot der Fremddisposition über die Bürgenschuld). Demnach scheitern insbesondere Globalbürgschaften an § 307 Abs. 1 BGB, und zwar auch im kaufmännischen Verkehr[1913] (ausgenommen wiederum Bürgschaften von Geschäftsführern oder Gesellschaftern für Verbindlichkeiten »ihrer« Gesellschaft).

1259 Unproblematisch sind jedoch Bürgschaften auf limitierte Kontokorrentkredite (begrenzt auf die Höhe der bei Übernahme der Bürgschaft eingeräumten Kreditlinie) sowie Höchstbetragsbürgschaften;[1914] letztere umfassen dann auch etwaige Zinsen, Kosten und sonstige Nebenleistungen der Hauptschuld, für die der Bürge gemäß § 767 Abs. 2 BGB haftet.

1260 Gemäß § 776 BGB wird der Bürge insoweit frei, als der Gläubiger Vorzugsrechte oder Sicherheiten aufgibt, die auf den zahlenden Bürgen übergehen würden und aus denen er sonst hätte Ersatz erlangen können. Erfasst sind beispielsweise neben den im Gesetz genannten akzessorischen Rechten (Hypothek, Pfandrecht, Mitbürge) das Sicherungseigentum, die Sicherungszession, der Eigentums-

---

[1903] Hieran hat die Möglichkeit, sich durch Restschuldbefreiung gemäß §§ 286 ff. InsO von der finanziell überfordernden Bürgschaft zu befreien, nichts geändert, vgl. OLG Frankfurt NJW 2004, 2392.
[1904] BGH NJW 2005, 971, 972.
[1905] BGH NJW 1997, 1003.
[1906] BGH NJW 2001, 815, 816.
[1907] BGH NJW 2002, 2705, 2707.
[1908] BGH NJW 2005, 971, 973.
[1909] BGH NJW 2002, 1493.
[1910] Es bedarf nicht einmal der schlüssigen Darlegung des Sicherungsfalls, BGH ZIP 2002, 1198.
[1911] BGH NJW-RR 2006, 389.
[1912] BGH NJW 2000, 658, 659.
[1913] BGH NJW 1998, 3708, 3709.
[1914] BGH NJW 2002, 3167, 3168.

vorbehalt sowie die Sicherungsgrundschuld, zu deren Übertragung auf den zahlenden Bürgen der Gläubiger analog §§ 774, 412, 401 BGB schuldrechtlich verpflichtet ist.[1915] Der formularmäßige generelle Verzicht auf § 776 BGB ist unangemessen i.S.d. § 307 Abs. 2 Nr. 1 BGB,[1916] jedoch sind formularmäßige Einschränkungen denkbar.[1917] Auch ein Abbedingen des gesetzlichen Forderungsübergangs auf den Bürgen, der die Hauptschuld befriedigt hat, gemäß § 774 BGB (bzw. des daraus in Analogie erwachsenen Anspruchs auf Übertragung abstrakter Sicherheiten) ist im klauselkontrollierten Kontext unzulässig, erlaubt sind lediglich Beschränkungen (etwa auf den Fall, dass der Gläubiger vollständig befriedigt wurde).[1918]

1261 Dem Bürgen steht gemäß § 770 Abs. 1 BGB ein Leistungsverweigerungsrecht zu, solange der Hauptschuldner anfechten könnte, die Anfechtung jedoch noch nicht erklärt hat. Wegen der engen Zeitschranke in § 121 BGB (»unverzüglich«) ist diese Einrede wenig bedeutsam (nach erfolgter wirksamer Anfechtung kann sich der Bürge wegen der Akzessorietät auf das Ergebnis der wirksamen Anfechtung selbst berufen). Von stärkerem Gewicht ist das in § 770 Abs. 2 BGB gewährte Leistungsverweigerungsrecht, solange der Gläubiger eine Aufrechnungsmöglichkeit hat. Letzteres ist zwar formularmäßig im Rahmen des § 307 Abs. 2 Nr. 1 BGB abdingbar, jedoch nicht in bezug auf rechtskräftig festgestellte oder unbestrittene Forderungen, § 309 Nr. 7 BGB.[1919]

1262 Darüber hinaus steht dem Bürgen die Einrede der Vorausklage zur Seite (§ 771 BGB), und der Bürge kann gemäß § 772 BGB verlangen, dass zuvor die Zwangsvollstreckung in das bewegliche Vermögen des Hauptschuldners versucht wurde. Dieser Subsidiaritätsgrundsatz ist indessen bei einer selbstschuldnerischen Bürgschaft (§ 773 Abs. 1 Nr. 2 BGB) aufgehoben.

1263 Da die Bürgschaft ein lediglich den Bürgen streng einseitig verpflichtender Vertrag, kein synallagmatisches Rechtsgeschäft ist,[1920] obliegen dem Gläubiger (abgesehen von der Pflicht zur Aufrechterhaltung weiterer Sicherheiten) keine Sorgfaltspflichten gegenüber dem Bürgen. Er ist daher im Zweifel auch nicht verpflichtet, Auskunft über den jeweiligen Bestand der verbürgten Hauptschuld zu machen; darüber hat sich der Bürge durch Rückfrage beim Schuldner selbst ein Bild zu machen.

1264 Der Bürge ist im Zweifel nur bereit, für die Bonität des ihm bekannten Hauptschuldners einzustehen. Stirbt dieser also, ist die Bürgschaft auf die bei dessen Tod bestehende Verbindlichkeit zuzüglich darauf entfallender Zinsen und Kosten beschränkt, eine formularmäßige Erweiterung auf künftige weitere Verbindlichkeiten der (ihm zunächst unbekannten) Erben zu Lasten des Bürgen würde gegen § 307 Abs. 2 Nr. 1 BGB verstoßen. Gleiches gilt bei einem Inhaberwechsel in der Person des Hauptschuldners, etwa infolge einer dreiseitigen Vertragsübernahme; es kann nicht ohne weiteres angenommen werden, dass sich das Risiko des Bürgen auch auf diesen neuen Inhaber und die bei diesem eintretenden Veränderungen bezieht.[1921]

1265 In zeitlicher Hinsicht ist eine Endbefristung regelmäßig so auszulegen, dass neben der fristgerechten Anzeige der Inanspruchnahme auch der gesicherte Anspruch selbst vor dem Endzeitpunkt fällig geworden ist, sogenannte Zeitbürgschaft gemäß § 777 Abs. 1 Satz 2 BGB.[1922] Dagegen fallen befristete Ausfallbürgschaften – bei denen der Bürge erst in Anspruch genommen werden kann, wenn feststeht, dass die Inanspruchnahme des Hauptschuldners sowie die Verwertung anderer Sicherheiten keinen Erfolg gewährt hat – lediglich unter § 777 Abs. 1 Satz 1 BGB.[1923] Hier muss also der Gläubiger einer Geldforderung zunächst ab Firstablauf unverzüglich (§ 121 Abs. 1 BGB) die Ein-

---

1915 BGH NJW 2000, 1565, 1568.
1916 BGH NJW 2000, 1566, 1568.
1917 BGH NJW 2002, 295: zugunsten von Banken als Gläubigern etwa in Bezug auf Sicherungen, die ihnen nicht aufgrund gesonderter Vereinbarung, sondern bereits nach den AGB-Banken zustehen.
1918 BGH NJW 2001, 2327.
1919 BGH JZ 2003, 845.
1920 BGH NJW 1994, 1278.
1921 OLG Hamm NJW-RR 1991, 48, 49.
1922 BGH NJW 2004, 2232, 2234.
1923 BGH NJW 2002, 2869, 2870.

ziehung nach Maßgabe des § 772 BGB betreiben und das Verfahren ohne wesentliche Verzögerungen fortsetzen, bevor er dem Bürgen die Inanspruchnahme anzuzeigen hat.

(3) Formulierungen

1266 Eine Verpflichtung zur Stellung einer Bankbürgschaft zur Besicherung der Zahlungsverpflichtung kann - auch zulasten eines Verbrauchers – sogar formularmäßig begründet werden (keine unangemessene Benachteiligung i.S.d. § 307 Abs. 2 Nr. 1 BGB).[1924] Dabei sind die Anforderungen an die Bürgschaft zu spezifieren, etwa wie folgt:

▶ Formulierungsvorschlag: Anforderungen an eine zu stellende Kaufpreisbankbürgschaft

1267 ..... eine selbstschuldnerische, unbefristete und unbedingte, unter Verzicht auf die Einreden der Anfechtung und Aufrechnung sowie auf Hinterlegungsmöglichkeit erklärte unwiderrufliche Bürgschaft eines als Zoll- oder Steuerbürge anerkannten Kreditinstitutes oder Kreditversicherers oder einer Sparkasse in Höhe des Kaufpreises .....

1268 Stellt ein Privater eine Bürgschaft für die Kaufpreisschuld, kann diese (privatschriftlich, § 766 BGB) etwa folgenden Wortlaut haben:

▶ Formulierungsvorschlag: Bürgschaft einer Privatperson für die Kaufpreisforderung

1269 ..... Der Bürge übernimmt für die Kaufpreisforderung gem. § ..... samt Nebenforderungen, Zinsen und Kosten, hiermit gegenüber dem Verkäufer die selbstschuldnerische Bürgschaft. Etwaige Zahlungen des Bürgen dienen als Sicherheitsleistung für die Bürgschaftsschuld, bis der Verkäufer wegen aller von der Bürgschaft erfassten Ansprüche gegen den Käufer befriedigt ist; erst zu diesem Zeitpunkt gehen die Ansprüche des Verkäufers gegen den Käufer auf den Bürgen über. Der Verkäufer ist jedoch berechtigt, sich jederzeit aus den vom Bürgen gezahlten Beträgen zu befreien. Nach Übergang der Ansprüche muss der Verkäufer Sicherheiten, die ihm vom Käufer oder von dritter Stelle bestellt worden sind und die nicht kraft Gesetzes auf den Bürgen übergehen, nur abtreten, wenn sich der Sicherungsgeber damit ausdrücklich einverstanden erklärt hat. Der Verkäufer darf den Erlös aus ihm anderweitig bestellten Sicherheiten sowie alle vom Käufer oder für dessen Rechnung geleisteten Zahlungen zunächst auf Ansprüche anrechnen, die nicht durch diese Bürgschaft gedeckt sind.

Der Verkäufer ist nicht verpflichtet, zunächst gegen den Käufer gerichtlich vorzugehen oder ihm gestellte Sicherheiten zu verwerten (Verzicht auf die Einrede der Vorausklage). Die Zahlungsverpflichtung des Bürgen besteht auch, wenn der Käufer den Kaufvertrag anfechten kann (Verzicht auf die Einrede der Anfechtbarkeit nach § 770 Abs. 1 BGB). Des Weiteren kann sich der Bürge nicht darauf berufen, dass der Gläubiger seine Ansprüche durch Aufrechnung gegen eine fällige Forderung des Käufers befriedigen kann, soweit die Forderung des Käufers gegen den Gläubiger nicht unbestritten, entscheidungsreif oder rechtskräftig festgestellt ist (Verzicht auf die Einrede der Aufrechenbarkeit nach § 770 Abs. 1 BGB). Der Gläubiger ist dem Bürgen gegenüber nicht zur Auskunft über den Stand der Hauptschuld verpflichtet.

bb) Schuldbeitritt

1270 Wesensmerkmal der Bürgschaft ist ihre Akzessorietät (§ 767 Abs. 1 Satz 1 BGB), also die Abhängigkeit hinsichtlich des Fortbestands und des Umfangs von der Existenz und dem Umfang der Hauptschuld. Dieser Grundsatz kann durch AGB-Klauseln nicht aufgehoben werden.[1925] Demgegenüber haftet der Beitretende neben dem ursprünglichen Schuldner als Gesamtschuldner, aufgrund eines eigenständigen, nicht nur akzessorischen Vertrags mit dem Gläubiger. Leistet der Beitretende, erhält er nicht, wie der Bürge, den vollständigen Rückgriff gegen den Hauptschuldner, § 774 BGB (oben Rdn. 1259), sondern ist lediglich nach Maßgabe der §§ 421 ff. BGB, im Zweifel also nach Kopfanteilen gemäß § 426 BGB, ausgleichsberechtigt. Ein abweichendes Innenverhältnis (also beispiels-

---

[1924] BGH, 27.05.2010 – VII ZR 165/09 DNotZ 2010, 910 (§ 648a BGB betrifft lediglich Sicherheitsverlangen des Unternehmers nach Vertragsabschluss und hat daher keine Leitbildfunktion).
[1925] BGH BB 1985, 204/206.

weise die Möglichkeit des Rückgriffs in voller Höhe) sollte ausdrücklich vereinbart werden, wenn sich der Beitretende nicht darauf verlassen will, dass sich dies bereits »aus den Umständen« i.S.d. § 426 BGB ergebe. Für den Gläubiger ist der Schuldbeitritt die bessere Variante. Er hat zwei (bzw. mehrere) Hauptschuldner, von denen er nach freier Wahl Erfüllung verlangen kann. Aufgrund des höheren Risikos im Vergleich zur Bürgschaft, sehen Rechtsprechung und h.M. in auslegungsbedürftigen Erklärungen nur dann einen Schuldbeitritt, wenn ein unmittelbares wirtschaftliches Eigeninteresse des Beitretenden an der Übernahme der Verbindlichkeit erkennbar ist.[1926]

Der Beitritt selbst kann sich formlos vollziehen (außer im Verbraucher-Darlehensrecht, vgl. § 492 BGB[1927]), sei es als dreiseitiger Vertrag, sei es als Vertrag zwischen Schuldner und Beitretendem (analog § 415 BGB) – auch ohne Genehmigung des Gläubigers – oder – wie in der Regel – als Vertrag zwischen Gläubiger und Beitretendem (§ 414 BGB analog). Für den Schuldbeitritt naher Familienangehöriger wendet die Rechtsprechung[1928] zur Prüfung der Sittenwidrigkeit dieselben Prüfungsmaßstäbe an wie bei Bürgschaften, siehe oben Rdn. 1256.

Als Folge des Gesamtschuldverhältnisses ist die Forderung gegen den Beitretenden an sich nur im Rahmen der §§ 422 ff. BGB von der »gesicherten« Hauptforderung abhängig, so dass im Übrigen, also etwa hinsichtlich des Verzugs des Hauptschuldners, keine Verknüpfung besteht. Die herrschende Meinung folgert jedoch aus dem Sicherungszweck des Schuldbeitritts, dass der Umfang der Schuld des Beitretenden an den Umfang der Hauptschuld angelehnt sei (also bspw. auch Verzugszinsen der Hauptschuld umfasst), während sich umgekehrt der Beitretende auf bereits erhobene Einreden des Hauptschuldners entsprechend berufen könne. Letzteres muss in analoger Anwendung des § 417 Abs. 1 BGB jedenfalls gelten für die Einreden und Einwendungen, die dem Hauptschuldner im Zeitpunkt des Beitritts bereits zustanden bzw. deren tatsächlicher Grund zu diesem Zeitpunkt gelegt war.[1929]

▶ Formulierungsvorschlag: Schuldbeitritt

> Der miterschienene ..... tritt den Zahlungsverpflichtungen des Käufers aus diesem Vertrag als weiterer Schuldner auch im Verhältnis zum Verkäufer bei. Der Schuldbeitritt erstreckt sich auf die Kaufpreisschuld, auf etwaige Verzugszinsen, aber auch auf etwaige Schadensersatzpflichten des Käufers bei Nichtleistung etc., nicht jedoch auf Zahlungspflichten gegenüber Dritten, etwa die Grunderwerbsteuer oder die Vertragskosten. Der Beitretende und der Verkäufer sind sich einig, dass dem Beitretenden dieselben Einreden und Einwendungen wie dem Käufer zustehen. Dem Verkäufer steht es frei, nach seiner Wahl den Käufer oder den Beitretenden in Anspruch zu nehmen. Leistet der Beitretende, ist ihm der Käufer zum vollständigen Ausgleich verpflichtet.

cc) Finanzierungsbestätigung

Um den Grad der Wahrscheinlichkeit der Kaufpreiserfüllung zu erhöhen, verlangt der Verkäufer mitunter Nachweise zur Bonität bzw. zur zugesagten Finanzierung, bevor er seinerseits Leistungen erbringt, z.B. den (Teil-)Besitz gewährt, das Objekt räumt, eine Vormerkung in das Grundbuch eintragen lässt o.ä. Der Begriff »Finanzierungsbestätigung« ist rechtlich schillernd. Er kann (1) gänzlich unverbindliche Loyalitätserklärungen (»Wir werden Ihr Vorhaben wohlwollend begleiten«) ebenso umfassen wie (2) sog. »schwache Finanzierungsbestätigungen«, die noch unter dem Vorbehalt bspw. einer Gremienentscheidung oder einer Beleihungsprüfung bzw. der Nachreichung weiterer Bonitätsunterlagen stehen, bis hin zu (3) qualifizierten Finanzierungsbestätigungen – Rdn. 1275 - , für die der Bestätigende (regelmäßig die Hausbank oder Finanzierungsbank des Käufers) nach den Grundsätzen der Bankauskunft haftet (siehe nachstehend Rdn. 1277).

1926 BGH NJW 1986, 850.
1927 Zur Anwendbarkeit des (früheren) Verbraucherkreditgesetzes auf den Schuldbeitritt vgl. *Kurz* DNotZ 1997, 552 ff.
1928 Etwa BGH NJW 2001, 815.
1929 Vgl. MünchKomm/*Bydlinski* BGB § 425 Rz. 10 m.w.N.

▶ **Formulierungsvorschlag: Anforderungen an eine zu stellende qualifizierte Finanzierungsbestätigung**

1275 ..... eine Bestätigung einer dem Einlagensicherungsfonds angehörenden deutschen Bank oder eines Kreditinstituts mit öffentlich-rechtlicher Gewährträgerschaft, wonach die Finanzierung des Kaufpreises gesichert ist – diese Bestätigung darf nicht mehr unter dem Vorbehalt einer Bonitäts- oder Beleihungsprüfung, sondern allenfalls unter dem Vorbehalt der rangrichtigen Eintragung eines zu bestellenden Grundpfandrechtes stehen – .....

1276 Die (4) »höchste Stufe« einer Finanzierungsbestätigung, in der sie sich bereits einer unmittelbaren Bürgschafts- oder Zahlungsgarantie annähert, ist das abstrakte Schuldversprechen der finanzierenden Bank, das einen Direktanspruch auf Zahlung aus der Bestätigung heraus gewährt und damit unmittelbaren Sicherungswert hat.[1930] Die Rechtsprechung ist in der Auslegung insoweit zurückhaltend, insb. wenn seitens einer Bank nicht die Worte »Garantie« oder »Bürgschaft« verwendet werden und zudem die erklärende Bank für die Bestätigung keine Provision verlangt hat.[1931]

1277 Der Regelfall einer (schlichten oder qualifizierten) Finanzierungsbestätigung stellt jedoch eine **Bankauskunft** dar, in der das Kreditinstitut verbindlich erklärt, dass es die Mittel zur Finanzierung des Bauvorhabens bereitgestellt habe bzw. die Eigenmittel des Käufers hierfür bei ihm vorhanden seien und nach Freigabe durch den Käufer die Auszahlung erfolgen werde. Die Bank haftet aus diesem Auskunftsvertrag auf Schadenersatz dann, wenn der Inhalt der Finanzierungsbestätigung falsch ist.[1932] Die Finanzierungsbestätigung schützt den Empfänger der Erklärung jedoch nicht vor Illiquidität oder Insolvenz des Käufers aus sonstigen Gründen.[1933]

1278 Daneben kann eine Haftung auf Schadensersatz auch eintreten bei einer unterlassenen Unterrichtung, etwa wenn die Finanzierungszusage vor Kreditausreichung im nachhinein widerrufen wird, und der Bank bekannt ist, dass die Finanzierungsbestätigung zur Vorlage bei einem bestimmten Gläubiger verwendet wurde.[1934] Die Schadensersatzhaftung geht weniger weit als die gesetzlich angeordnete Haftung eines Kreditinstituts, das eine unrichtige Bestätigung über Finanzierungsmaßnahmen gemäß § 13 Abs. 1 Satz 2 WpÜG oder über die Barabfindungsgewährleistung nach § 327b Abs. 3 AktG abgibt. In bezug auf die Haftung aus lediglich mündlichen Bestätigungen ist die Rechtsprechung sehr zurückhaltend; aus der telefonischen Bestätigung, dass die »Finanzierung des Objekts sichergestellt sei« könne bspw. keine Haftung der erklärenden Bank für die Einbringlichkeit von Bauhandwerker-Rechnungen hergeleitet werden.[1935]

b) Zwangsvollstreckungsunterwerfung

aa) Rechtsnatur

1279 Jedenfalls in Süd-, Ost- und Westdeutschland[1936] ist die Aufnahme einer »Vollstreckungsunterwerfung«[1937] des Käufers wegen der Kaufpreisschuld gem. § 794 Abs. 1 Nr. 5 ZPO die Regel,[1938] zwischenzeitlich

---

1930 OLG Brandenburg WM 2007, 1879.
1931 Vgl. OLG Brandenburg WM 2003, 1465 ff.
1932 Vgl. BGH WM 1998, 592; BGH NJW 1986, 180 f.; OLG Hamm WM 1987, 851; *Müssig* NJW 1989, 1697 ff.
1933 Vgl. *Bruchner/Krepold* in Schimansky/Bunte/Lwowski Bankrechtshandbuch, § 40 Rz. 68.
1934 Vgl. OLG München WM 1980, 50f; *Merkel/Tetzlaff* in Schimansky/Bunte/Lwowski Bankrechtshandbuch § 98 Rz. 133.
1935 OLG Hamm WM 2000, 1994.
1936 In Berlin wird das Fehlen einer Vollstreckungsunterwerfung oder einer diesbezüglichen Belehrung sogar aufsichtlich als Amtspflichtverletzung gerügt, während sie in Hamburg eher unüblich ist, vielmehr als Anzeichen ungebührlichen Misstrauens gewertet wird. Rechtshistorisch wurde für das gesamte deutsche Reich die Vollstreckungsunterwerfung erst durch die CPO von 1877 wieder eingeführt, während im französischen Notariatsrecht (und in der linksrheinisch noch im 19. Jhdt geltenden Loi Ventose) die Tradition seit dem Jahre 1304 nicht unterbrochen wurde.
1937 Umfassender Überblick zu notariellen Vollstreckungstiteln (auch vollstreckbaren Anwaltsvergleichen etc) *Müller* RNotZ 2010, 167 ff.
1938 Gem. OLG Düsseldorf MittBayNot 1977, 250, ist der Notar allerdings im Regelfall nicht von sich aus verpflichtet, hierauf hinzuwirken, vgl. im Einzelnen DNotI-Gutachten Nr. 11443 (Mai 2006); für eine Hinweispflicht des Notars jedoch *Wolfsteiner* Die vollstreckbare Urkunde, 2. Aufl. 2006 Rn. 13.41.

auch in Portfoliotransaktionen (share oder asset deals).[1939] Dies ist auch sachgerecht, zumal der Verkäufer durch Bewilligung der Vormerkung (sofern keine Bürgschaft oder qualifizierte Finanzierungsbestätigung des Käufers vorlag) vorgeleistet hat, und es daher unbillig erscheint, ihn bei säumiger oder unterbleibender Pflichterfüllung des Käufers auf den zeitaufwendigen und teueren Klageweg zu verweisen. Ein durch notarielle Urkunde ab dem 21.01.2005[1940] geschaffener Titel (allerdings nicht die für vollstreckbar erklärte Kostenrechnung des Notars selbst)[1941] ermöglicht auch die Vollstreckung im **EG-Ausland**.[1942] Die Unterwerfungserklärung stellt (auch bei öffentlich-rechtlichen Zahlungsansprüchen)[1943] eine **Prozesshandlung** dar, die nicht angefochten und nur mit Zustimmung des Gläubigers widerrufen werden kann[1944] und ohne Rücksicht auf die Wirksamkeit der ihr zugrunde liegenden Verpflichtung[1945] bzw. die Wirksamkeit des mitbeurkundeten Vertrages i.Ü.[1946] wirksam bleibt. Sie bedarf keiner Mitwirkung des Ehegatten gem. § 1365 BGB, auch wenn (wirtschaftlich) das gesamte Vermögen betroffen ist.[1947] Liegt ihr allerdings kein **Rechtsgrund** (z.B. die stillschweigende Sicherungsabrede im Kauf- oder Darlehensvertrag) zugrunde bzw. fehlt eine »dadurch gesicherte Verbindlichkeit«, kann der Titel kondiziert werden.[1948]

Die **Vollmacht** zur Abgabe einer Vollstreckungsunterwerfungserklärung in fremdem Namen bzw. die Ermächtigung[1949] zu deren Abgabe im eigenen Namen, jedoch mit Wirkung für den Geschäftsherrn unterliegt nach herrschender Meinung[1950] §§ 80 ff. ZPO und bedarf (jedenfalls bei Widerruflichkeit)[1951] daher der Schriftform, jedoch keiner notariellen Beurkundung.[1952] § 79 ZPO, der für das gerichtliche **1280**

1939 Nach einer Untersuchung von *Zerr/Giersch* ZfIR 2011, 214, 216 in 60 % aller Transaktionen.
1940 Vgl. im Einzelnen, auch zu Verfahrensfragen und zur Zustellung, *Gutachten* DNotI-Report 2007, 121 ff.
1941 Vgl. *Notarkasse*, Streifzug durch die KostO *Rn.* 199.
1942 EG-Verordnung Nr. 805/04, vgl. Amtsblatt L 143 (Ausführungsgesetz BGBl. I 2005, S. 2477, Inkrafttreten am 21.10.2005), vgl. *Leible/Lehmann* NotBZ 2004, 453 ff. und *Franzmann* MittBayNot 2004, 404 ff. (mit Formular S. 477); monografisch *Heringer* Der europäische Vollstreckungstitel für unbestrittene Forderungen. Sie ermöglicht für (etwa aufgrund Vollstreckungsunterwerfung) »unbestrittene« Geldforderungen aufgrund einer schlichten (nach einheitlichem Muster zu erteilenden) Bestätigung des beurkundenden Notars die Vollstreckung in allen Mitgliedstaaten der EG (also ohne das in der EG-Verordnung Nr. 44/2001 noch vorgesehene Zwischenverfahren zur Anerkennung und Vollstreckbarerklärung im Vollstreckungsstaat). Zur entsprechenden Verordnung zur Einführung eines Europäischen Vollstreckungstitels für unbestrittene Forderungen (EuVTVO) existiert ein Leitfaden des BayMinJustiz sowie eine Ausfüllhilfe unter www.notare.bayern.de.(Fachanwenderbereich). Vgl. auch §§ 1087 ff. ZPO zum europäischen Mahnverfahren nach VO-EG 1896/2006 und §§ 1097 ff. ZPO zum europäischen Verfahren für geringfügige Forderungen gem. VO-EG 861/2007, BGBl. I 2008, S. 2122 ff.
1943 BGH, 20.10.2005 – I ZB 3/05, NotBZ 2006, 19 (aus Erschließungsvertrag).
1944 Jedenfalls wenn der Gläubiger eine Ausfertigung der Urkunde erhalten hat (§ 51 Abs. 2 BeurkG, § 183 Satz 1 BGB). Das gilt auch im Verfahren zur Anweisung bzgl. der Erteilung einer zweiten vollstreckbaren Ausfertigung (BayObLG DNotZ 2003, 847).
1945 BGH NJW 1985, 2423.
1946 BGH, 20.03.2008 – IX ZR 2/07, NotBZ 2008, 265 m. Anm. *Otto*.
1947 BGH, 29.05.2008 – V ZR 6/08, RNotZ 2008, 537 m. Anm. *Eckelskemper/Koemm* (da lediglich prozessuale Erklärung).
1948 BGH, 22.07.2008 – XI ZR 389/07, NJW 2008, 3208; hierzu *Zimmer* NJW 2008, 3185 ff. Umgekehrt kann sich der Schuldner, der sich wirksam zur Erklärung der Vollstreckungsunterwerfung verpflichtet hat, nicht auf die Unwirksamkeit der prozessualen Erklärung (etwa aufgrund von Mängeln der Vollmacht) berufen, vgl. BGH NJW 2004, 839; NJW 2004, 59; NJW 2004, 62.
1949 Für deren Zulässigkeit (verfügungsähnlicher Charakter) etwa *Frensch* in: Prütting/Wegen/Weinreich BGB § 185 Rn. 5 und wohl auch BGH, 09.02.2006 – V ZB 152/05, NotBZ 2006, 200, der von einer Genehmigung i.S.d. § 185 Abs. 2 BGB spricht – wohl nicht der Genehmigung des Prozesshandelns i.S.d. § 89 Abs. 1 ZPO –; dagegen *Opalka* NJW 1991, 1796.
1950 Vgl. im Einzelnen *Zimmer* NotBZ 2006, 302 auch zur Gegenansicht (z.B. MünchKomm-ZPO/*Wolfsteiner* § 794 Rn. 151), sowie *Zimmer* ZfIR 2008, 487 ff.
1951 Str. ist, ob eine unwiderrufliche Vollmacht überhaupt denkbar ist (dagegen § 87 ZPO; dafür *Dux* WM 1994, 1145).
1952 BGH NJW 2004, 844 m. krit. Anm. *Vollkommer*. Hat sich der Darlehensnehmer im Kreditvertrag (privatschriftlich wirksam) zur Vollstreckungsunterwerfung verpflichtet oder ist er aufgrund Rechtsscheinhaftung bzw. wegen Beitritts zu einer GbR (§ 130 HGB) schuldrechtlich wirksam zur Vollstreckungsunterwerfung verpflichtet, kann er sich daher nach § 242 BGB nicht darauf berufen, die vom Treuhänder abgegebene Erklärung sei wegen Verstoßes der ihm erteilten Vollmacht gegen das RBerG unwirksam (BGH, NJW 2004, 59 und 62 sowie BGH, DNotI-Report 2004, 47; BGH, 21.06.2005 – XI ZR 135/05 und v. 27.09.2005 – XI ZR 79/04).

Erkenntnisverfahren und das gerichtliche Vollstreckungsverfahren eine Beschränkung auf bestimmte Vertreter vorsieht, gilt jedoch für das Beurkundungsverfahren auch nach Ansicht des Gesetzgebers[1953] nicht,[1954] ebenso wenig § 10 FamFG (vor 01.09.2009: § 13 FGG), jedenfalls sofern die Vollmacht an den eigentlich Verpflichteten (etwa durch den Verkäufer an den finanzierenden Käufer), nicht an »die Gegenseite«, also die Bank, erteilt ist (vgl. Rdn. 1393).[1955] Auch eine Nachgenehmigung der einseitigen Prozesserklärung ist möglich (es gilt nicht § 180 Satz 1 BGB, sondern § 89 ZPO). Vor der Erteilung einer vollstreckbaren Ausfertigung allerdings müssen Bestand und Inhalt der Vollmacht bzw. die nachträgliche Genehmigung des vollmachtlosen Handelns in zumindest öffentlich beglaubigter Form (§ 726 ZPO) nachgewiesen sein,[1956] spätestens mit dem Beginn der Vollstreckung auch die Vollmacht/Nachgenehmigung dem Schuldner zuzustellen.[1957] Ist dies unterblieben, sodass an sich der Zuschlag gem. § 83 Nr. 6 ZVG zu versagen wäre, lässt der BGH[1958] jedoch die Nachholung zu, soweit Rechte Dritter nicht beeinträchtigt werden. Die materielle Wirksamkeit der zugrunde liegenden Vollmacht kann das Vollstreckungsgericht selbst i.d.R. ohnehin nicht einer Prüfung unterziehen,[1959] sondern nur aufgrund eines Rechtsbehelfs des Schuldners.

1281 Im Rahmen von Grundschuldbestellungen aufgrund Finanzierungsvollmacht schafft die Praxis jedoch Abhilfe, indem eine Vollstreckung zugleich eigenen Namens als künftiger Eigentümer erfolgt, vgl. Rdn. 1405. Die bloße (der Unterwerfungserklärung zugrunde liegende) Verpflichtung zur Abgabe einer Vollstreckungsunterwerfungserklärung bedarf keiner Form; die Verpflichtung zur Abgabe eines abstrakten Schuldanerkenntnisses, auf das sich die Unterwerfungserklärung sodann bezieht, der Schriftform gem. §§ 780 Satz 1, 781 Satz 1 BGB.[1960]

1282 Vom **Beurkundungszwang** des § 794 Abs. 1 Nr. 5 ZPO erfasst ist ferner lediglich die Unterwerfungserklärung als solche, nicht dagegen das zugrunde liegende materielle Rechtsverhältnis des zu sichernden Anspruchs (z.B. Mietvertrag)[1961] – vgl. allerdings zur Bezeichnungsmaxime hinsichtlich des »tenorierten« Anspruchs selbst Rdn. 1284. Zur (umstrittenen) »Abgabe« einer Vollstreckungsunterwerfung durch schlichte Annahme eines diese enthaltenden Angebotes, vgl. Rdn. 2975.

bb) Zulässigkeit

1283 Die Vollstreckungsunterwerfung ist seit 01.01.1999 nicht nur wegen einer Geldsumme in bestimmter Höhe, sondern auch wegen sonstiger Ansprüche, insb. gerichtet auf **Räumung** und He-

---

1953 BT-Drucks. 16/12727 v. 22.04.2009, S. 74: »..*da die Vertretungsregelung in § 79 ZPO ihrem Schutzzweck nach auf die Errichtung notarieller Urkunden nicht anwendbar ist*«, bestehe für die Zwangsvollstreckungsunterwerfung kein Klarstellungsbedarf.
1954 *Abicht* notar 2009, 346, 353; *Lindemeier* RNotZ 2009, 37 ff.; *Meyer/Bormann* RNotZ 2009, 470 (475); DNotI-Gutachten Nr. 11539 v. 24.09.2008 (selbst nach der Gegenansicht wäre die Vollstreckungsunterwerfung durch einen »ungeeigneten« Vertreter materiell wirksam, wenn der Notar sie nicht zurückweist, § 79 Abs. 3 Satz 2 ZPO); LG Bielefeld, 15.10.2008 – 23 T 824/08, Rpfleger 2009, 83 m. Anm. *Weber*; ähnlich OLG Oldenburg, 16.12.2008 – 12 W 223/08, n.v., das aber zu Unrecht auch dem Grundbuchamt analog § 79 Abs. 3 ZPO die Zurückweisung gestattet. Nach der Gegenansicht müsste der Notar, der ja zum Personenkreis des § 79 ZPO zählt, (aufgrund entsprechender Vollzugsvollmacht des Verkäufers) die Eintragungsbewilligung für letzteren abgeben; den Antrag kann er aufgrund der vermuteten Vollmacht des § 15 GBO stellen.
1955 Vgl. *Grziwotz* ZfIR 2008, 821.
1956 BGH, 17.04.2008 – V ZB 146/07, ZfIR 2008, 512 m. Anm. *Volmer*, (§ 726 ZPO gilt an sich nur für Bedingungen, unter denen der Titel vollstreckt werden kann, erst recht aber für seine Entstehensvoraussetzungen).
1957 BGH, 21.09.2006 – V ZB 76/06, DNotZ 2007, 33 = ZNotP 2007, 86 m. Anm. *Wolf*, S. 86 = MittBayNot 2007, 337 m. Anm. *Bolkart*, (fraglich, da der Schuldner an der Erteilung der Vollmacht mitgewirkt hat; a.A. demnach auch OLG Zweibrücken, 09.07.1998 – 3 W 158/98, InVo 1999, 185 sowie LG Braunschweig NotBZ 2006, 328 zu Nachgenehmigungen vollmachtlos Vertretener, a.A. auch *Stöber* NotBZ 2008, 214). Der Notar hat daher dem Gläubiger Ausfertigung im Auszug bzgl. der Vollmacht zum Zwecke der Zustellung zu erteilen, *Gutachten* DNotI-Report 2004, 125.
1958 BGH, 10.04.2008 – V ZB 114/07, ZfIR 2008, 468 m. Anm. *Zimmer*.
1959 LG Mannheim, 13.03.2009 – 6 T 3/09, MittBayNot 20009, 392 m. Anm. *Stöber*.
1960 Vgl. *Wolfsteiner* Die vollstreckbare Urkunde Rn. 19.53.
1961 Vgl. *Gutachten* DNotI-Report 1999, 9.

rausgabe oder auf Werkleistung,[1962] zulässig. Zur **Waffengleichheit** auch im Hinblick die verjährungsverlängernde Wirkung der Vollstreckungsunterwerfung[1963] wird daher vorgeschlagen (Rdn. 1842), dass nicht nur der Käufer sich wegen der Kaufpreisschuld unterwirft, sondern auch der Verkäufer wegen seiner Verpflichtung zur Verschaffung des Besitzes (also Räumung der selbst genutzten Wohnung, da Ansprüche bzgl. des Bestandes eines Wohnraummietverhältnisses[1964] nicht unterwerfungsfähig sind und ggf. Herausgabe der zur Besitzbegründung etwa erforderlichen Dokumente, oder Räumung durch den Käufer bei sofortigem Besitzübergang und anschließender Rückabwicklung). Zu berücksichtigen ist dabei jedoch, dass es bei Ehegatten, da beide – jedenfalls bei intakter Ehe – gleichberechtigten und eigenständigen Mitbesitz ausüben, eines gegen beide gerichteten Titels (bzw. der Unterwerfung beider) bedarf.[1965] Gleiches gilt, falls ein nichtehelicher Lebensgefährte in die Wohnung aufgenommen wurde.[1966] Lediglich minderjährige Kinder oder volljährige Kinder, die weiter daheim wohnen, sind als bloße Besitzdiener von einem gegen die Eltern gerichteten Räumungstitel (§ 885 ZPO) »umfasst«;[1967] vorsichtshalber können die Eltern (ohne hierzu der familiengerichtlichen Genehmigung zu bedürfen)[1968] auch namens ihrer Kinder die Vollstreckungsunterwerfungserklärung abgeben.[1969]

§ 794 Abs. 1 Nr. 5 ZPO spricht von der »Vollstreckung wegen des zu bezeichnenden Anspruchs«. **1284** Die früher häufig anzutreffende Pauschalformulierung »wegen aller in dieser Urkunde enthaltenen, geeigneten Ansprüche« ist angesichts dieser **Bezeichnungsmaxime** keinesfalls mehr tauglich. Die notarielle Urkunde muss daher ähnlich dem (durch sie ersetzten) Tenor eines richterlichen Urteils alle für die Identifizierung des Anspruchs (Schuldner, Gläubiger, Forderung in der für die Vollstreckung notwendigen Bestimmbarkeit) erforderlichen Angaben mit dauerhafter Bestimmtheit[1970] enthalten, bspw. auch in Bezug auf Anzahlungen des Käufers, die im Fall des Nichtvollzugs zurückzuzahlen sind. Eine Verweisung kommt demnach nur in den Formen der §§ 9 Abs. 1 Satz 2, 13a,[1971] nicht jedoch des § 14 BeurkG[1972] in Betracht, ebenso wenig als schlichter Verweis auf andere, nicht offenkundige Erkenntnisquellen.[1973] Hinsichtlich der Person des Gläubigers scheint der BGH eine Unterwerfung »gegenüber dem jeweiligen Grundschuldgläubiger« für zulässig zu halten;[1974] die strengere Literatur[1975] hält dagegen am Erfordernis eines bestimmten Gläubigers als Voraussetzung der prozessualen Ordnungsmäßigkeit fest, sodass es vor der Klauselerteilung einer beurkundeten Ergänzung um die konkrete Person bedarf.

1962 Vollstreckung nach § 888 ZPO oder nach § 887 ZPO, zu letzterer BGH NJW 2005, 367.
1963 Aus einem notariell beurkundeten Schuldanerkenntnis mit Vollstreckungsunterwerfung kann auch nach Verjährung der gesicherten Darlehensverbindlichkeit vollstreckt werden, vgl. OLG Frankfurt am Main, 11.07.2007, NJW 2008, 379.
1964 Gemeint sind: Ansprüche auf Aufgabe oder Herausgabe bzw. Einschränkung des Mietbesitzes, insb. also auf Räumung i.S.d. § 885 Abs. 1 ZPO, es sei denn das Mietverhältnis ist nach übereinstimmender Ansicht beider Parteien im Zeitpunkt der Vollstreckungsunterwerfung bereits beendet.
1965 Vgl. zur parallelen Problematik bei Mietverträgen, wo auch bei Anmietung durch lediglich einen Ehegatten der Räumungstitel gegen beide erwirkt werden muss: OLG Jena WuM 2002, 222; OLG Düsseldorf NZM 1998, 880, a.A. noch OLG Düsseldorf ZMR 1957, 144.
1966 BGH, 19.03.2008 – I ZB 56/07, ZfIR 2008, 472 m. Anm. *Bergsdorf*.
1967 BGH, 19.03.2008 – I ZB 56/07, ZfIR 2008, 472; LG Lüneburg NJW-RR 1998, 662.
1968 Da die Vollstreckungsunterwerfung keinen wirksamen materiellen Anspruch voraussetzt, vgl. KG NJW 1971, 434.
1969 §§ 1626, 1629 BGB zur Herstellung der Partei- und Prozessfähigkeit, §§ 50, 52 ZPO.
1970 Daran fehlt es bspw., wenn die im Jahr 1972 bei der Vollstreckungsunterwerfung genannte »Besoldungsstufe samt Ortszuschlag« bei der Klauselerteilung 2010 keinen Ortszuschlag mehr aufweist, BGH, 11.02.2010 – VII ZB 102/08, ZEV 2011, 33.
1971 Damit der Inhalt der Bezugsurkunde mit zugestellt wird, §§ 798, 750 Abs. 2 ZPO, muss diese stets der vollstreckbaren Ausfertigung beigebunden werden.
1972 Wegen der Grenzen in § 14 Abs. 1 Satz 3 BeurkG.
1973 Großzügiger BGH DNotZ 2001, 379, der »Zinsen ab Eintragung des Grundpfandrechtes im Grundbuch« ausreichen lässt.
1974 BGH, 12.12.2007 – VII ZB 108/06, MittBayNot 2008, 405 m. Anm. *Everts*, S. 356 ff.
1975 Etwa *Wolfsteiner* Die vollstreckbare Urkunde 2. Aufl. 2006 Rn. 15.18 f.; *Everts* MittBayNot 2008, 357.

1285 Sofern auch **Verzugszinsen** in die Vollstreckungsunterwerfung einbezogen werden sollen, muss deren Höhe allein aus der Urkunde und dem Gesetz heraus bestimmbar sein,[1976] und der Zinsbeginn sich aus der Urkunde ohne Weiteres ergeben.[1977] Abgestellt werden könnte etwa auf die gesetzlichen Verzugszinsen (wobei anzugeben ist, ob § 288 Abs. 1 oder Abs. 2 BGB maßgeblich ist, also fünf oder acht Prozentpunkte über dem Basiszinssatz geschuldet sind)[1978] oder aber auf einen abstrakt anzuerkennenden Zinssatz, der auch die gem. § 288 Abs. 3 BGB aus einem anderen Rechtsgrund möglicherweise geschuldeten höheren Zinsen abdeckt. Bzgl. des **Verzinsungsbeginns**[1979] kann zugrunde gelegt werden das Datum der Beurkundung oder aber das Datum der Erteilung einer vollstreckbaren Ausfertigung oder ein anderer kalendermäßig berechenbarer Termin (z.B. ein Monat nach Beurkundung), auch wenn dadurch der vollstreckbare Anspruch vermutlich weiter gefasst sein wird als die gesicherte Forderung selbst.[1980]

> Hinweis:
>
> Zur Vermeidung einer zumindest teilweise erfolgreichen Vollstreckungsabwehrklage gem. § 767 ZPO sollte jedoch der Verkäufer, wenn er beim Notar eine Vollstreckungsklausel beantragt, den Antrag nur i.H.d. tatsächlich geschuldeten Zinsen ab dem tatsächlichen Eintritt des Vollzugs stellen.[1981]

1286 Die Grundformulierung der Zwangsvollstreckungsunterwerfung folgt dem Wortlaut des § 794 Abs. 1 Nr. 5 ZPO:[1982]

> **Formulierungsvorschlag: Vollstreckungsunterwerfung – Zinsbeginn mit Ausfertigungserteilung**
>
> **Der Käufer unterwirft sich wegen der in dieser Urkunde eingegangenen Verpflichtung zur Zahlung des Kaufpreises samt Verzugszinsen gem. § 288 Abs. 1 (bzw. Abs. 2) BGB hieraus ab dem Datum der Erteilung der vollstreckbaren Ausfertigung der sofortigen Zwangsvollstreckung aus dieser Urkunde (*Anm.: Weiter wie Rdn. 1314*).**

Die häufig anzutreffende Ergänzung dieser Unterwerfungsformel um die Worte »... in mein gesamtes Vermögen« ist überflüssig, wenn auch unschädlich. Auch der Textbestandteil »aus dieser Urkunde« ist an sich nicht erforderlich, jedoch in § 800 Abs. 1 Satz 1 ZPO (wenn auch nicht in § 794 Abs. 1 Nr. 5 ZPO) enthalten.

1287 Unterliegt der Zahlungsanspruch (etwa bei einem Kauf auf Leibrente) jedoch einer **Wertsicherung**, die auf (durch das Statistische Bundesamt) festgestellte Indices Bezug nimmt, genügt dies ebenfalls für die Bestimmbarkeit des Titels, da das Vollstreckungsorgan den geschuldeten Betrag unschwer selbst ermitteln kann.[1983] Dabei hat es der BGH zugelassen, anstelle umfangreicher Rückrechnungen zur Ermittlung der bisherigen Schwellensprünge (z.B. Überschreiten von jeweils 10 %) »von einem unmittelbaren proportionalen Verhältnis der geschuldeten Rente zum Index« auszugehen. Demnach kann der nunmehr allein maßgebliche Verbraucherpreisindex für Deutschland (VPI) mit einem Stand von 99,1 Punkten für den Monat Dezember 1999, in welchem die bisherigen Indizes zuletzt amtlich ermittelt wurden, »rückgerechnet« werden auf seinen fiktiven früheren

---

1976 Dies folgt aus allgemeinen Grundsätzen des Prozessrechtes (§ 253 Abs. 2 ZPO); nach a.M. ist das früher im Wortlaut verankerte Bestimmbarkeitserfordernis nun im Merkmal der Anspruchsbezeichnung aufgegangen, *Münch* ZNotP 1998, 480.
1977 BGH ZIP 1999, 2024.
1978 Der Nennung des zutreffenden Abs. des § 288 BGB bedarf es auch in vergleichbarer Hinsicht i.R.d. grundbuchrechtlichen Bestimmbarkeit bei Eintragung einer Hypothek (§§ 1115, 1118 BGB, § 11 Abs. 5 GBV) LG Schweinfurt Rpfleger 2004, 622 m. Anm. *Böhringer*.
1979 Zur erforderlichen Bestimmtheit BGH DNotZ 2001, 379 (Ermittelbarkeit aus dem Grundbuch oder aus sonstigen offenkundigen Tatsachen genügt).
1980 BGH NJW 2000, 951; BGH NJW 1997, 2887.
1981 Die Begrenzung des erteilten Titels vermeidet zugleich, dass ein späterer erneuter Antrag auf Titulierung anderer Zins- oder Kaufpreisteile das amtsgerichtliche Verfahren nach § 797 Abs. 3 ZPO auslöst.
1982 Vgl. hierzu *Wolfsteiner* Vollstreckbare Urkunde Rn. 11.28 ff.
1983 BGH NJW-RR 2004, 472 und BGH DNotI-Report 2005, 54.

Stand zum Beginn der Referenzperiode. Die Ermittlung der exakten Höhe im Fall der Verwertung ist nicht Gegenstand des Klauselerteilungsverfahrens, sondern Aufgabe des Vollstreckungsorgans.[1984]

1288 Die schlichte Vollstreckungsunterwerfung ist auch bei einem Verbraucherkreditvertrag zulässig (keine Analogie zum Wechsel-/Scheckbegebungsverbot des § 496 Abs. 2[1985] BGB/§ 10 Abs. 2 VerbrKrG)[1986] und verstößt auch im Verbraucher- bzw. Formularvertrag nicht gegen § 309 Nr. 12 BGB (da eine Umkehr der Beweislast nicht eintritt),[1987] ebenso wenig (etwa wegen der Umkehrung der Prozessführungslast) gegen § 307 BGB[1988] oder gegen § 305c Abs. 1 BGB (keine überraschende Klausel).[1989] Anders liegt es bei der Übernahme der auch persönlichen Haftung für eine fremde Schuld.[1990]

1289 Sofern die Fälligkeit des Kaufpreises auch von weiteren Umständen außer der Mitteilung des Notars abhängt, die der Notar nicht überprüfen oder bestätigen kann, muss ein **begrenzter Nachweisverzicht** in dem Sinn aufgenommen werden, dass der Notar berechtigt (und im Regelfall[1991] damit auch **verpflichtet** – kein Fall des Ermessens!) ist, auf Antrag ohne sonstige Nachweise bereits ab Erteilung seiner Fälligkeitsmitteilung die vollstreckbare Ausfertigung zu erteilen. Außerhalb des Anwendungsbereichs der §§ 3, 12 MaBV[1992] und bei anderen als Werkverträgen[1993] bestehen hiergegen keine Bedenken, auch nicht im **Formular- oder Verbrauchervertrag,**[1994] wohl auch nicht gestützt auf Erwägungsgrund »q« der EG-Richtlinie 93/13.[1995]

1290 Als minder einschneidende Alternative kann auch eine Ersetzung des nicht in der Form des § 726 ZPO nachweisbaren Tatbestandsmerkmals durch eine »**Indiztatsache**« (»**Substitution**«) in Betracht kommen:[1996]

1984 So jedenfalls der Sachverhalt des BGH, 10.12.2004 – IXa ZB 73/04, MittBayNot 2005, 329; a.A. *Wolfsteiner* Die vollstreckbare Urkunde Rn. 36.16, 26.8. sieht dies jedoch als Bestandteil des Klauselerteilungsverfahrens (§ 726 ZPO). Übernimmt der Notar dies, erhält er eine Gebühr nach § 133 Satz 1 KostO.
1985 Ein Verstoß gegen § 496 Abs. 1 BGB (Verbot der Einwendungserstreckung auf einen Abtretungsempfänger) liegt erst recht nicht vor, da § 404 BGB uneingeschränkt gilt (anders § 22 Wechselgesetz, § 17 ScheckG).
1986 BGH, 23.11.2004 – XI ZR 27/04, MittBayNot 2005, 300; dies gilt auch allgemein für abstrakte Schuldversprechen: *Reiß* MittBayNot 2005, 371.
1987 BGH, DNotZ 2001, 795 f. = MittBayNot 2001, 387 m. zust. Anm. *Heinemann,* S. 389 unter ausdrücklicher Aufgabe der noch in BGH NJW 1981, 2756 geäußerten Gegenmeinung.
1988 BGH NJW 2002, 138; BGH NJW 2004, 62; BGHZ 99, 283.
1989 BGH, 22.11.2005 – XI ZR 226/04, NotBZ 2006, 55 m. Anm. *Zimmer*, NotBZ 2006, 163 = MittBayNot 2006, 317 m. Anm. *Volmer*.
1990 BGH NJW 1991, 1677: jedenfalls Verstoß gegen § 307 Abs. 2 BGB.
1991 Ein Ablehnungsrecht kommt dem Notar nur zu, wenn zweifelsfrei feststeht, dass der titulierte Anspruch nicht besteht, anderenfalls würde gesetzwidrig die Klagelast vom Schuldner (§ 767 ZPO) auf den Gläubiger (§ 731 ZPO) verlagert, vgl. OLG München DNotZ 2006, 204 und BayObLG MittBayNot 2005, 63 m. Anm. *Apfelbaum*: negative Evidenz wohl kaum bei Rechtsfragen, eher bei Tatsachen, die das Nichtbestehen des Anspruchs belegen.
1992 BGH, 22.10.1998 – VII ZR 99/97, MittBayNot 1998, 458; umfassend hierzu die Dissertation von *Engelhardt,* Prozessualer und materiellrechtlicher Bestand des in vollstreckbaren notariellen Urkunden enthaltenen Nachweisverzichts, insb. beim Abschluss von Bauträgerverträgen.
1993 Zur Unzulässigkeit des Nachweisverzichtes bei Bauverträgen gem. § 9 AGBG: BGH, NJW 2002, 138. Unzulässig ist auch die Vereinbarung des Nachweises des Baufortschrittes durch einen mit dem Werkunternehmer verbundenen Architekten oder Bauleiter, OLG München, 03.02.2009 – 9 U 4916/08, MittBayNot 2009, 462. Das OLG Bamberg, 13.03.2008 – 1 U 189/07, NJW 2008, 2928 hielt allerdings die Vereinbarung des Nachweises durch öffentlich beglaubigte Fertigstellungsbescheinigung gem. § 641a BGB (a.F.) für wirksam.
1994 Vgl. im Einzelnen *Brambring* in: Beck'sches Notarhandbuch A I Rn. 113.
1995 Vgl. im Einzelnen oben Rdn. 160.
1996 »Rettungsversuche« insb. beim Bauträgervertrag, vgl. *v. Rintelen* RNotZ 2001, 33 ff. und *Hertel* ZNotP 1999, 3; dies billigend LG Schwerin NJW-Spezial 2005, 149, vgl. *Wolfsteiner* NotBZ 2006, 196. Durch Aufrechterhaltung der Unterwerfung überhaupt sollte insb. die früher kurze 2-jährige Verjährung des Kaufpreisanspruchs verlängert werden (nunmehr gelöst wohl durch § 196 BGB n.F.: 10 Jahre, bzw. lösbar durch Verlängerungsvereinbarung, vgl. unten Rdn. 1675).

B. Gestaltung eines Grundstückskaufvertrages

▶ Beispiel:

Zahlung ist erst nach Erbringung bestimmter Werkleistungen geschuldet. Letztere Tatsache lässt sich (außer durch feststellendes Urteil) nicht in der Form des § 726 ZPO nachweisen. Sie kann jedoch durch eine Fertigstellungsbescheinigung gem. § 641a BGB a.F. als Indiztatsache substituiert werden, deren privatschriftliches Vorliegen dann zur Voraussetzung der Klauselerteilung erhoben wird.

Ein Nachweisverzicht ist schließlich gänzlich entbehrlich hinsichtlich solcher Umstände, deren Prüfung dem Vollstreckungsorgan obliegt (z.B. des Ablaufs eines bestimmten Fälligkeitsdatums [§ 751 Abs. 1 ZPO] oder der Erbringung der Gegenleistung bei Zug-um-Zug-Fälligkeiten [§§ 726 Abs. 2, 756 ZPO]). Davon wiederum zu differenzieren sind schuldrechtliche Beschränkungen (etwa hinsichtlich der Verwendung der grundpfandrechtlich gesicherten Darlehensvaluta: nur zur Kaufpreisfinanzierung bzw. nur für bauliche Investitionen auf dem Belastungsobjekt), insb. i.R.d. Zweckvereinbarungen, die nicht als Vollstreckungsbedingung i.S.d. § 726 ZPO auszulegen ist, da sonst entgegen der verfolgten Intention die Vollstreckung erschwert, nicht erleichtert würde.[1997]

1291 Da die Unterwerfungserklärung des Schuldners ähnlich einem Urteilstenor den Inhalt des Titels definiert, kann diese auch **zusätzliche Vollstreckungshindernisse** (z.B. eine verlängerte Wartefrist nach Zustellung gem. §§ 798, 750, 751 ZPO) oder sonstige Vorbehalte (etwa der beschränkten Erbenhaftung, §§ 747, 780 ZPO) enthalten. Sie kann umgekehrt auch über den materiellen Rechtsinhalt hinausgehen,[1998] ist allerdings dann kondizierbar.

1292 Betreibt nach dem 19.08.2008 ein Rechtsnachfolger (Zessionar) unzulässigerweise die Zwangsvollstreckung aus einer notariellen Urkunde,[1999] etwa da er keine ordnungsgemäße Abrechnung unter Einschluss der Erträge aus der Zwangsverwaltung erteilt,[2000] ist er gem. § 799a ZPO verschuldensunabhängig zum **Ersatz** entstandener **Schäden** verpflichtet (vergleichbar § 717 ZPO). Ohne diese Vorschrift stünde dem Schuldner nur § 826 BGB zu Gebote, zumal der Sicherungsvertrag bei der Abtretung von Darlehen und Titel nicht notwendig ebenfalls insgesamt auf den Zessionar »übergeht« (zum begrenzten Einredeübergang des § 1193 Abs. 1a BGB vgl. Rdn. 1415).

cc) Besonderheiten bei einer GbR

1293 Erwirbt eine »Personenmehrheit« in **GbR**, wirkt sich die Teilrechtsfähigkeitslehre des BGH (Rdn. 309 ff.) auch auf die Gestaltung der Vollstreckungsunterwerfung wegen der Kaufpreiszahlung aus: Zur Vollstreckung in das Vermögen der GbR genügt nach neuerem Verständnis ein Titel gegen die GbR[2001] – Zustellung an einen Gesellschafter genügt für § 750 Abs 1 ZPO,[2002] es sei denn, dieser wäre von der Geschäftsführung ausgeschlossen[2003] – als Alternative zum gesetzlich in § 736 ZPO vorgesehenen Weg (wonach die Vollstreckung in das Gesellschaftsvermögen ein gegen alle Gesellschafter als Gesamtschuldner[2004] ergangenes Urteil erfordere,[2005] aus dem sich die Eigenschaft der

---

1997 BGH, 19.08.2010 – VII ZB 2/09, ZfIR 2010, 677 m. zust. Anm. *Herrler.*
1998 BGH NJW 1997, 2887.
1999 Dies muss nicht notwendigerweise zuvor durch Vollstreckungsklage (§ 767 ZPO) festgestellt worden sein, da vollstreckbare Urkunden keine Rechtskraft haben, *Clemente* ZfIR 2008, 597.
2000 Sachverhalt gem. OLG München, 26.02.2008, notar 2008, 30 m. Anm. *Issad:* Einwand unzulässiger Rechtsausübung gegen die Zwangsvollstreckung.
2001 Vgl. *Pohlmann* WM 2003, 1426 m.w.N.
2002 BGH, 06.04.2006 – V ZB 158/05, NotBZ 2006, 203; § 170 Abs. 3 ZPO.
2003 BGH, 02.12.2010 – V ZB 84/10, ZfIR 2011, 147, Tz. 28 – hierzu *Schmidt-Räntsch* ZNotP 2011, 402, 406 ff.; dies gilt auch, wenn der Titel zwar jedem im Grundbuch eingetragenen GbR-Gesellschafter zugestellt wurde, aber keiner von ihnen vertretungsbefugt ist, BGH, 24.02.2011 – V ZB 253/10, DNotZ 2011, 936.
2004 BGH, 07.12.2005 – V ZB 166/05; nicht ausreichend ist ein Titel gegen alle Gesellschafter als Teilschuldner der Verbindlichkeiten der GbR, BGH, 17.10.2006 – XI ZR 19/05, DStR 2007, 209.
2005 Daher kann aus einer durch alle Gesellschafter erklärten dinglichen Vollstreckungsunterwerfung ohne Weiteres in das betroffene Grundstück des Gesellschaftsvermögens vollstreckt werden, BGH, 16.07.2004 – IXa ZB 288/03, NJW 2004, 3632.

Forderung als Gesellschaftsschuld ergibt).²⁰⁰⁶ Soll aus einem gegen die GbR ergangenen Titel eine Zwangshypothek eingetragen werden, bedarf es analog § 47 Abs. 2 GBO keiner weiteren Identitätsnachweise zwischen Schuldner- und Eigentümer-GbR, wenn der Gesellschafterbestand im Titel und im Grundbuch identisch ist.²⁰⁰⁷ Wegen der analog § 128 HGB eintretenden Akzessorietätshaftung sind materiell-rechtlich aus einem gegen die GbR gerichteten Titel auch die Gesellschafter verpflichtet sofern er nicht ausnahmsweise auf das Gesellschaftsvermögen beschränkt wurde.²⁰⁰⁸ Entsprechend der Angleichung an die OHG wendet die neuere Lehre jedoch auch insoweit § 129 Abs. 4 HGB analog an mit der Folge, dass es zur Vollstreckung in das sonstige Vermögen der Gesellschafter eines auch gegen diese gerichteten Titels bedarf.²⁰⁰⁹

1294 Es ist daher unabdingbar, dass die erwerbenden Gesellschafter sich zugleich eigenen Namens²⁰¹⁰ wegen der Kaufpreisforderung der Zwangsvollstreckung unterwerfen,²⁰¹¹ wobei eine Kumulierung der Verbindlichkeiten dadurch nicht eintreten soll.²⁰¹² Existiert die GbR tatsächlich nicht oder wurde sie nicht wirksam vertreten (§ 899a BGB steht auch bei Grundstückskaufverträgen im Prozessrecht nicht zur Verfügung), haften die Handelnden jedenfalls gem. § 179 Abs. 1 BGB als falsus procurator (die für den Haftungsausschluss erforderliche Kenntnis des Vertragspartners vom Fehlen der Vertretungsmacht braucht allerdings nicht auch den Umstand zu umfassen, dass auch die GbR als solche nicht existiert).²⁰¹³ Beide Haftungsgrundlagen (§ 128 HGB analog und § 179 BGB) erfordern jedoch wegen des Bezeichnungsgrundsatzes des § 794 Abs. 1 Nr. 5 ZPO eine eigenständige Vollstreckungsunterwerfung der tatsächlich Handelnden, und zwar ausdrücklich nicht nur in ihrer Eigenschaft als »Gesellschafter«:

▶ Formulierungsvorschlag: Vollstreckungsunterwerfung durch GbR

1295 Die Erschienenen X, Y und Z treten den schuldrechtlichen Verpflichtungen der erwerbenden GbR in dieser Urkunde bei und übernehmen – unabhängig von ihrer ggf. gesellschaftsrechtlich bestehenden Haftung– als Gesamtschuldner alle Verpflichtungen des Erwerbers auch persönlich. Die XYZ-GbR sowie die Erschienenen X, Y, und Z persönlich unterwerfen sich wegen der in dieser Urkunde eingegangenen Verpflichtung zur Zahlung des Kaufpreises samt Verzugszinsen gemäß § 288 Abs. 1 (bzw. Abs. 2) BGB hieraus ab dem Datum der Erteilung der vollstreckbaren Ausfertigung der Zwangsvollstreckung in ihr jeweiliges Vermögen. X, Y und Z haften im Verhältnis zueinander als Gesamtschuldner; im Verhältnis zur XYZ-GbR (sofern diese existiert und wirksam vertreten ist) akzessorisch.

1296 Spätestens vor der Klauselerteilung gegen die GbR sind Nachweise über Existenz und Vertretungsbefugnis in der Form der §§ 726, 727 ZPO vorzulegen und mit der vollstreckbaren Ausfertigung des Titels zuzustellen (vergleichbar der Vorlage und der Zustellung einer zur Titelschaffung verwendeten Vollmacht). Für den Fall einer Berichtigung der Schuldnerbezeichnung aufgrund Änderung des Namens der GbR gilt dasselbe wie auf Gläubigerseite, Rdn. 1298. Bei der anschließenden Zu-

---

2006 *Bestelmeyer* RPfleger 2011, 420.
2007 OLG Hamburg, 10.02.2011 – 13 W 5/11, RPfleger 2011, 426; a.A. *Bestelmeyer* RPfleger 2011, 420 ff.: voller Identitätsnachweis erforderlich in der Form des § 29 GBO, wegen der Gefahr beteiligungsidentischer Parallel-GbRs, daher nicht eintragungsfähig.
2008 Vgl. MünchKomm-ZPO/*Häßler* § 736 Rn. 35; *Zöller/Stöber* ZPO § 736 Rn. 3; anders bei der OHG (§ 129 Abs. 4 HGB; auch keine Umschreibung gegen den Gesellschafter nach § 727 ZPO).
2009 Vgl. eingehend *Gummert* in: Münchener Handbuch des Gesellschaftsrechts Bd. 1, § 20 Rn. 16 f. Bei einem Formwechsel von einer GmbH in eine GbR (§ 190 UmwG) braucht daher der dingliche Grundschuldtitel mangels Nachfolge nicht umgeschrieben zu werden – es genügt ein klarstellender Zusatz –, bzgl. des persönlichen Titels kommt eine Umschreibung nach § 727 ZPO gegen die Gesellschafter nicht in Betracht, auch wenn diese für die GbR-Schuld akzessorisch haften, *Gutachten* DNotI-Report 2004, 42.
2010 Vgl. *Wolfsteiner* Die vollstreckbare Urkunde Rn. 12.9.
2011 Formulierungsvorschlag nach *Wälzholz/Scheel* NotBZ 2005, 121 ff.
2012 Auch die Klauselerteilung wird daher »zum Zwecke der Zwangsvollstreckung gegen die XYZ-GbR und gegen X, Y, und Z gesamtschuldnerisch, im Verhältnis zur XYZ-GbR akzessorisch« erfolgen. Die Formulierung erscheint deutlicher als die Empfehlung von *Behr*, NJW 2000, 1141 »als und wie Gesamtschuldner«.
2013 BGH, 12.11.2008 – VIII ZR 170/07, ZNotP 2009, 64.

stellung hilft die Rechtsprechung des BGH,[2014] dass die Zustellung an einen von mehreren vertretungsbefugten Gesellschaftern genüge; unsicher bleibt jedoch die Situation bei einem Wechsel des passiv vertretungsbefugten Geschäftsführers zwischen Titelerrichtung und Zustellung.

1297 Wechseln Gesellschafter der GbR, beeinträchtigt dies materiellrechtlich die Wirksamkeit eines gegen oder für alle Gesellschafter »in GbR« vorliegenden Titels und die Vollstreckbarkeit aus diesem in das Gesellschaftsvermögen nicht, auch nicht bei Ausscheiden des vorletzten Gesellschafters. Wegen der Teilrechtsfähigkeit der GbR bedarf es insoweit keiner Titelumschreibung im eigentlichen Sinne,[2015] allerdings einer Klarstellung zum geänderten Gesellschafterkreis, soweit dieser im Titel verbal durch die Namen aller Gesellschafter beschrieben wurde (analog §§ 726, 727 ZPO)[2016] – wie dies bspw. stets der Fall ist, wenn sich der Titel gegen eine im Grundbuch gem. § 47 Abs. 2 GBO gebuchte GbR richtet: der Gesellschafterbestand im Titel ist in Übereinstimmung mit dem z.Zt. der Anordnung der Zwangsvollstreckung gebuchten[2017] Gesellschafterbestand im Grundbuch zu bringen.[2018] Nach herrschender Auffassung genügt insoweit jede Nachweisform, nach Mm. bedarf es der öffentlich beglaubigten oder öffentlichen Urkunde.[2019]

1298 Haben sich jedoch alle Gesellschafter »in GbR« der Vollstreckung unterworfen, ist durch diesen Titel die Zwangsvollstreckung in das Vermögen der GbR,[2020] aber auch in das Privatvermögen eines jeden Gesellschafters möglich.[2021] Materiell-rechtlich gilt dies nunmehr auch für einen **neu eintretenden Gesellschafter**, bei dem nach bisheriger Rechtslage der Ausschluss seiner persönlichen Haftung (also die Beschränkung auf das Gesellschaftsvermögen) in der Rechtsnachfolgeklausel zu vermerken gewesen wäre. Die Möglichkeit der materiell-rechtlichen Haftung genügt jedoch nicht als »vollstreckungsrechtliche Brücke« für die Klauselumschreibung gegen den Eintretenden persönlich, da die Voraussetzungen der Titulierung (sofern sich der Eintretende nicht persönlich der Zwangsvollstreckung unterworfen hat) nicht in gehöriger Form nachgewiesen sind,[2022] sodass sich an der bisherigen Rechtspraxis nichts ändert. Der Gläubiger wird deshalb den Neu-Gesellschafter gerichtlich (dann allerdings notwendig mit Erfolg) in Anspruch nehmen müssen.[2023] Die Klausel wird daher erteilt gegen die bisherigen Gesellschafter als Gesamtschuldner (Nachhaftung des Ausscheidenden, § 736 Abs. 2 BGB i.V.m. § 160 HGB) und (sofern auch die GbR sich unterworfen hatte) gegen »die GbR« (in ihrer neuen Zusammensetzung, sofern nachgewiesen),[2024] für welche die bisherigen Gesellschafter akzessorisch haften.

2014 DNotZ 2006, 777.
2015 Vgl. *Wolfsteiner* Die vollstreckbare Urkunde, Rn. 40.8; a.A. BayObLGZ 1956, 218, wonach die Überprüfung der Identität durch das eigentliche Vollstreckungsorgan nur vorzunehmen sei, soweit es dessen Kräfte nicht übersteige.
2016 Vgl. *Pohlmann* WM 2003, 1428; *Kremer* RNotZ 2004, 249; *Weidenmann* BWNotZ 2004, 138; kritisch *Bestelmayer* ZfIR 2011, 117 ff.: keine vollstreckungsrechtlichen Nachweismöglichkeiten, daher ist zunächst das Grundbuch zu berichtigen.
2017 Ist dieser unrichtig (z.B. weil ein Gesellschafter zwischenzeitlich verstorben ist), gilt dennoch der grundbuchlich ausgewiesene Gesellschafterbestand ggü. einem gutgläubigen Titelgläubiger als richtig, analog §§ 1148 Satz 1, 1192 Abs. 1 BGB: BGH, 02.12.2010 – V ZB 84/10, ZfIR 2011, 147. Bei Identität der im Titel und im Grundbuch angegebenen Gesellschafter z.Zt. der Anordnung der Zwangsversteigerung bedarf es keiner Rechtsnachfolgeklausel analog § 727 ZPO: BGH, 24.02.2011 – V ZB 253/10, ZNotP 2011, 156.
2018 BGH, 02.12.2010 – V ZB 84/10, ZfIR 2011, 147 Tz. 18 lässt offen, ob die zur Richtigstellung der Bezeichnung vorgelegten Dokumente entsprechend § 750 Abs. 2 ZPO mit zugestellt werden müssen; ist die Änderung des Gesellschafterbestandes im Grundbuch (berichtigend) bereits vollzogen, bedarf es gem. § 800 Abs. 2 ZPO der Zustellung jedenfalls nicht. Vgl. auch *Soutier* MittBayNot 2011, 283.
2019 Vgl. *Ruhwinkel* MittBayNot 2009, 177, 187.
2020 BGH, 16.07.2004 – IXa ZB 288/03, DNotZ 2005, 121.
2021 Vgl. *Pohlmann* WM 2003, 1426.
2022 Vgl. *Deckenbrock/Dötsch* Rpfleger 2003, 644; *Wälzholz/Scheel* NotBZ 2005, 127.
2023 BGH, 17.10.2006 – XI ZR 19/05, DStR 2007, 209; vgl. *Kremer* RNotZ 2004, 249.
2024 Die Einhaltung der Form des § 727 ZPO ist nicht erforderlich, *Wälzholz/Scheel* NotBZ 2005, 129.

IV. Kaufpreis: Fälligkeit, Gläubigerablösung, Finanzierung

▶ Hinweis:

Eine individualvertragliche **Beschränkung der Haftung auf das Vermögen der GbR** wäre zwar materiell-rechtlich und vollstreckungsrechtlich (§§ 780 ff. ZPO)[2025] möglich, aber wenig sachgerecht, da der Umfang des haftenden Gesellschaftsvermögens kaum (etwa durch Bilanzen oder Ähnliches) dokumentiert sein wird und zudem das bereits geschilderte Problem der Klauselumschreibung bei Gesellschafternachfolge ohne Vorlage öffentlicher Urkunden praktisch kaum lösbar ist.

1299

Ähnliche Probleme stellen sich auch bei der **Vollstreckung durch eine GbR**: Soll ein durch sie (materiell-rechtlich korrekt als GbR) erwirkter Titel durch Eintragung einer Sicherungshypothek an etwaigem Grundbesitz des Schuldners eingesetzt werden, scheiterte diese Eintragung nach (unrichtiger) Auffassung des BayObLG[2026] und des OLG Schleswig[2027] bis zur Entscheidung des BGH vom 04.12.2008 an der mangelnden Grundbuchfähigkeit der GbR.[2028] § 47 Abs. 2 GBO i.V.m. § 15 Abs. 1 Buchst. c) GBV verlangen nunmehr, dass die Gesellschafter im Vollstreckungstitel genannt sind.[2029] Vorsichtigerweise kann (etwa bei Zweifeln an der Existenz der Gläubiger-GbR) auch jedem (angeblichen) GbR-Gesellschafter selbst ein Anspruch auf Zahlung an alle »Mitglieder« gemeinsam (§ 432 BGB oder, weniger sicher, § 428 BGB) eingeräumt werden, wegen dessen sich der Käufer der Zwangsvollstreckung unterwirft:

1300

▶ Formulierungsvorschlag: Vollstreckungsunterwerfung gegenüber einer GbR

In gleicher Weise ist jeder derzeitige Gesellschafter der veräußernden GbR berechtigt, vom Käufer Zahlung des Kaufpreises für Rechnung der GbR an alle Gesellschafter als Gesamtberechtigte zu verlangen. Wegen dieses Anspruchs unterwirft sich der Käufer jedem genannten Gesellschafter gegenüber der sofortigen Zwangsvollstreckung .....

1301

Beantragt eine **GbR als Gläubigerin** eine Vollstreckungsklausel, ist von Amts wegen deren Existenz i.R.d. Freibeweises (§ 56 ZPO) zu prüfen.[2030] Dafür wird i.d.R. der Umstand genügen, dass der Schuldner sich ggü. einer solchen GbR der Vollstreckung unterworfen hat. Schwieriger wird der Nachweis fallen, dass die GbR bei der Antragstellung auf Klauselerteilung wirksam vertreten wurde (sofern nicht ein Anwalt den Antrag namens der GbR stellt, dem das Privileg des § 88 Abs. 2 ZPO zugutekommt).[2031]

1302

dd) Klauselerteilung

Wird verpflichtungsgemäß (s.o. Rdn. 1289) gemäß der Erklärung des Schuldners (ggf. nach vorheriger Gewährung rechtlichen Gehörs, § 730 ZPO) auf formlosen Antrag des Gläubigers[2032] eine **Vollstreckungsklausel** im Rahmen einer gebundenen hoheitlichen Entscheidung[2033] erteilt, wird diese mit einer einfachen Ausfertigung der Urkunde samt Vollmachten und Verweisungstexten gem. §§ 9, 13a BeurkG verbunden, sofern Letztere wegen der Bezeichnungsmaxime (Rdn. 1290) erforderlich sind. Deren Erteilung ist gem. § 49 Abs. 4 BeurkG auf der Urschrift bzw. einem fest

1303

2025 Vgl. *Kremer* RNotZ 2004, 244.
2026 BayObLG MittBayNot 2005, 143 m. Anm. *Lautner*, S. 93.
2027 NotBZ 2008, 38.
2028 Auch eine »Klauselumschreibung« auf die Gesellschafter gem. § 727 ZPO komme nicht in Betracht.
2029 KG, 08.06.2010 – 1 W 250/10, DNotZ 2010, 920.
2030 Vgl. *Wolfsteiner* Die vollstreckbare Urkunde 2. Aufl. Rn. 35.22.
2031 Vgl. *Ruhwinkel* MittBayNot 2009, 177, 186.
2032 Dieser muss im Besitz einer Ausfertigung sein oder eine solche gem. § 51 BeurkG beanspruchen können, vgl. OLG Düsseldorf ZNotP 2001, 245.
2033 Nach Prüfung des Vorliegens einer wirksamen Unterwerfungserklärung, notwendiger Genehmigungen, der Vollstreckbarkeitsbedingungen gem. § 726 ZPO sofern auf deren Nachweis nicht verzichtet wurde sowie etwaiger substituierender Indiztatsachen gem. Rn. 718. Nicht erforderlich ist das Abwarten datumsmäßiger Fristen und von Zug-um-Zug-Umständen, da diese durch das Vollstreckungsorgan geprüft werden (§§ 751 Abs. 1, 726 Abs. 2, 756 ZPO). Eine Begründung ist regelmäßig entbehrlich.

damit verbundenen »Ausfertigungslaufplan« zu vermerken. Sie ist im Regelfall[2034] dem Gläubiger bzw. seinem rechtlichen Vertreter (Anwalt) zu übersenden, am besten gegen Empfangsbestätigung, auch zur Erleichterung der Beweislage, falls nach deren Verlust die Erteilung einer weiteren vollstreckbaren Ausfertigung durch das AG genehmigt werden müsste, §§ 733, 797 Abs. 3 ZPO.

1304 In der Klausel muss zum Ausdruck kommen, dass bestimmte Kaufpreisteile aufgrund ihrer Zweckbindung oder aufgrund der vertraglichen Vereinbarung nicht unmittelbar an den Verkäufer als Vollstreckungsgläubiger zu entrichten sind. Dies gilt etwa für die Forderungen abzulösender Gläubiger, in deren Höhe der Kaufpreis nur durch Begleichung dieser Treuhandauflagen beglichen werden kann (vgl. oben Rdn. 1189), diesbezügliche Befristungen, sowie für den Fall, dass Einzahlung des Kaufpreises auf Notaranderkonto vereinbart ist. Beantragt lediglich einer von mehreren Verkäufern die Erteilung einer vollstreckbaren Ausfertigung an sich – was er bei der regelmäßig gegebenen Mitgläubigerschaft an der Kaufpreisforderung (Rdn. 2606) gem. § 432 Abs. 1 Satz 1 BGB kann –, sollte die erteilte Klausel zum Ausdruck bringen, dass der Anspruch materiell-rechtlich auf Leistung an alle Verkäufer gerichtet ist:

▶ Formulierungsvorschlag: Klauselerteilung an einen von mehreren Mitgläubigern

1305 Vorstehende, mit der Urschrift übereinstimmende Ausfertigung wird hiermit (dem Verkäufer A) zum Zwecke der Zwangsvollstreckung gegen den Käufer wegen des in § ..... der Urkunde bezifferten Kaufpreises samt Zinsen i.H.v. (5bzw. 8) Prozentpunkten über dem Basiszinssatz hieraus seit dem ..... erteilt, allerdings mit der Maßgabe, dass hieraus nur zur Leistung an alle Verkäufer gemeinsam vollstreckt werden kann.

1306 Wurde der **Kaufpreisanspruch** gar (unter wirksamer, i.d.R. gem. § 151 BGB erfolgter Annahme) **abgetreten**, ist die Klausel dem Abtretungsempfänger zu erteilen, bei antizipierter Abtretung ohne Weiteres, sonst aufgrund Nachweises der Rechtsnachfolge gem. § 727 ZPO,[2035] wobei es des Nachweises der Annahme der Abtretungserklärung nach herrschender Meinung[2036] nicht bedarf. Die auf den Rechtsnachfolger »umgeschriebene« Klausel[2037] muss dem Schuldner samt Titel zugestellt werden (§ 750 Abs. 1 ZPO); Gleiches gilt bei Gesamtrechtsnachfolge hinsichtlich der Nachweise, aus denen sich die Berechtigung des nunmehrigen Gläubigers ergibt.[2038]

1307 Hat Letzterer allerdings (wie in aller Regel bei Bauträgerverträgen) den Zedenten (Verkäufer) zur Einziehung ermächtigt, jedoch unter Beschränkung auf ein bestimmtes Zielkonto,[2039] ist dieses ebenfalls in der Klausel anzugeben.

▶ Formulierungsvorschlag: Vollstreckungsklausel bei Abtretung/Anderkonto/Ablösegläubigern

1308 Vorstehende, mit der Urschrift übereinstimmende Ausfertigung wird hiermit (dem Verkäufer) zum Zwecke der Zwangsvollstreckung gegen den Käufer wegen des in § ..... der Urkunde bezifferten Kaufpreises samt Zinsen i.H.v. (5 bzw. 8) Prozentpunkten über dem Basiszinssatz hieraus seit dem ..... erteilt,
– allerdings nur zum Zwecke der Gutschrift auf Konto (Nr. des Zielkontos/des Anderkontos) bzw.:

2034 Kein Anspruch auf vollstreckbare Ausfertigung, wenn der Schuldner bei der Unterwerfung dies ausschließt, vgl. LG Kempten MittBayNot 2006, 523. Sofern allerdings dem Gläubiger mit Wissen des Schuldners eine einfache Ausfertigung erteilt wurde (§ 51 Abs. 2 BeurkG) und die vollstreckbare Ausfertigung dem Schuldner ausgehändigt wurde, kann auf Antrag eine weitere vollstreckbare Ausfertigung erteilt werden (§§ 733, 797 Abs. 3 ZPO).
2035 Der Nachweis durch öffentliche oder öffentlich beglaubigte Urkunde ist nur entbehrlich, wenn der Schuldner die Rechtsnachfolge zugesteht und der bisherige Gläubiger der Klauselerteilung an den neuen zustimmt (§ 288 ZPO), BGH, 05.07.2005 – VII ZB 23/05, NotBZ 2005, 322.
2036 MünchKomm-ZPO/*Wolfsteiner* § 799 Rn. 2 m.w.N. mit Hinweis auf § 799 ZPO, der die Grundbucheintragung als Nachweis genügen lässt, obwohl auch diese nur auf Bewilligung des verlierenden Teils erfolgt; BayObLG FGPrax 1995, 211, 212; a.A. jedoch *Fromm* ZfIR 2008, 664, 669.
2037 Umfassende Mustersammlung für die Umschreibung von Vollstreckungsklauseln bei *Soutier* MittBayNot 2011, 181 ff., 275 ff.; zuvor bei *Scheel* NotBZ 2000, 146 ff.; 286 ff.
2038 Sogar im laufenden Vollstreckungsverfahren, vgl. BGH, 25.01.2007 – V ZB 47/06, ZNotP 2007, 192.
2039 Dies ist zulässig, OLG Brandenburg RNotZ 2004, 392.

IV. Kaufpreis: Fälligkeit, Gläubigerablösung, Finanzierung

– allerdings i.H.v. ..... € zuzüglich Tageszinsen von ..... € ab dem ..... bis zum Zahlungseingang nur zum Zwecke der Gutschrift auf Konto (Nr. des Ablösegläubigers) unter Angabe des Az. .....

Ist der Kaufpreisanspruch (hinsichtlich der nicht zur Ablösung wegzufertigender Gläubiger erforderlichen Teile, Rdn. 1209 ff.) gepfändet und überwiesen worden, soll nach überwiegender Auffassung[2040] – unabhängig von der materiellen Anspruchsinhaberschaft – weiterhin dem Verkäufer auf seinen Antrag hin die Vollstreckungsklausel erteilt werden müssen, solange der Rechtsnachfolger keine Klausel beantragt hat. Jedenfalls steht eine bloße Vorpfändung (deren Wirkung unter dem Vorbehalt steht, dass binnen eines Monats die Pfändung erfolgt, § 845 Abs. 2 ZPO) einer Klauselerteilung noch an den Verkäufer nicht entgegen.[2041]   1309

Der **Verzicht auf »externe« Nachweise** als Voraussetzung einer Klauselerteilung könnte bei einem Kaufvertrag, in dem neben der Kaufpreiszahlung auch die Besitzverschaffung tituliert ist, etwa wie folgt formuliert sein: 1310

▶ Formulierungsvorschlag: Nachweisverzicht bei der Vollstreckungsunterwerfung

Auf Antrag kann ohne weitere Nachweise vollstreckbare Ausfertigung erteilt werden (dem Verkäufer jedoch erst nach Fälligkeitsmitteilung und gemäß deren Inhalt, dem Käufer zur Besitzverschaffung gegen Nachweis der Kaufpreiszahlung).

Der Zusatz »**gemäß deren Inhalt**« gewährleistet, dass Befristung und Betrag der Ablöseforderung in die Klausel aufzunehmen sind, wobei die der Fälligkeitsmitteilung beigefügten Gläubigerschreiben aufgrund des enthaltenen Nachweisformverzichtes[2042] auch hier in bloß privatschriftlicher Form (entgegen § 726 ZPO) beigefügt werden können.   1311

Zugleich wird dadurch deutlich, dass ohne vorherige Fälligkeitsmitteilung der Kaufpreis nicht tituliert werden darf (etwa auf Vortrag des Verkäufers hin, ihm stehe Schadensersatz zu: Verbot des sog. **Titelmantels**).[2043]

Es steht dem Notar gut an[2044] (zugleich in Befolgung des Gebots zur Gewährung rechtlichen Gehörs, § 730 ZPO), den Schuldner von der Erteilung einer vollstreckbaren Ausfertigung zu unterrichten und dem Gläubiger in einem Begleitschreiben die Schritte zur Rechtsdurchsetzung (Zustellung des Originals bzw. der [vollstreckbaren] Ausfertigung[2045] durch Gerichtsvollzieher, 14-tägige Wartefrist, Pfändungsmöglichkeiten mit unterschiedlichen Zuständigkeiten des Gerichtsvollziehers, AG, Grundbuchamts) zu skizzieren. Wegen der zeitraubenden Prozedur im Zusammenhang mit der Erteilung einer weiteren vollstreckbaren Ausfertigung gem. § 733 ZPO nach gerichtlicher Ermächtigung[2046] sollte die vollstreckbare Ausfertigung im Regelfall per **Übergabe-Einschreiben mit Empfangsbestätigung** versandt werden; wird sie an einen Rechtsanwalt übermittelt, muss dieser eine auf ihn lautende ausreichende Vollmacht hierzu vorlegen. Die Erteilung einer vollstreckbaren Ausfertigung ist bei der Urkunde zu vermerken, am besten durch Kopie der Vollstreckungsklausel. Eigentümer der vollstreckbaren Urkunde bleibt nach Ansicht des OLG Frankfurt am Main[2047] gleichwohl der ausstellende Notar, sodass der Schuldner auch bei Zahlung nicht analog § 952 Abs. 1 BGB das Eigentum hieran (wie an einem Schuldschein) erwirbt.   1312

[2040] *Stein/Jonas/Münzberg* ZPO § 727 ZPO Rn. 51; *Zöller/Stöber* ZPO 28. Aufl. § 727 Rn. 30; kritisch MünchKomm-ZPO/*Wolfsteiner* 2. Aufl. § 724 Rn. 41 (in der 3. Aufl. nicht angesprochen).
[2041] *Gutachten* DNotI-Report 2010, 37, 39.
[2042] OLG Stuttgart NJW-RR 1986, 549. Fehlt ein solcher, sollte sich der Notar zur Feststellung im Wege der Eigenurkunde bevollmächtigen lassen (§§ 795 Satz 2, 726 Abs. 1 ZPO).
[2043] OLG Koblenz NJW-RR 1990, 884; MünchKomm-ZPO/*Wolfsteiner* § 794 Rn. 186.
[2044] Krit. *Koller* MittBayNot 2006, 486: Anschein der Parteilichkeit.
[2045] BayObLG DNotZ 2005, 614: Zustellung lediglich einer beglaubigten Abschrift des Titels genügt nicht.
[2046] Hiergegen bestehen Rechtsmittel weder i.R.d. § 15 Abs. 2 BNotO noch i.R.d. § 54 BeurkG; vielmehr hat der Schuldner seine Einwendungen im Wege der allgemeinen vollstreckungsrechtlichen Behelfe geltend zu machen, OLG Köln, 11.09.2006 – 2 Wx 13/06, RNotZ 2007, 51.
[2047] 14.03.2008, DNotZ 2009, 111.

B. Gestaltung eines Grundstückskaufvertrages

▶ Hinweis:

1313 Durch die **Vollstreckungsunterwerfung** tritt eine **Verlängerung der Verjährung der Kaufpreisforderung** von 10 Jahren (§ 196 BGB) auf 30 Jahre (§ 197 Abs. 1 Nr. 4 BGB) ein. Dies gilt auch, wenn – wie etwa in Grundschuldformularen – ein abstraktes Schuldanerkenntnis tituliert wird: aus diesem kann analog § 216 Abs. 2 Satz 1 BGB weiter vorgegangen werden, auch wenn die gesicherte Darlehensforderung bereits verjährt ist, § 812 Abs. 2 BGB steht nicht entgegen.[2048] Die **Waffengleichheit** gebietet, auch für die Ansprüche des Käufers auf Übertragung des Eigentums am Grundstück sowie auf Begründung, Übertragung oder Aufhebung dinglicher Rechte am Grundstück sowie auf die Verschaffung des Besitzes eine entsprechende vertragliche[2049] Verlängerung der Verjährung eintreten zu lassen (was gem. § 202 Abs. 2 BGB nunmehr möglich ist), bzw. den Anspruch auf Besitzverschaffung und ggf. Räumung durch den Verkäufer zur Erzielung desselben Ergebnisses zu titulieren. Der Anspruch auf Auflassung (Abgabe einer Willenserklärung) sowie etwaige Mieträumungsansprüche gem. § 885 Abs. 1 ZPO (Aufgabe, Herausgabe, oder Einschränkung des Mietbesitzes) sind jedoch gem. § 894 Abs. 1 Nr. 5 ZPO nicht unterwerfungsfähig.

Eine Formulierung, welche die Vollstreckungsunterwerfung sowohl wegen des Kaufpreises als auch wegen der Besitzverschaffung vorsieht und zugleich die vorstehend genannte rechtsgeschäftliche Verjährungsverlängerung auch für die dinglichen Ansprüche enthält, könnte etwa wie folgt lauten:

▶ Formulierungsvorschlag: Vollstreckungsunterwerfungen, Verjährung

1314 Der Käufer unterwirft sich wegen der in dieser Urkunde eingegangenen Verpflichtung zur Zahlung des Kaufpreises samt Verzugszinsen gem. § 288 Abs. 1 (bzw. Abs. 2) BGB hieraus ab dem Datum der Erteilung der vollstreckbaren Ausfertigung der sofortigen Zwangsvollstreckung aus dieser Urkunde. Gleiches gilt für den Verkäufer wegen der Verpflichtung zur Räumung und Verschaffung des Besitzes, auch namens etwaiger minderjähriger Kinder.

Auf Antrag kann ohne weitere Nachweise vollstreckbare Ausfertigung erteilt werden (dem Verkäufer jedoch erst nach Fälligkeitsmitteilung und gemäß deren Inhalt, dem Käufer zur Besitzverschaffung gegen Nachweis der Kaufpreiszahlung).

Mehrere Beteiligte, die zu derselben Leistung verpflichtet sind, schulden und haften als Gesamtschuldner.

Der Anspruch auf Verschaffung des Eigentums und der in dieser Urkunde bestellten dinglichen Rechte verjährt in gleicher Frist wie der Kaufpreisanspruch, jedoch spätestens 30 Jahre ab gesetzlichem Verjährungsbeginn.

1315 Gegen die Ablehnung der Erteilung einer Vollstreckungsklausel ist für den Gläubiger das Rechtsmittel der Beschwerde zum LG gem. § 54 Abs. 2 BeurkG eröffnet. Der Vollstreckungsschuldner selbst hat weder bei der Erteilung noch bei der Umschreibung der Klausel ein vergleichbares Beschwerderecht; er ist vielmehr nach Erteilung bzw. Umschreibung der Klausel auf das Erinnerungsverfahren beim hierfür ausschließlich zuständigen AG beschränkt. Die Möglichkeit eines »Vorbescheids« (Ankündigung der Umschreibung der Klausel) steht dem Notar jedoch nicht zur Verfügung, jedenfalls nicht mit der Konsequenz, im Beschwerdeverfahren nach § 15 Abs. 2 BNotO eine inhaltliche Vorabprüfung zu erreichen.[2050]

1316 Seit 01.02.2003 bedarf auch im öffentlich-rechtlichen (subordinationsrechtlichen) Vertrag die Behörde keiner aufsichtlichen Genehmigung mehr zur Abgabe einer **Zwangsvollstreckungsunterwerfungserklärung im Verwaltungsverfahren** (§ 61 VwVfG). Die Behörde muss allerdings durch den Leiter, seinen Stellvertreter oder einen zum Richteramt befähigten Angehörigen des öffentli-

---

2048 BGH, 17.11.2009 – XI ZR 36/09, DNotZ 2010, 620; ebenso bereits zuvor *Gutachten* DNotI-Report 2008, 154 ff. Anders verhält es sich bei der Bürgschaft, wo § 768 BGB dem Bürgen die Einrede der Verjährung der Hauptforderung eröffnet.
2049 Das Gesetz spricht zwar von Rechtsgeschäft, dürfte aber »Vereinbarung« meinen (bedeutsam ist die Unterscheidung für die Frage, ob die Verjährung von Pflichtteilsansprüchen durch Testament verlängert werden kann, vgl. hierzu *Lange* ZEV 2003, 433 ff.).
2050 LG Freiburg, 05.09.2006, RNotZ 2008, 368, m. zust. Anm. *Heggen*.

chen Dienstes vertreten werden; es genügt Schriftform (§ 57 VwVfG), die erst recht (§ 126 Abs. 4 BGB) durch notarielle Beurkundung erfüllt wird. Die Beitreibung erfolgt sodann im Verwaltungsvollstreckungsverfahren. Allerdings genießen Gegenstände, die für die Erfüllung öffentlicher Aufgaben unerlässlich sind oder deren Veräußerung dem öffentlichen Interesse widerspricht Vollstreckungsschutz (sog. Fiskusprivileg, § 882a ZPO).[2051]

c) Verzug

aa) Voraussetzungen

(1) Entbehrlichkeit der Mahnung 1317

Die Schuldrechtsmodernisierung hat die durch unglückliche Gesetzesformulierung verursachte Unklarheit, ob Verzug bei Entgeltforderungen[2052] im gegenseitigen Vertrag[2053] nur nach Ablauf der 30-Tage-Frist des § 286 Abs. 3 BGB ab Fälligkeit und Zugang einer Zahlungsaufstellung (die bei Verbrauchern einen Hinweis auf die Rechtsfolgen enthalten muss) eintreten konnte oder auch vor diesem Zeitpunkt (wie bisher) durch Mahnung (§ 286 Abs. 1 BGB) oder Vereinbarung eines kalendermäßigen Fälligkeitstermins (§ 286 Abs. 2 Nr. 1 BGB), durch Einfügung des Wortes »spätestens« in § 286 Abs. 3 BGB beseitigt. Die diesbezüglich zuvor empfohlenen kautelar-juristischen Vorkehrungen können also entfallen.

Die Praxis macht allerdings Gebrauch von der in **§ 286 Abs. 2 Nr. 2 BGB** eingeräumten Möglich- 1318 keit, auch ohne Mahnung Verzug eintreten zu lassen, wenn »der Leistung ein Ereignis vorauszugehen hat und eine angemessene Zeit für die Leistung in der Weise bestimmt ist, dass sie sich von dem Ergebnis an nach dem Kalender berechnen lässt«. Es genügt also bspw. die Fälligkeit »10 Tage nach Räumung durch den Verkäufer« (Rdn. 1108 ff). Auch in der **konstitutiven Fälligkeitsmitteilung des Notars** liegt - ohne Verstoß gegen dessen Unparteilichkeit[2054] - ein solches Ereignis, ohne dass dies vereinbart[2055] werden müsste; die regelmäßig sich anschließenden Überweisungszeiten von 10 bzw. 14 Tagen, Rdn. 1121, (innerhalb derer aufgrund vertraglicher Vereinbarung richtigerweise die Gutschrift[2056] des Kaufpreises erfolgen muss, Rdn. 1122) dürften i.S.d. zitierten gesetzlich Bestimmung »angemessen« sein. Bei Bauträgerverträgen ist möglicherweise eine mindestens 14-tägige Frist erforderlich, um dem Käufer die Möglichkeit zu geben, den Bautenstand tatsächlich selbst zu kontrollieren[2057] bzw. Bautenstandsberichte Dritter zu überprüfen.[2058] Eine zu kurze Frist ist nicht verzugsbegründend.[2059]

2051 *Grziwotz* MittBayNot 2010, 80, auch zu landesrechtlichen Regelungen aufgrund des Vorbehalts in § 15 Nr. 3 EGZPO.
2052 Krit. zur Begriffswahl *Schermaier* NJW 2004, 2501.
2053 Die Vorschrift gilt demnach nicht für Unterhaltsforderungen, Geldforderungen aufgrund letztwilliger Verfügungen, Entgeltansprüche aufgrund Schenkungsversprechen etc.
2054 Anders als i.R.d. § 286 Abs. 3 BGB a.F., wo an die »Rechnung oder Zahlungsaufforderung« angeknüpft wurde, besteht nunmehr keinerlei Anlass mehr zu bedenken, hierin liege ein parteiliches Tätigwerden des Notars (vgl. *Amann/Brambring/Hertel* Vertragspraxis nach neuem Schuldrecht, S. 39; a.A. *Grziwotz* DB 2005, 2064.
2055 Nach BT-Drucks. 14/6040, S. 145 müsse die verzugsbegründende Wirkung des Ereignisses Gegenstand der vertraglichen Vereinbarung sein; die einseitige Bestimmung reiche nicht. Dies findet jedoch weder im Wortlaut noch in der durch das Gesetz umgesetzten ZAhlungsverzugsrichtlinie 2000/35/EG eine Stütze.
2056 Anderenfalls genügt wegen der Einordnung der Geldschuld als qualifizierter Schickschuld (§§ 269 Abs. 1, 270 Abs. 1 und Abs. 4 BGB) der rechtzeitige Eingang des Überweisungsauftrages bei gedecktem Konto, BGHZ 44, 179. Im unternehmerischen Verkehr muss ohnehin auf die Gutschrift abgestellt werden, vgl. Rdn. 1122.
2057 Gem. BT-Drucks. 14/6040, S. 146 soll die Frist ausreichend sein, die »Ware zu prüfen und die Zahlung zu bewirken«.
2058 Zum drittschützenden Charakter der Haftung eines Architekten für unrichtige Bautenstandsberichte BGH, 25.09.2008 – VII ZR 35/07, ZfIR 2009, 22. Ähnlich OLG Celle, 19.11.2009 – 8 U 29/09: Haftung des Bauunternehmers für falschen Bautenstandsbericht auch ggü. finanzierender Bank.
2059 Sie dürfte zwar als Fälligkeitsregelung wirksam sein, Verzug kann aber dann nur bei Mahnung eintreten. Nach a.A. (*Hennsler/Graf v. Westphalen* Praxis der Schuldrechtsreform, § 286 Rn. 7) soll stattdessen eine angemessene Frist (welche?) in Gang gesetzt werden.

1319 Da Verzug zudem nur bei Verschulden eintritt (§ 286 Abs. 4 BGB) und dies die Kenntnis der Fälligkeit voraussetzt, muss für den Beginn der Frist auf den tatsächlichen Zugang der Fälligkeitsmitteilung des Notars abgestellt werden.

Bei einer lediglich **deklaratorischen Fälligkeitsmitteilung** (Rdn. 1115) kann entweder als »Ereignis« i.S.d. § 286 Abs. 2 Nr. 2 BGB der Eintritt der tatsächlichen Fälligkeitsvoraussetzungen vereinbart werden, die dann allerdings wegen des Verschuldenserfordernisses regelmäßig durch den Notar mitzuteilen sein werden,

oder (praxisrelevanter) der Zugang der deklaratorischen Mitteilung des Notars hierüber vertraglich doch als maßgebliches Ereignis definiert sein:[2060]

▸ Formulierungsvorschlag: Deklaratorische Fälligkeitsmitteilung mit Verzug ab Zugang

1320 Der Kaufpreis ist fällig, wenn die Voraussetzungen a, b, c erfüllt sind. Der Notar wird das Vorliegen dieser Voraussetzungen den Beteiligten bestätigen. Die Gutschrift des Kaufpreises muss sodann binnen zwei Wochen nach Zugang dieser Mitteilung des Notars erfolgen.

1321 Bei der **konstitutiven** wie auch bei **deklaratorischen Fälligkeitsmitteilung** kann der Eintritt weiterer Umstände, die vom Notar weder geprüft noch bescheinigt werden (z.B. Räumung des verkauften Hauses) ebenfalls Anknüpfungspunkt für den Verzugseintritt sein (»ein« Ereignis i.S.d. § 286 Abs. 2 Nr. 2 BGB ist kein Zahlwort, sondern unbestimmter Artikel).[2061] Es sollte dann aber eine Verpflichtung des Verkäufers aufgenommen werden, den Käufer rechtzeitig hiervon zu verständigen, sodass der Käufer disponieren und sich vom tatsächlichen Eintritt des Umstands überzeugen kann.

(2) Verschulden

1322 Verzug setzt gem. § 286 Abs. 4 BGB stets Vertretenmüssen voraus, also Kenntnis von der Fälligkeit der Leistung (sodass der Fristlauf im Fall des § 286 Abs. 2 Nr. 2 BGB mit dem Zugang, nicht der Absendung der Mitteilung einsetzen sollte, Rdn. 1319). Ausnahmsweise kann es am Verschulden fehlen, wenn der Schuldner sich in einem unvermeidbaren Rechtsirrtum befand. Das bloße Fehlen von Finanzmitteln exkulpiert jedoch nicht (»Geld hat man zu haben«; bis 31.12.2001 ergab sich dies aus § 279 BGB a.F., nunmehr aus § 276 Abs. 1 a.E. BGB: strengere Haftung ergibt sich aus dem Inhalt des Schuldverhältnisses).

(3) Fehlen von Einreden

1323 Schuldnerverzug tritt nicht ein, wenn dem Schuldner Einreden zustehen, und zwar unabhängig davon, ob die Einrede tatsächlich erhoben wird. Hauptfall ist die Einrede des nicht erfüllten Vertrages, § 320 BGB[2062] (sowie die Unsicherheitseinrede, § 321 BGB, vgl. Rdn. 1251), etwa bei einer vereinbarten Zug-um-Zug-Leistung: insoweit muss der Gläubiger alles ihm obliegende veranlasst haben, um die »Gegenleistung« zu erfüllen (etwa bei einer Kaufpreisfälligkeit Zug-um-Zug mit Erklärung der Auflassung im dazu angesetzten Notartermin erscheinen; allerdings genügt gem. § 295 BGB das bloße wörtliche Angebot, wenn der andere Teil erklärt hat, er werde die Leistung ohnehin nicht annehmen). Verzug tritt ebenso wenig ein, wenn dem Käufer Mängelrechte zustehen, ohne dass er sich zwischen den verschiedenen Behelfen des § 437 BGB bereits entschieden haben müsste.[2063]

bb) Rechtsfolgen

1324 Hinsichtlich der **Höhe der Verzugsverzinsung** (zur Differenzierung ggü. Fälligkeits-/Nutzungszinsen vgl. Rdn. 1039 ff.) sind die früher empfohlenen Pauschalierungen wohl entbehrlich, nachdem

---

2060 *Hertel* DNotZ 2001, 922 und ZNotP 2002, 14.
2061 Ebenso *Forst* RNotZ 2003, 532.
2062 BGH NJW 1992, 556.
2063 BGH NJW 1991, 1048.

IV. Kaufpreis: Fälligkeit, Gläubigerablösung, Finanzierung

§ 288 Abs. 1 BGB den regelmäßigen Verzugszins auf 5 Prozentpunkte[2064] über dem Basiszinssatz (der gem. § 247 BGB[2065] jeweils zum 01.01. und zum 01.07. eines jeden Jahres neu festgesetzt wird) heraufgesetzt hat. Gem. § 288 Abs. 2 BGB beträgt er sogar in den Fällen,[2066] in denen ein Verbraucher weder als Gläubiger noch als Schuldner beteiligt ist, acht Prozentpunkte über dem BGB-Basiszinssatz. Diese Angabe genügt (wohl) auch bei zur Sicherung bewilligten Grundpfandrechten dem Erfordernis des § 1115 BGB, insb. ist ein Höchst- bzw. Mindestsatz entbehrlich.[2067] Das Gesetz erlaubt übrigens dem Schuldner nicht den Nachweis, es sei ein geringerer[2068] Verzugsschaden entstanden, da dies sich wohl zulasten des seine Konten auf Guthabenbasis führenden Verbrauchers ausgewirkt hätte.

Zur Höhe der gesetzlichen Verzugsverzinsung wird der **notarielle Kaufvertrag** seit 01.01.2002 allenfalls **Formulierungen hinweisenden Charakters** enthalten; auch insoweit sollte eine ausdrückliche Bezifferung in der Urkunde nur unter Nennung des nächsten Anpassungsdatums erfolgen und nur dann, wenn zweifelsfrei bestimmt werden kann, ob § 288 Abs. 1 oder Abs. 2 BGB (ohne Beteiligung eines Verbrauchers) zur Anwendung kommt. **1325**

Wird gleichwohl ein **höherer Verzugszinsschaden** als Pauschale gewünscht, ist gem. § 309 Nr. 5 Buchst. b) BGB in Formular- und Verbraucher-Grundstückskaufverträgen zu beachten, dass dem anderen Vertragsteil ausdrücklich der Nachweis gestattet sein muss (also nicht nur nicht abgeschnitten werden darf), ein Schaden – zu dessen Berechnung s. Rdn. 217 – oder eine Wertminderung sei überhaupt nicht entstanden oder sei wesentlich niedriger als die Pauschale (und möglicherweise auch der gesetzliche Verzugszins).[2069] Im **Individualvertrag** kann jedoch uneingeschränkt ein abweichender Verzugszins vereinbart werden.[2070] **1326**

Daneben, also über den in § 288 Abs. 1 BGB geregelten Verzugszins als Mindestschaden hinaus, kann der Gläubiger Schadensersatz wegen der Verzögerung der Leistung (»kleinen Schadensersatz«) geltend machen, § 280 Abs. 2 BGB, vgl. Rdn. 216 ff. **1327**

d) Nichterfüllung

Die früher in Kaufverträgen häufig empfohlenen Regelungen, dass der Verkäufer bei Vorliegen der Voraussetzungen des Rücktritts stattdessen **Schadensersatz wegen Nichterfüllung** verlangen könne und dass das gesetzliche Rücktrittsrecht durch Stundung des Kaufpreises (entgegen § 454 BGB a.F.) nicht ausgeschlossen sei, sind aufgrund der ersatzlosen Streichung des § 454 BGB sowie der Tatsache, dass Rücktritt und Schadensersatz sich gem. § 325 BGB nicht mehr ausschließen, entbehrlich. **1328**

– Schadensersatz statt der Leistung oder Schadensersatz statt der ganzen Leistung (zur Berechnung vgl. Rdn. 219 ff., 1977 ff.) kann der Gläubiger bei einer vom Schuldner zu vertretenden Pflichtverletzung verlangen, wenn er dem Schuldner eine angemessene Frist zur Leistung (Nacherfüllung) bestimmt hat und diese erfolglos verstrichen ist (§ 281 Abs. 1 Satz 1 BGB). Eine Ableh- **1329**

2064 Zur Terminologie »Prozente« und »Prozentpunkte«: *Weidlich* DNotZ 2004, 820; nach OLG Hamm NJW 2005, 2238 sei »fünf Prozent Zinsen über dem Basiszinssatz« als »Prozentpunkte« auszulegen.
2065 Der Zinssatz wird im Wortlaut des § 247 Abs. 1 Satz BGB wiedergegeben und jeweils aktuell auf der Home-Page der Deutschen Bundesbank (www.bundesbank.de) sowie auf der Home-Page des Deutschen Notarinstituts (www.DNotI.de) unter »Arbeitshilfen« veröffentlicht. Der weitere Basiszinssatz nach dem Diskontsatzüberleitungsgesetz (DÜG) i.H.v. zunächst 2,71 % wurde mit Wirkung ab 04.04.2002 aufgehoben, BGBl. I 2002, S. 1220, sodass der Begriff »Basiszinssatz« nunmehr auch ohne gesetzliches Zitat eindeutig ist.
2066 Allerdings nur bei vertraglichen, nicht bei gesetzlichen Zahlungspflichten oder Vertragsstrafen.
2067 *Gutachten* DNotI-Report 2003, 193; *Böhringer* Rpfleger 2004, 623 und Rpfleger 2005, 233; KG Rpfleger 2003, 204; gegen OLG Schleswig MittBayNot 2003, 295.
2068 Allerdings ist der Verzugszins auf den tatsächlichen Verzögerungsschaden anzurechnen.
2069 Nach *Amann/Brambring/Hertel* Vertragspraxis nach neuem Schuldrecht, S. 59 soll der Unternehmer allerdings durch ausdrücklichen Vorbehalt den gesetzlichen Verzugszins als Mindestschaden vereinbaren können.
2070 Krit. hierzu für den Fall einer geringeren, dem Gläubiger also ungünstigeren Verzugspauschale AnwKomm-BGB/*Schulte-Nölke* Art. 3 Verzugs-RL Rn. 35 ff.: nur bei Vorliegen eines objektiven Grundes wegen sonst drohenden Verstoßes gegen Art. 3 Abs. 3 der Zahlungsverzugsrichtlinie.

nungsandrohung ist nicht mehr erforderlich. Die Fristsetzung kann gem. § 281 Abs. 2 BGB entbehrlich sein, wenn der Schuldner die Leistung ernsthaft und endgültig verweigert, z.B. seine Illiquidität eingesteht. Einer durch Fristsetzung ermöglichten Chance zur Fehlerbeseitigung bedarf es nach der Rechtsprechung ferner nicht, wenn die Pflichtverletzung im arglistigen Verschweigen eines Mangels liegt.[2071] Hat der Schuldner nur teilweise geleistet, muss zusätzlich gem. § 281 Abs. 1 Satz 2 BGB der Gläubiger an der Teilleistung kein Interesse haben; dies wird bei Grundstücksverkäufen regelmäßig der Fall sein. Sobald der Gläubiger statt der Leistung Schadensersatz verlangt hat (also nicht bereits mit erfolglosem Ablauf der Nachfrist), ist gem. § 281 Abs. 4 BGB der Anspruch auf die Leistung ausgeschlossen, ebenso auf Nutzungs- oder Fälligkeitszinsen.[2072] Damit erlischt auch die Sicherungswirkung der akzessorischen Vormerkung. Ein nicht erfüllter Anspruch auf Freistellung wandelt sich um in einen unmittelbaren Zahlungsanspruch.[2073]

1330 – Den **Rücktritt wegen nicht oder nicht vertragsgemäß (also auch verspätet) erbrachter Leistung** (mit der nämlichen Folge der Kraftlosigkeit der Vormerkung!) kann der Verkäufer als Gläubiger gem. § 323 Abs. 1 BGB erklären, wenn er dem Schuldner erfolglos eine angemessene[2074] Frist zur Leistung bestimmt hat. Auch diese Fristsetzung ist gem. § 323 Abs. 2 Nr. 1 BGB entbehrlich, wenn der Schuldner die Leistung ernsthaft und endgültig verweigert, ferner nach der Rechtsprechung in den Fällen einer Pflichtverletzung durch arglistiges Verschweigen eines Mangels.[2075] Gem. § 323 Abs. 4 BGB kann der Gläubiger bereits vor Eintritt der Fälligkeit der Leistung zurücktreten, wenn offensichtlich ist, dass die Voraussetzungen des Rücktritts eintreten werden (etwa wegen Insolvenz über das Vermögen des Schuldners). Erfolgt der Rücktritt wegen nicht vertragsgemäßer Bewirkung der Leistung (also bspw. wegen verspäteter Leistung oder wegen mangelhafter Leistung), kann er vom Vertrag dann nicht zurücktreten, wenn die Pflichtverletzung nur unerheblich ist. Bei Rücktritt wegen gänzlicher Nichterfüllung entfällt dieses zusätzliche Kriterium des § 323 Abs. 5 Satz 2 BGB. Wurde eine Teilleistung erbracht, gilt auch hier gem. § 323 Abs. 5 Satz 1 BGB, dass der Rücktritt möglich ist, wenn der Gläubiger an der Teilleistung kein Interesse hat. Gem. § 325 BGB schließen sich Schadensersatz und Rücktritt nicht mehr aus, die sog. »**Rücktrittsfalle**« besteht also nicht mehr, vgl. Rdn. 242.

1331 Diese gesetzlichen Regelungen, die für alle ab 01.01.2002 beurkundeten (oder ab diesem Zeitpunkt durch Annahme zustande gekommenen)[2076] Kaufverträge gelten, sind interessengerecht, sodass sich vertragliche Vereinbarungen hierzu (anders als hinsichtlich der gesetzlichen Rücktrittsfolgen der §§ 346 ff. BGB, vgl. Rdn. 2572 ff.) nicht mehr aufdrängen. Denkbar ist allerdings die Festlegung eines Mindestzeitraumes hinsichtlich der Fristsetzung sowie das Erfordernis der Schriftlichkeit der Rücktrittserklärung:

▶ Formulierungsvorschlag: Festlegungen für die Rücktrittserklärung

1332 Sofern der Verkäufer zum Rücktritt berechtigt ist und hierfür eine Nachfrist zu setzen hat, muss diese mindestens 2 Wochen betragen. Fristsetzung und Rücktritt bedürfen der Schriftform.

[2071] BGH, 08.12.2006 – V ZR 249/05, DNotI-Report 2007, 45.
[2072] BGH ZfIR 1999, 191; BGH NJW 1999, 2024.
[2073] BGH NJW 1993, 2232.
[2074] Nach Ablauf von (regelmäßig) mehreren Wochen bis zur Fälligkeitsmitteilung des Notars und weiteren 14 Tagen Zahlungsfrist wird die Nachfrist nur etwa eine Woche betragen müssen; teilweise wird daher empfohlen, vertraglich eine Mindestnachfrist von z.B. 2 Wochen zu vereinbaren (*Amann/Brambring/Hertel* Vertragspraxis nach neuem Schuldrecht, S. 451).
[2075] BGH, 08.12.2006 – V ZR 249/05, DNotI-Report 2007, 45.
[2076] A.A. Palandt/*Heinrichs* BGB Art. 229 § 5 EGBGB Rn. 3 unter Verweis auf den Parteiwillen jedenfalls dann, wenn eine ausdrückliche »intertemporale Rechtswahl« fehlt; zu Letzterer vgl. *Hertel* DNotZ 2001, 745 f.; *Heß* NJW 2002, 254. Ratsam ist auf jeden Fall eine (unter Mitwirkung des Anbietenden) vorgenommene Vertragsanpassung bei Annahme, Formulierungsvorschläge bei *Amann/Brambring/Hertel* Vertragspraxis nach neuem Schuldrecht, S. 424 f.

4. Finanzierung des Kaufpreises

Regelmäßig wird zumindest ein Teil des Kaufpreises über **Bankkredit** finanziert. Sofern der Käufer keine anderen Sicherheiten stellen kann (z.B. im Weg der Revalutierung von Grundpfandrechten an ihm bereits gehörendem Grundbesitz), wird der Gläubiger das Darlehen erst dann auszahlen, wenn ein **Grundpfandrecht** (regelmäßig eine Grundschuld) zu dessen Sicherung eingetragen ist. Hierzu müsste der Käufer Eigentümer geworden sein, was wiederum die Kaufpreiszahlung voraussetzt. Sofern nicht stets der Weg der **Hinterlegung der Finanzierungssumme** (samt Eigenkapitalanteil und Grunderwerbsteuerbetrag, sofern die Unbedenklichkeitsbescheinigung noch nicht vorliegt) **auf Anderkonto** (mit Auszahlung des Kaufpreises an den Verkäufer nach Eigentumsumschreibung und damit rangrichtiger Eintragung des Grundpfandrechts) gewählt werden soll – was Hinterlegungskosten, einen häufig langen und unökonomischen Hinterlegungszeitraum und Störungsmöglichkeiten durch den Käufer etwa wegen Nichtzahlung der Grunderwerbsteuer zur Folge hätte –, muss also der Verkäufer die »**vorzeitige**« **Eintragung des Finanzierungsgrundpfandrechts** zugunsten des Käufers ermöglichen. Dies hat sich in der Praxis durchgesetzt, da die damit verbundenen Risiken (mit Ausnahme der gesetzlich angeordneten gesamtschuldnerischen Kostenhaftung bei Notar und Grundbuchamt gem. §§ 2 Nr. 1, 5 KostO, bzgl. welcher der Verkäufer nur im Innenverhältnis oder durch Vorschussleistung freigestellt werden kann; vgl. Rdn. 952) durch vertragliche Vorkehrungen gebannt werden können.[2077]

1333

In den meisten Verträgen finden sich daher auch ausdrückliche Verpflichtungen des Verkäufers, dem Käufer auf diese Weise die Finanzierung zu ermöglichen. Diese wird bedeutsam, wenn die zu ihrer Erfüllung erteilte Vollmacht (etwa als Folge der Insolvenzeröffnung, § 117 InsO) untergeht oder widerrufen wird. Der Insolvenzverwalter über das Vermögen des Verkäufers kann seinerseits allerdings nur dann »gezwungen«[2078] werden, der Eintragung der Käuferfinanzierungsgrundschuld zuzustimmen (Rn 2536, 2537), wenn der Anspruch des Käufers (auf Eintragung von Grundpfandrechten zugunsten von ihm zu benennender Gläubiger in von ihm zu bestimmender, möglicherweise gedeckelter, Höhe)[2079] durch Vormerkung gesichert war, § 106 InsO (vergleichbar der Sicherung des Anspruchs des Nießbrauchers gegen den Eigentümer auf Bestellung von Grundpfandrechten zur Finanzierung der Lasten des Nießbrauchers):[2080]

1334

▸ Formulierungsvorschlag: Mitwirkungspflicht des Verkäufers zur Vorwegfinanzierung mit Vormerkungssicherung

> Allein der Käufer hat dafür zu sorgen, dass etwa benötigte Finanzierungsmittel rechtzeitig zur Verfügung stehen. Um ihm dies zu erleichtern, ist der Verkäufer verpflichtet, die Beleihung des Vertragsobjekts bereits vor Umschreibung zu gestatten, allerdings nur unter Einhaltung der in nachstehender Vollmacht enthaltenen Sicherungsabreden.
>
> Zur Sicherung des Anspruchs des Käufers gegen den Verkäufer auf Bestellung von Grundpfandrechten zugunsten vom Käufer zu benennender Gläubiger in vom Käufer zu bestimmender Höhe bis zur Höhe des Kaufpreises, einschließlich beliebiger Zinsen und Nebenleistungen, unter Einhaltung der in der Vollmacht enthaltenen Sicherungsabreden, bewilligt der Verkäufer und beantragt der Käufer die Eintragung einer **Grundpfandrechtsbestellungsvormerkung** zugunsten des Käufers als Versprechensempfänger an nächstoffener Rangstelle, im Rang vor der Eigentumsvormerkung des Käufers, im Grundbuch. Der Käufer bewilligt und beantragt, die Vormerkung mit Umschreibung des Eigentums auf ihn zu löschen.

1335

2077 Vgl. *Ertl*/MittBayNot 1989, 62.
2078 Andernfalls steht dem Käufer nur ein Zurückbehaltungsrecht gem. § 320 BGB zu, solange der Verkäufer seiner Mitwirkungspflicht nicht nachkommt, vgl. *Piegsa* RNotZ 2010, 433, 454.
2079 Hierzu OLG Frankfurt am Main, 26.01.2005 – 20 W 498/04, DNotI-Report 2005, 102: höheres Maß an Bestimmbarkeit als bei der Teilflächenvormerkung zur Vermeidung einer unbegrenzten Nachbelastung in der Versteigerung aus einem nachrangigen Grundpfandrecht.
2080 Vgl. *Krauß* Vermögensnachfolge in der Praxis Rn. 1184.

1336 Denkbar, wenngleich selten, sind jedoch auch **schuldrechtliche Absicherungen** des Finanzierungsgläubigers, insb. wenn eine Auszahlung sehr rasch nach Beurkundung erfolgen soll und eine grundbuchliche Absicherung zu diesem Zeitpunkt noch nicht zu erlangen ist – bzw. darüber hinaus noch nicht einmal die Vorlage an das Grundbuchamt zur Fertigung einer »**Rangbescheinigung**« möglich ist, etwa da die Genehmigung nach § 145 BauGB (Sanierungsausschuss) noch aussteht. Solche Notarbestätigungen erfordern außerordentliche Sorgfalt, zudem Einsicht in die Markentabelle, die Grundakten und mitunter Erkundigungen bei der Geschäftsstelle des Grundbuchamtes, Rdn. 868.[2081] Die BNotK[2082] empfiehlt folgendes Textgerüst:

▶ Formulierungsvorschlag: Notarbestätigung hinsichtlich rangrichtiger Eintragung eines Grundpfandrechtes

1337 Notarbestätigung

An das XY-Kreditinstitut

Ihr Zeichen:

Darlehensnehmer:

Pfandobjekt:

Eigentümer/Erbbauberechtigter:

Grundbuch des AG ..... von ....., Blatt .....

Notarbestätigung

Meine Urkunde vom ....., UR-Nr. ....., übersende ich Ihnen/habe ich Ihnen bereits übersandt in

einfacher Ausfertigung

vollstreckbarer Ausfertigung

beglaubigter Abschrift.

In meiner Eigenschaft als Notar bestätige ich Ihnen gegenüber:

1. Am ..... habe ich dem Grundbuchamt ..... die vorgenannte Urkunde vorgelegt; die Eintragungsanträge habe ich im zulässigen Umfang auch in Ihrem Namen gestellt. Hierbei habe ich für das Pfandobjekt festgestellt:

   a) Als Eigentümer/Erbbauberechtigter ist/sind eingetragen .....

   b) Folgende Belastungen und Beschränkungen sind eingetragen:

   Abteilung II: .....

   Abteilung III: .....

2. Auf der Grundlage meiner Akten und der Einsicht in

   das Grundbuch am .....

   die Grundakten (ohne Geschäftseingang) am .....

   die Markentabelle am .....

   sind mir keine Umstände bekannt, die

   der Eintragung des Grundpfandrechts im Rang nach bzw. im Gleichrang mit folgenden Belastungen entgegenstehen:

2081 Zu den Haftungsgefahren OLG Brandenburg, 05.06.2008 – 5 U 89/06, RNotZ 2009, 114 m. krit. Anm. *Heinze* (vergessener Vorbehalt, dass Grundschuldbriefe noch nicht im Original vorliegen).

2082 DNotZ 1999, 369 (in Abstimmung mit den im Zentralen Kreditausschuss zusammengeschlossenen Verbänden der deutschen Kreditwirtschaft).

Abteilung II: .....

Abteilung III: .....

....., den .....

(Ort und Datum)

.....

(Unterschrift des Notars)

Ist eine solche Notarbestätigung nicht möglich, könnte sich der Verkäufer selbst (bei erstklassiger Bonität) zur Rückzahlung verpflichten. Ansonsten kann durch dessen Bank eine Rückzahlungsbankbürgschaft gestellt werden, wenn wider Erwarten die rangrichtige Eintragung der bestellten Finanzierungsgrundschuld an der bedungenen Rangstelle sowie die Eigentumsumschreibung selbst im Grundbuch aus anderen Gründen als unterbliebener Zahlung der den Käufer treffenden Gebühren und Steuern endgültig scheitern sollte. 1338

Hierzu folgender Formulierungsvorschlag einer Rückzahlungsverpflichtung des Verkäufers selbst: 1339

▶ **Formulierungsvorschlag: Rückzahlungspflicht des Verkäufers gegenüber finanzierender Bank bei Sofortzahlung**

Der Kaufpreis ist bis morgen Mittag 12 Uhr dem Konto des Verkäufers, gutzuschreiben (telegrafisch mit Avis). Der Verkäufer, die Siemens Aktiengesellschaft, verpflichtet sich hiermit, den durch die finanzierende Bank des Käufers (..... Bank BLZ .....) zu entrichtenden Kaufpreisteil zuzüglich Zinsen i.H.v. 3 Prozentpunkten über dem Basiszins, max. jedoch den erhaltenen Kaufpreis, an die finanzierende Bank (den Restbetrag an den Käufer)unverzüglich zurückzuüberweisen, wenn wider Erwarten die rangrichtige Eintragung der heute bestellten Finanzierungsgrundschuld an der bedungenen Rangstelle sowie die Eigentumsumschreibung selbst im Grundbuch aus anderen Gründen als unterbliebener Zahlung der den Käufer treffenden Gebühren und Steuern endgültig scheitern sollte.

Gestattet der Verkäufer keine Vorwegbeleihung und stellt er auch keine sonstige Besicherungsmöglichkeit bereit (zur Verbürgung ggü. der Käuferbank mit Wiederkaufsrecht für den Fall der Inanspruchnahme hieraus s. Rdn. 81), ließe sich die Käufergrundschuld selbst nur Zug-um-Zug mit Beantragung des Endvollzugs vorlegen; kommt es vor Umschreibung zu einer Verfügungsbeschränkung (Insolvenzeröffnung!) in seiner Person, hilft nach herrschender Meinung § 878 BGB nicht, da der Käufer als Verfügender im Zeitpunkt der Vorlage noch nicht »Berechtigter« ist[2083] (eine modernere Literaturauffassung will jedoch § 878 BGB analog anwenden, da in der dem Käufer durch Auflassungserklärung vermittelten Anwartschaft jedenfalls die Ermächtigung zu einer solchen Verfügung liege).[2084] Eine für die meisten Banken akzeptable Sicherheit vermittelt hingegen die Verpfändung des Eigentumsverschaffungsanspruchs bzw. der Anwartschaft selbst (vgl. Rdn. 1370). 1340

a) *Absicherung des Verkäufers bei Vorwegbeleihung*

aa) *Risiken des Grundpfandrechtes*

Klarstellend sei vorausgeschickt, dass sich die (vertraglich zu schaffende, nicht etwa gesetzlich vorgegebene, vgl. Rdn. 1339) Verpflichtung des Verkäufers in der dinglichen Mitwirkung an der Grundpfandrechtsbestellung (Bewilligung der Eintragung bereits vor Eigentumsumschreibung) erschöpft;[2085] die Beschaffung der Finanzierungsmittel und die Herbeiführung der Auszahlungsvoraussetzungen des Kreditinstituts ist allein Sache des Käufers. Sofern (wie häufig) der Käufer auch 1341

2083 Staudinger/*Gursky* BGB 2000, § 878 Rn. 54 m.w.N.
2084 *Kesseler* Notarielle Gestaltungspraxis im Insolvenzrecht (DNotV-Tagungsband) 2008, 49 ff.
2085 Widerruft also der Verkäufer die erteilte Vorwegbeleihungsvollmacht, ist er bei Einhaltung der nachstehend entwickelten »Kautelen« zur Nachgenehmigung des Grundpfandrechtes verpflichtet; verweigert er auch diese, könnte er wohl wegen eigener Vertragsuntreue keine Rechte aus dem Verzug des Käufers herleiten, vgl. *Kesseler* RNotZ 2005, 497.

über den Kaufpreis hinausgehende Investitionen oder Erwerbsnebenkosten zumindest teilweise über Kredit finanzieren möchte, kann sich diese **Mitwirkungspflicht des Verkäufers** auch auf Grundpfandrechte erstrecken, die über den Kaufpreis hinaus gehen (lediglich das gesamtschuldnerische Kostenrisiko wird hierdurch erhöht), sofern nachstehende **Vorkehrungen** eingehalten sind:

1342 — Durch **Einschränkung der Sicherungsabrede** ist die Möglichkeit des Gläubigers, das Grundpfandrecht als Sicherheit zu verwerten oder zu behalten, auf diejenigen Zahlungen zu beschränken, die mit Tilgungswirkung auf den Kaufpreis geleistet wurden (also Darlehensablösungsbeträge und Zahlungen unmittelbar an den Verkäufer, sofern eine wirksame Tilgungsbestimmung des Finanzierungsgläubigers als Dritten gem. § 267 BGB oder des Käufers, überbracht durch dessen Bank als Hilfsperson, vorliegt, vgl. Rdn. 1243). Nicht abgesichert durch die Sicherungsgrundschuld sind demnach z.B. Zinsen, Bearbeitungsgebühren, Damnum[2086] oder sonstige Auszahlungen für andere Investitionen bzw. für die Erwerbsnebenkosten. Wegen dieser Ansprüche kann sich der Gläubiger nur aus dem in der Grundschuldurkunde regelmäßig enthaltenen abstrakten Schuldanerkenntnis mit »persönlicher« Vollstreckungsunterwerfung an das sonstige Vermögen des Käufers halten.

1343 — In der Grundschuldurkunde, die diese Formulierungen enthalten muss, liegt ein Angebot an den Gläubiger auf Abschluss eines Sicherungsvertrages dieses Inhalts, das der Bank zuverlässig zur Kenntnis gebracht werden muss und das diese (regelmäßig durch vorbehaltlose Entgegennahme der Grundschuld) annimmt (§ 362 HGB); auf Zugang der Annahme beim Besteller wird verzichtet.[2087] Darüber hinausgehende Sicherungsvereinbarungen, die z.B. alle Ansprüche aus der laufenden Geschäftsverbindung abdecken, gelten frühestens ab vollständiger Kaufpreiszahlung bzw. ab Umschreibung des Eigentums (letzterer Umstand ist für das Kreditinstitut leichter zu ermitteln).

1344 Scheitert der Kaufvertrag, etwa da der Eigenkapitalanteil des Käufers nicht überwiesen wird, ist die finanzierende Bank wegen der eingeschränkten Möglichkeit des Behaltendürfens der Grundschuld verpflichtet, die Löschung zu bewilligen Zug-um-Zug gegen Rückzahlung des von ihr kreditierten Kaufpreis(teils). Den Versuch des Verkäufers, gegen die Rückzahlungsverpflichtung mit Schadensersatzansprüchen und dergleichen aufzurechnen, wird die finanzierende Bank zurückweisen (Löschungsbewilligung also nur gegen Bezahlung der nach der Sicherungsabrede zugelassenen Forderungen, d.h. des mit Tilgungswirkung auf den Kaufpreis Geleisteten, erteilen). Ist der Verkäufer zur Rückzahlung des bereits erhaltenen Kaufpreisteils nicht bereit, kann er in der dann stattfindenden Zwangsversteigerung einen Eigentumsverlust allerdings nur verhindern, wenn er mitbietet: erhält er den Zuschlag bereits zu einem Betrag, der hinter der ausgereichten Darlehenssumme zurückbleibt,[2088] »spart« er immerhin diese Differenz, liegt der Zuschlagsbetrag darüber, muss er den übersteigenden Anteil nicht an sich selbst entrichten, sondern lediglich die erhaltene Darlehenssumme einsetzen.

1345 Eine Verpflichtung der finanzierenden Bank, die Bereitstellung des Eigenkapitals ihres Kunden zu überwachen, sodass die in der vorangehenden Rdn. geschilderten Kalamitäten nicht eintreten, besteht allerdings nicht, erst recht nicht ggü. dem Verkäufer[2089] (allerdings hat sie ein virulentes Eigeninteresse daran, wird doch erst mit vollständiger Kaufpreiszahlung die Verwendungsbindung der Grundschuld – Verwertung lediglich für Zahlungen an den Verkäufer, nicht Zinsen oder sonstige Darlehensvalutierungen – »entriegelt«). Es würde wohl auch die Finanzierungsbe-

---

2086 Zinsen, Damnum und Bearbeitungsgebühren wären allerdings von der Grundpfandabsicherung mit umfasst, wenn die Beschränkung allgemein auf »Zahlungen zur Kaufpreisfinanzierung« abstellen würde. Dies wäre aber aus Sicht des Verkäufers nicht sachgerecht.
2087 Vgl. LG Karlsruhe DNotZ 1995, 892.
2088 So wäre der Sachverhalt in BGH, 10.10.2008 – V ZR 131/07, NJW 2009, 63 gewesen, wenn der Verkäufer mitgeboten hätte: Kaufpreis 385.000,00 €, bezahlt wird lediglich der Darlehensbetrag von 307.000,00 €, sodann Zwangsversteigerung (an einen Dritten) für 161.000,00 €.
2089 Auch nicht i.S.e. Vertrags mit Schutzwirkung für Dritte, vgl. *Reymann* MittBayNot 2008, 274.

reitschaft von Kreditinstituten spürbar dämpfen, wollte man die Käuferbank dadurch faktisch in die »Eigenkapitalverantwortung« drängen, dass man[2090] ihr die Verwertung der Grundschuld durch entsprechende weitere Einschränkung der Sicherungsabrede erst dann ermöglicht, wenn der gesamte Kaufpreis bezahlt ist (sodass bei Auszahlung lediglich des bankfinanzierten Anteils die Grundschuld keinerlei Sicherheit böte). Denkbar ist schließlich auch die Zwischenschaltung eines notariellen Anderkontos, von dem die einzuzahlende Darlehensvaluta und der Eigenkapitalanteil erst nach vollständiger Hinterlegung an den Verkäufer weitergeleitet wird.[2091]

— Komplikationen treten bei **Gesamtgrundpfandrechten bei mehreren Eigentümern** auf (sei es, dass einer bereits bestehenden Grundschuld an anderem Käuferbesitz das zu erwerbende, noch dem Verkäufer gehörende Objekt zusätzlich pfandunterstellt wird, oder sei es im Wege einer originären Bestellung eines Gesamtgrundpfandrechtes, wenn mehrere Kaufobjekte verschiedener Käufer einheitlich belastet werden sollen). Der Sicherungsvertrag ist nämlich im Grundsatz grundpfandrechts-, nicht grundstücksbezogen,[2092] sodass auch der Sicherungszweck einheitlich für das Gesamtgrundpfandrecht besteht. Sofern die weiteren Grundstücke für bereits bestehende Verbindlichkeiten verhaftet sind, muss sich daher der Gläubiger in der Sicherungsvereinbarung verpflichten, vor einer Versteigerung in den noch in der Hand des Verkäufers befindlichen Grundbesitz die Grundschuld zu verteilen (§ 1132 BGB) und eine Verwertung der vorweg beliehenen Fläche nur wegen solcher Zahlungen vorzunehmen, die an den Verkäufer mit Erfüllungswirkung geleistet wurden (vgl. Rdn. 1217 hinsichtlich des parallelen Sachverhalts der Rückgewähransprüche bei einer Gesamtgrundschuld). Eine solche einheitliche Sicherungsabrede in Bezug auf ein Gesamtgrundpfandrecht (z.B. die Beleihung beider ideeller Miteigentumshälften einer Immobilie!) kann auch nur gemeinsam geändert werden.[2093] 1346

— Häufig wird zusätzlich durch eine **Zahlungsanweisung** (die allerdings die Bank nur für den [selten gegebenen] Fall der Annahme gem. § 784 BGB bindet) das Kreditinstitut angewiesen, Darlehensbeträge nur an den Verkäufer oder dessen Ablöseläubiger zu leisten. Durch diese zusätzliche Sicherung wird die Bank allerdings nur davor bewahrt, Auszahlungen vorzunehmen, die durch das Grundpfandrecht nicht oder noch nicht abgesichert sind. Gleiches gilt für bisher häufig anzutreffende **Abtretungen** der Auszahlungsansprüche, die jedoch nicht selten wegen Abtretungsverboten (§ 399 BGB) im Darlehensvertrag oder in den AGB der Banken ins Leere gehen und im Hinblick auf die schädlichen Auslegungsanreize, die sie zum Nachteil des Verkäufers bei unwirksamem Darlehensvertrag bieten (kondizierbare Zahlung der Bank auf die Dahrlehens-, nicht die Kaufpreisschuld) nicht empfehlenswert sind (Rdn. 1240 ff.). 1347

— Um zu vermeiden, dass Gläubiger des Verkäufers **Eigentümerrechte oder Rückgewähransprüche** bzgl. dieser Finanzierungsgrundpfandrechte pfänden und damit deren Verwendung durch den Käufer vereiteln, sollten auch diese Rechte aufschiebend bedingt auf den Zeitpunkt der Kaufpreiszahlung (bzw. der Eigentumsumschreibung) abgetreten werden (§ 161 Abs. 1 BGB!). Zu Inhalt und Bedeutung dieser Rechte vgl. Rdn. 2072 bis 2074. 1348

Bzgl. der gesetzlich angeordneten **gesamtschuldnerischen Haftung für die Kosten bei Notar und Grundbuchamt** (§ 2 Nr. 1 KostO) muss der Käufer den Verkäufer intern freistellen (eine Entlassung 1349

2090 So der Vorschlag von *Reymann* MittBayNot 2008, 274.
2091 *Schilling* ZNotP 2009, 139.
2092 Vgl. OLG Düsseldorf, 23.05.1996 – 6 U 100/95, WM 1998, 1875; *Gaberdiel* Kreditsicherung durch Grundschulden Rn. 697.
2093 BGH, 20.11.2009 – V ZR 68/09, ZfIR 2010, 93 m. Anm. *Clemente*; *Schmidt-Räntsch* ZNotP 2011, 3 (gegen OLG Saarbrücken, 19.03.2009 – 8 U 197/08, RNotZ 2009, 483, wonach eine einseitige Erweiterung, bezogen auf den eigenen Miteigentumsanteil wirksam sei, sofern nicht ausdrücklich ausgeschlossen – dann wäre auch der andere Miteigentümer der Gefahr ausgesetzt gewesen, sein Eigentum bei einer dadurch ausgelösten Versteigerung zu verlieren, § 753 BGB!). Allerdings dürfte jeder Bruchteilseigentümer befugt sein, nachrangige Einzelsicherungsvereinbarungen für den »freien Grundschuldteil« auf seinem Bruchteil zu treffen, vgl. *Kesseler* in: DAI-Skript Aktuelle Probleme der notariellen Vertragsgestaltung im Immobilienrecht 2010/2011, S. 181, 185.

im Außenverhältnis kommt wegen der zwingenden gesetzlichen Bestimmungen und § 140 KostO nicht in Betracht). Lediglich die Notarkosten lassen sich dadurch reduzieren, dass derzeit[2094] keine (bzw. eine lediglich einen zuletzt zu zahlenden Teilbetrag erfassende) dingliche und persönliche Vollstreckungsunterwerfung erfolgt (Rdn. 2088). Seit der Änderung des § 38 ZVG ist der Verkäufer jedoch nicht mehr mit der Unannehmlichkeit belastet, dass sein Name als »zum Zeitpunkt der Anordnung eingetragener Eigentümer« in den diesbezüglichen Zeitungsveröffentlichungen genannt wird. Bei der regelmäßig gegebenen Bindung der Vorwegbeleihungsvollmacht an die Amtsstelle des Kaufvertragsnotars kann dieser einen Vorschuss auf die Notar- und Grundbuchkosten verlangen (§ 8 KostO) und dem Grundbuchamt ggü. die Kostenhaftung übernehmen, vgl. Rn. 1398.

1350 Hinsichtlich des Kreises **zugelassener Finanzierungsgläubiger** enthalten die Verpflichtung des Verkäufers zur Mitwirkung (Ermöglichung der Beleihung) und die von ihm häufig erteilte Vollmacht i.d.R. keine weiteren Begrenzungen. Insb. private Gläubiger, aber auch ausländische Kreditgeber, werden sich nicht immer der Tatsache bewusst sein, dass bis zur vollständigen Kaufpreiszahlung das Grundpfandrecht nur zur Sicherung des Nominalbetrages von Leistungen mit Tilgungswirkung, nicht jedoch für Zinsen, Bearbeitungskosten, Disagio u.ä. herangezogen werden kann, und daher die Grundschuld bei Scheitern des Vertrages nach lediglich teilweiser Zahlung Zug-um-Zug gegen Rückzahlung dieser Kaufpreisteiltilgung zur Löschung bewilligt werden muss. Eine Klage auf Löschung der Grundschuld gegen einen ausländischen Kreditgläubiger kann, wenn der Verkäufer (Inhaber des Löschungsanspruchs) als Verbraucher gehandelt hat, gem. Art. 16 Abs. 1 EuGVO (EG-VO Nr. 44/2001, die Mitgliedstaaten der Europäischen Gemeinschaft betreffend, vgl. Rdn. 696) sowohl im Sitzstaat des Gläubigers als auch im Heimatstaat des Verkäufers erhoben werden.

1351 Während für den in der Grundschuldurkunde enthaltenen dinglichen Titel zwingend das **Recht der Belegenheit** Anwendung findet (Art. 43 Abs. 1 EGBGB), will der BGH die Anknüpfung des abstrakten Schuldanerkenntnisses identisch zur Rechtslage bzgl. des Darlehensvertrages vornehmen,[2095] während die Literatur zur praktischen Brauchbarkeit des Titels über Art. 4 Abs. 3 Rom I-VO (vor dem 17.12.2009: Art. 28 Abs. 5 EGBGB) ebenfalls an die Belegenheit des Grundstücks anknüpft.[2096] Die Vollstreckungsunterwerfung als solche unterliegt als Verfahrenserklärung zwingend dem Recht am Amtssitz des Notars (vgl. Rdn. 695).

1352 Auf die Zweckvereinbarung für inländische Grundschulden dürfte mangels anderer Rechtsnorm gem. Art. 4 Abs. 1 lit.c Rom I-VO (bisher: Art. 28 Abs. 3 EGBGB) ebenfalls deutsches Recht (Recht der Belegenheit) Anwendung finden,[2097] sodass der Erfüllungsort (Art. 5 Nr. 1 Buchst. a) EuGVO) sich im Inland befindet, während die häufig aufgenommene Anweisung zur Auszahlung an den Verkäufer bzw. dessen abzulösende Bank respektive die diesbezügliche Abtretung des Auszahlungsanspruchs wiederum dem Statut des Darlehensvertrages unterliegt, bei einer ausländischen Bank also typischerweise dem ausländischen Recht, Art. 14 Abs. 2 Rom I-VO (bisher: Art. 33 Abs. 2 EGBGB).

1353 Fürchtet der Verkäufer, dass insb. ausländische Gerichte diese **Zuständigkeitsfrage** anders beantworten könnten, wird er seine Mitwirkungsverpflichtung und die Vollmacht dahin gehend einschränken, dass im Sicherungsvertrag, den der Käufer in Vollmacht für den Verkäufer mit dem Gläubiger zustande bringt, vorsorglich deutsches Recht vereinbart wird, also eine Rechtswahl nach Art. 3 Abs. 1 der Rom I-VO getroffen wird (vgl. Rdn. 690). Eine (darüber hinaus mögliche) ausdrückliche Gerichtsstandsvereinbarung gem. Art. 23 EuGVO ist daneben weder erforderlich noch empfehlenswert, erfordert sie doch zur Einhaltung der Schriftform die ausdrückliche Annahme des Sicherungsvertragsangebots durch den Gläubiger, sodass die in der Praxis in aller Regel gewählte Form der stillschweigenden Entgegennahme (§ 151 BGB) nicht genügt.

[2094] Darin liegt kein endgültiger Verzicht auf eine solche Unterwerfung, vgl. LG Gera, 19.12.2007 – 3 O 1009/06, NotBZ 2009, 34.
[2095] BGH DNotZ 1981, 738, 740.
[2096] Vgl. im Einzelnen *Fetsch* RNotZ 2007, 470 f.
[2097] Vgl. *Reithmann/Martiny/Limmer* Internationales Vertragsrecht 6. Aufl. 2004 Rn. 967; *Geimer* IPRax 1999, 152, 153.

In diesem Fall müsste die Finanzierungsvollmacht wie folgt eingeschränkt sein: 1354

▶ **Formulierungsvorschlag: Vorkehrungen in der Finanzierungsvollmacht bei ausländischen Gläubigern**

Sofern ein Finanzierungsgrundpfandrecht für Gläubiger mit Wohn- oder Geschäftssitz außerhalb Deutschlands bestellt wird, sind die Mitwirkungspflicht und die erteilte Vollmacht des Verkäufers dahin gehend eingeschränkt, dass im Grundpfandrecht als anwendbares Recht der Sicherungsvereinbarung zwischen Verkäufer und Gläubiger das deutsche Recht zu wählen ist, sodass Erfüllungsort für etwa zu erteilende Löschungen die Belegenheit des Grundbesitzes ist.

bb) Absicherung weiterer dinglicher Rechte

Werden im Vertrag am Kaufobjekt **dingliche Rechte noch für den Verkäufer** bestellt (z.B. ein Wohnungsrecht, Wegerecht etc.), sollten diese Rang vor dem Finanzierungsgrundpfandrecht des Käufers erhalten. Dies geschieht am einfachsten dadurch, dass diese als erste Vorlage zur Eintragung bewilligt werden (es handelt sich zwar derzeit noch um Eigentümerrechte, wegen des durch den Kaufvertrag dokumentierten Veräußerungswillens besteht allerdings ein berechtigtes Interesse an deren Bestellung). Ist dies (noch) nicht möglich, muss bei der Finanzierungsgrundschuld ein Rangvorbehalt[2098] vereinbart werden oder der Anspruch auf Bestellung der Dienstbarkeit ist durch Vormerkung im Rang vor der Finanzierungsgrundschuld zu sichern. Ist das herrschende Grundstück (des Verkäufers) bereits grundbuchmäßig zu bezeichnen (also bereits vermessen), kann auch sofort eine vorrangige Eigentümergrunddienstbarkeit eingetragen werden. 1355

Im umgekehrten Fall (auf einem verbleibenden Grundstück des Verkäufers ist eine **Grunddienstbarkeit zugunsten der Vertragsfläche** erforderlich) ist allerdings auf das Risiko hinzuweisen, dass der Verkäufer, der ja derzeit noch Eigentümer des herrschenden, verkauften Grundstücks ist, diese Dienstbarkeit wieder zur Löschung bewilligt. Dies kann grundbuchrechtlich dadurch verhindert werden, dass beim herrschenden (= verkauften) Grundstück ein Aktivvermerk nach § 9 GBO eingetragen wird, da in diesem Fall die dortigen Grundbuchgläubiger, also auch der Käufer mit seiner Vormerkung und seine finanzierende Bank, der Löschung zustimmen müssten.[2099] Der Notar hat weiter darauf hinzuwirken, dass die Grunddienstbarkeit Rang vor auf Zahlung gerichteten Rechten erhält, bzw. über die sonst bestehende Gefahr (Untergang bei Zwangsversteigerung aus vorrangigem Recht) zu belehren.[2100] 1356

Ist lediglich eine noch zu vermessende Teilfläche verkauft, zu deren Erreichung oder Versorgung Dienstbarkeiten an der Restfläche des Verkäufers erforderlich sind, werden diese Grunddienstbarkeiten regelmäßig bereits im Kaufvertrag bestellt. Mangels Vermessung und grundbuchlicher Bildung der beteiligten Grundstücke oder zumindest Flurstücke (beim Modell des Zerlegungs-Fortführungsnachweises, oben Rdn. 791)[2101] ist die sofortige Eintragung noch nicht möglich, und demnach durch zwischenzeitliche Weiterveräußerungen, Belastungen, Pfändungen, oder Insolvenzeröffnung gefährdet. Daher kann und sollte der Anspruch auf Einräumung solcher Grunddienstbarkeiten – der (anders als ein Anspruch auf Bestellung einer beschränkten persönlichen Dienstbarkeit) auch abgetreten werden kann[2102] – durch **Vormerkung**[2103] gesichert werden. Die am künftig dienenden Grundstück bereits eingetragenen Grundpfandgläubiger sind zum Rangrücktritt hinter 1357

2098 *Gutachten* DNotI-Report 1997, 176.
2099 § 21 GBO, § 876 Satz 2 BGB.
2100 BGH DNotZ 1993, 752: Die Haftung des Notars wird nicht durch § 917 BGB ausgeschlossen, da hierfür eine Geldrente zu entrichten ist.
2101 Hat bisher lediglich eine Flurstückszerlegung stattgefunden, noch keine Grundstücksteilung, ist umstritten, ob ein Flurstück eines zusammengesetzten Grundstücks bereits als herrschendes Grundstück i.S.d. § 1018 BGB fungieren kann (bejahend Staudinger/*Ring* BGB § 1018 Rn. 12 m.w.N.). Eine Eintragung zulasten einer Teilfläche setzt jedoch nicht die Abschreibung gem. § 7 Abs. 2 GBO voraus.
2102 BGH, 30.10.2009 – V ZR 42/09, NJW 2010, 1074.
2103 Sie wird zugunsten des derzeitigen Käufers eingetragen, erlaubt jedoch die rangwahrende »Umschreibung« gem. § 883 Abs. 3 BGB auch zugunsten eines künftigen Eigentümers des herrschenden Grundstücks, *Schöner/Stöber* Grundbuchrecht Rn. 261i. Nach LG München II MittBayNot 1972, 229 kann auch der Anspruch auf Eintragung einer Grund-

diese Vormerkung (bzw. die Grunddienstbarkeit) aufzufordern (allenfalls unter Auflagen, zu deren Erfüllung der Kaufpreis nach Maßgabe der weiter wegzufertigenden Belastungen ausreicht). Diese Umstände sind dann regelmäßig auch Voraussetzung der Fälligkeit.

1358 ▶ **Formulierungsvorschlag Fälligkeitsregelung bei Erwerb einer Teilfläche samt Zufahrtsdienstbarkeit**

Der Notar wird den Beteiligten den Eintritt der nachstehenden **Voraussetzungen** bestätigen (Versand an den Käufer per Einwurf-Einschreiben); der Käufer schuldet die Gutschrift des Kaufpreises spätestens zum Fälligkeitszeitpunkt, nämlich 14 Tage nach Zugang dieser Mitteilung:

..... Eintragung der Vormerkung zur Sicherung des Anspruchs auf Eintragung der nachstehend § ..... bestellten Grunddienstbarkeiten zugunsten des Käufers im Grundbuch und Vorliegen einer Rangrücktrittsbewilligung des bereits eingetragenen Gläubigers Abteilung II Nr. 3 (Reallast) und Abteilung III Nr. 1 (Grundschuld) hinter diese Vormerkung in grundbuchtauglicher Form allenfalls unter Zahlungsauflagen, zu deren Erfüllung der Kaufpreis ausreicht.

cc) Besonderheiten bei kommunalen Grundstücken

1359 Die Bestellung von Sicherheiten zugunsten Dritter durch **Kommunen** ist in praktisch allen Gemeindeordnungen beschränkt. Teilweise bedürfen sie der Genehmigung im Einzelfall,[2104] teilweise handelt es sich um Verbote mit Erlaubnisvorbehalt,[2105] teilweise wird gar jegliche Sicherheitsbestellung zugunsten Dritter für nichtig erklärt.[2106] Finanzierungsgrundpfandrechte im Rahmen einer Grundstücksveräußerung durch die Gemeinde werden jedoch häufig vom Landesrecht bei Einhaltung der üblichen Kautelen, da sie wirtschaftlich dann lediglich den Erwerber treffen, freigestellt.[2107] Neuere Verordnungen verlangen insoweit sogar die wörtliche Wiedergabe der im Normtext vorgegebenen Formulierungen hinsichtlich der Sicherungsabrede und etwaiger Zusätzen für die Belastung nicht vermessener Teilflächen (die Belastungsvollmacht kann den Inhalt des zu Erklärenden durch Verweisung auf die betreffenden Paragrafen der Verordnung wiedergeben).[2108]

1360 Sofern keine pauschale Freistellung einschlägig ist, bedarf es der nachträglichen Genehmigung im Einzelfall, die wohl auch dann in Betracht kommt, wenn das Landesrecht von der »Nichtigkeit« der Sicherheitsbestellung zugunsten Dritter spricht.[2109] Dies gilt in gleicher Weise, wenn der zugrunde liegende Kaufvertrag, der die Finanzierungsvollmacht enthält, bereits durch die Kommunalaufsicht genehmigt wurde.[2110] Im Hinblick auf das Risiko möglicher Nichtigkeit der Vollmacht und der

---

dienstbarkeit (zugunsten eines noch durch Vermessung zu bildenden Grundstücks) durch eine subjektiv-persönliche Vormerkung für dessen derzeitigen Erwerber gesichert werden.

2104 Etwa Art. 72 Abs. 2 und Abs. 3 BayGO, § 3 Nr. 4 der VO über kreditähnliche kommunale Rechtsgeschäfte, GVBl. 1995, 812: auf jeden Fall begrenzt auf die Höhe des Kaufpreises.

2105 So etwa § 88 Abs. 1 GO Baden-Württemberg, § 86 Abs. 1 GO Schleswig-Holstein.

2106 So etwa § 120 Abs. 2 GO Sachsen.

2107 Vgl. etwa § 3 Nr. 4 der Bayerischen Verordnung v. 16.08.1995; Allgemeinverfügung für Brandenburg v. 24.01.2007 gem. § 86 Abs. 1 Satz 2 BbgGO, ABl. Brandenburg 2007, 434 (bzw. soweit Kommunen kein kamerales Rechnungswesen mehr führen, sondern »doppische Haushaltsführung«, die reduzierten Anforderungen in § 4 GenehmigungsfreistellungsVO v. 09.03.2009, allerdings beschränkt auf Kreditinstitute unter deutscher Bankenaufsicht, jeweils mit kommunaler Eigenbescheinigung über das Vorliegen der Voraussetzungen); Hinweise des Sächsischen Staatsministeriums des Innern v. 03.04.1992, ABl. 1992, 438; weitere Hinweise bei *Schöner/Stöber* Grundbuchrecht Rn. 4079. Bloße Allgemeinverfügungen des Landkreises genügen als Genehmigungsersatz nicht, OLG Brandenburg NotBZ 2006, 364.

2108 So etwa §§ 2 bis 4 der Thüringer Grundpfandrechts-GenehmigungsfreistellungsVO v. 26.01.2006 (ThürGVBl. 2006, 48 ff.; unbefristet verlängert auch nach dem 01.01.2012), hierzu *Maaß* NotBZ 2006, 353 (auch zur Rechtslage in den weiteren neuen Ländern). Die Höhe der Vollmacht ist nicht beschränkt. Ungewöhnlicherweise sollen die Valutierungsansprüche an den Verkäufer abgetreten werden; die Erklärung in der Urkunde wird daran scheitern, dass der grundschuldbestellende Käufer nicht für die Gemeinde diese entgegennehmen kann, da letztere ihn nicht von § 181 BGB befreien kann. Die Abtretung sollte daher im Kaufvertrag erfolgen und in der Grundschuld lediglich deklaratorisch wiederholt werden.

2109 Vgl. *Gutachten* DNotI-Report 1995, 176, auch zur Gegenansicht: *Freuen* MittRhNotK 1996, 318 f.

2110 LG Zwickau, zitiert in *Gutachten* DNotI-Report 1995, 177 f.; ähnlich wie bei der vormundschaftsgerichtlichen Genehmigung, vgl. LG Berlin Rpfleger 1994, 355; dort jedoch a.A. LG Schwerin MittBayNot 1997, 297 (sofern der

Vorwegbestellung sollte der Käufer – wie ohnehin (Rdn. 1405) – die Einigung, Bewilligung und Vollstreckungsunterwerfung auch eigenen Namens abgeben, damit die Grundschuld jedenfalls ab eigenem Eigentumserwerb wirksam ist.

b) Absicherung des Gläubigers bei Vorwegbeleihung

In der neueren Literatur wird vertreten, bereits der Umstand, dass die Bewilligung zur Eintragung der Finanzierungsgrundschuld vom Käufer ausgehe, genüge unter dem Aspekt des »venire contra factum proprium«, sie »wirksam« und »nicht beeinträchtigend« (§ 888 BGB) ggü. der bereits eingetragenen Eigentumsvormerkung des Käufers werden zu lassen.[2111] Materiell-rechtlich wäre dann keinerlei Vorkehrung zum Schutz des Finanzierungsgläubigers erforderlich,[2112] allenfalls zur Steigerung der Übersichtlichkeit des Grundbuches, dessen abweichende Rangfolge diesen Umstand ja gerade verbirgt, sei ein (dann sicherlich kostenfreier) Wirksamkeitsvermerk (richtiger: »Klarstellungsvermerk«) bei der Grundschuld anzuraten. 1361

Die noch ganz herrschende Praxis der Notare und Kreditinstitute geht allerdings den sicheren Weg: Um zu gewährleisten, dass das Finanzierungsgrundpfandrecht auch nach Eigentumsumschreibung auf den Käufer bestehen bleibt (§ 888 BGB also nicht greift), ferner um zu vermeiden, dass durch Pfändungen oder Verpfändungen des Eigentumsverschaffungsanspruchs außerhalb des Grundbuchs entstehende vorrangige[2113] Sicherungshypotheken gem. § 1287 Satz 2 BGB bzw. § 848 Abs. 2 Satz 2 ZPO den Rang des Finanzierungsgrundpfandrechts verschlechtern, muss der Käufer nach herrschender Praxis den **Rangrücktritt seiner Eigentumsvormerkung** hinter das Finanzierungsgrundpfandrecht bewilligen und beantragen. Wird (als Idealfall anzustreben) das Finanzierungsgrundpfandrecht bereits in gemeinsamer Beurkundungssitzung mit dem Kaufvertrag bestellt, bleiben dem Käufer die damit verbundenen **Rangrücktrittskosten beim Grundbuchamt** erspart, wenn das Finanzierungsgrundpfandrecht als Vorlage I und sodann erst die Vormerkung als spätere Vorlage II vorgelegt werden, vgl. Rdn. 865 (anderenfalls steht das Verfahren des bedingten Rangvorbehaltes [Rn. 1143 ff.] zur Verfügung). 1362

Es ist auch möglich, die Wirksamkeit des Finanzierungsgrundpfandrechts ggü. der Eigentumsvormerkung durch einen sog. **Wirksamkeitsvermerk**,[2114] der bei Grundschuld und Vormerkung einzutragen ist,[2115] zu verlautbaren; dieser hat sich jedoch in der **Bankenpraxis** nur teilweise durchgesetzt. Kostenvorteile sind – zumindest nach der Rechtsprechung des BayObLG[2116] – entgegen der 1363

---

genehmigte Kaufvertrag bereits die wesentlichen Bestimmungen für die Bestellung des Grundpfandrechts enthält, also Höhe der Belastung, der Zinsen, der Nebenleistungen und die Fälligkeit).

2111 *Jeep* notar 2009, 28; a.A. BeckOK § 22 GBO Rn. 55; grundlegend *Gursky* DNotZ 1998, 273 (278).

2112 Auch nicht mit Blick auf die Risiken einer Zwangsversteigerung (Vormerkung fällt nicht in das geringste Gebot, da ihre Wirkungslosigkeit ggü. dem betreibenden Recht nachgewiesen werden könne: *Stöber* ZVG-Handbuch Rn. 256), der Abtretung der Eigentumsverschaffungsansprüche (wird die erste Finanzierungsgrundschuld nicht übernommen, werde deren Löschung ohnehin zur Fälligkeitsvoraussetzung erhoben) oder deren Pfändung (letzteres allerdings problematisch, falls die Pfändung vor Eintragung der Grundschuld erfolgt).

2113 Die kraft Gesetzes außerhalb des Grundbuches entstehende Sicherungshypothek hat Nachrang lediglich ggü. bereits eingetragenen Belastungen und solchen, die der Erwerber in Erfüllung von Verpflichtungen ggü. dem Veräußerer aus dem Kaufvertrag bestellt hat, etwa einer Restkaufpreishypothek (LG Frankenthal Rpfleger 1985, 231; a.A. nur *Just* JZ 1998, 120) und Grunddienstbarkeiten zugunsten des Verkäufers (BayObLG DNotZ 1972, 536). Wird jedoch das Finanzierungsgrundpfandrecht später bestellt, ist es nachrangig (LG Fulda Rpfleger 1988, 252); der Rücktritt der Vormerkung bedarf dann der Mitwirkung des Pfändungs- bzw. Verpfändungsgläubigers gem. § 880 Abs. 3 BGB i.V.m. § 876 BGB; vgl. DNotI-Report 2002, 137 ff.

2114 Ursprünglicher Anwendungsbereich: Verfügung über ein der Nacherbfolge unterliegendes Grundstück ist entgegen § 2113 BGB wirksam (vgl. *Böhringer* Rpfleger 2005, 231).

2115 BGH DNotZ 1999, 1000; LG Darmstadt MittBayNot 2003, 225 – obwohl es sich um dasselbe Grundbuchblatt handelt.

2116 BayObLG MittBayNot 1998, 274.

Meinung der Literatur[2117] und anderer OLG[2118] – damit jedoch nicht verbunden, sodass die Praxis weiterhin überwiegend mit dem Rücktritt der Vormerkung bzw. dem Rangvorbehalt (vgl. Rdn. 1422) arbeitet. Unklar ist weiterhin, ob der Wirksamkeitsvermerk auch eine in der Zwangsversteigerung zu beachtende Wirksamkeitsreihenfolge nicht nur zum (wohl als gesichert geltenden) Überleben des Grundpfandrechtes,[2119] sondern auch zur Abwehr von Zwischenrechten gewährleistet.[2120] Weitere Stimmen[2121] sprechen der Eigentumsvormerkung als einem Vermerk, der eine Änderung in der (ranglosen) Abteilung I des Grundbuches prophezeit, jede Rangfähigkeit ab, sodass alleine der Wirksamkeitsvermerk in Betracht komme.[2122]

▶ **Formulierungsvorschlag: Wirksamkeitsvermerk in der Vorwegbeleihungsvollmacht**

1364 An dem Vertragsbesitz dürfen Grundpfandrechte samt Zinsen und Nebenleistungen in beliebiger Höhe bestellt werden. Dazu bewilligt der Verkäufer die Eintragung der Grundpfandrechte samt dinglicher Vollstreckungsunterwerfung in das Grundbuch und stimmt allen zur Rangbeschaffung geeigneten Erklärungen zu. Jeder Käufer übernimmt die persönlichen Zahlungsverpflichtungen und unterwirft sich insoweit der Zwangsvollstreckung. Er stimmt als Vormerkungsberechtigter der Grundpfandrechtsbestellung zu, nimmt diese namens des Verkäufers entgegen, und bewilligt und beantragt die Eintragung von Wirksamkeitsvermerken bei Vormerkung und Grundpfandrecht. Im Innenverhältnis wird der Gläubiger hierbei durch Zweckerklärung angewiesen, das bestellte Grundpfandrecht nur zur Sicherung des tatsächlich an den Verkäufer oder für dessen Rechnung an Ablösegläubiger ausbezahlten Kaufpreises zu verwerten oder zu behalten, solange der Kaufpreis noch nicht vollständig bezahlt ist.

1365 Formulierungsvorschlag: Herstellung der Wirksamkeit der Grundpfandrechtsbestellung gegenüber der Vormerkung des ErwerbersSoweit das Grundpfandrecht aufgrund der Reihenfolge der Antragstellung und Eintragung nicht ohnehin Rang vor der Vormerkung erhält, gilt:

Der Besteller stimmt als Berechtigter der zu seinen Gunsten am Pfandbesitz eingetragenen Eigentumsvormerkung der Grundschuldbestellung zu und bewilligt und beantragt die Eintragung des Vermerks, dass die Grundschuld gegenüber dieser Vormerkung wirksam ist, in das Grundbuch, und zwar sowohl bei der Vormerkung als auch bei der Grundschuld (»Wirksamkeitsvermerk«). Ihm ist bekannt, dass die Eintragung dieses Vermerks nach überwiegender Auffassung ähnlich dem sonst erforderlichen Rangrücktritt kostenpflichtig ist.

▶ **Formulierungsvorschlag: Nachträgliche Herstellung der Wirksamkeit des Grundpfandrechts gegenüber einer bereits eingetragenen Vormerkung**

1366 Zur Wirksamkeit der Grundschuld gegenüber der zugunsten der Gemeinde X eingetragenen Eigentumsvormerkung ist noch die Zustimmung des Vormerkungsberechtigten erforderlich. Der Notar wird mit deren Einholung unter Fertigung eines Entwurfs beauftragt; die Kosten hierfür trägt der Schuldner. Der Grundschuldbesteller beantragt die Eintragung des Vermerks, dass die Grundschuld gegenüber dieser Vormerkung wirksam ist, in das Grundbuch, und zwar sowohl bei der Vormerkung als auch bei der Grundschuld. Ihm ist bekannt, dass die Eintragung dieses Vermerks nach überwiegender Auffassung ähnlich dem sonst erforderlichen Rangrücktritt kostenpflichtig ist.

1367 Für die **finanzierende Bank** verbleibt als **Restrisiko**, dass sich die Umschreibung (etwa mangels Zahlung der Grunderwerbsteuer) erheblich verzögert, sodass das Grundpfandrecht lange Zeit nur für den ausgereichten Kapitalbetrag, nicht für Verzinsung und Disagio oder sonstige Verbindlich-

---

2117 *Schubert* DNotZ 1999, 967; a.A. *Lappe* in: Korintenberg/Lappe/Bengel/Reimann KostO § 62 Rn. 18.
2118 OLG Düsseldorf MittRhNotK 2000, 359; OLG Köln RNotZ 2001, 243; KG Rpfleger 2002, 591; SchlHOLG JurBüro 2002, 260, OLG Hamburg, 15.04.2008 – 2 Wx 38/08, zitiert bei *Jeep* notar 2009, 27; OLG Stuttgart, 30.05.2011 – 8 W 192/11, DNotZ 2011, 923.
2119 Hierzu *Gaberdiel* Kreditsicherung durch Grundschulden Rn. 208; *Stöber* ZVG § 48 Rn. 3.3.
2120 Vgl. *Frank* MittBayNot 1998, 230; §§ 880 Abs. 5 und 881 Abs. 4 BGB gelten jedenfalls nicht unmittelbar.
2121 *Skidzun* Rpfleger 2002, 9; *Schultz* RNotZ 2001, 541 – 574; LG Lüneburg, Rpfleger 2004, 214; *Lehmann* NotBZ 2002, 205, auch zum »Wirksamkeitsvorbehalt« anstelle des »Rangvorbehaltes« bei einer Vormerkung.
2122 Wegen der grundbuchrechtlichen Unsicherheit gestattet z.B. LG Darmstadt Rpfleger 2003, 123 auch nach Vollzug eines Rangrücktrittes bzw. Ausnutzung eines Rangvorbehaltes die Eintragung eines Wirksamkeitsvermerks.

keiten haftet, ferner dass die Verschaffung des bedungenen Ranges gefährdet ist: Nehmen Verkäufer und Käufer jeweils die in ihrem Namen gestellten Anträge auf Löschung zurück, dürfte dem nachrangigen Finanzierungsgläubiger des Käufers als nur mittelbar Begünstigtem kein eigenes Antragsrecht zum Vollzug solcher Löschungen oder Freigaben zustehen.[2123]

Zur Vermeidung solcher misslicher (wenngleich sicher seltener) Situationen wird der Notar die zur Lastenfreistellung erforderlichen Unterlagen auch namens und im Auftrag der kaufpreisfinanzierenden Gläubiger entgegennehmen und verwenden (vgl. obige Formulierung, Rdn. 1199). Der tatsächliche Vollzug der zur Rangverschaffung notwendigen Erklärungen erfolgt in aller Regel mit der Eigentumsumschreibung, um eine mehrmalige Befassung des Rechtspflegers mit der Akte zu vermeiden, obwohl an sich gem. § 53 BeurkG mangels anderweitiger gemeinsamer Anweisung Anträge sofort zu stellen wären. Jedenfalls sofort vollzugsfähige Löschungen sollten daher bereits mit dem Antrag auf Eintragung der Eigentumsvormerkung vorgelegt werden. **1368**

Kommt es tatsächlich zur Zwangsversteigerung bevor die vorrangigen (Alt-) Grundpfandrechte (des Verkäufers) gelöscht wurden, würde ein auf die »freigewordenen« Teile der vorrangigen Grundschuld entfallender Erlösanteil dem Grundstückseigentümer (Verkäufer) ausgekehrt werden. Zur Vermeidung dessen lassen sich nachrangige Grundpfandrechtsgläubiger (nicht nur im Fall der Vorwegbeleihung) zunehmend nicht nur die Rückgewähransprüche hinsichtlich vorrangiger Grundpfandrechte (oft bereits im Bestellformular als Formulartext enthalten) abtreten, sondern sichern dies[2124] zusätzlich durch eine **Abtretungsvormerkung** beim vorrangigen Recht. Letztere muss vom vorrangigen Gläubiger bewilligt werden,[2125] es sei denn, vor- und nachrangiges Grundpfandrecht werden (etwa aufgrund § 16 Abs. 2 GBO) gleichzeitig eingetragen, dann genügt die Bewilligung des Eigentümers[2126] – die jedoch in Vorwegbeleihungsfällen typischerweise nicht in der Vorwegbeleihungsvollmacht (Rdn. 981 ff.) enthalten sein wird. **1369**

c) Besonderheiten bei Teilflächen

Die Eintragung eines (Finanzierungs-) Grundpfandrechtes an einem realen Teil eines Grundstücks setzt dessen grundbuchliche Teilung i.S.d. § 7 Abs. 1 GBO (nach Realvermessung oder zumindest Planvermessung = **Sonderung**)[2127] voraus;[2128] die bloße Existenz eines Flurstücks als Teil eines übergreifenden Grundbuchgrundstücks reicht (anders als bei Dienstbarkeiten, unten Rdn. 1391) nicht. (Ebenso wenig kann der Alleineigentümer einen ideellen Bruchteil mit einem Grundpfandrecht belasten; § 1114 BGB gilt hierfür nicht.[2129]) Ist jedoch ein Grundpfandrecht wirksam entstanden und das belastete Flurstück durch katastermäßige Verschmelzung später in einem umfassenderen einheitlichen Grundstück aufgegangen, besteht die Belastung mit dem bisherigen Inhalt fort; dem Bestimmtheitsgrundsatz ist durch Nachweise aus historischen Katasterunterlagen Genüge getan.[2130] **1370**

[2123] Anders wohl bei Rangrücktritten, die als Vorstufe zur endgültigen Löschung mit dem Ziel der sofortigen Verschaffung des bedungenen Ranges der Finanzierungsgrundschuld zwar möglich wären, aber aus Kostengründen i.d.R. nicht stattfinden, vgl. *Demharter* GBO § 13 Rn. 47.

[2124] Wegen BGH, 22.07.2004 – IX ZR 131/03.

[2125] KG OLGZ 1976, 44.

[2126] Vgl. *Kuntze/Ertl/Herrmann/Eickmann* Grundbuchrecht Einl. T 3 m.w.N.

[2127] Einzelne Landeskatastergesetze (etwa § 12 Abs. 2 Satz 2 Vermessungs- und Geoinformationsgesetz Sachsen-Anhalt, GVBl. 2004, 716) erlauben nunmehr generell die Flurstücksbestimmung ohne Liegenschaftsvermessung, also ohne Abmarkung vor Ort. Die Übertragung der Grenzziehung in die Örtlichkeit kann durch den Eigentümer jederzeit auch später beantragt werden.

[2128] MünchKomm-BGB/*Eickmann* § 1114 Rn. 8 und 9. Wird diese Teilung mit der Grundpfandrechtseintragung vollzogen, ist sie gebührenfreies Nebengeschäft gem. § 35 KostO.

[2129] Vgl. *Gutachten* DNotI-Report 2009, 123 ff. Entsteht der selbständige ideelle Miteigentumsanteil also erst mit Eigentumsumschreibung, kann sich auch insoweit gleiches Vorgehen wie bei noch unvermessenen Teilflächen (Verpfändung der durch die Vormerkung gesicherten Rechte) empfehlen.

[2130] BGH, 24.11.2005 – V ZB 23/05, MittBayNot 2006, 227 m. Anm. *Morvilius* (zum Beitritt in der Versteigerung des Gesamtgrundstücks).

B. Gestaltung eines Grundstückskaufvertrages

1371 Ergibt sich die Notwendigkeit einer Finanzierungsbelastung schon vor diesem Zeitpunkt, stehen mehrere Alternativen zur Wahl:
– Der Käufer könnte, gestützt auf die allgemeine Finanzierungsvollmacht, die rechtsgeschäftliche Beurkundung des Grundpfandrechts sofort vornehmen. Aus dem darin regelmäßig enthaltenen »**persönlichen Titel**« (abstraktes Schuldversprechen i.S.d. § 780 BGB mit Vollstreckungsunterwerfung) kann sich der Gläubiger sofort (und ohne Beschränkung auf Finanzierungszwecke etc.) befriedigen. Zur weiteren Absicherung des Gläubigers im Zwischenstadium bis zur Vermessung (und Bewilligung der Grundpfandrechtseintragung an dem dann gem. § 28 Satz 1 GBO bezeichenbaren Grundstück, typischerweise i.R.d. Messungsanerkennungs- und Auflassungsurkunde) sind zwei Verfahren denkbar, deren jedoch lediglich eines gebräuchlich ist:

1372 – Der Verkäufer bewilligt (regelmäßig durch eigene Erklärung, da die typische Finanzierungsvollmacht hierzu nicht berechtigt) die Eintragung einer **Vormerkung** zugunsten des Gläubigers zur Sicherung seiner, des Verkäufers, bestehenden (wenngleich eingeschränkten) Verpflichtung **zur dinglichen Belastung** der noch zu vermessenden Erwerbsfläche. Die Art der Belastung (Grundschuld/Hypothek/Grundpfandrecht) und der Höchstbetrag an Kapital, sowie Zinsen und Nebenleistungen hieraus, muss bestimmt sein.[2131] Um auch materiell-rechtlich gesichert zu sein, sollte dann jedoch die Bindungswirkung gem. § 873 Abs. 2 BGB nicht nur zwischen Gläubiger und Käufer, sondern auch zum derzeitigen Eigentümer (Verkäufer) eingetreten oder durch den Notar herbeigeführt worden sein.

1373 – Gebräuchlicher ist die verstärkende **Verpfändung des Eigentumsverschaffungsanspruchs** durch den Käufer zur Sicherung der Darlehensverpflichtung bzw. der Verpflichtung aus dem in der Grundschuldurkunde enthaltenen abstrakten Schuldversprechen. Diese als einseitige Erklärung in der Grundpfandrechtsbestellung enthaltene Erklärung nimmt der Gläubiger durch Entgegennahme einer Ausfertigung dieser Urkunde stillschweigend (§ 151 BGB) an, sie ist jedoch durch den Käufer dem Drittschuldner (dem Verkäufer) gem. § 1280 BGB als Voraussetzung ihrer Wirksamkeit anzuzeigen. Im Grundbuch sollte sie berichtigend verlautbart werden, um spätere Pfändungs- oder gar Verpfändungsgläubiger auf den prioritären Vorgang hinzuweisen,[2132] wobei jedoch das Fehlen eines Grundbuchvermerks keine Sicherheit dahin gehend gewährt, dass nicht bereits zuvor eine Verpfändung oder Pfändung des Eigentumsverschaffungsanspruchs stattgefunden hat (lediglich begrenzter Drittschutz gem. §§ 407, 409 BGB beim Erwerb von Rechten oder Rechten an Rechten). Ferner verhindert der Verpfändungsvermerk die Eigentumsumschreibung auf den Käufer ohne »Zutun« des Verpfändungsgläubigers (Rdn. 1370 f.).

1374 Zur Verlautbarung der Verpfändung wird daher häufig auch bei Verkäufern, deren Bonität und Vertragstreue über jeden Zweifel erhaben ist (etwa Gebietskörperschaften des öffentlichen Rechts), eine Vormerkung eingetragen, die zur späteren Ermöglichung ihrer Eintragung in der Kaufurkunde zunächst nur bewilligt wurde (vgl. den Bausteinvorschlag in Rdn. 913).

1375 Es kommt vor, dass der Verkäufer den Käufer i.R.d. Finanzierungsvollmacht auch zur Entgegennahme der Verpfändungsanzeige gem. § 1280 BGB ermächtigt. Dies kann etwa wie folgt geschehen:

▶ Formulierungsvorschlag: Vollmacht zu § 1280 BGB bei Teilflächenkäufen mit Verpfändung

1376 Den Beteiligten ist bekannt, dass die Eintragung des Grundpfandrechtes selbst die Vermessung und Abschreibung der Belastungsfläche gem. § 7 Abs. 2 GBO voraussetzt. Der Verkäufer gestattet die Verpfändung des Eigentumsverschaffungsanspruchs und bevollmächtigt den Käufer zur Durchführung und Entgegennahme der Anzeige nach § 1280 BGB, sofern im Innenverhältnis die Bedingungen der Finanzierungsvollmacht eingehalten sind.

2131 Zu diesen Eintragungsanforderungen OLG Frankfurt am Main DNotI-Report 2005, 102.
2132 Vermeidung eines gutgläubig pfandrechtsfreien Erwerbs Dritter (§ 892 Abs. 1 Satz 2 BGB).

Im eigentlichen Finanzierungsgrundpfandrecht wird die Verpfändung regelmäßig auflösend bedingt eine logische Sekunde[2133] vor Eintragung des eigentlichen Grundpfandrechts vereinbart, um zu vermeiden, dass die sonst kraft Gesetzes entstehende Sicherungshypothek (§ 1287 BGB)[2134] neben der eigentlichen Grundschuld eingetragen wird, ferner dass der Verpfändungsgläubiger an der Entgegennahme der Auflassung und der Bewilligung der Löschung seines Verpfändungsvermerks mitwirken müsste[2135] oder aber die Auflassung an einen Sequester (§ 848 Abs. 2 ZPO) zu erklären wäre. Eine solche Vereinbarung könnte etwa wie folgt lauten: 1377

▶ **Formulierungsvorschlag: Auflösend bedingte Verpfändung des Eigentumsverschaffungsanspruchs bei Teilflächenkauf in der Grundpfandrechtsurkunde**

1. Da der endgültige Pfandbesitz grundbuchmäßig noch nicht gebildet ist, verpfändet der künftige Eigentümer dem Gläubiger (Pfandgläubiger) vorab seine Rechte und Ansprüche aus dem eingangs genannten Kaufvertrag, insbes. den Anspruch auf Verschaffung des Eigentums an einer gemäß Kaufvertrag zu vermessenden Teilfläche zu ca. ..... qm aus Flst. Nr. 1378
2. Diese Verpfändung ist in der Weise **auflösend bedingt**, dass das Pfandrecht von selbst, also ohne Löschungsbewilligung des Pfandgläubigers erlischt eine logische Sekunde bevor

(a) entweder das Eigentum auf den künftigen Eigentümer umgeschrieben wird, sofern zugleich das bestellte Grundpfandrecht im Grundbuch an endgültig bewilligter Rangstelle eingetragen werden kann,

(b) oder bevor – schon vor Eigentumsumschreibung – das Grundpfandrecht am Pfandobjekt selbst an vorläufig bewilligter Rangstelle eingetragen wird.

3. Das Pfandrecht sichert die Ansprüche des Gläubigers gegen den Schuldner aus dem abstrakten Schuldanerkenntnis bzw. Schuldversprechen in dieser Urkunde. Sollte ein solches darin nicht enthalten sein, sichert das Pfandrecht die Ansprüche des Gläubigers gegen den Schuldner aus der bestehenden Geschäftsverbindung bis zum Höchstbetrag des Nennbetrages des Grundpfandrechtes.

4. Der Notar wird hiermit beauftragt und ermächtigt, die Verpfändung dem Verkäufer nach § 1280 BGB anzuzeigen.

(Formulierungsalternative:

Der Käufer zeigt hiermit die Verpfändung gem. § 1280 BGB dem Verkäufer an und nimmt von der Anzeige in Ausübung der erteilten Vollmacht Kenntnis).

5. Der Schuldner

bewilligt und beantragt

(a) die Eintragung dieser Verpfändung samt Löschungserleichterung nach §§ 23 Abs. 2, 24 GBO (Eintritt der auflösenden Bedingung) bei seiner Eigentumsvormerkung;

(b) nach Übergang des Eigentums auf ihn die Eintragung der kraft Gesetzes entstehenden Sicherungshypothek nebst Zinsen und Nebenleistungen in Höhe derer des bestellten Grund-

---

2133 Die auflösende Bedingung der Eintragung selbst würde die Mitwirkung des Verpfändungsgläubigers nicht entbehrlich machen, vgl. BayObLG DNotZ 1987, 625.
2134 Diese hat Rang nach allen Rechten, die in der Urkunde selbst für den Verkäufer bzw. Dritte bestellt werden, sowie nach allen vorangehenden (z.B. früher gem. § 1280 BGB angezeigten) Pfändungen/Verpfändungen, jedoch Rang vor anderen allein durch den Käufer bestellten Rechten (z.B. der Finanzierungsgrundschuld), vgl. *Amann* in: Beck'sches Notarhandbuch A VI Rn. 116.
2135 Formulierungsbeispiel bei *Amann* in: Beck'sches Notarhandbuch A VI Rn. 119: »Der Gläubiger stimmt der Auflassung an den Käufer und Eintragung des Käufers ohne gleichzeitige Eintragung der Sicherungshypothek zu, stellt derzeit den Antrag auf Eintragung der Sicherungshypothek nicht, bewilligt die Löschung des Verpfändungsvermerks unter dem Vorbehalt gem. § 16 Abs. 2 GBO, dass die bestellte Grundschuld unmittelbar Rang nach der außerhalb des Grundbuchs entstehenden Sicherungshypothek erhält, und erklärt unter dieser aufschiebenden Bedingung die Aufhebung der Sicherungshypothek«. *Knobloch* NotBZ 2011, 17 ff. legt mit guten Gründen gegen die h.M. dar, weshalb es einer Mitwirkung des Pfandgläubigers/Sequesters jedenfalls dann nicht mehr bedarf, wenn die Auflassung bereits erklärt ist und zum vertragsgemäßen Eigentumserwerb des Schuldners führt.

pfandrechtes, sofern das Pfandrecht nicht bereits erloschen ist oder infolge Eintritts der o.g. Bedingung erlischt.

6. Für den Fall der Aufhebung oder Unwirksamkeit des vorgenannten Kaufvertrages tritt hiermit der Schuldner seinen Anspruch auf Rückgewähr bezahlter Kaufpreisteile und sonstige Ansprüche gegen den Verkäufer an den Pfandgläubiger ab.

7. Der Schuldner ermächtigt hiermit den Pfandgläubiger zur Vornahme aller Rechtshandlungen, die zur Eintragung des Eigentumsübergangs am Pfandobjekt und zur Eintragung des bestellten Grundpfandrechts notwendig und zweckdienlich sind.

1379 Hat der Verkäufer die Vollmacht zur Entgegennahme der Anzeige nach § 1280 BGB oder (sofern die Abtretbarkeit ausgeschlossen ist) zur Verpfändung an die Einhaltung der üblichen Kautelen einer Vorwegbeleihungsvollmacht geknüpft (hierzu unten Rdn. 1400, 1401), ist auch in der Verpfändung auf die i.R.d. eigentlichen Grundschuld hierzu aufgenommenen Formulierungen Bezug zu nehmen:

▶ Formulierungsvorschlag: Verpfändung des Eigentumsverschaffungsanspruchs mit Zweckbeschränkung (Ergänzung)

1380 8. Das durch die heute bestellte Grundschuld samt Verpfändungserklärung gesicherte Darlehen soll entsprechend der in eingangs genannter Urkunde enthaltenen schuldrechtlichen Einschränkung der Belastungsvollmacht, zu deren Einhaltung sich die Besteller verpflichten, bis zu dessen vollständiger Begleichung zur Bezahlung des Kaufpreises verwendet werden. Entsprechende Zahlungsanweisung (nach Eingang der Fälligkeitsmitteilung) wird dem Gläubiger hiermit erteilt.

1381 In ähnlicher Weise kann verfahren werden, wenn eine Vorwegbeleihung z.B. aus anderen rechtlichen Gründen (kommunalverfassungsrechtliche Beleihungsverbote!) nicht möglich ist, oder keine Vorwegbeleihungsvollmacht gewährt wurde, also unabhängig vom Vorliegen einer Teilfläche oder nicht. Der nachstehende Formulierungsvorschlag geht zugleich davon aus, dass der Kaufvertrag an anderer Notarstelle geschlossen wurde:

▶ Formulierungsvorschlag: Verpfändung bei Fehlen einer Vorwegfinanzierungsmöglichkeit

1382 1. Der Pfandbesitz wurde durch den künftigen Eigentümer zu Urkunde des Notars mit dem Amtssitz in ..... vom ....., URNr. ....., erworben. Die Erklärung der Auflassung ist in dieser Urkunde enthalten. Die Eigentumsvormerkung zugunsten der Käufer wurde ausweislich einer von den Beteiligten gestellten Eintragungsnachricht zwischenzeitlich im Grundbuch eingetragen.

Ein Anwartschaftsrecht zugunsten der Käufer ist somit entstanden.

Im genannten Vertrag ist keine Belastungsvollmacht der Verkäufer zugunsten der Käufer enthalten. Da die Eintragung der Grundschuld somit erst nach Eigentumsumschreibung auf die Käufer möglich ist, verpfändet der Käufer dem Gläubiger (Pfandgläubiger) vorab die Rechte und Ansprüche aus dem eingangs genannten Kaufvertrag, insb. den Anspruch auf Verschaffung des Eigentums an dem Pfandgegenstand.

Das entstandene Anwartschaftsrecht ist ausdrücklich nicht mitverpfändet. Ein mehrseitiger Verpfändungsvertrag (mit Nachgenehmigung durch den Pfandgläubiger) ist somit nicht erforderlich. Über Vor- und Nachteile wurde belehrt.

2. Die oben 1. erklärte Verpfändung ist in der Weise

auflösend bedingt,

dass das Pfandrecht von selbst, also ohne Löschungsbewilligung des Pfandgläubigers erlischt eine logische Sekunde bevor
(a) entweder das Eigentum auf den künftigen Eigentümer umgeschrieben wird, sofern zugleich das bestellte Grundpfandrecht im Grundbuch an endgültig bewilligter Rangstelle eingetragen werden kann
(b) oder bevor – schon vor Eigentumsumschreibung – das Grundpfandrecht am Pfandobjekt selbst an vorläufig bewilligter Rangstelle eingetragen wird.

3. Das Pfandrecht sichert die Ansprüche des Gläubigers gegen den Schuldner aus dem abstrakten Schuldanerkenntnis bzw. Schuldversprechen in dieser Urkunde. Sollte eine solche darin nicht enthalten sein, sichert das Pfandrecht die Ansprüche des Gläubigers gegen den Schuldner aus der bestehenden Geschäftsverbindung bis zum Höchstbetrag des Nennbetrages des Grundpfandrechtes.

4. Der Notar wird hiermit beauftragt und ermächtigt, die Verpfändung nach § 1280 BGB anzuzeigen. Er soll ferner dem eingangs genannten Notar die Tatsache der Verpfändung mitteilen mit der Bitte, ihn vom Eigentumsübergang zu verständigen.

5. (**Anm.**: *Ziffer 5 bis 7 wie im vorangehenden Formulierungsvorschlag*)

Ähnliches gilt, wenn zwar eine Finanzierungsvollmacht enthalten ist, diese jedoch nicht in Anspruch genommen werden kann oder soll (etwa als Folge einer Beschränkung auf eine andere Notarstelle).

1383 Ist die Auflassung bereits erklärt worden (und lediglich die grundbuchliche Bildung der Fläche noch nicht vollzogen) und damit bereits mit Eintragung der Vormerkung ein Anwartschaftsrecht entstanden, kann zugleich[2136] dieses Anwartschaftsrecht vor dem Notar verpfändet werden.[2137] Die Verpfändung muss dann mangels Anwesenheit des Gläubigers regelmäßig vorbehaltlich dessen Nachgenehmigung beurkundet werden. Einer Anzeige beim Verkäufer gem. § 1280 BGB bedarf es hierzu nicht, da kein Drittschuldner vorhanden ist; die Möglichkeit einer Eintragung dieser Anwartschaftsverpfändung im Grundbuch ist umstritten[2138] (zur Abtretung der Anwartschaft beim A-B-C Kauf s.o. Rdn. 921, zur Pfändung Rdn. 924).

▶ Formulierungsvorschlag: Verpfändung der Anwartschaft bei Teilflächenbeleihung

1384 (**Anm.**: *Im Anschluss an Ziffern 1 bis 7 des Formulierungsvorschlags Rdn. 1378*)

8. Mitverpfändet ist auch die Anwartschaft des Schuldners aus der erklärten Auflassung samt Eintragung der Vormerkung. Schuldner und Pfandgläubiger, für den der Schuldner insoweit vorbehaltlich nachträglicher Genehmigung handelt, sind sich über das Entstehen dieses Anspruches einig. Für die Verpfändung der Anwartschaft gelten i.Ü. die obigen Vereinbarungen, auch die auflösende Bedingung, entsprechend.

Der Notar hat auf die Kostenfolgen der Verpfändung der Anwartschaft hingewiesen.

Die Anwartschaftsverpfändung ist vom tatsächlichen Sachverhalt her eher denkbar, wenn das zu belastende Grundstück zwar bereits gebildet ist (und die Auflassung diesbezüglich erklärt wurde), die Eintragung eines Grundpfandrechts jedoch aus anderen Gründen (Fehlen einer Vorwegbeleihungsvollmacht, kommunalverfassungsrechtliche Gründe etc.) scheitert. Sie ist wegen der kostenrechtlichen Nachteile (Rdn. 1385: 20/10-Gebühr) gleichwohl ungebräuchlich.

1385 Kostenrechtlich ist die Grundschuldbestellung und Verpfändung an denselben Gläubiger in gleicher Urkunde gegenstandsgleich gem. § 44 Abs. 1 KostO. Die Anzeige der Verpfändung gem. § 1280 BGB löst eine 5/10-Gebühr gem. § 147 Abs. 2 KostO aus einem Teilwert gem. § 30 Abs. 1 KostO (ca. 10 % bis 20 % des Wertes der Verpfändung) aus. Erfolgt die Verpfändung in Vertragsform, wie es bei der Verpfändung der Anwartschaft unabdingbar ist, löst dies eine 20/10-Gebühr aus. Gegenstandswert der Verpfändung ist gem. § 23 Abs. 1 KostO der geringere Betrag im Vergleich zwischen der Forderung und dem Pfandgegenstand.

[2136] Zur parallelen Frage der getrennten Pfändbarkeit von Anwartschaft und Eigentumsverschaffungsanspruch OLG München, 07.04.2010 – 34 Wx 35/10, JurionRS 2010, 13463.
[2137] Vgl. *Schöner/Stöber* Grundbuchrecht Rn. 1589; MünchKomm-BGB/*Damrau* § 1274 Rn. 37.
[2138] *Schöner/Stöber* Grundbuchrecht Rn. 1594; zu den zivilrechtlichen Voraussetzungen *Medicus* DNotZ 1990, 275.

▶ Beispiel:

Wird ein Grundstück zum verkehrsgerechten Kaufpreis[2139] von 100.000,00 € erworben, jedoch eine Grundschuld zu 300.000,00 € bestellt, und erfolgt die Verpfändung in Vertragsform, fällt für die Grundschuldbestellung eine 10/10-Gebühr aus 300.000,00 €, für die vertragliche Verpfändung eine 20/10-Gebühr aus lediglich 100.000,00 € an; vorliegend ist die getrennte Bewertung nach § 44 Abs. 1 Satz 2 Halbs. 2 KostO günstiger als der Ansatz einer 20/10-Gebühr aus 300.000,00 €.

1386 In Betracht kommt schließlich – das Einverständnis des Verkäufers vorausgesetzt – die Möglichkeit einer **Beleihung des gesamten Grundbuchgrundstücks**, solange bis das Grundpfandrecht (durch Freigabe)[2140] auf die eigentliche Belastungsfläche beschränkt werden kann. Der Verkäufer wird hierzu nur dann bereit sein, wenn eine Grundpfandbelastung der Restfläche (durch ihn selbst oder durch Erwerber jener Fläche) bis zur Vermessung des Verkaufsstücks nicht zu erwarten ist, da sich Grundpfandgläubiger regelmäßig am »optischen« Vorrang des Erstkäufergrundpfandrechts stören. Weiterhin wird er sich dahin gehend absichern wollen, dass der Gläubiger sich verpflichtet, nach Vermessung auf seine bzw. des Käufers Kosten die nicht veräußerte Fläche auflagenfrei freizugeben; diese Verpflichtung kann (bei entsprechender Bewilligung des Gläubigers in grundbuchmäßiger Form) durch eine Freigabevormerkung, die beim Grundpfandrecht einzutragen ist, gesichert und insolvenzfest ausgestaltet werden (ähnlich der Freigabevormerkung zur Absicherung eines Teilflächenkäufers, Rdn. 782). Fehlt eine solche Freigabevormerkung, wird sich der Gläubiger verpflichten müssen, das Grundpfandrecht nicht oder nur unter Weitergabe der Verpflichtungen an andere Gläubiger abzutreten. Hierzu[2141]

▶ **Formulierungsvorschlag: Finanzierungsvollmacht für Gesamtbelastung mit Freigabeverpflichtung bei Teilflächen**

1387 Der Verkäufer ist verpflichtet, bei der Bestellung von Grundpfandrechten zur Kaufpreisfinanzierung mitzuwirken, wenn gleichzeitig die nachfolgenden Sicherungsvereinbarungen getroffen werden. Es ist jedoch allein Sache des Käufers, dafür zu sorgen, dass etwa benötigte Finanzierungsmittel rechtzeitig zur Verfügung stehen.

Der Verkäufer bevollmächtigt daher den Käufer und mehrere Käufer bevollmächtigen sich gegenseitig befreit von den Beschränkungen des § 181 BGB zu folgenden Rechtshandlungen:

An dem gesamten Vertragsbesitz, d.h. auch an der nicht von der Übereignung betroffenen Restfläche, dürfen Grundpfandrechte samt Zinsen und Nebenleistungen in beliebiger Höhe bestellt werden. Der Verkäufer bewilligt deren Eintragung samt dinglicher Vollstreckungsunterwerfung und stimmt allen zur Rangbeschaffung geeigneten Erklärungen zu. Jeder Käufer übernimmt die persönlichen Zahlungsverpflichtungen und unterwirft sich insoweit der Zwangsvollstreckung, trägt die Kosten der Bestellung und Eintragung, und tritt mit seinen Rechten (Vormerkung) zurück. Aufgrund der zu vereinbarenden Sicherungsabrede darf der Gläubiger das Grundpfandrecht bis zur vollständigen Kaufpreiszahlung nur in der Höhe als Sicherheit verwerten oder behalten, in der er tatsächlich mit Erfüllungswirkung auf die Kaufpreisschuld des Käufers geleistet hat.

Der Notar ist anzuweisen, eine Verpflichtungserklärung des Gläubigers dahin gehend einzuholen, dass dieser nach Vermessung den nicht betroffenen Grundstücksteil auflagenfrei freigeben wird, vor Vollzug der Vermessung nicht die Versteigerung in den nicht betroffenen Grundstücksteil betreibt und das Grundpfandrecht nur unter Weitergabe dieser Verpflichtungen an

---

2139 Wurde zum Zeitpunkt der Verpfändung bereits mit der Errichtung von Gebäuden begonnen, ist der Wert des fertig gestellten Teils dem Grundstückswert hinzurechnen, vgl. *Notarkasse* MittBayNot 1980, 60; *Notarkasse* Streifzug durch die Kostenordnung Rn. 1373 ff.

2140 Deren spätere Einholung durch den Notar löst eine Treuhandgebühr nach § 147 Abs. 2 KostO aus; es handelt sich weder um Vollzugstätigkeit (§ 146 Abs. 1 KostO) im Zusammenhang mit dem Grundstückskauf, noch um ein gebührenfreies Vollzugsgeschäft zur Grundschuld, vgl. Ländernotarkasse NotBZ 2009, 124.

2141 Zur (fragwürdigen) Auslegung einer unklaren Finanzierungsvollmacht dahin gehend, sie erlaube auch die Gesamtbelastung: OLG Zweibrücken, 28.09.2010 – 3 W 127/10, NotBZ 2011, 71.

Dritte abtreten wird. Bindungswirkung gem. § 873 Abs. 2 BGB darf erst nach Vorliegen dieser Verpflichtungserklärung erfolgen.

Die Finanzierungsgläubiger werden hiermit unwiderruflich angewiesen, die auf diese Weise besicherten Kreditmittel bis zur vollständigen Zahlung des Kaufpreises nur hierfür zu verwenden.

Beurkundungen aufgrund der vorstehenden Vollmacht können nur an dieser Notarstelle erfolgen.

Die Beteiligten wurden darauf hingewiesen, dass Grundpfandrechte aufgrund der vorstehend erteilten Vollmacht zunächst auch an der nicht veräußerten Teilfläche des Grundstücks eingetragen werden. Diese Grundstücksfläche haftet also juristisch bis zur Freigabe durch den Gläubiger für die durch den Käufer eingegangenen Verbindlichkeiten mit.

Im eigentlichen Grundpfandrecht wird sodann folgende Formulierung enthalten sein: 1388

▶ **Formulierungsvorschlag: Regelung in der Finanzierungsgrundschuld bei Gesamtbelastung mit Freigabeverpflichtung**

(**Anm.**: Im Anschluss an die Formulierung Rdn. 1404)

7. Da Grundpfandrechte an im Grundbuch noch nicht gebildeten Teilflächen nicht eingetragen werden können, wird gemäß der im Kaufvertrag erteilten Vollmacht zunächst das gesamte Grundbuchgrundstück, unter Einschluss der nicht mitverkauften Restfläche, belastet.

8. Der beurkundende Notar wird angewiesen, dem Grundpfandgläubiger erst dann Ausfertigungen oder Abschriften dieser Urkunde auszuhändigen und diese Urkunde nur dann dem Grundbuchamt zum Vollzug vorzulegen sowie zur Herbeiführung der Bindung gem. § 873 Abs. 2 BGB zu verwenden, wenn der Gläubiger

(a) sich schriftlich zur Freigabe des endgültig nicht zu belastenden Grundstücksteils auflagenfrei oder allenfalls gegen Erstattung der anfallenden Beglaubigungskosten verpflichtet hat, sowie
(b) sich weiterhin verpflichtet hat, bis zum Vollzug der gemäß oben a) nach Vermessung zu bewilligenden Freigabe nicht die Vollstreckung in den freizugebenden Grundstücksteil zu betreiben und das Grundpfandrecht nur unter Weitergabe dieser Verpflichtungen abzutreten.

Im Hinblick auf die Gefahr der (vertragswidriger Weise ohne Weitergabe der Verpflichtungen erfolgte) Grundschuldabtretung sowie der Nichterfüllung im Insolvenzfall (§ 106 InsO!) vorzugswürdig, allerdings mit Zusatzkosten für die notarielle Bewilligung und die Grundbucheintragung verbunden, ist die Sicherung durch Freigabevormerkung beim Grundpfandrecht: 1389

▶ **Formulierungsvorschlag: Regelung in der Finanzierungsgrundschuld bei Gesamtbelastung mit Freigabevormerkung**

(**Anm.**: Im Anschluss an die Formulierung Rdn. 1404) 1390

7. Da Grundpfandrechte an im Grundbuch noch nicht gebildeten Teilflächen nicht eingetragen werden können, wird gemäß der im Kaufvertrag erteilten Vollmacht zunächst das gesamte Grundbuchgrundstück, unter Einschluss der nicht mitverkauften Restfläche, belastet.

8. Zur Sicherung des Anspruchs des Verkäufers gegen den Gläubiger auf auflagenfreie Freigabe der nicht veräußerten Grundstücksteile von dem hier bestellten Grundpfandrecht wird vorbehaltlich nachträglicher Genehmigung durch den Grundpfandrechtsgläubiger die Eintragung einer entsprechenden

Freigabevormerkung

bei dem hier bestellten Grundpfandrecht zugunsten des Verkäufers bewilligt und beantragt.

Der beurkundende Notar wird angewiesen, dem Grundpfandgläubiger erst dann Ausfertigungen oder Abschriften dieser Urkunde auszuhändigen und diese Urkunde nur dann dem Grundbuchamt zum Vollzug vorzulegen und zur Herbeiführung der Bindung nach § 873 Abs. 2 BGB zu verwenden, wenn der Gläubiger die Bewilligung dieser Freigabevormerkung in grundbuchmäßiger Form genehmigt hat.

B. Gestaltung eines Grundstückskaufvertrages

1391 In ähnlicher Weise (mit oder ohne Freigabevormerkungsschutz) kann der umgekehrte Sachverhalt erfasst werden, dass ein Grundbuchgrundstück insgesamt belastet werden soll, obwohl bereits eine Teilfläche anderweit veräußert wurde. Zwar würde die Erwerbervormerkung sich gegen die nachrangige Belastung gem. §§ 883, 888 BGB durchsetzen, gleichwohl sollte der Besteller eine Verletzung seiner Pflichten aus dem Verkaufsvertrag zur Vermeidung von Schadensersatzpflichten auf eine lediglich formale Überschreitung reduzieren:

▶ **Formulierungsvorschlag: Regelung in der Grundschuld bei Gesamtbelastung mit Freigabevormerkung für bereits verkaufte Teilfläche**

1392 Durch Vertrag vom ....., URNr. ..... des Notars mit dem Amtssitz in ..... wurde eine Teilfläche von ca. ..... qm an Dritte veräußert. Die Vermessung ist noch nicht im Grundbuch vollzogen; zur Sicherung des Erwerbsanspruches wurde in Abteilung II eine Eigentumsvormerkung eingetragen. Diese wegzumessende, bereits veräußerte Teilfläche soll von der heutigen Grundpfandrechtsbestellung **nicht** betroffen sein. Gegenstand der Belastung ist vielmehr die **nach Wegmessung verbleibende Restfläche**.

Da der endgültige Pfandbesitz noch nicht grundbuchmäßig gebildet ist und daher nicht unmittelbar Belastungsgegenstand sein kann, wird das Grundpfandrecht zunächst am gesamten betroffenen Flurstück bestellt. Hierauf beziehen sich zunächst Bewilligung und Antrag des Bestellers.

Um zu vermeiden, dass der Besteller damit seinen Verpflichtungen zur lastenfreien (rechtsmängelfreien) Übertragung aus der zitierten Urkunde zuwiderhandelt, erhält der Notar folgende **Anweisung:**

Der beurkundende Notar wird angewiesen, dem Grundpfandgläubiger erst dann Ausfertigungen oder Abschriften dieser Urkunde auszuhändigen und diese Urkunde nur dann dem Grundbuchamt zum Vollzug vorzulegen und zur Herbeiführung der Bindung nach § 873 Abs. 2 BGB zu verwenden, wenn der Gläubiger
(a) sich schriftlich rechtsverbindlich zur Freigabe des bereits an Dritte veräußerten Grundstücksteils auflagenfrei oder allenfalls gegen Erstattung der Beglaubigungskosten verpflichtet hat sowie
(b) sich rechtsverbindlich verpflichtet hat, bis zum Vollzug der gemäß oben a) zu bewilligenden Freigabe nicht die Zwangsversteigerung in den anderweit veräußerten Grundstücksteil zu betreiben und das Grundpfandrecht nur unter Weitergabe dieser Verpflichtungen abzutreten.

d) Vollmacht

1393 Da der Verkäufer sich häufig zeitlich mit der Bestellung von Finanzierungsgrundpfandrechten des Käufers nicht belasten möchte, wird er dem[2142] Käufer (kaum umgekehrt der Käufer dem Verkäufer)[2143] Vollmacht hierzu erteilen, häufig auch mehrere Käufer sich gegenseitig.[2144] Ein Verstoß gegen § 10 FamFG (vor 01.09.2009: § 13 FGG), wonach in Verfahren der freiwilligen Gerichtsbarkeit nur bestimmte Personen (Anwälte, Notare, Familienangehörige, Mitarbeiter) zur Vertretung befugt sind, liegt hierin nicht, da das BeurkundungsG (z.B. § 17 Abs. 2a Satz 2 BeurkG) bzw. hinsichtlich der Eintragungsbewilligung[2145] die GBO (z.B. §§ 15, 30, 31 Satz 3 GBO, wie seit

---

2142 Zum Problem des nicht existenten Käufers (Schein-GbR) als »Bevollmächtigten« vgl. Rn. 428.
2143 Die umgekehrte Vollmacht des Käufers an den Verkäufer, ihn (den Käufer) der persönlichen Haftungsübernahme mit Vollstreckung zu unterwerfen, verstößt gem. BGH ZNotP 2003, 100 nicht gegen § 305c BGB (§ 3 AGBG); sie ist aber jedenfalls zulasten eines Verbrauchers mit § 17 Abs. 2a BeurkG vereinbar.
2144 Ist diese gegenseitige Vollmacht aber dem Wortlaut nach beschränkt »auf das zur Kaufpreisfinanzierung Zweckdienliche«, berechtigt sie jedenfalls nicht zur Bestellung einer Grundschuld in den Kaufpreis übersteigender Höhe, OLG München, 21.10.2010 – 34 Wx 133/10, NotBZ 2011, 105 (wo diese Frage aber in Bezug auf das abstrakte Schuldanerkenntnis erörtert wird, was für das Grundbuchamt an sich bedeutungslos ist).
2145 Wollte man § 13 FGG (nun: § 10 FamFG) auch auf die Eintragungsbewilligung anwenden, müsste die Bewilligung durch den Notar aufgrund entsprechender Vollmacht des Verkäufers erfolgen, vgl. RS der BNotK Nr. 26/08 vom 12.09.2008.

01.09.2009 auch gesetzlich klargestellt)[2146] das FGG/FamFG verdrängt[2147] und es zudem für den Erwerber um eine im eigentlichen Kern »eigene Angelegenheit« handelt – anders läge es also bei einer Vollmacht zur Vollstreckungsunterwerfung an die Bank, Rdn. 1280 und 2088.[2148]

1394 Die Vollmacht ist inhaltlich zu beschränken, so dass die in Rdn. 1341 ff erläuterten Kautelen zum Schutz des Verkäufers in der Grundschuld oder in sonstigen, aufgrund der Vollmacht zustande kommenden privatschriftlichen Dokumenten (insbesondere der Zweckvereinbarung) wiedergegeben und damit im Verhältnis zum Kreditinstitut wirksam vereinbart werden müssen; andere Abreden würden demnach im Verhältnis zum Verkäufer als Sicherungsgeber mangels Vollmacht nicht wirksam zustande kommen können. Der BGH[2149] sieht sonst mangels konkreter Bestimmung im Zweifel den Darlehensnehmer (also den Käufer!) aus Sicht der Bank als Sicherungsgeber, was dem Schutzbedürfnis des Verkäufers bei der Vorwegbeleihung diametral entgegenliefe!

1395 Zu beachten ist allerdings, dass die Vollmacht stets widerruflich ist[2150] und bei **Insolvenz des Verkäufers** gem. § 117 Abs. 1 InsO erlischt; ferner dass sie bei Verträgen, die noch der behördlichen Genehmigung bedürfen, unabhängig von deren Eingang sofort wirksam werden soll[2151] (z.B. durch ausdrückliche Vereinbarung ihrer Abstraktheit oder schlichten Hinweis, dass die Beleihung »ab sofort« erfolgen könne).

1396 Diese Vollmacht (sowie etwaige Vollmachten/Nachgenehmigungen zum Kaufvertrag selbst)[2152] muss vor Beginn der Zwangsvollstreckung gem. § 750 Abs. 2 ZPO (ebenso wie der Titel als solcher) dem Schuldner **zugestellt** worden sein,[2153] sofern nicht der Vollstreckungsgegner (Käufer) die Grundschuld auch im eigenen Namen bestellt hat (»antizipierte Vollstreckungsunterwerfung«, Rdn. 1405) – stets erforderlich ist dagegen die Zustellung der Vollmachten, deren Ausfertigung der Gläubiger gem. § 792 ZPO[2154] verlangen kann, bei Vollstreckung bereits gegen den Verkäufer, sofern er nicht selbst gehandelt hat, und bei Grundschuldbestellung durch Notariatsmitarbeiter als Vertreter des Verkäufers und des Käufers (zu diesem Ausnahmesachverhalt vgl. Rdn. 1788).

▶ Hinweis:

1397 Um dem Gläubiger eine vollstreckbare Ausfertigung auszuhändigen, die als solche (ohne Nachholung der Zustellung der Vollmacht) zur Vollstreckung taugt, sollte daher bei Beurkundung der Finanzierungsgrundschuld mit Notariatsangestellten - hierzu vgl. aber Rdn. 1788 - (und nicht mit dem Käufer selbst als künftigem Eigentümer) eine beglaubigte Abschrift des Kaufvertrages, zumindest im Auszug hinsichtlich Urkundseingang, Objekt, Finanzierungsvollmacht und Unterschriften, beigefügt werden.

2146 Durch Änderung des § 15 GBO (»... *auch durch Personen vertreten lassen, die nicht nach § 10 Abs. 2 FamFG vertretungsbefugt sind*«), vgl. *Abicht* notar 2009, 346 (353); *Meyer/Bormann* RNotZ 2009, 470 (473); *Reetz* NotBZ 2009, 353 ff.

2147 DNotI-Gutachten Nr. 11539 v. 24.09.2008; ebenso LG Bielefeld, 15.10.2008 – 23 T 824/08, RPfleger 2008, 636 m. zust. Anm. *Weber* RPfleger 2009, 83, mit ausführlicher Begründung (»phänomenologisch-systematischer Prozesshandlungsbegriff«) *Lindemeier* RNotZ 2009, 37 ff., LG Münster, 05.12.2008 – 5 T 798/08, RNotZ 2009, 169; a.A. LG Osnabrück, 16.10.2008 – 3 T 811/08, ZflR 2009, 33 m. abl. Anm. *Zimmer*.

2148 *Grziwotz* ZflR 2008, 821.

2149 BGH, 20.11.2009 - V ZR 68/09, DNotZ 2010, 375, ebenso BGH - V ZR 64/11.

2150 So incidenter OLG Köln DNotZ 1984, 569; ähnlich OLG Frankfurt am Main Rpfleger 1972, 306.

2151 KG DNotZ 2004, 795 vermutet dies entgegen AG Dresden DB 1994, 373; vgl. *Kuhn* RNotZ 2001, 316; *Hügel* NotBZ 1997, 13.

2152 Sofern der Verkäufer bei Kaufvertragsabschluss vertreten wurde, hängt die dem Käufer erteilte Finanzierungsvollmacht auch vom Bestehen der Vertretungsmacht des Verkäufers ab; wurde der Käufer beim Kaufvertragsabschluss vertreten, dürfte Gleiches gelten (Geschäftseinheit der an sich abstrakten Vollmacht mit dem Zustandekommen des Kaufvertrages), vgl. *Amann* in: Amann/Hertel/Everts, Aktuelle Probleme der notariellen Vertragsgestaltung im Immobilienrecht 2006/2007 (DAI-Skript), S. 28.

2153 BGH, 21.09.2006 – V ZB 76/06, DNotZ 2007, 33 (a.A. zuvor OLG Zweibrücken, 09.07.1998 – 3 W 158/98, InVo 1999, 185 sowie LG Braunschweig NotBZ 2006, 328 zu Nachgenehmigungen vollmachtlos Vertretener).

2154 Hierzu *Gutachten* DNotI-Report 2008, 65, 67.

B. Gestaltung eines Grundstückskaufvertrages

1398 Um sicherzustellen, dass die Sicherungsvorkehrungen dem Kreditinstitut zuverlässig zur Kenntnis gebracht werden und dieses auch erfährt, an welche Ablösegläubiger welche Beträge zu zahlen sind, wird häufig zweckmäßigerweise die Ausübung der Vollmacht an die Notarstelle des den Kaufvertrag vollziehenden Notars gebunden[2155] (dies ist um so mehr gerechtfertigt, wenn der Notar, dessen Vertrauen insoweit in Anspruch genommen wird, vor Stellung des Eintragungsantrags das schriftliche Einverständnis des Gläubigers zur Verwendungsbeschränkung einholen soll). Dadurch wird zugleich die Chance eröffnet, das Kosten-Gesamthaftungsrisiko des Verkäufers durch Verlangen eines Vorschusses gem. § 8 KostO auf die Notar- und Grundbuchkosten (mit anschließender Haftungsübernahme ggü. dem Grundbuchamt) auszuschließen (vgl. Rdn. 1349). Bei »Distanzgeschäften« ist im Hinblick auf § 17 Abs. 2a Satz 2 Nr. 1 BeurkG (Rdn. 35) auch an die Zulassung der späteren Bestellung vor einem ausdrücklich zu benennenden Kooperationsnotar am Wohnort des Bestellers zu denken.[2156]

1399 Fehlt eine ausdrückliche Vorgabe, ist die Vollmacht der **Höhe** nach unbegrenzt,[2157] ebenso in Hinblick auf die einzutragenden Grundschuldzinsen[2158] und Nebenleistungen, was nach untergerichtlicher Ansicht bei einer an Dritte (etwa Notariatsmitarbeiter, Rdn. 1788) erteilten Vollmacht eine unangemessene Benachteiligung bzw. überraschende Klausel beinhalten soll.[2159]

▸ Formulierungsvorschlag: Finanzierungsvollmacht

1400 Allein der Käufer hat dafür zu sorgen, dass etwa benötigte Finanzierungsmittel rechtzeitig zur Verfügung stehen. Um ihm dies zu erleichtern, ist der Verkäufer verpflichtet die Beleihung des Vertragsobjekts bereits vor Umschreibung zu gestatten, allerdings nur unter Einhaltung der nachfolgenden Sicherungsabreden.

Der Verkäufer erteilt daher jedem Käufer und mehrere Käufer sich gegenseitig, jeweils befreit von § 181 BGB, folgende Vollmacht:
– Das Vertragsobjekt darf ab sofort mit Grundpfandrechten samt Zinsen und Nebenleistungen in beliebiger Höhe belastet werden. Der Verkäufer bewilligt deren Eintragung samt dinglicher Vollstreckungsunterwerfung und stimmt allen zur Rangbeschaffung geeigneten Erklärungen zu. Jeder Käufer übernimmt die persönlichen Zahlungsverpflichtungen und unterwirft sich insoweit der Zwangsvollstreckung, trägt die Kosten der Bestellung und Eintragung, und tritt mit seinen Rechten (Vormerkung) zurück. Die Sicherungsabrede mit dem Verkäufer ist so zu gestalten, dass der Gläubiger das Grundpfandrecht bis zur vollständigen Kaufpreiszahlung nur als Sicherheit verwenden darf in der Höhe, in der Kreditausreichungen die Kaufpreisschuld des Käufers getilgt haben.

Die Finanzierungsgläubiger werden hiermit unwiderruflich angewiesen, die so besicherten Kreditmittel bis zur vollständigen Entrichtung des Kaufpreises nur hierfür zu verwenden.

Beurkundungen aufgrund der vorstehenden Vollmacht können nur an dieser Notarstelle erfolgen.

1401 Hat der Gläubiger aus Kreditmitteln einen Teil des Kaufpreises beglichen, der Käufer jedoch seine zugesagten Eigenmittel (noch) nicht eingesetzt, kann also der Gläubiger (allerdings nur i.H.d. ausbezahlten Kapitalbetrages) sich bereits aus dem Vertragsobjekt befriedigen,[2160] wäre aber hinsichtlich

---

2155 Vgl. *Wilke* MittBayNot 1996, 260; *Wolfsteiner* MittBayNot 1996, 356; *Amann* MittBayNot 1996, 420.
2156 BNotK-Rundschreiben Nr. 25/2010 v. 05.10.2010, S. 4.
2157 LG Koblenz RNotZ 2003, 613.
2158 Jedenfalls bei 16 % Jahreszinsen ist die Grundschuld nicht wegen Übersicherung unwirksam, OLG Brandenburg, 11.03.2010 – 5 U 34/09.
2159 LG Düsseldorf, 21.05.2007 – 13 O 24/06, zitiert nach *Amann* in: *Albrecht/Amann/Hertel*, Aktuelle Probleme der notariellen Vertragsgestaltung 2007/2008, S. 230.
2160 Die Aufrechnung des Schadensersatzanspruchs des Verkäufers statt der Leistung gegen den Rückzahlungsanspruch geht also dann faktisch ins Leere. Die NotK Hamm rät daher im Rundschreiben 2/2005, den Käufer schuldrechtlich zur vorherigen Überweisung seiner Eigenmittel an den Finanzierungsgläubiger zu verpflichten, und den Notar anzuweisen, die Grundschuld erst nach Bestätigung des Gläubigers über die Sicherstellung der Gesamtzahlung zur Eintragung vorzulegen.

weiterer Kreditauszahlungen (etwa unmittelbar an den Käufer für Renovierungszwecke) ungesichert und wird daher auch im Eigeninteresse auf rasche Restzahlung (vgl. hierzu Rdn. 1344 f.) drängen.

Denkbar ist schließlich auch, die Ausgestaltung der Grundpfandrechtsurkunde dadurch zu erleichtern, dass der Inhalt der dort aufzunehmenden Bestimmungen wörtlich in das Kaufvertragsdokument als Begrenzung der Vertretungsmacht aufgenommen wird, z.B.: **1402**

▶ Formulierungsvorschlag: Finanzierungsvollmacht mit Wortlautvorgabe

> (1) Der Verkäufer verpflichtet sich, bei der Bestellung vollstreckbarer (§ 800 ZPO) Grundschulden zugunsten deutscher Kreditinstitute zum Zwecke der Finanzierung des Kaufpreises mitzuwirken. Diese Mitwirkungspflicht besteht nur, wenn in der Grundschuldbestellungsurkunde folgende von den Beteiligten bereits jetzt getroffene Bestimmungen wiedergegeben werden, wobei Begriffe wie »Käufer«, »Verkäufer«, »Grundschuldgläubiger« etc. durch gleichbedeutende ersetzt werden können:
>
> **a) Sicherungsabrede**
> Die Grundschuldgläubigerin darf die Grundschuld nur insoweit als Sicherheit verwerten oder behalten, als sie tatsächlich Zahlungen mit Tilgungswirkung auf die Kaufpreisschuld des Käufers geleistet hat. Alle weiteren Zweckbestimmungserklärungen, Sicherungs- und Verwertungsvereinbarungen innerhalb oder außerhalb dieser Urkunde gelten erst, nachdem der Kaufpreis vollständig gezahlt ist, in jedem Fall ab Eigentumsumschreibung. Ab dann gelten sie für und gegen den Käufer als neuen Sicherungsgeber.
>
> **b) Zahlungsanweisung**
> Soweit der Kaufpreis nicht anderweitig zur Freistellung des verkauften Grundbesitzes von eingetragenen Belastungen zu verwenden ist, sind Zahlungen gem. Buchst. a) auf das in § ..... genannte Konto zu leisten.
>
> **c) Persönliche Zahlungspflichten, Kosten**
> Der Verkäufer übernimmt im Zusammenhang mit der Grundschuldbestellung keine persönlichen Zahlungspflichten. Der Käufer verpflichtet sich, den Verkäufer von allen Kosten und sonstigen Folgen der Grundschuldbestellung freizustellen.
>
> **d) Fortbestand der Grundschuld**
> Die bestellte Grundschuld darf auch nach der Eigentumsumschreibung auf den Käufer bestehen bleiben. Alle Eigentümerrechte und Rückgewähransprüche in Bezug auf diese Grundschuld werden hiermit mit Wirkung ab vollständiger Zahlung des Kaufpreises, in jedem Fall ab Eigentumsumschreibung, auf den Käufer übertragen. Entsprechende Grundbucheintragung wird bewilligt.
>
> (2) Der Verkäufer erteilt dem Käufer unter Befreiung von den Beschränkungen des § 181 BGB und über den Tod hinaus Vollmacht, ihn bei der Bestellung der vorgenannten Grundschulden bis zu 120 % des Kaufpreises nebst bis zu 20 % Jahreszinsen und einer einmaligen Nebenleistung von bis zu 15 % hieraus zu vertreten. Von dieser Vollmacht kann aus Sicherungsgründen nur vor dem amtierenden Notar oder seinem amtlichen Vertreter Gebrauch gemacht werden, der darauf zu achten hat, dass dies nur im vertragsgemäßen Sinne geschieht.

Zu den Besonderheiten bei Teilflächenbelastungen (Verpfändung des Eigentumsverschaffungsanspruchs bzw. Gesamtbelastung mit Freigabevorkehrungen) vgl. oben Rdn. 1374 und 1385, zur Bevollmächtigung von Notarangestellten zur Grundpfandrechtsbestellung Rdn. 1788.

e) Formulierungen im Grundpfandrecht

aa) Gesamtbaustein

In der Grundschuldbestellung sind diese Vereinbarungen mit aufzunehmen und der Bank zur Kenntnis zu bringen, im Fall der Vollmacht gem. Rdn. 1402 durch deren Wiederholung, sonst bspw. durch folgenden Wortlaut: **1403**

B. Gestaltung eines Grundstückskaufvertrages

▶ Formulierungsvorschlag: Grundschuld als Vorwegbelastung zur Kaufpreisfinanzierung

1404 1. Der künftige Eigentümer hat das Pfandobjekt zu eingangs genannter Urkunde vom Verkäufer erworben. Der Verkäufer gibt nur die dinglichen Erklärungen in dieser Urkunde ab, er übernimmt weder eine persönliche Haftung noch Kosten.

2. Das hier bestellte Grundpfandrecht sichert dinglich bis zur vollständigen Zahlung von Kaufpreis und Grunderwerbsteuer nur Geldbeträge, die an den Verkäufer entsprechend den Bestimmungen des genannten Kaufvertrages mit Tilgungswirkung bezahlt werden, nicht aber z.B. Ansprüche auf Zinsen und Nebenleistungen. Diese Zweckbestimmung ist vorrangig gegenüber sonstigen Zweckerklärungen.

3. Mit Eigentumsumschreibung übernimmt der künftige Eigentümer das hier bestellte Grundpfandrecht zur weiteren dinglichen Duldung.

Mit Wirkung vom Eigentumsübergang am Pfandobjekt an tritt der Verkäufer bis zu diesem Zeitpunkt entstehende Eigentümerrechte und Rückgewährsansprüche an dem heute bestellten sowie allen sonstigen im Grundbuch eingetragenen Grundpfandrechten an den künftigen Eigentümer ab – bei mehreren zum Erwerbsverhältnis gemäß Kaufvertrag. Die entsprechende Grundbuchberichtigung wird bewilligt.

4. Auszahlungen haben ausschließlich nach den Bestimmungen des Kaufvertrages zu erfolgen; der Käufer hat im Kaufvertrag entsprechende Anweisung erteilt.

Der Notar übergibt daher im Auftrag des Käufers dem Gläubiger eine beglaubigte Abschrift dieses Vertrages.

5. Der Schuldner trägt die Kosten der Beurkundung und des Vollzugs.

6. Die Grundschuld erhält bedungenen Rang vor der Eigentumsvormerkung des künftigen Eigentümers, vorerst nächstoffene Rangstelle. Vorsorglich tritt dieser hiermit im Rang hinter das heute bestellte Grundpfandrecht samt Zinsen und Nebenleistungen zurück und bewilligt und beantragt die Eintragung dieses Rangrücktrittes im Grundbuch.

1405 Beim Ausfüllen der **Grundschuldbestellformulare** ist darauf zu achten, dass die persönliche Haftung samt Schuldanerkenntnis nur vom Käufer als künftigem Eigentümer abgegeben wird; die dingliche Vollstreckungsunterwerfung wird jedoch zweckmäßigerweise sowohl vom Verkäufer als derzeitigem Eigentümer als **auch vom Käufer** als künftigem Eigentümer **im eigenen Namen** abgegeben, damit nach Eigentumsumschreibung keine gebührenpflichtige (§ 133 KostO) Umschreibung der Vollstreckungsklausel notwendig ist[2161] und bei einer Zwangsvollstreckung gegen den Käufer[2162] die vom Verkäufer erteilte Vollmacht nicht gem. § 750 Abs. 2 ZPO (Rdn. 1396) zugestellt werden muss.[2163] Wird der als »künftiger Eigentümer« Handelnde im Grundbuch eingetragen, gilt § 185 Abs. 2 BGB;[2164] damit wird zugleich die Geltung etwaiger Unwirksamkeitsmomente der Vorwegbeleihung (s. Rdn. 1359) zeitlich begrenzt.

2161 Als prozessuale Erklärung kann die Vollstreckungsunterwerfung auch »aufschiebend bedingt« auf den eigenen künftigen Eigentumserwerb abgegeben werden, vgl. KG DNotZ 1988, 238; *Gutachten* DNotI-Report 2006, 2. Der dann bereits eingetragene Vermerk gem. § 800 ZPO wirkt auch ohne neue Eintragung für den Käufer, vgl. *Wolfsteiner* Die vollstreckbare Urkunde Rn. 28.35 ff. (28.50). Da § 726 ZPO abdingbar ist, kann vollstreckbare Ausfertigung dann bereits vor Eigentumsumschreibung auch dinglich gegen den Käufer erteilt werden.

2162 Bei Vollstreckung noch gegen den Verkäufer muss die Vollmacht, aufgrund welcher der Käufer den Verkäufer vertreten hat, jedoch zugestellt werden (vgl. folgende Fußnote)! Der Grundschuldgläubiger hat hierauf gem. § 792 ZPO Anspruch, vgl. *Gutachten* DNotI-Report 2008, 65, 67.

2163 Vgl. LG Erfurt NotBZ 2003, 478 und LG Cottbus NotBZ 2007, 224. Ohne diese Unterwerfungserklärung im eigenen Namen müsste vor Beginn der Vollstreckung eine Ausfertigung der Vollmacht dem Schuldner zugestellt werden, BGH, 17.04.2008 – V ZB 146/07, ZfIR 2008, 512 m. Anm. *Volmer* sowie BGH, 21.09.2006 – V ZB 76/06, DNotZ 2007, 33 (a.A. zuvor OLG Zweibrücken, 09.07.1998, InVo 1999, 185 sowie LG Braunschweig NotBZ 2006, 328 zu Nachgenehmigungen vollmachtlos Vertretener). Der Notar hat daher dem Gläubiger Ausfertigung im Auszug bzgl. der Vollmacht zum Zwecke der Zustellung zu erteilen, *Gutachten* DNotI-Report 2004, 125 und *Gutachten* DNotI-Report 2008, 65, 67.

2164 BGH DNotZ 1990, 586.

bb) Herbeiführung der Bindung

Häufig erhält der Notar (kostenpflichtigen)[2165] Auftrag und Vollmacht, namens des Grundpfandgläubigers dessen Ausfertigung entgegenzunehmen, sofern die Grundschuld gemäß dem durch den Gläubiger gewünschten Formular bestellt wurde, und so (insb. im Hinblick auf § 878) die Bindungswirkung zeitlich vorzuverlegen (§ 873 Abs. 2 BGB). Dies geschieht zweckmäßigerweise dergestalt, dass – zugleich zum Nachweis ggü. dem Grundbuchamt über das Vorliegen der Voraussetzungen des § 878 BGB – in der zur Vorlage beim Grundbuchamt bestimmten Ausfertigung eines (wegen Vollstreckungsunterwerfung beurkundeten)[2166] Grundpfandrechtes vermerkt wird:

▶ **Formulierungsvorschlag: Vermerk nach § 873 Abs. 2 BGB bei beurkundetem Grundpfandrecht**

Vorstehende, mit der Urschrift übereinstimmende Ausfertigung wird hiermit dem ..... *(Anm.: Angabe des Gläubigers mit Firma, Sitz, Anschrift bzw. Vor-, Zu- und Geburtsname, Geburtsdatum und Anschrift)* zur Vorlage beim Grundbuchamt *(Anm.:Angabe des AG)* erteilt. Zugleich nehme ich diese Ausfertigung aufgrund der mir vom Gläubiger erteilten Vollmacht für diesen gem. § 873 Abs. 2 BGB entgegen.

Ort, Datum, Unterschrift, Siegel

1406

1407

Zu den Besonderheiten bei Teilflächenbelastungen (Verpfändung des Eigentumsverschaffungsanspruchs bzw. Gesamtbelastung mit Freigabevorkehrungen) vgl. oben Rdn. 1375 und 130.

cc) Abtretbarkeit

Ansprüche aus Kreditverträgen[2167] sind – ebenso wie Ansprüche aus Grundschulden – abtretbar. Weder das Bankgeheimnis noch das Bundesdatenschutzgesetz stehen entgegen,[2168] ebenso wenig § 307 Abs. 1 BGB (str.).[2169] Dies gilt auch für die Abtretung »gesunder« Forderungen,[2170] und auch für die Übertragung durch öffentliche Sparkassen,[2171] Landesbanken und Lebensversicherungen, ebenso für die Abtretung an Nichtbanken.[2172] Anders verhält es sich ferner, sofern die Abtretung bei Kreditaufnahme oder nachträglich durch Vertrag ausgeschlossen oder an die Zustimmung des Grundstückseigentümers gebunden wurde (was bei Grundschulden im Grundbuch vermerkt werden kann und sollte;[2173] ist die Abtretung gemäß Grundbuchvermerk gänzlich ausgeschlossen, kommt keine Durchbrechung im Einzelfall durch Erlaubnis in Betracht, sondern es bedarf der Aufhebung des Ausschlusses insgesamt).[2174] Ein lediglich bedingter, vom Dispens des Eigentümers abhängiger, Abtretungsausschluss (§ 399 BGB), den der Gläubiger durch vorbehaltlose Entgegen-

1408

2165 *Bund* ZNotP 2003, 258 und *Wudy* NotBZ 2005, 288; vgl. auch *Schilling* ZNotP 2000, 230 (§ 147 Abs. 2 KostO aus einem Teilwert von ca. 20 % des Grundpfandrechtsnennbetrags).
2166 Bei Beglaubigung erfolgt der Entgegennahmevermerk unter der Beglaubigung, Muster bei *Schilling* ZNotP 2000, 231.
2167 Die bloße Abtretung der gesicherten Forderung (ohne die Grundschuld) ändert an der Sicherungsabrede nichts, vgl. BGH, 16.10.2008 – V ZR 40/08, DNotZ 2010, 117.
2168 BGH, 27.02.2007, DNotZ 2007, 739 ff., zustimmend bspw. *Franzmann* MittBayNot 2007, 488, *Möhlenkamp* BB 2007, 1126 ff.
2169 A.A. LG Hamburg, 09.07.2008 – 318 T 183/07, ZfIR 2008, 543 – gestützt auf *Schimansky* WM 2008, 1049 ff. (jedenfalls bei gleichzeitiger Vollstreckungsunterwerfung, »Summationseffekt«); hiergegen zu Recht krit. *Clemente*, a.a.O. und *Volmer* ZfIR 2008, 634 sowie *Bachner* DNotZ 2008, 649 ff. Das Urteil des LG Hamburg wurde aufgehoben durch BGH, 16.04.2009 – VII ZB 62/08, ZfIR 2009, 432 m. Anm. *Hutner*, da im Klauselerinnerungsverfahren gem. § 732 ZPO keine AGB-Kontrolle stattfindet. Eine unangemessene Benachteiligung i.S.d. § 307 Abs. 1 BGB verneint OLG Celle, 27.05.2009 – 3 U 292/08, RNotZ 2009, 589 (insoweit durch BGH, 30.03.2010 – XI ZR 100/09 bestätigt, vgl. aber Rn. 1139a ff).
2170 Offen ist allerdings, ob nicht eine Inhaltsänderung i.S.d. § 399, 1. Alt., BGB vorliegt bei der Übertragung ungekündigter Darlehensforderungen, wenn noch Kreditentscheidungen erforderlich sind, die der Forderungserwerber nicht treffen kann oder will, vgl. *Clemente* ZfIR 2007, 746.
2171 BGH, 27.10.2009 – XI ZR 225/08, ZfIR 2010, 65 m. Anm. *Clemente*.
2172 Ungeachtet eines etwaigen Verstoßes gegen § 32 Abs. 1 Satz 1 KWG, denn dabei handelt es sich nicht um ein Verbotsgesetz, BGH, 19.04.2011 – XI ZR 256/10, DNotI-Report 2011, 101.
2173 *Schöner/Stöber* Grundbuchrecht 13. Aufl. Rn. 2379.
2174 So jedenfalls OLG Hamm, 13.10.2009 – I-15 Wx 43/09, JurionRS 2009, 26110.

nahme der ihm übersandten Ausfertigung annimmt, könnte in der Grundschuld etwa wie folgt formuliert sein:

▶ **Formulierungsvorschlag: Abtretungsbeschränkung gem. § 399 BGB bei Grundschuld**

1409 Diese Grundschuld ist nur mit schriftlicher Zustimmung des jeweiligen Grundstückseigentümers (Sicherungsgeber) abtretbar (§ 399 BGB). Es wird bewilligt und beantragt, diese Abtretungsbeschränkung bei der Grundschuld zu vermerken.

1410 Fehlt es an einem solchen Ausschluss der Abtretbarkeit hinsichtlich Darlehen und Grundschuld, gilt: Als Folge des Vierten Finanzmarktförderungsgesetzes bedarf seit 2002 die Verwaltung abgetretener Forderungen keiner bankenrechtlichen Erlaubnis mehr, sodass auch ausländische Investment-Fonds oder Finanzinvestoren ohne Banklizenz Darlehens-Portfolien »aufkaufen« können.[2175]

Die hinzutretende (mangels Anwendbarkeit des § 401 BGB separate) Abtretung der abstrakten Grundschuld erfasst nicht eo ipso die Verpflichtungen aus dem Sicherungsvertrag.

1411 Haben jedoch Abtretender und Abtretungsempfänger die Einhaltung dieses Sicherungsvertrages vereinbart (worauf der Zedent schon zum Schutz vor Schadensersatzansprüchen seines früheren Kunden Wert legen wird), kann sich der Sicherungsgeber zum einen als Dritter gem. § 328 BGB hierauf berufen, zum anderen kann er auch unmittelbar dem Zessionar diese Einrede nach § 1157 BGB entgegenhalten, da sie der Grundschulderwerber somit kennt.

1412 Unterbleibt (atypischerweise, etwa bei Zession durch private Gläubiger) eine solche Vereinbarung, könnte der Zessionar die Grundschuld gutgläubig einredefrei erwerben; eine Einrede kann der Sicherungsgeber dem neuen Gläubiger nämlich gem. § 1157 Satz 1 BGB nur entgegenhalten, wenn sie ihm zum einen zusteht (also der gesamte Einredetatbestand bereits bei der Zession verwirklicht ist, bspw. durch Teiltilgungen) und sie ferner im Grundbuch eingetragen ist (was hinsichtlich der Einreden aus dem Sicherungsvertrag nicht möglich ist)[2176] oder wenn sie ihm positiv bekannt war. Die bloße Kenntnis des Charakters einer Sicherungsgrundschuld genügt für die Bösgläubigkeit nicht, es bedarf vielmehr der Kenntnis der die Einrede begründenden Tatsachen.[2177] Auch die gemeinsame Abtretung von Forderung und Grundschuld genügt nicht für die Bösgläubigkeit.[2178] Dies dürfte allerdings nicht gelten, wenn der Erwerber – wie bei Portfolien üblich – die gesamte »Kundenverbindung kauft« und sich die Vergütung prozentual nach der noch offenen Darlehensforderung berechnet. In der Praxis werden zudem die Kreditunterlagen, einschließlich der Sicherungsvereinbarung körperlich übergeben, sodass das Unterbleiben einer Kenntnisnahme hiervon nach dem Rechtsgedanken des § 162 BGB der Kenntnis gleichsteht.[2179]

1413 Unabhängig davon liegt in der (unterstellten) isolierten Abtretung von Darlehen und/oder Grundschuld ohne Weitergabe der Sicherungsvereinbarung ein Verstoß gegen die **treuhänderischen Bindungen** aus dem Sicherungsvertrag, der zum Schadensersatz (Freistellung von unberechtigter Versteigerung) verpflichtet,[2180] untergerichtlich wurde ferner vertreten, die Geltendmachung der Rechte aus der Vollstreckungsunterwerfung verstoße bei isoliert abgetretenen Grundschulden gegen Treu und Glauben.[2181] Als vorsorgende Gestaltung können sich der Abtretungsausschluss hinsichtlich der Grundschuld, der auch im Grundbuch vermerkt werden kann (vgl. Rdn. 1409) – bzw. die mildere Beschränkung der Bindung einer solchen Abtretung an die Zustimmung des Grundstück-

---

2175 Vgl. hierzu bspw. *Clemente* ZfIR 2007, 737.
2176 Vgl. Staudinger/*Wolfsteiner* BGB 2002 § 1191 Rn. 8 f.
2177 BGH, 15.01.1988 – V ZR 183/86, NJW 1988, 1375.
2178 BGH, 16.01.2001 – XI ZR 41/00, ZIP 2001, 367/368, da der Zessionar, der sich zusätzlich die Forderung abtreten lässt, nicht schlechter gestellt sein darf als der Erwerber der isolierten Grundschuld.
2179 Vgl. Staudinger/*Gurski* BGB 2002 § 892 Rn. 146, 150; DNotI-Gutachten Nr. 81400, v. 06.12.2007, S. 8 – 10 des Umdrucks.
2180 Vgl. *Clemente* Recht der Sicherungsgrundschuld 3. Aufl. 1999 Rn. 540 ff.; *Bülow*, Recht der Kreditsicherheiten 6. Aufl. 2003 Rn. 1162 ff.
2181 LG Hildesheim, 28.10.2008, ZfIR 2009, 217 m. Anm. *Clemente*.

seigentümers – sowie identische Regelungen (Abtretungsausschluss bzw. –beschränkung) hinsichtlich des Darlehens empfehlen. Eine notarielle Pflicht, vorsorgend vor den Risiken aus der Abstraktheit der Grundschuld zu warnen, besteht nicht.[2182]

Das am 19.08.2008 in Kraft getretene **Risikobegrenzungsgesetz**[2183] enthält für ab dann geschlossene Darlehensverträge bzw. rechtsgeschäftlich bestellte/erworbene Grundschulden (Art. 229 § 18 EGBGB) zur Verbesserung des Schuldnerschutzes folgende Maßnahmen: **1414**
– In AGB kann eine vorweggenommene Zustimmung des Kreditnehmers zur Auswechselung des Vertragspartners nicht erteilt werden (§ 309 Nr. 10 BGB n.F.);[2184] über die grundsätzliche Abtretbarkeit des Immobiliardarlehens ist der Kreditnehmer vorvertraglich deutlich zu informieren (§ 492 Abs. 1a BGB). Unberührt bleibt allerdings die Möglichkeit der »partiellen Gesamtrechtsnachfolge« durch Instrumente des Umwandlungsrechts (z.B. Ausgliederung).
– Der Darlehensgeber ist zu einem Folgeangebot bzw. zum Hinweis auf die Nicht-Verlängerung des Vertrages 3 Monate vor Ablauf der Zinsbindung verpflichtet (§ 492a Abs. 1 BGB); ebenso ist der Wechsel des Darlehensgebers unverzüglich anzuzeigen (§ 496 Abs. 2 Satz 1 BGB, wobei der Neugläubiger an dieser Mitteilung ohnehin ureigenstes Interesse hat: § 407 BGB).
– Die Kündigung eines Immobiliendarlehens setzt Verzug mit mindestens zwei aufeinanderfolgenden Teilzahlungen und mindestens 2,5 % des Darlehensbetrages voraus (§ 503 Abs. 3 BGB n.F., vor dem 11.06.2010: § 498 Abs. 3 BGB); für Verbraucherdarlehen, die nicht Immobilienkreditverträge i.S.d. § 503 BGB sind, gilt § 498 Abs. 1 Nr. 1 BGB: mindestens 10 % bei Laufzeiten unter 3 Jahren, mindestens 5 % bei längerer Laufzeit, vgl. Rdn. 19). **1415**
– Die Möglichkeit des **gutgläubigen einredefreien Erwerbs (§ 1157 BGB)** ist hinsichtlich der Einreden aus dem Sicherungsvertrag gesetzlich ausgeschlossen; d.h. es findet faktisch ein gesetzlicher Mitübergang solcher Einreden (nicht aber der gesamten Sicherungsabrede!)[2185] mit der Grundschuld[2186] statt (§ 1192 Abs. 1a BGB). Erfasst sind dabei sowohl Abreden, die z.Zt. der Abtretung bereits bestehen, die also nach der insoweit strengen Rechtsprechung des BGH unter § 1157 BGB fallen würden,[2187] als auch solche, deren Tatbestand – z.B. aufgrund späterer Tilgung – erst nach der Abtretung vollständig verwirklicht ist.[2188] Auch die gesetzliche Einrede aus § 821 BGB bei Nichtigkeit des Sicherungsvertrages dürfte umfasst sein.[2189] Das Merkmal »Sicherungsgrundschuld« ist jedoch weiterhin nicht im Grundbuch eintragungsfähig.[2190]
– Wird aus Vollstreckungstiteln durch einen anderen als den in der Urkunde bezeichneten Gläubiger (etwa nach Abtretung) unbefugt (z.B. trotz Erfüllung) vorgegangen, haftet der betreibende Gläubiger verschuldensunabhängig für alle etwa entstehenden Schäden, Rdn. 1292. (§ 799a ZPO). **1416**
– Ist der Darlehensnehmer zur Sicherheitsleistung nicht in der Lage und die Rechtsverfolgung durch ihn aussichtsreich, kann er die Einstellung der Zwangsvollstreckung ohne Sicherheitsleistung verlangen (§ 769 Abs. 1 Satz 2 ZPO).
– Ferner trat eine Erweiterung der aktien- und wertpapierhandelsrechtlichen Meldepflichten, v.a. für Finanzinvestoren, ein.[2191]

2182 Vgl. Rundschreiben der BNotK Nr. 36/07 v. 13.12.2007, DNotI-Gutachten v. 06.12.2007, Nr. 81400, S. 12 ff. des Umdrucks.
2183 BGBl. I 2008, S. 1669 ff., Regierungsbegründung abgedruckt in ZfIR 2008, 649 ff.; vgl. etwa im Überblick *Clemente* ZfIR 2008, 589 ff.; *Fest* ZfIR 2008, 657 ff.; *Schmidl/Voss* DNotZ 2008, 740 ff.; *Sommer* RNotZ 2009, 578 ff.
2184 Umsetzung von Nr. 1p des Richtlinienanhangs zur Klauselrichtlinie RL93/13/EWG.
2185 *Clemente* ZfIR 2008, 595.
2186 Zur (abzulehnenden) Frage der analogen Anwendung auf die Sicherungsreallast vgl. *Sokolowski* NotBZ 2011, 382, 386.
2187 BGH NJW 1983, 752; BGH, NJW-RR 1987, 139.
2188 *Gutachten* DNotI-Report 2010, 96 m.w.N.
2189 *Zetzsche* AcP 2009, 543, 559; *Staudinger/Wolfsteiner* § 1192 BGB (Bearb 2009) Rn. 39, 41; gleiches gilt für den dann bestehenden Anspruch aus § 1169 BGB, der wohl unverjährbar ist, *Wolfsteiner* DNotZ 2003, 321.
2190 BGH NJW 1986, 53; DNotI-Gutachten Nr. 11537 v. 22.09.2008.
2191 So müssen bspw. Aktionäre, sobald sie mindestens 10 % eines Unternehmens erworben haben, die mit der Beteiligung verfolgten Ziele und die Herkunft der Mittel offenlegen; ferner haben die im Aktienregister Eingetragenen auf Verlangen mitzuteilen, für wen sie die Aktien halten (anderenfalls entfällt das Stimmrecht, § 67 Abs. 4 AktG). Auch

B. Gestaltung eines Grundstückskaufvertrages

1417 Auch im Hinblick auf die **Klauselumschreibung** bei einer Rechtsnachfolge auf Gläubigerseite bedarf es gem. § 795 Satz 1 i.V.m. § 727 ZPO lediglich des Nachweises der Rechtsnachfolge hinsichtlich des Titels selbst (bei einer Buchgrundschuld ergibt sich diese offenkundig, § 799 ZPO, aus dem Grundbuch, bei Briefgrundschulden aus der unterschriftsbeglaubigten[2192] Abtretungserklärung gem. § 1154 Abs. 1 Satz 1 BGB, sowie der Übergabe des Grundschuldbriefs, etwa durch Nachweis seiner Verwahrung beim neuen Gläubiger,[2193] hinsichtlich des persönlichen Titels ebenfalls aus der seitens des Zedenten beglaubigten Abtretungserklärung). Eine materiellrechtliche Prüfungsbefugnis steht dem Notar nicht zu, selbst die Rüge der Nichtigkeit braucht er (abgesehen von Evidenzfällen) nicht zu berücksichtigen.[2194] Nur wo nach dem Inhalt des Titels die Vollstreckung ausdrücklich vom Eintritt einer vom Gläubiger zu beweisenden materiell-rechtlichen Tatsache abhängt, darf die Klausel erst nach deren Nachweis erteilt werden (§ 726 Abs. 1 BGB, sog. »titelergänzende Klauselfunktion«);[2195] bei der Auslegung können jedoch nur solche Umstände berücksichtigt werden, die sich aus dem Wortlaut des Titels (der ja Inhalt und Umfang der Zwangsvollstreckung festlegt) selbst ergeben. Wo solche Umstände im Wortlaut (wie i.d.R.) nicht angelegt sind, sind dem Notar weiter gehende Interessenabwägungen verwehrt; will sich der Schuldner auf solche berufen, muss er diese im Verfahren nach § 768 ZPO klären.[2196]

1418 Zuvor hatte der XI. (Bankrechts-) Senat des BGH abweichend von dieser Linie in einem heftig kritisierten Versäumnisurt. v. 30.03.2010[2197] als Folge einer i.S.d. § 305c Abs. 2 BGB »verbraucherfreundlichen Auslegung«[2198] angenommen, der Grundschuldbesteller wolle nur Ansprüche aus einer »*treuhänderisch weiterhin gebundenen*« Sicherungsgrundschuld mit Wirkung auch gegen Rechtsnachfolger titulieren lassen,[2199] sodass dem die Klausel umschreibenden Notar »der Eintritt«[2200] des Zessionars in den Sicherungsvertrag im Sinne und mit den Beweismitteln des § 727 ZPO nachzuweisen sei, wenn es um dingliche[2201] Titel gehe, bei denen nicht bereits § 1192 Abs. 1a BGB (Rdn.

Verstöße gegen wertpapierhandelsrechtliche Meldepflichten führen zum vorübergehenden (mindestens 6-monatigen) Verlust des Stimmrechts.

2192 Insoweit muss lediglich die Abtretungserklärung des abgebenden Teils (Zedenten) beglaubigt werden, nicht aber die Annahmeerklärung des empfangenden Teils (Zessionars), was sich aus § 799 ZPO (*Wolfsteiner* Die vollstreckbare Urkunde Rn. 46.80) bzw. aus dem Umstand ergibt, dass im Antrag des Zessionars auf »Umschreibung der Vollstreckungsklausel« schlüssig die Annahme liege.

2193 OLG Düsseldorf NJW-RR 2002, 711.

2194 BGH, 16.04.2009 – VII ZB 62/08, NJW 2009, 1887; BGH, 16.07.2004 – IXa ZB 326/03, NJW-RR 2004, 1718.

2195 Wird die Klausel ohne einen solchen, erforderlichen, Nachweis erteilt, kann der Schuldner Klage gegen die Vollstreckungsklausel gem. § 768 ZPO erheben.

2196 BGH, 28.07.2011 - VII ZB 81/10, DNotZ 2012, 53; BGH, 29.06.2011 – VII ZB 89/10, ZfIR 2011, 720 m. Anm. *Soutier*; *Everts* DNotZ 2011, 724: »Wiedereinsetzung in den vorigen Stand«.

2197 BGH, 30.03.2010 – IX ZR 200/09, MittBayNot 2010, 378 m. abl. Anm. *Volmer*; vgl. *Gutachten* DNotI-Report 2010, 93 ff.; *Herrler* BB 2010, 1931 ff.; *Volmer* MittBayNot 2010, 383 ff.; *Wolfsteiner* ZNotP 2010, 322 ff.; *Kesseler* WM 2011, 486 f.

2198 Bei ausdrücklich gegenteiliger Formulierung der Unterwerfungserklärung (ähnlich einem Nachweis»verzicht«) dürfte dann für vom BGH entwickelten Vorsorgemaßnahmen kein Raum bleiben? Tatsächlich ist zu bemängeln, dass der BGH eine klare, nämlich vollstreckungsvoraussetzungsfreie Vollstreckungsunterwerfung für unklar erklärte und ihr sodann mithilfe des § 305c BGB eine alles andere als klare Vollstreckbarkeitsbeschränkung unterlegte, vgl. *Wolfsteiner* Die vollstreckbare Urkunde Rn. 17.22.

2199 Der Ansatz des XI. Senats des BGH beruhte auf dem Grundsatz, dass der Schuldner die Vollstreckungsbedingungen in der Unterwerfungserklärung frei festlegen kann – ebenso wie er beim »üblichen« Nachweisverzicht die prozessualen Befugnisse weiter ausgestalten kann als die materiellen, könne er – hier als Ergebnis verbraucherfreundlicher Auslegung »unklarer« Bestimmungen durch den BGH – prozessual zusätzliche, über das materielle Recht hinausgehende Anforderungen stellen, welche der Gläubiger nachweisen müsse, auch wenn an sich der Schuldner materiellrechtlich hinsichtlich dieser Einrede beweispflichtig wäre.

2200 Im Sinne einer dreiseitigen Vertragsübernahme, oder eines Schuldbeitritts ohne Mitwirkung des Sicherungsgebers, der jedoch als Dritter gem. § 328 BGB begünstigt ist. Vertragspartner des Neugläubigers bei diesem Vertrag zugunsten Dritter konnte auch eine andere Person als der Altgläubiger (z.B. ein Angestellter des Neugläubigers) sein.

2201 Gem. § 404 BGB kann der Schuldner beim persönlichen Titel die Einwendungen aus dem Sicherungsvertrag dem neuen Gläubiger ohnehin entgegenhalten.

1414 f.) die Fortgeltung der fiduziarischen Bindung trotz Rechtsnachfolge gewährleiste.[2202] Dies bescherte der Praxis sowohl bei Forderungsverkäufen als auch bei vom Schuldner gewünschten Umschuldungen erhebliche Probleme (Nachbeglaubigung der Unterschrift des Alt- und des Neugläubigers bzw. des Neugläubigers und eines beliebigen Versprechensempfängers unter der Übernahmevereinbarung mit Wirkung für den Schuldner gem. § 328 BGB; Nachweis über Abgabe und Zustellung eines diesbezüglichen Angebots an den Schuldner; einseitige Normunterwerfungserklärungen[2203] bzw. Geständniserklärungen des Zessionars;[2204] Geständnis des Schuldners über das Zustandekommen eines neuen Sicherungsvertrages etc.). Scheiterten diese Nachweise, musste der Neugläubiger Klauselerteilungsklage nach § 731 ZPO[2205] erheben oder auf Duldung der Zwangsvollstreckung aus der Grundschuld in das Schuldnerobjekt gem. § 1147 BGB im Urkundsprozess (vgl. § 592 Satz 2 ZPO) klagen; letzteres war auf jeden Fall erfolgreich, da die Grundschuld selbst ja materiell-rechtlich wirksam erworben worden war. Diese im Ergebnis wenig schuldnerfreundlichen Irrwege haben sich aus notarieller Sicht durch den Beschluss des für das Vollstreckungsrecht zuständigen VII. Zivilsenats vom 29.06.2011[2206] erledigt.

dd) Kündigung

Weiter wurde durch das Risikobegrenzungsgesetz § 1193 Abs. 2 BGB um einen Satz 2 ergänzt, demzufolge die Fälligkeit des Kapitals von ab 19.08.2008[2207] beurkundeten oder beglaubigten Grundschulden (nicht Hypotheken), die – wie in der Praxis stets – der Sicherung einer Geldforderung dienen,[2208] erst 6 Monate nach Kündigung, also nicht mehr sofort, eintritt. Daneben tritt ggf. auf Antrag die verfahrensrechtliche 6-monatige Sanierungsfrist des § 30a ZVG.[2209] § 1193 Abs. 2 Satz 2 BGB entgegenstehende Formulierungen in älteren Grundschuldbestellformularen sind demnach schlicht zu streichen,[2210] da abweichende Vereinbarungen[2211] (übrigens auch eine Verlängerung der Kündigungsfrist!) nicht mehr zulässig sind. Wird einer »Altgrundschuld« ein weiteres Grundstück pfandunterstellt (der Sache nach handelt es sich um eine Neubestellung hinsichtlich dieses Grundstücks), ist § 1193 Abs. 2 Satz 2 BGB insoweit ebenfalls zu beachten.[2212] Das Gesamtgrundpfandrecht kann[2213] unterschiedliche Fälligkeiten aufweisen, was jedoch im Grundbuch zu vermerken ist, sei es durch Bezugnahme auf die Bewilligung, oder durch Formulierung im Grundbuchbeschrieb

1419

2202 Also »Altfälle« einer Bestellung vor dem 19.08.2008, es sei denn nach diesem Datum hätte die erste Abtretung stattgefunden. Briefgrundschulden, die vor dem 19.08.2008 bestellt wurden, waren vorsichtigerweise stets als »Altfälle« zu behandeln, da das Datum ihrer ersten Abtretung nicht sicher ermittelt werden kann.
2203 *Sommer* RNotZ 2010, 378, 383 (Unterwerfung unter die Geltung des § 1192 Abs. 1a BGB auch für Altfälle, sei es für den Einzelfall, sei es durch globale Erklärung).
2204 *Stavorinus* NotBZ 2010, 282, und zwar in privatschriftlicher Form (Muster a.a.O. S. 284).
2205 Im dinglichen Gerichtsstand gem. § 800 Abs. 3 ZPO.
2206 BGH, 29.06.2011 – VII ZB 89/10, ZNotP 2011, 353; vgl. hierzu *Dieckmann* notar 2012, 41 ff und *Heinze* ZNotP 2011, 332 ff.: Der »Eintritt in den Sicherungsvertrag« ist nicht Bestandteil des Rechtsnachfolgetatbestandes, sondern Vollstreckungsbedingung, das ist nicht i.R.d. Klauselerteilungsverfahrens, sondern allenfalls i.R.d. § 768 ZPO zu prüfen ist.
2207 Damit werden ältere Grundschulden für »Kreditaufkäufer« besonders attraktiv!
2208 Das Merkmal »Sicherungsgrundschuld« ist im Grundbuch nicht eintragungsfähig, vgl. DNotI-Gutachten v. 24.09.2008, Faxabruf-Nr. 11537, weder i.S.d. § 1193 Abs. 2 Satz 2 noch i.S.d. § 1192 Abs. 1a BGB.
2209 *Volmer* MittBayNot 2009, 2; weist das Versteigerungsgericht den Schuldner auf diese Möglichkeit nicht hin, hindert dies den Zuschlag allerdings nicht, vgl. BGH, 19.02.2009 – V ZR 118/08.
2210 Ist dies versehentlich unterblieben, berührt die Teilunwirksamkeit nicht die eigentliche Grundschuld (§§ 306 Abs. 1, 139 BGB); der Notar kann den Antrag teilweise zurücknehmen und die Bewilligung aufgrund der ihm erteilten Vollzugsvollmacht, vgl. Rn. 1780.
2211 Demnach besteht ein Eintragungshindernis bei einer neu bestellten Grundschuld, die »ohne Kündigung fällig« sein soll, OLG Düsseldorf, 17.11.2010 – I-3 Wx 264/10, ZfIR 2011, 153.
2212 LG Berlin, 27.01.2009 – 86 T 15/09, RNotZ 2009, 246 [a.A. OLG München, 26.01.2010 – 34 Wx 112/09 notar 2010, 115: Divergenzvorlage an den BGH]. Anders verhält es bei der gesetzlichen Pfanderstreckung durch Bestandteilszuschreibung: die seinerzeit unwirksame Fälligkeitsregelung gilt weiter, *Volmer* MittBayNot 2009, 1, 2; *Böhringer* RPfleger 2010, 406, 412.
2213 BGH, 10.06.2010 – V ZB 22/10, ZfIR 2010, 622 m. Anm. *Heinze, Schmidt-Räntsch* ZNotP 2011, 2; *Waldner* MittBayNot 2011, 59; *Gutachten* DNotI Nr. 11538 v. 24.09.2008; a.A. KG, JW 1923, 1038.

selbst (»hinsichtlich des nachverpfändeten Grundstücks gilt für die Kündigung des Grundschuldkapitals § 1193 Abs. 2 Satz 2 BGB n.F«).[2214] Grundschuldzinsen und einmalige Nebenleistungen sowie die Ansprüche aus einem parallel erklärten abstrakten Schuldanerkenntnis[2215] können jedoch auch künftig unabhängig von einer Kündigung fällig sein; aus diesen kann unmittelbar die Zwangsvollstreckung bzw. (aus den dinglichen Zinsen) die Zwangsverwaltung betrieben werden.

1420 Die **Kündigung der Grundschuld**, die übrigens sofort und ohne »wichtigen Grund«, etwa Zahlungsrückstand, (auch stillschweigend)[2216] erfolgen kann,[2217] vielleicht aber nicht darf,[2218] ist – bei Lichte betrachtet – als Umstand des materiellen Rechts lediglich im Rahmen einer Vollstreckungsgegenklage (§ 767 ZPO) zu beachten; als Voraussetzung einer Klauselerteilung (§ 726 ZPO) nur dann, wenn sie durch Erklärung des Schuldners zum Inhalt dessen geworden sein sollte, weswegen er sich der Vollstreckung unterworfen hat. Auch in diesem Fall kann aber die Klausel erteilt werden, sobald die Zustellung der Kündigung (durch PZU des Gerichtsvollziehers, § 132 Abs. 1 BGB) nachgewiesen ist (Kostenfolge: § 133 KostO!), unter Angabe des Zustelldatums in der Klausel, sodass das Vollstreckungsorgan die Frist selbst ermitteln kann (§ 751 ZPO). Es bestehen daher keine Bedenken, die Klausel sofort zu erteilen, wenn der Schuldner (in Ausübung seiner prozessualen Dispositionsbefugnis)[2219] in der Urkunde erklärt, dass der Vollstreckungstitel selbst (also der prozessuale Anspruch) von keinem weiteren Nachweis abhängen soll. Letzterer (untechnische) »**Nachweisverzicht**« ist (anders als im Bauträger- und Werkvertragsrecht, Rdn. 1289) zulässig, verstößt insb. nicht gegen § 309 Nr. 12 BGB[2220] oder gegen § 307 BGB[2221] (keine Leitbildfunktion, zumal auf den dinglichen Titel begrenzt).

▶ Formulierungsvorschlag: »Nachweisverzicht« im Hinblick auf § 1193 Abs. 2 Satz 2 BGB n.F.

1421 Der Besteller verzichtet auf den Nachweis der Fälligkeit des Grundschuldkapitals sowie weiterer, den materiell-rechtlichen Anspruch oder die Vollstreckbarkeit begründender Tatsachen. Vollstreckbare Ausfertigung kann daher wegen der Grundschuld und des abstrakten Schuldanerkenntnisses ohne weitere Prüfung sofort erteilt werden.

f) Grundbuchkosten: Der bedingte Rangvorbehalt

1422 Wenn zur Finanzierung von Kaufverträgen mit Vorwegbeleihungsvollmacht die Grundpfandrechte (wie leider in der Praxis fast die Regel geworden) erst später bestellt werden, muss der Käufer nach herrschender Meinung (a.A. Rdn. 1361) mit seiner bereits eingetragenen Vormerkung hinter die Grundschuld zurücktreten (bzw. einen Wirksamkeitsvermerk bewilligen), um den vom Gläubiger geforderten Rang zu verschaffen. Wird der bedungene Rang durch Bewilligung und Vollzug eines Rangrücktritts des Käufers bzgl. der zu seinen Gunsten eingetragenen Vormerkung vollzogen, wirkt sich dieser in der Grundschuldbestellungsurkunde erklärte **Rangrücktritt** bei den Notargebühren nicht erhöhend aus (§ 44 Abs. 3 KostO), für die Eintragung des Rangrücktritts fällt jedoch beim

---

2214 Vgl. *Böhringer* RPfleger 2010, 406, 411; *Dietz* DNotZ 2010, 690.
2215 Vgl. *Kalkbrenner* ZNotP 2008, 402: die vermiedenen Mehrkosten einer gerichtlichen Beitreibung sind i.R.d. § 307 Abs. 1 BGB zu berücksichtigen.
2216 Etwa durch Androhung der Zwangsvollstreckung, OLG Brandenburg, 23.02.2011 – 3 U 72/10.
2217 Vgl. *Hinrichs/Jaeger* ZfIR 2008, 750; *Schmid/Voss* DNotZ 2008, 746 ff.; *Volmer* MittBayNot 2009, 5.
2218 So *Gladenbeck* laut *Kunze* Tagungsbericht »Grundschulden und Risikobegrenzungsgesetz« 18.11.2009 München, MittBayNot 2010, 191, gestützt auf den Treuhandcharakter des Sicherungsvertrages, der zu einem Gleichlauf der Fälligkeit von Grundschuld und gesicherter Forderung führe.
2219 *Zimmer* NotBZ 2008, 388; vgl. *Schmid/Voss* DNotZ 2008, 756 ff.
2220 Da die Beweislast für die Berechtigung aus dem materiellen Anspruch sich nicht ändert (*Münch* NJW 1991, 795).
2221 Vgl. BGH, 30.03.2010 – XI ZR 200/09, ZfIR 2010, 441 Rz. 28-31; RS der BNotK, Nr. 23/2008, S. 8 f. und Gutachten, DNotI-Report 2008, 161 ff.; *Kalkbrenner* ZNotP 2008, 403; ebenso zuvor wohl BGH, 22.05.2007 – XI ZR 338/05, MittBayNot 2008, 204; BGH, 22.07.2008 – XI ZR 389/07, WM 2008, 1679; hierzu *Zimmer* NJW 2008, 3185 ff. (in Kenntnis der Pläne des Risikobegrenzungsgesetzes); vorsichtiger *Volmer* MittBayNot 2009, 8: Risikobegrenzungsgesetz soll den Handlungsdruck reduzieren; a.A. *Schimansky* WM 2008, 1049 ff., wonach bereits in der Unterwerfung unter die Zwangsvollstreckung selbst eine unbillige Benachteiligung liege, da der neuzeitliche Darlehensgeber sich nicht mehr Treu und Glauben verbunden fühle.

Grundbuchamt eine Viertel-Gebühr an aus dem geringeren Wert von Grundschuldkapital und Eigentumsvormerkung (Kaufpreis), §§ 64 Abs. 5, 67 Abs. 1 Satz 1, 23 Abs. 3 Satz 1 KostO. Für die Eintragung des Grundpfandrechtes selbst fällt (unabhängig ob vollstreckbar oder nicht) eine 10/10-Gebühr aus dem Nominalbetrag (ohne Zinsen und Nebenleistungen) an; für eine ggf. erforderliche Brieferteilung eine weitere Ein-Viertel-Gebühr.

Die 1/4-Gebühr für den Rangrücktritt kann dem Kunden dadurch **erspart werden**, dass bei der Bewilligung der Vormerkung ein **Rangvorbehalt** für noch zu bestellende Finanzierungsgrundschulden bewilligt und eingetragen wird. Die zeitgleiche Eintragung des Rangvorbehalts bei der Eigentumsvormerkung ist gerichtskostenfrei. Wird nun später der Rangvorbehalt durch die Finanzierungsgrundschuld (noch durch den, regelmäßig vertretenen, Verkäufer)[2222] ausgenutzt, ist die Einweisung in diesen Rangvorbehalt ebenfalls gebührenfreies Nebengeschäft, sodass nur die ohnehin anfallenden Eintragungskosten für die Grundschuld (§ 62 Abs. 1 KostO) entstehen. Allerdings löst die Löschung des nicht ausgenutzten restlichen Rangvorbehalts vor Vollzug der Eigentumsumschreibung eine **Viertel-Gebühr** (jedoch nur aus dem Restwert des noch nicht ausgenutzten Rangvorbehalts) aus; bei gleichzeitiger Löschung der Vormerkung selbst i.R.d. Endvollzugs ist diese jedoch gegenstandsgleich mit der Löschung der Vormerkung und damit gebührenfreies Nebengeschäft. Letzteres ist wohl der Normalfall. 1423

Trotz der insoweit großzügigen Instanzrechtsprechung[2223] sollten zur notwendigen Bestimmbarkeit Höchstbeträge für Kapital, Nebenleistungen und Zinsen (oder Höchstprozentwerte des Kaufpreises) angegeben werden. Anzutreffende Befürchtungen, etwaige nach der Vormerkung, aber vor der Ausnutzung des ausbedungenen Rangvorbehaltes eingetragene Zwischenrechte (Zwangssicherungshypotheken) könnten aufgrund des entstehenden Rangverhältnisses (§ 881 Abs. 4 BGB) dem Finanzierungsgrundpfandrecht vorgehen, lassen sich mit Blick darauf zerstreuen, dass die Vormerkung sich gegen Versteigerungen aus dem nachrangigen Zwischenrecht gem. § 888 BGB letztendlich durchsetzt.[2224] Um zu vermeiden, dass noch der Verkäufer den Rangvorbehalt durch eigene Grundpfandrechte ausnutzt und damit seiner Verpflichtung zur Lastenfreistellung zuwiderhandelt, muss allerdings als (grundbuchamtlich überprüfbare und zu überprüfende) **Bedingung für die Ausnutzung des Rangvorbehalts** vorgesehen werden, dass der Käufer (sei es er selbst oder durch Vollmacht) bei dieser Ausnutzung mitwirkt. Eine solche Formulierung (textlich im Anschluss an die Bewilligung der Vormerkung dann gewählt, wenn die Finanzierungsunterlagen bei Beurkundung des Kaufvertrages nicht oder nicht komplett vorliegen) könnte etwa wie folgt lauten: 1424

▶ Formulierungsvorschlag: Bedingter Rangvorbehalt bei der Vormerkung für Finanzierungsgrundpfandrechte

Vorbehalten bleibt das Recht, mit Vorrang vor der vorstehend bewilligten Eigentumsvormerkung Grundpfandrechte bis zum Betrag von ..... € nebst laufenden Zinsen und Nebenleistungen ab dem Tag der Beurkundung des den Vorrang ausnutzenden Grundpfandrechtes bis zu 18 % jährlich und einmaliger Nebenleistung bis zu 10 % hieraus eintragen zu lassen. Wird die Unter- 1425

2222 Die Befugnis zur Ausübung des Rangvorbehalts folgt derjenigen zur Belastung des Eigentums, sodass auch ein Miteigentümer ihn – limitiert auf den Bruchteil des Nennbetrages, der seiner Eigentumsquote entspricht – ausnutzen kann, OLG Hamm, 23.02.2010 – I-15 Wx 316/09, MittBayNot 2010, 392 m. krit. Anm. *Kutter*, der empfiehlt, vorsorglich in den Rangvorbehalt die Bestimmung aufzunehmen, dass seine – auch teilweise – Ausübung durch nur einen Miteigentümer der Zustimmung sämtlicher weiterer Miteigentümer bedürfe.
2223 LG Köln MittRhNotK 1996, 234 lässt auch einen Rangvorbehalt für »Rechte in beliebiger Höhe« gelten.
2224 Vgl. *Hansmeyer* MittRhNotK 1989, 168; *Vierling/Mehler/Gotthold* MittBayNot 2005, 377 sowie allgemein zu den versteigerungsrechtlichen Auswirkungen des Rangvorbehalts *Morvilius* MittBayNot 2005, 447 ff. Wer solche Probleme gänzlich vermeiden will, kann die Einweisung des bestellten Finanzierungsgrundpfandrechtes in den bedingten Rangvorbehalt ihrerseits wiederum nur bedingt erklären für den Fall, dass nach Eintragung der Vormerkung keine weiteren Zwischenrechte ohne Zustimmung des Käufers eingetragen worden seien oder gleichzeitig hinter die Grundschuld zurückträten. Dadurch erfährt der Käufer (und der Notar) zuverlässig von solchen Zwischenrechten, allerdings um den Preis, dass die Eintragung des Finanzierungsgrundpfandrechtes zunächst unterbleibt. Selbst wenn der Kaufpreis bereits fällig wäre, kann (und sollte) ihn der Käufer jedoch bei solchen Zwischenrechten gem. § 320 BGB zurückhalten, vgl. oben Rn. 1134 ff., sodass ihm kein Verzug droht.

schrift unter der Bewilligung zur Eintragung des Grundpfandrechtes beglaubigt, ist der Tag der Beglaubigung für den Zinsbeginn maßgebend. Der Rangvorbehalt ist dergestalt eingeschränkt, dass nur Grundpfandrechte eingewiesen werden können, die unter dinglicher Mitwirkung des vormerkungsgesicherten Erwerbers bestellt werden. Der Rangvorbehalt kann durch mehrere Rechte und mehrmals ausgenutzt werden. Die Eintragung dieses Rangvorbehalts im Grundbuch wird bewilligt und beantragt. Mit Löschung der Vormerkung wird die Löschung des Rangvorbehaltes – soweit noch nicht ausgenutzt – bewilligt und auf Kosten des Erwerbers beantragt.

Der Weg wird wegen des Mehraufwandes auf Geschäfte von größerem Volumen beschränkt bleiben.

g) Verbundene Verbraucherdarlehensverträge

aa) »Heininger« und die Folgen

1426 Von neuer Bedeutung für die notarielle Praxis sind die Risiken, die sich aus dem **Widerruf eines verbundenen Verbraucherdarlehensvertrages** ergeben können: § 491 Abs. 3 Nr. 1 BGB hatte früher (wie schon § 3 Abs. 2 Nr. 2 VerbrKrG) »Verbraucherdarlehensverträge, bei denen die Gewährung des Darlehens von der Sicherung durch ein (ggf. schon bestehendes)[2225] Grundpfandrecht abhängig gemacht[2226] wird und zu Bedingungen erfolgt, die für grundpfandrechtlich abgesicherte Darlehensverträge und deren Zwischenfinanzierung üblich sind« vom Anwendungsbereich u.a. des § 358 BGB (Freiwerden vom verbundenen Vertrag nach Widerruf des Verbraucherdarlehens) ausgenommen. In Reaktion auf die Rechtsprechung des EuGH[2227] wurden durch das OLG-Vertretungsänderungsgesetz[2228] die Widerrufsrechte bei Verbraucherverträgen wesentlich erweitert:

1427 – Widerrufsrechte erlöschen künftig nicht mehr, wenn der Verbraucher nicht ordnungsgemäß belehrt wurde (§ 355 Abs. 3 Satz 3, seit 31.10.2009: Satz 2 BGB n.F.).
– Widerrufsrechte gelten künftig auch für Immobilien-Verbraucherdarlehen (Streichung des § 491 Abs. 3 Nr. 1 BGB).
– Soweit ein Immobilienerwerb und seine Finanzierung als **verbundenes Geschäft** i.S.d. § 358 BGB gelten, ist der Käufer nach wirksamem Widerruf des Verbraucherdarlehens – ohne dass es eines weiteren Widerrufs bedürfte[2229] – auch an den Grundstückskauf nicht mehr gebunden; beide Verträge sind nach § 357 BGB rückabzuwickeln. Zur Definition eines »verbundenen Geschäftes« stellt § 358 Abs. 3 BGB n.F. bei der Beurteilung der erforderlichen wirtschaftlichen Einheit mit dem Immobilienerwerb darauf ab, ob »der Darlehensgeber selbst das Grundstück verschafft, er dem Verbraucher zu dem finanzierten Geschäft rät, ihm den Eindruck vermittelt, er habe das Geschäft auch unter wirtschaftlichen Aspekten geprüft, oder in sonstiger Weise über die Zurverfügungstellung von Darlehen hinaus den Erwerb des Grundstücks durch Zusammenwirken mit dem Unternehmer fördert«.

1428 Die Gesetzesänderung, welche strengere Rechtsprechung des BGH jedenfalls für die Zukunft »korrigiert«, stellt eine Reaktion auf die bankgeförderte Vermarktung sog. »**Schrottimmobilien**« zwischen 1988 und 1998 (hierzu unten Rdn. 1440 ff.) insb. durch Strukturvertriebe dar. Sie führt jedoch zu einem weiteren **Unsicherheitsmoment in der Abwicklung notarieller Kaufverträge**, die mit einem Unternehmer geschlossen werden (insb. also Bauträgerverträgen), zumal der Notar regelmäßig nicht prüfen kann, ob ein verbundenes Geschäft vorliegt und ob ggf. eine ordnungsgemäße Belehrung über das Widerrufsrecht erfolgt ist (fehlt Letztere, ist die Periode der Unsicherheit nicht

---

[2225] Realkreditvertrag kann auch bei Grundschuldübernahme vorliegen: BGH, 26.10.2004 – XI ZR 255/03, NJW 2005, 664 und BGH, 25.04.2006 – XI ZR 29/05, DStR 2006, 1087.

[2226] Voraussetzung soll allerdings nach BGH, 14.06.2004 – II ZR 393/02, DNotI-Report 2004, 130 zu § 3 Abs. 2 Nr. 2 VerbrKrG sein, dass das Grundpfandrecht durch den Schuldner oder eine Person seines Vertrauens bestellt wurde. Der XI. Senat BGH, 26.10.2004 – XI ZR 255/03, DNotZ 2005, 208 lässt dies allenfalls für den Bereich kreditfinanzierter Immobilienfondsfinanzierung gelten.

[2227] In Sachen *Heininger* NJW 2002, 281; vgl. auch BGH, 09.04.2002 – XI ZR 91/99, RNotZ 2002, 281 (geänderte Auslegung des § 5 Abs. 2 HWiG).

[2228] BGBl. I 2002, S. 2857.

[2229] *Oppermann* ZNotP 2002, 388.

nur auf 2 Wochen begrenzt!). Drängt sich die Thematik eines mit einem Verbraucherdarlehen verbundenen Verbraucherkaufvertrages auf, werden die Warnpflichten des Notars allerdings im Verhältnis zum Käufer durch die notwendigen Hinweise seitens des Kreditinstitutes abgeschwächt sein; belehrungsbedürftig ist eher der Verkäufer/Unternehmer hinsichtlich des Risikos für den Fortbestand des Kaufvertrages.[2230] Für den Vollzug ergeben sich keine Abweichungen.[2231]

Nach der am 01.01.2002 in Kraft getretenen Gesetzesfassung waren zwar **Haustürgeschäfte** (auch z.B. über den Bau von Immobilien)[2232] gem. § 312 BGB widerruflich, nicht jedoch Verbraucherdarlehensverträge, für die gem. § 312a BGB die vorrangige, engere Widerrufsbestimmung des § 495 BGB galt. Damit waren bislang insb. notariell oder durch Prozessvergleich beurkundete Darlehensverträge und Immobiliendarlehensverträge vom Widerrufsrecht ausgenommen (§ 491 Abs. 3 BGB), auch wenn sie in einer Haustürsituation geschlossen wurden. Dies ist – wie der EuGH im Urt. v. 13.12.2001 (Heininger/HypoVereinsbank) feststellte[2233] – europarechtlich unzulässig; Haustürgeschäfte müssen generell widerruflich sein. Auch die in § 355 Abs. 3 BGB bisher vorgesehene Endbefristung des Widerrufsrechts (Erlöschen binnen 6 Monaten nach Abschluss des Vertrages oder – soweit es sich um Warenlieferung handelt – nach Lieferung der Ware, auch wenn die Widerrufsbelehrung unterblieben ist oder fehlerhaft war) verstößt gegen das EG-Recht.

1429

Demzufolge hat der Gesetzgeber ab 01.01.2002 unter Straffung des Ausnahmekatalogs des § 491 Abs. 3 BGB das Widerrufsrecht gem. § 495 BGB auf Immobiliendarlehensverträge erstreckt. Auch künftig gelten jedoch für **Immobiliendarlehen**[2234] **nicht alle Regelungen zum Verbraucherdarlehen** uneingeschränkt, insb. nicht
– die Pflicht des Darlehensgebers zur Angabe des Gesamtbetrages aller zur Tilgung des Darlehens sowie zur Zahlung der Zinsen und Kosten zu entrichtenden Teilzahlungen (§ 492 Abs. 1a BGB); ab 11.06.2010 sind nur die in Art. 247 §§ 6 bis 13 EGBGB enthaltenen Angaben erforderlich (§ 492 Abs. 2 BGB n.F.);
– der gesetzliche Verzugszins von 5 Prozentpunkten über dem Basiszins gem. § 247 BGB;
– die Bestimmung zur gesonderten Verbuchung von Verzugszinsen (§ 497 Abs. 2 BGB);
– die von § 367 BGB abweichende Tilgungsreihenfolge im Verbraucherdarlehensrecht (§ 497 Abs. 2 Satz 1 BGB);
– das Verbot, Teilleistungen zurückzuweisen (§ 497 Abs. 3 Satz 2 BGB)
und weitere mehr.

1430

Anders als bisher gilt jedoch für Immobiliendarlehensverträge auch die in § 497 Abs. 3 Satz 3 BGB vorgesehene **Verjährungshemmung bei Verzug**.

bb) Verbundene Verträge

Da Immobiliendarlehensverträge nunmehr wie allgemeine Verbraucherdarlehensverträge gem. § 495 BGB widerruflich sind, müssen auch die Bestimmungen über verbundene Verträge (§§ 358,

1431

2230 Ebenso *Volmer* MittBayNot 2002, 340.
2231 Vgl. im Einzelnen *Volmer* MittBayNot 2002, 340 ff.; auch zu der Frage, wie etwa bei Bauträgerverträgen mehr Rechtssicherheit geschaffen werden könnte (z.B. Mitbeurkundung des Darlehens gem. § 491 Abs. 3 Nr. 1 BGB; Bestätigung der finanzierenden Bank über die ordnungsgemäße Belehrung und das Erlöschen des Widerrufsrechtes).
2232 BGH, 22.03.2007 – VII ZR 268/05, DNotI-Report 2007, 94: separater Bauvertragsabschluss im Café vor dem Notarvertrag über das Grundstück bei einem verdeckten Bauträgermodell (der dort vereinbarte Ratenplan verstieß zudem gegen die zur Umgehungsvermeidung [§ 12 MaBV] anwendbare MaBV, sodass § 641 Abs. 1 BGB [Gesamtfälligkeit bei Abnahme] gilt; Bereicherungsherausgabeanspruch steht jedoch § 813 Abs. 2 BGB [vorzeitige Erfüllung einer betagten Verbindlichkeit] entgegen, außer die Raten überschreiten den Rahmen des nach § 3 Abs. 2 MaBV jeweils insgesamt Zulässigen [§ 817 Abs. 1 BGB]). §§ 3 und 7 MaBV sind ferner Schutzgesetze i.S.d. § 823 Abs. 2 BGB, vgl. BGH, 05.12.2008 – V ZR 144/07, DNotZ 2009, 426; *Suppliet* NotBZ 2009, 126, sodass der Geschäftsführer der Bauträgergesellschaft auch persönlich haftet.
2233 NJW 2002, 281.
2234 Die Regelungen gelten auch, wenn das zur Kreditsicherung vorgesehene Grundpfandrecht nicht bestellt wurde (BGH, 24.04.2007 – XI ZR 340/05, NotBZ 2008, 28 zu § 3 Abs. 2 Nr. 2 VerbrKrG).

359 BGB wie bisher § 9 VerbrKrG),[2235] Anwendung finden. Nach der bisherigen allgemeinen Regel des § 358 Abs. 3 Satz 2 BGB war eine **wirtschaftliche Einheit zwischen Finanzierungsgeschäft und Kaufvertrag** (mit der Folge, dass der Verbraucher auch vom finanzierten Geschäft mit wirksamem Widerruf des Darlehens frei kam) bereits dann anzunehmen, wenn sich der Darlehensgeber bei der Vorbereitung oder dem Abschluss des Darlehensvertrages der Mitwirkung des Unternehmers (Verkäufers) bediente. Es bestand die Sorge, dass bereits die Mitwirkung des Verkäufers bei der Besicherung des Darlehens in Gestalt einer Vorwegfinanzierungsvollmacht, wie sie praktisch in jedem Kaufvertrag enthalten ist, als Indiz der wirtschaftlichen Verbundenheit hätte herangezogen werden können. Daher wurden die Voraussetzungen in § 358 Abs. 3 Satz 3 BGB[2236] für den finanzierten Erwerb eines Grundstücks oder grundstücksgleichen Rechtes verschärft: Eine wirtschaftliche Einheit sei nur dann anzunehmen, wenn der Darlehensgeber selbst das Grundstück oder grundstücksgleiche Recht verschafft habe oder wenn er über das Zur-Verfügung-Stellen von Darlehen hinaus den Erwerb des Grundstücks/grundstücksgleichen Rechts durch Zusammenwirken mit dem Unternehmer fördert,[2237] indem er sich dessen Vermarktungsinteressen ganz oder teilweise zu eigen macht, bei der Planung, Werbung oder Durchführung des Projekts Funktionen des Veräußerers übernimmt oder den Veräußerer einseitig begünstigt.[2238]

1432 Im Rahmen von **Bauträgerfinanzierungen** lassen sich daher Kreditinstitute, die zugleich mit der Vermittlung von Objekten beauftragt sind und bei denen die Finanzierung des Enderwerbers ebenfalls ins Auge gefasst ist, durch den Bauträger umfassend von Ansprüchen aus dem im Fall des § 358 Abs. 3 BGB drohenden **Einwendungsdurchgriff** (§ 359 BGB) freistellen und zur Absicherung dieser Freistellung sicherungshalber alle Ansprüche gegen Baubeteiligte abtreten; Sicherungsfall ist die erstmalige Geltendmachung von Einwendungen seitens der Erwerber ggü. dem Kreditinstitut, die darauf beruhen, dass der Bauträger im Verhältnis zu den Erwerbern seinen Verpflichtungen nicht nachkommt. Im Regelfall bleibt der Bauträger zur Einziehung berechtigt und die Sicherungsabtretung wird erst mit Eintritt des Sicherungsfalls offengelegt. Relevant für die Vertragsgestaltung ist dieser Umstand im Hinblick darauf, dass häufig im Bauträgervertrag der Verkäufer seine Ansprüche gegen Baubeteiligten ebenfalls sicherungshalber an den Enderwerber abtritt, was in diesem Fall wegen der vorgehenden Sicherungsabtretung an das Kreditinstitut des Verkäufers ins Leere geht.

1433 Wie bereits ausgeführt, hat der EuGH für den Fall einer fehlerhaften oder fehlenden Widerrufsbelehrung beim Haustürgeschäft beanstandet, dass die **Widerrufsfrist** nach § 355 Abs. 3 BGB a.F. nach 6 Monaten gleichwohl enden solle. Der Gesetzgeber hätte zum Rechtszustand vor dem 01.01.2002 zurückkehren können und die Rechtslage bei unterlassener oder unvollständiger Widerrufsbelehrung unterschiedlich gestalten können bei Haustürgeschäften (unbefristet),[2239] Fernabsatzgeschäften (4 Monate), Verbraucherdarlehensverträgen (Jahresfrist), Teilzeit-Wohnrechtverträgen (Monatsfrist nach beiderseits vollständiger Leistung) etc. Dem Vereinheitlichungsziel der Schuldrechtsmodernisierung Rechnung tragend, wurde die Rechtsfolge einer fehlenden oder fehlerhaften Widerrufsbelehrung für alle Fälle an der verbraucherfreundlichsten (europarechtlich allerdings nur insoweit geforderten) Regelung der Haustürgeschäftewiderrufs-Richtlinie orientiert mit der Folge, dass die

---

2235 Zu (erleichterten) Voraussetzungen des verbundenen Vertrages zwischen schlichtem Verbraucherkreditvertrag und Grundstückskauf BGH, 23.09.2003 – XI ZR 135/02, NJW 2003, 3703; ZAP 2004, 231 = Fach 8, S. 373 (zum Einwendungsdurchgriff).

2236 Hierzu ausführlich *Amann/Brambring/Hertel* Vertragspraxis nach neuem Schuldrecht, S. 380 ff. und 402 ff.; *Hertel* in: Der notarielle Kaufvertrag (Symposium Würzburg 2005, Schriftenreihe der Deutschen Notarrechtlichen Vereinigung), S. 133 ff.

2237 Vgl. etwa LG München I, 24.04.2003 – 28 O 17577/01: Die Bank war am Bauträger gesellschaftsrechtlich beteiligt, ohne dies offenzulegen (im Streitfall wurde die Bank ohne Anwendung des § 358 BGB verpflichtet, den Kunden wegen Verletzung einer vorvertraglichen Aufklärungspflicht so zu stellen, als wäre er mit dem Geschäft nicht in Berührung gekommen).

2238 Mangels rechtsgeschäftlichen Verknüpfungswillens ergibt sich auch in solchen Sachverhalten allerdings keine Pflicht zur Mitbeurkundung des Finanzierungsdarlehens, *Volmer* MittBayNot 2002, 341; ebenso *Schmucker* DNotZ 2002, 905: die wirtschaftliche Einheit schafft noch keine rechtliche.

2239 Bei ordnungsgemäßer Widerrufsbelehrung betrug die Frist bis 30.09.2000 1 Woche, bis 31.12.2001 2 Wochen, sodann 2 Wochen und bei Belehrung erst nach Vertragsschluss einen Monat.

IV. Kaufpreis: Fälligkeit, Gläubigerablösung, Finanzierung

Widerrufsfrist bei Ausbleiben oder Unvollständigkeit der Belehrung (vgl. hierzu die nunmehr in § 360 BGB geregelten Anforderungen) nicht mehr endet (vgl. § 355 Abs. 4 Satz 2 BGB n.F.).

Um die wesentlichen Konsequenzen einer fehlerhaften oder fehlenden Widerrufsbelehrung für den Unternehmer abzumildern, hat das **BMJ** auf der Grundlage von Art. 245 EGBGB ein (allerdings umstrittenes)[2240] Muster für eine ordnungsgemäße Widerrufs- und Rückgabebelehrung erarbeitet[2241] und in Gestalt der Anlagen 1 und 2 zum EGBGB mit Wirkung am 11.06.2010 neu bekannt gemacht (vgl. § 360 Abs. 3 BGB). Des Weiteren ist die Notwendigkeit einer schriftlichen Unterzeichnung der Widerrufsbelehrung durch den Verbraucher entfallen, sodass der Unternehmer die Belehrung nachholen kann, dadurch allerdings eine Monatsfrist in Gang setzt (Diese Regelung gilt auch rückwirkend für Altverträge, wenn die Belehrung unter Geltung des neuen Rechts nachgeholt wird.). Schließlich sind die Rechtsfolgen des Verbraucherwiderrufs auch hinsichtlich der gezogenen Nutzungen an den Vertragskonditionen ausgerichtet, sodass bei vorzeitiger Beendigung des Geschäfts durch späteren Widerruf das vertraglich vereinbarte Entgelt für die bisherige Dauer der Vertragsbeziehung zu entrichten ist. Bis zum **30.06.2005** konnte das Widerrufsrecht des Verbrauchers außerhalb von Haustürgeschäften deutlich hervorgehoben abbedungen werden (vgl. § 495 Abs. 1 BGB). **1434**

Hinsichtlich der **Rechtsfolgen eines Widerrufs** für den **Darlehensvertrag** selbst verweist § 357 BGB bzgl. der Rückgewähr der erbrachten Leistungen auf die Bestimmungen zum Rücktritt (§§ 346 ff. BGB), allerdings mit Modifikationen (weiter gehende Pflicht zum Ersatz der Wertminderung aufgrund Ingebrauchnahme).[2242] Rückzugewähren sind demnach neben der Valuta[2243] auch die aus dem erlangten Geldbetrag (Darlehen) gezogenen Nutzungen, etwa in Gestalt der durch die Begleichung von Rechnungen verhinderten Verzugszinsen. Da diese nicht in Natur herausgegeben werden können, ist gem. § 346 Abs. 2 Satz 1 Nr. 1 BGB Wertersatz zu leisten, wobei gem. § 346 Abs. 3 Satz 2 BGB die im Vertrag bestimmte Gegenleistung (also der vertraglich vereinbarte Darlehenszins) zugrunde zu legen ist. Im wirtschaftlichen Ergebnis führt also der eröffnete Widerruf nur zu einer Lösungsmöglichkeit vom Vertrag für die Zukunft (ohne Möglichkeit, sich durch Übertragung der Immobilie vom Kredit zu befreien). Im Ergebnis verschlechtert sich also die Situation des widerrufenden Verbrauchers außerhalb eines verbundenen Geschäftes (§ 358 BGB).[2244] Ob dies im Lichte der europarechtlichen Vorgaben auch bei unterlassener Widerrufsbelehrung gelten kann, ist noch offen (s. Rdn. 1440 ff.). **1435**

Liegt ein **verbundenes Geschäft** vor, ist der Verbraucher nach dem Widerruf **an den finanzierten Grundstückskauf »nicht mehr gebunden«** (§ 358 Abs. 2 Satz 1 BGB). Fraglich ist, ob damit dem Verbraucher ein Wahlrecht eingeräumt werden sollte, ggf. am finanzierten Geschäft festzuhalten. Bis zum Vorliegen höchstrichterlicher Rechtsprechung ist zu erwägen, bei positiver Kenntnis vom Vorliegen eines verbundenen Geschäftes ein solches Wahlrecht hinsichtlich des Immobilienkaufs jedenfalls vertraglich einzuräumen. Im Anschluss an *Grziwotz*[2245] könnte etwa folgende Formulierung verwendet werden: **1436**

2240 Nach Ansicht des LG Halle BB 2006, 1871 ist das Muster wegen Abweichung von §§ 355 Abs. 2, 187 Abs. 1 BGB rechtswidrig (vgl. *Flohr* ZAP 2007, Fach 2, S. 529).
2241 BGBl. I 2002, S. 3002; kommentiert bspw. in ZAP 2002, Fach 26, S. 61 ff. Ausführlich dazu *H. Schneider* in: Schulte-Nölke/Frenz/Flohr Formularbuch Vertragsrecht Teil 3 Rn. 81 ff. Neu gefasst zum 01.04.2008 und erneut geändert zum 04.08.2009, vgl. www.bmj.de/bgbinfovo.
2242 § 357 BGB in Abweichung von § 346 Abs. 2 Nr. 3 BGB (allerdings besteht keine Pflicht zum Ausgleich der Wertminderung aufgrund bloßer Prüfung).
2243 Auch beim verbundenen Geschäft kann der Darlehensgeber den Kreditgeber nur in Ausnahmefällen darauf verweisen, den Rückgewähranspruch gegen den Partner des finanzierten Geschäftes geltend zu machen, vgl. OLG Karlsruhe RNotZ 2003, 309.
2244 Krit. das LG Bochum im Vorlagebeschluss an den EuGH, 29.07.2003 – 1 O 795/02, NJW 2003, 2612; *Fischer* VuR 2004, 8 ff.; *Schneider* ZAP 2004, S. 217 f.; *Fritsche* NJ 2004, 534 f.; ebenso der Vorlagebeschl. d. OLG Bremen NJW 2004, 2238 (HWiG-Widerruf eines Immobilienkredits im Strukturvertrieb).
2245 NotBZ 2002, 365.

B. Gestaltung eines Grundstückskaufvertrages

▶ **Formulierungsvorschlag: Festhalten am Immobilienkauf bei Widerruf des verbundenen Darlehens**

Der Grundstückskauf bildet ein verbundenes Geschäft i.S.d. § 358 BGB mit dem Darlehensvertrag Nr. ..... bei der ..... Bank. Die Vertragsteile vereinbaren ausdrücklich, dass dem Erwerber das vertragliche Recht eingeräumt wird, binnen 4 Wochen nach dem Widerruf des Verbraucherdarlehensvertrages durch zu beglaubigende Erklärung gegenüber dem Verkäufer des Grundstücks zu erklären, dass er an dem vorliegenden Grundstückskauf festhalte.

1437 § 359a Abs. 1 BGB verweist seit 11.06.2010 bei Darlehensverträgen, welche »die Ware oder Dienstleistung des Unternehmers aus dem widerrufenen Vertrag« genau angeben, auch ohne dass ein verbundenes Geschäft vorliegt, auf § 358 Abs. 1 BGB (sodass ein Widerruf des Anschaffungsgeschäftes – der ja beim beurkundeten Vertrag gem. § 312 Abs. 3 Nr. 3 BGB ausgeschlossen ist – zum Wegfall des Darlehens führt), nicht aber auf § 358 Abs. 2 BGB (wonach der Verbraucher beim Widerruf des Darlehens nicht an das Anschaffungsgeschäft gebunden sei).[2246]

1438 I.Ü. können die **Risiken aus verbunden finanzierten Grundstückskaufverträgen** kautelarjuristisch nur begrenzt erfasst werden. Bis zum 01.07.2005 hat die Praxis in weitem Umfang von der in § 506 Abs. 3 a.F. BGB eröffneten Möglichkeit Gebrauch gemacht, das Widerrufsrecht durch »besondere schriftliche Vereinbarung«[2247] auszuschließen. Außerhalb dieses »sicheren Hafens« sind vom Notar eingeholte Erklärungen, der Gläubiger habe nicht mitgewirkt, oder aber es sei über das Widerrufsrecht und seine Folgen ordnungsgemäß belehrt worden und innerhalb der dann geltenden 2-Wochen-Frist samt Postlaufzeitraum sei kein Widerruf eingegangen, nur deklaratorischer Natur; sie werden zwar – wenn die Beteiligten das Vorliegen eines verbunden finanzierten Geschäftes einräumen – als Fälligkeitsvoraussetzung vereinbart werden, dürfen aber nicht darüber hinwegtäuschen, dass die tatsächliche Rechtslage davon abweichen kann: lagen die Voraussetzungen des § 358 Abs. 3 BGB eigentlich nicht vor, hat der Widerruf das Grundstücksgeschäft nicht erfasst (möglicherweise liegt in der Löschung der Vormerkung zugleich die stillschweigende Aufhebung); bei tatsächlich nicht ordnungsgemäßer Belehrung ist die Frist zum Widerruf nicht abgelaufen. Das Risiko trägt in letzterem Fall die Bank, die bei Insolvenz des Verkäufers das u.U. mängelbehaftete Grundstück gegen Rückabwicklung des Kreditvertrages zurückzunehmen hat (§ 358 Abs. 4 Satz 3 BGB).

1439 Die neuen Bestimmungen gelten zunächst nur für diejenigen Haustürgeschäfte, die nach dem 01.08.2002 abgeschlossen wurden, und für andere Schuldverhältnisse, die nach dem 01.11.2002 entstanden sind. Um den europarechtlichen Vorgaben der Heininger-Entscheidung zu genügen, musste jedoch § 355 Abs. 3 BGB (Wegfall der zeitlichen Begrenzung des Widerrufsrecht bei fehlerhafter oder fehlender Belehrung) auch rückwirkend auf bereits geschlossene Haustürgeschäfte für anwendbar erklärt werden.

cc) »Schrottimmobilien«

(1) Problementwicklung

1440 Mit dem Versprechen, durch den Erwerb beliebiger Immobilien, die sich »von selbst finanzieren«, Steuerersparnis und Altersvorsorge zu kombinieren, wurden zwischen etwa 1988 und 1995 zahlreiche Eigentumswohnungen, aber auch Fondsanteile, im Verbund mit Darlehensfinanzierungen an »Anleger« veräußert, deren Erwartungen sich angesichts von Leerständen, Insolvenzen der Mietgaranten, und durch Provisionen überhöhten Kaufpreisen überwiegend nicht erfüllt haben.

1441 Die Entwicklung der Rechtsprechung während der letzten 10 Jahre kreist um folgende Problemschwerpunkte:

2246 *Volmer* DNotZ 2010, 594; a.A. *Bergmann* BKR 2010, 189, 192 (analoge Erweiterung).

2247 Gemeint ist damit wohl das Erfordernis gesonderter Unterschrift, nicht eine gesonderte Urkunde wie in § 1027 Abs. 1 Halbs. 2 ZPO in der vor dem SchiedsVG geltenden Fassung.

IV. Kaufpreis: Fälligkeit, Gläubigerablösung, Finanzierung

– die Unwirksamkeit von Treuhandverträgen und darauf beruhenden Vollmachten bei Verstoß gegen das Rechtsberatungsgesetz (vgl. hierzu im Einzelnen oben Rdn. 304, auch zur Wirkung des § 172 BGB bei Vorliegen einer Urschrift oder Ausfertigung der notariellen Vollmacht);[2248] die Fehlerhaftigkeit des Prospekts, etwa bei In-Aussicht-Stellung unrealistisch hoher Mieten: Der Anleger hat Schadensersatzansprüche gegen die Initiatoren des Vertriebs[2249] und möglicherweise auch gegen die Bank, wenn diese die bewusst falschen Mietversprechungen kannte;[2250]
– Einschaltung eines zahlungsunfähigen Mietgaranten oder eines bereits überschuldeten Mietpools: Schadensersatzansprüche bestehen, wenn die Bank insoweit Aufklärungspflichten verletzt hat[2251] oder die Wertlosigkeit der Mietgarantien kennen musste;[2252]
– Verheimlichung überhöhter Konzeptions- und Vertriebskosten (über 20 %): Schadensersatzanspruch des Anlegers bei geschlossenen Fondsanteilen gegen den Vertrieb[2253] sowie gegen die Bank bei Unterlassen eines Hinweises auf überhöhte Innenprovisionen:[2254]
– bei unzutreffenden Empfehlungen für sicherheitsorientierte Anleger (Eignung zur Altersvorsorge, Wiederverkäuflichkeit): Schadensersatzansprüche wegen verletzter Aufklärungspflichten gegen Vermittler[2255] sowie die Bank für ihren Mitarbeiter.[2256]

Von besonderer Brisanz sind die Folgen des Widerrufs des in einer **Haustürsituation**[2257] geschlossenen Darlehensvertrages bei Unterbleiben einer »Widerrufsbelehrung«[2258] einerseits bzw. die Folgen der Anfechtung des Darlehensvertrages gem. § 123 BGB andererseits auf den Erwerb der Immobilie bzw. der Fondsbeteiligung. In den seltensten Fällen lagen verbundene Geschäfte im Sinne oben bb) vor; bei »Realkreditverträgen« i.S.d. Rdn. 1190 schloss bereits der Wortlaut des § 3 Abs. 2 Nr. 2 VerbrKrG das Vorliegen eines verbundenen Geschäftes i.S.d. § 9 VerbrKrG aus. Der Verbraucher war demnach zur sofortigen Rückzahlung des Darlehens zuzüglich Zinsen verpflichtet, blieb jedoch an das finanzierte Geschäft gebunden, wie vom XI. (= Bankrechts-) Senat des BGH mehrfach festgestellt.[2259] Der II. (= Gesellschaftsrechts) Senat des BGH hat, allerdings begrenzt auf die Fälle kreditfinanzierten (Fonds) Anteilserwerbs eine Erweiterung der »Bankenhaftung« (i.S.e. Pflicht zur Übernahme der Immobilie anstelle der Rückzahlung des Darlehens) über das verbundene Geschäft hinaus in folgenden Fallgruppen in Betracht gezogen:

– Das Kreditinstitut übernimmt erkennbar Funktionen anderer Projektbeteiligter,
– es schafft einen zu den allgemeinen Risiken hinzutretenden speziellen Gefährdungstatbestand für den Anleger,
– es bedient sich derselben Vertriebsorganisation wie der Fonds[2260]

1442

2248 S. hierzu BGH, 17.01.2006 – IX ZR 179/04, für den Immobilienerwerb, BGH, 25.04.2006 – XI ZR 29/05, DStR 2006, 1087 bei Erwerb eines geschlossenen Fondsanteils.
2249 BGH, 26.09.2005 – II ZR 314/03, JurionRS 2005, 23225; BGH, 14.01.2005 – V ZR 260/03, JurionRS 2005, 10196; BGH, 17.03.2005 – III ZR 185/04, JurionRS 2005, 11824.
2250 BGH, 18.01.2005 – XI ZR 201/03, JurionRS 2005, 10282.
2251 BGH, 21.03.2005 – XI ZR 310/03, JurionRS 2005, 12153; BGH, 14.01.2005 – V ZR 260/03, JurionRS 2005, 10196.
2252 BGH, 18.01.2005 – XI ZR 201/03, JurionRS 2005, 10282.
2253 BGH, 09.02.2006 – III ZR 20/05, JurionRS 2006, 11387; BGH, 12.02.2004 – III ZR 359/02, JurionRS 2004, 10185.
2254 BGH, 18.03.2003 – IV ZR 87/02, JurionRS 2003, 27154; BGH, 29.06.2010 – XI ZR 104/08, ZIP 2010, 1481 (unterlassene Aufklärung des Kunden eines Bauherrenmodells über von der Bank erkannte arglistige Täuschung durch den Vertrieb über die Höhe der Vermittlungsprovision); BGH, 11.01.2011 – XI ZR 220/08, ZfIR 2011, 360 m. Anm. *Wolters* (Täuschung über die Höhe der Vermittlungsprovision) zur möglichen Aufklärungspflicht über erhaltene Rückvergütungen auch beim Vertrieb von Immobilienanlagen: *Frisch* ZfIR 2009, 311 ff.
2255 BGH, 21.03.2005 – II ZR 140/03, JurionRS 2005, 12148.
2256 LG Berlin, 16.03.2005 – 4 O 317/05, rk.
2257 Hierzu ausführlich *Frings* NWB 2007, 3357 = Fach 21, S. 1623 ff.
2258 *Volmer* DNotZ 2006, 274 weist zu Recht krit. darauf hin, dass wohl alle damaligen Darlehensverträge (mangels Ausübung des Widerrufsrechts) wirksam geblieben wären, wenn die Banken entgegen dem klaren Wortlaut der damaligen Gesetze über ein Widerrufsrecht belehrt hätten. An sich liegt der Widerrufsthematik ein Fall der Staatshaftung wegen ungenügender Richtlinienumsetzung zugrunde.
2259 So der BGH im sog. Heininger II – Urt. v. 09.04.2002 – XI ZR 91/99, ZIP 2002, 1075.
2260 Insb. 14.06.2004 – II ZR 393/02, ZIP 2004, 1394 und BGH, 14.06.2004 – II ZR 395/01, ZIP 2004, 1402 sowie BGH, 14.06.2004 – II ZR 374/02, ZIP 2004, 1407.

- es hat einen konkreten Wissensvorsprung vor dem Anleger, oder
- es befindet sich in einem schwerwiegenden internen Konflikt.[2261]

(2) Europarecht

1443 Nach Ansicht des EuGH[2262] (Entscheidungen vom 25.10.2005, ergangen auf Vorlagebeschlüsse gegen die restriktive Rechtsprechung des XI. BGH-Senats) verpflichtet die Haustürgeschäfte-Richtlinie Nr. 85/577/EWG jedoch das Kreditinstitut bei **fehlender Widerrufsbelehrung** dazu, etwaige wirtschaftliche Risiken aus dem Finanzierungsgeschäft zu tragen, zu denen auch der Wertverlust der Kapitalanlage zählen kann; die Umsetzung sei jedoch Angelegenheit der nationalen Gerichte i.R.d. Gesetzesauslegung.[2263] Auch setze die Zurechnung der Haustürsituation des Verhandlungsführers auf den Vertragspartner nicht dessen Kenntnis hiervon voraus.[2264] Nachdem die gesellschaftsrechtlichen (fondsbezogenen) Fragen als geklärt bezeichnet und demnach die Zuständigkeit insgesamt beim XI. Senat verblieben ist,[2265] hat dieser in insgesamt fünf Leitentscheidungen vom 25.04.2006 und 16.05.2006 Grundzüge eines neuen Konzeptes entwickelt:[2266] Die seit 01.01.2002 geltende 3-jährige Verjährungsfrist beginnt erst, wenn der Erwerber Kenntnis von den anspruchsbegründenden Tatsachen hat; sie endet jedenfalls spätestens am 31.12.2011 (§ 199 Abs. 3 Nr. 1, Abs. 4 BGB).[2267]

(3) Neue Sicht des BGH

(a) Fondsbeitritt

1444 Ist § 3 Abs. 2 Nr. 2 VerbrKrG, wie etwa beim **finanzierten Fondsbeitritt**, nicht anwendbar, führt der **Widerruf** des in einer Haustürsituation ohne ordnungsgemäße Belehrung abgeschlossenen Darlehensvertrages wirtschaftlich zur Verlagerung des Anlagerisikos auf die Bank, auch wenn diese von der Haustürsituation keine Kenntnis hatte (es tritt also keine Tatbestandsbeschränkung analog § 123 Abs. 2 BGB ein). Der BGH hat insoweit klargestellt,[2268] dass die infolge Fehlens einer Belehrung eröffnete Widerrufsmöglichkeit durch notarielle Beurkundung i.S.d. § 1 Abs. 2 Nr. 3 HWG (Haustürwiderrufsgesetz) nur dann ausgeschlossen wäre, wenn beim verbundenen Vertrag nicht nur der Immobilienfondsbeitritt, sondern auch der Darlehensvertrag beurkundet wurde, was fast nie geschah. Der Anleger braucht demnach nach dem Widerruf anstelle der Rückzahlung der Darlehensverbindlichkeit lediglich der Bank seinen Fondsanteil zur Verfügung zu stellen und erhält im Gegenzug sämtliche Zahlungen von der Bank zurück, nicht jedoch die der Bank zugeflossenen Gewinnausschüttungen des Fonds.[2269] Dieses Anlagerisiko verbleibt der Bank auch endgültig und wird nicht etwa auf den Fonds abgewälzt, da als Folge der Lehre von der fehlerhaften Gesellschaft eine »Rückgabe« des Anteils an die Fondsgesellschaft selbst unzulässig ist; vielmehr kann lediglich der Zeitwert in Gestalt des (geringen) Abfindungsanspruchs realisiert werden.

1445 Zum selben Ergebnis gelangt der XI. Senat in den Fällen der **arglistigen Täuschung** des Anlegers, jedoch nicht gestützt auf die vom II. Senat entwickelte Figur des »Rückforderungsdurchgriffs analog § 9 Abs. 2 Satz 4 VerbrKrG«, sondern im Wege des Schadensersatzes:[2270] Hat ein Vermittler über

---

2261 Vgl. im Einzelnen *Lauer* ZAP 2004, 1157 = Fach 8, S. 375 ff.
2262 EuGH (Schulte), 25.10.2005 – C-350/03, MittBayNot 2006, 218 m. Anm. *Knapp* und EuGH (Crailsheimer Volksbank eG), 25.10.2005 – C-229/04, NJW 2005, 3555.
2263 Ein bunter Strauß an frühen Vorschlägen: etwa OLG Bremen NJW 2006, 1210: c.i.c. bei Verletzung der Belehrungspflicht der Banken über das Widerrufsrecht; ähnlich *Knapp* MittBayNot 2006, 223; *Lauer* ZAP 2006, Fach 8, S. 413 ff.; eher für einen Rückgriff auf § 3 HWiG a.F. (»Risiko der Verschlechterung des empfangenen Gegenstandes«) *Häublein* NJW 2006, 1557. Für eine Anknüpfung der Ratenzahlungen an die realen Mieteinnahmen *Staudinger* NJW 2005, 3525.
2264 So jetzt auch (in Abkehr von früherer Rspr.) BGH, 12.12.2005 – II ZR 327/04, DStR 2006, 333 m. Anm. *Goette*.
2265 Krit. zur »Beendigung des Schismas« (Verrat am Großen Senat des BGH) *Derleder* NZM 2006, 449.
2266 Vgl. zum Folgenden *Schäfer* DStR 2006, 1753; *Frings* NWB 2006, Fach 21 S. 1565 ff.
2267 BGH, 23.01.2007 – XI ZR 44/06, NJW 2007, 1584; vgl. *Maier* ZfIR 2008, 753 ff.
2268 BGH, 25.04.2006 – XI ZR 193/04, ZEP 2006, 940.
2269 Vgl. BGH, 25.04.2006 – XI ZR 193/04, DStR 2006, 193, Tz. 11 f., 20, 41.
2270 Vgl. insb. BGH, 25.04.2006 – XI ZR 106/05, DStR 2006, 1091, Tz. 27 ff.

Rentabilität, steuerliche Förderung bzw. Fungibilität der Anteile getäuscht, kann der Anleger nicht nur die Fondsbeteiligung kündigen, sondern auch den Darlehensvertrag anfechten, zumal beim verbundenen Geschäft weder die Fondsgesellschaft noch der Vermittler für die Bank Dritter i.S.d. § 123 Abs. 2 BGB sind. Ist die Anfechtungsfrist (§ 124 BGB) bereits abgelaufen oder fehlt es am Täuschungsvorsatz, kann der Anleger die Bank jedenfalls auf Schadensersatz in Anspruch nehmen, da sich die Bank das Verschulden des Vermittlers zurechnen lassen muss. Der Anspruch ist auch hier auf Gesamtrückabwicklung des Investments gerichtet: Zug-um-Zug gegen Übertragung des Fondsanteils an die Bank erhält er sämtliche Zins- und Tilgungsleistungen, abzüglich ausgeschütteter Gewinne und evtl. Steuervorteile, rückerstattet. Der weiter gehenden Rechtsprechung des II. Zivilsenats, wonach der Fondsanteilserwerber dem Kreditinstitut auch analog § 9 Abs. 3 Satz 1 VerbrKrG Ansprüche gegen Gründungsgesellschafter, Fondsinitiatoren, maßgebliche Betreiber, Manager und Prospektherausgeber entgegenhalten könne, ist der XI. Senat nicht mehr gefolgt, woraufhin auch der II. Senat an dieser Rechtsprechung nicht mehr festgehalten hat.[2271]

Möglicherweise muss auch bei in Haustürsituationen zustande gekommenen unternehmerischen Fondsbeteiligungen (Beitritt zu geschlossenen Immobilienfonds) ohne verbundenen Darlehensvertrag aus europarechtlichen Gründen[2272] die Möglichkeit einer rückwirkenden Kündigung bestehen (Befreiung von aufgelaufenen Verlusten anstelle des nach den Grundsätzen der fehlerhaften Gesellschaft[2273] gegebenen Anspruchs auf einen etwaigen – i.d.R. jedoch nicht vorhandenen – positiven Auseinandersetzungssaldo ex nunc), wenn der Vermittler oder Initiator schuldhaft falsch beraten hat.[2274] Offen ist weiter, ob Beitrittsverträge zu geschlossenen Immobilien-Fonds der Bereichsausnahme des Erwägungsgrunds 10 Satz 3 der Verbraucherschutzrichtlinie 93/13/EWG[2275] (= § 310 Abs. 4 Satz 1 BGB, – Gesellschaftsrecht – unterliegen oder nicht.[2276] 1446

(b) Immobilienerwerb

Wurde der Kredit jedoch – wie regelmäßig beim unmittelbaren Immobilienerwerb – von der **Sicherung durch ein Grundpfandrecht abhängig** gemacht (auch wenn dieses Grundpfandrecht zum Zeitpunkt des Kreditvertrages bereits bestellt war),[2277] sodass die Vorschrift über **verbundene Geschäfte** (§ 9 VerbrKrG) gem. § 3 Abs. 2 Nr. 2 VerbrKrG **nicht anwendbar** war, erlaubt die in Rdn. 1443 referierte Rechtsprechung des EuGH die Beschränkung der Folgen des Widerrufs einer in Haustürsituation abgeschlossenen oder angebahnten[2278] Darlehensvereinbarung ohne Widerrufsbelehrung[2279] auf das Darlehen selbst. Die vom EuGH angemahnte nationalgerichtlich zu gewährleistende Überbürdung des Anlagerisikos auf die Bank ist nach Ansicht des BGH[2280] nur in den seltenen Fällen relevant, in denen der Verbraucher beim Abschluss des Darlehensvertrages noch nicht an das finanzierte Geschäft gebunden gewesen ist. Anderenfalls fehle es am haftungsausfüllenden Kausalitätskonnex zum Immobilienkauf als »Schaden« infolge eines Schadensersatzanspruchs wegen unterbliebener Widerrufsbelehrung. Es bleibt offen, ob für die verbleibenden (raren) Fälle, in denen zuerst das Darlehen, sodann erst das finanzierte Geschäft zustande kam, ein Schadensersatzanspruch 1447

2271 BGH, 25.04.2006 – XI ZR 106/05, DStR 2006, 1091, Tz. 28 gegen BGH, 14.06.2004 – II ZR 393/02, DStR 2004, 1346.11.
2272 Art. 5 Abs. 2 der Haustürgeschäfterichtlinie (85/577/EWG).
2273 Diese finden lediglich bei Minderjährigen sowie in den Fällen der §§ 134, 138 BGB keine Anwendung, gelten jedoch auch in den Fällen des Gesellschaftsbeitritts infolge Drohung oder arglistiger Täuschung.
2274 Vorlage an den EuGH: BGH, 05.05.2008 – II ZR 292/06, DNotI-Report 2008, 109.
2275 NJW 1993, 1838.
2276 Zu den Rechtsfolgen beider Lösungen *Wagner* NZG 2008, 447, 450 f.
2277 So klarstellend BGH, 25.04.2006 – XI ZR 29/05, DStR 2006, 1087, Tz. 20.
2278 Dies genügt gem. BGH, 26.02.2008 – XI ZR 74/06, ZfIR 2008, 409.
2279 Diese fehlte bei den historischen Sachverhalten naturgemäß, da § 5 Abs. 2 HWG sie bei Realkreditverträgen ausdrücklich nicht vorsah.
2280 BGH, 16.05.2006 – XI ZR 4/04, DStR 2006, 1190, Tz. 30.

bzw. Obliegenheitsverletzungsanspruch mit der erstrebten Folge des »Durchgriffs auf den Kaufvertrag« angenommen werden kann.[2281]

1448 Außerhalb der Thematik des Widerrufs des Darlehensvertrages wurde jedoch das Einstehenmüssen der Bank für **arglistige Täuschungen** deutlich ausgeweitet: Im Fall eines »institutionalisierten Zusammenwirkens« zwischen Bank einerseits und Verkäufer, Vertriebsgesellschaft/Vermittler bzw. Fondsinitiatoren[2282] andererseits werde vermutet, dass die Bank Kenntnis von der Täuschung über die Rentabilität der Anlage gehabt habe,[2283] sofern sich ihr die evidente Unrichtigkeit der Angaben aufdrängen musste.[2284] Diese durch Beweiserleichterung naheliegende Zurechnung[2285] beruht auf § 278 BGB, bedarf also nicht des (hier aus Rechtsgründen regelmäßig ausgeschlossenen) Vorliegens verbundener Verträge.[2286]

1449 Der **Schadensersatzanspruch wegen Aufklärungsverschuldens der Bank**, beruhend auf ihrem konkreten Wissensvorsprung ggü. dem Darlehensnehmer als Folge konkreter, dem Beweis zugänglicher unrichtiger Angaben des Vermittlers/Verkäufers[2287] oder aufgrund ihrer bisherigen Kreditgewährung an den Verkäufer[2288] führt im Weg der Naturalrestitution nach der (ggf. durch das Kreditinstitut zu widerlegenden) Lebenserfahrung dazu, den Anleger so zu stellen, wie er nach pflichtgemäßer Aufklärung reagiert hätte: Er hätte die fragliche Immobilie nicht erworben bzw. den Erwerbsvertrag wegen arglistiger Täuschung angefochten. Die (3-jährige) Verjährung dieses Schadensersatzanspruchs beginnt erst ab dem Jahr der Kenntnis von der Rechtsprechungsänderung des BGH (Mai 2006).[2289] Fehlt es jedoch am eigenen Aufklärungsverschulden der Bank, berührt falsche Information durch den Vermittler zum Wert des Objekts oder zur monatlichen Belastung den Darlehensvertrag nicht, da die Pflichtenkreise insoweit getrennt sind.

h) Altersvorsorge-Eigenheimbetrag aus Riester-Anlageverträgen

1450 Das am 01.01.2002 in Kraft getretene »**Altersvermögensgesetz**«[2290] soll durch Aufbau einer freiwilligen, zusätzlichen, kapitalgedeckten Altersvorsorge eine Zusatzrente für alle in gesetzlicher Versicherung (LVA oder Rentenversicherung Bund [vormals BfA], Knappschaft, Seekasse etc.) stehenden Arbeitnehmer ermöglichen. Der Staat gewährt für Mindesteinzahlungen, die auf besondere, zertifizierte Altersvorsorgeprodukte geleistet werden, Zulagen (zuzüglich Kinderzulagen); alternativ kann ein Sonderausgabenabzug in Anspruch genommen werden. Die **Spareinzahlungen** sind bis zu bestimmten Höchstbeträgen **von der Einkommen/Lohnsteuer** befreit, allerdings wird dann die

---

2281 Krit. insoweit *Schäfer* DStR 2006, 1760, auch zum häufigen Fehlen des Verschuldens.
2282 BGH, 21.11.2006 – XI ZR 347/05, NJW 2007, 1127.
2283 Beispiel nach BGH, 20.03.2007 – XI ZR 414/04, NJW 2007, 2396: Bank kennt durch Darlehensgewährung an den Mietpool den Umstand, dass konstant überhöhte Ausschüttungen einen falschen Eindruck von der Rentabilität der Anlage vermitteln.
2284 BGH, 16.05.2006 – XI ZR 6/04, DStR 2006, 1190, Tz. 50 ff.; ähnlich BGH, 20.06.2006 – XI ZR 224/05, JurionRS 2006, 19937. Krit. zur Frage, ob die Argumentationslinie des BGH vor dem EuGH – c.i.c. – Haftung wegen Unterlassens der Widerrufsbelehrung – Bestand hat: *Jungmann* NJW 2007, 1562.
2285 Ähnlich OLG Nürnberg, 29.12.2006 – 12 U 104/05, OLGR Nürnberg 2007, 276 = BKR 2007, 203, im Verhältnis zwischen Bank (Bay. Hypotheken- und Wechselbank) und Vermittler.
2286 Zu den Voraussetzungen des institutionalisierten Zusammenwirkens vgl. *Oechsler* NJW 2006, 2451.
2287 Ergänzung aufgrund BGH, 19.09.2006 – XI ZR 204/04, DNotZ 2007, 29; ähnlich BGH, 17.10.2006 – XI ZR 205/05, DStR 2007, 165: Die Bank muss den kreditsuchenden Kunden nicht nur auf eine erkannte Sittenwidrigkeit der Kaufpreisvereinbarung, sondern auch auf eine erkannte arglistige Täuschung des Verkäufers gem. § 123 BGB über wesentliche Eigenschaften der Kaufsache und/oder auf eine damit häufig verbundene vorsätzliche c.i.c. ungefragt hinweisen.
2288 BGH, 05.04.2011 – XI ZR 365/09, ZfIR 2011, 521 m. Anm. *Weber/Weber*: Aufklärungsverschulden der Bank über ihren Interessenkonflikt (Verlagerung des eigenen notleidenden Kreditengagements i.R.d. finanzierten Geschäfts auf den Erwerber).
2289 BGH, 23.01.2007 – XI ZR 44/06, JurionRS 2007, 11577.
2290 BGBl. I 2001, S. 1310; vgl. *Ruland* NJW 2001, 3505 ff.; zum Entnahmebetrag *Nachreiner* MittBayNot 2002, 148.

IV. Kaufpreis: Fälligkeit, Gläubigerablösung, Finanzierung

später ab Rentenbezug zu beziehende Rente vollständig besteuert (sog. »nachgelagerte Besteuerung« als Prototyp des nunmehrigen Alterseinkünftegesetzes).[2291]

Altersvorsorgevermögen sind gem. § 97 EStG i.V.m. § 851 Abs. 1 ZPO in **hohem Maße gegen Zugriff Dritter (Pfändung etc.)** geschützt und **nicht frei übertragbar**. Bei einer schädlichen Verwendung sind die staatlichen Zuschüsse zuzüglich Zinsen zurückzuzahlen. Stirbt der Altersvorsorgebegünstigte vor Erreichen der Leistungsphase und sieht der Vertrag im Todesfall eine Kapitalauszahlung vor, kann der überlebende Ehegatte (allerdings nur dieser, nicht die Kinder!) den Betrag in einen eigenen Altersvorsorgevertrag einzahlen und damit die Rückzahlung der Zuschüsse vermeiden. Erfolgt jedoch eine Kapitalauszahlung an mehrere Erben, z.B. auch an die Kinder gemäß gesetzlicher Erbfolge, treten sämtliche Folgen einer schädlichen Verwendung ein. 1451

Durch das **Eigenheimrentengesetz**[2292] wurde ab 01.08.2008 die Einbeziehung der selbst genutzten Wohnimmobilie in die sog. »Riester-Förderung« verbessert (»Wohn-Riester«). Inhaltlich handelt es sich um einen Kompromiss zwischen dem seitens der CDU/CSU favorisierten »SoFA-Modell«[2293] (verringerte Förderung/keine nachgelagerte Besteuerung) und dem sog. »Kanapee-Modell«[2294] der SPD (systemgetreue Einbeziehung durch volle Förderung in der Ansparphase, jedoch nachgelagerte Besteuerung auf der Basis einer fiktiven Verrentung). Seit 2008 zählen auch Bezieher von Erwerbsunfähigkeitsrenten zum begünstigten Personenkreis. 1452

Der Kreis der begünstigten Anlageprodukte (Altersvorsorgebeiträge gem. § 82 Abs. 1 EStG) wurde um den Erwerb weiterer Genossenschaftsanteile an einer selbst genutzten Genossenschaftswohnung erweitert, ferner um zertifizierte[2295] Darlehensverträge, § 1 Abs. 1a Satz 1 AltZertG (dort Nr. 1: als reiner Darlehensvertrag ohne vorhergehenden Sparvorgang, Nr. 2: als Sparvertrag kombiniert mit einer Darlehensoption – Typus Bausparvertrag –, Nr. 3: als Kombination eines tilgungsfreien Vorfinanzierungsdarlehens i.V.m. einem Sparvertrag). **Tilgungen** zugunsten solcher Darlehensverträge gelten künftig als förderfähige Altersvorsorgebeiträge, wenn das Darlehen für eine nach dem 01.01.2008 vorgenommene wohnungswirtschaftliche Verwendung (i.S.d. § 92a Abs. 1 Satz 1 EStG)[2296] genutzt wird; unterbleibt eine solche Verwendung, muss die Auszahlung demnach als lebenslange Altersleistung erfolgen. 1453

Werden also Tilgungsleistungen i.H.v. mindestens 4 % der maßgebenden Einnahmen (max. 2.100,00 € abzgl. Zulage) in diesen Altersvorsorge-Darlehensvertrag eingezahlt, wird zugunsten dieses Darlehensvertrages, also als zwingende Sondertilgung, die Zulage (Grundzulage i.H.v. 154,00 € sowie Kinderzulagen von je 185,00 € für vor dem 01.01.2008 geborene Kinder, 300,00 € für danach geborene Kinder; zuzüglich eines Berufseinsteigerbonus von 200,00 € bis zum 25. Lebensjahr) gewährt. Zahlungen auf Darlehenszinsen sind jedoch nicht förderungsfähig. Bei Vorfinanzierungsdarlehen gelten die Ansparbeiträge als Tilgungsleistungen. Die Förderung kann auch gewährt werden für Umschuldungen, die ihrerseits als zertifizierte Altersvorsorgedarlehensverträge nach dem 01.01.2008 einer wohnungswirtschaftlichen Verwendung dienen. Auf Antrag des Zulageberechtigten wird gem. § 10a EStG geprüft, ob der Sonderausgabenabzug für die Tilgungsleistungen einschließlich des Zulagenanspruchs (max. 2.100,00 €) günstiger ist; der verbleibende Steuervorteil wird i.R.d. Einkommensteuerveranlagung gewährt. 1454

[2291] 05.07.2004, BGBl. I 2004, S. 1427 ff., das zugleich die »Riester-Rente« hinsichtlich der Zertifizierung der Produkte und des Antragsverfahrens vereinfacht hat.
[2292] BGBl. I 2008, S. 1509; vgl. hierzu als ersten Überblick *Myßen/Fischer* NWB 2008, 2719 ff. = Fach 3 S. 15117 ff.; aus notarieller Sicht *Schaal/Mensch* RNotZ 2011, 93 ff.
[2293] »Sofort ohne Finanzamt«.
[2294] »Kapitalstock zur Kalkulation der nachgelagerten persönlichen Einkommensbesteuerung«.
[2295] Gem. § 14 Abs. 3 AltZertG kann die Zertifizierung solcher Darlehensverträge frühestens zum 01.11.2008 erfolgen.
[2296] Erfasst sind die Anschaffung oder Herstellung einer selbst genutzten Wohnung, der Erwerb von Pflichtanteilen an einer eingetragenen Genossenschaft für die Selbstnutzung einer Genossenschaftswohnung sowie die Anschaffung eines eigentumsähnlichen bzw. lebenslänglichen Dauerwohnrechts. Es muss sich jeweils um eine Wohnung in Deutschland handeln, die den Hauptwohnsitz (i.S.d. Melderechts, § 92a Abs. 1 Satz 2 EStG i.d.F. des JStG 2009) bildet.

1455 Die Möglichkeiten der Entnahme aus gefördertem Altersvorsorgevermögen gem. § 92a EStG (»zinsloser Kredit bei sich selbst«) werden dahin gehend erweitert, dass die betragsmäßige (Mindest- und Höchst) Begrenzung entfällt – die Entnahme darf allerdings nicht zwischen 75,01 % und 99,99 % des Altersvorsorgekapitals erfassen[2297] – und keine Pflicht zur Rückzahlung des entnommenen Betrages mehr besteht. Demnach sind die noch in der 4. Aufl. dieses Werkes (dort Rdn. 1008 ff.) enthaltenen Formulierungsvorschlage zur Sicherung des Rückzahlungsanspruchs (im Interesse des für die Rückzahlung mithaftenden Anbieters) entbehrlich. Die Entnahme kann gem. § 92a Abs. 1 Satz 1 bis zum Beginn der Auszahlungsphase für die Anschaffung oder Herstellung einer Wohnung (Nr. 1), ferner zu Beginn der Auszahlungsphase zur Entschuldung einer Wohnung (Nr. 2), und ohne zeitliche Begrenzung für den Erwerb von Wohnungsgenossenschaftsanteilen Nr. 3) erfolgen,[2298] auch noch zu Beginn der Auszahlungsphase. Die Kapitalentnahme kann auch mit der Tilgungsförderung für dieselbe wohnungswirtschaftliche Verwendung kombiniert werden (z.B. bei Bausparverträgen). Sie erfasst seit 01.07.2010 auch Wohnimmobilien im EU-Ausland bzw. im EWR-Wirtschaftsraum.[2299]

1456 Geförderte Tilgungsbeiträge sowie hierfür gewährte Leistungszulagen, ebenso wie entnommene Altersvorsorge-Eigenheimbeträge, werden zur Sicherung der sog. **nachgelagerten Besteuerung** in einem »Wohnförderkonto« (§ 92a Abs. 2 Satz 1 EStG) erfasst (buchhalterische Ermittlung des in der Immobilie gebundenen, steuerlich geförderten Kapitals). Zur Gleichstellung mit anderen Riester-Produkten (Ausgleich für die vorzeitige Nutzung) erhöht sich dieser Wohnförderkonto-Betrag in der Ansparphase um jährlich 2 %. Der Zulagenberechtigte kann durch Einzahlungen auf einen zertifizierten Altersvorsorgevertrag den Stand des Wohnförderkontos verringern (ohne hierfür zusätzliche Förderung zu erhalten, wirtschaftlich handelt es sich ja lediglich um einen Wechsel des Riester-Produkts).

1457 Zu Beginn der Auszahlungsphase wird der verbleibende Saldo des Wohnförderkontos entweder[2300] als Einmalbetrag (mit 30 %igem Abschlag)[2301] oder[2302] verteilt bis zum 85. Lebensjahr nachgelagert besteuert. Stirbt der Zulagenberechtigte, wird der verbleibende Stand des Wohnförderkontos beim Erblasser (zulasten der Erbengemeinschaft) sofort besteuert; eine Rückforderung der Zulagen erfolgt jedoch nicht. Die Besteuerung unterbleibt, wenn der früher zusammenveranlagte Ehegatte nach dem Tod die Wohnung selbst weiter nutzt.

1458 Dieselbe Sofortbesteuerung greift gem. § 22 Nr. 5 Satz 4 i.V.m. § 92a Abs. 3 Satz 2 EStG bei **Aufgabe der Selbstnutzung** (ausgenommen Fälle der Krankheit oder Pflegebedürftigkeit)[2303] **oder des Eigentums**, es sei denn, der Zulageberechtigte investiert einen Betrag i.H.d. erreichten Standes des Wohnförderkontos binnen 4 Jahren nach Ablauf des Veranlagungszeitraums, in dem die Selbstnutzung aufgegeben wurde, in eine weitere förderfähige Wohnung[2304] oder innerhalb eines Jahres nach dem Veranlagungszeitraum der Aufgabe der Selbstnutzung[2305] in einen anderen zertifizierten Altersvorsorgevertrag oder der Ehegatte des zusammenveranlagten Zulageberechtigten nutzt die Wohnung aufgrund richterlicher Entscheidung weiterhin. Andernfalls führt jede[2306] Veräußerung

---

2297 Dadurch soll verhindert werden, dass nur sehr geringes Kapital verbleibt, der Anbieter jedoch weiterhin die Informations- und Bescheinigungspflichten erfüllen muss.
2298 Vgl. *Myßen/Fischer* NWB 2008, 2728 ff. = Fach 3 S. 15126 ff.
2299 Vgl. *Mensch/Schaal* NotBZ 2011, 281, 282 f.
2300 Gem. § 22 Nr. 5 Satz 5 i.V.m. § 92a Abs. 2 Satz 6 EStG.
2301 Gibt der Zulageberechtigte die Selbstnutzung nach der privilegierten Sofortbesteuerung auf, muss er bis zum zehnten Jahr nach dem Beginn der Auszahlungsphase das Zweifache der noch nicht besteuerten 30 % des Wohnförderkontos versteuern, vom elften bis zum zwanzigsten Jahr den 30 %igen Betrag, danach nichts mehr. Im Fall des Todes erfolgt jedoch – unabhängig vom Zeitpunkt des Versterbens – keine Nachversteuerung des verschonten 30 %-Anteils.
2302 Gem. § 22 Nr. 5 Satz 4 i.V.m. § 92a Abs. 2 Satz 4 Nr. 2 und Satz 5 EStG.
2303 Ergänzung des § 92a Abs. 3 Satz 9 EStG durch das JStG 2009.
2304 Gem. § 92a Abs. 3 Satz 9 Nr. 1 ff. EStG.
2305 Ausgenommen sind Fälle befristeter Vermietung für einen beruflich bedingten Umzug, sofern die Selbstnutzung spätestens mit Vollendung des 67. Lebensjahres wieder aufgenommen wird.
2306 Ausgenommen wohl die Einbringung in eine personen- und beteiligungsidentische Personengesellschaft, aufgrund ihrer einkommensteuerlichen Transparenz, *Mensch/Schaal* NotBZ 2011, 281, 285.

der selbst genutzten Wohnung, auch die Schenkung an Abkömmlinge unter Nießbrauchsvorbehalt,[2307] auch die Übertragung an den Ehegatten im Rahmen einer »Güterstandsschaukel« oder einer schenkungsteuerfreien Familienwohnheimübertragung gem. § 13 Abs. 1 Nr. 4a ErbStG,[2308] ebenso wie ihre Vermietung, zur Versteuerung des »Auflösungsbetrages«. Bei Trennungsvereinbarungen über Immobilien, die zur schädlichen Verwendung eines tilgungsgeförderten Darlehens führen, mag als Ausgleich die Verpflichtung zur Einzahlung des entsprechenden Kompensationsbetrages in einen anderen Altersvorsorgevertrag binnen eines Jahres nach Auszug verhandelt werden.[2309]

Stirbt der Zulagenberechtigte, liegt daraufhin keine Fehlverwendung der geförderten Wohnung vor, wenn der mit ihm zuletzt zusammen veranlagte, überlebende Ehegatte innerhalb eines Jahres nach dem Tod Alleineigentümer[2310] der weiter vom Ehegatten dann selbst genutzten Wohnung wird. **1459**

▶ **Hinweis: Eigenheim-Rentenförderung beim Ableben des Zulageberechtigten**

Demnach sollte, sofern die Wohn-Riester-Förderung in Anspruch genommen wird, durch Testament sichergestellt werden, dass der überlebende Ehegatte Alleineigentümer der geförderten Wohnung ist oder (infolge Teilungsanordnung bzw. Vermächtnis) spätestens innerhalb eines Jahres nach dem Tod wird.

Ist der Steuerpflichtige an der Selbstnutzung der Wohnung aufgrund eines beruflich bedingten Umzugs verhindert, kann er auf Antrag die Folgen der Fehlverwendung gem. § 92a Abs. 4 EStG abwenden, wenn die Selbstnutzung spätestens mit Vollendung des 67. Lebensjahrs wieder aufgenommen wird. **1460**

▶ **Hinweis:**[2311] **Beruflich bedingter Umzug bei »Wohn-Riester«-geförderter Wohnung**

Kann der Zulagenberechtigte aufgrund eines beruflich bedingten Umzugs die nach dem Eigenheim-Rentengesetz geförderte Wohnung nicht mehr weiter selbst nutzen, ist das mit dem Dritten geschlossene Nutzungsverhältnis (Vermietung) so zu befristen, dass der Eigentümer spätestens mit Vollendung des 67. Lebensjahrs die Wohnung wieder selbst beziehen kann, um die Folgen einer Fehlverwendung abzuwenden.

Für ab 01.01.2009 abgeschlossene Verträge, für die **Wohnungsbauprämie**[2312] (und ggf. Arbeitnehmersparzulage)[2313] gewährt wird, sind nach Ablauf der 7-jährigen Bindungsfrist ebenfalls nur noch wohnungswirtschaftliche Verwendungen zugelassen, sodass die Auszahlung der jährlich festgesetzten Prämie künftig erst mit dieser Verwendung erfolgt. Der Kreis der geförderten Maßnahme ist hier erweitert (er erfasst bspw. auch Modernisierungsmaßnahmen an der Wohnimmobilie). Eine prämienunschädliche Verfügung in sozialen Härtefällen (Tod, Eintritt von Erwerbsunfähigkeit, längere Arbeitslosigkeit) bleibt aufrechterhalten; ebenso die freie Verfügbarkeit von Altverträgen, die vor dem 31.12.2008 abgeschlossen wurden.[2314] **1461**

2307 Vgl. *Mensch/Schaal* NotBZ 2011, 281, 286.
2308 Vgl. *Mensch/Schaal* NotBZ 2011, 281, 286 f. Werden nur Miteigentumsanteile übertragen, muss der verbleibende Anteil des Veräußerers an den Anschaffungskosten den Betrag seines geförderten Darlehensvertrages noch übersteigen. Eine Nachversteuerung kann i.Ü. stets vermieden werden durch Re-investition in ein Ersatzobjekt oder Einzahlung in einen Geld-Riestervertrag.
2309 Vgl. im Einzelnen *Schaal/Mensch* RNotZ 2011, 98 ff.
2310 So die Gesetzesbegründung, BR-Drucks. 239/08, S. 48, sowie BMF-Schreiben v. 20.01.2009 zu § 93 Abs. 1 Satz 3 Buchst. c) EStG Rn. 147.
2311 Vgl. *Ihle* notar 2009, 60.
2312 8,8 % Förderung auf Beiträge von jährlich max. 512,00 €, d.h. bis zu 45,06 €, bei zu versteuerndem Einkommen von unter 25.600,00 €.
2313 9,9 % auf max. 470,00 € jährlich Arbeitgebereinzahlung, d.h. bis zu 43,00 € pro Jahr, bei zu versteuerndem Einkommen von unter 17.900,00 €.
2314 Vgl. *Bornhaupt* NWB Fach 3, S. 14137.

5. Mittelbare Grundstücksschenkung

1462 Nach der Rechtsprechung des BGH besteht keine zwingende Identität zwischen dem Vermögensopfer des Schenkenden und dem Zuwendungsgegenstand beim Beschenkten.[2315] Dies ermöglicht, dass der Schenkende als Vermögensopfer nicht ein ihm gehörendes Grundstück erbringt, sondern Geld aufwendet, während der Beschenkte damit Grundbesitz erwirbt - als Alternative zur Finanzierung aus Eigen- oder aus Kreditmitteln. Auch das Steuerrecht erfordert keine Identität des Entreicherungs- und Bereicherungsgegenstands, da gem. § 7 Abs. 1 Nr. 1 ErbStG nur eine Bereicherung des Bedachten »auf Kosten des Zuwendenden« notwendig ist. Im Fall der sog. »mittelbaren Grundstücksschenkung« erfolgt die schenkungsteuerliche Beurteilung so, wie wenn der Veräußerer dem Erwerber unter Lebenden[2316] unmittelbar das Grundstück zugewendet hätte.[2317] Damit kann der Beschenkte beim Erwerb von vermieteten Wohnimmobilien in den Genuss des Wertabschlags von 10 % gem. § 13c ErbStG kommen (eine Mindestfrist zur Aufrechterhaltung der Wohnungsvermietung besteht nicht).[2318]

1463 Für die Anerkennung einer mittelbaren Grundstücksschenkung im steuerrechtlichen Sinn ist erforderlich, dass der Schenker einen nicht ganz unerheblichen Teil (mehr als 10 %) des Kaufpreises eines **genau bestimmten** Grundstücks oder eines zu erwerbenden Anspruchs auf Übereignung eines genau bestimmten Grundstücks[2319] schenkweise zur Verfügung stellt oder zu mehr als 10 %[2320] die Kosten für die Errichtung eines konkreten Bauvorhabens trägt (»mittelbare Baukostenschenkung«). Auch die Übernahme der Kosten für konkrete Um-, Aus- oder Anbauten genügt, nicht aber die Zuwendung von Mitteln für Reparaturmaßnahmen oder bloße Erhaltensaufwendungen. Obergrenze sind jedoch stets die tatsächlich entstandenen Erwerbs- bzw. Errichtungskosten samt Nebenkosten. Die Geldzuwendung durch einen steuerlich nicht anzuerkennenden »Scheindarlehensvertrag« steht gem. § 42 AO der Schenkung gleich.[2321] Ist das zu erwerbende Grundstück bzw. die durchzuführende Baumaßnahme nicht im Zeitpunkt der Geldschenkung bereits bestimmt (bloße Bestimmbarkeit genügt auch bei Vorliegen nur weniger Auswahlexemplare nicht), handelt es sich schenkungsteuerlich dagegen um eine Geldschenkung.

1464 Zwischen dem Zeitpunkt der Geldzuwendung bzw. der Zuwendungszusage einerseits[2322] und dem Erwerb des Grundstücks andererseits sollte kein größerer zeitlicher Abstand liegen[2323] (R 16 Abs. 1 Satz 6 ErbStR 2003; max. etwa ein Jahr); auf jeden Fall aber muss die Schenkungszusage (sei sie auch entgegen § 518 Abs. 1 BGB lediglich privatschriftlich) vor dem Abschluss des Kaufvertrages[2324] bzw.

2315 BGHZ 112, 40 ff.
2316 Die Grundsätze sind auf den Erwerb von Todes wegen (Wunsch des Erblassers, mit Geldmitteln des Nachlasses ein bestimmtes Grundstück zu erwerben) nicht anwendbar, vgl. BFH, 03.07.2003 – II B 90/02, ErbStB 2003, 377. Auch eine »mittelbare Schenkung auf den Todesfall« wird durch FG Rheinland-Pfalz ZEV 1996, 276 nicht anerkannt, a.A. *Söffing/Worgula* ErbStB 2005, 326: es handele sich um einen aufschiebend bedingten Vermächtnisanspruch, der erst mit Erfüllung = Bedingungseintritt (und zwar in Gestalt des Bereicherungssachgegenstandes) besteuert und als Vermächtnislast abgezogen werde.
2317 Vgl. Koordinierter Ländererlass v. 02.11.1989, BStBl. 1989 I, S. 443, geändert durch Erlass v. 10.09.1996, BStBl. 1996 I, S. 1173, s. z.B. beck online, BeckVerw075178, sowie R 16 ErbStR 2003.
2318 Vgl. *Krauß* Vermögensnachfolge in der Praxis Rn. 3949 ff.
2319 BFH, 10.11.2004 – II R 44/02, ZEV 2005, 126.
2320 FG München DStRE 2003, 1462. Sofern der Bedachte zum Vorsteuerabzug berechtigt ist, genügen 10 v.H. des Nettoaufwandes: BFH DStR 2003, 367. Vgl. hierzu R 16 Abs. 3 Satz 2 ErbStR 2003.
2321 BFH, 07.11.2006 – IX R 4/06, DStRE 2007, 301.
2322 BFH, 10.11.2004 – II R 44/02, ZEV 2005, 126: es genügt, dass die Kaufpreisschuld (trotz vorzeitigen Eigentumsübergangs) aufgrund vor dem Erwerb des schuldrechtlichen Vertrag bzw. Beginn der Baumaßnahme) getätigter Zusage unmittelbar durch den Schenker getilgt wird; hierzu *Münch* RNotZ 2005, 165 und *van de Loo* DStR 2005, 723. Nach früherer Rspr. war nicht auf den Zeitpunkt des Zuwendungsversprechens, sondern der Zuwendung selbst abzustellen.
2323 BFH BStBl. 1985 II, S. 160. Stellt der Schenker dem Bedachten den Betrag im Voraus zinslos zur Verfügung, liegt hierin eine weitere Schenkung (Gewährung der Möglichkeit zur Kapitalnutzung), die gem. § 15 Abs. 1 BewG mit 5,5 % p.a. des Kapitals zu bewerten ist: BFH DStR 2003, 367. Gegenstand der Schenkung sind jedoch nicht die tatsächlich erzielten Zinsen, da diese vom Beschenkten selbst erwirtschaftet wurden. Daher kann auch die auf die Zinsen bezahlte ESt bei der Ermittlung der schenkungsteuerlichen Bereicherung nicht abgezogen werden.
2324 BFH, 02.02.2005 – II R 31/03, DStRE 2005, 833.

IV. Kaufpreis: Fälligkeit, Gläubigerablösung, Finanzierung

vor der Eingehung der Kaufpreisschuld,[2325] in Herstellungsfällen vor Fertigstellung des Gebäudes/Abschluss der Sanierungsmaßnahmen[2326] erfolgen. Es ist daher darauf zu achten, dass spätestens beim Abschluss des Grundstückskauf- bzw. -werkvertrages eine zumindest privatschriftliche Zuwendungszusage mit genauer Bezeichnung des »geförderten« Objektes vorliegt. I.S.d. § 9 Abs. 1 Nr. 2 ErbStG ist die mittelbare Schenkung schließlich ausgeführt mit Erklärung der Auflassung und Abgabe der Eintragungsbewilligung, bei zu errichtenden Gebäuden muss auch die Fertigstellung erfolgt sein.[2327]

Eine bloße **Geldschenkung unter Auflage** liegt vor, wenn der Schenkende ggü. dem Beschenkten nur zum Ausdruck bringt, dass jener den Geldbetrag für ein (noch nicht konkret feststehendes)[2328] Grundstück verwenden solle, oder aber er dem Beschenkten auferlegt, auf einem jenem gehörenden Grundstück nach eigenen Vorstellungen ein Gebäude zu errichten, bzgl. dessen keine konkreten Pläne bestehen; schließlich auch dann, wenn dem Erwerber ein (sei es auch zinsloses)[2329] Darlehen gewährt wird, auf dessen Rückzahlung der Darlehensgeber später verzichtet,[2330] oder wenn der Erwerber durch eigenes Darlehen vorfinanziert, und dieses durch die zugesagte Geldzuwendung abgelöst wird[2331] – ebenso in Herstellungsfällen, wenn der »Beschenkte« die Handwerkerrechnungen zunächst selbst bezahlt und den Betrag sodann durch Geldzuwendung erstattet erhält. Solche Geldschenkungen unter Auflage sind bereits mit der Geldhingabe vollzogen. Da die Auflage dem Beschenkten selbst zugutekommt (Erwerb seines Grundstücks bzw. Errichtung seines Gebäudes), ist sie nicht abzugsfähig.[2332] Ebenso liegt eine bloße Geldschenkung vor, wenn der Schenker schon vor der Schenkung das Grundstück an einen Dritten veräußert hat und den Erlös dem Beschenkten »als Surrogat« zukommen lässt.[2333]

1465

Eine mittelbare Grundstücksschenkung kann sich durch

1466

– Hingabe von Geldmitteln zum Erwerb eines bestimmten Grundstücks (oder Errichtung einer bestimmten Immobilie),
– Verschaffung eines Anspruchs auf Erwerb eines bestimmten Grundstücks/Errichtung eines bestimmten Gebäudes oder
– durch Hingabe von Geldmitteln zum Erwerb eines Anspruchs auf Verschaffung eines bestimmten Grundstücks/Errichtung eines bestimmten Gebäudes vollziehen.

Eine **bestimmte Mindestbehaltensfrist** ist zur Anerkennung der mittelbaren Schenkung nicht erforderlich; wäre jedoch der Erwerber zur Weiterveräußerung des Grundstücks verpflichtet, läge wohl lediglich die mittelbare Schenkung des aus der Weiterveräußerung zu erzielenden Erlöses vor.[2334]

1467

Die mittelbare Grundstücksschenkung bedarf **zivilrechtlich** der **Form des § 518 BGB** (nicht des § 311b Abs. 1 Satz 1 BGB, da keine Verpflichtung zum Erwerb eines bestimmten Grundstücks

1468

2325 BFH, 01.06.2004 – IX R 61/03, ZEV 2005, 29; ausreichend ist die Zusage und Überweisung des zugesagten Teilbetrages für die Restzahlung auch nach Entrichtung der ersten Raten: FG Köln, 08.10.2006 – 18 K 2888/04 F, ErbStB 2006, 341.
2326 BFH BStBl. 2003 II, S. 273, R 23 Abs. 2 Sätze 3 bis 5 ErbStR 2003; *Hartmann* ErbStB 2005, 225.
2327 BFH, 23.08.2006 – II R 16/06, ZEV 2006, 516 m. Anm. *Götz*, S. 518 und Anm. *Klein* NWB 2007, 453 = Fach 10, S. 1569.
2328 Es genügt nicht, lediglich die politische Gemeinde festzulegen, FG Köln, 21.11.2008 – 9 K 4186/07, ErbStB 2009, 5 m. Anm. *Wefers* auch zur etwas großzügigeren Lit. (Bestimmbarkeit müsse genügen).
2329 Hierin liegt zusätzlich eine mit 5,5 % (vgl. § 15 Abs. 1 BewG) des Kapitals p.a. (bei unbefristeten Darlehen mal Multiplikator 9,3: § 13 Abs. 2 BewG) zu versteuernde Zuwendung der unentgeltlichen Kapitalnutzung, BFH, 21.02.2006 – II R 70/04, ZEV 2006, 324, ebenso FG Baden-Württemberg v. 24.09.2003, DStRE 2004, 474 = ErbStB 2004, 106, a.A. die frühere Lit., die auch auf den Zinsvorteil die Grundsätze der mittelbaren Grundstücksschenkung anwendete.
2330 BFH, 29.06.2005 – II R 52/03, ZEV 2005, 492 m. Anm. *Meincke*: die Zinsersparnis wird erst nach Kaufpreistilgung erzielt, also nicht zur Kaufpreistilgung eingesetzt; ebenso bereits zuvor FG Baden-Württemberg v. 24.09.2003, DStRE 2004, 474: die Zinslosigkeit wird gem. § 12 Abs. 1 ErbStG i.V.m. § 15 Abs. 1 BewG mit jährlich 5,5 % i.R.d. Schenkungsteuer bewertet. Der BFH (Urt. v. 02.02.2005 – II R 31/03, DStRE 2005, 833) sieht allerdings eine mittelbare Grundstücksschenkung als noch gegeben an, wenn die »Umwandlung« des Darlehens in eine Schenkung noch vor dem Grundstückserwerb zugesagt und vor Bezahlung des Kaufpreises tatsächlich vorgenommen wird.
2331 Steuerunschädlich wäre es gewesen, wenn der Zuwendende selbst das »Überbrückungsdarlehen« (etwa bis zum Freiwerden der zugesagten Mittel) aufgenommen hätte.
2332 § 10 Abs. 9 ErbStG, R 16 Abs. 2 Satz 4 ErbStR 2003.
2333 BFH, 10.10.2008 – II B 85/08, notar 2009, 483.
2334 Vgl. *Wachter* Erbschaft- und Schenkungsteuerrecht (DAI-Skript Februar 2006), S. 150.

besteht!). Ein etwaiger Formmangel wird geheilt durch die Bewirkung der Leistung (§ 518 Abs. 2 BGB); die Finanzverwaltung verlangt regelmäßig lediglich den schriftlichen Nachweis der Schenkungszusage.[2335] Da (mittelbar) der Grundbesitz Schenkungsgegenstand ist, beziehen sich Rückforderungsrechte und Widerrufsrechte (§§ 527, 528, 530 BGB) auf Grundbesitz, nicht auf den geschenkten Geldbetrag.[2336]

1469 Am unmittelbarsten lässt sich die Verknüpfung des Schenkungsversprechen mit dem Immobilienerwerb des Beschenkten herstellen, wenn beide in derselben Urkunde (also i.R.d. im Kaufvertrag) enthalten sind; kostenrechtlich handelt es sich freilich um gegenstandsverschiedene Regelungen, sodass beide Geschäftswerte im Ergebnis zu addieren sind. Auch im Rahmen solcher mittelbarer Schenkungen kann sich der Schenker bspw. den Nießbrauch (Vorbehalts-, kein Zuwendungsnießbrauch!) sowie Rückforderungsrechte[2337] vorbehalten, so etwa im Folgenden:

▶ Formulierungsvorschlag: Mittelbare Grundstücksschenkung mit Nießbrauchs- und Rückforderungsvorbehalt (als Teil eines Kaufvertrages)

1470 § .....

Zuwendung durch die Eltern; Nießbrauchsvorbehalt

Herr ..... und Frau ....., die Eltern des Käufers, versprechen dem Käufer, ihrer Tochter ....., ... € – in Worten: Euro ..... (im Innenverhältnis je hälftig) – zuzüglich der für den Erwerb anfallenden Erwerbsnebenkosten (Notar, Grundbuch, Grunderwerbsteuer) – zum Erwerb des in § 1 genannten Kaufobjektes zu

schenken,

mit der Auflage, dass der geschenkte Betrag zum Erwerb des Vertragsgegenstandes zu verwenden ist. Eltern und Tochter sind einig, dass Gegenstand der Schenkung nicht das Geld sondern der vertragsgegenständliche Grundbesitz ist (mittelbare Grundstücksschenkung).

Der beurkundende Notar wies darauf hin, dass geschenkte Beträge ausschließlich auf das in der Kaufurkunde angegebene Konto des Verkäufers bzw. des Grundpfandrechtsgläubigers zur Lastenfreistellung einzuzahlen sind. Eigene Verfügungsgewalt erhält der Beschenkte über den Geldbetrag daher nicht.

Wirtschaftlich und steuerrechtlich handelt es sich also bei der heutigen Zuwendung um einen Erwerb der Immobilie durch die Eltern mit anschließender Übertragung auf ihre Tochter, auch wenn der Grundbuchvollzug unmittelbar auf ihre Tochter erfolgt.

1.

Die Schenker – nachstehend »die Berechtigten« genannt – behalten sich jedoch am gesamten übertragenen Vertragsbesitz ein

Nießbrauchsrecht

(also ein Recht zur Eigennutzung oder Vermietung) vor, das jedoch nicht an Dritte überlassen werden kann. Abweichend vom Gesetz trägt der Nießbraucher auch die Tilgung bestehender Verbindlichkeiten sowie außerordentliche Lasten, Ausbesserungen und Erneuerungen, auch wenn sie über die gewöhnliche Unterhaltung der Sache hinausgehen. Dem Nießbraucher stehen keine Verwendungsersatzansprüche und Wegnahmerechte zu, während umgekehrt der Eigentümer keine Sicherheitsleistung (§ 1051 BGB) verlangen kann. Die gesamten Lasten und Kosten des Vertragsbesitzes sowie die Verkehrssicherungspflicht verbleiben demnach beim Nießbraucher. Dieser ist zur vorzeitigen Aufgabe des Nießbrauchs berechtigt.

Eine Vollmacht zur Wiederbelebung bestehender oder zur Bestellung neuer Grundpfandrechte wünscht der Nießbraucher nicht.

2335 R 16 Abs. 1 Satz 5 ErbStR 2003.
2336 BGHZ 112, 40 ff., für die Zuwendung von Geldmitteln zum Erwerb von Kommanditgesellschaftsbeteiligungen.
2337 Vgl. eingehend *Krauß* Vermögensnachfolge in der Praxis Rn. 1753 ff.

Die Eintragung des Nießbrauchsrechts – für beide als Berechtigte gemäß § 428 BGB – am Vertragsbesitz wird bewilligt und beantragt, wobei zur Löschung der Nachweis des Todes des Berechtigten genügen soll. Das Recht erhält nächstoffene Rangstelle.

Die Beteiligten wurden darauf hingewiesen, dass die Eintragung des vorgenannten Nießbrauchsrechtes jedoch erst mit Umschreibung des Eigentums auf ihre Tochter im Grundbuch beantragt werden kann.

2.

Weiter ist vereinbart: Der Erwerber und seine Gesamtrechtsnachfolger sind gegenüber den schenkenden Eltern als Berechtigten verpflichtet, den betreffenden Vertragsbesitz zurückzuübertragen, wenn und soweit ein Rückforderungsgrund eintritt und die Rückforderung vertragsgemäß d.h. binnen zwölf Monaten nach Kenntnis vom Rückforderungstatbestand und in notariell beglaubigter Form, aufgrund höchstpersönlicher Entscheidung erklärt wird. Das Rückforderungsrecht ist nicht vererblich oder übertragbar und kann nicht durch gesetzliche Vertreter oder Insolvenzverwalter ausgeübt werden. Es kann sich auch lediglich auf Teile des Vertragsbesitzes erstrecken.

Macht zu Lebzeiten beider Berechtigter nur einer das Rückforderungsrecht geltend, oder ist der andere Berechtigte verstorben, ist nur an den verbleibenden Berechtigten aufzulassen, der auch die Verpflichtungen alleine übernimmt. Andernfalls ist an beide zu je hälftigem Miteigentum unter gesamtschuldnerischer Übernahme der Verpflichtungen aufzulassen.

Ein Rückforderungsgrund tritt jeweils ein, sobald der jeweilige Eigentümer

a) den Vertragsbesitz ganz oder teilweise ohne schriftliche Einwilligung des Berechtigten (bzw. seines gesetzlichen Vertreters oder Bevollmächtigten) veräußert oder sonst das Eigentum daran verliert, belastet oder eingetragene Belastungen revalutiert

b) von Zwangsvollstreckung in den Grundbesitz betroffen ist, sofern die Maßnahme nicht binnen zwei Monaten aufgehoben wird,

c) in Insolvenz fällt, die Eröffnung des Verfahrens mangels Masse abgelehnt wird, oder er die eidesstattliche Versicherung abgibt

d) vor dem Berechtigten verstirbt

e) von seinem (künftigen) Ehegatte / Lebenspartner getrennt lebt im Sinne des § 1567 BGB, es sei denn, durch vertragliche Vereinbarung ist sichergestellt, dass der Vertragsbesitz im Rahmen des Zugewinn- bzw. Vermögensausgleiches nicht berücksichtigt wird, sondern allenfalls tatsächlich getätigte Investitionen oder Tilgungsleistungen zu erstatten sind

f) der Drogen- oder Alkoholsucht verfällt, oder

g) Mitglied einer im Sektenbericht des Bundestages aufgeführten Sekte oder einer unter Beobachtung des Verfassungsschutzes stehenden Vereinigung ist

h) geschäftsunfähig wird.

Ein Recht zur Rückforderung besteht auch, wenn für die heutige Zuwendung Schenkungsteuer erhoben werden sollte.

Der Berechtigte hat die im Grundbuch eingetragenen Rechte und Grundpfandrechte dinglich zu übernehmen, soweit sie im Rang vor der nachstehend bestellten Auflassungsvormerkung eingetragen sind.

Aufwendungen aus dem Vermögen des Rückübertragungsverpflichteten werden - maximal jedoch bis zur Höhe der noch vorhandenen Zeitwerterhöhung - gegen Rechnungsnachweis erstattet bzw. durch Schuldübernahme abgegolten, soweit sie nicht nur der Erhaltung des Anwesens im derzeitigen Zustand, sondern der Verbesserung oder Erweiterung des Anwesens gedient haben und mit schriftlicher Zustimmung des Berechtigten oder seines Vertreters durchgeführt wurden. Im Übrigen erfolgt die Rückübertragung unentgeltlich, also insbesondere ohne Ausgleich für geleistete Dienste, wiederkehrende Leistungen, Tilgungen, geleistete Zinsen, Arbeitsleistungen, oder die gezogenen Nutzungen. Hilfsweise gelten die gesetzlichen Bestimmungen zum Rücktrittsrecht.

Die Kosten der Rückübertragung hat der Anspruchsberechtigte zu tragen. Mit Durchführung der Rückübertragung entfällt die ggf. angeordnete Anrechnung der Zuwendung auf den Pflichtteilsanspruch des heutigen Erwerbers sowie ein etwa mit ihm in dieser Urkunde vereinbarter Pflichtteilsverzicht (auflösende Bedingung).

Zur Sicherung des bedingten Rückübertragungsanspruchs nach wirksamer Ausübung eines vorstehend eingeräumten Rückforderungsrechtes oder des gesetzlichen Widerrufs gemäß § 530 BGB (»grober Undank«) bestellt hiermit der Käufer zugunsten beider Eltern als Gesamtberechtigte gem. § 428 BGB eine

Auflassungsvormerkung

am Vertragsbesitz und

bewilligt und beantragt

deren Eintragung im Grundbuch. Die Vormerkung ist als Sicherungsmittel auflösend befristet. Sie erlischt mit dem Tod des jeweiligen Elternteils.

Der Nießbrauchsvorbehalt mindert den derzeitigen Schenkungswert sowohl zivilrechtlich als auch steuerrechtlich, der Rückforderungsvorbehalt jedenfalls zivilrechtlich. Der verbleibende Schenkungsbetrag ist auf den Pflichtteil des Erwerbers nach jedem Elternteil je zur Hälfte anzurechnen; eine Anrechnung auf den Erbteil ist jedoch derzeit nicht angeordnet.

6. Hinterlegung

a) Grundlagen

1471 Die Hinterlegung des Kaufpreises auf notariellem Anderkonto (»**Verwahrung**«)[2338] hält die Erfüllung der wesentlichen Käuferpflicht in ähnlicher Weise in der Schwebe, wie es die Eintragung einer Vormerkung für die wesentliche Verkäuferpflicht (Eigentumsverschaffung) leistet. Sie ermöglicht damit eine Zug-um-Zug-Abwicklung auch im Verhältnis zu anderen Verkäuferpflichten, die nicht durch Vormerkung sicherbar sind.

▶ Beispiel:

Anspruch auf Räumung oder gar die Bewilligung der Vormerkung selbst.

1472 Die öffentlich-rechtliche Verwahrungsabwicklung ist insb. Gegenstand der §§ 54a ff. BeurkG sowie des § 23 BNotO, die zivilrechtlichen Begleitumstände bedürfen vertraglicher Regelung in beurkundeter Form (§ 311b BGB). Die zivilrechtliche Hinterlegungsabrede enthält zugleich ein konkludentes Aufrechnungs- und Zurückbehaltungsverbot[2339] und bewirkt, dass die Vollstreckung der Kaufpreisforderung auf Einzahlung in das Anderkonto gerichtet ist.[2340] Der Kaufpreisanspruch ist erst erfüllt mit Auszahlung an den Verkäufer bzw. dessen abzulösende Drittgläubiger,[2341] wobei durch Vertrag häufig bereits mit Auszahlungsreife diese Wirkung vereinbart wird.[2342] Im Verhältnis zu beteiligten Kreditinstituten des Käufers markiert der Zeitpunkt der Einzahlung typischerweise den Beginn der Verzinsung;[2343] zugleich liegt darin die Auszahlung des Darlehens, jedenfalls sobald die Absicherungsauflagen der Bank (z.B. Eintragung des Grundpfandrechts) erfüllt sind und vorausgesetzt, der Überweisungsauftrag war dem Darlehensnehmer zuzurechnen.[2344] Abzulösende

---

[2338] Zum Folgenden umfassend *Kawohl* Notaranderkonto; *Preuß* Die notarielle Hinterlegung; *Bräu* Verwahrungstätigkeit des Notars; *Hertel* in: Würzburger Notarhandbuch Teil 2 Kap. 2 Rn. 546 ff.; *Franken* RNotZ 2010, 597 ff.
[2339] OLG Hamm DNotZ 1996, 390.
[2340] Was zweckmäßigerweise auch in der Vollstreckungsklausel zum Ausdruck kommen sollte, vgl. *Wolfsteiner* DNotZ 1991, 579.
[2341] OLG Hamburg NJW 1996, 1289.
[2342] Aufgrund der Erfüllung vonseiten des Käufers kann der Verkäufer unabhängig von der Eintragung der Vormerkung die Ausübung des Ablehnungsrechtes des Insolvenzverwalters nach § 103 InsO ausschalten.
[2343] BGH NJW 1985, 731.
[2344] Hieran fehlt es, wenn ein Treuhänder aufgrund unwirksamer (gegen das RBerG verstoßender) Vollmacht den Überweisungsauftrag erteilt hat: mangels »Empfang« des Darlehens auch keine Rückzahlungspflicht gem. § 3 Abs. 1 Satz 1 HWiG a.F.; BGH, 21.03.2006 – XI RZ 204/03, ZfIR 2006, 539 m. Anm. *Volmer*.

IV. Kaufpreis: Fälligkeit, Gläubigerablösung, Finanzierung

Kreditgläubiger auf Verkäuferseite sind jedoch – auch wenn Erfüllungswirkung im Verhältnis zum Verkäufer bereits mit Auszahlungsreife eintritt – erst mit Erhalt der Ablösesumme befriedigt.

b) Voraussetzungen

Anders als bei der Wahrnehmung von Beglaubigungen und Beurkundungen (Amtsgewährungspflicht) kann der Notar die Übernahme einer Verwahrung ablehnen. Dies liegt häufig in seinem wohlverstandenen Interesse, übernimmt er doch Risiken, die sonst in der Sphäre der finanzierenden Bank liegen (Auszahlung erst nach adäquater Absicherung), und setzt sich ferner häufig dem (unrichtigen) Vorwurf aus, das Verharren des Geldes auf dem Anderkonto liege an seiner Untätigkeit (während tatsächlich z.B. die noch nicht erfüllten Auflagen der einzahlenden Stelle für die Blockade verantwortlich sind etc.). Die Annahme eines Verwahrungsantrags darf nicht zuletzt deshalb nur bei Vorliegen eines **berechtigten Sicherungsinteresses** der Beteiligten erfolgen (§ 54a Abs. 2 Nr. 1 BeurkG). Der einvernehmliche Wunsch aller Beteiligten kann dieses nicht ersetzen;[2345] wird gleichwohl hinterlegt, dürfen gem. § 16 KostO keine Hebegebühren angesetzt werden.[2346] Zu denken ist etwa an folgende **Fallgruppen** berechtigten Sicherungsinteresses:[2347]

1473

– Das Notaranderkonto ermöglicht eine Verknüpfung zwischen Kaufpreiszahlung, einerseits, und solchen Verkäuferpflichten, andererseits, die **nicht durch notariell vermittelte Vorkehrungen (Eigentumsvormerkung, Lastenfreistellung etc.) gesichert** werden können, also bspw. der Verpflichtung zur Räumung oder zur Vornahme bestimmter Renovierungsarbeiten. Sofern ein beiderseits akzeptiertes Verfahren zum Nachweis dieser Umstände als Auszahlungsvoraussetzung akzeptiert wird (z.B. Bestätigung des Käufers, alternativ Abnahmebescheinigung eines Sachverständigen gem. § 641a BGB a.F.), ist das Anderkonto auch aus Sicht des Verkäufers ggü. der Stellung einer jederzeit auf bloße Behauptung hin zu ziehenden Bankbürgschaft überlegen. Gleiches gilt, wenn eine Sicherung etwa durch Vormerkung zwar möglich ist, jedoch (aus Kosten- oder Zeitgründen) unterbleiben soll (sofortige Einzahlung auf Anderkonto, sodann sofortige Umschreibung im Grundbuch, sodann Auszahlung an den Verkäufer).[2348]

1474

– Ähnliches gilt für die **Verknüpfung zu solchen Verkäuferpflichten**, deren Erfüllung zeitlich viel später als die Eigentumsverschaffung möglich ist, bspw. Löschungen von Grundpfandrechten, sofern noch ein Briefausschlussverfahren durchzuführen ist.

1475

– Die Hinterlegung kann weiterhin Vorsorge leisten für Rückabwicklungsrisiken, wenn bereits **Teilleistungen** erbracht werden sollen (überweist etwa der Käufer einen Teil des Kaufpreises als Anzahlung unmittelbar an den Verkäufer und entfällt später sein Übereignungsanspruch wegen einer Störung in der weiteren Abwicklung, sei es infolge Rücktritts des Verkäufers oder – noch dramatischer – des Käufers, ist sein Teilrückzahlungsanspruch allenfalls durch das schuldrechtliche Zurückbehaltungsrecht an der zum bloßen Buchrecht gewordenen Vormerkung »gesichert«,[2349] das jedoch nicht insolvenzfest ist).[2350] In gleicher Weise kann der Verkäufer vor dem Risiko einer gegen ihn betriebenen Zwangsversteigerung geschützt werden, wenn die Käuferbank zwar den Kredit auszahlt, der Käufer aber nicht den Eigenkapitalanteil erbringt: vorherige Hinterlegung des vollständigen Kaufpreises auf Anderkonto.[2351]

1476

2345 OLG Celle, 12.02.2011 – Not 24/10, NotBZ 2011, 214 m. Anm. *Renner*; a.A. *Weingärtner*, DNotZ 1999, 393; möglicherweise ebenso LG Dortmund NotBZ 2002, 187.
2346 OLG Bremen DNotI-Report 2004, 169.
2347 Vgl. *Rack* ZNotP 2008, 474, 480 f.; *Brambring* DNotZ 1999, 381 ff.; Rundschreiben der BNotK 1/96 v. 11.01.1996, das parallel zur Entwicklung des § 54a BeurkG entstand und zur Auslegung der gesetzlichen unbestimmten Rechtsbegriffe dienen kann.
2348 So offensichtlich der Sachverhalt OLG Köln, 01.10.2007 – 2 Wx 30/05, RNotZ 2008, 504 m. Anm. *Sommer*; die Ausführungen zum berechtigten Sicherungsinteresse sind dort jedoch zu weit gefasst (kritisch auch *Renner* NotBZ 2008, 142).
2349 *Bohrer* DNotZ 2007, 502 ff.; *Rack* ZNotP 2008, 477.
2350 BGH, 22.01.2009 – IX ZR 66/07, DNotZ 2009, 434 m. Anm. *Kesseler*, vgl. Rn. 708.
2351 *Schilling* ZNotP 2009, 139.

1477 – Darüber hinaus erlaubt das Anderkonto, die wechselseitigen Verpflichtungen zwar zu sichern, aber in ihrer Abwicklung so lange in der Schwebe zu halten, bis zeitlich begrenzte Risiken ausgeschlossen werden können (z.B. die Gefahr einer Insolvenzverwalteranfechtung gem. §§ 130, 131 InsO in Bezug auf Vorgänge binnen 3 Monaten vor Insolvenzeröffnung durch sofortige Einzahlung und Eintragung der Vormerkung, aber Auszahlung nur, wenn binnen 3 Monaten ab Beurkundung keine Insolvenzeröffnung stattgefunden hat; im Fall einer wirksamen Anfechtung wäre die Rückforderung der an den Verkäufer selbst oder an dessen nicht dinglich am Objekt gesicherten Gläubiger geleisteten Zahlungen ungesicherte Insolvenzforderungen i.S.d. § 144 Abs. 2 Satz 2 InsO Rdn. 1541).

1478 – Auch in der **Bewilligung einer Eigentumsvormerkung durch den Verkäufer** kann eine ungesicherte Vorleistung liegen. Die »klassischen« Absicherungsmöglichkeiten einer Vollmacht zu deren Löschung oder einer bereits bei der Beurkundung abgegebenen Löschungsbewilligung mit Treuhandauflage an den Notar (»Schubladenlöschung«) – vgl. hierzu Rdn. 941 ff. – versagen bspw. in den Fällen, in denen Existenz und Vertretungsverhältnisse des Erwerbers unsicher sind.[2352] Hier könnte die Vormerkung erst nach Eingang eines Teilbetrags auf dem Anderkonto (durch Eigenurkunde des hierzu ermächtigten Notars) bewilligt bzw. die bereits bewilligte Vormerkung vorgelegt werden;[2353] wird nach Eintritt der Fälligkeit nicht der Restbetrag des Kaufpreises eingezahlt, dient der hinterlegte Teilbetrag zur Begleichung der Kosten für die Löschung der Vormerkung und ggf. als pauschalierter Schadensersatz statt der Leistung.

1479 – Im **Zusammenhang mit der Lastenfreistellung** bietet das Anderkonto teilweise Vorteile in psychologischer Hinsicht (beim Verkauf eines versteigerungsbefangenen Grundstücks ist die Bereitschaft zur Antragsrücknahme deutlich größer, wenn der Erlös bereits »in greifbarer Nähe« liegt) oder aber zumindest in praktischer Hinsicht (z.B. bei Ablösung mehrerer Gläubiger und[2354] Finanzierung aus Eigenmitteln und mehreren Kreditverhältnissen: Die Koordinierung der Zahlungen wird erleichtert). Ist nur ein Gläubiger des Verkäufers zu löschen und finanziert der Käufer nur über ein Kreditinstitut, fehlt es jedoch an einem rechtfertigenden Sicherungsinteresse im Verhältnis zur Abwicklung im Treuhandweg (»süddeutsches Modell«), sodass der Notar – etwa bei uneinsichtigen Finanzierungsinstituten – nur im Einzelfall auf das Anderkonto zurückgreifen darf. Anderenfalls liegt eine Amtspflichtverletzung nahe, die zur Nichterhebung (§ 16 KostO)[2355] bzw. Erstattung der möglicherweise höheren Notarkosten und des höheren Zinsaufwands des Käufers führt. Wegen der Unabhängigkeit des Notars (§ 1 BNotO) sind allerdings dienstaufsichtliche Maßnahmen allenfalls möglich, wenn der Notar »formularmäßig« das Anderkonto vorschlägt.

1480 – Ein berechtigtes Interesse kann sich bspw. auch daraus ergeben, dass der Käufer seinen Wohn- oder Geschäftssitz im Ausland hat oder ein inländischer Käufer weder selbst noch durch Personen seines Vertrauens den Zahlungsfluss (Auslösung der Überweisung nach Fälligkeitseingang) steuern kann, etwa wegen ständiger **Ortsabwesenheit**. In diesem Fall wird häufig auch die Abwicklung aller weiteren Erwerbsnebenkosten, vor allem soweit die Beteiligten hierfür gemeinsam haften (Grunderwerbsteuer, Grundbuch- und Notargebühren) über das Anderkonto vorgenommen (»rundum-sorglos-Paket«), vgl. Formulierungsvorschlag in Rdn. 2649.

1481 Eine Verwahrungsanweisung darf vom Notar auf keinen Fall angenommen werden, wenn sie zivilrechtlich unwirksam ist (z.B. bei einem Bauträgervertrag den Käufer verpflichten soll, Geldbeträge

---

[2352] BGH DNotZ 1994, 485: ausländische Gesellschaft.
[2353] Beispielsfall: OLG Köln, 01.10.2007 – 2 Wx 30/05, NotBZ 2008, 160 m. Anm. *Hueber*, der zu Recht eine Risikoabschätzung im Einzelfall betont.
[2354] Nach OLG Bremen MittBayNot 2005, 428 ist ein berechtigtes Sicherungsinteresse nur anzunehmen, wenn sowohl eine Mehrheit abzulösender als auch finanzierender Banken zu koordinieren sei. Ebenso die Leitlinien zur Auslegung des § 54a Abs. 2 Nr. 1 BeurkG der NotK Hamm und des Präsidenten des OLG Hamm ZNotP 2002, 137. Das KG MittBayNot 2005, 430 m. abl. Anm. *Sandkühler* will jedoch das berechtigte Sicherungsinteresse schon aufgrund der Existenz je eines abzulösenden und (davon abweichenden) Finanzierungsgläubigers bejahen.
[2355] OLG Schleswig, 06.10.2009 – 9 W 74/09, notar 2010, 21.

vor Erreichung des Bautenstands und unabhängig vom Vorhandensein von Mängeln bereits auf ein Anderkonto einzuzahlen)[2356] oder aber wenn dadurch eine tatsächlich nicht vorhandene **Sicherheit vorgetäuscht** werden soll (§ 14 Abs. 2 BNotO), etwa bei Vorgängen auf dem grauen Kapitalmarkt.[2357] Ist nach der Hinterlegungsanweisung die Auszahlung allein an den »Geldabruf« einer Person geknüpft, die ihrerseits im Lager eines Beteiligten steht (Bauleiter des Werkunternehmers beim Abruf von Raten), haftet der Notar für entstehende Schäden jedenfalls wegen Nichtaufklärung über die damit verbundenen Risiken;[2358] richtigerweise jedoch bereits wegen der Annahme einer solchen Verwahrungsanweisung ohne Absicherungswert.

c) Zustandekommen

Da (anders als bei Beurkundungs- und Beglaubigungstätigkeit) eine **Amtspflicht** zur Durchführung von Verwahrungen nicht besteht (sodass der Notar bei Amtspflichtverletzungen nicht nur subsidiär gem. § 19 Abs. 1 Satz 2 BNotO haftet!), kommt ein Hinterlegungsverhältnis nur bei ausdrücklicher Annahme zustande. Bei Verwahrungsanweisungen, die in notariellen Urkunden (Kaufverträgen) enthalten sind, liegt bereits in der Aufnahme der Niederschrift die **konkludente Annahme** (§ 54a Abs. 5 Halbs. 2 BeurkG). Hinterlegungsvereinbarungen können wirksam werden unabhängig davon ob und wann der über sie abzuwickelnde Kaufvertrag wirksam wird.[2359]

1482

Wirksame zivilrechtliche Verwahrungsanweisungen müssen gem. § 54a Abs. 2 Nr. 2 BeurkG vor oder gleichzeitig mit der Entgegennahme des Verwahrungsgegenstands vorhanden oder zumindest angekündigt[2360] sein, ein »Nachschieben« von Treuhandauflagen ist also auch durch finanzierende Kreditinstitute (Rdn. 1504) nach vorbehaltloser Einzahlung nicht mehr möglich.[2361] Verfahrensrechtlich bedarf die Verwahrungsanweisung und der einzelne Treuhandauftrag der **Schriftform** (§ 54a Abs. 4 und 6 BeurkG), die auch bei Übermittlung durch unterzeichnetes **Telefax** gewahrt ist[2362] (nicht jedoch durch bloße E-Mail, da schlichte Textform nicht genügt – die Anweisung ist dann zwar materiell-rechtlich wirksam, der Notar hat allerdings im Bestreitensfall aufgrund Umkehr der Beweislast deren Erteilung zu beweisen);[2363] bis zur Erklärung der Auflassung besteht jedoch, da es sich um eine Modifizierung der Zahlungspflicht handelt, ein materiell-rechtliches Beurkundungsbedürfnis (§ 311b BGB). Danach genügt für Änderungen der Hinterlegungsvereinbarung die verfahrensmäßige Schriftform des § 54a Abs. 4 BeurkG,[2364] die auch die formfreie kaufvertragliche Änderungsvereinbarung (vgl. Rdn. 103 ff.) beinhaltet.

1483

Inhaltlich muss die Verwahrungsanweisung gem. § 54a Abs. 2 Nr. 2 BeurkG[2365] den Anweisenden (i.d.R. also beide Kaufvertragsparteien), den Empfangsberechtigten, besondere Bedingungen der Ver-

1484

2356 BGH DNotZ 1985, 287: Verstoß gegen das Vorleistungsverbot des § 320 BGB im Rahmen allgemeiner Geschäftsbedingungen.
2357 Beispielsfall: OLG Frankfurt am Main DNotZ 2004, 203 (»Geldsammelstelle«).
2358 BGH, 10.07.2008 – III ZR 292/07, ZNotP 2008, 419.
2359 Bsp. nach BGH DNotZ 1999, 477: wirksame Pflicht zur Hinterlegung bereits vor Erteilung der GVO-Genehmigung, also zu einem noch schwebend unwirksamen Kaufvertrag.
2360 Nicht ausreichend soll jedoch der Vermerk »zu treuen Händen« sein, da dies sich auch auf die schlichte Einschaltung eines Anderkontos beziehen kann. Nach OLG Frankfurt am Main, 24.11.2010 – 4 U 17/10, RNotZ 2011, 317 genügt ebenso wenig ein auf dem Überweisungsträger angegebener Verwendungszweck »Treuhandzahlung, i.A. Käufer«.
2361 BGH, DNotI-Report 2002, 31; a.A. noch *Hertel* in: Eylmann/Vaasen BNotO/BeurkG § 54c BeurkG Rn. 9.
2362 §§ 125, 126 BGB ist als materielle Formvorschrift nicht einschlägig; vgl. *Brambring* FGPrax 1999, 204; *Munzig* Mitt-BayNot 1999, 52; ebenso BGH, 28.07.2005 – III ZR 416/04, NotBZ 2005, 360: es genüge die prozessuale Schriftform des § 130 ZPO. Letztere würde auch ein PC-Fax mit facsimilierter Unterschrift umfassen, GemSOGB NJW 2000, 2340; ebenso ein sog. Funk-Fax, BVerwG NJW 2006, 1989; nicht jedoch ein Papierfax mit facsimilierter Unterschrift, BGH, 10.10.2006 – XI ZB 40/05, NJW-Spezial 2007, 143. Die rechtzeitige Speicherung der Signale im Empfangsfaxgerät genügt, BGH NJW 2006, 2263.
2363 BGH, 28.07.2005 – III ZR 416/04, DNotI-Report 2005, 166.
2364 Die Beurkundung wäre nach Ansicht des OLG Hamm, 01.04.2008 – I-15 Wx 13/08, notar 2008, 332 m. Anm. *Wudy*, unrichtige Sachbehandlung i.S.d. § 16 KostO.
2365 Bisher § 11 Abs. 1 Satz 1 DONot.

wahrung (z.B. Festgeldanlage), die Einzahlungs- und die Auszahlungsvoraussetzungen festlegen. Prüfungskriterium ist stets die Wahrung des Sicherungsinteresses der Beteiligten, die durch die Einschaltung des Anderkontos erreicht werden soll, und die Ermöglichung eines ordnungsgemäßen Vollzugs. Dabei ist – und zwar auch in der textlichen Formulierung[2366] – deutlich **zu trennen** zwischen:
- einseitigen Anweisungen (z.B. bei der Benennung eines bestimmten Verkäuferkontos) und
- solchen, die nur durch Verkäufer und Käufer gemeinsam abgeändert werden können (zwingend also die Einzahlungs- und Auszahlungsvoraussetzungen, die Zweckbindung des Kaufpreises zur Ablösung von Grundpfandgläubigern etc.).
- Denkbar sind schließlich auch Anweisungen, die zwar nicht im Verhältnis zum Käufer, wohl aber im Verhältnis zwischen mehreren Verkäufern bindend sind (z.B. die Verteilung des Kaufpreises unter mehreren Mitgliedern der veräußernden Gemeinschaft auf Verkäuferseite aufgrund bereits in der Urkunde vorgenommener Auseinandersetzung; solche Vorkehrungen gewinnen Bedeutung bei der Pfändung in Kaufpreisanteile einzelner Verkäufer).

1485 Die **Einzahlung** wird **regelmäßig auf ein bestimmtes Datum geschuldet** sein, das unmittelbar vor der Fälligkeit verknüpfter Verkäuferpflichten (z.B. Räumung) oder aber in zeitlicher Nähe zum Eintritt der Auszahlungsvoraussetzungen liegen wird, um eine zu lange Verweildauer des hinterlegten Betrags auf dem Anderkonto zu vermeiden. Sofern die Erteilung bestimmter behördlicher Genehmigungen unsicher ist, wird deren Vorliegen ebenfalls zur Einzahlungsvoraussetzung erhoben werden. Alternativ ist eine Regelung über die Rückzahlung des hinterlegten Betrags aufgrund Scheiterns zu treffen, wenn diese Genehmigung nicht binnen vereinbarter Frist erteilt oder bereits zuvor abgelehnt sein sollte. Ergibt sich bereits vor dem Einzahlungsdatum, dass die zeitnahe Erfüllung der Auszahlungsvoraussetzungen wider Erwarten (etwa wegen der Notwendigkeit der Kraftloserklärung eines verloren gegangenen Grundschuldbriefes) nicht eintreten wird, hat der vorleistungspflichtige Käufer ein Leistungsverweigerungsrecht gem. § 321 Abs. 1 Satz 1 BGB, das seinen Verzug ausschließt.[2367]

1486 Die **Auszahlungsvoraussetzungen** wiederum sind regelmäßig identisch mit den Fälligkeitsvoraussetzungen, die bei Direktzahlung vorgesehen sind, sofern nicht gerade die »Überbrückung« des Zeitraums zwischen Fälligkeitsvoraussetzung und Eigentumsumschreibung durch das Anderkonto gewährleistet werden sollte.

▶ Beispiel:

Im Hinblick auf die Wirkung eines Widerrufs oder einer Rücknahme der GVO-Genehmigung bis zur Eigentumsumschreibung, § 7 GVO – Unwirksamkeit des Vertrags – soll die Auszahlung aus dem Anderkonto erst nach vollzogener Eigentumsumschreibung erfolgen. In diesem Fall muss allerdings Gewähr geleistet sein, dass der Käufer die Auszahlung nicht durch Unterlassen der Entrichtung der Grunderwerbsteuer oder der Umschreibungskosten beim Grundbuchamt verzögert oder gar verhindern kann, es ist also ein weiterer Betrag i.H.d. voraussichtlichen Transferkosten ebenfalls zu hinterlegen mit der Anweisung an den Notar, diese gegen Vorlage des Steuerbescheids bzw. der Vorschussanforderung der Justizkostenstelle direkt dorthin zu überweisen.

1487 **Zu vermeiden sind formelhafte Begriffe** wie etwa die »**Sicherstellung**« oder gar »**Gewährleistung**«[2368] eines bestimmten Umstands, sofern diese nicht näher definiert werden (Eingang des diesbezüglichen Eintragungsantrags beim Grundbuchamt und Fehlen von im Zeitpunkt der Antragsstellung aus Grundbuch oder Grundakten ersichtlichen Eintragungshindernissen bzw. zeitlich vorrangigen Eintragungsanträgen).[2369] Dies gilt auch für Treuhandauflagen von Drittbeteiligten, Rdn. 1505. An

---

2366 »Die Beteiligten zu 2 und 3 weisen den Notar an ...« »alle Beteiligten weisen den Notar an ...«.
2367 BGH, 11.12.2009 – V ZR 217/08, ZNotP 2010, 98.
2368 So ist gem. KG, 21.09.2007, DNotZ 2008, 687 eine Grundbucheintragung nicht »gewährleistet«, wenn die Eintragungskosten nicht gedeckt sind und der Notar nicht für diese Kosten einsteht.
2369 Vgl. Formulierungsvorschlag der Bundesnotarkammer, Rundschreiben 5/99 v. 17.02.1999, DNotI-Dokument Nr. 162. Ähnlich BGH, 08.05.2003 – III ZR 294/02: zur Eintragung ist nur noch das pflichtgemäße Handeln des Notars und des zuständigen Grundbuchbeamten erforderlich.

wirksam zustande gekommene Anweisungen ist der Notar ohne Auslegungsspielraum gebunden.[2370] Bzgl. sämtlicher Auszahlungsvoraussetzungen muss daher, sofern sie nicht ohnehin vom Notar i.R.d. Vollzugs hergestellt werden, ein vom Notar überprüfbares Verfahren zur Ermittlung ihres Eintritts gefunden werden (ggf. auch in Gestalt einer Mitteilung des Verkäufers, welcher der Käufer nicht binnen angemessener Frist widerspricht). Nur in Ausnahmefällen, bei unsicheren Vollzugsvoraussetzungen, sollten auch Hinterlegungsanweisungen über die Rückzahlung des Betrags bei Scheitern einschließlich einer teilweisen Inanspruchnahme des Kaufpreises zur Befriedigung von Schadensersatzansprüchen[2371] aufgenommen werden.

Zu regeln sind schließlich auch die Berechtigung hinsichtlich etwa **erwirtschafteter Zinsen** (nach dem Rechtsgedanken des § 452 BGB a.F. stehen sie ab Besitzübergang regelmäßig dem Verkäufer zu) und die Verpflichtung zur Tragung der **Kosten des Anderkontos** bei Notar und ggf. Bank[2372] (gem. § 12 Abs. 3 Satz 6 DONot 1984 im Zweifel zulasten dessen, der auch die Zinsen bezieht), einschließlich einer möglichen Sonderbehandlung der Mehrkosten, die für die Ablösung von Grundpfandgläubigern an Hebegebühren (dann zulasten des Verkäufers) anfallen. 1488

d) Durchführung der Hinterlegung

§ 54b BeurkG enthält **verwaltungstechnische Anordnungen** zum Notaranderkonto: Sofern das Anderkonto notarielle Tätigkeit begleitet,[2373] kann es nicht als bloßes Rechtsanwaltsanderkonto (d.h. aufgrund privatrechtlichen Geschäftsbesorgungsvertrags) oder als bloßes Sperrkonto mit notarieller Auszahlungsmitwirkung (Und-Konto) geführt werden. Ist der Notar vorläufig des Amtes enthoben, enthält § 55 Abs. 2 Satz 3 BNotO eine absolut wirkende, kenntnisunabhängige Verfügungsbeschränkung, sodass alle danach ausgeführten Verfügungen über das Anderkonto unwirksam sind.[2374] 1489

Die von der deutschen Kreditwirtschaft beschlossenen Anderkontobedingungen,[2375] die unverändert durch die BNotK übernommen wurden (§ 27 Abs. 2 DONot),[2376] schließen ein Pfand- oder Zurückbehaltungsrecht der Bank aus. Die Ansprüche aus dem Anderkonto (d.h. gerichtet auf hoheitliches Tätigwerden) sind für sich weder abtretbar noch verpfändbar;[2377] die Verfügungsbefugnis über das Anderkonto ist an das Notaramt gebunden (deshalb sind Kontovollmachten unzulässig)[2378] und Rechtspflichten der Bank bestehen nur im Verhältnis zum Notar.[2379] Jedes einem **Einlagensi-** 1490

2370 Entgegen OLG Düsseldorf ZNotP 2002, 486 m. Anm. *Wehrstedt*, ZNotP 2002, 461; so richtig *Kemp* ZNotP 2003, 27 m.w.N. und das Revisionsurteil BGH, 08.05.2003 – III ZR 294/02, RNotZ 2003, 402 m. zust. Anm. *Kemp*, ebenso BGH, 20.01.2011 – V ZB 219/10 (bei unklaren Anweisungen hat Klärung zwischen den Beteiligten zu erfolgen). In Extremfällen kann allerdings nach allgemeinen Grundsätzen das Berufen auf eine Auszahlungsvoraussetzung als treuwidrig unbeachtlich sein (Vorliegen der steuerlichen Unbedenklichkeitsbescheinigung ohne Hinterlegung des Grunderwerbsteuerbetrags).
2371 Gem. OLG Hamm DNotZ 1987, 574, sichert sonst im Zweifel die Verwahrung bei Rückabwicklung nicht etwaige Schadensersatzansprüche.
2372 Bei der die Abbuchung von Bankspesen/Kontoführungsgebühren ohne Auszahlungsauftrag des Notars handelt es sich um eine Erstattung analog § 670 BGB, vgl. *Zenker* NJW 2003, 3459 f.
2373 Zur Vermutung des § 24 Abs. 2 Satz 1 BNotO: OLG Frankfurt am Main NJW-RR 2003, 1646. Im Zweifel wird für Anwaltsnotare gem. Nr. 3 der Anderkontobedingungen ein Rechtsanwaltsanderkonto eingerichtet.
2374 BGH, 11.10.2005 – XI ZR 85/04, DNotZ 2006, 201. Das Kreditinstitut hat Bereicherungsansprüche gegen den Empfänger und Amtshaftungsansprüche gegen den Notar sowie ggf. gegen die Aufsichtsbehörde bei unterlassener Benachrichtigung (§ 839 BGB).
2375 Abgedruckt etwa in DNotZ 2011, 481.
2376 Gebilligt auf der 101. Vertreterversammlung der BNotK in Mainz am 24.09.2010.
2377 Nr. 8 der einheitlichen Anderkontobedingungen – zu unterscheiden vom Auszahlungsanspruch selbst.
2378 Nr. 11 der Anderkontobedingungen, vgl. auch § 54b Abs. 3 Satz 1 BeurkG. Die Vorabunterzeichnung von Blanko-Überweisungsaufträgen durch den Notar zulasten von Anderkonten macht den Überweisungsauftrag jedoch nicht nichtig, BGH, 11.10.2005 – XI ZR 85/04, DNotI-Report 2005, 190.
2379 Einem Dritten, auch wenn das Anderkonto in seinem Interesse eingerichtet wurde, darf die Bank gem. Nr. 6 der Anderkontobedingungen nicht einmal Auskunft erteilen. Die Bank prüft nicht die Rechtmäßigkeit der Verfügungen des Notars, auch nicht solcher zugunsten seines eigenen Kontos (Nr. 7 der genannten Bedingungen).

cherungsfonds angeschlossene[2380] **inländische Kreditinstitut** kommt für die Kontoführung in Betracht, auswärtige Banken jedoch nur, wenn dies sachlich geboten oder von den Beteiligten gewünscht wird. Mangels abweichender Anweisung ist das Konto als **Girokonto** zu führen; der BGH[2381] hält den Notar nur dann für verpflichtet, auf zinsgünstigere Anlagen hinzuweisen, wenn auch diese die tägliche Verfügbarkeit gewährleisten. Als Kompromiss empfiehlt es sich, dem Verkäufer das einseitige Anweisungsrecht zur **Anlage als Festgeld** einzuräumen.[2382]

1491 »**Sammelanderkonten**« sind unzulässig, verschiedene Massen also zu trennen. In Ausnahmefällen kann jedoch umgekehrt für eine einzelne Masse eine Mehrzahl von Anderkonten (etwa in unterschiedlichen Währungen) angelegt werden (§ 54b Abs. 4 BeurkG). Die gem. §§ 8 Abs. 1, 4 Abs. 5 Geldwäschegesetz durch den Notar bei Kontoeröffnung zu erhebenden Daten – Namen und Anschriften der wirtschaftlich Berechtigten (bei Kaufverträgen also von Käufer und Verkäufer) – sind aufgrund der Abschwächung der Berichtspflichten durch die Gesetzesreform 2008 der Bank nur auf Verlangen zu melden. Hinzu tritt die Pflicht zur Meldung von Zinsgutschriften für Beteiligte mit Wohnsitz in einem anderen europäischen Mitgliedstaat der ZinsinformationsVO,[2383] denen nun kein notarielles Auskunftsverweigerungsrecht gem. § 102 Abs. 4 Satz 1 AO mehr entgegensteht (Rdn. 1240). Erste Banken bieten mittlerweile einen »beteiligtenorientierten Anderkontenservice« an, bei welchem eine Zweitschrift jeden Kontoauszugs den wirtschaftlich Beteiligten unmittelbar zugesandt wird.[2384]

1492 Die **Auszahlung** hat im Regelfall zwischen 2 und 5 Werktagen nach Eintritt der Voraussetzungen zu erfolgen;[2385] Eil- oder telegrafische Überweisungen sind nur bei ausdrücklicher Anweisung geschuldet. § 27 Abs. 3 Satz 2 DONot verlangt die Beibringung einer schriftlichen Ausführungsbestätigung des Kreditinstituts zu jedem Überweisungsauftrag.[2386] Beim Einsetzen der Konto- und Empfängerdaten in den Überweisungsauftrag ist besondere Sorgfalt geboten; der Notar haftet[2387] insoweit für Fehler seiner Mitarbeiter (entweder bereits gem. § 278 BGB[2388] oder aufgrund Organisations- und Kontrollverschuldens, selbst wenn ihm i.R.d. § 831 Abs. 1 Satz 2 BGB die Exkulpation gelänge). Dies gilt umso mehr, wenn die Auszahlung an andere als die ursprünglich Beteiligten erfolgen soll (Vorlage eines Erbscheins bei Vorversterben wegen der Gutglaubensschutzwirkung des § 2367, 1. Alt. BGB; Prüfung der Empfangsvollmacht eines Vertreters). Erfolgt die Auszahlung bei berechtigtem Interesse anders als durch Überweisung, sind die Gründe (z.B. Scheckzahlung in die

---

2380 BGH, 08.12.2005 – III ZR 324/04, DNotZ 2006, 358, jedenfalls seit Inkrafttreten des § 23a Abs. 1 KWG am 16.07.1998 (Pflicht der Kreditinstitute zur vorherigen Information über die Zugehörigkeit zu Sicherungseinrichtungen). In Betracht kommen also der Einlagensicherungsfonds des Bundesverbandes Deutscher Banken (vgl. www.bankenverband.de/einlagensicherung, Unterseite »Sicherungsgrenze abfragen«), die zwölf regionalen Sparkassenunterstützungsfonds, der Garantiefonds und Garantieverbund beim Bundesverband der Deutschen Volksbanken und Raiffeisenbanken e.V., sowie der Einlagensicherungsfonds der privaten Bausparkassen, vgl. im Einzelnen *Hertel* in: DAI-Skript »Aktuelle Probleme der notariellen Vertragsgestaltung 2005/2006«, Feb. 2006, S. 174 ff. Die bloße gesetzliche Mindestabsicherung nach dem Einlagensicherungs- und Anlegerentschädigungsgesetz (ESEAG, BGBl. I 1998, S. 1842: 90 % des Anspruchs, max. 20.000,00 € je Anleger für Einlagen zuzüglich weiterer 20.000,00 € für Wertpapiergeschäfte) genügt nicht. Überblick über die Sicherungssysteme bei *Gutachten* DNotI-Report 2008, 169 ff.
2381 DNotZ 1997, 53.
2382 Formulierungsmuster bei *Hertel* ZNotP Beilage 3/98, S. 18.
2383 BGBl. I 2004, S. 128, dort § 8.
2384 Angebot der Deutschen Bank, vgl. *Zimmermann* DNotZ 2008, 91 ff.; Replik bei *Gößmann* DNotZ 2008, 803 ff.; Duplik durch *Zimmermann* DNotZ 2008, 807 ff. Mitumfasst sind die Vorabinformation über höhere Zahlungseingänge per E-Mail, der Zinssplit nach Maßgabe der Angaben des Notars, sowie die Erstellung von Steuerbescheinigungen am Jahresende. Vgl. *Rack* ZNotP 2008, 480, auch zur 1996 gegründeten Österreichischen Notartreuhandbank.
2385 OLG Frankfurt am Main NJW-RR 1996, 507.
2386 Wobei die Manipulationsgefahren gering sein dürften; das Nichtvorliegen eines Widerrufs nach § 667a Abs. 4 BGB kann i.R.d. Notarprüfung auch anhand der Kontounterlagen nachvollzogen werden (Niederschrift der 358. Sitzung des Vorstands der LNotK Bayern, 02.12.2004, Nr. 1.6).
2387 BGH, 30.04.2008 – III ZR 262/07, ZNotP 2008, 286 (es unterbricht den Kausalzusammenhang nicht, dass die ausführende Sparkasse die korrekte Empfängerbezeichnung eigenmächtig abänderte).
2388 So für die Grundbucheinsicht BGH DNotZ 1996, 581.

USA) zu dokumentieren (§ 54b Abs. 3 Satz 6 BeurkG). Eingereichte Schecks sind gem. § 54a Abs. 5 BeurkG unverzüglich zugunsten des Notaranderkontos einzulösen, es sei denn, sie würden zur Aushändigung in natura hinterlegt (allerdings mit dem Risiko ihrer späteren Sperrung oder Nichteinlösung), sodass die Vorschriften über Wertpapiere gelten würden (§ 54e BeurkG).

Die Verwendung auszahlungsreifer Beträge zur **Begleichung fälliger notarieller Kostenforderungen** ist – sofern keine darüber hinausgehende schriftliche Einverständniserklärung des Auszahlungsberechtigten gem. § 54a Abs. 4 BeurkG vorliegt – nur für Gebühren aus demselben Amtsgeschäft (also z.B. nicht für zu dessen Finanzierung bestellte Grundpfandrechte) zulässig (§ 54b Abs. 3 Satz 8 BeurkG), nachdem die Kostenrechnung dem Kostenschuldner zugegangen ist. 1493

e) Widerruf der Hinterlegungsanweisungen

Der Widerruf von Hinterlegungsanweisungen bildet ein **konflikt- und haftungsträchtiges Thema**. Gem. § 54c Abs. 2 und Abs. 3 BeurkG ist zunächst zu unterscheiden, ob es sich um einseitige Anweisungen handelt, die allein durch den Betroffenen geändert oder zurückgenommen werden können, oder um mehrseitige, die grds. nur gemeinsam der Abänderbarkeit unterliegen, sofern nicht im Einzelfall ein beachtlicher einseitiger Widerruf zu einem »Anhalten« des Hinterlegungsverfahrens führt. **Einseitige Verwahrungsanweisungen** liegen z.B. vor bei vorzeitiger Einzahlung bis zum Termin der Einzahlungsfälligkeit,[2389] bei (möglicherweise absprachewidrig) vom Einzahlenden zusätzlich erteilten Auflagen, im Fall der Erteilung von Treuhandaufträgen durch die finanzierende Bank des Käufers (wohl auch durch die abzulösende Bank des Verkäufers, vgl. Rdn. 1199) sowie schließlich bzgl. der Auszahlungsanweisung des Verkäufers für die nicht zur Ablösung erforderlichen Beträge. 1494

Den schriftlichen **Widerruf einer einseitigen Hinterlegungsanweisung** hat der Notar gem. § 54c Abs. 1 BeurkG zu beachten, soweit er dadurch nicht Dritten ggü. bestehende Amtspflichten verletzt. Letzteres ist insb. der Fall, wenn die Einzahlung bei einem Dritten einen berechtigten Vertrauenstatbestand geschaffen hat, letzterer im Hinblick darauf Dispositionen getroffen hat,[2390] und ihm durch die Rückgängigmachung der Hinterlegung ein Schaden entstünde. Dies kann z.B. der Fall sein, wenn in einer einseitigen Hinterlegungsanweisung ausdrücklich auf die erforderliche Zustimmung eines Dritten Bezug genommen wird, oder aber im Hinblick auf den einseitig hinterlegten Betrag bereits der Besitz übergeben wurde. 1495

In allen anderen Fällen, insb. also nach Erledigung etwaiger »Verwendungsbedingungen« des Einzahlenden, handelt es sich jedoch um **mehrseitige Anweisungen**, die bis zum Vorliegen der Auszahlungsvoraussetzungen auch dem Schutz des Einzahlenden und ab der Fälligkeit der Einzahlung auch dem Schutz des Empfangsberechtigten, d.h. während der Verwahrdauer des Geldes dem Schutz beider Beteiligten, dienen. 1496

Ein Widerruf durch nur einen Beteiligten ist bei einer **mehrseitigen Verwahrungsanweisung** ausnahmsweise gem. § 54c Abs. 3 BeurkG dann zu beachten, wenn er sich auf die behauptete Nichtigkeit oder die tatsächlich erklärte Anfechtung bzw. den erklärten Rücktritt vom Vertrag stützt. Eine Schlüssigkeits- oder gar Begründetheitsprüfung ist seitens des Notars weder geschuldet noch regelmäßig möglich. Vielmehr hat er die Auszahlung vorerst einzustellen (also – anders als beim Widerruf einer einseitigen Hinterlegungsanweisung – nicht etwa den Betrag an den Einzahlenden zurück zu überweisen!), und den anderen Beteiligten vom Widerruf und den vorgebrachten Gründen zu unterrichten. 1497

Ferner kann der Notar nach pflichtgemäßem Ermessen zur Beendigung des »Schwebezustands« dem Widerrufenden eine (i.d.R. 2- bis 4-wöchige)[2391] Frist setzen, binnen welcher dieser ein gerichtliches Verfahren gegen die anderen Beteiligten auf Erteilung einer einvernehmlichen Anweisung rechtshängig zu machen hat (diese Frist zur Beibringung des Rechtshängigkeitsnachweises 1498

2389 BGH NJW 1990, 3206: einseitige Käuferbedingungen sind vor Einzahlungsfälligkeit auch ohne Weiteres zulässig.
2390 Ohne solche kommt eine Widerrufssperre nicht in Betracht, KG, 23.11.2010 – 9 W 165/09, RNotZ 2011, 372.
2391 So die Regierungsbegründung, BT-Drucks. 13/4184, S. 38.

kann, wenn eindeutig klargestellt, mit einer etwa gesetzten Frist zur Einlegung einer Beschwerde gegen einen entsprechenden notariellen Vorbescheid nach § 15 BNotO zusammenfallen).[2392] Wird bis zum Ablauf der gesetzten Frist dem Notar nicht durch Zustellungsurkunde nachgewiesen, dass Klage[2393] oder zumindest ein Antrag auf einstweiligen Rechtsschutz[2394] rechtshängig sind, wird der Widerruf unbeachtlich und die ursprüngliche Verwahrungsanweisung ist weiter zu vollziehen. Diese Rechtsgrundsätze werden auf hinterlegungsähnliche Treuhandverhältnisse, etwa die Verwahrung von Grundschuldbriefen, entsprechend angewendet,[2395] und gelten auch im Verhältnis zu Pfändungsgläubigern eines Hinterlegungsbeteiligten, welche eine Rückzahlungspflicht aufgrund Rückabwicklung behaupten.[2396]

1499 Abweichende Verfahrensregelungen sind gem. § 54c Abs. 4 BeurkG möglich und gerade zur Absicherung für vertragliche Rücktrittsrechte häufig (etwa dergestalt, dass der Betrag tatsächlich an den Einzahlenden zurück zu überweisen sei, wenn der Rücktrittsgegner nicht binnen zu setzender Frist gegen die Wirksamkeit des Rücktritts Klage erhebt. Die Untätigkeit des Rücktrittsgegners wird also als Einverständnis mit dem Rücktritt unterstellt und führt nicht lediglich zum Anhalten der Hinterlegung, sondern zu ihrer Beendigung). Solche abweichende Regelungen können sich auch empfehlen zur Beendigung der Schwebewirkung im Fall der Nichterfüllungswahl des Insolvenzverwalters gem. § 103 InsO oder des Unterlassens einer Wahl überhaupt, vgl. Rdn. 3085. Häufig sind sie zur zeitlichen Befristung der Hinterlegung (als Vorkehrung gegen »bleierne Massen«):

▶ Formulierungsvorschlag: Möglichkeit gerichtlicher Hinterlegung bei Anderkonten

1500 Nach Ablauf von 24 Monaten ab heute ist der verwahrende Notar befugt, auf dem Anderkonto befindliche Beträge ganz oder teilweise an Gläubiger zurückzuzahlen bzw. beim Amtsgericht mit befreiender Wirkung zu hinterlegen und das Anderkonto zu schließen, sofern es nicht bereits zu teilweisen Auszahlungen gekommen ist. Auf die Dauer dieser Zeit ist die Verwahrung beschränkt.

Besteht nach einem Pfändungsversuch in das Notaranderkonto Streit oder Unklarheit über das Berechtigungsverhältnis am hinterlegten Betrag, so kann der verwahrende Notar nach seiner Wahl nach Auszahlungsreife den dem Verkäufer oder seinen Gläubigern auszuzahlenden Betrag mit befreiender Wirkung beim Amtsgericht hinterlegen und das Anderkonto schließen oder den Vollzug der Auszahlung bis zur gerichtlichen Klärung binnen einer angemessenen Frist verweigern.

1501 Von der in Rdn. 1497 erfassten Konstellation des einseitigen Widerrufs einer mehrseitigen Hinterlegungsanweisung ist zu unterscheiden der »**Verzicht**« **eines Beteiligten auf ihn schützende Auszahlungsvoraussetzungen**.

▶ Beispiel:

Der Käufer ist mit der vorzeitigen Auszahlung schon vor Räumung durch den Verkäufer einverstanden.

Dies dürfte ohne Einhaltung der Form des § 311b Abs. 1 BGB möglich sein, in gleicher Weise wie der Käufer bei Direktzahlung vor Eintritt der Fälligkeit bezahlen könnte und der durch eine aufschiebende Bedingung Begünstigte formfrei auf den Bedingungseintritt verzichten kann.[2397] Allerdings wird der Notar den Begünstigten vor der schriftlichen (§ 54a Abs. 4 BeurkG) Verzichtserklä-

---

2392 OLG München, 14.03.2008 – 31 Wx 010/08, DNotZ 2008, 777 m. Anm. *Sandkühler* DNotZ 2009, 164.
2393 Zur Verteilung der außergerichtlichen Kosten bei Rücknahme der Notarbeschwerde (§ 13a Abs. 1 Satz 1 FGG anstelle §§ 516 Abs. 3, 565 ZPO) vgl. OLG Schleswig, 30.01.2008 – 2 W 252/07, NotBZ 2008, 203.
2394 In diesem Verfahren kann auch die Verpflichtung ausgesprochen werden, in die Fortsetzung der Verwahrung auf Notaranderkonto einzuwilligen, vgl. OLG Schleswig, 24.10.2007 – 1 W 52/07, NotBZ 2008, 205.
2395 BayObLG, 14.08.2003 – 1Z BR 46/03, DNotZ 2004, 193: Der Besteller von Eigentümerbriefgrundschulden wies den Notar zunächst zur Übersendung an einen Abtretungsempfänger an, bestritt jedoch später die Wirksamkeit der Abtretung.
2396 BayObLG, 17.12.2004 – 1Z BR 064/04, DNotZ 2005, 616.
2397 BGH NJW 1994, 3227; BGH DNotI-Report 1998, 131.

IV. Kaufpreis: Fälligkeit, Gläubigerablösung, Finanzierung

rung deutlich über die damit verbundenen Risiken, die zur ursprünglichen Auszahlungsbedingung geführt hatten, hinweisen.

Gem. **§ 54d BeurkG** hat der **Notar** schließlich **von Amts wegen**, d.h. auch ohne Widerruf eines Beteiligten, die Auszahlung auszusetzen, wenn er nachträglich[2398] erkennt, dass mit der Verwahrung unerlaubte oder unredliche Zwecke verfolgt werden (Stichwort: kick-back-Geschäfte).[2399] Gleiches gilt, wenn sich nachträglich herausstellt, dass einem Anweisenden oder der finanzierenden Bank als treuhandbeteiligtem Dritten durch die Auszahlung ein unwiederbringlicher Schaden droht, der bei Vertragsschluss noch nicht erkennbar war,[2400] und der Zahlungsverpflichtete glaubhaft vorträgt, dass ihm Rückzahlungsansprüche (z.B. aufgrund Minderung, Nichterbringung einer Werkleistung)[2401] zustehen würden,[2402] die bei Auszahlung unwiederbringlich verloren wären (Zahlungsunfähigkeit des Verkäufers; Rechtsverfolgung im Ausland). 1502

Auch in diesen Fällen hat er weitere Auszahlungen zu unterlassen und die Beteiligten von den Umständen zu unterrichten, ihm stehen aber keine gesetzlichen Möglichkeiten zur Beendigung des Schwebezustands zu Gebote. Er kann diese lediglich anregen. Liegen die Voraussetzungen des § 54d BeurkG nicht vor, muss der Notar auszahlen. Einer Anregung des OLG Hamm folgend,[2403] kann er jedoch die Auszahlung kurzzeitig (ca. 2 Wochen) zurückhalten und dem Käufer Gelegenheit geben, gegen die angekündigte Auszahlung im Wege einstweiligen Rechtsschutzes vorzugehen, vgl. auch Rdn. 1797. 1503

f) Treuhandaufträge Dritter

Besondere Schwierigkeiten werfen Treuhandaufträge Dritter (§ 54a Abs. 6 BeurkG), insb. des finanzierenden Kreditinstituts bzw. abzulösender Grundpfandgläubiger, auf. In Treuhand- oder »Verwendungsauflagen« **der finanzierenden Bank** sieht der BGH[2404] unbeschadet ihrer Vereinbarkeit mit dem Darlehensvertrag des Käufers[2405] ein der mehrseitigen Verwahrung vorgeschaltetes einseitiges Hinterlegungsverhältnis mit der Folge, dass bis zu deren Erledigung der Notar das Geld nur 1504

2398 Bei anfänglichem Erkennen eines unerlaubten oder unredlichen Zwecks ist bereits die Annahme der Verwahrung schon durch § 14 Abs. 2 BNotO untersagt. Erfolgt sie dennoch, liegt in der Auszahlung nicht nur ein Verstoß gegen § 54d Nr. 1 BeurkG, sondern auch ein pflichtwidriges Handeln i.S.d. § 266 StGB, BGH, 07.04.2010 – 2 StR 153/09, NJW 2010, 1764 (Überverbriefung zulasten der finanzierenden Bank).
2399 Z.B. wenn sich der vereinbarte Kaufpreis als Scheinvereinbarung herausstellt, die lediglich zur Täuschung des kreditfinanzierenden Instituts dienen sollte: ein Teil der Differenz zwischen dem überhöhten Kaufpreis und dem tatsächlichen Wert fließt an den häufig überschuldeten Käufer zurück (die weitere Differenz bleibt beim Vermittler). Hieran ist zu denken bei nachträglichen Kaufpreisherabsetzungen, die den natürlichen Interessengegensatz zwischen Verkäufer und Käufer vermissen lassen. Eine Spielart der »Cash-Back-Geschäfte« liegt vor, wenn US-amerikanische Käufer überhöhte Preise beurkunden lassen, um Förderungen durch das U.S. Housing Office zu erhalten (die finanzierende Bank nimmt dies i.d.R. wohlwollend in Kauf), und eine Rückerstattung vornehmen, weil der Verkäufer ihm angeblich auferlegte Renovierungen nicht vorgenommen hat. Gem. BGH (unveröffentlicht; vgl. Ganter WM 1993, Sonderbeilage 1, S. 9) kann der Notar trotz Vorliegens der Auszahlungsanweisungen dem finanzierenden Gläubiger die Verdachtsmomente mitteilen und von der Auszahlung absehen.
2400 BGH DNotZ 1978, 373: anderenfalls würde der Notar in die vertragliche Risikoverteilung eingreifen.
2401 Von deren Erbringung die Auszahlung aus dem Anderkonto zunächst nicht abhängig gemacht wurde, da der Käufer auf die Erfüllungsbereitschaft des Verkäufers vertraute, vgl. *Franken* RNotZ 2010, 597, 610.
2402 Allerdings ist das Hinterlegungsgut mangels abweichender Anweisung nicht dazu bestimmt, Schadensersatzansprüche des Verkäufers gegen den Käufer wegen Vertragsstörungen abzusichern, KG DNotI-Report 2002, 175 im Anschluss an KG DNotZ 1998, 204.
2403 DNotZ 2006, 682.
2404 NJW 1997, 2104 und NJW 1987, 3201 sowie RNotZ 2003, 402 m. Anm. *Kemp* – a.A. überwiegende Teile der älteren Lit., die ein mehrseitiges Hinterlegungsverhältnis zumindest unter Beteiligung des Käufers annimmt, sowie KG MittRhNotK 1998, 99, allerdings ohne Auseinandersetzung mit dem BGH.
2405 Sind die Einschränkungen mit den Bedingungen des mit dem Käufer geschlossenen Kreditvertrags nicht vereinbar, fehlt es an einer Valutierung, sodass der Käufer zur Rückzahlung auch bei Verlust der Valuta durch Veruntreuung nicht verpflichtet ist, und Darlehenszinsen nicht geschuldet sind (LG Berlin ZNotP 2000, 326), vgl. *Müller-Magdeburg* ZNotP 2003, 215.

nach Weisung der einzahlenden Bank verwahrt[2406] und daher z.B. für den Fall eines Widerrufs ohne Weiteres an diese zurück zu überweisen hat. Zu beachten sind allerdings nur solche Treuhandaufträge, die vor oder spätestens gleichzeitig mit der Einzahlung übermittelt[2407] oder zumindest angekündigt[2408] werden (Rdn. 1483) und die der Notar nach Prüfung angenommen hat.[2409] Kommt nach Ablehnung keine Einigung über abweichende Treuhandauflagen zustande, ist der Betrag unverzüglich zurück zu überweisen. Eine Abschrift des schriftlichen (§ 54a Abs. 6 i.V.m. Abs. 4 BeurkG: telefonische Verlängerung des Auftrags also nicht möglich) Treuhandauftrags und des Annahmevermerks sind bei den Anderkonto-Nebenakten zu verwahren (§ 22 Abs. 2 Nr. 2 DONot).

1505 Bei der **materiellen Prüfung der Treuhandaufträge** dahin gehend, ob sie mit den im Kaufvertrag vereinbarten Hinterlegungsvereinbarungen und den Sicherungsbedürfnissen der Kaufvertragsparteien in Einklang zu bringen sind, ist häufig eine Konkretisierung des unbestimmten Rechtsbegriffs »**Sicherstellung**« notwendig (Rdn. 1487). Mangels genauerer Festlegung in der Urkunde, die sich aber für eine ordnungsgemäße Geschäftsabwicklung i.S.d. § 54a Abs. 3 BeurkG dringend empfiehlt,[2410] sieht der BGH eine Eintragung dann als »sichergestellt« an, wenn nur noch das pflichtgemäße Handeln des betrauten Notars und des zuständigen Grundbuchbeamten erforderlich sind[2411] – schädlich wäre also bereits die Abhängigkeit vom pflichtgemäßen Handeln eines weiteren, zusätzlich eingeschalteten Notars.[2412] In ähnlicher Weise umfasst die »**Sicherstellung der Lastenfreistellung**«[2413] das Vorliegen aller Unterlagen, die notwendig sind, um den verkauften Grundbesitz von solchen Rechten freizustellen, die im Grundbuch vor oder mit der Vormerkung des Käufers eingetragen sind und vom Käufer nicht übernommen werden, und zwar ohne Auflagen oder unter solchen Auflagen, zu deren Erfüllung der Kaufpreis ausreicht.[2414]

1506 Die »**Sicherstellung der rangrichtigen Eintragung eines Finanzierungsgrundpfandrechts**« umfasst gem. der Definition der BNotK[2415] die Antragstellung beim Grundbuchamt auch im Namen der Gläubigerin, das Vorliegen aller zur Rangverschaffung erforderlichen Unterlagen unter Verwendungsauflagen, die aus dem hinterlegten Betrag erfüllt werden können, sowie das Fehlen von aus dem Grundbuch oder den Grundakten/der elektronischen Markentabelle erkennbaren Eintragungshindernissen. Von dieser Definition nicht gefordert wird demnach eine nochmalige Kontrolle der Grundakten innerhalb bestimmter Frist nach Antragstellung, die Zahlung der Eintragungsge-

---

2406 Soweit nicht ausnahmsweise die Bank den kaufvertraglichen Verwahrungsbedingungen »beitritt«, *Reithmann* DNotZ 2002, 247.
2407 BGH, 25.10.2001 – IX ZR 427/98, DNotZ 2002, 269 m. Anm. *Reithmann*, S. 247: Durch »schlichte« Überweisung ist das sonst vorgeschaltete einseitige Verwahrungsverhältnis ggü. der finanzierenden Bank sofort anweisungslos abgeschlossen, selbst wenn der später übermittelte Treuhandauftrag durch den Notar (fälschlicherweise) angenommen wurde.
2408 Nicht ausreichend ist jedoch der Vermerk »zu treuen Händen«, da dies sich auch auf die schlichte Einschaltung eines Anderkontos beziehen kann; nach OLG Frankfurt am Main, 24.11.2010 – 4 U 17/10, RNotZ 2011, 317 genügt ebenso wenig ein auf dem Überweisungsträger angegebener Verwendungszweck »Treuhandzahlung, i.A. Käufer«.
2409 Bei verspätetem Treuhandauftrag empfiehlt *Hertel* MittBayNot 2002, 181 f., der Bank mitzuteilen, dass der Auftrag nicht ohne Einverständnis der Kaufvertragsparteien angenommen werden dürfe und sodann zu versuchen, ein dreiseitiges Verwahrungsverhältnis zustande zu bringen.
2410 Der Präsident des LG Berlin sieht im Unterlassen näherer Definition gar eine Amtspflichtverletzung, vgl. Rundschreiben v. RS v. 10.12.1997, S. 2 f.; Rundschreiben v. 02.12.1998, S. 3.
2411 BGH DNotZ 1987, 560 f.; BGH DNotZ 2004, 218 m. Anm. *Hertel*.
2412 BGH, 10.07.2008 – III ZR 255/07, ZNotP 2008, 372: der betraute Notar überwies den Betrag auf das Anderkonto eines weiteren Notars mit der Auflage, darüber erst zu verfügen, wenn die erforderlichen Anträge (nach Stellung vorrangiger Anträge des anderen Notars) gestellt seien.
2413 Ausschnittweise definiert in § 3 Abs. 1 Satz 1 Nr. 3 MaBV.
2414 *Amann* in: Beck'sches Notar-Handbuch Teil A I Rn. 104; dieser allgemeine Sprachgebrauch entspricht dem Formulierungsmuster der BNotK. Demgegenüber werten OLG Celle Nds. Rpfl. 1998, 46 f. und der Präsident des LG Berlin Rundschreiben an die Berliner Notare v. 25.11.2003, S. 5, die Annahme allgemeiner, auf »Sicherstellung« lautender Treuhandaufträge als Amtspflichtverletzung.
2415 Rundschreiben 5/99 v. 17.02.1999, DNotZ 1999, 369 = DNotI-Dokument Nr. 162.

bühren[2416] oder gar das Abwarten der Eintragungsverfügung des Rechtspflegers. Gefahren drohen also bspw. aus nicht erkennbaren öffentlich-rechtlichen Genehmigungserfordernissen, Mängeln der Verfügungsbefugnis – etwa bereits erfolgter Insolvenzeröffnung – die vor Eintragung dem Grundbuchamt bekannt werden, dem Widerruf der dinglichen Einigung, sofern dem Gläubiger noch keine Ausfertigung der Urkunde zuging (§ 873 Abs. 2 BGB), aus früheren, jedoch noch nicht der Grundbuchakte zugeordneten Eintragungsanträgen oder aus dem Widerruf von Rangverschaffungserklärungen seitens vorrangiger Gläubiger, der Abtretung oder Pfändung von Eigentümerrechten an vorgehenden Rechten, oder vorgehender Rechte selbst.[2417]

Sofern die »**Sicherstellung der Eigentumsumschreibung**« verlangt wird, sollte (zur Vermeidung einer gem. § 14 Abs. 4 BNotO unzulässigen Gewährübernahme durch den Notar) die (wegen § 54a Abs. 6 BeurkG schriftliche) Klarstellung seitens des Kreditinstituts dahin gehend erreicht werden, dass hierunter das Vorliegen der kaufvertraglichen Auszahlungsvoraussetzungen zu verstehen sei. Erfolgt keine derartige Präzisierung, geht der BGH[2418] davon aus, wegen der weiter gehenden eigenen Sicherungsinteressen der finanzierenden Bank gehöre auch das Vorliegen der grunderwerbsteuerlichen Unbedenklichkeitsbescheinigung hierzu, auch wenn sie (wie regelmäßig) nicht zu den Auszahlungsvoraussetzungen zählt. Wohl zu weitgehend verlangt das OLG Celle[2419] zusätzlich sogar die Antragstellung auf Eigentumsumschreibung. | 1507

Solchermaßen präzisiert, sind die »Verwendungsauflagen« des finanzierenden Gläubigers vor ihrer Annahme durch den Notar dahin gehend zu überprüfen, ob sie mit den kaufvertraglichen Vereinbarungen bzw. – sofern dort ausdrückliche Aussagen fehlen – mit den Sicherungs- und Auszahlungsinteressen der Beteiligten vereinbar sind. Mit dem bereits erwähnten Formulierungsvorschlag der BNotK dürfte die i.d.R. verlangte »**Sicherstellung ranggerechter Eintragung der Finanzierungsgrundschuld**« als ohne Weiteres vereinbar angesehen werden, ebenso (jedenfalls sofern keine Ratenzahlung vereinbart ist) das Verlangen nach »**vollständiger Hinterlegung**« des Kaufpreises unter Einschluss etwaiger Eigenkapitalmittel des Käufers. | 1508

▶ Hinweis:

Die vom Finanzierungsgläubiger nicht selten darüber hinaus akzeptierte zeitlich begrenzte Unwiderruflichkeit des Treuhandauftrags (im Regelfall zu verstehen als Vorbehalt des Widerrufs nach Fristablauf, nicht als automatische Beendigung des Treuhandauftrags) sollte jedoch ausreichend bemessen sein, um bei üblichem Geschehensablauf die Auszahlungsvoraussetzungen herbeizuführen. Die BNotK schlägt eine Bindung von nicht unter 2 Monaten vor, in Sonderfällen (Beitrittsgebiet, vollstreckungsbefangenes Grundstück, umfangreiche Erbengemeinschaft etc.) dürften allerdings auch erheblich längere Fristen notwendig sein.

Widerruft (nach Ablauf der Bindungsfrist und vor Eintritt der sonstigen Verwendungsvoraussetzungen) das finanzierende Institut die Treuhandauflage in zulässiger Weise, ist dies nach Rechtsprechung des BGH[2420] als Widerruf eines einseitigen, vorgeschalteten Hinterlegungsverhältnisses beachtlich und das Geld grds. an das einzahlende Kreditinstitut zurück zu überweisen. Analog § 54c Abs. 1 BeurkG ist es jedoch bedenklich, wenn der Notar hierdurch Sicherungsinteressen Dritter verletzen muss, die ihm als Amtspflichten obliegen,[2421] sodass z.B. Zug-um-Zug die Erteilung einer Löschungs- | 1509

2416 A.A. KG, 21.09.2007 – 9 U 123/06, OLG-Report 2007, 1025: da trotz § 8 Abs. 2 KostO immer mit Kostenvorschussanforderung des Grundbuchamtes gerechnet werden muss, muss Notar entweder selbst Kostenhaftung übernehmen oder Betrag auf Anderkonto bereithalten.
2417 Vgl. BNotK, DNotZ 1999, 369, 373, DNotI-Gutachten Nr. 61615.
2418 DNotZ 2004, 218 m. Anm. *Hertel* = ZfIR 2003, 547 m. Anm. *Beining*.
2419 Nds.Rpfleger 1997, 73.
2420 DNotZ 1987, 561; BGH DNotI-Report 1997, 146.
2421 LG Schwerin NotBZ 2001, 231 m. zust. Anm. *v. Campe*, NotBZ 2001, 208 sieht in diesem Fall die Sicherungsinteressen Dritter vorrangig.

bewilligung für die bereits eingetragene Finanzierungsgrundschuld (bzw. die Käufervormerkung)[2422] zu verlangen sein soll.

▶ Hinweis:

1510 Ggf. ist dem Notar zu empfehlen, zur eigenen Absicherung hinsichtlich einer beabsichtigten Auszahlung einen materiellen Vorbescheid zu erlassen[2423] bzw. die Ablehnung der Auszahlung begründen und darin auf die Beschwerdemöglichkeit nach § 15 Abs. 2 BNotO hinzuweisen.[2424] Legt der Beteiligte gegen den die Auszahlung ankündigenden Vorbescheid keine Beschwerde ein oder beschreitet er nicht den Weg der Untätigkeitsbeschwerde nach § 15 Abs. 2 Satz 1 BNotO gegen den ablehnenden Bescheid, haftet der Notar wegen § 839 Abs. 3 BGB nicht mehr. Verhält sich der Notar entsprechend der Anweisung des Beschwerdegerichts, scheidet seine Haftung wegen Übereinstimmung mit der Auffassung eines Kollegialspruchkörpers ebenfalls aus.[2425]

1511 Wegen der Gefahr eines solchen (i.R.d. noch einseitig gebliebenen vorgeschalteten Hinterlegungsverhältnisses jederzeit zulässigen) Widerrufs durch das finanzierende Kreditinstitut sieht der BGH die **Einzahlungsverpflichtung des Käufers** erst dann als **erfüllt** an, wenn keine einseitigen Treuhandauflagen der Bank mehr bestehen.[2426] Demgegenüber begnügt sich die Praxis i.d.R. mit einer ausreichend langen Bindung der finanzierenden Bank (für den voraussichtlichen Zeitraum zur Erfüllung der Verwendungsvoraussetzungen zuzüglich eines Sicherheitszuschlags) an ihre Treuhandauflagen.[2427] Der nachstehend Rdn. 1528 wiedergegebene Formulierungsvorschlag definiert zur Beseitigung dieser Unsicherheit[2428] im ersten Absatz die vertraglich getroffenen Anforderungen an die Erfüllung der Einzahlungspflicht dergestalt, dass neben den vertraglichen Auszahlungsvoraussetzungen lediglich die vollständige Einzahlung des Kaufpreises und die Sicherstellung der Eintragung[2429] der Finanzierungsgrundschuld an rangrichtiger Stelle verlangt werden könne, unter Zuerkennung einer ausreichend langen, vollzugstauglichen Bindungsfrist durch den Einzahler.

1512 Die dadurch geschaffene eindeutige Rechtslage darf jedoch nicht über das Risiko hinwegtäuschen, das der Verkäufer eingeht, wenn er im Vertrauen auf den zu erwartenden bzw. erhofften Eintritt dieser Voraussetzungen seinerseits Leistungen erbringt (z.B. den Besitz einräumt und bauliche Umgestaltungen erlaubt). Bestellt der Käufer nämlich keine Grundschuld oder weist er den Notar an, diese trotz Bestellung nicht zur Eintragung zu bringen,[2430] treten die Verwendungsauflagen nicht (mehr) ein, sodass der hinterlegte Betrag nicht an den Verkäufer zur Auszahlung gelangt und der Käufer damit seine Pflicht zur Kaufpreiszahlung nicht erfüllt. Es ist fraglich, ob bei einem nach Ablauf der Bindungsfrist zulässigen Widerruf durch den Einzahlenden (Käufer oder Finanzierungsgläubiger) die Interessen des Verkäufers an der Wahrung seiner Interessen i.R.d. nichtleistungsbedingten Rückabwicklung analog § 54c Abs. 1 BeurkG gem. der in vorstehender Randnummer zitierten Rechtspre-

---

2422 Beschl. des LG Schwerin, NotBZ 2004, 446; Rundschreiben der Notarkammer Mecklenburg-Vorpommern v. 07.09.2004, Nr. B. 27 (sogar noch weiter gehend über die Grundbuchabwicklung hinaus: sofern bereits Besitz verschafft wurde, müsse auch dessen Rückerlangung gewährleistet sein!).
2423 Hierzu *Reithmann* ZNotP 2005, 59; *Hertel* in: FS 200 Jahre Notarkammer Pfalz, S. 167 ff. und ZNotP 2005, 220; unter konkreter Ankündigung der beabsichtigten Maßnahme (OLG Zweibrücken DNotZ 2004, 364).
2424 So auch die Empfehlung der Regierungsbegründung BT-Drucks. 13/4184, S. 38.
2425 *Keidel/Winkler* BeurkG § 4 Rn. 12.
2426 BGH ZNotP 1998, 34; BGH DNotZ 2002, 269; BGH ZNotP 2001, 480.
2427 So auch der Formulierungsvorschlag der BNotK DNotZ 1999, 370 f.
2428 BGH NJW 1997, 2106: »... zu prüfen, ob die Hinterlegungsvereinbarung dahin gehend auszulegen ist, dass eine ... bis zur Eintragung der Grundschuld mit banküblichen Vorbehalten versehene Leistung der Bank an den Notar ... die Hinterlegungsvereinbarung erfüllt oder der für die vertragsgemäße Hinterlegung vereinbarte Zeitraum bis zum Entfallen der Vorbehalte der Bank erstreckt ist.«.
2429 Das Abstellen auf die tatsächliche Eintragung würde den Verkäufer ohne Not noch zusätzlich den Zufälligkeiten des Erledigungstempos des Grundbuchamts aussetzen.
2430 Ist die Bestellung jedoch auch ggü. der Bank gem. § 873 Abs. 2 BGB bindend geworden (ggf. aufgrund dahin gehend erteilter Vollmacht an den Notar), kann diese ihrerseits den Antrag auf Eintragung stellen bzw. den Notar zur Stellung auch in ihrem Namen gem. § 15 GBO anweisen.

chung berücksichtigt werden können, da es sich um den vorrangigen Widerruf eines noch einseitig gebliebenen Verwahrungsverhältnisses handelt.[2431] Daher wird ein vorsichtiger Verkäufer seinerseits sich zur Erbringung von Leistungen (z.B. Besitzverschaffung) erst verpflichten wollen, wenn wenigstens der Käufer die von ihm beizutragenden Elemente der »Sicherstellung der Eintragung der Finanzierungsgrundschuld« (Grundpfandrechtsbestellung und Herbeiführung der Bindung nach § 873 Abs. 2 BGB)[2432] sowie der »Hinterlegung des gesamten Kaufpreisbetrags« erfüllt hat.[2433]

Auch die **Treuhandauflagen abzulösender Grundpfandgläubiger** wird der Notar vorsichtigerweise,[2434] ebenso wie die Verwendungsauflagen finanzierender Kreditinstitute, als einseitiges Hinterlegungsverhältnis und damit grds. bis zu ihrer Erledigung frei widerruflich ansehen. Damit bei Absendung des Geldes vom Anderkonto Erledigung und damit Unwiderruflichkeit des Treuhandauftrags eintritt, sollten alle Ablösungsbeträge auf einmal ausgezahlt werden. Bei der (ebenfalls in den Anderkonto-Nebenakten schriftlich zu vermerkenden) Annahme des Ablösungs-Treuhandauftrags ist durch den Notar zu prüfen, ob die Summe der hinterlegten Beträge (auch unter Berücksichtigung geforderter Tageszinsen) aus dem hinterlegten Betrag bedient werden kann. 1513

Gestattet der abzulösende Gläubiger die Verwendung der Freigabe/Löschungserklärungen nur »**Zug-um-Zug**« gegen die Zahlung des Ablösebetrags, ist eine buchstabengetreue Erfüllung dieses Treuhandauftrags schwierig. Die Rechtsprechung lässt auch die Auszahlung am Tag nach der Vorlage der Löschungserklärung beim Grundbuchamt genügen.[2435] Muss die Zahlung lediglich »sichergestellt« sein, genügt wohl die Sicherstellung des Vertragsvollzugs und die Bindung aller Beteiligten, einschließlich des abzulösenden Gläubigers, an die erteilten Verwahrungsanweisungen.[2436] 1514

g) Pfändung, Abtretung, Insolvenz

Die **isolierte Pfändung des öffentlich-rechtlichen Auskehrungsanspruchs** ist nach der Rechtsprechung des BGH[2437] unwirksam, wenn nicht zugleich der unmittelbare Kaufpreisanspruch gepfändet wird (es sei denn, Letzterer wäre untypischerweise durch dahin gehende Parteivereinbarung bereits mit der Einzahlung erloschen oder der Kaufvertrag befände sich bereits in Rückabwicklung);[2438] sog. **Grundsatz der Doppelpfändung**. Der Pfändungsbeschluss ist demnach sowohl dem Käufer wie auch dem Notar als Drittschuldner gem. § 829 Abs. 3 ZPO zuzustellen. Da es sich beim Auskehrungsanspruch nur um ein Neben- bzw. Sicherungsrecht gem. § 401 BGB zum Kaufpreisanspruch handelt,[2439] dürfte allerdings auch die wirksame Pfändung des Kaufpreisanspruchs selbst (nicht aber nur die des Auszahlungsanspruchs)[2440] genügen. Diese muss dem Notar vor Abgabe der 1515

2431 BGH DNotZ 2002, 270 (»*die einem Rückforderungsrecht der Bank gleichkommen*«), ebenso der Sachverhalt in BGH RNotZ 2003, 402.
2432 Die Beschaffung der notwendigen Rangerklärungen (Löschungen) ist ohnehin Sache des Verkäufers.
2433 *Oppermann* RNotZ 2006, 179 schlägt darüber hinaus vor, bereits die Einzahlungspflicht erst dann als erfüllt (und Einzahlungen erst dann als vertragsgemäß) anzusehen, wenn diese Käuferbeiträge erbracht sind. Dann müsste der Notar jedoch streng genommen die Einzahlung zurückweisen, wenn nicht die Gesamtsumme nach Bestellung des Grundpfandrechts überwiesen wird.
2434 *Arndt/Lerch/Sandkühler* BNotO § 23 Rn. 28; a.A. jedoch bspw. LG Köln DNotI-Report 1998, 97 und *Dornis* Kaufpreiszahlung auf Notaranderkonto, S. 122 ff. ab dem Zeitpunkt einer Vorleistung = Grundschuldbestellung, Vormerkung (Mehrseitigkeit auch in Bezug auf abzulösende Gläubiger, bis zur Sicherstellung der Lastenfreistellung!).
2435 OLG Celle Nds.Rpfl. 1997, 47 u. 49 (dort sogar 3 Tage), zustimmend zitiert im Rundschreiben der Notarkammer Celle, Nr. 2/97, S. 14 ff. A.A. *Schilling* Treuhandauftrag und Notarbestätigung, S. 92, der eine solche Treuhandauflage für unzulässig hält, da die Zug-um-Zug-Abwicklung im Wortsinn nicht möglich sei.
2436 OLG Celle Nds.Rpfl. 1997, 226.
2437 DNotZ 1989, 235.
2438 KG DNotI-Report 2002, 175.
2439 BGH DNotZ 1999, 126, 128.
2440 Zur Frage, ob der Notar in seiner Drittschuldnererklärung auf die Notwendigkeit der Mitpfändung des Kaufpreisanspruchs hinzuweisen hat, bejahend *Ganter/Hertel/Wöstmann* Handbuch der Notarhaftung Rn. 1918; verneinend *Ganter* DNotZ 2004, 433.

B. Gestaltung eines Grundstückskaufvertrages

Drittschuldnererklärung (§ 840 ZPO)[2441] durch beglaubigte Abschrift der Zustellungsurkunde bzw. Anerkenntnis des Käufers nachgewiesen sein. Der Pfändungsgläubiger tritt damit verfahrensrechtlich in die Rechtsstellung des bisher auszahlungsberechtigten Verkäufers ein (§ 836 Abs. 1 ZPO) sodass zwar keine Abänderungen der Auszahlungsvoraussetzungen bei mehrseitiger Bindung ohne seine Mitwirkung, andererseits aber (außer in Fällen des § 54c Abs. 3 BeurkG) auch keine einseitige Änderung durch ihn selbst herbeigeführt werden kann.

1516 Insb. ist der Pfändende an die getroffenen Vereinbarungen zur Ablösung von Gläubigern des Verkäufers bzw. zur Verrechnung mit offenen Notargebühren (ebenso wie bei der Direktzahlung im Weg eines unechten Vertrags zugunsten Dritter, § 329 BGB) gebunden, sodass die Pfändung wirtschaftlich nur die »freien«, zur Auszahlung an den Verkäufer bestimmten Hinterlegungsbeträge erfassen kann. Regelt der Kaufvertrag bei mehreren Verkäufern das Berechtigungsverhältnis am Kaufpreis nicht, sind sie Mitgläubiger (§ 432 BGB, vgl. Rdn. 2606), sodass nur der Mitberechtigungsanteil gem. §§ 741 ff. BGB, nicht aber ein unmittelbarer (quotaler) Auszahlungsbetrag, gepfändet werden kann.[2442]

1517 Der **Auskehrungsanspruch** ist in gleicher Weise (mit dem Kaufpreisanspruch, Grundsatz der Doppelabtretung) **abtretbar** bzw. geht gem. § 401 BGB mit Abtretung des Kaufpreisanspruchs über. Analog § 54a Abs. 4 BeurkG wird allerdings ein schriftlicher Nachweis gefordert werden müssen.

▶ Hinweis:

In der Rechtsprechung noch nicht entschieden ist die Frage, ob vorgelegte Abtretungen bei der Auszahlungsentscheidung des Notars in ihrer zeitlichen Rangfolge nach dem Zeitpunkt der schriftlichen Anzeige (ähnlich § 829 Abs. 3 ZPO) zu beachten sind[2443] oder aber mit dem darin enthaltenen (möglicherweise rückdatierten) Abtretungszeitpunkt. Ersteres sollte vertraglich vereinbart werden.

1518 Die **Verpfändung** des Kaufpreisanspruchs umfasst als Hilfsrecht (§ 401 BGB) auch die Verpfändung des Auszahlungsanspruchs, die Verpfändung des Letzteren allein wäre unwirksam. Als Wirksamkeitsvoraussetzung ist zusätzlich § 1280 BGB zu beachten, also die Anzeige durch den Gläubiger (Verkäufer) an den Schuldner (d.h. den Käufer bzgl. des Zahlungsanspruchs, den Notar bzgl. des Auszahlungsanspruchs).[2444]

1519 Mit **Eröffnung eines Insolvenzverfahrens** erlöschen die Verwahrungsanweisungen wohl nicht gem. § 116 InsO bereits kraft Gesetzes, da es sich um öffentlich-rechtliche Verhältnisse handelt (vgl. unten Rdn. 3085).[2445] Für das weitere Schicksal ist entscheidend, ob dem Insolvenzverwalter das Wahlrecht nach § 103 InsO zusteht (so etwa bei Insolvenz des Käufers und bei Insolvenz des Verkäufers dann, wenn noch keine Vormerkung eingetragen ist, § 106 InsO), sodass er mit Erfüllungsablehnung auch die Verwahrungsanweisung einseitig beenden könnte (§ 54c Abs. 3 Satz 1 BeurkG oder – eher – § 54d Nr. 2 InsO analog,[2446] Rdn. 3085). Auszahlungen hinterlegter Beträge hätten

---

2441 Bei Nichtabgabe haftet er für den entstehenden Schaden (§ 19 Abs. 1 BNotO, nicht § 840 Abs. 2 Satz 2 ZPO bzw. § 316 Abs. 2 Satz 2 AO). Nach *Ganter* DNotZ 2004, 432 ist der Notar jedoch nicht zur Abgabe der Drittschuldnererklärung verpflichtet, wenn ihm die Pfändung nicht zugestellt wurde, sondern er nur von der Kaufpreispfändung beim Käufer weiß. *Arndt/Lerch/Sandkühler* BNotO § 23 Rn. 163 empfiehlt vor Auszahlung an den Pfändungsgläubiger bei Einfachpfändung einen Vorbescheid; zum Streitstand hinsichtlich der Prüfungspflichten des Notars vgl. auch *Franken* RNotZ 2010, 597, 613.

2442 Vgl. *Gutachten* DNotI-Report 2004, 9 f. (auch zur »Umdeutung« eines anderslautenden Pfändungs- und Überweisungsbeschlusses); Rn. 2115 zur parallelen Situation bei Direktzahlung.

2443 Hierfür plädiert *Hertel* in: Eylmann/Vaasen BNotO/BeurkG § 23 BNotO Rn. 42 und in seinem Formulierungsmuster, ZNotP Beilage 3/98, 18.

2444 *Ganter* DNotZ 2004, 436 weist darauf hin, dass § 1280 BGB bzgl. des mitverpfändeten Auszahlungsanspruchs möglicherweise durch § 401 BGB »überspielt« werde, sodass es einer zusätzlichen Anzeige nicht bedürfe.

2445 Anders noch BGH NJW 1962, 1201; damals wurde die Hinterlegung überwiegend noch unter § 675 BGB subsumiert; zum Ganzen vgl. umfassend *Gutachten* DNotI-Report 2004, 32 ff.

2446 § 54c Abs. 3 BeurkG ist nicht unmittelbar erfüllt, da § 103 InsO nicht mehr zur Unwirksamkeit des Vertrags führt, sondern zur Einrede des § 320 BGB. § 54d Nr. 2 BeurkG analog liegt daher näher: im Fall der Auszahlung wäre die

dann bis zur übereinstimmenden Anweisung zu unterbleiben.[2447] Materiell-rechtlich wäre der andere Vertragsteil verpflichtet, der Rückzahlung an den Insolvenzverwalter zuzustimmen, allerdings Zug-um-Zug gegen Löschung etwaiger Rechte und unter Saldierung etwaiger Schadensersatzansprüche.[2448] Zur Vermeidung dieser Verzögerung ist (wohl ohne Verstoß gegen das Verbot von Lösungsklauseln, § 119 InsO) eine vorsorgliche Hinterlegungsanweisung zu empfehlen, wonach der Geldbetrag zurückzuüberweisen ist, wenn im Fall der Insolvenz des anderen Beteiligten der Insolvenzverwalter nicht binnen angemessener Frist die Erfüllung wählt, es sei denn die Voraussetzungen des § 106 InsO lägen vor (s. Rdn. 3085). Steht dem Insolvenzverwalter über das Vermögen des Verkäufers kein Nichterfüllungswahlrecht (mehr) zu, bedarf die Auszahlung des »Restkaufpreises« an den Verkäufer der Mitwirkung des Insolvenzverwalters;[2449] ebenso der Vollzug der Auflassung (Rdn. 3069, Muster: Rdn. 3070) und die Zustimmung zur Löschung der Verkäufergrundpfandrechte gem. § 1183 BGB.[2450]

Stirbt ein Hinterlegungsbeteiligter, treten seine Erben an seine Stelle. Ist das Auszahlungskonto bereits in der Hinterlegungsanweisung durch den Erblasser angegeben worden und noch vorhanden, darf der Notar ohne weitere Ermittlungen davon ausgehen, dass es als Nachlasskonto weitergeführt wurde, und darauf auszahlen. Wollen »Erben« des Verkäufers eine erteilte Kontoanweisung ändern, müssen sie sich (auch bei Vorliegen einer notariellen letztwilligen Verfügung) durch Erbschein legitimieren; nur dann ist der Käufer in seinem Vertrauen hinsichtlich der Empfangsberechtigung der Erben geschützt, § 2367 1. Alt. BGB.[2451] 1520

h) Rechtsmittel

Aufgrund der zentralen Rolle des »kaufpreisverwaltenden« Notars wird er weit häufiger als in den Fällen der Direktzahlung (»**süddeutsches Modell**«) in Streitigkeiten der Beteiligten einbezogen. Gegen die Vornahme oder Unterlassung von Amtshandlungen (**also auch einer Anderkontoauszahlung**) ist die Beschwerde gem. § 15 Abs. 2 Satz 1 BNotO zum LG statthaft,[2452] wobei dort allerdings nur die Verletzung notarieller Amtspflichten geprüft wird. 1521

▶ Hinweis:

In streitigen Fällen empfiehlt es sich für den Notar, die beabsichtigte, von ihm abschließend geprüfte[2453] und bejahte Auszahlung[2454] anzukündigen (beschwerdefähiger Vorbescheid) und die Beteiligten auf die Möglichkeit einer Beschwerde analog § 15 Abs. 2 Satz 1 BNotO zu verweisen (Rdn. 1803 ff. mit Formulierungsvorschlägen, auch zur Rechtsbehelfsbelehrung). Diese ist seit dem 01.09.2009 aufgrund der Geltung des FamFG (§ 15 Abs. 2 Satz 3 BNotO n.F.) binnen eines Monats (§ 63 FamFG) beim Notar (iudex a quo, § 64 Abs. 1 FamFG) einzulegen; unter einem Beschwerdewert von 600,00 € (§ 61 FamFG) ist sie nur aufgrund (das LG dann bindender) Zulassung durch den Notar statthaft.[2455] Hierin läge ein anderweitiges Rechtsmittel gem. § 839 Abs. 3 BGB, dessen Nichteinlegung spätere Amtshaftungsansprüche ausschließen würde[2456] und 1522

Durchsetzung des Rückforderungsanspruchs übermäßig erschwert.
2447 A.A. jedoch KG DNotZ 1999, 99 und KG DNotI-Report 2002, 175 (hiergegen *Hertel* in: Eylmann/Vaasen BNotO/BeurkG § 54c BeurkG Rn. 23).
2448 *Gutachten* DNotI-Report 2004, 33.
2449 *Gutachten* DNotI-Report 2001, 147.
2450 *Renner* in: *Armbrüster/Preuß/Renner* BeurkG § 54b Rn. 99 empfiehlt, nach Rücksprache mit dem finanzierenden Kreditinstitut zunächst die Umschreibung, und sodann die Löschung unter Zustimmung des Käufers durchzuführen.
2451 DNotI-Gutachten, Faxabruf 110488, vom 30.12.2011, m.w.N.
2452 BayObLG NotBZ 2000, 93 für den Fall einer Auszahlung BGH DNotZ 1999, 125 für den Fall einer Verweigerung der Auszahlung.
2453 Nach OLG Zweibrücken MittBayNot 2004, 208 ist ein Vorbescheid über eine schlichte Vorfrage, die sodann Raum gibt für weitere Prüfungen, unzulässig.
2454 Nicht also deren Unterlassen, vgl. *Hertel* in: FS 200 Jahre Notarkammer Pfalz, S. 186 ff.; *Everts* ZNotP 2005, 220.
2455 Vgl. *Müller-Magdeburg* ZNotP 2009, 216 ff.; monografisch *Müller-Magdeburg* Rechtsschutz gegen notarielles Handeln.
2456 *Brambring* DNotZ 1990, 648.

allenfalls noch Raum lassen würde für die Geltendmachung eines Verzögerungsschadens wegen des überflüssigen Vorbescheids. Wird Beschwerde eingelegt und folgt der Notar der Auffassung des LG, ist nach allgemeinen Grundsätzen eine Amtshaftung ebenfalls ausgeschlossen, da kein Verschulden vorliegt, wenn ein Kollegialgericht bei Kenntnis des Sachverhalts die später umgesetzte Rechtsansicht des Amtsträgers bestätigt hat.[2457] Dies ist besonders bedeutsam, da im Bereich der notariellen Verwahrung nach § 23 BNotO und der sonstigen Betreuungstätigkeit nach § 24 BeurkG, etwa im Verhältnis zu Treuhandbeteiligten, das Haftungsprivileg des § 19 Abs. 1 Satz 2 BNotO nicht gilt. Die Rechtsbeschwerde zum BGH ist gem. § 70 FamFG nur mehr bei Zulassung durch das LG statthaft.[2458]

1523 Die eigentliche Klärung der materiell-rechtlichen Fragen hat jedoch im Zivilprozess zu erfolgen, z.B. im Fall des Bestreitens der Wirksamkeit einer Pfändung durch Drittwiderspruchsklage (§ 771 ZPO); ebenso durch Feststellungsurteil.[2459] Die Notarbeschwerde und diese materiell-rechtlichen Rechtsbehelfe haben unterschiedliche Verfahrensgegenstände und stehen selbstständig nebeneinander.[2460] Von der Ingangsetzung solcher materiell-rechtlicher Klärungen kann der Notar allerdings seine Entscheidung (außer im Fall des § 54c Abs. 3 Nr. 2 BeurkG) nicht abhängig machen.[2461] Nur in seltenen Ausnahmefällen (etwa wenn ein Berechtigter trotz mehrerer Versuche nicht zu ermitteln ist) wird der Notar von der Möglichkeit Gebrauch machen, Restbeträge aus dem Anderkonto gem. §§ 372 ff. BGB, § 6 Nr. 2 Hinterlegungsordnung[2462] (bzw. seit 01.12.2010 seine landesrechtlichen Nachfolgegesetze)[2463] zu hinterlegen. Hinterlegt er jedoch unberechtigterweise (z.B. um einen Bevorrechtigungsstreit zwischen mehreren Auszahlungsaspiranten nicht entscheiden zu müssen),[2464] haftet er auf den entstehenden Schaden; der Auszahlungsberechtigte braucht sich nicht auf schwierige Prozesse hinsichtlich des amtsgerichtlichen Hinterlegungsguts verweisen zu lassen.[2465]

1524 Haftet der Notar wegen Missachtung von Treuhandauflagen auf den entstandenen Schaden, steht ihm gegen den Auszahlungsempfänger allenfalls dann ein (öffentlich-rechtlicher) Kondiktionsanspruch zu, wenn dieser den Verstoß kannte.[2466] Diese Kenntnis des Zahlungsempfängers ist jedoch möglicherweise nicht erforderlich, wenn es an einer wirksamen Anweisung überhaupt fehlte, sodass die Überweisung nicht dem Käufer im Verhältnis zum Verkäufer bzw. dem Verkäufer im Verhältnis zur abzulösenden Bank zugerechnet werden kann.[2467]

2457 BGH DNotZ 1986, 406; BGH NJW 1993, 3061.
2458 Sodass es (anders als zu Zeiten der früheren unbefristeten weiteren Beschwerde) nicht mehr einer Ankündigung der Auszahlung durch den Notar für den Fall bedarf, dass nicht binnen angemessener Frist der Nachweis über die Einlegung der weiteren Beschwerde (deren Ausgang dann abzuwarten war), geführt werde.
2459 Wirkung eines Urteils, in dem die Unwirksamkeit eines Kaufvertrags festgestellt wird, auch für den Pfändungsgläubiger des hinterlegten Kaufpreises (außer bei kollusivem Zusammenwirken von Verkäufer und Käufer), vgl. OLG München, 17.12.2008 – 31 Wx 080/08, RNotZ 2009, 120.
2460 OLG München, 12.09.2008 – 31 Wx 018/08 und 020/08, DNotZ 2009, 113.
2461 A.A. möglicherweise OLG München, vorstehende Fn.: »hielte es der Senat für einen möglichen Weg …«. Demnach würde die Auszahlung sowohl dann unterbleiben, wenn die Einlegung einer Beschwerde gem. § 15 BNotO, als auch wenn die Erhebung z.B. einer Drittwiderspruchsklage binnen der gesetzten Frist nachgewiesen würde.
2462 Diese gilt gemäß BGBl. I 2007, S. 2614 nur noch als partielles Bundesrecht vorbehaltlich ihrer Änderung durch den jeweiligen Landesgesetzgeber; ab 01.12.2010 gilt sie zunächst als Landesrecht weiter. Geplante Nachfolgegesetze schließen die Verzinslichkeit z.T. aus, sodass sich die Werthinterlegung als Sparbuch empfiehlt. Nach 30 Jahren verfällt die Hinterlegungsmasse dem Land.
2463 Hierzu Übersicht bei *Rellermeyer* Rpfleger 2011, 129 ff., z.B. § 7 Nr. 2 HintG NRW. Zum Bay. Hinterlegungsgesetz (GVBl 2011, 738), das deutlich vom Musterentwurf abweicht, vgl. *Wiedemann/Armbruster* Rpfleger 2012, 1 ff. Die Hinterlegungen sind nunmehr nach Landesrecht überwiegend unverzinslich (und kostenfrei).
2464 OLG Hamm DNotZ 1983, 61.
2465 OLG Frankfurt am Main DNotZ 1969, 514.
2466 KG, 28.09.2004 – 14 U 347/02, DNotI-Report 2005, 175.
2467 So jedenfalls für die allgemeine Direktkondiktion im Mehrpersonenverhältnis OLG München NJW-RR 1988, 1391; LG Düsseldorf MittRhNotK 1994, 78.

IV. Kaufpreis: Fälligkeit, Gläubigerablösung, Finanzierung

i) Dienstordnung

Die formell-rechtlichen Bestimmungen zur Anderkontenverwaltung sind weiterhin in der **Dienstordnung für Notare** (DONot) enthalten, ergänzt durch die vorrangige Identifizierungspflicht des **Geldwäschegesetzes** (Rdn. 264 ff.; auch zur Benennung des »wirtschaftlich Berechtigten«).[2468] Gem. §§ 10 bis 12 DONot ist eine doppelte Buchung im **Verwahrungsbuch** (kalendermäßig fortlaufend für alle Massen einheitlich) und, für jede Masse getrennt, im **Massenbuch** vorgeschrieben. Die elektronische Kontoführung (online banking) ist wegen der Problematik einer Kontrolle der Verfügungsbefugnis und der Vorlage der Buchungsbelege ausdrücklich nicht gestattet (§ 27 Abs. 2 Satz 2 DONot).[2469] Die Buchung hat gem. § 10 Abs. 3 DONot taggerecht, d.h. an demjenigen Tag, an dem der Kontoauszug eingeht (und nicht etwa dem Datum der Wertstellung), zu erfolgen, weshalb Kontoauszüge für Anderkonten mit Datumsstempel zu versehen sind.

1525

▶ Hinweis:

Es existieren amtliche Muster, ergänzt durch Hinweise für Hersteller und Anwender von EDV-Programmen im Notariat seitens der BNotK.[2470]

Für jede Masse ist eine eigene Nebenakte zu führen, die 7 Jahre aufzubewahren ist (§§ 22 Abs. 2, 5 Abs. 4 Satz 1, 3. Spiegelstrich DONot). Hier sind neben den Abschriften der Verwahrungsanweisungen und den Treuhandaufträgen der beteiligten Kreditinstitute samt den Annahmevermerken insb. auch die Belege über Einnahmen und Ausgaben (z.B. vom Kreditinstitut bestätigte Durchschriften der Überweisungsaufträge) zu verwahren. Nach Abschluss ist den Verwahrungsbeteiligten (beteiligten Kreditinstituten nur auf Verlangen) eine Abrechnung gem. § 27 Abs. 4 DONot zu erteilen, i.d.R. durch Ablichtung des abgerechneten Massenbuches. Dabei ist für die **abgeführte Kapitalertragsteuer** bzw. ab 2009 die einbehaltene **Abgeltungsteuer**[2471] dem wirtschaftlich Berechtigten eine Steuerbescheinigung auszuhändigen, ggf. unter Aufteilung der einbehaltenen Steuer zwischen allen Beteiligten unter Beifügung einer beglaubigten Abschrift der Bescheinigung des Kreditinstituts.[2472]

1526

Gem. § 12 Abs. 5 DONot ist eine **Anderkontenliste** mit Kenntlichmachung der abgewickelten Massen zu führen zur Erleichterung einer übersichtlicheren Durchführung der Notarprüfung. Jeweils zum 15.02. des Folgejahres sind die zum Abschluss des Kalenderjahres vorhandenen Massen dem Präsidenten des LG auf amtlichen Mustern anzuzeigen (§ 25 DONot); alle – auch die abgeschlossenen Massen – sind in der jährlichen Geschäftsübersicht über Urkunds- und Verwahrungsgeschäfte gem. § 24 DONot enthalten.

1527

▶ Formulierungsvorschlag: Kaufpreisabwicklung über Anderkonto

Ein Betrag von ..... € ist bis zum ..... (Zahlungseingang) auf ein noch zu eröffnendes Anderkonto des beurkundenden Notars bei der ..... Bank einzubezahlen. Zahlungen gelten nur dann als

1528

2468 Hierzu *Gutachten* DNotI-Report 2004, 51 (noch zur früheren Fassung des GwG). Bei Konten zur Kaufpreisabwicklung handelt es sich um Verkäufer und Käufer, bei einseitiger Hinterlegung (z.B. durch Finanzierungsgläubiger zum Zweck der Umschuldung) um den abzulösenden Gläubiger. Finanzierende Kreditinstitute, auch wenn sie das Geld unter Verwendungsauflagen überwiesen haben, sind nach dem Rechtsgedanken des § 2 Abs. 4 GwG a.F. (Bereichsausnahme des Inter-Bankenverkehrs) bzw., § 5 Abs. 2 Satz 1 Nr. 1 GwG n.F. (insoweit bestehende vereinfachte Sorgfaltspflichten) nicht als wirtschaftlich Berechtigte anzusehen. Die Reform des GwG vom 21.08.2008 hat den Kreis der wirtschaftlich Berechtigten erweitert, aber die Sorgfaltspflichten für Banken reduziert, sodass nach den neuen Anderkontobedingungen, DNotZ 2011, 481 f., die Mitteilung der wirtschaftlich Berechtigten nur noch auf Anfrage der Bank zu erfolgen hat.
2469 Die Eröffnung eines Anderkontos hätte allerdings gem. Nr. 2 Satz 3 der von der Vertreterversammlung der BNotK am 02.04.2004 beschlossenen Anderkontobedingungen auch ohne schriftlichen Auftrag, demnach auch online, erfolgen können, anders die nach Scheitern der Verhandlungen in DNotZ 2004, 402 veröffentlichten Bedingungen.
2470 Abrufbar unter www.bnotk.de in der Rubrik »Service/Merkblätter und Empfehlungen«.
2471 Notaranderkonten sind nach Auffassung des Zentralen Kreditausschusses wie Privatkonten zu behandeln, sodass wie bisher eine Steuerbescheinigung des Kreditinstituts mit Hinweis »Notaranderkonto« zu erstellen ist, die im Original dem Auszahlungsberechtigten weiter geleitet wird, vgl. RS 3/2009 der BNotK, 13.01.2009, auch zum diesbezüglichen Schreiben des BMF, 24.11.2008.
2472 Schreiben des BMF, 26.10.1992, DNotZ 1992, 1.

B. Gestaltung eines Grundstückskaufvertrages

erbracht, wenn sie auflagenfrei oder unter Verwendungsauflagen, die mit den nachstehenden Auszahlungsbedingungen vereinbar sind – allenfalls unter der weiteren Auflage der Sicherstellung der Eintragung des Finanzierungsgrundpfandrechts im Rang vor der Eigentumsvormerkung des Käufers und der vollständigen Einzahlung des Kaufpreises – erfolgen. An seine diesbezüglichen Treuhandauflagen muss sich der Einzahlende für eine Frist von mindestens 3 Monaten gebunden halten; auf die Gefahren eines Widerrufs nach fruchtlosem Ablauf dieser Frist hat der Notar insbes. den Verkäufer hingewiesen und ihn vor einseitigen Vorleistungen gewarnt, bevor die Verwendungsauflagen des einzahlenden Kreditinstituts erfüllt sind.

Soweit Gläubiger für die Lastenfreistellung Beträge verlangen, oder Genehmigungen mit den Verkäufer treffenden Zahlungsauflagen versehen sind, hat der Verkäufer gegen den Käufer nur Anspruch auf Erfüllung dieser Auflagen, die der Notar nicht prüft; nicht auf Zahlung an sich oder sonstige Dritte. Die Beteiligten weisen den amtierenden Notar hiermit in einseitig unwiderruflicher Weise an, solche zur Lastenfreistellung geforderte Zahlungen an die Gläubiger in Anrechnung auf den Kaufpreis zu leisten und auch dabei anfallende Gebühren und Kosten aus dem Notaranderkonto zu entnehmen. Dadurch entstehende Eigentümerrechte und Rückübertragungsansprüche tritt der Verkäufer an den Käufer ab, der die Abtretung annimmt.

Die Kosten des Notaranderkontos beim Notar und bei der Bank, auch soweit sie durch Auszahlungen zur Ablösung von Lastenfreistellungsbeträgen verursacht sind, trägt der ......; sie können ggf. dem Anderkonto entnommen werden.

(Formulierungsalternative:

Die notarielle Verwahrungsgebühr trägt der Käufer; soweit die Gebühr durch zur Ablösung erforderliche getrennte Auszahlungen höher ist, trägt sie der Verkäufer.

Der zur Lastenfreistellung nicht benötigte Betrag ist an den Verkäufer auf dessen Konto Nr. ...... bei der ...... BLZ ...... oder ein anderes zu bezeichnendes Konto zu überweisen. Erst in diesem Zeitpunkt tritt Erfüllung ein; eine etwa in dieser Urkunde erklärte Auflassung darf erst dann zum Vollzug gebracht werden. Privatschriftliche Abtretungen des Kaufpreises und des Auskehranspruchs vom Notaranderkonto wirken erst mit dem Datum des Eingangs der schriftlichen Abtretungserklärung oder -anzeige des Abtretenden beim verwahrenden Notar.

Der hinterlegte Betrag ist als Monatsfestgeld mit automatischer Verlängerung zu den beim kontoführenden Kreditinstitut üblichen Konditionen anzulegen *oder:*

Der Verkäufer kann den Notar schriftlich einseitig anweisen, das Anderkonto als einmonatiges Festgeld zur Verlängerung anzulegen.

Etwa gutgeschriebene Zinsen abzüglich der Zinsertragsteuer stehen dem ...... zu und sind bei Schließung des Notaranderkontos auszukehren.

Sämtliche Auszahlungen haben per normaler Banküberweisung zu erfolgen; Überweisungen an den Verkäufer über 5.000,00 € telegrafisch mit Avis unter Abzug der dafür anfallenden Bankgebühr vom Auszahlungsbetrag.

Auszahlungen dürfen jedoch auf Grund einseitig unwiderruflicher Anweisung erst geleistet werden, wenn
(a) die Eigentumsvormerkung zugunsten des Käufers eingetragen ist,
(b) die vertragsgemäße Lastenfreistellung sichergestellt ist, d.h. grundbuchtaugliche Löschungs- oder Freigabeerklärungen für die nicht übernommenen Belastungen vorliegen, deren Verwendung nur von aus dem eingezahlten Kaufpreisteil erfüllbaren Treuhandauflagen abhängig ist,
(c) die Vorkaufsrechtsnegativerklärung der Gemeinde ...... vorliegt,
(d) die Genehmigung nach ...... erteilt wurde.

Im Verzugsfall hat der Käufer unbeschadet weiterer gesetzlicher Ansprüche Verzugszinsen in gesetzlicher Höhe zu entrichten.

Wird ein Vorkaufsrecht ausgeübt, so sind beide Vertragsteile zum Rücktritt vom Vertrag berechtigt; ein Anspruch auf Schadensersatz statt der Leistung oder Verzinsung bereits geleisteter Kaufpreisteile besteht in diesem Fall nicht. Der Verkäufer tritt alle aus der Ausübung des Vorkaufsrechts gegen den Vorkäufer entstehenden Ansprüche sicherungshalber an den Käufer ab, der die Abtretung dem Vorkäufer selbst anzeigen wird.

Der Verkäufer verpflichtet sich, bei der Bestellung von Grundpfandrechten zur Kaufpreisfinanzierung ohne Übernahme einer persönlichen Haftung oder von Kosten mitzuwirken. Die Auszahlung der hierdurch gesicherten Darlehen erfolgt bis zur vollständigen Kaufpreiszahlung bei Fälligkeit unmittelbar auf das vorgenannte Anderkonto. Die Sicherungsabrede eines Finanzierungsgrundpfandrechts, das auf der Grundlage einer in dieser Urkunde enthaltenen Vorwegbeleihungsvollmacht bestellt wurde, ist in diesem Sinne einzuschränken. Auch eine in dieser Urkunde enthaltene Vollstreckungsunterwerfung berechtigt lediglich zur Erteilung einer Vollstreckungsklausel zum Zwecke der Einzahlung auf das bezeichnete Anderkonto.

7. Gläubiger- und Insolvenzanfechtung

a) Allgemeine Voraussetzungen

Das Vorliegen eines Anfechtungstatbestands[2473] nach dem Anfechtungsgesetz (AnfG) oder der (ab Eröffnung des Insolvenzverfahrens vorrangigen) InsO schafft ein gesetzliches Schuldverhältnis zwischen Gläubiger und Anfechtungsgegner mit dem Ziel der Wiederherstellung der Zugriffslage, das nicht – auch nicht durch Rechtshängigkeitsvermerk – im Grundbuch dokumentiert werden kann.[2474] **Berechtigt** zur Insolvenzanfechtung ist lediglich der Insolvenzverwalter (§ 129 InsO),[2475] zur Gläubigeranfechtung gem. § 2 AnfG jeder (nach h.M. auch nach der Vornahme der anfechtbaren Rechtshandlung hinzugekommene)[2476] Gläubiger, der einen vollstreckbaren Schuldtitel über eine fällig gewordene Forderung erlangt hat, sofern die Vollstreckung in das Vermögen des Schuldners nicht zu einer vollständigen Befriedigung des Gläubigers geführt hat oder dies zumindest anzunehmen ist.

1529

Anfechtbar sind die Wirkungen von **Rechtshandlungen**, d.h. aller Willenserklärungen, rechtsgeschäftsähnlicher oder prozessualer Handlungen sowie willentlicher[2477] Unterlassungen, die das Vermögen des Schuldners zum Nachteil der Gläubiger verändern können (allerdings nicht das bloße Unterlassen eines möglichen Vermögenserwerbs).[2478] Die für die Fristberechnung und – jedenfalls nach Ansicht der Literatur[2479] – das Vorliegen des subjektiven Tatbestands maßgebliche »**Vornahme**« solcher Rechtshandlungen erfolgt mit dem Eintritt ihrer rechtlichen Wirkungen (§ 140 InsO, § 8 AnfG), bei Immobiliarverfügungen allerdings bereits zu dem Zeitpunkt, an dem entweder die Einigung wirksam geworden und der Eintragungsantrag vom Erwerber gestellt wurde[2480] oder gar, sofern das Rechtsgeschäft durch Vormerkung gesichert wird, in dem Zeitpunkt, in dem die Voraussetzungen des § 878 BGB für die Vormerkung eingetreten und der vorgemerkte

1530

2473 Vgl. hierzu im Überblick *Huber/Armbruster* NotBZ 2011, 206 ff. und 233 ff.
2474 BayObLG, 30.06.2004 – 2Z BR 111/04, NotBZ 2004, 396. Zum richterlichen Verfügungsverbot vgl. aber Rn. 1233 a.E.
2475 Ausnahme § 313 Abs. 2 Satz 1 InsO: jeder Insolvenzgläubiger beim vereinfachten Insolvenzverfahren.
2476 Vgl. BGH, 13.08.2009 – IX ZR 159/06, DNotZ MittBayNot 2010, 149 m. Anm. *Lotter*, sowie die Nachweise bei *Schumacher-Hey* RNotZ 2004, 544 unter A II 1 und 4; krit. *Lotter* MittBayNot 1998, 422 und MittBayNot 2010, 151; anders der BGH beim Pflichtteilsergänzungsanspruch (Grundsatz der »Doppelberechtigung«, *Krauß* Vermögensnachfolge in der Praxis Rn. 3079). Mit *Amann* DNotZ 2010, 241, 260 ist wohl zwischen der Insolvenzanfechtung (wo der Grundsatz der Gleichbehandlung aller Gläubiger für die Lösung des BGH spricht) einerseits und der Gläubigeranfechtung andererseits (wo Vertrauen auf vorhandenes Schuldnervermögen verlangt werden muss) zu differenzieren.
2477 Z.B. bei bewusstem Fördern von Vollstreckungshandlungen anderer Gläubiger BGH NJW 2005, 1121. Ist allerdings jede Möglichkeit selbstbestimmten Handelns ausgeschaltet, fehlt es an einer »Rechtshandlung des Schuldners« i.S.d. § 133 Abs. 1 InsO.
2478 Daher sind z.B. nicht anfechtbar die Nichtannahme eines Schenkungsantrags, die Ausschlagung einer Erbschaft/eines Vermächtnisses sowie der Erbverzicht.
2479 Vgl. etwa *Wacke* ZZP 1969, 396; *Röll* DNotZ 1976, 457; a.A. allerdings BGH NJW 1964, 1277; BGH WM 1988, 307: Kenntnis schadet bis zum Zeitpunkt der Eintragung.
2480 Nach überwiegender Auffassung (der *Amann* DNotZ 2010, 241, 257 ff. überzeugend entgegengetrittn) genügt die lediglich auf § 15 GBO gestützte Antragstellung durch den Notar nicht, da sie ohne Zustimmung des Berechtigten gem. § 24 Abs. 3 Satz 1 BNotO wieder zurückgenommen werden könnte (BGH, 08.05.2008 – IX ZR 116/07, MittBayNot 2009, 61 m. Anm. *Kesseler*), anders jedoch wenn eine ausdrückliche Ermächtigung für den Notar vorliegt.

Anspruch entstanden[2481] sind (§ 140 Abs. 2 Satz 1 bzw. Satz 2 InsO, § 8 Abs. 2 Satz 1 bzw. Satz 2 AnfG). Der Zeitpunkt, bis zu dem das Vorliegen der subjektiven Voraussetzungen, also die Kenntnis des Anfechtungsgegners von der Zahlungsunfähigkeit oder der Stellung des Insolvenzantrags, schädlich ist, ist allerdings nach herrschender Rechtsprechung[2482] weiterhin der Zeitpunkt der Eintragung selbst, nicht der Antragstellung.

1531 In objektiver Hinsicht ist weiter erforderlich das Vorliegen einer **Gläubigerbenachteiligung**, d.h. die Verschlechterung der Zugriffsmöglichkeiten – auch künftiger, Rdn. 1529 – Gläubiger auf das Vermögen des Schuldners. Eine **unmittelbare Benachteiligung** setzt voraus, dass sein dem Zugriff der Gläubiger ausgesetztes Vermögen unter Einbeziehung des veräußerten Gegenstandes größer ist als ohne diesen, also der in der Versteigerung erzielbare Wert des Grundstücks die vorrangigen Belastungen[2483] und die Kosten des Versteigerungsverfahrens übersteigt.[2484] Unproblematisch ist demnach[2485] jedenfalls die Weggabe (1) von Gegenständen, die der Aussonderung oder Absonderung unterliegen, sowie (2) von wertlosen oder wertausschöpfend belasteten Objekten. Weiter ist unantastbar (3) die Ausübung von Persönlichkeitsrechten (Heirat, Scheidung, Adoption, Güterstandswechsel, Ausschlagung einer Erbschaft, Nichtgeltendmachung des Pflichtteils, Nichtantritt einer gut bezahlten Arbeit). Die früher angenommene vierte Fallgruppe (Weggabe unpfändbarer Gegenstände) kann aufgrund neuerer Rechtsprechung[2486] nicht mehr uneingeschränkt aufrechterhalten werden. Bei einigen Anfechtungstatbeständen genügt auch die mittelbare Gläubigerbenachteiligung, s. Rdn. 1536.

1532 **Anfechtungsgegner** ist derjenige, der durch die anfechtbare Rechtshandlung etwas aus dem Vermögen des Schuldners erlangt hat, ebenso sein Gesamtrechtsnachfolger (§ 145 Abs. 1 InsO, § 15 Abs. 1 AnfG). Gleiches gilt gem. § 145 Abs. 1 InsO, § 15 Abs. 2 AnfG für Sonderrechtsnachfolger, die entweder z.Zt. ihres Erwerbs Kenntnis von den Umständen hatten, die zur Anfechtbarkeit des Erwerbs des Vorgängers geführt haben, oder die das Erlangte unentgeltlich erworben haben.

1533 Die **Rechtsfolge** der Insolvenzanfechtung ist gem. § 143 InsO ein schuldrechtlicher Anspruch auf Rückgewähr[2487] der weggegebenen Leistung[2488] bzw. Wertersatz, i.R.d. Gläubigeranfechtung gem. § 11 AnfG die Duldung der Zwangsvollstreckung in den anfechtbar weggegebenen Gegenstand, die nicht vormerkbar ist aber durch (im einstweiligen Rechtsschutz ergehendes) richterliches Verfügungsverbot gesichert werden kann.[2489] Fällt der Anfechtungsgegner in Insolvenz, nachdem die »normale« Gläubigeranfechtung geltend gemacht wurde, kann der Insolvenzverwalter gem. § 17 Abs. 2 AnfG den Klageantrag auf Rückgewähr des gesamten Gegenstands erweitern.[2490]

2481 BGH, 10.12.2009 – IX ZR 203/06, DNotZ 2010, 294 m. Anm. *Amann* S. 241 ff.: auch ohne Erklärung der Auflassung.
2482 Vgl. etwa BGH NJW 1964, 1277; BGH WM 1988, 307; a.A. die überwiegende Lit., vgl. etwa *Wacke* ZZP 1969, 396; *Röll* DNotZ 1976, 457.
2483 In ihrer vollen valutierenden Höhe, auch wenn dieser Gläubiger auf andere Sicherheiten (verpfändete Lebensversicherungen) zurückgreifen könnte, dies jedoch nicht muss: BGH, 23.11.2006 – IX ZR 126/03, ZNotP 2007, 113. Dies gilt auch, wenn der Veräußerer sich zur weiteren Bedienung der wertausschöpfenden Belastungen verpflichtet hat (in den Tilgungsleistungen können jedoch selbstständig anfechtbare mittelbare weitere Zuwendungen liegen), BGH, 03.05.2007 – IX ZR 16/06, ZNotP 2007, 354. Beispiel hierfür: BGH, 19.05.2009 – IX ZR 129/06, MittBayNot 2010, 228 m. Anm. *Huber*.
2484 BGH, 20.10.2005 – IX ZR 276/02, RNotZ 2006, 200 m. Anm. *Kesseler*.
2485 *Bitter* Insolvenzanfechtung bei Weggabe unpfändbarer Gegenstände, FS Karsten Schmidt S. 123; *Suppliet* NotBZ 2010, 97.
2486 BGH, 06.10.2009 – IX ZR 191/05, NotBZ 2010, 95 m. Anm. *Suppliet*: Zahlungen aufgrund geduldeter Kontoüberziehung sind anfechtbar, obwohl der »geduldete Rahmen« nicht gepfändet werden könnte.
2487 BGH, 21.09.2006 – IX ZR 235/04, DNotZ 2007, 210.
2488 Selbst dann, wenn der in anfechtbarer Weise erwerbend Habende nochmals im Wege des Versteigerungszuschlags erwirbt: BGH, MittBayNot 2005, 160 m. Anm. *Huber*.
2489 BGH, 14.06.2007 – IX ZR 219/05; es gilt das Prioritäts-Prinzip (der durch das erste Verbot geschützte Gläubiger kann vom später Geschützten den Rücktritt hinter eine dann eingetragene Zwangssicherungshypothek verlangen).
2490 Dadurch verlängert sich zugleich faktisch die Anfechtungsfrist, da der Insolvenzverwalter die Anfechtbarkeit innerhalb der Frist des § 146 Abs. 1 InsO, also weiterer 3 Jahre gerichtlich geltend machen kann, vgl. *Huber/Armbruster* NotBZ

1534 Der Duldungsanspruch nach dem AnfG besteht auch, wenn der Übertragungsgegenstand (Miteigentumsanteil) wegen Vereinigung in einer Hand nicht mehr besteht.[2491] Gegenstand dieser Vollstreckungsduldungspflicht ist das Grundstück in seinem ursprünglichen rechtlichen Zustand, also mit den aus dem Kaufvertrag weggefertigten Grundbuchgläubigern, was[2492] vereinfachend dergestalt umgesetzt wird, dass die Aufwendungen des Erwerbers zur Wegfertigung bisheriger Belastungen, sofern gem. § 45 Abs. 1 ZVG angemeldet, in das geringste Gebot (§ 44 ZVG) aufgenommen werden. Hinsichtlich übersteigender, an den Verkäufer selbst geflossener Leistungen ist der Käufer jedoch gem. § 12 ZVG auf einen kaum realisierbaren Rückzahlungsanspruch gegen den Verkäufer verwiesen. Dies entspricht wirtschaftlich der Risikolage im Falle einer Rückabwicklung nach Insolvenzanfechtung.[2493]

1535 Ausnahmsweise erfasst die Anfechtung nicht den gesamten Vertrag, sondern lediglich einzelne Bestandteile; die Masse ist also so zu stellen, als wäre der Vertrag ohne die beanstandete Bestimmung geschlossen worden (Einrede gem. § 146 Abs. 2 InsO). Dies gilt für Klauseln, die sich nicht anders rechtfertigen können, als alleine für den Insolvenzfall dem Gläubiger einen ihm sonst nicht zukommenden Vorteil zu verschaffen, der also nicht zum Schutz anerkennenswerter Interessen des Gläubigers erforderlich ist, und den der Schuldner, da er sich dann ohnehin in Insolvenz befindet, leichtfertig hinzugeben bereit ist.

▶ Beispiel:

Heimfallanspruch bereits bei Insolvenz des Erbbauberechtigten – also bereits vor Erreichen des Zweijahresrückstandes des § 9 Abs. 4 ErbbauRG – jedenfalls bei Fehlen einer Entschädigungspflicht bzw. nachträglicher Vereinbarung, Rdn. 2746; Rückforderungsrecht des Veräußerers bei Insolvenzeröffnung mit Ausschluss jeglichen Verwendungsersatzes nur für diesen Fall[2494] etc.

b) Anfechtungstatbestände

1536 Zwischen den Anfechtungstatbeständen herrscht ein **Stufenverhältnis** mit strenger werdenden Anforderungen bei zunehmender zeitlicher Entfernung zur Insolvenzeröffnung/Anfechtungserklärung und – soweit es sich nicht um die Einräumung von Eigentümerrechten handelt[2495] – geringerer Nähebeziehung zwischen Schuldner und Vertragspartner sowie Kenntnis des Vertragspartners von den Umständen:[2496]

– Wurde die Rechtshandlung (oder das ihr gleichstehende Unterlassen) in **Benachteiligungsabsicht** (dolus eventualis genügt)[2497] vorgenommen und kannte der Vertragspartner diesen subjektiven Tatbestand (die Kenntnis wird gem. § 133 Abs. 1 Satz 2 InsO, § 3 Abs. 1 Satz 2 AnfG widerleglich vermutet, wenn er zumindest von der objektiven Benachteiligungswirkung und der drohenden Zahlungsunfähigkeit des Schuldners wusste), kann die Anfechtung bis zu 10 Jahre zurückliegende Rechtshandlungen erfassen. Ungewöhnliche Vertragsgestaltungen (Verkauf gegen geringen Kaufpreis und lebenslanges Nutzungsrecht für den Veräußerer) können dabei Indiz sowohl für die Kenntnis des Käufers von der drohenden Zahlungsunfähigkeit des Verkäufers als auch für das Vorliegen des Gläubigerbenachteiligungsvorsatzes sein.[2498] In den Fällen der Ab-

---

2011, 208.
2491 Übertragen der schuldende und die anderen Miteigentümer das Grundstück gemeinsam, hat der Gläubiger nach BGH, 06.04.2000 – IX 160/98, vgl. *Lögering* ZfIR 2010, 610 ff. Duldungsanspruch hinsichtlich des gesamten Grundstücks.
2492 Nach BGH NJW 1976, 1398, 1401, dem die Praxis folgt: *Stöber* ZVG § 44 Rdnr 4.13.
2493 Kommt es zur Anfechtung, sind alle Zahlungen, die zur Ablösung bevorrechtigter (dinglicher) Gläubiger geleistet wurden, »gesichert«, während Zahlungen an den Gemeinschuldner selbst oder auf dessen Weisung an dessen private Gläubiger ungesicherte Insolvenzforderungen sind (§ 144 Abs. 2 Satz 2 InsO).
2494 *Krauß* Vermögensnachfolge in der Praxis, Rn. 1943.
2495 BGH, 30.03.2010 – VII R 22/09, ZfIR 2010, 590 m. Anm. *Naujok*: Bestimmungen des Anfechtungsrechtes, die auf »den anderen Teil« abstellen, entfallen bei der Einräumung von Eigentümerdienstbarkeiten.
2496 Vgl. hierzu und zum Folgenden: *Schumacher-Hey* RNotZ 2004, 547 ff.
2497 BGH NJW 1996, 461.
2498 BGH, 18.12.2008 – IX ZR 79/07, ZNotP 2009, 162.

sichtsanfechtung genügt auch eine lediglich **mittelbare** Gläubigerbenachteiligung,[2499] die z.B. in der gegenständlichen Umschichtung des Gläubigervermögens von sicheren zu flüchtigen Werten liegen kann (der Verkäufer eines zum Verkehrswert veräußerten Grundstücks erhält i.H.d. die Belastungen übersteigenden Kaufpreises Geld statt Sachwert), oder durch eine Erhöhung des Verkehrswertes der anfechtbar veräußerten Immobilie zwischen Vornahme der Handlung (Rdn. 1530) und letzter mündlicher Verhandlung in der Tatsacheninstanz des Anfechtungsprozesses eintreten kann, außer das Objekt war bei Veräußerung wertausschöpfend belastet. Außerdem sind »Bargeschäfte« (Rdn. 1541) nicht privilegiert.

1537 — Für einen Teilbereich besonders verdächtiger Rechtshandlungen kehrt § 133 Abs. 2 InsO, § 3 Abs. 2 AnfG sogar die Beweislast um: Ein entgeltlicher Vertrag mit **nahestehenden Personen**[2500] während der zurückliegenden 2 **Jahre**, der zu einer *unmittelbaren* Gläubigerbenachteiligung führt, erfordert zwar hinsichtlich der Anfechtung identische subjektive Voraussetzungen (Benachteiligungsabsicht des Schuldners, Kenntnis des Vertragspartners hiervon), allerdings wird deren Vorliegen kraft Gesetzes vermutet. Der Gläubiger braucht nichts weiter vorzutragen, es obliegt der Behauptungs- und Beweislast des Schuldners, darzutun, er habe nicht mit Benachteiligungsvorsatz gehandelt bzw. der Anfechtungsgegner habe jedenfalls davon keine Kenntnis gehabt.[2501] An der unmittelbaren Gläubigerbenachteiligung fehlt es jedoch, wenn das Grundstück zum Verkehrswert veräußert wird, gleichgültig ob der Kaufpreis zur Ablösung von Gläubigern Verwendung findet oder an den Verkäufer direkt fließt – solange ein Bargeschäft i.S.d. Rdn. 1541 vorliegt –; sie liegt vor bei einem »vergünstigten« Verkauf, es sei denn, der Käufer kann dartun, dass das Objekt bis zu dem Zeitpunkt, an dem es vom Vollstreckungszugriff des anfechtenden Gläubigers erfasst worden wäre, an Wert entsprechend verloren hat.[2502]

1538 — Die Vornahme einer **unentgeltlichen Leistung**, gleich mit welchem Vertragspartner, berechtigt dagegen zur Anfechtung binnen 4 Jahren (§ 4 AnfG, § 134 InsO). Maßgeblich ist die objektive Wertrelation, der Einigkeit über die Unentgeltlichkeit bedarf es also abweichend von § 516 BGB nicht. Die schlichte Bestellung einer Sicherheit für eine entgeltlich erworbene Forderung ist ihrerseits nicht »unentgeltlich«,[2503] möglicherweise aber »inkongruent« i.S.d. nachstehenden Rdn. 1539. Bei gemischten Schenkungen wird z.T. auf den Schwerpunkt des Rechtsgeschäfts abgestellt,[2504] überwiegend wird jedoch die Möglichkeit der Anfechtung des gesamten Rechtsgeschäfts bejaht, gerichtet auf Rückgewähr der Leistung Zug-um-Zug gegen Erstattung der erbrachten Gegenleistung, es sei denn, der Anfechtungsgegner wendet die Rückgewähr durch anteiligen Wertersatz in Geld ab.[2505] Auch die »freiwillige« Leistung auf die Schuld eines Dritten kann unentgeltlich i.S.d. § 134 InsO sein.[2506]

1539 — §§ 130 bis 132 InsO schließlich sollen im Vorfeld einer Insolvenz (die schlichte Gläubigeranfechtung kennt solche Vorschriften nicht) dem Prinzip der gleichmäßigen Gläubigerbefriedigung bereits ab dem Zeitpunkt des Offenbarwerdens der Krise Geltung verschaffen. Differenziert wird dabei nicht nur in zeitlicher Hinsicht, sondern auch zwischen Rechtshandlungen des

---

2499 Vgl. *Amann* DNotZ 2010, 246, 249 ff.
2500 Vgl. im Einzelnen § 3 Abs. 2 Satz 1 AnfG, § 138 InsO: aufgrund familienrechtlicher oder gesellschaftsrechtlicher Beziehung oder einer Verbindung beider, z.B. Nähebeziehung des Sohns eines GmbH-Geschäftsführers zur GmbH. Der nichteheliche Partner des Schuldners zählt nicht dazu, BGH, 17.03.2011 – IX ZA 3/11, JurionRS 2011, 13610.
2501 BGH, 01.07.2010 – IX ZR 58/09, Tz 11, JurionRS 2010, 20678.
2502 Vgl. *Amann* DNotZ 2010, 246, 250.
2503 BGH, 22.07.2004 – IX ZR 183/03, DNotZ 2005, 129. Wird die Sicherheit jedoch zu einem Zeitpunkt bestellt, an dem die Forderung nicht mehr einbringlich gewesen wäre, liegt (jedenfalls) Unentgeltlichkeit vor, das »Stehenlassen« der (z.B. Kredit-) Forderung ist dann keine »Gegenleistung« mehr, vgl. BGH, 01.06.2006 – IX ZR 159/04, ZNotP 2006, 334.
2504 Vgl. *Braun/de Bras* InsO § 124 Rn. 6.
2505 Vgl. *Schillig* MittBayNot 2002, 354.
2506 BGH, 22.10.2009 – IX ZR 182/08, NotBZ 2010, 48 m. Anm. *Suppliet*. Fallen sowohl der Leistende als auch der Hauptschuldner sodann in Insolvenz, ist zwar zunächst die »Deckungsanfechtung« zwischen Hauptschuldner und Leistungsempfänger vorrangig (BGHZ 174, 228), sind die Fristen des § 131 Abs. 1 Nr. 1 und 2 InsO jedoch abgelaufen, bleibt die Schenkungsanfechtung seitens des Leistenden.

Schuldners oder eines Dritten mit Wirkung einer kongruenten Deckung bzw. einer inkongruenten Deckung. **Inkongruenz** liegt vor, wenn eine Sicherung oder Befriedigung (auch durch Schaffung einer Aufrechnungslage)[2507] ermöglicht wurde, die dem späteren Insolvenzgläubiger nicht, nicht in der Art. oder nicht zu dieser Zeit[2508] zugestanden hätte. Liegt inkongruente Sicherung oder Befriedigung im **letzten Monat** vor dem Eröffnungsantrag oder nach diesem Antrag vor, bedarf die Anfechtung keiner weiteren objektiven oder subjektiven Voraussetzungen (§ 131 Abs. 1 Nr. 1 InsO). Gleiches gilt bei inkongruenten Rechtshandlungen innerhalb des zweiten oder dritten Monats vor dem Eröffnungsantrag, wenn der Schuldner zum Zeitpunkt der Vornahme der Handlung objektiv zahlungsunfähig war (§ 131 Abs. 1 Nr. 2 InsO). Anstelle der objektiven Zahlungsunfähigkeit ist dann auch (§ 131 Abs. 1 Nr. 3 InsO) die subjektive Kenntnis des Anfechtungsgegners von der objektiven Benachteiligung der Insolvenzgläubiger ausreichend, deren Nachweis durch § 131 Abs. 2 InsO erleichtert wird.

Bei einer kongruenten Deckung dagegen gestattet § 130 InsO die Anfechtung bei Rechtshandlungen binnen 3 Monaten vor Eröffnungsantrag nur, wenn zusätzlich der Schuldner zu diesem Zeitpunkt zahlungsunfähig war und der Gläubiger hiervon Kenntnis hatte (insoweit mit ähnlichen Beweiserleichterungen gem. § 130 Abs. 2 InsO).[2509] Mittelbare Benachteiligung genügt bei §§ 130 und 131 InsO. 1540

Gem. § 142 InsO (Gleiches gilt ungeschrieben i.R.d. Gläubigeranfechtung) ausgeschlossen ist die Anfechtung kongruenter und unentgeltlicher Rechtsgeschäfte (§§ 130 bis 132, 134 InsO) jedoch dann, wenn es sich um »**Bargeschäfte**« handelt, also ein enger zeitlicher Zusammenhang zwischen Leistung und Gegenleistung vorliegt. Bei Grundstücksgeschäften hat der BGH sogar einen Zeitraum von einem bis 2 Monaten als ausreichend angesehen,[2510] sofern keine Stundung gewährt oder sonstige Vorleistung vereinbart wurde. Teilweise wird empfohlen, bereits die Bewilligung der Vormerkung vom Finanzierungsnachweis des Käufers abhängig zu machen,[2511] um »Vorleistungen« zu verhindern. Allerdings scheidet insb. beim »Notverkauf« einer Immobilie in der Vorphase einer Insolvenz ein Bargeschäft i.d.R. schon deshalb aus, weil die Gegenleistung nicht in das Vermögen des Verkäufers gelangt, sondern unmittelbar zur Tilgung der objektbezogenen Verbindlichkeiten eingesetzt wird.[2512] 1541

▶ Hinweis:

Für die Vertragsgestaltung besonders tückisch ist das Risiko der Anfechtung durch den Insolvenzverwalter gem. §§ 130, 131 InsO in den 3 **Monaten vor Insolvenzeröffnung** wegen kongruenter oder inkongruenter Deckung, bei welcher mittelbare Gläubigerbenachteiligung genügt und geringe Anforderungen an den subjektiven Tatbestand gestellt werden (das zusätzliche Risiko der Unwirksamkeit erlangter Sicherheiten aufgrund der 1-monatigen Rückschlagsperre des § 88 InsO trifft allenfalls Vormerkungen, die aufgrund einstweiliger Verfügung eingetragen wurden). Es kann sich daher empfehlen, Leistungen des potenziellen Anfechtungsgegners (Erwerbers) erst nach Ablauf von 3 Monaten ab Vornahme des Rechtsgeschäfts (Rdn. 1530) fällig 1542

2507 Hierzu BGH, 29.06.2004 – IX ZR 195/03, DNotZ 2005, 38. Zur Aufrechnung in den verschiedenen Stadien einer Insolvenz: *Busch/Hilbertz* NWB 2005, 1465 = Fach 2, S. 8751 ff.
2508 Daher sicherlich keine Inkongruenz bei einer Schuldnerzahlung nach Vollstreckungsbescheid, vgl. BGH, 07.12.2006 – IX ZR 157/05, NJW 2007, 848.
2509 Ausreichend ist, dass der Gläubiger aus den ihm bekannten Tatsachen und dem Verhalten des Schuldners den Schluss zieht, jener werde wesentliche Teile der ernsthaft eingeforderten Verbindlichkeiten nicht binnen etwa eines Monats tilgen können – vgl. HK-InsO/*Kreft* § 130 Rn. 22.
2510 BGH, NJW 1977, 718; vgl. *Jenn* ZfIR 2009, 181. bei Vergütungen für freiberufliche Beratungsleistungen liegt bei Zahlung binnen 30 Tagen (orientiert an § 286 Abs. 3 BGB) noch ein Bargeschäft vor, BGH, 13.04.2006 – IX ZR 158/65, vgl. NWB 2007, 3063 = Fach 19, S. 3749.
2511 *Heckschen* MittRhNotK 1999, 16. Nach RG DRiZ 1934, 315 kann sich der Notar, der die Eintragung einer Vormerkung veranlasst, ohne dass die Zahlung des Kaufpreises gesichert wäre, sich gar einer Bankrottstraftat gem. § 283 Abs. 1 Nr. 1 StGB strafbar machen.
2512 MünchKomm-InsO/*Kirchhof* § 142 Rn. 20.

werden zu lassen bzw. Geldbeträge erst dann aus dem Anderkonto (Rdn. 1477) auszubezahlen, wenn keine Insolvenzeröffnung erfolgt ist.[2513] Kommt es zur Anfechtung, sind alle Zahlungen, die zur Ablösung bevorrechtigter (dinglicher) Gläubiger geleistet wurden, »gesichert«, während Zahlungen an den Gemeinschuldner selbst oder auf dessen Weisung an dessen private Gläubiger ungesicherte Insolvenzforderungen sind (§ 144 Abs. 2 Satz 2 InsO).

c) Beurkundungsrecht

1543 In beurkundungsrechtlicher Hinsicht führt die schlichte Anfechtbarkeit eines Rechtsgeschäfts aus Gläubigerschutzgesichtspunkten noch nicht zur Pflicht des Notars, die **Beurkundung** gem. § 14 Abs. 2 BNotO, § 4 BeurkG **abzulehnen**, sofern noch nicht die Stufe der sittenwidrigen Schädigung gem. § 826 BGB erreicht ist, also bspw. der Schuldner planmäßig und erkennbar mit eingeweihten Helfern zusammenwirkt, um wesentliches Vermögen dem Zugriff der Gläubiger zu entziehen.[2514] Eine gleiche Ablehnungspflicht mag gelten, wenn das zu beurkundende Geschäft deutlich auf eine strafbare Gläubigerbegünstigung (§ 283c StGB), Vollstreckungsvereitelung (§ 288 StGB)[2515] oder eine Bankrottstraftat, v.a. § 283 Abs. 1 Nr. 1 StGB,[2516] hinausläuft (auch zur Vermeidung eigener Beihilfestrafbarkeit).[2517] Die unter der Geltung des früheren Anfechtungsrechts, in dem für die Benachteiligungsabsicht unlauteres Handeln vorausgesetzt wurde,[2518] vereinzelt vertretene Auffassung,[2519] auch die schlichte Anfechtbarkeit müsse zur Ablehnung der Beurkundung führen, da die Unlauterkeit der Zwecke auch ein Tatbestandsmerkmal des § 14 Abs. 2 BNotO sei, kann nach der Neufassung des Gesetzes, das Benachteiligungs»vorsatz« (wobei bedingter Vorsatz ausreicht) verlangt, nicht mehr aufrechterhalten werden.[2520] Ebenso wenig liegt in der anfechtbaren Handlung per se eine unerlaubte Handlung i.S.d. Deliktrechts.[2521] Erst recht gilt dies für die besonderen Insolvenzanfechtungstatbestände der §§ 130 bis 132 InsO: Solche Rechtshandlungen sollen nach dem Willen des Gesetzgebers nur dann rückabgewickelt werden, wenn es tatsächlich zur Insolvenzeröffnung kommt.[2522]

1544 Über die Gefahr und Möglichkeit einer Gläubigeranfechtung wird der Notar allerdings gem. § 17 Abs. 1 Satz 1 BeurkG **belehren** müssen,[2523] jedenfalls i.R.d. erweiterten Belehrungspflicht[2524] (Warnpflicht analog § 14 Abs. 1 Satz 2 BNotO, die aus Besonderheiten des beurkundeten Rechtsgeschäfts herrührt, die dem Notar bekannt sind oder bekannt sein müssen, jedoch demjenigen unbekannt sind, dessen Interessen gefährdet sind) sowie in den Fallgruppen der sog. »außerordentlichen Belehrungspflicht« (bei erkennbaren Anfechtungsmöglichkeiten, etwa wenn dem Notar

---

2513 *Reul* MittBayNot 2011, 363, 368.
2514 BGH NJW 1995, 2846; BGH NJW 1996, 2232.
2515 Zu strafrechtlichen Risiken für den Notar i.R.d. Übertragung von Vermögensgegenständen aus Haftungsgründen vgl. *Schwarz* DNotZ 1995, 121 ff.
2516 Wurden Vermögensgegenstände in der Krise in einer den Rahmen einer ordnungsgemäßen Wirtschaft überschreitenden Weise übertragen, liegt hierin i.d.R. ein »Beiseiteschaffen« i.S.d. Gesetzes. Objektive Strafbarkeitsbedingung (die also nicht vom subjektiven Tatbestand erfasst zu sein braucht) ist weiter die Einstellung der Zahlungen oder die Eröffnung bzw. Ablehnung mangels Masse des Insolvenzverfahrens.
2517 An der Strafbarkeit einer Beihilfehandlung fehlt es jedoch stets dann, wenn der Notar aus berufs- und standesrechtlicher Sicht (§ 4 BeurkG, § 14 Abs. BNotO) seine Mitwirkung nicht zu verweigern hatte: Rechtfertigungsgrund oder Fehlen des Vorsatzes, vgl. *Volk* BB 1987, 139; *Schumacher-Hey* RNotZ 2004, 561.
2518 BGH NJW 1991, 2145.
2519 OLG Köln DNotZ 1989, 54; dagegen und m.w.N. *Ganter* DNotZ 2004, 422.
2520 So auch BGH NJW 2003, 3561 – ausführlich hierzu *Schumacher-Hey* RNotZ 2004, 560.
2521 Vgl. *Uhlenbruck/Hirte* InsO § 129 Rn. 27.
2522 Vgl. *Röll* DNotZ 1976, 143 ff.
2523 RG DNotZ 1933, 799; im Einzelnen *Huber/Armbruster* NotBZ 2011, 309 ff.
2524 A.A. *Goost* MittRhNotK 1965, 46, da die Information über die Zahlungsunfähigkeit oder den Eröffnungsantrag zugunsten des Vertragsbeteiligten, der sie bisher möglicherweise nicht kennt, gerade die Anfechtungsvoraussetzungen schaffen würde; zum Ganzen umfassend *Schumacher-Hey* RNotZ 2004, 562.

bekannt ist, dass gegen den Schuldner ein Insolvenzantrag gestellt worden ist).[2525] Eine über die Befragung der Beteiligten – mag diese auch Bösgläubigkeit schaffen – hinausgehende Beweiserhebung ist allerdings mit der Stellung des Notars nicht vereinbar; er ist weder berechtigt noch verpflichtet, nach Beweggründen oder Vermögensverhältnissen der Beteiligten zu forschen.[2526]

▸ Hinweis:

Zur Reduzierung der Anfechtungsgefahren sollten insb. folgende Gestaltungen vermieden werden:[2527]   **1545**
- Ablösezahlungen für dinglich gesicherte Gläubiger dürfen nicht an den Verkäufer geleistet werden.
- Der nicht zur Absicherung dinglich gesicherter Gläubiger erforderliche Betrag darf nicht an Privatgläubiger des Verkäufers, sondern nur an den Verkäufer direkt ausbezahlt werden.
- Die Erfüllung der Auflagen dinglich gesicherter Gläubiger darf nicht unter teilweisem Einsatz von Eigenmitteln des Verkäufers erfolgen.
- Grundbuchanträge sollten (zur Vorverlegung des Zeitpunktes gem. § 8 Abs. 2 Satz 2 AnfG, § 140 Abs. 2 Satz 2 InsO) nicht nur gem. § 15 GBO, sondern auch durch und für den Käufer gestellt werden.
- Vorleistungen vermeiden! Eintragung erst nach Sicherstellung der Bezahlung. Keine unentgeltlichen Stundungen!
- Um die Voraussetzungen eines wertäquivalenten »Bargeschäftes« zu belegen, empfiehlt sich ggf. die rechtzeitige Einholung eines Wertgutachtens.
- Zur Vermeidung einer Insolvenzverwalteranfechtung gem. §§ 130 ff. InsO sollte der Kaufpreis bei »Notverkäufen« erst 3 Monate ab Vornahme fällig werden bzw. die Auszahlung aus dem Anderkonto erst dann erfolgen, wenn keine Insolvenzeröffnung erfolgt ist.[2528]

V. Genehmigungen, Vorkaufsrechte

Gem. § 18 BeurkG muss der Notar auf die erforderlichen Genehmigungen – und zwar konkret[2529] –   **1546**
hinweisen. Ihre Erteilung sollte stets **Fälligkeitsvoraussetzung** sein, auch um den Verkäufer zur Mitwirkung zu motivieren und um dem Käufer die mit den Genehmigungen verbundene Sicherheit (z.B. GVO-Genehmigung: Fehlen vermögensrechtlicher Restitutionsverfahren) zu verschaffen.

▸ Hinweis:

Es empfiehlt sich daher[2530] ein ausdrücklicher Vermerk, wenn ausnahmsweise der Kaufpreis bereits vor Erteilung bestimmter Genehmigungen, mit deren Eingang die Beteiligten sicher rechnen, fällig werden soll, d.h. möglicherweise auf einen noch schwebend unwirksamen Vertrag geleistet bzw. anderenfalls Verzug ausgelöst werden kann.[2531] Die **Vorwegfinanzierungsvollmacht** muss in diesen Fällen bereits vor Wirksamwerden des Vertrags ausübbar sein.[2532]

2525 So etwa *Huhn/v. Schuckmann/Armbrüster* BeurkG § 17 Rn. 68; a.A. *Ganter/Hertel/Wöstmann* Handbuch der Notarhaftung, Rn. 467 und 479.
2526 Vgl. *Schippel* BNotO, § 14 Rn. 13; *Röll* DNotZ 1976, 470.
2527 Vgl. *Reul* in: *Limmer* (Hrsg), Tagungsbericht »Sichere Vertragsgestaltung bei Problemimmobilien«, DNotV-Verlag 2010, S. 26 ff.
2528 Letztere können, ebenso wie die Einsetzung eines vorläufigen »starken« Verwalters, gem. §§ 23, 30, 9 Abs. 1 Nr. 1 InsO der Plattform www.insolvenzbekanntmachungen.de entnommen werden (nicht gebannt ist dadurch allerdings die Gefahr eines binnen der 3-Monats-Frist gestellten – und damit schädlichen – Antrags, der zwar dem Notar nicht bekannt wird, jedoch später zur Eröffnung führt!).
2529 OLG Frankfurt am Main, 17.12.2002 – 14 U 60/00, OLGR 2004, 35: Hinweis auf kommunalaufsichtliche Genehmigung nach § 67 Abs. 2 ThürKommO (und zwar durch einen hessischen Notar!).
2530 Zwingend erforderlich ist der Vermerk jedoch wohl nicht, da sich der Verzicht auf das ungeschriebene Fälligkeitsmerkmal der Vertragswirksamkeit auch aus den Umständen ergeben kann, vgl. BGH, NJW 1999, 1329 m. Anm. *Armbrüster* S. 1306.
2531 BGH NJW 1999, 3040.
2532 Dies wird gem. BGH NJW 2002, 1872 vermutet; ausdrückliche Regelung ist jedoch anzuraten.

> Soweit Genehmigungserfordernisse das dingliche Rechtsgeschäft betreffen, erfordert auch der herbeizuführende grundbuchliche Vollzug die rechtzeitige Einholung der Genehmigung, regelmäßig durch den Notar.

1547 Ein sog. **Negativattest** (also eine durch Verwaltungsakt getroffene Entscheidung der zuständigen Behörde, dass das ihr mitgeteilte Rechtsgeschäft keiner Genehmigung bedürfe) steht dabei einer erteilten Genehmigung nur dann gleich, wenn der gesetzliche Genehmigungsvorbehalt allein dem Schutz öffentlicher, nicht auch dem Schutz privater Interessen dient. Ersteres ist z.B. der Fall bei landesrechtlichen Genehmigungsvorbehalten für kommunale Rechtsgeschäfte. Allerdings darf es sich nicht nur um eine schriftliche Rechtsauskunft handeln, sondern um einen Verwaltungsakt, was i.d.R. einen hervorgehobenen Entscheidungssatz, eine Begründung, und eine Rechtsmittelbelehrung erfordert.[2533]

In nachstehender Übersicht können nur die wichtigsten Genehmigungstatbestände hinsichtlich einiger praxiswichtiger Aspekte skizziert werden.

1. Öffentlich-rechtliche Genehmigungen

a) Bundesrechtliche Teilungsgenehmigung

1548 Der Bundesgesetzgeber hat die Verpflichtung, die europäische sog. Plan-UP-Richtlinie (Einführung einer Umweltprüfung für alle Bauleitpläne) in nationales Recht umzusetzen, zum Anlass genommen, weitere Vorschriften des BauGB zu novellieren.[2534] Mit Inkrafttreten am 20.07.2004 ist die bundesrechtliche Teilungsgenehmigung nach § 19 BauGB entfallen, ebenso deren grundbuchverfahrensrechtliche Durchsetzung, also die Vollzugssperre des § 20 Abs. 2 Satz 2 BauGB a.F. Zuvor hatten zahlreiche Grundbuchämter unabhängig davon, ob die Gemeinde von der in § 19 Abs. 1 BauGB a.F. eingeräumten Möglichkeit eines Satzungserlasses Gebrauch gemacht hatte, ein Negativattest verlangt,[2535] sofern nicht durch Landesverordnung die Satzungsoption gesperrt war (§ 19 Abs. 5 BauGB a.F.). In anderen Fällen »verabredete« die Kommune mit dem Grundbuchamt »praeter legem«, jenes vom Erlass einer Satzung zu verständigen, um es so von der Prüfung untergesetzlichen Rechts zu entbinden.

Mangels einer Überleitungsvorschrift sind Genehmigungserfordernis und Grundbuchsperre auch in laufenden Verfahren entfallen.

1549 § 19 Abs. 2 BauGB untersagt das teilungsbedingte Entstehen von Verhältnissen, die den Festsetzungen des Bebauungsplans widersprechen (»dürfen nicht ... entstehen«). Gleichwohl handelt es sich dabei nicht um ein gesetzliches Verbot i.S.d. § 134 BGB,[2536] sodass weder die Mitwirkung des Notars noch die Eintragung beim Grundbuchamt von der Prüfung der Baurechtswidrigkeit abhängig zu machen ist.[2537]

2533 Vgl. BGH, 22.09.2009 – XI ZR 286/08, DNotZ 2010, 289.
2534 Vgl. *Grziwotz* ZfIR 2003, 929; *Schliepkorte* ZfIR 2004, 128.
2535 Gegen diese Praxis *Schmidt-Eichstaedt/Reitzig* NJW 1999, 387 ff.
2536 Ebenso LG Traunstein MittBayNot 2005, 229; anders als etwa die landesrechtliche Vorschrift des § 19 Abs. 1 Satz 1 Rheinland-Pfälzisches AGBGB, wonach unterschiedlich belastete Grundstücke nicht vereinigt werden dürfen, vgl. *Dümig* Rpfleger 2004, 461.
2537 Vgl. *Gutachten* DNotI-Report 2004, 174; *Eckert/Höfinghoff* NotBZ 2004, 405 ff.; *Dümig* Rpfleger 2004, 462 mit Blick auf die ratio legis (ausschließliche Verwaltungsvereinfachung); das diesbezüglich in der Stellungnahme des Bundesrats, BT-Drucks. 15/2250, S. 80, bemühte Argument e contrario zu § 172 Abs. 1 Satz 5 BauGB greift nicht, da es dort um die Fiktion eines relativen Verfügungsverbots nach § 135 BGB zum Schutz bestimmter Personen mit Gutglaubensschutzmöglichkeit geht, nicht aber um § 134 BGB.

V. Genehmigungen, Vorkaufsrechte

▶ Hinweis:

> Der Notar sollte allerdings darauf hinweisen, dass entstehende Verstöße durch baurechtliche Maßnahmen, bspw. Nutzungsunterlassungsverfügungen,[2538] geahndet werden können, und rechtzeitige Erkundigungen[2539] bei den unteren Bauaufsichtsbehörden empfehlen. Eine Pflicht zur Warnung trifft ihn jedoch nur unter dem Gesichtspunkt der erweiterten Belehrungspflicht § 14 Abs. 1 Satz 2 BNotO analog), wenn eine besondere Gefahrenlage für einen Beteiligten besteht, deren sich der Betroffene nicht bewusst ist, und der Notar beides erkennt.[2540]

▶ Formulierungsvorschlag: Belehrungshinweis beim Teilflächenkauf

> Den Beteiligten ist bekannt, dass die geplante Teilung des Grundstücks keiner bauplanungsrechtlichen Genehmigung mehr bedarf, gleichwohl durch die Teilung kein baurechtswidriger Zustand entstehen darf (etwa hinsichtlich der Einhaltung der Bauabstände). Der Notar hat zu Erkundigungen bei der unteren Bauaufsichtsbehörde (Stadt bzw. Landratsamt) geraten, um spätere Sanktionen zu vermeiden.

1550

Die baurechtswidrige Teilung »zerstört« bei noch nicht verwirklichten Bauvorhaben das eigene Baurecht; bei bestehenden Gebäuden macht sie eine Abstandsflächen[2541] übernahme in Form einer Dienstbarkeit oder behördlichen Erklärung[2542] bzw. eine Vereinigungsbaulast[2543] erforderlich; ggf. gelten Überbauvorschriften (Rdn. 2038 ff).[2544] Werden Ausbau oder Nutzungsänderung beantragt, wird die Bauaufsichtsbehörde diese ablehnen; repressive Maßnahmen hinsichtlich des Bestandes sind wohl kaum möglich.[2545] Einzelne Landesbauordnungen erlauben zumindest nach Ansicht der hierzu ergangenen Entscheidungen[2546] auch, die Rückgängigmachung der Grundstücksteilung selbst zu verlangen.

1551

Nicht übersehen werden darf allerdings, dass das Genehmigungserfordernis für Teilungen in der Umlegung (§ 51 Abs. 1 Nr. 1 BauGB), im Enteignungsverfahren (§ 109 Abs. 1 BauGB), im förmlich festgelegten Sanierungs- (§ 144 Abs. 2 Nr. 5 BauGB) und städtebaulichen Entwicklungsbereich (§ 169 Abs. 1 Nr. 1 BauGB) bestehen bleibt. Die Genehmigung bezieht sich auf die Teilung des Grundstücks, nicht auf den Kaufvertrag selbst, der sofort rechtswirksam wird (sodass auch die Grunderwerbsteuer sofort anfällt), sofern nicht vertraglich die Erteilung der Teilungsgenehmigung zur aufschiebenden Bedingung erhoben wird. Dies empfiehlt sich insb. auch deshalb, weil sonst die Gefahr besteht, dass der Verkäufer wegen der unmöglich gewordenen »Lieferung« der Teilfläche gem. § 311a Abs. 2 BGB auf Schadensersatz haftet bzw. Verkäufer und Käufer den Schaden gem. § 254 BGB zu teilen haben, da beide die Nichtgenehmigungsfähigkeit hätten kennen können. Entsprechende Formulierungsvorschläge wurden bereits oben Rdn. 777 i.R.d. Besonderheiten des Vertragsobjekts »Teilfläche« vorgestellt.

1552

Eine genehmigungspflichtige Teilung i.S.d. §§ 51, 109, 144, 169 BauGB liegt auch dann vor, wenn ein Grundbuchgrundstück, das aus mehreren unter einer gemeinsamen laufenden Nummer gebuchten Flurstücken besteht, im Grundbuchsinn geteilt wird, d.h. eines der Flurstücke unter einer laufenden Nummer vorgetragen und damit zu einem eigenen Grundbuchgrundstück wird, das se-

1553

[2538] Allerdings nur bzgl. des Teilstücks, auf dem baurechtswidrige Zustände bestehen: zu dichte Bebauung auf dem vorderen Grundstücksteil, *Voß/Steinkemper* ZfIR 2004, 802.
[2539] Es besteht allerdings kein Anspruch auf Erteilung einer »verbindlichen Auskunft« *Ekkert/Höfinghoff* NotBZ 2004, 413.
[2540] »Wochenendhausfall«: BGH DNotZ 1996, 118.
[2541] Nach § 6 der MusterbauO 2002: 0,4-fache (in Gewerbe- und Industriegebieten sogar 0,2-fache) Traufhöhe, mindestens jeweils 3 m. Von Außenwänden von Wohngebäuden der Klassen 1 und 2 mit nicht mehr als drei oberirdischen Geschossen genügen stets 3 m.
[2542] Z.B. Art. 6 Abs. 2 Satz 3 BayBO, mit Bindung ggü. Rechtsnachfolgern.
[2543] Vgl. *Wenzel* Baulasten in der Praxis, Rn. 108 ff.
[2544] Vgl. *Grziwotz/Lükel/Saller* Nachbarrecht Teil 2 Kap. C I.
[2545] Vgl. *Gutachten* DNotI-Report 2004, 173.
[2546] OVG Berlin-Brandenburg ZMR 2002, 628 (noch zur alten Fassung der §§ 70, 77 Abs. 3 BauOBln; nach *Hahn/Radeisen* Bauordnung für Berlin § 7 Rn. 6 – 8 gilt dies auch für die seit 27.09.2005 geltende Neufassung).

parat veräußert und belastet werden kann. (Getrennt belastbar ist das einzelne Flurstück auch vor Abschreibung, da es sich nur um einfache, nicht um wesentliche Bestandteile des Gesamtgrundbuchgrundstücks handelt, sofern nach Ansicht des Grundbuchamts keine Verwirrung i.S.d. §§ 5, 6 GBO zu besorgen ist.)

1554 Zu berücksichtigen ist ferner das teilweise noch geltende landesrechtliche (**bauordnungsrechtliche) Teilungserfordernis**, derzeit in Hamburg (§ 8 HBauO) und Nordrhein-Westfalen (§ 8 BauONRW). Es umfasst bebaute oder (mit Ausnahme von NRW) bebaubare Grundstücke; zuständig ist die Kreisverwaltungsbehörde (kreisfreie Stadt bzw. Landkreis). Die Behörde prüft die Einhaltung bauordnungsrechtlicher Vorschriften (Grenzabstände, Brandschutz etc.).[2547] Letztere sind natürlich auch einzuhalten, wenn die Teilung keiner landesrechtlichen Genehmigung mehr bedarf; einzelne Landesgesetze (etwa § 8 Abs. 3 ThürBO)[2548] gewähren zur Absicherung des gesetzestreuen Bürgers (und seiner Rechtsnachfolger) einen Anspruch auf eine diesbezügliche Bescheinigung (»Positivzeugnis« als feststellender Verwaltungsakt, deren Vorlage beim Grundbuchamt jedoch nicht verlangt werden kann).[2549] Das Grundbuchamt darf die Eintragung der Teilung auch von solchen landesrechtlichen Teilungsgenehmigungserfordernissen abhängig machen.[2550]

1555 Daneben treten schließlich landesrechtliche Genehmigungserfordernisse zur Teilung von Waldgrundstücken in Hessen, Mecklenburg-Vorpommern, Schleswig-Holstein, Thüringen.[2551] Sie sollen das Entstehen von Splitterflächen unter einem Hektar vermeiden; teilweise gelten sie daher nur, wenn durch die Teilung bestimmte Aufgriffsschwellen unterschritten werden (§ 27 LandesWaldG M-V: 3,5 ha).

b) Weitere Genehmigungen nach BauGB

1556 Das Baugesetzbuch enthält neben den nachstehend zu erläuternden, veräußerungsbezogenen Genehmigungsvorbehalten auch Sachverhalte, die an sonstige dingliche Vorgänge anknüpfen, etwa die in § 22 BauGB verankerte Satzungskompetenz der Gemeinde, in **Fremdenverkehrsgebieten** die **Aufteilung nach dem WEG** unter Genehmigungsvorbehalt zu stellen (so bspw. auf den nordfriesischen Inseln). Gem. § 22 Abs. 2 BauGB ist das Grundbuchamt unmittelbar durch die Gemeinde über den Satzungsbeschluss zu unterrichten. Satzungen, die vor Inkrafttreten des EAG Bau (20.07.2004) erlassen wurden, bleiben nach dem 30.06.2005 nur wirksam, wenn dem Grundbuchamt vorher eine Mitteilung der Gemeinde i.S.d. § 22 Abs. 2 Satz 3 und 4 BauGB zur Bezeichnung der betroffenen Grundstücke zugegangen ist, § 244 Abs. 6 BauGB. Wurde noch vor Wirksamwerden der Satzung eine Vormerkung zur Sicherung des Anspruchs auf Begründung von Sondereigentum im Grundbuch eingetragen, ist die Genehmigung stets zu erteilen (§ 22 Abs. 4 Satz 2 Halbs. 1 BauGB).[2552] Die Praxis behilft sich teilweise mit allerdings unzureichenden Alternativgestaltungen (Miteigentümervereinbarungen, Wohnungsrechten etc. vgl. Rdn. 462).

Lediglich in Hamburg wurde bisher sog. **Milieuschutzsatzungen** erlassen, die eine Genehmigungspflicht für die Veräußerung von Eigentumswohnungen schaffen.

2547 Zur Nachweispflicht ggü. dem Grundbuchamt vgl. *Gutachten* DNotI-Report 2001, 129 f. und LG Köln RNotZ 2005, 609.
2548 Hierzu (mit Formulierungshilfen) *Wataro* NotBZ 2004, 416, der zu Recht darauf hinweist, dass es nur in seltenen Fällen interessengerecht sein dürfte, diese zur Fälligkeitsvoraussetzung zu erheben.
2549 A.A. LG Meiningen NotBZ 2006, 145 m. abl. Anm. *Wataro*.
2550 Vgl. DNotI-Report 2004, 173; *Grziwotz* DNotZ 2004, 681.
2551 Übersicht samt Gesetzestexten unter www.dnoti.de/Arbeitshilfen.
2552 Hierzu *Gutachten* DNotI-Report 2008, 97 ff., auch zum Genehmigungsverfahren, zur Grundbuchsperre, und zur Prüfung durch das Grundbuchamt; ebenso *Gutachten* DNotI-Report 2004, 115 ff.

aa) Sanierungsverfahren

1557 §§ 136 ff. BauGB enthalten Vorschriften zu städtebaulichen Sanierungsmaßnahmen und unterscheiden dabei Untersuchungsgebiete, Ersatz- und Ergänzungsgebiete und förmlich festgelegte **Sanierungsgebiete**. Der Umfang letzterer wird durch - grundsätzlich unbefristete[2553] - Sanierungssatzung bestimmt (§ 143 BauGB) und informatorisch durch Vermerk im Grundbuch verlautbart (sog. Sanierungsvermerk [§ 143 Abs. 2 Satz 2 BauGB], der allerdings nicht konstitutiver Natur ist). Die verfahrensrechtliche Grundbuchsperre (§ 145 Abs. 6 i.V.m. § 22 Abs. 6 BauGB) wird dadurch umgesetzt. Die Vormerkung hilft gegen eine sodann erlassene Sanierungssatzung nicht (vgl. Rdn. 884). Bereits in der Vorbereitungsphase kann die Gemeinde sog. »Untersuchungsgebiete« ausweisen und demzufolge Anträge auf Baugenehmigung für bis zu 12 Monate aussetzen, wenn die Durchführung der Planung das Vorhaben wesentlich erschweren würde.

1558 In solchen förmlich festgelegten Sanierungsgebieten bedürfen – neben Mietverträgen mit einer Befristung von über einem Jahr (§ 144 Abs. 1 Nr. 2 BauGB)[2554] – u.a. die rechtsgeschäftliche Veräußerung eines Grundstücks sowie die Bestellung und Veräußerung eines Erbbaurechts (erweiternd auch die Aufgabe des Eigentums gem. § 928 BGB)[2555] der **schriftlichen Genehmigung** der Gemeinde (§ 144 Abs. 2 Nr. 1 BauGB), ebenso wie die Bestellung eines das Grundstück belastenden Rechts (Nr. 2), die zugrunde liegenden schuldrechtlichen Verträge (Nr. 3), die Begründung, Änderung oder Aufhebung einer Baulast (Nr. 4) und die Teilung eines Grundstücks (Nr. 5). Die Erteilung durch Allgemeinverfügung für bestimmte Teile des Sanierungsgebiets oder bestimmte Fälle ist gem. § 144 Abs. 3 BauGB möglich. Über die Genehmigung ist binnen eines Monats nach Eingang des Antrags bei der Gemeinde zu entscheiden, wobei die Frist um max. 2 Monate verlängert werden kann (§ 145 Abs. 1 BauGB i.V.m. § 22 Abs. 5 Satz 3 bis Satz 5 BauGB).

1559 Die Genehmigung darf **nur versagt** werden, wenn der Rechtsvorgang oder die damit erkennbar bezweckte Nutzung die Durchführung der Sanierung wesentlich erschweren oder den Zielen und Zwecken der Sanierung zuwiderlaufen würde. Liegt eine solche wesentliche Erschwerung vor, kann sie dadurch beseitigt werden, dass die Beteiligten für den Fall der Durchführung der Sanierung für sich und ihre Rechtsnachfolger auf Entschädigung für die durch das Vorhaben herbeigeführten Werterhöhungen verzichten (§ 145 Abs. 3 BauGB). Sofern die Gemeinde die Sanierung nicht im vereinfachten Verfahren durchführt, enthält § 153 Abs. 2 BauGB in Gestalt der »Preisprüfung« einen weiteren Versagungsgrund: Liegt bei der Veräußerung eines Grundstücks/Erbbaurechts der vereinbarte Gegenwert über dem von sanierungsbedingten Wertsteigerungen bereinigten Verkehrswert, stellt auch dies eine wesentliche Erschwerung der Sanierung i.S.d. § 145 Abs. 2 BauGB dar. Die dabei durchgeführte »**Preiskontrolle**«[2556] soll insb. den Erwerber davor schützen, dass er für die sanierungsbedingten Werterhöhungen doppelt[2557] bezahlt: zum einen durch den höheren Kaufpreis, zum anderen in Gestalt des späteren öffentlich-rechtlichen Ausgleichsbetrags nach § 154 BauGB.

1560 In manchen Fällen wird die Genehmigung durch die Sanierungsbehörde unter der »Auflage« erteilt, dass bisher gestundete Sanierungsbeiträge (die rasch fünfstellige Summen erreichen können) zurückzuzahlen sind. Diese Auflagen sind abwicklungstechnisch zu behandeln wie Lastenfreistellungsauflagen von Gläubigern, weshalb im oben zitierten Textbaustein zur Zweckbindung des

---

2553 BVerfG, 12.04.2011 - 4 B 52.10, MittBayNot 2012, 69 - sehr lange Untätigkeit der Gemeinde kann aber dazu führen, dass die Genehmigung gem. § 145 BauGB erleichtert zu erteilen ist.

2554 Wird die Genehmigungsbedürftigkeit übersehen, kann der Mieter sich seinen langfristigen Verpflichtungen aus dem noch schwebend unwirksamen Vertrag durch Auszug und Einstellung der Zahlungen entziehen!

2555 OLG Jena, 18.09.2006 – 9 W 342/06, NotBZ 2007, 67. Die Aufgabe lediglich eines Miteigentumsanteils, auch eines mit Sondereigentum verbundenen (BGH, 14.06.2007 – V ZB 18/07, DNotZ 2007, 845), ist jedoch weiterhin unzulässig (BGH, 10.05.2007 – V ZB 6/07, DNotZ 2007, 840), a.A. zuvor OLG Düsseldorf Rpfleger 2007, 193.

2556 Die den Kaufpreis für Inventarstücke nicht umfasst, sofern dieser unabhängig vom Grundstückswert ermittelt wird, vgl. OLG Naumburg NotBZ 2003, 37.

2557 Hieraus ergibt sich, dass die »Erstattung« des vom Verkäufer bereits entrichteten Ausgleichsbetrags durch den Käufer preisrechtlich nicht beanstandet werden dürfte, da ja eine Doppelbelastung des Käufers nicht eintreten kann, vgl. *Gutachten* DNotI-Report 2003, 147.

Kaufpreises die Passage »oder werden Genehmigungen mit den Verkäufer treffenden Zahlungsauflagen versehen« enthalten ist. Gleiches gilt bspw. dann, wenn privatrechtliche Genehmigungen (z.B. nach § 1365 BGB) unter der Verwendungsauflage erteilt werden, dass ein bestimmter Teil des Kaufpreises an den Genehmigenden zu begleichen sei.

1561   Der Eigentümer eines im förmlich festgelegten Sanierungsgebiets gelegenen Grundstücks hat zur Finanzierung der Sanierung an die Gemeinde einen **Ausgleichsbetrag in Geld** nach Abschluss der Sanierung zu entrichten, der der sanierungsbedingten Erhöhung des Bodenwerts entspricht (§ 154 Abs. 1, Abs. 3 BauGB). Häufig wird dieser Betrag vorher abgelöst oder – z.B. im Hinblick auf eine Veräußerungsabsicht – vorzeitig festgesetzt (§ 154 Abs. 3 Satz 2 und Satz 3 BauGB). Der Ausgleichsbetrag[2558] ruht nicht als öffentliche Last auf dem Grundstück; Beitragsschuldner ist derjenige, der bei Zustellung des Ausgleichsbeitragsbescheids Eigentümer ist. Auf Antrag kann der Ausgleichsbetrag in ein mit 6 % zu verzinsendes und mit 5 % jährlich zu tilgendes Darlehen, das durch Grundpfandrecht zu sichern ist, »umgewandelt« werden (§ 154 Abs. 5 BauGB).

1562   **Kautelarjuristisch** sind diese Umstände bei der Kaufvertragsgestaltung in folgendem Kontext zu berücksichtigen:[2559]
   – Die **Fälligkeit des Kaufpreises** wird vernünftigerweise erst eintreten können, wenn die Genehmigung nach § 144 BauGB vorliegt und damit auch die Wirksamkeit des schuldrechtlichen Geschäfts eingetreten ist. Trat die Sanierungssatzung erst nach Abschluss des schuldrechtlichen Vertrags in Kraft, bedarf allerdings (ohne dass dies im Kaufvertrag hätte berücksichtigt werden können) eine noch nicht in der Urkunde miterklärte Auflassung (etwa bei Teilflächenkäufen) der Genehmigung (die wirksame Vormerkung schützt nicht gegen den nachträglichen Eintritt öffentlich-rechtlicher Genehmigungserfordernisse!).

1563   – Zu berücksichtigen ist weiter, dass auch die **Beleihung des Kaufobjekts** zur Absicherung der Käuferfinanzierung der Genehmigung durch die Gemeinde bzw. den Sanierungsausschuss bedarf. Sofern die Finanzierungsgrundschuld im Kaufvertragstermin mitbestellt wird, wird ein rücksichtsvoller Verkäufer damit einverstanden sein, dass die Kaufpreisfälligkeit zusätzlich vom Vorliegen der Sanierungsgenehmigung für diese Finanzierungsgrundschuld abhängt (zur Genehmigung der Grundschuld vgl. Rdn. 1567).

1564   – Sofern für den Käufer von Interesse, kann er auf einer **Garantieerklärung** des Verkäufers bestehen, dass dieser und seine Rechtsvorgänger noch keine Verzichtserklärung auf Entschädigung für die durch das Vorhaben herbeigeführten Werterhöhungen i.S.d. § 145 Abs. 3 Nr. 1 BauGB abgegeben haben,[2560] und ihn zugleich verpflichten, eine solche auch künftig nicht mehr abzugeben.

   – Im Hinblick auf das **Risiko der Festsetzung eines Ausgleichsbetrags** haben Verkäufer und Käufer sich darüber ins Benehmen zu setzen, wer diesen privatrechtlich endgültig zu tragen hat, da es selten bei den Zufälligkeiten des öffentlichen Rechts verbleiben wird.

   ▶ Formulierungsvorschlag: Grundstück im Sanierungsgebiet

1565   Der Vertragsbesitz liegt in einem förmlich festgelegten Sanierungsgebiet. Der Käufer tritt in die Sanierungsverfahren mit Wirkung ab Besitzübergang ein. Der Verkäufer garantiert, dass er bisher keine rechtsgestaltenden Erklärungen abgegeben hat, insbes. nicht gem. § 145 Abs. 3 Nr. 1 BauGB auf Entschädigung für die durch das öffentliche Sanierungsvorhaben herbeigeführte Wertsteigerung verzichtet hat; er erklärt, dass nach seiner Kenntnis dies auch nicht durch Rechtsvorgänger geschehen ist. Er verpflichtet sich, solche Erklärungen künftig nur im Einvernehmen mit dem Käufer abzugeben. Ausgleichsbeiträge i.S.d. § 154 BauGB sind bisher nicht festgesetzt worden und im Kaufpreis nicht berücksichtigt; diese hat der Käufer zu über-

---

2558 Auf den gem. § 155 Abs. 1 Nr. 3 BauGB nur solche Zahlungen als Bestandteil des Kaufpreises anzurechnen sind, die er zulässigerweise entrichtet hat, vgl. *Battis/Krautzenberger/Löhr* BauGB § 153 Rn. 11.
2559 Vgl. *Amann/Hertel* DAI-Skript »Aktuelle Probleme der notariellen Vertragsgestaltung«, Februar 2005, S. 158 ff.
2560 Dieser Entschädigungsverzicht beseitigt ein sonst bestehendes Genehmigungshindernis, führt aber dazu, dass die Investition der Betroffenen allein auf eigenes Risiko erfolgt, *Battis/Krautzberger/Lohr* BauGB § 145 Rn. 9.

nehmen bzw. dem Verkäufer zu erstatten, sofern sie vor Eintritt der Fälligkeit noch ihm gegenüber festgesetzt worden sein sollten.

Zur **Erleichterung der Genehmigungserteilung** empfiehlt es sich, das Vorliegen der gesetzlichen Voraussetzungen im Text wiederzugeben, so bspw. bei Bestellung einer **Grundschuld** im Sanierungsgebiet: 1566

▶ Formulierungsvorschlag: Bestellung einer Grundschuld im Sanierungsgebiet

> Das Pfandobjekt liegt in einem förmlich festgelegten Sanierungsgebiet; in Abteilung II des Grundbuches ist ein hierauf hinweisender Vermerk eingetragen. Die Bestellung des Grundpfandrechts bedarf daher als Voraussetzung der Wirksamkeit und der Eintragung im Grundbuch der behördlichen Genehmigung gem. § 144 Abs. 2 Nr. 1 BauGB. Der Notar wird beauftragt, diese einzuholen und bevollmächtigt, sie für den Fall ihrer Erteilung für alle Beteiligten entgegenzunehmen. Der Besteller versichert, die Bestellung des Grundpfandrechts diene der Absicherung von Verbindlichkeiten im Zusammenhang mit Baumaßnahmen gem. § 148 Abs. 2 BauGB (Modernisierung und Instandsetzung, Neu- oder Ersatzbebauung, Verlagerung von Betrieben). 1567

Außerhalb förmlicher Sanierungsverfahren entwickeln sich Konzepte zur Wiederbelebung insb. »heruntergekommener« Geschäftsstraßen als Public Private Partnerships nach dem Vorbild der »**Bids**« (business improvement districts), teilweise auf landesrechtlicher Grundlage.[2561] 1568

bb) Umlegungsverfahren

Gem. § 51 BauGB bedürfen im Umlegungsgebiet Grundstücksverfügungen aller Art (also auch Belastungen) und die zugrunde liegenden Rechtsgeschäfte der Genehmigung der Umlegungsstelle (regelmäßig »Umlegungsausschuss«).[2562] Gleiches gilt für Veräußerungen in städtebaulichen Entwicklungsgebieten (§§ 165 ff. BauGB). Das Umlegungsverfahren kann zu Veränderungen der grundbuchlichen Bezeichnung und Flächengröße der Einlagegrundstücke führen: mit Bekanntmachung der Unanfechtbarkeit des Umlegungsplans (§ 72 Abs. 1 Satz 1 BauGB) ändert sich außerhalb des Grundbuchs der Eigentumsgegenstand (nicht die Eigentumsposition); es handelt sich also um eine »ununterbrochene Fortsetzung des Eigentumsrechts an einem verwandelten Grundstück«.[2563] 1569

Bei der **Vertragsgestaltung**[2564] ist daher zu ermitteln, ob Erwerbsobjekt das Einlage- oder das Zuteilungsobjekt ist. Ferner ist der aktuelle Stand des Umlegungsverfahrens von Bedeutung: ab Eintritt des neuen Rechtszustandes (auch wenn er im Grundbuch noch zu keiner Berichtigung geführt hat) sind Verfügungen über das Einlagegrundstück nicht mehr möglich.[2565] Bis zur Beschlussfassung über den Umlegungsplan (§ 66 Abs. 1 BauGB) kann der Erwerber (durch Anmeldung seines Rechts bei der Umlegungsstelle) Verfahrensbeteiligter werden (§ 49 BauGB) und damit außerhalb des Grundbuchs Eigentum erwerben, wodurch die schuldrechtliche Eigentumsverschaffungspflicht des Verkäufers ebenfalls erfüllt werden kann.[2566] Wegen des zwingenden Surrogations-Prinzips ist eine Abtretung des Zuteilungsanspruchs selbst (§ 59 Abs. 1 BauGB) wohl nicht möglich.[2567] 1570

Erwerbe im Rahmen eines Umlegungs- oder Flurbereinigungsverfahrens sind gem. § 1 Abs. 1 Nr. 3 Satz 2 Buchst. b) GrEStG von der **Grunderwerbsteuer** befreit. Dies gilt auch für »Mehrerwerbe«, die durch Aufzahlung erreicht wurden, und zwar im Flurbereinigungsverfahren nur falls 1571

2561 Hamburgisches »Gesetz zur Stärkung der Einzelhandels- und Dienstleistungszentren«, in Kraft seit 01.01.2005, vgl. FAZ, 25.02.2005, S. 49.
2562 Diesem kann die Gemeinde ihr gesetzliches Vorkaufsrecht gem. § 24 Abs. 1 Nr. 2 BauGB übertragen, vgl. § 46 Abs. 5 BauGB.
2563 BGH NJW 1987, 3260.
2564 Vgl. hierzu *Knöfel* ZfIR 2002, 773; *Seikel* NotBZ 1997, 189; *Amann/Hertel* DAI-Skript »Aktuelle Probleme der notariellen Vertragsgestaltung«, Februar 2005, S. 160 ff.; *Hertel* in: Würzburger Notarhandbuch Teil 6 Rn. 32 ff.
2565 Denkbar ist allerdings eine Auslegung als Auflassung des Zuteilungsgrundstücks, vgl. *Schöner/Stöber* Grundbuchrecht Rn. 3872 a.E.
2566 MünchKomm-BGB/*Westermann* § 433 Rn. 58.
2567 A.A. OLG Hamm MittBayNot 1996, 452 m. abl. Anm. *Gržiwotz*.

B. Gestaltung eines Grundstückskaufvertrages

unvermeidbar,[2568] im Umlegungsverfahren jedoch uneingeschränkt, sofern nur der Erwerber am Verfahren mit zumindest einem eigenen Grundstück beteiligt war[2569] (was erheblichen Gestaltungsspielraum eröffnet durch rechtzeitigen Erwerb einer Kleinfläche vor Verfahrenseinleitung!).[2570] Auch das anlässlich der BauGB-Novelle 2004 geschaffene »**vereinfachte Umlegungsverfahren**« (Rdn. 1576) nimmt nach Verwaltungsauffassung[2571] an dieser Grunderwerbsteuerbefreiung teil, anders als die Vorgängerregelung (das sog. Grenzregelungsverfahren), nicht aber die freiwillige Baulandumlegung.[2572]

1572 Auch einkommensteuerlich liegt (als bloße Inhaltsänderung des Eigentums) kein Veräußerungs- oder Anschaffungsvorgang vor – anders hinsichtlich der wesentlichen Mehrerwerbe, die aufgrund Aufzahlung nicht mehr als »Surrogat«[2573] angesehen werden können. Bei unterschiedlicher Nutzung des eingelegten bzw. zugeteilten Grundstücks kann jedoch eine bilanzielle Entnahme oder Einlage vorliegen.[2574]

1573 Schließen die Eigentümer im Rahmen einer »**freiwilligen Umlegung**« (Rdn. 1578) außerhalb der §§ 45 ff. BauGB rechtsgeschäftliche Vereinbarungen, liegt darin sowohl grunderwerbsteuerlich als auch ertragsteuerlich ein direkter Tausch- (Anschaffungs- und Veräußerungs-)vorgang ohne Privilegierung.

1574 Erwerbsverträge über umlegungsverhaftete Grundstücke erfordern deutliche Hinweise des Notars und Regelungen zur Verteilung des Risikos, dass die erwarteten »Ausgabegrundstücke« nicht entstehen.

▶ Formulierungsvorschlag: Umlegungsverhaftetes Grundstück

1575 Der Käufer wird aufgrund dieses Vertrags mit dem Vertragsbesitz Teilnehmer des Umlegungsverfahrens. Die Vertragsteile wurden auf die Vorschriften des Baugesetzbuches bzgl. der Umlegung hingewiesen. Ihnen ist bekannt, dass an die Stelle der in die Umlegung einbezogenen Einlagegrundstücke die Ersatzflächen treten. Der Käufer unterliegt als Teilnehmer des Umlegungsverfahrens den gleichen Pflichten und hat die gleichen Rechte wie die übrigen Teilnehmer der Umlegung. Er hat insbes. den gleichen Flächenabzug zu dulden, wie alle anderen Teilnehmer und hat etwa sich ergebende Mehr- oder Minderzuteilungen zum Umlegungspreis auszugleichen. Den Beteiligten ist bekannt, dass vor Rechtskraft der Umlegung nicht feststeht, ob die Ersatzfläche die angenommene Größe hat.

Der Verkäufer erteilt hiermit dem Käufer bis zur Eigentumsumschreibung des Vertragsbesitzes Vollmacht zur Vertretung im Umlegungsverfahren hinsichtlich des erworbenen Grundbesitzes.

Im Innenverhältnis der Vertragsteile, also ohne Auswirkungen für das Verhältnis des Erwerbers gegenüber dem Umlegungsausschuss und als Teilnehmer der Umlegung, vereinbaren die Vertragsteile Folgendes:

Entweder:

Der Verkäufer übernimmt keine Gewähr, ob und in welcher Größe in der Umlegung für den Vertragsbesitz ein Ersatzgrundstück zugeteilt wird. Der Käufer verpflichtet sich, die Kosten der Umlegung hinsichtlich des Vertragsbesitzes zu tragen, soweit diese noch nicht beglichen sind und einen etwaigen Flächenabzug zu dulden. Dem Käufer steht auch ein etwaiger Ausgleichsbetrag für den Vertragsbesitz zu.

2568 Erlasse der Finanzverwaltung v. 15.01.2001, zitiert bei *Jäschke* DStR 2006, 1350 Fn. 7 – vgl. auch § 52 Abs. 3 FlurbereinigungsG zur Möglichkeit eines Verzichts zugunsten Dritter, auch Nichtteilnehmern, hierzu *Tönnies* MittRhNotK 1997, 117 ff.
2569 BFH, 28.07.1999 – II R 25/98, BStBl. II 2000, S. 206: gilt auch für Zuteilungsgrundstücke, für die der neue Eigentümer eine Geldleistung erbringt.
2570 *Jäschke* DStR 2006, 1351 erwägt in Extremfällen den Rückgriff auf § 42 AO und weist darauf hin, dass Umlegungsverfahren im öffentlichen Interesse, nicht allein zugunsten eines Großinvestors (Bauträgers), durchzuführen sind.
2571 Verfügungen v. 21.12.2004, zitiert bei *Jäschke* DStR 2006, 1350 Fn. 8.
2572 Diese Differenzierung verstößt nicht gegen Art. 3 Abs. 1 GG, vgl. BFH, 07.09.2011 – II R 68/09, DNotI-Report 2011, 196.
2573 Hinsichtlich des Surrogationserwerbs setzt sich z.B. auch die Betriebsvermögenseigenschaft des Einlagegrundstücks unmittelbar fort, vgl. BFH, 23.09.2009 – IV R 70/06, EStB 2010, 8.
2574 Vgl. im Einzelnen *Jäschke* DStR 2006, 1352 f.

Oder:

Die Erschienenen gehen davon aus, dass als Ersatz für den erworbenen Vertragsbesitz der im beigefügten, mitauszufertigenden, zur Durchsicht vorgelegten Lageplan rot gekennzeichnete Bauplatz mit einer Größe von ca. ..... m² zugeteilt wird. Die Vertragsteile vereinbaren, dass sie in den wirtschaftlichen Auswirkungen durch den anderen Vertragsteil jeweils so zu stellen sind, als hätte der Käufer vom Verkäufer den vorbezeichneten Bauplatz auf der Grundlage von ..... € pro m² erworben. Mehr- oder Minderflächen sind daher auf dieser Grundlage nach Rechtskraft der Umlegung mit sofortiger Fälligkeit auszugleichen. I.Ü. treffen etwa in der Umlegung anfallende Kosten den Verkäufer, dem auch ein etwaiger Ausgleichsbetrag zusteht.

Das Europarechtsanpassungsgesetz-Bau hat die bisherigen Bestimmungen des BauGB zu Grenzregelungen durch das Verfahren der sog. **vereinfachten Umlegung** (§§ 80 ff. BauGB) ersetzt.[2575] Dieses kann nunmehr auch in enger Nachbarschaft liegende, allerdings nicht selbstständig bebaubare Grundstücke erfassen und gestattet (§ 80 Abs. 3 Satz 3 BauGB) mit Zustimmung der Eigentümer auch »abweichende Regelungen«, die über den schlichten Eigentumstransfer hinausgehen. 1576

Als »Königsweg« der amtlichen Umlegung wird die in §§ 56 Abs. 2, 59 Abs. 4 BauGB vorausgesetzte Unterform der »**vereinbarten amtlichen Umlegung**«[2576] bezeichnet. Der öffentlich-rechtliche Umlegungsträger (Gemeinde) unterliegt bei diesem i.R.d. Erörterung mit den Beteiligten (§ 66 BauGB) hergestellten Einvernehmen allerdings denselben öffentlich-rechtlichen Beschränkungen wie bei der strengen amtlichen Umlegung (§§ 45 f. BauGB), insb. also der Begrenzung auf max. 30 % Flächenabzug (§ 58 Abs. 2 BauGB). 1577

Daneben tritt die **freiwillige Umlegung** durch beurkundungspflichtigen Vertrag i.S.d. § 11 Abs. 1 Satz 2 Nr. 1 BauGB (Rdn. 2503), auch durch private Träger. Die §§ 45 ff. BauGB gelten hierfür nicht, damit aber auch nicht die steuerlichen Privilegierungen (Rdn. 1572). Die Gemeinde als Träger einer freiwilligen Umlegung unterliegt allerdings den allgemeinen öffentlich-rechtlichen Grenzen, etwa dem Koppelungsverbot (Rdn. 2495), der Schranke der Angemessenheit (Rdn. 2506) und der Bindung an den Gleichheitssatz;[2577] über die 30 %-Grenze des § 58 Abs. 2 BauGB hinaus kann eine Mehrflächenabtretung an die Gemeinde etwa infolge notwendig gewordener Grünflächen, Sportanlagen und umweltschutzbedingter Ersatzmaßnahmen gerechtfertigt sein.[2578] 1578

Technisch gründen entweder alle Eigentümer eine GbR und bringen ihre Grundstücke in diese ein,[2579] oder aber sie übertragen ihre Grundstücke auf die Gemeinde als »Treuhänder« bzw. vereinbaren einen Ringtausch.[2580] Die Notarkosten bemessen sich (wie beim Ringtausch) stets nach dem Wert des teuersten Einlagegrundstücks;[2581] es besteht zwar Befreiung von den Grundbuchkosten (§ 79 BauGB), nicht jedoch von der Grunderwerbsteuer.[2582] 1579

cc) Flurbereinigungsverfahren

Das Flurbereinigungsgesetz (FlurbG)[2583] bezweckt die Neuordnung ländlichen Grundbesitzes, wobei der Gegenstand der Rechte neu geordnet wird, die Inhaberschaft an diesen aber unberührt bleibt. Zu unterscheiden sind 1580
– das Regelverfahren (§§ 1 bis 85 FlurbG),
– das vereinfachte Flurbereinigungsverfahren (§ 86 FlurbG),

2575 Vgl. hierzu *Grziwotz* DNotZ 2004, 683.
2576 Vgl. *Dieterich* Baulandumlegung Teil B VI.
2577 *Hertel* in: Dt. Notarrechtliche Vereinigung e.V., Städtebauliche Verträge in der Praxis (2006), S. 27 m.w.N.
2578 BVerwG MittBayNot 2001, 584, zum Ausgleich auch der zusätzlichen Kosten der privaten Umlegung.
2579 Vgl. *Langenfeld* in: Münchner Vertragshandbuch Bd. V S. 137 ff.
2580 Vgl. *Grziwotz* JuS 1998, 1116 f.
2581 OLG Zweibrücken FGPrax 1996, 36.
2582 Ggf. kommen die Begünstigungen der §§ 5 bis 7 GrEStG zur Anwendung, vgl. Finanzministerium Baden-Württemberg NVwZ 1998, 595.
2583 Standardkommentar: *Schwantag/Wingerter* Flurbereinigungsgesetz.

- die sog. Unternehmensflurbereinigung (§§ 87 bis 90 FlurbG),
- die beschleunigte Zusammenlegung (§ 91 FlurbG) und
- der freiwillige Landtausch (§ 103a FlurbG),

letzterer findet nur auf Antrag, nicht von Amts wegen statt. Die Flurbereinigung bewirkt weder eine Grundbuchsperre noch einen Verlust der Verfügungsbefugnis, allerdings kann ein relatives Verfügungs- und Belastungsverbot i.S.v. § 135 BGB zugunsten der Gemeinde nach § 52 Abs. 2 Satz 3 FlurbG angeordnet werden.[2584]

1581 Die tatsächliche und rechtliche Neugestaltung des Gebiets wird im **Flurbereinigungsplan** (§ 58 FlurbG) geregelt, einem privatrechtsgestaltenden Verwaltungsakt. Zu unterscheiden ist die (ggf. vorzeitige) Ausführung des Flurbereinigungsplans (als Bestimmung des Zeitpunkts, zu dem der vorgesehene neue Rechtszustand an die Stelle des bisherigen tritt, [§§ 61, 63 FlurbG]) vom Vollzug der **Ausführungsanordnung** durch tatsächliche Ausführung des Wege- und Gewässerplans und Regelung des Übergangs von Besitz und Nutzung der neuen Grundstücke sowie Berichtigung der Grundbücher (§§ 79 ff. FlurbG). Die öffentlichen und gemeinschaftlichen Anlagen (Wege, Drainagen etc.) werden allerdings in der Praxis schon viele Jahre (wenn nicht Jahrzehnte!)[2585] vor der Ausführung des Flurbereinigungsplans errichtet (Vorweg-Ausbau nach § 42 Abs. 2 Satz 2 FlurbG) und die Beteiligten gem. § 65 FlurbG durch **vorläufige Besitzeinweisung** tatsächlich in den Besitz der neuen Grundstücke eingewiesen. Damit sind die alten Grundstücke in der Örtlichkeit verschwunden, jedoch noch immer – bis zum Eintritt des neuen Rechtszustands – Gegenstand des Grundbuchverkehrs.

1582 Für Grundstücke, über die ein Flurbereinigungsverfahren eingeleitet wurde, besteht wider Erwarten **keine Genehmigungsbedürftigkeit**. Der Erwerb ist jedoch bei der Flurbereinigungsbehörde anzuzeigen; das über dieses Grundstück bisher durchführte Verfahren muss der Erwerber gegen sich gelten lassen (§ 15 FlurbG). Die Teilnehmergemeinschaft erteilt Auskunft über die zu erwartende **Landabfindung**; diese richtet sich nach dem Wertermittlungsverfahren der §§ 72 ff. FlurbG gem. der jeweiligen Qualitätseinstufung (»Wertzahl«), kann also zu einer stark abweichenden Flächenzuteilung führen. Weiterhin werden in Wert umgerechnete Flächenabzüge für **Gemeinschaftsflächen** vorgenommen. Flächenabhängige Kaufpreise bei flurbereinigungsbefangenen Grundstücken sollten also deutlich zu erkennen geben, ob sich der Quadratmeterpreis auf die Einlage oder auf die Abfindung bezieht.[2586] Weiter ist zu beachten, dass Flurbereinigungskosten erhoben werden; insoweit geleistete Vorschüsse mindern die künftige Beitragsschuld, sind jedoch nicht an den Veräußerer rückerstattbar.[2587]

1583 Der Käufer erwirbt zunächst Eigentum am bisherigen »Einlagegrundstück«, mit Ausführung des Flurbereinigungsplans wird er Eigentümer des zugewiesenen Ersatzgrundstücks, was durch **Grundbuchberichtigung** dokumentiert wird (§ 79 Abs. 1 FlurbG i.V.m. § 38 GBO). Bis zum Vollzug der Grundbuchberichtigung dient der Flurbereinigungsplan als amtliches Verzeichnis der Grundstücke i.S.d. § 2 Abs. 2 GBO. Der Flurbereinigungsteilnehmer hat die Möglichkeit, bei der Behörde eine vorzeitige Teilberichtigung des Grundbuchs zu beantragen (§ 82 FlurbG).[2588] Aufgrund des Surrogationsgrundsatzes (§ 68 Abs. 1 Satz 1 FlurbG)[2589] setzen sich die dinglichen Rechte und schuldrechtlichen Verhältnisse (Pacht), mit denen die durch die Abfindung ersetzten alten Grundstücke belastet waren, an der Landabfindung fort, während umgekehrt der Grundbesitz von derartigen Belastungen frei wird, die auf ihm als einzubringendes Grundstück eines anderen Teilnehmers la-

---

2584 Vgl. DNotI-Gutachten v. 22.02.2006, Faxabruf-Nr. 11460.
2585 *Haselhoff* RdL 1999, 1.
2586 Vgl. *Mannel* MittBayNot 2004, 399.
2587 Vgl. *Fink* RdL 1974, 309 ff.; teilweise a.A. *Haselhoff* RdL 1995, 256.
2588 Vgl. BayObLG MittBayNot 1983, 64.
2589 Mangels entgeltlicher Anschaffung sind demnach z.B. im Flurbereinigungsverfahren zugeteilte Waldflächen nicht als § 6b-EStG-Reinvestitionsobjekte tauglich, BFH, 01.07.2010 – IV R 7/08, EStB 2010, 413.

steten.²⁵⁹⁰ Eine Genehmigung (z.B. nach der GVO), die für das Einlageflurstück erteilt wurde, gilt demnach auch für die Landabfindung.²⁵⁹¹

Sofern eine **vorläufige Besitzeinweisung** erfolgt, kann der Käufer bereits vor Ausführung des Flurbereinigungsplans, also dem in der Ausführungsanordnung bestimmten Zeitpunkt (§§ 61, 63 FlurbG) Besitz, Verwaltung und Nutzung des neuen Grundstücks erhalten (§§ 55 ff. FlurbG).

Im Kaufvertrag empfehlen sich bei Flurbereinigungsverfahren notarielle Hinweise etwa folgenden Inhalts: **1584**

▸ Formulierungsvorschlag: Grundstück im Flurbereinigungsverfahren

> Die Vertragsteile wurden darauf hingewiesen, dass der Vertragsbesitz in das Flurbereinigungsverfahren einbezogen ist. Der Käufer wird darauf hingewiesen, dass er das bis zur Eigentumsumschreibung oder bis zur Anmeldung des Erwerbs durchgeführte Flurbereinigungsverfahren gegen sich gelten lassen muss und die Beitrags- und Vorschusspflicht als öffentliche Last auf den Grundstücken ruht und dass davon abweichende Vereinbarungen nur im Verhältnis zwischen den Vertragspartnern Bedeutung zukommt.
>
> Auf Verlangen gibt der Vorsitzende der Teilnehmergemeinschaft Auskunft über den Stand der Beitragsleistungen.
>
> Von der vorläufigen Besitzeinweisung bis zum Eintritt des neuen Rechtszustands können Teilnehmer rechtswirksam nur über die alten Flurstücke, nicht aber über die Abfindungsflurstücke verfügen; beim Erwerb von Flurstücken wird das Eigentum an den alten Flurstücken, der Besitz aber an den Abfindungsflurstücken des Veräußerers erworben. Nach Eintritt des neuen Rechtszustandes sind Verfügungen nur mehr über die neuen Flurstücke möglich.
>
> **Sofern die Abfindungsflurstücke bekannt sind:**
>
> Die Abfindungsflurstücke beschreiben sich wie folgt und sind im beigefügten, zur Durchsicht vorgelegten Lageplan rot gekennzeichnet:
>
> Flst.Nr.
>
> **Anderenfalls:**
>
> Dem Notar war es aus Zeitgründen nicht mehr möglich, von der Flurbereinigungsbehörde die Abfindungsflurstücke zu erfragen. Trotz Hinweis auf die damit verbundenen Gefahren bestanden die Erschienenen dennoch auf Beurkundung.

c) Grundstücksverkehrsgesetz²⁵⁹²

Gem. §§ 1, 2 GrdstVG, das auch nach der Föderalismusreform²⁵⁹³ bis zu einer Ersetzung durch neues Landesrecht (wie etwa in Baden-Württemberg ab 01.07.2010)²⁵⁹⁴ zunächst fortgilt (Art. 125a GG), bedarf die **Veräußerung einer land- oder forstwirtschaftlich oder zur berufsmäßigen Fischerei²⁵⁹⁵ nutzbaren Fläche** (unabhängig davon, ob sie derzeit als solche genutzt wird) der Genehmigung, sofern nicht gem. § 4 GrdStVeG freigestellt, etwa wegen Beteiligung des Bundes.²⁵⁹⁶ Hierdurch soll erreicht werden, dass solcher Grundbesitz in der Hand von **Vollerwerbslandwirten** bleibt oder in diese gelangt, eine Zerstückelung in unwirtschaftliche Parzellen vermieden wird und **1585**

2590 *Seehusen/Schwede* FlurbG § 68 Rn. 15-17.
2591 Vgl. DNotI-Gutachten Nr. 54670 v. 29.11.2004.
2592 Vgl. hierzu ausführlicher *Krauß* Vermögensnachfolge in der Praxis Rn. 3382 ff. Kommentar: *Netz*, Grundstücksverkehrsgesetz.
2593 Neufassung des Art. 74 Abs. 1 Nr. 18 GG: lediglich städtebaulicher Grundstücksverkehr zählt zur konkurrierenden Gesetzgebungskompetenz des Bundes.
2594 Agrarstrukturverbesserungsgesetz v. 10.11.2009, BaWüGBl 2010, 645 ff. (ersetzt das GrdStVeG und das RSG).
2595 Dies liegt nicht vor bei der Ausgabe von Angelkarten an Sportfischer, OLG Stuttgart, 15.07.2010 – 101 W 2/09, NotBZ 2010, 390.
2596 Privilegiert ist nur der Bund oder seine rechtsfähigen Sondervermögen als solcher, nicht die BImA, die BvS oder die BVVG, vgl. BGH DNotZ 2010, 219.

keine Überpreise bezahlt werden (§ 9 GrdstVG). Bei sachlicher und personeller Verflechtung zwischen Besitzunternehmen und Betriebsgesellschaft ist insoweit, in Bezug auf den Willen zum Betreiben der Landwirtschaft, auf die Betriebsgesellschaft (z.B. GbR) abzustellen.[2597]

1586 Da allenfalls bei Flächen im Innenbereich von Städten aus dem Grundbuchbeschrieb darauf geschlossen werden kann, dass keine land- oder forstwirtschaftliche Nutzung möglich ist bzw. ein Beschrieb bei neu angelegten Grundbuchblättern (insb. in den neuen Bundesländern) häufig ganz fehlt, verlangen Grundbuchämter – häufig zu Unrecht[2598] regelmäßig zumindest ein **Negativattest**, sofern die landesrechtlichen Mindestgrößen überschritten sind und nicht ein evidenter Fall der Genehmigungsfreistellung gem. § 4 Nr. 1 GrdStVeG vorliegt (Beteiligung des Bundes[2599] oder eines Landes). Diese genehmigungsfreien Höchstgrößen betragen in:
- Bayern: max. 2 ha binnen jeweils 3 Jahren,
- Berlin: max. 1 ha,
- Baden-Württemberg: max. 1 ha (im Wein- oder Gartenbau bis 0,5 ha),
- Brandenburg, Hamburg, Nordrhein-Westfalen und Niedersachsen max. 1 ha,
- Bremen, Hessen, Thüringen: max. 2.500 qm,
- Mecklenburg-Vorpommern: max. 2 ha,
- Rheinland-Pfalz: max. 0,5 ha (bei weinbaulicher Nutzung nur bis 1.000 m²),
- Saarland: max. 1.500 m²,
- Sachsen: max. 0,5 ha (bei Veräußerung an Gemeinden oder Landkreise bis 1 ha),
- Sachsen-Anhalt und Schleswig-Holstein: max. 2 ha.[2600]

1587 Auch die sachliche Genehmigungszuständigkeit richtet sich nach **Landesrecht**, bspw. in:
- Bayern: Kreisverwaltungsbehörde,
- Nordrhein-Westfalen: Geschäftsführer der Landwirtschaftskammer,
- Baden-Württemberg: Landwirtschaftsamt,
- Berlin: der Senator für Wirtschaft und Kredit,
- Bremen: die Abteilung »Ernährung und Landwirtschaft« des Senators für Wirtschaft, Technologie und Außenhandel,
- Hamburg: die Wirtschaftsbehörde,
- Hessen: das Amt für Regionalentwicklung, Landschaftspflege und Landwirtschaft,
- Brandenburg: die Landkreise und kreisfreien Städte,
- Mecklenburg-Vorpommern: die Ämter für Landwirtschaft,
- Niedersachsen: die Landkreise bzw. kreisfreien Städte,
- Rheinland-Pfalz: Kreisverwaltung bzw. in kreisfreien Städten die Stadtverwaltung,
- Saarland: die Landkreise, der Stadtverband Saarbrücken, die Landeshauptstadt Saarbrücken und die kreisfreien Städte,
- Sachsen: Landkreise und kreisfreie Städte als untere Landwirtschaftsbehörden; (bei Beteiligung von Gemeinde oder Landkreis das Landesamt für Umwelt, Landwirtschaft und Geologie),
- Sachsen-Anhalt: Landkreise bzw. kreisfreie Städte,
- Schleswig-Holstein: das Amt für Land- und Wasserwirtschaft,
- Thüringen: die Ämter für Landwirtschaft.[2601]

1588 Grundstück i.S.d. GrdStVeG ist dabei nach herrschender Meinung das »Grundstück im Rechtssinn« (unter einer laufenden Nummer im Bestandsverzeichnis vorgetragene Fläche);[2602] in Ausfüh-

---

[2597] BGH, 26.11.2010 – BLw 14/09, MittBayNot 2011, 393.
[2598] Das Grundbuchamt ist zu Ermittlungen nur verpflichtet und berechtigt (!), wenn konkrete Zweifel an der Genehmigungsfreiheit bestehen, OLG Saarbrücken RNotZ 2006, 619, ebenso OLG Jena, 08.03.2010 – 9 W 23/10, RNotZ 2010, 399 und OLG Frankfurt am Main, 22.08.2011 – 20 W 87/11, JurionRS 2011, 25434.
[2599] Nicht ausreichend ist die Beteiligung einer Tochter der BvS (BVVG): BGH, 27.11.2009 – BLw 4/09, DNotZ 2010, 219.
[2600] Vgl. dazu die Zusammenstellung bei *Hagemann* in: Beck'sches Notarhandbuch A I Rn. 63.
[2601] Vgl. die Zusammenstellung von *Reibold* in: Beck'sches Notarhandbuch A I Rn. 61.
[2602] BGH AgrarR 1986, 211; OLG Jena, 08.03.2010 – 9 W 23/10, DNotI-Report 2010, 91, OLG Naumburg, 17.11.2010 – 2 Ww 6/10, NotBZ 2011, 189 (nur Ls.).

rungsgesetzen der Länder kann jedoch abweichend davon der »wirtschaftliche Grundstücksbegriff« – der einheitlich genutzte, zu einer »gewachsenen landwirtschaftlichen Bewirtschaftungseinheit« gehörende Flurstücke zusammenfasst – verwendet werden. Auch bei schlichter Verwendung des Begriffes »Grundstück« kann der wirtschaftliche Grundstücksbegriff gemeint sein.[2603] Darunter leidet der grundbuchsichere Nachweis der Genehmigungsfreiheit, da die einheitliche Bewirtschaftung nicht mit Beweismitteln des § 29 GBO dokumentierbar ist – lediglich wenn die Gesamtheit der übergehenden Fläche unter den landesrechtlich bestimmten Bagatellgrenzen liegt, bedarf es keines Negativattestes.[2604]

Die Genehmigung ist zu erteilen, wenn ein Betrieb geschlossen veräußert oder zum Zweck der Vorwegnahme der Erbfolge an Verwandte übertragen wird. In den anderen Fällen ist sie gem. § 9 GrdstVG zu versagen, wenn anstelle der Veräußerung an einen Nichtlandwirt[2605] ein Vollerwerbsbauer am Erwerb zum selben Preis interessiert ist (bei Flächen über zwei Hektar ist dann das sog. siedlungsrechtliche Vorkaufsrecht gem. § 4 Reichssiedlungsgesetz – Rdn. 1723 ff. – möglich, das jedoch als Annex zur grundstücksverkehrsrechtlichen Genehmigung entfällt, sobald der Antrag auf Genehmigung nach dem Grundstücksverkehrsgesetz vor wirksamer Ausübung des Vorkaufsrechts zurückgenommen wird). Im Fall der Teilung dürfen **Parzellen grds. nicht kleiner als ein Hektar** werden und lebensfähige landwirtschaftliche Betriebe dürfen durch die Veräußerung nicht unwirtschaftlich verkleinert[2606] oder aufgesplittert[2607] werden. Schließlich darf der Gegenwert nicht außer Verhältnis zum Grundstückswert stehen. 1589

Entscheidet die Behörde nicht innerhalb eines Monats, gilt die Genehmigung als erteilt (§ 6 Abs. 2 GrdstVG), wobei durch Zwischenbescheid die Frist auf 2, bei Ausübung eines siedlungsrechtlichen Vorkaufsrechts gar auf 3 Monate verlängert werden kann. Gegen eine ablehnende oder mit Nebenbestimmungen (Auflage, Bedingung oder Befristung) versehene Genehmigung kann jeder Beteiligte gem. § 22 LwVG Antrag auf gerichtliche Entscheidung beim Landwirtschaftsgericht stellen; gegen dessen Beschlüsse findet die sofortige Beschwerde zum OLG und ggf. die weitere Beschwerde zum BGH gem. § 24 LwVG statt. Wollen die Beteiligten die mit solchen Rechtsbehelfsverfahren einhergehende lange Schwebedauer beenden können, schon bevor die in der Literatur geforderte Zeitschwelle zur Treuwidrigkeit eines Festhaltens am Vertrag (§ 242 BGB) überschritten ist,[2608] könnten sie Folgendes vereinbaren: 1590

▸ Formulierungsvorschlag: Rücktrittsrecht statt gerichtlicher Verfahren bei ablehnenden Bescheiden nach GrdstVG

Dieser Vertrag bedarf der Genehmigung nach dem Grundstücksverkehrsgesetz, die der Notar einholen und, sofern ohne Nebenbestimmungen (Auflagen, Bedingungen, Befristungen) erteilt, für alle Beteiligten entgegen nehmen soll. Wird die Genehmigung nicht bis zum ..... erteilt, oder zuvor verweigert bzw. nur mit Nebenbestimmungen erteilt, kann jeder Beteiligte binnen eines Monats ab dem genannten Datum bzw. ab Zugang der ablehnenden oder mit Nebenbestimmungen versehene Entscheidung von diesem Vertrag durch Einschreibebrief zurücktreten. Er trägt die Kosten dieses Vertrags, seiner Finanzierung und seiner Rückabwicklung jeweils bei Notar und Grundbuchamt; i.Ü. sind wechselseitige Ansprüche ausgeschlossen, soweit nicht auf Arglist, Vorsatz oder Garantie beruhend. 1591

2603 OLG Brandenburg, 26.02.2009 – 5 W (LW) 9/08, ZfIR 2009, 528.
2604 *Stavorinus* NotBZ 2010, 208, 213. Es steht zu hoffen, dass die seit der Föderalismusreform 2006 allein zuständigen Bundesländer bei einer Neufassung ihrer Grundstücksverkehrsgesetze zum rechtlichen Grundstücksbegriff zurückkehren.
2605 Entscheidend ist die Landwirtseigenschaft des Käufers selbst, nicht einer GbR, welcher er angehört, vgl. OLG Naumburg, 09.08.2006 – 2 Ww 7/06, RNotZ 2007, 275.
2606 Diese liegt gem. § 9 Abs. 3 Nr. 2 und 3 GrdstVG im Zweifel dann vor, wenn ein landwirtschaftliches Grundstück kleiner als 1 ha bzw. ein forstwirtschaftliches Grundstück kleiner als 3,5 ha wird.
2607 Beispiel: 13 ha Ackerland (von gesamt 83 ha) werden nicht mit übertragen, OLG Schleswig, 28.04.2009 – 3 WLw 53/08, BeckRS 2009, 24613.
2608 Vgl. *Wenzel* AgrarR 1995, 37 f.; *Vorwerk/Spreckelsen* GrdStVG § 2 Rn. 54.

d) Aufsichtliche Genehmigungen

aa) Kommunalaufsicht

1592 Nach zahlreichen **Landeskommunalordnungen** bedürfen Veräußerung[2609] und Belastung von Grundstücken in kommunalem Eigentum – jedenfalls ab einer gewissen, von der Einwohnerzahl abhängigen Wertgrenze (die jedoch bei Übertragungen an Gemeinderatsmitglieder und sonstige nahestehende Personen nicht gilt) – der **kommunalaufsichtlichen Genehmigung**. Diese wird in aller Regel von den Gemeinden oder Gemeindeverbänden selbst eingeholt, die hierfür vom Notar eine zusätzliche beglaubigte Abschrift erhalten. Sie entfaltet, ebenso wie ihre Verweigerung, keine drittschützende Wirkung.[2610]

1593 Andere Gemeindeordnungen erklären die Veräußerung von Grundstücken zum vollen Wert für zulässig, sofern der Vertreter der Gebietskörperschaft ggü. dem Grundbuchamt (demnach in der notariellen Urkunde) erklärt, dass eine Veräußerung unter Wert nicht vorliege,[2611] sog. **Vollwertigkeitsbescheinigung**.[2612] Nach einzelnen Gemeindeordnungen ist diese für sich stets ausreichend (etwa nach Art. 75 BayGO, vgl. nachstehenden[2613] Formulierungsvorschlag).

▶ Formulierungsvorschlag: Vollwertigkeitsbescheinigung nach Kommunalrecht/Versicherung der Gemeinde

1594 *Im Hinblick auf das gesetzliche Verbot der Veräußerung kommunaler Vermögensgegenstände unter ihrem Wert (Art. 75 Abs. 1 Satz 2 BayGO) erklärt der Vertreter des Verkäufers gegenüber dem Grundbuchamt, dass eine Veräußerung unter Wert nicht vorliegt // **Alternativ**: dass eine Veräußerung unter Wert wegen der Erfüllung einer kommunalen Aufgabe (Wohnungsbauförderung) zulässig ist.*

1595 Nach anderen Kommunalverfassungen (etwa § 57 Abs. 3 MeckPomKV) ersetzt sie (i.d.R. auch für das Grundbuchamt)[2614] die sonst weiter notwendige Genehmigung. Wird sie nicht bereits im Kaufvertrag erteilt, ist dann eine Frist zu bestimmen, nach deren Ablauf der Notar die rechtsaufsichtliche Genehmigung einzuholen hat, sofern die Vollwertigkeitsbescheinigung dann noch nicht vorliegen sollte. (Vorzuziehen ist bei einer solchen Alternative ohnehin die Genehmigung, die in Bestandskraft erwachsen kann, im Unterschied zur jederzeit widerruflichen Vollwertigkeitsbescheinigung.)

1596 Vorwegbelastungsvollmachten in Kaufverträgen werden zunehmend vom Genehmigungsvorbehalt freigestellt (vgl. Rdn. 1355).[2615] Die Eingehung von Kreditverpflichtungen durch Gemeinden ist zwar weiterhin genehmigungsbedürftig;[2616] der Sachverhalt wird jedoch nicht bereits dann verwirklicht, wenn der durch die Gemeinde zu entrichtende Kaufpreis erst nach Besitzübergang geschuldet ist (Stundung), sofern die Fälligkeitsabreden lediglich der Sicherung des Käufers und damit der Zug-um-Zug-Abwicklung dienen.[2617]

2609 Als Veräußerung gilt auch der Tausch, LG Schwerin, 05.05.2007 – 5 T 265/05, n.v.
2610 VG Gera NotBZ 2006, 65.
2611 So z.B. § 57 Abs. 4 MeckPommKV, Art. 75 BayGO; vgl. *Grziwotz* KommJur 2007, 295.
2612 Hierzu *Suppliet* NotBZ 2005, 95; *Gutachten* DNotI-Report 1998, 206 (zu § 75 BayGO).
2613 Eine Siegelung dieser (mitbeurkundeten) Erklärung durch den Vertreter der Gemeinde ist nicht erforderlich, da es sich um eine Wissens-, keine Verpflichtungserklärung handelt.
2614 OLG Brandenburg NotBZ 2005, 217: sofern keine begründeten Zweifel bestehen.
2615 So etwa durch Schreiben des Innenministeriums Mecklenburg-Vorpommern v. 23.03.2004 gem. § 58 Abs. 1 Satz 3 KV M-V sowie vom 18.04.2005, Kammerrundschreiben M-V Nr. 2/2005; hierzu LG Schwerin NotBZ 2005, 267; Thüringer Grundpfandrechts-Genehmigungsfreistellungsvo v. 26.01.2006, Kammerrundschreiben Thüringen Nr. 2/2006 Nr. 7 (die Genehmigungspflicht für Veräußerungen, § 67 Abs. 3 ThürKO wurde mit Wirkung ab 27.11.2008 aufgehoben); Genehmigungsfreistellungsverordnung Brandenburg v. 07.04.2009 (GBl Bbg II 118 ff.) mit gesiegelter Eigenbescheinigung der Gemeinde, die die Grundbuchamt vorzulegen ist.
2616 Vgl. etwa Art. 72 Abs. 1 BayGO, § 103 Abs. 7 HessGO; jedoch gem. § 85 Abs. 4 GO-NRW nur Anzeigepflicht.
2617 BGH DNotZ 2005, 375 m. Anm. *Keim*.

V. Genehmigungen, Vorkaufsrechte

Die meisten Kommunalverfassungsgesetze enthalten ferner »**Verschleuderungs-**« **und Schenkungsverbote**. Es handelt sich um Verbotsgesetze i.S.d. § 134 BGB,[2618] sodass der grundbuchliche Vollzug keine Heilung bewirkt. Die Gemeinde kann auf die Nichtigkeitsfolge nicht verzichten.[2619] Die betreffenden Gesetze sehen allerdings i.d.R. Ausnahmen vom Schenkungsverbot vor, sofern die Erfüllung einer gemeindlichen Aufgabe durch eine vollentgeltliche Übertragung nicht erreicht werden kann (Beispiel: Förderung des sozialen Wohnungsbaus, § 3 Abs. 4, § 4 Abs. 2 und 3 WoFG) – allerdings muss dann die Erreichung dieses Zwecks auch sichergestellt sein. Die insoweit durch den Gemeindevertreter abzugebende Erklärung (ähnlich der oben wiedergegebenen Vollwertigkeitsbescheinigung) bindet zwar ein etwa später zur Entscheidung berufenes Gericht naturgemäß nicht, wird aber Notar und Grundbuchamt hinsichtlich möglicher Haftungsvorwürfe »exkulpieren«. 1597

Daneben können Verträge bei einer besonders krassen und beiden Beteiligten zuzurechnenden Verletzung des Grundsatzes der Sparsamkeit und Wirtschaftlichkeit kommunaler Wirtschaftsführung gem. § 138 BGB sittenwidrig sein.[2620]

bb) Kirchen- und Fachaufsicht

Auch die Veräußerung oder Belastung bzw. Erbbaurechtsbestellung an **kirchlichen Grundstücken** (etwa im Eigentum von Pfarrstiftungen, Pfarreien, Orden etc.) bedarf regelmäßig der kirchenaufsichtlichen Genehmigung, die sich nach dem Innenrecht der jeweiligen Religionskörperschaft richtet (bischöfliches Ordinariat des Bistums für katholische Religionsgemeinschaften, Landeskirchenamt für evangelische). Eine Übersicht über die Rechtslage in Bayern findet sich bspw. im »Handbuch für das Notariat in Bayern«, Ordnungsnummer 350.[2621] Gebühren können für solche Genehmigungen nicht verlangt werden.[2622] 1598

Privatrechtsgestaltende Wirkung kommt auch **fachaufsichtlichen Genehmigungsvorbehalten** zu: so ist etwa der Erwerb von Immobilien durch Sozialversicherungsträger ohne die nach § 85 Abs. 4 SGB IV erforderliche aufsichtliche Genehmigung sowohl hinsichtlich des schuldrechtlichen als auch des dinglichen Rechtsgeschäfts unwirksam.[2623] Gleiches gilt für Erwerb, Veräußerung oder Belastung von Grundstücken durch Handwerksinnungen oder Kreishandwerkerschaften: sie bedürfen der Genehmigung der vorgeordneten Handwerkskammer (§§ 61 Abs. 3 und 89 Abs. 1 Nr. 3 HandwO).[2624] § 72 Abs. 1 VAG schließlich stellt sicher, dass über Sicherungsvermögen einer Versicherungsgesellschaft nur mit Zustimmung des Treuhänders verfügt werden kann. Demgegenüber bewirkt § 26 Abs. 1 InvG (ebenso wie die Vorgängernorm in § 31 KAGG), wonach bestimmte Verfügungen durch Kapitalanlagegesellschaften der Zustimmung der Depotbank bedürfen, lediglich eine relative Verfügungsbeschränkung zum Schutze der Anlieger, und demnach keine Grundbuchsperre.[2625] 1599

cc) EU-Beihilferecht

Maßnahmen der kommunalen, föderal- oder bundesstaatlichen Wirtschaftsförderung können gegen Art. 87 Abs. 1 EG-Vertrag verstoßen, wenn sie als **staatliche Einzel**[2626] **beihilfen** wettbewerbs- 1600

2618 BayObLGZ 2001, 58 f. zu Art. 75 Abs. 3 BayGO; OLG Jena MittBayNot 2005, 439 zu § 67 Abs. 1 Satz 2 ThürKO.
2619 OLG München, 20.04.2006 – 24 U 523/05; BayVerfGH, 23.01.2007 – Vf 42-VI-06, MittBayNot 2008, 412 m. Anm. *Grziwotz*.
2620 BGH, 25.01.2006 – VIII ZR 398/03, MittBayNot 2006, 494 m. Anm. *Grziwotz*: kommunalaufsichtlich nicht genehmigter Vertrag über übergroße Investition kurz vor dem Verlust der gemeindlichen Selbstständigkeit kann nicht Grundlage von Schadensersatzforderungen des Investors sein.
2621 Vertrieb: Carl Gerber Verlag, Muthmannstr. 4, 80939 München.
2622 BVerwG, 10.04.2008 – 7 C 47/07, NotBZ 2008, 280 gegen OVG Thüringen NotBZ 2007, 338.
2623 BGH NJW 2004, 1662.
2624 Die Handwerkskammer selbst kann genehmigungsfrei erwerben, bedarf aber für Belastungen der Zustimmung der Obersten Landesbehörde (§ 106 Abs. 1 Nr. 4 und Nr. 9, Abs. 2 HandwO).
2625 OLG Karlsruhe, 12.01.2010 – 11 Wx 60/09, RNotZ 2010, 326, ebenso zuvor *Böhringer* BWNotZ 2002, 49, 54.
2626 Zu dieser Unterscheidung *Eckert* NotBZ 2005, 345.

verfälschende Auswirkungen auf den innergemeinschaftlichen Handel haben[2627] (z.B. bei Übernahme der Kosten von Infrastruktur- und Erschließungsmaßnahmen oder verbilligte Abgabe von Bauland als zivilrechtliche Form der Subventionsgewährung).[2628] Hinsichtlich des schlichten Verkaufspreises kann eine in der »verbilligten Abgabe« liegende verbotene Beihilfe zuverlässig nur dadurch ausgeschlossen werden, dass ein offenes Bieterverfahren durchgeführt oder ein Gutachten des Gutachterausschusses eingeholt wird und die Veräußerung zu diesen Konditionen stattfindet.[2629] Beihilfen sind der Europäischen Kommission anzuzeigen; bis zum Vorliegen einer positiven Entscheidung besteht ein Durchführungsverbot (Art. 88 Abs. 3 Satz 3 EG-Vertrag). Bereits die Verletzung der (die Bundesregierung[2630] treffenden) Notifizierungspflicht[2631] stellt nach Ansicht des BGH[2632] einen Verstoß gegen ein gesetzliches Verbot dar (also nicht erst die tatsächliche ablehnende Entscheidung der Kommission) mit der Folge der Nichtigkeit der Beihilfe, wohl auch des gesamten Vertrags.[2633] Die bereits durch den Verstoß gegen die Notifizierungspflicht entstandene Nichtigkeit soll nicht einmal durch eine spätere Genehmigung der Beihilfe durch die Kommission »geheilt« werden können.[2634]

1601 Die Bestimmungen der Art. 87 ff. EG-Vertrag genießen als Gemeinschaftsrecht Anwendungsvorrang vor entgegenstehendem nationalem Recht und sind daher Bestandteil der Belehrungs-, ggf. Zweifelsvermerks- oder gar Ablehnungspflicht des Notars (§ 14 BNotO, § 17 Abs. 1 und Abs. 2 BeurkG). Die Erfüllung der Warnpflicht sollte in einschlägigen Sachverhalten (insb. Grundstücksveräußerungen durch die öffentliche Hand zu nicht eindeutig marktgerechten Konditionen an grenzüberschreitend tätige Unternehmen) festgehalten werden. Es ist in hohem Maße fraglich, ob eine für den Fall der Unzulässigkeit eingegangene bedingte Aufzahlungspflicht[2635] oder auch eine bloße abstrakte Anpassungspflicht[2636] den Verstoß gegen das Durchführungsverbot (§ 88 Abs. 3 Satz 3 EG-Vertrag) vermeiden kann.[2637] Kautelarjuristische Vorsorge mag daher allenfalls empfehlen, den Vertrag unter die aufschiebende Bedingung der beihilferechtlichen Genehmigung zu stellen (was im Ergebnis lediglich die gesetzlichen Folgen nachvollzieht!).

2627 Es genügt, wenn künftige Auswirkungen auf den zwischenstaatlichen Handel möglich sind, das begünstigte Unternehmen also grenzüberschreitend tätig ist, woran es jedoch bei Vergünstigungen für ein lokales Freizeitbad oder Krankenhaus fehlen wird, vgl. *Höfinghoff* RNotZ 2005, 390.

2628 Die Rückforderung solcher »zivilrechtlichen Subventionen« unterliegt nach BGH, 21.07.2006 – V ZR 158/05 denselben Grenzen wie der Widerruf eines entsprechenden Verwaltungsakts, § 49 Abs. 3 VwVfG.

2629 Vgl. *Koenig* EuZW 2001, 741 ff. sowie Mitteilung der EG-Kommission, Amtsblatt 1997 C 209/3, die bisherige Praxis zusammenfassend (hierzu *Höfinghoff* RNotZ 2005, 402 f.).

2630 BMF, Referat EC 3, Tel. 030/2242-1761. Die (vollständige) Anzeige löst das Vorprüfungsverfahren aus; die Beihilfe kann gewährt werden, wenn die EG-Kommission nach 2 Monaten, frühestens jedoch 15 Tage nach der Anzeige der beabsichtigten Durchführung, keine Entscheidung getroffen hat. Ein etwaiges Hauptprüfungsverfahren soll 18 Monate Dauer nicht überschreiten.

2631 Ausgenommen sind gem. den Verordnungen 68, 69 und 70/2001 der Kommission v. 12.01.2001 Ausbildungsbeihilfen, Beihilfen für kleine und mittlere Unternehmen und schließlich geringfügiger Beihilfen (»de minimis«), die bezogen auf einen Zeitwert von 3 Jahren den Schwellenwert von 200.000,00 € nicht erreichen: Art. 89 EGV i.V.m. Art. 2 EG-VO Nr. 1998/2006 v. 15.12.2006.

2632 MittBayNot 2004, 250; ebenso BGH, VIZ 2004, 77. Hierzu *Grziwotz* ZfIR 2004, 53; *Quandt/Nielandt* EuZW 2004, 201.

2633 Vgl. *Grziwotz* ZfIR 2004, 53; *Knapp* MittBayNot 2004, 253. Demnach keine Aufrechterhaltung mit beihilferechtskonform angepassten Gegenleistungen. Das Erfüllungsgeschäft wird jedoch (trotz des europarechtlichen Gebots des effet utile, also der effektiven Umsetzung des EG-Vertrags) wirksam bleiben, LG Dresden VIZ 2000, 560 und *Eckert* NotBZ 2005, 349 mit Hinweis auf § 3a AusglLeistG, außer bei völlig unentgeltlichen Übertragungen: *Schmidt-Räntsch* NJW 2005, 109.

2634 Vgl. Genehmigungsentscheidung der Kommission v. 13.03.2001 zum Grundstücksverkauf der Stadt Rostock an Sixt, MittBayNot 2004, 314 sowie *Eckert* NotBZ 2005, 348 (Bestätigung gem. § 141 BGB in beurkundeter Form erforderlich); zum Meinungsstand (auch zur Gegenansicht: schwebende Unwirksamkeit mit Wirksamwerden ex nunc) umfassend *Höfinghoff* RNotZ 2005, 397.

2635 *Heidenhain* EuZW 2005, 137.

2636 *Versel/Wurmnest* AcP 2004, 876 ff.

2637 Ablehnend *Eckert* NotBZ 2005, 350.

▶ Formulierungsvorschlag: Mögliche Beihilfe nach Art. 87 EG-Vertrag

Der Notar hat darauf hingewiesen, dass die Veräußerung von Grundstücken unter Wert durch Gebietskörperschaften des öffentlichen Rechts an ein grenzüberschreitend tätiges Unternehmen eine verbotene Beihilfe i.S.d. Art. 87 ff. EG-Vertrag darstellen kann und empfohlen, das Vorliegen dieser Umstände etwa durch gutachterliche Wertermittlung bzw. Durchführung eines Bieterverfahrens auszuschließen oder die Entscheidung der EG-Kommission durch entsprechende Notifizierung herbeizuführen. Wird der eine solche Beihilfe enthaltende Vertrag ohne vorherige »Freigabe« durch die EG-Kommission durchgeführt, ist er seinem ganzen Inhalt nach nichtig (Art. 88 Abs. 3 Satz 3 EG-Vertrag i.V.m. § 134 BGB); die Umschreibung im Grundbuch führt zu keiner Heilung. Er hat empfohlen, den Vertrag unter die aufschiebende Bedingung der Klärung der beihilferechtlichen Frage zu stellen. Die Beteiligten wünschen gleichwohl die unmittelbare Vertragsdurchführung und tragen hierzu vor, es handele sich lediglich um eine geringfügige Beihilfe i.S.d. EG-Verordnung 1998/2006, die – mit allen weiteren innerhalb der letzten drei Jahren erhaltenen Beihilfen des Erwerbers – unter 200.000,00 € verbleibe. Der Notar hat empfohlen, hierüber eine Bescheinigung des Verkäufers auszustellen, die der Erwerber zehn Jahre lang aufzubewahren habe; es handelt sich um subventionserhebliche Angaben i.S.d. § 264 Abs. 1 Nr. 1 StGB. 1602

dd) Fusionskontrolle

Nach Auffassung des Bundeskartellamts[2638] sollen die Regelungen[2639] über die **Fusionskontrolle** (in der Variante des Vermögenserwerbs gem. § 37 Abs. 1 Nr. 1 GWB) bei Grundstückstransaktionen zwischen Unternehmen regelmäßig schon dann Anwendung finden, wenn die beteiligten Unternehmen (auf Erwerberseite unter Einschluss verbundener Unternehmen, also von Tochter-, Mutter- und Schwesterunternehmern im Konzernverbund!) die in § 35 GWB festgelegten Umsatzschwellen[2640] (500 Mio. € zusammen weltweit oder zumindest 25 Mio. € bei einem beteiligten Unternehmen im Inland bzw. beim Veräußerungsobjekt) überschreiten. Seit 25.03.2009 ist zusätzlich erforderlich, dass ein weiteres beteiligtes Unternehmen Inlandsumsätze von mindestens 5 Mio. € im Vorjahr erzielt hat. (Die weit höheren Umsatzschwellen der EU-Fusionskontrollverordnung[2641] werden dagegen kaum erreicht werden). Das Überschreiten der GWB-Schwellenwerte hat zur Folge, dass Vollzugsmaßnahmen, die ohne »Freigabe« oder Nichteinleitung eines Hauptprüfungsverfahrens nach entsprechender Anmeldung durchgeführt werden, nichtig wären (§ 41 Abs. 1 Satz 2 GWB). Die im Sommer 2005 verabschiedete siebte GWB-Novelle lässt nunmehr durch § 41 Abs. 1 Satz 3 GWB (auch für Altfälle)[2642] Heilung durch grundbuchlichen Vollzug eintreten. Gleichwohl kann der Vollzug ohne Erfüllung des Anmelde- und Freigabeerfordernisses eine Ordnungswidrigkeit nach § 81 Abs. 2 Nr. 1 GWB darstellen.[2643] 1603

Wirtschaftlich unbedeutende Erwerbsvorgänge werden durch die »de minimis-Regel« des § 35 Abs. 2 Nr. 1 GWB freigestellt (Vorjahresweltumsatz des sich zusammenschließenden Unternehmens unter 10 Mio. €). Angesichts der geringen Marktzugangsschranken und des großen Marktvolumens auf dem Immobilienmarkt sah die erste Beschlussabteilung des Bundeskartellamtes[2644] bis zum 30.11.2009 eine Anmeldepflicht als nicht gegeben, wenn Immobilien übertragen werden, die 1604

2638 Stellungnahme der für das Immobilienrecht zuständigen Ersten Beschlussabteilung des Bundeskartellamts, vgl. Anlage zu Rundschreiben 12/06 der BNotK vom 06.06.2006.
2639 Vgl. hierzu *Kordel* RNotZ 2008, 78 ff.; *Wagener/v. Franckenstein* BB 2006, 1920 ff.
2640 Auf Veräußererseite gem. § 38 Abs. 5 GWB allein bezogen auf den Immobilienmarkt, auf Erwerberseite unter Einschluss aller Branchen!
2641 Weltweiter Gesamtumsatz aller beteiligten Unternehmen mehr als 5 Mrd. € bzw. gemeinschaftsweiter Gesamtumsatz von mindestens zwei beteiligten Unternehmen von jeweils mehr als 250 Mio. €, Art. 1 Abs. 2 FKVO. Darunter kann bei weiteren kumulativen Voraussetzungen die Zuständigkeit der EU-Kommission gem. Art. 1 Abs. 3 FKVO gegeben sein, vgl. *Kordel* RNotZ 2008, 80.
2642 *Kordel* RNotZ 2008, 85.
2643 Das Bundeskartellamt entwirft derzeit auf Anregung der BNotK ein Anmeldemerkblatt (Anlage zum Rundschreiben 12/2006 der BNotK v. 06.06.2006).
2644 Gz B 1 – G/20 v. 21.11.2005.

einen »Umsatz« (Veräußerungs- sowie Miet- und Pachteinnahmen) von nicht mehr als 5 Mio. € im Vorjahr generiert haben, es sei denn der Erwerber würde in einem Umkreis von 20 km um die Immobilie im Vorjahr bereits mehr als 30 Mio. €. Einnahmen aus Verkauf[2645]/Vermietung/Verpachtung getätigt haben und weiter ausgenommen die Fälle, in denen neben der Immobilie auch ein Geschäftsbetrieb bzw. Produktionsanlagen übertragen werden. Ferner sind auf bis zum 31.01.2010 möglichen Antrag bei sale-&-lease-back-Geschäften wegen der regelmäßig fehlenden Relevanz für die Erlangung marktbeherrschender Stellung i.S.d. § 36 Abs. 1 GWB Verfahrenserleichterungen vorgesehen. Aufgrund des zum 25.03.2009 (Drittes Mittelstandsentlastungsgesetz) in Kraft getreten Erfordernisses der sog. zweiten Inlandsumsatzschwelle von 5 Mio. € (§ 35 Abs. 1 Nr. 2 GWB) sieht das BKartA nunmehr keine Notwendigkeit mehr für eine Sonderbehandlung von Immobilientransaktionen.[2646]

1605 Kautelar-juristisch können größere Immobilien-Transaktionen Anlass für den Notar sein, abstrakt auf die – durch ihn nicht weiter beurteilbare – Thematik des Immobilien-Kartellrechts hinzuweisen, etwa mit folgendem Wortlaut:[2647]

▶ Formulierungsvorschlag: Hinweis auf Immobilien-Kartellrecht

1606 Der Notar hat die Beteiligten darauf aufmerksam gemacht, dass auf diesen Vertrag möglicherweise die Bestimmungen des deutschen und europäischen Kartellrechts, insbes. zum Vermögenserwerb (Fusionskontrolle) gem. § 37 Abs. 1 Ziff. 1 GW, Anwendung finden können. Eine Prüfung war insoweit durch den Notar weder möglich noch geschuldet. Den Beteiligten ist bekannt, dass ggf. Anmeldungspflichten und Vollzugsverbote bis zur Erteilung bzw. Fiktion (infolge Fristablaufs) einer Freigabe bzw. bis zur Verneinung einer Anmeldepflicht bestehen. Weder der Besitzübergang noch der Vollzug der Eigentumsumschreibung sollen jedoch entsprechend aufgeschoben werden.

1607 Gem. § 39 Abs. 2, 41 Abs. 1 Satz 1 GWB trifft die Anmeldepflicht (sowie das Vollzugsverbot) Veräußerer und Erwerber. Gehen die Beteiligten davon aus, dass jedenfalls die Fusionskontrollnormen des GWB einschlägig sind, erfordert der Vertrag Regelungen zur Vornahme der Anmeldung,[2648] zur Beschaffung der erforderlichen Informationen, zur Kostentragung,[2649] zur Umsetzung des Vollzugsverbots und möglicherweise zu einem Rücktrittsrecht des Käufers, falls das Prüfungsverfahren sich länger als erwartet (allein beim Bundeskartellamt: bis zu 4 Monaten) hinzieht:[2650]

▶ Formulierungsvorschlag: Immobilienkartellrechtlich bedingte Regelungen im Kaufvertrag

1608 Der vorliegende Kaufvertrag unterliegt möglicherweise der Fusionskontrolle des GWB als Vermögenserwerb i.S.d. § 37 Abs. 1 Nr. 1 GWB. Eine Prüfung war insoweit durch den Notar weder möglich noch geschuldet. Die Beteiligten vereinbaren jedoch nach Hinweis auf die möglicherweise bestehende Anmeldungspflicht und das Vollzugsverbot (§§ 39 Abs. 2, 41 Abs. 1 Satz 1 GWB):

a) Anmeldeverpflichtung:

Der Käufer ist verpflichtet, binnen 10 Tagen ab heute die Anmeldung des Vermögenserwerbs für beide Vertragsparteien beim Bundeskartellamt vorzunehmen; der Verkäufer hat unverzüglich alle hierfür möglicherweise erforderlichen Unterlagen und Informationen zur Verfügung zu stellen. Die Kosten der Anmeldung sowie der Beratung und Vertretung im Verwaltungsverfahren trägt der Käufer. Zur Einlegung von Rechtsmitteln gegen versagende Bescheide sind die Beteiligten einander nicht verpflichtet.

2645 Kritisch gegen diese Einbeziehung *Kordel* RNotZ 2008, 80 ff., da verschiedene Märkte vermengt werden.
2646 Hierzu *Kordel* DNotZ 2010, 164.
2647 Vgl. *Kordel* RNotZ 2008, 85.
2648 Muster einer Kartellanmeldung bei *v. Kann* Immobilientransaktionen, S. 394, Muster eines Fragebogens hierfür *v. Kann* Immobilientransaktionen, S. 397.
2649 Allein die Verfahrenskosten belaufen sich schon in einfachen Fällen auf ca. 2.000,00 €.
2650 Vgl. *Kordel* RhNotZ 2008, 80.

b) Vollzugsverbot:

Der Übergang des Besitzes, der Nutzungen und Lasten des Vertragsobjekts steht unter der aufschiebenden Bedingung, dass entweder (1) das Bundeskartellamt die Freigabe erteilt hat oder (2) das Bundeskartellamt schriftlich mitgeteilt hat, der Zusammenschluss sei nicht anmeldepflichtig oder (3) eine der Fristen des § 40 Abs. 1 Satz 1 und Abs. 2 Satz 2 GWB abgelaufen ist, ohne dass eine Mitteilung des Bundeskartellamts i.S.d. § 40 Abs. 1 Satz 1 GWB ergangen wäre bzw. das Hauptprüfungsverfahren noch andauert.

In gleicher Weise wird der Notar beiderseits unwiderruflich gem. § 53 BeurkG angewiesen, die in dieser Urkunde erklärte Auflassung erst dann zum Vollzug im Grundbuch vorzulegen, wenn durch Vorlage eines Schreibens des Bundeskartellamts nachgewiesen ist, dass zumindest eine der drei vorgenannten aufschiebenden Bedingungen eingetreten ist.

c) Rücktrittsrecht:

Sollte bis zum ..... keine der in b) genannten aufschiebenden Bedingungen eingetreten sein ist der Käufer zum Rücktritt vom Vertrag berechtigt. Beide Seiten sind zum Rücktritt vom Vertrag berechtigt, sobald der Zusammenschluss behördlich untersagt oder nur unter Bedingungen bzw. Auflagen genehmigt werden sollte. Die Kosten des Vertrags, seiner Finanzierung und deren Rückabwicklung bei Notar und Grundbuchamt tragen dann beide Beteiligten je zur Hälfte. Weiter gehende Ansprüche stehen dem Käufer nur bei Vorsatz, Arglist oder Garantie zu. Der Verkäufer ist im Fall des Rücktritts zum Schadenersatz nur dann berechtigt, wenn der Nichteintritt der Bedingungen auf verspäteter oder unterbliebener Anmeldung durch den Käufer beruht.

2. Gerichtliche Genehmigungen

a) Genehmigungsbedürftige Sachverhalte

aa) Immobilientransaktionen

Für die in §§ 1821, 1822 BGB genannten Rechtsgeschäfte bedürfen Vormund, Pfleger und Betreuer einer gerichtlichen Genehmigung (zur internationalrechtlichen Zuständigkeit vgl. Rdn. 645). Zuständig für die vorherige Erlaubnis[2651] oder nachträgliche Zustimmung ist das Betreuungsgericht (in vor dem 01.09.2009 eingeleiteten Verfahren: das Vormundschaftsgericht).[2652] Eltern bzw. Ergänzungspfleger gem. § 1909 BGB benötigen für den in § 1643 Abs. 1 BGB erwähnten Ausschnitt hieraus der Genehmigung des FamG[2653] (in Verfahren vor dem 01.09.2009 war auch für Ergänzungsbetreuer das VormG zuständig).[2654] Nachlasspfleger bedürfen gem. § 1962 BGB (nach wie vor: § 368 Abs. 3 FamFG) der nachlassgerichtlichen Genehmigung.[2655] Hält das Gericht eine Genehmigung nicht für erforderlich, erteilt es ein Negativattest.[2656] Ist der Veräußerer minderjährig, erstreckt sich die Genehmigung auch auf das dingliche Geschäft, ist der Erwerber minderjährig, nur auf das schuldrechtliche (mit der Folge, dass sie vom Grundbuchamt gem. § 20 GBO an sich nicht verlangt werden kann, vom Notar jedoch gleichwohl einzuholen ist, vgl. Rdn. 531 a.E.). Das Genehmigungserfordernis kann auch bei ausländischen Betreuungsverhältnissen mit Inlandsbezug bestehen, insb. gem. Art. 14 des Haager Erwachsenenschutzübereinkommens (ESÜ), vgl. Rdn. 547.

1609

2651 Sofern der Inhalt des zu genehmigenden Rechtsgeschäftes im Wesentlichen feststeht: BayObLG RNotZ 2003, 127.

2652 BayObLG ZEV 2004, 340 (Divergenzvorlage an den BGH wegen Abweichung von OLG Köln Rpfleger 2003, 570: FamG auch bei Pflegergeschäften). Hierzu ausführlich *Fiala/Müller/Braun* Rpfleger 2002, 389.

2653 Hat versehentlich das Vormundschaftsgericht diese Genehmigung erteilt, dürfte sie gleichwohl wirksam sein (vgl. OLG Düsseldorf FamRZ 1978, 198 für den umgekehrten Fall), DNotI-Report 2003, 97.

2654 Vereinfacht gesprochen, wird i.R.d. FamFG differenziert nach der Person dessen, für den gehandelt wird (Kinder: FamG; Erwachsener: Betreuungsgericht); nach altem Recht jedoch nach der Person des handelnden Vertreters (Eltern: FamG, sonst: VormG).

2655 Für die unbekannten Erben wird regelmäßig ein Verfahrenspfleger bestellt werden müssen (§ 276 Abs. 1 Satz 1 FamFG), um so alle Beteiligten auch hinsichtlich der Bekanntgabe der Genehmigung zu erfassen.

2656 Es handelt sich dabei lediglich um eine Zulässigkeitsentscheidung; der Vertrag bliebe bei unrichtiger Einschätzung unwirksam, sodass eine »vorsorgliche Genehmigung« vorzuziehen ist (Staudinger/*Engler* BGB § 1828 Rn. 47).

B. Gestaltung eines Grundstückskaufvertrages

1610 Genehmigungsbedürftig sind gem. §§ 1643 Abs. 1, 1821 Abs. 1 Nr. 1 BGB **Verfügungen über ein dem Minderjährigen gehörendes Grundstück** oder über seine Rechte an einem Grundstück, gemäß a.a.O. Nr. 4 auch Verpflichtungen hierzu (wobei jedoch gem. § 1821 Abs. 2 BGB Hypotheken, Grund- oder Rentenschulden nicht zu den Rechten an einem Grundstück im Sinn dieser Norm zählen). Bei den Immobiliarverfügungen i.S.d. § 1821 Abs. 1 Nr. 1 BGB handelt es sich insb. um folgende Vorgänge:[2657]
– Erklärung der Auflassung, auch wenn sie in Erfüllung einer Rückübertragungspflicht des Kindes erfolgt,
– Erteilung einer unwiderruflichen Vollmacht zur Auflassung,
– Begründung von Wohnungs- oder Teileigentum durch das minderjährige Kind,
– Belastung des dem Kind gehörenden Grundbesitzes mit einer Hypothek, Grundschuld oder Rentenschuld (auch wenn dies in Ausübung der im genehmigten Verkaufsvertrag enthaltenen Belastungsvollmacht erfolgt),
– Belastung des Grundbesitzes des Kindes mit Rechten in Abteilung II (Nießbrauchsrecht, Dienstbarkeit, Erbbaurecht, Vorkaufsrecht, Reallast etc.),
– Inhaltsänderung eines der vorgenannten, am Grundbesitz des Kindes lastenden Rechte, soweit dies zu einer Erweiterung oder Erschwerung der Haftung führt,
– Bewilligung einer (Eigentums- oder Löschungs-) Vormerkung,
– Änderung der sachenrechtlichen Grundlagen, aber auch der Gemeinschaftsordnung einer WEG-Eigentümergemeinschaft, an welcher der Minderjährige beteiligt ist.[2658]

1611 Weiter zählen hierzu Verfügungen über **Rechte des Minderjährigen an einem fremden Grundstück**, bspw.
– die Inhaltsänderung eines dem Kind zustehenden Rechts in Abteilung II (Erbbaurecht, Grunddienstbarkeit, Nießbrauch, Vorkaufsrecht, Reallast etc.), sofern dieses nicht für das Kind ausschließlich rechtlich vorteilhaft ist,
– der Rangrücktritt mit einem der vorgenannten Rechte,
– die Aufhebung (Löschung) eines der vorgenannten Rechte (vgl. aber zur Löschung einer Hypothek Rdn. 1625),
– die Übertragung, Pfändung oder sonstige Belastung eines der vorgenannten Rechte.

1612 Gem. §§ 1643 Abs. 1, 1821 Abs. 1 Nr. 2 BGB sind auch **Verfügungen über grundstücksbezogene Forderungen** genehmigungsbedürftig (Abtretung eines Übereignungsanspruchs etc., jeweils einschließlich der entsprechenden Verpflichtung hierzu – a.a.O. Nr. 4 –, jedoch jeweils nicht in Bezug auf Hypotheken, Grund- und Rentenschulden, § 1821 Abs. 2 BGB). Die bloße Erfüllung des Anspruchs eines Minderjährigen auf Übereignung einer Immobilie durch Bewirkung der Auflassung wird von der Norm jedoch nicht erfasst.[2659]

1613 Gem. §§ 1643 Abs. 1, 1821 Abs. 1 Nr. 5 BGB ist ferner genehmigungsbedürftig der **entgeltliche Erwerb eines Grundstücks** oder eines Rechts an einem Grundstück (mit Ausnahme der vorgenannten Verwertungsrechte, § 1821 Abs. 2 BGB). Dieser Genehmigungsvorbehalt bezieht sich lediglich auf das schuldrechtliche Geschäft, ist also vom Grundbuchamt nicht zu prüfen. Die erforderliche Abhängigkeit von einer Gegenleistung ist bei Schenkungen unter Auflagen, auch der Auflage der Rückforderung oder Bestellung eines Rechts für den Veräußerer, nicht gegeben, sodass der Vorbehalt des Nießbrauchs und Rückforderungsrechte unschädlich sind.[2660] Aber auch darüber hinaus gilt: Nicht jede »nicht mehr lediglich rechtlich vorteilhafte« Vereinbarung, die zur Bestellung eines Ergänzungspflegers wegen rechtlicher Verhinderung der Eltern führt, stellt zugleich die »Unentgeltlichkeit« infrage oder führt aus anderem Grund zur Genehmigungsbedürftigkeit: der bloße

---

[2657] Vgl. *Kölmel* RNotZ 2010, 1, 17.
[2658] Vgl. *Gutachten* DNotI-Report 2011, 244. Solche beschlossenen Änderungen wären auch vormerkungsfähig, sind also auf Änderung des dinglichen Rechtsinhalts des Sondereigentums gerichtet, vgl. *Staudinger/Kreuzer* § 10 WEG Rn. 66.
[2659] RGZ 108, 356, 364.
[2660] BGH, 30.09.2010 – V ZB 206/10, NotBZ 2011, 94 m. Anm. *Krauß*.

V. Genehmigungen, Vorkaufsrechte

Eintritt in einen Verwaltervertrag – auf den vor dem 01.07.2007 beim Erwerb einer Eigentumswohnung i.R.d. Prüfung des § 107 BGB abzustellen war – bzw. der (kraft Gesetzes sich vollziehende) Eintritt in einen Mietvertrag verwirklichen z.B. §§ 1821 Abs. 1 Nr. 5, 1822 Nr. 5 und Nr. 10 BGB nicht.[2661] Auch die Bestellung eines Nießbrauchs (mit Pflichten versehen und damit nicht lediglich rechtlich vorteilhaft) für das Kind am Grundstück der Eltern ist nicht »entgeltlich« und damit nicht genehmigungsbedürftig.[2662]

Die in allen vorgenannten Fällen gegebene Genehmigungsfreiheit in Bezug auf Hypotheken, Grund- und Rentenschulden, § 1821 Abs. 2 BGB, rechtfertigt sich aus Sicht des Gesetzgebers daraus, dass solche Verfügungen typischerweise nicht über die Grenzen der gewöhnlichen Vermögensverwaltung hinausgehen. Daher bedarf es für die Bestellung eines der vorgenannten Verwertungsrechte zugunsten des Kindes als Gläubiger keiner Genehmigung, ebenso wenig bei der Abtretung solcher Rechte, beim Rangrücktritt oder bei der Abgabe der Löschungsbewilligung für den Minderjährigen. Unberührt bleiben jedoch Genehmigungserfordernisse (bzw. Vertretungsverbote) aus anderen Gründen, bspw. wenn in der Abgabe einer löschungsfähigen Quittung bzw. der Löschung eine Schenkung zulasten des Kindes läge (§ 1804 BGB: Mitwirkungsverbot). **1614**

Praxisbedeutsam ist schließlich das Genehmigungserfordernis der §§ 1643 Abs. 1, 1822 Nr. 5 BGB bei schuldrechtlichen Verträgen, durch die der Minderjährige **zu wiederkehrenden Leistungen verpflichtet** wird, sofern das Vertragsverhältnis über das 19. Lebensjahr hinaus fortdauern soll. In Betracht kommt dies bspw. für Mietverträge, die den Minderjährigen als Mieter oder als Vermieter betreffen und die nicht vor Vollendung seines 19. Lebensjahres kündbar sind, aber auch Sparverträge etc. **1615**

Schließlich bedarf es gem. § 1643 Abs. 1 i.V.m. § 1822 Nr. 8 BGB der familiengerichtlichen Genehmigung bei der **Aufnahme von Geld auf Kredit des Minderjährigen**, und zwar auch wenn dieser Kredit unverzinslich und ungesichert ist. Nicht erfasst ist jedoch die bloße Stundung eines Kaufpreises durch den Verkäufer,[2663] sofern dieser nicht durch Dritte finanziert ist. **1616**

Die §§ 1643 Abs. 1, 1822 Nr. 10 BGB sollen schließlich den Minderjährigen davor schützen, eine Verbindlichkeit in der falschen Hoffnung zu übernehmen, dass tatsächlich ein anderer leisten werde. Genehmigungsbedürftig sind daher alle Fälle der »Haftungsübernahme«, in denen für den Fall der Inanspruchnahme dem Minderjährigen ein Regressanspruch gegen den Primär-Schuldner zusteht, also bspw. die **Übernahme einer Bürgschaft**, die Schuldübernahme oder Erfüllungsübernahme, der Schuldbeitritt, der Erstattungsanspruch des Gesamtschuldners aus § 426 BGB etc. Die Übernahme der auf einem Grundstück ruhenden Lasten, ebenso der kraft Gesetzes sich vollziehende Eintritt in einen Mietvertrag beim Erwerb eines Grundstücks durch einen Minderjährigen lösen jedoch das Genehmigungserfordernis des § 1822 Nr. 10 BGB nicht aus. Allerdings wird § 1822 Nr. 10 BGB verwirklicht, wenn lediglich ein Bruchteil eines Sondereigentums an einen Minderjährigen aufgelassen wird, da er gesamtschuldnerisch mit dem Eigentümer des verbleibenden Bruchteils auf den vollen Betrag der Gemeinschaftslasten (§§ 10 Abs. 8, 16 Abs. 2 WEG) haftet.[2664] **1617**

Auch wenn der Beitritt des Minderjährigen (vertreten durch die Eltern bzw. je einen Ergänzungspfleger)[2665] zu einer **Gesellschaft des bürgerlichen Rechts** oder seine Mitwirkung bei der Gründung (z.B. wegen **1618**

2661 *Everts* ZEV 2004, 234 ff. und LG München II MittBayNot 2005, 234; a.A. teilweise undifferenziert die Instanzgerichte: LG Heidelberg BWNotZ 2000, 145, ebenso falsch KG, 31.08.2010 – 1 W 167/10, NotBZ 2011, 99 (nur Ls.): auf das Erreichen des 18. Lebensjahres aufschiebend bedingte Schenkung mit Eintritt in den Mietvertrag ab Vollendung des 18. Lebensjahres, nicht erst mit Eigentumserwerb, sei entgeltlich).
2662 Konnte in OLG München, 08.02.2011 – 34 Wx 40/11, ZEV 2011, 267 offenbleiben, da das Grundbuchamt die schuldrechtliche Seite nicht zu prüfen hat.
2663 Vgl. Praxis-Kommentar BGB/*Lafontaine*, 4. Aufl. 2009, § 1822 Rz. 145.
2664 KG, 15.07.2010 – 1 W 312/10, BeckRS 2010, 28459 = FD-MietR 2010, 311706.
2665 Auch bei unentgeltlicher Übertragung der Gesellschafterstellung ist damit wegen der (in den Grenzen des § 1629a BGB bestehenden) Vollhaftung ein rechtlicher Nachteil verbunden. Ist auch nur ein Elternteil ebenfalls an der GbR beteiligt, bedarf es wegen der Wechselseitigkeit der Beitragspflichten je eines eigenen Ergänzungspflegers nach § 1909 Abs. 1 Nr. 1 BGB, vgl. *Hopt* Gesellschaftsrecht Rn. 53.

B. Gestaltung eines Grundstückskaufvertrages

§ 1822 Nr. 10 BGB: Übernahme einer fremden Verbindlichkeit analog § 128 HGB bei Gründung oder analog § 130 HGB durch Beitritt bzgl. der Altschulden)[2666] bereits gerichtlich genehmigt wurde, bedarf die Veräußerung von Grundstücken durch vermögensverwaltende Gesellschaften unter Beteiligung Minderjähriger nach überwiegender Rechtsprechung der neuerlichen familiengerichtlichen Genehmigung gem. § 1821 Abs. 1 Nr. 1 und Nr. 4 BGB[2667] (was fragwürdig erscheint angesichts der Rechtsfähigkeit der GbR, vgl. Rdn. 309 ff.).[2668] Anders mag es liegen bei erwerbswirtschaftlich tätigen Gesellschaften, bei denen bereits i.R.d. § 1822 Nr. 3 BGB der Handel mit Grundstücken in die Genehmigung des Beitritts (oder einer diesbezüglichen Änderung des Gesellschaftsvertrags)[2669] einbezogen wurde.[2670] Die Lehre von der Teilrechtsfähigkeit der (Außen-) GbR würde allerdings auch i.Ü. eher dafür streiten, das Handeln des Organs »Vertreter« lediglich »der Gesellschaft«, nicht dem Mündel zuzurechnen, sodass Rechtsgeschäfte der GbR (ebenso wenig wie solche der OHG)[2671] keiner gerichtlichen Genehmigung bedürfen.[2672]

1619 Einseitige Rechtsgeschäfte (mit Ausnahme amtsempfangsbedürftiger Willenserklärungen) bedürfen der vorherigen Genehmigung nach § 1831 BGB.[2673]

bb) Grundpfandrechtsbestellung

1620 Zu berücksichtigen ist, dass auch **Grundpfandrechtsbestellungen**[2674] der Genehmigung bedürfen (§ 1821 Abs. 1 Nr. 1 BGB; auch durch Eltern: § 1643 Abs. 1 BGB); Gleiches gilt für den Darlehensabschluss eines Minderjährigen und die Besicherung fremder Verbindlichkeiten (Zweckvereinbarung).[2675] Ist bspw. die Übernahme eines mit einem Grundpfandrecht belasteten Grundstücks, solange der Minderjährige keine persönliche Haftung für die noch valutierende Schuld übernimmt, lediglich rechtlich vorteilhaft und genehmigungsfrei (s.o. Rdn. 524), liegt in der **Abrede zur künftigen Neuvalutierung** durch die Eltern im Verhältnis zwischen Grundstückseigentümer (Erwerber) und persönlichem Schuldner (z.B. den Eltern) entweder eine (dann zwingend nichtige, § 1641 Satz 1 BGB) Schenkung oder aber (richtigerweise) ein Auftrag, dessen Vereinbarung mangels lediglich rechtlichen Vorteils einen Ergänzungspfleger erforderlich macht, jedoch keiner gerichtlichen Genehmigung unterliegt. Beim **Sicherungsvertrag** selbst zwischen Grundpfandrechtsgläubiger und Sicherungsgeber (Eigentümer = Erwerber) sind die Eltern mangels Kollision nicht an der Vertretung gehindert,[2676] allerdings bedarf es wohl einer familiengerichtlichen Genehmigung gem. § 1822 Nr. 10 BGB (»Übernahme einer fremden Verbindlichkeit«),[2677] weil im Fall der Inanspruchnahme aufgrund der gesicherten Forderungen dem Sicherungsgeber ein Ersatzanspruch gegen den persönlichen Schuldner zustünde.

2666 BGH NJW 2003, 1803 ff.; vgl. *Wertenbruch* FamRZ 2003, 1716.
2667 OLG Koblenz NJW 2003, 1401.
2668 Gegen das Genehmigungserfordernis daher OLG Schleswig MittBayNot 2002, 294 und *Bestelmeyer* Rpfleger 2010, 169, 190; vgl. auch *Lautner* MittBayNot 2002, 256 und (krit. ggü. dem OLG Koblenz, vorstehende Fn.) *Wertenbruch* FamRZ 2003, 1714: keine auch nur mittelbare Beteiligung des Minderjährigen am Grundstück aufgrund der Teilrechtsfähigkeit der Außengesellschaft.
2669 Jedenfalls solche wesentlichen Vertragsänderungen bedürfen der Genehmigung, vgl. MünchKomm-BGB/*Wagenitz* § 1822 Rn. 28.
2670 Vgl. im Einzelnen DNotI-Gutachten DNotI-Report 2004, 31.
2671 BGH NJW 1971, 375.
2672 *Czeguhn/Dickmann* FamRZ 2004, 1536; Praxis-Kommentar BGB/*Lafontaine*, 4. Aufl. 2009 § 1821 Rz. 20.
2673 Vgl. *Sonnenfeld/Zorn* Rpfleger 2004, 535 f.
2674 Dies gilt auch für Eigentümergrundschulden, nicht erst für deren (für Eltern genehmigungsfreie, da auf § 1821 Abs. 1 Nr. 2 BGB nicht verwiesen wird) Abtretung, vgl. *Ivo* ZNotP 2004, 18.
2675 § 1822 Nr. 8 (Darlehen) bzw. Nr. 10 BGB, Nr. 10 dürfte immanent in der Genehmigung des Grundpfandrechts enthalten sein, jedenfalls wenn das Gericht den Beleihungszweck kennt: *Gaberdiel* Kreditsicherung durch Grundschulden Rn. 649.
2676 Es sei denn, das FamG würde gem. §§ 1629 Abs. 2 Satz 3 Halbs. 1, 1796 BGB im Einzelfall wegen eines konkreten Interessenwiderstreits die Vertretung entziehen.
2677 A.A. BayObLG, FamRZ 1986, 597, a.A. *Senft* MittBayNot 1986, 231, sowie *Gaberdiel* Kreditsicherung durch Grundschulden 7. Aufl. 2004, Rn. 647; *Gutachten* DNotI-Report 2005, 197.

Wurde die Veräußerung durch einen minderjährigen Verkäufer genehmigt, muss also für das Finanzierungsgrundpfandrecht des Erwerbers erneut die familiengerichtliche Genehmigung eingeholt werden, auch wenn im Kaufvertrag eine sog. **Finanzierungsvollmacht** enthalten war.[2678] Streng genommen kann dies für den Käufer zur Folge haben, dass zwar sein Ankauf, nicht aber seine Finanzierungsgrundschuld genehmigt wird, und demnach der Kaufpreis zwar fällig, das Finanzierungsdarlehen aber anderweit besichert werden muss (vergleichbar dem Risiko der »gespaltenen Zustimmung« eines Grundstückseigentümers zum Verkauf, nicht aber zur Beleihung eines Erbbaurechtes, Rdn. 2884). Der vorsichtige Käufer wird darauf drängen, die Fälligkeit des Kaufpreises auch an die gerichtliche Genehmigung der Finanzierungsgrundschuld zu knüpfen,[2679] was dem Verkäufer aber nur dann zuzumuten ist, wenn diese im selben Termin oder binnen kurzer Folgefrist beurkundet wird. 1621

Der Genehmigungsfähigkeit des Finanzierungsgrundpfandrechtes steht dabei nicht entgegen, dass der Grundschuldbetrag den Kaufpreis übersteigt, sofern nur der Sicherungszweck der Grundschuld zunächst auf die Kaufpreiszahlung beschränkt ist.[2680] Ist hingegen der **Käufer** minderjährig, soll die Genehmigung zu einem Kaufvertrag mit Beleihungsvollmacht auch die Grundschuldbestellung zur Kaufpreisfinanzierung erfassen.[2681] 1622

Sofern eine gerichtliche Genehmigung zum Grundpfandrecht erforderlich ist, kann der Notar (entsprechende Vollzugsanweisung vorausgesetzt) bereits i.R.d. Genehmigung des Kaufvertrags eine (dann ohne Mitteilung an den prospektiven anderen Vertragsteil, also mit Rechtskraft sofort wirksame) »**Vorwegerlaubnis**« zur Beleihung einholen;[2682] außerdem heilt der spätere Eigentumserwerb des Käufers die ggf. ohne gerichtliche Genehmigung, also (noch) als Nichtberechtigter, getroffene Verfügung, sofern der Käufer (wie regelmäßig wegen § 800 ZPO) auch im eigenen Namen als künftiger Eigentümer gehandelt hat (§ 185 Abs. 2 Satz 1, 2. Alt. BGB).[2683] 1623

Liegt keine vorherige familien-/betreuungs-/(in Verfahren bis 31.08.2009: vormundschafts-)gerichtliche Erlaubnis vor, muss die nachträglich diesbezüglich erteilte Genehmigung nicht nur dem gesetzlichen Vertreter **zugegangen**, sondern auch dem anderen Vertragsteil (Bank) mitgeteilt und von diesem in Empfang genommen worden sein (§ 1829 Abs. 1 Satz 2 BGB). Dies kann bspw. durch Mitübersendung als Urkundsbestandteil der dem Gläubiger zu erteilenden Ausfertigung (§ 873 Abs. 2 BGB) erfolgen; nach deren Zugang (Rückfax) kann vollstreckbare Ausfertigung erteilt werden. Dem Grundbuchamt ggü. ist wegen des hier geltenden lediglich formellen Konsens-Prinzips (§ 19 GBO) jedoch als Bestandteil der Wirksamkeit der Bewilligung nur nachzuweisen, dass die Genehmigung erteilt wurde und dem gesetzlichen Vertreter zuging (etwa durch Vorlage der an diesen gerichteten Ausfertigung mit dem Eintragungsantrag). Des Nachweises der Mitteilung an den Gläubiger (und der dafür üblichen sog. Doppelvollmacht) bedarf es also nicht, allerdings ist diese Mitteilung materiell-rechtlich erforderlich (und erfolgt i.d.R. infolge entsprechender, stets widerruflicher, Vollmacht durch den Notar).[2684] 1624

2678 OLG Zweibrücken MittBayNot 2005, 313; LG Berlin Rpfleger 1994, 355; *Labuhn* Vormundschaftsgerichtliche Genehmigung Rn. 167; differenzierend LG Schwerin MittBayNot 1997, 297 (Genehmigungsfreiheit, wenn in der Vollmacht bereits Höhe, Verzinsung und Fälligkeit des Grundpfandrechts enthalten sind). Vgl. zum Ganzen umfassend *Gutachten* DNotI-Report 2003, 129 f. und *Braun* DNotZ 2005, 730 ff.
2679 *Bolkart* MittBayNot 2011, 176, 178 schlägt ein vertraglich zu vereinbarendes Leistungsverweigerungsrecht des Käufers vor, solange des Genehmigungsverfahren läuft bzw. wenn dieses die Genehmigung verweigert.
2680 LG Nürnberg-Fürth MittBayNot 2007, 218 m. Anm. *Fahl* (es verbleibt allerdings das Risiko der Zweitschuldnerschaft für dadurch erhöhte Grundbuchkosten).
2681 BGH DNotZ 1998, 490 (auch wenn dadurch Mittel für andere Zwecke als die Kaufpreisfinanzierung beschafft werden sollen, krit. hierzu *Gschoßmann* MittBayNot 1998, 236).
2682 Erforderlich sind Angaben zur maximalen Höhe samt Zinsen und Nebenleistungen und deren Fälligkeit sowie die Vorlage der Sicherungsvereinbarung i.S.d. § 1822 Nr. 10 BGB; ggf. auch die Möglichkeit einer mehrfachen Ausnutzung der Vorwegbeleihungsvollmacht *Braun* DNotZ 2005, 730 ff.
2683 RGZ 89, 158, allerdings erst mit Wirkung ab Eigentumserwerb!
2684 *Ivo* ZNotP 2004, 20.

1625 Die **Eigentümerzustimmung zur Löschung eines Grundpfandrechtes** (§ 27 GBO) bedarf zwar (wegen § 1821 Abs. 2 BGB) nicht gem. § 1821 Abs. 1 Nr. 1 BGB der gerichtlichen Genehmigung, sie stellt jedoch i.S.d. § 1812 BGB eine »Verfügung über ein Recht, kraft dessen der Betreute eine Leistung verlangen kann«, dar, und bedarf daher (bei Fehlen eines Gegenvormunds/Gegenbetreuers) der Genehmigung. Dies gilt unabhängig davon, ob die Eigentümerzustimmung materiellrechtlich eine Aufhebungserklärung i.S.d. § 875 BGB darstellt (z.B. wenn eine Hypothek nach Befriedigung der persönlichen Forderung zur verdeckten Eigentümergrundschuld wurde) oder eine Erklärung i.S.d. § 1183 BGB;[2685] und zwar wohl auch, wenn es sich um das ranglezte Grundpfandrecht handelt.[2686] Hat allerdings das Gericht die Eintragung einer Sicherungsgrundschuld genehmigt, wird die Auslegung ergeben, dass auch die in derselben Urkunde enthaltene Zustimmung zur Löschung eines vorrangigen Pfandrechtes erfasst ist.[2687]

b) Verfahren nach altem Recht (FGG)

1626 Gegen die Versagung oder eingeschränkte Erteilung einer Genehmigung konnten die Beteiligten[2688] nach der für vor dem 01.09.2009, also unter Geltung des FGG, eingeleiteten Verfahren, **Beschwerde zum LG** erheben. Wurde die Genehmigung jedoch erteilt, da aus Sicht des Gerichts der Vertrag in seiner Gesamtbetrachtung sich als vorteilhaft darstellt,[2689] war sie an sich gem. §§ 55, 62 FGG unanfechtbar. Dies verstieß nach der **Rechtsprechung des BVerfG**[2690] gegen die **Rechtsweggarantie des Grundgesetzes** (Art. 19 Abs. 4 GG), wenn nicht zumindest zuvor die Absicht der Genehmigungserteilung durch einen selbstständig beschwerdefähigen Vorbescheid (ähnlich dem damaligen Vorbescheid bei Erbscheinen) angekündigt worden sei. Die OLG haben[2691] hierzu entschieden, dass demnach gegen Genehmigungen des Vormundschaftsgerichts die Beschwerde zulässig bleibe, wenn kein selbstständig beschwerdefähiger Vorbescheid vorausgegangen sei.

> **Hinweis:**
>
> Für die Vertragsabwicklung hatte dies – jedenfalls bis zur Neufassung des FGG per 01.09.2009 (vgl. Rdn. 1628 ff.) – den Nachteil, dass man nicht mehr zwingend von der dauernden Wirksamkeit einer einmal erteilten vormundschaftsgerichtlichen Genehmigung ausgehen konnte. Für Genehmigungen des FamG (bei Handeln der Eltern selbst) galt nichts anderes.

1627 Viele Vormundschaftsgerichte gingen vor Inkrafttreten des FamFG demnach dazu über, prinzipiell bei allen Genehmigungen von Grundstücksgeschäften einen zusätzlichen **Verfahrenspfleger**[2692] zu bestellen, der im Innenverhältnis die Rechte des Betreuten ggü. seinem Betreuer wahrnahm, und die beabsichtigte Entscheidung (i.d.R. die Genehmigung) den Beteiligten des Rechtsgeschäfts (Verkäufer, Betreuer, Verfahrenspfleger) vorab mitzuteilen mit der Aufforderung, binnen 14 Tagen etwaige Bedenken zu äußern. Die Abwicklung bei notwendigen familien- oder vormundschaftsgerichtlichen Genehmigungen verzögerte sich dadurch um etwa 6 weitere Wochen. Zudem könnte der andere Vertragsteil das Rechtsgeschäft angesichts dieser langen Vollzugsdauer dadurch zu Fall

---

2685 OLG Hamm, 25.10.2010 – I-15 W 334/10, MittBayNot 2011, 242.
2686 So jedenfalls BayObLG DNotZ 1985, 161; *Schöner/Stöber* Grundbuchrecht Rn. 3711, 3723.
2687 OLG München, 17.06.2011 – 34 Wx 179/11, DNotZ 2011, 925.
2688 Nicht jedoch der (prospektierte) Erwerber, da in seine Rechte nicht eingegriffen wurde (berechtigtes Interesse an der Entscheidung genügt nicht für das Beschwerderecht), OLG Rostock, 17.05.2006 – 3 W 137/05, NJW-RR 2006, 1229.
2689 OLG Koblenz Rpfleger 2005, 665: durch den Genehmigungsvorbehalt soll nicht jedes Risiko vom »Geschützten« ferngehalten werden; entscheidend ist die Abwägung aller Vor- und Nachteile.
2690 BVerfG ZEV 2000, 148/195.
2691 Z.B. ZEV 2000, 457.
2692 Nach BayObLG MittBayNot 2005, 504 ist dessen Bestellung zur Wahrung rechtlichen Gehörs zwingend; die Vergütung des Pflegers (auch bei Bestellung eines Rechtsanwalts allerdings nicht zwingend nach dem RVG) trägt der Minderjährige. Als verfahrensleitende Verfügung ist die Entscheidung über die Bestellung nicht anfechtbar, OLG Köln FamRZ 2006, 282 m. abl. Anm. *Bienwald*.

bringen, dass er den Betreuer/Vormund zur Erklärung über die Genehmigung auffordert;[2693] die 4-Wochen-Frist, (vor dem 01.09.2009: 2-Wochen-Frist), nach deren Ablauf die Genehmigung als verweigert gilt (§ 1829 Abs. 2 BGB), wird unter heutigen Bedingungen kaum mehr ausreichen, zur kautelaren Vorsorge vgl. Rdn. 1659.

c) Verfahren nach neuem Recht (FamFG)

aa) Zuständigkeiten

Mit Inkrafttreten des neuen **FamFG** am 01.09.2009[2694] wurden für ab diesem Zeitpunkt neu eingeleitete Verfahren (Art. 111 FGG-ReformG) die bisherigen Aufgaben der Vormundschaftsgerichte von den **Familiengerichten**, soweit sie Angelegenheiten von Kindern betreffen (etwa Vormundschaft, Pflegschaft für Minderjährige, Adoption – auch Volljähriger –), i.Ü. von den neu geschaffenen **Betreuungsgerichten** übernommen. **1628**

Die Genehmigung für Maßnahmen des **Nachlasspflegers** wird auch nach dem 01.09.2009 vom Nachlassgericht erteilt, vgl. § 368 Abs. 3 FamFG. Für die unbekannten Erben wird regelmäßig ein Verfahrenspfleger bestellt werden müssen, § 276 Abs. 1 Satz 1 FamFG, um so alle Beteiligten auch hinsichtlich der Bekanntgabe der Genehmigung zu erfassen. **1629**

Gegen die Erteilung oder Nichterteilung der betreuungsgerichtlichen Genehmigung ist die Beschwerde zum LG (§ 72 Abs. 1 Satz 2 GVG) eröffnet; gegen familien- und nachlassgerichtliche Genehmigungen bzw. deren Nichterteilung findet die Beschwerde zum OLG statt. **1630**

Vor dem 01.09.2009 eingeleitete Verfahren werden, auch in der Beschwerdeinstanz, noch unter Fortgeltung des FGG abgewickelt. **1631**

bb) Entscheidungskriterien

Der Familienrichter trifft bei der Erteilung der Genehmigung eine **Ermessungsentscheidung**.[2695] Revisibler Ermessensnicht- oder Ermessensfehlgebrauch kann insb. vorliegen, wenn der Richter bereits aus der Genehmigungsbedürftigkeit (also der »nicht lediglich rechtlichen Vorteilhaftigkeit«) auf die Versagung der Genehmigung schließt oder bei der Bewertung relevanter Umstände unrichtige Maßstäbe zugrunde legt. So können allein die Anordnung der Anrechnung auf den Pflichtteil gem. § 2315 BGB (selbst wenn zugunsten des minderjährigen Empfängers keine Begrenzung auf den Wert zum Zeitpunkt des Todes des Übergebers aufgenommen ist),[2696] der Vorbehalt eines Nießbrauchsrechts, der dinglichen Beleihung sowie eines Rückforderungsrechts (selbst dann, wenn Erwerberinvestitionen nur zu ersetzen sind, soweit sie noch zu einer Wertsteigerung des Vertragsobjekts führen) der Genehmigungsfähigkeit nicht entgegenstehen.[2697] **1632**

Reichen die Mietüberschüsse einer dem Minderjährigen übertragenen Eigentumswohnung aus, um den Kreditbelastungen nachzukommen, bestehen keine Mietstreitigkeiten oder -rückstände, ist eine Sanierung in den nächsten Jahren nicht erforderlich und verpflichtet sich der Veräußerer, bis zum Eintritt der Volljährigkeit des Erwerbers Fehlbeträge aus eigenen Mitteln auszugleichen, besteht ebenfalls Genehmigungsfähigkeit; dies gilt sogar dann, wenn der Veräußerer sich bevollmächtigen lässt, Mietüberschüsse in eine Rücklage einzustellen, die zur Instandhaltung und Darlehensverpflichtung zu verwenden sind, sofern diese Vollmacht nach der Tilgung der Darlehensverpflichtung widerrufen werden kann.[2698] **1633**

2693 Nach OLG Düsseldorf DNotZ 2003, 863 muss die Aufforderung allerdings so gefasst sein, dass sie sich aus Sicht des gesetzlichen Vertreters deutlich von einer bloßen Sachstandsanfrage unterscheidet.
2694 Vgl. hierzu *Heinemann* DNotZ 2009, 6 ff.; *Gutachten* DNotI-Report 2009, 145 ff.
2695 BayObLG NJW-RR 2003, 649/652.
2696 Vgl. *Krauß* Vermögensnachfolge in der Praxis Rn. 3141.
2697 Vgl. OLG München, 17.07.2007 – 31 Wx 18/07, RNotZ 2008, 27.
2698 OLG Brandenburg, 23.09.2008 – 10 UF 70/08, MittBayNot 2009, 155, m. Anm. *Fenbacher*.

1634 Die Genehmigung dispensiert den gesetzlichen Vertreter nicht von etwaiger Haftung bei pflichtwidrigem Vertragsabschluss.[2699]

cc) Rechtskraft des Genehmigungsbeschlusses

1635 An die Stelle der bisherigen »Hilfskonstruktion« des »Vorbescheids« tritt die sog. »**Rechtskraftlösung**« (bzw. »Suspensivlösung«), wonach der Beschluss über die Genehmigung eines Rechtsgeschäfts erst mit formeller Rechtskraft wirksam wird, §§ 40 Abs. 2, 45 FamFG.

(1) Beginn der Beschwerdefrist: Bekanntgabe bzw. Erlass

1636 Die Beschwerdefrist beträgt 2 Wochen und beginnt mit schriftlicher Bekanntgabe des Beschlusses an die »Beteiligten« (§ 63 Abs. 2 Nr. 2, Abs. 3 Satz 1 FamFG). Jedem Beteiligten ggü. läuft eine eigene Beschwerdefrist, übrigens unabhängig davon, ob die gem. § 39 FamFG vorgeschriebene Rechtsbehelfsbelehrung beigefügt war oder nicht.[2700]

1637 Zu diesen Beteiligten zählt jedenfalls der gesetzliche Vertreter (Eltern, Vormund, Betreuer), ebenso durch das Gericht für den Betroffenen bestellte Unterstützungspersonen (nachstehend untechnisch zusammenfassend als »**Verfahrensvertreter**« bezeichnet), d.h.
– Für den Betreuten und bei Nachlasspflegschaften und Nachlassverwaltungen[2701] ein etwa gem. § 276 Abs. 1 FamFG bestellter **Verfahrenspfleger** (insb. in den Fällen, in denen eine Verständigung mit dem Betreuten schwierig ist, § 299 Satz 1 FamFG,[2702] oder Zweifel daran bestehen, ob der Betreuer tatsächlich im Interesse des Mündels handelt; bei unbekannten Erben stets); seine Beteiligteneigenschaft ergibt sich sodann aus § 274 Abs. 2 FamFG mit der Folge, dass er selbst beschwerdebefugt ist.[2703]
– Ein etwa für ein minderjähriges Kind bestellter **Verfahrensbeistand** gem. § 158 FamFG (der auch gem. § 158 Abs. 4 Satz 5 für das Kind Beschwerde einlegen kann). Der Schwerpunkt solcher Beistandsbestellung liegt freilich in der Personensorge (§ 158 Abs. 1 FamFG), sodass eine analoge Anwendung im Raum steht.[2704]

1638 Der Beschluss über die Bestellung eines solchen »Verfahrensvertreters« ist (wohl gegen die Intention des Gesetzgebers) mit der einmonatigen Rechtspflegererinnerung gem. § 11 Abs. 2 RPflG anfechtbar (durch Eltern/Betreuer, sowie Betreuten und das mindestens 14 Jahre alte Kind), sodass sich das Verfahren möglicherweise bis zum Ablauf dieser Frist weiter verzögert.

1639 Ein etwa vom Betreuten daneben eingesetzter Vorsorgebevollmächtigter ist demgegenüber gem. § 274 Abs. 1 Nr. 3 FamFG nur dann zu beteiligen, wenn »sein Aufgabenkreis betroffen ist«, z.B. in hier nicht einschlägigen Verfahren zur Bestellung eines Kontrollbetreuers gem. § 1896 Abs. 3 BGB.

1640 Der Genehmigungsbeschluss ist jedoch stets auch[2705] demjenigen bekannt zu geben (zum Verfahren: § 15 FamFG), für den das Rechtsgeschäft genehmigt wird (also dem betroffenen Kind, dem Mündel, Pflegling, dem Betreuten etc., vgl. § 41 Abs. 3 FamFG).[2706] Dadurch soll verhindert wer-

---

2699 BGH, 18.09.2003 – XII R 13/01, DNotI-Report 2003, 189.
2700 Gem. § 17 Abs. 2 FamFG wird dann jedoch bei Wiedereinsetzung in den vorigen Stand fehlendes Verschulden vermutet.
2701 § 342 Abs. 1 Nr. 2 und Nr. 8 FamFG; gem. § 340 Nr. 1 FamFG gelten die Vorschriften des 3. Buches des FamFG für solche »betreuungsrechtlichen Zuweisungssachen« entsprechend.
2702 Trotz § 275 FamFG, vgl. *Schaal* notar 2010, 268, 275, auch zur Gegenansicht.
2703 *Rausch* in: Schulte-Bunert/Weinreich FamFG-Kommentar § 276 Rn. 17.
2704 Vgl. *Heggen* NotBZ 2010, 394; der Verfahrensbeistand ist dabei kein Superrevisor des eingesetzten Betreuers, sondern soll die verfahrensrechtliche Beteiligung des Minderjährigen sicherstellen, BGH, 22.07.2009 – XII ZR 77/06, NotBZ 2009, 452 m. Anm. *Krause*.
2705 Dadurch wird ein Widerspruch zum unverändert gebliebenen § 1828 BGB, wonach das Gericht die Genehmigung allein dem Vormund ggü. erklären könne, vermieden.
2706 Nach Mm. (z.B. *Bumiller/Harders* FamFG 9. Aufl. 2009 § 41 Rn. 8) ist in § 41 Abs. 3 FamFG der andere Vertragsteil (Adressat der Bekanntmachung gem. § 1829 BGB) gemeint. Dagegen spricht jedoch der Umstand, dass dieser nur ausnahmsweise ein Beschwerderecht haben kann, etwa wenn die Genehmigung zurückgenommen wird, nachdem sie

den, dass das Rechtsgeschäft ohne Einbeziehung des Rechtsinhabers zustande kommt; das dem Betroffenen zu gewährende rechtliche Gehör kann – so die hiermit umgesetzte Vorgabe des BVerfG in der Entscheidung vom 18.01.2000[2707] – nicht durch den gesetzlichen Vertreter vermittelt werden, dessen Handeln im Genehmigungsverfahren gerade überprüft werden soll.

Soweit der Betroffene selbst verfahrensfähig ist, ist ihm also der Beschluss i.S.d. § 41 Abs. 3 FamFG unmittelbar bekannt zu geben. Verfahrensfähigkeit liegt vor **1641**
— bei **Betreuten**, ohne Rücksicht auf ihre Geschäftsfähigkeit, gem. § 275 FamFG in allen Betreuungssachen (dazu zählen gem. § 271 Nr. 3 FamFG auch vermögensrechtliche Genehmigungsverfahren)[2708] – die Zustellung an den Betreuer genügt selbst dann nicht, wenn er für den Aufgabenkreis »Entgegennahme der Post« bestellt ist;[2709]
— bei mindestens **14 Jahre alten** und nicht geschäftsunfähigen **Kindern**, da sie ab diesem Alter durch das Gericht gem. § 159 Abs. 1 FamFG anzuhören sind, und damit gem. § 60 Satz 2 FamFG selbst Beschwerde einlegen können (auch wenn die Anhörung im Einzelfall tatsächlich nicht stattgefunden hat).[2710]

Liegt solche Verfahrensfähigkeit nicht vor, also bei Kindern unter 14 Jahren oder bei geschäftsunfähigen Kindern, ist – sofern nicht bereits ein Verfahrenspfleger oder Verfahrensbeistand bestellt wurde, str.[2711] – zum Zwecke der wirksamen Bekanntgabe und ggf. zur Einlegung der Beschwerde durch das Gericht ein Ergänzungspfleger (§ 1909 BGB)[2712] – str., nach a.A. ein Verfahrensbeistand i.S.d. § 158 FamFG[2713] oder gem. § 158 FamFG analog[2714] – zu bestellen (eine Vertretung durch den gesetzlichen Vertreter selbst, der das zu genehmigende Rechtsgeschäft zustande gebracht hat, ist wie vorstehend erläutert ausgeschlossen).[2715] Der nicht berufsmäßige Verfahrensbeistand erhält lediglich Erstattung seiner Aufwendungen;[2716] der berufsmäßige Verfahrensbeistand erhält immerhin 350 € pro Rechtszug (§ 158 Abs. 7 Satz 2 FamFG). **1642**

Fehlt es an einer wirksamen Bekanntgabe an einen der vorgenannten Beteiligten, beginnt die 2-wöchige Beschwerdefrist erst 5 **Monate nach Erlass**[2717] der Genehmigung zu laufen, § 63 Abs. 3 Satz 2 **1643**

---

ihm ggü. schon wirksam geworden war (BayObLG 60, 276; OLG Stuttgart, Rpfleger 59, 158) oder bei Versagung der Genehmigung, wenn er vorbringt, das Rechtsgeschäft sei nicht genehmigungsbedürftig (BayObLG FamRZ 77, 141; OLG Hamm OLG 84, 327).

2707 BVerfGE 101, 397 (407).
2708 Das LG Braunschweig, 17.11.2010 – 8 T 816/10, FamRZ 2011, 675 m. abl. Anm. *Zorn* nimmt (unrichtig) an, trotz § 275 FamFG bedürfe es für die Zustellung stets (neben dem Verfahrenspfleger gem. § 276 FamFG) der Bestellung eines Ergänzungsbetreuers.
2709 BGH, 04.05.2011 – XII ZB 632/10, ZNotP 2011, 267.
2710 *Unger* in: Schulte-Bunert/Weinreich FamFG-Kommentar § 60 Rn. 3; vgl. auch § 164 FamFG.
2711 Bedenken bestehen, da gem. § 9 Abs. 2 FamFG verfahrensunfähige Beteiligte (also z.B. unter 14-jährige Kinder) durch die »nach bürgerlichem Recht dazu befugten Personen« vertreten werden, und gem. § 158 Abs. 4 Satz 6 FamFG der Verfahrensbeistand ausdrücklich nicht als gesetzlicher Vertreter fungiert.
2712 So OLG Oldenburg, 26.11.2009 – 14 UF 149/09; OLG Celle, 04.05.2011 – 10 UF 78/11, ZErb 2011, 198 und KG, 04.03.2010 – 17 UF 5/10, RNotZ 2010, 463 m. krit. Anm. *Kölmel*; ebenso *Sonnenfeld* NotBZ 2009, 295, 299 und *Damrau* ZErb 2011, 176 ff., da § 158 Abs. 1 FamFG nur für Angelegenheiten in Bezug auf die »Person des Kindes« gelte; lediglich die (wortgleiche) Vorgängernorm des § 50 FGG wurde zur Schließung der vom BVerfG aufgedeckten Rechtsschutzlücke erweiternd ausgelegt; vgl. Überblick zu den vertretenen Auffassungen bei *Heggen* NotBZ 2010, 395 ff. und *Schaal* notar 2010, 268, 273 zum betreuungsgerichtlichen, notar 2010, 404 zum nachlassgerichtlichen Verfahren.
2713 *Heinemann* DNotZ 2009, 6, 17, *Litzenburger* RNotZ 2009, 380, 381; dagegen spricht jedoch, dass gem. § 158 Abs. 4 Satz 6 FamFG der Verfahrensbeistand ausdrücklich nicht als gesetzlicher Vertreter des Kindes fungiert.
2714 *Kölmel* NotBZ 2010, 2, 5; *ders.* MittBayNot 2011, 190 ff.
2715 A.A. OLG Brandenburg, 06.12.2010 – 9 UF 61/10, MittBayNot 2011, 240: Prüfung im Einzelfall, worin der konkrete Interessengegensatz zwischen (z.B.) Kind und Eltern bestehen soll, dann ggf. Entzug der sonst gegebenen Vertretungsmacht zur Bekanntgabe der Genehmigung gem. §§ 1629 Abs. 3 Satz 2, 1796 BGB.
2716 § 1835 Abs. 1 und Abs. 2 BGB i.V.m. §§ 158 Abs. 7, 277 Abs. 1 Satz 1 FamFG.
2717 Also Übergabe an die Geschäftsstelle oder Verlesung der Beschlussformel (§ 38 Abs. 3 FamFG).

B. Gestaltung eines Grundstückskaufvertrages

FamFG. Nach wohl richtiger, wenngleich umstrittener[2718] Auffassung ist in den Fällen, in denen ein eigentlich zwingend Beteiligter (§ 7 Abs. 2 FamFG), z.B. der Betreute bei einer betreuungsgerichtlichen Genehmigung, gänzlich übergangen worden ist, also das Verfahren ohne seine Kenntnis durchgeführt wurde, eine Anfechtung nur so lange möglich, bis die Entscheidung ggü. dem letzten in der ersten Instanz tatsächlich beteiligt Gewesenen wirksam geworden ist.[2719] Beschwerdeberechtigt ist allerdings wohl nur der Vertretene und der im Genehmigungsverfahren bestellte Vertreter (z.B. der Verfahrenspfleger des Betreuten gem. § 276 FamFG), nicht aber der tatsächliche gesetzliche Vertreter, da dieser durch Unterlassen der Mitteilung an den anderen Vertragsteil (bzw. durch Anweisung an den Notar, von der Doppelvollmacht keinen Gebrauch zu machen) das Geschäft verhindern kann.[2720]

1644 Die Praxis bleibt demnach mit der Unsicherheit behaftet festzustellen, ob die 2-wöchige (§ 63 Abs. 2 Nr. 2 FamFG) – bzw., unter Einbeziehung der zulassungsgebundenen Sprungrechtsbeschwerde gem. § 75 FamFG[2721] – 1-monatige **Beschwerdefrist** allseits wirksam in Gang gesetzt wurde.

(2) Beschwerdeverzicht

1645 Erklären alle Beteiligten, d.h. (1) die gesetzlichen Vertreter (Eltern, Vormund, Betreuer, Pfleger), ferner (2) der mindestens 14 Jahre alte Minderjährige und der Betreute auch selbst, schließlich (3) etwa durch das Gericht für Zustellungszwecke bestellte »Verfahrensvertreter«, wobei diese Bestellung ergänzenden (Betreute, § 276 FamFG) oder zwingenden Charakter haben kann (geschäftsunfähige oder unter 14 Jahre alte Kinder), möglicherweise gar (4) bei einem Interessenkonflikt zwischen gesetzlichen Vertretern und Vertretenen (also Eltern und Kind bzw. Betreuer und Betreutem) ein zusätzlich zum »Verfahrensvertreter« bestellter Ergänzungspfleger,[2722] dem Gericht ggü., auf Rechtsmittel (Beschwerde oder Sprungrechtsbeschwerde) zu verzichten, wird der Genehmigungsbeschluss sofort, bereits vor Ablauf der 2-Wochen-Frist, ein. Die in § 67 Abs. 1 FamFG Gesetz gewordene Fassung lässt den Beschwerdeverzicht erst nach Bekanntgabe des Beschlusses zu, sodass (entgegen der Gesetzesbegründung) ein Verzicht bereits in der Urkunde nicht in Betracht kommt. Allerdings kann bereits im Vorhinein eine (stets widerrufliche) Vollmacht zum Verzicht auf Rechtsmittel erteilt werden, z.B. auch an den Notar. Ebenfalls bereits in der Notarurkunde können die Beteiligten erklären, dass sie einer Sprungrechtsbeschwerde zum BGH die Zustimmung verweigern[2723] (§ 75 Abs. 1 Nr. 1 FamFG), sodass das Rechtskraftzeugnis (Rdn. 1647) bereits 2 (und nicht 4) Wochen nach Bekanntgabe erteilt werden kann:

▶ **Formulierungsvorschlag: Antezipierte Ablehnung einer Sprungrechtsbeschwerde**

1646 Verkäufer und Käufer einschließlich ihrer gesetzlichen Vertreter erklären untereinander und gegenüber dem Betreuungsgericht, dass sie der Einlegung einer Sprungrechtsbeschwerde gegen die gerichtliche Entscheidung die Zustimmung endgültig verweigern.

2718 A.A. z.B. *Abicht* RNotZ 2010, 493, 505 sowie *Bolkart* MittBayNot 2009, 268, 270, der eine gesetzgeberische Korrektur fordert. Für einen Lauf der 5-Monats-Frist analog § 63 Abs. 3 FamFG *Prütting/Helms/Abramenko* FamFG § 63 Rz. 7.
2719 OLG Hamm, 07.09.2010 – 15 W 111/10, NotBZ 2011, 47 m. Anm. *Heggen*; *Leupold* ZEV 2011, 192; *Harders* DNotZ 2009, 725, 730 mit Hinweis auf den Auffangcharakter der Norm; *Unger* in: Schulte-Bunert/Weinreich, FamFG-Kommentar § 63 Rn. 19 ff.; BT-Drucks. 16/9733 v. 23.06.2008, S. 289; zum Streitstand *Gutachten* DNotI-Report 2009, 145, 150 und *Kölmel* NotBZ 2010, 2, 10 f. sowie (zustimmend zu OLG Hamm) *Kölmel* ZNotP 2011, 59 ff. und *Bremkamp* RNotZ 2011, 47 f.
2720 *Sonnenfeld* NotBZ 2009, 295 (298).
2721 Es dürfte sich um ein Redaktionsversehen handeln, das möglicherweise durch analoge Anwendung des § 63 FamFG zu lösen ist, vgl. *Milzer* MittBayNot 2011, 112.
2722 Für die zusätzliche Bestellung *Musielak/Borth* FamFG § 158 Rn. 2, *Sonnenfeld* NotBZ 2009, 295 (299), *Zorn* Rpfleger 2009, 421, 425; vgl. hierzu *Gutachten* DNotI-Report 2009, 145, 148. Ist ein Ergänzungspfleger bestellt, hält *Brambring* NotBZ 2009, 394, 396 daneben die Bestellung eines Verfahrensvertreters nicht mehr für erforderlich.
2723 Vgl. *Milzer* MittBayNot 2011, 112, 114.

V. Genehmigungen, Vorkaufsrechte

(3) Rechtskraftzeugnis

Die Unsicherheit über den Beginn und den ereignislosen Ablauf der Beschwerdefrist ggü. allen Beteiligten (einschließlich bestellten »Verfahrensvertretern« also Verfahrenspflegern, Verfahrensbeiständen, Ergänzungspflegern) kann durch das nach ereignislosem[2724] Ablauf der Beschwerdefristen (einschließlich der Sprungrechtsbeschwerdefrist zum BGH: einen Monat) auf einfachen Antrag zu erteilende gerichtliche **Rechtskraftzeugnis nach § 46 FamFG** nicht mit letzter Gewissheit *beseitigt* werden, da letzterem keine konstitutive oder Gutglaubenswirkung zukommt (ist die Beschwerdefrist[2725] also entgegen der Aussage des Rechtskraftzeugnisses noch nicht abgelaufen, bleibt das zu genehmigende Rechtsgeschäft weiterhin schwebend unwirksam – ähnlich § 706 ZPO bleibt der Nachweis der Unrichtigkeit der bezeugten Tatsache weiter zulässig, § 418 Abs. 2 ZPO). Der Notar sollte sich also vor haftungsträchtigen Verheißungen hüten, etwa in Gestalt einer Fälligkeitsvoraussetzung *»dass der Vertrag durch Erteilung der gerichtlichen Genehmigung rechtswirksam geworden ist«*. Davon könnte er einigermaßen sicher nur dann ausgehen, wenn erst 5 Monate und 2 Wochen nach Erlass des Genehmigungsbeschlusses die Genehmigung aufgrund einer Doppelvollmacht für Eltern, Vormund, Pfleger usw. entgegengenommen, dem Dritten mitgeteilt und von letzterem entgegengenommen wird, was jedoch für eine zügige Abwicklungspraxis inakzeptabel ist.

1647

Das Grundbuchamt wird allerdings das Rechtskraftzeugnis (und den Nachweis der Erfüllung der Voraussetzungen des § 1829 BGB nach Rechtskraft) als Grundlage seiner Eintragung genügen lassen müssen, wenn es nicht von seiner Unrichtigkeit überzeugt ist.[2726] Auch der Notar sollte sich, schon mangels Kenntnis der Umstände des Genehmigungsverfahrens,[2727] nicht durch eine ungeschickte Fälligkeitsregelung in die Rolle eines »Gerichtskontrolleurs« drängen lassen, sondern vielmehr (jedenfalls außerhalb des Bauträgerrechts, wo § 3 Abs. 1 Nr. 1 MaBV den Notar nötigt, zu bescheinigen, dass »der Vertrag rechtswirksam ist«)[2728] auf die Mitteilung (§ 1829 BGB) der mit Rechtskraftzeugnis versehenen Genehmigung abstellen[2729] (Formulierungsvorschlag zur Fälligkeitsregelung vgl. Rdn. 1101).

1648

dd) Weitergehende Mitwirkung des Notars?

Die Durchführung des Genehmigungsverfahrens wird erleichtert, wenn der Notar bereits bei der Urkundsabfassung und bei der Antragstellung Vorsorge trifft: So sollte z.B. vorgesehen werden, dass Erlöse, die dem Kind/dem Betreuten zustehen, auf ein eigenes Konto des Betroffenen überwiesen werden. Bei der Antragstellung selbst sollten folgende weitere Informationen mitgeteilt werden:
– Angabe der Ansprechpartner samt Telefonnummer für Rückfragen zum Sachverhalt,
– Angabe aller Sorgeberechtigten mit Adresse und Telefonnummer,
– Angaben zu Verwandtschafts- bzw. Mandatsverhältnissen eines vorgeschlagenen Ergänzungs- oder Verfahrenspflegers zu den Eltern bzw. dem Vertragspartner,
– Übermittlung dreier weiterer Abschriften des Vertrages für Ergänzungs- und Verfahrenspfleger,
– Angaben zum Geschäftswert und dazu, wer die Kosten des gerichtlichen Genehmigungsverfahrens trägt.

1649

2724 Hierzu zählt wohl auch das Unterbleiben einer Sprungrechtsbeschwerde an den BGH, § 75 FamFG, einzulegen beim iudex ad quem.

2725 Hinzu kommt, dass das Rechtskraftzeugnis ohne Abklärung, ob eine (zulassungsgebundene) Sprungrechtsbeschwerde zum BGH eingelegt wurde (Notfristzeugnis) erteilt wird, vgl. BGH, 09.12.2009 – XII ZB 215/09, DNotZ 2011, 53 (m. Anm. *Borth*: der Urkundsbeamte kann das Rechtskraftzeugnis dennoch erst nach Ablauf der Monatsfrist und einiger Tage erteilen, wenn das Rechtsbeschwerdegericht keine Akten angefordert hat).

2726 *Bolkart* MittBayNot 2009, 268 (272).

2727 Der Notar kann z.B. nicht feststellen, ob der Betreute in der Lage ist, seine Interessen selbst wahrzunehmen oder ob ihm ein Verfahrenspfleger zu bestellen ist (§ 276 FamFG); ferner ist rechtlich ungeklärt, ob bei Bestellung eines Verfahrenspflegers zusätzlich die Zustellung auch an den Betreuten (§ 275 FamFG!) erforderlich ist, etc.

2728 Diese Bescheinigung muss auf sorgfältigen Ermittlungen basieren, vgl. *Basty*, Der Bauträgervertrag, 6. Aufl., Rdn. 310 ff.; *Landmann/Rohmer*, Gewerbeordnung, 53. Erg.Lfg. 2009 § 3 MaBV Rn. 8.

2729 So im Ergebnis auch *Litzenburger* RNotZ 2009, 380 (382); *Kesseler* ZNotP 2009, 422.

B. Gestaltung eines Grundstückskaufvertrages

1650 Es entlastet die Beteiligten und beschleunigt die Abwicklung noch zusätzlich, wenn der Notar über das »Pflichtprogramm« hinaus weitere Beiträge erbringt. Eine Verpflichtung hierzu trifft ihn jedoch, auch bei entsprechendem Ansuchen der Beteiligten, nicht (§ 24 BNotO). In Betracht kommen insb. drei Maßnahmen[2730] (einzeln, in Kombination oder in Gesamtheit):
- Die Anregung, eine namentlich vorgeschlagene Person[2731] zum »Verfahrensvertreter« zu bestellen.
- Die Bestellung des Notars zum Empfangsbevollmächtigten der Beteiligten (also nicht des anderen Vertragsteils) i.R.d. Bekanntgabe des Genehmigungsbeschlusses
- Die Erteilung einer allseitigen[2732] Vollmacht an den Notar, sodann dem Gericht ggü. auf Rechtsmittel zu verzichten, samt Ausübung dieser Vollmacht (Wird die Genehmigung dagegen den Beteiligten selbst zugestellt, dürfte der Notar von dieser Rechtsmittelverzichtsvollmacht erst Gebrauch machen, wenn ihm der Empfang angezeigt wurde, sodass keine weitere Beschleunigung ggü. der unmittelbaren Verzichtserklärung der Beteiligten selbst eintritt).

1651 Der Schutz des Betreuten/Pfleglings/Minderjährigen, dessen Wahrung die hierbei umgesetzten Verfahrensnormen dienen, gebietet jedoch den Hinweis an die Beteiligten, dass ein Widerruf der erteilten Empfangs- und Beschwerdeverzichtsvollmacht vor ihrer Ausübung dem Notar ggü. jederzeit erklärt werden kann und beachtet werden wird.

1652 Erschwert wird die Realisierung dieses »dienstleistungsorientierten« Ansatzes durch den Umstand, dass eine ins Gewicht fallende Verbesserung des Ablaufs dadurch nur erreicht wird, wenn *alle* Verfahrensbeteiligten an der Urkunde mitwirken und die erforderlichen Vollmachten erteilen. Dies bedeutet,
- dass wegen § 275 FamFG auch der Betreute selbst, sogar wenn er geschäftsunfähig ist, mitwirken müsste;
- ebenso das mindestens 14 Jahre alte Kind, das gem. § 159 Abs. 1 FamFG, § 60 Satz 2 FamFG selbst beschwerdeberechtigt ist;
- ebenso der vorgeschlagene – oder ein anderer vom Gericht bestellter – »Verfahrensvertreter« (Verfahrenspfleger gem. § 276 FamFG bei Betreuten, Verfahrensbeistand, § 158 FamFG, oder Ergänzungspfleger, § 1909 BGB, bei Minderjährigen), der zu diesem Zweck nach seiner Bestellung die Urkunde zu genehmigen hätte (wozu er freilich nicht verpflichtet werden kann).

▶ **Formulierungsvorschlag: »Umfassende Vollzugsbetreuung« durch den Notar bei der Einholung der gerichtlichen Genehmigung**

1653 Der gesetzliche Vertreter – sowie der mit erschienene Betreute/das mit erschienene, mindestens 14 Jahre alte Kind ..... und dessen etwa gerichtlich bestellter Vertreter im Genehmigungsverfahren (Verfahrensbeistand, Verfahrens- oder Ergänzungspfleger), letzterer im Wege der nachträglichen Genehmigung dieser Urkunde –, hinsichtlich d) auch der andere Vertragsteil, bevollmächtigen den Notar,
  (a) für sie unter Übersendung einer Ausfertigung der Urkunde die betreuungs- bzw. familiengerichtliche Genehmigung zu beantragen und die Bestellung des XY zum »Verfahrensvertreter« anzuregen, sofern das Gericht eine solche für erforderlich hält – der Notar ersucht um Übersendung einer Kopie des Bestellungsbeschlusses, um den so bestellten Verfahrensvertreter um Genehmigung dieser Urkunde zu bitten –;
  (b) sodann den gerichtlichen Beschluss für alle am Genehmigungsverfahren Beteiligten entgegenzunehmen, sofern er die Genehmigung ohne Auflagen und Nebenbestimmungen ausspricht;
  (c) sodann im Namen aller Verfahrensbeteiligten einen umfassenden Rechtsmittelverzicht zu erklären und das Rechtskraftzeugnis zu beantragen;

2730 Vgl. hierzu *Vossius* notar 2009, 447 ff.
2731 Der Notar, sein Sozius oder Notarmitarbeiter sind hierfür ungeeignet; sie vermögen kaum zutreffend zu beurteilen, ob das Rechtsgeschäft in finanzieller und persönlicher Hinsicht die für das Kind/den Betreuten optimale Lösung darstellt, und sind zudem wegen ihres Vollzugsbeschleunigungsinteresses befangen.
2732 Erteilt auch der Verfahrensvertreter und/oder Ergänzungspfleger diese Vollmacht, wird aus der klassischen »Doppelvollmacht« sozusagen eine »Trippelvollmacht«.

(d) und nach dessen Eingang die Genehmigung dem anderen Vertragsteil mitzuteilen, für diesen die Mitteilung in Empfang zu nehmen und hierüber für alle Beteiligten eine Eigenurkunde zu errichten.

Der Notar stellt jedoch klar, dass er eine vorherige Weisung des gesetzlichen Vertreters, des Betroffenen oder des Verfahrensvertreters, von diesen Vollmachten ganz oder teilweisen keinen Gebrauch zu machen, ebenso einen vorherigen Widerruf der Vollmachten, beachten wird.

Die Beteiligten vereinbaren angesichts der zu erwartenden längeren Verfahrensdauer ferner: Sollte der andere Vertragsteil den gesetzlichen Vertreter (Empfangsvollmacht an den Notar ist insoweit nicht erteilt) zur Mitteilung darüber auffordern, ob die Genehmigung erteilt ist, wird die gesetzliche 4-Wochen-Frist in ihrem Lauf so lange gehemmt als das gerichtliche Genehmigungsverfahren noch betrieben wird.

Ist der gerichtlich bestellte »Verfahrensvertreter« nicht bereit, die Urkunde samt der darin enthaltenen Vollmachten nachzugenehmen, mag der Notar zur Beschleunigung an ihn folgendes Schreiben richten: 1654

▶ Formulierungsvorschlag: Anschreiben an den Verfahrensvertreter bei »umfassender Vollzugsbetreuung« zur Einholung der gerichtlichen Genehmigung

Sehr geehrte/r Herr/Frau ....,

Sie wurden zum Verfahrensbeistand/Verfahrenspfleger/Ergänzungspfleger zur Wahrung der Interessen des ..... im Rahmen des in Ausfertigung beigefügten Kaufvertrages bestellt. Sollten aus Ihrer Sicht keine Bedenken gegen den Kaufvertrag bestehen, würde es die Angelegenheit beschleunigen, wenn Sie unverzüglich nach Bekanntgabe des Genehmigungsbeschlusses dem Familiengericht/Betreuungsgericht schriftlich mitteilen, dass Sie auf alle Rechtsmittel (insbesondere Beschwerde und Sprungrechtsbeschwerde) verzichten. Das sodann zu erteilende gerichtliche Rechtskraftzeugnis ist nämlich Voraussetzung für die Fälligkeit des Kaufpreises.

d) »Doppelvollmacht«

Sofern – wie bei mehrseitigen Rechtsgeschäften möglich und die Regel – die Genehmigung erst nach Abschluss des Vertrags eingeholt wird, wird sie erst wirksam, wenn sie vom Vormund/den Eltern/dem Pfleger/dem Betreuer dem anderen Vertragsteil mitgeteilt wurde und dieser die Mitteilung in Empfang genommen hat. Diese Tatsachen sind, da sie (jedenfalls bei minderjährigem/betreutem Veräußerer) für die Wirksamkeit der Auflassung maßgeblich sind, dem Grundbuchamt in der Form des § 29 GBO nachzuweisen (anders bei Grundpfandrechtsbestellungen wegen des nur formellen Konsens-Prinzips des § 19 GBO Rdn. 1624).[2733] Es hat sich eingebürgert, diese beschwerliche Verfahrensweise (Zustellung durch Postzustellungsurkunde etc.) im Interesse aller Beteiligten, die regelmäßig nicht an einer nochmaligen Überlegungsfrist interessiert sind, dadurch abzukürzen, dass der Notar nicht nur mit der Einholung der Genehmigung, sondern auch mit deren Entgegennahme, Mitteilung an den anderen Vertragsteil und Entgegennahme der Mitteilung beauftragt und bevollmächtigt wird (sog. **Doppelvollmacht**). Diese hat auch im Licht der zitierten Rechtsprechung des BVerfG Bestand.[2734] 1655

2733 Materiell-rechtlich ist auch hier erforderlich, dass die (nachträgliche) Genehmigung dem gesetzlichen Vertreter zugegangen und von ihm dem Gläubiger mitgeteilt wurde. Da der grundbuchliche Nachweis hierzu nicht geführt werden muss, genügt die in der Grundschuld enthaltene Vollmacht des gesetzlichen Vertreters zur Entgegennahme und der Auftrag an den Notar, sie dem Gläubiger mitzuteilen, deren Eingang muss nicht durch eine »Doppelvollmacht« des anderen Teils belegt sein; vgl. *Ivo* ZNotP 2004, 20.
2734 Krit. allerdings *Kraiß* BWNotZ 2000, 94; hiergegen umfangreich *Gutachten* DNotI-Report 2001, 90 ff. Vgl. auch *Reiß* RNotZ 2001, 203 ff.

▶ Hinweis:

1656 Allerdings kann es für den Notar in Ausnahmefällen geboten sein, von der Ausübung der Doppelvollmacht abzusehen oder zuvor eine erneute Anhörung der Beteiligten vorzunehmen, wenn nachträgliche Umstände den Vertrag in neuem Licht erscheinen lassen, etwa verwandtschaftliche oder freundschaftliche Beziehungen des Käufers mit dem Vormund.

Der Notar sollte auch klarstellen, dass er eine etwaige (allerdings nicht abzufragende, sondern unaufgefordert zu übermittelnde) Anweisung des Betreuers/Vormundes/Elternteils, von der Vollmacht keinen Gebrauch zu machen oder einen Widerruf der Vollmacht,[2735] beachten wird, um die durch § 1829 BGB geschützte Entscheidungsfreiheit nicht faktisch zu beschneiden.

1657 Entsprechende Regelungen im Bereich des Vollzugsauftrags könnten etwa wie folgt lauten:

▶ **Formulierungsvorschlag: Vollzugsauftrag zur Einholung der gerichtlichen Genehmigung (vor Inkrafttreten des FamFG)**

Die Vertragsteile und deren gesetzliche Vertreter bevollmächtigen den Notar, für sie die vormundschafts- bzw. familiengerichtliche Genehmigung zu beantragen und entgegenzunehmen, sie dem anderen Vertragsteil mitzuteilen, für diesen die Mitteilung in Empfang zu nehmen und hierüber befreit von § 181 BGB eine Eigenurkunde zu errichten. Der Notar stellt jedoch klar, dass er eine vorherige Weisung des gesetzlichen Vertreters, von dieser Vollmacht keinen Gebrauch zu machen, oder einen vorherigen Widerruf der Vollmacht beachten wird.

Den Beteiligen ist bekannt, dass nach der Rechtsprechung des BVerfG gleichwohl möglicherweise Beschwerde gegen die an sich dann unanfechtbare Genehmigung eingelegt werden könnte, wenn kein Vorbescheid vorausgegangen ist. Ein solcher Vorbescheid bzw. die Ankündigung der beabsichtigten Entscheidung oder Schriftverkehr zur Bestellung eines Verfahrenspflegers sollen jedoch den Beteiligten selbst zugestellt werden; Abschrift an den Notar zur Kenntnis wird erbeten.

Die Beteiligten vereinbaren angesichts der zu erwartenden längeren Verfahrensdauer ferner: Sollte der andere Vertragsteil den gesetzlichen Vertreter (Empfangsvollmacht an den Notar ist insoweit nicht erteilt) zur Mitteilung darüber auffordern, ob die Genehmigung erteilt ist, wird die gesetzliche 4-Wochen-Frist in ihrem Lauf so lange gehemmt als das gerichtliche Genehmigungsverfahren noch betrieben wird.

1658 Die FamFG-Reform hat zu keinen materiell-rechtlichen Änderungen, etwa hinsichtlich des Kreises genehmigungsbedürftiger Rechtsgeschäfte bzw. des Erfordernisses der Mitteilung der dem gesetzlichen Vertreter erteilten Genehmigung an den anderen Vertragsteil (§ 1829 BGB) geführt. Das bewährte Verfahren der Herbeiführung dieser materiell-rechtlichen Wirksamkeitsvoraussetzungen durch den Notar (»Doppelvollmacht«) und ihres Nachweises ggü. dem Grundbuchamt durch Eigenurkunde kann also beibehalten werden, allerdings wegen § 40 Abs. 2 FamFG erst nach Eintritt der Rechtskraft[2736] (d.h. angesichts der beschränkten Überprüfungsmöglichkeiten des Notars, ebenso wie i.R.d. Fälligkeitsregelung, nach Vorliegen des gerichtlichen Rechtskraftzeugnisses gem. § 46 FamFG). Hierzu nachfolgender Formulierungsvorschlag:

▶ **Formulierungsvorschlag: Vollzugsauftrag zur Einholung der gerichtlichen Genehmigung (nach Inkrafttreten des FamFG)**

1659 Die Vertragsteile und deren gesetzliche Vertreter bevollmächtigen den Notar, für sie die betreuungs- bzw. familiengerichtliche Genehmigung samt Rechtskraftzeugnis zu beantragen und entgegenzunehmen, sie dem anderen Vertragsteil mitzuteilen, für diesen die Mitteilung in Empfang zu nehmen und hierüber befreit von § 181 BGB eine Eigenurkunde zu errichten. Der Notar stellt jedoch klar, dass er eine vorherige Weisung des gesetzlichen Vertreters, von

---

2735 Im Zweifel ist die »Doppelvollmacht« stets widerruflich, MünchKomm-BGB/*Schwab* § 1829 Rn. 18; DNotI-Report 2002, 84.
2736 Allein dies entspricht auch der Intention des Gesetzgebers, der aus diesem Grund die bisherige 2-Wochen-Frist des § 1829 Abs. 2 BGB um die weiteren 2 Wochen der Beschwerdefrist verlängert hat, vgl. *Kölmel* NotBZ 2010, 4 m.w.N.

dieser Vollmacht keinen Gebrauch zu machen, oder einen vorherigen Widerruf der Vollmacht beachten wird.

Den Beteiligten ist bewusst, dass der Notar nicht mit zumutbaren Mitteln überprüfen kann, ob die Genehmigung tatsächlich unanfechtbar ist, sie beispielsweise allen Beteiligten wirksam bekannt gegeben wurde, erforderliche Verfahrensbeistände wirksam bestellt wurden, und wirksame Rechtsmittelverzichte aller Beteiligten vorliegen bzw. die gesetzlichen Rechtsmittelfristen abgelaufen sind. Sie begnügen sich daher mit der Vorlage des gerichtlichen Rechtskraftzeugnisses. Soweit rechtlich zulässig und soweit sie bereits an der heutigen Urkunde mitwirken, verzichten sie bereits heute auf Rechtsmittel gegen einen stattgebenden und nicht mit Nebenbestimmungen versehenen Beschluss; der Notar übermittelt diesen Verzicht durch Übersendung einer Ausfertigung der Urkunde an das Genehmigungsgericht.

Die Beteiligten vereinbaren angesichts der zu erwartenden längeren Verfahrensdauer ferner: Sollte der andere Vertragsteil den gesetzlichen Vertreter (Empfangsvollmacht an den Notar ist insoweit nicht erteilt) zur Mitteilung darüber auffordern, ob die Genehmigung erteilt ist, wird die gesetzliche 4-Wochen-Frist in ihrem Lauf so lange gehemmt als das gerichtliche Genehmigungsverfahren noch betrieben wird.

Die vom Notar aufgrund der vorstehenden »**Doppelvollmacht**« zu fertigende Eigenurkunde (die mit dem Kaufvertrag durch Schnur und Siegel verbunden, separat gesiegelt, jedoch nicht mit einer Urkundsnummer versehen wird) könnte etwa folgenden Wortlaut haben: 1660

▶ Formulierungsvorschlag: Eigenurkunde aufgrund Doppelvollmacht

Am heutigen Tag, habe ich, Notar, aufgrund der in § ..... der diesamtlichen Urkunde, URNr. ....., vom ..... erteilten Vollmacht, die Genehmigung des AG – Vormundschaftsgericht (*in Verfahren ab dem 01.09.2009: Familiengericht/Betreuungsgericht*) – vom ....., Aktenzeichen ....., in Empfang genommen, sie dem anderen Vertragsteil mitgeteilt und für diesen die Mitteilung in Empfang genommen. 1661

Notar

Hierüber ist dem Vormundschafts-/Betreuungs-/FamG Mitteilung zu machen. Die Ausübung der Doppelvollmacht führt jedoch nur dann zur Wirksamkeit des Vertrags (und damit zur Schutzwirkung der sodann einzutragenden Vormerkung), wenn die Vollmachten noch Bestand hatten, d.h. nicht widerrufen waren und die Betreuung/Vormundschaft, aufgrund derer die Vollmacht erteilt wurde, noch bestand (also Betreuter/Mündel sowie Betreuer/Vormund noch am Leben waren, und dem Vormund/Betreuer keine Amtsenthebung und keine Aufhebung mitgeteilt worden waren). 1662

▶ Hinweis:

Vorsichtige Notare vergewissern sich hiervon durch Einsicht in die Vormundschafts-/Betreuungsakte vor Ausübung der Vollmacht bzw. vor Bescheinigung der Fälligkeit (vgl. oben Rdn. 550 ff.).

Die möglichst frühe, jedenfalls aber vor der Fälligkeitsmitteilung eintretende Genehmigungswirksamkeit rechtfertigt die Verwendung der notariellen Eigenurkunde unmittelbar nach Erhalt der gerichtlichen Genehmigung anstelle des – ebenfalls möglichen – Verfahrens, der Vorlage der Genehmigung mit den Endvollzugsdokumenten beim Grundbuchamt[2737] die Wirkung einer Mitteilung und Empfangnahme beizumessen. 1663

Das Gericht benötigt zum Abschluss des dortigen Verfahrens zum einen die Mitteilung, wann die Genehmigung durch Mitteilung an den anderen Vertragsteil wirksam wurde (technisch am einfachsten durch Übersendung einer beglaubigten Kopie der Eigenurkunde unter Angabe des gerichtlichen Aktenzeichens) und sodann die Information darüber, wann das Rechtsgeschäft beim Grund- 1664

[2737] So *Fassbender/Grauel/Kemp/Ohmen/Peter* Notariatskunde Rn. 575; Formulierungsvorschlag bei *Grein* RNotZ 2004, 137 l. Sp.

3. Privatrechtliche Genehmigungen

1665 Zu nennen sind zum einen die häufig anzufordernden Nachgenehmigungen nicht erschienener Beteiligter, die bei Beurkundung bspw. vollmachtlos vertreten wurden, oder Vollmachtsbestätigungen solcher Beteiligter, die bisher nur mündliche oder privatschriftliche Vollmacht außerhalb der Form des § 29 GBO erteilt haben. Hierzu wird auf die Ausführungen oben Rdn. 497 ff. verwiesen. Gleiches gilt für Zustimmungen bei in Gütergemeinschaft verheirateten Veräußerern (vgl. oben Rdn. 305 f.)

a) § 1365 BGB

1666 Eine besonders praxiswichtige privatrechtliche Zustimmung ist die Einwilligung/Genehmigung des **Nichteigentümer-Ehegatten** gem. § 1365 BGB, sofern nicht ehevertraglich Gütertrennung oder im Wege der Modifikation eine Abdingung des § 1365 BGB zumindest für das betreffende Grundstück vereinbart wurde. Gleiches gilt bei Verfügungen des eingetragenen Lebenspartners sofern der nun auch dort geltende gesetzliche Güterstand der Zugewinngemeinschaft nicht durch notariellen Lebensparnerschaftsvertrag (§ 7 LPartG) verändert wurde.[2738] Dieses absolute Veräußerungsverbot ist für die Sicherheit des Rechtsverkehrs besonders tückisch, da es weder aus dem Grundbuch ersichtlich ist noch durch guten Glauben überwunden werden kann (vorbehaltlich der subjektiven Theorie bei Einzelverfügungen, vgl. unten Rdn. 1669) und damit die Nichtigkeit des Rechtsgeschäfts durch den »übergangenen Ehegatten« (sogar nach Scheidung),[2739] aber auch durch den verfügenden Ehegatten selbst, auch nach Eigentumsumschreibung auf den Käufer geltend gemacht werden kann (§ 1368 BGB), ohne dass jenem ein Zurückbehaltungsrecht gegen den Grundbuchberichtigungsanspruch wegen des bereits gezahlten Kaufpreises zustünde.[2740] Sie erfasst auch verfügungsähnliche Änderungen des zustimmungspflichtigen Vertrags, nicht jedoch Aufhebungen.[2741] Seit 01.09.2009 rechtfertigt ferner bereits der Versuch, ein unter § 1365 BGB fallendes Rechtsgeschäft zu schließen (z.B. der beim Notar in Auftrag gegebene Entwurf hierfür),[2742] den vorzeitigen Zugewinnausgleich zu verlangen (§ 1385 Nr. 2 BGB n.F.).

1667 Das ohne Zustimmung abgeschlossene Rechtsgeschäft wird allerdings gültig, wenn der andere Ehegatte verstirbt, gleichgültig ob der Zugewinn erb- oder güterrechtlich durchgeführt wird (§ 1371 Abs. 1 bzw. Abs. 2 BGB).[2743] Ist der Ehegatte, dessen Zustimmung es bedarf, nicht geschäftsfähig, kann die Zustimmung auch durch einen Bevollmächtigten oder Betreuer erteilt werden (ist der Betreuer zugleich der verfügende Ehegatte, allerdings mangels Befreiung von § 181 BGB nur ggü. dem anderen Vertragspartner); einer vormundschaftsgerichtlichen Genehmigung bedarf es hierzu auch bei Betreuung nicht.[2744]

[2738] Anders nach dem bis Ende 2004 geltenden Recht, das § 1365 BGB bei allen »Vermögensständen« vorsah: *Böhringer* Rpfleger 2002, 299.

[2739] BGH NJW 1984, 609.

[2740] MünchKomm-BGB/*Koch* § 1368 Rn. 3 m.w.N. Auch die Einwendung der unzulässigen Rechtsausübung (venire contra factum proprium) oder des § 817 Satz 2 BGB kommen nur in Betracht, wenn beide Ehegatten treuwidrig gehandelt haben sollten.

[2741] *Schmidt-Troschke* NotBZ 2002, 160 f.

[2742] *Steer* notar 2009, 330.

[2743] Vgl. BGH NJW 1982, 1099. Hat allerdings der nachverstorbene Ehegatte seine Zustimmung vor dem Tod verweigert, wird das Rechtsgeschäft durch dessen Ableben nur wirksam, wenn die Parteien zuvor durch Aufforderung nach § 1366 Abs. 3 Satz 1 BGB oder durch Anrufung des Vormundschaftsgerichts nach § 1365 Abs. 2 BGB den Schwebezustand wiederhergestellt haben, BGHZ 125, 355.

[2744] Keine Verfügung über ein Grundstück, *Müller* ZNotP 2005, 420 ff.

§ 1365 BGB ist nicht nur bei den seltenen (gem. § 311b Abs. 3 BGB beurkundungspflichtigen[2745]) Verträgen über das **gesamte Vermögen als Sach- und Rechtsgesamtheit** einschlägig, sondern auch bei **Veräußerung oder Belastung von Einzelgegenständen**, die das »nahezu gesamte« Vermögen darstellen. Verbleiben bei einem Netto-Vermögen von bis zu 150.000,00 € weniger als 15 %, bei über 150.000,00 € weniger als 10 %, sind die Voraussetzungen des § 1365 BGB objektiv erfüllt.[2746] Verglichen wird – wirtschaftlich betrachtet – das Netto-Vermögen vor der Veräußerung (unter Abzug aller Verbindlichkeiten) mit dem Restvermögen nach der Veräußerung (wobei der bezahlte und erhaltene Kaufpreis außer Betracht bleibt). Bei **Belastungen** ist der Verkehrswert vor und nach der Belastung zu vergleichen; dabei werden bereits eingetragene Grundschulden nur in Höhe ihrer aktuellen Valutierung, die zusätzlich einzutragende Grundschuld aber i.H.d. Nominalbetrages, der Nebenleistung und der dinglichen Zinsen für 2 1/2 Jahre[2747] berücksichtigt.

1668

▶ Beispiel zur Veräußerung:[2748]

Vorhanden sind eine Immobilie im Wert von 300.000,00 €, belastet mit 250.000,00 €, und 5.000,00 € sonstiges (Netto-) Vermögen. Das Reinvermögen vor der Veräußerung beträgt also 55.000,00 €. Die Immobilie wird verkauft, sodass (ohne Berücksichtigung des erhaltenen Kaufpreises!) lediglich 5.000,00 € Restvermögen verbleiben, also weniger als 10 %. Die Genehmigung ist also erforderlich.)

Zum Schutz des Rechtsverkehrs hat der BGH[2749] bei **Einzelobjektübertragungen** sich der sog. subjektiven Theorie angeschlossen, wonach § 1365 BGB dann nicht anzuwenden sei, wenn im Zeitpunkt der Beurkundung der Erwerber die Umstände nicht kannte, aus denen sich die oben erläuterten Wertverhältnisse ergeben. Damit wird der »gutgläubige« Erwerber geschützt; das Grundbuchamt kann also die Nachreichung der Zustimmung des Nichteigentümer-Ehegatten im Wege der Zwischenverfügung beim Endvollzug[2750] nur dann aufgeben, wenn konkrete Anhaltspunkte dafür vorliegen, dass es sich um das überwiegende Vermögen handelt[2751] und der Käufer bei Abschluss des Vertrags »bösgläubig« war.[2752] Allein der hohe Wert des Übertragungsobjekts genügt nicht als »Anhaltspunkt«,[2753] ebenso wenig die Behauptung des »übergangenen Ehegatten«, der Käufer habe die Verhältnisse gekannt.[2754] Darlegungs- und beweispflichtig für die Kenntnis z.Zt. der Vornahme des Verpflichtungsgeschäftes ist derjenige, der sich auf die Unwirksamkeit des Rechtsgeschäftes beruft.[2755]

1669

Da der Notar dem materiellen Recht verpflichtet ist, hat er gem. § 17 Abs. 2 Satz 2 BeurkG zu belehren und die Genehmigung anzufordern, wenn er weiß, dass es sich um ein zustimmungsbedürftiges Rechtsgeschäft handelt (auch wenn er dadurch den Käufer erst bösgläubig macht!).[2756] Fehlen Anhaltspunkte dafür, dass die objektiven und subjektiven Voraussetzungen des § 1365 BGB

1670

2745 Voraussetzung ist die Übertragung des gesamten Vermögens »in Bausch und Bogen« (auch in Einzelaufführung, jedoch mit Catch-All-Klausel), auch durch eine juristische Person - OLG Hamm, 26.03.2010 - 19 U 145/09, DStR 2010, 2093 - Eine Heilungsmöglichkeit besteht nicht.
2746 BGH DNotZ 1981, 43; BGH DNotZ 1992, 239.
2747 BGH, 07.10.2011 – V ZR 78/11 ZfIR 2012, 93 m. Anm. *Zimmer* (es sei damit zu rechnen, dass die Verwertung erst zu einem Zeitpunkt erfolgt, in dem auch die dinglichen Zinsen nennenswert in der Rangklasse 4 des § 10 Abs. 1 ZVG vollstreckt werden können.
2748 Nach *Brambring* in: Beck'sches Notarhandbuch A I Rn. 283.
2749 NJW 1989, 1609.
2750 Für die Eintragung der Vormerkung ist der Nachweis niemals erforderlich, OLG Frankfurt am Main, 01.06.2011 – 20 W 208/11, NotBZ 2011, 398 (nur Ls.).
2751 Vgl. OLG Zweibrücken NotBZ 2004, 73; OLG Celle NJW-RR 2000, 384; OLG Hamm MittBayNot 2006, 41; OLG Schleswig MittBayNot 2006, 38 m. Anm. *Bauer*.
2752 OLG München, 10.09.2009 – 34 Wx 59/09, RNotZ 2009, 651.
2753 OLG München, 09.01.2007 – 32 Wx 176/06, MittBayNot 2008, 119 m. Anm. *Bauer*.
2754 OLG München, 10.09.2009 – 34 Wx 59/09, RNotZ 2009, 651.
2755 OLG Jena, 04.02.2010 – 4 W 36/10, JurionRS 2010, 13450.
2756 OLG Frankfurt am Main DNotZ 1986, 244.

erfüllt sind, braucht der Notar hierzu jedoch keine Ausforschungen anzustellen.[2757] Als Nachweis über das Fehlen solcher Indizien ist die typischerweise in die Urkunde aufgenommene Wissenserklärung des Verkäufers zu verstehen:

▶ **Formulierungsvorschlag: Versicherung des Verkäufers bezüglich § 1365 BGB**

1671 Der Verkäufer versichert, in dieser Urkunde nicht über den ganzen oder überwiegenden Teil seines Vermögens zu verfügen, sodass eine Zustimmung seines Ehegatten gem. § 1365 BGB nicht erforderlich ist.

1672 Kann oder will der Verkäufer eine solche Erklärung nicht abgeben, gibt jedoch der Sachverhalt Anlass zu einer Beschäftigung mit § 1365 BGB, mag es dem Käufer helfen, in der Urkunde (wahrheitsgemäß) zu dokumentieren, dass ihm, dem Käufer, zum derzeitigen Zeitpunkt die Vermögensverhältnisse des Verkäufers nicht bekannt sind, also nach Maßgabe der »subjektiven« Theorie der Vertrag wirksam ist:[2758]

▶ **Formulierungsvorschlag: Versicherung des Käufers bzgl. § 1365 BGB**

1673 Vom Notar auf die gesetzliche Bestimmung des § 1365 BGB hingewiesen, erklärt der Käufer, ihm seien die Vermögensverhältnisse des Verkäufers weder mitgeteilt worden noch sonst bekannt.

1674 Sofern feststeht, dass die Genehmigung einzuholen ist (diese ist materiell-rechtlich formlos gültig, bedarf jedoch gem. § 29 GBO der Beglaubigung der Unterschrift), könnte etwa folgende Formulierung aufgenommen werden:

▶ **Formulierungsvorschlag: Zustimmungserfordernis gem. § 1365 BGB**

1675 Der Veräußerer erklärt, dass es sich bei dem von den Verfügungen der heutigen Urkunde erfassten Besitz um sein ganzes oder überwiegendes Vermögen i.S.d. § 1365 BGB handelt. Die Zustimmung seines Ehegatten, ..., wohnhaft in ....., ist daher zu der heutigen Urkunde erforderlich.

Die Beteiligten beauftragen und bevollmächtigen den amtierenden Notar, die Zustimmung des Ehegatten zu dem heutigen Vertrag einzuholen. Der Erwerber weist den amtierenden Notar an, den Ehegatten des Veräußerers gem. § 1366 Abs. 3 BGB in ihrem Namen zur Abgabe der Genehmigungserklärung unter Übersendung einer Ausfertigung der heutigen Verhandlung aufzufordern. Die Beteiligten verlängern die mit dem Empfang der Aufforderung beginnende Frist des § 1366 Abs. 3 Satz 2, Halbs.1 BGB auf 4 Wochen.

Die Vertragsteile beauftragen und bevollmächtigen den Notar, die Zustimmungserklärung des Ehegatten des Veräußerers mit Wirkung für alle Beteiligten entgegenzunehmen.

Für den Fall, dass die Zustimmung des anderen Ehegatten verweigert wird oder gem. § 1366 Abs. 3 Satz 2, Halbs. 2 BGB als verweigert gilt, werden die Beteiligten selbst die Ersetzung der Zustimmung durch vormundschaftsgerichtliche Genehmigung beantragen. Sie bevollmächtigen den Notar insoweit, für sie die vormundschaftsgerichtliche Genehmigung entgegenzunehmen, sie dem anderen Vertragsteil mitzuteilen und für diesen die Mitteilung in Empfang zu nehmen.

1676 Ist der Ehepartner, der nicht Eigentümer ist, bei der Beurkundung mit erschienen, kann er vorsorglich als Urkundsbeteiligter herangezogen werden, nicht nur wegen der Zustimmung gem. § 1365 BGB, sondern auch weil möglicherweise außerhalb des Grundbuchs Mitberechtigung am Eigentum gegeben ist (etwa bei Bodenreformland gem. Art. 233 § 11 Abs. 5 EGBGB oder wegen Vorliegens eines ausländischen Güterstands, der Errungenschaftsgemeinschaft vorsieht), sowie um gegenständlich beschränkte Pflichtteilsverzichte mit aufzunehmen.

▶ **Formulierungsvorschlag: Eigentumsloser Ehegatte als Urkundsbeteiligter**

1677 ..... mit Zustimmung seines Ehegatten gem. § 1365 BGB – diese beinhaltet zugleich die Abgabe und Entgegennahme aller erforderlichen Erklärungen; Bewilligungen und Anträge für den Fall

---

2757 BGH DNotZ 1975, 628.
2758 Ähnlich *Amann* in: Amann/Albrecht/Hertel, Aktuelle Probleme der notariellen Vertragsgestaltung 2007/2008 (DAI-Skript), S. 5.

einer Mitbeteiligung des Ehegatten am Eigentum außerhalb des Grundbuches; ferner verzichtet der zustimmende Ehegatte hiermit gegenüber dem dies annehmenden Veräußerer auf etwaige Pflichtteilsergänzungsansprüche oder Zugewinnausgleichsansprüche, die aufgrund der heutigen Übertragung dem zustimmenden Ehegatten künftig zustehen könnten; über Rechtsfolgen wurde belehrt.

b) Art. 5 Abs. 1 des Abkommens zum deutsch-französischen Wahlgüterstand

Das Abkommen vom 04.02.2010 zum deutsch-französischen Wahlgüterstand[2759] schafft zwischen den Vertragsstaaten (derzeit lediglich Deutschland und Frankreich) materielles Einheitsrecht auf der Grundlage der Zugewinngemeinschaft des BGB unter Hereinnahme von Elementen französischen allgemeinen Ehe- und Güterrechts.[2760] Der Güterstand kann (durch notarielle Beurkundung)[2761] begründet werden, wenn im Zeitpunkt seines Wirksamwerdens aufgrund primärer Anknüpfung, Rück- oder Weiterverweisung oder güterrechtlicher Rechtswahl[2762] das deutsche oder französische Güterrecht gilt; der gewählte Wahlgüterstand tritt sodann durch abändernden Ehevertrag oder dadurch außer Kraft, dass das Güterrecht eines Nicht-Vertragsstaates Anwendung findet.[2763]

1678

Art. 5 Abs. 1 des Abkommens normiert die Unwirksamkeit von Verpflichtungs- und Verfügungsgeschäften über Haushaltsgegenstände und »über Rechte, durch die die Familienwohnung sichergestellt wird«, es sei denn, solche Rechtsgeschäfte würden vom anderen Ehegatten genehmigt. Bei dieser Beschränkung, die Art. 215 Abs. 3 CC nachgebildet ist, dürfte es sich aus deutscher Sicht (anders als im französischen Recht: Anfechtbarkeit) um eine absolute Verfügungsbeschränkung handeln,[2764] die bspw. bei der Veräußerung der Familienwohnung, ihrer Belastung, der Bestellung eines Nutzungsrechts zugunsten eines Dritten an der Familienwohnung, der Vermietung der Familienwohnung, aber auch bei der Löschung eines Nießbrauchs- oder Wohnungsrechts, das bisher zur Eigennutzung für die Familie in Anspruch genommen wurde, einschlägig sein kann.

1679

Art. 16 Abs. 1 EGBGB bewirkt keinen Gutglaubensschutz, da es sich nicht um einen ausländischen, sondern um einen inländischen Güterstand handelt, allerdings dürfte § 1412 BGB i.V.m. Art. 16 Abs. 1 EGBGB Anwendung finden, sodass Einwendungen aus Art. 5 Abs. 1 des Abkommens einem Dritten ggü. nur hergeleitet werden können, wenn der Wahlgüterstands-Ehevertrag im Güterrechtsregister eingetragen war (gleichgültig ob dieses durch den Dritten eingesehen wurde oder nicht), oder der genannte Ehevertrag dem Dritten positiv bekannt war.[2765] Als absolute Verfügungsbeschränkung ist das Vorliegen eines deutsch-französischen Wahlgüterstands im Grundbuch nicht eintragungsfähig;[2766] das Grundbuchamt darf Eintragungen nur ablehnen, wenn es positive Anhaltspunkte für ihr Vorliegen hat. Die genannte Verpflichtungs- und Verfügungsbeschränkung ist zwingend; sie stellt übrigens (neben der Besserstellung des überlebenden Ehegatten durch Gewährung des güterrechtlichen Zugewinnausgleichs auch ohne dass er enterbt sein oder das ihm

1680

2759 Dessen Umsetzungsgesetze noch der Verabschiedung durch beide Parlamente bedürfen, vgl. *Süß* ZErb 2010, 281 und *Jäger* DNotZ 2010, 804 ff.; RegE vom 02.02.2011.

2760 Bspw. Herausnahme von Schmerzensgeld sowie von solchen Wertsteigerungen bei Grundstücken oder grundstücksgleichen Rechten, die nicht auf Zustandsänderungen zurückzuführen sind, Art. 9 Abs. 2 des Abkommens.

2761 Vgl. Art. 3 Abs. 1 des Abkommens i.V.m. § 1410 BGB, Art. 1394 CC.

2762 Möglicherweise können französische Ehepaare auf diese Weise durch Rechtswahl zugunsten deutschen Rechts, wenn sie dort den gewöhnlichen Aufenthalt haben (vgl. Art. 6 Abs. 1 des Haager Ehegüterrechtsabkommens), sodann den deutsch-französischen Wahlgüterstand eheverträglich vereinbaren, ohne die einschränkenden Voraussetzungen des französischen Rechts – Ablauf von 2 Jahren seit Beginn des Güterstands sowie Notwendigkeit einer gerichtlichen Genehmigung, Art. 1396 Abs. 3, 1397 CC – einhalten zu müssen.

2763 Vgl. *Schaal* ZNotP 2010, 162, 164.

2764 *Schaal* ZNotP 2010, 162, 167.

2765 *Jäger* DNotZ 2010, 804, 821; *Sengl* Rpfleger 2011, 125, 128.

2766 Allerdings plädieren *Reithmann/Martiny/Limmer* Internationales Vertragsrecht 6. Aufl., Rz. 1009 bis 1011, für die Grundbuchvermerkfähigkeit ausländischer Güterstände, wenn sich hieraus Verfügungsbeschränkungen, etwa in Bezug auf die Ehewohnung, ergeben; *Schaal* ZNotP 2010, 167 leitet die Eintragungsfähigkeit aus dem Umstand ab, dass das Güterrechtsregister selten eingesehen werde.

c) Nacherbfolge

1681 Ist der Veräußerer Vorerbe, kann er zwar ein zum Nachlass gehörendes[2767] Grundstück veräußern und belasten, die Verfügung ist jedoch bei Eintritt der Nacherbfolge dem Nacherben ggü. gem. § 2113 Abs. 1 BGB insoweit unwirksam, als sie dessen Recht vereiteln oder beeinträchtigen würde.[2768] Zu solchen Verfügungen ist daher – sofern der Vorerbe von den Beschränkungen i.S.d. § 2136 BGB nicht befreit ist – stets die Zustimmung aller[2769] Nacherben erforderlich (und zwar richtiger Weise auch als Fälligkeitsvoraussetzung), um den Käufer davor zu bewahren, dass der Nacherbe bei Eintritt der Nacherbfolge seine Rechte ihm ggü. durchsetzt.[2770] Einer Zustimmung von **Ersatznacherben** bedarf es nicht,[2771] da ihnen vor Eintritt des Ersatzfalls keine Erbrechte irgendwelcher Art eingeräumt sind.[2772]

1682 Sind mehrere Nacherben bestimmt, bedarf es der Zustimmung aller; es ist wohl nicht wirksam, bei Zustimmung lediglich einzelner den Quoten»Anteil« des verbleibenden Nacherben gegen Kaufpreiszahlung, die für ihn zu hinterlegen ist, die anderen »Quoten« jedoch unentgeltlich, zu übertragen.[2773] Anders liegt es jedoch, wenn weitere Nacherben (Nach-Nacherben) berufen sind, also der Nacherbe seinerseits im Verhältnis zum **Nach-Nacherben** lediglich als Vorerbe eingesetzt ist, da in diesem Fall auch den weiteren Nacherben der Nachlass ungeschmälert zukommen soll. Hat der Nach-Nacherbe der unentgeltlichen Verfügung nicht zugestimmt,[2774] ist die Verfügung beim Eintritt der weiteren Nacherbfolge insoweit unwirksam, als sie das Recht des Nach-Nacherben vereiteln würde, der Beschenkte müsste also den Gegenstand herausgeben.[2775]

1683 Die Zustimmung ist materiell-rechtlich formfrei, bedarf jedoch gem. § 29 GBO der notariellen Beglaubigung, um dem Grundbuchamt ggü. (Nacherbenvermerk: § 51 GBO) das wirksame Ausscheiden des Grundstücks aus der Vor- und Nacherbfolge nachzuweisen und damit die **Löschung**

2767 Anders, wenn nicht der Miteigentumsanteil oder das Grundstück in den vorerbschaftlichen Nachlass fällt, sondern zum Nachlass seinerseits ein Miterbenanteil gehört, und sich in letzterer Erbengemeinschaft ein Grundstück befindet: § 2113 BGB, § 51 GBO gelten nicht (OLG Stuttgart, 14.09.2006 – 8 W 193/06, Rpfleger 2007, 136 m. Anm. *Böhringer*; *Gutachten* DNotI-Report 2010, 14), auch nicht wenn dem Vorerben bereits ein anderer Anteil am Grundstück gehört (a.A. OLG Hamm Rpfleger 1985, 21).

2768 Eine Beeinträchtigung der Nacherbenrechte scheidet stets aus, wenn durch die Verfügung Verpflichtungen des Erblassers erfüllt werden, z.B. die Auflassung zu einem von ihm geschlossenen Kaufvertrag erklärt oder ein Vermächtnis erfüllt wird (zu letzterer Alternative: OLG Düsseldorf DNotZ 2003, 637).

2769 Problematisch, wenn die Nacherben nur »der Art nach« bekannt sind (»Abkömmlinge«), sodass ggf. ein Pfleger gem. § 1913 BGB für die noch unbekannten Nacherben bestellt werden und seine Erklärung betreuungsgerichtlich genehmigt werden muss, *Keim* RNotZ 2005, 368. Diese Prozedur ist jedoch entbehrlich, wenn das Hinzutreten weiterer Nacherben völlig unwahrscheinlich ist, so in Bezug auf die leibliche Geburt weiterer Kinder bei einer 66jährigen Frau: OLG Hamm NJW-RR 1997, 1095; *Bremkamp* RNotZ 2011, 36 ff. (trotz reproduktionsmedizinischer Möglichkeiten); ähnlich OLG Celle, 12.08.2010 – 4 W 139/10, BeckRS 2010, 22047.

2770 Allenfalls bei bedingter Nacherbfolge mit sehr fernliegendem Bedingungseintritt mag ein risikofreudiger Käufer von der vorsorglichen Einholung der Zustimmung des Nacherben absehen.

2771 Für die Übertragung der gesamten Nacherbenanwartschaft auf den Vorerben bedarf es allerdings der Zustimmung aller Ersatznacherben (samt Pflegschaft für etwa noch hinzutretende Ersatznacherben und – i.d.R. nicht zu erlangender – betreuungsgerichtlicher Genehmigung), sofern die Ersatznacherbeneinsetzung nicht im Testament durch die Übertragung der Nacherbenanwartschaft auf den Vorerben auflösend bedingt ausgestaltet ist.

2772 Vgl. RGZ 145, 316; BayObLG NJW-RR 2005, 956; *Dumoulin* DNotZ 2003, 571.

2773 *Gutachten* DNotI-Report 2010, 165 ff. (Beeinträchtigung des nicht zustimmenden Nacherben jedenfalls wegen des Unterschieds zwischen Beteiligung an einem gesamthänderisch gebundenem Grundstück – Chance auf weitere Gewinne durch Teilungsversteigerung – und Kontobestand).

2774 Vgl. *Heider* ZEV 1995, 1, 4; OLG Zweibrücken, 12.01.2011 – 3 W 195/10, BeckRS 2011, 03696.

2775 Vgl. *Reimann* DNotZ 2007, 582.

des (deklaratorischen) Nacherbenvermerks[2776] bei Endvollzug wegen Unrichtigkeit des Grundbuchs zu ermöglichen (vgl. hierzu unten Rdn. 2054 ff.). Ist der Vorerbe zugleich gesetzlicher Vertreter des minderjährigen Nacherben, kann er nach herrschender Auffassung[2777] die Zustimmung für jenen selbst abgeben, bedarf jedoch hierzu der familiengerichtlichen Genehmigung,[2778] sofern er nicht Nacherbenvollstrecker gem. § 2222 BGB ist. Eine vom ursprünglichen Erblasser dem Vorerben erteilte post- oder transmortale Generalvollmacht kann seine Verfügungsbeschränkungen nach herrschender Meinung nicht überwinden.[2779]

Ist der **Vorerbe** dagegen von den gesetzlichen Beschränkungen **befreit** worden, sind ihm gem. § 2113 Abs. 2 BGB unentgeltliche oder teilunentgeltliche Verfügungen nicht gestattet. Erforderlich ist dann der Nachweis der Vollentgeltlichkeit ggü. dem Grundbuchamt, wobei insoweit Beweiserleichterungen hinsichtlich der Form gelten.[2780] Bestellt der befreite Vorerbe eine Grundschuld, bezieht sich der Entgeltlichkeitsnachweis auf die Verwendung der dadurch abgesicherten Darlehensvaluta.[2781] Stimmt jedoch der Nacherbe vorsorglich zu (vom Grundbuchamt wird er zur Gewährung rechtlichen Gehörs i.d.R. ohnehin angehört),[2782] bedarf es des Nachweises der Entgeltlichkeit nicht. Die Rechtsprechung sieht den Nacherben analog § 2120 BGB sogar in der Verpflichtung, die (materiellrechtlich nicht erforderliche) Zustimmung auf Verlangen des befreiten Vorerben zu erteilen, wenn der Käufer es (z.B. auf Betreiben des Grundbuchamtes) verlangt.[2783]

1684

d) Verwalterzustimmung gem. § 12 WEG

aa) Anordnung

Sofern durch die Gemeinschaftsordnung gem. §§ 8, 12 WEG die (schuldrechtliche und dingliche) Veräußerung[2784] des Sondereigentums an eine Zustimmung des WEG-Verwalters gebunden wurde, soll dies im **Bestandsverzeichnis des Grundbuchblatts** vermerkt werden;[2785] der Vermerk hat jedoch lediglich deklaratorische Natur,[2786] sodass sich bei unbekannten WEG-Objekten stets die Einsichtnahme in die gem. § 874 Abs. 1 BGB in Bezug genommene Gemeinschaftsordnung bei den Grundakten empfiehlt (zwar kann i.R.d. Fälligkeitsregelung darauf abgestellt werden, dass nur eine nach Grundbuchvortrag erforderliche Verwalterzustimmung als Fälligkeitsvoraussetzung einzuholen sei, bei einer unerkannt dennoch bestehenden Zustimmungsbedürftigkeit bleibt es jedoch dann bei der Unwirksamkeit der dinglichen Einigung ohne Heilungswirkung).

1685

2776 Dieser kann auch im Rahmen eines Surrogationserwerbs aus Mitteln des Nachlasses bei später erworbenem Grundbesitz zur Eintragung gelangen; in der notariellen Urkunde sind die Umstände glaubhaft zu machen und die Berichtigung des Grundbuchs zu bewilligen und zu beantragen.
2777 Nach anderer, vorsichtiger Auffassung ist er hieran wegen §§ 1629, 1795, 181 BGB gehindert, sodass es eines Ergänzungspflegers bedarf.
2778 OLG Hamm DNotZ 1966, 102.
2779 Staudinger/*Avenarius* BGB § 2112 Rn. 34 m.w.N.; a.A. KG KJG 36, A 166; abwägend *Keim* DNotZ 2008, 175 ff. (tauglich zur Erweiterung des § 2222 BGB, sofern auch die Vertretung des Nacherben darin erfasst ist).
2780 OLG Hamm Rpfleger 1999, 386; *Jung* Rpfleger 1999, 207; OLG München DNotZ 2005, 697: Übertragung eines Grundstücks durch Gesellschafter an die Personenhandelsgesellschaft gegen Erhöhung des Kapitalanteils. Allerdings gilt das Zeugenbeweisverbot auch hier OLG Hamm, 17.02.2005 – 15 W 460/04, ZErb 2005, 429.
2781 Wirksamkeit also, wenn die Valuta dem Nachlass zufließt oder dem Vorerben zum gerechtfertigten Bestreiten seines Lebensunterhalts, nicht für Schenkungen an Dritte, vgl. *Gutachten* DNotI-Report 2006, 125 ff.
2782 BayObLG Rpfleger 1995, 105.
2783 OLG Frankfurt am Main, 20.04.2011 – 4 U 78/10, NotBZ 2011, 398.
2784 Kein Zustimmungserfordernis bei Ausgliederung oder Verschmelzung (§§ 20, 131 UmwG), LG Darmstadt Rpfleger 2008, 21.
2785 § 3 Abs. 2 der Wohnungseigentums-Grundbuchverfügung.
2786 LG München I MittBayNot 1993, 137; *Schöner/Stöber* Grundbuchrecht Rn. 2901; a.A. (Wirksamkeitsvoraussetzung): MünchKomm-BGB/*Commichau* § 12 WEG Rn. 10 m.w.N., sodass der Erwerb wirksam wäre, der Erwerber jedoch der Eintragung der Verfügungsbeschränkung im Grundbuch zustimmen müsste. Vgl. zum Ganzen *Gutachten* DNotI-Report 2005, 20.

1686 Ein etwa bestehendes Zustimmungserfordernis erfasst alle Fälle der Veräußerung, auch durch den teilenden Eigentümer selbst, unter Angehörigen, unter Miteigentümern,[2787] im Konzernbereich bzw. zwischen Gesellschaft und Gesellschafter,[2788] nicht jedoch Wechsel im Kreise der Gesellschafter,[2789] ebenso wenig die Rückübertragung nach wirksamer Anfechtung des Erstgeschäftes.[2790] Regelmäßig sind jedoch bestimmte **Veräußerungsfallgruppen** (durch den Bauträger, den Insolvenzverwalter, Veräußerungen zur Vermeidung einer Zwangsvollstreckung, an Verwandte[2791] und Ehegattengeschäfte, unentgeltliche Übertragungen)[2792] ausgenommen. Wegen der Unübertragbarkeit der Verwalterposition als solcher darf der Verwalter keine Generalvollmacht erteilen, schon gar nicht an Personen außerhalb seines Einflussbereichs (Notarangestellte!),[2793] sondern allenfalls Spezialvollmachten für den Einzelfall. Die Verwalterzustimmung kann durch Zustimmung aller Wohnungseigentümer ersetzt werden, gleichgültig ob ein Verwalter bestellt ist oder nicht.[2794]

1687 Ab 01.07.2007 erweitert § 12 Abs. 4 WEG die Möglichkeiten, Angelegenheiten der Gemeinschaft durch Mehrheitsbeschluss zu regeln: Mit **einfacher Mehrheit** kann die Veräußerungsbeschränkung des § 12 WEG (insb. also die Zustimmung des Verwalters) **aufgehoben** werden; dem Grundbuchamt muss (zum Zwecke der möglichst umgehend vorzunehmenden[2795] kostenpflichtigen[2796] Berichtigung, § 12 Abs. 4 Satz 5 WEG, an die sich auch der Gutglaubensschutz knüpft)[2797] der Beschluss durch ein Protokoll[2798] gem. §§ 26 Abs. 3, 24 Abs. 6 WEG (Beglaubigung der Unterschriften des Vorsitzenden, eines Wohnungseigentümers und des (ggf. stellvertretenden) Vorsitzenden des Verwaltungsbeirats,[2799] sofern vorhanden) nachgewiesen werden, vgl. Rdn. 1438. Die Neubegründung der Veräußerungsbeschränkung erfordert jedoch wiederum eine Vereinbarung aller Wohnungseigentümer samt Grundbucheintragung,[2800] allerdings (wegen § 5 Abs. 4 WEG, s. Rdn. 876) nicht mehr die Zustimmung der Grundpfandgläubiger.

2787 *Gutachten* DNotI-Report 2009, 182; auch wenn dies zur Erfüllung eines Vermächtnisses geschieht, ebenso KG, 01.03.2011 – 1 W 57/11, ZfIR 2011, 381 (nur Ls.), auch wenn dadurch keine neue Person Mitglied des WEG-Verbandes wird.

2788 OLG Hamm, 28.08.2006 – 15 W 15/06, Rpfleger 2007, 139: von der GmbH & Co. KG auf ihre beiden alleinigen Kommanditisten.

2789 Auch nicht bei einer GbR, OLG Celle, 29.03.2011 – 4 W 23/11, NotBZ 2011, 294 (obiter wird dort ausgeführt, dass wegen der Risiken freier Übertragbarkeit der Anteile an einer GbR die Zustimmung zu deren Erwerb verweigert werden könne).

2790 OLG Hamm 06.07.2010 - 15 Wx 355/09, ZMR 2011, 147 (fragwürdig; die Zuverlässigkeit des früheren Eigentümers kann sich jetzt anders darstellen!). Beruht die Rückübertragung jedoch auf einem in das Belieben des Berechtigten gestellten vorbehaltenen Rückübertragungsanspruch, ist die Verwalterzustimmung erforderlich, OLG Hamm, 19.10.2011 - I-15 W 348/11, NotBZ 2012, 43.

2791 Dann ist jedoch gem. OLG München, 12.04.2007 – 32 Wx 64/07, NJW 2007, 1536 und KG, 18.10.2011 – 1 W 566/11, JurionRS 2011, 27519 nur die direkte Veräußerung an den Verwandten, nicht an eine aus Verwandten bestehende (teilrechtsfähige!) GbR, freigestellt. Frei ist jedoch die Auseinandersetzung einer Erbengemeinschaft aus Personen des freigestellten Verwandtschaftsgrades, LG Dortmund MittBayNot 2009, 43.

2792 So z.B. wenn nur von »Verkauf« die Rede ist, KG, 17.08.2010 – 1 W 97/10, DNotZ 2011, 377.

2793 *Gutachten* DNotI-Report 1995, 148; Staudinger/*Bub* BGB § 26 WEG Rn. 368 f.

2794 OLG Saarbrücken DNotZ 1989, 439; OLG Zweibrücken NJW-RR 1987, 269.

2795 *Drasdo* RNotZ 2007, 266 (Unmöglichkeit nachträglicher Beglaubigung der Unterschriften mitwirkender Eigentümer nach deren Versterben oder bei Unerreichbarkeit).

2796 §§ 76 Abs. 2, 64 KostO: Halbe Gebühr aus ca. 10 % des Werts der Anlage (NotBZ 2007, 309).

2797 Vgl. *Wilsch* NotBZ 2007, 309 bei Anfechtung des Beschlusses (§ 23 Abs. 4 WEG), der allein noch keinen Gutglaubensschutz vermittelt. Zu den Folgen späterer Aufhebung des »Verwalterzustimmungs-Abschaffungsbeschlusses« auf zwischenzeitliche Eintragungen Riecke/Schmid/*Schneider* § 12 WEG Rn. 68d ff. *Langhein* notar 2010, 199 plädiert de lege ferenda dafür, stets mit Vollzug der Auflassung Heilung eintreten zu lassen.

2798 Nach OLG München, 09.08.2011 - 34 Wx 248/11, ZNotP 2012, 60 m. Anm. *Heinze*, ZNotP 2012, 52 ff muss hierfür das Beschlussergebnis wiedergegeben und verkündet werden, es genügt nicht die Aussage im Protokoll, dass »die Verwalterzustimmung im Grundbuch per sofort gelöscht werden soll«.

2799 Nachweise über die Gewährspersoneneigenschaft der Unterzeichner darf das Grundbuchamt jedoch nicht verlangen, *Röll* Rpfleger 1986, 5.

2800 *Hügel* DNotZ 2007, 353, und zwar auch, wenn der Aufhebungsbeschluss noch nicht im Grundbuch deklaratorisch vermerkt ist (Verbot der Umgehung des § 12 Abs. 1 WEG, *Drasdo* RNotZ 2007, 268).

bb) Verfahren

Die Zustimmung zum schuldrechtlichen Vertrag ist mit ihrem Zugang wegen ihrer Gestaltungswirkung (Beendigung der schwebenden Unwirksamkeit) unwiderruflich, die (zugleich erteilte) Einwilligung zum dinglichen Geschäft, also zum Vollzug der Auflassung, könnte allerdings gem. § 183 Satz 1 BGB bis zur Endvollzugsvorlage (§§ 878, 873 Abs. 2 BGB) widerrufen werden, sofern sich nicht zumindest aus den Sicherungsinteressen der Beteiligten etwas anderes ergibt.[2801] Vorsorglich sollte der dem Verwalter übersandte Genehmigungsentwurf insgesamt die Unwiderruflichkeit (also Widerruflichkeit nur aus wichtigem Grunde) vorsehen. Die Zustimmung zur Veräußerung »gilt« auch für die Rückübereignung, etwa als Folge einer Anfechtung oder des Schadensersatzes statt der ganzen Leistung.[2802]

1688

Wird der Beschluss über die Bestellung eines Verwalters erfolgreich[2803] angefochten, verlieren nach Auffassung der Rechtsprechung mit dem Wegfall der Verwalterfunktion rückwirkend auch die bereits durch ihn erteilten § 12-WEG-Genehmigungen ihre Wirksamkeit; bereits umgeschriebene Grundbücher werden unrichtig.[2804] § 45 FamFG, wonach die Aufhebung einer gerichtlichen Verwalterbestellung die bereits durch diesen Verwalter vorgenommenen Rechtshandlungen unberührt lässt, gilt für den gewählten Verwalter nicht. Auch die Grundsätze der Anscheins- oder Duldungsvollmacht finden auf die Verwalterzustimmung keine Anwendung. Erhöhte Aufmerksamkeit ist also geboten, wenn sich aus dem vorgelegten Protokoll ergibt, dass die Verwalterbestellung weniger als einen Monat zurückliegt (§ 46 Abs. 1 Satz 2 WEG: Einlegungsfrist ein Monat, Begründungsfrist 2 Monate). Ist ein laufendes Anfechtungsverfahren bekannt, wird der Notar bspw. empfehlen, einen Teilbetrag auf Anderkonto zurückzubehalten, um die Kosten einer etwaigen Erzwingung der Genehmigung gegen einen neu bestellten Verwalter abzusichern.

1689

Davon zu trennen ist die Frage, ob im Fall eines **Wechsels** der Miteigentümer bzw. **des Verwalters** vor Stellung des Antrags auf Endvollzug (§ 878 BGB analog)[2805] die Zustimmung des neuen Miteigentümers/Verwalters erforderlich ist[2806] (sodass Anderkontoauszahlung erst nach Endvollzugsvorlage vorzusehen wäre)[2807] oder nicht.[2808] Richtig ist wohl Letzteres,[2809] sodass die Verwaltereigen-

1690

[2801] So *Kössinger* in: Bauer/v. Oefele GBO § 19 Rn. 200; vgl. *Gutachten* DNotI-Report 2004, 165. Für Unwiderruflichkeit aus den Umständen i.S.d. § 183 Satz 1 a.E. BGB auch *Kreuzer* DNotZ 2012, 11 ff (Zustimmung ist keine Verfügung über ein eigenes Recht, sondern Ergebnis einer einmal gewährten Gelegenheit zur Überprüfung des Erwerbers).
[2802] OLG Hamm, 06.07.2010 – I-15 Wx 355/09, DNotZ 2011, 129.
[2803] Allein auf die Einberufung der Wahlversammlung durch eine dazu nicht befugte Person lässt sich die Anfechtung nicht stützen, wenn sich alle Anwesenden auf die Wahl eingelassen haben und die Abwesenheit der anderen Eigentümer auf anderen Gründen (Verhinderung) beruht, OLG München, 06.04.2009 – 32 Wx 3/09, MittBayNot 2009, 462.
[2804] KG, 31.03.2009 – 1 W 209/05, RNotZ 2009, 479; kritisch hierzu *Gutachten* DNotI-Report 2011, 113, 115 m.w.N.
[2805] Vgl. *Gutachten* DNotI-Report 2010, 210 ff.; OLG Celle RNotZ 2005, 542; a.A. Staudinger/*Gursky* BGB § 878 Rn. 28: Fungibilitätsbeschränkung ist aus dem Grundbuch selbst ersichtlich, daher keine analoge Anwendung – maßgeblich ist dann der Eigentumswechsel selbst.
[2806] So OLG Celle RNotZ 2005, 542: § 183 BGB analog, ferner gestützt auf das Interesse der »künftigen« Eigentümer an der Vermeidung gemeinschaftswidriger Zustände, ebenso OLG Hamm, 12.05.2010 – I-15 W 139/10, RNotZ 2010, 578; OLG Hamburg, 15.03.2011 – 13 W 15/11, ZfIR 2011, 528; OLG Frankfurt, 13.12.2011 - 20 W 312/11.
[2807] Allerdings besteht auch hier die Gefahr, dass der Verwalterwechsel zwar bereits zuvor eingetreten ist, aber nicht mehr rechtzeitig bekannt wurde – Fehlen eines »Verwalterregisters« mit Gutglaubenswirkung.
[2808] »Entsperrung der Fungibilitätsbeschränkung« erfolge mit Zustimmung des derzeit Berechtigten endgültig, vgl. *Kössinger* in: Bauer/v. Oefele GBO § 19 Rn. 202 f.; *Bärmann/Klein* (BGH-Richter!), WEG § 12 Rz 33; OLG Düsseldorf, 11.05.2011 – I-3 Wx 70/11, ZfIR 2011, 529 m. zust. Anm. *Schneider*; OLG München, 27.06.2011 – 34 Wx 135/11, MittBayNot 2011, 486 m. zust. Anm. *Kössinger*; zust. auch *Hügel* DNotZ 2011, 628 ff. (keine Verfügungsbeschränkung als Ausnahme zu § 137 BGB, sondern Beschränkung des Rechtsinhalts des Wohnungseigentums; der Eigentümergemeinschaft dürfe durch die Verzögerung im Vollzug keine »zweite Chance« entstehen); LG Wuppertal MittRhNotK 1982, 207; *Kesseler* RNotZ 2005, 547 und RNotZ 2011, 419; maßgeblich sei dann gem. § 12 Abs. 3 WEG bereits das Wirksamwerden des schuldrechtlichen Vertrags.
[2809] § 876 Satz 3 BGB analog: für Zustimmung eines dinglichen Berechtigten zur Änderung des belasteten Rechts genügt Befugnis bei Zugang der Zustimmung; auch § 12 WEG regelt die Zustimmung eines Dritten zu einem dinglichen Rechtsgeschäft über ein Grundstück.

schaft bei Zugang der Genehmigung maßgeblich ist, wegen der überwiegend anderslautenden OLG-Rechtsprechung sollte aber vorsorglich die Zustimmung des neuen Verwalters eingeholt werden, zumal der Grundbuchvollzug einen etwaigen Verstoß nicht heilt.[2810]

Wird versehentlich ohne Genehmigung umgeschrieben, hat der Verkäufer[2811] einen **Grundbuchberichtigungsanspruch** (§ 894 BGB), zu dessen Durchsetzung ihn die Eigentümergemeinschaft durch Beschluss anhalten kann.[2812]

1691 Als Voraussetzung der **Kaufpreisfälligkeit** muss allerdings bei Direktzahlung denknotwendig die Genehmigung durch denjenigen genügen, der z.Zt. ihrer Erteilung WEG-Verwalter ist (andernfalls wäre der Kaufpreis zu hinterlegen und erst nach Endvollzug bei unverändert gebliebener Verwalterstellung auszuzahlen). Falls vor Beurkundung keine Einsicht in die Teilungserklärung zur Prüfung, ob eine aus dem Grundbuch nicht ersichtliche WEG-Veräußerungsbeschränkung angeordnet ist, möglich war, sollte die Fälligkeitsvoraussetzung – zur Vermeidung nicht einlösbarer Verheißungen – auch diesen Umstand klarstellen:

▸ Formulierungsvorschlag: § 12 WEG als Fälligkeitsvoraussetzung

..... (als Teil der Aufzählung der zu bescheinigenden Umstände):

x) die Genehmigung des derzeitigen Verwalters nach § 12 WEG samt Nachweis der Verwaltereigenschaft in grundbuchtauglicher Form dem Notar vorliegen, sofern gem. Eintrag im Bestandsverzeichnis erforderlich.

1692 Ergibt sich die **Verwalterbestellung** nicht (mehr – Bestellung auf max. 5 Jahre bzw. für den ersten Verwalter 3 Jahre, § 26 Abs. 1 Satz 2 WEG) aus der Gemeinschaftsordnung,[2813] die i.d.R. Bestandteil der Teilungserklärung ist, kann die rechtzeitig erfolgte Mehrheits[2814]-Wahl (keine Rückwirkung!)[2815] – an welcher auch er selbst als Eigentümer oder aufgrund Vollmachten der Wohnungseigentümer mitwirken kann[2816] – durch Protokoll gem. § 26 Abs. 3 WEG (Niederschrift über den Bestellungsbeschluss mit beglaubigten[2817] Unterschriften des Versammlungsleiters, eines Wohnungseigentümers

---

2810 *Hertel* in: Amann/Hertel/Everts Aktuelle Probleme der notariellen Vertragsgestaltung im Immobilienrecht 2006/2007 (DAI-Skript), S. 186.
2811 Der selbst zu Unrecht Eingetragene kann sich nicht auf § 894 BGB stützen, sondern muss Feststellungsklage hinsichtlich der Unwirksamkeit seines Geschäfts erheben, BGH, 17.06.2005 – V ZR 78/04, NotBZ 2005, 324. Ein lediglich Vormerkungsberechtigter hat nicht einmal ein Antragsrecht auf Grundbuchberichtigung, OLG Düsseldorf, 04.10.2006 – I-3 Wx 165/06, RNotZ 2006, 613.
2812 OLG Hamm Rpfleger 2002, 20.
2813 Wobei umstritten ist, ob es sich um einen Beschluss i.S.d. § 23 Abs. 3 WEG der »werdenden« Gemeinschaft, oder einen »Entschluss« sui generis (Staudinger/*Bub* § 26 WEG Bearbeitung 2005 Rn. 122) handelt. Nach a.A. (*Drasdo* RNotZ 2008, 87 ff.) kann die Gemeinschaftsordnung allenfalls eine Ermächtigung enthalten, dass nach Entstehung der Eigentümergemeinschaft (also Vorhandensein von mindestens zwei werdenden Eigentümern) jeder berechtigt sei, eine Versammlung zum Zweck der Verwalterwahl einzuberufen.
2814 § 26 Abs. 1 Satz 1 WEG; nicht ausreichend ist die relative Mehrheit bei gleichzeitiger Abstimmung über mehrere Bewerber, BayObLG NZM 2003, 444.
2815 Jedenfalls nicht im Außenverhältnis, vgl. *Gutachten* DNotI-Report 2006, 63. Nach der neuerlichen Wahl muss also eine versehentlich bereits erteilte Genehmigung erneut erteilt werden.
2816 OLG Hamm RNotZ 2007, 32: weder gehindert durch § 181 BGB noch durch § 25 Abs. 5 WEG, sogar wenn zugleich über den Verwaltervertrag abgestimmt wird. Nach OLG München, 15.09.2010 – 32 Wx 16/10, NotBZ 2010, 425 gilt dies auch bei der Beschlussfassung über die eigene Abberufung, wenn der WEG-Verwalter Stimmrechtsvollmachten hat.
2817 Geschäftswert gem. § 30 Abs. 2 KostO nach Ansicht des BGH DNotZ 2009, 315, im Regelfall 3.000 €, bei größeren Wohnanlagen jedoch 300 bis 500 € je Wohneinheit.

und²⁸¹⁸ – falls ein Verwaltungsbeirat²⁸¹⁹ besteht – dessen Vorsitzenden²⁸²⁰ bzw. Vertreters) nachgewiesen werden.²⁸²¹ Zur Beibringung des Nachweises seiner Verwaltereigenschaft ist der Verwalter verpflichtet (und haftet bei schuldhafter Pflichtverletzung ggü. dem Verkäufer auf den Verzögerungsschaden),²⁸²² zur formellen Prüfung der Nachweisanforderungen der Notar i.R.d. Fälligkeitsüberwachung. Mit Vereinigung aller Sondereigentumseinheiten in einer Hand (auch ohne Schließung der Sondereigentumsgrundbücher) dürfte die Verwaltereigenschaft eo ipso enden.²⁸²³

Trotz ihrer Teilrechtsfähigkeit kann eine GbR weiterhin nicht WEG-Verwalter sein.²⁸²⁴ Auch bei **1693** Mehrhausanlagen, die Unterversammlungen zur Regelung der Gemeinschaftsbelange einzelner Abschnitte abhalten,²⁸²⁵ kann lediglich ein WEG-Verwalter, und zwar für die Gesamteigentümergemeinschaft, bestellt werden.²⁸²⁶ Ist eine Kapitalgesellschaft²⁸²⁷ zum Verwalter bestellt, besteht diese Eigenschaft nach einer Übertragung von Gesellschaftsanteilen oder Umwandlungsvorgängen²⁸²⁸ nur bei »Identität« fort,²⁸²⁹ sofern der Verwaltervertrag keine ausdrückliche²⁸³⁰ oder durch Auslegung (analog § 168 BGB)²⁸³¹ zu gewinnende Regelung enthält.

Auch zur Veräußerung²⁸³² und zum Erwerb²⁸³³ seines eigenen Sondereigentums kann der WEG- **1694** Verwalter die Zustimmung selbst erteilen (§ 181 BGB steht nicht entgegen, da der Verwalter als Treuhänder aller Wohnungseigentümer in verdeckter, mittelbarer Stellvertretung handelt, also nicht

---

2818 OLG Düsseldorf, 22.02.2010 – 3 Wx 263/09, RNotZ 2010, 258 mit tlw. krit. Anm. *Heggen* RNotZ 2010, 455 ff. lässt es jedenfalls bei gleichzeitiger Wahrnehmung der Versammlungsleitung und des Beiratsvorsitzes genügen, dass mit einer Unterschrift beiden Erfordernissen Genüge getan wird. Fraglich ist, ob dies auch bei (in aller Regel gegebener) Funktionsidentität von »Eigentümer« und »Beiratsvorsitz« der Fall ist (ablehnend: LG Wuppertal, 13.11.1990 – 6 T 894/90), oder gar bei Identität aller drei Funktionen. Entgegen OLG Düsseldorf können Unterschriften nachgeholt werden und schadet es auch nicht, dass ein Eigentümer seiner Unterschrift die Bezeichnung »Beiratsmitglied« beifügt (so zu Letzterem richtig OLG Hamm, 08.07.2011 – 15 W 183/11, RNotZ 2011, 540).
2819 Wird ein solcher bestellt, muss er aus drei Mitgliedern bestehen (BGH, 05.02.2010 – V ZR 126/09, ZMR 2010, 545 m. Anm. *Elzer*), es sei denn die Eigentümer vereinbaren eine andere Zusammensetzung gem. § 10 Abs. 2 WEG.
2820 Das Grundbuchamt kann keine Nachweise verlangen, dass es sich beim Unterzeichner tatsächlich um den Vorsitzenden bzw. stellvertretenden Vorsitzenden des Verwaltungsbeirats handelt, vgl. LG Aachen, 09.11.1984, MittRhNotK 1985, 13; *Heggen* NotBZ 2009, 401, 402 (Erleichterungsfunktion des Gesetzes; Beweisnot), allerdings kann es die Vorlage des privatschriftlichen Protokolls der Eigentümerversammlung verlangen, in welcher der aktuelle Beirat bestellt wurde (OLG Hamm, 08.07.2011 – 15 W 183/11, RNotZ 2011, 540). Die Eigentümereigenschaft kann das Grundbuchamt ohnehin selbst feststellen.
2821 Sofern die Verwalterbestellung außerhalb einer Versammlung im Weg des Zirkularbeschlusses erfolgte, müssen jedoch alle Wohnungseigentümer unterschreiben und deren Unterschriften beglaubigt werden, BayObLG NJW-RR 1986, 565.
2822 OLG Düsseldorf ZNotP 2004, 201.
2823 OLG Düsseldorf NZM 2005, 743 = NJW-Spezial 2005, 531.
2824 BGH, 18.05.1989 – V ZB 4/89, DNotZ 1990, 34; bestätigt durch BGH, 26.01.2006 – V ZB 132/05, NotBZ 2006, 171; a.A. zuvor LG Hamburg DNotI-Report 2004, 162. Nach BGH, 28.05.2009 – VII ZR 206/07, ZfIR 2009, 751 kann eine GbR als »Scheinverwalter« aber ermächtigt werden, Ansprüche der Wohnungseigentümergemeinschaft geltend zu machen (für Sachverhalte seit der WEG-Reform fraglich, da § 10 Abs. 6 Satz 3 WEG diese Maßnahmen allein dem Verband überantwortet, vgl. *Becker* ZfIR 2009, 753.).
2825 BayObLG MittBayNot 1994, 430; *Häublein* NZM 2003, 785, 791 f.
2826 Vgl. *Gutachten* DNotI – Report 2007, 113.
2827 Nach LG Karlsruhe, 28.06.2011 - 11 S 7/10, NotBZ 2012, 70 m. Anm. *Armbrüster* entspricht die Bestellung einer UG (haftungsbeschränkt) wegen ihrer geringen Kapitalausstattung regelmäßig nicht den Grundsätzen ordnungsgemäßer Verwaltung und ist daher anfechtbar.
2828 Großzügiger *Zajonz/Nachtwey* ZfIR 2008, 701 ff.: bei Verschmelzung einer zum Verwalter bestellten Kapitalgesellschaft gehen Verwalteramt und Verwaltervertrag über (§ 20 Abs. 1 Nr. 1 UmwG); besonderes Vertrauen i.S.d. § 673 BGB werde einer Kapitalgesellschaft nicht entgegengebracht (anders bei der Einmann-Gesellschaft); zum ganzen umfassend *Wickel/Menzel* MittBayNot 2009, 203 ff.
2829 OLG Köln, 09.02.2006 – 2 Wx 5/06, Rpfleger 2006, 395.
2830 *Wickel/Menzel* MittBayNot 2009, 203, 208 mit Formulierungsvorschlag.
2831 BayObLG NZM 2002, 346, 348: Koppelung des Verwalteramts an das zugrunde liegende Geschäftsbesorgungsmandat.
2832 BayObLG NJW-RR 1980, 1077: § 25 Abs. 5 WEG ist auf das Stimmrecht des Wohnungseigentümers beschränkt.
2833 KG DNotZ 2004, 391, a.A. LG Hagen Rpfleger 2007, 196 m. zust. Anm. *Jurksch*: anders als beim Verkauf, bei dem ein Interessengleichlauf (Suche nach einem leistungsfähigen Käufer) bestehe.

auf beiden Seiten eines Rechtsgeschäfts steht).[2834] Ist der Verwalter zugleich Makler des zustimmungsbedürftigen Rechtsgeschäfts, steht ihm zum einen der Maklerlohn angesichts dieser Verflechtung nur bei Vorliegen eines selbstständigen Provisionsversprechens zu (Rdn. 2407); an der Erteilung der Zustimmung nach § 12 WEG ist er jedoch nicht gehindert, da § 181 BGB weder unmittelbar greift (treuhänderisches Handeln für die Sondereigentümer) noch i.S.e. allgemeinen Verbots bei institutionalisierter Interessenkollision erweiternd angewendet werden kann,[2835] und auch kein evidenter Missbrauch der Vertretungsmacht (in Analogie übertragen auf die Fälle der mittelbaren Stellvertretung) vorliegt.[2836]

▶ Hinweis:

1695 Die Anweisung zur Erteilung einer beglaubigten Abschrift an den WEG-Verwalter bei Anforderung der Genehmigung durch den Notar sollte, sofern die Beteiligten einverstanden sind, gem. § 51 Abs. 2 BeurkG in der Urkunde (Verteiler) vermerkt werden. Anderenfalls ist fraglich, ob die Mitteilung anderer Daten als des Vertragsobjekts, der Personalien des Käufers und des Datums des Besitzübergangs sowie der Formulierungen über den Eintritt in die Gemeinschaftsordnung angesichts der Pflicht zur Verschwiegenheit (§ 18 BNotO) in Betracht kommt.[2837]

cc) Versagung

1696 Die Verwalterzustimmung gem. § 12 Abs. 2 WEG darf (unabdingbar) **nur aus wichtigem Grund versagt** werden, also bei Bestehen konkreter Anhaltspunkte für eine gemeinschaftswidrige Gefahr aus der Person des Erwerbers[2838] bzw. seines Umfeldes[2839] oder dessen fehlender konkreter[2840] wirtschaftlicher Leistungsfähigkeit[2841] bzw. bei WEG-Modellen mit besonderer Zweckbindung (Ärztehaus; »Betreutes Wohnen«;[2842] Mehrhausanlage mit abschnittsweiser Errichtung)[2843] im Fall des Nichteintritts in schuldrechtliche Begleitverträge bzw. der Nichterteilung erforderlicher Vollmachten. Auskunftsansprüche hat der Verwalter dabei nur gegen den Verkäufer, der einerseits die

---

2834 A.A. (§ 181 BGB analog) LG Hagen RNotZ 2007, 349.
2835 *Herrler* ZNotP 2007, 448 ff. und *Gutachten* DNotI-Report 2008, 57; a.A. *Elsing* ZNotP 2007, 414 aufgrund Gleichbehandlung mit dem Mäklerlohn; in diesem Fall müssten die Sondereigentümer selbst die Zustimmung erteilen, § 27 Abs. 3 Satz 3 WEG.
2836 *Herrler* ZNotP 2008, 279 ff. gegen. *Elsing* ZNotP 2008, 235.
2837 Dagegen *Rapp* in: Beck'sches Notarhandbuch, A III Rn. 180; dafür *Liessem* NJW 1988, 1306.
2838 Beispiel aus BayObLG MittBayNot 2003, 54: der Erwerber hat bereits in der Vergangenheit durch provozierendes und beleidigendes Verhalten für Streit mit anderen Wohnungseigentümern gesorgt.
2839 OLG Zweibrücken DNotZ 2006, 295.
2840 Allein auf den Umstand, dass der Käufer eine GmbH ist, kann die Verweigerung nicht gestützt werden: BayObLG NJW-RR 1988, 1425.
2841 *Drasdo* NJW-Spezial 2007, 193 empfiehlt die Einholung von SCHUFA-Auskünften; hierin muss der Erwerbsinteressent jedoch einwilligen. In Betracht kommt weiter die Vorlage von Gehaltsbescheinigungen (*Elsing* ZNotP 2008, 236). Allgemein zugänglich sind die Veröffentlichungen auf www.insolvenzbekanntmachungen.de.
2842 Hierzu umfassend *Heinemann* MittBayNot 2002, 69 ff. (mit Formulierungsvorschlägen für Teilungserklärung, Kauf- und Bauträgervertrag) und *Forst* RNotZ 2003, 292 ff. (auch zur Frage der Anwendbarkeit des Heimgesetzes, § 1 Abs. 2 HeimG in der seit 01.01.2002 geltenden Fassung; Überblick bei *Drasdo* NJW-Spezial 2007, 193; Zertifizierungsanforderungen bei www.stiftung-betreutes-wohnen.de. Zur dinglichen Sicherung über Wohnungsbesetzungsrecht: OLG Schleswig, 09.09.2011 – 17 U 8/11, NotBZ 2011, 408. Wird zugleich eine Verpflichtung zum Abschluss eines Betreuungsvertrags festgeschrieben, muss letzterer wegen § 309 Nr. 9 Buchst. a) BGB nach Ablauf von 2 Jahren ordentlich kündbar sein, BGH, 13.10.2006 – V ZR 289/05, NJW 2007, 213.
2843 Hierzu *Hügel* DNotZ 2003, 517. Die alternative Gestaltung über einen überdimensionalen Miteigentumsanteil mit »verdinglichter« Ermächtigung wurde durch BayObLG DNotZ 1998, 383 m. Anm. *Röll* BayObLG, DNotZ 1998, 345; DNotZ 1998, 379; DNotZ 2000, 162; DNotZ 2002, 149 verworfen; denkbar ist noch die Begründung eines Anspruchs des Bauträgers auf Schaffung weiterer Sondereigentumseinheiten in den Erwerbsverträgen mit Sicherung durch Vormerkung, vgl. – auch zu den praktischen Schwierigkeiten – *Häublein* DNotZ 2000, 442; *Roellenbleg* MittBayNot 2000, 555.

V. Genehmigungen, Vorkaufsrechte

Informationen ggf. beim Käufer zu beschaffen hat.[2844] Erteilt der Verwalter seine Zustimmung ohne hinreichenden Grund nicht oder verspätet, haftet er auf Schadensersatz.[2845] Haben die Wohnungseigentümer die Entscheidung über die Zustimmung an sich gezogen und verweigert, ist die Klage auf Erteilung gegen sie zu richten.[2846]

Entgegen landläufiger Auffassung besteht kein Zurückbehaltungsrecht wegen rückständiger Hausgeldforderungen des Veräußerers, da das Erfordernis der Verwalterzustimmung nicht den Erwerber schützen soll,[2847] ebenso wenig den Veräußerer.[2848] Die Genehmigung kann selbst dann nicht verweigert werden, wenn der Erwerber Pflichten des Veräußerers nicht erfüllt, obwohl ihn diese (rückständige Hausgeldforderungen) nach der Gemeinschaftsordnung treffen würden[2849] (Rdn. 2454). Eine »**Bearbeitungsgebühr**« steht dem Verwalter nur zu, wenn sie im Verwaltervertrag oder der Gemeinschaftsordnung in angemessener Höhe[2850] vereinbart wurde; Schuldner ist dann aber die Eigentümergemeinschaft oder, bei entsprechender Festlegung, der Veräußerer.   1697

Macht der Verwalter die Verwendung der Zustimmung von der Zahlung der **Beglaubigungskosten** und/oder einer Bearbeitungsgebühr abhängig, können die Beteiligten dies also wegen Verstoßes gegen § 12 Abs. 2 WEG ablehnen; auch der die Verwalterzustimmung beglaubigende Notar selbst sollte sie nicht unter Auflage oder gar per Nachnahme versenden, sondern allenfalls mit der Bitte um kollegiale Kostenvermittlung.[2851] Schuldner der Beglaubigungskosten ist allein der Verwalter selbst gem. § 2 Nr. 1 KostO[2852] (in der pauschalen Klausel der Urkunde, »sämtliche Kosten des Vertrags« träfen den Käufer, liegt nicht bereits eine unmittelbare Kostenübernahmeerklärung ggü. dem Notar gem. § 3 Nr. 2 KostO).[2853] Der Verwalter hat einen Kostenerstattungsanspruch (§ 670 BGB) gegen die Eigentümergemeinschaft. Die Gemeinschaftsordnung, sonst ein WEG-Beschluss oder der Verwaltervertrag, kann und wird freilich diese Kosten auf den veräußernden Eigentümer abwälzen.[2854] In diesem Fall stellt sich daran anknüpfend die Frage, ob der Verkäufer vertraglich insoweit einen Freistellungsanspruch gegen den Käufer hat. Enthält der Kaufvertrag entgegen der weit verbreiteten Praxis hierzu keine Regelung, würde ein solcher Freistellungsanspruch gem. § 448 Abs. 2 BGB anzunehmen sein für die Beglaubigungskosten, nicht jedoch für »Bearbeitungsgebühren« des Verwalters. Häufig übernimmt jedoch der Käufer auch diese Kosten, um die rasche Abwicklung nicht zu gefährden Klarstellend könnte dann vermerkt werden, dass auf etwaige – nur für den Fall, dass die Eigentümergemeinschaft diese Kosten nicht auf den Verkäufer abgewälzt hat, bestehende[2855] – Rückgriffsansprüche des Käufers gegen die Eigentümergemeinschaft damit nicht verzichtet wurde, also lediglich die Verteilung zwischen Käufer und Verkäufer geregelt sei.   1698

▶ Formulierungsvorschlag: Vorbehalt der Erstattung der Kosten einer Verwalterzustimmung durch die WEG-Gemeinschaft

Die anfallenden Notarkosten und etwaige Bearbeitungsgebühren für die Erteilung der Verwalterzustimmung gem. § 12 WEG sowie für den Nachweis der Verwaltereigenschaft trägt im   1699

2844 *Gutachten* DNotI-Report 2009, 105 ff.; von der Erteilung solcher Auskünfte kann der Verwalter die Genehmigung abhängig machen, vgl. OLG Hamburg, 28.07.2004, ZMR 2004, 850; *Liessem* NJW 1988, 1306.
2845 OLG Düsseldorf MittBayNot 2006, 232.
2846 BGH, 13.05.2011 – V ZR 166/10, ZfIR 2011, 615 m. Anm. *Hogenschurz*.
2847 BayObLG MittBayNot 1981, 190.
2848 *Sandkühler* in seiner zutreffenden Anm., MittBayNot 2007, 242 gegen OLG Zweibrücken, 27.07.2006 – 4 U 111/05, MittBayNot 2007, 240 (zu einem Hinterlegungs-Haftpflichtfall: vorzeitige Auszahlung vor Erteilung der Genehmigung).
2849 KG DNotZ 1998, 390: erst mit Eigentumswechsel rückt der Käufer in diese Pflichten ein.
2850 Das KG NJW-RR 1989, 975, hält eine Vergütung von 600,00 DM zzgl. USt noch für vertretbar!
2851 Rundschreiben der BNotK, vgl. DNotI-Report 1997, 212, 213; *Schneider/Karsten* RNotZ 2011, 238, 241, Kammerreport der Westfälischen Notarkammer Nr. 4/2010.
2852 OLG Hamm NJW-RR 1989, 974, 975.
2853 OLG Brandenburg, 04.07.2007 – 13 Wx 5/07, notar 2008, 32 m. Anm. *Wudy*.
2854 Vgl. *Schneider/Karsten* RNotZ 2011, 238 ff.
2855 Dieser Anspruch besteht nicht, wenn die Gemeinschaftsordnung solche Kosten dem Veräußerer aufbürdet, dann ist die im Kaufvertrag vorgenommene Kostenzuordnung endgültig.

4. Öffentlich-rechtliche Vorkaufsrechte

a) Überblick

1700 Der Notar hat über die öffentlich-rechtlichen Vorkaufsrechte gem. § 20 BeurkG zu belehren (über die nachstehend Rdn. 1738 ff. zu behandelnden privatrechtlichen Vorkaufsrechte gem. § 17 Abs. 1 BeurkG). Es ist stets riskant (und erfordert deutliche Hinweise in der Urkunde), wenn der Kaufpreis fällig gestellt werden soll, bevor die Vorkaufsrechtsverzichtserklärung vorliegt oder die Möglichkeit einer Ausübung des Vorkaufsrechts wegen Fristablaufs erloschen ist. Geradezu zwingend ist es, solche gesetzlichen Vorkaufsrechte zur Fälligkeitsvoraussetzung zu erheben, die für den Grundbuchvollzug erforderlich sind (z.B. § 28 Abs. 1 Satz 2 BauGB!) oder die zu einem geringeren Kaufpreis als dem beurkundeten ausgeübt werden können (§ 28 Abs. 3 BauGB). Bei letzteren preislimitierten Vorkaufsrechten bietet nämlich auch die sonst als Auffangvariante zur Fälligkeitsbedingung dringend anzuratende Abtretungslösung keinen vollständigen Schutz.

▸ Formulierungsvorschlag: Kaufpreisabtretung sicherungshalber bei Vorkaufsausübung

1701 Soweit das Vorkaufsrecht ausgeübt wird, tritt der Verkäufer alle hieraus erwachsenden Ansprüche sicherungshalber an den dies annehmenden Käufer ab, dem der Notar die Anzeige dieser Abtretung beim Vorkäufer empfohlen hat (§ 407 BGB).

1702 Gesetzliche Vorkaufsrechte nehmen als vermeintliche Lenkungsmittel der öffentlichen Hand zur Verwirklichung bauplanungsrechtlicher, denkmalschutzrechtlicher, landwirtschaftsrechtlicher, naturschutzrechtlicher etc. Belange überhand und belasten die Vertragsabwicklung außerhalb jeder Relation zur Häufigkeit ihrer tatsächlichen Ausübung.[2856] Sie sind – insb. in ihren landesrechtlichen Facetten – höchst unterschiedlich ausgeprägt: Teilweise haben sie lediglich schuldrechtliche Wirkung, führen also bei Nichtbeachtung zu Schadensersatzansprüchen, teilweise haben sie auch **dingliche Wirkung** durch Verweisung auf § 1098 Abs. 2 BGB (vergleichbar einer ungeschriebenen »Vormerkung« im Grundbuch). Nicht selten besteht auch eine **Grundbuchvollzugssperre** (so etwa beim bauplanungsrechtlichen Vorkaufsrecht gem. § 28 Abs. 1 Satz 2 BauGB).

Die **wichtigsten bundesrechtlichen Vorkaufsrechte** des öffentlichen Rechts sind nachstehend unter den Gliederungspunkten b) bis d) skizziert.

b) Baugesetzbuch

aa) Varianten

1703 Gem. § 24 BauGB besteht ein »**allgemeines Vorkaufsrecht**«
- an im Geltungsbereich eines Bebauungsplans für öffentliche Zwecke ausgewiesenen Flächen (Nr. 1);
- an allen Grundstücken in förmlich ausgewiesenen Umlegungs-, Sanierungs- oder Erhaltungsgebieten (Nr. 2 bis Nr. 4),
- für unbebaute Flächen, die im Flächennutzungsplan als Wohngebiete ausgewiesen sind (Nr. 5),
- auf unbebauten Grundstücken in Wohngebieten im Innenbereich außerhalb eines Bebauungsplans (Nr. 6).
- in Überschwemmungsgebieten (Nr. 7).[2857]

1704 Daneben kann die Gemeinde durch Satzung (Bebauungsplan oder getrennte Vorkaufsrechtssatzung) gem. § 25 BauGB ein »**besonderes Vorkaufsrecht**« für alle unbebauten Grundstücke im

---

2856 Eine Umfrage der BNotK (*Schelter* DNotZ 1987, 341) hat ergeben, dass es in den Jahren 1980 bis 1984 bei 569.414 Kaufverträgen nur in 382 Fällen zur Ausübung des Vorkaufsrechts nach § 24 BauGB kam (das entspricht 0,07 %).
2857 Auch hier ist allerdings ein städtebaulicher Bezug erforderlich, VG Weimar NotBZ 2008, 358.

Geltungsbereich eines Bebauungsplans begründen (also auch solche, die nicht für öffentliche Zwecke ausgewiesen sind) oder für solche Flächen, für die sie städtebauliche Maßnahmen gem. §§ 156 ff. BauGB in Betracht zieht.

Das gemeindliche Vorkaufsrecht geht gem. § 28 Abs. 2 Satz 5 BauGB anderen Vorkaufsrechten eines Privaten (nach wohl h.M. gleichgültig ob rechtsgeschäftlich oder gesetzlich begründet)[2858] vor; letztere erlöschen im Zeitpunkt des Eigentumserwerbs durch die Gemeinde infolge wirksamer Ausübung des Vorkaufsrechts, nach wohl richtiger Auffassung auch beim freihändigen Erwerb durch die Gemeinde, wenn dieser Erwerb durch das Wohl der Allgemeinheit gerechtfertigt ist, wie es auch eine Vorkaufsrechtsausübung sein müsste.[2859] 1705

Im Fall der Ausübung kommt ein Kaufvertrag zwischen Verkäufer und Gemeinde im Wesentlichen[2860] zu den mit dem Dritten vereinbarten Bestimmungen zustande (§ 28 Abs. 2 Satz 2 BauGB i.V.m. § 464 Abs. 2 BGB). Hiervon abweichend kann die Gemeinde gem. § 28 Abs. 3 Satz 1 BauGB in den Fällen, in denen der vereinbarte Kaufpreis den Verkehrswert erkennbar überschreitet, alternativ ein »**preislimitiertes Vorkaufsrecht**« ausüben; dann kann jedoch der Verkäufer binnen eines Monats nach Unanfechtbarkeit des Verwaltungsakts über die Ausübung des Vorkaufsrechts vom Kaufvertrag mit Wirkung auch ggü. der Gemeinde zurücktreten (§ 28 Abs. 3 Satz 2 BauGB). 1706

bb) Voraussetzungen

Sämtliche geschilderten **gemeindlichen Vorkaufsrechte** nach BauGB sind **ausgeschlossen**: 1707
– bei Veräußerung von Sondereigentum nach dem WEG sowie Bestellung oder Veräußerung von Erbbaurechten (§ 24 Abs. 2 BauGB),
– bei Verkauf an Ehegatten, Verwandte oder Verschwägerte in gerader Linie oder in der Seitenlinie bis zum dritten Grad, also bis einschließlich Onkel/Tante bzw. Neffe/Nichte (§ 26 Nr. 1 BauGB),
– beim Verkauf für bestimmte öffentliche Zwecke oder zur Durchführung eines planfestgestellten Vorhabens (§ 26 Nr. 2 und Nr. 3 BauGB),[2861]
– bei den Vorkaufsrechten im Umlegungs-, Sanierungs- und Erhaltungsgebiet auch dann, wenn das Grundstück den planerischen Festsetzungen entsprechend bebaut und genutzt wird (§ 26 Nr. 4 BauGB),
– ferner stets dann, wenn schon bürgerlich-rechtlich kein Vorkaufsfall vorliegt, d.h. kein Vorkaufsrecht bei Tauschverträgen, gemischten Schenkungen, Übertragungen unter Miteigentümern etc.

Das Vorkaufsrecht darf ferner nur ausgeübt werden, wenn und soweit das **Wohl der Allgemeinheit** dies rechtfertigt.[2862] Anders als bei rechtsgeschäftlichen Vorkaufsrechten kann – und ggf. muss – die Gemeinde also das Vorkaufsrecht auch lediglich für Teilflächen ausüben, sofern bspw. nur diese für öffentliche Zwecke (Gehweg, Radweg!) Verwendung finden sollen. 1708

Insb. im Geltungsbereich von Erhaltungssatzungen, § 24 Abs. 1 Nr. 4 BauGB (etwa für innerstädtische Gebiete, in denen die Bestandsmieter dem Verdrängungsdruck zahlungskräftiger Zuzügler ausgesetzt sind) hat sich vielerorts eingebürgert, »zur Abwendung der Vorkaufsrechtsausübung« mit dem Käufer einen privatrechtlichen Vertrag zu schließen, in welchem er sich verpflichtet, binnen 10 Jahren keine Luxussanierung vorzunehmen, keine Aufteilung in WEG vorzunehmen, nicht an Personen mit Einkommen oberhalb der Grenze der städtischen Wohnungsbauförderung zu vermie- 1709

2858 Beispiel: § 57 SchuldRAnpG, vgl. DNotI-Gutachten Nr. 45359 v. 18.11.2003.
2859 *Hertel* in: Lambert-Lang/Tropf/Frenz Handbuch der Grundstückspraxis Teil 2 G Rn. 550, gestützt auf OLG Hamm DNotZ 1989, 786.
2860 Zu Ausnahmen vgl. unten Rn. 1715.
2861 Die Voraussetzungen des Ausschlusses hat das Grundbuchamt selbstständig unter Würdigung des Inhalts der Kaufvertragsurkunde zu prüfen, OLG München, 27.11.2007 – 34 Wx 107/07, OLGReport 2008, 77.
2862 §§ 24 Abs. 3 Satz 1, 25 Abs. 2 Satz 1 BauGB.

ten etc.[2863] Diese Pflichten gehen teilweise über den Rahmen der in Erhaltungssatzungsgebieten genehmigungspflichtigen Maßnamen hinaus.

cc) Verfahren

1710 In der Praxis wird regelmäßig der Notar mit der **Einholung** der gemeindlichen Erklärungen zum Vorkaufsrecht beauftragt. Es hat sich hierzu ein **zweistufiges Verfahren**[2864] durchgesetzt, das zur Wahrung des Datenschutzes und der notariellen Verschwiegenheit zunächst lediglich zur Mitteilung des betroffenen Grundstücks und der Person des Käufers (wegen der Gebührenschuldnerstellung für den Bescheid der Gemeinde) führt, nicht jedoch der sonstigen Bedingungen des Vertrags, insb. des Kaufpreises.[2865] Erklärt die Gemeinde, dass ein Vorkaufsrecht grds. bestehe und über die Ausübung zu entscheiden sei, kann ihr der vollständige Wortlaut des Vertrags durch Übersendung einer einfachen Abschrift zur Kenntnis gebracht werden (in Vollmacht[2866] für den Verkäufer, vgl. § 28 Abs. 1 Satz 1 BauGB).[2867]

1711 Die Gemeinde hat eine **Ausübungsfrist** von 2 Monaten, die erst durch Mitteilung[2868] des vollständigen Inhalts des wirksam gewordenen Kaufvertrags in Gang gesetzt wird. Die Erteilung eines Negativattestes ist stets Angelegenheit der laufenden Verwaltung und fällt damit in die Zuständigkeit des Bürgermeisters, die Entscheidung über die positive Ausübung des Vorkaufsrechts führt jedoch (außer bei kleinen Grundstücken in großen Gemeinden) regelmäßig zur Zuständigkeit des Gemeinderats.[2869] Dem Grundbuchamt ggü. genügt stets der vom Bürgermeister unterzeichnete Verwaltungsakt,[2870] der dem Verkäufer zugegangen sein muss (§ 28 Abs. 2 Satz 1 BauGB).[2871] Für die Prüfung des Bestehens und ggf. der Ausübung eines gemeindlichen Vorkaufsrechts werden (als Aufgabe des eigenen Wirkungskreises)[2872] Gebühren erhoben[2873] deren Schuldner die Kaufvertragsbeteiligten (regelmäßig der Käufer)[2874] sind.

2863 So etwa Grundsatzbeschluss des Stadtrats in München v. 20.02.2002 mit Festlegung der Ausübungsvoraussetzungen (positive städtebauliche Beurteilung durch das Sozialreferat, Bruttokaltmieten nicht über 90 % des städtischen Durchschnitts) und der Modalitäten des Weiterverkaufs der im Vorkaufsrecht erworbenen Immobilien (§ 89 Abs. 3 BauGB), z.B. Bevorzugung von Mietergenossenschaften.

2864 Empfohlen auch im BNotK-Rundschreiben Nr. 16/1997 v. 12.06.1997.

2865 Dies ist für die Abgabe eines Negativattestes ausreichend, vgl. OVG Nordrhein-Westfalen NJW 1980, 1067.

2866 Diese Mitteilung ist der weiteren Durchführung des Kaufvertrags noch dienlich und daher auch von undifferenzierten Vollzugsvollmachten an den Notar umfasst *Hueber* NotBZ 2004, 91.

2867 Vgl. Empfehlung der 74. Vertreterversammlung der BNotK, BNotK-Rundschreiben v. 12.06.1997; Rundschreiben der LNotK Bayern v. 28.12.1996.

2868 Ist der Kaufvertrag zwar wirksam, dies aber der Gemeinde noch nicht mitgeteilt worden, kann sie gleichwohl bereits ausüben, eine auf die künftige Wirksamkeit »aufschiebend bedingte« Vorabausübung ist jedoch nicht möglich, *Hueber* NotBZ 2003, 453 ff. m.w.N.

2869 BGH NJW 1960, 1805; VG Weimar NotBZ 2008, 358; ebenso OVG Rheinland-Pfalz MittBayNot 2006, 450 (keine Heilung der rechtswidrigen Ausübung des Vorkaufsrechts nach Ablauf der 2-Monats-Frist durch »Genehmigung« des zunächst zu Unrecht übergangenen Gemeinderats).

2870 Dies gilt auch im Bayerischen Kommunalrecht: die Rspr. des BayObLG (z.B. DNotZ 1998, 478), wonach die Zuständigkeitsverteilung zwischen Bürgermeister und Gemeinderat sich auch auf die Vertretungsmacht des Bürgermeisters gem. Art. 38 Abs. 1 BayGO auswirke, gilt nur für Erklärungen im Gleichordnungsverhältnis, nicht aber für Verwaltungsakte im Über-/Unterordnungsverhältnis: LG Regensburg MittBayNot 1997, 123; *Gutachten* DNotI-Report 2003, 179.

2871 Zur Entgegennahme der (den weiteren Vollzug ja gerade blockierenden) Ausübungserklärung wird der Notar sich kaum bevollmächtigen lassen, zumal die Wirksamkeit der Ausübung durch ihn nicht geprüft werden kann – vgl. Formulierungsvorschlag in Rn. 1013 –; eine allgemein formulierte Vollzugsvollmacht genügt für die Entgegennahme wohl ebenfalls nicht, *Hueber* NotBZ 2003, 446 ff. (mit Reaktionsvorschlägen und Musterschreiben).

2872 Sodass die Verwaltungsgemeinschaft als Behörde der Mitgliedsgemeinde handelt, dabei jedoch ihren eigenen Briefkopf verwenden kann, DNotI-Gutachten Nr. 47195 zu § 47 ThürKO v. 30.01.2004.

2873 VGH Bayern BayVBl. 1995, 621 – auf der Grundlage einer Kostensatzung gem. Art. 22 BayKostG oder durch landesrechtliche Anwendbarkeitserklärung des Verwaltungskostengesetzes für Maßnahmen des eigenen Wirkungskreises, § 1 ThürAllVwKostO.

2874 *Gerhardt/Schlabach* Verwaltungskostenrecht § 13 VwKostG Rn. 9; VGH Baden-Württemberg VBl.BW 1971, 90.

V. Genehmigungen, Vorkaufsrechte

Gem. § 28 Abs. 1 Satz 2 BauGB besteht bzgl. des Endvollzugs (also nicht der Eigentumsvormerkung) eine **Grundbuchsperre** dahin gehend, dass ein Negativattest[2875] vorgelegt werden muss, sofern nicht aus der Urkunde zu entnehmenden oder dem Grundbuchamt offenkundigen Umständen das Vorkaufsrecht bereits materiell-rechtlich ausgeschlossen ist.[2876] Das Vorkaufsrechtsnegativzeugnis muss zu erkennen geben, ob ein Vorkaufsrecht nicht besteht oder ob es zwar besteht, aber nicht ausgeübt wird (in praxi unterzeichnen Gemeinden die vom Notar vorbereitete Erklärung, dass ein Vorkaufsrecht nicht bestehe, und genügen so den grundbuchlichen Anforderungen). Gem. § 28 Abs. 5 Satz 1 BauGB ist auch ein allgemeiner Verzicht für das gesamte Gemeindegebiet oder für bestimmte Grundbuchgemarkungen möglich, was jedoch in der Praxis selten geschieht, da Gemeinden ungern auf die mit den Vorkaufsrechtsanfragen verbundenen Informationsmöglichkeiten und Gebühreneinnahmen verzichten. 1712

Zum Schutz ihrer nach Ausübung bestehenden Rechtsposition gegen anderweitige Belastungen kann die Gemeinde das Grundbuchamt vorab um Eintragung einer Vormerkung ersuchen (§ 28 Abs. 2 Satz 3 BauGB).

dd) Folgen der Ausübung

Übt die Gemeinde das Vorkaufsrecht aus, sollte der Notar – jedenfalls bis zum Verstreichen der Rechtsmittelfrist[2877] – gleichwohl den (bis zu einem Rücktritt noch wirksamen) Erstvertrag durch **Vormerkung** absichern. Wird nämlich die Ausübungserklärung im Widerspruchs- oder Klageverfahren aufgehoben, wäre der Erstkäufer nicht geschützt; obsiegt die Gemeinde, kann sie die Erstkäufervormerkung gem. § 28 Abs. 2 Satz 6 BauGB durch schlichtes Ersuchen löschen lassen. 1713

Angesichts der dadurch ausgelösten Kosten, die mit keinem Sicherheitsgewinn verbunden sind, sollte jedoch die Eintragung von Finanzierungsgrundpfandrechten des Erstkäufers bis zur Entscheidung über die Wirksamkeit der Ausübungserklärung durch (vom Notar anzuregende) diesbezügliche Anweisung des Erstkäufers und – sofern der Antrag auch in dessen Namen zu stellen ist – des finanzierenden Gläubigers zurückgestellt werden.[2878] Die Löschung eines gleichwohl eingetragenen Finanzierungsgrundpfandrechts bereitet dann Probleme, wenn der Kaufpreis (wegen einer nicht auf die Vorkaufsrechtsnegativerklärung abstellenden Fälligkeit) bereits entrichtet worden ist und die Gemeinde das preislimitierte Vorkaufsrecht ausübt, sodass auch bei Abtretung des Kaufpreisanspruchs der Gemeinde an den Käufer bzw. dessen Finanzierungsgläubiger das ausgereichte Darlehen nicht in voller Höhe getilgt wird. 1714

Die wirksame Vorkaufsrechtsausübung führt gem. § 28 Abs. 2 Satz 2 BauGB i.V.m. § 464 Abs. 2 BGB zu einem neuen Kaufvertrag zwischen Verkäufer und Gemeinde zu den schuldrechtlichen Bestimmungen des Ausgangsvertrags, jedoch ohne die dinglichen Erklärungen (insb. die Auflassung), ohne prozessuale Erklärungen wie die Zwangsvollstreckungsunterwerfung und ohne einseitige Erklärungen wie Finanzierungsvollmachten des Verkäufers zugunsten des Erstkäufers. Neben den zum Schutz des Vorkäufers geltenden zivilrechtlichen Schranken (§§ 466 bis 468 BGB) ergeben sich Abweichungen aus der Natur der Sache[2879] (z.B. Entbehrlichkeit des Vorkaufsrechtsnegativzeugnisses als Fälligkeitsvoraussetzung). Die Genehmigungen sind erneut einzuholen, sofern sie nicht (wie die Sanierungsgenehmigung) wegen Beteiligung der Gemeinde ebenfalls entbehrlich 1715

[2875] Der Eigentumserwerb ist allerdings wirksam, auch wenn das Vorkaufsrechtszeugnis nichtig sein sollte, *Bauer* in: v. Oefele/Bauer GBO § 38 Rn. 92.
[2876] OLG Düsseldorf, 26.05.2010 – 3 Wx 90/10, RNotZ 2010, 457 (Tauschvertrag, bei welchem die Gemeinde nicht in der Lage wäre, die geschuldete Gegenleistung – anderes Grundstück – zu erbringen).
[2877] Sowohl der Käufer als auch der Verkäufer sind zur Anfechtung berechtigt, vgl. BVerwG NVwZ 2000, 1044; VGH Baden-Württemberg NVwZ-RR 2000, 761. Das Verfahren kann Jahre dauern und belastet die Beteiligten, sofern kein Rücktritt erfolgt, erheblich, vgl. *Grziwotz* MittBayNot 2006, 453.
[2878] Vgl. *Hueber* NotBZ 2004, 96 (mit Musterschreiben).
[2879] Übersicht über die ggü. der Gemeinde wirkenden und nicht wirkenden Regelungen bei *Kehrer/Bühler* Notar und Grundbuch § 7 E I 153; eingehend auch *Grziwotz* NVwZ 1994, 215 ff.

sind. Zum Vollzug des zweiten, mit der Gemeinde zustande kommenden Kaufvertrags ist eine Auflassungsurkunde, die sinnvollerweise auch die erforderlichen schuldrechtlichen Anpassungen enthält, erforderlich.[2880]

1716 Der Erstkäufer seinerseits wird wegen dauernder Unmöglichkeit der Übereignung gem. § 326 Abs. 5 BGB zurücktreten; empfehlenswert ist jedoch eine vertragliche[2881] Rücktrittsmöglichkeit für ihn und für den Verkäufer (zugleich zur Vermeidung einer über die Erstattung der Vertrags- und Grundbuchkosten hinausgehenden Schadensersatzpflicht wegen behaupteter Vorhersehbarkeit der Ausübung) etwa durch folgende Formulierung, vgl. auch Rdn. 1760:

▸ **Formulierungsvorschlag: Vertragsbeendigung bei Ausübung eines gesetzlichen Vorkaufsrechts**

1717 **Wird ein Vorkaufsrecht ausgeübt, sind beide Vertragsteile zum Rücktritt vom Vertrag berechtigt, ein Anspruch auf Schadensersatz statt der Leistung oder Verzinsung bereits geleisteter Kaufpreisteile besteht in diesem Fall nicht. Der Verkäufer tritt alle aus der Ausübung des Vorkaufsrechts gegen den Vorkäufer entstehenden Ansprüche sicherungshalber an den Käufer ab, der die Abtretung dem Vorkäufer selbst anzeigen wird.**

1718 Angesichts des bei Streit über die Wirksamkeit der Ausübungserklärung eintretenden, u.U. lang dauernden Schwebezustands ist die Rücktrittsmöglichkeit bewusst an die schlichte Ausübung des Vorkaufsrechts, nicht an die Wirksamkeit der Ausübung geknüpft worden. Damit wird allerdings in Kauf genommen, dass bei erfolgreicher Anfechtung der Ausübungserklärung die Pflichten aus dem Erstvertrag gleichwohl durch Rücktritt bereits erloschen sind, sodass es eines neuerlichen Willensentschlusses und nochmaliger Beurkundung bedürfte.[2882] Hat der Käufer bereits Kaufpreis(teile) geleistet, bevor die Verzichtserklärung der Gemeinde vorlag, wird er durch die sicherungshalber erfolgte Abtretung[2883] des gegen die Gemeinde entstehenden Kaufpreisanspruchs zumindest teilweise geschützt: Zum einen hat er allerdings dafür zu sorgen, dass die Abtretung der Gemeinde rechtzeitig angezeigt wird (§ 407 BGB), zum anderen besteht die nicht zu beseitigende Gefahr, dass der Vorkaufspreis gem. § 28 Abs. 3 BauGB auf einen niedrigeren Betrag herabgesetzt wird, sodass der Erstkäufer nicht in voller Höhe gesichert ist.

1719 Sofern die Gemeinde ihr spezifisches Vorkaufsrecht zu abweichendem Kaufpreis, also preislimitiert nach § 28 Abs. 3 BauGB (»vereinbarter Kaufpreis übersteigt den Verkaufswert in einer dem Rechtsverkehr erkennbaren Weise deutlich«) oder zum Entschädigungswert nach § 28 Abs. 4 BauGB (»Bedarf für öffentliche Zwecke im Geltungsbereich eines Bebauungsplans«), ausgeübt hat, ist keine weitere notarielle Mitwirkung mehr erforderlich, da die Umschreibung durch Eintragungsersuchen der Gemeinde nach Unanfechtbarkeit des Bescheids erfolgt; das Eigentum geht kraft Gesetzes auf die Gemeinde über.[2884]

1720 Hinsichtlich der nach Ausübung des gemeindlichen Vorkaufsrechts entstehenden Ansprüche im Verhältnis zwischen Erstkäufer und Kommune ist im Einzelnen vieles streitig. Während die Übernahme der Notarkosten des Erstvertrags (der zugleich die Belegurkunde für den zweiten Kaufvertrag geschaffen hat) ohne Zweifel geschuldet ist, ist die Erstattung der Gebühren für die Eintragung

---

2880 Muster bei *Hueber* NotBZ 2004, 182.
2881 Der BGH (13.03.2009 – V ZR 157/08, DNotZ 2009, 627) hat (beim gesetzlichen Vorkaufsrecht nach § 57 SchuldRAnpG) in der Erwähnung des Vorkaufsrechts (als Hinweis) in der notariellen Urkunde die stillschweigende Abrede gesehen, die Ansprüche des Erstkäufers seien durch die Ausübung des Vorkaufsrechts auflösend bedingt.
2882 Allgemein zu den Folgen wirksamer Anfechtung der Vorkaufsrechtsausübung *Hueber* NotBZ 2004, 300 ff., auch zur Löschung der möglicherweise bereits für die Gemeinde oder auf deren Ersuchen hin (§ 28 Abs. 2 Satz 3 BauGB) eingetragenen Vormerkung und zur Notwendigkeit eines neuerlichen Vorkaufsrechtsverzichtszeugnisses zum Erstvertrag.
2883 Diese hat auch bei nachfolgender Insolvenz des Verkäufers Bestand BGHZ 70, 77; BGH, 27.03.2003 – IXR 51/02, DNotZ 2004, 123.
2884 Zur notariellen und/oder grundbuchlichen Abwicklung nach Ausübung des allgemeinen wie auch des preislimitierten Vorkaufsrechts vgl. DNotI-Gutachten Nr.: 11016; ferner *Hueber* NotBZ 2004, 177 ff.

der Vormerkung zugunsten des Erstkäufers, da ausschließlich in dessen Interesse erfolgt, fraglich.[2885] Es handelt sich (wegen § 448 Abs. 2 BGB) jedenfalls nicht um Teile der dem Verkäufer geschuldeten Gegenleistung, die die Gemeinde bereits wegen der Übernahme des Vertragsinhalts zu tragen hätte.[2886] Gleichwohl bejaht der BGH (obiter) die Erstattungsfähigkeit.[2887] Aufwendungen zur Baufreimachung werden nicht erstattet und fließen auch nicht in die Verkehrswertberechnung im Fall der preislimitierten Ausübung ein.[2888]

Hat der Erstkäufer einen **Makler** beauftragt, erlischt dessen Provisionsanspruch aufgrund der Unmöglichkeit des Eigentumserwerbs,[2889] hat der Verkäufer den Auftrag erteilt, ist die Provision (wohl) weiterhin verdient; hat der Käufer die vom Verkäufer geschuldete Provision übernommen, handelt es sich um eine zu übernehmende Gegenleistung.[2890] Die Grunderwerbsteuer des Erstvertrags kann gem. § 16 Abs. 1 GrEStG zurückverlangt werden; die Gemeinde jedoch, die ihrerseits für ihren Vertrag Grunderwerbsteuer schuldet, ist zur Erstattung nicht verpflichtet. Bzgl. weiterer streitträchtiger Fragen, wie z.B. der Verwendungsersatzansprüche des Erstkäufers ggü. der Gemeinde[2891] (die jedenfalls nicht bestehen bei nicht wertsteigernden Aufwendungen)[2892] wird der Notar empfehlen und daran mitwirken, eine gütliche Einigung im dreiseitigen Vertragsverhältnis zustande zu bringen.[2893] Die Gemeinde hat erworbene Objekte, die sie nicht zur Erfüllung öffentlicher Aufgaben benötigt, gem. § 89 Abs. 3 BauGB »unter Berücksichtigung weiter Kreise der Bevölkerung« weiterzuverkaufen.

1721

c) Verkehrsrechtliche Planfeststellungsverfahren

Mit der öffentlichen Auslegung der Planfeststellungspläne gem. § 73 Abs. 3 VwVfG beginnen regelmäßig öffentlich-rechtliche Vorkaufsrechte, die ebenfalls nicht aus dem Grundbuch ersichtlich sind, insb. im Bereich planfestzustellender Verkehrsanlagen, etwa gem. § 19 Abs. 3 des AEG, § 9a Abs. 6 des FStrG, § 15 Abs. 3 des WaStrG, § 8a Abs. 3 des LuftVG, § 4 Abs. 3 des MBPlG, § 28a Abs. 3 des PBefG. Verfahren und Abwicklung sind i.d.R. dem bauplanungsrechtlichen Vorkaufsrecht der Gemeinden nachgebildet, teilweise jedoch ohne Grundbuchsperrwirkung, und mit rein schuldrechtlichem Charakter.

1722

d) Reichssiedlungsgesetz

Es handelt sich um einen Annex zum unter Rdn. 1585 erläuterten **grundstücksverkehrsrechtlichen Genehmigungsverfahren**: Sofern landwirtschaftliche Grundstücke[2894] ab 2 ha (in bestimmten Ländern auch bereits ab 0,5 ha) veräußert werden[2895] und die Genehmigung nach § 9 GrdstVG

1723

2885 Ablehnend LG Bonn NJW 1965, 1606.
2886 Vgl. *Hueber* NotBZ 2004, 298; in Betracht kommen also lediglich bereicherungsrechtliche Ansprüche.
2887 Vgl. BGH DNotZ 1982, 630 (obiter) und MünchKomm-BGB/*Westermann* § 464 Rn. 7 m.w.N.; ebenso *Dumoulin* MittRhNotK 1967, 748; zweifelnd *Hahn* MittRhNotK 1994, 210, der vorschlägt, zur Streitvermeidung die Vormerkung des Erstkäufers erst dann einzutragen, wenn die Nichtausübung feststeht, was sich jedoch bei einem unzuverlässigen Verkäufer als gefährlich erweisen kann.
2888 Vgl. BGH, 11.10.2007 – III ZR 298/06, NotBZ 2008, 66 m. Anm. *Hueber*.
2889 Vgl. im Einzelnen *Hueber* NotBZ 2004, 177.
2890 *Meikel*/*Grziwotz* Grundbuchrecht Rn. J 231.
2891 Hierzu *Schwerdtner* BWNotZ 1972, 145.
2892 BGH, 11.10.2007 – III ZR 298/06, ZNotP 2008, 31.
2893 Musterformulierung bei *Hueber* NotBZ 2004, 299 f.
2894 Nach OLG Naumburg NotBZ 2005, 265 können mehrere selbstständige Grundstücke ein einheitliches »Grundstück im landwirtschaftlichen Sinne« bilden, wenn sie wirtschaftlich zusammengehören. Wegen der Anknüpfung des siedlungsrechtlichen Vorkaufsrechts an die Genehmigungsbedürftigkeit nach GrdStVG ist allerdings (z.B. für die Mindestgrößen) der dortige Begriff des »Grundstücks im Rechtssinne« (vgl. Rn. 1588) maßgebend, OLG Schleswig, 12.09.2006 – 3 WLw 39/06, NotBZ 2007, 32.
2895 Unterliegen nur einzelne Grundstücke eines einheitlichen Kaufvertrags dem siedlungsrechtlichen Vorkaufsrecht und ist der Vertragsgegenstand nach dem ohne Umgehungsabsicht gebildeten Willen der Beteiligten nicht teilbar, entfällt das Vorkaufsrecht gem. § 4 RSG: OLG Naumburg NotBZ 2003, 75.

(bezogen auf die Verhältnisse im Zeitpunkt des § 6 Abs. 3 GrdstVG)[2896] zu versagen wäre, kann dieses Vorkaufsrecht zugunsten von Haupterwerbslandwirten ausgeübt werden. Voraussetzung ist jedoch, dass die Genehmigung nach GrdstVG weder erteilt (weil dann kein Vorkaufsfall mehr gegeben sein kann) noch versagt wurde (weil es dann aufgrund der Nichtigkeit des Kaufvertrags ebenfalls an einem Vorkaufsfall fehlt [vgl. § 4 Abs. 1 Reichssiedlungsgesetz]. Einer Vorlage des Vorkaufsrechtsnegativzeugnisses an das Grundbuchamt bedarf es nicht, weil mit Vorliegen der Grundstücksverkehrsgenehmigung zugleich feststeht, dass das reichssiedlungsrechtliche Vorkaufsrecht nicht mehr ausgeübt werden kann. Versuche, das Vorkaufsrecht durch planmäßige Zerlegung eines einheitlichen Erwerbsvorgangs in mehrere Teilflächenerwerbe unterhalb der Flächengrenze zu »umgehen«, sind (ebenso wie i.R.d. Genehmigungspflicht nach § 2 GrdStVeG) nicht Erfolg versprechend.[2897]

▸ Hinweis:

1724 Das damit nicht zu verwechselnde frühere Vorkaufsrecht des Ausgebers einer **Reichsheimstätte** ist mit Aufhebung des Reichsheimstättengesetzes zum 01.10.1993 ersatzlos[2898] weggefallen, ebenso das bis zum 31.12.2001 bestehende Vorkaufsrecht nach § 2b Wohnungsbindungsgesetz für öffentlich geförderten Sozialwohnungsbau.

e) Bundesnaturschutzgesetz 2010

1725 Als Folge der »Hochstufung« des Natur- und Landschaftsschutzes von einer Rahmen- zur konkurrierenden Gesetzgebungskompetenz (Föderalismusreform 2006) gilt seit 01.03.2010 ein neues Bundesnaturschutzgesetz, das in § 66 BNatSchG ein dem jeweiligen Land zustehendes Vorkaufsrecht an Grundstücken (bzw. ideellen Miteigentumsanteilen hieran)[2899] in Naturschutzgebieten, Grundstücken mit Bodendenkmälern und Grundstücken mit oberirdischen Gewässern geschaffen hat. Die Ausübung erfolgt durch die nach Landesrecht für Naturschutz und Landschaftspflege zuständige Behörde; sie beschränkt sich auf den die genannten Merkmale aufweisenden Grundstücksteil, ist aber auf Verlangen des Eigentümers auf das gesamte Grundstück zu erstrecken, wenn ihm der Verbleib des Restes nicht zuzumuten ist (§ 66 Abs. 1 Satz 3 BNatSchG). Die Ausübung ist ausgeschlossen bei Verkäufen an Ehegatten, Lebenspartner und Verwandte ersten Grades. Das (im Grundbuch nicht eintragungsfähige) Vorkaufsrecht bewirkt keine Grundbuchsperre, hat jedoch Vormerkungswirkung (§ 66 Abs. 3 Satz 4 BNatSchG i.V.m. § 1098 Abs. 2 BGB), kann also auch dem bereits als Eigentümer eingetragenen Käufer ggü. durchgesetzt werden. Es kann nur ausgeübt werden, wenn es aus Gründen des Naturschutzes, der Landschaftspflege und der Erholungsvorsorge erforderlich ist.

1726 Das bundesrechtliche Naturschutzvorkaufsrecht geht den daneben bestehenden landesrechtlichen Naturschutzvorkaufsrechten vor (§ 66 Abs. 3 Satz 2 BNatSchG; dies entspricht dem Grundsatz des Art. 72 Abs. 3 Satz 3 GG, lex specialis zu Art. 31 GG); landesrechtliche Vorkaufsrechte auf dem Gebiet des Grundstücksverkehrs und des Siedlungswesens bleiben allerdings unberührt. Allerdings hat Art. 72 Abs. 3 Satz 1 Nr. 2 GG den Ländern eine sog. Abweichungskompetenz eingeräumt, derzufolge diese nach dem 06.08.2009 durch entsprechende landesrechtliche Neuregelung das BNatSchG wieder außer Kraft setzen können, was in Mecklenburg-Vorpommern,[2900] Niedersachsen,[2901] Schles-

---

2896 BGH, 28.04.2006 – BLw 32/05, DNotZ 2006, 786, sodass spätere Vorkehrungen des Erwerbers zur Ausräumung des Genehmigungshindernisses nicht berücksichtigt werden können.
2897 *Gutachten* DNotI-Report 2011, 187, 189.
2898 § 17 Abs. 2 RHeimStG wirkt allerdings fort: Getilgte Althypotheken an Reichsheimstätten erlöschen, werden also keine Eigentümergrundschulden.
2899 Auch ohne gesetzliche Regelung (wie in § 24 Abs. 2 BauGB) dürften naturschutzrechtliche Vorkaufsrechte an Sondereigentumseinheiten ausgeschlossen sein, da die Naturschutzbehörde sich das Grundstück nicht durch Aufhebung der Gemeinschaft sichern kann.
2900 NatSchAG M-V v. 23.02.2010, GVOBl M-V 2010, 66.
2901 NAGBNatSchG v. 19.02.2010, NdsGVBl 2010, 104.

wig-Holstein[2902] und Sachsen-Anhalt[2903] sowie Bayern[2904] geschehen ist, teilweise auch im Sinne bloßer »Abschaffungsgesetzgebung«[2905] (so lange, bis der Bund das BNatSchG wieder insoweit reformiert – »Ping-Pong-Effekt«). Unklar ist, ob die in § 66 Abs. 5 BNatSchG verwendete Formel, wonach »abweichende Regelungen der Länder unberührt bleiben«, über die in Art. 72 Abs. 3 Satz 1 Nr. 2 GG eröffnete verfassungsrechtliche Abweichungskompetenz hinaus geht, sodass auch (1) abweichende[2906] bisherige landesrechtliche Vorkaufsrechtsbestimmungen – und zwar (a) dann insgesamt[2907] oder (b) nur hinsichtlich der nicht überlappenden Teilmengen – hinsichtlich der überlappenden Teilmenge und der lediglich bundesrechtlichen Teilmenge gälte dann wieder Bundesrecht –, oder gar (2) das »bewusste Fehlen«[2908] landesrechtlicher Vorkaufsrechte (wie derzeit etwa in Berlin, Hessen,[2909] Rheinland-Pfalz und Schleswig-Holstein) vorgehen würden. Richtig dürfte wohl sein, § 66 Abs. 5 BNatSchG Sinn gebend so zu lesen, dass »§ 66 Abs. 1 bis 4 BNatSchG nicht gelten in den Ländern, in denen bereits ein naturschutzrechtliches Vorkaufsrecht existiert«.[2910]

▶ Hinweis:

Bis zur Klärung des Rangverhältnisses sollte der Notar vorsichtigerweise stets bei der (nach beiden Gesetzen identischen) Behörde Bestehen und Ausübung hinsichtlich beider Vorkaufsrechte erfragen. Kostenrechtlich fällt dennoch nur eine Nebentätigkeitsgebühr gem. § 147 Abs. 2 KostO an.[2911]

f) Landesrechtliche Vorkaufsrechte

Als vermeintliches Lenkungsmittel sowie zur »politischen Ruhigstellung« organisierter Interessengruppen nehmen die landesrechtlichen Vorkaufsrechte insb. im Bereich des Denkmal-, Forst-, Naturschutz- und Wasserrechts sowie der Landschaftsplanung[2912] überhand, wenn auch rühmlicherweise einzelne Vorkaufsrechtsnormen i.R.d. Entbürokratisierung aufgehoben wurden.[2913] Viele haben lediglich schuldrechtliche Wirkung,[2914] führen also bei Nichtbeachtung zu Schadensersatzansprüchen; andere bewirken durch Verweisung auf § 1098 Abs. 2 BGB einen vormerkungsähnlichen quasi-dinglichen Effekt.[2915] Grundbuchsperrende Wirkung haben sie nur, wenn dies ausdrücklich angeordnet ist, anderenfalls bedarf die Ausübungserklärung bzw. das Negativattest nicht der Form des § 29 GBO.[2916]

1727

2902 LNatSchG v. 24.02.2010, S-H GVBl 2010, 301: Abschaffung des § 66 BNatSchG durch § 50 LNatSchG.
2903 § 31 Abs. 1 NatSchG LSA v. 16.12.2010, GVBl LSA 2010, 569 ff.
2904 Art. 34 BayNatSchG (seit 01.03.2011: Art. 39 BayNatSchG).
2905 § 36 SächsNatSchG in der ab 19.10.2010 geltenden Fassung: »§ 66 BNatSchtG findet keine Anwendung«.
2906 Alle derzeitigen landesrechtlichen Vorkaufsrechte (abrufbar unter www.bfn.de/0506_textsammlung.html) weichen geringfügig vom Wortlaut des § 66 BNatSchG ab.
2907 So *Hecht* DNotZ 2010, 328, der sich gegen ein »Auftrennen« der Landesgesetze in einen mit dem Bundesrecht kongruenten und abweichenden Teil ausspricht, ebenso *Heinze* RNotZ 2010, 388 zu § 36a LG NRW. Davon geht offensichtlich auch das Umweltministerium Brandenburg im Schr. v. 05.05.2010 (Az 49740.0/2) aus, wonach in Brandenburg ausschließlich § 69 BbgNatSchG gelte, ebenso das Umweltministerium Baden-Württemberg im Hinblick auf § 56 NatSchG B-W.
2908 Für den Vorrang auch in diesem Fall *Hecht* DNotZ 2010, 328; dagegen *Gutachten* DNotI-Report 2010, 67, und wohl auch die Länder Schleswig-Holstein und Sachsen, die eine ausdrückliche Abwehrgesetzgebung erlassen haben.
2909 Das HessMin für Umwelt hat mit Schreiben vom 10.02.2010 mitgeteilt, das Vorkaufsrecht gem. § 66 BNatSchG bis zum 28.02.2014 nicht auszuüben.
2910 So zu Recht *Heinze* RNotZ 2010, 390 (läge auch in der Nichtexistenz eines Vorkaufsrechts eine abweichende Regelung i.S.d. § 66 Abs. 5 BNatSchG, hätte das Gesetz gar keinen originären Anwendungsbereich).
2911 *Notarkasse* MittBayNot 2010, 254.
2912 § 36a LandschaftsG NRW, vgl. *Kesseler* ZNotP 2006, 450.
2913 Aufhebung von § 25 Abs. 2 SächsWassG (Vorkaufsrecht des Freistaats Sachsen und der Gemeinden für an Gewässern belegene Grundstücke) für Verträge ab 18.10.2010 (SächsGVBl 2010, 270).
2914 Z.B. nach dem Denkmalschutzgesetz Sachsen und Mecklenburg-Vorpommern sowie gem. § 17 ThürWaldG, ebenso das partikulare bundesrechtliche Vorkaufsrecht nach § 57 SchuldRAnpG.
2915 So etwa die naturschutzrechtlichen Vorkaufsrechte in Brandenburg, Mecklenburg-Vorpommern, Sachsen und Sachsen-Anhalt; ebenso die forstrechtlichen Vorkaufsrechte für Mecklenburg-Vorpommern, Sachsen und Thüringen.
2916 LG Schwerin, 24.10.2008 – 5 T 187/08, NotBZ 2009, 145.

B. Gestaltung eines Grundstückskaufvertrages

1728 Schließlich sind die Voraussetzungen insb. landesrechtlicher Vorkaufsrechte oft so undeutlich gefasst, dass das Grundbuchamt stets ein **Negativzeugnis** verlangt (so etwa gem. § 30 des Thüringer Denkmalschutzgesetzes auch bei Veräußerung neu erstellter Eigentumswohnungen). Auch der Kreis der Vorkaufsberechtigten ist teilweise schwer zu ermitteln (§ 17 ThürWaldG in der bis[2917] 25.06.2008 geltenden Fassung, in möglicherweise verfassungswidriger Weise:[2918] »angrenzende Privatwaldeigentümer, die seit mindestens einem Jahr im Grundbuch eingetragen sind«),[2919] ebenso die zu verständigende Behörde.[2920]

1729 Insb. im Naturschutzbereich sind zudem die **Ausübungsberechtigungen »gestaffelt«** (das Vorkaufsrecht steht z.B. gem. § 52 Abs. 1 ThürNatSchG den Kommunen, sodann dem Land[2921] zu). Im Zuge der Verwaltungsvereinfachung gehen einzelne Bundesländer dazu über, gebietsbezogene Negativatteste dem Grundbuchamt zu übermitteln[2922] (bzw. umgekehrt potenziell vorkaufsbetroffene Grundstücke in zugangsgeschützten Internet-Bereichen aufzulisten, so etwa in Mecklenburg-Vorpommern[2923] und in Brandenburg).[2924] Wird im Gesetz auf § 28 Abs. 5 BauGB verwiesen, ist ein allgemeiner Verzicht durch Verwaltungsakt möglich, anderenfalls liegt in der schriftlichen »verbindlichen Zusage« der Nichtausübung (wohl) ein Angebot auf Abschluss eines öffentlich-rechtlichen Vertrags mit allen Betroffenen.

▶ Hinweis:

Es empfiehlt sich daher, bei den typischen Vorkaufsberechtigten (Gemeinde, bei Denkmalen oder Naturschutzprojekten von überörtlicher Bedeutung ggf. auch Bundesland) stets pauschal die Vorkaufsrechte nach allen in Betracht kommenden Bestimmungen abzufordern. Die Vorkaufsrechtsbetroffenheit (z.B. die Existenz oberirdischer Gewässer oder sog. Naturmonumente in Bezug auf naturschutzrechtliche Vorkaufsrechte) lässt sich nicht sicher dem Grundbuchbeschrieb entnehmen.

1730 Eine **Übersicht der landesrechtlichen Vorkaufsrechte** findet sich bei *Grauel*;[2925] **Gesetzestexte** sind auf der Internetseite des Deutschen Notarinstituts (www.DNotI.de/arbeitshilfen) zusammengestellt. Allerdings wechseln die Zuständigkeiten häufig. Daneben existieren »exotische« Vorkaufsrechte mit typisch regionalem Bezug (z.B. gem. Art. 3 des Bayerischen Almgesetzes[2926] oder gem. § 13 des Hamburgischen Hafenentwicklungsgesetzes). In einzelnen Fällen sind die landesrecht-

---

2917 ThürGVBl 2008, 125 ff.: seitdem steht das Vorkaufsrecht lediglich den Gemeinden und dem Land zu.
2918 OLG Jena, 21.08.2007 – 9 W 258/07, NotBZ 2007, 412 (Vorlage an das BVerfG); *Watoro* NotBZ 2007, 393 zu weiteren Unzulänglichkeiten der Norm und Handlungsempfehlungen (mit Formulierungsvorschlag S. 399).
2919 Seit der Gesetzesänderung vom 13.04.2006 (die Jahresfrist gilt nicht beim Erwerb im Wege der Erbfolge). Zuvor wurden häufig benachbarte Splitterflächen erworben um der Vorkaufsberechtigung willen auch in laufenden Ausschreibungsverfahren. Nach Ansicht des LG Meiningen, 17.04.2007 – 3 T 388/06 bezieht sich das Vorkaufsrecht sodann lediglich auf das angrenzende Waldgrundstück.
2920 So etwa gem. § 27 SächsWaldG: der örtlich zuständige Forstbezirk; bei unklarer Zuordnung die Geschäftsleitung Staatsbetrieb Sachsenforst, Außenstelle Chemnitz, Hans-Link-Str. 5, 95131 Chemnitz.
2921 Obere Naturschutzbehörde ist das Thüringer Landesverwaltungsamt, Referat 410.
2922 So zu § 59 Abs. 3 NatSchG Sachsen-Anhalt a.F. (landesweit); zwischenzeitlich ist die Grundbuchsperre gänzlich abgeschafft worden.
2923 So etwa www.regierung-mv.de, Pfad: Ministerium für Landwirtschaft, Umwelt und Verbraucherschutz > Service > Flurliste > Flurlistenrecherche. Durch Allgemeinverfügung v. 31.03.2010, AmtsBl M-V 2010 S. 195, hat das Ministerium erklärt, es bestehe kein Vorkaufsrecht, wenn das Grundstück z.Zt. des Vertragsschlusses nicht in der Liste erfasst ist. Eine weitere Allgemeinverfügung vom ... schließt die Ausübung des Vorkaufsrechtes an oberirdischen Gewässern, die nicht in Naturschutzgebieten liegen, bis auf Weiteres aus.
2924 So zu § 69 Brandenburgisches NatSchG (zugänglich über die BNotK-Signaturkarte für Notare in den neuen Bundesländern): Gem. Allgemeinverfügung des dortigen Landesumweltamts v. 04.04.2011, Amtsblatt 2011 S. 730 ff., wird das Vorkaufsrecht nicht ausgeübt für alle Grundstücke, die im Zeitpunkt der notariellen Beurkundung in Fluren liegen, die in der Datenbank (www.notarkammer-brandenburg.de) nicht gelistet sind.
2925 MittRhNotK 1993, 243; MittRhNotK 1994, 190; MittRhNotK 1995, 363; MittRhNotK 1997, 367; RNotZ 2002, 210; vgl. auch *Hertel* in: Lambert-Lang/Tropf/Frenz, Handbuch der Grundstückspraxis Teil 2 Abschnitt I G Rn. 659.
2926 Hierzu BayObLG MittBayNot 1982, 178.

lichen Vorkaufsrechte »**preislimitiert**« ausgestaltet, müssen also nicht zum beurkundeten Verkaufspreis ausgeübt werden, dann gestattet jedoch i.d.R. das betreffende Gesetz dem Verkäufer den Rücktritt mit Wirkung auch ggü. dem Vorkaufsberechtigten.

Rein schuldrechtlich wirkende Vorkaufsrechte (ohne verdeckten Vormerkungsschutz aufgrund Verweisung auf § 1098 Abs. 2 BGB), die auch keine Grundbuchsperre bewirken, können, sofern die Möglichkeit ihres Bestehens erkannt wird, auf verschiedene Weise **gestalterisch berücksichtigt** werden: 1731
– Ihr Fehlen bzw. ihre Nichtausübung wird zur **Fälligkeitsvoraussetzung** erhoben. Es stellen sich dann dieselben Schwierigkeiten wie hinsichtlich privater Vorkaufsrechte (unten Rdn. 1760 ff.), z.B. der Nachweis des fruchtlosen Ablaufs der Ausübungsfrist. Ein förmlicher Anspruch auf Erteilung eines »Negativattestes« (wie in § 28 Abs. 1 Satz 3 BauGB) besteht selten.

– Alternativ (und i.d.R. der geringen Wahrscheinlichkeit tatsächlicher Ausübung entsprechend) belassen es viele Notare bei der allgemeinen **Belehrung** (§ 17 BeurkG, nicht § 20 BeurkG) über das mögliche betreffende Vorkaufsrecht. An sich treffen die Folgen unterlassener Klärung der rein schuldrechtlichen Vorkaufsthematik allein den Verkäufer. Ist er jedoch aufgrund einer vorbehaltenen, allgemein gehaltenen Klausel »im Fall der Ausübung eines Vorkaufsrechts« zum **Rücktritt** vom Vertrag berechtigt, und hat der Käufer bereits gezahlt, nimmt er dadurch letzterem nicht nur den Eigentumsverschaffungsanspruch und den (akzessorischen) Vormerkungsschutz, sondern setzt ihn auch der Unsicherheit der Rückerlangung des Kaufpreises (Verkäuferinsolvenz!) aus. Das Risiko solcher schuldrechtlicher Vorkaufsrechte ist wertungsgerecht der Verkäufersphäre zuzuordnen, da er die auslösenden Grundstücksmerkmale (Wald, Denkmalschutz, Landschaftsplanungsgebiet etc.) besser kennt. Daher ist der gegen den Vorkaufsberechtigten gerichtete Anspruch auf Kaufpreiszahlung sicherungshalber an den Käufer abzutreten (Rdn. 1762) bzw. es darf (v.a. bei preislimitierten Vorkaufsrechten) jedenfalls ab Mitteilung der Kaufpreisfälligkeit kein verkäuferseitiges Rücktrittsrecht mehr bestehen,[2927] Rdn. 1764. 1732

5. Privatrechtliche Vorkaufsrechte

a) Gesetzliche Vorkaufsrechte (v.a. § 577 BGB)

aa) Tatbestandsvoraussetzungen

Neben den im Beitrittsgebiet geschaffenen, im Kapitel über die Besonderheiten des Rechts der neuen Bundesländer darzustellenden gesetzlichen Vorkaufsrechten nach dem Vermögensgesetz und dem Schuldrechtsanpassungsgesetz ist für die notarielle Tätigkeit besonders das gesetzliche Vorkaufsrecht des Mieters bei Bildung und Veräußerung von **Wohnungseigentum** (oder Wohnungserbbaurecht)[2928] gem. **§ 577 BGB** bedeutsam.[2929] Es soll den Mieter vor **Spekulationsumwandlungen** und **Eigenbedarfskündigungen** schützen, wirkt sich jedoch in der Praxis nur zugunsten begüterter Mieter aus, die auf diese Weise die von ihnen genutzte Eigentumswohnung günstiger als auf dem freien Markt (nämlich mit **Vermietungsabschlag**) erstehen können.[2930] Es geht rechtsgeschäftlich bestellten Vorkaufsrechten vor, und zwar sowohl für den Fall, dass aus Sicht beider Vorkaufsrechte ein Vorkaufsfall (Verkauf an einen Dritten) vorliegt, als auch für den Fall, dass ein Verkauf an den Mieter stattfindet: dieser gilt dann nicht als Vorkaufsfall (i.S.d. rechtsgeschäftlichen Vorkaufsrechtes).[2931] 1733

2927 *Kesseler* ZNotP 2006, 451. Im Bauträgervertrag würde ein solches unmittelbar gegen § 3 Abs. 1 MaBV verstoßen.
2928 DNotI-Gutachten Nr. 1163 (Stand 12.01.1998) unter Hinweis auf die sonst bestehende Umgehungsgefahr; a.A. allerdings Staudinger/*Sonnenschein* BGB, § 570b Rn. 21, mit Hinweis auf den Wortlaut »Wohnungseigentum«.
2929 Die Veräußerung einer belegungs- oder mietgebundenen Wohnung löst seit Aufhebung des § 2b WoBindG ab 01.01.2002 kein gesetzliches Vorkaufsrecht des von früherer Umwandlung betroffenen Mieters mehr aus – es verbleibt bei § 577 BGB –, sondern verpflichtet den Vermieter zur Anzeige des Verkaufs bei der zuständigen Stelle gem. § 32 Abs. 3 Wohnraumförderungsgesetz, vgl. *Grziwotz* DNotZ 2001, 822.
2930 Hierzu und zum Folgenden vgl. *Hertel* in: Lambert-Lang/Tropf/Frenz, Handbuch der Grundstückspraxis Teil 2 Abschnitt 1 G Rn. 607 ff.
2931 *Gutachten* DNotI-Report 2010, 137 ff.

B. Gestaltung eines Grundstückskaufvertrages

1734 Nach (abzulehnender) Ansicht des BGH[2932] soll § 577 BGB (und damit auch der Kündigungsschutz des § 577a BGB)[2933] analoge Anwendung finden auf die **Realteilung eines Grundstücks**, das mit mehreren zu Wohnzwecken vermieteten Reihenhäusern (auch frei stehenden Einfamilienhäusern? Auch einem Einfamilienhaus mit zur Vermietungsbebauung vorgesehener freier Fläche?) bebaut ist (dann wohl ebenfalls auf die Veräußerung von Miteigentumsanteilen, mit denen gem. § 1010 BGB die Nutzung abgeschlossener vermieteter Wohneinheiten verbunden ist).[2934] Eine Schadensersatzpflicht des Verkäufers (erst recht des Notars) für in der Vergangenheit anders gehandhabte Fälle scheidet sicherlich aus[2935] – wenngleich materiell-rechtlich das Vorkaufsrecht durch die Umschreibung nicht erloschen ist und die Ausübungsfrist erst durch Mitteilung in Gang gesetzt wird; für die Zukunft mag sich allerdings auch im Hinblick auf § 20 BeurkG empfehlen, auch beim Verkauf eines mit mehreren (Reihen-) Häusern bebauten Grundstücks einen textlichen »Merkposten« vorzusehen:

▶ Formulierungsvorschlag: Fehlen der Tatbestandsvoraussetzung des Mietervorkaufsrechts analog § 577 BGB bei Verkauf eines mit mehreren vermieteten Wohngebäuden bestandenen Grundstücks

1735 Der Notar hat die Beteiligten darüber belehrt, dass nach Ansicht des BGH das Vorkaufsrecht des Mieters bei der Veräußerung von Eigentumswohnungen (§ 577 BGB) und die daran anknüpfende Beschränkung des Eigenbedarfs-Kündigungsrechts entsprechende Anwendung findet auch auf die Veräußerung eines mit mehreren selbstständigen, vermieteten Wohngebäuden bestandenen Grundstücks, sofern eine Realteilung zur Bildung selbstständiger Einzelgebäude-Grundstücke beabsichtigt sei. Hierzu erklärt der Verkäufer, dass eine solche Realteilung seit der Überlassung an den Mieter nicht erfolgt und auch derzeit nicht beabsichtigt sei.

1736 Die entsprechende Anwendung des Mietervorkaufsrechts auf vermietete »Einzelgebäude« muss dementsprechend erst recht auch dann gelten, wenn die Realteilung bereits (nach Überlassung des Objekts an den Mieter) erfolgt ist, sodass derzeit lediglich ein Einzelobjekt veräußert wird, das jedoch früher Teil eines größeren, mit mehreren vermieteten Wohngebäuden bestandenen Grundstücks war.

Vorsichtigerweise kann sich auch hier ein textlicher »Merkposten« empfehlen:

▶ Formulierungsvorschlag: Nichtbestehen der Tatbestandsvoraussetzungen des Mietervorkaufsrechts analog § 577 BGB bei vermietetem Einzelwohngebäude

1737 Der Notar hat die Beteiligten darauf hingewiesen, dass nach Ansicht des BGH das Vorkaufsrecht des Mieters bei der Veräußerung von Eigentumswohnungen (§ 577 BGB) und die daran anknüpfende Beschränkung des Eigenbedarfs-Kündigungsrechts entsprechende Anwendung findet auf die Veräußerung eines vermieteten Wohngebäudes, das zuvor Bestandteil eines mit mehreren vermieteten Wohngebäuden bestandenen Grundstücks war und aus diesem durch Realteilung hervorgegangen ist, sofern diese Realteilung nach der Überlassung an den derzeitigen Mieter erfolgt ist. Hierzu erklärt der Verkäufer, dass dies nicht der Fall sei.

1738 Das Vorkaufsrecht besteht während des Bestandes eines Mietverhältnisses (erlischt also mit Ablauf bzw. bereits mit Kündigung durch den Mieter),[2936] sofern nach seinem Einzug Wohnungseigentum begründet wurde, und erfasst den ersten Verkaufsfall nach der Umwandlung. Spätere Verkaufsfälle derselben Wohnung sind also stets vorkaufsfrei, auch wenn der erste Verkaufsfall nach der Umwandlung, aber vor Inkrafttreten des § 577 BGB (vormals: § 570b BGB), also vor dem 01.09.1993,

---

2932 BGH, 28.05.2008 – VIII ZR 126/07, RNotZ 2008, 490 m. zu Recht krit. Anm. *Terner*; ablehnend auch *Bierhenke* MittBayNot 2009, 38; a.A. zuvor ausdrücklich OLG Karlsruhe NJW 1990, 3278 und *Pause* NJW 1990, 810. *Langhein* notar 2008, 277 hofft auf eine »Korrekturentscheidung« des V. Senats. Das BVerfG, 04.04.2011 – 1 BvR 1803/08, MittBayNot 2011, 477 m. krit. Anm. *Volmer* sieht dadurch die Grenzen zulässiger richterlicher Rechtsfortbildung noch nicht überschritten.

2933 BGH, 23.06.2010 – VIII ZR 325/09, ZNotP 2010, 342; allerdings keine analoge Anwendung des § 577a BGB auf die Kündigung gem. § 573a BGB (Mietvertrag in auch selbst genutztem Gebäude mit nicht mehr als zwei Wohnungen, es gilt der »Gebäudebegriff nach der Verkehrsanschauung«).

2934 Dies befürchtet auch *Hueber* NotBZ 2009, 63.

2935 Ebenso *Terner* RNotZ 2008, 494.

2936 *Brambring* ZAP, Fach 4, S. 325; str. a.A. Palandt/*Weidenhoff* BGB § 577 Rn. 3 m.w.N.

stattfand,²⁹³⁷ oder wenn es beim Verkauf nicht ausgeübt werden konnte, etwa weil die Wohnung an einen Familienangehörigen verkauft wurde.²⁹³⁸ Das Vorkaufsrecht besteht auch beim Gesamtverkauf mehrerer Wohnungen; dem Mieter kommt also ein **Paketabschlag** zugute.²⁹³⁹

Wird jedoch eine noch nicht aufgeteilte Wohnanlage insgesamt verkauft, kommt § 577 BGB nur in Betracht, wenn die Absicht der WEG-Begründung sich bereits (z.B. durch Beurkundung der Teilungserklärung) konkretisiert hat und dadurch das **Mietobjekt auch als grundbuchlicher Vertragsgegenstand bereits hinreichend bestimmt ist**.²⁹⁴⁰ Umgekehrt besteht kein Vorkaufsrecht (mehr), wenn im Zuge des en-bloc-Gesamtverkaufs die Sondereigentumsgrundbücher auf Betreiben des Verkäufers geschlossen werden.²⁹⁴¹ Das Vorkaufsrecht ist gem. § 577 Abs. 1 Satz 2 BGB ausgeschlossen beim Verkauf an **Angehörige** oder **Mitglieder seines Hausstandes**. 1739

bb) Wirkung, Abwicklung

Das Mietervorkaufsrecht hat weder dingliche Wirkung²⁹⁴² noch bewirkt es eine Grundbuchsperre; der **Verkäufer** macht sich also bei Missachtung **schadensersatzpflichtig**.²⁹⁴³ Bevor durch Umschreibung auf den Käufer »vollendete Tatsachen« geschaffen werden, kann allerdings der Vorkäufer ein Erwerbsverbot im Wege einstweiligen Rechtsschutzes erwirken.²⁹⁴⁴ 1740

Gem. § 577 Abs. 2 BGB muss die Mitteilung des Verkäufers oder des Käufers über den Inhalt des (i.Ü. wirksam gewordenen) Kaufvertrags²⁹⁴⁵ mit einer Unterrichtung des Mieters über sein Vorkaufsrecht verbunden werden, also insb. die Erläuterung enthalten, dass das Vorkaufsrecht durch formlose Erklärung ggü. dem Verkäufer binnen zweier Monate nach Empfang dieser Mitteilung auszuüben ist und dass aufgrund der Ausübung ein Kaufvertrag zwischen Verkäufer und Mieter zu den mit dem Dritten vereinbarten Bedingungen zustande kommt. Regelmäßig werden diese Unterrichtung und die Mitteilung über den Inhalt durch den Notar aufgrund Vollmacht vorgenommen, diesem sind allerdings Person und Anschrift des Mieters durch den Verkäufer (am besten in der Urkunde) zu benennen. 1741

cc) Vertragliche Vorkehrungen

(1) Ausschluss, Erlassvertrag

Ein **Ausschluss des Mietervorkaufsrechts** durch Vereinbarung etwa im Mietvertrag ist unzulässig (§ 577 Abs. 4 BGB). Nach Zustandekommen des den Vorkaufsfall bindenden Vertrages und erfolgter Mitteilung ist jedenfalls ein (formfreier) **Erlassvertrag** gem. § 397 BGB, den der Verkäufer in der Kaufvertragsurkunde dem Mieter bereits anbieten kann (s. nachstehend Rdn. 1748), mög- 1742

2937 BGH, 29.03.2006 – VIII – ZR 250/05, DNotZ 2006, 747; ebenso bereits *Langhein* DNotZ 1993, 662; zweifelnd *Heintz* Verkaufsrecht des Mieters DNotI-Schriftenreihe Nr. 6, S. 11.
2938 BGH, 22.06.2007 – V ZR 269/06, ZNotP 2007, 336; Gleiches gilt, wenn beim ersten Verkauf die Ermittlung des anteiligen Preises aus einem Gesamtverkauf schwierig gewesen wäre und daher die Ausübung unterblieb.
2939 OLG Düsseldorf DNotZ 1999, 491 (vgl. auch § 467 BGB); DNotI-Gutachten Nr. 15142 (Stand: März 2000) und Nr. 44765 (Stand: Oktober 2003).
2940 BayObLG DNotZ 1992, 571; KG DNotI-Report 1995, 149: Schädliche Aufteilungsabsicht ist gegeben, wenn im Kaufvertrag auf einzelne Wohnungen mit Plan Bezug genommen wird.
2941 Auch dann, wenn die Schließung durch den Verkäufer erst nach Vertragsschluss veranlasst wird, sofern nur das Gesamtgrundstück Vertragsobjekt ist, vgl. *Gutachten* DNotI-Report 2006, 48.
2942 Ist zugleich ein dingliches Vorkaufsrecht eingetragen, setzt sich dieses demnach wegen seiner Vormerkungswirkung (§ 1098 Abs. 2 BGB) durch, vgl. DNotI-Gutachten Nr. 11280 vom 12.11.2002.
2943 Bsp.: BGH, 15.06.2005 – VIII ZR 271/04, NZM 2005, 779. Bei kollusivem Zusammenwirken zwischen Verkäufer und Käufer zum Nachteil des Mieters führt § 826 BGB auch zu einem Beseitigungs- und Unterlassungsanspruch, OLG München NJW-RR 1999, 1314.
2944 OLG München, 15.01.1999 – 23 U 6670/98, JurionRS 1999, 29973.
2945 Nicht nur des Entwurfes BGH DNotI-Report 2003, 57.

lich. Vor Abschluss des Kaufvertrags ist allerdings – jedenfalls nach vorsichtiger Auffassung – ein **Verzicht unwirksam**.[2946]

(2) Kaufpreisdifferenzierung

1743 Allerdings ist es zulässig, im Rahmen einer differenzierenden Kaufpreisabrede eine Entgeltminderung für den Fall vorzusehen, dass der Mieter sein Vorkaufsrecht nicht ausübt, der Käufer also eine vermietete Wohnung erwerben müsste – der vorkaufende Mieter hat dann als künftiger Eigennutzer den angemessen[2947] höheren Kaufpreis zu entrichten.[2948] Teilen die Beteiligten jedoch zur Vereitelung des Vorkaufsrechts im Rahmen eines »Paketverkaufs« den vorkaufsbetroffenen Wohnungen deutlich höhere »Kaufpreisanteile« zu, ist diese Abrede gem. § 138 Abs. 1 BGB nichtig, sodass § 467 BGB gilt (verhältnismäßige Aufteilung, etwa nach Flächen).[2949]

(3) Schutz des Verkäufers

1744 Wie bei jedem Vorkaufsrecht muss der Verkäufer für den Fall der Ausübung des Vorkaufsrechts davor geschützt werden, aus zwei Kaufverträgen verpflichtet[2950] zu sein; dies geschieht regelmäßig durch Vereinbarung einer auflösenden Bedingung[2951] (vgl. Formulierung unter Rdn. 1748, 1761) bzw. eines vertraglichen Rücktrittsrechts:

▸ **Formulierungsvorschlag: Vertragsbeendigung bei Ausübung des Mietervorkaufsrechts**

1745 Wird ein Vorkaufsrecht ausgeübt, so sind beide Vertragsteile zum Rücktritt vom Vertrag berechtigt; ein Anspruch auf Schadensersatz statt der Leistung oder Verzinsung bereits geleisteter Kaufpreisteile besteht in diesem Fall nicht. Der Verkäufer tritt alle aus der Ausübung des Vorkaufsrechts gegen den Vorkäufer entstehenden Ansprüche sicherungshalber an den Käufer ab, der die Abtretung dem Vorkäufer selbst anzeigen wird.

(4) Fälligkeit

1746 Die Fälligkeitsvoraussetzung bei Bestehen eines Mietervorkaufsrechts könnte etwa wie folgt formuliert sein (wobei ein gewisses Risiko hinsichtlich der Zuverlässigkeit und Vertragstreue des Verkäufers bei der Mitteilung etwaiger Ausübungserklärungen in Kauf genommen wird, da die dadurch verwirklichte Eigenschädigung – Schadensersatzverlangen des Mieters gegen ihn – für den Käufer mangels Vormerkungswirkung des Vorkaufsrechts ohne Nachteil bleibt, anders der Sachverhalt unten Rdn. 1769):

▸ **Formulierungsvorschlag: Fälligkeitsvoraussetzung bei Bestehen eines Mietervorkaufsrechts**

1747 ..... hinsichtlich des Mietervorkaufsrechts nach § 577 BGB entweder dem Notar eine schriftliche Verzichtserklärung aller vom Verkäufer benannten Mieter vorliegt oder ihm innerhalb von 2 Monaten und einer Woche nach Zugang seiner Vorkaufsrechtsanfrage keine Ausübung bekannt wird. Der Verkäufer verpflichtet sich, den Notar von bei ihm eingehenden Vorkaufs-

---

2946 *F. Schmidt* ZNotP 1998, 218; MünchKomm-BGB/*Voelskow* § 570b Rn. 8.
2947 D.h. nicht höher als freie Wohnungen in Gebieten mit Nachfrageüberhang teurer verkauft werden können, sonst liegt wohl ein Verstoß gegen §§ 464 Abs. 2, 465 BGB vor, da nicht allein an das Kriterium »vermietet« angeknüpft wird.
2948 Schmidt-Futterer/*Blank* Mietrecht § 577 BGB Rn. 74 m.w.N.; OLG München MittBayNot 2005, 306.
2949 BGH, 15.06.2005 – VIII ZR 271/04, DNotI-Report 2005, 157: Von gesamt 2,65 Mio. DM Kaufpreis sollten auf 602 m² vorkaufsbelastete Wohnfläche 2,41 Mio. DM, auf die verbleibenden 454 m² nur 0,24 Mio. DM entfallen. Die vorkaufsausübenden Mieter, an die mit Blick auf den angeblichen Kaufpreisbetrag nicht aufgelassen wurde, erhielten die Differenz zwischen dem tatsächlichen anteiligen Kaufpreisbetrag (200.000,00 DM) und dem tatsächlichen Einzelwert (255.000,00 DM) als Schadensersatz.
2950 Erfüllt er einen der beiden nach Vorkaufsrechtsausübung konkurrierenden Erfüllungsansprüche, wird ihm die Erfüllung des anderen subjektiv unmöglich. Nach altem Schuldrecht hätte er hierfür aufgrund Garantiehaftung (§§ 440, 325 BGB) gehaftet, nach neuem Recht droht ihm Schadensersatz nur, wenn der die Unmöglichkeit zu vertreten hat, d.h. (wohl) wenn er das Vorkaufsrecht kennen musste und keine Vorkehrungen getroffen hat.
2951 Bei der Veräußerung eines mit einem dinglichen Vorkaufsrecht belasteten Grundstücks hat BayObLG DNotZ 1998, 478 eine solche auflösende Bedingung gar als stillschweigend vereinbart angenommen.

rechtsausübungserklärungen unverzüglich zu unterrichten, bzw. ihm den ereignislosen Ablauf der Frist mitzuteilen. Den Beteiligten ist bewusst, dass die vereinbarten Fälligkeitsvoraussetzungen nicht vollständig belegen können, dass kein Vorkaufsrecht ausgeübt wurde, wie auch umgekehrt die Wirksamkeit der Ausübung eines solchen Rechts durch den Notar nicht geprüft werden kann.

(5) Vollzug

Die entsprechende Formulierung im Vertrag (regelmäßig angesiedelt i.R.d. Bestimmungen zum Besitzübergang oder zur Rechtsmängelfreiheit) könnte wie folgt gestaltet werden. **1748**

▸ Formulierungsvorschlag: Verkauf einer Eigentumswohnung mit Mietervorkaufsrecht

Der Verkäufer versichert: Der Vertragsbesitz ist ungekündigt vermietet; es bestehen weder Mietrückstände, Mieteinbehalte, Mietvorauszahlungen, Streitigkeiten (z.B. Minderungen, Einwendungen gegen Nebenkostenabrechnungen), Pfändungen, Verfügungen über künftige Mietzinsansprüche noch abzugeltende Investitionen des Mieters. An dem Vertragsobjekt wurde Wohnungseigentum erst nach Überlassung der vermieteten Räume an den derzeitigen Mieter begründet, es gilt demnach Folgendes:

Die Vertragsteile wurden auf das gesetzliche Vorkaufsrecht des Mieters gem. § 577 des Bürgerlichen Gesetzbuches (BGB) hingewiesen. Die Mitteilung des Verkäufers an den Mieter über den Inhalt des rechtswirksamen Kaufvertrags ist mit einer Unterrichtung über das Vorkaufsrecht zu verbinden; vor Wirksamwerden des Vertrags ist ein Verzicht nicht möglich. Wird das Vorkaufsrecht (durch schriftliche Erklärung) ausgeübt, kommt ein zweiter Kaufvertrag grds. gleichen Inhalts mit dem Mieter zustande. Das Vorkaufsrecht kann bis zum Ablauf von 2 Monaten nach Mitteilung über die Rechtswirksamkeit des Kaufvertrags ausgeübt werden. Die Mitteilung muss an alle Mieter der Wohnräume erfolgen und wegen des Fristbeginns nachweisbar sein. Der Verkäufer benennt als Mieter: ....

Der vollziehende Notar wird beauftragt, nach Wirksamwerden des Vertrags den genannten Mieter gegen Empfangsbekenntnis, bei dessen Nichteingang binnen 2 Wochen durch Gerichtsvollzieherzustellung, unter Beifügung einer Vertragsausfertigung zur Äußerung über das Vorkaufsrecht förmlich aufzufordern, ihn zu unterrichten und ihm ein hiermit unterbreitetes Verzichtsangebot des Verkäufers zu übermitteln; dessen Annahme bindet auch gegenüber dem Käufer. Etwaige Rückäußerungen des Mieters sollen dem vollziehenden Notar übersandt werden, der hiermit umfassende Empfangsvollmacht erhält. Sollten Ausübungs- oder Verzichtserklärungen (gem. § 577 Abs. 3 BGB) dem Verkäufer, der eine Kopie der Mieteraufforderung erhält, zugehen, hat dieser sie dem Notar unverzüglich mitzuteilen; sollte sich der Mieter während der Vorkaufsfrist gegenüber dem Notar nicht äußern, hat der Verkäufer nach Ablauf der Frist dem Notar ebenfalls Fehlanzeige zu erstatten.

Für den Fall wirksamer Ausübung des Vorkaufsrechts ist der heutige Kaufvertrag zwischen Verkäufer und Käufer auflösend bedingt; der heutige Käufer hat dann keinen Anspruch auf Erfüllung oder Schadensersatz gleich welcher Art. Entstandene Notar- und Grundbuchkosten für Kaufvertrag und Finanzierung sowie deren Rückabwicklung hat jedoch der Verkäufer zu erstatten. Zur Sicherung etwaiger Rückzahlungsansprüche des Käufers tritt er seinen Kaufpreisanspruch gegen den Vorkäufer an den heutigen Käufer ab.

Den Vertragsteilen ist ferner bekannt, dass das Kündigungsrecht des Eigentümers gegenüber dem derzeitigen Mieter wegen Eigenbedarfs und wegen unwirtschaftlicher Verwertung gem. § 577a BGB auf die Dauer von 3 Jahren ab Eigentumsumschreibung ausgeschlossen ist. Durch Landesverordnung vom ..... wurde diese Frist gem. § 577a Abs. 2 BGB auf ..... Jahre verlängert.

Sofern der Mieter das Vorkaufsrecht nicht ausübt, gilt: Der Käufer tritt mit dem Tag des Nutzungsübergangs in die Rechte und Pflichten des Verkäufers als Vermieter ein. Der Verkäufer hat eine Kopie des Mietvertrags unverzüglich zu übergeben; Vertragsänderungen bedürfen ab sofort der Zustimmung des Käufers. Der Verkäufer bevollmächtigt den Käufer, ab Besitzübergang bis zur Eigentumsumschreibung im Namen des Verkäufers, jedoch auf eigene Kosten und auf eigenes Risiko Erklärungen (z.B. Kündigungen, Mieterhöhungsverlangen) gegenüber dem Mieter abzugeben und notfalls auch gerichtlich durchzusetzen.

Die Abrechnung der Nebenkosten mit dem Mieter wird allein diejenige Partei vornehmen, die am Ende des Abrechnungszeitraumes mittelbarer Vermieter ist. Die für den Zeitraum bis zum Nutzungsübergang von Mietern an den Verkäufer zu leistenden Nebenkostenvorauszahlungen sind mit den von ihm für diesen Zeitraum getragenen, umlegungsfähigen Nebenkosten zu saldieren und die Differenz zwischen Verkäufer und Käufer auszugleichen. Sofern jedoch eine der Kaufvertragsparteien dies wünscht, wird auf deren Kosten eine Zwischenablesung auf den Stichtag des Besitzübergangs vorgenommen und durch Verkäufer und Käufer getrennt für die einzelnen Zeiträume abgerechnet.

b) Rechtsgeschäftliche Vorkaufsrechte

aa) Arten

1749 Zur rechtsgeschäftlichen Bestellung von Vorkaufsrechten s.u. Rdn. 2998 ff. Zu unterscheiden sind das schuldrechtliche[2952] und das dingliche Vorkaufsrecht, letzteres wiederum in der Form des subjektiv-persönlichen und des subjektiv-dinglichen Vorkaufsrechts. Das subjektiv-persönliche Vorkaufsrecht kann (in Abänderung der gesetzlichen Vermutung) vererblich und/oder übertragbar ausgestaltet sein, wobei – für die Praxis gefährlich[2953] – Bezugnahme auf die Eintragungsbewilligung gem. § 874 BGB genügt, um diesen abweichenden Inhalt wirksam zum Bestandteil des Grundbuchs werden zu lassen. Die Übertragung selbst erfolgt gem. § 873 Abs. 1 BGB durch Einigung und Eintragung in das Grundbuch. Da für den Vorkaufsrechtsverpflichteten dadurch keine Erschwerung eintreten kann, kommt es für die Frage der Ausübungsberechtigung auf die dingliche Inhaberschaft am Vorkaufsrecht beim Zugang der Vorkaufsrechtsausübungserklärung an;[2954] die einmal in Gang gesetzte Ausübungsfrist läuft auch gegen den Nachfolger.[2955]

bb) Voraussetzungen

1750 Die Voraussetzungen und Folgen der Ausübung sind (für dingliche Vorkaufsrechte gem. Verweisung in § 1098 Abs. 1 Satz 1 BGB) einheitlich in §§ 463 ff. BGB geregelt; auch gesetzliche Vorkaufsrechte nehmen häufig hierauf Bezug. Erforderlich ist demnach als **Vorkaufsfall**[2956] ein Kaufvertrag (also keine Schenkung oder gemischte Schenkung bzw. Schenkung unter Auflage, kein Tausch, keine Erbauseinandersetzung, keine Erbteils- oder Geschäftsanteilsübertragung, keine Einbringung in eine Gesellschaft gegen Gewährung von Gesellschaftsrechten, keine bloße Zuwendung eines Nutzungsrechts,[2957] keine Erfüllung eines gesetzlichen Schuldverhältnisses).[2958] Umgehungsgeschäfte, die ausschließlich zum Zweck der Vereitelung des Vorkaufsrechts eingegangen wurden, wurden von der früheren Rechtsprechung als sittenwidrig angesehen,[2959] von der neueren Rechtsprechung werden sie nach Treu und Glauben einem Vorkaufsfall gleichgesetzt.[2960]

▶ Beispiele:

1751 Angeblicher Tausch eines wertvollen Grundstücks gegen ein wertloses Grundstück mit sehr hoher barer Tauschaufgabe; ebenso: unbefristetes, unwiderrufliches Kaufangebot mit Vormerkung,

---

2952 Wirkung nur inter partes BayObLGZ 1955, 48; Sicherung möglich durch bewilligte Vormerkung, deren Wirkung allerdings über den gesetzlichen Vormerkungsschutz des dinglichen Vorkaufsrechts (§ 1098 Abs. 2 BGB Rn. 988) insoweit hinausgeht, als sie sie auch gegen nachrangig, jedoch vor Eintritt des Vorkaufsfalls eingetragene Grundpfandrechte durchsetzt.
2953 BGH, 12.11.2004 – V ZR 322/03, MittBayNot 2005, 245: Notarhaftungsfall; grobe Fahrlässigkeit durch Unterlassen der Einsicht in die Grundakten.
2954 *Gutachten* DNotI-Report 2007, 51.
2955 *Schöner/Stöber* Grundbuchrecht Rn. 1430.
2956 Hierzu umfassend *Burbulla* Der Vorkaufsfall im Zivilrecht (Schriftenreihe der Dt. Notarrechtlichen Vereinigung Nr. 23, 2006), S. 30 ff.
2957 Z.B. Kiesausbeutungsrecht als beschränkt persönliche Dienstbarkeit auf die Dauer von 99 Jahren, auch wenn dadurch der Wert des Grundstücks ausgeschöpft wird, vgl. BGH NotBZ 2003, 424.
2958 Z.B. Verkauf nach Verkehrsflächenbereinigungsgesetz *Böhringer* VIZ 2002, 197 Fn. 23.
2959 BGH DNotZ 1964, 540.
2960 BGH DNotZ 1992, 414; *Burbulla* Der Vorkaufsfall im Zivilrecht 2006, S. 46 ff.

Vollmacht zur sofortigen Belastung und sofortigem Besitzübergang;[2961] Zuwendung eines Wohnungseigentums durch »erbvertragliches Vermächtnis« gegen Zahlung eines sofort fälligen bestimmten Betrags, verbunden mit der Verpflichtung, Verfügungen über die Wohnung zu unterlassen, letztere gesichert durch Rückauflassungsvormerkung;[2962] Einbringung eines Grundstücks in eine nur zu diesem Zweck gegründete Gesellschaft, wenn am selben Tag alle Geschäftsanteile entgeltlich veräußert werden.[2963] Koppelung des Kaufvertrags mit einem vollmachtlos namens des Vorkaufsberechtigten geschlossenen Erlassvertrag über das Vorkaufsrecht (§ 397 BGB), sodass bei Nichtgenehmigung des Erlassvertrags auch der Kaufvertrag gem. § 139 BGB unwirksam sein soll.[2964] Jedoch wurde keine Umgehung angenommen bei Bestellung eines langlaufenden Erbbaurechts oder einer 99-jährigen Dienstbarkeit zur Nutzung als Steinbruch.[2965]

Der Erwerber muss ein **Dritter** sein, also kein Miteigentümer oder Miterbe einer sich entgeltlich auseinandersetzenden Erbengemeinschaft (weder bei rechtsgeschäftlichem Erwerb noch bei Teilungsversteigerung gem. § 180 ZVG). Demnach soll auch kein Vorkaufsfall vorliegen beim Verkauf durch eine KG an eine aus denselben Gesellschaftern bestehende GbR[2966] (fraglich wegen der zwischenzeitlich »aufgedeckten« Teilrechtsfähigkeit der GbR), anders jedoch beim Verkauf durch eine GmbH an eine GbR, an welcher neben dieser GmbH noch andere Gesellschafter beteiligt sind.[2967] Gem. § 470 BGB ist das Vorkaufsrecht im Zweifel beim Verkauf an einen potenziellen gesetzlichen Erben ausgeschlossen, gem. § 471 BGB bei Verkauf im Wege der Zwangsversteigerung (mit Ausnahme der Teilungsversteigerung) und (hinsichtlich des schuldrechtlichen Vorkaufsrechts) bei Verkauf durch einen Insolvenzverwalter. 1752

Der Kaufvertrag muss zivilrechtlich **vollständig wirksam** geworden sein (mit bestimmten Ausnahmen in Fällen des Schwarzkaufs).[2968] Der einmal eingetretene Vorkaufsfall kann – gleich ob vor[2969] oder nach wirksamer Ausübung des Vorkaufsrechts (die erst nach Eintritt der Wirksamkeit des Kaufvertrags möglich ist) **nicht mehr**, auch nicht durch auflösende Bedingungen oder Rücktrittsrechte bzw. rechtsgeschäftliche Aufhebung **beseitigt** werden (§ 465 BGB);[2970] allerdings sollte sich der Verkäufer, um nicht zwei Kaufvertragsansprüchen ausgesetzt zu sein, den **Rücktritt vom Vertrag mit dem Ersterwerber vorbehalten** (Rdn. 1760). 1753

cc) Ausübung

Die **Ausübungsfrist** beträgt (vorbehaltlich abweichender Vereinbarungen) 2 Monate ab Mitteilung über den Inhalt des wirksam gewordenen Vertrags (§ 469 Abs. 2 BGB). Zu dieser Mitteilung wird 1754

2961 BGHZ 115, 335.
2962 BGH DNotZ 1998, 892.
2963 OLG Nürnberg NJW RR 1992, 461.
2964 BGH, 09.02.1990 – V ZR 274/88, NJW 1990, 1473.
2965 BGH, 26.09.2003 – V ZR 70/03, DNotZ 2004, 448 m. Anm. *Hertel* DNotI-Report 2003, 188.
2966 OVG Niedersachsen, 28.02.1983 – 6 A 108/81, BlGWB 1984, 79.
2967 VG Saarlouis, 12.02.2009 – 5 L 69/09, RNotZ 2009, 332.
2968 Gem. § 4 Abs. 3 Reichssiedlungsgesetz müssen sich die Beteiligten bspw. am beurkundeten niedrigeren Kaufpreis festhalten lassen; nach *Wandel* BWNotZ 1985, 58 ff., gilt dies für alle gesetzlichen Vorkaufsrechte ab Erlass des Verwaltungsakts. Nach *Hertel* Handbuch der Grundstückspraxis, Teil II Abschnitt 1 G Rn. 486, sollen sich die Beteiligten eines Schwarzkaufs ggü. dem Vorkaufsberechtigten nicht auf die Unwirksamkeit des dissimulierten Geschäfts zum höheren Preis berufen dürfen (Umgehungsgefahr durch gezielte Unterverbriefung); ähnlich liegt bei einem zum Schein verbrieften höheren Kaufpreis zwar objektiv ebenfalls kein Vorkaufsfall vor, die Beteiligte sollen sich hierauf jedoch wegen Treuwidrigkeit nicht berufen dürfen (*Schurig* Das Vorkaufsrecht im Privatrecht, S. 156). A.A. jedoch VG Ansbach MittBayNot 2001, 588: sofern der beurkundete Vertrag als Scheingeschäft gem. § 117 BGB nichtig ist, liegt kein Vorkaufsfall vor.
2969 BGH, 01.10.2010 – V ZR 173/09, ZNotP 2010, 479 (Ausübung eines Rücktrittsrechts für den Fall, dass die Erklärung des Vorkaufsberechtigten über die Nichtausübung nicht bis zu einem bestimmten Datum vorliegt, beseitigt nicht den eingetretenen Vorkaufsfall). Nur bis zum Eintritt der Wirksamkeit sind Änderungen oder Aufhebungen mit Wirkung auch gegen den Vorkaufsberechtigten möglich (BGH, 11.02.1977 – V ZR 40/75, NJW 1977, 762, 763).
2970 Denkbar sind aber Rücktrittsrechte, die an sonstige Sachverhalte anknüpfen; diese werden Bestandteil des nach Ausübung zustande kommenden Vertrags (Stichwort: »poison pills«).

häufig der Notar ausdrücklich[2971] bevollmächtigt;[2972] bzgl. Person und Adresse der (aller!)[2973] Vorkaufsberechtigten sollte jedoch die Verantwortung beim Verkäufer liegen. Die Mitteilung umfasst am besten den gesamten Vertrag durch Übersendung einer Ausfertigung,[2974] einschließlich der beizufügenden, für die Wirksamkeit erforderlichen Genehmigungen[2975] und etwaiger in Bezug genommener Urkunden (§ 13a BeurkG), deren Kenntnis für die Beurteilung der Rechte und Pflichten bei Ausübung bedeutsam ist; sie muss das betroffene Vertragsobjekt korrekt bezeichnen.[2976] Übersetzungen sind nicht geschuldet.[2977] Änderungen des Kaufvertrags vor Ablauf der Ausübungsfrist sind in gleicher Weise mitzuteilen. Der Zugang der Mitteilungen sollte dokumentierbar sein.[2978] Die Informationspflicht besteht zwar unverzüglich, allerdings ist ein etwaiger »Verzögerungsschaden«, wenn das Vorkaufsrecht später als zum ehestmöglichen Zeitpunkt ausgeübt wird, nicht vom Normzweck dieser Pflicht erfasst.[2979]

1755 Die **Ausübungserklärung** erfolgt ggü. dem Verkäufer (dem Notar kann allerdings Empfangsvollmacht erteilt werden,[2980] jedoch sollte davon abgesehen werden);[2981] der Verkäufer sollte verpflichtet werden, ihren Eingang unverzüglich dem Erstkäufer und dem Notar mitzuteilen (ebenso den fruchtlosen Ablauf der Ausübungsfrist, Rdn. 1769). Sie bedarf keiner Form (§ 456 Abs. 1 Satz 2 BGB). Sie kann bereits vor Wirksamkeit des Kaufvertrags, ja sogar vor der Mitteilung darüber, bindend erfolgen, wirkt aber erst auf diesen Zeitpunkt. Mehrere Begünstigte (auch z.B. die Eigentümer mehrerer durch Zerlegung aus dem herrschenden Grundstück hervorgehenden Parzellen)[2982] können entweder Inhaber je eines eigenen (gleich- oder nachrangigen) Vorkaufsrechts sein, oder aber gemeinschaftlich – im Zweifel nach § 472 BGB Rdn. 3003[2983] – zur Ausübung eines einheitlichen Vorkaufsrechts berufen sein.[2984] Die Ausübenden sind im Zweifel Inhaber des Übereignungsanspruchs als Bruchteilsberechtigte (§§ 741 ff. BGB) zu gleichen Kopfanteilen (§ 752 BGB). Bei der Sicherung des schuldrechtlichen Vorkaufsrechts durch Vormerkung sollte dies zur Vermeidung von Schutzlücken vermerkt werden, vgl. Formulierungsvorschlag Rdn. 3006.

1756 Schwierigkeiten bereiten die Fälle der »**Teilidentität**« zwischen Vertragsobjekt und Vorkaufsrecht: Erstreckt sich letzteres auf das gesamte Grundstück, wird aber nur eine Teilfläche bzw. ein Miteigen-

---

2971 Die schlichte Vollzugsvollmacht soll hierfür nicht genügen, LG Frankfurt an der Oder MittBayNot 2004, 358.
2972 Hierbei handelt es sich noch um (haftungsrechtlich gem. § 19 Abs. 1 Satz 2 BNotO privilegierte) Urkundstätigkeit, nicht um selbstständige Betreuungstätigkeit: BGH DNotI-Report 2003, 40. Ein Verschulden des Notars bei dieser Mitteilung muss sich der Verkäufer nach § 278 BGB zurechnen lassen BGH DNotZ 2003, 431.
2973 Zugang bei allen Vorkaufsberechtigten ist erforderlich (§ 472 BGB).
2974 Die z.B. auf den Notar ausgestellt sein kann, zum Nachweis der ihm erteilten Vollmacht zur Anzeige des Vorkaufsfalls und ggf. zur Entgegennahme der Ausübungserklärung.
2975 Nach *Hueber* NotBZ 2004, 92 kann von der Mitübersendung behördlicher Genehmigungen abgesehen werden, wenn sie keine unerledigten Nebenbestimmungen enthalten. OVG Niedersachsen, 27.05.2008 – 1 ME 77/08, MittBayNot 2008, 500 lässt die Frist jedoch erst anlaufen, wenn das Vorliegen der Genehmigung vollmachtlos Vertretener mitgeteilt wird.
2976 Wird also eine falsa demonstratio erst nach Jahren »berichtigt«, beginnt die Vorkaufsausübungsfrist erst dann zu laufen, vgl. BGH, 23.06.2006 – V ZR 17/06, DNotZ 2006, 858.
2977 Der Empfänger muss nach h.M. Erklärungen in der Verhandlungssprache gegen sich gelten lassen; allerdings ist dem Notar analog § 16 BeurkG zu empfehlen, in einem Begleitschreiben das Thema der Mitteilung zu erläutern, sodass der Empfänger über die Notwendigkeit einer Übersetzung entscheiden kann, DNotI-Gutachten v. 12.08.2008, Nr. 11543.
2978 Eingebürgert hat sich eine privatschriftliche Empfangsbestätigung des Empfängers, bei deren Nichteingang die Zustellung per Gerichtsvollzieher vorzunehmen wäre *Halm* MittRhNotK 1994, 205. Übergabeeinschreiben geben keinen Beweis über den Inhalt des zugegangenen Schriftstückes.
2979 OLG Celle, 01.11.2007 – 2 U 139/07, MittBayNot 2008, 376 m. krit. Anm. *Häublein*.
2980 OLG Frankfurt am Main NotBZ 2006, 210.
2981 Wird anderenfalls das Vorkaufsrecht fälschlich ggü. dem Notar »ausgeübt«, hat dieser den Vorkaufsberechtigten sofort auf die wahre Rechtslage hinzuweisen; die »Weiterleitung« an den Verkäufer verletzt wohl seine Neutralitätspflicht.
2982 BayObLG DNotZ 1973, 415; *Gutachten* DNotI-Report 2008, 42 ff.
2983 Die Bestimmung gilt sowohl für das schuldrechtliche als auch das dingliche Vorkaufsrecht; abweichende Berechtigungsverhältnisse, etwa nach § 428 BGB, sind in der Eintragungsbewilligung anzugeben.
2984 Ein mehreren Berechtigten eingeräumtes Vorkaufsrecht kann dann auch durch einen Berechtigten alleine ausgeübt werden, OLG Stuttgart, 11.12.2008 – 7 U 155/08, BWNotZ 2009, 17.

tumsanteil veräußert, kann es insoweit ausgeübt werden und bleibt i.Ü. bestehen.[2985] Erfasst umgekehrt das Vorkaufsrecht nur eine Teilfläche des insgesamt verkauften Grundstückes, kann der Berechtigte die Teilfläche zum anteiligen Kaufpreis erwerben (§ 467 Satz 1 BGB), allerdings der Verkäufer zur Vermeidung von Nachteilen die Erstreckung des Ankaufs auf den verbleibenden Teil verlangen (§ 476 Satz 2 BGB), was den Vorkaufsberechtigten wiederum dazu berechtigt, von der Ausübung insgesamt Abstand zu nehmen.[2986] Da die Voraussetzungen des Erstreckungsverlangens zwischen Verkäufer und Vorkäufer streitig sein können, empfehlen sich vorsorgliche Abreden zwischen Verkäufer und Erstkäufer:

▶ Formulierungsvorschlag: Auswirkung der Vorkaufsrechtsausübung hinsichtlich einer Teilfläche auf den Erstkauf

Soweit und solange der Verkäufer berechtigt ist, gemäß § 467 Satz 2 BGB vom Vorkaufsberechtigten zu verlangen, dass der Vorkauf auch auf jene Teile des Kaufgegenstandes erstreckt wird, die nicht ohne Nachteil für den Verkäufer getrennt werden können, kann der Käufer vom Verkäufer verlangen, dass der Verkäufer das Recht nach § 467 Satz 2 BGB gegenüber dem Vorkaufsberechtigten geltend macht. Erkennt der Vorkaufsberechtigte seine Verpflichtungen aus § 467 Satz 2 BGB ohne weiteres an, sind sowohl der Verkäufer als auch der Käufer berechtigt, den Rücktritt auch im Übrigen, also hinsichtlich der ursprünglich nicht vom Vorkaufsrecht betroffenen Teile des Kaufgegenstandes auszuüben.

Sofern der Vorkaufsberechtigte hingegen das Vorliegen der Voraussetzungen von § 467 Satz 2 BGB bestreitet, hat der Verkäufer auf Verlangen des Käufers diese Frage gerichtlich klären lassen. Der Käufer ist verpflichtet, den Verkäufer von sämtlichen Aufwendungen und Kosten für diesen Rechtsstreit freizustellen und auf Verlangen des Verkäufers angemessene Vorschüsse zu leisten.

Soweit zwischen Verkäufer und Vorkaufsberechtigtem rechtskräftig festgestellt wird, dass die Voraussetzungen des § 467 Satz 2 BGB nicht vorlagen, bleibt der Kaufvertrag für die nicht vom Vorkaufsrecht betroffenen Teile des Kaufgegenstandes bestehen. Andernfalls sind sowohl Verkäufer als auch Käufer auch insoweit zum Teilrücktritt berechtigt.

1757

Da es ein dingliches »**Gesamt-Vorkaufsrecht**« an mehreren Grundstücken nicht gibt, kann der Inhaber von Vorkaufsrechten an einer Vielzahl von Grundstücken die Ausübung (analog § 467 BGB) auf eines von ihnen beschränken, auch wenn alle Grundstücke »als Paket« verkauft werden, was allerdings dem Verkäufer dieselbe Möglichkeit des Erstreckungsverlangens eröffnet.[2987] Die Mitteilung des Verkäufers über den Vorkaufsfall (§ 469 Abs. 1 BGB) braucht nicht auch die Bekanntgabe des Teilkaufpreises, der auf den vorkaufsbelasteten Teil entfällt, zu umfassen.[2988]

1758

dd) Folgen

Durch die wirksame Ausübung (oben Rdn. 1733 ff.) des Vorkaufsrechts (oben Rdn. 1750 ff.) kommt ein neuer, selbstständiger Kaufvertrag zwischen dem Vorkaufsverpflichteten und dem Vorkaufsberechtigten zu grds. identischen Bedingungen zustande (§ 464 Abs. 2 BGB).[2989] Die praktischen Konsequenzen, insb. die erforderliche »Nachtragsbeurkundung« mit dem Vorkäufer, sind unter Rdn. 3027 ff. dargestellt.

1759

2985 BGH DNotZ 1984, 377.
2986 OLG Karlsruhe NJW-RR 1996, 916; *Hahn* RNotZ 2006, 542.
2987 BGH, 23.06.2006 – V ZR 17/06, RNotZ 2006, 538 m. Anm. *Hahn* OLG Düsseldorf, DNotZ 2003, 436.
2988 OLG Celle, 01.11.2007 – 2 U 139/07, MittBayNot 2008, 376 m. krit. Anm. *Häublein*.
2989 Das schuldrechtliche Vorkaufsrecht kann jedoch abweichende Gegenleistungen vorsehen, z.B. preislimitiert sein, Rn. 1649, (Sicherung durch Bewilligung einer Vormerkung). Es kann sich auch auf nicht abgeschriebene Teilflächen beziehen. Durch ein dingliches Vorkaufsrecht kann zwar materiell-rechtlich ein Grundstücksteil (als lediglich einfacher Bestandteil, Umkehrschluss zu § 93 BGB) belastet sein, nicht aber grundbuchrechtlich (§ 7 GBO), vgl. OLG Hamm DNotI-Report 1996, 29 und Rn. 1653.

B. Gestaltung eines Grundstückskaufvertrages

ee) Vorkehrungen im Vertrag

(1) Schutz des Verkäufers vor Doppelverpflichtung

1760 Im Vertrag sind bei rechtsgeschäftlichen (wie bei gesetzlichen: Rdn. 1716) Vorkaufsrechten Vorkehrungen sowohl zur Sicherung des Verkäufers als auch des Käufers ratsam,[2990] wenn nicht gar erforderlich. Damit der Verkäufer nicht zwei kollidierenden Übereignungsansprüchen ausgesetzt ist, sollte der **Vertrag mit dem Dritterwerber** unter eine **auflösende Bedingung** gestellt werden[2991] oder (besser)[2992] ein **vertragliches Rücktrittsrecht** vereinbart sein. **Schadensersatzansprüche des Käufers** sollten ausgeschlossen werden (gesetzliche Garantiehaftung aus § 440 Abs. 1 BGB a.F. bzw. durch Einstehen-Müssen für den Eigentumserwerb nach neuem Schuldrecht). Dies kann etwa durch folgende Formulierung geschehen:

▶ Formulierungsvorschlag: Rücktrittrecht und Ausschluss von Schadensersatzansprüchen bei Vorkaufsrechtsausübung

1761 Wird ein Vorkaufsrecht ausgeübt, so sind beide Vertragsteile zum Rücktritt vom Vertrag berechtigt; ein Anspruch auf Schadensersatz statt der Leistung oder Verzinsung bereits geleisteter Kaufpreisteile besteht in diesem Fall nicht.

(2) Schutz des Käufers: Fälligkeitsregelung, Sicherungsabtretung

1762 Zur Absicherung des Käufers darf der Kaufpreis erst **fällig gestellt** werden, wenn sein Eigentumserwerb ggü. dem Vorkaufsberechtigten gesichert ist (und damit zugleich feststeht, dass die dem Verkäufer gem. obiger Ausführung eingeräumten Rücktrittsrechte nicht mehr ausgeübt werden können). Anderenfalls sollte dafür Sorge getragen werden, dass der Rückzahlungsanspruch des Käufers gegen seinen Verkäufer, sobald letzterer infolge Ausübung des Vorkaufsrechts den vorbehaltenen Rücktritt erklärt, wenigstens dadurch gesichert wird, dass die aus der Ausübung des Vorkaufsrechts entstehenden Forderungen sicherungshalber an den Käufer abgetreten werden. Diese Abtretung hat auch bei späterer Insolvenz des Verkäufers Bestand.[2993]

▶ Formulierungsvorschlag: Absicherung des Käufers bei Zahlung vor Vorkaufsrechtsnegativerklärung durch Kaufpreisabtretung

1763 Zur Sicherung des bedingten Rückzahlungsanspruchs des Käufers tritt ihm der Verkäufer hiermit alle aus der Ausübung des Vorkaufsrechts entstehenden Forderungen gegen den Vorkäufer, insbes. auf Kaufpreiszahlung, sicherungshalber ab. Dem Käufer wurde empfohlen, diese Abtretung dem Vorkäufer zur gegebenen Zeit anzuzeigen (§ 407 BGB).

1764 Bei preislimitierten Vorkaufsrechten und bei nicht rechtzeitiger Anzeige der Abtretung (§ 407 BGB) – ebenso bei ungenügender Bonität des Vorkäufers – ist der Rückzahlungsanspruch jedoch teilweise ungesichert. Soll auch dieses Restrisiko ausgeschlossen werden, muss das an die Ausübung des Vorkaufsrechts anknüpfende Rücktrittsrecht des Verkäufers erlöschen, sobald die Fälligkeitsmitteilung des Notars versandt wurde bzw. (spätestens) sobald der Kaufpreis bezahlt wird (vgl. Rdn. 1730), bspw. durch folgende Formulierung:

[2990] Der BGH (13.03.2009 – V ZR 157/08, DNotZ 2009, 625) hat (beim gesetzlichen Vorkaufsrecht nach § 57 SchuldRAnpG) in der Erwähnung des Vorkaufsrechts (als Hinweis) in der notariellen Urkunde die stillschweigende Abrede gesehen, die Ansprüche des Erstkäufers seien durch die Ausübung des Vorkaufsrechts auflösend bedingt.

[2991] Die Rechtsprechung nimmt eine solche auflösende Bedingung sogar im Zweifel an, wenn der Käufer Kenntnis vom Vorkaufsrecht hat, BayObLGZ 1997, 223, 227; BGH NJW-RR 2009, 1172 ff.

[2992] Der bloße Vorbehalt des Rücktrittsrechts führt nicht eo ipso zum Wegfall des Erstvertrags. Es sind Konstellationen denkbar, in denen der durch Ausübung des Vorkaufsrechts zustande kommende Vertrag mangels Zahlung oder wegen Verweigerung einer öffentlich-rechtlichen Genehmigung nicht vollzogen wird, sodass der Fortbestand des Erstvertrags sinnvoll ist. Vorsorglich können sich ferner Verkäufer und Erstkäufer verpflichten, für den Fall des Scheiterns des Vertrags mit dem Vorkaufsberechtigten nach bereits erfolgter Auflösung des Erstvertrags einen neuen, textidentischen Kaufvertrag abzuschließen.

[2993] BGHZ 70, 77; BGH, 27.05.2003 – IX ZR 169/02, DNotZ 2004, 123 m. Anm. *Preuß*.

▶ Formulierungsvorschlag: Absicherung des Käufers bei Zahlungsfälligkeit vor Vorkaufsrechtsnegativerklärung durch Rücktrittsbeschränkung

Wird ein Vorkaufsrecht ausgeübt, so sind beide Vertragsteile zum Rücktritt vom Vertrag berechtigt; ein Anspruch auf Schadensersatz statt der Leistung oder Verzinsung bereits geleisteter Kaufpreisteile besteht in diesem Fall nicht. Das Rücktrittsrecht des Verkäufers erlischt jedoch mit Erteilung der notariellen Fälligkeitsmitteilung. 1765

(3) Sicherstellung der Löschung

Sofern das subjektiv-dingliche oder subjektiv-persönliche grundbuchliche Vorkaufsrecht nur für den ersten Vorkaufsfall bestellt ist, sollte als Fälligkeitsvoraussetzung das Vorliegen einer Löschungsbewilligung in notariell beglaubigter Form vereinbart sein (die bloße privatschriftliche Nichtausübungserklärung i.S.d. einseitigen Verzichts reicht als Unrichtigkeitsnachweis wegen § 29 GBO ggü. dem Grundbuchamt nicht aus). Das (gemäß der gesetzlichen Vermutung) für den ersten Verkaufsfall bestellte Vorkaufsrecht ist, sofern nicht gem. dem Muster in Rdn. 1767 ausgestaltet, materiell-rechtlich auch dann erloschen, wenn eine Sonderrechtsnachfolge vorangegangen ist, welche keinen Vorkaufsfall darstellte (Schenkung,[2994] Erbauseinandersetzung, Tausch, Übertragung von Erbteilen, Zwangsversteigerung – unschädlich sind aber Erbfolgen, oder nicht identitätsrelevante Veränderungen, wie ein Wechsel im Gesellschafterbestand einer Personen- oder Kapitalgesellschaft).[2995] In diesen Fällen kann die Löschung durch Nachweis der Unrichtigkeit (§ 22 Abs. 1 Satz 1 GBO) unter Verweis auf diesen bei den Grundakten verwahrten Vertrag herbeigeführt werden,[2996] sofern im Einzelfall nicht Zweifel bestehen, ob es sich nicht doch um einen tatsächlichen Vorkaufsfall handelte.[2997] Sonstige Wege der Löschung (Aufgebotsverfahren, Klage mit öffentlicher Zustellung, ggf. auch Pflegerbestellung) sind steinig, vgl. Rdn. 1168. 1766

Ein das Vorkaufsrecht nicht auslösender rechtsgeschäftlicher Eigentumswechsel[2998] führt materiell-rechtlich dann nicht zum Erlöschen des Vorkaufsrechtes, wenn es für den ersten »echten« Verkaufsfall bestellt wurde: 1767

▶ Formulierungsvorschlag: Vorkaufsrecht für den ersten »echten« Verkaufsfall

Das Vorkaufsrecht ist bestellt für denjenigen ersten Verkaufsfall, bei welchem dem Begünstigten die Ausübung des Vorkaufsrechts rechtlich erstmals möglich ist, mag auch dieser erste »echte« Verkaufsfall erst bei einem späteren Eigentümer des Grundbesitzes eintreten. Es wird bewilligt und beantragt, ...

Ist das dingliche[2999] Vorkaufsrecht für alle Verkaufsfälle bestellt, hängt die **Formulierung der Fälligkeitsvoraussetzung** davon ab, ob der Käufer das Objekt nur bei endgültigem Erlöschen des Vorkaufsrechts übernehmen möchte (dann ist ebenfalls eine Löschungsbewilligung erforderlich) oder ob er es für die Zukunft mit den Verpflichtungen aus dem Vorkaufsrecht übernimmt (dann genügt die privatschriftliche Nichtausübungserklärung des Berechtigten i.S.e. einseitigen Verzichts bzw. der – ebenfalls formfreie – Erlassvertrag zwischen Verkäufer und Vorkaufsberechtigtem). Im 1768

2994 OLG Stuttgart DNotZ 1998, 305 m. Anm. *Zeiß*.
2995 Ebenso wie der Übergang von einer (minderkaufmännischen) KG zur GbR durch Löschung im Handelsregister, *Gutachten* DNotI-Report 2011, 97, 100.
2996 OLG München, 18.12.2009 – 34 Wx 81/09, NotBZ 2010, 232, im Anschluss an OLG Zweibrücken MittBayNot 2000, 109.
2997 *Amann* NotBZ 2010, 201, 207.
2998 Ist der erste »Übertragungsfall« jedoch ein Zuschlag in der Zwangsversteigerung, erlischt auch ein solches Vorkaufsrecht gem. § 471 BGB: OLG Zweibrücken, 16.03.2011 – 3 W 28/11, FGPrax 2011, 177.
2999 Das schuldrechtliche Vorkaufsrecht trifft nur den Verpflichteten (§ 463 BGB), sodass mehrere Verkaufsfälle ausgeschlossen sind. Wegen der dispositiven Natur des § 463 BGB (*Berringer* MittBayNot 2003, 34 f. m.w.N.) ist es aber möglich und empfehlenswert, auch das schuldrechtliche Vorkaufsrecht zumindest umgehungsfest für den ersten echten Verkaufsfall zu bestellen (Formulierung s. Rn. 1767), gesichert durch Auflassungsvormerkung.

Fall des einseitigen Verzichts muss jedoch klargestellt sein, dass dieser auch ggü. dem Käufer abgegeben wird, sodass sich auch der Käufer hierauf berufen kann.[3000]

1769 Mit gewisser Unsicherheit behaftet ist dagegen der Fall des **Erlöschens der Vorkaufsausübungsmöglichkeit aufgrund Ablaufs der Frist**.[3001] Die Beteiligten sind insoweit nämlich auf die Richtigkeit der Angaben des Verkäufers, dem ggü. das Vorkaufsrecht auszuüben ist, angewiesen (ebenso im Fall der Ausübung, Rdn. 1754). Allerdings besteht bei bloßer Untätigkeit des Vorkaufsberechtigten keine Möglichkeit, ihn zur Abgabe einer schriftlichen Verzichtserklärung zu veranlassen. Jedenfalls bei dieser Sachverhaltsvariante sollte vorsorglich zum Schutz des Käufers der Erlösanspruch, der sich aus dem Vorkaufsfall gegen den Vorkaufsberechtigten ergibt, durch den Verkäufer an den Erstkäufer abgetreten werden (sodass der Erstkäufer zumindest finanziell abgesichert ist, wenn sich nachträglich doch herausstellen sollte, dass entgegen der Erklärung des Verkäufers das Vorkaufsrecht wirksam ausgeübt wurde).

1770 Formulierungen zum Vorgehen bei solchen privatrechtlichen dinglichen[3002] Vorkaufsrechten, die gem. gesetzlicher Vermutung **für den ersten Verkaufsfall** bestellt sind, also bei Nichtausübung erlöschen und auch als Buchposition (§ 435 Satz 2 BGB) nicht zu dulden sind, könnten etwa wie folgt lauten:

▶ Formulierungsvorschlag: Regelungen bei dinglichem Vorkaufsrecht für den ersten Verkaufsfall

1771 Im Grundbuch ist, wie eingangs wiedergegeben, ein dingliches Vorkaufsrecht eingetragen. Die Beteiligten gehen davon aus, dass der heutige Kaufvertrag einen Vorkaufsfall darstellt; es handelt sich um einen Verkauf unter fremden Dritten zu kaufmännisch ausgehandelten Konditionen. Der Notar hat Wirkung und Folgen des dinglichen Vorkaufsrechts erläutert und dabei insbes. auf Folgendes hingewiesen:

Für den Fall der Ausübung des Vorkaufsrechts kommt ein Kaufvertrag zwischen dem Vorkaufsberechtigten und dem heutigen Verkäufer zu den mit dem heutigen Käufer vereinbarten Bestimmungen, insbesondere zum selben Kaufpreis, zustande. Spätere Vereinbarungen, auch eine Aufhebung des heutigen Kaufvertrags, wirken gegenüber dem Vorkaufsberechtigten nicht mehr. Die gesetzliche Frist für die Ausübung des Vorkaufsrechts beträgt, sofern nicht abgeändert, 2 Monate ab Mitteilung über den Inhalt des wirksam gewordenen Kaufvertrags. Die Ausübung erfolgt – formfrei – gegenüber dem Verkäufer; in diesem Fall müssen Verkäufer und Vorkaufsberechtigter in einer Ergänzungsurkunde insbes. die Vollzugserklärungen (Auflassung) erneut abgeben. Ein »Verzicht« auf die Ausübung des Vorkaufsrechts ist jedenfalls durch Erlassvertrag zwischen Verkäufer und Vorkaufsberechtigtem möglich; der Verkäufer bietet diesen Erlass hiermit an und verzichtet auf den Zugang der Annahme. Diese ist auch gegenüber dem Käufer bindend.

Die Beteiligten erklären und vereinbaren hierzu:

Als derzeit Vorkaufsberechtigten benennt der Verkäufer: ..... *(Anm.: Personalien und Anschrift des oder der Berechtigten)*. Eigene Nachforschungspflichten treffen den Notar insoweit nicht.

Das Vorkaufsrecht ist ausweislich der Eintragungsbewilligung gemäß dem gesetzlichen Regelfall nur für den **ersten Verkaufsfall** bestellt. Der Notar wird daher beauftragt, alle oben genannten Vorkaufsberechtigten durch Übersendung einer Ausfertigung dieser Urkunde nach Eintritt deren Wirksamkeit gegen Empfangsbekenntnis, bei dessen Nichteingang binnen 2 Wochen durch Gerichtsvollzieherzustellung zu unterrichten und deren privatschriftliche Verzichtserklärung sowie öffentlich beglaubigte Löschungsbewilligung entgegenzunehmen. Etwaige Ausübungserklärungen sind dem Verkäufer gegenüber abzugeben, der den Notar unverzüglich hiervon zu unterrichten hat.

Fälligkeitsvoraussetzung ist der Eingang der Löschungsbewilligung in grundbuchtauglicher Form beim Notar. Ist dies nicht binnen 3 Monaten ab Anforderung erfolgt, gilt: ..... *(Anm.: Z.B. beiderseitige Rücktrittsrechte)*.

3000 BGH WM 1966, 893.
3001 Dabei ist durch den Notar auch zu prüfen, ob keine Abweichung von der 2-Monats-Frist vereinbart wurde (§ 469 Abs. 2 Satz 2 BGB) durch Einsichtnahme in die Bewilligung bei den Grundakten, BGH ZNotP 2003, 156.
3002 Auf das schuldrechtliche (vormerkungsgesicherte) Vorkaufsrecht passen die Formulierungen entsprechend.

V. Genehmigungen, Vorkaufsrechte

Handelt es sich jedoch um ein **dingliches Vorkaufsrecht für alle Verkaufsfälle**, ist zu differenzieren, ob der Käufer das Vorkaufsrecht für die Zukunft dem Grunde nach hinzunehmen bereit ist oder nicht. 1772

▸ Formulierungsvorschlag: Regelungen bei dinglichem Vorkaufsrecht für jeden Verkaufsfall

Im Grundbuch ist, wie eingangs wiedergegeben, ein dingliches Vorkaufsrecht eingetragen. Die Beteiligten gehen davon aus, dass der heutige Kaufvertrag einen Vorkaufsfall darstellt; es handelt sich um einen Verkauf unter fremden Dritten zu kaufmännisch ausgehandelten Konditionen. Der Notar hat Wirkung und Folgen des dinglichen Vorkaufsrechts erläutert und dabei insbes. auf Folgendes hingewiesen: 1773

Für den Fall der Ausübung des Vorkaufsrechts kommt ein Kaufvertrag zwischen dem Vorkaufsberechtigten und dem heutigen Verkäufer zu den mit dem heutigen Käufer vereinbarten Bestimmungen, insbes. zum selben Kaufpreis, zustande. Spätere Vereinbarungen, auch eine Aufhebung des heutigen Kaufvertrags, wirken gegenüber dem Vorkaufsberechtigten nicht mehr. Die gesetzliche Frist für die Ausübung des Vorkaufsrechts beträgt, sofern nicht abgeändert, 2 Monate ab Mitteilung über den Inhalt des wirksam gewordenen Kaufvertrags. Die Ausübung erfolgt – formfrei – gegenüber dem Verkäufer; in diesem Fall müssen Verkäufer und Vorkaufsberechtigter in einer Ergänzungsurkunde insbes. die Vollzugserklärungen (Auflassung) erneut abgeben. Ein »Verzicht« auf die Ausübung des Vorkaufsrechts ist jedenfalls durch Erlassvertrag zwischen Verkäufer und Vorkaufsberechtigtem möglich; der Verkäufer bietet diesen Erlass hiermit an und verzichtet auf den Zugang der Annahme. Diese ist auch gegenüber dem Käufer bindend.

Die Beteiligten erklären und vereinbaren hierzu:

Als derzeit Vorkaufsberechtigten benennt der Verkäufer: ...... *(Anm.: Personalien und Anschrift des oder der Berechtigten)*. Eigene Nachforschungspflichten treffen den Notar insoweit nicht.

Das Vorkaufsrecht ist ausweislich der Eintragungsbewilligung entgegen dem gesetzlichen Regelfall für alle Verkaufsfälle bestellt. Der Notar wird daher beauftragt, alle oben genannten Vorkaufsberechtigten durch Übersendung einer Ausfertigung dieser Urkunde gegen Empfangsbekenntnis, bei dessen Nichteingang binnen 2 Wochen durch Gerichtsvollzieherzustellung, zu unterrichten und deren privatschriftliche Verzichtserklärung entgegenzunehmen. Der Verkäufer erhält Kopie des Anschreibens.

Voraussetzung der Fälligkeit ist, dass entweder dem Notar eine schriftliche Verzichtserklärung aller vom Verkäufer benannten Berechtigten vorliegt oder ihm innerhalb von 2 Monaten und 1 Woche nach Zugang seiner Vorkaufsrechtsanfrage keine Ausübung bekannt wird. Der Verkäufer verpflichtet sich, den Notar von bei ihm eingehenden Vorkaufsrechtsausübungserklärungen unverzüglich zu unterrichten, bzw. ihm den ereignislosen Ablauf der Frist mitzuteilen. Den Beteiligten ist bewusst, dass die vereinbarten Fälligkeitsvoraussetzungen nicht vollständig belegen können, dass kein Vorkaufsrecht ausgeübt wurde, wie auch umgekehrt die Wirksamkeit der Ausübung eines solchen Rechts durch den Notar nicht geprüft werden kann.

(Formulierungsalternative:

Fälligkeitsvoraussetzung ist jedoch darüber hinaus der Eingang einer öffentlich beglaubigten Löschungsbewilligung beim Notar wegen generellen Verzichts auf das Vorkaufsrecht, für deren Einholung, Treuhandbeauflagung und Entgegennahme die Regelungen dieses Vertrags für die Lastenfreistellung bzgl. Abteilung III-Rechten entsprechend gelten. Sofern diese Löschung nicht binnen 3 Monaten ab Anforderung bewilligt ist, gilt ..... (z.B. beiderseitige Rücktrittsrechte etc.).

Etwaige Ausübungserklärungen sind dem Verkäufer gegenüber abzugeben, der den Notar unverzüglich hiervon zu unterrichten hat. In gleicher Weise hat er auf Anforderung das Fehlen solcher Ausübungserklärungen dem Notar zu bestätigen.)

Sodann in allen Fällen:

Für den Fall wirksamer Ausübung des Vorkaufsrechts ist der heutige Kaufvertrag zwischen Verkäufer und Käufer auflösend bedingt; der heutige Käufer hat dann keinen Anspruch auf Erfüllung oder Schadensersatz gleich welcher Art. Entstandene Notar- und Grundbuchkosten für Kaufvertrag und Finanzierung sowie deren Rückabwicklung hat jedoch der Verkäufer zu erstatten. Zur Sicherung etwaiger Rückzahlungsansprüche des Käufers tritt der Verkäufer seinen Kaufpreisanspruch gegen den Vorkäufer an den heutigen Käufer ab.

6. Vollzugsauftrag und -überwachung

1774 In aller Regel übernimmt der Notar als weitere Betreuungstätigkeit auch die zur grundbuchlichen Durchführung des Vertrags und zur Einhaltung der Zug-um-Zug-Abwicklung erforderlichen Vollzugsschritte und deren Überwachung. Er ist hierzu jedoch nicht bereits durch seine Amtsgewährungspflicht gehalten; ebenso wenig ergibt sich aus der allgemeinen Belehrungspflicht des § 17 BeurkG oder der Pflicht zum Hinweis auf erforderliche Genehmigungen (§ 18 BeurkG) etwa eine Pflicht, vorab die Genehmigungsfähigkeit der Transaktion zu eruieren.[3003] Lediglich wenn feststeht, dass eine notwendige Genehmigung nicht erlangt werden können wird, muss er die Beurkundung im Vorhinein ablehnen.[3004]

a) Vollzugsvollmachten

aa) An den Notar

1775 In aller Regel übernimmt der Notar auch die zur grundbuchlichen Durchführung des Vertrags und zur Einhaltung der Zug-um-Zug-Abwicklung erforderlichen Vollzugsschritte und deren Überwachung. Die auf das Grundbuchverfahren beschränkte gesetzliche Vermutung des **§ 15 GBO** gilt für die Einholung der in diesem Kap. skizzierten Genehmigungen und Vorkaufsrechtszeugnisse nicht, sodass der Notar hierzu einer ausdrücklichen Vollmacht bedarf.[3005] Deren Beendigung durch Widerruf oder kraft Gesetzes, etwa mit Insolvenzeröffnung (§ 117 Abs. 1 InsO), ist allerdings besonderes Augenmerk zu schenken.[3006] Die von beiden Beteiligten in der Urkunde dem Notar im beiderseitigen Abwicklungsinteresse erteilte allgemeine Vollzugsanweisung (Einholung der Genehmigungen etc.) dürfte allerdings einseitig nicht widerruflich sein,[3007] ebenso wenig wie mehrseitige Vorlageanweisungen etwa hinsichtlich der Überwachung der Eigentumsumschreibung (Rdn. 1005) oder der gemeinsam erteilte Auftrag zur Erteilung der Fälligkeitsmitteilung.

▶ Hinweis:

1776 Hinsichtlich des Inhalts der Vollmacht sollte weiter klar dahin gehend differenziert werden, dass der Notar zwar zur Einholung der Erklärungen unbeschränkt berechtigt und verpflichtet ist, für die Entgegennahme jedoch nur dann als zustellungsbevollmächtigt gilt, wenn diese ohne Auflagen oder Bedingungen ergehen und die für den Vollzug des Kaufvertrags und die Fälligkeit des Kaufpreises notwendigen Umstände erfüllen (also zwar für die Verzichtserklärung auf das Vorkaufsrecht, nicht aber für die Ausübungserklärung).[3008] Ablehnende oder mit Nebenbestimmungen versehene oder privatrechtsgestaltende Verwaltungsakte (wie die Ausübungserklärung für das gemeindliche Vorkaufsrecht) – kurz: anfechtbare – Bescheide oder Bescheide zur Fristverlängerung sollten den Beteiligten unmittelbar zugestellt werden, damit diese ohne Zeitverzögerung prüfen können, ob sie hiergegen Rechtsmittel einlegen möchten.

3003 Unrichtig daher LG Leipzig NotBZ 2006, 437 m. abl. Anm. *Lerch* in einer Notarkostensache (§ 16 KostO); abwägend *Grziwotz* ZflR 2009, 309, 311: Hinweis möglicherweise bei hohen Geschäftswerten über 2,4 Mio. €.
3004 *Lerch* BeurkG § 4 Rn. 6.
3005 Einzelgesetze, etwa das Grundstücksverkehrsgesetz, enthalten jedoch ebenfalls eine gesetzliche Vermutung für eine solche Vollmacht.
3006 Vgl. BayObLG Rpfleger 2004, 36 f. (auch zur seltenen Ausnahme der Notgeschäftsführungsmaßnahme bei Gefahr in Verzug, §§ 115 Abs. 2, 116 Satz 1 InsO). Ist die Insolvenzeröffnung dem Grundbuchamt bekannt, besteht auch kein Raum mehr für die Vollmachtsvermutung des § 15 GBO.
3007 Vgl. *Hertel* in: DAI, 4. Jahresarbeitstagung des Notariats, 2006, S. 505.
3008 Vgl. hierzu *Hueber* NotBZ 2003, 446.

V. Genehmigungen, Vorkaufsrechte

▶ Hinweis:

Legt der Notar offen, in wessen Namen er die Genehmigung beantragt, wird der Vertretene 1777 (regelmäßig der Käufer, Rdn. 2643) auch unmittelbar Kostenschuldner ggü. der Behörde, sodass die Gebühren nicht durch den Notar verauslagt und als durchlaufender Posten weiterberechnet werden müssen.

Die einem Notar erteilte Vollmacht gilt ohne Weiteres auch für den Notarvertreter,[3009] den 1778 Notariatsverwalter,[3010] und den »Aktenverwahrer« als Amtsnachfolger.[3011] Ausdrücklich festgehalten werden kann dies etwa wie folgt:

▶ Formulierungsvorschlag: Begriff des »Notars«

Soweit nach dieser Urkunde Erklärungen gegenüber dem Notar abzugeben sind, Vollmachten nur vor dem oder durch den Notar ausgeübt werden dürfen, Handlungen vom Notar vorzunehmen, Anträge vom Notar zu stellen oder Bewilligungen durch ihn abzugeben sind usw., gilt jeweils, dass dies auch gegenüber, vor oder durch den Vertreter, Verwalter oder Nachfolger des Notars sowie durch dessen jeweiligen Sozius zulässig ist.

Eine allgemeine Vollzugsvollmacht auch für den Bereich der Genehmigungen – allerdings bzgl. der 1779 Vorkaufsrechte begrenzt auf solche mit Grundbuchsperrwirkung, und auch insoweit ohne Befugnis zur Entgegennahme einer Ausübungserklärung – könnte etwa folgenden Wortlaut haben:

▶ Formulierungsvorschlag: Allgemeine Vollzugsvollmacht

Alle Beteiligten beauftragen und bevollmächtigen den amtierenden Notar, seinen amtlichen Vertreter oder Nachfolger im Amt,

sie im Grundbuchverfahren uneingeschränkt zu vertreten,

die zur Wirksamkeit und für den Vollzug dieser Urkunde erforderlichen Genehmigungen und Erklärungen anzufordern, (auch gem. § 875 Abs. 2 BGB) entgegenzunehmen und (als Eigenurkunde) abzugeben.

Anfechtbare Bescheide und Zwischenbescheide zur Fristverlängerung sind jedoch den Beteiligten selbst zuzustellen; Abschrift an den Notar wird erbeten.

Die umfassende Vollmacht zur Vertretung im Grundbuchverfahren – auch über die vermutete ei- 1780 gene Berechtigung gem. § 15 GBO hinaus – verschafft dem Notar die notwendige Verfahrensherrschaft zur **Rücknahme** etwaiger seitens der Beteiligten selbst gestellter, u.U. konfligierender Anträge (jedenfalls bis zu einem etwaigen Widerruf dieser Vollmacht).[3012] § 24 Abs. 3 BNotO genügt als Rechtsgrundlage hierfür nicht. Die allgemeine Grundbuchvollzugsvollmacht deckt auch die Einschränkung von Bewilligungen[3013] (z.B. Eintragung einer Grundschuld ohne die nunmehr gegen § 1193 Abs. 2 Satz 2 BGB verstoßende Bestimmung, wonach diese sofort fällig sei). Allerdings kann der Notar nicht gestützt auf § 15 GBO der Bewilligung einen anderen Inhalt geben, z.B. sie endgültig nur teilweise vollziehen (Beispiel: eine Grundschuld wird an FlSt 1 und 2 bestellt, es soll aber nur FlSt 1 belastet werden: Nachtragsbeurkundung ist notwendig; allein die Antragstellung nur bzgl. FlSt 1 genügt nicht.). Selbst eine ggü. § 15 GBO erweiterte Vollmacht zu »Änderungen, soweit dies dem grundbuchamtlichen Vollzug dieser Urkunde dienlich ist« gestattet keine Umstellung von der erklärten Grundstücksvereinigung (§ 890 Abs. 1 BGB) zur Bestandteilzuschreibung

---

3009 *Peterßen* RNotZ 2008, 198. Des Nachweises der Notarvertretereigenschaft bedarf es ggü. dem Grundbuchamt nicht, aufgrund der Verwendung des Siegels des vertretenen Notars, § 437 Abs. 1 ZPO, anders nur bei elektronischer Signatur gem. § 39a BeurkG, da es ein elektronisches Siegel nicht gibt, vgl. OLG Hamm, 02.09.2010 – 15 Wx 19/10, RNotZ 2011, 59.
3010 Vgl. *Reithmann* MittBayNot 2002, 527; LG Düsseldorf MittBayNot 2002, 526; § 39 BeurkG.
3011 LG Halle, 21.07.2003, NotBZ 2004, 37; *Schippel/Bracker* BNotO 8. Aufl. 2006 § 51 Rn. 54; LG Dortmund (zitiert in: RS der Notarkammer Thüringen Nr. 4/2008, S. 10).
3012 Vgl. *Grein* RNotZ 2004, 121.
3013 BayObLG NJW-RR 1991, 718.

(§ 890 Abs. 2 BGB).[3014] Aus der gesetzlich vermuteten (§ 15 GBO) bzw. einer rechtsgeschäftlich eingeräumten Abwicklungsvollmacht ergibt sich auch die Befugnis zur Einlegung von Rechtsmitteln, wobei letzteres im Zweifel stets mit Wirkung für den Vertretenen erfolgt.[3015]

1781 Insb. bei der Kaufvertragsabwicklung über Anderkonto muss der Notar Kenntnis erlangen über steuerliche Tatbestände, z.B. über die Höhe der abzuführenden Grunderwerbsteuer, wenn diese (etwa bei ausländischen Erwerbern) durch ihn aus den auch zur Begleichung der Erwerbsnebenkosten zur Verfügung stehenden Hinterlegungsmitteln beglichen werden soll. Nach Ansicht vieler Finanzämter genügt die allgemeine Vollzugsvollmacht i.d.R. nicht den Besonderheiten der Abgabenordnung (v.a. §§ 30, 80, 122 AO); insb. sei die Steuerbehörde dem Notar ggü. auch vom Steuergeheimnis gem. § 30 AO zu befreien. Zweckmäßigerweise erhält der Notar zugleich Zustellvollmacht für Steuerbescheide, allerdings unter deutlichem Hinweis des Notars an die Adresse des eigentlichen Steuerschuldners auf den Umstand, dass damit keinerlei Überprüfungs- oder Überwachungspflichten des Notars begründet werden.

1782 Eine solche Vollmacht zur Entgegennahme von Steuerbescheiden könnte etwa wie folgt lauten:

▶ **Formulierungsvorschlag: Vollmacht zur Entgegennahme von Steuerbescheiden**

> Die den Käufer treffende Grunderwerbsteuer soll aus dem zur Begleichung der Erwerbsnebenkosten auf Anderkonto durch ihn hinterlegten Betrag durch den Notar nach Vorliegen des Steuerbescheids überwiesen werden. Zu diesem Zweck erteilt der Käufer Befreiung vom Steuergeheimnis (§ 30 AO) gegenüber dem Notar, dessen Vertreter oder Nachfolger im Amt und bestellt diesen zugleich zum Zustellbevollmächtigten für Steuerbescheide, jedoch beschränkt auf die Grunderwerbsteuer für diesen Vorgang. Verpflichtungen zur Überprüfung oder Einlegung von Rechtsbehelfen bzw. zur steuerlichen Beratung sind damit im Verhältnis zwischen Notar und Käufer nicht verbunden.

bb) Angestelltenvollmacht

1783 Als Ausfluss des umfassenden Vollzugsauftrags an den Notar sind Abwicklungsvollmachten an dessen Kanzleimitarbeiter weit verbreitet. Materiell-rechtlich geht die Bevollmächtigung (§ 167 Abs. 1 Fall 1 BGB) dem Mitarbeiter zu, sobald der die Vollmachtserteilung beurkundende Notar als Bote sie dem Mitarbeiter mitteilt; dem Grundbuchamt ggü. erfolgt der Nachweis nicht gem. § 172 BGB (Vollmachtsurkunde), sondern gestützt auf § 171 Abs. 1 Fall 1 BGB, als Vollmachtsmitteilung.[3016] Da auch bei der Vollmachtsmitteilung (als rechtsgeschäftsähnlicher Handlung) Vertretung möglich ist, kann die Bezeichnung des bevollmächtigten Mitarbeiters dem Notar selbst überantwortet sein; rechtsgeschäftlich ist sie jedem Mitarbeiter erteilt, dem sie durch Botschaft des Notars gem.§ 167 BGB zugeht – daher brauchen entgegen teilweise anzutreffender strengerer Rechtsprechung[3017] die Personalien des einzeln bevollmächtigten Angestellten selbst nicht namentlich wiedergegeben zu sein (sofern nicht gar bloße Bestimmbarkeit genügt).[3018] Vielmehr ist es ausreichend, dass der Notar eingangs der Niederschrift die Erklärende als seine Angestellte bezeichnet (»Heute erschien meine Notariatsangestellte ...«).[3019]

▶ Hinweis:

1784 Im Umgang mit sog. Angestelltenvollmachten ist jedoch Zurückhaltung geboten. Diese begegnen insb. arbeits- und haftungsrechtlichen Bedenken (persönliche Schadensersatzpflicht des Mit-

---

3014 OLG Düsseldorf, 15.07.2009 – I-3 Wx 264/08, JurionRS 2009, 20822.
3015 OLG Frankfurt am Main, 03.04.2006 – 20 W 563/05, DNotI-Report 2007, 22; OLG Zweibrücken Rpfleger 2000, 503.
3016 OLG Köln MittRhNotK 1983, 209; *Schöner/Stöber* Grundbuchrecht 13. Aufl. Rn. 3586; Hügel/*Reetz* GBO 2007, Sonderteil Vertretungsmacht, Rz. 112; a.A. (für § 172 BGB) *Brenner* BWNotZ 2010, 142.
3017 OLG Frankfurt am Main, 11.10.2007 – 20 W 150/07, NotBZ 2008, 123 m. abl. Anm. *Gergaut*.
3018 Wie etwa bei der Bezeichnung des Dritten i.R.d. § 328 BGB: BGH, 16.11.2007 – V ZR 208/06, ZNotP 2008, 159.
3019 So richtig OLG Dresden, 16.08.2011 – 17 W 694/11. Weiter gelte unabhängig von § 171 Abs. 1 BGB insoweit der Erfahrungssatz, dass eine Vollmacht besteht, solange sie nicht in der Weise widerrufen worden ist, wie sie kundgegeben wurde.

arbeiters bei Schlechterfüllung des Auftrags,[3020] Freistellungsanspruch gegen den Notar nach den Grundsätzen der betrieblich veranlassten Tätigkeit[3021] und ohne Exkulpationswirkung ggü. Dritten[3022] mit zudem unklarem Versicherungsschutz)[3023] und verstoßen bei Verträgen mit Verbrauchern gegen § 17 Abs. 2a BeurkG, jedenfalls sofern sie systematisch aufgenommen werden[3024] und nicht auf Vollzugsgeschäfte beschränkt sind (Rdn. 34). Nicht zu den Vollzugsgeschäften gehört die Bestellung von Finanzierungsgrundpfandrechten.[3025] Aufgrund seiner unparteilichen Stellung ist der Angestellte des Notars ferner nicht eo ipso Vertrauensperson des Verbrauchers im Sinne jener Bestimmung.[3026] Ein Verstoß gegen § 1 RDG liegt jedoch wohl nicht vor; ebenso wenig gilt § 13 FGG/§ 10 FamFG für Grundbucherklärungen, die in Vollmacht abgegeben werden.[3027] Die Angestelltenvollmacht ist, da lediglich im »Bequemlichkeitsinteresse« des Vollmachtgebers (nicht im Interesse des Bevollmächtigten oder beider Vertragsbeteiligten) erteilt, jederzeit widerruflich.[3028]

Sollen durch Mitarbeiter auch inhaltliche Anpassungen des Beurkundeten an das Gewollte sowie Ergänzungen zur Behebung gerichtlicher Beanstandungen (Zwischenverfügungen) vorgenommen werden können, handelt es sich um eine »**Heilungsvollmacht**«, mit der allerdings sehr behutsam und nur nach schriftlicher Einverständniserklärung der Beteiligten im Einzelfall beurkundet werden sollte.[3029] So könnte etwa formuliert werden: 1785

▶ Formulierungsvorschlag: Angestelltenvollmacht für Zwischenverfügungen

Die Beteiligen bevollmächtigen weiterhin die Angestellten an der Notarstelle – welche der Amtsinhaber seinerseits zu bezeichnen bevollmächtigt wird – je einzeln und befreit von § 181 1786

3020 Der BGH RNotZ 2003, 62 lehnt einen stillschweigenden Haftungsverzicht ab. Einen formularmäßigen Haftungsverzicht, vom Notar entworfen, würde sich der Angestellte als »Verwender« zunutze machen und damit wohl gegen §§ 307 Abs. 2 Nr. 2, 309 Nr. 7 BGB verstoßen (Kardinalpflichten). Allenfalls eine Beschränkung auf grobe Fahrlässigkeit ist denkbar.

3021 Großer Senat des BAG NJW 1995, 210 (in Fortentwicklung der früheren Grundsätze der gefahrgeneigten Arbeit): bei vorsätzlicher oder grob fahrlässiger Schadensverursachung haftet der Arbeitnehmer voll, bei mittlerer tritt Haftungsteilung ein und nur bei leichtester Fahrlässigkeit ist der Arbeitnehmer vollständig freizustellen (vgl. *Linck* in: Schaub/Koch/Linck Arbeitsrechtshandbuch § 52 Rn. 47 ff.).

3022 Die Haftung des Angestellten selbst stellt daher keine anderweitige Ersatzmöglichkeit i.S.d. § 19 Abs. 1 Satz 2 BNotO dar, vgl. BGH RNotZ 2003, 62.

3023 Nach Auffassung der BNotK ist in der Berufshaftpflichtversicherung des Notars gem. § 19a Abs. 1 Satz 1 BNotO allenfalls die Haftung nach § 179 BGB mitversichert, DNotZ 1998, 522; vgl. *Arndt/Lerch/Sandkühler* BNotO § 19a Rn. 20.

3024 Die Richtlinienempfehlungen der BNotK DNotZ 1999, 258 und der meisten Landesnotarkammern (z.B. Abschnitt II Nr. 1c) der Richtlinien der LNotK Bayern gem. § 67 Abs. 2 BNotO) untersagen die systematische Beurkundung mit Mitarbeitern des Notars als Vertreter der Beteiligten, sofern es sich nicht um Erfüllungs- und Vollzugsgeschäfte handelt.

3025 Jedenfalls wenn ein abstraktes Schuldversprechen aufgenommen wird: OLG Schleswig, 06.07.2007 –Not 1/07, ZNotP 2007, 430, wobei *Zimmer* ZNotP 2007, 407 zu Recht darauf hinweist, dass angesichts der bereits im Darlehensvertrag und der Sicherungsvereinbarung eingegangenen Bindung wenig Variationsmöglichkeit besteht. Gegen jegliche Qualifikation als Vollzugsgeschäft *Brenner* BWNotZ 2010, 143.

3026 *Hertel* ZNotP 2002, 288; *Sorge* DNotZ 2003, 603; *Schmucker* ZNotP 2003, 243; *Brambring* ZfIR 2002, 597; OLG Schleswig, 06.07.2007 – Not 1/07, RNotZ 2007, 622 mit zur Begründung krit. Anm. *Litzenburger*; ebenso der Berufsrechtsausschuss der BNotK, vgl. BNotK-Intern 2003, 3: das dem Mitarbeiter entgegengebrachte Vertrauen beruht auf der Unabhängigkeit des Notars, nicht auf dessen Rolle als Interessenvertreter des Verbrauchers; a.A. *Litzenburger* NotBZ 2002, 281; *Maaß* ZNotP 2004, 216; *Helms* ZNotP 2005, 18 und (für die Kammer Stuttgart) *Grigas* BWNotZ 2003, 104 sowie die Richtlinien der Kammern Frankfurt und Hamburg bei ausreichender vorheriger Belehrung, vgl. www.bnotk.de/Richtlinienempfehlungen/Synopse. Vermittelnd BNotK-Rundschreiben 20/2003 v. 28.04.2003, S. 5 = ZNotP 2003, 257 ff.: Notarangestellter kann Vertrauensperson sein, wenn die Initiative zu dessen Einschaltung vom Verbraucher ausgeht, ebenso *Grziwotz* ZfIR 2010, 602.

3027 Neufassung des § 15 GBO ab 01.09.2009; bereits zuvor in diesem Sinne DNotI-Gutachten Nr. 11539 v. 24.09.2008, RS der BNotK Nr. 24/08 v. 05.09.2008, III.1; mit ausführlicher Begründung *Lindemeier* RNotZ 2009, 37 ff.

3028 So incidenter in OLG Frankfurt am Main MittBayNot 2000, 466 m. Anm. *Reithmann*.

3029 Ihre Reichweite ist gem. BGH ZNotP 2002, 310 begrenzt; sie ermächtigt bspw. nicht dazu, ein vereinbartes dinglich wirkendes Sondernutzungsrecht durch ein lediglich schuldrechtliches zu ersetzen (Änderung einer Hauptleistungspflicht), ebenso wenig nach OLG Naumburg NotBZ 2004, 283 anstelle des Grundstücks den Anteil an einem Nachlass bzw. das Auseinandersetzungsguthaben (einer »Gespenstergemeinschaft« des aufgelösten FGB-Güterstandes) zum Vertragsgegenstand zu erklären.

BGB, Erklärungen, Bewilligungen und Anträge materiell- oder formell-rechtlicher Art zur Ergänzung oder Änderung des Vertrags abzugeben, soweit diese zur Behebung behördlicher oder gerichtlicher Beanstandungen zweckdienlich sind.

1787 Wegen der Begrenzung auf die Behebung gerichtlicher bzw. behördlicher Beanstandungen sind von dieser Vollmacht nicht umfasst materielle Erklärungen, welche die Beteiligten – entsprechend befragt – mutmaßlich abgegeben hätten, jedoch tatsächlich unterlassen haben, etwa die Bewilligung der Vormerkung[3030] oder einer Löschung, für die sich in der eigentlichen Urkunde kein Wille der Vertragsparteien feststellen lässt.[3031] Noch enger ist der Einsatzbereich der Vollmacht, wenn sie ihrem Wortlaut nach lediglich zu Erklärungen berechtigt, »soweit dies dem grundbuchlichen Vollzug dieser Urkunde dienlich ist«.[3032] Verbleiben hinsichtlich des Umfangs solcher Vollmachten Zweifel, ist der geringere Umfang anzunehmen.

1788 Wird im Einzelfall[3033] trotz der Hinwirkungspflicht des § 17 Abs. 2a Satz 2 Nr. 1 BeurkG Rdn. 35[3034] die Beurkundung z.B. von Finanzierungsgrundpfandrechten durch Mitarbeiter des Büros gewünscht, müssen hierfür überzeugende Gründe vorhanden und die Information des Verbrauchers über die Tragweite des Geschäfts sichergestellt sein. Nach untergerichtlicher Ansicht soll im Fehlen einer Betragsbegrenzung eine unangemessene Benachteiligung bzw. überraschende Klausel liegen,[3035] sodass die damit herbeigeführte Grundschuldbestellung (Verbrauchervertrag) unwirksam sei. Im Anschluss an die allgemeine Finanzierungsvollmacht des Verkäufers könnte in diesen Fällen ergänzend[3036] zu der dem Käufer erteilten Vollmacht formuliert werden:

▶ Formulierungsvorschlag: Angestelltenvollmacht für Grundpfandrechte

1789 In gleicher Weise bevollmächtigen alle Beteiligten die den Beteiligten bekannten Angestellten ..... und ..... des amtierenden Notars, welche dieser durch Eigenurkunde zu bezeichnen ermächtigt wird, unter Ausschluss eigener Haftung des Mitarbeiters bei leichter Fahrlässigkeit je einzeln, mit Wirkung für sie vorstehende Erklärungen abzugeben, jedoch begrenzt auf Grundpfandrechte und abstrakte Schuldanerkenntnisse bis zu einem Nennbetrag von ..... €. Die Beteiligten erklären, über die rechtlichen und wirtschaftlichen Auswirkungen von Grundpfandrechtsbestellung, Vollstreckungsunterwerfung und Zweckerklärung informiert zu sein und die Beurkundung durch Angestellte des Notars aufgrund ihrer Entfernung zum Amtssitz des vollziehenden Notars, aus zeitlichen Gründen und zur Beschleunigung der Grundbucheintragung ausdrücklich zu wollen.

1790 In der **Beurkundungspraxis** hat dies jedoch die absoluteste Ausnahme zu bleiben. Allein Bequemlichkeit des Grundpfandrechtsbestellers oder die Verfahrensökonomie des Notars berechtigen in keinem Fall zu solchem Vorgehen. Es darf auch nicht vom Notar aus angeboten werden.[3037] Vorzuziehen ist stets die Zulassung der Grundschuldbestellung auch vor einem (in der Vollmacht dann namentlich festzulegenden) Kooperationsnotar am Wohnort des Käufers, wenn sie nicht im Kaufvertragstermin selbst erfolgen kann.

3030 Sehr weitgehend will OLG München, 14.03.2006 – 32 Wx 29/06, NotBZ 2006, 214 eine allgemeine Vollmacht an den Notar »alle für den Vollzug förderlichen Erklärungen abzugeben« jedoch hierfür genügen lassen (»umfasst alle Erklärungen, welche die Beteiligten beim normalen Ablauf des Geschäfts selbst abgegeben hätten«).
3031 OLG Celle, 03.11.2009 – 4 W 163/09, ZfIR 2009, 886.
3032 Nach OLG Düsseldorf, 15.07.2009 – I-3 Wx 264/08, FGPrax 2009, 203 umfasst sie nicht die Erklärung einer Bestandteilzuschreibung, wenn in der Urkunde die Vereinigung erklärt wurde, die das Grundbuchamt jedoch wegen unterschiedlicher Belastungen nicht vollziehen will.
3033 Wohl zu wenig streng in den Anforderungen *Maaß* ZNotP 1999, 73.
3034 Verbrauchervertrag in Gestalt der Grundschuld zwischen Bank (Unternehmer) und Käufer (sofern Verbraucher), RS BNotK 25/2010 v. 05.10.2010.
3035 LG Düsseldorf, 21.05.2007 – 13 O 24/06, zitiert nach *Amann* in: Albrecht/Amann/Hertel Aktuelle Probleme der notariellen Vertragsgestaltung 2007/2008, S. 230.
3036 Diesen Aspekt betont *Maaß* ZNotP 2004, 221: »gestaffelte« Vollmacht an den Käufer, in zweiter Linie an von ihm benannte Vertrauenspersonen, sodann an Notariatsmitarbeiter.
3037 Großzügiger BNotK-Rundschreiben 25/2010 v. 05.10.2010, S. 3, wonach der versandte Urkundsentwurf solche Vollmachten enthalten könne, der Gebrauch jedoch im Hinblick auf § 17 Abs. 2a Satz 1 Nr. 1 BeurkG zu unterbleiben habe.

b) Vollzugsabwicklung

Der Vollzug hat zeitnah zu beginnen mit dem Ziel der möglichst raschen Grundbuchvorlage hinsichtlich der ihm nach § 53 BeurkG von Gesetzes wegen übertragenen Vorgänge, es sei denn, übereinstimmende abweichende Anweisungen (etwa hinsichtlich des Rückbehalts der Auflassungserklärung bis zum Nachweis der Kaufpreiszahlung, Rdn. 990 ff.) sind erteilt. Zu einem umfassenden »Vollzugsauftrag« zählt auch die rasche Abarbeitung von **Zwischenverfügungen**; kommt es zu schuldhaften Verzögerungen, kann dies dem Verkäufer, dessen Erfüllungsgehilfe der Notar insoweit ist, zugerechnet werden.[3038] Für sonstige Betreuungstätigkeiten ist der Inhalt des »Auftrags« maßgebend: soll er bspw. Löschungen (der Globalgrundpfandrechte des Bauträgers) »zur gegebenen Zeit« durchführen, steht ihm ein Ermessensspielraum nach Maßgabe des »üblichen Geschäftsganges« und der Verkehrssitte zu (Vorlage erst mit Endvollzug der Umschreibung auf den Käufer).[3039] Vollzugsakte, die z.B. zur Schaffung der Auszahlungsvoraussetzungen des Käuferdarlehens (nicht aber für den Vollzug des Kaufvertrags) von Bedeutung sind, müssen nur dann mit besonderer Eile bearbeitet werden, wenn der Käufer den Notar auf diesen Umstand hingewiesen hat.[3040]

1791

▶ Hinweis:

I.R.d. Vollzugsschreiben ist darauf zu achten, dass in den Fällen, in denen durch den Zugang von Mitteilungen oder Anzeigen gesetzliche **Fristen** in Gang gesetzt werden (etwa Ausübungsfristen für das Vorkaufsrecht, Genehmigungsfiktionen nach GrdstVG etc.), der Zugang des Schreibens dokumentiert werden kann. Dies geschieht, sofern es sich bei den Adressaten um Ämter handelt, durch Beifügung einer Zweitschrift des Schreibens, die unterzeichnet zurück zu übermitteln ist, soweit es sich um Private handelt (etwa bei Vorkaufsrechten) durch Übersendung per Übergabe-Einschreiben mit Rückschein.

1792

Ein jeweils aktuelles Orts- und Gerichtsverzeichnis zur Ermittlung der zuständigen Grundbuchämter findet sich auf der Internet-Seite www.justiz.de – Justizportal des Bundes und der Länder.

In **kostenrechtlicher Hinsicht** ist darauf hinzuweisen, dass weder die gesetzlich vermutete Vollmacht nach § 15 GBO noch der allgemeine Vollzugsauftrag in der Urkunde ausreichende Grundlage dafür sind, die für die Beschaffung von Nebenerklärungen (Genehmigungen, Löschungen etc.) erforderlichen **Entwürfe** zu fertigen und zulasten der Vertragsbeteiligten (typischerweise des Käufers) abzurechnen. Hierzu bedarf es eines Auftrags, von dessen stillschweigendem Vorliegen nur dann ausgegangen werden darf, wenn der die Erklärung Abgebende diese nach Vorkenntnis oder Gepflogenheit nicht selbst wird formulieren können.[3041]

1793

c) Eigenurkunden

Beim Vollzug notarieller Urkunden treten nicht selten unverhoffte Hindernisse auf, die erneute Willenserklärungen der Beteiligten notwendig machen. Hierzu können zum einen Angestellte des Notars i.R.d. oben (Rdn. 1788) erläuterten »Heilungsvollmacht« bevollmächtigt werden, jedoch auch der Notar selbst. Es handelt sich bei diesen Erklärungen nicht um eigene Angelegenheiten des Notars, sodass § 3 Abs. 1 Nr. 1 BeurkG nicht entgegensteht;[3042] ebenso wenig verstößt eine Beurkundung mit Sozien des Notars, die aufgrund einer solchen Vollzugsvollmacht tätig werden, gegen § 3 Abs. 1 Nr. 4 BeurkG.[3043] Der Notar bedarf bei solchen **Eigenurkunden** auch nicht der Beglaubigung seiner Unterschrift durch einen anderen Notar.[3044] Sie können auch elektronisch errichtet

1794

3038 OLG Frankfurt am Main, 28.04.2010 – 4 U 265/09, MittBayNot 2010, 496.
3039 OLG München, 28.11.2006 – 32 Wx 149/06, DNotZ 2007, 117.
3040 LG Ingolstadt, 25.10.2006 – 1 T 1669/06, MittBayNot 2007, 155 (im Rahmen einer Kostenbeschwerde nach § 156 KostO).
3041 OLG Köln RNotZ 2003, 528 (dort auch zur etwaigen Belehrungspflicht), sonst unrichtige Sachbehandlung nach § 16 KostO.
3042 *Keidl/Kuntzel/Winkler* BeurkG § 3 Rn. 10.
3043 OLG Celle, 04.10.2005 – Not 10/05, RNotZ 2005, 618.
3044 Grundlegend *Reithmann* Allgemeines Urkundenrecht, S. 27 ff.; BGH DNotZ 1981, 118; BayObLG Rpfleger 1988, 60.

B. Gestaltung eines Grundstückskaufvertrages

werden (die qualifizierte elektronische Signatur ersetzt die Unterschrift des Notars, das Notarattribut als Bestandteil des qualifizierten Zertifikats des Notars ersetzt sein Dienstsiegel).[3045] Gesiegelte Eigenerklärungen sind (gestützt auf § 24 Abs. 3 Satz 2 BNotO) öffentliche Urkunden i.S.d. § 415 ZPO und des § 29 GBO unter folgenden Voraussetzungen:

1795
- Der Notar hat zuvor eine Beurkundung oder Beglaubigung in der betreffenden Sache vorgenommen.
- In dieser wurde dem Notar ausdrücklich ein diesbezüglicher Auftrag nebst Ermächtigung erteilt.
- Die Eigenurkunde ist vom Notar unterzeichnet und gesiegelt.
- Gegenstand der Eigenurkunde können alle materiell- oder formell-rechtlichen Erklärungen sein, die nicht beurkundungsbedürftig sind. Denkbar sind also Grundbuchanträge, Eintragungsbewilligungen aller Art, Rangbestimmungen, aber auch die dingliche Einigung (§ 873 BGB) bzgl. beschränkt dinglicher Rechte, Bewilligungen der Rangänderung, des Rangvorbehalts oder der Rangbeilegung (§§ 880, 881 BGB). Untauglicher Gegenstand sind jedoch Änderungen des notariellen Kaufvertrags selbst (§ 311b BGB), die Unterwerfung unter die sofortige Zwangsvollstreckung (§ 800 ZPO) sowie die Erklärung der Auflassung, die ihrerseits vor einem Notar stattzufinden hätte: Urkunden des Inhalts, dass er selbst in seiner Gegenwart eine Willenserklärung in Vollmacht der Beteiligten abgegeben habe, kann er nicht errichten (§ 6 BeurkG).

Eigenurkunden sind wegen des abschließenden Charakters des § 8 Abs. 1 DONot in die Urkundsrolle nicht aufzunehmen.[3046]

d) Vollzugsnachrichten

1796 Stellt der Notar den Grundbuchantrag aufgrund ausdrücklicher oder gem. § 15 GBO vermuteter Vollmacht, übermittelt er also nicht nur fremde Anträge als Bote, erhält er (neben den, i.d.R. jedoch anstelle[3047] der Beteiligten) die **Vollzugsnachricht** gem. § 55 Abs. 1 GBO. In aller Regel ist er zu deren Überprüfung (und zur ergänzenden Sachverhaltsaufklärung, etwa bzgl. vorrangig noch eingetragener Belastungen)[3048] ohnehin im Rahmen übernommener Abwicklungsaufgaben (Fälligstellung des Kaufpreises etc.) verpflichtet. Rechtsprechung[3049] und Literatur[3050] werten jedoch auch ohne ausdrückliche Betreuungstätigkeit die Nichtüberprüfung zugegangener Vollzugsmitteilungen als haftungsbegründenden Umstand. Es ist umstritten, ob – auch zur Vermeidung eigener Haftung und der Lasten der Weiterversendung[3051] – die Vollmachtsvermutung des § 15 GBO für einzelne Bereiche (etwa die Empfangnahme der Vollzugsmitteilung) durch Vereinbarung mit Wirkung auch ggü. dem Grundbuchamt ausgeschlossen werden kann.[3052] Anderenfalls treten Staats- und Notarhaftung nebeneinander.[3053] Davon unabhängig ist die mögliche Staatshaftung bei unzumutbarer Verzögerung der Grundbucheintragung als Folge unterlassenen Einschreitens übergeordneter Stel-

---

3045 *Gutachten* DNotI-Report 2009, 183; ebenso OLG Schleswig DNotZ 2008, 709 m. Anm. *Apfelbaum* zur Berichtigung nach § 44a BeurkG.
3046 RS der LNotK vom 13.06.2008 m.w.N., *Kersten* ZNotP 2001, 388, 389; a.A. noch Empfehlung der LNotK Bayern an das BayStMinJustiz, vgl. Jahresbericht der LNotK Bayern für 2006 S. 29 und *Weingärtner/Ehrlich* DONot 10. Aufl. 2007 § 8 Rn. 148. Einzutragen sind jedoch Tatsachenbescheinigungen wie etwa Bestätigungen über den vollen Satzungswortlaut gem. § 54 GmbHG.
3047 OLG Köln MittBayNot 2001, 319.
3048 Gem. § 55 Abs. 6 GBO enthält die Vollzugsmitteilung nur die Stelle der Eintragung in derselben Abteilung des Grundbuchs.
3049 KG, 24.09.2007, NotBZ 2008, 157; BGH DNotZ 1964, 434; ebenso im Erbscheinsverfahren BGH DNotZ 1988, 371; anders bei Botentätigkeit: BGH DNotZ 1958, 557.
3050 *Arndt/Lerch/Sandkühler* BNotO § 19 Rn. 192; vgl. auch *Reithmann* NotBZ 2004, 101.
3051 Vgl. *Hügel* NotBZ 2004, 164.
3052 Dagegen: OLG Düsseldorf DNotZ 2001, 704; OLG Köln NotBZ 2001, 153; OLG Frankfurt am Main NotBZ 2005, 366; OLG Brandenburg, 22.11.2007 – 5 Wx 31/07, RNotZ 2008, 224; dafür: LG Schwerin NotBZ 2003, 401 m. zust. Anm. *Biermann-Ratjen*; vermittelnd *Ganter/Hertel/Wöstmann* Handbuch der Notarhaftung Rn. 1485: nur bei ausdrücklichem Hinweis an das Grundbuchamt; unentschieden *Gutachten* DNotI-Report 2003, 173.
3053 Vgl. *Reithmann* NotBZ 2004, 101 auch zu den Privilegien des § 839 Abs. 1 Satz 2 BGB, § 19 Abs. 1 Satz 2 BNotO.

len (zur Beseitigung der Überlastung des betreffenden Beamten), nicht jedoch als Folge der Nichtbereitstellung weiterer Haushaltsmittel.[3054]

e) Suspendierung des Vollzugs

Bloße **Zweifel an der Wirksamkeit** berechtigen den Notar jedoch nicht dazu, von der Einreichung abzusehen,[3055] es ist insb. grds. nicht Sache des Notars, einseitig geltend gemachte Anfechtungs- oder Unwirksamkeitsgründe zu prüfen; dies haben die Beteiligten selbst ggf. im Wege einstweiligen Rechtsschutzes im Prozesswege zu veranlassen.[3056] Im Hinblick darauf mag es bei Streitigkeiten über den Fortbestand des Vertrags[3057] angeraten sein, den Vollzug um bspw. 4 Wochen auszusetzen, um Gelegenheit zur Erwirkung eines Erwerbsverbots gegen den Käufer im Wege einstweiligen Rechtschutzes zu schaffen,[3058] oder aber durch beschwerdefähigen (§ 15 Abs. 2 Satz 1 BNotO) **Vorbescheid** anzukündigen, er werde den Vollzug gleichwohl weiter betreiben, sofern nicht binnen kurzer Frist Beschwerde eingelegt werde.[3059]

1797

Der weitere Vollzug darf jedoch dauerhaft dann suspendiert werden, wenn die Unwirksamkeit dem Notar deutlich erkennbar ist (verspätete Nachgenehmigung nach Ablauf der Frist des § 177 Abs. 2 BGB,[3060] oder hohe Wahrscheinlichkeit der Formnichtigkeit bei einem einheitlichen Geschäft aus Grundstückskauf und nicht beurkundetem Gebäudeerrichtungsvertrag)[3061] oder der andere Beteiligte der glaubhaft vorgetragenen Unwirksamkeit allenfalls mit fadenscheinigen Erwiderungen begegnen kann (keine analoge Anwendung des § 54c Abs. 3 BeurkG).[3062] Zum Verfahren hinsichtlich der treuhänderischen Überwachung der Eigentumsumschreibung vgl. Rdn. 1005.

1798

Anders liegt es selbstverständlich, wenn beide Beteiligten den Notar zum Nichtvollzug anweisen (§ 53 BeurkG).

1799

▶ Hinweis:

Diese »Nichtvollzugsanweisung« sollte allerdings schriftlich erteilt werden und mit Hinweisen auf die tatsächlichen und möglicherweise auch steuerlichen Folgen des Nichtvollzugs verbunden sein.

▶ Formulierungsvorschlag: Übereinstimmende Nichtvollzugsanweisung

Anweisung

Die Vertragsteile der Urkunde des Notars ..... vom ....., URNr. ....., weisen den Notar hiermit einvernehmlich und übereinstimmend gem. § 53 BeurkG an, für diese Urkunde keinerlei weiteren Vollzugstätigkeiten vorzunehmen, sondern die Urkunde ohne weitere Veranlassung im Original zur Urkundensammlung des Notars zu nehmen. Soweit Vollzugstätigkeiten bereits in die Wege geleitet wurden, sind Benachrichtigungen der beteiligten Stellen durchzuführen. Die Pflicht zur Tragung der (bereits in Rechnung gestellten) Kosten bleibt unberührt.

1800

Wir bestätigen, gem. § 53 letzter Halb. BeurkG durch den amtierenden Notar auf die Gefahren hingewiesen worden zu sein, die mit dem Nichtvollzug, insbes. dem Unterbleiben einer Eintra-

---

3054 BGH, 11.02.2007 – III ZR 302/05.
3055 Ausführlich *Winkler* MittBayNot 1998, 141.
3056 BayObLG ZNotP 2004, 36 und BayObLG ZNotP 2004, 295; OLG Hamm, 16.02.2006 – 15 W 268/05, DNotZ 2006, 682; vgl. auch *Hertel* in: Amann/Hertel/Everts, Aktuelle Probleme der notariellen Vertragsgestaltung im Immobilienrecht 2006/2007 (DAI-Skript) S. 257 ff.
3057 Beispielhaft der Sachverhalt des OLG Hamm DNotZ 2006, 682: Der Käufer zahlte verspätet in Teilbeträgen; am letzten Tag der gesetzten Nachfrist übergab er einen Verrechnungsscheck, der jedoch zurückgewiesen wurde, der Verkäufer erklärte sodann den Rücktritt, worauf der Käufer den Restbetrag per Überweisung beglich.
3058 So der Rat des OLG Hamm DNotZ 2006, 682; hierzu *Hertel* in: DAI, 4. Jahresarbeitstagung des Notariats, 2006, S. 490.
3059 OLG Köln, 20.11.2006 – 2 Wx 20/06, FGPrax 2007, 96.
3060 OLG Zweibrücken NotBZ 2002, 111.
3061 OLG Hamm, 08.01.2008 – 15 W 195/07, NotBZ 2008, 274.
3062 Für eine solche Analogie allerdings *Sandkühler* DNotZ 2009, 164 ff.

gung im Grundbuch oder sonstigen Registern, verbunden sind. Wir entbinden den amtierenden Notar, seinen amtlichen Vertreter oder Nachfolger im Amt insoweit von jeder Haftung.

Ebenso wenig berechtigt nach (allerdings heftig umstrittener) Auffassung der Rechtsprechung die Nichtzahlung der notariellen Gebühren zur Ablehnung der Grundbuchvorlage; § 10 Abs. 1 KostO beziehe sich nicht auf Ausfertigungen für das Grundbuchamt (vgl. näher Rdn. 2654).

f) Rechtsbehelfe gegen die (Verweigerung der) Amtstätigkeit

1801 Hinsichtlich der Rechtsbehelfe gegen angekündigte[3063] (Rdn. 1803) notarielle Amtstätigkeit bzw. deren Verweigerung, § 15 Abs. 2 Satz 1 BNotO, sowie gegen die Ablehnung der Erteilung einer Vollstreckungsklausel, Aushändigung einer Ausfertigung etc., § 54 Abs. 1 BeurkG, gilt seit dem 01.09.2009 das **Beschwerdeverfahren nach FamFG**. Die Beschwerde ist demnach binnen eines Monats ab Bekanntgabe des Bescheids zu erheben, § 63 Abs. 1 FamFG; der Beschluss ist mit einer Rechtsbehelfsbelehrung nach § 39 FamFG zu versehen, der den statthaften Rechtsbehelf (Beschwerde), die Form- und Fristvorschriften, §§ 63, 64 FamFG, und die maßgebliche Stelle, bei welcher dieser einzulegen ist (Notar), zutreffend benennt (s. Rdn. 1804). Einer förmlichen Zustellung bedarf es nicht, da § 41 Abs. 1 Satz 2 FamFG nur für gerichtliche Endentscheidungen gilt. Unterbleibt eine förmliche, dem Antragsteller mitgeteilte, Dokumentation der Entscheidung des Notars, nicht tätig zu werden, obwohl er an sich amtsbereit und amtsfähig[3064] ist, besteht Beschwerdemöglichkeit ohne Lauf einer Frist.[3065]

1802 Unterblieb die ordnungsgemäße Bekanntgabe des Beschlusses an alle Beteiligten, endet die **Beschwerdefrist** 5 Monate nach Erlass des Ablehnungsbeschlusses. Fehlte die Rechtsbehelfsbelehrung, läuft die Beschwerdefrist mit Bekanntgabe gleichwohl an, auf Antrag ist jedoch Wiedereinsetzung in den vorherigen Stand zu gewähren, da die unverschuldete Versäumung der Beschwerdefrist nach § 17 Abs. 2 FamFG vermutet wird. Hält der Notar die Beschwerde für unbegründet, hat er sie unverzüglich dem Beschwerdegericht, also der Zivilkammer des LG, vorzulegen; gegen dessen Entscheidung ist die Rechtsbeschwerde zum BGH nur statthaft, wenn sie vom LG zugelassen wurde, § 70 FamFG.[3066]

1803 Der in der bisherigen Notariatspraxis weit verbreitete »**Vorbescheid**«, der dem Notar bei unklarer Rechtslage die Möglichkeit eröffnet, sein beabsichtigtes positives Vorgehen den Beteiligten zur Eröffnung einer Prüfungsmöglichkeit anzukündigen, bleibt – auch wenn im FamFG nicht ausdrücklich erwähnt – weiterhin statthaft[3067] (§ 54c Abs 3 Satz 3 Nr. 2 i.V.m. Abs. 5 BeurkG bildet für Hinterlegungsverfahren eine Art Vorbescheid nach). Wegen des engen Sachzusammenhangs wird die Beschwerde hiergegen den gleichen Regeln unterliegen wie die Beschwerde gegen die Ablehnung der Amtsgewährung gem. § 15 Abs. 2 Satz 3 BNotO, sodass §§ 58 ff. FamFG gelten.[3068]

1804 Unter Beachtung des FamFG können die Ausgangserklärungen des Notars zur sicheren Ingangsetzung der Beschwerdefrist gem. § 15 Abs. 2 BNotO in unmittelbarer (Untätigkeit) bzw. analoger Anwendung (Tätigkeitsankündigung des Notars) etwa wie folgt formuliert werden:[3069]

[3063] Wurde die Amtshandlung bereits vorgenommen, ist die Beschwerde nach § 15 Abs. 2 BNotO nicht mehr eröffnet; Überprüfung erfolgt lediglich im Rahmen eines Amtshaftungsprozesses. Für Auskunftbegehren gegen den Notar ist § 18 Abs. 1 bis 3 BNotO vorrangig.
[3064] OLG Düsseldorf DNotZ 1998, 747; *Müller-Magdeburg* ZNotP 2009, 216.
[3065] Vgl. *Regler* MittBayNot 2010, 264.
[3066] Vgl. *Heinemann* DNotZ 2009, 37.
[3067] *Sandkühler* DNotZ 2009, 595 ff.; *Preuß* DNotZ 2010, 265, 271; vgl. BT-Drucks. 16/6308, S. 324 (§ 58 Abs. 1 FamFG, wonach nur Endentscheidungen beschwerdefähig seien, gilt hierfür nicht).
[3068] Vgl. zu diesen Verfahrensnormen im Einzelnen *Preuß* DNotZ 2010, 265, 271 ff.
[3069] Im Anschluss an *Regler* MittBayNot 2010, 261, 267.

V. Genehmigungen, Vorkaufsrechte

▶ Formulierungsvorschlag: Ankündigung der Ablehnung einer Amtshandlung (Vorbescheid)

1. Sachverhalt

Am ..... hat ..... schriftlich beantragt, folgende Amtshandlung vorzunehmen: .....

2. Beschluss

Ich kündige an, die Amtshandlung nicht vorzunehmen, weil .....

3. Rechtsbehelfsbelehrung

Gegen diese Entscheidung (Ablehnung der Amtshandlung) ist die Beschwerde statthaft. Sie ist in deutscher Sprache bei mir, dem Notar, in ..... (Adresse der Geschäftsstelle) schriftlich oder zur Niederschrift einzulegen. Über sie entscheidet das Landgericht ..... (Angabe des Landgerichts in dem Bezirk des Amtssitzes des Notars), sofern ich der Beschwerde nicht abhelfe. Die Beschwerde ist nur zulässig, wenn sie binnen eines Monats nach schriftlicher Bekanntgabe dieses Beschlusses eingelegt wird.

Ort, Datum   Unterschrift, Siegel des Notars

▶ Formulierungsvorschlag: Ankündigung der Vornahme einer Amtshandlung (Vorbescheid)

1. Sachverhalt

(Schilderung der Umstände und der Handlungsalternativen)

2. Beschluss

Ich kündige an, wie folgt zu verfahren: ..... *(Schilderung der beabsichtigten Verfahrensweise)*

Die Vornahme dieser Amtshandlung wird jedoch nur erfolgen, wenn gegen die heutige Ankündigung kein zulässiger Rechtsbehelf eingelegt wird bzw. nach gerichtlicher Zurückweisung des Rechtsbehelfs.

3. Gründe: *(Begründung für das beabsichtigte Vorgehen)*

4. Rechtsbehelfsbelehrung

Gegen diese Entscheidung (Ankündigung der Amtshandlung) ist die Beschwerde statthaft. Sie ist in deutscher Sprache bei mir, dem Notar, in ..... (Adresse der Geschäftsstelle) schriftlich oder zur Niederschrift einzulegen. Über sie entscheidet das Landgericht ..... (Angabe des Landgerichts in dem Bezirk des Amtssitzes des Notars), sofern ich der Beschwerde nicht abhelfe. Die Beschwerde ist nur zulässig, wenn sie binnen eines Monats nach schriftlicher Bekanntgabe dieses Beschlusses eingelegt wird.

Ort, Datum   Unterschrift, Siegel des Notars

▶ Formulierungsvorschlag: Nichtabhilfeentscheidung

1. Sachverhalt

(Bezugnahme auf die Ankündigung des Vorgehens bzw. Unterlassens eines Vorgehens, Hinweis auf Beschwerdeeinlegung und deren Eingang beim Notar)

2. Beschluss

Nach Prüfung der Sach- und Rechtslage helfe ich der Beschwerde nicht ab und werde sie daher unverzüglich dem Landgericht ..... zur Entscheidung vorlegen.

3. Gründe

Bezugnahme auf die Begründung in der Ankündigung des Vorgehens, zusätzliche Würdigung des Vorbringens aus der Beschwerdeeinlegung.

Ort, Datum   Unterschrift, Siegel des Notars

B. Gestaltung eines Grundstückskaufvertrages

▶ Formulierungsvorschlag: Abhilfeentscheidung

1807 1. Sachverhalt

(Bezugnahme auf die Ankündigung des Vorgehens bzw. Unterlassens eines Vorgehens, Hinweis auf Beschwerdeeinlegung und deren Eingang beim Notar)

2. Beschluss

Nach Prüfung der Sach- und Rechtslage helfe ich der Beschwerde ab und werde daher wie folgt verfahren: .....

Ort, Datum   Unterschrift, Siegel des Notars

VI. Besitzübergang, Erschließung

1. Übergang von Besitz, Nutzungen und Lasten

a) Zeitpunkt

aa) Regelfall

1808 Gem. § 446 BGB geht mit der Übergabe der verkauften Sache die Gefahr des zufälligen Untergangs oder der zufälligen Verschlechterung auf den Käufer über; ab diesem Zeitpunkt gebühren ihm auch die Nutzungen, und er trägt die Lasten der Sache. Die Übergabe muss zum Zweck der Erfüllung des Kaufvertrags erfolgen, bloße tatsächliche Inhaberschaft des Besitzes genügt nicht.[3070] Die frühere Regelung, wonach Gefahrübergang jedenfalls stets mit Grundbucheintragung (auch vor Übergabe) eintrat, ist zu Recht als wenig praxisbedeutsam entfallen. **Annahmeverzug** des Käufers steht der Übergabe gleich (§ 446 Satz 3 BGB).

1809 Regelmäßig[3071] wird zur Vermeidung einseitiger Vorleistungen vereinbart sein, dass die Verschaffung des Besitzes und der Nutzungen unter gleichzeitigem Übergang von Lasten, Verkehrssicherung[3072] und Gefahr geschuldet sind Zug-um-Zug gegen Zahlung (Gutschrift) des vollen, geschuldeten Kaufpreises. Verzug des Verkäufers mit diesen Pflichten setzt Mahnung voraus.[3073]

▶ Formulierungsvorschlag: Besitz- und Lastenübergang mit Kaufpreiszahlung

1810 Mit vollständiger Kaufpreiszahlung ist dem Käufer der Besitz zu übergeben. Zum gleichen Zeitpunkt gehen private und öffentliche Lasten, Verbrauchskosten, Verkehrssicherungspflichten und Haftung, ggf. zeitanteilig, auf den Käufer über.

1811 In noch gerechterer Weise lässt sich dahin gehend differenzieren, dass die Lasten (als Teil des zu tragenden Verzugsschadens) mit Eintritt der Fälligkeit (z.B. 14 Tage nach Zugang der notariellen Mitteilung) übergehen, während Besitz und Nutzungen gegen Zahlung des Kaufpreises zu verschaffen sind und zu diesem Zeitpunkt auch die Gefahr übergeht. Jedenfalls im Individualvertrag begegnet dies keine Bedenken: Auch hinsichtlich der Kaufpreiszahlungspflicht wären Zinsen ab Fälligkeit individualvertraglich,[3074] allerdings wohl nicht im Formular- oder Verbrauchervertrag, vereinbar.

[3070] Vgl. Staudinger/*Matusche-Beckmann* BGB § 466 Rn. 16.
[3071] Jedoch nicht zwingend: BGH, 26.02.2004 – VII ZR 8/03, DNotZ 2004, 782 zum Besitzübergang bei Übergabe des Objekts an den Endnutzer (Verbrauchermarkt).
[3072] Fehlt die ausdrückliche Erwähnung der Verkehrssicherungspflicht, soll sich gem. BGH, MittBayNot 1990, 25 deren Übergang nicht aus dem Gesamtzusammenhang ergeben.
[3073] § 286 Abs. 2 Nr. 2 BGB greift bei völligem Fehlen einer Frist zwischen Ereignis (Zahlung) und Leistungspflicht nicht. Anders läge es dann, wenn Besitzübergang erst zum Monatsersten nach Kaufpreiszahlung bei Gutschrift in der ersten Monatshälfte, sonst zum Ersten des Folgemonats geschuldet wäre, vgl. *Amann/Brambring/Hertel* Vertragspraxis nach neuem Schuldrecht, S. 61.
[3074] BGH NJW 2000, 951.

▸ **Formulierungsvorschlag: Besitzübergang mit Kaufpreiszahlung, Lastenübergang ab Fälligkeit**

Mit vollständiger Kaufpreiszahlung ist dem Käufer der Besitz zu übergeben. Private und öffentliche Lasten, Verbrauchskosten und Haftung gehen ab Fälligkeit, Nutzungen, Verkehrssicherungspflichten und Gefahr ab Entrichtung des Kaufpreises, ggf. zeitanteilig, auf den Käufer über. 1812

bb) Sofortiger Übergang

Sofern der Käufer auf einen sofortigen Besitzübergang Wert legt (z.B. um sein bisheriges Mietverhältnis früher beenden zu können oder um die Voraussetzungen für die Gewährung der Eigenheimzulage noch im alten Jahr zu schaffen bzw. bei vermieteten Objekten den steuerlichen Anschaffungszeitpunkt[3075] noch in das alte Jahr zu verlegen), sollte der Verkäufer auf die damit verbundene Vorleistung hingewiesen werden. Das Eigentum geht zwar nicht verloren, wenn der Käufer sich als illiquide herausstellen sollte, allerdings muss der Verkäufer gewärtigen, dass das Objekt bereits – und nicht nur vorteilhaft – verändert wurde und er den Käufer auf Räumung verklagen muss. Dem Käufer ist vor Augen zu führen, dass vorzeitige Investitionen auf eigene Gefahr erfolgen. Ein solcher **Risikohinweis** könnte verkürzt etwa wie folgt lauten: 1813

▸ **Formulierungsvorschlag: Sofortiger Besitzübergang mit Risikohinweis**

Besitz, Nutzungen und öffentliche sowie private Lasten, Haftung, Verkehrssicherung und Gefahr gehen mit dem heutigen Tag auf den Käufer über. Auf die mit dieser Vorleistung verbundenen Risiken, insbes. bei baulicher Umgestaltung des Objekts vor Entrichtung des Kaufpreises, wurde der Verkäufer eingehend hingewiesen. Scheitert der Kaufvertrag aus Gründen, die der Verkäufer nicht zu vertreten hat, kann er die Wiederherstellung des früheren Zustandes verlangen; nimmt er die durch den Käufer vorgenommenen Veränderungen hin, schuldet er ihm keinen Ausgleich. 1814

Tritt der durch den Verkäufer konzedierte vorzeitige oder gar sofortige Besitzübergang zeitlich lange vor der zu erwartenden Fälligkeit des Kaufpreises ein (z.B. weil letztere erst nach Ablauf eines Jahres erfolgen soll), sind zusätzliche Vorkehrungen zum wirtschaftlichen Ausgleich dieser Vorleistung und zur Vermeidung der daraus entstehenden Abwicklungsrisiken zu treffen. I.d.R. ist der Käufer für die Zeit seiner vorzeitigen Nutzung (ähnlich dem früheren Nutzungszins, § 452 BGB a.F., vgl. Rdn. 1328) zur Entrichtung einer Nutzungsentschädigung, die sich an der Höhe der üblichen Kaltmiete orientiert, sowie der sonstigen objektbezogenen Nebenkosten seines Wohnens verpflichtet, ohne dass dadurch ein Mietverhältnis (mitsamt sozialem Mieterschutz) zustande käme. Optimal wäre es, eine Anzahlung auf den Kaufpreis vorzusehen, sodass der Verkäufer im Fall des Scheiterns zum »Einbehalt« in der Lage ist. 1815

Er hat sich wegen dieser monatlich wiederkehrenden Zahlungspflichten sowie wegen der Verpflichtung zu Räumung bei Beendigung seines Besitzrechts der Zwangsvollstreckung aus der notariellen Urkunde zu unterwerfen. Zugleich sollte der Verkäufer sich jedenfalls vertraglich[3076] das Recht vorbehalten, nicht nur das Recht zum Besitz durch Kündigung beim Eintritt eines bestimmten Rückstands hinsichtlich der Nutzungsentschädigung vorzeitig enden lassen zu können, sondern in diesem Fall auch den Rücktritt vom Kaufvertrag insgesamt zu erklären, um nicht tatenlos abwarten zu müssen, bis die eigentliche Fälligkeit des Kaufpreises eintritt und der Käufer sodann (erwartungsgemäß) auch den Kaufpreis nicht zahlen kann. Anderenfalls droht dem Notar die Haftung wegen Verletzung der »doppelten Belehrungspflicht« bei Bestehen ungesicherter Vorleistungen (vgl. Rdn. 1816

3075 Dies ist der (tatsächliche, nicht der vertraglich geschuldete) Übergang von Besitz, Nutzungen, Lasten und Gefahr auf den Erwerber, vgl. BFH, 25.12.2009 – III R 92/08, EStB 2010, 130.
3076 *Heinze* weist in der Anm. zur BGH-Entscheidung (vgl. nachfolgende Fn.) zu Recht darauf hin, dass auch ein gesetzlicher »Gesamtrücktritt« analog § 323 Abs. 5 Satz 1 BGB (Interessenwegfall an der »Teilleistung«), vom BGH nicht geprüft, durchaus in Betracht kommt, sodass die Kausalität der Pflichtverletzung zweifelhaft ist. Das zusätzlich vereinbarte vertragliche Rücktrittsrecht (hinsichtlich der Besitzverschaffung) soll gesetzliche Rücktrittsrechte (hinsichtlich des Verkaufs) sicherlich nicht verdrängen, sondern ergänzen!

147, »Kaufnomade«);[3077] sodass er letztlich für das durch keine Vertragsklausel beseitigbare eigentliche Problem (die Vermögenslosigkeit des Erwerbers)[3078] aufzukommen hat!

1817 Eine solche Formulierung könnte etwa wie folgt lauten:

▶ Formulierungsvorschlag: Vorzeitiger Besitzübergang mit Nutzungsentschädigung durch den Käufer

Besitz, Nutzungen und Lasten, Haftung und Verkehrssicherungspflichten gehen im Verhältnis zwischen Verkäufer und Käufer bereits mit dem heutigen Tag über, obwohl die Kaufpreisfälligkeit erst deutlich später eintreten wird. Der Notar hat die Beteiligten eingehend auf die mit dieser Vorleistung verbundenen Risiken hingewiesen, einschließlich der Gefahr einer baulichen Umgestaltung des Objekts durch den Käufer, ohne dass der Kaufpreis später entrichtet würde. Auch der Käufer wurde auf die Risiken etwaiger Investitionen in das Objekt hingewiesen, falls der Kaufvertrag – gleich aus welchen Gründen – nicht zur Durchführung gelangt.

Die Beteiligten vereinbaren hierzu:

a) Der Käufer ist bis zur Entrichtung des Kaufpreises lediglich zur Durchführung der notwendigen laufenden Instandhaltungs- und Instandsetzungsmaßnahmen auf eigene Kosten sowie zur ordnungsgemäßen Unterhaltung des Objekts verpflichtet. Er ist berechtigt, folgende bauliche Veränderungen vorzunehmen:

Scheitert der Kaufvertrag aus Gründen, die der Verkäufer nicht zu vertreten hat, kann der Verkäufer die Wiederherstellung des früheren Zustands verlangen; nimmt er die durch den Käufer vorgenommenen Veränderungen hin, schuldet er ihm keinen Ausgleich.

b) Der Käufer entrichtet als Nutzungsentschädigung, ohne dass hierdurch ein Mietverhältnis begründet würde, ab heute (für angebrochene Monate anteilig) einen monatlichen Betrag von ..... € und trägt weiter alle objektbezogenen Lasten und Kosten, in gleicher Weise wie sie auf einen Mieter nach Maßgabe der Betriebskostenverordnung in höchstmöglichem Umfang umlegungsfähig wären. Er hat dem Verkäufer jederzeit Auskunft über das Objekt betreffende Umstände zu erteilen und nach vorheriger Ankündigung Besichtigungen zu ermöglichen. Die Nutzungsentschädigung ist jeweils am Monatsende auf das in dieser Urkunde angegebene Konto des Verkäufers zu entrichten. Gerät der Käufer mit der Entrichtung der Nutzungsentschädigung länger als einen Monat in Verzug, kann der Verkäufer die Vereinbarung über die vorzeitige Besitzeinräumung kündigen und zusätzlich vom Kaufvertrag insgesamt zurücktreten. Der Käufer ist in diesem Fall verpflichtet, das Objekt binnen eines weiteren Monats vollständig zu räumen, bauliche Veränderungen auf Verlangen des Verkäufers rückzubauen, durch das Bewohnen eingetretene Beschädigungen zu beheben, Bohrlöcher zu verschließen, etwaige Teppiche zu reinigen und alle Wände und Decken in der früheren Farbe deckend zu streichen. Wegen seiner Verpflichtung zur Entrichtung der monatlich wiederkehrenden Nutzungsentschädigung, zur Räumung des Anwesens sowie wegen der Verpflichtung zur Zahlung eines hiermit anerkannten abstrakten Entschädigungsbetrags in Höhe von ..... € für den Fall, dass die vorstehende Verpflichtung zur Wiederherstellung des Objekts bei Räumung nicht fristgerecht erfüllt wird, unterwirft sich der Käufer der Zwangsvollstreckung aus dieser Urkunde in sein Vermögen mit der Maßgabe, dass vollstreckbare Ausfertigung durch den Notar auf Antrag des Verkäufers ohne weitere Nachweise erteilt werden darf.

c) Zur erleichterten Löschung der Vormerkung zugunsten des Käufers für den Fall der Nichtzahlung des fällig gewordenen Kaufpreises haben die Beteiligten die in § ..... enthaltene Löschungsvollmacht an Mitarbeiter des Notariats erteilt. Sie vereinbaren hierzu ergänzend, dass die Löschung auch dann erfolgen kann, wenn der Verkäufer dem Notar mitteilt, er sei wegen Rückstands hinsichtlich der Nutzungsentschädigung vom Kaufvertrag zurückgetreten, und der Käufer sodann nicht binnen eines Monats nach Übersendung einer entsprechenden Anfrage des Notars an die ihm zuletzt mitgeteilte Anschrift des Käufers entweder nachweist, dass die bisher

---

[3077] So BGH, 24.01.2008 – III ZR 156/07, RNotZ 2008, 363 m. Anm. *Heinze*.
[3078] *Volmer* ZfIR 2008, 371; der Käufer hatte im BGH-Sachverhalt bereits vor Beurkundung die eidesstattliche Versicherung abgegeben!

fällig gewordenen Nutzungsentschädigungen ordnungsgemäß gezahlt wurden, oder aber dass ein gerichtlichen Verfahrens zur Feststellung der Unwirksamkeit des Rücktritts anhängig ist.

cc) Fester Stichtag

Denkbar und zur Erleichterung der Abgrenzung immer häufiger ist die Vereinbarung eines **festen Stichtags** für den Übergang von Besitz, Nutzungen, Lasten, Haftung, Verkehrssicherung und Gefahr. Auch hierin kann eine herauszustellende ungesicherte Vorleistung des Verkäufers liegen, die allerdings dadurch abgeschwächt werden sollte, dass dem Verkäufer das Zurückbehaltungsrecht für den Fall des Verzuges des Käufers mit der möglicherweise bereits fällig gewordenen Zahlungspflicht nicht abgeschnitten werden sollte. Die Verpflichtung zur Besitzverschaffung am Stichtag sollte daher nur unabhängig sein davon, ob die Voraussetzungen der Fälligkeit bereits gegeben sind, nicht aber von der Gutschrift des Kaufpreises bei bereits eingetretener Fälligkeit. 1818

▶ Formulierungsvorschlag: Besitz- und Lastenübergang an festem Stichtag

> Besitz und Nutzungen sind am ..... zu übergeben (»Stichtag«), auch wenn die Voraussetzungen der Kaufpreisfälligkeit dann noch nicht gegeben sind, jedoch nicht vor der Entrichtung des Kaufpreises, wenn vor dem Stichtag die Fälligkeit durch den Notar mitgeteilt wurde. Mit der Übergabe gehen auch öffentliche und private Lasten, Haftung und Verkehrssicherungspflichten auf den Käufer über. 1819
>
> Auf die mit dieser Regelung möglicherweise verbundenen Risiken, insbes. bei baulicher Umgestaltung des Objekts vor Entrichtung des Kaufpreises, wurde der Verkäufer eingehend hingewiesen. Scheitert der Kaufvertrag aus Gründen, die der Verkäufer nicht zu vertreten hat, kann er die Wiederherstellung des früheren Zustandes verlangen; nimmt er die durch den Käufer vorgenommenen Veränderungen hin, schuldet er ihm keinen Ausgleich.

Steht im Vordergrund des Wunsches nach einem festen Stichtag die Erleichterung der Abrechnung von Mietverhältnissen, kann auch der Besitzübergang auf den Monatsersten nach vollständiger Kaufpreiszahlung gelegt werden. Die Befreiung des Verkäufers vom Risiko der Vorleistung wird allerdings erkauft durch den Verzicht des Käufers auf den anteiligen Mietzins. 1820

▶ Formulierungsvorschlag: Besitz- und Lastenübergang am Monatsersten nach Kaufpreiszahlung

> Besitz und Nutzungen sind am Monatsersten nach vollständiger Kaufpreiszahlung zu übergeben (»Stichtag«); zum gleichen Zeitpunkt gehen öffentliche und private Lasten, Haftung und Verkehrssicherungspflichten auf den Käufer über. 1821

dd) Vollmachten zur Investitionsvorbereitung

Sofern der Käufer lediglich daran interessiert ist, Maßnahmen zur Bauvorbereitung oder Sanierungsvorbereitungen zu treffen, kann diesem Interesse in differenzierender Weise dadurch gedient werden, dass Besitz und Nutzungen zwar erst mit Kaufpreiszahlung übergehen, der Käufer aber ab sofort begrenzte Vollmacht für seine Zwecke erhält, etwa durch folgende Formulierungen: 1822

▶ Formulierungsvorschlag: Vollmacht zur Baureifmachung

> Der Verkäufer erteilt dem Käufer ab sofort 1823
>
> Vollmacht,
>
> alle Erklärungen abzugeben und Anträge zu stellen, die notwendig oder zweckdienlich sind, um eine Bebauung des Vertragsbesitzes vorzubereiten, insbes. Anträge auf Baugenehmigung, Abriss, Teilung etc. zu stellen und Teilungen nach dem WEG zu erklären sowie Abgeschlossenheitsbescheinigungen zu beantragen. Der Verkäufer verpflichtet sich, die hierzu notwendigen Auskünfte zu erteilen. Der Verkäufer übernimmt keine hierbei entstehenden Kosten. Der Käufer ist weiterhin berechtigt, vor der Besitzübertragung das Grundstück zum Zwecke der Bauvorbereitung zu benutzen und Werbetafeln aufzustellen.

B. Gestaltung eines Grundstückskaufvertrages

1824 Alternativ:

▶ Formulierungsvorschlag: Vollmacht zur Vorbereitung von Modernisierungsarbeiten

Der Verkäufer erteilt dem Käufer ab sofort

Vollmacht,

alle Erklärungen abzugeben und Handlungen vorzunehmen, die notwendig oder zweckdienlich sind, um Modernisierungsarbeiten und nachträgliche Herstellungsarbeiten am Vertragsbesitz vorzubereiten, insbes. Genehmigungsanträge und Anträge auf Abgeschlossenheitsbescheinigung zu stellen, Planunterlagen zu fertigen, Maße zu nehmen und Bauuntersuchungen vorzunehmen und Einsichten in den Vertragsbesitz betreffenden Unterlagen bei öffentlichen Behörden zu nehmen. Der Verkäufer verpflichtet sich, die hierzu notwendigen Auskünfte zu erteilen. Der Verkäufer übernimmt keine hierbei entstehenden Kosten. Der Käufer ist daher berechtigt, vor der Besitzübertragung das Grundstück zum Zwecke der Bauvorbereitung zu benutzen, zu entrümpeln und Werbetafeln aufzustellen. Bauliche Veränderungen, die über notwendige Sicherungsmaßnahmen hinausgehen, sind jedoch bis zum Besitzübergang nicht gestattet.

1825 Oder (eingeschränkt auf bloße Schönheitsreparaturen):

▶ Formulierungsvorschlag: Eingeschränkter Besitzübergang zur Vornahme von Schönheitsreparaturen

Der Käufer ist ab sofort berechtigt, auf eigene Kosten und Gefahr im Kaufobjekt Schönheitsreparaturen i.S.d. § 28 Abs. 4 Satz 3 der Zweiten Berechnungsverordnung durchzuführen, jedoch keine darüber hinaus gehenden baulichen Maßnamen oder Umgestaltungen. Auch zum tatsächlichen Bezug oder zur Gebrauchsüberlassung an Dritte ist der Käufer nicht berechtigt. Die Verbrauchskosten gehen ab sofort zulasten des Käufers, *ebenso die Hausgeldumlage an den WEG-Verwalter ab dem nächsten Monatsersten*. I.Ü. bleiben jedoch Besitz, Nutzungen und Lasten beim Verkäufer; sie gehen erst mit vollständiger Kaufpreiszahlung auf den Käufer über. Anspruch auf Erstattung der Aufwendungen hat der Käufer nur, wenn der Kaufvertrag wegen einer vom Verkäufer zu vertretenden Pflichtverletzung nicht zur Durchführung gelangt; i.Ü. erfolgen die Renovierungsarbeiten auf eigenes Risiko.

1826 Vorsichtige Verkäufer lassen das Verbot der vorzeitigen Wohnnutzung vor der eigentlichen Besitzübertragung durch das Zahlungsversprechen einer Nutzungsentschädigung für jeden Fall einer Zuwiderhandlung sanktionieren:

▶ Formulierungsvorschlag: Nutzungsentschädigung bei vorzeitiger Wohnnutzung

1827 Nutzt der Käufer entgegen vorstehender Vereinbarung das Objekt vorzeitig zu Wohnzwecken, hat er für jede Nacht, die er oder Dritte mit seiner Billigung dort verbracht haben, eine Nutzungsvergütung i.H.v. ..... € zu entrichten, die sofort fällig ist. Ein Mietverhältnis wird hierdurch nicht begründet.

ee) Veränderungsverbote

1828 Da sich die Sollbeschaffenheit eines Objekts (§ 434 BGB) nach den Verhältnissen z.Zt. des Vertragsschlusses definiert (vgl. Rdn. 2276 zu Mängeln, die zwischen Vertragsschluss und Besitzübergang entstehen), wird die den Verkäufer demnach treffende »Veränderungssperre« – z.B. das Unterlassen einer Abholzung verkauften Waldes[3079] – bis zum Zeitpunkt der Lieferung (Gefahrübergang, damit auch der maßgebliche Zeitpunkt zur Beurteilung des Vorliegens von Mängeln) teilweise ausdrücklich formuliert:

3079 OLG Karlsruhe, 24.11.2010 – 6 U 107/09, ZfIR 2011, 661 m. Anm. *Langl Johst:* Unerlaubte Veränderung des Kaufobjektes vor Besitzübergang (durch Abholzung) kompensiert durch die Erstattung des Holzwertes an den Käufer seitens des mit der Abholzung beauftragten Dienstleisters.

▶ Formulierungsvorschlag: Veränderungsverbot bis zum Besitzübergang

Der Verkäufer verpflichtet sich, ab sofort bis zum Besitzübergang ohne Zustimmung des Käufers keine baulichen Veränderungen am Objekt vorzunehmen, keine objektbezogenen vertraglichen Verpflichtungen einzugehen, keine Baulasten oder sonstigen öffentlich-rechtlichen Verpflichtungen einzugehen, keine Mietverträge abzuschließen, zu ändern oder zu kündigen. Der Verkäufer hat das Objekt während dieser Zeit jedoch ordnungsgemäß zu verwalten und zu versichern.

1829

b) Durchführung

Braucht (etwa bei einem vermieteten Objekt) nur der mittelbare Besitz übergeben zu werden, kann dies durch Abtretung des Herausgabeanspruches (aufschiebend bedingt auf den Erhalt des geschuldeten Kaufpreises) erfolgen (§§ 868, 870 BGB); bei unbebauten Grundstücken genügt die im Vertrag (ebenfalls aufschiebend bedingt) eingeräumte Inbesitznahmemöglichkeit.

1830

Dies lässt sich auch ausdrücklich festhalten, etwa wie folgt:

1831

▶ Formulierungsvorschlag: Einräumung des unmittelbaren und des mittelbaren Besitzes

Soweit der Kaufgegenstand an Dritte vermietet ist und/oder Dritte gegenüber dem Käufer nach diesem Vertrag zum Besitz des Kaufgegenstandes berechtigt sind, erfolgt die Übergabe durch Übertragung des mittelbaren Besitzes. Der Verkäufer tritt hierzu die ihm gegenüber den unmittelbaren Besitzern des Kaufgegenstandes zustehenden Herausgabeansprüche bereits jetzt unter der aufschiebenden Bedingung der vollständigen Zahlung des Kaufpreises an den diese Abtretung annehmenden Käufer ab. Hinsichtlich des verbleibenden Kaufgegenstandes erfolgt die Übergabe dadurch, dass der Käufer den Kaufgegenstand selbst in unmittelbaren Besitz nimmt.

▶ Hinweis:

Ist eine tatsächliche Übergabe des Besitzes (wie etwa bei einem geräumten, bebauten Objekt) erforderlich, wird der Notar den Beteiligten anlässlich der mündlichen Erläuterung in der Beurkundung empfehlen, dies in einem Protokoll festzuhalten und darin auch die **Zählerstände** (Strom, Gas, Wasser) aufzunehmen. Die ordnungsgemäße Übernahme etwa mitverkaufter beweglicher Gegenstände sollte bestätigt werden, ebenso der Räumungszustand des Hauses. Um den Beteiligten die mit einem Umzug erforderlichen Schritte zu erleichtern, eignet sich ein (im Termin auszuhändigendes) Merkblatt wie in Rdn. 3895 abgedruckt. Käufer, die noch nicht über Immobilieneigentum verfügt haben, sollten dabei auch auf die aus der **Verkehrssicherung** herrührenden Pflichten (z.B. Überprüfung der Standsicherheit von Bäumen 2-mal jährlich[3080] – in belaubtem und unbelaubtem Zustand – hingewiesen werden).

1832

Wird im Objekt Wasser, Gas oder Strom bezogen, fingiert § 2 Abs. 2 der betreffenden Versorgungsbedingungen (AVBEltV, AVBGasV, AVBWasserV) ein Vertragsverhältnis durch Annahme der im Rahmen einer »Realofferte« angebotenen Leistungen des Versorgungsunternehmens. Diese Regelungen gelten jedoch nicht,[3081] wenn noch mit einem Dritten, etwa dem Verkäufer, oder dem Nutzer,[3082] ein (ungekündigter) Vertrag besteht. Das ausdrückliche Vertragsverhältnis hat stets Vorrang, sodass nur im Innenverhältnis ein Ausgleichsanspruch zwischen Veräußerer und Erwerber, nach der getroffenen Regelung zum Übergang der Lasten, besteht.

1833

Zur Vermeidung von Überraschungen ist ein Hinweis darauf ratsam, dass die Abgrenzung der **Grundsteuer-Schuldnerschaft** (s. Rdn. 3430) durch Fortschreibung des Grundsteuermessbescheids jeweils nur zum 01.01. eines Jahres erfolgt, sodass ggü. der Gemeinde der Verkäufer für den Rest des Kalenderjahres noch als Steuerschuldner gilt und die Beteiligten daher die Übernahme der

1834

3080 Vgl. BGH, 04.03.2004 – III ZR 225/03, NJW 2004, 1381.
3081 BGH, 17.03.2004 – VIII ZR 95/03, NZM 2004, 425.
3082 BGH, 10.12.2008 – VIII ZR 293/07, NotBZ 2009, 134 (auch bei konkludentem Vertrag mit dem Nutzer).

1835 Fehlt eine vertragliche Regelung zum Abgrenzungsstichtag, stellt § 436 Abs. 2 BGB nunmehr hinsichtlich der Verteilung der Beitragslast auf den Stand bei Abschluss des Kaufvertrags ab (eine Verbesserung ggü. § 436 BGB a.F., wonach der Verkäufer nicht für die Freiheit des Grundstückes von öffentlichen Abgaben und Lasten, die zur Eintragung in das Grundbuch nicht geeignet seien, haftete). § 103 BGB regelt, dass regelmäßig wiederkehrende Lasten wie Grundsteuer und Gebühren im Zweifel im Verhältnis der Dauer der Verpflichtung aufzuteilen seien. Auch wenn z.B. die Grundsteuer abgabenrechtlich keine dingliche, sondern eine persönliche Abgabe (grundstücksbezogene Steuer) ist,[3083] handelt es sich bürgerlich-rechtlich um eine öffentliche Last i.S.d. § 436 BGB.

1836 Nicht mehr zu den bürgerlich-rechtlichen öffentlichen Lasten zählen jedoch öffentlich-rechtliche Beiträge, die sich nicht auf das Grundstück, sondern – wie z.B. die Baugenehmigungsgebühr – auf ein Bauvorhaben beziehen.[3084]

Hinzuweisen ist auch auf die Regelungen der §§ 96 ff. VVG zu den Gebäudesachversicherungen, etwa durch den in Rdn. 2312 wiedergegebenen Textbaustein, sowie zur begleitenden Nebenpflicht zur Einweisung und Übergabe von Dokumenten, Betriebsanleitungen usw. (vgl. Rdn. 2615).

c) Räumung durch den Verkäufer

1837 Nutzt der Verkäufer das Objekt noch selbst, wird regelmäßig die tatsächliche Durchführung der Räumung[3085] und Übergabe in grob gereinigtem (»besenreinem«)[3086] Zustand als eine (nicht vom Notar zu bescheinigende) Voraussetzung der Fälligkeit des Kaufpreises oder zumindest eines Teils desselben vereinbart sein. Ein Räumungsendtermin ist festzulegen. Die Beteiligten haben sich unter Anleitung des Notars darüber zu einigen, welche **Konsequenzen eine verspätete Räumung** haben soll:

1838 Soll für einen bestimmten anschließenden »Kulanzzeitraum« allein der Zinsvorteil aus dem späteren Eintritt der Fälligkeit genügen? Ist bei verspäteter Räumung eine pauschale Entschädigung (pro angefangene Woche ... €, in Verrechnung mit der Kaufpreisschuld) – sei es als Mindestschaden bei Verschulden, sei es als verschuldensunabhängiger Ausgleich – vereinbart? Regelmäßig wird dem Käufer der Nachweis eines höheren, dem Verkäufer der eines geringeren Schadens vorbehalten bleiben;[3087] der Notar wird den Verkäufer darauf hinweisen, dass ein Versäumen der Räumungspflicht zu erheblichen Zahlungsverpflichtungen (Einlagerung der Möbel, Hotelkosten etc.) führen kann. Im Hinblick auf ein Rücktrittsrecht des Käufers, das daneben[3088] bzw. (bei fehlendem Verschulden) stattdessen bei erheblicher[3089] Pflichtverletzung gem. § 323 Abs. 5 Satz 2 BGB möglich ist, kann im Vertrag definiert werden, ab welcher Fristüberschreitung die »Erheblichkeit« als eingetreten gilt.

[3083] BGH NJW 1989, 107.
[3084] *Wilhelms* NJW 2003, 1420.
[3085] Die vollstreckungsrechtliche Lit. zu § 885 ZPO versteht darunter das Wegschaffen der nicht mitverkauften beweglichen Sachen; in der Praxis umfasst sie zugleich die Beendigung der bisherigen Nutzung (zu Wohn-, Büro-, Einstellzwecken etc.) seitens des Verkäufers.
[3086] Nach BGH, 28.06.2006 – VIII ZR 124/05 bedeutet »besenrein« die »Beseitigung grober Verschmutzung«, nach LG Berlin, GE 04, 1096 »gereinigt nach den gemeinhin anerkannten Regeln der Hausmannskunst«, was beim Zurücklassen einer Pizza im Ofen jedenfalls nicht gegeben sei.
[3087] Im Formular- oder Verbrauchervertrag ist dies beim pauschalierten Schadensersatz wegen § 309 Nr. 5 BGB unabdingbar, dort muss auch die Höhe dem gewöhnlicherweise entstehenden Schaden entsprechen. Vertragsstrafen sind im Formular- und Verbrauchervertrag gem. § 309 Nr. 6 BGB unzulässig.
[3088] Die Vereinbarung einer leicht geltend zu machenden Schadenspauschale wird den Käufer möglicherweise vom weiter reichenden Rücktritt abhalten.
[3089] Zu den insoweit bestehenden Unsicherheiten (quantitativer oder qualitativer Maßstab?) vgl. *Lorenz* NJW 2006, 1925.

Entsprechende Formulierungen könnten etwa wie folgt lauten: 1839

▶ **Formulierungsvorschlag: Käuferrechte bei verspäteter Räumung**

Der Vertragsbesitz wird vom Verkäufer bewohnt. Dieser verpflichtet sich, ihn bis zum ..... vollständig zu räumen und die Übergabe in grob gereinigtem Zustand zu ermöglichen.

Auf Käuferrechte für den Fall verspäteter Räumung – neben dem Zinsvorteil aus dem späteren Eintritt der Fälligkeit – wird für den Zeitraum bis zum ..... verzichtet.

Bei Überschreitung auch dieser Frist schuldet der Verkäufer unabhängig von seinem Verschulden für jede angefangene weitere Woche im Voraus einen Betrag von ..... €. Diese Beträge sind, sofern die erteilten Auflagen zur Lastenfreistellung noch erfüllbar bleiben, bei Fälligkeit vom Kaufpreis in Abzug zu bringen. Die Verpflichtung zur Räumung besteht fort. Der Nachweis eines höheren oder geringeren Schadens bleibt beiderseits vorbehalten; ebenso weiter gehende Ansprüche auf Schadensersatz bei Verschulden. Ab einer Fristüberschreitung von ..... Wochen kann der Käufer ferner vom Vertrag zurücktreten.

Oder aber für den Fall, dass der Verkäufer eine verschuldensunabhängige Garantie für die Räumung zu 1840
übernehmen bereit ist, sodass auf der Rechtsfolgenseite keine Einschränkungen in Betracht kommen:

▶ **Formulierungsvorschlag: Räumungsgarantie**

Der Vertragsbesitz wird vom Verkäufer bewohnt. Dieser garantiert ohne Rücksicht auf Ver- 1841
schulden, ihn bis zum ..... vollständig zu räumen und die Übergabe in grob gereinigtem Zustand
zu ermöglichen. Der Notar hat den Beteiligten die gesetzlichen Rechte des Käufers bei einer
Verletzung dieser Pflicht erläutert.

Bewohnt lediglich einer von mehreren Verkäufern das Objekt, werden die anderen Verkäufer darauf drängen, die finanziellen Folgen einer Pflichtverletzung allein beim »Verursacher« eintreten zu lassen, vgl. Rdn. 2613 und Formulierungsvorschlag Rdn. 2614.

Zur Herstellung der »Waffengleichheit« wird sich der Verkäufer wegen seiner Räumungsverpflich- 1842
tung ferner der **Zwangsvollstreckung** unterwerfen (in gleicher Weise wie der Käufer bzgl. der Kaufpreisschuld, Rdn. 1279 ff., und regelmäßig im Rahmen einer beide Unterwerfungserklärungen verbindenden Klausel). Die in § 794 Abs. 1 Nr. 5 ZPO enthaltene Ausnahme in Bezug auf »den Bestand eines Mietverhältnisses über Wohnraum« steht nicht entgegen, da nicht der Wohnraum als solcher geschützt ist (wie in §§ 721, 794a ZPO), sondern nur derjenige Bewohner, dessen Besitzanspruch auf einem tatsächlich bestehenden oder vermeintlichen Mietverhältnis beruht.[3090] Auch dann, wenn der vereinbarte Räumungstermin lange nach dem Zeitpunkt des Gefahrübergangs liegt und der Verkäufer hierfür eine Nutzungsentschädigung (oder Verzinsung des Kaufpreises) zu leisten hat, ohne jedoch hierdurch ein Mietverhältnis zu begründen, ist daher die Vollstreckungsunterwerfung zulässig und empfehlenswert.[3091] Vorsichtshalber sollte die Vollstreckungsunterwerfung auch die Besitzräumung durch minderjährige Kinder umfassen, vgl. Rdn. 1283, sowie weitere Dritte, die den tatsächlichen Besitz mit innehaben.[3092]

d) Kauf durch den Mieter

Kauft der Mieter das gemietete Objekt, endet der Mietvertrag mit der Kaufpreiszahlung; ab diesem 1843
Zeitpunkt übt er unmittelbaren Eigenbesitz aus. Der Mietzins für den laufenden Monat wird taggenau abgerechnet, Schönheitsreparaturen entfallen, die Kaution ist rückzuerstatten, sofern keine Mietrückstände bestehen. Häufig vereinbaren Verkäufer und Käufer, für das »Rumpfmietjahr« des

---

3090 Nach h.M. (AG Detmold DGVZ 2003, 60; *Gutachten* DNotI-Report 2009, 176) ist eine Vollstreckungsunterwerfung des Wohnraummieters auch dann nicht möglich, wenn sich die Beteiligten einig sind, dass der Mietvertrag beendet sei, a.A. u.a. MünchKomm/*Wolfsteiner* ZPO § 794 ZPO Rn. 204.
3091 *Wolfsteiner* Die vollstreckbare Urkunde Rn. 23.13 ff.; AG Ingolstadt DGVZ 2001, 89; *Schmitz* RhNotZ 2001, 365/370; *Gutachten* DNotI-Report 2008, 34.
3092 Anderenfalls ist die Räumungsvollstreckung unzulässig, sogar wenn der Verdacht besteht, der Besitz sei nur eingeräumt worden, um die Räumung zu vereiteln, BGH, 14.08.2008 – I ZB 39/08, ZfIR 2008, 743.

Verkaufs keine Einzelabrechnung der Nebenkosten durchzuführen, sondern es bei den geleisteten Vorauszahlungen pauschal zu belassen:

▶ Formulierungsvorschlag: Besitzübergang beim Erwerb durch den Mieter

1844 Der Vertragsbesitz ist an den Käufer (ggf: und dessen Ehefrau) vermietet. Der Mietvertrag endet mit dem Tag der vollständigen Kaufpreiszahlung; ab diesem Zeitpunkt gehen Eigenbesitz, Nutzungen, Lasten, Verkehrssicherung, Haftung und Gefahr auf den Käufer über. Miete samt Betriebs- und Heizkostenumlage sind für den Monat des Besitzübergangs taggenau abzurechnen, im Übrigen unterbleibt jedoch eine Abrechnung der Nebenkosten für das Jahr des Besitzübergangs. Die geleistete Kaution samt Zinsen ist dem Käufer nach Kaufpreiszahlung zurückzuerstatten (Alternative: kann der Käufer von der Kaufpreiszahlung in Abzug bringen; sie verbleibt beim Verkäufer). In Bezug auf alle weiteren Ansprüche aus dem Mietverhältnis wird wechselseitig Quittung erteilt.

e) Künftiger Mietvertrag mit dem Verkäufer

1845 Soll der Verkäufer das veräußerte Objekt oder eine Wohnung darin weiter als Mieter nutzen, ist zunächst die Verknüpfung des Kauf- mit dem ab Nutzungsübergang geltenden Mietvertrag zu klären. Ist er bei Beurkundung des Kaufvertrags bereits wirksam geschlossen, genügt seine Erwähnung als Abbedingung der sonst gem. § 433 Abs. 1 BGB geltenden Verkäuferpflicht zur Verschaffung des unmittelbaren Besitzes. Stehen die Beteiligten hierzu bisher lediglich in Verhandlungen, ist durch Befragen zu ermitteln, ob aus Sicht (eher) des Verkäufers oder (etwa wegen der Bonität des prospektiven Mieters) des Käufers der Verkaufs-/Kaufentschluss mit dem Abschluss (dem Grunde nach) oder auch dem Inhalt (hinsichtlich grober Rahmendaten oder aber, weniger praxisnah, aller Details) steht und fällt. Besteht eine der genannten Verknüpfungen, sind diese Tatsache sowie mögliche Konsequenzen bei Scheitern des Mietvertragsabschlusses (Rücktrittsrecht oder auch Kaufpreisanpassung für den daran besonders interessierten Teil) zu beurkunden (vgl. Rdn. 91). Wurde bereits Übereinstimmung hinsichtlich der maßgeblichen »Rahmendaten« erzielt, ist diese wiederzugeben.

1846 Fehlt es (untypischerweise) an einer solchen Verknüpfung, handelt es sich also um eine bloße Sachverhaltsoption, sollte allerdings auch dies vermerkt werden:

▶ Formulierungsvorschlag: Mögliche Anmietung durch den Verkäufer

Der Vertragsbesitz ist an Dritte weder vermietet noch verpachtet. Die Beteiligten beabsichtigen nach ihrer Aussage, aufgrund eines noch abzuschließenden Mietvertrags den Vertragsbesitz dem Verkäufer zur Nutzung zur Verfügung zu stellen. Der heutige Kaufvertrag steht und fällt nach der übereinstimmenden Erklärung beider Beteiligten jedoch nicht mit Zustandekommen und Inhalt jenes Vertrags; auch eine Verpflichtung zum Abschluss des Mietvertrags wird hierdurch nicht begründet.

1847 Sind die Rahmendaten des Mietvertrags spätestens bei Beurkundung bereits mündlich vereinbart und geht die Abhängigkeit des Kaufvertrags von der Anmietung nicht darüber hinaus, besteht also insb. keine Verknüpfung mit den sonstigen Details des Mietverhältnisses, könnte die Einigung etwa zu folgender Formulierung gefunden haben:

▶ Formulierungsvorschlag: Eckdaten eines Mietvertrags mit dem Verkäufer

1848 Der Vertragsbesitz ist nicht vermietet oder verpachtet, sondern wird von den Verkäufern bewohnt, was auch künftig so bleiben soll.

Beide Verkäufer als Mieter und der Käufer als Vermieter schließen hiermit mit Wirkung ab Nutzungsübergang auf unbestimmte Zeit einen Mietvertrag über den gesamten Vertragsbesitz (Haus einschließlich aller Nebenanlagen, wie Garten etc.) ab. Das Kündigungsrecht wegen Nichtzahlung des Mietzinses oder bestimmungswidrigen Gebrauches bleibt aufrechterhalten, ebenso die Kündigungsrechte des Mieters. I.Ü. wird das Kündigungsrecht des Vermieters jedoch bis zum Ableben des Längerlebenden der beiden Mieter ausdrücklich ausgeschlossen, also etwa für den Fall des Eigenbedarfs.

Die monatliche Miete beträgt anfänglich ..... €, zuzüglich der umlagefähigen Nebenkosten gem. §§ 1 und 2 der Betriebskostenverordnung (BetrKV) vom 25.11.2003, BGBl. 2003 I, S. 2347 bis 2349. Sie kann gem. den gesetzlichen Vorschriften erhöht werden, jedoch mit der Maßgabe, das eine Erhöhung nicht mehr als 3 % pro Zeitjahr erreichen darf. Die Miete ist monatlich im Voraus innerhalb der ersten 3 Werktage zu entrichten. Eine Untervermietung ist nicht gestattet. Die Gebrauchsüberlassung erfolgt zu Wohnzwecken. Eine Kaution ist nicht geschuldet.

I.Ü. werden die Beteiligten hinsichtlich der Ausgestaltung des Mietvertrags einen schriftlichen Vertrag abschließen; der heutige Kaufvertrag steht und fällt nicht mit den weiteren Details der Formulierungen.

Die Vereinbarung dinglich gesicherter Rechte anstelle des rein schuldrechtlichen Mietverhältnisses wird trotz notariellen Hinweises – insbes. auf das Sonderkündigungsrecht des Erstehers bei einer Zwangsversteigerung nach § 57a ZVG, bei Insolvenz des Vermieters nach § 111 InsO und die ordentliche Kündigungsmöglichkeit nach spätestens 30 Jahren, ferner Eintrittsrechte der Erben nach § 563 BGB – ausdrücklich nicht gewünscht.

Davon zu unterscheiden ist der Sachverhalt, dass dem Verkäufer nachgelassen wird, vorübergehend und befristet (einige Monate lang) das Vertragsobjekt auch nach Erhalt des ganzen (oder zumindest überwiegenden) Kaufpreises noch zu nutzen, ohne dass hierdurch ein Mietverhältnis begründet werden soll. Für diese besitzrechtliche Duldungsabrede gelten die Schutznormen der Wohnraummiete nicht, insbesondere ist eine Vollstreckungsunterwerfung in Bezug auf die Räumung durch § 794 Abs. 1 Nr. 5 ZPO (»Bestand eines Mietverhältnisses über Wohnraum«) nicht gehindert. Der Verkäufer schuldet, wenn die Weiternutzung nicht bei der Kaufpreisbemessung berücksichtigt wurde, eine »Nutzungsentschädigung« (die allerdings ebenfalls gem. § 21 EStG steuerpflichtig ist). Nebenkostenabrechnungen etc. unterbleiben, auch Schönheitsreparaturen bei Auszug sind nicht geschuldet, eine Kaution wird selten gestellt. Durch die typischerweise vereinbarte Aufrechterhaltung der kaufrechtlichen Mängelhaftung des Verkäufer für die Zeit zwischen Beurkundung und »Übergabe« (also Einräumung des unmittelbaren Besitzes), vgl. Rdn. 2281, wird der Käufer vor Verschlechterungen während der weiteren Nutzungsperiode geschützt, die über bloße Abnutzung hinausgehen. 1849

▸ Formulierungsvorschlag: Vorübergehender Verbleib des unmittelbaren Besitzes beim Verkäufer

Dem Verkäufer ist es gestattet, auch nach Übergang des mittelbaren Besitzes (vollständige Zahlung des Kaufpreises) das Vertragsobjekt noch weiter im bisherigem Umfang zu nutzen, längstens jedoch bis zum .....; findet der Auszug vorher statt, ist er sieben Tage zuvor anzukündigen. Der Verkäufer ist verpflichtet, eine Nutzungsentschädigung von ..... Euro/Tag zu entrichten, jeweils am Ende des Monats bzw. der Nutzung, und die Verbrauchskosten, die Grundsteuer sowie die monatliche Hausgeldumlage (zeitanteilig) weiter zu tragen. Er unterwirft sich wegen der Verpflichtung zur Räumung (sowie Entfernung aller nicht mit verkauften beweglichen Gegenstände) zum vorgenannten Endtermin und zur Entrichtung der Nutzungsentschädigung der Zwangsvollstreckung aus dieser Urkunde. 1850

f) Mietverhältnisse mit Dritten

aa) Bei Beendigungspflicht

Das Bestehen eines Mietverhältnisses begründet einen Rechtsmangel i.S.d. § 435 BGB. Gem. § 433 Abs. 1 Satz 2 BGB wäre der Verkäufer also verpflichtet, das Objekt mietfrei zu übergeben, es sei denn, der Käufer kannte diesen Umstand (§ 442 Abs. 1 BGB).[3093] Zur Dokumentation dieser Tatsache sollte also der Stand der Vermietung immer exakt angegeben werden. Erwirbt der Käufer das Objekt zur Eigennutzung oder Neuvermietung, wird regelmäßig die **Räumung** durch den Mieter 1851

[3093] Ist dem Käufer zwar die Vermietung bekannt, endet das Mietverhältnis aber nicht an dem vom Verkäufer mitgeteilten Zeitpunkt (z.B. weil der Mieter bereits von einer Verlängerungsoption Gebrauch gemacht hat), sind die Rechtsmängelrechte des Käufers nicht gem. § 442 BGB ausgeschlossen, vgl. BGH NJW 1991, 2700.

B. Gestaltung eines Grundstückskaufvertrages

und die wirksame **Beendigung** des Mietverhältnisses (durch Aufhebung oder Kündigung) zur (nicht vom Notar zu bescheinigenden) Fälligkeitsvoraussetzung erhoben sein. Wird hierfür eine Frist vereinbart – wohl nur bei ausreichender Gewissheit des Verkäufers über die Absichten des Mieters –, bemessen sich die Konsequenzen einer Fristversäumnis nach den Grundsätzen der Rdn. 1839.

▶ **Beispiel:**

Bei geringer Überschreitung lediglich spätere Fälligkeit, sodann pauschalierter Schadensersatz oder pauschalierte Nachteilsentschädigung mit Möglichkeit des Nachweises abweichenden Schadens, schließlich auch Rücktrittsrecht.

1852 Auch wenn der Verkäufer einen Mietaufhebungsvertrag schließt oder der Mietvertrag durch Zeitablauf geendet hat, der Mieter jedoch noch nicht ausgezogen ist, rückt der Käufer in dieses Abwicklungsverhältnis ein, sodass ihm der Rückgabeanspruch nach § 546 BGB sowie Ersatzansprüche wegen verspäteter Rückgabe nach §§ 546a, 280 Abs. 2, 286 BGB zustehen.[3094] Für diesen Fall dürften die Rechtsmängelvorschriften analog Anwendung finden.[3095] Besteht dagegen das Mietverhältnis noch, handelt es sich um einen unmittelbaren Rechtsmangel i.S.d. § 435 BGB (maßgeblicher Zeitpunkt ist an sich die Eigentumsumschreibung, wobei jedoch häufig vertraglich eine Vorverlegung auf den Zeitpunkt des Besitzübergangs stattfindet). Im umgekehrten Fall, dass ein »mitverkaufter« Mietvertrag mit einem Dritten nicht zustande kommt (vorausgesetzte Beschaffenheit) gilt jedoch Sachmängelrecht, vgl. Rdn. 1919.

1853 Häufig wird der Verkäufer angesichts der rechtlichen und tatsächlichen Schwierigkeiten einer Räumung allerdings bestrebt sein, das Recht des Käufers wegen dieses Rechtsmangels auf Rücktritt und die Freistellung von Notar[3096]- und Grundbuchkosten sowie ggf. Maklerkosten (möglicherweise auch Schäden aus der frustrierten Finanzierung[3097]) zu beschränken, unter Ausschluss der Minderung und des eigentlichen Schadensersatzes:[3098]

▶ **Formulierungsvorschlag: Beschränkung der Käuferrechte auf den Rücktritt bei Nichtbeendigung eines Mietvertrags**

1854 Der Vertragsbesitz ist vermietet. Der Verkäufer ist verpflichtet, das Mietverhältnis wirksam zu beenden und die Übergabe in vollständig geräumtem Zustand bis zum ..... zu ermöglichen. Anderenfalls kann der Käufer vom Vertrag zurücktreten, ohne eine weitere Nachfrist zu setzen, und Erstattung der Aufwendungen zur Finanzierung (z.B. Bereitstellungszinsen; Nichtabnahmeentschädigung), ferner der Maklerkosten und der Notar- und Grundbuchkosten für diesen Vertrag und seine Rückabwicklung verlangen. Ansprüche auf Minderung und Schadensersatz sind jedoch ausgeschlossen, außer bei Vorsatz und Arglist.

bb) Bei Übernahme

(1) Grundsatz

1855 Wird das **Miet- oder Pachtverhältnis**[3099] **übernommen**,[3100] ist dies zur Vermeidung einer Inanspruchnahme des Verkäufers nach § 435 BGB im Vertrag ausdrücklich zu vereinbaren oder zumin-

---

3094 OLG Düsseldorf NZM 2002, 739, 740.
3095 *Derleder* NJW 2008, 1195, nicht lediglich die Vorschriften über die Unmöglichkeit (§§ 275, 323, 326 Abs. 5 BGB).
3096 Wie in § 467 BGB a.F. vorgesehen.
3097 Die sich regelmäßig in Grenzen halten werden, da der Käufer nach Abstandnahme vom gescheiterten ersten Kauf mit Nachdruck ein neues Objekt suchen wird, auf das er die Kreditzusage übertragen möchte.
3098 Wobei in Serien- oder Verbraucherverträgen allerdings Schadensersatzansprüche aufgrund grober Fahrlässigkeit oder bzgl. Lebens-, Körper- und Gesundheitsschäden nicht ausgeschlossen werden können, vgl. § 309 Nr. 7 BGB.
3099 § 566 BGB gilt nicht, auch nicht entsprechend, für den »Eintritt« in einen Breitbandkabelversorgungsvertrag (Recht zur Errichtung und zum Betrieb einer Breitbandkabelanlage und zum Abschluss von Einzelverträgen mit den Wohnungsnutzern), BGH, 17.07.2002 – XII ZR 86/01, NJW 2002, 3322. Andererseits liegt ein Mietvertrag auch vor, wenn ein Miteigentümer dem anderen seine »ideelle Hälfte« an der Wohnung gegen Entgelt überlässt: BGH, 15.09.2010 – VIII ZR 16/10, ZfIR 2010, 831 m. Anm. *Jaeger.*
3100 Vgl. im Überblick *Derleder* NJW 2008, 1189 ff.

dest der Bestand des Mietvertrags (also des Rechtsmangels) dem Käufer nach § 442 Abs. 1 BGB spätestens bei Beurkundung zur Kenntnis zu geben. Der (unabhängig von seinen möglichen Rechtsmängelrechten und vertraglich abweichenden Stichtagen, Rdn. 1882, sich vollziehende) **Eintritt des Käufers** in die Rechte und Pflichten erfolgt gem. **§ 566 Abs. 1 BGB** erst mit Eigentumsumschreibung (bzw. sonstigem Eigentumserwerb, etwa kraft Gesetzes).[3101] Es handelt sich um einen unmittelbaren Rechtserwerb für alle ab dem Eigentumserwerb fällig werdenden Vermieterforderungen, verbunden mit der Haftung für alle ab dann entstehenden Schäden, auch wenn noch der Verkäufer hinsichtlich der Mängelbeseitigung in Verzug (§ 536a Abs. 1, 3. Alt. BGB) geraten war (»Fortgeltung der Verzugslage gegen den Erwerber«).[3102] Der Eintritt umfasst jedoch nur Mietverträge, die beim Eigentumserwerb noch bestehen, also nicht z.B. die Kautionsabrechnungspflicht aus einem bereits beendeten Vertrag.[3103]

§ 566 Abs. 1 BGB fordert seinem Wortlaut nach eine »Veräußerung ... von dem Vermieter ...«. Daraus wird z.T. geschlossen, der Veräußerer müsse bereits *bei Abschluss des Mietvertrags* Eigentümer des Grundstücks gewesen sein.[3104] Tatsächlich genügt jedoch, dass der Vermieter – jedenfalls bei der Veräußerung – als Eigentümer verfügungsbefugt ist.[3105] Wurde nämlich der Vermieter im Lauf des Mietverhältnisses selbst Eigentümer, muss der Mieter eine »Austreibung« gem. § 985 BGB nicht mehr fürchten, sodass seine Rechtsposition sich sogar verschlechtern würde, wenn der Erwerber nicht gem. § 566 BGB an den Mietvertrag gebunden wäre. 1856

Wurde jedoch der Vermieter zu keinem Zeitpunkt Eigentümer der Mietsache, kann § 566 BGB unter Umständen analog Anwendung finden, etwa wenn der Vermieter mit Einwilligung des Eigentümers, § 185 Abs. 1 BGB, verfügt hat (die Identität von Vermieter und Veräußerer ist auch dann gegeben).[3106] Die zusätzliche Identität von Vermieter und Eigentümer wird vom Gesetz nämlich nicht gefordert. Gleiches dürfte gelten im Fall der Kettenauflassung[3107] (Mietvertragsabschluss durch einen Projektentwickler, der die Immobilie zwar gekauft hat, jedoch sie weiterüberträgt, ohne selbst Eigentümer zu werden), sowie im Fall der Verfügung durch einen Bucheigentümer-Vermieter. 1857

Umstritten ist, ob § 566 BGB auch dann analog anzuwenden ist, wenn der Vermieter (entgegen dem Wortlaut) nicht identisch ist mit dem Veräußerer, etwa weil der Mietvertrag durch den Hausverwalter oder den Gesellschafter einer Eigentümergesellschaft – jedoch im eigenen Namen – abgeschlossen wurde. Richtig dürfte sein, diese Fälle durch eine teleologische Reduktion der Rechtsfolgen des § 566 BGB (bzw. eine Ausweitung des Besitzschutzes analog § 986 Abs. 2 BGB) zu lösen, da sonst eine Erweiterung auf andere Gebrauchsüberlassungsverträge droht, also bspw. der Erwerber auch die weitere Nutzung durch den Entleiher dulden müsste.[3108] 1858

Wird eine Teilfläche einer einheitlichen vermieteten Fläche verkauft, entsteht mit Umschreibung ein einheitliches Mietverhältnis mit mehreren Vermietern, nicht etwa eine Aufteilung in mehrere selbstständige Mietverträge.[3109] 1859

3101 Z.B. gem. § 2 Abs. 2 BImAG (Rn. 359), vgl. BGH, 09.07.2008 – VIII ZR 280/07.
3102 BGH NJW 2005, 1187; vgl. auch *Börstinghaus* NZM 2004, 481.
3103 BGH, 04.04.2007 – VIII ZR 219/06, NJW 2007, 1818: jedenfalls wenn der Mieter bereits ausgezogen ist.
3104 So etwa OLG Köln ZMR 2001, 967; *Luckey* GE 2001, 909.
3105 So OLG Rostock NZM 2006, 262, m. zust. Anm. *Grooterhorst/Burbulla*, NZM 2006, 246 ff.; *Börstinghaus* NZM 2004, 481, 482; *Koch/Rudzio* ZflR 2007, 437, 442; MünchKomm-BGB/*Häublein* § 566 Rn. 19.
3106 OLG Hamm NZM 1999, 1091 (1092); OLG Celle ZMR 2000, 284, 285; a.A. jedoch OLG Düsseldorf ZMR 2007, 33 (Vermieterin müsse nicht nur Veräußerin, sondern auch Eigentümerin sein).
3107 Vgl. *Harke* ZMR 2002, 490; a.A. jedoch wohl BGH NJW 2003, 2158: Der veräußernde Eigentümer müsse zugleich Vermieter sein; wobei im dortigen Fall der als Vermieter in Anspruch genommene Beklagte seinerseits den Mietvertrag nicht abgeschlossen hatte und auch nicht als Eigentümer eingetragen war.
3108 Vgl. im Einzelnen mit Nachweisen zu beiden Auffassungen MünchKomm-BGB/*Häublein* § 566 Rn. 21.
3109 BayObLG NJW-RR 1991, 651 m.w.N.

Jedenfalls in Gewerbemietverträgen kann sich der Vermieter auch vorbehalten, seine Vermieterstellung auf andere Konzerngesellschaften oder Nachfolgeunternehmen zu übertragen, und zwar auch formularmäßig, es sei denn, das Mietverhältnis weist einen »stark personalen Einschlag« auf.[3110]

1860 Umgekehrt findet **auf Mieterseite** (abgesehen von den gesetzlichen Eintrittsrechten gem. § 563a Abs. 1 BGB) eine **Sonder- oder Gesamtrechtsnachfolge nicht** statt. Hat also bspw. der Eigentümer des »Stammgrundstücks« eine benachbarte Fläche hinzugemietet und infolge Gestattung im Mietvertrag dort einen Überbau errichtet, tritt der Käufer des Stammgrundstücks weder – ohne erneuten Abschluss oder gestattete Untervermietung – in diesen Mietvertrag noch in die Befugnis, den Überbau auf dem fremden Grundstück zu halten, ein. Vielmehr führt die Beendigung des mit dem Überbauenden geschlossenen Mietvertrags zur Verpflichtung, dem Eigentümer des überbauten Grundstücks das Eigentum am (zunächst fortbestehenden) Überbau zu verschaffen, bspw. durch Bestellung einer Grunddienstbarkeit zulasten des Stammgrundstücks (Ausschluss der Ausübung des Überbaurechts, § 1018 3. Alt. BGB) oder durch Aufhebung der Gestattung und physische Trennung des Überbaus vom übrigen Gebäude.[3111]

(2) Inhaltliche Prüfung der Mietverträge

1861 Insb. bei Renditeimmobilien ist von entscheidender Bedeutung, dass die Bestimmungen der übergehenden Mietverträge wirksam sind. Will sich der Käufer insoweit nicht auf eine (regelmäßig nicht zu erreichende) Garantie des Verkäufers verlassen, ist eine eingehende Prüfung der Verträge vonnöten. Von besonderer wirtschaftlicher Auswirkung ist die Einhaltung der Schriftform, § 550 BGB – Rdn. 1862 ff. – sowie die Gültigkeit der Klauseln zur Überwälzung der Schönheitsreparaturen (b) – Rdn. 1869 ff., ebenso der Indexierungsklauseln in Gewerbemietverträgen, Rdn. 2793 ff., aber auch sonstiger Bestimmungen (etwa zur Mietminderung).[3112] Daneben sind die Mietverträge auf ungewöhnliche bzw. den Vermieter belastende Klauseln (etwa eine Verpflichtung zum Wiederaufbau bei Zerstörung des Mietgegenstandes[3113]) zu untersuchen.

(a) Schriftform

1862 Die Nichteinhaltung der **Schriftform**, § 550 Satz 1 BGB,[3114] führt dazu, dass der Mietvertrag als auf unbestimmte Zeit geschlossen anzusehen ist (Kündigungsfrist demnach bei Gewerbemietverträgen 6 Monate zum Quartalsende),[3115] und bspw. Wertsicherungsklauseln ihre Wirksamkeit verlieren, da die Notwendigkeit einer aus Sicht des Mieters mindestens 10-jährigen Vertragslaufzeit nicht gesichert ist (»Infektionswirkung« der Nichteinhaltung der Schriftform).[3116] Schriftlichkeit schließt formale (aa), materielle (bb), vertretungsbezogene (cc) und zeitliche (dd) Anforderungen ein. Werden sie verletzt, kann eine Vereinbarung mit dem Mieter (ee) die Folgen des § 550 BGB »heilen«. Dieselben Anforderungen gelten auch bei einer rechtsgeschäftlichen Mietübernahmevereinbarung zwischen Alt- und Neumieter.[3117]

1863 **(aa) In formaler Hinsicht** erfordert die Schriftform (§ 126 Abs. 1 BGB) die eigenhändige Unterzeichnung mit der Namensunterschrift des Vermieters/Mieters bzw. eines rechtsgeschäftlichen/ge-

---

3110 BGH, 09.06.2010 – XII ZR 171/08, ZfIR 2010, 792 m. Anm. *Jenn*.
3111 Vgl. BGH, 16.01.2004 – V ZR 243/03, ZNotP 2004, 233.
3112 Der vollständige Ausschluss des Mietminderungsrechts verstößt auch im Gewerbemietvertrag gegen das Äquivalenzprinzip, BGH, 12.03.2008 – XII ZR 147/05, ZfIR 2008, 491. Zulässig ist jedoch wohl, den Gewerbemieter darauf zu verweisen, zuviel gezahlte Miete vom Vermieter zurückzufordern, *Grafl Reichelt* ZfIR 2010, 390 mit Formulierungsvorschlag S. 395.
3113 Gem. § 275 BGB würde sonst die Gebrauchsüberlassungspflicht erlöschen (LG Karlsruhe NZM 2005, 221); der Mieter hat ferner ein außerordentliches Kündigungsrecht gem. § 543 BGB.
3114 Vgl. im Überblick *Robles y Zepfl Piepers* ZfIR 2010, 569.
3115 Vgl. OLG Düsseldorf NZM 2001, 749.
3116 Vgl. OLG Rostock NZM 2005, 506; früheres Merkblatt des Bundesamts für Wirtschafts- und Ausfuhrkontrolle, Nr. 7, S. 11 ff.
3117 OLG Düsseldorf, 23.01.2012 – I-10 U 66/11, ZfIR 2012, 141.

setzlichen Vertreters, und zwar auf derselben Urkunde (was eine körperliche Verbindung der einzelnen Blätter voraussetzt oder fortlaufende Paginierung der Blätter, fortlaufende Nummerierung der einzelnen Bestimmungen, einheitliche grafische Gestaltung und inhaltlicher Zusammenhang des Textes).[3118] In gleicher Weise ist hinsichtlich der Anlagen eine zweifelsfreie Zuordnung erforderlich; ie müssen allerdings nicht festkörperlich mit dem Hauptvertrag verbunden sein.[3119] Gefährlich ist, dass ein Formmangel eines Änderungsvertrags den zunächst formgültig geschlossenen Ursprungsvertrag »infiziert«, sodass auch dieser als für unbestimmte Zeit geschlossen gilt.[3120] Umgekehrt kann jedoch auch die fehlende Schriftform des Ursprungsvertrags durch eine spätere Nachtragsvereinbarung geheilt werden, welche entweder alle notwendigen Regelungen enthält[3121] oder auf die Schriftstücke, welche die wesentlichen[3122] bisherigen Vereinbarungen enthalten, lückenlos Bezug nimmt[3123] oder mit ihr fest verbunden ist. Die *Unter*schrift der Parteien muss schließlich die Willenserklärung räumlich abschließen. d.h. die als Bestandteil enthaltenen Anlagen müssen vor der Unterschriftszeile aufgezählt sein; anderenfalls müssen auch die Anlagen selbst unterzeichnet werden.[3124]

(bb) Neben den vorerwähnten formalen Anforderungen müssen **materiell-rechtlich** zur Wahrung der Schriftform die essentialia negotii, also alle wesentlichen Vertragsbestimmungen, im schriftlichen Vertrag enthalten sein[3125] (Mietgegenstand, Zins, Dauer, Parteien, Optionsklauseln etc.) § 550 BGB sei insb. zum Schutz des Immobilienkäufers angeordnet. Dabei genügen auslegungsfähige Bezeichnungen wie etwa »Mieteinheit Nr. 15 im Gewerbeobjekt Brienner Straße 25«;[3126] Heilung kann insoweit auch im Übergabeprotokoll erfolgen, etwa bei Vermietung noch vor Fertigstellung des Objekts (Beifügung eines endgültigen Planes und Angabe des Mietbeginns[3127]). Auch weitere aus der Sicht der Parteien wichtige Vertragsbestimmungen, wie Ausbauverpflichtungen oder die Vereinbarung eines verlorenen Baukostenzuschusses,[3128] sind schriftformgebunden,[3129] ebenso die Regelung der Fälligkeit, falls diese abweichend von den gesetzlichen Bestimmungen vereinbart ist.[3130] Eine unvollständige Wiedergabe der essentialia negotii hinsichtlich der Vertragsparteien liegt auch dann vor, wenn auf einer Vertragsseite eine Personenmehrheit lediglich pauschal (z.B. als »Erbengemeinschaft Max Müller«) aufgeführt ist,[3131] also ohne Nennung der Mitglieder im Einzelnen.

(cc) Hinzu kommen schließlich Verletzungen des Schriftformerfordernisses bei der **Einschaltung organschaftlicher Vertreter**.[3132] So soll bei einer GbR als Mieter oder Vermieter erforderlich sein, dass entweder alle Gesellschafter den Vertrag unterzeichnen oder – bei Einzelunterschrift eines Gesellschafters – dessen Vertreterstellung erkennbar ist.[3133] Ebenso bedarf es bei einer Erbengemein-

1864

1865

3118 BGH, 24.09.1997 – XII ZR 234/95, NZM 1998, 25.
3119 BGH NZM 2003, 281.
3120 BGH NJW 1994, 1649.
3121 BGH ZMR 1988, 133.
3122 BGH, 09.04.2008 – XII ZR 89/06, JurionRS 2008, 14254.
3123 BGH, 02.05.2007 – XII ZR 178/04, NZM 2007, 443.
3124 KG, 05.07.2007 – 8 U 182/06, NZM 2007, 731.
3125 Vgl. BGH, 11.09.2002 – XII ZR 187/00, NZM 2002, 950 ff.
3126 BGH, 02.05.2007 – XII ZR 178/04, NZM 2007, 443.
3127 BGH, 02.05.2007 – XII ZR 178/04, NZM 2007, 443.
3128 Vgl. zur Abschaffung der »Versteigerungsbremsen« der §§ 57c, d ZVG *Wedekind* ZfIR 2009, 841 ff.
3129 OLG Düsseldorf NZM 2007, 643.
3130 BGH NZM 2008, 84.
3131 Vgl. BGH, 11.09.2002 – XII ZR 187/00, ZEV 2002, 504, m. Anm. *Marotzke*.
3132 Überblick bei *Wortberg* ZfIR 201, 769 ff. Die Kenntnis des Handelsregisterinhalts wird vom Rechtsnachfolger gem. § 566 BGB nicht verlangt, allerdings die Kenntnis der gesetzlichen Vertretungsregeln (z.B. Gesamtvertretung) unterstellt. Geht also aus dem Mietvertragstext selbst die Organstellung eines Unterzeichnenden hervor, nicht jedoch seine Alleinvertretungsberechtigung, kann hieraus ein Verstoß gegen § 550 BGB resultieren. Handelt ein im Text nicht erwähnter Dritter (der auch tatsächlich Organ sein kann), kann der Rechtsnachfolger jedoch davon ausgehen, dass dieser für die Partei handelt (sodass nur das tatsächliche Vorliegen der Vertretungsmacht zu prüfen ist).
3133 BGH, 16.07.2003 – XII ZR 65/02, NZM 2003, 801; BGH, 05.11.2003 – XII ZR 134/02, NZM 2004, 97; unterzeichnet ein Dritter als Vertreter aller GbR-Gesellschafter, sei jedoch der Vertreterzusatz nicht erforderlich: BGH, 06.04.2005 – XII ZR 132/03, NZM 2005, 502. Fraglich ist, ob gem. § 899a BGB nicht das Grundbuch als »Register-

schaft der Unterzeichnung durch sämtliche Vertragsparteien, ggf. samt Vertretungszusatz.[3134] Bei einer juristischen Person bedarf es andererseits des Vertretungszusatzes nicht; selbst wenn nur einer von mehreren erforderlichen Geschäftsführern unterzeichnet, ist die Schriftform zwar gewahrt; es mangelt lediglich (noch) an der wirksamen Vertretung[3135] (unverständlicherweise soll es sich jedoch beim vertretungsfreien Auftreten nur eines von mehreren Vorständen einer AG anders verhalten).[3136] Die strenge Rechtsprechung des BGH zur GbR ist zu Recht heftig kritisiert worden;[3137] sie steht im Widerspruch zur Teilrechtsfähigkeitslehre des II. Senats.[3138]

1866 **(dd)** Nach früherer Rechtsprechung konnte die Schriftform weiter verfehlt sein bei **verspäteter Unterschrift** der den Vertrag annehmenden Partei: gem. § 150 Abs. 1 BGB gelte sie als neuer Antrag, der wiederum vom Anbietenden schriftlich anzunehmen gewesen wäre.[3139] Die maximale Annahmefrist soll 5 Werktage betragen, während im gewerblichen Bereich auch eine Frist von zweieinhalb Wochen noch als ausreichend angesehen wurde,[3140] sie kann allerdings (ohne dass auch insoweit die Schriftform einzuhalten wäre) verlängert werden.[3141] Ebenfalls konnte dieser Mangel durch eine formgerechte Nachtragsurkunde, die auf die ursprüngliche Urkunde Bezug nahm, geheilt werden.[3142] Die Literatur[3143] kritisierte zu Recht diese Auffassung als unnötige Förmelei. Der BGH[3144] bezieht zwischenzeitlich die Prüfung der rechtzeitigen Annahme zu Recht auf die Frage des wirksamen Zustandekommens des Vertrages; § 550 BGB habe nicht den Zweck, dem Erwerber über die Wirksamkeit, sondern über den Inhalt Gewissheit zu verschaffen.

1867 **(ee)** § 550 BGB ist nicht abdingbar;[3145] der Verstoß wird auch nicht durch eine »allgemeine« salvatorische Klausel **geheilt**. Haben sich die Parteien jedoch verpflichtet, alle Änderungen vorzunehmen, die notwendig sind, um den gesetzlichen Schriftformerfordernissen zu entsprechen, hat die Rechtsprechung[3146] eine Berufung auf die Verletzung der Schriftform versagt. Daher wird häufig in Fällen, in denen die Einhaltung der Schriftform fraglich ist, im Vorfeld des Kaufvertragsabschlusses oder als aufschiebende Bedingung für die Fälligkeit des Kaufpreises gefordert, dass Vermieter und Mieter die Schriftformdefizite beheben[3147] und/oder eine qualifizierte salvatorische Klausel (»**Nachholklausel**«)[3148] etwa folgenden Inhalts vereinbaren:

▶ Formulierungsvorschlag: Verpflichtung zur Heilung des Schriftformerfordernisses (§ 550 BGB)

1868 Den Mietparteien ist bekannt, dass wegen der Langfristigkeit des Mietverhältnisses die besonderen gesetzlichen Schriftformerfordernisse der §§ 550 Satz 1, 126 BGB einzuhalten sind.

---

ersatz« herangezogen werden kann, wogegen jedoch spricht, dass es sich nicht um »das eingetragene Recht« handelt, vgl. *Heinze* RNotZ 2010, 281, 308.
3134 Vgl. OLG Rostock NJW-RR 2001, 514.
3135 BGH, 19.09.2007 – XII ZR 121/05, NZM 2007, 837.
3136 BGH, 04.11.2009 – XII ZR 86/07, ZfIR 2010, 139 m. abl. Anm. *Aufderhaar/Jaeger*, der BGH stützt sich auf § 78 Abs. 2 Satz 1 AktG (wonach im Zweifel Gesamtvertretung bestehe).
3137 *Ackermann* NZM 2005, 491 ff. m.w.N.
3138 *Aufderhaar/Jaeger* ZfIR 2010, 124; OLG Dresden, 31.08.2004 – 5 U 946/04, NZM 2004, 826, 829.
3139 Vgl. etwa KG, 02.09.2002 – 8 U 146/01, GE 2003, 48; KG, 25.01.2007 – 8 U 129/06, ZMR 2007, 115. Der BGH hatte bisher die Nichteinhaltung der Schriftform bei einer Annahme mit Änderungen lediglich in einem Fall des § 150 Abs. 2 BGB, also wenn die Unterschriften nicht auf demselben Dokument sich befinden, judiziert: BGH NZM 2001, 42.
3140 OLG Dresden NZM 2004, 826; OLG Naumburg NZM 2004, 825.
3141 BGH, 24.02.2010 – XII ZR 120/06, ZfIR 2010, 318 m. Anm. *Schweitzer*.
3142 BGH, 29.04.2009 – XII ZR 142/07, ZfIR 2009, 655 m. Anm. *Hofert-von Weiss*.
3143 *Stiegele* NZM 2004, 696 ff.; *Schultz* NZM 2007, 509 f.; kritisch auch OLG Hamm, 23.11.2005, ZMR 2006, 1048.
3144 BGH, 24.02.2010 – XII ZR 120/06, ZfIR 2010, 318 m. Anm. *Schweitzer*.
3145 BGH, 25.07.2007 – XII ZR 143/05, JurionRS 2007, 37323.
3146 OLG Düsseldorf, 30 U 45/05, NZM 2005, 147; OLG Celle NZM 2005, 219; BGH, 06.04.2005 – XII ZR 308/02, NZM 2005, 502; a.A. nur OLG Rostock, 10.07.2008 – 3 U 108/07, ZfIR 2008, 627 m. abl. Anm. *Gerber*.
3147 Befürchtet der Vermieter, dass der Mieter aus dem Verstoß gegen § 550 BGB »Kapital schlägt«, erfolgt die Beseitigung des Schriftformdefizits häufig aus Anlass einer ohnehin anstehenden Ergänzung.
3148 *Disput/Wirtberg* ZfIR 2009, 60 schränken allerdings die Wirksamkeit solcher Heilungsklauseln dahin gehend ein, dass sie mündliche Nebenabreden des veräußernden Vermieters wirksam werden lassen können, die er dem Erwerber nicht offengelegt hat.

Sie verpflichten sich, auf jederzeitiges Verlangen einer Partei unverzüglich alle Handlungen vorzunehmen und Erklärungen abzugeben, die erforderlich sind, um den gesetzlichen Erfordernissen insoweit Genüge zu tun, und den Mietvertrag nicht unter Berufung auf die Nichteinhaltung der gesetzlichen Schriftform vorzeitig zu kündigen. Dies gilt für den Abschluss des Ursprungs(Haupt-)vertrags, ebenso aber für alle Nachtrags-, Änderungs- und Ergänzungsverträge und auch für den Fall, dass Anlagen nicht wirksam unter Wahrung der Schriftform zum Bestandteil des Mietvertrags wurden oder die Unterzeichnung der Mietvertragspartei nicht auf demselben Blatt oder in enger zeitlicher Reihenfolge stattgefunden hat.

(b) Schönheitsreparaturklauseln

Erfasst sind[3149] »das Tapezieren, Anstreichen oder Kalken der Wände und Decken, das Streichen der Fußböden und der Heizkörper einschließlich Heizrohre, der Innentüren sowie der Fenster und Außentüren von innen[3150]«, einschließlich der vorbereitenden Arbeiten (Entfernen von Dübeln und Verschließen der entstehenden Löcher, Entfernen der Tapete etc.), jedenfalls bei Gewerbemietverträgen auch die Grundreinigung des Teppichbodens,[3151] jedoch nicht das Abschleifen des Parketts. Die Durchführung solcher Maßnahmen obliegt an sich dem Vermieter, §§ 535 Abs. 1, 538 BGB; vertraglich (ggf. auch i.R.d. Übergabeprotokolls)[3152] wird sie jedoch i.d.R. auf den Mieter übergewälzt (nach Ansicht des BGH handelt es sich bereits um eine Verkehrssitte).[3153] 1869

In Formularverträgen unwirksam[3154] sind insoweit »**Fachhandwerkerklauseln**«, die bspw. die Durchführung der Renovierungsarbeiten durch einen Malerbetrieb vorschreiben (geschuldet sind die Arbeiten vielmehr in fachmännischer Weise so, wie sie auch ein Maler technisch erbringen würde). »Farbwahlklauseln« (»neutrale, deckende, helle Farben und Tapeten«) sind nur für die Endrenovierung zulässig;[3155] Gleiches dürfte allgemein für das Gebot der Ausführung »gem. der bisherigen Ausführungsart« gelten.[3156] Eine unangemessene Benachteiligung i.S.d. § 307 Abs. 1 BGB liegt weiterhin in sog. »**starren Fristenplänen**« in Allgemeinen Geschäftsbedingungen, wenn eine Renovierung nach Ablauf einer bestimmten Frist ohne Wenn und Aber durchzuführen ist, also ohne Rücksicht auf die tatsächliche Erforderlichkeit. Ein auch geringer Verstoß gegen §§ 305 ff. BGB, führt zur Unwirksamkeit der gesamten Überwälzungsklausel, auch wenn er sich nicht im konkreten Fall ausgewirkt hätte. 1870

Die unangemessene Benachteiligung kann sich auch (»Summierungseffekt«) daraus ergeben, dass beim Auszug stets eine Renovierung verlangt wird, unabhängig davon, wie lange die nach Plan an sich fällige Renovierung bereits zurückliegt oder ob sie bei Auszug überhaupt erforderlich wäre. Ein starrer Fristenplan liegt auch vor, wenn die Renovierung geschuldet ist »wenn erforderlich, mindestens aber in der nachfolgenden Zeitfolge«,[3157] während die Formulierung »i.d.R. spätestens nach 3 Jahren« uneinheitlich beurteilt wird.[3158] Zulässig ist demnach auch eine Klausel, die zwar feste Fristen vorsieht, 1871

3149 Gem. § 28 Abs. 4 Satz 3 der 2. Berechnungsverordnung, die an sich lediglich für Mietverträge über öffentlich geförderten Wohnraum gilt.
3150 Nicht von außen: BGH, 20.02.2008 – VIII ZR 166/08 (demnach Unwirksamkeit der gesamten Renovierungsklausel).
3151 BGH, 08.10.2008 – XII ZR 15/07, ZfIR 2009, 110.
3152 Bei hinreichend eindeutiger Formulierung: BGH, 14.01.2009 – VIII ZR 71/08, JurionRS 2009, 10260.
3153 BGH WM 2004, 529; vgl. *Emmerich* JuS 2006, 933.
3154 Vgl. Überblick zur (sog. »Tornado-«) Rechtsprechung des BGH: *Gather* ZAP 2011, 1033 ff. (auch zu Farbklauseln und Besonderheiten bei einer »Raucherwohnung«).
3155 BGH, 18.06.2008 – VIII ZR 224/07, JurionRS 2008, 16972; dann auch für lackierte Holzteile: BGH, 22.10.2008 – VIII ZR 283/07, und für das Lackieren von Türen und Fenstern: BGH, 20.01.2010 – VIII ZR 50/09; der Begriff »Weißen« ist zugunsten des Mieters (mit der Folge der Unzulässigkeit) als »weiß streichen«, nicht nur als »streichen« auszulegen: BGH, 23.09.2009 – VIII ZR 344/08, JurionRS 2009, 23989.
3156 BGH NJW 2007, 1743 hält die Klausel für intransparent; für die Zulässigkeit bei der Endrenovierung *Beyer* NJW 2008, 2065, 2067.
3157 Vgl. BGH WM 2004, 463.
3158 Nach BGH WM 2005, 716 (krit. hierzu *Lützenkirchen* WM 2006, 63, 68 f., handelt es sich nicht um einen starren Fristenplan, da ein durchschnittlicher verständiger Mieter in der Lage sei zu erkennen, dass die Renovierung nur zu erbringen ist, wenn der normale Abnutzungsgrad überschritten ist (»i.d.R.«); a.A. OLG Düsseldorf WM 2004, 603.

jedoch die Einschränkung enthält, dass der Vermieter die Fristen zu verlängern habe, wenn der Zustand der Wohnung dies rechtfertige.[3159]

1872 Fristenpläne werden häufig mit »**Kostenquotenklauseln**« kombiniert, die den Mieter beim Auszug vor Fälligkeit der nächsten planmäßigen Renovierung zur anteiligen Tragung der Kosten für die abgelaufene Zwischenzeit nach Maßgabe eines Kostenvoranschlags verpflichten. Ist die Fristenklausel unwirksam, ergreift diese auch die damit im Zusammenhang stehende Abgeltungs- oder Kostenquotenklausel.[3160] In gleicher Weise wie Fristenklauseln sind auch starre Abgeltungsklauseln unwirksam, die nicht auf den tatsächlichen Zustand der Wohnung Rücksicht nehmen. Noch unklar ist, ob insoweit eine Abschwächung, wonach bestimmte Beträge nur »regelmäßig« zu zahlen seien, ebenfalls (wie bei den Fristenklauseln) geeignet ist, die AGB-Klausel als angemessen zu werten.[3161]

1873 Führt der Mieter Schönheitsreparaturen trotz Unwirksamkeit der Renovierungsklausel durch, steht ihm ein Anspruch auf Bereicherungsausgleich gegen den Vermieter zu (bei Eigenleistung einschließlich entgangener Freizeit, Kosten für die Helfer, Materialaufwand),[3162] der jedoch binnen 6 Monaten nach Beendigung des Mietverhältnisses verjährt (§ 548 Abs. 2 BGB).[3163] Obwohl die Übernahme der Schönheitsreparaturen durch eine geringere Grundmiete kompensiert wird,[3164] kann bei unwirksamer Renovierungsklausel eine Erhöhung der Miete nicht verlangt werden.[3165]

1874 Die gesetzliche Ausgangslage (§ 535 Abs. 1 Satz 2 BGB) ist auch bei der Geschäfts- und Gewerberaummiete ggü. der Wohnraummiete identisch, sodass zwingende End-Renovierungsklauseln unabhängig von bereits durchgeführten Renovierungen während des Mietverhältnisses auch in **Geschäftsraummietverträgen** gem. § 307 Abs. 2 Nr. 1 BGB unwirksam sind.[3166] Dies gilt auch für die schlichte Renovierungsklausel mit starrem Fristenplan im Gewerberaummietvertrag.[3167]

1875 Bei der Überwälzung sämtlicher Kosten einschließlich baulicher Aufwendungen für Dach und Fach auf den Mieter spricht man von Triple-Net-Mietverträgen.[3168] (Der Vermieter erhält die Miete dreifach »netto«, also ohne Steuern und Abgaben, ohne Versicherungskosten und ohne Instandsetzungs-, Ersatzbeschaffungs- bzw. Unterhaltungsmaßnahmen.) Solche Vereinbarungen dürften im Rahmen formularmäßiger Klauseln unwirksam sein, § 307 Abs. 2 Nr. 1 BGB,[3169] sofern es sich nicht um eine im Einzelnen verhandelte oder durch den Mieter eingeführte Bestimmung handelt.

3159 BGH, 16.02.2005 – VIII ZR 48/04, NJW 2005, 1188.
3160 BGH WM 2006, 248.
3161 Hierzu (mit Formulierungsvorschlag) *Beyer* NJW 2008, 2065, 2071.
3162 BGH, 27.05.2009 – VIII ZR 302/07, JurionRS 2009, 15775; ähnlich zuvor LG Karlsruhe NJW 2006, 1983.
3163 BGH, 04.05.2011 – VIII ZR 195/10, ZfIR 2011, 655; hierzu *Schapiro* ZfIR 2011, 639 ff.
3164 BGHZ 92, 363/367 f.; im öffentlich geförderten Wohnungsbau werden 71 ct je m² und Monat veranschlagt.
3165 BGH, 09.07.2008 – VIII ZR 181/07, JurionRSR 20080, 18732 (das Unwirksamkeitsrisiko trage ausschließlich der Verwender; Mieterhöhungen seien allein unter Heranziehung der örtlichen Vergleichsmiete, nicht jedoch konkreten Kostenaufwands zulässig).
3166 BGH, 06.04.2005 – XII ZR 308/02, NJW 2005, 2006.
3167 BGH, 08.10.2008 – XII ZR 84/06, ZfIR 2009, 319 m. Anm. *Schnabel*; vgl. im Einzelnen zuvor *Leo/Ghasseni-Tabar* NZM 2008, 105 ff. (»Niemand weiß nichts Genaues«).
3168 Vgl. *Moeser* NZM 2003, 425 ff. Häufig verwendet im angloamerikanischen Recht, vgl. etwa das Muster des »lease agreement 211« (the triple-net single user‹s suburban office lease) unter www.leasingprofessional.com.
3169 Vgl. OLG Naumburg NZM 2000, 1183; OLG Hamm NJW-RR 1993, 1229, umfassender Überblick bei *Reichelt/Gauger* ZfIR 2012, 48 ff und 80 ff.

(c) Mietverträge über Fotovoltaikanlagen

Das zum 01.01.2009 neu gefasste »Gesetz für den Vorrang erneuerbarer Energien« (EEG) fördert die Installation[3170] von **Fotovoltaik-Anlagen**[3171] auf[3172] Dachflächen (§ 33 EEG)[3173] sowie Freiflächen (§ 32 EEG) durch garantierte Einspeisevergütungen, sodass immer häufiger Mietverträge[3174] mit Betreibern solcher Anlagen vorgefunden werden.[3175] Die Laufzeit dieser Mietverträge beträgt im Hinblick auf den Garantiezeitraum des § 21 Abs. 2 Satz 1 EEG typischerweise (und in Übereinstimmung mit den steuerlichen Abschreibungstabellen)[3176] 20 Kalenderjahre zuzüglich des Inbetriebnahme[3177]jahres. Die Miethöhe wird häufig einspeiseabhängig bemessen und sollte dann mit einer Betriebspflicht des Mieters und Regelungen zur genauen Erfassung der Stromproduktion kombiniert sein. 1876

Da die Einspeisevergütung gem. § 18 Abs. 3 EEG zuzüglich USt an den Anlagebetreiber (Unternehmer i.S.d. § 2 Abs. 1 Satz 1 UStG, Rdn. 3502) entrichtet wird, ist wegen des dadurch erreichten Vorsteuerabzugs[3178] der Verzicht auf die **Umsatzsteuer**freiheit durch Option gem. §§ 9 Abs. 2, 4 Nr. 12a UStG typisch (beim Verkauf der Anlage liegt eine Geschäftsveräußerung im Ganzen gem. § 1 Abs. 1a UStG vor, Rn 2942; zur Grunderwerbsteuer vgl. Rdn. 3491). 1877

Einkommensteuerlich[3179] liegen (anders als bei Blockheizkraftwerken: private Vermögensverwaltung) im Regelfall gewerbliche Einkünfte vor, die jedoch die daneben bestehenden Gebäudevermietungseinkünfte nicht ihrerseits gewerblich »infizieren«;[3180] Zuschüsse aus Förderprogrammen zu Herstellungskosten können wahlweise durch Minderung der Anschaffungskosten oder als sofort zu besteuernde Betriebseinnahme behandelt werden, bei Zuschüssen zur Erhaltungsaufwendungen liegt stets letzteres vor. Gewerbesteuer fällt wegen des Freibetrags von 24.500,00 €/Jahr (§ 11 Abs. 1 Satz 3 Nr. 1 GewStG) regelmäßig nicht an.[3181] Die Abschreibung der Fotovoltaikanlage – bei der es sich entgegen früherer Auffassung nicht um einen bloßen unselbständigen Gebäudeteil handelt – erfolgt linear unter Berücksichtigung einer betriebsgewöhnlichen Nutzungsdauer von 20 Jahren. Bereits im Jahr der Bestellung kann gem. § 7g EStG ein Investitionsabzugsbetrag (bis zu 40 % von max. 500.000 €) abgezogen werden. 1878

3170 Auf Gebäuden im Außenbereich (§ 35 BauGB) ist die Errichtung einer Fotovoltaikanlage auf dem Dach genehmigungspflichtig, OVG Nordrhein-Westfalen, 20.09.2010 – 7 B 985/10, JurionRS 2010, 23805. Auch der Denkmalschutz kann der Errichtung entgegenstehen, OVG Koblenz, 16.08.2011 – 8 A 10590/11, ZfIR 2012, 76 (nur Ls.).

3171 Ähnliche Rechtsfragen treten auf bei thermischen Solaranlagen (die Wärme liefern) oder thermischen Solarkraftwerken (die Sonnenlicht indirekt in elektrischen Strom umwandeln).

3172 Davon zu unterscheiden ist die »Indachmontage«, bei der Dachziegel »eingespart« werden, ebenso die in die Fassade integrierte Montage (anstelle von Fenstermodulen); hierbei handelt es sich stets um wesentliche Gebäudebestandteile.

3173 Höhere Vergütung auch, wenn Tragwerk eigens für die Module geschaffen wurde: BGH, 29.10.2008 – VIII ZR 313/07, ZfIR 2009, 135 m. Anm. *Aigner/Mohr*.

3174 Es handelt sich nicht um einen Pachtvertrag, da nicht die Ziehung von Früchten »aus der verpachteten Fläche« gewährt wird (solare Energie ist kein Erzeugnis der überlassenen Gebäudefläche).

3175 Hierzu und zum Folgenden *Aigner/Mohr* ZfIR 2009, 8 ff.

3176 Anstelle der linearen AfA können Fotovoltaikanlagen, die zwischen 01.01.2009 und 31.12.2010 angeschafft werden und als bewegliche Sachen gelten, degressiv i.H.v. 12,5 %/Jahr abgeschrieben werden (§ 7 Abs. 2 EStG), vgl. *Brockmann/Hörster* NWB 2009, 280. Ferner ermöglicht ggf. § 7g Abs. 5 EStG eine Sonderabschreibung, vgl. *Pitzke* NWB 2009, 2063 und BMF v. 08.05.2009, BStBl. I 2009, S. 633.

3177 Zum Inbetriebnahmezeitpunkt BGH, 16.03.2011 – VIII ZR 48/10, JurionRS 2011, 13633: erstmalige Inbetriebsetzung nach Herstellung der technischen Betriebsbereitschaft, auch wenn zunächst nur für den konventionellen Anfahrbetrieb mit fossilen Brennstoffen.

3178 Ähnlich beim Blockheizkraftwerk, das überwiegend einspeist: BFH, 18.12.2008 – V R 80/07, selbst wenn im Jahr die Einspeisevergütung lediglich 1.800,00 € beträgt.

3179 Vgl. OFD Rheinland, 09.03.2009 – S 2130 – 23009/0001 – St 142, EStB 2009, 135 und OFD'en Rheinland und Münster, 22.03.2011 – S 2130 – 2011/0003 St 142, EStB 2011, 223; zur Wirtschaftlichkeit insgesamt *Fromm* DStR 2010, 207 ff. Zur steuerrechtlichen Beurteilung von Fotovoltaikanlagen Übersicht bei *Wüster/Klein* NWB 2010, 3113 ff.

3180 OLG Frankfurt am Main, 21.10.2009 – S 2241 A – 110 – St 213, vgl. *Lehr* NWB 2009, 2659, 2661: im Regelfall ist die konkludente Gründung einer neben der Vermietungsgemeinschaft bestehenden GbR anzunehmen.

3181 Die Hinzurechnung von Finanzierungsaufwendungen entfällt i.d.R. wegen des insoweit bestehenden Freibetrags von 100.000 €/Jahr (vgl. § 8 Nr. 1 GewStG), vgl. *Lehr* NWB 2009, 2659, 2662.

B. Gestaltung eines Grundstückskaufvertrages

1879 Wegen der zur Kreditfinanzierung häufig vorgenommenen Sicherungsübereignung der Fotovoltaik-Anlage (Scheinbestandteil bei aufgeständerter Montage, Rdn. 811) an Kreditinstitute läuft das Vermieterpfandrecht, § 562 BGB, zunächst leer.[3182] Streitanfällig, zugleich jedoch wirtschaftlich bedeutsam ist die Abgrenzung der Instandhaltungs- und Instandsetzungspflichten hinsichtlich der vermieteten Fläche; eine vollständige Überwälzung der Erhaltungslast der Dachfläche (auch hinsichtlich Schäden, die nicht durch die Anbringung der Anlage verursacht sind) ist allenfalls individualvertraglich denkbar, da sie dem gesetzlichen Leitbild des Mietvertrags widerspricht.[3183] Obliegt die Erhaltung dem Vermieter, sollte er auf analoge Anwendbarkeit des § 554 BGB (Pflicht des Mieters zur Duldung von Erhaltungsmaßnahmen) drängen und zusätzlich eine Einigung über das Schicksal entgangenen Gewinns während eines solchen instandhaltungsbedingten Demontagezeitraums erreichen.[3184]

1880 Aus Sicht des Mieters wichtig ist schließlich die Regelung der Problematik der Verschattung, die sonst als den Mietzweck beeinträchtigender Mangel der Mietsache vom Vermieter zu beseitigen wäre. Typisch ist die Beschränkung auf eine Pflicht des Vermieters, bauliche Maßnahmen zu unterlassen, die zur Verschattung führen, flankiert durch ein Recht des Mieters, beeinträchtigende Pflanzen zurückzuschneiden.[3185] Ratsam ist weiter, den Mieter zum Abschluss einer Solar-Haftpflicht-Versicherung zu verpflichten zur Abwehr von Sach- oder Personenschäden Dritter, die in der Anlage ihre Ursache haben. Der Mieter einer Fotovoltaik-Anlage wird umgekehrt besonderes Interesse an der Einräumung einer gutrangigen Mieterdienstbarkeit haben, um insb. den Sonderkündigungsrechten des Erstehers in der Zwangsversteigerung oder des Insolvenzverwalters zu entgehen (vgl. Rdn. 1924) – diese sind zwar weiterhin ausübbar, jedoch unattraktiv, da er die Anlage sodann aufgrund der Dienstbarkeit ohne weitere Vergütung betreiben könnte, vgl. Rdn. 828 ff.

1881 Für den Zeitpunkt der Beendigung des Fotovoltaik-Mietvertrags kann dem Vermieter an einem Recht zur Übernahme der Module gelegen sein, deren technische Lebensdauer momentan auf ca. 35 Jahre beziffert wird. Wird dieses nicht ausgeübt, etwa da die Module technisch abgenutzt sind, stellt sich das Problem der Entsorgung (Schadstoffanteile: Blei, Cadmium, Selen), zumal derzeit keine Rücknahmepflicht des Herstellers besteht.[3186]

(3) Zeitliche Abgrenzung

(a) Abgrenzungszeitpunkt

1882 Die Beteiligten des Kaufvertrags vereinbaren i.d.R. im Innenverhältnis einen früheren »**Stichtag**« als den Eigentumswechsel, der sonst umfassend[3187] maßgeblich wäre, für den Mietvertragsübergang: Häufig ermächtigt der Verkäufer den Käufer, den Mietvertrag im eigenen Namen zu kündigen, etwa ab dem Zeitpunkt des Besitzübergangs,[3188] und tritt ihm die Rechte, etwa Modernisierungsrechte (Rdn. 1893), insb. aber die Mietzinsansprüche[3189] aufschiebend bedingt auf den Tag des Nutzungsübergangs ab (vgl. den Gesamtbaustein Rdn. 1910). Auch kann der Käufer ab diesem Stichtag seitens des Verkäufers zum Neuabschluss von Mietverträgen bevollmächtigt sein, was allerdings für

---

[3182] Eine ausdrückliche Abbedingung ist jedoch nicht empfehlenswert, da es jedenfalls mit der Löschung des Sicherungseigentums der Bank und Rückerlangung des Eigentums durch den Mieter entstehen sollte.

[3183] *Wolf* Geschäftsraummiete (2006), § 13 Rn. 185 m.w.N.

[3184] Die Pflicht zur Duldung beinhaltet noch nicht den Verzicht auf den Ersatz entgangenen Gewinns, vgl. *Fritz* Gewerberaummietrecht, 2. Aufl. 2005 § 554 BGB Rn. 242.

[3185] *Aigner/Mohr* ZfIR 2009, 15.

[3186] Solarmodule sind von § 2 Abs. 1 ElektroG erfasst, *Lustermann/Holz* NJW 2006, 1029, 1030.

[3187] Z.B. auch hinsichtlich der Verjährung von Ansprüchen des Mieters gegen den Vermieter, § 548 Abs. 2 BGB: 6 Monate nach Kenntnis des Mieters von der erfolgten Eigentumsumschreibung.

[3188] BGH, DNotZ 1998, 807. Nach OLG Düsseldorf DNotZ 1994, 105 und OLG Rostock (OLG-Report Rostock 2003, 31) führt die allgemeine Regelung zum Übergang von Besitz und Nutzungen noch nicht zur Abtretung der Mietzinsforderung auf diesen Zeitpunkt! Letzteres dürften die Beteiligten jedoch i.d.R. gewollt haben.

[3189] Diese sind selbstständig abtretbar, BGH DNotZ 2004, 134, auch ohne gleichzeitige Übernahme der Pflichten.

den Verkäufer das Risiko birgt, an diese Mietverträge (über § 566 BGB hinaus) auch für den Fall des Rücktritts gebunden zu sein.[3190]

Die Abtretung erfasst jedoch i.d.R. nur die ab Nutzungsübergang entstehenden Ansprüche, nicht also die bisher dahin entstandenen oder entstehenden Mietrückstände: **1883**

▶ Formulierungsvorschlag: Abwicklung von Mietrückständen durch den und zugunsten des Verkäufers

> Soweit bei Nutzungsübergang Mietaußenstände bestehen, verbleibt der Anspruch auf die darin enthaltenen Grundmieten beim Verkäufer. Weiter erhält der Verkäufer Außenstände aus Nebenkostenabrechnungen für abgelaufene Abrechnungsjahre. Solche Ansprüche können von dem Verkäufer auf eigene Kosten beigetrieben werden, allerdings dürfen Mietsicherheiten oder Gegenstände, die dem Vermieterpfandrecht unterliegen, nur verwertet werden, soweit bei Nutzungsübergang bereits beendete oder an diesem Tage endende Mietverhältnisse betroffen sind. Der Verkäufer stellt den Käufer von allen etwaigen Mieteransprüchen aus der Zeit bis zum Nutzungsübergang frei.

(b) Vorausverfügungen

Durch aufschiebend bedingte Abtretung der Mietansprüche wird zugleich verhindert, dass der Verkäufer nach Beurkundung noch **Vorausverfügungen** über künftige Mietzinsansprüche trifft, die der Käufer gem. § 566b Abs. 2 BGB gegen sich gelten lassen müsste, wenn er bis zur Umschreibung davon erfährt:[3191] Gem. § 161 BGB wären solche der Abtretungserklärung nachfolgende Verfügungen auch unwirksam, wenn sie vor Besitzübergang (Wirksamwerden der Abtretung der Mietzinsansprüche) erfolgen würden, da sie die erklärte Abtretung vereiteln oder beeinträchtigen würden. **1884**

Gegen bereits in der Vergangenheit erfolgte Verfügungen des Vermieters über künftige Mietzinsansprüche, die der Vermieter (Verkäufer) dem Käufer noch vor Eigentumsschreibung zur Kenntnis bringen und damit durchsetzen könnte (§ 566b Abs. 2 BGB), hilft allenfalls eine verschuldensunabhängige Garantie des Verkäufers, dass solche nicht bestehen (vgl. die Formulierung in Rdn. 1921, erster Absatz).[3192] Andererseits werden Rechtsgeschäfte zwischen Vermieter und Mieter (wie die Vorauszahlung[3193] und sonstige anzurechnende Finanzierungsleistungen des Mieters)[3194] dem Erwerber ggü. gem. § 566c Satz 1 BGB ab einem Monat nach Kenntniserlangung des Mieters vom Eigentumsübergang unwirksam; ähnlich bei späterer Beschlagnahme des Grundstücks zugunsten eines Grundpfandgläubigers gem. § 1124 Abs. 2 BGB sowie bei späterer Pfändung,[3195] beim Zuschlag in der Versteigerung (§ 57b Abs. 1 ZVG),[3196] oder bei der Insolvenzeröffnung (§ 110 InsO). Der Mieter ist auf einen Erstattungsanspruch gegen seinen früheren Vermieter (§ 547 BGB) verwiesen.[3197] **1885**

Auch in einer bereits erfolgten **Pfändung** der Mietzinsansprüche durch Dritte liegt eine »Vorausverfügung« i.S.d. **§ 566b BGB**.[3198] Ist diese spätestens im Zeitpunkt des Eigentumsübergangs bekannt, muss sie der Käufer demnach (vgl. § 566b Abs. 2 BGB) gegen sich gelten lassen und ist auf Ansprüche gegen den Verkäufer (wegen unterlassener Aufklärung [§§ 311 Abs. 2, 280 BGB], oder Nichterfüllung [§ 435 BGB]) beschränkt. Ist die Pfändung bereits bei Beurkundung bekannt, wird **1886**

3190 *Bomhard/Voßwinkel* ZfIR 2009, 529, 538.
3191 *Gutachten* DNotI-Report 2002, 122 gegen *Reinelt* ZAP 2002, 26.
3192 Sodass es auf die Frage der Verletzung vorvertraglicher Informationspflichten nicht mehr ankommt (vgl. hierzu auch *Gutachten* DNotI-Report 2002, 122).
3193 Allerdings nicht, wenn sie nicht, wie von § 1124 Abs. 2 BGB verlangt, auf Grundlage periodischer Zeitabschnitte bemessen ist, sondern als Einmalzahlung auf Lebenszeit geleistet wird: BGH, 25.04.2007 – VIII ZR 234/06, NJW 2007, 2919.
3194 Vgl. *Eckert* ZfIR 2008, 453 ff.
3195 RGZ 103, 139; BGH, 09.06.2005 – IX ZR 160/04, DNotI-Report 2005, 173.
3196 Davon zu differenzieren sind Darlehensverträge, die unabhängig vom Mietvertrag bestehen, LG Berlin, 01.06.2010 – 65 S 292/09, ZfIR 2010, 813 m. Anm. *Weis* (»beliebte Masche der Versteigerungsverhinderer«).
3197 Zudem sieht BGH NJW 1966, 1703 f. in der Vorauszahlungsabrede eine konkludente Pflicht des Vermieters, ggü. dem Mieter dafür einzustehen, dass die Vorauszahlung auch wirklich während der gesamten Mietzeit verrechnet werden kann.
3198 RGZ 58, 181; OLG Hamm NJW-RR 1994, 711.

sie daher wie ein Lastenfreistellungsvorgang zu behandeln sein mit der Folge, dass die Aufhebung der Pfändung Zug-um-Zug gegen Erhalt eines hierfür zweckgebundenen Anteils des Kaufpreises Fälligkeitsvoraussetzung ist. Erfolgt der Erwerb hingegen durch Zuschlag in der Zwangsversteigerung, verliert die Pfändung unabhängig von der Kenntnis des Erwerbers ihre Wirkung mit Ablauf des auf den Eigentumsübergang folgenden Monats, da § 57b ZVG nur auf § 566b Abs. 1 BGB, nicht dessen Abs. 2 verweist. Auch ggü. einem Zwangsverwalter erlischt die frühere Mietzinspfändung binnen Monatsfrist gem. § 1124 Abs. 2 BGB, da die Zwangsverwaltung gem. §§ 148 Abs. 1 Satz 1, 21 Abs. 2 ZVG (gerade) auch die Mietzinsforderungen erfasst.[3199]

1887 Bleibt am Kaufobjekt ein **Grundpfandrecht** bestehen, ist zu berücksichtigen, dass die Miet- und Pachtzinsforderungen gem. § 1123 Abs. 1 BGB zum Haftungsverbund zählen, d.h. der Grundpfandrechtsgläubiger ein Absonderungsrecht hieran erwirbt (§ 49 InsO; die Abtretung solcher Mietzinsansprüche an den Grundpfandrechtsgläubiger zur Verrechnung mit Darlehensforderungen stellt damit auch keine Gläubigerbenachteiligung dar).[3200]

1888 Vereinbaren die Mietparteien einen verlorenen **Baukostenzuschuss des Mieters** (bspw. in Gestalt von ihm erbrachter Investitionen) kommt ein Bereicherungsanspruch in Betracht, wenn der Zuschuss wegen vorzeitiger Beendigung des langfristig konzipierten Mietvertrages nicht »abgewohnt« wurde und demnach der rechtliche Grund der für die Zeit nach der Beendigung des Mietvertrages erbrachten Leistung entfallen ist. Der Anspruch orientiert sich nicht an der Werterhöhung der Mietsache, sondern am Mietzuschlag, der aufgrund der Investition noch erzielbar ist. Wechselt das Eigentum durch Rechtsgeschäft[3201] oder durch Zuschlag in der Versteigerung,[3202] richtet sich der Anspruch gegen den neuen Eigentümer. Eine Anmeldung (angeblicher) Baukostenzuschüsse des Mieters im Versteigerungsverfahren findet infolge der Streichung der §§ 57c, d ZVG nicht mehr statt.[3203]

(c) Vermieterhaftung

1889 Der **Verkäufer haftet** gem. § 566 Abs. 2 BGB weiterhin wie ein selbstschuldnerischer Bürge, es sei denn, er teilt dem Mieter den Übergang des Eigentums mit (hieran ist er dann gem. § 566e BGB gebunden; bei einer abweichenden Mitteilung, etwa aufgrund Aufhebung des Vertrags, muss der »Käufer« mitwirken). Die mit der Abtretung der Rechte aus dem Mietvertrag typischerweise zugleich vereinbarte »Übernahme der Pflichten« ist mangels Genehmigung des Mieters natürlich nicht schuldbefreiend, sondern bewirkt lediglich einen Anspruch auf Freistellung im Innenverhältnis. Dieser bezieht sich – ebenso wie die Abtretung der Rechte – nur auf künftige Mietzeiträume, umfasst also nicht die Abrechnung von Nebenkosten für bereits abgelaufene Zeiträume, vgl. Rdn. 1891.

1890 Auch wenn die Mietsache bereits bei Eigentumserwerb Sachmängel aufweist, ist der Mieter zu Minderung auch gegen Käufer berechtigt; der Mängelbeseitigungsanspruch gem. § 535 Abs. 1 Satz 2 BGGB besteht gegen den Käufer fort.[3204] Er ist während der Mietzeit unverjährbar.[3205] War der bisherige Vermieter seiner Instandhaltungspflicht nicht nachgekommen, erlischt jedoch mit Eigentumswechsel das **Zurückbehaltungsrecht des Mieters** (§ 273 BGB) ihm ggü., da er zur Erfüllung nun nicht mehr in der Lage und somit (mangels Gegenseitigkeit) kein Raum mehr für Druckmittel ist; diese sind dem neuen Vermieter ggü. auszuüben.[3206] In Bezug auf Mängelschadensersatzansprüche haftet der Verkäufer, wenn der Schaden vor Eigentumswechsel eingetreten ist, sonst

---

3199 Vgl. DNotI-Gutachten Nr. 11407 v. Okt. 2005.
3200 BGH, 09.11.2006 – IX ZR 133/05, NotBZ 2007, 17. Nach Insolvenzeröffnung ist die Pfändung mithaftender Mieten durch den Absonderungsberechtigten allerdings wegen § 89 Abs. 1 InsO ausgeschlossen, die Möglichkeiten der Absonderungsberechtigten also enger als im Sachenrecht, BGH, 13.07.2006 – IX ZB 301/04, NotBZ 2007, 22.
3201 BGH, 05.10.2005 – XII ZR 43/02, ZfIR 2006, 92 m. Anm. *Schmid*.
3202 BGH, 29.04.2009 – XII ZR 66/07, ZfIR 2009, 607 m. Anm. *Jaeger*; vgl. *Böttcher* ZfIR 2010, 350.
3203 Vgl. *Wedekind* ZfIR 2009, 841 ff.
3204 MünchKomm-BGB/*Häublein* § 566 Rn. 38.
3205 BGH, 17.02.2010 – VIII ZR 104/09, Jurion RS 2010, 11715 (in die Zukunft gerichtete Dauerverpflichtung).
3206 BGH, 19.06.2006 – VIII ZR 284/05, NZM 2006, 696.

der Käufer – die Haftungslage des Verkäufers wirkt zum Schutz des Mieters weiter, sowohl bei der Garantiehaftung für anfängliche Mängel gem. § 536a Abs. 1, 1. Alt. BGB wie auch bei der Verschuldenshaftung für spätere Mängel, § 536a Abs. 1, 2. und 3. Alt.[3207]

Insb. bei gewerblichen Großmietern muss der Vermieter regelmäßige bauliche Investitionen vornehmen, um den ungestörten Betrieb des vom Mieter betriebenen Unternehmens zu gewährleisten. Im Rahmen eines Verkaufs legt dann der Käufer Wert auf eine ausführlichere Darlegung des Umstandes, dass etwaige Rückstände des Verkäufers mit dieser Pflicht nicht durch den Verkauf ihre Erledigung gefunden haben: 1891

▸ Formulierungsvorschlag: Freistellung bei unerledigten Vermieterpflichten des Verkäufers

> Soweit der Verkäufer gegenüber Mietern Verpflichtungen zu baulichen Maßnahmen oder zu Geldleistungen (etwa Baukosten- oder Umzugskostenzuschüsse) übernommen hat, jedoch bis zum Nutzungsübergang nicht, nicht vollständig oder mangelhaft erfüllt hat, bleibt diese Verpflichtung bestehen. Er hat daher den Käufer von sämtlichen hierauf gründenden Erfüllungs- und Nacherfüllungsansprüchen, Mietminderungsrechten, Vertragsstrafen- und Schadensersatzansprüchen des Mieters freizustellen; der Käufer hat ihn hiervon unverzüglich zu unterrichten. Kündigt ein Mieter hierauf gestützt sein Mietverhältnis aus wichtigem Grund, hat der Verkäufer den Käufer so zu stellen, als wäre der Mietvertrag bis zum Ende der Festlaufzeit fortgeführt worden.
>
> Die Abwehr unberechtigter Forderungen bzw. die Erfüllung berechtigter Ansprüche des Mieters in diesem Zusammenhang ist durch den Verkäufer in Vollmacht des Käufers, jedoch auf eigene Rechnung durchzuführen. 1892

(d) Modernisierungsinvestitionen

Nicht nur die Mietzinsansprüche, auch andere aus dem Mietverhältnis herrührende Rechte können im Vertrag bereits vorab an den Käufer abgetreten werden, bspw. in Gestalt der Ermächtigung zur Vornahme von **Modernisierungsarbeiten** (so etwa in der Formulierung des Gesamtbausteins Rdn. 1921). In diesem Fall ist der Mieter, sofern die weiteren Voraussetzungen des § 554 Abs. 2 und 3 BGB gegeben sind, verpflichtet, die vom Grundstückskäufer angekündigten und vorgenommenen Modernisierungsmaßnahmen bereits vor den Zeiten des Eigentumsübergangs zu dulden,[3208] sofern der Käufer durch den Verkäufer zu solchen Arbeiten bereits ab Besitzübergang ermächtigt wurde. In gleicher Weise kann der der Erwerber die Miete gem. § 559 BGB erhöhen, wenn die Modernisierungsarbeiten noch vom Veräußerer veranlasst worden sind und mit ihrer Durchführung vor Eigentumswechsel begonnen wurde, gleichgültig ob die Arbeiten vor[3209] oder nach[3210] dem Eigentumswechsel abgeschlossen worden sind. Unabhängig davon kann der Verkäufer den Käufer gem. § 185 BGB zur Erklärung einer Mieterhöhung ermächtigen, deren Voraussetzungen bereits vorliegen – die Rechte aus solchen Erhöhungen gehen mit Eigentumswechsel auf den Käufer über.[3211] 1893

(4) Kündigung durch den Käufer

Grds. rückt der Käufer auch in fortbestehende Kündigungslagen ein, derentwegen der Verkäufer die Kündigung (noch) nicht erklärt hat (wobei jedoch der Verkäufer den Käufer gem. § 185 BGB ab sofort ausdrücklich[3212] zur Erklärung seines, des Verkäufers, bestehenden Kündigungsrechts ermächtigen 1894

3207 Der Verzug des Veräußerers jedenfalls wirkt weiter, BGH NJW 2005, 1187; dann kann der Mieter auch Erstattung von Aufwendungen zur Selbstbeseitigung ggü. dem Käufer verlangen, BGH NJW 2008, 1216.
3208 Vgl. BGH, 13.02.2008 – VIII ZR 105/07, NZM 2008, 283.
3209 KG NZM 2000, 861.
3210 KG NZM 2000, 652.
3211 Schmidt-Futterer/*Gather* MietR 9. Aufl. 2007 § 566 Rn. 47.
3212 Eine solche Ermächtigung liegt nach OLG Celle, 09.06.1999 - 2 U 166/98, MittBayNot 1999, 556 nicht bereits in der Kaufvertragsklausel, dass der Käufer den Mietvertrag übernehme.

B. Gestaltung eines Grundstückskaufvertrages

kann).[3213] Bei Mietrückständen kann der Käufer, sofern er nach Eigentumswechsel eine eigene Kündigung erklärt, die beim Verkäufer aufgelaufenen Mietrückstände allerdings nur aufsummieren, wenn ihm diese Mietforderungen (untypischerweise) abgetreten wurden.[3214] Zur **Kündigung wegen Eigenbedarfs**[3215] - auch wegen Eigenbedarfs lediglich eines Gesellschafters einer erwerbenden GbR[3216] - ist der Käufer jedoch trotz Abtretung der Rechte ab Nutzungsübergang (Rdn. 1551) wohl zu diesem Zeitpunkt noch nicht berechtigt, sondern vielmehr erst bei Eigentumswechsel.[3217] Solche Erklärungen erfolgen auf eigene Gefahr des Käufers, der Verkäufer ist von jeglicher Haftung insoweit freizustellen.

1895 Hinzuweisen ist schließlich auf das »Wahlrecht« des Insolvenzverwalters eines insolventen Vermieters, den Mietvertrag über eine noch nicht überlassene Mietsache (»Vermietung vom Reißbrett«) nicht zu erfüllen (§ 103 InsO als Ausnahme zu § 108 InsO)[3218] sowie auf das gesetzliche Sonderkündigungsrecht des Erwerbers zum ersten möglichen Termin beim Kauf vom Insolvenzverwalter, § 111 InsO.[3219] Umgekehrt besteht in der Insolvenz des Mieters ein (zwingendes, § 119 InsO) Kündigungsverbot des Eigentümers wegen vor Insolvenzeröffnung aufgelaufener Rückstände (§ 112 InsO),[3220] während der Insolvenzverwalter des Mieters gem. § 109 Abs. 1 Satz 1 InsO das Mietverhältnis binnen 3 Monaten zum Monatsende kündigen kann, auch wenn es unter Ausschluss des ordentlichen Kündigungsrechts[3221] oder auf befristete Zeit besteht bzw. bei Gewerbemietverhältnissen eigentlich eine längere (bis zu 9-monatige) Kündigungsfrist gelten würde.

1896 Bei einem Verkauf nach Bildung von Wohnungseigentum bestehen ggü. dem Mieter, dem die Wohnung bereits z.Zt. der »Umwandlung« überlassen war, neben dem erläuterten Vorkaufsrecht gem. § 577 BGB (s. Rdn. 1733 ff.) auch Kündigungsbeschränkungen für die Eigenbedarfskündigung gem. § 577a BGB (Sperrfrist von 3 Jahren seit der Veräußerung, die durch Verordnung der Landesregierung auf bis zu 10 Jahre verlängert werden kann). Diese sollen allerdings weder unmittelbar noch analog eingreifen, wenn eine GbR wegen Eigenbedarfs eines Gesellschafters – dies reicht aus[3222] – eine Wohnung kündigt und sodann sich durch Teilung nach WEG auseinandersetzt, sogar wenn dies bereits im Gesellschaftsvertrag vereinbart war.[3223]

3213 BGH NJW-RR 1998, 896, 897; BGH NJW 2002, 3389, 3391.

3214 OLG Hamm NJW-RR 1993, 273, 274; a.A. *Schmidt-Futterer* MietR 9. Aufl. § 566 BGB Rn. 50 m.w.N.: es genügt, dass die frühere Vertragsverletzung fortdauert.

3215 Auch bei beabsichtigter gewerblicher Nutzung, BGH, 05.10.2005 – VIII ZR 127/05, JurionRS 2005, 23232. Zum Kreis der ohne weitere Darlegungen der Nähebeziehung einbezogenen Familienangehörigen (alle in gerader Linie Verwandten und Verschwägerten, Verwandte in der Seitenlinie bis zum dritten Grad, Verschwägerte in der Seitenlinie bis zum zweiten Grad) vgl. BGH, 27.01.2010 – VIII ZR 159/09, JurionRS 2010, 10856.

3216 BGH, 27.06.2007 – VIII ZR 271/06, NJW 2007, 2845, sogar wenn dieser Gesellschafter beim Abschluss des Mietvertrages mit der GbR bzw. beim Eintritt der GbR in den Mietvertrag der GbR noch gar nicht angehörte,BGH, 23.11.2011 – VIII ZR 74/11 (nicht allerdings bei Eigenbedarf eines Gesellschafters einer Personenhandelsgesellschaft: BGH, 15.12.2010 – VIII ZR 210/10 ZfIR 2011, 251).

3217 DNotI-Report 1998, 93, auch nicht unter dem Aspekt der »Drittschadensliquidation«. Vom Verkäufer seinerseits bereits erklärte Eigenbedarfskündigungen werden durch den Verkauf unwirksam.

3218 *Scheer-Hennings/Härle* ZfIR 2008, 839; BGH, 05.07.2007 – IX ZR 186/06.

3219 Nachgebildet der Privilegierung beim Erwerb durch Zuschlag in der Zwangsversteigerung, §§ 57a bis c ZVG. Wie dort bleibt der soziale Kündigungsschutz bei Wohnraummietverhältnissen unberührt, sodass die Norm in der Praxis v.a. ggü. befristeten Gewerbemietverträgen maßgeblich ist (vgl. *Derleder* ZAP Fach 14, S. 513 ff.).

3220 Allerdings kann der Vermieter wegen der Rückstände vor Insolvenzeröffnung etwa gestellte Sicherheiten in den Grenzen des § 50 Abs. 2 Satz 1 InsO verwerten, vgl. *Scheer-Hennings/Härle* ZfIR 2008, 836 f. Für nach Eröffnung auflaufende Rückstände gelten keine Kündigungsbeschränkungen, vgl. BGH NJW 2005, 2552.

3221 Ein einseitiger formularmäßiger Kündigungsverzicht zulasten des Wohnraummieters ist gem. BGH, 19.11.2008 – VIII ZR 30/08, JurionRS 2008, 26836 allenfalls wirksam, wenn zusammen mit einer Staffelmiete vereinbart, die einen angemessenen Ausgleich für den Mieter darstellt. Allerdings können formularmäßig beide Seiten (höchstens 4 Jahre lang) auf ihr ordentliches Kündigungsrecht verzichten.

3222 BGH, 27.06.2007 – VIII ZR 271/06, NJW 2007, 2845.

3223 BGH, 16.07.2009 – VIII ZR 231/08, notar 2009, 489. Die Freude über dieses »Anlegermodell« wird jedoch getrübt durch die gesamtschuldnerische Haftung während der GbR-Phase.

VI. Besitzübergang, Erschließung

(5) Nebenkosten, Kaution

Die Verpflichtung zur Abrechnung bereits abgelaufener Zeiträume (während des folgenden Zeitjahres, § 556 Abs. 3 Satz 2 BGB)[3224] bleibt mangels abweichender Regelung beim Verkäufer, und zwar selbst dann, wenn ihre Durchführung erst nach Eigentumswechsel möglich ist (das Abstellen auf die Fälligkeit der Nach-/Rückzahlung tritt dann zugunsten des Zeitraumprinzips zurück; der Veräußerer hat die historischen Aufwendungen getragen und verfügt über die Unterlagen).[3225] Nach- und Rückzahlungen für den betreffenden Zeitraum bleiben ebenfalls beim Verkäufer[3226] (lediglich der Zwangsverwalter, der durch § 152 Abs. 2 ZVG an den gesamten Mietvertrag gebunden ist, hat unterbliebene Abrechnungen der Vergangenheit zu rekonstruieren und etwaige Guthaben auszuzahlen, auch wenn er die Vorauszahlungen nicht erhalten hat;[3227] ihm ggü. hat der Mieter sogar ein Zurückbehaltungsrecht, wenn die Kaution nicht gem. § 551 Abs. 3 BGB angelegt wurde).[3228] 1897

Für den bei Nutzungsübergang laufenden Abrechnungszeitraum[3229] wird i.d.R. der Käufer die **Nebenkostenabrechnung** übernehmen; der Verkäufer hat ihm hierfür (neben dem Mietvertrag)[3230] die Unterlagen für dieses Abrechnungsjahr zu übergeben und etwaige Überschüsse aus den bisherigen Nebenkostenvorauszahlungen ggü. den vom Verkäufer getragenen umlegungsfähigen Kosten auszukehren.[3231] Wünscht der Käufer jedoch – sofern überall Messeinrichtungen vorhanden sind[3232] – eine Zwischenablesung mit der Folge der getrennten Nebenkostenabrechnung durch den Verkäufer für das angebrochene »Rumpfjahr«, wird er die Ablesemehrkosten als Veranlasser zu tragen haben. 1898

Insb. bei vermieteten Mehrfamilienhäusern wird demgemäß der Durchführung der Nebenkostenabrechnung für das bei Besitzübergang laufende Vermietungsjahr, auch der Verteilung des Uneinbringlichkeitsrisikos für Nebenkostennachzahlungen des betreffenden Jahres, genaueres Augenmerk zu widmen sein. Denkbar ist z.B. folgende Regelung: 1899

▶ Formulierungsvorschlag: Durchführung der Nebenkostenabrechnung mit Mietern

> Die Abrechnung der Nebenkosten mit den Mietern wird alleine diejenige Partei vornehmen, die am Ende des Abrechnungszeitraumes Vermieter ist. 1900
>
> Der Verkäufer verpflichtet sich, dem Käufer bei Besitzübergang eine Dokumentation seiner etwa erbrachten Zahlungen auf die nach Maßgabe der Mietverträge und der Betriebskosten-VO umlegungsfähigen Betriebs- und Nebenkosten, wie z.B. auf Gebäudeversicherungen, sowie eine Aufstellung der von den Mietern bereits insoweit vereinnahmten Vorauszahlungen zu übergeben. Soweit die empfangenen Nebenkostenvorauszahlungen die aufzuschlüsselnden

---

3224 Eine gem. § 556 Abs. 3 Satz 3 BGB wegen Verspätung ausgeschlossene Nachforderung des Vermieters liegt auch dann vor, wenn er nach Fristablauf einen höheren Betrag als der bisherigen Abrechnung zugrunde gelegt fordert, selbst wenn das Ergebnis ein Guthaben des Mieters ist, BGH, 12.12.2007 – VIII ZR 190/06, JurionRS 2007, 45689. Möglich ist jedoch die unverzügliche (binnen 3 Monaten erfolgende) Nachforderung solcher Nebenkosten, die unverschuldet nicht zuvor berücksichtigt werden konnten (Grundsteuerbescheid), BGH, 05.07.2006 – VIII ZR 220/05, JurionRS 2006,20981. Für Geschäftsräume gilt die Ausschlussfrist des § 556 Abs. 3 Satz 3 BGB auch nicht analog: BGH, 27.01.2010 – XII ZR 22/07, ZfIR 2010, 324 m. Anm. *Jaeger*.
3225 BGH, 03.12.2003 – VIII ZR 168/03, ZNotP 2004, 144 (VIII. Senat) für Wohnraummietverhältnisse; ebenso BGH, 29.09.2004 – XII ZR 148/02, ZNotP 2005, 65 (XII. Senat) für gewerbliche Mietverhältnisse.
3226 BGH NJW 2004, 851.
3227 BGH NJW 2003, 2320; BGH NJW 2006, 2626; zum (im Ergebnis verneinten) Zurückbehaltungsrecht des Mieters bis zur »Wiederauffüllung der Kaution« *Wedekind/Wedekind* ZfIR 2009, 271; kritisch zur mieterfreundlichen Rechtsprechung *Schmidberger* ZfIR 2011, 84 ff.
3228 BGH, 23.09.2009 – VIII ZR 336/08, ZfIR 2009, 880 m. Anm. *Depré*; kritisch hierzu *Berger* ZfIR 2010, 221.
3229 Gem. BGH, 04.04.2007 – VIII ZR 219/06, NJW 2007, 1818 trifft die Abrechnungspflicht jedenfalls dann den Verkäufer, wenn der Mietvertrag bereits vor Eigentumswechsel in der laufenden Abrechnungsperiode beendet wurde.
3230 Die Pflicht zur Herausgabe solcher Beweisurkunden ergab sich bis zum 31.12.2001 aus § 444 BGB a.F.; dessen Streichung erfolgte nur wegen seiner »Selbstverständlichkeit« als begleitende Nebenpflicht.
3231 Dies gilt auch für den Zwangsverwalter im Verhältnis zum Ersteher im Versteigerungsverfahren, der die Abrechnung für das gesamte Jahr übernimmt, BGH, 11.10.2007 – IX ZR 156/06, RPfleger 2008, 89 m. Anm. *Engels*.
3232 Ist auch nur in einer Wohnung z.B. kein Wasserzähler installiert, kann der Vermieter dennoch nach Flächenschlüssel abrechnen, BGH, 12.03.2008 – VIII ZR 188/07, JurionRS 2008, 16396.

umlegungsfähigen, durch den Verkäufer bereits getragenen Nebenkosten übersteigen, verpflichtet sich der Verkäufer, diesen Überschuss bei Besitzübergang an den Käufer auszukehren. Anderenfalls verpflichtet sich der Käufer, dem Verkäufer den Betrag der Unterdeckung zusätzlich zum Kaufpreis binnen 2 Wochen nach Übergabe der Aufstellung zu erstatten.

Das Risiko der Uneinbringlichkeit etwaiger Nachforderungen von Betriebskosten für den bei Besitzübergang laufenden Abrechnungszeitraum trägt ausschließlich derjenige, der am Ende des Abrechnungszeitraums mittelbarer Besitzer ist.

(Formulierungsalternative:

Das Risiko der Uneinbringlichkeit etwaiger Nachforderungen von Betriebskosten für den bei Besitzübergang laufenden Abrechnungszeitraum sowie die Kosten der ggf. gerichtlichen Rechtsverfolgung tragen Verkäufer und Käufer im Verhältnis ihrer jeweiligen Besitzzeiten während dieses Jahres. Vor einer Inanspruchnahme aus dieser Teilrisikoübernahme ist dem Verkäufer Gelegenheit zu geben, aus rückabgetretenem Recht die Nebenkostennachzahlung beizutreiben.)

1901 Hat der Mieter eine **Sicherheit** (Kaution, Bürgschaft etc., ggf. auch zusätzliche Sicherheit für den Rückbau nach behindertengerechter Umgestaltung, § 554a BGB) geleistet, tritt der Erwerber stets[3233] in die diesbezüglichen[3234] Rechte und Pflichten ein (§ 566a Satz 1 BGB – abweichend von der früheren[3235] Rechtslage, § 572 BGB a.F., nicht erst mit Aushändigung der Sicherheit an ihn); jedenfalls bei ordnungsgemäßer Hinterlegung auf einem Treuhandkonto geht wohl auch die Kontoforderung selbst kraft Gesetzes (vergleichbar einer Mietbürgschaft) auf den Käufer über.[3236] Auch ein Zwangsverwalter[3237] und (für ab 01.09.2001 gezahlte Kautionen) ein Insolvenzverwalter ist zur Rückzahlung der an den Vermieter entrichteten Kaution verpflichtet[3238] (während Nebenkostenguthaben für vergangene Zeiträume nur vom Zwangsverwalter auszukehren sind, in der Insolvenz aber schlichte Insolvenzforderungen sind).

▶ Hinweis:

1902 Der Käufer sollte § 566a Satz 1 BGB zum Anlass nehmen, sich bereits im Vorfeld der Beurkundung darüber zu vergewissern, dass die Kaution ordnungsgemäß (samt Zinsen) übergeben werden kann, und andernfalls einen Preisabschlag fordern (bzw. im Fall der Ersteigerung dies bei der Abgabe seines Gebots berücksichtigen). Stellt er erst nach Zahlung das Fehlen der Kaution fest, muss er seinen (künftigen) Schaden aufgrund der Verletzung der Pflicht zur Kautionsübergabe bei seinem Verkäufer verfolgen.

1903 Geht die Mietsicherheit beim Käufer unter,[3239] ist der Erstvermieter[3240] weiterhin neben dem Käufer zur Rückgewähr verpflichtet (§ 566a Satz 2 BGB), es sei denn, der Mieter hätte eine Schuldübernahme durch den Käufer gem. § 415 BGB genehmigt, was der Verkäufer zu seinem Schutz bewirken sollte.[3241] Die Haftungsfolgen des § 566a BGB selbst sind allenfalls im Individualvertrag zulasten des

---

3233 Dies gilt auch, wenn die Kaution schon bei früheren Gliedern der Erwerbskette, vor dem 01.09.2001, also noch unter Geltung des alten Rechtes, untergegangen ist: derjenige, der nach dem 01.09.2001 erworben hat, kann sich nicht darauf berufen, ein Vorvermieter habe vor dem 01.09.2001 sich auf den Schutz des § 572 BGB a.F. (nur bei tatsächlichem Erhalt der Kaution zu haften) berufen können, vgl. BGH, 01.06.2011 – VIII ZR 304/10, NotBZ 2011, 329 m. Anm. *Krauß*.
3234 Allerdings nur, wenn das Mietverhältnis beim Eigentumserwerb noch (wenn auch gekündigt) besteht, BGH, 04.04.2007 – VIII ZR 219/06, NJW 2007, 1818.
3235 Nach BGH, 24.06.2009 – XII ZR 145/07 gilt § 572 BGB a.F. auch dann noch, wenn zwar das schuldrechtliche Übertragungsgeschäft vor dem 01.09.2001 erfolgt ist, der dingliche Erwerb jedoch danach.
3236 OLG Düsseldorf NJW-RR 1997, 1170.
3237 BGH, 16.07.2003 – VIII ZR 11/03, NJW 2003, 3342; allerdings nicht, wenn der Mieter selbst das Objekt ersteigert (Konfusion, BGH, 09.06.2010 – VIII ZR 189/09, ZfIR 2010, 652 m. Anm. *Blauth/Mayer*; vgl. im Überblick *Schmidberger* ZMR 2010, 347.
3238 Zum Schutz von Treuhandkonten in Insolvenz und Einzelvollstreckung vgl. *Lange* NJW 2007, 2513.
3239 Betrug und Untreue durch Unterlassen der getrennten Vermögensverwaltung, AG Heilbronn RPfleger 2007, 564.
3240 Nicht jedoch der Zwischenerwerber, vgl. § 567b i.V.m. § 566a BGB, *Schmidt-Futterer* MietR § 566a Rn. 31.
3241 Vgl. *Wachter* MittBayNot 2001, 544 ff. Eine Absicherung der bloßen Freistellungspflicht des Käufers scheidet wegen der unbestimmt langen Laufzeit von Mietverträgen in der Praxis aus.

Mieters abdingbar.[3242] Vorsichtige Verkäufer legen daher Wert darauf, die Verpflichtungen aus ihren Mietsicherheitenvereinbarungen unmittelbar ggü. den Mietern zu erfüllen (durch Rückgewähr der abgerechneten Kaution, allerdings unter Klarstellung, dass darin kein Angebot auf einvernehmliche Aufhebung der Sicherungsvereinbarung im Mietvertrag liege,[3243] sodass der Käufer sie aus dem übergehenden Mietvertrag neuerlich verlangen kann), sofern die Mieter nicht mit der Schuld befreienden Übernahme der Pflichten durch den Käufer einverstanden sind. Ist die Kaution noch in der Hand des Verkäufers (also des früheren Vermieters), kann er sie trotz Übereignung der Immobilie noch zur Deckung seiner rechtskräftig festgestellten Forderung einsetzen, da § 566a BGB nicht etwa das Interesse des Mieters schützt, die Kaution vom »neuen« Vermieter stets uneingeschränkt zurückfordern zu können.[3244] Hierzu

▶ **Formulierungsvorschlag: Abwicklung der Mietsicherheiten**

Von den Mietern sind Mietsicherheiten geleistet worden, wie aus der Beweisanlage ..... ersichtlich. Soweit bis zum Nutzungsübergang noch Forderungen des Verkäufers gegen Mieter entstehen, ist der Verkäufer zur Verwertung der betreffenden Mietsicherheit berechtigt. Im Übrigen gilt: Der Verkäufer wird sich nach besten Kräften darum bemühen, von den Mietern die Zustimmung zur schuldbefreienden Übertragung der Mietsicherheit auf den Käufer zu erhalten. Dabei wird der Verkäufer die Mieter darauf hinweisen, dass durch Erteilung der Zustimmung die Haftung des Verkäufers für die Rückgewähr der Mietsicherheit erlischt. Denjenigen Mietern, die diese Zustimmung nicht erteilen, wird der Verkäufer die Kaution aushändigen und zwar mit dem Hinweis, dass hiermit nicht ein Verzicht auf die mietvertragliche Verpflichtung zur Stellung einer Kaution verbunden ist, sondern dass die Aushändigung lediglich zum Zwecke der Enthaftung des Verkäufers erfolgt. Die übrigen, durch eine Zustimmungserklärung eines Mieters gedeckten Mietsicherheiten wird der Verkäufer unverzüglich auf den Käufer übertragen. Es ist also Sache und Risiko des Käufers, nach Rückübertragung der Sicherheit vom Mieter die Sicherheitenstellung – dem Mietvertrag entsprechend – erneut einzufordern. Der Käufer verpflichtet sich, soweit er die Mietsicherheiten erhält, den Verkäufer von etwaigen dennoch verbleibenden Ansprüchen der Mieter auf Rückgabe der Sicherheiten vollständig und auf erstes Anfordern freizustellen.

1904

(6) Zusicherungen des Verkäufers

Häufig – gerade wenn keine »due diligence«-Prüfung der Mietverhältnisse zuvor stattgefunden hat, Rdn. 1857 ff. – wird der Käufer darauf Wert legen, dass der Verkäufer (oft i.S.e. Garantie gem. § 443 Abs. 1 BGB) ihm bestimmte **Netto-Mieterträge** zusichert (Rdn. 1906), möglicherweise auch dafür einsteht, dass keine Minderungen,[3245] Mietrückstände,[3246] Mietstreitigkeiten, Vereinbarungen über Vorauszahlungen oder abzugeltende Investitionen etc. bestehen, oder aber dass der Mieter für einen bestimmten Zeitraum auf sein Recht zur ordentlichen Kündigung verzichtet hat (vgl. Rdn. 1921).[3247]

1905

3242 Staudinger/*Emmerich* BGB, (Bearb. 2003) § 566a Rn. 18; *Gutachten* DNotI-Report 2004, 103.
3243 Als solches interpretierte LG Berlin, 15.03.2011 – 65 S 283/10, RNotZ 2011, 605 fehlerhafterweise die Rückgabe der Sicherheit durch den Vermieter im Laufe eines Mietverhältnisses »aus welchen Gründen auch immer«. Der BGH, 07.12.2011 - VIII ZR 206/10, ZfIR 2012, 125 (Tz. 19) m. Anm. *Jaeger*, stellt demgegenüber klar, der Mieter könne nicht von einem endgültigen Verzicht ausgehen, wenn er die Kaution zurückerhält, nachdem er auf die Bitte um Zustimmung zur Entlassung des Verkäufers aus der Kautionshaftung nicht reagierte.
3244 OLG Frankfurt am Main, 15.04.2011 – 2 U 192/10, ZfIR 2011, 731.
3245 Diese berechnen sich aus der Miete samt Nebenkosten, vgl. BGH, 06.04.2005 – XII ZR 225/03, NJW 2005, 1713.
3246 Wird dies versichert, besteht nach BGH, 31.01.2003 – V ZR 389/01, DNotI-Report 2003, 118 auch eine Pflicht, ungefragt Angaben zu etwaigen negativen persönlichen und wirtschaftlichen Verhältnissen des Mieters zu machen.
3247 Trotz § 573c Abs. 4 BGB (der nur die Fristlänge betrifft) ist es zulässig, auf das Kündigungsrecht als solches zu verzichten, im Formularvertrag allerdings im Normalfall nur für einen Zeitraum von bis zu 4 Jahren (vgl. § 557a Abs. 3 BGB), so BGH, 06.04.2005 – VIII ZR 27/04, NJW 2005, 1574, und nur für Vermieter und Mieter gleichermaßen (BGH VIII ZR 294/03). Studenten (und wohl auch Auszubildende) haben jedoch auch dann zur Erhaltung ihrer Flexibilität ein außerordentliches Kündigungsrecht (BGH VIII ZR 307/08).

▶ Hinweis:

Wegen der dadurch begründeten verschuldensunabhängigen Schadensersatzhaftung sollte der Verkäufer solche Zusicherungen nicht leichtfertig abgeben.[3248] Denkbar sind solche Abreden auch als bloße **Beschaffenheitsvereinbarungen** i.S.d. allgemeinen Mängelrechts (Schadensersatz also nur bei Verschulden).

1906 Mehrdeutig kann der zugrunde zu legende Maßstab einer solchen Vereinbarung oder Garantie sein, wenn in der Urkunde bspw. die »Jahresmiete« zugesichert wird. Gesetzlich fehlen einheitliche Definitionen zur Mietentgeltstruktur. Unter der Vielzahl der anzutreffenden Begriffe (Netto-Miete, Netto-Kaltmiete, Netto-Warmmiete, Inklusiv-Miete, Teil-Inklusiv-Miete, Teil-Inklusiv-Kaltmiete, Teil-Inklusiv-Warmmiete, Voll-Inklusiv-Miete, Brutto-Miete, Brutto-Kaltmiete, Brutto-Warmmiete, Warmmiete, Pauschalmiete, Teilpauschalmiete etc.) ist v.a. der Begriff der »**Grundmiete**« bisher judiziert worden: Er umfasst das Entgelt ohne die Betriebskosten und die Zuschläge.[3249]

1907 Nicht selten kommt es dem Käufer auch darauf an, eine Zusicherung des Verkäufers dahin gehend zu erhalten, dass die bezahlten Mieten »**zulässigerweise**« **verlangt** werden. Bei Gewerbemieten ist diese Grenze allenfalls bei Wucher (§ 134 BGB i.V.m. § 302a StGB) überschritten, also ab etwa dem Doppelten der ortsüblichen Miete (Rdn. 119 ff.)[3250] – war die Miete jedoch anfänglich zulässig und überschreitet die Wuchergrenze erst durch nachträgliches Absinken der ortsüblichen Miete, fehlt es regelmäßig am sonst vermuteten subjektiven Tatbestand (»verwerfliche Gesinnung«).[3251] Wohnraummieten sind jedoch gem. § 5 WiStG bereits nichtig, soweit sie die ortsübliche Miete unangemessen, d.h. um mehr als 20 %, übersteigen,[3252] und auf der Ausnutzung eines geringen Angebots an vergleichbarem Wohnraum beruhen (»Mietpreisüberhöhung«); bei vorsätzlicher oder leichtfertiger Ausnutzung drohen ferner Bußgelder bis zu 50.000,00 € (§ 5 Abs. 2 WiStG). Bei öffentlich gefördertem Wohnraum bildet schließlich die zur Deckung der laufenden Aufwendungen erforderliche Kostenmiete die Obergrenze.

1908 Der BGH hat Ertragszusicherungen, die sich auf die bisherigen, meist differenziert aufgelisteten Mieten beziehen, erweiternd dahin gehend ausgelegt, dass diese Mieten auch zulässigerweise erzielt werden (Rdn. 1907).[3253] Generell ist die Rechtsprechung insoweit streng: Eine Zusicherung soll auch vorliegen, wenn im Kaufvertrag zwar auf eine Mieterliste Bezug genommen wird, diese jedoch beim Abschluss nicht vorlag und der Käufer das Gebäude ohnehin umgestalten wollte.[3254] Zusicherungshaftungen ergeben sich auch bei freiwilligen Versteigerungen durch die Bekanntgabe von Mieterträgen in den Auktionsunterlagen.[3255] Wird neben dem Mietertrag auch eine bestimmte Wohn- bzw. Nutzfläche zugesichert, ist diese Zusicherung auch dann verletzt, wenn die vermietbare Fläche zwar kleiner ist, auf dieser jedoch durch mögliche Mieterhöhungen der zugesicherte Ertrag erzielt werden könnte.[3256]

1909 Insb. bei Objekten mit wenigen (oder einem) **bedeutenden Gewerbemietern** gehen die vom Verkäufer verlangten Zusicherungen deutlich darüber hinaus:

3248 Vgl. *Frenz* MittRhNotK 1991, 165.
3249 Vgl. im Einzelnen *Blank/Börstinghaus* Miete, 2. Aufl. 2004, Rn. 380; BGH, 10.10.2007 – VIII ZR 331/06, NZM 2008, 124.
3250 BGH NJW-RR 2002, 1521; KG NZM 2001, 587; bereits ab etwa 50 % Überschreitung: OLG München, Köln WuM 1980, 36; bei preisgebundenem Wohnraum bereits ab etwa 20–30 %.
3251 BGH NJW 1999, 3187.
3252 Die Pflicht zur Rückzahlung (§ 812 BGB) der übersteigenden Miete trifft allerdings den Verkäufer für die bis zum Eigentumswechsel zu viel gezahlten Mieten, LG Mannheim WuM 1987, 362.
3253 BGH NJW 1989, 1795; BGH NJW 1998, 445, 446.
3254 BGH NJW-RR 2002, 522.
3255 BGH NJW 2002, 208, 209.
3256 BGH NJW 1997, 129.

▶ Formulierungsvorschlag: Zusicherungen des Verkäufers bei Mietvertrag (ausführlich)

Der Verkäufer garantiert dem Käufer in verschuldensunabhängiger Weise, dass
- in der zu Beweiszwecken beigefügten Anlage 1 sämtliche Mieter des Kaufgegenstands, die mietvertraglich vereinbarte Mietfläche, die geschuldete Miete (ggf. unter Vorbehalt eines Aufmaßes) und die zusätzlich geschuldete USt, die vereinbarte Festlaufzeit des Mietvertrags und etwaige Verlängerungsoptionen, die Art der Wertsicherung sowie etwa bei Abschluss dieses Vertrags bereits erklärte oder angekündigte Kündigungen mit Angabe der Kündigungsfrist vollständig und richtig angegeben sind,
- in der genannten Anlage 1 auch sämtliche Mietvertragsurkunden bzgl. der bei Abschluss dieses Vertrags bestehenden Mietverhältnisse (Mietverträge mit Nachträgen, Zusätzen, Mietsicherheiten, Genehmigungen für Mietindexklauseln) vollständig und richtig aufgeführt sind und dass diese Urkunden unter Beachtung der Formvorschriften der §§ 578 Abs. 2, 550 BGB errichtet wurden,
- bei Abschluss dieses Vertrags keine im Vertrag nicht aufgeführten, den Käufer belastenden Nebenabreden mit Mietern, Nachbarn oder Behörden bestehen und dass solche Nebenabreden zukünftig nicht ohne schriftliche Zustimmung des Käufers getroffen werden,
- den Mietern oder deren Gesellschaftern, Organen oder Mitarbeitern des Verkäufers keine geldwerten Leistungen für den Abschluss des Mietvertrags gewährt wurden, die sich nicht aus den aufgeführten Mietvertragsurkunden ergeben (z.B. im Mietvertrag nicht ausgewiesene Zahlungen zur Herbeiführung des Mietvertragsabschlusses),
- seitens der Mieter keine Einwendungen gegen die Richtigkeit der für die Mietberechnung zugrunde gelegten Flächenangaben gegenüber dem Verkäufer geltend gemacht wurden oder gegenwärtig werden,
- bei Abschluss dieses Vertrags sämtliche etwa vereinbarten Vermieterzuschüsse und sonstigen Vermieterleistungen für die Einrichtung/den Ausbau der Miträume in vollem Umfang geleistet sind,
- zum Zeitpunkt des Nutzungsübergangs keine noch zu verrechnenden Mieterguthaben aus Mietvorauszahlungen, Mieterdarlehen, Baukostenzuschüssen, Um- und Ausbaukostenbeteiligungen bestehen,
- keine Vorausverfügungen über Mietansprüche bestehen,
- gegenwärtig keine Mieten oder Nebenkosten unter Vorbehalt der Rückforderung gezahlt oder gemindert werden und in den letzten zwölf Monaten keine Mietminderungsansprüche oder Zurückbehaltungsrechte bzgl. Miete, Nebenkosten oder Mietsicherheit geltend gemacht wurden,
- in den letzten 12 Monaten keine über einen Monatsbetrag hinausgehende Rückstände an Miete oder Nebenkosten oder Nebenkostennachzahlungen bestanden haben und gegenwärtig auch nicht bestehen,
- in den letzten 12 Monaten keine Rechtsstreitigkeiten mit Mietern gerichtlich anhängig waren noch gegenwärtig sind und keine gerichtlichen Mahnverfahren durchgeführt wurden noch gegenwärtig werden.

(7) Gesamtbaustein

Eine Vereinbarung über den Übergang des Mietverhältnisses könnte etwa wie folgt formuliert sein: 1910

▶ Formulierungsvorschlag: Übergang des Mietverhältnisses

Der Verkäufer garantiert: Der Vertragsbesitz ist ungekündigt vermietet; es bestehen weder Mietrückstände, Mietvorauszahlungen, Streitigkeiten (z.B. Minderungen, Einwendungen gegen Nebenkostenabrechnungen), Pfändungen, Verfügungen über künftige Mietzinsansprüche noch abzugeltende Investitionen des Mieters.

Mit dem Tag des Nutzungsübergangs (Stichtag) tritt der Verkäufer alle dann entstehenden Rechte aus dem Vertrag an den dies annehmenden Käufer ab und wird hinsichtlich der Pflichten für künftige Zeiträume (einschließlich der Nebenkostenabrechnung für das laufende Abrechnungsjahr) von ihm freigestellt. Ab dem Stichtag ist der Käufer umfassend – auch zu Kündigungen, Modernisierungsarbeiten und Mieterhöhungsverlangen – ermächtigt und bevollmächtigt, jedoch auf eigene Kosten und eigenes Risiko.

Der Verkäufer hat unverzüglich eine Kopie des Mietvertrags zu übergeben, am Stichtag dessen Original, etwaige Mietsicherheiten (Kaution; Bürgschaft), sowie die Unterlagen und etwaige Überschüsse aus Nebenkostenvorauszahlungen für das laufende Abrechnungsjahr. Vertragsänderungen und Vorausverfügungen über den Mietzins bedürfen ab sofort der Zustimmung des Käufers.

Der Notar hat dem Verkäufer empfohlen, zur Haftungsvermeidung den Mietübergang dem Mieter anzuzeigen und ggf. dessen Zustimmung zur künftigen ausschließlichen Verwaltung der Mietsicherheiten durch den Käufer einzuholen (§§ 566 Abs. 2, 566a Satz 2 BGB).

(8) Mietgarantien

1911 Insb. im strukturierten Verkauf von Kapitalanlageimmobilien übernimmt der Verkäufer darüber hinaus teilweise die (befristete) Garantie für den Eingang eines bestimmten Mindestmietzinses (»**Mietgarantie**«).[3257] Häufig tritt auch eine Drittgesellschaft als Garant auf. Eine Haftung des Verkäufers gestützt auf die Werbung mit einem erkennbar unterkapitalisierten Mietgaranten (etwa einer Tochter-Kapitalgesellschaft, die aus den »weichen Kosten« des Vertriebsmodells nur mäßig gespeist ist und demnach nach kurzer Zeit ausfällt) ist bisher jedoch noch nicht judiziert.[3258] Allerdings bleibt der Verkäufer auch bei Übernahme einer Mietgarantie verpflichtet, den Käufer darauf hinzuweisen, dass die Wohnung derzeit leer steht.[3259] Daneben sind Mietgarantien verschiedener Intensität anzutreffen beim Verkauf von Gewerbeimmobilien, insb. während der Projektentwicklungs- oder Errichtungsphase, sofern noch keine Mietverträge – diese stellen in solchen Fällen den allein wertbildenden Faktor dar – abgeschlossen wurden.

1912 Dem Grunde nach zu unterscheiden sind dabei
– Die Mietgarantie im eigentlichen Sinne (Rdn. 1913), eigentlich: »Mietzahlungsgarantie«.
– Die Vermietungsgarantie, die lediglich das Bestehen von Mietverträgen abdeckt, nicht jedoch für die Zahlungswilligkeit oder -fähigkeit des Mieters einsteht (Rdn. 1916).
– Schließlich die Erstvermietungsgarantie (Rdn. 1918), bei welcher der Garant die Miete nur bis zum Zustandekommen des ersten betreffenden Mietvertrages »überbrückungshalber« schuldet.

Ist der Garantieumfang nicht klar definiert, tendiert die gerichtliche Auslegung zum schwächeren Sicherungsmittel,[3260] was insb. dann gerechtfertigt ist, wenn dem Garanten eine vorherige Überprüfung und ggf. Ablehnung des Mietkandidaten nicht eröffnet ist.

▶ Formulierungsvorschlag: Mietgarantie

1913
(1) Der Verkäufer (Garant) übernimmt gegenüber dem Käufer auf die Dauer von ..... Zeitjahren ab dem Monatsersten nach Besitzübergang die selbstständige Garantie für den Eingang einer jährlichen Kaltmiete von ..... €, zuzüglich der auf den Mieter nach der BetriebskostenVO umlegbaren Nebenkosten.

(2) Geht – bezogen auf den gesamten Garantiezeitraum – ein geringerer Betrag beim Käufer ein, ist der Garant zur Abdeckung des Defizits verpflichtet. Vorläufige Abrechnungen finden jeweils nach Ablauf eines Zeitjahres während des darauffolgenden Monats statt; ergibt sich eine Unterdeckung, ist diese binnen eines weiteren Monats zunächst auszugleichen. Da die Garantiezusage sich jedoch auf den gesamten Verrechnungszeitraum bezieht, sind solche Ausgleichsbeträge zurückzuerstatten, soweit sich bei späteren Jahresabrechnungen Überdeckungen ergeben.

(3) Der Mietvertrag bzw. die Mietverträge wird/werden rechtlich direkt zwischen Käufer und Mieter abgeschlossen. Der Garant und der im Einvernehmen mit dem Garanten eingesetzte Hausverwalter werden mit dem Abschluss dieser im Innenverhältnis vorab mit dem Käufer abzustimmenden Mietverträge beauftragt und bevollmächtigt. Die Kaltmiete darf nicht unter ..... €/m² betragen; die umlegungsfähigen Nebenkosten sind vom Mieter zu tragen; Verbrauchsgebühren sind, soweit möglich, unmittelbar an die Versorgungsunternehmen zu entrichten. Der Garant hat den Käufer auch von Provisionsansprüchen Dritter (Makler

---

3257 Übersicht bei *Burballa* NZM 2011, 345 ff.
3258 Dafür *Derleder* NJW 2008, 1194.
3259 BGH, 10.10.2008 – V ZR 175/07, n.v.
3260 BGH NJW 1967, 1020; BGH WM 1975, 348.

etc.) freizustellen; das gilt auch, soweit solche Dritte nicht auf Veranlassung des Verkäufers tätig werden.

(4) Ergibt sich – bezogen auf den gesamten Abrechnungszeitraum – eine Überdeckung, ist der Überschuss der Nettomieten über den Garantiebetrag vollständig/zur Hälfte an den Garantiegeber auszukehren/verbleibt dieser beim Käufer.

(5) Alle Belege sind auf Verlangen offen zu legen; über Mietausfälle ist unverzüglich zu berichten. Auf Verlangen des Garanten ist der Käufer verpflichtet, die Ansprüche auf diejenigen rückständigen Mieten, die der Verkäufer aufgrund der Garantie übernommen hat, an den Verkäufer zur eigenen Beitreibung abzutreten.

(6) Dem Käufer ist – auch aufgrund Hinweises des Notars – bewusst, dass die Erfüllung einer Garantie die Erfüllungswilligkeit und finanzielle Leistungsfähigkeit (Bonität) des Garanten voraussetzt. Anderweitige Absicherungen, etwa durch Bankbürgschaft, sind gleichwohl nicht zu stellen.

Die in vorstehendem Textvorschlag als Alternative vorgesehene teilweise oder gar gänzliche »Mehrerlösabführung« verstößt in Formularverträgen, sofern nicht ausgehandelt, gegen das Überraschungsverbot (§ 305c Abs. 1 BGB) und stellt dann wohl auch eine unangemessene Benachteiligung ggü. dem Leitbild des Garantievertrages dar.[3261] Bei längeren Garantiezeiträumen (z.B. über 10 Jahre) wird naheliegen, den Garantiebetrag z.B. nach Maßgabe des Verbraucherpreisindex wertzusichern. Hat der Garantienehmer eine Vergütung zu entrichten, ist diese, zur Reduzierung der Grunderwerbsteuer[3262] und der Gerichtskosten, separat auszuweisen. Die Rechtsprechung sieht den Notar nicht in der Pflicht, auf das Risiko mangelnder Bonität des Garanten hinzuweisen.[3263] – Eine Spielart der Mietgarantie ist schließlich die **Mietpoolgarantie**, bei welcher alle Mieten eines Objektes auf ein zentrales Verrechnungskonto vereinnahmt werden und aus dem die Garantiemieten an alle Poolmitglieder ausgeschüttet werden; der Garant hat lediglich etwaige Unterdeckungen des Pool auszugleichen.[3264] 1914

Die dahinter zurückbleibende »**Vermietungsgarantie**« verpflichtet den Garanten demgegenüber zur Kompensation nur für diejenigen Zeiträume, in denen kein Mietvertrag besteht, also nicht in Fällen unzureichender Erfüllung bestehender Mietverträge. Der Vermieter muss in diesem Fall dafür Sorge tragen, notleidende Mietverhältnisse sobald rechtlich möglich zu beenden, um in den Genuss der Garantiezahlungen zu kommen. 1915

▶ Formulierungsvorschlag: Vermietungsgarantie

(1) Der Verkäufer (Garant) übernimmt gegenüber dem Käufer auf die Dauer von ..... Zeitjahren ab dem Monatsersten nach Besitzübergang die selbstständige Garantie dafür, dass für die gesamte vermietbare Fläche von ..... m² Mietverträge bestehen, die eine monatliche Kaltmiete von mindestens ..... €/m² vorstehen, zuzüglich der auf den Mieter nach der BetriebskostenVO umlegbaren Nebenkosten. 1916

(2) Für diejenigen Zeiträume, in denen kein Mietvertrag besteht, ist der Garant zur Entrichtung des vorgenannten monatlichen Mindestmietzinses verpflichtet, sofern er nicht dem Käufer einen Mieter benennt, der zur Anmietung zu mindestens obigen Konditionen bereit ist und ausreichende Bonität aufweist. Letzteres liegt vor, wenn der Mietinteressent keinen Bonitätsindex über 300 bei der Creditreform aufweist und in der DeMDa (Deutsche Mieter Datenbank) keine »harten« Ablehnungsgründe gegen ihn bestehen.

(3) Der Käufer ist verpflichtet, dem Garanten unverzüglich über Mietrückstände, Kündigungen und Neuabschlüsse zu berichten und auf Verlangen Rechenschaft zu legen.

Alternativ könnte der Verkäufer auch lediglich für das Zustandekommen von durch ihn zu vermittelnden Mietverträgen innerhalb einer bestimmten Zeit einstehen (»**Erstvermietungsgarantie**«). 1917

3261 OLG Hamburg BB 1984, 934 (935).
3262 BFH BStBl. II 1994, S. 409.
3263 OLG München NZM 2001, 600; vgl. auch *Burbulla* NZM 2011, 345, 349 zur Pflicht eines Verkäufers, auf die schwache Bonität eines von ihm »vermittelten« Garanten hinzuweisen.
3264 Vgl. *Jäckel* ZMR 2004, 393 ff.

Dieser Wille muss jedoch deutlich zum Ausdruck kommen; im Zweifel ist eine »Mietgarantie« als Garantie für die Einbringlichkeit der Miete (Rdn. 1911) zu verstehen.[3265]

▶ **Formulierungsvorschlag: Erstvermietungsgarantie**

1918 (1) Der Verkäufer (Garant) übernimmt gegenüber dem Käufer die selbstständige Garantie für das Vorhandensein von Mietverträgen über einen Gesamtbetrag von (ohne Nebenkosten und USt) gesamt ..... €/Monat. Diese Garantie erfasst jedoch lediglich das Risiko der Erstvermietung; der Garantiezeitraum beginnt mit dem Monatsanfang nach Besitzübergang. Der Garantiezeitraum endet, sobald Mietverträge zustande gekommen sind für eine Gesamtsumme, die den oben genannten Betrag erreicht oder übersteigt; eine Endbefristung unabhängig davon besteht nicht. Ein Mietvertrag gilt erst dann als zustande gekommen, wenn der erste Mietbetrag eingegangen ist; weitere Bonitätsnachweise sind nicht vorzulegen. Kam ein Mietvertrag über eine Wohnung zustande oder besteht er derzeit schon, entfällt der dadurch erreichte Mietbetrag nicht, wenn das Mietverhältnis später entfällt oder der Mieter sonst säumig wird, gleichgültig ob dies vor oder nach dem Erreichen der gesamten Erstvermietungsgarantiesumme stattfindet.

(2) Sofern und solange aufgrund der zustande gekommenen Mietverträge die Summe der Kaltmieten noch nicht den gesamten Garantiebetrag erreicht hat, sichert die Mietgarantie die Differenz zwischen der Summe der bereits erreichten Vertragsmieten und der Garantiemiete. Abrechnungen finden jeweils nach Abschluss eines Kalendervierteljahres während des ersten Monats jedes Quartals statt; ergibt sich eine Unterdeckung, ist diese binnen eines weiteren Monats auszugleichen.

(3) Der Mietvertrag bzw. die Mietverträge wird/werden rechtlich direkt zwischen Käufer und Mieter abgeschlossen. Der Garant wird mit dem Abschluss dieser im Innenverhältnis vorab mit dem Käufer abzustimmenden Mietverträge beauftragt und bevollmächtigt. Die Kaltmiete darf nicht unter ..... €/m² betragen; die umlegungsfähigen Nebenkosten sind vom Mieter zu tragen; Verbrauchsgebühren sind, soweit möglich, unmittelbar an die Versorgungsunternehmen zu entrichten. Der Garant hat den Käufer auch von Provisionsansprüchen Dritter (Makler etc.) freizustellen; das gilt auch, soweit solche Dritte nicht auf Veranlassung des Verkäufers tätig werden.

(4) Dem Käufer ist – auch aufgrund Hinweises des Notars – bewusst, dass die Erfüllung einer Garantie die Erfüllungswilligkeit und finanzielle Leistungsfähigkeit (Bonität) des Garanten voraussetzt. Anderweitige Absicherungen, etwa durch Bankbürgschaft, sind gleichwohl nicht zu stellen.

1919 Wird ein Objekt »mit einem bereits vom Verkäufer abgeschlossenen Mietvertrag« veräußert, kann es sich hierbei um eine durch die Vertragsparteien vorausgesetzte erste Verwendung des Objekts i.S.d. § 434 Abs. 1 Satz 2, 1. Alt. BGB handeln, die einem Sachmangel gleichsteht, sodass der Käufer, falls der Mieter vorher »abspringt«, die Annahme gem. § 320 BGB verweigern und Nacherfüllung durch Stellung eines gleichwertigen Mieters verlangen kann bzw. nach Setzung einer vergeblichen Nachfrist Minderung oder Rücktritt (§ 437 BGB), jedoch – mangels Verschuldens des Verkäufers – im Regelfall keinen Schadensersatz. (Allerdings wird der Verkäufer häufig einen Schadensersatzanspruch gegen den bereits vertraglich gebundenen Erstmieter haben.)[3266]

1920 Dahinter zurückbleibend, wird teilweise der Verkäufer ermächtigt, bis zu einem bestimmten Zeitpunkt hinsichtlich leer stehender Einheiten Mietverträge zustande zu bringen (regelmäßig mit Auswirkungen auf den als Multiplikator des Nettomietertrags ausgewiesenen, demnach zunächst vorläufigen, Kaufpreis). Inhaltlich und hinsichtlich der Bonität[3267] des Mieters sind dann einschränkende Voraussetzungen dafür erforderlich, dass der Mietvertrag als vertragsgemäß gewertet werden kann:

3265 BGH NJW 2003, 2235.
3266 Vgl. *Derleder* NJW 2008, 1194.
3267 Der Verband der Vereine Creditreform e.V., Neuss, unterscheidet zwischen Stufe 1 (Bonitätsindex 100-149, Ausfallwahrscheinlichkeit [AFW] 0,34 %), Stufe 2 (Index 150-200, AFW 0,67 %), Stufe 3+ (Index 201-250, AFW 1,41 %), Stufe 3 (Index 251-300, AFW 2,5 %), Stufe 3- (Index 301-350, AFW 9,85 %), Stufe 4 (Index 351-499, AFW 20,85 %), Stufe 5 (Index 500, massive Zahlungsverzüge) und Stufe 6 (Index 600, harte Negativmerkmale).

▶ **Formulierungsvorschlag: Beschränktes Nachvermietungsrecht des Verkäufers**

Der Verkäufer ist bis zum ..... berechtigt, selbst oder durch von ihm beauftragte Dritte die derzeit leerstehenden Räume bei Einhaltung der nachstehenden Kriterien (wieder) zu vermieten. Für die Bemessung des Kaufpreises sind solche Mietverträge jedoch nur zu berücksichtigen, wenn sie folgende Kriterien sämtlich erfüllen:

(a) Der Beginn der geschuldeten Mietzahlung darf nicht nach dem ..... liegen.

(b) Der Mieter darf keinen Bonitätsindex über 300 bei der Creditreform aufweisen und in der DeMDa (Deutsche Mieter Datenbank) dürfen keine »harten« Ablehnungsgründe gegen ihn bestehen.

(c) Eine feste Mietvertragslaufzeit von mindestens 3 Jahren (beiderseitiger Ausschluss ordentlicher Kündigungsrechte) muss vereinbart sein.

(d) Eine Mietkaution i.H.v. zwei Monatsmieten (oder Übergabe einer vergleichbaren Sicherheit, z.B. Bankbürgschaft, Kontenverpfändung) muss vereinbart sein.

(e) Der gegenwärtige Standard-Mietvertrag des Käufers muss hinsichtlich der Regelungen zu Betriebskosten, Instandhaltung und Indexierung verwendet werden; der Wortlaut dieser Bestimmungen ist als Anlage ..... zu Beweiszwecken beigefügt.

(f) Der effektive Mietzins pro Quadratmeter (Grundmiete) für die feste Mietvertragslaufzeit muss mindestens € ..... pro m² netto betragen, wobei die zugrundezulegende Fläche als Nettogrundfläche (NGF) gem. DIN 277/nach Maßgabe der Richtlinie für Gewerbemietflächen (MF-G) des Gif e.v. (Gesellschaft für immobilienwirtschaftliche Forschung) ermittelt wird. Ein mietfreier Zeitraum von bis zu 3 Monaten oder Baukostenzuschüsse bis zur Höhe von 3 Monatsmieten bleiben dabei unberücksichtigt.

Schließt der Käufer als künftiger Vermieter seinerseits vor dem ..... Mietverträge für die freie Fläche, gelten die vorstehenden Anforderungen, insbes. im Hinblick auf die Kaufpreisanpassung, als erfüllt, bzgl. Buchst. f) i.H.d. tatsächlichen vereinbarten, mindestens jedoch des unter f) genannten Mietzinses.

Beabsichtigt der Verkäufer, einen Mietvertrag abzuschließen, der eine oder mehrere der vorstehenden Voraussetzungen nicht erfüllt, hat der Käufer das Recht, innerhalb von 10 Werktagen nach Erhalt des Vertragsentwurfs und der Nachweise über das (Nicht-)vorliegen der Voraussetzungen oben a) bis f) zu widersprechen. Anzeige, Nachweis und Widerspruch bedürfen der Schriftform. Erfolgt kein Widerspruch, ist der Verkäufer auch zum Abschluss eines abweichenden Mietvertrags berechtigt; für Zwecke der Kaufpreisanpassung gelten die Anforderungen in gleicher Weise als erfüllt wie wenn der Käufer vermietet hätte.

Vermietet der Verkäufer ohne Einhaltung der Anforderungen a) bis f) und hat der Käufer dem nicht durch Unterlassen des Widerspruchs zugestimmt, ist der Käufer zum Rücktritt vom Vertrag binnen eines Monats nach Kenntnis hiervon berechtigt/mindert sich der vorläufige Kaufpreis um ..... € je m² Mietfläche, für welche nicht sämtliche Anforderungen eingehalten sind.

(9) Abwerbeverbot

Insb. beim Erwerb vermieteter Gewerbeimmobilien ist der Fortbestand des Mietvertrags wesentliche Kalkulationsgrundlage des Käufers. Teilweise wird daher dem Verkäufer zumindest für einen bestimmten Zeitraum untersagt, die derzeitigen Mieter in andere Eigenobjekte im Umkreis »abzuwerben«; eine Verletzung dieser Pflicht löst dann Schadensersatzansprüche aus:

▶ **Formulierungsvorschlag: Verbot der Mieterabwerbung**

Der Verkäufer verpflichtet sich gegenüber dem Käufer, während eines Zeitraums von ..... Jahren ab heute keine derzeitigen Mieter des Kaufgegenstandes als Mieter oder Käufer für (eigene oder fremde) Objekte, die sich in einem Umkreis von ..... km um den Kaufgegenstand befinden, abzuwerben und mit diesen Miet-/Kaufverträge abzuschließen oder solche zu vermitteln. Nimmt ein derzeitiger Mieter wegen eines solchen beabsichtigten Vertrags mit ihm Fühlung auf, hat er ihn auf dieses Verbot hinzuweisen. Der Verkäufer hat darauf hinzuwirken, dass alle Unternehmen, an denen er unmittelbar oder mittelbar beteiligt ist, dieselben Verpflichtungen einhalten.

B. Gestaltung eines Grundstückskaufvertrages

(10) Mietsicherungsdienstbarkeit

1924 Trotz seiner starken gesetzlichen Position (§ 566 BGB) bedarf der Mieter insb. in Vorauszahlungsfällen (wegen der ggü. Sonderrechtsnachfolgern in § 566c BGB nur begrenzt gewährten Tilgungswirkung auf die Mietschuld) sowie – jedenfalls bei Gewerbemietverträgen – wegen des Risikos der Sonderkündigung durch den Ersteigerer bzw. Insolvenzkäufer nach § 57a ZVG, § 111 InsO oder nach Eintritt der Nacherbfolge (§§ 2135, 1056 Abs. 2 BGB) eines zusätzlichen dinglichen Schutzes. Zur Sicherung des bei vorzeitiger Beendigung bestehenden Schadensersatzanspruchs (§§ 280, 283, 536a Abs. 1 BGB) eignen sich Grundpfandrechte, zur Sicherung des Besitzrechts ein ggf. versteigerungsfestes[3268] **Dauernutzungsrecht** (§§ 31 ff. WEG),[3269] das jedoch wegen seiner Übertragbarkeit über das Regelungsziel »hinausschießt«, oder – passgenauer – eine »**Mietsicherungsdienstbarkeit**«,[3270] die im Rang vor allen auf Zahlung gerichteten Rechten, einzutragen ist. Da es sich bei der – ihrer Natur nach abstrakten – beschränkten persönlichen Dienstbarkeit um ein Sicherungsrecht handelt, kommt der Sicherungsabrede, also der Beschreibung derjenigen Fälle, in denen die Rechte aus der Dienstbarkeit ausgeübt werden dürfen, besondere Bedeutung zu. Kann ein solcher Sicherungsfall nicht mehr eintreten, etwa wegen ordnungsgemäßer Beendigung des Mietvertrags aufgrund Pflichtverletzung des Mieters oder nach Endbefristung des Mietvertrags, ist die Dienstbarkeit zu löschen; die Endbefristung kann jedoch auch hinsichtlich des dinglichen Rechts selbst vereinbart sein. Ferner ist es zulässig, das dingliche Recht auflösend zu bedingen auf die Insolvenzeröffnung über das Vermögen des Dienstbarkeitsberechtigten (Mieters) bzw. dessen Ablehnung mangels Masse, auch wenn der schuldrechtliche Mietvertrag selbst durch den Vermieter nicht aufgrund der Vermögensverschlechterung gekündigt werden kann, §§ 112, 119 InsO (Rdn. 1895).[3271]

▸ **Formulierungsvorschlag: Mietsicherungsdienstbarkeit (Sicherungsabrede im Mietvertrag)**

1925
§ .....

Verpflichtung zur Bestellung einer beschränkten persönlichen Dienstbarkeit

(1) Der Mieter wird aufgrund dieses Mietvertrags hohe Investitionen tätigen, sodass die Aufrechterhaltung der Nutzungsberechtigung für ihn von entscheidender Bedeutung ist. Die Beteiligten sind sich daher einig, dass der Mieter eines Schutzes vor vorzeitiger Beendigung der Nutzungsberechtigung etwa als Folge gesetzlicher Sonderkündigungsrechte (§ 57a ZVG, § 111 InsO) bedarf. Der Mieter wird weiterhin auf Wunsch des Eigentümers die vereinbarte Miete in abgezinster Höhe für einen Zeitraum vom ..... Jahren vorausentrichten. Diese Vorauszahlungsabrede bindet einen Sonderrechtsnachfolger (Käufer, Ersteigerer etc.) gem. § 566c BGB nur in sehr begrenztem Umfang; i.Ü. wäre der Mieter auf Rückzahlungsansprüche (§ 547 Abs. 1 BGB) und ggf. Schadensersatzansprüche gegen den derzeitigen Eigentümer verwiesen. Zur Erhaltung der Beleihbarkeit des Grundstücks verzichtet der Berechtigte derzeit auf die Absicherung dieses bedingten Rückzahlungsanspruchs (etwa durch Eintragung eines Grundpfandrechts am Grundstück), bedarf jedoch aufgrund der beiderseits getroffenen Abreden daher des besonderen Schutzes zum Erhalt seiner Nutzungsbefugnis auch gegen einen neuen Eigentümer, selbst wenn die Vorauszahlungsabrede letzteren schuldrechtlich nicht bindet.

(2) Der Eigentümer verpflichtet sich daher, dem Mieter eine beschränkte persönliche Dienstbarkeit nach dem Muster in Anlage 1 zu bestellen und dieser Dienstbarkeit Rang vor allen auf Zahlung gerichteten Rechten in Abteilung II und III (insbes. Reallasten, Grundpfandrechten) zu verschaffen. Die Vorauszahlung der Miete durch den Mieter ist schuldrechtlich erst dann geschuldet, wenn diese Dienstbarkeit bestellt, eingetragen und ihr der bedungene Rang verschafft wurde.

3268 § 39 WEG: Fortbestand in der Zwangsversteigerung des Grundstücks, selbst wenn das Recht nicht in das geringste Gebot fällt, vergleichbar § 9 Abs. 3 Nr. 1 ErbbauRG.

3269 Vgl. *Hilmes/Krüger* ZfIR 2009, 184 ff. (auch – S. 192 ff. –) zur Situation der eigentümerfinanzierenden Bank, die sicherzustellen hat, dass der Eigentümer von Heimfallmöglichkeiten i.S.d. § 36 WEG Gebrauch macht, und sodann nach Ausübung des Heimfalls das Eigentümerdauernutzungsrecht zu löschen hat (z.B. durch vom Notar verwahrte vorab erklärte Löschungsbewilligung oder Eintragung einer Löschungsvormerkung, *Bärmann/Pick* 10. Aufl. 2008 § 36 WEG Rn. 43).

3270 Hierzu *Wortberg* ZfIR 2011, 591 ff.

3271 BGH, 07.04.2011 – V ZB 11/10, NotBZ 2011, 255 m. Anm. *Krauß*; *Eckert* ZfIR 2011, 540.

(3) Der Mieter darf von der eingeräumten Möglichkeit der Überlassung dieser Dienstbarkeit zur Ausübung an Dritte nur Gebrauch machen, wenn und soweit dies nach Maßgabe des heutigen Mietvertrags zulässig ist und der Dritte die Pflichten aus dem Mietvertrag einschließlich dieser Sicherungsabrede gegenüber dem Vermieter übernimmt.

(4) Die beschränkte persönliche Dienstbarkeit dient der Sicherung des Besitzrechts des Berechtigten. Sie darf erst ausgeübt werden (Sicherungsfall), wenn, sobald und solange einer der nachstehenden Umstände verwirklicht ist:
– Das Nutzungsrecht aus diesem Mietvertrag endet bereits vor der vertraglich vereinbarten Befristung (also vor dem .....), es sei denn, diese Beendigung beruht auf einer Kündigung des Vermieters wegen Nichtzahlung der laufenden Miete. Als »Kündigung wegen Nichtzahlung der laufenden Miete« gilt nicht eine Kündigung, die wegen Nichtzahlung der Miete ausgesprochen wird für einen Zeitraum, für den der Mieter bereits vorausgezahlt hat, selbst wenn die Vorauszahlung gegenüber einem früheren Vermieter erfolgte und die Vorauszahlungsabrede den neuen Vermieter schuldrechtlich an sich nicht binden würde. Kündigt demnach der neue Vermieter wegen Nichtzahlung der Miete, obwohl diese für den fraglichen Zeitraum dem früheren Vermieter gegenüber vorausentrichtet wurde, ist der Sicherungsfall ebenfalls gegeben.
– Der Sicherungsfall ist weiter gegeben, wenn die Gebrauchsgewährung durch den jeweiligen Eigentümer beeinträchtigt wird, etwa durch Neuvermietung o.ä., selbst wenn das Mietverhältnis wirksam beendet wurde, es sei denn, die Beendigung beruht auf Nichtzahlung der laufenden Miete außerhalb des Vorauszahlungszeitraums. Alle sonstigen Fälle der Kündigung, bspw. infolge Sonderkündigungsrechten nach Versteigerung oder Insolvenzeröffnung oder wegen Nichtentrichtung der Miete während des Vorauszahlungszeitraums oder im Fall der Kündigung durch den Mieter während des Befristungszeitraums aufgrund einer Pflichtverletzung des Vermieters, lösen jedoch den Sicherungsfall bis zum Ablauf der Befristung des heutigen Vertrags aus.

(5) Die beschränkte persönliche Dienstbarkeit ist auch dinglich endbefristet auf den ..... (Zeitpunkt der Endbefristung des Mietvertrags), ferner auflösend bedingt auf die Eröffnung des Insolvenzverfahrens über das Vermögen des Mieters oder die Ablehnung der Eröffnung mangels Masse.

Im Fall der vorzeitigen einvernehmlichen Aufhebung des Besitzrechts aus dem Mietvertrag ist die Dienstbarkeit durch Löschungsbewilligung seitens des Mieters zurückzugewähren.

(6) Der Mieter verpflichtet sich, dem Eigentümer die Kosten der notariellen Beglaubigung der Dienstbarkeitsbewilligung sowie deren Eintragung in das Grundbuch zu erstatten, sofern die Dienstbarkeit den bedungenen Rang erhält; die weiteren Kosten der Rangverschaffung trägt der Eigentümer.

Anlage 1: *(s. Rdn. 1926)*

▶ Formulierungsvorschlag: Mietsicherungsdienstbarkeit

Eintragungsbewilligung der beschränkten persönlichen Dienstbarkeit 1926

Der Eigentümer räumt hiermit dem Mieter (....., geb. am ....., Anschrift: .....) das Recht ein, das Grundstück FlSt ..... gemäß den nachfolgenden Bestimmungen zu nutzen:

Der Mieter ist berechtigt, die im beigefügten Grundrissplan gekennzeichneten Räume als ..... *(Büro, Ladeneinheit, zu Wohnzwecken)* zu nutzen – unter Ausschluss des Eigentümers – und die zum gemeinschaftlichen Gebrauch bestimmten Anlagen, nämlich *Zugang und Zufahrt, Ver- und Entsorgungseinrichtungen, gemeinschaftlichen Pkw-Abstellplatz, Mülltonnenstandplatz etc.* mitzubenutzen.

Der Mieter ist berechtigt, in den zur ausschließlichen Nutzung zugewiesenen Räumen alle Maßnahmen zu ergreifen, die zur Verwirklichung der vorgenannten Nutzung erforderlich sein können.

Der Mieter ist berechtigt, die Ausübung der beschränkten persönlichen Dienstbarkeit ganz oder teilweise Dritten zu überlassen.

Der Eigentümer hat alle Maßnahmen zu unterlassen, durch die die geschützte Nutzung beeinträchtigt, gefährdet oder sonst eingeschränkt werden könnte über den im nachbarlichen Gemeinschaftsverhältnis aufgrund ortsüblicher Benutzung hinzunehmenden Umfang hinaus.

Die Dienstbarkeit ist befristet zum ..... (Hier einsetzen: Datum der Endbefristung des Mietvertrags). Sie ist ferner auflösend bedingt auf den Zeitpunkt der Eröffnung des Insolvenzverfahrens über das Vermögen des Dienstbarkeitsberechtigten oder die Ablehnung seiner Eröffnung mangels Masse.

Der Eigentümer **bewilligt** und der Mieter **beantragt** die Eintragung der vorstehenden, befristeten und auflösend bedingten, beschränkten persönlichen Dienstbarkeit an FlNr. ..... in das Grundbuch des AG ..... für ..... Blatt ..... im Rang nach ..... sowie im Rang vor .....

Allen zur Rangbeschaffung erforderlichen Erklärungen wird zugestimmt. Der Notar wird beauftragt, Rangrücktrittserklärungen einzuholen und entgegenzunehmen.

Die Kosten der Rangverschaffung trägt der Eigentümer, die Kosten der Eintragung der Mieter.

Unbeschadet der abstrakten Natur der Dienstbarkeit erläutert der Eigentümer: Die Dienstbarkeitsbestellung dient der Erfüllung meiner Verpflichtung aus § ..... des Mietvertrags.

(11) Absicherung bei künftigem Mietbeginn

1927 Der Grundsatz »Kauf bricht nicht Miete« gilt zugunsten des Mieters gem. § 566 Abs. 1 BGB nur, wenn ihm die Miträume bereits überlassen waren, bevor eine Veräußerung stattfand. Ist der Mietvertrag zwar geschlossen, jedoch ohne dass der unmittelbare Besitz bereits verschafft wurde, ist demgegenüber der Mieter gem. § 567a BGB nur dann geschützt, wenn »der Erwerber dem Vermieter gegenüber die Erfüllung der sich aus dem Mietverhältnis ergebenden Pflichten übernommen hat«. Hieran wird der Veräußerer, auch zur Vermeidung eigener Schadensersatzpflichten, ein virulentes Interesse haben. Gleichwohl bleibt der Mieter gefährdet, etwa wenn es – als Folge einer Zwangsversteigerung – gar nicht zu einer rechtsgeschäftlichen Übernahmevereinbarung kommen kann. Gleiches gilt, wenn der Eigentümer vor Überlassung der Mietsache beschränkt dingliche Rechte, etwa einen Nießbrauch, bestellen würde, deren Ausübungsbefugnisse den Mietvertrag verdrängen würden (§ 567 BGB), oder wenn schlicht eine spätere Vermietung stattfindet, jedoch letzterem Mietkonkurrenten der Mietraum überlassen wird. Vorsichtige Mieter werden daher, insb. bei einem längeren noch bevorstehenden Zeitraum bis zum Mietbeginn und finanziell prekärem Status des Vermieters darauf drängen, dass eine »Mietbeginns-Sicherungsdienstbarkeit« an guter, insb. vor Abteilung III – Rechten rangierender Rangstelle, eingetragen wird. Der Wortlaut der Dienstbarkeit selbst orientiert sich an Muster Rdn. 1926, da jedenfalls die Nutzung für die gesamte Mietdauer zu sichern ist. Der Sicherungszweck ist jedoch enger gefasst, sodass die Dienstbarkeit schon dann zu löschen ist, wenn die Überlassung der Miträume selbst ordnungsgemäß stattgefunden hat, sodass ab diesem Zeitpunkt allein die mietvertraglichen Pflichten gelten. Eine solche Sicherungsabrede könnte etwa wie folgt formuliert sein:

▸ Formulierungsvorschlag: Sicherungsabrede bei »Mietbeginns-Sicherungsdienstbarkeit«

1928 Die Ausübung der Mieterdienstbarkeit durch den Berechtigten (Mieter) ist erst nach dem Eintritt des Sicherungsfalls zulässig. Der Sicherungsfall tritt ein, wenn der dem Berechtigten nach dem Mietvertrag vom ..... zu überlassende Mietgegenstand wie in den beigefügten Lageplänen (Anlage 1) farblich markiert vor dessen Überlassung an den Berechtigten veräußert und/oder mit einem Recht belastet wird durch dessen Ausübung der vertragsgemäße Gebrauch dem Berechtigten entzogen oder beschränkt wird, und der Erwerber des in den beigefügten Lageplänen (Anlage 1) markierten Mietgegenstandes dem Veräußerer oder dem Berechtigten gegenüber nicht die Erfüllung der sich aus dem Mietvertrag ergebenden Pflichten im Sinne von § 567a BGB übernommen hat. Ein Sicherungsfall tritt auch ein, wenn vor der Überlassung an den Berechtigten über den vorerwähnten Mietgegenstand schuldrechtliche Verträge oder Rechte begründet werden, die die Ausübung des vertragsgemäßen Gebrauchs des Berechtigten entziehen oder beschränken.

Im Sicherungsfalle ist der Berechtigte berechtigt, die Recht aus der Mieterdienstbarkeit auszuüben, insbesondere den in den beigefügten Lageplänen (Anlage 1) markierten Mietgegenstand im Rahmen des Ausübungsbereichs der Mieterdienstbarkeit und nach Maßgabe des Mietvertrags in räumlicher, zeitlicher und sonstiger Hinsicht zu nutzen. Der Berechtigte ist in diesem Fall verpflichtet, die ihr nach dem Mietvertrag obliegenden Pflichten zu erfüllen und ist insbesondere verpflichtet, ein Nutzungsentgelt in Höhe der im Mietvertrag vereinbarten Miete nebst Nebenkosten zu zahlen.

Die Löschung dieser Mieterdienstbarkeit ist durch den Berechtigten zu bewilligen, wenn eine der folgenden auflösenden Bedingungen eingetreten ist:
- Der Mietvertrag durch wirksame Kündigung vor Mietbeginn rechtswirksam beendet ist, oder
- Der in den beigefügten Lageplänen (Anlage 1) farblich markierte Mietgegenstand wurde an den Berechtigten zum ..... (Datum des Mietbeginns) vorbehaltlos übergeben, ohne zuvor veräußert und/oder mit einem dinglichen Recht belastet worden zu sein, durch dessen Ausübung der vertragsgemäße Gebrauch dem Berechtigten entzogen oder beschränkt wird. Die künftigen Rechte und Pflichten der Beteiligten richten sich sodann allein nach dem Mietvertrag.

2. Erschließung

Wegen der Sachnähe der Erschließungsbeitragslast zu den oben behandelten öffentlichen Lasten (Grundsteuer) sollen Regelungsmöglichkeiten hierzu im thematischen Zusammenhang mit dem Besitzübergang skizziert werden. Durch Änderung des Art. 74 Abs. 1 Nr. 18 GG fällt das Recht der Erschließungsbeiträge nunmehr in den Bereich der ausschließlichen Landesgesetzgebung, §§ 127 ff. BauGB gelten jedoch gem. Art. 125a Abs. 1 GG als Bundesrecht weiter, solange der Landesgesetzgeber von seiner Gesetzgebungskompetenz keinen Gebrauch gemacht hat. Soweit ersichtlich, haben nur Bayern (möglicherweise unabsichtlich) im Rahmen einer Neuregelung des Art. 5a Abs. 1 BayKAG und seit 01.10.2005 Baden-Württemberg (§§ 33 ff. KAG) die Gesamtbestimmungen des Erschließungsbeitragsrechts als Landesrecht übernommen, sodass sie nicht mehr revisibel sind.[3272]   1929

Ist bei Beurkundung bekannt, dass offene Erschließungskosten bestehen, hat der Notar zur Vermeidung eigener Haftung auf das Vorleistungsrisiko hinzuweisen, das in der unabhängig davon eintretenden Fälligstellung des Kaufpreises liegt, und – doppelte Belehrungspflicht bei der Zug-um-Zug-Leistung (Rdn. 143) – geeignete Vorkehrungen zu empfehlen (Höchstbetragsbürgschaft/Zurückbehaltungsrechte),[3273] ebenso beim Bauträgervertrag (Rdn. 1953). Das Fehlen einer gesicherten (öffentlich- oder privatrechtlichen) Erschließung begründet einen offenbarungspflichtigen Sachmangel,[3274] Rdn. 2195, 2209.   1930

a) § 436 BGB

Die Schuldrechtsreform hat in § 436 Abs. 1 BGB eine **gesetzlich vermutete Abgrenzungsregelung** vorgeschlagen, die bisher keinerlei Rolle spielte:[3275] Der Verkäufer sei verpflichtet, Erschließungsbeiträge und sonstige Anliegerbeiträge (wohl auch nach landesrechtlichen Kommunalabgabegesetzen nicht jedoch die naturschutzrechtliche Ausgleichsabgabe, Rdn. 1958 ff.,[3276] und Rechnungen nach der AVBWasserV) für diejenigen Maßnahmen zu tragen, die bis zum Tag der Beurkundung bautechnisch begonnen wurden, **unabhängig vom Zeitpunkt des Entstehens der Beitragsschuld**. Sofern also (möglicherweise ohne Kenntnis der Beteiligten) in ggf. durchaus erheblicher räumlicher Entfernung vom Vertragsobjekt mit dem Bau der Kläranlage bzw. des Hauptsammlers begonnen wurde,[3277] hätte der Verkäufer die möglicherweise erst Jahre später in Rechnung gestellten Kanalherstellungsbeiträge zu tragen, obwohl er sie kalkulatorisch bei der Kaufpreisbemessung kaum berücksichtigt haben dürfte. Dies erscheint wenig sachgerecht.[3278] Erschließungskosten werden häufig erst geraume Zeit nach Herstellung der beitragspflichtigen Maßnahmen abgerechnet.[3279] Ein Anspruch   1931

[3272] VGH Bayern MittBayNot 2003, 240 m. Anm. *Grziwotz*, S. 200 ff.; BVerwG MittBayNot 2003, 241.
[3273] OLG Frankfurt am Main, 25.01.2006, NotBZ 2008, 32.
[3274] BGH, 08.04.2011 – V ZR 185/10, ZfIR 2011, 657 m. Anm. *Grziwotz*: jederzeit durch den Nachbarn beendbare Duldung der Mitbenutzung einer Wasserversorgungsanlage.
[3275] Kritisch daher auch *Wilhelm* NJW 2003, 1420 ff.
[3276] Umstritten; § 135a Abs. 4 BauGB verweist insoweit auf die landesrechtlichen Kommunalabgabegesetze, vgl. *Grziwotz* DNotZ 1997, 934.
[3277] Möglicherweise genügen bereits Vermessungsarbeiten, *Grziwotz* NotBZ 2001, 383.
[3278] Der BGH DNotZ 1995, 403, hat auch die frühere gesetzliche Lösung, wonach der Verkäufer nicht für die Freiheit von rückständigen Erschließungsbeiträgen hafte, als überraschend und unbillig angesehen und den Notar zur Vermeidung einer Haftung aufgefordert, die Problematik mit den Beteiligten zu erörtern und sachdienliche Vorschläge zu unterbreiten.
[3279] Was gem. BGH NJW 1999, 3630 u.U. zu Schadensersatzansprüchen gegen den Erschließungsträger führen kann.

auf eine verbindliche Auskunft der Gemeinde (»Anliegerbeschädigung«) besteht wohl nicht;[3280] erweisen sich Auskünfte als unzutreffend, können diese nicht als Verzicht auf noch nicht abgerechnete Beiträge gelten,[3281] jedoch Grundlage für Amtshaftungsansprüche sein.[3282]

1932 Besonderheiten gelten in den **neuen Bundesländern** für am 03.10.1990 bereits hergestellte Erschließungsanlagen, da für diese gem. § 242 Abs. 9 Satz 1 BauGB keine Beiträge erhoben werden dürfen. Ob eine Anlage auch im Rechtssinn als hergestellt gilt, beurteilt sich zum einen nach dem technischen Ausbauprogramm (Erstellung vor dem 03.10.1990 aufgrund eines schriftlichen Plans mit Projektvorgaben zur bautechnischen Herstellung, der einer damals zuständigen staatlichen Stelle zuzurechnen war), zum anderen nach den örtlichen Ausbaugepflogenheiten (Vergleichbarkeit spätestens am 03.10.1990 mit den üblichen Standards für Erschließungsanlagen ähnlicher Funktionalität). Liegt erstmalige Herstellung zum Stichtag des Beitritts nach einem der beiden vorstehenden Kriterien vor, lösen spätere aufwertende Infrastrukturmaßnahmen keine Erschließungsbeiträge mehr aus. Die Beweislast dafür, dass eine Herstellung noch nicht erfolgt sei, trägt dabei der Erschließungsträger.[3283] Anders liegt es bei leitungsgebundenen Anlagen nach den Landeskommunalabgabegesetzen: der Dauertatbestand der »Anschlussmöglichkeit«, welcher die Beitragspflicht entstehen lässt, greift unabhängig davon, ob die erstmalige Anschlussmöglichkeit schon vor dem Beitritt geschaffen wurde oder erst danach.[3284] Aus Gründen der Gleichbehandlung sind altangeschlossene und neu angeschlossene Grundstücke dabei gleich zu behandeln, wobei die Gemeinde die mit der Altanlage übernommenen Altschulden mitberücksichtigen darf (!).[3285]

1933 **b) Terminologie**

Unter der laienhaften Zusammenfassung »Erschließungskosten«[3286] verbergen sich **Beiträge unterschiedlicher Rechtsquelle und Erhebungsmodalität**:
– Beitragspflichten für Erschließungsanlagen i.S.d. § 127 Abs. 2 BauGB, auch soweit in Landesrecht überführt,[3287] insb. also Straßen, Wege, Plätze, selbstständige Parkflächen, Grünanlagen, Immissionsschutzanlagen; innerhalb eines Sanierungsgebiets sind Erschließungsbeiträge allerdings durch die Ausgleichsbeiträge gem. §§ 154, 169 Abs. 1 Nr. 7 BauGB (Rdn. 1497) abgegolten. Es besteht eine Pflicht zur Erhebung, sofern nicht das öffentliche Interesse (Industrieansiedlungen!)[3288] oder die Vermeidung unbilliger Härte einen Verzicht gem. § 135 Abs. 5 Satz 1 BauGB ermöglicht;
– Pflichten aufgrund öffentlich-rechtlicher Erschließungsverträge nach § 124 Abs. 2 BauGB oder Vorfinanzierungsverträge;[3289]

3280 *Ernst/Zinkahn/Bielenberg/Krantzberger* BauGB § 135 Rn. 28 f.; a.A. *Grziwotz* ZfIR 2002, 583.
3281 OVG Nordrhein-Westfalen NVwZ-RR 1990, 435.
3282 BGH ZfIR 2003, 87, ebenso OLG Jena, 23.01.2008 – 4 U 83/06, DNotI-Report 2008, 53.
3283 Vgl. BVerwG, 11.07.2007 – 9 C 5.06.
3284 OVG Berlin-Brandenburg, 12.12.2007 – 9 B 44.06, NotBZ 2008, 163 m. Anm. *Strüben*.
3285 Die 4-jährige Festsetzungsverjährung (frühestens ab Inkrafttreten einer wirksamen Satzung) endet häufig nach Landesrecht frühestens am 31.12.2008 (z.B. § 12 Abs. 1 Satz 1 Halbs. 2 KAG M-V).
3286 Wegen der begrifflichen Unsicherheiten folgt die Auslegung nicht immer dem öffentlichen Recht, vgl. Rn. 1935.
3287 Die Vertragsformulierung »Erschließungsbeiträge nach dem BauGB« bezieht sich also in Bayern und Baden-Württemberg ohne Weiteres auf diese nunmehr in Landesrecht überführten Beiträge, vgl. *Grziwotz* in: Beck'sches Notarhandbuch A I Rn. 151.
3288 Vgl. *Gutachten* DNotI-Report 2008, 90 m.w.N. Bei landesrechtlichen Erschließungsbeiträge für nicht leitungsgebundene Anlagen kommt nur ein Beitragserlass gem. § 227 AO in Betracht.
3289 Vgl. *Johlen* in: Münchener Vertragshandbuch Bd. 2 Formulare VII.1 und 2. Solche öffentlich-rechtlichen Verträge im Städtebau- und Erschließungsbereich unterliegen inhaltlichen Grenzen, etwa dem Schenkungsverbot, dem Verbot des Verkaufs von Hoheitsakten, dem Verbot des Machtmissbrauchs, ferner dem Gegenleistungsverbot, dem Bezüglichkeitsgebot und dem Angemessenheitsgrundsatz, vgl. im Einzelnen unten Rn. 1636.

- Ausbaubeiträge für nicht leitungsgebundene öffentliche Einrichtungen und Anlagen, insb. Verkehrsanlagen, kraft Landesrecht (z.B. Art. 5 BayKAG) mit Besonderheiten;[3290] schwierig ist insoweit die Abgrenzung zur nicht umlegungsfähigen allgemeinen Straßenbaulast.[3291]
- kommunale Anschlussbeiträge für die durch leitungsgebundene öffentliche Einrichtungen und Anlagen vermittelte Anschlussmöglichkeit an die Wasserversorgung und die Entwässerung als kommunale Gesamteinrichtung einschließlich des Hauptsammlers, der Hebeeinrichtungen, des Klärwerks usw. (ebenfalls landesrechtlich geregelt, z.B. in Art. 5 BayKAG, teilweise auch in Form wiederkehrender Beiträge);[3292] – wobei die Beteiligten abweichend hiervon fälschlich i.d.R. nur solche Einrichtungen im Blick haben, die dem Grundstück unmittelbar zugutekommen;[3293]
- Aufwendungsersatz hinsichtlich der Grundstücks- und Hausanschlüsse für Wasserversorgung und Entwässerung (landesrechtlich geregelt, z.B. in Art. 9 BayKAG als Kostenerstattungsforderung);
- privatrechtliche Vereinbarungen über Baukostenzuschüsse und die Erstattung der Kosten für die Erstellung der Hausanschlüsse aufgrund allgemeiner Versorgungsbedingungen für Elektrizität, Gas, Wasser, Fernwärme[3294] (insoweit gehen Verpflichtungen nicht auf den Grundstückserwerber über, sondern treffen stets den Auftraggeber).[3295]
- Aber auch privatrechtlicher Herstellungsaufwand für eine private Zufahrtsstraße, die ihrerseits an das öffentliche Wegenetz angeschlossen ist.[3296]
- Die im Vertrag gewählten Begrifflichkeiten sollten den öffentlich-rechtlichen Termini folgen, um Auslegungsbedarf zu vermeiden. Die Rechtsprechung ist insoweit großzügig: »Erschließungskosten nach dem BauGB« sollen auch landesrechtliche Anliegerbeiträge und Hausanschlusskosten umfassen,[3297] zu »Anlagen i.S.v. § 123 BauGB« zählt der BGH[3298] im Einzelfall auch Auslagen zur Versorgung der Grundstücke mit Elektrizität, Wärme, Gas, der Be- und Entwässerung und der Abfallentsorgung. Zur »erstmaligen Erschließung« kann auch eine private Stichstraße zählen.[3299] Verbleiben trotz der Auslegung, die auch die Erläuterungen des Notars zum Verständnis der Klausel berücksichtigt,[3300] noch Zweifel, entscheidet die von den Beteiligten intendierte Verteilung des »Erschließungsvorteils«,[3301] i.Ü. werden die Kosten hälftig geteilt.[3302]

1934

1935

c) Heranziehung

Voraussetzung für die Beitragserhebung ist zum einen die sachliche Beitragspflicht (endgültige Herstellung der Erschließungsanlage),[3303] mit der die öffentliche Last als dingliche Sicherung außerhalb des Grundbuches entsteht. Die weiter erforderliche persönliche Beitragspflicht des Eigentümers, Erbbauberechtigten oder dinglich Nutzungsberechtigten wird durch Beitragsbescheid konkretisiert; maßgeblich ist die Eigentumslage bei Zustellung des Bescheids. Ist die sachliche

1936

3290 Z.B. erlaubt § 8 Abs. 1 Satz 3 Brandenburgisches KAG die Abrechnung auf vertraglicher Grundlage in voller Höhe des Aufwandes ohne Abzug des Gemeindeanteils, *Halter* LKV 2004, 443.
3291 Insb. im Hinblick auf Ausbaumaßnahmen, die durch unterlassene Unterhaltsmaßnahmen notwendig wurden. Die Anliegerbeteiligung bei Ausbaubeiträgen variiert nach dem Straßentypus, in Bayern z.B. 20 % bei Hauptverkehrsstraßen, 40 % bei Haupterschließungsstraßen, 70 % bei Anliegerstraßen.
3292 I.H.d. jährlichen Investitionsaufwendungen, z.B. gem. § 6a KAG Sachsen-Anhalt.
3293 OLG Jena, 16.08.2006, NotBZ 2008, 36.
3294 §§ 9 Abs. 1, 10 Abs. 5 AVBeltV/AVBGasV/AVBWasserV/AVBFernwärmeV.
3295 BGH NJW 1990, 2130.
3296 OLG Schleswig, 12.12.2008 – 17 U 81/07, MittBayNot 2009, 489 m. Anm. *Griwotz*.
3297 OLG Koblenz NotBZ 2003, 121.
3298 BGH MittBayNot 2005, 177.
3299 OLG Düsseldorf BauR 1995, 559.
3300 BGH, 29.05.2009 – V ZR 201/08, MittBayNot 2009, 459 m. Anm. *Griwotz* S. 490.
3301 BGH MittBayNot 2000, 316.
3302 *Griwotz* MittBayNot 2009, 491.
3303 Dieser Zeitpunkt soll im Zweifel auch maßgeblich sein, wenn ein Vertrag auf das »Anfallen von Erschließungsmaßnahmen« abstellt, OLG Hamburg, 13.06.2003 – 1 U 97/02, OLGR 2003, 523.

Beitragspflicht noch nicht (vollständig) entstanden, können auch ohne ausdrückliche gesetzliche Norm[3304] **Vorauszahlungen** auf künftige Erschließungskosten und Kommunalabgaben verlangt werden, ohne dass es hierfür einer Erschließungsbeitragssatzung bedürfte. Stets erforderlich ist jedoch der Vorbehalt, dass die endgültige Abrechnung auf der Grundlage der erlassenen Beitragsbescheide erfolgen wird.

▶ Formulierungsvorschlag: Erschließungsvorausleistungen an veräußernde Gemeinde

1937 Neben dem vorgenannten Kaufpreis hat der Käufer an den Verkäufer, die Gemeinde ....., folgende Vorausleistungen auf die Erschließungsbeiträge nach dem Baugesetzbuch und auf Anliegerbeiträge für Wasser und Kanal zu erbringen, und zwar mit Fälligkeit des Kaufpreises im übrigen:
– ..... € pro Quadratmeter Grundstücksfläche Vorausleistung auf Erschließungsbeiträge,
– ..... € pro Quadratmeter Grundstücksfläche sowie ..... € pro Quadratmeter Geschoßfläche auf die Herstellungsbeiträge für die Wasserversorgung, jeweils zuzüglich gesetzlicher Mehrwertsteuer von 7 %,
– sowie ..... € pro Quadratmeter Grundstücksfläche und ..... € pro Quadratmeter Geschoßfläche Vorauszahlung auf die Herstellungsbeiträge für die Entwässerung, jeweils bemessen auf der Basis der fiktiven voraussichtlichen Geschossfläche von ..... Quadratmetern.

Im übrigen sind die Erschließungsbeiträge und Anliegerleistungen im Kaufpreis nicht enthalten, sondern vom Käufer getrennt zu tragen, auch durch bescheidsmäßig erhobene weitere Vorausleistung.

Im übrigen gelten die gesetzlichen Bestimmungen und Gemeindesatzungen.

Ergänzung in Ländern, in denen die Gemeinde selbst Beitragsschuldner sein kann:

Vorstehendes gilt unabhängig davon, ob die Gemeinde selbst nach den gesetzlichen Bestimmungen Beitragsschuldner wäre.

Die geleisteten Vorauszahlungen sind mit der endgültigen Beitragsschuld zu verrechnen, auch wenn zwischenzeitlich ein Eigentümerwechsel stattgefunden hat. Überzahlungen sind demjenigen rückzuerstatten, der sie geleistet hat.

1938 Solche Vorausleistungen werden, sofern erbracht,[3305] nur bei spezialgesetzlicher Anordnung bei einem **Eigentumswechsel** dem Erwerber angerechnet (so etwa in § 133 Abs. 3 Satz 2 BauGB, Art. 5 Abs. 5 Satz 2 BayKAG). In allen anderen Fällen müsste, falls Vorauszahlungen wirtschaftlich dem neuen Eigentümer zugutekommen sollen, formuliert werden:

▶ Formulierungsvorschlag: Abtretung von Erschließungs-Vorausleistungen

1939 Der Verkäufer tritt Vorausleistungen und etwaige Erstattungsansprüche aufgrund aufgehobener Heranziehungsbescheide oder aufgrund von Überzahlungen an den dies annehmenden Käufer ab, sodass sie auf dessen endgültige Beitragsschuld anzurechnen sind; die Beteiligten verpflichten sich, die Abtretung dem Erschließungsträger anzuzeigen.

▶ Formulierungsvorschlag: Vorausleistung auf Erschließungskosten beim Erwerb von der Gemeinde

1940 Der Verkäufer tritt Vorausleistungen und etwaige Erstattungsansprüche aufgrund aufgehobener Heranziehungsbescheide oder aufgrund von Überzahlungen an den dies annehmenden Käufer ab, sodass sie auf dessen endgültige Beitragsschuld anzurechnen sind; die Beteiligten verpflichten sich, die Abtretung dem Erschließungsträger anzuzeigen.

3304 Eine solche ist etwa enthalten in § 2 Abs. 2 KAG Rh-Pfalz.
3305 BVerwG, 19.03.2009 – 9 C 10.08, MittBayNot 2009, 328: keine Anrechnung, wenn die Vorausleistungsforderung infolge Eintritts der Zahlungsverjährung erloschen ist.

Privatrechtliche vertragliche Vereinbarungen über die Verteilung der »Erschließungslast« lassen die öffentliche Beitragsschuld unberührt, sodass der nach öffentlichem Recht Beitragspflichtige stets das **Ausfallrisiko** trägt. Nur dieser kann ferner (ggf. auf Weisung und Rechnung des aufgrund privater Vereinbarung Erstattungspflichtigen) Rechtsmittel gegen Beitragsbescheide einlegen (Rdn. 1946). 1941

Ein fällig gewordener[3306] Erschließungsbeitrag ruht ohne Eintragung (§ 54 GBO) als **öffentliche Last** auf dem Grundstück (§ 134 Abs. 2 BauGB) und begründet ein Recht auf abgesonderte Befriedigung durch Zwangsversteigerung (Rangklasse des § 10 Abs. 1 Nr. 3 ZVG für die in den letzten 4 Jahren rückständigen Beträge), auch in der Insolvenz (§ 49 InsO). Je nach Landesrecht kann diese Beitragsschuld auch gesamtschuldnerisch ausgestaltet sein (Rdn. 2447), was insb. bei der Versteigerung einer Eigentumswohnung desaströse Folgen haben kann! Im Fall der Veräußerung geht die persönliche Beitragsschuld für Rückstände zwar nicht auf den neuen Eigentümer über; dieser kann jedoch durch **Duldungs- oder Haftungsbescheid** nach § 191 AO hinsichtlich des Grundbesitzes zur Hinnahme dessen Verwertung herangezogen werden, und zwar schon bevor alle gegen den eigentlichen Steuerschuldner denkbaren Vollstreckungsmöglichkeiten ausgeschöpft sind.[3307] 1942

d) Regelungsalternativen

Die im jeweiligen Einzelfall »richtige« Erschließungskostenregelung sollte darauf abstellen, in welcher Weise die Beteiligten den »**Erschließungsvorteil**«[3308] **kalkulatorisch** berücksichtigt haben. 1943

Denkbar sind z.B. folgende Varianten: 1944
– Der Verkäufer hat die Gewähr dafür übernommen,[3309] das Objekt sei »**vollständig erschlossen**« und die Erschließung bezahlt. Von dieser Garantie sind regelmäßig nicht erfasst die Anschlusskosten, die der Anschließende zu tragen hat, sowie etwaige Nacherhebungen, die insb. nach den Landeskommunalabgabengesetzen bzgl. der Abwasserbeiträge in Betracht kommen, wenn das Maß der tatsächlichen baulichen Nutzung über den pauschal mit abgegoltenen Gebäudeanteil hinausgeht (in Bayern z.B. nach den kommunalen Beitragssatzungen regelmäßig ein Viertel der Grundstücksfläche als Geschossfläche überschritten wird). Eine solche Formulierung (etwa im Rahmen eines Bauplatzkaufs) könnte demnach lauten:

▶ Formulierungsvorschlag: Garantie des Verkäufers für die vollständige Erschließung

Der Verkäufer garantiert, dass die gesamte öffentlich-rechtliche Erschließung des Vertragsbesitzes gem. BauGB und Kommunalabgabengesetz mit Straßenausbau und Entwässerung durchgeführt, endabgerechnet und bezahlt ist. Gleiches gilt für die Anbindung an die öffentliche Wasserversorgung. Sollten wider Erwarten noch Zahlungen für den derzeitigen Zustand vom Käufer verlangt werden oder Maßnahmen zur funktionsgerechten Ersterschließung eines Wohngebäudes gem. öffentlich-rechtlicher Vorschriften erforderlich sein, hat diese der Verkäufer zu übernehmen. 1945

Sofern allerdings Baukostenzuschüsse, Hausanschlusskosten und Nacherhebungen von Erschließungskosten anlässlich einer künftigen Bebauung des Vertragsbesitzes oder künftiger sonstiger Veränderungen der Erschließungsanlagen angefordert werden, treffen diese den Käufer.

Hinsichtlich der vorhandenen privatrechtlichen Versorgungsanlagen (Elektrizität und – sofern einschlägig – Gas, Heizwärme, Telefon etc.) hat der Käufer ab Lastenübergang ggf. vertragliche Vereinbarungen mit den Versorgern zu treffen. Bereits erteilte Aufträge treffen den Auftraggeber.

3306 Sog. Akzessorietät der persönlichen Beitragspflicht durch Bekanntgabe des Beitragsbescheides und der dinglichen Haftung, BVerwG NJW 1985, 2659.
3307 OVG Niedersachsen, 07.12.2010 – 9 ME 128/10, ZfIR 2011, 260 m. Anm. *Wedekind* (Insolvenzverfahren des eigentlichen Schuldners braucht noch nicht abgeschlossen zu sein, aber Abzug i.H.d. zu erwartenden Quote).
3308 BGH DNotZ 1994, 52; vgl. auch *Bauer* MittBayNot 2007, 127.
3309 Nach OLG Düsseldorf RNotZ 2002, 230 kann hierin die Übernahme einer verschuldensunabhängigen Garantie liegen, da es sich nicht um zusicherungsfähige Eigenschaften i.S.d. § 459 Abs. 2 BGB a.F. handelt.

1946 Der durch vorstehende Formulierung geschaffene Freistellungsanspruch gegen den Verkäufer versagt naturgemäß, wenn der Verkäufer nicht mehr zahlungsfähig ist;[3310] er muss außerdem im Fall der Weiterveräußerung ausdrücklich an den Nacherwerber abgetreten werden.[3311] Der Zahlungspflichtige kann nach Ansicht des BGH[3312] die Freistellung davon abhängig machen, dass auf seine Kosten Rechtsbehelfe gegen den Bescheid eingelegt und ihm mögliche Erstattungsforderungen abgetreten werden. Nicht in vorstehender Garantie enthalten ist ferner die »rechtliche Absicherung« tatsächlich vorhandener Erschließungsanlagen (etwa durch Grunddienstbarkeiten auf leitungsdurchquerten benachbarten Grundstücken). Deren Fehlen kann allerdings in Neubaufällen auch ohne ausdrückliche Verpflichtungsübernahme einen Werkmangel der Bauträgerleistung begründen, wenn letztere auch die »Erschließung« umfassen sollte.[3313]

1947 – Dahinter zurückbleibend hat der Verkäufer möglicherweise lediglich zugesichert, dass die **derzeit baulich vorhandene Erschließung** im Kaufpreis enthalten sei. Dies dürfte den Regelfall darstellen. In diesem Fall ist der Verkäufer zur Freistellung des Käufers selbst dann verpflichtet, wenn (etwa infolge Nichtigkeit der ursprünglichen Beitragssatzung) die Inanspruchnahme erst sehr viel später erfolgt.[3314] Die Formulierung im Vertrag könnte lauten:

▶ Formulierungsvorschlag: Garantie für derzeit baulich vorhandene Erschließung

1948 Der Verkäufer garantiert, dass die derzeit vorhandene öffentlich-rechtliche Erschließung des Vertragsbesitzes gem. BauGB und Kommunalabgabengesetz mit Straßenausbau und Entwässerung endabgerechnet und bezahlt ist. Gleiches gilt für die Anbindung an die öffentliche Wasserversorgung.

Sofern allerdings Baukostenzuschüsse, Hausanschlusskosten und Nacherhebungen von Erschließungskosten anlässlich einer künftigen Bebauung des Vertragsbesitzes oder künftiger Veränderungen der Erschließungsanlagen angefordert werden, treffen diese den Käufer.

Hinsichtlich der vorhandenen privatrechtlichen Versorgungsanlagen (Elektrizität und – sofern einschlägig – Gas, Heizwärme, Telefon etc.) hat der Käufer ab Lastenübergang ggf. vertragliche Vereinbarungen mit den Versorgern zu treffen. Bereits erteilte Aufträge treffen den Auftraggeber.

– Denkbar ist schließlich weiter, dass der Verkäufer für einen **bestimmten**, im Vertrag zu definierenden **Ausbauzustand** aufkommen soll. Der korrespondierende Freistellungsanspruch des Käufers ist allerdings ungesichert, und auch dem Verkäufer ist nicht stets mit der gebotenen Deutlichkeit bewusst, dass der »Ausbauzustand« auch entfernte Anlagen (Kläranlage) umfasst,[3315] die Abrechnung der Anlagen oft erst einige Jahre später erfolgen kann,[3316] und die Abgrenzung je nach bautechnischer Ausführung mitunter schwierig ist.[3317] Diese Formulierung könnte etwa lauten:

▶ Formulierungsvorschlag: Verkäufer trägt einen bestimmten Ausbauzustand

1949 Erschließungsbeiträge, Anliegerbeiträge und Kostenerstattungsansprüche, die aufgrund des Baugesetzbuches oder anderer Rechtsvorschriften für Straßenbaumaßnahmen, Wasser und Abwasserleitungen angefordert werden, die bis zum heutigen Tage bautechnisch ausgeführt wurden, trägt der Verkäufer, auch wenn diese Arbeiten noch nicht in Rechnung gestellt wurden. Alle übrigen Maßnahmen gehen zulasten des Käufers. Sollte der Käufer für schon durchgeführte Maßnahmen zur Zahlung herangezogen werden, hat der Verkäufer den Käufer davon freizustellen, sofern der Käufer ggf. auf Weisung und Kosten des Verkäufers Rechtsmittel ge-

---

3310 Eine notarielle Belehrungspflicht hierzu besteht im Normalfall nicht, OLG Hamm BauR 2004, 110.
3311 BGH MDR 1993, 976 (kein Fall des § 311c BGB); a.A. Erman/*Grziwotz* BGB § 311c Rn. 1.
3312 BGH DNotZ 1993, 328.
3313 OLG München, 17.05.2005 – 9 U 1777/03, NZBau 2006, 578 (Reihenhaussiedlung; in den Verkaufsverträgen bzgl. der Nachbargrundstücke waren Dienstbarkeitsbestellvollmachten enthalten, von denen jedoch kein Gebrauch gemacht wurde).
3314 OLG Saarbrücken, 04.04.2006 – 4 U 377/05, MittBayNot 2007, 123 m. Anm. *Bauer*: 12 Jahre nach Vertragsschluss!
3315 OLG Jena NotBZ 2008, 36.
3316 OLG Saarbrücken MittBayNot 2007, 123 m. Anm. *Bauer*.
3317 *Wilhelm* NJW 2003, 1420, 1426.

gen die Bescheide einlegt und Erstattungsansprüche an den Verkäufer abtritt. Dem Käufer ist bewusst, dass dieser Freistellungsanspruch nicht besichert ist; dem Verkäufer, dass die Abrechnung auch entfernte Anlagenteile umfasst und mitunter erst in einigen Jahren erfolgt.

Derzeit liegt folgender Ausbauzustand vor: .....

Sollte der Erschließungsträger nicht bereit oder in der Lage sein, die anfallenden Kosten entsprechend aufzuteilen, so hat ein von der zuständigen IHK zu benennender Sachverständiger die Aufgabe, die Aufteilung der Beitragsbescheide entsprechend dieser Regelung vorzunehmen. Die Kosten des Sachverständigen tragen die Vertragsteile je zur Hälfte.

Der Verkäufer versichert, dass er alle bisher angeforderten Beträge im obigen Sinne bezahlt hat.

Sofern allerdings Baukostenzuschüsse, Hausanschlusskosten und Nacherhebungen von Erschließungskosten anlässlich einer künftigen Bebauung des Vertragsbesitzes oder künftiger Veränderungen der Erschließungsanlagen angefordert werden, treffen diese den Käufer.

Hinsichtlich der vorhandenen privatrechtlichen Versorgungsanlagen (Elektrizität und – sofern einschlägig – Gas, Heizwärme etc.) hat der Käufer ab Lastenübergang vertragliche Vereinbarungen mit den Versorgern zu treffen. Bereits erteilte Aufträge treffen den Auftraggeber.

— Denkbar ist schließlich, dass der Verkäufer mit Billigung des Käufers im Kaufpreis kalkulatorisch nur diejenigen öffentlich-rechtlichen Beiträge berücksichtigt hat, für die ihm **bisher ein Bescheid zugestellt** wurde (so regelmäßig bei teilerschlossenen Bauplätzen). Diese Formulierung könnte etwa lauten: 1950

▶ Formulierungsvorschlag: Trennung des Erschließungsaufwands nach Datum des Bescheidzugangs

Der Verkäufer hat sämtliche Erschließungsbeiträge, Anliegerbeiträge und Kostenerstattungsansprüche aufgrund des Baugesetzbuches oder anderer Rechtsvorschriften für Straßenbaukosten und Wasser- sowie Abwasserleitungen zu tragen, für die ihm oder seinen Rechtsvorgängern bis zum heutigen Tage ein Beitragsbescheid zugegangen ist und zwar unabhängig vom künftigen Bestand der Leistungsbescheide. Er versichert, dass er alle bisher angeforderten Beträge im obigen Sinne bezahlt hat. 1951

Forderungen aus künftig zugestellten Bescheiden hat der Käufer zu tragen, auch wenn sie Maßnahmen aus früherer Zeit betreffen; der Notar hat zu Erkundigungen bei den Erschließungsträgern geraten. Baukostenzuschüsse, Hausanschlusskosten und Nacherhebungen von Erschließungskosten, die anlässlich einer künftigen Bebauung des Vertragsbesitzes oder künftiger Veränderungen der Erschließungsanlagen angefordert werden, treffen in jedem Fall den Käufer, soweit sie noch nicht bezahlt sind. Vorausleistungen des Verkäufers sind dem Käufer anzurechnen; etwaige Erstattungsansprüche werden an den Käufer abgetreten.

Hinsichtlich etwaiger privatrechtlicher Versorgungsanlagen (Elektrizität, Gas, Heizwärme, Telefon etc.) hat der Käufer ab Lastenübergang vertragliche Vereinbarungen mit den Versorgern zu treffen. Bereits erteilte Aufträge gehen zulasten des Auftraggebers.

Besonderheiten gelten ferner, wenn der Käufer von einem Erschließungsunternehmer erwirbt: Erbringt dieser auf dem noch in seinem Eigentum stehenden Grundstück Erschließungsleistungen und will hierfür vor der Abnahme des Werkes »Ratenzahlungen« vereinnahmen, gilt die **MaBV** unter entsprechender Anpassung des Ratenplanes (Baubeginn/Benutzungsfertigkeit/vollständige Erstellung).[3318] Umstritten, jedoch eher abzulehnen, ist die Anwendbarkeit der MaBV für den Fall, dass ein Erschließungsunternehmer lediglich Arbeiten auf (z.B. Straßen-) Grundstücken zu erbringen hat, die sodann an die Gemeinde übereignet werden oder im Eigentum Dritter stehen (vgl. auch Rdn. 2511).[3319] 1952

3318 Vgl. *Suppliet* NotBZ 2009, 114, 118; dort auch zur Frage einer Aufspaltung in einen Vertrag über das Rohbauland und einen (grunderwerbsteuerfreien) Werkvertrag über die Erschließung.

3319 Gegen die Anwendbarkeit der MaBV *Blank* DNotZ 1999, 447; so in der 1. Aufl. *Hertel* in: Würzburger Notarhandbuch Teil 2 Rn. 1288; *Grziwotz* ZfIR 1998, 595; dafür *Everts* in: Grziwotz MaBV § 1 Rn. 28 f.; unentschieden Notarkammer Mecklenburg-Vorpommern, NotBZ 1997, 105.

B. Gestaltung eines Grundstückskaufvertrages

1953 Beim schlüsselfertigen Gesamterwerb i.R.d. »**klassischen Bauträgervertrags**« ist der Erschließungsaufwand Bestandteil der ersten (Baubeginns-) Rate, sodass eine **Vorleistung** vorliegen kann, wenn diese Kosten weder abgerechnet noch durch ausreichend hohe Vorauszahlungen (§ 133 Abs. 3 BauGB) bzw. eine bereits erfüllte Ablösungsvereinbarung i.S.d. § 133 Abs. 3 Satz 5 BauGB oder durch eine zugunsten der Gemeinde gestellte Bankbürgschaft gesichert sind (und der Notar zur Haftungsvermeidung, Rdn. 143,[3320] geeignete Sicherungsstrategien vorzuschlagen hat).[3321] Dem Käufer steht bereits kraft Gesetzes ein Zurückbehaltungsrecht zu, jedenfalls wenn die Erschließungsbeiträge bereits fällig sind[3322] oder zumindest die Höhe verlässlich ermittelt werden kann,[3323] auf das der Notar hinweisen kann; sind die Voraussetzungen des gesetzlichen Zurückbehaltungsrechts gem. § 320 BGB noch nicht konkretisiert, empfiehlt sich die ausdrückliche Vereinbarung eines entsprechenden Einbehalts aus der Grundstücksrate[3324] auf Notaranderkonto oder (für den Bauträger weniger sicher) eines vertraglichen Zurückbehaltungsrechts (im Anschluss an die eigentliche Regelung zu den Erschließungskosten). Hierin liegt keine unzulässige »Aufspaltung« einer Rate oder gar die Vereinbarung einer in der MaBV nicht vorgesehenen »achten Rate«:[3325]

▶ Formulierungsvorschlag: Vertragliches Zurückbehaltungsrecht für noch festzusetzende Erschließungskosten im Bauträgervertrag

1954 Sofern bei Fälligkeit der ersten Rate die Gemeinde und/oder Zweckverbände auf vom Käufer vorzunehmende Anfrage mitgeteilt haben, dass die nach vorstehender Regelung vom Verkäufer zu leistenden Beiträge noch nicht festgesetzt oder zwar festgesetzt, aber noch nicht entrichtet wurden, kann der Käufer einen Teilbetrag aus dieser und ggf. den folgenden Raten einbehalten, dessen Höhe der durch die Erschließungsträger mitgeteilten, andernfalls durch den bauleitenden Architekten geschätzten voraussichtlichen Beitragshöhe (bei Sondereigentum anteilig in Höhe seines Miteigentumsanteils) entspricht. Der einbehaltene Betrag ist fällig, wenn die Beitragszahlung erfolgt oder durch selbstschuldnerische, unbefristete Bankbürgschaft (in der gesamt voraussichtlich geschuldeten Höhe) gesichert ist. **Bei Sondereigentum**: Die gesamtschuldnerische Haftung aller Erwerber für etwaige Rückstände an Erschließungsbeiträgen und sonstigen öffentlichen Lasten ist dem Käufer bekannt.

Daneben besteht ein sofort fälliger Freistellungsanspruch gem. § 257 BGB.[3326]

e) Ablösungsvereinbarung

1955 Bei der **Veräußerung eines Grundstücks durch die Gemeinde** an private Bauherren ist zu berücksichtigen, dass die Erschließungsbeitragspflicht nach Bundesrecht und überwiegend auch nach Landesrecht mit Eigentumswechsel entsteht, da die Gemeinde nicht ihr eigener Schuldner sein kann. Die Gemeinden sind zur Beitragserhebung verpflichtet (Prinzip der Beitragsgerechtigkeit und haushaltsrechtliches

---

3320 Im BGH-Fall (nachgenannte Fußnote) erfolgte die Verurteilung des Notars zur Haftung, obwohl kein unmittelbarer Anlass zur Vermutung bestand, der Bauträger werde seiner Freistellungspflicht nicht nachkommen (die verkauften Grundstücke waren sogar unbelastet!).
3321 BGH, 17.01.2008 – III ZR 136/07, MittBayNot 2008, 313 ff. m. Anm. *Basty* nennt neben der Vereinbarung eines betragsmäßig bezifferten Zurückbehaltungsrechts die Stellung einer Bankbürgschaft ggü. der Gemeinde (wie allerdings nur bei Erschließungsverträgen üblich), den Einbehalt auf Sperrkonto, oder die Herausnahme aus dem Bauträgervertrag.
3322 *Blank* Bauträgervertrag 3. Aufl. 2006 Rn. 141. Nach OLG Köln, 23.07.2009 – 7 U 25/09 steht, wenn die vom Bauträger geschuldete Erschließungsleistung im Kaufpreis nicht gesondert ausgewiesen ist, die Erschließung nicht im Gegenseitigkeitsverhältnis zur Kaufpreiszahlung gem. § 323 Abs. 1 und 3 BGB a.F.
3323 *Basty* Der Bauträgervertrag 5. Aufl. 2005, Rn. 672; *Grziwotz* MittBayNot 2007, 521 m.w.N.
3324 A.A. *Basty* MittBayNot 2008, 317: aus der bei Besitzübergang fälligen Rate (mit Formulierungsvorschlag).
3325 *Gutachten* DNotI-Report 2008, 113.
3326 Die vom OLG Frankfurt am Main, 28.03.2007, MittBayNot 2007, 518 m. abl. Anm. *Grziwotz* zur Haftungsvermeidung empfohlene Bankbürgschaft des Bauträgers i.H.d. Erschließungskosten an den Erwerber (nicht die Gemeinde) verstößt möglicherweise gegen § 7 MaBV (wonach die Bürgschaft i.H.d. gesamten Abschlagszahlung erforderlich wäre); nach a.A. handelt es sich um ein gar nicht von § 7 MaBV erfasstes Vorleistungsrisiko.

Schenkungsverbot;[3327] im Unterlassen kann gar strafrechtliche Untreue liegen),[3328] können also auch durch Vertrag nicht hierauf verzichten. Im Regelfall werden sie daher im Verkaufsvertrag klarstellen, dass Erschließungsbeiträge nach §§ 127 ff. BauGB, Beiträge und Kostenerstattungsansprüche nach Landesabgabegesetzen vom Käufer gegen Bescheid zusätzlich zu tragen bzw. zu erstatten sind, sofern sie bereits beim Verkäufer entstanden sein sollten.[3329] Sofern nach Landesrecht die Beitragspflicht für gemeindeeigene Grundstücke bereits mit der Fertigstellung (also ohne Eigentumswechsel) entstanden[3330] (und durch Konfusion erloschen) ist, kann die verkaufende Gemeinde auch schlicht zivilrechtlich einen einheitlichen Gesamtkaufpreis ausweisen, ohne Rücksicht auf das öffentliche Recht.

I.Ü. bedarf es jedoch einer **Ablösungsvereinbarung** gem. § 133 Abs. 3 Satz 5 BauGB und ggf. landesrechtlichen Bestimmungen (z.B. Art. 5 Abs. 9 Satz 1 BayKG); die Ablösungsmöglichkeit dürfte jedoch auch bei Fehlen landesrechtlicher Bestimmungen ein zulässiges Institut darstellen.[3331] Die Ablösung kann auch durch Landabtretung oder andere Sachleistung erfolgen. **1956**

Einzuhalten sind jedoch die durch das öffentliche Recht gezogenen, durch § 436 BGB nicht veränderten,[3332] Grenzen,[3333] also

– vor Entstehung der Beitragspflicht für die Erschließungsanlagen (z.B. da noch nicht erstellt, nicht gewidmet, Fehlen der Baureife etc.);
– aufgrund von Ablösebestimmungen zum Erschließungsaufwand und seiner Verteilung in Gestalt einer Satzung oder eines Gemeinderatsbeschlusses;
– unter Offenlegung des Ablösungsbetrags[3334] im Kaufvertrag;[3335]
– und in angemessener Höhe.
– Die Grundsätze der Abgabenrechtlichkeit und -gleichheit erfordern die Offenlegung des Ablösebetrags (nach h. M. allerdings nicht notwendig im Kaufvertrag selbst), sodass die Vereinbarung eines Pauschal-Kaufpreises für das gemeindeeigene Grundstück inklusive Erschließung nicht zulässig ist.[3336]

Zu den Besonderheiten einer Ablösungsvereinbarung bei Veräußerung durch die Gemeinde folgender Formulierungsvorschlag: **1957**

3327 Vgl. *Grziwotz* in: NotRV, Städtebauliche Verträge in der notariellen Praxis (2006), S. 112 ff. m.w.N. Auch § 11 Abs. 2 Satz 2 Nr. 3 BauGB dispensiert hiervon nicht.
3328 BGH, 09.12.2004 – 4 StR 294/04, NStZ-RR 2005, 83; durch Unterlassen: BGH, 08.05.2003 – 4 StR 550/02, NStZ 2003, 540.
3329 Muster bei *Grziwotz* MittBayNot 2003, 203.
3330 Wie etwa in Bayern: VGH Bayern BayVBl. 1986, 84 und Niedersachsen (OVG Niedersachsen, NVwZ-RR 1991, 42) – jeweils jedenfalls für Anlagen nach KAG; in Württemberg seit 01.02.2005 gem. §§ 24, 16 KAG für alle Erschließungsanlagen. Vgl. auch FinMin Bayern, DB 1990, 1696 m. Anm. *Grziwotz*, S. 1694 f. Die Übernahme solcher bereits entstandenen Beitragspflichten durch den Käufer erhöht die grunderwerbsteuerliche Bemessungsgrundlage (ebenso wie die vertragliche Übernahme als Ablösungsvereinbarung); anders läge es bei öffentlich-rechtlicher Geltendmachung der erst nach Eigentumswechsel entstehenden Beiträge.
3331 Vgl. VGH Baden-Württemberg NVwZ-RR 1999, 194.
3332 A.A. z.B. *Miller* VBlBW 2007, 46: da der Verkäufer nun die Beiträge für bautechnisch begonnene Maßnahmen zu tragen habe, könne es die Gemeinde hierbei belassen, und die gesetzliche Pflicht im Kaufpreis ohne getrennten Ausweis reflektieren; hiergegen *Grziwotz* ZfIR 2000, 161/165 und *Gutachten* DNotI-Report 2007, 132.
3333 Vgl. hierzu ausführlich *Grziwotz* Beck'sches Notarhandbuch A XI Rn. 35 ff. und *Hertel* in: Würzburger Notarhandbuch Teil 6 Rn. 183 ff. Es handelt dann um einen gemischt öffentlich-/zivilrechtlichen Vertrag, OVG Sachsen-Anhalt LKV 2003, 185.
3334 BVerwG NJW 1990, 1679; dies gilt auch für das Landeskommunalabgabenrecht: VGH Baden-Württemberg DÖV 2004, 716, und zwar wohl auch nach der Reform in Baden-Württemberg (landesrechtliche Regelung der bisherigen §§ 127 ff. BauGB) seit 01.10.2005: *Gutachten* DNotI-Report 2006, 39.
3335 Da nicht nur Wissenserklärung, sondern Vereinbarung eines essentiale negotii, vgl. *Hertel* in: NotRV, Städtebauliche Verträge in der notariellen Praxis (2006) S. 41, sowie *Gutachten* DNotI-Report 2007, 130, auch zur Gegenansicht.
3336 BVerfG NJW 1990, 1679.

▶ **Formulierungsvorschlag: Ablösevereinbarung bei Veräußerung durch die Gemeinde**

Zwischen der Gemeinde und dem Käufer wird vereinbart, dass der Erschließungsbeitrag für die ..... -Straße für das Vertragsgrundstück in der eingangs genannten Größe gem. § 133 Abs. 3 Satz 5 BauGB abgelöst wird. Gemäß der durch die Gemeinde in Übereinstimmung mit den Ablösungsbestimmungen erstellten Abrechnung errechnet sich ein Ablösebetrag i.H.v. ..... €. Dieser Betrag ist zusammen mit dem Kaufpreis an die Gemeinde zu entrichten. Die in dieser Urkunde erklärte Vollstreckungsunterwerfung erstreckt sich auch hierauf; die Auflassung darf erst dann vollzogen werden, wenn die Gemeinde den Eingang auch dieses Betrags bestätigt.

Die Ablösungswirkung tritt bei Vorliegen der übrigen Voraussetzungen erst mit Zahlung dieses Betrags ein.

Der Notar hat auf die Voraussetzungen einer Ablösungsvereinbarung und die sich aus dem Fehlen einer höchstrichterlichen Rechtsprechung für die in dieser Urkunde geregelte Fallgestaltung einer Ablösungsvereinbarung mit dem künftigen Eigentümer ergehende Unsicherheit hingewiesen. Die Beteiligten wissen, dass bei Wirksamkeit der Ablösungsvereinbarung Nachforderungen der Gemeinde und Rückforderungen seitens des Grundstückseigentümers hinsichtlich des im Ablösungsvertrag vereinbarten Tatbestands ausgeschlossen sind. Sollten sich nach Abschluss des Ablösungsvertrags Veränderungen ergeben, insbes. hinsichtlich der Grundstücksgröße, bleiben die diesbezüglichen gesetzlichen und satzungsmäßigen Rechte und Pflichten der Gemeinde zur Beitragserhebung hiervon unberührt. Unberührt bleiben ferner die Rechte der Gemeinde zur Beitragserhebung aufgrund anderer abgabenrechtlicher Vorschriften.

Sollte die Ablösung, aus welchen Gründen auch immer, nicht möglich sein, ist der vorgenannte Betrag als Vorauszahlung auf die sodann bescheidsmäßig zu erhebenden Erschließungsbeiträge für die vorbezeichnete Erschließungsanlage zu behandeln. In diesem Fall erfolgt die endgültige Abrechnung auf der Grundlage der gesetzlichen Vorschriften und gemeindlichen Satzungen. Die Vorauszahlung ist in diesem Fall mit der endgültigen Beitragsschuld zu verrechnen, auch wenn das Eigentum zwischenzeitlich gewechselt hat.

f) Naturschutzrechtliche Ausgleichsmaßnahmen

1958 Eine Sonderstellung kommt **naturschutzrechtlichen Ausgleichsmaßnahmen** nach § 135a BauGB zu: Als Ausgleich, gleichsam »Schadensersatz«, für Eingriffe in Natur und Landschaft durch Baumaßnahmen sind Ausgleichsflächen[3337] einer ökologischen Aufwertung zuzuführen. Die Ausgleichsmaßnahmen können gem. § 135a Abs. 2 Satz 2 BauGB bereits vorab isoliert durchgeführt (sog. »Ökokonten«) und später einer Eingriffsmaßnahme zugeordnet werden. Die Gemeinde kann zur Refinanzierung der ihr entstehenden Kosten Erstattungsbeitragsbescheide ggü. dem Vorhabenträger oder dem Eigentümer des Eingriffsgrundstücks erlassen oder Ablösevereinbarungen bzw. städtebauliche Verträge schließen. Umlagefähig sind lediglich Kosten für Herstellung bzw. Entwicklung der Ausgleichsmaßnahmen, nicht für ihre Unterhaltung und ferner erst dann, wenn die Grundstücke, auf denen Eingriffe zu besorgen sind, baulich oder gewerblich genutzt werden dürfen, v.a. jedoch ihre Erschließung gesichert ist.

1959 Naturschutzrechtliche Kostenerstattungsansprüche fallen nicht unter den Begriff der »Erschließungsbeiträge« i.S.d. § 436 BGB (str.).[3338] Die Auslegung allgemein gehaltener Vertragsklauseln zur »Erschließung« wird jedoch häufig ergeben, dass auch solche Zahlungsansprüche mit geregelt werden sollten. Die persönliche Beitragspflicht entsteht erst durch den Beitragsbescheid. Da § 135a BauGB nicht auf § 134 BauGB verweist, geht eine bereits entstandene Beitragspflicht nicht bei Eigentums-

---

3337 Gem. § 1a Abs. 3 BauGB durch Ausweisung im Flächennutzungsplan gem. § 5 Abs. 2a oder im Bebauungsplan gem. § 9 Abs. 1a BauGB; mit Zuordnung zur jeweiligen Eingriffsmaßnahme, die auch nachträglich erfolgen kann.

3338 *Grziwotz* ZfIR 2002, 583, 584; tendenziell eher bejahend zur Subsumtion des § 135a BauGB unter § 436 BGB: *Hertel* in: Würzburger Notarhandbuch Teil 2 Kap. 2 Rn. 207 sowie *Gutachten* DNotI-Report 2011, 157, aufgrund der Verweisung in § 135a Abs. 4 BauGB auf landesrechtliche Vorschriften zu Kommunalbeiträgen, die ihrerseits unter § 436 BGB fallen.

wechsel auf den Erwerber über, allerdings lastet der Kostenerstattungsbeitrag gem. § 135a Abs. 3 BauGB als öffentlich Last »dinglich« auf dem Grundstück, sodass die Gemeinde den Nachfolger über einen Duldungs- und Haftungsbescheid gem. § 191 AO in Anspruch nehmen kann.[3339]

Das von der Gemeinde festzulegende ökologische Ausgleichskonzept kann entweder durch diese selbst gegen Erstattung durch den Vorhabenträger durchgeführt werden oder aber durch den Vorhabenträger, der sie auf eigenen oder gemeindeeigenen Grundstücken zu erbringen hat.[3340] Die Ausgleichsfläche kann auch außerhalb des Baugebiets liegen. Städtebauliche Vereinbarungen hierzu umfassen Regelungen über die Art der Maßnahme, die Kostentragung sowie die Anwuchspflege, typischerweise für die ersten 5 Jahre. Die Sicherung erfolgt durch Dienstbarkeit (am Ausgleichsgrundstück) bzw. darauf bezogene behördliche Baulast, die Sicherung wiederkehrender künftiger Pflegemaßnahmen durch Eintragung einer Reallast am Eingriffsgrundstück (um zu vermeiden, dass durch bloße Eigentumsaufgabe, § 928 BGB, die dingliche und persönliche Haftung nicht mehr den Ausgleichspflichtigen trifft). Der Verteilungsmaßstab unter mehreren Ausgleichspflichtigen kann sich an § 135b BauGB orientieren, hinsichtlich der inhaltlichen Vorgaben kann auf die entsprechende Festsetzung des Bebauungsplans Bezug genommen werden.[3341] Hierzu[3342]

1960

▶ Formulierungsvorschlag: Dienstbarkeit und Reallast zur Sicherung naturschutzrechtlicher Ausgleichsmaßnahmen

Für die Durchführung des Bauvorhabens auf Grundstück FlNr. 1 der Gemarkung ..... ist ein naturschutzrechtlicher Ausgleich erforderlich, der auf dem Grundstück FlNr. 2 derselben Gemarkung durchgeführt werden soll. Hierzu wird zur Sicherung dieser Verpflichtung vereinbart:
(1) Am Ausgleichsgrundstück, FlNr. 2, wird eine beschränkt persönliche Dienstbarkeit zugunsten der Gemeinde ..... des Inhalts vereinbart und zur Eintragung bewilligt, dass der jeweilige Eigentümer es zu unterlassen hat, andere als die im beigefügten, als Verweisungsbestandteil dieser Bewilligung vorgelegten und genehmigten Pflanzplan aufgeführten Anpflanzungen durchzuführen. Weiter hat der jeweilige Eigentümer zu dulden, dass die begünstigte Gemeinde zu Kontrollzwecken sowie zur Durchführung von Unterhaltungs- und Pflegemaßnahmen das Grundstück betreten und befahren und inhaltlich umgestalten darf bzw. durch beauftragte Dritte betreten und befahren und inhaltlich umgestalten lassen darf.
(2) Auf dem Ausgleichsgrundstück FlNr. 2 sind folgende Pflegemaßnahmen durchzuführen: ....., und zwar in den jeweils angegebenen zeitlichen Abständen. Der Eigentümer des Grundstücks FlNr. 1 (Eingriffsgrundstück) verpflichtet sich zur Durchführung dieser Maßnahme. Die Eintragung einer Reallast zugunsten der Gemeinde ..... mit vorstehendem Inhalt an erster Rangstelle am Eingriffsgrundstück wird vereinbart, bewilligt und beantragt.

1961

Weiter verpflichtet sich der derzeitige Eigentümer des Eingriffsgrundstücks, bis zum Ablauf des ..... folgende naturschutzrechtliche Ausgleichsmaßnahmen (Erstanpflanzungen) durchzuführen: ..... Zur Sicherung des Schadenersatzanspruchs bei Verletzung dieser Verpflichtung hat er eine selbstschuldnerische, unbefristete und unbedingte Bürgschaft einer Bank oder Sparkasse in Höhe von ..... € auf eigene Kosten zu übergeben; die Gemeinde hat nach Durchführung und mängelfreier Abnahme dieser Ausgleichsmaßnahmen auf die Rechte aus dieser Bürgschaft zu verzichten.

VII. Sach- und Rechtsmängel

1. Grundzüge der Schuldrechtsreform[3343]

Gewissermaßen im Sinne einer überschießenden Umsetzung der EG-Verbrauchsgüterkaufrichtlinie ist auch das **allgemeine Kaufrecht** im Zug der Schuldrechtsmodernisierung grundlegend umgestaltet worden. Systematisch werden die allgemeinen Vorschriften zum Kauf (§§ 433 bis 453 BGB) von

1962

3339 *Gutachten* DNotI-Report 2011, 157, 160.
3340 Vgl. *Mitschag* BauR 2003, 183, 337.
3341 LG München II MittBayNot 2004, 366.
3342 Nach *Grziwotz* in: Beck'sches Notarhandbuch A XI, Rn. 23.
3343 Vgl. hierzu insb. *Amann/Brambring/Hertel* Vertragspraxis nach neuem Schuldrecht, S. 7 ff. sowie *Wälzholz/Bülow* MittBayNot 2001, 515.

den besonderen Arten des Kaufs (Kauf auf Probe, Wiederkauf, Vorkauf, §§ 454 bis 473 BGB) und dem Verbrauchsgüterkauf (§§ 474 bis 479 BGB) unterschieden.

1963 Zwei grundsätzliche Systemwechsel haben sich vollzogen:
– Die Pflicht des Verkäufers, dem Käufer die Sache frei von Sach- und Rechtsmängeln zu verschaffen, zählt nunmehr zum Leistungsinhalt, Mängel bedeuten also Pflichtverletzungen, mangelhafte Ware bedeutet nicht ordnungsgemäße Erfüllung, Mängelbeseitigung ist Nacherfüllung, nicht behebbare Mängel führen beim Stückkauf zur Unmöglichkeit (§ 433 Abs. 1 Satz 2 BGB). Die wesentlichen Rechtsfolgen von Mängeln sind darum im allgemeinen Leistungsstörungsrecht zu finden, aus Wandelung wird Rücktritt, auch die schadensersatzabhängigen Folgen bestimmen sich nach §§ 280 ff. BGB. Die Rechtsfolgen werden im speziellen Kaufmängelfolgenrecht nur modifiziert und ergänzt (etwa hinsichtlich der Nacherfüllung,[3344] der Minderung, der Verjährung). Demnach trifft den Verkäufer neben der schon bisher normierten Hauptleistungspflicht der **Besitzverschaffung** und der weiteren Hauptleistungspflicht der **Eigentumsverschaffung** – damit auch der Pflicht, alle Hindernisse zu beseitigen, die der Umschreibung entgegenstehen[3345] – die Pflicht zur **Mängelfreiheit**. Alle **drei Pflichten** führen für den Fall ihrer Verletzung in das allgemeine Leistungsstörungsrecht, hinsichtlich der Mängelfreiheit gilt dies vor Gefahrübergang (§§ 446, 447 BGB) ohne Einschränkung mit der Folge, dass der Käufer den Kaufpreis nach § 320 BGB zurückhalten kann, wenn nach seiner Vormerkung Belastungen eingetragen wurden,[3346] – nicht lediglich die allgemeine Mängeleinrede des § 273 BGB[3347] –, nach Gefahrübergang jedoch nur nach Maßgabe der vorrangigen kaufrechtlichen Sonderregelungen der §§ 437 bis 442 BGB.

1964 Zwischen **Sach- und Rechtsmangel, Schlechtleistung, Nichtleistung** oder **Andersleistung** (aliud), **Sachkauf** oder **Gattungskauf** wird im Grundsatz nicht mehr differenziert. Die Gattungsschuld wird gesetzliches Leitbild (die Nacherfüllung steht an erster Stelle der Mängelfolgenrechte); auch Sachmängel führen wie bisher schon Rechtsmängel zum allgemeinen Leistungsstörungsrecht. Das einheitliche Kaufrecht gilt gem. § 453 BGB auch für den Rechtskauf (z.B. Geschäftsanteilsabtretung) und den Kauf sonstiger Gegenstände, etwa eines Unternehmens, geistigen Eigentums, Elektrizität etc. Es gilt auch für die Lieferung neu herzustellender Sachen – auch wenn sie zum Einbau in ein Gebäude bestimmt sind[3348] –, der Werklieferungsvertrag entfällt also als eigener Vertragstyp (§ 651 BGB). Auch die (jedenfalls bei Verbraucherverträgen) im Widerspruch zur EG-Richtlinie stehenden beschränkenden Sonderbestimmungen zum Viehkauf sind ersatzlos aufgehoben worden.

1965 Bei **Mangelhaftigkeit** kann Schadensersatz stets verlangt werden, sofern der Verkäufer den Mangel zu vertreten hat (nicht wie bisher nur bei Arglist oder Fehlen einer zugesicherten Eigenschaft). **Minderung ist auch** bei geringfügigen Mängeln möglich, **Rücktritt und Schadensersatz** statt der ganzen Leistung aber nur bei erheblichen Mängeln. **Minderung und Rücktritt** können neben, nicht statt Schadensersatz verlangt werden (§ 325 BGB).

1966 Die »**Garantie**« gem. § 443 BGB führt, wenn zugleich § 276 Abs. 1 Satz 1 BGB erfüllt ist (Rdn. 230) zu einer verschuldensunabhängigen Haftung; sie erweitert jedenfalls die bisherige »zugesicherte Eigenschaft«. Die Mängelrechte des Käufers können hierbei gem. § 444 BGB nicht ausgeschlos-

---

3344 Das Recht des Verkäufers zur zweiten Anlieferung (*Ebert* NJW 2004, 1761) spielt im Immobilienkauf keine Rolle. Zum Wahlrecht des Käufers zwischen Mangelbeseitigung und Neulieferung (elektive Konkurrenz) *Schroeter* NJW 2006, 1761, auch zur Frage der Verzugssetzung des Käufers, wenn er sein Wahlrecht nicht ausübt (Treuwidrigkeit der Berufung auf § 320 BGB, sofern man den Nacherfüllungsanspruch für noch nicht fällig hält, sonst Leistungsverzug mit der Annahmepflicht des § 433 Abs. 2 BGB durch wörtliches Angebot, § 295 Satz 2 BGB).

3345 Dazu gehört auch, einen Dritten zur Aufgabe einer entgegenstehenden Buchposition zu bewegen, vgl. BGH, 19.10.2007 – V ZR 211/06, DNotZ 2008, 574 m. Anm. *Müller*. Eine Garantie ist dem Leistungsversprechen jedoch jedenfalls seit 01.01.2002 nicht mehr immanent.

3346 Vgl. BGH, 05.12.2003 – V ZR 341/02, DNotZ 2004, 464 m. Anm. *Oppermann*.

3347 Die allgemeine Mängeleinrede gem. § 273 BGB wird jedoch bedeutsam, wenn der vom Käufer erklärte Rücktritt wegen Verjährung des Nacherfüllungsanspruchs unwirksam ist (§ 218 BGB): Die Einrede kann dann dem noch nicht verjährten (§ 196 BGB) Kaufpreisanspruch entgegengehalten werden.

3348 BGH, 23.07.2009 – VII UR 151/08, ZfIR 2009, 813 m. Anm. *Gay*.

sen werden (diese Beschränkung geht über §§ 443, 476 BGB a.F. hinaus). Die Vertragsfreiheit (§ 311 BGB) lässt nach stets herrschender Literatur[3349] und nunmehr auch in § 444 BGB erfolgter gesetzlicher Klarstellung (»soweit«) jedoch daneben selbstständige Garantieverträge zu, deren Inhalt und Rechtsfolgen (wie bei Beschaffenheitsvereinbarungen) eigenständig und privatautonom bestimmt werden, wie regelmäßig in Unternehmenskaufverträgen.

Beim Verkauf beweglicher Sachen von einem **Unternehmer an einen Verbraucher** (§§ 14, 13 BGB) gilt das Sonderrecht der §§ 474 ff. BGB, das weitgehend zwingend ist (allerdings die Verkürzung der Verjährungsfrist bei gebrauchten Sachen auf ein Jahr gestattet). I.R.d. Grundstückskaufvertrags können hiervon allenfalls mitveräußerte bewegliche Gegenstände erfasst sein; diese Fragen sind daher unter Rdn. 820 ff. erörtert. 1967

2. Rechte des Käufers bei Mängeln

Um alle Behelfe zu erfassen, sollte stets von »Mängelrechten«, nicht von »Ansprüchen wegen Mängeln«[3350] gesprochen werden; die bisweilen noch anzutreffende Diktion »Ansprüche und Rechte« ist redundant. 1968

a) Nacherfüllung (§ 437 Nr. 1 BGB)[3351]

§ 437 BGB enthält eine lehrbuchartige Zusammenstellung der maßgeblichen Normen i.S.v. Rechtsgrundverweisungen. Wegen des zweistufigen Aufbaus der Käufermängelrechte muss[3352] der Erwerber zunächst[3353] seinen Erfüllungsanspruch verfolgen, d.h. vom Verkäufer Nacherfüllung (= vollständige Beseitigung des Rechts- oder Sachmangels; nach Ansicht der Literatur auch zumindest weitgehende Mangelbeseitigung, sog. »Ausbesserung«)[3354] verlangen. Grds. hat der Käufer[3355] hierbei das **Wahlrecht** zwischen dem Beseitigen des Mangels in Natur und der Lieferung einer mangelfreien Sache.[3356] Beim Grundstückskaufvertrag, bei dem stets eine individualisierte Sache[3357] zu liefern ist, konzentriert sich der Nacherfüllungsanspruch gem. § 275 Abs. 1 BGB von vornherein jedoch allein auf die Nach- 1969

3349 Vgl. eingehend *Zerres* ZAP, Fach 3, S. 219 ff., auch zu der Empfehlung, bis zur (zwischenzeitlich erfolgten) gesetzlichen Klärung Beschaffenheitsvereinbarungen zu schließen mit vertraglicher Abänderung der Rechtsfolgenseite (Ausschluss des § 453 BGB i.V.m. § 434 Abs. 1 Satz 2 und Satz 3 BGB sowie des Rücktritts/Schadensersatzes statt der Leistung).

3350 In früheren Entwurfsfassungen des Gesetzes war noch von »Rechten und Ansprüchen« die Rede, was jedoch wegen § 194 BGB (Ansprüche bilden eine Untergruppe der Rechte) redundant ist. Der Unterbegriff »Ansprüche« allein ist jedoch nicht ausreichend; Er umfasst z.B. nicht die Minderung, den Rücktritt oder die Irrtumsanfechtung.

3351 Vgl. hierzu umfassend *Huber* NJW 2002, 1004; *Oechsler* NJW 2004, 1825; *Tiedtke/Schmitt* DStR 2004, 2060 auch zum (gem. §§ 439 Abs. 4, 346 Abs. 1, 100 BGB geschuldeten) Nutzungsersatz bei Neulieferung und zum (nicht zu erstattenden) Vorteilsausgleich »neu für alt«. Bei Nachlieferung im Rahmen eines Verbrauchsgüterkaufs ist die in § 439 Abs. 4 BGB enthaltene Verweisung auf den Nutzungsersatz nach Rücktrittsvorschriften allerdings EG-richtlinienwidrig (EuGH NJW 2008, 1433) und daher nicht anzuwenden (BGH, 26.11.2008 – VIII ZR 200/05, ZAP Fach 3 S. 255 = 2009, 229).

3352 Gemäß BGH, 21.12.2005 – VIII ZR 49/05, NJW 2006, 1195 m. Anm. *Lorenz*, NJW 2006, 1175 sogar dann, wenn die Nacherfüllungskosten unverhältnismäßig sind (diese Verkäufereinrede des § 439 Abs. 3 BGB darf durch den Schuldner nicht im Wege der Selbstreparatur »vorweggenommen« werden).

3353 Diese Rangfolge ergibt sich aus Art. 3 Abs. 3 Satz 1 der Verbrauchsgüterkaufrichtlinie der EG.

3354 Vgl. *Gutzeit* NJW 2007, 956; in BGH, 22.06.2005 – VIII ZR 281/04, NJW 2005, 2852 offengelassen.

3355 Europarechtlich wäre dies nur für den Verbrauchsgüterkauf zwingend gewesen; außerhalb des § 475 Abs. 1 Satz 1 BGB mag es sachgerecht sein, dem sachnäheren Verkäufer das Wahlrecht zuzubilligen. Dies dürfte auch im Verbraucher- und Formularvertrag zulässig sein, vgl. *Amann/Brambring/Hertel* Vertragspraxis zum neuen Schuldrecht, S. 155.

3356 Zur Frage, ob bei Mängeln der ersatzgelieferten Sache die Sachmängelverjährung erneut beginnt oder nur, wenn darin ein Anerkenntnis nach § 212 Abs. 1 Nr. 1 BGB zu sehen ist, vgl. *Auktor/Münch* NJW 2005, 1686.

3357 *Huber* NJW 2002, 1006; BGH, 07.06.2006 – VIII ZR 209/05, NJW 2006, 2839 m. zust. Anm. *Roth* hält allerdings auch beim Stückkauf eine Nachlieferung für möglich, wenn es sich um Sachen handele, die einer vertretbaren Sache wirtschaftlich entsprechen und das Leistungsinteresse des Käufers zufriedenstellen (Pkw; allerdings beim Gebrauchtwagenkauf nicht nach vorheriger Besichtigung). *Tiedtke/Schmitt* DStR 2004, 2019 sehen darin eine Gattungsschuld (Festlegung von Beschaffenheitsmerkmalen genügt nicht zur Individualisierung).

besserung. Die dabei anfallenden Arbeits- und Materialkosten hat der Verkäufer zu tragen (§ 439 Abs. 2 BGB).[3358]

1970 Ist auch die **Nachbesserung** tatsächlich oder praktisch **unmöglich** (beruft sich z.B. der Verkäufer auf die Unverhältnismäßigkeit der Nachbesserung),[3359] besteht der Anspruch aus § 439 BGB insgesamt nicht, sodass unmittelbar nach § 437 Nr. 2 und 3 BGB (Rücktritt, Minderung, Schadensersatz,[3360] Ersatz vergeblicher Aufwendungen) vorgegangen werden kann.

▸ Beispiel:

Das verkaufte Gebäude brennt vor Gefahrübergang ab; die völlige Neuerrichtung eines Gebäudes dürfte vom schlichten Umfang der Verkäuferpflichten nicht mehr umfasst sein.[3361]

1971 Solange die Nacherfüllung noch nicht erbracht ist (und damit der ursprüngliche Erfüllungsanspruch des § 433 Abs. 1 Satz 2 BGB, der in § 439 BGB lediglich näher ausgestaltet wird, noch nicht erfüllt ist), hat der Käufer gegen den Kaufpreisanspruch des Verkäufers ferner die Einrede des § 320 BGB, die in Formular- und Verbraucherverträgen zusätzlich durch § 309 Nr. 2 Buchst. a) BGB gegen vorformulierte Beschränkungen geschützt ist. Analog § 641 Abs. 3 BGB ist dem Käufer hierbei ein »Druckzuschlag« in Höhe etwa des 2-fachen (vor dem 01.01.2009: 3-fachen) der für die Nacherfüllung aufzuwendenden Kosten zuzubilligen.[3362]

b) Rücktritt (§ 437 Nr. 2 BGB)

1972 Der Rücktritt entspricht funktional der früheren Wandelung (§§ 462, 465, 457 BGB a.F.), ist aber als einseitige Erklärung und nicht als Anspruch auf Einverständnis mit der Aufhebung ausgestaltet. Der Rücktritt ist – anders als die bisherige Wandelung – erst eröffnet, wenn eine erfolglose Frist zur Nacherfüllung gem. § 323 Abs. 1 BGB gesetzt wurde, es sei denn, die Fristsetzung war gem. § 323 Abs. 2 BGB entbehrlich (ernsthafte und endgültige Erfüllungsverweigerung,[3363] einfaches Fixgeschäft, Vorliegen besonderer Umstände[3364] nach Rechtsprechung auch arglistiges Verschweigen)[3365] oder aufgrund § 440 BGB nicht erforderlich (Entbehrlichkeit der Fristsetzung, wenn beide Nacherfüllungsarten vom Verkäufer wegen unverhältnismäßiger Kosten verweigert werden, die dem Käufer zustehende Art der Nacherfüllung fehlgeschlagen[3366] oder ihm nicht zumutbar ist).

1973 Aufgrund der in § 437 Nr. 2 BGB weiter (im Sinne einer Rechtsgrundverweisung) in Bezug genommenen Vorschriften ist zudem eine Pflichtverletzung (Mangelhaftigkeit, §§ 434, 435 BGB) erforderlich, für die **als Voraussetzungen des Rücktritts zwei Besonderheiten** gelten:

3358 Wurde die mangelhafte Sache (Fliesen) bereits eingebaut, ergibt sich ein Anspruch auf Übernahme der Kosten des Aus- und neuerlichen Einbaus nur aus Schadensersatz, § 280 BGB (§ 439 Abs. 2 BGB erfasst lediglich die Kosten der Abholung und Anlieferung an den Verlegeort), *Thürmann* NJW 2006, 3457 ff.; a.A. OLG Köln NJW-RR 2006, 677: Auch Erstattung der Kosten des Ausbaus bzw. OLG Karlsruhe MDR 2005, 135: Erstattung der Kosten des Ausbaus und des neuerlichen Einbaus.

3359 Hierbei ist (jedenfalls beim textgleichen § 633 Abs. 2 BGB a.F.) auch der Grad des Verschuldens des Verkäufers/Unternehmers an der Entstehung des Mangels zu berücksichtigen, BGH, 16.04.2009 – VIII ZR 177/07, ZfIR 2009, 461.

3360 Lag allerdings das zur Unmöglichkeit beider Arten der Nacherfüllung führende Leistungshindernis schon bei Vertragsschluss vor, kann der Käufer Schadensersatz statt der Leistung (Nacherfüllung) gem. § 437 Nr. 3 i.V.m. § 311a Abs. 2 BGB nicht verlangen, wenn der Verkäufer das Leistungshindernis bei Vertragsschluss nicht kannte und die Unkenntnis nicht zu vertreten hatte.

3361 So richtig *Amann/Brambring/Hertel* Schuldrechtsreform in der Vertragspraxis, S. 23.

3362 *Graf v. Westphalen* in: Henssler/Graf v. Westphalen Praxis der Schuldrechtsreform § 435 Rn. 95.

3363 Fallbeispiel: OLG Naumburg NJW 2004, 2022. Auch dann setzt jedoch der Rücktritt die Fälligkeit der Forderung voraus, BGH, 28.09.2007 – V ZR 139/06, NotBZ 2008, 67 m. Anm. *Hueber*.

3364 Etwa arglistige Täuschung durch den Verkäufer: LG Bonn NJW 2004, 74.

3365 BGH, 08.12.2006 – V ZR 249/05, MittBayNot 2007, 309 m. Anm. *Kilian*; bestätigt durch BGH, 09.01.2008 – VIII ZR 210/06, JurionRS 2008, 10144.

3366 Gem. § 440 Satz 2 BGB wird das Fehlschlagen nach dem zweiten erfolglosen Versuch vermutet (»gilt«).

- Ist bei einer Mehrheit von Objekten nur ein Teil mangelhaft, kann der Rücktritt bzgl. aller Objekte gem. § 323 Abs. 5 Satz 1 BGB nur dann erklärt werden, wenn aufgrund dessen am gesamten Kauf kein Interesse mehr besteht, anderenfalls ist nur der Teilrücktritt möglich.
- Die Pflichtwidrigkeit[3367] muss gem. § 323 Abs. 5 Satz 2 BGB erheblich sein, ähnlich der früheren Beschränkung des Wandlungsrechts (vgl. Rdn. 237).

Vertretenmüssen der Pflichtverletzung (Mangelhaftigkeit) ist – wie generell im Rücktrittsrecht – nicht erforderlich.

Mit dem **Zugang der empfangsbedürftigen Rücktrittserklärung** (§§ 349, 130 BGB) wird der Kaufvertrag in ein Abwicklungsverhältnis gem. §§ 346 ff. BGB n.F. umgewandelt. Zugleich entfällt das Wahlrecht zur Minderung gem. § 441 Abs. 1 BGB, während (anders als im bisherigen Recht) der Anspruch auf Schadensersatz durch den Rücktritt nicht ausgeschlossen ist, § 325 BGB. 1974

c) Minderung (§ 437 Nr. 2 i.V.m. § 441 BGB)

Auch die Minderung als kaufrechtliches Sonderinstitut – jetzt auch bei Rechtsmängeln – ist nunmehr ein **einseitiges Gestaltungsrecht** des Käufers: Mit dem Zugang seiner Erklärung ist der Kaufpreis um den angemessenen[3368] Betrag des § 441 Abs. 3 BGB herabgesetzt (im Prozess: § 287 ZPO; scheitert die Ermittlung des Betrages, kann der Käufer auch nach Erklärung der Minderung Ersatz des Vermögensschadens gem. § 281 Abs. 1 BGB fordern).[3369] Die Voraussetzungen entsprechen denen des Rücktritts (vgl. Rdn. 1972 ff.), jedoch mit der Maßgabe, dass es auf die Erheblichkeit eines Mangels nicht ankommt, § 441 Abs. 1 Satz 2 i.V.m. § 323 Abs. 5 Satz 2 BGB, sodass (abweichend von § 459 Abs. 1 Satz 2 BGB a.F.) auch bei einem geringfügigen Mangel gemindert werden kann. Aufgrund des Vorrangs der Nacherfüllung ist allerdings anders als bisher in den meisten Fällen eine vorherige erfolglose Fristsetzung erforderlich. 1975

Hat der Käufer wirksam auf das Rücktrittsrecht verzichtet und ist dieses damit erloschen, dürfte auch das Minderungsrecht nicht mehr bestehen (§ 441 Abs. 1 Satz 1 BGB: »*statt zurückzutreten* …«).[3370] Ein Schadensersatzanspruch ist durch die Minderung nur insoweit ausgeschlossen, als es sich um Schadensersatz statt der Leistung i.S.d. § 281 Abs. 1 BGB handelt. Hat der Käufer bereits überzahlt, gewährt ihm § 441 Abs. 4 BGB einen vertraglichen Erstattungsanspruch (der also nicht auf ungerechtfertigter Bereicherung gründet). 1976

d) Schadensersatz (§ 437 Nr. 3 BGB)

Die im allgemeinen Leistungsstörungsrecht (§§ 280, 281, 283, 311a BGB) gründenden Schadensersatzansprüche des Käufers wegen der in der Mangelhaftigkeit liegenden Pflichtverletzung bei Vorliegen des gem. § 280 Abs. 1 Satz 2 BGB im Zweifel gegebenen Vertretenmüssens werden durch das Kaufrecht nur unmaßgeblich (etwa hinsichtlich der Fristsetzung in § 440 BGB, ferner hinsichtlich des Ausschlusses bei Kenntnis des Käufers gem. § 442 BGB) modifiziert. Die Pflichtverletzung kann bestehen 1977
- in einem anfänglichen, unbehebbaren Mangel, der vor und nach Gefahrübergang unter die Haftungsnorm des § 311a Abs. 2 BGB zu subsumieren ist,
- im eigentlichen Mangelschaden selbst (Minderwert, Reparaturaufwand), der unter §§ 281, 283 BGB fällt,

---

3367 Nach bisheriger Dogmatik gilt bis zur Übergabe/Abnahme das allgemeine Leistungsstörungsrecht, d.h. auch eine mit unwesentlichen Mängeln versehene Sache wäre eine Nichtleistung, nicht eine »nicht vertragsgemäße« Leistung, sodass § 323 Abs. 5 Satz 2 BGB nicht entgegenstehen würde (Palandt/*Putzo* BGB § 437 BGB Rn. 49). Allerdings ist wohl die Abnahmeverweigerung wegen eines unwesentlichen Mangels treuwidrig gem. § 320 Abs. 2 BGB.
3368 Abgestellt wird dabei auf den Zeitpunkt des Vertragsschlusses, während für das Bestehen eines Mangels an sich der Gefahrübergang maßgeblich ist.
3369 BGH, 05.11.2010 – V ZR 228/09, ZNotP 2011, 110.
3370 Palandt BGB Ergänzungsband zur 61. Aufl. § 437 Rn. 31.

– in einem Verspätungsschaden bei Schuldnerverzug (§ 280 Abs. 2 BGB)[3371] sowie
– in einem Mangelfolgeschaden an anderen Rechtsgütern (z.B. Nutzungsausfall),[3372] der ohne vorherige Fristsetzung gem. § 280 Abs. 1 BGB zu ersetzen ist und neben den Anspruch auf Nacherfüllung tritt.

Bei einem Rechtsmangel (z.B. durch den Verkäufer nicht gelöschte Dienstbarkeit) umfasst der Schadensersatz den vom Käufer zur Ablösung aufgewendeten Abfindungsbetrag.[3373]

1978 Die früher im Kaufrecht angewendete Differenzierung, wonach der Verkäufer im Fall des § 463 BGB a.F. zum Ersatz des Äquivalenzinteresses, aus pVV jedoch zum Ersatz lediglich des Integritätsinteresses verpflichtet sei,[3374] ist also obsolet. Das Kaufrecht ist nunmehr ebenso konzipiert wie das Werkvertragsrecht. Auch im Fall **einfacher Fahrlässigkeit** muss der Verkäufer wie der Werkunternehmer vollen Schadensersatz[3375] leisten, den eigentlichen Mangelschaden (Kosten der Ersatzbeschaffung, der Reparatur sowie des nach Reparatur verbleibenden Minderwerts, bzw. des Minderwerts an sich[3376] bei Ausbleiben einer Reparatur) aus §§ 281, 283 BGB,[3377] den Mangelfolgeschaden einschließlich des Nutzungsausfalls infolge der Reparaturbedürftigkeit, des entgangenen Gewinns, der Gutachterkosten[3378] und der Belastung aus einer Schadensersatzpflicht aus dem Weiterverkauf der mangelbehafteten Sache[3379] aus § 280 Abs. 1 BGB.[3380] I.R.d. Schadensersatzes statt der ganzen Leistung kann der Käufer die Erstattung aufgewendeter Grunderwerbsteuer und Maklerprovisionen jedoch nur Zug-um-Zug gegen Abtretung der diesbezüglich ihm zustehenden Erstattungsansprüche (Vorteilsausgleichung analog § 255 BGB) verlangen.[3381]

1979 Der **Ersatz vergeblicher Aufwendungen**, § 284 BGB (Rdn. 226), der in § 437 Nr. 3 BGB ebenfalls i.S.e. Rechtsgrundverweisung erwähnt ist, kann nur anstelle von Schadensersatz verlangt werden,[3382] fordert aber alle Voraussetzungen des Schadensersatzes, einschließlich des Verschuldens.

1980 Bzgl. der Voraussetzungen der Schadensersatzansprüche im Einzelnen ist auf die Ausführungen unter Rdn. 204 ff. zu verweisen. Insb. erfordert der Anspruch auf **Schadensersatz statt der Leistung** (§ 280 Abs. 3 i.V.m. § 283 BGB) grds., dass der Käufer zunächst dem Verkäufer erfolglos eine Frist zur Nacherfüllung bestimmt hat. Der Anspruch auf den **Verzögerungsschaden** erfordert, dass zuvor Verzug eingetreten ist (§§ 280 Abs. 1 und Abs. 2, 286 BGB). Das notwendige Verschulden wird zwar gem. § 280 Abs. 1 Satz 2 BGB vorausgesetzt (dies gilt aufgrund der Verweisung in §§ 281 Abs. 1 Satz 1, 284 BGB auch für die dortigen Schadensersatzanspruchstatbestände), wobei jedoch abzuwarten bleibt, ob in den Fällen des **schlichten Verkaufs** einer mangelhaften Sache, ohne dass der Verkäufer selbst Hersteller ist oder wie ein Hersteller auftritt, die Rechtsprechung **tatsächlich ein Verschulden** annimmt.

3371 Hiervon erfasst ist auch der Schaden aus verspäteter, jedoch mangelfreier Nachlieferung: *Dauner-Lieb/Dötsch* DB 2001, 2533.
3372 BGH, 19.06.2009 – V ZR 93/08, DNotI-Report 2009, 134: entgegen der übernommenen Garantie ist die Büronutzung des Objektes nicht genehmigt, sodass eine Vermietung erst nach Genehmigung der Nutzungsänderung zustande kommt: der Ausfall ist auch ohne Nachfristsetzung und ohne Vorliegen der Verzugsvoraussetzungen zu ersetzen.
3373 OLG Hamburg NotBZ 2006, 179.
3374 BGHZ 77, 218.
3375 Allerdings beschränkt auf die Pflichtverletzung: Wurde das Bestehen wilder Müllablagerungen verschwiegen, ist aber das Bestehen einer »regulären Deponie« bekannt, umfasst der Schadensersatz nur die Beseitigung des »wilden Sondermülls«, BGH NJW 1991, 2900.
3376 Ergibt sich dieser aus einem Deckungsverkauf, kann der Verkäufer nicht einwenden, der Mangel sei für die Weiterverkaufsentscheidung nicht ursächlich gewesen: BGH, 14.05.2004 – V ZR 120/03, ZNotP 2004, 355.
3377 BGHZ 77, 218; BGH NJW 1978, 2242.
3378 BGH NJW 2002, 141.
3379 BGH NJW-RR 1996, 951.
3380 BGHZ 92, 308.
3381 OLG Karlsruhe MittBayNot 2005, 401.
3382 Vgl. *Kleine/Scholl* NJW 2006, 3466.

Da die Herstellung nicht zum Pflichtenprogramm des Verkäufers gehört, kann ihm das Verschulden des Herstellers selbst nicht gem. § 278 BGB zugerechnet werden, auch trifft ihn (jedenfalls bei nicht besonders hochwertigen oder bekannt fehleranfälligen Produkten) keine vorherige Untersuchungspflicht.[3383] Die Aufklärungs- und Beratungspflicht ist auch im Fachhandel begrenzt.[3384] Möglicherweise ist insoweit zu differenzieren zwischen: 1981
- dem Schadensersatz statt der Leistung, bei dem der Schuldvorwurf auf dem endgültigen Ausbleiben der Leistung und damit dem Unterlassen einer Nacherfüllung gründet, die jedenfalls bei einer Gattungsschuld wohl immer zu vertreten sein wird, und
- dem Schadensersatz neben der Leistung, bei dem nur tatsächliches Kennen oder Kennenmüssen des Mangels zu vertreten sei.[3385]

Schadensersatzansprüche können neben Rücktritt und Minderung treten (§§ 325, 441 BGB). Während die Minderung höchstens zur Reduzierung des Kaufpreisanspruchs auf null und damit zu dessen vollständiger Rückzahlung führt, kann der Verkäufer aus Schadensersatzhaftung (z.B. wegen der Erstattung entgangenen Gewinns) gar einen »Nettoverlust« erleiden. Wählt der Käufer berechtigterweise Schadensersatz statt der ganzen Leistung gem. §§ 280 Abs. 3, 281, 283 BGB (früher: großen Schadensersatz wegen Nichterfüllung), entfällt der Kaufpreisanspruch aus § 433 Abs. 2 BGB. 1982

e) Konkurrenzen

Die §§ 434 bis 442 BGB stellen kaufvertragliche Sonderregelungen zum Leistungsstörungsrecht des allgemeinen Schuldrechts dar, sind jedoch in dieses eingebunden. Die innerhalb dieses Systems bestehenden Konkurrenzen (Rücktritt und Minderung schließen sich aus, Schadensersatz und Ersatz vergeblicher Aufwendungen schließen sich aus, Rücktritt/Minderung und Schadensersatz/Aufwendungsersatz sind jedoch untereinander kombinierbar) werden unter den Rdn. 226, 242, 1975 dargestellt. Erforderlich ist jedoch auch nach Inkrafttreten der Schuldrechtsmodernisierung eine **Abgrenzung zu den sonstigen Rechten des Käufers aufgrund eines Sach- oder Rechtsmangels:** 1983

aa) Allgemeines Leistungsstörungsrecht

Das **allgemeine Leistungsstörungsrecht** ohne die kaufrechtlichen Besonderheiten gilt bei Sachmängeln bis zum Zeitpunkt des Gefahrübergangs, bei Rechtsmängeln und beim Rechtskauf bis zur Übertragung des Rechts. Wird dieser Zeitpunkt nie erreicht, bleibt es stets bei der Anwendung des allgemeinen Leistungsstörungsrechts. Dies wirkt sich z.B. auch auf die Verjährung aus (§§ 280 ff. BGB in unmittelbarer Anwendung: subjektive Anknüpfung 3-jährig; § 437 i.V.m. §§ 280 ff. BGB: objektiv anknüpfend 2-jährig mit Abweichungsmöglichkeiten etwa bei Bauwerken). 1984

▶ Beispiel für die unmittelbare Anwendung des Leistungsstörungsrechtes:

Der als Seegrundstück verkaufte Bauplatz liegt nicht am See an, der dazwischenliegende, in fremdem Eigentum stehende Streifen ist unverkäuflich.

Es kommt nicht zum Gefahrübergang: Schadensersatzanspruch statt der Leistung aus § 311a Abs. 2 BGB wegen eines anfänglichen, nicht behebbaren Mangels ohne Besonderheiten des Kaufvertragsrechts.

3383 BGH NJW 1981, 1269.
3384 BGH, 16.06.2004 – VIII ZR 303/03, NJW 2004, 2301; ebenfalls für Zurückhaltung i.R.d. Vorsatzhaftung nach §§ 437 Nr. 3, 280, 281, 283, 311a Abs. 2 BGB plädiert *Gröschler* NJW 2005, 1601: Wie bei der Arglisthaftung keine Offenbarungspflicht für jeden dem Verkäufer bekannten Mangel (erst recht keine Aufklärungspflicht bzgl. Wert oder Preisbildung), sondern im Interesse der Verhandlungsparität nur, wenn der Umstand für den Käufer erkennbar von Bedeutung ist.
3385 So etwa *Lorenz* NJW 2002, 2504.

bb) c.i.c., pVV

1985 Gegenüber den seit 01.01.2002 kodifizierten Grundsätzen des **Verschuldens bei Vertragsverhandlungen** (c.i.c., jetzt §§ 241 Abs. 2, 311 Abs. 2 und 3 BGB) stellen grds. die §§ 434 ff. BGB ab Gefahrübergang eine Sonderregelung dar, soweit es sich um Merkmale der Sache handelt, die einer Beschaffenheitsvereinbarung gem. § 434 Abs. 1 Satz 1 BGB zugänglich sein können.[3386] Die Haftung aus c.i.c., die ihre Anspruchsgrundlage bei Verschulden ebenfalls in § 280 Abs. 1 BGB findet, kommt also ohne kaufrechtliche Besonderheiten nur bis zum Gefahrübergang zur Anwendung, nach diesem Zeitpunkt neben § 437 BGB nur dann, wenn der Verkäufer sonstige Beratungspflichten verletzt hat, die sich nicht auf mögliche Beschaffenheiten der Sache beziehen,[3387] oder wenn er bzw. sein Erfüllungs- oder Verhandlungsgehilfe (z.B. Makler, Rdn. 2224) den Käufer über die Beschaffenheit der Sache arglistig getäuscht hat.[3388] Soweit die Rechtsprechung zuvor die Konkurrenz zwischen c.i.c. und Sachmängelansprüchen (Vorrang des Gewährleistungsrechts) und Rechtsmängeln (Nebeneinander der Ansprüche) unterschiedlich beurteilt hat,[3389] ist diese Unterscheidung jedenfalls seit dem 01.01.2002 nicht mehr aufrechtzuerhalten.

1986 Die Abgrenzung zwischen »Gewährleistungsrecht« (so der frühere Begriff) und c.i.c. hat zwar in verjährungsrechtlicher Hinsicht nicht mehr die gravierende Bedeutung wie früher (30 Jahre im Verhältnis zur kurzen kaufrechtlichen Verjährung); der Fristbeginn wird jedoch auch jetzt noch unterschiedlich angeknüpft (kaufrechtliche Verjährung gem. § 438 BGB mit objektivem Fristbeginn und anderen Fristlängen, c.i.c.-Verjährung in 3 Jahren mit subjektivem Fristbeginn gem. §§ 195, 199 BGB). Außerdem sind die **Rechtsfolgen** verschieden:
– Beim Schadensersatz nach § 437 BGB ist der Käufer so zu stellen, als läge kein Mangel vor,
– i.R.d. c.i.c. – §§ 280, 311 Abs. 2 BGB – ist der Käufer so zu stellen, als wäre die Aufklärungspflicht nicht verletzt worden: Kein Anspruch auf Anpassung des ungünstigen Vertrages, sondern auf Liquidation des verbleibenden Vertrauensschadens (Erstattung des überteuerten Kaufpreisanteils) oder aber – sofern er beweisen kann, dass sich der andere Beteiligte hierauf eingelassen hätte – Anspruch darauf, so gestellt zu werden, als habe er einen für ihn günstigeren Vertrag geschlossen.[3390] Wäre der Vertrag ohne Aufklärungsverschulden nicht geschlossen worden, besteht Anspruch auf Rückgängigmachung des Vertrages und Ersatz der nutzlosen Aufwendungen.[3391]

1987 Die Rechtsprechung hat eine Verletzung vorvertraglicher Pflichten bspw. in folgenden Fällen angenommen:[3392]
– ein Wohnungsbauunternehmen klärt den Käufer nicht über die künftige finanzielle Belastung auf, obwohl es die Überforderung des Käufers erkennt;[3393] bzw. ein Verkäufer täuscht vor, die Kreditbedienung werde durch die Steuerersparnis ausgeglichen;[3394]

[3386] BGH NJW 2011, 2128; dies trifft auch deshalb zu, weil der für die c.i.c. erforderliche Schaden jedenfalls dann nicht gegeben ist, wenn dem Käufer Erfüllungsansprüche wegen des aufklärungspflichtigen Mangels gegen den Verkäufer zustehen.
[3387] Beispiel nach *Binder* NJW 2003, 393: Verkäufer wirbt mit besonderer Sachkunde, unterlässt jedoch eine Ablieferungsuntersuchung; vgl. auch BGH WM 1978, 1073.
[3388] BGH, 27.03.2009 – V ZR 30/08 (Asbest), ZfIR 2009, 560 m. Anm. *Everts*; vgl. auch *Kirchhof* ZfIR 2009, 853 (859). A.A. *Mertens* AcP 203, 830: Vorrang des Kaufrechts auch bei arglistigem Handeln des Verkäufers.
[3389] BGH, NJW 2000, 803.
[3390] Vgl. im Einzelnen BGH, 19.05.2006 – V ZR 264/05, NJW 2006, 3139 m. Anm. *Theisen*, NJW 2006, 3102, sowie OLG München, 30.04.2009 – 19 U 1589/09 (in diesen Fällen ausnahmsweise Ersatz des positiven Interesses).
[3391] Hierzu zählt auch die nutzlose Aufwendung von Arbeitskraft, die sonst gewinnbringend hätte eingesetzt werden können (ein Architekt als Käufer entwirft Pläne für die nun nicht stattfindende Bebauung, BGH NJW 1977, 1446); ferner der Anlageverlust, da die gebundenen Kaufpreismittel nicht anderweit gewinnbringend eingesetzt werden konnten: BGH WM 1980, 85.
[3392] Vgl. *Waldner* Immobilienkaufverträge Rn. 228.
[3393] BGH NJW 1974, 859.
[3394] BGH NJW 2003, 1811.

- der Verkäufer informiert den Käufer nicht darüber, dass die Nachbarn seit Jahren die Nachtruhe durch absichtliches Lärmen stören;[3395]
- der Verkäufer klärt den Käufer nicht darüber auf, dass der »Vorgarten« sich auf fremden Grund befinde (bzw. übergibt zwar Unterlagen, aus denen sich dies ergäbe, allerdings nur zur »allgemeinen Information«, ohne die berechtigte Erwartung, der Käufer werde sie unter diesem Gesichtspunkt gezielt durchsehen);[3396]
- der Verkäufer rät zum Beitritt zu einem Mietpool, berücksichtigt bei seinen Berechnungen aber das Leerstandsrisiko nicht;[3397]
- die öffentliche Hand als Verkäufer erwähnt nicht eine Verkehrsplanung, die das Grundstück wesentlich entwerten wird;[3398]
- der Bürgermeister der veräußernden Gemeinde behauptet unrichtigerweise, die kommunalaufsichtliche Genehmigung sei bereits erteilt.[3399]

Ansprüche aus der früher sog. »**positiven Vertragsverletzung**«, die nunmehr ebenfalls auf § 280 Abs. 1 BGB gründen, können ohne die Verweisung in § 437 Nr. 3 BGB unmittelbar zur Anwendung kommen, wenn es um Nebenpflichten des Verkäufers geht, die nicht in den Handlungsbereich der §§ 434 ff. BGB fallen. Zu denken ist an Aufklärungs-, Auskunfts-, Prüfungs-, Verpackungs- und Versendungssorgfaltspflichten.[3400] 1988

cc) Anfechtung

(1) wegen Irrtums

Eine **Anfechtung** der zum Vertragsabschluss führenden Willenserklärung[3401] des Käufers führt zur Nichtigkeit (§ 142 BGB) und damit zum Ausschluss vertraglicher Ansprüche, auch auf Schadensersatz.[3402] Anfechtungen wegen **Inhalts- oder Erklärungsirrtums** sind ohne Einschränkung möglich, Anfechtungen gem. § 119 Abs. 2 BGB wegen **verkehrswesentlicher Eigenschaften** sind jedoch (wie bisher im Verhältnis zu §§ 459 ff. BGB a.F.) ausgeschlossen, soweit die §§ 434 ff. BGB anwendbar sind, also ab Gefahrübergang. Die Anfechtung wegen **arglistiger Täuschung** (§ 123 BGB) auch durch nur einen Verkäufer einer Personenmehrheit[3403] steht dem Käufer jedoch immer offen; er kann also zwischen den Ansprüchen aus § 437 BGB und § 823 Abs. 2 BGB i.V.m. § 263 StGB bzw. aus §§ 812 ff. BGB wählen.[3404] 1989

Anfechtungstatbestände gem. §§ 119 ff. BGB begegnen beim Grundstückskauf erstaunlich häufig. Man denke etwa an den **Erklärungsirrtum** (§ 119 Abs. 1, 2. Alt. BGB: Versprechen, Verschreiben, Vergreifen) bei einer auf einem Schreibfehler beruhenden unrichtigen Flächenmaßangabe im Grundstückskaufvertrag[3405] oder bei einer so nicht vereinbarten, von der betroffenen Vertragspartei beim Vorlesen durch den Notar überhörten Klausel[3406] oder an den **Inhaltsirrtum** (§ 119 Abs. 1, 1. 1990

[3395] BGH NJW 1991, 1673.
[3396] BGH, 11.11.2011 – V ZR 245/10, ZNotP 2012, 58.
[3397] BGH NJW 2007, 1874; BGH NJW 2008, 3059.
[3398] OLG Frankfurt am Main NJW-RR 2002, 523.
[3399] OLG Rostock DNotI-Report 2002, 39.
[3400] Palandt BGB Ergänzungsband zur 61. Aufl. § 433 Rn. 22 ff.
[3401] Die Eintragungsbewilligung selbst (§ 19 GBO) ist als rein verfahrensrechtliche Erklärung nicht anfechtbar (BayObLG DNotI-Report 2003, 94).
[3402] Möglich bleiben lediglich §§ 311 Abs. 2, 280 Abs. 1 BGB (negatives Interesse); § 325 BGB gilt nicht analog: *Höpfner* NJW 2004, 2865.
[3403] OLG Koblenz NJW-RR 2003, 119.
[3404] Trotz Anfechtung wegen arglistiger Täuschung nach § 123 BGB soll (Rechtsgedanke des § 325 BGB) Anspruch auf vertraglichen Schadensersatz bestehen, *Derleder* NJW 2004, 970 (krit. zur Verzahnung zwischen Leistungsstörungsrecht, Deliktsrecht und Bereicherungsrecht).
[3405] BGH MDR 1967, 477.
[3406] BGHZ 71, 262 ff., anderer Ansatz noch BGH, Rpfleger 1957, 110: Unwirksamkeit der Klausel wegen Fehlens der Genehmigung.

Alt. BGB: Irrtum über die Bedeutung des an sich bekannten Erklärungsinhalts), Bestellung eines tatsächlich zweitrangigen Grundpfandrechts in der irrigen Annahme, es erlange den ersten Rang.[3407]

1991 Häufig ist auch der Irrtum über **verkehrswesentliche Eigenschaften** i.S.d. § 119 Abs. 2 BGB in Bezug auf alle tatsächlichen und rechtlichen Verhältnisse, die infolge ihrer Beschaffenheit und Dauer auf die Brauchbarkeit und den Wert von Einfluss sind. Erfasst sind auch Beziehungen des Vertragsgegenstands zur Umwelt, wenn sie in der Sache selbst ihren Grund haben, von ihr ausgehen und den Vertragsgegenstand kennzeichnen oder näher beschreiben.

▶ Beispiele:

Sozialbindung einer Wohnung, deren Mieterträge und durch sie vermittelte Steuereinsparungen[3408] sowie die Existenz von Planungen zur Errichtung einer Umgehungsstraße.[3409]

1992 Der **beiderseitige Irrtum** hinsichtlich derselben verkehrswesentlichen Eigenschaft (etwa der Zuordnung eines bestimmten Kellers zur konkreten Wohnung)[3410] wird von der herrschenden Meinung nach den Regeln über das Fehlen der Geschäftsgrundlage (§ 313 BGB, Rdn. 1998 ff.) in Richtung auf eine Vertragsanpassung, hilfsweise den Rücktritt vom Vertrag, gelöst, nach a.M.[3411] sei der Vertrag vorläufig für wirksam zu erachten und es sei dem besonders interessierten Teil zuzumuten, die Anfechtung zu erklären, allerdings um den Preis der Vertrauensschadensersatzpflicht (§ 122 BGB).

(2) wegen Täuschung

1993 Vergleichsweise große praktische Bedeutung im Grundstücksrecht hat schließlich die (im Vorhinein nicht ausschließbare)[3412] Anfechtung des Kausalvertrags[3413] wegen arglistiger Täuschung, § 123 Abs. 1, 1. Alt. BGB. Die **Täuschung** liegt in der vorsätzlichen Erregung, Verstärkung oder der Aufrechterhaltung eines Irrtums über Tatsachen, die durch positives Tun begangen werden kann (also durch ausdrückliche Lüge = dolus directus oder auch nur Zusage »ins Blaue hinein« = dolus eventualis)[3414] oder auch durch Unterlassen bei Vorliegen einer Aufklärungs- oder Offenbarungspflicht (zur Kasuistik vgl. Rdn. 2209 zu § 444 BGB).

▶ Beispiele für Täuschung durch unmittelbare Lüge:

Auf Nachfrage wird bewusst wahrheitswidrig erklärt, die Zufahrt gehöre zum gekauften Grundstück.[3415] Der Verkäufer versichert wider besseres Wissen, er habe keine Hausgeldrückstände bei der WEG-Gemeinschaft.[3416]

1994 **Arglist** liegt zumindest bei bedingtem Vorsatz vor,[3417] jedoch nicht bei bloßer Fahrlässigkeit; Nachteilszufügungsabsicht oder die tatsächliche Schädigung des anderen Teils sind nicht erforderlich,[3418]

3407 Vgl. *Eschelbach* in: Lambert-Lang/Tropf/Frenz Handbuch des Grundstücksrechts, S. 358.
3408 BGH NJW 1998, 898 f. m. Anm. *Lorenz*.
3409 BGH NJW 1961, 772.
3410 BayObLGZ 1997, 149 m. Anm. *Kuntze*.
3411 V.a. *Medicus* Allgemeiner Teil des BGB Rn. 778.
3412 BGH, 17.01.2007 – VIII ZR 37/06, NJW 2007, 1058: Unwirksamkeit des im Voraus vertraglich vereinbarten Ausschlusses jedenfalls wenn die Täuschung vom Geschäftspartner oder jemandem, der nicht Dritter i.S.d. § 123 Abs. 2 BGB ist, verübt wurde.
3413 Die Arglistanfechtung erstreckt sich häufig auch auf das Erfüllungsgeschäft, vgl. *Haferkamp* Jura 1998, 511 ff.
3414 BGH NJW 1981, 1441; NJW-RR 1986, 700. Beispiel nach OLG Koblenz, 19.10.2012 – 1 U 113/11 ZfIR 2012, 142 (nur Ls.): der Verkäufer erklärt, das Flachdach sei »neu gemacht worden«, ohne darauf hinzuweisen, dass er insoweit nur die Information des Vorbesitzers ungeprüft weitergibt. Den Käufer kann allerdings ein Mitverschulden treffen, wenn er eine Gelegenheit zur Untersuchung nicht nutzt.
3415 OLG Saarbrücken MDR 2010, 801.
3416 BGH NJW 2000, 2894 (der Käufer braucht hier nicht abzuwarten, ob der Verkäufer die Rückstände alsbald selbst begleicht).
3417 BGH WM 1983, 990.
3418 BGH NJW 1974, 1505.

allerdings Kausalität zwischen der Täuschung und dem Kaufentschluss[3419] (zumindest im Sinne einer Mitursächlichkeit). Arglist kann auch dadurch verwirklicht sein, dass die Überwachung und Prüfung des Werkes so unzureichend organisiert wird, dass weder der Unternehmer noch die für ihn eingesetzten Gehilfen den Mangel erkennen können.[3420] Täuscht einer von mehreren Beteiligten derselben Vertragsseite, müssen sich die anderen diese Täuschung zurechnen lassen.[3421]

Die durch einen **zurechenbaren Dritten** (Vertreter, Verhandlungsführer[3422] oder Verhandlungs- bzw. Erfüllungsgehilfe[3424] des Erklärungsempfängers) verursachte Täuschung berechtigt den Erklärenden nur dann zur Anfechtung seiner täuschungsbedingten Erklärung, wenn der Erklärungsempfänger die Täuschung kannte oder kennen musste (§ 123 Abs. 2 Satz 1 BGB; zu dessen Bedeutung im Verhältnis finanzierendes Kreditinstitut – Verkäufer bei institutionalisiertem Zusammenwirken im Vertrieb vgl. Rdn. 1444 ff.). Auch ein von beiden Seiten beauftragter Makler kann Dritter i.S.d. § 123 Abs. 2 BGB sein.[3425] 1995

▶ Beispiel:

Der Makler leugnet wider besseres Wissen, dass sich der Vorbewohner im Objekt erhängt hatte, und nennt stattdessen einen anderen Sterbeort.[3426]

Ist der Anfechtungsgrund später (bis zu dem für die gerichtliche Entscheidung maßgeblichen Zeitpunkt) endgültig weggefallen, kann die Erklärung der Anfechtung bzw. die Berufung darauf gem. § 242 BGB ausgeschlossen sein, da die Rechtslage des Getäuschten nicht (mehr) beeinträchtigt worden ist. 1996

▶ Beispiel:

Die Einliegerwohnung im verkauften Objekt ist zwar baurechtswidrig errichtet worden (was der Verkäufer verschwiegen hat); die Baugenehmigung wird jedoch später erteilt.[3427]

Auch Ansprüche aus **§§ 823, 826 BGB** sind schließlich – wie vor dem 31.12.2001 – durch §§ 434 ff. BGB nicht ausgeschlossen. 1997

▶ Beispiel:

Verletzung des Anwartschaftsrechtes bei einem Kauf unter Eigentumsvorbehalt (§ 449 BGB), sofern die Sache nach Gefahrübergang durch den weiterfressenden Mangel restlos beschädigt wird.[3428]

dd) Geschäftsgrundlagenlehre

Die in § 313 BGB kodifizierten Grundsätze über die Störung (Fehlen oder Wegfall) der **Geschäftsgrundlage** sind – wie vor dem 31.12.2001 – durch §§ 434 ff. BGB ausgeschlossen, und zwar auch dann, wenn im Einzelfall eine Mängelhaftung mangels Vorliegen der Voraussetzungen oder des wirksamen Ausschlusses der Haftung nicht besteht. Anderenfalls würde der gesetzliche Vorrang der Nacherfüllung vereitelt. Ist allerdings der zugrunde liegende Umstand gar nicht geeignet, Män- 1998

3419 Vgl. Wortlaut: »Zu einer Willenserklärung ... bestimmt worden ist«, anders i.R.d. § 444 BGB, vgl. Rdn. 2014.
3420 BGH NJW 1992, 1754; Palandt/*Sprau* BGB § 638 Rn. 5. Die Kasuistik hat sich vom Wortlaut weit entfernt.
3421 OLG Koblenz NJW-RR 2003, 119.
3422 BGH NJW 2003, 4424.
3423 BGH MDR 1978, 1009; vorausgesetzt der Vertreter hat die Angelegenheiten des Verkäufers in eigener Verantwortung zu erledigen und ihm die dabei erlangten Informationen weiterzugeben: BGH, 14.05.2004 – V ZR 120/03, ZNotP 2004, 355.
3424 Z.B. bei zu erbringenden Werkleistungen der Subunternehmer (BGH NJW 1976, 516) sowie der mit der Prüfung des Werks Beauftragte (BGH NJW 1974, 553).
3425 LG Heilbronn ZMR 1999, 832; OLG Schleswig SchlHAnz 2008, 356.
3426 OLG Celle, 18.09.2007 – 16 U 38/07.
3427 BGH WM 1983, 1055.
3428 *Ganter* JuS 1984, 392; *Gsell* NJW 2004, 1913.

gelansprüche auszulösen, besteht dieser dogmatische Vorrang nicht.[3429] So liegt es bspw., wenn zwei durch Planeinzeichnung definierte Flächen gleichwertig vertauscht werden sollen und exakt gemäß dieser Sollbeschaffenheit vertauscht werden, eine der beiden Flächen jedoch entgegen der Vorstellung der Beteiligten eine um 35 % abweichende Größe hat, Rdn. 770.[3430] Wird die Mitwirkung verweigert, kann die benachteiligte Partei nicht nur auf Zustimmung zur Anpassung, sondern unmittelbar auf die sich aus der Anpassung ergebende Leistung klagen, oder unter den Voraussetzungen des § 313 Abs. 3 BGB zurücktreten.

f) Ausschluss der Mängelrechte

aa) Kenntnis (§ 442 BGB)

1999 Die Bestimmung entspricht im Wesentlichen den bisherigen §§ 439, 460 BGB a.F. und setzt zugleich Art. 2 Abs. 3 und Abs. 5 der EG-Verbrauchsgüterkaufrichtlinie um. Die oben referierten Rechte aus § 437 BGB sollen entfallen, wenn die Voraussetzungen des § 442 BGB bejaht werden, d.h. wenn der Käufer im Zeitpunkt des Vertragsschlusses den (Sach- oder Rechts-) Mangel kannte – schlichte Wissensvermittlung genügt also, ohne dass der Mangel rechtsgeschäftlich als geschuldete Beschaffenheit i.S.d. § 434 Abs. 1 Satz 1 BGB zu vereinbaren wäre – oder (Abs. 1 Satz 2) infolge grober Fahrlässigkeit nicht kannte,[3431] es sei denn, in letzterem Fall läge arglistiges Verschweigen oder eine Garantieübernahme des Verkäufers vor. Die Kenntnisverschaffung ist ein tatsächlicher Vorgang, der – als Wissens-, nicht als Willenserklärung – **nicht** i.S.d. § 311b BGB **beurkundungspflichtig** ist (vgl. Rdn. 2215); spielt sich allerdings die Kenntnisverschaffung während der Beurkundungssituation in Gegenwart des Notars ab bzw. wird dort eine frühere Information dieser Art bestätigt, zählt es zum nobile officium, dies (zu Beweiserleichterungszwecken) in der Urkunde zu dokumentieren (vgl. Rdn. 2242).

2000 § 442 BGB kann (außerhalb des Verbrauchsgüterkaufs, § 475 BGB) **vertraglich abbedungen** werden, wofür jedoch ein einseitiger Vorbehalt des Käufers nicht genügt. Die Vorschrift verdrängt, soweit es um fehlende Kenntnis von Sach- und Rechtsmängeln geht, andere Bestimmungen, etwa § 254 BGB. Der Verkäufer trägt die **Beweislast** für Kenntnis bzw. grob fahrlässige Unkenntnis des Käufers, der Käufer die Beweislast für ein arglistiges Verschweigen oder eine Garantie, die ihm trotz grob fahrlässiger Unkenntnis die Mängelansprüche erhalten würden. Dies gilt auch dann, wenn der Verkäufer in Gestalt einer »**Arglistprobe**« im Kaufvertrag versichert, ihm sei »vom Vorhandensein wesentlicher unsichtbarer Mängel nichts bekannt«[3432] (s. hierzu ausführlich unten Rdn. 2215 f.).

2001 Die Kenntnis, also das positive Wissen um diejenigen Tatsachen, die in ihrer Gesamtheit den Mangel begründen, muss beim Zustandekommen des Vertrags (bei Grundstücksverträgen also bei Beurkundung, auch wenn diese formunwirksam sein sollte[3433] vorliegen, bei aufschiebenden Bedingungen z.Zt. des Eintritts der Bedingung. Die in § 464 BGB a.F. für eine spätere Abnahme in Kenntnis des Mangels enthaltene »Genehmigungswirkung« (»Abnahmefalle«) ist entfallen, sodass Kenntniserlan-

---

3429 BGH, 21.02.2008 – III ZR 200/07, MDR 2008, 615, 616, sowie (zum bis 31.12.2001 geltenden Schuldrecht) BGH, 07.02.1992 – V ZR 246/90, BGHZ 117, 159, 162.
3430 BGH, 30.09.2011 – V ZR 17/11, ZNotP 2012, 28.
3431 Da eine gesetzliche Obliegenheit zur Untersuchung eines zu erwerbenden Unternehmens (»due diligence«) nicht besteht, führt deren Unterlassen nicht zu § 442 Abs. 1 Satz 2 BGB; *Müller* NJW 2004, 2196; a.A. (Verkehrssitte) *Semler* in: Hölters Handbuch des Unternehmens- und Beteiligungskaufs Teil VI Rn. 43. Vertragliche Abbedingung mag sich empfehlen, vgl. Rn. 98.
3432 BGH, 30.04.2003 – V ZR 100/02, DNotZ 2004, 696: Die Vermutung der Vollständigkeit und Richtigkeit notarieller Urkunden erstreckt sich nur auf die vollständige und richtige Wiedergabe der getroffenen Vereinbarungen, nicht aber auf etwa erteilte Informationen.
3433 BGH, 27.05.2011 – V ZR 122/10, DNotZ 2011, 913 (wer nach Beurkundung den Mangel erfährt und dennoch mit dem Vollzug bis zur Eintragung – und damit Heilung – fortfährt, gibt lediglich zu erkennen, sich weiterhin nicht auf die Formunwirksamkeit berufen zu wollen). Die Entscheidung begrenzt in rechtspolitisch bedenklicher Weise das Risiko, das ein Käufer durch z.B. einen bewussten »Schwarzkauf« eingeht, vgl. *Heckschen* NotBZ 2012, 29.

gung nach Vertragsschluss ohne Relevanz bleibt.[3434] Für die Wissenszurechnung von Vertretern des Käufers gilt § 166 Abs. 1 BGB. Die Rechtsprechung hat aus §§ 31, 166 BGB eine »**Wissensvertretung**« (auch aufseiten des Verkäufers, i.R.d. Kenntnis als Voraussetzung arglistigen Verschweigens, vgl. Rdn. 2214) angenommen für solche Personen, die nach der Organisation des Geschäftsherrn als dessen Repräsentant Aufgaben in eigener Verantwortung erledigen und dabei anfallende Informationen weiterzuleiten haben.[3435]

Gleiches gilt für solche Personen, die – und sei es nur einen Teilaspekt – für den Käufer selbstständig verhandelt haben.[3436] Freilich genügt nicht jede entfernte Befassung mit dem Gegenstand: Verkauft eine Gemeinde, schadet das Wissen eines Mitarbeiters des Liegenschaftsamtes, nicht aber des Bauamtes. Verkauft eine Wohnungsbaugesellschaft, bleibt das Wissen eines nicht zugezogenen Hausmeisters unberücksichtigt,[3437] ebenso Kenntnisse aus dem hoheitlichen Organisationsbereich einer Kommune beim Verkauf durch eine städtische GmbH.[3438] Kenntnisse einer beauftragten selbständigen Hausverwaltung, die nicht in die Verhandlungen eingebunden war, bleiben unberücksichtigt.[3439] Wurde dem WEG-Verwalter eine behördliche Beseitigungsaufforderung bezüglich Mängeln am Gemeinschaftseigentum zugestellt, ist sie damit nicht dem Verkäufer bei der Veräußerung seines Sondereigentums zuzurechnen.[3440] Ist allerdings ein Treuhandvertrag (wegen Verstoßes gegen das Rechtsberatungsgesetz) unwirksam, kann das Wissen des Treuhänders dem Treugeber nicht zugerechnet werden.[3441] 2002

Liegt positive Kenntnis vor, sind die Rechte aus § 437 BGB auch dann ausgeschlossen, wenn der Mangel durch den Verkäufer arglistig verschwiegen wurde. Hat der Verkäufer eine bestimmte Beschaffenheit garantiert, muss er sich jedoch, sofern keine inhaltliche Beschränkung der Garantieerklärung vorgenommen wurde, hieran auch bei Kenntnis des Käufers festhalten lassen. 2003

Die **grob fahrlässige Unkenntnis** des § 442 Abs. 1 Satz 2 BGB setzt die Nichteinhaltung eines Mindestmaßes an Information und Aufmerksamkeit voraus, wobei jedoch regelmäßig nicht vom Käufer verlangt werden kann, eine sachkundige Person zur Besichtigung beizuziehen. Maßgeblich sind die Umstände des Einzelfalls, die allgemeine Verkehrssitte (Untersuchung bei Antiquitäten und Kunstwerken!), der Wert des Objektes (geringe Zeitinvestition bei Massenartikeln), besondere Sachkunde des Käufers (Gebrauchtwagenhändler erwirbt von privatem Verkäufer!), ferner aufgedruckte Hinweise (Haltbarkeitsdatum bei verpackten Lebensmitteln). 2004

Insb. bei Unternehmenskaufverträgen sind auch Parteiabreden zu der Frage üblich, ob an bestimmte Unterlassungen der Vorwurf des § 442 Abs. 1 Satz 2 BGB geknüpft werden kann oder nicht (was in Betracht kommt, wenn man eine entsprechende Verkehrssitte zur due diligence Prüfung bei größeren Unternehmenstransaktionen annimmt):[3442] 2005

▸ Formulierungsvorschlag: Vereinbarung zu den Voraussetzungen des § 442 Abs. 1 Satz 2 BGB (due diligence)

Aus dem Umstand, dass der Erwerber eine due diligence Prüfung nicht, nicht vollständig oder nicht sorgfältig vorgenommen hat, kann im Verhältnis der Beteiligten der Vorwurf grob fahrlässiger Unkenntnis i.S.d. § 442 Abs. 1 Satz 2 BGB nicht hergeleitet werden.

3434 Der Käufer braucht sich also seine Rechte wegen Mängeln im Zeitpunkt der Abnahme nicht mehr vorbehalten, BT-Drucks. 14/6040, S. 205.
3435 BGHZ 117, 104/107; vgl. auch *Waldner* Immobilienkaufverträge Rn. 86 ff.
3436 OLG Schleswig, 07.04.2009 – 3 U 159/07, EWiR § 442 BGB 1/10, 47 *(Backhaus)*. Auf die Vertretungsbefugnis kommt es nicht an (Aufsichtsratsmitglied).
3437 BGH NJW-RR 1997, 270.
3438 OLG Düsseldorf NJW 2004, 783.
3439 BGH, 22.11.1996 – V ZR 196/95, NJW-RR 1997, 270.
3440 BGH DNotZ 2003, 274.
3441 BGH, 27.01.2007 – XI ZR 44/06, NJW 2007, 1584 m. Anm. *Witt*.
3442 Ablehnend *Müller* NJW 2004, 2196 (2197); bejahend *Sieja* NWB 2009, 2974 (2978) und *Böttcher* Verpflichtung des Vorstands einer AG zur Due Diligence beim Beteiligungserwerb, S. 141 ff.

2006 Mitunter legt der Verkäufer Wert darauf zu dokumentieren, dass dem Käufer umfassend Gelegenheit gegeben worden ist, das Kaufobjekt zu untersuchen. Damit ist zwar nicht positive Kenntnis des Käufers vom konkreten Mangel i.S.d. § 442 Abs. 1 Satz 1 BGB belegt, es liegt aber nahe, dass die Voraussetzungen des § 442 Abs. 1 Satz 2 BGB vorliegen. Außerdem kommt nach Ansicht der Rechtsprechung ein Mitverschulden des Käufers im haftungsbegründenden Vorgang in Betracht, wenn er eine ihm angebotene Untersuchungsmöglichkeit ungenutzt lässt, die den Mangel schon durch Inaugenscheinnahme aufgedeckt hätte.[3443]

▶ Formulierungsvorschlag: Bestätigung umfassender Kenntnisnahmemöglichkeit i.S.d. § 442 Abs. 1 Satz 2 BGB

Der Käufer erklärt, den Vertragsgegenstand besichtigt und sich von seinem Zustand überzeugt zu haben. Von den Unterlagen, die ihm vom Verkäufer vor Vertragsabschluss überlassen wurden bzw. in die er Einsicht nehmen konnte, hat der Käufer vollumfänglich Kenntnis genommen. Der Käufer erklärt weiterhin, dass ihm vom Verkäufer die Möglichkeit eingeräumt wurde, die technisch vertretbaren Untersuchungen des Gebäudes sowie des Grund und Bodens vorzunehmen. Der Käufer erklärt darüber hinaus, dass ihm vom Verkäufer die Möglichkeit eingeräumt wurde, mit allen Behörden, Personen etc., die mit dem Vertragsgegenstand befasst waren und/oder sind, zu sprechen und die für die Beurteilung des Vertragsgegenstandes erforderlichen Auskünfte einzuholen. Der Käufer erklärt, dass ihm vom Verkäufer sämtliche erforderlichen Vollmachten, Freistellungen, von etwaigen Schweigepflichten etc. erteilt wurden. Der Käufer erklärt, dass er von den ihm insoweit vom Verkäufer eingeräumten Möglichkeiten auch tatsächlich Gebrauch gemacht hat. Der Käufer erklärt darüber hinaus, dass ihm der Verkäufer sämtliche Auskünfte, die der Käufer hinsichtlich des Vertragsgegenstandes vom Verkäufer begehrte, erteilt hat. Der Verkäufer geht daher davon aus, dass dem Käufer alle für einen Kaufentschluss bei einem Objekt dieser Größenordnung für einen Käufer üblicherweise relevanten Informationen vorliegen, so dass Unkenntnis von etwaigen Mängeln auf grober Fahrlässigkeit i.S.d. § 442 Abs. 1 Satz 2 BGB beruhen würde.

2007 Liegt grob fahrlässige Unkenntnis zum Zeitpunkt des Vertragsschlusses vor, bleiben die Mängelrechte nur bei arglistigem Verschweigen seitens des Verkäufers (Voraussetzung ist also eine Pflicht zur Aufklärung, deren Erfüllung der Käufer aufgrund Verkehrsanschauung nach Treu und Glauben vernünftigerweise erwarten durfte, oder aber das Vortäuschen der Mängelfreiheit auch ohne Aufklärungspflicht) oder bei Übernahme einer Garantie i.S.d. § 443 BGB (bei Grundstückskaufverträgen in notariell beurkundeter Form!) erhalten.

2008 § 442 Abs. 2 BGB enthält eine (über den nur Abt. III umfassenden § 439 Abs. 2 BGB a.F. hinausgehende) Sonderregelung zu Rechtsmängeln, die im Grundbuch eingetragen sind: Sie sind auch bei Kenntnis des Käufers zu beseitigen, es sei denn, eine Übernahmevereinbarung gem. § 435 BGB kommt zustande. Erforderlich ist also eine deutliche Abrede dahin gehend, welche dinglichen Belastungen der Käufer zur weiteren Duldung (Dienstbarkeiten) oder Verpflichtung (Reallasten, Rentenschulden) hinzunehmen verpflichtet und bereit ist (§ 435 Satz 1 BGB: »... nur die im Kaufvertrag übernommenen Rechte« [vgl. Rdn. 2096]).

▶ Hinweis:

2009 Auch bei in Abt. II eingetragenen Rechten muss daher (auch zur Vermeidung eigener Notarhaftung)[3444] ausdrücklich eine Übernahmevereinbarung (§ 435 BGB) zustande kommen; es genügt nicht, den Grundbuchstand wiederzugeben und dabei stillschweigend vorauszusetzen, den Beteiligten sei bewusst, dass insb. Dienstbarkeiten zur »verdinglichten Umgebung« gehörten und demnach ihre Löschung nicht realistisch erwartet werden kann. Trotz der Kenntnis von der Belastung stünde dem Käufer sonst das (nun auch bei Rechtsmängeln gegebene) Minderungs-

---

3443 ABeispiel nach OLG Koblenz, 19.10.2012 – 1 U 113/11 ZfIR 2012, 142 (nur Ls.): Käufer besichtigt das (undichte) Flachdach nicht.
3444 BGH, 09.12.2010 – III ZR 272/09, NotBZ 2011, 171: Fehlen einer Regelung zur Übernahme einer Ferienpark-Dienstbarkeit (die allerdings dem Käufer bekannt war), entgegen der sonst für diese Anlage verwendeten Vertragsmuster.

recht zu. Eine Beurkundung ohne genaue Grundbucheinsicht ist damit hochriskant, bürdet sie doch dem Käufer ggf. die Zumutung auf, sich pauschal mit »allen etwa in Abt. II eingetragenen Rechten« einverstanden zu erklären (auch mit dem Wohnungsrecht für die Lebensgefährtin des Verkäufers?).

bb) Vertraglicher Haftungsausschluss (§ 444 BGB)

Die Bestimmungen der §§ 443 und 476 BGB a.F. sowie § 11 Nr. 11 AGBG wurden – für Rechts- und Sachmängel einheitlich – in § 444 BGB zusammengefasst. Der Vorschrift ist zunächst zu entnehmen, dass ein Ausschluss der mängelbedingten Verpflichtungen des Verkäufers im Individualvertrag grds. zulässig ist, beim Verbrauchsgüterkauf allerdings maßgeblich beschränkt durch § 475 Abs. 1 Satz 2 BGB. Im Formular- oder Verbrauchervertrag sind jedoch darüber hinaus auch die Beschränkungen des § 309 Nr. 7 und 8 BGB zu berücksichtigen (s. hierzu die Ausführungen unter Rdn. 188 ff.). 2010

Neben dem durch § 444 BGB vorgezeichneten Weg eines Ausschlusses auf der **Rechtsfolgenseite** kann der Verkäufer Ansprüche dadurch nicht entstehen lassen, dass er »auf der **Tatbestandsseite**« bspw. den Käufer über die Mängel begründenden Tatsachen vollständig aufklärt, sodass die Wirkungen des § 442 BGB (unter Rdn. 1999) herbeigeführt werden – »**Wissenserklärung**« –, oder aber dadurch, dass er vertraglich – durch »**Willenserklärung**« – eine den »Fehler« in Kauf nehmende Beschaffenheitsvereinbarung zustande bringt (vgl. Rdn. 2203). 2011

Wesentliche Regelungsaussage des nicht abdingbaren[3445] § 444 BGB ist die Unwirksamkeit des Haftungsausschlusses i.S.e. Nicht-Berufen-Dürfens. (Die Abweichung zum bisherigen Wortlaut soll klarstellen, dass der Kaufvertrag i.Ü. entgegen § 139 BGB wirksam bleibt.) Folgende **Grenzen** stehen einem Haftungsausschluss demnach auch im **Individualvertrag** entgegen: 2012

– Gem. § 276 Abs. 3 BGB kann die **Haftung für Vorsatz** nicht im Vorhinein erlassen werden, sodass auch hierauf gründende Schadensersatzansprüche nicht durch Ausschlussvertrag beseitigt werden können. In gleicher Weise kann die Verjährung einer Haftung wegen Vorsatzes nicht durch Rechtsgeschäft verkürzt werden, § 202 Abs. 1 BGB.[3446]

– Kennt der Verkäufer oder eine Person, deren Kenntnis er sich zurechnen lassen muss, vgl. Rdn. 2015) den Mangel (fahrlässige Unkenntnis genügt nicht, allerdings »bedingter Vorsatz«)[3447] und hat er ihn **arglistig verschwiegen** (durch aktives Tun – bewusste Lüge, »dolus directus« – oder durch Unterlassen[3448] trotz bestehender Aufklärungspflicht – hierzu Liste in Rdn. 2209 ff. und Verweis zur parallelen Themenstellung bei § 123 BGB in Rdn. 1993) bzw. eine bestimmte Beschaffenheit oder nicht gegebene Freiheit von Mängeln aktiv vorgespiegelt,[3449] kann er sich auf den Haftungsausschluss nicht berufen (zu den weiteren Rechtsfolgen der Arglist vgl. Rdn. 2217). Die **Aufklärungspflicht** besteht jedenfalls dann, wenn der Käufer ausdrücklich fragt. 2013

3445 Anderenfalls wäre eine vertragliche Abänderung der Normaussage des § 444 BGB auch für den Verbrauchsgüterkauf möglich, da in § 475 Abs. 1 BGB der § 444 BGB nicht erwähnt wird. Die Streichung des § 11 Nr. 11 AGBG würde sich dann als gesetzgeberischer Fehler erweisen.

3446 § 202 Abs. 1 BGB hat Leitbildfunktion auch bei der Inhaltskontrolle von Altklauseln vor der Schuldrechtsreform, OLG München, 08.11.2006 – 34 WX 45/06, NJW 2007, 227.

3447 Dieser liegt nach BGH DNotZ 2004, 691 dann vor, wenn der Verkäufer die Umstände zwar nicht positiv kennt, ihr Vorhandensein aber für möglich hält und sie nicht offenbart, obwohl er weiß oder billigend in Kauf nimmt, dass sie für die Entschließung des anderen Teils von Bedeutung sind. Die zutreffende rechtliche Einordnung (als Fehler i.S.d. § 463 BGB bzw. als Sachmangel i.S.d. § 434 BGB) ist nicht erforderlich. Keine Arglist liegt vor, wenn der Verkäufer nach einer Besprechung mit Fachleuten davon ausgehen darf, bestimmte Gefahren träten nicht ein; das Sonderwissen seines Architekten braucht er sich nur zurechnen zu lassen, wenn Letzterer als Verhandlungsführer oder -gehilfe beim Verkauf tätig ist: BGH, 21.07.2005 – VII ZR 240/03, NJW-RR 2005, 1473.

3448 Dieses kann auch darin bestehen, den Mangel dem mit dem Abschluss beauftragten Makler nicht mitgeteilt zu haben, BGH, 14.05.2004 – V ZR 120/03, ZNotP 2004, 355.

3449 BGH NJW 1993, 1643.

B. Gestaltung eines Grundstückskaufvertrages

2014 Das Verschweigen kann auch darin liegen, dass eine objektiv falsche Erklärung ohne tatsächliche Grundlage (»**ins Blaue hinein**«, gewissermaßen mit dolus eventualis)[3450] abgegeben wird bzw. dass die Überwachung und Prüfung des Werkes so unzureichend organisiert wird, dass weder der Unternehmer noch die für ihn eingesetzten Gehilfen den Mangel erkennen können.[3451] **Kausalität** zwischen dem verschwiegenen Mangel und dem Kaufentschluss ist nicht erforderlich,[3452] da die Versagung der Berufung auf den vertraglichen, § 444 BGB, (wie auch den gesetzlichen, § 442 Abs. 1 Satz 2 BGB) Haftungsausschluss nicht die Entschließungsfreiheit schützen soll (wie in § 123 BGB,[3453] Rdn. 1994), sondern sicherstellen will, dass eine nicht vertragsgerechte Leistung sanktioniert wird.

2015 Der Verkäufer hat sich (1) analog §§ 31, 166 BGB (»Wissensvertretung«) die Kenntnis derjenigen Personen zurechnen zu lassen, die nach der Organisation des Geschäftsherrn als dessen Repräsentant Aufgaben in eigener Verantwortung erledigen und dabei anfallende Informationen weiterzuleiten haben:[3454]

▶ Beispiele:

Verkauft eine Gemeinde, schadet das Wissen eines Mitarbeiters des Liegenschaftsamtes, nicht aber des Bauamtes. Verkauft eine Wohnungsbaugesellschaft, bleibt das Wissen eines nicht zugezogenen Hausmeisters unberücksichtigt.[3455] Wurde dem WEG-Verwalter eine behördliche Beseitigungsaufforderung bzgl. Mängeln am Gemeinschaftseigentum zugestellt, ist sie damit nicht dem Verkäufer bei der Veräußerung seines Sondereigentums zuzurechnen:[3456]

Gleiches gilt für die Kenntnis seiner (2) Verhandlungsgehilfen,[3457] seiner (3) Erfüllungsgehilfen (etwa bei zu erbringenden Werkleistungen der Subunternehmer[3458] sowie der mit der Prüfung des Werks Beauftragte),[3459] und schließlich (4) seiner Verhandlungsführer (Repräsentanten),[3460] etwa eines insoweit eingeschalteten Maklers, Rdn. 2224.

2016 – Gleiches gilt, wenn eine bestimmte Beschaffenheit, die nicht verkehrswesentlich sein muss, **garantiert** wurde (wobei die Garantie i.S.d. §§ 443, 444 BGB nicht zugleich die Begründung einer verschuldensunabhängigen Haftung gem. § 276 Abs. 1, a.E., BGB zur Folge haben muss, dies jedoch regelmäßig verbindet). Möglich sind allerdings Beschränkungen der Garantiefolgen im Garantieversprechen selbst (wie etwa bei Unternehmenskaufverträgen üblich) – die Sperrwirkung greift nur ein, »soweit« die Garantie reicht (vgl. oben Rdn. 231).

▶ Hinweis:

2017 Häufig muss sich die Rechtsprechung mit der Reichweite unklarer Haftungsausschlussvereinbarungen befassen, sodass insb. in notariellen Grundstückskaufverträgen klare Aussagen anzumahnen sind. Durch einen Verkauf »**wie besichtigt**« sind im Zweifel nur solche Mängel ausgeschlossen, die bei Besichtigung durch einen Laien ohne Zuziehung eines Sachverständigen wahrnehmbar wären, also zudem ohne Einschluss der bis zum Besitzübergang noch hinzu getretenen Mängel (vgl. im Einzelnen Rdn. 2203) – bei einer Bezeichnung des Objekts nach der äußeren Wahrnehmung kann »gekauft wie besichtigt« sogar zu einer Erweiterung der Über-

---

[3450] BGH NJW 1981, 1441. Beispiel nach OLG Koblenz, 19.10.2012 – 1 U 113/11 ZflR 2012, 142 (nur Ls.): der Verkäufer erklärt, das Flachdach sei »neu gemacht worden«, ohne darauf hinzuweisen, dass er insoweit nur die Information des Vorbesitzers ungeprüft weitergibt. Den Käufer kann allerdings ein Mitverschulden treffen, wenn er eine Gelegenheit zur Untersuchung nicht nutzt
[3451] BGH NJW 1992, 1754; Palandt/*Sprau* BGB § 638 Rn. 5. Die Kasuistik hat sich vom Wortlaut weit entfernt.
[3452] BGH, 15.07.2011 – V ZR 171/10, NotBZ 2011, 434 m. Anm. *Krauß*; *Krüger* ZNotP 2011, 442 ff.; *Arnold* MittBayNot 2012, 39.
[3453] Vgl. den dortigen Wortlaut »zu einer Willenserklärung ... bestimmt worden ist«.
[3454] BGHZ 117, 104, 107.
[3455] BGH, NJW-RR 1997, 270.
[3456] BGH DNotZ 2003, 274.
[3457] BGH MDR 1978, 1009; BGH, 14.05.2004 – V ZR 120/03, ZNotP 2004, 355.
[3458] BGH NJW 1976, 516.
[3459] BGH NJW 1974, 553.
[3460] BGH NJW 2003, 4424, z.B. ein Makler, Rdn. 2224.

eignungspflicht führen, vgl. Rdn. 746 –.³⁴⁶¹ Der Verkauf »wie die Sache steht und liegt« soll allerdings im Zweifel auch verborgene Mängel erfassen.³⁴⁶² Ein Verkauf »ohne Garantie« dürfte jedoch keinen Haftungsausschluss im Inhalt haben, sondern eine Klarstellung dahin gehend, dass weder eine selbstständige Garantie noch eine Beschaffenheitsvereinbarung vorliege.

g) Ergänzung der Mängelrechte durch Ansprüche aus einer Garantie (§ 443 BGB)

Aufgrund der gestiegenen praktischen Bedeutung von **Hersteller- und Verkäufergarantien**, nicht zuletzt als verkaufsförderndes Element, sowie zur Umsetzung von Art. 6 der EG-Verbrauchsgüterkaufrichtlinie enthalten §§ 443, 444 BGB erstmals eine ausschnittweise Regelung zum Garantievertrag. Inhalt und Rechtsfolgen der Garantie ergeben sich aus der Vereinbarung selbst. So sind z.B. **Differenzierungen** denkbar (vgl. auch Rdn. 227 ff.): 2018

– Nach dem **Inhalt der Zusicherung**: **Beschaffenheitsgarantie** dahin gehend, dass die verkaufte Sache eine bestimmte Beschaffenheit aufweise, Haltbarkeitsgarantie dahin gehend, dass sie diese für eine bestimmte Dauer behalte; die Garantie kann auf die Mängelfreiheit insgesamt oder auf einzelne bezeichnete Eigenschaften abstellen. 2019

– Nach dem **Typus der Garantie** zwischen einer **unselbstständigen Garantieerklärung** als bloße Erweiterung der gesetzlichen Mängelhaftung bspw. in Gestalt einer Garantiefrist, in der auch solche Mängel beseitigt werden sollen, die erst nach Gefahrübergang auftreten, bzw. einer **selbstständigen Garantie** als Einstehenwollen des Garantiegebers für einen Erfolg, sodass allgemeine Haftungsausschlussvereinbarungen die garantierten Tatbestände und Rechtsfolgen³⁴⁶³ nicht mehr beschneiden können und der Käufer seine Mängelrechte trotz Kenntnis oder grob fahrlässiger Unkenntnis vom Mangel erhält (§§ 442 Abs. 1 Satz 2, 444 BGB). Im Regelfall, jedoch nicht notwendig, ist mit der selbstständigen Garantie auch das verschuldensunabhängige Einstehenwollen vereinbart (§ 276 Abs. 1 Satz 1 a.E. BGB), also unter Erstreckung auch auf unverschuldete zufällige Schäden.

– Nach der **Person des Garantiegebers** zwischen der Herstellergarantie, der Garantie eines Dritten, der am Vertrieb der Sache interessiert ist (Importeur, Großhändler etc.), oder der Garantie des Verkäufers.

Erforderlich ist die Form des Rechtsgeschäfts selbst (bei Grundstückskaufverträgen also die Beurkundung gem. § 311b Abs. 1 BGB); bei Verbrauchsgüterkäufen kann der Käufer Textform verlangen, § 477 Abs. 2 BGB. Das Wort »Garantie« braucht nicht verwendet zu werden, sodass auch in einer »Zusicherung«, etwa der Beschreibung als »massiv gebautes Haus«³⁴⁶⁴ oder als »Haus, bestehend aus drei abgeschlossenen Wohnungen«,³⁴⁶⁵ oder im »Einstehenwollen« eine Garantie liegen kann. Im Einzelnen ist es in der Praxis, sofern keine klare Wortlautabgrenzung erfolgt, schwierig zu ermitteln, welche Form des **Einstehenmüssens** den Verkäufer trifft. Nicht jedem Leistungsversprechen des Verkäufers ist aber bereits »per se« eine Garantie für sein Leistungsvermögen immanent,³⁴⁶⁶ und die Rechtsprechung sieht mitunter in »Garantien« lediglich die Vereinbarung einer Beschaffenheit i.S.d. § 434 BGB.³⁴⁶⁷ Andererseits können Umstände, die – wie etwa der Mietertrag im Unterschied zu Ertragsfähigkeit – nicht Eigenschaften der Sache selbst sind und demnach nicht Gegenstand einer Beschaffenheitsvereinbarung sein können (Rdn. 2177, 2195 ff.), garantiert werden. 2020

3461 BGH 18.01.2008 – V ZR 174/06, NotBZ 2008, 229 m. krit. Anm. *Waldner*.
3462 Staudinger/*Honsell* BGB § 476 Rn. 6.
3463 Allerdings kann die Garantie selbst, ob selbstständig oder unselbstständig, ihre Rechtsfolgen beschneiden, vgl. Rdn. 231 und BT-Drucks. 15/3483, S. 50 ff. (»soweit« statt »wenn« in §§ 444, 639 BGB).
3464 OLG Celle MittBayNot 2004, 436.
3465 OLG Hamburg OLGR 2005, 226: Hierin liege die Garantie für die selbstständige Vermietbarkeit aller drei Wohnungen.
3466 So ausdrücklich BGH, 19.10.2007 – V ZR 211/06, ZfIR 2008, 574 m. Anm. *Müller*, jedenfalls für seit 01.01.2002 geschlossene Verträge.
3467 »Garantie für die Abwesenheit von Bodenverunreinigungen«: OLG Stuttgart, 23.11.2010 – 12 U 109/10, JurionRS 2010, 28152.

B. Gestaltung eines Grundstückskaufvertrages

2021 So kann z.B. der **Verkauf eines Grundstücks »als Bauplatz«** zum Inhalt haben:
– eine **Beschaffenheitsgarantie** i.S.d. § 443 Abs. 1, 1. Alt. BGB,
– eine **Eigenschaftszusicherung** als Abdingung des Verschuldensmerkmals, also Garantiezusage i.S.d. § 276 Abs. 1 a.E. BGB,
– eine **bloße Beschaffenheitsvereinbarung** gem. § 434 Abs. 1 BGB, die sich gem. § 434 Abs. 1 Satz 3 BGB möglicherweise auch aus öffentlichen Ankündigungen (Inseraten in der Zeitung) ergeben kann (Muster s. Rdn. 2241),
– die Erhebung eines Umstandes zur **Geschäftsgrundlage** gem. § 313 BGB (Muster s. Rdn. 1921) oder
– eine **schlichte Wissenserklärung** des Verkäufers, deren wissentliche Falschheit Arglist begründen würde (mit der Folge der Sonderverjährung des § 438 Abs. 3 BGB, der Unwirksamkeit etwaiger allgemeiner vertraglicher Haftungsausschlüsse, § 444 BGB, der Entbehrlichkeit einer Nachfristsetzung vor dem Rücktritt [Rn. 1614] und des Abschneidens des Einwandes grob fahrlässiger Unkenntnis des Käufers über einen Mangel, § 442 Abs. 1 Satz 2 BGB).

▶ Hinweis:
Es obliegt der Aufklärungs-, Belehrungs- und Formulierungspflicht des Notars, den Willen der Parteien eindeutig zu erforschen und unmissverständlich wiederzugeben.[3468]

2022 Hinsichtlich der **Rechtsfolgen** stellt § 443 BGB klar, dass die in der Garantieübernahmeerklärung und der einschlägigen Werbung zur Garantie bekannt gegebenen »Sanktionen« neben die Mängelansprüche des § 437 BGB treten. I.Ü. kann die Garantie – gleich ob es sich um eine selbstständige oder unselbstständige Garantieabrede handelt – ihre Rechtsfolgen autonom bestimmen, diese sind allerdings dann der Verkürzung durch allgemeine, an anderer Stelle enthaltene Haftungsausschlussklauseln nicht mehr zugänglich (§ 444 BGB: Verbot widersprüchlichen Verhaltens). Die Verjährung unterliegt nicht der Frist des § 438 Abs. 1 BGB, sondern, sofern vertraglich nichts Abweichendes bestimmt wurde, der regelmäßigen Frist des § 195 BGB[3469] mit subjektivem Verjährungsbeginn sowie den Ablaufhemmungen nach den allgemeinen Vorschriften der §§ 203 ff. BGB.

h) Verjährung der Mängelrechte

2023 Anders als die allgemeine Verjährung[3470] der §§ 195, 199 BGB knüpft die Verjährung der Rechte des Käufers wegen Mängeln einer verkauften Sache einheitlich an ein objektives Ereignis für den Fristanlauf an, und zwar bei Grundstückskäufen an die **Übergabe** gem. § 438 Abs. 2 BGB. §§ 438 Abs. 4, 218 BGB stellen darüber hinaus sicher, dass auch Gestaltungsrechte des Käufers gem. § 438 BGB »verjähren«. Ausreichend ist die rechtzeitige Rücktrittserklärung vor Verjährung des Nacherfüllungsanspruchs. Die infolge des erklärten Rücktritts oder der erklärten Minderung sich ergebenden Rückgewähr- und Rückzahlungsansprüche (§§ 346 Abs. 1, 441 Abs. 4 BGB) unterliegen jedoch ihrerseits der Regelverjährung nach §§ 195, 199 BGB.[3471]

2024 Abweichend hiervon beginnen werkvertragliche Mängel gem. § 634a BGB mit der **Abnahme** zu laufen. Diese setzt neben der körperlichen Übergabe (Realakt) auch die rechtsgeschäftliche Billigung der Leistung als in der Hauptsache vertragsgemäß voraus.[3472] Sofern das Werk abnahmefähig erstellt ist (also lediglich unwesentliche Mängel in der Grenze des § 640 Abs. 1 Satz 2 BGB aufweist), kann in der stillschweigenden Nutzung auch die konkludente Billigung liegen;[3473] eine all-

---

3468 Vgl. hierzu *Litzenburger* NotBZ 2002, 194 f.
3469 A.A. *Waldner* Praktische Fragen des Grundstückskaufvertrages Rn. 373 a.E.: Bei Garantie bzgl. Eigenschaften eines Bauwerkes 5 Jahre gem. § 438 Abs. 1 Nr. 2a BGB.
3470 Überblick zum Verjährungsrecht nach der Schuldrechtsreform: *Amann* DNotZ 2002, 94 ff.
3471 BGH, 15.11.2006 – VIII ZR 3/06, NJW 2007, 674.
3472 BGH NJW 1996, 1749; NJW 1993, 1063.
3473 BGH DNotZ 2001, 201 m. Anm. *Schmidt*.

gemeine Geschäftsbedingung, die generell die körperliche Übergabe in ihren Wirkungen (insb. Verjährungsbeginn) der Abnahme gleichstellt, verstößt gegen § 307 Abs. 2 Nr. 1 BGB.[3474]

Zu unterscheiden sind die **reguläre Verjährungsfrist** des § 438 Abs. 1 Nr. 3 BGB von 2 Jahren (z.B. wegen Sachmängeln[3475] eines unbebauten Grundstücks, die bisherige Sonderverjährung für Grundstücke ist entfallen), die **Sonderverjährungsfrist für Mängel an einem Bauwerk**[3476] oder an **Baustoffen** (§ 438 Abs. 1 Nr. 2 BGB: 5 Jahre, und zwar unabhängig, ob es sich um neu hergestellte Gebäude oder um Altbauten handelt) und die Sonderbestimmungen zu Rechtsmängeln in § 438 Abs. 1 Nr. 1 BGB: 30 Jahre, insb. bei Löschungsansprüchen wegen im Grundbuch eingetragener Rechte (§ 438 Abs. 1 Nr. 1 Buchst. b) BGB). § 438 Abs. 1 Nr. 1 Buchst. a) BGB betrifft den Erwerb beweglicher Sachen vom Nichteigentümer, der sich z.B. wegen § 935 BGB nicht nach Gutglaubensvorschriften vollziehen kann (Eviktionsfälle). Der Herausgabeanspruch (§ 985 BGB) des Grundstückseigentümers selbst ist gem. § 902 BGB ohnehin unverjährbar.[3477] 2025

I.Ü. trägt **§ 196 BGB** dem Umstand Rechnung, dass bei der Abwicklung von Verträgen über Grundstücke oder Rechte an Grundstücken aufgrund der Vermessung oder des Erfordernisses steuerlicher Unbedenklichkeitsbescheinigung Zeitverzögerungen auftreten, die außerhalb des Einflussbereichs der Parteien liegen. Daher verjähren sowohl der Anspruch auf Übertragung des Eigentums am Grundstück selbst (bzw. Miteigentumsanteil, Wohnungseigentum, Erbbaurecht etc.) als auch die Ansprüche auf Begründung, Übertragung oder Aufhebung von Rechten an Grundstücken oder Änderung deren dinglichen Inhalts in 10 Jahren mit objektiver Anknüpfung gem. § 200 BGB. Dies soll auch gelten für gesetzliche Ansprüche auf (Rück-)übertragung des Grundstücks.[3478] 2026

Aus Paritätsgründen gilt dies auch für den Anspruch auf die Gegenleistung, d.h. den Kaufpreis (sofern nicht aufgrund Vollstreckungsunterwerfung die 30-jährige Verjährung eingreift). Kautelarjuristische Vorkehrungen ggü. diesen u.U. zu kurzen Fristen sind unten Rdn. 2624 f. dargestellt. Besonders problematisch sind Ansprüche auf Beseitigung sonstiger öffentlich-rechtlicher Belastungen, die keine Grundbucheintragungen an einem Grundstück darstellen, z.B. **Baulasten**. Diese fallen weder unter § 196 BGB noch unter § 438 Abs. 1 Nr. 1 Buchst. b) BGB, verjähren also in 2 Jahren, unabhängig davon, ob es sich um einen Sachmangel oder einen Rechtsmangel handelt. 2027

Bei **arglistigem Verschweigen des Mangels**[3479] (das auch durch Organisationsversagen ausgelöst sein kann)[3480] verweist § 438 Abs. 3 BGB auf die allgemeine Verjährungsfrist mit subjektivem Fristanlauf ab Kenntnis,[3481] limitiert durch die Höchstfrist von 10 Jahren bei Vermögensschäden und 30 Jahren bei Körper- und Gesundheitsschäden (§ 199 Abs. 3 Nr. 1, Abs. 5 BGB). Zur Vermeidung einer Beschränkung der Rechte des Käufers setzt sich jedoch das ggf. spätere Fristende des § 438 BGB durch. 2028

3474 BGH, 15.04.2004 – VII ZR 130/03, NotBZ 2004, 395; *Hügel* NotBZ 2004, 378.
3475 Nach h.M. gilt diese Verjährung auch für Mängelfolgeschäden, nicht jedoch für deliktische Ansprüche (»Weiterfresser-Fälle«), vgl. *Westermann* NJW 2002, 250.
3476 Bisher: »Gebäude«; der Begriff »Bauwerk« ist weiter und schließt bspw. auch Grenzmauern, Carports etc. ein, vgl. *Bachmayer* BWNotZ 2002, 120.
3477 Verwirkung kann nur eintreten, wenn die Herausgabe für den Besitzer schlechthin unerträglich ist, BGH, 16.03.2007 – V ZR 190/06, RNotZ 2007, 266.
3478 Z.B. aufgrund eines nichtigen Vertrages, BGH, 25.01.2008 – V ZR 118/07, NotBZ 2008, 154; OLG Rostock, 05.04.2007 – 7 U 126/06, ZfIR 2008, 64 (auch für gesetzliche Rückzahlungsansprüche).
3479 Der zumindest bedingte Vorsatz muss sich auf das Vorhandensein des Mangels, die Unkenntnis des Käufers hiervon sowie darauf beziehen, dass der Käufer bei Kenntnis Mängelrechte geltend gemacht hätte, vgl. *Faust* in: Bamberger/Roth BGB § 438 Rn. 39 ff.
3480 BGH NJW 2005, 893: Bei arbeitsteiliger Werkerstellung, wenn der Mangel bei ordnungsgemäßer Organisation entdeckt worden wäre.
3481 BGH, 15.03.2011 – II ZR 301/99: keine Kenntniszurechnung eines Geschäftsführers zulasten der Gesellschaft, wenn der Geschäftsführer selbst der Schuldner ist.

3. Rechtsmängel

a) Verpflichtungsumfang

2029 Gravierende Änderungen des Rechtsmangeltatbestandes sind mit dem Systemwechsel im Kaufrecht nicht verbunden. Die Rechtsfolgen sind allerdings denen des Sachmangels identisch, es gilt also das allgemeine Leistungsstörungsrecht nach Maßgabe der vorrangigen Sonderbestimmungen der §§ 437 bis 441 BGB. Die oftmals schwierige Unterscheidung zwischen Rechts- und Sachmängeln (z.B. Baulast, Beschränkungen aus dem Schutzbereichsgesetz etc.) hat viel von ihrer früheren Brisanz verloren. Sie behält allerdings noch Bedeutung für die teilweise divergierende Verjährung und für die Abweichung hinsichtlich des maßgeblichen Zeitpunkts über die Mängelfreiheit: Anders als bei Sachmängeln ist nicht auf den Zeitpunkt des Gefahrübergangs abzustellen, sondern auf den Erwerb des veräußerten Gegenstands, bei Grundstücken also die Vollendung des Eigentumserwerbs infolge Auflassung und Eintragung. Dass auch bloße Buchrechte, die im Grundbuch noch eingetragen sind, jedoch materiell-rechtlich nicht mehr bestehen, einem Rechtsmangel gleichstehen (§ 435 Abs. 1 Satz 2 BGB), entspricht der bisherigen Rechtslage (§ 435 Abs. 1 BGB a.F.).

2030 Die gem. § 433 Abs. 1 Satz 2 BGB als Inhalt der Leistungspflicht geschuldete Übereignung frei von Rechtsmängeln ist erfüllt, wenn Dritte in Bezug auf die Sache zum hier (anders als bei Sachmängeln: § 446 BGB maßgeblichen) Zeitpunkt der Eigentumsumschreibung keine oder nur die im Kaufvertrag übernommenen[3482] Rechte (Rdn. 2070 ff.; 1701 ff.) gegen den Käufer geltend machen können[3483] (§ 435 Satz 1 BGB). Gem. § 442 Abs. 2 BGB ist der Verkäufer verpflichtet, ein im Grundbuch eingetragenes Recht (unabhängig davon, ob es sich um ein Recht in Abteilung II oder III handelt) zu beseitigen, auch wenn es der Käufer kennt. Ein **Rechtsmangel** liegt gem. § 435 Satz 2 BGB auch dann vor, wenn im Grundbuch ein Recht[3484] noch eingetragen ist, das materiell-rechtlich nicht mehr besteht.

2031 Allerdings haftet der Verkäufer mangels – jedoch regelmäßig getroffener, Rdn. 2037 – abweichender Regelungen nicht für die Freiheit von öffentlichen **Abgaben und Lasten**, die im Grundbuch nicht eintragungsfähig sind (§ 436 Abs. 2 BGB), insb. also nicht für die Freiheit von Grundsteuerrückständen und für kraft Gesetzes bestehende Duldungspflichten, z.B. bzgl. nicht störender Telekommunikationsanlagen auf Privatgrundstücken[3485] und Gas-, Elektrizitäts-, Fernwärme- und Wasserleitungen zur örtlichen Versorgung gem. § 8 der Allgemeinen Versorgungsbedingungen,[3486] ebenso wenig für die Freiheit von Erschließungsbeiträgen, Anliegerbeiträgen und Kommunalabgaben (für die jedoch § 436 Abs. 1 BGB gilt).

▶ Beispiele für Rechtsmängel:

2032
– alle im Grundbuch eingetragenen Belastungen, auch soweit sie erst nach der Eigentumsvormerkung des Käufers eingetragen wurden und damit dem gesetzlichen Löschungsanspruch des § 888 BGB unterliegen,[3487]
– bestehende Miet- und Pachtverhältnisse (vgl. hierzu Rdn. 1840),

---

3482 Damit liegt bei einer ausdrücklich übernommenen Belastung schon begrifflich kein Rechtsmangel mehr vor, sodass es eines Haftungsausschlusses insoweit nicht mehr bedarf.
3483 Die Formulierung »können« soll klarstellen, dass ein Rechtsmangel nur vorliegt, wenn (abgesehen von § 435 Satz 2 BGB) sich der Dritte eines tatsächlich bestehenden Rechts berühmt, nicht also wenn er einen tatsächlich bereits beendeten Mietvertrag behauptet.
3484 Anders als nach der bisherigen Gesetzesfassung muss es sich nicht mehr um ein Recht handeln, das den Käufer im Fall seines Bestehens »beeinträchtigen« würde.
3485 § 76 TKG, BGBl. I 2004, S. 1217, gegen angemessene Geldentschädigung (anders bei öffentlichen Wegen, §§ 68 ff. TKG).
3486 Vgl. hierzu ausführlich Staudinger/*Mayer* BGB, vor §§ 1018 bis 1029 Rn. 26 ff. Zur überörtlichen Versorgung sind beschränkt persönliche Dienstbarkeiten erforderlich, die gem. § 1092 Abs. 3 BGB erleichtert übertragbar sind.
3487 BGH DNotZ 1986, 275.

- Beschränkungen (hinsichtlich Nutzerkreis und Miethöhe) nach dem Wohnungsbindungsgesetz (Altfälle) oder aufgrund von Verwaltungsakten nach dem ab 01.01.2002 geltenden Wohnraumförderungsgesetz (»Wohnungsbindung«; Rdn. 2103),
- Baulasten, soweit sie ein Nutzungsrecht zum Inhalt haben[3488] (Rdn. 716 ff.).
- Das auf dem verkauften Grundstück aufstehende Gebäude ist teilweise auf fremden Grund überbaut, sodass Überbaurentenpflichten im Raum stehen[3489] oder gar die Beseitigung verlangt werden kann, vgl. Rdn. 2038 ff.,
- Verkauf eines Objekts zur gemeinschaftsordnungswidrigen Nutzung (als Wohnraum, obwohl nur als Speicher ausgewiesen),[3490]
- das nach übereinstimmendem Willen verkaufte Grundstück besteht grundbuchrechtlich nicht.[3491]

Fehlt einem Hausgrundstück die **erforderliche Erschließung**, stellt dies jedoch einen **Sachmangel** dar.[3492]

Wird ein Recht bei Neuanlegung des Grundbuches i.R.d. Endvollzugs gem. § 46 Abs. 2 GBO nicht mitübertragen (oder durch Vermerk nach § 46 Abs. 1 GBO gelöscht), ohne dass die betreffenden materiell-rechtlichen Voraussetzungen (etwa Aufgabeerklärung nach § 875 BGB) vorlagen, kann der Erwerber jedoch bei **gutem Glauben lastenfrei** erwerben, da Gleichzeitigkeit mit dem Zeitpunkt des Gutglaubenserwerbs (§ 892 BGB: eigene Eintragung) genügt.[3493] 2033

Nicht erfasst vom gutgläubig lastenfreien Erwerb sind allerdings sog. **altrechtliche Dienstbarkeiten**, die gem. Art. 187 Abs. 1 EGBGB auch ohne Buchung fortbestehen, jedoch auf Antrag (aufgrund Berichtigungsbewilligung des verlierenden Teils oder Unrichtigkeitsnachweis) gebucht werden können. Die Entstehensvoraussetzungen solcher vor der Anlegung des Grundbuchs (regelmäßig also vor dem Jahr 1900) bereits entstandener Grunddienstbarkeiten richten sich nach Landesrecht, i.d.R. handelt es sich um rechtsgeschäftliche Gründe (Übereinkunft der Beteiligten oder sog. »stillschweigende Bestellung« bei der Veräußerung eines Grundstücks), daneben Tatbestände der Ersitzung, der unvordenklichen Verjährung oder des örtlichen Herkommens. Das Landesrecht sieht häufig vor, dass die altrechtliche Dienstbarkeit erlischt, wenn sie mehr als 10 Jahre lang nicht ausgeübt wurde (Art. 189 Abs. 3, Art. 218 EGBGB, Art. 57 Abs. 1, Art. 56 Abs. 3 Sätze 1, 4 und 5 Bayer. AGBGB).[3494] Beantragt der Begünstigte die Eintragung der altrechtlichen Dienstbarkeit, sind an den Unrichtigkeit gem. § 22 GBO strenge Anforderungen zu stellen, insb. ist die Beweismittelbeschränkung des § 29 GBO einzuhalten.[3495] 2034

Will der Verkäufer vermeiden, für die Beseitigung altrechtlicher Dienstbarkeiten gem. § 433 Abs. 1 Satz 2 BGB iwn Anspruch genommen zu werden, kann er auf Aufnahme folgender Bestimmung drängen: 2035

▶ Formulierungsvorschlag: Ausschluss der Verkäuferhaftung für altrechtliche Dienstbarkeiten

Der Käufer übernimmt etwaige altrechtliche Dienstbarkeiten, es sei denn, deren Bestehen wäre dem Verkäufer aufgrund grober Fahrlässigkeit verborgen geblieben. Der Verkäufer erklärt, dass ihm von solchen altrechtlichen Dienstbarkeiten nichts bekannt sei.

3488 OLG Hamm DNotZ 1988, 700.
3489 OLG Koblenz, 14.06.2007 – 5 U 37/07, DNotZ 2008, 279.
3490 BGH, 26.09.2003 – V ZR 217/02, DNotZ 2004, 145.
3491 OLG Frankfurt am Main OLGR 2004, 318.
3492 OLG Hamm DNotI-Report 2002, 164.
3493 BayObLG, 14.08.2003 – 2 ZBR 111/03, NotBZ 2004, 72.
3494 Vgl. BayObLG NJW-RR 2001, 161/162.
3495 Vgl. OLG München, 19.08.2010 – 34 Wx 034/10, JurionRS 23736.

b) Verpflichtungszeitpunkt

2036 Abweichend vom nach der gesetzlichen Regelung maßgeblichen **Zeitpunkt** der Eigentumsumschreibung werden einzelne Rechtsmängel bereits zum Zeitpunkt des Besitzübergangs nicht (mehr) vorliegen dürfen. So liegt etwa in der Vereinbarung eines Stichtags für die Abgrenzung der Lasten (z.B. dem Datum der Kaufpreisfälligkeit) in aller Regel auch die Abrede, dass zu diesem Zeitpunkt keine rückständigen öffentlichen Lasten (Grundsteuer) vorhanden sein dürfen. Auch die Freiheit von Miet- und Pachtverhältnissen, sofern nicht abbedungen, wird zum Zeitpunkt des Besitzübergangs oder noch eher zu einem individual vereinbarten Stichtag (Rdn. 1853) geschuldet sein.[3496]

2037 Soll eine ausdrückliche Abgrenzung hinsichtlich öffentlicher Lasten mit Garantiecharakter vereinbart werden, könnte diese etwa wie folgt lauten:

▶ Formulierungsvorschlag: Garantie und Freistellungspflicht hinsichtlich rückständiger öffentlicher Lasten

> Der Verkäufer steht ohne Rücksicht auf Verschulden dafür ein, dass im Zeitpunkt des Lastenübergangs Grundsteuern, Erschließungsbeiträge und sonstige öffentliche Abgaben, hinsichtlich derer der Käufer in Anspruch genommen werden könnte, nicht rückständig sind. Sollte diese Erklärung unzutreffend sein, hat der Verkäufer den Käufer von jeglicher dieser Verteilung im Innenverhältnis widersprechenden Inanspruchnahme unverzüglich freizustellen. Trotz Risikohinweises des Notars wird auf eine Absicherung dieser Freistellungsverpflichtung verzichtet. Rechte hieraus verjähren frühestens drei Jahre nach Bestandskraft des jeweiligen Heranziehungsbescheides.

c) Überbau

2038 Ist das Vertragsobjekt teilweise unter- oder überbaut,[3497] stellt dies einen Rechtsmangel dar. Gleiches gilt, wenn das Vertragsobjekt seinerseits in das Nachbargrundstück überbaut wurde, und Beseitigungs- oder Überbaurentenpflichten drohen.[3498] Dabei sind folgende Varianten zu unterscheiden: (1) Ein **rechtmäßiger** (besser: berechtigter) **Überbau** liegt vor, wenn der Eigentümer des überbauten Grundstücks (formfrei) zugestimmt hat, §§ 912 ff. BGB gelten hierfür nicht. In welcher Weise und auf welche Zeitdauer (etwa während der Laufzeit einer Anmietung[3499]) das überbaute Grundstück in Anspruch genommen werden kann und ob und welche (einmalige oder laufende) Entschädigung[3500] hierfür zu entrichten ist, bestimmt sich allein nach der getroffenen Vereinbarung.[3501] Die erteilte Zustimmung bindet Rechtsnachfolger des überbauten Grundstücks nicht unmittelbar,[3502] es sei denn, sie wurde durch eine Überbauduldungsdienstbarkeit verdinglicht:

▶ Formulierungsvorschlag: Überbauduldungs-Grunddienstbarkeit

2039 (*Beispiel einer Sachverhaltsschilderung:*) Bei der Errichtung des Gebäudes auf dem herrschenden Grundstück wurde versehentlich die Grenze zum »dienenden« Grundstück des Nachbarn überschritten, der sofort und rechtzeitig widersprochen hat, so dass eine gesetzliche Duldungspflicht gem. § 912 Abs. 1 BGB nicht besteht. Um einen Teilabriss des errichteten Gebäudes in Bezug auf den Überbau gleichwohl zu verhindern, vereinbaren die Eigentümer der betroffenen Grundstücke, dass der Überbau gegen eine einmalige Entschädigungsleistung dauerhaft geduldet wird. Zur Sicherung dessen soll eine Grunddienstbarkeit gem. § 1018 3. Alt. BGB (Ausschluss der Ausübung eines Rechts) bzw. § 1018 1. Alt. BGB (Recht zur wiederholten Nutzung

---

[3496] Vgl. *Basty* in: Kersten/Bühling, Formularbuch und Praxis der freiwilligen Gerichtsbarkeit Ergänzungsband Rn. II/24 (S. 117).
[3497] Vgl. zum Folgenden *Tersteegen* RNotZ 2006, 433 ff.
[3498] OLG Koblenz, 14.06.2007 – 5 U 37/07, DNotZ 2008, 279.
[3499] Zu den Folgen einer Sonderrechtsnachfolge auf »Mieterseite« vgl. Rdn. 1860.
[3500] Nach BFH, 17.10.1968 – IV 84/65, BStBl 1969 II S. 180, BFH BStBl 1983 S. 289 ist das Entgelt einkommensteuerlich aufzuteilen in eine (bei Privatvermögen) steuerfreie Entschädigung für die Minderung des Bodenwertes einerseits und eine steuerpflichtige Nutzungsentschädigung andererseits.
[3501] BGH NJW 1983, 1113; subsidiär kann die gesetzliche Rechtsfolge des § 912 Abs. 2 BGB, Überbaurente, gewollt sein.
[3502] Allerdings ist das Gebäude, sofern bereits errichtet, schuldlos errichtet, und auch ein »sofortiger Widerspruch« des Nachbarn wäre verspätet, so dass der Überbau (allerdings nun gem. § 912 Abs. 1 BGB) weiterhin zu dulden ist, BGH DNotZ 1984, 554; OLG Karlsruhe NJW-RR 1988, 524, 525.

des dienenden Grundstücks) bestellt werden, zum Ausschluss des aus §§ 985, 1004 Abs. 1 BGB folgenden Rechts zur Beseitigung des unrechtmäßigen und unentschuldigten Überbaus, der vielmehr in seinem heutigen Bestand dauerhaft zu dulden ist. Daher wird vereinbart:

(1) Der jeweilige Eigentümer des dienenden Grundstücks duldet gegenüber dem jeweiligen Eigentümer des herrschenden Grundstücks den im beigefügten Lageplan schraffiert gekennzeichneten Überbau über die gemeinsame Grundstücksgrenze dauerhaft und gestattet dem jeweiligen Eigentümer des herrschenden Grundstücks eine zweckentsprechende Nutzung. Wird das Gebäude zerstört oder abgerissen, erlischt diese Duldungspflicht.

(2) Der jeweilige Eigentümer des herrschenden Grundstücks ist verpflichtet, den gem. Abs. 1 zu duldenden Überbau dauerhaft zu unterhalten, und in gutem baulichen Zustand zu halten. Ihm obliegt die Verkehrssicherungspflicht sowie die Einholung öffentlich-rechtlicher Erlaubnisse und die Erfüllung aller öffentlich- und privatrechtlicher Pflichten im Zusammenhang mit dem Überbau und seiner Nutzung. Er hat alle auf dem dienenden Grundstück durch den Überbau entstehenden Schäden zu beseitigen bzw. zu ersetzen.

(3) Die Rechte aus dieser Grunddienstbarkeit können Dritten, etwa Besuchern, Angehörigen, Mietern etc des herrschenden Eigentümers überlassen werden.

(4) Zur grundbuchlichen Sicherung der Überbaugrunddienstbarkeit gemäß vorstehender Absätze (1) bis (3)

bewilligt

der derzeitiger Eigentümer des dienenden Grundstücks und

beantragt

der derzeitiger Eigentümer des herrschenden Grundstücks die Eintragung einer (durch den Untergang des Überbaus auflösend bedingten) Grunddienstbarkeit zu Gunsten des jeweiligen Eigentümers des herrschenden Grundstücks an zunächst nächstoffener Rangstelle am dienenden Grundstück zugunsten des jeweiligen Eigentümers des herrschenden Grundstücks. Das Recht soll Rang vor allen Rechten in Abt. III und Reallasten in Abt. II erhalten; der Notar soll Rangrücktrittsbewilligungen einholen, deren Vollzug auf Kosten und Antrag des Dienstbarkeitsberechtigten zugestimmt wird.

(5) Das Bestehen der Überbaugrunddienstbarkeit soll auf dem Grundbuchblatt des herrschenden Grundstücks vermerkt werden. Die Eintragung des Herrschvermerks wird hiermit beantragt.

(6) Die Pflichten aus dieser Dienstbarkeit sind, soweit sie nicht dinglich gegen Rechtsnachfolger wirken, diesen mit Weitergabeverpflichtung aufzuerlegen.

(7) Die Pflichten des dienenden Eigentümers stehen unter der aufschiebenden Bedingung der Entrichtung einer Einmalzahlung von ..... Euro durch den herrschenden Eigentümer, fällig am ..... auf Konto ..... des dienenden Eigentümers. Die Beteiligten sind sich einig, dass diese Einmalzahlung die Wertminderung des überbauten Grundstücks ausgleichen soll, als keine Vergütung für die Nutzung der überbauten Fläche darstellt. Eine dauernde Überbaurente ist nicht geschuldet. Der Notar wird daher angewiesen, Antrag auf Eintragung der Dienstbarkeit samt Herrschvermerk erst zu stellen, wenn ihm der dienende Eigentümer den Erhalt der Abfindungszahlung privatschriftlich bestätigt oder aber der herrschende Eigentümer die Zahlung durch Bankbestätigung nachweist. Vor diesem Zeitpunkt sind nur einfache Abschriften dieser Urkunde zu erteilen.

Das Instrument des rechtmäßigen Überbaus (besser: »Unterbaus«) wird auch verwendet zur Ermöglichung von WEG-Teilungen, etwa an Tiefgaragenkörpern, deren Zufahrtsrampe sich auf einem vermessenen »Stammgrundstück« befindet, während sie im übrigen andere Grundstücke (z.B. die Parzellen von Reihenhauseigentümern in der Gesamtanlage) unterbaut.[3503] § 1 Abs. 4 WEG steht nicht entgegen. Problematisch ist allerdings, ob Wohngebäude, die ihrerseits statisch auf der Tiefgaragendecke aufsitzen, dann noch als eigenes Gebäude gewertet werden können.

2040

3503 OLG Stuttgart, 05.07.2011 – 8 W 229/11, DNotI-Report 2011, 129; *Hertel* in Albrecht/Hertel/Kesseler Aktuelle Probleme der notariellen Vertragsgestaltung im Immobilienrecht 2011/2012 (DAI-Skript), S, 226 ff.

2041 Liegt keine Zustimmung des »überbauten« Eigentümers vor, handelt es sich um einen rechtwidrigen Überbau. Insoweit ist zu unterscheiden zwischen (2) dem **rechtswidrigen unentschuldigten Überbau**, der vorsätzlich oder grob fahrlässig oder entgegen einem sofort geäußerten Widerspruch des betroffenen Nachbarn erfolgt. § 1004 Abs. 1 BGB gewährt in diesem Fall einen Anspruch auf Beseitigung des Überbaus, § 985 BGB einen Anspruch auf Herausgabe der überbauten Fläche (im überbauten Zustand, mit dem Recht des anschließenden Abrisses durch den Grundstückseigentümer).[3504] Lediglich in Fällen extremer Diskrepanz zwischen der Beeinträchtigung des überbauten Grundstücks und dem Aufwand für die Beseitigung des Überbaus kann die Geltendmachung dieser Beseitigungs- und Herausgabeansprüche rechtsmissbräuchlich sein;[3505] dann ist jedoch auf jeden Fall analog § 912 Abs. 2 BGB eine Überbaurente zu leisten.[3506]

2042 Fällt dem rechtswidrig, also ohne Zustimmung, Überbauenden jedoch weder Vorsatz noch grobe Fahrlässigkeit hinsichtlich der Grenzüberschreitung zur Last, liegt (3) ein **rechtswidriger entschuldigter Überbau** vor, der allein in den §§ 912 bis 916 BGB geregelt ist. Der Überbauende hat gem. § 278 BGB (gesetzliches Schuldverhältnis in Gestalt des nachbarschaftlichen Gemeinschaftsverhältnisses) – nach a.A. analog § 831 BGB, also mit Exkulpationsmöglichkeit – für Architekten und Bauunternehmer einzustehen. Liegt insoweit allenfalls leichte Fahrlässigkeit vor, besteht allein wegen der Grenzverletzung[3507] kein Beseitigungsanspruch aus § 1004 Abs. 1 BGB – dies ist die Aussage des § 912 Abs. 1 BGB –; der Überbauende hat also gem. § 986 BGB ein Recht zum Besitz am überbauten Grundstücksteil. Diese Grundsätze gelten auch beim sogenannten »Eigengrenzüberbau«, bei dem ein Gebäude auf zwei zusammenhängenden Grundstücken errichtet wird, die ursprünglich demselben Eigentümer gehörten, später jedoch in das Eigentum verschiedener Personen gelangt sind (vgl. Rdn. 2718 zur vergleichbaren Fallgestaltung eines Gebäudes, das auf der Grundlage eines nun durch Fristablauf beendeten Gesamterbbaurechtes über mehrere Grundstücke errichtet wurde).

2043 Das **Eigentum am Überbau selbst** steht beim rechtmäßigen Überbau, ebenso beim rechtswidrigen entschuldigten Überbau, dem Stammgrundstück zu, dessen wesentlichen Bestandteil (§§ 93, 94 Abs. 2 BGB) der Überbau bildet. Beim rechtswidrigen schuldhaften Überbau bleibt es jedoch nach herrschender Auffassung bei einer Vertikalteilung des Eigentums am Gebäude entlang der Grundstücksgrenze; die Literatur befürwortet jedoch auch insoweit analog § 947 BGB eine Aufteilung in wirtschaftlich sinnvolle Einheiten.[3508] Die »Aufgabe« des Eigentums am Überbau kann tatsächlich erfolgen durch physische Trennung vom Stammgebäude, oder rechtlich durch Eintragung einer Grunddienstbarkeit am überbauenden Grundstück nach § 1018, 3. Alt. BGB,[3509] gerichtet auf Nichtausübung der Befugnisse aus dem Überbaurecht.

2044 Das **Eigentum an der überbauten Grundstücksfläche** selbst bleibt stets beim überbauten Eigentümer, der eine spätere Aufstockung oder Erweiterung des Überbaus nicht zu dulden hat, ebenso wenig einen Wiederaufbau nach dem Untergang des Überbaus (es sei denn, aus der erteilten Zustimmung oder bewilligten Dienstbarkeit ergibt sich etwas anderes). § 915 BGB gewährt ihm beim rechtswidrigen, entschuldigten Überbau einen Anspruch auf Abkauf der überbauten Fläche zu dem Wert, den sie zur Zeit der Grenzüberschreitung hatte.

2045 Beim rechtswidrigen, jedoch nicht schuldhaften Überbau ordnet § 912 Abs. 2 BGB (vorbehaltlich abweichender Abreden, mögen sie nur inter partes oder aufgrund Grundbucheintragung verdinglicht wirken) die Zahlung einer reallastartigen, jährlich im vorhinein (§ 913 Abs. 2 BGB) zu leisten-

---

3504 BGH, 28.01.2011 – V ZR 147/10, NJW 2011, 1069 (auch zur Verjährung: § 1004 BGB verjährt gem. § 195 BGB, § 985 BGB verjährt gem. § 902 Abs. 1 Satz 1 BGB nicht).
3505 BGHZ 62, 391.
3506 BGHZ 68, 350.
3507 Anders, wenn der schuldlose rechtswidrige Überbau über die Grenzverletzung hinaus den Regeln der Baukunst nicht entspricht und demnach weitere Beeinträchtigungen des Nachbarn besorgen lässt, BGH, 19.09.2008 – V ZR 152/07, ZNotP 2008, 449.
3508 MünchKomm-BGB/*Säcker* § 912 Rn. 43 m.w.N.
3509 BGH DNotZ 2004, 373.

den **Überbaurente** ab dem Zeitpunkt der Grenzüberschreitung an, zu leisten durch den jeweiligen Eigentümer des Stammgrundstücks zugunsten des jeweiligen Eigentümers des überbauten Grundstücks (§ 913 Abs. 1 BGB). Diese Rente wird, da sie kraft Gesetzes entsteht und allen Rechten im Rang vorgeht (§ 914 Abs. 1 Satz 1 BGB) nicht in das Grundbuch eingetragen, es sei denn, ihre Höhe wäre durch Vertrag festgestellt worden (§ 914 Abs. 2 Satz 2 BGB). Die Eintragung erfolgt dann im Grundbuch des mit der Rente belasteten, also des überbauenden Grundstücks.[3510] Das Recht auf diese bezifferte Überbaurente kann aktiv bei dem rentenberechtigten Grundstück gem. § 9 GBO vermerkt werden.

▶ Formulierungsvorschlag: Überbaurente

(1) Als Ausgleich für die Duldung des Überbaus auf der im beigefügten Lageplan schraffiert gekennzeichneten Fläche zahlt der jeweilige Eigentümer des herrschenden Grundstücks an den jeweiligen Eigentümer des dienenden Grundstücks für die Dauer des Bestehens des Überbaus eine quartalsweise jeweils bis zum Dritten Werktag des Quartals im Voraus fällige Überbaurente in Höhe von ..... € netto, erstmals zum 04. Januar 2012 für das erste Quartal 2012. Die Rentenhöhe ist wertgesichert, sie verändert sich alle zwei Jahre, erstmals zum Beginn des 1. Quartals 2014, im selben Verhältnis wie der Verbraucherpreisindex (VPI) auf der jeweils aktuellen Originalbasis; zugrundezulegen sind die Indexzahlen für den vorangehenden Monat Oktober (so dass für die erstmalige Anpassung das Verhältnis der Indexzahlen Oktober 2011 zu Oktober 2013 maßgebend ist).

(2) Der jeweilige Eigentümer des herrschenden Grundstücks ist hinsichtlich der in dem dieser Urkunde als Anlage beigefügten Lageplan rot umrandeten und schraffierten Fläche des dienenden Grundstücks für die Dauer des Bestehens des Überbaus ferner zur Tragung der insoweit anfallenden Grundsteuer und sonstigen öffentlichen, gebäudebezogenen Lasten verpflichtet.

(3) Zur grundbuchlichen Sicherung der Überbaurentenreallast gemäß (1) und (2)

bewilligt

der derzeitige Eigentümer des herrschenden Grundstücks und

beantragt

der derzeitige Eigentümer des dienenden Grundstücks die Eintragung einer Reallast zu Gunsten des jeweiligen Eigentümers des dienenden Grundstücks und zu Lasten des herrschenden Grundstücks an nächst offener Rangstelle. *Ggf: Die Reallast und die zugrundeliegende Zahlungspflicht ist durch den Untergang des Überbaus auflösend bedingt. [Ggf. weiter: Bestellung einer nachrangigen Grundschuld zur Sicherung der Fortexistenz der Reallast nach einer Versteigerung, vgl. Rdn. 1016.]*

(4) Das Bestehen der Überbaurentenreallast soll auf dem Grundbuchblatt des dienenden Grundstücks vermerkt werden; die Eintragung des Herrschvermerks wird beantragt.

2046

Der (dauerhaft und nicht nur bilateral gewollte) **Verzicht auf die Überbaurente**, der zum endgültigen Erlöschen des Rentenanspruchs führt, bedarf in jedem Fall der Grundbucheintragung (§ 914 Abs. 2 Satz 2 BGB), und zwar ebenfalls im Grundbuch des rentenverpflichteten, überbauenden Grundstücks, bei dem auch die Eintragung der Überbaurente hätte erfolgen müssen.[3511] Der Verzicht kann seinerseits nicht gemäß § 9 Abs. 1 GBO beim rentenberechtigten Grundstück aktiv verbucht werden, da der Herrschvermerk nur für subjektiv dingliche Rechte gilt (§ 9 Abs. 1 GBO), nicht aber für den Verzicht auf solche und weiter der Zweck des Herrschvermerks (Mitbeteiligung

2047

3510 *Böhringer* RPfleger 2008, 177 ff.
3511 BayObLG DNotZ 1977, 111.

dinglich Berechtigter, § 21 GBO) nicht erfüllt werden kann, da dinglich Berechtigte zwar dem Verzicht als solchem zuzustimmen haben (§ 876 Satz 2 BGB), danach jedoch ohnehin nicht mehr.[3512]

▶ **Formulierungsvorschlag: Verzicht auf Überbaurente**

2048   Der derzeitige Eigentümer des überbauten Grundstücks verzichtet hiermit gegenüber dem dies annehmenden Eigentümer des Grundstücks, von dem die Überbauung erfolgt ist, mit Wirkung für sich und seine Rechtsnachfolger endgültig auf die Zahlung einer Überbaurente, soweit sie kraft Gesetzes geschuldet ist.

Es wird

bewilligt und beantragt

den Verzicht auf Überbaurente an dem in § 1 genannten Grundstück des Überbauenden einzutragen.

d) Notwegerechte

2049   § 917 BGB kann den Eigentümer eines Grundstücks zur Duldung der Benutzung durch den Nachbarn verpflichten, dessen Grundstück keine erforderliche Verbindung mit einem öffentlichen Weg hat. Die erforderliche Verbindung »fehlt« i.S.d. § 917 Abs. 1 BGB auch dann, wenn ein vorhandener Weg zwar von Fußgängern, nicht aber von Fahrzeugen benutzt werden kann, die Nutzung des »Hinterliegergrundstücks« jedoch eine Zu- und Abfahrt durch Fahrzeuge voraussetzt.[3513] Auch Grundstücksteile (die z.B. durch ein Gebäude von der Straße abgeschnitten sind) können betroffen sein.[3514] Ob und welche Verbindung zur ordnungsgemäßen Bewirtschaftung des »begünstigten« Grundstücks notwendig ist, richtet sich nach den objektiven Gegebenheiten – so muss etwa ein Wohngrundstück mit Kraftfahrzeugen nicht erreichbar sein, wenn diese in benachbarten Straßen abgestellt werden können,[3515] es sei denn, auf dem Wohngrundstück befinden sich genehmigte Pkw-Abstellplätze. Eine Notwegerecht besteht jedoch nicht, wenn dadurch eine vollständige Nutzungsänderung herbeigeführt werden soll.[3516]

2050   Der zur Duldung Verpflichtete muss den **Notweg** selbst weder herstellen noch unterhalten; dies obliegt dem Berechtigten.[3517] Der konkrete Rechtsinhalt ergibt sich allein aus dem Gesetz; schuldrechtliche Vereinbarungen hierzu wirken, ebenso wie ein Verzicht, nicht gegenüber einem Sonderrechtsnachfolger.[3518] Das Notwegerecht selbst ist nicht im Grundbuch eintragbar; eine **Grunddienstbarkeit** kommt nur in Betracht, wenn die Ausgestaltung vom gesetzlichen Inhalt abweicht oder wenn sie bei Zweifeln über die gesetzliche Duldungspflicht diese klarstellt.[3519]

2051   Zum Ausgleich der Duldungspflicht gewährt § 917 Abs. 2 BGB eine **Notwegerente**, deren Höhe sich nach dem Nachteil für das Verbindungsgrundstück, also der Minderung seines Verkehrswertes, errechnet.[3520] Für diese, auch den Rang und die Grundbucheintragung, gelten die Bestimmungen zur Überbaurente (vgl. Rdn. 2045 bis 2048) entsprechend.

2052   Hat der gegenwärtige oder ein früherer Eigentümer bzw. deren Gehilfen den Verbindungsverlust durch eine eigene **willkürliche Handlung** herbeigeführt, z.B. durch das Bebauen oder Verschütten eines Zugangs oder die Aufgabe eines anderen Notwegerechtes, entfällt das Notwegerecht (§ 918 Abs. 1 BGB). Liegt die willkürliche Handlung jedoch in der Veräußerung eines Grundstücksteiles,

---

3512 KG, 01.11.2011 – 1 W 641/11, NotBZ 2012, 33 (nur Ls.); BayObLG FGPrax 1998,167.
3513 BGH, 12.12.2008 – V ZR 106/07, DNotZ 2009, 448.
3514 Wobei in diesen Fällen häufig § 918 Abs. 1 BGB (willkürliche Aufhebung der Verbindung) dem Notwegerecht entgegensteht.
3515 BGHZ 75, 314, 319 f.
3516 OLG Schleswig, 27.04.2011 – 5 U 16/11, MDR 2011, 974: geplante Bebauung bisherigen Grünlandes.
3517 BGH, 12.12.2008 – V ZR 106/07, DNotZ 2009, 448; bei Mitbenutzung durch den Duldungsverpflichteten sind die Kosten anteilig zu tragen.
3518 Anders bei gerichtlicher Feststellung des Notwegerechtes; das Urteil wirkt gem. § 325 ZPO gegen Rechtsnachfolger.
3519 OLG Düsseldorf OLGZ 78, 19.
3520 BGHZ 113, 32; OLG Dresden OLG-NL 2000, 153.

gewährt § 918 Abs. 2 Satz 1 BGB einen Duldungsanspruch gegen den nunmehrigen Eigentümer desjenigen Teils, über welchen die Verbindung bisher erfolgt ist.

Landesrechtliche Waldgesetze enthalten vielfach öffentlich-rechtliche Notwegerechte an Waldgrundstücken.[3521] §§ 917, 918 BGB gelten – sofern das Landesrecht[3522] hierzu nichts enthält – entsprechend für »**Notleitungsrechte**«.[3523] 2053

e) Nacherbenvermerk

Zum Schutz der Rechtsstellung des Nacherben (ggf. § 2113 Abs. 1 BGB: vor entgeltlichen Verfügungen bei nicht befreiter Vorerbenstellung, jedenfalls aber § 2113 Abs. 2 BGB: gegen unentgeltliche Verfügungen) ordnet § 51 GBO (bei Nachweis entsprechender gewillkürter Erbfolge in der Form des § 35 GBO)[3524] bei gebuchter Vorerbschaft[3525] von Amts wegen die Eintragung eines entsprechenden Vermerks in Abt. II an. Er hat keinen Rang, sondern Hinweischarakter zur Vermeidung gutgläubigen Erwerbs unter Verletzung der Nacherbenrechte. Sind Eintragungen dem Nacherben ggü. wirksam, etwa da er zugestimmt hat, wird dies beim Nacherbenvermerk aufgeführt.[3526] Auch Übertragungen, Pfändungen oder Verpfändungen der Nacherbenanwartschaft können im Grundbuch vermerkt werden.[3527] 2054

Der Nacherbe kann von vornherein auf den Schutz des Vermerks durch Nichteintragung verzichten (unter Mitwirkung auch der Ersatznacherben, in der Form des § 29 GBO).[3528] Wurde der Vermerk (mangels vorherigen Verzichts) eingetragen, können vor Eintritt des Nacherbfalles alle Nacherben und Ersatznacherben gleichwohl nachträglich auf ihn verzichten (können weitere Ersatznacherben hinzu kommen, bedarf es eines Pflegers gem. § 1913 BGB samt betreuungsgerichtlicher Genehmigung gem. § 1821 Abs. 1 Nr. 1 BGB).[3529] 2055

Häufiger ist jedoch die Löschung aufgrund Nachweises der anfänglichen[3530] oder – so die Regel – nachträglichen Unrichtigkeit des Grundbuches, v.a. weil das Grundstück bzw. das betreffende dingliche Recht dem Nacherben ggü. wirksam aus dem Nachlass ausgeschieden ist. Bei der nicht befreiten Vorerbschaft müssen alle in Betracht kommenden, auch möglicherweise noch nicht geborenen,[3531] Nacherben in der Form des § 29 GBO zustimmen (Rdn. 1681 ff.). Bei der befreiten Vorerbschaft bedarf es, sofern die Nacherben nicht vorsorglich in der Form des § 29 GBO zugestimmt haben (die Zustimmung der Ersatznacherben ist entbehrlich!), eines Nachweises über die 2056

3521 Vgl. etwa § 28 BaWüWaldG, § 17 HessWaldG etc.
3522 Insb. aufgrund der Nachbarrechtsgesetze, gestützt auf Art. 124 EGBGB, z.B. Art. 7e BaWüNachbarRG v. 08.01.1996, GBl 1996, 54.
3523 BGH, 04.07.2008 – V ZR 172/07, ZfIR 2009, 99 m. Anm. *Leidig*, auch zur Mitbenutzung.
3524 Zur Bindung des Grundbuchamtes an den Erbschein: OLG Frankfurt am Main, 27.01.2010 – 20 W 251/09, BeckRS 2010, 12092 (wobei ein dem Vorerben erteilter Erbschein nicht das Erbrecht des Nacherben bezeugt).
3525 Der Nacherbe hat kein eigenes Antragsrecht auf Buchung des Vorerben, sondern muss seinen Anspruch aus § 895 BGB titulieren (§ 14 GBO), vgl. *Böttcher* NotBZ 2011, 268, 270. Will der Vorerbe ohne eigene Buchung, etwa gestützt auf § 40 GBO, verfügen, muss das Grundbuchamt die Rechte des Nacherben (Gefahr des gutgläubigen Zweit-, nicht Ersterwerbs) wahren, durch Einholung der Zustimmung oder Verlangen einer Voreintragung gem. § 39 Abs. 1 GBO.
3526 BayObLG MittBayNot 1997, 238.
3527 *Böttcher* NotBZ 2011, 268, 280 f.
3528 OLG Köln NJW 1955, 633; ist ein Nacherbenvollstrecker nach § 2222 BGB bestellt, reicht dessen Verzichtsbewilligung aus: BayObLG DNotZ 1990, 56; vgl. *Böttcher* NotBZ 2011, 268, 272.
3529 Vgl. *Schaal* RNotZ 2008, 585; *Böttcher* NotBZ 2011, 268, 279.
3530 Etwa aufgrund zutreffender anderer Auslegung des Testaments; erforderlich ist die Vorlage eines neuen Erbscheins.
3531 Hierzu bedarf es der Pflegerbestellung gem. § 1913 BGB samt (schwer zu erlangender) Genehmigung des Betreuungsgerichts, §§ 1915 Abs. 1 Satz 1 i.V.m. § 1821 Abs. 1 Nr. 1 BGB. Diese Prozedur ist jedoch entbehrlich, wenn das Hinzutreten weiterer Nacherben völlig unwahrscheinlich ist, so in Bezug auf die leibliche Geburt weiterer Kinder bei einer 66jährigen Frau: OLG Hamm NJW-RR 1997, 1095; *Bremkamp* RNotZ 2011, 36 ff. (trotz reproduktionsmedizinischer Möglichkeiten).

Entgeltlichkeit, wobei – unter Aufweichung der Formerfordernisse des § 29 GBO – Regeln der Lebenserfahrung und Wahrscheinlichkeit herangezogen werden können.[3532]

2057 Denkbar ist aber auch der Nachweis, dass in der Verfügung des Vorerben keine Beeinträchtigung der Rechte des Nacherben liegen kann, etwa da allein die Erfüllung einer Nachlassverbindlichkeit, eines Vermächtnisses oder einer Teilungsanordnung stattfindet.[3533] Schließlich lassen sich verbleibende Zweifel des Grundbuchamtes durch eine ausdrückliche Zustimmung des Nacherben (in der Form des § 29 GBO) beseitigen. Die Rechtsprechung sieht den Nacherben analog § 2120 BGB sogar in der Verpflichtung, die (materiellrechtlich nicht erforderliche) Zustimmung auf Verlangen des befreiten Vorerben zu erteilen, wenn der Käufer es (z.B. auf Betreiben des Grundbuchamtes) verlangt.[3534]

Nach Eintritt der Nacherbfolge ist der Unrichtigkeitsnachweis schließlich schon dadurch geführt, dass keine Verfügungen des Vorerben im Grundbuch erfolgt sind.

▶ Formulierungsvorschlag: Löschung Nacherbenvermerk (befreit)

2058 Der Verkäufer ist laut Grundbucheintrag Vorerbe, der von den gesetzlichen Beschränkungen befreit, also ohne Zustimmung des Nacherben zu entgeltlichen Verfügungen berechtigt ist. Verkäufer und Käufer bestätigen, dass der vereinbarte Kaufpreis wie unter fremden Dritten ausgehandelt wurde und nach Überzeugung beider dem Verkehrswert entspricht, es sich also um ein vollentgeltliches Geschäft handelt. Der Notar hat darauf hingewiesen, dass seitens des Grundbuchamts hierzu gleichwohl zur Gewährung rechtlichen Gehörs eine Bestätigung oder gar vorsorglich eine Verfügungszustimmung (dann in grundbuchlicher Form) der Nacherben angefordert werden kann.

▶ Formulierungsvorschlag: Löschung Nacherbenvermerk (nicht befreit)

2059 Der Verkäufer ist laut Grundbucheintrag Vorerbe, der von den gesetzlichen Beschränkungen nicht befreit ist, also ohne Zustimmung des Nacherben nicht zu Verfügungen berechtigt ist. Die heute mit erschienenen Nacherben stimmen allen Erklärungen, Bewilligungen und Anträgen des Vorerben zu, ebenso den aufgrund der Finanzierungsvollmacht etwa bestellten Grundpfandrechten, sodass diese Verfügungen auch den Nacherben gegenüber wirksam sind. Weitere Nacherben oder Ersatznacherben sind nicht vorhanden.

Aufgrund des vorstehenden Sachverhalts steht fest, dass der Nacherbfall bzgl. des Vertragsobjekts wegen endgültigen Ausscheidens aus dem Nachlass nicht mehr eintreten kann. Zur Vermeidung einer Unrichtigkeit des Grundbuches wird daher

beantragt,

den Vermerk über die Vor- und Nacherbfolge bei Umschreibung des Eigentums auf den Käufer zu löschen. Löschungskosten trägt der Verkäufer.

2060 Daneben tritt – unabhängig von einem Verkauf – die Möglichkeit der »**generellen**« **Aufhebung der Beschränkungen**. Dies kann entweder dadurch erfolgen, dass alle Nacherben einschließlich aller (ggf. noch ungeborenen!) gem. § 2096 BGB bestimmten bzw. gem. § 2069 BGB im Zweifel berufenen Ersatznacherben[3535] die Nacherbschaft ausschlagen und dadurch dem Vorerben nach Maßgabe des § 2142 Abs. 2 BGB die unbeschränkte Erbschaft verschaffen.[3536] Daneben können alle Nacherben einschließlich der Ersatznacherben (sofern die Ersatznacherbenstellung nicht durch Übertragung auf den Vorerben auflösend bedingt ist) ihre Nacherbenanwartschaften auf den Vorerben übertragen (§ 2033 Abs. 1 BGB analog, also in notarieller Form), sodass dieser – da die Nacherben ihrerseits Vollerben geworden wären – im Zeitpunkt des Nacherbfalls Vollerbe wird.

3532 OLG Hamm FamRZ 1991, 113; OLG Düsseldorf v. 11.01.2008 – I-3 Wx 228/07, RNotZ 2008, 544.
3533 BayObLG DNotZ 2001, 808.
3534 OLG Frankfurt am Main, 20.04.2011 – 4 U 78/10, RNotZ 2011, 614.
3535 Die betreuungsgerichtliche Genehmigung für eine solche durch einen Pfleger gem. § 1911 BGB zu erklärende Ausschlagung ist aber kaum zu erlangen, vgl. *Zawar* NJW 2007, 2356.
3536 Sodass zur Löschung eingetragener Rechte (z.B. in Abt. II) die Bewilligung der Eigenerben des »Vorerben« notwendig ist, OLG München, 28.04.2011 – 34 Wx 72/11, BeckRS 2011, 22454.

Allein mit Zustimmung des Nacherben (also ohne Mitwirkung der Ersatznacherben) allerdings lassen sich wenigstens für **Einzelgegenstände** die Beschränkungen aufheben (wie dies auch durch Zustimmung im Rahmen einer Übertragung an Dritte möglich gewesen wäre, § 2113 Abs. 1 BGB); wobei die rechtliche Begründung schwankt: Auseinandersetzungsvertrag zwischen Vor- und Nacherbe analog § 2042 BGB;[3537] Theorie der Doppelübereignung zwischen Vor- und Nacherbe;[3538] In-Sich-Verfügung des Vorerben mit Zustimmung des Nacherben;[3539] oder echte »Freigabe« durch den Nacherben.[3540] 2061

Schließlich kann – ohne Verkauf des Nachlassgegenstandes – die Löschung des Nacherbenvermerks wegen Unrichtigkeit des Grundbuches dann gelingen, wenn der **Eintritt der Nacherbfolge ausgeschlossen** ist, etwa da kein Nacherbe oder Ersatznacherbe mehr vorhanden sein kann. An diesen Nachweis sind jedoch strenge Anforderungen zu stellen: sind Nacherben die »ehelichen Abkömmlinge«, kommt die Löschung selbst dann nicht in Betracht, wenn biologisch die Geburt weiterer Kinder ausgeschlossen ist, da eine Adoption nicht ausgeschlossen werden kann[3541] (anders bei Verwendung des Begriffes »eheliche, leibliche Kinder« oder bei auflösender Befristung der Vorerbschaft, wenn bis zum 60. Lebensjahr keine Kinder geboren oder adoptiert wurden). 2062

f) Testamentsvollstreckervermerk

Ähnliches gilt für den von Amts wegen einzutragenden (§ 52 GBO Rdn. 561) und daher nicht durch Bewilligung, sondern nur gegen Nachweis der Unrichtigkeit auf Antrag oder wiederum von Amts wegen (§ 84 GBO)[3542] zu löschenden **Testamentsvollstreckervermerk** am Grundstück.[3543] In Betracht kommt bspw. ein (neuer) Erbschein, der keinen Vollstreckervermerk mehr enthält, oder aber der Nachweis der Niederlegung in unterschriftbeglaubigter Form samt deren Zugang beim Nachlassgericht und der Nachweis, dass damit die Vollstreckung insgesamt erloschen sei (durch beglaubigte Abschrift des Testaments mit Eröffnungsniederschrift).[3544] 2063

Selbst wenn noch ein (gem. § 2368 Abs. 3 Halbs. 2 BGB kraftlos gewordenes) Testamentsvollstreckerzeugnis physisch vorhanden ist,[3545] kann dem Grundbuchamt das Erlöschen des Amtes durch andere öffentliche Urkunden nachgewiesen werden,[3546] ggf. auch durch Auslegung des Testaments, dass mit dem Ableben des Vollstreckers die Testamentsvollstreckung insgesamt beendet sein solle.[3547] Hinsichtlich der Löschung durch »Erledigungserklärung« des Vollstreckers (»Freigabe« durch Übertragung zur freien Verfügung i.S.d. § 2217 BGB) oder durch Ausscheiden aus dem Nachlass durch Vollzug der Auflassung[3548] ist folgende Formulierung möglich: 2064

▶ **Formulierungsvorschlag: Löschung des Testamentsvollstreckervermerks**

Für den Verkäufer handelt bei heutiger Beurkundung der Testamentsvollstrecker unter Vorlage des nachlassgerichtlichen Testamentsvollstreckerzeugnisses in Urschrift oder Ausfertigung 2065

3537 *Maurer* DNotZ 1981, 223, 229.
3538 MünchKomm-BGB/*Grunsky* 4. Aufl. 2004 § 2113 Rn. 15.
3539 *Keim* DNotZ 2003, 823.
3540 BGH NJW-RR 2001, 217; BayObLG NJW-RR 2005, 956; *Ivo* Erbrecht Effektiv 2006, 73; *Zawar* NJW 2007, 2356; *Hartmann* ZEV 2009, 107 (ohne Mitwirkung der Ersatznacherben möglich); vgl. auch *Gutachten* DNotI-Report 2010, 85.
3541 OLG Stuttgart, 07.07.2009 – 8 W 63/09, ZEV 2010, 94 m. Anm. *Heinze*.
3542 Allerdings gilt § 82 GBO (Grundbuchberichtigungszwang) nicht in Bezug auf den Testamentsvollstreckervermerk, OLG München, 22.03.2011 – 20 W 425/10, BeckRS 2011, 21408.
3543 Vgl. *Walloschek* ZEV 2011, 167, 172 f.
3544 Vgl. *Schaal* RNotZ 2008, 582 f.
3545 I.d.R. erfolgt der Nachweis ggü. dem Grundbuchamt durch Vorlage eines neuen Erbscheins ohne Testamentsvollstreckervermerk oder durch Anbringung eines Unwirksamkeitsvermerks auf dem Vollstreckerzeugnis, vgl. *Damrau* in: Soergel/Siebert BGB § 2225 Rn. 7.
3546 OLG München MittBayNot 2006, 427 m. Anm. *Weidlich* S. 390 (dortiger Sachverhalt: Übernahme aller Erbteile durch einen Erwerber bei einer Abwicklungsvollstreckung).
3547 OLG Frankfurt am Main, 14.07.2006, MittBayNot 2007, 511.
3548 OLG Frankfurt am Main, 14.07.2006, MittBayNot 2007, 511 m. Anm. *Weidlich* – wobei die Vollstreckung je nach dem Inhalt der letztwilligen Verfügung sich am Surrogationsgut fortsetzen kann.

(§ 2368 BGB), von welchem beglaubigte Abschrift beigefügt ist, bzw. Vorlage einer beglaubigten Abschrift der notariellen Verfügung von Todes wegen samt Eröffnungsniederschrift bzw. Bezugnahme auf die beim selben AG geführten Nachlassakten AZ VI .....

Mit Vollzug der Auflassung unterliegt der Vertragsbesitz nicht mehr der Verwaltung des Testamentsvollstreckers. Zur Vermeidung einer Unrichtigkeit des Grundbuches wird daher

beantragt,

den Vermerk über die Testamentsvollstreckung bei Umschreibung des Eigentums auf den Käufer zu löschen. Löschungskosten trägt der Verkäufer.

g) Insolvenzvermerk

2066　Anders als der frühere Konkursverwalter kann der **Insolvenzverwalter** den Insolvenzvermerk selbst zur Löschung beantragen (§ 32 Abs. 3 Satz 2 InsO); daneben kann – wie bisher –das Insolvenzgericht um Löschung ersuchen[3549] (Rdn. 3090 f.); die Löschung des Vermerks selbst ist grundbuchkostenfrei sowohl beim Löschungsersuchen des Insolvenzgerichts (§ 69 Abs. 1 Satz 1 KostO) als auch beim Löschungsantrag des Verwalters (§ 69 Abs. 1 Satz 2 KostO). Aufgrund der Verweisung in § 23 Abs. 3 InsO gilt dies auch für den vorläufigen Insolvenzverwalter hinsichtlich der im Eröffnungsverfahren zu Sicherungszwecken möglichen Verfügungsbeschränkungen unterschiedlicher Eingriffstiefe.[3550] Es folgt ein Formulierungsvorschlag, der beide Varianten umfasst:

▶ Formulierungsvorschlag: Löschung des Insolvenzvermerks

2067　Aufgrund der heutigen Veräußerung bewilligt und beantragt der (vorläufige) Insolvenzverwalter hiermit gem. § 32 Abs. 3 Satz 2 (ggf. i.V.m. § 23 Abs. 3) InsO die Eintragung über die Eröffnung des Insolvenzverfahrens (sowie sonstige Verfügungsbeschränkungen) im Grundbuch Zug-um-Zug i.S.d. § 16 Abs. 2 GBO mit Eintragung des Erwerbers als Eigentümer zu löschen.

2068　Hat das Insolvenzgericht Eigenverwaltung durch den Schuldner angeordnet und dabei bestimmt, dass der Schuldner nicht nur unter der Aufsicht des bestellten Sachwalters stehe, sondern Verfügungen auch dessen Zustimmung bedürften, kann auch der dann einzutragende diesbezügliche Vermerk auf Antrag des Sachwalters gelöscht werden (§ 277 Abs. 3 Satz 3 InsO i.V.m. § 32 InsO).[3551]

2069　Die Freigabe eines Grundstücks aus dem Insolvenzbeschlag unabhängig von einer Veräußerung erfolgt materiell-rechtlich durch schlichte Mitteilung an den Gemeinschuldner. Zur Berichtigung des Grundbuches bedarf es freilich des Freigabeschreibens und der Zugangsbestätigung in unterschriftsbeglaubigter Form (§§ 22 Abs. 1 Satz 1, 29 Abs. 1 GBO),[3552] Rdn. 3091.

h) Übernahme eines Grundpfandrechts zur Neuvalutierung

2070　In diesem thematischen Kontext steht auch die vom Käufer häufig gewünschte und vom Verkäufer (wegen der Einsparung der Löschungskosten) gern gesehene dingliche Übernahme eingetragener Grundpfandrechte zur Neuvalutierung, also ohne eingetragene Belastungen (zur Alternative der tatsächlichen Schuldübernahme als Variante der Kaufpreiszahlung vgl. Rdn. 864 ff.). Die Kostenersparnis tritt hinsichtlich der Grundbuchkosten unzweifelhaft bei beiden Beteiligten ein, i.d.R. jedoch nicht hinsichtlich der Notarkosten wegen der regelmäßig mit aufzunehmenden Änderung der Zweckerklärung sowie des persönlichen Schuldanerkenntnisses mit Vollstreckungsunterwerfung (Rdn. 2085, 2088), insb. bei zu hohen Grundpfandrechts»Mänteln«. Der Kostenvorteil relativiert sich auch, wenn

---

[3549] Möglich wäre weiter die Löschung im Wege der Grundbuchberichtigung (§§ 13, 22 GBO) oder gem. § 84 Abs. 2b GBO nach vorheriger Anhörung des Insolvenzverwalters und -gerichts.
[3550] Z.B. Anordnung eines Verfügungsverbots bzgl. einzelner Vermögensgegenstände gem. § 21 Abs. 2 Nr. 2 InsO; Ermöglichung von Verfügungen nur mit Zustimmung des vorläufigen Verwalters gem. § 21 Abs. 2 Nr. 1 und 2, 2. Alt. InsO; Übertragung einzelner Verfügungsrechte auf den vorläufigen Insolvenzverwalter gem. § 21 Abs. 2 Nr. 1 i.V.m. § 22 Abs. 2 InsO sowie umfassende Verfügungsbeschränkung über das gesamte Vermögen gem. § 21 Abs. 2 Nr. 1 und Nr. 2, 1. Alt. InsO.
[3551] Vgl. *Schöner/Stöber* Grundbuchrecht Rn. 1638b.
[3552] OLG Dresden, 08.03.2011 – 17 W 201/11, RPfleger 2011, 664.

wegen eines zu niedrigen Betrags eine »Aufstockungsgrundschuld« notwendig wird oder wegen einer Umschuldung die Abtretung des dinglichen Rechts an einen neuen Gläubiger, zumal letztere Maßnahme für den Abtretenden mit dem Risiko der verschuldensunabhängigen Veranlasserhaftung für spätere unrechtmäßige Vollstreckungsmaßnahmen gem. § 799a ZPO behaftet ist (Rdn. 1292, 2091).

Seltener sind bei Kaufverträgen hingegen die Sachverhalte, in denen eine dingliche Belastung (ohne persönliche Schuld) bestehen bleibt als Absicherung für die Verpflichtung eines Dritten (z.B. da bereits der Verkäufer diese Sicherheit für den Dritten gestellt hatte). Das Verhältnis zwischen dem Dritten einerseits und dem (neuen) Eigentümer als Sicherungsgeber richtet sich nach Auftragsrecht, sodass gem. § 670 BGB Anspruch auf Freistellung (ggf. Löschung), hilfsweise auf Ersatz der getätigten Aufwendungen besteht, und das Kündigungsrecht sich nach § 671 Abs. 2 BGB richtet.[3553] 2071

aa) Bedeutung der Rückgewähransprüche

Aus dem zwischen Besteller (Veräußerer) und Gläubiger geschlossenen **Sicherungsvertrag** sowie ggf. aus den Vorschriften über die ungerechtfertigte Bereicherung kann der Sicherungsgeber vom Gläubiger die Rückgewähr der Grundschuld verlangen, wenn der Sicherungszweck erledigt ist, also keine gesicherten Verbindlichkeiten mehr bestehen und entstehen werden. Sofern der Sicherungsvertrag nichts anderes bestimmt, richten sich diese (i.d.R. durch eine Kündigungserklärung zusätzlich aufschiebend bedingten)[3554] Ansprüche nach Wahl des Sicherungsgebers auf Abtretung der Grundschuld (an den Eigentümer oder einen benannten Dritten – allerdings für den Abtretenden belastet mit dem Risiko der verschuldensunabhängigen Veranlasserhaftung gem. § 799a ZPO bei späterer unrechtmäßiger Vollstreckung, Rdn. 1292), Verzicht oder Aufhebung. Diese schuldrechtlichen Ansprüche aus der Sicherungsvereinbarung gehen nicht »automatisch« auf den Erwerber oder Ersteigerer[3555] über, auch wenn der neue Eigentümer der dinglichen Zwangsvollstreckung gem. § 800 ZPO unterworfen sein mag, sondern bestehen weiter ausschließlich im Verhältnis zum ursprünglichen Besteller und Sicherungsgeber (= Verkäufer). Es bedarf also ihrer Abtretung, wobei sie oft bereits zuvor (formularvertraglich in der neuen Grundpfandrechtsbestellung) an nachrangige Gläubiger – mit allerdings regelmäßig eingeschränkter Verwendbarkeit[3556] – übertragen wurden, sodass nur die künftig ihm wieder zustehenden Ansprüche an den Erwerber übergehen können. 2072

In bestimmten Fällen können bei Grundschulden ferner sog. Eigentümerrechte entstehen. Der **Eigentümer erwirbt die Grundschuld** 2073
– im Fall des Verzichts gem. § 1168 Abs. 1 BGB;
– bei Zahlung auf die Grundschuld selbst entgegen den Bestimmungen des Sicherungsvertrags (§ 1143 Abs. 1 Satz 1 BGB analog)[3557] sowie
– bei Übertragung der Grundschuld durch Rechtsgeschäft auf den Eigentümer (§ 873 Abs. 1 BGB).

▶ Hinweis:

Da sich in der Praxis oft nicht nachvollziehen lässt, ob in der Vergangenheit durch Verzicht oder Zahlung auf das dingliche Recht selbst Eigentümerrechte entstanden sind, ist es üblich geworden, in notariellen Urkunden über Grundstücksveräußerungen vorsorglich entstandene Eigentümerrechte 2074

3553 Vgl. OLG Rostock, 08.12.2010 – 3 W 155/10, NotBZ 2011, 302.
3554 Vgl. *Gaberdiel* Kreditsicherung durch Grundschulden Rn. 742 ff.
3555 BGH NotBZ 2003, 260: Der Ersteigerer muss eine bestehen bleibende Grundschuld (um deren Betrag sein Gebot ja gemindert wurde!) in voller Höhe ablösen und kann sich nicht darauf berufen, sie valutiere nur mehr z.T. Den Anspruch auf Herausgabe des Übererlöses hat der frühere Besteller.
3556 Nach OLG Stuttgart DNotI-Report 2003, 118 gehen Auslegungszweifel bzw. das Fehlen einer Sicherungsabrede zwischen Eigentümer und nachrangigem Gläubiger zu dessen Lasten, § 305c Abs. 2 BGB: Der nachrangige Gläubiger kann lediglich Löschung der nicht mehr valutierenden erstrangigen Grundschuld verlangen oder Verzicht auf diese, nicht deren Abtretung zur Ausnutzung des besseren Rangs und des zusätzlichen Sicherungsrahmens in der Zwangsversteigerung.
3557 BGHZ 97, 131.

an den Erwerber zu übertragen und entsprechende Grundbucheintragung zu bewilligen (bei Kaufverträgen aufschiebend bedingt durch Bezahlung des Kaufpreises bzw. eigenen Eigentumserwerb).

2075 Eigentümerrechte spielen bei Grundschulden (anders bei Hypotheken)[3558] nur eine geringe Rolle. Entscheidender sind die schuldrechtlichen Rückgewähransprüche, die es dem Inhaber ermöglichen, über Abtretung, Löschung oder Neuvalutierung der Grundschuld zu entscheiden. *Amann*[3559] spricht plakativ davon, dass der Inhaber der Rückgewähransprüche »die Grundschuld an der Leine habe«. Auf die **Zuordnung der Rückgewähransprüche** ist daher besonderes Augenmerk zu legen, und zwar:
– Mit Blick auf die **Position des Gläubigers selbst**: Diesem sollte die Abtretung der Rückgewähransprüche angezeigt werden, da er sonst gem. § 407 BGB weiterhin mit schuldbefreiender Wirkung an den bisherigen Gläubiger, seinen ursprünglichen Sicherungsgeber, leisten und mit diesem eine erweiterte Zweckvereinbarung treffen, also neue Darlehen »unterschieben« kann (§ 816 Abs. 2 BGB gewährt hiergegen keinen praktischen Schutz).[3560]

▶ Hinweis:

2076 Der Nachweis der Anzeige muss noch langer Zeit möglich sein; übernimmt daher der Notar die Anzeige (als Nebengeschäft gem. § 147 Abs. 2 KostO), sollte die Empfangsbestätigung beim Original in der Urkundensammlung aufbewahrt werden.

– Mit Blick auf **nachrangige Gläubiger**, welche die Rückgewähransprüche pfänden und diese Pfändung bei einer etwa eingetragenen Rückgewährvormerkung (§ 883 BGB) vermerken lassen können; der gesetzliche Löschungsanspruch des § 1179a BGB soll sich nämlich nach Ansicht des BGH[3561] nicht auf das bloße »Eigentümererlöspfandrecht« erstrecken, das entsteht, wenn der vorrangige Gläubiger einer bei Versteigerung mit Zuschlag untergegangenen Grundschuld auf diese verzichtet.

2077 – Ferner mit vorrangigem Blick auf den **Verkäufer**, wenn dieser im Rang nach der bereits eingetragenen Grundschuld beschränkt dingliche Rechte (z.B. Wohnungsrechte) oder Rückauflassungsvormerkungen zur Sicherung bedingter Rückerwerbsansprüche erhält: Eine undifferenzierte Abtretung der Rückgewähransprüche an den Erwerber verleiht diesem grundsätzlich[3562] die generelle Befugnis, ohne Rücksprache mit dem Veräußerer die Grundpfandrechte durch Eingehung neuer Verbindlichkeiten wieder zu valutieren. Übernimmt er sich dabei wirtschaftlich, können die dinglichen Rechte des Veräußerers samt den zugrunde liegenden Berechtigungen bei einer Zwangsversteigerung in den übertragenen Grundbesitz entschädigungslos untergehen. In diesem Fall ist zu erwägen, die Rückgewähransprüche und Eigentümerrechte an Verkäufer und Käufer in Gesellschaft des bürgerlichen Rechts abzutreten (und erst aufschiebend bedingt auf den Zeitpunkt des Erlöschens der nachrangigen Rechte des Verkäufers unmittelbar an den Käufer alleine), um den Verkäufer gegen gefährliche Revalutierungen abzusichern.

2078 Gleichwohl darf der (ggf. vermeintliche) »Erwerber« solcher Rückgewähransprüche folgende Risiken nicht übersehen:
– Da der **gute Glaube** an die Gläubigerstellung bei der Abtretung von Ansprüchen **nicht geschützt** wird, gehen spätere Abtretungen des Rückgewähranspruchs ins Leere, auch wenn lediglich diese späteren Abtretungen gem. § 407 BGB angezeigt wurden (Rdn. 2075): Der Nicht-

---

3558 Es sei denn, die Hypothek wird lediglich zur Sicherung eines abstrakten Schuldversprechens bestellt, sodass mit Tilgung des Darlehens keine Eigentümergrundschuld entsteht. Es müsste dann der Anspruch auf Rückgewähr des abstrakten Schuldanerkenntnisses abgetreten werden.
3559 Im DAI-Skript »Gestaltung und Sicherung der typischen Unternehmerpflichten beim Überlassungsvertrag«, Bochum Mai 2000.
3560 Zwar hat der wahre Gläubiger des Rückgewähranspruchs einen Anspruch auf Herausgabe des Erlangten, der jedoch bei Rückgewähr der Grundschuld an den vermögenslosen Eigentümer wertlos ist.
3561 BGH, 22.07.2004 – IX ZR 131/03, Rpfleger 2004, 717 m. krit. Anm. *Hintzen/Böhringer*, S. 661.
3562 Sofern nicht das Grundpfandrecht mit weiter Zweckbestimmung noch durch den bisherigen Sicherungsgeber anderweit in Anspruch genommen werden kann, so dass der bedingte Anspruch auf Rückgewähr noch nicht entstanden ist.

berechtigte, an den die Rückgewähr zu Unrecht erfolgt ist, hat das Erlangte an den wahren Rückgewährsberechtigten herauszugeben (§ 816 Abs. 2 BGB).[3563]

– Häufig ist die **Abtretbarkeit** der Rückgewähransprüche im Sicherungsvertrag **ausgeschlossen** (§ 399 BGB) oder an die Zustimmung der Gläubigerin geknüpft. Gleichwohl erfolgte Abtretungen gehen dann ebenfalls ins Leere. Dies hindert jedoch nicht die Pfändbarkeit des Anspruchs (§ 851 Abs. 2 ZPO). Selbst wenn anschließend der Abtretungsausschluss aufgehoben bzw. die frühere Abtretung genehmigt wird, erwirbt der Zessionar das Recht mit der Pfändungsbelastung. 2079

– Im Sicherungsvertrag ist ferner häufig vereinbart, dass Rückgewähr der Grundschuld **nur** in Form der **Aufhebung**, nicht aber durch Abtretung oder Verzicht verlangt werden könne, sodass der Rückgewährgläubiger nicht selbst Inhaber der Grundschuld werden kann.

– Der Rückgewähranspruch ist in seiner **Entstehung aufschiebend bedingt** dadurch, dass der Sicherungszweck (ganz oder teilweise) weggefallen ist, also Rückgewähr – jedenfalls insoweit – verlangt werden kann. Ist Sicherungszweck nur eine Einzelforderung, entsteht der Anspruch also mit jeder weiteren Tilgung. Gleiches gilt, wenn die Geschäftsbeziehung zum Gläubiger durch Kündigung beendet ist. Anders verhält es sich, wenn in weiter Zweckbestimmung alle Ansprüche aus laufender Verbindung oder Kontokorrentsalden in variabler Höhe gesichert sind. Ein Absonderungsrecht in der Insolvenz des Eigentümers gewährt der erworbene Rückgewähranspruch demnach auch erst, wenn eine Revalutierung der Grundschuld ohne Mitwirkung des Inhabers des Rückgewähranspruchs nicht mehr möglich ist.[3564] 2080

– Von entscheidender Bedeutung ist weiter die Sicherungsabrede (**Zweckvereinbarung**). Ist das betreffende Grundpfandrecht für alle, auch künftige Ansprüche aus der gesamten Geschäftsverbindung bestellt, kann Rückgewähr selbst bei Tilgung des derzeitigen Darlehens nicht verlangt werden. Nur der Sicherungsgeber selbst[3565] (nicht der Abtretungsempfänger der Rückgewähransprüche) kann diese weite Zweckerklärung mit Wirkung für die Zukunft jederzeit kündigen. Anderenfalls sind stets neue Sicherungszwecke möglich. Nach einem obiter dictum des BGH[3566] soll dies möglicherweise auch bei einer »engen Sicherungsabrede« gelten, solange das erste Darlehen noch nicht erledigt ist. 2081

– Schließlich **verneint** die herrschende Meinung,[3567] sofern keine diesbezügliche Vollmacht erteilt wurde, einen **Auskunftsanspruch** des Inhabers der Rückgewähransprüche gegen den Grundpfandrechtsgläubiger über den Stand der gesicherten Verbindlichkeiten, solange noch keine Verwertung erfolgt sei. 2082

▶ Hinweis:

Umfassendere Sicherheit gewährt daher lediglich eine **dreiseitige Vereinbarung** unter Einschluss des Schuldners, des derzeitigen Gläubigers und des Abtretungsempfängers, die einen nur mehr in allseitigem Zusammenwirken änderbaren Sicherungszweck festlegt und den Altgläubiger verpflichtet, die Grundschuld nach dessen Erledigung an den Abtretungsempfänger abzutreten.

3563 *Gaberdiel* Kreditsicherung durch Grundschulden Rn. 889.
3564 BGH, 10.11.2011 – IX ZR 142/10 NZI 2012, 17; vgl. hierzu *Kesseler* in Albrecht/Hertel/Kesseler, Aktuelle Probleme der notariellen Vertragsgestaltung im Immobilienrecht 2011/2012 (DAI-Skript), S. 172 ff.
3565 Das Kündigungsrecht ist als unselbstständiges Gestaltungsrecht nicht für sich abtretbar, vgl. *Gaberdiel* Kreditsicherung durch Grundschulden Rn. 885.
3566 BGH, 09.03.2006 – IX ZR 11/05, MittBayNot 2007, 45, 47 m. Anm. *Amann*, S. 13 ff.
3567 BGH DNotZ 1988, 155 unter II.2.b; *Gaberdiel* Kreditsicherung durch Grundschulden, Rn. 1059.

2083 Ein ausführlicher Textbaustein über die Abtretung von Rückgewähransprüchen samt Belehrung über die Schutzlücken könnte daher[3568] wie folgt lauten:

▶ **Formulierungsvorschlag: Abtretung von Rückgewähransprüchen (ausführlich)**

Der Grundschuldbesteller (derzeitige Eigentümer) tritt hiermit alle gegenwärtigen und künftigen, auch bedingten oder befristeten, Ansprüche auf Rückgewähr der Grundschuld Abteilung III lfd. Nr. ..... sowie alle diesbezüglich etwa bereits entstandenen, gegenwärtigen oder künftigen Eigentümerrechte an ..... (ggf.: zur Berechtigung zu gleichen Bruchteilen) ab. Er garantiert, diese Ansprüche nicht bereits anderweit abgetreten zu haben, tritt jedoch vorsorglich alle Ansprüche auf Rückgewähr etwaiger bisheriger Abtretungen ab. Die Abtretungen werden angenommen.

Jeder Abtretungsempfänger ist bevollmächtigt, von der Grundschuldgläubigerin alle Auskünfte über sämtliche Umstände zu erhalten, die für den Umfang der Rückgewähransprüche sowie Art und Höhe der gesicherten Verbindlichkeiten von Bedeutung sind.

Den Beteiligten ist bekannt, dass die Abtretung der Rückgewähransprüche wirkungslos bleibt, falls diese bereits anderweit abgetreten, gepfändet oder verpfändet worden sein sollten, falls die Abtretbarkeit im Sicherungsvertrag ausgeschlossen oder beschränkt wurde, falls der Rückgewähranspruch nicht durch Abtretung oder Verzicht, sondern nur durch Löschung erfüllt werden kann oder wenn der Besteller sowie der derzeitige Grundstücksgläubiger berechtigt bleiben, künftige, weitere Verbindlichkeiten in den Sicherungszweck der Grundschuld einzubeziehen.

Die Anzeige der Abtretung der Rückgewähransprüche beim derzeitigen Grundstücksgläubiger wird der Abtretungsempfänger selbst vornehmen und den Zugang dieser Anzeige dauerhaft dokumentieren, um zu vermeiden, dass der Grundstücksgläubiger schuldbefreiend an andere Personen leisten kann.

Der Notar hat empfohlen, das Interesse des Abtretungsempfängers am Erhalt einer günstigeren Rangstelle dadurch zu sichern, dass unter Mitwirkung des Grundschuldbestellers und des derzeitigen Grundschuldgläubigers eine dreiseitige Vereinbarung zustande kommt, die den Sicherungszweck begrenzt und den derzeitigen Gläubiger nach dessen Erledigung verpflichtet, die Grundschuld an den Abtretungsempfänger abzutreten. Die Beteiligten werden sich selbst bemühen, eine solche allseitige Vereinbarung zustande zu bringen.

bb) Abwicklung

2084 Die dingliche Übernahme eines Grundpfandrechts erfordert zur Absicherung des Käufers eine (**bearbeitungskostenfreie**)[3569]»**Nichtvalutierungserklärung**« des Gläubigers, welche dieser ggf. unter der Treuhandauflage der Rückzahlung der noch offenen Verbindlichkeiten abgeben wird, als »Lastenfreistellungserklärung« i.S.d. Fälligkeitsvoraussetzungen. Sofern der Verkäufer nicht mehr in Geschäftsbeziehung zum Grundpfandgläubiger stehen wird, ist er bei gleicher Gelegenheit aus seiner in der Grundpfandrechtsurkunde regelmäßig enthaltenen »persönlichen Haftung«, die trotz Eigentumswechsel fortbestehen würde (abstraktes Schuldanerkenntnis mit Vollstreckungsunterwerfung) zu entlassen – dies zu veranlassen ist regelmäßig Sache des Verkäufers;[3570] der Notar wird hierauf jedoch hinweisen.

2085 Stets erforderlich ist jedoch eine Anpassung der Zweckvereinbarung des Grundpfandrechts (des Sicherungsvertrags): Freie Revalutierungen sind allerdings erst ab Zahlung des gesamten Kaufpreises (und regelmäßig auch der Grunderwerbsteuer), spätestens aber mit Eigentumsumschreibung gestattet. Vor diesem Zeitpunkt ist der Käufer hinsichtlich der Verwendung der »übernommenen« Grundschuld in gleicher Weise eingeschränkt (bzw. der Gläubiger bei einer Verwertung in gleicher Weise limitiert) wie bei neuen Grundpfandrechten, die der Käufer aufgrund der Vorwegbeleihungsvollmacht eintragen lässt (vgl. hierzu Rdn. 1341 ff.). Ist die Bank mit dieser Umgestal-

---

3568 Im Anschluss an *Amann* in Amann/Hertel/Everts, Aktuelle Probleme der notariellen Vertragsgestaltung im Immobilienrecht 2006/2007 (DAI-Skript), S. 236 f.
3569 BGHZ 114, 330; Bearbeitungskosten können allenfalls individualvertraglich vereinbart werden.
3570 Vgl. *Gutachten* DNotI-Report 2003, 121.

tung der Rückgewährsansprüche einverstanden, könnte die Abtretung dieser Ansprüche an den Käufer entfallen; sie ist im nachstehenden Muster Rdn. 2090 gleichwohl enthalten, um den Zeitraum bis zur Genehmigung durch den Gläubiger und für den Fall des Scheiterns abzusichern. Die Bank wird an der Änderung der Sicherungsrechte jedoch nicht mehr mitwirken können, wenn ihr eine anderweitige Abtretung in der Vergangenheit angezeigt wurde (§ 407 Abs. 1 BGB).

Die Einholung dieser Erklärungen (und die Übermittlung der eingeschränkten Zweckerklärung zur stillschweigenden Annahme durch vorbehaltlose Entgegennahme durch die Bank [§ 362 HGB, § 151 BGB]) kann in der Praxis nur durch den Notar erfolgen, der diese Unterlagen auch zur Fälligkeitsmitteilung und zur Benachrichtigung über Höhe und Modalität etwaiger Ablösebeträge benötigt. In aller Regel wird der Gläubiger bei einer später und nunmehr anstehenden Neuvalutierung vom Käufer die Abgabe eines abstrakten Schuldanerkenntnisses mit **Vollstreckungsunterwerfung** gem. § 794 Abs. 1 Nr. 5 ZPO verlangen, um hinsichtlich der Sicherheiten keinen Nachteil ggü. der originären Bestellung eines Grundpfandrechts zu erfahren. 2086

Diese Erklärungen werden zweckmäßigerweise in die Kaufvertragsurkunde aufgenommen (führen aber, da nicht gegenstandsgleich, kostenrechtlich zu einer weiteren 10/10-Gebühr aus dem Nominalbetrag der Grundschuld mit notwendiger Begünstigungsprüfung, die aber auch bereits aufgrund der typischerweise mit zu vereinbarenden Änderung der Zweckerklärung angefallen wäre). Der Gläubiger erhält dann den dinglichen Titel durch vollstreckbare Ausfertigung der ursprünglichen Grundschuld (die Unterwerfung nach § 800 Abs. 1 ZPO enthaltend) samt Klauselumschreibung durch den damaligen Notar, den persönlichen Titel durch vollstreckbare Ausfertigung des Kaufvertrags. 2087

Für den Käufer günstiger ist allerdings in diesem Fall auch die dingliche neuerliche Vollstreckungsunterwerfung durch ihn als künftigen Eigentümer, da sie die Kosten der Klauselumschreibung (§ 133 KostO) vermeidet.[3571] Zur Reduzierung der mit einer Vollstreckungsunterwerfung einhergehenden 10/10-Gebühr (§ 36 Abs. 1 KostO) kann auch erwogen werden, dass der Käufer sich in persönlicher Hinsicht nur wegen eines **Teilbetrags** der Zwangsvollstreckung unterwirft. Da der dingliche Titel ja (gem. § 800 ZPO) weiterhin insgesamt vollstreckbar ist, droht dem Gläubiger nicht die (bei einem nur für den zuletzt zu zahlenden[3572] Teilbetrag vollstreckbaren Grundpfandrecht bestehende) Gefahr, dass eine Leistung in der Zwangsvollstreckung nach § 75 ZVG[3573] immer auf den vollstreckbaren Teil zu verrechnen ist und zudem nachrangige oder gleichrangige dingliche Gläubiger in der Versteigerung nach § 268 BGB berechtigt sind, den titulierten Teil der Grundschuld abzulösen und dadurch die Versteigerung abzuwenden.[3574] Die bei neu einzutragenden Grundschulden weiter diskutierte Kostenminderungsstrategie der Bestellung zweier Grundpfandrechte, von denen nur eines vollstreckbar ist,[3575] kommt bei einer bereits eingetragenen, dinglich vollstreckbaren Grundschuld nicht in Betracht, ebenso wenig die bloße Vollmacht[3576] an den Gläubiger zur Vollstreckungsunterwerfung 2088

3571 Vgl. *Kersten* ZNotP 2001, 315 r. Sp.

3572 Nicht: »letztrangigen Teilbetrags«; dies wäre nur bei Aufteilung in zwei getrennte Grundschulden möglich (OLG Hamm DNotZ 1984, 489).

3573 Einstellung des Versteigerungsverfahrens von Amts wegen bei Zahlung durch ablöseberechtigten Dritten, vgl. BGH, 16.10.2008 – V ZB 48/08, ZfIR 2009, 212 m. Anm. *Böttcher*.

3574 Hierzu beim dinglichen Titel *Wolfsteiner* DNotZ 1990, 591. Im Fall der Ablösung eines nur teilweise dinglich vollstreckbaren Titels erwerben die nachrangigen Gläubiger den titulierten Teil der Grundschuld jedoch im Rang nach dem Restbetrag der Grundschuld (§§ 1150, 268 Abs. 3 Satz 2 BGB; *Gaberdiel* Kreditsicherung durch Grundschulden Rn. 324, die Bank steht also besser als bei Aufspaltung in zwei Grundschulden). Nach BGH, 11.05.2005 – IV ZR 279/04, DNotI-Report 2005, 110 muss der nachrangige Grundschuldgläubiger (ebenso wie der Eigentümer nach § 1142 BGB, BGH DNotZ 1990, 586) Ablösung i.H.d. vollen dinglichen Rechts, nicht nur der persönlichen Forderung, leisten.

3575 Ist nur eine der beiden Grundschulden dinglich vollstreckbar, besteht die Gefahr, dass der Schuldner auf die vollstreckbare Grundschuld zahlt. Sofern die Bank Leistung aus der Grundschuld verlangt, muss sie nämlich diese auch auf das dingliche Recht entgegennehmen, trotz der schuldrechtlichen Vereinbarung einer Verrechnung von Zahlungen auf die gesicherten Verbindlichkeiten (BGH DNotZ 1988, 487).

3576 § 87 ZPO dürfte jedoch eine unwiderrufliche, von § 181 BGB befreite Vollmacht nicht zulassen; ferner erlischt die Vollmacht jedenfalls bei Insolvenzeröffnung, und seit 01.07.2008 könnte § 13 FGG entgegenstehen (Rdn. 1280); vgl. hierzu auch *Dux* WM 1994, 1145 sowie *Grziwotz* ZfIR 2008, 821.

namens des neuen Schuldners oder die (rangwahrende, § 883 Abs. 3 BGB, und insolvenzfeste, § 106 InsO) Vormerkung[3577] zur Sicherung des Anspruchs auf Eintragung eines Grundpfandrechts.

2089 Wegen der Bestimmtheit des abstrakten Schuldanerkenntnisses hinsichtlich Hauptsache, Nebenleistungen und Zinsen (Prozentsatz, Bezugsgröße[3578] und Beginn) müssen diese Angaben bzgl. des dinglichen Rechts bei der Wiedergabe des Grundbuchstandes eingangs der Urkunde in solchen Fällen enthalten sein.

▶ **Formulierungsvorschlag: Übernahme eines Grundpfandrechts mit Vollstreckungsunterwerfung**

2090 Das in Abteilung III des Grundbuches eingetragene, unter § 1 dieser Urkunde näher bezeichnete Grundpfandrecht übernimmt der Käufer zur dinglichen Haftung und Neuvalutierung ohne zugrunde liegende Verbindlichkeiten. Eigentümerrechte und Rückgewähransprüche des Verkäufers werden an den Käufer abgetreten, der die Abtretung annimmt.

Der Notar wird beauftragt, zur Sicherung der Lastenfreistellung eine Bestätigung des Gläubigers einzuholen, dass das zu übernehmende Grundpfandrecht – ggf. nach Zahlung eines Betrags aus dem Kaufpreis – nicht mehr für Verbindlichkeiten des Verkäufers haftet. Der Gläubiger hat ferner folgender, hiermit vereinbarter Änderung der Sicherungszweckerklärung zuzustimmen: Das Grundpfandrecht sichert ab Ablösung bis zur vollständigen Kaufpreiszahlung Geldbeträge, die an den Verkäufer oder dessen Gläubiger in Anrechnung auf den Kaufpreis ausbezahlt worden sind. Ab vollständiger Kaufpreiszahlung sichert die dingliche Vollstreckungsunterwerfung alle gegenwärtigen oder künftigen Verbindlichkeiten des künftigen Eigentümers gegenüber dem genannten Gläubiger – bei mehreren nur, soweit sie gegen alle bestehen oder mit Zustimmung aller entstanden sind. Die Entlassung des Verkäufers aus Schuldanerkenntnissen und persönlichen Vollstreckungsunterwerfungen im zu übernehmenden Grundpfandrecht hat der Notar nicht zu betreiben.

Der Käufer verpflichtet sich – als Gesamtschuldner – gegenüber dem Gläubiger des übernommenen Grundpfandrechts zur Zahlung eines dem übernommenen Grundpfandrecht samt Zinsen und Nebenleistungen hieraus, wie eingangs der Urkunde angegeben, entsprechenden fälligen Betrags (§ 780 BGB). Die in dieser Urkunde erklärte Zwangsvollstreckungsunterwerfung bezieht sich auch hierauf. In gleicher Weise unterwirft sich der Käufer wegen der Grundschuld der Zwangsvollstreckung in den betroffenen Grundbesitz. Der Gläubiger kann demnach im Krisenfall die Immobilie und etwaiges sonstiges Vermögen des Käufers verwerten, wie dies auch bei der originären Bestellung eines Grundpfandrechts regelmäßig der Fall ist.

cc) Neuvalutierung durch neuen Gläubiger

2091 Im Fall der Revalutierung durch einen **neuen Gläubiger ohne gleichzeitigen Schuldnerwechsel**, also ohne Eigentumsübergang, ist zu untersuchen, ob die persönliche Vollstreckungsunterwerfung bereits dem »jeweiligen Gläubiger der Grundschuld« oder – besser[3579] – »dem jeweiligen Gläubiger des Anspruchs aus dem abstrakten Schuldanerkenntnis«[3580] ggü. abgegeben wurde, und somit auch dem neuen Gläubiger ggü. wirkt. Dem abtretenden Grundschuldgläubiger muss ferner seit

---

3577 Halbe Gebühr nach § 66 Abs. 1 Satz 1 KostO. Wird aus einem vorrangigen Recht die Versteigerung betrieben, wird der an die Stelle der Vormerkung tretende Wertersatzanspruch beim aufschiebend bedingten Recht gem. §§ 92 Abs. 1, 119 ZVG wie beim vorgemerkten Recht selbst bewertet, einschließlich der Grundschuldzinsen.

3578 Jedenfalls ist nach Ansicht des OLG Brandenburg, 06.06.2011 – 5 Wx 45/11 gehört zur grundbuchlichen Bestimmtheit die Angabe der Bezugsgröße der einmaligen Nebenleistung (Nominalbetrag der Grundschuld).

3579 Anderenfalls ist ein Vorgehen allein aus dem persönlichen Titel nicht mehr möglich, wenn der dingliche Titel etwa durch Löschung nach Verwertung untergegangen ist; das Restdarlehen mit dem dieses sichernden abstrakten Schuldanerkenntnis könnte dann zwar an einen neuen Gläubiger (etwa im Rahmen eines Portfolioverkaufs) abgetreten werden, jedoch ohne Titulierung: BGH, 12.12.2007 – VII ZB 108/06, NotBZ 2008, 107 m. Anm. *Otto*. Ferner wäre ein Vorgehen aus dem persönlichen Titel vor der Grundschuldeintragung noch nicht möglich, da es noch keinen Grundschuldgläubiger gibt, vgl. BGH, 24.11.2011 – VII ZB 12/11, ZfIR 2012, 76 (nur Ls.).

3580 *Everts* MittBayNot 2008, 356 ff. Nach BGH, 22.06.1999, MittRhNotK 1999, 383 werde das abstrakte Schuldversprechen bei Abtretung nur der Grundschuld ohnehin unwirksam.

19.08.2008 das Risiko seiner durch § 799a ZPO geschaffenen verschuldensunabhängigen Veranlasserhaftung bewusst sein für den Fall, dass der Abtretungsempfänger aus dem »übertragenen Titel« zu Unrecht vollstreckt und dem Schuldner dadurch ein Schaden entsteht (vgl. Rdn. 1292). Vorsichtige Gläubiger werden daher auf Rückgewähr der Grundschuld in Form der Löschung bestehen,[3581] oder eine Freistellung durch den Zessionar mit entsprechender Sicherheitsleistung fordern.

Die »stehen bleibende« Grundschuld kann zur käuferseitigen Neuvalutierung auf dessen Veranlassung hin auch an einen neuen Gläubiger abgetreten werden. Der Bankrechts-Senat des BGH hat[3582] hierzu entschieden, die (dingliche) Vollstreckungsunterwerfung halte AGB-rechtlich auch bei ihrer »kundenfeindlichsten« Auslegung (also als Unterwerfung für sämtliche Grundschuldansprüche, unabhängig von deren Bindung an den Sicherungszweck) einer Inhaltskontrolle stand, stelle also keine unangemessene Benachteiligung i.S.d. § 307 Abs. 2 Nr. 1 BGB dar.[3583] Dass Grundschulden (samt dinglicher und persönlicher) Vollstreckungsunterwerfung übertragbar seien, habe auch der Gesetzgeber des Risikobegrenzungsgesetzes vom 12.08.2008 (vgl. Rdn. 1414 ff.) zugrunde gelegt, indem er in § 799a ZPO lediglich einen verschuldensunabhängigen Schadensersatzanspruch des Schuldners gegen den zu Unrecht aus der Urkunde vollstreckenden Neu-Gläubiger geschaffen hat. 2092

Der Bankrechts-Senat hat hierzu allerdings die Auffassung vertreten, die Umschreibung des in der notariellen Urkunde bestehenden Vollstreckungstitels auf den neuen Gläubiger bedürfe des Nachweises, dass letzterer in den Sicherungsvertrag eintritt bzw. eingetreten sei, weil sich die Vollstreckungsunterwerfung – bei einer an den Interessen der Vertragsparteien orientierten Auslegung[3584] – nur auf Ansprüche aus einer treuhänderisch gebundenen Sicherungsgrundschuld erstrecke (Rdn. 1417). Dies hätte auch in den Umschuldungs- bzw. Neuvalutierungsfällen gegolten, obwohl der Schuldner hier weder schutzwürdig noch schutzbedürftig ist, da der Gläubigerwechsel mit seinem Wissen und Wollen herbeigeführt wurde[3585] (die Feststellung, ob ein solcher Fall oder eine nicht durch den Schuldner veranlasste Abtretung vorläge, bedarf ebenfalls des Nachweises in der Form des § 727 ZPO).[3586] Es bedurfte also eines Geständnisses des Schuldners oder der in Rdn. 1418 erwähnten Nachweise. Diese im Er- 2093

3581 Nach OLG Düsseldorf, 17.05.2010 – I-3 Wx 94/10, ZfIR 2010, 478 beinhaltet die Abtretung der Grundschuld auch eine stillschweigende Ermächtigung seitens des Zedenten zur Löschung dieser Grundschuld.
3582 In der Entscheidung vom 30.03.2010 – XI ZR 200/09, ZNotP 2010, 270 ff.
3583 Es existiert also kein gesetzliches Leitbild des Inhalts, es müsse einer Vollstreckung stets ein gerichtliches Erkenntnisverfahren vorausgehen. Die Möglichkeit der Grundschuldübertragung samt Vollstreckungsunterwerfung ermögliche kleineren Kreditinstituten ohne Rechtsabteilung die wertangemessene Übertragung solcher Forderungen (gegen *Schimansky* WM 2008, 1049).
3584 Also Prinzip der kundenfreundlichsten Auslegung, § 305c Abs. 2 BGB: Begrenzung der subjektiven Wirkungen der Vollstreckungswirkungen selbst (der II. Senat war im Jahr 1955 noch von einer lediglich schuldrechtlichen begrenzenden Vereinbarung zur Benutzung der Urkunde ausgegangen, BGH, 31.01.1955 – II ZR 10/54, BGHZ 16, 180, 183). Tatsächlich ist zu bemängeln, dass der BGH eine klare, nämlich vollstreckungsvoraussetzungsfreie Vollstreckungsunterwerfung für unklar erklärte und ihr sodann mithilfe des § 305c BGB alles andere als klare Vollstreckbarkeitsbeschränkung unterlegte, vgl. *Wolfsteiner* Die vollstreckbare Urkunde Rn. 17.22.
3585 Vgl. *Stürner* JZ 2010, 774, 778 ff.: der BGH habe nur die mitwirkungslose Weitergabe der Vollstreckungsmöglichkeit erfassen wollen, auch handle es sich um eine Vollstreckungsbedingung i.S.d. § 726 ZPO, nicht einen Fall der Rechtsnachfolge i.S.d. § 727 ZPO. Gegen eine Prüfung des Eintritts in den Sicherungsvertrag bei Umschuldungsfällen (wegen des fehlenden Überraschungsmoments) auch LG Heidelberg, 14.09.2010 – 6 T 66/10b, ZfIR 2010, 798 (n.rk.) m. Anm. *Clemente*; LG Weiden, 28.10.2010 – 11 T 244/10, ZfIR 2010, 866; *Stuppi* notar 2010, 450.
3586 LG Stuttgart, 30.12.2010 – 1 T 74/10, ZfIR 2011, 412 m. krit. Anm. *Clemente* sieht freilich diesen Nachweis schon dadurch als gegeben an, dass im Kaufvertrag die Neuvalutierung durch den Käufer angekündigt werde.

gebnis wenig schuldnerfreundlichen Irrwege haben sich aus notarieller Sicht durch den Beschluss des für das Vollstreckungsrecht zuständigen VII. Zivilsenats vom 29.06.2011[3587] erledigt.

▶ Formulierungsvorschlag: Übernahme eines Grundpfandrechtes zur Neuvalutierung nach Abtretung

2094 *(Im Anschluss an Formulierungsvorschlag Rdn. 2090):* Das zur Neuvalutierung des Käufers (zunächst beschränkt auf die Finanzierung des Kaufpreises) zu übernehmende Grundpfandrecht soll durch den derzeitigen Gläubiger, ggf. Zug um Zug gegen Ablösung des noch besicherten Verkäuferdarlehens, an die ..... Bank als neuen Gläubiger abgetreten werden, einschließlich der Zinsen seit Eintragung der Grundschuld. Alle Beteiligten stimmen dieser Abtretung, auf Kosten des Käufers, zu. Der Käufer ist damit einverstanden, dass der neue Gläubiger sich wegen der im Grundbuch gegen den jeweiligen Eigentümer gerichteten Vollstreckungsunterwerfung gem. § 800 ZPO nach Übergang des Eigentums und der Grundschuld eine auf ihn »umgeschriebene« Vollstreckungsklausel erteilen lässt und bestätigt hierdurch, dass er mit dem neuen Gläubiger bereits eine Sicherungsvereinbarung wie folgt getroffen habe: Das Grundpfandrecht sichert ab Ablösung bis zur vollständigen Kaufpreiszahlung nur Geldbeträge, die an den Verkäufer oder dessen Gläubiger in Anrechnung auf den Kaufpreis ausbezahlt worden sind. Ab vollständiger Kaufpreiszahlung sichert die dingliche Vollstreckungsunterwerfung alle gegenwärtigen oder künftigen Verbindlichkeiten des künftigen Eigentümers gegenüber dem genannten neuen Gläubiger – bei mehreren nur, soweit sie gegen alle bestehen oder mit Zustimmung aller entstanden sind.

2095 Die Notwendigkeit einer »Klauselumschreibung« stellt sich freilich nicht, wenn der Käufer als künftiger Eigentümer sich dinglich der Vollstreckung ggü. dem neuen Gläubiger bereits in der Kaufurkunde unterwirft (was allerdings die Notarkosten erhöht, wenn nicht ohnehin eine eigene persönliche Vollstreckungsunterwerfung erforderlich ist), vgl. Rdn. 2088.

i) Übernahme von Rechten in Abteilung II

2096 Gem. § 442 Abs. 2 BGB ist der Verkäufer (anders als nach § 439 Abs. 2 BGB) verpflichtet, auch ein in Abt. II des Grundbuches eingetragenes Recht zu beseitigen, obwohl es der Käufer als Folge der Grundbucheintragung kennt. Zur Vermeidung einer Rechtsmängelhaftung des Verkäufers ist also im Kaufvertrag eine deutliche Abrede dahin gehend erforderlich, welche dinglichen Belastungen der Käufer zur weiteren Duldung (Dienstbarkeiten) oder Verpflichtung (Reallasten, Rentenschulden) hinzunehmen verpflichtet und bereit ist (§ 435 Satz 1 BGB: »... nur die im Kaufvertrag übernommenen Rechte«), vgl. Rdn. 1999, Rdn. 1586. Dies setzt, da eine »blinde« Übernahme kaum jemals zumutbar und gewollt sein wird (vgl. aber Rdn. 1655 f.), zeitnahe Einsicht in das Grundbuch und Wiedergabe dessen Inhalts in der Urkunde voraus (Rdn. 644 ff.).

2097 Werden in Abteilung II eingetragene Rechte von der Löschungspflicht des Verkäufers ausgenommen, hat der Käufer ihren dinglichen Inhalt gegen sich gelten zu lassen unabhängig davon, ob er ihn zutreffend erfasst hat oder nicht. So kann z.B. das herrschende Grundstück in nicht mehr zutreffender Weise (nämlich in dem vor Teilung, § 1025 BGB, bestehenden Zustand) beschrieben sein.[3588] Häufig geben ferner die im Grundbuchbeschrieb verwendeten Formulierungen nur schlagwortartigen Aufschluss über den Inhalt der Pflichten, sodass die **Bewilligungsurkunde** (sowie Urkunden später bewilligter Änderungen)[3589] aus den Grundbuchakten beigezogen werden muss,

---

3587 BGH, 29.06.2011 – VII ZB 89/10, MittBayNot 2011, 489 m. Anm. *Volmer.* Der Einwand fehlenden »Eintritts« in die Sicherungsvereinbarung könnte jedoch mit der Klauselgegenklage, § 768 ZPO (nicht mit der Vollstreckungsabwehrklage, § 767 ZPO) verfolgt werden. Legt der Zessionar die Sicherungsabrede (privatschriftlich) vor, obsiegt er.

3588 Keine Pflicht zur Eintragung der neuen Flurstücksbezeichnungen beim dienenden Grundstück: KG NJW 1976, 697/698; demnach auch kein gutgläubig lastenfreier Erwerb des dienenden Grundstücks: BGH, 25.01.2008 – V ZR 93/07, DNotI-Report 2008, 46.

3589 Sofern der Ausübungsbereich rechtsgeschäftlich bestimmt wurde (§ 1023 Abs. 1 Satz 2 BGB), bedarf eine Änderung des Ausübungsbereichs der Einigung und Eintragung (BGH DNotZ 1976, 530; unter Zustimmung aller dinglich Berechtigten am dienenden und am herrschenden Grundstück, außer die Verlegung beruht auf gesetzlichem Anspruch: § 1023 Abs. 1 BGB).

wenn der Käufer – etwa als Reaktion auf die Übersendung eines diesbezüglichen Kaufvertragentwurfs – genaue Informationen bspw. darüber wünscht, wo zu duldende Leitungen verlaufen und auf welcher Trasse welche Fahrzeuge zu welchen Konditionen sein Grundstück überfahren dürfen.

▶ Hinweis:

Tückisch können dabei Fälle sein, in denen sich der Rechtsinhalt nicht allein aus den Grundakten ergibt (etwa bei der Festlegung des räumlichen Ausübungsbereichs einer Dienstbarkeit allein durch tatsächliche Ausübung.)[3590]

Der Käufer ist sich häufig nicht bewusst, dass ihn bei der Übernahme von Rechten in Abteilung II nicht nur Pflichten zur Duldung und Unterlassung, sondern auch Pflichten zu aktivem Tun bzw. Pflichten mit Wirkung für sein sonstiges Vermögen treffen können. Gem. § 1108 BGB eröffnet z.B. die **Reallast** nicht nur den dinglichen Zugriff auf das Grundstück und die mithaftenden Gegenstände, sondern auch die Vollstreckung in das gesamte übrige Vermögen des Eigentümers, da neben die dingliche eine persönliche Haftung des jeweiligen Eigentümers für die während der Dauer seines Eigentums fällig werdenden Leistungen tritt (die allerdings abdingbar ist). Die Verwirklichung dieses persönlichen Anspruchs richtet sich, anders als die dingliche Haftung gem. § 1107 BGB, nach den allgemeinen Bestimmungen über schuldrechtliche Ansprüche; der persönliche Titel kann durch Leistungsklage oder neuerliche Vollstreckungsunterwerfung gem. § 794 Abs. 1 Nr. 5 ZPO geschaffen werden. Bei der Zwangsvollstreckung hat der Begünstigte nur den Rang eines normalen Gläubigers (§ 10 Abs. 1 Nr. 5 ZVG). 2098

Bei **Dienstbarkeiten** können Nebenleistungspflichten[3591] (betreffend etwa Durchführung und Kostentragung hinsichtlich Unterhaltungsmaßnahmen, Schadensbeseitigung, Verkehrssicherung) verdinglicht sein und damit den »jeweiligen« Eigentümer des herrschenden bzw. des dienenden Grundstücks ohne dessen Kenntnis, geschweige denn Mitwirkung, persönlich treffen.[3592] Liegen die Voraussetzungen des § 1021 Abs. 1 BGB vor, wirken hierbei Unterhaltungspflichten nicht nur in dem Sinne dinglich,[3593] dass sie den Rechtsnachfolger ohne Übernahmeakt binden, sondern zugleich dinglich i.S.e. Vollstreckungsmöglichkeit in das Grundstück des jeweils Verpflichteten, da die Reallastvorschriften (§§ 1105, 1107 BGB) entsprechende Anwendung finden (§ 1021 Abs. 2 BGB). 2099

▶ Hinweis:

Sind solche Unterhaltungspflichten dem Eigentümer des herrschenden Grundstücks aufgebürdet, kann dessen Grundstück der Versteigerung ausgesetzt sein, ohne dass dies aus dem Grundbuch des herrschenden Grundstücks ersichtlich wäre[3594] (es sei denn, ein Aktivvermerk wäre eingetragen) – Folge der unselbstständigen Reallastwirkung gem. § 1021 Abs. 2 BGB.

Solche Nebenleistungspflichten können sich auch aus dem gesetzlichen (nicht dem rechtsgeschäftlich vereinbarten) Inhalt einer Dienstbarkeit ergeben. So hat der jeweilige Dienstbarkeitsberechtigte eine Anlage, die er auf dem dienenden Grundstück zur Ausübung seiner Dienstbarkeit hält,[3595] in ordnungsgemäßem Zustand zu halten, soweit es das Interesse des dienenden Eigentümers erfordert (§ 1020 Satz 2 BGB). Dies gilt entgegen früher herrschender Meinung auch in den häufigen Fällen, in denen die betreffende Anlage gemein- 2100

3590 BayObLG DNotZ 1984, 565; zu einer Änderung bedarf es dann wohl der bloßen Einigung ohne Eintragung, BGH, 07.10.2005 – V ZR 140/04, MittBayNot 2006, 226.
3591 Hierzu vgl. *Amann* DNotZ 1989, 541 ff.; *ders.* in: Amann/Hertel/Everts, Aktuelle Probleme der notariellen Vertragsgestaltung im Immobilienrecht 2006/2007 (DAI-Skript), S. 207 ff.
3592 BGH NJW 1985, 2944.
3593 Vgl. zu den drei Dinglichkeitsbegriffen des bürgerlichen Rechts Rdn. 1777 ff.
3594 *Schöner/Stöber* Grundbuchrecht Rn. 1153c; a.A. *Volmer* MittBayNot 2000, 387, 389.
3595 Erforderlich ist der Einsatz der Anlage für eigene Zwecke, vgl. BGH, 17.12.2010 – V ZR 125/10, RNotZ 2011, 261; *Otto* NotBZ 2011, 216.

sam benutzt wird.³⁵⁹⁶ Der Begriff der »Anlage« ist dabei weit zu fassen.³⁵⁹⁷ Zur geschuldeten Unterhaltung einer solchen Wegeanlage³⁵⁹⁸ zählt nach Definition des BGH³⁵⁹⁹ deren Instandsetzung, die Aufrechterhaltung der Verkehrssicherheit (samt Winterdienst),³⁶⁰⁰ die Gewährleistung eines ordentlichen Aussehens und das Ergreifen von Vorkehrungen gegen das Eindringen Unbefugter.

j) Übernahme nicht gesicherter Leitungen

2101 Insb. beim Verkauf von Teilflächen aus ehemals komplex-industriell genutzten Arealen kann der (derzeitige) Verkäufer nicht sicher sein, ob nicht im Kaufobjekt Kanäle, Leitungen etc. liegen, die der Versorgung angrenzender Objekte dienen. Insoweit kann auch ein Anspruch auf Einräumung eines Notleitungsrechts nach landesrechtlichen Vorschriften oder analog § 917 BGB³⁶⁰¹ bestehen.³⁶⁰² Zudem können sich im Boden andere Gründungserschwernisse befinden, etwa nicht vollständig entfernte Fundamentreste oder Kampfmittel. Ist der Käufer bereit, auf dieses Risiko einzugehen, könnte etwa formuliert werden:

▶ **Formulierungsvorschlag: Übernahme nicht gesicherter Leitungen und sonstiger Bodenhindernisse**

2102 Der Käufer wird möglicherweise im Boden verbliebene Fundamente, Kabel, Kanäle, Leitungen, Stollen, Kampfmittel, und u.U. nicht vollständig verfüllte bzw. verdichtete Kellergeschosse u.a. antreffen; Rechte gegen den Verkäufer stehen ihm hieraus nicht zu. Der Käufer verpflichtet sich weiter, auf oder im Kaufobjekt derzeit ggf. vorhandene Ver- und Entsorgungsleitungen, Kabel und Kanäle, die von Dritten genutzt bzw. mitgenutzt werden, unentgeltlich zu dulden und auf Verlangen des Verkäufers durch Bewilligung einer beschränkt persönlichen Dienstbarkeit oder einer Grunddienstbarkeit zu sichern. Kosten und Lasten der Unterhaltung Instandhaltung Instandsetzung Verkehrssicherung und Haftung hat er lediglich zu tragen sofern und soweit er die Anlagen mitbenutzt.

k) Wohnungsbindung

2103 In Fortführung der Tradition der Wohnungsreform und des öffentlichen Wohnungsbaus der Weimarer Republik entstanden nach dem 2. Weltkrieg in der DDR der staatliche Massenwohnungsbau,³⁶⁰³ in der BRD ein Nebeneinander von Miet- und Genossenschaftswohnungsbau sowie die Förderung des Wohnungseigentums in der Hand Privater. Durch Subventionen (Baukosten- und Aufwendungszuschüsse, Zinsverbilligung) wurden die Mieten insb. aufgrund des II. Wohnungsbauförderungsgesetzes (1956) sowie des Gesetzes über die soziale Wohnraumförderung unter die Kostenmiete gesenkt und dadurch unteren Einkommensgruppen geöffnet. Daneben besteht, außerhalb der förmlichen Regelung des sozialen Wohnungsbaus, ein »quasi sozialer Wohnungsbau« in Gestalt großer kommunaler Wohnungsbestände. Hauptinstrument war das Wohnungsbindungsgesetz, das zum 01.09.2001 durch das **Wohnraumförderungsgesetz (WoFG)** abgelöst wurde.

2104 Mit der Föderalismusreform vom 01.09.2006 (Neufassung des Art. 74 Abs. 1 Nr. 18 GG) ist die soziale Wohnraumförderung in die ausschließliche Gesetzgebungskompetenz der Länder übergegangen; bis zum Erlass landesrechtlicher Regelungen (wie etwa in Bayern zum 01.05.2007 erfolgt) bleibt

---

3596 BGH, 12.11.2004 – V ZR 42/04, DNotZ 2005, 617 m. Anm. *Amann*.
3597 BGH, 17.02.2006 – V ZR 49/05, NJW 2006, 1428: Auch ein unbefestigter, aus zwei Fahrspuren bestehender Weg ist »Anlage« i.S.d. § 1020 Satz 2 BGB.
3598 Vgl. auch OLG Düsseldorf RNotZ 2003, 455.
3599 BGH, 07.07.2006 – V ZR 156/05, IBR 2006, 129.
3600 KG, 27.03.2008 – (4) 1 Ss 337/06, NotBZ 2009, 187: auch die Verkehrssicherungspflicht ggü. der Allgemeinheit.
3601 Ein Überfahrtsduldungsanspruch gem. § 917 BGB besteht auch, wenn das Grundstück nur zu Fuß vom öffentlichen Weg erreichbar ist, BGH, 12.12.2008 – V ZR 106/07, DNotZ 2009, 448.
3602 BGH, 04.07.2008 – V ZR 172/07, ZfIR 2009, 99 m. Anm. *Leidig*.
3603 Wobei drei Qualitätsperioden zu unterscheiden sind: das sog. »Bauen in der nationalen Tradition« (1950er Jahre), die Phase der »Internationalen Moderne« (1960er Jahre) sowie der »Plattenbau« in Neubaugebieten in der Folgezeit.

das Wohnraumförderungsgesetz in Kraft. Die Landesförderung erfolgt durch Zinsverbilligungen,[3604] durch Direktzuschüsse an Selbstbezieher[3605] oder an Investoren, die Wohnraum zum Verkauf an Eigennutzer errichten. Daneben tritt als individuelle Förderung einkommensschwächerer Haushalte die Übernahme der Unterkunftskosten im Rahmen von Transferleistungen (Arbeitslosengeld II, Sozialhilfe, BAföG, Grundsicherung im Alter und bei Erwerbsminderung) bzw. durch das Wohngeldgesetz vom 01.01.2005 an Nicht-Transferleistungsbezieher, sowie über den (in der Praxis wenig angenommenen) »Wohn-Riester« (Rdn. 1452). Durch den Rückzug des Staats aus der Förderung des sozialen Wohnungsbaus und das Auslaufen der Bindungszeiten früherer Programme reduziert sich die Zahl von Sozialwohnungen pro Jahr um etwa 100.000 (1987: 3,5 Mio. Sozialwohnungen, 2001: 1,8 Mio.). Der durchschnittliche Anteil an Sozialwohnungen in Großstädten über 200.000 Einwohner beträgt noch etwa 8 %.[3606]

2105 Wegen der damit verbundenen Nutzungsbeschränkungen wird der Käufer wert darauf legen, dass der Rechtsmangel[3607] der Wohnungsbindung nicht vorliegt. Dies kann geschehen durch Gewährung einer verschuldensunabhängigen Garantie:[3608]

▸ **Formulierungsvorschlag: Garantie des Nichtbestehens einer Wohnungsbindung**

2106 Der Verkäufer garantiert, dass der Vertragsbesitz keinen Beschränkungen nach dem Wohnungsbindungsgesetz oder aufgrund Bescheiden nach dem Wohnraumförderungsgesetz unterliegt.

Denkbar ist auch eine bloße Wissenserklärung (... erklärt, dass ...), die ggf. zur Arglisthaftung führt.

2107 Steht das Verkaufsobjekt unter Wohnungsbindung, hat der Verkäufer zur Vermeidung einer Haftung wegen Verletzung der Pflicht zur rechtsmängelfreien Lieferung dies dem Käufer zur Kenntnis zu bringen (§ 442 BGB); ggf. wird der Notar landesrechtliche Erläuterungen zu den wichtigsten daraus sich ergebenden Konsequenzen anschließen:

▸ **Formulierungsvorschlag: Erläuterung der Konsequenzen bestehender Wohnungsbindung**

2108 Der Verkäufer hat den Käufer darüber informiert, dass das Kaufobjekt – und zwar mit Wirkung bis zum ..... – noch den Beschränkungen des Bayerischen Wohnungsbindungsgesetzes unterliegt.

Der Notar hat erläutert, dass demzufolge
– das Freiwerden einer Wohnung dem Landratsamt/der Stadtverwaltung unverzüglich mitzuteilen ist (Art. 3 Abs. 1 BayWoBindG);
– die Wohnung(en) nur an Wohnberechtigte mit gültigem Wohnberechtigungsschein überlassen/vermietet werden darf (Art. 3 BayWoBindG);
– der Verfügungsberechtigte eine Wohnung nicht gegen ein höheres Entgelt zum Gebrauch überlassen darf, als zur Deckung der laufenden Aufwendungen erforderlich ist (Art. 7 Abs. 1 BayWoBindG);
– und eine Selbstnutzung nur nach erteilter Selbstnutzungsgenehmigung durch das Landratsamt/die Stadtverwaltung zulässig ist (Art. 6 Abs. 3 BayWoBindG).

3604 Bayern: 0,5 % Zinssatz in den ersten 15 Jahren, für jedes Kind 1.500,00 € Zuschuss, bei mindestens 15 % Eigenkapital und Höchstflächen von 100 m² für jede weitere Person.
3605 Z.B. in Brandenburg: bis zu 12.000,00 € je Bauherr; bundesweite Übersicht über die Förderprogramme auf www.fertighaus.de.
3606 In Berlin: 9 % im Westteil, 24 % im Ostteil (Stand: 2006).
3607 BGH NotBZ 2000, 122.
3608 *Heimsoeth* RNotZ 2002, 88.

l) Zwangsversteigerungsbefangenes Grundstück

aa) Regelverfahren

(1) Grundzüge des Verfahrens

2109 Erlässt auf Antrag eines Gläubigers oder seines Vertreters[3609] das Vollstreckungsgericht den Anordnungsbeschluss (§ 15 ZVG), führt dies zur Beschlagnahme des Grundstücks bzw. des Sondereigentums,[3610] wenn der Beschluss dem Schuldner (= Eigentümer) zugestellt wurde (§ 22 Abs. 1 Satz 1 ZVG) bzw. sobald das Ersuchen um Eintragung des Versteigerungsvermerks beim Grundbuchamt eingeht (§ 22 Abs. 1 Satz 2 ZVG), je nachdem welcher Zeitpunkt früher liegt. In beiden Alternativen kommt es also auf die Eintragung des Vermerks im Grundbuch selbst nicht an; letztere schließt allerdings jedenfalls die Möglichkeit gutgläubig beschlagnahmefreien Erwerbs aus. **Tritt** ein weiterer Gläubiger nachträglich dem Verfahren **bei**, tritt die Beschlagnahme zu seinen Gunsten mit Zustellung des den Beitritt zulassenden Beschlusses (§ 27 ZVG) ein;[3611] der gute Glaube wird insoweit nicht geschützt, da eine Eintragung des Beitritts im Grundbuch nicht erfolgt und es demnach schon an einem Anknüpfungstatbestand fehlt.

2110 Die Beschlagnahme hat **drei Wirkungen**:
– Der Eigentümer unterliegt einem **Veräußerungsverbot** (§ 23 Abs. 1 Satz 1 ZVG) i.S.e. relativ wirkenden Verfügungsbeschränkung zugunsten des betreibenden (und des beigetretenen) Gläubigers, auch in Bezug auf Rechts- und Sachbestandteile des beschlagnahmten Grundstücks (etwa zugehörige Grunddienstbarkeiten, vgl. Rdn. 1186). Gem. § 135 Abs. 2 BGB wird jedoch der rechtsgeschäftliche gutgläubige Erwerb geschützt, sofern das Veräußerungsverbot weder aus dem Grundbuch (durch Eintragung des Versteigerungs- bzw. Verwaltungsvermerks, § 19 Abs. 1 ZVG) ersichtlich noch dem Erwerber anderweit positiv bekannt ist; gem. § 23 Abs. 2 Satz 1 ZVG steht zusätzlich die positive Kenntnis des Versteigerungsantrags der Kenntnis der Beschlagnahme gleich (da der Erwerber dann mit der zwischenzeitlich erfolgten Beschlagnahme zu rechnen hat). Eine absolute Verfügungsbeschränkung oder gar eine Grundbuchsperre treten allerdings nicht ein, sodass der Eigentümer weiterhin einen Kaufvertrag schließen, die Vormerkung bewilligen und die Auflassung erklären kann.

2111 – Die Beschlagnahme fixiert ferner den **Umfang der mithaftenden Gegenstände**, §§ 20 ff. ZVG, §§ 1121 ff. BGB, insb. Grundstückszubehör[3612] und Erzeugnisse (nicht jedoch Miet- und Pachtzinsforderungen, § 21 Abs. 2 ZVG, sofern keine Zwangsverwaltung hinzukommt)
– Schließlich ist sie Stichzeitpunkt für die **Festlegung der Rangpositionen** gem. § 10 ZVG (auch für die zeitliche Abgrenzung, z.B. hinsichtlich der mehr als 4 Jahre rückständigen, einmaligen und der mehr als 2 Jahre rückständigen, wiederkehrenden öffentlichen Lasten: Rangklasse 3 bzw. 4, einerseits, 7 bzw. 8, andererseits).

3609 Der Kreis tauglicher Vertreter ist gem. § 79 Abs. 2 ZPO beschränkt (Versteigerungsverfahren als »Parteiprozess«): BGH, 20.01.2011 – I ZR 122/09, ZfIR 2011, 373 m. Anm. *Kazemi* (auch zur Beschränkung der »Untervertretung« in § 157 ZPO).
3610 *M. Schmid* ZfIR 2011, 733 ff.
3611 BGH DNotZ 1989, 160; vgl. *Weirich* DNotZ 1989, 143 ff. § 22 ZVG ist hier nicht einschlägig, da der Beitrittsbeschluss dem Grundbuchamt nicht mitgeteilt wird.
3612 BGH, 17.07.2008 – IX ZR 162/07, ZfIR 2008, 863 m. Anm. *G. Mayer*.

Im Regelfall erfolgt die Versteigerung auf Antrag eines Grundpfandgläubigers, mithin aus der Rang- 2112
klasse 4 gem. § 10 Abs. 1 ZVG. Davor sind demnach zu berücksichtigen
- die sog. »**Rangklasse 0**« (d.h. die Verfahrenskosten, vgl. §§ 44 Abs. 1, 49 Abs. 1, 109 Abs. 1, 155 Abs. 1 ZVG) – ausgenommen die den Gläubiger selbst treffenden Anordnungskosten, die er im Rang seines eigenen Anspruchs mit geltend machen kann, und weiter ausgenommen die Kosten des Zuschlags, die der Ersteher gem. § 58 ZVG zu tragen hat –,
- die im Rahmen eines etwa eingeleiteten Zwangsverwaltungsverfahrens entstehenden Aufwendungen, v.a. Kostenvorschüsse (**Rangklasse 1**),
- die Kosten der Feststellung beweglicher Gegenstände i.H.v. 4 % des hierauf entfallenden Werts, wenn der Schuldner in Insolvenz gefallen ist (**Rangklasse 1a**),
- seit 01.07.2007 auch Hausgeldrückstände bei Wohnungseigentum »aus dem Jahr der Beschlag- 2113
nahme und den letzten beiden Jahren«,[3613] sofern diese[3614] mindestens 3 % des Einheitswerts[3615] des Wohnungseigentums betragen,[3616] und andererseits nicht mehr als 5 % des Verkehrswerts umfassen[3617] (**Rangklasse 2**)[3618] – vgl. Rdn. 2456 ff. -
- die öffentlichen Grundstückslasten (**Rangklasse 3**): Erschließungskosten, Flurbereinigungsbeiträge gem. § 19 Abs. 1 FlurBG, Grundsteuer, Kommunalabgaben, Schornsteinfegergebühren gem. § 25 SchFG, Umlegungsbeiträge (§ 64 Abs. 3 BauGB), Geldleistungen aus einer Grenzregelung (§ 81 Abs. 2 BauGB), landesrechtliche Deich-, Schul-, Kirchen- und Patronatslasten etc. (samt der Rückstände der letzten 4 Jahre[3619] bei einmaligen, der letzten 2 Jahre bei wiederkehrenden Leistungen). Der BGH[3620] hat es zugelassen, dass landesrechtliche Bestimmungen weitere öffentliche Lasten schaffen, die sogar dann noch als grundstücksbezogen gelten, wenn sie verbrauchsabhängig sind. Davon machen die Bundesländer, einem Vorschlag des Städtetages folgend, zunehmend Gebrauch; erforderlich ist allerdings eine Umsetzung in den jeweiligen Gemeindesatzungen.[3621]
- Daneben können gesetzliche Vorschriften (z.B. landesrechtliche Normen zur Tragung der Ent- 2114
gelte für die Abfallversorgung[3622] und Straßenreinigung[3623] etc.) eine gesamtschuldnerische Außenhaftung aller Sondereigentümer schaffen, die – gerade bei sog. Schrottimmobilien – rasch existenzbedrohenden Umfang annehmen kann. Auch in der Zwangsversteigerung einer einzelnen Wohnung können demnach die Rückstände der gesamten WEG-Anlage in der Rangklasse des § 10 Abs. 1 Nr. 3 ZVG angemeldet werden! § 10 Abs. 8 Satz 1 WEG (quotale Haftung im Außenverhältnis) steht nach Ansicht des BGH[3624] nicht entgegen, da sie nicht den Umfang der

---

3613 Sodass, worauf *Köhler* NotBZ 2007, 118 zu Recht hinweist, eine ungesicherte Zwischenzeit verbleiben kann.
3614 Allerdings nur bei Versteigerung durch die Eigentümergemeinschaft selbst.
3615 Vorlage des Einheitswertbescheids in der Form des § 16 Abs. 2 ZVG, wobei aber die Wohnungseigentümergemeinschaft (bis zu einer Änderung des § 30 Abs. 4 Nr. 2 AO) keinen Anspruch auf dessen Bekanntgabe durch das FA hat, allerdings das Vollstreckungsgericht auf Ersuchen gem. § 54 Abs. 1 Satz 4 GKG. Dann kann der »Wechsel« von Rangklasse 5 in Rangklasse 2 erfolgen, vgl. BGH, 17.04.2008 – V ZB 13/08, Rpfleger 2008, 375 m. Anm. *Hintzen/Alff*.
3616 Dies ergibt sich aus der Verweisung in § 10 Abs. 3 ZVG auf § 18 Abs. 2 Nr. 2 WEG.
3617 Diese Grenze gilt bei jeder Versteigerung, § 10 Abs. 1 Nr. 2 Satz 3 ZVG n.F.
3618 Vgl. hierzu umfassend *Alff/Hintzen* Rpfleger 2008, 165 ff.
3619 Maßgeblich ist, ob binnen 4 Jahren nach Eintritt der Fälligkeit wegen dieses Anspruchs die Versteigerung angeordnet, der Beitritt zugelassen oder der Anspruch angemeldet wurde, BGH, 20.12.2007 – V ZB 89/07, Rpfleger 2008, 213.
3620 BGH, 11.05.2010 – IX ZR 127/09, ZfIR 2010, 696 m. krit. Anm. *Traub*, S. 699.
3621 Vgl. § 6 Abs. 5 KAG-NRW; zum ganzen kritisch (verfassungsrechtliche Opfergrenze) *Fischer* ZfIR 2011, 468 ff.
3622 BGH, 18.06.2009 – VII ZR 196/08, ZfIR 2009, 748 m. Anm. *Zajonz*; ähnlich VGH Baden-Württemberg NZM 2009, 286 (gesamtschuldnerische Haftung aufgrund kommunaler Abgabensatzung).
3623 BGH notar 2009, 401 m. Anm. *Langhein* (beruhend auf § 7 Abs. 2 BerlStrReinG, auch wenn die Straßenreinigungsgebühr dort privatrechtlich erhoben wird: § 10 Abs. 6 WEG – Verband als Gebührenschuldner – stehe nicht entgegen; es könne sich sowohl jeder einzelne WEG-Eigentümer persönlich gesamtschuldnerisch verpflichten als auch das Gesetz eine solche anordnen). Anders jedoch BGH, 20.01.2010 – VIII ZR 329/08, JurionRS 2010, 10998 zur (ebenfalls privatrechtlichen) Berliner Frischwasserversorgung: keine gesamtschuldnerische Haftung.
3624 BGH, 11.05.2010 – IX 127/09, ZfIR 2010, 696 m. krit. Anm. *Traub* (»massiver Eingriff in nachrangige Gläubigerrechte«) = RNotZ 201, 101 m. Anm. *Morvilius*.

kraft Gesetzes bestehenden öffentlichen Last auf dem Eigentum betrifft. Fällt ein nachrangiger Gläubiger aufgrund des Umfangs der insgesamt geltend gemachten vorrangigen öffentlichen Last aus, kann er allenfalls den Ausgleichsanspruch (§ 426 Abs. 2 BGB) des »übermäßig« in Anspruch genommenen Sondereigentümers gegen die anderen Sondereigentümer pfänden und überweisen lassen.

2115 – In Bayern (Art. 5 Abs. 7 i.V.m. Abs. 6 Satz 2 KAG-By), Baden-Württemberg (§§ 27 i.V.m. 21 Abs. 2 Halbs., 2 KAG-BW) Mecklenburg-Vorpommern (§ 7 Abs. 6 i.V.m. Abs. 2 Satz 5 KAG-MV), Niedersachsen (§ 6 Abs. 9 i.V.m. Abs. 8 Satz 4 Halbs. 2 KAG-Nds), Saarland (§ 8 Abs. 12 i.V.m. Abs. 8 KAG-Saar), Sachsen (§§ 24, 31, 32 je i.V.m. 21 Abs. 2 Satz 2 Halbs. 2 KAG-S), Sachsen-Anhalt (§ 6 Abs. 9 i.V.m. Abs. 8 KAG-SA), Schleswig-Holstein (§ 8 Abs. 7 i.V.m. Abs. 5 KAG-SH) und Thüringen (§ 7 Abs. 11 i.V.m. Abs. 10 KAG-Th) beschränken die Landesgesetze derzeit die persönliche Schuld und die öffentliche Last bei Sondereigentum auf die jeweilige Bruchteilsquote. Eine gesamtschuldnerische Haftung sowohl für Beiträge (für die schlichte Bereitstellung einer Leistung, unabhängig von ihrer Inanspruchnahme) als auch für Gebühren (für die Inanspruchnahme einer Einrichtung) sieht das Landesrecht derzeit in Nordrhein-Westfalen und in Rheinland-Pfalz vor, für Beiträge in Brandenburg und Hessen, für Gebühren im Saarland sowie in Sachsen-Anhalt und Schleswig-Holstein (wobei in letzteren beiden keine öffentliche Last besteht).

2116 – Von wirtschaftlich entscheidender Bedeutung sind die dinglich gesicherten Grundbuchlasten (**Rangklasse 4**) in ihrer Eintragungsreihenfolge, bei Grundpfandrechten einschließlich der laufenden Zinsen i.S.d. § 13 ZVG (d.h. des letzten vor der Beschlagnahme fällig gewordenen Jahreszinsbetrages sowie aller später fällig werdenden Zinsen bis zum Erlösverteilungstermin) und der rückständigen Zinsen der vorangehenden 2 Jahre.[3625] Die Summe der dinglichen Zinsen kann bei Jahreszinssätzen von 18 % durchaus den doppelten Nennbetrag ausmachen.

2117 Die Bestimmungen zum **geringsten Gebot** (§§ 44 ff. ZVG) setzen das Rang-Prinzip (§§ 879 ff. BGB) dergestalt um, dass alle dem betreibenden Gläubiger vorrangigen Ansprüche, bei einem Grundpfandrechtsgläubiger also die nach §§ 10 Nr. 1 bis 3 ZVG, ferner die Nebenleistungen und wiederkehrenden sonstigen Leistungen, die bis zum Zuschlag aus vorrangigen Grundbuchrechten gem. § 10 Nr. 4 ZVG entstehen, in bar abgedeckt sein müssen und im Verteilungstermin befriedigt werden; die im Grundbuch vorrangig eingetragenen Belastungen selbst sind vom Ersteher zu übernehmen.

2118 Der i.d.R. unmittelbar nach der (dreißigminütigen) »Bieterstunde« – in der Bieter sich auch gem. § 71 ZVG[3626] vertreten lassen können – erfolgende **Zuschlag** führt zum Eigentumserwerb am Grundstück und zum Erlöschen aller nachrangigen, im Zuschlagsbeschluss als nicht bestehend bleibend aufgenommenen Rechte (jeweils durch Hoheitsakt außerhalb des Grundbuchs); daneben erlöschen z.B. in den neuen Ländern nicht angemeldete vermögensrechtliche Ansprüche[3627] oder Ansprüche auf Sachenrechtsbereinigung gem. Art. 233 § 2c Abs. 2 EGBGB.[3628] Die erloschenen Rechte setzen sich im bisherigen Rang am Versteigerungserlös als Anspruch auf Wertersatz fort (Surrogation, § 92 ZVG). Der Ersteher kann jedoch im Verteilungstermin – danach (bis zur Berichtigung des Grundbuchs) durch öffentlich beglaubigte Urkunde – mit dem Gläubiger eines an sich

---

3625 Beispiel: Beschlagnahme am 01.07.2009, Verteilungstermin am 01.04.2012: laufende Zinsen gem. § 13 ZVG umfassen die am 31.12.2008 fällig gewordenen Jahreszinsen für 2008 sowie die Jahreszinsen 2009, 2010, 2011 und ein Viertel des Jahresbetrages 2012. Hinzu kommen die beiden Jahreszinsbeträge für 2006 und 2007.
3626 Der Nachweis der Bietervollmacht kann nicht nur (wortlautgemäß) durch öffentliche Beglaubigung, sondern auch durch öffentliche Urkunde erfolgen (gesiegelte Eigenerklärung der Sparkasse), BGH, 07.04.2011 – V ZB 207/10.
3627 Die abweichende Regelung in § 9a Abs. 1 Satz 3 EGZVG erfasst nur Rückübertragungsansprüche in Bezug auf Gebäude, BVerwG NJ 2008, 284 m. Anm. *Schmidt*.
3628 LG Potsdam NJ 2007, 514 m. Anm. *Nögel*., vgl. *Böhringer* ZfIR 2011, 1, 11.

erlöschenden Rechts gem. § 91 Abs. 2 ZVG dessen Fortbestand vereinbaren, gleichgültig ob dieser Gläubiger aus dem Erlös eine Barbefriedigung erlangen kann oder nicht.

(2) Wirkung der Beschlagnahme auf bestehende Kaufverträge

Zu unterscheiden ist nach dem Stand der Kaufvertragsabwicklung:[3629] **2119**
  (a) Ist die Eigentumsumschreibung auf den Erwerber bereits vollzogen, bevor die Beschlagnahme wirksam wird, ist das Verfahren von Amts wegen gem. § 28 ZVG aufzuheben, soweit es auf Antrag eines persönlichen Gläubigers angeordnet wurde; wurde die spätere Versteigerung jedoch durch den Inhaber eines bestehen gebliebenen dinglichen Titels beantragt, erfolgt lediglich eine einstweilige Einstellung, um Gelegenheit zur Umstellung des Vollstreckungstitels auf den Erwerber und neuerlichen Zustellung (§§ 727, 750 ZPO) zu geben.[3630]
  (b) Lag der (zumindest auch) vom Erwerber gestellte Antrag auf Eigentumsumschreibung nach bindender Einigung dem Grundbuchamt bereits vor, bevor die Beschlagnahme wirksam wurde, hat das Grundbuchamt diesen Antrag gem. § 878 BGB zu vollziehen, ohne dass es auf den Schutz guten Glaubens ankäme (Rdn. 885 ff.). Mit Vollzug der Umschreibung ist das durch einen persönlichen Gläubiger betriebene Verfahren wiederum gem. § 28 ZVG aufzuheben;[3631] wird aus einem bestehen gebliebenen dinglichen Recht betrieben, nimmt das Verfahren jedoch trotz § 878 BGB seinen Fortgang, § 26 ZVG (Rechtsgedanke des § 325 Abs. 3 ZPO: Erwerb einer streitbefangenen Sache).
  (c) War die Vormerkung zugunsten des Käufers bereits eingetragen vor Wirksamwerden der Beschlagnahme, bewirkt diese für sich weder eine Grundbuchsperre noch ist sie ein die Versteigerung hinderndes Recht (§ 771 ZPO, §§ 28, 37 Nr. 5 ZVG). Kommt es jedoch zur Eigentumsumschreibung auf den Käufer – und damit zur Erfüllung exakt des vormerkungsgeschützten Anspruchs[3632] –, bevor der Zuschlag[3633] an den Ersteigerer erfolgt ist, kann der Vormerkungsberechtigte vom betreibenden Gläubiger analog § 888 BGB die Rücknahme des Versteigerungsantrags verlangen; durch das Gericht ist das Versteigerungsverfahren aus einem persönlichen Titel mit Vollzug der Eigentumsumschreibung gem. § 28 ZVG einzustellen. Wurde umgekehrt bereits der Ersteiger durch Zuschlag Eigentümer des Grundstücks, kann der Vormerkungsberechtigte bei Vollzugsreife seines Vertrags vom Ersteigerer gem. § 888 BGB die Zustimmung zur nunmehrigen Eintragung seiner selbst als Eigentümer verlangen. **2120**

Die Vormerkung setzt sich also gegen die in der Beschlagnahme liegende Verfügungsbeschränkung durch (vgl. Rdn. 884 ff.). Voraussetzung ist allerdings **2121**
  – zum einen, dass der vormerkungsgesicherte Anspruch bereits entstanden (wenn auch ggf. noch nicht fällig) ist;[3634]

3629 Vgl. *Schmidt* BWNotZ 1992, 36 ff.
3630 *Stöber* ZVG 18. Aufl. 2006 § 28 Nr. 4.7. b.
3631 LG Freiburg KTS 1975, 133; nach a.A. (*Jursnik* MittBayNot 1999, 434) muss der Erwerber sein Eigentum mittels Drittwiderspruchsklage, § 771 ZPO, geltend machen, da nicht das Grundbuch selbst – wie von § 28 ZVG gefordert – sondern nur die Grundbuchakten die Rechtslage ausweisen. Es bedürfte dann eines Einstellungsbeschlusses, § 771 Abs. 3 Satz 1, 769, 775 Nr. 2 ZPO, oder der Entscheidung des Prozessgerichts über die Drittwiderspruchsklage, § 775 Nr. 1, 776 ZPO.
3632 Hieran fehlte es im Sachverhalt der Entscheidung BGH, 26.04.2007 – IX ZR 139/07, DNotZ 2007, 829 m. Anm. *Amann*: bei einem echten Vertrag zugunsten Dritter (§ 328 Abs. 1 BGB) war der Dritte Eigentümer geworden, vormerkungsgeschützt war jedoch lediglich der Versprechensempfänger hinsichtlich seines Anspruchs aus § 335 BGB gewesen. *Kesseler* DNotZ 2010, 404, 407 weist darauf hin, allein aus der Simultaneität der Eigentumsumschreibung und Löschung der Vormerkung lasse sich nicht belegen, dass die Auflassung gerade den vormerkungsgeschützten Anspruch erfülle.
3633 Gegen den Zuschlag kann der Erwerber nach §§ 95 ff. ZVG Beschwerde einlegen (Verletzung des § 83 Nr. 5 ZVG).
3634 Beispiel: Für den Fall der Zwangsversteigerung soll ein Grundstück (vormerkungsgesichert) an die Kinder herauszugeben sein, allerdings sollen die Kinder einen solchen Anspruch erst nach dem Tod der Mutter (des Veräußerers) erwerben: Bei Zwangsvollstreckung zu Lebzeit der Mutter steht die Vormerkung, obwohl älteres Recht, nicht entgegen: BGH, 26.04.2007 – XI ZR 139/06, DNotZ 2007, 829 m. Anm. *Amann*.

B. Gestaltung eines Grundstückskaufvertrages

- zum weiteren, dass nicht die zur späteren Beschlagnahme führende Versteigerung aus einem der Vormerkung vorgehenden[3635] und nicht i.R.d. Kaufs untergehenden Recht betrieben wird: Die Vormerkung ermöglicht dann zwar die Umschreibung des Eigentums, allerdings kann die Versteigerung weiter betrieben werden, nachdem gegen den neuen Eigentümer ein Duldungstitel erwirkt wurde, vgl. § 17 Abs. 1 ZVG[3636] (da der Erwerber das besserrangige Recht gegen sich gelten lassen muss, liegt in der Beschlagnahme keine »beeinträchtigende Verfügung« i.S.d. § 883 Abs. 2 BGB).[3637]
- Und schließlich, dass nicht die Vormerkung mit Eigentumsumschreibung materiellrechtlich gem. § 875 BGB aufgegeben wird, obwohl der Versteigerungsvermerk noch nicht gelöscht ist. Um zu vermeiden, dass in der grundbuchlichen Löschung (§ 46 GBO) eine solche Aufhebung gesehen wird, sollte sie bis zur Löschung nachrangiger Belastungen und des Versteigerungsvermerks nach Aufhebung des Versteigerungsverfahrens unterbleiben (vgl. Rdn. 910).[3638]

2122 (d) Dasselbe gilt, wenn die Vormerkung bei Wirksamwerden der Beschlagnahme zwar noch nicht eingetragen, aber i.S.d. § 878 BGB (vgl. Rdn. 885 ff.) bindend bewilligt und beim Grundbuchamt beantragt ist. (Die bewilligte[3639] Vormerkung ist insoweit, obwohl § 885 BGB nicht auf § 878 BGB verweist, dinglichen Rechten gleichzustellen.) Werden demzufolge Vormerkung und Verfügungsbeschränkung (Beschlagnahme) gleichzeitig eingetragen, verlautbart ein Wirksamkeitsvermerk den auf § 878 BGB zurückgehenden »materiellen Vorrang«[3640] der Vormerkung.

2123 (e) War die Beschlagnahme bereits (ohne Grundbuchvermerk) wirksam geworden und geht sodann der Antrag auf Eintragung der bindend bewilligten Vormerkung beim Grundbuchamt ein, setzt sich die Vormerkung im Ergebnis dann durch, wenn der Antragsteller in diesem Zeitpunkt gutgläubig war (er also weder die Beschlagnahme noch, § 23 Abs. 2 Satz 1 ZVG, den Versteigerungsantrag kannte), da in diesem Fall die Verfügungsbeschränkung ihm ggü. unwirksam ist, § 135 Abs. 2 BGB. Das Grundbuchamt kann jedoch gem. der in Rdn. 890 referierten Rechtsprechung den Gutglaubenserwerb vereiteln, indem es den Versteigerungsvermerk dennoch zuerst, vor der Vormerkung, einträgt.

Der durch die Gutgläubigkeit vermittelte »**materielle Vorrang**« der Vormerkung kann nicht durch Wirksamkeitsvermerk verlautbart werden, sondern ist ggf. im gerichtlichen Rahmen einer Klage gem. § 888 BGB zu beweisen und zu verfolgen.

2124 (f) Ist die Beschlagnahme eingetreten und vermittelt die später beantragte Vormerkung auch (da der Vermerk sich bereits im Grundbuch befindet oder dem Käufer die Umstände positiv bekannt waren) keinen Gutglaubensschutz gem. §§ 135 Abs. 2, 892 Abs. 1 BGB hiergegen, erhält die Vormerkung (obwohl das dadurch gesicherte, künftig zu verschaffende Eigentums selbst keinen Rang hat) die Position des § 10 Nr. 6 ZVG i.V.m. § 879 BGB. Vorrang haben also (1) alle nach § 10 ZVG vorrangigen und solche dinglichen Gläubiger, deren Rechte vor der Vormerkung eingetragen sind, gleich ob sie in das geringste Gebot fallen oder nicht, (2) alle betreibenden oder beigetretenen Gläubiger, soweit die zu ihren Gunsten angeordnete Beschlagnahme vor Beantragung der Vormerkung erfolgt ist (sog. vollstreckungsrechtliche

---

3635 Zur Kollision mit Hausgeldrückständen gem. § 10 Abs. 1 Nr. 2 ZVG vgl. Rdn. 1133 ff.
3636 BGH, 25.01.2007 – V ZB 125/05, ZNotP 2007, 189 (§ 17 Abs. 1 ZVG; nach einer Mm. wird der zur Eintragung der Zwangshypothek führende Titel mit dem Vermerk der Hypothek, § 867 Abs. 3 ZPO, wie ein Duldungstitel behandelt und gem. § 727 ZPO umgeschrieben).
3637 Vgl. *Jursnik* MittBayNot 1999, 436.
3638 Vgl. *Jursnik* MittBayNot 1999, 437; *Kesseler* DNotZ 2010, 404, 410.
3639 Dies gilt allerdings nicht für eine infolge einstweiliger Verfügung oder vorläufig vollstreckbaren Urteils beantragte Vormerkung!
3640 Ein unmittelbares Rangverhältnis i.S.d. § 879 BGB besteht zwischen einer Verfügungsbeschränkung, einerseits, und dinglichen Rechten bzw. diese sichernden Vormerkungen, andererseits, nicht.

Vorranggläubiger), (3) solche später beigetretenen Gläubiger, die aus einem vor der Vormerkung eingetragenen Recht und nicht etwa aus einem persönlichen Titel betreiben. Dagegen sind vollstreckungsrechtlich nachrangig die nach Beantragung der Vormerkungseintragung (§ 878 BGB) beigetretenen Gläubiger aus persönlichen Ansprüchen, vgl. Rdn. 2134.

Das **weitere Schicksal des vorgemerkten Erwerbsanspruchs** liegt in der Hand der das Vollstreckungsverfahren betreibenden Gläubiger: 2125

(aa) Wird das Versteigerungsverfahren weiter betrieben, vermittelt die Vormerkung lediglich i.R.d. Barabfindung aus dem Versteigerungserlös, sofern ein solcher zur Verfügung steht, den Vorrang vor den rückständigen Zinsansprüchen nach § 10 Nr. 7 und 8 ZVG. Der Vorgemerkte erhält, sofern der Erlös (wie selten) ausreicht, eine Abfindung i.H.d. Grundstückswerts, und zwar gem. §§ 119, 120 ZVG (als aufschiebend bedingtes Recht: Hilfsverteilung im Teilungsplan, falls der gesicherte Anspruch wegfällt, mit Hinterlegung beim AG gem. § 6 Satz 2 Nr. 2 HinterlO). Im wirtschaftlichen Ergebnis wird dabei die noch zu erbringenden Gegenleistung (Kaufpreis) abgezogen.[3641] 2126

(bb) Kommt es zum Vollzug des vorgemerkten Kaufvertrags, bevor das Versteigerungsverfahren durch Zuschlag abgeschlossen ist, kann der Käufer dennoch nicht die Einstellung des Verfahrens durchsetzen (vgl. § 26 ZVG). Er hat allerdings als nunmehriger Eigentümer (§ 1142 BGB)[3642] ein Ablösungsrecht (§§ 1150, 268 BGB)[3643] ggü. den betreibenden Gläubigern mit der Folge, dass die abgelösten Forderungen auf ihn übergehen (§ 401 BGB), was aber nur dann ohne Zuzahlung durchzuführen ist, wenn der Kaufpreis alle in der Versteigerung vorrangig zu berücksichtigenden Ansprüche abdeckt. (Die Zahlung erfolgt in diesem Fall auf Notaranderkonto nach Ermittlung der Höhe aller vorrangigen Beträge, Auszahlung nach Eigentumsumschreibung zur Wahrnehmung der Ablösungsrechte.) 2127

(cc) In der Praxis allein realistisch ist jedoch der Versuch, aus Mitteln des Kaufpreises die einvernehmliche Aufhebung des Versteigerungsverfahrens zu erreichen, zumal den betreibenden Gläubigern eine freihändige Veräußerung zur Reduzierung des Aufwands und zur Schonung der Reputation sowie zur besseren Kalkulierbarkeit in aller Regel vorzugswürdig erscheint. Der Zwangsversteigerungsvermerk und damit diejenigen vollstreckungsrechtlichen Vorranggläubiger, die sich ggü. der Käufervormerkung auf die relative Beschlagnahmewirkung berufen können, werden also wie abzulösende Grundbuchgläubiger behandelt (die typische »Standardformulierung« der Fälligkeitsvoraussetzungen, Rdn. 1230, deckt auch bei überraschend »querender« Versteigerung dieses Verfahren ab). Die hierfür zu Gebote stehenden Wege sind nachstehend Rdn. 2129 ff. dargestellt. 2128

(3) Verkauf eines bereits beschlagnahmten Grundstücks

(a) Abwicklung durch Direktzahlung

Der Verkauf eines in der Zwangsversteigerung befindlichen Grundstücks[3644] erfordert besondere Vorkehrungen; der Notar hat den Käufer, insb. als Verbraucher im Verhältnis zu einem Unternehmer, über den Versteigerungsvermerk sowie darüber aufzuklären, dass er ein Warnsignal für wirtschaftliche Schwierigkeiten des Verkäufers (Fertigstellungsrisiko beim Bauträgervertrag!) dar- 2129

3641 Nach der Differenztheorie erfolgt der Abzug unmittelbar (*Stöber* ZVG 18. Aufl. 2006 § 92 Nr. 7.3), nach der sog. Surrogationstheorie ist der Kaufpreis, der ja der Beschlagnahme nicht unterliegt, schuldrechtlich geltend zu machen.
3642 Hierzu BGH, 16.07.2010 – V ZR 215/09, ZNotP 2010, 389: Ablösung nur möglich, wenn Duldungsanspruch vollständig abgelöst wird.
3643 Hierzu BGH, 10.06.2010 – V ZB 192/09, ZNotP 2010, 392: kein Missbrauch, wenn der Ablösungsberechtigte unter mehreren Grundpfandrechten eines betreibenden Gläubigers nur das bestrangige ablöst; hierzu *Schmidt-Räntsch* ZNotP 2011, 402, 404.
3644 Vgl. hierzu *Jursnik* MittBayNot 1999, 125 ff.; *Schmidt* BWNotZ 1992, 35 ff.; *Böttcher* ZfIR 2010, 521 ff.

stellt.[3645] Um die Position des Vormerkungsberechtigten im Verfahren zu sichern, sollte er durch den Notar als »Sofortmaßnahme« förmlich angemeldet werden (§ 9 Nr. 2 ZVG), sodass ihm eine etwaige Terminsbestimmung zugestellt wird (§ 41 ZVG), und sein Recht bei der Bestimmung des geringsten Gebots und der Verteilung des Erlöses berücksichtigt wird (§§ 37 Nr. 4, 45 Abs. 1, 114 ZVG). Die bloße »automatische« Kenntnisgabe der Eintragung der Vormerkung durch das Grundbuchamt an das Vollstreckungsgericht gem. § 19 Abs. 3 ZVG genügt hierfür mangels Willensbekundung des Berechtigten nicht.

2130 Ist bereits ein Versteigerungstermin anberaumt, wird der Notar die Gläubiger um Antragstellung auf (bis zu zweimalige,[3646] max. sechsmonatige)[3647] einstweilige Einstellung nach § 30 ZVG ersuchen oder einen vom Schuldner (Verkäufer) in der Urkunde gestellten Antrag auf vorläufige Einstellung des laufenden Verfahrens gem. § 30a ZVG dem Gericht übermitteln. Zur Fälligkeitsvoraussetzung wird dies selten erhoben werden, da sonst ggf. nach Eintragung der Vormerkung hinzukommende Gläubiger trotz (oder wegen) ihrer aussichtslosen Position (§ 888 BGB) die Fälligstellung »vereiteln« könnten. Scheitert die Fälligstellung bis zu einem bestimmten Endtermin, ist der Käufer zum Rücktritt berechtigt, allerdings i.d.R. (wegen der besonderen, ihm bekannten und im Preis reflektierten Umstände) nicht zur Forderung von Schadensersatz mit Ausnahme der Vertragskosten (Urkunde, Finanzierung und Rückabwicklung bei Notar und Grundbuchamt).

2131 Ziel der Tätigkeit des Notars ist es, alle betreibenden und (Rdn. 2132) beigetretenen[3648] Gläubiger zur Rücknahme des Versteigerungsantrags zu bewegen, sodass das Verfahren von Amts wegen gem. § 29 ZVG durch (allerdings konstitutiven)[3649] Beschluss aufgehoben wird. Die dem Notar zu treuen Händen (bis zur Erfüllung der Ablöseforderungen)[3650] zur Verwahrung übersandte privatschriftliche Rücknahmeerklärung ist allerdings als Prozesshandlung bedingungsfeindlich und zwingend bis zum Eingang beim Vollstreckungsgericht **widerruflich**[3651] (auch eine »Erklärung der Unwiderruflichkeit« ist bis zu ihrem Eingang bei Gericht wiederum widerruflich, § 130 Abs. 1 Satz 2, Abs. 3 BGB). Auch ein schuldrechtlicher »Vollstreckungsvertrag« zwischen Gläubiger und Schuldner, wonach der Gläubiger den Widerruf bis zu einem bestimmten Termin zu unterlassen habe, bindet das Vollstreckungsgericht nicht (gibt aber ggü. einem Grundpfandgläubiger eine Einrede gem. § 1157 BGB, die jedoch im Fall der Abtretung einem gutgläubigen Nacherwerber des Grundpfandrechts nicht entgegengehalten werden kann, § 1157 Satz 2 BGB). Das latente Widerrufsrisiko i.R.d. Lastenfreistellung (Rdn. 1199 ff.) greift hier also bereits hinsichtlich der Gläubigererklärung (nicht nur hinsichtlich der Treuhandauflage) verschärft und in einer nicht (wie etwa bei Löschungen durch Bindung gem. § 875 Abs. 2 BGB oder die Eintragung einer Löschungsvormerkung) zu beseitigenden Weise;[3652] relevant wird es v.a. bei Weiterabtretung des Grundpfandrechts oder bei Wegfall der Verfügungsmacht des Gläubigers, etwa durch Insolvenzeröffnung.[3653]

3645 BGH, 22.07.2010 – III ZR 293/09, MittBayNot 2011, 78 m. Anm. *Regler*. Zu eigenen Recherchen oder zu einer Verletzung der Verschwiegenheitspflicht, etwa durch Preisgabe von Informationen aus anderen Grundbüchern, ist der Notar jedoch nicht verpflichtet, vgl. *Armbrüster* LMR 2010, 309367.
3646 Darüber hinaus kann das Gericht mit Zustimmung der betreibenden Gläubiger schlicht die Terminsbestimmung für eine bestimmte Zeit aussetzen.
3647 Sonst ist das Verfahren von Amts wegen aufzuheben, § 31 Abs. 1 Satz 2 ZVG.
3648 Im Grundbuch erfolgt keine Eintragung der Beitrittszulassung (§ 27 Abs. 1 Satz 2 ZVG).
3649 BGH, 10.07.2008 – V ZB 130/07 (zum Zwangsverwaltungsverfahren), ZfIR 2008, 876 m. Anm. *Depré*, S. 841 ff. sowie BGH, 13.10.2011 – IX ZR 188/10 ZfIR 2012, 69 m. Anm. *Schmidberger* S. 54 ff.: die Beschlagnahme als Hoheitsakt kann nicht durch Erklärung eines Privaten aufgehoben werden. Zu möglichen Rechtsmitteln gegen den Aufhebungsbeschluss (etwa durch einen übergehenden, noch beigetretenen Gläubiger) vgl. *Heggen* RNotZ 2009, 384, 387.
3650 Da die Übersendung der Rücknahmeerklärung an das Vollstreckungsgericht in der Variante der treuhänderischen Abwicklung erst nach Zahlung der Ablösesumme erfolgen darf, kann auch bei der Anderkontolösung nicht mit der Auszahlung abgewartet werden, bis der gerichtliche Beschluss vorliegt, a.A. *Hueber* NotBZ 2009, 128, Muster: Rn. 2233.
3651 Vgl. *Stöber* ZVG 18. Aufl. 2006 § 29 Nr. 2.2.
3652 Versteigerungsgerichte sind (jedenfalls bisher) nicht bereit und in der Lage, Rücknahmeanträge zwar entgegenzunehmen und damit unwiderruflich werden zu lassen, jedoch bis zur Erfüllung gestellter Treuhandauflagen zu verwahren.
3653 Auch die zwangsversteigerungsrechtliche Beschlagnahme unterliegt dem Insolvenzbeschlag als »Bestandteil« des Gläubigervermögens.

Die Rücknahme- sowie Löschungs-/Freigabeerklärungen sind nicht nur von den betreibenden, sondern jedenfalls auch von allen vor Eintragung der Vormerkung beigetretenen Gläubigern (**vollstreckungsrechtliche Vorranggläubiger**, die genauso zu behandeln sind wie dingliche Vorranggläubiger) einzuholen. Auch insoweit bestehen **Risiken**: 2132

– zum einen kann die Ermittlung des Kreises dieser Gläubiger schwierig sein. Dem Schuldner (Verkäufer) sind alle Anordnungs- und Beitrittsbeschlüsse zuzustellen; zuverlässiger erscheint aber die Anfrage beim Vollstreckungsgericht, das jedoch lediglich an die Verfahrensbeteiligten selbst umfassende Auskunft zu geben hat (das jedermann zustehende Akteneinsichtsrecht gem. § 42 ZVG erfasst lediglich die Mitteilungen des Grundbuchamts, die erfolgten Anmeldungen und die das Grundstück betreffenden Schätzgutachten gem. § 74a ZVG). Vollmacht an den Notar zur Auskunftseinholung ist daher ratsam.[3654]

– zum anderen könnte auch nach Eintragung der Vormerkung ein vorrangiger, bisher nicht beigetretener Grundbuchgläubiger, selbst wenn er die Löschungsbewilligung unter Treuhandauflage abgegeben hat (und vielleicht der fällig gestellte Kaufpreis bereits bezahlt ist) nachträglich beitreten und sich dann weigern, die Rücknahmeerklärung abzugeben. Letzteres Risiko ließe sich vollständig nur durch einen (in der Praxis nicht erreichbaren) Rücktritt hinter die Vormerkung bannen; ein in die Löschungsbewilligung aufgenommenes Angebot auf Abschluss eines »Beitrittsunterlassungsvertrags« wirkt wiederum nur schuldrechtlich. 2133

– Schließlich kann auch ein persönlicher Gläubiger dem Verfahren noch beitreten, bis es durch gerichtliche Verfahrensaufhebung beendet ist, sogar nach Eingang der Rücknahmeerklärungen aller Gläubiger beim Vollstreckungsgericht. Da sich die Vormerkung jedoch im Ergebnis gegen diese spätere Beschlagnahmen durchsetzt (Rdn. 2124 am Ende), liegt ein Sachverhalt vor, welcher der Eintragung einer Grundstücksbelastung im Rang nach der Vormerkung bei Direktzahlung vergleichbar ist (Rdn. 1128 ff.). Es ist nicht möglich, zur Absicherung gegen dieses Risiko die Fälligkeit erst nach Vorliegen des Aufhebungsbeschlusses eintreten zu lassen, da letzterer erst ergehen kann, wenn die Verwendungsauflagen erfüllt sind (also in aller Regel der Kaufpreis bezahlt ist), sodass die Rücknahmeerklärungen an das Vollstreckungsgericht weitergegeben werden können.[3655] Gleiches gilt bei der Abwicklung über Anderkonto (Rdn. 2145). §§ 883 Abs. 2 Satz 2, 888 BGB selbst gewähren gegen solche rein **vollstreckungsrechtliche (nicht dingliche) Nachranggläubiger** noch keinen Anspruch auf Rücknahme des Versteigerungsantrags, erst nach Umschreibung kann der Käufer, aufgrund seines durch § 883 Abs. 2 Satz 2 BGB geschützten Eigentumserwerbs, das Gericht um Aufhebung des nur noch von solchen Nachranggläubigern betriebenen Versteigerungsverfahrens gem. § 28 ZVG ersuchen.[3656] Die versteigerungsrechtliche Literatur verlangt hierfür, dass die Vormerkung bis zur Aufhebung noch im Grundbuch verbleibt,[3657] vgl. Rdn. 2135. Würde ein vollstreckungsrechtlicher Nachranggläubiger die Versteigerung rascher betreiben als der Eigentumserwerb des Käufers sich vollendet, setzt sich die zeitlich vorrangige, angemeldete (§ 45 Abs. 1 ZVG) Vormerkung letztendlich gegen den Ersteigerer durch (§ 888 BGB), sodass kaum Gebote zu erwarten sind. 2134

Als Vorkehrung zur Vermeidung verfrühter Löschung der Vormerkung (derer es auch nach Eigentumsumschreibung noch bedarf, um nachrangige »renitente« vollstreckungsrechtliche Gläubiger im 2135

3654 Die eigene Akteneinsicht ist fehlerträchtig, vgl. *Jursnik* MittBayNot 1999, 129.
3655 Dies übersieht *Heggen* RNotZ 2009, 384, 386.
3656 *Stöber* ZVG § 28 Rn. 4.8; LG Frankenthal RPfleger 1985, 371; nach Ansicht von *Kesseler* DNotZ 2010, 404 hat stattdessen der vormerkungsgeschützte Käufer Drittwiderspruchsklage gem. § 771 ZPO oder Klage auf Rücknahme nach § 888 BGB zu erheben, da dem Versteigerungsgericht nicht nachgewiesen werden könne, dass der vollzogene Erwerb der vormerkungsgesicherte sei.
3657 *Stöber* ZVG § 28 Rn. 4.8; *Dassler/Schiffhauer/Hintzen* § 27 Rn. 15.

Wege der Aufhebung gem. § 28 ZVG[3658] aus dem Feld zu schlagen, Rdn. 2134) empfiehlt sich (unabhängig davon, ob die Abwicklung mit oder Anderkonto stattfindet) folgender

▶ **Formulierungsvorschlag: Löschung der Vormerkung bei versteigerungsbefangenem Objekt**

Um den vereinbarten Eigentumserwerb zu sichern, bewilligt der Verkäufer und **beantragt** der Käufer, zu dessen Gunsten am Vertragsobjekt eine

Vormerkung

sofort an nächstoffener Rangstelle einzutragen. Zur Bewilligung der Löschung dieser Vormerkung im Wege der Eigenurkunde wird der amtierende Notar, sein Vertreter oder Nachfolger im Amt durch den Käufer bevollmächtigt. Der Notar wird **angewiesen**, diese Bewilligung abzugeben und ihren Vollzug namens des Käufers zu beantragen, wenn (1) die Eigentumsumschreibung erfolgt ist und keine Eintragungen bestehen bleiben, denen der Käufer nicht zugestimmt hat, und weiter (2) das Gericht dem Notar bestätigt hat, dass das Versteigerungsverfahren rechtskräftig aufgehoben ist.

2136 I.R.d. **Vertragsabwicklung** ist stärker als sonst darauf zu achten, dass nicht Rückstände aus öffentlichen Lasten auf den rechtsgeschäftlichen Erwerber übergehen, zumal deren Bestehen bei wirtschaftlich klammen Verhältnissen, wie sie durch die Beschlagnahme verdeutlicht werden, wahrscheinlich ist (im Rahmen eines Versteigerungsverfahren würde hingegen die Haftung des Grundstücks für solche Rückstände mit dem Zuschlag erlöschen; i.R.d. freihändigen Verkaufs bleibt sie bestehen ohne Möglichkeit eines gutgläubigen Wegerwerbs). Die Ermittlung solcher öffentlicher Lasten kann entweder den Beteiligten überantwortet werden (d.h. faktisch dem Käufer aufgrund entsprechender Vollmacht für den Verkäufer),[3659] oder aber der Notar wird beauftragt, bei bestimmten, besonders praxiswichtigen Stellen anzufragen (etwa bei der Gemeinde und im Einzelnen bezeichneten Zweckverbänden). Die Lastenfreistellung erfolgt i.Ü. nach allgemeinen Standards (Rdn. 1124 ff.), wobei Gläubiger nicht darauf beschränkt sind, diejenigen Beträge geltend zu machen, die sie auch bei der Versteigerung hätten erwarten dürfen (sodass auch nachrangige Rechte häufig mit einer »Lästigkeitsprämie« abzulösen sind bzw. vorrangige Gläubiger diejenigen rückständigen Zinsen, die in die Rangklassen 7 und 8 »abgerutscht« sind, per Treuhandauflage geltend machen könnten).

2137 Die notwendigen Schritte und Verfahrensabläufe ergeben sich aus nachstehendem Textbausteinvorschlag:

▶ **Formulierungsvorschlag: Verkauf eines versteigerungsbefangenen Objekts (ohne Anderkonto)**

Der Vertragsbesitz ist Gegenstand eines Zwangsversteigerungsverfahrens, wie in Abteilung II des Grundbuches vermerkt (vgl. § 1 der Urkunde). Nach Angabe der Beteiligten ist betreibender Gläubiger .....; weitere Gläubiger sind nach Kenntnisstand der Beteiligten bisher nicht beigetreten.

Gem. § 23 ZVG kennzeichnet der eingetragene Versteigerungsvermerk die Beschlagnahme des Grundbesitzes und hat die Wirkung eines relativen Veräußerungsverbots zum Schutz des Beschlagnahmegläubigers. Eine gegen das Veräußerungsverbot verstoßende Verfügung des Grundstückseigentümers über das Grundstück oder beschlagnahmte mithaftende Gegenstände ist dem Beschlagnahmegläubiger gegenüber unwirksam (§§ 135 Abs. 1, 136 BGB). Ein gutgläubiger beschlagnahmefreier Erwerb ist im Hinblick auf den eingetragenen Vermerk ausgeschlossen. Zur Erreichung der vollen Wirksamkeit der nachstehend getroffenen Verfügung ist daher die Zustimmung des Beschlagnahmegläubigers sowie aller zum Zeitpunkt der Verfügung wirksam beigetretenen Gläubiger erforderlich.

Die Beteiligten beauftragen und bevollmächtigen den amtierenden Notar daher nach Eintragung der Vormerkung

(a) das Vollstreckungsgericht unter Übersendung einer beglaubigten Abschrift des Kaufvertrags von der Tatsache der Veräußerung zu unterrichten und den Erwerber als Vormerkungsberechtigten förmlich zum Versteigerungsverfahren anzumelden,

---

3658 Finale Sicherheit besteht erst, wenn gegen den Aufhebungsbeschluss keine sofortige Beschwerde, § 95 ZVG, eingelegt wurde.
3659 So die Empfehlung von *Jursnik* MittBayNot 1999, 141.

VII. Sach- und Rechtsmängel

(b) eine Mitteilung des Vollstreckungsgerichts darüber einzuholen, welche Gläubiger zum Zeitpunkt der Beantragung der Vormerkung das Verfahren betreiben bzw. diesem vor Beantragung der Vormerkung beigetreten sind und welche vorrangigen öffentlichen Lasten (rückständige Erschließungsbeiträge, Grundsteuer, Ansprüche des Wohnungseigentümerverbandes etc.) angemeldet wurden und ob bereits ein Versteigerungstermin angesetzt ist,
(c) die vom Vollstreckungsgericht gemeldeten Gläubiger im Sinne von lit b) um Bewilligung der Aufhebung eines etwa bereits angesetzten Versteigerungstermins zu bitten (§ 30 Abs. 2 ZVG),
(d) die vom Vollstreckungsgericht gemeldeten Gläubiger im Sinne von lit. b) um Erteilung der Zustimmung zur heutigen Verfügung, ggf. Übersendung der grundbuchlichen Löschungs- oder Freigabeunterlagen sowie jeweils einer Rücknahmeerklärung gem. § 29 ZVG zu ersuchen, die der amtierende Notar bis zur Entrichtung der aufzugebenden Ablösebeträge zu treuen Händen für die Beteiligten verwahrt, verbunden mit der Verpflichtung, diese bis zu einem vorzugebenden Termin nicht zu widerrufen.

Über alternative Gestaltungsmöglichkeiten (Abwicklung über Notaranderkonto, Auszahlung erst nach gerichtlichem Aufhebungsbeschluss) wurde belehrt; diese wurden jedoch nicht gewünscht. Der Notar hat darauf hingewiesen, dass der Vollzug der Lastenfreistellung im Grundbuch von der Entrichtung der Löschungsgebühren durch den Verkäufer abhängig ist; ferner dass ggf. nach Eintragung der Vormerkung hinzukommende Gläubiger auf Löschung verklagt werden müssen; auch hierzu halten die Beteiligten keine besonderen Vorkehrungen für erforderlich.

Sollten die oben genannten Erklärungen nicht bis zum ..... vorliegen, ist der Käufer zum Rücktritt berechtigt. Der Verkäufer ist dann zur Tragung bzw. Erstattung aller Kosten des Vertrags, seiner Finanzierung und Rückabwicklung bei Notar und Grundbuchamt verpflichtet, nicht jedoch zu sonstigem Schadensersatz, ausgenommen Vorsatz und Arglist (*bei Verbraucherverträgen auch* »sowie grober Fahrlässigkeit«).

Die betreibenden bzw. beigetretenen Gläubiger erhalten je eine einfache Abschrift des Vertrags zur Kenntnisnahme.

Wünscht der Käufer Vorkehrungen gegen das Risiko, für die **Löschungskosten des Verkäufers** 2138 herangezogen zu werden (s. Rdn. 1124), müsste die Fälligkeitsvoraussetzung (oder im Fall der Anderkontoabwicklung die Auszahlungsvoraussetzung) »Lastenfreistellung« so formuliert sein, dass Löschungs- oder Freigabebewilligungen nicht nur den üblichen Kriterien (z.B. Verwendung unter Auflagen, die aus dem Kaufpreis erfüllbar sind, befristete Unwiderruflichkeit) genügen müssen, sondern auch von einer privatschriftlichen Erklärung des Gläubigers, dass er die Kosten der Löschung bei Notar und Grundbuchamt übernehme, begleitet sein, wobei in dieser Erklärung der Regress des Gläubigers beim Verkäufer vorbehalten werden darf. Banken oder Privatpersonen werden als Gläubiger hierzu jedoch nur dann bereit sein, wenn sie am freihändigen Verkauf ein hohes Interesse haben (etwa weil sie auf schlechter Position stehen und gleichwohl mit einer »Lästigkeitsprämie« bedient werden); anderenfalls droht die Abwicklung des Gesamtvertrags an diesem vergleichsweise überschaubaren Risiko zu scheitern.

Demgemäß könnte die Fälligkeitsregelung (beim Verkauf einer versteigerungsbefangenen Eigen- 2139 tumswohnung mit möglichen offenen Hausgeldforderungen) wie folgt lauten:

▶ Formulierungsvorschlag: Fälligkeitsregelung beim Verkauf einer versteigerungsbefangenen Eigentumswohnung (ohne Anderkonto)

Der Notar wird den Beteiligten den Eintritt der nachstehenden Voraussetzungen bestätigen 2140 (Versand an den Käufer per Einwurf-Einschreiben); der Käufer schuldet die Gutschrift des Kaufpreises spätestens zum Fälligkeitszeitpunkt, nämlich 14 Tage nach Zugang dieser Mitteilung:
(a) die Eigentumsvormerkung ist im Grundbuch eingetragen,
(b) der Notar verfügt in grundbuchtauglicher Form über alle Unterlagen zur Freistellung von solchen Belastungen, die im Grundbuch vor oder mit der Vormerkung eingetragen und vom Käufer nicht zu übernehmen sind. Die vom Vollstreckungsgericht gemeldeten betreibenden und vor der Beantragung der Vormerkung beigetretenen Gläubiger müssen ferner der heutigen Veräußerung zugestimmt und Rücknahmeerklärung gem. § 29 ZVG hinsichtlich des Zwangsversteigerungs- und Zwangsverwaltungsverfahrens dem Notar zur Verwahrung

übermittelt haben; die weiteren vorrangigen Gläubiger haben sich zu verpflichten, einen Beitritt zum Vollstreckungsverfahren zu unterlassen. Die Verwendung dieser Unterlagen darf allenfalls von Zahlungsauflagen abhängig sein, für die der Kaufpreis unter Berücksichtigung von c) ausreicht. Der Notar wird allseits bevollmächtigt, diese Unterlagen – zur Beschleunigung, ungeachtet der Kostenfolge, unter Fertigung des Entwurfs – anzufordern, für alle am Vertrag und dessen Finanzierung Beteiligten auch gem. § 875 Abs. 2 BGB entgegenzunehmen und zu verwenden,

(c) der Kaufpreis muss weiterhin ausreichen, um folgende Beträge abzudecken:
   (aa) die durch das Vollstreckungsgericht oder die Gemeinde gemeldeten Beträge rückständiger Erschließungsbeiträge, Grundsteuern, und sonstiger öffentlicher Lasten i.S.d § 10 Nr. 3 ZVG,
   (bb) etwaige durch den WEG-Verwalter gemeldete rückständige Hausgeldforderungen des Wohnungseigentümerverbands,
   (cc) sämtliche Kosten, die aus Anlass der Löschung der Belastungen veranlasst werden (Gläubigerkosten, Grundbuchkosten der Löschung als Viertelgebühr aus dem Nominalbetrag),
(d) die Genehmigung des derzeitigen Verwalters nach § 12 WEG samt Nachweis der Verwaltereigenschaft liegen in grundbuchtauglicher Form vor.

Stehen Genehmigungen oder Lastenfreistellungsdokumente unter Zahlungsauflagen, teilt der Notar diese den Beteiligten ohne weitere Prüfung mit. Der Kaufpreis kann insoweit bei Fälligkeit nur durch Erfüllung solcher Auflagen erbracht werden, ist also zweckgebunden, ohne dass der Zahlungsempfänger hieraus eigene Rechte erwirbt. Die nach b) und c) geforderten Beträge sind direkt an die jeweiligen Gläubiger zu bezahlen; hinsichtlich der durch den Notar ermittelten und mitzuteilenden, erst mit Vollzug der Löschung anfallenden Grundbuchlöschungskosten besteht ein Zurückbehaltungsrecht des Käufers bis zum Vorliegen des Gebührenbescheides; der Betrag ist dann in der zurückbehaltenen Höhe an die Justizkasse zu entrichten. Die Auflassung ist bereits vor der Begleichung dieser Löschungskosten zu vollziehen, vollständige Erfüllung tritt gleichwohl erst sodann ein.

Aufschiebend bedingt ab Zahlung des Kaufpreises überträgt der Verkäufer dem Käufer alle Eigentümerrechte und Rückübertragungsansprüche in Bezug auf Grundpfandrechte am Vertragsobjekt und bewilligt deren Umschreibung.

2141 Weigern sich vollstreckungsrechtliche und/oder dingliche Nachranggläubiger (also solche, die nach der Beantragung der Vormerkung – § 878 BGB – im Grundbuch eingetragen wurden, vgl. Rdn. 1128 ff., oder danach aus persönlichem Titel zum Versteigerungsverfahren gem. § 27 ZVG zugelassen wurden), Rücknahmeerklärungen (und im Fall dinglicher Nachranggläubiger auch Löschungserklärungen) abzugeben, oder solche nur abgeben unter anderen Auflagen als der Umschreibung des Eigentums auf den Käufer, Rdn. 1131, hat der Notar in diesem Fall die Fälligkeit gleichwohl zu bescheinigen, wird jedoch den Käufer dabei auf die Rechtslage hinweisen, etwa wie folgt:[3660]

▶ **Formulierungsvorschlag: Hinweis an Käufer auf nachrangige dingliche und/oder vollstreckungsrechtliche Gläubiger in der Fälligkeitsmitteilung**

2142

Ergänzend zu vorstehender Bescheinigung der Fälligkeit, die auf den vertraglich vereinbarten Fälligkeitsvoraussetzungen beruht, teile ich Ihnen noch folgendes mit:
(1) Im Rang nach der Vormerkung, die zu Ihren Gunsten im Grundbuch eingetragen ist, wurde eine Sicherungshypothek in Höhe von ..... € zugunsten von ..... eingetragen. Die eingetragene Vormerkung gibt Ihnen das Recht, vom Gläubiger dieser Hypothek die Zustimmung zur Löschung zu verlangen, Zug um Zug mit Vollzug der Eigentumsumschreibung auf Sie. Im Verhältnis zwischen den Kaufvertragsparteien ist allerdings der Verkäufer verpflichtet, die Löschung dieser nachrangigen Belastung herbeizuführen, da er Ihnen unbelastetes Eigentum zu »liefern« hat; bis zur Sicherstellung dieser Lastenfreistellung können Sie einen angemessenen Teil des Kaufpreises gemäß § 320 BGB zurückbehalten. Ich schlage vor, dass ich – über die im Vertrag übernommenen Pflichten hinaus – den nachrangigen Gläubiger unter Hinweis auf die Rechtslage zur Abgabe der Löschungsbewilligung, unter der Auflage ihres Vollzugs zusammen mit der Eigentumsumschreibung, auffordere, und werde

---

3660 In Anlehnung an *Amann* Vortragsskript 54. Bielefelder Notarlehrgang 02.06.2011, S. 34.

Ihnen mitteilen, sobald mir diese Unterlagen vorliegen. Dann sollte der etwa von Ihnen zurückbehaltener Kaufpreisanteil, beispielsweise in Höhe von ..... €, beglichen werden. Nach Zahlung des vollständigen Kaufpreises kann ich die Umschreibung des Eigentums (unter gleichzeitiger Löschung der nachrangigen Belastung) vollziehen lassen.

(2) Zeitlich nachdem die Eintragung der Vormerkung zu Ihren Gunsten beantragt wurde, ist im Zwangsversteigerungsverfahren ein weiterer Gläubiger aufgrund eines persönlichen Titels zugelassen worden, und zwar ..... wegen einer Forderung in Höhe von ..... €. Die Vormerkung vermittelt Ihnen das Recht, von diesem Gläubiger die Rücknahme seines Versteigerungsantrags zu verlangen bzw. das Vollstreckungsgericht um Einstellung gemäß § 28 ZVG zu ersuchen, allerdings erst nachdem die Umschreibung zu Ihren Gunsten erfolgt ist. Rechtlich ist zwar im Verhältnis zwischen Verkäufer und Käufer der Verkäufer verpflichtet, die Lastenfreistellung herbeizuführen, und Sie sind zum Rückbehalt eines angemessenen Betrags berechtigt (§ 320 BGB). Da ich aber beim Rückbehalt eines Teils des Kaufpreises die Eigentumsumschreibung nicht herbeiführen darf und der Verkäufer mutmaßlich aus eigenen Mitteln die Löschung nicht herbeiführen kann, schlage ich vor, den Kaufpreis gleichwohl wie in meiner Fälligkeitsmitteilung erläutert zu zahlen, so dass der Eigentumserwerb herbeigeführt werden kann und damit die Voraussetzungen geschaffen werden, den vollstreckungsrechtlich nachrangigen Gläubiger zu »verdrängen«. Ich werde die Löschung der Vormerkung erst veranlassen, wenn das Versteigerungsverfahren endgültig beendet und der diesbezügliche Vermerk im Grundbuch gelöscht ist, so dass die Vormerkung zunächst – trotz Erwerbs des Eigentums – noch bestehen bleibt.

(b) Abwicklung über Anderkonto

Häufig werden die Gläubiger zur Abgabe der notwendigen Erklärungen nur bereit sein, wenn der Kaufpreis aufgrund Hinterlegung auf einem **Anderkonto** »als Lockmittel« angeboten werden kann. Darüber hinaus bietet das Anderkonto Möglichkeiten, aus dem hinterlegten Kaufpreis für Rechnung des Verkäufers im Grundbuch nicht ersichtliche **rückständige dingliche Lasten** abzulösen, welche auf Befragen des Versteigerungsgerichts bzw. (besser) der Gemeinde[3661] häufig gemeldet werden (zumindest die dem Betrag nach wichtigsten: Grundsteuer: Rdn. 3430, Erschließungsbeiträge: Rdn. 1942, ferner seit 01.07.2007 rückständige Hausgeldumlagen ggü. der Wohnungseigentümergemeinschaft: Rdn. 2456 ff., Schornsteinfegergebühren[3662] und landesrechtlich z.T. auch Brandversicherungsprämien – zur Ermittlung vgl. Rdn. 2136), ebenso sonstige Rückstände, von deren Begleichung häufig (wenngleich in nicht durchsetzbarer Weise) die Erteilung von Genehmigungen abhängig gemacht wird (etwa unter der Vollstreckungsschwelle verbleibende Wohngeldrückstände im Zusammenhang mit der Verwaltergenehmigung gem. § 12 WEG; rückständige Sanierungsbeiträge im Zusammenhang mit der Sanierungsgenehmigung nach § 145 BauGB). 2143

Gleiches gilt für sonstige Zahlungen, die den Verkäufer treffen würden, für welche allerdings der Käufer entweder gesetzlich mithaftet oder die er faktisch zur Durchführung des Vertrags zu tragen haben würde. 2144

▶ Beispiel:

Gebühren für die Löschung der am Verkäuferobjekt eingetragenen Grundpfandrechte, Kosten des bisherigen Versteigerungsverfahrens.

Da erst nach Durchführung all dieser Prüfungen und Rückbehalt der (nach KostO zu ermittelnden) voraussichtlichen Löschungskosten der unmittelbar zur Verteilung an die Gläubiger zur Verfügung stehende Betrag feststeht, machen sich häufig Nachverhandlungen zur Anpassung der ursprünglichen Treuhandauflage »nach unten« erforderlich.

3661 Kommunen erfahren zwar aufgrund des »MiZi-Effekts« (Mitteilungspflichten in Zivilsachen) von anberaumten Versteigerungsterminen und werden dadurch gem. § 37 Nr. 4 ZVG zur Anmeldung aufgefordert. Ein Beitritt erfolgt wegen der komfortablen Rangklasse (§ 10 Nr. 3 ZVG) praktisch nie, und auch die Anmeldung wird manchmal versäumt.

3662 Vgl. § 25 Abs. 4 SchornsteinfegerG hinsichtlich der Gebühr nach der Kehr- und ÜberprüfungsgebührenO; bei Sondereigentum haftet die Gemeinschaft der Wohnungseigentümer, vgl. VG Darmstadt, 07.12.2006, NJW-Spezial 2007, 386.

B. Gestaltung eines Grundstückskaufvertrages

2145 Die **sicherste Abwicklungsvariante** im Zusammenhang mit der Zwischenschaltung eines Notaranderkontos bei versteigerungsbefangenem Grundbesitz liegt sicherlich in der Auszahlung erst nach Eigentumsumschreibung auf den Käufer, um der Gefahr gegenzuwirken, dass ein (z.B. privater) Gläubiger trotz bereits dem Notar zur Verfügung gestellter Rücknahmeerklärung die Versteigerung weiter betreibt, die Rücknahmeerklärung widerruft (Rdn. 2131), oder vor Verfahrensaufhebung Beitritte i.S.d. Rdn. 2134 erfolgen, oder dass der bereits dem Notar zu treuen Händen vorliegende Rücknahmeantrag unbeachtlich wird, wenn der Gläubiger vor wirksamer Aufhebung des Zwangsversteigerungsverfahrens durch gerichtlichen Beschluss[3663] in Insolvenz fällt. Dies macht allerdings erforderlich, dass der Käufer zusätzlich die für die Umschreibung wirtschaftlich erforderlichen Erwerbsnebenkosten (Grunderwerbsteuer und Grundbuchgebühren) hinterlegt mit Anweisung an den Notar, diese Gebühren und Steuern aus dem Anderkonto für ihn zu begleichen. Da typischerweise erst mit der Auszahlung die Rücknahmeerklärungen der bisher betreibenden und beigetretenen Gläubiger verwendet, also an das Vollstreckungsgericht zur Aufhebung des Verfahrens weitergeleitet werden können, besteht auch hier, nach Umschreibung im noch versteigerungsbelasteten Zustand, die (eher abstrakte) Gefahr, dass noch weitere Gläubiger beitreten und/oder den Aufhebungsbeschluss anfechten. Die Vormerkung muss als Vorkehrung gegen solche »renitenten« vollstreckungsrechtlichen Nachranggläubiger auf jeden Fall bis zur endgültigen Aufhebung des Versteigerungsverfahrens bestehen bleiben, vgl. Rdn. 2135.

2146 Ein Muster eines solchen Gesamtvertrags über eine versteigerungsbefangene Eigentumswohnung unter Einschaltung eines Anderkontos, das zugleich der Ablösung sonstiger, nicht in Abteilung III eingetragener Belastungen dient, findet sich in der Anlage (Teil E, Muster XXII Rdn. 3911, sowie – in Gestalt der weniger sicheren, jedoch beschleunigten Variante der Auszahlung bereits vor Umschreibung Muster XXIII, Rdn. 3912).

(4) Verhältnis zum Insolvenzverfahren

2147 Durch die Insolvenzrechtsreform ist das **Verhältnis zwischen Einzelzwangsvollstreckung und Insolvenzverfahren** komplexer geworden:
– Während des Insolvenzverfahrens sowie in der Wohlverhaltensperiode besteht gem. §§ 89 Abs. 1, 294 InsO ein Verbot der Einzelzwangsvollstreckung (»par conditio creditorum«) durch Insolvenzgläubiger, nicht aber durch Massegläubiger und durch Aus- oder Absonderungsberechtigte. Auch letztere[3664] müssen jedoch einen bereits bestehenden Vollstreckungstitel analog[3665] § 727 ZPO auf den Insolvenzverwalter umschreiben,[3666] sofern die Vollstreckung erst nach Insolvenzeröffnung eingeleitet werden soll. Die bereits gegen den Gemeinschuldner bestehenden Vollstreckungsvoraussetzungen müssen nicht wiederholt werden.[3667]

2148 – Gem. § 88 InsO werden Vollstreckungsmaßnahmen ggü. jedermann[3668] unwirksam, die im letzten Monat vor dem Antrag auf Eröffnung des Insolvenzverfahrens oder danach zur Sicherung eines Gläubigers an Vermögen der Insolvenzmasse geführt haben (»**Rückschlagsperre**«). Nach überwiegender Auffassung ist bei einer Sicherungshypothek[3669] auf den Zeitpunkt der Eintragung, i.Ü. auf die Antragstellung abzustellen.[3670] Die Unwirksamkeit ist von Amts wegen zu

---

3663 BGH, 10.07.2008 – V ZB 130/07, DNotZ 2009, 43.
3664 Nach BGH, 12.12.2007 – VII ZB 108/06, NotBZ 2008, 107 m. Anm. *Otto* steht einem Antrag auf Klauselumschreibung § 89 InsO auch dann nicht entgegen, wenn keine Vollstreckung sich anschließen kann, da die Klauselerteilung lediglich eine Vorbereitungshandlung darstellt. Offen bleibt, ob möglicherweise das Rechtsschutzbedürfnis fehlt.
3665 Der Insolvenzverwalter, Partei kraft Amtes, ist nicht im eigentlichen Sinn Rechtsnachfolger, da der Insolvenzschuldner Eigentümer bleibt.
3666 *Wolfsteiner* Die vollstreckbare Urkunde 2. Aufl. 2006 Rn. 43.31.
3667 BGH DNotZ 2005, 840.
3668 BGH DNotZ 2006, 514; allerdings ist die absolute Unwirksamkeit nur eine »schwebende«, solange die Interessen der Insolvenzgläubiger dies verlangen.
3669 LG Bonn ZIP 2004, 1375; auch bei der Bauhandwerker-Sicherungshypothek, LG Berlin ZInsO 2001, 1066.
3670 Vgl. *Keller* ZIP 2000, 1324 ff.

beachten, die Berichtigung des Grundbuches erfolgt jedoch lediglich auf Antrag des Insolvenzverwalters gem. § 13 Abs. 1 Satz 2 GBO[3671] unter Nachweis des Datums der Antragstellung,[3672] und zwar wohl nur im Zusammenhang mit den Rechtsänderungen infolge einer Verwertung des Grundstücks,[3673] oder aufgrund Löschungsbewilligung des Hypothekengläubigers.[3674] Handelt es sich bei der nach § 88 InsO (ggü. jedermann) unwirksamen Sicherung um eine Zwangssicherungshypothek, entsteht (entgegen früherer Auffassung)[3675] auch keine Eigentümer-Grundschuld, allerdings könne die Zwangshypothek bei fortbestehender Buchung (jedoch mit u.U. verändertem Rang) wieder wirksam werden, wenn der Insolvenzverwalter das Grundstück aus der Masse freigibt.[3676]

— Rechtsgeschäftlich bestellte Grundschulden und Hypotheken sowie im Vollstreckungsverfahren eingetragene Sicherungshypotheken[3677] berechtigen zur **Absonderung** und damit zur Zwangsversteigerung nach den allgemeinen Regelungen des ZVG (abgesehen von der in § 10 Abs. 1 Nr. 1 Buchst. a) ZVG vorgesehenen 4 %igen Pauschale des Werts des Zubehörs als Feststellungsbeitrag zugunsten der Masse). Der Insolvenzverwalter kann allerdings gem. §§ 30d bis 30f ZVG die vorläufige Einstellung des Versteigerungsverfahrens durch das Vollstreckungsgericht bewirken, insb. wenn er auf das Grundstück zur Fortführung des schuldnerischen Betriebs angewiesen ist. Weitere Beeinträchtigungen der grundpfandrechtlich gesicherten Gläubiger können sich aus Insolvenzplänen[3678] gem. §§ 217 ff. InsO und aus Schuldenbereinigungsverfahren bei der Verbraucher- und Kleingewerbetreiberinsolvenz (§ 305 Abs. 1 Satz 4 InsO)[3679] ergeben. 2149

— Umgekehrt kann **auch der Insolvenzverwalter** anstelle des freihändigen Verkaufs eines massezugehörigen Grundstückes dessen **Zwangsversteigerung betreiben** (§ 165 InsO). Da hierbei alle am Grundstück eingetragenen Rechte in das geringste Gebot fallen würden, besteht eine realistische Chance auf einen Zuschlag nur, wenn auf Antrag zumindest eines Realgläubigers ein Doppel-Ausgebot gem. § 174 ZVG (unter Berücksichtigung allein der seinem Recht vorgehenden Belastungen) erfolgt, oder wenn der Verwalter gem. § 174a ZVG ein Doppel-Ausgebot erwirkt, das lediglich die Verfahrenskosten und den Feststellungskostenbeitrag[3680] in das gering- 2150

3671 Vgl. OLG Dresden ZIP 1999, 442; BayObLG ZIP 2000, 1263. Nach LG Leipzig, 12.15.2004 – 1 S 5075/04, ZInsO 2005, 833 ff. könne sich (entgegen h.M.) sogar nur der Insolvenzverwalter, nicht etwa Dritte wie z.B. der Insolvenzschulder selbst, auf die Unwirksamkeit berufen.
3672 Nach OLG München, 27.10.2011 – 34 Wx 435/11, NotBZ 2012, 57; OLG Köln, 14.07.2010 – 2 Wx 86/10, NotBZ 2010, 419 genügt dafür die dienstliche Erklärung des Insolvenzrichters; auch die weitere Zugehörigkeit des Grundstücks zur Insolvenzmasse könne aus dem eingetragenen Insolvenzvermerk geschlossen werden (!). A.A. OLG München, 25.08.2010 – 34 Wx 68/10, NotBZ 2010, 422: Eingangsbestätigung ist dem Insolvenzgericht nicht als Aufgabe zugewiesen, ebenso wenig lasse sich beweisen, dass gerade dieser Antrag zur Insolvenzeröffnung geführt habe, vgl. *Keller* ZfIR 2006, 499, 502. Dann bleibt nur die einzuklagende (§ 894 BGB, § 894 ZPO) Bewilligung des Gläubigers, vgl. übernächste Fußnote.
3673 Dafür spricht die BGH-Auffassung von der »schwebenden absoluten Unwirksamkeit«, vgl. *Reul* Vertragsgestaltung in Krise und Insolvenz, Skript Auditorium Celle 28.09.2010 S. 82.
3674 OLG Stuttgart, 30.08.2011 – 8 W 310/11, NotBZ 2011, 415 m. zust. Anm. *Böttcher* sieht dies als einzig möglichen Weg an.
3675 So BayObLG ZIP 2000, 1263; BGH ZIP 2000, 931; OLG Düsseldorf Rpfleger 2004, 39 (jeweils gestützt auf § 868 ZPO), sodass zur Löschung materiell-rechtlich die Aufgabeerklärung des Eigentümers (bzw. an seiner Stelle des Insolvenzverwalters) nach § 875 BGB und grundbuchrechtlich die Löschungsbewilligung in der Form des § 29 GBO notwendig wäre.
3676 So BGH, 19.01.2006 – IX ZR 232/04, Rpfleger 2006, 253 mit zu Recht abl. Anm. *Demharter*; sehr krit. auch *Bestelmeyer* Rpfleger 2006, 389 und *Böttcher* NotBZ 2007, 86: Rückschlagsperre verwandelt die Zwangshypothek in eine Eigentümergrundschuld; bei Freigabe durch Insolvenzverwalter tritt keine »Rückverwandlung« in eine Fremdhypothek ein.
3677 Letztere nur, soweit vor Eröffnung des Insolvenzverfahrens Zwangsversteigerungsantrag gestellt wurde und die darauf hin erfolgte Beschlagnahme des Grundstücks noch vor Verfahrenseröffnung wirksam wurde.
3678 Gem. § 245 InsO kann die Zustimmung einer Gruppe u.U. ersetzt werden, Minderheitenschutz gem. § 251 InsO.
3679 Insb. im Hinblick auf die Zustimmungsersetzung gem. § 309 InsO, wenn mehr als die Hälfte der Gläubiger – nach Köpfen und Summen – dem Plan zugestimmt haben.
3680 I.H.v. 4 % des Zubehörwerts, § 10 Abs. 1 Nr. 1 Buchst. a) ZVG.

B. Gestaltung eines Grundstückskaufvertrages

ste Gebot aufnimmt. Der Antrag nach § 174a ZVG geht vor, kann allerdings durch Ablösung des Feststellungskostenerstattungsanspruchs durch Grundpfandgläubiger abgewendet werden.

bb) Teilungsversteigerung

2151 Die Zwangsversteigerung eines Grundstückes zum Zweck der Aufhebung einer Gemeinschaft[3681] (§ 180 Abs. 1 ZVG, sog. **Teilungsversteigerung**) ähnelt der allgemeinen Vollstreckungsversteigerung mit der Maßgabe, dass der Antragsteller (Miteigentümer nach Bruchteilen,[3682] Miterbe oder Gesellschafter einer aufgelösten GbR [§§ 749 Abs. 1, 2042 Abs. 2 BGB i.V.m. §§ 753 Abs. 1, 730 Abs. 1, 731 BGB]) die Stellung des betreibenden Gläubigers einnimmt, die übrigen Teilhaber der Gemeinschaft dagegen die Rolle des Schuldners. Allerdings ist ein Beitritt nur durch weitere Miteigentümer/Miterben/Mitgesellschafter möglich, die dadurch vom Antragsgegner zum Antragsteller werden, der Beitritt eines »normalen« Vollstreckungsgläubigers ist ebenso ausgeschlossen wie umgekehrt der Teilungsversteigerungsbeitritt zu einer allgemeinen Vollstreckungsversteigerung.[3683] Die einstweilige Einstellung des Verfahrens durch das Vollstreckungsgericht auf Betreiben eines Antragsgegners ist in der Praxis selten (ausgenommen die Fälle ernsthafter Gefährdung des Kindeswohls bei Ehegattenversteigerungen [§ 180 Abs. 3 und Abs. 4 ZVG]) und wird nur bei lediglich vorübergehenden Umständen gewährt.[3684]

2152 Die Beschlagnahmewirkung an der Immobilie selbst wie auch das anlässlich der Pfändung des Auseinandersetzungsanspruchs ausgesprochene Verfügungsverbot hindern jedoch nicht die Verfügung über den Miteigentumsanteil selbst (mit der Folge, dass das Teilungsversteigerungsverfahren gem. § 28 ZVG aufzuheben ist, wenn nunmehr Alleineigentum besteht).[3685] I.Ü. entsprechen die Verfahrensregeln der Regelversteigerung, auch hinsichtlich der Wiederversteigerung.[3686] Am Objekt bestehende Grundpfandrechte fallen allesamt in das geringste Gebot; der verlierende Eigentümer ist also darauf verwiesen, den Anspruch auf (Rück-)übertragung der Grundschuld, soweit sie nicht mehr valutiert, geltend zu machen, und sodann die Duldung der Zwangsversteigerung in das Grundstück zu verlangen, die der Ersteigerer durch Leistung auf die Grundschuld abwehren kann.[3687] Dies gilt auch, wenn bei Teilungsversteigerung unter Ehegatten einer von ihnen das bislang gemeinsame Grundstück ersteigert.[3688]

cc) Zwangsverwaltung

2153 Die **Zwangsverwaltung** als (neben Zwangsversteigerung und Eintragung einer Sicherungshypothek) dritte Möglichkeit der Zwangsvollstreckung in ein Grundstück (§ 866 ZPO) schafft ebenfalls ein relatives Veräußerungsverbot (§§ 146 Abs. 1, 20 Abs. 1, 23 ZVG). Sie erfordert – über die Darstellung in Rdn. 2129 ff. hinaus – lediglich geringfügige Anpassungen der Vertragsgestaltung:
– Zum einen ist zu beachten, dass bei Aufrechterhaltung der Zwangsverwaltung bis zur Kaufpreiszahlung als typischem Zeitpunkt des Besitzübergangs die Verschaffung des Besitzes (ebenso wie bspw. der Mieterkautionen) durch den Zwangsverwalter, nicht durch den Verkäufer erfolgt, da

---

3681 I.d.R. wird dieser Zusatz, obwohl in das pflichtgemäße Ermessen des Grundbuchamts gem. § 19 ZVG gestellt, miteingetragen.
3682 Auch bei Alleineigentum, wenn an einem ideellen Miteigentumsanteil Nacherbenrechte bestehen (z.B. wegen Erbfolge unter Ehegatten im Trennungsmodell), BGH MittBayNot 2005, 157 m. Anm. *Wicke*.
3683 Vgl. *Stöber/Zeller* ZVG § 180 Anm. 8.6.
3684 Vgl. LG Berlin RPfleger 1993, 297.
3685 BGH, 25.02.2010 – V ZB 92/09, DNotZ 2011, 120.
3686 BGH, 20.02.2008 – XII ZR 58/04, MittBayNot 2008, 291: erhält der andere Bruchteilseigentümer den Zuschlag, ohne das Bargebot zu befriedigen, setzt sich die Gemeinschaft an der gem. § 118 ZVG übertragenen Forderung als Berechtigung nach § 432 BGB fort.
3687 Nach BGH, 04.02.2011 – V ZR 132/10, DNotZ 2011, 365 m. Anm. *Kesseler* ist der Grundschuldgläubiger aufgrund des durch die Sicherungsabrede begründeten Treuhandverhältnisses zu einer Verwertung in der Weise verpflichtet, dass der persönliche Schuldner von seiner Schuld vollständig befreit wird.
3688 Keine unmittelbare »abkürzende« Zahlungsklage, BGH, 20.10.2010 – XII ZR 11/08, DNotZ 2011, 348: der weichende Ehegatte hat den Ersteigerer zunächst gem. § 747 Satz 2 BGB auf Mitwirkung an der Rückübertragung und sodann Teilung der Grundschuld in Anspruch zu nehmen.

Ersterer gem. § 150 Abs. 2 ZVG den Besitz am verwalteten Grundstück erlangt hat und insoweit nicht Vertreter des Schuldners (Verkäufers) ist. Dies lässt sich ggf. wie folgt dokumentieren:

▶ **Formulierungsvorschlag: Besitzverschaffung bei Zwangsverwaltung**

Zum Zweck der Besitzverschaffung tritt hierdurch der Verkäufer bereits jetzt an den dies annehmenden Käufer seinen nach Ende der Beschlagnahme am Tag des Besitzübergangs (Stichtag) bestehenden, auch künftigen oder bedingten, Freigabe- bzw. Herausgabeanspruch gegen den Zwangsverwalter mit Wirkung ab dem Stichtag ab. Dieser Ausspruch umfasst auch die Herausgabe aller objektbezogenen Unterlagen, die sich im Besitz des Zwangsverwalters befinden. Mit der vorstehenden Abtretung des Freigabe- bzw. Herausgabeanspruchs ist jegliche Verpflichtung des Verkäufers gegenüber dem Käufer zur Besitzverschaffung an dem Kaufgegenstand, soweit er der Zwangsverwaltung unterliegt, erfüllt. Es ist Sache des Käufers, auf der Grundlage der vorstehenden Abtretung den Freigabe- und Herausgabeanspruch gegenüber dem Zwangsverwalter nach Rücknahme des Zwangsverwaltungsantrags und Ende der Beschlagnahme des Kaufgegenstandes geltend zu machen. 2154

— Noch konkreter lassen sich die dem Zwangsverwalter ggü. bestehenden, abgetretenen Ansprüche bei vermieteten Objekten bezeichnen, insb. in Bezug auf die Nebenkostenabrechnung und gestellte Mietsicherheiten;[3689] die bestehenden Mietverträge[3690] gehen gem. § 152 Abs. 2 ZVG auf den Zwangsverwalter über: 2155

▶ **Formulierungsvorschlag: Mietübergang bei Zwangsverwaltung**

Der Verkäufer tritt hiermit sämtliche Ansprüche gegen den Zwangsverwalter, die ihm am Tag des Nutzungsübergangs, auch bedingt oder künftig, gegen den Zwangsverwalter in Bezug auf getätigte oder empfangene Heiz- und Betriebskostenvorauszahlungen der Mieter/Pächter zustehen, einschließlich des Anspruchs darauf, diese auf das Ende der Beschlagnahme abzurechnen und ein etwaiges für den Zeitraum bis zum Ende der Beschlagnahme verbleibendes Guthaben auszuzahlen, mit Wirkung ab dem Übergang der Nutzungen an den dies annehmenden Käufer ab. Wenn und soweit bei Übergang der Nutzungen sich Mietsicherheiten in der Verfügung des Zwangsverwalters befinden, tritt der Verkäufer hiermit mit Wirkung ab demselben Zeitpunkt an den dies annehmenden Käufer alle etwa ihm zustehenden, auch künftigen oder bedingten, Ansprüche gegen den Zwangsverwalter hinsichtlich der Mietsicherheiten, insbesondere auf Übertragung und Herausgabe, ab. 2156

Es ist Sache des Käufers, die abgetretenen Ansprüche gegenüber dem Zwangsverwalter geltend zu machen.

— Sofern der Verkäufer Wissenserklärungen oder gar Garantien abzugeben bereit ist hinsichtlich Tatbeständen, die mit der Nutzung des Objekts zu tun haben (Vermietungsstand etc.), können sich diese nur auf den Zeitraum bis zum Beginn der Zwangsverwaltung beziehen. Der Zwangsverwalter seinerseits hat Rechnungslegungspflichten nur ggü. dem bestellenden Gericht, Informationspflichten ggü. Gläubigern und Schuldner.[3691] 2157

— Hinsichtlich der »Ablöseforderungen« wegzufertigender Gläubiger ist zu berücksichtigen, dass möglicherweise aus den Überschüssen der Verwaltungserträge[3692] nach Maßgabe der gerichtlichen Zahlungsanordnungen auf der Grundlage des Teilungsplans Teilbeträge bedient werden 2158

3689 BGH DNotI-Report 2005, 111 zur Herausgabe der Kaution an den Zwangsverwalter.
3690 Dies gilt nicht für unentgeltliche Nutzungsüberlassungen, vgl. LG Dortmund, 29.10.2010 – 3 O 175/10, ZfIR 2011, 151.
3691 *Schmidberger* ZfIR 2008, 517 ff.
3692 Nach Abzug der Verwaltervergütung, die im Regelfall 10 % der Netto-Mieten/Pachten beträgt, vgl. § 18 Zwangsverwalterverordnung in der seit 01.01.2004 geltenden Fassung.

können. Auch ist zu regeln, ob der Anspruch auf einen etwaigen Verfahrensüberschuss dem Käufer zusteht oder aber (mangels Abtretung) dem Schuldner = Verkäufer,[3693] etwa wie folgt:

▶ **Formulierungsvorschlag: Abtretung des Verfahrenskostenüberschusses bei Zwangsverwaltung:**

2159 Der Anspruch auf einen etwaigen verbleibenden Verfahrensüberschuss des Zwangsverwaltungsverfahrens steht dem Käufer zu. Zu diesem Zweck tritt hierdurch der Verkäufer bereits jetzt an den dies annehmenden Käufer seine nach Ende der Beschlagnahme am Übergabetag bestehenden und/oder künftigen oder bedingten Ansprüche gegen den Zwangsverwalter auf Abrechnung und Auskehr eines Verfahrensüberschusses mit Wirkung ab dem Übergabetag ab und bevollmächtigt den Käufer, die Abtretung dem Zwangsverwalter anzuzeigen.

2160 — Die Aufhebung des Zwangsverwaltungsverfahrens und die Löschung des im Grundbuch diesbezüglich eingetragenen Vermerks erfolgt durch Beschluss des Vollstreckungsgerichts,[3694] § 161 Abs. 1 ZVG, aufgrund Rücknahme des Zwangsverwaltungsantrags durch den betreibenden und etwaige beigetretene Gläubiger, welche dem Notar zu treuen Händen zur Weitergabe unter entsprechender Auflage mit der Löschungsbewilligung übergeben wird. Es verbleibt also ein Zeitraum zwischen Rücknahmeerklärung des Gläubigers und tatsächlicher Beendigung des Verfahrens, in welchem eingehende Mieten noch an die Zwangsverwaltungsgläubiger auszukehren sind, sodass auch die Abtretung des Verfahrenskostenüberschusses (Rdn. 2159) nicht hilft[3695] (abgesehen von der jedenfalls eintretenden Minderung um die 10 %ige Verwaltungskostenpauschale). Dagegen hilft allenfalls die Hinterlegung eines Teilkaufpreises auf **Anderkonto** zur Teilrückzahlung an den Käufer,[3696] falls ihm nicht alle Nutzungen zufließen, die ab dem Stichtag ihm gebühren. Noch gefährlicher wirkt der Wegfall der Verfügungsmacht des den Zwangsverwaltungsantrag zurücknehmenden Gläubigers vor Wirksamwerden der Aufhebung (ein etwaiger Insolvenzverwalter ist bspw. weder an den Rücknahmeantrag noch an die zugrunde liegende privatrechtliche Abrede gebunden). Hiergegen hilft nur die Hinterlegung auf Anderkonto mit Auszahlung erst nach wirksamer Verfahrensbeendigung (vgl. Muster XXII, Rdn. 3911).

dd) Verträge nach Abgabe des Meistgebots[3697]

2161 Wer am Ende der (dreißig Minuten währenden) Bietstunde das höchste gültige Gebot abgegeben hat, kann gem. § 81 Abs. 1 ZVG den Zuschlag verfahrensrechtlich beanspruchen, der im soeben beendeten Versteigerungstermin, § 73 ZVG, oder in einem sodann sofort zu bestimmenden Verkündungstermin (i.d.R. binnen Wochenfrist) erteilt werden soll (§ 87 Abs. 2 ZVG).[3698] Erst mit dem Zuschlag wird er durch Hoheitsakt Eigentümer (§ 90 Abs. 1 ZVG). In der Zwischenzeit ist der »**Anspruch aus dem Meistgebot**« abtretbar (§ 81 Abs. 2 ZVG); das dingliche Geschäft bedarf der öffentlichen Beglaubigung, das zugrunde liegende Kausalgeschäft (als Übertragung eines »Anwartschaftsrechts«) der Beurkundung gem. § 311b Abs. 1 BGB.[3699]

2162 **Grunderwerbsteuer** fällt damit insgesamt zweimal an (einerseits mit Abgabe des Meistgebots, also Erwerb des Zuschlagsanspruchs, gem. § 1 Abs. 1 Nr. 4 GrEStG, andererseits mit dessen Weitergabe gem. § 1 Abs. 1 Nr. 5 bzw. Nr. 7 GrEStG). Neben dem Erwerber des Zuschlagsanspruchs haftet der

---

3693 Nicht dem Gläubiger, der seinen Zwangsverwaltungsantrag zurückgenommen hat, ohne sich den Überschussanspruch abtreten zu lassen, BGH, 03.10.2011 – IX ZR 188/10, ZfIR 2012, 68.
3694 Erst dann endet die Beschlagnahme, BGH, 10.07.2008 – V ZB 130/07, DNotI-Report 2008, 150.
3695 A.A. wohl *Heggen* RNotZ 2009, 384, 388, wonach der Zwangsverwalter die später vereinnahmten Mieten bei entsprechender Kenntnis vom vereinbarten Stichtag an den Käufer auskehren werde.
3696 So auch die Empfehlung von *Böttcher* ZfIR 2010, 521, 535.
3697 Vgl. zum Folgenden umfassend *Kesseler* DNotZ 2006, 487 ff.; *Böttcher* ZfIR 2010, 521, 530 ff.
3698 Anlass für eine solche Verschiebung (Nichterteilung des Zuschlags im Versteigerungstermin) besteht z.B., wenn eine Vollmacht nachzureichen ist.
3699 Vgl. *Kesseler* DNotZ 2006, 488; a.A. Ermann/*Grziwotz* BGB § 311b Rn. 15; RGZ 150, 403 f. (jedoch noch vor der dogmatischen Ausarbeitung der Lehre vom Anwartschaftsrecht).

VII. Sach- und Rechtsmängel

Veräußerer (der Meistbietende) gem. § 81 Abs. 4 ZVG gesamtschuldnerisch für die Zahlung des Bargebots mit, übernimmt also wirtschaftlich das Risiko mangelnder Leistungsfähigkeit des Erwerbers.[3700] Den Erwerber des Zuschlagsanspruchs treffen seinerseits die immanenten **Risiken eines Rechtskaufs** (anderweitige vorrangige Abtretung, Pfändung[3701] oder Verpfändung des Anspruchs), die allenfalls hinsichtlich eines typischerweise an den Veräußerer zu zahlenden »Aufgelds« dadurch reduziert werden können, dass dieses erst nach rechtskräftigem Zuschlag[3702] fällig werde.

Wird anstelle der Rechte aus dem Meistgebot das **Grundstück** selbst vor dem eigenen (Zuschlags-) Erwerb **weiterveräußert**, entsteht eine dem **Kettenverkauf** (A-B-C-Modell, s.o. Rdn. 915 ff.) vergleichbare Konstellation. Will (wie regelmäßig) der Meistbietende (B) ohne eigene Finanzierung das zu leistende Bargebot durch den Enderwerber (C) beglichen wissen, kann des Letzteren Vormerkung erst nach Rechtskraft des Zuschlagsbeschlusses und Ausführung des Teilungsplans eingetragen werden, § 39 GBO (vorherige Einreichung beim Grundbuchamt ist gem. § 130 Abs. 1 ZVG zur Rangwahrung ggü. späteren rechtsgeschäftlichen Anträgen Dritter jedoch möglich). Die Hinterlegung des Bargebots ist dafür allerdings nicht Voraussetzung, wie sich aus den Vorschriften über die Wiederversteigerung ergibt. Soll C jedoch den ggü. B geschuldeten Kaufpreis bereits unmittelbar im Verteilungstermin bar entrichten, also vor rangrichtiger Eintragung der eigenen Vormerkung, drohen ihm mehrere **Gefahren**, die nur teilweise gebannt werden können:[3703] 2163

— Der eigentliche Ersteher (B) könnte den bei der Gerichtskasse nach § 49 Abs. 3, Abs. 4 ZVG eingezahlten Betrag gem. § 376 Abs. 1 BGB »zurücknehmen«, sodass trotz Zahlung die Wiederversteigerung eintritt. Der Verkäufer muss daher im Kaufvertrag auf dieses **Rücknahmerecht verzichten** und es muss eine Ausfertigung dieser Erklärung dem Vollstreckungsgericht durch den Notar zugeleitet werden. 2164

— Weiterhin ist der Anspruch auf **Rückzahlung** des hinterlegten Betrags bei Aufhebung des Zuschlags (etwa im Beschwerdeverfahren) an den Einzahlenden (C) abzutreten und diese Abtretung durch Ausfertigung diesem anzuzeigen.

— Auch nach Rechtskraft des Zuschlags könnte schließlich ein betrügerischer Verkäufer gem. § 91 Abs. 2 ZVG mit Gläubigern an sich weggefallener Rechte abweichend deren **Bestehenbleiben** vereinbaren, was zu keiner Minderung (Rückzahlung) des Bargebots führt, wenn es sich um solche Rechte handelt, die ohnehin nicht hätten bedient werden können. Diese Rechte würden unerwarteterweise der späteren Vormerkung des C vorgehen. 2165

— Gleiches gilt für die kraft Gesetzes entstehenden **Sicherungshypotheken** für den Fall einer Pfändung des Anspruchs aus dem Meistgebot (§ 81 ZVG, § 848 Abs. 2 Satz 2 ZPO). (Gutgläubiger vorrangiger Erwerb der Vormerkung wird nach der Rechtsprechung dadurch vereitelt, dass § 17 GBO auf die Eintragung außerhalb des Grundbuches entstehender Rechte oder Beschränkungen nicht angewendet wird, letztere also ihren Vorrang auch grundbuchrechtlich erhalten).[3704]

Daher sollte dem Käufer (C) geraten werden, den Kaufpreis nicht im Verteilungstermin durch Hinterlegung des Bargebots zu begleichen, sondern unmittelbar an den B im üblichen Weg – also nach Vollzug des Zuschlags und Eintragung der Vormerkung, unter gleichzeitiger vorrangiger Ein- 2166

3700 Befriedigt dieser das Bargebot nicht, gehen die Forderungen gem. §§ 118 Abs. 1, 128 Abs. 1 ZVG auf die im Ursprungsverfahren betreibenden Gläubiger über, die Sicherungshypotheken am Grundstück erhalten (Wiederversteigerung). Wird der Veräußerer als Gesamtschuldner in Anspruch genommen, gehen diese Hypotheken gem. §§ 426 Abs. 2, 401 Abs. 1 BGB auf ihn über.

3701 Gem. § 857 ZPO; das Versteigerungsgericht ist nicht als Drittschuldner anzusehen, vgl. *Stöber* Forderungspfändung, Rn. 1794; analog § 848 Abs. 2 Satz 2 ZPO, § 1287 Satz 2 BGB entsteht (außerhalb des Grundbuchs) eine Sicherungshypothek zugunsten des Pfändungsgläubigers am durch Zuschlag erworbenen Grundbesitz, vgl. *Stöber/Zeller* ZVG § 81 Anm. 3.7.

3702 Die 2-Wochen-Frist der sofortigen Beschwerde gegen den Zuschlagsbeschluss (§§ 96, 98 ZVG, § 793 ZPO) gilt nicht ggü. solchen Beschwerdeberechtigten, die im Verkündungstermin nicht anwesend waren, sodass die Entscheidung max. 5 Monate nach Verkündung angegriffen werden kann, § 569 Abs. 1 ZPO.

3703 Zum Folgenden vgl. ausführlich *Kesseler* DNotZ 2006, 493 ff.

3704 Vgl. OLG Frankfurt am Main Rpfleger 1991, 361; OLG Karlsruhe NJW-RR 1998, 445 u.a., Kritik und weitere Nachweise bei *Kesseler* ZNotP 2004, 338.

tragung der i.R.d. Wiederversteigerung einzutragenden Forderungen gegen den Ersteher (§§ 118 Abs. 1, 128 Abs. 1 ZVG) sowie etwaiger aufgrund vorangegangener Pfändungen oder Verpfändungen der Meistgebotsansprüche außergrundbuchlich entstandener Sicherungshypotheken, die dann bei Freistellung gegen Treuhandauflage wegzufertigen sind.

ee) Finanzierung eines Erwerbs aus der Versteigerung[3705]

2167 Mit der Verkündung des Zuschlagsbeschlusses (noch im soeben beendeten Versteigerungstermin, § 73 ZVG, oder in einem sodann sofort zu bestimmenden Verkündungstermin, §§ 81, 87 ZVG) wird der Ersteher (vorbehaltlich späterer Aufhebung des Zuschlags im Beschwerdeweg)[3706] Eigentümer des Grundstücks (§ 90 ZVG); die nicht bestehen bleibenden Rechte erlöschen dinglich[3707] und erhalten dafür Surrogationsansprüche am Erlös. Ab diesem Zeitpunkt ist das Bargebot[3708] gem. § 49 Abs. 2 ZVG i.V.m. § 246 BGB i.H.v. 4 % zu verzinsen. Zahlbar ist es spätestens im Verteilungstermin, der durch das Gericht mit einer Ladungsfrist von mindestens 14 Tagen anzuberaumen ist (§ 105 Abs. 4 ZVG). Nach Vorliegen der **Unbedenklichkeitsbescheinigung** wegen der vom Ersteher zu tragenden Grunderwerbsteuer (§ 1 Abs. 1 Nr. 4 GrEStG) ersucht das Vollstreckungsgericht das Grundbuchamt um Eintragung des Erstehers und Löschung der im Verfahren erloschenen Rechte (als Berichtigung, § 130 ZVG). Unterbleibt die Einzahlung, überträgt das Gericht den Zahlungsanspruch auf die Gläubiger (§ 118 Abs. 1 ZVG) und veranlasst die Eintragung entsprechender Sicherungshypotheken im Rang der Surrogationsrechte im Grundbuch (§ 128 ZVG).

2168 Zur Vermeidung einer Wiederversteigerung ist daher die **rechtzeitige Einzahlung** an die Gerichtskasse entscheidend. Zur Finanzierung stehen dem Ersteher – abgesehen vom Weiterverkauf, vgl. Rdn. 2161 ff. – zwei Möglichkeiten zur Verfügung:
– Der Ersteher kann bereits eingetragene Grundpfandrechte, die an sich durch Zuschlag erlöschen, unter Anrechnung auf das Bargebot übernehmen, und zwar durch sog. »**Liegenbelassensvereinbarung**« gem. § 91 Abs. 2 ZVG. Sie hat rückwirkende Kraft auf den Zeitpunkt des Zuschlags und mindert das Bargebot gem. § 91 Abs. 3 ZVG (sofern einschlägig) um den Betrag, den der Gläubiger des betroffenen Rechts aus dem Versteigerungserlös sonst erhalten hätte. Die Vereinbarung zwischen dem Ersteher und dem Gläubiger des betroffenen Grundpfandrechts ist entweder mündlich im Verteilungstermin zu Protokoll zu geben oder – bei späterer Vereinbarung – durch notariell beglaubigte Erklärung nachzuweisen. Diese muss dem Gericht spätestens zugehen, bevor das Ersuchen des Vollstreckungsgerichts auf Berichtigung des Grundbuchs gem. § 130 ZVG beim Grundbuchamt eingegangen ist.

2169 – Die Liegenbelassensvereinbarung wirkt wie die Befriedigung des Gläubigers aus dem Grundstück, vgl. § 91 Abs. 3 Satz 2 ZVG. Auch die persönliche Forderung gegen den Vollstreckungsschuldner (den bisherigen Eigentümer) erlischt. War der bisherige Eigentümer nicht auch persönlicher Schuldner, gilt bei der Hypothek § 1143 BGB (Übergang der Forderung auf den Vollstreckungsschuldner; die Hypothek wird zur Grundschuld). Bei der Sicherungsgrundschuld bleibt die zugrunde liegende Forderung bestehen, ist aber aufgrund der Befriedigungswirkung an den Vollstreckungsschuldner abzutreten.[3709] Um den Ersteher zur Übernahme der persönlichen Schuld zu verpflichten, muss dies zwischen ihm und dem Gläubiger vereinbart werden. Diese schuldrechtliche Regelung wird typischerweise zusammen mit der Liegenbelassensvereinbarung getroffen, wobei zur Abgabe einer Vollstreckungsunterwerfung in das sonstige Vermögen die notarielle Beurkundung gem. § 794 Abs. 1 Nr. 5 ZPO erforderlich ist.

3705 Vgl. zum Folgenden umfassend *Sickinger* RNotZ 1996, 241 ff.
3706 BGH, 05.03.2010 – V ZR 106/09, RPfleger 2010, 384; zwischen altem und neuem Zuschlagsberechtigtem besteht dann ein Eigentümer-Besitzer-Verhältnis.
3707 Die zugrunde liegenden persönlichen Ansprüche erlöschen nur in dem Umfang, in dem tatsächlich Befriedigung erlangt wird.
3708 Dieses setzt sich zusammen aus dem bar zu zahlenden Teil des geringsten Gebots = geringsten Bargebots und dem sog. Mehrgebot des Bietenden bzw. nunmehrigen Zuschlagsempfängers.
3709 Vgl. *Muth* RPfleger 1990, 2, 3.

– Üblicherweise erfolgt jedoch die Finanzierung durch Aufnahme eines neuen Darlehens und Absicherung durch ein vom Ersteher bestelltes Grundpfandrecht. Mit dem Zuschlag wurde er Eigentümer und kann daher materiell-rechtlich die Eintragungsbewilligung abgeben. Wegen § 39 GBO (Voreintragung) ist allerdings bis zur Berichtigung des Grundbuchs aufgrund Eintragungsersuchens des Vollstreckungsgerichts nach Ausführung des Teilungsplans (was nicht zwingend gleichbedeutend ist mit Bezahlung des Bargebots!) und Entrichtung der Grunderwerbsteuer die Eintragung nicht erfolgen. § 130 Abs. 3 ZVG erlaubt daher die sofortige Vorlage, ohne dass das Grundbuchamt diesen Antrag gem. § 18 GBO zurückweisen oder mit Zwischenverfügung belegen könnte;[3710] es verwahrt ihn zum Vollzug im unmittelbaren Anschluss und im Rang nach den Eintragungen, die gem. § 130 Abs. 1 ZVG beantragt werden.

2170

Gefährdet ist dieser Rang insb. durch die nachträgliche Vereinbarung des Liegenbelassens eines durch Zuschlag erloschenen Rechts oder durch die Eintragung der Surrogatrechte gem. § 128 ZVG für die bisherigen Gläubiger, wenn diese mangels Einzahlung des Bargebots nicht befriedigt werden können. Notarielle Rangbestätigungen ohne Hinweis auf diese Risiken verbieten sich daher in solchem Kontext.[3711]

2171

In der Grundschuld selbst wird auf § 130 Abs. 3 ZVG bspw. wie folgt hingewiesen:

2172

▶ Formulierungsvorschlag: Grundpfandrecht an ersteigertem Objekt vor Grundbuchberichtigung

Der Besteller hat den vorbezeichneten Grundbesitz im Wege der Zwangsversteigerung (Aktenzeichen ....., des AG .....) erworben; der Zuschlag wurde bereits erteilt. Ihm ist bekannt, dass die Eintragung des Grundpfandrechts erst vollzogen werden kann, wenn er auf Ersuchen des Vollstreckungsgerichts im Wege der Berichtigung als Eigentümer eingetragen ist. Er verpflichtet sich, alles hierfür erforderliche unverzüglich vorzunehmen, insbes. die Grunderwerbsteuer zu entrichten. Die Urkunde soll aber bereits jetzt dem Grundbuchamt zur Rangwahrung zur Eintragung vorgelegt werden (§ 130 Abs. 3 ZVG). Allerdings kann sich der Rang dadurch verschlechtern, dass durch den Zuschlag erloschene Rechte doch eingetragen bleiben, etwa aufgrund nachträglicher Liegenbelassensvereinbarungen (§ 91 ZVG) oder als Sicherungshypotheken gem. § 128 ZVG, wenn das Bargebot nicht im Verteilungstermin entrichtet wird.

4. Sachmängel

a) Begriff

aa) Grundsatz

§ 434 BGB enthält die »neue« Legaldefinition des Sachmangels, der in **sieben Untertatbestände** zerfällt:
– In dieser Darstellung nicht weiter behandelt werden sollen die beiden in § 434 Abs. 2 BGB enthaltenen Alternativen der **unsachgemäßen Montage** bzw. **mangelhaften Montage-Anleitung** (»Ikea-Klausel«).
– Bedeutsamer ist der in § 434 Abs. 3, 1. Alt. BGB dem Sachmangel (»peius«) gleichgestellte[3712] Fall eines aliud, bei dem an sich begrifflich kein Sachmangel vorliegt, sondern allenfalls ein »Identitätsmangel«. Ob die Abweichung genehmigungsfähig ist, ist nicht mehr erheblich, anders der nunmehr aufgehobene § 378 HGB a.F.[3713]

2173

3710 Vgl. LG Gera RNotZ 2002, 511.
3711 Vgl. *Sickinger* MittRhNotK 1996, 252.
3712 Problematisch ist diese Gleichstellung bei der irrtümlichen Lieferung einer besseren Sache, die der Käufer behalten will. Teleologische Reduktion des § 434 Abs. 3 BGB für Fälle des Stückkaufes; § 378 HGB a.F. analog; fehlender Erfüllungswille? Möglichkeit der Kondiktion der irrtümlich gelieferten Sache? Treuwidrigkeit des Käuferverhaltens? vgl. zum Ganzen umfassend *Musielak* NJW 2003, 89 ff. und *Schulze* NJW 2003, 1022 f.: § 434 Abs. 3 BGB gelte nur für das Qualifikationsaliud (Haifischfleisch wird als Walfischfleisch verkauft), nicht jedoch für das Identitätsaliud.
3713 Bei unerheblichen Abweichungen ist allerdings der Rücktritt gem. § 323 Abs. 5 Satz 2 BGB ausgeschlossen, nicht jedoch die anderen Rechte aus § 437 BGB.

B. Gestaltung eines Grundstückskaufvertrages

2174 — Gleichgestellt ist auch die Lieferung einer **Mindermenge**, § 434 Abs. 3, 2. Alt. BGB. Problematisch ist insoweit die Abgrenzung zur Teilleistung (mit den Rechtsfolgen des § 323 Abs. 5 BGB).[3714] In den Fällen der Falschlieferung oder einer Minderlieferung besteht zunächst ein Erfüllungsanspruch, für den bis zum Gefahrübergang (§§ 446, 447 BGB) die Bestimmungen des allgemeinen Leistungsstörungsrechts unmittelbar gelten (§§ 280 ff. BGB). Ab Gefahrübergang sind aliud und Mindermenge dem Sachmangel gleichgestellt, sodass die Bestimmungen des allgemeinen Leistungsstörungsrechts mit den Maßgaben der Sachmängelsondervorschriften der §§ 437 bis 441 BGB gelten.

2175 Weit bedeutsamer sind die drei ersten Tatbestände der Sachmängelalternativen: die **vereinbarte Beschaffenheit** (§ 434 Abs. 1 Satz 1 BGB), die **Eignung zur vorausgesetzten Verwendung der Sache** (Abs. 1 Satz 2 Nr. 1) und die **Eignung zur gewöhnlichen Verwendung** (Abs. 1 Satz 2 Nr. 2, Satz 3). Sie bilden eine Stufenleiter mit der Folge, dass im Vordergrund, anders als beim bisherigen Fehlerbegriff des § 459 Abs. 1 BGB a.F., die vereinbarte subjektive Beschaffenheit steht und nur dann, wenn solche Vereinbarungen fehlen, auf objektive Umstände gem. Abs. 1 Satz 2 abzustellen ist.

2176 — Die bisherige **zugesicherte Eigenschaft** des § 459 Abs. 2 BGB a.F. geht im Wesentlichen in der vereinbarten Beschaffenheit des § 434 Abs. 1 Satz 1 BGB auf, stellt allerdings geringere Anforderungen an das Zustandekommen (bloße Vereinbarung anstelle der bisherigen Zusicherung). Auszulegen ist nach dem Empfängerhorizont.

▶ Beispiel:

Beim Gebrauchtwagenkauf ist die Angabe des Erstzulassungsjahres im Vertrag auszulegen als Beschaffenheitsvereinbarung, dass das Herstellungsjahr hiervon jedenfalls nicht mehrere Jahre abweichen dürfe.[3715] Gleiches gilt für eine angegebene Laufleistung eines Fahrzeuges in Kilometern.[3716]

2177 — Der **neue Zentralbegriff des Sachmängelrechts »Beschaffenheit«** ist – so die Regierungsbegründung – bewusst nicht legal definiert worden. Man wird, da eine Beschränkung oder erneute Ausdifferenzierung der früheren Sachmängelgewährleistung des § 459 BGB a.F. durch die Neuregelung nicht beabsichtigt sein dürfte, wie in der bisherigen Rechtsprechung zum Eigenschaftsbegriff hierunter nicht nur solche Sachverhalte subsumieren, die der Sache selbst anhaften, sondern auch diejenigen tatsächlichen, wirtschaftlichen und rechtlichen Bezüge einbeziehen, die ihren Grund im tatsächlichen Zustand der Sache selbst haben und ihr auf gewisse Dauer anhaften (im Einzelnen Rdn. 2195).[3717] Wegen des Vorrangs der vertraglichen Vereinbarung über die Soll-Beschaffenheit (kurz: »**Beschaffenheitsvereinbarung**«) ist der genauen Beschreibung des vereinbarten Zustands künftig weit mehr Aufmerksamkeit zu widmen, zumal eine Beschränkung des Einstehenmüssens für die »Fehlerhaftigkeit« einer Sache künftig entweder auf der Tatbestandsseite (durch Hinnehmen des Fehlers als von der vertraglichen Soll-Beschaffenheit erfasst = Willenserklärung bzw. durch rechtzeitige Kenntnisverschaffung = Wissenserklärung, § 442 BGB, Rdn. 2001) oder auf der Rechtsfolgenseite (durch Einschränkung der hieraus erwachsenden Rechte) stattfinden kann (vgl. hierzu ausführlich unten Rdn. 2202 ff.).

3714 *Canaris* Schuldrechtsmodernisierung, S. XXII. *Grigoleit/Riehm* ZGS 2002, 115 ff. plädieren dafür, i.R.d. § 323 Abs. 5 und § 281 Abs. 1 Satz 2 und 3 BGB die Zu-Wenig-Leistung als Teilleistung zu behandeln (sodass der Wegfall des Interesses an der ordnungsgemäßen Teilleistung zu belegen ist, wenn nicht der Gläubiger aufgrund des insoweit wohl vorrangigen § 266 BGB die bloße Teillieferung als solche zurückweist) und sie nur im Kauf/Werkvertragsrecht dem Sachmangel gleichzustellen (Teilrücktritt § 323 Abs. 1 Satz 1 BGB nach erfolgloser Nachfrist oder Minderung § 441 BGB bzw. kleiner Schadensersatz § 281 Abs. 1 Satz 1 BGB). Bei Immobilienkaufverträgen kann eine rechtlich relevante Mindermenge allenfalls bei mitverkauften beweglichen Sachen (Hotelinventar umfasst statt 20 nur 18 Betten) vorkommen, wegen der Unteilbarkeit der Grundstückslieferung jedoch nicht bei einer Flächenabweichung (vgl. *Bachmayer* BWNotZ 2002, 117).

3715 OLG Karlsruhe NJW 2004, 2456.

3716 BGH, 29.11.2006 – VIII ZR 92/06, NJW 2007, 1346, auch zur Abgrenzung zur Garantie nach § 444 BGB, die gerade bei Immobiliengeschäften häufiger angenommen wird.

3717 BGH NJW 1992, 2564; nicht umfasst sind jedoch Umstände in der Person des Käufers selbst: BGHZ 114, 263.

Anders als die Zusicherung einer Eigenschaft gem. § 459 Abs. 2 BGB a.F. erfordert die Vereinbarung einer Beschaffenheit nicht den erklärten Willen zur Übernahme einer Einstandspflicht. Es ist nunmehr ausreichend, wenn der Käufer **Erwartungen formuliert** und der Verkäufer nicht nur davon Kenntnis hat (was nicht genügen würde),[3718] sondern **zustimmend reagiert**.[3719] Legen die Beteiligten, u.U. sogar übereinstimmend, lediglich einen bestimmten Lebenssachverhalt (z.B. eine bestimmte Wohnfläche, Rdn. 1685 ff.)[3720] zugrunde, ohne hierüber eine Sollbeschaffenheitsvereinbarung zu treffen, liegt bei Abweichungen lediglich ein ggf. beiderseitiger Irrtum vor (vgl. Rdn. 1992), kein Sachmangel. 2178

— Bei **Verbraucher- oder Formularverträgen** ist zusätzlich das Transparenzgebot i.R.d. Beschreibung der Soll-Beschaffenheit zu beachten, also auf klare und eindeutige Formulierungen Wert zu legen. Da die Soll-Beschaffenheit zur vertraglichen Vereinbarung zählt, sind gesetzliche Formvorschriften (§§ 311b, 125, 139 BGB) einzuhalten; Verstöße werden ggf. durch Grundbuchvollzug geheilt. 2179

— § 459 Abs. 1 Satz 2 BGB a.F. enthielt einen »**Geringfügigkeitsfilter**«, wonach »eine unerhebliche Minderung des Wertes oder der Tauglichkeit« außer Betracht bleibe. Vereinbarte Beschaffenheiten, vereinbarte Verwendungen oder vorausgesetzte Verwendungen nach § 434 Abs. 1 Satz 1 und Satz 2 BGB hingegen lassen bei jeder Abweichung einen Sachmangel entstehen (an das Überschreiten einer Erheblichkeitsschwelle knüpfen lediglich Zurückbehaltungsrechte [§ 320 Abs. 2 BGB] und Rücktrittsrechte [§ 323 Abs. 5 Satz 2 BGB] an), naturgemäß auch dann, wenn die Regeln der Technik eingehalten wurden.[3721] Bei Beschreibungen, die nur das »Niveau« der geschuldeten Leistung wiederzugeben beabsichtigen, ohne dass bereits eine Abweichung von deren buchstabengetreuer Umsetzung zu Mängelrechten führen soll (z.B.: Baubeschreibung mit Produktbezeichnung einer Sanitärinstallation, die jedoch nicht mehr lieferbar ist) empfiehlt sich daher eine § 459 Abs. 1 Satz 2 a.F. BGB nachempfundene »Variabilitätsklausel« (vgl. Rdn. 2254 ff.). 2180

— Fehlt eine ausdrückliche »subjektive« Beschaffenheitsvereinbarung, ist auf die vertraglichen Vereinbarungen zum objektiven, vorausgesetzten **Verwendungszweck** abzustellen. Die bloße einseitige Erwartung des Käufers reicht zwar nicht aus, allerdings ergibt sich regelmäßig die stillschweigende Zugrundelegung eines Verwendungszwecks aus der Natur der gewünschten Kaufsache. Die Rechtsprechung zum bisherigen Fehlerbegriff des § 459 Abs. 1 BGB a.F. dürfte weiter anwendbar bleiben. Vertragliche Vereinbarungen über den vorausgesetzten Verwendungszweck sind gerade bei Grundstückskaufverträgen häufig (ausdrückliche oder stillschweigende, aus dem Kaufpreis ableitbare, Verwendungen, etwa Erwerb einer Fläche als Bauland, Erwerb einer Hütte zur dauernden Wohnnutzung etc.). Hierzu zählt auch die Einhaltung der anerkannten Regeln der Technik und der **DIN-Normen**[3722] bei Neubauten oder neuen Einbauten (Heizung)[3723] im Werkvertragsrecht,[3724] und zwar, sofern kein anderer Stichzeitpunkt (etwa die Erteilung der Baugenehmigung) vertraglich vereinbart ist,[3725] in der bei Errichtung, nicht bei Vertragsschluss geltenden Fassung.[3726] Auch unspezifischen Adjektiven wie »gehobener Standard«, »exklusiv« etc. 2181

3718 *Faust* in: Bamberger/Roth BGB § 434 Rn. 40.
3719 MünchKomm-BGB/*Westermann* § 434 Rn. 12.
3720 Vgl. *Gutachten* DNotI-Report 2006, 133.
3721 BGH, 10.11.2005 – VII ZR 147/04, NZBau 2006, 112.
3722 Es sei denn, es gelingt der Beweis, dass DIN-Normen nicht mehr den üblichen technischen Standards entsprechen, vgl. BGH, 10.11.2005 – VII ZR 147/04, NJW-RR 2006, 240.
3723 BGH, 08.11.2007 – VII ZR 183/05, ZfIR 2008, 495: ausreichende Heizleistung. Beruht der Mangel auf der unzureichenden Vorleistung eines anderen Werkunternehmers, trifft den Nachfolgeunternehmer eine Prüfungs- und Hinweispflicht.
3724 Z.B. Einhaltung des Schallschutzes bei Doppelhäusern, sogar wenn die Baubeschreibung nur eine einschalige Trennwand vorsieht und es sich um Sondereigentum handelt, OLG München, 14.06.2005 – 28 U 1921/05, MittBayNot 2007, 116. Der Versuch einer vorrangigen Beschaffenheitsvereinbarung der Einschaligkeit genügte nicht den Anforderungen des Transparenzgebots.
3725 *Pause* DNotZ 2008, 192 hält eine solche Regelung allerdings für intransparent, § 307 Abs. 1 Satz 2 BGB.
3726 OLG Zweibrücken, 21.12.2007, DNotZ 2008, 187 m. Anm. *Pause*: jedenfalls wenn die spätere Änderung der DIN-Norm unter Berücksichtigung des Baufortschritts noch umgesetzt werden kann; anderenfalls nur dann, wenn die Änderung zuverlässig absehbar war.

kann dabei z.B. Bedeutung bei der Beurteilung der Frage zukommen, ob die Mindestschallschutzanforderungen nach dem Standard DIN 4109 oder die erhöhten Anforderungen nach dessen Beiblatt 2 (bzw. der VDI-Richtlinie 4100/10 Schallschutzstufe II) vereinbart seien,[3727] auch wenn nur pauschal auf DIN 4109 Bezug genommen wird.[3728]

2182 – Fehlen sowohl vertragliche Vereinbarungen über die Beschaffenheit als auch solche über die vorausgesetzte Verwendung, ist schließlich die **Eignung für die gewöhnliche Verwendung**, die bei Sachen gleicher Art üblich ist und die der Käufer nach Art der Sache erwarten kann, maßgeblich. Erfasst ist insb. der Verkauf gebrauchter Sachen. Zu berücksichtigen sind insoweit gem. § 434 Abs. 1 Satz 3 BGB auch Werbeaussagen des Verkäufers oder Herstellers bzw. deren »Gehilfen«.

▶ **Hinweis:**

2183 Es liegt also nahe, dass zur Begründung eines Sachmangels auch auf nicht in der Urkunde enthaltene oder in Bezug genommene Prospekte[3729] oder frühere Werbeaussagen des Verkäufers bzw. des Maklers[3730] zurückgegriffen wird, sodass die vorrangige vertragliche Vereinbarung der Beschaffenheit oder vorausgesetzten Verwendung sich aufdrängt. Ggf. empfiehlt sich eine vertragliche Bestätigung dahin gehend, dass öffentliche Aussagen des Verkäufers, Herstellers oder sonstiger Beteiligter die Kaufentscheidung nicht beeinflusst haben, vielmehr alle Beschaffenheitsvereinbarungen oder Garantien in der Urkunde aufgeführt sind, sodass lediglich die regelmäßig stillschweigend vereinbarte vorausgesetzte Verwendung bzw. die übliche gewöhnliche Verwendung als Mängelmaßstäbe herangezogen werden können (Muster einer solchen »Distanzierungsklausel« vgl. Rdn. 2225).

2184 Die **Beweislast** ist nicht geändert worden; es gilt weiterhin § 363 BGB: Der Verkäufer hat seinen Anspruch auf den Kaufpreis zu beweisen und damit die vertragsgemäße Freiheit von Sachmängeln bei Gefahrübergang. Der Käufer hingegen hat den von ihm behaupteten Sachmangel zu beweisen[3731] und dessen Vorliegen bei Gefahrübergang. Verweigert der Käufer bereits die Annahme aufgrund behaupteter Mangelhaftigkeit, hat der Verkäufer die Mangelfreiheit zu beweisen, nach Annahme i.S.d. § 363 BGB ist der Käufer beweisbelastet. Der Verkäufer hat allerdings in letzterem Fall eine von ihm behauptete andere Beschaffenheitsvereinbarung zu belegen.

2185 Maßgeblich sind (wie bisher) die Verhältnisse zum **Zeitpunkt der Übergabe** (Gefahrübergang, § 446 BGB).[3732]

3727 Vgl. BGH, 14.06.2007 – VII ZR 45/06, NJW 2007, 2983; hierzu *Boldt* NJW 2007, 2960.
3728 BGH, 04.06.2009 – VII ZR 54/07, ZfIR 2009, 651: Aus einer Gesamtschau von vertragsbegleitenden Umständen, baulichem Umfeld, architektonischem Anspruch, Zweckbestimmung etc. wird gefolgert, dass die erhöhten Anforderungen vereinbart worden seien; vgl. auch *Kunze* Tagungsbericht »Zukunft des Bauträgervertrages« vom 08.07.2009 München, MittBayNot 2009, 450.
3729 So nunmehr BGH, 25.10.2007 – VII ZR 205/06, DNotZ 2008, 609 m. Anm. *Koeble*: Prospekt weist Spitzboden mit Mobiliar aus, während notariell beurkundete Baubeschreibung nur von »Abstellraum« spricht; ähnlich BGH, 08.01.2004 – VII ZR 181/02, NotBZ 2004, 191 und OLG Düsseldorf, 15.12.2009 – 23 U 11/08: im Prospekt als »Seniorenresidenz« bezeichnete Wohnungen erfordern die Einhaltung der DIN 18025 sowie des § 55 Abs. 3 BauO-NW; anders noch BGH DNotZ 2001, 360: Unrichtige Quadratmeterangabe im Prospekt; im Kaufvertrag werden hierzu keine Angaben gemacht, in den Plänen zur Teilungserklärung sind die Dachschrägen jedoch erkennbar – Anspruch nicht aus Sachmangel, Zusicherung oder Garantie, jedoch aus falscher Prospektangabe.
3730 War er Verhandlungsführer oder Verhandlungsgehilfe des Verkäufers, sodass seine Erklärungen ihm zuzurechnen wären, kann sich der Verkäufer allerdings pauschal hiervon distanzieren, vgl. BGH DNotZ 1996, 164 und Rdn. 2225.
3731 Dies gilt auch beim Verbrauchsgüterkauf, BGH NJW 2004, 2299 m. krit. Anm. *Lorenz*, 3020 (§ 476 BGB enthält lediglich eine in zeitlicher Hinsicht, auf 6 Monate beschränkt, wirkende Vermutung, dass ein bewiesener Mangel bereits bei Gefahrübergang vorlag). Zu den Grenzen dieser Beweislastumkehr *Maultzsch* NJW 2006, 3091 ff. und *Klöhn* NJW 2007, 2811.
3732 Es entlastet den Verkäufer also nicht, wenn ein Sachmangel ohne sein Zutun später wegfällt, z.B. die mangelnde Bebaubarkeit durch einen neuen Bebauungsplan behoben wird: BGH NJW 2001, 66.

▶ Beispiele für Sachmängel:

Das Gebäude wurde ohne Baugenehmigung errichtet[3733] bzw. es liegt sonst ein baurechtswidriger Zustand vor,[3734] das Objekt ist in die Denkmalschutzliste aufgenommen,[3735] oder weist eine abweichende Grundstücksgröße auf.[3736]

bb) Wohn- bzw. Nutzfläche

Häufiger Sachmangel ist eine geringere als die angegebene[3737] **Wohnfläche**. Bei einem noch zu errichtenden (Bauträger-) Objekt – anders bei einer Bestandswohnung – zählt sie zu den zentralen Beschaffenheitsmerkmalen des geschuldeten Objekts. Auch wenn im Vertrag und in den in Bezug genommenen Aufteilungsplänen keine Wohnflächenangaben enthalten sind, kann die einseitige Vorstellung einer Vertragspartei genügen, wenn der Erklärungsempfänger den wirklichen Willen des Erklärenden erkennt und in Kenntnis dieses Willens den Vertrag abschließt.[3738] Hierzu genügt auch die zurechenbare Kenntnis eines beauftragten Verhandlungs- und Abschlussvorbereitungsmaklers;[3739] der Formmangel der nicht notariell niedergelegten Wohnflächenabrede ist bei Minderungsbegehren nach Grundbuchvollzug gem. § 311b Abs. 1 Satz 2 BGB geheilt.   2186

Zur Berechnung der Wohnfläche ist nach Ansicht des BGH[3740] jedenfalls bei einem Bauträgervertrag[3741] im Zweifel[3742] auf §§ 42 ff. der II. Berechnungsverordnung abzustellen, seit 01.01.2004 also auf die an sich nur für das Wohnraumförderungsgesetz (WoFG) geltende **Betriebskosten- und Wohnflächenverordnung**,[3743] nicht auf die unverbindliche, da 1983 vom Normenausschuss zurückgezogene DIN 283[3744] oder eine Berechnung nach Rohbaumaßen. Beide Berechnungswege unterscheiden sich v.a. in der Anrechnung von Balkonen, Loggien, Dachgärten und Terrasse (früher: »überdachten Freisitzen«): bis zur Hälfte nach § 44 Abs. 2 II. BerVO; im Regelfall ein Viertel nach § 4 Nr. 4 WoFlV außer bei aufwändiger Gestaltung; stets ein Viertel nach Ziff. 2.2.3 DIN 283 i.d.F. vom Februar 1962. Flächen mit Raumhöhe zwischen einem und 2 m sind nur zur Hälfte, unbeheizte Wintergärten und Schwimmbäder ebenfalls nur zur Hälfte anzurechnen (§ 4 Nr. 2 und 3 WoFlV).[3745] Bei der Berechnung nach Rohbaumaßen entfällt der pauschale Putzabzug von 3 %. Aus Gründen des Transparenzgebots sollte die Ermittlungsgrundlage benannt werden.[3746]   2187

3733 BGH MittRhNotK 2000, 249; mag die Errichtung auch nachträglich genehmigungsfähig sein: BGH NJW 1991, 2138.
3734 BGH NJW 1998, 535 f.; BGH NJW 1998, 3197; BGH NJW-RR 1987, 457.
3735 OLG Saarbrücken NJW-RR 1996, 692.
3736 Trotz Streichung des § 468 BGB a.F.! Auch bei einer Ca.-Angabe (»etwa 700 qm«) kann bei »wesentlichen« Abweichungen ein Sachmangel vorliegen, BGH WM 1978, 1291.
3737 Zur Beschaffenheitsvereinbarung hierzu vgl. Rdn. 61, ferner *Gutachten* DNotI-Report 2006, 133.
3738 BGH, 11.07.1997 – V ZR 246/96, 1030, BauR 1997.
3739 BGH, 08.01.2004 – VII ZR 181/02, NotBZ 2004, 191 (anders allerdings bei einer konkreten Distanzierung, vergleichbar § 434 Abs. 1 Satz 3 Halbs. 2 BGB, vgl. *Grziwotz* MittBayNot 2005, 355).
3740 NJW-RR 1991, 120; ähnlich die Empfehlung der Lit.: Grziwotz/Riemenschneider Handbuch Bauträgerrecht 3. Teil Rn. 319.
3741 Anders im Mietrecht, wo sich ein einheitlicher Sprachgebrauch noch nicht entwickelt habe, BGH NJW 2004, 2230 und BGH NJW-RR 2006, 801 (zur »übergroßen« Dachterrasse); stärker zur stillschweigenden Zugrundelegung der §§ 42 bis 44 der II. BerechnungsVO bzw. nun der WohnflächenVO neigend BGH, 23.05.2007 – VII ZR 231/06, NJW 2007, 2624.
3742 Allgemein zum Vorrang der Beschaffenheitsvereinbarung (z.B. unter Einbeziehung von Flächen, die öffentlich-rechtlich nicht zu Wohnzwecken freigegeben sind) BGH, 16.09.2009 – VIII ZR 275/08, ZNotP 2009, 437.
3743 WoFlV; BGBl. I 2003, S. 2346 ff.
3744 Diese kann jedoch weiterhin vereinbart werden; möglicherweise liegt gar eine diesbezügliche Verkehrssitte vor: BGH DNotZ 1998, 873.
3745 Vgl. hierzu *Börstinghaus* ZAP 2003, 1295 = Fach 4 S. 843.
3746 Vgl. *Basty/Vogel* ZfIR 2004, 327; *Gutachten* DNotI-Report 2005, 32.

B. Gestaltung eines Grundstückskaufvertrages

2188 Eine **Bagatellgrenze hinsichtlich der Wohnflächenabweichung** existiert nur bei ausdrücklicher[3747] Vereinbarung, die im Formular- oder Verbrauchervertrag den §§ 308 Nr. 4 und 309 Nr. 8 Buchst. b) Doppelbuchst. aa) BGB genügen muss[3748] (bei Mietverträgen ist sie hinsichtlich der Miethöhe[3749] jedenfalls bei 10 % überschritten)[3750] mangels (häufig getroffener) abweichender Regelung ist jedoch bei deren Überschreiten die quadratmeterabhängig[3751] vereinbarte Anpassung ungekürzt vorzunehmen.[3752] Ist die Bagatellgrenze nicht überschritten, sind Mängelrechte des Käufers jeder Art, auch Minderung und »kleiner Schadensersatz« (die entgegen § 459 Abs. 1 Satz 2 BGB a.F. keinem Geringfügigkeitsvorbehalt mehr unterliegen)[3753] ausgeschlossen. Im Fall der Neuerrichtung sollte allerdings eine flächenbedingte Erhöhung des Kaufpreises angesichts des Umstandes, dass Planung und Bau des Objekts allein der Kontrolle des Verkäufers unterliegen, ausgeschlossen sein.

▸ Formulierungsvorschlag: Wohnflächenangabe mit Toleranzschwelle

2189 Die vereinbarte Wohnfläche beträgt ..... m², berechnet gem. WohnflächenVO unter Anrechnung der Balkone, Dachterrasse und Loggien zur Hälfte, Terrasse zu einem Viertel. Mängelansprüche stehen dem Käufer nur zu, soweit ein etwaiges Flächenmindermaß 2 % übersteigt.

2190 Bei gewerblichen Gebäuden wird häufig die **DIN 277**[3754] zugrunde gelegt. Die noch in DIN 277 (1987) enthaltene Differenzierung zwischen Hauptnutzflächen (HNF)[3755] und Nebennutzflächen (NNF)[3756] ist in DIN 277 (1995) entfallen. Auch eine getrennte Ermittlung von Grundflächen bis/ über 1,50 m Höhe findet nicht mehr statt. DIN 277 definiert nunmehr insb. den Begriff der sog. **»Brutto-Grundfläche«** (BGF) als die Summe der Grundflächen aller Grundrissebenen eines Bauwerks, die anhand der äußeren Maße der Bauteile einschließlich der Bekleidung zu berechnen sind. Sie wird als »Brutto-Mietfläche«, insb. in Süddeutschland, bei der Vermietung eines gesamten Objekts oft zugrunde gelegt.[3757] Die **Netto-Grundfläche** wiederum (NGF) wird gebildet aus der Nutzfläche (NF), Verkehrsfläche (VF, z.B. Eingänge, Treppenhäuser, Aufzüge, Flure) und der technischen Funktionsfläche (TF, z.B. Heizungsraum, Maschinenräume, technische Betriebsräume). Im Gegensatz zur Brutto-Grundfläche umfasst sie nicht die Konstruktionsgrundfläche (KGF). Das wichtigste Element der Netto-Grundfläche, die **»Nutzfläche** (NF)« deckt sich wiederum am ehesten mit den in Wohnraummietverträgen verwendeten Flächenmaßstäben; viele Gewerbevermieter verwenden den Begriff allerdings in der unzutreffenden Vorstellung, er sei identisch mit der Brutto-Grundfläche. Weiterhin werden auch sog. Konstruktions-Rauminhalte (**KRI**) ermittelt (Rauminhalte von abgehängten Decken, Doppelböden, mehrschaligen Fassaden, Installationskanälen und -schächten mit lichtem Querschnitt bis 1 m²).

3747 Problematisch sind »Circa-Angaben« ohne Schwellenwerte; OLG Nürnberg NJW-RR 2001, 82 erlaubt dann z.B. Mindergrößen von bis zu 8 %.
3748 LG Augsburg MittBayNot 1997, 167: 1 % bei hohem Kaufpreis; *Basty* Praktikertagung zum Bauträgervertrag, DAI-Skript Januar 2005: 2 %; *Riemenschneider* in: Grziwotz/Koeble Handbuch Bauträgerrecht Teil 3 Rn. 320: 3 %.
3749 I.R.d. Betriebskostenabrechnung wird jedoch stets die tatsächliche Wohnfläche zugrunde gelegt, auch bei Abweichungen unter 10 %: AG Holzminden, 07.02.2007 – 10 C 221/06, WuM 2007, 197 f.
3750 BGH NJW 2004, 1947, auch bei gewerblichen Mietverhältnissen, BGH NJW 2005, 2152. Bemessungsgrundlage für die Mietminderung ist dann die Bruttomiete einschließlich Nebenkostenpauschale; auch die Kautionshöchstsumme nach § 551 Abs. 1 BGB ist entsprechend zu reduzieren: BGH NJW 2005, 2773. Eine ausdrücklich vereinbarte Toleranzschwelle geht naturgemäß vor, KG NJW-Spezial 2006, 291.
3751 Bei Dachgeschossen anteilig (OLG Düsseldorf, 29.11.1996 – 22 U 110/96, BauR 1997, 477: 75 % des vollen qm-Preises).
3752 BGH, 22.10.1999 – V ZR 398/98, NJW-RR 2000, 202 (Rechtsgedanke des § 459 Abs. 1 Satz 2 BGB a.F.); BGH NotBZ 2004, 191; LG Berlin, 27.11.2003 – 5 O 140/03, BauR 2004, 1022.
3753 Während für den Rücktritt und den Schadensersatz statt der ganzen Leistung bereits gem. §§ 323 Abs. 5 Satz 2, 281 Abs. 1 Satz 3 BGB ein »nicht nur unerhebliches« Maß der Pflichtverletzung erforderlich ist.
3754 Hierzu OLG Düsseldorf NZM 2002, 262.
3755 Differenziert nach Wohnen und Aufenthalt/Büroarbeit/Produktion, Hand- und Maschinenarbeit, Experimente/Lagern, Verteilen und Verkaufen/Bildung, Unterricht und Kultur/Heilen und Pflegen.
3756 Z.B. Sanitärräume, Fahrzeugabstellflächen oder Schutzräume.
3757 Vgl. BGH NZM 2001, 234.

Die »**Gesellschaft für immobilienwirtschaftliche Forschung e.V.**« (gif) hat einen eigenen Flächenmaßstab vorgeschlagen (MF-B für Büroraum, MF-H für Handelsraum). Sie legt die Definitionen der DIN 277 zugrunde, bewertet sie jedoch normativ, indem zugunsten der Mieter Konstruktions- und Funktionsflächen nicht und Verkehrsflächen nur teilweise berücksichtigt werden. Aus beiden Flächenmaßstäben wurde zwischenzeitlich ein einheitlicher Flächenbegriff für Gewerbemietflächen unter der Bezeichnung »**MF-G**« entwickelt. Im Gegensatz zur Netto-Grundfläche nach DIN 277, welche die gesamte Verkehrsfläche samt Fluchtbalkonen, Treppenhäusern usw. einschließt, werden insoweit bspw. nur bestimmte Bereiche der Verkehrsflächen (Flure, Eingangshallen, Foyers, Etagenpodeste von Treppen und Aufzugsvorräume) berücksichtigt, nicht jedoch Fluchtwege u.ä. Zur Vermeidung von Intransparenz muss die gif-Richtline, sofern sie zugrunde gelegt werden soll, dem Vertrag als Beweisanlage beigefügt werden.[3758]   2191

cc) Bauartbedingte Mängel

Die Frage, ob hinsichtlich der Prüfung eines Mangels auf die Sichtweise z.Zt. der Gebäudeerrichtung oder die aktuelle Einschätzung abzustellen ist, richtet sich nach der Vereinbarung, was als Kaufobjekt tatsächlich geschuldet ist: Beim Erwerb einer Berghütte aus dem 18. Jahrhundert in den bayerischen Alpen wird keine Beschaffenheitsvereinbarung dahin gehend (weder ausdrücklich noch stillschweigend) getroffen sein, der Holzboden müsse den **Trittschall** in gleicher Weise dämmen wie heute ein schwimmender Estrich.[3759] Beim Verkauf eines Wohngebäudes, das auf einem mit Müll und ölhaltigen Stoffen verfülltem Grundstück in den frühen 50er-Jahren, damals ein durchaus üblicher Vorgang, bebaut wurde, geht die Beschaffenheitsvereinbarung, hilfsweise die vorausgesetzte oder übliche Verwendung, jedoch dahin, dass es nach heutigen Erkenntnissen zu Wohnzwecken ohne Gefährdung der Gesundheit der Bewohner dienen kann.   2192

Daher ist wohl für die häufigsten Fälle bauartbedingter Mängel zu differenzieren: **Feuchte Keller** (infolge Fehlens ausreichender Abdichtung der Außenwand gegen drückendes Wasser sowie Fehlens einer Horizontalsperre gegen aufsteigende Nässe im Mauerwerk) sind bei Häusern, die vor den 70er-Jahren errichtet wurden, eine mit der damaligen Bauweise einhergehende Erscheinung und demnach im Grund kein Mangel.[3760] Anders liegt es, wenn das Haus mit dem angeblichen Standard modernisierter Häuser veräußert wird (»grundlegend saniert«) oder wenn die Durchfeuchtung einen solchen Grad an Nässe erreicht, dass selbst angesichts des Standards alter Häuser eine ins Gewicht fallende nachteilige Abweichung von der üblichen Beschaffenheit vorliegt.   2193

In ähnlicher Weise wurde bei Reihen- oder Doppelhäusern bis in die sechziger Jahre, oft aus Kostengründen, auf **Dehnungsfugen** verzichtet, womit der Erwerber eines Hauses aus dieser Zeit zu rechnen hat; zudem ist ein solcher Mangel bei sorgfältiger Prüfung auch von außen erkennbar.[3761] Mit fortschreitendem Zeitablauf wurde auch die Gesundheitsgefährdung, die von früher unbesorgt verwendeten Baumaterialien ausgehen kann, erkannt, insb. von Formaldehyd und **Asbest**. Wenn keine andere konkrete Beschaffenheitsvereinbarung getroffen wird, folgt aus der subsidiär maßgeblichen gewöhnlichen Verwendung, dass die Asbestbelastung der Außenwände des Gebäudes, selbst wenn sie bei der Errichtung zulässig war, nunmehr einen Sachmangel begründet. Da zum vorausgesetzten Verwendungszweck neben dem Bewohnen auch Renovieren und Modernisieren des Hauses gehören und sich die krebserregende Wirkung bei einem Substanzeingriff, etwa der Anbringung einer neuen Außenlampe, entfaltet, ist die am Nutzungszweck orientierte Beschaffenheit nicht eingehalten (und zusätzlich eine Offenlegungspflicht verletzt worden). Anders läge es, wenn Asbest lediglich   2194

3758 Download bspw. unter www.gif-ev.de/arbeitskreise/flaechendefinitionen/praxistipps, Kaufpreis: 49,00 €.

3759 Beispiel nach *Krüger* 7. Jahresarbeitstagung der Notariats, September 2009, DAI-Skript, S. 13. Nach BGH NZM 2009, 580 liegt kein Mangel der Mietsache vor, wenn der Trittschall den z.Zt. der Gebäudeerrichtung geltenden DIN-Normen entspricht, auch wenn der Obermieter durch Parkettverlegung anstelle des Teppichbodens die Werte weiter verschlechtert hat.

3760 BGH, 07.11.2008 – V ZR 138/07, JurionRS 2008, 26580 (Rn. 13); OLG Hamm NJW-RR 1996, 39, bei einem Haus aus dem Jahr 1914; OLG Düsseldorf OLG-R 2002, 101 (Gebäude um etwa 1900).

3761 BGH, 08.04.1994 – V ZR 178/92, NJW-RR 1994, 907.

B. Gestaltung eines Grundstückskaufvertrages

in Bauteilen verwendet wurde, in die üblicherweise nur eine Fachfirma eingreift, etwa bei einem Kaminabzug oder einer Dacheindeckung.[3762]

dd) Begleitumstände

2195 Zu den Mängeln können wie bisher[3763] auch diejenigen tatsächlichen, wirtschaftlichen und rechtlichen Beziehungen zur Umwelt gehören, die ihren Grund im tatsächlichen Zustand der Sache selbst haben und ihr auf eine gewisse Dauer anhaften sowie nach der Verkehrsauffassung Wert und Brauchbarkeit der Kaufsache unmittelbar beeinflussen, also bspw. die **Ertragsfähigkeit** einer zur Vermietung bestimmten Immobilie sowie die baurechtliche Zulässigkeit der vorhandenen Bebauung und Nutzung,[3764] ebenso die rechtliche Sicherung der Wasserversorgung und Abwasserentsorgung einer Wohnimmobilie (auch im Außenbereich).[3765]

2196 Nicht hierzu zählen allerdings der tatsächliche, von objektfremden Faktoren abhängende Mietertrag[3766] oder die Gewährung erstrebter **Steuervorteile** beim Käufer;[3767] diese können jedoch Gegenstand einer Garantie[3768] oder eines neben dem Kaufvertrag geschlossenen selbstständigen Beratungsvertrags – Rdn. 2295 ff. – mit dem Verkäufer sein. Der »schlechte Ruf« eines früher als Bordell genutzten Gebäudes hat objektiv nach Beendigung der Nutzung keinen Einfluss mehr auf die Ertragsfähigkeit und stellt daher keinen Mangel dar.[3769]

2197 Es ist derzeit noch offen, ob die Herauslösung der Mängelrechte aus dem »Fehlerbegriff« des § 459 BGB a.F., verbunden mit der Einbettung in das allgemeine Schuldrecht, die Möglichkeiten erweitert hat, lediglich mittelbar mit dem Kaufobjekt zusammen hängende Umstände als Beschaffenheit zu vereinbaren. Dass auch unzureichende Montageanleitungen (§ 434 Abs. 2 BGB) sowie die Lieferung eines aliud (§ 434 Abs. 3 BGB) nunmehr als Sachmangel gelten, spricht eher für diese Gestaltungsoption. Vorsorglich wird gleichwohl im nachfolgenden Formulierungsvorschlag die Geltung der Mängelrechte vereinbart »wie wenn es sich um Beschaffenheitsvereinbarungen handeln würde«.

ee) Öffentlich-rechtliche Sachverhalte

2198 Gerade bei gewerblichen Bauten hat häufig der Verkäufer aufgrund ausdrücklicher Vereinbarung für **öffentlich-rechtliche Umstände** zu **garantieren** (Einstehen müssen auf die gesamte Palette der Mängelrechte, § 444 Abs. 1 BGB a.E. und ohne Rücksicht auf Verschulden, § 276 Abs. 1 BGB a.E., also auch z.B. für Baugenehmigungsmängel aus der Zeit früherer Eigentümer)[3770] oder hierfür Mängelansprüche zu übernehmen (sodass Schadensersatz nur bei Verschulden zu leisten ist, vgl. Rdn. 1977 ff.).

2199 Solche Zusagen können sich bspw. beziehen auf die Einhaltung planungsrechtlicher Vorgaben (etwa der Zweckfestsetzungen des Bebauungsplanes etc.), die Erfüllung der Anforderungen an die Stellplatznachweise, sowie den Umstand, dass der derzeitige Nutzungs- und Bauzustand der **Bau-**

3762 BGH, 27.03.2009 – V ZR 30/08, ZfR 2009, 560 m. Anm. *Everts*; vgl. hierzu *Kirchhof* ZfIR 2009, 853 ff.
3763 Z.B. BGH NJW 1992, 2564, BGH, 13.10.2000 – V ZR 430/99, NJW 2001, 65.
3764 Die allgemeine Formulierung »der Verkäufer leistet Gewähr für die Zulässigkeit der vorhandenen Bebauung« umfasst an sich auch die Zulässigkeit der Nutzung, es sei denn die Beteiligten hätten sie anders verstanden oder erläutert erhalten (OLG Düsseldorf RNotZ 2004, 394).
3765 BGH, 08.04.2011 – V ZR 185/10, ZfIR 2011, 657 m. Anm. *Grziwotz*: jederzeit durch den Nachbarn beendbare Duldung der Mitbenutzung einer Wasserversorgungsanlage.
3766 BGH NJW 1980, 1456.
3767 *Waldner* Praktische Fragen des Grundstückskaufvertrags Rn. 348.
3768 Auch dann hat die Rechtsprechung jedoch den Inhalt der Garantie auf die objektgebundenen Voraussetzungen des Steuervorteils beschränkt, BGH MittBayNot 1999, 178.
3769 Auch nicht bei einer dem Islam angehörenden Käuferin, OLG Hamm OLG–Report Hamm 2000, 283.
3770 Bei Rechtsgeschäften zwischen Verbrauchern über bewegliche Sachen (Gebrauchtwagenverkauf) ist die Rspr. großzügiger. So könne der Erwerber die Zusicherung »das Fahrzeug ist unfallfrei« nicht als Garantie für Vorbesitzerzeiten verstehen (LG München I, 02.10.2003 – 32 O 11282/03), auch liege in der Bezeichnung »fahrbereit« nicht eine Haltbarkeitsgarantie (§ 443 BGB) dafür, dass das Fahrzeug auch nach längerer Strecke – über 2.000 km – noch fahrbereit bleibt, BGH, 22.11.2006 – VIII ZR 72/06, BGHZ 170, 67 ff.

genehmigung[3771] entspricht, ebenso die Durchführung und Bezahlung der öffentlich-rechtlichen Erschließung, die Einhaltung immissionsschutzrechtlicher Auflagen, das Vorliegen notwendiger Genehmigungen für die Einleitung von Stoffen in das Grundwasser (§ 3 Nr. 5 WHG) oder in oberirdische Gewässer (§ 3 Nr. 4 WHG).

▶ Formulierungsvorschlag: Garantie des Verkäufers für öffentlich-rechtliche Umstände

Der Verkäufer garantiert, dass (falls keine verschuldensunabhängige Haftung gewollt ist), 2200

(**Formulierungsalternative:**
Der Verkäufer hat i.R.d. gesetzlichen Mängelrechte, wie wenn es sich um Beschaffenheitsvereinbarungen gem. § 434 BGB handeln würde,[3772]
dafür einzustehen, dass)
- sämtliche Gebäudeteile und Grundstücksflächen, die für den bisherigen Geschäftsbetrieb auf dem Grundbesitz genutzt werden, baurechtlich ordnungsgemäß erstellt, in Errichtung und Nutzung genehmigt und abgenommen sind;
- keine unerledigten behördlichen Auflagen hinsichtlich der derzeitigen Nutzung bestehen und – soweit vorhanden – die geltenden Grenzwerte für Geräuschimmission nicht überschritten werden, ferner alle erforderlichen behördlichen Genehmigungen vorliegen, um den bei Vertragsschluss auf dem Grundstück und in den Gebäuden betriebenen Geschäftsbetrieb aufrechtzuerhalten und fortzuführen;
- die vermieteten Flächen entsprechend den mit den Mietern geschlossenen Mietverträgen und den dort enthaltenen Leistungs- und Baubeschreibungen erstellt und ausgestattet sind und die Nutzfläche dem mietvertraglich vereinbarten Aufmaß entspricht;
- dem Eigentümer kein Umlegungsbeschluss bekannt gemacht wurde, ihm auch sonst keine Verfügungs- oder Veränderungssperre, kein Enteignungsverfahren, kein Grenzregelungsverfahren, keine Beschränkungen nach dem Wohnungsbindungsgesetz oder Bescheide nach Wohnraumförderungsgesetz bekannt sind;
- keinerlei Rechtsstreite anhängig oder rechtshängig sind oder angekündigt wurden, die sich unmittelbar oder mittelbar auf den Kaufgegenstand beziehen und dass keinerlei Ordnungsverfügungen hinsichtlich des Kaufgegenstandes erlassen oder angedroht wurden, die ggf. auf einen Rechtsstreit hinauslaufen könnten;
- das Grundstück weder in einem Sanierungsgebiet, einem städtebaulichen Entwicklungsbereich, im Gebiet einer Erhaltungssatzung noch im Bereich städtebaulicher Gebote nach dem BauGB liegt;
- das Gebäude nicht unter Denkmalschutz steht bzw. in die vorläufige Denkmalschutzliste aufgenommen wurde;
- alle in den Bau- und Nutzungsgenehmigungen verlangten Stellplätze auf eigenem Grund geschaffen oder rechtswirksam abgelöst sind und die heute vorhandene Nutzung nicht zur Forderung der Schaffung bzw. Ablösung weiterer Stellplätze führen kann;
- das Kaufobjekt über freien und ungehinderten eigenen Zugang zur öffentlichen Straße verfügt;
- Vereinbarungen mit Nachbarn, Abtretungsverpflichtungen sowie öffentlich-rechtliche Verträge mit Behörden, insbes. der Kommune, nicht bestehen und keine Baulasten eingetragen sind oder deren Eintragung beantragt ist;
- keine auf den Vertragsbesitz übergreifenden oder von ihm ausgehenden Überbauten vorhanden sind;
- unerledigte Auflagen öffentlich-rechtlicher Art oder von Versorgungsunternehmen (Strom, Gas, Wasser, Abwasser, Müllabfuhr o.ä.) nicht bestehen;
- keine unerfüllten steuerlichen Verpflichtungen bestehen, für die der Käufer gem. § 75 AO in Anspruch genommen werden könnte, ebenso wenig unerledigte Abzugsverbindlichkeiten gem. § 48 EStG;
- keine Arbeitsverhältnisse aufgrund dieses Kaufvertrags übergehen (§ 613a BGB).

3771 Einschließlich etwaiger Änderungsbescheide sowie etwaiger Festsetzungen in behördlichen Abnahmebescheiden oder sonstigen Anforderungen, etwa in Bezug auf feuerpolizeiliche Fluchtwege etc.

3772 Damit soll der Streitigkeit vorgebeugt werden, ob alle nachgenannten Umstände überhaupt Gegenstand einer unmittelbaren Beschaffenheitsvereinbarung sein können.

Der Verkäufer hat dem Käufer alle Genehmigungen, die für die Fortführung und die Aufrechterhaltung des Geschäftsbetriebes erforderlich sind, zu übergeben.

Dem Verkäufer ist nicht bekannt, dass behördliche oder gerichtliche Verfahren eingeleitet sind oder bevorstehen, die das Grundstück oder die Gebäude und/oder deren Nutzung betreffen, insbes. einschränken oder von der Erfüllung von Auflagen abhängig machen.

Ähnliches gilt für Garantien bzw. Wissenserklärungen (i.S.e. »Arglistprobe«); in Bezug auf Altlasten vgl. hierzu Rdn. 2334.

2201 Von besonderer Brisanz ist die im vorstehenden Baustein erfasste Einhaltung öffentlich-rechtlich geforderter **Stellplatznachweise**. Sie wird im vereinfachten Baugenehmigungsverfahren (z.B. Art. 59 Satz 1 BayBO) nicht mehr geprüft, es sei denn, die Gemeinde hat eine Stellplatzsatzung (z.B. gem. Art. 81 Abs. 1 Nr. 4 BayBO) erlassen. Die hierfür maßgeblichen Vorschriften (z.B. in Bayern: Garagen- und Stellplatzverordnung – GaStellV) enthalten Mindestwerte, von denen in der Stellplatzsatzung nach oben oder unten abgewichen werden kann. Der Bauherr kann die Stellplatzpflicht auch auf einem nahegelegenen Grundstück, das in einer maximalen fußläufigen Entfernung von ca. 300 m liegt, durch dinglich abgesicherte Berechtigung (Grunddienstbarkeit und beschränkte persönliche Dienstbarkeit zugunsten des Trägers der Bauaufsichtsbehörde) ablösen.[3773] Der Realherstellung von Stellplätzen, auch auf einem Nachbargrundstück ist deren Ablösung gleichgestellt (Art. 47 Abs. 3 Nr. 3 BayBO); dabei ist nicht erforderlich, dass die Herstellung der Stellplätze selbst unmöglich wäre (Wahlrecht des Bauherrn); erforderlich ist jedoch ein Vertrag mit der Gemeinde, dessen Abschluss im Ermessen der Gemeinde steht.[3774] In der Verwendung der Ablösungszahlungen ist die Gemeinde recht frei (vgl. Art. 47 Abs. 4 BayBO).[3775]

b) Tatbestands- oder Rechtsfolgenlösung?

2202 Die **Schuldrechtsreform** hat im Kaufrecht und im Werkrecht eine Stufenfolge (vgl. im Einzelnen Rdn. 2175 ff.) zugunsten des subjektiven Sachmangelbegriffs festgeschrieben. Maßgeblich ist zunächst die vereinbarte Beschaffenheit, nur hilfsweise (§ 434 Abs. 1 Satz 2 BGB) die vereinbarte Verwendung und schließlich die übliche objektive gewöhnliche Beschaffenheit oder Verwendung.

Eine Begrenzung des Einstehenmüssens für Fehler der Sache kann demnach auf der **Rechtsfolgenseite** (in den Grenzen der §§ 276 Abs. 3, 444 BGB, beim Verbrauchsgüterkauf zusätzlich des § 475 Abs. 1 Satz 2 BGB, bei Verbraucher und Formularverträgen weiterhin der §§ 305 ff. BGB) erfolgen oder aber auch bzw. stattdessen auf der **Tatbestandsseite** – Letzteres wiederum entweder durch **Willenserklärung** (also Vereinbarung eines bestimmten Fehlers als »geschuldete Beschaffenheit«) **oder** aber durch **Wissenserklärung** (also rechtzeitige Mitteilung des Fehlers an den Käufer, sodass Käuferrechte aus § 437 BGB gem. § 442 BGB ausgeschlossen sind, außer bei Vorsatz [§ 276 Abs. 3 BGB], und bei Übernahme einer dann vorrangigen Garantie). Für Vereinbarungen auf der Tatbestandsseite gelten die verbraucher- und formularvertraglichen Beschränkungen[3776] der §§ 305 ff. BGB (mangels Abweichens von einer gesetzlichen Auffangregelung) nur hinsichtlich des Transparenzgebots; auch § 475 Abs. 1 Satz 2 BGB steht bei Verbrauchsgüterkäufen nicht entgegen. Sie sind daher das Mittel der ersten Wahl.

2203 Eine **Beschaffenheitsvereinbarung** dahin gehend, dass eine umfangreiche »**Altbaubeschreibung**« vorgelegt und mitbeurkundet wird, scheidet aus tatsächlichen Gründen aus.[3777] Es dürfte, so bestechend der Ansatz auch sein mag, jedoch nicht ausreichen,[3778] eine pauschale Vereinbarung der mangelbehafteten Be-

---

3773 Muster vgl. *Grziwotz*, MittBayNot 2008, 104; LG München II, MittBayNot 2006, 502.
3774 *Grziwotz*, MittBayNot 2008, 104, wobei Bindungswirkungen sich aus dem Gleichheitssatz ergeben können.
3775 *Johst* ZfIR 2010, 616 ff. zur grundstücksbezogenen Wirkung der Stellplatzablöse.
3776 Die häufig auch beim Verkauf durch den Insolvenzverwalter greifen, vgl. Rdn. 2113.
3777 Vgl. *Hertel* ZNotP 2002, 126.
3778 Entgegen *Kornexl* ZNotP 2002, 86; ähnlich *Heintzel/Salzig* NotBZ 2002, 2 f. und *Feller* MittBayNot 2003, 88 ff.: Die Formulierung »wie besichtigt« gelte allerdings nur für beiderseits unerkannte Mängel, kennt sie der Verkäufer, hafte er nach § 444 BGB; kennt sie der Käufer, scheitern seine Rechte an § 442 BGB. Auch in dieser Auslegung dürfte die

schaffenheit dadurch herbeizuführen, dass schlicht formuliert wird: »*der Zustand zum Zeitpunkt der Besichtigung vom ... wird als Beschaffenheit vereinbart*« bzw. kürzer, an den Gebrauchtwagenkauf angelehnt: »**Gekauft wie besichtigt**« (wobei letztere Klausel wohl nur die Einstandspflicht des Verkäufers für solche Mängel auszuschließen vermag, die »bei einer den Umständen nach zumutbaren Prüfung und Untersuchung unschwer erkennbar gewesen wären«[3779] und streng genommen eigentlich eine Einstandspflicht des Verkäufers für alle nach der Besichtigung auftretenden oder eintretenden Mängel zur Folge hätte).[3780] Zum einen fordern die EG-Richtlinie[3781] sowie § 475 Abs. 1 Satz 2 BGB (Umgehungsverbot) jedenfalls im Bereich des Verbrauchsgüterkaufs (ebenso wie zwischenzeitlich der BGH im Rahmen eines Bauträgervertrags über neu hergestellte Immobilien)[3782] eine konkrete Beschaffenheitsvereinbarung. Möglicherweise verstößt die »pauschale Beschaffenheitsvereinbarung« im Formular- und Verbrauchervertrag auch gegen das Transparenzgebot.[3783]

Zum anderen müsste gem. § 311b Abs. 1 BGB wohl die durch die Besichtigung an einem bestimmten Stichtag definierte, angeblich vereinbarte Beschaffenheit ihrem vollen Umfang nach notariell beurkundet werden, d.h. durch reproduzierbare Text- oder zulässigerweise in Verweisung genommene Bildzeichen (Pläne, Fotografien) dokumentiert sein (»Altbaubeschreibung«). Auch bei einer »Neubaubeschreibung« geht die Praxis nicht den Weg pauschaler Verweisung auf Referenzobjekte (»geschuldet ist ein Bürogebäude wie das in der Briennerstr. 25 bereits Errichtete«).[3784]   2204

▶ Beispiel:
Nur eine, die unvermietete, Wohnung stand zur Besichtigung zur Verfügung; die anderen sollen gem. Zusicherung dem fotografierten Zustand mindestens entsprechen.

Zu Recht wurde daher bisher bereits die Klausel »gekauft wie besichtigt« nicht als Regelung zur Tatbestandsseite, sondern zur Rechtsfolgenseite, also als Gewährleistungsausschluss[3785] verstanden. In Betracht kommen allenfalls umrisshafte Beschaffenheitsvereinbarungen (»Es handelt sich um einen Altbau aus dem Jahr 1961, der seither nicht modernisiert worden ist«),[3786] die aber durch den Ausschluss der Mängelrechte i.Ü. zu flankieren sind.[3787] Sind einzelne Beschaffenheiten ausdrücklich vereinbart, werden sie von einem pauschalen Ausschluss auf Rechtsfolgenseite ohnehin nicht erfasst,[3788] letzterer bezieht sich nicht auf die Fälle des § 434 Abs. 1 Satz 1 BGB, sondern allenfalls auf die vorausgesetzte bzw. die übliche Verwendung (§ 434 Abs. 1 Satz 2 BGB).   2205

---

schlichte Klausel »gekauft wie besichtigt« aber intransparent sein: *Huber* in: FS für Henrich, S. 310. Der reinen Tatbestandslösung ist allerdings zuzugeben, dass sie der Gefahr vorbeugt, die auf der Rechtsfolgenseite geltenden Grenzen (z.B. Vorbehalt von Körperschäden etc. in Verbraucher-/Formularverträgen gem. § 309 Nr. 7 BGB) zu übersehen; diese gelten für die tatbestandliche Ausgrenzung von Mängeln weder unmittelbar noch unter dem Aspekt des AGB-rechtlichen oder des auf § 475 Abs. 1 Satz 2 BGB fußenden Umgehungsverbots, vgl. *Feller* MittBayNot 2003, 90 ff.

3779 OLG Köln NJW-RR 1992, 49; ebenso BGH NJW 1979, 1886, 1887 (zum Gebrauchtwagenkauf). Die Vorinstanz, OLG Karlsruhe, sah darin eine Einschränkung des Gewährleistungsausschlusses auf solche Mängel, die »bei einer Probefahrt und Besichtigung für den Käufer erkennbar seien«. Wegen dieser Unsicherheit halten einzelne Autoren (*Tiedtke/Burgmann* NJW 2005, 1154) die Klausel für intransparent.

3780 Zu einer weiteren Bedeutung des Prinzips »gekauft wie besichtigt« bei Abweichung der in Natur gezeigten von der im Eigentum vorhandenen Fläche s. Rdn. 746.

3781 Erwägungsgrund 22 der Richtlinie 1999/44/EG: »Die Vertragsparteien dürfen die den Verbrauchern eingeräumten Rechte nicht durch Vereinbarung einschränken oder außer Kraft setzen, da dies den gesetzlichen Schutz aushöhlen würde. Dieser Grundsatz hat auch für Klauseln zu gelten, denen zufolge dem Verbraucher jede zum Zeitpunkt des Vertragsschlusses bestehende Vertragswidrigkeit des Verbrauchsguts bekannt war.«.

3782 BGH NJW 2005, 1115: Ist-Beschaffenheit kann nicht wirksam zur Soll-Beschaffenheit erhoben werden.

3783 So etwa *Huber* in: FS für Henrich, S. 310; *Tiedtke/Burgmann* NJW 2005, 1154.

3784 Insoweit großzügiger *Schmittat* RNotZ 2012, 17, 26 Fn. 60.

3785 BGH NJW 1979, 1886. Ausführlich *Tiedtke/Burgmann* NJW 2005, 1153 ff.

3786 So etwa der Vorschlag von *Brambring* in: Amann/Brambring/Hertel, Die Schuldrechtsreform in der Vertragspraxis, S. 308.

3787 Aus diesem Grunde empfehlen auch die Verfechter der »Tatbestandslösung« (etwa *Kornexl* ZNotP 2002, 93 und 113) ergänzend und vorsorglich einen Ausschluss auf Rechtsfolgenseite.

3788 BGH, 29.11.2006 – VIII ZR 92/06, NJW 2007, 1346: »Motorrad mit Laufleistung 30.000 km. Verkauft wird natürlich ohne Gewährleistung«.

B. Gestaltung eines Grundstückskaufvertrages

2206 Die Rechtsprechung neigt dazu,[3789] »zugesicherte Eigenschaften« des früheren Rechts (§ 463 BGB a.F.) inbes. im Immobilienrecht[3790] nunmehr als Garantie i.S.d. §§ 443, 444 BGB zu werten, sodass hierfür verschuldensunabhängig trotz i.Ü. vereinbarten Ausschlusses gehaftet wird (»Massivhaus«,[3791] »bestehend aus drei abgeschlossenen Wohnungen«).[3792] Vollmundige Anpreisungen (»Superschnäppchen«) erweitern häufig den Kreis offenbarungspflichtiger Tatsachen und führen damit zur Arglisthaftung (z.B. Schäden an Dach und Balkonbrüstungen bei einer angeblich komplett renovierten Eigentumswohnung).[3793]

c) Offenlegungspflichten

2207 ▶ Hinweis:

Stets sinnvoll ist es jedoch, bestehende Mängel, die dem Käufer mitgeteilt wurden, in der Urkunde zu erwähnen, als Beleg über dessen positive Kenntnis um damit (durch »Wissenserklärung«) die Ausschlusswirkung auf Rechtsfolgenseite gem. § 442 Abs. 1 BGB zu erzielen.

Zwingend ist eine **Angabe solcher Mängel** jedoch nur dann, wenn es sich um **offenbarungspflichtige Mängel** handelt, um die Rechtsfolgen des arglistigen Verschweigens zu verhindern (nämlich die Unwirksamkeit eines Ausschlusses auf Rechtsfolgenseite gem. § 444, 1. Alt. BGB) – vgl. hierzu auch Rdn. 2013. Nur in diesem Rahmen wird also die Frage relevant, ob das Objekt in einzelner Hinsicht vom dem negativ abweicht,[3794] was nach dem sonstigen Zustand der Vertragssache erwartet werden durfte,[3795] sodass der Käufer billigerweise – jedenfalls bei versteckten Sachfehlern, die bei einer Besichtigung nicht leicht zu erkennen sind[3796] und sich auch nicht aus übergebenen Objektunterlagen ergeben[3797] – einen Hinweis erwartet.

2208 Stammt also das Haus aus dem Jahr 1980, ist jedoch die Elektrik von Anfang an fehlerhaft installiert worden, weil sie durch Schwarzarbeiter verpfuscht wurde, hat der Verkäufer darauf hinzuweisen und diesen Hinweis möglichst in der Urkunde zu dokumentieren. Anderenfalls hilft ihm auch nicht der pauschale Ausschluss auf Rechtsfolgenseite bei Gebrauchtimmobilien, da § 444 BGB bei arglistigem Verschweigen (wie auch bei Übernahme einer »echten« Garantie oder bzgl. der Folgen einer Vorsatzhaftung) einen Haftungsausschluss nicht zulässt. Die Offenbarungspflicht kann entfallen, wenn der Käufer durch ein »Expertenteam« (Architekt, Bankkaufmann) unterstützt wird.[3798]

2209 Die Rechtsprechung hat den Kreis auch ungefragt zu offenbarender Sachmängel immer weiter gezogen, und damit die Arglisthaftung von einem Instrumentarium zur Lösung extremer Fälle zum **wichtigsten Ausgangspunkt der Verkäuferhaftung** bei gebrauchten Immobilien werden lassen.[3799] Ungefragt zu offenbaren sind bspw.:

3789 Für eine differenziertere Betrachtung in drei Stufen (unverbindliche Beschreibung der Sache – Beschaffenheitsvereinbarung – Beschaffenheitsgarantie) plädiert *Emmert* NJW 2006, 1765.
3790 Restriktiver bei Verkäufen von Fahrzeugen: vgl. oben Rdn. 2176 m.w.N. (Laufleistung oder Zulassungsjahr lediglich als Beschaffenheitsvereinbarung).
3791 OLG Celle MittBayNot 2005, 436.
3792 OLG Hamburg OLGR 2005, 226: Hierin liege die Garantie für die selbstständige Vermietbarkeit aller drei Wohnungen.
3793 OLG Köln, 22.09.2004 – 19 W 40/04, NotBZ 2005, 300.
3794 Keine Offenbarungspflicht zur Bauweise »Fertighaus«, da sie nicht als Mangel empfunden wird: OLG Celle, 10.05.2007 – 8 U 11/07, NJOZ 2007, 3519.
3795 OLG Schleswig, 15.05.2003 – 4 U 84/97, NJW-RR 2004, 1137: keine Hinweispflicht bei Geruchsbeeinträchtigung, die »weder wesentlich noch ortsunüblich« sei.
3796 OLG Hamm, 13.09.2004 – 22 U 75/04, MDR 2005, 621: Keine Pflicht, auf sichtbare Risse in den Wänden ungefragt hinzuweisen; ähnlich BGHZ 132, 30, 34.
3797 Z.B. aus einem übergebenen Sachverständigengutachten. Nicht ausreichend ist es jedoch, wenn sich der Mangel aus Unterlagen ergibt, die für die den Käufer finanzierende Bank bestimmt sind, vgl. BGH, 12.11.2010 – V ZR 181/09, ZNotP 2011, 68.
3798 OLG Koblenz, 18.11.2009 – 1 U 159/09, IMR 2010, 298.
3799 *Schmidt/Niewerth*, Kauf und Verkauf von Gewerbeimmobilien, Rn. 294 bis 339.

- die baurechtswidrige Nutzung einer Immobilie auch ohne Untersagungsverfügung,[3800] erst Recht das Fehlen einer Baugenehmigung[3801] – nach neuem Baurecht dürfte auch das Bestehen eines lediglich zeitlich befristeten Bebauungsrechts gem. §§ 9 Abs. 2, 11 Abs. 2 Nr. 2 BauGB ähnlich zu behandeln sein;[3802]
- das Fehlen einer gesicherten Zufahrtsmöglichkeit oder Wasserversorgung;[3803]
- Leerstände (auch bei Vorliegen einer Mietgarantie);[3804] erhebliche Mietrückstände;[3805] möglicherweise auch konkrete Kenntnis über drohende wirtschaftliche Schwierigkeiten des Hauptmieters;[3806]
- das Bestehen einer Mietpreisbindung;[3807]
- das Bestehen einer Baulast, welche die Änderung der äußeren Gebäudegestalt untersagt (da dem »Gestaltwert des Gebäudes eine die Kulturlandschaft prägende Bedeutung zukomme«, § 35 Abs. 4 Nr. 4 BauGB);[3808]
- besondere, nicht ohne Weiteres erkennbare Gefahr einer Überflutung;[3809] ebenso das Fehlen einer Absicherung gegen das Eindringen zu erwartenden Hochwassers;
- konkrete Kontaminationen,[3810] auch wenn allgemeiner Altlastenverdacht eingeräumt wurde oder dem Käufer bekannt war;
- Verwendung gesundheitsgefährdender Baustoffe (Asbest), auch wenn diese z.Zt. der Errichtung als unbedenklich galten[3811] – anders, wenn eine Gesundheitsgefährdung durch die Art und Weise der Verwendung zuverlässig ausgeschlossen werden kann;[3812]
- Betrieb einer Wäscherei auf dem Gelände vor über 25 Jahren, auch wenn seitdem ein Lebensmitteleinzelhandel dort beanstandungsfrei geführt wurde, ebenso die Durchführung von Sanierungsmaßnahmen zur Altlastenbeseitigung in der Vergangenheit,[3813] nicht jedoch das Vorhandensein ordnungsgemäß verfüllter Tanks[3814] oder der Umstand, dass im angebotenen Wohnhaus in den 1970er Jahren das Holzschutzmittel »Xyladecor« verwendet wurde;[3815]
- konkreter Hausschwammverdacht[3816] oder früherer Hausschwammbefall, auch wenn er vor 25 Jahren behandelt wurde;[3817]

3800 BGH, 10.06.1988 – V ZR 125/87, NJW-RR 1988, 1290.
3801 BGH, 30.04.2003 – V ZR 100/02, NJW 2003, 2380.
3802 Vgl. *Grziwotz* DNotZ 2004, 679.
3803 BGH, 08.04.2011 – V ZR 185/10, ZfIR 2011, 657 m. Anm. *Grziwotz* (auch bei Wohnimmobilien im Außenbereich, wobei dort keine Anbindung an das öffentliche Leitungsnetz, aber eine durch Dienstbarkeit gesicherte private Anbindung erwartet werden darf. Der Schadensersatz kann berechnet werden entweder anhand der Wertdifferenz zwischen Gebäude mit und ohne gesicherte Versorgung oder anhand der Ausgleichszahlung, die der Nachbar verlangt, jedoch gedeckelt auf die Kosten der Herstellung einer eigenen Leitung).
3804 BGH, 10.10.2008 – V ZR 175/07, NJW 2008, 3699.
3805 OLG Celle NJW-RR 1999, 280.
3806 BGH NJW-RR 2003, 700; kritisch *Derleder* NJW 2008, 1193, da auch einer Bank die Kenntnis, die sie aus anderen Vertragsbeziehungen abrufen könnte, nicht zugerechnet wird.
3807 BGH, 19.12.1997 – V ZR 112/06, ZfIR 1998, 71.
3808 BGH, 15.07.2011 – V ZR 171/10, NotBZ 2011, 434 m. Anm. *Krauß*; *Arnold* MittBayNot 2012, 39.
3809 BGH, 08.11.1991 – V ZR 193/90, NJW-RR 1992, 334.
3810 BGH DNotZ 1992, 298; BGH NJW 2002, 1867.
3811 BGH, 27.03.2009 – V ZR 30/08, ZfIR 2009, 560 m. Anm. *Everts*; vgl. auch *Kirchhof* ZfIR 2009, 853 (859).
3812 OLG München NJW-RR 2010, 677.
3813 Aufklärungspflicht sogar der finanzierenden Bank ggü. ihrem Kunden aus Wissensvorsprung, OLG Karlsruhe, 15.07.2008, ZfIR 2009, 29 (fraglich!).
3814 OLG Bremen, 18.09.2003 – 2 U 78/02, OLGR 2003, 519.
3815 LG Arnsberg, 24.02.2006 – 2 O 229/02, JurionRS 2006, 38415.
3816 BGH ZNotP 2003, 185.
3817 BGH DNotZ 1988, 618.

B. Gestaltung eines Grundstückskaufvertrages

- nicht erkennbare[3818] Kellerdurchfeuchtung aufgrund unzureichender Isolierung der Außenwände;[3819] ebenso erneutes Auftreten von Wölbungen nach einer feuchtigkeitsbedingten Fassadensanierung;[3820]
- Denkmaleigenschaft,[3821]
- Geruchsbelästigungen;[3822]
- Lärmbelästigung[3823] – Fluglärm ist i.d.R. allgemein wahrnehmbar; es besteht jedoch Aufklärungspflicht, wenn ein ortsfremder Käufer den Lärm wegen vorübergehender Schließung der Startbahn nicht wahrnehmen konnte[3824] –;
- Bestehen tiefgreifender und den Vertragszweck gefährdender Planungen über eine Verkehrsumgestaltung;[3825]
- vom äußeren Erscheinungsbild abweichende rechtliche Grundstücksgrenzen;[3826]
- Angabe des Fertigstellungsjahres des Gebäudes als Baujahr ohne Offenlegung der Tatsache, dass der Bau jahrelang im Rohbaustadium »steckengeblieben« ist;[3827]
- das Bestehen einer tief greifend zerstrittenen WEG-Gemeinschaft[3828] oder schikanöses Verhalten von Nachbarn.[3829]

2212 Veräußert eine Gemeinde, knüpft die Rechtsprechung besondere Offenlegungspflichten an ihren naturgegebenen Informationsvorsprung als Träger der Planungshoheit. Sie muss daher den Käufer auch ungefragt über eigene Planungen,[3830] aber auch über ihr bekannte Planungen anderer Hoheitsträger,[3831] unterrichten, vgl. auch Rdn. 2494.

2213 Das Verschweigen[3832] kann auch darin liegen, dass eine objektiv falsche Erklärung ohne tatsächliche Grundlage (»ins Blaue hinein«, also in dolus eventualis)[3833] abgegeben wird bzw. dass die Überwachung und Prüfung des Werkes so unzureichend organisiert wird, dass weder der Unternehmer noch die für ihn eingesetzten Gehilfen den Mangel erkennen können.[3834] Der Verkäufer genügt seiner Offenlegungspflicht ferner dann nicht, wenn er dem Käufer zwar Unterlagen übergibt, aus

---

3818 Also anders, wenn der Verkäufer nach dem äußeren Erscheinungsbild des Kellers darauf vertrauen durfte, dass der Käufer den Mangel bei Besichtigung erkannt hat, OLG Saarbrücken OLGR 2008, 151; OLG Köln, 24.10.2001 – 11 U 113/00, JurionRS 2001, 23024.

3819 OLG Karlsruhe MittBayNot 2005, 401: »insbes. wenn ihm die ausdrückliche Erklärung abverlangt worden war, verdeckte Mängel seien ihm nicht bekannt«; OLG Saarbrücken NJW-RR 2009, 64; OLG Koblenz NJW-RR 2010, 989.

3820 BGH, 05.03.1993 – V ZR 140/91, NJW 1993, 1703 (fraglich, weil der Werkunternehmer eine Nachbesserung mit Hinweis auf zulässige Toleranzen abgelehnt hatte, *Schmid* ZfIR 2011, 43).

3821 OLG Celle DNotZ 1988, 702. In einigen Bundesländern (z.B. Bayern: www.blfd.bayern.de: Programm BayernViewer-Denkmal) ist eine gebührenfreie Online-Abfrage hinsichtlich der Denkmaleigenschaft möglich, die aber keine Rechtsverbindlichkeit vermittelt.

3822 BGH DNotZ 1988, 618.

3823 BGH MittBayNot 1991, 156; »Hellhörigkeit«: BGH, 12.03.2009 – V ZR 161/08, GE 2009, 582 (Frage des Einzelfalls); keine Offenbarungspflicht bei »laut schnarchenden Nachbarn«: AG Bonn, 25.03.2010 – 6 C 598/08, NJW-RR 2010, 1235, ebenso wenig bei »Geschrei eines autistischen Kindes auf dem Nachbargrundstück«: LG Münster, 26.02.2009 – 8 O 378/08, NJW 2009, 3730.

3824 OLG Köln, 14.11.1994 – 2 U 76/93, ZMR 1995, 71.

3825 OLG Frankfurt am Main, 07.02.2001 – 17 U 143/99, NJW-RR 2002, 523.

3826 LG Dortmund, 26.03.2010 – 6 O 614/07, jurion (an Zufahrt bestand nur Wegerecht).

3827 OLG Rostock OLGR 2009, 934.

3828 OLG Düsseldorf MittRhNotK 1997, 29.

3829 OLG Frankfurt am Main, 20.01.2004 – 4 U 84/01, BauR 2005, 1821; BGH, 22.02.1991 – V ZR 299/89, NJW 1991, 1673.

3830 BGH ZfIR 2003, 783 und BGH ZfIR 2005, 588.

3831 OLG Frankfurt am Main NJW-RR 2002, 523.

3832 Dieses kann auch darin bestehen, den Mangel dem mit dem Abschluss beauftragten Makler nicht mitgeteilt zu haben, BGH, 14.05.2004 – V ZR 120/03, ZNotP 2004, 355.

3833 BGH NJW 1981, 1441. Beispiel nach OLG Koblenz, 19.10.2012 – 1 U 113/11 ZfIR 2012, 142 (nur Ls.): der Verkäufer erklärt, das Flachdach sei »neu gemacht worden«, ohne darauf hinzuweisen, dass er insoweit nur die Information des Vorbesitzers ungeprüft weitergibt. Den Käufer kann allerdings ein Mitverschulden treffen, wenn er eine Gelegenheit zur Untersuchung nicht nutzt.

3834 BGH NJW 1992, 1754; Palandt/*Sprau* BGB § 638 Rn. 5. Die Kasuistik hat sich vom Wortlaut weit entfernt.

denen sich die betreffenden Umstände erschließen lassen, allerdings nur zur »allgemeinen Information«, ohne die berechtigte Erwartung, der Käufer werde sie unter diesem Gesichtspunkt gezielt durchsehen,[3835] oder lediglich für die finanzierende Bank.[3836]

Voraussetzung von Mängelrechten des Käufers wegen arglistigen Verschweigens ist neben der Offenbarungspflicht die **Kenntnis** des Verkäufers oder einer Person, deren Kenntnis er sich zurechnen lassen muss (vgl. Rdn. 2001), einschließlich seines Verhandlungs-[3837] oder Erfüllungsgehilfen[3838] **vom Mangel.** Fahrlässige Unkenntnis genügt nicht, allerdings »bedingter Vorsatz.«[3839] Es genügt nicht, dass diese Kenntnis zwar früher vorhanden war, jedoch im Zeitpunkt der Beurkundung (etwa infolge beginnender Demenz) nicht mehr.[3840] **Kausalität** zwischen dem verschwiegenen Mangel und dem Kaufentschluss ist **nicht erforderlich**,[3841] da die Versagung der Berufung auf den vertraglichen, § 444 BGB, (wie auch den gesetzlichen, § 442 Abs. 1 Satz 2 BGB) Haftungsausschluss nicht die Entschließungsfreiheit schützen soll (wie in § 123 BGB),[3842] sondern sicherstellen will, dass eine nicht vertragsgerechte Leistung sanktioniert wird. 2214

Der Verkäufer trägt die **Beweislast** für Kenntnis bzw. grob fahrlässige Unkenntnis des Käufers,[3843] der Käufer die Beweislast für ein arglistiges Verschweigen oder eine Garantie, die ihm trotz grob fahrlässiger Unkenntnis die Mängelansprüche erhalten würden. Dies gilt auch dann, wenn der Verkäufer in Gestalt einer »**Arglistprobe**«[3844] (oben Rdn. 2000 ff.) im Kaufvertrag versichert, ihm sei »vom Vorhandensein wesentlicher unsichtbarer Mängel nichts bekannt«: Da die Vermutung der Vollständigkeit und Richtigkeit der notariellen Niederschrift (§ 425 ZPO) – ebenso wie die Formpflicht des § 311b Abs. 1 BGB selbst[3845] – sich nur auf die getroffenen rechtsgeschäftlichen Vereinbarungen erstrecke, nicht aber auf die vollständige Wiedergabe erteilter Informationen, könne hieraus nicht auf das Verschweigen bekannter Mängel geschlossen werden.[3846] Da es sich allerdings bei der behaupteten unterbliebenen Aufklärung um eine negative Tatsache handelt, kommen dem Käufer die Erleichterungen der sog. **negativen Darlegungslast** zur Hilfe: er muss lediglich die vom Ver- 2215

3835 BGH, 11.11.2011 – V ZR 245/10, ZNotP 2012, 58.
3836 Anders dagegen, wenn im Zusammenhang mit möglichen Mängeln ein Sachverständigengutachten überreicht wird, BGH, 12.11.2010 – V ZR 181/09, NJW 2011, 1280.
3837 Vorausgesetzt der Vertreter hat die Angelegenheiten des Verkäufers in eigener Verantwortung zu erledigen und ihm die dabei erlangten Informationen weiterzugeben: BGH, 14.05.2004 – V ZR 120/03, ZNotP 2004, 355. Dies ist bei »Circa-Angaben« zur Wohnfläche im Maklerexposé regelmäßig nicht der Fall, LG Neubrandenburg NotBZ 2007, 107; vgl. Rn. 1801. Es genügt aber, dass der Verhandlungsführer einen Teil des Rechtsgeschäfts selbstständig verhandeln konnte, OLG Schleswig, 07.04.2009 – 3 U 159/07, EWiR § 442 BGB 1/10, 47 (*Backhaus*). Auf die Vertretungsbefugnis kommt es nicht an (Aufsichtsratsmitglied).
3838 Z.B. bei zu erbringenden Werkleistungen der Subunternehmer (BGH NJW 1976, 516) sowie der mit der Prüfung des Werks Beauftragte (BGH NJW 1974, 553).
3839 Dieser liegt nach BGH DNotZ 2004, 691 dann vor, wenn der Verkäufer die Umstände zwar nicht positiv kennt, ihr Vorhandensein aber für möglich hält und sie nicht offenbart, obwohl er weiß oder billigend in Kauf nimmt, dass sie für die Entschließung des anderen Teils von Bedeutung sind. (Beispiel nach OLG Rostock, 08.12.2011 – 3 U 16/11, ZflR 2012, 142 [nur Ls.]: Verkäufer verschließt sich den sich aufdrängenden Umständen, die auf fehlende baurechtliche Genehmigungen hinweisen). Die zutreffende rechtliche Einordnung (als Fehler i.S.d. § 463 BGB bzw. als Sachmangel i.S.d. § 434 BGB) ist nicht erforderlich. Keine Arglist liegt vor, wenn der Verkäufer nach einer Besprechung mit Fachleuten davon ausgehen darf, bestimmte Gefahren träten nicht ein; das Sonderwissen seines Architekten braucht er sich nur zurechnen zu lassen, wenn dieser als Verhandlungsführer oder -gehilfe beim Verkauf tätig ist: BGH, 21.07.2005 – VII ZR 240/03, NJW-RR 2005, 1473.
3840 BGH, 11.05.2001 – V ZR 14/00, ZflR 2001, 541; allerdings dann besonders eingehende Glaubwürdigkeitsprüfung durch den Tatrichter: OLG Hamm, 04.08.2003 – 22 U 63/02, NJOZ 2003, 2562.
3841 BGH, 15.07.2011 – V ZR 171/10, NotBZ 2011, 434 m. Anm. *Krauß*.
3842 Vgl. den dortigen Wortlaut »zu einer Willenserklärung ... bestimmt worden ist«.
3843 BGH, 12.11.2010 – V ZR 181/09, ZNotP 2011, 68.
3844 Sie erlaubt dem Notar zwanglos die Thematisierung der verbleibenden Mängelrechte und schneidet dem Verkäufer den Einwand ab, an Mängel gar nicht gedacht zu haben, sodass von einem »arglistigen« Verschweigen keine Rede sein könne, vgl. *Amann* DNotZ 2003, 647.
3845 Daher auch keine Beurkundungspflicht für die Erteilung einer Quittung (Rdn. 1241) über den Erhalt des Kaufpreises, auch wenn in der Urkunde enthalten: KG, 23.09.2010 – 19 U 2/10, JurionRS 2010, 28828.
3846 BGH, 30.04.2003 – V ZR 100/02, DNotZ 2004, 696.

käufer in räumlicher, zeitlicher und inhaltlicher Weise zu spezifizierende Aufklärung ausräumen. Fehlt es bereits an einer verkäuferseitigen Darlegung dessen, was zur Konkretisierung einer behaupteten Aufklärung gehört, genügt es für den Käufer zu erklären, er sei nicht aufgeklärt worden.[3847]

2216 Empfehlenswert ist auf jeden Fall die allgemeine Negativaussage der **Arglistprobe**:

▶ Formulierungsvorschlag: Arglistprobe

Der Verkäufer erklärt, er habe keine ihm bekannten Mängel, schädlichen Bodenveränderungen oder Altlasten arglistig verschwiegen, auf die der Käufer angesichts ihrer Bedeutung und des sonstigen Zustandes des Objekts einen Hinweis erwarten durfte.

zu ergänzen um:
- konkrete Negativaussagen (»der Verkäufer erklärt, ihm sei nichts bekannt von Undichtigkeiten des Dachs oder des Mauerwerks sowie von Funktionsdefiziten der Heizung und des Kabel- und Leitungsnetzes im Gebäude«),
- konkrete Positivaussagen (»der Verkäufer hat dem Käufer versichert, das Heizungssystem und die Dimensionierung der Heizkörper gewährleiste auch bei einer Außentemperatur von – 20° C eine Raumtemperatur im Schlafzimmer von + 20° C«) mit Regelung der Rechtsfolgen als Garantie (Rdn. 2232) oder Beschaffenheitsvereinbarung (Rdn. 2234 und 2236),
- die Wiedergabe tatsächlich mitgeteilter Mangeleigenschaften mit der Wirkung des § 442 BGB (vgl. Rdn. 2242).

2217 Erweist sich die (negative oder positive) Aussage des Verkäufers im Rahmen dieser Arglistprobe als unzutreffend (d.h. nicht als materiell falsch – dazu hätte es einer Garantie bedurft –, sondern als seiner tatsächlich vorhandenen Kenntnis zuwider[3848] bzw. als lediglich ins Blaue hinein erklärt), stehen dem Käufer Ansprüche auf Schadensersatz aus §§ 280 Abs. 2, 311 Abs. 2, 241 BGB wegen Verschuldens bei Vertragsverhandlungen:[3849] Vertragsanpassung,[3850] ggf. Vertragsaufhebung,[3851] Ersatz sonstiger Schäden[3852] zu Gebote, ebenso alle Sachmängelrechte (trotz i.Ü. bestehender Gewährleistungsbeschränkung: § 444 BGB, Rdn. 2013) mit abweichender Verjährung: § 438 Abs. 3 BGB – 3 Jahre ab Anspruchsentstehung und Kenntnis des Käufers, spätestens 10 Jahre ab Fälligkeit (§ 199 Abs. 4 BGB), bei Bauwerken aber nicht vor Ablauf von 5 Jahren seit Übergabe.

2218 Daneben kann der Käufer den Vertrag anfechten (§ 123 BGB) oder gem. § 823 Abs. 2 BGB i.V.m. § 263 StGB vorgehen, z.B. gerichtet auf Schadensersatz im Wege der Rückabwicklung zuzüglich des negativen Interesses.[3853] Die Beweislast bleibt trotz »Arglistprobe« unverändert (Rdn. 2000, 2215). Des weiteren führt arglistiges Verschweigen dazu, dass eine erfolglose Nachfristsetzung als »Vorverfahren« zur Erlangung der sekundären Mängelrechte (etwa gem. § 281 Abs. 2 BGB oder gem. § 323 Abs. 2 Nr. 2 BGB) entbehrlich ist;[3854] ferner dass die Erheblichkeit der Pflichtverletzung als Voraussetzung des Rücktritts (§ 323 Abs. 5 Satz 2 BGB) stets gegeben ist, selbst wenn der verschwiegene Mangel selbst unerheblich war.[3855]

2219 Im Gegensatz zu den vorstehend skizzierten, der Sache selbst anhaftenden Umständen, hat die Rechtsprechung bisher eine allgemeine Aufklärungspflicht über die wirtschaftliche Rentabilität bei Grundstückskauf-

---

3847 BGH, 12.11.2010 – V ZR 181/09, ZNotP 2011, 68.
3848 *Müggenborg* NJW 2005, 2815.
3849 Bei arglistigem, auch nur bedingt vorsätzlichem Verhalten wird »c.i.c.« nicht durch die Sachmängelvorschriften verdrängt, vgl. *Schmid* ZfIR 2011, 44.
3850 Der Geschädigte ist so zu stellen, als wäre es ihm bei Kenntnis der wahren Sachlage gelungen, den Kaufvertrag zu einem günstigeren Preis abzuschließen: BGH, 11.02.1999 – IX ZR 252/97, NJW 1999, 2032.
3851 Sofern der Käufer den Vertrag bei gehöriger Aufklärung gar nicht abgeschlossen hätte, auch wenn daneben kein Vermögensschaden vorliegt (Selbstnutzung); *Schmid* ZfIR 2011, 44.
3852 Z.B. Ersatz der Kosten des Rückbaus eines Überbaus, der wegen unterbliebener Aufklärung über die Grundstücksgrenzen versehentlich errichtet wurde: LG Dortmund, 26.03.2010 – 6 O 614/07, jurion.
3853 Vgl. *Reinicke/Tiedtke* Kaufrecht Rn. 865 ff.
3854 BGH, 08.12.2006 – V ZR 249/05, DNotZ 2007, 216.
3855 BGH, 24.03.2006 – V ZR 173/05, DNotZ 2006, 828.

verträgen nicht bejaht.³⁸⁵⁶ Es besteht demnach auch kein Anspruch, ein Objekt zum Verkehrswert erwerben zu können,³⁸⁵⁷ bis zur Grenze der Sittenwidrigkeit oder des Wuchers (Rdn. 119 ff.).³⁸⁵⁸ Werden jedoch Auskünfte erteilt, müssen diese (auch ohne Offenlegungspflicht) richtig sein.³⁸⁵⁹

Offenlegungspflichten können insoweit ausnahmsweise bestehen, **2220**
- wenn der Veräußerer spezifisches Sonderwissen besitzt, das der Erwerber auch bei optimaler Informationsbeschaffung nicht erlangen kann³⁸⁶⁰
- sowie bei konkludentem Abschluss eines begleitenden **Beratungsvertrags (Rdn.** 2295 ff.), etwa durch Übergabe eines konkreten Berechnungsbeispiels über Kosten und finanzielle Vorteile des Erwerbs.³⁸⁶¹

In diesem Fall ist der Veräußerer auch verpflichtet, die künftige Entwicklung miteinzubeziehen, **2221** insb. wenn der Erwerber langfristig (etwa durch einen Miet-Pool) gebunden werden soll.³⁸⁶² Der dem Veräußerer obliegende Nachweis, der Kaufvertrag wäre trotz evtl. korrekter Warnungen abgeschlossen worden, ist kaum zu führen.³⁸⁶³

Strengere Grundsätze bestehen bei sog. Anlagemodellen, wo z.B. auch unter bestimmten Voraussetzungen Innenprovisionen (über 15 % des Erwerbspreises)³⁸⁶⁴ offenzulegen sind,³⁸⁶⁵ ebenso erhaltene »Kick-back-Vergütungen«, durch Banken bereits seit dem Jahr 1990.³⁸⁶⁶

d) Erklärungen Dritter (etwa von Maklern)

Auch am Kaufvertrag beteiligte Dritte, z.B. während der Beurkundung anwesende **Makler**,³⁸⁶⁷ denen **2222** ein eigener Provisionsanspruch gem. § 328 BGB zugewendet wird, können aus begleitender Nebenpflicht (c.i.c., § 311 Abs. 2 BGB) selbst zur Aufklärung verpflichtet sein, etwa wenn ihnen bekannt ist, dass ihr Kunde i.R.d. »Arglistprobe« unrichtige Angaben über den Zustand des Objekts gemacht hat (Hausbockbefall einer Jugendstilvilla.)³⁸⁶⁸ Eigene Ermittlungen braucht der Makler aber nicht anzustrengen, er kann den Angaben des Verkäufers grds. vertrauen.³⁸⁶⁹ Daneben haftet der Makler dem Käufer ggü. wegen Schlechterfüllung eines mit diesem zustande gekommenen Maklervertrages,³⁸⁷⁰ wenn der Makler selbst falsche Angaben macht. Eigenhaftung des Maklers tritt auch dann ein, wenn er

---

3856 BGH NJW 2003, 1811.
3857 BGH NJW 2004, 1732.
3858 BGH NJW 2001, 1127.
3859 BGH NJW-RR 1988, 458.
3860 BGH NJW 2001, 2021.
3861 BGH NJW 1991, 2556.
3862 BGH NJW 2004, 64.
3863 BGH NJW 1998, 302.
3864 BGH, 12.02.2004, LNR 2004, 10185.
3865 Vgl. *Drasdo* NJW-Spezial 2005, 98 m.w.N. Allerdings besteht im Regelfall keine Offenlegungspflicht des Notars über ihm bekannt gewordene Innenprovisionen, vgl. BGH, 26.02.2009 – III ZR 135/08, LNR 2009, 11049.
3866 BGH, XI ZR 308/09, JurionRS 2010, 18489; zur Offenbarungspflicht bei Fondsverkäufen, mit Schadensersatzfolge: BGH – XI ZR 56/05 – solche Ansprüche unterliegen nicht der kurzen, dreijährigen Verjährung nach dem WpHG, sondern für bis Ende 2001 der 30jährigen, danach spätestens Ende 2011 ablaufenden Verjährung -; ebenso bei geschlossenen Fonds: BGH – XI ZR 510/07, JurionRS 2009, 10298. Nach BGH, XI ZR 586/07, JurionRS 2009, 15603, handelten Banken jedenfalls seit 1997 vorsätzlich, wenn sie Provisionen verschwiegen, sodass die kurze Verjährung nach dem WpHG nicht greife.
3867 *Wälzholz* DNotZ 2006, 187 fordert zusätzlich, dass der Makler darauf hingewirkt haben muss, in den Genuss eines Maklerlohnanspruchs gegen den Käufer (etwa gem. § 328 BGB) zu kommen.
3868 BGH, 22.09.2005 – III ZR 295/04, DNotZ 2006, 184 m. Anm. *Wälzholz*.
3869 BGH, 18.01.2007 – III ZR 146/06, NJW-RR 2007, 711.
3870 Nicht aber bei einem lediglich für den Verkäufer tätigen Makler, KG, 19.04.2007 – 12 U 67/06, KG-Report Berlin 2008, 4.

in besonderem Maß persönliches Vertrauen in Anspruch genommen hat[3871] oder am Vertragsschluss selbst wirtschaftlich (mehr als nur im Hinblick auf seinen Provisionsanspruch) interessiert ist.[3872]

2223 Umgekehrt kann der Verkäufer gehalten sein, sich von etwaigen Angaben des Maklers zu distanzieren, um nicht wegen Verletzung einer Offenbarungspflicht zu haften, wenn er dessen Aussagen, etwa im Exposé, und deren Unrichtigkeit[3873] kennt. Die Aussagen des Maklers können nämlich zum einen »öffentliche Äußerungen eines Gehilfen« i.S.d. **§ 434 Abs. 1 Satz 3 BGB** sein,[3874] und damit eine zu erwartende Beschaffenheit begründen (Rdn. 2182); angesichts des regelmäßig enthaltenen umfassenden Haftungsausschlusses muss der Verkäufer dafür aber nur einstehen, wenn er wissentlich oder bedingt vorsätzlich (durch Erklärungen »ins Blaue hinein«, ohne tatsächliche Grundlage)[3875] am falschen Exposé mitgewirkt hätte.

2224 Daneben kann der Makler Erfüllungsgehilfe des Verkäufers im Rahmen vorvertraglicher Verhandlungen sein, für den der Verkäufer gem. § 278 BGB haftet. In Fällen arglistiger Täuschung wird die culpa in contrahendo, nunmehr §§ 241 Abs. 2, 311 Abs. 2 und 3 BGB, auch nach Gefahrübergang nicht durch §§ 434 ff. BGB verdrängt, vgl. Rdn. 1985. Voraussetzung ist jedoch, dass der Makler entweder als bevollmächtigter **Vertreter** des Verkäufers fungiert – sich also nicht auf die Zusammenführung der Parteien beschränkt –, oder als **Verhandlungsführer** (sog. Repräsentant, Rdn. 1985) auftritt, zumindest aber als **Verhandlungsgehilfe**. Letzteres nimmt die Rechtsprechung bereits an, wenn der Makler wegen seiner engen Beziehung zum Geschäftsherrn als dessen Vertrauensperson erscheint.[3876] Ob der Makler hierfür tatsächlich Vollmacht erhalten ist, ist nicht entscheidend, sondern nur, ob sich die Vertragspartei die Verhandlungstätigkeit des Maklers zu Eigen gemacht hat.[3877] (Hat der Verkäufer den Makler mit der Verhandlung betraut, ihm allerdings offenbarungspflichtige Objekteigenschaften verschwiegen, haftet der Verkäufer aus eigenem Verschulden).[3878]

2225 Diese Distanzierung kann auch pauschal erfolgen:[3879]

▶ Formulierungsvorschlag: Pauschale Distanzierung von Makleraussagen

Der Verkäufer hat bei der Vorbereitung des Verkaufs den Makler ..... eingeschaltet, der auch Verhandlungen in seinem Auftrag geführt hat. Der Verkäufer distanziert sich hiermit von allen mündlichen und schriftlichen, etwa im Exposé enthaltenen, vorvertraglichen Wissens- und Willenserklärungen dieses Maklers, der zu solchen Erklärungen keine Vollmacht des Verkäufers hatte, sodass allein die in dieser Urkunde enthaltenen Beschaffenheitsvereinbarungen, Garantien, Abreden zu Sachmängelrechten und die vom Verkäufer selbst gemachten Angaben maßgeblich sind.

e) Formulierungen

2226 Die überwiegend zwingenden **Sondervorschriften des Verbrauchsgüterkaufs** gelten für unbewegliche Sachen nicht. Dort können die Beteiligten aufgrund des Gesetz gewordenen subjektiven Fehlerbegriffs definieren, was sie als Sachmangel ansehen (§ 434 Abs. 1 BGB: »vereinbarte Beschaffenheit«, »nach dem Vertrag vorausgesetzte Verwendung«) oder gar die Sachmängelgewährleistung

---

3871 BGH NJW 1991, 1241; es genügt nicht, bloß Wortführer zu sein – BGH NJW-RR 1993, 342 – oder die Sachkunde zu zeigen, die von einem Immobilienfachmann ohnehin erwartet wird.
3872 BGH NJW 1990, 506.
3873 Falsche »Circa-Angaben« zur Wohnfläche im Maklerexposé, deren Unrichtigkeit der Verkäufer nicht kennt, begründen daher keine Arglisthaftung, LG Neubrandenburg NotBZ 2007, 107.
3874 So der Ansatz des OLG Hamm, 15.12.2008 – 22 U 90/08, BauR 2009, 702 (BGH, 22.10.2009 – V ZR 21/09 hat wegen unterlassener Parteivernehmung zurückverwiesen).
3875 OLG Hamm, 29.04.2010 – 22 U 127/09, NJW-RR 2010, 1643 (im Exposé wird das Baujahr des Hauses mit 1950 statt richtig 1929 angegeben).
3876 BGH, 08.02.1979 – III ZR 2/77, WM 1979, 429 (431).
3877 BGH NJW 1995, 2550.
3878 BGH, 14.05.2004 – V ZR 120/03, NJW-RR 2004, 1196.
3879 BGH DNotZ 1996, 964: Sogar wenn er zuvor die gesamten Vertragsverhandlungen dem Makler als seinem Repräsentanten überlassen hat, sodass er für dessen Verschulden nach § 278 BGB einzustehen hätte.

generell ausschließen. Nicht zu überwindende Grenze ist insoweit § 444 BGB (Haftung für Garantien und für arglistig verschwiegene Mängel; bei der Frage der auch ungefragt zu offenbarenden Mängel wird die Definition der vertraglich vorausgesetzten Beschaffenheit wieder relevant).[3880] Besonderheiten bestehen jedoch bei Rechtsgeschäften, die als **Formular- oder Verbrauchervertrag der AGB-Kontrolle** unterliegen (z.B. bei einem Verkauf durch die Gemeinde oder durch eine Privatperson, die ein Altgebäude aufgeteilt hat und darin Eigentumswohnungen verkauft, aber auch beim Verkauf durch den Insolvenzverwalter; vgl. unten Rdn. 3113 ff.)

Sonderfragen bei Gebäuden, die unter Verwendung von Ratenzahlungen des Erwerbers auf dem Grundstück des Veräußerers noch herzustellen sind (Bauträgervertrag nach MaBV), sind nicht Gegenstand dieser Darstellung. Schwierig einzustufen sind »Mischmodelle« (oft als »**unechter Bauträgervertrag**« bezeichnet), bei welchen das Grundstück durch »Vermittlung« des Bauunternehmers von dritter, dem Bauunternehmer u.U. nahestehender Seite erworben und gegen Zahlung des Kaufpreises umgeschrieben wird, sodass die Werkleistungen ab diesem Zeitpunkt auf eigenem Grund und Boden erbracht werden. In diesem Zusammenhang stellen sich insb. folgende Fragen: 2227
- Beurkundungsbedürftigkeit des Gesamtvorgangs (oben Rdn. 86 ff.; regelmäßig zu bejahen), 2228
- Grunderwerbsteuerpflicht auch der Werkleistungen (unten Rdn. 3495, regelmäßig zu bejahen),
- Hat der Werkunternehmer das Grundstück in bestimmender Weise »an der Hand«, kann die MaBV anwendbar sein.[3881] In jedem Fall gilt dies zur Vermeidung einer Umgehung (§ 12 MaBV), wenn Bauunternehmer und Grundstücksverkäufer identisch sind (»**verdeckter Bauträgervertrag**«),[3882] aber auch möglicherweise bei nur tatsächlicher Verbindung beider Verträge (»**verdecktes Bauherrenmodell**«).[3883] An die Stelle einer wegen Verstoßes gegen die MaBV nichtigen Fälligkeitsregelung tritt § 641 Abs. 1 BGB (Gesamtfälligkeit bei Abnahme);[3884] einem Bereicherungsherausgabeanspruch steht jedoch § 813 Abs. 2 BGB (vorzeitige Erfüllung einer betagten Verbindlichkeit) entgegen, außer die Raten überschreiten den Rahmen des nach § 3 Abs. 2 MaBV[3885] jeweils insgesamt Zulässigen, § 817 Abs. 1 BGB.[3886]

[3880] Handelt es sich bspw. nach Kenntnis beider Vertragsteile um einen nicht generalrenovierten Altbau aus den Sechzigerjahren, sind Beschaffenheiten, die bei solchen Gebäuden typisch sind, nicht als arglistig verschwiegene »Mängel« einzustufen. Die im Text vorgeschlagene Formulierung versucht dies durch den Hinweis auf den »sonstigen Zustand des Objekts« anzudeuten, wobei jedoch eine individuelle Konkretisierung des tatsächlichen Zustands empfehlenswert ist.

[3881] *Hartmann* MittRhNotK 2000, 11/19 (»verdeckter Bauträgervertrag«); gegen Anwendbarkeit der MaBV: *Grziwotz/Koeble* Handbuch Bauträgerrecht 1. Teil Rn. 27 ff.; für Anwendbarkeit in allen Fällen *Koeble* NJW 1992, 1142, 1145. Jedenfalls dürfte der Ratenplan des § 3 Abs. 2 Nr. 2 MaBV als »gesetzliches Leitbild« zur Vermeidung einer im Verbrauchervertrag gem. § 307 Abs. 2 Nr. 1 BGB i.V.m. § 641 BGB verbotenen Vorausleistung hinsichtlich des Gebäudepreises einzuhalten sein, vgl. Bauträgermerkblatt der Landesnotarkammer Bayern (Januar 2006) Teil B II; *Basty* Der Bauträgervertrag Rn. 98.

[3882] BGH, 22.03.2007 – VII ZR 268/05, NJW 2007, 1947 m. Anm. *Drasdo* NJW 2007, 2741; vgl. auch *Herrler* DNotZ 2007, 895; *Hildebrandt* ZfIR 2007, 621: separater Bauvertragsabschluss im Café vor dem Notarvertrag über das Grundstück bei einem verdeckten Bauträgermodell.

[3883] *Magel* ZNotP 2011, 202 ff. geht davon aus, Grundstückslieferant und Bauunternehmen bildeten eine oHG; ferner erfordere der Bauherrenbegriff i.S.d. § 34c Abs. 1 Nr. 4a GewO nur, dass dem Käufer überhaupt, gleich von wem, Eigentum mit Mitteln des Käufers verschafft werden müsse. Möglicherweise geht auch der BGH (22.03.2007 – VII ZR 268/05, DNotZ 2007, 925 Rn. 18) davon aus, dass die MaBV unwandelbar anwendbar bleibe, wenn der Käufer bei Abschluss des Bauvertrages noch nicht Eigentümer ist.

[3884] BGH, 22.03.2007 – VII ZR 268/05, s. vorangehende Fn. § 3 Abs. 2 MaBV bzw. die Hausbauverordnung selbst treten nicht an die Stelle der nichtigen anderen Zahlungsabrede, da sie nicht dispositives Recht enthalten, sondern nur entsprechende Vertragsklauseln zulassen.

[3885] §§ 3 und 7 MaBV sind ferner Schutzgesetze i.S.d. § 823 Abs. 2 BGB, vgl. BGH, 05.12.2008 – V ZR 144/07, ZfIR 2009, 199, sodass der Geschäftsführer der Bauträgergesellschaft auch persönlich haftet.

[3886] BGH, 22.03.2007 – VII ZR 268/05, DNotZ 2007, 925: der Vorrang der Kondiktion wegen Gesetzesverstoßes, § 817 Satz 1 BGB, gilt nur sofern durch das betreffende Verbotsgesetz gerechtfertigt, also nicht bei Zahlungen, die im Fall wirksamer Vereinbarung eines Zahlungsplans nach § 3 MaBV nicht zu beanstanden wären.

B. Gestaltung eines Grundstückskaufvertrages

- Mithaftung des Grundstücksverkäufers für die Werkleistung (i.d.R. zu verneinen,[3887] jedenfalls sofern Grundstücksmängel keinen Einfluss auf das Bauwerk und seine Nutzung haben).[3888]

Im Rahmen von **Portfoliotransaktionen** haben sich – angloamerikanisch geprägt – typische Gewährleistungsklauseln eigener Art (»deal points«) herausgebildet, die Gegenstand einer eigenen Darstellung (Rdn. 3607 ff) sind.

Beim Verkauf einzelner Immobilien ist seit 01.01.2002 wie folgt zu differenzieren:

aa) Verkauf eines Bestandsobjekts, ohne AGB-Kontrolle

2229 Der bisher übliche vollständige[3889] Ausschluss aller Mängelrechte des Käufers in Bezug auf Sachmängel kann beibehalten werden. Er ist weiterhin sachgerecht,[3890] schont justizielle Ressourcen, ermöglicht dem Verkäufer sichere Disposition über den Kaufpreis und verweist den Käufer auf die sicherheitsstiftende Option einer vorherigen fachmännischen Untersuchung des Kaufobjekts als Basis für realistische Verhandlungen (und für Versicherungsschutz für dennoch später zutage tretende versteckte Baumängel).[3891] Die Außengrenzen der Vertragsgestaltung (§§ 276 Abs. 3, 444 BGB) sind allerdings zu wahren.

Die Formulierung könnte etwa lauten:

▶ **Formulierungsvorschlag: Ausschluss der Sachmängelrechte des Käufers bei Bestandsgebäuden**

2230 Alle Rechte des Käufers wegen eines Sachmangels des Grund und Bodens, Gebäudes und etwa mitverkaufter beweglicher Sachen sind ausgeschlossen, allerdings mit Ausnahme
(a) der in dieser Urkunde enthaltenen Beschaffenheitsvereinbarungen und Garantien,
(b) vorsätzlich zu vertretender oder arglistig verschwiegener Mängel. Der Verkäufer erklärt, er habe keine ihm bekannten Mängel, schädlichen Bodenveränderungen oder Altlasten arglistig verschwiegen, auf die der Käufer angesichts ihrer Bedeutung und des sonstigen Zustandes des Objekts einen Hinweis erwarten durfte.

2231 Die Worte »alle Rechte« umfassen nicht nur »Ansprüche« im eigentlichen Sinne (gerichtet etwa auf Schadens- oder Aufwendungsersatz oder Ausgleichsansprüche nach § 24 Abs. 2 BBodSchG; hierzu nachstehend Rdn. 2325), sondern auch Gestaltungsrechte (Rücktritt, Minderung und Anfechtungsrechte etwa wegen arglistiger Täuschung etc.). Alle Ansprüche sind zugleich »Rechte« (§ 194 BGB), nicht aber umgekehrt. Die Erwähnung der »in dieser Urkunde enthaltenen Beschaffenheitsvereinbarungen und Garantien« soll klarstellen, dass bspw. Werbeaussagen oder Angaben im Exposé nicht zu einer Beschaffenheitsvereinbarung geführt haben. Sie können jedoch als Tatsachenangaben, sofern sie zutreffend waren, zu einer Kenntnis des Käufers i.S.d. § 442 BGB geführt haben, bei Unrichtigkeit Anlass zur Arglisthaftung geben (§ 444 BGB).

2232 Soweit der Käufer über die Fälle der Arglist, und des Vorsatzes hinaus eine **Absicherung hinsichtlich zentraler Eigenschaften des Objekts** wünscht, und im Verhandlungswege erreichen kann,

---

[3887] OLG Hamm, 21.02.2006 – 24 U 112/05, NJW-RR 2006, 1164 (»jedenfalls wenn keine Umgehung der MaBV beabsichtigt sei«).
[3888] Für diese Ausnahme *Weise* NJW-Spezial 2006, 552.
[3889] Zur weiten Auslegung bisheriger vertraglicher Haftungsausschlussklauseln (im Zweifel Geltung auch für etwaige Ansprüche aus c.i.c., nunmehr §§ 241 Abs. 2 BGB, 311 Abs. 2 und Abs. 3 BGB): OLG Düsseldorf RNotZ 2002, 574.
[3890] Vgl. *Albrecht* in: Reithmann/Albrecht Handbuch der notariellen Vertragsgestaltung, Rn. 531 ff.; *Amann* DNotZ 2003, 644.
[3891] Versicherung der VHV, auf der Basis einer vorangehenden Dekra-Untersuchung des Gebäudes (Gutachtenpreis pauschal 649 €). Die Police deckt weitere Baumängel ab, die binnen 5 Jahren zutage treten (Reparatur, sonst Wertminderung, Eigenbeteiligung jeweils 1.000 €), und in begrenztem Umfang auch Folgeschäden an eingebrachten Sachen.

handelt es sich häufig um verschuldensunabhängige Garantien (vgl. § 443 BGB, oben Rdn. 2018 ff.), etwa nach folgendem Muster:

▶ Formulierungsvorschlag: Beschaffenheitsgarantie des Verkäufers zur Energieversorgung

> Der Verkäufer hat – im Sinne einer verschuldensunabhängigen Garantie – dafür zu sorgen, dass bei Besitzübergang die heute vorhandene Heizung, die Warm- und Kaltwasserversorgung sowie die Elektroanlage uneingeschränkt funktionsfähig sind.

2233

Weniger weitgehend als vorstehende Garantie eines bestimmten Zustandes bei Gefahrübergang (welche bei Verletzung unbeschränkbar die gesamte Palette der Mängelrechte des Käufers eröffnet [§ 444 BGB]) sind **Beschaffenheitsvereinbarungen**, die zudem flexiblere Festlegungen auf der Rechtsfolgenseite erlauben:

2234

▶ Formulierungsvorschlag: Beschaffenheitsvereinbarung bzgl. einzelner Umstände

> Die Beteiligten vereinbaren als Beschaffenheit gem. § 434 Abs. 1 Satz 1 BGB, dass das Flachdach über der Garage im Zeitpunkt des Gefahrübergangs vollständig dicht ist. Sofern dem Verkäufer weder Vorsatz[3892] noch Arglist zur Last fällt, ist das Recht des Käufers auf Rücktritt[3893] und Schadensersatz statt der ganzen Leistung jedoch ausgeschlossen; Ansprüche auf Minderung oder Schadens- sowie Aufwendungsersatz sind auf 5.000,00 € beschränkt.

2235

Solche positive Beschaffenheitsvereinbarungen können auch weitere Umstände erfassen, wie im nachstehenden Beispiel vorgeschlagen. Eine Regelung der Rechtsfolgen (wie etwa in Rdn. 2240) ist nur erforderlich, wenn sie vom Konsequenzenkatalog des Allgemeinen Schuldrechts i.V.m. den kaufrechtlichen Modifikationen abweichen sollen. Bei Wohnzwecken dienenden Immobilien werden häufig – ähnlich wie bei gewerblich genutzten Objekten in Bezug auf öffentlich-rechtliche Tatbestände, Rdn. 2198 – als geschuldete Beschaffenheit ausdrücklich vereinbart:

2236

▶ Formulierungsvorschlag: Positive Beschaffenheitsvereinbarungen für Wohnzwecken dienende Immobilien

> Die Beteiligten vereinbaren als Beschaffenheit gem. § 434 Abs.1 Satz 1 BGB, dass (*vorsichtige Alternative, falls Zweifel daran bestehen, dass die Umstände Gegenstand einer Beschaffenheitsvereinbarung hinsichtlich des Grundstücks sein können, es sich also nicht um »externe« Tatbestände handelt:*)
> – keine Beschränkungen nach dem Wohnungsbindungsgesetz oder aus Bescheiden nach Wohnraumförderungsgesetz bestehen,
> – keine Beschränkungen aus Baulasten oder aus im Grundbuch nicht ersichtlicher Übernahme baurechtlicher Abstandsflächen bestehen,
> – keine altrechtlichen Dienstbarkeiten bestehen,
> – die Heizungsanlagen und die Wärmeisolierung der Energie-Einsparverordnung entsprechen, sodass bauliche Veränderungen nicht erforderlich sind,
> – ausreichender Versicherungsschutz gegen Brandschäden (zum gleitenden Neuwert), Leitungswasserschäden und Sturm besteht,
> – Zugang, Zufahrt, Ver- und Entsorgung öffentlich-rechtlich oder dinglich gesichert sind,
> – die vorhandenen Versorgungsanlagen für Warm- und Kaltwasser, Elektrizität, Telekommunikation und die Heizung funktionsfähig sind.

2237

3892 Vgl. § 276 Abs. 3 BGB; im Formularvertrag ist wegen § 309 Nr. 7 Buchst. b) BGB zu ergänzen: »oder grobe Fahrlässigkeit«.
3893 Dies ist auch im Formularvertrag möglich; die Sperre des § 309 Nr. 8 Buchst. a) BGB gilt nicht bei verschuldeter Sachmangelhaftigkeit und § 309 Nr. 8 Buchst. b) gilt nur bei neu errichteten Bauwerken. Auf § 309 Nr. 7 Buchst. b) BGB (formularvertragliche Sperre bei grober Fahrlässigkeit) wurde bereits hingewiesen.

2238 Dahinter zurückbleibend definieren Beteiligte häufig das Vorliegen bestimmter Umstände als **Geschäftsgrundlage** des Vertrags, um so Ansprüche auf Anpassung bzw. Aufhebung zu schaffen. Dies geschieht bspw. im Zusammenhang mit der Veräußerung einer Fläche »als Bauland«:

▶ Formulierungsvorschlag: Baulandeigenschaft als Geschäftsgrundlage

2239 Die Vertragsteile vereinbaren unabhängig von vorstehendem Ausschluss der Mängelrechte i.Ü. die Anwendung der Rechtsfolgen über den Wegfall der Geschäftsgrundlage (§ 313 BGB) für den Fall, dass eine Bebauung des Vertragsbesitzes zu Wohnzwecken wider Erwarten bauplanungsrechtlich bei Besitzübergang nicht zulässig sein sollte; ein bestimmtes Maß einer Mindestbebauung wird hierbei nicht zugrunde gelegt.

2240 Wenn bereits jetzt feststeht, dass bei Fehlen der Baulandeigenschaft eine bloße Anpassung des Vertrags nicht in Betracht kommt, könnte deutlicher auch ein **Rücktrittsrecht** vereinbart werden, als beschränkte Sanktion bei Nichtvorhandensein einer Beschaffenheitsvereinbarung zu einem bestimmten (ggf. auch nach dem Gefahrübergang liegenden) Zeitpunkt:

▶ Formulierungsvorschlag: Beschaffenheitsvereinbarung der Baulandeigenschaft mit Rücktrittsrecht

2241 Die Beteiligten vereinbaren als Beschaffenheit gem. § 434 Abs. 1 Satz 1 BGB, dass auf dem Vertragsgegenstand die Errichtung eines Einfamilienhauses mit einer Mindestwohnfläche von 200 m² gem. Wohnflächenverordnung (bei Gewerbebauten: eines Bürogebäudes mit 3.000 m² Geschossfläche gem. BauNVO in drei Vollgeschossen) zulässig ist und ein auf Kosten des Käufers in Auftrag zu gebendes Bodengutachten eine Bodenpressung von 200 KN/m² und das Vorliegen der Bodenklasse 3 bis 5 gem. DIN 18300 bestätigt. Weist der Vertragsgegenstand diese vereinbarte Beschaffenheit nicht binnen ..... Monaten ab heute auf, kann der Käufer vom Vertrag zurücktreten, jedoch nicht Minderung des Kaufpreises oder Schadensersatz verlangen, ausgenommen Fälle des Vorsatzes oder der Arglist. Der Nachweis der Bebaubarkeit ist jedoch ausdrücklich nicht Fälligkeitsvoraussetzung. Der Notar hat daher dem Käufer empfohlen, wenigstens den nach Ausübung des Rücktritts entstehenden Rückzahlungsanspruch zu sichern, etwa durch Stellung einer Bankbürgschaft durch den Verkäufer als weitere Voraussetzung der Fälligkeit. Auch dies wurde jedoch nicht gewünscht.

Ist hingegen der Nachweis der Bebaubarkeit (durch Vorliegen einer zu definierenden Baugenehmigung) Fälligkeitsvoraussetzung, kann das Muster Rdn. 2582 verwendet werden.

2242 Soweit umgekehrt der Verkäufer dem Vorwurf, erhebliche Umstände **arglistig verschwiegen** zu haben, entgehen möchte, sollte er auf die positive Wiedergabe solcher mitgeteilter Tatsachen drängen, auch um die Ausschlusswirkung des § 442 BGB (die in Serien- und Verbraucherverträgen gleichermaßen greift) zu sichern:

▶ Formulierungsvorschlag: Wiedergabe erheblicher Umstände als Wissenserklärung

2243 Dem Käufer ist bekannt, dass die Elektroleitungen seit der Errichtung des Anwesens 1968 nicht erneuert wurden. An der Südseite des Kellers dringt Regen ein, sodass eine Außenisolierung erforderlich ist.

bb) Verkauf eines Bestandsobjekts, mit AGB-Kontrolle

2244 In Kaufverträgen über Bestandsimmobilien, die der AGB-Kontrolle der §§ 305 ff. BGB unterliegen (Formular- oder Verbraucherverträge), ist § 309 Nr. 7 BGB zu berücksichtigen (vgl. oben Rdn. 188 ff.):
– Gem. § 309 Nr. 7 Buchst. b) BGB kann die Haftung für grobes Verschulden des Verwenders (Unternehmers) oder für vorsätzliche oder grob fahrlässige Pflichtverletzung eines gesetzlichen Vertreters oder Erfüllungsgehilfen nicht ausgeschlossen werden (dies ergänzt § 276 Abs. 3 BGB, wonach im Individualvertrag die Haftung für Vorsatz nicht ausgeschlossen werden kann).
– Gem. § 309 Nr. 7 Buchst. a) BGB kann darüber hinaus auch für leichte Fahrlässigkeit die Haftung nicht mehr ausgeschlossen werden, soweit Schäden wegen Verletzung von Leben, Körper oder Gesundheit betroffen sind; das (auch leicht fahrlässige) Verschulden von gesetzlichen Vertretern und Erfüllungsgehilfen steht dem Verschulden des Verkäufers gleich.

Bei Verbraucherverträgen ist wiederum inhaltlich zu differenzieren, ob eine Abweichung von den 2245 dispositiven Normen zugunsten oder zulasten des Verbrauchers vorliegt – nur letztere verstößt gegen die Klauselverbote des § 309 Nr. 7 und Nr. 8 BGB, die eine Bevorzugung des »Verwenders« (dies ist gem. § 310 Abs. 3 Nr. 1 BGB stets der Unternehmer, sofern er nicht die Klauseleinführung durch den Verbraucher oder eine Individualvereinbarung gem. § 305 Abs. 1 Satz 3 BGB belegen kann) untersagen.[3894] Dies entspricht auch der EG-Klauselrichtlinie 93/13/EWG, die in Art. 3 nur Klauseln, die zum Nachteil des Verbrauchers ein treuwidriges und erhebliches Missverhältnis von Leistung und Gegenleistung verursachen, missbilligt.

▶ Beispiel:

Veräußert ein Verbraucher eine Immobilie an einen Unternehmer, liegt zwar ein Verbrauchervertrag vor, es sind jedoch zugunsten des Verbrauchers dieselben Haftungsausschlüsse zulässig wie in einem Individualvertrag.

I.Ü. kann der Sachmängelhaftungsausschluss bis zur individualvertraglichen Grenze der Rdn. 1707 2246 auch hier aufrechterhalten bleiben, insb. handelt es sich bei der bei der 5-jährigen Verjährung für Altbaumängel (§ 438 Abs. 1 Nr. 2 Buchst. a) BGB) nicht um eine Regelung mit Leitbildcharakter.[3895]

▶ Formulierungsvorschlag: Sachmängelhaftungsausschluss bei Altbau in »AGB« (Verkäufer als Unternehmer)

Alle Rechte des Käufers wegen eines Sachmangels des Grund und Bodens, Gebäudes und etwa 2247 mitverkaufter beweglicher Sachen sind ausgeschlossen; allerdings mit Ausnahme
(a) der in dieser Urkunde enthaltenen Beschaffenheitsvereinbarungen und Garantien;
(b) vorsätzlich zu vertretender oder arglistig verschwiegener Mängel. Der Verkäufer erklärt, er habe keine ihm bekannten Mängel, schädlichen Bodenveränderungen oder Altlasten arglistig verschwiegen, auf die der Käufer angesichts ihrer Bedeutung und des sonstigen Zustandes des Objekts einen Hinweis erwarten durfte;
(c) solcher Schäden, die auf einer grob fahrlässigen Pflichtverletzung des Verkäufers beruhen;
(d) der Schäden aus einer Verletzung des Lebens, des Körpers oder der Gesundheit, die auf einer auch leicht fahrlässigen Pflichtverletzung des Verkäufers beruhen.

Einer vorsätzlichen oder fahrlässigen Pflichtverletzung des Verkäufers steht diejenige seines gesetzlichen Vertreters oder Erfüllungsgehilfen gleich.

cc) Verkauf eines Neubaus, kein Verbraucher- oder Formularvertrag

Handelt es sich nach der Verkehrsanschauung um einen Neubau (bei einem leer stehenden Objekt 2248 also während der ersten 3 bis 5 Jahre, bei einem bewohnten Objekt während der ersten 18 Monate nach Herstellung, vgl. Rdn. 196)[3896] oder wird es unabhängig von diesem Fristlauf »als neu«[3897] verkauft, führt die Rechtsprechung des BGH[3898] auch außerhalb des AGB-Rechts zu einer **Inhalts-**

3894 Vgl. auch DNotI-Gutachten Nr. 65985 v. Februar 2006 (dort auch zur Frage, ob möglicherweise § 310 Abs. 3 Nr. 2 BGB – Fiktion des Stellens – nur gegeben sein kann, wenn die Klausel dem Bereich des Unternehmers zurechenbar sei – so *Litzenburger* NJW 2002, 1245 f. – oder nicht – so die h.M. mit Hinweis darauf, dass es nach der EG-Richtlinie auf das Element des »Stellens« generell nicht ankomme, AnwKomm-BGB/*Kollmann* § 310 Rn. 29).
3895 Der Gesetzgeber hat ausweislich der Gegenäußerung der Bundesregierung v. 09.08.2001 zur Stellungnahme des Bundesrats die 5-jährige Altbaumangelverjährung wegen der Parallelität zur Mangelverjährung beim Verkauf gebrauchter Baumaterialien für angezeigt gehalten und ausdrücklich ausgeführt. »Bei gebrauchten Bauwerken können daher wie bisher die kaufrechtlichen Mängelansprüche nach § 309 Nr. 8b Doppelbuchst. aa) insgesamt ausgeschlossen werden, sofern dies nicht sonstigen Klauselverboten widerspricht ...«.
3896 Vgl. BGH DNotZ 1982, 626; BGH DNotZ 1985, 622; *Klumpp* NJW 1993, 372; *Basty* Der Bauträgervertrag Rn. 955; mit einer deutlichen Tendenz zur Verlängerung dieser Fristen ist zu rechnen!
3897 *Kanzleiter* DNotZ 1987, 659; *Basty* Der Bauträgervertrag Rn. 956.
3898 BGH, 17.09.1987 – VII ZR 153/86, DNotZ 1988, 292 m. Anm. *Brambring*; BGH, 29.06.1989 – VII ZR 151/88 DNotZ 1990, 96 m. Anm. *Brambring*; bestätigt in BGH, 08.03.2007 – VII ZR 130/05, MittBayNot 2008, 201 m. Anm. *Kilian* und zuvor in BGH, 06.10.2005 – VII ZR 117/04, DNotZ 2006, 280 m. Anm. *Blank* unter Abgrenzung vom Verkauf eines Altbaus, wo diese Anforderungen an einen »Gewährleistungsausschluss« nicht greifen. Ähnlich OLG

kontrolle analog § 242 BGB. Dem Neubau gleichgestellt ist ein Objekt, das der Verkäufer selbst so umfassend saniert hat, dass es einer Neuerrichtung gleichkommt (vgl. Rdn. 2271), und das sodann, ohne 5 Jahre leergestanden oder 18 Monate bewohnt gewesen zu sein, verkauft wird.[3899]

2249 Demnach sind **formelhafte**[3900] **Beschränkungen der Gewährleistung für Sachmängel** beim Erwerb neu errichteter Immobilien (auch von einem privaten Verkäufer) unwirksam, wenn die Freizeichnung nicht mit dem Erwerber unter ausführlicher Belehrung über die einschneidenden Rechtsfolgen eingehend erörtert worden ist.[3901] Ungenügende Aufklärung und Belehrung durch den Notar (bzw. das Scheitern des dem Verkäufer obliegenden Nachweises solcher Belehrung) bewirkt also den Fortbestand der Sachmängelhaftung des Verkäufers[3902] und bringt damit das Gleichgewicht aus Leistung und Gegenleistung aus der Balance. Bei Einhaltung dieser Aufklärungspflichten kann es dagegen grds. beim Ausschluss der Rechte wegen Sachmängeln verbleiben; ersatzweise werden i.d.R. die Erfüllungs- und Gewährleistungsansprüche des Verkäufers gegen Handwerker, Planer etc. an den Käufer abgetreten. In letzterem Fall muss sich die Belehrung auch darauf erstrecken, dass der Käufer demnach (1) den Vorteil der Haftungsbündelung aufgibt, es also mit einer Vielzahl von Anspruchsgegnern zu tun hat, (2) das Risiko der wirtschaftlichen Leistungsfähigkeit und des Leistungswillens dieser »Ersatzpersonen« trägt, (3) sich zuverlässige Kenntnis vom Inhalt der Verträge, dem Zeitpunkt der Abnahme und bisheriger Korrespondenz (erfolgter Mängelrügen, gestellter Nacherfüllungsverlangen, etwa erfolgter Nachbesserungen etc.) zu verschaffen hat und (4) den Verkäufer wegen eigener Versäumnisse, etwa Planungsfehlern, nicht in Anspruch nehmen kann.[3903] Von einer eingehenden Erörterung und ausführlichen Belehrung kann nur ausnahmsweise abgesehen werden, wenn sich der Notar überzeugt hat, dass sich der Erwerber über die Tragweite der Regelung und das damit verbundene Risiko vollständig im Klaren ist und den Ausschluss dennoch ernsthaft will[3904] – diese Gewissheit des Notars kann aber wohl nur nach intensiver Befragung gewonnen werden, deren Ergebnis, in der Urkunde festgehalten, zu ähnlichen Formulierungen führen wird.

▸ Formulierungsvorschlag: Beschränkung der Käuferrechte im Individualvertrag (Neubau)

2250 Das Gebäude wurde neu errichtet; es ist seit ..... bezugsfertig. Nach der Rechtsprechung des BGH ist eine Freizeichnung des Verkäufers von einer Haftung wegen Sachmängeln bei neu hergestellten Gebäuden nur im Wege einer Individualvereinbarung möglich, also nicht formularmäßig und auch nur dann, wenn der Ausschluss der Rechte des Käufers mit diesem unter ausführlicher Belehrung über die einschneidenden Rechtsfolgen eingehend erörtert worden ist.

Eine Individualvereinbarung setzt voraus, dass beide Vertragsteile, also auch der Käufer, die Möglichkeit hatten, ihre Interessen zur Geltung zu bringen und Einfluss auf die Vertragsgestaltung zu nehmen, sodass der wesentliche Inhalt der Vereinbarung auch zur Disposition des Käufers stand.

Der Käufer bestätigt, dass ihm die Möglichkeit gegeben wurde, auf den Inhalt der nachfolgenden Vereinbarung Einfluss zu nehmen, sodass es sich um eine Individualvereinbarung handelt.

Die Vertragsteile haben bzgl. der Rechte des Käufers bei Sachmängeln am Vertragsobjekt Folgendes vereinbart:

Schleswig, 08.06.2009 – 14 U 10/09, IBR 2009, 655, wo die formelhafte Verkürzung der Verjährung in einem Nachzüglerfall (»Die Verjährung hat am 31.07.1997 begonnen«, verkauft wurde im März 2000) ohne ausgiebige Belehrung des Notars der richterlichen Inhaltskontrolle (§ 242 BGB) nicht standhielt.

3899 So der Sachverhalt in BGH, 08.03.2007 – VII ZR 130/05, ZNotP 2007, 222.
3900 Formelhaftigkeit soll nach BGH DNotZ 1988, 295 f. bereits bei Verwendung des Begriffs »Grundbesitz« gegeben sein, der zeige, dass die Formulierung nicht auf den individuellen Sachverhalt zugeschnitten sei; krit. *Brambring* DNotZ 1988, 299.
3901 Der BGH (08.03.2007 – VII ZR 130/05, ZNotP 2007, 222) verlangt hierfür mehr als bloßes »Innehalten beim Verlesen und Nachfragen«.
3902 Obwohl § 17 BeurkG bewusst nur als Sollvorschrift ausgestaltet ist, ein Verstoß also die Wirksamkeit des Beurkundeten nicht berührt.
3903 OLG Köln, 23.02.2011 – 11 U 70/10, MittBayNot 2011, 480 m. krit. Anm. *Brambring* = DNotZ 2012, 126 m. Anm. *Krauß*.
3904 BGH, 08.03.2007 – VII ZR 130/05, ZNotP 2007, 222.

Rechte des Käufers gegen den Verkäufer wegen eines Sachmangels des Grund und Bodens, Gebäudes und etwa mitverkaufter beweglicher Sachen sind ausgeschlossen; Ansprüche auf Schadensersatz jedoch nur, wenn der Verkäufer nicht vorsätzlich gehandelt hat.

Nach Hinweis auf § 444 BGB versichert der Verkäufer, er habe keine ihm bekannten Mängel, schädlichen Bodenveränderungen oder Altlasten arglistig verschwiegen, auf die der Käufer angesichts ihrer Bedeutung und des sonstigen Zustandes des Objekts einen Hinweis erwarten durfte.

Alle Garantien und Beschaffenheitsvereinbarungen sind in dieser Urkunde vollständig aufgeführt.

Weiterhintritt der Verkäufer alle vertraglichen und gesetzlichen Ansprüche wegen Sachmängeln des Bauwerkes gegen die am Bau beteiligten Baufirmen, Handwerker, Lieferanten und Planer, soweit sie ihm zustehen –und auf welchem Rechtsgrund auch immer diese Ansprüche beruhen mögen –, aufschiebend bedingt auf die Zahlung des geschuldeten Kaufpreises an den Käufer ab, der die Abtretung annimmt. Der Verkäufer hat dem Käufer alle zugehörigen Vertragsunterlagen samt bisheriger Korrespondenz zugänglich gemacht; die Originaldokumente einschließlich etwa gestellter Sicherheiten sind mit Kaufpreiszahlung zu übergeben. Der Verkäufer steht dafür ein, dass die Abtretbarkeit der Ansprüche nicht durch Vertrag ausgeschlossen ist.

Der Notar hat den Käufer über die eintretenden wirtschaftlichen und rechtlichen Folgen eingehend belehrt, ihm insbesondere verdeutlicht, dass er (1) den Vorteil der Haftungsbündelung aufgibt, es also mit einer Vielzahl von Anspruchsgegnern zu tun hat, (2) das Risiko der wirtschaftlichen Leistungsfähigkeit und des Leistungswillens dieser »Ersatzpersonen« trägt, (3) sich zuverlässige Kenntnis vom Inhalt der betroffenen Verträge, dem Zeitpunkt der Abnahme und bisheriger Korrespondenz zu verschaffen hat und (4) den Verkäufer wegen eigener Versäumnisse, etwa Planungsfehlern, nicht in Anspruch nehmen kann. Dem Käufer ist auch bekannt, dass ohne die Ausschlussvereinbarung der Verkäufer selbst im Regelfall werkvertraglich fünf Jahre haften würde.

dd) Verkauf eines Neubaus, mit AGB-Kontrolle

(1) Anwendbares Recht

Beim Verkauf bereits fertiggestellter[3905] Neubauten (also außerhalb des eigentlichen Bauträgervertrags)[3906] will die Schuldrechtsreform Kaufrecht, nicht mehr Werkvertragsrecht, zur Anwendung bringen.[3907] Die Divergenz der Verjährungsfristen (als Hauptmotiv zugunsten des Werkvertragsrechts) ist gem. § 438 Abs. 1 Nr. 2 Buchst. a) BGB entfallen. Materiell bestehen jedoch weiter Unterschiede hinsichtlich:

— des verschuldensunabhängigen Selbstvornahmerechts (§ 637 BGB) samt Vorschussanspruch,
— der Initiativposition bzgl. der Wahl zwischen mehreren Mängelbeseitigungsalternativen (§ 635 BGB: Werkunternehmer, § 439 Abs. 1 BGB: Käufer) und
— des Erfordernisses einer Abnahme (§ 640 BGB, mit Verweigerungsrecht bei wesentlichen Mängeln; im Kaufrecht: Übergabe) und ihrer Konsequenzen (§ 640 Abs. 2 BGB: Verlust nur der verschuldensunabhängigen Rechte bei positiver Kenntnis; § 442 Abs. 1 BGB: Verlust aller Mängelrechte bei Kenntnis oder grob fahrlässiger Unkenntnis).

2251

3905 Erst dann kommt das Schutzkonzept der MaBV nicht mehr zur Anwendung, nicht bereits bei Bezugsfertigkeit oder Abnahmefähigkeit (§ 641 BGB), vgl. *Gutachten* DNotI-Report 2011, 133 ff.
3906 Zur Auseinandersetzung über dessen Rechtsnatur (nach h.M. weiterhin Werkvertragsrecht) vgl. *Meyer* RNotZ 2006, 498 m.w.N.; ebenso BGH, 26.04.2007 – VII ZR 210/05, ZfIR 2007, 540: »vom Werkvertragsrecht dominierter Vertragstyp«.
3907 BT-Drucks. 14/6857, S. 59. Für Sachverhalte vor der Schuldrechtsreform geht die Rspr. einhellig von der Anwendung des Werkvertragsrechts aus, BGH DNotZ 1985, 622; BGH, 16.12.2004 – VII ZR 257/03, ZfIR 2005, 134 m. Anm. *Vogel*.

Aus letzteren Überlegungen plädieren Teile der Literatur weiter für die Anwendung des Werkvertragsrechts auf den Verkauf neu hergestellter Sachen.[3908]

(2) Beschaffenheitsvereinbarungen/Beschaffenheitsmerkmale

2252 Unabhängig von der dogmatischen Einordnung des Vertragstyps ist, solange ein Gebäude noch als »neu hergestellt« gilt (Rdn. 196), zur Vermeidung der Formnichtigkeit gem. §§ 125, 311b Abs. 1 BGB[3909] (und der dadurch ausgelösten Haftung des Notars)[3910] die **Baubeschreibung mitzubeurkunden**,[3911] und zwar auch, soweit Leistungen bereits erbracht wurden (Rdn. 2271),[3912] im Regelfall durch Verweisung gem. § 13a BeurkG. Hat jedoch der Verkäufer als Verbraucher das Objekt teilweise in Eigenleistung erstellt, bedarf es einer Mitbeurkundung der Baubeschreibung nur, wenn diese (etwa i.S.e. Exposés) bereits erstellt und dem Käufer übergeben wurde, sodass sie in die Willensbildung eingeflossen ist.[3913] Ferner kann die Einigung anstelle einer Baubeschreibung sich auch durch Verweis auf ein Referenzobjekt oder Bezugnahme auf den bei Besichtigung erkennbaren Zustand gebildet haben kann[3914] (zweifelhaft bei Wohnflächenmaßen, die ja nicht allein aufgrund der Besichtigung ermittelt werden können, sondern auf schriftlichen Unterlagen des Bauträgers beruhen, die dann doch Vertragsinhalt werden und daher mit beurkundet werden müssen).

2253 Die durch den Vorrang des sog. **subjektiven Fehlerbegriffs** (»vereinbarte Beschaffenheit«) vollzogene Abkehr von der bisherigen Maßgeblichkeit des »Werts und der Tauglichkeit des Werks zum gewöhnlichen oder vertraglich vorausgesetzten Gebrauch« (§ 633 BGB a.F.)[3915] führt hinsichtlich der **Tatbestandsseite** für die Zukunft zu einem **vorsichtigeren Umgang mit der Beschaffenheitsvereinbarung**. Nunmehr führt nämlich (entgegen § 459 Abs. 1 Satz 2 BGB und § 633 BGB a.F. – Wegfall des Bagatellvorbehalts) die Abweichung von der vereinbarten Beschaffenheit schon dann zu einem Sachmangel, wenn sie nicht zugleich auch eine Wert- oder Tauglichkeitsminderung zur Folge hat.[3916] Demnach werden Abweichungen im Millimeterbereich als Werkmängel geahndet;[3917] auch im Einbau eines anderen Fabrikats als im Vertrag angegeben liegt stets ein Sachmangel,[3918] selbst wenn das gelieferte Fabrikat sogar besser ist![3919] Nach der neueren Rechtsprechung des BGH[3920] setzt ein mangelfreies Werk demnach (1) die exakte Erfüllung etwaiger Beschaffenheitsvereinbarungen, (2) die Einhaltung der anerkannten Regeln der Technik durch die Gesamtheit der Bauleistungen und (3) die Funktionstauglichkeit[3921] des Werks voraus.

2254 Würde man jede Leistungsbeschreibung mit einer Beschaffenheitsvereinbarung i.S.d. Nr. (1) gleichsetzen, läge darin eine »Mangelfalle« für den Verkäufer. Richtigerweise wird zu differenzieren sein zwischen einer schlichten Leistungsbeschreibung, die erforderlich ist, um überhaupt eine rechtsge-

---

3908 Etwa *Dören* ZfIR 2003, 497 ff.; krit. *Thode* NZBau 2002, 298 ff.
3909 Grundsatzurteil: BGH, 23.09.1977 – V ZR 90/75, BGHZ 69, 266; BGH, 15.12.2000 – V ZR 241/99, ZfIR 2001, 646.
3910 BGH, 03.07.2008 – III ZR 189/07, IBR 2008, 579 (*Wagner*), *Blank* notar 2009, 106.
3911 BGH, 06.10.2005 – VII ZR 117/04, DNotZ 2006, 280.
3912 BGH, 10.02.2005 – VII ZR 184/04, DNotZ 2005, 467 m. Anm. *Basty*; a.A. das frühere Schrifttum (zit. bei *Thode* ZNotP 2005, 167, Fn. 34).
3913 So der Sachverhalt in BGH, 08.03.2007 – VII ZR 130/05, MittBayNot 2008, 201 m. Anm. *Kilian*.
3914 *Basty* DNotZ 2005, 470.
3915 Die nur durch Zusicherung bestimmter Eigenschaften subjektiv und individuell ergänzt werden konnte.
3916 Wobei eine solche Pflichtverletzung vermutlich unerheblich i.S.d. §§ 281 Abs. 1 Satz 3, 325 Abs. 5 Satz 3 BGB sein wird, sodass Schadensersatz statt der Leistung und Rücktritt regelmäßig nicht in Betracht kommen, allerdings Anspruch auf Nacherfüllung, sofern die Kosten nicht unverhältnismäßig sind, sowie Minderung.
3917 OLG Schleswig BauR 2007, 930 (eingebaute Sperrfolie ist geringfügig dünner).
3918 OLG Stuttgart BauR 2007, 713.
3919 BGH NJW 2002, 3543.
3920 BGH, 08.11.2007 – VII ZR 183/05, NZBau 2008, 109; hierzu *Lucenti* NJW 2008, 962.
3921 Beispiele: BGH, 15.10.2002 – X ZR 69/01, BauR 2003, 236 – Abluftstromvolumen bei China-Restaurant; BGH, 11.11.1999 – VII ZR 403/98, BauR 2000, 411 – Dichtigkeit eines Daches; BGH, 14.05.1998 – VII ZR 184/97, BGHZ 139, 16 – Luftschallschutz in einer Eigentumswohnung; BGH, 04.03.2004 – III ZR 72/03, ZfIR 2004, 582 – Studentenappartment erfordert geringeren Leistungsstandard.

schäftlich notwendige ausreichend klare Beschreibung des geschuldeten Werks zu erlangen (»**Beschaffenheitsmerkmal**«),[3922] und der Beschaffenheitsvereinbarung i.S.d. § 434 Abs. 1 Satz 1 BGB, die voraussetzt, dass der Unternehmer bereit sei, für jede Abweichung einzustehen.[3923] Die Beschaffenheitsangabe wird (in Anlehnung an die früheren Anforderungen an eine Eigenschaftszusicherung) jedenfalls dann zur Beschaffenheitsvereinbarung, wenn an ihre Einhaltung ein objektiv wahrnehmbares Interesse des Bestellers geknüpft ist, sie in Funktion oder Optik wahrnehmbare positive Effekte aufweist und ein diesbezüglicher Einstandswille des Werkunternehmers eindeutig festgestellt werden kann.[3924]

(3) Baubeschreibung und Klauselkontrolle

Die Bau- und Leistungsbeschreibung muss zur Vermeidung eines Verstoßes gegen das **Transparenzgebot** (§ 307 Abs. 1 Satz 2 BGB) ausreichend klar[3925] und detailliert formuliert sein. Soweit von berechtigten Erwartungen des Verbrauchers abgewichen wird, verdichtet sich das Transparenzgebot zur »Hervorhebungspflicht«: Soll z.B. auch für Beurkundungen nach dem 01.02.2002 die Wärmeschutzverordnung von 1995 anstelle der an sich geltenden Energie-Einsparverordnung 2002 zugrunde gelegt werden, muss dies deutlich klargestellt werden. Gleiches gilt, wenn von DIN-Normen abgewichen wird (etwa von DIN 18022: Mindestabstände zwischen Sanitärgegenständen, oder DIN 18195-9 Bauwerksabdichtungen – häufig in Bezug auf die Schwellenhöhen von Balkonen), oder wenn vor der Abnahme eintretende Änderungen der DIN-Normen oder der anerkannten Regeln der Technik unberücksichtigt bleiben sollen (vgl. Rdn. 2181). 2255

Gerichte tendieren ohnehin zu einer über den Wortlaut hinausführenden Auslegung (Beispiel: geschuldete Erschließungsleistungen, die über Nachbargrundstücke führen, sind nur dann werkmangelfrei erbracht, wenn der dortige Leitungsverlauf durch Grunddienstbarkeit gesichert ist)[3926] und korrigieren die Leistungsbeschreibung angesichts der Planungsverantwortung des Bauträgers in Richtung auf das gesetzlich mindestens Geschuldete.[3927] Gleichwohl handelt es sich nicht notwendig in jedem Punkt um eine »qualifizierte« Beschaffenheitsvereinbarung i.S.d. §§ 434 Abs. 1 Satz 1, 633 Abs. 2 Satz 1 BGB, sondern regelmäßig lediglich um schlichte Beschaffenheitsmerkmale (Rdn. 2254), von der jedoch abgewichen werden kann, wenn Wert und Tauglichkeit hierdurch nicht beeinträchtigt werden. 2256

▶ Beispiel:

Vergleichbare Badarmaturen oder Türgriffe eines anderen als des in der Baubeschreibung genannten Herstellers.

In Formular- oder Verbraucherverträgen ist allerdings § 308 Nr. 4 BGB (ebenso Anhangstatbestand 1 k zur EG-Klauselrichtlinie 93/13 vom 05.04.1993)[3928] zu beachten. Dieser fordert für **Abänderungsvorbehalte** des Unternehmers die Nennung der infrage kommenden (erforderlichen) triftigen Gründe[3929] hierfür sowie 2257

3922 Der Begriff stammt von *Motzke* BTR 2003, 15, 17.
3923 Vgl. *Basty* Der Bauträgervertrag, Rn. 729; Palandt/*Sprau* BGB Ergänzungsband 2002 § 633 Rn. 6.
3924 *Lucenti* NJW 2008, 964.
3925 Der Bundesverband der Verbraucherzentrale und Verbraucherverbände (früher: Arbeitsgemeinschaft der Verbraucherverbände), Markgrafenstr. 1, 10969 Berlin, Tel. 030/25800-0, E-Mail: info@vzbv.de, hat hierzu eine Musterbaubeschreibung entwickelt, die beim Bundesverband angefordert bzw. auf der Internet-Seite des Deutschen Notarinstituts unter www.dnoti.de unter »Arbeitshilfen« abgerufen werden kann.
3926 OLG München, 17.05.2005 – 9 U 1777/03, NZBau 2006, 578 (Reihenhaussiedlung; in den Verkaufsverträgen bzgl. der Nachbargrundstücke waren Dienstbarkeitsbestellungsvollmachten enthalten, von denen jedoch kein Gebrauch gemacht wurde).
3927 Beispiel: OLG München, 14.06.2005 – 28 U 1921/05, NJW-RR 2006, 1163: »Einschalige Trennwand« in Baubeschreibung für Doppelhaushälfte wird korrigiert in Mindesteinhaltung der Schallschutz-DIN-Normen; Kenntnis des Käufers aufgrund des Textes der Baubeschreibung (§ 442 BGB) kann bei technischen Laien nicht eingewendet werden.
3928 Wobei die Richtlinie keine unmittelbare Anwendung findet, vgl. EuGH, Slg. 2004 I, S. 3403 (Freiburger Kommunalbauten).
3929 BGH, 23.06.2005 – VII ZR 200/04, MittBayNot 2006, 140 m. Anm. *Riemenschneider*; vgl. auch *Basty* Bauträgervertrag Rn. 750 ff. Es genügt nicht, lediglich auf »triftige Gründe« abzustellen, da damit lediglich die gesetzlichen Voraussetzungen wiedergegeben werden (BGHZ 86, 284, 295), ebenso wenig auf »billiges Ermessen« (BGHZ 89, 206,

hinsichtlich der Grenzen[3930] eine angemessene Berücksichtigung der Verbraucherinteressen hinsichtlich Voraussetzungen und Folgen i.R.d. Zumutbaren. Zulässig ist allerdings die Vereinbarung einer (transparenten) Wahlschuld (§ 262 BGB), z.B. durch Nennung eines Produktnamens mit dem Zusatz »oder gleichwertig«[3931] oder durch ausdrückliches Abstellen allein auf die Merkmale des Produkts (»geschuldet sind Fenster entsprechend der Serie XY des Herstellers Z«).[3932]

So könnte etwa im Anschluss an die Verweisung auf die Baubeschreibung formuliert werden:

▸ **Formulierungsvorschlag: Verweisung auf die Baubeschreibung mit Variationsbefugnis**

2258 Die geschuldete Beschaffenheit des Vertragsobjekts bestimmt sich nach der vorgenannten Baubeschreibung. Bzgl. der Material- und Baustoffauswahl kann der Verkäufer jedoch hiervon abweichen, um Verzögerungen im Bauablauf oder Beschaffungsverteuerungen um mehr als 30 % zu vermeiden, sofern Wert und Tauglichkeit nicht beeinträchtigt werden, es sei denn, in diesem Vertrag ist ausdrücklich etwas anderes vereinbart oder garantiert. Über Grund und Art der Änderung ist der Käufer sofort zu unterrichten. Zulässig sind ferner Abweichungen auf Wunsch anderer Erwerber, sofern das heute veräußerte Sondereigentum nicht betroffen ist und das Gemeinschaftseigentum nicht äußerlich sichtbar verändert wird.

2259 Zur Beantwortung der oben unter Rdn. 186 erläuterten offenen Frage, was an die Stelle einer gegen das Gebot der Verständlichkeit, der Bestimmtheit und das Verbot der Täuschung (als Einzelausprägungen des Transparenzgebots) verstoßenden und damit »unwirksamen« Bau- und Leistungsbeschreibung treten soll, empfiehlt es sich weiter, zumindest vertragliche Anhaltspunkte zu schaffen:

▸ **Formulierungsvorschlag: Verweis auf die Baubeschreibung mit Vorsorgeregelung bei möglicher Intransparenz**

2260 Bei Abweichungen zwischen den Plänen und der Baubeschreibung geht Letztere vor. In die Baupläne etwa eingezeichnete Möblierungen oder sonstige Ausstattungsgegenstände sind nur dann Vertragsbestandteil, wenn sie in der Baubeschreibung ausdrücklich aufgeführt sind. Bei lückenhafter oder unwirksamer Regelung werden Arbeiten bzw. Ausstattungen geschuldet, die ein Käufer bei einem derartigen Kaufobjekt üblicherweise erwarten darf. Hierüber entscheidet der Verkäufer nach billigem Ermessen. Das Gleiche gilt, wenn der Käufer ein ihm eingeräumtes Wahlrecht zwischen verschiedenen Ausstattungsvarianten nicht innerhalb einer vom Verkäufer schriftlich gesetzten, angemessenen Frist ausübt.

(4) Rechtsfolgenseite

2261 Auf der **Rechtsfolgenseite** muss der Verkauf eines im obigen Sinn noch neuen Gebäudes im Rahmen eines Formular- oder Verbrauchervertrags[3933] zusätzlich die Klauselverbote des § 309 Nr. 8 Buchst. b) aa) bis ff) BGB beachten, wozu auch das Verbot des formularmäßigen »Wandlungs«ausschlusses zählt[3934] (vgl. im Einzelnen Rdn. 203 f.). Der »**Gestaltungsspielraum**« ist dadurch erheblich reduziert.

---

213). Ungenügend ist auch die Erwähnung »technisch oder wirtschaftlich zweckmäßig erscheinender Änderungen« (BGH, 17.10.2002 – 2 U 37/02, BauR 2003, 1394), ausreichend jedoch »baurechtlich und technisch notwendige Änderungen« (OLG Frankfurt am Main, 30.07.1998 – 15 U 191/97, BauR 2000, 1204).

3930 Die bloße Wiederholung des Kriteriums der Zumutbarkeit genügt nicht (BGHZ 86, 284, 295), ebenso wenig das bloße Abstellen auf das Unterbleiben einer Wertminderung (OLG Stuttgart, 17.10.2002 – 2 U 37/02, BauR 2003, 1394) oder auf die »Gleichwertigkeit« (BGH, 23.06.2004 – VII ZR 200/04, DNotZ 2006, 174 m. Anm. *Basty*); ausreichend ist jedoch wohl »Güte, Wert und Gebrauchsfähigkeit dürfen nicht gemindert werden«.

3931 Vgl. *Riemenschneider* MittBayNot 2006, 143.

3932 *Basty* DNotZ 2006, 178.

3933 Zu Letzterem vgl. § 310 Abs. 3 BGB (vormals § 24a AGBG) und oben Rdn. 121 ff.

3934 BGH, ZIP 2002, 38 (hierzu *Blank* ZfIR 2002, 352); sie gilt für das nunmehrige Rücktrittsrecht in § 309 Nr. 8 Buchst. b) Doppelbuchst. bb) BGB entsprechend. Die Interessenlage beim Kauf neu hergestellter oder werkvertraglich sanierter Gebäude ist dem des (vom BGH entschiedenen) Bauträgervertrags vergleichbar; die vom Gesetzgeber bei »Bauleistungen« befürchteten Rückabwicklungsschwierigkeiten treten hier nicht auf, sodass auch im Erwerbervertrag der

Problematisch ist bspw. der Ausschluss von **Schadensersatzansprüchen bei leichter Fahrlässigkeit** 2262
außerhalb der von § 309 Nr. 7 Buchst. a) BGB ohnehin gezogenen Grenzen (Körper-, Lebens-, Gesundheitsschäden). Die Rechtsprechung hatte formularmäßige Ausschlüsse als Abweichung vom gesetzlichen Leitbild verworfen, soweit Kardinalpflichten[3935] betroffen waren (schlafender Wachmann bei einem Bewachungsvertrag)[3936] oder soweit der Schuldner üblicherweise Versicherungsschutz für deren Erfüllung in Anspruch nimmt[3937] bzw. für Pflichten, auf deren Einhaltung der Käufer i.d.R. vertrauen darf (Überprüfung des Fassungsvermögens eines Öltanks durch den Öllieferanten).[3938]

Das Werkvertragsrecht enthielt bereits vor der Schuldrechtsreform in § 635 BGB eine verschul- 2263
densabhängige Schadensersatzhaftung für Werksmängel, sodass Bauträgervertragsformulare den Ausschluss von Schadensersatzansprüchen aus leichter Fahrlässigkeit auf Mängelfolgeschäden beschränkten, für die unmittelbaren Mangelschäden als Kardinalpflichten des Bauträgers also keine Beschränkung vorsahen.[3939] Dies dürfte nunmehr auch für das Kaufvertragsrecht gelten, das den Verkäufer zur sachmängelfreien Lieferung verpflichtet und bei jeder Form des Verschuldens der Schadensersatzpflicht unterwirft (§§ 433 Abs. 1, 437 Nr. 3, 280 Abs. 1 BGB). Daher ist der Ausschluss des Schadensersatzes wegen leichter Fahrlässigkeit im nachstehenden Textvorschlag über § 309 Nr. 7 Buchst. b) BGB hinaus vorsichtigerweise auf Mängelfolgeschäden[3940] (reine Vermögensschäden) begrenzt. Außerdem wurde (wie in Rdn. 2274) vorsorglich § 309 Nr. 8 Buchst. b) BGB beachtet, für Pflichtverletzungen, die zwar nicht in der unmittelbaren Mangelhaftigkeit selbst liegen (für die § 309 Nr. 8 Buchst. a) BGB nicht gilt), aber mittelbar Sachmängel betreffen.

Eine diesbezügliche Formulierung (vom Verkäufer errichteter Neubau mit AGB-Kontrolle) könnte 2264
etwa wie folgt lauten:

▶ Formulierungsvorschlag: Sachmängelrechte für Neubau in »AGB«

> Rechte des Käufers wegen Sachmängeln jeder Art am Grundstück werden ausgeschlossen, mit Ausnahme des Rechts, sich wegen zu vertretender Pflichtverletzungen vom Vertrag zu lösen sowie des Rechts, wegen grob fahrlässiger Pflichtverletzungen oder wegen auch leicht fahrlässig verursachter Schäden an Leben, Körper oder Gesundheit Schadensersatz zu verlangen.
>
> Hinsichtlich des vom Verkäufer neu errichteten Bauwerkes gilt das – vom Notar erläuterte – Leistungsstörungsrecht des Kaufvertrags des BGB. Schadensersatz für leicht fahrlässig verursachte Mangelfolgeschäden (nicht jedoch Schäden an Leben, Körper oder Gesundheit) ist jedoch ausgeschlossen.
>
> Von allen vorstehenden Rechtsbeschränkungen ausgenommen ist die Haftung für Vorsatz, Arglist und etwaige Garantien. Diese und etwaige Beschaffen sind in der Urkunde vollständig aufgeführt.
>
> Der Käufer ist verpflichtet, sicherzustellen, dass den Handwerkern zur Mängelbeseitigung oder Restfertigstellung innerhalb der üblichen Geschäftszeiten Zutritt gewährt und Mängelbeseitigungen schriftlich bestätigt werden.
>
> Sollte beim Verkäufer die Beseitigung der Mängel nicht erreicht werden oder über dessen Vermögen das Insolvenzverfahren eröffnet bzw. mangels Masse nicht eröffnet werden, so tritt dieser

---

Ausschluss des Rücktrittsrechts gegen § 309 Nr. 8 Buchst. b) bb) BGB verstößt: BGH, 28.09.2006 – VII ZR 303/04, ZfIR 2007, 53 m. Anm. *Schwenker*.
3935 *Kappus* NJW 2006, 16 plädiert für eine Ersetzung der »Kardinalpflicht« durch »wesentliche Pflicht«.
3936 BGH NJW 1999, 1031.
3937 BGH NJW 1997, 1702.
3938 BGH NJW 1971, 1038.
3939 Vgl. *Basty* Bauträgervertrag Rn. 736 m.w.N.
3940 Ebenso *Litzenburger* RNotZ 2002, 33; auch hieran zweifelnd jedoch *v. Westphalen* NJW 2002, 23. Umgekehrt plädieren *Tiedtke/Burgmann* NJW 2005, 1155 f. dafür, den Ausschluss für leichte Fahrlässigkeit nur beim Schadensersatz neben der Leistung (Mangelfolgeschaden) zu begrenzen, da hinsichtlich der eigentlichen Leistungspflichten Rücktritt und Minderung einen ausreichenden Ausgleich schaffen.

für diesen Fall, also aufschiebend bedingt, seine Ansprüche aus Pflichtverletzung und Erfüllungsansprüche gegen mit der Bauausführung beauftragte Planer und Handwerker an den Käufer ab.

(5) Nachzüglerproblem

2265 Wie im Bauträgervertragsrecht kann sich auch beim Verkauf neu – also bei Leerstand von bis zu etwa 3 bis max. 5 Jahren, Rdn. 196 – hergestellter Eigentumswohnungen an »**Nachzügler**« das Problem stellen, dass der spätere Käufer mangels abweichender wirksamer Vereinbarung wegen etwaiger Mängel am Gemeinschaftseigentum insgesamt[3941] (also nicht nur anteilig nach seinem Miteigentumsanteil) Nachbesserung bzw. Aufwendungsersatz verlangen könnte (vgl. Rdn. 2300 ff.),[3942] sodass gegen den Verkäufer eine neue, 5-jährige (§ 309 Nr. 8 Buchst. b) ff) BGB) Verjährung zu laufen beginnen würde.

2266 Kaufvertragsrechtlich dürfte es (wegen Verstoßes gegen Erwägungsgrund 22 der Verbrauchsgüterkaufrichtlinie) nicht zulässig sein, pauschal den derzeitigen Zustand des Gemeinschaftseigentums als vertragsgemäß zu vereinbaren[3943] (Rdn. 2203), Gleiches gilt (erst recht) für das Werkvertragsrecht, das eine § 442 Abs. 1 BGB vergleichbare Regelung (Ausschluss der Mängelrechte bei Kenntnis des Käufers) wegen der ja gerade übernommenen Herstellungspflicht nicht kennt (an dessen Stelle tritt § 640 Abs. 2 BGB). Allerdings sollte lediglich eine Beschaffenheit aufgrund mehrjähriger üblicher Abnutzung als geschuldet gelten; mit dieser Maßgabe kann der Nachzüglerkäufer die Übergabe des Gemeinschaftseigentums als auch an ihn erfolgt anerkennen:[3944]

▶ **Formulierungsvorschlag: Übernahme des Gemeinschaftseigentums durch »Nachzügler«**

2267 Das Gemeinschaftseigentum (Heizung, Dach, Treppenhaus, Keller, Spielplatz etc.) ist bereits seit ..... in Benutzung und wird daher mit der durch den üblichen Gebrauch bedingten Abnutzung als geschuldeter Beschaffenheit verkauft.

2268 Auf der **Rechtsfolgenseite** kommen vertragliche Verkürzungen der Verjährungsfrist in Bezug auf das Gemeinschaftseigentum in Betracht, wegen § 309 Nr. 8 Buchst. b) ff) BGB allerdings nur, wenn letzteres nicht mehr als »neu« i.S.d. § 309 Nr. 8 Buchst. b) BGB anzusehen ist (vgl. Rdn. 196); sie müssen ferner dem Käufer eingehend durch den Notar erläutert werden.[3945]

3941 Vgl. BGH, 15.04.2004 – VII ZR 130/03, DNotZ 2004, 786.
3942 Für das Werkrecht: BGH NJW 1992, 435.
3943 Vgl. hierzu die Kontroverse zwischen *Kornexl* ZNotP 2002, 86 und 131 und *Hertel* ZNotP 2002, 126. Ähnlich OLG Karlsruhe, 27.09.2011 – 8 U 106/10, RNotZ 2012, 36: hat der Erwerber das Gemeinschaftseigentum nicht in Augenschein genommen, führt eine im vorformulierten Abnahmeprotokoll enthaltene Klausel, das Gemeinschaftseigentum sei mängelfrei, nicht zur Abnahme. Eine (nur dem Wortlaut nach) »unwiderrufliche« Vollmacht zur Abnahme des Gemeinschaftseigentums durch einen vom Bauträger beauftragten Sachverständigen verstößt gegen § 307 Abs. 1 Satz 1 BGB. Zum Ganzen vgl. *Hertel* in: Albrecht/Hertel/Kesseler, Aktuelle Probleme der notariellen Vertragsgestaltung im Immobilienrecht 2011/2012 (DAI-Skript) S. 84 ff.
3944 Ähnlich *Hertel* in: Amann/Brambring/Hertel Vertragspraxis nach neuem Schuldrecht, S. 256.
3945 So OLG Schleswig, 08.06.2009 – 14 U 10/09, IBR 2009, 655, für die formelhafte Verkürzung der Verjährung in einem Nachzüglerfall (»Die Verjährung hat am 31.07.1997 begonnen«, verkauft wurde im März 2000) außerhalb der Klauselkontrolle: richterliche Inhaltskontrolle gem. § 242 BGB.

Im **Bauträgervertragsrecht** hält die überwiegende Literatur eine formularmäßige Regelung[3946] für zulässig, dass der Nachzüglerkäufer die bereits erfolgte Abnahme[3947] des Gemeinschaftseigentums[3948] gegen sich gelten lasse;[3949] Rechtsprechung hierzu ist spärlich.[3950]   2269

ee) Verkauf eines sanierten Altbaus, mit AGB-Kontrolle

Wird ein »sanierter Altbau« veräußert (gleichgültig ob die Werkleistung bereits erbracht wurde oder zum Zeitpunkt des Vertragsschlusses noch gem. detaillierter Beschreibung[3951] zu erbringen ist), sind drei Sachverhaltsalternativen zu unterscheiden: 2270

(1) Gesamtherstellungspflicht

Ist nach Umfang und Bedeutung der vorgenommenen Sanierung davon auszugehen, dass der Veräußerer die »Neuherstellung« des Objekts schuldete (»Herstellungsverpflichtung«), erfasst die Leistungspflicht des Verkäufers auch die (zu untersuchende und ggf. auszutauschende bzw. aufzuwertende) Altbausubstanz. Die **Baubeschreibung** ist als Vertragsinhalt mitzubeurkunden,[3952] und zwar auch, soweit Leistungen bereits erbracht wurden,[3953] jedenfalls solange das Objekt noch als »neu hergestellt« gilt (Rdn. 196).[3954] Für den Gesamtbereich, auch die Altbausubstanz und sonstige dem Altbauobjekt zuzuordnende Anlagen auf dem Grundstück, gilt dann § 309 Nr. 8 Buchst. b) BGB (sei es als »Werkleistung« oder als »neu hergestellte Sache«).   2271

In Betracht kommt das Überschreiten der Grenze zur **Gesamtherstellungsverpflichtung** insb. bei einer Entkernung des Altbaus, bei einer Aufstockung um zwei weitere Etagen,[3955] aber auch bei einer Vielzahl von Einzelleistungen, die über bloße Modernisierung des Wohnraums hinausgehen   2272

3946 Allein die Ingebrauchnahme des Sondereigentums stellt nach OLG Koblenz, 29.05.2008, IBR 2009, 34 keine Abnahme des Gemeinschaftseigentums dar, hinzu kommen müsse ein Prüfungszeitraum (diskutiert werden hierfür Zeiträume bis zu einem Jahr, vgl. *Kunze* Tagungsbericht »Zukunft des Bauträgervertrages« 08.07.2009 München, MittBayNot 2009, 449, 450). Unwirksam ist ferner die Abnahme des Gemeinschaftseigentums durch einen vom Bauträger ausgewählten und beauftragten Sachverständigen, OLG München NJW-Spezial 2009, 173 (Verstoß gegen § 307 Abs. 1 BGB, der jedoch nicht vorliegt bei Beauftragung von drei Wohnungseigentümern durch die Wohnungseigentümergemeinschaft, OLG Nürnberg, 12.12.2006 – 9 U 429/06.

3947 Vor diesem Zeitpunkt kann formularmäßig kein Verjährungsbeginn (etwa auf den Zeitpunkt der Übergabe des bereits fertiggestellten Sondereigentums) angeordnet werden, BGH, 15.04.2004 – VII ZR 130/03, DNotZ 2004, 786.

3948 Durch die einzelnen Sondereigentümer bzw. den Verwalter kraft erteilter Vollmacht (derer es trotz Teilrechtsfähigkeit der WEG-Gemeinschaft bedarf, da kein Verbandsvermögen betroffen ist), *Basty* Der Bauträgervertrag 6. Aufl. 2009 Rn. 1010 ff., auch zur Unwirksamkeit der vorformulierten Vollmachtserteilung an einen vom Verkäufer benannten Sachverständigen: OLG München, 15.12.2008 – 9 U 4149/08, BauR 2009, 1444 und OLG Karlsruhe, 27.09.2011 – 8 U 106/10; a.A. *v. Oefele* DNotZ 2011, 249 mit Formulierungsvorschlägen.

3949 *Blank* Bauträgervertrag Rn. 342 m.w.N.; ausführlich *Basty* in: DAI-Skript »Aktuelle Brennpunkte der notariellen Praxis« Aug. 2011 S. 3 -17.

3950 LG Hamburg, 11.03.2010 – 328 O 179/09, IBR 2010, 458 sieht in der Formularklausel »Die Gewährleistungsfrist für das Gemeinschaftseigentum hat am ... begonnen« einen Verstoß gegen § 307 BGB. OLG Hamm, MittBayNot 2005, 226 m. Anm. *Basty* befasst sich allerdings mit einem ähnlich gelagerten Problem: Die Abnahme desjenigen Gemeinschaftseigentums, das im Bereich eines Sondereigentums liege, durch diesen Sondereigentümer könne auch gegen die anderen Sondereigentümer gelten.

3951 Zur Mitbeurkundungspflicht einer Baubeschreibung bei noch fertigzustellendem Gebäude BGH NJW-RR 2001, 953; zur sonst ausgelösten Notarhaftung BGH NotBZ 2005, 179.

3952 Amtshaftung bei Nichtbeurkundung einer Baubeschreibung: BGH, 03.07.2008 – III ZR 189/07, NotBZ 2008, 464.

3953 BGH, 10.02.2005 – VII ZR 184/04, DNotZ 2005, 467 m. Anm. *Basty*; a.A. das frühere Schrifttum (zitiert bei *Thode* ZNotP 2005, 167, Fn. 34). *Basty* weist darauf hin (DNotZ 2005, 470), dass die Einigung anstelle einer Baubeschreibung sich auch durch Verweis auf ein Referenzobjekt oder Bezugnahme auf den bei Besichtigung erkennbaren Zustand gebildet haben kann (zweifelhaft bei Wohnflächenmaßen, die ja nicht allein aufgrund der Besichtigung ermittelt werden können, sondern auf schriftlichen Unterlagen des Bauträgers beruhen, die dann doch Vertragsinhalt werden und daher mit beurkundet werden müssen).

3954 So der vorsichtige Rat von *Blank* notar 2009, 106.

3955 BGH, 26.04.2007 – VIII ZR 210/05, NZM 2007, 519 (im Verbund mit weiteren umfassenden Modernisierungsmaßnahmen).

und insb. im Exposé und der Baubeschreibung besondere Erwartungen des Käufers hervorrufen.[3956] In diesem Fall gilt die strenge Rechtsprechung zur werkvertraglichen »Gewährleistung« (z.B. das Verbot eines Ausschlusses des Rücktrittsrechts,[3957] da keine »Bauleistungen« i.S.d. § 309 Nr. 8 Buchst. b) bb) BGB vorliegen, das Verbot einer Abtretungs/Subsidiaritätsklausel[3958] etc.). Bei einer versprochenen »Sanierung bis auf die Grundmauern« darf der Käufer – vorbehaltlich ausdrücklicher Einschränkungen – darauf vertrauen, der Verkäufer habe i.R.d. technisch Möglichen die Maßnahmen angewendet, die erforderlich sind, um insgesamt den Stand der anerkannten Regeln der Technik zu gewährleisten, jedenfalls soweit damit keine erheblichen Eingriffe in die Altbausubstanz verbunden sind.[3959] Für das Gesamtgebäude (einschließlich der Altbausubstanz) ist also eine Formulierung wie oben Rdn. 2264 zu verwenden (sofern entgegen der in Rdn. 2251 vertretenen Ansicht im Fall des Verkaufs nach erfüllter Voll-Herstellungspflicht Werkvertragsrecht – wie vor der Schuldrechtsreform erforderlich zur Erzielung der dort zuvor längeren Verjährungsfristen – angewendet werden soll, durch Vereinbarung der werkvertraglichen Sachmängelrechte).

(2) Beschränkte Herstellungspflicht

2273 Erreicht die gem. Vertragsinhalt[3960] geschuldete bauliche Veränderung nicht die Schwelle der »Herstellungsverpflichtung« bzgl. des Gesamtobjekts, handelt es sich aber bei den beworbenen Sanierungsleistungen um vertragsprägende (bereits erbrachte oder zu erbringende) Werke, werden diese vom Schutz des § 309 Nr. 8 Buchst. b) BGB (als **Werkleistung**«) erfasst; **insoweit** gelten die Gewährleistungsregeln des Werkvertragsrechts,[3961] und zwar auch bei Erbringung in »Schwarzarbeit«.[3962] Eine solche beschränkte Herstellungspflicht ist jedenfalls zu bejahen für ein Gewerk, das durch die Sanierung so umfassend umgestaltet wurde, dass nicht mehr zwischen Altbausubstanz und Renovierungsmaßnahmen getrennt werden kann.[3963] Die MaBV findet allerdings bei solchen »geringfügigen« Renovierungsleistungen, auch wenn sie erst künftig zu erbringen sind, keine Anwendung.[3964] Erweckt der Verkäufer allerdings darüber hinaus die Erwartung, durch die Sanierungsleistungen eine spürbare Verlängerung der Standdauer des Gebäudes erreicht zu haben, haftet er wegen der darin enthaltenen Beschaffenheitsvereinbarung weiter für Pflichtverletzungen im Bereich der Planung und bei unterlassener Untersuchung der Altbausubstanz. Außerhalb dieser Fallgestaltungen können allerdings die Mängelrechte für die unverändert gebliebene Altbausubstanz[3965] in den durch

---

3956 Vgl. *Bischoff/Mauch* DNotZ 2004, 358.
3957 BGH, 08.11.2001 – VII ZR 373/99, ZIP 2002, 38.
3958 BGH, 21.03.2002 – VII ZR 493/00, DNotI-Report 2002, 117.
3959 BGH, 16.12.2004 – VII ZR 257/03, ZfIR 2005, 134 m. Anm. *Vogel* (im Sachverhalt waren Boden- und Wandbeläge, Außenputz und Anstrich erneuert worden, die Wasser- und Elektroleitungen ausgetauscht, Gasheizung eingebaut, neue Innentreppen und Türen angefertigt und ein Teil der Fenster und der Dacheindeckung erneuert worden); krit. auch *Fabis* RNotZ 2005, 430: Im konkreten Fall sei eine Gesamtherstellung nicht geschuldet gewesen; anderenfalls hätte auch eine neue Außentreppe trotz Eingriffen in die Altbausubstanz eingebaut werden müssen.
3960 Der Umfang der geschuldeten Arbeiten muss zumindest bestimmbar sein, vgl. BGH DNotZ 2002, 937; BGH DNotZ 2005, 470; *Bruch* MittBayNot 2006, 331.
3961 BGH, 06.10.2005 – VII ZR 117/04, ZNotP 2006, 63.
3962 BGH, 24.04.2008 – VII ZR 42/07 und BGH, 24.04.2008 – VII 140/07, ZfIR 2008, 624: Geltung der Sachmängelrechte jedenfalls bei Erbringung durch einen »Fachmann«; vgl. ferner BGH, VII ZR 336/89, JurionRS 1009, 14539 zur (bejahten) Durchsetzbarkeit des Werklohnanspruchs des Schwarzarbeiters.
3963 BGH NJW 2002, 511.
3964 BayObLG, 01.10.2004 – 3Z BR 129/04, RNotZ 2005, 43. Insgesamt handle es sich um einen Kaufvertrag, allerdings mit werkvertraglicher Sachmängelhaftung für die übernommenen Renovierungs- und Modernisierungsleistungen: OLG Düsseldorf RNotZ 2005, 431.
3965 Eingehend hierzu *Basty* Bauträgervertrag Rn. 706 ff.

das AGB-Gesetz (außerhalb des § 309 Nr. 8 Buchst. b) BGB) gezogenen Grenzen, wie auch für den Grund und Boden beschränkt werden; es gilt Kaufvertragsrecht.[3966]

▶ **Formulierungsvorschlag: Sachmängelrechte bei Altbausanierung in »AGB« ohne Gesamtherstellungspflicht**

Im Bauwerk hat der Verkäufer umfangreiche Sanierungsarbeiten vorgenommen, die sich aus der der Teilungserklärung beigefügten Baubeschreibung ergeben. Diese lag heute in beglaubigter Abschrift vor, war vor der heutigen Beurkundung dem Käufer in beglaubigter Abschrift ausgehändigt worden und ist bekannt. Auf sie wird verwiesen. Auf Verlesung und Beifügung zur heutigen Niederschrift wird verzichtet. 2274

Rechte des Käufers wegen eines Sachmangels des Grund und Bodens und der unverändert gebliebenen Altbausubstanz sind ausgeschlossen, mit Ausnahme des Rechts, sich wegen zu vertretender Pflichtverletzungen vom Vertrag zu lösen sowie des Rechts, wegen grob fahrlässiger Pflichtverletzungen oder wegen auch leicht fahrlässig verursachter Schäden an Leben, Körper oder Gesundheit Schadensersatz zu verlangen.

Bzgl. der durchgeführten Sanierungsleistungen in den Bauwerken sowie der Planung und notwendiger Untersuchungen der Altbausubstanz stehen dem Käufer die Sachmängelrechte des Werkvertragsrechts des BGB zu, die vom Notar erläutert wurden. Schadensersatz für leicht fahrlässig verursachte Mängelfolgeschäden (nicht jedoch für Schäden an Leben, Körper oder Gesundheit) ist jedoch ausgeschlossen.

Von allen vorstehenden Rechtsbeschränkungen ausgenommen ist die Haftung für Vorsatz, Arglist und etwaige Garantien. Diese und etwaige Beschaffenheitsvereinbarungen sind in der Urkunde vollständig aufgeführt.

Der Käufer ist verpflichtet, sicherzustellen, dass den Handwerkern zur Mängelbeseitigung oder Restfertigstellung innerhalb der üblichen Geschäftszeiten Zutritt gewährt und Mängelbeseitigungen schriftlich bestätigt werden.

Sollte beim Verkäufer die Beseitigung der Mängel nicht erreicht werden oder über dessen Vermögen das Insolvenzverfahren eröffnet bzw. mangels Masse nicht eröffnet werden, so tritt dieser für diesen Fall, also aufschiebend bedingt, seine Ansprüche aus Pflichtverletzung und Erfüllungsansprüche gegen mit der Bauausführung beauftragte Planer und Handwerker an den Käufer ab.

(3) Keine Herstellungspflicht

Kaum praktisch wird die dritte Sachverhaltsvariante: Die vom Verkäufer bereits durchgeführten Modernisierungsleistungen sind so wenig vertragsprägend,[3967] dass gleichwohl ein »Verkauf wie besichtigt«, also ohne die Sanierungskomponente, vereinbart sei (nach dem Modell des Altbauverkaufs mit AGB-Kontrolle, oben Rdn. 2245). Werden auch nur geringe Sanierungsleistungen vom Verkäufer erst nach Vertragsschluss versprochen, handelt es sich insoweit stets um Werkleistungen, die im Formularvertrag durch die Klausel des § 309 Nr. 8 Buchst. b) BGB beschützt sind. 2275

f) Mängeleintritt zwischen Besichtigung/Vertragsschluss und Übergabe

Der Zeitpunkt der (letzten) Besichtigung vor Vertragsschluss definiert tatsächlich die subjektive Vorstellung des Käufers vom Kaufobjekt; juristisch bestimmt jedoch der Moment des Vertragsschlusses die geschuldete Sollbeschaffenheit (§ 434 BGB; zur dadurch sich ergebenden Veränderungssperre s. Rdn. 1828), markiert den Ausschluss von Käuferrechten aufgrund Kenntnis (§ 442 BGB) bzw. den Erhalt solcher Rechte aufgrund arglistigen Verschweigens oder einer Garantie des Verkäufers (§§ 443, 444 BGB). Maßgeblich schließlich für das Vorliegen eines Mangels ist der Gefahrübergang (Übergabe i.S.d. § 446 BGB). Veränderungen des Objekts zwischen diesen drei Vollzugsstadien eines Grundstückstransfers sorgen daher für Risikopotenzial, das es fair zu verteilen gilt: 2276

3966 BGH, 06.10.2005 – VII ZR 117/04, ZNotP 2006, 63.
3967 Vgl. *Bischoff/Mauch* DNotZ 2004, 359.

2277 Entsteht ein Mangel (in Abgrenzung zur schlichten Abnutzung) nach Besichtigung bzw. Vertragsschluss, aber vor Gefahrübergang, und nimmt der Käufer das Grundstück gleichwohl ab, bezog sich nach früher einhelliger Auffassung[3968] ein im Vertrag vereinbarter Gewährleistungsausschluss (Rechtsfolgenlösung) auch hierauf, obwohl der Käufer sie bei Besichtigung nicht hätte erkennen und zum Gegenstand seiner Preisverhandlungen machen können (kannte er ihn, verwehrte ihm bereits § 464 BGB die Gewährleistung: »Abnahmefalle«). Der Käufer hätte also die Übergabe verweigern müssen; hierzu wäre er – da Mängelrechte und deren Ausschluss erst ab Gefahrübergang gem. § 438 Abs. 2 BGB a.F. greifen – gem. § 320 BGB berechtigt gewesen;[3969] anderenfalls wäre er leer ausgegangen.[3970]

2278 In Abkehr von seiner früheren Rechtsprechung hat der V. Senat des BGH zwischenzeitlich interessengerechter einen Gewährleistungsausschluss nur dann auf nach Vertragsschluss entstehende Mängel bezogen, wenn dies im Wortlaut deutlich werde.[3971] Legt man diese Regelauslegung zugrunde, würde der Verkäufer noch (und zwar uneingeschränkt) für alle »nachträglich« auftretenden Mängel einstehen müssen, zumal er sie bis zum Gefahrübergang eher beherrschen könne. Diese Wertung würde an sich auch solche Mängel erfassen, die zwischen (letzter) Besichtigung und Gefahrübergang entstanden sind.[3972] Sie verkennt allerdings, dass die Verlegung des Gefahr- und Besitzübergangs auf einen Zeitpunkt nach Vertragsschluss (typischerweise den der Kaufpreiszahlung) den Interessen beider Beteiligten dient: der Vermeidung ungesicherter Vorleistungen und der Ermöglichung der Beschaffung von Finanzierungsmitteln während der Phase der Absicherung der Käuferposition. Während nach der früheren Rechtsprechung alleine der Käufer das Mängelrisiko aufgrund dieser notwendigen Zeitdifferenz trug, ist sie nunmehr alleine dem Verkäufer aufgebürdet.

2279 **Kautelarjuristisch** kann diese unklare und i.d.R. in beiden Extremen (Ausschluss der Käuferrechte einerseits bzw. vollständige gesetzliche Mängelhaftung andererseits) nicht gewollte Rechtslage je nach Wunsch der Beteiligten dadurch **modifiziert** werden, dass
— entweder der Verkäufer in der Tat für solche Sachmängel einzustehen hat, die nach Besichtigung entstanden sind, allerdings nur soweit sie über die normale Abnutzung hinausgehen und unter deutlicher Verkürzung der Verjährungsfrist (Rdn. 2626) – die selbstverständliche, weitere Herausnahme vom Käufer selbst verursachter Mängel bedarf keiner vertraglicher Erfassung[3973] –, oder
— der Ausschluss der Mängelrechte ausdrücklich[3974] auch auf Sachmängel erstreckt wird, die erst nach Besichtigung durch den Käufer entstanden sind, wobei sich dann jedoch der Verkäufer verpflichten sollte, übliche Unterhaltungs- und Sicherungsmaßnahmen vorzunehmen und die Versicherung gegen Elementarschäden aufrechtzuerhalten; etwaige Schadensersatz- bzw. Versicherungsansprüche sind Zug-um-Zug gegen Zahlung des Kaufpreises an den Käufer abzutreten, oder schließlich
— die Verantwortung des Verkäufers auf wenige, kardinale und versicherbare Mängel- und Zerstörungsrisiken beschränkt wird, etwa den Eintritt von Brand-, Elementar- und Wasserschäden.[3975]

3968 BGH DNotZ 1992, 41, und zwar auch wenn der Mangel vom Verkäufer verschuldet wurde; *Tiedtke* NJW 1995, 3085; *Weigl* MittBayNot 1996, 349; *ders.* MittBayNot 2001, 33.
3969 BGH DNotZ 1995, 883.
3970 So der Sachverhalt des OLG Hamm DNotZ 1999, 723.
3971 BGH, 24.01.2003 – V ZR 248/02, NotBZ 2003, 106.
3972 Hierauf weist *Amann* DNotZ 2003, 650 zu Recht hin.
3973 Bei Eigenbeschädigung kann der Käufer keine abweichende Beschaffenheit i.S.d. § 434 Abs. 1 Nr. 2 BGB erwarten; ggf. hilft auch § 442 BGB (Kenntnis des Käufers bei Vertragsschluss) bzw. § 242 BGB (dolo agit bzw. Rechtsgedanke des § 162 BGB), vgl. *Zimmermann/Bischof* NJW 2003, 2507. Der Kaufpreisanspruch bleibt in voller Höhe erhalten, § 326 Abs. 2 Nr. 1 BGB.
3974 Wegen BGH NotBZ 2003, 106 muss diese Erstreckung deutlich zum Ausdruck kommen.
3975 Hierfür plädiert *Amann* DNotZ 2003, 656.

Formulierungsvorschlag für die (i.d.R. wohl gewählte) Übernahme einer allerdings zeitlich redu- 2280
zierten Verantwortung für spätere Mängel, die es dem Käufer erlaubt, wegen bspw. eines Brandschadens vom Vertrag zurückzutreten:[3976]

▶ **Formulierungsvorschlag: Aufrechterhaltung (reduzierter) Mängelrechte bei nach Besichtigung aufgetretenen Mängeln**

Für Sachmängel, die erst nach Besichtigung (sofern keine Besichtigung stattfand: nach Ver- 2281
tragsschluss) entstanden sind und die über die gewöhnliche Abnutzung hinausgehen, gelten
jedoch die gesetzlichen Mängelrechte; die Verjährung wird (außer bei Vorsatz)[3977] auf 3 Monate
ab Übergabe verkürzt.

Formulierungsvorschlag für eine Erstreckung des Ausschlusses auch auf spätere Mängel, etwa wenn 2282
der Käufer bereits zur Benutzung der Sache berechtigt ist (wegen der Verkürzung des Zurückbehaltungsrechts allerdings nicht im Formular- oder Verbrauchervertrag):[3978]

▶ **Formulierungsvorschlag: Haftungsausschluss für nach Besichtigung aufgetretene Mängel**[3979]

Jegliche Rechte des Käufers, auch Leistungsverweigerungs- und Anfechtungsrechte, werden 2283
ausdrücklich auch für solche Sachmängel ausgeschlossen, die erst nach Besichtigung bzw.
Vertragsschluss entstanden sind, es sei denn, sie wurden durch den Verkäufer oder seine Erfüllungsgehilfen zumindest grob fahrlässig herbeigeführt. Der Verkäufer hat für ausreichende
Versicherung und ordnungsgemäße Verwaltung[3980] bis zum Gefahrübergang zu sorgen. Der
Notar hat dem Käufer die Reichweite dieser Ausschlüsse verdeutlicht. Sie betreffen Umstände,
die der Käufer auch bei sorgfältiger Besichtigung nicht hätte erkennen können.

Schließlich kann der vollständige Ausschluss der Käuferrechte für nach Besichtigung bzw. (falls eine 2284
solche nicht stattfand) nach Vertragsschluss entstandene Mängel über die im vorstehenden Bausteinvorschlag enthaltene Abmilderung in Gestalt eigenüblicher Sorgfaltspflichten des Verkäufers
hinaus durch eine Bereichsausnahme für Elementarschäden weiter abgeschwächt werden.

▶ **Formulierungsvorschlag: Haftungsausschluss für nach Besichtigung aufgetretene Mängel mit Ausnahme von Elementarschäden**[3981]

Jegliche Rechte des Käufers, auch Leistungsverweigerungs- und Anfechtungsrechte, werden 2285
ausdrücklich auch für solche Sachmängel ausgeschlossen, die erst nach Besichtigung bzw. Vertragsschluss entstanden sind, jedoch mit Ausnahme
– etwaiger durch den Verkäufer oder seine Erfüllungsgehilfen zumindest grob fahrlässig herbeigeführte Mängel,
– von Brand-, Elementar- und Wasserschäden.

Der Verkäufer hat für ausreichende Versicherung und ordnungsgemäße Verwaltung bis zum
Gefahrübergang zu sorgen. Der Notar hat dem Käufer die Reichweite dieser Ausschlüsse verdeutlicht. Sie betreffen mit Ausnahme der genannten Großschäden auch Umstände, die der
Käufer selbst bei sorgfältiger Besichtigung nicht hätte erkennen können.

g) Sonstige Freizeichnungsklauseln

Neben der Verkäuferpflicht zur sach- und rechtsmängelfreien Lieferung können im Einzelfall vor- 2286
und nebenvertragliche Pflichten zur Aufklärung, Beratung etc. treten, die eine weitere Haftung des

---

3976 Im Anschluss an *Hertel* ZNotP 2002, 130.
3977 Der Vorbehalt ist erforderlich, da § 202 Abs. 1 BGB (in Fortführung des § 276 Abs. 3 BGB) die Verkürzung der Verjährung bei Vorsatz verbietet. Damit verbleibt es in Vorsatzfällen bei § 438 Abs. 1 BGB; handelt es sich gar um Arglist, ist jedoch mindestens die 3-jährige kenntnisabhängige Frist der §§ 438 Abs. 3, 199 BGB zu wahren.
3978 Die Abgrenzungswirkung des § 446 BGB dürfte Leitbildfunktion i.S.d. § 307 Abs. 2 Nr. 1 BGB haben, vgl. *Zimmermann/Bischoff* NJW 2003, 2506.
3979 Im Anschluss an *Weigl* MittBayNot 2000, 35.
3980 Dazu kann auch die Aufrechterhaltung/Verlängerung behördlicher Betriebserlaubnisse zählen.
3981 Im Anschluss an *Amann* DNotZ 2003, 658.

Verkäufers zu begründen geeignet sind. In der Rechtsprechung spielen sie insb. eine Rolle im Zusammenhang mit Werkvertragspflichten, z.B. im Bauträgervertrag oder im Kaufvertrag über eine noch herzustellende bzw. zu sanierende Immobilie. In Betracht kommen dabei:[3982]
– die Haftung aufgrund einer Verletzung vorvertraglicher Aufklärungs- und Beratungspflichten (vgl. Rdn. 2289 f.),
– die Haftung nach Prospekthaftungsgrundsätzen (vgl. Rdn. 2291 ff.),
– die Haftung aufgrund Verletzung eines konkludent geschlossenen Beratungsvertrags (vgl. Rdn. 2295 ff.) sowie
– die Haftung aufgrund Verletzung vertraglicher Nebenpflichten (vgl. Rdn. 2298 f.).

2287 Der Verkäufer wird bemüht sein, diese Haftung auszuschließen oder hinsichtlich des Verschuldensgrades (etwa durch Freizeichnung bei leichter Fahrlässigkeit) bzw. des Schadensumfangs zu begrenzen. Im Verbraucher- oder Formularvertrag (z.B. Bauträgervertrag) sind insoweit allerdings §§ 309 Nr. 7, Nr. 8 Buchst. a) BGB sowie die zur Ausfüllung der Generalklausel des § 307 BGB entwickelte Rechtsprechung zu beachten.

2288 Der Verkäufer mag sich davor auch schützen, indem er den Käufer deutlich auf die wirtschaftlichen Risiken des Erwerbs und der Finanzierung hinweist, etwa wie folgt:

▶ **Formulierungsvorschlag: Hinweise des Verkäufers und des Notars auf wirtschaftliche Risiken des Erwerbs**

Der Verkäufer und der Notar haben den Käufer auf folgendes hingewiesen:

Der Erwerb einer Immobilie auf Kreditbasis führt zu langjährigen Verpflichtungen des Käufers. Der Käufer muss Zins- und Tilgungsraten der finanzierenden Bank auch dann zahlen, wenn ein Mieter den Mietzins nicht oder nicht vollständig zahlt oder die Wohnung nicht vermietet ist bzw. Steuervorteile nicht oder nicht in erwarteter Höhe realisiert werden können.

Der Käufer muss sich über die wirtschaftliche Zweckmäßigkeit, die steuerrechtliche Auswirkung und seine finanziellen Belastungen selbst informieren und sollte vor Beurkundung durch einen Fachmann Berechnungen auf der Grundlage seines Einkommens vornehmen lassen.

Bei einer Immobilie können der Kaufpreis und der Wert des Kaufgegenstands, nach welcher Methode auch immer zu bestimmen, stark differieren. Die Bewertung des Kaufgegenstandes ist nicht Sache des Notars.

Ausdrücklich wird vereinbart, dass der Verkäufer nicht für steuerliche Berechnungen haftet. Eine steuerliche Beratung erfolgte auch durch den Notar nicht.

aa) Verletzung vorvertraglicher Pflichten

2289 In Betracht kommt die Erteilung unwahrer Auskünfte, auch wenn der Verkäufer/Bauträger hierzu nicht verpflichtet war (z.B. zur Vermietbarkeit oder zu steuerrechtlichen Auswirkungen), und zwar gleichgültig ob mündlich oder schriftlich erteilt (z.B. in einem Prospekt enthalten). Daneben treten die Fälle des haftungsbegründenden Unterlassens, also der unterbliebenen vorvertraglichen Information über Begleitumstände, die nach der konkreten Vertragsabschlusssituation für den Käufer von erheblicher Bedeutung gewesen wären.

▶ Beispiel:

Hinweis auf die Notwendigkeit einer Baugenehmigung für Sonderwünsche,[3983] nach der Literatur auch Hinweis auf geplante Baumaßnahmen in der Umgebung des Objekts.[3984]

Der Verkäufer ist bei Verletzung dieser Pflichten zur Freistellung von den eingegangenen Verpflichtungen, also Rückabwicklung dieses abgeschlossenen Vertrags, verpflichtet.

3982 Vgl. *Thode* ZNotP 2007, 1162 ff.
3983 BGH, 11.07.2002 – VII ZR 437/01, ZfIR 2002, 975.
3984 *Basty* Der Bauträgervertrag Rn. 934.

Eine Haftungsbegrenzung kommt zunächst durch Beseitigung des Vertrauenstatbestands selbst, sog. **Verwahrungserklärung** zustande. Dabei muss die falsche Auskunft durch eine konkrete Aussage richtiggestellt[3985] oder zumindest als ungewiss gekennzeichnet werden. Pauschale, formularmäßige Distanzierungsklauseln genügen zur Beseitigung des Vertrauenshaftungstatbestands nicht.[3986] Zulässig ist jedoch eine tatbestandliche Haftungsbeschränkungsklausel des Inhalts, dass die in einem Prospekt enthaltenen Erklärungen nur demjenigen Beteiligten zugerechnet werden können, der für den betreffenden Themenbereich verantwortlich zeichnet (bspw. eine fehlerhafte steuerliche Aussage nicht dem Initiator, sondern dem Steuerberater, Treuhänder o.Ä.).[3987] Eine im Prospekt enthaltene Verwahrungserklärung kann allerdings nur Informationen eben dieses Prospekts[3988] »entkräften«, nicht die mündlich, etwa während der Vertragsanbahnung, geschaffenen Vertrauenstatbestände.

2290

bb) Prospekthaftungsgrundsätze

Insb. für modellhafte Erwerbsvorgänge bei Publikumsfonds hat die Rechtsprechung auf der Basis gesetzlicher Vorbilder[3989] die Grundsätze zur Prospekthaftung im eigentlichen Sinn, also ohne Vertragsbeziehungen oder vorvertraglichen Kontakt, entwickelt,[3990] nunmehr gestützt auf § 311 Abs. 3 Satz 2 BGB. Betroffen sind

2291

- zum einen Personen, die durch ihr nach außen in Erscheinen getretenes Mitwirken am Prospekt einen besonderen Vertrauensschutztatbestand geschaffen haben i.S.e. Garantenstellung[3991] (z.B. Prospektprüfer);
- des Weiteren Initiatoren und Gründer sowie besonderen Einfluss ausübende Personen des Managements der Publikums-KG,[3992]
- weiterhin Vermittler von Kapitalanlagen, sofern sie solche Prospekte versenden[3993]
- und schließlich Personen, die in anderer Weise in das Vertriebssystem integriert sind und durch ihr Mitwirken einen besonderen Vertrauenstatbestand schaffen und Erklärungen abgeben, die also auch aufgrund ihrer besonderen Fachkunde oder herausgehobenen beruflichen Stellung eine Garantenposition einnehmen können.[3994] (Beispiel: »Selbstverständlich werden auch dieses Mal Ihre Einzahlungen über ein Anderkonto des Rechtsanwalts X abgesichert.«)

Zum **Prospektinhalt** zählen auch Erklärungen, die in einem Exposé, in Zeitungsanzeigen oder Kurzbeschreibungen dem interessierten Adressatenkreis zugänglich gemacht werden. Neben der Einhaltung der Vorschriften der §§ 10, 11 MaBV müssen diese Dokumente zuverlässige Risikoinformationen enthalten, sodass[3995] »ein zutreffendes Bild über das Beteiligungsobjekt, d.h. über alle Umstände, die für die Anlegerentscheidung von wesentlicher Bedeutung sind oder sein können, und insbes. über Tatsachen, die den Vertragszweck vereiteln können« vermittelt wird. Umfasst hiervon sind auch steuerliche Angaben.

2292

▶ Beispiel:

Haftung wegen Irreführung, wenn in der Modellrechnung des Prospekts eine Progression von 58 % zugrunde gelegt wird, obwohl das Modell bei Interessenten mit Jahreseinkommen von

---

[3985] *Gaier* ZfIR 2004, 225.
[3986] BGH, 13.11.1990 – XI ZR 268/89, NJW 1991, 694.
[3987] Vgl. *Thode* ZNotP 2007, 165 Fn. 34 m.w.N.
[3988] Vorbehalte in Prüfberichten oder Testdaten genügen nicht, vgl. BGH, 31.05.1990 – VII ZR 340/88, NJW 1990, 2461.
[3989] Z.B. § 13 VerkaufsprospektG (BGBl. I 1998, S. 2702) und §§ 45 bis 48 BörsenG (BGBl. I 1998, S. 2682).
[3990] Vgl. *Pause* Bauträgerkauf und Baumodelle 4. Aufl. 2004 Rn. 1270 ff.; *Grziwotz/Koeble* Handbuch Bauträgerrecht 4. Teil Rn. 330 ff.; *Assmann/Schütze* Handbuch des Kapitalanlagerechts.
[3991] BGH BB 1984, 1577.
[3992] BGHZ 72, 382.
[3993] BGH NJW 1982, 1095.
[3994] BGH NJW 1984, 865.
[3995] Vgl. BGH NJW 1981, 1449.

30.000,00 € vertrieben werden soll.[3996] Unübersichtliche Darstellung der sog. »weichen Kosten« im Prospekt eines geschlossenen Immobilienfonds.[3997]

2293 Das erforderliche **Verschulden** wird durch die Verletzung der betreffenden Aufklärungs- oder Prüfungspflicht indiziert. Es kann jedoch bei Prospektfehlern fehlen, die der Betreffende aufgrund seiner speziellen für das Modell beizutragenden Sachkunde nicht hätte erkennen müssen. Der zu ersetzende **Schaden** ist durch eine Gesamtbilanz aller Vor- und Nachteile zu ermitteln; die Ursächlichkeit unrichtiger Prospektangaben für die Investitionsentscheidung wird vermutet.[3998] Sofern an einer Teilleistung kein Interesse besteht und die Pflichtverletzung nicht unerheblich war, kann auch die Rückabwicklung (großer Schadensersatz) verlangt werden. Haftungsvermeidend können allenfalls Risikohinweise im Prospekt sein, die jedoch so eindeutig und verständlich formuliert sein müssen, dass sie auch in zeitlich eingeschränkter Situation aufgenommen werden können.[3999]

2294 Ansprüche aus Prospektfehlern bei Bauträgermodellen gegen Nicht-Vertragspartner **verjähren** i.d.R.frist von 3 Jahren (§ 195 BGB), bei »Publikums-KG« oder geschlossenen Immobilienfonds jedoch in analoger Anwendung der §§ 45 BörsenG, § 20 KAGG, § 12 AuslInvestmG bereits binnen 6 Monaten ab Kenntniserlangung von den irreführenden Angaben, spätestens jedoch 3 Jahre nach dem Beitritt zum Modell.[4000] Analog § 22 ZPO ist »Prospekthaftungsgerichtsstand« das Gericht des »Gesellschaftssitzes«.[4001]

cc) Konkludenter Beratungsvertrag

2295 Zur Erweiterung der Inanspruchnahme aus vorvertraglichen Pflichtverletzungen sieht der BGH einen **stillschweigenden Beratungsvertrag** als zustande gekommen an, wenn die Auskunft für den Empfänger von erheblicher Bedeutung ist, sie zugleich Grundlage für Vermögensdispositionen darstellt, der Auskunftgeber sich als sachkundig bezeichnet und mit dem Geschäft ein eigenes wirtschaftliches Interesse verfolgt.[4002] Die Beratungserklärungen können, auch wenn sie durch eine separate Vertriebsgesellschaft erfolgen, über eine stillschweigend erteilte Außenvollmacht dem Verkäufer zugerechnet werden.[4003] Die Beweislast für die Verletzung eines solchen Beratungsvertrags trägt der Käufer; dabei reicht die Unvollständigkeit einer übergebenen schriftlichen Rentabilitätsunterlage nicht aus, da daneben mündlich weitere Erläuterungen erfolgt sein könnten.[4004]

2296 Die aufgrund eines solchen (konkludenten) Beratungsvertrags erteilte Information hat objekt- und personenbezogen zu erfolgen und darf nur solche Umstände umfassen, von deren Richtigkeit, Vollständigkeit und Zuverlässigkeit sich der Berater selbst überzeugt hat. Sie muss alle mit dem Objekt verbundenen spezifischen Risiken umfassen (allerdings nicht die allgemeinen Risiken, die sich aufgrund der Konjunkturlage, möglicher Gesetzesänderungen und der Entwicklung des Markts ergeben).[4005] Beratungsverträge wurden insb. angenommen bei übermittelten Berechnungsbeispielen über die Kosten und finanziellen Vorteile einer Kapitalanlage sowie die Rentabilität einer Immobilie.[4006] Typische Beratungs-

---

3996 OLG Köln NJW-RR 1992, 278.
3997 OLG Frankfurt am Main, 13.05.2009 – 23 U 64/07, ZfIR 2009, 527.
3998 BGH, 02.03.2009 – II ZR 266/07, ZfIR 2009, 5/3 m. Anm. *Jenn* (Beitritt zu geschlossenem Immobilienfonds).
3999 Vgl. *Lux* ZfBR 2003, 633; OLG Stuttgart BB 1999, 2269.
4000 BGH NJW 1985, 380; ebenso für geschlossene Immobilienfonds: BGH, BB 2001, 542; zweifelnd *Lux* NJW 2003, 2966.
4001 BGH NJW 1980, 1470.
4002 Vgl. BGH, 11.01.2007 – III ZR 193/05, NJW 2007, 1362 m.w.N.; *v. Heymann/Merz*, Bankenhaftung bei Immobilienanlagen 16. Aufl. 2005, S. 33 ff. m.w.N.; *Krüger* ZNotP 2007, 442 ff.
4003 BGH, 14.03.2003 – V ZR 308/02, NJW 2003, 1811, 1812; jedenfalls wenn der Käufer nicht seinerseits die Vertriebsgesellschaft beauftragt hat.
4004 BGH, 13.06.2008 – V ZR 114/07, ZnotP 2008, 366.
4005 Vgl. *Thode* ZNotP 2007, 164 m.w.N.
4006 Vgl. BGH, 31.10.2003 –V ZR 423/02, NJW 2004, 64 (Vertrag zur Ermittlung des Eigenaufwandes, der wegen Nichtberücksichtigung des Instandhaltungsaufwandes für Gemeinschaftseigentum und Sondereigentum verletzt wurde).

fehler können liegen in der fehlerhaften Ermittlung der laufenden Belastungen,[4007] der Empfehlung überlanger Finanzierungslaufzeiten bei Immobilien zur Alterssicherung, bzw. eines subventionierten Vorausdarlehens nur für die ersten Jahre der Darlehensabzahlung,[4008] oder der Verharmlosung der Folgen des Beitritts zu einem Mietpool[4009] bzw. im Verschweigen der Tatsache, dass im modellhaft zugrundegelegten Mietertrag ein Mietausfallrisiko nicht einkalkuliert ist.[4010] Eine Pflicht zur Offenlegung über die preisbildenden Faktoren, etwa die Höhe der Innenvertriebsprovision, besteht jedoch nicht.[4011]

Auch insoweit kann eine Freizeichnung, da Haftungsgrundlage das in Anspruch genommene Vertrauen ist, nur durch Beseitigung der Vertrauensgrundlage, also auf der Tatbestandsseite, erfolgen. Auf der Rechtsfolgenseite fehlt es ohnehin mangels Schriftlichkeit an entsprechenden Abreden. Hat der Verkäufer einen konkludent geschlossenen selbstständigen Beratungsvertrag verletzt, kann der Schadensersatzanspruch auf Rückabwicklung des Kaufs gerichtet sein,[4012] ebenso ist ein Dritter, der solche Pflichten aus einem mit ihm geschlossenen Beratungsvertrag verletzt hat, zur Zahlung aller Schäden gegen Übereignung des Anlageobjekts verpflichtet.[4013] 2297

dd) Nebenvertragliche Pflichten

Insb. im Zusammenhang mit Gebäudeerrichtungen konstituiert die Rechtsprechung begleitende Pflichten des Verkäufers/Bauträgers zum Schutz des Integritätsinteresses des Käufers. Umfasst ist bspw. die Pflicht zur Information über Bedienung und Wartung technischer Anlagen sowie über finanzielle und technische Folgen nachträglicher Planungsänderungen. 2298

Für vertragliche »**Freizeichnungen**«, d.h. Regelungen auf der Rechtsfolgenseite, gelten zum einen im Formular- und Verbrauchervertrag die Grenzen des § 309 Nr. 7 BGB (Unzulässigkeit bei grober Fahrlässigkeit sowie für Körper-, Lebens- und Gesundheitsschäden), zum anderen die i.R.d. Generalklausel (§ 307 BGB) entwickelten Rechtsprechungsgrundsätze über die Unzulässigkeit einer Beschränkung – auch bei einfacher Fahrlässigkeit – hinsichtlich der Verletzung solcher vertraglicher Nebenpflichten, deren Nichterfüllung den Vertragszweck zu gefährden geeignet ist.[4014] Das Transparenzgebot fordert, die von einem etwaigen Haftungsausschluss für leichte Fahrlässigkeit erfassten Pflichten im Einzelnen zu benennen, was angesichts der Vielgestaltigkeit begleitender Schuldverhältnisse kaum möglich ist.[4015] Eine Haftungsbegrenzung der Höhe nach akzeptiert die Rechtsprechung, soweit es um wesentliche Vertragspflichten oder den Vertragszweck sichernde Nebenpflichten geht, 2299

4007 BGH, 15.10.2004 – V ZR 223/03, NJW 2005, 983, 985: Kombination aus Darlehen und kapitalbildender Lebensversicherung.
4008 BGH, 09.11.2007 – V ZR 25/07, ZNotP 2008, 78 (unterbliebene Aufklärung durch den Verkäufer, der eine entsprechende Modellrechnung vorlegte).
4009 BGH, 10.11.2006 – V ZR 73/06, Rn. 20 ff.; allein die nach Vertragsschluss einsetzende defizitäre Entwicklung des Mietpools lässt jedoch den Schluss auf einen Beratungsfehler des Verkäufers nicht zu (BGH, 18.07.2008 – V ZR 71/07, ZfIR 2009, 25 m. Anm. *Deblitz*).
4010 BGH, 30.11.2007 – V ZR 284/06, ZfIR 2008, 459 m. Anm. *Podewils*.
4011 Auch nicht, wenn sie 15 % übersteigt: BGH, 13.10.2006 – V ZR 66/06, NJW 2007, 1874.
4012 BGH, 30.03.2007 – V ZR 89/06, RNotZ 2007, 265.
4013 BGH, 15.01.2009 – III ZR 28/08, ZfIR 2009, 416 m. Anm. *Wronna* (Prinzip der Vorteilsausgleichung, als Form des »großen Schadensersatzes«); abweichend OLG Hamm, 23.10.2007 – 19 U 8/07, JurionRS 2007, 45782: nur Ausgleich in Geld.
4014 BGH, 03.03.1988 – X ZR 54/86, NJW 1988, 1785; diese werden also den sog. wesentlichen Hauptpflichten gleichgestellt (Beispiel: Unzulässigkeit des Haftungsausschlusses für leichte Fahrlässigkeit bei vertragstypischen Hauptpflichten, »schlafender Wachmann«).
4015 Beispiel einer Formulierung bei *Basty* Der Bauträgervertrag Rn. 965: »Die Haftung für Schäden aufgrund einer Verletzung wesentlicher Vertragspflichten bleibt unberührt«; *Thode* ZNotP 2007, 165 hält dies wegen Unbestimmtheit für unwirksam.

h) Besonderheiten bei WEG-Gemeinschaftseigentum

2300 Wird Sondereigentum erworben, ohne dass Sachmängelrechte ausgeschlossen wären, stellt sich die zusätzliche Frage, ob der Käufer nicht nur Mängel am Sondereigentum, sondern auch Mängel am Gemeinschaftseigentum – Inhaber des Erfüllungsanspruchs und abnahmebefugt[4017] ist ebenfalls der einzelne Käufer – **allein** verfolgen kann oder ob dies lediglich gemeinsam mit den anderen Sondereigentümern möglich ist. Problematisch ist dies, wenn die Mängelfreiheitspflicht (wie bei der werkvertraglichen Pflicht zur Herstellung des Gesamtobjekts)[4018] des Verkäufers auch das Gemeinschaftseigentum einbezieht. Sind die Rechte des Einzelkäufers auf **Herabsetzung des Kaufpreises** als Folge von Mängeln am Gemeinschaftseigentum gerichtet, würde dem Verkäufer (i.d.R. einem Bauträger oder gewerblichen Sanierer) weiterhin drohen, seitens der anderen Erwerber auf Mängelbeseitigung in Anspruch genommen zu werden. Verkomplizierend tritt hinzu, dass die erstmalige Herstellung des gemeinschaftlichen Eigentums, also die Beseitigung insoweit anfänglich bestehender Baumängel nach überwiegender Auffassung zur Instandhaltung i.S.d. § 21 Abs. 5 Nr. 2 WEG gehört, die der Eigentümergemeinschaft mit Mehrheitsbeschluss obliegt.[4019] Lösungskriterien sind also zum einen der Schutz des Schuldners, zum anderen der Koordinationsbedarf in der Eigentümergemeinschaft.[4020]

2301 Daher können
- Minderung und
- kleiner Schadensersatz

durch den einzelnen Erwerber, der jedoch stets Inhaber dieser Ansprüche ist und bleibt, nur nach Ausübung des Wahlrechts durch die Eigentümergemeinschaft geltend gemacht werden,[4021] es sei denn, der Gemeinschaftseigentums-Mangel wirkt sich lediglich im betreffenden Sondereigentum aus und eine Nachbesserung ist ausgeschlossen.[4022]

2302 Hingegen können
- Nachbesserung (§ 635 BGB),
- Kostenersatz für selbst aufgewendete Mängelbeseitigungskosten (§ 634 Nr. 2 BGB),[4023]

4016 Vgl. z.B. BGH, 27.09.2000 – VIII ZR 155/99, NJW 2001, 292.
4017 Die Übertragung des Abnahmerechts auf einen vom Bauträger bestimmten Sachverständigen verstößt gegen § 307 BGB, OLG München, 15.12.2008 – 9 U 4149/08, BauR 2009, 1444. Gleiches gilt gem. LG Hamburg, 11.03.2010 – 328 U 179/09, BauR 2010, 1953 für die Übertragung des Abnahmerechtes auf den WEG-Verwalter, unabhängig davon in wessen »Lager« er steht. Offen ist, ob die Abnahme gem. § 10 Abs. 6 Satz 3 WEG zum Gegenstand eines Mehrheitsbeschlusses der Eigentümerversammlung gemacht werden kann, so *Bärmann/Wenzel* WEG 10. Aufl. nach § 10 Rn. 55 und *v. Oefele* DNotZ 2011, 249 ff.; skeptisch *Kilian* notar 2011, 86, 90.
4018 Diese Pflicht zur Gesamtherstellung aus Werkvertragsrecht besteht nach BGH, 15.04.2005 – VII ZR 130/03, NotBZ 2004, 395; *Hügel* NotBZ 2004, 379 auch, wenn die Aufteilung in Wohnungseigentum bei einem Bauherrenmodell erst nach Errichtung der Gesamtanlage erfolgt ist.
4019 BayObLG, 18.01.2001 – 2Z BR 65/00, DWE 2001, 110; *Hügel* in: Bamberger/Roth BGB § 21 WEG Rn. 6. Allerdings kein nachbarrechtlicher Ausgleichsanspruch entsprechend § 906 Abs. 2 Satz 2 BGB eines Sondereigentümers gegen die WEG-Gemeinschaft, wenn Mängel am Gemeinschaftseigentum das Sondereigentum beeinträchtigen: BGH, 21.05.2010 – V ZR 10/10, ZfIR 2010, 643 m. Anm. *Becker*. Ist der Bauträger selbst der erste WEG-Verwalter, muss auch er die Überprüfung des Gebäudes auf Baumängel während der Gewährleistungsfrist gem. § 27 Abs. 1 Nr. 2 WEG durchführen, OLG München, 25.09.2008 – 32 Wx 79/08, DNotZ 2009, 220.
4020 *Fritsch* in: Köhler/Bassenge Anwaltshandbuch Wohnungseigentumsrecht Teil 15 Rn. 41; vgl. im Überblick *Kniffka* in: FS für Ganten, S. 125 ff.; knapp auch *Blank* notar 2009, 109 f.
4021 BGH, 30.04.1998 – VII ZR 47/97, NJW 1998, 2967; KG, 07.01.2004 – 24 W 210/02, NZM 2004, 303.
4022 BGH, 15.02.1990 – VII ZR 2691/88, NJW 1990,1663, anders wenn eine Nachbesserung noch möglich ist, da eine Entscheidung zugunsten der Mängelbeseitigung möglicherweise künftige Folgeschäden in anderen Sondereigentumsbereichen verhindern würde, vgl. BGH NJW 1991, 2480.
4023 BGH, 21.07.2005 – VII ZR 304/03, NJW-RR 2005, 1472.

- Selbstbeseitigungsrecht mit Kostenvorschuss (§ 637 BGB),[4024]
- Rücktritt und
- »großer« Schadensersatz (statt der ganzen Leistung)

vom Erwerber allein als **Mitgläubiger** i.S.d. § 432 Abs. 1 BGB geltend gemacht werden (gerichtet auf Leistung an alle, wobei gem. § 432 Abs. 2 BGB die Verjährung bei einem Erwerber nicht die Durchsetzung durch die anderen ausschließt).

Dies gilt auch für Vorstufen des Verfahrens, wie etwa die Mahnung[4025] und den Antrag auf ein selbstständiges Beweissicherungsverfahren[4026] sowie die Nachfristsetzung als solche[4027] (ohne sich hinsichtlich der Rechtsfolgen bereits festzulegen, also anders, wenn damit ausschließlich Minderung oder kleiner Schadensersatz verfolgt wird). Der einzelne Erwerber kann sogar den Rücktritt begehren nach Nachfristsetzung, obwohl die Wohnungseigentümergemeinschaft ihrerseits parallel Kostenvorschuss zur Mängelbeseitigung verlangt hat.[4028] Auch insoweit bedarf es hinsichtlich der Modalitäten der Umsetzung jedoch teilweise einer Beschlussfassung der Wohnungseigentümerversammlung, etwa in Bezug auf die Art und Weise der Durchführung der Selbstvornahme selbst.[4029] 2303

Hat die Eigentümergemeinschaft jedoch das Wahlrecht (zugunsten der Nachbesserung) ausgeübt, kann sie gleichwohl den einzelnen Erwerber oder auch den Verwaltungsbeirat[4030] **ermächtigen**, das gewählte Recht im eigenen Namen auszuüben,[4031] allerdings gerichtet auf Leistung an die Gemeinschaft, es sei denn der Beschluss sähe Leistung allein an den einzelnen Eigentümer vor.[4032] 2304

Inhaber des Anspruchs bleibt jedoch stets der einzelne Erwerber. Dieser kann jedoch seine Rechte an den »Verband« der Wohnungseigentümer (Rdn. 2432) abtreten[4033] sowie den Verband zur Geltendmachung von Ansprüchen der Erwerber aus Bürgschaften i.S.d. § 7 MaBV und auf Freigabe von Globalgrundschulden ermächtigen.[4034] Daneben kann auch der Verband der Wohnungseigentümer seinerseits die Verfolgung solcher Gewährleistungsansprüche durch Mehrheitsbeschluss zur **Angelegenheit der gemeinsamen Verwaltung** machen[4035] (sog. »Vergemeinschaftungsbeschluss«, seit 01.07.2007 gem. § 10 Abs. 6 Satz 3, 2. Alt. WEG – »gekorene Ausübungsbefugnis« – auch auf der Erfüllungsebene), er tritt dann als **gesetzlicher Prozessstandschafter** auf (anders, wenn sie nur den einzelnen Erwerber betreffen: Rücktritt bzw. großer Schadensersatz sind einem solchen Überleitungsbeschluss also nicht zugänglich;[4036] ebenso ist die Überleitung ausgeschlossen, soweit die Gemeinschaftsordnung dem einzelnen Sondereigentümer die Instandhaltung und Mängelbeseitigung an Gemeinschaftseigentum, etwa an Wohnungs- 2305

4024 Bei Nichtdurchführung der Mängelbeseitigung kann der Auftragnehmer den dafür bezahlten Kostenvorschuss zurückfordern, BGH, 14.01.2010 – VII ZR 108/08, ZfIR 2010, 278 m. Anm. *Schwenker*, der Rückzahlungsanspruch verjährt in 3 Jahren (BGH, 14.01.2010 – VII ZR 213/07, ZfIR 2010, 275).
4025 BGH NJW 1998, 1718.
4026 BGH, 11.10.1979 – VII ZR 247/78, BauR 1980, 69.
4027 BGH, 23.02.2006 – VII ZR 84/05, DNotZ 2006, 678.
4028 Vgl. BGH, 27.07.2006 – VII ZR 276/05, DNotZ 2007, 22.
4029 *Derleder* NZM 2003, 84.
4030 BGH, 15.04.2004 – VII ZR 130/03, NotBZ 2004, 395: Im Zweifel das Organ »als solches«, also die jeweils amtierenden Mitglieder.
4031 BGH, 27.02.1992 – IX ZR 57/91, NJW 1992, 1881; st. Rspr.
4032 BGH, 28.10.1999 – VII ZR 284/98, NZM 2000, 95.
4033 *Pausel/Vogel* NJW 2006, 3670.
4034 BGH, 12.04.2007 – VII ZR 50/06, NotBZ 2007, 208 (dort auch zum Sicherungsumfang des § 7 MaBV im Hinblick auf Mängel am Gemeinschaftseigentum. Nach BGH, 09.12.2010 – VII ZR 206/09, DNotZ 2011, 351 m. Anm. *Wippler* sichert die MaBV-Bürgschaft allerdings keine Ansprüche des Erwerbers auf Ersatz von Aufwendungen für die Beseitigung von Baumängeln).
4035 BGH NJW 1998, 2967; BGH, 12.04.2007 – VII ZR 236/05, NotBZ 2007, 204; *Wenzel* NJW 2007, 1905; überaus krit. hiergegen *Wagner* ZNotP 2007, 288, 292 ff.: die Ansprüche stehen den Werkbestellern als Mitgläubigern bzw. gemeinschaftlichen Gläubigern gem. § 432 Abs. 1 BGB zu, die ihr Innenrecht zu regeln haben (z.B. als Innen-GbR), nicht der Gemeinschaft der Eigentümer oder der (ggf. erst werdenden) Wohnungseigentümergemeinschaft. Kritisch auch *Wagner* ZNotP 2011, 53 ff. (zum Schicksal der MaBV-Bürgschaft in diesem Fall).
4036 BGH, 27.07.2006 – VII ZR 276/05, DNotZ 2007, 22.

eingangstüren, auferlegt.)[4037] Ein solches »an sich Ziehen« durch Beschluss ist sogar zulässig, wenn nur einzelnen von mehreren Wohnungskäufern ein mangelfreies bzw. mangelfrei herzustellendes Gemeinschaftseigentum versprochen war[4038] oder alle Ansprüche bis auf einen verjährt sind.[4039] Trotz dieses »an sich Ziehens« kann der einzelne Wohnungseigentümer dem Verkäufer eine Nachfrist mit Ablehnungsandrohung setzen, wenn dies mit den Interessen der WEG-Gemeinschaft nicht kollidiert.[4040]

i) Abtretung von Ansprüchen gegen Dritte

2306   In beiden vorgenannten Fällen empfiehlt es sich, Surrogatansprüche an den Käufer abzutreten. Dies gilt insb. auch für **deliktische Ansprüche**, die sonst möglicherweise verloren gehen: Ein gesetzlicher, insb. deliktischer Schadensersatzanspruch auf Ersatz der zur Wiederherstellung erforderlichen Kosten (§ 249 Satz 2 BGB) geht unter, sofern er nicht spätestens zum Zeitpunkt der Eigentumsumschreibung an den Erwerber abgetreten wird; mit Veräußerung des beschädigten Hausgrundstückes ist die Schadensbehebung in Natur unmöglich geworden.[4041] Dem Verkäufer verbleibt in diesem Fall nur der **deliktische Anspruch auf Ersatz der Wertminderung** (§ 251 Abs. 1 BGB). Bei kauf- oder werkvertraglichen Mängelrechten und sonstigen vertraglichen Schadensersatzansprüchen besteht diese Gefahr des Untergangs nicht.

2307   Typischerweise wird der Veräußerer, unabhängig vom weitgehenden Ausschluss seiner eigenen Verantwortung, die ihm gegen Dritte zustehenden Ansprüche wegen eines (u.U. noch unentdeckt gebliebenen) Mangels oder Schadens am Objekt, an den Käufer abtreten.[4042] Davon erfasst sind bspw. auch Ansprüche gegen Mieter wegen Beschädigung der Mietsache, gegen Planer und Handwerker, gegen deliktische Schädiger sowie Ansprüche gegen den Voreigentümer wegen eines arglistig verschwiegenen Mangels. Diese Abtretung sollte aufschiebend bedingt auf die Zahlung des geschuldeten Kaufpreises, spätestens mit Eigentumsübergang, erfolgen.[4043] Als Folge der Abtretung sind zugehörige Unterlagen herauszugeben; bspw. auch Versicherungsscheine, sodass der Erwerber auch ohne Mitwirkung des Veräußerers über die Rechte aus dem Versicherungsvertrag verfügen kann (§ 44 Abs. 2 VVG).

▶ Formulierungsvorschlag: Abtretung von Surrogatansprüchen

2308   Aufschiebend bedingt auf die Zahlung des Kaufpreises tritt der Verkäufer an den dies annehmenden Käufer alle Ansprüche ab, die ihm gegen Dritte (etwa frühere Eigentümer, Sachversicherer, Schädiger, Werkunternehmer oder Planer) wegen eines Mangels oder Schadens am Vertragsobjekt zustehen (werden). Zugehörige Unterlagen (auch Versicherungsscheine) sind unaufgefordert bei Besitzübergang zu übergeben.

2309   Manchem Verkäufer mag diese Abtretung zu weit gehen, wenn davon auch Ansprüche umfasst wären, die sich gegen Familienangehörige oder ihm nahestehende Personen richten, die bspw. im Rahmen nachbarlicher Gefälligkeiten Leistungen am Haus erbracht haben. Dann müsste eingeschränkt werden:

▶ Formulierungsvorschlag: Beschränkung der Abtretung von Surrogatansprüchen

2310   Nicht umfasst sind Ansprüche, die sich gegen Angehörige (§ 15 Abgabenordnung) oder (auch frühere) Mitbewohner des Verkäufers richten oder auf Gefälligkeitsleistungen beruhen.

4037 OLG München, 23.05.2007 – 32 Wx 30/07, NJW 2007, 2418.
4038 BGH, 15.01.2010 – V ZR 80/09, ZfIR 2010, 243 m. Anm. *Dötsch*.
4039 *Schulze-Hagen* ZWE 2007, 113, 115.
4040 BGH, 19.08.2010 – VII ZR 113/09, ZfIR 2010, 802 m. Anm. *Dötsch*.
4041 BGH NJW 1982, 98; bestätigt durch BGH NotBZ 2002, 137, m. Anm. *Hertel* und OLG Brandenburg, 20.04.2007 – 3 U 167/06, n.v.
4042 Diese kann sich nach BGH, 13.02.2004 – V ZR 225/03, DNotZ 2004, 779 als Ergebnis ergänzender Vertragsauslegung insb. bei Kettenverkäufen ergeben. Großzügiger BGH DNotZ 1998, 40: Konkrete Umstände des Einzelfalls genügen als Grundlage der ergänzenden Vertragsauslegung; besondere Anhaltspunkte seien nicht erforderlich. Strenger wiederum OLG Saarbrücken, 21.06.2011 – 4 U 161/10-46, ZfIR 2011, 583 (nur Ls.): bei allgemeinem Sachmängelanspruchsausschluss bedarf ergänzende Vertragsauslegung einer Abtretung von Ansprüchen gegen Dritte konkreter Anhaltspunkte dafür, dass die Gewährleistungsfrage nicht abschließend geklärt sein solle.
4043 Vgl. *Hertel* NotBZ 2002, 139 ff.

2311 Problematischer sind dagegen die bei Bauträgerverträgen häufig anzutreffenden Sicherungsabtretungen von Ansprüchen des Bauträgerverkäufers gegen die am Bau beteiligten Unternehmen, Architekten und Baustofflieferanten, wobei Sicherungsfall der Verzug des Verkäufers mit der von ihm weiter geschuldeten Mängelbeseitigung oder die Eröffnung des Insolvenzverfahrens über sein Vermögen bzw. dessen Ablehnung mangels Masse ist: zum einen ist häufig die Abtretbarkeit in den Subunternehmerverkäufern ausgeschlossen (§ 399 BGB), zum weiteren wird der Subunternehmer jedenfalls im Insolvenzfall offene Vergütungsforderungen haben, die er gem. § 404 BGB dem Mängelbeseitigungsbegehren des Käufers entgegensetzen kann, und schließlich können Ansprüche nur einmal wirksam abgetreten werden, was in Bezug auf das Gemeinschaftseigentum schwierig wird (an den ersten Käufer als Treuhänder? an alle Käufer als Gesamtgläubiger? an den [mangels Vormerkungseintragung und Besitzübergang noch nicht entstandenen] werdenden Verband der Wohnungseigentümer? an den Verwalter?).

j) Sachversicherungen

2312 Hinsichtlich des Übergangs der durch den Verkäufer[4044] regelmäßig, auch ohne gesetzliche Pflicht,[4045] abgeschlossenen **Sachversicherungen** (Feuer-, verbundene Gebäude-, Elementar-, teilweise auch Terrorversicherung)[4046] und der sachbezogenen Haftpflichtversicherungen (§§ 102 Abs. 2, 122 VVG – hierzu zählt allerdings wohl nicht die Gebäudehalterhaftpflichtversicherung, str.[4047] -) kann auch eine umfangreichere Regelung angezeigt sein. Diese kann bspw. hinweisen auf den gesetzlichen Übergang (§ 95 VVG[4048] – vor der zum 01.01.2008 verabschiedeten, ab 01.01.2009 auch auf Altverträge Anwendung findenden Reform: § 69 VVG), auf die Pflicht zur Anzeige der Veräußerung beim Versicherer durch Verkäufer oder Käufer (§ 97 VVG)[4049] sowie auf das Sonderkündigungsrecht des Erwerbers (nicht des Veräußerers!)[4050] für Sachversicherungen innerhalb eines Monats nachdem sowohl der Eigentumserwerb[4051] erfolgt ist als auch Kenntnis vom Bestehen des Versicherungsvertrags vorliegt (§ 96 Abs. 2 Satz 2 VVG).[4052] Diese Kündigung kann entweder mit sofortiger Wirkung oder auf den Schluss der aktuellen Versicherungsperiode (typischerweise der 31.12. bzw. der 30.09.) erklärt werden, § 96 Abs. 2 Satz 1 VVG. Vor der Reform des VVG empfahl sich letzteres, da eine Rückerstattung des nicht in Anspruch genommenen Prämienzeitanteils nicht stattfand.[4053]

4044 Denkbar, wenngleich selten, ist auch der Abschluss von Versicherungen durch den Mieter (etwa beim sale-and-lease-back-Verfahren) für fremde Rechnung (des Eigentümers), §§ 43 ff. VVG; der Vermieter sollte in diesem Fall sicherstellen, dass er von Prämienrückständen des Mieters erfährt und somit eintreten kann, § 34 Abs. 1 VVG, vgl. *Möller/Mathews* ZfIR 2008, 714.

4045 Seit 01.07.1994 besteht keine gesetzliche Pflicht zur Unterhaltung einer Brandversicherung mehr, jeder Grundpfandgläubiger verlangt allerdings die Aufrechterhaltung zumindest einer solchen Versicherung, oft sogar einer verbundenen Gebäudeversicherung.

4046 BGH, 13.10.2010 – XII ZR 129/09, ZfIR 2011, 288 m. Bespr. *Scheiber/Machwirth* ZfIR 2011, 278 ff.: Umlagefähig auf Mieter insb. bei Gebäuden mit Symbolcharakter, Gebäuden, in denen staatliche Macht ausgeübt wird, Gebäuden, in denen sich zahlreiche Menschen aufhalten und hierzu jeweils benachbarten Gebäuden (Wirtschaftlichkeitsgebot gem. § 24 Abs. 2 II. BV). Übersicht zu möglichen Versicherungen bei Gewerbeimmobilien bei Plaßmann ZfIR 2012, 143.

4047 *Möller/Mathews* ZfIR 2008, 713 und *Leitzen* RNotZ 2008, 536 jeweils m.w.N.

4048 Analog auch für den Fall, dass Versicherungsnehmer der Mieter ist: Eintritt des Käufers als neuer Versicherter, BGHZ 26, 134, 137 f.

4049 Unterbleibt die Anzeige, wird der Versicherer (außer er hat sonstige eigene Kenntnis, § 97 Abs. 2 VVG) leistungsfrei, wenn der Versicherungsfall später als einen Monat nach der Anzeigefrist eintritt und der Versicherer darlegt, dass er (z.B. nach Maßgabe seiner Annahmerichtlinien) die Versicherung mit dem Erwerber nicht abgeschlossen hätte.

4050 Vgl. *Ebnet* NJW 2006, 1701.

4051 Eine zuvor ausgesprochene Kündigung wird durch Eigentumserwerb nicht geheilt, LG Bielefeld VersR 1967, 27. Kenntnis des Eigentumserwerbs ist übrigens nicht erforderlich, die Monatsfrist knüpft allein objektiv an das Datum der Eintragung an, KG, 10.11.2004 – 6 U 188/04.

4052 Bei Erwerb i.R.d. Versteigerung also mit Zuschlag (BGH, 28.04.2004 – IV ZR 62/03, NZM 2005, 320). Hinsichtlich der erforderlichen Kenntnis genüge das Wissen des Erwerbers, dass bestimmte Risiken bei einem bestimmten Versicherer gedeckt seien (auch ohne Vorliegen an der Police).

4053 *Prölss/Martin* VVG § 70 Anm. 6; *Schaller* MittRhNotK 1990, 10; *Möller/Mathews* ZfIR 2008, 716.

2313 Seit 2008 (für Altverträge seit 2009) ordnet jedoch § 39 Abs. 1 Satz 1 VVG zwingend die risikoproportionale Erhebung der Jahresprämie an, also nur für den Zeitraum, in dem Versicherungsschutz bestand, sodass nunmehr die sofortige Kündigung ratsam ist,[4054] zumal hierdurch die gesamtschuldnerische Haftung des Verkäufers und des Käufers für die beim Eigentumswechsel laufende Versicherungsperiode (§ 95 Abs. 2 VVG) abgekürzt wird; ab Kündigung haftet allein der Verkäufer (§ 96 Abs. 3 VVG). Tritt nach Gefahrübergang, jedoch vor Eigentumswechsel ein Versicherungsfall ein, wird der Verkäufer bereits gem. § 285 BGB (stellvertretendes commodum) zur Abtretung des Anspruchs gegen die Versicherung verpflichtet sein; nach herrschender Meinung gilt der Versicherungsvertrag ab Gefahrübergang auch unmittelbar als für fremde Rechnung (§§ 43 ff. VVG) des Erwerbers geschlossen.[4055]

▶ Formulierungsvorschlag: Übergang der Sachversicherungen

2314 Soweit Gebäude- und Betriebshaftpflichtversicherungen bestehen, gehen diese kraft Gesetzes auf den Käufer über, der sie jedoch innerhalb eines Monats nach Eigentumsumschreibung kündigen kann. Ab Lastenübergang hat er die Prämien zu tragen und den Gefahrübergang anzuzeigen. Aufschiebend bedingt auf die Zahlung des Kaufpreises werden alle Ansprüche abgetreten, die dem Verkäufer gegen Dritte (etwa Sachversicherer, Schädiger, Werkunternehmer oder Planer) wegen eines Mangels oder Schadens am Vertragsobjekt zustehen (werden).

2315 Gegenüber der Versicherung bleibt der Veräußerer bis zur Eigentumsumschreibung Versicherungsnehmer (§ 95 Abs. 1 VVG – diese Norm hindert allerdings nicht, dass der Versicherer seinerseits mit dem Käufer schon zuvor einen ausdrücklichen »Rückwärtsversicherungsvertrag« schließt),[4056] sodass auch die qualifizierte Mahnung, nach deren fruchtlosem Ablauf der Versicherer frei wird (§ 39 Abs. 2 VVG), noch dem Verkäufer ggü. zu erklären ist.[4057] Verkäufer und Käufer haften gesamtschuldnerisch für die Prämie der bei Eintritt laufenden Periode (§ 95 Abs. 2 VVG), es sei denn der Käufer kündigt wirksam (§ 96 Abs. 3 VVG). Im Verhältnis zum Erwerber erfolgt i.d.R. zeitanteilige »händische« Zuordnung auf den Stichtag des Lastenübergangs. Vorsichtige Käufer lassen sich zur Vermeidung unliebsamer Überraschungen (fehlende Risikodeckung) ferner vom Verkäufer die Zahlung der Prämie für das laufende Versicherungsjahr nachweisen und verpflichten ihn, etwaige Zahlungsaufforderungen der Versicherung unverzüglich weiterzuleiten:[4058]

▶ Formulierungsvorschlag: Verpflichtung des Verkäufers zur Aufrechterhaltung des Versicherungsschutzes

2316 Der Verkäufer steht dafür ein, dass Versicherungsschutz gegen Brand-, Sturm-, Leitungswasser- (ggf. Glas-, Hagel- und Elementar) schäden besteht und bis zum Eigentumsübergang auf den Käufer aufrechterhalten bleibt, insbes. die Prämien bezahlt werden. Kopien der Policen und aller künftigen Mitteilungen der Versicherungen sind dem Käufer unverzüglich zu übergeben. Ab Lastenübergang hat der Käufer die Prämien zu tragen und den Gefahrübergang anzuzeigen; der Verkäufer hat ihm ab dann alle Mitteilungen der Versicherung, vor allem Zahlungsaufforderungen, zu übersenden. Aufschiebend bedingt auf die Zahlung des Kaufpreises werden alle Ansprüche abgetreten, die dem Verkäufer gegen Dritte (etwa Sachversicherer, Schädiger, Werkunternehmer oder Planer) wegen eines Mangels oder Schadens am Vertragsobjekt zustehen (werden).

2317 Erfolgt eine ordentliche Kündigung ohne Rücksicht auf den Eigentumswechsel und[4059] hat ein im Grundbuch eingetragener Gläubiger eines auf Zahlung gerichteten Rechts (Hypothek, Grundschuld, Rentenschuld, Reallast) dieses Recht beim Versicherer angemeldet (§§ 142 Abs. 1, 144 VVG), muss der Kündigende ferner spätestens einen Monat vor Wirksamwerden der Kündigung nachweisen, dass

---

4054 *Leitzen* RNotZ 2008, 535.
4055 BGH VersR 2001, 53 f.; *Möller/Mathews* ZfIR 2008, 715.
4056 BGH, 17.06.2009 – IV ZR 43/07, ZfIR 2009, 697 m. Anm. *Janssen* (aufgrund entsprechenden Bestätigungsschreibens des Versicherers).
4057 OLG Jena, 17.01.2007 – 4 U 574/06, DNotI-Report 2007, 144.
4058 Vgl. *Berger* MittBayNot 2010, 164.
4059 In Einzelfällen (etwa gem. Art. 28 des Gesetzes zur Neuordnung der Rechtsverhältnisse der öffentlich-rechtlichen Versicherungsanstalten des Freistaates Bayern) gilt dies auch ohne Anmeldung, z.B. für alle am 30.06.1994 eingetragenen Gläubiger.

zum spätest zulässigen Zeitpunkt der Kündigungserklärung das Recht entweder nicht mehr valutierte oder der Gläubiger vorbehaltlos zugestimmt hat, was er nur aus wichtigem Grund verweigern darf.

5. Altlasten

a) Grundzüge des Bundesbodenschutzgesetzes

Am 01.03.1999 trat das **Bundesbodenschutzgesetz**[4060] in Kraft. Es enthält in § 2 gesetzliche Definitionen der Begriffe »schädliche Bodenveränderungen«, »Verdachtsflächen«, »Altlasten« (aufgegliedert in die Unterbegriffe »Altablagerungen« und »Altstandorte«), »altlastenverdächtige Flächen« (§ 3a ChemikalienG[4061] enthält Begriffsbestimmungen für »gefährliche Stoffe«). Zur Durchführung einer Sanierung sind gem. § 4 Abs. 2 BBodSchG »der Verursacher einer schädlichen Bodenveränderung oder Altlast sowie dessen Gesamtrechtsnachfolger,[4062] der Grundstückseigentümer und der Inhaber der tatsächlichen Gewalt« (somit also der Handlungsstörer, d.h. historischer Verursacher bzw. dessen Gesamtrechtsnachfolger [mit Möglichkeiten der erbrechtlichen Haftungsbegrenzung[4063]] sowie der derzeitige Eigentümer als Zustandsstörer) verpflichtet. Solche gesetzlich geschuldeten Aufwendungen zur Sanierung des selbst genutzten Anwesens können (da außergewöhnlich und zwangsläufig) als außergewöhnliche Belastungen i.S.d. § 33 EStG steuerlich absetzbar sein.[4064]

2318

Gem. § 4 Abs. 6 BBodSchG haftet (erstmals) auch der **frühere Eigentümer**,[4065] etwa ein Verkäufer, der nicht Handlungsstörer war, sondern nur zwischenzeitlich Eigentümer gewesen ist, oder derjenige, der das Eigentum gem. § 928 BGB aufgegeben[4066] hat, sofern die Weiterübertragung (oder Aufgabe)[4067] des Eigentums nach dem 01.03.1999 erfolgte und ihm z.Zt. des schuldrechtlichen Weiterveräußerungsgeschäfts[4068] bzw. z.Zt. der Aufgabe die schädliche Bodenveränderung bzw. Altlast bekannt war oder sein musste, es sei denn, er (der frühere Eigentümer) hatte bei seinem eigenen seinerzeitigen Erwerb in schutzwürdiger Weise darauf vertraut, dass keine Altlasten vorhanden waren. Das Fehlen des schutzwürdigen Vertrauens in die Altlastenfreiheit (»guten Glaubens«) – mit der Folge des Eintritts der »Ewigkeitshaftung« als Alteigentümer gem. § 4 Abs. 6 BBodSchG – wird bspw. auch durch Vertragsklauseln dokumentiert, die konkreten Bezug auf einen eingetretenen Schaden nehmen (nicht aber wohl durch Formulierungen, die lediglich konkrete Risiken benennen).[4069]

2319

[4060] Samt Altlastenverordnung und BBodSchV; praxisnaher Überblick: *Oyda* RNotZ 2008, 246 ff.; Rechtsprechungsübersicht: *Kügel* NJW 2004, 1570 ff.; zur Sachmängelhaftung: *Müggenborg* NJW 2005, 2810 ff. Kommentare: *Versteyl/Sondermann/Versteyl*, BBodSchG; BeckOK/*Gisberts/Reinhardt/Hilf*.

[4061] Neu gefasst: BGBl. I 2008, S. 1150.

[4062] Auch wenn der Gesamtrechtsvorgänger die Altlast vor dem 01.03.1999 verursacht hat; als normativer Ausdruck des allgemeinen Grundsatzes, dass öffentlich-rechtliche Pflichten auf den Gesamtrechtsnachfolger übergehen, liegt darin keine verbotene Rückwirkung (BVerwG, 16.03.2006 – 7 C 3/05, ZfIR 2006, 551 m. Anm. *Grziwotz*; zust. *Hünnekens/Arnold* NJW 2006, 3388).

[4063] Hierzu *Joachim/Lange* ZEV 2011, 53 ff. (bei der Rechtsnachfolge in die Zustandsverantwortung tritt daneben die vom BVerfG aus Verhältnismäßigkeitsgrundsätzen entwickelte Beschränkung auf den Verkehrswert des sanierten Grundstücks).

[4064] BFH, 20.12.2007 – III R 56/04, EStB 2008, 206.

[4065] Hierzu *Schlemminger/Friedrich* NJW 2002, 2133; auch zum Schicksal am 01.03.1999 noch nicht vollzogener Grundstücksübertragungen.

[4066] Die Aufgabe kann aber insoweit eine Besserung bewirken als die Inanspruchnahme des früheren Eigentümers (der nicht Handlungsstörer war) bei späterer Aneignung des herrenlosen Grundstücks durch den Fiskus ermessensfehlerhaft sein dürfte. Art. 14 GG fordert ferner eine Beschränkung der Haftung des früheren Eigentümers auf das zumutbare Maß, da er keine Vergütung für das Grundstück erhalten hat, vgl. OVG Nordrhein-Westfalen, 30.03.2010 – V 5 B 66/10, NotBZ 2010, 340 zum Landespolizeirecht (§ 18 Abs. 3 OBG NRW, ebenso § 8 Abs. 3 BayPAG).

[4067] Auch die zivilrechtliche Haftung als Zustandsstörer besteht fort (BGH DNotI-Report 2007, 111), ebenso nach landesrechtlichem Polizei- und Sicherheitenrecht.

[4068] Trotz des Wortlautes »hierbei« dürfte maßgeblicher Zeitpunkt des Kennenmüssens der Zeitpunkt des Veräußerungsgeschäfts sein (letzte »Steuerungsmöglichkeit«), vgl. *Becker* BBodSchG, § 4 Rn. 68.

[4069] Etwa durch Erwähnung eines Öltanks, wie im Beck'schen Formularhandbuch Immobilienrecht, Muster A I 12 § 4 Nr. 1, vgl. *Mohr* BWNotZ 2005, 127 – dort auch zu anderen möglichen Gefährdungen des »guten Glaubens«, etwa einen auffällig niedrigen Kaufpreis. Differenzierend *Oyda* RNotZ 2008, 280.

B. Gestaltung eines Grundstückskaufvertrages

2320 Dem Käufer sind vorsorglich Aufklärungsmaßnahmen anzuraten, die im Kaufvertrag dokumentiert werden sollten, um i.R.d. vorstehend erläuterten § 4 Abs. 6 Satz 2 BBodSchG sein schutzwürdiges Vertrauen in die Altlastenfreiheit festzuhalten. In Betracht kommen etwa die Erstellung eines Sachverständigengutachtens mit entsprechender Probenentnahme (im Regelfall genügt hierfür die Entnahme von Proben in einem Abstand von jeweils ca. 15 Metern, sodass für ein Hausgrundstück von 600 m² vier Bohrungen ausreichen,[4070] in erster Linie zur Suche nach Schwermetallen und polycyclisch aromatischen Kohlenwasserstoffen, sog. »PAK«). Hilfreich ist ferner die historische Rückverfolgung bisheriger Nutzungen, v.a. in industriellem/gewerblichem Kontext, sowie die schriftliche Anfrage bei der jeweils nach den Landesbodenschutzgesetzen für die Führung des Altlastenkatasters zuständigen Behörde (Umweltamt der kreisfreien Städte oder Kreise und/oder Landesumweltamt). Einzelne Länder (etwa Nordrhein-Westfalen) haben zudem beim Landesumweltamt ein »Boden-Informationssystem« eingeführt. Die Daten sind jeweils jedermann zugänglich.

b) Rückgriffsansprüche

2321 Sofern durch Einsatz öffentlicher Mittel Maßnahmen zur Erfüllung der Verpflichtung aus § 4 BBodSchG finanziert wurden und dadurch der Verkehrswert des Grundstücks nicht nur unwesentlich erhöht wurde, hat der Grundstückseigentümer (ähnlich der städtebaulichen »Sanierungslast« i.S.d. § 154 BauGB) einen Wertausgleich (zur »Abschöpfung« der Bodenwerterhöhung) zu leisten, § 25 BBodSchG. Diese Ausgleichspflicht ruht als öffentliche Last[4071] auf dem Grundstück, kann jedoch (abweichend von § 54 GBO) gem. § 25 Abs. 6 Satz 2 BBodSchG[4072] auf Ersuchen der Sanierungsbehörde in Abteilung II als sog. »**Bodenschutzlastvermerk**« eingetragen werden: »Auf dem Grundstück ruht ein Ausgleichsbetrag nach § 25 BBodSchG als öffentliche Last.«

2322 Eine solche Wertausgleichspflicht stellt einen Rechtsmangel dar; nach allgemeinen Lastenverteilungsregeln trifft sie gem. §§ 446 Satz 2, 103 BGB den Verkäufer. Ihr Bestehen dürfte ferner auch ungefragt offenbarungspflichtig sein,[4073] sodass auch eine Haftung aus arglistigem Schweigen in Betracht kommt. I.R.d. allgemeinen Belehrungen des Notars kann sich zudem ein Hinweis auf diese öffentliche Last empfehlen, die (anders als etwa die Grundsteuer oder Erschließungskosten) noch nicht in das Bewusstsein breiter Käuferschichten eingedrungen ist.[4074]

2323 Hinsichtlich der **Kosten der Sanierung**[4075] enthält § 24 Abs. 2 BBodSchG[4076] einen gesetzlichen Innenausgleich mehrerer Verpflichteter untereinander, wobei die Verpflichteten nach dem Grad ihrer Verursachung haften (so lange der Handlungsstörer also noch zahlungskräftig ist, hat dieser den derzeitigen oder einen früheren Eigentümer, der selbst nichts zur Altlast beigetragen hat, freizustellen). Sind lediglich Zustandsstörer vorhanden (Eigentümer und Pächter), ergibt sich ein entsprechender Ausgleichsanspruch aus einer Analogie zu § 24 Abs. 2 BBodSchG (str.).[4077] Einer vorherigen behördlichen Inanspruchnahme bedarf es nicht. Der Ausgleichsanspruch besteht auch für vor dem 01.03.1999 vorhandene Altlasten, jedenfalls wenn die Inanspruchnahme auf einem nachher ergangenen Bescheid beruht.[4078] Außerhalb des BBodSchG, etwa im Bereich des gem. § 3 Abs. 1 Nr. 11

4070 *Oyda* RNotZ 2008, 289; Kosten ca. 1.000,00 € für die Entnahme, 500,00 € für die anschließende Analyse.
4071 Der Wertausgleich hat gem. § 10 Abs. 1 Nr. 3 ZVG demnach Vorrang vor allen Grundpfandrechten; nach 4 Jahren ist die Forderung jedoch gem. § 10 Abs. 1 Nr. 7 ZVG nachrangig, vgl. *Albrecht* NVwZ 2001, 1120, 1124 f.
4072 I.V.m. der VO vom 18.03.1999, BGBl. 1999 I, S. 497, gem. § 93b GBV.
4073 *Basty* BTR 2004, 62, 63.
4074 Vgl. *Oyda* RNotZ 2008, 271.
4075 Art. 14 GG gebietet, die Haftung des Grundstückseigentümers auf das zumutbare Maß zu begrenzen. Eine Inanspruchnahme über den Wert des Grundstücks hinaus kommt allenfalls in Betracht, wenn der Eigentümer bei Erwerb die Belastung kannte oder kennen musste, BVerfG DStR 2000, 1364.
4076 Vgl. umfassend *Oyda* RNotZ 2008, 267 ff.; *Schlette* VerwArchiv 2000, 41 ff.
4077 Dafür BeckOK/*Gisberts/Reinhardl/Hilf* BBodSchG § 24 Rn. 24 m.w.N., dagegen *Oyda* RNotZ 2008, 268 m.w.N.
4078 BGH, 02.04.2004 – V ZR 267/03, DNotZ 2004, 783.

BBodSchG vorrangigen Bundesimmissionsschutzgesetzes, gilt § 24 Abs. 2 BBodSchG nicht, auch nicht als allgemeine Ausgleichsnorm i.S.d. Ordnungsrechtes.[4079]

Haben Verkäufer und Käufer die Käuferrechte wegen Sachmängeln ausgeschlossen, ist damit nicht notwendig,[4080] sondern nur nach Maßgabe der im Einzelfall vorzunehmenden ergänzenden Auslegung[4081] (etwa bei altlastenbedingtem Preisnachlass) auch der **Rückgriffsanspruch des Käufers** gegen den Verkäufer als Verursacher nach § 24 Abs. 2 (Satz 2 Halbs. 1) BBodSchG abbedungen. Auch ein ausdrücklicher Verzicht auf diesen Rückgriff gilt stets nur im Verhältnis der unmittelbaren Vertragsbeteiligten[4082] (eine Abbedingung mit Universalwirkung käme einem unzulässigen Vertrag zulasten Dritter gleich), sodass zur Freistellung des Verursachers allenfalls eine Verpflichtung zur Weitergabe an Dritte aufgenommen werden kann.[4083] 2324

▶ Formulierungsvorschlag: Ausschluss des § 24 Abs. 2 BBodSchG mit Rechtsnachfolgerklausel

Der Käufer übernimmt im Verhältnis zum Verkäufer das Risiko von – auch unbekannten – schädlichen Bodenveränderungen i.S.d. § 2 Abs. 3 BBodSchG, Altlasten i.S.v. § 2 Abs. 5 BBodSchG oder sonstigen Verunreinigungen des Grundstücks, der vorhandenen Bausubstanz oder von sonstigen Bestandteilen sowie des mitverkauften Zubehörs sowie Änderungen der Beschaffenheit des Grundwassers i.S.d. § 22 WHG; dieser Umstand wurde bei der Kaufpreisbemessung berücksichtigt. Der Käufer hat den Verkäufer von dessen etwaiger Verpflichtung als Verursacher oder früherer Eigentümer freizustellen, unabhängig davon ob diese Inanspruchnahme öffentlich- oder privatrechtlich – auch vonseiten Dritter – erfolgt; etwaige Ausgleichsansprüche des Käufers gegenüber dem Verkäufer gem. § 24 Abs. 2 BBodSchG werden ausgeschlossen. Diese Verpflichtung gilt also auch für den Fall, dass Ausgleichsansprüche von Dritten, etwa Nacherwerbern, gegen den Verkäufer gem. § 24 Abs. 2 BBodSchG erhoben werden. Die Freistellungsverpflichtung sowie der Ausschluss des Ausgleichsanspruches nach § 24 Abs. 2 BBodSchG gelten unmittelbar (§ 328 BGB) auch zu Gunsten solcher Personen, die für eine Verantwortlichkeit des Verkäufers wegen Altlasten aus handels- oder gesellschaftsrechtlichem Rechtsgrund einzustehen haben. Der Käufer ist verpflichtet, im Fall einer ganzen oder teilweisen Weiterveräußerung seinen Rechtsnachfolger in gleicher Weise zur Freistellung des heutigen Verkäufers zu verpflichten und diesem die Verpflichtung zur Weitergabe aufzuerlegen; er haftet für etwaige Schäden, die aus einer Verletzung dieser Pflicht entstehen. 2325

c) Altlasten als Sachmangel

Fehlt es an einer solchen Abrede (gleich ob mit oder ohne Weitergabeverpflichtung),[4084] steht dem Anspruch auch nicht entgegen, dass die Nichtkenntnis des Käufers von der Altlast auf eigener Fahrlässigkeit beruht. Zum Nachweis der Verursachung stehen dem Anspruchsteller Beweiserleichterungen analog §§ 6, 7 UmweltHG zu Gebote.[4085] Der Ausgleichsanspruch verjährt selbstständig (kenntnisabhängig[4086] 3-jährig, also unabhängig von § 438 BGB).[4087] 2326

Da zu der möglicherweise mangelhaften Ist-Beschaffenheit einer Sache bei Gefahrübergang auch die wertbildenden rechtlichen Beziehungen zur Umwelt zählen,[4088] liegt bereits in der Aufnahme des Grundstückes in das Altlastenkataster als verdächtige Fläche ein Sachmangel,[4089] ebenso bei 2327

4079 BGH, 18.02.2010 – III ZR 295/09, ZfIR 2010, 368 m. Anm. *Bergsdorf*.
4080 So aber wohl der XII. Senat des BGH NJW-RR 2004, 1596 unter Berufung auf die Gesetzesmaterialien.
4081 So wohl der V. Senat des BGH NJW-RR 2004, 1243, jedenfalls ab dem 01.03.1999; stets für ausdrückliche Regelung *Gaier* NZM 2005, 161, aus Gründen der Vorsicht auch *Oyda* RNotZ 2008, 275.
4082 BGH NJW-RR 2004, 1243; *Wagner* JZ 2005, 145, 152 f.
4083 Vgl. *Grziwotz* EWiR 2004, 1066; *von und zu Franckenstein* ZfIR 2005, 630.
4084 Die allerdings in den hier vorgeschlagenen Formulierungen enthalten ist.
4085 BGH, 02.04.2004 – V ZR 267/03, ZNotP 2004, 357.
4086 Str., ob hierfür ein behördlicher Bescheid nötig ist, dafür wohl *Drasdo* NJW-Spezial 2007, 97.
4087 Vgl. § 24 Abs. 2 Satz 3 und Satz 4 BBodSchG i.d.F. des VerjährungsAnpG (ZAP, Fach 2, S. 468).
4088 Grundlegend BGH NJW 1976, 1888.
4089 Vgl. *Müggenborg* NJW 2005, 2810.

einem auf konkrete und gewichtige Tatsachen gestützten sonstigen Verdacht, z.B. infolge eines bereits vor Jahren erfolgten Austritts von Schadstoffen auf dem Grundstück.[4090]

2328 I.Ü. ist die Beschaffenheitsvereinbarung entscheidend, hilfsweise die nach dem Vertrag vorausgesetzte Verwendung (sodass bei einem Verkauf als Bau- oder Gewerbegrundstück keine Verunreinigungen vorhanden sein dürfen, die gesunde Wohn- und Arbeitsverhältnisse ausschließen oder Bauarbeiten nur nach Beseitigung von Kontaminationen erlauben). Weiter ist hilfsweise die gewöhnliche Verwendung angesichts der konkreten »Art der Sache« maßgebend, also bei landwirtschaftlichen Grundstücken die Eignung zum Anbau von Pflanzen oder als Viehweide, bei sonstigen Grundstücken gemessen an den bauplanungsrechtlich zulässigen Nutzungsalternativen, bei deren fehlen gemessen hilfsweise an der Eignung zum gefahrlosen Betreten durch Menschen ohne Austreten gesundheitsgefährdender Emissionen aus dem Boden. Dabei dürften die Festlegungen (Prüfwerte) der Bundesbodenschutzverordnung[4091] das Maß des Üblichen bestimmen.

2329 Bei Vorliegen eines Sachmangels hat der Käufer zunächst Anspruch auf **Nachbesserung** in Natur (§§ 437 Nr. 1, 439 BGB).[4092] Der Verkäufer trägt neben den in § 439 Abs. 2 BGB genannten »Transport-, Wege-, Arbeits- und Materialkosten« auch die Kosten von Sachverständigen und Anwälten sowie den Aufwand zur Auffindung der Ursache. Die vom Käufer verlangte Art der Nachbesserung (z.B. Bodenaustausch bei Mineralöl-, Kohle- und Wasserstoffbelastung) kann vom Verkäufer wegen unverhältnismäßig hoher Kosten im Vergleich zu alternativen Behandlungsmethoden (bakteriologische In-situ-Behandlung) verweigert werden; bei der insoweit erforderlichen Abwägung der in § 439 Abs. 3 Satz 2 BGB genannten Kriterien ist wohl auch der Umfang des Verschuldens des Verkäufers maßgebend.[4093]

2330 Scheitert die Nachbesserung[4094] oder kann sie vom Verkäufer wegen Unverhältnismäßigkeit a priori verweigert werden, kann der Käufer **mindern** oder vom Vertrag **zurücktreten** (§ 437 Nr. 2 und Nr. 3 BGB).[4095] Für deren »Verjährung« gilt §§ 218, 438 BGB; die infolge des erklärten Rücktritts oder der erklärten Minderung sich ergebenden Rückgewähr- und Rückzahlungsansprüche (§§ 346 Abs. 1, 441 Abs. 4 BGB) unterliegen jedoch ihrerseits der Regelverjährung nach §§ 195, 199 BGB.[4096]

2331 Schließlich steht dem Käufer gem. § 437 Nr. 3 BGB **Schadensersatz oder Aufwendungsersatz** zu, und zwar als Schadensersatz neben der Leistung (§ 280 BGB) oder statt der Leistung (§§ 281, 311a BGB), wenn die Pflichtverletzung vom Verkäufer oder seinem Erfüllungsgehilfen zu vertreten war, er also die Bodenverunreinigung selbst verursacht hat, sie kannte oder hätte kennen müssen. Die vorerwähnten Sachmängelrechte des Käufers entfallen bei positiver Kenntnis vom Mangel (§ 442 BGB); im Fall der grob fahrlässigen Nichtkenntnis bleiben sie nur erhalten, wenn der Verkäufer den Mangel arglistig verschwiegen oder die ordnungsgemäße Beschaffenheit der Sache garantiert hat. Grobe Fahrlässigkeit liegt jedoch nicht bereits im Unterlassen der Einsicht in einen etwa vorhan-

---

4090 OLG München NJW 1995, 2566; ähnlich für den Verdacht der Glycolverunreinigung von Wein: BGH NJW 1989, 218.
4091 BGBl. I 1999, S. 1554.
4092 Mit Verjährung binnen 2 Jahren ab Übergabe, § 438 Abs. 1 Nr. 1 BGB, im Fall des arglistigen Verschweigens jedoch i.d.R. Verjährungsfrist von 3 Jahren gem. § 195 BGB, deren Lauf gem. § 199 BGB erst mit Kenntnis vom Mangel und den anspruchsbegründenden Umständen (ohne solche Kenntnis spätestens nach 30 Jahren, § 199 Abs. 3 Nr. 2 BGB) beginnt.
4093 In Anknüpfung an die frühere Vorschrift des § 633 Abs. 2 Satz 3 BGB a.F. werden beim schuldlosen Verkäufer häufig 100 % des Grundstückswerts eines mangelfreien Grundstückes als Grenze angesehen – vgl. *Huber* NJW 2002, 1008, beim schuldhaften bis zu 130 %, teilweise sogar bis zu 200 % – vgl. *Bitter/Meidt* ZIP 2001, 2121. Bei Überschreiten dieser Schwellenwerte ist der Verkäufer insgesamt nicht mehr geschuldet. Zwischen zwei gleichwertigen, zur Auswahl stehenden Dekontaminationsverfahren dürfte der Verkäufer der vom Käufer getroffenen Wahl bereits bei etwa um 10 % höheren Kosten widersprechen können, vgl. *Müggenborg* NJW 2005, 2812.
4094 Abzustellen sein dürfte auf die Prüf- oder Maßnahmenwerte der BBodSchG, sonst auf gem. § 4 Abs. 5 BBodSchG abzuleitende Werte, vgl. Bundesanzeiger Nr. 1a v. 28.08.1999.
4095 Bis zum Besitzübergang ist auch die Anfechtung wegen Irrtums gem. § 119 Abs. 2 BGB möglich; die Anfechtung wegen arglistiger Täuschung (§ 123 BGB) wird durch die Sachmängelvorschriften nicht verdrängt.
4096 BGH, 15.11.2006 – VIII ZR 3/06, NJW 2007, 674.

denen Altlastenkataster oder der Hinzuziehung von Bodengutachtern, sondern bei optischer oder olfaktorischer Wahrnehmbarkeit im Rahmen einer Besichtigung des Grundstücks.

Liegt – wie regelmäßig bei Bestandsgrundstücken – ein Ausschluss der Sachmängelrechte des Käufers vor, erfasst dieser gem. § 444 BGB nicht die Arglisthaftung. Neben den evidenten Fällen positiver Täuschung sind in der Praxis regelmäßig die Fälle der Arglist durch Unterlassen bei Vorliegen einer Offenbarungspflicht streitig. So handelt es sich bei der früheren Nutzung als wilde Müllkippe[4097] oder überhaupt als Müllkippe[4098] sowie als Werksdeponie[4099] sowie beim Vorliegen von Altölrückständen[4100] um ungefragt offenbarungspflichtige Tatsachen, nicht jedoch bei jeder früheren industriellen Nutzung.[4101]   2332

Eine Verletzung der Aufklärungspflicht liegt auch vor, wenn der Verkäufer, der positive Kenntnis von Altlasten hat, lediglich einen Altlastenverdacht referiert.[4102] Arbeitsteilig handelnde Organisationen sind verpflichtet, das einmal zur Akte gelangte Wissen so zu verwalten, dass es beim Verkauf des Grundstückes abgefragt werden kann; anderenfalls hat sich die Organisation die Kenntnis zurechnen zu lassen.[4103] Das Liegenschaftsamt einer Gemeinde ist jedoch nicht gehalten, die Akten benachbarter Grundstücke auf Altlastenverdachtsmomente durchzusehen.[4104]   2333

d) Abfallrecht

Bei Deponiegrundstücken ist daneben die Haftung des Deponiebetreibers für Bodenverunreinigungen gem. § 26 Kreislaufwirtschafts- und Abfallgesetz (**KrWAbfG**) zu beachten. Jedenfalls wenn nach angezeigter endgültiger Stilllegung keine unmittelbaren Untersuchungen seitens der Behörden angeordnet werden, geht die Verantwortung auf den Eigentümer über,[4105] auch soweit der Betreiber die Vorgaben der Anlagengenehmigung missachtet hatte.[4106] Aus diesem Grund ist der Verkauf eines künftigen Deponiegrundstückes dessen Verpachtung vorzuziehen (bzw. sollte das Grundstück im Fall einer Verpachtung zuvor an eine eigene GmbH übertragen werden).   2334

Noch unklar sind die möglichen Folgen nationaler Umsetzung des Urteils des EuGH v. 07.09.2004 (»Paul van de Walle u.a.«),[4107] wonach durch auslaufenden Krafstoff (Tankstellen) verunreinigtes Erdreich als »Abfall« i.S.d. europäischen **Abfallrechtsrahmenrichtlinie** (Anhang I, Q 4) einzustufen sei, sodass das unbehandelte Liegenlassen von kontaminiertem Boden als genehmigungsbedürftige Abfallanlage klassifiziert werden müsse.[4108]   2335

e) Formulierungsvorschläge

Bei einem unverdächtigen Grundstück sind altlastenbezogene Regelungen, die über allgemeine Sachmängelklauseln (vgl. hierzu Rdn. 2219 ff.) hinausgehen, regelmäßig nicht angezeigt oder gar erforderlich. Selbst wenn eine Bodenverunreinigung besteht, dürfte im Regelfall eine Inanspruchnahme des Verkäufers, gestützt etwa auf § 24 Abs. 2 BBodSchG, als bloßen Zustandsstörer ohnehin ausscheiden, es sei denn, der Verkäufer wäre Verhaltensstörer gewesen – dann haftet er jedoch bereits aus argli-   2336

4097 BGH NJW 1991, 2901.
4098 BGH NJW 1994, 254.
4099 BGH NJW 1995, 1549.
4100 BGH NJW 2001, 64; *Kügel* NJW 2004, 1577.
4101 BGH NJW 1992, 1953.
4102 BGH NJW 2001, 64.
4103 BGH NJW 1996, 1340.
4104 BGH NJW 1999, 3778.
4105 VGH Bayern, 09.07.2003 – 20 CS 03.130, UPR 2004, 33 ff.
4106 Analog der Haftungsbegrenzung des Zustandsstörers (BVerfG, DStR 2000, 1364) sind auch Untersuchungs- und Beseitigungsanordnungen nach dem KrWAbfG auf den Verkehrswert begrenzt: VGH Bayern, 26.11.2002 – 22 CS 02.2403.
4107 EuGH NVwZ 2004, 1341 Tz. 52 f.; hierzu *Petersen/Lorenz* NVwZ 2005, 257.
4108 Vgl. *von und zu Franckenstein* ZfIR 2005, 629: Ungefragte Offenbarungspflicht bei Fehlen einer erforderlichen Genehmigung?

stigem Verschweigen, falls er den Mangel kannte. Kannte er ihn nicht, etwa weil er lediglich Gesamtrechtsnachfolger[4109] des Verursachers gem. § 4 Abs. 3 Satz 1 BBodSchG war, würde ein Rückgriffsanspruch gegen ihn gem. § 24 Abs. 2 BBodSchG allerdings in Betracht kommen, der durch die allgemeine Sachmängelregelung (Ausschluss der Mängelrechte) jedenfalls nach Ansicht des V. Senats des BGH nicht abbedungen wäre (Rdn. 2324), was i.d.R. aber auch sachgerecht erscheint.

2337 Häufig wird sich daher, bei Fehlen eines konkreten Verdachts, die Regelung auf eine »Arglistprobe« beschränken, d.h. die verneinende Antwort des Verkäufers auf die Frage des Käufers nach Altlasten im weitesten Sinn wiedergeben:

▶ Formulierungsvorschlag: Kein Atlastenverdacht (Arglistprobe)

2338 Dem Verkäufer sind zum derzeitigen Zeitpunkt keine Giftmüllablagerungen, Ölrückstände, kontaminiertes Abbruchmaterial oder andere Kontaminationen des Grundstückes und/oder des Grundwassers bekannt, aufgrund derer die zuständigen Behörden nach heutigem Kenntnisstand eine Beseitigung, eine sonstige Behandlung oder Überwachung durch den jeweiligen Eigentümer oder Besitzer des Grundstückes oder eine Kostenübernahme bzgl. derartiger Maßnahmen vom jeweiligen Eigentümer oder Besitzer des Grundstücks verlangen können.

Dem Verkäufer sind keine im Bereich des Kaufgegenstandes vorhandenen Altlasten bekannt. Altlasten im Sinne dieses Vertrags sind Boden-, Bodenluft- und Grundwasserverunreinigungen, insbesondere schädliche Bodenveränderungen i.S.v. § 2 Abs. 3 oder Abs. 5 BBodSchG sowie im Boden eingeschlossene Gebäude, Gebäudereste, technische Anlagen und Kampfstoffe, deretwegen der Eigentümer oder Besitzer zur Beseitigung, Separation oder besonderen Entsorgung zum Zeitpunkt des Abschlusses dieses Vertrags verpflichtet werden kann.

Der Verkäufer erklärt ferner, ihm sei auch nicht bekannt, dass Dritte (Nachbarn, Vorbesitzer etc.) jemals einen Verdacht hinsichtlich des Bestehens solcher Umstände geäußert hätten.

2339 In den Fällen, in denen tatsächlich Altlastenverdacht besteht, kann anstelle der üblicherweise gewählten Formulierung eines Ausschlusses der Sachmängelgewährleistung zunächst folgende Einleitung verwendet werden:

▶ Formulierungsvorschlag: Sachverhaltsdarstellung bei Altlastenverdacht

2340 Alle Rechte des Käufers wegen eines Sachmangels des Grund und Bodens, Gebäudes und etwa mitverkaufter beweglicher Sachen sind ausgeschlossen, soweit nachstehend nichts anderes bestimmt ist; Ansprüche auf Schadensersatz jedoch nur, wenn der Verkäufer nicht vorsätzlich gehandelt hat.

Nach Hinweis auf § 444 BGB wird erklärt: Der Verkäufer versichert, er habe keine ihm bekannten Mängel arglistig verschwiegen, auf die der Käufer angesichts ihrer Bedeutung und des sonstigen Zustandes des Objekts einen Hinweis erwarten durfte. Alle Garantien und Beschaffenheitsvereinbarungen sind in dieser Urkunde aufgeführt.

Der Notar hat die Beteiligten auf die Bestimmungen des Bundesbodenschutzgesetzes (BBodSchG) hingewiesen, insbesondere auf die Definitionen der Begriffe »schädliche Bodenveränderungen« und »Altlasten« i.S.d. § 2 Abs. 3 und Abs. 5 BBodSchG, die gesetzliche Pflicht zur Sanierung (welche gem. § 4 Abs. 2 und 6 BBodSchG den Verursacher, dessen Gesamtrechtsnachfolger, den aktuellen Grundstückseigentümer und -besitzer sowie unter einschränkenden Voraussetzungen auch einen früheren Eigentümer trifft), und die Pflicht zum Innenausgleich unter mehreren Verpflichteten gem. § 24 Abs. 2 BBodSchG nach dem Verhältnis der Verursachungsbeiträge.

Die Beteiligten erklären hierzu, dass es sich beim Vertragsbesitz zumindest teilweise um Verdachtsflächen oder altlastenverdächtige Flächen handeln könnte. Der Verkäufer erklärt, dass dieser Verdacht insbesondere auf folgenden Umständen beruht:

(.....)

4109 Z.B. als Erbe oder aufgrund umwandlungsrechtlicher Vorgänge, VG Hannover, 24.11.2009 – 4 A 2022/09, BeckRS 2009, 42078.

Weitere den Verdacht begründende Umstände sind dem Verkäufer nach seiner Versicherung nicht bekannt.

Untersuchungen oder Sicherungs-, Dekontaminations- und Beseitigungsmaßnahmen wurden jedoch bisher weder behördlich verlangt noch tatsächlich durchgeführt.

Hieran können sich folgende **Alternativen** anschließen: 2341
– für den Fall, dass der Käufer auch dieses Risiko voll trägt:

▶ Formulierungsvorschlag: Käufer trägt Altlastenrisiko

Der Käufer übernimmt im Verhältnis zum Verkäufer das Risiko von – auch unbekannten – schädlichen Bodenveränderungen i.S.d. § 2 Abs. 3 BBodSchG, Altlasten i.S.v. § 2 Abs. 5 BBodSchG oder sonstigen Verunreinigungen des Grundstücks, der vorhandenen Bausubstanz oder von sonstigen Bestandteilen sowie des mitverkauften Zubehörs sowie Änderungen der Beschaffenheit des Grundwassers i.S.d. § 22 WHG; dieser Umstand wurde bei der Kaufpreisbemessung berücksichtigt. Der Käufer hat den Verkäufer von dessen etwaiger Verpflichtung als Verursacher oder früherer Eigentümer freizustellen, unabhängig davon, ob diese Inanspruchnahme öffentlich- oder privatrechtlich – auch vonseiten Dritter – erfolgt; etwaige Ausgleichsansprüche des Käufers gegenüber dem Verkäufer gem. § 24 Abs. 2 BBodSchG werden ausgeschlossen. Diese Verpflichtung gilt also auch für den Fall, dass Ausgleichsansprüche von Dritten, etwa Nacherwerbern, gegen den Verkäufer gem. § 24 Abs. 2 BBodSchG erhoben werden. Der Käufer ist verpflichtet, im Fall einer ganzen oder teilweisen Weiterveräußerung seinen Rechtsnachfolger in gleicher Weise zur Freistellung des heutigen Verkäufers zu verpflichten und diesem die Verpflichtung zur Weitergabe aufzuerlegen; er haftet für etwaige Schäden, die aus einer Verletzung dieser Pflicht entstehen.

Die Freistellungspflicht umfasst die Kosten der Erkundung, Durchführung und Überwachung der behördlicherseits angeordneten Maßnahmen (nicht jedoch sonstige Beratungskosten des Verkäufers), ebenso sämtliche Kosten einer privatrechtlichen Inanspruchnahme seitens Dritter als Folge der Altlast. Eine Sicherung der Freistellungsverpflichtung, etwa durch Eintragung einer Sicherungshypothek auf dem Kaufobjekt zugunsten des Verkäufers oder Stellung einer Bürgschaft, wird nicht gewünscht. Den Beteiligten ist bewusst, dass vorstehende Vereinbarung lediglich im Innenverhältnis bindet, also Behörden bzw. Dritte in ihrer Möglichkeit der Inanspruchnahme beider dadurch nicht beschränkt werden.

Der Verkäufer tritt jedoch etwaige Ansprüche, die ihm im Zusammenhang mit schädlichen Bodenveränderungen oder Altlasten gegenüber Dritten zustehen, ebenso etwaige gesetzliche Ansprüche auf Freistellung von der Verantwortung oder der Kostentragungspflicht, an den dies annehmenden Käufer ab und hat ihn bei der Verfolgung solcher Ansprüche zu unterstützen.

Rücktrittsrechte oder eine betragsmäßige Begrenzung des Risikos im Verhältnis zwischen den Beteiligten werden trotz Hinweises des Notars auf die ggf. erheblichen tatsächlichen und finanziellen Verpflichtungen, die den Käufer treffen könnten, nicht vereinbart. Die damit verbundene Ungewissheit hinsichtlich der künftigen Nutzbarkeit des Vertragsobjekts und des evtl. erforderlichen Sanierungsaufwands für Boden und Bausubstanz fällt allein in den Risikobereich des Käufers. Er kann sich daher auch dann nicht auf eine Störung der Geschäftsgrundlage berufen, wenn die von ihm beabsichtigte Nutzung rechtlich oder technisch nicht oder nur mit unverhältnismäßig großem Aufwand möglich sein sollte. Ebenso wenig hat er dann das Recht, sich durch Rücktritt oder Anfechtung vom Vertrag zu lösen oder gegen den Verkäufer Mängelansprüche geltend zu machen. Der Notar hat eine vorherige eingehende Untersuchung der Bodenverhältnisse empfohlen.

– sofern der Verkäufer das Altlastenrisiko voll übernimmt: 2342

▶ Formulierungsvorschlag: Verkäufer trägt Altlastenrisiko

Der Verkäufer übernimmt im Verhältnis zum Käufer das Risiko von – auch unbekannten – schädlichen Bodenveränderungen i.S.d. § 2 Abs. 3 BBodSchG, Altlasten i.S.v. § 2 Abs. 5 BBodSchG oder sonstigen Verunreinigungen des Grundstücks, der vorhandenen Bausubstanz oder von sonstigen Bestandteilen sowie des mitverkauften Zubehörs sowie Änderungen der Beschaffenheit des Grundwassers i.S.d. § 22 WHG; dieser Umstand wurde bei der Kaufpreisbemessung berücksichtigt. Der Verkäufer hat den Käufer von dessen etwaiger Verpflichtung als Eigentümer

B. Gestaltung eines Grundstückskaufvertrages

und Inhaber der tatsächlichen Gewalt freizustellen; etwaige Ausgleichsansprüche des Verkäufers gegenüber dem Käufer gem. § 24 Abs. 2 BBodSchG werden daher ausgeschlossen.

Die Freistellungspflicht umfasst die Kosten der Erkundung, Durchführung und Überwachung der behördlicherseits angeordneten Maßnahmen (nicht jedoch sonstige Beratungskosten des Käufers), ebenso sämtliche Kosten einer privatrechtlichen Inanspruchnahme seitens Dritter als Folge der Altlast. Eine Sicherung der Freistellungsverpflichtung, etwa durch Eintragung einer Sicherungshypothek auf weiterem Immobilienbesitz des Verkäufers oder Stellung einer Bürgschaft, wird nicht gewünscht. Den Beteiligten ist bewusst, dass vorstehende Vereinbarung lediglich im Innenverhältnis bindet, also Behörden bzw. Dritte in ihrer Möglichkeit der Inanspruchnahme beider dadurch nicht beschränkt werden.

Der Käufer tritt jedoch etwaige Ansprüche, die ihm im Zusammenhang mit schädlichen Bodenveränderungen oder Altlasten gegenüber Dritten zustehen, ebenso etwaige gesetzliche Ansprüche auf Freistellung von der Verantwortung oder der Kostentragungspflicht, an den dies annehmenden Verkäufer ab und hat ihn bei der Verfolgung solcher Ansprüche zu unterstützen.

Sollten daher schädliche Bodenveränderungen oder Altlasten i.S.d. Gesetzes festgestellt werden, wird der Verkäufer diese auf seine Kosten unverzüglich entsorgen und den Grund und Boden durch Maßnahmen i.S.d. § 2 Abs. 7 BBodSchG umfassend sanieren. Untersuchungskosten gehen dabei zulasten des Verkäufers. Der Käufer hat die Inanspruchnahme seiner Grundstücke für die Durchführung solcher Maßnahmen zu dulden. Die Sanierung hat fachmännisch und unter Begleitung eines erfahrenen Ingenieurbüros zu erfolgen, das den Abschluss der Sanierungsarbeiten aufgrund nochmaliger Untersuchungen, die dem vorliegenden Gutachten zu entsprechen haben, zu bescheinigen hat.

Kommt der Verkäufer seiner Verpflichtung zur Beseitigung trotz Mahnung und Fristsetzung nicht nach, kann der Käufer die notwendigen Arbeiten auf Kosten des Verkäufers veranlassen. Er ist jedoch verpflichtet, vor Vergabe der Arbeiten ein gerichtliches Beweissicherungsverfahren durchzuführen. Alternativ kann der Käufer vom Vertrag zurücktreten und Schadensersatz statt der ganzen Leistung verlangen.

Die gesetzliche Verjährungsfrist beginnt erst zu laufen, wenn der Käufer wegen schädlicher Bodenveränderungen oder Altlasten auf dem Vertragsgrundstück erstmals durch Behörden oder Dritte in Anspruch genommen wird.

Der Notar hat auf die ggf. erheblichen tatsächlichen und finanziellen Verpflichtungen, die den Verkäufer aufgrund dieser Vereinbarung treffen könnten, hingewiesen und eine vorherige eingehende Untersuchung der Bodenverhältnisse empfohlen.

2343 – wenn die Kosten der **Altlastenbeseitigung** zwischen Verkäufer und Käufer **geteilt werden**:

▶ Formulierungsvorschlag: Teilung des Altlastenrisikos

Der Verkäufer verpflichtet sich im Innenverhältnis für den Fall, dass er oder der Käufer bzw. deren Gesamtrechtsnachfolger wegen einer schädlichen Bodenveränderung oder Altlast oder sonstigen Verunreinigungen des Grundstückes, der vorhandenen Bausubstanz oder von sonstigen Bestandteilen sowie des mitverkauften Zubehörs bzw. wegen Änderungen der Beschaffenheit des Grundwassers i.S.d. § 22 WHG auf Untersuchung, Sicherung, Beseitigung oder Kostentragung in Anspruch genommen wird, sich an den angeordneten Sanierungsmaßnahmen insoweit zu beteiligen, als er die Kosten für die Auskofferung des Geländes bis zu einer Tiefe von ..... m sowie den Abtransport und die Entsorgung des Bodenaushubs bis zur Deponieklasse ..... übernimmt oder: als er die Kosten bis zu einem Gesamtbetrag von ..... € übernimmt. Auf Wertsicherung wird verzichtet. Hierbei handelt es sich um eine Hauptleistungspflicht des Verkäufers gegenüber dem Käufer. Darüber hinaus ist der Käufer verpflichtet, den Verkäufer von jeder Haftung, unabhängig davon ob diese Inanspruchnahme öffentlich- oder privatrechtlich – auch vonseiten Dritter – erfolgt, freizustellen; Ausgleichsansprüche gem. § 24 Abs. 2 BBodSchG sind also im Verhältnis zwischen Verkäufer und Käufer nur in dem Umfang gegeben, der zur Herstellung vorstehender Kostenverteilung erforderlich ist. Für die Übernahme der nach dieser Vereinbarung auf ihn entfallenden voraussichtlichen Kosten hat der Verkäufer dem Käufer auf Verlangen Zug-um-Zug gegen vollständige Zahlung des Kaufpreises Sicherheit durch selbstschuldnerische Bankbürgschaft zu leisten; bis zu deren Stellung darf der Käufer den entsprechenden Betrag des Kaufpreises zurückbehalten. Der Käufer ist verpflichtet, im Fall einer ganzen oder teilweisen Weiterveräußerung seinen Rechtsnachfolger in gleicher Weise zur Freistellung des heutigen Verkäufers hinsichtlich darüber hinaus gehender Aufwendungen zu verpflichten und diesem die Verpflichtung zur Weitergabe aufzuerlegen; er haftet für etwaige Schäden, die aus einer Verletzung dieser Pflicht entstehen.

Etwaige Ansprüche der Beteiligten, die ihnen im Zusammenhang mit schädlichen Bodenveränderungen oder Altlasten gegenüber Dritten zustehen, ebenso etwaige gesetzliche Ansprüche auf Freistellung von der Verantwortung oder der Kostentragungspflicht, werden an den dies annehmenden Verkäufer/Käufer als voraussichtlichen Träger der überwiegenden finanziellen Last abgetreten.

Vertragliche Rücktrittsrechte (etwa für den Fall beiderseits unzutreffender Einschätzung des Altlastenumfangs) sind trotz notariellen Hinweises nicht vereinbart.

Die gesetzliche Verjährungsfrist beginnt erst zu laufen, wenn der Käufer wegen schädlicher Bodenveränderungen oder Altlasten auf dem Vertragsgrundstück erstmals durch Behörden oder Dritte in Anspruch genommen wird.

Der Notar hat auf die ggf. erheblichen tatsächlichen und finanziellen Verpflichtungen, die beide Beteiligten aufgrund dieser Vereinbarung treffen könnten, hingewiesen und eine vorherige eingehende Untersuchung der Bodenverhältnisse bzw. die Vereinbarung entsprechender Rücktrittsrechte empfohlen.

Im vorstehend geregelten Fall (Übernahme der Altlastenbeseitigung durch den Verkäufer) wird typischerweise die Bestätigung der Durchführung der Sanierung seitens eines beauftragten, am besten in der Urkunde zu nennenden Ingenieurbüros zur weiteren (nicht vom Notar zu prüfenden) Fälligkeitsvoraussetzung erhoben.

– falls bei Übersteigen eines voraussichtlichen Beseitigungsaufwands **auch ein vertragliches Rücktrittsrecht bestehen soll** (zugleich Ausprägung des § 313 BGB): 2344

▶ Formulierungsvorschlag: Rücktritt bei unerwartet hohen Altlasten

Ergibt ein für beide Vertragsteile bindendes Gutachten eines vom Präsidenten der örtlich zuständigen Industrie- und Handelskammer bestimmten, öffentlich bestellten und vereidigten Sachverständigen für Bodenmechanik, welches der Verkäufer/Käufer innerhalb von ..... Wochen ab dem heutigen Tage auf seine Kosten in Auftrag geben kann, dass schädliche Bodenveränderungen oder Altlasten oder sonstige Verunreinigungen des Grundstückes, der vorhandenen Bausubstanz oder von sonstigen Bestandteilen sowie des mitverkauften Zubehörs oder Änderungen der Beschaffenheit des Grundwassers i.S.d. § 22 WHG vorhanden sind, hat dieser Gutachter den voraussichtlichen finanziellen Aufwand zu deren fachgerechter Beseitigung zu schätzen. Diejenige Partei, die nach den Bestimmungen des heutigen Vertrags dadurch mit dem Risiko von voraussichtlichen Aufwendungen über ..... € hinaus belastet würde, ist zum Rücktritt vom heutigen Vertrag berechtigt, allerdings unter dem Vorbehalt der nachstehend vereinbarten Abwendungsbefugnis.

Der Rücktritt hat binnen ..... Wochen nach Zugang des Gutachtens schriftlich durch Übergabe-Einschreiben an die andere Partei zu erfolgen; anderenfalls (sowie wenn das Gutachten nicht rechtzeitig in Auftrag gegeben wird) erlischt das Rücktrittsrecht. Eine Abschrift wird an den Notar erbeten. Maßgeblich für die Rechtzeitigkeit des Rücktritts ist der Zugang beim anderen Teil. Dieser ist berechtigt, den Rücktritt dadurch abzuwenden, dass er gegenüber dem Zurücktretenden durch eingeschriebenen Brief innerhalb weiterer ..... Wochen erklärt, dass er die als notwendig festgestellten Sanierungsarbeiten auf eigene Kosten in Auftrag gibt und durchführen lässt und den vom Gutachter ermittelten Sanierungskostenaufwand auf einem Anderkonto des amtierenden Notars hinterlegt oder Sicherheit durch selbstschuldnerische Bankbürgschaft in entsprechender Höhe leistet.

Wird der Rücktritt wirksam erklärt, sind wechselseitig auf Zahlung gerichtete Ansprüche ausgeschlossen, soweit sie nicht auf Vorsatz oder Arglist beruhen. § 313 BGB wird dadurch verdrängt.

Unterbleibt ein Rücktritt oder wird dieser abgewendet, gilt: ..... (Es folgen sodann obige Bausteine zur Verteilung des Altlastenrisikos zwischen Käufer, Verkäufer und beiden, vgl. Rdn. 2341 bis 2343.)

B. Gestaltung eines Grundstückskaufvertrages

2345 Ist bei bekannter Altlastenproblematik eine Sanierung notwendig und geplant, können auch verfahrensrechtliche Regelungen über die Beteiligung beider Vertragsparteien vor Behörden sinnvoll sein.[4110]

▶ **Formulierungsvorschlag: Regelung zur Beteiligung im behördlichen Verfahren bei Altlasten**

2346 **Verkäufer und Käufer haben sich unverzüglich über sämtliche behördlichen oder gerichtlichen Entscheidungen in Bezug auf mögliche Altlasten und Bodenveränderungen sowie deren Beseitigung zu informieren und jegliche Korrespondenz in Abschrift unverzüglich weiterzuleiten. Es ist sicherzustellen, dass die andere Vertragspartei an Besprechungen mit Behörden, Sanierungsunternehmen etc. teilnehmen kann und jederzeit umfassend Zutritt zum Altlastenstandort sowie Zugang zu allen Dokumenten und Akten erhält. Auf Verlangen und Kosten des Verkäufers ist der Käufer verpflichtet, Widerspruch und eine erstinstanzliche Klage gegen behördliche Heranziehungsbescheide zu erheben und das Verfahren gem. den Weisungen des Verkäufers zu führen; zur Einlegung weiterer Rechtsmittel ist er jedoch nicht verpflichtet. Der Käufer kann die Einlegung des Widerspruchs und der Klage von der Stellung angemessener Vorschüsse für die Verfahrens-, Rechtsanwalts- und Gutachterkosten abhängig machen.**

6. Energieeinspargesetze

2347 Am 01.10.2007 trat die Energieeinsparverordnung (EnEV) 2007 in Kraft,[4111] die zum 01.10.2009 neuerlich verschärft wurde (Rdn. 2351). Sie enthält in Fortführung der EnEV 2004[4112] neben Vorschriften über Energiesparmaßnahmen bei neu zu errichtenden Gebäuden (die zu einer Senkung des Energiebedarfs ggü. dem Standard des Jahres 2007 um etwa 30 % führen sollen – bei Bestandsgebäuden bestehen Anreize in Gestalt der teilweisen Übernahme von Beratungskosten,[4113] der Gewährung verbilligter Darlehen[4114] oder von Investitionszuschüssen)[4115] insb. für die notarielle Praxis relevante Anordnungen zu Nachrüstpflichten bei Bestandsgebäuden (nachstehend Rdn. 2348 ff.) und zum Energieausweis, der seit 2008/2009 beim Immobilienverkauf auf Verlangen vorzulegen ist (nachstehend Rdn. 2356 ff.). Die Erläuterung stellt jeweils Verordnungsinhalt und kautelarjuristische Konsequenzen vor. Seit 2009 führt das Erneuerbare-Energien-Wärmegesetz (Rdn. 2375 ff.) zu einer weiteren Verschärfung der Anforderungen für Neubauten.

a) Nachrüstungspflichten

aa) § 10 EnEV 2009

2348 Eigentümer von Bestandsgebäuden mussten Heizkessel, die mit flüssigen oder gasförmigen Brennstoffen bestückt werden (also insb. Öl- oder Gasheizungen) und die vor dem 01.10.1978 eingebaut oder aufgestellt worden sind, bis zum 31.12.2006 außer Betrieb nehmen.[4116] Wurden solche Heizkessel nach dem 01.11.1996 so modernisiert, dass die zulässigen Abgasverlustgrenzwerte eingehalten worden sind, oder wurde der Brenner nach diesem Datum erneuert, verlängert sich diese Frist bis zum 31.12.2008. Ausnahmen gelten nur für sehr kleine Heizkessel (Nennwertleistung unter

---

4110 Vgl. etwa *Oyda* RNotZ 2008, 280.
4111 BGBl. I 2007, S. 1519 ff. Vgl. im Überblick *Manger* ZfIR 2008, 642 ff.
4112 V. 16.11.2001, BGBl. I 2001, S. 3085 ff.; im Wesentlichen seit 01.02.2002 in Kraft (Neubekanntmachung v. 02.12.2004, BGBl. I 2004, S. 3146).
4113 Beim Umbau in ein KfW-Effizienzhaus wird die Hälfte der Kosten der Baubegleitung durch einen Sachverständigen, max. 2.000 €, übernommen, bei Gebäuden mit Bauantrag vor 1994 wird ein Zuschuss von bis zu 300 € (bei Mehrfamilienhäusern bis zu 360 €) zu den Energieberatungskosten gewährt, vgl. www.bafa.de.
4114 Seitens der KfW (Kreditanstalt für Wiederaufbau): Bis zu 50.000,00 € für ökologische Sanierungen, die Treibhausgas einsparen helfen (seit 2009 laufenden 3-Jahres-Programm 4,5 Mrd. €). Daneben wird im Programm »Energieeffizient bauen« der Bau oder Kauf eines Energiesparhauses mit vergünstigten Darlehen von bis zu 50.000 € gefördert.
4115 Seit 2007, sofern kein zinsverbilligtes Darlehen in Anspruch genommen wird: Falls nach dem Umbau die Werte der EnEV für Neubauten (ca. 10 Liter Öl je m² und Jahr) eingehalten werden, werden 10 % der Kosten, max. 5.000,00 €, erstattet (bei Unterschreitung der Neubauwerte um ein Drittel sogar 17,5 %, also bis 8.750,00 €). Daneben gewährt das Bundesamt für Wirtschaft und Ausfuhrkontrolle (BAfA) Zuschüsse für die Installation von Solarkollektoren, Pelletkesseln oder Wärmepumpen. Datenbank zu den ca. 4.000 Förderprogrammen: www.foerderdatenbank.de.
4116 § 9 Abs. 1 Satz 1 EnEV 2004; diese Bestimmung gilt gem. § 30 Abs. 1 EnEV 2007 weiter.

4 kW) oder sehr große Heizkessel (Nennwertleistung über 400 kW) sowie für Niedertemperaturheizkessel oder Brennwertkessel (vgl. im Einzelnen § 10 Abs. 1 EnEV 2009).

Ferner mussten Eigentümer von Bestandsgebäuden alle ungedämmten, zugänglichen Wärmeverteilungs- und Warmwasserleitungen sowie Armaturen, die sich nicht in beheizten Räumen befinden, bis zum 31.12.2006 ausreichend abdämmen. Nicht begehbare, aber zugängliche oberste Geschossdecken beheizter Räume waren ebenfalls zum 31.12.2006 so zu dämmen, dass der Wärmedurchgangskoeffizient (»U-Wert«) der Geschossdecke 0,3 Watt je Quadratmeter Kelvin nicht überschreitet[4117] (vgl. hierzu Rdn. 2359). All diese Auflagen sind durch den Bezirksschornsteinfeger zu überwachen. 2349

Eine Erleichterung gilt für Wohngebäude mit einer bzw. zwei Wohnungen, bei denen der Hauseigentümer am 01.02.2002 (dem Inkrafttreten der EnEV 2001) eine dieser Wohnungen selbst bewohnt hat (eigengenutzte Immobilien). Bei solchen Immobilien müssen die neuen Vorschriften jedoch **binnen 2 Jahren nach einem Eigentumswechsel** durch den Erwerber durchgeführt werden (allerdings nicht vor dem 31.12.2008). 2350

▶ Hinweis:

Der Käufer einer Bestandsimmobilie sollte sich also (etwa beim Bezirksschornsteinfeger) vergewissern, ob möglicherweise kostenintensive Nachrüstungen anstehen.

Infolge der Änderung des Energie-Einsparungsgesetzes vom 01.04.2009[4118] trat am 01.10.2009 eine weitere **Verschärfung der Energie-Einsparverordnung** in Kraft,[4119] um den Energieverbrauch für Heizung und Warmwasser im Gebäudebereich um 30 % zu senken. Im Einzelnen gilt: 2351
– Bis 31.12.2011 müssen auch begehbare Geschossdecken gedämmt werden, falls das Dach darüber ungedämmt ist.
– Nachtstrom-Speicherheizungen sind ab 2020 schrittweise außer Betrieb zu nehmen; zunächst betroffen sind Nachtspeicheröfen, die älter als 30 Jahre sind in Wohngebäuden mit mindestens sechs Wohneinheiten (§ 10a EnEV 2009).
– Für Neubauten wird die Obergrenze für den zulässigen Jahres-Primärenergiebedarf um durchschnittlich 30 % gesenkt, sodass die Wärmedämmung des Gebäudes um durchschnittlich 14 % besser als bisher üblich ausgeführt werden muss.
– Der Bauunternehmer hat dem Bauherrn die Einhaltung der Vorschriften bei der Modernisierung von Gebäuden schriftlich zu bestätigen.
– Die Verwendung falscher Daten beim Energieausweis sowie Verstöße gegen bestimmte Anforderungen der EnEV stellen künftig Ordnungswidrigkeiten dar; die Überprüfung erfolgt durch Bezirksschornsteinfeger.

bb) Folgen für die notarielle Praxis

Eine **gesetzliche Offenbarungspflicht** zu ungefragter Information über diesen Sachverhalt sowie über den generellen Energiebedarf eines Gebäudes dürfte auch unter Arglistgesichtspunkten nicht bestehen; ebenso hat der **Notar** nur auf entsprechende Nachfrage auf die Gesetzeslage hinzuweisen: Die in der Haftungsrechtsprechung statuierte notarielle Warnpflicht wegen einer besonderen, einer Vertragspartei nicht ersichtlichen Gefahr nötigt zu keiner anderen Einschätzung. Der Umstand (Nachrüstungspflicht) beruht nicht auf einer Besonderheit des konkreten Geschäfts, sondern auf der allgemeinen Eigenart gebrauchter älterer Immobilien und stellt demnach ein Element des wirtschaftlichen Begleitumfeldes dar, dessen Untersuchung und Risikobewertung Sache des Käufers ist.[4120] 2352

4117 Dieser Koeffizient wird i.d.R. erreicht, wenn eine 12 cm starke Wärmedämmung auf der obersten Geschossdecke liegt, vgl. die Welt v. 06.01.2007, S. IM 1.
4118 BGBl. I 2009, S. 643.
4119 BGBl. I 2009, S. 954.
4120 Ebenso *Hertel* DNotZ 2007, 497, auch zur fehlenden Belehrungspflicht des Notars, wenn das Thema »Energieausweis« von keiner Seite angesprochen wird, anders als etwa zur Thematik der Erschließungskosten, *Bachmayer* NotBZ 2006, 263.

B. Gestaltung eines Grundstückskaufvertrages

2353 Gibt der Notar bisher schon »vorsorgliche Hinweise« hinsichtlich Wegen zur Prüfung von Gefährdungspotenzialen (wie etwa Einsicht in das Altlastenregister, Baulastenverzeichnisse, ab 01.07.2007 auch die Beschlusssammlung des WEG-Verwalters etc.), können diese seit Inkrafttreten der novellierten EnEV um eine Empfehlung zur Beiziehung des Bezirksschornsteinfegers und zur Anforderung des Energieausweises ergänzt werden, am besten im Rahmen eines allgemeinen Merkblatts zu Fragen des Immobilienkaufs, das mit dem Entwurf übersandt wird, hilfsweise im Begleitschreiben zur Entwurfsübersendung.

▶ Formulierungsvorschlag: Hinweis auf Energieprüfung im Entwurfsanschreiben

2354 Angesichts des bei Bestandsimmobilien üblichen weitgehenden Ausschlusses der Sachmängelrechte des Käufers ist es ratsam, vor Beurkundung ggf. unter Beiziehung eines Sachverständigen die Beschaffenheit des Grundstückes und Gebäudes zu untersuchen. Hierzu können auch die Einsichtnahme in das Altlastenregister, das Baulastenverzeichnis und den ab 2008 auf Verlangen dem Kaufinteressenten durch den Verkäufer vorzulegenden Energieausweis gem. § 16 Abs. 2 der EnEV 2009 sowie Erkundigungen beim Bezirkskaminkehrer hinsichtlich etwaiger Nachrüstpflichten zählen. Der genannte Energieausweis hat allerdings gem. § 5a EnEG lediglich informativen Charakter.

2355 Sollen Regelungen zur Nachrüstungspflicht aufgenommen werden, könnte der Rechtshinweis mit Erklärungen der Beteiligten etwa wie folgt verbunden werden:

▶ Formulierungsvorschlag: Nachrüstungspflicht nach Energieeinsparverordnung

Den Beteiligten sind die Pflichten zum Austausch älterer Heizkessel und zur nachträglichen Wärmedämmung gem. § 10 EnEV 2009 bekannt. Nach Zusicherung des Verkäufers handelt es sich um ein Ein- oder Zweifamilienhaus, das am 01.02.2002 zumindest teilweise selbst genutzt war. Demnach läuft die Nachrüstungspflicht erst 2 Jahre ab Eigentumsübergang auf den Käufer ab.

(Anm.: Zusatz je nach Sachlage)

Die noch nicht erfüllten Nachrüstungspflichten sind dem Käufer bekannt, sie wurden bei der Kaufpreisbemessung berücksichtigt.

Formulierungsvariante:

Der Verkäufer steht dafür ein, dass der Heizkessel nach dem 01.10.1978 eingebaut wurde und demnach nicht § 10 Abs. 1 EnEV unterfällt. Er erklärt weiter, dass die Decke zum Dachgeschoss sowie die Wärmeverteilungs- und Warmwasserleitungen in nicht beheizten Räumen im Jahr 2005 fachmännisch gedämmt wurden. Er tritt diesbezügliche Ansprüche, etwa aus Schlechterfüllung, an den dies annehmenden Käufer – aufschiebend bedingt auf die Kaufpreiszahlung – ab.

Formulierungsvariante:

Sofern der Käufer die im übergebenen Energieausweis enthaltenen Empfehlungen für die Verbesserung der Energieeffizienz [§ 20 EnEV] durch Fachbetriebe binnen 2 Jahren nach Eigentumsumschreibung realisieren lässt und der Verkäufer nicht binnen 4 Wochen nach Vorlage des Kostenvoranschlags ein günstigeres Angebot eines anderen Fachbetriebs vorgelegt hat, hat sich der Verkäufer an den nachgewiesenen entstehenden Kosten zur Hälfte zu beteiligen. Auf Sicherung des Erstattungsanspruchs [durch Vollstreckungsunterwerfung, Bankbürgschaft, Kaufpreisteileinbehalt etc.] wird trotz Hinweises des Notars verzichtet.

b) Energieausweise

aa) §§ 16, 17 EnEV 2009

2356 Die EG-Richtlinie vom 16.12.2002 über das Energieprofil von Gebäuden (RL 2002/91 EG) forderte darüber hinaus (an sich bereits bis zum 04.01.2006)[4121] die Schaffung sog. »**Energieausweise**« für Neu- und Altbauten, die bei der Errichtung, beim Verkauf und bei der Vermietung von Gebäu-

---

4121 Kein EU-Mitgliedsland hat die Frist eingehalten.

den dem Eigentümer/potenziellen Käufer/Mieter als Ausweis über die Gesamt-Energieeffizienz vorzulegen seien (und auch in Behörden öffentlich auszuhängen sind). Dies geht über den bisherigen sog. »Energiebedarfsausweis bei Neubauten« (§ 13 EnEV 2004, bei Fertigstellung ab 01.02.2002) hinaus. Kernaussage muss nach den Vorgaben der EU-Richtlinie[4122] der »Energiekennwert« sein, d.h. der auf den m² umgerechnete und in Kilowattstunden pro m² und Jahr (»KWh/(m² a)«) ausgedrückte Energiebedarf für Heizung, Warmwasserbereitung, Belüftung und Beleuchtung. Dieser Energieausweis wird nun seit 01.07.2008 für alle Wohngebäude, die bis Ende 1965 fertiggestellt wurden, bzw. seit 01.01.2009 für alle später fertiggestellten Wohngebäude (für Nichtwohngebäude seit 01.07.2009) verpflichtend eingeführt (§§ 16, 17 EnEV 2009). Ausgenommen sind lediglich kleine Gebäude bis 50 m² Wohn-/Nutzfläche (§ 2 Nr. 2 EnEV) sowie Baudenkmäler (§ 16 Abs. 4 EnEV). Der Ausweis gilt 10 Jahre ab Ausstellung (§ 17 Abs. 6 EnEV); bisher ausgestellte Ausweise[4123] bleiben gültig. Er wird gebäudebezogen erstellt (bei WEG-Anlagen als Maßnahme in Bezug auf das Gemeinschaftseigentum), § 17 Abs. 3 EnEV, außer bei gemischtgenutzten Gebäuden (§ 22 EnEV).

Art. 7 i.V.m. Art. 2 Nr. 2 und Nr. 3 der genannten EU-Richtlinie sieht vor, dass Energieausweise über die Gesamteffizienz eines Gebäudes entweder nach dem tatsächlichen Energieverbrauch oder nach dem errechneten Energiebedarf ausgestellt werden können. Demgemäß läst auch § 17 Abs. 1 EnEV 2009 grds. die Wahl zwischen dem (mit geringeren Kosten verbundenen) **Energieverbrauchsausweis** – basierend auf dem [durch den Nutzer anzugebenden[4124]] tatsächlichen Verbrauch ohne Rücksicht auf besonders strenge Winter etc. – und dem **Energiebedarfsausweis**, bei welchem der Energiekennwert auf der Grundlage der technischen Gebäudegegebenheiten (z.B. Mauerstärke, Baumaterial, Nutzungsgrad der Heizungsanlage) theoretisch ermittelt wird. Der bedarfsorientierte Gebäudepass ist zwar aufwändiger, bietet aber bessere Vergleichbarkeit.[4125] 2357

Bis 30.09.2008 gilt uneingeschränkte Wahlfreiheit zwischen Bedarfs- und Verbrauchsausweisen für alle Bestandsgebäude. Die bis dahin ausgestellten Ausweise behalten ihre 10-jährige Gültigkeit. Seit 01.10.2008 besteht für alle Gebäude mit bis zu vier Wohnungen, die vor 1978 (also vor Wirksamwerden der Ersten Wärmeschutzverordnung) errichtet wurden, die Pflicht zum strengeren Bedarfsausweis, es sei denn, sie sind in der Zwischenzeit saniert worden und haben dadurch zumindest den Stand der Ersten Wärmeschutzverordnung erreicht (dann besteht wiederum Wahlfreiheit). Für alle Wohngebäude mit Fertigstellung nach 1978 und für alle Gebäude mit mehr als vier Wohnungen, ebenso bei allen Nichtwohngebäuden, kann stets zwischen beiden Ausweisarten uneingeschränkt gewählt werden. Für Neubauten steht dagegen (schon mangels vergangener Referenzjahre) nur die Bedarfsvariante zur Verfügung. 2358

Der von der Deutschen Energie-Agentur-GmbH (**dena**)[4126] in einem Pilotprojekt entwickelte »Energiepass für Bestandsgebäude«, dessen amtliches Muster nun als Anlagen 6 bis 8 zur EnEV enthalten ist, gibt den Endenergiebedarf und den Primärenergiebedarf (zur Verdeutlichung der Energieverluste bei der Heizenergieerzeugung) jeweils in Kilowattstunden je m² und Jahr an. Um die Aussagekraft für den Verbraucher zu erhöhen, schreibt § 17 Abs. 4 EnEV 2009 i.V.m. Anlagen 6 bis 9 auch die Angabe von Referenzwerten (gültigen DIN-Normen und Vergleichskennwerten[4127] – jedoch ohne Einstufung in Energieverbrauchsklassen) und eine optisch standardisierte Ausführung des 2359

4122 Hierzu *Vogler* ZWE 2006, 27.
4123 Also Wärmebedarfsausweise gem. § 12 WärmeschutzVO 1994, Ausweise gem. § 13 EnEV a.F., sowie freiwillig nach dem Muster der Deutschen Energie-Agentur (dena) erstellte Energiepässe (§ 29 Abs. 3 Satz 2 Nr. 1 EnEV).
4124 Jedenfalls bei den über das Internet zu beschaffenden verbrauchsabhängigen Energieausweisen findet insoweit keine Kontrolle der eingegebenen Daten statt.
4125 Der Bundesverband der Verbraucherzentralen und der Deutsche Mieterbund unterstützen einen bedarfsorientierten, die Wohnungswirtschaft einen verbrauchsorientierten Pass (Welt am Sonntag v. 29.01.2006, S. IM 1).
4126 Deren Gesellschafter je zur Hälfte der Bund und die Kreditanstalt für Wiederaufbau sind.
4127 Diese sollen gem. § 13 Abs. 6 EnEV 2004 auch im Bundesanzeiger veröffentlicht werden, was bisher nicht geschehen ist. Gesetzeskonforme Neubauten haben einen Energiebedarf von ca. 100 KwH/m²a, Mehrfamilienbestandshäuser ca. 140 – 180 KwH/m²a.

»Gebäudepasses« auf vier Seiten mit allgemeinen Gebäudedaten,[4128] grafischen Elementen (»Bandtacho«) und Facherläuterungen vor. Weiterhin sind Modernisierungsempfehlungen beizufügen (§ 20 EnEV), die jedoch beim jeweiligen Eigentümer verbleiben und nicht Bestandteil des Ausweises sind.

2360 Die Kosten für die Ausstellung der Ausweise (bei Neubauten nach Landesrecht i.d.R. durch Architekten, bei Bestandsgebäuden gem. § 21 EnEV durch Heizungsbauer, Installateure, Schornsteinfeger und Architekten jeweils mit Fortbildungsnachweis) belaufen sich für den Bedarfsausweis auf ca. 300,00 – 500,00 €, für den Verbrauchsausweis auf lediglich ca. 50,00 €.[4129] Zur Kostenreduzierung erlaubt § 17 Abs. 5 EnEV 2009, dass der Eigentümer die zur Ausstellung des Energieausweises erforderlichen Daten (z.B. auch zu verwendeten Baumaterialien bei der Bedarfsvariante) selbst ermitteln und bereitstellen kann, sofern »keine begründeten Zweifel an ihrer Richtigkeit bestehen«.

2361 § 16 Abs. 2 Satz 1 EnEV 2009 verpflichtet nunmehr den Verkäufer, auch den Verkäufer einer Sondereigentumseinheit,[4130] dem potenziellen Käufer – also nicht jedermann – ab dem genannten Stichtag der Energieausweispflicht den Energieausweis »zugänglich zu machen, spätestens unverzüglich nachdem der Kaufinteressent dies verlangt hat«. Gleiches gilt für den Vermieter ggü. einem potenziellen künftigen Mieter. Die Vorgängernorm (§ 13 Abs. 4 EnEV 2004), die zudem lediglich Neubauten erfasste, sprach noch von einer Vorlage »auf Anforderung«, während nunmehr – jedenfalls dem Wortlaut nach[4131] – die Pflicht als solche unbedingt besteht, und lediglich die Fälligkeit ggf. vom Verlangen bestimmt wird.[4132]

2362 Von der in § 8 EnEG enthaltenen Ermächtigung, vorsätzliche oder (seit 01.10.2009) leichtfertige Verstöße gegen die Pflichten im Hinblick auf Energieausweise als Ordnungswidrigkeit mit Bußgeldern bis zu 15.000,00 € zu ahnden, hat der Verordnungsgeber nunmehr in § 27 Abs. 2 EnEV 2009 Gebrauch gemacht (anders noch § 18 EnEV 2004). Für die dennoch bestehende Möglichkeit des endgültigen **Verzichts**[4133] **auf die Vorlage** durch den Käufer spricht allerdings die ratio der Vorschrift (Käufer- und Mieterschutz) und der Umstand, dass auch die Regierungsbegründung[4134] Fallgruppen nennt, in denen ein Verlangen »offensichtlich zweckwidrig« wäre (etwa Kauf eines Gebäudes zum Abriss). Unabhängig davon wird das Verlangen nach Vertragsabschluss verfristet sein, da es der Entscheidungsfindung über die Anmietung bzw. den Ankauf dienen soll.[4135] Verzichtet der Käufer endgültig, kann er natürlich gleichwohl bei der nächsten Vermietung einem Vorlageverlangen des Mieters ausgesetzt sein (§ 16 Abs. 2 Satz 2 EnEV 2009).

bb) Folgen für die notarielle Praxis

2363 Das Gesetz enthält sich einer Aussage über die zivilrechtlichen Wirkungen des Energieausweises und schafft auch keine notariellen Hinweispflichten, legt dem Ausweis vielmehr lediglich Informationscharakter bei (§ 5a Satz 3 EnEG). Das Zugänglichmachen eines Energieausweises ist weder Voraussetzung der Wirksamkeit eines Kauf- oder Mietvertrags noch der Auflassung noch des Voll-

---

4128 Alter, Adresse, Art des Gebäudes, Alter der Heizungsanlage, Anzahl der Wohneinheiten, Größe der Nutzfläche, Gebäudefoto.
4129 Vgl. *Manger* ZAP 2008, 441 = Fach 7, S. 375 ff.
4130 Zur Erstellung ist die WEG-Gemeinschaft auf eigene Kosten (der Gemeinschaft) verpflichtet (vgl. *Hertel* DNotZ 2007, 491); *Manger* ZAP 2008, 446 = Fach 7, S. 380 empfiehlt dem WEG-Verwalter eine ermächtigende Beschlussfassung. *Maletz/Hillebrand* ZflR 2008, 456 sehen dagegen keine Kostentragungspflicht der Gemeinschaft aus §§ 16 Abs. 2 oder 21 Abs. 4, Abs. 5 Nr. 2 WEG und empfehlen dem ersten Sondereigentümer stattdessen, den von ihm erstellten Ausweis der Gemeinschaft zu »verkaufen«.
4131 Und in Übereinstimmung mit Art. 7 der EU-Richtlinie, der eine Pflicht zur ungefragten Vorlage statuiert.
4132 Zudem wird es dem Verkäufer schwer fallen, dem Vorlageverlangen »unverzüglich« nachzukommen, wenn er den Ausweis noch gar nicht hat erstellen lassen, so auch *Hertel* DNotZ 2007, 491.
4133 Für Verzichtsmöglichkeit auch *Bachmayer* NotBZ 2006, 264, allerdings basierend auf der früheren Sanktionslosigkeit der Vorschrift.
4134 S. 121 des Umdrucks BR-Drucks. 282/07.
4135 *Hertel* DNotZ 2007, 486, 498; *Thole* ZflR 2008, 278; ebenso wohl DNotI-Gutachten, FaxabrufNr. 11522 v. 23.04.2008.

zugs im Grundbuch. Energieausweise sollen als Marktinstrument zusätzliche Informationen vermitteln, jedoch den Grundstücksverkehr nicht erschweren. Rechtswirkung kommt dem Ausweis auch nach Ansicht der Regierungsbegründung[4136] daher nur zu, wenn die Vertragsbeteiligten ihn oder Teile seines Inhalts zum Vertragsbestandteil erheben.

2364 Es dürfte sich indes **nicht** empfehlen,[4137] den Inhalt des Energieausweises zum Gegenstand einer **Beschaffenheitsvereinbarung** oder gar Garantie aufzuwerten, da die getroffenen Feststellungen insb. bei Altbauten auf einer Reihe von Annahmen gründen, die nach Aussage der Bau- und Immobilienwirtschaft[4138] eine Schwankungsbreite von bis zu 40 % zulassen. Es fällt zudem schwer, ein taugliches Verfahren zur späteren Ermittlung, ob ein Verstoß gegen die Beschaffenheitsvereinbarung vorliegt, zu benennen: Bezieht sich die Beschaffenheitsvereinbarung (oder gar Garantie) auf einen bedarfsorientierten Ausweis, kann ein späterer, zur Kontrolle neu erstellter Ausweis vom ersten Ergebnis nur abweichen, wenn bei der ersten Datenerhebung oder Datenbewertung Fehler gemacht wurden – was jedoch nicht dem Verkäufer anzulasten ist – oder aber spätere nachteilige Umbauten vorgenommen wurden. Wird dagegen der übergebene bedarfsorientierte Ausweis (oder auch ein auf den früheren Verbrauchswerten basierender verbrauchsorientierter Ausweis) mit dem nunmehrigen tatsächlichen Verbrauch angesichts des Nutzerverhaltens des Käufers verglichen, werden Äpfel und Birnen gegenübergestellt.[4139]

2365 Denkbar wäre allenfalls, die bei der Erstellung eines bedarfsorientierten Ausweises zugrunde gelegten Tatsachen (z.B. Mauerstärke, Material) als Inhalt der Soll-Beschaffenheit zu vereinbaren,[4140] nicht also den daraus abgeleiteten, bei neuer Ermittlung wohl sicher davon abweichenden, Energiekennwert:

▶ Formulierungsvorschlag: Sollbeschaffenheit der Ermittlungsgrundlagen des Energieausweises

2366 Das Ingenieurbüro ..... hat am ..... einen bedarfsorientierten Energieausweis gem. § 17 EnEV 2009 erstellt, den der Verkäufer dem Käufer übergibt, und der in Kopie beigefügt ist. Die Beteiligten vereinbaren die dort enthaltenen Angaben zum Objekt und den maßgeblichen Berechnungsgrößen (Mauerstärke und -beschaffenheit, Nutzungsgrad der Heizungsanlage, verwendeter Energieträger etc.) als zum Übergabetag geschuldete Sollbeschaffenheit. Der Verkäufer erklärt, die von ihm verlangten Angaben zu Gebäude, Heizung und Energieverbrauch nach bestem Wissen gemacht zu haben, steht jedoch nicht für die Richtigkeit des festgestellten Energiekennwerts ein. Der Verkäufer tritt etwaige gegen den Ersteller bestehende Ansprüche, insbes. aus Pflichtverletzung, an den dies annehmenden Käufer aufschiebend bedingt auf die Kaufpreiszahlung ab. Der Notar hat vorsorglich darauf hingewiesen, dass der tatsächliche Energieverbrauch je nach Nutzerverhalten vom bescheinigten Kennwert erheblich abweichen kann.

2367 Bei unrichtiger Angabe einer Energieeffizienzklasse könnte der Verkäufer allerdings auch **ohne ausdrückliche** – als solche nicht empfehlenswerte (Rdn. 2363) – **Beschaffenheitsvereinbarung** unter dem Aspekt des § 434 Abs. 1 Satz 3 BGB (Werbeaussage) unter Arglistgesichtspunkten (»Angabe ins Blaue hinein«) oder im Rahmen einer Anfechtung gem. § 119 Abs. 2 BGB (verkehrswesentliche Eigenschaft) herangezogen werden, sofern kein Ausschluss innerhalb der üblichen Grenzen (Vorsatz, Arglist, Garantie bei Verbraucher- und Formularverträgen auch grobe Fahrlässigkeit und Lebens-, Körper-, Gesundheitsschäden) erfolgt.

4136 S. 118 des Umdrucks BR-Drucks. 282/07, gestützt auch auf den Ausschussbericht.
4137 Ebenso *Hertel* DNotZ 2007, 494.
4138 Untersuchung des Instituts für Energie- und Umweltforschung Heidelberg GmbH, vgl. *Bachmayer* NotBZ 2006, 261. Ein Praxistest der GdW Bundesverband deutscher Wohnungs- und Immobilienunternehmen (sieben bei der Deutschen Energie-Agentur dena gelistete Gutachter bei zwei Gebäuden) ergab sogar eine Abweichung im Primärenergiebedarf von bis zu 60 %, vgl. *Lutz Freitag*, Immobilienbrief in der FAZ v. 25.01.2006.
4139 *Bachmayer* NotBZ 2006, 265 entwirft gleichwohl einen (mit Toleranzschwankungsbreite versehenen) Baustein einer Beschaffenheitsvereinbarung, bezogen auf den »Energiekennwert auf der Grundlage der seitherigen Nutzung«.
4140 Vgl. *Bachmayer* NotBZ 2006, 266.

B. Gestaltung eines Grundstückskaufvertrages

2368 Stärker im Vordergrund stehen wird allerdings die Haftung des Ausstellers (Einbeziehung der potenziellen Käufer/Mieter in den Schutzbereich des Erstellungsauftrags wie bei Gutachten).[4141] In Betracht kommt auch die Abtretung etwaiger diesbezüglicher Ansprüche:[4142]

▸ Formulierungsvorschlag: Übergabe eines bestehenden Energieausweises

2369 Das Ingenieurbüro ..... hat am ..... einen Energiebedarfsausweis gem. § 16 EnEV 2007 erstellt, den der Verkäufer dem Käufer übergibt. Der Verkäufer erklärt, die verlangten Angaben zu Gebäude, Heizung und Energieverbrauch nach bestem Wissen gemacht und nach der Ausweiserstellung keine relevanten Veränderungen an Heizung und Gebäude vorgenommen zu haben, steht jedoch für die Richtigkeit des Ausweises nicht ein. Er tritt allerdings jedoch etwaige gegen den Ersteller bestehende Ansprüche, insbes. aus Pflichtverletzung, an den dies annehmenden Erwerber aufschiebend bedingt auf die Kaufpreiszahlung ab. Der Notar hat vorsorglich darauf hingewiesen, dass der tatsächliche Energieverbrauch je nach Nutzverhalten vom bescheinigten Kennwert erheblich abweichen kann.

2370 Hat der Verkäufer noch keinen Energieausweis erstellen lassen oder ist dessen Gültigkeitsdauer (10 Jahre) abgelaufen, besteht jedoch der Käufer nicht spätestens mit Kaufvertragsabschluss, also solange er noch »potenzieller Käufer« ist, auf der Erstellung eines solchen (zur Verzichtbarkeit s.o. Rdn. 2362), könnte zur Verdeutlichung formuliert werden:

▸ Formulierungsvorschlag: Verzicht auf Energieausweis

2371 Der Verkäufer ist nicht im Besitz eines (gültigen) Energieausweises gem. § 16 EnEV 2009. Der Käufer verzichtet endgültig auf dessen Vorlage und Übergabe. Ihm ist bekannt, dass er künftigen Mietinteressenten auf Verlangen einen solchen Ausweis vorzulegen hat und dass ihn Nacherfüllungspflichten treffen können.

2372 Gibt sich der Käufer hiermit nicht zufrieden, können sehr unterschiedliche Regelungen getroffen werden: Verpflichtung des Verkäufers zur Erstellung des Ausweises (ggf. als weitere Voraussetzung der Fälligkeit oder als Anlass zu entsprechendem Kaufpreisteileinbehalt) oder Recht des Käufers zu dessen Erstellung (ggf. unter Abzug der Kosten vom Kaufpreis); Rücktrittsrecht bei Überschreiten eines bestimmten Energiekennwerts; Recht zur Minderung des Kaufpreises in Relation zur Überschreitung eines vereinbarten Höchstwerts etc.

2373 Bei der Neuerrichtung eines Gebäudes (Bauträgervertrag) stellt sich die Sach- und Interessenlage anders dar: zum einen ist hier die Vorlage eines Energiebedarfsausweises bereits seit 01.02.2002 (und nicht nur auf Verlangen des potenziellen Käufers) vorgeschrieben, zum anderen trifft den Bauherrn ohnehin die Pflicht zur Einhaltung der Grenzwerte der EnEV 2007. Daher sollte insoweit v.a. einer Überschätzung der Aussagekraft des Energieausweises entgegengewirkt werden.[4143]

▸ Formulierungsvorschlag: Energieausweis beim Bauträgervertrag

2374 Die Einhaltung der Vorgaben der Energieeinsparverordnung 2009 ist als Beschaffenheit des zu erstellenden Gebäudes vereinbart. Der Verkäufer hat dem Käufer spätestens bei Besitzübergang einen Energiebedarfsausweis auszuhändigen, der auf der Grundlage der Baubeschreibung erstellt wird, weist jedoch darauf hin, dass diesem eine typisierende Berechnung zugrunde liegt, der tatsächliche Verbrauch also davon abweichen kann.

c) Erneuerbare-Energien-Wärmegesetz

2375 In Erweiterung der Energieeinsparverordnung (Rdn. 2348 ff.) hat der Bundestag das »**Erneuerbare-Energien-Wärmegesetz**« (**EEWärmeG**) beschlossen, demzufolge Neubauten für ihren Wärmebedarf entweder künftig erneuerbare Energien in bestimmtem Mindestumfang zunutzen haben

---

4141 Dafür plädiert *Hertel* DNotZ 2007, 495 aufgrund der Parallelität zur Erstellung eines Gutachtens, das auch ggü. der finanzierenden Bank verwendet werden soll (BGH, 20.04.2004 – X ZR 250/02, NJW 2004, 3035.

4142 Wobei ein Schaden ihm, dem Verkäufer, allenfalls entstanden sein kann, wenn er für den Inhalt des Energieausweises einzustehen bereit war, daher ablehnend gegen eine Abtretung *Hertel* DNotZ 2007, 496.

4143 Formulierungsvorschlag in Anlehnung an *Hertel* DNotZ 2007, 498.

oder besonders energiesparend ausgelegt sein müssen: Gem. § 5 Abs. 1 bis 4 EEWärmeG sind demnach mindestens 15 % des Wärmeenergiebedarfs durch Solar-Kollektoren bzw. mindestens 30 % aus gasförmiger Biomasse oder mindestens 50 % aus flüssiger oder fester Biomasse, durch Biothermie oder Umweltwärme zu decken. Ersatzweise genügt es, wenn der Wärmeenergiebedarf zu mindestens 50 % aus Kraft-Wärme-Kopplungsanlagen gedeckt wird (§ 7 Nr. 1 EEWärmeG) oder wenn das Gebäude 15 % mehr Energie spart als nach der Energie-Einsparverordnung vorgeschrieben (§ 7 Nr. 2 i.V.m. Ziff. V der Anlage zu §§ 3, 7 EEWärmeG).

Das Gesetz[4144] gilt nur für solche Neubauten, deren Ausführung nach seinem Inkrafttreten (01.01.2009) begonnen wurden (sofern es sich um genehmigungsfreie oder lediglich anzeigepflichtige Bauten handelt) bzw. für die nach Inkrafttreten des Gesetzes ein Bauantrag gestellt wurde (§ 19 Abs. 1, Abs. 2 EEWärmeG). Die Bundesländer können darüber hinaus entsprechende Pflichten auch für bereits errichtete Gebäude festlegen (§ 3 Abs. 2 EEWärmeG), was bisher durch das Land Baden-Württemberg geschehen ist.[4145] 2376

Auch ohne ausdrückliche Vereinbarung zählt die Einhaltung der öffentlich-rechtlichen Vorgaben zu der zu erwartenden Beschaffenheit i.S.d. § 633 Abs. 2 Satz 2 Nr. 2 BGB,[4146] bspw. in Bezug auf die Vorgaben der Garagenverordnung hinsichtlich der Breite der Stellplätze und des Gefälles von Zufahrten;[4147] teilweise wird dies auf eine stillschweigende Vereinbarung der neuen Standards gestützt.[4148] Zu den sog. »anerkannten Regeln der Technik« zählen die neuen Standards des EEWärmeG jedoch wohl (noch) nicht.[4149] Für letztere wäre der maßgebliche Zeitpunkt zur Beurteilung ihrer Einhaltung die Abnahme des Werks, nicht der Vertragsschluss (Rdn. 2181).[4150] 2377

Ohne Zweifel ist es zulässig (und möglicherweise auch ratsam), im Vertrag ausdrücklich zu vereinbaren, dass noch die bisherigen Standards zugrunde gelegt werden; diese Beschaffenheitsvereinbarung hat gem. § 633 Abs. 2 Satz 2 Halbs. 1 BGB stets Vorrang. Im Verbrauchervertrag sind jedoch die Anforderungen des Transparenzgebots zu beachten, sodass möglicherweise die schlichte Formulierung, dass »die Anforderungen des EEWärmeG nicht eingehalten« würden, nicht genügt. Die Konsequenzen könnten dem Verbraucher bspw. wie folgt verdeutlicht werden:[4151] 2378

▶ **Formulierungsvorschlag: Nichteinhaltung der Vorgaben des EEWärmeG**

Das im Fall des Baubeginns oder der Stellung des Genehmigungsantrags nach dem 01.01.2009 an sich geltende Gesetz zur Förderung erneuerbarer Energien im Wärmebereich, das für Neubauten die Verwendung von Solarenergie, Biomasse, Geothermie, Umweltwärme oder Kraft-Wärme-Koppelung für den Wärmeenergiebedarf in bestimmtem Umfang vorschreibt bzw. eine Energieeinsparung von 15 % über die Vorgaben der Energie-Einsparverordnung 2007 hinaus fordert, wird durch das zu erstellende Werk nicht eingehalten. Hiermit ist der Käufer als Teil der vertraglich vereinbarten Beschaffenheit ausdrücklich einverstanden. 2379

4144 BGBl. I 2008, S. 1658.
4145 EEWärmeG Baden-Württemberg v. 20.11.2007, GBlBW 2007, 531: Bei Bauantragstellung ab 01.04.2008 müssen mindestens 20 % des jährlichen Wärmebedarfs durch erneuerbare Energie gedeckt werden; bei älteren Wohngebäude müssen ab 01.01.2010 mindestens 10 % des jährlichen Wärmebedarfs durch erneuerbare Energien gedeckt werden, wenn ein Austausch der Heizanlage erfolgt.
4146 Im VOB-Werkvertrag ergibt sich dies aus §§ 4 Nr. 2 Satz 2, 13 Nr. 1 Satz 2 VOB/B.
4147 OLG Hamm ZfIR 2004, 478.
4148 OLG Düsseldorf BauR 2006, 996; *Haaß* NJW-Spezial 2008, 204, auch wenn öffentlich-rechtlich noch die Einhaltung der geringeren alten Standards genügt hätte.
4149 Insoweit vorsichtig *Gutachten* DNotI-Report 2008, 107; die Vermarktung sog. »Solar-Häuser« wird auf Käuferseite noch immer als etwas »Besonderes« angesehen.
4150 BGH NJW 1998, 2814; ebenso zum Bauträgervertrag, vgl. *Gutachten* DNotI-Report 2002, 41.
4151 Vgl. *Gutachten* DNotI-Report 2008, 109.

B. Gestaltung eines Grundstückskaufvertrages

7. Trinkwasserverordnung

2380 Mit Wirkung ab 01.11.2011 bestimmt die geänderte Trinkwasserverordnung[4152] eine Reihe verschärfter Anzeige-, Untersuchungs-, Handlungs- und Informationspflichten für Eigentümer vermieteter Mehrfamilienhäuser:
(1) Großanlagen zur Trinkwassererwärmung (Warmwasserverteilungsanlagen mit einem Inhalt von mehr als 400 l oder mit einem Inhalt von mehr als 3 l in jeder Rohrleitung zwischen Trinkwassererwärmer und der jeweiligen Wasserentnahmestelle) müssen unverzüglich dem Gesundheitsamt gemeldet werden (§ 13 TrinkwV).
(2) Die vorerwähnten Großanlagen müssen, wenn sich in den Wohnungen (wie regelmäßig) Duschen befinden, *grds.* jährlich auf Legionellen untersucht werden (was nur unter Betretung der Räume der Mieter möglich ist); sofern in 3 aufeinanderfolgenden Jahren kein Befall festgestellt wurde, kann das Gesundheitsamt das Prüfungsintervall verlängern (§ 14 TrinkwV).
(3) Weiter müssen alle Eigentümer von Gebäuden mit einer Trinkwasserverteilungsanlage, gleich welcher Größe, grobsinnlich wahrnehmbare Veränderungen des Trinkwassers unverzüglich dem Gesundheitsamt melden und ferner den Mietern jährlich schriftlich bekannt geben, welche Aufbereitungsstoffe dem Trinkwasser *ggf.* hinzugefügt werden (§ 16 TrinkwV).
(4) Soweit Vermieter der Untersuchungspflicht nach § 14 TrinkwV unterliegen, müssen sie die Ergebnisse den Mietern bekannt geben und ferner – ab 01.12.2013 – die Mieter über vorhandene Bleileitungen informieren (§ 21 TrinkwV).

2381 Auch in Bezug auf **Abwasseranlagen**, insb. deren Dichtheit, haben Landesgesetzgeber die öffentlich-rechtlichen Pflichten deutlich verschärft. So bestimmt etwa seit 01.01.2008 § 61a des Nordrhein-Westfälischen Landeswassergesetzes[4153] (ähnlich der vorgehenden Norm, § 45 BauO-NW), dass Abwasserleitungen »geschlossen, dicht und, soweit erforderlich, zum Reinigen eingerichtet sein« müssen. Schmutz- und Mischwasser- (nicht jedoch reine Regenwasser-) Leitungen, einschließlich der sog. Grundleitungen unterhalb der Bodenplatte, müssen durch einen behördlich anerkannten Sachkundigen auf Dichtheit überprüft werden, und zwar spätestens bis zum 31.12.2015, vorbehaltlich einer Verkürzung oder einer Verlängerung durch gemeindliche Satzung. Festgestellte Undichtigkeiten sind in angemessenem Zeitraum zu beseitigen, die Prüfung sodann in Abständen von höchstens 20 Jahren zu wiederholen. Bei Wohnungseigentum ist wohl jeder Wohnungseigentümer unmittelbar als sachenrechtlicher Miteigentümer Adressat der Pflichten.[4154]

2382 Bei der tatsächlichen Undichtigkeit (»materieller Fehler«) wie auch dem Fehlen einer Dichtigkeitsprüfung trotz Fristablaufs (»formeller Fehler«) handelt es sich jeweils um einen **Sach- (nicht Rechts-)mangel**, da die öffentlich-rechtlichen Eingriffsbefugnisse an die Beschaffenheit des Kaufgrundstücks anknüpfen. Fehlt eine ausdrückliche oder konkludente (positive oder negative) Beschaffenheitsvereinbarung zu diesen Themen, ergibt sich das Vorliegen eines Mangels jedenfalls aus § 434 Abs. 1 3. Alt. BGB (»Beschaffenheit, die der Käufer objektiv nach den Umständen erwarten darf«: das Vorliegen eines gesetzeskonformen Vertragsobjektes). Angesichts des üblichen Ausschlusses der Verkäuferhaftung für Sachmängel konzentriert sich die Prüfung darauf, ob das Verschweigen der (dem Verkäufer bekannten) formellen und/oder materiellen Mangelhaftigkeit des Abwasserkanals gegen eine Aufklärungspflicht verstößt, so dass § 444 BGB die Berufung auf den Verzicht abschneidet. Angesichts des verschärften, strafbewehrten Gesetzesbefehls dürfte eine solche Offenlegungspflicht zu bejahen sein; objektive Kausalität zwischen Verschweigen und Kaufentscheidung ist im Rahmen des § 444 BGB bekanntlich nicht erforderlich.[4155]

[4152] BGBl. I 2011, S. 748.
[4153] Hierzu umfassend *Schmittat* RNotZ 2012, 17 ff.
[4154] Vgl. *Schmittat* RNotZ 2012, 17,19; etwaige Prüfungsaufträge erteilt jedoch typischerweise der Verband der Wohnungseigentümer als solcher.
[4155] Vgl. BGH, 15.07.2011 – V ZR 171/10, NotBZ 2011, 434 m. Anm. *Krauß*, sowie Rdn. 2014.

Hat der Verkäufer allerdings nur den ihm bekannten formellen Gesetzesverstoß (Unterlassen der bereits geschuldeten Dichtigkeitsprüfung) verschwiegen und war ihm die daneben bestehende tatsächliche Undichtigkeit nicht bekannt, gilt für letztere, da es sich um zwei getrennte Mängel handelt, der Gewährleistungsausschluss.[4156] Die rechtliche Missbilligung arglistigen Verkäuferverhaltens führt auch bei der Tatbestandslösung (Vereinbarung des Ist-Zustands einschließlich verborgener Fehler als geschuldeter Beschaffenheit) zum selben Ergebnis, da stets der stillschweigende Vorbehalt redlicher Aufklärung zu berücksichtigen ist: Unredlich verschwiegene konkrete Schäden von Gewicht fallen aus der pauschalen Ist-Beschaffenheitsvereinbarung heraus.[4157]

2383

Vertragliche Vereinbarungen hierzu haben bei noch nicht durchgeführter Dichtigkeitsprüfung zu regeln, ob diese noch vom Verkäufer oder vom Käufer vorgenommen wird (bzw. sofern die behördliche Aufforderung vor Besitzübergang auf den Verkäufer zugeht, der Verkäufer insoweit in Vorleistung tritt und sodann der Käufer, nach Kaufpreisfälligkeit, diese Kosten zu erstatten hat und einen etwa sich ergebenden Sanierungsbedarf zu erfüllen habe). In Betracht kommen auch Teilungsabreden, ggf. mit Höchstgrenzen.

2384

Der Notar ist nicht – auch nicht unter dem Aspekt der erweiterten Belehrungspflicht aus Betreuung – verpflichtet, die öffentlich-rechtlichen Anforderungen an den Kanalzustand anzusprechen; er ist jedoch ohne Verletzung seiner Unparteilichkeit hierzu gem. § 17 BeurkG berechtigt.

2385

8. Bergschäden

Insb. im Ruhrgebiet und im Saarland treten bergbaubedingte Erderschütterungen auf, teils in erdbebenähnlicher Stärke. §§ 114 ff. BBergG regeln die öffentlich-rechtliche Verpflichtung des Bergbauunternehmens zur Beseitigung solcher während der Bergbauberechtigung verursachter[4158] **Bergschäden** (z.B. von Mauerrissen), gemäß der Einstufung in Schadensempfindlichkeitskategorien. Daneben bestehen jedoch möglicherweise bürgerlich-rechtliche Ausgleichsansprüche gem. § 906 Abs. 2 Satz 2 BGB (Geldausgleich für die Beeinträchtigung der ortsüblichen Benutzung des Grundstücks oder seines Ertrags über das zumutbare Maß hinaus, wenn hierfür die ortsübliche Benutzung eines anderen »Grundstücks« kausal ist und – wie generell bei Bergschäden – diese Benutzung zu dulden ist, da die Beeinträchtigung nicht durch wirtschaftlich zumutbare Maßnahmen verhindert werden kann, nicht jedoch Schmerzensgeld).[4159] Das verliehene Bergwerkseigentum wird auch i.R.d. § 906 Abs. 2 BGB einem Grundstück gleichgestellt.[4160]

2386

Bei Kaufverträgen über Objekte in »bergschadensgefährdeten« Gebieten wird der Käufer darauf Wert legen, etwaige diesbezügliche Ansprüche des Verkäufers zu erwerben mit der Zusicherung, dass ein Verzicht auf Bergschadensausgleich bisher nicht ausgesprochen wurde, etwa wie folgt:

2387

▶ Formulierungsvorschlag: »Bergschädenklausel«

> Der Verkäufer sichert zu, dass ihm Bergschäden bisher nicht bekannt sind, er keinen Bergschädenverzicht ausgesprochen und keine Entschädigung für Bergschäden in Anspruch genommen hat. Er tritt etwaige Bergschädenersatzansprüche für Vergangenheit und Zukunft an den dies annehmenden Käufer ab; darüber hinaus treffen ihn im Zusammenhang mit etwaigen doch vorhandenen Bergschäden keine Pflichten.

2388

Etwaige Schadensersatzansprüche, die auf Ersatz der zur Wiederherstellung erforderlichen Kosten (§ 249 Satz 2 BGB) gerichtet sind, würden, wenn sie nicht spätestens zum Zeitpunkt der Eigen-

---

4156 A.A. *Schmittat* RNotZ 2012, 17, 23, wegen des vom Gesetzgeber gewollten Zusammenhangs zwischen materiellen Anforderungen und formellem Nachweis.
4157 So zutreffend *Schmittat* RNotZ 2012, 17, 24; ähnlich *Feller* MittBayNot 2003, 81, 90.
4158 Vgl. OLG Düsseldorf, 09.10.2009 – I-7 U 34/08, ZfIR 2010, 31.
4159 BGH, 23.07.2010 – V ZR 142/09, JurionRS 2010, 21629.
4160 BGH, 19.09.2008 – V ZR 28/08, DNotI-Report 2009, 38.

tumsumschreibung abgetreten werden, mit Veräußerung des beschädigten Hausgrundstücks untergehen, da die Schadensbehebung in Natur unmöglich geworden ist (vgl. Rdn. 2306).

VIII. Sonstige Regelungen, Schlussbestimmungen

1. Belehrungen

a) Gesetzlich geschuldete

2389 Gem. § 18 BeurkG hat der Notar auf die erforderlichen gerichtlichen und behördlichen (im Einzelnen aufzuführenden)[4161] Genehmigungen oder Bestätigungen (Vorkaufsrechtsnegativzeugnisse der Gemeinde!) hinzuweisen und dies in der Niederschrift zu vermerken. Gem. § 19 BeurkG ist er verpflichtet, auf das Erfordernis der **Unbedenklichkeitsbescheinigung** des FA (Grunderwerbsteuer) hinzuweisen.[4162] Gem. § 20 BeurkG hat er ferner einen Hinweis aufzunehmen, falls gesetzliche Vorkaufsrechte in Betracht kommen. Diese »**Pflichtvermerke**« werden textlich regelmäßig in einem eigenen »**Belehrungsblock**« zusammengefasst, etwa nach folgendem Muster:

▶ Formulierungsvorschlag: Standardbelehrungen

2390 Der Notar bzw. sein amtlicher Vertreter hat die Vertragsbestimmungen erläutert und abschließend auf Folgendes hingewiesen:
(a) Das Eigentum geht nicht schon heute, sondern erst mit der Umschreibung im Grundbuch auf den Käufer über.
(b) Hierzu sind die Unbedenklichkeitsbescheinigung des Finanzamts (nach Zahlung der Grunderwerbsteuer), erforderliche Genehmigungen, und die Verzichtserklärung der Gemeinde auf gesetzliche Vorkaufsrechte notwendig.
(c) Der jeweilige Eigentümer haftet kraft Gesetzes für rückständige öffentliche Lasten (z.B. Erschließungskosten, Grundsteuer, Ausgleichsbetrag nach dem BundesbodenschutzG).
(d) Unabhängig von den internen Vereinbarungen in dieser Urkunde haften beide Vertragsteile kraft Gesetzes für die Grunderwerbsteuer und die Kosten als Gesamtschuldner.
(e) Alle Vereinbarungen müssen richtig und vollständig beurkundet werden, sonst kann der ganze Vertrag nichtig sein.
(f) Eine steuerliche Beratung hat der Notar nicht übernommen, jedoch auf die mögliche Steuerpflicht einer Veräußerung nicht selbst genutzter Immobilien vor Ablauf von zehn Jahren (»Spekulationsgeschäft«) und bei Betriebsvermögen hingewiesen.

b) Konkrete Warnhinweise

2391 Für die **Haftungsvermeidung** bedeutsamer sind allerdings die konkreten Vermerke über Warnhinweise und Alternativvorschläge, die jeweils an derjenigen Textstelle der Urkunde enthalten sein sollten, wo von der üblichen sicheren Verfahrensweise auf Wunsch der Beteiligten abgewichen wurde.

▶ Hinweis:

Zum Nachweis der vom Notar selbst vorgeschlagenen ausgewogenen Verfahrensweise empfiehlt es sich auch, den Text der übersandten Urkundsentwürfe bzw. die in der Beurkundungsverhandlung vorliegende, dort auf Wunsch der Beteiligten geänderte Fassung bei den Nebenakten, ggf. auch über die gesetzliche Aufbewahrungsfrist von 7 Jahren hinaus, zu verwahren.[4163] Sofern der

---

[4161] OLG Frankfurt am Main, 17.12.2002, OLGR 2004, 35: Hinweis auf kommunalaufsichtliche Genehmigung nach § 67 Abs. 2 ThürKommO (und zwar durch einen hessischen Notar!).
[4162] Er übernimmt damit allerdings keine allgemeine Pflicht zur Belehrung oder Beratung in grunderwerbsteuerlichen Fragen, BGH DNotZ 1979, 228.
[4163] Eine Verlängerung der Aufbewahrungsfrist kann durch den Notar schriftlich bei der letzten inhaltlichen Bearbeitung der Akte gem. § 5 Abs. 4 Satz 1 DONot angeordnet werden, etwa wegen Regressgefahr.

Notar (wie unbedingt zu empfehlen) mit schriftlichen Informationsblättern arbeitet, wird er sich deren Erhalt in »brenzligen« Fällen bestätigen lassen.

Entscheidend bei den »**konkreten Vermerken**« über Warnungen und Alternativvorschläge (zur doppelten Belehrungspflicht bei ungesicherten Vorleistungen vgl. Rdn. 143 ff.) ist eine deutliche, verständliche Sprache. Die Rechtsprechung hat abstrakte Hinweise wie »dinglich ungesicherte Vorauszahlungen sind Vertrauenssache« als »inhaltsleer« abgewiesen.[4164] Sie hat zugleich darauf hingewiesen, dass »ein Übermaß an Bedenklichkeitsvermerken das notarielle Urkundenwesen zum Schaden des Urkundsrechts und des Ansehens des Notariats mit einem Schein formaler Zweifel belasten würde«.[4165] Als Beispiel eines versuchten **Kompromisses zwischen juristisch exakter und alltagssprachlich verwendbarer Belehrung** soll folgende Bestätigung anlässlich der Bewilligung des Rangrücktritts eines Wohnungsrechts hinter ein Grundpfandrecht dienen:[4166] 2392

▶ Formulierungsvorschlag: Belehrung über die Bewilligung eines Wohnungsrechts hinter einem Grundpfandrecht

Der Notar hat mich insbes. über Folgendes informiert: 2393

Der Rangrücktritt kann im Fall einer Zwangsversteigerung zum Erlöschen der zurücktretenden Rechte führen. Diese erhalten aus dem Versteigerungserlös einen Wertersatz nur, soweit vom Versteigerungserlös nach Befriedigung der vortretenden Rechte und der sonst vorgehenden Rechte etwas übrig bleibt. Der Betrag vortretender Grundpfandrechte kann sich infolge der vorbehaltenen Grundpfandrechtsnebenleistungen erheblich erhöhen, z.B. auf das Doppelte.

Der Notar hat angeregt, den Rangrücktritt mit einer Abtretung der Rückgewähransprüche zu verbinden, die mit der vortretenden Grundschuld zusammenhängen, und diese Abtretung der Grundschuldgläubigerin anzuzeigen. (Es folgt die Abtretung der Rückgewähransprüche oder eine Feststellung, dass die Beteiligten keine solche Abtretung vereinbaren).

In Ausnahmefällen kann der Notar sogar ungeachtet seiner Pflicht zur Unparteilichkeit gehalten sein, über **wirtschaftliche Aspekte** des Rechtsgeschäftes zu belehren, vor allem im Verhältnis zu Verbrauchern. So kann ein eingetragener Zwangsversteigerungsvermerk Anlass sein, gem. § 14 BNotO zumindest abstrakt darauf hinzuweisen, dass ein solcher Vermerk gemeinhin ein Warnsignal für bestehende finanzielle Schwierigkeiten sein kann (ohne dass er bestehendes weiteres Sonderwissen offenzulegen hätte). Dies gilt insb. bei Bauträgerverträgen, da §§ 3 und 7 MaBV nur einen Mindestschutz bieten, das Fertigstellungsrisiko – das maßgeblich von der wirtschaftlichen Leistungsfähigkeit des Bauträgers abhängt – aber nicht absichern.[4167] 2394

4164 Vgl. *Haug* Die Amtshaftung des Notars Rn. 595.
4165 BGH DNotZ 1974, 301.
4166 Als Reaktion auf den Haftungsfall BGH NJW 1996, 522, wo der BGH ausführte: »Mit diesen Hinweisen hat der Beklagte seine Aufgabe, die Veräußerer in einer ihnen verständlichen Form auf die ihrem Altenteilsrecht durch die vorrangige Eintragung der Grundschuld drohenden Gefahren hinzuweisen, nicht erfüllt. Er hätte den Kläger und seiner Ehefrau vielmehr erläutern müssen, dass sie mit der vorgesehenen Regelung das Risiko eingingen, ihr Altenteilsrecht zu verlieren, wenn der Sohn seine Kreditverbindlichkeiten nicht erfüllt, und die Bank deshalb in das Grundstück vollstreckt. Selbst bei einem Beteiligten, der im Ansatz weiß, was ein Vorrang rechtlich bedeutet, darf der Notar nicht davon ausgehen, dieser erkenne selbst, was die Durchsetzung der vorrangigen Grundschuld für sein nachrangiges Altenteil zur Folge haben kann. Schon wegen der Verschiedenartigkeit der hier miteinander konkurrierenden Rechte bedarf ein Laie hierzu in aller Regel einer eingehenden und ausführlichen Belehrung.«
4167 BGH, 22.07.2010 – III ZR 293/09, DNotZ 2011, 192: es genügt also nicht, den Versteigerungsvermerk im Grundbuchbeschrieb aufzuführen und i.R.d. Lastenfreistellung wie andere Löschungen »abzuhandeln«.

2. Maklerklauseln

a) Arten

2395 Die Praxis zur Aufnahme von Maklerklauseln,[4168] genauer: Erklärungen des Verkäufers und/oder Käufers darüber, das betreffende Rechtsgeschäft sei durch Vermittlung eines bestimmten Maklers zustande gekommen und dieser könne eine Provision in aufgeführter Höhe beanspruchen, ist regional unterschiedlich. In Betracht kommen
– rein deklaratorische Beweissicherungen:

▶ **Formulierungsvorschlag: Deklaratorische Maklerklausel**

Der Käufer/der Verkäufer bestätigt, dass dieser Vertrag durch Vermittlung des Maklers ..... zustande gekommen ist und dass dem Makler aus der mit ihm getroffenen Vereinbarung eine Maklerprovision i.H.v. ....., fällig am ....., zusteht.

2396 – aber auch (ggf. vollstreckungsbewehrte) Anerkenntnisse:

▶ **Formulierungsvorschlag: Deklaratorische Maklerklausel mit Vollstreckungsunterwerfung**

Der Käufer/der Verkäufer bestätigt, dass dieser Vertrag durch Vermittlung des Maklers ..... zustande gekommen ist und dass dem Makler aus der mit ihm getroffenen Vereinbarung eine Maklerprovision i.H.v. ....., fällig am ....., zusteht.

Der Käufer/der Verkäufer unterwirft sich wegen dieser Zahlungsverpflichtung dem Makler gegenüber der sofortigen Zwangsvollstreckung aus dieser Urkunde in sein gesamtes Vermögen mit der Maßgabe, dass dem genannten Makler auf Antrag vollstreckbare Ausfertigung ab dem genannten Fälligkeitsdatum erteilt werden darf.

2397 – oder Erfüllungsübernahmen (§ 329 BGB: Freistellungspflicht des Käufers ggü. dem Verkäufer):

▶ **Formulierungsvorschlag: Maklerklausel als Erfüllungsübernahme**

Die Vertragsparteien bestätigen, dass dieser Vertrag durch Vermittlung des vom Verkäufer beauftragten Maklers ..... zustande gekommen ist. Der Käufer verpflichtet sich gegenüber dem Verkäufer, die durch letzteren geschuldete Maklerprovision i.H.v. ....., fällig am ....., zu zahlen. Eine Erweiterung der Verpflichtungen aus dem Maklervertrag liegt hierin nicht, auch erlangt hierdurch der Makler keinen eigenen Forderungsanspruch gegen den Käufer.

2398 – und/oder Vereinbarungen zugunsten des Maklers als Drittem gem. § 328 BGB:[4169]

▶ **Formulierungsvorschlag: Maklerklausel als echter Vertrag zugunsten Dritter**

Dieser Vertrag kam durch Vermittlung des ..... zustande. Der Käufer erkennt – ohne seine Verpflichtungen aus dem Maklervertrag zu erweitern oder auf Einreden zu verzichten – an, dem genannten Makler eine Provision in Höhe von ..... % des Kaufpreises zuzüglich Umsatzsteuer in der Weise zu schulden, dass durch diese Verpflichtung des Käufers gegenüber dem Verkäufer ein eigenes Forderungsrecht des Maklers begründet wird (§ 328 BGB). Eine Übernahme von Verpflichtungen des Verkäufers liegt hierin nicht.

Letztere sind bei der Geschäftswertermittlung kostenrechtlich zu berücksichtigen (Vertrag zugunsten Dritter: 20/10-Gebühr als Erklärung mit verschiedenem Gegenstand gem. § 44 Abs. 2a KostO, Vollstreckungsunterwerfung: 10/10-Gebühr mit verschiedenem Gegenstand gem. § 44 Abs. 2b KostO, dann allerdings regelmäßig konsumiert).[4170] Übernimmt wirtschaftlich der Käufer eine an sich vom

---

[4168] Vgl. hierzu *Bethge* ZfIR 1997, 368; *Büchner* ZfIR 1999, 418, *Wälzholz* MittBayNot 2000, 357 sowie (monografisch) *Althammer* Die Maklerklausel im notariellen Grundstückskaufvertrag. Zu den kostenrechtlichen Folgen, vgl. *Bund* NotBZ 2006, 46.

[4169] So BGH NJW 2003, 1249 unter II. 2. Bei konstitutiven Maklerklauseln besteht die Gefahr, dass der Notar bei einem Beurkundungsfehler, der zur Nichtigkeit des Kaufvertrags führt, auch dem Makler für die entgangene Provision haftet: LG Potsdam, 18.05.2005 – 4 O 739/04, NZM 2005, 390.

[4170] Vgl. *Frohne* NotBZ 2008, 58 ff.

Verkäufer geschuldete Gebühr, ist diese Vereinbarung gem. § 311b Abs. 1 Satz 1 BGB beurkundungspflichtig; sie führt als weitere Gegenleistung[4171] zu einer Erhöhung der Grunderwerbsteuer.[4172]

b) Auswirkungen

Die Aufnahme einer Maklerklausel bietet (außer der Beweissicherung und ggf. der Vollstreckungserleichterung zugunsten des Maklers – bei Maklertätigkeit [auch][4173] für den Verkäufer darf dann allerdings dessen zusätzliche Vollstreckungsunterwerfung nicht übersehen werden)[4174] den Vorteil, dass bei Ausübung eines **Vorkaufsrechts** der Vorkäufer auch die Maklerprovision zu tragen hat,[4175] sofern es sich zumindest auch um eine Verpflichtung ggü. dem Verkäufer als Versprechensempfänger gem. § 335 BGB handelt,[4176] vgl. Rdn. 1759. Dies gilt jedenfalls in dem (Normal-) Fall, dass vor Beurkundung bereits dem Grunde nach maklerlohnbegründende Vereinbarungen (wenn auch möglicherweise ggü. dem Verkäufer) bestehen, also nicht erst der Notarvertrag diese schafft.[4177]

2399

Im Verhältnis zum Makler führt der Vertrag zugunsten Dritter allerdings wegen § 334 BGB zu einer Erweiterung der Einwendungen, die seinem Anspruch entgegengehalten werden können, um diejenigen des Käufers im Verhältnis zum Verkäufer (z.B. Rücktritt wegen erheblicher Mängel). Er ist in diesem Fall, sofern nicht § 334 BGB abbedungen werden sollte,[4178] wiederum darauf verwiesen, seinen unmittelbaren Anspruch aus dem Maklervertrag (§ 652 BGB) geltend zu machen. Die diesem Anspruch möglicherweise entgegenstehenden rechtsgeschäftlichen Defizite (kein Zustandekommen des Maklervertrages)[4179] oder gesetzlichen Verbote[4180] oder Einwendungen (Interessenkollision bei gleichzeitiger Erteilung der Genehmigung nach § 12 WEG)[4181] sollten i.R.d. Maklerklausel nicht abgeschnitten werden.

2400

▸ Formulierungsvorschlag: Maklerklausel ohne Einwendungsverzicht

Dieser Vertrag kam durch Vermittlung des ..... zustande. Der Käufer erkennt – ohne seine Verpflichtungen aus dem Maklervertrag zu erweitern oder auf Einreden zu verzichten – an, dem genannten Makler eine Provision i.H.v. ..... %. des Kaufpreises zuzüglich Umsatzsteuer in der Weise zu schulden, dass durch diese Verpflichtung des Käufers gegenüber dem Verkäufer ein

2401

4171 Es ist allerdings nicht sachgerecht, die Umschreibung des Eigentums von der Zahlung der Maklergebühr abhängig zu machen (Rundschreiben BNotK, 15.04.2003, as T I 20-01).
4172 OFD Hannover, 05.12.2002 – S. 4521 – 96 – StH 232, RNotZ 2003, 337.
4173 Zur (regelmäßig bejahten) Zulässigkeit der Doppeltätigkeit als Vermittlungs- oder Nachweismakler für beide Teile, auch wenn sie dem jeweils anderen Teil unbekannt ist: BGH ZNotP 2003, 262.
4174 Wegen der Bestimmtheit des zu vollstreckenden Anspruchs empfiehlt sich auch bzgl. des Käufers eine ausdrückliche Willenserklärung nach § 794 Abs. 1 Nr. 5 ZPO; die früher gebräuchliche Formel »wegen aller auf Geldzahlung gerichteten Ansprüche« ist nicht mehr ausreichend.
4175 BGH DNotZ 1982, 629; hiergegen kann nicht eingewendet werden, die ... klausel stelle einen Fremdkörper im Kaufvertrag dar (BGH NJW 1996, 654 unter II 3b).
4176 Anderenfalls verliert der Käufermakler seinen Provisionsanspruch bei Ausübung des Vorkaufsrechts, BGH NJW 1999, 2271 unter 2.
4177 Vgl. BGH, 11.01.2007 – III ZR 7/06, ZfIR 2007, 683 m. Anm. *Würdinger* Rz. 11.
4178 Etwa durch die Formulierung: »Der Makler erlangt hierdurch einen vom Bestand dieses Vertrags unabhängigen Zahlungsanspruch gegen den Käufer gem. § 328 BGB«, vgl. BGHZ 127, 385. Wegen der Abweichung vom Neutralitätsgebot wird eine solche Gestaltung jedoch nur nach eingehender Aufklärung des Käufers über die gesetzliche Lage in Betracht kommen und nicht im Verbraucher-/Formularvertrag (§ 309 Nr. 2 BGB).
4179 Die bloße Aufnahme einer »Nachweisklausel« im Grundstückskaufvertrag »zur Zahlung der vereinbarten Provision« ersetzt nicht das fehlende Zustandekommen des Maklervertrages selbst, OLG Karlsruhe, 10.11.2009 – 15 U 15/09, ZfIR 2010, 183 m. Anm. *Grziwotz*.
4180 Z.B. § 2 Abs. 2 Satz 1 Nr. 2 WoVermittG, wonach der Sondereigentumsverwalter nicht Mietmakler sein könne – die Bestimmung gilt nicht für den Gemeinschaftseigentumsverwalter nach §§ 20 ff. WEG, vgl. BGH MittBayNot 2003, 288. Fehlt dem Makler die Gewerbeerlaubnis nach § 34c GewO, führt dies nicht zu § 134 BGB, BGH NJW 1981, 387 unter 3.
4181 Die Interessenkollision des nach § 12 WEG zur Zustimmung berufenen Verwalters schließt seine gleichzeitige Tätigkeit als Erwerbsmakler aus, BGH NJW-RR 1998, 993. Gleiches gilt für die Mitarbeiter des Verwalters, BGH NJW 2004, 286. Eine abweichende Vereinbarung kann allerdings getroffen werden und sei im Zweifel anzunehmen, wenn der Erwerber beide Tätigkeiten kenne, BGH NJW 2003, 1249.

eigenes Forderungsrecht des Maklers begründet wird (§ 328 BGB). Eine Übernahme von Verpflichtungen des Verkäufers liegt hierin nicht.

Aufgrund der Aufnahme dieser Provisionszahlungspflicht in den notariellen Kaufvertrag wird sie von der abgegebenen Vollstreckungsunterwerfung erfasst, hat Beweiswirkung zulasten des Käufers und ist bei der Geschäftswertermittlung zu berücksichtigen.

c) Voraussetzungen des Provisionsanspruchs

2402 Die in der Praxis oft streitigen materiell-rechtlichen **Voraussetzungen des Provisionsanspruchs**[4182] umfassen:
– Das wirksame Zustandekommen eines **Maklervertrags** (d.h. ein eindeutiges, klares Provisionsverlangen[4183] des Maklers an den Verpflichteten, das dieser angenommen hat; die Annahme kann zwar konkludent erfolgen, liegt jedoch nicht bereits in der Entgegennahme des Objektangebots[4184] oder der Anfrage nach Objekten aus dem »Bestand« des Maklers).[4185] Formbedürftigkeit des Maklervertrags kann sich bei Vereinbarung sog. »Bemühensentgelte« ergeben, die den Kunden in faktischen Abschlusszwang bringt, Rdn. 101, anders jedoch bei bloßem Aufwendungsersatz im Fall des Scheiterns (§ 652 Abs. 2 BGB).
– Die Durchführung der im Maklervertrag festgelegten **Haupttätigkeit** (Nachweis[4186] oder – unter Einschluss der Verhandlung – Vermittlung);[4187] bei Tätigkeit mehrerer Makler besteht die Gefahr der Mehrfachzahlung.[4188]

2403 – Der erstrebte **Hauptvertrag** muss wirksam zustande gekommen[4189] und geblieben sein. Schädlich sind also aufschiebende Bedingungen (vgl. § 652 Abs. 1 Satz 2 BGB), ebenso die wirksame Anfechtung des Hauptvertrags (§ 142 BGB) sowie das Fehlen rechtsgeschäftlicher oder behördlicher Genehmigungen, ebenso die Ausübung eines im Vertrag vorbehaltenen, an keine Voraussetzung gebundenen Rücktrittsrechts[4190] – anders jedoch bei Ausübung eines gesetzlichen[4191] oder eines an bestimmte Voraussetzungen gebundenen vertraglichen Rücktrittsrechts,[4192] es sei denn, nach Inhalt und Motiv des an bestimmte Umstände anknüpfenden Rücktrittsvorbehalts sollte der Vertrag noch in der Schwebe gehalten werden, wie etwa beim Rücktritt im Fall der Nichtbebaubarkeit.[4193]
– Der zustande gekommene und der vom Maklerkunden erstrebte Hauptvertrag müssen wenigstens hinsichtlich des wirtschaftlichen Erfolgs identisch sein, sog. Kongruenz.[4194] Nicht ausreichend ist jedenfalls der Erwerb im Wege der Zwangsversteigerung, da es an einem Hauptvertrag fehlt.

4182 Vgl. hierzu *Zopfs* in: Lambert-Lang/Tropf/Frenz Handbuch der Grundstückspraxis, S. 1211 ff.
4183 Vgl. BGH NJW 2002, 1445.
4184 Vgl. BGH NJW 1984, 232 unter 2 und BGH NJW 2005, 3779.
4185 BGH, 22.09.2005 – III ZR 393/04, DNotZ 2006, 123.
4186 Insoweit genügt die Benennung eines Kaufinteressenten, der generell am Erwerb einer Immobilie interessiert ist, die dem angebotenen Objekt ähnlich ist (vgl. BGH, 04.06.2009 – III 82/08, NotBZ 2009, 328).
4187 Vgl. hierzu *Fischer* NJW 2007, 183.
4188 BGH NJW 1981, 387; gem. Nr. 2 der Wettbewerbsregeln des RDM (Ring deutscher Makler) ist es allerdings unlauter, eine Objekt ohne Zustimmung des Verfügungsberechtigten anzubieten, vgl. Bundesanzeiger 1963, Nr. 178.
4189 Daher kein Provisionsanspruch bei formunwirksamem Schwarzkauf (bzw. gem. § 117 BGB unwirksamem Scheingeschäft), OLG Koblenz, 18.06.2007 – 12 U 1799/05, NJW-RR 2007, 1548.
4190 Vgl. BGH NJW 1997, 1583 unter 1. Gleichgestellt ist gem. OLG Karlsruhe MittBayNot 2005, 130 ein (ebenfalls faktisch freies) Rücktrittsrecht »wenn die Finanzierung scheitert«.
4191 BGH, 14.07.2005 – III ZR 45/05, NZM 2005, 711: wegen nicht rechtzeitiger Fertigstellung des Objekts.
4192 Vgl. *Zopfs* in: Lambert-Lang/Tropf/Frenz Handbuch des Grundstücksrechts, S. 1227.
4193 BGH, 29.01.1998 – III ZR 76/97, NJW-RR 1998, 1205; vgl. *Bomhard/Voßwinkel* ZfIR 2009, 529, 537.
4194 Es genügt also, wenn statt des Maklerkunden eine von ihm beherrschte Gesellschaft das Objekt erwirbt – BGH NJW 1995, 3311 – oder wenn er anstelle des Objekts die Gesellschaft erwirbt, deren wesentliches Vermögen das Grundstück bildet – BGH NJW 1998, 2277 – ebenso wenn anstelle des Maklerkunden die im Maklervertrag als Interessentin mit aufgeführte Lebensgefährtin das Grundstück erwirbt – BGH NJW 1991, 409. Kongruent ist auch der Erwerb eines hälftigen Miteigentumsanteils, verbunden mit Sondereigentum, durch den Maklerkunden, und der Erwerb der anderen Wohnung durch seinen Bruder, anstelle des Alleinerwerbs des ungeteilten Objekts durch den Kunden, BGH, 17.12.2007 – III ZR 163/07.

– Die Nachweis- oder Vermittlungstätigkeit muss für das Zustandekommen des Hauptvertrags **kausal** geworden sein (»in Folge«). Dies wird in der Rechtsprechung vermutet bei nachgewiesenem Zugang des Makler-Exposés,[4195] sofern der Kunde keine genaue Vorkenntnis beweist. Die Kausalität wird nicht dadurch unterbrochen, dass zunächst ein Kaufvertrag mit einer nicht vermittelten Dritten Person zustande kommt, der dann infolge vertraglich vorbehaltenen Rücktritts aufgehoben wird.[4196] Sie besteht jedoch nicht mehr, wenn der Eigentümer die Verkaufsabsicht aufgegeben hat, sie jedoch später erneut fasst, und der frühere Kunde ohne Hinweis des Maklers diese neu entstandene Gelegenheit nutzt.[4197] 2404

– Schließlich darf **kein** »**Eigengeschäft**« des angeblichen Maklers vorliegen.[4198] Schädlich ist also eine durch wirtschaftliche Beherrschung vermittelte »echte Verflechtung« mit einer der beiden Vertragsparteien oder eine Stellung, die dem Makler (etwa als Verwalter nach § 12 WEG) gestattet, über die Gültigkeit des vermittelten Vertrags zu entscheiden.[4199] Gleiches gilt bei einem »institutionalisierten Interessenkonflikt« (so etwa wenn ein Eigentümer mit notleidend gewordenem Kredit-Engagement die Maklerabteilung desselben Kreditinstituts zum freihändigen Verkauf zu beauftragen hat: der makelnden Bank genügt ein Verkauf, der ihre vorrangigen Forderungen abdeckt, dem Verkäufer dient lediglich ein möglichst hoher Verkaufspreis).[4200] 2405

d) Höhe der Provision

Die **Höhe der Provision** bestimmt sich bei Fehlen ausdrücklicher Vereinbarungen nach der Ortsüblichkeit (§ 653 Abs. 2 BGB),[4201] bis zur Grenze der Sittenwidrigkeit.[4202] USt kann separat nur verlangt werden, wenn darauf hingewiesen wird;[4203] sie ist jedoch in der Maklerklausel selbst nicht betragsmäßig auszuweisen (ebenso wenig wie der Nettobetrag selbst; es genügt Bestimmbarkeit durch Angabe des Prozentsatzes der Provision).[4204] Soweit die Zahlung erst zu einem späteren Zeitpunkt als gesetzlich angenommen (Wirksamwerden des nachgewiesenen oder vermittelten Hauptvertrags) gefordert werden können soll, ist deutlich zu machen, ob es sich um ein Hinausschieben der Fälligkeit oder um eine weitere aufschiebende Bedingung des Entstehens des Makleranspruchs (z.B. Erhalt des Kaufpreises) handelt. 2406

e) Besondere Maklerverträge

Denkbar sind auch **selbstständige Provisionsversprechen**, für die § 652 BGB nicht gilt, etwa in Verflechtungsfällen, vgl. Rdn. 2405,[4205] sofern der Versprechende die Verflechtung kennt,[4206] oder aber wenn der Makleranspruch unabhängig vom Zustandekommen des Hauptvertrags (§ 652 Abs. 1 Satz 2 BGB) sofort entstehen soll oder bei einem Verkauf/Kauf unabhängig davon entstehen 2407

4195 BGH NJW 1979, 869 unter II. 2.
4196 BGH, 23.11.2006 – III ZR 52/06, ZNotP 2007, 93.
4197 OLG Hamburg, 17.11.2009 – 13 U 140/09.
4198 Bei der Vermittlung von Mietverträgen gilt § 2 Abs. 2 Nr. 3 WoVermittG; zu dessen erweiterter Anwendung (Personenidentität des Geschäftsführers der Makler-GmbH und der anmietenden GbR genügt) LG Konstanz NJW 2007, 447.
4199 BGH, NJW 2003, 1249 unter II. 1, sonst nur bei besonderen Anhaltspunkten: BGH, 28.04.2005 – III ZR 387/04, ZNotP 2005, 308.
4200 Vgl. BGH NJW 1997, 2672 unter II. 1.
4201 Nur bei Kaufpreisen in Millionenhöhe werden weniger als die üblichen 3 % bis höchstens 5 % des Kaufpreises bewiesen werden können, vgl. BGH NJW 1985, 1895.
4202 12 % sind sittenwidrig, OLG Frankfurt am Main, 05.02.2008 – 18 U 59/07, OLGReport Frankfurt 2008, 754.
4203 Anderenfalls hat der Makler die USt aus der Brutto-Provision abzuführen, *Zopfs* in: Lambert-Lang/Tropf/Frenz Handbuch des Grundstücksrechts, S. 1236.
4204 Die strengeren Vorgaben des § 1 PreisangabenVO (»Angabe des Endpreises«) gelten für Angebote des Maklers, nicht aber für die Regelung im Kaufvertrag, welche lediglich die weitere Behandlung der schon entstandenen Zahlungspflicht beinhaltet, *Kornexl* notar 2008, 153 gegen *Elsing* notar 2008, 84.
4205 Vgl. BGH NJW 2003, 1249 unter II. 2.
4206 BGH, 30.11.2008 – III ZR 60/08, NotBZ 2009, 176 m. Anm. *Suppliet*.

soll, ob die Maklerleistung hierfür kausal war oder nicht.[4207] Die Praxis hat weiter »besondere Maklerverträge« herausgebildet, v.a. den einfachen **Allein-Vertrag** (bei dem lediglich die Einschaltung eines weiteren Maklers untersagt ist) oder den »erweiterten Allein-Vertrag« (bei dem der Abschluss ohne Zuziehung des Maklers verboten ist).[4208] Bei Letzterem verlangt die Rechtsprechung eine Befristung der Bindung.[4209] Eine formularvertragliche Verpflichtung zur Entrichtung eines **Reservierungsentgeltes**, das als Vergütung für das Absehen von weiteren Werbemaßnahmen selbst dann zu zahlen sei, wenn der Kaufvertrag mit einem anderen Erwerber geschlossen wird, verstößt gegen § 307 Abs. 1 Satz 1 BGB, soweit es über bloßen Aufwendungsersatz hinausgeht.[4210]

3. Eintritt in die Wohnungseigentümergemeinschaft

a) Bindungswirkungen

aa) Übersicht

2408 Mit Erwerb von Wohnungs- oder Teileigentum (Sondereigentum) »tritt« der Käufer in eine Gemengelage bereits geschaffener Gegebenheiten ein.[4211] Dies gilt insb. für
– die zum Bestandteil des Grundbuchs[4212] und damit des erworbenen Sondereigentums gewordene **Gemeinschaftsordnung** (zu der jedoch nicht etwaige in der Teilungserklärung enthaltene gewesene Abänderungsvollmachten für den Ursprungseigentümer zählen)[4213] samt ihrer durch die Rechtsprechung vorgenommener Ergänzung um Treue- und Rücksichtnahmepflichten i.S.d. § 241 Abs. 2 BGB,[4214] die jedoch bei »unechten Realteilungen« deutlich eingeschränkt sind,[4215] ferner

---

4207 Zu den Nachweisanforderungen, wenn ein solcher atypischer Vertrag behauptet wird, BGH, 12.10.2006 – III ZR 331/04, JurionRS 2006, 24570.
4208 In AGB sind jedoch sog. Zuführungsklauseln (Verpflichtung des Veräußerers, alle Interessenten dem Makler zuzuführen) unwirksam, OLG Jena NJOZ 2005, 222.
4209 BGH WM 1976, 533 unter I; BGH NJW-RR 1994, 559 unter II. 2.
4210 BGH, 23.09.2010 – III ZR 21/10, NJW 2010, 2372; ähnlich OLG Frankfurt am Main, 22.09.2010 – 19 U 120/10, NotBZ 2012, 100: Unzulässigkeit einer Aufwandsvergütung von mehr als 40 % der Erfolgscourtage für den Fall der Abstandnahme von der Verkaufsabsicht.
4211 Zu Fragen des WEG in der notariellen Praxis vgl. umfassend *Hügel/Scheel* Rechtshandbuch Wohnungseigentum (3. Aufl. 2011).
4212 De lege ferenda zur Einführung eines hierfür bestimmten (i.R.d. WEG-Novelle per 01.07.2007 jedoch nicht geschaffenen) »Zentralgrundbuches«: *v. Oefele/Schneider* DNotZ 2004, 740; krit. *Demharter* Rpfleger 2007, 121.
4213 Diese sind daher rechtsgeschäftlich erneut zu erteilen, sofern der Verkäufer schuldrechtlich zur Weitergabe verpflichtet wurde und der Käufer sich hierauf einlässt; textlich auch durch Verweisung auf die dann in beglaubigter Abschrift vorzulegende Teilungserklärung. Dass solche Abänderungsvollmachten i.d.R. im Außenverhältnis unbeschränkt sind, im Innenverhältnis jedoch ein räumliches Betroffensein der gekauften Sondereigentumseinheit ausgeschlossen sein soll, führt nicht zu einem Verstoß gegen § 308 Nr. 4 BGB (*Krause* NotBZ 2001, 433 und NotBZ 2002, 11; *Weigl* NotBZ 2002, 335; *Basty* DNotZ 2006, 179; differenzierend *Böttcher* ZNotP 2007, 298, 302 [mögliche Änderungen sind aufzuzählen] und Grziwotz/Koeble/*Riemenschneider* Handbuch Bauträgerrecht 3. Teil Rn. 743 ff. hinsichtlich des zugrunde liegenden Auftrags; krit. *Meyer* RNotZ 2006, 501); jedenfalls nicht zu einem für das Grundbuchamt maßgeblichen offensichtlichen Verstoß: BayObLG ZNotP 2002, 476 und BayObLG, 06.02.2003 – 2Z BR 111/02, DNotI-Dokument Nr. 2zbr111_02. Beschränkungen mit Außenwirkung wären regelmäßig nicht vollzugsfähig (Übersicht bei *Basty* DNotZ 2003, 934). Eine Vollmacht »zur Änderung künftiger Sondernutzungsrechte« umfasst bei unbefangener Auslegung auch die Vollmacht zur Neubegründung eines Sondernutzungsrechts, OLG München, 31.07.2007 – 34 Wx 059/07.
4214 BGH, 10.11.2006 – V ZR 62/06, ZNotP 2007, 95: Geschädigter Wohnungseigentümer darf nicht den schädigenden Sondereigentümer in Anspruch nehmen, sofern der Schaden durch eine Versicherung der Gemeinschaft regressfrei gedeckt ist.
4215 OLG München, 20.02.2008 – 32 Wx 2/08, notar 2008, 183 m. Anm. *Langhein*.

- die im Grundbuch[4216] eingetragenen **Vereinbarungen** (§ 10 Abs. 3 WEG) aller Wohnungseigentümer, die sich auch in Nutzungsbeschreibungen im Teilungsplan (»Keller«)[4217] bzw. in der Textbeschreibung der Sondereigentumseinheit[4218] niederschlagen können, und

- die wirksam gefassten, seit 01.07.2007 in der Beschlusssammlung (Rdn. 2423 ff.) aufzuführenden **Beschlüsse**, Rdn. 2412 ff. (§ 10 Abs. 3 WEG) der Versammlung der[4219] Wohnungseigentümer,
- und schließlich **Verträge**, welche die Wohnungseigentümergemeinschaft als teilrechtsfähiger Verband als solcher geschlossen hat,[4220] auch ggü. anderen WEG-Gemeinschaften[4221] – hierüber gibt auch nach dem 01.07.2007 kein Register, keine Beschlusssammlung o.Ä. verlässlich Auskunft! –,
- wirken auch gegen Sonderrechtsnachfolger, also für und gegen den wahren Eigentümer.[4222] Sind allseitig getroffene Vereinbarungen (Bestandteile der Gemeinschaftsordnung) nicht im Grundbuch eingetragen, kann sich der Sonderrechtsnachfolger des dadurch begünstigten Wohnungseigentums darauf berufen, der Sonderrechtsnachfolger des dadurch benachteiligten Sondereigentums ist allerdings nicht daran gebunden.[4223]

2409

bb) Schuldrechtliche Abreden

Allein **schuldrechtliche Abreden** innerhalb der Eigentümergemeinschaft (wie etwa Abmachungen[4224] über die Nutzung von Teilen des Gemeinschaftseigentums, die weder als dingliches Sondernutzungsrecht noch als Mietvertrag ausgestaltet sind), binden gem. der zwingenden[4225] Vorschrift des § 10 Abs. 2 WEG Nacherwerber von Sondereigentumseinheiten nur im Fall ausdrücklicher, ggf. auch nach dem Eigentumswechsel noch möglicher[4226] **Vertragsübernahme**,[4227] wobei

2410

4216 Aufgrund notariell beglaubigter Bewilligungen aller Wohnungseigentümer, samt Zustimmung dinglicher Berechtigter gem. §§ 877, 876 Satz 1 BGB (vgl. § 5 Abs. 4 Satz 2 WEG: »nach anderen Rechtsvorschriften erforderliche Zustimmung«), vgl. *Böttcher* NotBZ 2007, 422.
4217 Nicht aber, wenn es sich lediglich um Eintragungen des Architekten in die Genehmigungspläne handelt, die für die Abgeschlossenheitspläne wieder verwendet wurden, und der Textteil hierzu keine Festlegung enthält (»Café« enthält kein Verbot einer Speisewirtschaft): BGH, 15.01.2010 – V ZR 40/09, DNotZ 2010, 782. Ähnlich OLG Hamm, 13.02.2006 – 15 W 163/05, DNotI-Report 2006, 153: »Küche« bzw. »Kinderzimmer« für Räume innerhalb der Wohnung haben nur Veranschaulichungscharakter.
4218 OLG Zweibrücken, 14.12.2005 – 3 W 196/05, MittBayNot 2006, 333: die Bezeichnung hat den Charakter einer »Nutzungsregelung«, sodass dauernde Wohnnutzung durch die anderen Eigentümer unterbunden werden kann; aber OLG München, 25.04.2007 – 32 Wx 137/06, DNotI-Report 2007, 164: »Laden« enthält keine Nutzungsbeschränkung, sofern sich aus der Gemeinschaftsordnung keine ausschließliche Wohnraumnutzung der anderen Einheiten ergibt. »Gewerbewohnung« erlaubt nach KG, 03.12.2007 – 24 U 71/07, MittBayNot 2008, 209 sowohl die Nutzung als Wohnung wie für Gewerbezwecke. Vgl. im Einzelnen zur Kasuistik *Wenzel* in: *Bärmann* § 13 WEG Rn. 28 ff.; *Langhein* notar 2009, 206, 209.
4219 »Beschlüsse« einer nur aus einer Person bestehenden Gemeinschaft sind begrifflich nicht möglich, vgl. OLG München NJW-Spezial 2006, 148. Erscheint allerdings von mehreren Eigentümern nur einer, kann dieser wirksam Beschlüsse fassen, muss sie aber ausdrücklich feststellen und bekannt geben, am besten durch sofortige Niederschrift: OLG München, 11.12.2007 – 34 Wx 14/07, MittBayNot 2008, 290.
4220 Beispiel in BGH, 02.06.2005 – V ZB 32/05, JurionRS 2005, 16117: Bindung an Wartungs- und Betriebsverträge des Jahres 1976 für das Olympiadorf München.
4221 Lieferung von Heizenergie, OLG Koblenz, 09.09.2009 – 10 U 1164/08, NotBZ 2010, 379.
4222 Die (ggf. unrichtige) Grundbuchlage ist insoweit ohne Belang (keine Hausgeldzahlungspflicht des bloßen Bucheigentümers), OLG Brandenburg, 09.01.2006 – OLG-NL 2006, 131.
4223 BayObLG ZfIR 2003, 342; *Gutachten* DNotI-Report 2004, 150.
4224 Beispiel: BayObLG, 02.02.2005 – 2Z BR 222/04, DNotZ 2005, 789; ebenso BGH, 28.09.2007 – V ZR 276/06, JurionRS 2007, 41043: ausschließliche Benutzung von Gartenflächen; hierfür gilt Nachbarschaftsrecht entsprechend.
4225 Keine Abdingbarkeit durch im Grundbuch eingetragene Abrede, wonach schuldrechtliche Vereinbarungen auch gegen den Nachfolger gelten sollen: OLG Hamm, 19.09.2007 – 15 W 444/06.
4226 *Hügel* ZNotP 2005, 446: Rückwirkung gem. § 184 Abs. 1 BGB (gegen *Häublein* DNotZ 2002, 229). Unterbleibt die Genehmigung endgültig, geht die schuldrechtliche Vereinbarung insgesamt »unter«, BayObLG NZM 2003, 321; OLG Köln NZM 2001, 1135.
4227 *Hügel* ZNotP 2005, 442 ff.; a.A. *Häublein* DNotZ 2005, 744: Eintritt als einseitiges Rechtsgeschäft zur Begründung einer weiteren Mitgliedschaft ähnlich dem Gesellschaftsrecht, sofern die Vereinbarung sich (konkludent) hierfür öffnet.

die Zustimmung der weiteren Beteiligten bereits in der Ursprungsvereinbarung (ggf. stillschweigend im Gewand einer »Weitergabeverpflichtungsklausel«) enthalten sein kann. Eine pauschale »Übernahme« aller etwaigen bisherigen schuldrechtlichen Abreden bietet sich nicht an; sie wird auch durch die Rechtsprechung nicht als Ergebnis einer allgemein gehaltenen Bestimmung über den »**Eintritt in die Eigentümergemeinschaft**« vermutet.[4228] Selbst die positive Kenntnis des »pauschal Eintretenden« von bestimmten schuldrechtlichen Abreden genügt nicht;[4229] es bedarf vielmehr einer ausdrücklichen Verpflichtungsübernahme, etwa wie folgt:[4230]

▶ Formulierungsvorschlag: Eintritt in »schuldrechtliches Sondernutzungsrecht«

2411 Der Verkäufer hat dem Käufer mitgeteilt, dass durch bloße schuldrechtliche Vereinbarung aller damaligen Wohnungseigentümer, die nicht in das Grundbuch eingetragen wurde, dem jeweiligen Eigentümer der Einheit Nr. ..... das ausschließliche Recht zur Nutzung der im beigefügten Lageplan schraffiert gekennzeichneten Fläche als Terrassen- und Gartenbereich unter Übernahme aller damit zusammenhängenden Kosten und Lasten eingeräumt wurde. Der Käufer erkennt diese Vereinbarung an und übernimmt ausdrücklich die sich hieraus für ihn ergebenden Beschränkungen und Pflichten, insbes. zur Duldung. Er verpflichtet sich weiterhin, die Übernahme dieser Pflichten auch einem etwaigen Rechtsnachfolger mit Weitergabeverpflichtung aufzuerlegen.

cc) Beschlüsse

2412 **Risiken für den Käufer** bergen neben öffentlich-rechtlichen Haftungstatbeständen (etwa der im kommunalen Abgabenrecht statuierten gesamtschuldnerischen Haftung für Grundbesitzabgaben)[4231] in erster Linie die – weder eintragungsbedürftigen noch eintragungsfähigen, Rdn. 2415 – (**Mehrheits-) Beschlüsse, § 10 Abs. 4 WEG**. Betreffen sie allerdings Regelungsthemen, die Vereinbarungen vorbehalten sind, da nicht mehr zur ordnungsmäßigen Verwaltung i.S.d. § 21 Abs. 3 WEG gehörend,[4232] (»vereinbarungsersetzende Beschlüsse«), sind sie (mangels »Beschlusszuständigkeit«) nichtig, können insb. nicht allein durch Nichtanfechtung binnen Monatsfrist (§ 23 Abs. 4 WEG; »Zitterbeschlüsse«) Wirkung zeitigen, entgegen früherer Rechtsprechung.[4233] Anders verhält es sich, wenn solche Beschlüsse lediglich den Einzelfall betreffen (z.B. in Gestalt einer abweichenden Kostenverteilung).

(1) Öffnungsklausel

2413 Besondere Ermittlungen sind dem Käufer jedoch anzuraten, wenn die Teilungserklärung eine »**Öffnungsklausel**« für solche Beschlüsse enthält.[4234] Noch nicht entschieden ist, ob solche Öffnungsklauseln für »vereinbarungsersetzende Beschlüsse« bei Wahrung der ausdrücklichen gesetzlichen Außen-

---

[4228] BayObLG DNotZ 2005, 789 = NotBZ 2005, 260 m. Anm. *Häublein/Lehmann-Richter*; vgl. auch *Böttcher* NotBZ 2007, 201 ff. Ein lediglich schuldrechtliches (nicht im Grundbuch eingetragenes) Sondernutzungsrecht erlischt mit dem ersten Eigentumswechsel in der Gemeinschaft ohne entsprechende ausdrückliche schuldrechtliche Vertrags- oder zumindest Verpflichtungsübernahme (vgl. § 10 Abs. 2 WEG).
[4229] OLG Zweibrücken FGPrax 2005, 149 f.
[4230] Vgl. *Schmitz* notar 2008, 187, 189.
[4231] Die Teilrechtsfähigkeit der Eigentümergemeinschaft steht solchen Satzungsregelungen nicht entgegen, vgl. BVerwG NJW 2006, 791.
[4232] Beispiel: Vollständige Untersagung der Tierhaltung nur durch Vereinbarung (also verdinglichte Gemeinschaftsordnung), Beschränkung der Tierhaltung etwa durch Verbot von Kampfhunden als »Regelung des ordnungsgemäßen Gebrauchs« i.S.d. § 15 Abs. 2 WEG durch Mehrheitsbeschluss möglich, vgl. *Gutachten* DNotI-Report 2006, 69. Keine Zuweisung von Sondernutzungsrechten durch Mehrheitsbeschluss, vgl. OLG München, 21.02.2007 – 34 Wx 103/05, RNotZ 2007, 345. Keine Anordnung einer turnusmäßigen Verpflichtung der Wohnungseigentümer zur Beseitigung von Herbstlaub durch Beschluss, OLG Düsseldorf, 23.06.2008 – I-3 Wx 77/08, ZfIR 2008, 743. Keine Überbürdung der Kosten der Instandhaltung und Instandsetzung der Außenfenster auf die einzelnen betroffenen Wohnungseigentümer, BGH, 25.09.2009 – V ZR 33/09, JurionRS 2009, 23376.
[4233] BGH MittBayNot 2000, 546 und 549.
[4234] Hierzu ausführlich *Hügel* NotBZ 2004, 205 ff.; *Böttcher* NotBZ 2007, 426 ff.; *Rapp* DNotZ 2009, 335, 339 ff.

grenzen (§§ 12 Abs. 4 Satz 2, 16 Abs. 5, 22 Abs. 2 Satz 2 WEG etc.) unbegrenzt zulässig sind,[4235] z.B. auch Sondernutzungsrechte ohne Grundbucheintragung schaffen können[4236] – die allerdings wohl nur zusammen mit dem Wohnungseigentum, nicht isoliert übertragen werden können[4237] –, oder ob sie z.B. einem allgemeinen Zumutbarkeitsvorbehalt unterliegen.[4238] Gesichert ist, dass sie nicht in Mitgliedschaftsrechte eines Wohnungseigentümers, die auch durch formelle Vereinbarung nicht angetastet werden können, einzugreifen vermögen, ebenso wenig in Sonderrechte eines Wohnungseigentümers ohne seine Zustimmung. Auch die sachenrechtlichen Grundlagen der WEG-Gemeinschaft sind einem Beschluss aufgrund solcher Öffnungsklausel nicht zugänglich (also z.B. keine Umwandlung von Sonder- in Gemeinschaftseigentum oder umgekehrt im Beschlusswege). Vereinbarungsersetzende Beschlüsse, die hiergegen verstoßen, sind nicht nur anfechtbar, sondern nichtig.[4239]

Eine vorsichtige Formulierung könnte etwa lauten: 2414

▶ Formulierungsvorschlag: Öffnungsklausel für vereinbarungsersetzende Beschlüsse in der Gemeinschaftsordnung

Die Gemeinschaftsordnung kann durch Beschluss gem. §§ 10 Abs. 4, 23 Abs. 1 WEG mit einfacher Mehrheit der erschienenen oder vertretenen Sondereigentümer abgeändert werden, soweit
(a) bauliche Veränderungen betroffen sind, die voraussichtlich zur Einsparung von Bewirtschaftungskosten führen oder
(b) Änderungen der Benutzung des gemeinschaftlichen Eigentums durch technische Entwicklungen oder eine Änderung der Lebensgewohnheiten geboten sind.

Darüber hinausgehende Änderungen der Gemeinschaftsordnung (z.B. Änderung des Lastenverteilungsschlüssels) bedürfen eines Beschlusses mit dreiviertel Mehrheit der erschienenen oder vertretenen Sondereigentümer.

Voraussetzung solcher Beschlüsse zur Änderung der Gemeinschaftsordnung ist weiter stets, dass hierfür ein sachlicher Grund vorliegt und einzelne Eigentümer hierdurch nicht gegenüber dem bisherigen Rechtszustand unbillig benachteiligt werden dürfen. Sonderrechte und Sondernutzungsrechte können jedoch nur mit Zustimmung der betroffenen Sondereigentümer gebildet, entzogen oder beeinträchtigt werden.

Gem. gesetzlicher Klarstellung (seit 01.07.2007 in § 10 Abs. 4 WEG) sind (entsprechend der zuvor herrschenden Auffassung)[4240] auf der Grundlage einer solchen Öffnungsklausel gefasste Beschlüsse, auch zu »Vereinbarungs-Themen« und gesetzesändernden Charakters, zulässig, und weder eintragungsbedürftig noch -fähig.[4241] Dies gilt wohl sogar dann, wenn aufgrund eines durch Öffnungsklausel ermöglichten Mehrheitsbeschlusses eine im Grundbuch eingetragene Vereinbarung geändert wird, das Grundbuch ist dauerhaft unrichtig.[4242] Die dadurch geschaffenen **Publizitätsrisiken** sind vergleichbar 2415

4235 Dafür etwa *Jennißen/Elzer* WEG 2008 § 23 Rz 6 ff.; *Hügel/Scheel* Rechtshandbuch Wohnungseigentum 2. Aufl. 2007 Rn. 5, 62.
4236 An solche nicht gebuchten (und nicht buchungsfähigen) Sondernutzungsrechte »zweiter Klasse« kann sich allerdings kein Gutglaubenserwerb anschließen, vgl. *Hertell/Albrecht/Kesseler* Aktuelle Probleme notarieller Vertragsgestaltung im Immobilienrecht 2009/2010, DAI-Skript S. 136.
4237 Da die beiden beteiligen Eigentümer (Veräußerer und Erwerber) nicht allein den Mehrheitsbeschluss ändern können, vgl. *Schöner* MittBayNot 2010, 206 m.w.N. in Fn. 18.
4238 So etwa *Bärmann/Wenzel* WEG 10. Aufl. 2008 § 10 Rz. 144; MünchKomm/*Commichau* 5. Aufl. 2009 § 3 WEG Rz. 52 f.
4239 Rieke/Schmid/*Elzer* WEG § 10 Rdnr. 298, 290.
4240 *Röll* DNotZ 2000, 902; *Häublein* NZM 2001, 736; *Wenzel* ZWE 2004, 135 ff. – gegen *Becker* DNotZ 2004, 644; vgl. hierzu *Gutachten* DNotI-Report 2004, 151. Hielt man die Eintragung vereinbarungsersetzender Beschlüsse bei Vorliegen einer Öffnungsklausel (»Mehrheitsvereinbarungen«) für erforderlich, bedarf diese auch der Zustimmung nachteilig betroffener dinglich Berechtigter.
4241 OLG München, 13.11.2009 – 34 Wx 100/09, MittBayNot 2010, 204 m. Anm. *Schöner*; *Köhler*, Das neue WEG Rn. 154, *Schneider* NotBZ 2008, 447 (der die gesetzgeberische Entscheidung bedauert, zumal die Darstellung solcher Mehrheitsbeschlüsse in einem »Zentralgrundbuch« ebenfalls nicht weiter verfolgt wurde); a.A. zuvor *Hügel* DNotZ 2007, 350: die Bestimmung gelte nur für »Beschlüsse, die aufgrund einer Vereinbarung« gefasst wurden; Mehrheitsentscheidungen aufgrund einer Öffnungsklausel blieben aber Vereinbarungen; weiterhin hierfür plädierend *Böttcher* NotBZ 2010, 108, 110.
4242 *Schneider* in Bärmann/Seuß, Praxis des Wohnungseigentums Kap. C Rz 388.

denen der (durch BGH-Beschl. v. 20.09.2000 verworfenen) sog. Zitterbeschlüsse. Die insoweit bisher in Teilungserklärungen aus Vorsicht aufgenommene Verpflichtung zur Mitwirkung an der Eintragung vereinbarungsersetzender Beschlüsse ist daher künftig entbehrlich; sie kann auch nicht als »inhaltliche Beschränkung der Öffnungsklausel«[4243] zu einer Eintragungsbedürftigkeit führen.

2416 Auch **wirtschaftlich außerordentlich gewichtige Änderungen** der Gemeinschaftsordnung können bei Vorliegen einer solchen Öffnungsklausel im Beschlusswege herbeigeführt werden, z.B. die nachträgliche Einführung einer Haftung für Wohngeldrückstände des Vorgängers[4244] (ausgenommen Ersteigerungsfälle),[4245] oder die Bestellung von Sondernutzungsrechten.[4246] Erst seit 01.07.2007 hilft die Beschluss-Sammlung des Verwalters, Rdn. 2423 ff. Die Zustimmung dinglich Berechtigter ist – wie stets bei Beschlüssen – nicht erforderlich (wenn der überstimmte Eigentümer den Mehrheitsbeschluss gegen sich gelten lassen muss, kann sein Gläubiger nicht mehr Rechte haben).[4247]

2417 Eine solche Öffnungsklausel kann auch **durch Vereinbarung**, § 10 Abs. 3 WEG, also allseitigen, die Gemeinschaftsordnung ändernden Vertrag, nachträglich vereinbart und im Grundbuch eingetragen werden. Nach bisheriger Auffassung ist die Zustimmung dinglich Berechtigter zu einer solchen nachträglichen Einführung nicht erforderlich, da ihre Rechtsstellung allein dadurch noch nicht betroffen sei.[4248] Da jedenfalls aber seit der WEG-Reform feststeht, dass Beschlüsse (§ 10 Abs. 4 WEG), die sodann aufgrund einer solchermaßen aufgenommenen Öffnungsklausel zustande kommen, keiner Eintragung im Grundbuch (mehr) bedürfen, und auch per se ohne Mitwirkung der Gläubiger ergehen – vgl. jeweils Rdn. 2415 –, dürfte richtigerweise zur Erhaltung der Gläubigerposition im Schutzumfang des § 5 Abs. 4 WEG (Rdn. 876) nunmehr gefordert werden, dass andere als auf Zahlung gerichtete Gläubiger stets, Reallast- und Grundpfandrechtsgläubiger aber nur dann der Aufnahme einer nachträglichen Öffnungsklausel zustimmen müssen, wenn letztere auch die Begründung, Aufhebung, Übertragung oder Änderung von Sondernutzungsrechten umfasst.[4249]

(2) »Neue« Beschlusszuständigkeiten

2418 Der Gesetzgeber hat in Ergänzung der bereits vorhandenen Beschlusskompetenz, etwa zu Gebrauchsregelungen des gemeinschaftlichen Eigentums,[4250] mit Wirkung **ab 01.07.2007 zusätzliche Möglichkeiten** geschaffen, Angelegenheiten der Gemeinschaft durch Mehrheitsbeschluss zu regeln, ohne jedoch eine generelle Öffnung vorzunehmen; in Gemeinschaftsordnungen jedoch etwa angeordnete Einstimmigkeitsgebote werden insoweit durchbrochen.[4251] Mitunter können sich sogar aus § 21 Abs. 4 WEG (Pflicht zur Mitwirkung an ordnungsgemäßer Verwaltung) Schadensersatzansprüche ergeben gegen WEG-Mitglieder, die sich notwendigen Beschlüssen verweigern.[4252]

4243 Z.B. *Rapp* in: Beck'sches Notarhandbuch A III Rn. 121; angesichts der in vorerwähnter Fn. erwähnten Entscheidung des OLG München ist dies nicht mehr aufrechtzuerhalten, vgl. *Hertel* in DAI Skript Aktuelle Probleme der notariellen Vertragsgestaltung im Immobilienrecht 2009/2010, S. 125.

4244 AG Charlottenburg v. 14.05.2009, NJW-Spezial 2009, 467 m. Anm. *Drasdo* (wo allerdings die Wirksamkeit zu Unrecht abgelehnt wurde, die Entscheidung verteidigend jedoch *Kreuzer* MittBayNot 2010, 45, da die Öffnungsklausel nur die Teilungserklärung, nicht die Gemeinschaftsordnung betroffen habe).

4245 § 56 Abs. 2 ZVG: der Ersteigerer trägt die Kosten erst ab dem Zuschlag.

4246 Vgl. *Böhringer* NotBZ 2010, 85.

4247 *Schöner* MittBayNot 2010, 207 m.w.N.

4248 Hierzu ist nach OLG Düsseldorf NJW 2004, 1394 nicht die Zustimmung der an den Sondereigentumseinheiten eingetragenen Grundpfandrechtsgläubiger notwendig (lediglich verfahrensrechtlicher Inhalt ohne unmittelbaren Eingriffsgehalt), ebenso *Hügel* ZWE 2002, 503, abwägend *Schneider* NotBZ 2008, 451.

4249 *Schöner/Stöber* Grundbuchrecht Rn. 2885.

4250 Dies umfasst auch Gebrauchsregelungen zu Sondernutzungsrechten, vgl. OLG München, 03.04.2007 – 34 Wx 25/07, FGPrax 2007, 112.

4251 Abgesehen davon sind jedoch Einstimmigkeitsregelungen (bis auf die weitere Ausnahme des § 26 Abs. 1 Satz 5 WEG) zulässig, OLG Hamm, 19.08.2008 – I 15 Wx 89/08, MittBayNot 2009, 41.

4252 Vgl. *Schmid* ZfIR 2010, 673 ff.

VIII. Sonstige Regelungen, Schlussbestimmungen

Für die Praxis bedeutsame »neue Beschlusszuständigkeiten« sind: 2419
- Die durch § 12 Abs. 4 WEG geschaffene Möglichkeit, mit einfacher Mehrheit die Veräußerungsbeschränkung des § 12 WEG (insb. also die Zustimmung des Verwalters) aufzuheben, vgl. (auch zum deklaratorischen Nachweis ggü. dem Grundbuchamt) Rdn. 1687.
- Die in § 16 Abs. 3 WEG geschaffene Möglichkeit, durch einfache Mehrheit die Betriebskosten des gemeinschaftlichen und/oder des Sondereigentums[4253] nach Verbrauch, Verursachung oder einen anderen Schlüssel, der ordnungsgemäßer Verwaltung entspricht, zu verteilen (Grundbucheintragung ist auch insoweit nicht erforderlich).[4254] Demnach kann auch ein durch Vereinbarung, also bspw. in der ursprünglichen Teilungserklärung, festgelegter Schlüssel durch Mehrheitsbeschluss geändert werden, wobei die Änderung transparent sein muss und im Regelfall nicht rückwirkend wirken kann.[4255] Der Eigentümergemeinschaft steht dabei aufgrund ihres Selbstorganisationsrechtes ein weiter Gestaltungsspielraum zu.[4256] Gem. § 10 Abs. 2 Satz 3 WEG besteht ein Anspruch auf Änderung des Kostenverteilungsschlüssels, wenn das Festhalten am bisherigen unbillig erscheint (der BGH bejaht dies bei einer Abweichung zwischen Wohn-/Nutzfläche und Miteigentumsanteil von mehr als 25 %).[4257]
- Sowie die Möglichkeit, Kosten für Instandsetzungs- und Instandhaltungsmaßnahmen im Einzelfall mit der doppelten Mehrheit von mehr als drei Viertel aller stimmberechtigten Wohnungseigentümer und mehr als der Hälfte aller Miteigentumsanteile anders als nach § 16 Abs. 2 WEG (Miteigentums-Maßstab) zu verteilen, sofern dies dem möglichen Gebrauchsumfang der Wohnungseigentümer Rechnung trägt[4258] (vgl. § 16 Abs. 4 WEG). 2420
- § 21 Abs. 7 WEG schafft eine Beschlusskompetenz für Fragen der Zahlungsabwicklung (zwingende Erteilung einer Einziehungsermächtigung etc.) sowie Nutzungs- und Verwaltungsgebühren (z.B. eine Umzugskostenpauschale).[4259]
- § 22 ermöglicht schließlich Mehrheitsbeschlüsse über **Modernisierungsmaßnahmen** in folgender Abstufung:[4260] 2421
- Für Maßnahmen der modernisierenden Instandsetzung i.S.d. § 21 Abs. 5 Nr. 2 WEG (also Modernisierung anlässlich einer ohnehin erforderlichen Reparatur[4261] oder zur nachhaltigen Erhöhung des Gebrauchswertes[4262] – Lifteinbau!) genügt die einfache Mehrheit der Eigentümerversammlung (§ 22 Abs. 3 WEG).
- Für Modernisierungsmaßnahmen zur Anpassung an den Stand der Technik[4263] oder Maßnahmen i.S.d. § 559 Abs. 1 BGB[4264] ist wiederum ein doppeltes Quorum, also mehr als drei Viertel aller stimmberechtigten Wohnungseigentümer und mehr als die Hälfte aller Miteigentumsanteile erforderlich (§ 22 Abs. 2 WEG).

4253 Dies wurde bereits in der »Jahrhundertentscheidung« des BGH, 25.09.2003 – V ZB 21/03, DNotZ 2004, 366 anerkannt.
4254 Wie generell bei Beschlüssen, vgl. BayObLG NJW 1995, 202; *Fisch* MittRhNotK 1999, 221; a.A. *Hügel* DNotZ 2007, 355 m.w.N.
4255 BGH, 09.07.2010 – V ZR 202/09, JurionRS 2010, 20597.
4256 BGH, 01.04.2011 – V ZR 162/10, ZfIR 2011, 490 m. Anm. *Schmid*, und zwar auch bei Änderung des Verteilungsschlüssels aufgrund einer in der Gemeinschaftsordnung enthaltenen Öffnungsklausel, BGH, 10.06.2011 – V ZR 2/10, ZfIR 2011, 584 (nur Ls.); der Maßstab der Verteilung der Nutzungen einerseits und der Lasten und Kosten andererseits braucht nicht übereinzustimmen, vgl. BGH, 16.09.2011 – V ZR 31/11.
4257 BGH, 11.06.2010 – V ZR 174/09, ZfIR 2010, 684 m. Anm. *Rüscher*.
4258 Zur Anfechtbarkeit, wenn eine für den Einzelfall beschlossene Änderung des Kostenverteilungsschlüssels einen Anspruch der betroffenen Wohnungseigentümer auf Gleichbehandlung in anderen Fällen auslöst: BGH, 18.06.2010 – V ZR 164/09, ZfIR 2010, 637 m. Anm. *Elzer*.
4259 Hierzu *Schmid* ZAP 2011, 465 ff. = Fach 1 S. 397 ff.
4260 Vgl. hierzu im Überblick *Vahle* NWB 2007, 2773 = Fach 24, S. 2463; *Lüke* ZfIR 2009, 225 ff.
4261 Beispiel: die Hauswand ist feucht und soll daher erneuert werden und dabei gleichzeitig eine Wärmedämmung erhalten.
4262 Zum diesbezüglichen Gesetzesverweis auf § 559 Abs. 1 BGB vgl. *Krüger* ZfIR 2010, 12 ff.
4263 Beispiel: Sachverhalt wie in vorangehender Fn., allerdings ist die Wand nicht feucht, sondern die Wärmedämmung erfolgt zur Einsparung künftiger Heizenergie. Nach AG Hannover, 26.10.2010 – 483 C 3145/10, ZfIR 2010, 850 m. Anm. *Tank* fällt auch der Anbau einer Balkonanlage unter § 22 Abs. 2 WEG.
4264 Für eine großzügige Handhabung des Modernisierungsbegriffs BGH, 18.02.2011 – V ZR 82/10, ZNotP 2011, 146.

2422 – Sonstige bauliche Maßnahmen, die bspw. aus geschmacklichen Gründen oder zum Ausbau des Dachgeschosses[4265] beabsichtigt sind, bedürfen weiterhin der Zustimmung all derjenigen Wohnungseigentümer, deren Rechte über das in § 14 Nr. 1 WEG bestimmte Maß hinaus beeinträchtigt werden können (§ 22 Abs. 1 WEG). Liegt diese Zustimmung vor, entscheidet die Gemeinschaft allerdings nunmehr auch insoweit durch **Beschluss**, der demnach auch gegen Sonderrechtsnachfolger wirkt, selbst wenn die Baumaßnahme noch nicht eingeleitet ist. Lagen zum Beschluss nicht alle erforderlichen Zustimmungen vor, ist er lediglich anfechtbar[4266] – dieser Rechtszustand ist den früheren »Zitterbeschlüssen« vergleichbar. Unterbleibt eine Anfechtung, ist der nicht Zustimmende allerdings gem. § 16 Abs. 6 Satz 1 Hs. 2 WEG von den damit verbundenen Kosten befreit.[4267] (Nach alter, bis zum 30.06.2007 geltender, Rechtslage lag in der Zustimmung zur Baumaßnahme eine formfreie Willenserklärung des Einzeleigentümers, die Rechtsnachfolger nicht band und nach Ansicht der Rechtsprechung sogar bis zum Beginn der Baumaßnahme widerruflich war.)

(3) Beschlusssammlung

2423 Die Risiken aus der fehlenden Beschluss-Publizität sollen gemildert werden durch die seitens des WEG-Verwalters ab 01.07.2007 neu anzulegende (bzw. fortzuführende) **Beschlusssammlung** (§ 24 Abs. 7 und Abs. 8 WEG).[4268] Sie enthält den Wortlaut der verkündeten Beschlüsse mit Ort und Datum der Versammlung, Ort und Datum der Verkündung schriftlicher Beschlüsse sowie die Urteilsformeln gerichtlicher Entscheidungen[4269] gem. § 43 WEG (nicht jedoch z.B. eine Liste der durch den Verband geschlossenen, den Käufer ebenfalls bindenden Verträge). Die Beschlüsse und Urteile sind fortlaufend einzutragen und zu nummerieren. Frühere Eintragungen können gelöscht werden, wenn sie für die Wohnungseigentümer keine Bedeutung mehr haben. Einem Wohnungseigentümer oder einem Dritten, den der Wohnungseigentümer ermächtigt hat, ist auf sein Verlangen Einsicht in die Beschlusssammlung zu geben (§ 24 Abs. 7 Satz 8 WEG n.F.).

2424 Für Schäden aus der nachlässigen Führung der Beschlusssammlung haftet der Verwalter nach Ansicht der Regierungsbegründung nur ggü. der Eigentümergemeinschaft, nicht ggü. einem Erwerber oder Erwerbsinteressenten.[4270] Anders würde es sich verhalten, wenn der Verwaltervertrag insoweit als Vertrag mit Schutzwirkung für Dritte ausgestaltet wäre. Daneben besteht die Möglichkeit, dass der Veräußerer seinen diesbezüglichen Schadensersatzanspruch an den Käufer abtritt, wobei ein haftungsbegründender Schaden ihm nur dann entstanden sein kann, wenn ihn bspw. der Käufer erfolgreich in Anspruch nehmen kann wegen einer objektiven Zusicherung, die im Vertrauen auf die fehlerhafte Beschlusssammlung tatsächlich unrichtig war.

2425 Es empfiehlt sich, dem Kaufinteressenten mit der Übersendung des Entwurfes über den Erwerb einer Eigentumswohnung die Einsichtnahme in die Beschlusssammlung nahezulegen und beim Verkäufer für die Erteilung einer diesbezüglichen Vollmacht zu werben.

4265 Vgl. hierzu auch OLG Düsseldorf, 09.04.2008 – I-3 Wx 3/08, notar 2008, 277: der Einzelrechtsnachfolger desjenigen, der ein Dachgeschoss unerlaubt ausgebaut hat, ist als Zustandsstörer nur zur Duldung des Rückbaus seitens der Eigentümergemeinschaft auf deren Kosten verpflichtet (daher kommt es meistens zu einer gütlichen Einigung, vgl. auch § 251 BGB und BGH NJW 2004, 1798, 1801 zum Wegfall der Beseitigungspflicht bei Unverhältnismäßigkeit).
4266 Ähnlich einem Beschluss, der nicht die erforderliche Stimmenzahl erhalten hat, *Hügel/Elzer*, Das neue WEG-Recht § 7 Rn. 17.
4267 BGH, 11.11.2011 – V ZR 65/11, ZfIR 2012, 95 m. Anm. *Elzer*.
4268 Hierzu im Überblick *Sauren* ZfIR 2009, 152 ff.
4269 Wobei allein die Urteilsformel »die Klage wird abgewiesen« wenig Aussagekraft hat!
4270 BT-Drucks. 16/887, S. 34; a.A. *Armbrüster* AnwBl. 2005, 18.

dd) Zusammenfassender Hinweis

Im Kaufvertrag sollte der Hinweis auf den Kreis der Regulatorien, denen sich der Erwerber mit dem Eintritt in die Eigentümergemeinschaft »automatisch« unterwirft, entsprechend ergänzt werden, z.B. wie folgt: 2426

▶ **Formulierungsvorschlag: Hinweise bei Eintritt in die Eigentümergemeinschaft**

> Der Umfang des gemeinschaftlichen und des Sondereigentums sowie die Rechtsverhältnisse der Miteigentümer ergeben sich aus der Teilungserklärung samt Nachträgen sowie den bindenden Beschlüssen, Vereinbarungen und bisher geschlossenen Verträgen der Eigentümergemeinschaft. Dem Käufer wurde empfohlen, diese Unterlagen sowie die beim Verwalter geführte Beschlusssammlung einzusehen. 2427

b) Verband der Wohnungseigentümer

aa) Rechtsfähigkeit

Die Wohnungseigentümergemeinschaft ist (der Rechtsprechungsänderung zur GbR folgend) insoweit **rechtsfähig**, als sie bei der Verwaltung des gemeinschaftlichen Eigentums am Rechtsverkehr teilnimmt.[4271] Die zum 01.07.2007 in Kraft getretene Reform zieht in §§ 10 Abs. 1, 6 bis 8, 11 Abs. 3, 18 Abs. 1, 19 Abs. 1 und 27 WEG Konsequenzen aus dieser »Jahrhundertentscheidung« des BGH. Dabei ist zu differenzieren zwischen der teilrechtsfähigen Wohnungseigentümergemeinschaft (dem »**Verband**«), einerseits, und der Gesamtheit der Wohnungseigentümer als Bruchteilseigentümer bspw. des gemeinschaftlichen Eigentums am Grundstück (§ 1 Abs. 5 WEG), andererseits. 2428

Das Rechtsinstitut »Wohnungseigentum« setzt sich also zusammen aus **drei Bestandteilen**:
– dem Miteigentum an den dinglichen Grundlagen,
– dem Sondereigentum (»Raumeigentum«),
– und dem Anteil am Verbandseigentum in der jeweiligen Zusammensetzung der Eigentümer.[4272]

bb) Organe

Der WEG-Verwalter ist nunmehr »Diener zweier Herren«, und vertritt auch im Außenverhältnis in zweierlei Funktion: zum einen ist er (aktiver und passiver) Vertreter der Gemeinschaft der Miteigentümer am Gemeinschaftseigentum (geregelt in § 27 Abs. 2 WEG), zum anderen Vertreter[4273] des Verbands (§ 27 Abs. 3 Satz 1 WEG). Die gesetzlich zugewiesenen Aufgaben können erweitert, jedoch nicht eingeschränkt werden (§ 27 Abs. 4 WEG). Anders als etwa bei Kapitalgesellschaften ist dabei die organschaftliche Vertretungsmacht des Verwalters für den Verband nicht im Außenverhältnis unbeschränkt, sondern auf die in § 27 Abs. 3 Satz 1 WEG genannten Maßnahmen limitiert und besteht darüber hinaus (etwa beim Erwerb von Immobilieneigentum, Rdn. 2434) nur, wenn ihm entweder bereits in der Gemeinschaftsordnung umfassende Vertretungsmacht eingeräumt wurde (»Der Verwalter hat über die gesetzlichen Bestimmungen hinaus umfassende und unbeschränkte Vertretungsmacht für den Verband der Wohnungseigentümer«), oder wenn – dies ist die Regel – er hierzu »durch Beschluss der Wohnungseigentümer mit Mehrheit ermächtigt ist« (§ 27 Abs. 3 Satz 1 Nr. 7 WEG). 2429

4271 BGH, 02.06.2005 – V ZB 32/05, NJW 2005, 2061 = DNotZ 2005, 776 m. Anm. *Hügel*, S. 753 ff.; krit. Anm. durch *Bork* ZIP 2005, 1205: es fehle an ausreichender Identitätsausstattung, etwa an gesetzlicher Aktiv- und Passivvertretung durch den WEG-Verwalter; a.A. zuvor auch *Drasdo* NJW 2004, 1988. Zu den Konsequenzen vor der Reform vgl. auch umfassend *Schmidt* NotBZ 2005, 309 ff. und *Wilsch* RNotZ 2005, 536 ff. Dem Verband der Wohnungseigentümer kann demnach auch PKH gewährt werden, BGH, 17.06.2010, ZflR 2010, 560 m. Anm. *Ghadban* ZflR 2010, 781.
4272 *Hügel* DNotZ 2007, 330; MünchKomm-BGB/*Commichau* BGB 4. Aufl. 2004 vor § 21 WEG Rn. 21.
4273 Er kann also nicht mehr (wie vor der Reform) als Prozessstandschafter im eigenen Namen für den Verband Forderungen einklagen, BGH, 28.01.2011 – V ZR 145/10, DNotZ 2011, 547 m. Anm. *Elzer* S. 486.

B. Gestaltung eines Grundstückskaufvertrages

2430 Ein solcher Beschluss kann auch bereits vor dem 01.07.2007 gefasst worden sein.[4274] Nach (mutiger) OLG-Rechtsprechung[4275] kann diese Beschlussermächtigung auch in Klauseln der Gemeinschaftsordnung liegen, die auf eine (als solche unwirksame)[4276] »verdinglichte Vollmacht zur nachträglichen dinglichen Änderung der Teilung« hinauslaufen sollten. Der Verwalter kann die Ausstellung einer entsprechenden Vollmachtsurkunde verlangen (§ 27 Abs. 6 WEG, §§ 172 ff. BGB; ggf. in der Form des § 29 GBO bzw. für Versteigerungserwerb des § 71 Abs. 2 ZVG).[4277]

2431 Die »**Untereigentümergemeinschaft**«, die durch die Gemeinschaftsordnung geschaffen wird[4278] (Sondernutzungsrecht[4279] am Gemeinschaftseigentum des jeweiligen Bereichs, Zuordnung alleiniger Unterhaltung und Instandhaltung, Bildung eigener Instandhaltungsrücklagen, Beschlussfassung nur im Kreise der Betroffenen), ist ihrerseits nicht rechtsfähig,[4280] sodass das Risiko einer Gesamthaftung aller im Außenverhältnis (§ 10 Abs. 8 Satz 1 WEG) anderweit gebannt werden muss (s. Rdn. 2446).

cc) Befugnisse

2432 Die Neuregelung normiert enumerativ, welche **Rechte und Befugnisse dem insoweit rechtsfähigen Verband der Wohnungseigentümer zustehen**, nämlich »alle als Gemeinschaft gesetzlich begründeten und rechtsgeschäftlich erworbenen Rechte und Pflichten« (§ 10 Abs. 6 Satz 3 WEG).[4281] Es handelt sich also beim WEG-Verband (ebenso wie bei der Erbengemeinschaft, § 2041 BGB, und der Vor-GmbH) um ein Gebilde, das nur im Rahmen seines Verbandszwecks, der Verwaltung des dort definierten gemeinschaftlichen Eigentums, erwerbs- und rechtsfähig ist. Es handelt sich im Wesentlichen um

– **Verwaltungsvermögen** (vgl. § 10 Abs. 7 Satz 1 WEG n.F.), also das Wohngeldkonto (Rdn. 2441), Mülltonnen, Rasenmäher, Heizöl im Gemeinschaftstank etc.
– »**Sozial-«Ansprüche** auf Hausgeldzahlung[4282] und Beiträge für die Instandhaltungsrücklage (§ 16 Abs. 2 WEG); auch bei der Eintragung und Löschung von **Zwangssicherungshypotheken**[4283] (letzteres str.).[4284]
– Anspruch auf Entziehung des Wohnungseigentums (§§ 18 Abs. 1 Satz 2, 19 Abs. 1 Satz 2 WEG n.F.).

4274 OLG Hamburg (s. folgende Fußnote); es fehle an einer Überleitungsregelung, § 62 WEG.
4275 OLG Hamburg, 18.01.2010 – 13 W 28 und 29/09 notar 2010, 114.
4276 BGH DNotZ 2003, 536; vgl. *Hügel* NZM 2010, 16 f.
4277 Vgl. im Einzelnen *Böhringer* NotBZ 2008, 186.
4278 Ergänzende Vertragsauslegung allein reicht nicht, OLG Hamm, 23.02.2006 – 15 W 135/05, DNotZ 2006, 692.
4279 Der Begriff ist erstmals in § 5 Abs. 4 WEG gesetzlich verankert worden, vgl. *Häublein* NotBZ 2007, 332 zum Sondernutzungsrechtan gemeinschaftlichen (Dienstbarkeits-)rechten.
4280 *Wenzel* NZM 2006, 321, 323; OLG Koblenz, 18.10.2010 – 5 U 934/10, JurionRS 2010, 33962; eine Anfechtungsklage ist allerdings nur gegen die Mitglieder der Untergemeinschaft zu richten, wenn diese gemäß Gemeinschaftsordnung eigene Beschlusskompetenzen hat: LG München I, 20.12.2010 – 1 S 8436/10, ZfIR 2011, 367 m. Anm. *Rüscher*.
4281 Hierzu *Schmid* ZfIR 2009, 721 ff.
4282 *Wenzel* ZWE 2006, 462, 465.
4283 LG Bremen, 02.03.2007 – 3 T 137/07, NZM 2007, 453; sogar wenn der Titel noch unter Auflistung der Eigentümer ergangen ist: LG Hamburg, RPfleger 2006, 10 m. Anm. *Demharter*, S. 120. Zur Löschung einer noch unter dem Namen aller WEG-Mitglieder eingetragenen Zwangshypothek bedürfe es jedoch weiterhin der Mitwirkung aller, LG Frankfurt RNotZ 2006, 63; *Hügel* DNotZ 2007, 337. Gestaltungsüberlegungen bei *Soth* NZM 2007, 470. Richtigerweise wird gem. § 10 Abs. 7 Satz 1 WEG Verwaltungsvermögen seit 01.07.2008 per se zu Verbandsvermögen, Riecke/Schmidt/*Schneider* § 10 WEG Rn. 168, 2. Aufl. 2008.
4284 Nach Ansicht des LG Köln, 18.10.2010 – 11 T 196/09, RNotZ 2011, 179 m. krit. Anm. *Schriftleitung* und des OLG München, 16.02.2011 – 34 Wx 156/10, RPfleger 2011, 429 sei der Verwalter ohne Beschluss oder Vereinbarungsermächtigung nach § 27 Abs. 3 Satz 1 Nr. 7 WEG nicht einmal zur Löschung einer bereits für den Verband eingetragenen Sicherungshypothek befugt, es bedürfe der Abgabe einer löschungsfähigen Quittung gem. § 27 Abs. 3 Satz 1 Nr. 4 WEG (Entgegennahme von Zahlungen); a.A. *Böttcher* RPfleger 2009, 181, 182 (Annexkompetenz).

- Rechte und Pflichten aus **Verträgen** (Rdn. 2408), die der Verband abschließt (Heizöl, Gas, Wasser,[4285] Beauftragung eines Handwerkers, Einstellung eines Hausmeisters etc.,[4286] ebenso der Verwaltervertrag mit dem WEG-Verwalter.[4287]   2433
- Wohl auch die **Verkehrssicherungspflichten**,[4288] obwohl die Eigentumsgrundlage als solche den Bruchteilsberechtigten zusteht.
- Unterlassungsansprüche wegen **Gebrauchstörung** oder Schadensersatzansprüche wegen Beschädigung des Gemeinschaftseigentums (über deren Geltendmachung als solche allerdings die Bruchteilsgemeinschaft als Eigentümer beschließt)[4289] – nicht jedoch i.R.d. Abwehr von Störungen innerhalb des Kreises der Wohnungseigentümer.[4290]
- Sowie solche »Gewährleistungsansprüche«, deren Geltendmachung nur gemeinschaftlich möglich ist (obwohl Anspruchsinhaber die einzelnen Wohnungseigentümer sind), also gerichtet auf Minderung oder kleinen Schadensersatz (= Schadensersatz i.H.d. Mängelbeseitigungskosten) bei Sachmängeln des Gemeinschaftseigentums, vgl. (Rdn. 2301 ff.).   2434

dd) Teilnahme am Grundstücksverkehr

Zum Verbandsvermögen kann auch **Immobilieneigentum** zählen,[4291] etwa an einer »Hausmeisterwohnung«, die als Sondereigentum »dem Verband«, also der (gem. Rdn. 2442 im Grundbuch einzutragenden) Wohnungseigentümergemeinschaft in ihrer jeweiligen Zusammensetzung gehören kann[4292] (anstelle der bisher regelmäßig gewählten Zugehörigkeit zum Gemeinschaftseigentum der daneben bestehenden Bruchteilseigentümer in WEG-Verbindung mit der Folge, dass zur Verfügung hierüber alle Miteigentümer notariell mitwirken müssten).[4293] Mittelbar hält damit der Verband »eigene Anteile« an sich selbst.[4294] Da die Reichweite der Rechtsfähigkeit des Verbands (Rdn. 2432) zum Schutz des Rechtsverkehrs abstrakt ermittelt werden muss, genügt der Umstand, dass es sich um eine Maßnahme der Verwaltung handelt; über die Maßnahme entscheiden die Wohnungseigentümer im Innenverhältnis durch Mehrheitsbeschluss.[4295] Die Verknüpfung des Eigentumserwerbs mit dem Verwaltungsvermögen ist in der Urkunde, am besten durch eine »Zuordnungserklärung« herzustellen.[4296] Nach Ansicht des OLG Hamm[4297] hat das Grundbuchamt beim Erwerb von Sondereigentum in der »eigenen« Wohnanlage von diesem Verwaltungsbezug auszugehen.   2435

4285 BGH, 20.10.2010 – VIII ZR 329/08, ZfIR 2010, 284 m. Anm. *Elzer*.
4286 *Hügel* DNotZ 2007, 335.
4287 OLG Hamm, 03.01.2006 – 15 W 1009/05, NZM 2006, 632; ebenso *Wenzel* ZWE 2006, 2. Macht der Verwalter aufgrund Ermächtigung für die Wohnungseigentümer im eigenen Namen Ansprüche geltend, gilt diese Verfahrensstandschaft nunmehr auch ohne Weiteres für den rechtsfähigen Wohnungseigentümerverband, OLG München, 19.05.2006 – 32 Wx 58/06, NZM 2006, 512.
4288 OLG München ZMR 2006, 226 m. Anm. *Elzer*.
4289 *Hügel* DNotZ 2007, 342 mit dem Hinweis, der Verband habe lediglich die Ausübungs-, nicht die Verwertungsbefugnis; die Ausübungsbefugnis ist aber ausschließlich (der einzelne kann also lediglich den Anspruch auf ordnungsgemäße Verwaltung i.S.d. § 21 Abs. 4 WEG geltend machen).
4290 OLG München, 27.07.2005 34 – Wx 69/05, NJW 2005, 3006. Der teilrechtsfähige Verband könnte solche Abwehransprüche (etwa Beseitigung einer Funkfeststation, die nach Gemeinschaftsordnung nicht gestattet ist) erst nach Beschluss und Beauftragung durch die Wohnungseigentümergemeinschaft geltend machen, BGH, 30.03.2006 – V ZB 17/06, NJW 2006, 2187.
4291 Vgl. OLG Hamm, 04.05.2010 – 15 W 382/09, MittBayNot 2010, 470 (Nachbargrundstück zum Betrieb eines Heizwerks für die WEG); Überblick zum Meinungsstand *Gutachten* DNotI-Report 2007,169 ff. sowie *Böhringer* NotBZ 2008, 179 ff. und RPfleger 2010, 406 (408).
4292 Dann kann die Wohnungseigentümergemeinschaft als Inhaber der Sondereigentumseinheit auch sondernutzungsberechtigt sein und fremde Sondernutzungsrechte der Anlage pfänden, vgl. *Schuschke* NZM 1999, 830.
4293 Und ggf. Genehmigungen des Familien-/Betreuungsgerichts, gem. § 1365 BGB etc. erforderlich sind.
4294 Das damit verbundene Stimmrecht ruht, vgl. *Häublein* in: FS für Seuß, S. 139.
4295 *Wenzel* ZWE 2006, 469.
4296 *Schneider* RPfleger 2008, 292; *Hügel* NotBZ 2008, 176.
4297 OLG Hamm, 20.10.2009 – I-15 Wx 81/09, ZfIR 2010, 190 m. Anm. *Rüscher* (Erwerb von Tiefgaragen-Stellplätzen).

B. Gestaltung eines Grundstückskaufvertrages

2436 Ob der Erwerb darüber hinaus eine Maßnahme der **ordnungsmäßigen**[4298] Verwaltung i.S.d. § 21 Abs. 3 WEG darstellt oder nicht (also der Verbandszweck eingehalten ist), betrifft hingegen allein das Innenverhältnis der Wohnungseigentümer und wäre ggf. Gegenstand einer rechtzeitigen[4299] Beschlussanfechtung i.S.d. § 46 WEG;[4300] sie ist demnach durch das Grundbuchamt nicht zu prüfen[4301] (Die frühere untergerichtliche Rechtsprechung[4302] war hierzu strenger). Einer Genehmigung nach § 12 WEG bedarf es naturgemäß nur beim Erwerb eines Objekts in einer anderen Wohnanlage; die Gemeinschaft bedarf keines Schutzes vor sich selbst. Güterrechtliche, Insolvenz- und betreuungsrechtliche Beschränkungen einzelner Mitglieder des Verbands schlagen auf den Erwerb/die Veräußerung des Verbands selbst nicht durch.[4303]

2437 Beim Erwerb einer **Hausmeisterwohnung** (oder des bisher als Sondereigentum gebildeten Schwimmbads) dürfte der notwendige Verwaltungsbezug unstreitig gegeben sein, ebenso beim Hinzuerwerb eines Sondernutzungsrechtes zu einem bereits dem Verband gehörenden Sondereigentum oder bei einem »Rettungserwerb« in einer Zwangsversteigerung, der einen vermeintlich unzuverlässigen fremden Ersteher »fernhalten« soll.[4304] Gleiches gilt für Nachbarflächen, die nach Hinzuerwerb nicht in die WEG-Teilung einbezogen werden (hierzu vgl. Rdn. 810): erwirbt »die Wohnungseigentümergemeinschaft« als Verband, steht das Grundstück deren Mitgliedern in ihrer jeweiligen Zusammensetzung zu.[4305] Der Verwaltungsbezug liegt wohl auch vor, wenn die Eigentümer beschließen, die vorhandenen Rücklagen in Sacheigentum (Erwerb einer Immobilie) anzulegen, oder aber zur Finanzierung von Gemeinschaftsaufgaben Kredit aufzunehmen.[4306] Fraglich ist allerdings der Erwerb reiner Freizeitobjekte (»Hochseeyacht zur Erholung der WEG-Mitglieder«) oder gewerblicher Unternehmungen (»Einkaufszentrum zur Sicherung der Versorgung der WEG-Mitglieder«).

▶ Hinweis:

2438 Sollte allerdings künftige obergerichtliche Rechtsprechung das Vorliegen von Verwaltungsvermögen allein aufgrund entsprechender Beschlusslage ablehnen und stattdessen die »Verwaltung des gemeinschaftlichen Eigentums« i.S.d. § 10 Abs. 6 WEG objektiv und damit enger auslegen, läge ggf. eine Auflassung an einen insoweit nicht existenten Rechtsträger vor, die (wohl) nicht einmal Grundlage gutgläubigen Nacherwerbs sein kann.[4307] Vorsichtige Notare nehmen einen entsprechenden Warnhinweis in die Erwerbsurkunde auf (Rdn. 2439), zumal gewichtige Stim-

---

4298 Ordungsmäßige Verwaltung liegt nicht mehr vor z.B. bei Verstoß gegen den Gleichbehandlungsgrundsatz, BGH, 01.10.2010 – V ZR 220/09, ZfIR 2010, 847.
4299 Zur insoweit bestehenden Erhebungs- und Begründungsfrist (Ausschlussfristen des materiellen Rechts) BGH, 16.01.2009 – V ZR 74/08, JurionRs 2009, 10253.
4300 OLG Celle, 26.02.2008 – 4 W 213/07, NotBZ 2008, 198 m. Anm. *Heggen*. Ebenso *Schneider* RPfleger 2008, 291 und LG Deggendorf NotBZ 2008, 350 (zu Arrondierungsflächen) sowie LG Frankenthal MittBayNot 2008, 128. Zu den möglichen Abwägungskriterien i.R.d. Beschlussanfechtung *Kaufmann* RNotZ 2010, 52.
4301 *Böhringer* NotBZ 2008, 183 m.w.N.
4302 Z.B. LG Nürnberg-Fürth, 19.06.2006, ZMR 2006, 812 m. Anm. *Schneider*: kein ausreichender Verwaltungsbezug, wenn der Verwalter bei der Zwangsversteigerung ein Gebot für den Verband abgibt, um unliebsame andere Ersteigerer abzuwehren; ähnlich LG Heilbron, 30.01.2007 – 1 T 7/07, ZMR 2007, 649 m. abl. Anm. *Hügel* (Erwerb eines Tiefgaragenstellplatzes falle nicht mehr unter die Verwaltung des gemeinschaftlichen Eigentums).
4303 Vgl. *Böhringer* NotBZ 2008, 183.
4304 *Böhringer* RPfleger 2010, 406, 408; a.A. LG Nürnberg-Fürth ZMR 2006, 812 m. abl. Anm. *Schneider*.
4305 Hierzu *Schneider* RPfleger 2007, 175.
4306 *Derleder* ZWE 2010, 10.
4307 Vgl. *Gutachten* DNotI-Report 2007, 172 f.

VIII. Sonstige Regelungen, Schlussbestimmungen

men (gegen die derzeit ganz h.M.) dem WEG-Verband sogar generell die Fähigkeit absprechen, Immobilieneigentum zu erwerben, jedenfalls aber »Anteile an sich selbst« zu halten.[4308]

Dieser könnte etwa lauten: 2439

▶ **Formulierungsvorschlag: Warnhinweis an immobilienerwerbenden WEG-Verband**

Der Notar hat beide Vertragsparteien darauf hingewiesen, dass der Bundesgerichtshof sich noch nicht zu Möglichkeit und Voraussetzungen des Immobilienerwerbs durch den Verband der WG-Eigentümer geäußert hat. Verneint er diese gegen die derzeit herrschende Auffassung, kann der Verband der Wohnungseigentümer trotz Entrichtung des Kaufpreises und Umschreibung im Grundbuch kein Eigentum erwerben. Ein den Verwalter ggf. ermächtigender Beschluss kann z.B. mit dem Argument angefochten werden, der Beschluss stelle sich nicht als Maßnahme ordnungsgemäßer Verwaltung dar.

Erwirbt der Verband (Immobilien-) Eigentum, ergibt sich die Vertretungsmacht des Verwalters nicht bereits aus § 27 Abs. 3 Satz 1 WEG (vgl. Rdn. 2429), sondern entweder (1) aus einer entsprechenden Vertretungserweiterung in der Gemeinschaftsordnung (dann genügt allein der Verweis auf diese), oder (2) aus einer durch jeden Wohnungseigentümer gem. § 27 Abs. 6 WEG einzeln erteilten Vollmacht, oder schließlich (3 aus einem Beschluss gem. § 27 Abs. 3 Satz 1 Nr. 7 WEG. In letzterem (Regel)fall hat also der (Mehrheits-) Beschluss Bedeutung auch für das Außenverhältnis, und ist demnach dem Grundbuchamt vorzulegen (auch insoweit gilt die Nachweiserleichterung des § 26 Abs. 3 WEG).[4309] »Rechtskraft« des Beschlusses ist nicht erforderlich, arg. § 23 Abs. 4 Satz 2 WEG. Der Vertragspartner des WEG-Verbandes sieht sich allerdings mit dem Problem konfrontiert, die dauerhafte Wirksamkeit des Beschlusses, auf dem die Vertretungsmacht beruht, kontrollieren zu müssen, sofern nicht im Fall späterer gerichtlicher Ungültigerklärung des Beschlusses nach Anfechtungsklage[4310] – etwa da der »Rettungserwerb« zahlreicher Einheiten in der »eigenen« Wohnanlage keine ordnungsgemäße Verwaltung mehr darstellt[4311] – eine analoge Anwendung des § 172 BGB bzw. der Grundsätze über die Rechtsscheinsvollmacht helfen.[4312] 2440

Dingliche Berechtigungen an fremden Grundstücken können nunmehr[4313] – wie bisher – als Grunddienstbarkeiten zugunsten der grundbesitzenden Miteigentümergemeinschaft eingetragen werden, sodass Verfügungen, etwa Inhaltsänderungen oder Rangrücktritte, nur durch alle Sondereigentümer gemeinsam getroffen werden können (§ 1 Abs. 5 WEG),[4314] oder aber als beschränkt persönliche Dienstbarkeit zugunsten des »Verbandes«, der (z.B.) »Wohnungseigentümergemeinschaft Berlin, Parkstr. 18«, sodass der Verwalter verfügungsbefugt ist, die Berechtigung aber mit Beendigung der WEG-Gemeinschaft (infolge Aufhebung des Sondereigentums, ebenso bei Vereinigung aller Anteile in einer Hand) untergeht (§ 1092 Abs. 1 Satz 1 BGB)[4315] und auch durch spätere 2441

4308 So etwa *Schöner/Stöber* Grundbuchrecht Rn. 2838c-f, wohl auch *Amann* in seiner Buchbesprechung hierzu (MittBayNot 2008, 365), ebenso *Demharter* NZM 2005, 601 f.

4309 Vgl. *Gutachten* DNotI-Report 2007, 172 m.w.N. *Böhringer* NotBZ 2008, 187; eine notarielle Beurkundung des Beschlusses ist also nicht erforderlich.

4310 Zum parallelen Sachverhalt der Ungültigerklärung des Beschlusses über die Bestellung eines Verwalters (mit der Folge, dass bereits gem. § 12 WEG erteilte Genehmigungen unwirksam sind) vgl. KG, 31.03.2009 – 1 W 209/05, RNotZ 2009, 479.

4311 OLG Hamm, 12.08.2010 – I-15 Wx 63/10, JurionRS 2010, 23319 (Ungültigerklärung bereits eines Beschlusses, der lediglich ein hierauf gerichtetes – jedoch Beratungskosten auslösendes – Verhandlungsmandat erteilt).

4312 Für letzteres z.B. *Suilmann* ZWE 2008, 119 f.; *Niedenführ/Kümmel/Vandenhouten*, Kommentar und Handbuch zum Wohnungseigentumsgesetz 8. Aufl. 2007 § 27 Rn. 78; a.A. *Jennißen/Heinemann* WEG, § 27 Rn. 15, 63.

4313 Offen (und als Entwertung des Eigentums eher zu verneinen) ist die Frage, ob Grunddienstbarkeiten zugunsten der bisherigen Gesamtheit aller Miteigentümer den »Quantensprung« in die Verbandsberechtigung vollziehen, wenn sie einen Gemeinschaftsbezug aufweisen.

4314 Bspw. auch in der Teilungserklärung in Form der Ausübungsüberlassung einer Grunddienstbarkeit; hierdurch wird jedoch kein »Sondernutzungsrecht« i.S.d. § 15 WEG begründet, vgl. OLG Düsseldorf, 09.09.2008 – 3 Wx 110/08, RNotZ 2009, 99.

4315 *Hügel* DNotZ 2007, 338; § 10 Abs. 7 Satz 4 WEG gilt wohl nicht analog.

B. Gestaltung eines Grundstückskaufvertrages

Veräußerung einer Einheit nicht wieder neu entsteht.[4316] In der Bewilligung ist die Zuordnung zum Verbandsvermögen glaubhaft darzulegen.[4317]

ee) Auftreten

2442 Die teilrechtsfähige Wohnungseigentümergemeinschaft, die auch prozessfähig ist (§ 10 Abs. 6 Satz 5 WEG n.F.), tritt im **Rechtsverkehr** auf gem. § 10 Abs. 6 Satz 4 WEG n.F. unter Angabe der Postanschrift[4318] oder Flurstücksbezeichnung[4319] des betroffenen Grundstücks, z.B. als »Wohnungseigentümergemeinschaft[4320] Brienner Str. 25, 80333 München«. Ändert sich letztere (durch Errichtung eines Rückgebäudes »Brienner Str. 25a« oder neue Flurstücksnummer nach Hinzumessung), ist dies bloße Bezeichnungsberichtigung im Grundbuch.

2443 Durch § 10 Abs. 7 WEG ist zugleich klargestellt, dass **Kontoinhaberin** des Wohngeldkontos die teilrechtsfähige Wohnungseigentümergemeinschaft ist, nicht (mehr) der Verwalter als Treuhänder.[4321] Damit ist der Übergang des »Anteils« an der Rücklage von Gesetzes wegen gewährleistet, ebenso wenig bedarf es einer gesonderten Schuldübernahme für Verbindlichkeiten der Eigentümergemeinschaft. Als Folge der Verselbstständigung des Verwaltungsvermögens ist eine **Vollstreckung in das Hausgeldkonto** nur aufgrund eines Titels gegen die Wohnungseigentümergemeinschaft als solche, nicht aufgrund eines Titels gegen einzelne Wohnungseigentümer möglich.

ff) Erlöschen

2444 Gem. § 10 Abs. 7 Satz 4 WEG n.F. **wächst** das **Verwaltungsvermögen** dem verbleibenden Wohnungseigentümer **zu**, wenn dieser Eigentümer aller Einheiten wird und damit der »Verband« erlischt.[4322] Gleiches dürfte auch umgekehrt gelten, wenn die Eigentümergemeinschaft – erstmals, auch als sog. werdende Gemeinschaft[4323] entsteht – anders jedoch, wenn nach Vereinigung in einer Hand wieder eine Mehrheit von Eigentümern vorhanden ist, da sich insoweit eine neue Gemeinschaft gebildet hat).[4324] Die notarielle Praxis wird sich (wie bereits als Reaktion auf das BGH-Urteil üblich geworden) darauf beschränken, im Innenverhältnis den Übergangszeitpunkt der wirtschaftlichen Mitberechtigung am Verwaltungskonto abweichend vom Eigentumswechsel auf den Besitzübergang zu verlegen (eine Änderung im Außenverhältnis kommt mangels Verfügungsmöglichkeit hierüber ohnehin nicht in Betracht).

4316 Weder Identität noch Rechtsnachfolge, vgl. *Böhringer* NotBZ 2008, 189; a.A. BT-Drucks. 16/887, S. 63.
4317 Prüfung der Erwerbsfähigkeit (*Demharter* GBO § 19 Rn. 95); weitere Nachweise sind nicht erforderlich: *Schneider* ZMR 2006, 618.
4318 LG Bremen RPfleger 2007, 315, ggf. mit einem Objektzusatz »Angerhof«, »Fünf Höfe«.
4319 Weniger empfehlenswert ist die Angabe der Grundbuchblätter (»Max-Vorstadt Blätter 200 – 300«), da sich diese durch Unterteilung oder Vereinigung ändern können.
4320 Die noch nicht gebräuchliche Kurzform »WEG« ist, zumal mehrdeutig, wohl nicht zulässig, vgl. *Böhringer* NotBZ 2008, 188.
4321 Vgl. *Hügel* DNotZ 2005, 760, auch zu früher üblichen »offenen Treuhand-« und »offenen Fremdkonten«. Falls gewollt, kann die Gemeinschaftsordnung den WEG-Verwalter klarstellend verpflichten, gemeinschaftliche Gelder nur auf Konten der Eigentümergemeinschaft zu verwahren. Für »Altkonten« sollten vor dem 01.07.2007 weiter alle Wohnungseigentümer persönlich einstehen müssen (Vertrauensschutz für den Gläubiger, OLG Celle NJW-Spezial 2006, 339), also auch nach ihrem Ausscheiden durch Verkauf.
4322 Riecke/Schmidt/*Elzer* § 10 WEG Rn. 20 und § 8 Rn. 54 ff. (2. Aufl. 2008); a.A. *F. Schmidt* NotBZ 2008, 320.
4323 Nach Anlegung der Wohnungsgrundbücher, Eintragung der ersten Vormerkung und Übergabe des Besitzes an die betreffenden Erwerber: BGH, 05.06.2008 – V ZB 85/07, ZNotP 2008, 369. Zur Verbandsstruktur der werdenden Gemeinschaft *Reymann* ZWE 2009, 233 und *Hügel* ZWE 2010, 122.
4324 *Hügel* DNotZ 2007, 341; *Böhringer* RPfleger 2010, 406, 409; a.A. BT-Drucks. 16/887, S. 63.

c) Haftungsverfassung

aa) Außenverhältnis

Hinsichtlich der **Haftung der Wohnungseigentümer im Außenverhältnis** (also ggü. Gläubigern der »Gemeinschaft«) realisiert das Gesetz ab 01.07.2007 einen Mittelweg: 2445

– Vor der richterlichen Anerkennung der Teilrechtsfähigkeit ging die herrschende Meinung von einer gesamtschuldnerischen Haftung der Wohnungseigentümer im Außenverhältnis aus,[4325] was naturgemäß ein beträchtliches Risiko gerade bei größeren Anlagen zur Folge hatte.
– Der BGH seinerseits verschob in seiner »Jahrhundertentscheidung« das Risiko deutlich zulasten des Gläubigers, indem er lediglich eine Haftung der teilrechtsfähigen Wohnungseigentümergemeinschaft mit ihrem Eigenvermögen als solcher annahm, und eine akzessorische, dann gesamtschuldnerische Haftung der Wohnungseigentümer nur dann in Betracht zog, wenn diese sich neben dem Verband »klar und eindeutig[4326] persönlich verpflichtet haben«[4327] oder aber den Verwalter über § 27 WEG hinaus dazu ermächtigt haben, die Sondereigentümer in dieser Weise persönlich zu verpflichten.[4328] Zum stets verwertbaren Verbandsvermögen zählten allerdings auch etwaige Nachschussansprüche gegen die Wohnungseigentümer (mittelbares Einstehenmüssen für Verbandsschulden über die eigene Finanzausstattungspflicht). Aufgrund solcher (pfändbarer) Ansprüche auf Beschlussfassung über eine hinreichende Rücklagendotierung konnte sodann im Ergebnis jeder Wohnungseigentümer, allerdings nur mehr quotal, herangezogen werden, wobei ihm etwaige Einreden gegen »den Verband« erhalten blieben.
– Die WEG-Reform schuf nunmehr in Gestalt des § 10 Abs. 8 WEG ab 01.07.2007[4329] eine unmittelbare quotale Haftung in der Höhe des jeweiligen Miteigentumsanteils (als Teilschuld im Außenverhältnis;[4330] auch im Innenverhältnis ist – soweit nichts anderes, etwa in Gestalt eines anderen Verteilungsmaßstabes, vereinbart wird – die Haftung auf diesen Anteil beschränkt.[4331] Dieser Umstand reduziert möglicherweise die Freiheit[4332] des teilenden Eigentümers, die Miteigentumsquoten nach Belieben festzulegen!). Zahlt der einzelne seinen Umlagenanteil an den Verband, wird er dadurch von der akzessorischen Außenhaftung ggü. dem Gläubiger nicht befreit.[4333] 2446

4325 Frühere Titel gegen die Wohnungseigentümer als solche in Gesamtschuld können jedoch weiter vollstreckt werden, vgl. BGH, 12.12.2006 – I ZB 83/06, NZM 2007, 164.
4326 Bloße Vertrauensschutzaspekte genügen nicht (BGH, 07.03.2007 – VIII ZR 125/06, NotBZ 2007, 176: keine Haftung einzelner Sondereigentümer neben anderen, die in der Vergangenheit bereits rk. nach alter Rechtslage hierzu verurteilt worden waren.
4327 Demnach kann z.B. eine Bauhandwerkersicherungshypothek wegen Verbindlichkeiten des Verbandes in den Grundbüchern der einzelnen Sondereigentümer nicht eingetragen werden, vgl. *Böhringer* Rpfleger 2006, 56.
4328 Wie dies *Rapp* MittBayNot 2005, 458 vorschlägt. In der Praxis dürfte dies die Ausnahme bleiben. Allerdings wird es sich (weiterhin) empfehlen, die dem Verwalter in § 27 WEG eingeräumten Befugnisse durch Beschl. gem. § 27 Abs. 1 Nr. 1 WEG oder entsprechende Regelung in der Gemeinschaftsordnung zu ergänzen, da der BGH solche Zuständigkeiten nicht allein aus der »Organstellung« des Verwalters ableitet.
4329 Nach Ansicht des KG, 12.02.2008 – 27U 36/07, NotBZ 2008, 345 (n.rk.) gilt § 10 Abs. 8 WEG auch für vor dem 01.07.2008 begründete Verbindlichkeiten der Wohnungseigentümergemeinschaft.
4330 Ein Modell, das sonst nur in der Partenreederei verwirklicht ist, § 507 HGB.
4331 Entstehende Deckungslücken werden durch die bloß teilschuldnerische Haftung »sozialisiert«.
4332 Vgl. BGH NKW 1976, 1976; BayObLG NZM 2000, 301; zu den bisherigen Grenzen: BayObLGZ 1985, 47. § 10 Abs. 2 Satz 3 WEG n.F. gibt lediglich einen Anspruch auf Anpassung des in der Gemeinschaftsordnung enthaltenen Verteilungsschlüssels; Rechtsquelle des Anpassungsbegehrens hinsichtlich der Teilungserklärung selbst wäre das allgemeine Treueverhältnis der Wohnungseigentümer, BGH, 10.11.2006 – V ZR 62/06, NJW 2007, 292.
4333 Dagegen hilft auch nicht, direkt an den Gläubiger zu zahlen und mit dem Erstattungsanspruch gegen die Umlageschuld ggü. dem Verband aufzurechnen (*Derleder/Fauser* ZWE 2007, 2, 5), da ein Aufrechnungsverbot ggü. Beitragsansprüchen besteht, vgl. *Hügel/Elzer* Das neue WEG-Recht § 3 Rn. 214.

B. Gestaltung eines Grundstückskaufvertrages

2447 – Daneben können gesetzliche Vorschriften (z.B. landesrechtliche Normen zur Tragung der Entgelte für die Abfallversorgung[4334] und Straßenreinigung[4335] etc.) eine gesamtschuldnerische Außenhaftung aller Sondereigentümer schaffen, die – gerade bei sog. Schrottimmobilien – rasch existenzbedrohenden Umfang annehmen kann. Auch in der Zwangsversteigerung einer einzelnen Wohnung können demnach die Rückstände der gesamten WEG-Anlage in der Rangklasse des § 10 Abs. 1 Nr. 3 ZVG angemeldet werden, Rdn. 2114!

▸ Hinweis:

2448 Soll die Inanspruchnahme anderer WEG-Mitglieder für Belastungen, die lediglich eine **Untereigentümergemeinschaft** betreffen, vermieden werden, müsste der WEG-Verwalter angewiesen werden, Verpflichtungen mit wirtschaftlicher Wirkung für die Untereigentümergemeinschaft lediglich dann einzugehen, wenn sie aus der Rücklage dieser Untereigentümergemeinschaft getragen werden können, z.B. durch folgende Regelung in der Gemeinschaftsordnung:[4336] »Beschließt eine Untereigentümergemeinschaft eine Instandhaltungs- oder Baumaßnahme, darf der Verwalter Verträge zu deren Durchführung erst abschließen, wenn die Untereigentümergemeinschaft die voraussichtlich erforderlichen finanziellen Mittel bereitgestellt oder zumindest gesichert hat«. Des weiteren sollte der Verwalter angehalten werden, Ver- und Entsorgungsverträge nur seitens des Verbandes als Vertragspartner einzugehen[4337] (mit der Folge lediglich quotaler, nicht gesamtschuldnerischer Haftung gem. § 10 Abs. 8 WEG).

bb) Verhältnis Veräußerer – Erwerber

2449 Neu geregelt wurde die für die notarielle Praxis besonders bedeutsame **Verteilung des Haftungsrisikos im Außenverhältnis beim Eigentumswechsel**: Die quotale Haftung des einzelnen Eigentümers erfasst solche Forderungen, »die während seiner Zugehörigkeit zur Gemeinschaft entstanden oder während dieses Zeitraums fällig geworden sind; für die Haftung nach Veräußerung des Wohnungseigentums ist § 160 HGB entsprechend anzuwenden«. Der Veräußerer haftet demnach noch 5 Jahre nach Umschreibung für alle spätestens beim Eigentumswechsel (im Keim) vorhandenen Verpflichtungen, während der Erwerber nicht haftet für solche Altschulden, die fällig wurden, bevor der Eigentumswechsel auf ihn erfolgt ist. Für die Schnittmenge, also Forderungen, die zwar vor dem Eigentumswechsel entstanden sind, aber erst danach fällig werden, haften demnach hinsichtlich der Quote des jeweiligen Sondereigentums sowohl Veräußerer als auch Erwerber gesamtschuldnerisch, das Innenverhältnis bedarf einer Regelung, falls von der hälftigen Verteilung »nach Köpfen« gem. § 426 Abs. 1 BGB abgewichen werden soll.

▸ Hinweis:

2450 Insoweit empfiehlt es sich für die notarielle Praxis, wie bisher als **Stichtag** für den Wechsel zwischen dem Risikobereich des Alt- und Neueigentümers den Stichtag des Lastenübergangs (oder auch der

---

[4334] BGH, 18.06.2009 – VII ZR 196/08, ZfIR 2009, 748 m. Anm. *Zajonz*; ähnlich VGH Baden-Württemberg NZM 2009, 286 (gesamtschuldnerische Haftung aufgrund kommunaler Abgabensatzung).
[4335] BGH notar 2009, 401 m. Anm. *Langhein* (beruhend auf § 7 Abs. 2 BerlStrReinG, auch wenn die Straßenreinigungsgebühr dort privatrechtlich erhoben wird: § 10 Abs. 6 WEG – Verband als Gebührenschuldner – stehe nicht entgegen; es könne sich sowohl jeder einzelne WEG-Eigentümer persönlich gesamtschuldnerisch verpflichten als auch das Gesetz eine solche anordnen). Anders jedoch BGH, 20.01.2010 – VIII ZR 329/08 zur (ebenfalls privatrechtlichen) Berliner Frischwasserversorgung: keine gesamtschuldnerische Haftung.
[4336] *Hügel* NotBZ 2008, 174.
[4337] *Hügel* NZM 2010, 11; wird der einzelne für eine solche Verbandsschuld über § 10 Abs. 8 WEG hinaus in Anspruch genommen, hat er gegen den Verband einen Freistellungsanspruch analog § 110 HGB i.V.m. § 257 BGB, KG ZMR 2009, 786.

Beurkundung, wegen des möglichen Einflusses auf die Kaufpreisverhandlungen) zu vereinbaren, nicht den (durch die Beteiligten wenig beeinflussbaren) Stichtag des Eigentumswechsels.

Klärungsbedürftig ist schließlich das **Kriterium**, das bis zum Besitzübergang erfüllt sein muss. Denkbar wäre, mit *Hertel*[4338] darauf abzustellen, ob die **Vertragsleistung des Gläubigers** ihrerseits vor dem Datum des Besitzübergangs erbracht wurde (also bspw. die Lieferung oder Handwerksleistung zuvor erbracht wurde, sodass sie noch dem Alteigentümer zugutekam).[4339] Einfacher – aber unter Gerechtigkeitsgesichtspunkten u.U. weniger einleuchtend – ist es, abzustellen auf das Datum des **Fälligwerdens der Verbindlichkeit**, für welche die gesamtschuldnerische Außenhaftung begründet wird, zumal auch das Gesetz die Fälligkeit als Abgrenzungskriterium wählt.

2451

Die teilrechtsfähige Wohnungseigentümergemeinschaft selbst ist gem. § 11 Abs. 3 WEG kraft Gesetzes **nicht insolvenzfähig** (als Folge ihrer Unauflöslichkeit, § 11 Abs. 1 WEG); dies war zuvor umstritten.[4340] Trotz Zahlungsunfähigkeit oder Überschuldung ist demnach der Verband der Wohnungseigentümer der uneingeschränkten Inanspruchnahme aller Einzelgläubiger ausgesetzt. Wegen § 10 Abs. 8 Satz 1 WEG (anteilige unmittelbare Außenhaftung der Wohnungseigentümer) wird ein Gläubiger dabei stets neben dem Verband der Wohnungseigentümer auch die einzelnen Wohnungseigentümer (anteilig) mitverklagen und gegen sie unmittelbar (also nicht mehr über den Umweg der Pfändung und Überweisung von Zahlungsansprüchen aus dem Wirtschaftsplan etc.) vorgehen.

2452

d) Hausgeld und Umlagen

aa) Bestehende Instandhaltungsrücklage

Ein Auszahlungsanspruch hinsichtlich des Verwaltungsvermögens steht dem Verkäufer gegen die Gemeinschaft schon deshalb nicht zu, weil es sich um »Verbandsvermögen« der teilrechtsfähigen WEG-Gemeinschaft handelt (Rdn. 2443).[4341] Entsprechende (nun lediglich deklaratorische) Hinweise in der Gemeinschaftsordnung können daher entfallen. Für die monatlichen Vorauszahlungen auf die Bewirtschaftungskosten (»**Hausgeld**«) geht im Verhältnis zur Eigentümergemeinschaft die Schuldnerschaft erst mit dinglicher Umschreibung im Grundbuch auf den Käufer über.[4342]

2453

▶ Hinweis:

Im Vertrag wird (mit Wirkung allerdings nur zwischen den Beteiligten) regelmäßig eine abweichende zeitliche Abgrenzung (nämlich auf den Zeitpunkt des vertraglichen Lastenübergangs oder, zur Vermeidung einer Rückrechnung von bereits zu Beginn des Monats abgebuchten Hausgeldzahlungen, des Monatsersten nach Lastenübergang) vorgenommen. In riskanten Fällen kann dem Verkäufer ein Rücktrittsrecht für den Fall eingeräumt werden, dass der Käufer ihn nicht vertragsgemäß von den Hausgeldzahlungen ab Lastenübergang freistellt.

bb) Haftung für Rückstände

Den **Käufer** kann umgekehrt das **Risiko** treffen, für rückständige Hausgeldzahlungen des Verkäufers zu haften, und zwar in folgenden Fallalternativen:
– die Gemeinschaftsordnung legt eine solche Haftung fest[4343] – trotz der Strukturnähe der (nun teilrechtsfähigen) WEG-Gemeinschaft zur GbR bedarf es auch künftig hierzu einer ausdrück-

2454

4338 In: Aktuelle Probleme der notariellen Vertragsgestaltung im Immobilienrecht (2006/2007), DAI-Skript, S. 146.
4339 Hierauf stellt *Fabis* RNotZ 2007, 372 in seinem Formulierungsvorschlag maßgebend ab: (»trägt der Käufer ..., wenn und soweit der Verbindlichkeit eine Gegenleistung gegenübersteht, die zum Zeitpunkt des Besitzübergangs im Verwaltungsvermögen der Gemeinschaft noch vorhanden ist oder die nach Besitzübergang in das Verwaltungsvermögen der Gemeinschaft gelangt«).
4340 Bejahend AG Mönchengladbach NJW 2006, 1071; verneinend LG Dresden NJW 2006, 2710.
4341 Vgl. III 6a der Urteilsgründe BGH, 02.06.2005 – V ZB 32/05, NotBZ 2005, 327 ff. m. Anm. *Schmidt*, S. 314.
4342 BGH MittBayNot 1989, 296; *Böhringer* Rpfleger 2006, 54.
4343 BGHZ 99, 358; allein durch Beschluss kann eine solche Haftung nicht begründet werden: BGHZ 87, 145.

lichen Bestimmung in der Gemeinschaftsordnung[4344] – bzw. sie wurde später aufgrund (z.B. als Folge einer Öffnungsklausel zulässigen) Mehrheitsbeschlusses eingeführt, vgl. Rdn. 2416 – oder
- der Beschluss gem. § 28 Abs. 5 WEG, der die Zahlungspflicht begründet, wurde erst nach Eigentumsumschreibung auf den Käufer gefasst, mag er auch vergangene Zeiträume betreffen[4345] oder
- der Beschluss wurde zwar vor Eigentumserwerb des Käufers gefasst, die Fälligkeit tritt jedoch erst danach ein.[4346]

2455 Zur Absicherung des Käufers gegen dieses Risiko sollte routinemäßig eine **Versicherung (Beschaffenheitsvereinbarung oder gar Garantie) des Verkäufers** aufgenommen werden, dass solche Rückstände für Zeiträume vor Besitzübergang nicht bestehen und derzeit auch keine Umstände bekannt sind, die zu einer künftigen Sonderumlage führen könnten (etwa als Folge bereits gefasster Beschlüsse oder laufender gerichtlicher Auseinandersetzung); bei arglistigem Verschweigen oder einer Verletzung der Garantie sind solche Zahlungen als Schadensersatz zu übernehmen.

▶ Hinweis:

In riskant erscheinenden Fällen (im Grundbuch sind z.B. Sicherungshypotheken eingetragen oder sonstige Hinweise auf Illiquidität des Verkäufers) kann eine Bestätigung des WEG-Verwalters, dass keine Rückstände bestehen und keine Sonderumlagen anstehen, zur Fälligkeitsvoraussetzung erhoben werden. Diese wird zweckmäßiger Weise durch den Notar (ggf. mit der Verwalterzustimmung gem. § 12 WEG) eingeholt.

cc) Dingliche Haftung

2456 Durch eine Änderung des § 10 Abs. 1 Nr. 2 ZVG[4347] wurde ab 01.07.2007 ein **Vorrecht für Hausgeldrückstände**[4348] des Vollstreckungsgegners »aus dem Jahr der Beschlagnahme und den letzten beiden Jahren«[4349] in der **Zwangsversteigerung** des Wohnungseigentums geschaffen, sofern diese (allerdings nur bei Versteigerung durch die Eigentümergemeinschaft selbst als Antragsteller oder Beigetretener) mindestens 3 % des Einheitswerts[4350] des Wohnungseigentums betragen,[4351] und andererseits (in jedem Fall) nicht mehr als 5 % des Verkehrswerts umfassen (§ 10 Abs. 1 Nr. 2 Satz 3 ZVG n.F.) – letztere Schranken gelten allerdings nicht bei Durchsetzung der Rückstände aus einer eingetragenen Zwangssicherungshypothek, also aus Rangklasse 4, sodass für solche Titulierungen weiter ein Rechtsschutzbedürfnis besteht.[4352]

4344 Vgl. Abschnitt 9.a der Urteilsgründe des Beschl. v. 02.06.2005 – V ZB 32/05, DNotZ 2005, 776; die Mm. (vgl. Nachweise bei Staudinger/*Rapp* BGB Einl. 58 zum WEG) plädiert jedoch für eine bereits kraft Gesetzes bestehende Einstandspflicht für Rückstände des Voreigentümers.
4345 BGH DNotZ 1989, 148.
4346 KG Wohnungseigentum 1988, 169.
4347 Vgl. hierzu umfassend *Alff/Hintzen* Rpfleger 2008, 165 ff.
4348 Im Einzelnen handelt es sich um Beiträge für Lasten und Kosten des gemeinschaftlichen Eigentums und des Sondereigentums i.S.d. §§ 16 Abs. 2, 28 Abs. 2 und 5 WEG: Lasten des gemeinschaftlichen Eigentums, Kosten der Instandhaltung und Instandsetzung, Kosten der sonstigen Verwaltung, Kosten des gemeinschaftlichen Gebrauchs und die von der Gemeinschaft abgerechneten Kosten des Sondereigentums, einschließlich des Regresses einzelner Sondereigentümer aus Vorleistungen für die Gemeinschaft, vgl. im Einzelnen *Fröhler* notar 2011, 228 ff.
4349 Sodass, worauf *Köhler* NotBZ 2007, 118 zu Recht hinweist, eine ungesicherte Zwischenzeit verbleiben kann.
4350 Gem. BGH, 02.04.2009 – V ZB 157/08, ZfIR 2009, 477, ist dieser Nachweis jedenfalls erbracht, wenn 3 % des Verkehrswerts (lt. Versteigerungsgutachten) überschritten ist. Ebenso ist der nach § 54 Abs. 1 Satz 4 GKG mitgeteilte Einheitswert für die Entscheidung über die Anordnung bzw. den Beitritt in der Rangklasse 2 verwertbar, BGH, 07.05.2009 – V ZB 142/08, ZfIR 2009, 475. Ab 01.09.2009 ist in § 10 Abs. 3 ZVG geregelt, dass das Steuergeheimnis (§ 30 AO) der Mitteilung des Einheitswertes an den Verband der Wohnungseigentümer nicht entgegensteht, womit jedoch ebenfalls kein Auskunftsanspruch begründet wurde (*Elzer* NJW 2009, 2507: »Gesetzes Schelmenstreich«). *Langhein* notar 2009, 207 und notar 2010, 194 empfiehlt daher, in der Gemeinschaftsordnung einen Auskunftsanspruch zu normieren.
4351 Dies ergibt sich aus der Verweisung in § 10 Abs. 3 ZVG auf § 18 Abs. 2 Nr. 2 WEG; die gleich hohe Schwelle für die Entziehung des Sondereigentums soll nicht unterschritten werden.
4352 LG Düsseldorf NJW 2008, 3150 gegen *Zeiser* Rpfleger 2008, 58. Sogar die Eintragung einer Zwangssicherungshypothek »soweit die zugrundeliegende Forderung nicht dem Vorrecht des § 10 Abs. 1 Nr. 2 ZVG unterfällt« widerspricht nicht dem

2457 Durch den neu geschaffenen gesetzlichen Vorrang wird in die Rechte der im Grundbuch eingetragenen Gläubiger eingegriffen, die ihre Position im Vertrauen darauf erlangt haben, ihnen würden lediglich die bisher bekannten Rangklassen 1 bis 3 des § 10 Abs. 1 ZVG vorgehen[4353] – sie können allenfalls die vorrangigen Forderungen des WEG-Verbandes gem. § 268 BGB, § 75 ZVG ablösen.[4354] Dennoch müssen bereits eingetragene Globalgläubiger der WEG-Teilung nicht (gem. §§ 876 f. BGB) zustimmen, da ihre Schlechterstellung als Entscheidung des Gesetzgebers hinzunehmen ist und andernfalls »Global-Altgläubiger« an Objekten, die am 01.07.2007 bereits geteilt waren, gegenüber »Global-Neugläubigern« bei später vollzogenen Teilungen schlechter gestellt wären.[4355] Ferner entsteht die Gefährdung nicht durch die Teilung im Eigenbesitz, sondern durch Veräußerung der ersten Einheit und damit Bildung der WEG-Gemeinschaft.[4356] Bei einer Versteigerung aus diesen WEG-Beitragsrückständen erlöschen demnach alle im Grundbuch eingetragenen Rechte, sofern keine Feststellung abweichender Versteigerungsbedingungen erfolgt ist, § 59 ZVG. Geschützt sind lediglich Erbbauzinsreallasten (aufgrund Änderung des § 9 Abs. 3 Satz 1 Nr. 1 ErbbauRG, allerdings nur, wenn sie nicht ab 01.07.2007 vollstreckungsfest bestellt sind, Rdn. 2833) und das Gesamtgrundstück betreffende Dienstbarkeiten die Grundbuchrang vor allen Verwertungsrechten haben: § 52 Abs. 2 Satz 2 Nr. 2 ZVG.

2458 Sofern die Teilungserklärung schon bisher eine Haftung des Erwerbers für Hausgeldrückstände des Veräußerers angeordnet hat (Rdn. 2454),[4357] wird damit ein Gleichlauf mit dem Versteigerungsrisiko geschaffen (allerdings schafft § 10 Abs. 1 Nr. 2 ZVG, da auf das Versteigerungsverfahren beschränkt, keine allgemeine dingliche Last). Es erscheint auch wertungsmäßig richtiger, den Erwerber mit diesem Sonderrisiko zu belasten als die Eigentümergemeinschaft, zumal Ersterer sich durch Rückfrage beim Verwalter über die Säumnis des Verkäufers hätte vergewissern und diese Kenntnis sodann bei der Kaufpreisverhandlung bzw. der Fälligkeitsregelung (Rdn. 1103, insb. im Hinblick auf die möglicherweise fehlende Schutzwirkung der Vormerkung) hätte berücksichtigen können. Seit der Reform zählen die Hausgeldzahlungen auch in Zwangsverwaltungsverfahren über säumige Sondereigentümer nicht mehr zu den vorweg zu bestreitenden (ggf. durch die Bank vorzuschießenden) Kosten der Zwangsverwaltung gem. §§ 155 Abs. 1, 161 Abs. 3 ZVG.[4358]

2459 Fraglich ist, inwieweit die **Vormerkung** sich gegen die spätere Beschlagnahme zugunsten der WEG-Gemeinschaft (durch Versteigerungsanordnung auf deren Antrag hin oder späteren Verfahrensbeitritt) durchsetzt. Diese »Rangfrage« ist noch ungeklärt, vgl. Rdn. 1133 ff.

▶ Hinweis:

2460 Das Risiko einer Inanspruchnahme des Käufers aus solchem rückständigem Hausgeld (das bei entsprechender Bestimmung in der Teilungserklärung immer besteht, sonst nur im Rahmen einer Zwangsversteigerung – dort nach herrschender Meinung stets, nach Mm. nur bei »zeitlich überholender« Vollstreckung, nach neuerer Auffassung nicht mehr bei früherer Vormerkungseintragung) lässt sich demnach allenfalls dadurch bannen, dass als weitere Voraussetzung der

---

grundbuchlichen Bestimmtheitsgrundsatz, BGH, 20.07.2011 – V ZB 300/10, ZfIR 2011, 802 m. Anm. *Zeiser*.
4353 Krit. *Schneider* ZfIR 2007, 168.
4354 *Schneider* ZWE 2011, 341 ff.
4355 BGH, 09.02.2012 – V ZB 95/11, JurionRS 2012, 11456, ebenso KG, 30.11.2010 – 1 W 455/10, MittBayNot 2011, 301 m. abl. Anm. *Kesseler*; OLG Oldenburg, 05.01.2011 – 12 W 296/10, ZfIR 2011, 254 m. zust. Anm. *Heinemann*, S. 255; OLG München, 18.05.2011 – 34 Wx 220/11, DNotI-Report 2011, 108; A.A. OLG Frankfurt am Main, 11.04.2011 – 20 W 69/11, ZfIR 2011, 573. Bejahend *Kesseler* NJOZ 2010, 1466; *ders*. NJW 2010, 2317, *ders*. ZNotP 2010, 335 und Böttcher NotBZ 2010, 239.
4356 Ebenso *Schneider* ZNotP 2010, 299 sowie ZNotP 2010, 387 (Verbot einer mehrfachen Analogie: keine entsprechende Anwendung des § 877 BGB auf das Eigentum, Teilung nach § 8 WEG sei mangels Eigentumsänderung keine Verfügung); ähnlich *Becker/Schneider* ZfIR 2011, 545 ff und *Volmer* NotBZ 2012, 40.
4357 Dies ist zulässig, BGH DNotZ 1995, 42, und umfasst dann auch fällige Sonderumlagen, BayObLG Rpfleger 1997, 17.
4358 LG Leipzig, 12.02.2009 – 3 T 1126/08, RPfleger 2009, 337.

Fälligkeit eine Bestätigung des WEG-Verwalters über das Fehlen solcher Rückstände vereinbart wird (vgl. Rdn. 1103).

dd) Sonderumlagen

2461 Besonders »gefährliche«, den Käufer wirtschaftlich belastende Beschlüsse beinhalten die Erhebung einmaliger **Sonderumlagen**, zumal bei älteren Wohnanlagen ohne ausreichende Instandhaltungsrücklage.[4359] Der Erwerber haftet für solche Sonderumlagen jedenfalls dann, wenn die Gemeinschaftsordnung dies (ggf. auch als Folge eines Mehrheitsbeschlusses bei entsprechender Öffnungsklausel) vorsieht,[4360] oder wenn die Zahlungspflicht erst nach Eigentumserwerb des Käufers fällig wird (§ 10 Abs. 4 WEG).[4361] Der Käufer sollte sich daher durch den Verkäufer versichern lassen, dass dem Verkäufer keine Umstände bekannt sind, aus denen sich solche, den Käufer treffende Sonderumlagen ergeben könnten[4362] oder ihm gar eine verschuldensunabhängige Garantie für das Fehlen solcher Beschlüsse »abnehmen« (Rdn. 1762).

2462 Zu Regeln ist auch das **Abgrenzungskriterium**, falls nicht (wie von der h.M.)[4363] auf die Fälligkeit der Umlage nach Maßgabe des Beschlusses[4364] abgestellt wird, und der **Abgrenzungszeitpunkt zwischen Verkäufer und Käufer** (der vom WEG zugrunde gelegte Eigentumsübergang[4365] ist dafür ungeeignet):
– In Betracht kommt bspw. das Datum allein der Beschlussfassung[4366] über die Maßnahme – wobei der Verkäufer dann als Abgrenzungszeitpunkt das Datum der Beurkundung, nicht den Besitzübergang favorisieren wird, damit er bei der Kaufpreisbemessung solche Beschlüsse noch berücksichtigen kann.
– Alternativ kann auch abgestellt werden auf die vollständige Durchführung (oder gar den Beginn) der Maßnahme als solche – kam sie noch vor Lastenübergang dem Verkäufer zugute, sollten die Umlagen auch ihn treffen, zumal sich die Höhe schon vor Fälligkeitseintritt kalkulieren und bei den Kaufpreisverhandlungen berücksichtigen lässt (diese Lösung favorisiert der nachstehende Baustein Rdn. 2464).

2463 Teilweise wird darüber hinaus vorgeschlagen, die Umlage für bereits beschlossene Maßnahmen gleichwohl dem Käufer aufzubürden bis zu der Höhe, in der rechnerisch auf ihn anteilige Instandhaltungsrücklagen übergehen,[4367] sodass der Verkäufer für in der Vergangenheit beschlossene Maßnahmen nur einstehen müsse, soweit die künftig fällig werdende Umlage höher sei als der »miterworbene« Anteil am Gemeinschaftskonto.

▶ Formulierungsvorschlag: Freistellungsverpflichtung des Verkäufers nur für solche Umlagen, die über rechnerischen Rücklagenanteil hinausgehen

2464 Umlagen für Maßnahmen, die vor Lastenübergang beschlossen wurden, treffen im Verhältnis der Vertragsbeteiligten noch den Verkäufer, allerdings nur sobald und soweit der hierfür neben den laufenden Hausgeldzahlungen vom Käufer verlangte Betrag den auf das verkaufte Sondereigentum entfallende Anteil an der Instandhaltungsrücklage übersteigt.

4359 Das Gesetz spricht in § 21 Abs. 5 Nr. 4 WEG unrichtig von einer »Instandhaltungsrückstellung«.
4360 BGH NJW 1994, 2950.
4361 BGHZ 104, 197.
4362 *Lingk* RNotZ 2001, 434.
4363 Vgl. OLG Köln NZM 2002, 351; OLG Köln, 15.01.2008 – 16 Wx 141/07, NZM 2008, 478 (auch wenn der durch Beschluss fällig gewordene Betrag vergangene Zeiträume betrifft).
4364 Gem. § 21 Abs. 7 WEG haben die Wohnungseigentümer nun die Kompetenz zur Fälligkeitsregelung im Beschlussweg.
4365 OLG München NZM 2006, 601.
4366 So *Amann* in: Albrecht/Amann/Hertel Aktuelle Probleme der notariellen Vertragsgestaltung 2007/2008 S. 160.
4367 So *Amann* in: Albrecht/Amann/Hertel, Aktuelle Probleme der notariellen Vertragsgestaltung 2007/2008 S. 160.

Dies verkennt jedoch, dass die miterworbenen Rücklagen (die ja häufig zur Grunderwerbsteuerreduzierung separat angegeben werden, Rdn. 1025) durchaus einen preisbildenden Faktor darstellen, sodass es unbillig wäre, sie dem Käufer nachträglich wieder zu nehmen.

ee) Absicherung des WEG-Verbandes

Besonders verwalterfreundliche Gemeinschaftsordnungen enthalten mitunter die Verpflichtung[4368] jedes Sondereigentümers, sich ggü. der (nun insoweit ja rechtsfähigen) Wohnungseigentümergemeinschaft, vertreten durch den Verwalter, wegen eines abstrakt anzuerkennenden Betrags zur Sicherung von Beitragsansprüchen der Gemeinschaft (Hausgeld, Sonderumlagen, Wiederaufbaubeiträge etc.) der **Zwangsvollstreckung** zu notarieller Urkunde zu unterwerfen; die Nichterfüllung dieser Pflicht solle zur Verweigerung der vorbehaltenen Verwalterzustimmung (§ 12 WEG) berechtigen.[4369]

2465

Zur Kostenersparnis erfolgt diese Unterwerfung zweckmäßigerweise in der Erwerbsurkunde:

2466

▶ Formulierungsvorschlag: Vollstreckungsunterwerfung für Hausgeldzahlung

> Für die Dauer meines Eigentums am Sondereigentum Grundbuch ..... Blatt ..... unterwerfe ich mich der Wohnungseigentümergemeinschaft »......« gegenüber wegen der Verpflichtung zur Zahlung des monatlichen Hausgeldes in Höhe abstrakt anerkannter ..... € monatlich, jeweils zum dritten Werktag eines Monats, der Zwangsvollstreckung aus dieser Urkunde.

Noch weiter gehend ist der Vorschlag,[4370] an jedem Sondereigentum eine nicht abtretbare Buchgrundschuld (oder Reallast) zur Sicherung der (wiederkehrenden oder einmaligen) Finanzbeiträge zugunsten der WEG-Gemeinschaft einzutragen, die dann im Kaufvertrag ohne etwa zugrunde liegende Verbindlichkeiten lediglich dinglich übernommen wird (Nichtvalutierungserklärung des WEG-Verwalters als Fälligkeitsvoraussetzung); dadurch wird jedoch die Beleihbarkeit des Objekts erheblich eingeschränkt. Sie bietet zudem eine schlechtere Rangstelle als die Versteigerung aus § 10 Abs. 1 Nr. 2 ZVG, soweit dieses Privileg reicht (Rdn. 2456), kann allerdings, bei entsprechender Zweckerklärung, auch dem Rechtsnachfolger entgegengehalten werden und erfasst auch Rückstände desselben Eigentümers mit einer anderen Wohnung in der Anlage.

2467

e) Stimmrecht

Parallel zum Übergang der Schuldnerstellung bzgl. der Bewirtschaftungskosten gem. § 16 Abs. 2 WEG wird das bestehende[4371] **Stimmrecht in der Eigentümerversammlung** an sich ebenfalls erst mit Eigentumsumschreibung dem Käufer zustehen.[4372] Regelmäßig erteilt jedoch der Verkäufer dem Käufer ab Besitzübergang Vollmacht zur Wahrnehmung dieses Stimmrechts, sofern nicht in der Teilungserklärung die Bevollmächtigung auf einen bestimmten Personenkreis (Verwandte etc.)

2468

4368 Eine diesbezügliche Vollmacht für den Verwalter wäre unwirksam (*Wolfsteiner* Die vollstreckbare Urkunde Rn. 25.45); auch eine Klauselumschreibung auf den Schuldnachfolger gem. § 727 ZPO kann nicht stattfinden, da der Käufer originär eigene Zahlungen zeitabschnittsweise schuldet. Auch eine Vollstreckung »gegen den jeweiligen Sondereigentümer« ist nicht denkbar, a.A. KG MittBayNot 1998, 48 m. abl. Anm. *Wolfsteiner*.
4369 Allerdings ist mit *Wolfsteiner* Die vollstreckbare Urkunde Rn. 25.40 am Vorliegen eines wichtigen Grundes i.S.d. § 12 Abs. 2 Satz 1 WEG zu zweifeln, zumal die Vollstreckungsunterwerfung vor dem (noch ungewissen) Eigentumserwerb abgegeben werden soll.
4370 *Rapp* MittBayNot 2005, 459.
4371 Gem. OLG Hamm RNotZ 2005, 606 entsteht das Stimmrecht bereits mit Vorratsteilung und Eintragung im Grundbuch, noch ohne Errichtung des Sondereigentums. Das Stimmrecht kann auch säumigen Wohnungseigentümern nicht durch die Gemeinschaftsordnung oder Beschluss entzogen werden, BGH, 10.12.2010 – V ZR 60/10, ZfIR 2011, 321 m. Anm. *Krüger*; vgl. auch *Kreuzer* MittBayNot 2011, 400 (dennoch gefasste Beschlüsse sind ohne Kausalitätsnachweis ungültig).
4372 KG DNotZ 1989, 155.

beschränkt ist. Für diesen Fall ist vorzusehen, dass der Verkäufer das Stimmrecht nur im Einvernehmen mit dem Käufer ausüben darf.[4373]

f) Gesamtbaustein

2469 Für die Formulierung der Kaufvertragsbestimmung zum »**Eintritt in die Eigentümergemeinschaft**« bedeutet dies:
– Ohnehin lediglich deklaratorische Regelungen zur Abtretung der Rechte und Ansprüche bzgl. des Gemeinschaftskontos oder sonstigen Verwaltungsvermögens an den Erwerber können völlig entfallen. Die abweichende Regelung des Stichtags kann pauschal für alle Rechte und Pflichten des Verkäufers ggü. Eigentümergemeinschaft und Verwalter erfolgen und umfasst damit auch die Mitberechtigung an dem Gemeinschaftsvermögen.
– Die Haftung für Außenverbindlichkeiten wird vereinfachend auf den Eintritt der Fälligkeit vor/nach Besitzübergang abstellen (i.S.e. Freistellungspflicht bei Inanspruchnahme des im Innenverhältnis nicht verpflichteten Teils).

2470 Demnach könnte eine Gesamtformulierung etwa wie folgt lauten:

▶ Formulierungsvorschlag: Eintritt in die Eigentümergemeinschaft

Der Umfang des gemeinschaftlichen und des Sondereigentums sowie die Rechtsverhältnisse der Miteigentümer ergeben sich aus der Teilungserklärung samt Nachträgen sowie den bindenden Beschlüssen, Vereinbarungen und bisher geschlossenen Verträgen der Eigentümergemeinschaft. Dem Käufer wurde empfohlen, diese Unterlagen sowie die beim Verwalter geführte Beschlusssammlung einzusehen. Verwalter ist derzeit .....

Im Verhältnis zum Verkäufer übernimmt der Käufer ab Besitzübergang alle Rechte, ab Lastenübergang

(**Formulierungsalternative**: *ab dem Monatsersten nach Lastenübergang*) alle Pflichten gegenüber Eigentümergemeinschaft und Verwalter hinsichtlich des Kaufobjekts. Umlagen für Maßnahmen, die vor Lastenübergang durchgeführt wurden, treffen noch den Verkäufer.

Sofern die vereinbarte Übertragung des Stimmrechts ab Besitzübergang nicht wirksam sein sollte, verpflichtet sich der Verkäufer, nach Weisung des Käufers abzustimmen.

Der Verkäufer versichert, dass ihm derzeit keine Umstände bekannt sind, die nach Lastenübergang zu einer den Käufer treffenden Sonderumlage führen könnten, etwa infolge bereits beschlossener künftiger Maßnahmen am Gemeinschaftseigentum oder laufender Gerichtsverfahren.

Wird einer der Vertragsbeteiligten für Schulden der Eigentümergemeinschaft gegenüber Dritten nach § 10 Abs. 8 WEG in Anspruch genommen, trifft dies im Innenverhältnis den Verkäufer für die vor Lastenübergang fällig gewordenen, den Käufer für danach fällig werdende Verbindlichkeiten. Wechselseitige Absicherungen, etwa durch Bürgschaften, halten die Beteiligten für nicht erforderlich.

4. Verwendungsbindungen, Wiederkaufsrechte

a) Gestaltungsgrenzen

2471 Insb. im Bereich der Wohnraumförderung und der Industrieansiedlung erfüllen Kommunen öffentliche Aufgaben durch privatrechtliche Grundstücksverkäufe (»Zwei-Stufen-Theorie«).[4374] Aus diesem Grund enthalten Verkaufsverträge häufig zusätzliche Vereinbarungen, die der Verwirklichung städtebaulicher Zielsetzungen[4375] dienen, und bei denen es sich nach überwiegender Auffassung um öffent-

---

[4373] *Rapp* in: Beck'sches Notarhandbuch A III Rn. 198.
[4374] Vgl. etwa OVG Rheinland-Pfalz DÖV 1993, 351; OVG Nordrhein-Westfalen ZfIR 2001, 230; ferner *Kössinger* Die Vergabe gemeindlicher Baugrundstücke, S. 53 ff. und S. 106 ff.
[4375] Planakzessorischer Charakter von Einheimischenmodellen: wegen der enumerativen Natur des Festsetzungskataloges in § 9 BauGB ließen sich solche Ziele nicht mit Mitteln eines Bebauungsplans erreichen (allerdings gem. § 12 BauGB in einem Vorhaben- und Entwicklungsplan).

lich-rechtliche Verträge handelt.[4376] Der diesbezügliche Verweis in § 62 der Landesverwaltungsverfahrensgesetze auf das BGB schließt jedenfalls seit 01.01.2002 auch die Bestimmungen des früheren AGB-Gesetzes ein,[4377] sodass die Klauselkontrolle neben die Angemessenheitskontrolle des § 11 Abs. 2 BauGB tritt.

Zulässig – auch unter wettbewerbsrechtlichen Aspekten (§ 1 UWG) – ist im Regelfall die **Verknüpfung eines Grundstücksverkaufs** mit der Verpflichtung, den **Heizenergiebedarf** durch ein von der gemeindeeigenen Gesellschaft betriebenes Blockheizkraftwerk zu decken,[4378] jedoch wohl nicht die Bindung künftiger Bauherren an örtliche Handwerksbetriebe beim Hausbau.[4379] Als Folge öffentlicher Aufgabenerfüllung in erweitertem Umfang zulässig sind Investitionspflichten und Zweckbindungsvereinbarungen, die für den Fall des Verstoßes mit (grundpfandrechtlich gesicherten) Aufzahlungsverpflichtungen[4380] oder mit einem Wiederkaufsrecht verknüpft sind.[4381] Eine 3-jährige Frist für die Erstellung des Rohbaus wurde noch als angemessen angesehen.[4382] Auch vergaberechtliche Grenzen können zu beachten sein (vgl. Rdn. 2525). 2472

Hinsichtlich der häufig für die Zeit nach Errichtung angeordneten Verwendungsbindungen (Eigennutzung, »Einheimischenmodell«[4383] etc.) wird in Anlehnung an die Verpflichtungsfristen bei Bierbezugsverträgen[4384] eine Höchstgrenze von 20 Jahren,[4385] bei besonderen Vergünstigungen (ehemaliges Reichsheimstättengesetz) sogar von 30 Jahren,[4386] angenommen. Letztere 30-Jahres-Frist ist jedoch regelmäßig die Obergrenze,[4387] auch für Rückverkaufsverpflichtungen nach dem ZGB-DDR,[4388] obgleich § 462 Satz 2 BGB eine längere Ausübungsfrist erlaubt. Zulässig ist es allerdings, den Ausübungszeitraum erst zu einem weit in der Zukunft liegenden Zeitpunkt beginnen zu lassen, sodass wirtschaftlich ein dem Erbbaurecht vergleichbares Ergebnis erzielt wird – bis zum Beginn der Ausübungsberechtigung bestehen alle Eigentümerbefugnisse ungeschmälert.[4389] Der im Verkehrsflächenbereinigungsgesetz der neuen Bundesländer enthaltene »Musterkauf« sieht für das Wiederkaufsrecht des privaten Verkäufers eine Fristgrenze von 10 Jahren vor, wobei das Wiederkaufsrecht innerhalb eines Jahres ab Kenntniserlangung ausgeübt werden muss.[4390] 2473

4376 Vgl. § 11 Abs. 1 Satz 2 BauGB; *Birk* Die städtebaulichen Verträge nach BauGB 98, Rn. 15.
4377 Vor dem 31.12.2001 hatten insb. Verwaltungsgerichte, etwa OVG Nordrhein-Westfalen NJW 1989, 1880, die Geltung des AGB-Gesetzes mit Blick darauf abgelehnt, dass § 62 VwVfG nur auf das BGB, nicht auf das AGB-Gesetz verweise.
4378 BGH, 09.07.2002 – KZR 30/00, MittBayNot 2003, 161 m. Anm. *Grziwotz*; OVG Schleswig-Holstein MDR 2000, 1088.
4379 Vgl. im Einzelnen *Burmeister* Praxishandbuch städtebaulicher Verträge Rn. 144.
4380 Vgl. *Grziwotz* DNotZ 2003, 347.
4381 Vgl. hierzu umfassend *Gzwiwotz* ZfIR 1999, 254 ff.; *ders.* ZNotP 2002, 291 ff.
4382 LG Traunstein MittBayNot 1999, 314.
4383 Hierzu grundlegend BGH NJW 2003, 888: Inhaltskontrolle erfolgt jedenfalls bei Vertragsschluss vor Einführung des § 24a AGBG (= § 310 Abs. 3 BGB) allein anhand des Gebots angemessener Vertragsgestaltung (§ 11 Abs. 2 BauGB) wobei unangemessene Klauseln durch vorteilhafte Bestimmungen im Restvertrag kompensiert werden können. Eine 10-jährige Weiterveräußerungsbindung sei angemessen.
4384 Vgl. *Gutachten* DNotI-Report 2004, 143; BGH ZIP 2001, 1245. Auch Art. 81 EGV ist zu beachten.
4385 Vgl. LG Traunstein MittBayNot 1998, 465; weiter gehend OLG München MittBayNot 2000, 98; kritisch ggü. der 20-Jahres-Frist OLG Frankfurt am Main, 27.08.2009 – 22 U 213/07, MittBayNot 2010, 236 m. Anm. *Dirnberger*, jedenfalls wenn eine »Härteklausel« fehlt.
4386 BGH, 30.09.2005 – V ZR 37/05, NotBZ 2005, 434 (Wirksamkeit des Wiederkaufsrechts auch nach Außerkrafttreten des Reichsheimstättengesetzes, Ausübung 19 Jahre nach Vertragsschluss bei einer damaligen Vergünstigung von 70 % ist nicht unangemessen).
4387 BGH, 21.07.2006 – V ZR 252/05, DNotZ 2006, 910 (im Jahr 1930 auf 90 Jahre bei vergünstigter Abgabe an Familien vereinbartes Wiederkaufsrecht zugunsten der öffentlichen Hand kann mehr als 30 Jahre nach Begründung nicht mehr ausgeübt werden).
4388 BGH, 22.06.2007 – V ZR 260/06, NotBZ 2007, 359.
4389 BGH, 20.05.2011 – V ZR 76/10, DNotI-Report 2011, 145: Ausübung frühestens nach 99 Jahren auf weitere 99 Jahre (!), gegen 2/3 des Gebäudewertes (orientiert an § 27 Abs. 2 ErbbauRG), unabhängig vom Verhalten des Betroffenen.
4390 § 10 Abs. 1 Satz 2 VerkFlBerG; vgl. hierzu *Stavorinus* NotBZ 2001, 349 ff.

B. Gestaltung eines Grundstückskaufvertrages

2474 Verwandt sind gesetzliche Rückabwicklungsrechte zur Sicherung **gesetzlicher Veräußerungsverbote**,[4391] bspw. gem. § 3 Abs. 10 Satz 1 AusgleichsleistungsG i.V.m. §§ 12, 13 Flächenerwerbsverordnung (FlErwVO) für privatisierte, aus besatzungshoheitlicher Enteignung stammende land- und forstwirtschaftliche Flächen im Beitrittsgebiet. Dieses (seit 11.07.2009 auch für frühere Verträge gesetzlich abgeschwächte)[4392] Veräußerungsverbot gilt auf die Dauer von 15 Jahren ab Beurkundung; aufgrund gesiegelter Feststellung der BVVG wird ein »Veräußerungsverbot mit Genehmigungsvorbehalt gemäß § 3 Abs. 10 AusglG«, ohne Eintragung eines Begünstigten, in Abteilung II des Grundbuchs vermerkt. § 12 FlErwVO schafft daneben ein gesetzliches Rücktrittsrecht im Fall der Aufgabe der land- und forstwirtschaftlichen Nutzung sowie der »de facto – Veräußerung« durch mehrheitlichen Gesellschafterwechsel.

2475 Daneben bedarf gem. § 12 Abs. 3 FlErwVO auch jede andere Verfügung über die betroffene Fläche der behördlichen Zustimmung, die allerdings zu erteilen ist, wenn die Zweckbindung nicht gefährdet wird. Bei Übertragungen in vorweggenommener Erbfolge an ortsansässige Personen oder an Berechtigte i.S.d. § 1 FlErwVO soll ebenso von einem Rücktritt abgesehen werden (§ 12 Abs. 7 FlErwVO). Im Fall der Rückabwicklung sind lediglich gezogene Übermaßfrüchte zu ersetzen: andererseits besteht Anspruch auf Ausgleich getätigter Verwendungen gem. § 996 BGB (§ 12 Abs. 9 FlErwVO).

2476 Seit Juli 2009 kann sich der Betroffene von der Zweckbindung (Verbot der Nutzungsänderung, Verfügungszustimmungsvorbehalt, Selbstbewirtschaftungspflicht) und dem Veräußerungsverbot freikaufen, wobei die BVVG erst nach Ablauf von 5 Jahren ab Beurkundungstag zwingend hierauf einzugehen hat, gegen Nachzahlung der Differenz zwischen dem historischen Kaufpreis und dem aktuellen Verkehrswert unter Abzug von 9,09 % pro Jahr ab dem 5. Jahr.

b) Sanktionen

2477 Die Vereinbarung eines Rücktrittsrechts ist in der Praxis wegen der nicht passenden Rückabwicklungsregelung (z.B. § 346 Abs. 2 BGB) eher selten. Bevorzugt wird das **Wiederkaufsrecht**, §§ 456 bis 462 BGB als schuldrechtliches, vormerkungsfähiges Recht, dessen Übertragbarkeit[4393] und Vererblichkeit i.d.R. ausgeschlossen werden. Die Ausübung des Wiederkaufsrechts bedarf gem. § 456 Abs. 1 Satz 2 BGB nicht der notariellen Beurkundung oder Beglaubigung, wobei letztere zu Beweiszwecken oft gewillkürt wird. Für den Fall, dass der Wiederkauf nicht ausgeübt wird, kommen auch bedingte Kaufpreisaufzahlungspflichten in Betracht.[4394] Die maximale Ausübungsfrist beträgt grds.[4395] 30 Jahre (§ 462 BGB); diese Frist beginnt bei aufschiebend befristeten Wiederkaufsrechten (z.B. Abhängigkeit vom Tod des Berechtigten) erst mit Fristeintritt, ebenso bei aufschiebend bedingten Wiederkaufsrechten (Anknüpfung an einen Pflichtverstoß, z.B. bei Einheimischenmodellen), wobei im letzteren Fall die Ausübung (einschließlich der Entschließungszeit) spätestens 30 Jahre nach der Vereinbarung erfolgen muss.[4396] Auch bei Wiederkaufsrechten zugunsten öffentlich-rechtlicher Körperschaften tritt Verwirkung nicht bereits ein binnen eines Jahres ab Kenntnis (keine Analogie zu §§ 48 Abs. 4, 49 Abs. 3 Satz 2 VwVfG).[4397] Hierzu (vereinfachend ggü. der alternativen Sanktion durch Wiederkauf oder Nachzahlungspflicht beim Einheimischenmodell, Rdn. 2492):

[4391] Zu gerichtlichen Verfügungsverboten vgl. Rdn. 132.
[4392] So ist der Rückforderungsgrund der »erheblichen Abweichung vom Betriebskonzept« im Bereich land- (nicht forst-) wirtschaftlicher Grundstücke rückwirkend gestrichen worden.
[4393] BGH NJW 1991, 1948.
[4394] OLG Rostock, 05.03.2009 – 3 U 112/08, ZfIR 2009, 875 (BGH – V ZR 63/09) m. Anm. *Grziwotz*, auch zu den öffentlich-rechtlichen Voraussetzungen der Rückforderung einer Subvention (§ 49 VwVfG).
[4395] Die Vereinbarung einer längeren Ausübungsfrist gem. § 462 Satz 2 BGB ist an § 138 Abs. 1 BGB zu messen; nach BGH, 29.10.2010 – V ZR 48/10, DNotI-Report 2010, 222 kann auch eine 90-jährige Frist wirksam sein, sofern die Bedingungen des Rückkaufs den Käufer nicht unangemessen benachteiligen.
[4396] *Klühs* ZfIR 2010, 265, 267.
[4397] BGH, 06.11.2009 – V ZR 63/09, ZfIR 2010, 467 m. zust. Anm. *Dirnberger*, a.A. *Klühs* ZfIR 2010, 265, 267.

▶ Formulierungsvorschlag: Wiederkaufsrecht beim Bauplatzverkauf durch die Gemeinde

Der Käufer erklärt sich bereit, 2478
a) die Vertragsfläche innerhalb von 5 Jahren i.R.d. Festsetzungen des Bebauungsplanes zu bebauen, und

b) die Vertragsfläche in unbebautem Zustand nicht zu veräußern.

Die Bauverpflichtung ist mit Eintritt der Bezugsfertigkeit erfüllt.

Erfüllt der Käufer diese Bauverpflichtung nicht termingerecht oder verstößt er gegen das Veräußerungsverbot, ist der Verkäufer zum

Wiederkauf

der Vertragsfläche berechtigt.

Die Ausübung des Wiederkaufsrechts ist an keine Frist gebunden und daher so lange möglich, als der Wiederkaufsgrund nicht weggefallen ist. Das Wiederkaufsrecht ist nicht abtretbar und unvererblich.

Im Fall der Ausübung des Wiederkaufs ist das Grundstück an den Verkäufer oder an durch diesen benannte, übernahmewillige Dritte zu übertragen.

Als Wiederkaufspreis gilt der Betrag, den der heutige Käufer endgültig für die Vertragsfläche entrichtet hat, zuzüglich nachgewiesener entrichteter Erschließungsbeiträge und Anschlussgebühren. Weitere Investitionen sind zum Zeitwert auszugleichen. Die Beträge sind nicht zu verzinsen.

Die im Fall der Ausübung des Wiederkaufsrechts für die Rückabwicklung entstehenden Kosten, Gebühren und Steuern hat der heutige Käufer zu tragen. Der Verkäufer ist berechtigt, derartige Beträge bei der Rückzahlung des Kaufpreises einzubehalten.

Zur Sicherung des Wiederkaufsrechts wird die Eintragung einer

Vormerkung nach § 883 BGB

am Vertragsgrundstück für den Verkäufer bewilligt und beantragt, Zug-um-Zug mit der Eintragung der Auflassung aus diesem Kaufvertrag.

Wenn der Käufer seine Bauverpflichtung erfüllt und dies in geeigneter Weise dem Verkäufer nachgewiesen hat, ist die Vormerkung im Grundbuch wieder zu löschen; die Kosten hierfür hat der heutige Käufer zu tragen.

c) Rechtsnachfolge

Wird ein mit einem solchen Wiederkaufsrecht belegtes Grundstück vor Erfüllung der dadurch gesicherten (Bebauungs-, Eigennutzungs- etc.) verpflichtung veräußert und führt diese Veräußerung nicht bereits per se zur Ausübung des Wiederkaufsrechtes, wird der Gläubiger (die Gemeinde) verlangen, dass sich der Erwerber in inhaltsgleicher Weise verpflichtet. Anders als Vorkaufsrechte (§ 1094 BGB) wirken Wiederkaufsrechte nicht dinglich gegen den »jeweiligen Eigentümer«. Erforderlich ist also eine Schuld- bzw. Vertragsübernahme; textlich ggf. erleichtert durch **Verweisung auf die Ersturkunde** (§ 13a BeurkG). Die bereits eingetragene Vormerkung kann, wenn Eigentumswechsel und Schuldübergang zeitgleich stattfinden, fortbestehen, wobei ein klarstellender Vermerk zur Anzeige der Schuldübernahme (in Abgrenzung zur vormerkungswidrigen Veräußerung allein des Grundstücks) möglich und ratsam ist, vgl. Rdn. 903 ff; Formulierungsvorschlag Rdn. 905. 2479

Bzgl. der dem Ersterwerber auferlegten Pflichten werden die Beteiligten – vorbehaltlich der Zustimmung des Gläubigers, also der Gemeinde – eine befreiende Schuldübernahme vereinbaren. Die Fälligkeit des Kaufpreises tritt dann erst ein, wenn die Gemeinde diese genehmigt und auf die Ausübung des Wiederkaufsrechts aus Anlass des Verkaufs verzichtet hat. Macht sie es jedoch geltend, wird jede Partei des beurkundeten Vertrags zum Rücktritt berechtigt sein, wobei dem Käufer 2480 regelmäßig nur die Kosten der Urkunde, der Finanzierung bei Notar und Grundbuchamt (Eintragung und Löschung) zu erstatten sein werden.

5. Einheimischenmodelle

2481 In thematischer Nähe zu Verwendungsbindungen durch die öffentliche Hand stehen sog. Einheimischen-Modelle[4398] i.R.d. Bauplatzvergabe. Die Gemeinde erfüllt damit, sofern entsprechender Bedarf besteht,[4399] eine ihr gem. § 1 WoFG und nach dem BauGB (Deckung des Wohnbedarfs der ortsansässigen Bevölkerung) obliegende Aufgabe, die sie vom haushaltsrechtlichen Verbot der Unterwertveräußerung befreit.[4400] Die Zuwendung (Verbilligung) und ihre Rückabwicklung erfolgen nach der herrschenden Zweistufentheorie[4401] mit Mitteln des Verwaltungsrechts nach pflichtgemäßem Ermessen; die Ausführung kann zivilrechtlich erfolgen, allerdings unter Beachtung der öffentlich-rechtlichen Grenzen. Denkbar sind solche Modelle auch zur Sicherung der Struktur des örtlichen Gewerbes, bspw. um Betriebsumsiedlungen aus dem Innenbereich in neue Gewerbegebiete zu ermöglichen.[4402] Zur Umsetzung kommen insb. das **Angebots-,** (unten a) **Ankaufs-** (b) oder das **Zwischenerwerbermodell** (c) vor, bei deren Gestaltung besondere Vorgaben zu beachten sind (d). Daneben treten Modelle zur langfristigen Sicherung der gemeindlichen Bodenbevorratung (e).

a) Angebotsmodell (»Weilheimer Modell«)

2482 Beim sog. **Weilheimer Modell**[4403] unterbreitet der Grundstückseigentümer, bevor der Beschluss über die Aufstellung eines Bebauungsplans durch die Gemeinde gefasst wird, dieser ein Kaufangebot, das durch Vormerkung im Grundbuch gesichert wird. Dieses Angebot, das auch für beliebige Teilflächen oder nach Parzellierung gebildete Flurstücke angenommen werden kann, wird von der Gemeinde insoweit nicht angenommen, als mit ihrer Zustimmung eine Veräußerung an den begünstigten Personenkreis »einheimischer Bauwilliger« erfolgt und im Kaufvertrag eine bedingte Veräußerungspflicht zugunsten der Gemeinde für den Fall des Weiterverkaufs in unbebautem Zustand (Spekulation) oder der Nichtbebauung innerhalb bestimmter Frist vereinbart wird. Hierzu[4404]

▶ Formulierungsvorschlag: Einheimischenmodell (Angebotsvariante)

2483 Die Gemeinde verpflichtet sich, das Angebot nicht anzunehmen, wenn
– die Veräußerung an den Ehegatten, eingetragenen Lebenspartner, Eltern, Geschwister oder Abkömmlinge des Anbietenden erfolgt oder
– die Veräußerung an einen Ortsansässigen im Sinn der nachstehenden Bestimmungen erfolgt und dieser seinerseits ebenfalls ein Kaufangebot mit den in dieser Urkunde niedergelegten Vereinbarungen macht, wobei sich dieser jedoch die bei seinem Veräußerer oder dessen Rechtsvorgänger abgelaufene Zeit des Bindungszeitraums zu seinen Gunsten anrechnen lassen kann, er ist also nur noch hinsichtlich der restlichen Laufzeit an das Angebot gebunden. Ortsansässig im Sinn dieser Regelung ist, wer mindestens ..... Jahre im Gebiet der politischen Gemeinde ..... gelebt oder gearbeitet hat. Die Erfüllung der Anforderung an den melderechtlichen Hauptwohnsitz ist nicht maßgebend, ebenso wenig ob es sich um eine abhängige oder selbständige Tätigkeit handelt. Gleichgestellt sind Personen, die nach europarechtlichen Vor-

---

[4398] Vgl. umfassend *Glück* Wege zum Bauland, S. 125 ff.; *Grziwotz* Vertragsgestaltung im öffentlichen Recht, S. 196 ff.; *Hertel* in: Zehn Jahre DNotI (2003), S. 77 ff. sowie im Würzburger Notarhandbuch Teil 6 Rn. 153 ff., monografisch *Huber/Wollenschläger*, Einheimischenmodelle (Duncker & Humblot, Schriften zum öffentlichen Recht Bd 1112, 2008).
[4399] VGH Baden-Württemberg NVwZ 2001, 694. Fällt der Bedarf (in »Schrumpfungsgemeinden«) später weg, darf sich die Gemeinde nicht mehr auf die Einheimischenbindung berufen, *Grziwotz* MittBayNot 2011, 361.
[4400] *Schöner/Stöber* Grundbuchrecht 4075 ff.
[4401] Vgl. hierzu *Maurer* Allgemeines Verwaltungsrecht § 17 Rn. 11 ff.
[4402] Vgl. VGH Bayern MittBayNot 1999, 404.
[4403] Hierzu BVerwG NJW 1993, 2695.
[4404] Nach *Grziwotz* Beck'sches Notarhandbuch A XI, Rn. 22.

schriften zur Aufnahme einer selbständigen oder abhängigen Arbeitsaufnahme in der Gemeinde ein Freizügigkeitsrecht oder eine Niederlassungsfreiheit in Anspruch nehmen können.

b) Ankaufsmodell (»Traunsteiner Modell«)

Das sog. **Traunsteiner Modell** bindet den Grundstückseigentümer durch einen Ankaufsvertrag mit der Gemeinde, also eine durch Ausübung eines Gestaltungsrechts der Gemeinde bedingte, im Grundbuch gesicherte Übereignungsverpflichtung zu einem Kaufpreis, der sich etwa auf 70 % des im Verkehr mit Nichteinheimischen üblichen Kaufpreises beläuft.[4405] Als Variante kann auch lediglich ein Verbot von Verpflichtungs- oder Verfügungsgeschäften zugunsten nichteinheimischer Bauwerber vereinbart werden, das mittelbar durch eine Vertragsstrafe sanktioniert wird, die im Grundbuch durch Hypothek gesichert wird.

2484

c) Zwischenerwerbsmodell

Bei den »**Zwischenerwerbsmodellen**«[4406] (z.B. »Echinger Modell«) erwirbt die Gemeinde ab Aufstellung eines Bebauungsplans die künftigen öffentlichen Verkehrs- und Ausgleichsflächen (zum Enteignungswert) und weitere Flächen zur Deckung des Bedarfs Einheimischer (zum Bauerwartungslandpreis).[4407] Der Grundstückseigentümer kann vom Vertrag zurücktreten, falls ein Bebauungsplan mit bestimmten Festsetzungen nicht bis zu einem bestimmten Zeitpunkt rechtsverbindlich wird. Der Kaufpreis wird zulasten der Gemeinde vielfach erst mit Rechtsverbindlichkeit des Bebauungsplans fällig, sodass Zwischenfinanzierungskosten bei der Gemeinde möglichst gering gehalten werden sollen.

2485

d) Gestaltungshinweise

▶ Hinweis:

I.R.d. **Vertragsgestaltung**[4408] ist auf genaue Festlegung der Qualifikationsmerkmale eines »Einheimischen« zu achten. Wegen Art. 45, 49, 63 AEUV (vormals Art. 39, 43, 56 EG-Vertrag – Arbeitnehmerfreizügigkeit, Niederlassungsfreiheit, Freiheit des Kapitalverkehrs –)[4409] darf nicht nach der Staatsangehörigkeit differenziert werden. I.d.R. berücksichtigen die Vergaberichtlinien die Dauer der bisherigen Wohnsitznahme, aber auch soziale Kriterien wie Einkommensgrenzen, Kinderzahl, Behinderung etc. sowie bereits vorhandenen Grundbesitz. Modelle der Gewerbeförderung für Einheimische müssen ferner das europarechtliche Beihilfeverbot beachten, Rdn. 1600 ff. (Art. 108 Abs. 2 AEUV).[4410]

2486

4405 Zu beachten ist neben kommunalverfassungsrechtlichen Schranken auch das europarechtliche Beihilfeverbot gem. Art. 87 ff. EG-Vertrag zur verbilligten Abgabe von Grundstücken für gewerbliche oder landwirtschaftliche Zwecke, vgl. OLG Dresden DNotI-Report 2000, 55.
4406 Vgl. hierzu ausführlich *Hertel* in: Notarielle Vertragsgestaltung für Kommunen, S. 166 ff.
4407 »Verlangt« die Gemeinde jedoch zur Ausweisung von Bauland die Übertragung von Flächen zu einem Bruchteil des Verkehrswerts, verstößt dies gegen § 138 BGB (kein wirksamer städtebaulicher Vertrag i.S.d. § 11 BauGB), vgl. OLG München, 22.08.2006 – 18 U 3979/04, MittBayNot 2008, 321 m. Anm. *Grziwotz*; a.A. noch die Vorinstanz LG München I MittBayNot 2005, 178 m. zust. Anm. *Bleutge*, S. 100, und krit. Anm. *Busse* MittBayNot 2005, 103 sowie *ders.* in: NotRV, Städtebauliche Verträge in der notariellen Praxis, S. 104 ff.
4408 Hierzu ausführlich *Grziwotz* ZfIR 1999, 254 ff.
4409 Vgl. *Grziwotz* NotBZ 2010, 18, 24.
4410 Vgl. *Grziwotz* MittBayNot 2011, 362.

B. Gestaltung eines Grundstückskaufvertrages

2487 Hinsichtlich der regelmäßig vereinbarten Baupflicht[4411] sollte genau bestimmt sein, welche **Mindestinvestition** geschuldet ist[4412] und binnen welcher Frist.[4413] Häufig anzutreffen sind auch Verpflichtungen zur Einhaltung bestimmter baulicher Standards, die über den Bebauungsplan hinausgehen.[4414] Gerade bei Einheimischen-Modellen werden darüber hinaus Nutzungs- und Verkaufsverbote (jedenfalls bei Veräußerung an Kapitalanleger) aufgenommen, die allerdings max. einen Bindungszeitraum von 20 Jahren werden erfassen können,[4415] auch in Abhängigkeit vom Maß der Preisvergünstigung[4416] – so ist bei einer 50 %igen Kaufpreisverbilligung eine 20-jährige Selbstnutzungsobliegenheit zulässig.[4417] Möglicherweise kommt künftig anstelle der 20-Jahres-Grenze der 15-Jahres-Frist des § 5 Abs. 1 Satz 3 BauGB (»befristeter Bebauungsplan«) eine Leitbildfunktion zu.[4418] Längere, wegen Unangemessenheit i.S.d. § 307 Abs. 1 BGB oder Verstoßes gegen § 11 BauGB unwirksame Bindungen werden wohl nicht auf das gerade noch zulässige Maß reduziert.[4419]

2488 Ein Verstoß gegen solche Nutzungsbindungen wird regelmäßig durch eine bedingte **Kaufpreisaufzahlungspflicht** (Rdn. 2489, im Grundbuch: Sicherungshypothek)[4420] oder aber durch ein (vormerkungsgesichertes) **Wiederkaufsrecht** sanktioniert. Angemessen ist jedenfalls die Rückforderung der gewährten Subvention und die Abschöpfung der mit der Aufgabe der Selbstnutzung zusammenhängenden Vorteile.[4421] Der Wiederkaufspreis darf nur dann unter dem ursprünglichen Kaufpreis (§ 456 Abs. 2 BGB, ohne Zinsen und Auslagen) liegen, wenn auch eine Vertragsstrafe statthaft wäre.[4422] Andererseits braucht der Wiederkaufspreis den historischen Kaufpreis auch dann nicht zu übersteigen, wenn die Grundstückspreise gestiegen sind (Rechtsgedanke des § 49a Abs. 2 Satz 1 VwVfG: bei Zweckverfehlung der zurückzufordernden Subvention verbleiben Wertsteigerungen der zugewendeten Sache nicht dem Empfänger), nicht einmal eine Verzinsung ist geschuldet (keine Verzinsung öffentlich-rechtlicher Verpflichtungen, unter dem Aspekt verschärfter Haftung gem. §§ 818 Abs. 4, 819, 820 BGB jedenfalls nicht ab Anschaffung).[4423]

2489 Die Gemeinde wird grds. verpflichtet sein, mit ihrer Rückübertragungsvormerkung hinter Finanzierungsgrundpfandrechte des Erwerbers zurückzutreten,[4424] sofern diese Grundpfandrechte nicht den Wiederkaufspreis übersteigen, sodass bei einer Zwangsverwertung das Ablösungsrecht der Gemeinde gem. § 268 BGB nicht gefährdet ist.

4411 Zur kostenrechtlichen Relevanz vgl. *Tiedtke* Notarkosten im Grundstücksrecht, Rn. 206: Zu vergleichen ist die Leistung des Verkäufers (Verkehrswert des Baugrundstücks) mit der Gesamtsumme der Gegenleistungen des Käufers, wobei die Übernahme der Verpflichtung zur Errichtung eines Wohngebäudes mit etwa 30 % bis 50 % des voraussichtlichen Rückkaufspreises für das unbebaute Grundstück bewertet werden kann, für ein bedingtes Veräußerungsverbot weitere 30 % aus der Differenz zwischen begünstigtem »Einheimischen-Preis« und Verkehrswert.
4412 OLG Frankfurt am Main DNotI-Report 1999, 13: nicht lediglich eine Garage.
4413 Drei Jahre sind angemessen, vgl. OLG Karlsruhe NJW-RR 1992, 18.
4414 Bedenklich allerdings eine Verpflichtung zur Vergabe nur an örtliche Handwerker, vgl. OLG Schleswig DNotI-Report 2000, 194 und OLG Zweibrücken MittBayNot 2001, 481.
4415 OLG München DNotZ 1998, 810; in Ausnahmefällen auch 25 Jahre: OLG München MittBayNot 2001, 98. Längere Bindungen sind nur dinglich (z.B. in Erbbaurechtsverträgen, § 2 Nr. 1 ErbbauRG) möglich.
4416 Vgl. *Busse* in: NotRV, Städtebauliche Verträge in der notariellen Praxis, S. 108 ff.
4417 BGH, 16.04.2010 – V ZR 175/09, MittBayNot 2011, 501 m. Anm. *Vierling* = ZfIR 2010, 462 m. Anm. *Grziwotz*.
4418 So *Grziwotz* DNotZ 2004, 688. Für Unzulässigkeit eines Selbstnutzungsgebots über 20 Jahre (§ 307 Abs. 1 Satz 1 BGB, § 11 Abs. 2 Satz 1 BauGB) z.B. OLG Frankfurt am Main, 27.08.2009 – 22 U 213/07, DNotI-Report 2009, 149.
4419 Vgl. *Grziwotz* Vertragsgestaltung im öffentlichen Recht, Rn. 361; OLG Frankfurt am Main a,M., 27.08.2009 – 22 U 213/07, DNotI-Report 2009, 149. Der BGH hat allerdings im Urt. v. 16.04.2010 – V ZR 175/09, ZfIR 2010, 462 m. Anm. *Grziwotz* = MittBayNot 2011, 501 m. Anm. *Vierling* eine zu hohe Aufzahlungsverpflichtung (im Wege der Ausfüllung der durch § 307 Abs. 1 BGB, 11 Abs. 2 Satz 1 BauGB erzeugten Lücke als Ergebnis ergänzender Vertragsauslegung) reduziert auf das noch akzeptable Maß, vgl. *Krüger* ZNotP 2010, 450, 453 f.
4420 Der Anspruch braucht nicht verkehrsfähig zu sein (§ 1184 BGB).
4421 BGH, 16.04.2010 – V ZR 175/09, ZfIR 2010, 462 m. Anm. *Grziwotz*.
4422 OLG Koblenz DNotI-Report 1998, 25; a.A. *Rastätter* DNotZ 2000, 31: 5 % pauschaler Aufwendungsersatz zulässig. Gegen Abschläge: OLG Celle NJW-RR 2005, 1332; LG Traunstein NVwZ 1999, 1026; zur Aufklärungspflicht der Gemeinde über den Wiederkaufspreis BGH MDR 2001, 79.
4423 OLG Karlsruhe DNotZ 2006, 511 m. Anm. *Grziwotz*.
4424 *Grziwotz* JuS 1998, 1018.

Der Wiederkaufspreis umfasst auch gezahlte Erschließungs- und Anliegerbeiträge sowie Anschlusskosten, sowie werterhöhender Aufwendungen für bereits errichtete bauliche Anlagen, jedoch ohne Berücksichtigung der Geldwertveränderung. Dies hat zur Folge, dass bei bereits teilweise bebauten Grundstücken faktisch nur eine **Aufzahlungsverpflichtung** in Betracht kommt.[4425] Ausgangspunkt ihrer Bemessung ist die Differenz zwischen dem inflationsbereinigten Ursprungskaufpreis zum Verkehrswert.[4426] Der Zahlungsanspruch ist der Höhe nach nicht auf den wirtschaftlichen Wert dessen begrenzt, was der Gemeinde bei Ausübung des Wiederkaufsrechts zugeflossen wäre.[4427] Insb. müssen dem Verpflichteten die zwischenzeitlich eingetretenen marktbedingten Wertsteigerungen nicht verbleiben.[4428] Die Verpflichtung zur Nachzahlung der Differenz zwischen verbilligtem Ankaufspreis und Verkehrswert genügt auch dann §§ 307 Abs. 1, 309 Nr. 5 Buchst. b) BGB, wenn konkret ein Mindererlös bei der Weiterveräußerung erzielt wurde.[4429] Die Abführungspflicht darf jedoch nicht dazu führen, dass zusammen mit dem bereits entrichteten Kaufpreis der Verkehrswert des Objekts sowohl im Zeitpunkt des Ankaufs als auch des Weiterverkaufs überschritten wird.[4430] Eine »Nachzahlungspflicht« i.H.v. 300 % des Ursprungskaufpreises, unabhängig von den Wertverhältnissen, verstößt auf jeden Fall gegen § 11 Abs. 2 BauGB.[4431]

2490

Die Aufzahlungspflicht kann, auch im Formularvertrag, als **Vertragsstrafe** formuliert sein, sofern sie nicht leichte Fahrlässigkeit betrifft (§ 309 Nr. 6 BGB).[4432] Stets bleibt jedoch das Herabsetzungsrecht gem. § 343 BGB, wobei jedoch überhöhte Vertragsstrafen in AGB insgesamt unwirksam sind und nicht herabgesetzt werden.[4433] Zum Ganzen[4434] folgender

2491

▸ Formulierungsvorschlag: Einheimischenmodell (Wiederkaufsrecht und Nachzahlungspflicht)

Der Käufer verpflichtet sich gegenüber der veräußernden Gemeinde, das Vertragsobjekt innerhalb einer Frist von 5 Jahren ab heute mit einem Wohngebäude entsprechend den bauordnungs- und bauplanungsrechtlichen Vorschriften bezugsfertig zu errichten und dieses sodann für die Dauer von 10 Jahren ab Bezugsfertigkeit als Erstwohnsitz zu nutzen. Zulässig ist die Nutzung als häusliches

2492

Arbeitszimmer oder Büro, ebenso die Fremdvermietung zu Wohnzwecken, solange die Wohnnutzung zu eigenen Zwecken, bemessen nach den betroffenen beheizten Flächen, überwiegt.

Der Erwerber verpflichtet sich weiter gegenüber der Gemeinde, das Vertragsobjekt während der Errichtung sowie der anschließenden 10-Jahres-Phase ab Bezugsfertigkeit nicht an Dritte zu veräußern; als Dritter gilt nicht der jeweilige Ehegatte oder eingetragene Lebenspartner bzw. Abkömmling, sofern dieser die Eigennutzungspflicht auf die Restdauer übernimmt. Als Veräußerung gilt hierbei jedes Rechtsgeschäft, das einem Dritten die Verwertung oder Nutzung des Objekts auf eigene oder fremde Rechnung ermöglicht, auch durch bindendes Kaufangebot, Ankaufsrecht, Bestellung eines Erbbaurechts, Einräumung schuldrechtlicher Nutzungsrechte, Nießbrauchsrechte etc., sowie die Einräumung mehrheitlicher Beteiligungen an Eigentümergesellschaften.

Verstößt der Erwerber gegen die vorgenannte Pflicht zur Errichtung des Gebäudes zur Selbstnutzung sowie zum Unterlassen einer Veräußerung oder wird die Zwangsversteigerung oder Zwangsverwaltung über das Objekt angeordnet – es sei denn, diese werden binnen 2 Monaten ab Anordnung wieder aufgehoben – oder wird das Insolvenzverfahren über sein Vermögen eröffnet bzw. mangels Masse nicht eröffnet oder gibt er die eidesstattliche Versicherung i.S.d. §§ 807, 883 ZPO ab, ist die Gemeinde zum Wiederkauf berechtigt.

4425 Musterformulierung bei *Grziwotz* KommJur 2007, 295.
4426 Vgl. *Hertel* in: Zehn Jahre DNotI (2003), S. 112 ff.
4427 BGH MittBayNot 2007, 306, gegen OLG München MittBay 2000, 32.
4428 OLG Karlsruhe DNotZ 2006, 511.
4429 BGH, 13.10.2006 – V ZR 33/06, NotBZ 2007, 140 m. Anm. *Pützhoven*; *Grziwotz* MittBayNot 2007, 308.
4430 OLG Celle, 29.05.2008 – 8 U 2309/07, RNotZ 2008, 541.
4431 OLG Celle RNotZ 2005, 433.
4432 OLG Celle DNotI-Report 1999, 70.
4433 OLG Hamburg MDR 2000, 513.
4434 In Anlehnung an *Grziwotz* KommJur 2007, 295, 297.

Die Ausübung des Wiederkaufsrechts ist in Schriftform binnen eines Jahres ab Kenntnis von den das Recht auslösenden Tatsachen auszuüben. Wiederkaufspreis ist der heutige Grundstückskaufpreis, zuzüglich der vom Käufer entrichteten Erschließungs- und Anschlusskosten, zuzüglich der Wertsteigerung, die aufgrund der Investition des Käufers zur Errichtung des Gebäudes eingetreten ist. Die durch die Auslösung des Wiederkaufsrechts anfallenden Kosten und Steuern hat der heutige Käufer zu tragen.

Zur Sicherung dieses bedingten Rückübereignungsanspruchs bewilligt der heutige Käufer und beantragt die Gemeinde die Eintragung einer Vormerkung, als verbundenen Antrag mit der Umschreibung des Eigentums auf den heutigen Käufer, § 16 Abs. 2 GBO. Sie erhält Rang nach den aufgrund der Finanzierungsvollmacht im heutigen Kaufvertrag bestellten Rechten.

Die Gemeinde ist verpflichtet, mit dieser Vormerkung im Rang hinter weitere Grundpfandrechte zurückzutreten, wenn diese zugunsten von Kreditinstituten mit Sitz in der Europäischen Union eingetragen sind und durch Beteiligung der Gemeinde an der Zweckvereinbarung sichergestellt ist, dass die durch das Grundpfandrecht gesicherten Verbindlichkeiten lediglich zur Errichtung des Wohngebäudes und zur Finanzierung von Erschließungs- und Anschlußmaßnahmen am Objekt dienen.

Die Rückübereignung hat frei von Miet- und Pachtverhältnissen zu erfolgen.

Alternativ zur Geltendmachung des Wiederkaufsrechts ist die Gemeinde auch berechtigt, im Fall des Verstoßes gegen die Errichtungs-, Nutzungs- oder Nichtveräußerungsverpflichtung die Nachzahlung eines Kaufpreises von ..... Euro pro Quadratmeter Grundstücksfläche zu verlangen; auch dieses Verlangen ist binnen eines Jahres nach Kenntnis vom auslösenden Tatbestand in Schriftform auszuüben.

Zur Sicherung dieser bedingten Kaufpreisnachzahlungsverpflichtung bestellt der heutige Käufer zugunsten der Gemeinde eine unverzinsliche Buchgrundschuld in Höhe von ..... Euro und bewilligt und die Gemeinde beantragt deren Eintragung im Rang vor der vorstehend bewilligten Vormerkung in das Grundbuch. Sie wird bereits heute gekündigt und der Erhalt der Kündigung bestätigt.

Hinsichtlich der Verpflichtung zum Rangrücktritt mit dieser Grundschuld gelten die Bestimmungen zum Rangrücktritt in bezug auf die Vormerkung entsprechend.

Der Käufer unterwirft den erworbenen Grundbesitz der Zwangsvollstreckung aus dieser Urkunde in der Weise, dass die Vollstreckung gegen den jeweiligen Eigentümer zulässig ist, und bewilligt und beantragt diese gemäß § 800 ZPO in das Grundbuch, Zug um Zug mit der Umschreibung des Eigentums auf ihn, einzutragen. Daneben unterwirft sich der Käufer wegen eines abstrakten Schuldanerkenntnisses in Höhe der Grundschuld der Vollstreckung auch in sein sonstiges Vermögen aus dieser Urkunde.

Beide Rechte sind nach Ablauf des 10-Jahres-Zeitraums ab Bezugsfertigkeit auf Antrag und Kosten des Grundstückseigentümers zur Löschung zu bewilligen.

e) Gemeindliche Bodenbevorratung

2493 Häufig nimmt die Gemeinde die Bauleitplanung erst und nur in Angriff, nachdem sie, als Maßnahme der gemeindlichen Bodenbevorratung, Flächen im Planungsgebiet erworben hat bzw. den Erwerb sichern konnte. Der dadurch auf die privaten Grundstückseigentümer ausgeübte »Planungsdruck« macht diese Praxis nicht rechtswidrig, solange der gemeindliche Grunderwerb zu einem marktgerechten Preis erfolgt,[4435] und zwar gemessen an den Wertverhältnissen beim Zustandekommen des Vertrags. Die durch die Planung bewirkte Wertsteigerung der Restgrundstücke des privaten Verkäufers wird nicht in die Gegenleistung der Gemeinde einbezogen, kann aber bei der Prüfung des Angemessenheitskriteriums, § 11 Abs. 2 Satz 1 BauGB, Rdn. 2507, berücksichtigt werden.[4436] Da private Verkäufer befürchten, die von der Gemeinde erworbenen Flächen könnten ein höheres Baurecht erhalten als ihr Restbestand, sichern sie ihre Interessen dadurch, dass zunächst nur ein ideeller Miteigentumsanteil an die Gemeinde verkauft wird, und die Auseinandersetzung in

---

4435 BGH DNotZ 1999, 398, m. Anm. *Busse*.
4436 BVerG ZfIR 2000, 720; *Grziwotz* in: Beck'sches Notarhandbuch A XI, Rn. 6, m.w.N.

Flächeneigentum erst nach Abschluss der Bauleitplanung erfolgt, oder aber dass sich der private Grundstückseigentümer ein Rücktrittsrecht vom Gesamtvertrag vorbehält, falls seine Restfläche ein zu geringes Baurecht erhält.[4437]

Als Folge der Überlegenheitssituation, in der sich die Gemeinde angesichts ihrer Planungshoheit befindet, hat die Rechtsprechung Aufklärungspflichten in Bezug auf Planungsabsichten statuiert.[4438]

2494

Ist der Vertrag, etwa wegen Verstoßes gegen das Angemessenheitsgebot oder Bereicherungsverbot, nichtig, kann sich der Bürger hierauf berufen, ungeachtet des Umstands, dass er das »in Aussicht gestellte« Baurecht erhalten hat;[4439] die Gemeinde haftet ferner auf Schadensersatz.[4440]

6. Baulandausweisungsverträge

a) Gestaltungsgrenzen

Verwandt ist das Problem der **Kostenbeteiligung Privater** i.R.d. durch sie angestrebten **Ausweisung von Baugebieten**,[4441] oft im Rahmen städtebaulicher Verträge[4442] (zur Beurkundungspflicht s. Rdn. 78). Das in § 1 Abs. 3 Satz 2 BauGB[4443] enthaltene gesetzliche Verbot (i.S.d. § 134 BGB, § 59 Abs. 1 VwVfG) der Verpflichtung einer Gemeinde zur Aufstellung eines Bauleitplans steht einer vertraglichen Absichtserklärung (»Planungsförderungsklausel«[4444]), ja sogar einer Verpflichtung zur bloßen Durchführung eines solchen (ergebnisoffenen) Verfahrens nicht entgegen.[4445] Denkbar ist weiter die Vereinbarung einer bestimmten künftigen Sollbeschaffenheit auch bei Grundstücksverkäufen durch die Gemeinde bzw. die Übernahme eines Beschaffungsrisikos.[4446] Ausnahmsweise kann die abschließende Entscheidung des Gemeinderates über einen Bebauungsplan durch Vertragsvereinbarungen vorweg genommen werden, wenn (1) dies sachlich gerechtfertigt ist, (2) die Vorentscheidung dem Gemeinderat zugeordnet werden kann, und (3) die vorgezogene Entscheidung auch inhaltlich nicht zu beanstanden ist.[4447]

2495

Wie die in §§ 11, 12, 124 BauGB eröffneten Kooperationsmöglichkeiten im Rahmen öffentlichrechtlicher Verträge, also insb.:
– Städtebauliche Verträge i.S.d. § 11 Abs. 1 Satz 2 BauGB (das sind gem. der dortigen Nr. 1 Verträge über die Ausarbeitung von Bebauungsplänen – sog. »**Bauplanungsverträge**«– sowie gem. Nr. 1, 2. Alt., sog. »**Baureifmachungsverträge**«, (nachstehend b, Rdn. 2502 ff) gem. Nr. 2 sog. »**Planrealisierungsverträge**« (nachstehend c, Rdn. 2504 ff.) sowie »**Folgelastenverträge**« gem. Nr. 3, (nachstehend d, Rdn. 2506 ff.) und »**Wärmelieferungsverträge**« gem. Nr. 4, nachstehend e, Rdn. 2508).
– Städtebauliche Verträge des besonderen Städtebaurechts (Beispiele: städtebaulicher Vertrag gem. § 145 Abs. 4 Satz 3 BauGB, der zur Beseitigung von Genehmigungshinderungsgründen i.R.d. § 144 BauGB geschlossen wird, Vereinbarungen über die Ablösung des Ausgleichsbetrags in Sanierungsgebieten gem. § 154 Abs. 3 BauGB; städtebauliche Verträge in Bezug auf Ausgleichsmaßnahmen und Folgekosten umweltschützender Maßnahmen gem. § 1a Abs. 3 BauGB; Beauf-

2496

4437 Vgl. OVG Nordrhein-Westfalen ZflR 2001, 229.
4438 OLG Naumburg LKV 2007, 382.
4439 BVerG NVwZ 2003, 993; zur Verwirkung OLG München IBR 2006. 231.
4440 BGH BGHR 2004, 298.
4441 Vgl. hierzu umfassend *Vierling* DNotZ 2006, 891 ff.
4442 Vgl. umfassend Tagungsband »Städtebauliche Verträge in der notariellen Praxis« (Dt. Notarrechtliche Vereinigung; Symposium an der Universität Würzburg 2006).
4443 Vgl. hierzu die Dissertation von *Kämper*, Planungsleistungen als »Gegenleistung« in städtebaulichen Verträgen.
4444 *»Die Gemeinde verpflichtet sich, das in ihren Kräften stehende und ohne die Verletzung gesetzlicher Vorschriften Mögliche dazu beizutragen, dass der Bebauungsplan aufgestellt wird.«.*
4445 BVerwG, 25.11.2005 – 4 C 15.04, DNotZ 2006, 905.
4446 *Grziwotz* ZflR 2002, 246. Es darf sich jedoch nicht um eine Garantie für eine bestimmte Planung insgesamt handeln, BGHZ 76, 16, 25.
4447 *Burmeister* Praxishandbuch Städtebauliche Verträge Rn. 41; VGH Baden-Württemberg, 11.07.1995 – 3 S 1242/95, UPR 1996, 115 f.

tragung eines Sanierungs- und Entwicklungsträgers nach § 157 BauGB; Stadtumbauverträge/Maßnahmen der Sozialen Stadt gem. §§ 171a ff. BauGB – hierzu nachstehend h, Rdn. 2517 ff.).
- **Durchführungsvertrag** mit dem Vorhabenträger als Voraussetzung für den Erlass eines Vorhaben- und Erschließungsplans (vorhabenbezogener Bebauungsplan) gem. § 12 BauGB (Rdn. 2509 ff.).
- Erschließungsverträge i.S.d. § 124 BauGB (Rdn. 2511 ff.).

zeigen, kann die Schaffung von Baurecht zudem Geschäftsgrundlage[4448] eines Vertrags sein,[4449] mitunter sogar »Bedingung« für die Entstehung der Pflichten des Privaten.[4450]

2497 Gestaltungsgrenze ist jedoch das in § 11 Abs. 2 Satz 2 BauGB, § 56 Abs. 1 Satz 2 VwVfG zum Ausdruck kommende »**Koppelungsverbot**«,[4451] das sich aufgliedert in das »Gebot des sachlichen Zusammenhangs« einerseits und das »Verbot des Abhängigmachens hoheitlicher Entscheidungen von Gegenleistungen (es sei denn, durch solche Gegenleistungen würden rechtliche oder tatsächliche Hindernisse beseitigt oder ein Gesetz ermächtigt zu deren Erhebung)«, andererseits.

2498 Das erstgenannte Gebot einer Beschränkung des Austausches auf sachlich in innerem Zusammenhang stehende Leistungen ist regelmäßig eingehalten, wenn der Bauwillige die in § 11 Abs. 1 Satz 2 Nr. 1 bis Nr. 4 (v.a. Nr. 2 und Nr. 3 Halbs. 2) BauGB im Zusammenhang mit Baulandausweisungen tolerierten Gegenleistungen erbringt (insb. also: Durchführung sämtlicher Bodensanierungen, Baulandreservierung für Einheimische, Entlastung von sämtlichen kausalen – d.h. konkret und real zuordenbaren[4452] – Folgekosten, Flächenabgabe für einen Solarpark). Darüber hinaus darf die Gemeinde jedoch Bodenwertsteigerungen (»Planungsgewinnabschöpfung«) nicht leistungslos abschöpfen oder von anderen Leistungsversprechen abhängig machen (z.B. der Renovierung eines Schlosses, des Rathauses etc.).[4453] Das aufgrund unzulässiger Koppelung Geleistete kann trotz Kenntnis des Privaten von der Rechtswidrigkeit (§ 814 BGB) zurückgefordert werden; auch steht der Umstand, dass er Baurecht erhalten hat, nicht etwa gem. § 242 BGB der (allerdings kurz verjährenden[4454]) Rückforderung entgegen.[4455] Das zweitgenannte Verbot der Gegenleistung für hoheitliche Entscheidungen (vgl. § 11 Abs. 2 Satz 2 BauGB: Unzulässigkeit einer Gegenleistung, wenn der Vertragspartner auch ohne sie ein Anrecht auf das Baurecht hätte) beschränkt städtebauliche Verträge auf den Zeitraum bis zum Eintritt der materiellen Planreife nach § 33 BauGB.

2499 Verstößt ein städtebaulicher Vertrag gegen die angegebenen Grenzen, ist er unheilbar[4456] nichtig (§ 59 Abs. 2 Nr. 4 VwVfG, § 138 BGB). Die wechselseitig erhaltenen Leistungen sind zurückzugewähren oder Wertersatz zu leisten (§ 818 Abs. 2 BGB), wobei der Gemeinde in öffentlich-rechtlichen Rückabwicklungsverhältnissen die Berufung auf §§ 817 Satz 2, 818 Abs. 3, 819 Abs. 1 BGB versagt wird.[4457] Das »verkaufte« Baurecht ist damit jedoch in Gestalt des Bebauungsplans weiterhin wirksam, es sei denn, der angebliche städtebauliche Vertrag wäre tragendes Element i.R.d. Abwägung gewesen. De lege ferenda ist beabsichtigt, im Fall der Nichtigkeit öffentlich-rechtlicher städ-

---

4448 § 60 Abs. 1 Satz 1 VwVfG, nunmehr vergleichbar § 313 BGB.
4449 BVerwG NJW 1993, 2698.
4450 Vgl. *Birk*, Städtebauliche Verträge, S. 50 ff.; OVG Niedersachsen UPR 1983, 267 ff.
4451 BVerwG NVwZ 2000, 1285 m. Anm. *Rodegra*; dieses Verbot gilt bspw. auch bei der freiwilligen Baulandausweisung durch Gemeinden, Rn. 909. Zum Koppelungsverbot beim Einheimischenmodell vgl. VGH Bayern, 15.10.2008 – 15 ZB 08.1209, MittBayNot 2009, 165 m. Anm. *Grziwotz*.
4452 VGH Bayern, 18.12.2008 – 4 BV 07.3067, ZfIR 2009, 818 m. Anm. *Grziwotz*: Nichtigkeit der Kostenübernahme für die Anbindung eines Gewerbegebietes an einen Autobahnzubringer, wenn der Zubringer vorrangig eine schon bestehende Verkehrsüberlastung beseitigen soll.
4453 Vgl. VGH Bayern NVwZ-RR 2005, 782.
4454 § 196 BGB gilt nicht, vgl. BGH, 29.10.2009 – V ZR 54/09, NotBZ 2010, 338.
4455 BVerwG NVwZ 2000, 1285; BVerwG NVwZ 2003, 993; VGH Baden-Württemberg VBlBW 2004, 250; *Grziwotz* DNotZ 2004, 674, 686 f.
4456 Auch pauschale Formulierungen, im Zweifel gelte der Vertrag als Vergleich, und der Private verzichte für den Fall des Erwerbs des Baurechtes auf Einwendungen, sind unwirksam, vgl. *Grziwotz* in: Beck'sches Notarhandbuch A IX Rn. 9.
4457 BVerwG DVBl. 2003, 1215 ff.

tebaulicher Verträge eine Nachverhandlungspflicht einzuführen, mit dem Ziel, sie durch eine angemessene wirksame Regelung zu ersetzen.[4458]

Die allgemeine AGB-Kontrolle (§§ 305 ff. BGB) wird hingegen nach herrschender Meinung durch die öffentlich-rechtlichen Sondernormen verdrängt;[4459] Ausnahmen sind allerdings geboten sofern es sich um Verbraucherverträge i.S.d. EG-Klauselrichtlinie 93/13/EWG handelt,[4460] also ein Verbraucher der Gemeinde als Unternehmer (tätig etwa mit gewerblicher Gewinnerzielungsabsicht) gegenübersteht, was jedoch selten der Fall sein dürfte. Prüfungsmaßstab ist dann die einzelne Klausel (nicht wie bei § 11 Abs. 2 Satz 1 BauGB der Vertrag in seiner Gesamtheit zur Angemessenheitskontrolle); Verstöße lassen im AGB-Recht den Restvertrag im Zweifel unberührt (§ 306 Abs. 1 BGB); anders gem. § 59 Abs. 3 VwVfG: im Zweifel Gesamtnichtigkeit   2500

I.Ü. finden die zivilrechtlichen Regelungen des Vertragsrechts entsprechende Anwendung auf öffentlich rechtliche Verträge, allerdings unter Wahrung vorrangiger Grundsätze, etwa der kommunalen Planungshoheit: Bspw. liegt ein Verschulden bei Vertragsschluss (culpa in contrahendo, § 311 Abs. 2 BGB) allenfalls vor bei grundlosem oder aus sachfremden Erwägungen herbeigeführtem Abbruch der Verhandlungen oder bei einer unrichtigen Darstellung des Verhandlungsstands; einem neu gewählten Gemeinderat steht es also frei, die in bisherigen Verhandlungen zum Ausdruck gekommene Planungskonzeption nicht zu teilen und demnach vom Vertragsschluss Abstand zu nehmen. Auch in einem Vorvertrag können deshalb keine Vertragsstrafen (mangels Verstoßes gegen eine gesetzliche Pflicht zum Vertragsabschluss) enthalten sein; in Betracht kommt allenfalls die Erstattung frustrierter Planungsaufwendungen.   2501

b) Planvorbereitungsverträge, § 11 Abs. 1 Satz 2 Nr. 1 BauGB

Erfasst sind zum einen sog. **Bauplanungsverträge** (1. Alt.). Gegenstand solcher Verträge ist die Vorbereitung oder Durchführung städtebaulicher Maßnahmen durch Vertragspartner der Gemeinde (Vorhabenträger) unter ganzer oder teilweiser Kostenübernahme (Ausarbeitung der städtischen Planung samt Grünordnung, Erstellung des Umweltberichts, von Gutachten zur Marktlage und zu Lärmfragen). Typischer Inhalt kann auch die Übernahme der Verfahrensorganisation, insb. die vorgezogene Bürgerbeteiligung, Auslegung, Anhörung der Träger öffentlicher Belange sein, wobei jedoch die Abwägung weiterhin durch die Gemeindeorgane zu verantworten ist, die auch alle förmlichen Beschlüsse zu fassen und den Plan auszufertigen haben.   2502

Gegenstand sind ferner (2. Alt.) sog. **Baureifmachungsverträge**, die typischerweise die Freilegung (Abbrucharbeiten), Beseitigung von Altlasten (Untersuchung und Sanierung) sowie Durchführung freiwilliger Bodenordnungen durch den Vorhabenträger zum Inhalt haben (Verhandlungen mit Grundstückseigentümern, Vermessung, Erstellung der Fortführungsnachweise etc., zur sog. freiwilligen Umlegung vgl. Rdn. 1578).   2503

c) Planrealisierungsverträge, § 11 Abs. 1 Satz 2 Nr. 2 BauGB

Im Gesetz benannte Beispiele für die Verwirklichung der Bauleitplanung gem. § 11 Abs. 1 Satz 2 Nr. 2 BauGB sind die Grundstücksnutzung (auch befristet oder bedingt), die Durchführung von Ausgleichsmaßnahmen, die Deckung des hohen Bedarfs ortsansässiger Bevölkerung (vgl. zum Einheimischenmodell Rdn. 2481 ff.), alter Menschen, sowie der soziale Wohnungsbau (»Bevölkerungsgruppen mit besonderen Wohnraumversorgungsproblemen«, vgl. Rn 2067 ff.). Ähnlich dem »Baurecht auf Zeit« in Bebauungsplänen, § 9 Abs. 2 BauGB, kann auch im städtebaulichen Vertrag die Grundstücksnutzung bedingt oder befristet geregelt werden, sodass bei Nichterfüllung einer Baupflicht das Nutzungsrecht durch Planänderung entschädigungslos entzogen werden kann, auch mit Wirkung zulasten von Grundpfandrechtsgläubigern oder Erwerbern.   2504

[4458] § 59 Abs. 4 VwVfG-E, vgl. *Schmitz* DVBl. 2005, 23.
[4459] BGH NJW 2003, 888, obwohl § 62 Satz 2 VwVfG allgemein weiterhin auf das BGB (nicht das frühere AGBG) verweist.
[4460] Auch der BGH (vorhergehende Fn.) macht diesen Vorbehalt; vgl. *Gelzer/Bracher/Reidt*, Bauplanungsrecht, S. 351 ff.

2505 Im Vordergrund der Nutzungsbindungen in solchen Verträgen steht die Veränderung von Zweitwohnungen durch sog. »Fremdenverkehrsdienstbarkeiten«, sowie das Verbot der Aufteilung in Wohnungs- und Teileigentum (das zwar nicht Gegenstand einer Dienstbarkeit,[4461] wohl aber einer Baulast[4462] sein kann), sowie das Verbot der Vermietung an großflächige Einzelhandelsbetriebe, das weder Inhalt einer Dienstbarkeit noch einer Baulast sein kann,[4463] sondern lediglich eines städtebaulichen Vertrags.

d) Folgekostenverträge, § 11 Abs. 1 Satz 2 Nr. 3 BauGB

2506 Besondere Bedeutung haben **Folgekostenverträge**[4464] i.S.d. § 11 Abs. 1 Satz 2 Nr. 3 BauGB erlangt. Diese Kostenbeteiligung sollen Belastungen ausgleichen, die das Bauvorhaben für die Gemeinde ausgelöst hat (Kausalitätsgebot).[4465] In Betracht kommt etwa die Bereitstellung von Grundstücken für Infrastruktureinrichtungen (Kindergarten, Spielplatz) sowie die Kostenübernahme oder Kostenablösung für solche Einrichtungen, die aufgrund der zusätzlich geschaffenen Wohnfläche erforderlich werden, ebenso Aufwendungen für die Baureifmachung, Bodensanierung und nach herrschender Meinung auch für Erschließungsmaßnahmen.[4466] Das BVerwG[4467] lässt auch die vertragliche Weitergabe sog. Sowieso-Kosten (also von Personal- oder Sachkosten, die in der Gemeindeverwaltung unabhängig vom konkreten Vorhaben anfallen) zu, sofern nur die betreffenden Maßnahmen auch auf private Dritte hätten übertragen werden können (z.B. technische Vorbereitung von Verfahrensschritten, nicht jedoch hinsichtlich des Aufwands für die Vorbereitung förmlicher öffentlich-rechtliche Beschlüsse).

2507 Als Ausformung des verfassungsrechtlichen **Übermaßverbots** tritt das in § 11 Abs. 2 Satz 1 BauGB normierte Gebot der **Angemessenheit** der vereinbarten Leistungen hinzu. Es handelt sich um einen vollständig der gerichtlichen Kontrolle unterliegenden unbestimmten Rechtsbegriff. Erforderlich ist zum einen ein angemessenes Verhältnis der Folgekosten zum Wert des Vorhabens, zum anderen die Zumutbarkeit der Belastung als solcher. Abgestellt wird auf den »vernünftigen Investor«,[4468] aber auch darauf, von wem die Initiative ausgegangen ist. Sind die Voraussetzungen des § 11 Abs. 1 Satz 2 Nr. 3 BauGB nicht eingehalten, ist es nicht zulässig, jährliche »Infrastrukturbeiträge« für kommunale Einrichtungen als Nebenleistungen in einem Grundstücksverkauf der Gemeinde zu vereinbaren (Gebot der Beitragserhebung lediglich nach Maßgabe der gesetzlichen Regelungen, Art. 20 Abs. 3 GG).[4469] Unrechtmäßig erhobene Nachfolgelasten sind zu erstatten, ohne dass §§ 814, 817 BGB oder der »Bereicherungseinwand« des erlangten Baurechts entgegenstünden.[4470]

e) Wärmelieferungsverträge, § 11 Abs. 1 Satz 2 Nr. 4 BauGB

2508 Die Gemeinde darf beim Verkauf von Bauplätzen die Verwendung einer bestimmten Energieart (z.B. Solarenergie oder Kraft-Wärme-Kopplung) bzw. den Bezug von Energie seitens eines bestimmten Kraftwerks vorschreiben, ohne gegen das Wettbewerbsrecht zu verstoßen.[4471] Die Grund-

---

4461 BGH NJW 1962, 486.
4462 OVG Niedersachsen BRS 46 Nr. 164.
4463 VGH Baden-Württemberg BauR 2008, 84.
4464 Muster bei *Grziwotz* JuS 1998, 1113, 1118.
4465 Vgl. z.B. bei *Koeblel/Grziwotz* Rechtshandbuch Immobilien Bd. 1, Teil 9 Rn. 160: Finanzierung von Schulen, Kindergärten, Jugend-, Freizeit-, Seniorenheimen, Bürgerzentren, Friedhöfe, Rathauserweiterungen, gemeindliche Bauhöfe, Feuerwehrhäuser, Mehrzweckhallen, Kulturzentren etc.
4466 § 124 BauGB – Rn. 2057 ff. – ist nicht abschließend, vgl. *Grziwotz* in Ernst/Zinkahn/Bielenberg/Bielenberg/Krautzberger § 124 BauGB Rn. 14 m.w.N.
4467 BVerwG, 25.11.2005 – 4 C 15.04, DNotZ 2006, 905, vgl. zum Ganzen auch *Vierling* Die Abschöpfung des Planungsgewinns durch städtebauliche Verträge; *Grziwotz* MittBayNot 2010, 356.
4468 Vgl. *Vierling* DNotZ 2006, 900 m.w.N.
4469 BGH, 18.09.2009 – V ZR 2/09, ZNotP 2009, 485. Ebenso wenig zulässig ist die Erhebung einer pauschalen »Zuzugskostenpauschale« (30 € je m², OVG Niedersachsen BauR 2008, 57.
4470 Vgl. *Grziwotz* MittBayNot 2010, 358, auch zur Verjährung.
4471 BGH DNotZ 2003, 333.

buchsicherung erfolgt durch Unterlassungsdienstbarkeit,[4472] was auch AGB-rechtlich zulässig ist.[4473] Fraglich ist allerdings, ob Ewigkeitsbindungen möglich sind,[4474] insb. nicht gegen das Angemessenheitsgebot verstoßen, und die Anforderungen an einen öffentlich-rechtlichen Anschluss- und Benutzungszwang auch i.Ü. einhalten.[4475]

f) Durchführungsvertrag zum Vorhaben- und Erschließungsvertrag

Das in § 12 Abs. 1 BauGB vorgesehene Verfahren zerfällt in **drei Komponenten**, nämlich den mit der Gemeinde abgestimmten Vorhaben- und Erschließungsplan (Plan zur Durchführung von Vorhaben- und Erschließungsmaßnahmen), einerseits, den vorhabenbezogenen Bebauungsplan im eigentlichen Sinn (Unterfall des herkömmlichen Bebauungsplans nach §§ 8, 9 BauGB, der gem. § 10 Abs. 1 BauGB zur Satzung beschlossen wird und demnach der Normenkontrolle nach § 47 VwGO unterliegt), andererseits, und schließlich den Durchführungsvertrag.[4476] Gem. § 12 Abs. 2 BauGB ist die Gemeinde auf Antrag des Vorhabenträgers verpflichtet, nach pflichtgemäßem Ermessen über die Einleitung des Bebauungsplanverfahrens zu entscheiden (ohne dass dadurch eine gerichtlich durchsetzbare Verpflichtung zu einem entsprechenden Satzungsbeschluss eingegangen werden könnte, vgl. § 1 Abs. 3 Satz 2 BauGB). Der Vorhaben- und Erschließungsplan (VEP) wird – typischerweise beruhend auf Entwürfen des Vorhabenträgers[4477] – gem. § 12 Abs. 3 Satz 1 BauGB Bestandteil des daraus resultierenden vorhabenbezogenen Bebauungsplans, also des zweiten Elements, und demnach durch Satzungsbeschluss nach § 10 Abs. 1 BauGB rechtsverbindlich. Er hat dieselben Rechtswirkungen wie ein »normaler Bebauungsplan«, allerdings stehen eine Reihe von »Begleitinstrumenten«, wie etwa Veränderungssperre, amtliche Umlegung, Vorkaufsrecht, Erschließungsbeitragsrecht etc. nicht zur Verfügung. 2509

Der Durchführungsvertrag selbst regelt die persönlichen und sachlichen Voraussetzungen des Vorhabenträgers, dessen Pflicht zur Übernahme der Kosten für Planung und Erschließung, die Frist zur Durchführung des genau zu beschreibenden Vorhabens, etc. Er kann bei Verknüpfung mit einer Pflicht zur Übereignung von Erschließungsflächen an die Gemeinde beurkundungspflichtig sein, vgl. Rdn. 95. Der Vorhabenträger muss Eigentümer der vom Plan betroffenen Flächen sein oder zumindest eine gesicherte Erwerbsposition haben.[4478] Er muss derjenige sein, der die Durchführungsverpflichtung übernimmt, also nicht lediglich Projektentwickler, kann jedoch den anschließenden Verkauf der Anlage beabsichtigen. § 12 Abs. 5 BauGB erlaubt ferner einen Wechsel des Vorhabenträgers aufgrund (gebundener) Zustimmung der Gemeinde. Auch für den öffentlich-rechtlichen Durchführungsvertrag gilt in Anwendung des (verfassungsrechtlichen) Grundsatzes der Verhältnismäßigkeit das Angemessenheitserfordernis (analog §§ 11 Abs. 2 Satz 1, 124 Abs. 3 Satz 2 BauGB). Leistungsstörungen berühren zunächst allein den Durchführungsvertrag, daneben kann aber auch die Bebauungsplan-Satzung gem. § 12 Abs. 6 Satz 1 BauGB aufgehoben werden, wenn der Vertragspartner der Gemeinde den VEP nicht innerhalb der vereinbarten Frist durchführt, unabhängig davon ob dies auf Verschulden beruht oder nicht. Ausgleichsansprüche gegen die Gemeinde als Folge einer solchen Aufhebung (etwa aus Planungsschadensrecht oder 2510

4472 OLG München MittBayNot 2006, 43.
4473 OLG Düsseldorf RNotZ 2008, 24.
4474 Vgl. *Grziwotz* DNotZ 2004, 688 f.: Höchstdauer gem. § 32 AVBFernwärmeV 10 Jahre (was AGB-fest ist: § 310 Abs. 2 Satz 1 BGB).
4475 BVerwG NVwZ 2005, 1072, und 2006, 690.
4476 Vgl. *Krautzberger* NotBZ 2010, 241 ff.; Muster bei *Grziwotz/Busse* VEP, Vorhaben- und Erschließungsplan S. 244 ff.
4477 Er kann auch Regelungen enthalten, die nach § 9 BauGB in einem Bebauungsplan nicht möglich wären, und muss nicht der PlanzeichenVO entsprechen. Die BauNVO ist zwar nicht verbindlich (§ 12 Abs. 3 Satz 2 BauGB), jedoch Orientierung (BVerwG DVBl 2002, 1494).
4478 VGH Bayern BayVBl 2002, 113, 114: Erwerbsvertrag muss geschlossen, Vormerkung zumindest beantragt sein und der Abwicklung dürfen keine erkennbaren Hindernisse entgegenstehen.

B. Gestaltung eines Grundstückskaufvertrages

Vertragsrecht) sind gem. § 12 Abs. 6 Satz 2 BauGB gesetzlich ausgeschlossen, auch vonseiten etwaiger Nacherwerber, Mietaspiranten etc.

g) Erschließungsverträge

2511 Häufig sind schließlich öffentlich-rechtliche, u.U. beurkundungspflichtige[4479] – (Pflicht zur Übereignung der Straßenflächen nach Errichtung, Rdn. 95) **Erschließungsverträge i.S.d. § 124 BauGB**, welche der Gemeinde die Überwälzung der erstmaligen Herstellung[4480] von Erschließungsanlagen[4481] einschließlich des sonst 10 %igen Eigenanteils (§ 129 Abs. 1 Satz 3 BauGB) auf einen Dritten (typischerweise den Haupteigentümer im Erschließungsgebiet, aber auch einen Erschließungsdienstleister, nicht aber eine kommunale Eigengesellschaft[4482]) erlauben (s.a. Rdn. 1882). Auch insoweit gilt das Angemessenheitsgebot (§ 124 Abs. 3 BauGB), sowohl zur Bemessung von Leistung und Gegenleistung im **Verhältnis zwischen Gemeinde und Erschließungsunternehmer** als auch im Rahmen von Leistungsstörungen. Die Verpflichtungen des Erschließungsunternehmers werden i.d.R. durch eine Erfüllungs-, sodann eine Gewährleistungsbankbürgschaft (letztere i.H.v. ca. 5–10 % der Gesamtherstellungskosten, häufig als Bürgschaft »auf erstes Anfordern«[4483]) gesichert. Die MaBV ist auf reine Erschließungsleistungen wohl nicht anwendbar, da sie nur für Bauvorhaben konzipiert ist, die unmittelbar das veräußerte Grundstück betreffen (vgl. Rdn. 1952).[4484] Allerdings sind möglicherweise vergaberechtliche Grenzen zu beachten (Rdn. 2525).

2512 Die **Rechtsbeziehungen zwischen Erschließungsunternehmer und Grundstückseigentümer** jedoch sind rein privatrechtlicher Natur. Der Vorhabenträger kann also keine »Beiträge« erheben, ist also im Verhältnis zu Fremdanliegern auf den vorherigen Abschluss privatrechtlicher Erstattungsverträge angewiesen. Allenfalls kann (nicht muss[4485]) sich die Gemeinde verpflichten, dem Erschließungsunternehmer die beitragsfähigen Aufwendungen zu erstatten und diese[4486] sodann allen erschlossenen Eigentümern (§ 131 Abs. 1 Satz 1 BauGB), auch den Fremdanliegern, aufzuerlegen unter Auskehr auch der Fremdanliegerbeträge an den Erschließungsunternehmer[4487] (bei letzterem kann eine Verrechnung der Beiträge mit seinem Erstattungsanspruch auf den Erschließungsvertrag erfolgen).[4488] Der Erschließungsunternehmer kann sich dann weiter verpflichten, den Eigenanteil der Gemeinde hinsichtlich der Fremdanliegergrundstücke zu übernehmen (§ 124 Abs. 2 Satz 2 BauGB).

2513 **Zwischen** der **Gemeinde**, einerseits, **und** den **Grundstückseigentümern**, die vom Vorhabenträger erworben haben oder Fremdanlieger sind, andererseits, bestehen schließlich im Normalfall keine unmittelbaren Rechtsbeziehungen, insb. steht die Gemeinde nicht für die Qualität der erbrachten, durch sie abzunehmenden und in ihr Eigentum zu übernehmenden Erschließungsleistungen ein. Fällt der Erschließungsträger hingegen in Insolvenz oder scheitert die Durchführung aus anderen

---

[4479] Vgl. *Grziwotz* DVBl. 2005, 471.
[4480] Also nicht lediglich der Verbesserung oder Erneuerung i.S.d. Straßenbaubeitragsrechts.
[4481] Sowohl des Bundes- als auch des Landesrechts, § 124 Abs. 2 Satz 1 BauGB.
[4482] BVerwG, 01.12.2010 – 9 C 8.09 ZfIR 2011, 326 m. abl. Anm. *Grziwotz* (abl. auch *Dirnberger* MittBayNot 2011, 529); ebenso *Driehaus* BauR 1999, 862; a.A. (effektive Kontrolle sei nicht erforderlich). *Grziwotz* in: NotRV Städtebauliche Verträge in der notariellen Praxis, S. 120 und DVBl. 2005, 471.
[4483] Gem. BGH, 08.07.2008- XI ZR 230/07, ZNotP 2008, 406 wird eine solche Bürgschaft mit der Hauptforderung fällig, nicht erst mit einer formgerechten Leistungsaufforderung des Gläubigers.
[4484] *Blank* DNotZ 1999, 447; so in der 1. Aufl. *Hertel* in: Würzburger Notarhandbuch, Teil 2 Rn. 1288; *Grziwotz* ZfIR 1998, 595; a.A. *Everts* in: Grziwotz MaBV § 1 Rn. 28 f.
[4485] Es führt nicht zur Unangemessenheit eines Erschließungsvertrags i.S.d. § 124 Abs. 3 Satz 1 BauGB, dass der Erschließungsunternehmer sich auch zur Übernahme des Anteils der Fremdanlieger verpflichtet, BVerwG, 10.08.2011 – 9 C 6.10 ZfIR 2011, 795 m. Anm. *Grziwotz*.
[4486] Unter Abzug des 10 %igen Eigenanteils, den allerdings der Erschließungsträger i.d.R. in getrennter Abrede der Gemeinde wiederum erstattet, vgl. *Quaas* BauR 1999, 1113, 1123.
[4487] So der Vorschlag des BVerwG, 22.03.1996 – 8 C 17/94, NVwZ 1996, 794 und OVG Niedersachsen NVwZ-RR 2007, 341; krit. hiergegen z.T. die Lit., da mit dem Abschluss eines Erschließungsvertrags eine »Regimeentscheidung« der Gemeinde verbunden sei, die eine Vermischung nicht erlaube, vgl. *Driehaus*, Erschließungs- und Ausbaubeträge 7. Aufl. 2004, S. 127 f.
[4488] Vgl. i.E. *Burmeister* Praxishandbuch städtebauliche Verträge Rn. 230 ff. m.w.N.

Gründen, ist die Gemeinde jedoch zur Fertigstellung verpflichtet und hat den ihr dadurch entstehenden beitragsfähigen Aufwand, sofern und soweit er nicht durch die Bürgschaft abgedeckt ist, durch Bescheid ggü. den erschlossenen Eigentümern geltend zu machen. Eine Anrechnung der etwa bereits an den Vorhabenträger in Kaufverträgen entrichteten privatrechtlichen Entgelte für Erschließungsmaßnahmen erfolgt insoweit nicht. Allenfalls im Einzelfall kann die Doppelbelastung durch einen teilweisen Billigkeitserlass nach § 135 Abs. 5 BauGB abgemildert werden.[4489] Möglicherweise ist die Gemeinde jedoch zum Schadensersatz verpflichtet, wenn sie pflichtwidrig auf die Stellung von Sicherheiten (Bürgschaften) in ausreichender Höhe verzichtet hatte.[4490]

Der **Erschließungsvertrag selbst** enthält notwendigerweise Regelungen zur Festlegung des Erschließungsgebiets, zur genauen Beschreibung der herzustellenden Erschließungsanlagen nach Art, Umfang und Ausführung unter Übernahme der Kosten, zur Festlegung des Ausbaustandards, die Verpflichtung zur Übertragung der Erschließungsflächen an die Gemeinde samt Zustimmung zur Widmung,[4491] das Verfahren der Planung und Ausschreibung, Baubeginn und zeitliche Abfolge, die Kontrolle der Bauarbeiten durch die Gemeinde samt Mängelbeseitigungspflicht, die Regelung der Verzugsfolgen und Mängelbeseitigungsprozedur, die Abnahme der Bauarbeiten und Übernahme der hergestellten Anlagen, die notwendigen Sicherheitsleistungen, ggf. auch die vorgeschilderten Regelungen im Fall von Fremdanliegern und leitungsgebundenen Anlagen. Fällt die Zuständigkeit für die Erschließung auseinander (Gemeinde: Straße, Zweckverband: Wasser/Abwasser), wird häufig ein gemeinsamer Erschließungsvertrag unter drei Beteiligten geschlossen oder die weiter betroffene Körperschaft stimmt dem öffentlich-rechtlichen Vertrag der Gemeinde gem. § 58 Abs. 1 VwVfG zu. 2514

Kein Erschließungsvertrag i.S.d. § 124 BauGB liegt vor bei sog. **Vorfinanzierungsverträgen**,[4492] bei welchen der Unternehmer die Kosten der von ihm durchgeführten Erschließungsmaßnahmen zu einem späteren Zeitpunkt erstattet. Er begegnet auch in der Spielart, dass zunächst ein Bauträger einen Teil der Erschließungsanlage selbst erstellt und die Kosten den Bauplatzkäufern weiterberechnet, sodann die Gemeinde, nachdem sie die gesamte Anlage fertiggestellt hat, die dem Bauträger dadurch entstandenen Kosten zum Gesamterschließungsaufwand übernimmt, dass sie den Bauplatzkäufern Gutschriften auf ihre Beitragsschuld gewährt.[4493] 2515

Abzugrenzen ist der Erschließungsvertrag i.S.d. § 124 BauGB auch vom »**Erschließungssicherungsvertrag**«, in welchem ein Bauwilliger im Außenbereich (§ 35 BauGB) sich der Gemeinde ggü. verpflichtet, die für die Erteilung der Baugenehmigung notwendigen Erschließungsanlagen auf eigene Kosten zu errichten. Letzterem verwandt ist der sog. »**Mehrkostenvertrag**«,[4494] demzufolge die Gemeinde einem Grundstückseigentümer bspw. den Anschluss an die öffentliche Abwasserbeseitigungsanlage trotz Kapazitätserschöpfung gestattet unter der Voraussetzung, dass letzterer die dadurch ausgelösten Mehrkosten übernimmt. 2516

h) Stadtumbauvertrag

Gem. §§ 171a bis 171d BauGB handelt es sich um Maßnahmen, die in dauerhaften Leerstandsgebieten einen Rückbau von Wohnraumüberhangen und Infrastruktur nach Maßgabe eines durch die Gemeinde aufzustellenden »städtebaulichen Entwicklungskonzeptes« herbeiführen. Der Stadtumbauvertrag regelt mit den betroffenen privaten Eigentümern Durchführung und Kostentragung des Rückbaus, den Ausgleich von Lasten untereinander (unter Einschluss betroffener Grundpfandrechtsgläubiger), Gewerbeauslagerungen, Mieterumzüge, sowie den Verzicht auf Ansprüche des 2517

[4489] BVerwG DÖV 1975, 717.
[4490] Vgl. *Driehaus* Erschließungs- und Ausbaubeiträge 7. Aufl. 2004 § 6 Rn. 34 und Rn. 81.
[4491] Diese bindet auch den Rechtsnachfolger, OVG Saarland NVwZ-RR 2008, 76.
[4492] *Rodegra* NVwZ 1997, 633, 634.
[4493] OVG Saarland NVwZ-RR 1999, 796.
[4494] VG Karlsruhe BWNotZ 2000, 369.

Planungsschadensrechtes (§§ 39 bis 44 BauGB). Der Ausgleich untereinander kann auch durch Grundstücksübertragungen, Miteigentums- oder Gesellschaftsmodelle erfolgen.[4495]

i) Public-Private-Partnership

2518 Hinter dem Begriff – auch »öffentlich-private-Partnerschaften (ÖPP)« ist gebräuchlich – verbirgt sich eine Sammelbezeichnung für vielfältige Formen der Kooperation zwischen öffentlicher Hand und Privatwirtschaft, bisher vor allem in den Bereichen »Gesundheitswesen«, »Freizeit (Sport und Bäder)«, »Energiewirtschaft« und »Kultur«. Gebräuchlich sind derzeit fünf Modelle:
- sog. »PPP-Inhabermodell«, wonach sich das betreffende Gebäude im Eigentum der öffentlichen Hand befindet und der private Partner lediglich ein Nutzungsrecht als Basis seiner Investition erhält;
- »PPP-Erwerbermodell«, bei welchem sich die öffentliche Hand verpflichtet, das Objekt nach Vertragsende zu festgelegten Bedingungen vom privaten Partner zu erwerben (ähnlich privatrechtlichen Leasing-Modellen);
- das »PPP-Vermietungsmodell«, wonach die öffentliche Hand die Immobilie mietweise nutzt und nach Ablauf der Grundvertragsdauer ein Anmietungs- und/oder ein Ankaufsrecht hat, sodass das Vermarktungsrisiko allein beim Investor verbleibt;
- das »PPP-Gesellschaftsmodell« (durch Gründung einer gemeinsamen Projektgesellschaft) sowie
- das »PPP-Konzessionsmodell«, wonach der private Auftragnehmer das Recht hat, seine Kosten durch Erhebung von Nutzungsentgelten zu decken und möglicherweise zusätzliche Anschubfinanzierung erhält.

2519 Voraussetzung ist häufig die Ausgliederung des betreffenden öffentlichen Betriebs in eine privatrechtlich gestaltete Trägerschaft nach §§ 168 ff. UmwG[4496] (z.B. in Bezug auf Krankenhäuser, Stadtwerke etc.) Genuin hoheitliche Aufgaben können auf diese Weise jedoch nicht privatisiert werden.

2520 Arbeitsrechtlich sind bei solchen Ausgliederungen i.d.R. die Voraussetzungen des § 324 UmwG i.V.m. § 613a BGB gegeben, was die übernehmende Gesellschaft vor nicht lösbare Aufgaben stellt, wenn bisher bestehende Verpflichtungen nicht mehr erfüllt werden können (Fortführung betrieblicher Zusatzversorgung, Gewährung von Beihilfe für Angehörige des bisherigen öffentlichen Dienstes etc.). In Betracht kommen dann eher Arbeitnehmer-Überlassungsverträge.[4497] Unterliegt die privatisierte Gesellschaft keiner Tarifbindung, gelten die tarifvertraglichen Regelungen (z.B. gewährte Unkündbarkeit) individual-rechtlich weiter.

2521 Die »Übernahme« von Beamten scheitert daran, dass ein privatisiertes Unternehmen gem. § 121 BRRG nicht dienstherrenfähig ist, sodass Behelfslösungen notwendig sind (Entlassung des Beamten auf dessen Antrag; Gewährung von Sonderurlaub und Begründung eines privaten Arbeitsverhältnisses für eine bestimmte Frist; Dienstleistungsüberlassungsvertrag mit allerdings beschränkter Einwirkungsmöglichkeit der privatisierten Gesellschaft auf den Beamten; ausnahmsweise auch die Gestattung der Zuweisung zur Dienstleistung an private Rechtsträger gem. Art. 143a Abs. 1 Satz 3, Art. 143b Abs. 3 GG für Beamte der Bundeseisenbahn und der Deutschen Bundespost, in Bezug auf letztere einschließlich der Befugnisse eines Dienstherren).

j) Sozialer Wohnungsbau

2522 Die Deckung des Bedarfs von Bevölkerungsgruppen mit besonderen Wohnraumversorgungsproblemen erfolgte früher insb. durch die eigenwirtschaftliche Errichtung entsprechender Wohnanlagen im Eigentum der Kommune oder städtischer Wohnungsbaugesellschaften. Errichten Private solche baulichen Vorhaben mit Mitteln des sozialen Wohnungsbaus, verlangte früher das II. WoBauG (insb. dessen § 52) die Vereinbarung von Veräußerungsbeschränkungen, nunmehr das Wohnraumförderungsgesetz die Vereinbarung von Belegungs- und Mietbindungen in der Förderzusage (vgl. insb. § 29 WoFG). Im Kaufvertrag mit der Gemeinde genügt die Verpflichtung, öffent-

---

4495 *Goldschmidt/Terboven* ZfIR 2005, 597; *Goldschmidt* BauR 2006, 318 ff.
4496 Vgl. *Leitzen* MittBayNot 2009, 353 ff.
4497 Vgl. *Widmann/Mayer* UmwG § 168 Rn. 339.

liche Mittel zu beantragen und bewilligungsgemäß einzusetzen, i.Ü. gelten die Bestimmungen des WoFG bzw. der Landeswohnungsbindungsgesetze sowie die Festsetzungen des Bewilligungsbescheids oder einer diesbezüglichen Vereinbarung gem. §§ 14, 15 WoFG unmittelbar.

Im Rahmen freifinanzierter Vorhaben verpflichtet sich demgegenüber der Vertragspartner der Gemeinde ggü., Wohnungen in der Größe des § 10 WoFG zu errichten und nur an Personen, die die diesbezüglichen landesrechtlichen Voraussetzungen (»Wohnungsberechtigungsschein«) erfüllen, zu veräußern oder zu vermieten. Die Sicherung erfolgt durch ein Wohnungsbesetzungsrecht als Dienstbarkeit. 2523

Bei der Ausweisung neuer Baugebiete werden ferner Vorhabenträger mitunter beauflagt, einen bestimmten Anteil an Sozialwohnungen zu errichten. Da dies regelmäßig zu einer Wertminderung des Gesamtprojekts führt, bieten manche Gemeinden die Möglichkeit an, die Sozialbindung durch Zahlung eines (höheren) Geldbetrags an ein gemeindeeigenes Unternehmen abzulösen, welch letzteres an anderer Stelle im Gemeindegebiet die Sozialwohnungen mit diesen Mitteln errichtet. 2524

7. Vergaberecht

Bei der Beschaffung von sachlichen Mitteln und Leistungen, die ein Träger öffentlicher Gewalt zur Erfüllung seiner Aufgaben benötigt, sind die nationalen und europarechtlichen Vorgaben des Vergaberechts zu beachten.[4498] Unterhalb des Schwellenwerts[4499] von (seit 11.06.2010) für Bauaufträge 4.845.000 € Volumen gelten die allgemeinen Grundsätze des Diskriminierungsverbots, des Dokumentationsgebots und der Vermeidung von Interessenkollisionen (in Zuständigkeit der Zivilgerichte); oberhalb dieser Grenze greifen die §§ 97 ff. GWB und die Vergabeverordnung (VgV). Letztere sehen formalisierte, grds. europaweit durchzuführende Verfahren[4500] (der öffentlichen Ausschreibung, beschränkten Ausschreibung sowie in Ausnahmefällen des freihändigen Verfahrens) vor und gewährleisten effektiven Rechtsschutz durch eine zwingende Stillhaltefrist von 10 Tagen zwischen Zuschlagserteilung und Vertragsunterzeichnung, sodass unterlegene Bieter[4501] rechtzeitig[4502] eine Überprüfung durch die Vergabekammern und sodann die Vergabesenate bei den OLG einleiten können (§§ 107, 116 ff. GWB). Ein Verstoß hiergegen führt gem. § 101b Abs. 1 Nr. 1 und 2 GWB (vor dem 24.04.2009: gem. § 13 Satz 6 VgV) – und ggf. gem. § 138 BGB – zur Nichtigkeit des Vertrags, möglicherweise auch der Auflassung (vgl. Rdn. 2531). 2525

Da »öffentliche Aufträge« i.S.d. § 99 Abs. 1 GWB unabhängig von der Typologie des Vertrags vorliegen können, unterliegen auch städtebauliche Verträge i.S.d. §§ 11, 12 BauGB (z.B. Vorfinanzierungsverträge[4503]) und Erschließungsverträge i.S.d. § 124 BauGB jedenfalls bei Fremdanliegergrundstücken[4504] – wegen der damit zwingend verbundenen Bauverpflichtung des Investors und der Entgeltlichkeit in Form der Erstattung der Aufwendungen[4505] – dem Vergaberecht, es sei denn, es handelt sich um Verträge zwischen der Gemeinde und einer ausschließlich gemeindeeigenen Gesellschaft.[4506] Selbst dann, wenn nach nationalem Recht der Vertragspartner der Gemeinde feststeht (z.B. die Erschließung nur durch den Grundstückseigentümer erfolgen kann), darf mit ihm eine Erschließungsvertrag nur geschlossen werden, wenn er zur Durchführung einer europaweiten Ausschreibung sich verpflichten lässt. 2526

4498 Vgl. hierzu insb. *Grziwotz*; NotBZ 2008, 85 ff. sowie *Hertel* in: Amann/Albrecht/Hertel, Aktuelle Probleme der notariellen Vertragsgestaltung 2007/2008, S. 254 ff.
4499 Vgl. Verordnung EG Nr. 1422/07 v. 05.12.2007, ABl. EU, N317/34, § 100 Abs. 1 GWB i.V.m. § 2 Abs. 3 VgV.
4500 Unter Anwendung des jeweils zweiten Abschnitts der VOB/A und VOL/A sowie der VOF.
4501 Die gem. § 13 VgV über den Grund ihrer Ablehnung und den erfolgreichen Bieter zu informieren sind.
4502 Wegen der Nichtaufhebbarkeit des einmal erteilten Zuschlags (sog. Auftragsstabilität), § 114 Abs. 2 GWB.
4503 Auch insoweit liegt ein entgeltlicher Vertrag vor, vgl. *Busch* Vergaberecht 2003, 622, 625.
4504 Vgl. EuGH v. 12.07.2001 – Rs C-399/98, NZBau 2001, 512 (»Scala 2001«).
4505 Anders wohl bei schlichten Erschließungsverträgen über Anlagen i.S.d. § 127 Abs. 2 BauGB, bei denen der Vorhabenträger weder eine Zahlung erhält noch die Gemeinde auf eine Beitragsforderung verzichtet (letztere entsteht mangels eigenen Aufwandes gar nicht), vgl. *Wilke*, ZfBR 2004, 141, 144 f.
4506 Schon die Minderheitsbeteiligung eines privaten Unternehmens i.S.e. public private partnership bzw. ÖPP (öffentlich privaten Partnerschaft, vgl. §§ 90a bis f InvG und Rn. 1312a-5 ff.; *Byok/Graef* ZfIR 2009, 363 ff.) führt demnach zur Notwendigkeit der Ausschreibung, EuGH, 11.01.2005 – C-26/03, NZBau 2005, 111.

2527 Als die Ausschreibungspflicht oberhalb der Schwellenwerte auslösenden »Bauauftrag« (§ 99 Abs. 3 GWB) bzw. »Baukonzession« (§ 99 Abs. 6 GWB) wertete die insoweit strenge Rechtsprechung insb. des OLG Düsseldorf[4507] auch Grundstücksverkäufe, mit denen die Gemeinde aufgrund ausdrücklicher oder faktischer Baupflicht oder im Wege sonstiger Auflagen[4508] städtebauliche Planungen umsetzt. Es kann sich um die Errichtung von Gebäuden für öffentliche Zwecke handeln, ebenso um die Realisierung von Bauvorhaben, bei denen gestalterische Vorgaben der Gemeinde (»Baufibel«) einzuhalten sind, sowie um Projektentwicklungsmaßnahmen, mit denen die städtische Infrastruktur bzw. das Niveau eines Stadtviertels gehoben werden sollen. Die Ausschreibungsanforderungen gehen über das hinaus, was zur Vermeidung von Unterwertverkäufen (vgl. z.B. Art. 75 BayGO) kommunalrechtlich geboten ist.

2528 Fraglich ist, ob ein lediglich mittelbarer Bauzwang (z.B. ein Rücktrittsrecht für Investor und Stadt für den Fall, dass bis zu einem bestimmten Zeitpunkt kein Bauvorbescheid für ein definiertes Objekt erteilt wurde) ausreicht.[4509] Der Gesetzgeber verneint dies augenscheinlich, indem er jedenfalls seit 24.04.2009 in § 99 Abs. 3, 3. Alt. GWB verlangt, es müsse sich um eine dem Auftraggeber **unmittelbar** wirtschaftlich zugutekommende Bauleistung durch Dritte gem. den vom Auftraggeber genannten »Erfordernissen« handeln. Dadurch sollte die vergaberechtsfreie »Zwischenschaltung« bspw. einer rein kommunalen Stadtentwicklungsgesellschaft bei der Vergabe öffentlicher Aufträge ermöglicht werden.[4510] Die Rechtsprechung hielt demgegenüber die im Kaufvertrag erwähnte »Absicht« einer Bebauung, gesichert durch ein Wiederkaufsrecht für den Fall der Nichtdurchführung, jedenfalls für ausreichend mit der Folge, dass ein solcher Grundstücksverkaufsvertrag, sofern er nicht das Ergebnis einer vorherigen europaweiten Ausschreibung ist oder der Käufer zu einer solchen Ausschreibung verpflichtet wird, nichtig ist, ohne dass durch Grundbuchumschreibung eine Heilung einträte. Das mit dem Schwellenwert zu vergleichende Bauvolumen umfasst dabei den Grundstücksankauf und die geplante Bauinvestition.[4511]

2529 Die Auffassung des OLG Düsseldorf dehnt den Anwendungsbereich des Vergaberechts – es handelt sich originär um Einkaufsvorschriften zur Bedarfsdeckung der öffentlichen Hand gegen Entgelt – zu Unrecht auf die Veräußerung von öffentlichem Vermögen aus (»ein Verkauf ist kein Einkauf«[4512]). Die Vergaberechtsnovelle vom 23.04.2009[4513] versucht der Rechtsprechung dadurch gegenzusteuern,[4514] dass in § 99 Abs. 3 GWB (»Bauauftrag«) das in Rdn. 2528 erwähnte Unmittelbarkeitserfordernis und in § 99 Abs. 6 GWB (»Baukonzession«) die Befristung des Nutzungsrechts, das als Gegenleistung für die Bauleistung gewährt wird, aufgenommen wurden. Dies erschien zunächst problematisch, da die europäische Vergabekoordinierungsrichtlinie (VKR = RL 2004/18/EG) diese Einschränkungen weder (in Art. 1 Abs. 2 Buchst. b) VKR) für den öffentlichen Bauauftrag noch (in Art. 1 Abs. 3 VKR) für die öffentliche Baukonzession kennt.

4507 OLG Düsseldorf, 13.06.2007 – Verg 2/07, NZBau 2007, 530 (»Fliegerhorst Ahlhorn«), OLG Düsseldorf, 12.12.2007 – VII-Verg 30/07, NZBau 2008, 139 (»Wuppertal-Vohwinkel«) sowie OLG Düsseldorf, 06.02.2008 – VII-Verg 37/07, NotBZ 2008, 118 (»Oer-Erkenschwick«).

4508 Etwa nach dem sog. »Münchener Modell« sozialgerechter Bodennutzung (40 % geförderter Wohnraumanteil als Voraussetzung der Baulandausweisung); oder aufgrund eines ökologischen Kriterienkatalogs.

4509 Zustimmend *Regler* MittBayNot 2008, 257 ff. m.w.N. sowie die zitierte »Ahlhorn-Rechtsprechung« des OLG Düsseldorf – wonach sogar nur das Gutheißen eines vom Investor vorgelegten Konzepts ausreicht, letzteres also nicht durch die Kommune vorgegeben werden muss; ablehnend dagegen 2. Vergabekammer Hessen, 05.03.2008 – 69d VK 06/2008, sowie Vergabekammer Baden-Württemberg, 07.03.2008 – 1 VK 1/08, jeweils abrufbar unter www.forum-vergabe.de, die lediglich von einer vergabefreien Dienstleistungskonzession (keine ausschreibungspflichtigen Baukonzession) ausgehen, wenn die öffentliche Hand die Gebäude nicht selbst übernimmt und betreibt.

4510 *Krautzberger* NotBZ 2010, 246.

4511 So OLG Düsseldorf, 06.02.2008 – VII-Verg 37/07, NotBZ 2008, 118, m. abl. Anm. *Claussen*.

4512 *Regler* DNotZ 2010, 24, 35.

4513 BGBl. I 2009, S. 790 ff.

4514 Vgl. *Görs* notar 2008, 144; *Regler* MittBayNot 2009, 257.

VIII. Sonstige Regelungen, Schlussbestimmungen

Weitere, wenn auch nur partielle,[4515] Gewissheit hat das auf Vorlage des OLG Düsseldorf[4516] ergangene **EuGH-Urteil**[4517] zum »funktionalen Auftragsbegriff« geschaffen, demzufolge (1) ein öffentlicher Bauauftrag ein »unmittelbares wirtschaftliches Interesse«[4518] für den öffentlichen Auftraggeber sowie einklagbare Leistungspflichten[4519] (also ein Mehr gü. bloßen Rücktrittsrechten) voraussetzt, und nicht gegeben ist, wenn der Auftraggeber lediglich die ihm vorgelegten Pläne im Rahmen seiner städtebaulichen Regelungszuständigkeit überprüft.[4520] Wegen der zugrunde zu legenden funktionalen Betrachtung können dabei der Grundstücksverkauf durch die öffentliche Hand und der spätere Bauauftrag durch eine andere öffentliche Stelle eine Einheit bilden und insgesamt dem Vergaberecht unterliegen.[4521] Weiter hat der EuGH klargestellt, (2) dass eine öffentliche Baukonzession die Nutzungsüberlassung durch den Auftraggeber voraussetzt, also nicht vorliegt, wenn der Auftragnehmer bereits Eigentümer des zu bebauenden Grundstücks ist.

2530

Für den Praktiker besonders bedeutsam sind die **zivilrechtlichen Konsequenzen** von Vergabeverstößen, insb. wenn der Auftragsbegriff – funktional erweitert – gem. der vorstehend erläuterten Rechtsprechung des OLG Düsseldorf auch kommunale Grundstücksveräußerungen erfassen sollte. Gem. § 101b Abs. 1 Nr. 1 und 2 GWB (vormals § 13 Satz 6 VgV) sind öffentliche Aufträge, die unter Verletzung der Informations- oder Wartepflicht[4522] erteilt worden sind, nichtig. Diese spezialgesetzliche Nichtigkeitsfolge erfasst wohl lediglich den schuldrechtlichen Vertrag.[4523] Erfolgt die Vergabe gänzlich ohne ein – sei es auch fehlerhaftes – wettbewerbliches Verfahren, also i.S.e. »echten« De-facto-Vergabe, wurde vor dem 24.04.2009 überwiegend die Nichtigkeit des Vertrags auf § 138 Abs. 1 BGB (Umgehung; bei Kenntnis des Auftragnehmers auch wegen kollusiven Verhaltens[4524]) gestützt,[4525] nicht jedoch auf § 134 BGB;[4526] mittlerweile ergibt sie sich aus § 101b Abs. 1 Nr. 2 GWB. Die ex-tunc-Unwirksamkeit tritt jedoch in beiden Fällen (Verstoß gegen die Informations- und Wartepflicht sowie de-facto-Vergabe) zunächst nur schwebend ein; endgültig bedarf es hierfür einer Feststellung im gerichtlichen Nachprüfungsverfahren, das binnen 30 Kalendertagen ab Kenntnis vom Verstoß, spätestens binnen 6 Monaten ab Vertragsschluss einzuleiten ist, § 101b Abs. 2 Satz 1 GWB.[4527]

2531

Erfasst die Unwirksamkeit lediglich das schuldrechtliche Geschäft, kann der Ersterwerber wirksam weiterveräußern; sollte sie jedoch unter Durchbrechung des Abstraktionsprinzips, etwa zur Verwirklichung effektiven Rechtsschutzes (Doktrin des europarechtlichen »effet utile«),[4528] auch die Auflassung erfassen, käme es für den Zweiterwerb vom Nichtberechtigten auf den **guten Glauben dieses Nacherwerbers** an, der – da gem. § 892 BGB lediglich positive Kenntnis schadet – trotz abstrakter Bekanntheit der zugrunde liegenden, zudem nicht unumstrittenen, Rechtsprechung kaum fehlen wird.

2532

4515 *Gartz* NZBau 2010, 293 ff. (anders *Otting* IBR 2010, 284: Grundstücksgeschäfte seien nun wieder ausschreibungsfrei).
4516 OLG Düsseldorf NZBau 2008, 727 (»Husaren-Kaserne Sontra«).
4517 EuGH, 25.03.2010 – Rs C-451/08, ZfIR 2010, 417 m. Anm. *Jenn* S. 405 ff.; DNotZ 2010, 528 m. Anm. *Regler*.
4518 Dieses ist stets gegeben bei der Errichtung öffentlicher Gebäude (Rathaus, Kläranlage), oder bei der Erschließung von Baugebieten; es ist nicht bereits zu bejahen aufgrund der allgemeinen Baupflicht (§ 12 Abs. 1 Satz 1 BauGB) in einem vorhabenbezogenen Bebauungsplan, aber wohl bei Hinzutreten von Besetzungsrechten der öffentlichen Hand am zu errichtenden Gebäude, *Grziwotz* notar 2010, 311. Die neue Gesetzesfassung des § 99 Abs. 2 GWB ist damit europarechtskonform, *Kade* ZfBR 2009, 440.
4519 Ausreichend sind aber wohl einklagbare Vertragsstrafen (»indirekte Leistungspflichten«).
4520 Checkliste zu den neuen Grenzen des Vergaberechtes: *van Kann/Hettich* ZfIR 2010, 783, 787.
4521 Vgl. *Regler* DNotZ 2010, 541.
4522 Der Vertrag darf erst 15 Tage nach Absendung (nicht Zugang!) der Information des öffentlichen Auftraggebers an die unterlegenen Bieter über den Namen des erfolgreichen Unternehmens, die Gründe der vorgesehenen Nichtberücksichtigung und den frühesten Zeitpunkt des Vertragsschlusses (bei Übermittlung per Fax oder E-Mail binnen 10 Tagen) geschlossen werden, außer bei besonderer Dringlichkeit, § 101 Abs. 4 GWB.
4523 Vgl. *Brock* ZfIR 2008, 445, 448; *Brambring/Vogt* NJW 2008, 1855, 1858.
4524 Jedenfalls seit Veröffentlichung der Rspr. denkbar (18.01.2007).
4525 Vgl. *Greb/Rolshoven* NZBau 2008, 163, 165; *Regler* MittBayNot 2008, 261.
4526 BGH BauR 2005, 1026.
4527 *Regler* DNotZ 2010, 24, 44.
4528 Sofern § 13 VgV nicht nur »effektiven«, sondern »effektivsten« Rechtsschutz gewähren soll, vgl. *Brock*, ZfIR 2008, 445 ff.

B. Gestaltung eines Grundstückskaufvertrages

2533 Eine Pflicht des Notars, die Beurkundung abzulehnen, wird ebenso wenig bestehen, da es auch insoweit an positiver Kenntnis der Nichtigkeit fehlt, jedenfalls auf der Grundlage der Angaben der Beteiligten, denen der Notar grds. vertrauen darf.[4529] Erlangt er jedoch später Kenntnis von der Nichtigkeit, hat er den Vollzug des Rechtsgeschäfts einzustellen und die Beteiligten hierüber zu informieren.[4530] In Zweifelsfällen (§ 17 Abs. 2 Satz 2 BeurkG) kann etwa folgender Hinweis angebracht sein:

▶ **Formulierungsvorschlag: Hinweis des Notars auf vergaberechtliche Risiken**

2534 Der Notar erörterte mit den Beteiligten die Möglichkeit, dass der Verkauf angesichts der damit verfolgten städtebaulichen Zwecke bzw. der übernommenen Bauverpflichtung nach der Rechtsprechung u.a. des OLG Düsseldorf eine ausschreibungspflichtige Baukonzession darstellen könnte mit der Folge, dass er bei Verletzung vergaberechtlicher Normen unwirksam wäre. Die Beteiligten erklären, sie hätten das mit dem Vertrag verfolgte Vorhaben unter diesen Aspekten geprüft, und gehen davon aus, dass keine Ausschreibungspflicht besteht.

2535 Die auf der Grundlage des Vergaberechts zu den Pflichten eines Ausschreibenden entwickelten Grundsätze können auf den **schlichten Verkauf** eines Grundstücks durch einen Träger der öffentlichen Verwaltung, wenn damit keine darüber hinausgehenden städtebaulichen oder sonstigen öffentlich-rechtlichen Ziele verfolgt oder werkvertraglichen Pflichten verbunden werden, **nicht übertragen werden**. Ein insoweit durch den Verkäufer durchgeführtes »Bieterverfahren« (ähnlich dem kontrollierten Auktionsverfahren bei Portfoliotransaktionen, Rdn. 3606) ist ausschließlich freiwilliger und privatrechtlicher Natur, dient also der Findung des am besten geeigneten Käufers unter Wahrung des Gebots der Wirtschaftlichkeit. Hierdurch wird allenfalls ein vorvertragliches Vertrauensverhältnis angebahnt, das den Träger der öffentlichen Verwaltung zur Gleichbehandlung der Teilnehmer, zur Transparenz und Rücksichtnahme verpflichtet.[4531] Demzufolge müssen abgelehnte Bewerber auch nicht über nachträglich – nach Abschluss des »Bieterverfahrens« – bekannt gewordene Umstände (etwa Altlasten) informiert werden; ebenso wenig ist in diesem Fall eine Neuaufnahme des Verfahrens erforderlich.[4532]

8. Verwaltungs-, Wartungs- und Arbeitsverträge; § 613a BGB

a) Geschäftsbesorgungsverhältnisse

2536 Zur technischen, physischen und kaufmännischen Betreuung vermieteter Immobilienbestände größeren Umfangs werden häufig **Geschäftsbesorgungsverträge** mit spezialisierten Anbietern geschlossen. Zu denken ist etwa an:
– Wartungsverträge für die Heizungsanlage,
– Gartenpflegeverträge mit Gartenbauunternehmen, Ich-AGs etc.,
– langfristige Verträge mit Wärmemessdienstfirmen über die Erstellung von Heizkostenabrechnungen und die Verbrauchserfassung nach Maßgabe der HeizKostenVO,[4533]
– Verträge über die langfristige Gestellung von Wärmemessgeräten, über die Durchführung der Eichprüfungen etc.,
– Mietverwaltungsverträge (bei Eigentumswohnungen: Sondereigentums-verwaltungsverträge),
– Breitbandkabelversorgungsverträge,[4534]

4529 BGH DNotZ 1973, 245, 247.
4530 Vgl. *Regler* MittBayNot 2008, 262; *ders.* MittBayNot 2009, 258; *ders.* DNotZ 2010, 24, 47.
4531 BGH, 12.06.2001 – X ZR 150/99, NJW 2001, 3698.
4532 BGH, 22.02.2008 – V ZR 56/07, NotBZ 2008, 267 m. Anm. *Grziwotz* = ZfIR 2008, 871 m. Anm. *Grziwotz* = MittBayNot 2008, 475 m. Anm. *Regler*. Abweisung einer Schadensersatzklage eines Interessenten, der zunächst mehr geboten hatte; die Gebietskörperschaft veräußerte dann jedoch zu einem geringeren Preis an einen anderen Bieter, nachdem Altlasten-Kontamination bekannt wurde.
4533 Nach OLG München, 11.09.2007 – 32 Wx 118/07, DNotZ 2008, 292 ist diese auch zwingend in einer aus zwei Eigentumswohnungen desselben Eigentümers bestehenden Anlage, selbst wenn eine selbst genutzt wird (§ 2 HeizkostenVO gestattet Ausnahmen nur im nicht aufgeteilten Zweifamilienhaus bei Eigennutzung einer Wohnung).
4534 § 566 BGB gilt nicht, auch nicht entsprechend, für den »Eintritt« in einen Breitbandkabelversorgungsvertrag (Recht zur Errichtung und zum Betrieb einer Breitbandkabelanlage und zum Abschluss von Einzelverträgen mit den Woh-

- Vertrag über die Wärmelieferung (»Contracting«) mit Errichtung einer Heizanlage als Scheinbestandteil, mithin im Eigentum des Wärmeerzeugers – hierzu unten Rdn. 2552 ff.
- Rechtlich handelt es sich um Geschäftsbesorgungsverträge (§ 675 BGB) auf dienstvertraglicher Grundlage, im Fall der Durchführung und Erstellung der Nebenkostenabrechnung auf werkvertraglicher Grundlage.

Gesetzliche Regelungen über einen »eo ipso« sich vollziehenden »Übergang« dieser Vertragsverhältnisse auf den Erwerber der betroffenen Immobilie, fehlen. Sie existieren lediglich für Mietverhältnisse (§§ 566 ff. BGB, oben Rdn. 1851) sowie gebäudebezogene Versicherungsverträge (oben Rdn. 2306 ff.) sowie für Arbeitsverhältnisse im engeren Sinn (§ 613a BGB) unten Rdn. 2539 ff. Außerhalb dieser spezialgesetzlich normierten Vertragsübernahmen verbleibt es beim allgemeinen rechtlichen Grundsatz, dass sich niemand einen ungewollten Vertragspartner aufbürden lassen müsse (wobei allerdings dingliche Beschränkungen, etwa »negative Brauereidienstbarkeiten«[4535] einen faktischen Zwang in diese Richtung ausüben können: Bierbezug bei der begünstigten Brauerei, sofern überhaupt eine Gaststätte betrieben wird).[4536] Rechtsgeschäftlich kann jedoch der Erwerber zum Eintritt in das Vertragsverhältnis verpflichtet werden, und zwar sogar in Form allgemeiner Geschäftsbedingungen.[4537] 2537

Der Veräußerer und bisherige Vertragsnehmer hat daher das Vertragsverhältnis, soweit es nicht übernommen werden soll, selbst zu kündigen. Ein außerordentliches Kündigungsrecht bei Dauerschuldverhältnissen aus wichtigem Grund, gestützt auf § 314 BGB, dürfte nicht bestehen, da das verwirklichte Risiko (Wegfall des zu verwaltenden bzw. zu betreuenden Objekts) allein in der Sphäre des bisherigen Auftraggebers wurzelt.[4538] Gleiches gilt bei Anmietungsverträgen bspw. über Heizkostenmessgeräte, da der Mieter (frühere Gebäudeeigentümer) gem. § 537 BGB selbst das Verwendungsrisiko trägt, auch wenn er die Mietsache (Heizkostenverteiler) nicht mehr selbst benötigt oder benutzt. Sogar in allgemeinen Geschäftsbedingungen haben Untergerichte in solchen Verträgen eine Klausel, wonach die Mietvergütung für Verdunstungsmesser für die restliche Laufzeit nach einem Verkauf des Objekts, sofern der Käufer nicht in den Vertrag eintritt, in einer Summe in Rechnung gestellt werden kann, nicht beanstandet.[4539] 2538

Daher sollte der Verkäufer, sofern solche Dauerschuldverhältnisse existieren und er sie nicht ohne Mühe kurzfristig beenden kann, durch Verhandlung mit dem Käufer auf eine Regelung etwa folgenden Inhalts hinwirken: 2539

▶ Formulierungsvorschlag: Übernahme von Dauerschuldverhältnissen

Der Verkäufer garantiert, dass in Bezug auf den veräußerten Grundbesitz kein Arbeitsverhältnis besteht, das gem. § 613a BGB auf dem Käufer übergehen könnte, und stellt den Käufer vorsorglich von etwaigen solchen Ansprüchen Dritter umfassend frei. Der Verkäufer hat jedoch bzgl. des Vertragsobjekts folgende Geschäftsbesorgungsverträge abgeschlossen, die dem Käufer durch Übergabe fotokopierter Ablichtungen bekannt sind: 2540
- Wartungsvertrag hinsichtlich Brenner und Heizkessel mit ..... GmbH vom .....
- Mietverwaltungsvertrag mit ..... vom .....
- Vertrag mit Firma ..... über die Anmietung von Heizkostenverteilern, Messgeräten und Wasserdurchflussmessern vom .....
- Vertrag mit Firma ..... vom ..... über die Durchführung der Nebenkostenabrechnungen mit den Wohnraummietern
- Vertrag über die Pflege der Grünanlagen mit Firma ..... vom .....

---

nungsnutzern), BGH, 17.07.2002 – XII ZR 86/01, NJW 2002, 3322.
4535 Generelles Verbot des Ausschanks von Getränken, es sei denn der Begünstigte (Brauerei X) stimmt zu.
4536 Sog. Warenbezugsdienstbarkeit, zur Zulässigkeit BGH NJW 1979, 2150 und BGH NJW 1985, 2474; ebenso BayObLG NJW 1985, 3211; vgl. *Wilke* in: Lambert-Lang/Tropf/Frenz Handbuch der Grundstückspraxis Teil 6 Abschn. 1 A Rn. 29.
4537 OLG Düsseldorf, 23.04.2007 – I-9 U 73/06, RNotZ 2008, 24.
4538 Vgl. *Börstinghaus* NZM 2000, 1037 (zum Mietverwaltungsvertrag).
4539 Vgl. etwa AG Saarlouis, 05.11.1998 – 28 C 437/97, DWW 1999, 384 sowie AG Dortmund, 17.09.1998 – 122 C 7333/98, DWW 1999, 384 m. Anm. *Pfeifer* DWW 1999, 384.

Der Verkäufer verpflichtet sich, bis zum Besitzübergang keine weiteren Dauerschuldverhältnisse dieser Art abzuschließen und die bestehenden nur mit Zustimmung des Käufers zu ändern oder zu kündigen.

Der Käufer übernimmt – im Innenverhältnis zum Verkäufer mit Wirkung ab Besitzübergang (Stichtag) – alle Verpflichtungen aus den vorgenannten Dauerschuldverhältnissen und stellt den Verkäufer hiervon frei; der Verkäufer überträgt alle Berechtigungen aus diesen Verträgen an den Käufer. Die Beteiligten verpflichten sich, jeweils auf eine umfassende Vertragsübernahme auch im Außenverhältnis unter Mitwirkung des Vertragspartners hinzuwirken. Scheitert diese binnen 3 Monaten nach dem Stichtag, ist der Verkäufer unbeschadet der fortbestehenden Freistellungspflicht des Käufers zur Kündigung der betreffenden Dauerschuldverhältnisse berechtigt.

2541 Häufig übernimmt ein Mieter im Haus im Auftrag des Eigentümers/Vermieters einfache Dienste der **Hausbetreuung**, wie etwa den Räum- und Streudienst, die Reinigung des Treppenhauses und des Hofes, das Auswechseln defekter Glühbirnen, das Bereitstellen der Mülltonnen zu den Leerungsterminen etc. In aller Regel werden hierdurch keine Arbeitsverhältnisse begründet, sondern es handelt sich um eine anderweitige Form der Erbringung des Mietzinses, sodass der in bar zu entrichtende Betrag entsprechend reduziert ist. Die Miete (§ 535 Abs. 2 BGB) kann nicht nur in Geld, sondern auch durch jede andere geldwerte Leistung, etwa eine Dienstleistung, erbracht werden.[4540] In diesem Fall ist die Dienstleistung in den mietvertraglichen Kontext eingebunden (ohne dass bereits dadurch die Wohnung zu einer Werkmietwohnung oder Werkdienstwohnung [§§ 576 ff. BGB] würde), mit der Folge, dass die entsprechenden Berechtigungen und Verpflichtungen als Bestandteil des Mietverhältnisses gem. §§ 566 ff. BGB auf den Erwerber übergehen, und zwar im Außenverhältnis mit Eigentumswechsel, im Innenverhältnis regelmäßig mit Nutzungsübergang. Besondere Regelungen sind hierzu nicht veranlasst.

b) Arbeitsverhältnisse

2542 Denkbar ist jedoch auch, dass insb. Hausmeisterdienstleistungen nicht als geldwerte Mieterpflicht (s. vorstehende Rdn. 2541), sondern im Rahmen eines Arbeitnehmerverhältnisses erbracht werden. Abgrenzungskriterium ist die persönliche Abhängigkeit des Mitarbeiters, d.h. die Einbindung in eine durch den Arbeitgeber bestimmten Arbeitsorganisation (vgl. § 84 Abs. 1 Satz 2 HGB). Ausreichend ist die abstrakte Berechtigung des »Dienstherrn« zu entsprechenden Anweisungen, mag auch die tatsächliche Ausführung überwiegend von den Sachzwängen und durch eigenverantwortliche Planung des Hausmeisters bestimmt sein (winterliche Schneeräumpflichten bei entsprechender Witterung).[4541] Fraglich ist, wann die für den »Übergang« eines solchen Arbeitsverhältnisses notwendigen Voraussetzungen des **§ 613a BGB** (Übergang eines Betriebs oder eines Betriebsteils) vorliegen:

aa) Voraussetzung: Betrieb bzw. Betriebsteil

2543 Der ursprünglich **rein arbeits- bzw. betriebsverfassungsrechtlich definierte Begriff** des Betriebs hat unter dem Einfluss der hierdurch umzusetzenden EG-Richtlinien 77/187/EWG v. 14.12.1977 sowie RL 2001/23/EG v. 12.03.2001 und der Rechtsprechung des EuGH eine Umformung erfahren. Erforderlich ist, dass übernommene Betriebsmittel auch beim früheren Inhaber eine abgrenzbare Organisationseinheit bildeten und dergestalt übernommen werden, dass die Fortführung des Betriebs möglich ist (»Theorie des gemachten Bettes«).[4542] Demnach stehen bei Produktionsbetrieben regelmäßig die Betriebsanlage sowie je nach Branche und Spezialisierungsgrad das technische Know-how im Vordergrund,[4543] bei Handels- und Dienstleistungsbetrieben demgegenüber die immateriellen Betriebsmittel (wie good will, Kundenlisten, Know-how, Warenzeichen etc., möglicherweise auch die Geschäftslage und die Lieferantenbeziehungen).

4540 Vgl. BGH NJW 2002, 3322; Palandt/*Weidenkaff* BGB § 535 Rn. 71.
4541 Vgl. BAG, 16.10.1987 – 7 AZR 519/86, AP BGB § 613a Nr. 69.
4542 Vgl. ErfKomm/*Preis* § 613a BGB Rn. 5.
4543 BAG, 14.07.1994 – 2 AZR 55/94, NZA 1995, 27.

Insb. in letzterem Fall ist also die Übernahme der Kernbelegschaft nicht nur Rechtsfolge, sondern auch Tatbestandsvoraussetzung des Merkmals »Betrieb«.[4544] Zu berücksichtigen ist bei der Gesamtabwägung auch die Ähnlichkeit der Tätigkeit vor und nach der Übernahme sowie die Identität der Funktion.[4545] Unter diesen Voraussetzungen kann auch ein fremdgenutztes Mietshaus ein Betrieb bzw. – bei Vorliegen weiterer fremdgenutzter Mietshäuser – ein Betriebsteil sein.[4546] Am Rande ist darauf hinzuweisen, dass ein solcher Betriebsübergang möglicherweise auch als Folge der schlichten Anmietung von Gewerbeimmobilien und weiterer Betriebsmittel erfolgen kann, insb. wenn eine Identität der Kunden und Lieferanten und Ähnlichkeit der fortzuführenden Tätigkeit angestrebt wird.[4547]

bb) Rechtsfolge

Liegen die in den vorstehenden Randnummern skizzierten Voraussetzungen (Arbeitsverhältnis, rechtsgeschäftlicher Übergang eines Betriebs bzw. Betriebsteils) vor, geht das Arbeitsverhältnis bei Aufrechterhaltung des Charakters als fremdgenutztes Mietshaus auf den Erwerber über, sofern es dem betreffenden Betrieb bzw. Betriebsteil eindeutig zugeordnet werden kann – (anders, wenn der Arbeitsplatz nicht an die übertragene Immobilie gebunden, sondern einheitlich für zahlreiche weitere Objekte eingerichtet war).[4548]

Maßgeblicher Zeitpunkt für den Übergang des Arbeitsverhältnisses ist dabei nicht der Eigentumswechsel, sondern der **Besitzübergang**, also der Zeitpunkt, ab dem der Erwerber die Leitungsmacht ausüben kann. Tarifverträge und Tarifvereinbarungen gelten fort (vgl. § 613a Abs. 1 Satz 2 bis Satz 4 BGB); der Veräußerer haftet weiterhin als Gesamtschuldner mit für Verpflichtungen, die in der Vergangenheit entstanden und vor Ablauf eines Jahres ab Besitzübergang fällig werden. § 613a Abs. 4 BGB verbietet betriebsbedingte Kündigungen, die lediglich auf den Übergang des Betriebs oder Betriebsteils gestützt sind; erlaubt sind aber anschließende einzelvertragliche Abreden.[4549]

Gem. § 613a Abs. 5 BGB haben alter und neuer Arbeitgeber die Belegschaft über den Zeitpunkt, den Grund und die Folgen des Betriebsübergangs sowie die geplanten Maßnahmen zu informieren.[4550] Bei einer Verletzung der Rechtspflicht zur **Unterrichtung** ist der Arbeitnehmer (gem. § 280 Abs. 1 BGB) so zu stellen, als ob die Unterrichtung stattgefunden hätte.[4551] Widerspricht der Arbeitnehmer binnen Monatsfrist (§ 613a Abs. 6 BGB) schriftlich,[4552] bleibt das Arbeitsverhältnis mit dem bisherigen Arbeitgeber (Veräußerer) bestehen, ist aber dann nicht vor der Gefahr geschützt, dass der bisherige Arbeitgeber keine oder nur noch eine eingeschränkte Beschäftigungsmöglichkeit hat, sodass eine betriebsbedingte Kündigung gem. § 1 Abs. 2 KSchG erfolgt.[4553]

cc) Vertragliche Vorkehrungen

I.d.R. wird der Erwerber bestrebt sein, den »automatischen« Übergang von Arbeitsverhältnissen, die organisatorisch einem Immobilienbestand i.S.e. Betriebs oder Betriebsteils zugehörig sind, zu vermeiden. Da die gesetzliche Rechtsfolge zwingend ist, kann der Kaufvertrag lediglich den Verkäu-

---

4544 EuGH, 25.01.2001 – Rs. C-172/99, NZA 2001, 249.
4545 Wobei die bloße Funktionsnachfolge, anders als in der Erstentscheidung des EuGH »Christel Schmidt« v. 14.04.1994, NZA 1994, 545, nicht genügt, sofern keine organisatorische wirtschaftliche Einheit mitübergeht: EuGH, 11.03.1997 – Rs. C-13/95 »Ayse Süzen«, NZA 1997, 433.
4546 Vgl. BAG, 16.10.1987 – 7 AZR 519/86, AP BGB § 613a Nr. 69. Auch i.R.d. § 1059a Abs. 1 BGB kann ein einzelnes Betriebsgrundstück einen »Unternehmensteil« darstellen, vgl. OLG Hamm, 11.01.2007 – 15 VA 5/06, MittBayNot 2007, 315.
4547 Vgl. *Matthey/Kluth/Fröndhoff* NZM 2005, 1 ff., im Hinblick auf EuGH, 20.11.2003 – Rs. C-340/01, NJW 2004, 45.
4548 BAG, 16.10.1987, AP BGB § 613a Nr. 69.
4549 Z.B. über die Herabsetzung des Gehalts, BAG, 07.11.2007 – 5 AZR 1007/06.
4550 Vgl. zum Inhalt im Einzelnen *Hohenstatt/Grau* NZA 2007, 13; *Lembke/Oberwinter* ZiP 2007, 310 sowie BAG, 13.07.2006 – 8 AZR 303/05, NJW 2007, 244. Überblick auch bei *Maschmann* BB-Spezial 2006, Heft 6, S. 29 ff.
4551 BAG, 13.07.2006 – 8 AZR 382/05, NJW 2007, 250.
4552 BAG, 13.07.2006 – 8 AZR 382/05, NJW 2007, 250: es genügt, dass der einschlägige rechtsgeschäftliche Wille in einer formgerechten Urkunde zumindest andeutungsweise seinen Niederschlag gefunden hat.
4553 Vgl. *Nicolai* BB 2006, 1162.

fer, regelmäßig i.S.e. Garantiehaftung, zur Freistellung von den finanziellen Folgen solcher Arbeitsverhältnisse verpflichten oder aber den akzeptierten Umfang auf bestimmte Arbeitnehmer begrenzen, also eine Freistellung hinsichtlich etwaiger weiterer, nicht benannter Arbeitnehmer vorsehen.

Hierzu folgende Formulierungsvorschläge:

▶ **Formulierungsvorschlag: Freistellung von § 613a BGB**

2549   Der Verkäufer steht i.S.e. verschuldensunabhängigen Garantie dafür ein, dass aufgrund des heutigen Immobilienkaufvertrags keine organisatorisch zugeordneten Arbeitsverhältnisse (etwa mit Hausmeistern o.Ä.) gem. § 613a BGB auf den Käufer übergehen. Sollten Arbeitnehmer nach Besitzübergang gleichwohl Ansprüche aus bisher mit dem Verkäufer bestehenden Arbeitsverhältnissen gegen den Käufer geltend machen, hat ihn der Verkäufer uneingeschränkt und umfassend hiervon freizustellen. Der Käufer ist auf Verlangen und Kosten des Verkäufers gemäß dessen Weisungen zur Abwehr etwaiger Ansprüche verpflichtet. Sollten solche Ansprüche gerichtlich bestätigt werden, hat der Verkäufer den Käufer unverzüglich von allen finanziellen Folgen etwa übergehender Arbeitsverhältnisse freizustellen bzw. etwaige Arbeitgeberaufwendungen des Käufers unverzüglich zu ersetzen; der Käufer bleibt zur Erklärung und Durchsetzung einer Kündigung gem. den Weisungen des Verkäufers verpflichtet. Eine Minderung der zu erstattenden Aufwendungen im Hinblick auf Arbeitsleistungen, die solche Personen tatsächlich gegenüber dem Käufer erbracht haben, tritt nicht ein. Auf Absicherung des Freistellungsanspruchs des Verkäufers, etwa durch Bankbürgschaft oder Einbehalt eines Kaufpreisteils, wird verzichtet.

2550   Sofern der Betriebsübergang hinsichtlich bspw. eines einzelnen Arbeitnehmers unstreitig ist, jedoch keine weiteren Arbeitsverhältnisse wirtschaftlich übernommen werden sollen, könnte stattdessen formuliert werden:

▶ **Formulierungsvorschlag: Übernahme eines Hausmeister-Arbeitsverhältnisses gem. § 613a BGB**

2551   Das Arbeitsverhältnis mit dem beim Verkäufer beschäftigten Hausmeister Herrn ..... (Vertrag vom .....) ist organisatorisch und wirtschaftlich überwiegend den heute verkauften Liegenschaften zugeordnet. Die Beteiligten gehen daher davon aus, dass gem. § 613a Abs. 1 BGB das Arbeitsverhältnis mit dem genannten Arbeitnehmer mit Wirkung ab dem Besitzübergang auf den Käufer als neuen Arbeitgeber übergeht. Der Verkäufer steht dafür ein, dass außerhalb des genannten Arbeitsvertrags keine arbeitsvertraglichen Abreden getroffen sind, keine betrieblichen Versorgungszusagen bestehen und die Urlaubsansprüche der vergangenen Kalenderjahre vollständig sowie des laufenden Jahres zeitanteilig erfüllt sind. Er verpflichtet sich, bis zum Besitzübergang ohne Zustimmung des Käufers keine Veränderungen des Arbeitsverhältnisses vorzunehmen.

I.Ü. steht der Verkäufer dafür ein, dass keine weiteren Arbeitsverhältnisse auf den Käufer übergehen. Sollten Arbeitnehmer nach Besitzübergang ..... (**Anm.:** *Fortsetzung wie im vorangehenden Baustein, Rdn. 2549.*)

c) Contracting, Fernwärme

2552   Träger öffentlicher Einrichtungen und Eigentümer von Mietshäusern gehen vermehrt dazu über, die Energieversorgung[4554] für Rathäuser, Schulen, Krankenhäuser etc., aber auch für Wohngebäude an kommerzielle Energie-Dienstleistungsunternehmen (Contractors)[4555] zu übertragen, welche die Versorgung auf der Grundlage eines zeitlich befristeten Energie-Lieferungsvertrags im eigenen Namen durchführen. Als Contracting-Modelle[4556] sind derzeit insb. anzutreffen
   – das »Energie-Lieferungs-Contracting« (84 % des Branchenvolumens) – der Contractor plant, errichtet und finanziert eine Energieanlage oder übernimmt eine bestehende solche Anlage und

---

4554 Insb. Heizwärme, aber auch bspw. Dampferzeugung zur Sterilisation in Krankenhäusern etc.

4555 Der Begriff stammt vom »energy performance contracting« in den USA als Reaktion auf die Ölversorgungskrise 1973/1974. Vgl. zum folgenden *Kruse* RNotZ 2011, 65 ff.; *Hack* Energie-Contracting; *Brandl/Strauch*, Energiecontracting – Neue Heizung zum Nulltarif?, 2008.

4556 Der Branchenumsatz betrug 2007 ca. 1,315 Mrd. €.

trägt für die Laufzeit des Vertrags die Anlagenverantwortung, der Kunde bezieht die Nutzenergie direkt vom Contractor;
– das »Energie-Einspar-Contracting« (8 %) – der Contractor plant, errichtet, betreibt, wartet und finanziert auch die Energieverteilungs- und Energienutzungsanlagen sowie die energetische Sanierung und Optimierung des Gebäudes selbst, sein Entgelt richtet sich nach der Höhe der erzielten Einsparungen;
– das »Betriebsführungs-Contracting« (6 %) – der Contractor übernimmt lediglich das technische Anlagenmanagement, also das Fahren, Instandhalten, Reparieren und Überwachen der Energieanlage;
– und schließlich das »Finanzierungs-Contracting« (2 %) bei dem der Contractor lediglich die Anlage bereitstellt, der Gebäudeeigentümer bzw. Nutzer jedoch die laufenden Kosten des Betriebs trägt und die Wartungsverantwortung hat.

Die 1980 erlassene VO über allgemeine Bedingungen für die Versorgung mit Fernwärme (AVB-FernwärmeV) enthält keine Definition; der Begriff »Contracting« ist immerhin seit 2003 in DIN 8930, Teil 5 erläutert.[4557] Gesetzlich normiert sind seit 1980 Anforderungen an die Gestaltung der Allgemeinen Geschäftsbedingungen für die Versorgung mit Fernwärme (AVBFernwärmeV), die alle Fälle umfasst, in denen aus einer nicht im Eigentum des Gebäudeeigentümers stehenden Heizungsanlage nach unternehmenswirtschaftlichen Gesichtspunkten eigenständig Wärme produziert und an andere geliefert wird, gleichgültig ob es sich – gemessen an der Entfernung – um einen Fall der Nah- oder der Fernwärmeversorgung handelt, und ebenfalls unabhängig davon, ob die gelieferte Wärme primäres Erzeugungsziel (Heizkraftwerk) oder Nebenprodukt der Stromerzeugung (etwa bei einem Blockheizkraftwerk) ist. 2553

Auch bei Neubau (Bauträger) Projekten kommt zunehmend Contracting (über Blockheizkraftwerke) zum Einsatz;[4558] der Käufer wird dabei zum Eintritt in einen durch den Bauträger mit dem Contractor noch auszuhandelnden Wärmelieferungsvertrag verpflichtet, oder aber zur Mitwirkung dahin gehend verpflichtet, dass der Verband der Wohnungseigentümer einen solchen abzuschließen habe (zur Mitbeurkundungspflicht hierzu s.u. Rdn. 2563 ff.). 2554

In der Praxis stellen sich vor allem sachenrechtliche (aa) und schuldrechtliche Fragen sowie Besicherungsaspekte (bb); aus notarieller Sicht bereitet auch der Umfang der Beurkundungspflicht Schwierigkeiten (cc). Augenvermerk verdienen weiterhin die Schnittstelle zum Mietrecht (dd) und die Gestaltung des Abnehmerwechsels bei einer Übertragung der versorgten Liegenschaft (ee).

aa) Eigentum an der Energieerzeugungsanlage

Wesenstypisch für Contracting-Verträge ist die Übernahme einer bestehenden oder die Lieferung einer neuen Energieerzeugungsanlage, die sich zwar innerhalb des zu versorgenden Gebäudes befindet, jedoch im Eigentum des Contractors stehen soll. Sachenrechtlich handelt es sich regelmäßig zwar nicht um wesentliche Bestandteile i.S.d. § 93 BGB,[4559] wohl aber um wesentliche Bestandteile gem. § 94 Abs. 2 BGB (»zur Herstellung des Gebäudes eingefügte Sachen«), da nach der Verkehrsanschauung zu einem Wohn- oder Geschäftshaus – jedenfalls in Mitteleuropa – auch eine Heizungsanlage gehört.[4560] Dies gilt auch für »Blockheizungen«, die Wärme zur Versorgung eines größeren 2555

[4557] Umschreibungen finden sich etwa in § 110 Abs. 1 Satz 1 Nr. 3, Abs. 3 EnWG, in § 7 Abs. 4 HeizkostenVO und in § 9 Abs. 1 Nr. 3b StromStG.
[4558] So werden bspw. alle IKEA-Reihenhausprojekte in Deutschland im Contracting-Modell angeboten; Ähnliches gilt für das geplante Projekt von 100.000 Zuhause-Kraftwerken des VW-Konzerns (umgebaute Pkw-Erdgas-Motoren, die über die Firma Lichtblick betrieben werden) und einerseits der Stromlieferung, vor allem in Spitzenzeiten, andererseits der Wärmespeicherung dienen, vgl. *Kruse* RNotZ 2011, 65.
[4559] Anders, wenn die Anlage bspw. so in das Gebäude integriert ist, dass sie eine tragende Wand ersetzt (§ 93, 1. Alt. BGB) oder so speziell an die Erfordernisse des Gebäudes angepasst ist, dass sie an anderem Ort nicht ohne Weiteres betrieben werden kann (§ 93, 2. Alt. BGB).
[4560] BGH NJW 1987, 3178; OLG Hamm NZM 2005, 158.

Wohngebiets erzeugen.⁴⁵⁶¹ Anders mag es bspw. liegen bei industriellen Dampferzeugungsanlagen, deren Funktion als Heizung lediglich einen willkommen Nebeneffekt darstellt.⁴⁵⁶²

2556 Trotz Vorliegens der Voraussetzungen des § 94 Abs. 2 BGB kann jedoch selbstständiges Eigentum des Contractors daran bestehen,⁴⁵⁶³ wenn die Anlage gem. § 95 Abs. 2 BGB (»Verbindung zu einem vorübergehenden Zweck«) oder gem. § 95 Abs. 1 Satz 2 BGB (»Verbindung in Ausübung eines Rechts am Grundstück«) als bloßer Scheinbestandteil zu klassifizieren ist. Zur Ermittlung des »vorübergehenden Zwecks« ist auf die innere Willensrichtung des Einfügenden abzustellen, soweit diese mit dem nach außen in Erscheinung tretenden Sachverhalt vereinbar ist.⁴⁵⁶⁴ Die in Contracting-Verträgen häufig enthaltenen sog. »Endschaftsklauseln«, wonach die Energieerzeugungsanlage nach dem Ende der typischerweise 10- bis 15-jährigen Vertragslaufzeit gegen geringes Entgelt auf den Gebäudeeigentümer übergehen soll, sowie der Umstand, dass der technische Fortschritt die wirtschaftliche Wiederverwendung ausgebauter, 15 Jahre alter Energieerzeugungsanlagen unwahrscheinlich werden lässt, stehen den in Contracting-Verträgen enthaltenen allgemeinen Hinweisen auf den »vorübergehenden Charakter« der Einfügung rechtlich entgegen.

2557 Erfolgversprechend erscheint daher lediglich der Rekurs auf § 95 Abs. 1 Satz 2 BGB, d.h. die Errichtung bzw. Einbringung der Anlage, nachdem eine Dienstbarkeit zumindest bestellt⁴⁵⁶⁵ wurde. Eine solche Dienstbarkeit könnte etwa folgenden Wortlaut haben:

▶ **Formulierungsvorschlag:** Beschränkt persönliche Dienstbarkeit zugunsten eines Wärme-Lieferungs-Contractors

Der Eigentümer bewilligt und der Begünstige (»Contractor«) beantragt die Eintragung einer beschränkt persönlichen Dienstbarkeit an zunächst nächstoffene Rangstelle, endgültig jedoch vor allem auf Zahlung gerichteten Rechten, folgenden Inhalts:

— Der Begünstigte ist berechtigt, auf dem dienenden Grundstück eine zentrale Heizungs- und Warmwasseraufbereitungsanlage zu errichten, zu unterhalten und zu betreiben, und zwar in dem in dem beigefügten Plan bezeichneten Raum, einschließlich aller zum Betrieb der Anlage erforderlichen Nebenanlagen, insbesondere der Zu- und Ableitungen.
— Er ist ferner berechtigt, das Grundstück und die darauf errichteten Gebäude jederzeit zu betreten, um die Energieversorgungsanlage zu errichten, zu warten, zu überwachen und sonstige Arbeiten an ihr vorzunehmen.
— Dem jeweiligen Eigentümer des dienenden Grundstücks ist es untersagt, dort Anlagen für die Versorgung der Gebäude mit Heizwärme und/oder Warmwasser zu errichten, zu betreiben oder durch Dritte errichten oder betreiben zu lassen.
— Die Ausübung der Dienstbarkeit kann Dritten überlassen werden.

2558 Werden jedoch **Altanlagen** übernommen, scheidet dieser Weg (»in Ausübung« des dinglichen Rechts) aus.⁴⁵⁶⁶ In Betracht kommt allenfalls die vom BGH in Ausnahmefällen für zulässig erachtete nachträgliche Umwidmung eines wesentlichen Bestandteils in einen Scheinbestandteil; erforderlich seien eine schlichte Einigung i.S.d. § 929 Satz 2 BGB,⁴⁵⁶⁷ das Vorliegen eines »berechtigten Interesses« und ein nach außen tretender Sachverhalt (etwa der Übergang der Straßenbaulast⁴⁵⁶⁸ oder ein Pachtvertrag⁴⁵⁶⁹) als Manifestationsakt. Dogmatisch gestützt wird diese Rechtsprechung darauf, dass in § 95 Abs. 2 Satz 1 BGB (»vorübergehender Zweck«) das Gesetz nicht die Formulierung »worden ist« verwendet, sodass die nachträgliche Änderung eines dauernden zu einem vorü-

---

4561 OLG Hamm NZM 2005, 158; *Stieper* WM 2007, 863.
4562 OLG Hamm, 17.03.2005 – 5 U 183/04, JurionRS 2005, 25163.
4563 Dies ist insb. bedeutsam in der Insolvenz des Grundstückseigentümers oder der Zwangsversteigerung in das beheizte Objekt.
4564 RGZ 153, 231 (236).
4565 OLG Schleswig WM 2005, 1909, 1912; *Schreiber* NZM 2002, 320 (323).
4566 Vgl. *Stieper* WM 2007, 861 (867); a.A. *Wicke* DNotZ 2006, 252 (261 f.), im folgend *Tersteegen* RNotZ 2006, 433 (450 f.).
4567 Da in den Contracting-Fällen der Gebäudeeigentümer zumindest Mitbesitz an der Anlage haben wird – OLG Hamm NZM 2005, 158 (159) – kommt hier lediglich eine Übereignung nach § 930 BGB in Betracht.
4568 BGH v. 02.12.2005 – V ZR 35/05, DNotZ 2006, 290, m. Anm. *Wicke*, S. 252.
4569 OLG Celle v. 22.05.2007 – 4 U 41/07, ZNotP 2007, 343, m. abl. Anm. *Kesseler* ZNotP 207, 330.

bergehenden Zweck möglich sein müsse. Ob diese Rechtsprechung auch für die Contracting-Fälle herangezogen werden kann, ist jedoch außerordentlich fraglich, da die Anlagen auch in der Obhut des Contractors regelmäßig objektiv weiter dazu bestimmt sein werden, bis zu ihrem technischen Verfall im Gebäude zu verbleiben.

Bilanzsteuerrechtlich sind jedoch Contracting-Anlagen, auch bereits bestehende, regelmäßig dem Contractor zuzurechnen, es handelt sich um Betriebsvorrichtungen ähnlich Mietereinbauten.[4570] 2559

bb) Ausgestaltung und Besicherung des Contractingvertrages

Hinsichtlich der **Vertragslaufzeit** bestimmt § 32 Abs. 1 AVBFernwärmeV einen Höchstzeitraum von 10 Jahren,[4571] der gem. § 1 Abs. 3 AVBFernwärmeV nur dann überschritten werden kann (und in der Praxis auch wird – regelmäßige Mindestlaufzeit 5 - 10 Jahre -), wenn das Unternehmen auch einen Vertragsabschluss zu den allgemeinen Bedingungen der AVBFernwärmeV angeboten hat und der Kunde mit den Abweichungen ausdrücklich einverstanden ist. Nach der strengen Auffassung des OLG Brandenburg[4572] genügt dabei nicht ein textlicher Hinweis in den AGB selbst, mit der Folge, dass – wie bei der Unwirksamkeit überlanger Laufzeitklauseln gem. § 309 Nr. 9 BGB – andernfalls der Wärmelieferungsvertrag stets ordentlich kündbar sei. 2560

Zur dinglichen Absicherung von Wärmelieferungspflichten und -rechten ist ein Bündel von Maßnahmen denkbar: 2561
– Die Verpflichtung zum Wärmebezug von einem bestimmten Anbieter kann nicht unmittelbar als solche dinglich gesichert werden, aber faktisch über den Umweg einer Unterlassungsdienstbarkeit (des Inhalts, dass der Grundstückseigentümer es zu unterlassen habe, Anlagen zu errichten oder zu errichten und betreiben zu lassen, die der Erzeugung von Wärme zur Raumheizung und von Wärmezubereitung von Brauchwarmwasser dienen, zugunsten des Lieferanten als Begünstigten der Dienstbarkeit, der eine Ausnahme davon nur gestatten wird, wenn der Wärmebezug bei ihm erfolgt).[4573]
– Der Bestand und die Unterhaltung der erforderlichen Zuleitungen wird durch eine Leitungsgrunddienstbarkeit gesichert.
– Das Recht, die Anlage zur Heizenergieproduktion auf fremdem Grundstück zu betreiben, wird ebenfalls durch eine Dienstbarkeit gesichert, die auch eigentumsrechtlich die Scheinbestandteilseigenschaft vermittelt (vgl. oben Rdn. 2555 ff.). 2562
– Die Absicherung der Wärmelieferungspflicht wird durch eine Reallast auf dem verpflichteten Grundstück, §§ 1105 ff. BGB, gesichert, wobei landesrechtliche Bestimmungen teilweise für Reallasten, die andere als Geldrenten zum Gegenstand haben, Höchstlaufzeiten enthalten, die ggf. mit einer Erneuerungsvormerkung kombiniert werden können.[4574]
– Die Absicherung der Verpflichtung zur Entrichtung der Vergütung für die Wärmelieferung am Grundstück des Wärmebeziehers durch entsprechende Reallast unterbleibt i.d.R., da der Wärme- und Energielieferant bei Ausbleiben der Vergütung schlicht die Belieferung einstellen wird.

cc) Beurkundungspflicht und -verfahren

Ist der Wärmelieferungsvertrag bereits (privatschriftlich) abgeschlossen und in Gang gesetzt und wird er lediglich beim Wechsel des Eigentums (s. Rdn. 2569) »übernommen«, bedarf es naturgemäß, wie bei jeder Vertragsübernahme, lediglich der Identifizierung der übernommenen Verpflichtungen, 2563

4570 Vgl. OFD Koblenz v. 13.01.2006, ESt S 2134-A-St31 4, BeckVerw 072189.
4571 Wird jedoch die Anlage vom Kunden gestellt und vom Wärmelieferanten für einen symbolischen Betrag angemietet, gilt § 32 Abs. 1 AVBFernwärmeV gem. BGH, 21.12.2011 – VIII ZR 262/09, JurionRS 2011, 31831, nicht; mangels hoher Investitionskosten hält die Zehnjahresfrist dann § 307 BGB nicht stand.
4572 OLG Brandenburg, 10.10.2007 – 3 U 50/07, BeckRS 2008, 09352.
4573 Vgl. BGH MittBayNot 1984, 126 ff.; *Kruse* RNotZ 2011, 65, 84.
4574 OLG Köln MittRhNotK 1995, 349: 100 Jahre; zur Verlängerungsvormerkung vgl. *Lange-Parpart* RNotZ 2008, 377, 384.

nicht aber deren Beurkundung. Anders verhält es sich, wenn das Contracting-Verhältnis gemeinsam mit einem beurkundungspflichtigen Vorgang (Bauträgervertrag) »in Gang gesetzt« wird: Aus Sicht jedenfalls eines Beteiligten des Grundstücksgeschäfts, zumindest aus der Sicht des zur Weitergabe verpflichteten Bauträgers, oft aber auch aus der Sicht des Erwerbers, dem keine realistische Möglichkeit einer Ersatzlösung (schon mangels dafür vorgesehener Kellerräume) verbleibt, besteht eine rechtliche Verknüpfung des Grundstücksgeschäfts mit dem Wärmelieferungsvertrag, sodass letzterer mitbeurkundet werden muss, was jedoch durch Auslagerung in einer Bezugsurkunde erfolgen kann.[4575] Zur Wahrung des Transparenzgebots wird es angezeigt sein, auch im Grundstücksgeschäft auf wesentliche Umstände des Wärmelieferungsvertrages hinzuweisen (lange Vertragsdauer, Risiko der Preisänderung, fehlendes Eigentum an der Anlage).

2564 Unterbleibt die Mitbeurkundung, dürfte aber wohl der Vollzug des Grundstücksgeschäfts beide Geschäfte heilen, da regelmäßig zumindest ein »mündlicher« Energielieferungsvertrag schon vor Beurkundung der Auflassung geschlossen sein wird, sodass dieser vom Vollzug der Auflassung in der Heilungswirkung gedeckt sein kann.[4576]

dd) Mietrecht und Contracting

2565 Sowohl § 2 Nr. 4 BetriebskostenVO als auch § 7 Abs. 4, Abs. 2 HeizkostenVO erlauben die Abrechnung der im Zusammenhang mit der eigenständigen gewerblichen Lieferung von Wärme stehenden Kosten (Fernwärme oder Wärme-Contracting) als Teil der mietvertraglichen Nebenkosten – nicht jedoch die Abrechnung von Leasing-Kosten für Brenner, Öltank und Verbindungsleitungen, sofern der Vermieter die Anlage selbst betreibt.[4577] Voraussetzung für die Abrechnungsbefugnis ist allerdings nach derzeitiger Rechtslage[4578] eine ausreichende mietvertragliche Grundlage hierfür. Allein aus der »Organisationshoheit« des Vermieters ergibt sich nach Ansicht des BGH[4579] kein Recht zur Einführung des Contracting während eines laufenden Mietverhältnisses, insb. auch aufgrund der damit dem Mieter wirtschaftlich zusätzlich aufgebürdeten Belastungen: Betreibt der Vermieter die Wärmeversorgung selbst in Eigenregie, sind Instandhaltungs- und Investitionskosten nicht umlagefähig, müssen also aus der Kaltmiete bestritten werden; beim Contracting-Modell sind diese Kosten, ebenso der Gewinn und etwaige Kapitalkosten, sowohl in Gestalt der unveränderten Netto-Miete ggü. dem Vermieter als auch ein zweites Mal im Entgelt für die Wärmelieferung an den Wärmelieferanten enthalten.

2566 Es bedarf also entweder einer im Mietvertrag bereits enthaltenen Bestimmung, welche die Umstellung auf Contracting konkret vorsieht oder die zumindest eine Abrechnung nach § 7 Abs. 4 HeizkostenVO ausdrücklich[4580] ermöglicht, oder aber der individuellen Zustimmung des Mieters. Dies gilt erst recht, wenn der Contractor unmittelbarer Vertragspartner des Mieters werden soll (»full-contracting«). Nach Ansicht der mietrechtlichen Literatur bleibt auch im Fall der wirksamen Umstellung auf das Contracting-Modell (also Direkt-Contracting mit dem einzelnen Mieter) der Vermieter subsidiär zur Ermöglichung einer technisch einwandfreien Beheizung der Wohnung

---

4575 Vgl. *Kruse* RNotZ 2011, 65, 70 ff., dort auch zum (wohl gleichzubehandelnden) Fall, dass der Wärmelieferungsvertrag noch durch den Verband der Wohnungseigentümer abzuschließen sei.
4576 Vgl. *Hertel* im Würzburger Notarhandbuch Teil 2 Kapital 2 Rz. 384, Fußnote 486; strenger: OLG Naumburg, 21.01.2003 – 11 U 2/02, NotBZ 2003, 476, das auf den tatsächlichen späteren Zeitpunkt des schriftlichen Vertragsabschlusses abstellt.
4577 BGH, 17.12.2008 – VIII ZR 92/08, BeckRS 2009, 04681.
4578 Der RefE eines Mietrechtsänderungsgesetzes vom 25.10.2011 will insoweit einen Umstellungsanspruch des Vermieters schaffen, vgl. *Aufderhaar/Jaeger* ZfIR 2011, 553.
4579 BGH NJW 2005, 1776; BGH WuM 2006, 322; weitere Hinweise zur Rechtsprechung des BGH in *Beyer/Lippert* Gutachten der Universität Jena zum Wärmecontracting im Auftrag des ZVEI, 2007, S. 15-21; zu untergerichtlichen Entscheidungen *Derleder* WuM 2005, 387.
4580 Offen ist, ob diese auch formularvertraglich erfolgen kann; skeptisch insoweit *Schmidt-Futterer* Mietrecht 9. Aufl. 2007 Rz. 108: allenfalls bei ausreichendem finanziellem Ausgleich und Beibehaltung der mietvertraglichen subsidiären Leistungspflicht des Vermieters.

verpflichtet mit der Folge, dass der Mieter auch bei Pflichtverletzungen des Contractors dem Vermieter ggü. zu Mietminderung oder Schadensersatz berechtigt ist.[4581]

Unproblematisch zulässig ist jedoch der Abschluss eines Contracting-Vertrags allein durch den Vermieter (der Contractor ist dann Gehilfe bei der Erfüllung der zum Kern der Gebrauchsüberlassung zählenden Wärmeversorgungspflicht des Vermieters);[4582] im Verhältnis zum Mieter kann er jedoch lediglich die Kosten nach § 7 Abs. 2 HeizkostenVO (§ 2 Nr. 4a BetriebskostenVO) umlegen. 2567

Das Fehlen einer gesetzlichen Ermächtigung zur Umstellung auch in laufenden Mietverhältnissen[4583] ist ausschlaggebend dafür, dass die tatsächliche Verbreitung des Energie-Contracting im Mietwohnungsbereich (anders als bei industriellen und kommunalen Anlagen) stagniert trotz der damit verbundenen Energieeffizienzsteigerung. 2568

ee) Eigentumswechsel beim versorgten Objekt

Wechselt das Eigentum am versorgten Objekt, hat dies naturgemäß auf die Pflichten des bisherigen Auftraggebers aus dem Contracting-Vertrag keinen Einfluss; ein gesetzlicher Vertragsübergang findet – ebenso wenig wie bei sonstigen Geschäftsbesorgungsverträgen, vgl. oben Rdn. 2536 ff. – nicht statt. Es liegt daher im Interesse des Verkäufers zu vereinbaren, dass der Erwerber mit schuldbefreiender Wirkung an seiner Stelle in den Contracting-Vertrag eintritt, sofern dieser nicht (wirksam, vgl. oben Rdn. 2565) als Full-Contracting mit den Mietern unmittelbar zustande gekommen ist. 2569

Ungeachtet der Übernahmebereitschaft des Käufers ist der Contractor jedoch nicht verpflichtet, den bisherigen Vertragspartner aus seiner Verpflichtung zu entlassen; in der Praxis ist immer wieder zu beobachten, dass der Veräußerer zumindest für einen z.B. 1-jährigen »Testzeitraum« in der Zahlungsverantwortung bleibt, Verkäufer und Käufer also so lange lediglich eine interne Erfüllungsübernahme (§ 415 Abs. 3 BGB) vereinbaren können. Besonders schmerzhaft sind die Folgen für den Auftragnehmer, wenn die Anlage etwa aufgrund vollständigen Leerstands, stillgelegt werden muss, da Contracting-Verträge typischerweise eine Mindestabnahmepflicht zur Deckung der Basiskosten der Anlage enthalten. 2570

▶ Formulierungsvorschlag: Pflicht zur Übernahme eines Contracting-Vertrags

Dem Käufer ist bekannt, dass der Verkäufer mit der ..... GmbH (»Contractor«) einen Energie-Wärmelieferungsvertrag mit verbleibender Laufzeit bis zum ..... geschlossen hat, demzufolge die im Objekt befindliche Energieversorgungsanlage – jedenfalls auf die Laufzeit dieses Vertrags – im Eigentum des Contractors steht. Dieser Vertrag ist dem Käufer bekannt (gegebenenfalls: Er ist zu Beweiszwecken dieser Urkunde als nicht verlesene Anlage beigefügt). Der Käufer verpflichtet sich, anstelle des Verkäufers alle Pflichten aus diesem Vertrag, nicht jedoch etwaige Rückstände, zu übernehmen; der Verkäufer tritt seine Ansprüche aus diesem Vertrag an ihn ab, solange der Verkäufer nicht vom Contractor in Anspruch genommen wird (auflösende Bedingung). Der Käufer verpflichtet sich, nach besten Kräften daran mitzuwirken, dass auch im Außenverhältnis eine vollständige Vertragsübernahme auf ihn erfolgt, insbesondere seine wirtschaftlichen Verhältnisse auf Verlangen des Contractors offenzulegen und gegebenenfalls Sicherheiten im selben Umfang zu stellen, wie sie der Verkäufer gestellt hat. Dem Verkäufer ist bewusst, dass er – solange nicht aufgrund Zustimmung des Contractors eine Entlassung aus dem Vertragsverhältnis eingetreten ist – weiterhin auf Zahlung der Vergütung in Anspruch genommen werden kann, die kaufvertragliche Vereinbarung also lediglich eine Freistellungsverpflichtung im Weg der Erfüllungsübernahme darstellt. Der Käufer übernimmt die zugunsten des Contractors einge- 2571

4581 Vgl. *Schmidt-Futterer/Eisenschmid* Mietrecht 9. Aufl. 2007 Rz. 107.
4582 Vgl. *Langenberg* WuM 2004, 375 (376); *Schmidt-Futterer* Mietrecht, 9. Aufl. 2007 § 535 BGB Rz. 105.
4583 Vgl. *Hack* Energie-Contracting 2003, S. 142 ff.

tragene Dienstbarkeit und verpflichtet sich, die daraus sich ergebenden Duldungs- und Unterlassungspflichten in Entlastung des Verkäufers auch schuldrechtlich zu erfüllen.

9. Vertragliche Rücktrittsrechte

a) Notwendigkeit

2572 An zahlreichen Stellen dieser Darstellung wurde die Vereinbarung vertraglicher Rücktrittsrechte zur Sicherung von Beteiligten empfohlen (bspw. für den Fall der Nichterteilung der Teilungsgenehmigung beim Teilflächenverkauf, bei Nichterteilung der Baugenehmigung, zur Absicherung des Verkäufers einer Eigentumswohnung für den Fall, dass der Käufer ihn nicht ab Lastenübergang von den Hausgeldzahlungen freistellt etc.). Relevant ist dies insb. zur Absicherung von Umständen, die nicht vom Pflichtenumfang der Beteiligten erfasst sind (Baugenehmigung) oder bei denen die Wesentlichkeit[4584] der Pflichtverletzung (§ 323 Abs. 5 Satz 2 BGB bei Nebenpflichten, Mängeln, Teilleistungen, z.B. bei Nichtzahlung der Grunderwerbsteuer[4585]) streitig sein könnte. Hinzu kommen etwa die Vereinbarung eines Rücktrittsrechts zur Beendigung des Schwebezustands unbestimmter Dauer, wenn Fälligkeitsvoraussetzungen nicht binnen vereinbarter Frist eintreten, sowie – eine Erscheinung insb. der Finanzkrise – »Ausstiegsrechte« für den Käufer bei noch ungesicherter Finanzierung.

2573 In einem klauselkontrollierten Kontext (also bei Formular- oder Verbraucherverträgen) ist ferner das Erfordernis sachlich gerechtfertigter Gründe zu berücksichtigen (§ 308 Nr. 3 BGB)[4586] – Gleiches gilt für auflösende Bedingungen[4587] –, ferner darf sich der Verwender beim Rücktritt wegen Leistungsverzögerung nicht freizeichnen vom Erfordernis der Nachfristsetzung (§ 309 Nr. 4 BGB) und die umgekehrt dem Verwender zu setzende Frist darf nicht unangemessen lang sein (§ 309 Nr. 2 BGB). Vertragliche Rücktrittsrechte werden in ihrer konkreten Ausgestaltung üblicherweise jeweils im konkreten Textzusammenhang der dadurch gesicherten Vereinbarung geregelt sein (auch hinsichtlich der Frage, ob daneben Schadensersatz verlangt werden kann [§ 325 BGB] oder ob dieser ausgeschlossen ist, sowie zur Frage, ob für die Rückabwicklung des Vertragsverhältnisses die gesetzlichen Bestimmungen der §§ 346 ff. BGB gelten oder modifiziert werden sollen).

b) Rückgewährschuldverhältnis

2574 Die Ausübung des vertraglichen Rücktrittsrechts, ggf. nach Setzung einer angemessenen Abschätzungsfrist gem. § 350 BGB (Rdn. 2577), würde – sofern keine abweichenden Bestimmungen getroffen wurden – zu einem **Rückgewährschuldverhältnis gem. §§ 346 ff. BGB** führen. Dies wurde durch die Schuldrechtsreform insb. in folgenden Punkten geändert:[4588]
– **Vertraglicher** und **gesetzlicher Rücktritt** werden grds. gleich behandelt. Zurückzugewähren sind die erhaltenen Leistungen; wurde der Käufer bereits eingetragen, umfasst dies also die Rückauflassung an und die Wiedereintragung des Verkäufers, auch wenn streitig ist, ob der Käufer nur eine Buchposition innehat (§ 894 BGB) oder tatsächliches Eigentum.[4589]
– Der **Rücktritt** bleibt **trotz verschuldeten Untergangs** oder wesentlicher Verschlechterung[4590] der Sache möglich. An die Stelle der (zerstörten, veräußerten etc.) Sache bzw. zum Ausgleich

---

4584 Zu den insoweit bestehenden Unsicherheiten (quantitativer oder qualitativer Maßstab?) vgl. *Lorenz* NJW 2006, 1925.
4585 Hierzu *Förster/Herrler* NJW 2010, 2090 ff.
4586 Dies kann die rechtssicherere Alternative darstellen anstelle gefährlich langer Bindungsfristen zulasten von Verbrauchern gem. § 308 Nr. 1 BGB, vgl. Rn. 2445.
4587 BGH, 08.12.2010 – VIII ZR 343/09, Tz. 14 DNotZ 2011, 273 m. krit. Anm. *Herrler* = MittBayNot 2011, 295 m. krit. Anm. *Suttmann* = RNotZ 2011, 357 m. krit Anm. *Meyer*; in der dortigen Konstellation kann ferner § 308 Nr. 1 BGB (überlange Bindungsdauer) eine Rolle spielen, was vom BGH nicht geprüft wurde, da nicht die Verkürzung der Bindungsfrist, sondern die Unwirksamkeit der gesamten aufschiebenden Bedingungskonstruktion, gestützt auf § 307 BGB, geltend gemacht wurde.
4588 Vgl. *Kohler* JZ 2001, 325 ff.; *Wälzholz/Bülow* MittBayNot 2001, 512.
4589 BGH, 19.05.2009 – IX ZR 129/06, MittBayNot 2010, 228 m. Anm. *Huber*.
4590 Nach bisherigem Recht führten Untergang oder verschuldete wesentliche Verschlechterung gem. § 351 BGB a.F. zum Untergang des Rücktrittsrechts, verschuldete unwesentliche Verschlechterung gem. § 347 BGB a.F. i.V.m. § 989 BGB

einer Belastung der Sache⁴⁵⁹¹ tritt Wertersatz gem. § 346 Abs. 2 Nr. 3 und Abs. 3 Nr. 2 BGB, wenn feststeht, dass dem Schuldner die Beseitigung der Beeinträchtigung nicht möglich ist.⁴⁵⁹² Der Wertersatz berechnet sich gem. § 346 Abs. 2 Satz 2 BGB nach der vertraglich vereinbarten Gegenleistung.⁴⁵⁹³ Geht die Sache durch Zufall unter, ist (wie bisher in § 350 BGB a.F.) das gesetzliche Rücktrittsrecht weiter eröffnet; beim vertraglichen Rücktrittsrecht wird jedoch stets Wertersatz geschuldet (§ 346 Abs. 3 Nr. 3 BGB gilt hier nicht),⁴⁵⁹⁴ beim gesetzlichen Rücktrittsrecht nur bei Verletzung der eigenüblichen Sorgfalt.⁴⁵⁹⁵

– Daneben tritt gem. § 346 Abs. 4 BGB bei Verschulden die Pflicht zur Leistung von **Schadensersatz**. Wurde ein vertragliches Rücktrittsrecht vereinbart, ist der Rücktrittsberechtigte von Anfang an zum sorgfältigen Umgang mit der Sache verpflichtet, bei einem gesetzlichen Rücktrittstatbestand wohl erst ab Kenntnis von den zum Rücktritt berechtigenden Umständen. Die Privilegierungen und Befreiungen von der Wertersatzpflicht des § 346 Abs. 3 BGB gelten hierfür nicht.⁴⁵⁹⁶ 2575

– Die bisherige komplizierte Verweisung auf das Eigentümer-Besitzer-Verhältnis in § 347 BGB entfällt. Bei einer Verletzung der Rückgabepflicht kann also der Gläubiger Schadensersatz nach §§ 280 bis 283 BGB verlangen, z.B. wegen verspäteter Rückgabe.⁴⁵⁹⁷

– Alle Nutzungen⁴⁵⁹⁸ – die gezogenen gem. § 346 Abs. 1 BGB,⁴⁵⁹⁹ die pflichtwidrig nicht gezogenen aus § 347 BGB – sind herauszugeben; bei gesetzlichem Rücktritt ist jedoch⁴⁶⁰⁰ der **Verschuldensmaßstab** auf die Sorgfalt in eigenen Angelegenheiten begrenzt. Es besteht also (entgegen § 347 BGB a.F.) keine allgemeine Verzinsungspflicht mehr. Hat der Käufer bereits vor Eigentumsumschreibung einen Mietvertrag mit einem Dritten abgeschlossen, bindet dieser allerdings den Verkäufer mit Rückgewähr des Besitzes bereits per se nicht mehr, sofern er hierzu keine Vollmacht erteilt hat (Rdn. 1882); der Mieter ist auf Schadensersatzansprüche gegen den Käufer beschränkt.⁴⁶⁰¹ 2576

– Die **Kosten der Rückgewähr** selbst sind (wie bisher) nicht geregelt; sie werden mangels abweichender Regelung dem Rückgewährschuldner zur Last fallen, bei Rückabwicklung eines Kaufvertrags wegen Mängeln jedoch dem Verkäufer.⁴⁶⁰² Entfallen ist jedoch die gesetzliche Pflicht zur Erstattung der Vertragskosten durch den Wandelungsgegner (Verkäufer) in § 467 Satz 2 BGB a.F.; mangels vertraglicher Regelung hat sie der Verkäufer daher nur bei Verschulden zu ersetzen (Renditeobjekte: § 280 Abs. 1 BGB, ideelle und Eigennutzungsobjekte: § 284 BGB).

– **Notwendige Verwendungen** sind stets zu ersetzen, nützliche oder Luxusverwendungen nur nach bereicherungsrechtlichen Grundsätzen (aufgedrängte Bereicherung [§ 347 Abs. 2 Satz 2 BGB]). 2577

---

dagegen zur Schadensersatzpflicht.

4591 Nicht hierunter fällt der Schaden aufgrund bestimmungsgemäßer Ingebrauchnahme (vgl. § 346 Abs. 2 Nr. 3 BGB) sowie der Wertverlust aufgrund bestimmungsgemäßer Abnutzung, BR-Drucks. 338/01 v. 13.07.2001, S. 39 f.

4592 Ist also die Wiederbeschaffung bzw. Wiederherstellung der Sache möglich, wird die Pflicht zur Naturalrestitution gem. § 346 Abs. 1 BGB vorgehen, Palandt/*Heinrichs* BGB § 346 Rn. 8. Beispiel nach BGH, 10.10.2008 – V ZR 131/07, ZfIR 2009, 297 m. Anm. *Volmer*: das zurückzugewährende Grundstück wurde mit einem (Finanzierungs-) Grundpfandrecht belastet. Geschuldet ist zunächst dessen Löschung; scheitert diese nach Fristsetzung endgültig, ist Wertersatz geschuldet; vgl. *Derleder* NJW 2009, 1034; *Hueber* NotBZ 2009, 225.

4593 Auch im Fall des Rücktritts wegen Zahlungsverzugs des Käufers, BGH, 19.11.2008 – VIII ZR 311/07, DNotZ 2009, 374.

4594 Außer der Schaden wäre (etwa wegen desselben Unwetters) auch beim Rücktrittsgegner eingetreten (§ 346 Abs. 3 Satz 1 Nr. 2, 2. Alt. BGB).

4595 Diligentia quam in suis, bis zur Grenze der groben Fahrlässigkeit § 277 BGB.

4596 *Gaier* WM 2002, 11.

4597 Nach bisherigem Recht haftete nur der bösgläubige, nicht aber lediglich verklagte Besitzer wegen Verzuges (§ 990 Abs. 2 BGB).

4598 Allerdings wohl (wie bisher: BGH WM 1969, 1083) nicht diejenigen Nutzungen, die aus einem vom Rückgabepflichtigen auf dem herauszugebenden Grundstück neu eingerichteten Gewerbebetrieb gezogen wurden.

4599 Nach bisherigem Recht: § 347 BGB a.F. i.V.m. § 987 BGB.

4600 Zugunsten des Rücktrittsberechtigten in § 347 Abs. 1 Satz 2 BGB.

4601 *Bomhard/Voßwinkel* ZfIR 2009, 529, 538.

4602 MünchKomm-BGB/*Janssen* § 346 Rn. 13.

– § 350 BGB räumt die **Möglichkeit der (angemessenen) Fristsetzung** hinsichtlich der Ausübung eines Rücktrittsrechts nur noch (mit dispositivem Inhalt) für das vertragliche, nicht mehr für das gesetzliche Rücktrittsrecht ein.

2578 Diese gesetzlichen Rücktrittsregelungen werden häufig, insb. hinsichtlich der Herausgabe der Nutzungen und des Ersatzes der Verwendungen, nicht passen. Auch werden oft Schadensersatzansprüche (die möglicherweise aus einer stillschweigenden Gewährsübernahme des Verkäufers für die Bebaubarkeit konstruiert werden können) nicht gewollt, vielmehr die Rechte des Käufers (ausgenommen Fälle des Vorsatzes,[4603] der Arglist oder Garantie) auf den Rücktritt begrenzt sein.

▶ Beispiel:

Einstehen des Verkäufers für die Beendigung eines Mietvertrags als Erfüllung seiner Pflicht zur rechtsmangelfreien Lieferung.

Denkbar ist aber auch die Vereinbarung eines verschuldensunabhängigen »Reugeldes«.[4604] In Formular- und Verbraucherverträgen ist bei **pauschalierten Abgeltungsvereinbarungen** (»10 % des vereinbarten Gesamtpreises«) ferner die Angemessenheitsprüfung des § 308 Nr. 7 Buchst. a) BGB vorzunehmen,[4605] ferner eine Möglichkeit des Nachweises abweichender Ausgleichshöhe vorzusehen.

2579 Allerdings führt der Rücktritt zum Erlöschen der Übereignungsverpflichtung und damit zur Wirkungslosigkeit der Vormerkung (Rdn. 898, 1097); hat der Käufer bereits Teilleistungen erbracht, sind diese zudem ungesichert, es sei denn, das Rücktrittsrecht des Verkäufers bei bereits erbrachten Käuferanzahlungen wäre an die Stellung einer Bankbürgschaft zur Sicherung der Rückzahlungsansprüche geknüpft (Rdn. 1099). Will der Käufer selbst zurücktreten, kann sich für ihn mitunter empfehlen, gleichwohl zunächst die Umschreibung herbeizuführen und sodann Eigentum und Rückzahlung gem. § 348 BGB ins Synallagma zu stellen.

c) Gestaltung

2580 Besonderes Augenmerk ist bei vertraglichen Rückrittsrechten aber nicht nur auf die Rechtsfolgen-, sondern auch auf die Tatbestandsseite zu richten: In welchem Umfang hat bspw. ein Käufer, der zurücktreten kann »wenn eine Finanzierung nicht möglich ist«, Eigenkapital einzusetzen?[4606] Besteht eine Nachfrist nach Art des § 323 BGB oder tritt an deren Stelle (wie i.d.R.) das Vorliegen des Umstandes an einem bestimmten Stichtag?

2581 Soll der Kaufpreis erst fällig werden, nachdem die Baugenehmigung in »vollzugsfähiger« Form erteilt ist und sollen anderenfalls, also bei dagegenstehenden Widerspruchs-[4607] oder Klageverfahren Rechte zur Lösung vom Vertrag bestehen, könnte dies i.R.d. Fälligkeitsvoraussetzungen wie folgt formuliert sein, wobei die Bebaubarkeit zugleich als Beschaffenheit vereinbart ist, um auch nach Ablauf von 2 Jahren die Rückerstattung der Grunderwerbsteuer gem. § 16 Abs. 1 Nr. 2 GrEStG zu erlangen (Rdn. 3489):

▶ Formulierungsvorschlag: Fälligkeit nach Baugenehmigung mit Rücktrittsrecht

2582 Der Kaufpreis ist fällig (Kontogutschrift) innerhalb von 14 Tagen nachdem die beiden nachgenannten Umstände eingetreten sind:

4603 In Formular- und Verbraucherverträgen auch der groben Fahrlässigkeit (wegen § 309 Nr. 7 Buchst. b) BGB).
4604 Dieses stellt keine steuerbare Zahlung, auch nicht nach § 22 Nr. 3 EStG, dar (BFH, 24.08.2006 – IX R 32/04, DStR 2006, 2075).
4605 BGH, 27.04.2006 – VII ZR 175/05, MittBayNot 2007, 39: 10 % bei freier Kündigung eines Fertighauslieferungsvertrags sind angemessen.
4606 Nach BGH, 05.07.2002 – V ZR 143/01, JurionRS 2002, 23416 spielen, wenn Einschränkungen in der Dispositionsfreiheit des Käufers nicht zum Ausdruck kommen, die Gründe des Scheiterns der Finanzierung keine Rolle (in den Grenzen der §§ 162, 242 BGB).
4607 In einzelnen Bundesländern, etwa Bayern, ist allerdings das vorherige Widerspruchsverfahren im Baurecht abgeschafft worden (BayGVBl v. 29.06.2007), s. hierfür Rdn. 2583.

- dem Käufer ist das Einwurf-Einschreiben des Notars zugegangen, in dem dieser mitteilt, dass – *a) b) c) übliche Fälligkeitsvoraussetzungen* eingetreten sind –
- dem Käufer wurde auf seinen Antrag eine Baugenehmigung für ..... (ungefähre Baumaße ...../Geschossflächenzahl von mindestens .....– dies ist die vertraglich vorausgesetzte Beschaffenheit des Objekts) bekannt gegeben, und es ist während des darauffolgenden Monats kein Widerspruch eingelegt worden. Hat ein Dritter innerhalb eines Monats Widerspruch erhoben, wird dieser allerdings für die Zwecke dieses Vertrags unbeachtlich, wenn nicht binnen 3 Monaten nach Einlegung die Aussetzung der Vollziehung behördlich ausgesprochen oder aufschiebende Wirkung gerichtlich angeordnet wurde (§ 212a BauGB; § 80a Abs. 1 Nr. 2 i.V.m. § 80 Abs. 4 VwGO; § 80a Abs. 3 i.V.m. § 80 Abs. 5 VwGO). Stets tritt die Fälligkeitsbedingung ein, sobald beim Drittwiderspruch die aufschiebende Wirkung entfällt oder die sofortige Vollziehung wieder angeordnet wurde oder – bei jedem Widerspruch – das Rechtsmittel zurückgenommen bzw. rechtskräftig abgewiesen wurde.

Diese Fälligkeitsvoraussetzung prüft der Notar nicht; die Beteiligten sind sich insoweit wechselseitig zu umfassender Auskunftserteilung, Akteneinsicht und zu jeder zumutbaren Förderung des Genehmigungsverfahrens verpflichtet. Der genannte Antrag ist vollständig bis zum ..... zu stellen. Unterbleibt die rechtzeitige und vollständige Stellung, oder zieht der Käufer seinen fristgerecht gestellten Antrag später zurück, entfallen die Fälligkeitsbedingung dieses Spiegelstriches und das nachstehend geregelte Rücktrittsrecht. Der Käufer hat den Verkäufer unaufgefordert von allen Entwicklungen, welche die Erteilung der genannten Baugenehmigung betreffen, zu unterrichten und auf Verlangen erforderliche Nachweise zu führen; er befreit die Genehmigungsbehörden von ihrer Verschwiegenheitspflicht gegenüber dem Verkäufer.

Ist diese Fälligkeitsvoraussetzung nicht spätestens bis zum ..... eingetreten, ist jeder Vertragsbeteiligte (unter Ausschluss sonstiger Mängelrechte, ausgenommen Fälle des Vorsatzes, der Arglist bzw. der Garantie) vertraglich zum Rücktritt vom schuldrechtlichen Teil des Vertrags berechtigt, bis der Umstand eintritt oder der Rechtsbehelf des Dritten rechtskräftig abgewiesen ist. Der Verkäufer kann seinen Rücktritt von diesem Vertrag jedoch nur unter der aufschiebenden Bedingung erklären, dass der Käufer nicht binnen 14 weiterer Tage ab Absendung des Rücktrittsschreibens der Ausübung des Rücktrittsrechts durch den Verkäufer widerspricht. Macht der Käufer von diesem Widerspruchsrecht Gebrauch, ist die Fälligkeit des Kaufpreises nicht mehr von der Erteilung der Baugenehmigung abhängig; jegliche Verpflichtung des Verkäufers im Hinblick auf die derzeit vereinbarte Beschaffenheit entfällt dann vollumfänglich.

Die Ausübung des Rücktrittsrechts und des Widerspruchsrechts des Käufers haben durch Übergabe-Einschreibebrief zu erfolgen, der an die zuletzt genannte Adresse des anderen Vertragsteils zu senden ist.

Bei Ausübung des Rücktrittsrechts tragen beide Beteiligten die Kosten dieser Urkunde und der Bestellung von Finanzierungsgrundpfandrechten sowie ihrer Rückabwicklung je zur Hälfte; i.Ü. sind wechselseitige Ansprüche – auch auf Schadensersatz – ausgeschlossen, soweit sie nicht auf Vorsatz,[4608] Arglist oder Garantie beruhen.

In Bundesländern, die ein vorheriges Widerspruchsverfahren in Baugenehmigungssachen nicht mehr kennen, ist die Formulierung der Fälligkeitsvoraussetzung insoweit geringfügig anzupassen:

▶ **Formulierungsvorschlag: Fälligkeit nach Baugenehmigung mit Rücktrittsrecht (Bayern)**

Der Kaufpreis ist fällig (Kontogutschrift) innerhalb von 14 Tagen nachdem die beiden nachgenannten Umstände eingetreten sind:
- dem Käufer ist das Einwurf-Einschreiben des Notars zugegangen, in dem dieser mitteilt, dass – *a) b) c) übliche Fälligkeitsvoraussetzungen* eingetreten sind –
- dem Käufer wurde auf seinen Antrag eine Baugenehmigung für ..... (ungefähre Baumaße ...../Geschossflächenzahl von mindestens .....– dies ist die vertraglich vorausgesetzte Be-

---

[4608] Im Formularvertrag – der jedoch in solchem Kontext selten gegeben sein wird – ist wegen § 309 Nr. 7 Buchst. b) BGB zu ergänzen: »oder grober Fahrlässigkeit«.

schaffenheit des Objekts) bekannt gegeben, und es ist während des darauffolgenden Monats keine Anfechtungsklage erhoben worden. Hat ein Dritter innerhalb eines Monats Klage erhoben, wird diese allerdings für die Zwecke dieses Vertrages unbeachtlich, wenn nicht binnen 3 Monaten nach Einlegung die Aussetzung der Vollziehung oder die aufschiebende Wirkung gerichtlich angeordnet wurde (§ 212 a BauGB; § 80 a Abs. 1 Nr. 2 i.V.m. § 80 Abs. 4 VwGO; § 80 a Abs. 3 i.V.m. § 80 Abs. 5 VwGO, Art. 15 Abs. 2 BayAGVwGO). Stets tritt die Fälligkeitsbedingung ein, sobald während des Klageverfahrens die aufschiebende Wirkung entfällt oder die sofortige Vollziehung wieder angeordnet wurde oder die Klage zurückgenommen bzw. rechtskräftig abgewiesen wurde *(weiter wie oben)*.

2584 Als eigenständige Vertragsformulierung finden sich mitunter jedoch **freie Rücktrittsrechte des Käufers** für einen bestimmten Zeitraum, die ihm bspw. Gelegenheit geben sollen, die Finanzierung des Objekts zu sichern. Regelmäßig wird der Vollzug des Vertrags gleichwohl bereits vorher beginnen, u.U. jedoch die Vormerkung noch nicht eingetragen oder mit Löschungsvollmacht/Schubladenlöschung (Rdn. 948 ff.) versehen. Die Fälligkeitsbescheinigung des Notars nimmt hierauf keine Rücksicht, sofern nicht der Rücktritt auch (als Wirksamkeitsvoraussetzung) dem Notar ggü. zu erklären ist.

2585 Ein freier Rücktrittsvorbehalt könnte z.B. wie folgt lauten:

▶ Formulierungsvorschlag: Freier Rücktrittsvorbehalt des Käufers

Der Käufer behält sich das Recht vor, vom schuldrechtlichen Teil dieses Vertrags durch schriftliche Erklärung, die an die zuletzt bekannt gegebene Anschrift eines Beteiligten der Gegenseite per Übergabe-Einschreiben zu übersenden ist, ohne Angabe von Gründen bis zum ..... (Datum des Zugangs) zurückzutreten. Das Rücktrittsrecht erlischt schon vor diesem Zeitpunkt, wenn der Käufer schriftlich auf dessen Ausübung endgültig verzichtet. Im Fall einer Ausübung des Rücktrittsrechts trägt der Käufer die Kosten dieses Vertrags und etwaiger Grundpfandrechte sowie deren Rückabwicklung bei Notar und Grundbuchamt alleine; i.Ü. sind Schadensersatzansprüche ausgeschlossen, soweit sie nicht auf Vorsatz,[4609] Arglist oder Garantien beruhen.

Dem Notar ist eine Abschrift der Rücktrittserklärung zur Kenntnis zu geben; bis zu diesem Zeitpunkt ist die Möglichkeit einer Rücktrittserklärung für den Vollzug des Vertrags nicht zu beachten.

Im Fall des Rücktritts hat der Käufer den Vertragsbesitz im derzeitigen oder einem besseren Zustand geräumt zurückzugeben und die Löschung der durch ihn oder zu seinen Gunsten bewilligten Grundbucheintragungen herbeizuführen, Zug-um-Zug gegen zinsfreie Rückerstattung etwa bereits geleisteten Kaufpreises.

Weder wertsteigernde noch notwendige Aufwendungen sind dem Käufer zu ersetzen. Nutzungen sind bis zur Ausübung des Rücktrittsrechts nicht zu erstatten. Geldbeträge sind unverzinslich. I.Ü. gelten die gesetzlichen Rücktrittsvorschriften.

2586 Auf ein **freies Rücktrittsrecht**, vorbehaltloses Widerrufsrecht, oder an keine Voraussetzungen gebundenes Kündigungsrecht **des Verkäufers** wird sich umgekehrt der Käufer seltener einlassen. In Verbraucherverträgen verstoßen solche Rechte des Unternehmers gegen § 308 Nr. 3 BGB (»sachlich gerechtfertigter und im Vertrag angegebener Grund«). Zu bedenken ist auch, dass ein solcher bedingter Übereignungsanspruch, den der Verpflichtete durch einseitige rechtsgeschäftliche Erklärung beseitigen kann, noch nicht vormerkungsfähig und damit insolvenzfest ist (Rdn. 3074).[4610] Wurde in diesen Fällen gleichwohl eine Vormerkung (noch als schlichtes Buchrecht) eingetragen, erstarkt diese jedoch eo ipso,[4611] sobald die Bindungsfreiheit des Schuldners entfallen ist.

2587 Praxiswichtig sind – neben Rücktrittsrechten des Bauträgers bei fehlender Vorvermarktung, vgl. z.B. Rdn. 2960 – ferner Rücktrittsrechte, die sich Käufer vorbehalten müssen, um den Anspruch auf Bewilligung günstiger Wohnungsbaudarlehen vor Erhalt des Zusagebescheids oder der Erlaubnis einer vorzeitigen Vertragsbindung nicht zu verlieren (bspw. Eigenheimdarlehen der Bayerischen

---

4609 Bei Formular- und Verbraucherverträgen wegen § 309 Nr. 7 Buchst. b) BGB auch grobe Fahrlässigkeit.
4610 *Amann* MittBayNot 2007, 17, nicht jedoch bei Abhängigkeit von sonstigen Umständen.
4611 Anders als in den Fällen des »Recycling« einer Vormerkung für einen Nachfolgevertrag (Rdn. 614) gibt es keinen neu geschaffenen Anspruch, der durch neue formlose Bewilligung (§ 885 BGB) zu sichern wäre.

Landesbodenkreditanstalt sowie der Sächsischen Aufbaubank GmbH). Die Ausgestaltung dieser Rücktrittsrechte muss gem. deren Förderrichtlinien erfolgen.[4612]

▸ **Formulierungsvorschlag: Rücktrittsrecht im Hinblick auf die beabsichtigte Finanzierung durch die Bayerische Landesbodenkreditanstalt**

> Der Käufer behält sich das Recht vor, von diesem schuldrechtlichen Kaufvertrag durch einseitige Erklärung zurückzutreten, wenn die Bewilligung der von ihm zur Finanzierung beantragten Fördermittel für ein Aufwendungsdarlehen im Eigentumsprogramm bzw. Finanzierungsmittel der Bayerischen Landesbodenkreditanstalt abgelehnt werden sollte. Der Rücktritt ist durch eingeschriebenen Brief zu erklären. Der Käufer kann den Rücktritt gegenüber dem Verkäufer nur schriftlich spätestens eine Woche nach Zugang eines ablehnenden Bescheides erklären. Wird der Rücktritt innerhalb dieser Frist nicht erklärt oder wird auf die Ausübung des Rücktrittsrechts schriftlich verzichtet oder stimmt die Bewilligungsstelle nachträglich dem vorzeitigen Kaufvertragsabschluss zu, erlischt das Rücktrittsrecht im Zeitpunkt des Entstehens eines Rücktrittsgrundes.
>
> Im Fall des Rücktritts hat der Käufer dem Verkäufer die Kosten für die auf jeden Fall bei Auszug auszuführenden Schönheitsreparaturen zu erstatten. Der Verkäufer hat bereits geleistete Zahlungen ohne Zinsen, vermindert um die vorgenannten Ansprüche, Zug-um-Zug gegen Räumung, Lastenfreistellung und Eigentumsrückübertragung, zurückzuerstatten.
>
> Der Käufer kann keinen Ersatz für die ihm entstandenen Notar-, Grundbuch- und Finanzierungskosten (insbes. Geldbeschaffungskosten, Zinsen für Zwischenfinanzierung während der Bauzeit und die Endfinanzierung, Gebühren für die Übernahme von Bürgschaften, Kosten für die Bestellung von Grundpfandrechten) sowie Steuern, Versicherungen und sonstigen Kosten und Aufwendungen verlangen. Er muss auch sämtliche Kosten der Rückabwicklung tragen. Sondereinbauten kann er nicht ersetzt verlangen.
>
> Der Wegfall des Rücktrittsrechts ist nicht Fälligkeitsvoraussetzung. Der Käufer hat dem Verkäufer Bescheide der Förderstelle sofort zur Kenntnis zu geben und den Antrag unverzüglich zu stellen. Der Käufer hat ferner auf Verlangen des Verkäufers erforderliche Nachweise zu führen; er befreit i.Ü. die Genehmigungsbehörden von ihrer Verschwiegenheitspflicht gegenüber dem Verkäufer.

10. Aufschiebende bzw. auflösende Bedingungen

a) Grundsatz

§§ 158 ff. BGB verstehen unter der »Bedingung« ein zukünftiges, ungewisses Ereignis, von dem die Parteien die Rechtswirkungen eines den Eintritt (aufschiebende Bedingung) bzw. die Fortgeltung (lösende Bedingung) der Rechtswirkungen eines Rechtsgeschäfts abhängig machen. Demgegenüber liegt eine **Befristung** i.S.d. § 163 BGB vor, wenn ein künftiges, gewisses Ereignis für den Beginn der Rechtswirkungen oder deren Ende maßgebend ist, auch wenn der Umstand der Zeit noch ungewiss ist (certus an, incertus quando, etwa der Tod). Davon wiederum zu unterscheiden ist eine **betagte Verpflichtung bzw. Forderung**, die bereits voll wirksam besteht, aber noch nicht fällig ist. Unter die vorgenannten Kategorien fallen sog. Rechtsbedingungen, die gesetzliche Voraussetzungen für das Zustandekommen und die Wirksamkeit eines Rechtsgeschäfts sind; während des Schwebezustands gelten z.B. §§ 184 ff. BGB.

Wie § 454 BGB zeigt, kann sogar das freie Belieben einer Partei (im Sinn einer **Potestativbedingung**) zur Bedingung erhoben werden. Bei der aufschiebenden Potestativbedingung bedarf es einer klaren Abgrenzung zum schlichten Angebot mit verlängerter Annahmefrist, bei der auflösenden Potestativbedingung zum Rücktrittsrecht.

Das bedingte Rechtsgeschäft ist bereits tatbestandlich vollendet und gültig, lediglich seine Rechtswirkungen sind noch in der Schwebe. Für die Prüfung der Geschäftsfähigkeit, Verfügungsbefugnis, Ermittlung der Umstände der Sittenwidrigkeit und die sonstigen Gültigkeitsvoraussetzungen ist

---

[4612] Vgl. etwa § 54 Abs. 6 des außer Kraft getretenen II. WohnungsbauFördG; zu den neuen Förderbestimmungen *Heimsoeth* RNotZ 2002, 97 f.

daher der Vertragsschluss, nicht der Bedingungseintritt maßgebend, zudem bestehen bereits gegenseitige Treuepflichten, die bspw. auch § 162 BGB (Rdn. 2588) zugrunde liegen. Die Rechtsstellung des bedingt Berechtigten wird – im Sinn eines wesensgleichen Minus zum Vollrecht – als **Anwartschaftsrecht** bezeichnet, das grds. selbstständig übertragbar und (nach den Vorschriften der Rechtspfändung, § 857 ZPO) pfändbar bzw. verpfändbar ist

2592 **Bedingungsfeindlich** sind aufgrund ausdrücklicher gesetzlicher Vorschrift insb. die Auflassung (§ 925 Abs. 2 BGB) sowie die Bestellung und Übertragung eines Erbbaurechts (§§ 1 Abs. 4, 11 Abs. 1 ErbbauRG), die Aufrechnung (§ 388 Satz 2 BGB), aber auch sonstige Gestaltungsrechte, da dem Erklärungsempfänger keine Ungewissheit in Bezug auf einen Schwebezustand zuzumuten ist, bspw. die Anfechtungserklärung, der Rücktritt, der Widerruf, die Kündigung, die Genehmigung sowie die Ausübung eines Vorkaufsrechts, aber auch die grundbuchrechtliche Bewilligung (Rdn. 871). Unbedenklich sind lediglich Bedingungen, deren Erfüllung vom Willen des Erklärungsempfängers abhängt, ihn also nicht in eine ungewisse Lage versetzen (Beispiel: Änderungskündigung).[4613]

2593 **Rückwirkende Kraft** hat der Eintritt der Bedingung nicht; eine solche Vereinbarung wirkt allenfalls schuldrechtlich (§ 159 BGB). Aufschiebend bedingte Verpflichtungen, die trotz Eintritts der Bedingung nicht erfüllbar sind, weil der andere Beteiligte schuldhaft das von der Bedingung abhängige Recht vereitelt oder beeinträchtigt hat, berechtigen lediglich zu Schadensersatz (§ 160 BGB), während der aus einer Verfügung bedingt Berechtigte i.R.d. § 161 BGB dinglichen Schutz genießt. Demzufolge wird jede weitere Verfügung, die während der Schwebezeit über den Gegenstand getroffen wird, im Fall des Eintritts der Bedingung – und zwar ggü. jedermann – unwirksam, soweit sie die von der Bedingung abhängige Wirkung vereiteln oder beeinträchtigen würde.

2594 Erfasst sind von § 161 Abs. 1 oder 2 BGB rechtsgeschäftliche Maßnahmen (wie nochmalige Übertragung, aber auch der Erlass oder die Einziehung der bedingt abgetretenen Forderung, aber auch, vgl. § 161 Abs. 1 Satz 2 BGB, Maßnahmen der Zwangsvollstreckung, der Restvollziehung und die Insolvenzeröffnung bzw. Maßnahmen des Insolvenzverwalters). Nicht als Verfügung i.S.d. § 161 BGB gilt die Prozessführung (der Rechtsinhaber ist also während der Schwebezeit weiter aktiv- und passivlegitimiert, der Rechtsnachfolger gem. § 325 ZPO an das Urteil ab Bedingungseintritt gebunden).

2595 Geschützt ist der Zwischenerwerber lediglich gem. § 161 Abs. 3 BGB durch Anwendung der Vorschrift über den **gutgläubigen Erwerb**, soweit ein solcher gegeben ist (wie insb. i.R.d. §§ 932, 936, 1032, 1207 BGB; bei Grundstücken wird § 892 BGB regelmäßig durch die Wirkung der Vormerkung für den bedingt berechtigten Erwerber vereitelt): Wenn der Erwerber das Recht kraft guten Glaubens auch von einem Nicht-Berechtigten hätte erwerben können, muss er erst recht beim Erwerb von einem Noch-Berechtigten geschützt werden, sofern er hinsichtlich der Beschränkung der Verfügungsmacht, die sich aus § 161 BGB ergibt, gutgläubig war.

2596 **§ 162 BGB** schließlich ist Ausdruck des allgemeinen Rechtsgedankens, dass niemand aus seinem eigenen treuwidrigen Verhalten Vorteile ziehen dürfe; bei Rechtsbedingungen (also behördlichen Genehmigungen) tritt an dessen Stelle die aus § 242 BGB zu schöpfende Verpflichtung, alles zu unterlassen, was die Erteilung der Genehmigung gefährden könnte; bei reinen Potestativbedingungen gilt die Bestimmung nicht. Für die Treuwidrigkeit ist weder ein Verschulden noch die Verletzung einer einklagbaren Vertragspflicht erforderlich, erst recht kein absichtliches Handeln. Die Feststellung des erforderlichen objektiven Verstoßes gegen Treu und Glauben kann allerdings schwierig sein (Beispiel: Scheitert die zur Bedingung erhobene Finanzierung an den unzulänglichen Einkommensverhältnissen des Schuldners, liegt darin kein Fall des § 162 BGB,[4614] anders, wenn sich der Schuldner nicht ausreichend um Einkünfte bemüht.[4615] Stellt der Käufer einen Fördermit-

---

[4613] Vgl. BGH NJW-RR 2004, 952; OLG Hamburg NJW-RR 1991, 1201.
[4614] OLG Hamm NJW-RR 1989, 1366.
[4615] BGH BB 1965, 1052.

telantrag nicht und kommt es daher zum Ausfall der aufschiebenden Bedingung der Fördermittelgewährung, kommt es auf die Erfolgsaussichten im Einzelfall an.[4616]).

b) Gestaltungsüberlegungen

Bei Grundstückskaufverträgen greift die Gestaltungspraxis zum Instrument der aufschiebenden Bedingung (anstelle von Rücktrittsvorbehalten oder Fälligkeitsvoraussetzungen), um bspw. das Entstehen von Grunderwerbsteuer (Rdn. 3437) oder des Anspruchs auf Maklerlohn (§ 652 BGB) aufzuschieben. Andererseits wird dadurch auch der Zeitpunkt, in dem ein Vorkaufsberechtigter frühestens zur Ausübung aufgefordert werden kann (Rdn. 1754), in die Zukunft verlegt, so dass sich die »Unsicherheitsperiode« verlängert. Zur Feststellung des Eintritts der aufschiebenden Bedingung gegenüber dem Finanzamt (Grunderwerbsteuerstelle) sollte der Notar (im Wege der Eigenurkunde) ermächtigt sein. Formulierungsbeispiel für aufschiebende Bedingungen, die an die Bebaubarkeit anknüpfen (diese Regelungen werden regelmäßig ergänzt werden durch Vereinbarungen, wie der Schwebezustand ggf. durch Rücktritt beendet werden kann, vgl. Rdn. 2582): 2597

▸ Formulierungsvorschlag: Aufschiebende Bedingung der »vollziehbaren« Baugenehmigung

Der Kaufvertrag wird mit Ausnahme der Abschnitte »Auflassung« und »Eigentumsvormerkung« unter die **aufschiebende Bedingung** gestellt, dass folgende Umstände eingetreten sind: 2598

Auf einen vom Käufer bis zum ..... zu stellenden Bauantrag bezüglich eines ..... (ungefähre Baumaße ...../Geschossflächenzahl von mindestens .....) ist eine Baugenehmigung erteilt worden. Wird der Bauantrag nicht bis zum genannten Datum gestellt, tritt die aufschiebende Bedingung insgesamt mit diesem Datum ein.

Während des Monats nach der Bekanntgabe an den Käufer ist kein Widerspruch eingelegt worden. Hat ein Dritter innerhalb eines Monats Widerspruch erhoben, wird dieser allerdings für die Zwecke dieses Vertrags unbeachtlich, wenn nicht binnen 3 Monaten nach Einlegung die Aussetzung der Vollziehung behördlich ausgesprochen oder aufschiebende Wirkung gerichtlich angeordnet wurde (§ 212a BauGB; § 80a Abs. 1 Nr. 2 i.V.m. § 80 Abs. 4 VwGO; § 80a Abs. 3 i.V.m. § 80 Abs. 5 VwGO). Stets tritt die Fälligkeitsbedingung ein, sobald beim Drittwiderspruch die aufschiebende Wirkung entfällt oder die sofortige Vollziehung wieder angeordnet wurde oder – bei jedem Widerspruch – das Rechtsmittel zurückgenommen bzw. rechtskräftig abgewiesen wurde.

(Alternative für Bundesländer ohne Widerspruchsverfahren in Bausachen, z.B. Bayern:) Diese Baugenehmigung wurde bekannt gegeben i.S.d. Art. 43 Abs. 1 BayVwVfG und es ist während des darauf folgenden Monats keine Klage erhoben worden. Hat ein Dritter innerhalb eines Monats Klage erhoben, wird diese allerdings für die Zwecke dieses Vertrages unbeachtlich, wenn nicht binnen 3 Monaten nach Einlegung die Aussetzung der Vollziehung oder die aufschiebende Wirkung gerichtlich angeordnet wurde (§ 212 a BauGB; § 80 a Abs. 1 Nr. 2 i.V.m. § 80 Abs. 4 VwGO; § 80 a Abs. 3 i.V.m. § 80 Abs. 5 VwGO, Art. 15 Abs. 2 AGVwGO für Bayern). Stets tritt die aufschiebende Bedingung ein, sobald während des Klageverfahrens die aufschiebende Wirkung entfällt oder die sofortige Vollziehung wieder angeordnet wurde oder die Klage zurückgenommen bzw. rechtskräftig abgewiesen wurde.

Der amtierende Notar, sein amtlicher Vertreter oder Nachfolger im Amt wird bevollmächtigt, durch Eigenurkunde den Eintritt der aufschiebenden Bedingung festzustellen, sobald ihm der Käufer oder die Behörde die Erteilung der Genehmigung schriftlich bestätigt hat und eine Kopie der ersten Seite des Verwaltungsaktes, aus welcher sich auch das Antragsdatum ergibt, vorgelegt wurde; der Käufer befreit daher die Behörde ggü. dem Notar von der Pflicht zur Amtsverschwiegenheit. Eine Verpflichtung zur Anfrage bei der Behörde trifft den Notar nur, wenn er

---

4616 BGH NJW 2007, 3057, Tz. 34.

hierzu von einem der Vertragsbeteiligten oder der Grunderwerbsteuerstelle des Finanzamtes aufgefordert wird; Eigenermittlungen sind nicht erforderlich.

▶ Formulierungsvorschlag: Aufschiebende Bedingung der Rechtskraft eines Bebauungsplans

2599 Der Kaufvertrag wird mit Ausnahme der Abschnitte »Auflassung« und »Eigentumsvormerkung« unter die **aufschiebende Bedingung** gestellt, dass der dieser Urkunde beigefügte, mit verlesene bzw. hinsichtlich seiner Planbestandteile zur Durchsicht und Genehmigung vorgelegte **Entwurf des Bebauungsplans** »XY« in Kraft getreten ist i.S.d. § 10 Abs. 3 Satz 4 BauGB. Sollte dies nicht bis zum Ablauf des ..... der Fall sein, ist die aufschiebende Bedingung endgültig ausgefallen.

Der amtierende Notar, sein amtlicher Vertreter oder Nachfolger im Amt wird bevollmächtigt, durch Eigenurkunde den Eintritt der aufschiebenden Bedingung festzustellen, sobald ihm die Gemeinde die Bekanntmachung des Bebauungsplans und der Ersteller des Bebauungsplanentwurfs, das Planungsbüro ....., die Übereinstimmung zwischen dem in Kraft getretenen Bebauungsplan und dem Entwurf bestätigt hat. Eine Verpflichtung zur Anfrage bei Behörde und Planungsbüro trifft den Notar nur, wenn er hierzu von einem der Vertragsbeteiligten oder der Grunderwerbsteuerstelle des Finanzamtes aufgefordert wird; Eigenermittlungen sind nicht erforderlich.

2600 Im **formular- oder verbrauchervertraglichen Kontext** sind auflösende Bedingungen an § 308 Nr. 3 BGB (»Lösungsklausel ohne sachlich gerechtfertigten Grund«) zu messen,[4617] aufschiebende Bedingungen jedoch (soweit es um ihre Wirksamkeit als solche geht) an § 307 Abs. 1 oder 2 BGB[4618] – sie müssen also dem Transparenzgebot standhalten und dürfen keine unangemessene Benachteiligung enthalten. Auch der Vorbehalt einer Finanzierungszusage sowie der Vorbehalt des Zustandekommens des Erwerbs weiterer Anteile in ausreichender Höhe führt nicht zu einem Verstoß gegen § 307 Abs. 1 Satz 1 BGB, selbst wenn keine ausdrückliche Verpflichtung zur Herbeiführung dieser Voraussetzungen eingegangen wurde und der Begünstigte aus der aufschiebenden Bedingung sich vorbehält, einseitig auf diese zu verzichten, da die Sicherung der Finanzierung auch für den anderen Vertragspartner bedeutsam ist. Soll daneben die Dauer des aufschiebend bedingten Schwebezustandes (mit der Folge der Verkürzung auf den Zeitraum des § 147 Abs. 2 BGB analog) überprüft werden, ist jedoch § 308 Nr. 1 BGB analog lex specialis, Rn 2445.[4619]

Zur »Option« (Ankaufsrecht als aufschiebend bedingter Kauf) vgl. Rdn. 2982 ff.

11. Personenmehrheiten

a) Vertretung

2601 Fälle, in denen auf Verkäufer- und auf Käuferseite jeweils nur eine natürliche bzw. juristische Person beteiligt ist, sind selten. Überlegungen zur Personenmehrheit auf Erwerberseite (Bruchteils- oder Gesamthandsberechtigung) finden sich bereits unter Rdn. 382 ff. Auch auf Veräußererseite sind häufig mehrere Personen beteiligt; es bereitet teilweise Schwierigkeiten, alle Verkäufer zu Erklärungen beizuziehen, die für die weitere Abwicklung des Vertrags, die Ausübung von Verkäuferrechten (z.B. Rücktritt),[4620] und ggf. die Beurkundung von Nachträgen erforderlich sind. Insb. bei größeren Gemeinschaften mit begrenztem Eigeninteresse (Erbengemeinschaften) wird es dem Wunsch der Beteiligten entsprechen, sich gegenseitig hierzu zu bevollmächtigen (oder aber ein einzelnes Mitglied, das bisher die Initiative ergriffen hatte, zu benennen). Auch im Formular- oder Verbrauchervertrag sind gegenseitige Vollmachten zur Empfangsvertretung[4621] oder Abgabevertretung[4622] zulässig.

4617 Staudinger/*Coester-Waltjen* (2006) § 308 Nr. 3 Rn. 2.
4618 BGH, 08.12.2010 – VIII ZR 343/09, DNotZ 2011, 273 m. Anm. *Herrler*.
4619 *Herrler* DNotZ 2011, 276, 279, ebenso *Becker* GWR 2011, 93.
4620 Zur Unteilbarkeit des Rücktritts, vgl. schon § 474 BGB a.F. (zum Wandelungsrecht).
4621 Nicht an § 308 Nr. 6 BGB, sondern an § 307 Abs. 1 Satz 1 BGB zu messen und (jedenfalls im Mietrecht) zulässig, BGH, NJW 1997, 3437 ff.; krit. hierzu *Voran* zu Grundschuldformularen, DNotZ 2005, 891.
4622 Erteilt an eine Vertrauensperson des »Verbrauchers« und durch besondere Interessen des Verwenders gerechtfertigt; vgl. *Voran* zur abweichenden Einschätzung in Grundschuldbestellformularen, DNotZ 2005, 895 und BGH NJW 1988, 1375.

Auch auf Käuferseite kann sich diese Notwendigkeit ergeben, etwa für die Ausübung des Minderungsrechts[4623] oder für die Bestellung von Finanzierungsgrundpfandrechten. Während letztere Bevollmächtigung i.d.R. i.R.d. Vorwegbeleihungsvollmacht enthalten ist, könnte eine allgemeine Regelung zur gegenseitigen Vertretung aller auf derselben Vertragsseite Beteiligten etwa folgendermaßen lauten: 2602

▸ **Formulierungsvorschlag: Gegenseitige Vertretung bei Personenmehrheiten**

Mehrere Personen auf Käufer- bzw. Verkäuferseite schulden als Gesamtschuldner. Sie bestellen sich untereinander je einzeln als Zustellungs- und Erklärungsvertreter für alle Willens- und Wissenserklärungen, die für diesen Vertrag, seine Abwicklung, Änderung und ggf. Rückabwicklung von Bedeutung sind. Ein Widerruf dieser Vollmacht ist nur wirksam, sobald er auch dem amtierenden Notar zugeht. 2603

b) Kaufpreisforderung

Schwierigkeiten kann das Beteiligungsverhältnis mehrerer Verkäufer bzgl. der **Kaufpreisforderung** bereiten, insb. hinsichtlich der sog. Empfangszuständigkeit (bei wem muss die Leistung eingehen, damit die Schuld erlischt) und der sog. Einforderungszuständigkeit (Befugnis, die Leistung gerichtlich oder außergerichtlich geltend zu machen, eine vollstreckbare Ausfertigung zu erhalten etc.), schließlich hinsichtlich der für die Vertragsabwicklung als solche nicht unbedingt notwendigen Regelung des Innenverhältnisses, also des internen Ausgleichs zwischen den Gläubigern. Entgegen der sog. Surrogationstheorie[4624] folgt die Berechtigung an der Forderung nicht unbedingt der Beteiligungsform am verkauften Gegenstand (§ 743 Abs. 1 BGB gilt wohl nicht für Rechtsfrüchte aus dem Verkauf eines in Miteigentum gehaltenen Anwesens). 2604

Eine **Teilgläubigerschaft** (gem. § 420, 2. Alt. BGB), wie sie aufgrund der teilbaren Natur des Kaufpreisanspruches[4625] nahe läge, ist nur vereinbart, wenn für jeden Verkäufer ein eigener Kaufpreisteil summen- oder quotenmäßig ausgewiesen ist – jeder Teilgläubiger ist dann für seinen Kaufpreisteil empfangs- und einforderungsberechtigt; die oben empfohlene gegenseitige Vollmacht wird hier regelmäßig nicht gewollt sein. Bei der **Gesamtgläubigerschaft** dagegen (§ 428 BGB) ist jeder Einzelne empfangs- und einforderungsberechtigt für den Gesamtbetrag; diese ist stillschweigend vereinbart, wenn nur ein Empfängerkonto angegeben ist, und damit die anderen Verkäufer das **Risiko der Insolvenz oder Veruntreuung** bei diesem Empfänger übernommen haben (vgl. hierzu obigen Formulierungsvorschlag zur Verteilungsvollmacht innerhalb der Veräußerergemeinschaft, Rdn. 2603). 2605

Die **Mitgläubigerschaft** gem. § 432 BGB schließlich vermeidet diesen Nachteil, indem sie zwar jedem Veräußerer ein Einforderungsrecht[4626] – gerichtet auf Leistung an alle – einräumt, aber von der gemeinsamen Empfangszuständigkeit ausgeht. Sie dürfte mangels anderer Anhaltspunkte **i.d.R.** wegen rechtlicher Unteilbarkeit der Kaufpreisforderung[4627] **gegeben** sein,[4628] ohne dass sich eine vertragliche Klarstellung hierzu aufdrängt. Zur Formulierung der Vollstreckungsklausel in diesem Fall vgl. Rdn. 1305. Der Gläubiger eines von mehreren Verkäufern in Mitgläubigerschaft kann daher nicht den »Anteil an der Forderung«, sondern nur den Schuldneranteil an der (i.d.R. Bruchteils-, §§ 741 ff. BGB) Gemeinschaft pfänden,[4629] ebenso in Bezug auf den Auszahlungsanspruch 2606

4623 § 441 Abs. 2 BGB bekennt sich auch insoweit nunmehr zum »Einheits-Prinzip«.
4624 BGH, NJW 1969, 839; 1984, 1356; *Rütten* Mehrheit von Gläubigern, S. 83 ff. m.w.N.
4625 Wobei allerdings der zur Lastenfreistellung erforderliche Kaufpreisteil auf eine unteilbare Leistung (rechtsmängelfreie Verschaffung) entfällt.
4626 Demnach ist jeder Verkäufer berechtigt, eine vollstreckbare Ausfertigung des Kaufvertrags zu erhalten (gerichtet auf Zahlung an alle Mitgläubiger gemeinschaftlich); zur Frage, ob bei entsprechendem Antrag auch des anderen Verkäufers § 733 ZPO (zur Vermeidung mehrerer Titel über dieselbe Kaufpreisforderung) gilt, vgl. *Gutachten* DNotI-Report 2006, 119 m.w.N.
4627 Die bloße natürliche Teilbarkeit des zu Leistenden genügt nicht für die Annahme einer Teilgläubigerschaft nach § 420, 2. Alt. BGB. Auch der Anspruch mehrerer (künftiger) Miteigentümer auf Erwerb einer Immobilie ist im Rechtssinne unteilbar, vgl. BayObLG Rpfleger 1993, 13.
4628 Palandt/*Heinrichs* BGB § 432 Rn. 1; *Litzenburger* NotBZ 2003, 301; *Gutachten* DNotI-Report 2006, 118 m.w.N.
4629 OLG Rostock, 12.07.2005 – 1 W 4/04, NotBZ 2005, 449.

beim Anderkonto, vgl. Rdn. 1516. Veräußert jedoch eine **Gesamthand** (GbR, Gütergemeinschaft, Erbengemeinschaft), unterfällt auch der Kaufpreis als Surrogat dieser Berechtigungsform, die hinsichtlich der Empfangszuständigkeit wie § 432 BGB das Zusammenwirken aller fordert, während das Einforderungsrecht den Geschäftsführungsregeln folgt (bei der GbR also im Zweifel durch alle gemeinsam [§ 709 Abs. 1 BGB]), sodass hier Vollmachten dringend angezeigt erscheinen.

c) Zahlungsabwicklung

2607 Besondere Fragestellungen ergeben sich hinsichtlich der **Empfangnahme und Verteilung des Kaufpreises auf Verkäuferseite**. Wird nur die Kontoverbindung eines Beteiligten für den nicht zur Lastenfreistellung erforderlichen gesamten Kaufpreisteil benannt, empfiehlt sich die Aufnahme einer entsprechenden Vollmacht aller Verkäufer, Rdn. 1233. Ein einseitiger Widerruf der gemeinsam benannten Kontoverbindung ist nicht beachtlich.[4630] Benennt jeder Verkäufer dagegen ein eigenes Konto, auf den der Gesamtbetrag überwiesen werden solle, ohne eine entsprechende Vollmacht, ist diese Benennung unbeachtlich, da der einzelne Mitgläubiger (Rdn. 2606) lediglich Leistung an alle fordern kann (§ 432 Abs. 1 Satz 1 BGB), und über die Kaufpreisforderung als solche nur alle Mitgläubiger gemeinsam verfügen können (§ 747 Satz 2 BGB). In Betracht kommt dann allenfalls die Hinterlegung beim AG unter Ausschluss der Rücknahme (§§ 372, 378 BGB). Die Erfüllungswirkung dieser Hinterlegung, also das Vorliegen der Hinterlegungsvoraussetzungen, ist (als »anderweitiger Nachweis der Kaufpreiszahlung«) dem Notar zu belegen; verbleiben Zweifel, wird der Notar seine Entscheidung, das Eigentum umzuschreiben, durch beschwerdefähigen Vorbescheid ankündigen.[4631]

2608 Besteht Uneinigkeit zwischen mehreren Verkäufern über die Höhe ihres Anteils am Kaufpreis, können sie als »Zwischenlösung« ein Und-Konto einrichten (Rdn. 1233) oder aber, sofern der Notar trotz der zu erwartenden längeren Hinterlegungsdauer hierzu bereit ist, die notarielle Hinterlegung wählen. Es sollten allerdings materiell-rechtliche Verpflichtungen zur Ermittlung des Anteils aufgenommen werden, sodass ggf. auf Erteilung einer übereinstimmenden Anweisung an den Notar geklagt werden kann:

▶ Formulierungsvorschlag: Anderkonto für Verkaufserlös bei Verteilungsstreit

2609 Der zur Lastenfreistellung nicht erforderliche Betrag ist, sofern nicht beide Verkäufer vor der Fälligkeitsmitteilung dem Notar übereinstimmend andere Kontoverbindungen mitteilen, auf ein noch einzurichtendes Anderkonto des amtierenden Notars bei der ..... Bank zu überweisen. Im Verhältnis zum Käufer ist mit vorbehaltloser Gutschrift auf diesem Anderkonto Erfüllung eingetreten und die in dieser Urkunde erklärte Auflassung zum Vollzug zu bringen. Hinterlegungsbeteiligt sind lediglich die beiden Verkäufer. Sie weisen den amtierenden Notar hiermit in einseitig unwiderruflicher Weise an, zunächst die beide Verkäufer treffenden Gebühren der Lastenfreistellung bei Notar und Grundbuchamt sowie die Maklergebühr gegen Vorlage der Gebührenbescheide bzw. Rechnungen aus diesem Anderkonto unmittelbar zu begleichen. I.Ü. sind Auszahlungen lediglich gem. zu erteilender übereinstimmender Anweisung der Verkäufer bzw. ihrer Vertreter vorzunehmen, auch in Teilbeträgen. Beide Verkäufer sind einander verpflichtet, die ihnen zustehenden Anteile am Verkaufserlös zu ermitteln, und zwar aufgrund ..... *(Anm.: z.B. der jeweils für das Verkaufsobjekt erbrachten Erwerbs-, Tilgungs- und Bauherstellungsbeiträge)*. Sollten binnen eines Jahres ab Einzahlung weder übereinstimmende Auszahlungsanweisungen für den Gesamtbetrag erteilt noch auf Mitwirkung hierbei gerichtete Klagen erhoben worden sein, ist der Notar berechtigt und bevollmächtigt, ein auf den Namen

---

[4630] KG, DNotZ 2001, 865 m. abl. Anm. *Hertel* (wonach im notariellen Hinterlegungsverfahren die gemeinsam durch beide Verkäufer erfolgte Benennung einseitig widerrufen werden könne) betrifft lediglich das Verfahrensrecht; materiellrechtlich steht §§ 432 Abs. 1 Satz 1, 747 Satz 2 BGB entgegen, ebenso *Wegerhoff* NotBZ 2001, 425.
[4631] Vgl. *Hertel* in: Amann/Hertel/Everts, Aktuelle Probleme der notariellen Vertragsgestaltung im Immobilienrecht 2006/2007 (DAI-Skript), S. 14.

beider Beteiligter einzurichtendes Und-Konto mit gemeinsamer Verfügungsberechtigung bei der anderkontoführenden Bank zu eröffnen und den Restbetrag samt Zinsen dort einzuzahlen.

Die Hebegebühren trägt .....; sie können seinem Anteil bei Auszahlung entnommen werden. Gutgeschriebene Zinsen werden im Verhältnis der Auszahlung der Hauptsachebeträge geteilt.

d) Verpflichtungen

Mehrere Käufer, aber auch mehrere Verkäufer haften für aus dem Vertrag resultierende Verpflichtungen (zur Zahlung des Kaufpreises oder bzw. zur Verschaffung von Eigentum und Besitz, und zwar frei von Sach- und Rechtsmängeln) als Gesamtschuldner (§§ 421 f. BGB). Das Risiko der vollen Inanspruchnahme im Außenverhältnis (als das solvente, umgänglichste, oder am leichtesten greifbare Mitglied der Gemeinschaft) wird durch den internen Rückgriffsanspruch (gem. § 426 BGB nach Verursachungsbeiträgen, sonst im Verhältnis der Mitberechtigung an der Sache, nicht jedoch nach Köpfen) gegen die anderen Gruppenmitglieder nicht aufgewogen. Es kann sogar der Fall eintreten, dass z.B. ein am Erlös nur gering beteiligter Verkäufer mehr als diesen Anteil verliert: 2610

▶ Beispiel:[4632]

A veräußert mit zahlreichen anderen Verkäufern zusammen eine Immobilie; er ist lediglich zu 5 % beteiligt. Der Käufer nimmt ihn als solventesten Gesamtschuldner in Anspruch, etwa auf Schadensersatz wegen (nicht ausgeschlossener) Mängel, oder wegen Verzugs hinsichtlich der Besitzverschaffung. Diese Inanspruchnahme kann die Höhe seiner Beteiligung am Kaufpreis überschreiten, sodass er netto verliert, es sei denn, ihm gelingt es, bei den anderen Verkäufern Regress zu nehmen gem. § 426 BGB.

Dieses **Gesamthaftungsrisiko** lässt sich zum einen vermeiden durch Änderung des Vertragsgegenstandes, also den Verkauf bzw. Kauf des einzelnen Miteigentumsanteils anstelle der Immobilie als solcher, mögen auch die einzelnen Anteilsverkäufe in einer Urkunde zusammengefasst sein (ähnlich der Zerlegung in Bruchteilsveräußerungen zur Wahrung der grunderwerbsteuerlichen Bagatellgrenze, Rdn. 3475). Dies erfordert allerdings für jeden Anteilsverkauf separate Fälligkeitsmitteilungen, Genehmigungen, Vorkaufsrechtsnegativzeugnisse etc. In Betracht kommt des Weiteren eine Vereinbarung mit der anderen Vertragspartei, dass auch im Außenverhältnis lediglich **Teilschuldnerschaft** bestehe, was jedoch wohl nur bei ungleicher Verhandlungsposition oder Entgegenkommen in anderen Punkten gelingen wird. Fällt die Leistung eines anderen Teilschuldners endgültig aus, bleibt allerdings das Recht der anderen Partei zum Rücktritt hinsichtlich des Gesamtvertrags unberührt: 2611

▶ Formulierungsvorschlag: Vereinbarung bloßer Teilschuldnerschaft

Mehrere Personen auf Käufer- bzw. Verkäuferseite schulden und haften lediglich als Teilschuldner im Verhältnis ihrer Mitberechtigungsanteile. Dies gilt auch für etwaige Sekundäransprüche, etwa auf Schadensersatz. Vollmachten untereinander werden nicht erteilt. Bei lediglich teilweiser Erfüllung ist jedoch der andere Vertragsbeteiligte ohne Rücksicht auf § 323 Abs. 5 BGB berechtigt, vom Vertrag zurückzutreten. 2612

Letzterer Zusatz soll der Prüfung entheben, ob bei geringen Außenständen (zu Lehrzwecken übertreibendes Beispiel: Einer von zwanzig Käufern entrichtet seine 5 % des Gesamtkaufpreises nicht) der Gläubiger an der Teilleistung kein Interesse hat (§ 323 Abs. 5 Satz 1 BGB, vgl. auch oben Rdn. 237).

Häufiger anzutreffen sind jedoch Absprachen, die finanziellen Folgen der Nichterfüllung einer Vertragsklausel (i.R.d. kleinen Schadensersatzes) auch im Außenverhältnis allein demjenigen Mitverpflichteten ggü. eintreten zu lassen, der hierfür »die Verantwortung trägt«. 2613

4632 *Hertel* in: Amann/Hertel/Everts, Aktuelle Probleme der notariellen Vertragsgestaltung im Immobilienrecht 2006/2007 (DAI-Skript), S. 18.

B. Gestaltung eines Grundstückskaufvertrages

▶ Beispiel:

Die Ehegatten A und B, in Scheidung lebend, veräußern das in ihrem je hälftigem Miteigentum stehende Familienheim, das nur noch von B genutzt wird. Der Kaufpreis ist erst fällig mit Räumung durch B; bei Fristüberschreitung ist eine pauschale Entschädigung gem. Formulierungsvorschlag Rdn. 1839 vereinbart, die vom Kaufpreis abgezogen werden kann (solange die Lastenfreistellungsauflagen noch eingehalten werden können). Dieser Abzug soll lediglich vom Kaufpreisanteil des B erfolgen. (Die Rückabwicklung des Kaufvertrags ggü. beiden Verkäufern im Fall der Nichträumung durch B, sofern die Voraussetzungen für den Rücktritt oder »großen Schadensersatz« vorliegen, bleibt jedoch unberührt).

2614 Zur Regelungssituation des vorangehenden Beispiels folgender Formulierungsvorschlag:

▶ **Formulierungsvorschlag: Sanktionsfolgen bei Personenmehrheit nur gegenüber Verursacher**

(Anm.: im Anschluss an die Verpflichtung zur Räumung durch den im Objekt noch wohnenden Verkäufer A, vgl. etwa Baustein Rdn. 1839.)

Räumt der Verkäufer A nicht rechtzeitig, schuldet er unabhängig von seinem Verschulden für jede angefangene Woche der Überschreitung im Voraus einen Betrag von ..... €. Diese Beträge sind, sofern die erteilten Auflagen zur Lastenfreistellung noch erfüllbar bleiben, bei Fälligkeit von seinem Kaufpreisanteil in Abzug zu bringen. Jeder Verkäufer ist lediglich Teilgläubiger des Kaufpreisanteils, der auf ihn gem. der Miteigentumsquote entfällt. Die Verpflichtung zur Räumung besteht fort. Der Nachweis eines höheren oder geringeren Schadens bleibt beiderseits vorbehalten; ebenso weiter gehende Ansprüche gegen A auf Schadensersatzzahlung bei Verschulden.

Ab einer Fristüberschreitung von ..... Wochen kann der Käufer ferner gegenüber allen Verkäufern vom Vertrag zurücktreten und Schadensersatz statt der ganzen Leistung verlangen; im Innenverhältnis der Verkäufer hat allein A hierfür aufzukommen.

12. Auskunftserteilung und Einweisung

2615 § 444 BGB a.F. begründete vor Inkrafttreten der Schuldrechtsreform Pflichten des Verkäufers zur **Auskunftserteilung und »Einweisung«**, um dem Käufer die optimale Nutzung des Kaufgegenstandes und Verteidigung gegen Angriffe Dritter zu ermöglichen. Hierzu zählte auch die Übergabe der »zum Beweis des Rechts dienenden Urkunden«, also aller dem Verkäufer bei Vertragsschluss vorliegender[4633] Dokumente, die zum Nachweis öffentlich- oder privatrechtlicher Verhältnisse der Kaufsache geeignet sind, und zwar regelmäßig im Zeitpunkt des Besitzübergangs (Rdn. 1830 ff.). Die Rechtsprechung hat den Gesetzeswortlaut erweiternd auch auf Mietverträge oder Handwerkerrechnungen erstreckt.[4634] Als ungeschriebene Nebenpflicht seien schließlich Bauträger oder Baubetreuer zur Übergabe von Planungsunterlagen angehalten;[4635] wobei jedoch ein Bedürfnis für eine solche Analogie verneint wurde, wenn Unterlagen bei (Bau-) Behörden eingesehen werden können.[4636] Zur »Einweisungspflicht« zählt der BGH[4637] auch die Information des Käufers darüber, dass die Heizungsanlage wegen leeren Tanks stillgelegt ist und die noch gefüllten Wasserleitungen daher bei Kälteeinbruch gefährdet sind (»**Obhutspflicht**«). Die Schuldrechtsreform strich § 444 BGB a.F. als überflüssig: die aus § 242 BGB entspringenden Nebenpflichten des Verkäufers aus dem abgeschlossenen Kaufvertrag seien ausreichend.

2616 Zur Vermeidung von Unsicherheiten über den Umfang dieser Auskunfts- und **Herausgabepflichten** sind daher ausdrückliche Regelungen hierzu häufig besondere bei größeren Projekten, die umfangreichere technische Verwaltung erfordern, oder bei Objekten, die zum Weiterverkauf bestimmt sind und daher einer prospektartigen Aufbereitung bedürfen. Die Herausgabepflicht erstreckt sich

---

[4633] Dies muss der Käufer beweisen, OLG Hamm NJW-RR 2000, 867.
[4634] Vgl. LG Essen NJW 1965, 920.
[4635] Vgl. etwa LG Detmold, NJW 1969, 2144.
[4636] OLG Karlsruhe NJW 1975, 694.
[4637] BGH WM 1980, 713.

i.d.R. jedoch nur auf solche Unterlagen, die dem Verkäufer tatsächlich vorliegen oder die er ohne Schwierigkeiten beschaffen kann. Eine solche Formulierung könnte etwa wie folgt lauten:

▶ Formulierungsvorschlag: Übergabe von Dokumenten und »Einweisung«

> Der Verkäufer verpflichtet sich, dem Käufer unverzüglich nach dem Übergang des Besitzes alle folgenden Unterlagen im Original bzw., soweit bei ihm nicht vorhanden, in Kopie zu übergeben:
> – Einheitswert- und Grundsteuerbescheide, sowie alle zur Umsatzsteuerberichtigung gem. § 15a UStG erforderlichen Nachweise,
> – Mietverträge samt aller Nachträge, rechtsrelevanter Schriftverkehr hierzu, Daten zur Nebenkostenabrechnung sowie Mietsicherheiten,
> – Bau- und Architektenverträge, Werkverträge, Baupläne und -genehmigungen, Abnahmebescheinigungen, technische Spezifikationen,
> – Kaufbelege mit Garantieunterlagen, soweit die Sachmängelrechte noch nicht verjährt sind,
> – Boden-, Umwelt- und Baugutachten, sowie Wertermittlungen,
> – Versicherungs- und Wartungsverträge sowie
> – Bedienungsanleitungen,
> – (Ergänzung bei Sondereigentum: die Teilungserklärung samt Gemeinschaftsordnung und aller Nachträge, sowie die Wirtschaftspläne und Protokolle der Eigentümerversammlungen der letzten 3 Jahre einschließlich, sofern einschlägig, Akten zu etwa laufenden Gerichts- oder Inkassoverfahren.)
>
> Der Verkäufer ist verpflichtet, dafür zu sorgen, dass der Käufer unverzüglich nach Besitzübergang in die technische Bedienung der Anlagen und Einrichtungen des Kaufobjekts eingewiesen wird.

2617

13. Verjährung

a) Gesetzliche Verjährungsfristen

Wie bereits i.R.d. Rdn. 2023 ff. dargestellt verjähren Ansprüche auf Übertragung des Grundstückseigentums sowie auf Begründung, Übertragung, Aufhebung oder Inhaltsänderung eines Rechts an einem Grundstück einerseits sowie Ansprüche auf die Gegenleistung aus einem Grundstückskaufvertrag andererseits seit 01.01.2002 in 10 Jahren ab ihrer Entstehung (also nicht bereits in 3 Jahren nach Silvester des Jahres, in dem der Gläubiger Kenntnis erlangte vom Anspruchsgrund und vom Anspruchsgegner). Bei vor dem 01.01.2002 geschlossenen Grundstückskaufverträgen gilt anstelle der bisherigen 30-jährigen Verjährung gem. Art. 229 § 6 Abs. 1 und 4 EGBGB[4638] ebenfalls eine ab dem 01.01.2002 und demnach zum 31.12.2011 endende berechnete 10-jährige Frist, es sei denn, die alte Verjährungsfrist liefe bereits früher ab.

2618

Sind die **»Gegenleistungen« nicht tituliert**, verjähren sie gem. § 196 BGB ebenfalls in 10 Jahren. Hierunter fallen auch Dritten (weichenden Geschwistern) versprochene Leistungen, jedenfalls wenn der Veräußerer gem. § 335 BGB einen eigenen Anspruch auf Leistung an den Dritten hat. Gibt der Erwerber einen Pflichtteilsverzicht ab oder nimmt er Anrechnungs- bzw. Ausgleichsbestimmungen hin, steht jedoch wohl der aleatorische bzw. der erbrechtliche Charakter im Vordergrund.[4639] Beim Bauträgervertrag, bei dem die Vollstreckungsunterwerfung zur »automatischen« Verjährungsverlängerung nicht (mehr) zur Verfügung steht[4640] (vgl. Rdn. 1289), ist problematisch, ob der »Kaufpreis«,

2619

4638 Gem. BGH, 23.01.2007 – XI ZR 44/06, NJW 2007, 1585 m. Anm. *Witt* (vgl. auch *Schmidt* NJW 2007, 2447) würde in Überleitungsfällen eine kenntnisabhängige Verjährung erst mit Kenntnis, nicht stets am 01.01.2002, beginnen.
4639 Vgl. *Amann/Brambring/Hertel* Vertragspraxis nach neuem Schuldrecht, S. 298.
4640 Vgl. BGH, 22.10.1998 – VII ZR 99/97, ZfIR 1998, 759.

auch soweit er auf Werk- oder Geschäftsbesorgungsleistungen entfällt, als Teil eines einheitlichen Vertrags unter § 196 BGB fällt[4641] oder nicht;[4642] eine vertragliche Regelung ist ratsam:

▶ **Formulierungsvorschlag: Verjährungsregelung im Bauträgervertrag**

2620 Die Vertragsteile vereinbaren vorsorglich, dass der (gesamte) Zahlungsanspruch des Verkäufers entsprechend § 196 BGB in 10 Jahren ab dem gesetzlichen Verjährungsbeginn verjähren soll.

2621 Aufgrund der »in letzter Minute« (und zu Recht) aufgenommenen Verlängerung der Verjährungsfrist für Ansprüche auf Rechtsmängelbeseitigung (Löschung eingetragener Rechte) auf 30 Jahre (§ 438 Abs. 1 Nr. 1 Buchst. b) BGB), wäre es allerdings systemgerechter gewesen, der Forderung der BNotK folgend generell zur 30-jährigen Verjährung zurückzukehren.[4643]

b) Verlängerung

2622 Die kenntnisunabhängige Verjährung nach 10 Jahren kann sich in der Praxis als **zu kurz** erweisen. Werden bspw. bei der Auflassung und Umschreibung Parzellen vergessen oder Objekte verwechselt (man denke an Grunderwerb für ein Großvorhaben oder die Übertragung eines landwirtschaftlichen Betriebes), könnte der Verkäufer nach 10 Jahren die Übereignung der eigentlich zu liefernden Grundstücke verweigern; auch die ggf. noch eingetragene Eigentumsvormerkung würde wegen ihrer akzessorischen Natur in diesem Fall nicht helfen.[4644] Ist der Besitz jedoch bereits auf den Erwerber übergegangen, steht das unverjährbare Besitzrecht der vollständigen Rückabwicklung entgegen, so dass es zu einem dauernden Auseinanderfallen von Besitz und Eigentum kommt (es sei denn, der Verkäufer kann den schuldrechtlichen Vertrag, auf dem das eigentumsähnliche Besitzrecht des Käufers beruht, durch Anfechtung oder Rücktritt beseitigen).[4645] Wurde dagegen umgekehrt die bereits erklärte Auflassung verwendet bzw. die Eintragungsbewilligung ergänzt,[4646] nachdem der Anspruch auf Eigentumsverschaffung bereits verjährt war, steht wohl[4647] § 214 Abs. 2 BGB der Rückforderung des Geleisteten (= der erklärten Auflassung) entgegen.

2623 Bei **Teilflächenverkäufen** könnte der Standpunkt vertreten werden, bereits zum Zeitpunkt des Abschlusses des Kaufvertrags sei die zu erwerbende Fläche so exakt definiert gewesen, dass die Auflassung hätte erklärt werden können, sodass der Anspruch schon damals entstanden sei und die Verjährung zu laufen begonnen habe. Dem wird man allerdings entgegenhalten müssen, der Verkäufer schulde nicht nur die sachenrechtliche Auflassungserklärung, sondern eine solche, die den Grundbuchvollzug ermöglicht, d.h. den Voraussetzungen des § 28 GBO genügt. Weiterhin könnte (etwa wenn die Beteiligten die Durchführung eines Flurbereinigungs- oder eines Flurneuordnungsverfahrens erhoffen, in dessen Rahmen die Vermessung gebührenfrei »miterledigt« würde) der gegen den Verkäufer gerichtete Anspruch auf Vermessung nach 10 Jahren verjährt sein, was de Käufer jedoch durch einen eigenen Vermessungsantrag – er hat i.d.R. bereits unentziehbaren Besitz – verhindern kann.

2624 Die daraus resultierenden Unsicherheiten legen es nahe, die Frist des § 196 BGB vertraglich (§ 202 Abs. 2 BGB) auf 30 Jahre ab gesetzlichem Verjährungsbeginn zu verlängern. Damit wird zugleich der »**Waffengleichheit**« Genüge getan, da die **Vollstreckungsunterwerfung** wegen der Kaufpreis-

---

4641 *Brambring* DNotZ 2001, 905; *Hertel* DNotZ 2002, 10; *Basty* Der Bauträgervertrag Rn. 216.
4642 *Blank* ZfIR 2006, 673: lediglich Regelverjährung gem. § 195 BGB (3 Jahre) zur Vermeidung eines Ungleichgewichts ggü. der Verjährung des Werkerrichtungsanspruchs.
4643 Vgl. zur Gesetzesgenese *Amann* DNotZ 2002, 102.
4644 U.U. greifen jedoch die Grundsätze der falsa demonstratio ein, BGH DNotZ 2001, 846.
4645 *Grziwotz*, ZfIR 2012, 20 ff.
4646 Der Käufer kann durch (unverjährbare) negative Feststellungsklage nachweisen, er habe bereits geleistet und schulde keinen Kaufpreis mehr, vgl. OLG Köln MittBayNot 2001, 230.
4647 Fraglich ist dies insb. beim Verfahren der ausgesetzten Bewilligung. Die Voraussetzungen des § 214 Abs. 2 Satz 1 BGB sind wohl nur gegeben, wenn die dem Notar erteilte Bewilligungsvollmacht als unwiderruflich angesehen wird, vgl. *Amann/Brambring/Hertel* Vertragspraxis nach neuem Schuldrecht, S. 296.

forderung ebenfalls gem. § 197 Abs. 1 Nr. 4 BGB zu einer 30-jährigen Verjährung (ab Beurkundungsdatum) führt.

▶ Formulierungsvorschlag: Verjährungsverlängerung[4648]

> Der Anspruch auf Verschaffung des Eigentums und der in dieser Urkunde bestellten dinglichen Rechte verjährt in 30 Jahren ab gesetzlichem Verjährungsbeginn.

2625

c) Verkürzung

In Einzelfällen kann auch eine **Verkürzung der Verjährung** ratsam sein, etwa hinsichtlich der vorbehaltenen Ansprüche aus Sachmängeln, die zwischen Vertragsschluss und Übergabe entstehen (Rdn. 2279, Muster Rdn. 2281). Dabei sind allerdings die Verkürzungsverbote für Formular- und Verbraucherverträge (z.B. § 309 Nr. 8 Buchst. a) ff. BGB für neu hergestellte Sachen), für bestimmte Vertragstypen (§ 475 BGB für Verbrauchsgüterkäufe) sowie generelle Verkürzungssperren (§ 202 Abs. 1 BGB für Haftung aus Vorsatz)[4649] zu beachten.

2626

14. Schiedsgutachter-/Schiedsgerichts-/Schlichtungsabrede

a) Schiedsgutachten

Nicht selten bedürfen auch im Rahmen von Grundstückskaufverträgen Beträge einer Festlegung oder Tatsachen der Ermittlung, bei denen die Konsensfindung leichter fällt, wenn ein möglichst neutraler, sachverständiger Dritter[4650] die billige Bestimmung i.S.d. § 315 BGB für beide Seiten durchführt. Denkbar ist z.B. die Ermittlung des seinerzeitigen Verkehrswerts bei einem hierauf abstellenden Ankaufsrecht, die Höhe von Nutzungsentschädigungen oder Wertausgleichszahlungen bei Rückabwicklung etc. Unter §§ 317 ff. BGB fallen dabei unmittelbar Schiedsgutachten zur gestaltenden Vervollständigung des Vertragswillens der Parteien, in analoger Anwendung Gutachten zur Beschaffung und Feststellung von Tatsachen für in sich noch unvollständige Parteivereinbarungen sowie Gutachten zur Klarstellung einer zweifelhafter Rechtslage.[4651] Als Entscheidungsmaßstab stellt das BGB in § 319 Abs. 2 BGB das »freie Belieben« und in § 317 BGB das (i.d.R. gewählte) »billige Ermessen« zur Verfügung. Eine solche **Schiedsgutachterklausel** kann etwa lauten:

2627

▶ Formulierungsvorschlag: Schiedsgutachterklausel

> Kommt eine gütliche Einigung der Beteiligten hierüber binnen vier Wochen nach Aufforderung durch einen Teil nicht zustande, entscheidet ein durch den Präsidenten der örtlich zuständigen Industrie- und Handelskammer zu bestellender vereidigter Sachverständiger als Schiedsgutachter nach billigem Ermessen gem. § 317 Abs. 1 BGB *(Ggf. Ergänzung: Die Bewertung hat jedoch nach Maßgabe der Wertermittlungsverordnung/nach dem Discounted Cash Flow Verfahren/ dem Ertragswertverfahren/dem Substanzwertverfahren zu erfolgen)*. Die Beteiligten unterwerfen sich dem Ergebnis dieses Gutachtens als billiger Bestimmung des Betrags gem. § 315 BGB und vereinbaren diesen noch zu beziffernden Betrag bereits heute. Die durch die Einschaltung des Gutachters entstehenden Kosten trägt derjenige Teil, dessen Betragsvorschlag vom Schiedsergebnis weiter entfernt lag.
>
> Einwendungen gegen das Gutachten bleiben nur hinsichtlich etwaiger grober Mängel in analoger Anwendung des § 1059 Abs. 2 ZPO (Aufhebung eines Schiedsspruches) vorbehalten.

2628

[4648] Nach *Amann* DNotZ 2002, 111.
[4649] § 202 Abs. 1 BGB führt den Rechtsgedanken des § 276 Abs. 3 BGB fort. Damit verbleibt es in Vorsatzfällen bei § 438 Abs. 1 BGB; handelt es sich gar um Arglist, ist jedoch mindestens die 3-jährige kenntnisabhängige Frist des §§ 438 Abs. 3, 199 BGB zu wahren.
[4650] Regelmäßig soll er durch eine öffentliche Körperschaft (IHK, Präsident eines Gerichts etc.) bestellt werden. Nach BGH DNotZ 2005, 709 genügt auch die bloße »Benennung«, sofern es sich unstreitig um ein für beide Seiten zu erstattendes Schiedsgutachten handelt.
[4651] Vgl. ausführlich *Schwarzmann* in: Walz Formularbuch außergerichtliche Streitbeilegung Kap. 8, S. 332 ff.; dort auch das Muster eines mit dem Schiedsgutachters abzuschließenden Vertrags (S. 346 ff.).

2629 Die Beschränkung der gerichtlichen Überprüfbarkeit (vergleichbar § 319 BGB) in obligatorischen[4652] Schiedsgutachterklauseln kann im Verbraucher- und Formularvertrag eine unbillige Benachteiligung i.S.d. § 307 BGB bedeuten,[4653] sodass in diesen Fällen die Schlusspassage abweichend lauten müsste:

▸ Formulierungsvorschlag: Volle Überprüfung des Schiedsgutachtens in »AGB«

2630 Die gerichtliche Überprüfung des Gutachtens ist uneingeschränkt möglich; § 319 BGB findet keine Anwendung.

b) Schiedsgericht

2631 Gerade bei wirtschaftlich bedeutsamen oder inhaltlich komplexen Gestaltungen wünschen die Beteiligten – auch des Formular-, z.B. Bauträgervertrags[4654] – oft eine rasche und diskrete Konfliktentscheidung durch ein **Schiedsgericht**.[4655] Es handelt sich um **private Gerichtsbarkeit**,[4656] die aufgrund freiwilliger rechtsgeschäftlicher Vereinbarung die staatliche Gerichtsbarkeit ersetzt. Ihre Regelung im Zehnten Buch der ZPO basiert auf dem Modellgesetz über internationale Handelsschiedsgerichtsbarkeit der Kommission für internationales Handelsrecht der Vereinten Nationen (UNCITRAL). Der streitentscheidende Schiedsspruch ist gem. § 1055 BGB einem rechtskräftigen Urteil gleichgestellt. Auch im Schiedsverfahren ist ein Vergleich (»Schiedsspruch mit vereinbartem Wortlaut«) möglich, der gem. § 1053 Abs. 2 Satz 2 ZPO – anders als der normale Prozessvergleich i.S.d. § 794 Abs. 1 Nr. 1 ZPO – sogar der materiellen Rechtskraft fähig ist.

2632 Kompetenzgrundlage des Schiedsgerichts ist die Schiedsvereinbarung i.S.d. § 1029 ZPO, die gem. § 1032 Abs. 1 ZPO bei Rüge zur Abweisung etwaiger dennoch bei staatlichen Gerichten eingereichter Klagen führt. **Staatliche Gerichte** bleiben lediglich unterstützend tätig, etwa durch die Anordnung einstweiliger gerichtlicher Maßnahmen (§ 1033 ZPO), durch Unterstützung bei der Beweisaufnahme (§ 1050 ZPO) und bei der Bildung des Schiedsgerichts (§§ 1034 Abs. 2, 1035 Abs. 3 bis Abs. 5, 1037 Abs. 3, 1038 Abs. 1 Satz 2 ZPO) sowie schließlich im Zusammenhang mit der Kontrolle und Vollstreckung erlassener Schiedssprüche (§§ 1059 bis 1061 sowie § 1041 Abs. 2 und Abs. 3 ZPO). Getrennt von der Schiedsvereinbarung können rechtsgeschäftliche Regelungen über den Ablauf des Schiedsverfahrens (z.B. Benennung der Schiedsrichter, Abschluss der Schiedsrichterverträge, Festlegung der Verfahrensordnung, Durchführung des Rechtsstreits etc.)[4657] getroffen werden. Dispositive gesetzliche Regelungen und das schiedsrichterliche Ermessen füllen etwa noch verbleibende Lücken.

2633 Als **Vorteile der Schiedsgerichtsbarkeit** werden die Neutralität der Entscheidungsinstanz v.a. bei grenzüberschreitenden Streitigkeiten (das Schiedsgericht ist keiner der beiden Rechtsordnungen besonders verbunden), die Geheimhaltung, die Anpassung des Schiedsverfahrens an die Parteibedürfnisse sowie raschere Durchführung und teilweise geringere Kosten ins Feld geführt.

2634 **Objektiv schiedsfähig** sind gem. § 1030 ZPO alle vermögensrechtlichen Ansprüche und solche nichtvermögensrechtlichen Ansprüche, über die ein Vergleich geschlossen werden kann (ausgenommen sind also insb. Statusverfahren wie Scheidung, Abstammung und Umgangsrecht). Für die **Form der Schiedsvereinbarung** gilt allein § 1031 ZPO, unabhängig von etwa strengeren Formvor-

---

4652 Gänzlich unproblematisch sind fakultative Schiedsgutachterklauseln, vgl. *Grziwotz/Koeble* Bauträgerrecht 4. Teil Rn. 527 ff.
4653 BGH NJW 1992, 433, OLG Köln DNotI-Report 1995, 70 und OLG Köln, 24.04.2008 – 15 W 15/08, DNotZ 2009, 382 jeweils zum Bauträgervertrag. Nach OLG Düsseldorf BauR 1998, 1111 verstößt die schlichte Schiedsgutachterklausel ohne Bindung des Gerichts an die Feststellung des Sachverständigen jedoch nicht gegen § 307 BGB (a.A. wohl *Blank* ZNotP 1998, 313; vgl. umfassend *Gutachten* DNotI-Report 2004, 127).
4654 Die Rspr. zur AGB-Widrigkeit ausschließlich Schiedsgutachterklauseln gilt für die Schiedsgerichtsabrede nicht, vgl. *Wolfsteiner* DNotZ 1999, 107 auch mit Blick auf eine an das UNCITRAL-Modellgesetz angelehnte gesetzliche Neuregelung des Schiedsverfahrens, und BGH, 13.01.12005 – III ZR 265/03, DNotZ 2005, 666; allerdings müssen die Formerfordernisse des § 1031 Abs. 5 ZPO eingehalten sein.
4655 Vgl. hierzu monografisch *Lachmann* Handbuch für die Schiedsgerichtspraxis, 3. Aufl. 2008.
4656 Vgl. ausführlich *Schütze* Schiedsgericht im Schiedsverfahren; *Bandel*, in: Walz, Formularbuch »außergerichtliche Streitbeilegung«, § 22, S. 357 ff.
4657 Vgl. ausführlich *Bandel* in: Walz, Formularbuch außergerichtliche Streitbeilegung § 22 Rn. 35 ff., S. 373 ff.

schriften des Hauptvertrags (§ 311b BGB), wobei jedoch die Formerfordernisse des Hauptvertrags eine Mitbeurkundung notwendig machen können, wenn ein diesbezüglicher »Verknüpfungswillen« besteht, also das beurkundungsbedürftige Rechtsgeschäft von der Schiedsvereinbarung abhängt.[4658] Vorsichtigerweise ist daher in diesen Fällen zur Mitbeurkundung zu raten. Neben der Schiedsvereinbarung als solcher ist die eigentliche Schiedsordnung nur dann (i.S.e. vollständigen Verlesung[4659] oder gem. § 13a BeurkG) mitzubeurkunden, wenn die Entscheidung, eine Immobilie zu erwerben oder zu veräußern, auch von deren Details (z.B. hinsichtlich Bestimmung und Qualifikation der Schiedsrichter) abhängig sein sollte. Sonstige Mängel des Hauptvertrags schlagen auf die zu ihm getroffene Schiedsvereinbarung nicht durch.[4660]

2635 Ist an der Schiedsvereinbarung ein **Verbraucher** beteiligt, statuiert § 1031 Abs. 5 und Abs. 6 ZPO das Erfordernis einer eigenhändig unterzeichneten Urkunde, die ausschließlich Vereinbarungen in Bezug auf das Schiedsverfahren enthält. Im Fall notarieller Beurkundung entfällt dieses Gebot zur getrennten Niederlegung (vgl. § 1031 Abs. 5 Satz 3 Halbs. 2 ZPO). Ist kein Verbraucher beteiligt, genügt gem. § 1031 Abs. 1 bis Abs. 4 und Abs. 6 ZPO eine abgeschwächte Schriftform, ggf. auch durch e-mail, Fernkopien, Telegramme, Bezugnahme auf Schriftstücke etc. Rügelose Einlassung auf die schiedsrichterliche Verhandlung heilt dann gem. § 1031 Abs. 6 ZPO etwaige verbleibende Formmängel.

2636 **Institutionalisierte Schiedsgerichte** werden insb. angeboten durch die Deutsche Institution für Schiedsgerichtsbarkeit e.V. (DIS),[4661] an welche sich auch die Schiedsgerichtsbarkeit zahlreicher Industrie- und Handelskammern anlehnt. Als privates Wirtschaftsunternehmen ist die TENOS AG[4662] tätig. Ein ständiges Schiedsgericht ist ferner bei der Rechtsanwaltskammer Frankfurt am Main[4663] eingerichtet. Im Bereich des Erbrechts und der Vermögensnachfolge bietet die Deutsche Schiedsgerichtsbarkeit für Erbstreitigkeiten e.V. (DSE)[4664] das Tätigwerden eines Einzelschiedsrichters aufgrund einer qualifizierten Vorauswahl an. Daneben bestehen internationale Schiedsinstitutionen, etwa der London Court of International Arbitration (LCIA),[4665] die American Arbitration Association (AAA)[4666] sowie das Schiedsgerichtsinstitut der Stockholmer Handelskammer (AISCC) und das Internationale Schiedsgericht der Wirtschaftskammer Österreich.[4667]

2637 Der Deutsche Notarverein e.V. bietet schließlich den »Schlichtungs- und Schiedsgerichtshof Deutscher Notare« (SGH)[4668] an; die Statuten für das eininstanzliche Verfahren sind in einer Verweisungsurkunde niedergelegt.[4669] Schiedssprüche sind vollstreckbar. Eine solche Schiedsgerichtsklausel ist bei Verbrauchern schriftlich und gem. § 1031 Abs. 5 ZPO in einem gesonderten, nur diese Abrede enthaltenden Dokument niederzulegen; beide Anforderungen werden durch die notarielle Beurkundung i.R.d. Gesamtvertrags ersetzt (§ 126 Abs. 4 BGB; § 1031 Abs. 5 Satz 3 Halbs. 1, 1. Alt. und Halbs. 2 ZPO[4670]) Sie könnte etwa lauten:

▸ Formulierungsvorschlag: Schiedsgerichtsvereinbarung

2638 Über sämtliche Streitigkeiten im Zusammenhang mit diesem Kaufvertrag, die zwischen den Beteiligten entstehen, insbesondere über die Wirksamkeit, Auslegung und Ergänzung dieses Ver-

---

4658 Vgl. *Gutachten* DNotI-Report 2009, 188 m.w.N.
4659 Es genügt nicht die »unechte Bezugnahme«, wie z.B. auf DIN-Normen (Rdn. 54), da die Schiedsordnungen solcher privatrechtlicher Organisationen nicht in Amtsblättern veröffentlicht sind, Gutachten, DNotI-Report 2009, 189.
4660 OLG München, 12.02.2008 – 34 SchH 6/07.
4661 Vgl. www.dis-arb.de.
4662 Vgl. www.tenos.de mit insgesamt vier Muster-Schiedsvereinbarungen.
4663 Www.rechtsanwaltskammer-ffm.de.
4664 Vgl. www.dse-erbrecht.de.
4665 Vgl. www.lcia-arbitration.com.
4666 Vgl. www.adr.org.
4667 Vgl. www.wko.at/arbitration.
4668 Vgl. *Wegmann* ZEV 2003, 20 ff.
4669 Die Kosten liegen zwar etwas höher als bei einem staatlichen Verfahren einer Instanz, aber deutlich niedriger als bei staatlichen Gerichtsverfahren durch mehrere Instanzen.
4670 Vgl. BGH, 01.03.2007 – III ZR 164/06, DNotZ 2007, 468 m. Anm. *Thode*, S. 404.

trags, die Vertragsabwicklung, die Vertragsdurchführung, Vertragsstörungen und den Vollzug des Vertrags, gleichgültig aus welchem Grund, unabhängig davon, ob es sich um vertragliche oder außervertragliche Ansprüche handelt, entscheidet unter Ausschluss des Rechtswegs zu den staatlichen Gerichten ein Schiedsgericht nach dem Statut des Schlichtungs- und Schiedsgerichtshofs deutscher Notare (SGH). Dieses ist auch für einstweilige Maßnahmen zuständig.

Die Schlichtungs- und Schiedsordnung ist in der Urkunde des Notars ..... in ..... vom ....., URNr. ....., enthalten. Deren Inhalt ist den Beteiligten bekannt. Eine beglaubigte Abschrift dieser Urkunde lag bei der heutigen Beurkundung vor. Auf diese wird verwiesen. Auf Beiheftung und Verlesung wird verzichtet.

Über die Bedeutung der Schiedsklausel unter Einbeziehung der vorgenannten Schlichtungs- und Schiedsordnung hat der Notar ausdrücklich belehrt. Wir wünschen ausdrücklich die Entscheidung der vorgenannten Streitigkeiten durch das Schiedsgericht anstelle der an sich zuständigen staatlichen Gerichte. Wir wissen, dass die Entscheidung des Schiedsgerichts endgültig ist und Rechtsmittel zu den staatlichen Gerichten ausgeschlossen sind.

c) Schlichtung

2639 Der vorerwähnte SGH bietet auch **Schlichtungsverfahren** an, die durch eine Zwangsschlichtungsabrede im Kaufvertrag (ähnlich der obligatorischen Schlichtungsverfahren nach § 15 EGZPO) einer gerichtlichen Klärung vorzuschalten sind. Der Kaufvertrag könnte hierzu vorsehen:

▶ Formulierungsvorschlag: Obligatorische Schlichtung

2640 Für sämtliche Streitigkeiten im Zusammenhang mit durch diese Urkunde begründeten Rechtsverhältnisse gilt zwischen den unmittelbar an der Urkunde Beteiligten und für Personen, die ohne an der Urkunde beteiligt zu sein, durch diese begünstigt werden (z.B. im Weg des Vertrags zugunsten Dritter), dass vor der Erhebung von streitigen Verfahren zunächst der Schlichtungs- und Schiedsgerichtshof deutscher Notare (SGH) nur schlichtend und vermittelnd tätig werden soll, nicht aber verbindlich entscheiden soll. Dieses Verfahren findet nach den §§ 18 und 19 des Statuts des SGH statt.

Die Schlichtungs- und Schiedsordnung ist in der Urkunde des Notars ..... in ..... vom ....., URNr. ....., enthalten. Deren Inhalt ist den Beteiligten bekannt. Eine beglaubigte Abschrift dieser Urkunde lag bei der heutigen Beurkundung vor. Auf diese wird verwiesen. Auf Beiheftung und Verlesen wird verzichtet.

Die klageweise Erhebung von Ansprüchen ist vor und während der Dauer eines Schlichtungsverfahrens grds. unzulässig.

Die Erhebung von Klagen ist ohne vorherige Anrufung des SGH auf Einleitung eines Verfahrens nach §§ 18 und 19 des Statuts des SGH und auch während eines Schlichtungsverfahrens dennoch zulässig, wenn die Verjährung von Ansprüchen droht; dies ist drei Monate vor Ablauf der gesetzlichen Verjährungsfrist der Fall. Die Zulässigkeit der Klageerhebung wegen drohender Verjährung gilt nicht, wenn der SGH als Gütestelle i.S.v. § 209 Abs. 2 Nr. 1 BGB bzw. § 794 Abs. 1 Nr. 1 ZPO anerkannt ist.

Auch die WEG-Gemeinschaftsordnung kann ein solches Vorschaltverfahren (z.B. Schlichtung durch den Verwaltungsbeirat) vorsehen.[4671]

15. Aufrechnungsverbote

2641 Im »klauselkontrollierten« Kontext des Verbraucher- oder Formularvertrages (Rdn. 163 ff, Rdn. 169 ff) verbietet es § 309 Nr. 3 BGB, dem Vertragspartner des Verwenders das Recht zu nehmen, mit einer »unbestrittenen oder rechtskräftig festgestellten Gegenforderung« aufzurechnen. Die Rechtsprechung hat dieses Gebot zur Aufrechterhaltung eines Kernbereichs an Aufrechnungsmöglichkeiten, gestützt auf § 307 Abs. 1 BGB, dahingehend erweitert, dass auch die Aufrechnung mit Schadenser-

---

4671 OLG Frankfurt am Main, 11.06.2007 – 20 W 108/07, RNotZ 2008, 26.

satzansprüchen oder sonstigen, im Synallagma stehenden, Forderungen wegen mangelhafter Erfüllung der Verkäuferpflichten aus demselben Vertragsverhältnis möglich sein muss.[4672] Im Verbraucher- und Formularvertrag gilt daher, sofern überhaupt eine Aufrechnungsbeschränkung gewünscht wird:

▶ **Formulierungsvorschlag: Teilweises Aufrechnungsverbot**

Der Käufer kann nur mit unbestrittenen oder rechtskräftig festgestellten Gegenforderungen aufrechnen, ferner mit Forderungen wegen mangelhafter Erfüllung der den Verkäufer treffenden Hauptleistungspflichten.

2642

16. Kosten- und Steuerlast

Gem. § 448 Abs. 2 BGB in der seit 01.01.2002 geltenden Fassung trägt (unbeschadet der gesamtschuldnerischen Kostenhaftung ggü. Notar[4673] und Grundbuchamt, § 5 Abs. 1 Satz 1 KostO aller Veranlasser,[4674] Kostenübernehmer[4675] und nach bürgerlichem Recht Haftenden[4676]– § 2 Nr. 1, § 3 Nr. 2, 3 KostO) der **Käufer** des Grundstücks (anders als beim Rechtskauf, § 453 Abs. 2 BGB!) im Zweifel die **Kosten der Beurkundung**, der **Grundbucheintragung** (samt Katasterfortführungsgebühren bei Eigentumswechsel)[4677] und der zu dieser Eintragung erforderlichen **Erklärungen** (insb. also Beglaubigungskosten von Genehmigungserklärungen, etwa des WEG-Verwalters nach § 12 WEG, und etwa im Zusammenhang mit der Einholung solcher Genehmigungen anfallende Treuhandgebühren des Notars, sowie etwaige Bearbeitungsgebühren etwa für **aufsichtliche Genehmigungen**). Legt der Notar bei Einholung behördlicher Genehmigungen oder z.B. bei der Anforderung von Grundbuchauszügen[4678] offen, in wessen Namen er den Antrag stellt, ist der Vertretene auch unmittelbar Gebührenschuldner und die Kostenrechnung auf ihn auszustellen. Dies entspricht regelmäßig dem Gewollten.

2643

Nicht im Gesetz angesprochen und daher vertraglich zu regeln ist die Übernahme der **Lastenfreistellungskosten** (Beglaubigungskosten für Löschungsbewilligungen, insoweit anfallende Treuhandgebühren gem. § 147 Abs. 2 KostO, Löschungskosten im Grundbuch),[4679] die regelmäßig der Verkäufer zu tragen hat, wenngleich der Käufer hierfür mithaftet (§ 5 KostO).[4680] Werden über die durch die Lastenfreistellung (ohne Entwurfsfertigung) ausgelöste Vollzugsgebühr (§ 146 Abs. 1 KostO) auch Tätigkeiten im Käuferinteresse abgegolten, bedeutet dies eine entsprechende Quotelung der 5/10 Gebühr (Rdn. 3148). Auch die Kosten erforderlich werdender **rechtsgeschäftlicher Nachgenehmigungen** für nicht wirksam vertretene Parteien wird regelmäßig der vollmachtlos Vertretene zu tragen haben.

2644

4672 BGH, 07.04.2011 – VII ZR 209/07, NZBau 2011, 428 (zu einem Architektenvertrag).
4673 Uneingeschränkte Wahlfreiheit, wen er in Anspruch nimmt: LG Mönchengladbach RNotZ 2006, 629. Der Zweitschuldner kann nicht einwenden, der Notar hätte vom »Hauptschuldner« einen Kostenvorschuss erheben sollen: OLG Hamm NotBZ 2005, 114.
4674 Dies kann auch der Makler sein, wenn er nicht in rechtsgeschäftlicher oder Duldungsvollmacht beim Entwurfsfertigungsauftrag für einen anderen Beteiligten gehandelt hat (vgl. LG Kleve RNotZ 2001, 290) – Haftung als falsus procurator, LG Osnabrück RNotZ 2003, 575.
4675 Erforderlich ist gem. § 3 Nr. 2 KostO eine (auch mündliche) unbedingte, unbefristete und unwiderrufliche Erklärung ggü. dem Notar – nicht nur im Innenverhältnis der Beteiligten –, OLG München v. 23.08.2007 – 32 Wx 126/07, ZNotP 2008, 135.
4676 Z.B. Komplementär für Schulden der Personengesellschaft (§ 128 Satz 1 HGB), Handelndenhaftung gem. § 11 Abs. 2 GmbHG, Erbe gem. § 1967 BGB. Zur Formulierung der Kostenvollstreckungsklausel (§ 155 KostO) vgl. in diesen Fällen *Heinze* NotBZ 2007, 315 ff.
4677 In Bayern bspw. 30 % der Umschreibungskosten!
4678 Die allgemeine Vollmacht »im Grundbuchverfahren uneingeschränkt zu vertreten« genügt hierfür, AG Gotha NotBZ 2008, 317.
4679 Nach OLG Düsseldorf, 27.03.2007 – I 10 W 132/06, JurBüro 2007, 373 sind auch unter dem allgemeinen Begriff »Kosten der Löschung« sowohl Notar- als auch Grundbuchkosten zu verstehen.
4680 A.A OLG Düsseldorf, 03.05.2007 – I-10 W 109/06, NotBZ 2008, 75 m. abl. Anm. *Otto*.

2645 Sofern zugunsten des Verkäufers **dingliche Rechte bestellt** werden (z.B. ein Wegerecht zur Sicherung des Zugangs zum ihm verbleibenden Restgrundstück) trägt er billigerweise die dafür anfallenden Kosten – jedenfalls beim Grundbuchamt – als Begünstigter selbst. Wird der Vertrag unwirksam, weil eine behördliche oder gerichtliche Genehmigung endgültig versagt wird, besteht regelmäßig Streit über die Verteilung der bereits angefallenen Kosten und des Aufwands der Rückabwicklung;[4681] Gleiches gilt bei der Ausübung vertraglicher Rücktrittsrechte. Je nach der Verteilung des Scheiternsrisikos sollten auch die Kosten zugeordnet werden.

▶ Beispiel:

Geht der Wunsch auf Erwerb lediglich einer Teilfläche allein auf den Käufer zurück und scheitert der Vertrag mangels Teilungsgenehmigung, werden die Kosten beim Käufer verbleiben. Hat der Verkäufer das Objekt als »Bauland« angepriesen und der Käufer sich zur Sicherheit ein Rücktrittsrecht für den Fall der Verweigerung der Baugenehmigung aus planungsrechtlichen Gründen vorbehalten, hat der Verkäufer dem Käufer zumindest die Vertragskosten zu ersetzen.

2646 Ausdrücklich geregelt werden sollte ferner die Verpflichtung zur Tragung der **Grunderwerbsteuer** (regelmäßig übernimmt diese alleine der Käufer),[4682] wobei die gesetzliche Gesamthaftung beider Vertragsteile unberührt bleibt. Will der Verkäufer (neben einem vorsorglichen[4683] Rücktrittsrecht – Rdn. 2657 – für den Fall seiner Inanspruchnahme als Zweitschuldner, mit dessen Ausübung zugleich die Steuerschuld als solche gem. § 16 GrEStG entfällt) auch erleichterten Rückgriff beim Käufer nehmen, kann er auf eine Vollstreckungsunterwerfung auch insoweit bestehen:

▶ Formulierungsvorschlag: Vollstreckungsunterwerfung des Käufers bei Zweitschuldnerhaftung des Verkäufers

2647 Der Käufer unterwirft sich dem Verkäufer gegenüber außerdem der sofortigen Zwangsvollstreckung aus dieser Urkunde in sein gesamtes Vermögen wegen etwaiger Ansprüche des Verkäufers aus einer Inanspruchnahme wegen der im Zusammenhang mit dem Abschluss dieses Vertrags anfallenden Grunderwerbsteuer i.H.v. ..... € sowie wegen der im Zusammenhang mit dem Abschluss dieses Vertrags und seiner grundbuchmäßigen Durchführung einschließlich der Bestellung von Grundpfandrechten anfallenden Grundbuch- und Notargebühren im Höchstbetrag von abstrakt anerkannten ..... €.

2648 Gerade bei im Ausland ansässigen Käufern kann es sich empfehlen, alle Erwerbsnebenkosten, auch soweit kein Haftungsrisiko des anderen Vertragsteils besteht, zur Vereinfachung der Abwicklung und Vermeidung einer Verzögerung der Grundbucheintragungen durch Anforderung von Kostenvorschüssen, § 8 Abs. 2 GBO (tauglicher Sicherungszweck i.S.d. § 54a BeurkG, vgl. Rdn. 1480) zu **hinterlegen**:

▶ Formulierungsvorschlag: Hinterlegung aller Erwerbsnebenkosten auf Anderkonto

2649 Die Kosten dieses Vertrages und seiner Durchführung sowie die Grunderwerbsteuer trägt der Käufer.

Dies gilt nicht für die Kosten der Löschung von Belastungen im Grundbuch, die der Käufer nicht übernommen hat; diese Kosten (bei Notar und Grundbuchamt) trägt der Verkäufer. Zur Sicherstellung der Erfüllung dieser Kostentragungspflicht muss der der Verkäufer, bis zum ..... (Zahlungseingang) einen Betrag in Höhe von EUR ..... auf dem Notaranderkonto Nr. ..... hinterlegen (der »**Hinterlegungsbetrag Verkäufer**«).

Um die Erhebung von Kostenvorschüssen sowie eine Verzögerung des Endvollzugs aufgrund Nichtzahlung der Grunderwerbsteuer und der Grundbuchkosten seitens des Käufers zu vermeiden, ist

---

4681 Nach früherem Recht musste der Verkäufer die Vertragskosten jedenfalls bei einer Wandelung gem. § 476 Satz 2 BGB a.F. tragen; mit dessen Streichung sind Vertragskosten nur mehr bei Verschulden zu ersetzen (als Teil des Schadensersatzes bzw. als Aufwendungsersatz nach § 283 BGB).

4682 Gem. OLG Bremen DNotZ 1975, 95 soll dies bereits gem. § 449 BGB a.F. gesetzlich vermutet sein.

4683 Es ist nicht gesichert, dass die 3,5 %ige Nichterfüllung die beim gesetzlichen Rücktrittsrecht bestehende Schwelle des § 323 Abs. 5 Satz 2 BGB (»nicht nur unerheblich«) überschreiten würde (vgl. Rdn. 239), vgl. *Förster/Herrler* NJW 2010, 2090 ff.

der Käufer verpflichtet, einen Betrag in Höhe der Grunderwerbsteuer, der Maklercourtage gem. § ..... und geschätzter Notar- und Grundbuchkosten in Höhe von weiteren 1,5 % (bei Grundschuldbestellung: 2 %) des Kaufpreises, das sind gesamt € ..... (»**Hinterlegungsbetrag Käufer**«) auf dem Notaranderkonto Nr. ..... bis zum ..... zu hinterlegen. Zahlungen gelten nur dann als erbracht, wenn sie auflagenfrei oder allenfalls unter nachstehenden Verwendungsauflagen erfolgen.

Die Parteien weisen den Notar in einseitig nicht widerruflicher Weise an, aus dem Hinterlegungsbetrag Käufer die Kosten der Eintragung und Löschung der Vormerkung, die Kosten der Eintragung und Rangbeschaffung von Finanzierungsgrundpfandrechten sowie die Kosten der Eigentumsumschreibung samt Katasterfortschreibungsgebühr gegen Vorlage des Kostenbescheides der Justizkasse, um deren abschriftliche Übermittlung der Notar ersuchen soll, ohne weitere Voraussetzungen oder Überprüfung zu begleichen. Gleiches gilt für die Grunderwerbsteuer sowie die oben § ..... bezeichnete Maklercourtage. Die den Käufer treffenden Notarkosten für diesen Kaufvertrag, die Finanzierungsgrundschuld, und die Hebegebühren der Hinterlegung Käufer können ebenfalls dem genannten Hinterlegungsbetrag entnommen werden. Weiter weisen die Parteien den Notar in einseitig nicht widerruflicher Weise an, aus dem Hinterlegungsbetrag Verkäufer die Kosten der Löschung der Grundbuchbelastungen gegen Vorlage des Kostenbescheides der Justizkasse, um deren abschriftliche Übermittlung der Notar ersuchen soll, bzw. der angefallenen notariellen Kosten der Löschungsbewilligungen gegen Vorlage der Kostenrechnungen ohne weitere Voraussetzungen oder Prüfung zu begleichen.

Die Hinterlegungsbeträge sind als Tagesgeld zu den beim kontoführenden Kreditinstitut üblichen Konditionen anzulegen. Etwa gutgeschriebene Zinsen abzüglich der Zinsertragsteuer stehen der jeweils einzahlenden Partei zu und sind bei Schließung des Notaranderkontos – mit etwa verbleibenden Restbeträgen – auszukehren.

Zu regeln ist schließlich die Tragung der Kosten der **Vermessung**, die teilweise erheblich sein können (sowohl Kosten der Abmarkung durch ggf. private vereidigte Vermessungsingenieure als auch Kosten der Übernahme in den amtlichen Liegenschaftskataster durch das staatliche Vermessungsamt, vgl. Rdn. 3182 ff.), die gem. der früheren gesetzlichen Vermutung[4684] wohl i.d.R.[4685] der Verkäufer zu tragen hätte, als notwendige Voraussetzung der Bildung des Grundstücks, das zu liefern er sich verpflichtet hat.[4686] 2650

17. Salvatorische Klausel

Anders als im Gesellschaftsrecht und beim Bauträgervertrag, die stärkeren Schwankungen der Rechtsprechung ausgesetzt sind, spielt die sog. **salvatorische Klausel** im Grundstückskaufvertrag nur eine untergeordnete Rolle. Entgegen früherer Rechtsprechung[4687] entbindet sie nicht von der nach § 139 BGB vorzunehmenden Prüfung, ob die Parteien das teilnichtige Geschäft als Ganzes verworfen hätten oder aber den Rest hätten gelten lassen. Bedeutsam ist sie lediglich für die von § 139 BGB abweichende Zuweisung der Darlegungs- und Beweislast; diese trifft denjenigen, der entgegen der Erhaltensklausel den Vertrag als Ganzes für unwirksam hält.[4688] Die Nichtigkeit des gesamten Vertrages tritt ein, wenn die Aufrechterhaltung des Rechtsgeschäfts trotz der salvatorischen Klausel im Einzelfall durch den (im Wege der Vertragsauslegung zu ermittelnden) Parteiwillen nicht mehr getragen wird.[4689] Zur Thematik der teilweisen Aufrechterhaltung öffentlich-rechtlicher Verträge vgl. Rdn. 2499. 2651

4684 In § 448 Abs. 1 BGB a.F. waren die Kosten des »Messens und Wiegens« ausdrücklich im Zweifel dem Verkäufer aufgebürdet worden; § 448 Abs. 1 BGB n.F. nimmt hierzu keine Stellung mehr.
4685 Anders z.B. nach Bundesfernstraßengesetz: Straßenbaulastträger als gesetzlicher Schuldner der Vermessungskosten.
4686 Erman/*Grunewald* BGB § 448 Rn. 6; Ländernotarkasse NotBZ 2006, 311 m.w.N.
4687 BGH, 08.02.1994 – WuW/E 2909, 2913 (Pronuptia II).
4688 Vgl. BGH, ZNotP 2003, 65; BGH, 15.03.2010 – II ZR 84/09, ZNotP 2010, 224.
4689 BGH, 15.03.2010 – II ZR 84/09, NotBZ 2010, 372. Soll auch dies verhindert werden, müsste die salvatorische Klausel z.B. ergänzt werden: »*Dies gilt auch, wenn als Folge der Unwirksamkeit oder Undurchführbarkeit der Gesamtcharakter dieses Vertrages verändert würde.*«.

B. Gestaltung eines Grundstückskaufvertrages

2652 Soll gleichwohl eine salvatorische Klausel (mit Schiedsgutachterabrede) aufgenommen werden, könnte diese etwa wie folgt lauten:

▶ **Formulierungsvorschlag: Salvatorische Klausel**

Sollten eine oder mehrere Bestimmungen oder sollte ein wesentlicher Teil dieses Vertrags ganz oder teilweise nichtig sein oder werden oder sollte der Vertrag lückenhaft sein, wird dadurch die Wirksamkeit der übrigen Bestimmungen des Vertrags nicht berührt.

An die Stelle der nichtigen Teile soll eine Regelung treten, die dem Sinn und Zweck der nichtigen Teile entspricht oder ihnen am nächsten kommt. Beruht die Unwirksamkeit einer Bestimmung auf einem darin festgelegten Maß der Leistung oder der Zeit, so ist das der Bestimmung am nächsten kommende rechtlich zulässige Maß anstelle der unwirksamen Bestimmung zu vereinbaren. Andere Vertragslücken sind nach billigem Ermessen auszufüllen. Kommt innerhalb einer Frist von einem Monat eine Einigung der Parteien über die Ersetzung nicht zustande, entscheidet ein fachkundiger Schiedsgutachter, der, soweit sich die Parteien nicht innerhalb einer Frist von einem weiteren Monat über die Person eines Dritten einigen, auf Antrag der einen oder anderen Partei auf jeweils hälftige Kosten von der örtlich zuständigen Industrie- und Handelskammer zu benennen ist.

18. Abschriften

2653 Die Urkunde schließt regelmäßig mit dem sog. **Verteiler**, in dem (auch als Arbeitserleichterung für das Büropersonal) die nach der Legaldefinition des § 39 BeurkG[4690] bzw. als elektronisches Zeugnis nach § 39a BeurkG[4691] zu fertigenden **Ausfertigungen** (§ 47 BeurkG: wo immer es nach materiellem Recht auf den Besitz der Urkunde oder den Zugang einer Willenserklärung ankommt, also: Beteiligte, das Grundbuchamt sowie ggf. Bevollmächtigte),[4692] **beglaubigten Abschriften** (regelmäßig Finanzierungsgläubiger, Genehmigungsbehörden) und einfachen Abschriften (»Ablichtungen«) aufgeführt sind (Grunderwerbsteuerstelle des FA – und zwar nicht später als an andere Beteiligte, § 21 GrEStG: vgl. Rdn. 3221 f., **Gutachterausschuss**,[4693] ggf. auch, sofern die Beteiligten hierzu gem. § 51 Abs. 2 BeurkG ermächtigen: Makler, beteiligte Berater – deren Mitwirkung sich wegen der Subsidiarität der Notarhaftung zu vermerken empfiehlt –, WEG-Verwalter, eine vorkaufsberechtigte Gemeinde etc.).

2654 Die Beteiligten legen darin fest, in welchem Umfang sie den Notar von der **Verschwiegenheitspflicht** befreien, soweit es um Dritte geht, die nicht bereits kraft Gesetzes als Beteiligte (§ 51

4690 Dieser verwendet weiter den Begriff »Abschrift« als Allgemeinbezeichnung für »Abdrucke, Ablichtungen und dergleichen«. § 136 KostO spricht demgegenüber seit 01.07.2004 ohne sachliche Änderung lediglich mehr von »Ablichtungen« i.R.d. Dokumentenpauschalentatbestandes des § 136 KostO.
4691 Spätestens ab 01.04.2006 (vgl. § 15 Abs. 3 BNotO). Umfassend hierzu *Püls* NotBZ 2005, 305 ff. Ausreichend sind Zweitschriften, deren inhaltlicher Gleichlaut mit der Urschrift durch den Notar bestätigt wird, eine optische Übereinstimmung ist nicht erforderlich (LG Chemnitz MittBayNot 2007, 340 m. Anm. *Strauß*; ebenso LG Regensburg RNotZ 2008, 306 m. Anm. *Kirchner* und MittBayNot 2008, 318 m. Anm. *Kirchner*). Das elektronische Zeugnis muss nicht von dem Notar stammen, der die Papierurkunde errichtet hat, LG Hannover, 26.06.2008 – 21 T 1/08, ZNotP 2008, 456 m. Anm. *Dörr*, S. 447. Entgegen OLG Düsseldorf, 23.02.2010 – 10 W 148/09, RNotZ m. abl. Anm. *Neie* löst auch die qualifizierte elektronische Signatur eine Gebühr gem. § 55 KostO aus; ablehnend auch *Diehn* MittBayNot 2010, 335.
4692 Vgl. *Kersten* ZNotP 2005, 205 ff.
4693 Vgl. §§ 194 ff. BauGB i.V.m. landesrechtlichen Vorschriften, z.B. BayGutachterausschussVO, GVBl. 2005, 88: Für die bei den kreisfreien Gemeinden und Landratsämtern eingerichtete Kaufpreissammlung werden die (auch dort der Geheimhaltung unterliegenden) Urkunden 3 Jahre lang aufbewahrt und in einer Karte sowie beschreibend (nach Vertragsmerkmalen wie abweichender Fälligkeit, Ordnungsmerkmalen und wertbeeinflussenden Faktoren) ausgewertet. Daneben wird eine Bodenrichtwertkarte für Bauland (erschlossen/nicht erschlossen) geführt. Zusätzlich werden Einzelgutachten erstellt (Gebühr gem. § 16 BayGutachterausschussVO z.B. bei ermittelten Werten bis 250.000,00 € 4,2 v.T. zuzüglich 350,00 €, zwischen 250.000,00 € und 500.000,00 € 1,6 v.T. zuzüglich 1.010,00 €).

BeurkG)[4694] oder deren Erben[4695] einen Ausfertigungsanspruch[4696] haben. Dies gilt auch bei vollstreckbaren Ausfertigungen (vgl. Rdn. 1303). Wegen des Übergangs der Verwaltungsbefugnis (§ 80 Abs. 1 InsO) hat auch der Insolvenzverwalter einen Anspruch auf Erteilung von Abschriften zu wirtschaftlichen Angelegenheiten,[4697] ebenso der Betreuer, sofern sich sein Aufgabenkreis nach § 1902 BGB auf den Gegenstand der Urkunde bezieht.

Denkbar ist schließlich, den Notar zu autorisieren, dass er lediglich **auf Anforderung** (bspw. ggü. vorkaufsberechtigten Gemeinden oder WEG-Verwaltern) Abschriften erteilen darf, oder aber vorzusehen, dass Abschriften nur im Auszug erteilt werden (bspw. für den WEG-Verwalter nur in Bezug auf Beteiligte, Vertragsobjekt und Regelungen zum Besitzübergang sowie zum Eintritt in die Eigentümergemeinschaft, jedoch ohne Kaufpreis und sonstige schuldrechtliche Vereinbarungen,[4698] also beschränkt auf diejenigen Aspekte, die er in seine Prüfung einbeziehen darf[4699]). 2655

Gem. § 10 Abs. 1 KostO steht dem Notar ein **Zurückbehaltungsrecht** bzgl. Ausfertigungen, Abschriften und an die Beteiligten zurückzugebender Unterlagen wegen nichterfüllter Gebührenansprüche zu. Es ist umstritten, ob hiervon auch die für das Grundbuchamt bestimmte Ausfertigung/beglaubigte Abschrift erfasst ist[4700] oder ob (so die Ansicht der Rechtsprechung,[4701] welcher der Notar aus Gründen der Vorsicht folgen sollte) diesbezüglich die Einreichungspflicht des § 53 BeurkG Vorrang hat. 2656

Eine typische Schlusspassage mit Regelung der Kostentragung und der Abschriften (wegen der Wahl des beurkundungsrechtlichen Weges der Auflassungssperre können sofort vollständige Ausfertigungen erteilt werden) sowie mit einem Rücktrittsvorbehalt wenn der Käufer Grunderwerbsteuer oder Gerichtskosten (etwa den Vorschuss wegen der Eintragung der Eigentumsvormerkung, die wiederum die Fälligkeit erst auslösen würde) nicht entrichtet – Rdn. 239 –, könnte wie folgt lauten: 2657

▶ Formulierungsvorschlag: Kosten, Abschriften

Die Kosten für die Beurkundung, eventuelle Genehmigungen und den Vollzug dieses Vertrags sowie die Grunderwerbsteuer trägt der Käufer; zahlt der Käufer diese nicht, kann der Verkäufer vom Vertrag zurücktreten. Etwaige Lastenfreistellungskosten trägt der Verkäufer. 2658

Von dieser Urkunde erhalten:

Ausfertigungen:
- die Vertragsteile
- das Grundbuchamt

4694 § 51 BeurkG geht der Verschwiegenheitspflicht (§ 18 BNotO) ohne Ermessensspielraum vor, OLG Karlsruhe v. 16.01.2007 – 14 Wx 51/06, RNotZ 2007, 620: beim Erbvertrag Abschriftserteilung an den Gesamtrechtsnachfolger eines Beteiligten auch, wenn der andere Erbvertragspartner (dessen Verfügung darin enthalten ist) widerspricht.

4695 Nach LG Stuttgart ZEV 2004, 339 ist die Rechtsnachfolge nachzuweisen, ohne allerdings an Beweisregeln gebunden zu sein. Erbscheinsvorlage könne daher nicht a priori verlangt werden.

4696 Nach LG Stuttgart MittBayNot 2003, 158, kann der Notar hinsichtlich der Entscheidung, wem Abschriften und Ausfertigungen zu erteilen sind, einen Vorbescheid erlassen, gegen den die Beschwerde nach § 19 FGG, § 54 BeurkG eröffnet ist.

4697 Vgl. *Suppliet* NotBZ 2003, 304 m.w.N.; LG Darmstadt, 19.05.2008 – 5 T 685/07 (zit. bei *Stuppi* notar 2009, 255).

4698 Vgl. *Rapp* in: Beck'sches Notar-Handbuch A III Rn. 180; a.A. *Liessem* NJW 1988, 1306,1308.

4699 Gem. DNotI-Gutachten, Nr. 11497 v. 14.11.2006 hat der Verwalter mangels ausdrücklicher Regelung daher auch nur Anspruch auf eine Abschrift mit diesem begrenzten Inhalt.

4700 Dafür mit Blick darauf, dass die Pflicht zur Einreichung gem. § 53 BeurkG nicht im öffentlichen Interesse, sondern im Interesse der Parteien angeordnet ist: *Tiedtke* ZNotP 2004, 335; *Notarkasse* Streifzug durch die Kostenordnung (Stichwort »Zurückbehaltungsrecht«, Rdn. 2843 ff.); *Bengel* DNotZ 1999, 793; OLG Dresden NotBZ 2005, 111 (§ 10 KostO erstrecke sich auch auf für den Vollzug erforderliche behördliche Genehmigungen); abwägend: *Otto* NotBZ 2002, 346; *Schwarz* MittBayNot 2004, 157: Zurückbehaltungsrecht auch für die Grundbuchamtsausfertigung jedenfalls dann, wenn der Notar den Zweitschuldnern eine Kostenrechnung unter Hinweis auf § 10 KostO übersandt hat; *Limmer* in: Eylmann/Vaasen BNotO/BeurkG § 53 BeurkG Rn. 16.

4701 OLG Naumburg NotBZ 2003, 241 m. abl. Anm. *Lappe*; die Zurücknahme eines bereits gestellten Umschreibungsantrags ist davon auf jeden Fall nicht gedeckt: OLG Düsseldorf DNotZ 1999, 659.

B. Gestaltung eines Grundstückskaufvertrages

beglaubigte Abschriften:
- die zuständigen Gebietskörperschaften zur Erklärung über etwaige Vorkaufsrechte (auf Anforderung)
- etwaige Kaufpreisfinanzierungsgläubiger

einfache Abschriften:
- die Grunderwerbsteuerstelle mit Veräußerungsanzeige
- der Gutachterausschuss
- nicht erschienene Beteiligte zur Nachgenehmigung – Ausfertigungen werden erst nach deren Eingang beim amtierenden Notar erteilt

Vorgelesen vom Notar, von den Beteiligten genehmigt, und eigenhändig unterschrieben:

IX. Rechtsgeschäftliche Vertragsübernahme[4702]

1. Rechtliche Konstruktion

2659 Im Anschluss an die wenigen gesetzlich geregelten Fälle einer umfassenden Vertragsübernahme (§ 566 BGB: Mietvertrag bei rechtsgeschäftlichem Erwerb des vermieteten Objekts, § 613a BGB: Arbeitsverhältnis beim Betriebsübergang, § 95 VVG: Übergang bestehender Sachversicherungsverträge) hat die Rechtslehre den Vertragseintritt, also die Übertragung eines Schuldverhältnisses im Ganzen durch vollständige Auswechselung einer Vertragspartei eines bestehenden Rechtsgeschäfts, entwickelt (»**Vertragsübernahme**«). Zugrunde liegendes Kausalverhältnis kann bspw.:
- eine Schenkung, aber auch
- ein Kaufvertrag (Erwerb eines Rechtsverhältnisses als »sonstiger Gegenstand« i.S.d. § 453 Abs. 1 BGB), ebenso
- ein Vertrag der vorweggenommenen Erbfolge oder
- eine Scheidungsfolgenvereinbarung sein (Beispiel: Eintritt des anderen Ehegatten in einen noch nicht abgewickelten Bauträgervertrag bei der Vermögensauseinandersetzung).

2660 Die Erfüllung dieses Kausalverhältnisses erfolgt nach jetzt einhelliger Auffassung nicht wie bei der Einzelrechtsnachfolge in die Ansprüche bzw. Verpflichtungen durch Abtretung gem. §§ 398 ff. BGB bzw. Schuldübernahme gem. §§ 414, 415 BGB, sondern durch ein abstraktes Rechtsgeschäft sui generis über das Schuldverhältnis im Ganzen. Nach einer in ihrer Reichweite allerdings umstrittenen[4703] Entscheidung des BGH[4704] bedarf der Vollzug der Vertragsübernahme der Form des übernommenen Vertrags (bei einem befristeten Mietvertrag also bspw. der Schriftform).

2661 Wirkt eine der drei notwendigen Vertragsparteien (typischerweise die nicht wechselnde Partei des zu übernehmenden Vertrags) an der Vertragsübernahmevereinbarung und -erfüllung nicht mit, bedürfen letztere ihrer nachträglichen **Genehmigung**. Das der Vertragsübernahme zugrunde liegende Schuldverhältnis sollte dabei regeln,
- ab wann sich die Beteiligten ggf. lösen können, wenn die Genehmigung noch nicht erteilt wurde (bzw. es insoweit bei den Möglichkeiten des § 177 Abs. 2 BGB belassen)
- und ggf. welche Rechtsfolgen eintreten, wenn die Genehmigung endgültig verweigert wird (Fortgeltung als bloße Erfüllungsübernahme im Innenverhältnis, also wechselseitige Freistellungsvereinbarungen gem. §§ 415 Abs. 3, 329 BGB, oder aber Unwirksamkeit der gesamten Vertragsübernahme).

2. Grunderwerbsteuer

2662 **Grunderwerbsteuerlich** löst die Vertragsübernahme erneute Steuer gem. § 1 Abs. 1 Satz 5 bzw. Satz 7 GrEStG aus,[4705] führt also insgesamt zu einer höheren Besteuerung als im Alternativmodell der Auf-

---

4702 Vgl. zum Folgenden den Überblick von *Maurer* BWNotZ 2005, 114 ff.
4703 Undeutlich ist insb., ob sich diese Aussage auf das Erfüllungsgeschäft oder auf die der Vertragsübernahme zugrunde liegende Kausalvereinbarung bezieht, für letzteres *Maurer* BWNotZ 2005, 117 m.w.N., auch zur Gegenansicht.
4704 BGHZ 72, 394.
4705 BFH, 22.01.2003 – II R 32/01, DStR 2003, 935 (anders noch zuvor BFH/NV 1991, 482).

hebung, sofern für letzteres die Stornowirkung des § 16 GrEStG in Anspruch genommen werden kann, samt Neuabschluss (zur Problematik der missglückten Vertragsübernahme s. Rdn. 3487, 3445). Liegt dem Eintritt in ein bestehendes Vertragsverhältnis eine (ggf. gemischte) Schenkung zugrunde, wird i.R.d. Schenkungsteuer nachteilhafterweise nicht das (noch nicht dem scheidenden Vertragspartner zu Eigentum gehörende) Grundstück bewertungsrechtlich zugrunde gelegt, sondern der hierauf gerichtete Sachleistungsanspruch, der mit dem gemeinen Wert (z.B. dem bereits entrichteten Kaufpreis) veranschlagt wird.[4706] Die Verfassungsmäßigkeit dieser Differenzierung ist umstritten.[4707]

3. Anwendungsfälle

In der notariellen Grundstückspraxis kommen Vertragsübernahmen sowohl mit dem Ziel einer Auswechslung auf Erwerberseite wie auch auf Veräußererseite vor. Der **Vertragspartnerwechsel auf Erwerberseite** kann bspw. auf Liquiditätsproblemen des Ersterwerbers beruhen oder darauf, dass eine zwar rechtsgeschäftlich, jedoch noch nicht eigentumsrechtlich erworbene Teilfläche etwa i.R.d. vorweggenommenen Erbfolge »mitübertragen« wurde, da sie wirtschaftlich zum übergehenden landwirtschaftlichen Betrieb zählt. Auch auf **Veräußererseite** kann sich beim Teilflächenverkauf ein solcher Vertragspartnerwechsel vollziehen. 2663

▶ Beispiel:
> Die für eine Straßenbaumaßnahme wegveräußerte Teilfläche ist noch nicht abgeschrieben, das betroffene Hauptgrundstück soll jedoch veräußert werden.

Weiterer Anwendungsfall des Veräußererwechsels ist die Übernahme eines Bauträgerunternehmens samt Eintritt in die laufenden, noch nicht erfüllten Grundstückslieferungs- und Werkverträge, im Wege des asset deal, also nicht durch bloße Übertragung der Geschäftsanteile.

4. Alternativen

Eine **Alternative zur Vertragsübernahme** bildet zum einen die Kombination von Aufhebung des bisherigen und Abschluss eines neuen Rechtsverhältnisses. Sie bietet, sofern die Voraussetzungen des § 16 GrEStG in Anspruch genommen vorliegen, grunderwerbsteuerliche Vorteile (lediglich einmaliges Entstehen der Steuer), allerdings um des Nachteils willen, dass kein lückenloser Vormerkungsschutz besteht (mit der Folge, dass diese Lösung ausscheidet, wenn nachrangige Belastungen eingetragen wurden, die infolge der Aufhebung des Erstvertrags sich dem Zweiterwerber ggü. durchsetzen würden). Dem Veräußerer muss ferner bewusst sein, dass ihm zum Zeitpunkt der Aufhebung des Erstvertrags das Zustandekommen eines Zweitvertrags noch nicht – zumindest rechtlich – gewiss sein kann. 2664

Hiervon wiederum zu unterscheiden ist die »Weiterveräußerung« des sachenrechtlichen Objekts aus einem noch nicht vollzogenen Grundstücksgeschäft selbst (im Rahmen eines Kettenvertrags oder **A-B-C-Geschäfts**), bezogen 2665
– entweder auf den schuldrechtlichen Eigentumsverschaffungsanspruch
– oder aber auf ein etwa bereits durch Erklärung der Auflassung und Vormerkungssicherung entstandenes Anwartschaftsrecht an der unbeweglichen Sache oder
– schließlich in Bezug auf die künftig dem Veräußerer zustehende Sache selbst (res futura).

Das Sicherungsinteresse des Letzterwerbers erfordert im Regelfall, dass sich der geschuldete Leistungserfolg auf die Sache als solche bezieht, sodass die vorangehende Übertragung des Eigentumsverschaffungsanspruchs und/oder der Anwartschaft nur sicherungshalber erfolgen – letztere in der Form des § 925 BGB, also ohne Zustimmung des Veräußerers, unter gleichzeitiger Abtretung des Eigentumsverschaffungsanspruchs zum Erhalt seiner Bestandsvoraussetzungen – (zu den dabei sich 2666

[4706] So BFH, 22.05.2002 – II R 61/99, ZEV 2002, 372 ff.
[4707] Der BFH hat diese Frage dem BVerfG vorgelegt; die Entscheidung des BVerfG steht noch aus.

stellenden Abwicklungsproblemen, insb. wenn auch die Kaufpreiszahlung »abkürzend« durch den Enderwerber erfolgen soll, vgl. ausführlich Rdn. 915 ff.).[4708]

2667 Soll schließlich keine vollständige Vertragsübernahme erfolgen, besteht alternativ die Möglichkeit der Abtretung hinsichtlich der gewollten **einzelnen Ansprüche** (§§ 398 ff. BGB) bzw. des Schuldbeitritts/der Schuldübernahme/der Erfüllungsübernahme (auch beim Scheitern des Schuldbeitritts [§ 415 Abs. 3 BGB]) hinsichtlich der einzelnen gewollten Verpflichtungen.

5. Muster

2668 Das »Grundgerüst« einer Vertragsübernahme hinsichtlich der Käuferposition aus einem teilerfüllten Vertrag könnte etwa wie folgt lauten:

▶ Formulierungsvorschlag: Vertragsübernahme (Käuferauswechselung bei teilerfülltem Vertrag)

Der Erwerber I hat zu diesamtlicher Urkunde vom ....., URNr. ....., mit dem Veräußerer einen Kaufvertrag geschlossen über ..... Diese Urkunde – nachstehend »Vorurkunde« genannt – lag heute in Urschrift vor; die Beteiligten haben jeweils eine beglaubigte Abschrift erhalten. Die Urkunde ist vollinhaltlich bekannt, auf sie wird verwiesen, auf ein Vorlesen und Beifügen wird verzichtet. Der Erwerber I steht dafür ein, dass Vertragsänderungen und Vertragsergänzungen zwischenzeitlich nicht erfolgt sind.

Gem. den Bestimmungen der Vorurkunde ist bisher lediglich die erste Kaufpreisrate i.H.v. ..... € fällig geworden; diese wurde von Erwerber I rechtzeitig gezahlt. Er legt hierzu Banknachweis vor.

Der Eigentumsverschaffungsanspruch des Erwerbers I ist durch Vormerkung im Grundbuch gesichert, die zur Wirksamkeit der Vorurkunde erforderlichen rechtsgeschäftlichen und behördlichen Genehmigungen liegen vor, ebenso die Vorkaufsrechtsnegativerklärung der Gemeinde gem. § 28 BauGB. Bei allen Genehmigungen handelt es sich um lediglich objektbezogene, sodass ihre erneute Erteilung (etwa aufgrund Überprüfung der Zuverlässigkeit des Erwerbers o.Ä.) nicht notwendig ist. Die zur Lastenfreistellung erforderlichen grundbuchrechtlichen Erklärungen und Treuhandauflagen liegen in aus dem Kaufpreis erfüllbarer Form vor und sind bis zum ..... unwiderruflich.

Der Erwerber I verpflichtet sich, die zur Vorurkunde begründete Käuferposition über das Flurstück ..... an den Erwerber II vollumfänglich und ohne Einschränkungen zu übertragen. Der Erwerber II nimmt diese Verpflichtung an.

Der Erwerber II hat für diese Vertragsübernahme und den bereits vom Erwerber I entrichteten Kaufpreisteil einen Betrag i.H.v. ..... € zu entrichten. Dieser ist fällig binnen 14 Tagen nach Zugang einer Mitteilung des amtierenden Notars beim Erwerber II (Einwurf-Einschreiben), dass die im Grundbuch eingetragene Vormerkung zugunsten des Erwerbers II berichtigt wurde und die Genehmigung des Veräußerers zur Vertragsübernahme dem Notar in grundbuchmäßiger Form vorliegt.

Der Erwerber I überträgt hiermit dem Erwerber II vorbehaltlich der Genehmigung des Veräußerers, die der Notar einzuholen und entgegenzunehmen beauftragt wird, vollinhaltlich die vorgenannte Käuferposition (Vertragseintritt bzw. -übernahme), allerdings aufschiebend bedingt auf den Erhalt der vorstehend vereinbarten Gegenleistung. Der Notar wird beauftragt und bevollmächtigt, den Eintritt der aufschiebenden Bedingung durch Eigenurkunde festzustellen, sobald ihm der Erwerber I den Erhalt des Betrags bestätigt hat oder der Erwerber II dessen Entrichtung durch Bankbestätigung nachgewiesen hat. Eine beglaubigte Abschrift der Eigenurkunde ist dem Veräußerer als Wirksamkeitsanzeige zu übersenden.

Der Erwerber I steht dafür ein, dass die vorgenannte Käuferposition inhaltlich unbeschränkt übergeht, dass keine Rechte Dritter hieran bestehen und dass die Vorurkunde bis zum Eintritt der aufschiebenden Bedingung nicht mehr ohne Zustimmung des Erwerbers II ergänzt oder geändert wird.

Die Beteiligten **bewilligen** und der Erwerber II **beantragt**, die Berichtigung der am genannten Grundbuchblatt eingetragenen Eigentumsvormerkung auf den Erwerber II einzutragen.

[4708] Die praktische Nutzanwendung der Übertragung des Anwartschaftsrechts (über die Abtretung des Eigentumsverschaffungsanspruchs hinaus) ist daher gering, vgl. *Schmidt* in: Münchener Vertragshandbuch Bd. 5, I.27.

IX. Rechtsgeschäftliche Vertragsübernahme

Der Veräußerer ist verpflichtet, nach Entrichtung des restlichen Kaufpreises die Auflassung unmittelbar an den Erwerber II zu erklären. Dieser erteilt hiermit dem Veräußerer hierzu – befreit von § 181 BGB, mit dem Recht zur Erteilung von Untervollmachten sowie über den Tod hinaus – entsprechende Vollmacht.

Bis zur Erteilung der Genehmigung des Veräußerers übernimmt der Erwerber II die Verpflichtung des Erwerbers I erfüllungshalber, also im Weg der Freistellung, und erhält die ihm zustehenden Ansprüche sicherungshalber abgetreten. Sollte die Genehmigung endgültig verweigert werden, ist die Vertragsübernahme gescheitert, also nicht als Erfüllungsübernahme aufrechtzuerhalten, und die wechselseitig erhaltenen Leistungen im Verhältnis zwischen Erwerber I und Erwerber II zurückzugewähren.

Den Beteiligten ist die rechtliche Bedeutung dieser Vertragsübernahme, auch für den Fall der Verweigerung, bekannt. Der Erwerber II weiß, dass er im Fall des Zugangs der Genehmigung des Veräußerers beim Notar rückwirkend ab dem heutigen Tag sämtliche Rechte und Pflichten aus der Vorurkunde innehat, insbes. die Verpflichtung zur Entrichtung des restlichen Kaufpreises. Den Beteiligten ist weiter bekannt, dass die Vertragsübernahme Grunderwerbsteuer auslöst (§ 1 Abs. 1 Nr. 5 bzw. 7 GrEStG), die der Erwerber II zu tragen hat; die vom Erwerber I zu tragende Grunderwerbsteuer für die Vorurkunde bleibt hiervon unberührt. Auf die gesamtschuldnerische Haftung der Beteiligten des jeweiligen Rechtsgeschäfts für Kosten und Steuern hat der Notar hingewiesen. Die Beteiligten wünschen nicht die alternativ vom Notar vorgeschlagene Veräußerung des dem Erwerber I künftig zustehenden Eigentums (Stufenvollzug oder Kettenauflassung) oder aber die Rückabwicklung der Vorurkunde unter Neuabschluss eines unmittelbaren Gesamtvertragsverhältnisses mit dem Erwerber II, ebenso wenig die schlichte Veräußerung des Eigentumsverschaffungsanspruchs bzw. der bisher etwa begründeten Anwartschaft.

Der vollziehende Notar wird beauftragt, alle für den Vollzug des durch Vertragsübernahme mit Erwerber II bestehenden Rechtsverhältnisses erforderlichen Genehmigungen und Erklärungen einzuholen und entgegenzunehmen in identischer Weise wie diese Vollmacht ihm i.R.d. Vorurkunde erteilt worden ist.

Die Kosten und Steuern für die Vertragsübernahme und ihren grundbuchlichen Vollzug trägt der Erwerber.

2669 Soll (dargestellt am Beispiel einer noch wegzumessenden Teilfläche bei Eigentumswechsel auf Veräußererseite) keine vollwertige Vertragsübernahme stattfinden, sondern lediglich eine Duldung der zur Wegmessung noch erforderlichen Maßnahmen seitens des Erwerbers unter weiterer Abwicklung durch den Veräußerer, der auch den schuldrechtlichen Vertrag hinsichtlich der weggemessenen Teilfläche bereits geschlossen hat, könnte stattdessen wie folgt formuliert werden:

▶ **Formulierungsvorschlag: Duldung der Wegmessung einer bereits veräußerten Teilfläche beim Verkauf des betroffenen Gesamtgrundstücks**

2670 Wie aus dem in § 1 wiedergegebenen Grundbuchstand ersichtlich, lastet in Abteilung II des Grundbuchs am Vertragsobjekt eine Eigentumsvormerkung zugunsten der Gemeinde X (nachstehend »Dritterwerber« genannt) hinsichtlich einer Teilfläche von ca. ..... m². Der zugrundeliegende Verkauf (diesamtliche URNr. ..... vom .....) konnte mangels Vermessung noch nicht vollzogen werden, der vorläufige Kaufpreis wurde durch die Gemeinde X bereits entrichtet. Die Eigentumsumschreibung aufgrund des heutigen Kaufvertrags soll unabhängig davon, jedoch ohne Verletzung der Rechte des Dritterwerbers, durchgeführt werden.

Aus diesem Grund übernimmt der heutige Käufer die sich aus der Eintragungsbewilligung ergebenden Verpflichtungen und duldet die genannte Eigentumsvormerkung in Abteilung II bis zu deren Endvollzug. Verkaufsobjekt der heutigen Urkunde ist lediglich die nach Wegmessung zugunsten des Dritterwerbers verbleibende Restfläche des Vertragsobjekts. Dem heutigen Verkäufer wird hiermit Auftrag und Vollmacht erteilt, befreit von § 181 BGB und mit dem Recht zur Erteilung von Untervollmacht sowie über den Tod hinaus, nach Vermessung dieser Teilfläche unverzüglich die zum Vollzug jenes Rechtsgeschäfts erforderlichen Auflassungs- und sonstigen materiell- und formell-rechtlichen Erklärungen, Bewilligungen und Anträge abzugeben und entgegenzunehmen. Etwaige Resterlöse stehen dem heutigen Verkäufer zu, der auch etwaige Rückerstattungen überzahlter Beträge sowie etwaige Kosten und Steuern zu tragen hat, ebenso die Kosten der Lastenfreistellung (unter Einschluss von Pfand- und Lastenfreigaben für Belastungen, die auf Veranlassung des heutigen Käufers eingetragen wurden). Dieselbe Vollmacht wird dem Dritterwerber erteilt.

Dem heutigen Käufer ist eine Abschrift des Fortführungsnachweises, aus dem sich der künftige grundbuchliche Beschrieb und die Größe des endgültig verkauften Objekts nach Vermessung ergeben, zu übermitteln.

X. Erbbaurecht

1. Begriff, Entwicklung und Bedeutung

a) Definition des Erbbaurechts

2671 Nach der Legaldefinition des § 1 Abs. 1 ErbbauRG (bis zum 30.11.2007: Erbbaurechtsverordnung[4709]) vermittelt das Erbbaurecht seinem Inhaber das vererbliche und veräußerliche (übertragbare) Recht, auf oder unter der Oberfläche eines Grundstücks ein Bauwerk zu haben. Durch die Einräumung eines Erbbaurechts wird also der in §§ 94 Abs. 1 Satz 1, 946 BGB normierte römisch-rechtliche Grundsatz »superficies solo cedit« durchbrochen: das aufgrund des Erbbaurechts errichtete oder von ihm erfasste Gebäude wird, obwohl mit Grund und Boden fest verbunden, nicht Bestandteil des Grundstücks und damit vom Eigentum hieran miterfasst, es gilt gem. § 12 Abs. 1 Satz 1 ErbbauRG vielmehr als **wesentlicher Bestandteil** des Erbbaurechts, teilt also dessen dingliche Rechtslage.

2672 Das Eigentum des Erbbauberechtigten am Erbbauwerk, das häufig durch **Nutzungsrechte** an weiteren, unbebauten Grundstücksflächen ergänzt wird (§ 1 Abs. 2 ErbbauRG, s. hierzu Rdn. 2712) berechtigt ihn zur Errichtung, Veränderung, Nutzung, Vermietung etc. des Gebäudes. Beim Grundstückseigentümer verbleiben während der Laufzeit des Erbbaurechts **wirtschaftlich** nur der Anspruch auf die im Vertrag vereinbarten Gegenleistungen (z.B. den regelmäßig vorgesehenen Erbbauzins), sowie **rechtlich** die Möglichkeit der Verfügung (Veräußerung und Belastung) über den Grund und Boden als solchen, welche jedoch faktisch durch die fortbestehende Erbbauberechtigung erheblich eingeschränkt ist.

b) Doppelnatur des Erbbaurechts

2673 Das Erbbaurecht hat also eine Doppelnatur. Einerseits stellt es als **beschränktes dingliches Recht** eine Grundstücksbelastung dar, ähnlich etwa der beschränkten persönlichen Dienstbarkeit oder der Reallast (vgl. die einleitende Bestimmung der ErbbauRG: »ein Grundstück kann in der Weise belastet werden, dass ...«). Andererseits beinhaltet es eine vom Grundstück **verselbstständigte Eigentumsposition**, die zwar rechtlich dem beschränkten dinglichen Recht als dessen wesentlicher Bestandteil untergeordnet ist (§ 12 Abs. 1 ErbbauRG), jedoch wirtschaftlich die Hauptsache darstellt (vgl. auch § 1 Abs. 2 ErbbauRG). Auf das Erbbaurecht finden daher gem. § 11 Abs. 1 ErbbauRG »die Ansprüche aus dem Eigentum« (z.B. Besitzschutz §§ 861 ff. BGB, Herausgabeanspruch § 985 BGB, Unterlassungs- und Beseitigungsanspruch § 1004 BGB) entsprechende Anwendung; sachenrechtlich wird das Erbbaurecht – da es eine Verselbstständigung wesentlicher Grundstücksbefugnisse enthält – den »sich auf Grundstücke beziehenden Vorschriften« unterworfen (§ 11 Abs. 1 ErbbauRG).

2674 Das Erbbaurecht ist also zugleich beschränktes dingliches Recht am Grundstück (und daher in **Abteilung II des Grundstücksgrundbuchs** vermerkt) und grundstücksgleiches Recht (und damit Gegenstand eines separaten **Erbbaugrundbuchs** mit eigenständigen Belastungen in Abteilung II und III). Die Zwitterstellung des Erbbaurechts (einerseits beschränktes dingliches Recht, andererseits grundstücksgleiche Sache) wird in der gesetzlichen Normierung des Erbbaurechts – extrem vereinfachend gesprochen – dadurch bewältigt, dass das Erbbaurecht hinsichtlich seiner Entste-

---

[4709] BGBl. I 2007, S. 2617; die »Verordnung« hatte schon zuvor Gesetzeskraft und geht dem BGB als lex specialis vor.

hung, Veränderung und Aufhebung als bloßes Recht, hinsichtlich seiner inhaltlichen Ausgestaltung i.Ü. sowie der Belastung und Übertragung jedoch als (unbewegliche) Sache behandelt wird.

c) Abgrenzung zu Rechtsinstituten des BGB

Das Erbbaurecht ist von anderen Rechtsinstituten des BGB deutlich zu trennen. Im Unterschied zum Wohnungs-/Teileigentum hat der Erbbauberechtigte **keinen Miteigentumsanteil an Grund und Boden** und das **Gebäudeeigentum** selbst ist **nicht in gemeinschaftliches Eigentum** (z.B. an den tragenden Teilen) **und Sondereigentum aufgeteilt** (wobei dies jedoch bei der unten Rdn. 2724 ff. dargestellten Sonderform des Wohnungs-/Teilerbbaurechts möglich ist). Wird statt eines Erbbaurechts eine **Dienstbarkeit** bestellt, welche zur Errichtung eines Gebäudes berechtigt, so zählt das sodann[4710] errichtete Gebäude als bloßer Scheinbestandteil (§ 95 Abs. 1 Satz 2 BGB) zwar wie beim Erbbaurecht nicht zum Eigentum am Grundstück. Das Gebäude ist jedoch nicht (wie das Erbbaurecht als grundstücksgleiches Recht) belastbar und nicht separat übertragbar; die Dienstbarkeit als solche ist allenfalls in Gestalt der Grunddienstbarkeit, und dann nur[4711] zusammen mit dem herrschenden Grundstück (§ 96 BGB) übertragbar. Im Gegensatz dazu ist das **Dauerwohn- oder -nutzungsrecht** (§§ 31 ff. WEG)[4712] zwar veräußerlich und vererblich, bezieht sich jedoch nur auf bestimmte Räume eines Gebäudes, das hier insgesamt im Eigentum des Grundstückseigentümers verbleibt. Dauerwohn- oder Nutzungsrechte können jedoch auch an Erbbaurechten bestellt werden (vgl. § 42 WEG).

2675

d) Gesetzliche Entwicklung des Erbbaurechts

Vorläufer des Erbbaurechts hatten bereits im Mittelalter (sog. städtische Bauleihe) eine erhebliche Bedeutung gespielt. Mit der Ausformung des Eigentumsbegriffs zur unbedingten Sachherrschaft auch über Grund und Boden trat die Bauleihe jedoch im Laufe des 19. Jh. in den Hintergrund. Das BGB regelte daher das Erbbaurecht in den §§ 1012 bis 1017 BGB zunächst eher stiefmütterlich. Schon damals haben jedoch umsichtige Stadtverwaltungen, etwa auch in Leipzig und Dresden, mit diesem Instrument den Wohnungsbau gefördert.

2676

Vorbereitet durch die Bodenreformdiskussion (Adolf Damaschke) und unter dem Eindruck der Folgen des Ersten Weltkrieges, welcher eine Mobilisierung des zunehmend teueren Baugrundes für Wohnungsbauzwecke erforderlich machte, erfolgte durch die mit Gesetzeskraft ausgestattete »Verordnung über das Erbbaurecht« vom 15.01.1919, seit 30.11.2007 zutreffender »Erbbaurechtsgesetz (ErbbauRG)« genannt – eine grundlegende Neuregelung, welche durch die eingehende Ausgestaltung des Rechtsverhältnisses zwischen Eigentümer und Erbbauberechtigtem für Rechtssicherheit

2677

4710 »In Ausübung« »verbunden worden«, d.h. die Dienstbarkeit muss zumindest zuvor bestellt sein (BGH MDR 1961, 591) und später tatsächlich entstehen. Die nachträgliche Bestellung einer Dienstbarkeit kann also an den Eigentumsverhältnissen nichts mehr ändern, allerdings (mit grundbuchlicher Wirkung, § 29 GBO) den Beweis über das Vorliegen eines berechtigten Überbaus erbringen, sodass bspw. eine WEG-Begründung ohne Verstoß gegen § 1 Abs. 4 WEG möglich ist. Anders jedoch gem. § 95 Abs. 1 Satz 1 BGB (vorübergehender Zweck), wo die Formulierung »worden« fehlt, und BGH, 02.12.2005 – V ZR 35/05, DNotZ 2006, 290 m. Anm. *Wicke*, S. 252 sogar zulässt, dass durch schlichte Einigung i.S.d. § 929 Satz 2 BGB bei Vorliegen eines »berechtigten Interesses« und eines nach außen tretenden Sachverhalts (z.B. Übergang der Straßenbaulast) ein Zweck nachträglich zu einem »nur mehr vorübergehenden« und damit wesentliche Bestandteile zu Scheinbestandteilen werden. Sollte diese Rspr. nicht nur für den Sonderbereich der öffentlichen Sachen (bei denen das bürgerlich-rechtliche Eigentum der öffentlichen Aufgabe folgt) gelten, birgt sie beträchtliche Gefahren für den Rechtsverkehr, vgl. *Kesseler* ZNotP 2006, 251 und ZNotP 2007, 330 in abl. Anm. zu OLG Celle, 22.05.2007 – 4 U 41/07, ZNotP 2007, 343 (Pachtvertrag als Manifestationsakt).

4711 Unzulässigkeit einer beschränkt persönlichen Dienstbarkeit mit dem ausschließlichen Inhalt, die aus einer Grunddienstbarkeit zugunsten des belasteten Grundstücks ergebenden Befugnisse »weiterzugeben«, OLG Hamm v. 12.02.2008 – 15 W 360/07, RNotZ 2008, 292 (als weiterer Inhalt jedoch nicht ausgeschlossen: wenn z.B. die beschränkt persönliche Dienstbarkeit zur Innehabung einer Übergabestation auf einem Grundstück berechtigt, und zugunsten des jeweiligen Eigentümers des Übergabestationsgrundstücks Grunddienstbarkeiten an anderen Grundstücken in Bezug auf das Innehaben von Windkraftanlagen bestehen, kann die beschränkt persönliche Dienstbarkeit zugunsten des Betreibers auch die Befugnisse aus den Grunddienstbarkeiten weitergeben!).

4712 Vgl. *Lehmann* RNotZ 2011, 1 ff.

und Beleihbarkeit sorgte. Dennoch gewann das Erbbaurecht in den alten Bundesländern erst nach dem Zweiten Weltkrieg zunehmend an Popularität. Nach einer Umfrage des Deutschen Städtetags wurden etwa in Hamburg 13,5 % der durch die Stadt bereitgestellten Eigenheimplätze zwischen 1976 und 1980 im Erbbaurecht ausgegeben; bei Eigentumswohnungen betrug der Anteil sogar 20,8 %. Bezogen auf den gesamten Wohnimmobilienbestand dürfte der Anteil des Erbbaurechts in den alten Bundesländern bei ca. 3 % liegen.[4713]

2678 Auf dem **Gebiet der ehemaligen DDR** wurde die Verordnung über das Erbbaurecht durch § 15 Abs. 2 Nr. 11 des Einführungsgesetzes zum ZGB vom 19.07.1975 (EGZGB) außer Kraft gesetzt; die vor dem Inkrafttreten des BGB vorhandenen Erbbaurechte insb. privater Ausgeber bzw. der Kirchen oder Kommunen wurden durch § 5 Abs. 2 Satz 1 EGZGB mit Wirkung ab 01.01.1976 in **unbefristete Rechte** umgewandelt. Die Interessen des Grundstückseigentümers sollten ggü. den Interessen der Nutzer zurücktreten, deren Rechtsstellung weitgehend der dinglich Nutzungsberechtigter angenähert werden sollte. Gem. § 112 Sachenrechtsbereinigungsgesetz (SachenRBerG), das am 01.10.1994 in Kraft getreten ist, wird für die Zukunft die im ursprünglichen Erbbaurechtsvertrag enthaltene **Befristung** wieder anerkannt.[4714] Eine zugunsten des Nutzers abweichende Betrachtung ist jedoch dann angezeigt, wenn der Erbbauberechtigte im Vertrauen auf den ewigen Fortbestand des Rechts nach dem 01.01.1976 Neubauten errichtet oder diesen gleichkommende Konstruktionen vorgenommen hat oder aber ein solches »scheinbar verewigtes« Erbbaurecht samt Gebäude nach 31.12.1975 entgeltlich erworben hat.[4715] Auch diese Investitionen verdienen den Schutz des SachenRBerG in der Form, dass das Erbbaurecht zwar nicht als ewig fortbestehend anerkannt wird, jedoch eine Laufzeit von 90, 80 bzw. 50 Jahren ab 01.10.1994 hat; die Einordnung folgt den Kategorien der gem. SachenRBerG beanspruchbaren Erbbaurechte (§ 112 Abs. 2 Satz 1 SachenRBerG).[4716] Die Eintragung der kraft Gesetzes eingetretenen neuen Befristung im Wege der Grundbuchberichtigung setzt, da der Typus des Gebäudes nicht mit Mitteln des §§ 22 Abs. 1, 29 GBO bewiesen werden kann, die Bewilligung des Grundstückseigentümers und des Erbbauberechtigten (§ 22 Abs. 2 GBO) voraus.

2679 Anders liegt es, wenn **Erbbaurechte auf volkseigenen Grundstücken** bestellt worden waren. Gem. § 5 Abs. 2 Satz 5 EGZGB war in diesen Fällen die Ersetzung des Erbbaurechts durch dingliche, zu verleihende Nutzungsrechte vorgesehen. Von dieser Ermächtigung ist jedoch nicht in allen Fällen Gebrauch gemacht worden. Auch in den nicht übergeleiteten Fällen ordnet daher § 112 Abs. 3 SachenRBerG die Gleichbehandlung eines solchen Erbbauberechtigten auf volkseigenem Grund mit einem dinglich Nutzungsberechtigten an. Diesem Nutzer steht also – abweichend von demjenigen, der als Erbbauberechtigter auf privatem Grund und Boden unter der Geltung des ZGB bauliche Investitionen vornahm (§ 112 Abs. 2 SachenRBerG) – auch ein Anspruch auf Ankauf des Grundstücks zu.

e) Aufgaben und Anwendungsbereiche

2680 In den **alten Bundesländern** hat sich das Erbbaurecht seit dem Zweiten Weltkrieg in Zeiten dramatisch steigender Grundstückspreise zunächst als Instrument zur Förderung des Eigenheimerwerbs durch finanziell schwächere Bevölkerungskreise bewährt.

2681 Neben dieser **sozialpolitischen Funktion**, die zugleich der Bekämpfung der Bodenspekulation dienen sollte, ermöglicht es das Erbbaurecht ferner demjenigen Eigentümer, der sich von Grund und Boden

---

4713 Vgl. *v. Oefele/Winkler* Handbuch des Erbbaurechts Rn. 1.15.
4714 Verträge, deren Laufzeit bereits beendet wäre oder die vor dem 31.12.1995 auslaufen würden, enden jedoch frühestens an diesem Datum. Bei Wohngebäuden verlängert sich die Frist um weitere 10 Jahre, wenn nicht der Eigentümer zu einer Eigenbedarfskündigung gem. § 564b Abs. 2 Nr. 2 und Nr. 3 BGB berechtigt ist.
4715 BGH, 10.02.2006 – V ZR 110/05, NotBZ 2006, 168.
4716 Wird derzeit ein geringerer Erbbauzins entrichtet, kann der Grundstückseigentümer eine Anpassung bis zu der nach dem SachenRBerG geschuldeten Höhe verlangen: Weder der Nutzer noch der Grundstückseigentümer eines aufgrund des EGZGB »verewigten« Erbbaurechtsverhältnisses soll schlechter stehen als die Beteiligten im allgemeinen Sachenrechtsbereinigungsverfahren.

nicht trennen will (z.B. Landwirte im städtischen Umgriff) oder kann (kirchliche Einrichtungen aufgrund der teilweise bestehenden kanonischen Veräußerungsverbote), das Grundstück zu Renditezwecken (Erbbauzins) bei einem Minimum an Verwaltungsaufwand einzusetzen, verbunden mit der Aussicht auf Wertzuwachs durch Hinzuerwerb des Bauwerks nach Erlöschen des Erbbaurechts.

In diesem Rahmen hat das Erbbaurecht zunehmend Bedeutung für den **gewerblichen und industriellen Bau** gewonnen (***Beispiel***: *Euro-Industriepark in München im Erbbaurecht der Bahn AG; Erbbaurechte für Tankstellen*). 2682

Als dritte Fallgruppe können Projekte ausgegrenzt werden, bei denen der Grundstückseigentümer durch die Möglichkeit, im Erbbaurechtsvertrag einen Zustimmungsvorbehalt bei Veräußerungen des Erbbaurechts zu vereinbaren (§ 5 Abs. 1 ErbbauRG) oder durch Heimfalltatbestände sicherstellen möchte, dass (in den Grenzen des § 7 Abs. 1 ErbbauRG) eine besondere Zweckbindung der Bebauung eingehalten wird (z.B. Ferienhaussiedlungen im Erbbaurecht). Aufgrund des **dinglichen Charakters des Erbbaurechts** sind die Beschränkungen der §§ 305 ff. BGB und die zeitlichen Grenzen für schuldrechtliche Bindungen (Bierbezugsvereinbarungen: 20 Jahre) nicht einzuhalten. Daher eignet sich das Erbbaurecht bspw. auch für die **dauerhafte Sicherung von Einheimischenmodellen**[4717] (Beschränkung des zulässigen Bauwerks auf Ein- oder Zweifamilienhausbebauung; Zustimmungserfordernis für spätere Umbauten; schuldrechtlicher Zustimmungsvorbehalt zur Vermietung an andere als Angehörige mit Sanktion durch Heimfall; Heimfall bei Vererbung an andere als Angehörige; Zustimmungspflicht zur Veräußerung mit Ankündigung, dass vom Zweck des Erbbaurechts nur die Veräußerung an Selbstnutzer umfasst ist; ggf. auch Erhöhung des Erbbauzinses bei Vermietung etc.). 2683

Schließlich kann das Erbbaurecht in Sonderfällen dazu eingesetzt werden, wirtschaftlich ein auf direktem Wege nicht erzielbares Ergebnis zu erreichen. 2684

▶ Beispiel:

Es ist beabsichtigt, einen Grundstücksteil samt aufstehendem Gebäude zu veräußern, die etwa erforderliche Teilungsgenehmigung (bundesrechtlich gem. §§ 51 Abs. 1 Nr. 1, 109 Abs. 1, 144 Abs. 2 Nr. 5, 169 Abs. 1 Nr. 1 BauGB, landesrechtlich ggf. gem. § 7 MusterLBO) ist jedoch nicht zu erlangen. Ein wirtschaftlich ähnliches Ergebnis kann durch Einräumung eines Erbbaurechts am Grundstück, dessen Ausübung auf das Gebäude und den abzugrenzenden Umgriff beschränkt ist, unter Vereinbarung einer Einmalzahlung samt Veräußerungs- bzw. Erwerbsverpflichtung hinsichtlich des Grundstücks für den Fall der späteren Erlangung der Teilungsgenehmigung erreicht werden.

Aus **steuerlichen Erwägungen** wird schließlich das Erbbaurecht dann gewählt, wenn auf betrieblichem Grund ein zum Privatvermögen zählendes Gebäude errichtet werden soll, ohne eine Entnahme des Grundstücks aus dem Betriebsvermögen auszulösen. 2685

In den neuen Bundesländern hat das Erbbaurecht i.R.d. Aufarbeitung der gebäuderechtlichen Besonderheiten des wiedervereinigungsbedingten Rechts eine ungeahnte Aufwertung erfahren: Das **Gesetz zur Sachenrechtsbereinigung im Beitrittsgebiet** (SachenRBerG) vom 21.09.1994 (BGBl. I, S. 2457) eröffnet dem bisherigen Gebäudeeigentümer, dem faktischen Gebäuderrichter und dem redlichen Erwerber von Eigentums- oder Besitzrechten an Gebäuden Möglichkeiten einer Überleitung der bisherigen Rechtsposition in BGB-konforme Institute, und zwar entweder durch Ankauf des betroffenen Grund und Bodens (mit anschließender Komplettierung) oder durch Bestellung eines Erbbaurechts hieran. Sofern der Inhalt dieses Erbbaurechts nicht in freier Vereinbarung durch die Beteiligten festgelegt wird, bestimmt er sich nach den zwangsvertraglichen Vorgaben des zweiten Abschnitts des zweiten Kapitels des SachenRBerG, mithin nach ggü. der ErbbauRG teils engeren, teils weiteren Regelungen, die aufgrund ihres beschränkten Anwendungsbereichs im Rahmen einer dem Erbbaurecht allgemein gewidmeten Darstellung nicht vertieft dargestellt werden sollen. Mit Anlegung des Erbbaugrundbuches erlischt das etwa bisher bestehende selbstständige 2686

4717 Beispiel in *v. Oefele/Winkler* Handbuch des Erbbaurechts Muster 11.3.

DDR-Gebäudeeigentum, dort eingetragene Belastungen entstehen kraft dinglicher Surrogation am Erbbaurecht (§ 34 Abs. 1 Satz 2 SachenRBerG[4718]).

2687 ▶ **Hinweis:**

Es liegt nahe, dass angesichts der Vielgestaltigkeit der Aufgaben und Anwendungsbereiche des Erbbaurechts die Beratung und kautelarjuristische Gestaltung durch den Notar besonders gefordert ist. Ihm obliegt es, die im Gesetz unvollständig normierte Dauerrechtsbeziehung zwischen Eigentümer und Erbbauberechtigtem, die angesichts der üblicherweise langen Laufzeit des Erbbaurechts eine zentrale Bedeutung erhält, an die besonderen Bedürfnisse des Einzelfalles anzupassen, ohne dabei die durch die ErbbauRG gezogenen Gestaltungsgrenzen insb. hinsichtlich des gewünschten dinglichen Inhalts des Erbbaurechts zu überschreiten.

2. Grundgeschäft und dingliche Einigung

a) Grundgeschäft

aa) Rechtsnatur

2688 Das **schuldrechtliche Grundgeschäft** – das nach dem AbstraktionsPrinzip des BGB streng von seiner dinglichen Erfüllung, der tatsächlichen Einräumung des Erbbaurechts, zu trennen ist – kann je nach der konkreten Ausgestaltung der für die Einräumung des Erbbaurechts vereinbarten Gegenleistung verschiedenen Vertragstypen des besonderen Schuldrechts des BGB unterfallen. Denkbar ist etwa ein **Schenkungsvertrag** (§§ 516 ff. BGB bei Unentgeltlichkeit) oder (z.B. bei vereinbarter Zahlung eines einmaligen Geldbetrags), ein **Kaufvertrag**. Dabei handelt es sich um einen **Rechtskauf** (§ 453 BGB), da das Erbbaurecht hinsichtlich seiner Begründung wie ein Recht behandelt wird, mag auch – etwa bei bereits bestehenden Gebäuden – wirtschaftlich das Bauwerkseigentum (d.h. die Sache) im Vordergrund stehen. Wird, wie im Regelfall, als **Gegenleistung** die **Einräumung einer Erbbauzinsreallast**, d.h. eines anderen dinglichen Rechts, vereinbart, handelt es sich um einen kaufähnlichen Rechtstauschvertrag,[4719] der gem. § 480 BGB[4720] ebenfalls nach **Rechtskaufvorschriften** behandelt wird.

bb) Form

2689 Gem. § 11 Abs. 2 ErbbauRG bedarf das schuldrechtliche Grundgeschäft zur Erbbaurechtsbestellung ebenso wie die einseitige Verpflichtung zur Bestellung (z.B. zulasten des Verpächters in Pachtverträgen) oder zum Erwerb eines Erbbaurechts der **notariellen Beurkundung** gem. § 311b Abs. 1 BGB. Der Formzwang erstreckt sich (wie beim Grundstückskauf) auf alle Vereinbarungen, die nach dem Willen der Parteien eine rechtliche Einheit bilden. Hiervon sind also neben der beabsichtigten dinglichen und schuldrechtlichen inhaltlichen Ausgestaltung des Erbbaurechts regelmäßig der gesamte Bereich der Gegenleistungen (z.B. Erbbauzins – hier besteht wegen der häufig aufgenommenen Vollstreckungsunterwerfungserklärung des Erbbauberechtigten auch Beurkundungspflicht gem. § 794 Abs. 1 Nr. 5 ZPO) erfasst. Gem. § 311b Abs. 1 Satz 2 BGB wird ein **formunwirksames Grundgeschäft** durch **Eintragung in das Grundstücksgrundbuch**[4721] aufgrund einer rechtswirksamen dinglichen Einigung mit Wirkung ex nunc geheilt.

4718 Zum Grundbuchnachweis vgl. *Böhringer* ZfIR 2011, 1, 11.
4719 BGHZ 96, 385.
4720 Die Bestimmung des § 445, 493 BGB a.F. zu »kaufähnlichen Verträgen« wurde i.R.d. Schuldrechtsreform als selbstverständlich und damit entbehrlich gestrichen, vgl. BT-Drucks. 14/6040, S. 203.
4721 Für die Entstehung des Erbbaurechts ist maßgebend der Charakter eines beschränkt dinglichen Rechts und damit die Eintragung im Grundstücksgrundbuch (§ 873 BGB).

cc) Gesetzliche Regelungen zum schuldrechtlichen Geschäft

Kann der erste Rang nicht verschafft werden und damit das geschuldete Erbbaurecht nicht entstehen,[4722] bleibt der Vertrag gem. § 311a Abs. 1 BGB auch bei anfänglichem Bestehen des Mangels wirksam, die Primärverpflichtung erlischt jedoch gem. § 275 Abs. 1 BGB. Der Verkäufer/Erbbaurechtsbesteller kann allerdings gem. § 311a Abs. 2 BGB (bei anfänglicher Unmöglichkeit/Unvermögen) bzw. §§ 280, 283 BGB (bei nachträglicher Unmöglichkeit/Unvermögen) zum **Schadensersatz** verpflichtet sein, wenn er das Leistungshindernis kannte oder kennen musste. Ist also das **Entstehen des Erbbaurechts** mit **Risiken** behaftet, sollte sich der Eigentümer ein **Rücktrittsrecht vorbehalten** und **Schadensersatzansprüche ausschließen oder begrenzen**[4723] oder aber die schuldrechtliche Verpflichtung zur Verschaffung des Erbbaurechts unter eine aufschiebende Bedingung stellen. 2690

Für **Rechtsmängel des Erbbaurechts** (z.B. Bestehen öffentlich-rechtlicher Bau- und Nutzungsbeschränkungen; öffentliche Lasten – hierzu jetzt § 436 BGB) galt früher eine Garantiehaftung nach §§ 434, 440 BGB i.V.m. §§ 320 bis 327 BGB a.F.; nach neuem Recht bestehen **Schadensersatzansprüche** für die Verletzung der Leistungspflicht zur Lieferung eines rechtsmangelfreien Erbbaurechts nur bei (allerdings vermutetem) Verschulden (§ 280 Abs. 1, Abs. 2 BGB). Ggf. ist also vertraglich eine **Garantie** (§ 276 Abs. 1 BGB) oder eine Modifikation der Rechtsfolgen einer **Beschaffenheitsvereinbarung** i.S.d. § 434 BGB zu vereinbaren. 2691

Die Sachmängelvorschriften wurden nach altem Recht aufgrund Rechtsprechung[4724] (angelehnt an § 11 Abs. 1 Satz 1 ErbbauRG) analog auf das Grundstück/Gebäude angewendet, zu dessen Nutzung/Innehaben das Erbbaurecht die Befugnis verleiht. Die Schuldrechtsreform hat diesen Grundsatz in § 453 Abs. 3 BGB kodifiziert (Erwerb eines Rechts, das zum Besitz einer Sache berechtigt). 2692

Der **Übergang der Gefahr** erfolgte nach bisherigem Recht mit Eintragung des Erbbaurechts im Grundstücksgrundbuch (§ 11 Abs. 1 ErbbauRG i.V.m. § 446 Abs. 2 BGB a.F.); nach neuem Recht erfolgt er mangels abweichender Regelung **mit Übergabe** (§§ 453 Abs. 3, 446 BGB). 2693

dd) Verbraucher-/Formularvertrag

Häufig ist der **Ausgeber eines Erbbaurechts Unternehmer** i.S.d. § 14 BGB. Auch die **öffentliche Hand**[4725] kann im Einzelfall, etwa bzgl. kommunaler Eigenbetriebe oder Regiebetriebe, als Unternehmer handeln. Denkbar ist dies auch, wenn sie als Anbieter von Bauplätzen aktiv am Grundstücksmarkt teilnimmt.[4726] Im Regelfall liegen ohnehin bei **Serienverträgen** im Rahmen eines Baugebiets durch die öffentliche Hand/Kirchen oder Stiftungen/Landwirte Formularverträge vor. In all diesen Fällen findet beurkundungsrechtlich § 17 Abs. 2a BeurkG Anwendung (2-Wochen-Frist; Abgabe der Erklärung durch den Verbraucher nur persönlich oder durch Vertrauenspersonen), materiell-rechtlich gelten die §§ 305 ff. BGB, soweit von den dispositiven Normen abgewichen wird (nicht allerdings im Bereich des Gebrauchmachens von den gesetzlichen Möglichkeiten des dinglichen Rechts gem. § 2 ErbbauRG). 2694

Relevant wird dies insb. beim **Ausschluss von Sachmängelrechten**. Wegen § 309 Nr. 7 BGB i.V.m. dem Verbot geltungserhaltender Reduktion/dem Transparenzgebot des § 307 Abs. 1 Satz 2 BGB sollten die Beschränkungen des Haftungsausschlusses in den Text der Vereinbarung mit aufgenommen werden (vgl. Rdn. 188, 2244 ff.). 2695

4722 Gleiches soll nach BGH NJW 1986, 1605 gelten, wenn die Bebauung endgültig unzulässig ist; hiergegen unten Rdn. 1763 a.E.
4723 Ausgenommen Fälle des Vorsatzes (§ 276 Abs. 3 BGB) und – bei Serien- und Verbraucherverträgen – der groben Fahrlässigkeit (§ 309 Nr. 7 Buchst. b) BGB).
4724 Z.B. BGH NJW 1986, 1605.
4725 Die nicht schon kraft Rechtsform Unternehmer ist, §§ 310 Abs. 1, 288 Abs. 2 BGB e contrario.
4726 *Grziwotz* ZNotP 2002, 294 m.w.N.

▶ **Formulierungsvorschlag: Haftungsausschluss für erbbaubelastetes Grundstück**

Ansprüche des Erbbauberechtigten wegen eines Sachmangels des Grund und Bodens sind ausgeschlossen; Ansprüche auf Schadensersatz jedoch nur, wenn der Erbbaurechtsbesteller nicht vorsätzlich gehandelt hat.

Hinsichtlich von Schadensersatzansprüchen bleibt die Haftung für vorsätzlich oder grob fahrlässig verursachte Schäden und für Schäden aus der Verletzung des Lebens, des Körpers oder der Gesundheit, die auf einer auch leicht fahrlässigen Pflichtverletzung des Bestellers beruhen, unberührt. Einer vorsätzlichen oder fahrlässigen Pflichtverletzung des Bestellers steht diejenige seines gesetzlichen Vertreters oder Erfüllungsgehilfen gleich.

Nach Hinweis auf § 444 BGB wird erklärt: Der Besteller versichert, er habe keine ihm bekannten Mängel, schädlichen Bodenveränderungen oder Altlasten arglistig verschwiegen, auf die der Erbbauberechtigte angesichts ihrer Bedeutung und des sonstigen zustandes des Objekts einen Hinweis erwarten durfte. Alle Garantien und Beschaffenheitsvereinbarungen sind in dieser Urkunde aufgeführt.

b) Dingliche Bestellung

aa) Einigung

2696 Wie bei jedem dinglichen Recht ist zur Bestellung des Erbbaurechts (Erfüllungsgeschäft) gem. § 873 Abs. 1 BGB neben der Eintragung in das (Grundstücks-) Grundbuch (hierzu nachstehend Rdn. 2700) die Einigung beider Parteien über den Eintritt der Rechtsänderung erforderlich. Die Sondervorschrift des § 925 BGB (Auflassung bei Grundstücken) gilt gem. § 11 Abs. 1 Satz 1 ErbbauRG ausdrücklich nicht entsprechend, sodass im Eingang der notariellen Erbbaubestellungs- oder -übertragungsurkunde die Formulierung »bei gleichzeitiger Anwesenheit der Erschienenen« entbehrlich ist. Die **Nichtanwendbarkeit der Vorschriften über die Auflassung** (die auch im Inhalt der Urkunde durch die Vermeidung des Begriffes »Auflassung« zum Ausdruck gebracht werden sollte) rührt zum einen daher, dass hinsichtlich der Entstehung des Erbbaurechts das Element des beschränkten dinglichen Rechts ggü. dem Element des grundstücksgleichen Sacheigentums überwiegt. Zum anderen unterscheidet sich die dingliche Einigung über die Bestellung eines Erbbaurechts, welche außer dem notwendigen Mindestinhalt des § 1 ErbbauRG auch weitere Vereinbarungen über den dinglichen Inhalt des Erbbaurechts gem. §§ 2 bis 8, 27 Abs. 1, 32 Abs. 1 ErbbauRG mitumfassen kann und wird, von der Grundstücksauflassung, welche lediglich die Rechtsinhaberschaft eines inhaltlich bereits vollständig definierten Rechts (»Grundstückseigentum«) ändert.[4727]

2697 Die Einigung gem. § 873 BGB bedarf materiell-rechtlich keiner Form; grundbuchrechtlich ist gem. §§ 20, 29 GBO mindestens die **Beglaubigung der Unterschriften** erforderlich. Soweit sie – wie im Regelfall – im schuldrechtlichen Erbbaurechtsvertrag mitenthalten ist, erstreckt sich dessen Beurkundungsbedürftigkeit auch auf die dingliche Einigung (Geschäftseinheit). Nach einer Ansicht[4728] soll dies auch bei isolierter dinglicher Erklärung (etwa nach Vermessung des Grundstücks) gelten, während andere[4729] dann bei Bezugnahme auf eine vollständig beurkundete schuldrechtliche Regelung des künftigen dinglichen Inhalts die Beglaubigung für ausreichend halten.

4727 Vgl. *Wufka* DNotZ 1985, 660.
4728 *Wufka* DNotZ 1985, 651, 658.
4729 *V. Oefele/Winkler* Handbuch des Erbbaurechts Rn. 5.42.

> Hinweis:
> Vorsichtshalber ist stets zur Beurkundung zu raten.

bb) Genehmigungen

Hinsichtlich privatrechtlicher Genehmigungen ist insb. die Bestimmung des § 1365 BGB zu beachten, wenn durch die konkrete Ausgestaltung des Erbbaurechts das nahezu gesamte Vermögen des im gesetzlichen Güterstand lebenden Grundstückseigentümers praktisch ausgehöhlt wird.[4730] 2698

Öffentlich-rechtliche Genehmigungen kommen v.a. gem. § 2 Abs. 1 Satz 1 Nr. 2 GVO, in Umlegungsgebieten gem. §§ 51 Abs. 1 Nr. 1, 200 Abs. 2 BauGB, in förmlich festgelegten Sanierungsgebieten gem. § 144 Abs. 2 Nr. 1 und Nr. 3 BauGB in Betracht. Einer Genehmigung nach § 2 Abs. 1 Grundstücksverkehrsgesetz kann es nach herrschender Meinung[4731] niemals bedürfen; ebenso wenig (bereits seit der Novelle 1979) zur Teilung des Erbbaurechts einer Genehmigung gem. § 19 BauGB a.F. Soll dinglicher Belastungsgegenstand des Erbbaurechts jedoch nur eine noch zu vermessende Teilfläche des Grundstücks sein, sind für die Grundstücksteilung ggf. Genehmigungsvorbehalte des Landesbauordnungsrechts zu beachten. Etwaige **kommunalrechtliche Beschränkungen für die Veräußerung von Gemeindegrundstücken** (wie sie etwa Art. 75 der Bayerischen Gemeindeordnung früher enthielt) erfassen nicht die Bestellung eines Erbbaurechts an einem solchen Grundstück.[4732]

c) Grundbuchvollzug

aa) Erforderliche Dokumente

Das Erbbaurecht entsteht dinglich mit Eintragung in das Grundbuch des Grundstücks, das es in Abteilung II belastet (§ 873 Abs. 1 BGB). Für die Eintragung ist zunächst der Nachweis eines wirksamen dinglichen Rechtsgeschäfts hinsichtlich der Bestellung und inhaltlichen Ausgestaltung eines Erbbaurechts erforderlich; dem **Grundbuchamt** steht insoweit ein **ungeschränktes Prüfungsrecht** zu (§ 20 GBO: sog. **materielles Konsens-Prinzip**). Hierzu zählen insb. auch die für das dingliche Geschäft erforderlichen Genehmigungen (vgl. vorstehend Rdn. 2698). Notwendig ist ferner die Bewilligung des »verlierenden« Teils in der Form des § 29 GBO, der **formlose Grundbuchantrag** sowie die Vorlage einer **grunderwerbsteuerrechtlichen Unbedenklichkeitsbescheinigung** (bei Bestellung und Veräußerung), Negativerklärungen über gesetzliche Vorkaufsrechte nach dem BauGB sind nicht vorzulegen (§ 24 Abs. 2 BauGB). 2699

bb) Eintragung

Von Amts wegen wird gem. § 14 Abs. 1 Satz 1 ErbbauRG gleichzeitig ein **Erbbaugrundbuch** angelegt, in welchem der Erbbauberechtigte sowie die Belastungen des Erbbaurechts (insb. die zugunsten des Grundstückseigentümers vereinbarten Gegenleistungen) verzeichnet sind. Der notwendige und fakultative dingliche Inhalt des Erbbaurechts (hierzu unten Rdn. 2710 ff., 2745 ff.) wird durch Bezugnahme auf die Eintragungsbewilligung wirksam (§ 14 Abs. 1 Satz 3 ErbbauRG,[4733] ähnlich § 874 BGB). Auch der Eigentümer des Grundstücks soll im Erbbaurechtsgrundbuch vermerkt werden (§ 14 Abs. 1 Satz 2 ErbbauRG). Das Nähere regelt die **Grundbuchverfügung**, die insoweit auch 2700

4730 Vgl. Staudinger/*Thiele* BGB § 1365 Rn. 52.
4731 BGH NJW 1976, 519.
4732 So zur früheren Rechtslage BayObLG MittBayNot 1978, 32.
4733 § 874 BGB gilt unmittelbar nur für beschränkt dingliche, nicht für grundstücksgleiche Rechte, sodass es einer eigenen Regelung bedurfte.

Modellcharakter für die Gebäudegrundbuchverfügung hatte. Bedingungen, Befristungen und Verfügungsbeschränkungen (§ 5 ErbbauRG) sind jedoch unmittelbar einzutragen, § 56 Abs. 2 GBV.

cc) Rangstelle

2701 Gem. § 10 Abs. 1 Satz 1 ErbbauRG kann das Erbbaurecht am Grundstück nur zur **ausschließlich ersten Rangstelle** bestellt werden.[4734] Wird dieser Rang nicht spätestens[4735] bei der Eintragung (durch Rangrücktrittserklärungen) hergestellt, ist eine dennoch erfolgte Eintragung des Erbbaurechts inhaltlich unzulässig und gem. § 53 Abs. 1 Satz 2 GBO von Amts wegen zu löschen; **gutgläubiger Erwerb** oder **nachträgliche »Heilung«** durch Rangrücktritt sind nicht möglich.[4736] Der zwingend vorgeschriebene erste Rang soll den ungestörten Bestand des Erbbaurechts in der Zwangsversteigerung des Grundstücks, bei der es dadurch notwendigerweise in das geringste Gebot (§ 44 ZVG) fallen muss, gewährleisten; dies ist zugleich eine entscheidende Voraussetzung für die **Beleihbarkeit des Erbbaurechts**. Außerdem sollen die am Grundstück bereits eingetragenen Gläubiger, denen mit Entstehung des Erbbaurechts das evtl. bereits errichtete Bauwerk gem. § 12 Abs. 1 Satz 3 ErbbauRG nicht mehr haftet, geschützt werden, indem eine **Rangrücktrittserklärung** in grundbuchmäßiger Form von ihnen angefordert werden muss.

2702 Der **zwingend ersten Rangstelle** stehen nicht entgegen solche Eintragungen, die in keinem Rangverhältnis i.S.v. § 879 BGB stehen, z.B. Umlegungs-, Sanierungs- oder Entwicklungsvermerke nach §§ 54 Abs. 1, 143, 170 BauGB, frühere Heimstättenvermerke, Nacherbenvermerk,[4737] Bodensonderungsvermerk gem. § 6 Abs. 4 Bodensonderungsgesetz i.V.m. § 8 Sonderungsplanverordnung, möglicherweise auch bloße **Buchrechte**, die materiell-rechtlich bereits erloschen sind.[4738] Gleiches gilt gem. § 10 Abs. 1 Satz 2 ErbbauRG für solche Rechte, die auch ohne Eintragung dem öffentlichen Glauben des Grundbuchs ggü. Bestand haben, also etwa **Überbau- und Notwegerenten** (§§ 914 Abs. 2 Satz 1, 917 Abs. 2 BGB), **öffentlich-rechtliche Vorkaufsrechte, öffentliche Lasten** wie Erschließungsbeiträge nach BauGB oder Kommunalabgabengesetz sowie altrechtliche Dienstbarkeiten, die bereits vor Anlegung des Grundbuchs wirksam entstanden waren (Art. 187 Abs. 1 EGBGB, soweit das Landesrecht gem. Art. 187 Abs. 2 EGBGB nichts anderes bestimmt). Art. 233 § 5 Abs. 2 Satz 1 EGBGB in der Fassung des Einigungsvertrags hat (jedenfalls bis 31.12.2000) eine weitere Fallgruppe »altrechtlicher« Dienstbarkeiten in Gestalt der **Mitbenutzungsrechte** gem. §§ 321 Abs. 1 bis Abs. 3, 322 ZGB der DDR geschaffen. Auch für diese dürfte daher § 10 Abs. 1 Satz 2 ErbbauRG gelten, und zwar[4739] unabhängig davon, ob diese Mitbenutzungsrechte nachträglich deklaratorisch in das Grundbuch eingetragen wurden oder nicht.

2703 Abgesehen von dieser besonderen Fallgruppe der altrechtlichen Dienstbarkeiten kann es jedoch durchaus vorkommen, dass die Bestellung eines Erbbaurechts nur daran scheitert, dass ein Dienstbarkeitsberechtigter, welcher bisher die erste Grundbuchrangstelle innehat, den Rangrücktritt verweigert. Die Rechtsprechung hat zwar zur Frage der örtlichen Verlegung eines Geh- und Fahrtrechts

---

4734 Die BNotK hat im Jahr 2000 dem BMJ einen Reformvorschlag unterbreitet, wonach das Erbbaurecht nicht mehr als Belastung, sondern als Ausschnitt (»Teilung«) des Grundstückseigentums angesehen würde. Das Gebot erstrangiger Eintragung würde dann entfallen, vgl. hierzu *v. Oefele* DNotZ 2011, 503 ff.
4735 Soll also eine am Grundstück eingetragene Grundschuld auf das Erbbaurecht erstreckt und sodann gelöscht werden, bedarf es zunächst des Rangrücktritts des Grundschuldgläubigers, sodann der Neuanlegung des Erbbaugrundbuches, der Pfanderstreckung, und sodann Löschung im Grundstücksgrundbuch.
4736 OLG Hamm NJW 1976, 2023; allerdings kann mit Löschung der inhaltlich unzulässigen Eintragung der noch nicht erledigte Antrag auf Eintragung des Erbbaurechts (bei Vorliegen der Rangrücktrittserklärungen) vollzogen werden, sodass bei Wahrung des § 17 GBO Zwischenrechte nicht entstehen. Es bedarf jedoch zunächst der Amtslöschung, dann der Neueintragung, LG Schwerin, 28.10.2010 – 5 T 305/09.
4737 OLG Hamm MittBayNot 1989, 154.
4738 DNotI-Report 1999, 150.
4739 Jedenfalls wenn man der Meinung des BayObLG MittBayNot 1982, 129 zu altrechtlichen bayerischen Grunddienstbarkeiten folgt.

ggü. dem Erbbauberechtigten § 1023 BGB analog angewendet,[4740] jedoch wegen der damit verbundenen Gefährdungen (Rdn. 2844 f.) einen Anspruch auf Rangrücktritt überwiegend verneint.[4741]

▶ Hinweis:

Ist schon zum Zeitpunkt der Dienstbarkeitseinräumung die Ausgabe eines Erbbaurechts absehbar, sollte auf die Vereinbarung und Eintragung eines entsprechenden Rangvorbehalts (§ 881 BGB) gedrängt werden.

Wird aus Rechten, die gem. § 10 Abs. 1 Satz 2 oder Abs. 2 ErbbauRG (landesrechtliche Vorschriften[4742]) privilegiert sind oder die gem. § 10 ZVG auch ohne Eintragung im Grundbuch Vorrang genießen (öffentliche Lasten etc.) die Versteigerung in das Grundstück betrieben, fällt das Erbbaurecht gem. § 25 ErbbauRG dennoch zwingend in das geringste Gebot, bleibt also bestehen. § 25 ErbbauRG ist etwa dann relevant, wenn ein durch das Grundbuchamt zu Unrecht gelöschtes Erbbaurecht nach gutgläubigem Zwischenerwerb von Grundpfandrechten Dritter wieder einzutragen ist; die dann **kraft Gesetzes eintretende Rangverschlechterung** wird nämlich durch § 10 ErbbauRG nicht verhindert, sodass das Erbbaurecht an späterer Rangstelle wieder einzutragen ist.[4743] 2704

Grds. sind auch Eintragungen im **Gleichrang mit dem Erbbaurecht nicht zulässig**; die Rechtsprechung hat jedoch eng begrenzte Ausnahmen geduldet, wenn für den jeweiligen Erbbauberechtigten auf Dauer des Erbbaurechts z.B. gleichrangig ein Vorkaufsrecht eingetragen werden soll.[4744] 2705

Aus dem Gebot der ausschließlich ersten Rangstelle folgt nach herrschender Meinung,[4745] dass mehrere Erbbaurechte im Gleichrang an erster Rangstelle auch dann unzulässig seien, wenn sich ihre Ausübung auf verschiedene Grundstücksteile beschränkt. 2706

▶ Hinweis:

Dem Bedürfnis nach mehreren Rechten hilft die Praxis durch das **Untererbbaurecht** oder durch **Wohnungs- und Teilerbbaurecht** (WEG) ab, soweit im Einzelfall möglich. § 39 Abs. 1 SachenRBerG erlaubt in Anwendungsfällen des SachenRBerG[4746] ausnahmsweise vorübergehend die gleichzeitige Bestellung mehrerer Erbbaurechte im ersten Rang bis zur Vermessung.

Die **Vormerkung zur Sicherung** des (lediglich schuldrechtlichen) Anspruchs auf Einräumung eines Erbbaurechts benötigt dagegen nicht die erste Rangstelle.

dd) Nichtigkeitsfolgen

Beruht die Unwirksamkeit des Erbbaurechts nicht auf Mängeln, die aus dem Inhalt der Grundbucheintragung selbst ersichtlich sind, sondern z.B. auf dem **Fehlen einer wirksamen Einigung** (Fehlen einer Vollmacht, der Verfügungsbefugnis, notwendiger Genehmigungen), ist **gutgläubiger Erwerb** des Erbbaurechts selbst oder von Rechten hieran (mit der Folge der Fiktion der Entstehung des Erbbaurechts, soweit zur Rechtsverfolgung des Belastungsgläubigers erforderlich, bei anschließendem 2707

4740 BGH DNotZ 1974, 692.
4741 Gem. BGH DNotZ 1974, 692 kann ein Rangrücktritt nur verlangt werden, wenn der Entschädigungsanspruch nach § 27 ErbbauRG dinglich vollständig ausgeschlossen wurde, vgl. auch DNotI-Gutachten, Nr. 11493 v. 17.10.2007.
4742 Die diesbezügliche Bayerische Verordnung v. 07.10.1919 wurde bspw. mit Wirkung ab 01.01.1982 aufgehoben, BayGVBl. 1981, 504. Von der Ermächtigung des § 10 Abs. 2 ErbbauRG machen nunmehr auch einzelne Justizverwaltungen der neuen Bundesländer Gebrauch (z.B. Sächsisches Justizausführungsgesetz, VIZ 1998, 183 ff.). In NRW gestattet § 104 JustizG NRW ab 2011 (in Fortführung der bisherigen preußischen VO v. 30.04.1919) den Vorrang des Testamentsvollstreckervermerks.
4743 BGHZ 51, 50.
4744 BGH NJW 1973, 1838.
4745 Vgl. *v. Oefele/ Winkler* Handbuch des Erbbaurechts Rn. 2.104 m.w.N.
4746 Pläne, im Rahmen eines Immobilienrechtsbereinigungsgesetzes das Nachbarerbbaurecht im gesamten Beitrittsgebiet zuzulassen, wurden nicht weiter verfolgt.

gutgläubigem Erbbaurechtserwerb erga omnes[4747]) gem. § 892 BGB möglich. Auf Betreiben des Eigentümers kann ein **Widerspruch** gem. § 899 BGB eingetragen werden (und zwar in das Grundstücksgrundbuch, da es um den Bestand des Erbbaurechts selbst geht); bei Vorliegen der Voraussetzungen (vom Grundbuchamt ausgehende Gesetzesverletzung) ist ein **Amtswiderspruch** gem. § 53 Abs. 1 Satz 1 GBO einzutragen.

2708 Beruht hingegen die Nichtigkeit auf **Verstößen gegen den notwendigen gesetzlichen Inhalt des dinglichen Rechts**, die sich aus dem Inhalt der Grundbucheintragung selbst oder aus der in Bezug genommenen Eintragungsbewilligung ohne weitere Auslegung[4748] ergeben (z.B. Verletzung des § 10 ErbbauRG, Eintragung eines auflösend bedingten Erbbaurechts entgegen § 1 Abs. 4 ErbbauRG, ungenügende Bezeichnung des zu errichtenden Bauwerks, ausdrücklich Bestellung eines »Nachbarerbbaurechts« außerhalb § 39 Abs. 3 SachenRBerG), handelt es sich um ein **inhaltlich unzulässiges Erbbaurecht**, das gem. § 53 Abs. 1 Satz 2 GBO **von Amts wegen** zu löschen ist. Ein **gutgläubiger Erwerb** des Erbbaurechts selbst oder von Rechten hieran ist nicht möglich, da inhaltlich unzulässige Eintragungen keinen Vertrauenstatbestand i.S.d. §§ 892, 893 BGB schaffen können.[4749] Auch die Eintragung von Belastungen am Erbbaurecht hindert dessen Löschung und die Schließung des Erbbaugrundbuchs nicht. Den (vermeintlichen) Grundpfandgläubigern dürfte allerdings analog § 29 ErbbauRG ein Pfandrecht am schuldrechtlichen Anspruch des (vermeintlichen) Erbbauberechtigten ggü. dem Grundstückseigentümer auf Ausgleich der aufgedrängten Bereicherung in Gestalt des in dessen Eigentum errichteten Gebäudes zustehen.

d) Folge der wirksamen Erbbaurechtsbestellung: Eigentumserwerb am Bauwerk

2709 Wird nach wirksamer Entstehung des Erbbaurechts ein Bauwerk errichtet, erwirbt der Erbbauberechtigte hieran Eigentum kraft Gesetzes (§ 12 Abs. 1 Satz 1 ErbbauRG, § 946 BGB); dies gilt nach herrschender Meinung auch, wenn das Bauwerk abweichend von den Bestimmungen des Erbbaurechtsvertrags errichtet wird (dem Grundstückseigentümer stehen dann allerdings [neben dem u.U. bestehenden Erfüllungsanspruch] vertragliche Schadensersatzansprüche und Ansprüche aus §§ 1004 ff. BGB zu). Auch für ein zum Zeitpunkt der Erbbaurechtsbestellung bereits vorhandenes, dem Erbbaurecht unterliegendes Bauwerk geht die jetzt herrschende Meinung entsprechend der etwas missverständlichen Formulierung des § 12 Abs. 1 Satz 2 ErbbauRG (»gilt«) vom **Eigentumserwerb kraft Gesetzes** aus. Dieser umfasst auch alle Bestandteile und das Zubehör des Bauwerks (§ 12 Abs. 2 ErbbauRG).

3. Notwendiger Inhalt des dinglichen Rechts

a) Belastungsgegenstand und Ausübungsbereich; Gesamterbbaurecht

aa) Grundbuchlicher Belastungsgegenstand

2710 Grundbuchlicher Belastungsgegenstand kann nur ein Grundstück im Rechtssinne[4750] im Ganzen sein, insb. also kein ideeller Grundstücksanteil bzw. unvermessene Teilflächen. Gleichgültig ist allerdings, ob sich dieses Grundbuchgrundstück im Alleineigentum eines Bestellers, im Gesamthandseigentum oder Miteigentum mehrerer Personen befindet; denkbar ist daher auch eine Erbbaurechtsbestellung an einem in Wohnungseigentum aufgeteilten Grundstück, sofern nur das im Erbbaurecht errichtete oder davon erfasste Bauwerk weder Gegenstand der WEG-rechtlichen Aufteilung in Raumeigentum noch Gegenstand eines Sondernutzungsrechts ist;[4751] umgekehrt kann auch an einem

---

[4747] BayObLG BayObLGZ 1986, 294; *v. Oefele/Winkler* Handbuch des Erbbaurechts Rn. 5.75.
[4748] Zu diesem Erfordernis *Haegele* Rpfleger 1957, 108; *v. Oefele/Winkler* Handbuch des Erbbaurechts Rn. 5.65.
[4749] Vgl. etwa OLG Frankfurt am Main Rpfleger 1975, 305.
[4750] Das Vorliegen einer Vereinigungsbaulast hindert nicht die Existenz getrennter Grundbuchgrundstücke, sondern ermöglicht Befreiungen von öffentlich-rechtlichen Bauanforderungen, vgl. BVerwG, BauR 1991, 582 zum bauplanungsrechtlichen (= grundbuchrechtlichen) Grundstücksbegriff.
[4751] *Gutachten* DNotI-Report 1998, 13.

bereits mit einem Erbbaurecht belasteten Grundstück, bei dem die Ausübung auf eine Teilfläche beschränkt ist, Wohnungseigentum an einem Gebäude außerhalb dieser Fläche begründet werden.[4752]

Soll materiell-rechtlich nur eine Teilfläche erfasst werden, ist Vermessung, Grundstücksteilung (ggf. nach Genehmigung gem. § 7 MusterBauO der Länder, §§ 145, 169 BauGB) und Abschreibung (gem. § 7 Abs. 1 GBO) erforderlich; die dingliche Erbbaurechtsbestellung erfolgt in diesen Fällen (ähnlich der Messungsanerkennung und Auflassung bei Grundstücken) regelmäßig erst bei Vorliegen des Messungsergebnisses, da erst dann der grundbuchmäßige Belastungsgegenstand mit ausreichender Bestimmtheit beschrieben werden kann. 2711

bb) Ausübungsbereich

Davon zu unterscheiden ist der Ausübungsbereich, d.h. die der Nutzungsbefugnis des Erbbauberechtigten tatsächlich unterliegende Grundstücksfläche. Der Regelung des § 1 Abs. 2 ErbbauRG ist im Umkehrschluss zu entnehmen, dass bei Fehlen weiterer Vereinbarungen der Erbbauberechtigte das Grundstück in Anspruch nehmen darf, soweit es für das Bauwerk benötigt wird.[4753] In der Praxis wird jedoch häufig das **Nutzungsrecht** auf weitere Grundstücksteile, die z.B. als Zugang, Hoffläche oder Garten Verwendung finden, dinglich erstreckt; Änderungen des Ausübungsbereichs sind auch nachträglich (dinglich) möglich.[4754] Das Bauwerk muss dabei jedoch nach der Verkehrsauffassung wirtschaftlich die **Hauptsache** bleiben – die nicht mehr zulässige **Erbpacht**,[4755] d.h. die veräußerliche und vererbliche Pacht an landwirtschaftlichen Nutzflächen[4756] soll i.R.d. ErbbauRG nicht mehr eingeräumt werden können, ebenso wenig die durch Kontrollratsgesetz Nr. 45 außer Kraft gesetzten verwandten Formen des »Büdnerrechts«[4757] oder »Häuslerrechts« sowie der Kellerrechte, soweit nicht als Dienstbarkeit ausgestaltet.[4758] 2712

So kann es unzulässig sein, ein Grundstück von 1.700 m² insgesamt in den Ausübungsbereich eines Erbbaurechts einzubeziehen, das lediglich zur Errichtung einer Garage berechtigt.[4759] Dabei ist ein Vergleich zwischen dem Bauwerk einerseits und dem Ausübungsbereich des Erbbaurechts andererseits (nicht der Gesamtfläche des Grundbuchgrundstücks) zugrunde zu legen.[4760] Aufgrund der wirtschaftlichen Prägung des »Hauptsachebegriffs« können auch das Clubhaus in Bezug auf einen Golfplatz[4761] oder die Wohn- und Wirtschaftsgebäude in Bezug auf ein landwirtschaftliches Gut[4762] die Voraussetzungen des § 1 Abs. 2 ErbbauRG sicherstellen. 2713

cc) Gesamterbbaurecht

Das einheitliche Erbbaurecht an mehreren rechtlich selbstständigen Grundstücken, die auch im Eigentum verschiedener Personen stehen können, ist als sog. Gesamterbbaurecht zulässig und zwischenzeitlich durch § 6a GBO anerkannt. Es entsteht als gesetzliche Folge einer Grundstücksteilung durch den Eigentümer, da sich diese nicht zulasten des unbeteiligten Erbbauberechtigten auswirken darf. Hieraus folgerte die herrschende Meinung bereits bisher, dass ein Gesamterbbaurecht auch vertraglich begründet oder im Nachhinein durch Vereinigung selbstständiger Erbbaurechte bzw. 2714

4752 OLG Hamm DNotI-Report 1998, 110.
4753 BayObLG DNotZ 1958, 409.
4754 Erforderlich ist natürlich die Zustimmung der am Erbbaurecht eingetragenen dinglichen Berechtigten.
4755 Geregelt etwa im PreußALR I 18 §§ 680 bis 819 bis zum Ablösungsgesetz v. 02.03.1850; vgl. zur Löschung von Nebenrechten zu solchen Erbpachtverträgen (Art. 187 EGBGB) DNotI-Gutachten 11206.
4756 BayObLGZ 1920, 139.
4757 OLG Rostock DNotI-Report 2006, 177.
4758 *Freudling* MittBayNot 2009, 27 ff.(zu altrechtlichen bayerischen Kellerrechten).
4759 BayObLG MittBayNot 1992, 45.
4760 OLG Oldenburg DNotI-Report 1998, 109; OLG Hamm NotBZ 2005, 445 (Windkraftanlage mit Ausübungsbereich 1.500 m² auf mehrere Hektar großem Grundstück).
4761 BGHZ 119, 19, 26.
4762 OLG Jena FGPrax 1996, 45.

B. Gestaltung eines Grundstückskaufvertrages

Erstreckung eines Erbbaurechts auf ein weiteres Grundstück gebildet werden kann.[4763] Gem. § 6a GBO soll ein Gesamterbbaurecht nur eingetragen werden, wenn die **betroffenen Grundstücke** sich im **selben Grundbuchbezirk** befinden und **unmittelbar aneinandergrenzen** oder zumindest **nahe beieinanderliegen**, sofern sich in letzterem Fall auf dem entfernten Grundstück Nebenanlagen (Garagen etc.) befinden.[4764] Diese Voraussetzungen sind – ohne Einhaltung der Form des § 29 GBO – glaubhaft zu machen (§ 6a Abs. 1 Satz 3 GBO).

2715 Ein Gesamterbbaurecht ist bspw. erforderlich, wenn ein großes einheitliches Gebäude (z.B. Kaufhaus, Wohnanlage) über mehrere Grundstücke hinweg errichtet werden soll.

▶ Hinweis:
Bei der Vertragsgestaltung ist darauf zu achten, dass die dingliche Bestellung des Gesamterbbaurechts durch einheitlichen Rechtsakt erfolgt (werden also die schuldrechtlichen Grundgeschäfte mit den einzelnen Eigentümern getrennt abgeschlossen, ist Bevollmächtigung des Erbbauberechtigten zur Erklärung der Einigung gem. § 873 Abs. 1 BGB unter Befreiung von den Beschränkungen des § 181 BGB ratsam).

2716 Ferner empfehlen sich im Verhältnis zu mehreren Grundstückseigentümern **klare Regelungen über die Ausübung der Befugnisse des Grundstückseigentümers**, wobei wie folgt zu differenzieren sein wird:
- Ihrer Natur nach **getrennte Leistungen** des Erbbauberechtigten (z.B. die Tragung der auf das einzelne Erbbaugrundstück entfallenden Grundsteuer) kann jeder Grundstückseigentümer für sich geltend machen.
- Ihrer Natur nach **teilbare Leistungen** (z.B. die Entrichtung einer Vertragsstrafe) kann jeder Grundstückseigentümer hinsichtlich des auf ihn entfallenden Anteils gem. § 432 BGB unmittelbar verlangen.
- Bei ihrer Natur nach **unteilbaren Leistungen** kann durch jeden Grundstückseigentümer nur Leistung an alle gemeinschaftlich verlangt werden.

2717
- Bzgl. der **Heimfallberechtigung** dürften, auch wenn keine diesbezügliche Regelung getroffen ist, die Bestimmungen der §§ 472, 1098 BGB entsprechend anzuwenden sein (Rechtsähnlichkeit des Heimfalls zum Vorkaufsrecht). Bei Ausübung des Heimfalls steht das Erbbaurecht mehreren Eigentümern im Zweifel zu gleichen Teilen (§ 430 BGB) zu, sofern nicht (wie i.d.R.) abweichende Miteigentumsanteile nach dem Verhältnis der Werte der Einzelgrundstücke vereinbart werden.[4765]
- Hinsichtlich der **Gegenleistung** können für jeden Grundstückseigentümer getrennte Erbbauzinsen vereinbart werden oder aber ein einheitlicher Erbbauzins, der allen Eigentümern als Gesamtberechtigten gem. § 428 BGB oder zur gemeinschaftlichen Berechtigung nach § 432 BGB zusteht, im Regelfall dann im Verhältnis der wertorientierten, festzulegenden Anteile.
- **Vorkaufsrechte** für den Erbbauberechtigten können nur an jedem Grundstück einzeln bestellt werden.

2718 Schwierigkeiten ergeben sich schließlich bei der **Beendigung des Gesamterbbaurechts durch Aufhebung oder Zeitablauf** (§§ 26, 27 ff. ErbbauRG) bzgl. der künftigen Eigentumszuordnung eines sich über mehrere Grundstücke verschiedener Eigentümer erstreckenden einheitlichen[4766] Gebäudes (§ 12 Abs. 3 ErbbauRG!). Die Rechtslage ist vergleichbar der beim rechtmäßigen (das erloschene Gesamterbbaurecht bildet weiter den Rechtsgrund!) Überbau (Rdn. 2038 ff.). Demnach soll das Gebäude demjenigen Grundstücksteil zugehören, das nach der historischen Absicht des Erbau-

---

4763 Vgl. BayObLG MittBayNot 1982, 129 und 1984, 132.
4764 Maßgeblich ist dabei auch der Zweck des einheitlichen Bauwerks bzw. des Bauwerks mit Nebenanlagen, BayObLG ZNotP 2004, 200 (Abwasserbeseitigungsanlage).
4765 Die unterschiedliche Wertigkeit der Baubefugnis muss nicht zwingend an den Grundstücksgrößen ausgerichtet sein (vgl. *v. Oefele/Winkler* Handbuch des Erbbaurechts Rn. 3.47). Macht ein Mitberechtigter von seinem Heimfallrecht keinen Gebrauch, wächst seine Beteiligung den verbleibenden Miteigentümern gem. § 472 BGB an.
4766 Nach Ansicht des OLG Stuttgart, 05.07.2011 – 8 W 229/11, DNotI-Report 2011, 129 bilden Tiefgaragenrampe und Tiefgaragenkörper ein einheitliches Gebäude.

ers[4767] als Stammgrundstück anzusehen ist, sonst demjenigen, auf dem sich sein nach Lage, Umfang und wirtschaftlicher Bedeutung bei »natürlicher Betrachtung«[4768] maßgeblicher Teil befindet, hilfsweise erfolgt eine vertikale Teilung in der Nähe der Grundstücksgrenze zur Bildung wirtschaftlich sinnvoller Einheiten, auch in jedem Geschoss abweichend,[4769] etwa i.S.e. wechselseitigen, sich verzahnenden Überbaus einzelner Geschosse (»verschachtelte Bauweise«).[4770] Scheitert auch diese Zuordnung, erfolge die Eigentumsteilung exakt auf der Grenze.[4771]

▶ Hinweis:

Denkbar und für die Praxis empfehlenswert sind allerdings schuldrechtliche[4772] Vereinbarungen der Grundstückseigentümer (mit Sicherung durch Vormerkung), etwa i.S.e. Ankaufsrechts oder einer Verpflichtung zur Aufteilung in Wohnungs-Teileigentum oder aber Regelungen über die Duldung des künftigen Überbaus samt Bezifferung der Überbaurente[4773] oder umgekehrt die Nichtausübung des Überbaurechts (gesichert durch Grunddienstbarkeit am überbauenden Teil nach § 1018, 3. Alt. BGB).[4774]

2719

b) Bauwerk/Gebäude; Wohnungserbbaurecht

aa) Bauwerk

Der **gesetzlich nicht definierte Begriff** des »Bauwerks« (§ 1 Abs. 1 ErbbauRG) wird[4775] als »unbewegliche, durch Verwendung von Arbeit und bodenfremdem Material i.V.m. dem Erdboden hergestellte Sache« verstanden. **Sportanlagen**, bei denen nur Planierungen oder Aufschüttungen vorgenommen werden müssen, können also nicht im Wege des Erbbaurechts errichtet werden. Auch **Tiefgaragen** sind erbbaurechtsfähig (§ 1 Abs. 1 ErbbauRG: »unter der Oberfläche«). Aufgrund des **sachenrechtlichen Bestimmtheitserfordernisses** muss als **dinglicher Mindestinhalt** die Anzahl der zulässigen Bauwerke und deren ungefähre Beschaffenheit (z.B. »Fabrikgebäude«, »zwei Wohnhäuser«) vereinbart werden (die bloße Wiederholung des Gesetzeswortlauts »Errichtung von Bauwerken« genügt nicht,[4776] wohl aber: »Gebäude in Übereinstimmung mit dem Bebauungsplan«).[4777] Ausreichend bestimmt ist auch die Formulierung »jede baurechtlich zulässige Zahl und Art von Gebäuden«, da hier im konkreten Fall kein Zweifel darüber bestehen kann, ob das Bauwerk/Gebäu-

2720

4767 OLG Brandenburg, 14.04.2011 – 5 U 187/09, JurionRS 2011, 14456: ggf. anhand objektiver Indizien zu ermitteln, z.B. der wirtschaftlichen Interessenlage, der Zweckbeziehung und der räumlichen Erschließung; spätere Veränderungen bleiben außer Betracht.
4768 BGH, 10.10.2003 – ZR 96/03, MittBayNot 2004, 258 (bei nachträglicher Grundstücksteilung durch ein bestehendes Gebäude hindurch). Beim rechtmäßigen Überbau kommt es auf die Größe und Bedeutung des »Stammteils« auf dem Grundstück des Erbauers nicht an, OLG Stuttgart, 05.07.2011 – 8 W 229/11, DNotI-Report 2011, 128. Zu Tiefgaragensachverhalten vgl. *Tersteegen* ZNotP 2008, 21, *Gutachten* DNotI-Report 2009, 49. Problematisch ist dabei insb. der Umfang an Verzahnung mit aufstehenden Gebäuden (BGH NJW 1983, 2022), der noch tolerierbar ist, ohne dass Tiefgarage und aufstehendes Gebäude damit ihrerseits eine Einheit bilden würden.
4769 Vgl. etwa BGH NotBZ 2002, 28 = DNotZ 2002, 292, sowie *Maaß* NotBZ 2002, 390; ausführlich *Gutachten* DNotI-Report 2009, 49 ff., auch zur Bestimmung des Stammgrundstücks beim Eigengrenzüberbau.
4770 BGH, 15.02.2008 – V ZR 222/06, ZNotP 2008, 240. Zwischen den Geschossen gelten dann nachbarrechtliche Vorschriften, etwa § 906 BGB. Demnach sind wohl auch Grunddienstbarkeiten zum wechselseitigen Überbau möglich.
4771 So OLG Hamm, 27.04.2006 – 15 W 92/05, DNotI-Report 2007, 14 für ein Treppenhaus, das zwei benachbarten, in WEG aufgeteilten Grundstücken gleichermaßen dient.
4772 Zum dinglichen Inhalt des Erbbaurechts können sie nicht erhoben werden, da § 12 Abs. 3 ErbbauRG zwingend ist, § 27 Abs. 1 Satz 2 ErbbauRG nur Vereinbarungen über die Höhe der Entschädigung vorsieht und § 2 Nr. 1 ErbbauRG nur Regelungen zwischen Eigentümer und Erbbauberechtigtem über die Errichtung des Bauwerks ermöglicht.
4773 Vgl. hierzu *Tersteegen* RNotZ 2006, 458.
4774 BGH DNotZ 2004, 373.
4775 Seit RGZ 56, 41.
4776 BGH DNotZ 1969, 487.
4777 BGH MittBayNot 1987, 246.

de vom Erbbaurecht erfasst ist oder nicht.[4778] Die **planungsrechtliche Zulässigkeit des Bauvorhabens** ist im Eintragungsverfahren nicht zu prüfen; sie führte nach § 306 BGB a.F. (anfängliche Unmöglichkeit) allenfalls zum Erlöschen der Erbbaurechtsbestellungsverpflichtung, nicht des eingetragenen Erbbaurechts,[4779] und auch nicht der Pflicht zur Entrichtung des Erbbauzinses.[4780]

bb) Gebäude

2721 Bei **Gebäuden** (d.h. zum Betreten durch Menschen bestimmten Bauwerken) muss sich das Erbbaurecht gem. § 1 Abs. 3 ErbbauRG auf das **selbstständige Gebäude** in seiner **Gesamtheit** beziehen. Es schadet nicht, dass sich mehrere Gebäudeteile »unter einem Dach« befinden und nicht durch eine Brandschutzmauer getrennt sind – sofern nach Gliederung und baulicher Anordnung selbstständige vertikale Gebäudeabschnitte vorliegen und je eigene Zugangsmöglichkeit sowie Ver- und Entsorgung vorhanden sind, handelt es sich noch um »selbstständige Gebäude«.[4781] Dagegen ist bspw. die **horizontale Gebäudeteilung** (Erbbaurecht nur an einem Stockwerk) gem. § 1 Abs. 3 ErbbauRG ausdrücklich verboten. Gleiches gilt unstreitig auch für eine **vertikale Grenzlinie innerhalb des Grundstücks**. In der untergerichtlichen Rechtsprechung[4782] sowie in der Literatur[4783] wird jedoch zunehmend die vertikale Teilung eines einheitlichen Gebäudes an der Grundstücksgrenze für zulässig gehalten, sofern der unselbstständige Gebäudeteil auf dem Nachbargrundstück ebenfalls Gegenstand eines selbstständigen Einzelerbbaurechts ist oder das Nachbargrundstück dem Erbbauberechtigten gehört (sog. **Nachbarerbbaurechte**). Einem obiter dictum des BGH[4784] ist mit der wohl noch herrschenden Meinung[4785] zu entnehmen, dass er Nachbarerbbaurechte an unselbstständigen Teilen des einheitlichen[4786] Gebäudes[4787] für unzulässig hält.

▸ Hinweis:

2722 Der vorsichtige Notar wird daher davon abraten. Für diese ablehnende Haltung spricht auch die Regelung des § 39 Abs. 3 SachenRBerG, welche das Nachbarerbbaurecht in der Sonderform eines »subjektiv dinglichen Erbbaurechts zugunsten des jeweiligen Eigentümers des Nachbargrundstücks, auf dem sich der weitere Gebäudeteil befindet« – allerdings bisher beschränkt auf Anwendungsfälle der Sachenrechtsbereinigung im Beitrittsgebiet – für zulässig erklärt, jedoch unter gleichzeitiger Einhaltung besonderer vertraglicher Vorkehrungen gegen ein späteres Auseinanderfallen der Inhaberschaft am Erbbaurecht einerseits und des Eigentums am Nachbargrundstück andererseits.

2723 Hiervon streng zu unterscheiden ist die Situation beim rechtswidrigen jedoch schuldlosen (also allenfalls leicht fahrlässigen), nicht schon im Erbbaurechtsvertrag vorgesehenen Überbau i.S.d. § 912 BGB[4788] (Duldungspflicht gegen Überbaurente; bei schuldhaftem Überbau entsteht jedoch Eigentum und Beseitigungsanspruch des Nachbarn, Rdn. 2038 ff.[4789]). Diese Erbbaurechtsbestellung verstößt nicht gegen

---

4778 BGH MittBayNot 1994, 316, wobei es jedoch bei einer derart vagen Bestimmung schwerfällt, die dingliche Ausgestaltung des Erbbaurechts i.Ü. passgenau vorzunehmen!
4779 A.A. BGH NJW 1986, 1605, dagegen *Kohler* JR 1989, 317.
4780 BGH DNotZ 2001, 705.
4781 OLG Schleswig, 03.08.2011 – 2 W 125/10 im Anschluss an BayObLG DNotZ 1958, 409.
4782 OLG Düsseldorf DNotZ 1974, 698.
4783 *Weitnauer* DNotZ 1958, 414; Staudinger/*Rapp* ErbbauRG § 1 Rn. 34 (Bearb. 2009); *Tersteegen* RNotZ 2006, 458.
4784 In der Entscheidung DNotZ 1973, 609.
4785 Vgl. *Heinz/Jaeger* ZfIR 2008, 318 ff.
4786 Maßgeblich ist die körperlich-bautechnische Beschaffenheit (BGH NJW-RR 1989, 1039), aber auch die funktionale Einheit – Trennung zwischen Tiefgarage und darauf stehendem Haus, vgl. *Tersteegen* ZNotP 2008, 23.
4787 Der faktischen Unteilbarkeit eines solchen Gebäudes (keine Möglichkeit des Abrisses eines Teiles ohne Zerstörung des verbleibenden Teils) entspricht der Grundsatz der Rechtseinheit am Gebäude, wie er etwa auch im jüngeren § 5 Abs. 2 WEG zum Ausdruck kommt (Sondereigentumsfähigkeit von Gebäudeteilen nur insoweit, als Bestand und Sicherheit des Gebäudes dadurch nicht beeinträchtigt werden).
4788 BGH DNotZ 1973, 609.
4789 Selbst wenn der Beseitigungsanspruch aus § 1004 BGB verjährt ist, besteht der Herausgabeanspruch aus § 985 BGB fort: BGH, 28.01.2011 – V ZR 147/10, ZNotP 2011, 148.

§ 1 Abs. 3 ErbbauRG; nach den Grundsätzen des Überbaurechts wird das gesamte Gebäude Eigentum des Erbbauberechtigten, auch wenn erst nachträglich i.R.d. Anbaus die Grenze überschritten wird.[4790]

cc) Wohnungs-/Teilerbbaurecht

Keine Durchbrechung des § 1 Abs. 3 ErbbauRG stellt auch das Wohnungs-/Teilerbbaurecht gem. § 30 WEG dar, da sich das Erbbaurecht selbst weiterhin auf das Gesamtgebäude bezieht, welches nach den Vorschriften des WEG in einzelne Raumeinheiten unterteilt wird. Das Wohnungs-/Teilerbbaurecht ist auch an einem Gesamterbbaurecht (als einheitlichem Erbbaurecht) möglich[4791] (abweichend von § 1 Abs. 4 WEG ist hier also keine Grundstücksvereinigung erforderlich, insb. können die Grundstücke weiterhin im Eigentum verschiedener Personen verbleiben). Als Ausübung einer Befugnis, die aus dem Gebäudeeigentum des Erbbauberechtigten folgt, ist die Aufteilung durch Vertrag und Auflassung[4792] (§§ 3, 4 WEG) oder die einseitige Vorratsteilung (§§ 8, 30 Abs. 2 WEG) ohne Zustimmung des Grundstückseigentümers sowie der am Grundstück oder Erbbaurecht dinglich Berechtigten möglich. 2724

Ein solches **Zustimmungsbedürfnis** ergibt sich auch bei der vertraglichen Begründung **nicht** aus § 5 Abs. 1 ErbbauRG, da kein Wechsel der Personen vorliegt und der Nutzungs- und Vergabezweck des Erbbaurechts keine Änderung erfährt, ebenso wenig aus § 5 Abs. 2 ErbbauRG und auch nicht aus §§ 877, 876 Satz 1 BGB, da keine Inhaltsänderung des Erbbaurechts im Verhältnis zum Grundstückseigentümer eintritt. Sollen jedoch hinsichtlich der Gegenleistungen (die an sich von allen Wohnungs/Teilerbbauberechtigten als Gesamtschuldnern zu tragen sind) oder der sonstigen Belastungen abweichende Vereinbarungen, v.a. Aufteilungen auf die einzelnen Einheiten, getroffen werden, ist hierzu die Mitwirkung des Grundstückseigentümers (Inhaltsänderung des Erbbauzinses) sowie die Zustimmung der am Grundstück real Berechtigten nötig (Letzteres gem. §§ 877, 876 Satz 2 BGB, da die Teilschuld ggü. der Gesamtschuld nachteiliger ist). Die Zustimmung der am Erbbaurecht gleich- oder nachrangig dinglich Berechtigten ist demgegenüber gem. §§ 877, 876 Satz 1 BGB nur erforderlich, wenn die Einheit höher belastet wird, als dem Miteigentumsanteil am Erbbaurecht entspricht.[4793] 2725

Für jedes Wohnungs-/Teilerbbaurecht ist gem. § 30 Abs. 3 Satz 1 WEG (vgl. Anlage 3 zur WEG-Grundbuchverfügung) ein **eigenes Grundbuch von Amts wegen anzulegen**. Der gesamte dingliche Inhalt des Erbbaurechts ist zugleich dinglicher Inhalt der Wohnungs-/Teilerbbaurechte; Regelungen der Gemeinschaftsordnung oder Beschlüsse der Eigentümergemeinschaft können sich nur i.R.d. Erbbaurechtsbefugnis bewegen (so kann z.B. ein Sondernutzungsrecht nur an Flächen bestellt werden, die gem. § 1 Abs. 2 ErbbauRG von der Ausübungsbefugnis des Erbbaurechts umfasst sind). Für das »Außenverhältnis« zum Grundstückseigentümer ist lediglich der **einheitliche Erbbaurechtsvertrag** maßgebend, für das Innenverhältnis der WEG-Miteigentümer die Teilungserklärung samt Gemeinschaftsordnung. Allerdings kann das Innenverhältnis zusätzliche Verfügungsbeschränkungen, die im Erbbaurechtsvertrag nicht angelegt sein können und daher auch nicht in Kollision zu jenem treten können, anordnen, etwa die Verwaltergenehmigung zur Veräußerung gem. § 12 WEG. 2726

Aufgrund der rechtlichen Verselbstständigung der Wohnungs-Teilerbbaurechte ist der **Heimfall** nur ggü. demjenigen möglich, der den Heimfallgrund verwirklicht hat. (Auf Gläubigerseite ist die Heimfallberechtigung allerdings unteilbar!) Auch bei einem sog. **Gesamtheimfall** liegt dogmatisch betrachtet eine Bündelung von Einzel-Heimfalltatbeständen jedes einzelnen Erbbaurechts vor, so etwa bei ausreichenden Rückständen auf den Gesamterbbauzins aufgrund der gesamtschuldne- 2727

4790 BGH, 19.09.2008 – V ZR 152/07, NotBZ 2008, 463; allerdings kann die Duldungsverpflichtung entfallen, wenn der Überbau nicht den Regeln der Baukunst entspricht und damit zusätzliche Beeinträchtigungen von ihm ausgehen.
4791 BayObLG MittBayNot 1989, 315.
4792 § 925 BGB gilt (wohl), da nicht das Entstehen/Veränderung/Erlöschen des Erbbaurechts (= Recht), sondern dessen inhaltliche Ausgestaltung und damit der Sachcharakter im Vordergrund stehen, vgl. *v. Oefele/Winkler* Handbuch des Erbbaurechts Rn. 3.108. Demgegenüber folgert Staudinger/*Ring* BGB § 30 ErbbauRG Rn. 9 aus § 11 Abs. 1 ErbbauRG, dass für die Einräumung von Wohnungserbbaurechten keine strengeren Bestimmungen gelten könnten als für die Entstehung des Erbbaurechts selbst, sodass nur § 873 BGB Anwendung fände.
4793 *V. Oefele/Winkler* Handbuch des Erbbaurechts Rn. 3.121.

rischen Haftung aller, wenn keine Verteilung stattgefunden hat. Erklärungen über eine vorzeitige Aufhebung des Erbbaurechts (§ 26 ErbbauRG) können allerdings nur für alle Wohnungs-Teilerbbaurechte gemeinschaftlich erfolgen, auch i.Ü. kann der dingliche Inhalt der Wohnungserbbaurechte selbst nicht abweichen (also keine dingliche Aufhebung der Zustimmungspflicht des § 5 ErbbauRG ggü. einem Wohnungserbbauberechtigten,[4794] wohl aber eine pauschale Vorabzustimmung für alle Veräußerungs- oder Belastungsfälle hinsichtlich dieses Wohnungserbbaurechts).

▶ Hinweis:

2728   Um also Wohnungserbbaurechte in Wohnungseigentumsrechte »umzuwandeln«, müssen alle Erbbauberechtigten das Grundstück in der Quote ihrer künftigen Mitbeteiligung gem. WEG erwerben, das Erbbaurecht sodann (nach vorheriger Erstreckung der dortigen Belastungen auf das Grundstück) aufheben und sich gem. § 3 WEG vertraglich über die Einräumung von Sondereigentum einigen. Nicht erreicht werden kann das Ziel einer »Gesamtumwandlung« in Wohnungseigentum jedoch dadurch, dass das erbbaubelastete Grundstück dem Erbbaurecht als Bestandteil zugeschrieben und das (nach WEG aufgeteilte) Erbbaurecht sodann aufgegeben würde.[4795]

2729   Ein einzelnes Wohnungserbbaurecht kann jedoch nicht »umgewandelt« werden; dem stünde § 1 Abs. 3 ErbbauRG entgegen. (Allenfalls kann eine Freistellung von »Fremdverwaltung« und »Entgeltlichkeit« erreicht werden durch Hinzuerwerb eines entsprechenden Miteigentumsanteils am Grundstück, Vereinbarung gem. § 1010 BGB über die Verwaltung der nunmehr gemeinschaftlich zustehenden Eigentümerbefugnisse des Inhalts, dass der Wohnungserbbauberechtigte in seiner Eigenschaft als Grundstücksmiteigentümer lediglich die auf seine eigene Wohnung entfallenden Rechte »verwalte«, und Eintragung dieser Vereinbarung im Grundbuch; hinsichtlich des Erbbauzinses Löschung der Einzelreallast auf dem Wohnungserbbaurecht aufgrund Verzichts. Eine »Verewigung« tritt dadurch jedoch nicht ein, sofern nicht verbindlich die Aufteilung gem. § 3 WEG nach Zeitablauf des Erbbaurechts vereinbart und durch Vormerkung gesichert wird).

c) Erbbauberechtigter; Eigentümererbbaurecht

2730   Jede natürliche oder juristische Person kann **tauglicher Erbbauberechtigter** sein; mehrere zu Bruchteilen oder zur gesamten Hand. Die Gesamtberechtigung gem. § 428 BGB ist jedoch nach richtiger Meinung[4796] – wie beim Eigentum am Grundstück – ausgeschlossen (vgl. § 11 Abs. 1 ErbbauRG).

2731   Nach heute ganz herrschender Ansicht ist auch das **Eigentümererbbaurecht** (zugunsten des namentlich zu nennenden Eigentümers des Grundstücks) zulässig. Dieses kann etwa nachträglich beim Heimfall des Erbbaurechts an den Grundstückseigentümer (§ 2 Nr. 4 ErbbauRG) oder bei Ausübung des Ankaufsrechts (§ 2 Nr. 7 ErbbauRG) entstehen, ohne dass das Erbbaurecht durch Konsolidation erlischt (§ 889 BGB). Dann sollte aber auch die anfängliche Bestellung eines Eigentümererbbaurechts (durch einseitige Erklärung des Grundstückseigentümers) möglich sein, zumal hierfür ein erhebliches praktisches Bedürfnis vorhanden ist: Der Bauträger, der Eigentümer des Grundstücks bleiben möchte, kann auf diese Weise sofort Wohnungs-/Teilerbbaurechte bilden, deren Veräußerung und Bela-

---

[4794] Entgegen BayObLG Rpfleger 1989, 503 liegt wegen der Einheitlichkeit des Erbbaurechts wohl ein Fall des § 747 Satz 2 (nicht Satz 1) BGB vor.

[4795] Falls dies überhaupt zulässig ist – hiergegen spricht der numerus clausus des Sachenrechts und der Gegenschluss zu § 35 Abs. 2 SachenRBerG – führt es jedenfalls nicht zur Entstehung von Sondereigentum, und zwar auch dann nicht, wenn dem Wohnungserbbaurecht ein Grundstücksmiteigentumsanteil zugeschrieben würde, weil es sich bei den sondereigentumsfähigen Gebäudeteilen dann nicht um wesentliche Grundstücksbestandteile handelt und zudem ein Verstoß gegen § 1 Abs. 4 WEG vorläge, vgl. BayObLG MittBayNot 1999, 375. Mit dem Untergang des Erbbaurechts und damit der diesbezüglichen Miteigentumsanteile kann auch das Sondereigentum nicht mehr »isoliert« weiterexistieren; das Gesamtgebäude wird gem. § 12 Abs. 3 ErbbauRG ungeteilt wesentlicher Bestandteil des Grund und Bodens.

[4796] A.A. LG Hagen DNotZ 1950, 381.

stung dann ohne Schwierigkeit möglich ist. Probleme entstehen jedoch wegen der Unzulässigkeit der In-sich-Verpflichtung hinsichtlich der schuldrechtlichen Gegenleistungen (vgl. Rdn. 2804 ff.).

d) Bedingungen und Befristungen

Gem. § 1 Abs. 4 Satz 1 ErbbauRG darf der Bestand eines Erbbaurechts nicht unter **auflösende Bedingungen** gestellt werden, um den Erbbauberechtigten und einen Gläubiger vor einer unvorhersehbaren und oft kaum zu beeinflussenden Beendigung des Erbbaurechts zu schützen. Die Vereinbarung einer **Zeitgrenze** ist zulässig und bildet den Regelfall (vgl. § 27 Abs. 1 Satz 1 ErbbauRG),[4797] jedoch nicht auf einen ungewissen Endtermin (z.B. auf Lebenszeit des Bestellers).[4798] Denkbar ist auch, dass das zunächst endbefristet vereinbarte Erbbaurecht sich automatisch um eine schon festgelegte Anzahl von Jahren verlängert, wenn nicht ein Vertragsteil dieser automatischen Verlängerung vor Ablauf der normalen Lauf- bzw. der Verlängerungszeit widerspricht;[4799] die (aufschiebend bedingte) Verlängerung ist mit konstitutiver Wirkung im Grundstücksgrundbuch einzutragen. Auch ein **ewiges Erbbaurecht** ist möglich; hier ist jedoch regelmäßig § 138 BGB zu beachten (keine Sittenwidrigkeit eines ewigen, unentgeltlichen Erbbaurechts, wenn es sich nur auf einen Teil des belasteten Grundstücks erstreckt).[4800] 2732

Auch die Bestellung eines Erbbaurechts durch einen **nicht befreiten Vorerben** ohne Zustimmung des Nacherben entspräche einem auf die Lebenszeit des Bestellers befristeten Erbbaurecht; bei solchen Befristungen mit ungewissem Endtermin (»certus an, incertus quando«) gilt § 1 Abs. 4 ErbbauRG analog. Tritt der **Nacherbfall** durch ein künftiges ungewisses Ereignis ein, z.B. Geburt eines Kindes oder die Wiederverheiratung, verhindert § 1 Abs. 4 ErbbauRG schon nach seinem unmittelbaren Wortlaut die Erbbaurechtsbestellung durch den nicht befreiten Vorerben. Die Bestellung des Erbbaurechts durch einen befreiten Vorerben erfordert, wie allgemein, den Nachweis der Entgeltlichkeit (Rdn. 1684). 2733

§ 1 Abs. 4 ErbbauRG hindert auch die Eintragung eines Erbbaurechts im Rang nach einem **Zwangsversteigerungsvermerk** gem. § 19 ZVG. Zwar steht jener Vermerk als solcher (mangels eigener Rangfähigkeit) nicht gem. § 10 Abs. 1 ErbbauRG entgegen, ein solches Erbbaurecht wäre jedoch durch den Zuschlag wegen § 23 ZVG auflösend bedingt (§ 25 ErbbauRG [Rn. 2209] hilft in diesem Fall nicht). Die Eintragung eines Erbbaurechts ist also nur möglich mit Zustimmung aller die Zwangsversteigerung betreibenden Gläubiger. 2734

Ab Entstehen des Erbbaurechts verstoßen ferner Vereinbarung oder Ausübung vertraglicher und Ausübung gesetzlicher **Rücktrittsrechte** gegen die ergänzende Bestimmung des § 1 Abs. 4 Satz 2 ErbbauRG, da sie bei Eintritt bestimmter Voraussetzungen eine unzulässige Verpflichtung zur Aufgabe des Erbbaurechts beinhalten würden.[4801] 2735

4. Fakultativer dinglicher Inhalt

a) Abgrenzung

Die **Erfüllung der gesetzlichen Inhaltserfordernisse** nach §§ 1, 10 Abs. 1 ErbbauRG erzeugt bereits ein wirksames Erbbaurecht. 2736

> Hinweis:
> Da ein gesetzliches Schuldverhältnis zur Regelung des Verhältnisses zwischen Eigentümer und Erbbauberechtigtem jedoch fehlt, hat der Notar im Erbbaurechtsvertrag auf eine sorgfältige ergänzende Ausgestaltung der Dauerrechtsbeziehung zu achten. Hierbei ist streng zu unterschei-

---

4797 Gem. § 33 Abs. 2 des (außer Kraft getretenen) II. WoBauG mussten Erbbaurechte im öffentlich geförderten sozialen Wohnungsbau auf im Regelfall 99, mindestens aber auf 75 Jahre bestellt werden.
4798 BGHZ 52, 271.
4799 BGH NJW 1969, 2043; *König* MittRhNotK 1989, 261.
4800 Vgl. LG Deggendorf MittBayNot 1987, 254.
4801 Vgl. etwa BGH DNotZ 1961, 402.

den zwischen Vereinbarungen einerseits, die mit dinglicher Wirkung möglich sind, d.h. durch Einigung und Eintragung in das Grundbuch (im Wege der Bezugnahme gem. § 874 BGB) während der Dauer des Erbbaurechts für und gegen jeden Erbbauberechtigten bzw. Eigentümer gelten, auch bei Erwerb im Wege der Zwangsversteigerung, und lediglich schuldrechtlichen Vereinbarungen andererseits.

2737 Wie allgemein im Sachenrecht unterliegen auch die Tatbestände, die zum dinglichen Inhalt des Erbbaurechts werden können, einem gesetzlichen Typenzwang; ihr Kreis ist auf die in den §§ 2 bis 8, 27 Abs. 1 und 32 Abs. 1 ErbbauRG enumerierten Regelungsinhalte, welche nachstehend kurz dargestellt werden, beschränkt. **Sachenrechtliches und grundbuchrechtliches Bestimmtheits-Prinzip** erfordern, dass sich dingliche Einigung gem. § 873 BGB sowie Bewilligung und Antrag im Grundbuchverfahren genau dazu äußern, welche Vereinbarungen Inhalt des dinglichen Rechts werden sollen und welche nur schuldrechtliche Bedeutung haben. Die allgemein gefasste Eintragungsbewilligung »die Bestimmungen des Erbbaurechtsvertrags als Inhalt des Erbbaurechts, soweit gesetzlich zulässig, einzutragen« genügt daher nicht.[4802]

2738 Als vertraglicher Inhalt des dinglichen Rechts wirken die im Gesetz enumerativ aufgezählten Regelungsmöglichkeiten »dinglich« für und gegen den jeweiligen Grundstückseigentümer und den jeweiligen Erbbauberechtigten, allerdings nur bzgl. der während seiner Inhaberschaft fällig werdenden Leistungen. Hieraus folgt, dass der Rechtsnachfolger für die während der Inhaberschaft seines Vorgängers fällig gewordenen Leistungen nicht aufzukommen braucht und auch das Erbbaurecht bzw. Grundstück selbst nicht »haftet« (i.S.e. dinglich wirkenden Last). Die einzelnen entstandenen Ansprüche (z.B. auf Zahlung einer Vertragsstrafe) bleiben vielmehr ihrer Natur nach schuldrechtliche Ansprüche – lediglich das Erfordernis einer ausdrücklichen Vertragsübernahme bzw. eines Schuldbeitritts mit Gläubigergenehmigung entfällt –; um eine Haftung des Erbbaurechts zu erreichen, müssen die entsprechenden Sicherheiten am Erbbaurecht (z.B. in Form eines Grundpfandrechts) bestellt werden; die Übernahme von Rückständen bedarf weiterhin der ausdrücklichen rechtsgeschäftlichen Verpflichtungserklärung hierzu.

▶ Hinweis:

2739 Angesichts der Tatsache, dass in der Praxis von den dinglichen Regelungsmöglichkeiten des § 2 ErbbauRG (außer Nr. 7) fast immer vollständig Gebrauch gemacht wird, wäre gesetzgebungstechnisch die Übernahme dieser Bestimmungen als abdingbarer gesetzlicher dinglicher Inhalt des Erbbaurechts vorzuziehen. Erbbaurechtsverträge würden dadurch kürzer, da sie sich hinsichtlich des dinglichen Gehalts auf etwaige Abweichungen vom »gesetzlichen Regelungsvorschlag« beschränken könnten.[4803] Allerdings wäre dann bei Verbraucher- und Formularverträgen im Fall der vertraglichen Abweichung vom gesetzlichen »Standardvertrag« die Inhaltskontrolle gem. §§ 305 ff. BGB eröffnet.

b) Bauwerksbezogene Regelungen (§ 2 Nr. 1 bis Nr. 3 ErbbauRG)

2740 Das Erbbaurecht gewährt zunächst nur das Recht, ein Gebäude zu errichten und zu halten. Oft liegt es im Interesse des Eigentümers, welcher ja das Bauwerk nach Ablauf des Erbbaurechts wieder übernimmt, den Erbbauberechtigten zugleich zur **Errichtung eines Bauwerks** zu verpflichten, dessen Art, Größe, Erschließung und Gestaltung sowie Aufrechterhaltung zu bestimmen oder dinglich an den Vorbehalt der Zustimmung des Grundstückseigentümers zu knüpfen,[4804] den Erbbauberechtigten zur regelmäßigen Instandhaltung anzuhalten (§ 2 Nr. 1 ErbbauRG) sowie zur Haltung einer

---

[4802] BayObLG DNotZ 1969, 492; großzügiger OLG München, 09.05.2008 – 34 Wx 139/07, RNotZ 2008, 495: Auslegung kann ergeben, dass Beteiligte nur auf die eintragungsfähigen Textbestandteile Bezug nehmen wollten.
[4803] Diesen Lösungsweg hat nunmehr das estnische Sachenrecht übernommen.
[4804] Vgl. BGH NJW 1967, 2351; BayObLG DNotZ 2002, 295.

angemessenen **Versicherung**[4805] oder zum **Wiederaufbau** im Fall der Zerstörung (§ 2 Nr. 2 ErbbauRG).[4806] Bei Nichterfüllung stehen dem Grundstückseigentümer Schadensersatz- und Unterlassungs-/Beseitigungsansprüche aus Vertrag und § 1004 BGB zu.[4807] Zur Überwachung ist der Grundstückseigentümer als »Annexkompetenz« zur Besichtigung befugt.[4808]

§ 2 Nr. 3 ErbbauRG ermöglicht dingliche Vereinbarungen über die **Tragung der öffentlichen Lasten** (z.B. Grundsteuer, Erschließungskosten, Entwässerungs-, Müllgebühren, Sanierungsausgleichsbeträge nach § 154 BauGB, Ausgleichsbeträge nach § 25 BBodSchG) und der **privatrechtlichen Lasten** (Reallasten, Zinsen aus Hypotheken etc.). Werden hierzu keine Vereinbarungen getroffen, trägt der Erbbauberechtigte nur die auf das Gebäude entfallenden öffentlichen Lasten (Grundsteuer für Gebäude, Anschlusskosten, die mit der Baumaßnahme zusammenhängen) sowie die Zinsen aus den Belastungen am Erbbaurecht, während die Grundsteuer für den Grund und Boden und die eigentlichen Erschließungskosten (ohne Anschlussgebühren) vom Grundstückseigentümer zu tragen wären. 2741

▶ Hinweis:

Zu beachten ist jedoch, dass durch die Überbürdung der öffentlich und privaten Lasten des Grundstücks auf den Erbbauberechtigten dieser den Gläubigern ggü. nicht unmittelbar haftet; lediglich der Grundstückseigentümer kann aus der Übernahmeverpflichtung vollstrecken.

Auch die **Verwendung des Bauwerks** kann gem. § 2 Nr. 1 a.E. ErbbauRG **dinglich geregelt** werden, was in der Praxis häufig geschieht. 2742

▶ Beispiel:

Verbot gewerblicher Nutzung, Vermietung nur an bestimmte Personenkreise, Vermietung nur zur Kostenmiete, Zustimmung zu Abbruch oder wesentlichen baulichen Veränderungen[4809] o.Ä., wohl aber nicht die Verpflichtung zum Abschluss eines Betreuungsvertrags bei »Betreutem Wohnen«, da diese personen-, nicht gebäudebezogen ist.[4810]

Streitig ist, ob gem. § 2 Nr. 1 ErbbauRG ein allgemeiner Zustimmungsvorbehalt des Grundstückseigentümers zu Vermietungsverträgen des Erbbauberechtigte eingeführt werden kann.[4811]

c) Heimfall, Vertragsstrafen (§ 2 Nr. 4 und Nr. 5 ErbbauRG)

aa) Heimfallrecht

Wird gem. § 2 Abs. 1 Nr. 4 ErbbauRG ein Heimfallrecht vereinbart, erhält der jeweilige Grundstückseigentümer dadurch einen Anspruch ggü. dem Erbbauberechtigten und jedem Rechtsnachfolger, bei Eintritt bestimmter Voraussetzungen die Übertragung des Erbbaurechts auf sich verlangen zu können. Dieses Recht, dessen Ausübung der Entscheidung des Eigentümers überlassen bleibt (und nicht etwa – wie der Begriff »Heimfall« suggerieren könnte – zum unmittelbaren dinglichen Erwerb des Erbbaurechts durch den Eigentümer führt), soll zum einen das durch § 1 Abs. 4 ErbbauRG ausgeschlossene, jedoch in Dauerrechtsverhältnissen kaum verzichtbare **Rücktrittsrecht** er- 2743

4805 Vorsichtige Grundstückseigentümer legen Wert darauf, dass die Versicherung zu ihren Gunsten abgeschlossen wird, sodass der Versicherung bei Prämienrückständen oder Kündigung ihm Gelegenheit zur Leistung der Prämie gem. § 34 VVG zu geben hat. Er hat sich dann jedoch zu verpflichten, die Versicherungssumme zum Wiederaufbau, gemäß Baufortschritt, zur Verfügung zu stellen.
4806 Nach MünchKomm/*Oefele* § 2 Rdnr 20 ist die Wiederaufbaupflicht gem. § 242 BGB in Fällen außergewöhnlicher Belastung eingeschränkt, außer die Schadensfolge wäre durch ausreichenden Versicherungsschutz vermeidbar gewesen.
4807 BGHZ 59, 205.
4808 LG Regensburg RPfleger 1990, 363; a.A. *Ingenstau/Hustedt* § 2 Rdnr. 17, die hierfür eine separate Grunddienstbarkeit empfehlen.
4809 BayObLG DNotI-Report 2002, 45.
4810 Vgl. DNotI-Gutachten Nr. 11381 v. 08.12.2004.
4811 So *Lindel/Richter* Erbbaurecht und Erbbauzins Rn. 98; *Böttcher* Praktische Fragen des Erbbaurechts Rn. 144; *Weitnauer* DNotZ 1968, 303; a.A. etwa *Wufka* MittBayNot 1989, 14 und BayObLG DNotI-Report 2002, 45.

setzen, zum anderen die **Sanktionsmöglichkeiten des Eigentümers** bei Verletzung dinglicher oder schuldrechtlicher Pflichten durch den Erbbauberechtigten um ein dingliches Beendigungsrecht erweitern, sodass er nicht lediglich auf Schadensersatz- oder Unterlassungsbegehren angewiesen bleibt.

2744 Als **Heimfallgrund** kann – ohne Beschränkung auf »wichtige Gründe«, verschuldete Verstöße o.Ä. – fast jeder Tatbestand vereinbart werden; unzulässig ist jedoch angesichts des Wortlauts »bestimmte Voraussetzungen« der Heimfall auf jederzeitiges Verlangen des Grundstückseigentümers.[4812] Bei der Erfüllung des »Bestimmbarkeitskriteriums« ist die Rechtsprechung jedoch großzügig (»wenn der Erbbauberechtigte seine Verpflichtungen aus diesem Vertrag nicht erfüllt«[4813] oder »Vorliegen eines sonstigen wichtigen Grundes in der Person des Erbbauberechtigten, der die Fortsetzung dem Grundstückseigentümer unzumutbar macht«[4814]); sind die Tatbestände zu unbestimmt, können sie lediglich schuldrechtlich vereinbart werden.[4815]

▶ Beispiel: Häufig vereinbarte Heimfalltatbestände:

Verstoß gegen Verpflichtungen aus § 2 Nr. 1 bis 3 ErbbauRG, (diese kann bspw. auch in der Aufrechterhaltung einer vom Rechtsvorgänger begonnenen vertragswidrigen Nutzung liegen), Nichteintritt eines Erwerbers in schuldrechtliche Erbbaurechtsvertragsbestimmungen (allerdings mit Einschränkung hinsichtlich des Erbbauzinses bei vorherigem Rangrücktritt[4816]), Verstoß gegen schuldrechtliche Verpflichtungen (Heimfall gegen den Rechtsnachfolger dann nur, wenn auch er dieser Verpflichtung unterliegt[4817]), Veräußerung des Erbbaurechts in unbebautem Zustand; Untergang des Bauwerks, Belastung des Erbbaurechts mit z.B. Nießbrauchs- oder Wohnungsrechten ohne (schuldrechtlich vorbehaltene) Zustimmung des Eigentümers;[4818] Zwangsversteigerung in das Erbbaurecht, Insolvenzeröffnung beim Erbbauberechtigten oder Ablehnung mangels Masse (vgl. aber zu Letzterem Rdn. 2746).

2745 Auch der **Tod des Erbbauberechtigten**[4819] ist ohne Verstoß gegen § 1 Abs. 1 ErbbauRG (vererbliches Recht) möglicher Heimfallgrund, da das Erbbaurecht – wenngleich belastet mit dem Heimfallanspruch – von Todes wegen auf die Rechtsnachfolger des Erbbauberechtigten übergeht

2746 **Grenzen für Heimfallvereinbarungen** enthalten § 9 Abs. 3 ErbbauRG (Zahlungsverzug nur bei mindestens 2 Jahresbeträgen Rückstand) und § 6 Abs. 2 ErbbauRG (kein Heimfall bei Veräußerung oder Belastung ohne gem. § 5 ErbbauRG erforderliche Zustimmung des Eigentümers); ferner die **allgemeinen Beschränkungen der Vertragsfreiheit** aus §§ 134, 138 BGB (Beispiel: Heimfall bei Kirchenaustritt ist auch bei kirchlichem Grundstückseigentümer unzulässig,[4820] anders bei aktiver kirchenfeindlicher Betätigung). Eine **nachträglich vereinbarte** Heimfallmöglichkeit für den Fall des Gläubigerzugriffs (Zwangsversteigerung/Insolvenzeröffnung) ist – auch wenn eine, sogar voll-

---

4812 LG Oldenburg RPfleger 1979, 383.
4813 BGH NJW 1984, 2213 (Heimfall aufgrund dieses Wortlautes bejaht, wenn statt vereinbarter »Restauration mit Discothek« ein Stripteaselokal betrieben wird).
4814 BGH DNotZ 2004, 143.
4815 So möglicherweise bei der Formulierung »wenn der Erbbauberechtigte sich den Grundsätzen der katholischen Glaubens- und Sittenlehre zuwider verhält«.
4816 Nach BGH NJW 1987, 1942 kann der Grundstückseigentümer, der mit seinen Rechten hinter eine Grundschuld zurückgetreten ist, die Zustimmung zum Zuschlag bei der Versteigerung aus diesem Grundpfandrecht auch dann nicht verweigern, wenn der Ersteigerer nicht in die schuldrechtliche Zinszahlungspflicht eintritt. Aus diesem Grunde ist es wohl als Umgehung zu werten, den Heimfall an die Nichtbegründung einer Erbbauzinsreallast nach Versteigerung zu knüpfen, wenn der Eigentümer durch seinen Rücktritt das Risiko eines Untergangs des Erbbauzinses übernommen hat (a.A. *v. Oefele/Winkler* Handbuch des Erbbaurechts Rn. 4.81a; *Mohrbutter*, Die Eigentümerrechte und der Inhalt des Erbbaurechts bei dessen Zwangsversteigerung, S. 177). Zu bedenken ist weiter, dass der Grundstückseigentümer auf diese Weise möglicherweise doppelt befriedigt wird, wenn aus dem Barerlös ein Betrag zur Abgeltung der untergehenden Reallast zu erhalten ist und der Ersteigerer zur Vermeidung des Heimfalls den Erbbauzins neu zu begründen hat.
4817 BGH NJW 1990, 832.
4818 OLG Hamm RPfleger 1986, 51.
4819 OLG Hamm DNotZ 1966, 41.
4820 OLG Braunschweig DNotZ 1976, 603.

wertige, Entschädigung gewährt wird – anfechtbar gem. § 133 InsO (Einrede gem. § 146 Abs. 2 InsO: Eigentümer muss sich so stellen lassen, als ob diese Heimfallabrede nicht getroffen worden wäre).[4821] Im Einzelfall kann ferner die Ausübung des an sich wirksam entstandenen Heimfallrechts gegen Treu und Glauben verstoßen (Rechtsmissbrauch z.B. bei absolut geringfügigen Pflichtverstößen[4822]); es hindert jedoch die Durchsetzung des Heimfallanspruchs nicht, dass der Erbbauberechtigte die verletzte Pflicht später erfüllt hat.[4823]

Der **Heimfallanspruch** ist (auch nach seiner Ausübung) als Bestandteil des Grundstücks **nicht getrennt abtretbar, pfändbar** oder verpfändbar (§ 3 Satz 1 ErbbauRG, §§ 96, 1274 BGB, § 851 Abs. 1 ZPO; ratio: Werterhalt des Grundstücks). Ist ein Heimfallanspruch entstanden, bevor das Erbbaurecht versteigert wird, besteht dieser auch gegen den Ersteigerer weiter; es handelt sich nicht um einen schlichten schuldrechtlichen, durch Zuschlag erloschenen, sondern einen dinglichen Anspruch.[4824] 2747

Die **Erfüllung des Heimfallanspruches** erfolgt durch dingliche Übertragung des Erbbaurechts an den Eigentümer oder einen durch diesen gem. § 3 Halbs. 2 ErbbauRG durch formlose, empfangsbedürftige Willenserklärung ggü. dem Erbbauberechtigten benannten Dritten,[4825] welcher dann aufgrund geschuldeter Übertragung unmittelbarer Rechtsnachfolger des Erbbauberechtigten wird. In beiden Fällen bleibt das Erbbaurecht (ggf. als Eigentümererbbaurecht) samt allen Belastungen bestehen; anderes gilt nur für Rechte des Erbbauberechtigten selbst, z.B. **Eigentümergrundschulden**, die sich ja sonst in Fremdgrundschulden umwandeln würden (§ 33 Abs. 1 ErbbauRG) sowie für Rechte in Abteilung II außer Reallasten und Dauerwohnrechte (§ 42 Abs. 2 WEG). 2748

Der Eigentümer übernimmt gem. § 33 Abs. 2 ErbbauRG kraft Gesetzes[4826] die Verbindlichkeiten, die den dinglichen Belastungen des Erbbaurechts zugrunde liegen, anstelle des Erbbauberechtigten (nach Erteilung der Gläubigergenehmigung Schuld befreiend). Etwaige **Mietverhältnisse am Erbbauwerk** bleiben bestehen (§ 11 ErbbauRG, § 566 BGB). 2749

Aufgrund des Bestehenbleibens der dinglichen Belastungen und des Erfordernisses der Gläubigerzustimmung zur privativen Schuldübernahme (§§ 415, 416[4827] BGB; bis dahin haften Grundstückseigentümer und Erbbauberechtigter dem Gläubiger ggü. als Gesamtschuldner; der Eigentümer hat den Erbbauberechtigten bis zur Höhe des Entschädigungsanspruchs gem. § 32 ErbbauRG Rdn. 2751, freizustellen, darüber hinaus besteht eine umgekehrte Freistellungspflicht) sind die Risiken des Heimfallrechts – anders als bei den gem. § 1 Abs. 4 ErbbauRG unzulässigen auflösenden Bedingungen oder Rücktrittsrechten – für die Gläubiger des Erbbauberechtigten hinnehmbar. 2750

Mit der Ausübung des Heimfallrechs wird der **gesetzliche Entschädigungsanspruch** des § 32 Abs. 1 Satz 1 ErbbauRG fällig; der Vergütungsanspruch begründet ggü. dem Rückübertragungsanspruch des Grundstückseigentümers ein Zurückbehaltungsrecht nach § 273 Abs. 1 BGB.[4828] Da 2751

4821 BGH, 19.04.2007 – IX ZR 59/06, ZNotP 2007, 307; vgl. *Reul* ZEV 2007, 649 ff. (maßgebend ist die »Nachträglichkeit« der Heimfallabrede im Vergleich zum zuvor gegebenen, nicht heimfallbelasteten Gebäudeeigentum). *Kesseler* ZNotP 2007, 303 stellt demgegenüber stärker auf den Verstoß gegen das Leitbild des § 9 Abs. 4 ErbbauRG ab, also den Heimfall bereits vor Erreichen des Zweijahresrückstandes, wofür auch BGH, 12.06.2008 – IX ZB 220/07, DNotZ 2008, 838, vgl. Rdn. 2751, spricht.
4822 BGHZ 88, 92.
4823 BGH NJW-RR 1988, 715.
4824 *Weitnauer* RPfleger 1979, 329; *Behmer* RPfleger 1983, 477.
4825 Bindungen bei der Ausübung des Benennungsrechts (z.B. an das Votum des Grundschuldgläubigers) sind allenfalls schuldrechtlich möglich, aber nicht vormerkungsfähig; die Vormerkung würde beim Heimfall gem. § 33 Abs. 1 Satz 3 ErbbauRG ohnehin erlöschen.
4826 Ohne rechtsgeschäftlichen Übernahmeakt, BGH NJW 1990, 2067.
4827 Gem. § 416 Abs. 1 BGB gilt die Genehmigung zur Schuldübernahme allein durch den Grundstückseigentümer erteilt, wenn sie 6 Monate nach Anzeige durch den Erbbauberechtigten noch nicht verweigert wurde. Mit Entlassung des Erbbauberechtigten darf der Gläubiger gegen diesen auch nicht mehr aus einem in der Grundschuld enthaltenen abstrakten Schuldanerkenntnis mit Vollstreckungsunterwerfung vorgehen.
4828 BGHZ 111, 154; und zwar auch, wenn der Grundstückseigentümer Übereignung an einen Dritten verlangt (§ 3 Halbs. 2 ErbbauRG), da er selbst Schuldner bleibt.

eine § 27 Abs. 4 ErbbauRG entsprechende Vorschrift fehlt, kann der Vergütungsanspruch schon vor seiner Fälligkeit abgetreten, gepfändet und verpfändet werden.[4829] Die »angemessene Vergütung« umfasst[4830] den realen Wert des Bauwerks und den Ertragswert des Erbbaurechts samt Zuschlag für den Rückerhalt der Bodennutzung. Es ist jedoch möglich, mit dinglicher Wirkung **abweichende Vereinbarungen** zu treffen, ja sogar eine Entschädigung auszuschließen (§ 32 Abs. 1 Satz 2 ErbbauRG; dies ist nicht sittenwidrig, kann jedoch wegen Gläubigerbenachteiligung die Anfechtbarkeit der Heimfallregelung gem. §§ 129 ff. InsO begründen, sodass dem Heimfallanspruch die Einrede des § 146 Abs. 2 InsO entgegensteht.[4831]

2752 Die Unbeachtlichkeit des Heimfallverlangens in der Insolvenz droht nicht nur dann, wenn der Insolvenztatbestand schlechter als andere Sachverhalte behandelt wird, sondern auch bei einheitlichem Ausschluss der Entschädigung für alle Fälle,[4832] möglicherweise auch bereits aufgrund der durch den Heimfall bewirkten Entziehung des Eigentums selbst (insb. wenn dadurch der Betrieb des Erbbauberechtigten seine Produktionsgrundlagen verliert, unabhängig von der Frage einer Entschädigung in Geld[4833]). Dafür spricht, dass der Grundstückseigentümer bereits aufgrund seiner Reallast bei der Versteigerung[4834] des Erbbaurechts zur abgesonderten Befriedigung hinsichtlich des Erbbauzinses berechtigt ist (§ 49 InsO). Andererseits handelt es sich bei der Erbbauzinszahlungspflicht nach Insolvenzeröffnung (anders als bei Mietzahlungspflichten, § 108 InsO) nicht um Masseverbindlichkeiten gem. § 55 Abs. 1 Nr. 2 InsO (Rdn. 2818), sodass die Gefährdung des Eigentümers insoweit eher konkreter denn abstrakter Natur ist.

▶ Hinweis: Insolvenzfestigkeit des entschädigungslosen Heimfalls

2753 Im Ergebnis prüft der IX. Senat des BGH, ob ein berechtigtes Interesse des Grundstückseigentümers am entschädigungslosen Heimfall besteht (anfechtbar sind Klauseln, die »zur Erreichung des Vertragszwecks unnötig und in ihren Auswirkungen unangemessen sind«). Dieses berechtigte Interesse wird fehlen, wenn der Erbbauzins weiter bezahlt wird, jedoch sicherlich gegeben sein, wenn der Erbbauberechtigte keine eigenen Investitionen getätigt hat. Das Problem lässt sich gänzlich vermeiden, indem die Heimfallberechtigung gar nicht an die Insolvenzeröffnung (sondern an den Rückstand mit zwei Jahresraten hinsichtlich des Erbbauzinses, § 9 Abs. 3 ErbbauRG) anknüpft, was jedoch den Eigentümer möglicherweise 2 Jahre lang weitgehend rechtlos stellt.

2754 Bei Erbbaurechten, die nach der Intention des ursprünglichen Bestellungsvertrags für sozial schwache Bevölkerungskreise bestimmt sind,[4835] wird jedoch mindestens zwei Drittel des gemeinen Werts

---

4829 BGH, NJW 1976, 895; *Krause* ZAP 2008, 82 = Fach 7 S. 372 m.w.N., auch zur Gegenansicht.
4830 Nach BGH DB 1975, 685.
4831 BGH, 19.04.2007 – IX ZR 59/06, ZNotP 2007, 307 m. Anm. *Kesseler*, S. 303 (als Ausnahme vom sonst gegebenen Grundsatz, dass der Gesamtvertrag der Anfechtung unterliegt, sofern eine Klausel dem Gläubiger allein im Insolvenzfall einen besonderen, sonst nicht gegebenen Vorteil verschafft, der nicht zur Wahrung anerkennenswerter Interessen des Gläubigers erforderlich ist, Rn. 743a).
4832 BGH, 12.06.2008 – IX ZB 220/07, DNotZ 2008, 838 m. Anm. *Reul* 824 ff. Dass der Vertrag i.Ü. ausgewogen sein mag oder gar andere Klauseln mit Blick auf das Entgegenkommen hinsichtlich der Heimfallentschädigung für den Erbbauberechtigten günstiger ausgefallen sein mögen, steht nicht entgegen, sondern verstärkt vielmehr die Anfechtbarkeit: die Gläubiger tragen den Nachteil, der Gemeinschuldner hatte den Vorteil.
4833 Hierauf stellt *Reul* DNotZ 2008, 831 ab.
4834 Also nicht beim freihändigen Verkauf, da die Belastungen bestehen bleiben: BGH, 11.03.2010 – IX ZR 34/09, RPfleger 2010, 386 = NotBZ 2010, 307.
4835 Das KG RPfleger 1981, 108 stellte auf das Durchschnittseinkommen dem Angestellten in Industrie und Handel ab. Nunmehr ist wohl abzustellen auf die Einkommensgrenze der §§ 5 ff. WohnraumförderungsG v. 13.09.2001, DNotI-Gutachten Nr. 11264 v. 12.07.2002 bzw. der landesrechtlichen Bestimmungen, vgl. Art. 5 ff. BayWoFG v. 10.04.2007: Summe der Jahreseinkommen der Haushaltsangehörigen abzüglich pauschalierter Freibeträge (5.000,00 € wenn kein Ehegatte 40 Jahre oder älter ist, 4.000,00 € bei Behinderungsgrad von wenigstens 50) und abzüglich Unterhaltsverpflichtungen (z.B. bis zu 4.000,00 € für einen Haushaltsangehörigen der auswärts untergebracht ist, bis zu 6.000,00 € für einen getrennt lebenden oder geschiedenen Ehegatten etc.), abzüglich je 10 % für Steuern, für Kranken- und Pflegeversicherung, und für Altersversorgung. Die Höchstgrenze beträgt für einen Einpersonenhaushalt 19.000,00 €, für einen Zweipersonenhaushalt 29.000,00 €, für jede weitere Person weitere 6.500,00 €.

geschuldet (a.a.O. Abs. 2). Auf den Entschädigungsbetrag werden gem. § 33 Abs. 3 die auf den Eigentümer kraft Gesetzes übergehenden Forderungen angerechnet; Letztere sind freilich auch dann zu übernehmen, wenn sie die an sich geschuldete Entschädigung übersteigen. Hierin liegt die eigentliche ratio des Vorbehalts einer Belastungszustimmung nach § 5 Abs. 2 ErbbauRG.[4836]

bb) Vertragsstrafen

Auch Vertragsstrafen (§ 2 Nr. 5 ErbbauRG) können statt und möglicherweise neben (wegen § 340 BGB str.) Heimfallansprüchen zur Sicherung verschuldeter (§ 339 BGB) Pflichtverletzungen i.R.d. Verhältnismäßigkeit (§ 343 BGB: richterliche Herabsetzung) eingesetzt werden. Die in **kurzer Frist** (§ 4 ErbbauRG) **verjährenden Ansprüche** richten sich aufgrund ihrer dinglichen Natur gegen den jeweiligen Erbbauberechtigten, führen jedoch nicht zu einem unmittelbaren Befriedigungsrecht des Eigentümers am Erbbaurecht selbst. 2755

▶ Hinweis:

Daher wird in der Praxis häufig zugleich eine Sicherung des Vertragsstrafenanspruchs (z.B. durch Grundschuld) am Erbbaurecht vereinbart.

d) Kauf- und Verkaufszwangklausel

Das **Vorrecht auf Erneuerung** ermöglicht es – ähnlich einem Vorkaufsrecht – dem früheren Erbbauberechtigten, in einen Erbbaurechtsbestellungsvertrag einzutreten, den der Grundstückseigentümer mit einem Dritten vor Ablauf von 3 Jahren nach Beendigung des früheren Erbbaurechts hinsichtlich des gleichen Grundstücks zu einem vergleichbaren wirtschaftlichen Zweck geschlossen hat. Erfolgt nach Endbefristung des Erbbaurechts dessen Löschung im Grundbuch vor Ablauf der genannten Jahres-Frist, ist von Amts wegen eine **Vormerkung im bisherigen Rang des Erbbaurechts** in das Grundstücksgrundbuch einzutragen (vgl. § 31 Abs. 4 Satz 3 ErbbauRG). Hiervon zu unterscheiden ist das echte **Verlängerungsrecht**, das dem Grundstückseigentümer gem. § 27 Abs. 3 ErbbauRG zur Abwendung der Entschädigungsverpflichtung nach Zeitablauf des Erbbaurechts zusteht. 2756

Gem. § 2 Nr. 7 ErbbauRG kann eine **Verkaufsverpflichtung des Grundstückseigentümers** zum Inhalt des dinglichen Rechts gemacht werden. Hierdurch wird dem jeweiligen Erbbauberechtigten während der Laufzeit des Erbbaurechts ein jederzeit durch einseitige, formlose, empfangsbedürftige Willenserklärung ggü. dem Grundstückseigentümer ausübbares Ankaufsrecht zu den im Erbbaurechtsvertrag festgelegten Bedingungen eingeräumt. Die **Gegenleistung** muss zumindest bestimmbar sein, etwa durch Vereinbarungen des Verkehrswerts, welcher dann als gemeiner Wert des Grund und Bodens (ohne weiteren Abzug für die Erbbaurechtsbelastung[4837] – das Erbbaurecht wird ja nunmehr zum Eigentümerbbaurecht –) auszulegen ist. Nach herrschender Meinung kann der (durch Ausübung des Ankaufrechts aufschiebend bedingte) Erwerbsanspruch auch durch Vormerkung gesichert werden, was insb. wegen § 883 Abs. 2 BGB zum Schutz gegen nachrangige Grundstücksbelastungen hilfreich ist. Mit dem Eigentumserwerb wandelt sich das Erbbaurecht zum Eigentümererbbaurecht; die Belastungen bleiben unverändert bestehen. 2757

▶ Hinweis:

Statt der Vereinbarung eines jederzeitigen Ankaufsrechts (vorstehend Rdn. 2756) werden in der Praxis häufiger **subjektiv-dingliche Vorkaufsrechte** am Grundstück zugunsten des jeweiligen Erbbauberechtigten vereinbart, die sogar im Gleichrang mit dem Erbbaurecht in Abteilung II des Grundstücksgrundbuchs vermerkt werden können. 2758

4836 Wegen des Bestehenbleibens des Dauerwohnrechts (§ 42 Abs. 2 WEG) kann über den Wortlaut des § 5 ErbbauRG der Zustimmungsvorbehalt dinglich auch hierauf erstreckt werden (alternativ könnte auch der dispositive § 42 Abs. 2 WEG abbedungen werden).
4837 Vgl. BGH NJW 1989, 2129.

Die Rechtsstellung des jeweiligen Erbbauberechtigten, der ja an den Inhalt des mit dem Dritten geschlossenen Erstkaufvertrags gebunden ist, ist im Vergleich schwächer; der Erwerber des Grundstücks wird durch die getrennte Eintragung im Grundbuch deutlicher gewarnt als durch den Bezugnahmevermerk gem. § 874 BGB hinsichtlich der dauernden Verkaufsverpflichtung des § 2 Nr. 7 ErbbauRG. Häufig werden diese Vorkaufsrechte auch umgekehrt zugunsten des jeweiligen Grundstückseigentümers am Erbbaurecht bestellt.

2759 Von beiden vorgenannten Konstellationen deutlich zu unterscheiden ist die **Ankaufsverpflichtung des Erbbauberechtigten**. Eine solche Kaufzwangklausel ist, da im abschließenden Katalog der ErbbauRG nicht aufgeführt, nur schuldrechtlich vereinbar, wirkt also zulasten eines neuen Erbbauberechtigten nur, wenn dieser als Einzelrechtsnachfolger die Verpflichtung wirksam übernommen hat. Die bloße Verweisung gem. § 13a BeurkG auf den Erbbaurechtsvertrag, der bei der Beurkundung des Erbbaurechtsverkaufs in beglaubigter Abschrift vorliegen soll und dessen Inhalt dem Erwerber seiner Erklärung nach bekannt sei, genügt hier nicht,[4838] wenn nicht zugleich ausdrücklich über Sinngehalt und Bedeutung der Ankaufspflicht belehrt wurde. Diese Belehrung sollte deutlich in der Kaufurkunde vermerkt werden, um zu vermeiden, dass die Verpflichtungsübernahme als überraschende Klausel (§ 305c Abs. 1 BGB) für unwirksam erklärt wird.

2760 Von der Frage der wirksamen Weitergabe der Ankaufsverpflichtung zu trennen ist die Prüfung, ob die Kaufzwangklausel als solche nicht gegen die guten Sitten oder – bei gleichlautender Verwendung in zahlreichen Verträgen desselben Erbbaurechtsausgebers – gegen § 307 BGB verstößt. **Sittenwidrigkeit** (§ 138 BGB) kann je nach den Umständen des Einzelfalls etwa dann angenommen werden, wenn die Ankaufspflicht für einen verhältnismäßig langen Zeitraum, etwa über die volle Laufzeit des Erbbaurechtsvertrags, besteht, die Frist zur Kaufpreiszahlung nach Ausübung des Ankaufsrechts unverhältnismäßig kurz ist (nicht unter 3 Monaten),[4839] oder der Erbbauberechtigte dem Grundstückseigentümer ggü. wirtschaftlich und intellektuell deutlich unterlegen ist. Ähnlich hat der BGH[4840] eine formularmäßige Kaufzwangklausel gem. § 9 AGBG für unwirksam gehalten, da sie – nach einer Sperrfrist von 10 Jahren – sich auf die gesamte restliche Laufzeit des Erbbaurechts erstreckte und keine angemessene Frist (mindestens 6 Monate) zur Beschaffung der Geldmittel eröffnete.

2761 Selbst bei Wirksamkeit der (gem. § 311b Abs. 1 BGB formbedürftigen) Ankaufsverpflichtung kann das **Ankaufsverlangen des Eigentümers zur Unzeit** erfolgen, solange der Erbbauberechtigte z.B. noch an den Finanzierungslasten für die Errichtung des Bauwerks erheblich zu tragen hat, und daher im Einzelfall rechtsmissbräuchlich sein.[4841]

e) Zustimmung zu Verfügungen über das Erbbaurecht (§§ 5 bis 8, 15 ErbbauRG)

aa) Schutzzweck

2762 Für den Grundstückseigentümer, der häufig auf die Einkünfte aus dem Erbbaurechtsvertrag zu seiner eigenen Versorgung angewiesen ist, sind die Erfüllungsbereitschaft und -fähigkeit – d.h. die Person – des Erbbauberechtigten von entscheidender Bedeutung. Der Eigentümer des Grundstücks hat ferner ein legitimes Interesse daran, durch Verweigerung der Zustimmung zu verhindern, dass eine Veräußerung wirksam wird, in der der Erwerber die schuldrechtlichen Verpflichtungen des Erbbaurechtsbestellungsvertrags, soweit sie noch nicht ihre Erledigung gefunden haben, nicht übernimmt. Zudem liegt es in seinem Interesse, überhöhten Belastungen des Erbbaurechts entgegenzutreten, da er diese beim Heimfall zu übernehmen hat (§ 33 ErbbauRG). Dieses **Schutzbedürfnis** besteht gleichermaßen bei rechtsgeschäftlichen Verfügungen (Veräußerung, Bestellung einer Grundschuld) und bei Maßnahmen im Wege der **Zwangsversteigerung**, der **Zwangsvollstreckung**

[4838] Nach BGH NJW 1989, 2129.
[4839] BGH MittBayNot 1980, 110.
[4840] MittBayNot 1991, 213.
[4841] BGHZ 68, 1.

oder durch den **Insolvenzverwalter** (Beispiel: Verlust des Erbbaurechts durch Zuschlag; Belastung des Erbbaurechts durch Zwangshypothek).

§ 5 Abs. 1 ErbbauRG (Veräußerung) und § 5 Abs. 2 ErbbauRG (Belastung mit Grundpfandrechten und Reallasten) ermöglichen daher in Durchbrechung des § 137 BGB die **dingliche Vereinbarung eines Zustimmungsvorbehalts des Eigentümers**. Solange diese Zustimmung gem. §§ 182 ff. BGB nicht erteilt ist, sind die Verfügung des Erbbauberechtigten und das zugrunde liegende schuldrechtliche Geschäft absolut, d.h. ggü. jedermann, schwebend unwirksam. Die Zustimmung ist dem Grundbuchamt ggü. in der Form des § 29 GBO nachzuweisen (§ 15 ErbbauRG). Wegen des besonderen Interesses des Rechtsverkehrs an der **Publizität solcher Zustimmungserfordernisse** sollen diese gem. § 56 Abs. 2 der Grundbuchverfügung ausdrücklich (d.h. nicht nur durch Bezugnahme gem. § 874 BGB) im Erbbaurechtsgrundbuch eingetragen werden. Solche Zustimmungsvorbehalte erfordern korrespondierende Vorkehrungen im **Erbbaurechtsveräußerungsvertrag** (vgl. Rdn. 2875 ff.). 2763

Die Erteilung der Zustimmung zu Veräußerung oder Belastung durch den Grundstückseigentümer stellt **keine Verfügung über das Grundstück** dar, sodass der Vorerbe nicht der Zustimmung des Nacherben bedarf und die Eltern für ihr minderjähriges Kind diese ohne familienrechtliche Genehmigung erteilen können.[4842] 2764

bb) Zustimmung zur Veräußerung (§ 5 Abs. 1 ErbbauRG)

(1) Anwendungsfälle

Veräußerung i.S.d. § 5 Abs. 1 ErbbauRG ist jede Übertragung des Erbbaurechts durch Rechtsgeschäft unter Lebenden (gleich ob entgeltlich oder unentgeltlich). Häufig werden **einzelne Fallgruppen der Veräußerung dinglich ausgegrenzt**, z.B. Veräußerungen unter Ehegatten, unter Verwandten (im Wege vorweggenommener Erbfolge) o.Ä. 2765

▶ Hinweis:

Es darf jedoch nicht übersehen werden, dass die Möglichkeiten des Grundstückseigentümers, eine Erbbaurechtsübertragung ohne Übernahme der schuldrechtlichen Verpflichtungen zu verhindern, in diesem Fall erheblich eingeschränkt sind; gegen den neuen Erbbauberechtigten bestehen häufig Sanktionsmöglichkeiten nur im Bereich des Heimfallrechts.

Ohnehin nicht erfasst sind Übertragungen von Erbanteilen oder GbR-Anteilen, auch wenn ausschließlich Grundbesitz gehalten wird, die Bestellung eines Untererbbaurechts oder eines Vorkaufsrechtes, Umwandlungsvorgänge, die Teilung eines Erbbaurechtes, sowie Teilungserklärungen nach §§ 8 oder 3 WEG.

(2) Zustimmungsbefugnis

Bei einer Erbengemeinschaft als Grundstückseigentümer haben alle Miterben mitzuwirken;[4843] bei Minderjährigen oder Betreuten bedarf die Zustimmung der Eltern/des Betreuers keiner gerichtlichen Genehmigung.[4844] Die Zustimmung gem. § 5 Abs. 1 (und Abs. 2) ErbbauRG ist durch den »**jeweiligen« Grundstückseigentümer** zu erteilen; bei einem Eigentumswechsel vor Eingang des Umschreibungsantrags bzgl. des Erbbaurechts beim Grundbuchamt wird die vom Rechtsvorgänger des nunmehrigen Grundstückseigentümers erteilte Zustimmung wirkungslos (unter Berufung auf § 183 2766

4842 LG Frankfurt am Main Rpfleger 1974, 109.
4843 OLG Hamm RPfleger 1967, 415 (fraglich, weil in der Zustimmung keine Verfügung über den Nachlassgegenstand liegt).
4844 Keine Verfügung über ein Grundstück oder ein Recht an einem Grundstück i.S.d. § 1821 Abs. 1 Nr. 1 BGB, *Bamberger/Roth/Maaß* § 5 ErbbauRG Rdnr. 8 ff.; LG Frankfurt RPfleger 1974, 109.

BGB;[4845] eine analoge Anwendung des § 404 BGB auf dingliche Rechte wird abgelehnt).[4846] Anders liegt es dann, wenn die Einigung über den Übergang des Erbbaurechts mit Zustimmung des (früheren) Grundstückseigentümers bindend geworden und der Eintragungsantrag beim Grundbuchamt vor Eintritt der Rechtsnachfolge am Grundstück eingegangen war (§§ 873 Abs. 2, 878 BGB).[4847]

▶ **Hinweis:**

2767 Das hieraus resultierende Unsicherheitsmoment bei der Abwicklung von Erbbaurechtskaufverträgen kann allenfalls durch Einschaltung eines Anderkontos und Auszahlung erst nach erfolgter Antragstellung auf Umschreibung beseitigt werden. Zumindest die Grunderwerbsteuer (auch die Grundbuchkosten bei drohendem Gerichtskostenvorschuss) sind also zusätzlich zu hinterlegen und aus dem Anderkonto vorab gegen Vorlage des Steuerbescheids/der Kostenzwischenverfügung zu bedienen. Anderenfalls sollte das Risiko offengelegt werden (vgl. unten Rdn. 2880).

Zu Vorkehrungen beim Verkauf eines Erbbaurechtes, dessen Beleihung der Zustimmung des Grundstückseigentümers bedarf, vgl. Rdn. 2875 ff.

(3) Ersetzung

2768 Bis zur Erteilung des Zustimmung sind dingliches und schuldrechtliches Geschäft (§ 6 ErbbauRG) schwebend unwirksam, der Schwebezustand wird beendet durch die Erteilung selbst, durch fruchtlosen Ablauf einer dem Erbbaurechtsverkäufer (nicht dem Eigentümer!) durch den Käufer analog §§ 108 Abs. 2, 177 Abs. 2, 415 Abs. 2, 1366 Abs. 3, 1829 Abs. 2 BGB gesetzten angemessenen Frist,[4848] oder durch die endgültige berechtigte Verweigerung der Zustimmung. Letzteres ist jedoch zur Vermeidung von Missbräuchen gem. der zwingenden[4849] Regelung des § 7 Abs. 1 ErbbauRG nur statthaft, wenn der Zweck der Erbbaurechtsbestellung (z.B. Förderung des sozialen Wohnungsbaus, Rendite aus Grundstücksnutzung; Heimstätte zur Führung eines christlichen Ehe- und Familienlebens o.Ä.) wesentlich beeinträchtigt wird – etwa durch einen Erwerber, der eine andere Bauwerksnutzung anstrebt (untergeordnete Büronutzung eines Wohngebäudes schadet allerdings nicht),[4850] nicht die geforderten Merkmale aufweist,[4851] die schuldrechtlichen Gegenleistungsverpflichtungen nicht übernimmt,[4852] oder spekulativ einen ungewöhnlich niedrigen Erbbauzins ausnutzt[4853] –, oder wenn die Persönlichkeit des Erwerbers, insb. seine Vermögensverhältnisse, bei konkreter Betrachtung[4854] keine Gewähr für eine ordnungsgemäße Erfüllung des Erbbaurechtsvertrags einschließlich der Zahlung der Erbbauzinsen[4855] bieten.

4845 Widerruflichkeit der Zustimmung bis zur Grundbuchumschreibung; hiergegen *Staudinger/Rapp* § 5 ErbbauRG Rdnr. 1: Wirksamwerden mit Zugang beim Erbbauberechtigten, ebenso wie die gerichtliche Ersetzungsentscheidung, § 41 FamFG.
4846 OLG Düsseldorf DNotI-Report 1996, 101.
4847 Vgl. OLG Köln MittRhNotK 1996, 275.
4848 BGH NJW 2000, 3645; *Gutachten* DNotI-Report 2009, 9: die Fristsetzung ist auf Einleitung eines Ersetzungsverfahrens gem. § 7 Abs. 3 ErbbauRG gerichtet.
4849 OLG Zweibrücken DNotZ 2004, 934.
4850 OLG Hamm MittBayNot 1996, 37.
4851 Z.B. Veräußerung an einen Nicht-Christen bei einem Erbbaurecht eines kirchlichen Ausgebers für »Christliche Familien«, *Gutachten* DNotI-Report 2004, 133.
4852 OLG Celle DNotZ 1984, 387.
4853 »Objektive Gewinnsucht«; dies ist jedoch noch nicht gegeben bei einem Verkauf eines Erbbaurechts für 148.000,00 €, wenn das Gebäude allein auf 97.000,00 € geschätzt war, vgl. OLG Hamm, 03.11.2005 – 15 W 337/05, RNotZ 2006, 120.
4854 Die Genehmigung kann nicht mit abstrakten Erwägungen verweigert werden (etwa dem Fehlen einer vollhaftenden natürlichen Person bei der GmbH & Co. KG, OLG Frankfurt am Main, 12.07.2005 – 20 W 63/04, NZM 2005 919); auch nicht wenn bisher eine natürliche Person Inhaber war und diese auf eine von ihr beherrschte GmbH & Co. KG überträgt, OLG Hamm, 09.07.2007 – 15 W 84/07, RNotZ 2008, 157, ebenso wenig durch schlichten Hinweis darauf, es handele sich um eine ausländische Gesellschaft bzw. einen Finanzinvestor, vgl. *Gutachten* DNotI-Report 2008, 102; *Bottin/Dusil* ZfIR 2008, 287. Zur gleichen Wertung i.R.d. § 12 Abs. 2 WEG vgl. Rn. 958.
4855 H.M., vgl. *Gutachten* DNotI-Report 2008, 101 m.w.N.

Auch bei **unsicherer Vermögenslage** kann jedoch nach Stellung ausreichender Sicherheiten ein Anspruch auf Zustimmung bestehen,[4856] etwa bei Stellung einer Bürgschaft durch den bisherigen Erbbauberechtigten.[4857] Die ohne hinreichenden Grund verweigerte Zustimmung ist gem. § 7 Abs. 3 ErbbauRG durch das **AG**, in dessen Bezirk das Grundstück liegt, im **FamFG-Streitverfahren** zu ersetzen,[4858] wobei der Antrag auch von einem die Versteigerung betreibenden Gläubiger gestellt werden kann, sodass es der vorherigen Pfändung und Überweisung zur Einziehung nicht mehr bedarf.[4859] 2769

Die Zustimmung des Grundstückseigentümers zur Veräußerung des Erbbaurechts kann ohne dahin gehende Vereinbarung nicht davon abhängig gemacht werden, dass der Erbbauberechtigte die entstehende **notarielle Beglaubigungsgebühr** erstattet; ein solcher Erstattungsanspruch besteht jedenfalls kraft Gesetzes auch materiell-rechtlich nicht.[4860] Auch kann der Grundstückseigentümer die Erteilung seiner Zustimmung nicht davon abhängig machen, dass der Erwerber ihm ggü. zusätzliche Pflichten übernehme, selbst wenn ein gesetzlicher Anspruch auf diese besteht (z.B. Anspruch aus § 242 BGB auf Erhöhung des Erbbauzinses bei Überschreiten der Opfergrenze, d.h. mehr als 150 %igem Anstieg der Lebenshaltungskosten seit Vertragsschluss).[4861] Erst recht verwehrt ist es dem Eigentümer, die Zustimmung an eine gegen § 9a ErbbauRG verstoßende Erbbauzinserhöhung zu knüpfen, mag diese auch der vor Inkrafttreten des § 9a ErbbauRG vereinbarten prozentualen Rendite entsprechen.[4862] 2770

cc) Zustimmung zu Belastungen

(1) Anwendungsfälle

Das Zustimmungserfordernis bei Belastungen kann gem. § 5 Abs. 2 ErbbauRG nur für die Bestellung (und nachteilige Inhaltsänderung,[4863] aber z.B. nicht Abtretung) der dort genannten Grundpfandrechte und Reallasten – oder zumindest für abgrenzbare Fallgruppen hieraus[4864] – mit dinglicher Wirkung vereinbart werden. **Darüber hinausgehende Zustimmungsvorbehalte** – etwa zur Revalutierung – sind zulässig, wenn sie ausdrücklich nur schuldrechtlich vereinbart sind;[4865] ein Verstoß hiergegen kann aber zur **Heimfallvoraussetzung** erhoben werden.[4866] Belastungen zugun- 2771

4856 Staudinger/*Ring* BGB § 5 Rn. 26.
4857 OLG Hamm RNotZ 2006, 118 (einer Konzernobergesellschaft für die übernehmende Objektgesellschaft); ähnlich OLG Frankfurt am Main NJW-RR 2006, 656 (Übertragung auf eine GmbH & Co. KG).
4858 OLG München FGPrax 2008, 236; AG Karlsruhe ZfIR 2008, 306.
4859 BGH NJW 1987, 1942.
4860 OLG Hamm DNotZ 1992, 368.
4861 LG Memmingen MittBayNot 1982, 128; DNotI-Gutachten, Dokument Nr. 1177 v. 30.04.1998.
4862 OLG Hamm, 03.11.2005 – 15 W 337/05, RNotZ 2006, 120: Verlangen einer Zinsverdreifachung auf die ursprünglich vereinbarten 4 % des Bodenwerts zur Überwindung der Differenz, die sich durch die Anpassungsbeschränkung des § 9a ErbbauRG ergeben hat. § 9a ErbbauRG stehe auch einem solchen nach Veräußerung gestellten Verlangen entgegen.
4863 Z.B. Vollstreckungsunterwerfung nach § 800 ZPO, MünchKomm-BGB/*v. Oefele*, § 5 ErbbauRG Rn. 10; a.A. Staudinger/*Ring* BGB § 5 Rn. 6.
4864 Nach BayObLG ZNotP 1999, 479 soll es jedoch nicht möglich sein, einen im Vorhinein vereinbarten Ausschluss der Zustimmung für bestimmte Fälle der Belastung zum dinglichen Inhalt des Erbbaurechts zu machen. (Im Streitfall wurde eine Zustimmung für entbehrlich erklärt zu solchen Rechten, die spätestens 3 Jahre vor Ablauf des Erbbaurechts gelöscht würden, wenn zugleich eine Löschungsvormerkung abgetreten würde. Es dürfte jedoch möglich sein, den Ausschluss der Zustimmung dinglich dann zu vereinbaren, wenn die den Ausschluss auslösenden Tatbestände bereits bei Eintragung des Grundpfandrechts feststehen und nicht – wie hinsichtlich der hier für notwendig erklärten Löschung vor Ablauf des Erbbaurechts – sich erst in Zukunft ergeben. Hierzu tendiert auch *Eichel* RNotZ 2003, 86.).
4865 BayObLG MittBayNot 1992, 197.
4866 OLG Hamm OLGZ 1986, 14. Ein Verstoß gegen § 6 Abs. 2 ErbbauRG dürfte nicht vorliegen, wenn der Heimfall an die absprachewidrige Revalutierung geknüpft wird; allerdings hat der Eigentümer die zugrunde liegenden Verbindlichkeiten im Verhältnis zur Bank zu übernehmen und ist demnach allein auf den Freistellungsanspruch gegen den Erbbauberechtigten verwiesen. Es empfiehlt sich eine dreiseitige (nur unter Mitwirkung des Eigentümers änderbare) Zweckvereinbarung mit der Bank, vgl. DNotI-Gutachten § 5 ErbbauRG – 39938 v. 24.03.2003.

sten des Grundstückseigentümers (etwa Erhöhungsreallasten hinsichtlich des Erbbauzinses) bedürfen verständlicherweise keiner Zustimmung.[4867]

2772 Der Grundstückseigentümer hat bei der Erteilung einer erforderlichen Zustimmung insb. zu prüfen, ob hierdurch eine Belastung des Erbbaurechts über den Betrag der bei Heimfall geschuldeten Vergütung (§ 32 Abs. 1 ErbbauRG) hinaus eintritt, sodass die Gefahr besteht, dass er aus der gesetzlichen Schuldübernahme gem. § 33 Abs. 2 ErbbauRG hinsichtlich der bei Geltendmachung des Heimfalls bestehenden, grundpfandrechtlich gesicherten Verbindlichkeiten auch über den Betrag der vereinbarten Vergütung (etwa i.H.v. 2/3 des Verkehrswerts) hinaus verpflichtet wird. Er hat daher **Anspruch auf Einsicht in den Darlehensvertrag und die Sicherungsabrede**.[4868]

(2) Ersetzung

2773 Die Zustimmung muss erteilt (und ggf. gem. § 7 Abs. 2 ErbbauRG ersetzt) werden, wenn die Belastung mit den Regeln einer ordnungsgemäßen Wirtschaft vereinbar ist, also »im Rahmen vernünftigen wirtschaftlichen Verhaltens liegt«.[4869] Die Rechtsprechung prüft folgende Kriterien:

(1) Dem Erbbauberechtigten muss ein **wirtschaftlicher Gegenwert** zufließen, der sich zu seinem Nutzen in Ansehung des Bauwerks oder seiner wirtschaftlichen Lage auswirkt.[4870] Dies ist bei Umschuldungen für Darlehen, die gebäude(errichtungs- oder anschaffungs-) bezogen sind, regelmäßig gegeben.[4871] Der erforderliche »wirtschaftliche Gegenwert« wird jedoch auch dann bejaht, wenn die ausgezahlten bzw. gesicherten Mittel sich im praktischen Ergebnis zum Nutzen des Erbbauberechtigten auswirken, etwa der Finanzierung seines Gewerbebetriebs dienen[4872] oder dessen Schaffenskraft erhöhen.[4873] Die Grenze wird erreicht bei einer spekulativen Ausnutzung des Erbbaurechts und der Entfremdung seines ursprünglichen Zwecks.[4874] Kein Anspruch auf Belastungszustimmung besteht bspw., wenn das Erbbaurecht mit einer Zwangssicherungshypothek zur Sicherung von Ersatzansprüchen deliktisch Geschädigter gegen den Erbbauberechtigten belastet werden soll.[4875]

2774 (2) Es darf **keine Überbelastung** vorliegen. Die nur für bestimmte Geldgeber (Mündelgeld) geltenden Belastungsgrenzen der §§ 18 ff. ErbbauRG a.F. sind dabei ebenso wenig maßgeblich[4876] wie die (den Kreditgeber schützenden) Beleihungsgrenzen von Kreditinstituten.[4877] Vielmehr wägen die Gerichte anhand des Werts des Erbbaurechtsgebäudes und der wirtschaftlichen Verhältnisse des Erbbauberechtigten im Einzelfall ab: eine Beleihung i.H.v. 60 % des Verkehrswerts zuzüglich Zinsen bis zu 15 % wurde gebilligt,[4878] teilweise auch mehr,[4879] sogar über die banküblichen Beleihungsgrenzen hinaus.[4880] Voraussetzung ist jedoch stets, dass eine banktübliche Tilgung des Darlehens geschuldet und mit der vollständigen Rückführung bis zum Ablauf des Erbbaurechts zu rechnen ist.[4881]

4867 LG Regensburg, 18.04.2007 – 5 T 61/07, MittBayNot 2008, 55 m.w.N.
4868 OLG Hamm MittRhNotK 1996, 272.
4869 OLG Hamm NJW 1968, 554.
4870 OLG Hamm OLGZ 1985, 269.
4871 OLG Hamm NJW-RR 1991, 20, 22.
4872 OLG Frankfurt am Main DNotZ 1978, 105; BayObLG DNotZ 1989, 368.
4873 Wobei ein weiter Maßstab zugrunde gelegt wird: auch eine Zwangssicherungshypothek zur Absicherung ärztlicher Behandlungskosten soll demnach durchgesetzt werden können, vgl. LG Köln Rpfleger 2000, 11.
4874 BayObLG Rpfleger 1974, 357.
4875 OLG München, 31.07.2008 – 33 Wx 145/07, JurionRS 2008, 25815.
4876 OLG Frankfurt am Main DNotZ 1978, 105.
4877 OLG Stuttgart NJW 1958, 1099.
4878 LG München DNotZ 1973, 554; BayObLG Rpfleger 1974, 357.
4879 Nach LG Köln Rpfleger 2000, 11, sei »die Belastungsgrenze bei 60 % des Verkehrswerts noch nicht erreicht«. Mangels anderer Anhaltspunkte dürfe dabei der frühere Erwerbspreis (hier: anteiliger Betrag aus der Anschaffung des Jahres 1990) unter Zugrundelegung des Lebenshaltungskostenindex im Wege der Schätzung hochgerechnet werden zur Ermittlung des aktuellen Verkehrswerts.
4880 BayObLGZ 1986, 508.
4881 OLG Hamm NJW-RR 1991, 20.

(3) **Keine Zweckgefährdung**: Eine solche kann eintreten, wenn die Höhe des Kapitaldienstes die 2775
Fähigkeit des Erbbauberechtigten zur Tragung der Erbbauzinsen gefährdet. Nennenswerte weitere Bedeutung hat das gesetzliche Merkmal nicht erlangt; regelmäßig wird als Zweckbeeinträchtigung angesehen, was den Regeln einer ordnungsgemäßen Wirtschaft widerspräche. Nicht etwa haben die Gerichte aus der teleologischen Anknüpfung des Zustimmungserfordernisses an das Risiko der Grundpfandrechtsübernahme beim Heimfall (§ 33 Abs. 2 ErbbauRG) gefolgert, bei vollständigem Ausschluss der Heimfallentschädigung (etwa bei gewerblichen Objekten) gefährde jede Beleihung den Zweck der Erbbaurechtsbestellung und sei demnach ablehnbar, da dieser Zweck nicht in der Hoffnung auf einen unentgeltlichen Gebäudehinzuerwerb durch Heimfallausübung liege, sondern auf die Erzielung regelmäßiger Einkünfte bei Erhaltung des Grundstücks gerichtet ist. Allerdings erfordert die Zwecksicherung Vorkehrungen gegen unlautere Wiederverwendungen genehmigter Grundpfandrechtsbestellungen ohne Mitwirkung des Eigentümers (durch Eintragung einer Löschungsvormerkung sowohl zulasten des Erbbauberechtigten als auch zulasten des Gläubigers gem. §§ 1179 Nr. 2, 883 BGB).

Ist ein Zustimmungserfordernis vereinbart, gilt dieses auch, wenn die Eintragung einer Sicherungshypothek an einem Eigentümererbbaurecht betrieben wird. Den Antrag auf Ersetzung kann jedoch auch der Vollstreckungsgläubiger aus eigenem Recht stellen.[4882] Die Sicherungshypothek gem. § 1287 Satz 2 BGB bei Verpfändung eines Anspruchs auf Verschaffung eines Erbbaurechts entsteht zwar außerhalb des Grundbuchs, der Schutzzweck des § 5 Abs. 2 ErbbauRG fordert jedoch, dass hierzu die Zustimmung des Grundstückseigentümers erteilt wird. Fehlt diese, ist zwar die Verpfändung als solche möglich, es entsteht jedoch keine Sicherungshypothek.[4883] 2776

Zu Vorkehrungen beim Verkauf eines Erbbaurechtes, dessen Beleihung der Zustimmung des Grundstückseigentümers bedarf, vgl. Rdn. 2883 ff.

dd) Zwangsvollstreckungsmaßnahmen

Gem. § 8 ErbbauRG erfassen vereinbarte Zustimmungsvorbehalte auch nichtrechtsgeschäftliche 2777
Verfügungen, insb. Zwangsvollstreckungsmaßnahmen. So ist etwa die Zustimmung erforderlich für die Eintragung von **Sicherungshypotheken** (§§ 848 Abs. 2, 867 ZPO) und **Arresthypotheken** (§ 932 ZPO), während **Bauhandwerkersicherungshypotheken** gem. § 648 BGB als rechtsgeschäftliche Belastungen unter § 5 Abs. 2 ErbbauRG fallen. Auch der gesetzliche Eigentumserwerb durch Zuschlag in der **Zwangsversteigerung** bedarf jedoch der Zustimmung des Eigentümers. Die früher erteilte Zustimmung zu einer Belastung macht die erneute Zustimmung zum Eigentumsübergang im Wege des Zuschlags nicht entbehrlich, da hier weitere Interessen des Eigentümers (Zuverlässigkeit des Erwerbers!) berührt werden;[4884] und zwar auch dann, wenn der Eigentümer selbst die Versteigerung betrieben hat.[4885] Es kann jedoch im Erbbaurechtsvertrag dinglich vereinbart werden, dass mit der Belastungszustimmung zugleich die Zustimmung zum späteren Versteigerungszuschlag verbunden ist.

Bei **unrechtmäßiger Verweigerung** kann die Zustimmung – und zwar auch auf Antrag des betreibenden Gläubigers – innerhalb der vom Versteigerungsgericht gem. § 87 ZVG gesetzten Zuschlagsfrist von einer Woche, die auf Antrag verlängert wird, gerichtlich ersetzt werden. Hierbei ist ein wesentlich großzügigerer Maßstab anzulegen, wenn der Grundstückseigentümer zuvor der Belastung, aus welcher die Versteigerung betrieben wird, nicht nur zugestimmt hat, sondern auch mit seinen Rechten (Erbbauzinsreallast) hinter diese Belastung **zurückgetreten** ist. Wird aus dem vorrangigen Grundpfandrecht in das Erbbaurecht vollstreckt, fällt die Erbbauzinsreallast nicht in das geringste Gebot und ist daher vom 2778

4882 So BayObLG Rpfleger 1997, 256 zum Fall eines Bauunternehmers, der die Belastung eines Erbbaurechts mit einer Bauunternehmersicherungshypothek anstrebt; noch offengelassen in BayObLG DNotZ 1997, 142.
4883 *Schöner/Stöber* Grundbuchrecht Rn. 1777; DNotI-Gutachten Nr. 11028.
4884 BGH MittBayNot 1987, 194.
4885 BayObLG DNotZ 1961, 266.

Ersteher nicht zu übernehmen. Nach obergerichtlicher Rechtsprechung[4886] kann der Eigentümer in diesem Fall den Erwerber nicht deshalb ablehnen, weil dieser nicht in etwaige parallele Verpflichtungen zur Zahlung des Erbbauzinses eintrete oder diese nicht neu übernehme.[4887]

2779 Damit befindet sich der Grundstückseigentümer in der misslichen Lage, einem neuen Erbbauberechtigten gegenüberzustehen, der ihm keinen Erbbauzins schuldet, anderseits aber an einer gewinnbringenden Veräußerung des Grundstücks durch das fortbestehende Erbbaurecht gehindert zu sein.

▶ Hinweis:

Es ist daher vordringliche Aufgabe der notariellen Belehrung, den Grundstückseigentümer, welcher zur Belastungszustimmung und Rangrücktrittserklärung aufgefordert wird, eindringlich auf dieses Risiko hinzuweisen und mit ihm und den beteiligten Gläubigern die in der Praxis entwickelten Alternativformen eines gerechten Interessenausgleichs zwischen Grundstückseigentümer und Gläubiger am Erbbaurecht zu erörtern (insb. die dingliche Abrede nach § 9 Abs. 3 ErbbauRG).

5. Schuldrechtliche Regelungen, Erbbauzins

a) Schuldrechtliche Regelungen

2780 Neben die dinglichen Vereinbarungen, die zum Wesensinhalt des Erbbaurechts gehören oder die (»fakultativ«) zum dinglichen Inhalt des Erbbaurechts gemacht werden können treten je nach den Besonderheiten des Einzelfalles zahlreiche Vereinbarungen, die nur zwischen den konkreten Vertragsparteien und ihren Gesamtrechtsnachfolgern wirken (schuldrechtliche Vereinbarungen). Diese haben zum Gegenstand etwa
- Regelungen zu Leistungsstörungen,
- gegenseitige Kontroll- und Einsichtsrechte,
- nachbarliche Duldungsverpflichtungen,
- die Gegenleistung für die Einräumung des Erbbaurechts,
- Erweiterungen des gesetzlichen Zustimmungsvorbehalts,
- Pflicht zur Abgabe von »Stillhalteerklärungen«,
- die Regelung des Verhältnisses zwischen mehreren Erbbauberechtigten etc.,
- Übernahme der Verkehrssicherungspflicht und der daraus sich ergebenden Haftung.[4888]

2781 Soweit ein Interesse besteht, dass diese Vereinbarungen auch ggü. **Einzelrechtsnachfolgern** wirken, da sie sich nicht bereits vorher erschöpfen (wie dies etwa bei Regelungen zum Besitzübergang, zur Nutzungsentschädigung vor dinglicher Entstehung des Erbbaurechts etc. der Fall ist), müssen sich die Vertragsparteien verpflichten, ihren Rechtsnachfolgern die Übernahme sämtlicher schuldrechtlicher Bestimmungen unter Weitergabeverpflichtung aufzuerlegen. Vertragstechnisch handelt es sich dabei um die Abtretung (der Berechtigungen) bzw. den Schuldbeitritt im Wege der Erfüllungsübernahme (hinsichtlich der Verpflichtungen) zwischen Alt- und Neuinhaber des Erbbaurechts, die ggü. dem bisherigen Inhaber nur dann im Fall der Genehmigung des Gläubigers mit schuldbefreiender Wirkung erfolgen (§ 415 BGB). Die Genehmigung der Schuldübernahme kann und wird regelmäßig (ggf. konkludent) mit der vorbehaltenen Genehmigung zur Erbbaurechtsveräußerung (§ 5 ErbbauRG) stattfinden.

2782 In beschränkten Maße können solche **schuldrechtlichen Verpflichtungen »verdinglicht«** werden, indem sie zum auslösenden Tatbestand für Heimfallrechte oder Vertragsstrafen (§ 2 Nr. 4 und Nr. 5

[4886] BGH MittBayNot 1987, 194; ebenso OLG Hamm, 03.07.2008 – 15 Wx 116/08, ZfIRDat 2008 Ls Nr. 153: hat der Grundstückseigentümer durch Rücktritt selbst die Gewichtung verändert, kann er sich bei der Verweigerung der Zustimmung zur Verwertung nicht auf eine Erbbaurechtsvertragsklausel, welche ihm die Ablehnung »zur Wahrung seiner wirtschaftlichen Interessen« erlaubt, berufen.
[4887] A.A. noch OLG Hamm DNotZ 1987, 40.
[4888] BayObLG ZNotP 1999, 479.

ErbbauRG) ausgestaltet werden. Eine ähnliche »**Verdinglichung**« wird erreicht durch die Vereinbarung eigener dinglicher Rechte und deren Eintragung in die betreffenden Grundbücher (z.B. häufig für dingliche Vorkaufsrechte des Eigentümers am Erbbaurecht und umgekehrt).

b) Erbbauzinsvereinbarungen

Diese Möglichkeit der »Verdinglichung« eröffnet sich gem. § 9 Abs. 1 ErbbauRG insb. auch, wenn als Entgelt wiederkehrende Leistungen (**Erbbauzins**) ausbedungen werden, die aufgrund gesetzlicher Verweisung reallastähnlich ausgestaltet werden können (§§ 1105 ff. BGB gelten). Auch hierdurch werden diese Vereinbarungen jedoch nicht zum Inhalt des dinglichen Erbbaurechts und partizipieren daher nicht an dessen zwingend erstem Rang; es handelt sich vielmehr um eigenständige Belastungen (z.B. des Erbbaurechts) mit eigener Rangfähigkeit. Im Einzelnen ist hierbei zu unterscheiden: 2783
– Die **lediglich schuldrechtliche Vereinbarung** wiederkehrender Sach- oder Geldleistungen ist zulässig (und für die Zeit vor der Entstehung des Erbbaurechts durch Eintragung im Grundbuch auch die einzige Möglichkeit). Hierfür gelten die Beschränkungen des § 9 ErbbauRG (z.B. Abs. 2 Nichtabtretbarkeit etc.) sowie des Reallastrechts (z.B. Verbot der Verzugszinsen)[4889] nicht.
– Bestellung einer **Erbbauzinsreallast** durch formfreie Einigung (§ 873 BGB) und Eintragung im Erbbaugrundbuch als Belastung des Erbbaurechts.

Aus der gesetzlichen Verweisung auf das Recht der Reallast folgt, dass der jeweilige Inhaber des Erbbaurechts gem. §§ 1105, 1107 BGB sowohl wegen des Stammrechts als auch der Einzelforderung die Zwangsversteigerung aus der Erbbauzinsreallast dulden muss und insb. gem. § 1108 BGB aufgrund des mit der Reallast verbundenen gesetzlichen Schuldverhältnisses auch persönlich zur Erbringung der Einzelleistungen, die während seiner Inhaberschaft fällig werden, verpflichtet ist, also insoweit mit seinem gesamten Vermögen haftet. Zur Erleichterung der Rechtsverfolgung durch den Eigentümer unterwirft sich der Erbbauberechtigte in der Bestellungsurkunde bzw. der spätere Erwerber in der Erbbaurechtsübertragung regelmäßig sowohl wegen der schuldrechtlichen Zahlungspflicht als auch wegen der Einzelleistungen aus dem Reallast-Stammrecht der Zwangsvollstreckung gem. § 794 Abs. 1 Nr. 5 ZPO in sein gesamtes Vermögen; die dingliche Unterwerfung des Erbbaurechts unter die sofortige Zwangsvollstreckung ggü. dem jeweiligen Reallastberechtigten ist gem. § 800 Abs. 1 ZPO unzulässig.[4890] 2784

Die persönliche Haftung gem. § 1108 BGB ist objektabhängig, sodass der bisherige Erbbaurechtsinhaber beim Ausfall der Erbbauzinsreallast in der Zwangsversteigerung dem Eigentümer ggü. gesetzlich nicht mehr zur Zinszahlung für das ihm nicht mehr zustehende Erbbaurecht verpflichtet ist.[4891] 2785

Noch nicht fällige Zinsforderungen aus dem Reallast-Stammrecht können wegen § 9 Abs. 2 ErbbauRG als Rechtsbestandteile des Grundstückseigentums weder übertragen noch ge- oder verpfändet werden; bereits fällige Erbbauzinsforderungen unterliegen jedoch uneingeschränkt dem Rechtsverkehr.[4892] Für die Verjährung der schuldrechtlichen wie auch der dinglichen Erbbauzins-Einzelleistung gilt § 195 BGB (3-jährige Sylvester-Verjährung); es tritt weder durch Vollstreckungsunterwerfung eine Verlängerung auf 30 Jahre ein (wegen § 197 Abs. 2 BGB), noch eine Verlängerung auf 10 Jahre gem. § 196 BGB, da »Gegenleistung« für die Erbbaurechtsausgabe nur die Bestellung der Reallast als solche ist, nicht die wiederkehrende Einzelleistung.[4893]

[4889] BGH NJW 1980, 2519.
[4890] Vgl. BayObLG DNotZ 1959, 83.
[4891] Vgl. etwa LG Münster Rpfleger 1991, 330.
[4892] Vgl. *Stöber* Forderungspfändung Rn. 1530.
[4893] BGH, 09.10.2009 – V ZR 18/09, MittBayNot 2011, 54 m. Anm. *v. Oefele*. Für den Anspruch auf Eintragung einer Erhöhungsreallast zur Anpassung des Erbbauzinses gilt § 196 BGB (»Anspruch auf Änderung eines Rechts an einem Grundstück«).

c) Anpassung des Erbbauzinses

aa) Rechtslage nach altem Recht

2786 Gem. § 9 Abs. 2 Satz 1 ErbbauRG a.F. musste der Erbbauzins für die gesamte Laufzeit des Erbbaurechts im Voraus **bestimmt** sein – die bloße Bestimmbarkeit i.S.d. Reallastrechts (§ 1105 BGB) genügte nicht. Gem. § 9 Abs. 2 Satz 1 (in der Zwischenfassung des SachenRBerG) war die ziffernmäßig exakt bestimmte Reallast lediglich eine von mehreren Möglichkeiten, die nunmehr dinglich zur Verfügung stehen. Für alle noch nicht angepassten Altverträge und im Fall einer bewussten Wahl des ursprünglichen Rechtszustandes in Neuverträgen, gilt Folgendes:

(1) Anpassungsvereinbarungen

2787 Da die ziffernmäßige Bestimmtheit des Erbbauzinses für die gesamte Laufzeit des Erbbaurechts beiden Parteien kaum zumutbar ist, sind im Regelfall **weitere Vereinbarungen zur Anpassung des Anfangserbbauzinses** an veränderte wirtschaftliche Rahmenbedingungen erforderlich. Solche Anpassungsklauseln wirken nur schuldrechtlich, verpflichten also Einzelrechtsnachfolger im Erbbaurecht nur dann, wenn ein wirksamer Eintritt (i.d.R. gem. § 13a BeurkG)[4894] stattgefunden hat. Gleiches gilt bei Rechtsnachfolge im Grundstückseigentum; die Vereinbarung kann jedoch bereits schuldrechtlich zugunsten der künftigen Grundstückseigentümer als Dritter gem. § 328 BGB getroffen werden.[4895]

▶ Hinweis:

Bei der **Vertragsgestaltung** ist auf genaue Bestimmungen über die heranzuziehenden Vergleichs- oder Bezugsgrößen, die maßgeblichen Schwellenwerte, sowie den Anpassungszeitpunkt zu achten.

2788 Zu unterscheiden sind dabei[4896] auf der einen Seite Klauseln, die bei Eintritt bestimmter Voraussetzungen eine Neufestsetzung durch Vereinbarung oder Bestimmung durch einen Berechtigten (§ 315 BGB) vorsehen; so häufig (wegen § 9a ErbbauRG Rdn. 2792) bei gewerblichen Erbbaurechten:

▶ Formulierungsvorschlag: Anspruch auf Erbbauzinserhöhung bei abweichender (gewerblicher) Bebauung

2789 Errichtet der Erbbauberechtigte auf dem Erbbaugrundstück ein anderes Bauwerk als in § ..... dieses Vertrags vereinbart oder betreibt er dort jeweils ohne Zustimmung des Grundstückseigentümers ein anderes Gewerbe als in § ..... niedergelegt, kann der Eigentümer – unbeschadet seiner Ansprüche auf Unterlassung, Schadensersatz und Heimfall – eine Erhöhung des jährlichen Erbbauzinses für die restliche Laufzeit um 3 % des seinerzeitigen Verkehrswerts des Grundstücks (ohne Minderung im Hinblick auf das bestehende Erbbaurecht) schriftlich verlangen. Einigen sich die Beteiligten nicht über den seinerzeitigen Verkehrswert, bestimmt diesen ein durch die örtlich zuständige IHK bestellter vereidigter Sachverständiger für Grundstücksbewertungen als Schiedsgutachter gem. § 315 BGB. Die Erhöhung wird mit Beginn des Folgejahres jedenfalls schuldrechtlich wirksam und ist als Reallast im Grundbuch einzutragen. Zur Sicherung dieses Anspruchs auf Anpassung (Eintragung der Erhöhungsreallast) wird die Eintragung einer Vormerkung im Rang nach der Reallast zur Sicherung des Eingangserbbauzinses bewilligt und beantragt.

2790 Häufiger sind jedoch »**Gleitklauseln**«, welche zu einer unmittelbaren Anpassung des schuldrechtlichen Zinses führen. Hieraus ergibt sich zugleich ein Anspruch auf Neufestsetzung des dinglichen Erbbauzinses durch Eintragung einer weiteren Erbbauzins(-erhöhungs-) reallast sowie, wenn vereinbart, ein Anspruch auf erneute Vollstreckungsunterwerfung auch insoweit gem. § 794 Abs. 1 Nr. 5 ZPO. Eine **automatische Erhöhung der dinglichen Erbbauzinsreallast** war wegen § 9 Abs. 2 Nr. 1 ErbbauRG a.F. ausgeschlossen. Dieser Anspruch auf Einräumung weiterer Erbbauzi-

---

4894 BGH NJW-RR 1987, 74.
4895 BGH WM 1982, 977.
4896 Zu Wertsicherungsklauseln vgl. umfassend *Kluge* MittRhNotK 2000, 409 ff.

nsreallasten ließ sich nur durch **Vormerkung** gem. § 883 BGB Rang wahrend sichern, sofern der Erhöhungsanspruch inhaltlich genügend bestimmbar, d.h. objektiv berechenbar ist.

▶ Beispiel:

Lebenshaltungskostenindex, bestimmte Tarif- oder Beamtengehälter, aber auch: bestimmter Prozentsatz des Bodenverkehrswerts.[4897]

Seit einer grundlegenden Entscheidung des BayObLG[4898] genügt eine Vormerkung zur Sicherung aller künftig neu einzutragenden Erbbauzinserhöhungsreallasten. Wird nach entsprechender Bewilligung des Erbbauberechtigten die erste Erhöhungsreallast eingetragen, erschöpft sich die Sicherungswirkung der Vormerkung für die künftigen Erhöhungen nicht, sie kann also stufenweise ohne Eintragung neuer Vormerkungen in Reallasten »umgeschrieben« werden.

2791

Wurde in früheren Erbbaurechtsverträgen eine Anpassung »bei erheblicher Veränderung der wirtschaftlichen Verhältnisse« vereinbart, ist diese Schwelle bei 10 % überschritten;[4899] für eine »unzumutbare Veränderung« werden 20 % gefordert.[4900]

(2) Anpassungsgrenzen

Dient das Erbbaurechtsgebäude bestimmungsgemäß Wohnzwecken, begrenzt § 9a ErbbauRG, der im Jahr 1974 vor dem Hintergrund hoher Inflationsraten der Nachkriegszeit eingefügt wurde, die schuldrechtlichen Anpassungsmöglichkeiten in zweierlei Hinsicht:
– eine Erhöhung darf frühestens 3 Jahre nach Vertragsabschluss und dann jeweils frühestens nach Ablauf von weiteren 3 Jahren verlangt werden (§ 9a Abs. 1 Satz 5 ErbbauRG);[4901]
– die Erhöhung darf nicht unbillig sein, insb. nicht über die Änderung der allgemeinen wirtschaftlichen Verhältnisse hinausgehen. Letztere wird[4902] als Mittelwert aus dem Anstieg der Lebenshaltungskosten (Vier-Personen-Arbeitnehmerhaushalt mit mittlerem Einkommen) und dem Einkommensanstieg (je zur Hälfte Bruttoverdienst der Arbeiter in der Industrie und Bruttoverdienst der Angestellten in Industrie und Handel) definiert. Die Wertsteigerung[4903] des Erbbaugrundstücks darf gem. § 9a Abs. 1 Satz 4 nur begrenzt berücksichtigt werden (kann aber, sofern zunächst gekappt, bei späteren Anpassungen »nachgeholt« werden, um z.B. vereinbarte Mindestschwellen zu überschreiten, sofern dadurch die Grenze insgesamt nicht verletzt ist).[4904] Bei teilgewerblicher Nutzung gelten diese Grundsätze für einen nach dem Verhältnis beider Nutzungen angemessenen Teilbetrag des Erbbauzinses (§ 9a Abs. 2 ErbbauRG).

2792

4897 Gem. OLG Zweibrücken MittBayNot 2001, 77 u.U. auch Erhöhung auf das Doppelte, wenn im Vertrag bezeichnete Tatbestände vorliegen. Denkbar sind auch Anpassungen, die aufgrund im Vertrag genannter Formel z.B. den Erbbauzins an das zulässige Maß der Bebauung knüpfen, *v. Oefele* MittBayNot 2001, 79.
4898 DNotZ 1978, 239.
4899 BGH DNotZ 1995, 665.
4900 BGH MittBayNot 1992, 264.
4901 Nach überwiegender Auffassung (vgl. DNotI-Gutachten Nr. 11141) führen Vertragsklauseln, die einen kürzeren Turnus vorsehen, weder zur Unwirksamkeit der Erhöhungsbestimmung insgesamt noch gar des Erbbaurechtsvertrags, vielmehr gelte der gesetzliche Turnus unmittelbar, sodass eine Erhöhung für die Zeit nach Ablauf der Frist des § 9a Abs. 1 Satz 5 ErbbauRG wirksam sei.
4902 Seit BGH DNotZ 1981, 258.
4903 Wurde jedoch (z.B. im Beitrittsgebiet) der Zins bei Erbbaurechtsbestellung zunächst nur vorläufig bestimmt, da ein Grundstückswert nicht zu ermitteln war, liegt in der späteren Neufeststellung des Zinses nach Bildung eines Grundstückswerts keine »Anpassung an den Grundstückswert« i.S.d. § 9a Abs. 1 ErbbauRG, vgl. BGH, 25.10.2002.– V ZR 396/01, JurionRS 2002, 23744.
4904 Als Ergebnis ergänzender Vertragsauslegung, BGH, 06.10.2006 – V ZR 20/06, NJW 2007, 509.

Klarzustellen ist, dass § 9a ErbbauRG nur dem einseitigen Anpassungsverlangen des Grundstückseigentümers entgegensteht, vertraglich frei vereinbarte Erbbauzinserhöhungen oder bereits im Erbbaurechtsvertrag vereinbarte »Staffelerbbauzinsregelungen« jedoch nicht hindert.

(3) Preisklauselgesetz

2793 § 3 Satz 2 WährG – ebenso wie § 2 Abs. 1 Satz 2 des mit Wirkung ab 01.01.1999 an dessen Stelle getretenen Preisangaben- und Preisklauselgesetzes (PreisAngG)[4905] samt der hierzu ergangenen PreisklauselVO – hatten eine Genehmigungspflicht für Indexklauseln vorgesehen.[4906] Mit Wirkung ab 14.09.2007[4907] regelt das neue **Preisklauselgesetz** abschließend und ohne Genehmigungsvorbehalt die Zulässigkeit von Wertsicherungsklauseln. Ob die gesetzlichen Voraussetzungen vorliegen, müssen die Beteiligten also nunmehr selbst prüfen. Ein Verstoß führt jedoch erst ab deren rechtskräftiger Feststellung zur Unwirksamkeit (§ 8 PreisklauselG), sodass – bei Fehlen vorrangiger vertraglicher Vereinbarungen – in der Vergangenheit »zu Unrecht« erbrachte Zahlungen unangetastet bleiben. Die bisher kostenfrei mögliche »Präventivkontrolle« in Gestalt des behördlichen Genehmigungsverfahrens entfällt also zugunsten einer ggf. erforderlichen zeit- und kostenintensiven gerichtlichen Feststellungsklage. Belassen es die Beteiligten bei der ex-nunc-Wirkung einer etwaigen Unwirksamkeitsfeststellung (ändern sie also § 8 Abs. 2 PreisklauselG nicht ab), braucht immerhin das Grundbuchamt (das sich bisher auf die behördliche Genehmigung verlassen konnte) nicht in eine eigene Preisklauselprüfung einzutreten.[4908]

2794 Für die bisherige Gesetzeslage nahm die Rechtsprechung[4909] bei endgültiger Versagung der Genehmigung eine stillschweigende Verpflichtung zur Vereinbarung einer genehmigungsfähigen – hilfsweise einer genehmigungsfreien – Wertsicherungsabrede mit möglichst gleichem wirtschaftlichem Ergebnis an; Gleiches dürfte für die künftigen Fälle der nachträglich erkannten Unwirksamkeit gelten.

Wurde für eine Wertsicherungsklausel bisher noch kein Genehmigungsantrag gestellt, gilt gem. § 9 PreisklauselG das neue Gesetz, sodass die fehlende Genehmigung ohne Konsequenzen bleibt, wenn die materiellen Voraussetzungen erfüllt sind.

2795 § 1 Abs. 1 PreisklauselG enthält den Verbotsgrundsatz: Der Betrag von Geldschulden darf nicht unmittelbar und selbstständig durch den Preis oder Wert von anderen Gütern oder Leistungen bestimmt werden, die mit den vereinbarten Gütern oder Leistungen nicht vergleichbar sind. Erfasst hiervon sind lediglich automatisch wirkende Indexierungen, **nicht** also (§ 1 Abs. 2 PreisklauselG):
– **Leistungsvorbehalte**, bei denen ein Ermessensspielraum[4910] verbleibt, der es ermöglicht, die neue Höhe der Geldschuld nach Billigkeitsgesichtspunkten zu bestimmen,

---

4905 Auch die Parallelnorm zu § 3 Satz 2 WährG in den neuen Bundesländern, nämlich Art. 3 der Anlage I des Staatsvertrags v. 18.05.1990, wurde gem. Art. 9 § 3 des Euro-Einführungsgesetzes mit Wirkung ab 01.01.1999 in identischer Weise durch das PreisG und die PrKV ersetzt.
4906 Zu erteilen durch das Bundesamt für Wirtschaft und Ausfuhrkontrolle (BAFA), Frankfurter Straße 29 – 31, 65760 Eschborn/Taunus, www.bafa.de.
4907 BGBl. I 2007, S. 2246; vgl. hierzu *Reul* MittBayNot 2007, 445 ff.
4908 *Reul* MittBayNot 2007, 452 und NotBZ 2008, 453 sowie *Usinger* DNotZ 2009, 83 gegen OLG Celle, 20.12.2007, NotBZ 2008, 470 sowie OLG Celle, 14.09.2007, DNotZ 2008, 779, a.A. wegen des Legalitätsgrundsatzes auch *Wilsch* NotBZ 2007, 433.
4909 BGH DNotZ 1984, 174; *Wolf* ZIP 1981, 235.
4910 Die gesetzliche Definition in § 1 Abs. 2 Nr. 1 PreisklauselG erwähnt allerdings das Kriterium des Ermessensspielraums nicht, vgl. hierzu *Reul* MittBayNot 2007, 447.

▶ Beispiel:

Bei einer Änderung des Index für ... um mehr als 5 % verpflichten sich die Parteien, die Höhe der monatlichen Erbbauzinsraten neu zu vereinbaren. Die Neufestsetzung soll dem Änderungsverhalten der Bezugsgröße entsprechen.[4911]

– **Spannungsklauseln** (§ 2 Abs. 1 Nr. 2 PreisklauselG), bei denen der Erbbauzins ständig in einem festen Verhältnis zu bestimmten gleichartigen Leistungen (z.B. der vom Erbbauberechtigten aus der Vermietung des Gebäudes erzielten Bruttomiete) stehen soll (unterscheide hiervon genehmigungsbedürftige Gleitklausel: Anknüpfung an den allgemeinen Anstieg der Mietzinsen),
– **Kostenelementeklauseln** (§ 2 Abs. 1 Nr. 3 PreisklauselG), welche die Veränderung der Selbstkosten des Leistungserbringers »weitergeben« sowie
– Klauseln, die lediglich zu einer **Reduzierung** der Geldschuld führen können (§ 2 Abs. 1 Nr. 4 PreisklauselG).

2796

Zulässig sind im Inland[4912] hinreichend bestimmte, in beide Richtungen dynamische und proportional zur Bezugsgröße wirkende **Preisklauseln**, die
– auf Lebenszeit des Gläubigers, Schuldners oder (neu) eines sonstigen Beteiligten, bis zum Erreichen der Erwerbsfähigkeit bzw. eines bestimmten Ausbildungsziels des Geldempfängers bzw. bis zum Beginn dessen Altersversorgung oder auf die Dauer von mindestens 10 Jahren bzw. aufgrund von Verträgen, bei denen der Gläubiger für mindestens 10 Jahre auf das Recht zur ordentlichen Kündigung verzichtet hat (§ 3 Abs. 1 Nr. 1 Buchst. a) bis Buchst. e) PreisklauselG) zu erbringen sind oder
– auf einer Verbindlichkeit aus der Auseinandersetzung unter Miterben, Ehegatten, Eltern und Kindern, oder auf testamentarischer Grundlage beruhen und auf die Dauer von mindestens zehn[4913] Jahren[4914] oder nach dem Tod des Beteiligten zu erbringen sind (§ 3 Abs. 1 Nr. 2 Buchst. a) PreisklauselG) oder
– für denselben Zeitraum (zehn Jahre bzw. nach dem Tod) vom Übernehmer eines Betriebs oder sonstigen Sachvermögens zur Abfindung eines Dritten zu erbringen sind (§ 3 Abs. 1 Nr. 2 Buchst. b) PreisklauselG).

2797

Als **Bezugsgröße** zugelassen ist in den vorgenannten drei Fällen stets der nationale oder europäische Verbraucherpreisindex (Rdn. 2800 ff., § 3 Abs. 1 a.E. PreisklauselG); bei Zahlungen in Verträgen auf die Lebenszeit des Geldempfängers, bis zum Erreichen seiner Erwerbsfähigkeit, eines Ausbildungsziels oder der Altersversorgung auch die Entwicklung von Löhnen, Gehältern oder Renten (§ 3 Abs. 2 PreisklauselG) und bei wiederkehrenden Leistungen über mindestens 10 Jahre bzw. mit 10-jähriger ordentlicher Kündigungssperre auch die Preisentwicklung von Gütern, die im Betrieb des Schuldners erzeugt werden, bzw. die Entwicklung der Grundstückspreise, wenn das Schuldverhältnis auf die land- oder forstwirtschaftliche Nutzung beschränkt ist.

2798

Wie zuvor § 1 Abs. 4 PreisklauselVO,[4915] § 2 Abs. 2 Nr. 4 PreisAngG sind Preisklauseln in Erbbaurechtsbestellungsverträgen und Erbbauzinsreallasten mit einer Laufzeit von mindestens 30 Jahren zulässig (§ 4 PreisklauselG). Angesichts der weiten Fassung des Wortlauts kommt es hierbei nicht darauf an, ob eine Gleitklausel bereits bei originärer Schaffung des Erbbaurechts oder aber im Rahmen einer späteren Vereinbarung als selbstständige Reallastabrede oder Reallaständerung getroffen wird. Entscheidend ist vielmehr, dass die getroffene Preisklauselvereinbarung nach der ordentlichen Gesamtdau-

2799

4911 Vgl. *Frielingsdorf* DB 1982, 789.
4912 Gem. § 6 PreisklauselG sind Preisklauseln stets zulässig in Verträgen zwischen inländischen Unternehmern und Gebietsfremden.
4913 Gemessen zwischen Begründung der Verbindlichkeiten und Endfälligkeit.
4914 Die Neufassung des § 3 Abs. 1 PreisklauselG durch BGBl. I 2008, S. 2101 (Kraft-Wärme-Kopplungs-Förderungsgesetz) korrigiert das bisherige Redaktionsversehen, wonach sich die 10-Jahres-Frist nur auf die Fallgruppe b) bezog.
4915 An dessen Rechtmäßigkeit jedoch Zweifel geäußert werden, da die Grenzen der in § 2 Abs. 2 PreisG enthaltenen Verordnungsermächtigung überschritten sein könnten, vgl. *Kirchhoff* Wertsicherungsklauseln für Euro-Verbindlichkeiten, S. 237 ff. m.w.N.; *ders.* DNotZ 2007, 20 empfiehlt daher vorsichtshalber, auch in diesen Fällen ein Negativattest einzuholen.

er des Erbbaurechts noch eine Laufzeit von mindestens 30 Jahren hat. Für Erbbauzins-Gleitklauseln mit geringerer Laufzeit gelten die allgemeinen Anforderungen des § 3 PrKG (10-Jahres-Zeitraum bis zur Fälligkeit der letzten Zahlung, Bindung an den Verbraucherpreisindex, hinreichende Bestimmtheit, Einseitigkeitsverbot).[4916]

(4) Preisindices

2800 Mit Wirkung ab 01.01.2003 wird durch das **Statistische Bundesamt** in Wiesbaden lediglich der »Preisindex für die Lebenshaltung aller privaten Haushalte in Deutschland«, nunmehr bezeichnet als »**Verbraucherpreisindex für Deutschland**«,[4917] weitergeführt. Soweit in Erbbaurechtsverträgen auf Indices Bezug genommen wird, die nicht mehr ermittelt werden, ist eine vertragliche Änderung der **Anpassungsvereinbarung** materiell-rechtlich **formfrei** möglich (die Vereinbarungen zum Erbbauzins gehören in keinem Fall zum dinglichen Inhalt des Erbbaurechts); soll der geänderte (schuldrechtliche oder als Inhalt der dinglichen Reallast ausgestaltete) Anpassungsmaßstab jedoch **grundbuchlich gesichert** sein, bedarf es einer Bewilligung des Verpflichteten in der Form des § 29 GBO. Die Abänderung kann durch ausdrückliche Erklärung oder stillschweigend zustande kommen (etwa wenn die Beteiligten auf eine entsprechende Ankündigung des Grundstückseigentümers hin den Vertrag einvernehmlich in der geänderten Form fortsetzen).[4918]

2801 Die Ersetzung des Index kann jedoch wohl auch (mangels Tätigwerden des Gesetzgebers) im Wege **ergänzender Vertragsauslegung** erfolgen (nachträgliche planwidrige Unvollständigkeit);[4919] angesichts der geringen Entwicklungsabweichungen der Indexreihen bisher führt diese ergänzende Vertragsauslegung nicht zu einer Erweiterung des bisherigen Vertragsinhalts außerhalb des Rahmens der getroffenen Vereinbarungen, sodass sie vom mutmaßlichen Parteiwillen getragen sein dürfte.[4920] Allerdings bedarf es zur grundbuchlichen Sicherung wiederum der Bewilligung des Betroffenen (Erbbauberechtigten), es sei denn, das Grundbuchamt folgt der in der Literatur vorgetragenen Auffassung einer unmittelbar wirkenden Vertragsanpassung durch ergänzende Vertragsauslegung und nimmt die Berichtigung des Grundbuches aufgrund Offenkundigkeit (§ 22 GBO)[4921] vor. Teilweise wird auch ein »**Klarstellungsvermerk**« angeregt.[4922] Andere dinglich Berechtigte müssen mangels nachteiligen Betroffenseins nicht zustimmen.[4923]

▶ Hinweis:

2802 Es empfiehlt sich, für die genaue Berechnung der Steigerung den alten Index bis zum letztmöglichen Zeitpunkt (31.12.2002) zu verwenden und dann auf den Verbraucherpreisindex für Deutschland (VPI) umzustellen.[4924] Abweichend hiervon liegt allerdings den Anleitungen des

---

4916 *Gutachten* DNotI-Report 2007, 177.
4917 Daneben existiert nur noch der »Harmonisierte Verbraucherpreisindex für die EU-Mitgliedstaaten«, HVPI, der jedoch in erster Linie dem Vergleich zwischen den Europäischen Mitgliedstaaten dient und für den Verbrauch in Deutschland nicht repräsentativ ist, vgl. *Elbel* NJW 1999 Beilage zu Heft 48, S. 2 f.
4918 Allerdings nicht, wenn die Änderungsvereinbarung in Gestalt allgemeiner Geschäftsbedingungen (AGB) angekündigt wurde und sich der Verbraucher nur deshalb darauf einließ, weil er (entgegen § 10 Nr. 4 und Nr. 5 AGBG – Fiktionsverbot und Änderungsvorbehaltsverbot) irrtümlicherweise von deren Wirksamkeit ausging, BGHZ 90, 71.
4919 OLG Düsseldorf, 13.08.2008 – I-3 Wx 109/08, DNotZ 2009, 627; Staudinger/*Amann* BGB, § 1105 Rn. 14; *Reul* DNotZ 2003, 95 ff. und MittBayNot 2005, 269; *Gutachten*, DNotI, DNotI-Report 2003, 10; Rundschreiben der BNotK Nr. 31/02 v. 29.11.2002 (abrufbar unter www.bnotk.de/Arbeitshilfen/Beurkundungsverfahren/Wertsicherungsklausel; ähnlich OLG Köln ZMR 1999, 633; MünchKomm-BGB/*Grundmann* § 245 Rn. 86; für den Fall eines ungeeigneten Referenzmaßstabes als Wertsicherungsklausel auch BGH NJW 1981, 2241 und BGH NJW 1983, 1910.
4920 Vgl. DNotI-Gutachten Nr. 29056 (§ 305 BGB), Stand: Mai 2002; ähnlich Rundschreiben der BNotK Nr. 31/02 v. 29.11.2002; *Hertel* DNotI-Report 1998, 211.
4921 Vgl. hierzu *Böttcher* Rpfleger 2004, 25 m.w.N.
4922 Da eine zwar richtige, aber wegen des Wegfalls des Index unklare Grundbuchlage vorliege, vgl. umfassend DNotI-Report 2003, 11.
4923 OLG Düsseldorf RPfleger 2009, 228 m. zust. Anm. *Schneider*, S. 212 ff.
4924 Vgl. auch *Reul* DNotZ 2003, 92 ff.; ebenso BGH, 12.10.2007 – V ZR 283/06, NotBZ 2008, 116 m. Anm. *Krauß*, da erst ab 01.01.2003 eine Lücke vorliege.

Statistischen Bundesamts eine Überleitung zum 01.01.2000 zugrunde, da mit der ebenfalls im Februar 2003 vollzogenen Umstellung auf ein neues Basisjahr alle alten Indexwerte ab Januar des neuen Basisjahres für ungültig erklärt werden.[4925] Umbasierungsfaktoren für die Umstellung auf alte Basisjahre[4926] werden künftig vom Statistischen Bundesamt nicht mehr bereit gestellt.[4927]

(5) Anwendung der Geschäftsgrundlagenlehre

Fehlen schuldrechtliche Anpassungsbestimmungen oder sind diese lückenhaft, und führt auch die sich anschließende ergänzende Vertragsauslegung zu keinem Ergebnis, kann bei gravierender Äquivalenzstörung eine Anpassung nach den Grundsätzen des Wegfalls der Geschäftsgrundlage (nunmehr in § 313 BGB kodifiziert) in Betracht kommen. Nach Auffassung des BGH[4928] muss hierfür seit Vertragsschluss bzw. letzter Anpassung[4929] eine **Kaufkraftschwund** von mindestens 60 % eingetreten sein (also die Steigerung der Lebenshaltungskosten ca. 150 % betragen), beanspruchbar ist dann eine Erhöhung um den gesamten eingetretenen Kaufkraftschwund (berechnet nach einem Mittelwert aus Lebenshaltungskostenindex und Entwicklung der Einkommen; nach der Bodenwertsteigerung nur dann, wenn diese hinter dem vorgenannten Mischindex zurückbleibt[4930]).

(6) Besonderheiten bei Eigentümererbbaurechten

Bei Eigentümererbbaurechten besteht die Besonderheit, dass schuldrechtliche Vereinbarungen über den Erbbauzins und seine Anpassung als sog. **In-sich-Verpflichtung** noch nicht wirksam sind und durch Vormerkung nicht gesichert werden können.[4931] Sind schuldrechtliche Regelungen dennoch im Eigentümererbbaurechtsvertrag getroffen worden und »tritt« der Erwerber in üblicher Weise unter Bezugnahme gem. § 13a BeurkG in diese Urkunde »ein«, kann die Auslegung ergeben, dass hierin die erstmalige wirksame Vereinbarung des schuldrechtlichen Erbbauzinses samt Anpassungsverpflichtung i.R.d. Kaufvertrags liegt, auf den dann künftig Bezug genommen werden muss. Dies wird häufig übersehen. Alternativ ist zu erwägen, den Eigentümer im Bestellungsvertrag zugleich vorbehaltlich der Genehmigung des künftigen Erbbaurechtsinhabers handeln zu lassen (§§ 177 Abs. 1, 181, 184 BGB);[4932] hier liegt möglicherweise ein bereits vormerkbarer Anspruch vor.[4933]

Lediglich schuldrechtliche Vereinbarungen, etwa ein nur schuldrechtlicher Anspruch auf Anpassung des Erbbauzinses bei veränderten Verhältnissen, gehen durch Konfusion ebenso bei der nachträglichen Entstehung eines Eigentümererbbaurechts (z.B. infolge Heimfalles!) unter, auch eine zur Sicherung des schuldrechtlichen Anspruchs bewilligte Vormerkung verliert wegen ihrer akzessorischen Natur dann ihre Wirkung. Ist allerdings die Anpassungsvereinbarung Gegenstand einer **dinglichen »dynamischen« Reallast** (§ 9 Abs. 1 ErbbauRG i.V.m. § 1105 Abs. 1 Satz 2 BGB) bleibt diese als »dynamische Eigentümerreallast« bestehen (§ 889 BGB).

4925 Auf der Internet-Homepage des Statistischen Bundesamts (www.destatis.de) wird seit 26.02.2003 ein interaktives Programm zur selbstständigen Berechnung der Leistungsanpassung zur Verfügung gestellt.
4926 Veröffentlicht etwa in DNotZ 1999, 476 f., und DNotZ 1998, 4.
4927 Umbasierungsfaktoren auf den VPI 2000 finden sich in DNotZ 2003, 733.
4928 Rpfleger 1985, 359.
4929 Sofern der Vertrag eine Anpassungsklausel enthält (Erhöhung bis zu 10 % des Grundstückswertes bei Erbbaurechtsbestellung), die jedoch ihren Zweck zwischenzeitlich nicht mehr erfüllt (»die Höhe des nach Erreichen der 10%-Grenze zu zahlenden Erbbauzinses wird alle fünf Jahre durch die Finanzverwaltung festgesetzt«), vgl. BGH, 18.11.2011 – V ZR 31/11 ZfIR 2012, 127 m. Anm. *Lang/Häcker*, ZfIR 2012, 120.
4930 Vgl. OLG Brandenburg, 13.03.2008 – 5 U 6/07, NotBZ 2009, 70.
4931 BGH NJW 1982, 2381.
4932 Zur Möglichkeit der nachträglichen Bestimmung des Vertretenen durch den vollmachtlosen Vertreter vgl. BGH MittBayNot 1988, 229.
4933 MünchKomm-BGB/*Wacke* § 883 Rn. 25.

B. Gestaltung eines Grundstückskaufvertrages

bb) Rechtslage nach dem zwischen 01.10.1994 und 10.06.1998 geltenden Recht

2806 § 9 Abs. 2 Satz 2 ErbbauRG in der ab 01.10.1994 (Inkrafttreten des SachenRBerG, das die schon lange überfällige Erbbaurechtsnovelle katalysiert hat) bis zum Inkrafttreten des EuroEG geltenden Fassung erweiterte die Möglichkeiten der dinglichen Ausgestaltung der Erbbauzinsreallast dahin gehend, dass diese »auch eine Verpflichtung zu seiner Anpassung an veränderte Verhältnisse« umfassen kann, »wenn die Anpassung nach Zeit und Wertmaßstab bestimmbar ist«. War die geschuldete Anpassung nicht reallastfähig, z.B. da die auslösenden Faktoren (Nutzungsänderung) vage bleiben, kommt allenfalls eine Absicherung der dann bloß schuldrechtlich möglichen Änderungsabrede über eine Anpassungsvormerkung in Betracht. Zwar setzt auch § 883 BGB hinsichtlich des gesicherten Anspruches dessen Bestimmbarkeit voraus,[4934] die Anforderungen sind insoweit jedoch geringer als hinsichtlich der sachenrechtlichen Bestimmbarkeit des Reallastrechts.[4935]

2807 Der etwas verunglückte Wortlaut des damaligen § 9 Abs. 2 Satz 2 ErbbauRG (»*Verpflichtung zur Anpassung*«) ließ offen, ob auch eine **unmittelbar wirkende dingliche Anpassungsgleitklausel** zum Inhalt der Reallast erhoben werden könnte. Das BayObLG[4936] hat diese Frage mit dem Argument bejaht, es handle sich offensichtlich nicht um eine abschließende Aufzählung (»kann«, »muss aber nicht«). Hiernach ergaben sich folgende **Alternativen:**
– **automatische Gleitklausel** im eigentlichen Sinn, deren Wirkungen auf die Höhe des geschuldeten dinglichen Erbbauzinses unmittelbar eintreten;
– Gleitklausel, deren Anpassungswirkung erst **auf Verlangen** des Berechtigten eintritt;
– dingliche Wertsicherungsklausel, die nach ihrem ausdrücklichen Inhalt zu einer Erhöhung im Einzelfall nur aufgrund gesonderter Erhöhungsvereinbarung führt (»**dingliche Erhöhungsverpflichtungsklausel**«); hier ist erneute Einigung in der Form des § 873 BGB und Grundbucheintragung im Rang der »dynamischen Reallast« erforderlich;

2808 – **rein schuldrechtliche Anpassungsverpflichtung**, z.B. Klauseln mit Ermessensspielraum (Leistungsvorbehalte); diese sind nicht als Inhalt des dinglichen Rechts vereinbar, sondern allenfalls bei Erfüllung der insoweit geringeren Anforderungen an die Bestimmbarkeit durch Vormerkung (wie bisher) sicherbar.

▶ Hinweis:

Vorzuziehen waren und sind in jedem Fall die dinglichen Anpassungsvereinbarungen (ob mit oder ohne »automatischen Vollzug«). Nur sie gelten bei Veräußerung des Erbbaurechts oder des Grundstücks ohne Weiteres für und gegen die neuen Beteiligten und erlöschen auch bei Entstehen eines Eigentümererbbaurechts nicht (keine Konfusion im Sachenrecht).

2809 Zur dinglichen Anpassung von Altverträgen sah § 9 Abs. 2 Satz 3 ErbbauRG a.F. vor, dass die Inhaber dinglicher Rechte am Erbbaurecht (gleich ob in Abteilung II oder III, gleich ob vor, mit oder nach der Reallast) »der Vereinbarung über die Anpassung des Erbbauzinses« zuzustimmen haben. Auch dieser Wortlaut hat für **Auslegungsprobleme** gesorgt. So wurde teilweise vertreten,[4937] die Zustimmung der Gläubiger sei (in grundbuchmäßiger Form!) zu jeder einzelnen Erbbauzinsveränderung erforderlich, die in Vollzug der dinglich geänderten Reallast vereinbart werde. Damit wäre der Grundstückseigentümer schlechter gestellt als nach der früheren Rechtslage, wo die Bewilligung der Eintragung einer Erhöhungsreallast infolge einer schuldrechtlichen Anpassungsverpflichtung, die durch eine vorrangige Vormerkung gesichert war, nicht mehr der Zustimmung nachrangiger Gläubiger bedurfte und eine Beeinträchtigung vorrangiger Gläubiger ohnehin nicht in Betracht kam.

4934 Vgl. OLG Hamm MittBayNot 1995, 464.
4935 Vgl. *Schöner/Stöber* Grundbuchrecht Rn. 1811c; ähnlich *Schippers* DNotZ 2002, 782 in seiner Anm. zur BGH-Entscheidung über die Vormerkungsfähigkeit des Rückforderungsrechts wegen groben Undanks.
4936 DNotZ 1997, 147, MittBayNot 1996, 372, jeweils m. zust. Anm. von *v. Oefele* und *Ring* Rpfleger 1996, 506 m. abl. Anm. von *Streuer*, krit. wegen der negativen Auswirkung für die Beleihbarkeit auch *Volmer* ZfIR 1997, 452 ff.
4937 LG Regensburg, 24.04.1995 – St 141/95.

Mit der wohl herrschend gewordenen Literatur[4938] durfte man – gestützt auf die Gesetzesmaterialien, die von »Vereinbarung der Anpassungsverpflichtung« sprechen[4939] – davon ausgehen, dass sich das Zustimmungserfordernis ausschließlich auf die Änderung des dinglichen Rechtsinhalts der Reallast bezog mit der Folge, dass der künftige jeweilige Betrag des Erbbauzinses schon Rechtsinhalt ist und am Rang der Reallast teilnimmt, ohne dass hierzu die Zustimmung Dritter erforderlich wäre. Dies gilt dann auch für dinglich Berechtigte, deren Recht nach der Änderung des dinglichen Rechts entstand, da sie dieses bereits in seiner geänderten Form vorrangig vorfanden. 2810

Auch dieses Auslegungsergebnis wurde durch die Gesetzesnovelle festgeschrieben (nachstehend Rdn. 2812), in Fortführung früherer Reformvorschläge.[4940] Es konnte jedoch bereits vor der Gesetzesänderung als gefestigt der Vertragsgestaltung zugrunde gelegt werden.[4941] Es bedurfte also nicht mehr des »Stehenlassens« der früher bewilligten Vormerkung zur Sicherung des schuldrechtlichen Anspruchs auf Bestellung von Erhöhungsreallasten; diese ist vielmehr mit Vollzug der Inhaltsänderung der Reallast gegenstandslos. 2811

cc) Aktuelle Rechtslage

Durch das **Euro-Einführungsgesetz**[4942] hat der Gesetzgeber die entstandenen Unsicherheiten in der Auslegung der erbbaurechtlichen Sondernormen zum Reallastrecht (§ 9 Abs. 2 ErbbauRG in der seit 01.10.1994 geltenden Zwischenfassung) dadurch beseitigt, dass er allein auf das **bürgerlich-rechtliche Reallastrecht** rekurriert. Die anpassungsrelevanten Aussagen des § 9 Abs. 2 wurden daher ersatzlos aufgehoben. Ausweislich der Begründung zum RefE sollte hierdurch die Rechtsprechung des BayObLG[4943] bestätigt werden, der eine automatisch wirkende dingliche Gleitklausel (im Unterschied zur bloßen Verabredung einer dinglichen Anpassungsverpflichtung) bereits nach geltendem Recht zuließ, gestützt auf die in § 9 Abs. 1 ErbbauRG enthaltene allgemeine Verweisung auf die reallastrechtlichen Bestimmungen des BGB. Da nicht absehbar sei, ob diese (aus Sicht des Gesetzgebers zutreffende) Rechtsprechung sich durchsetze, solle das Gesetz im ursprünglich beabsichtigten Sinn klargestellt werden, indem die Sätze 1 bis 3 des bisherigen § 9 Abs. 2 ErbbauRG gestrichen werden. 2812

Gem. § 9 Abs. 1 ErbbauRG gelten damit auch hinsichtlich der **Erbbauzinsreallast** uneingeschränkt die allgemeinen bürgerlich-rechtlichen Grundsätze des Reallastrechts, die nach der ständigen Rechtsprechung des BGH i.R.d. § 1105 BGB die Vereinbarung dinglich wirkender »automatischer« Anpassungsklauseln zulassen.[4944] Voraussetzung ist lediglich, dass die Leistungen anhand der **Angaben in der Bestellungsvereinbarung bestimmbar** sind. Diese Rechtsprechung wurde durch eine Ergänzung des § 1105 Abs. 1 Satz 2 BGB festgeschrieben. Reallastfähig sind demnach Wertsicherungsvereinbarungen (ohne Rücksicht auf ihre Genehmigungsbedürftigkeit oder -fähigkeit nach § 2 PreisG a.F.), die objektiv und zuverlässig feststellbar sind, den Beginn der neuen Leistungsverpflichtung festlegen, und Gewähr für den Fortbestand des Maßstabs während der gesamten Lei- 2813

[4938] *Mohrbutter* ZIP 1995, 806; *Eichel* RhNotK 1995, 193, seit der 55. Aufl. auch Palandt/*Bassenge* BGB § 9 Rn. 11 (a.A. noch die 54. Aufl.); *Eickmann* SachenRBerG ErbbauRG § 9 Rn. 10.
[4939] BT-Drucks. 12/7425, S. 85.
[4940] Vorgeschlagen war etwa folgende Formulierung: »Für die Begründung oder Änderung einer Vereinbarung, mit der die Anpassung des Erbbauzinses nach Satz 2 als dessen Inhalt bestimmt wird, ist die Zustimmung der Inhaber dinglicher Rechte am Erbbaurecht erforderlich.«.
[4941] Zumal sich das BayObLG, 18.07.1996 – 2Z BR 73/96, DNotZ 1997, 147 klar hierzu bekannt hat.
[4942] Art. 11a, BGBl. I 1998, S. 1254.
[4943] Im geschilderten Beschl. v. 18.07.1996 (NJW 1997, 468).
[4944] Vgl. etwa BGH NJW 1995, 2780 f.

stungsdauer bieten.[4945] Wird dieses Maß an Bestimmtheit erreicht, kann auch gem. § 258 ZPO eine Verurteilung zur Zahlung von künftigem Erbbauzins erfolgen.[4946]

2814 Im Fall der Bezugnahme auf den vom Statistischen Bundesamt veröffentlichten Index (VPI) – wohl auch im Fall der Bezugnahme auf ähnliche frühere Indices, die aufgrund ergänzender Vertragsauslegung nun als »VPI« zu lesen sind[4947] – ist der Titel auch i.R.d. Zwangsvollstreckung ausreichend bestimmt; die Berechnung hat das Vollstreckungsorgan vorzunehmen.[4948] Dabei hat es der BGH zugelassen, anstelle umfangreicher Rückrechnungen zur Ermittlung der bisherigen Schwellensprünge (z.B. Überschreiten von jeweils 10 %) »von einem unmittelbaren proportionalen Verhältnis der geschuldeten Rente zum Index« auszugehen. Demnach kann der nunmehr allein maßgebliche Verbraucherpreisindex für Deutschland (VPI) mit einem Stand von 99,1 Punkten für den Monat Dezember 1999, in welchem die bisherigen Indizes zuletzt amtlich ermittelt wurden, »rückgerechnet« werden auf seinen fiktiven früheren Stand zum Beginn der Referenzperiode.

2815 Damit steht endgültig fest, dass auch eine **dinglich wirkende Gleitklausel** in Erbbaurechtsverträgen vereinbart werden kann, etwa folgenden Inhalts:

▶ Formulierungsvorschlag: Dinglich wirkende Gleitklausel

Alle 5 Jahre, gerechnet vom ..... an, ändert sich der Erbbauzins, jedoch nur, wenn sich der obengenannte Preisindex um mehr als 10 % gegenüber dem Zeitpunkt der letzten Erbbauzinsfestlegung geändert hat.

Der künftig geschuldete Betrag wird nach folgender Formel errechnet:

»bisher geschuldeter Erbbauzinsbetrag«

multipliziert mit »Index 6 Monate vor Neufestsetzung«

dividiert durch »Index 6 Monate vor der letzten Erbbauzinsfestlegung«.

Ausdrücklich wird klargestellt, dass die Änderung der Zahlungspflicht aufgrund dieser dinglichen Gleitklausel ab dem jeweiligen Stichtag ohne Weiteres, d.h. insbes. ohne vorherige Aufforderung des durch die Änderung begünstigten Teils, eintritt.

2816 Da bei gleicher Gelegenheit die bisherigen Sätze 2 und 3 des § 9 Abs. 2 ErbbauRG gestrichen wurden, in denen (mit allerdings missverständlichem Wortlaut) die »dinglich wirkende Verpflichtung zur Anpassung« (anstelle der unmittelbar oder auf Mitteilung unmittelbar wirkenden Anpassung selbst) ermöglicht worden war, vertritt ein starker Teil des Schrifttums,[4949] dass für die Vertragsgestaltung jetzt nur mehr die **rein schuldrechtliche Alternative** (gesichert durch Vormerkung, bei unzureichender sachenrechtlicher Bestimmbarkeit das angezeigte Mittel) oder aber die unmittelbar (durch Überschreitung der Indexzahl oder Benachrichtigung hiervon) dinglich wirkende Anpassungsvariante zur Verfügung stehen. In der **Praxis** ist für die »**Hybridvariante**« einer dinglich wirkenden Anpassungspflicht (»dingliche Erhöhungsverpflichtungsklausel«), die jeweils durch tatsächliche Einigung und Eintragung zu erfüllen wäre, ohnehin kein Bedürfnis erkennbar.

4945 Staudinger/*Amann* BGB § 1105 Rn. 14. Ausreichend sind demnach neben Preisindices auch Beamtengehälter (BGHZ 22, 54), der Wert des belasteten Grundstücks (BGHZ 22, 220 – vgl. aber § 9a ErbbauRG!), der monatliche Mietwert einer bestimmten Wohnung (LG Nürnberg MittBayNot 1992, 278), nicht jedoch die jeweiligen Bezüge einer individuellen Person (KG OLGE 43, 227), die jeweiligen Kosten der vom Berechtigten auszuwählenden Mietwohnung (KG DNotZ 1985, 707); die Veränderung der wirtschaftlichen Verhältnisse jedes Vertragsteils (BayObLG DNotZ 1980,94 m. Anm. *Amann*), nach BayObLG DNotZ 1993, 743 auch die Unterhaltsbedürfnisse des Berechtigten, sofern nicht näher konkretisiert.
4946 BGH, 17.11.2006 – V ZR 71/06, NJW 2007, 294.
4947 Vgl. *Reul* MittBayNot 2005, 269.
4948 BGH, 10.12.2004 – IXa ZB 73/04, MittBayNot 2005, 329.
4949 *Kluge* MittRhNotK 2000, 425; *Gutachten* DNotI-Report 2001, 179; Soergel/*Stürner* BGB § 1105 Rn. 11a; a.A. jedoch *Eichel* RNotZ 2001, 535; hiergegen *Hustedt* RNotZ 2002, 277.

2817 Eine dingliche Verpflichtung zur Anpassung – sofern noch zulässig – bzw. eine dingliche Anpassungsvereinbarung selbst erlischt nicht, wenn (z.B. aufgrund Heimfalls oder Ausübung des Vorkaufsrechts) nachträglich ein Eigentümererbbaurecht besteht; ist (wie vor dem 01.10.1994 allein möglich) nur eine schuldrechtliche Anpassungsvereinbarung getroffen worden, würde diese durch Konfusion erlöschen und auch die eingetragene Vormerkung aufgrund ihrer akzessorischen Natur wirkungslos werden. Bei einer Veräußerung des Grundstücks bedarf es im Fall der dinglichen Vereinbarung keiner Abtretung der Ansprüche auf Anpassung, bei einer Veräußerung des Erbbaurechts keiner Übernahme der hieraus erwachsenden Verpflichtungen (wobei Letztere bei Eintragung einer Vormerkung zur Sicherung der schuldrechtlichen Anpassungsverpflichtung entfallen würde, Erstere dann, wenn die Anpassungsvereinbarung zugleich schuldrechtlich zugunsten künftiger Eigentümer gem. § 328 BGB vereinbart wurde.[4950] Bei einer dinglichen Anpassungsverpflichtung oder Anpassungsvereinbarung bedarf es dieser Vorkehrungen nicht.

d) Erbbauzins in der Zwangsversteigerung

aa) Frühere Rechtslage

2818 Der dinglich gesicherte Erbbauzinsanspruch unterliegt (mit den Maßgaben des § 9 Abs. 3 ErbbauRG) den Bestimmungen über Reallasten. In der Insolvenz des Erbbauinhabers ist der Grundstückseigentümer daher gem. § 49 InsO zur abgesonderten Befriedigung berechtigt, i.Ü. aus dem persönlichen Titel des § 1108 BGB normaler Insolvenzgläubiger (nicht etwa handelt es sich bei den nach Insolvenzeröffnung entstehenden Erbbauzinspflichten um Masseverbindlichkeiten[4951]). Betreibt der Grundstückseigentümer – gleich ob innerhalb oder außerhalb einer Insolvenz – aus seiner Reallast die Versteigerung in das Erbbaurecht, erhält er aus dem **Erlös als Wertersatz** für die **untergehende Erbbauzinsreallast** einen **Kapitalisierungsbetrag** (§§ 92 Abs. 1, 121 ZVG),[4952] der regelmäßig angesichts der Restlaufzeit des Erbbaurechts den überwiegenden Teil des Erlöses aufzehren wird. Gem. § 19 Abs. 2 ErbbauRG muss daher bei der Beleihung eines Erbbaurechts mit einer mündelsicheren Hypothek der vorhergehende Zins kapitalisiert werden. Zahlreiche Grundpfandgläubiger machen daher die Beleihung von Erbbaurechten davon abhängig, dass der Eigentümer mit seinen Rechten (nach bisheriger Praxis also der Reallast, der Erhöhungsvormerkung und dem wechselseitig vereinbarten dinglichen Vorkaufsrecht) hinter die Grundpfandrechte zurücktritt.

2819 Betreibt der dann vorrangige Grundpfandgläubiger jedoch die Versteigerung des Erbbaurechts, fallen die Rechte des Eigentümers – insb. die Reallast – nicht in das geringste Gebot und erlöschen daher mit Zuschlag (§§ 44, 52, 91 ZVG, den der Grundstückseigentümer nach ständiger Rechtsprechung dann auch nicht mehr durch Verweigerung seiner Zustimmung gem. § 5 Abs. 1 ErbbauRG verhindern kann). Der Grundstückseigentümer erhält also allenfalls aus dem Resterlös einen geringen Wertersatz, kann jedoch i.Ü. für die restliche Laufzeit des Erbbaurechtsvertrags keinen Zins mehr vom Ersteigerer beanspruchen und insb. von diesem auch nicht (etwa durch Verweigerung der Zustimmung zum Zuschlag) den Eintritt in schuldrechtliche Zinsverpflichtungen verlangen. Es entstünde ein »erbbauzinsloses Erbbaurecht«; der Ersteigerer ist ungerechtfertigt bereichert.

2820 Die Praxis hatte **vor Inkrafttreten der Novelle** des § 9 Abs. 3 ErbbauRG am **01.10.1994** dieses Problem nur unzureichend zu lösen vermocht: Folgende alternativen Wege wurden nach altem Recht bisher beschritten:

4950 Vgl. im Einzelnen *Schöner/Stöber* Grundbuchrecht Rn. 1828.
4951 BGH, 20.10.2005 – IX ZR 145/04, Rpfleger 2006, 94: es handelt sich weder um Masseverbindlichkeiten gem. § 55 Abs. 1 Nr. 2, 1. Alt. InsO (Erfüllungswahl gem. § 103 InsO nicht eröffnet) noch gem. deren 2. Alt. (keine Kündigungsrechte nach §§ 109, 112 InsO).
4952 Bei Reallasten von bestimmter Dauer i.H.d. Ablösungssumme, hilfsweise der Summe der Einzelleistungen gekürzt um den Zwischenzins; bei Reallasten von unbestimmter Dauer max. der 25-fache derzeitige Jahresbetrag. Auch wenn der Reallastberechtigte selbst ersteigert, wird sein eigenes Bargebot hinterlegt und ihm nur in Raten ausgezahlt, vgl. *Stöber* ZVG § 121 Rn. 3.13.

- Ein **Rangrücktritt wird nicht erklärt**. Vollstreckt der Gläubiger des nachrangigen Grundpfandrechts, bleiben die dinglich gesicherten Rechte des Grundstückseigentümers (Erbbauzins, Erhöhungsvormerkung) als Teil des geringsten Gebots (§ 44 ZVG) bestehen; Regelungsbedarf besteht nicht. Vollstreckt andererseits der Eigentümer aus seinen Rechten, erlischt die dingliche Erbbauzinsreallast (§ 52 Abs. 1 Satz 2 ZVG); der Erbbauzins wird kapitalisiert (§ 92 ZVG). Die Kapitalisierung des Zinses (samt etwaiger Anpassungsklauseln) führt regelmäßig zu so hohen Summen, dass für die nachrangigen Grundpfandgläubiger kaum mehr Erlösanteile verbleiben. Zur Kalkulierbarkeit des Risikos aus der vorrangigen Belastung des Eigentümers kann jedoch im Rahmen einer **Höchstbetragsvereinbarung** gem. §§ 92 Abs. 3, 114 ZVG, § 882 BGB der Höchstbetrag des in der Versteigerung durch das Gericht anzusetzenden Wertersatzes festgelegt werden.[4953] Denkbar ist die Bestimmung einer festen Summe oder einer Ermittlungsformel (z.B. lediglich der Teil des Erlöses, der nach Abzug eines bestimmten Prozentsatzes des Gebäudewerts – der demnach dem nachrangigen Grundpfandgläubiger zugutekommt – verbleibt).[4954]

2821 — Bei gleichem Sachverhalt wie oben (Rdn. 2820) kann der den Vorrang behaltende Eigentümer mit dem nachrangigen Grundpfandrechtsgläubiger durch sog. **Stillhalteerklärung**[4955] vereinbaren, dass die Erbbauzinsreallast und die Vormerkung zur Sicherung künftiger Erbbauzinserhöhungen für den Fall, dass der erstrangige Eigentümer die Versteigerung betreibt, stehen bleiben sollen. Eine solche abweichende Festlegung der Versteigerungsbedingungen ist gem. § 59 ZVG zulässig, bedarf jedoch der weiteren Zustimmung etwaiger weiterer Beteiligter, deren Rechte durch die Abweichung beeinträchtigt werden können (§ 59 Abs. 1 Satz 3 ZVG); **nachrangige Beteiligte** brauchen wegen § 59 Abs. 3 ZVG nicht zuzustimmen. Da durch das Versteigerungsgericht oftmals nicht festzustellen ist, ob durch das Bestehenbleiben der Erbbauzinsrechte des Eigentümers eine Benachteiligung etwa vorrangiger Gläubiger (z.B. solcher aus öffentlichen Lasten etc.) eintreten kann, erfolgt häufig ein **Doppelausgebot** gem. § 59 Abs. 2 ZVG (mit und ohne Bestehenbleibensvereinbarung); der Zuschlag wird dann nicht selten auf das Angebot ohne Bestehenbleiben der Erbbauzinsrechte erteilt.[4956]

2822 — Ferner kann das Bestehenbleiben der Eigentümerrechte gem. § 91 Abs. 2 ZVG im Einvernehmen mit dem Ersteher[4957] herbeigeführt werden; in der Stillhalteerklärung verpflichten sich die Beteiligten regelmäßig, auch hierauf hinzuwirken. Um dem Grundpfandgläubiger weiter entgegenzukommen, erklärt sich der Grundstückseigentümer oft bereit, auf Wertersatz für ein ihm am Erbbaurecht etwa zustehendes dingliches Vorkaufsrecht zu verzichten, wenn es nicht ohnehin bestehen bleiben sollte. Da die Stillhalteerklärung nur schuldrechtlichen Charakter hat, müssen sich beide Beteiligte verpflichten, Einzelrechtsnachfolger zur Verpflichtungsübernahme unter Weiterübertragungspflicht zu veranlassen.[4958] Da die Nichtkapitalisierungsvereinbarung auf eine Änderung der Versteigerungsbedingungen und Erlöszuteilung gerichtet ist, kann sie nicht durch Vormerkung bei der Erbbauzinsreallast »verdinglicht« werden (sicherbar wäre allerdings eine vertraglich begründete Pflicht zum Rangrücktritt hinter die Grundschuld und – zur Vermeidung relativer Rangverhältnisse (§ 880 Abs. 5 BGB) – etwaige weitere Grundschulden, sofern der Eigentümer gegen die Stillhaltevereinbarung verstößt).[4959]

[4953] Die spätere Änderung dieses Werts bedarf der Zustimmung nachrangig dinglich Berechtigter (§§ 876, 877 BGB analog), vgl. *Gutachten* DNotI-Report 2006, 55.
[4954] Vgl. hierzu auch *Götz* DNotZ 1980, 29 f.
[4955] Zu deren kostenrechtlicher Bewertung (Regelwert 3.000,00 €) OLG Hamm MittBayNot 1997, 253 und OLG Hamm, 08.04.2010 – I-15 Wx 120/09, ZNotP 2011, 79 m. krit Anm. *Tiedtke* = MittBayNot 2011, 253 m. Anm. *Strauß*.
[4956] Vgl. *Tradt* DNotZ 1984, 371.
[4957] Gem. LG Detmold Rpfleger 2001, 312 muss umgekehrt der Grundstückseigentümer, der die Zustimmung zur Eintragung eines Grundpfandrechts am Erbbaurecht erteilt hat, nicht mehr an einer späteren Liegenbelassensvereinbarung mit dem Ersteher bzgl. dieses Grundpfandrechts mitwirken und kann diese auch nicht mehr verhindern.
[4958] Ein Textvorschlag für eine solche Stillhalteerklärung findet sich im Münchener Vertragshandbuch, Bd. 6, Muster VIII.24.
[4959] Vgl. *Gutachten* DNotI-Report 2005, 91.

— Auch wenn der Eigentümer mit seinen Rechten am Erbbaurecht den Rücktritt hinter das Grundpfandrecht erklärt, sollte er zur Verstärkung seiner Rechtsstellung in der Versteigerung auf eine »**Bestehenbleibensvereinbarung**« (»**Liegenbelassungserklärung**«) drängen, wonach der Grundpfandgläubiger sich verpflichtet, gem. § 59 Abs. 1 ZVG oder § 91 Abs. 2 ZVG auf ein Bestehenbleiben der Erbbauzinsreallast und der Vormerkung zur Sicherung künftiger Erhöhungen des Erbbauzinses hinzuwirken. Wie oben Rdn. 2821 bereits ausgeführt, scheitert jedoch auch dieser Versuch in der Praxis häufig daran, dass die gem. § 59 Abs. 1 Satz 3 ZVG erforderlichen Zustimmungen der weiteren vorrangigen Gläubiger (z.B. aus den Rangklassen § 10 Abs. 1 Nr. 1 bis Nr. 4 ZVG) nicht beigebracht werden können bzw. das Versteigerungsgericht nach Doppelausgebot den Zuschlag zu normalen Versteigerungsbedingungen (d.h. Erlöschen der nachrangigen Rechte des Eigentümers) erteilt. Auch diese Vereinbarung wirkt nur **inter partes**.[4960] 2823

— Zur weiteren Absicherung des Eigentümers (insb. ggü. vorrangigen Grundpfandgläubigern) empfiehlt es sich, die **(künftigen) Rückgewährsansprüche** des Erbbauberechtigten (z.B. aus der Sicherungsabrede bei Grundschulden) wirksam an den Grundstückseigentümer abzutreten und durch eine entsprechende Vormerkung beim Grundpfandrecht zu sichern. Diese Vormerkung muss allerdings durch den Grundpfandgläubiger zur Eintragung bewilligt werden;[4961] die Löschung der Grundschuld bedarf dann der Mitwirkung des Grundstückseigentümers (vgl. Rdn. 2875). Die (Voraus-) abtretung kann bereits im Erbbaurechtsvertrag getroffen werden; sie geht dann den häufigen späteren Abtretungen der Rückgewähransprüche in den allgemeinen Geschäftsbedingungen der Grundschuldformulare zeitlich vor. 2824

▸ Formulierungsvorschlag: Abtretung und Besicherung der Löschungsansprüche bei Grundpfandrechten am Erbbaurecht

Im Hinblick auf die einzuholende Zustimmung des Grundstückseigentümers erklärt der Erbbauberechtigte weiterhin: 2825
(a) Die bestehenden und künftigen, auch befristeten und bedingten Ansprüche auf vollständige oder teilweise Rückgewähr bzw. Aufgabe der heute bestellten Grundpfandrechts durch Abtretung, Verzicht oder Löschung sowie auf Herausgabe des sich bei Verwertung dieses Grundpfandrechts ergebenden Erlöses, soweit dieser die durch sie gesicherten schuldrechtlichen Forderungen übersteigt, werden auf den derzeitigen Grundstückseigentümer übertragen, welcher diese Übertragung durch Erteilung seiner Zustimmung annimmt. Dieselbe Abtretung wird allen etwaigen künftigen Grundstückseigentümern hiermit angeboten. Der Besteller wurde über die Folgen dieser Abtretung, etwa im Fall der Revalutierung und der Versteigerung, belehrt.
(b) Der Gläubiger, vorbehaltlich dessen auf Kosten des Bestellers zu erteilender Genehmigung der Besteller handelt,

bewilligt

und Besteller und Gläubiger beantragen zur Sicherung dieses Anspruches die Eintragung einer Vormerkung gem. § 883 BGB zugunsten des jeweiligen Grundstückseigentümers auf Kosten des Bestellers im Grundbuch. Der amtierende Notar wird mit der Einholung und Entgegennahme der Genehmigung des Gläubigers beauftragt.

Im Erbbaugrundbuch wird in Abt. III in der Veränderungsspalte (Nr. 7) halbspaltig vermerkt: »*Vormerkung zur Sicherung des abgetretenen Anspruchs auf Rückübertragung für den jeweiligen Eigentümer des mit dem Erbbaurecht belasteten Grundstücks FlSt ... gem. Bewilligung vom ... des Notars ...*«

In ähnlicher Weise kann zusätzlich zur Abtretung der Rückgewähransprüche gem. Rdn. 2825 sich der Erbbauberechtigte bereits im Erbbaurechtsvertrag ggü. dem Grundstückseigentümer verpflichten, künftige Grundpfandrechte am Erbbaurecht löschen zu lassen, wenn und soweit sie sich mit 2826

4960 Formulierungsvorschlag im Münchener Vertragshandbuch, Bd. 6, Muster VIII.21.
4961 KG OLGZ 1976, 44. Erfolgt die Abtretung an den nachrangigen Grundpfandrechtsgläubiger und werden beide Grundpfandrechte gleichzeitig eingetragen, genügt jedoch die Bewilligung des Eigentümers, vgl. *Kuntzel/Ertl/Herrmann/Eickmann* Grundbuchrecht Einl T 3 m.w.N.

dem Erbbaurecht in einer Person vereinigen. Dieser Löschungsanspruch aus dem Erbbaurechtsvertrag kann bei Bestellung eines Grundpfandrechts durch eine **Löschungsvormerkung** gem. § 1179 Nr. 2 BGB (Heimfallberechtigung!) zugunsten des jeweiligen Grundstückseigentümers aufgrund Bewilligung des Erbbauberechtigten (die bereits im Erbbaurechtsvertrag enthalten sein kann, u.U. mit Vollmacht zur Konkretisierung) am Grundpfandrecht gesichert werden. Dadurch (sowie durch die Abtretung der Rückgewähransprüche gem. Rdn. 2825) kann die Revalutierung eines Grundpfandrechts nach Rückzahlung des ursprünglichen Darlehens in gewissen Grenzen verhindert werden (einfacher ist im Regelfall allerdings die Absicherung durch eine dreiseitige Zweckvereinbarung, die nur unter Mitwirkung des Eigentümers geändert werden kann.[4962] Gegen eine Schuldübernahme hilft die Abtretung der Rückgewähransprüche ohnehin nicht).[4963]

▶ Formulierungsvorschlag: Löschungsvormerkung bei Grundschuld am Erbbaurecht

2827 Im Hinblick hierauf erklärt der Erbbauberechtigte weiter:
(a) Der Besteller verpflichtet sich gegenüber dem derzeitigen und jedem künftigen Grundstückseigentümer, die heute bestellte Grundschuld auf eigene Kosten insoweit löschen zu lassen als sie ganz oder teilweise dem Erbbauberechtigten zusteht oder sich mit dem Erbbaurecht in einer Person vereinigt oder bereits vereinigt hat, etwa in den Fällen der § 1192 BGB i.V.m. §§ 1168, 889 BGB.
(b) Der Besteller bewilligt die Eintragung einer entsprechenden Löschungsvormerkung zugunsten des jeweiligen Grundstückseigentümers und beantragt deren Eintragung gem. § 1179 Nr. 2 BGB im Grundbuch (dem Grundstückseigentümer steht aufgrund der Heimfallvereinbarung ein bedingter Übertragungsanspruch bzgl. des Erbbaurechts zu); ferner bewilligt er bereits heute vorsorglich die Eintragung einer Löschungsbewilligung gem. § 1179 Nr. 1 BGB (Antrag wird insoweit erst dann gestellt werden, wenn der Grundstückseigentümer mit seinen Rechten hinter die heute bestellte Grundschuld zurücktritt).

Im Erbbaugrundbuch wird in Abt. III in der Veränderungsspalte (Nr. 7) z.B. vermerkt: »*Löschungsvormerkung für den jeweiligen Eigentümer des mit dem Erbbaurecht belasteten Grundstücks FlSt ... gem. Bewilligung vom ... des Notars ...*«

2828 Wie oben ausgeführt, wurde das Ziel eines Bestehenbleibens des Erbbauzinses in der Zwangsversteigerung durch die bisherigen Praxiswege nur unzureichend verwirklicht: Zum einen wirken Stillhalteerklärungen oder Liegenbelassungsvereinbarungen nur schuldrechtlich. Rechtsnachfolger des Grundstückseigentümers sind also nur dann an diese Abreden gebunden, wenn sie diese wirksam übernommen haben. Notarielle Urkunden über den Verkauf oder die Überlassung erbbaubelasteter Grundstücke sehen hierzu jedoch regelmäßig nichts vor; häufig sind die zugrunde liegenden Vereinbarungen dem Erwerber des Grundstücks nicht einmal bekannt. Zum Weiteren ist die versteigerungsrechtliche Wirkung solcher Abreden, wie geschildert, regelmäßig davon abhängig, dass entweder weitere Beteiligte damit einverstanden sind oder im Rahmen eines Doppelausgebots durch das Versteigerungsgericht gem. § 59 Abs. 2 ZVG der Ersteigerer dem Ausgebot zu abweichenden Bedingungen Vorzug gibt.

bb) Neuregelung

2829 Der grds. Rangkonflikt zwischen Erbbauzins und Grundpfandrecht, der das Erbbaurecht schon in den alten Bundesländern zu entwerten drohte,[4964] forderte also spätestens aus Anlass des SachenRBerG mit besonderer Dringlichkeit eine dauerhafte Bereinigung.

4962 Ungesichert bleibt allerdings der Fall der Abtretung der Grundschuld ohne »Weitergabe« der Zweckabrede vor Einführung des 1192 Abs. 1a BGB, vgl. Rdn. 1415. Die abtretende Bank dürfte dann zu Schadensersatz verpflichtet sein.
4963 BGH, 01.10.1991 – XI ZR 186/90, MittBayNot 1992, 36.
4964 Vgl. etwa *Winkler* NJW 1985, 940, 945.

Die schließlich[4965] Gesetz gewordene Änderung des § 9 ErbbauRG knüpft am Umfang der dinglich möglichen Wirkungen hinsichtlich der Erbbauzinsreallast an. Die in Abweichung zur bisherigen Rechtslage mit Wirkung für und gegen alle Rechtsnachfolger möglichen dinglichen Vereinbarungen werden – soweit die hier zu erörternde Kollision des Erbbauzinses mit weiteren dinglich am Erbbaurecht Berechtigten betroffen ist – in zweierlei Hinsicht erweitert:

– Zur Lösung der **Rangkonkurrenz zwischen Erbbauzins und Grundpfandrecht** ermöglicht § 9 Abs. 3 Satz 1 Nr. 1 ErbbauRG – als dinglicher Inhalt der Erbbauzinsreallast – zu vereinbaren, dass die Reallast abweichend von § 52 Abs. 1 ZVG mit ihrem Hauptanspruch bestehen bleibt, wenn der Inhaber eines vorgehenden Rechts oder – dies erweitert die bisherigen Möglichkeiten gem. § 52 Abs. 2 ZVG – der Eigentümer aus der Reallast selbst die Zwangsversteigerung des Erbbaurechts betreibt. Damit wird die »**Stillhalteerklärung**« verdinglicht, gilt also ggü. jedem Rechtsnachfolger des Grundstückseigentümers. Zu den verbleibenden Gefahren vgl. Rdn. 2832, 2833, 2837. 2830

– Wird eine solche Vereinbarung getroffen, entfällt damit die **Kapitalisierung der Erbbauzinsreallast** hinsichtlich der künftig fällig werdenden Einzelzahlungen; lediglich die bereits fällig gewordenen Ansprüche sind Gegenstand der Beitreibung im Wege der Zwangsversteigerung. Bei der Beleihungsprüfung für nachrangige mündelsichere Hypotheken war die vorrangige Erbbauzinsreallast daher unbeachtlich, wenn eine Vereinbarung gem. § 9 Abs. 3 Satz 1 ErbbauRG n.F. getroffen wurde (§ 19 Abs. 2 Satz 2 ErbbauRG a.F.). Auch § 52 Abs. 2 Satz 2 ZVG weist auf die neu geschaffenen zusätzlichen Ausnahmen vom Erlöschen nachrangiger Rechte in der Zwangsversteigerung hin.[4966] 2831

– Eine solche Vereinbarung über den Reallastinhalt nach § 9 Abs. 3 Nr. 1 ErbbauRG gewährleistet ein für Grundstückseigentümer und Grundpfandgläubiger weitgehend befriedigendes Nebeneinander ihrer jeweiligen dinglichen Berechtigung am Erbbaurecht. Der Eigentümer erkauft allerdings die »Vollstreckungsfestigkeit der Erbbauzinsreallast« (die sich nicht auf ein etwa weiter zu seinen Gunsten bestelltes Vorkaufsrecht erstreckt!) mit dem Verzicht auf das Kapitalisierungsrecht hinsichtlich künftig fällig werdender Zahlungsbeträge; auch nach neuem Recht ist ferner der Rücktritt hinter Grundpfandrechte nicht uneingeschränkt folgenlos im Hinblick darauf, dass **Rückstände** nach der Reihenfolge der Rangklassen des § 10 ZVG bedient werden (d.h. lediglich hinsichtlich der vergangenen 2 Jahre im Rang des Rechts selbst). Auch ist zu bedenken, dass in der Zwangsversteigerung nur die dingliche Reallast – unabhängig von ihrem Rang – bestehen bleibt, während lediglich **schuldrechtliche Abreden** (z.B. über die Erbbauzinsanpassung) ggü. dem Ersteigerer nur durchgesetzt werden können, wenn sie durch Vormerkung gesichert sind und diese in der Versteigerung bestehen bleibt. 2832

▶ Hinweis:

Es empfiehlt sich also unbedingt, von der Möglichkeit einer »dynamisierten dinglichen Reallast« gem. § 9 Abs. 1 ErbbauRG i.V.m. § 1105 Abs. 1 Satz 2 BGB Gebrauch zu machen.

Die Vollstreckungsfestigkeit der Reallast gem. § 9 Abs. 3 Nr. 1 ErbbauRG setzt sich allerdings nur ggü. anderen **im Grundbuch eingetragenen** Rechten durch, das Stammrecht einer zurückgetre- 2833

4965 Der RegE des SachenRBerG (BT-Drucks. 12/5992, S. 47) schlug vor, durch Erweiterung des § 2 ErbbauRG künftig auch den schuldrechtlichen Anspruch auf Zahlung eines in der Höhe bestimmten Erbbauzinses zum tauglichen Gegenstand einer dinglichen Vereinbarung werden zu lassen, welche dann der Ersteigerer des Erbbaurechts als diesem immanente Verpflichtung zu übernehmen gehabt hätte. Diese Lösung wies jedoch zwei Nachteile auf: Zum einen stellte sich das Problem, wie ein Vorgehen des Grundstückseigentümers aus seinem Erbbauzins versteigerungsrechtlich abgewickelt werden könnte: Dieser würde dann »aus einem Recht« gerade »in dieses Recht« versteigern. Des Weiteren ließ die bloße Verdinglichung des Erbbauzinses die Problematik der Anpassung dieses Zinses, d.h. der bloßen Bestimmbarkeit der künftigen Gegenleistungen, außer Acht und schuf neue Probleme durch ein mögliches Nebeneinander zwischen dinglichem Erbbauzins und evtl. daneben fortbestehender schuldrechtlicher Vereinbarung. Die Bestellung selbstständiger Reallasten in Abteilung II des Erbbaugrundbuches wäre dadurch jedoch entbehrlich geworden.
4966 Hierzu *Stöber* Rpfleger 1996, 136 ff.

tenen Reallast würde also erlöschen, wenn die Versteigerung aus den Rangklassen Nr. 1 bis 3 des § 10 Abs. 1 ZVG erfolgen würde.[4967] Zur Abwehr dieser Gefahr wird der Grundstückseigentümer diese Rangklassen (z.B. Grundsteuern) i.d.R. selbst ablösen; er kann diese Beträge dann über dingliche Inhaltsvereinbarungen nach § 2 ErbbauRG an den Erbbauberechtigten weitergeben. Die bei Wohnungs- und Teilerbbaurechten problematische, zum 01.07.2007 neu geschaffene Rangklasse 2 n.F. [rückständige **Hausgeldumlagen** zugunsten der WEG-Gemeinschaft, Rdn. 2456] wurde durch Ergänzung des § 9 Abs. 3 Nr. 1 ErbbauRG den im Grundbuch eingetragenen Rechten gleichgestellt, sodass eine »Immunisierung« der Reallast auch dieser neuen Bedrohung ggü. möglich ist, allerdings nur, wenn die Vereinbarung i.S.d. § 9 Abs. 3 Nr. 1 ErbbauRG **nach neuem Recht**, seit 01.07.2007, getroffen oder nachträglich **erweitert** wurde.[4968]

2834 Eine solche nachträgliche Erweiterung ist allerdings mit erheblichem Aufwand verbunden, da sie (materiell-rechtlich formfrei) mit jedem Wohnungs- und Teilerbbauberechtigten isoliert zu vereinbaren ist und gem. § 9 Abs. 3 Satz 2 ErbbauRG der Zustimmung vor- und gleichrangiger dinglicher Gläubiger bedarf, da ihnen die Chance auf ein erbbauzinsloses Erbbaurecht als Versteigerungsergebnis entgeht. Die Zustimmung des Verbandes der Wohnungserbbaurechtseigentümer selbst (als Inhaber der Rangklasse § 10 Abs. 1 Nr. 2 ZVG) ist jedoch, obwohl sich seine Position verschlechtert, nicht erforderlich, da § 9 Abs. 3 Satz 2 ErbbauRG nur vorrangige dingliche Gläubiger umfasst.[4969]

▶ Hinweis:

2835 Die »Vollstreckungsfestigkeit« nach der bis 01.07.2007 geltenden Gesetzesfassung genügt also ggü. dem WEG-Hausgeldrisiko nicht; andere Absicherungen kommen kaum in Betracht.[4970] Die »erweiterte Vollstreckungsfestigkeit« kann bereits vor der Bildung von Wohnungs- bzw. Teilerbbaurechten vereinbart werden,[4971] sodass sich etwa folgende Formulierung empfiehlt:

▶ Formulierungsvorschlag: Bestehenbleiben der Erbbauzinsreallast (§ 9 Abs. 3 Satz 1 Nr. 1 ErbbauRG)

2836 Als Inhalt des Erbbauzinses wird ferner gem. § 9 Abs. 3 Satz 1 Nr. 1 ErbbauRG vereinbart, dass die Reallast abweichend von § 52 Abs. 1 ZVG mit ihrem Hauptanspruch bestehen bleibt, wenn der Grundstückseigentümer aus der Reallast oder der Inhaber eines im Range vorgehenden bzw. gleichstehenden dinglichen Rechts oder die Wohnungseigentümergemeinschaft aus rückständigen Gemeinschaftsbeiträgen gem. § 10 Abs. 1 Nr. 2 ZVG die Zwangsversteigerung des Erbbaurechts betreibt. Rangrücktritte mit dem Erbbauzins sind damit wirtschaftlich vertretbar; eine Kapitalisierung künftig fällig werdender Erbbauzinsen ist ausgeschlossen.

2837 Gefahren drohen der »vollstreckungsfesten Reallast« allerdings weiter bei der Insolvenzverwalterversteigerung mit auf Antrag des Insolvenzverwalters abweichend festgelegtem geringstem Gebot aufgrund des missglückten[4972] § 174a ZVG.[4973] In einer **Zwangsverwaltung** schließlich wirkt sich der schlechtere Rang der zurückgetretenen Reallast bei der Erstellung des Teilungsplans negativ aus, da hier die in den §§ 10 bis 12 ZVG bestimmte Rangordnung, mithin die grundbuchliche Reihenfolge, maßgebend ist (§§ 156 Abs. 2, 113 Abs. 1, 114, 10 bis 12 ZVG).

4967 Vgl. MünchKomm-BGB/*v. Oefele* § 9 ErbbauRG Rn. 27; *Bräuer* RPfleger 2004, 403.
4968 Vgl. *Schneider* ZfIR 2007, 168, 171; *Fröhler* notar 2011, 233.
4969 Vgl. *Vierling* MittBayNot 2008, 162.
4970 Der Gesamtheimfall für den Fall, dass die Wohnungseigentümergemeinschaft (als teilrechtsfähiger Verband) die Versteigerung aus rückständigem Hausgeld gem. § 10 Abs. 1 Nr. 2 ZVG betreibt, ohne das »Überleben« des Erbbauzinses durch abweichende Versteigerungsbedingungen zu sichern, wird kaum praktikabel, geschweige denn nachträglich durchsetzbar sein.
4971 *Böttcher* RPfleger 2007, 527; *v. Oefele/Winkler* Handbuch des Erbbaurechts Rn. 6.290.
4972 *Stöber* NJW 2000, 3600.
4973 *Stöber* NJW 2000, 3600. Die Gläubiger, denen der Verlust ihrer Rechte droht, könnten allerdings die Feststellungskosten nach § 10 Abs. 1 Nr. 1a ZVG, deren sichere Begleichung § 174a ZVG ermöglichen soll, direkt begleichen. Möglicherweise gilt hierfür § 268 BGB (Ausgleichsanspruch bei Fremdablösung) analog (BT-Drucks. 12/3803, S. 69 f.).

Schließlich wurde der Bereich der möglichen **dinglichen Vereinbarungen** noch um eine weitere 2838
Alternative erweitert, die in erster Linie den **Schutz der Gläubiger in Abteilung III** im Auge hat:
Wird eine Vereinbarung gem. § 9 Abs. 3 Satz 2 Nr. 1 ErbbauRG n.F. getroffen, bleibt das Erbbauzinsstammrecht in einer Versteigerung bestehen, unabhängig davon, ob es in das geringste Gebot fällt oder nicht. Es ist daher für den Grundstückseigentümer mit geringem Risiko verbunden, hinter Grundpfandrechte im Rang zurückzutreten. Betreibt nun ein solcher vorrangiger Gläubiger die Zwangsversteigerung des Erbbaurechts, erlischt das Grundpfandrecht naturgemäß mit dem Zuschlag und das nachrangige Erbbauzinsreallastrecht des Eigentümers rückt im Rang vor. Der Ersteigerer muss nunmehr, auch wenn er im gleichen Umfang erneut beleihen möchte, an den Grundstückseigentümer herantreten und diesem den Rücktritt »abringen«. Durch Vereinbarungen gem. § 9 Abs. 3 Satz 1 Nr. 2 ErbbauRG n.F. wird er dieser Notwendigkeit enthoben. Es ist dadurch möglich, mit dinglicher Wirkung zu vereinbaren, dass der jeweilige Erbbauberechtigte ggü. dem jeweiligen Reallastinhaber berechtigt ist, das Erbbaurecht in einem bestimmten Umfang mit Grundpfandrechten zu belasten. Dadurch wird also ein unbegrenzt häufig ausnutzbarer Rangvorbehalt mit dinglicher Wirkung möglich.

▶ Hinweis:

Die **dingliche Vereinbarung solcher Rangvorbehalte** nach § 9 Abs. 3 Satz 1 Nr. 2 ErbbauRG ist 2839
allerdings nicht uneingeschränkt ratsam: Zum einen ist denkbar, dass der hierdurch konkludent ausgesprochene Rangrücktritt gem. der dargestellten Rechtsprechung des BGH[4974] dem Eigentümer die Möglichkeit abschneidet, in der Versteigerung des Erbbaurechts die Zustimmung zu einem Zuschlag nach § 5 Abs. 1 ErbbauRG zu verweigern mit dem Argument, der Ersteigerer sei nicht in die weiteren schuldrechtlichen Bestimmungen des Vertrags eingetreten (außerhalb der Erbbauzinszahlungspflicht, die durch § 9 Abs. 3 Satz 1 Nr. 1 ErbbauRG »quasi verdinglicht« werden kann); des Weiteren ist noch ungeklärt, ob ein Zustimmungsvorbehalt nach § 5 Abs. 2 ErbbauRG hinsichtlich solcher Grundpfandrechte, die in Ausnutzung des Rangvorbehalts bestellt werden, ausgeübt werden kann,[4975] und schließlich ist zu bedenken, dass ein im Verhältnis zum Erbbaurechtswert derzeit angemessener Rangvorbehalt sich bei fortschreitendem Wertverlust im Hinblick auf das Übernahmerisiko des § 33 ErbbauRG im Heimfall als überhöht herausstellen kann.[4976]

cc) Anpassung von Altverträgen

Es ist möglich (und durchaus wünschenswert), bisherige Erbbauverträge inhaltlich nach den Möglichkeiten des § 9 ErbbauRG n.F. umzugestalten. Sofern im Rang vor oder mit der Reallast jedoch andere dingliche Berechtigte eingetragen sind, haben diese der Inhaltsänderung der Reallast zuzustimmen (§ 9 Abs. 3 Satz 2 ErbbauRG n.F.; hierfür gilt auch ohne Gesetzeszitat § 880 Abs. 2 Satz 3 BGB entsprechend). Diese werden insb. zu prüfen haben, ob eine mögliche Beeinträchtigung infolge eines Mindererlöses aufgrund der Reallastübernahme zu befürchten ist; da bisher die nachrangige Erbbauzinsreallast in der Zwangsversteigerung ausfallen konnte, besteht die Erwartung, dass sich dadurch der Wert des Erbbaurechts und damit auch der Erlös erhöhen würden. Ein derartiger Vorteil geht für die vor- und gleichrangigen Gläubiger verloren, wenn aufgrund der Vollstreckungsfestigkeit der Reallast diese stets in das geringste Gebot fällt. 2840

Nicht recht einzusehen ist jedoch, weshalb vorrangige Gläubiger auch der Vereinbarung eines ding- 2841
lichen Rangvorbehalts gem. § 9 Abs. 3 Satz 1 Nr. 2 ErbbauRG zustimmen sollten, erleiden sie doch durch das ggf. entstehende relative Rangverhältnis keine Nachteile; es handelt sich wohl um ein Gesetzesversehen.[4977]

4974 Rpfleger 1987, 208.
4975 So nimmt etwa *Böttcher* Praktische Fragen des Erbbaurechts (2006), Rn. 462 an, es bedürfe in diesem Fall keiner Zustimmung des Grundstückseigentümers mehr; dagegen *Eichel* RNotZ 2003, 86.
4976 Vgl. umfassend *Weber* Rpfleger 1998, 5 ff.
4977 Vgl. *Maaß* in: Würzburger Notarhandbuch Teil 2 Kap. 6 Rn. 140 m.w.N.

Hinsichtlich des Erfordernisses der Zustimmung nachrangiger Gläubiger gilt unmittelbar § 877 BGB. Wird hinsichtlich einer vorrangigen Reallast die »Vollstreckungsfestigkeit« vereinbart, hat dies jedoch für nachrangige Gläubiger nur positive Auswirkungen (betreibt der vorrangige Reallastgläubiger die Versteigerung, bleibt sein Recht gleichwohl bestehen, sodass potenziell mehr für die Bedienung der nachrangigen Rechte zur Verfügung steht).

Auch die schlichte »Dynamisierung« einer bisher »händisch« vorgenommenen Anpassungsregelung stellt keine nachteilige, die Zustimmungspflicht auslösende Inhaltsänderung dar,[4978] ebenso wenig die Ersetzung eines außer Kraft getretenen Index kraft ergänzender Vertragsauslegung durch den Verbraucherpreisindex.

6. Belastungen, Inhaltsänderung, Beendigung des Erbbaurechts

a) Belastungen; Untererbbaurecht

2842   Die Besonderheiten i.R.d. Belastung von Erbbaurechten durch Grundpfandrechte wurden bereits im Kontext des dinglichen Zustimmungsvorbehalts (Rdn. 2771 ff.) sowie der Vorkehrungen im Hinblick auf das Nebeneinander von Grundpfandrecht und Erbbauzinsreallast (Rdn. 2818 ff.) behandelt. §§ 18 bis 20, 22 ErbbauRG enthalten ferner **Sondervorschriften** über die Belastung von Erbbaurechten mit mündelsicheren Hypotheken. Bei der Beleihung durch Versicherungsunternehmen war gem. § 21 Abs. 1 ErbbauRG a.F. (i.V.m. der Verordnung über die Anlage des gebundenen Vermögens von Versicherungsunternehmen, BGBl. I 2001, S. 3913[4979]) die Beleihungsgrenze i.H.v. 60 % des Beleihungswerts (Verkaufswerts) anzusetzen, wobei ein vorgehender Erbbauzinsanspruch des Eigentümers gem. §§ 21 Abs. 2, 19 Abs. 2 ErbbauRG zu kapitalisieren und in Abzug zu bringen war; die Vorschrift wurde zum 08.12.2010 ersatzlos aufgehoben. Bausparkassen beleihen gem. § 7 Abs. 1 BauSpkG bis zu 80 % des Beleihungswerts.

Zu erläutern sind nachstehend die Eintragung von Rechten in Abt. II am Erbbaurecht (aa), insb. eines Untererbbaurechts (bb).

aa) Dienstbarkeiten

2843   **Dienstbarkeiten am Erbbaurecht** können nur eingetragen werden, wenn sie sich inhaltlich auf das Bauwerk oder den gem. § 1 Abs. 2 ErbbauRG erfassten Grundstücksteil beziehen und den Rahmen der Erbbaurechtseinräumung nicht überschreiten, da der Erbbauberechtigte nur solche dinglichen Rechte einräumen kann, die ihm selbst ggü. dem Grundstückseigentümer zustehen. Unzulässig ist daher etwa die Eintragung einer Tankstellendienstbarkeit an einem Erbbaurecht, das nur die Errichtung eines Wohngebäudes gestattet.[4980] Weiterhin sind Dienstbarkeiten unzulässig, welche lediglich einen Inhalt umfassen, der bereits gem. §§ 2 ff. ErbbauRG zum vertraglichen Bestandteil des dinglichen Erbbaurechts wurde.

Erlischt das Erbbaurecht durch Zeitablauf oder tritt der Heimfall ein, erlöschen die in **Abteilung II am Erbbaurecht eingetragenen Rechte** ersatzlos.

▶ Hinweis:

2844   Zur Absicherung des Dienstbarkeitsberechtigten ist diesem daher zu empfehlen, auf die Eintragung einer inhaltsgleichen Dienstbarkeit am Erbbaugrundstück zu drängen, welche durch das Erlöschen des Erbbaurechts (Zeitablauf) bzw. der Dienstbarkeit (nach Heimfall)[4981] aufschie-

---

4978   Dies folgt mittelbar auch daraus, dass § 9 Abs. 2 Satz 3 ErbbauRG, der bei der Umstellung einer Reallast auf die »dingliche Dynamisierung« die Zustimmung aller, auch nachrangiger, Gläubiger, gefordert hatte, i.R.d. Euro-Einführungsgesetzes (Einfügung des § 1105 Abs. 1 Satz 2 BGB) ersatzlos entfallen ist.
4979   *Stavorinus* NotBZ 2009, 428.
4980   Vgl. BayObLG DNotZ 1958, 542.
4981   Für diesen Fall kann ferner durch dingliche Ausgestaltung die Geltendmachung des Heimfallanspruches an die Neubewilligung einer Dienstbarkeit am Erbbaurecht geknüpft werden.

bend bedingt ist. Allerdings ist darauf hinzuweisen, dass für die nach Zeitablauf des Erbbaurechts vereinbarte Entschädigung für das Bauwerk gem. § 28 ErbbauRG das Grundstück mit der Rangstelle des untergegangenen Erbbaurechts (d.h. zwingend an erster Rangstelle) haftet, sodass bei Versteigerung des Grundstücks aus dieser vorrangigen dinglichen Sicherung die Dienstbarkeit nicht in das geringste Gebot fiele. Hier empfiehlt sich, die Entschädigungsforderung gem. § 27 ErbbauRG mit dinglicher Wirkung in der Weise zu modifizieren, dass sie erst verlangt werden kann, wenn der Grundstückseigentümer der Dienstbarkeit den ersten Rang verschafft hat (Formulierungsvorschlag s. Rdn. 2846;[4982] eine Änderung dieser zum Inhalt des dinglichen Erbbaurechts gewordenen Vereinbarung kann wegen §§ 877, 876 Satz 1 materiell-rechtlich nur mit Zustimmung des Dienstbarkeitsberechtigten erfolgen.[4983]

Ähnliche Gefährdungen ergeben sich beim Heimfall (Erlöschen der am Erbbaurecht eingetragenen inhaltsgleichen Dienstbarkeit kraft Gesetzes, § 33 Abs. 1 Satz 1 und 2 ErbbauRG). Eine durch Vormerkung am Erbbaurecht gesicherte Verpflichtung des Grundstückseigentümers, das (dann ihm gehörende) Erbbaurecht nach Vollzug des Heimfalls löschen zu lassen, schränkt die Beleihbarkeit stark ein und begegnet im Hinblick auf § 1 Abs. 4 Satz 2 ErbbauRG Bedenken.[4984] Empfehlenswerter dürfte es sein, den Heimfall gem. § 33 Abs. 1 Satz 1, 3 ErbbauRG dinglich dahin gehend einzuschränken, dass er nur ausgeübt werden kann, wenn vorher oder gleichzeitig dem Grundbuchamt eine Bewilligung des Grundstückseigentümers (der nunmehr auch Erbbaunehmer wird) zur Neubestellung der Dienstbarkeit am Erbbaurecht vorgelegt wird.[4985] 2845

Eine solche, den zum Rangrücktritt bereiten Dienstbarkeitsberechtigten absichernde Regelung im Erbbaurechtsvertrag könnte etwa lauten: 2846

▶ Formulierungsvorschlag: Absicherung eines zurücktretenden Dienstbarkeitsberechtigten bei Heimfall oder Fristablauf des Erbbaurechts

Der Berechtigte der Grunddienstbarkeit Abteilung II lfd. Nr. ..... ist hinter das zu bestellende Erbbaurecht, das mit einer inhaltsgleichen Grunddienstbarkeit belastet wurde, zurückgetreten. Zu seiner Absicherung vereinbaren Grundstückseigentümer und Erbbauberechtigter:
(a) Das Heimfallrecht des Eigentümers kann nur ausgeübt werden, wenn zuvor der Eigentümer bzw. derjenige, auf den das Erbbaurecht beim Heimfall zu übertragen ist, dem Grunddienstbarkeitsberechtigten die Bewilligung über die Neueintragung der Grunddienstbarkeit am Erbbaurecht nach Durchführung des Heimfalls samt aller erforderlichen Rangrücktrittsbewilligungen anderer Gläubiger in grundbuchmäßiger Form aushändigt und ihm die Einigung über die Entstehung der Grunddienstbarkeit i.S.d. § 873 BGB anträgt. Die zur Löschung der derzeitigen Grunddienstbarkeit beim Heimfall des Erbbaurechts erforderliche Berichtigungsbewilligung braucht der Berechtigte der Grunddienstbarkeit demnach nur abzugeben, wenn ihm vorstehende Erklärungen und Bewilligungen ordnungsgemäß zugegangen sind.
(b) Der Entschädigungsanspruch bei Fristablauf des Erbbaurechts gem. § 27 ErbbauRG kann erst geltend gemacht werden und wird erst fällig, wenn der Inhaber des Entschädigungsanspruchs hinter die Grunddienstbarkeit zurückgetreten ist. Den Beteiligten ist bekannt, dass hierzu die Mitwirkung derjenigen erforderlich sein kann, die (z.B. kraft Gesetzes) Pfandrechte an dieser Entschädigungsforderung erhalten. Der Grundstückseigentümer verpflichtet sich gegenüber dem Grunddienstbarkeitsberechtigten, alle Schäden zu ersetzen, die aus der Nichtbeschaf-

---

4982 BGH DNotZ 1974, 692.
4983 Sodass eine Abrede nach § 328 BGB (»pactum de non modificando«) nicht erforderlich ist.
4984 Staudinger/*Rapp* BGB (2002) § 1 ErbbauVO Rn. 39.
4985 Denkbar ist auch die Bewilligung der Neueintragung der Dienstbarkeit am Erbbaurecht durch den Grundstückseigentümer mit Sicherung durch Vormerkung am Erbbaurecht (Bewilligungsberechtigt ist der Grundstückseigentümer als möglicher künftiger Inhaber des Erbbaurechts nach Heimfall); allerdings ist nicht gesichert, dass diese Vormerkung (da ja vom Eigentümer bewilligt) entgegen § 33 ErbbauRG den Heimfall überlebt; hierzu Staudinger/*Rapp* BGB § 33 ErbbauRG Rn. 12.

fung des ersten Rangs entstehen könnten, und verpfändet dem jeweiligen Eigentümer des herrschenden Grundstücks als Drittberechtigtem gem. § 328 BGB seine Entschädigungsforderung aufschiebend bedingt, zur Sicherung dieser Schadensersatzansprüche. Die aufschiebende Bedingung tritt ein, sobald die Abtretbarkeit (und damit Verpfändbarkeit) der Entschädigungsforderung gem. § 27 Abs. 4 ErbbauRG erstmals gegeben ist.

bb) Untererbbaurecht

2847 Beim **Untererbbaurecht**[4986] wird an einem Erbbaurecht (zur zwingend ersten Rangstelle [§ 10 Abs. 1 ErbbauRG]) ein anderes Erbbaurecht bestellt. Hierfür kann ein praktisches Bedürfnis etwa dann bestehen, wenn der Obererbbauberechtigte die Baubefugnis, z.B. für einzelne Häuser, teilweise weitergeben möchte, eine Teilung des Erbbaurechts aber mangels etwa noch erforderlicher Genehmigung der Grundstücksteilung (§§ 144, 169 BauGB bzw. LandesbauO) nicht möglich oder nicht gewollt ist, da der Obererbbauberechtigte vom Untererbbauberechtigten etwa einen höheren Erbbauzins verlangen möchte. Denkbar ist auch folgende Konstellation:[4987] Der Grundstückseigentümer gibt für einen größeren Komplex ein Erbbaurecht an eine Genossenschaft aus, welche zahlreiche Einzelwohnhäuser errichtet, die im Eigentum der Siedler stehen sollen. Der Grundstückseigentümer möchte jedoch nur mit einem Vertragspartner (dem Obererbbauberechtigten) in Rechtsbeziehung stehen. In diesem Fall könnte am Obererbbaurecht ein Untererbbaurecht bestellt werden, das wiederum in Wohnungserbbaurechte gem. WEG aufgeteilt wird[4988] (die Bestellung je eines Untererbbaurechts für ein einzelnes Gebäude ist nicht möglich, da die selbstständigen [Unter-] Erbbaurechte nicht gleichzeitig die erste Rangstelle haben dürfen [§ 10 Abs. 1 ErbbauRG]).

2848 Diese **Erbbaurechtsvariante**[4989] wurde zwischenzeitlich durch Erwähnung in § 6a GBO auch gesetzgeberisch bestätigt. Die **Gestaltung eines Untererbbaurechts** stellt allerdings erhöhte Anforderungen:
– Sowohl das Obererbbaurecht als auch das Untererbbaurecht müssen **alle Mindestmerkmale**, die für das Entstehen eines Erbbaurechts als notwendiger Inhalt (§§ 1, 10 ErbbauRG) erforderlich sind, aufweisen. Insb. muss auch der Obererbbauberechtigte während der Laufzeit des Erbbaurechts die realistische Chance haben, selbst ein Bauwerk zu »haben«. Das selbstständige Innehaben eines Bauwerks durch den Obererbbauberechtigten kann also entweder temporal dadurch gewährleistet sein, dass die Laufzeit des Obererbbaurechts um eine nicht geringfügige Dauer (ca. 5 Jahre, orientiert an der steuerlichen Frist für die Entstehung wirtschaftlichen Eigentums) die Laufzeit des Untererbbaurechts übersteigt,[4990] oder aber lokal dadurch, dass der Ausübungsbereich des Untererbbaurechts (§ 1 Abs. 2 ErbbauRG) hinter demjenigen des Obererbbaurechts zurückbleibt.

2849 – Die **erste Rangstelle des Untererbbaurechts** gem. § 10 Abs. 1 ErbbauRG kann ggf. deshalb nicht herbeigeführt werden, weil der Grundstückseigentümer mit seinem Erbbauzins am Obererbbaurecht nicht zurücktritt. Die Aufhebung oder Änderung (Herabsetzung, nicht Erhöhung) des Untererbbauzinses als Rechtsbestandteil des Obererbbaurechts (§ 96 BGB) erfordert ferner

---

4986 Hierzu *Habel* MittBayNot 1998, 315 ff.
4987 *V. Oefele/Winkler* Handbuch des Erbbaurechts, Rn. 3.15.
4988 Hieran haben oft kirchliche Ausgeber ein Interesse, da sie den Verwaltungsaufwand für Wohnungserbbaurechte nicht leisten wollen oder können (daher wird nicht selten die Aufteilung nach WEG gar als Heimfallgrund ausgestaltet). Der Obererbbauberechtigte ist dann im Regelfall die Kommune.
4989 Erst im Jahr 1974 durch BGH DNotZ 1974, 694, anerkannt.
4990 Hinsichtlich der in Erbbaurechtsverträgen typischerweise enthaltenen dinglichen und schuldrechtlichen Pflichten des Erbbauberechtigten wird der Obererbbauberechtigte häufig einwenden, dass diese angesichts des zeitlich überwiegenden Fehlens eines eigenen Gebäudes ins Leere gehen werden. Es empfiehlt sich für diesen Fall, hinsichtlich der gebäudebezogenen Pflichten (z.B. Versicherungspflicht, Wiederaufbaupflicht, Verkehrssicherungspflicht, Unterhaltungspflicht etc.) dem Obererbbauberechtigten eine schuldrechtliche Befreiung zu erteilen, solange und soweit ein Untererbbaurecht besteht. Allerdings wird es dem Obererbbauberechtigten zur Auflage gemacht werden, mit dinglicher Wirkung diese Pflichten dem Untererbbauberechtigten durch entsprechende Gestaltung des Untererbbaurechtsvertrags weiterzugeben.

die Zustimmung des hieran dinglich (über die Obererbbauzins-Reallast) berechtigten Grundstückseigentümers (§ 876 Satz 2 BGB).

– Der **Obererbbauberechtigte** kann dem Untererbbauberechtigten nur so viel an **Rechtsbefugnis** (als Ausschnitt seiner eigenen Kompetenz) einräumen, wie er selbst im Rahmen seines Obererbbaurechtsvertrags verliehen erhalten hat. Soweit das Untererbbaurecht jedoch einen selbstständigen rechtlichen Tatbestand darstellt, kann es dinglich durchaus abweichend vom Obererbbaurecht ausgestaltet sein (z.B. eine Zustimmungspflicht zur Veräußerung und Belastung enthalten, obwohl eine solche im Obererbbaurechtsvertrag nicht enthalten ist).[4991] 2850

– Besondere Probleme stellen sich bei **Heimfall** oder **Erlöschen des Obererbbaurechts**. Das Untererbbaurecht (und mit ihm die an diesem eingetragenen Belastungen, auch zugunsten von Grundpfandrechtsgläubigern) geht im Heimfall des Obererbbaurechts unter, da es in § 33 ErbbauRG nicht genannt ist. Gleiches gilt bei Erlöschen des Obererbbaurechts durch Aufhebung,[4992] wobei hierfür allerdings gem. § 876 BGB die Zustimmung des Untererbbauberechtigten und der daran dinglich Beteiligten notwendig ist. Nach allgemeinen gesetzlichen Vorschriften ist der Untererbbauberechtigte allenfalls durch einen Schadensersatzanspruch gem. §§ 280, 283, 275 BGB geschützt (Unmöglichwerden der Erfüllung des Untererbbaurechtsvertrags, wenn der Obererbbauberechtigte den Heimfall zu vertreten hat). 2851

▶ Hinweis:

Über diese gravierenden Risiken hat der Notar beim Untererbbaurecht eingehend zu belehren. Sie können durch Vereinbarung einer durch Vormerkung zu sichernden bedingten Verpflichtung des Grundstückseigentümers, dem früheren Untererbbauberechtigten in diesem Fall ein eigenes Erbbaurecht zu bestellen (samt Verpfändung dieses Anspruches zugunsten der derzeitigen Finanzierungsgläubiger am Untererbbaurecht) oder Bestellung einer Grundschuld am Obererbbaurecht zur Sicherung des möglichen Schadensersatzanspruches des Untererbbauberechtigten (und deren teilweise weiter Abtretung an die Grundpfandgläubiger)[4993] nur notdürftig abgefangen werden. Denkbar ist schließlich auch, dem Untererbbauberechtigten bei Zahlungsrückständen des Obererbbauberechtigten die Möglichkeit der Direktzahlung an den Grundstückseigentümer zur Erfüllung beider Zinszahlungspflichten einzuräumen, um jedenfalls keinen auf Vermögensverfall basierenden Heimfalltatbestand eintreten zu lassen. 2852

b) Inhaltsänderungen

I.R.d. **schuldrechtlichen Grundgeschäfts** schafft in der Praxis insb. die Reichweite des Formzwanges des § 11 Abs. 2 ErbbauRG, § 311b BGB Schwierigkeiten. Bis zur Eintragung des Erbbaurechts im Grundbuch sind Änderungen des Grundgeschäfts formbedürftig. Nach Eintragung dürfte mit der herrschenden Meinung[4994] zu differenzieren sein: die schuldrechtliche Verpflichtung zu einer Änderung des gesetzlichen Inhalts (§ 1 Abs. 1 ErbbauRG) unterliegt in jedem Fall dem Formzwang, da sie zu einer Veränderung der Rechtsidentität des einmal begründeten Erbbaurechts hinsichtlich des notwendigen gesetzlichen Inhalts führt und damit einer Teil-Neubestellung oder einer Teil-Aufhebung vergleichbar ist. Soweit sich Änderungen lediglich auf den vertraglich vereinbarten dinglichen Inhalt des Erbbaurechts beziehen (insb. § 2 ErbbauRG sowie hier auch § 1 Abs. 2 ErbbauRG), bedarf die schuldrechtliche Verpflichtung hierzu keiner notariellen Beurkundung, sofern nicht ein möglicher Anspruch auf Übertragung des Erbbaurechts begründet wird oder wegfällt (z.B. 2853

4991 Vgl. LG Augsburg MittBayNot 1995, 211.
4992 Ein Erlöschen des Obererbbaurechtes durch Fristablauf kann nicht vor Ablauf des Untererbbaurechts eintreten, da der Rechtsinhalt des Untererbbaurechtes schon definitionsgemäß nicht über den des Obererbbaurechtes hinaus reichen kann. Erlöschen Ober- und Untererbbaurecht genau gleichzeitig, wird man eine »doppelte Surrogation« der (reallastähnlichen) Entschädigungsforderungen anzunehmen haben, vgl. *v. Oefele/Winkler* Handbuch des Erbbaurechts Rn. 3.36.
4993 Nicht durch unmittelbare Abtretung der Rechte aus § 32 ErbbauRG (so *Habel* MittBayNot 1998, 321) wegen des Abtretungsverbotes in § 3.
4994 Vgl. etwa *Wufka* DNotZ 1976, 473 und MittBayNot 1989, 16.

i.R.d. Heimfallregelung nach § 2 Nr. 4 ErbbauRG oder der Verkaufsverpflichtung des Grundstückseigentümers gem. § 2 Nr. 7 ErbbauRG).

2854 **Schuldrechtliche Vereinbarungen zur Änderung des Erbbauzinses** unterliegen jedenfalls nach der Eintragung des Erbbaurechts nicht dem **notariellen Formzwang**, da der Erbbauzins, wie ausgeführt, nicht Inhalt des Erbbaurechts, sondern Belastung des Erbbaurechts ist, für den § 11 ErbbauRG nicht gilt. Soll jedoch eine **neuerliche Vollstreckungsunterwerfung** erklärt werden, ergibt sich **Beurkundungspflicht** aus § 794 Abs. 1 Nr. 5 ZPO. Änderungen des Erbbauzinses vor Eintragung des Erbbaurechts gehören dagegen zu den Regelungen, mit denen die übrigen Bestimmungen des schuldrechtlichen Kausalgeschäfts stehen und fallen, sodass sie vom Formzwang erfasst werden.

2855 Für den **dinglichen Vollzug im Grundbuch** ist gem. § 873 BGB die grds. sachenrechtlich formlose, aber gem. §§ 20, 29 GBO zumindest beglaubigungsbedürftige Einigung mit der Eintragungsbewilligung nach § 19 GBO (Form § 29 GBO) und formlosem Eintragungsantrag nach § 13 GBO erforderlich. Gem. §§ 877, 876 Satz 1 BGB ist die Zustimmung der am Erbbaurecht dinglich Berechtigten erforderlich, wenn sich ihre Rechtsstellung dadurch verschlechtern kann (also bspw. nicht bei Ausdehnung des Erbbaurechts auf bisher unbelastete Grundstücke). Entsprechend gilt für die am Grundstück dinglich Berechtigten gem. § 876 Satz 2 BGB, dass sie bei Erweiterungen des Inhalts des Erbbaurechts zustimmen müssen. Die Zustimmungserklärungen gem. § 876 Satz 1 und Satz 2 BGB bedürfen lediglich grundbuchrechtlich der Form des § 29 GBO.

2856 Ähnliches gilt bei der **nachträglichen Erhöhung des dinglichen Erbbauzinses** (Reallast) **nach altem Recht**, also ohne dingliche Anpassung oder Anpassungsverpflichtung: gem. §§ 877, 873 BGB ist Einigung und Eintragung erforderlich; soll die Erhöhung im Rang vor eingetragenen Gläubigern erfolgen, müssen auch diese in der Form des § 29 GBO zustimmen (§ 880 BGB). Ist jedoch der schuldrechtliche Anspruch auf Eintragung von Erbbauzinserhöhungs-Reallasten durch eine Vormerkung gesichert (vgl. oben Rdn. 2788), bestimmt sich der Rang der neuen Erbbauzinsreallast in (Teil-)Ausnutzung der Vormerkung gem. § 883 Abs. 3 BGB nach dem Rang dieser Vormerkung, ohne dass die nachrangigen Gläubiger zustimmen müssten.[4995] Durch die Eintragung einer solchen Vormerkung wird also eine wesentliche Erleichterung erzielt.[4996] Die Eintragung der Erhöhung des Erbbauzinses geschieht in der Veränderungsspalte in Abteilung II des Erbbaugrundbuches. Klargestellt wird, dass die vorgeschilderten Erleichterungen (Rang wahrende Wirkung, Entbehrlichkeit der Zustimmungen nachrangiger Gläubiger gem. § 880 BGB) selbstverständlich nicht gelten, wenn die Erbbauzinserhöhung nicht in Ausübung der schuldrechtlichen Anpassungsbestimmung erfolgt, auf welche sich die Vormerkung bezieht (sondern z.B. aufgrund einer Ausdehnung der Erbbaurechtsfläche).

2857 Die **Teilung des Erbbaurechts** setzt die Teilung des Erbbaugrundstücks in mehrere selbstständige Grundstücke voraus. Sie kann nur so erfolgen, dass keine (geplanten bzw. errichteten) Gebäude durchschnitten werden, da sonst gegen § 1 Abs. 3 ErbbauRG verstoßen würde (Unzulässigkeit des sog. Nachbarerbbaurechts). Das schuldrechtliche Grundgeschäft hierzu ist gem. § 11 Abs. 2 ErbbauRG i.V.m. § 311b BGB beurkundungsbedürftig; da nach herrschender Meinung die Teilung eine wechselseitige Rechtsbeschränkung, somit eine rechtsgeschäftliche Teilaufhebung des bisherigen Erbbaurechts zum Inhalt hat. Zur Teilung des Erbbaugrundstücks selbst (mit der Folge der Entstehung eines Gesamterbbaurechts) ist die Zustimmung des Erbbauberechtigten nicht erforderlich, da seine Rechte nicht geschmälert werden können.[4997] Für den dinglichen Vollzug einer Realteilung des Erbbaurechts selbst ist jedoch eine Teilungserklärung des Erbbauberechtigten (§ 875 BGB) samt Teilungsbewilligung nach § 19 GBO, die Zustimmung des Grundstückseigentümers gem. § 26 ErbbauRG sowie nach herrschender Meinung die Zustimmung von Belastungsgläubigern am Erbbaurecht gem. § 876 BGB (da die Wertverhältnisse bei Gesamtbelastung nachteilig verändert sein können) erforderlich, und zwar verfahrensrechtlich jeweils in der Form des § 29 GBO.[4998]

4995 OLG Düsseldorf RPfleger 2009, 228 m. Anm. *Schneider*, S. 214.
4996 Vgl. LG Marburg Rpfleger 1991, 453.
4997 OLG Hamm DNotZ 1960, 107.
4998 Hierzu näher DNotI-Report 1995, 189 f.

Werden Teilflächen des Erbbaugrundstücks abgeschrieben (vgl. § 890 Abs. 2 BGB), ist die Zustimmung des Erbbauberechtigten sowie der dinglich daran Berechtigten gem. § 1026 BGB nicht erforderlich, wenn die Teilfläche eindeutig vom Erbbaurecht nicht (auch nicht im Wege der Erstreckung gem. § 1 Abs. 2 ErbbauRG) betroffen ist. Anderenfalls ist eine Teilaufhebung notwendig. Die Zustimmung der dinglich Berechtigten am Grundstück ist entbehrlich.[4999]

2858

Vergrößert sich das Erbbaurechtsgrundstück durch **Vereinigung oder Zuschreibung** (§ 890 Abs. 1 oder Abs. 2 BGB), ist regelmäßig aus grundbuchrechtlichen Gründen (§§ 5, 6 GBO) die Einbeziehung der neuen Teilfläche in den Belastungsgegenstand des Erbbaurechts erforderlich. Die in diesen Fällen häufig erklärte sog. »Erstreckung« enthält inhaltlich die Erklärung der Einigung über die Belastung der Teilfläche mit dem Erbbaurecht.[5000] Nach h.Lit.[5001] (a.A. das KG)[5002] kann schließlich das Grundstück dem darauf lastenden Erbbaurecht als **Bestandteil zugeschrieben** werden (um die Erstreckungswirkung des § 1131 BGB hinsichtlich der am Erbbaurecht eingetragenen Grundpfandrechte zu erzielen), nicht jedoch umgekehrt das Erbbaurecht zum belasteten Grundstück.[5003]

2859

Eine **Vereinigung mehrerer Erbbaurechte** zu einem Gesamterbbaurecht ist[5004] möglich, sofern beide Rechte im Wesentlichen den gleichen Inhalt haben und deren Laufzeit einheitlich ist. Diese Vereinigung bedarf nicht der Zustimmung der betroffenen Grundstückseigentümer. Die grundbuchrechtlichen Voraussetzungen des § 6a GBO sind jedoch einzuhalten. Auch mehrere Wohnungserbbaurechte können analog § 890 Abs. 1 BGB »zusammengelegt« werden.[5005]

2860

c) Beendigung des Erbbaurechts (§§ 26 ff. ErbbauRG)

Keine Beendigung des Erbbaurechts tritt ein bei **Untergang des Bauwerks** (§ 13 ErbbauRG), beim **Eintritt des Heimfalles** (§§ 2 Nr. 4, 32 f. ErbbauRG: Eigentümererbbaurecht), sowie bei **Zwangsversteigerung** des Grundstücks (§ 25 ErbbauRG).

2861

aa) Rechtsgeschäftliche Aufhebung

Das schuldrechtliche Grundgeschäft hierzu ist nach § 11 Abs. 2 ErbbauRG, § 311b Abs. 1 BGB beurkundungspflichtig. Der dingliche Vollzug im Grundbuch erfordert (mangels Geltung des § 928 BGB: § 11 Abs. 1 ErbbauRG) eine Aufgabeerklärung des Erbbauberechtigten (§ 875 BGB) samt Löschungsbewilligung (§ 19 GBO), die Zustimmung des Grundstückseigentümers (§ 26 ErbbauRG), welche nach Eingang beim Grundbuchamt oder beim Erbbauberechtigten unwiderruflich ist sowie die Zustimmung der am Erbbaurecht dinglich Berechtigten (§ 876 BGB) – soweit ihr Recht nicht mit gleicher Rangstelle am Grundstück weiter besteht[5006] –, jeweils in der Form des § 29 GBO. Belastungsgläubiger werden nur zustimmen, wenn vor Aufhebung des Erbbaurechts das Grundstück (möglichst rangleich) pfandunterstellt wurde.

2862

4999 Nach BGH, 03.11.1978 – V ZR 25/75 (mitgeteilt in WM 1982, 1047).
5000 BayObLG MittBayNot 1991, 172; Muster bei *Grauel* ZNotP 1998, 71 ff.
5001 Vgl. Nachweise bei *Gutachten* DNotI-Report 2006, 112 (in BayObLG MittBayNot 1999, 243 offengelassen); zur Rechtslage beim Gebäudeeigentum nach ZGB vgl. *Krauß* NotBZ 1997, 60, 64.
5002 KG, 02.03.2010 – 1 175-176/08, DNotZ 2011, 283 (»monströse Gestaltung«); vgl. hierzu *Albrecht* in: Albrecht/Hertel/Kesseler, Aktuelle Probleme der notariellen Vertragsgestaltung im Immobilienrecht 2011/2012 (DAI-Skript), S. 155 ff.
5003 *Meikel/Böttcher* GBO § 6 Rn. 8.
5004 Nach BayObLGZ 1996, 34.
5005 Vgl. OLG Hamm, 27.07.2006 – 15 W 202/05, DNotZ 2007, 225, trotz unterschiedlicher Belastung und aufgeteilter Erbbauzinsreallast, vgl. *Morvilius* MittBayNot 2007, 492 ff.
5006 BayObLG Rpfleger 1987, 157; DNotI-Gutachten Nr. 11124; LG Köln, RNotZ 2001, 391. Auch dann ist die Zustimmung der dinglich Berechtigten jedoch erforderlich, wenn das aufzuhebende Erbbaurecht in Wohnungseigentum aufgeteilt ist, da sich der Inhalt der Belastungsgegenstände ändert, OLG München, 27.07.2010 – 34 Wx 70/10, NJOZ 2011, 342.

2863 Das Erbbaugrundbuch wird von **Amts wegen geschlossen** (§ 16 ErbbauRG). Subjektiv-dingliche Rechte zugunsten des nunmehr untergegangenen Erbbaurechts erlöschen kraft Gesetzes.[5007] Eine etwaige Entschädigung für das Bauwerk ist mangels gesetzlicher Vorschriften vertraglich zu regeln.

bb) Erlöschen durch Zeitablauf

2864 Materiell-rechtlich sind **keinerlei Erklärungen der Beteiligten** erforderlich. Die am Erbbaurecht eingetragenen Belastungen erlöschen mit diesem materiell-rechtlich **kraft Gesetzes**. Es entsteht ein **gesetzlicher Entschädigungsanspruch** (lex specialis zu § 812 Abs. 1 BGB: »Bereicherung des Grundstückseigentümers in sonstiger Weise«), der jedoch durch **Vertrag mit dinglicher Wirkung abgeändert** oder sogar **ausgeschlossen** werden kann (§ 27 Abs. 1 ErbbauRG) – wobei jedoch bei Erbbaurechten für sozial bedürftige Bevölkerungskreise (Rdn. 2754) mindestens zwei Drittel des gemeinen Werts als Entschädigung zu leisten ist. Auch letztere kann der Eigentümer abwenden, indem er rechtzeitig schriftlich die Verlängerung des Erbbaurechts auf die voraussichtliche Reststanddauer des Gebäudes anbietet, zu i.Ü. gleichen Konditionen (§ 27 Abs. 3 Satz 2 ErbbauRG).

2865 Die gesetzliche (ggf. dingliche abgeänderte) Entschädigungsforderung gem. §§ 27, 28 ErbbauRG ist nach herrschender Meinung[5008] bei entsprechender Berichtigungsbewilligung anstelle des Erbbaurechts mit dessen Rang im Grundbuch (auch ohne genaue Bezifferung)[5009] eintragungsfähig. Die Rechte der bisherigen Gläubiger in Abteilung III des früheren Erbbaurechts setzen sich als Pfandrechte an der Entschädigungsforderung fort (§ 29 ErbbauRG), was nach herrschender Meinung bei der Entschädigungsforderung in Abteilung II des Grundstücks-Grundbuches (Veränderungsspalte des Erbbaurechts) vermerkt werden kann. Für Mietverhältnisse gilt § 566 BGB entsprechend (§ 30 Abs. 1 ErbbauVO), wobei § 30 Abs. 2 ErbbauRG ein erweitertes Kündigungsrecht des Grundstückseigentümers begründet.

2866 Sind bei Erlöschen eines Erbbaurechts infolge Zeitablaufs Entschädigungsforderungen des Erbbauberechtigten in zulässiger Weise ausgeschlossen, etwa bei **gewerblichen Erbbaurechten**, ist das Erbbaurecht auf Antrag des Grundstückseigentümers oder des Erbbauberechtigten ohne weitere Mitwirkung Dritter zu löschen, da die Unrichtigkeit des Grundstücksgrundbuchs infolge Zeitablaufs feststeht (§ 22 GBO). Sind **Entschädigungsforderungen** denkbar, handelt es sich dabei um Rückstände i.S.d. § 23 GBO,[5010] sodass – wenn keine Löschungserleichterungsklausel vereinbart und eingetragen ist (§ 23 Abs. 2 GBO), zur Löschung innerhalb eines Jahres nach Zeitablauf die Bewilligung des Erbbauberechtigten erforderlich ist; auch später ist sie dann nur mit Löschungsbewilligung des Erbbauberechtigten gem. § 29 GBO möglich, wenn er zuvor der Löschung dem Grundbuchamt ggü. widersprochen hat.

2867 Sind am Erbbaurecht Grundpfandrechte oder Reallasten eingetragen, denen surrogatweise gem. § 29 ErbbauRG »Pfandrechte« an der Entschädigungsforderung zustehen, ist neben der Löschungsbewilligung des Erbbauberechtigten auch die Zustimmung der dinglich Berechtigten erforderlich[5011] (Rechtsgedanke analog § 1287 Satz 2 BGB, § 848 Abs. 2 ZPO), und zwar selbst dann, wenn Grundstückssei-

---

5007 LG Verden Nds. RpflG 1964, 249 (möglicherweise besteht allerdings ein schuldrechtlicher Anspruch auf Neubestellung zugunsten des nunmehrigen Grundstückseigentümers auf die Laufzeit des früheren Erbbaurechtes). Nach a.A. (*v. Oefele/Winkler* Handbuch des Erbbaurechts Rn. 5.256 sowie ausführlich *Maaß* NotBZ 2002, 390 f.) gilt § 12 Abs. 3 ErbbauRG nicht nur für Sach-, sondern auch für Rechtsbestandteile des früheren Erbbaurechtes (§ 96 BGB!), sodass Grunddienstbarkeiten nunmehr zugunsten des Grundstückseigentümers fortbestünden. Kein Erlöschen tritt ein, wenn das Erbbaurecht vor seinem Ablauf verlängert wird, DNotI-Gutachten Nr. 104747 v. 03.08.2010; dies hat der Eigentümer des dienenden Grundstücks hinzunehmen.

5008 *Maaß* NotBZ 2002, 389, 392, 395; eine sofortige Löschung des Erbbaurechts ohne Rücksicht auf den Entschädigungsanspruch ist gem. OLG Hamm, 15.03.2007 – 15 W 404/06, NotBZ 2007, 218 nicht zulässig; a.A. Erman/*Grziwotz* BGB § 29 ErbbauRG Rn. 4.

5009 OLG Hamm, 15.03.2007 – 15 W 404/06, NotBZ 2007, 218; a.A. *Schöner/Stöber* Grundbuchrecht Rn. 1874.

5010 A.A. *Maaß* NotBZ 2002, 395; für die h.M. OLG Celle NJW-RR 1995, 1420; *Böttcher* Rpfleger 2004, 23 m.w.N.

5011 OLG Hamm, 15.03.2007 – 15 W 404/06, DNotZ 2007, 750 m. Anm. *Maaß*.

gentümer und Erbbauberechtigter personengleich sind, die Entschädigungsforderung also an sich durch Konfusion unterginge (Rechtsgedanke der §§ 1976, 1991 Abs. 2, 1143, 2175, 2377 BGB).

Mit der Löschung des Erbbaurechts ist das Erbbaugrundbuch von Amts wegen zu schließen (§ 16 ErbbauRG). Ist dem Erbbauberechtigten allerdings ein Vorrecht auf Erneuerung gem. § 31 ErbbauRG eingeräumt (dinglicher Inhalt gem. § 2 Nr. 6 ErbbauRG) und erfolgt die (oben beschriebene) Löschung des Erbbaurechts vor Ablauf von 3 Jahren ab dessen zeitlicher Beendigung, ist gem. § 31 Abs. 3 ErbbauRG zur Sicherung des Anspruchs des Vorberechtigten eine Vormerkung im bisherigen Rang des Erbbaurechts einzutragen, die nach Ablauf von 3 Jahren nach Endbefristung des ausgelaufenen Erbbaurechts, sofern der Grundstückseigentümer kein neues Erbbaurecht ausgegeben hat, als gegenstandslos im Grundbuch gelöscht werden kann. **2868**

Gem. § 34 ErbbauRG ist der Erbbauberechtigte nicht berechtigt, bei Heimfall oder Erlöschen des Erbbaurechts das Bauwerk wegzunehmen oder sich Bestandteile des Bauwerks anzueignen. Dieses Wegnahmeverbot (es handelt sich um ein Schutzgesetz i.S.d. § 823 Abs. 2 BGB) ist nach ganz einhelliger Auffassung nicht dinglich abdingbar.[5012] Eine Abrissverpflichtung, gleich ob unbedingt oder bedingt, kann demnach nur schuldrechtlich vereinbart werden, nicht als Inhalt des dinglichen Rechts.[5013] Hat der Grundstückseigentümer bei späteren Inhaberwechseln keiner befreienden Schuldübernahme (gem. § 415 Abs. 1 BGB) zugestimmt, kann er insoweit den ersten Erbbaurechtsnehmer in Anspruch nehmen; letzterer hat aus den Weiterverkäufen allenfalls einen internen Freistellungsanspruch gegen die Nachinhaber. **2869**

7. Übertragung des Erbbaurechts

Gegenstand der nachfolgenden Übersicht sind lediglich die Besonderheiten, die sich beim Erwerb von Erbbaurechten ergeben. Beim Erwerb von Wohnungs- oder Teilerbbaurechten (§§ 30, 3, 8 WEG) sind die Spezifika des Wohnungseigentums und des Erbbaurechts kombiniert zu berücksichtigen. **2870**

a) Grundgeschäft

Der Verpflichtungsvertrag bedarf der **notariellen Beurkundung** (§ 11 Abs. 2 ErbbauRG, § 311b BGB). Zu beachten ist, dass Gegenstand der Übertragung ein Recht ist, mit dem das Eigentum an einem Bauwerk verbunden ist (Vertragstyp also Rechtskauf statt Sachkauf!). **2871**

> Hinweis:
> Die Beurkundungspraxis der Verträge über Erbbaurechte gleicht weithin der der Grundstücksgeschäfte. Allerdings erfordern die recht unterschiedlich ausgestalteten Erbbaurechte eine viel umfangreichere rechtliche Aufklärung der Beteiligten; des Weiteren zwingen Eigenheiten der meisten Erbbaurechte zu besonderen Vorkehrungen in Vertragsgestaltung und -abwicklung.

Der gebotenen Aufklärung der Vertragsteile dient es, die Eintragungen im Erbbaugrundbuch und die auf das Erbbaurecht bzgl. Eintragungen im Grundstücksgrundbuch vollständig in der Urkunde wiederzugeben. Der konkrete dingliche Inhalt des Erbbaurechts kann aber wegen der weitgehenden Bezugnahme auf die Eintragungsbewilligung nur anhand der Bestellungsurkunde (samt etwaigen Nachträgen) verlässlich festgestellt werden. Daher wird sich der Notar in jedem Fall die Bestellungsurkunde vorlegen lassen. Wird sie nicht beigebracht und erklären die Beteiligten, ihren Inhalt zu kennen, so sollte der Notar diese Erklärungen in die Vertragsurkunde aufnehmen, verbunden mit dem gleichfalls **2872**

5012 Vgl. Staudinger/*Ring* BGB § 34 ErbbauRG Rn. 5, *v. Oefele/Winkler* Handbuch des Erbbaurechts 3. Aufl. 2003, Rn. 4.60; *Ingenstau/Hustedt* § 34 ErbbauRG Rn. 2.
5013 Vgl. ausdrücklich LG Düsseldorf MittRhNotK 1987, 129; LG Wuppertal Rpfleger 2006, 540.

B. Gestaltung eines Grundstückskaufvertrages

aufzunehmenden Hinweis, dass damit die entscheidende Informationsquelle fehlt und er seiner Belehrungsaufgabe nicht gerecht werden kann. Zum »Eintritt« in den Erbbaurechtsvertrag vgl. Rdn. 2887 ff.

b) Dingliche Übertragung

2873 § 11 Abs. 1 Satz 1 ErbbauRG erklärt auf das Erbbaurecht das Grundstücksrecht des BGB anwendbar, nimmt aber davon u.a. § 925 BGB (Auflassung als lediglich für den Subjekttransfer geeignet) aus. Daher wird das Erbbaurecht gem. § 873 BGB durch (materiell-rechtlich formlose, gem. § 11 Abs. 1 Satz 2 ErbbauRG bedingungsfeindliche) **Einigung** über den Eintritt der Rechtsänderung und entsprechende Eintragung im Grundbuch übertragen. Wird eine Vormerkung gem. § 883 BGB für den Erwerber vereinbart, sollte es demgemäß heißen:

»... zur Sicherung des Anspruchs auf Übertragung des Erbbaurechts«.

Grundbuchrechtlich ist die Einigung (§ 20 GBO) in der Form des § 29 GBO nachzuweisen. Sie kann wie folgt lauten:

▸ Formulierungsvorschlag: Einigung gem. § 873 BGB bei Erbbaurecht

2874 A überträgt an B und C als Mitberechtigte zu je ein halb das im Grundbuch von ..... Band ..... Blatt ..... eingetragene Erbbaurecht. A bewilligt, B und C beantragen, die Übertragung im Grundbuch einzutragen.

(*Formulierungsalternative:*

Über den Rechtsübergang am Erbbaurecht einig, bewilligt A und beantragt B, die Rechtsänderung im eingangs genannten Erbbaugrundbuch einzutragen.)

c) Zustimmung zur Veräußerung

2875 Für die Vertragsgestaltung ergeben sich Besonderheiten, wenn Verfügungsbeschränkungen nach § 5 ErbbauRG vereinbart sind, am Erbbaurecht ein Vorkaufsrecht für den jeweiligen Grundstückseigentümer haftet oder Begleitschuldverhältnisse vereinbart sind.

▸ Hinweis:

Ist bei einer am Erbbaurecht eingetragenen Grundschuld eine Rückgewährsvormerkung für den Grundstückseigentümer eingetragen (Rdn. 2824), bedarf auch die Löschung dieser Grundschuld im Zuge eines Verkaufs grundbuchrechtlich der Zustimmung des Grundstückseigentümers (in der Form des § 29 GBO).

Bedarf die **Veräußerung der Zustimmung des Grundstückseigentümers** (Rdn. 2765 ff.), so sind nach § 6 ErbbauRG sowohl die Übertragung als auch das zugrunde liegende Verpflichtungsgeschäft unwirksam, solange der Eigentümer nicht zugestimmt hat. Auf dieses Wirksamkeitserfordernis hat der Notar nach § 17 BeurkG hinzuweisen. Der Hinweis sollte auch in der Niederschrift vermerkt sein, etwa folgendermaßen:

▸ Formulierungsvorschlag: Hinweis auf das Erfordernis der Zustimmung des Grundstückseigentümers

2876 Der vorliegende Kaufvertrag bedarf nach dem Erbbaurechtsvertrag der Zustimmung desjenigen, der z.Zt. des Umschreibungsantrags Grundstückseigentümer ist, und ist bis zu deren Erteilung schwebend unwirksam. Die Zustimmung bedarf der notariellen Beglaubigung. Wird sie verweigert, kann der Verkäufer ihre gerichtliche Ersetzung nach Maßgabe des § 7 Abs. 3 ErbbauRG beantragen.

2877 Des Weiteren muss die Erteilung der Eigentümerzustimmung auch in die Voraussetzungen für die Fälligkeit des Kaufpreises aufgenommen werden. Hinsichtlich des regelmäßig am Erbbaurecht bestehenden rechtsgeschäftlichen Vorkaufsrechts des Grundstückseigentümers ist daran zu erinnern, dass die Ausübungsfrist erst nach Anzeige des genehmigten und auch i.Ü. wirksam gewordenen Kaufvertrags zu laufen beginnt. Im Hinblick auf möglicherweise langwierige gerichtliche Ersetzungsverfahren nach § 7 Abs. 3 ErbbauRG, die zudem den Erwerber dazu zwingen, seine Verhältnisse offenzulegen um Zweifel an seiner Erfüllungsfähigkeit und seinen Intentionen zu zerstreuen, kann schließlich auch geregelt werden, ob und welche Pflichten die Beteiligten im Verhältnis zueinander hinsichtlich dieser Zustimmungserteilung übernehmen. Auch negativ kann der Käufer bspw. ein Interesse daran haben, sich vom schwebenden Vertrag lösen zu können, wenn die Zustimmung trotz aller Bemühungen beider nicht bis zu einem bestimmten Termin erteilt ist.

Die Zustimmung gem. § 5 Abs. 1 (und Abs. 2) ErbbauRG ist durch den »jeweiligen« Grundstückseigentümer zu erteilen, vgl. Rdn. 2766; bei einem Eigentumswechsel vor Eingang des Umschreibungsantrags bzgl. des Erbbaurechts beim Grundbuchamt wird die vom Rechtsvorgänger des nunmehrigen Grundstückseigentümers erteilte Zustimmung wirkungslos.[5014] Anders liegt es dann, wenn die Einigung über den Übergang des Erbbaurechts mit Zustimmung des (früheren) Grundstückseigentümers bindend geworden und der Eintragungsantrag beim Grundbuchamt vor Eintritt der Rechtsnachfolge am Grundstück eingegangen war (§§ 873 Abs. 2, 878 BGB).[5015]   2878

▶ Hinweis:

Das hieraus resultierende Unsicherheitsmoment bei der Abwicklung von Erbbaurechtskaufverträgen kann allenfalls durch Einschaltung eines Anderkontos und Auszahlung erst nach erfolgter Antragstellung auf Umschreibung beseitigt werden. Zumindest die Grunderwerbsteuer (auch die Grundbuchkosten bei drohendem Gerichtskostenvorschuss) sind also zusätzlich zu hinterlegen und aus dem Anderkonto vorab gegen Vorlage des Steuerbescheids/der Kostenzwischenverfügung zu bedienen.   2879

Wird (wie i.d.R.)[5016] dieser vorsichtige Weg nicht beschritten, sollte der Notar zumindest keine unberechtigten Verheißungen wecken, also die Fälligkeit ausdrücklich dann eintreten lassen, wenn der derzeitige Eigentümer zugestimmt hat. Liegt der Erbbaurechtsvertrag nicht vor, sollte der Notar weiter darauf hinweisen, dass er die Prüfung des Erfordernisses einer Eigentümerzustimmung allein auf den betreffenden Vermerk im Erbbaugrundbuch gestützt und damit auf die Einhaltung der Ordnungsvorschrift des § 56 Abs. 2 Grundbuchverfügung[5017] vertraut hat.   2880

Die betreffende Fälligkeitsvoraussetzung ließe sich – verbunden mit den erforderlichen Hinweisen, einer Begrenzung der Beschaffenpflicht, der regelmäßig gewollten (Rdn. 2887) befreienden Schuldübernahme hinsichtlich künftig entstehender Zahlungspflichten und verbunden mit der Vereinbarung eines Endtermins mit Rücktrittssanktion,[5018] – im Fall der Bereitschaft des Käufers, die anfallenden Beglaubigungskosten »freiwillig« zu übernehmen,[5019] wie folgt formulieren: 2881

▶ Formulierungsvorschlag: Zustimmung des Grundstückseigentümers als Fälligkeitsvoraussetzung und weitere Regelungen

..... nach Zugang einer Bestätigung des Notars (Einwurf-Einschreiben), dass   2882

die gemäß Vermerk im Erbbaugrundbuch erforderliche Zustimmung des derzeitigen Grundstückseigentümers zur heutigen Veräußerung und zu der in § ..... vereinbarten befreienden

---

5014 OLG Düsseldorf DNotI-Report 1996, 101 unter Berufung auf § 183 BGB; eine analoge Anwendung des § 404 BGB auf dingliche Rechte wird abgelehnt.
5015 Vgl. OLG Köln, MittRhNotK 1996, 275.
5016 Häufig handelt es sich bei den Eigentümern erbbaubelasteter Grundstücke ohnehin um Kirchen, öffentlich-rechtliche Körperschaften oder Landwirte, sodass die Wahrscheinlichkeit eines Wechsels gering ist.
5017 Wonach der Vorbehalt einer Zustimmung gem. § 5 Abs. 1 und/oder Abs. 2 ErbbauRG nicht allein durch Bezugnahme gem. § 874 BGB zum Grundbuchinhalt werden solle, sondern ausdrücklich aufzuführen ist.
5018 Der Käufer kann, sofern die Beteiligten insoweit erhöhte Pflichten regeln wollen, ggf. dem Erbbaurechtsverkäufer (nicht dem Eigentümer!) analog §§ 108 Abs. 2, 177 Abs. 2, 415 Abs. 2, 1366 Abs. 3, 1829 Abs. 2 BGB eine angemessene Frist setzen, gerichtet auf Einleitung eines Ersetzungsverfahrens gem. § 7 Abs. 3 ErbbauRG, vgl. BGH, NJW 2000, 3645; *Gutachten* DNotI-Report 2009, 9.
5019 Obwohl die Zustimmung vom Eigentümer davon an sich nicht abgängig gemacht werden darf, OLG Hamm DNotZ 1992, 368. Ein solcher Erstattungsanspruch besteht jedenfalls kraft Gesetzes auch materiell-rechtlich nicht.

Schuldübernahme in grundbuchmäßiger Form vorliegt oder durch Gerichtsentscheidung ersetzt ist, allenfalls unter der Auflage der Erstattung der angefallenen Notargebühren durch den Käufer, wozu sich dieser vertraglich bereit erklärt.

Der Verkäufer ist nicht verpflichtet, eine etwaige gerichtliche Ersetzung gem. § 7 Abs. 3 ErbbauRG zu betreiben; auch die Vollzugsvollmacht des Notars erstreckt sich hierauf nicht.

(Formulierungsalternative:

Der Verkäufer schuldet dem Käufer auch im Fall der Ablehnung die Durchführung des gerichtlichen Ersetzungsverfahrens gem. § 7 Abs. 3 ErbbauRG; der Käufer hat die erforderlichen Nachweise zu erbringen. Die Vollzugsvollmacht des Notars erstreckt sich hierauf nicht).

Ist diese Fälligkeitsvoraussetzung nicht bis zum ..... eingetreten, kann der Käufer vom Vertrag zurücktreten. Die Notar- und Grundbuchkosten für diesen Vertrag und seine Finanzierung sind ihm zu erstatten; weiter gehende Ansprüche sind ausgeschlossen, soweit sie nicht auf Vorsatz oder Arglist beruhen.

2883 **d) Zustimmung zur Beleihung**

Enthält der Erbbaurechtsvertrag eine **Beschränkung i.S.v. § 5 Abs. 2 ErbbauRG** (Rdn. 2771 ff.), so sollte der Erwerber auch auf die hieraus erwachsenden Konsequenzen nachdrücklich hingewiesen werden einschließlich der Risiken, die sich aus einem möglichen Eigentümerwechsel vor Stellung des Antrags auf Eintragung der Finanzierungsgrundschuld ergeben (§ 878 Abs. 2 BGB). Die Zeitspanne der Unsicherheit ist bei § 5 Abs. 2 ErbbauRG allerdings naturgemäß kürzer als bei § 5 Abs. 1 ErbbauRG.

Wenn die Finanzierung des Kaufpreises – wie häufig – von der Vorwegbelastung des Kaufobjekts abhängt, wird dessen Beleihbarkeit für Abschluss und Bestand des Vertrags entscheidend.

▶ Hinweis:

2884 Falls eine bestimmte Beleihung oder Beleihbarkeit zum Gegenstand der Verhandlung gemacht wird, hat der Notar zu klären (§ 17 Abs. 1 BeurkG), ob die Vertragsteile darin eine echte Bedingung, den Gegenstand einer Gewährleistung des Verkäufers, den Grund für ein Rücktrittsrecht des Käufers, eine Fälligkeitsvoraussetzung, eine bloße Absicht des Käufers usw. sehen. Zur Verdeutlichung wird der Notar in diesem Zusammenhang darauf hinweisen, dass die Zustimmung des Grundstückseigentümers zum Verkauf nicht zugleich die Zustimmung zur Beleihung enthält, selbst wenn im genehmigten Kaufvertrag eine »Vorwegfinanzierungsvollmacht« enthalten ist (Risiko der »gespaltenen Zustimmung«),[5020] und dass die Voraussetzungen, unter denen die Zustimmung gerichtlich ersetzt werden kann, abweichen. Die ermittelte Risikosensibilität der Beteiligten muss dann zu entsprechenden Klauseln im Vertrag führen (falls es nicht gelingt, die Dinge vor dem Gang zum Notar zu klären).

2885 Die **Nichtbeleihbarkeit als Rücktrittsgrund** könnte in einem Erbbaurechtskauf wie folgt lauten:

▶ Formulierungsvorschlag: Fehlende Beleihbarkeit als Rücktrittsgrund

Der Käufer will einen Kaufpreisteil i.H.v. ..... € durch ein Bankdarlehen aufbringen, das durch ein Grundpfandrecht am Erbbaurecht abgesichert werden muss. Das vorgesehene Grundpfandrecht soll unter Mitwirkung des Verkäufers vor Übertragung des Erbbaurechts im Grundbuch eingetragen werden, vorausgesetzt, der Grundstückseigentümer erklärt sich schriftlich bereit,
– die erforderliche Zustimmung in grundbuchmäßiger Form zu geben und
– eine sog. Stillhalteerklärung zu unterzeichnen, wonach er im Zusammenwirken mit der Bank und allen sonstigen Beteiligten im Fall der Zwangsversteigerung den Erbbauzins sowie die Erhöhungsvormerkung wegen künftig fällig werdenden Zahlungen stehen lassen wird, oder aber an einer (empfehlenswerten) Änderung des Inhalts der dann vorrangig bleibenden Erb-

---

5020 BGH, 02.06.2005 – III ZR 306/04, DNotZ 2005, 847.

bauzinsreallast gem. § 9 Abs. 3 Nr. 1 ErbbauRG mitzuwirken, die Verkäufer und Käufer ihm hiermit anbieten und zu deren Vereinbarung der Käufer befreit von § 181 BGB und mit dem Recht zur Erteilung von Untervollmacht bevollmächtigt wird (vollstreckungsfester, aber nicht kapitalisierungsfähiger Erbbauzins).

▶ Hinweis:

Die Regelungen des zweiten Anstrichs entfallen, wenn bereits ein Erbbaurecht nach § 9 Abs. 3 ErbbauRG n.F. bestellt wurde.

Der Notar soll den Grundstückseigentümer unter Übersendung einer beglaubigten Urkundsabschrift um die gewünschte Bereitschaft ersuchen. Verweigert er sie oder äußert er sich nicht innerhalb von längstens vier Wochen ab heute, so kann der Käufer vom Kauf ohne Weiteres zurücktreten. Schadensersatzansprüche sind ausgeschlossen, sofern sie nicht auf Vorsatz, Arglist oder Garantien beruhen.

Es können noch **Regelungen** folgen über **Ausschlussfrist** und **Form des Rücktritts, Kostentragung** und dergleichen.

Will der Käufer den gesetzlichen **Anspruch auf Zustimmung im Ersetzungsverfahren** (§ 7 Abs. 2 und Abs. 3 ErbauVO) verfolgen, so sind zwei Dinge zu beachten: 2886
- Nur der Erbbauberechtigte, also der Verkäufer, ist anspruchsberechtigt und sachlegitimiert; der Käufer könnte allenfalls in Verfahrensstandschaft (aufgrund Ermächtigung) tätig werden.
- Das Verfahren zwingt zu umfangreichen Erhebungen wegen der »wesentlichen Zweckbeeinträchtigung oder -gefährdung«[5021] und ist damit langwierig; es erfordert ferner die Offenlegung wirtschaftlich sensibler Daten des Käufers, vgl. Rdn. 2773.

▶ Hinweis:

Schließlich sei daran erinnert, dass die Beleihbarkeit durch rein schuldrechtliche Vereinbarungen in der Bestellungsurkunde je nach dem mit der Erbbaurechtsbestellung verfolgten Zweck weiter eingeschränkt sein kann. Umgekehrt können solche Vereinbarungen dem Erbbauberechtigten über § 7 Abs. 2 ErbbauRG hinausgehende Rechte geben. Klarheit schafft also nur die sachkundige Lektüre der Bestellungsurkunde (samt etwaigen Nachträgen).

e) »Eintritt« in den Erbbaurechtsvertrag

Die üblichen umfangreichen schuldrechtlichen Regelungen in der Urkunde über die Bestellung des Erbbaurechts sind teils personenbezogen, sollen also nur inter partes gelten (z.B. Einmalzahlung statt oder neben Erbbauzins), teils objektbezogen, sollen also das Erbbaurecht und die sonstigen dinglichen Rechte auf ihre Dauer begleiten. Typisch für Letztere ist, dass die Vertragsteile sich verpflichten, die Begleitvereinbarungen an ihre Rechtsnachfolger weiterzugeben und diese jeweils wiederum zur Weitergabe zu verpflichten. Da die schuldrechtlichen Vereinbarungen nicht ipso iure mit Übertragung des Erbbaurechts übergehen,[5022] müssen sie übertragen bzw. übernommen werden. Man spricht meist vom »Eintritt« des Erwerbers. 2887

Zu berücksichtigen ist weiter, dass dadurch die Schuld und Haftung des Veräußerers als bisherigen Erbbauinhabers nicht erlischt, es sei denn, der Grundstückseigentümer ist mit dieser dann befreienden Schuldübernahme einverstanden. Abgrenzungsstichtag ist zweckmäßigerweise der Lastenübergang. Schließlich verlangt i.d.R. der Erbbaurechtsvertrag die Vollstreckungsunterwerfung des »jeweiligen« Berechtigten gem. § 794 Abs. 1 Nr. 5 ZPO wegen des schuldrechtlichen Zinsan- 2888

5021 Dazu sehr instruktiv BayObLG Rpfleger 1989, 97.
5022 BGHZ 96, 371.

B. Gestaltung eines Grundstückskaufvertrages

spruchs sowie der persönlichen (§ 1108 BGB) und (zur Vermeidung einer kostenpflichtigen Klauselumschreibung gem. §§ 795, 727, 325 Abs. 3 ZPO) der dinglichen Verpflichtung (§§ 1105, 1107 BGB) aus der zu übernehmenden Reallast.[5023]

2889 Die entsprechende Klausel kann folgendermaßen lauten:

▶ **Formulierungsvorschlag: Eintritt des Erwerbers in den Erbbaurechtsvertrag**

Die Vertragsteile haben Kenntnis von den Bestimmungen des Erbbaurechtsvertrags vom ....., URNr. ...../..... des Notars ....., wie in § 1 näher bezeichnet. Der Käufer tritt mit Wirkung ab Lastenübergang in sämtliche sich aus vorgenanntem Vertrag ab diesem Zeitpunkt – also ohne Übernahme von Rückständen – ergebenden Rechte und Verpflichtungen ein und verpflichtet sich insbesondere, übernommene schuldrechtliche Verpflichtungen seinem Rechtsnachfolger aufzuerlegen mit der Maßgabe, dass dieser seinerseits bei Veräußerung ebenso verfahre. I.R.d. Genehmigung der Erbbaurechtsveräußerung durch den Grundstückseigentümer soll zugleich der Veräußerer mit Wirkung für die Zeit nach Lastenübergang befreiend aus schuldrechtlichen Pflichten entlassen werden.

Der Käufer – mehrere als Gesamtschuldner – unterwirft sich wegen der schuldrechtlichen Verpflichtung zur Zahlung des jährlichen Erbbauzinses i.H.v. derzeit (nach Versicherung des Verkäufers) ..... € sowie wegen des dinglichen und persönlichen Anspruchs aus der bestellten Reallast jeweils in ihrer ggf. wertgesicherten Form der sofortigen Zwangsvollstreckung aus dieser Urkunde in sein gesamtes Vermögen. Vollstreckbare Ausfertigung darf ohne weitere Nachweise erteilt werden. Eine Umkehr der Beweislast ist damit nicht verbunden.

Dem Käufer wurde vor der heutigen Verhandlung eine beglaubigte Abschrift der Urkunde ausgehändigt; sie lag bei Beurkundung in Ausfertigung/Urschrift vor. Die Vertragsteile erklären, dass sie auf das Vorlesen der Schriftstücke und das Beifügen zur heutigen Niederschrift verzichten. Auf die Bestimmungen des Vertrags wird verwiesen.

▶ **Hinweis:**

2890 Eine Beurkundung der Begleitschuldverhältnisse durch Verweisen i.S.d. § 13a BeurkG ist aus Vorsichtsgründen empfehlenswert, wenngleich materiell-rechtlich nicht zwingend erforderlich; genügen würde einfache Bezugnahme zur Bezeichnung des Inhalts, auf den sich die Schuldübernahme bzw. Abtretung der Rechte bezieht.[5024] In der Sache selbst muss aber der Notar gem. § 17 Abs. 1 BeurkG alles tun, damit der Erwerber das ihm vorgegebene schuldrechtliche Regelwerk kennenlernen und die Tragweite der in toto übernommenen Pflichten überschauen kann. Hierin liegen erhebliche Risiken für den Erwerber (etwa in Bezug auf die »überraschende« und damit möglicherweise sittenwidrige Kaufzwangsklausel)[5025] und eine verantwortungsvolle Belehrungsaufgabe des Notars. In diesem Zusammenhang gilt es zu bedenken, dass bei Vorliegen eines Vorbehalts nach § 5 Abs. 1 ErbbauRG der Eigentümer seine Zustimmung davon abhängig machen kann, dass der Erwerber (neben dem dinglichen Recht) auch das vereinbarte Begleitschuldverhältnis übernimmt;[5026] anderenfalls würde wohl »der mit der Bestellung des Erbbaurechts verfolgte Zweck« beeinträchtigt oder gefährdet (§ 7 Abs. 1 ErbbauRG).

5023 Wobei fraglich ist, ob eine Nichterteilung der Vollstreckungsunterwerfung bei tatsächlich gegebener derzeitiger Bonität und Zuverlässigkeit dazu berechtigen würde, die Zustimmung entgegen § 7 Abs. 1 ErbbauRG zu verweigern.
5024 In diesem Sinne wohl schon BGH NJW 1994, 1347 (keine Beurkundungsbedürftigkeit des Inhalts einer übernommenen Verpflichtung aus einem anderen Rechtsverhältnis bei Kauf eines Wohnungseigentums); ganz h.M. vgl. *Stauf* RNotZ 2001, 137 m.w.N.; *Emmerich* notar 2008, 38.
5025 BGH DNotZ 1979, 733 m. Anm. *Schippel*.
5026 Vgl. *v. Oefele/Winkler* Handbuch des Erbbaurechts Rn. 4.195, 201 ff.

8. Steuerrecht

a) Grunderwerbsteuer

aa) Begründung eines Erbbaurechts

Die **Begründung eines Erbbaurechts** unterliegt[5027] der Besteuerung nach dem GrEStG gem. § 1 Abs. 1 Nr. 1 (schuldrechtliches Geschäft) bzw. Nr. 2 (dingliches Geschäft). Maßgeblich hierfür ist, dass gem. § 2 Abs. 2 Nr. 1 GrEStG Erbbaurechte den Grundstücken gleich stehen, sodass bspw. durch den schuldrechtlichen Erbbaubestellungsvertrag ein »Anspruch auf Übereignung eines inländischen Grundstücks« i.S.d. § 1 Abs. 1 Nr. 1 GrEStG begründet wird. Besteuerungsgrundlage ist die »Gegenleistung«,[5028] also etwaige Einmalzahlungen und/oder der vereinbarte Erbbauzins,[5029] welcher gem. § 9 Abs. 2 Nr. 2 Satz 3 GrEStG ausdrücklich nicht als dauernde Last gilt, somit also zur steuerlichen Gegenleistung gehört (auch gewerbesteuerlich wurde der Erbbauzins zuletzt nicht mehr als dauernde Last i.S.d. § 8 Nr. 2 GewStG behandelt,[5030] bis zur Neuregelung ab 01.01.2008, Rdn. 2916) Der Erbbauzins ist (ohne Berücksichtigung etwaiger schuldrechtlicher Anpassungsklauseln) gem. § 13 des BewG i.V.m. der Hilfstafel 2 zu § 13 BewG zu kapitalisieren bis zur Obergrenze des 18,6-fachen Jahreswerts[5031] des Erbbauzinses. Verpflichtet sich der Erbbauberechtigte, wie regelmäßig, zu Bau- oder Sanierungsleistungen, liegen darin »eigennützige Erwerberleistungen«, die keine Gegenleistung darstellen, außer der Erbbaurechtsvertrag würde darauf abzielen, dass dem Grundstückseigentümer nach Beendigung des Erbbaurechts bestimmte vertragsgemäß neu geschaffene Vermögenswerte entschädigungslos[5032] zufallen.[5033]

2891

Für die Eintragung des Erbbaurechts ist gem. §§ 22 Abs. 1, 2 Abs. 2 Nr. 1 GrEStG die Vorlage der Unbedenklichkeitsbescheinigung des zuständigen FA erforderlich.

2892

Auch die **Verlängerung eines Erbbaurechts** unterliegt (als teilweise Neubegründung) gem. § 1 Abs. 1 Nr. 1 GrEStG der Grunderwerbsteuer.[5034]

bb) Übertragung eines Erbbaurechts

Ähnliches gilt für die **Übertragung eines Erbbaurechts**. Auch hier ist neben der unmittelbar an den Vorinhaber des Erbbaurechts etwa zu zahlenden Vergütung der (aufgrund Übernahmevereinbarung, § 435 BGB, trotz § 442 Abs. 2 BGB zu entrichtende) Erbbauzins – beschränkt auf die restliche Laufzeit ab Übernahme – zu kapitalisieren[5035] (§ 13 Abs. 1 Satz 1 BewG i.V.m. Anlage 9a), allerdings nicht beim Erwerb des Erbbaurechts durch den Grundstückseigentümer.[5036]

2893

5027 Seit der Entscheidung des BFH BStBl. II 1968, S. 223 (krit. hierzu *Kleisl* MittBayNot 1973, 187).
5028 Hierzu zählt gem. BFH NotBZ 2003, 200 m. Anm. *Gottwald* nicht die Verpflichtung des Erbbauberechtigten zur Erstellung und Unterhaltung eines Bauwerks, da diese – jedenfalls bei am Verkehrswert orientierter Entschädigung nach Zeitablauf – dem Erbbauberechtigten zugutekommen (sog. eigennützige Erwerberleistung). Ist die Entschädigung jedoch (z.B. bei Gewerbebauten) ausgeschlossen und das Gebäude nicht abgenutzt, kann in der Errichtung zur künftigen Übernahme eine weitere Gegenleistung gem. § 9 Abs. 1 Nr. 1 GrEStG liegen (BFH, 06.12.1995 – II R 46/93, JurionRS 1995, 18478).
5029 Auch soweit er wirtschaftlich als Gegenleistung für den Erwerb bereits bestehender Gebäude als Bestandteil des Erbbaurechtes anzusehen ist, FG Münster DStRE 2005, 1291.
5030 BFH, 07.03.2007 – I R 60/06, EStB 2007, 243 m. Anm. *Aweh* (Änderung der Rspr.).
5031 Dieser ist wegen § 17 Abs. 3 Satz 2 BewG nicht auf 1/18,6tel des Grundbesitzwertes zu begrenzen.
5032 Als Entschädigung genügen auch jährliche Investitionszuschüsse des Grundstückseigentümers zur (geschuldeten) Sanierung des Erbbaurechtsgebäudes, vgl. BFH, 08.09.2010 – II R 28/09, ErbStB 2010, 358.
5033 BFH, 08.09.2010 – II R 28/09, EStB 2010, 452; BFH, 08.09.2010 – II R 3/10, ZfIR 2011, 295 m. Anm. *Demuth*.
5034 BFH, 18.08.1993 – II R 10/90, BStBl. II 1993, S. 766.
5035 *Behrens/Meyer-Wirges* DStR 2006, 1867; vgl. auch Nr. 4.1. des Erlasses des FM Baden-Württemberg S 4500/9 über die Beurteilung von Erbbaurechtsvorgängen bei der Grunderwerbsteuer v. 07.03.2002, DStR 2002, 591.
5036 BFH, 14.11.2007 – II R 63/07, notar 2008, 141; hierzu *Gottwald* MittBayNot 2009, 15; ebenso nun FinMin Baden-Württemberg, 03.07.2008 – 3 – S 4521/29; a.A. noch FG München, 19.10.2005 – 4 K 1292/03, FGReport 2005, 103.

B. Gestaltung eines Grundstückskaufvertrages

▶ Hinweis:

Erwirbt ein Dritter Grundstück und Erbbaurecht, sollte zunächst der Grundstückserwerb beurkundet und vollzogen werden, sodann der Hinzuerwerb des Erbbaurechtes durch den Dritten als nunmehrigen Grundstückseigentümer (Rdn. 2898).

2894 Auch der **Heimfall** des Erbbaurechts unterliegt als Erwerbstatbestand der Grunderwerbsteuer; steuerbare Gegenleistung ist hier die dem Erbbauberechtigten zu gewährende Vergütung, welche auch die gem. § 33 Abs. 2 ErbbauRG zu übernehmenden Verbindlichkeiten des Erbbauberechtigten einschließt. Bei **Übertragung an einen Dritten infolge Heimfalls** ist nur das Rechtsverhältnis zwischen Grundstückseigentümer und dem Dritten steuerbar.[5037] Tritt der Heimfall ein, weil der Erbbauberechtigte eine Hauptleistungspflicht aus dem Vertrag nicht erfüllt hat, kann nach BFH[5038] ein Fall des § 16 Abs. 2 Nr. 3 GrEStG vorliegen, der auf Antrag zur Aufhebung der Steuerfestsetzung für den ursprünglichen Erwerbsvorgang sowie für den Rückerwerb führt.

cc) Aufhebung eines Erbbaurechts

2895 Auch **die Aufhebung des Erbbaurechts** kann wegen des gem. § 12 Abs. 3 ErbbauRG damit verbundenen Eigentumserwerbs an den Bauwerken der Grunderwerbsteuer unterliegen. Besteuerungsgrundlage ist die bei rechtsgeschäftlicher Aufhebung vereinbarte Entschädigungssumme; die Erbbauzinsverpflichtung bleibt naturgemäß unberücksichtigt. Das Erlöschen des Erbbaurechts durch Zeitablauf führt dagegen zu keiner Steuerpflicht.[5039]

dd) Erwerb des Erbbaugrundstücks

2896 Bei **Erwerb des Erbbaugrundstücks** sollte durch § 1 Abs. 7 GrEStG a.F. für den Fall des Erwerbs durch den Erbbauberechtigten eine Doppelbelastung dadurch vermieden werden, dass der Kapitalwert der Erbbauzinsverpflichtung, aus dem bei Erwerb des Erbbaurechts die Grunderwerbsteuer bereits berechnet wurde, vom Kaufpreis des Grundstücks abgezogen wird. Der Erbbauzins wird also wie eine Vorausleistung für das Grundstück behandelt, welche bereits besteuert wurde. Auch über den unmittelbaren Anwendungsbereich des § 1 Abs. 7 GrEStG hinaus ist aber beim Erwerb des erbbaubelasteten Grundstücks – auch wenn der **Käufer ein Dritter** ist – nicht ohne Weiteres der Kaufpreis als Bemessungsgrundlage anzusetzen. Vielmehr handelt es beim Erbbauzins zwar zivilrechtlich um einen Rechtsbestandteil des Grundstücks (§ 96 BGB), grunderwerbsteuerlich aber um den nicht steuerbaren Miterwerb einer Forderung (so seit 01.01.2002 auch ausdrücklich: **§ 2 Abs. 1 Satz 2 Nr. 3 GrEStG**), sodass der Kaufpreis stets nach der **Boruttau'schen Formel**[5040] um den kapitalisierten **Restwert des Erbbauzinses** z.Zt. des Grundstückskaufs zu reduzieren ist.[5041]

2897 Angesichts des vom BFH[5042] bestätigten und mittlerweile in § 2 Abs. 1 Satz 2 Nr. 3 GrEStG kodifizierten Grundsatzes, dass der Erbbauzinsanspruch grunderwerbsteuerlich nicht Teil des belasteten Grundstücks sei, wurde § 1 Abs. 7 GrEStG weitgehend entbehrlich und daher durch das Steueränderungsgesetz 2001 mit Wirkung ab 01.01.2002 gestrichen. Durch die Kürzung der Gegenleistung gem. der Borrutau'schen Formel wird eine **Doppelbelastung**, die durch § 1 Abs. 7 GrEStG behoben werden sollte, von vornherein **ausgeschlossen**.

5037 *Lohaus* NotBZ 2001, 57.
5038 BStBl. II 1983, S. 683.
5039 Gem. BFH, 08.02.1995 – II R 51/92 (DNotI-Report 1995, 179), entgegen Tz. 1.3.3. des genannten Erlasses auch nicht gem. § 1 Abs. 1 Nr. 3 GrEStG.
5040 Vgl. *Mößlang* ZNotP 2001, 420.
5041 So ausdrücklich BFH, 12.04.2000 – II b 133/99, DStR 2000, 1225 unter Berufung auf BFH, BStBl. II 1991, S. 271 ff., so nunmehr auch die Finanzverwaltung (DStR 2001, 622), ebenso FG Düsseldorf, 13.04.2011 – 7 K 3640/10, GE ZErb 2011, 145. Die früheren OFD-Verfügungen sind insoweit aufgehoben.
5042 Im genannten Beschl. v. 12.04.2000, BStBl. II 2000, S. 433.

X. Erbbaurecht

ee) Erwerb von Erbbaurecht und Erbbaugrundstück 2898

Will ein Dritter Grundstück **und** Erbbaurecht erwerben, liegt die grunderwerbsteuerlich optimale Gestaltung daher im Erwerb des Grundstücks (die Erbbauzinsverpflichtung wird abgezogen, s. Rdn. 2896), und sodann in der Aufhebung des Erbbaurechts (Grunderwerbsteuer lediglich auf die Entschädigung, ebenfalls ohne Rücksicht auf den Erbbauzins), vgl. Rdn. 1917; beim unmittelbaren rechtsgeschäftlichen Erwerb des Erbbaurechts würde der künftige Erbbauzins nach derzeitiger Rechtsprechung mit kapitalisiert.[5043]

b) USt

Die vorrangige Grunderwerbsteuerpflicht verdrängt gem. § 4 Nr. 9a UStG die **USt**. Demnach ist auch insoweit eine Option (Verzicht auf die Steuerbefreiung hinsichtlich der Gegenleistung, sei es in Gestalt einer Einmalzahlung oder wiederkehrender Leistungen) möglich, sofern das Erbbaurecht für eigen- oder fremdbetriebliche Zwecke verwendet wird, vgl. Rdn. 3507 ff. Das zu bestellende und aufrechtzuerhaltende Erbbaurecht selbst bildet eine Dauerleistung i.S.d. § 3 Abs. 9 Satz 2 UStG, sodass der Vorsteuerabzug der zu den monatlichen Zinsen hinzu tretenden Umsatzsteuerzahlung an das FA (§ 15 Abs. 1 Nr. 4 Satz 2 UStG i.V.m. § 13b Abs. 1 Nr. 3 UStG) (wohl) im jeweiligen Monat möglich ist.[5044] Früher für »Erbbauzinsen zzgl. Umsatzsteuer« bestellte Reallasten werden nicht unwirksam; der Zusatz »zzgl. Umsatzsteuer« geht schlicht ins Leere.[5045] 2899

c) Einkommensteuer

aa) Behandlung im Betriebsvermögen des Grundstückseigentümers

(1) Entnahmevorgang?

Nach BFH[5046] liegt in der Bestellung eines Erbbaurechts an einem betrieblichen Grundstück nicht notwendigerweise eine Entnahme des Grund und Bodens, welche zu einem **steuerpflichtigen Entnahmegewinn** führen würde. Insb. kann die Betriebsvermögenseigenschaft eines Grundstücks, aus welchem aufgrund entgeltlichen oder teilentgeltlichen (nach Ansicht des BFH genügt 10 % des ortsüblichen Erbbauzinses!)[5047] Erbbaurechts weiterhin betriebliche Einnahmen bezogen werden, erhalten bleiben, während das Erbbaurecht als selbstständiges Wirtschaftsgut (samt erfasstem Bauwerk) zum Privatvermögen des Erbbauberechtigten zählen kann. Zu einer Entnahme kann es demgegenüber durch ausdrückliche Erklärung kommen, also Dokumentation in der Buchführung bei bilanzierenden Unternehmern, bzw. Anzeige an das Finanzamt bei Einnahme-Überschuss-Rechnern oder der Gewinnermittlung nach Durchschnittssätzen. Eine Entnahme des Grund und Bodens liegt ferner dann nahe, wenn der Erbbauberechtigte die jederzeitige unentgeltliche Übertragung des Grundstücks verlangen kann. 2900

Fehlt es an einer ausdrücklichen Entnahme, wird auch bei Erbbaurechtsbestellungen an land- und forstwirtschaftlichen Grundstücken, sogar für Mietshäuser,[5048] der Grund und Boden weiterhin zum (früher 2901

5043 *Behrens/Meyer-Wirges* DStR 2006, 1866 ff.
5044 Offen gelassen in BGH NJW 1989, 320; vgl. DNotI-Gutachten Nr. 43677 zu § 9 Abs. 2 UStG, August 2003.
5045 Vgl. *Everts* in: Amann/Hertel/Everts, Aktuelle Probleme der notariellen Vertragsgestaltung im Immobilienrecht 2006/2007 (DAI-Skript), S. 35.
5046 Z.B. BB 1970, 740.
5047 Keine Orientierung an § 21 Abs. 2 Satz 2 EStG (56 %, ab 2012: 66 %), sondern an der 10 % Grenze der Zuordnungsfähigkeit gemischtgenutzter Wirtschaftsgüter zum gewillkürten Betriebsvermögen (R 4.2 Abs. 1 Satz 6 EStR): BFH, 24.03.2011 – IV R 46/08, ErbStB 2011, 244; OFD Münster, 08.09.2011 – S 2177-193-St23-33, EStB 2011, 366. Allerdings liegt in der Verbilligung eine Nutzungsentnahme (mit der Folge der Gewinnerhöhung um die anteiligen Kosten der außerbetrieblichen Nutzung, höchstens um den Marktwert der Nutzung, BFH, 19.12.2002 – IV R 46/00, BFHE 201, 454, unter 2. der Gründe).
5048 Vgl. im Einzelnen den Erlass des Bayerischen Staatsministeriums der Finanzen, MittBayNot 1981, 164 sowie BFH, BStBl. II 1983, S. 106 und OFD München, 26.02.1992, MittBayNot 1993, 173.

sog. geduldeten)[5049] gewillkürten Betriebsvermögen gezählt, wenn das Erbbaurechtsgebäude in einer objektiven Beziehung zum Betrieb steht, diesen fördert, und der Wert- und Einkommensvergleich zugunsten der Land- und Forstwirtschaft ausgeht.[5050] Weitere Prüfungen zum Einkommensvergleich[5051] erübrigen sich jedenfalls dann, wenn die durch Erbbaurechtsbestellung herbeigeführte endgültige Nutzungsänderung einen Umfang von weniger als 10 % der landwirtschaftlichen Flächen betrifft.[5052]

Ohne »Zwischenschaltung« eines Erbbaurechts liegt in der Bebauung mit einem zu privaten Wohnzwecken dienenden Gebäude stets eine Entnahme,[5053] in der Bebauung mit Mietwohngebäuden jedenfalls dann,[5054] wenn die Nutzungsänderung mehr als 10 % der landwirtschaftlichen Flächen ausmacht.[5055]

(2) Folgen eines Gebäudeverlusts

2902 Ist bei der Erbbaurechtsbestellung ein Gebäude bereits vorhanden, an welchem der Grundstückseigentümer nunmehr das Eigentum verliert, kann hierin eine Aufwendung in Form sofort abzugsfähiger Werbungskosten (§ 9 Abs. 1 Satz 1 EStG) i.H.d. früheren Anschaffungs-/Herstellungskosten abzüglich bisher vorgenommener Abschreibungen liegen.[5056] Wird ein Entgelt für das Gebäude vereinbart, liegt ein kaufähnliches Geschäft vor, das nach den üblichen Grundsätzen behandelt wird. Liegt das Entgelt in einem höheren Erbbauzins, ist der (geschätzte und kapitalisierte) Erhöhungsanteil als Verkaufserlös anzusehen.[5057] Löst ein Grundstückseigentümer das Erbbaurecht ab, um das Grundstück nach Abriss neu zu bebauen, handelt es sich um Anschaffungskosten des Grundstücks.[5058]

2903 Findet bei Beendigung des Erbbaurechts durch Zeitablauf[5059] oder infolge Heimfalls[5060] ein Übergang des Gebäudes ohne verkehrswertgerechte Entschädigung statt (bei gewerblichen Bauwerken ist gar deren vollständiger Ausschluss möglich!), ist der Vermögenszuwachs i.H.d. Teilwerts als Betriebseinnahme des Grundstückseigentümers zu erfassen.

(3) Erbbauzins

2904 Beim Erbbauzins handelt es sich (sofern kein Veräußerungsentgelt gem. vorstehend Rdn. 2902 vorliegt) um betriebliche Einnahmen, die nach Maßgabe der jeweiligen Einkunftsart zu besteuern

---

5049 Eigentlich: Fortführung gewillkürten Betriebsvermögens bei Wechsel vom Betriebsvermögensvergleich zur Einnahmen-/Überschussrechnung gem. § 4 Abs. 1 Satz 3 und Satz 4 EStG a.F. mit Verweis auf § 4 Abs. 3 EStG a.F.; seit der Zulässigkeit gewillkürten Betriebsvermögens zwischen 10 % und 50 % auch bei Einnahmen-Überschuss-Rechnung (BFH, BStBl. II 2004, S. 985) ist der Begriff überflüssig und der gesetzliche Verweis wurde (BGBl. I 2006, S. 1091) gestrichen.
5050 BFH, BStBl. II 1993, S. 342. Sofern übermäßige Erbbaurechtsbestellungen jedoch zu einer Entnahme führen würden, ist die Gründung einer GmbH & Co. KG und die Überführung der Grundstücke in das Sonderbetriebsvermögen dieser gewerblich geprägten Personengesellschaft ohne Rechtsträgerwechsel zu überlegen oder die Einbringung des gesamten landwirtschaftlichen Betriebes gem. § 24 UmwStG in eine GmbH & Co. KG.
5051 Flächenmäßiger Umfang der Erbbaurechtsfläche bis zu 15 %–20 % der landwirtschaftlichen Gesamtnutzfläche und Anteil an den Einnahmen bis ca. 20 %–30 % wurden als nicht zur Zwangsentnahme führend gewertet.
5052 Bei der Berechnung der 10 % – Grenze werden in früheren Wirtschaftsjahren aus dem landwirtschaftlichen Betriebsvermögen entnommene erbbaurechtsbelastete Grundstücke nicht berücksichtigt, BFH, 24.03.2011 – IV R 46/08, ErbStB 2011, 244.
5053 Die allerdings bei Nutzung zu eigenen Wohnzwecken oder als Altenteilerwohnung (BFH, 13.10.2005 – IV R 33/04, NZM 2006, 114) gem. § 13 Abs. 5 EStG bei Einkünften aus Land- und Forstwirtschaft steuerfrei bleibt.
5054 Gem. BFH EStB 2002, 346 setzt jedoch auch in diesem Fall die Entnahme eine von einem unmissverständlichen Entnahmewillen getragene Entnahmehandlung voraus, die nicht bereits in der Bebauung mit einem Mietshaus als solcher liege, sodass »geduldetes Betriebsvermögen« entsteht (anders bei Bebauung zu eigenen Wohnzwecken, vgl. *Schmidt/Heinicke* EStG § 4 Rn. 360).
5055 So OFD München, 29.09.1997; ebenso BFH, 25.11.2004, EStB 2005, 103: 13 Wohneinheiten, jedoch nur 0,5 % der Fläche. Nach BFH, EStB 2003, 7 liegt sonst eine bloße Nutzungsänderung vor, jedoch weiter notwendiges Betriebsvermögen.
5056 BFH DB 1982, 1705.
5057 BFH, 18.03.2009 – I R 9/08, JurionRS 2009, 17394.
5058 FG Hannover DStRE 2003, 909; es liegen also keine sofort abzugsfähigen Werbungskosten im Zusammenhang mit der angestrebten Vermietung des neu zu errichtenden Gebäudes vor.
5059 BFH, 11.12.2003 – IV R 42/02, DStR 2004, 447.
5060 *Jansen* in: H/H/R EStG § 21 Anm. 86 unter »Erbbaurecht«.

sind (§ 21 Abs. 3 EStG); weder ist der kapitalisierte Erbbauzinsanspruch zu aktivieren noch eine Erbbaulast zu passivieren. Zusätzlich unterliegen sie ggf. der Gewerbesteuer (was wegen der Hinzurechnung der Erbbauzinsen beim Zahlungspflichtigen, Rdn. 2916, zu einer wirtschaftlichen Doppelbesteuerung führt); die Kürzungsnorm des § 9 Nr. 4 GewStG a.F. ist seit 2008 aufgehoben.

Zahlt der Erbbauberechtigte als zusätzliche Gegenleistung **Erschließungskosten** an den Erschließungsträger (z.B. Gemeinde) oder den Voreigentümer zur Erstattung dessen Aufwendungen, werden diese bei Einnahmen-Überschuss-Rechnern als Einnahme des Grundstückseigentümers im Jahr der Zahlung (§ 11 Abs. 1 EStG) versteuert; auf Antrag können diese Aufwendungen auf höchstens 10 Jahre verteilt werden. 2905

Bei **bilanzierenden Unternehmen** führt bereits der vertragliche Anspruch des Grundstückseigentümers gegen den Erbbauberechtigten auf Tragung der Erschließungskosten zu einer im Betriebsvermögensvergleich anzusetzenden Vermögensmehrung, der ein passiver Rechnungsabgrenzungsposten gegenüberzustellen und über die Dauer des Erbbaurechts verteilt Gewinn erhöhend aufzulösen ist.[5061] 2906

(4) Gewerblicher Grundstückshandel

Die Bestellung eines »typischen« Erbbaurechts stellt auch keinen Veräußerungsvorgang i.S.d. **Drei-Objekte-Rechtsprechung** zum **gewerblichen Grundstückshandel** (Rdn. 3399 ff.) dar.[5062] Seinem Leistungsinhalt nach stehe das Erbbaurecht einem entgeltlichen rein schuldrechtlichen Nutzungsverhältnis nahe und werde dementsprechend auch bilanzrechtlich als schwebendes Geschäft gewertet. Sie stelle also keine Veräußerung dar. Eine »Veräußerung« i.S.d. Rechtsprechung zum gewerblichen Immobilienhandel liegt allerdings ausnahmsweise vor, wenn der Erbbauberechtigte zugleich wirtschaftlicher Eigentümer des Grundstücks wird (z.B. aufgrund der Option unentgeltlichen Hinzuerwerbs des Grundstücks bzw. unentgeltlicher Verlängerung des Erbbaurechts) oder aber bei der Bestellung eines Erbbaurechts an einem bereits bestehenden Gebäude (§ 12 Abs. 2 Satz 2 ErbbauRG)[5063] sowie bei der Übertragung eines bestehenden Erbbaurechts samt Gebäude. 2907

(5) Betriebsaufspaltung/Sonderbetriebsvermögen

Bestellt ein »Besitzunternehmer« an einem unbebauten Grundstück ein Erbbaurecht zur Bebauung mit Gebäuden als wesentlichen Betriebsgrundlagen des »Betriebsunternehmens«, stellt das Erbbaurecht ein **Nutzungsverhältnis** i.S.d. Rechtsprechung zur Betriebsaufspaltung dar, das eine tatsächliche Einflussnahme auf die Betriebsführung des Betriebsunternehmens erlaubt und dazu dient, den Betrieb als funktionierende Einheit zu erhalten.[5064] 2908

In gleicher Weise bildet ein Grundstück eines Gesellschafters, an welchem der betreffenden Personengesellschaft ein Erbbaurecht zum eigengewerblichen Gebrauch bestellt wurde, Sonderbetriebsvermögen dieses Gesellschafters: Es ist unerheblich, ob das Nutzungsverhältnis schuldrechtlicher oder dinglicher Natur ist.[5065]

bb) Erbbaugrundstücke im Privatvermögen

Befindet sich das Erbbaugrundstück im Privatvermögen, stellt sich das oben unter Rdn. 2901 angeführte **Problem der Entnahme** nicht. Da die Bestellung eines Erbbaurechts keine Veräußerung des Grundstücks 2909

5061 Seit BFH BStBl. II 1981, S. 398 st. Rspr.
5062 BFH, 12.07.2007 – X R 4/04, ZNotP 2007, 434, *Tiedkel Wälzholz* MittBayNot 2004, 329 r.Sp.; *Schmidt-Liebig* FR 1998, 188; *Obermeier* NWB 2007, 693 = Fach 3, S. 14385; ebenso wenig liegt in der Bestellung eines Erbbaurechts die Aufgabe eines bestehenden Grundstückshandels: BFH, 22.04.1998 – XI R 28/97, BStBl. II 1998, S. 665.
5063 *Tiedkel Wälzholz* DB 2002, 652.
5064 BFH, 19.03.2002 – VIII R 57/99, EStB 2002, 265.
5065 FG Berlin, 21.03.2006 – 7 K 4230/01, DStRE 2006, 1377 (Az. Rev. BFH – VIII R 19/06).

darstellt, kann sie auch keinen Spekulationsfall i.S.d. § 23 EStG auslösen.[5066] Allerdings ist zu berücksichtigen, dass bei einer tatsächlichen Veräußerung innerhalb der 10-Jahres-Frist die historischen Anschaffungskosten hätten gegengerechnet werden können, während Erbbauzinsen (sowie etwaige Erschließungsbeiträge, allerdings nur mit ihrem Wert im Zeitpunkt des Heimfalls oder der Beendigung des Erbbaurechts)[5067] in voller Höhe als Einkünfte aus Vermietung und Verpachtung (§ 21 Abs. 1 Nr. 1 EStG)[5068] zu versteuern sind, sodass nur die Herstellungskosten berücksichtigt werden können.[5069] Wird der Erbbauzins »kapitalisiert« für mehr als 5 Jahre vorausbezahlt, ermöglicht § 11 Abs. 1 Satz 3 EStG seit 01.01.2005 auf Antrag eine Verteilung auf die gesamte Laufzeit des Rechts, auch wenn es sich um ein nicht bilanzierungsfähiges Nutzungsrecht handelt (Ausnahme vom Zufluss-Prinzip).[5070]

2910 Bei der Erbbaurechtsbestellung an einem vorhandenen Gebäude ist das **Entgelt** hierfür – wie stets im Privatvermögen – **steuerfrei**, sofern die **10-jährige Spekulationsfrist** abgelaufen ist und kein **gewerblicher Grundstückshandel** vorliegt. Liegt ein Spekulationsfall vor, und wird das Erbbaurecht gegen Einmalzahlung bestellt, ist letztere aufzuteilen in Veräußerungserlös für das Gebäude einerseits (Einkünfte/Verluste aus § 23 EStG) und (kapitalisiertes) Nutzungsentgelt für den Grund und Boden andererseits (Einkünfte aus § 21 EStG).

2911 Findet bei Beendigung des Erbbaurechts durch Zeitablauf[5071] oder infolge Heimfalls[5072] ein Übergang des Gebäudes ohne verkehrswertgerechte Entschädigung statt (max. Unterschreitung um ein Drittel bei Wohngebäuden für Einkommensgruppen der Wohnungsbauförderung!), ist der Vermögenszuwachs als Einnahme aus Vermietung und Verpachtung beim Grundstückseigentümer zu erfassen.[5073] Vereinbart der Grundstückseigentümer umgekehrt mit dem Erbbaunehmer die vorzeitige Beendigung des Erbbaurechtes gegen Ablösung, um einen neuen Erbbaurechtsvertrag mit einem Dritten zu besseren Konditionen abzuschließen, handelt es sich bei der Abfindung um sofort abzugsfähige Werbungskosten[5074] bei diesen Einkünften aus Vermietung und Verpachtung (anders, wenn die Abfindung zur Aufhebung des Erbbaurechtes dem Eigentümer die freie Nutzung des Grundstücks, sei es als Eigenheim oder zur Vermietung, ermöglichen soll: in diesem Regelfall handelt es sich um irrelevante nachträgliche Anschaffungskosten des Grund und Bodens).[5075]

5066 FG Baden-Württemberg EFG 1993, 233; *Paus* INF 1999, 513. Dem BFH – IX R 11/11 – liegt allerdings die Rechtsfrage vor, ob die Bestellung eines Erbbaurechts im Verein mit einem befristeten verbindlichen Kaufangebot als Veräußerungsgeschäft i.S.d. § 23 Abs. 1 EStG zu werten sei.
5067 Der BFH (BStBl. II 1990, S. 310), dem sich die Finanzverwaltung durch Erlass des BMF v. 16.12.1991 (BStBl. I 1991, S. 1011) angeschlossen hat, behandelt nunmehr diese Erschließungskosten-Zahlungen beim Grundstückseigentümer, der das Grundstück in Privateigentum hält, als Wertzuwachs, der ihm erst im Zeitpunkt des Heimfalls oder der Beendigung des Erbbaurechts zufließt, und dann (mit dem sich aus § 8 Abs. 2 EStG ergebenden Wert) zu versteuern ist.
5068 Trotz der Tatsache, dass bisher der Erbbauzinsanspruch bewertungsrechtlich als sonstiges Vermögen anzusetzen war, BFH, 20.09.2006 – IX R 17/04, ErbStB 2007, 34; krit. auch NJW-Spezial 2007, 102, da der Zins nicht als Nutzungsentgelt, sondern als Gegenleistung für die Bestellung des Erbbauzinses geschuldet werden.
5069 BMF-Schreiben v. 05.10.2000 – S 2256; BStBl. I 2000, S. 1383 Tz. 14; dagegen wenig überzeugend *Paus* NWB 2002, 2779 ff. = Fach 3, S. 12083 ff. Auch die Finanzverwaltung nimmt zu Recht kein privates Veräußerungsgeschäft an, wenn der Erbbauberechtigte nach Erstellung des Gebäudes den Grund und Boden hinzuerwirbt, das Erbbaurecht aufgibt, und sodann das bebaute Grundstück binnen 10 Jahren nach Bestellung des Erbbaurechtes weiterveräußert: bei der Ermittlung des Veräußerungsgewinnes bzgl. des allein verbleibenden Grund und Bodens darf das aufgrund des Erbbaurechtes errichtete Gebäude nicht berücksichtigt werden (Wortlaut: »innerhalb dieses Zeitraumes«, d.h. zwischen Erwerb und Veräußerung des Grund und Bodens auf diesem errichtet). In Sonderfällen (Wert des Grund und Bodens ist gestiegen, Wert des Gebäudes gefallen) mag es auch von Interesse sein, das Erbbaurecht vor, den Grund und Boden nach Ablauf der 10-Jahres-Frist zu veräußern.
5070 Zuvor hatte die Finanzverwaltung eine Verteilung auf 10 Jahre auf Antrag des Steuerpflichtigen zugelassen, BMF, 10.12.1996, BStBl. I 1996, S. 1440.
5071 BFH, 11.12.2003, EStB 2004, 145.
5072 *Jansen* in: H/H/R EStG, § 21 Anm. 86 unter »Erbbaurecht«.
5073 Gleiches gilt bei Bauten auf fremdem Grund und Boden ohne Erbbaurechtsgrundlage, BFH, 14.01.2004 – IX R 54/99, EStB 2004, 285.
5074 BFH, 26.01.2011 – IX R 24/10, EStB 2011, 328.
5075 *Hutmacher* ZNotP 2011, 418 ff.

cc) Behandlung beim Erbbauberechtigten

(1) Anschaffungskosten

Beim Erbbauberechtigten sind alle Aufwendungen im Zusammenhang mit dem Erwerb des Erbbaurechts (Beurkundungs-, Grundbuch-, Vermessungskosten) sowie ein etwaiges Entgelt für bereits vorhandene Bauwerke Anschaffungskosten, die – ebenso wie die Herstellungskosten für das von ihm selbst errichtete Gebäude – abgeschrieben werden können (AfA gem. § 7 Abs. 4, Abs. 5 EStG). Voraussetzung ist, dass der **Erwerber** auch **wirtschaftlicher Gebäudeeigentümer i.S.d. Steuerrechts** wird, woran es bei einer Restlaufzeit des Erbbaurechts von nur 5 Jahren fehlen kann. Ist das Bauwerk bereits errichtet, wird der Kaufpreis in der neueren Praxis aufgeteilt in Anschaffungskosten des Gebäudes (AfA gem. 7 Abs. 4, Abs. 5 EStG) und Anschaffungskosten auf das Erbbaurecht als abnutzbares Nutzungsgut (auf die Laufzeit des Erbbaurechts abzuschreiben gem. § 7 Abs. 1 EStG).[5076]

2912

Zu den **abschreibungsfähigen Anschaffungskosten** zählen auch die an Erschließungsträger oder den vorherigen Erbbauberechtigten gezahlten bzw. erstatteten **Erschließungskosten**. Der BFH[5077] erläutert hierzu, es handele sich nicht um zusätzliches Nutzungsentgelt, sondern auch bei den Überschusseinkünften regelmäßig um Anschaffungskosten des Erbbauberechtigten für das Erbbaurecht, die im Weg der AfA auf die Laufzeit des Erbbaurechts zu verteilen sind. Abweichend hiervon wird bei Gewinneinkünften in der Übernahme von Erschließungskosten ein zusätzliches Entgelt für die Nutzungsüberlassung des Grundstücks gesehen, das in der Bilanz des Erbbauberechtigten als aktiver, in derjenigen des Erbbauverpflichteten als passiver Rechnungsabgrenzungsposten auszuweisen und jeweils auf die Dauer des Erbbaurechts zu verteilen ist. In beiden Fällen ist es gleichgültig, ob der Erbbauberechtigte die Erschließungskosten unmittelbar trägt oder sie dem Grundstückseigentümer erstattet.

2913

(2) Eigenheimzulage

Wird das Gebäude zu eigenen Wohnzwecken genutzt, konnten für Altfälle vor 2006 die **Anschaffungs- oder Herstellungskosten als Bemessungsgrundlage der Eigenheimzulage** herangezogen werden. Die Erbbauzinsen (soweit sie nicht in kapitalisierter Form bei erstmaliger Erbbaurechtsbestellung an einem bestehenden Gebäude rechnerisch zu den Anschaffungskosten zählen) blieben unberücksichtigt.[5078] Sie stellten keine Anschaffungskosten für das Erbbaurecht noch für den davon erfassten Grund und Boden dar, sondern bildeten Gegenleistung für die Duldung der Grundstücksnutzung durch den Erbbauberechtigten,[5079] und sind damit auch nicht als Sonderausgaben (nunmehr: § 10 Abs. 1 Nr. 1a EStG) abziehbar.[5080]

2914

(3) Erbbauzinsen

Wird das Erbbaurecht im **Privatvermögen zur Einkünfteerzielung** eingesetzt, stellen die Erbbauzinsen (und entrichtete Erschließungskosten, und zwar sofort und in voller Höhe im Jahr des Abflusses)[5081] Werbungskosten bei den Einkünften aus Vermietung und Verpachtung dar. Dies galt

2915

5076 Vgl. hierzu auch OFD Berlin DStR 1986, 794.
5077 DStRE 2000, 397.
5078 Sie waren allenfalls – bis zum Außerkrafttreten dieser Vorschriften – maßgeblich i.R.d. Vorkostenabzugs des § 10e Abs. 6 EStG, soweit sie vor Selbstbezug angefallen sind bzw. unter der Geltung des Eigenheimzulagengesetzes als pauschaler Abzug wie Sonderausgaben von 3.500,00 DM gem. § 10i Abs. 1 Satz 1 Nr. 1 EStG.
5079 BFH DStR 1994, 1451; 1994, 1647; 1994, 1648. Dies soll auch für einen als Einmalbetrag bezahlten Erbbauzins und für Erschließungskosten gelten; hiergegen zu Recht *v. Oefele/Winkler* Handbuch des Erbbaurechtes Rn. 10.88; vgl. insgesamt MittBayNot 1995, 25.
5080 So bereits vor der gesetzlichen Regelung BFH, 24.10.1990, BStBl. II 1991, S. 175.
5081 BFH BStBl. II 1983, S. 413. Dies gilt auch für vorausgezahlte Erbbauzinsen im Jahr des Abflusses; ein Gestaltungsmissbrauch gem. § 42 AO liegt nicht vor, wenn für die Vorauszahlung wirtschaftliche Gründe bestehen (Zinsabschlag): BFH ErbStB 2004, 4. Bei Gewinnermittlung nach § 4 Abs. 1 EStG erfolgt allerdings eine Verteilung über Rechnungsabgrenzungsposten über die Laufzeit des Erbbaurechtes.

nach Ansicht des BFH[5082] sogar dann, wenn die Erbbauzinsen für die gesamte Laufzeit vorausbezahlt werden[5083] – sofern § 42 AO nicht entgegensteht.[5084] Diese Rechtsprechung war vorübergehend – bis zur rückwirkenden[5085] Änderung des § 11 Abs. 1 Satz 3, Abs. 2 Satz 3 EStG[5086] (mit der Folge einer Verteilung auf den gesamten Vorauszahlungszeitraum,[5087] Rdn. 2909) Grundlage für Fondsgestaltungen mit hoher Verlustzuweisung im Startjahr.

2916 Im **Betriebsvermögen** des Erbbauberechtigten sind die Erbbauzinsen als Betriebsausgaben abzusetzen (Einmalzahlungen waren bei bilanzierenden Erbbauberechtigten allerdings durch Rechnungsabgrenzungsposten stets auf die Laufzeit des Erbbaurechts zu verteilen). Ab dem Erhebungszeitraum 2008[5088] erfolgt bei der **Gewerbesteuer** gem. § 8 Nr. 1 e GewStG eine Hinzurechnung der auf den Grund und Boden entfallenden Erbbauzinsen i.H.v. 12,5 % – vor 2010: 16,25 % (ein Viertel aus dem pauschalierten Finanzierungsanteil von 65 %, ab 2010 50 %, der Erbbauzinsen), der auf bei Erbbaurechtsbestellung miterworbene Gebäude entfallenden, Kaufpreis darstellenden, Erbbauzinsen i.H.v. 25 % des Zinsanteils (§ 8 Nr. 1 a GewStG, nicht des auf die Übertragung der Bauwerke entfallenden Tilgungsanteils)[5089] wobei von der Summe der Hinzurechnungsbeträge, einschließlich der Schuldzinsen, 100.000,00 € Jahresfreibetrag abgezogen werden können (vgl. § 8 Nr. 1a[5090] GewStG Rn. 2866).[5091]

Voraussetzung für die steuerliche Anerkennung der Zinszahlungen ist sowohl im Privat- als auch im Betriebsvermögen ein zeitlicher und wirtschaftlicher Zusammenhang mit der (ggf. späteren) Errichtung des zu vermietenden Gebäudes auf dem Erbbaugrundstück.

d) Schenkung- und Erbschaftsteuer

aa) Rechtslage bis 2008

2917 Erbbaurecht und belastetes Grundstück bilden je selbstständige wirtschaftliche Einheiten. Das Grundstück wurde nach der **zwischen 1996 und Ende 2006** geltenden Rechtslage stets mit dem 18,6-fachen des im Besteuerungszeitpunkt zu zahlenden Erbbauzinses bewertet (§ 148 Abs. 1 Satz 1 BewG) und zwar unabhängig von der Restlaufzeit des Erbbaurechtsvertrags. Wertsicherungsklauseln blieben ebenso unberücksichtigt wie auch die Frage der Angemessenheit des Erbbauzinses. Bei einem Eigentümererbbaurecht oder einem unentgeltlichen Erbbaurecht für nahe Angehörige betrug daher der Wert des erbbaubelasteten Grundstücks null. Der Wert des Erbbaurechts selbst ergab sich als Differenz des nach allgemeinen Vorschriften zu ermittelnden Gesamtsteuerwerts des bebauten Grundstücks abzüglich des Werts des belasteten Grundstücks selbst. Es konnte dabei auch zu negativen Werten für das Erbbaurecht kommen, insb. bei hochpreisigen Grundstücken. Umgekehrt war aber auch eine Übermaßbe-

---

5082 BFH, 23.09.2003 – IX R 65/02, EStB 2004, 33 gegen BMF, 10.12.1996 – H 16, EStR 2002.
5083 Gleiches gilt bei Vorauszahlung einer Pacht (BFH BStBl. II 1984, S. 267).
5084 Im Fall des BFH war das Vorauszahlungsverlangen vom Grundstückseigentümer ausgegangen; er gewährte hierfür einen Verzicht auf die sonst vereinbarte 3 %ige jährliche Erhöhung.
5085 Verfassungsrechtliche Bedenken hiergegen, wenn die Erbbauzinsen schon vor der Einbringung des Gesetzes in den Bundestag am 27.10.2004 vereinbart und geleistet wurden: BFH, 07.12.2010 – IX R 70/07, EStB 2011, 55 (Az. BVerfG: 2 BvL 1/11); BayLAfS v. 12.08.2011, EStB 2011, 365.; zur Abgrenzung: BFH, 07.12.2010 – IX R 48/07, EStB 2011, 56 (keine Bedenken bei Kaufvertrag nach dem 15.12.2004).
5086 Vgl. *Melchior* DStR 2004, 2122. Die Regelung gilt für Nutzungsüberlassungen von Immobilien ab 01.01.2004, beim Mobilienleasing ab 01.01.2005 (mit Optionsmöglichkeit für 2004: BMF-Schreiben v. 05.04.2005 – IV A 3 – S 2259-7/05).
5087 Nur bei wirtschaftlich vernünftiger Vorauszahlung auf 5 Jahre ist Sofortabzug möglich.
5088 Zuvor erfolgte nur ausnahmsweise eine Anrechnung (und zwar zur Hälfte des Zinsanteils, der in den Erbbauzinsen insoweit enthalten ist, als es sich bei letzteren um Kaufpreis für durch den Erbbaurechtserwerb hinzuerworbene Gebäude handelt, vgl. BFH, 18.03.2009 – I R 9/08, EStB 2009, 269.
5089 OFD Magdeburg, 20.07.2010 SIS 11 02 44 = StEK GewStG § 8 Nr. 1/64.
5090 Nach FG Münster, 09.11.2007 – 9 K 2275/06, GEFG 2008, 399 können Erbbauzinsen, etwa bei hoher Wagnisbehaftung, als Zeitrente, nicht als Kaufpreisrate anzusehen sein, sodass die Hinzurechnung gem. § 8 Nr. 2 GewStG erfolge.
5091 Für den Zeitraum bis 2007 beurteilt BFH, 07.03.2007 – I R 60/06, BStBl. II 2007, S. 654, Erbbauzinsen als pachtähnliche Zahlungen für unbewegliche Wirtschaftsgüter, sodass weder eine Hinzurechnung nach § 8 Nr. 7 noch nach § 8 Nr. 2 GewStG a.F. in Betracht kam, vgl. OFD Münster, 17.06.2008, EStB 2008, 280.

steuerung des Erbbaurechts nicht auszuschließen, etwa bei kurzer Restlaufzeit und Fehlen eines Entschädigungsanspruchs,[5092] sodass bereits vor der Neuregelung durch das Jahressteuergesetz praeter legem[5093] der Nachweis eines geringeren gemeinen Werts durch Gutachten anerkannt wurde.[5094]

Das Jahressteuergesetz 2007[5095] differenzierte für die Jahre **2007 und 2008** wie folgt:[5096]

2918

(a) Ist zum Besteuerungszeitpunkt noch kein Gebäude Bestandteil des Erbbaurechts, wird letzteres mit »Null« bewertet, auch wenn ein Erbbauzins oder ein Einmalbetrag zu zahlen ist. Die zweckgebundene »mittelbare« Schenkung eines unbebauten Erbbaurechts durch Zuwendung der hierfür (etwa als Einmalbetrag) erforderlichen Geldmittel wurde also ebenfalls mit »Null« bewertet.[5097]
(b) Ist zum Besteuerungszeitpunkt ein Bauwerk Bestandteil des Erbbaurechts, das nach dem Ertragswertverfahren zu bewerten ist (also durch Vervielfältigung der Jahresrohmiete), war zunächst der Wert des bebauten Gesamtobjekts nach Maßgabe des § 146 Abs. 2 bis Abs. 5 BewG festzustellen. Vom Gesamtbetrag entfielen im Normalfall 80 % auf den Gebäudewert und damit vollständig auf das Erbbaurecht, 20 % auf das Grundstück – auch wenn letzteres einen weit höheren Verkehrswert hätte![5098] Beträgt die Restlaufzeit des Erbbaurechts jedoch unter 40 Jahren und ist bei Fristablauf eine Entschädigung ausgeschlossen, war ein (von der Restlaufzeit abhängiger) geringerer Prozentanteil des »Gebäudewertanteils« zusätzlich dem erbbaubelasteten Grundstück zuzurechnen (bei einer Restlaufzeit von über 35 Jahren z.B. 90 %, von unter einem Jahr z.B. 0 %). Ist die bei Fristablauf zu gewährende Entschädigung für den Wert des Gebäudes nicht vollständig ausgeschlossen, bleibt sie aber hinter dem Gebäudeverkehrswert zurück, bezog sich der dem Grundstückseigentümer zuzuweisende Anteil (von 90 auf 0 % abnehmend) auf die Quote des Gebäudewertanteils, der ihm entschädigungslos zufallen wird. Ähnliches galt bei im Steuerbilanzverfahren (§ 147 BewG) zu taxierende Gebäuden.
(c) In allen Fällen war sowohl hinsichtlich des Erbbaurechts als auch hinsichtlich des Grundstücks der Nachweis eines tatsächlich niedrigeren Verkehrswerts eröffnet (§ 138 Abs. 4 BewG). In die Ermittlung des Verkehrswerts des Erbbaurechts konnte dabei nach allgemeinen Grundsätzen[5099] auch ein Bodenwertanteil einfließen, wenn der Erbbauzins hinter der ortsüblichen Bodenwertverzinsung zurückbleibt.[5100]

Der Erbbauzins blieb dabei gänzlich außer Betracht,[5101] war also weder beim Erbbaurecht abzuziehen noch umgekehrt als Bestandteil des Grundstücks anzusetzen (§ 148 Abs. 6 BewG).[5102] Ebenso wenig war zu prüfen, ob im Erbbauzins eine Entschädigung des Gebäudewerts bei Fristablauf mitberücksichtigt worden war (§ 148 Abs. 3 Satz 6 BewG). Die **gemischte Schenkung** eines Erbbau-

2919

5092 BFH, 22.05.2002, BStBl. II 2002, S. 844; BFH, 23.10.2002, BStBl. II 2003, S. 275.
5093 Verbot des Nachweises eines niedrigeren Wertes für das Grundstück: R 182 Abs. 5 u. Abs. 1 Satz 2 ErbStR 2003, ebenso für das Erbbaurecht: R 183 Abs. 3 Satz 1 ErbStR 2003.
5094 BFH, 05.05.2004 – II R 45/01, ZEV 2004, 345; ebenso BFH, 02.07.2004 – II R 55/01, BFH/NV 2004, 1690 zum Gebäude auf fremdem Grund und Boden und BFH, 29.09.2004 – II R 57/02, NWB Fach 2, S. 8539 sowie BFH, 17.05.2006 – II R 58/02, DStRE 2006, 1135 zur Bewertung des Erbbaurechtes selbst.
5095 BR-Drucks. 622/06 v. 01.09.2006, vgl. *Halaczinsky* ErbStB 2006, 327 ff.
5096 Vgl. *Halaczinsky* ErbStB 2007, 84 ff.
5097 Vgl. *Halaczinsky* ErbStB 2007, 85.
5098 Mittelbar konnte sich der hohe Grund- und Bodenwert jedoch dadurch auswirken, dass er als Mindestwert (§ 146 Abs. 6 BewG, 80 % des letzten Bodenrichtwerts) für die Gesamteinheit maßgeblich wird, die sodann wiederum zu (mindestens) 20 % dem Grundstück zugeschlagen wird.
5099 *Kleiber/Simon/Weyers* Verkehrswertermittlung von Grundstücken 4. Aufl. 2002 VII Rn. 131 ff., 173; WertR 1976/1996, Nr. 5.2.1.5 und Beispiel 4 zu 5.2.3.1 sowie Anl. 14.
5100 Vgl. FG Berlin, 16.05.2006 – 3 K 3494/99, ErbStB 2007, 261.
5101 Anders nur i.R.d. Bilanzierung vorausgezahlter Erbbauzinsen im Betriebsvermögen, R 184 und R 114 Abs. 2 ErbStR 2003.
5102 Krit. hierzu *Halaczinsky* ErbStB 2007, 88: passt nicht mehr zur neuen Bewertungskonzeption (vgl. auch die fortbestehende Berücksichtigung bei der Einheitsbewertung, § 92 BewG).

rechts (z.B. Ersteinräumung zu gewollt unausgewogenen Konditionen) führt zur quotalen Kürzung des sich ergebenden Werts im Verhältnis zwischen vereinbartem und üblichem Erbbauzins.[5103]

Gleiches gilt für sonstige Gebäude auf fremdem Grund und Boden (§ 148a BewG).

bb) Rechtslage seit 2009

2920 **Seit 01.01.2009** gilt gem. §§ 192 bis 194 BewG folgende Neuregelung:[5104]

Nur in seltenen Fällen werden für ein **Erbbaurecht** Vergleichskaufpreise zur Verfügung stehen, sodass im Regelfall wiederum auf die Addition von Bodenwertanteil und Gebäudewertanteil zurückgegriffen werden muss (§ 193 Abs. 2 BewG).

(1) Der Bodenwertanteil wird ermittelt aus der angemessenen Verzinsung des Bodenwerts des unbelasteten Grundstücks, abzüglich des vertraglich vereinbarten jährlichen Erbbauzinses; die Differenz ist über die Restlaufzeit des Erbbaurechts mit dem Vervielfältiger nach Anlage 21 des BewG zu multiplizieren.

Das Ergebnis (Bodenwertanteil des Erbbaurechts) drückt den wirtschaftlichen Vorteil aus, den der Erbbauberechtigte dadurch hat, dass er nach dem Erbbaurechtsvertrag eine geringere als die volle **Bodenwertverzinsung** zu erbringen hat. Ist jedoch der vereinbarte Erbbauzins höher als der nunmehr übliche, kann dieser Bodenwertanteil auch negativ sein. Sofern der Gutachterausschuss keinen Liegenschaftszins mitteilen kann, gelten gem. § 193 Abs. 4 Satz 2 BewG pauschale Zinssätze (z.B. 3 % für Ein- und Zwei-Familien-Häuser, 5 % für Mietwohngrundstücke und Wohnungseigentum, 6,5 % für reine Geschäftsgrundstücke bzw. Teileigentum). Der Vervielfältiger, mit dem der Unterschiedsbetrag zu multiplizieren ist, berücksichtigt die Restlaufzeit des Erbbaurechts und den jeweiligen, ggf. pauschalen Liegenschaftszins.

2921 (2) Hinzu kommt der Gebäudewertanteil, der im Ertragswertverfahren (§ 185 BewG) oder im Sachwertverfahren (§ 190 BewG) zu ermitteln ist, und der sich ggf. um den Gebäudewertanteil des Erbbaugrundstücks mindert, wenn nach den vertraglichen Regelungen der bei Ablauf des Erbbaurechts verbleibende Gebäudewert nicht oder nur teilweise zu entschädigen ist (§ 194 Abs. 4 BewG).

(3) Die Summe beider ergibt sodann den Wert des Erbbaurechts, sofern nicht der Steuerpflichtige einen niedrigeren gemeinen Wert gem. § 198 BewG nachweist.

2922 Da auch für das **erbbaubelastete Grundstück selbst** Vergleichswerte selten zur Verfügung stehen (§ 183 Abs. 1 BewG), sind i.d.R. drei Berechnungsschritte erforderlich:

(1) Der Bodenwert eines unbelasteten Grundstücks (Bodenrichtwert mal Grundstücksfläche) ist über die Restlaufzeit des Erbbaurechts abzuzinsen (§ 194 Abs. 3 BewG); die Abzinsungsfaktoren ergeben sich aus Anlage 26 des BewG und sind je nach der Höhe des angemessenen Liegenschaftszinses (z.B. bei Ein- und Zwei-Familien-Häusern 3 %) unterschiedlich.

(2) Zu addieren ist der kapitalisierte Wert des Erbbauzinsanspruchs; der Vervielfältiger ergibt sich wiederum aus Anlage 21 zum BewG, ebenfalls unter Berücksichtigung des Liegenschaftszinses.

(3) Das Ergebnis ist ggf. um einen Gebäudewertanteil zu erhöhen, wenn das Erbbaugebäude vom Grundstückseigentümer bei Ablauf nicht oder nur teilweise zu entschädigen ist (§ 194 Abs. 4 BewG); der entschädigungslos zufallende (anteilige) Gebäudewert ist auf den Bewertungsstichtag nach den Faktoren der Anlage 26 zum BewG abzuzinsen.

5103 Erlass v. 07.11.2001 des Hessischen Finanzministeriums S 3806 A – 18 – II B 22, nunmehr H 14 ErbStH 2003: ggf. anteilige Ermittlung in Relation zum marktüblichen Erbbauzins.
5104 Vgl. ausführlich: *Krauß* Vermögensnachfolge in der Praxis Rn. 3683 ff.

9. Kostenrecht

Für die Bestellung oder Aufhebung[5105] (nicht die Übertragung) eines Erbbaurechts gilt die Sonderregelung des § 21 Abs. 1 KostO (als Abweichung von § 19 KostO). Demnach ist bei der Geschäftswertermittlung gegenüberzustellen: 2923

- 80 % des Grundstückswerts[5106] (ohne die Bebauung, die für Rechnung des Erbbauberechtigten erfolgt), und
- der nach § 24 Abs. 1a KostO kapitalisierte Erbbauzins, max. also der 25-fache Jahreserbbauzins, zuzüglich sonstiger geldwerter Leistungen des Erbbauberechtigten. Für eine **mitbeurkundete Wertsicherungsklausel** sind zusätzlich gem. § 30 Abs. 1 KostO etwa 10 %[5107] bis 20 %[5108] des Kapitalwerts des Erbbauzinses hinzuzurechnen.

Der höhere Wert ist dann als Geschäftswert für die Erbbaurechtsbestellung maßgebend.

Das Vorkaufsrecht am Erbbaugrundstück selbst wird allgemein kostenrechtlich als Inhalt des Erbbaurechts angesehen, also nicht gesondert bewertet.[5109] Der Geschäftswert des Vorkaufsrechts am Erbbaurecht wurde nach früherer (nun überholter) Auffassung dann, wenn zugleich die Veräußerungszustimmung gem. § 5 ErbbauRG vereinbart ist, mit lediglich 10 % des Werts des Erbbaurechts nach Bebauung angesetzt, da die mit dem Vorkaufsrecht verfolgte Intention des »Zugriffs« auf das Erbbaurecht durch die »Verfügungssperre« bereits vorrangig gesichert werde. Richtigerweise[5110] – auch nach Ansicht des BGH[5111] – verbleibt es jedoch auch in diesem Fall bei der Regelbewertung, also dem Ansatz i.H.v. 50 % des Werts des Erbbaurechts nach der Bebauung, §§ 30 Abs. 1, 20 Abs. 2 KostO, sodass der Geschäftswert des Vorkaufsrechts am Erbbaurecht v.a. bei hochwertiger Bebauung häufig den Wert der Erbbaurechtsbestellung selbst übertrifft. Es erfolgt Zusammenrechnung nach § 44 Abs. 2a KostO. 2924

▶ **Beispiel:**[5112]

Bestellung des Erbbaurechts auf 100 Jahre für ein Gewerbeobjekt mit einem Eingangserbbauzins von 3.000,00 €, Wertsicherungsklausel, gegenseitige Vorkaufsrechte, Zustimmungsvorbehalt zur Veräußerung und Belastung; Baukosten voraussichtlich 500.000,00 €, Grundstückswert 100.000,00 €. 2925

Für die Erbbaurechtsbestellung ist gem. § 21 Abs. 1 KostO zugrunde zu legen:

der kapitalisierte Erbbauzins i.H.v. 3.000,00 € × 25 = 75.000,00 €

zzgl. Wertsicherungsklausel, 10 % des kapitalisierten Betrags = 7.500,00 €

Vorkaufsrecht am Erbbaurecht: Baukosten 500.000,00 € zzgl. 80 % des Grundstückswerts 80.000,00 € = Wert des Erbbaurechts nach Bebauung, hiervon 50 % = 290.000,00 €

Summe aller gem. § 44 Abs. 2a KostO 372.500 €

hieraus 20/10-Gebühr gem. § 36 Abs. 2 KostO.

Mit dem so ermittelten Wert ist der gesamte dingliche Inhalt des Erbbaurechts, einschließlich schuldrechtlicher Vereinbarungen, die Übernahme der öffentlichen Lasten und Abgaben, Bauver- 2926

5105 Für Letzteres a.A. OLG Celle MittBayNot 2005, 169 m. abl. Anm. *Notarkasse*: lediglich der Gebäudewert sei maßgeblich.
5106 Erstreckt sich der Ausübungsbereich des Erbbaurechts nicht auf die gesamte Grundstücksfläche, ist Bewertungsgrundlage nur die Ausübungsfläche, BayObLG MittBayNot 1994, 170.
5107 BayObLG Rpfleger 1975, 332.
5108 OLG München MittBayNot 2006, 531 m. Anm. Prüfungsabteilung der Notarkasse: in 25 Jahren wird etwa in der Summe das 30-fache eines Jahresbetrags entrichtet.
5109 Vgl. etwa *Assenmacher/Mathias* Kostenordnung, 16. Aufl., S. 324.
5110 OLG München MittBayNot 2006, 531, m. Anm. *Notarkasse*; *Korintenberg* KostO 17. Aufl., § 21 Rn. 25.
5111 BGH, 06.10.2011 – V ZB 52/11, ZNotP 2012, 38. Abweichungen nach unten können sich ausnahmsweise aufgrund eindeutig erkennbarer und sicher vorhersehbaren Umständen ergeben, etwa aus der Beschränkung des Gebäudes auf Zwecke der öffentlichen Verwaltung.
5112 Analog dem Beispiel im Streifzug durch die Kostenordnung, Rdn. 632.

pflichtungen, Zustimmungsvorbehalte etc., abgegolten. **Gegenstandsverschieden** ist jedoch eine schuldrechtliche Ankaufszwangklausel zulasten des Erbbauberechtigten (nicht zu verwechseln mit dessen Ankaufsrecht gem. § 2 Nr. 7 ErbbauRG), die in einem Austauschverhältnis zum Vorkaufsrecht am Erbbaurecht zu sehen ist, sodass nur der höhere Wert beider zu ermitteln und als gegenstandsverschieden zu bewerten ist. Die Verkaufsverpflichtung selbst ist dabei gem. §§ 30 Abs. 1, 20 Abs. 2 KostO etwa mit 30 % bis 50 % des Grundstückswerts anzusetzen.

2927 Beim **Verkauf eines Erbbaurechts** ist gem. § 20 Abs. 1 KostO der Kaufpreis maßgebend, es sei denn der Wert des Erbbaurechts würde diesen übersteigen. Die Übernahme der Erbbauzinsen bleibt kostenrechtlich als Übernahme einer Dauerlast außer Ansatz, ebenso die Übernahme des dinglichen Vorkaufsrechts am Erbbaurecht.[5113] Die Einholung der Zustimmung des Grundstückseigentümers unter Entwurfsfertigung löst die Gebühr nach §§ 145 Abs. 1 Satz 1, 38 Abs. 2 Nr. 1 KostO, nicht die Vollzugsgebühr nach § 146 Abs. 1 Satz 1 Halbs. 1 KostO aus;[5114] letztere fällt jedoch an bei der Zustimmungseinholung ohne (auftragsgemäße) Entwurfsfertigung.[5115] Die (i.d.R. gleichzeitig erfolgende) Anzeige des Vorkaufsfalls und Einholung der Nichtausübungserklärung beim Eigentümer bildet dagegen eine Nebentätigkeit i.S.d. § 147 Abs. 2 KostO, die aus einem Teilwert (§ 30 Abs. 1 KostO) zu erheben ist.

2928 Bzgl. der im Regelfall gegenseitig eingeräumten **Vorkaufsrechte** ist das am Erbbaugrundstück zugunsten des Erbbauberechtigten eingeräumte Vorkaufsrecht kostenrechtlich (nicht sachenrechtlich) wie ein Inhalt des Erbbaurechts zu behandeln und daher nicht gesondert zu bewerten,[5116] anders jedoch das Vorkaufsrecht am Erbbaurecht zugunsten des jeweiligen Grundstückseigentümers. Grundlage für die Bewertung gem. § 19 Abs. 2 KostO ist nicht nur der reine Wert des Erbbaurechts, orientiert an den Baukosten, sondern auch der Bodenwertanteil des Erbbaurechts i.H.v. 80 % des vom Ausübungsbereich erfassten Grund und Bodens.[5117] Der Wert ist gem. § 30 Abs. 1 KostO sodann i.H.v. etwa 50 % anzusetzen, anders jedoch wenn zur Veräußerung die Zustimmung des Grundstückseigentümers erforderlich ist: 10 % des Erbbaurechtswerts.[5118]

2929 Wird (infolge formfrei möglicher Heimfallausübungserklärung) das Erbbaurecht auf den Grundstückseigentümer übertragen, gilt für die Erklärung der Einigung das 5/10-Privileg des § 38 Abs. 2 Nr. 6 Buchst. a) KostO, das allerdings nicht etwaige Abreden über die Entschädigung umfasst (gleicher Gegenstand i.S.d. § 44 Abs. 1 KostO, mit Vergleichsberechnung zur § 36 Abs. 2 KostO-Gebühr aus dem Entschädigungsbetrag). Wird infolge Verlangens des Heimfallberechtigten das Erbbaurecht stattdessen auf einen übernahmewilligen Dritten übertragen, handelt es sich um einen »dreiseitigen« Vertrag gem. § 36 Abs. 2 KostO aus dem Gesamtwert. Verlangt der Heimfallberechtigte »abkürzend« die sofortige Aufgabe des Erbbaurechts (das also nicht als Eigentümererbbaurecht fortbestehen soll), löst auch dies eine 20/10-Gebühr nach § 36 Abs. 2 KostO aus.[5119]

XI. Vorvertrag, Vorhand, Angebot

1. Letter of Intent etc.

2930 Aus der Praxis des angloamerikanischen Rechtskreises übernimmt die Verhandlungspraxis auch in Deutschland zunehmend schriftliche Erklärungen im Vorfeld des eigentlichen Vertrags:
– Das sog. **Memorandum of Understanding** (MoU) schafft noch keine Rechtsbindung (ist also demnach formfrei), sondern bekräftigt den ernsthaften Willen einer oder beider Parteien, zu einer Vereinbarung zu gelangen.

5113 OLG Celle DNotZ 1973, 47.
5114 LG Arnsberg MittBayNot 2005, 177.
5115 Ländernotarkasse NotBZ 2008, 301.
5116 OLG Düsseldorf MittRhNotK 1983, 200.
5117 BayObLG DNotZ 1984, 113.
5118 OLG Hamm DNotZ 1967, 571.
5119 Vgl. Prüfungsabteilung der *Ländernotarkasse* NotBZ 2005, 321.

– Gleiches gilt für die etwas konkreteren »**Heads of Agreement**«, die bereits Richtlinien, Rahmendaten und möglicherweise erste Vertragsentwürfe enthalten.

– Der »**Letter of Intent**«[5120] (LoI) enthält eine einseitige Dokumentation der Absicht, unter bestimmten Voraussetzungen einen Vertrag zu schließen, ohne sich jedoch insoweit binden zu wollen. Der erreichte Verhandlungsstand wird festgehalten und der mögliche künftige Ablauf der weiteren Vertragsverhandlungen skizziert.

2931

– Den höchsten Verbindlichkeitsgrad beinhalten die sog. **Instructions to Proceed**. Häufig ist in diesem Stadium bereits eine Verbindung geschaffen, die zu einer Haftung aus in Anspruch genommenen Vertrauen (c.i.c.) führen kann. Hinzu treten die faktischen Nachteile (Schädigung der Reputation), die einem professionellen Marktteilnehmer aus dem als willkürlich empfundenen Bruch der Zusage entstehen.[5121] Sofern für den Fall des Scheiterns der Verhandlungen starke finanzielle Belastungen (über die Tragung der Verhandlungskosten hinaus) vereinbart sind, besteht ein wirtschaftlicher Erwerbsdruck, der ab etwa 0,5 % der Kaufsumme als mittelbarer Zwang zur Veräußerung oder Erwerb bereits zur Beurkundungspflicht führt (vgl. Rdn. 101);[5122] auch die absolute Höhe des »Abstandsgelds« spielt dabei eine Rolle.[5123] Eine Beurkundungspflicht kann sich auch dann ergeben, wenn die Vereinbarung eine Abrede enthält, wonach die einer Partei entstehenden Kosten auf den später festzulegenden Kaufpreis anzurechnen seien.[5124]

2932

2. Vorvertrag

Haben sich die Beteiligten noch nicht über alle Vertragspunkte geeinigt, eine schriftliche Niederlegung (bzw. Beurkundung) des Vertrags jedoch vereinbart, ist gem. § 154 Abs. 2 BGB im Zweifel noch kein Vertrag zustande gekommen, selbst wenn die Verständigung über einzelne Punkte schriftlich festgehalten wurde (Punktation, § 154 Abs. 1 Satz 2 BGB). I.R.d. Vertragsfreiheit haben die Beteiligten es jedoch in der Hand, entgegen der gesetzlichen Vermutung bereits eine Bindung zu schaffen, nämlich die Verpflichtung zum Abschluss des Hauptvertrags, obwohl noch nicht alle regelungsbedürftigen Punkte geklärt sind (sog. **Vorvertrag**). Letzterer kann einen der Beteiligten oder auch beide zum Abschluss des Hauptvertrags, ggf. auch mit einer dritten Person, verpflichten.[5125]

2933

Typischerweise fixieren Vorverträge zugleich diejenigen Umstände, bei deren Eintritt bzw. Nichteintritt die Verpflichtung zum Abschluss des Hauptvertrags entfällt. Voraussetzung eines wirksamen Vorvertrags ist jedoch die Bestimmbarkeit des geschuldeten Hauptvertrags[5126] hinsichtlich der essentialia negotii (Objekt und Kaufpreis) sowie solcher weiterer Punkte welche die Parteien schon zu diesem Zeitpunkt für wesentlich erachtet haben,[5127] zumindest im Wege ergänzender Vertragsauslegung (§ 157 BGB) oder durch (ggf. konkludente) Vereinbarung eines Bestimmungsrechts gem. §§ 315 ff. BGB seitens einer Partei. Immerhin wird die prozessuale Abwicklung einer Vertragsabschlussverpflichtung mit vagem Inhalt dadurch erleichtert, dass der BGH die Klage auf Abgabe einer formulierten, i.R.d. Geschuldeten liegenden Vertragserklärung für begründet hält, wenn der Beklagte nicht Einwendungen in Gestalt von Alternativvorschlägen erhebt.[5128]

2934

5120 *Wolf* DNotZ 1995, 193.
5121 *Hülsdunk/Landbrecht* ZfIR 2009, 456.
5122 Vgl. *Hertel* BB 1983, 1824 ff.; zur möglichen Beurkundungspflicht BGH NJW 1990, 390 ff.
5123 Beispiel nach OLG Hamburg NJW-RR 1992, 20, 21: 100.000,00 $ bei einer geplanten Transaktion von 12 Mio. € sind bereits schädlich.
5124 BGH DNotZ 1986, 248; *Wolf* DNotZ 1995, 196.
5125 Vgl. *Ritzinger* NJW 1990, 1201.
5126 BGH NJW 1990, 1234.
5127 OLG Brandenburg v. 19.07.2007 – 5 U 192/06, NotBZ 2007, 420.
5128 BGH, 12.05.2006 – V ZR 97/05, DNotZ 2006, 835, vgl. im Einzelnen *Krüger* ZNotP 2006, 447.

2935 Da **Immobilienvorverträge**[5129] eine (durch Zustandekommen des geschuldeten Hauptvertrags aufschiebend bedingte) Verpflichtung zum Erwerb oder zur Veräußerung von Grundbesitz beinhalten, sind sie ebenfalls **beurkundungsbedürftig**; wegen der dadurch ausgelösten **doppelten Kostenbelastung** kommen sie allerdings in der Praxis sehr selten vor. Der wirksame Abschluss des Hauptvertrags[5130] heilt allerdings den formunwirksamen Vorvertrag analog § 311b Abs. 1 Satz 2 BGB.

2936 Der künftige Eigentumsverschaffungsanspruch, der sich aus einem hinreichend bestimmten Vorvertrag ergibt, ist vormerkungsfähig; diese Vormerkung ist auch insolvenzfest.[5131]

Da unmittelbar aus dem Vorvertrag noch nicht auf Erklärung der Auflassung geklagt werden kann, wird noch keine Grunderwerbsteuerpflicht gem. § 1 Abs. 1 Nr. 1 GrEStG ausgelöst.[5132]

3. Vorhand

2937 Der sog. Vorhandvertrag ist ein schuldrechtlicher Vertrag mit einseitiger Verpflichtungswirkung. Sollte sich der Verpflichtete überhaupt zum Abschluss eines bestimmten Vertrags (Kaufvertrag, Mietvertrag o.Ä.) entscheiden, ist die Aufnahme von Verhandlungen (sog. **Verhandlungsvorhand**) bzw. der Vertragsinhalt selbst (sog. **Angebotsvorhand**) zunächst den Vorhandbegünstigten anzutragen. Damit rückt die Vorhand in die Nähe eines rechtsgeschäftlich begründeten Vorkaufsrechts.

2938 Da die Verhandlungsvorhand lediglich Pflichten zur rechtzeitigen Information und Kontaktaufnahme schafft, jedoch keine Übereignungspflichten begründet, bedarf sie keiner Beurkundung.[5133] Die Angebotsvorhand dagegen ist ein durch die Veräußerungsabsicht aufschiebend bedingter, einseitig bindender Vorvertrag und damit **beurkundungspflichtig** gem. § 311b Abs. 1 BGB; der künftige Auflassungsanspruch ist vormerkungsfähig. Letzteres erscheint allerdings insoweit fragwürdig, als der Auflassungsanspruch aufseiten des »Verkäufers« (Angebotsvorhandverpflichteten) unter dem Vorbehalt der Ausübung seiner freien Willensentscheidung steht, ob er überhaupt verkaufen will, sodass eine vormerkungsrelevante Bindung noch nicht eingetreten ist (also angesichts der reinen Potestativbedingung kein sicherer Rechtsboden gelegt ist, vgl. Rdn. 3073).[5134]

2939 Typischerweise erlöschen die Pflichten aus der Verhandlungs- oder Angebotsvorhand, wenn der Begünstigte nicht binnen eines vereinbarten Zeitraumes (z.B. 2 Monate, orientiert an der gesetzlichen Vorkaufsrechtsausübungspflicht bei Immobilien) die Verhandlungen aufnimmt bzw. das ihm ggü. abzugebende Verkaufsangebot annimmt. Des Weiteren ist die Verpflichtung aus der Vorhand insgesamt i.d.R. befristet, sodass ein erst nach vielen Jahren gefassten Verkaufs- oder Vermietungsentschluss frei umgesetzt werden kann.[5135]

2940 Ist umgekehrt der Erwerber berechtigt, die »Potestativbedingung« zu verwirklichen, und demnach der Veräußerer zur Annahme eines entsprechenden Erwerbsangebots oder zum unmittelbaren Ver-

---

5129 Anders etwa beim Vorvertrag zum Abschluss eines Mietvertrags: kein Schriftformerfordernis, BGH, 07.03.2007 – XII ZR 40/05, NJW 2007, 1817.

5130 Mit dem Vertragspartner des Vorvertrags (anderenfalls fehlt es am »Erfüllungszusammenhang«, BGH, 08.10.2004 – V ZR 178/03, MittBayNot 2005, 222 m. Anm. *Ruhwinkel*). Der Hauptvertrag muss vollständig, mit allen Nebenabreden und in Erfüllung der Verpflichtungen aus dem Vorvertrag geschlossen werden; die Willensübereinstimmung hinsichtlich der Abreden des Vorvertrags muss noch fortbestehen (*Keim* DNotZ 2005, 324 ff.).

5131 BGH DNotZ 2002, 275, m. Anm. *Preuß*. *Preuß* will hinsichtlich der Insolvenzfestigkeit vorgemerkter künftiger Ansprüche allerdings dahin gehend differenzieren, ob sie ihrem Inhalt nach einem bedingten Anspruch ähneln (dann Vormerkungsschutz) oder nicht. Letzteres soll etwa der Fall sein bei künftigen Ansprüchen aus einem Vorvertrag oder bei künftigen Ansprüchen, deren Gläubiger noch nicht feststeht. Im Lichte der neuerlichen Bestätigung der deckungsgleichen Reichweite von Vormerkungsfähigkeit und Insolvenzfestigkeit durch BGH, 09.03.2006 – IX ZR 11/05, MittBayNot 2007, 45 m. Anm. *Amann*, S. 13 ist dies nicht aufrechtzuerhalten.

5132 Vgl. zu diesem Kriterium BFH BStBl. II 1972, S. 828.

5133 Vgl. *Gutachten* DNotI-Report 1999, 26.

5134 Vgl. *Schöner/Stöber* Grundbuchrecht Rn. 1489.

5135 Vgl. das Angebotsvorhandmuster von *Maurer* BWNotZ 2004, 57 ff.: Befristung auf 5 Jahre.

kauf verpflichtet, handelt es sich um freivertragliche Ankaufsrechte (vgl. Rdn. 2982 ff.) bzw. von §§ 456 bis 462 BGB erfasste Wiederkaufsrechte (vgl. Rdn. 2471 ff.).

4. Aufspaltung in Angebot und Annahme

a) Vorüberlegungen

Die Aufspaltung des einheitlichen Vertragsvorgangs in Angebot und Annahme ist häufig ein **Mittel zweiter Wahl**. Sie verkürzt die Verhandlungs- und Einflussmöglichkeiten des Annehmenden (der auf ein bloßes »ja« zum bereits vollständig ausformulierten Vertrag beschränkt ist) und schneidet ihn möglicherweise von entscheidenden Belehrungen und Informationen anlässlich der Beurkundungsverhandlung ab. Nach den Richtlinienempfehlungen der BNotK[5136] soll das Angebot, wenn die Aufspaltung aus sachlichen Gründen gerechtfertigt ist, vom belehrungsbedürftigeren Vertragsteil (regelmäßig der Käufer) ausgehen. Dies gilt insb. bei Bauträgerverträgen. 2941

▶ Hinweis:

Steht das Zustandekommen des Vertrags bereits fest und soll die Aufspaltung lediglich aus Gründen räumlicher Entfernung vorgenommen werden, empfiehlt sich die Beurkundung eines »normalen« Kaufvertrags mit einem bevollmächtigten Vertreter, notfalls auch im Wege der Nachgenehmigung, sofern der abwesend bleibende Beteiligte vorab einen Entwurf erhalten hat und sich hierzu äußern konnte.[5137] **Steht das Zustandekommen des Vertrags noch unter einem definierbaren Vorbehalt** (z.B. Erteilung einer Baugenehmigung), bietet sich statt des Angebots (das der Angebotsempfänger auch aus anderen Gründen nicht annehmen könnte) der Abschluss eines **aufschiebend bedingten Kaufvertrags** an, Rdn. 2597 ff. (gem. § 14 Abs. 1 GrEStG entsteht nach herrschender Meinung die Grunderwerbsteuer auch hier [Rdn. 3437] erst bei Eintritt der aufschiebenden Bedingung; die Eigentumsvormerkung aus einem aufschiebend bedingten Vertrag ist insolvenzfest, was für eine lediglich auf das Angebot gestützte Vormerkung gem. § 106 Abs. 1 InsO noch nicht vollständig gesichert ist[5138]). Die für die Wirksamkeit noch ausstehende Bedingung kann auch als »Potestativ-Bedingung« in einem Willensentschluss des Käufers liegen (man spricht dann von einem Optionsvertrag i.S.e. aufschiebend bedingten Kaufvertrags, etwa in Gestalt eines Ankaufsrechts).[5139] 2942

Soll auch der Angebotsempfänger unabhängig von der Annahme des Angebots **bestimmte Verpflichtungen** eingehen (bspw. die Notarkosten des Angebots tragen bzw. die Löschung der Vormerkung bei Nichtannahme bewilligen), sind auch diese **Erklärungen beurkundungspflichtig**.[5140] Gleiches gilt, wenn er sich zur Zahlung eines »**Bindungsentgelts**«[5141] (möglicherweise in Anrechnung auf den künftigen Kaufpreis) verpflichtet (regelmäßig mit Vollstreckungsunterwerfung). Man spricht dann von einem »**Angebotsvertrag**« (Angebot in Gegenwart des Angebotsempfängers). 2943

5136 DNotZ 1999, 258; hierzu *Winkler* MittBayNot 1999, 16.
5137 Bei Verbraucher- und Serienverträgen beachte jedoch § 17 Abs. 2a Satz 2 BeurkG.
5138 Für das Gesamtvollstreckungsverfahren ist allerdings die Insolvenzfestigkeit der auf das Angebot gestützten Vormerkung bei Eröffnung des Verfahrens vor Annahme seit BGH ZNotP 2001, 482 entschieden; es dürfte für § 106 InsO nichts anderes gelten. Einer nachrangig eingetragenen Sicherungshypothek ggü. setzt sich die auf das Angebot gestützte Vormerkung durch, OLG Koblenz, 12.05.2010 – 1 U 758/09, NotBZ 2011, 56.
5139 Die Ausübung der Option ist gem. MünchKomm-BGB/*Kramer* vor § 145 Rn. 45, beurkundungsbedürftig; a.A. BGH LM § 433, 16 und BGH, NJW-RR 1996, 1167, wobei zur Nachweiserleichterung zumindest die Beglaubigungsform vereinbart werden sollte, vgl. *Hertel* in: Würzburger Notarhandbuch, Teil 2 Kap. 2 Rn. 740 mit weiteren Erläuterungen zum Ankaufsrecht.
5140 Bzgl. der Übernahme der Notar- und Gerichtsgebühren: OLG München MittBayNot 1991, 19.
5141 Dieses ist für einen Unternehmer umsatzsteuerpflichtig, BFH DStR 1997, 1645.

b) Gestaltungshinweise

2944 Vor der Fertigung des Entwurfs eines notariellen Vertragsangebots (»Antrag« i.S.d. § 145 BGB) sind folgende Weichenstellungen zu klären:

aa) Beteiligte

2945 **Verkäuferangebot oder Käuferangebot?** Maßgeblich ist, wer gebunden sein soll, ferner ob bereits eine Eigentumsvormerkung eingetragen werden muss (dann nur Verkäuferangebot) bzw. ob eine Vollstreckungsunterwerfung unabdingbar ist (dann Käuferangebot[5142] bzw. Verkäuferangebot, das nur bei Abgabe der Vollstreckungsunterwerfung annahmefähig ist).[5143] Das Verkäuferangebot kann i.V.m. den Vollzug vorwegnehmenden Handlungen (Besitzübergang) bereits als Veräußerung i.S.d. § 23 EStG bzw. i.S.d. Bestimmungen über den gewerblichen Grundstückshandel gelten.

2946 Die Position des Angebotsempfängers ist gem. §§ 413, 399 BGB dann nicht übertragbar, wenn die Leistung an einen anderen als den ersten Angebotsnehmer nicht ohne Veränderung des Inhalts erfolgen kann bzw. die Möglichkeit des Erwerbs mit Blick auf lediglich beim Angebotsnehmer vorhandene Merkmale (Nähebeziehung, Bonität etc.) eingeräumt wurde. Zur Vermeidung von Auslegungsschwierigkeiten empfiehlt es sich, die Frage der **Abtretbarkeit (sowie der Vererblichkeit)** – und damit auch der Pfändbarkeit[5144] – im Angebot ausdrücklich zu regeln (vgl. Rdn. 2966 zum Benennungsrecht bei gleichzeitiger Möglichkeit der Selbstannahme).

bb) Bindungsdauer

2947 Der Antrag auf Abschluss eines Vertrages (»Angebot«) ist gem. § 145 Halbs. 1 und 2 BGB ab seinem Zugang beim Angebotsempfänger grds. bindend. Für die Bindungsdauer stellt § 147 Abs. 2 BGB ggü. einem Abwesenden darauf ab, wann der Eingang der Antwort unter regelmäßigen Umständen zu erwarten ist; der Antragende kann jedoch auch gem. § 148 BGB eine Frist für die Annahme bestimmen. Demgemäß verweisen auch §§ 152 Satz 2, 151 Satz 2 BGB bei beurkundungsbedürftigen Annahmeerklärungen maßgeblich auf den Willen des Anbietenden.

2948 Dem Antragenden öffnet sich grds. (zu Einschränkungen vgl. Rdn. 2950 ff.) eine breite **Palette von Gestaltungen**: So kann das Angebot (1) von Anfang an bis zu seiner Annahme ausdrücklich einseitig widerruflich ausgestaltet sein.[5145] (2) Denkbar ist auch, den vorbehaltenen Widerruf (»Kündigung«) nicht sofort wirksam werden zu lassen, sondern erst nach Ablauf einer dadurch in Gang gesetzten »letzten Annahmechance« von z.B. 14 Tagen[5146] ab ihrem Zugang. (3) Des weiteren kann der Anbietende eine Endfrist setzen, mit deren Ablauf die Annahmefähigkeit (§ 148 BGB) seines Antrags erlischt. (4) Schließlich kann er eine Frist mit der Wirkung bestimmen, dass mit ihrem Ablauf, nicht die Annahmefähigkeit, sondern lediglich die davon entgegen § 146 BGB dann abweichende Bindungswirkung (§ 145 Halbs. 2 BGB) erlischt, sodass zur Beendigung der Annahmefähigkeit noch eine ab dann zulässige (sofort oder mit Zeitverzug wirkende) Kündigung des Verpflichteten notwendig ist.[5147]

5142 Es sei denn, § 185 BGB wird auf die vom Verkäufer für den Käufer erklärte Vollstreckungsunterwerfung entsprechend angewendet, so *Wolfsteiner* NJW 1971, 1140.

5143 Nach BayObLG JurBüro 1997, 157 beträgt der Gebührensatz für die Annahmeerklärung des Käufers gleichwohl nur 5/10, nicht 10/10! Diese Auffassung verstößt gegen § 44 Abs. 1 KostO und wird daher von der überwiegenden Praxis nicht geteilt (OLG Zweibrücken MittBayNot 1999, 584 m. Anm. Prüfungsabteilung der *Notarkasse*; OLG Schleswig DNotZ 1971, 119).

5144 Vgl. *Münch* FamRZ 2004, 1329, 1336 f.; *Reul* DNotZ 2010, 902, 906.

5145 Eine Vollmacht zur Abgabe einer Grundbuchbewilligung in einem Angebot, die unter der aufschiebenden Bedingung erteilt ist, dass das frei widerrufliche Angebot nicht vor der Annahme widerrufen wurde, erfordert dann den Nachweis dieser negativen Tatsache in der Form des § 29 GBO, vgl. KG, 21.10.2008 – 1 W 246, 247/08, RPfleger 2009, 147 sowie oben Rdn. 473.

5146 Fraglich ist, ob das zeitliche Hinauszögern der Widerrufswirkung auch dann eintreten kann, wenn ein wichtiger Grund für die sofortige Beendigung an das Angebot besteht, *Klühs* DNotZ 2011, 886, 888; OLG Düsseldorf DNotZ 1992, 49.

5147 Zu den Folgen für die Vormerkungsfähigkeit vgl. Rdn. 2979.

Die Verlängerung einer Annahmefähigkeitsfrist vor ihrem Ablauf ist **beurkundungspflichtig**,[5148] nicht dagegen die Erklärung der Kündigung selbst[5149] (vergleichbar §§ 456 Abs. 1 Satz 2, 464 Abs. 1 Satz 2, 1098 Abs. 1 Satz 1 BGB) oder umgekehrt die im Angebot[5150] bereits vorbehaltene Rücknahme einer solchen Kündigung vor Ablauf der dadurch eingetretenen Endbefristung des Angebots (»Widerruf des Widerrufs«).[5151]

2949

In Verträgen, die für den Fall ihres Zustandekommens der AGB-Kontrolle unterliegen (Verbraucher- oder Formularverträgen), ist ferner **§ 308 Nr. 1 BGB** zu beachten (Klauselkontrolle, wenn sich der Verwender unangemessen lange Fristen für die Annahme eines Angebots ausbedingt).[5152]

2950

Die Ermittlung der **max. möglichen Bindungsfrist** erfolgt nach Ansicht des BGH[5153] in drei Stufen:
– Feststellung der Frist, innerhalb derer die Antwort gem. § 147 Abs. 2 BGB unter regelmäßigen Umständen erwartet werden darf. Selbst wenn der Annahme eine Bonitätsprüfung vorauszugehen hat, sieht der BGH die Grenze bei etwa 4 Wochen,[5154] ggf. länger bei abzuklärenden Sonderwünschen etc. Bei Bauträgerverträgen dürfte nichts anderes gelten.[5155]
– Erhöhung um den längsten noch unwesentlichen zusätzlichen Zeitraum, etwa angesichts längerer Entscheidungswege beim Angebotsempfänger (Gemeinde);[5156]
– Abwägung der **schutzwürdigen Belange** des Verwenders und des Kunden (z.B. Klärung der Finanzierung,[5157] der Genehmigungsfähigkeit, der Durchführbarkeit von Sonderwünschen des Erwerbers, möglicherweise auch der Platzierbarkeit des Gesamtobjekts durch den Veräußerer[5158] etc.). Zur Sicherheit sollte allerdings dann die Bindungsfrist auf einen bestimmten Zeitraum nach Klärung des Umstandes, der als schutzwürdiger Belang zu werten ist, begrenzt sein. Auch die **Rollen der Beteiligten** können eine Differenzierung rechtfertigen: Bietet z.B. der Verbraucher einem Unternehmer an, letzterem ein unbebautes Grundstück zu verkaufen (Veräußerungskonstellation),[5159] ist eine längere Bindungsfrist für ihn weniger belastend als bei einem auf Erwerb eines Eigenheim-Bauträgerob-

2951

5148 Allerdings soll nach BGH NJW 2000, 805 kein Vermerk über die Inhaltsänderung bei einer bereits eingetragenen Vormerkung erforderlich sein.
5149 Auch dann nicht, wenn ein Bindungsentgelt vereinbart wurde, *Keim* MittBayNot 2005, 12.
5150 Nach *Ludwig* NotBZ 2004, 339 soll trotz der Bedingungsfeindlichkeit von Gestaltungserklärungen der die Annahmefähigkeit Beendende (»Kündigende«) auch ohne Vorbehalt im Angebot seine Kündigung mit einem solchen Vorbehalt des Widerrufs vor Ablauf der Frist ausstatten können, da schutzwürdige Interessen Dritter oder des Angebotsempfängers dadurch nicht berührt werden.
5151 Vgl. BGH, 26.03.2004 – V ZR 90/03, MittBayNot 2005, 34 m. Anm. *Keim*, S. 10: Die Kündigungsmöglichkeit und deren Widerruf wurden bereits im beurkundeten Angebot vorbehalten, damit sei der Schutzzweck der Beurkundung erfüllt.
5152 Die AGB-Kontrolle gilt auch für sog. Vertragsabschlussklauseln, die das Zustandekommen des Vertrages selbst betreffen, OLG Dresden, NotBZ 2004, 356 m. Anm. *Cremer/Wagner*, S. 331; vgl. auch DNotI-Gutachten Nr. 11462 v. 21.12.2006.
5153 NJW 1986, 1808; vgl. *Cremer/Wagner* NotBZ 2004, 331 ff.
5154 BGH, 11.06.2010 – V ZR 85/09, NotBZ 2010, 335 m. Anm. *Krauß* ; MittBayNot 2011, 49 m. Anm. *Kanzleiter*, ebenso OLG Brandenburg, 30.06.2005 – 5 U 118/03. Beim Lebensversicherungsantrag hält OLG Hamm VersR 1986, 82 6 Wochen für angemessen.
5155 BGH, 11.06.2010 – V ZR 85/09, NotBZ 2010, 335 m. Anm. *Krauß* (obiter); ebenso *Basty* Der Bauträgervertrag 6. Aufl. Rz. 172.
5156 *Klühs* DNotZ 2011, 886, 889; OLG Hamm BauR 1996, 243, 244.
5157 Als Folge der erweiterten vorvertraglichen Informationspflichten bei Verbraucherdarlehensverträgen (§ 491a BGB Rn. 15c, wird die Bearbeitungsdauer für Kreditanträge zunehmen, vgl. *Volmer* DNotZ 2010, 592.
5158 Vgl. *Gutachten* DNotI-Report 2007, 157. *Amann/Hertel* Aktuelle Probleme der notariellen Vertragsgestaltung (DAI-Skript 2005/2006) S. 73 halten bei Kapitalanlegern eine längere Frist (ca. 8 bis 10 Wochen) für angemessen als bei Selbstnutzern (ca. 4 bis 6 Wochen). Staudinger/*Coester-Waltjen* BGB § 308 Rn. 11 akzeptiert zur Erreichung der Mindestzahl verkaufter Objekte sogar mehrere Monate.
5159 Für den anbietenden Verbraucher bietet sich regelmäßig ohnehin keine andere Erfolg versprechende Verwertungschance als darauf zu vertrauen, der Unternehmer (Angebotsempfänger) werde durch seine Maßnahmen die Bebaubarkeit erreichen; aus Sicht des Unternehmers sind freilich die Vorlaufkosten – da lediglich auf dieses Objekt bezogen – verloren, wenn es nicht zur Annahme kommt. Anders beim Angebot des Unternehmers: seine Projektentwicklungskosten kann er auch bei Veräußerung an einen anderen Erwerber realisieren.

jekts gerichteten Ankaufsangebot des Verbrauchers an den Unternehmer.[5160] Schließlich kann auch die Entrichtung eines **Bindungsentgeltes** an den Verbraucher zu einer Verlängerung führen, oder die unmittelbare Erhöhung des Kaufpreises, sofern der Verbraucher sich weiter an den Vertrag gebunden hält (und dadurch z.B. der Käufer, als Unternehmer, Gelegenheit hat Wertsteigerungen des Objektes durch Beplanung und Weiterveräußerung zu realisieren).[5161]

2952 Überschreitet die vertraglich vereinbarte Bindung des Verbrauchers die höchstzulässige Frist, sodass die Vereinbarung über die Bindungsdauer wegen Verstoßes gegen § 308 Nr. 1 BGB unwirksam ist, tritt zur Schließung der Lücke an deren Stelle unmittelbar die Frist des § 147 Abs. 2 BGB, innerhalb welcher billigerweise eine Antwort erwartet werden könne (Übermittlung des Angebotes, Prüfungs- und Überlegungsfrist, Übermittlung der Annahme), d.h. im Regelfall nach der in vorstehender Rdn. wiedergegebenen Rechtsprechung des BGH eine Frist von 4 Wochen. Erfolgte die konkrete Annahme nach Ablauf der Frist, war das Angebot selbst nicht mehr annahmefähig, sodass in der scheinbaren Annahme ihrerseits ein neues Angebot liegt (§ 150 Abs. 1 BGB). Bloße Erfüllungs- und Vollzugshandlungen (z.B. die Zahlung des Kaufpreises, Abnahme des Objektes etc.) wertet der BGH nur dann als »Annahme« des neuerlichen Angebotes, wenn dem Verbraucher dabei bewusst war, dass für das Zustandekommen des Vertrages zumindest möglicherweise noch eine Erklärung erforderlich ist.[5162] Liegt eine solche »konkludente« Erklärung vor, und wurde die Auflassung wirksam erklärt (also durch beide Parteien, nicht etwa einseitig aufgrund einer im »Vertrag« erteilten Vollmacht), tritt durch die spätere Umschreibung Heilung der formunwirksamen Annahme ein.

2953 Liegt sie nicht vor und wird sie auch nicht nach Offenbarwerden der Rechtslage nachgeholt, kann trotz Umschreibung des Eigentums jeder Vertragspartner noch nach Jahr und Tag (§ 196 BGB!)[5163] die bereicherungsrechtliche Rückabwicklung verlangen (ein Schreckensszenario für die Initiatoren so manchen »wirtschaftlich gescheiterten« Immobilienanlageprojektes, jedenfalls wenn der damalige Verkäufer noch solvent ist! Einem Rückabwicklungsverlangen des Insolvenzverwalters aufseiten des früheren Unternehmer-Verkäufers wird umgekehrt der Verbraucher, wenn er am Geschäft festhalten will, durch nachträgliche Annahme des noch schwebenden[5164] neuerlichen Angebots, das in der vermeintlichen Annahme des Unternehmerverkäufers lag, begegnen können, bzw. es nur Zug um Zug [§ 320 BGB][5165] gegen Rückerstattung des Kaufpreises, obwohl nur einfache Insolvenzforderung, zu erfüllen haben). Ist der Vertrag noch nicht vollständig abgewickelt, bietet die Vormerkung zugunsten des Verbraucher-Käufers angesichts der Unwirksamkeit des Vertrages freilich keinen Schutz, etwa in der Insolvenz des Unternehmer-Verkäufers![5166]

2954 Ist im Angebot an den Ablauf der Frist allerdings nicht das Erlöschen, sondern die **Widerruflichkeit des Angebots** geknüpft, erscheint es indessen richtig, bei AGB-Widrigkeit der »überlangen« Frist lediglich die Bindungsfrist auf das nach § 147 Abs. 2 BGB zulässige Maß zu kürzen, die nicht gegen das Gesetz verstoßende Fortgeltung des Angebots nach Ablauf dieser Frist bis zu einem jetzt früher möglichen Widerruf allerdings aufrechtzuerhalten, sodass es bei Annahme vor Widerruf keiner Heilung bedarf.[5167] Dafür spricht, dass die ratio des § 308 Nr. 1 BGB, die Verhinderung

---

5160 *Gutachten* DNotI-Report 2008, 19 ff.: möglicherweise gar bis zu 9 Monate; ähnlich *Armbrüster* LMK 2010, 306668. Gegen eine Differenzierung im Hinblick auf den vom Verbraucher verfolgten Zweck (Eigennutzung und Kapitalanlage) *Herrler/Suttmann* DNotZ 2010, 883, 885.
5161 In diese Richtung z.B. *Herrler* DNotZ 2011, 273, 281.
5162 BGH, 11.06.2010 – V ZR 85/09, NotBZ 2010, 335 m. Anm. *Krauß*; anders zuvor *Cremer/Wagner* NotBZ 2004, 335.
5163 Für 30 Regelverjährung *Herrler/Suttmann* DNotZ 2010, 883, 900; fehlende Rechtskenntnis über den Anspruch hindere den Fristlauf nicht, da die Rechtslage nicht i.S.d. BGH NJW 1998, 2051 »völlig unklar und verwickelt« sei.
5164 Schutzwürdiges Vertrauen des Verbrauchers; andernfalls würde der Unternehmer entgegen § 306 Abs. 2 BGB von der Unwirksamkeit einer durch ihn gesetzten Klausel profitieren, vgl. *Herrler/Suttmann* DNotZ 2010, 883, 899 (Hilfsüberlegung: Treuwidrigkeit der Berufung auf die Verspätung der Annahme, vgl. *Suttmann* MittBayNot 2011, 299; gegen Letzteres *Kanzleiter* MittBayNot 2011, 53 und *Keseler* RNotZ 2010, 534).
5165 H.M., vgl. *Gottwald/Huber* Insolvenzrechts-Handbuch § 34 Rdn. 20, offengelassen in BGH NJW 2009, 1414 Tz. 9.
5166 *Keseler* RNotZ 2010, 534.
5167 Entgegen *Cremer/Wagner* NotBZ 2004, 337 dürfte diese »Teilfortwirkung« allerdings nur in Betracht kommen, wenn bereits im Angebot zwischen Annahmefähigkeit und Bindung differenziert wurde, ebenso *Gutachten* DNotI-Report

unangemessen langer *Bindung* sich auch auf diese Weise vermeiden lässt, das Modell dem Leitbild des § 177 Abs. 2 BGB nahekommt,[5168] und das Verbraucherschutzrecht auch sonst mit Widerrufserklärungen arbeitet (§§ 312, 312d, 495 BGB); dagegen könnte sprechen, dass der Verbraucher eben entgegen der Wertung des § 146 BGB aktiv werden muss, um einen nicht mehr gewünschten Vertragsschluss abzuwenden.[5169]

Es ist freilich nicht gesichert, ob der BGH dem folgen wird;[5170] das OLG Dresden ist der hier favorisierten Auffassung jedenfalls gefolgt.[5171] Zu überlegen ist, ob zur Anerkennung des Modells nach Ablauf einer Endbefristung von z.B. 6 oder 9 Monaten die Annahmefähigkeit des Angebotes auf jeden Fall, auch ohne Widerrufserklärung, erlöschen soll. Empfehlenswert ist jedenfalls, dem Verbraucher die Erklärung des (dann jedenfalls sofort wirkenden)[5172] Widerrufs so einfach und rechtssicher wie möglich zu gestalten: so sollte etwa § 152 BGB (Rdn. 2973) abbedungen werden (sodass es des Zugangs der Annahme beim anbietenden Verbraucher bedarf, um seine Widerrufsmöglichkeit zu beenden – die Gefahr sich kreuzender Erklärungen ist damit gebannt). Möglicherweise kann auch die Annahmefähigkeit zur Beurkundung bei einem bestimmten Notar beschränkt werden, der zugleich seitens des Angebotsempfängers für die Entgegennahme des Widerrufs bevollmächtigt ist (sodass er mit Zugang bei ihm bereits wirksam ist), bzw. es wird allein auf die rechtzeitige Absendung des Widerrufs abgestellt (ähnlich § 355 Abs. 1 Satz 2 Halbs. 2 BGB), sodass sich der Verbraucher vor Absendung des Widerrufs beim Notar verbindlich erkundigen kann, ob ein Widerruf (mangels Annahme) noch in Betracht kommt. 2955

▸ **Formulierungsvorschlag: Bindungsfrist und Widerruflichkeit des Angebots (Verbraucher- oder Formularvertrag)**

An dieses Angebot hält sich der Anbietende unwiderruflich bis zum Ablauf von 4 Wochen ab heute gebunden. Mit Ablauf dieser Frist erlischt zwar die Bindungswirkung, nicht aber das Angebot selbst. Der Anbietende kann es sodann jederzeit schriftlich gegenüber dem Angebotsempfänger widerrufen. Der amtierende Notar ist zugleich zum Empfang dieses Widerrufs bevollmächtigt. Zur Wirksamkeit der Annahme bedarf es (entgegen § 152 BGB) des Zugangs der Annahmeerklärung beim Anbietenden. Dem Anbietenden ist bewusst, dass er, um den Eintritt einer vertraglichen Bindung zu vermeiden, demnach den Widerruf selbst aktiv erklären muss, ferner, dass dieser Widerruf nicht mehr möglich ist, wenn ihm bereits die Annahmeerklärung des Angebotsempfängers zugegangen ist. 2956

Steht § 308 Nr. 1 BGB nicht im Raum, handelt es sich also beim nach Annahme zustande kommenden Vertrag nicht um einen Verbraucher- oder Serienvertrag, kann die Widerruflichkeit weniger stringent gestaltet werden, bspw. in Form eines Kündigungsrechtes mit Wirksamkeitsfrist: 2957

▸ **Formulierungsvorschlag: Bindungsfrist und Kündbarkeit des Angebots (ohne AGB-Kontrolle)**

An dieses Angebot hält sich der Anbietende unwiderruflich bis zum Ablauf von 4 Wochen ab heute gebunden. Mit Ablauf dieser Frist erlischt zwar die Bindungswirkung, nicht aber das Angebot selbst. Der Anbietende kann es sodann jederzeit unter Setzung einer Wirksamkeitsfrist von mindestens 10 Tagen gegenüber dem Angebotsempfänger schriftlich kündigen, die Kündigung vor Ablauf der gesetzten Frist wiederum schriftlich widerrufen. Zur Wirksamkeit der

---

2008, 20. Gänzlich gegen diesen Ansatz *Thode* ZNotP 2005, 165.

5168 Auch dort bedarf es einer Erklärung des »bedingt Gebundenen« (hier: Verbrauchers), für deren Zugang er auch die Beweislast trägt, er kann allerdings (anders als in der vorliegenden Konstellation) die Genehmigungsaufforderung sofort aussprechen, vgl. *Herrler/Suttmann* DNotZ 2010, 883, 894.

5169 So *Thode* ZNotP 2005, 162, 164 f.

5170 Im Urt. v. 11.06.2010 – V ZR 85/09, NotBZ 2010, 335 m. Anm. *Krauß* spricht er davon, das Angebot sei nach Ablauf der hilfsweise geltenden Annahmefrist des § 147 Abs. 2 BGB schlicht »nicht mehr existent«. Allerdings war die Differenzierung nicht entscheidungsrelevant. Ausführlich (und zur Zulässigkeit neigend) *Gutachten* DNotI-Report 2010, 181 ff. und *Herrler/Suttmann* DNotZ 2010, 883, 892 ff.

5171 IOLG Dresden, 20.12.2011 – 14 U 1259/11; hierzu *Walter* NotBZ 2012, 81 ff.

5172 Vgl. *Gutachten* DNotI-Report 2010, 181, 184; großzügiger dagegen *Herrler/Suttmann* DNotZ 2010, 883, 894 im Hinblick auf das Modell des § 177 Abs. 2 BGB.

Annahme ist lediglich erforderlich, dass die Annahmeerklärung vor Ablauf der Annahmefrist vor einem Notar abgegeben wird, nicht dagegen der Zugang der Annahmeerklärung an den Verkäufer innerhalb der Frist (§ 152 BGB). Voraussetzung der Wirksamkeit der Annahme ist jedoch, dass dem die Annahme beurkundenden Notar keine Weisungen erteilt werden, die zum Ziel haben, den Zugang der Annahmeerklärung beim Anbietenden zu verzögern.

Dem Anbietenden ist bewusst, dass er, um den Eintritt einer vertraglichen Bindung zu vermeiden, demnach die Kündigung selbst aktiv erklären muss, ferner, dass diese Kündigung wirkungslos ist, wenn bereits die Annahmeerklärung des Angebotsempfängers beurkundet wurde (auch wenn er davon noch keine Kenntnis hat), bzw. wirkungslos wird, wenn der Angebotsempfänger die Annahme während des Laufs der gesetzten Frist für die Wirksamkeit der Kündigung erklärt.

2958 Dieselben Grundsätze zur Begrenzung überlanger Bindungsdauer gelten, wenn anstelle eines den Verbraucher bindenden Angebots ein **Optionsvertrag** (Rdn. 2982 ff.) geschlossen wird, und dabei dem Unternehmer eine unangemessen lange Frist zur Ausübung der Potestativbedingung eingeräumt ist.[5173] Ggü. der Angebots-/Annahmevariante ist sie allerdings mit dem Nachteil behaftet, dass eine »Aufrechterhaltung dem Grunde nach« (durch Beendigung lediglich der Bindungswirkung, nicht aber der Annahmefähigkeit mit Ablauf der maximal zulässigen Frist) als »Auffanglösung« nicht möglich ist.[5174] Wohl wird allerdings der BGH voraussichtlich die überlang bindende Schwebephase einer aufschiebenden Bedingung analog § 147 Abs. 2 BGB auf das angemessene Maß reduzieren[5175] (wohl mit der Folge, dass nach Ablauf dieses Zeitraums die aufschiebende Bedingung nicht mehr eintreten kann).

▶ Hinweis:

2959 Alternativ ist an einen Vertragsschluss mit **Rücktrittsrecht** beim Eintritt bestimmter Umstände[5176] zu denken, dessen Zulässigkeit dann lediglich an **§ 308 Nr. 3 BGB** (sachlich gerechtfertigter Grund) zu messen ist.[5177] Es verschiebt den Zwang zur Aktivität auf den Käufer und beschränkt die Risiken für das endgültige Zustandekommen des Vertrages auf eng umgrenzte, im Vorhinein bekannte, und sachlich gerechtfertigte Tatbestände. Vorsorglich kann ergänzend dem Verbraucher ein Rücktrittsrecht eingeräumt werden, wenn der Umstand, der zum Erlöschen des Rücktrittsrechts des Unternehmers führt (z.B. die Vorvermarktung[5178]) nicht binnen 4 Wochen eingetreten ist; ferner sollte ein Endtermin vereinbart sein, an dem die Rücktrittsmöglichkeit endgültig entfällt. Hierzu

▶ Formulierungsvorschlag: Rücktrittsrecht bei fehlender Vorvermarktung im Bauträgervertrag (anstelle von Käuferangeboten)

2960 Der Verkäufer hat dem Käufer erläutert, dass der Verkäufer aufgrund der Maßgaben der die Baumaßnahme finanzierenden Bank und der Vorgaben seiner Gesellschafter eine Mindestvorvermarktung in Höhe von ..... % des Verkaufsvolumens sicherstellen muss, bevor er mit dem Bau des Projektes beginnen darf. Der Käufer erklärt sich aufgrund der erheblichen Investitionen damit einverstanden.

5173 *Schmidt* in: Ulmer/Brandner/Hansen, § 308 Nr. 1 BGB Rn. 4.
5174 In *Gutachten* DNotI-Report 2008, 21 wird auf die Hilfslösung hingewiesen, dem Verbraucher gegen Optionsausübungen nach der gerade noch angemessenen Frist ein Widerspruchsrecht einzuräumen.
5175 In diese Richtung wohl BGH, 08.12.2010 – VIII ZR 343/09, DNotZ 2001, 273 Tz 21 obiter (»ob eine zu lange Schwebezeit den Kunden unangemessen in seiner Dispositionsfreiheit benachteiligt und wegen Verstoßes gegen § 308 Nr. 1 BGB unwirksam ist, bedarf hier keiner Entscheidung, denn der Kläger erstrebt keine Verkürzung der Schwebezeit ...«).
5176 Z.B. nicht ausreichendem »Abverkauf« von Objekten. Bei einem Linienflug wäre ein solcher Rücktrittsvorbehalt nicht gerechtfertigt (BGHZ 86, 284), wohl aber bei einer Studienreise (Staudinger/*Coester-Waltjen* BGB § 308 Rn. 15).
5177 Vgl. *Gutachten* DNotI-Report 2007, 157, 159 f. Kritisch zur Differenzierung zwischen § 308 Nr. 1 und Nr. 3 BGB allerdings *Herrler/Suttmann* DNotZ 2010, 883, 886.
5178 Vom BGH in BGH, 08.12.2010 – VIII ZR 343/09, MittBayNot 2011, 295 nicht beanstandet (allerdings in einem Fall, in dem es um eine Kapitalanlage ging und der AGB-Verwender der Käufer war); zum Meinungsstand in der Literatur vgl. *Gutachten* DNotI-Report 2007, 157, 159 f.

Für den Fall, dass der Verkäufer dem Käufer nicht innerhalb von 4 Wochen seit dem heutigen Tag der Beurkundung mitgeteilt hat, dass der Verkaufsstand den Beginn der Bauarbeiten ermöglicht, steht Verkäufer und Käufer jeweils das Recht zu, von dem Kaufvertrag zurückzutreten.

Der Rücktritt ist nur wirksam, wenn er der anderen Vertragspartei bis zum Ablauf von 4 Monaten ab heute zugeht. Dem Notar ist unverzüglich von der zurücktretenden Partei eine Kopie der Erklärung zu überreichen.

Das noch nicht ausgeübte Rücktrittsrecht des Verkäufers und des Käufers erlischt mit der Mitteilung des Verkäufers, dass der Verkaufsstand den Beginn der Bauarbeiten ermöglicht oder mit einem ausdrücklichen Verzicht des Verkäufers auf sein Rücktrittsrecht.

Der Verkäufer versichert, dass er den Käufer und den Notar unverzüglich über die Erfüllung der Vorvermarktungsquote im obigen Sinne informieren wird. Der Verkäufer ist jederzeit berechtigt, auf das vorstehende Rücktrittsrecht durch schriftliche Erklärung gegenüber dem Käufer zu verzichten; der Käufer nimmt diesen Verzicht bereits jetzt an.

Im Falle des Rücktritts trägt der Verkäufer die Kosten des Vertrages und seiner Rückabwicklung bei Notar und Grundbuchamt, im übrigen sind wechselseitige Ansprüche ausgeschlossen, soweit sie nicht auf Vorsatz, Arglist, Garantie oder grober Fahrlässigkeit beruhen. Dem Käufer ist bewusst, dass etwaige Nachteile, die sich für ihn aus dem Abschluss von Kreditverträgen vor Erlöschen des Rücktrittrechts ergeben, damit regelmäßig nicht erstattungsfähig sind.

Ein – je nach dem Verhalten des Verbrauchers – längerer Schwebezustand des Vertrages lässt sich ferner über **§ 177 Abs. 2 BGB** erreichen: der Verbraucher schließt den Vertrag vorbehaltlich nachträglicher Genehmigung durch den Unternehmer (Muster in Rdn. 509), also (noch) schwebend unwirksam. Solange der Verbraucher den Unternehmer nicht zur Nachgenehmigung gem. § 177 Abs. 2 BGB auffordert Rdn. 511 (was allerdings jederzeit, aus Sicht des Unternehmers also möglicherweise »zur Unzeit« erfolgen kann), mag dieser Schwebezustand unbegrenzt lange anhalten.[5179] Die Aufforderung setzt allerdings dann eine letzte Frist von 2 Wochen für den Unternehmer in Gang, binnen derer er sich verbindlich entscheiden muss; eine bereits im Vorhinein vereinbarte Verlängerung dieser Frist (naturgemäß auf Betreiben des Unternehmers) dürfte analog § 308 Nr. 1 BGB unwirksam sein,[5180] sofern keine rechtfertigenden Umstände i.S.d. Rdn. 2951 vorliegen. 2961

Auch **außerhalb einer Klauselkontrolle** sind der »**unendlichen Annahmefähigkeit**« eines Angebotes Grenzen gesetzt, und zwar nicht gem. § 134 BGB (mit Ausnahme von § 516 Abs. 2 Satz 1 BGB), sondern gem. § 138 BGB. Während das RG noch unbefristete Angebotsbindungen stets als sittenwidrig einstufte, da sie es dem Angebotsempfänger erlaubten, auf Kosten des Anbietenden zu spekulieren,[5181] sieht der BGH diese Grenze nur beim Hinzutreten weiterer Umstände überschritten (Ausnutzung einer Monopolstellung bzw. der geschäftlichen Unerfahrenheit des Anbietenden).[5182] Auch bei Fehlen solcher Umstände empfiehlt die Literatur eine Orientierung an der 30-Jahres-Frist des § 462 Satz 1 BGB;[5183] ferner am Rechtsgedanken des § 314 BGB, der ein außerordentliches Kündigungsrecht dann gewähre, wenn der Anbietende – hätte er die später eintretende Änderung der Umstände rechtzeitig erkannt – sein Angebot so nicht abgegeben hätte, und dies auch dem Angebotsempfänger deutlich wird.[5184] Daneben treten, etwa bei Beteiligung von Gemeinden, öffentlich-rechtliche Beschränkungen gem. § 11 Abs. 2 BauGB (vergleichbar der Begrenzung von Wiederkaufsfristen bei Einheimischenmodellen, Rdn. 2473). 2962

5179 *Gutachten* DNotI-Report 2010, 360, 361; *Herrler/Suttmann* DNotZ 2010, 883, 892.
5180 *Albrecht* in: DAI Skript, Aktuelle Probleme der notariellen Vertragsgestaltung im Immobilienrecht 2010/2011, S. 66.
5181 RGZ 81, 134, 138.
5182 BGHZ 22, 347, 352 ff.; *Casper* Der Optionsvertrag, S. 141.
5183 *Casper* (vorangehende Fn.) S. 142; *Klühs* DNotZ 2011, 886, 894.
5184 OLG Düsseldorf NJW-RR 1991, 311, 312; MünchKomm-BGB/*Kramer* § 145 Rn. 20.

cc) Teilannahme?

2963 Hinsichtlich des Umfangs der möglichen Annahme sind folgende Fragen klärungsbedürftig:
- Soll eine **Annahme nur im Ganzen** (wie i.d.R.) oder auch bzgl. Teilen (Teilflächen) möglich sein?
- Kann der Angebotsempfänger den angenommenen Teil frei bestimmen oder steht ihm lediglich die Wahl zwischen bestimmten, definierten Alternativen offen?
- Muss im Fall des Bestimmungsrechts des Käufers eine bestimmte Mindestschwelle hinsichtlich des Vertragsobjekts überschritten sein?
- Bleibt das Angebot i.Ü. noch annahmefähig bestehen?

2964 Soll eine Annahme auch bzgl. Teilflächen bei Überschreitung einer Mindesteinzelgröße möglich sein, der Angebotsempfänger jedoch berechtigt, den Zuschnitt der Erwerbsfläche selbst zu bestimmen (auf die Gefahr hin, dass der im Eigentum verbleibende Torso damit ungeeignete Außengrenzen aufweist), könnte formuliert werden:

▶ Formulierungsvorschlag: Annahme bzgl. Teilflächen möglich

2965 Das Angebot wird weiterhin mit der Maßgabe unterbreitet, dass es bzgl. des genannten Grundbesitzes im Ganzen oder bzgl. Teilflächen, die jedoch einzeln mindestens ..... m² umfassen müssen, angenommen werden kann. Die Bestimmung der jeweils zu erwerbenden Fläche sowie die grundbuchmäßige Bezeichnung des jeweiligen Vertragsgegenstandes, über welchen der in der Anlage niedergelegte Kaufvertrag zustande kommt, obliegt dem Käufer i.R.d. Annahmeurkunde. Er wird hierzu seitens des Verkäufers umfassend bevollmächtigt und beauftragt. Vorgegebene Parzellengrenzen werden also ausdrücklich nicht vereinbart. Soweit aufgrund einer Teilannahme ein Kaufvertrag über eine Teilfläche zustande gekommen ist, besteht das Angebot i.R.d. Annahmefrist bzgl. der verbleibenden Restfläche unverändert fort. Hinsichtlich jeder Teilfläche kommt ein eigener Kaufvertrag zustande, der unabhängig von Bestand oder Vollzug der anderen Kaufverträge abzuwickeln ist.

dd) Benennungsrecht

2966 Soll das Angebot nur vom Angebotsempfänger oder auch bzw. nur von durch ihn **benannten Dritten** angenommen werden können?
- Hinsichtlich der **zivilrechtlichen Konstruktion** ist zu unterscheiden:[5185] Ist der Angebotsempfänger auch zur eigenen Annahme berechtigt, also das **Selbsteintrittsrecht** des Benennungsberechtigten nicht ausgeschlossen, ist der Benennungsvorbehalt mit einer Absprache über die Abtretbarkeit der aus dem Angebot erwachsenden Rechte gleichzusetzen.[5186] Die Abtretung selbst bedarf materiell-rechtlich keiner Form, grundbuchrechtlich des Nachweises des § 29 GBO (zur Abtretung der Vormerkung s. Rdn. 939). Kann der Benennungsberechtigte jedoch nicht selbst annehmen, liegt mangels Angebotsempfängers noch kein wirksames Angebot vor,[5187] vielmehr haben Anbietender und Benennungsberechtigter einen **(beurkundungsbedürftigen) Vorvertrag** geschlossen, wonach sich der Anbietende zur Veräußerung an den später Benannten zu den im Angebot niedergelegten Bestimmungen verpflichtet und der Benennungsberechtigte bevollmächtigt wird, das Angebot um die Person des letztendlichen Angebotsempfängers zu vervollständigen. Auch die Benennung ist in diesem Fall selbst beurkundungspflichtig.[5188] Durch

---

[5185] Vgl. insgesamt *Gutachten* DNotI-Report 1997, 112; *Hertel* in: Lambert-Lang/Tropf/Frenz, Handbuch der Grundstückspraxis, S. 185 f.

[5186] Dann liegt Pfändbarkeit der aus dem Angebot erwachsenden Position vor, vgl. RGZ 111, 47. Anderenfalls ist diese Position dem Gläubigerzugriff entzogen, vgl. Staudinger/*Bork* BGB § 145 Rn. 35 m.w.N. (in der Annahme liegt nicht die Ausübung eines Gestaltungsrechtes); allerdings ist der durch Annahme bedingte künftige Übereignungsanspruch pfändbar, was zur Vermeidung gutgläubigen Erwerbs (§ 135 Abs. 2 BGB) bei der Vormerkung vermerkt werden kann bzw. den Pfändungsgläubiger berechtigt, durch einstweilige Verfügung eine Vormerkung samt Pfändungsvermerk zu erzwingen (Staudinger/*Gursky* BGB § 885 Rn. 31 m.w.N.). Dies bewirkt eine faktische Verfügungserschwernis bis zum endgültigen Verzicht auf die Annahme bzw. zum Fristablauf.

[5187] OLG Karlsruhe DNotZ 1988, 694 m. abl. Anm. *Ludwig*.

[5188] A.A. *Bach* MittRhNotK 1984, 162: Ausübung eines Bestimmungsrechts nach § 315 BGB.

Vormerkung kann nicht nur das Angebot mit Eigenannahmemöglichkeit gesichert werden, sondern auch der Anspruch des Benennungsberechtigten aus dem Vorvertrag gem. § 335 BGB;[5189] auch letztere Vormerkung ist für den Fall erst späterer Benennung und Annahme insolvenzfest, wobei jedoch lediglich der Benennungsberechtigte (Inhaber der Vormerkung) den Anspruch auf Zustimmung zur Übereignung (bzw. i.R.d. § 888 BGB Löschung) hat[5190] (vgl. im Einzelnen Rdn. 937 ff, auch zur Besicherung des Benannten selbst nach Benennung). Will der Benennungsinteressierte im Verhältnis zum Angebotsempfänger schon zuvor abgesichert sein, müsste er sich dessen Recht auf Benennung, sofern kein Abtretungsausschluss besteht, abtreten lassen (§§ 398, 413 BGB).

— Auch wenn zivilrechtlich kein Durchgangserwerb erfolgt, wird **grunderwerbsteuerlich** sowohl die Ausübung des Benennungsrechts (vergleichbar der »Abtretung der Rechte aus einem Kaufangebot« i.S.d. § 1 Abs. 1 Nr. 6, Nr. 7 GrEStG) als auch der zustande kommende Kaufvertrag selbst besteuert. Die Besteuerung der Benennungsausübung (gleich ob mit oder ohne Selbsteintrittsrecht) entfällt nur, wenn der Benennende nachweist, dass er ausschließlich im Interesse des Grundstücksveräußerers oder des Erwerbers gehandelt habe, also keine eigenen wirtschaftlichen Interessen verfolge (vgl. Rdn. 3443). 2967

Ein solches Benennungsrecht könnte etwa im »Urkundsmantel« des Angebots wie folgt formuliert sein: 2968

▶ Formulierungsvorschlag: Benennungsrecht des Angebotsempfängers

> Dieses Angebot kann vom Angebotsempfänger selbst und/oder von dritten Personen, die vom Angebotsempfänger persönlich – das Recht zur Benennung oder Annahme geht nicht auf die Erben des Angebotsempfängers über – in der Annahmeurkunde benannt werden (»Käufer«), angenommen werden. Diese benannten Dritten können als Alleineigentümer oder auch als Miteigentümer nach Bruchteilen oder als Gesamthandseigentümer erwerben. (*Anm.:* Ggf: Benennung und Annahme sind nur wirksam, wenn der Angebotsempfänger für die Kaufpreisschuld des Benannten die selbstschuldnerische Bürgschaft übernimmt.)
>
> Der Angebotsempfänger kann die nachstehend erteilte Vollmacht zur Erklärung der Auflassung und Bewilligung einer Eigentumsvormerkung in vollem Umfang auf den oder die benannten, annehmenden Käufer übertragen (Untervollmacht).

ee) Abwicklung

Zu welchen **Rechtshandlungen soll der Angebotsempfänger** (bzw. der benannte Dritte) **bereits vor Annahme berechtigt sein**? Zu welchen Rechtshandlungen ist er mit der Annahme berechtigt (regelmäßig zählt hierzu auch die Vollmacht zur Erklärung der Auflassung, da diese nicht in Angebot und Annahme aufgespalten werden kann, allerdings unter Beachtung der Vollzugssperre bis zum Nachweis der Kaufpreiszahlung)? 2969

Übernimmt der Angebots- oder der Annahmenotar den Vollzug des nach Annahme zustande kommenden Kaufvertrags? Welche Vollzugstätigkeiten (z.B. Einholung der GVO-Genehmigung) sollen bereits vor Annahme stattfinden? Häufig dient die Aufspaltung in Angebot und Annahme dazu, die einheitliche Vertragsabwicklung bei einem »zentralen Notar«, bei dem durch den Verkäufer die Annahmen erfolgen, sicherzustellen (Rdn. 2976). Sonst erscheint es sachgerecht, den Vollzug in die Hände des die Auflassung protokollierenden Notars zu legen. 2970

ff) Beurkundungstechnik

Beurkundungstechnisch wird regelmäßig der Angebotsteil von dem Text des nach Annahme zustande kommenden Kaufvertrags (als Anlage gem. § 9 Abs. 1 Satz 2 BeurkG) getrennt. Die Anlage 2971

5189 BGH, 10.10.2008 – V ZR 137/07, ZfIR 2009, 244 m. Anm. *Assmann*; BGH DNotZ 1983, 484.
5190 BGH, 10.10.2008 – V ZR 137/07, ZfIR 2009, 244 m. Anm. *Assmann*.

muss dann die Vereinbarungen des künftigen Kaufvertrags so vollständig enthalten, dass zur Annahme nur noch ein »ja« nötig wäre.[5191]

Weiterhin ist es möglich, insb. bei langfristigen Angeboten, die Bemessung des Kaufpreises einem Schiedsgutachter[5192] oder der billigen Bestimmung durch einen Beteiligten gem. §§ 315 ff. BGB zu überantworten bzw. durch (bereits vor der Gesetzesänderung genehmigungsfreie)[5193] **Wertsicherungsklausel** einen Inflationsausgleich[5194] sicherzustellen. Soweit im Text des angebotenen Kaufvertrags auf den »**heutigen Tag**« abgestellt wird (etwa zur Abgrenzung der Erschließungslasten nach dem Zugang von Bescheiden), ist klarzustellen, ob damit (wie i.d.R. sachgerecht) der Tag des Angebots oder aber der Tag der Annahme gemeint ist.

gg) Annahmeerklärung

2972 Dem Annehmenden muss eine **Ausfertigung** des Angebots (§ 47 BeurkG, sodass elektronische Dokumenterrichtigung nicht genügt)[5195] zugegangen sein, worauf er jedoch in der Annahme verzichten können soll.[5196] Die Ausfertigung muss bei der Annahme selbst nicht vorliegen. Eine förmliche Verweisung auf das Angebot i.S.d. § 13a BeurkG ist nur erforderlich, wenn in diesem Erklärungen des Annehmenden enthalten sind, die er sich durch Verweisung zu eigen machen oder gem. § 185 BGB genehmigen muss, sofern sie nicht neu abgegeben werden (Vollmachten, Bewilligungen, Vollstreckungsunterwerfungen.[5197] Anderenfalls genügt die genaue Identifizierung des Angebots (regelmäßig durch Angabe der Urkundsnummer).

2973 Gem. § 152 BGB kommt der Vertrag mit der Beurkundung der Annahme zustande, nicht erst mit deren Zugang beim Anbietenden. Da § 152 BGB jedoch durch Vereinbarung einer Annahmefrist stillschweigend abbedungen wird,[5198] empfiehlt sich eine ausdrückliche Regelung hierzu.[5199] Bleibt § 152 BGB aufrechterhalten, sollte allerdings vorsichtigerweise dagegen Vorsorge getroffen werden, dass keine den baldigen Zugang vereitelnde Maßnahmen ergriffen werden können:

▶ Formulierungsvorschlag: Sicherstellung baldigen Zugangs der Annahme

> Voraussetzung der Wirksamkeit der Annahme ist jedoch weiterhin, dass dem die Annahme beurkundenden Notar keine Weisungen erteilt werden, die zum Ziel haben, den Zugang der Annahmeerklärung beim Anbietenden zu verzögern.

2974 Auch wenn zur Annahme lediglich ein »ja« genügen würde (Rdn. 2971), sollten Vollmachten und andere **einseitige Erklärungen**, z.B. Anträge, Bewilligungen und Vollstreckungsunterwerfungen (Rdn. 2975), die im angebotenen Text im Namen des Annehmenden abgegeben wurden, aus Grün-

---

5191 Erfolgt die Annahme eines vor dem 31.12.2001 abgegebenen Angebots nach Inkrafttreten der Schuldrechtsreform, wird der Vertrag gleichwohl noch altem Recht unterliegen, vgl. *Heß* NJW 2002, 255.
5192 Hierauf wendet die Rspr. § 319 BGB analog an: BGH WM 1984, 64.
5193 Es geht um die Bestimmung der Höhe einer aufschiebend bedingten Forderung zum Zeitpunkt ihrer Entstehung, sodass kein Genehmigungserfordernis nach § 3 WährG bestand (*v. Oertzen* ZEV 1994, 160) und auch nach § 2 Preisangaben- und PreisklauselG nicht besteht (*Gutachten* DNotI-Report 2003, 105).
5194 Bei längeren Zeiträumen zwischen Angebot und Annahme bzw. Einräumung und Ausübung eines Ankaufsrechtes ist aber zu bedenken, dass die Entwicklung der allgemeinen Grundstückspreise bzw. des konkreten Grundstückswertes und die Inflationsrate nach gewichtetem Warenkorb (Verbraucherpreisindex) i.d.R. erheblich differieren.
5195 *Winkler* BeurkG § 39a Rn. 8, 14.
5196 OLG Dresden ZNotP 1999, 394; zweifelhaft, weil § 152 BGB den § 151 Satz 1 BGB nicht für anwendbar erklärt. Ähnlich großzügig BGH DNotZ 1996, 967: Formloser Vertrag über den Verzicht auf den Zugang der Ausfertigung, der durch Übersendung der beurkundeten Annahmeerklärung und deren rügeloses Entgegennehmen zustande kommen soll. Zur möglichen Vereinbarung einer Zugangserleichterung bei Übersendung eines Schuldanerkenntnisses an den Gläubiger in Kopie anstelle einer Ausfertigung OLG Koblenz NotBZ 2005, 369.
5197 Vgl. *Winkler* BeurkG § 13a Rn. 27.
5198 BGH NJW-RR 1989, 199.
5199 Der Verzicht auf den Zugang gem. § 151 BGB ist auch möglich, wenn (wie etwa gem. § 4 Abs. 1 VerbrKrG) gesetzliches Schriftformerfordernis besteht: BGH, 27.04.2004 – XI ZR 49/03, DNotZ 2004, 789.

den der Vorsicht[5200] vom Annehmenden wiederholt oder aber durch Verweisung auf das Angebot gem. § 13a BeurkG zum Inhalt seiner Erklärung erhoben werden[5201] (schuldrechtlich ist der Annehmende infolge des zustande gekommenen Kaufvertrags zu deren Abgabe ohnehin verpflichtet).[5202]

Wird in einem Verkäuferangebot die **Vollstreckungsunterwerfung** des Käufers wegen der Kaufpreisschuld mit in den Anlagentext aufgenommen, enthält die bloße »Annahme« durch den Käufer selbst keine Unterwerfungserklärung,[5203] allenfalls könnte er (stillschweigend) die vom Verkäufer mit Wirkung für den Käufer, jedoch im eigenen Namen abgegebene Erklärung gem. § 185 BGB genehmigen (str., § 180 Satz 1 BGB gilt wohl nicht, vgl. Rdn. 1280).[5204] Auch die Abgabe der Vollstreckungsunterwerfung in der Annahme unter abstrakter beurkundungsrechtlicher Verweisung auf die Angebotsurkunde unter Verzicht auf deren Beifügung (§ 13a Abs. 2 BeurkG) dürfte dem Bestimmtheitsgebot des Vollstreckungsrechts (Wiedergabe des Anspruchs im Titel selbst) nicht genügen.[5205] Die Vollstreckungsunterwerfung in der Annahme führt allerdings zur Erhebung einer 10/10 Gebühr![5206] Eine vollstreckbare Ausfertigung der Annahmeurkunde kann sich der Verkäufer nur erteilen lassen, wenn er im Besitz einer einfachen Ausfertigung ist oder auf eine solche Ausfertigung wenigstens einen Anspruch gem. § 51 Abs. 1 Nr. 1 BeurkG hat, weil in der Annahme auch Erklärungen in seinem Namen (etwa die Auflassung) abgegeben wurden.[5207]

2975

Der die Annahme beurkundende Notar hat zur Wahrung seiner Belehrungs- und Gestaltungspflicht gem. § 17 Abs. 1 BeurkG das Angebot inhaltlich dahingehend zu prüfen, ob und ggf. welche Fristen und sonstigen Bedingungen der Annahmefähigkeit (z.B.: Erfordernis einer Zwangsvollstreckungsunterwerfung des annehmenden Käufers) darin enthalten sind. Liegt ihm das Angebot nicht vor, sollte er darauf hinweisen, dass der beabsichtigte Vertragsschluss bei Nichteinhaltung solcher Annahmebedingungen scheitern kann:[5208]

2976

▶ Formulierungsvorschlag: Risikohinweis bei fehlendem Angebotstext

Bei Beurkundung der Annahme lag dem Notar der Text des Angebotes nicht (bzw. nicht in verlässlicher Form) vor. Der Notar wies darauf hin, dass sich aus dem Angebot – über die uneingeschränkte und unbedingte Annahme hinaus – Bedingungen für die Wirksamkeit der Annahme ergeben können, etwa die Abgabe weiterer Erklärungen, Vollstreckungsunterwerfungen etc. Werden solche weitere Bedingungen nicht eingehalten, kann der beabsichtigte Vertragsschluss scheitern. Der Erschienene wünscht dennoch die sofortige Beurkundung der Annahme in dieser Form.

2977

Ist er zugleich »**Zentralnotar**«, der die Abwicklung der zustande kommenden Kaufverträge überwacht (und typischerweise auch den Entwurf der Angebotstexte gefertigt hat), obliegen ihm auch

2978

5200 Nach der sehr großzügigen und möglicherweise nicht belastbaren Auffassung des OLG Celle NotBZ 2005, 338 genügt die bloße Annahme, da darin die konkludente Bestätigung einseitiger Erklärungen liege. Ob für die Vollstreckungsunterwerfung etwas anderes gilt (so OLG Dresden NotBZ 1999, 180) lässt das OLG Celle offen. Verfahrensrechtliche Erklärungen sind wohl ebenfalls gem. § 185 BGB konkludent genehmigt, *Schöner/Stöber* Grundbuchrecht Rn. 903a; a.A. LG Wuppertal MittRhNotK 1983, 14.

5201 Str. wegen der unklaren Reichweite des § 128 BGB (»Vertrag«), vgl. *Langenfeld* in: Münchener Vertragshandbuch Bd. I, 144.

5202 OLG Köln NJW-RR 1996, 1236; Leitsatzkorrektur in NJW-RR 1997, 336.

5203 *Wolfsteiner* Die vollstreckbare Urkunde Rn. 11.32; gegen die schlichte Annahmefähigkeit eines »Angebotes auf Abschluss eines Unterwerfungsvertrags« auch BayObLG DNotZ 1987, 177. A.A. jedoch (da Prozesshandlungen insoweit Willenserklärungen gleichgestellt seien) *Armasow* RNotZ 2006, 464.

5204 Dagegen: KG DNotZ 1988, 238. Für die Zulässigkeit einer Ermächtigung bzw. Genehmigung nach § 185 BGB (verfügungsähnlicher Charakter) jedoch PWW/*Frensch* § 185 BGB Rn. 5 und wohl auch BGH, 09.02.2006 – V ZB 152/05, NotBZ 2006, 200, der von einer Genehmigung gem. § 185 Abs. 2 BGB spricht – wohl nicht der Genehmigung des Prozesshandelns i.S.d. § 89 Abs. 1 ZPO; dagegen *Opalka* NJW 1991, 1796.

5205 *Schöner/Stöber* Grundbuchrecht Rn. 2652 a.E.

5206 Vgl. Streifzug durch die Kostenordnung, Rdn. 2606; a.A. (5/10) BayObLG DNotZ 1996, 396 m. abl. Anm. *Bengel*, S. 361.

5207 Will der Verkäufer also absolut sichergehen, müsste er im Angebot die Wirksamkeit der Annahme (entgegen allgemeiner Praxis, vgl. § 152 BGB) an den Zugang einer Ausfertigung derselben bei ihm knüpfen.

5208 Es sei denn, ein vom Angebotsnotar gefertigter Annahmeentwurf wird durch den Annehmenden »mitgebracht«, und der Annahmenotar hat keinen Anlass, an dessen Korrektheit zu zweifeln: BGH, 08.12.2011 – III ZR 225/10, ZNotP 2012, 70.

hh) Vormerkung, Auflassung

2979 Sofern der Verkäufer (sei es auch nur für eine bestimmte Zeit) gebunden ist, kann und sollte der durch Annahme (und Erfüllung seiner Verpflichtungen) mehrfach bedingte künftige Eigentumsverschaffungsanspruch des Käufers durch eine **Vormerkung** gesichert werden, auch zum Schutz in der Insolvenz des Verkäufers – selbst wenn die Annahme nur bei Eintritt bestimmter Voraussetzungen möglich ist[5211] oder erst nach deren Eröffnung erfolgt,[5212] ebenso zum Schutz gegen zwischenzeitliche Pfändungen[5213] und zur Vorverlagerung des Zeitpunktes der »Vornahme der Rechtshandlung« bei späteren Gläubigeranfechtungen.[5214] Kann allerdings der Verkäufer das Angebot (nach Ablauf der Bindungsfrist) frei kündigen und damit durch schlichte einseitige Erklärung sich aus der Bindung befreien, dürften es an dem für die Vormerkungsfähigkeit erforderlichen »sicheren Rechtsboden« fehlen.[5215] Wurde in diesen Fällen gleichwohl eine Vormerkung (noch als schlichtes Buchrecht) eingetragen, erstarkt diese jedoch eo ipso,[5216] sobald die Bindungsfreiheit des Schuldners entfallen ist.

2980 Nach Annahme sichert die Vormerkung ohne Weiteres den Anspruch aus dem Kaufvertrag selbst.[5217] Vorherige Inhaltsänderungen des Angebots müssten allerdings bei der Vormerkung berichtigend vermerkt worden sein, etwa Erweiterungen der Angebotsfläche, wohl auch eine vor Fristablauf vereinbarte Verlängerung der Annahmefrist.[5218] Soll die Vormerkung für den Fall der Nichtannahme ohne (erneute) Bewilligung des Angebotsempfängers zur Löschung gebracht werden können, empfiehlt sich, die Vormerkung auflösend zu bedingen durch eine (als Eigenurkunde gesiegelte) Feststellung des Angebotsnotars über das Nichtstattfinden einer Annahme, die zu diesem Zweck nur an der Amtsstelle des Angebotsnotars erklärt werden kann (vgl. Teil E, Muster XXXVI, Rdn. 3925).[5219]

2981 Wegen des Erfordernisses gleichzeitiger Anwesenheit beider Beteiligten vor einem deutschen Notar kann die **Auflassung** ihrerseits nicht in Angebot und Annahme aufgespalten werden (anders die Einigung über die Bestellung, möglicherweise auch die Übertragung eines Erbbaurechts [§ 11 Abs. 1 ErbbauRG]). Der Anbietende kann und wird jedoch dem Angebotsempfänger Vollmacht zu deren Erklärung in der Annahmeurkunde, befreit von § 181 BGB erteilen, allerdings mit der Einschränkung, deren Vollzug zu sperren (im Verfahren der ausgesetzten Bewilligung oder der Ausfertigung im Auszug s. Rdn. 990 ff.), bis er, der Verkäufer, den Erhalt des Kaufpreises bestätigt hat oder

---

5209 *Grziwotz* ZfIR 2010, 603 empfiehlt dem Ortsnotar, der ein durch den Zentralnotar konzipiertes Angebot beurkundet, das er zwar für einseitig hält, bezüglich dessen jedoch keine Ablehnungsmöglichkeit besteht, »Distanzierungsvermerke«.

5210 BGH, 04.03.2004 – III ZR 72/03, DNotI-Report 2004, 82: Der Bauträger hatte nach der Annahme, jedoch ohne Vollmacht, Dienstbarkeiten bestellt, von denen der Käufer mangels Information durch den Notar so spät erfuhr, dass er den (in Insolvenz gefallenen) Bauträger nicht mehr in Anspruch nehmen konnte.

5211 LG Kleve, 05.12.2006 – 4 T 17/06, RPfleger 2007, 465.

5212 Für das Gesamtvollstreckungsverfahren ist die Insolvenzfestigkeit der auf das Angebot gestützten Vormerkung bei Eröffnung des Verfahrens vor Annahme seit BGH ZNotP 2001, 482 entschieden; es dürfte für § 106 InsO nichts anderes gelten.

5213 Einer nachrangig eingetragenen Sicherungshypothek ggü. setzt sich die auf das Angebot gestützte Vormerkung durch, OLG Koblenz, 12.05.2010 – 1 U 758/09, NotBZ 2011, 56.

5214 Nach OLG Koblenz, 12.05.2010 – 1 U 758/09, NotBZ 2011, 56 ist i.R.d. § 8 Abs. 2 Satz 2 AnfG abzustellen auf die materielle Bewilligung der Vormerkung, nicht auf die nachfolgende Auflassungserklärung.

5215 *Amann* MittBayNot 2007, 17, nicht jedoch bei Abhängigkeit von sonstigen Umständen.

5216 Anders als in den Fällen des »Recycling« einer Vormerkung für einen Nachfolgevertrag – Rdn. 898 – gibt es keinen neu geschaffenen Anspruch, der durch neue formlose Bewilligung (§ 885 BGB) zu sichern wäre.

5217 BayObLG DNotZ 1995, 311.

5218 OLG Köln NJW 1976, 631; a.A. jedoch möglicherweise BGH NJW 2000, 805, aufgrund seiner Rspr. zur »recycelbaren Vormerkung«, da die Bindungsdauer des Anbietenden wohl nicht zum Inhalt des künftigen Eigentumsverschaffungsanspruchs zählt.

5219 Ohne eine solche auflösende Bedingung könnte eingewendet werden, dass die zunächst unwirksam gewordene Vormerkung durch Neubegründung eines deckungsgleichen Anspruchs und Bewilligung außerhalb des Grundbuches (BGHZ 143, 175 ff.) möglicherweise »wiederbelebt« wurde, sodass die bloße Bescheinigung des Angebotsnotars als Unrichtigkeitsnachweis nach § 22 GBO nicht genügt, vgl. Rdn. 898 und *Schöner/Stöber* Grundbuchrecht Rn. 1543.

dessen Entrichtung dem Vollzugsnotar durch Bankbestätigung nachgewiesen wurde. Bedingung ist dabei, dass der Annehmende diese Anweisung auch namens des Anbietenden, in Vollmacht für ihn, erteilt. Sofern die Überwachung der Auflassungssperre beim Angebotsnotar liegen soll, kann entweder diesem die Vollmacht zur Umschreibungsbewilligung erteilt werden, oder der Annahmenotar erteilt alle Ausfertigungen und beglaubigten Abschriften dem Angebotsnotar, der hiervon bis zur Endvollzugsreife auszugsweise Exemplare (ohne Auflassung) erteilt.

5. Ankaufsrecht

Ein Ankaufsrecht versetzt den Berechtigten in die Lage, beim Eintritt bestimmter Voraussetzungen (ggf. auch allein bei Ausübung des ihm eingeräumten Verlangens) eine Immobilie vom Eigentümer zu vereinbarten Konditionen erwerben zu können. Eine **gesetzliche Regelung** existiert lediglich in Spezialbereichen, etwa im Beitrittsgebiet i.R.d. §§ 61 ff. SachenRBerG (s.u. Rdn. 3847 ff.) und des Verkehrsflächenbereinigungsgesetzes, Rdn. 3854 ff., als Teil eines dort geschaffenen Vertragsabschluss- und Inhaltszwangs. 2982

Die rechtsgeschäftliche Vereinbarung eines Ankaufsrechts hingegen kann in **drei Formen** erfolgen: 2983
– als schlichtes Angebot des Verkäufers (s. hierzu Rdn. 2944 ff.), ggf. auch unter Mitwirkung des Angebotsempfängers zur Übernahme von Pflichten (Bindungsentgelt!) bereits im Vorfeld der Annahme, sog. »Angebotsvertrag« (Rdn. 2943) oder
– als Vorvertrag, der zum Abschluss eines bestimmten Kaufvertrags – ggf. bei Eintritt weiterer Voraussetzungen – verpflichtet (Rdn. 2933 ff.) oder
– wie i.d.R., als aufschiebend bedingter Kaufvertrag. Ist lediglich eine Potestativ-Bedingung (Ausübung des Verlangens des Berechtigten) vereinbart und nicht etwa das Eintreten weiterer objektiver Umstände maßgebend, spricht die Praxis von einer »**Option**«.[5220]

Entrichtet der Berechtigte für die Ankaufsmöglichkeit ein »Bindungsentgelt«, kann dieses ggü. einem Unternehmer der USt unterliegen (§ 4 Nr. 9a UStG steht nicht entgegen, sofern aus dem Optionsvertrag allein noch nicht auf Auflassung geklagt werden kann, sodass noch kein grunderwerbsteuerpflichtiger Vorgang realisiert ist).[5221] Gleiches gilt für ein Entgelt, das für den Verzicht auf ein Ankaufsrecht bezahlt wird.[5222] 2984

Der **Inhalt des Kaufvertrags** muss – sofern ein Angebot oder ein bedingter Vertrag beurkundet wird – entweder bereits vollständig bestimmt oder zumindest bestimmbar sein, ggf. auch durch Ausübung eines eingeräumten Leistungsbestimmungsrechts gem. § 315 BGB; beim Vorvertrag gelten schwächere Anforderungen (Rdn. 2933 ff.). 2985

Schwierigkeiten bereitet die Festlegung des **künftigen Kaufpreises** (Verkehrswerts), insb. bei länger befristeten Ankaufsberechtigungen. Die Praxis behilft sich teilweise mit einer Wertsicherung des derzeit vereinbarten Kaufpreises (diese ist unter Geltung des Preisklauselgesetzes 2007 materiellrechtlich zulässig[5223] und bedurfte auch zuvor keiner Genehmigung gem. § 2 Abs. 2 PreisAngG, da es sich nicht um einen bereits entstandenen und erst künftig fälligen, sondern einen erst künftig, mit Eintritt der Bedingungen, entstehenden Anspruch handelt,[5224] oder aber arbeitet mit einem Drittbestimmungsrecht etwa eines durch die IHK benannten Sachverständigen, § 317 BGB (vgl. Rdn. 2627 ff.). Bei der Ermittlung des seinerzeitigen Verkehrswerts bleiben allerdings Wertsteigerungen unberücksichtigt, die auf Aufwendungen des Ankaufsberechtigten selbst zurückzuführen sind, etwa wenn diesem bereits die Nutzung des Objekts eingeräumt wurde (es sei denn, er wäre aufgrund des Nutzungsverhältnisses zu deren Vornahme verpflichtet gewesen). Der Sachverhalt ist vergleichbar dem Ersatz von werterhöhenden Verwendungen eines Wiederverkäufers (§ 459 BGB). 2986

5220 Vgl. hierzu und zum Folgenden *Hertel* in: Würzburger Notarhandbuch Teil 2 Kap. 2 Rn. 731 ff.
5221 FG Rheinland-Pfalz, 12.06.2008 – 6 K 1609/07, MittBayNot 2009, 170 m. Anm. *Klein*.
5222 BFH, 03.09.2008 – XI R 54/07, RNotZ 2009, 185.
5223 *Reul* MittBayNot 2007, 452 Fn. 55.
5224 Vgl. *Gutachten* DNotI-Report 2008, 17 ff.; ebenso zur alten Rechtslage *Gutachten* DNotI-Report 2003, 105.

2987 **Ankaufsberechtigter** kann nur eine natürliche bzw. juristische Person oder Personenmehrheit sein, z.B. nicht. der jeweilige Eigentümer eines anderen Grundstückes (wie beim dinglichen Vorkaufsrecht). Soweit nicht anders vereinbart, ist jedoch die Position aus einem Ankaufsrecht übertragbar, und zwar formfrei,[5225] und vererblich (anders in der Variante des Angebots). Der Zeitraum, innerhalb dessen das Ankaufsrecht auszuüben ist, wird i.d.R. **befristet** sein, hilfsweise gilt die 10-jährige Verjährung des § 196 BGB ab Einräumung bzw. von 10 Jahren ab Bedingungseintritt in der Variante des bedingt abgeschlossenen Optionsvertrags. Auch für früher, unter Geltung der 30-jährigen gesetzlichen Verjährungsfrist des § 195 BGB a.F., eingeräumte Vorkaufsrechte läuft die Frist demnach am 31.12.2011 ab (Art. 229 § 6 Abs. 4 EGBGB).

2988 Die **Ausübung** der Potestativ-Bedingung in der Variante des aufschiebend bedingten Kaufvertrags ist (wie die Ausübung des Vorkaufsrechts) formfrei, i.d.R. jedoch wird aus Gründen der Klarheit und Terminsbestimmung zumindest die notariell beglaubigte Form bedungen.

2989 Die Ansprüche aus dem bedingten Vertrag können und sollten (ebenso wie die Position des Angebotsempfängers aus einem Verkäuferangebot) durch **Vormerkung gesichert** werden. Zur Erleichterung der Löschung für den Fall der Nichtausübung des Ankaufsrechts sollten diese Vormerkungen befristet sein, und zwar auf einen angemessenen Vollzugszeitraum nach Ablauf der Ausübungsfrist, um etwa zuvor noch erklärte Optionen bis zur Umschreibungsreife gedeihen zu lassen. Sofern der Optionsverpflichtete während der Laufzeit des Ankaufsrechts sein Grundstück zu Beleihungszwecken benötigt, empfiehlt sich die Vereinbarung eines **Rangvorbehalts** (etwa bestellte Grundpfandrechte sind dann bei Ausübung des Ankaufsrechts i.R.d. üblichen Lastenfreistellung aus dem Ankaufspreis wegzufertigen).

2990 Bei kurz laufenden Ankaufsberechtigungen kann die **Auflassung** bereits mit Vorlageanweisung an den vollziehenden Notar miterklärt werden (in diesem Fall regelmäßig der Notar, der den aufschiebend bedingten Kaufvertrag beurkundet hat); bei sehr lang laufenden Verträgen würde diese Überwachung schwierig, insb. wenn die Amtsstelle des die Option beurkundenden Notars erloschen ist. Die Praxis begnügt sich dann mit der Verpflichtung zur Erklärung der Auflassung und entsprechenden Vollzugsanweisungen an den Annahme-Notar bzw. den Notar, der die Optionserklärung beglaubigt.

2991 Eine »Kurzformel« für die Bestellung eines Ankaufsrechts als aufschiebend bedingter Kaufvertrag (zu wechselseitigen Ankaufsrechten unter Miteigentümern vgl. Rdn. 459) könnte etwa wie folgt lauten:

> ▶ Formulierungsvorschlag: Ankaufsrecht (als aufschiebend bedingter Kauf)
>
> A als Eigentümer des Grundstücks FlNr. ..... räumt hiermit dem B das einmal vererbliche und an Ehegatten sowie Abkömmlinge übertragbare Ankaufsrecht in Form eines aufschiebend bedingten Kaufvertrags ein. Das Ankaufsverlangen (»Option«) sowie die Übertragung des Ankaufsrechts bedürfen der notariellen Unterschriftsbeglaubigung. Die Ausübung der Option ist bis zum ..... befristet, wobei das Datum des Poststempels eines an den Grundstückseigentümer adressierten Einwurf-Einschreibens genügt.
>
> Der geschuldete Kaufpreis ist der Verkehrswert des Objekts bei Optionsausübung, der – sofern nicht binnen eines Monats nach Optionsausübung Einvernehmen erzielt wird – durch einen seitens der örtlichen zuständigen Industrie- und Handelskammer zu benennenden Sachverständigen für Grundstücksbewertungen als Schiedsgutachter zu ermitteln ist (§ 317 BGB). Einwendungen gegen das Gutachten bleiben nur hinsichtlich etwaiger grober Mängel in analoger Anwendung des § 1059 Abs. 2 ZPO (Aufhebung eines Schiedsspruches) vorbehalten. Die durch die Einschaltung des Gutachters entstehenden Kosten trägt derjenige Teil, dessen Betragsvorschlag vom Schiedsergebnis weiter entfernt lag. Werterhöhende Aufwendungen des Ankaufsberechtigten bleiben hierbei außer Betracht.
>
> Der Kaufpreis ist fällig (Kontogutschrift) binnen 14 Tagen, nachdem der vollziehende Notar dem Optionsberechtigten bestätigt hat, dass die zum Vollzug erforderlichen Vorkaufsrechtsnegativerklärungen und Genehmigungen vorliegen und die Löschung aller im Rang vor der

---

[5225] Vgl. BGH DNotZ 1984, 319.

nachstehend bewilligten Vormerkung eingetragen Belastungen mit Ausnahme des Rechts in Abteilung II lfd. Nr. 1 (Wegedienstbarkeit) gesichert ist. Die Lastenfreistellung gilt als gesichert, wenn dem vollziehenden Notar Löschungsbewilligungen in grundbuchmäßiger Form vorliegen unter Auflagen, die aus dem Ankaufspreis erfüllbar sind. Der Anspruch auf Kaufpreiszahlung ist in diesem Fall lediglich auf Erfüllung dieser Auflagen gerichtet.

Besitz, Nutzungen und Lasten, Haftung, Verkehrssicherungspflicht und Gefahren gehen mit der Zahlung des Kaufpreises auf den Optionsberechtigten über; der Ankaufsverpflichtete ist bis zu diesem Zeitpunkt zur Räumung verpflichtet. Sollte das Ankaufsobjekt zum Zeitpunkt des Besitzübergangs an Dritte vermietet sein, reduziert sich der Ankaufspreis um .....

Mängelrechte des Optionsberechtigten sind ausgeschlossen, ausgenommen Fälle des Vorsatzes und der Arglist. Etwa vom Ankaufsverpflichteten noch zu entrichtende Erschließungs- und Anliegerbeiträge sind nicht zu erstatten, sondern schlagen sich allenfalls in einem höheren Verkehrswert als Optionskaufpreis nieder; alle nach der Optionserklärung durchgeführten Erschließungsmaßnahmen treffen den Optionsberechtigten.

Zur Sicherung des bedingten Übereignungsanspruchs des B bewilligt der A die Eintragung einer bis zum ..... [ca. ein Jahr nach Ablauf der Optionsausübungsfrist] befristeten Eigentumsvormerkung im Grundbuch, B stellt Eintragungsantrag. Vorbehalten bleibt das Recht des Grundstückseigentümers, im Rang vor dieser Vormerkung Grundpfandrechte bis zu ..... € nebst Zinsen bis zu .....% jährlich ab Eintragung und Nebenleistungen bis zu ..... % aus dem Nominalbetrag der Grundschuld eintragen zu lassen, auch mehrfach oder in Teilbeträgen. Die Eintragung des Rangvorbehalts wird bewilligt und beantragt.

Zur Erklärung und Entgegennahme der Auflassung sind die Beteiligten nach vollständiger Entrichtung des geschuldeten Ankaufspreises verpflichtet.

Zum Vollzug des nach Option zustande kommenden Kaufvertrags ist der amtierende Notar, sein Vertreter oder Rechtsnachfolger im Amt umfassend beauftragt und bevollmächtigt, bei Erlöschen des Amts hilfsweise der die Optionsausübungserklärung beglaubigende Notar (»vollziehender Notar«).

Auf Verlangen ist der Grundstückseigentümer nach Optionsausübung verpflichtet, an der Bestellung von Grundpfandrechten zur Finanzierung des Käufers mitzuwirken, wenn durch Einschränkung der Sicherungsvereinbarung gewährleistet ist, dass die besicherten Kreditmittel lediglich zur Bezahlung des Optionspreises verwendet werden können.

6. Verkaufsrecht

Gegenstück zum Ankaufsrecht (Rdn. 2982 ff.) – neudeutsch: Call-Option – ist das Verkaufsrecht – neudeutsch: **Put-Option**.[5226] Im Kleinen verwirklicht sich ein solcher auf einseitiges Verlangen aufgedrängter Verkauf beispielsweise bei der zwingenden Mitlieferung von beweglichen Sachen, derer der Verkäufer einer Immobilie nicht mehr bedarf, im Großen bspw. dann, wenn durch die Umgestaltung eines Grundstücks (Errichtung einer Windkraftanlage, gewerbliche Tätigkeit etc.) Nachbargrundstücke entwertet werden, sodass deren Hinzuerwerb zu vorab bestimmten Konditionen erzwungen werden kann. Das Gesetz kennt Verkaufsrechte bspw., wenn gesetzliche Vorkaufsrechte nur in Bezug auf Teilflächen ausgeübt werden, sofern die Restfläche nicht mehr eigenständig nutzbar bleibt.[5227]

2992

Die Einräumung des Rechts, den Verkaufsgegenstand an den »Optionsverpflichteten« zu verkaufen (bzw. spiegelbildlich eine Verpflichtung des Käufers, auf jederzeitiges Verlangen des Verkäufers den Grundbesitz zu erwerben), kann zum einen durch den oben Rdn. 2933 ff. bereits beschriebenen **Vorvertrag** geschaffen werden, vor allem wenn die Konditionen des Endvertrags noch nicht so bestimmt sind, dass sie durch bloßes »Ja« annahmefähig wären (so etwa, wenn hinsichtlich des Kaufpreises nur bestimmt wird, es solle das Mittel zwischen zwei zu erstellenden Sachverständigengut-

2993

5226 Vgl. hierzu *Heyers* DNotZ 2011, 6 ff.
5227 Z.B. Art. 39 Abs. 1 Satz 4 BayNatSchG: »Ist die Restfläche für den Eigentümer nicht mehr in angemessenem Umfang baulich oder wirtschaftlich verwertbar, so kann er verlangen, dass der Vorkauf auf das gesamte Grundstück erstreckt wird.«.

achten zugrunde gelegt werden, oder es wird schlicht auf »künftige Marktpreise«[5228] verwiesen). Die Vertragsinhaltsbindungsmodalitäten müssen andererseits so präzise vereinbart sein, dass aus dem Vorvertrag auf Abschluss eines Hauptvertrags geklagt werden kann. Die Vorvertrags-Alternative ist in der Praxis ungebräuchlich.

2994 Diskutiert wird des Weiteren die sog. »Einheitslösung«, also einen einheitlichen Vertrag, dessen Wirksamkeit jedoch unter einer aufschiebenden Wollens-Bedingung steht (Ausübung des Ankaufsverlangens durch den berechtigten künftigen Verkäufer). Hiergegen sprechen freilich dogmatische und praktische Gründe: Dogmatisch ist fraglich, ob von einem Vertrag bereits gesprochen werden kann, wenn eine Partei ausdrücklich noch nicht – auch nicht bedingt – gebunden ist.[5229] Praktisch nachteilig wirkt der Umstand, dass z.B. Regelungen über ein Optionsentgelt oder Schadensersatzpflichten wegen Verschlechterung des später anzukaufenden Grundstücks in einem »nur einseitig bindenden Vertrag« noch nicht enthalten sein können.[5230]

2995 Richtiger erscheint daher die Konstruktion als Befugnis, ein langfristig bindendes **Angebot** anzunehmen. Die Langfristigkeit der Bindung schafft bei Verbraucherverträgen zulasten des Verbrauchers Probleme, die in Rdn. 2947 ff. erörtert wurden. Die Anpassung des Kaufpreises an die Geldentwertung kann zum einen durch (bereits gem. § 1 Abs. 2 Nr. 1 PrKG zulässige) Leistungsvorbehaltsklauseln erfolgen (z.B. Unterwerfung unter ein für beide Vertragsparteien verbindliches Schiedsgutachten), aber auch im Wege einer automatisch wirkenden Anpassung an die Inflation, die schon deshalb unbedenklich sind, weil § 1 PrKG nur Betragsänderungen von Geldschulden *nach ihrer Entstehung* beschränkt, nicht aber solche bis zu ihrer Entstehung.[5231]

2996 Die Anwendung der Grundsätze über das Angebot hat zur Folge, dass die gesetzliche Ausschlussfrist zur Ausübung des Wiederkaufsrechts (§ 462 BGB) nicht – mangels Regelungslücke auch nicht analog – gilt. Demnach liegt es an den Beteiligten, die Ausübung zu befristen, um sich nicht der Ungewissheit ausgesetzt zu sehen, gem. § 147 Abs. 2 BGB die »Umstände der Annahmefähigkeit« zu bestimmen. Eine Möglichkeit, unbefristete Angebote nachträglich (analog §§ 177 Abs. 2, 108 Abs. 2 BGB) zu befristen, wird abgelehnt.[5232] Auch unbefristete Bindungen sind denkbar, ohne dass diese a priori gegen § 138 Abs. 1 BGB verstoßen müssten. Anders als bei der Call-Option muss der Verpflichtete ja »lediglich« Geld vorhalten und wird dadurch womöglich am Ankauf anderer Grundstücke gehindert, ist jedoch nicht seinerseits in der Verfügung über sein Grundstück beeinträchtigt.[5233]

2997 Die »Annahme« (Ausübung der Option) bedarf der Beurkundung (sie ist nicht etwa analog §§ 456 Abs. 1 Satz 2, 464 Abs. 1 Satz 2 BGB formfrei); eine dieser Form nicht genügende »Annahme« wird jedoch durch grundbuchlichen Vollzug (§ 311b Abs. 1 Satz 2 BGB), geheilt (wurde atypischerweise bereits die Einräumung der Option selbst nicht beurkundet, bleibt allenfalls die Bestätigung der formunwirksamen Vereinbarung gem. § 141 BGB).[5234]

XII. Rechtsgeschäftliches Vorkaufsrecht

1. Varianten

a) Typus

2998 Vorkaufsrechte (in der Rechtsprechung dogmatisch verstanden als doppelt bedingte Kaufverträge)[5235] bleiben in ihren Auswirkungen auf den Eigentümer eine Stufe hinter den vorstehend behandelten

---

5228 Vgl. OLG Bremen NJW-RR 1995, 1453.
5229 Demgemäß bestimmt z.B. § 456 Abs. 1 BGB, dass der Wiederkauf mit Erklärung des Verkäufers »zustande kommt«, also vorher noch nicht als Vertrag qualifiziert werden kann.
5230 Vgl. *Heyers* DNotZ 2011, 6, 12.
5231 Vgl. *Kirchhoff* DNotZ 2007, 913, 915; BGH, BB 1973, 139.
5232 Vgl. *Heyers* DNotZ 2011, 5, 23.
5233 Vgl. *Casper* Der Optionsvertrag S. 159 ff.
5234 Vgl. *Heyers* DNotZ 2011, 5, 27.
5235 BGHZ 32, 375, 377.

Ankaufsrechten (Rdn. 2982 ff.), die »auf Verlangen« zum Eigentumsverlust führen können, zurück. Das BGB unterscheidet das rechtsgeschäftlich bestellte **schuldrechtliche** Vorkaufsrecht (§§ 463 ff. BGB)[5236] und das für die notarielle Praxis bedeutsamere **dingliche** Vorkaufsrecht (§§ 1094 ff. BGB), wobei das dingliche Vorkaufsrecht nicht lediglich als grundbuchliche Sicherung der schuldrechtlichen Vereinbarung zu verstehen ist, sondern als eigenständiges Institut, das jedoch inhaltlich hinsichtlich der Voraussetzungen und Rechtsfolgen einer Ausübung identisch ausgestaltet ist (Verweisung in § 1098 Abs. 1 Satz 1 BGB); vgl. umfassend zur Behandlung bestehender Vorkaufsrechte i.R.d. Abwicklung eines Kaufvertrags (v.a. hinsichtlich Fälligstellung des Kaufpreises und des Vollzuges) Rdn. 1788 ff. Die Grundunterscheidung wird ergänzt durch folgende weitere Differenzierungen:

b) Berechtigter

Schuldrechtliche Vorkaufsrechte können nur zugunsten einer bestimmten Person oder Personenmehrheit (»**subjektiv-persönlich**«), z.B. nicht für den jeweiligen Eigentümer eines »herrschenden Grundstückes«, bestellt sein.[5237] Allerdings kann das schuldrechtliche Vorkaufsrecht im Rahmen eines echten Vertrags zugunsten Dritter (§ 328 BGB) bestellt sein und in diesem Rahmen der Anspruch des Versprechensempfängers (§ 335 BGB) auf bedingte Übereignung an den Dritten (= den jeweiligen Eigentümer des begünstigten Grundstückes) seinerseits durch eine Vormerkung gesichert werden. 2999

Das dingliche Vorkaufsrecht kann dagegen subjektiv-persönlich oder **subjektiv-dinglich** bestellt sein, in letzterem Fall also für den jeweiligen Eigentümer eines benannten »herrschenden« Grundstückes, Wohnungseigentums, Erbbaurechts oder Miteigentumsanteils an einem Grundstück. Zum Zeitpunkt des Übergangs einer solchen Berechtigung, wenn ein Eigentumswechsel am »herrschenden Grundstück« während eines sich parallel verwirklichenden Vorkaufsfalles stattfindet, s. Rdn. 1669 (maßgeblich sind die Verhältnisse beim Zugang der Vorkaufsrechtsausübungserklärung). 3000

Die »Grundmuster« der Bestellung eines dinglichen Vorkaufsrechts sind daher einfach: 3001

▶ Formulierungsvorschlag: Subjektiv-dingliches Vorkaufsrecht

..... als Eigentümer des in § 1 Ziffer 1 näher bezeichneten Grundbesitzes (FlNr. ..... der Gemarkung .....) bestellt hieran zugunsten des jeweiligen Eigentümers des Grundbesitzes Flst.Nr. ....., vorgetragen im Grundbuch des Amtsgerichts ..... für ....., derzeit Blatt ....., ein subjektiv-dingliches Vorkaufsrecht.

Der Eigentümer des belasteten Grundstücks

bewilligt,

und der Eigentümer des vorkaufberechtigten Grundstücks

beantragt,

dieses Vorkaufsrecht im Grundbuch am belasteten Grundstück Flst.Nr. ..... an nächstoffener Rangstelle einzutragen.

▶ Formulierungsvorschlag: Subjektiv-persönliches Vorkaufsrecht

..... als Eigentümer des in § 1 Ziffer 1 näher bezeichneten Grundbesitzes (FlNr. ..... der Gemarkung .....) bestellt hieran zugunsten der A, B und C als Berechtigten nach § 472 BGB ein subjektiv-persönliches Vorkaufsrecht. 3002

Der Eigentümer des belasteten Grundstücks

bewilligt,

und jeder der Berechtigten

beantragt,

5236 Vgl. *Böttcher/Joo* RNotZ 2010, 557 ff.
5237 *Gutachten* DNotI-Report 2001, 113.

B. Gestaltung eines Grundstückskaufvertrages

dieses Vorkaufsrecht im Grundbuch am belasteten Grundstück Flst.Nr. ..... an nächstoffener Rangstelle einzutragen.

3003 Bei einer **Mehrheit** von berechtigten Personen bzw. »herrschenden Grundstücken« ist das Berechtigungsverhältnis materiell-rechtlich zu vereinbaren und im Grundbuch gem. § 47 GBO anzugeben. Ideal erscheint die gesetzliche Regelung des § 472 BGB (= § 513 BGB a.F.), wonach das Vorkaufsrecht durch die Gesamtheit aller Berechtigten, bei Nichtausübung (bzw. unwirksamer Ausübung)[5238] seitens Einzelner jedoch durch die verbleibenden Berechtigten insgesamt ausgeübt werden kann. Ist das Vorkaufsrecht vererblich und ist lediglich einer von mehreren Miterben an der Ausübung interessiert, gilt (anstelle § 2038 BGB) § 472 BGB entsprechend[5239] (will jedoch jeder Miterbe ausdrücklich nur für sich das Vorkaufsrecht ausüben, wäre dies unwirksam).[5240] Das »gesamthandartige Rechtsverhältnis« des § 472 BGB bildet sich auch, wenn beim subjektiv-dinglichen Vorkaufsrecht das herrschende Grundstück (real oder nach WEG) geteilt wird,[5241] sodass möglicherweise Hunderte von Vorkaufsberechtigten beizuziehen sind!

3004 Das gesamte Vorkaufsrecht kann nur unter Mitwirkung aller Berechtigten zur Löschung bewilligt werden; nach wohl unzutreffender Ansicht des OLG München[5242] ist ein einseitiger »Verzicht« eines von mehreren Berechtigten vor Eintritt des Vorkaufsfalles mit der Folge des dauerhaften Ausscheidens aus dem Kreis der nach § 472 BGB Begünstigten nicht möglich (tatsächlich dürfte § 875 Abs. 1 Satz 1 BGB hierfür analog gelten,[5243] ferner besteht die Möglichkeit eines Erlassvertrages vor Ausübung zwischen dem einzelnen Berechtigten und dem Vorkaufsverpflichteten,[5244] § 397 BGB, mit der Folge der Grundbuchberichtigung hinsichtlich des Ausgeschiedenen gem. § 22 GBO).[5245]

3005 Im Grundbuch genügt das Paragrafenzitat des § 472 BGB; es bedarf nicht der Angabe des Eigentumsverhältnisses, in dem die Ausübungsberechtigten erwerben werden: Die Ausübenden sind im Zweifel Inhaber des Übereignungsanspruchs als Bruchteilsberechtigte (§§ 741 ff. BGB) zu gleichen Kopfanteilen (§ 752 BGB). Bei der Sicherung des schuldrechtlichen Vorkaufsrechts durch Vormerkung sollte dies zur Vermeidung von Schutzlücken vermerkt werden.

▶ Formulierungsvorschlag: Regelung des Erwerbsverhältnisses mehrerer Vorkaufsberechtigter

3006 Der Eigentümer bestellt hiermit für X, Y und Z als Berechtigte nach § 472 BGB ein nicht übertragbares und nicht vererbliches schuldrechtliches Vorkaufsrecht mit der Maßgabe, dass der Vorkaufspreis 15 % niedriger ist als die Gegenleistung, die für das Rechtsgeschäft des Vorkaufsfalles beurkundet ist. Den ausübenden Berechtigten steht der Übereignungsanspruch zu gleichen Bruchteilen zu. Zur Sicherung des bedingten Anspruchs auf Eigentumsverschaffung bewilligt der Eigentümer

---

5238 Z.B. wenn einer (von mehreren) Berechtigten das Vorkaufsrecht ausdrücklich für sich allein ausübt, BGH, 13.03.2009 – V ZR 157/08, DNotZ 2009, 627.
5239 *Gutachten* DNotI-Report 2009, 42 m.w.N.
5240 Offen ist die Rechtslage, wenn der weitere Miterbe der Vorkaufsrechtsausübung widerspricht, ohne selbst ausüben zu wollen (für Unwirksamkeit RGZ 158, 57; für Wirksamkeit die neuere Lit., s. vorstehende Fn.).
5241 *Gutachten* DNotI-Report 2008, 42; *Schöner/Stöber* Grundbuchrecht Rz. 1431.
5242 OLG, 24.07.2009 – 34 Wx 50/09, ZfIR 2010, 239 m. abl. Anm. *Heinze*; abl. auch *Jeep* MittBayNot 2010, 44; *Amann* NotBZ 2010, 201, 203 bejaht die Möglichkeit des Erlöschens eines subjektiv-dinglichen Vorkaufsrechts für einen Mitberechtigten durch im Voraus für jedweden künftigen Verkaufsfall erklärten Verzicht auf die Ausübung (ähnlich dem Ausscheiden eines Gesamthänders aus einer Erbengemeinschaft durch Abschichtung). *Gutachten* DNotI-Report 2010, 109, 112 weist darauf hin, dass die Ablehnung der Möglichkeit des einseitigen Verzichtes von einem Miteigentumsanteil gem. § 928 BGB (BGH DNotZ 2007, 840) sich darauf stützt, dass den anderen Miteigentümern keine Kosten und Lasten einseitig auferlegt werden dürfen, was beim Ausscheiden aus einer Gruppe von Vorkaufsberechtigten nicht droht.
5243 Der BGH hat die einseitige Aufgabe eines Miteigentumsanteils sowie eines Wohnungseigentums nicht zugelassen (vgl. Rdn. 1558) wegen der damit verbundenen Mehrbelastung der verbleibenden Berechtigten; dies scheidet bei einem Vorkaufsrecht vor seiner Ausübung aus.
5244 Vgl. *Soergel/Wertenbruch* 13. Aufl. 2009 § 472 BGB Rn. 4 als Anwendungsfall des § 472 Satz 2, 2. Alt. BGB »sonstiges Erlöschen in einer Person«.
5245 *Jeep* MittBayNot 2010, 44, 45; *Herrler* RNotZ 2010, 249, 252 f.; *Heinze* ZfIR 2010, 241, 242.

und beantragen die Begünstigten die Eintragung einer Vormerkung für ....., ..., ... je zu gleichen Teilen i.V.m. § 472 BGB im Grundbuch an nächstoffener Rangstelle .....

Wenig empfehlenswert ist dagegen eine Vorkaufsberechtigung in Gesamtgläubigerschaft gem. § 428 BGB oder aber die Bestellung mehrerer gleichrangiger Vorkaufsrechte ohne Regelung der Prioritätenfolge.[5246]

c) Rechtsnachfolge

Während das subjektiv-dingliche Vorkaufsrecht nicht vom Grundstückseigentum getrennt werden kann,[5247] ist beim subjektiv-persönlichen Vorkaufsrecht weiterhin eine Regelung zur Übertragbarkeit möglich. Kraft Gesetzes besteht eine Übertragbarkeit lediglich bei juristischen Personen oder Personengesellschaften im Rahmen eines Umwandlungsvorgangs (Gesamtrechtsnachfolge oder partielle Gesamtrechtsnachfolge) bzw. als Teil der Übertragung eines Unternehmens oder Unternehmensteils (§ 1059a Abs. 1 und Abs. 2 BGB). Die rechtsgeschäftliche Übertragbarkeit des subjektiv-persönlichen Vorkaufsrechts kann, auch beschränkt, eröffnet werden (z.B. lediglich an Ehegatten oder Abkömmlinge). Ob dies geschehen ist, ergibt sich lediglich aus der bei den Grundakten verwahrten Eintragungsbewilligung, auf die Bezug genommen wird (§ 874 Abs. 1 BGB). Die Übertragung selbst bedarf der formfreien Einigung (grundbuchlich der Beglaubigung, § 29 GBO) samt Eintragung im Grundbuch (§ 873 Abs. 1 BGB).

3007

Zu differenzieren ist schließlich bei subjektiv-persönlichen Vorkaufsrechten nach der **Vererblichkeit**. Gesetzlich wird sie nur bei befristeten Vorkaufsrechten vermutet (§ 473 Satz 1 BGB); die Vererblichkeit kann jedoch bei der Bestellung oder später vereinbart werden (Bezugnahme auf die Eintragungsbewilligung genügt auch insoweit, was bei Unterbleiben einer Grundakteneinsicht zu erheblichen Haftungsgefahren führt).[5248] Empfehlenswert ist dies jedoch allenfalls begrenzt, etwa für den ersten Sterbefall und/oder lediglich zugunsten bestimmter Personen.[5249]

3008

▸ Formulierungsvorschlag: Beschränkt vererbliches Vorkaufsrecht

Das Vorkaufsrecht ist nicht rechtsgeschäftlich übertragbar, geht jedoch auf die unmittelbaren Erben (nicht allerdings die Erbeserben) des Vorkaufsberechtigten über.

3009

Ein unvererbliches Vorkaufsrecht kann nach Ablauf des Sperrjahres gegen Vorlage einer Sterbeurkunde **gelöscht** werden (§ 23 Abs. 1 GBO) bzw. bereits unmittelbar nach dem Tod gegen Vorlage der Sterbeurkunde, wenn eine Löschungserleichterung gem. § 23 Abs. 2 GBO vereinbart und eingetragen ist.[5250] Erlischt eine juristische Person oder Personengesellschaft durch Austrag aus dem Handelsregister, bedarf es einer Nachtragsliquidation;[5251] im Beschluss über die Auflösung der Gesellschaft kann allerdings eine konkludente Aufhebung des Vorkaufsrechts liegen, wobei die grundbuchliche Löschungsbewilligung jedoch wiederum die Bestellung der Nachtragsliquidatoren erfordert.

3010

5246 Vgl. hierzu *Hertel* in: Würzburger Notarhandbuch Teil 2 Kap. 9 Rn. 30 ff.
5247 Wurde es allerdings ausgeübt und wird sodann das herrschende Grundstück verkauft, geht der aufgrund der Ausübung entstehende Anspruch auf Übereignung nicht »von selbst« über, sondern muss abgetreten werden, allerdings mit der Folge doppelter Grunderwerbsteuerpflicht sowohl für die Ausübung des Vorkaufsrechtes als auch für die Abtretung der hieraus erwachsenden Erwerbsrechte.
5248 BGH, 12.11.2004 – V ZR 322/03, MittBayNot 2005, 245: Grobe Fahrlässigkeit durch Unterlassen der Einsicht in die Grundakten.
5249 Vgl. LG Würzburg DNotZ 1992, 319; LG Aachen MittRhNotK 1996, 328.
5250 Beim ggf. über den Tod hinaus fortbestehenden Anspruch aus der noch rechtzeitig erfolgten Ausübung des Vorkaufsrechtes dürfte es sich um einen Rückstand i.S.d. § 23 GBO handeln, vgl. *Schöner/Stöber* Grundbuchrecht Rn. 1436; a.A. *Köhler* in: Bauer/v. Oefele GBO § 23 Rn. 48.
5251 Vgl. etwa § 264 Abs. 2 AktG, § 66 Abs. 5 GmbHG, § 83 Abs. 5 GenG; ebenso bei Personenhandelsgesellschaften: BGH NJW 1979, 1987.

d) Mehrheit von Vorkaufsfällen

3011 Dingliches und schuldrechtliches Vorkaufsrecht erfordern als »auslösenden Tatbestand« einen Vorkaufsfall (vgl. hierzu im Einzelnen Rdn. 1750 ff.) Fehlt es an einer abweichenden Regelung, kann das Vorkaufsrecht nur beim **ersten Vorkaufsfall** ausgeübt werden (vgl. § 1097 Halbs. 1 BGB für das dingliche Vorkaufsrecht, § 463 BGB für das schuldrechtliche Vorkaufsrecht, wonach nur ein Verkauf durch den ursprünglichen Vorkaufsverpflichteten maßgeblich sei). Kam es in diesem Fall zu einem Eigentumswechsel ohne rechtsgeschäftlichen Verkauf (etwa aufgrund einer Schenkung,[5252] einer Zwangsversteigerung, eines Tauschvertrags o.Ä.), erlischt das Vorkaufsrecht, ohne dass es jemals hätte ausgeübt werden können. Dasselbe gilt, wenn zwar ein Verkauf stattgefunden hat, dieser jedoch gem. § 470 BGB an einen potenziellen gesetzlichen Erben[5253] (oder Erbeserben)[5254] erfolgte. In all diesen Fällen könnte demnach das Vorkaufsrecht mit Hinweis auf den anderweitigen Eigentumswechsel am belasteten Grundstück gelöscht werden.[5255]

3012 Diese »immanente Schwäche« des lediglich für den ersten Vorkaufsfall bestellten Vorkaufsrechts hat die Praxis dazu veranlasst, als »umgehungsfeste Variante« das Vorkaufsrecht zu bestellen »für den ersten Verkaufsfall, bei dem es ausgeübt werden kann« (Kurzformel: »**erster echter Vorkaufsfall**«), sodass es bei einem Eigentumsverlust ohne ausübungsberechtigenden Verkauf auch einen Sonderrechtsnachfolger verpflichten könnte:[5256]

▶ Formulierungsvorschlag: Vorkaufsrecht für den »ersten echten Verkaufsfall«

Das Vorkaufsrecht ist in der Weise auf den ersten Verkaufsfall beschränkt, dass es erlischt, wenn es einmal hätte ausgeübt werden können und nicht ausgeübt worden ist.

3013 Alternativ besteht die Möglichkeit, das Vorkaufsrecht »**für alle Verkaufsfälle**« zu bestellen, sodass es erst durch Aufgabe des dinglichen Vorkaufsrechts gem. § 875 BGB (bzw. Aufhebungsvertrag hinsichtlich des schuldrechtlichen Vorkaufsrechts) oder durch das gesetzliche Erlöschen aufgrund Zwangsversteigerung aus einem vorgehenden Recht untergehen würde. Ein solches »quasi-ewiges« Vorkaufsrecht mindert den Wert eines Grundstückes jedoch ganz erheblich:

▶ Formulierungsvorschlag: Vorkaufsrecht für alle Verkaufsfälle

Das Vorkaufsrecht ist für alle Verkaufsfälle bestellt, bindet also auch künftige Eigentümer, selbst wenn bei deren eigenem Erwerb das Vorkaufsrecht nicht ausgeübt wurde oder ausgeübt werden konnte.

3014 Die Vereinbarung für den »ersten echten Verkaufsfall« sowie »für alle Verkaufsfälle« wird zum Inhalt des dinglichen Rechts durch Bezugnahme auf die Eintragungsbewilligung, muss also nicht im »Kurztext« in Abteilung II des Grundbuches aufgeführt werden. Auch aus diesem Grund ist beim Bestehen eines Vorkaufsrechts die Einsichtnahme in die Eintragungsbewilligung, die bei den Grundakten verwahrt oder beim beglaubigenden/beurkundenden Notar (dessen Urkundsnummer und Name im Grundbuch aus diesem Grund miterwähnt sind) anzufordern ist, unerlässlich.[5257] Lediglich Bedingungen und Befristungen werden im Grundbuchtext verlautbart.

5252 OLG Zweibrücken MittBayNot 2000, 109.
5253 OLG Stuttgart DNotZ 1998, 305.
5254 »Überspringen einer Generation«; dabei müssen dem potenziell gesetzlich Erbberechtigten keine günstigeren Kaufbedingungen eingeräumt sein, vgl. BGH NJW 1987, 890.
5255 LG Tübingen BWNotZ 1997, 42; allerdings ist dem buchberechtigten Vorkaufsrechtsinhaber vor der Löschung rechtliches Gehör zu gewähren, OLG Zweibrücken MittBayNot 2000, 109.
5256 Vgl. KG OLGE 41, 21, 23.
5257 BGH, 12.11.2004 – V ZR 322/03, MittBayNot 2005, 245: Grobe Fahrlässigkeit durch Unterlassen der Einsicht in die Grundakten.

e) Ausübungsmodalitäten

Regelungsfähig sind außerdem Abweichungen von der gesetzlichen Regelung über die Modalitäten einer Vorkaufsrechtsausübung, z.B. die Verkürzung der zweimonatigen Ausübungsfrist (vgl. Rdn. 1754), welche erst ab Mitteilung über den Inhalt des insgesamt wirksam gewordenen Vertrags zu laufen beginnt (§ 469 Abs. 2 BGB), auf einen Monat. 3015

▶ Formulierungsvorschlag: Verkürzung der Ausübungsfrist beim Vorkaufsrecht

> Für das Vorkaufsrecht gelten i.Ü. die gesetzlichen Bestimmungen, die erläutert wurden, jedoch mit der Abweichung, dass das Vorkaufsrecht nur innerhalb einer Ausschlussfrist von einem Monat seit dem Empfang einer schriftlichen Mitteilung über den Verkaufsfall, auch wenn dieser noch nicht wirksam geworden sein sollte, ausgeübt werden kann.

In Betracht kommen auch abweichende Bestimmungen etwa zur Form der Ausübung (Bedingung notarieller Beglaubigung oder gar Beurkundung).

f) Preislimitierungen

Die Rechtsfolgen einer wirksamen Ausübung des dinglichen Vorkaufsrechts sind im Gesetz verbindlich geregelt (vgl. Rdn. 3027 ff.). Lediglich bei gesetzlichen Vorkaufsrechten (vgl. Rdn. 1730, 1095) existieren »Preislimitierungen« dergestalt, dass nicht der im Vorkaufsfall vereinbarte Preis, sondern ein niedrigerer, z.B. auf den Verkehrswert beschränkter, Betrag maßgeblich ist. Soll beim rechtsgeschäftlich bestellten Vorkaufsrecht eine solche Preislimitierung oder Preisreduzierung (z.B. 15 % unter dem vereinbarten Kaufpreis bzw. dem Verkehrswert) dem Vorkaufsberechtigten im Fall der Ausübung zugutekommen, steht lediglich ein schuldrechtliches Vorkaufsrecht (mit Sicherung durch Vormerkung) zur Verfügung.[5258] 3016

▶ Formulierungsvorschlag: Schuldrechtliches, preislimitiertes Vorkaufsrecht

> ..... als Eigentümer des in § 1 Ziffer 1 näher bezeichneten Grundbesitzes FlstNr. ..... Gemarkung ..... bestellt hieran für X, Y und Z als Berechtigte nach § 472 BGB ein nicht übertragbares und nicht vererbliches
>
> schuldrechtliches Vorkaufsrecht
>
> mit der Maßgabe, dass der Vorkaufspreis 15 % niedriger ist als die Gegenleistung, die für das Rechtsgeschäft des Vorkaufsfalles beurkundet ist. Den ausübenden Berechtigten steht der Übereignungsanspruch zu gleichen Bruchteilen zu.
>
> Das Vorkaufsrecht ist bestellt für denjenigen ersten Verkaufsfall, bei welchem dem Begünstigten die Ausübung des Vorkaufsrechts rechtlich erstmals möglich ist, mag also auch dieser erste »echte« Verkaufsfall erst bei einem späteren Eigentümer des Grundbesitzes eintreten.
>
> I.Ü. gelten für dieses Vorkaufsrecht die gesetzlichen Bestimmungen, über die belehrt wurde.
>
> Zur Sicherung der durch die Ausübung des Vorkaufsrechts entstehenden künftigen Ansprüche des Vorkaufsberechtigten auf Verschaffung des Eigentums
>
> **bewilligt**
>
> der Eigentümer und beantragen die Begünstigten die Eintragung einer Vormerkung für X, Y, Z je zu gleichen Teilen i.V.m. § 472 BGB im Grundbuch an nächstoffener Rangstelle .....

3017

[5258] OLG München, 29.10.2007 – 34 Wx 105/07, RPfleger 2008, 129: ein unzulässig als preislimitiert eingetragenes dingliches Vorkaufsrecht kann jedoch ausnahmsweise als dingliches Vorkaufsrecht mit gesetzlichem Inhalt aufrechterhalten werden, wenn sich die Beteiligten hilfsweise darauf geeinigt haben.

2. Bestellung

a) Form

3018 Die Verpflichtung zur Bestellung eines dinglichen oder schuldrechtlichen Vorkaufsrechts bedarf gem. § 311b Abs. 1 BGB der **notariellen Beurkundung**.[5259] Ist die Bestellung eines Vorkaufsrechts ihrerseits vom Zustandekommen oder Fortbestand eines anderen Vertrags, z.B. eines Miet- oder Pachtvertrags, abhängig, ist demnach im Regelfall[5260] der gesamte Miet- oder Pachtvertrag notariell zu beurkunden[5261] (vgl. zur Beurkundungsbedürftigkeit bei verbundenen Geschäften Rdn. 77 ff., v.a. Rdn. 94). Auch die dingliche Bestellung des Vorkaufsrechts ist beurkundungsbedürftig.[5262] Sofern die (formunwirksame) Einigung über die Vorkaufsrechtsbestellung zum Zeitpunkt der Eintragung im Grundbuch noch fortbestand, würde der Formmangel der Verpflichtung ex nunc geheilt;[5263] das Grundbuchamt würde, da § 925a BGB nicht gilt, den lediglich beglaubigten Eintragungsantrag nicht zurückweisen. Der Notar darf allerdings an einer privatschriftlichen oder lediglich unterschriftsbeglaubigten Vorkaufsrechtsbestellung wegen § 4 BeurkG, § 14 Abs. 2 BNotO nicht mitwirken.[5264]

b) Eintragung

3019 Das dingliche Vorkaufsrecht selbst entsteht erst mit der Grundbucheintragung im Grundbuch des belasteten Grundstückes (§ 873 Abs. 1 BGB); es kann vor diesem Zeitpunkt als schuldrechtliches Vorkaufsrecht vereinbart sein. **Belastungsgegenstand** kann neben einem Grundstück, Erbbaurecht oder Wohnungseigentum auch ein ideeller Miteigentumsanteil sein (§ 1095 BGB), allerdings nicht der ideelle Miteigentumsanteil eines Alleineigentümers. Ein »Gesamtvorkaufsrecht« an mehreren Grundstücken besteht nicht;[5265] bei Teilung des belasteten Grundstückes existieren selbstständige Vorkaufsrechte an den dadurch entstehenden neuen Grundstücken oder Sondereigentumseinheiten.

3020 Zwar kann eine unvermessene **Teilfläche** nicht selbstständig mit einem Vorkaufsrecht belastet werden, denkbar ist jedoch die Belastung des Gesamtgrundstückes mit der dinglichen Inhaltsabrede, dass das Recht lediglich für einen bestimmbaren Teil des Grundstückes ausgeübt werden könne;[5266] möglicherweise kann jedoch ein einzelnes Flurstück, auch wenn es nicht als eigenes Grundbuchgrundstück gebildet ist (d.h. mit anderen Flurstücken unter einer laufenden Nr. noch vorgetragen ist), selbstständig belastet werden.[5267]

3021 Das lediglich schuldrechtliche Vorkaufsrecht kann und sollte im Grundbuch durch eine **Vormerkung** gem. § 883 BGB gesichert werden.[5268] Dieser Vormerkungsschutz geht sogar weiter als der vormerkungsähnliche Schutz, den das dingliche Vorkaufsrecht gem. § 1098 Abs. 2 BGB vermittelt, da letzterer lediglich solche Belastungen ergreift, die ab Entstehen des Vorkaufsfalls, also Ausübbarkeit des Vorkaufsrechts,[5269] bestellt wurden, nicht jedoch alle diejenigen, die nach Eintragung der

---

5259 Vgl. BGH DNotZ 1968, 93; BGH NJW-RR 1991, 205.
5260 Ausnahme: BGH, 06.04.2005 – XII ZR 132/03, NJW 2005, 2225; BGH, 21.11.2007 – XII ZR 149/05, GuT 2008, 38: salvatorische Erhaltungsklausel im Mietvertrag, wonach die sich auf Gesamtnichtigkeit berufende Partei hätte darlegen müssen, dass das Restgeschäft (Mietvertrag) sonst nicht vorgenommen worden wäre.
5261 BGH DNotZ 1993, 619, 621; BayObLG MittBayNot 1987, 53; OLG Koblenz GuT 2003, 45 a.A. OLG Düsseldorf DNotZ 1996, 39 m. abl. Anm. *Basty* DNotZ 1996, 630.
5262 BGH NJW-RR 1991, 205.
5263 BGH DNotZ 1968, 93.
5264 Ebenso *Schöner/Stöber* Grundbuchrecht Rn. 1399; *Hertel* in: Lambert-Lang/Tropf/Frenz, Handbuch der Grundstückspraxis Teil II Abschn. I G Rn. 490.
5265 BayObLG DNotZ 1975, 607.
5266 BayObLG NJW-RR 1998, 86.
5267 So OLG Hamm NJW-RR 1996, 849.
5268 BayObLG NJW 1978, 700.
5269 RGZ 155, 370, 376; bei genehmigungsbedürftigen Rechtsgeschäften soll die Vormerkungswirkung jedoch bereits mit Vertragsabschluss, nicht erst mit Wirksamwerden durch Erteilung der Genehmigungen entstehen, vgl. BeckOK/BGB § 1098 Rn. 12 m.w.N.

Vormerkung selbst eingetragen wurden (§ 883 Abs. 2 BGB). In der Praxis wird das schuldrechtliche Vorkaufsrecht v.a. gewählt, wenn eine Preislimitierung oder eine schuldrechtliche Bestellung zugunsten Dritter erreicht werden soll.

3. Praktische Überlegungen, Nachteile

Es existieren durchaus Sachverhalte, in denen ein Vorkaufsrecht empfehlenswert erscheint, so bspw. unter mehreren Miteigentümern, um das Komplettierungsinteresse zu sichern, oder unter Familienangehörigen, um die »Abwanderung« von Familienvermögen an Dritte verhindern zu können. Nicht vernachlässigt werden dürfen jedoch die **wirtschaftlichen Konsequenzen**: Die Praxis lehrt, dass ein Kaufinteressent, dem bei Vorliegen eines »üblichen« dinglichen Vorkaufsrechts eröffnet werden muss, erst nach Ablauf der zweimonatigen Äußerungspflicht stehe fest, ob er überhaupt Käufer bleibe, rasch sein Interesse verliert und sich einem anderen Objekt mit sicherer Erwerbsmöglichkeit zuwendet. Zumindest wird die Ungewissheit durch einen Preisabschlag berücksichtigt werden, der seinerseits die Wahrscheinlichkeit der Vorkaufsrechtsausübung wieder erhöht. Aufgrund dieser »Lästigkeit« verlangen z.B. Kommunen als rechtsgeschäftliche Vorkaufsberechtigte für die Löschung eines Vorkaufsrechtes z.T. erhebliche »Ablösebeträge«.[5270] Nicht zu vernachlässigen ist auch die Gefahr, dass der Vorkaufsfall lediglich »erschlichen« werden soll, bspw. unter Einbeziehung eines »eingeweihten Dritten«, mit dem ein Kauf zu überhöhtem Kaufpreis »geschlossen« wird (nichtiges Scheingeschäft i.S.d. § 117 BGB), in der Hoffnung, der Berechtigte werde zu diesen Konditionen ausüben.[5271]

3022

Hinzu kommen die Nachteile – insb. von Vorkaufsrechten für mehrere oder alle Verkaufsfälle – im Verhältnis zu **Belastungsgläubigern**: Diese können nicht mit Gewissheit feststellen, ob nicht bereits in der Vergangenheit eine Vorkaufsrechtsausübung stattgefunden hat, die lediglich noch nicht vollzogen ist, sodass die Vormerkungswirkung gem. § 1098 Abs. 2 BGB ihrer eigenen Eintragung ggü. wirken würde (s.o. Rdn. 3021). Sie werden daher den Rangrücktritt des Vorkaufsrechts verlangen, wozu der Vorkaufsberechtigte jedoch nicht gezwungen werden kann. Einer späteren Erbbaurechtsbestellung steht das eingetragene Vorkaufsrecht wegen § 10 Abs. 1 ErbbauRG ebenfalls entgegen.

3023

Wird das herrschende Grundstück real geteilt oder in Wohnungs-/Teileigentum aufgeteilt, vermehrt sich die Zahl der ausübungsberechtigten Eigentümer inflationär.[5272] Sind solche Vorkaufsrechte für mehrere Verkaufsfälle bestellt, sind sie praktisch nicht mehr löschbar, da hierzu die Mitwirkung aller Berechtigter und (jedenfalls materiellrechtlich: § 876 Satz 2 BGB, grundbuchrechtlich nur bei entsprechender Aktivbuchung gem. §§ 9, 21 GBO) der an den herrschenden Grundstücken dinglich Berechtigten erforderlich wäre. Das OLG München verwehrt unzutreffender Weise sogar die allmähliche Reduzierung des Kreises der Vorkaufsberechtigten durch Ausscheiden analog § 472 BGB (Rdn. 3004); das allmähliche »Sammeln« von gem. § 875 Abs. 2 BGB bindend gewordenen Aufgabeerklärungen Einzelner ist fruchtlos, sobald das Eigentum am herrschenden Nachfolgegrundstück gewechselt hat.

3024

In den vorgenannten Fällen der inflationären Vermehrung des Kreises der Vorkaufsberechtigten ist aber nicht nur die Löschung des dinglichen Vorkaufsrechtes praktisch unmöglich, sondern auch die Einholung der Vorkaufsrechtsausübungserklärungen: bereits die Ermittlung des Kreises der Berechtigten erfordert u.U. aufwändige Gutachten des Vermessungsamtes sowie zahlreiche kostenpflichtige Grundbucheinsichten, die Anschriften aller Beteiligten sind sodann zu ermitteln, und schließlich sichere Zustellungen, ggf. auch im Ausland, vorzunehmen. Über allem schwebt das Damoklesschwert der vormerkungsgleichen Wirkung des nicht wirksam abgefragten und durch Fristablauf erloschenen Vorkaufsrechtes, §§ 1098 Abs. 2, 883 BGB! Doch auch dem teilenden (herrschenden)

3025

[5270] *Amann* NotBZ 2010, 201, 202 Fn. 4 nennt 23,86 €/qm für die Stadt München.
[5271] Vgl. *Burbulla* Der Vorkaufsfall im Zivilrecht, S. 69 ff.; auch zur (bejahten) Frage, ob dem Vorkaufsberechtigten gleichwohl ein Erwerb zu den »Scheinbedingungen« möglich ist (venire contra factum proprium).
[5272] Im Fall des OLG Celle, 03.03.2010 – 4 W 44/10, NotBZ 2010, 227: über 50; ähnlich OLG München, 24.07.2009 – 34 Wx 50/09, NotBZ 2010, 234.

Eigentümer ist regelmäßig nicht bewusst, dass er durch die Teilung in eine streitanfällige Ausübungs- und (im Fall der Ausübung) Eigentümergemeinschaft hinein gezwungen wird. *Amann*[5273] hat eindrucksvoll vorgeschlagen, diesen interessenwidrigen Folgen durch analoge Anwendung des § 1109 Abs. 2 BGB zu begegnen, sodass der Kreis der einzubeziehenden Berechtigten bei Teilung und Weiterverkauf des herrschenden Grundstücks nur kraft im Grundbuch verlautbarter Erklärung des teilenden Eigentümers erfolgt.

3026 Nicht zu vernachlässigen sind schließlich die Grundbuchkosten, die mit der Eintragung eines dinglichen Vorkaufsrechts einher gehen (volle Gebühr, § 62 Abs. 1 KostO, aus dem halben Wert der Sache, § 20 Abs. 2 KostO),[5274] sowie die Lästigkeit, einer potenziell hohen Zahl von Vorkaufsberechtigten (man denke an eine Aufteilung des herrschenden Grundstücks nach WEG!), deren Identität und Anschrift zuverlässig ermittelt werden muss, den auslösenden Vertrag, die Anfrage und Erläuterungen nachvollziehbar zuzustellen. Auch wenn der Notar über die wirtschaftlichen Folgen eines Rechtsgeschäfts nicht belehren muss, mag ein solcher Hinweis angebracht sein:

▶ Formulierungsvorschlag: Belehrungen bei Vorkaufsrechtsbestellung

> Der Notar hat die gesetzlichen Bestimmungen zum Vorkaufsrecht erläutert und auf die rechtlichen Wirkungen der zwischen den Vertragsteilen getroffenen Vereinbarungen hingewiesen. Insbesondere wurde dabei erläutert, dass die Eintragung eines Vorkaufsrechts ggf. Beleihbarkeit und Wert des Grundbesitzes herabsetzen mag, andererseits das Vorkaufsrecht – insbesondere bei Umgehungsversuchen – ggf. nur durch ein langwieriges gerichtliches Verfahren durchgesetzt werden kann. Auch auf die Kostenfolgen bei Notar und Grundbuch *(Zusatz beim dinglichen Vorkaufsrecht: sowie auf die Gefahr einer extremen Vermehrung des Kreises der einzubeziehenden Vorkaufsberechtigten bei einer Teilung des herrschenden Grundstücks)* wurde hingewiesen.

4. Abwicklung nach Ausübung

3027 Durch die wirksame Ausübung (Rdn. 1754 ff.) des Vorkaufsrechts (Rdn. 1750 ff.) kommt ein neuer, selbstständiger schuldrechtlicher Kaufvertrag zwischen dem Vorkaufsverpflichteten und dem Vorkaufsberechtigten zu grds. identischen Bedingungen zustande (§ 464 Abs. 2 BGB). Ausnahmen bestehen lediglich beim schuldrechtlichen Vorkaufsrecht, das z.B. preislimitiert bestellt sein kann (Rdn. 3016).[5275] Der einmal eingetretene Vorkaufsfall kann nach wirksamer Ausübung des Vorkaufsrechts[5276] (die erst nach Eintritt der Wirksamkeit des Kaufvertrags möglich ist) **nicht mehr**, auch nicht durch auflösende Bedingungen oder Rücktrittsrechte bzw. rechtsgeschäftliche Aufhebung **beseitigt** werden (§ 465 BGB);[5277] allerdings sollte sich der Verkäufer, um nicht zwei Kaufvertragsansprüchen ausgesetzt zu sein, den **Rücktritt vom Vertrag mit dem Ersterwerber vorbehalten** (Rdn. 1760) oder diesen auflösend bedingen.

3028 Auch nicht in Geld bestehende Leistungspflichten des Erstkäufers (z.B. Einräumung eines Nutzungsrechts für den Verkäufer) muss der Vorkäufer gewähren. An die Stelle solcher Nebenleistungen, die der Vorkaufsberechtigte nicht erbringen kann, tritt Wertersatz in Geld (§ 466 BGB, z.B. bei Pflegeverpflichtungen unter Verwandten).[5278] Hat (wie regelmäßig) der Erstkäufer im Kauf-

---

5273 *Amann* NotBZ 2010, 201, 206.
5274 Abweichungen hiervon kommen nach BGH, 06.10.2011 – V ZB 52/11, ZNotP 2012, 38 nur in Betracht, wenn aufgrund von eindeutigen und sicher vorhersehbaren Umständen der Eintritt des Vorkaufsfalles und dessen Ausübung weniger wahrscheinlich sind als das Gegenteil.
5275 Das schuldrechtliche Vorkaufsrecht kann sich auch auf nicht abgeschriebene Teilflächen beziehen. Durch ein dingliches Vorkaufsrecht kann zwar materiell-rechtlich ein Grundstücksteil (als lediglich einfacher Bestandteil, Umkehrschluss zu § 93 BGB) belastet sein, nicht aber grundbuchrechtlich (§ 7 GBO), vgl. OLG Hamm DNotI-Report 1996, 29 und Rn. 2491.
5276 Nach strengerer Ansicht soll eine Änderung bereits ab dem Zeitpunkt des Vorkaufsfalles nicht mehr gegen den Vorkaufsberechtigten wirken, vgl. *Vogt* in: Festschrift für Hagen, S. 219.
5277 Denkbar sind aber Rücktrittsrechte, die an sonstige Sachverhalte anknüpfen; diese werden Bestandteil des nach Ausübung zustande kommenden Vertrags (Stichwort: »poison pills«).
5278 Nach a.A. ist in einem solchen Fall das Vorkaufsrecht ausgeschlossen, wenn es sich bei der nicht erfüllbaren Leistung um eine vertragswesentliche Leistung handelt, vgl. *Hertel* in: Lambert-Lang/Tropf/Frenz, Handbuch der Grundstückspraxis

vertrag die Vertragskosten übernommen, trägt sie nun (über die gesetzlichen Regelungen der §§ 1100 bis 1102 BGB hinaus, Rdn. 3033)[5279] der Vorkaufsberechtigte, und zwar für die ursprüngliche Beurkundung,[5280] deren Besicherung durch Vormerkung,[5281] letzterer Löschung, wie auch für die erneut notwendige Beurkundung der Auflassung,[5282] nicht jedoch der Eintragung und Löschung etwaiger Finanzierungsgrundpfandrechte des Erstkäufers.[5283]

3029 Auch Regelungen über die Verteilung der **Maklerprovision** gehören zum Kaufvertrag (da sie die Höhe des Kaufpreises beeinflussen) und binden den Vorkaufsberechtigten.[5284] Es ist also nicht mehr erforderlich, dass der Makler zunächst vom Verkäufer beauftragt wurde und der Käufer diese Verpflichtung im Kaufvertrag übernimmt.[5285] Notwendig wird jedoch sein, dass der Verkäufer zumindest als Versprechensempfänger einen Anspruch auf Leistung an den Makler erhält (§§ 328, 335 BGB).

▶ Hinweis:

3030 Die dinglichen (Auflassung) und einseitigen Erklärungen (Finanzierungsvollmacht!) werden jedoch nicht »per se« Bestandteil des durch Vorkaufsrechtsausübung zustande kommenden Kaufvertrags mit dem Berechtigten. Hat sich der Erstkäufer der Zwangsvollstreckung wegen des Kaufpreises unterworfen (§ 794 Abs. 1 Nr. 5 ZPO), kann sie der Verkäufer auch vom Vorkäufer verlangen.[5286] Hatte sich der Verkäufer dem Erstkäufer ggü. zur Mitwirkung an der Finanzierung durch Erteilung einer Vollmacht verpflichtet, kann auch der Vorkäufer dies beanspruchen.

3031 Zusammen mit der erneuten Erklärung der Auflassung ggü. dem Vorkaufsberechtigten sind die vertraglichen Regelungen sinngemäß **anzupassen** (z.B. Kaufpreisfälligkeit,[5287] Kaufpreisauszahlung,[5288] vereinbarte Fristen)[5289] und für den neu zustande gekommenen Kaufvertrag sämtliche Genehmigungen und Vorkaufsrechtsverzichtserklärungen[5290] erneut anzufordern, wozu es neuerlicher Vollzugsvollmachten bedarf.[5291] Die bereits eingetragene Vormerkung ist zu löschen (Pflicht zur rechtsmängelfreien Lieferung); einer neuerlichen, bewilligten, Vormerkung bedarf es wegen § 1098 Abs. 2

Teil 2 Abschnitt 1 G Rn. 573.

5279 Die nur dann gelten, wenn der Erstkäufer bereits als Eigentümer eingetragen war, BGH NJW 1992, 236.

5280 Zu ersetzen sind diese Kosten allerdings unmittelbar dem Verkäufer, der sie dem Erstkäufer auszukehren hat.

5281 Wohl h.M. BGH DNotZ 1982, 630 (obiter); MünchKomm-BGB/*Westermann* § 464 Rn. 7 m.w.N.; ebenso *Dumoulin* MittRhNotK 1967, 748; zweifelnd *Hahn* MittRhNotK 1994, 210 (der vorschlägt, zur Streitvermeidung die Vormerkung des Erstkäufers erst dann einzutragen, wenn die Nichtausübung feststeht, was sich jedoch bei einem prekären Verkäufer als gefährlich erweisen kann); a.A. LG Bonn NJW 1965, 1606.

5282 BGH Rpfleger 1978, 97.

5283 Vorsichtigen Erstkäufern ist daher zu raten, die Finanzierungsgrundschuld erst zu bestellen, wenn die Nichtausübung des Vorkaufsrechtes feststeht; dann muss jedoch die Fälligkeitsfrist ausreichend lange bemessen sein (ca. einen Monat, je nach Eintragungsdauer beim Grundbuchamt) oder aber der Notar zur Erstellung einer Rangbescheinigung bereit sein.

5284 BGH MittBayNot 1997, 97. Der Provisionsanspruch aus dem Maklervertrag mit dem Erstkäufer entfällt jedoch i.d.R., BGH NJW 1999, 2271.

5285 So noch OLG Düsseldorf DNotZ 1983, 234; ebenso der Sachverhalt in BGH DNotZ 1982, 629 zu § 28a Abs. 3 Satz 4 BBauG.

5286 Die Vollstreckungsunterwerfung als prozessuale Willenserklärung ist erneut abzugeben, LG Regensburg MittBayNot 1995, 486.

5287 So zählt z.B. die Löschung der Finanzierungsgrundschuld und Vormerkung des Erstkäufers nun zur Lastenfreistellung, LG Leipzig AgrarR 2001, 29 während eine neuerliche Vormerkung wegen § 1098 Abs. 2 BGB entbehrlich ist. Eine Fälligkeitsmitteilung ist auch ggü. dem Vorkäufer erforderlich, OLG München MittBayNot 1994, 30 m. abl. Anm. *Grziwotz*, S. 31.

5288 Häufig ist im Erstkauf der Anspruch gegen den Vorkäufer auf Zahlung des Kaufpreises an den Erstkäufer abgetreten worden, sodass Direktzahlung erfolgen muss.

5289 Vgl. eingehend *Hertel* in: Lambert-Lang/Tropf/Frenz, Handbuch der Grundstückspraxis, Teil 2 Abschnitt 1 G Rn. 578: Differenzierung, ob ein Fixtermin gewollt war oder eine Zeitspanne ab Vorliegen anderer Umstände.

5290 Z.B. der Gemeinde (wenn der Erstkauf ein Verwandtschaftsgeschäft war, § 26 Nr. 1 BauGB). Ein nachrangiger privatrechtlicher Vorkaufsberechtigter kann jedoch nicht nunmehr sein Vorkaufsrecht ausüben in Bezug auf den durch mit dem vorrangig Vorkaufsberechtigten zustande gekommenen Kaufvertrag; es fehlt am »Abschluss« eines Vertrags i.S.d. § 463 BGB.

5291 Vorkaufsberechtigter und -verpflichteter müssen diese, sofern im Erstkauf enthalten, wiederum erteilen, ggf. einem einvernehmlich bestimmten anderen Notar.

BGB nicht. Offenbarungspflichtige Umstände muss der Vorkaufsverpflichtete auch dem Vorkäufer ggü. offen legen.[5292]

▶ Hinweis:

Es empfiehlt sich, den Erstkäufer im Rahmen einer »dreiseitigen Vereinbarung« einzubeziehen, da er die Löschung seiner Vormerkung nur Zug-um-Zug gegen Erstattung seiner Kosten bewilligen wird, vgl. das **Gesamtvertragsmuster XXI**, Rdn. 3910

3032 Bestimmte Vertragsgestaltungen muss der Vorkaufsberechtigte jedoch nicht gegen sich gelten lassen. Zum einen handelt es sich um Klauseln, die den Kauf von der Nichtausübung des Vorkaufsrechts abhängig machen (§ 465 BGB). In Erweiterung dieses Rechtsgedankens hält die Rechtsprechung Klauseln, die erkennbar die Vereitelung des Vorkaufsrechts anstreben, wegen Sittenwidrigkeit (Nießbrauchsbestellung für die Ehefrau)[5293] oder Scheingeschäftscharakter (nicht ernstlich gewollte Nebenpflicht zur Pferdebetreuung)[5294] für unwirksam. Gem. § 464 Abs. 2 BGB ist der Vorkaufsberechtigte schließlich nicht zu Leistungen verpflichtet, die nur äußerlich in der Urkunde mit dem Erwerbsvorgang verbunden sind, ohne dass sie Gegenleistung für den Erwerb darstellen würden.[5295] Dieser Rechtsgedanke wird erweiternd angewendet auf alle »**Fremdkörper**«, die außerhalb des Abhängigkeitsverhältnisses von Leistung und Gegenleistung stehen,[5296] bspw. eine im Kaufvertrag vereinbarte Vergütung für die Weitergabe einer bisherigen Erwerbsposition (Meistbietender in einem Ausschreibungsverfahren) an den Käufer.[5297]

3033 Das **dingliche Vorkaufsrecht** hat ggü. Dritten die Wirkung einer Auflassungsvormerkung (§ 1098 Abs. 2 BGB). Auch wenn der Verkauf an den Dritterwerber bereits vollzogen wurde, kann demnach nach wirksamer Ausübung des Vorkaufsrechts der Vorkaufsberechtigte die Zustimmung zur Auflassung an ihn selbst verlangen (§ 888 BGB). Später eingetragene Grundstücksbelastungen sind dem Vorkaufsberechtigten ggü. jedoch nur dann relativ unwirksam, wenn sie nach Entstehen des Vorkaufsfalls, also Ausübbarkeit des Vorkaufsrechts,[5298] eingetragen wurden.[5299] Da diese zeitliche Reihenfolge einem Grundpfandrechtsgläubiger ggü. nicht offenkundig ist, wird er vorsorglich den Rangrücktritt verlangen.

3034 Hinsichtlich des herauszugebenden Besitzes gelten die Bestimmungen zum **Eigentümer-Besitzer-Verhältnis** entsprechend.[5300] Hat also der Erstkäufer bereits den Besitz erhalten, kann ihn der Vorkaufsberechtigte ab Ausübung heraus verlangen (§ 1100 BGB).[5301] Ist der Erstkäufer bereits als Eigentümer eingetragen, bewirken §§ 1100 bis 1102 BGB eine unmittelbare Rückabwicklung unter Abkürzung der Leistungsbeziehungen.[5302]

5292 OLG Köln NJW-RR 1995, 1167.
5293 BGH NJW 1961, 775.
5294 OLG Hamburg NJW-RR 1992, 1496.
5295 Beispiel aus *Lambert-Lang/Tropf/Frenz* Handbuch der Grundstückspraxis Teil 2 Abschn. I G Rn. 572: Der Käufer bestellt seiner eigenen Mutter (nicht der des Verkäufers!) ein Wohnungsrecht an der erworbenen Wohnung.
5296 OLG Stuttgart DNotI-Report 2001, 101: Verlängerung der für den Verkäufer begründeten Pacht in einem Vertragsnachtrag, nachdem die mutmaßliche Ausübungsabsicht des Vorkäufers bekannt wurde.
5297 BGH, 11.01.2007 – III ZR 7/06, ZNotP 2007, 132.
5298 RGZ 155, 370, 376; bei genehmigungsbedürftigen Rechtsgeschäften soll die Vormerkungswirkung jedoch bereits mit Vertragsabschluss, nicht erst mit Wirksamwerden durch Erteilung der Genehmigungen entstehen, vgl. BeckOK BGB § 1098 Rn. 12 m.w.N.
5299 BGH DNotZ 1973, 603. Die Schutzwirkung einer bewilligten Vormerkung (bei schuldrechtlichen Vorkaufsrechten) erfasst jedoch alle nachrangigen Grundpfandrechte, auch wenn sie vor Eintritt des Vorkaufsfalls eingetragen wurden.
5300 BGHZ 87, 296.
5301 Der Erstkäufer ist dabei bösgläubiger Besitzer, wenn er den Besitz in Kenntnis des dinglichen Vorkaufsrechtes erworben hat, BGH NJW 1983, 2024.
5302 Vgl. *Hertel* in: Lambert-Lang/Tropf/Frenz Handbuch der Grundstückspraxis Teil 2 Abschn. 1 G Rn. 590.

C. Querschnittsdarstellungen

Inhalt	Rdn.
I. Insolvenzrecht	3035
1. Grundzüge des Insolvenzverfahrens	3035
a) Antragstellung	3035
b) Allgemeines Insolvenzverfahren	3038
c) Besondere Verfahren	3044
d) Besonderheiten bei Wohnungseigentum	3047
e) Ausländische Insolvenzverfahren	3049
2. Einfluss der Insolvenz auf bestehende Grundstückskaufverträge	3052
a) Ab Antragstellung	3052
b) Ab Verfahrenseröffnung	3053
aa) Übergang der Verfügungsbefugnis	3053
bb) Besonderheiten in der Verbraucherinsolvenz	3061
cc) Wahlrecht des Insolvenzverwalters	3063
dd) Vormerkungsschutz (§ 106 InsO)	3069
ee) Insolvenz des Käufers	3083
c) Aufhebung der Insolvenzbeschränkungen	3087
d) Besonderheiten beim Bauträgervertrag	3092
e) Notarielle Amtspflichten ggü. dem Insolvenzverwalter	3098
3. Besonderheiten bei Verkäufen durch den Insolvenzverwalter	3100
a) Verfügungsbefugnis	3100
aa) Eröffnungsphase	3100
bb) Nach Eröffnung	3104
b) Sach- und Rechtsmängelhaftung	3113
aa) Sachmängel	3114
bb) Rechtsmängel	3124
4. Erwerb zur Insolvenzmasse	3125
II. Kostenrechtliche Hinweise	3126
1. Gebührenstufe/Geschäftswert	3126
2. Gegenstandsgleiche und -verschiedene Erklärungen	3134
3. Vollzugsgebühren	3144
4. Nebentätigkeitsgebühren	3153
5. Hebegebühren	3160
6. Angebot und Annahme	3163
7. Vertragsaufhebung	3169
8. Auflassung	3171
9. USt	3174
10. Grundbuchkosten	3178
11. Vermessungskosten	3182
III. Steuerrechtliche Grundzüge	3183
1. Notar und Steuerrecht	3183
a) Belehrungspflichten	3183
b) Anzeigepflichten	3187
2. Steuerliche Sonderanforderungen bei Geschäften unter Angehörigen	3193
3. Ertragsteuerliche Unterscheidungen	3199
a) Selbstständige Wirtschaftsgüter	3199
b) Betriebs- und Privatvermögen	3201
aa) Nutzungsbereiche	3202
bb) »Verdecktes Betriebsvermögen«	3207
(1) Betriebsaufspaltung	3208
(2) Sonderbetriebsvermögen	3221
(3) Verpächterwahlrecht	3223
(4) Gewerblicher Grundstückshandel	3225
cc) »Geborenes Betriebsvermögen« bei Gesellschaften	3226
(1) Kapitalgesellschaften	3227
(2) Gewerblich tätige Personengesellschaft	3233
(3) Gewerblich geprägte Personengesellschaft	3235
(4) Vermögensverwaltende Personengesellschaften	3237
dd) Anlagevermögen/Umlaufvermögen	3240
c) Zuordnung zum wirtschaftlichen Eigentümer; Immobilienleasing	3241
4. Besteuerung von Grundbesitz im Privatvermögen	3246
a) Erwerbs- oder Herstellungsphase	3246
aa) Anschaffungskosten, Herstellungskosten, Werbungskosten	3246
(1) Anschaffungskosten	3247
(2) Nachträgliche Anschaffungskosten	3248
(3) Aufteilung Gebäude/Grund und Boden	3249
(4) Herstellungskosten	3251
(5) Nachträgliche Herstellungskosten	3253
(6) Erhaltungsaufwand	3255
(7) Weitere Werbungskosten	3260
bb) Anschaffung durch Einbringung in Betriebsvermögen?	3262
(1) Einbringung von Wirtschaftsgütern des Privatvermögens	3262
(a) In ein Einzelunternehmen	3262
(b) In eine Kapitalgesellschaft	3263
(c) In eine gewerblich tätige oder geprägte Personengesellschaft	3265
(2) Übertragung von Wirtschaftsgütern des Betriebsvermögens	3267
(a) »Überführung« ohne Rechtsträgerwechsel	3267
(b) Überführung mit Rechtsträgerwechsel	3268

C. Querschnittsdarstellungen

	Rdn.
(c) Übertragung durch oder an eine Kapitalgesellschaft.	3273
(d) Besonderheiten bei Personengesellschaften	3276
cc) Steuerliche Förderung der Selbstnutzung für Altfälle bis 01.01.2006: Eigenheimzulagengesetz	3287
(1) Anspruchsberechtigung	3289
(2) Begünstigtes Objekt	3291
(3) Personenbezogener Objektverbrauch	3294
(4) Höhe der Eigenheimzulage	3296
(5) Förderzeitraum und -beginn	3300
dd) Investitionszulagengesetz 1999	3303
ee) Haushaltsnahe Dienstleistungen	3309
ff) Außergewöhnliche Belastung	3312
b) Vermietungsphase	3313
aa) Einkunftstatbestand	3313
(1) Grundsatz	3313
(2) Verbilligte Überlassung	3315
(a) Rechtslage bis 31.12.2011	3315
(b) Rechtslage ab 01.01.2012	3318
(3) Vermietung an Unterhaltsberechtigte	3319
(4) Vermietungen »über Kreuz« und durch Personenmehrheiten	3320
bb) Werbungskosten	3327
(1) Übersicht	3327
(2) Finanzierungskosten	3328
(3) Drittaufwand	3331
(4) Negative Werbungskosten	3338
(5) Vorab entstandene Werbungskosten	3339
cc) Insb.: Abschreibungen	3340
(1) Abschreibungsberechtigung	3340
(2) Bemessungsgrundlage	3341
(3) Reguläre Absetzungsmöglichkeiten	3342
(4) Erhöhte AfA	3347
dd) Liebhaberei	3351
ee) Fondsbeteiligungen	3356
ff) Sonstige Einkünfte gem. § 22 Nr. 3 EStG	3361
c) Häusliches Arbeitszimmer	3362
d) Veräußerungsphase: Besteuerung privater Veräußerungsgewinne (§ 23 EStG)	3367
aa) Betroffene Objekte	3367
bb) Steuerfreiheit bei fehlender Identität	3371
cc) Anschaffungs- und Veräußerungsvorgänge	3372
dd) Ermittlung des Veräußerungsgewinns	3379
ee) Entstehung und Entfallen der Steuer	3381

	Rdn.
5. Besteuerung betrieblichen Grundbesitzes	3383
a) Erwerbs- oder Herstellungsphase	3383
aa) Differenzierung nach der Art der Gewinnermittlung	3383
bb) Investitionszulagengesetze 2005/2007/2010	3385
b) Vermietungsphase	3388
c) Veräußerungs- oder Entnahmephase	3392
aa) Evidente Sachverhalte	3392
bb) Verdeckte Sachverhalte: Gewerblicher Grundstückshandel bzw. gewerbliche Grundstückswertschöpfung	3395
(1) Grundsatz	3395
(2) Drei-Objekt-Grenze	3399
(3) Gewerbliche Grundstücksentwicklung	3407
(4) Gesellschaften	3411
(5) Flucht in den Grundstückshandel	3416
cc) Aufgabe oder Veräußerung des Betriebs	3417
d) Bauabzugsteuer	3419
e) Gewerbesteuer	3420
aa) Steuerobjekt und -subjekt	3420
bb) Bemessungsgrundlage	3421
cc) Berechnung	3426
dd) Unternehmensteuerreform 2008	3428
6. Grundsteuer	3430
7. Grunderwerbsteuer	3434
a) Besteuerungstatbestände	3436
aa) Grundstücksübereignung	3437
bb) Meistgebot	3442
cc) Verwertungsbefugnis	3443
dd) Gesellschafterwechsel	3446
(1) § 1 Abs. 2a GrEStG	3447
(2) § 1 Abs. 3 GrEStG	3452
(3) Freistellung und Nachbesteuerung	3460
ee) Umwandlungsvorgänge	3467
b) Ausnahmen von der Besteuerung	3469
aa) Näheverhältnisse	3469
bb) Schenkungsteuer	3470
cc) Bagatellgrenze	3473
dd) Öffentliche Aufgaben	3477
ee) Umwandlungsvorgänge im Konzern	3478
ff) Rückabwicklung	3486
c) Bemessungsgrundlage	3491
aa) Grundsatz	3491
bb) Kaufpreisänderungen	3493
cc) Gesellschaftsrechtliche Vorgänge	3494
dd) »Einheitliches Vertragswerk«	3495
d) Steuersatz	3499
e) Anzeigepflichten	3500
8. USt	3502

C. Querschnittsdarstellungen

	Rdn.
a) Grundlagen	3502
b) Steuerbefreiung	3505
c) Option	3507
aa) Voraussetzungen	3510
(1) Positive Voraussetzungen	3510
(2) Ausschluss bei einer »Geschäftsveräußerung im Ganzen«	3516
(3) Folgen der Unzulässigkeit	3522
(4) Anforderungen an die Option	3529
(a) Leistung für das Unternehmen des Käufers	3529
(b) Unternehmerstellung des Verkäufers	3531
(c) Folgen einer missglückten Option	3532
(5) Form	3535
bb) Folge wirksamer Option	3537
(1) Höhe der Steuer	3537
(2) Steuerschuldnerschaft	3538
(3) Kein Einfluss auf die Grunderwerbsteuer	3540
cc) Rechnungstellung	3541
dd) Übergangsregelungen	3543
ee) Inventar und Betriebsvorrichtungen	3544
ff) Formulierungsvorschläge	3547
d) Vorsteuerabzug bei Immobilien	3550
aa) Abzugsberechtigung	3550
bb) Zuordnung zum Unternehmensvermögen	3554
(1) Zuordnungsentscheidung	3554
(2) Vorsteuerabzugsberechtigung bis zum JStG 2010 (»Seeling«)	3558
(3) Vorsteuerabzugsberechtigung für Neufälle ab 2011	3560
cc) Höhe des Vorsteuerabzugs	3564
dd) Berichtigung des Vorsteuerabzugs	3566
IV. Immobilienportfoliotransaktionen	3571
1. Marktsegmente	3571
a) Gesamtvolumen	3571
b) Wohnungsmarkt	3573
c) Gewerbeimmobilien	3578
d) Sonderimmobilien	3580
2. Marktteilnehmer	3581
a) Verkäufer	3581
b) Käufer	3583
3. Transaktionsprozess	3588
a) Share deal oder asset deal	3588
b) Prozesse zur Gewinnung und Auswahl von Investoren	3605
4. Typische »deal points«	3607
a) Selbstständige Garantien	3608
b) Zeitlicher Bezugspunkt	3611
c) De-minimis-, basket-, cap-Klauseln	3612
d) Ausschluss bei Kenntnis	3615
e) Verjährungsfristen	3617

	Rdn.
f) Absicherung der Mängelrechte	3618
V. Geschlossene Immobilienfonds	3619
VI. Deutscher Real Estate Investment Trust (G-REIT)	3632
VII. Sonderrecht der neuen Bundesländer	3637
1. Vermögenszuordnung	3639
a) Volkseigentum	3639
b) Zuordnung des wohnungswirtschaftlichen Vermögens	3641
c) Zuordnungsverfahren: VZOG	3644
d) Treuhandanstalt	3650
2. Familienrechtliche Besonderheiten	3651
a) Güterstand des FGB-DDR	3651
b) Überleitung	3653
c) Familienrechtliche Besonderheiten auf Veräußererseite	3660
d) Besonderheiten auf Erwerberseite	3665
3. Erbrechtliche Besonderheiten	3666
a) Abweichungen des materiellen Erbrechts der DDR	3666
aa) Erbfälle vor dem 01.04.1966	3666
bb) Erbfälle zwischen dem 01.04.1966 und dem 01.01.1976	3667
cc) Erbfälle zwischen dem 01.01.1976 und dem 03.10.1990	3668
dd) Erbfälle nach dem 02.10.1990	3672
b) Interlokale Anknüpfung	3674
aa) Erbfälle vor dem 01.01.1976	3674
bb) Erbfälle zwischen dem 01.01.1976 und dem 02.10.1990	3675
c) Verwendbarkeit von Erbscheinen	3678
d) Pflichtteilsrechtliche Probleme	3681
4. Gesetzliche Vertretung	3683
5. Heilungsvorschriften	3688
6. Katasterrechtliche Besonderheiten	3691
a) Ungeteilte Hofräume	3691
b) Bodensonderungsgesetz, Sonderungsplanverordnung	3693
aa) Anwendungsbereich	3693
bb) Verfahren	3694
cc) Wirkungen	3695
7. Bodenreformland; Landwirtschaftsanpassung	3699
a) Bodenreform (Art. 233 §§ 11 bis 16 EGBGB)	3699
aa) Historischer Sachverhalt und Ausgangslage	3699
bb) Problemstellung	3701
cc) Gesetzliche Eigentumszuordnung	3702
dd) Übereignungsanspruch des »besser Berechtigten«	3707
b) Landwirtschaftsanpassungsgesetz	3713
8. Gebäudeeigentum	3718
a) Arten des Gebäudeeigentums	3718
aa) Verliehenes Nutzungsrecht	3720
bb) Zugewiesene Nutzungsrechte	3722

C. Querschnittsdarstellungen

		Rdn.
cc)	Vertragliche Nutzungsrechte	3723
dd)	Sonderbestimmungen	3725
ee)	Landwirtschaftliche Produktionsgenossenschaften	3726
ff)	Wohnungsbaugenossenschaften	3727
b)	Fortbestand des Gebäudeeigentums	3728
c)	Anlegung eines Gebäudegrundbuchs (§ 4 GGV)	3733
d)	Zusammenführung von Gebäudeeigentum und Grundstück	3737
aa)	Komplettierungszwang	3737
bb)	Aufgabeerklärung gem. Art. 233 § 4 Abs. 6 EGBGB	3738
cc)	Alternative Komplettierungswege	3745
e)	Veräußerung des Gebäudeeigentums	3750
f)	Teilung des Gebäudeeigentums	3751
9.	Verfügungen über Baulichkeiten	3752
a)	Sachverhalt	3752
b)	Übergangsrecht	3753
c)	Übertragung von Baulichkeiten	3755
10.	Genehmigung nach der Grundstücksverkehrsordnung	3757
a)	Objekt der Genehmigung	3759
aa)	Genehmigungsgegenstand	3759
bb)	Genehmigungsbedürftigkeit	3761
b)	Genehmigungsfreistellung	3764
c)	Genehmigungserteilung und -verfahren	3769
d)	Kassation der Genehmigung	3777
aa)	Risikofälle	3778
bb)	Folgen der Kassation	3781
(1)	Vor Endvollzug des Ersterwerbs	3781
(2)	Nach Endvollzug des Ersterwerbs, ohne Zweitveräußerung	3783
(3)	Folgen für einen Zweiterwerb	3784
11.	Vorkaufsrechte	3787
a)	Nutzervorkaufsrecht gem. § 20 VermG	3787
b)	Vorkaufsrecht des Restitutionsberechtigten gem. § 20a VermG	3790
c)	Vorkaufsrecht gem. § 57 SchuldRAnpG	3791
12.	Lastenfreistellung	3792
a)	Arten von Grundpfandrechten im Beitrittsgebiet	3793
aa)	Uraltgrundpfandrechte	3793
bb)	ZGB-Hypotheken	3796
cc)	Besonderheiten der Aufbauhypothek	3799
b)	Rechtsinhaberschrift an Altgrundpfandrechten	3800
c)	Löschungserleichterungen durch das GrdBBerG	3806
aa)	§§ 3 bis 6 GrdBBerG	3807
bb)	Hinterlegungsverfahren (§ 10 GrdBBerG)	3809
d)	Gegenstandslose Rechte	3814
13.	Sach- und Rechtsmängel	3815
a)	Altlasten	3815
b)	Bestehen selbstständigen Gebäude- oder Baulichkeitseigentums	3816
c)	Mitbenutzungsrechte und altrechtliche Dienstbarkeiten	3818
d)	Ansprüche auf Dienstbarkeiten	3822
e)	Schuldrechtsanpassung	3828
f)	Nebengesetze des Schuldrechtsänderungsgesetzes	3832
14.	Belehrungen	3835
15.	Sachen- und Verkehrsflächenbereinigung	3836
a)	Sachenrechtsbereinigungsgesetz	3836
aa)	Anwendungsbereich	3837
bb)	Grundwertungen	3840
cc)	Vertragsgestaltung	3847
dd)	Notarielles Vermittlungsverfahren	3851
b)	Verkehrsflächenbereinigungsgesetz	3854

I. Insolvenzrecht

1. Grundzüge des Insolvenzverfahrens

a) Antragstellung

Antragsberechtigt sind sowohl jeder Gläubiger als auch der Schuldner selbst (sog. Eigenantrag) – ausschließlich letzterer hinsichtlich des Eröffnungsgrundes der »drohenden Zahlungsunfähigkeit« (§§ 13 Abs. 1 Satz 2, 18 Abs. 1 InsO). Eine natürliche Person, die keine selbstständige wirtschaftliche Tätigkeit ausübt oder ausgeübt hat (»Verbraucher«), kann im Fall eines Fremdantrags einen – dann vorrangigen[1] – Eigenantrag auf Eröffnung des Verbraucher-Insolvenzverfahrens stellen (§ 306 Abs. 3 Satz 1 InsO). Im Nachlassinsolvenzverfahren gelten erweiterte Antragsrechte, § 317 Abs. 1 InsO.[2] Bereits im Eröffnungsverfahren trifft den Schuldner eine Mitwirkungspflicht (§ 20 Abs. 1 Satz 1 InsO). Eine **Rücknahme** des (seit 01.07.2007 formulargebundenen) Antrags ist nur bis zu seiner rechtskräftigen Abweisung oder bis zur Eröffnung des Insolvenzverfahrens möglich (§ 13 InsO), anschließend wird das Insolvenzverfahren zum ausschließlichen Amtsverfahren.

3035

Insolvenzgründe sind gem. § 17 InsO die Zahlungsunfähigkeit (i.d.R. anzunehmen bei Einstellung der Zahlungen, § 17 Abs. 2 Satz 3 InsO, nicht jedoch bei bloßer Zahlungsstockung),[3] und zwar unabhängig davon, ob das Zahlungsunvermögen dauerhaft ist, die – fälligen – Forderungen ernsthaft geltend gemacht wurden[4] und ob die Liquiditätslücken einen maßgeblichen Teil der Verbindlichkeiten ausmachen oder nicht. Der Vorverlagerung (und damit häufig der Ermöglichung)[5] der Insolvenzeröffnung dient der weitere Antragsgrund der drohenden Zahlungsunfähigkeit beim Eigenantrag des Schuldners, § 18 InsO. Bei juristischen Personen ist weiterhin die Überschuldung Eröffnungsgrund, welche gem. § 19 Abs. 2 InsO anzunehmen ist, wenn das Vermögen – bei Bewertung nach Fortführungsgrundsätzen – die Verbindlichkeiten nicht mehr deckt (mit zeitlich bis 31.12.2013 befristeten Erleichterungen infolge der Finanzkrise 2008).[6] Im Zuge des MoMiG wurde anstelle der bisherigen einzelgesetzlichen Regelungen zur Insolvenzantragspflicht für Organvertreter (z.B. § 130a Abs. 1 HGB, § 64 Abs. 1 Satz 1 GmbHG) eine rechtsformübergreifende Norm in § 15a InsO geschaffen (subsidiär trifft die Antragspflicht dann auch die Gesellschafter, wenn kein Organ vorhanden ist). Es handelt sich weiterhin um ein Schutzgesetz i.S.d. § 823 Abs. 2 BGB zugunsten der Gesellschaftsgläubiger mit der Folge der Erstattung des Quotenschadens für Altgläubiger, des vollen negativen Interesses für Neugläubiger. Damit weitet sich die Antragspflicht auch auf Auslandsgesellschaften aus.[7]

3036

Mit Stellung eines zulässigen Insolvenzantrags hat das Insolvenzgericht über **vorläufige Sicherungsmaßnahmen** zur Verhinderung nachteiliger Veränderungen der Vermögenslage zu entscheiden, etwa die einstweilige Einstellung von Vollstreckungsmaßnahmen, die Anordnung eines vorläufigen Verwertungsverbots für unternehmenswichtige bewegliche Sachen, an denen ein Absonderungsrecht (Eigentumsvorbehalt) besteht bzw. die zur Sicherung übereignet sind, sowie für unbewegliche Sachen, an denen ein Aussonderungsrecht besteht (§ 21 Abs. 2 Nr. 5 InsO), ferner die Anordnung einer vorläufigen Postsperre. Die in der Praxis häufigste Sicherungsmaßnahme ist die Bestellung eines **vorläufigen Insolvenzverwalters** (§ 21 Abs. 2 Nr. 1 InsO) entweder (wie

3037

---

1 Kommt es später zur Annahme des Schuldenbereinigungsplans durch die Gläubiger und zu einem entsprechenden Feststellungsbeschluss des Gerichts, gelten die Fremdanträge als zurückgenommen (§ 308 Abs. 2 InsO).
2 BGH, 19.05.2011 – IX ZB 74/10, ZEV 2011, 544 m. Anm. *Marotzke:* ungeklärte Erbenstellung genügt nicht.
3 BGH NZI 2005, 547: unschädliche Zeitraumilliquidität von 2 bis 4 Wochen.
4 Nicht zu berücksichtigen sind allerdings Forderungen, deren Gläubiger sich mit einer späteren oder nachrangigen Befriedigung einverstanden erklärt haben, BGH, 19.07.2007 – IX ZB 36/07, JurionRS 2007, 36134.
5 Unter der Geltung der KO war die Abweisung mangels Masse die Regel (84 %, vgl. ZIP 1997, 1766).
6 Als Folge des Finanzmarktstabilisierungsgesetzes vom 17.10.2008: keine Insolvenzantragspflicht trotz bilanzieller Unterdeckung, wenn das Unternehmen voraussichtlich in der Lage ist, mittelfristig seinen Zahlungspflichten nachzukommen, also (befristete) Rückkehr zum zweistufigen Überschuldungsbegriff der KO, vgl. *Wälzholz* GmbH-StB 2009, 106 ff. Es bedarf des subjektiven Fortführungswillens und objektiv der erforderlichen Liquidität über voraussichtlich 12 Monate.
7 Vgl. *Poertzgen* GmbHR 2007, 1258 ff.

C. Querschnittsdarstellungen

selten) ohne gleichzeitige Verhängung eines Verfügungsverbots oder aber als »starke« Verwaltung mit vollständigem Übergang der Verwaltungs- und Verfügungsbefugnis über das schuldnerische Verfahren bereits im Eröffnungszeitraum. Die Beschränkungen sind im Grundbuch zu vermerken (§ 23 Abs. 3 InsO i.V.m. §§ 32, 33 InsO). Zu den Wechselwirkungen ggü. Versteigerungsverfahren vgl. oben Rdn. 2147 ff.

b) Allgemeines Insolvenzverfahren

3038 Sind die Verfahrenskosten weder durch das schuldnerische Vermögen noch durch Vorschuss eines Gläubigers oder Stundung der Verfahrenskosten nach § 4a InsO gedeckt, erfolgt die (seit 01.07.2007 öffentlich bekannt zu machende) **Verfahrensabweisung mangels Masse** mit der Folge der Eintragung in das Schuldnerverzeichnis (§ 26 Abs. 2 InsO). Anderenfalls erfolgt Verfahrenseröffnung durch Beschluss, der wegen § 5 Abs. 2 Satz 1 InsO i.d.R. nicht verkündet zu werden braucht. Zugleich erfolgt die Bestellung des Insolvenzverwalters (der nach Annahme des Amtes ein dies bestätigendes Zeugnis ausgestellt erhält, § 56 Abs. 2 InsO), die Aufforderung an Gläubiger und Schuldner, ihre Forderungen beim Verwalter anzumelden und Leistungen nur noch an diesen zu erbringen (§ 28 InsO) sowie die Terminsbestimmungen zum Berichts- und zum Prüfungstermin (§§ 156, 176 InsO), die häufig verbunden werden (§ 29 InsO). Im Handelsregister und Grundbuch erfolgen Eintragungen (§§ 31, 32 InsO, und zwar auch, wenn lediglich ein Miterbe insolvenzbetroffen ist).[8] Der Schuldner verliert damit die Befugnis, sein zur Insolvenzmasse gehörendes Vermögen zu verwalten und hierüber zu verfügen (§ 80 InsO).

3039 Sofern das Gericht nicht (bei einfachen Regelinsolvenzsachverhalten ähnlich der Verbraucherinsolvenz: § 312 Abs. 2 InsO) ein schriftliches Verfahren anordnet (§ 5 Abs. 2 InsO), findet ein **Berichtstermin** statt. In diesem beschließt die Gläubigerversammlung insb.
– ob und in welchem Umfang dem Schuldner und seiner Familie Unterhalt gewährt werden soll (§ 100 Abs. 1 InsO),
– ob ein Gläubigerausschuss eingesetzt bzw. der vom Insolvenzgericht eingesetzte beibehalten werden soll (§§ 57 Abs. 1, 68 InsO),
– ob ein neuer Verwalter gewählt werden soll (§ 57 InsO) und
– ob dem Verwalter ein Auftrag zur Ausarbeitung eines **Insolvenzplans** – insb. als Liquidationsplan, Übertragungsplan oder Sanierungsplan – erteilt werden soll (§ 157 Satz 2 InsO). Über die Annahme des Plans entscheiden die Gläubiger in (mindestens) drei Gruppen (Absonderungsberechtigte, nichtnachrangige Gläubiger sowie nachrangige Gläubiger) mit einfacher Mehrheit der jeweiligen Forderungssummen und der beteiligten Gläubiger in einem eigenen Erörterungs- und Abstimmungstermin (§§ 217 ff., 244 Abs. 1 InsO).

3040 Soweit ein solcher Insolvenzplan nichts anderes bestimmt, gelten die Ansprüche der Nachranggläubiger als erlassen (§ 225 InsO). Die missbräuchliche Ablehnung der Zustimmung einer Gruppe kann gem. § 245 InsO durch das Insolvenzgericht ersetzt werden, ebenso die an sich notwendige Zustimmung des Schuldners (§ 247 InsO). Mit Rechtskraft des Planbestätigungsbeschlusses treten die im gestaltenden Teil des Plans festgelegten Wirkungen für und gegen alle Beteiligten ein (§ 254 Abs. 1 Satz 1 InsO), das Insolvenzverfahren ist aufzuheben (§ 258 InsO). Die Eintragung in der Tabelle als Anlage zum rechtskräftig bestätigten Insolvenzplan gilt als vollstreckbarer Titel (§ 257 Abs. 1 Satz 1 InsO).

3041 Im **Prüfungstermin** können die gem. § 174 Abs. 1 InsO angemeldeten (sogar bereits titulierten)[9] Forderungen vom Verwalter, Schuldner oder von einem Insolvenzgläubiger bestritten werden; ihre Feststellung ist dann durch den Gläubiger im ordentlichen Klageverfahren zu betreiben (§ 179 Abs. 1

---

8 BGH, 19.05.2011 – V ZB 197/10, NotBZ 2011, 330 m. Anm. *Suppliet*, zur Vermeidung gutgläubigen Wegerwerbs, wenn der Miterbe selbst (anstelle des Insolvenzverwalters) noch an Verfügungen mitwirken sollte.

9 Nach dem bis 01.07.2007 geltenden Recht musste der Gläubiger dann trotz des Titels Klage auf Feststellung der Forderung erheben und wegen der Illiquidität des Schuldners i.d.R. trotz des Obsiegens die Prozesskosten tragen. Gem. § 184 InsO in der ab 01.07.2007 geltenden Fassung muss der bestreitende Schuldner binnen Monatsfrist seinen Widerspruch verfolgen, anderenfalls gilt er als nicht erhoben.

InsO). Im Verteilungsverzeichnis nach Verwertung der Masse sind für bestrittene Forderungen, wegen derer ein Feststellungsstreit läuft, Rückstellungen zu bilden (§ 189 Abs. 2 InsO). Nach der **Schlussverteilung** erfolgt die Aufhebung des Insolvenzverfahrens durch das Gericht; die Eintragung der festgestellten Gläubigerforderungen in die Insolvenztabelle hat Titelwirkung (§§ 200, 201 Abs. 1 InsO). Nach der Aufhebung des Insolvenz-(regel-)verfahrens können die Insolvenzgläubiger ihre restlichen Forderungen gegen den Schuldner wieder unbeschränkt geltend machen, § 201 InsO.

Hinsichtlich der **Rangordnung der Gläubiger** im Insolvenzverfahren ist zu unterscheiden zwischen 3042
– der **Aussonderungsberechtigung**, § 47 InsO, in Bezug auf Gegenstände, die aufgrund eines dinglichen oder persönlichen Rechts nicht zur Insolvenzmasse gehören (Hauptanwendungsfall: Eigentumsvorbehalt des Lieferanten),
– der **Absonderungsberechtigung**, §§ 49 ff. InsO, zugunsten von Gläubigern, denen (1) ein Recht auf Befriedigung aus unbeweglichen Gegenständen zusteht (ihre Ansprüche richten sich also nach dem ZVG), oder (2) die an einem Gegenstand der Insolvenzmasse ein Pfandrecht (durch Verpfändung, durch Pfändung oder kraft Gesetzes) erlangt haben, § 50 Abs. 1 InsO, ferner (3) gem. § 51 InsO Gläubiger, denen der Schuldner zur Sicherung eines Anspruchs eine bewegliche Sache oder ein Recht übertragen hat (Nr. 1), oder denen aufgrund von Verwendungen auf eine Sache an dieser ein Zurückbehaltungsrecht Sache zusteht (Nr. 2 und 3), und schließlich Bund, Länder und Gemeinden, soweit ihnen zoll- und steuerpflichtige Sachen als Sicherheit für öffentliche Abgaben dienen (Nr. 4). Der BGH rechnet auch die Rückstände ggü. der WEG-Gemeinschaft i.S.d. § 10 Abs. 1 Nr. 2 ZVG zu den analog § 49 InsO absonderungsberechtigten Forderungen, Rdn. 3048.
– **Masseverbindlichkeiten**, das sind – neben den Kosten des Insolvenzverfahrens selbst, § 53 3043
InsO, – in erster Linie solche, die durch die Verwaltung, Verwertung und Verteilung der Insolvenzmasse begründet werden, § 55 Abs. 1 Nr. 1 InsO, oder die aus gegenseitigen Verträgen herrühren, soweit deren Erfüllung zur Insolvenzmasse verlangt wird oder für die Zeit nach der Eröffnung des Insolvenzverfahrens erfolgen muss (Nr. 2). Es kann sich dabei (§ 55 Abs. 2 InsO) auch um Verbindlichkeiten handeln, die vom starken vorläufigen Insolvenzverwalter herrühren. Wegen dieser Masseverbindlichkeiten kann der Gläubiger den Insolvenzverwalter verklagen und aus einem Titel in die Masse vollstrecken (aus Rangklasse 5 in Grundbesitz), sofern das 6-monatige Vollstreckungsverbot des § 90 InsO nicht greift, und solange keine Masseunzulänglichkeit angezeigt wurde (§ 210 InsO: Vollstreckungsverbot für die vorher, seit Insolvenzeröffnung, entstandenen »Alt« Masseverbindlichkeiten).
– Erst danach rangieren die – anzumeldenden – schlichten **Insolvenzforderungen** (§ 38 InsO), auf die typischerweise nur mehr eine geringe, wenn auch gleichmäßige, Verteilungsquote entfällt.

c) Besondere Verfahren

Restschuldbefreiung[10] sieht die InsO (anders als das angloamerikanische Recht) nunmehr – jedenfalls für natürliche Personen – vor als Befreiungsverfahren nach einem allgemeinen Insolvenzverfahren für persönlich haftende Unternehmer (§§ 286 ff. InsO), im Anschluss an ein Verbraucher-Insolvenzverfahren (§§ 304 ff. InsO) und im Rahmen eines Insolvenzplanverfahrens (§ 227 InsO). Häufigster Anwendungsfall ist das **Verbraucher-Insolvenzverfahren** für natürliche Personen mit weniger als 19 Gläubigern (unter denen keine Arbeitnehmer sein dürfen), also insb. für Nichtberufstätige, kleine Gewerbetreibende und Arbeitnehmer. Es sieht einen 3-stufigen Verfahrensablauf vor, bestehend aus dem Versuch einer außergerichtlichen Schuldenbereinigung durch eine »geeignete Person«, insb. eine qualifizierte Schuldnerberatungsstelle (§ 305 Abs. 1 Nr. 1 InsO), gefolgt (nach Insolvenzantragstellung) vom Versuch einer gerichtlichen Schuldenbereinigung auf der Basis 3044

---
10 Hierzu *Pape* NWB 2004, 3677 ff. = Fach 19, S. 3237.

C. Querschnittsdarstellungen

des vom Antragsteller gefertigten Schuldenbereinigungsplans[11] und schließlich dem vereinfachten Insolvenzverfahren (§§ 311 ff. InsO).

3045 Es wird lediglich schriftlich oder in allenfalls einem Termin durchgeführt, zahlreiche Aufgaben des Insolvenzverwalters werden auf die Gläubiger verlagert (Anfechtung, Verwertung von Sicherheiten), i.Ü. übernimmt sie ein Treuhänder. Nach der Schlussverteilung folgt eine 6-jährige »Wohlverhaltensperiode« (§§ 286 ff. InsO) mit der Folge der gerichtlich auszusprechenden Restschuldbefreiung[12] – auch für nicht angemeldete Forderungen – bei Einhaltung der Obliegenheiten (insb. § 295 InsO). Absonderungsrechte (insb. aus Grundpfandrechten) werden allerdings nicht beeinträchtigt, auch Ansprüche ggü. Mitschuldnern und Bürgen bleiben aufrechterhalten (§ 301 Abs. 2 InsO).

3046 Um die Erfahrungen des Schuldners zu nutzen und die Kosten zu senken, erlauben §§ 270 ff. InsO auf Antrag des Schuldners (mit Zustimmung etwaiger ebenfalls antragstellender Gläubiger) die **Eigenverwaltung durch den Schuldner** unter Aufsicht eines Sachwalters. Dieser kann bspw. verlangen, dass Einnahmen und Ausgaben nur über ihn abgewickelt werden; Verbindlichkeiten außerhalb des gewöhnlichen Geschäftsverkehrs sind an seine Zustimmung gebunden (§ 275 InsO). Der Schuldner darf die für eine bescheidene Lebensführung seiner Familie erforderlichen Beträge entnehmen (§§ 278, 100 Abs. 2 InsO), erstellt die erforderlichen Masse- und Gläubigerverzeichnisse und erklärt sich in Abstimmung mit dem Sachwalter über die Erfüllung gegenseitiger Verträge (§§ 279, 281 InsO). Er nimmt auch die an die Verwertung sich anschließende Verteilung vor (§ 283 Abs. 2 Satz 1 InsO). Der Gemeinschuldner ist weiterhin zu Verfügungen über die Gegenstände der Masse befugt.

d) Besonderheiten bei Wohnungseigentum

3047 Während der teilrechtsfähige Verband der Wohnungseigentümer selbst gem. § 11 Abs. 3 WEG nicht insolvenzfähig ist (vgl. Rdn. 2452), kann der Insolvenzverwalter in der Insolvenz des Wohnungseigentümers die Wohnung freihändig veräußern (die Auseinandersetzung der Miteigentumsgemeinschaft an den sachenrechtlichen Grundlagen gem. § 84 Abs. 1 InsO, kommt allerdings wegen § 11 Abs. 2 WEG nicht in Betracht). Im Innenverhältnis, § 164 InsO, bedarf die Veräußerung gem. § 160 Abs. 1 Nr. 1 InsO der Zustimmung des Gläubigerausschusses; ist das Sondereigentum mit Grundpfandrechten belastet, muss der Insolvenzverwalter ferner vorab klären, unter welchen Zahlungsauflagen diese zur Löschung bewilligt werden. Die Praxis wählt statt dessen teilweise auch den Weg der sog. »kalten Zwangsverwaltung«, bei welcher der Insolvenzverwalter aufgrund Vertrags mit den Grundpfandgläubigern die vermietete Wohnung für diese bewirtschaftet, der Masse jedoch einen Teil der eingezogenen Miete als Vergütung zusteht.[13]

3048 Bei Hausgeldforderungen i.S.d. § 16 Abs. 2, 28 Abs. 2 WEG (auch vorschussweise nach dem beschlossenen Wirtschaftsplan, § 28 Abs. 2 WEG) handelt es sich um Masseverbindlichkeiten i.S.d. § 55 Abs. 1 Nr. 1 InsO (Rdn. 3043), wenn sie (1) als Vorschüsse aufgrund eines beschlossenen Wirtschaftsplans geschuldet, jedoch erst nach Insolvenzeröffnung fällig[14] werden, sowie (2) als Abrechnungsspitze mit Beschluss der Wohnungseigentümer über die Jahresabrechnung fällig werden.[15] Davor fällig gewordene laufende (Vorschuss-) Zahlungen und Abrechnungsspitzen sind schlichte Insolvenzforderungen (§ 38 InsO), die aber, soweit der Umfang des § 10 Abs. 1 Nr. 2

---

11 Widerspricht lediglich eine Minderheit der Gläubiger, kann das Gericht bei einem inhaltlich angemessenen Plan die Zustimmung ersetzen.
12 Gem. BGH Rpfleger 2005, 471 wird die Restschuldbefreiung vorzeitig erteilt, wenn alle angemeldeten Gläubiger und die Verfahrenskosten befriedigt worden sind.
13 Vgl. *Vallender* NZI 2004, 401, 405 f.
14 Diese kann sich aus der Gemeinschaftsordnung oder einer Vereinbarung i.S.d. § 10 Abs. 2 Satz 2 ZVG ergeben, hilfsweise aus dem Beschluss über den Wirtschaftsplan gem. §§ 21 Abs. 7, 28 Abs. 5 WEG; als Auffangregelung gilt § 28 Abs. 2 WEG: Fälligkeit auf Abruf des Verwalters.
15 BGH, 30.11.1995 – V B 16/95, BGHZ 131, 228, 231 f.; demgegenüber hat der Beschluss über die Jahresabrechnung in Bezug auf bereits aus dem Wirtschaftsplan bestehende Beitragsrückstände nur bestätigende Wirkung.

ZVG reicht (vgl. Rdn. 2456 ff.: laufende und rückständige Beträge aus dem Jahr der Beschlagnahme[16] und den vorangehenden beiden Jahren, begrenzt auf 5 % des Verkehrswerts, und mehr als 3 % des Einheitswertes), zur abgesonderten Befriedigung berechtigen, und zwar ohne vorherige (Zwangsversteigerungs-) Beschlagnahme, ja sogar ohne vorherigen Titel.[17] In letzterem Fall findet eine Pfandklage gegen den Insolvenzverwalter (auf Duldung der Zwangsvollstreckung) statt, bei welcher das Prozessgericht zu prüfen hat, ob die Voraussetzungen des Pfandrechts vorliegen. Die während des Insolvenzverfahrens fällig werdenen Wohngeldforderungen schließlich sind zwar Masseverbindlichkeiten, stehen aber nach Ansicht des BGH[18] (unverständlicherweise) nicht mit Absonderungsbefugnis im Rangprivileg des § 10 Abs. 1 Nr. 2 ZVG, sondern nur in der aussichtslosen Rangklasse des § 10 Abs. 1 Nr. 5 ZVG.

e) Ausländische Insolvenzverfahren

Etwas komplexer ist die Rechtslage bei Handlungen eines **Insolvenzverwalters nach ausländischem Recht**, wie zunehmend als Folge des »Insolvenztourismus« zur Erlangung rascherer Restschuldbefreiung bei Wohnsitznahme etwa im Elsass oder in Großbritannien zu beobachten. Solche ausländischen Insolvenzverfahren sind in Deutschland grds. ohne besonderes Anerkennungsverfahren anzuerkennen,[19] für Verfahren mit Auslandsbezug i.R.d. EU (mit Ausnahme von Dänemark) gestützt vorrangig[20] auf die Europäische Insolvenzverordnung vom 31.05.2002 (EuInsVO), i.Ü.[21] gestützt auf § 335 InsO. Hieraus ergibt sich auch das Verbot von Einzelvollstreckungsmaßnahmen in anderen Staaten nach Insolvenzeröffnung.[22] Gem. Art. 3 EuInsVO sind zuständig die Gerichte desjenigen Mitgliedstaats, in dem der Schuldner, trotz des Auslandsbezugs (etwa in Gestalt vorhandenen Vermögens im anderen Staat) den Mittelpunkt seiner hauptsächlichen Interessen, »centre of main interests – COMI«, hat.[23] Außerhalb des Anwendungsbereichs der EuInsVO ergibt sich dies aus § 343 InsO. 3049

Das Recht der Verfahrenseröffnung bestimmt (sowohl gem. Art. 4 EuInsVO als auch gem. § 335 InsO) die Wirkungen des Insolvenzverfahrens, also bspw. den Umfang der zur Masse gehörenden Gegenstände sowie die **Befugnisse des Verwalters** (z.B. mit der Folge, dass bei britischem Insolvenzstatut das Eigentum am Schuldnervermögen ohne Weiteres auf den Insolvenzverwalter übergeht!).[24] Insb. hat der Insolvenzverwalter also in allen Mitgliedstaaten die Rechte, die ihm nach dem Recht der Verfahrenseröffnung zukommen, sofern nicht ein entgegenstehendes Partikular-Insolvenzverfahren im Wirkungsstaat eröffnet worden ist (Art. 4 Abs. 2 Buchst. c) i.V.m. Art. 18 EuInsVO, § 335 InsO). Um inländischen Gläubigern die Geltendmachung ihrer Rechte im Auslandsverfahren zu ersparen, empfiehlt sich, sofern der ausländische Schuldner im Inland über eine Niederlassung verfügt (Art. 3 Abs. 2 EuInsVO), die Einleitung eines Sekundärinsolvenzverfahrens, beschränkt auf inländische Vermögenswerte und Schuldner (Art. 16, 27 bis 30 EuInsVO). 3050

---

16 An deren Stelle tritt in diesem Fall die Eröffnung des Insolvenzverfahrens, sofern nicht schon zuvor eine Beschlagnahme stattgefunden hat, BGH, 21.07.2011 – IX ZR 120/10, ZfIR 2011, 825 m. Anm. *Derleder* Rn. 34.
17 BGH, 21.07.2011 – IX ZR 120/10, ZfIR 2011, 825 m. Anm. *Derleder* Rn. 19 ff.; vgl. *Schneider* ZMR 2009, 165 ff.; *Böttcher* notar 2011, 183, 189 (allerdings unter Beschränkung auf titulierte Forderungen); a.A. *Bärmann/Seuß/Bergerhoff* Praxis des Wohnungseigentums Abschn. F, Rz. 893. Mit dem Wortlaut des § 49 InsO (der ein materielles Recht auf Befriedigung aus dem Objekt verlangt) ist die Ansicht des BGH schwer zu vereinbaren.
18 BGH, 21.07.2011 – IX ZR 120/10, ZfIR 2011, 825 m. Anm. *Derleder*; kritisch *G. Mayer*, ZfIR 2012, 86.
19 BGH, 18.09.2001 – IX ZB 51/00, NJW 2002, 960 (ausgenommen Fälle der rechtsmissbräuchlichen Wohnsitzverlegung ins Ausland); AG Duisburg, 13.01.2010 – 62 IE 1/10, RNotZ 2010, 402 (keine Zuständigkeitsbündelung beim Insolvenzgericht außerhalb des § 346 InsO).
20 BGH, 03.02.2011 – V ZB 54/10, ZNotP 2011, 235.
21 Sowie bei Insolvenz von Banken, Versicherungen und Wertpapierunternehmen (wegen § 1 Abs. 2 EuInsVO), etwa in Bezug auf das »Winding up« von Lehman Brothers International, Europe (London); übersehen in *Gutachten* DNotI-Report 2009, 139.
22 EuGH, 21.01.2010 – Rs. C-444/07, NotBZ 2010, 137 m. Anm. *Supplet*.
23 Vgl. hierzu im Einzelnen *Hess* Insolvenzrecht 2007, Anhang G Rz. 13 ff.
24 Sec. 306-(1) Insolvency Act 1986; zum Erfordernis der Umschreibung einer Vollstreckungsklausel auf den englischen Insolvenzverwalter vgl. BGH, 03.02.2011 – V ZB 54/10, ZfIR 2011, 618 m. Anm. *Lüer*.

C. Querschnittsdarstellungen

3051 Gewährt im Geltungsbereich der EuInsVO das anwendbare ausländische Insolvenzrecht allerdings keine Befugnis, einen Insolvenzvermerk im **Grundbuchregister** zur Vermeidung guten Glaubens eintragen zu lassen, bleibt es dabei (Art. 22 EuInsVO i.V.m. Art. 102 § 6 Abs. 1 Satz 2 EGInsO), sodass der ausländische Insolvenzverwalter, sofern sein Verfahrensrecht dies nicht erlaubt, den gutgläubigen Wegerwerb eines in Deutschland gelegenen Grundstücks des Insolvenzschuldners nicht verhindern kann.[25] Im verbleibenden internationalen Anwendungsbereich der InsO selbst gewährt jedoch § 346 Abs. 1 InsO stets, unabhängig davon, ob das »Heimatrecht« dies erlaubt, die Eintragung eines entsprechenden Vermerks.[26] Zur Schutzwirkung der Vormerkung (§ 106 InsO) auch ggü. ausländischen Insolvenzverfahren vgl. Rdn. 3082.

2. Einfluss der Insolvenz auf bestehende Grundstückskaufverträge

a) Ab Antragstellung

3052 Ordnet das Insolvenzgericht keine vorläufige Insolvenzverwaltung an, ergeben sich keine Besonderheiten zur allgemeinen Rechtslage. Der Schuldner kann also weiter materiell- und formell-rechtliche Erklärungen und Anträge abgeben. Wird dagegen ein vorläufiger »starker« Insolvenzverwalter (also unter gleichzeitiger Anordnung eines allgemeinen Verfügungsverbots) bestellt,[27] geht die Verwaltungs- und Verfügungsbefugnis umfassend auf diesen über (§ 22 InsO), sodass nur dieser wirksam Erklärungen abgeben kann. Wurde lediglich ein allgemeines Verfügungsverbot (also ohne Bestellung eines vorläufigen Insolvenzverwalters) erlassen, kommt zwar gem. § 24 Abs. 1 InsO i.V.m. § 81 Abs. 1 Satz 2 InsO, §§ 892, 893 BGB gutgläubiger Erwerb in Betracht, der Notar wird allerdings, auch wenn er damit den guten Glauben zerstört, auf das Verfügungsverbot, so es ihm bekannt ist, hinzuweisen und entsprechende Beurkundungen abzulehnen haben, da er in erster Linie dem materiellen Recht und nicht dem Schutz des guten Glaubens verpflichtet ist.[28]

b) Ab Verfahrenseröffnung

aa) Übergang der Verfügungsbefugnis

3053 Mit Unterzeichnung bzw. Verkündung (§ 5 Abs. 2 Satz 1 InsO) des Eröffnungsbeschlusses geht die Verwaltungs- und Verfügungsbefugnis auf den Insolvenzverwalter über (§ 80 Abs. 1 InsO). Dieser handelt eigenen Namens als Partei kraft Amtes quasi treuhänderisch für den Schuldner und die Gläubiger. Der Schuldner unterliegt einem absoluten Verfügungsverbot (§ 81 Abs. 1 Satz 1 InsO); auch sonstiger Rechtserwerb an Massegegenständen ist gem. § 91 Abs. 1 InsO ausgeschlossen. Auf der »sicheren Seite« ist die Immobilientransaktion als mehraktiger Tatbestand daher zunächst jedenfalls nur dann, wie die Umschreibung erfolgt ist.

Beurkundungen oder Beglaubigungen von materiell- oder formell-rechtlichen Erklärungen des Gemeinschuldners selbst hat der Notar ab Eröffnung damit grds. abzulehnen.

3054 Die Abgabe einer Vollstreckungsunterwerfung nach § 794 Abs. 1 Nr. 5 ZPO ist eine prozessuale Erklärung, keine Vermögensverfügung, und daher ohne Mitwirkung des Insolvenzverwalters möglich. Sie wirkt jedoch nicht ggü. dem allein prozessführungsbefugten (§ 80 InsO) Insolvenzverwalter, gegen den sich auch neu eingereichte Klagen richten müssten. Ggü. Neugläubigern, die ja nicht am Insolvenzverfahren teilnehmen, ist sie jedoch wirksam.[29]

---

25 Zur Kritik vgl. *Bierhenke* MittBayNot 2009, 197, 199.
26 Keine eigene Prüfungskompetenz des Grundbuchamtes bei einem formell ordnungsgemäßen Eintragungsersuchen: OLG Dresden, 26.05.2010 – 17 W 491/10, RPfleger 2011, 27.
27 Vgl. § 21 Abs. 2 Nr. 1 und Nr. 2 InsO.
28 Insoweit zweifelnd *Reul/Heckschen/Wienberg* Insolvenzrecht in der Kautelarpraxis, S. 172.
29 *Gutachten* DNotI-Report 2006, 160.

§ 91 Abs. 2 InsO erklärt jedoch die §§ 878, 892, 893 BGB, § 81 Abs. 1 Satz 2 InsO[30] die §§ 892, 893 BGB für anwendbar. Dies bedeutet: 3055

- War zum Zeitpunkt der Verfahrenseröffnung die Einigung bereits wirksam geworden und der Eintragungsantrag gestellt (zu den Voraussetzungen des **§ 878 BGB** vgl. oben Rdn. 885, 886),[31] braucht die Verfügungsbefugnis nur im Zeitpunkt der Antragstellung vorgelegen zu haben, ihr weiterer Bestand wird dann zugunsten des Erwerbers (ohne Rücksicht auf seine Gutgläubigkeit) fingiert.[32]
- War die Einigung bei Verfahrenseröffnung noch nicht bindend, jedoch der Antrag zuvor gestellt, oder war die Einigung bereits vor Verfahrenseröffnung bindend, wurde jedoch ein Eintragungsantrag erst danach gestellt, und ist noch kein Insolvenzvermerk eingetragen (bzw. ist die Insolvenzeröffnung auch sonst dem Grundbuchamt vor dem Vollzug der beantragten Eintragung nicht bekannt geworden, oben Rdn. 890),[33] ist **gutgläubiger Erwerb gem. §§ 892, 893 BGB** möglich. Dies gilt auch bei der Verfügung über dingliche Rechte (z.B. Abtretung eines Grundpfandrechts, obwohl über das Vermögen des Gläubigers bereits Insolvenz eröffnet ist).[34]

Maßgeblicher Zeitpunkt für das Vorliegen des guten Glaubens ist die Antragstellung bzw. das Wirksamwerden der Einigung, je nachdem welcher Zeitpunkt später liegt (§ 892 Abs. 2 BGB). Zum (besonders praxisrelevanten) **gutgläubigen Erwerb der Vormerkung** vgl. ausführlich oben Rdn. 894 und unten Rdn. 3078. 3056

Zahlungen, die in Unkenntnis[35] der Verfahrenseröffnung noch an den Gemeinschuldner geleistet werden, haben gem. § 82 InsO (Parallelnorm zu § 407 BGB) auch Erfüllungswirkung ggü. dem Verwalter.[36] Entgegen strengerer Rechtsprechung[37] trifft den Notar keine aktive Pflicht zur vorsorglichen Suche nach eingetretenen Insolvenzbeschränkungen (etwa durch Anwahl der gem. § 9 InsO maßgeblichen Internetseite www.insolvenzbekanntmachungen.de), außer ihm gelangen konkrete Anhaltspunkte hierfür zur Kenntnis.[38] 3057

Hat ein Dritter vor Insolvenzeröffnung Rechte wirksam erworben, fallen sie nicht in die Masse (§ 91 InsO), auch dann nicht, wenn es sich um bedingt begründete Rechte handelt und die aufschiebende Bedingung erst nach Insolvenzeröffnung eintritt.[39] **Insolvenzfest** sind dabei sowohl die unter einer Bedingung – auch einer Potestativbedingung[40] – erfolgte Abtretung eines Anspruchs 3058

---

30 In § 81 Abs. 1 Satz 2 InsO bedarf es eines Verweises auf § 878 BGB nicht, da die Norm bereits unmittelbar anwendbar ist. Der akademische Streit, ob die Unwirksamkeit der zwar erklärten, aber nicht vollzogenen dinglichen Einigung sich aus § 81 oder aber aus § 91 InsO ergebe, ist für die Praxis daher belanglos, vgl. *Piegsa* RNotZ 2010, 433, 434.
31 Wie dort dargestellt, sollte die Praxis vorsichtigerweise den Antrag – zur Erlangung des Schutzes des § 878 BGB – namens des Erwerbers stellen, auch für die Eintragung einer Vormerkung zugunsten des Angebotsempfängers (§ 15 GBO gilt auch insoweit, *Demharter* § 15 GBO Rn. 10).
32 Dies steht gem. § 203 Abs. 3 InsO auch einer Nachtragsverteilung bzgl. eines »vergessenen« Grundstücks entgegen, wenn zuvor der Auflassungsantrag beim Grundbuchamt gestellt worden war, BGH, 06.12.2007 – IX ZB 229/06, MittBayNot 2008, 235.
33 Daher besondere Vorsicht bei »Sicherstellungsbescheinigungen« in insolvenznahem Kontext!
34 Ausnahmen bestehen z.B. bei (Zwangs-) Sicherungshypotheken: gem. § 1185 Abs. 2 BGB gelten § 1138 BGB und damit §§ 892, 893 BGB nicht, vgl. DNotI-Gutachten Nr. 84524 (April 2008), FaxAbrufNr. 11547.
35 Bis zur Bekanntmachung (§ 9 Abs. 1 Satz 3 InsO: 2 Tage nach Auslieferung des Veröffentlichungsblatts; auch die zulässige Veröffentlichung eines Verfügungsverbots im Internet gilt als öffentliche Bekanntmachung: OLG Rostock, 19.06.2006 – 3 U 6/06, RNotZ 2006, 555 m. Anm. *Kesseler*) des Eröffnungsbeschlusses wird die Unkenntnis vermutet, ab dann kehrt sich die Beweislast um. Ein Unternehmen, das keinen bankmäßigen Geschäftsbetrieb unterhält – erst recht ein Verbraucher – braucht sich auch dann nicht weiter zu entlasten, wenn er zwar sonstige Indizien (Kontensperre) kannte, nicht aber den Eröffnungsbeschluss, vgl. OLG Rostock, 19.06.2006 – 3 U 6/06, RNotZ 2006, 555 m. Anm. *Kesseler*. Gem. BGH, 15.12.2005 – IX ZR 227/04, ZIP 2006, 138 muss eine Bank ihren Geschäftsbetrieb allerdings so organisieren, dass Erkenntnisse einzelner Mitarbeiter den Entscheidungsträgern zugänglich werden.
36 Vgl. auch § 81 Abs. 1 Satz 2 InsO.
37 OLG Zweibrücken, 27.07.2006 – 4 U 111/05, MittBayNot 2007, 240.
38 *Sandkühler* MittBayNot 2007, 244 (auch nicht gestützt auf § 17 Abs. 1 Satz 1 BeurkG »Klärung des Sachverhalts«).
39 BGHZ 70, 77; BGH, 27.05.2003 – IX ZR 51/02, DNotZ 2004, 123.
40 BGH, 17.11.2005 – IX ZR 162/04, ZNotP 2006, 101 m. Anm. *Kesseler*, S. 94.

C. Querschnittsdarstellungen

als auch die uneingeschränkte **Abtretung** eines **bedingten Anspruchs**[41] (Rechtsgedanke des § 161 Abs. 1 Satz 2 BGB sowie des § 140 Abs. 3 InsO).[42] Hat also bspw. der Käufer vor Insolvenzeröffnung den für den Fall des Scheiterns des Vertrags bedingten Kaufpreisrückzahlungsanspruch an seinen, des Käufers, Finanzierungsgläubiger wirksam abgetreten, muss dies auch der Insolvenzverwalter gegen sich gelten lassen. Jedenfalls für den Fall, dass die aufschiebende Bedingung (Entstehen des Rückforderungsanspruchs) nicht bzw. nicht allein auf den Insolvenzfall abstellt, liegt darin auch keine unzulässige Lösungsklausel.[43] Nicht »insolvenzfest« ist jedoch die Abtretung eines lediglich künftigen Anspruchs, es sei denn, er entsteht noch vor Eröffnung des Verfahrens.[44]

3059 Wurde noch kein Eintragungsantrag gestellt (also außerhalb des Anwendungsbereichs des § 878 BGB), ist zu berücksichtigen, dass die dem Notar ggf. erteilten **Vollmachten** (etwa zur Abgabe der Eintragungsbewilligung, sofern diese ausgesetzt wurde) sowie der diesbezügliche Auftrag gem. **§§ 115, 117 InsO** nach wohl überwiegender Auffassung[45] **erlöschen**, sodass der Notar diesbezügliche Vollmachten nicht mehr ausüben bzw. diesbezüglich abgegebene Erklärungen des Schuldners dem Grundbuchamt nicht mehr vorlegen darf (Gefahr der Haftung analog § 179 BGB). Gleiches gilt für Vollmachten zur **Vorwegbeleihung**, die der nunmehr in Insolvenz befindliche Verkäufer erteilt hat (unbeeinflusst bleibt jedoch eine solche Vollmacht in der Insolvenz des Käufers, also des Bevollmächtigten; sie geht auch mangels Pfändbarkeit der Vollmachtsposition[46] (§ 35 InsO), nicht auf den Verwalter über. Liegt einer vom nunmehrigen Gemeinschuldner erteilten Vollmacht ein Auftrag oder Geschäftsbesorgungsvertrag zugrunde, ergibt sich das Erlöschen selbst »unwiderruflicher Vollmachten« bereits aus §§ 115 Abs. 1, 116 Satz 1 InsO (Erlöschen des Auftrags) i.V.m. § 168 Satz 1 BGB.[47]

3060 § 117 InsO verdrängt nach herrschender Meinung[48] die allgemeinen Rechtsscheingrundsätze (Anscheins- bzw. Duldungsvollmacht) und die §§ 172 ff. BGB (Vertrauen auf die in Urschrift oder Ausfertigung vorgelegte Urkunde – demnach kein gutgläubiger Erwerb der Finanzierungsgrundschuld!), wohl auch § 15 HGB (etwa bei ebenfalls erloschenen Prokuren).[49] An der Mitwirkung des Insolvenzverwalters führt daher kein Weg vorbei. Sie kann nur gem. § 106 InsO erzwungen werden (z.B. im Hinblick auf die Eintragung von Finanzierungsgrundpfandrechten, Rdn. 1335).

Gleiches gilt erst recht, wenn die Auflassung noch nicht erklärt wurde (hierzu unten Rdn. 3074 ff.).

bb) Besonderheiten in der Verbraucherinsolvenz

3061 Im Verfahren der Verbraucherinsolvenz nimmt der Treuhänder die Aufgaben des Insolvenzverwalters wahr (§ 313 Abs. 1 Satz 1 InsO), und übernimmt damit auch die Verwaltungs- und Verfü-

---

41 Vgl. MünchKomm-InsO/*Breuer* § 91 Rn. 23.
42 Danach beginnt die Anfechtungsfrist unabhängig vom Eintritt der Bedingung zu laufen, z.B. gem. § 140 Abs. 2 Satz 2 InsO bereits mit Eintragung einer Vormerkung. Nach OLG Frankfurt am Main ZInsO 2006, 105, 107 gilt § 140 Abs. 3 InsO allerdings nicht, wenn die aufschiebende Bedingung gerade in der Insolvenzeröffnung liegt: Fristbeginn erfolge dann erst mit Bedingungseintritt.
43 BGH, DNotZ 2004, 126; noch deutlicher BGH, 17.11.2005 – IX ZR 162/04, ZNotP 2006, 101 m. Anm. *Kesseler*, S. 94. Allerdings liegt die Gefahr der 10-jährigen Vorsatzanfechtung nahe, *Huhn/Bayer* ZIP 2003, 1964, 1969 ff.
44 BGH, 17.11.2005 – IX ZR 162/04, ZNotP 2006, 101 m. Anm. *Kesseler*, S. 94. Beim Bauträgervertrag erfasst daher die insolvenzfeste Vorauszession nicht solche Sachmängelansprüche, die der Verwalter erst durch die Erfüllungswahl im Insolvenzverfahren ggü. den am Bau beteiligen Unternehmern zur Entstehung bringt.
45 Vgl. BayObLG, 03.09.2003 – 3Z BR 113/03, MittBayNot 2004, 206; auch für die Vollmachtsvermutung des § 15 GBO ist kein Raum mehr, da das Grundbuchamt die Tatsachen, die zum Erlöschen der Vollmacht geführt haben, kennt. Das RG (RGZ 85, 227) hatte zuvor ein Erlöschen nur angenommen, »soweit der Notar nicht als Amtsperson tätig wird«, was jedoch nach moderner Auffassung stets der Fall ist: *Frenz* in: Eylmann/Vaasen BNotO/BeurkG § 1 BNotO Rn. 18 ff.
46 *Stöber* Forderungspfändung Rn. 1781a.
47 § 117 InsO hat also unmittelbare Wirkung für isolierte Vollmachten, ferner bei Abbedingung des § 168 Satz 1 BGB und bei Vollmachten im Rahmen eines Dienstverhältnisses (§§ 108 Abs. 1, 113 InsO).
48 MünchKomm-InsO/*Ott* § 117 Rn. 17 m.w.N., da die Handlungen des »Vertreters« keine stärkere Wirkung haben können als die Handlungen des Gemeinschuldners selbst, welche die Masse gem. §§ 81, 82 InsO nicht binden.
49 Vgl. hierzu LG Leipzig NotBZ 2008, 315: keine Pflicht des Insolvenzverwalters, das Erlöschen der Prokura zum Handelsregister anzumelden.

gungsbefugnis. § 313 Abs. 3 Satz 1 InsO nimmt hiervon jedoch Grundstücke, an denen Absonderungsrechte (also Grundpfandrechte: § 49 InsO, § 1147 BGB) bestehen, aus: Diese Gläubiger sollen (entgegen §§ 165 ff. InsO)[50] ihre Rechte selbst realisieren – und zwar im üblichen Wege der Versteigerung; das Gesetz gewährt ihnen also kein außerordentliches Recht zum freihändigen Verkauf.[51] Der Verkauf durch den Treuhänder ist jedoch gestattet, zum einen gem. §§ 313 Abs. 3 Satz 2, 173 Abs. 2 InsO für den Fall, dass auf Antrag des Treuhänders den Gläubigern eine fruchtlos verstrichene Frist zur Verwertung gestellt wurde, zum anderen für den Fall, dass die Gläubiger der Verwertung zugestimmt haben.[52]

Die heute herrschende Meinung[53] sieht in § 313 Abs. 3 InsO eine Beschränkung lediglich[54] des rechtlichen Dürfens, nicht jedoch des rechtlichen Könnens (vgl. Wortlaut »nicht berechtigt« statt »kann nicht«), da sonst – abgesehen von den beiden vorgenannten Sachverhalten – niemand über solche Grundstücke verfügen könnte: der Gemeinschuldner nicht wegen § 80 InsO, der Gläubiger nicht mangels freihändigen Verwertungsrechts und der Treuhänder nicht wegen Fehlens der Voraussetzungen des § 313 Abs. 3 InsO. Außerdem ist nur durch die Verfügung des Treuhänders gewährleistet, dass der »Übererlös« der Masse zufällt. Trifft diese Einschätzung zu – obergerichtliche[55] Rechtsprechung hierzu fehlt bisher –, bedürfte die Zustimmung der Gläubiger zur Verwertung durch den Treuhänder als bloße Maßnahme des Innenverhältnisses (Vermeidung von Schadensersatzansprüchen) nicht der grundbuchmäßigen Form (Rdn. 579). 3062

cc) Wahlrecht des Insolvenzverwalters 3063

Ob sich der Insolvenzverwalter der ihm gem. Rdn. 3059 angesonnenen Mitwirkung entziehen kann, bestimmen die §§ 103 ff. InsO. Sie gewähren dem (nicht nur vorläufigen) Verwalter – wohl nicht einem durch ihn eingesetzten Vertreter, vgl. Rdn. 473[56] – bei beiderseits nicht vollständig erfüllten gegenseitigen Verträgen ein Wahlrecht (Ausnahmen: Mietverträge bleiben gem. § 108 InsO unbeeinträchtigt – zu Sonderkündigungsrechten vgl. Rdn. 1894 –, Geschäftsbesorgungsverträge erlöschen gem. § 116 InsO). Zur inhaltsgleichen Vorgängernorm (§ 17 KO) war seit 1988[57] die Auffassung vorherrschend, mit Eröffnung des Konkursverfahrens erlöschten die gegenseitigen Erfüllungsansprüche ipso jure, das Erfüllungsverlangen des Konkursverwalters führe also zum Neuentstehen des Anspruchs, und zwar als Masseschuld.[58]

– Seit April 2002 sieht der BGH[59] die Ansprüche als zwar fortbestehend, aber verfahrensrechtlich undurchsetzbar aufgrund wechselseitiger Nichterfüllungseinreden, § 320 BGB (»Suspensivtheorie« anstelle der bisherigen »Erlöschenstheorie«). Belässt es der Verwalter hierbei[60] (untechnisch als »Wahl der Nichterfüllung« bezeichnet), steht es dem Vertragspartner frei, wegen der Nichtleistung zurückzutreten und/oder Schadensersatz statt der Leistung zu fordern und diese 3064

---

50 Die ratio dieser Bestimmungen, nämlich die Erhaltung von Fortführungschancen für ein Unternehmen durch Verwertung über den Verwalter, kommt beim Verbraucherinsolvenzverfahren nicht zum Tragen.
51 MünchKomm-InsO/*Ott* § 313 Rn. 17 m.w.N.; a.A. allerdings LG Hamburg Rpfleger 2000, 37.
52 LG Kiel Rpfleger 2004, 730. Diese Zustimmung liegt jedenfalls mittelbar in der Erteilung einer Löschungsbewilligung (unter Verwendungsauflagen) für das eigene Grundpfandrecht, *Gutachten* DNotI-Report 2008, 131.
53 Vgl. im Einzelnen, auch zur Gegenansicht (LG Hamburg Rpfleger 2000, 37) OLG Hamm, 04.11.2011 – I-15 W 698/10, NotBZ 2012, 41; *Gutachten* DNotI-Report 2008, 129 ff.; *Kesseler* MittBayNot 2007, 22 ff.; LG Braunschweig, 01.04.2009 – 8 T 262/09, RNotZ 2009, 402 m. Anm. *Kesseler.*
54 Noch weiter gehend will *Landfehrmann* in: Heidelberger Kommentar zur InsO § 313 Rn. 12 den Begriff der Verwertung in § 313 InsO nur auf die Verwertung durch Versteigerung (§ 165 InsO) beziehen.
55 I.S.d. hier wiedergegebenen Auffassung bisher LG Braunschweig, 01.04.2009 – 8 T 262/09, DNotI-Report 2009, 76.
56 OLG Düsseldorf ZIP 1988, 855; a.A. *Kesseler* ZNotP 2003, 329 ff.
57 Zuvor war erst dem »Nichterfüllungswahl« rechtsgestaltende Wirkung beigemessen worden, mit der nachteiligen Folge, dass der Vertragspartner des Insolvenzschuldners davor noch mit eigenen Insolvenzforderungen gegen die Masse aufrechnen konnte.
58 Vgl. BGH NJW 1988, 1791; krit. hierzu bspw. *Marotzke* EWiR 1991, 907.
59 DNotZ 2002, 648.
60 Der gesetzliche Regelfall (§ 103 Abs. 2 Satz 2 InsO: wird bei Schweigen nach Aufforderung vermutet). Die »Wahl« erfolgt durch formfreie, empfangsbedürftige Willenserklärung.

anzumelden.⁶¹ oder aber auf eine Teilnahme zu verzichten und sein Heil im insolvenzfreien Vermögen⁶² bzw. nach Verfahrensabschluss, sofern keine Restschuldbefreiung erfolgt, zu suchen.⁶³ Da der Vertrag nicht eo ipso unwirksam wird, bleibt er weiter Grundlage für das etwa bereits übergegangene Recht zum Besitz des Käufers gem. § 986 BGB.⁶⁴

3065 Hat der andere Teil eines gegenseitigen (synallagmatischen) Vertrags bereits vollständig erfüllt (vorgeleistet), bildet sein Gegenanspruch lediglich Insolvenzforderung (anstelle des Grundstücks erhält er also die Insolvenzquote in Geld; der Sachanspruch wird dafür nach der Äquivalenzvermutung umgerechnet). Hat der nunmehrige Gemeinschuldner bereits vollständig erfüllt, wird sein Gegenanspruch zur Masse vollständig eingezogen. Hat **noch keine Seite vollständig erfüllt**, besteht das Wahlrecht des Verwalters. Dabei ist jeweils auf den Eintritt des Leistungserfolgs, nicht die Leistungshandlung abzustellen, und es müssen jeweils alle Pflichten erfüllt sein.

▸ Beispiel:
Der Bauträger hat erst erfüllt, wenn neben der Verschaffung des Eigentums das Werk auch mangelfrei ist; der Käufer erst, wenn er neben der Zahlung des Kaufpreises auch abgenommen und das Eigentum »entgegengenommen« hat. Hinsichtlich des Grundstückserwerbs genügt allerdings insoweit bereits ein unentziehbares Anwartschaftsrecht, also Erklärung bzw. Entgegennahme der Auflassung und Stellung des Umschreibungsantrags.⁶⁵

3066 Es ist bei einem insgesamt gegenseitigen Vertrag also nicht entscheidend, ob die noch nicht erfüllte Pflicht ihrerseits im Synallagma steht oder eine »Hauptpflicht« bildet, sodass bspw. der Käufer auch dann noch nicht erfüllt hat, wenn die durch ihn (bzw. gem. § 448 Abs. 2 BGB) geschuldete Grunderwerbsteuerzahlung noch aussteht.⁶⁶

»Lösungsklauseln«, die das Wahlrecht des Insolvenzverwalters vereiteln würden, sind gem. § 119 InsO unzulässig.⁶⁷

3067 Wählt der Insolvenzverwalter in den hierfür infrage kommenden, verbleibenden Fällen (noch nicht von mindestens einer Seite vollständig erfüllter Verträge) die **Nichterfüllung**, gilt Folgendes: Hat noch keine Seite geleistet, kann der Käufer die frustrierten Aufwendungen (Vertragskosten etc.), die sich sonst nach der Rentabilitätsvermutung amortisiert hätten, als Insolvenzforderung anmelden. Hat der Käufer angezahlt, bildet seine Forderung wegen Nichterfüllung eine Insolvenzforderung, und die Teilleistung ist in das Abrechnungsverhältnis einzustellen. Hat der Verkäufer teilweise geleistet, ist diese Teilleistung rückabzuwickeln (hat er z.B. den Besitz übertragen, entfällt durch die Erfüllungsablehnung das Recht zum Besitz, sodass Herausgabe gem. § 895 BGB geschuldet ist).

3068 Wählt der Insolvenzverwalter in diesen Fällen die Erfüllung, handelt es sich bei den Ansprüchen des Vertragspartners des Insolvenzschuldners um Masseverbindlichkeiten i.S.d. § 55 Abs. 1 Nr. 2, 1. Alt. InsO, die gem. § 53 InsO vorrangig zu befriedigen sind. Hat allerdings der andere Teil ungesichert vorgeleistet und damit bewusst auf den Schutz des Synallagmas verzichtet, bildet die

---

61 Vgl. *Huber* NZI 2002, 467 ff.
62 Hierzu zählt allerdings nicht das dem Insolvenzbeschlag unterliegende, sodann jedoch vom Insolvenzverwalter freigegebene Vermögen, das als »sonstiges Vermögen« i.S.d. § 89 Abs. 1 InsO ebenfalls noch dem Einzelverwertungsverbot unterliegt, BGH, 12.02.2009 – IX ZB 112/06, MittBayNot 2009, 315.
63 *Kesseler* RNotZ 2004, 183.
64 Allerdings mit dem Risiko des Verlusts behaftet für den Fall, dass der Verwalter (außerhalb des § 106 InsO) die Nichterfüllung wählt und an einen Dritten veräußert.
65 Vergleichbar § 107 InsO zum Schutz des Anwartschaftsrechts des Vorbehaltskäufers bei beweglichen Sachen und der Wertung der § 91 InsO und § 878 BGB, vgl. *Kesseler* RNotZ 2004, 182. Die Nichterfüllungswahl hätte für den Insolvenzverwalter auch keinen Sinn, da er den Eigentumserwerb wegen § 878 BGB nicht mehr verhindern könnte und auch die schuldrechtliche Grundlage dafür nicht mehr entzogen werden könnte, *Piegsa* RNotZ 2010, 433, 439.
66 *Reul/Heckschen/Wienberg* Insolvenzrecht in der Kautelarpraxis, S. 46 f.
67 Vgl. hierzu *Kesseler* RNotZ 2004, 185 ff.

Vorleistung nur Insolvenzforderung, § 105 InsO, falls die Gegenleistung teilbar ist (also ein Verkauf mehrerer gleichartiger Sachen vorliegt, wie bei Immobilienkaufverträgen selten).

dd) Vormerkungsschutz (§ 106 InsO)

Der Gläubiger kann allerdings gem. § 106 Abs. 1 Satz 1 InsO für seinen Anspruch stets Befriedigung aus der Insolvenzmasse verlangen, wenn zu dessen Sicherung eine Vormerkung eingetragen ist oder zumindest durch den Erwerber[68] beantragt war (§ 878 BGB; § 91 Abs. 2 InsO analog).[69] Dies gilt auch ggü. einem ausländischen Insolvenzverwalter (§ 336 InsO). Andererseits stehen dem Insolvenzverwalter auch sämtliche Einreden und Einwendungen des Schuldners zu.[70] Hat also der Gemeinschuldner nach Eröffnung des Insolvenzverfahrens (als nicht mehr Berechtigter) die Auflassung erklärt bzw. wurde sie erst dann vorgelegt (§ 878 BGB), wurde jedoch vor Eröffnung des Verfahrens Antrag auf Eintragung der Vormerkung gestellt, muss der Insolvenzverwalter (zur Vermeidung eigener Haftung[71] und auch bei Masseunzulänglichkeit)[72] die **Auflassung erklären** (eine diesbezüglich etwa erteilte Vollmacht an andere Vertragsbeteiligte oder an Angestellte des Notars, die Bewilligung zu erklären, erlischt gem. § 117 Abs. 1 InsO!) bzw. – diese Variante ist kostengünstiger – durch Nachgenehmigung (§ 185 BGB) auf Kosten der Masse[73] mitwirken, ohne allerdings in das Veräußerungsgeschäft i.Ü. einzutreten (§ 103 Abs. 2 InsO). Eine Kostenpauschale, etwa gem. §§ 170, 171 InsO, steht ihm dafür nicht zu;[74] derartige Treuhandauflagen des Verwalters sind daher zurückzuweisen, sofern sich nicht der Käufer damit einverstanden erklärt. Gleiches gilt – erst recht – für den vorläufigen Insolvenzverwalter mit Zustimmungsvorbehalt (§ 21 Abs. 2 Nr. 1, 2. Alt. InsO).[75]

▶ Formulierungsvorschlag: Genehmigung durch Insolvenzverwalter ohne Vertragseintritt i.Ü.

> Ein Eintritt in den Vertrag selbst oder eine Haftungsübernahme für erbrachte bzw. zu erbringende Leistungen oder die Bereitschaft zur Übernahme von Kosten ist mit dieser Genehmigung der bereits durch den Gemeinschuldner erklärten Auflassung (§ 185 BGB) nicht verbunden. Der Insolvenzverwalter ist nicht Rechtsnachfolger des insolvent gewordenen Vertragspartners. Die Löschung des Insolvenzvermerks sowie etwaiger insolvenzbedingter Verfügungsbeschränkungen wird Zug-um-Zug mit Vollzug der Auflassung bewilligt und beantragt (§ 32 Abs. 3 Satz 2 InsO ggf. i.V.m. § 23 Abs. 3 InsO). Weitere Anträge werden vom Insolvenzverwalter weder gestellt noch können sie in seinem Namen gestellt werden.

Sind Grundpfandrechte zu löschen, bedarf es weiter nunmehr der Löschungszustimmung (§ 1183 BGB, § 27 GBO) des Insolvenzverwalters. Zur Vermeidung dessen kann (nach Abstimmung mit dem Käufer und dessen Finanzierungsgläubigern) der Käufer unmittelbar als Eigentümer eingetragen werden und sodann der Löschung zustimmen.

Ist der Vertrag jedoch bereits so weit gediehen, dass die Auflassung erklärt und beim Grundbuchamt eingereicht ist, bedarf es einer Mitwirkung des Insolvenzverwalters gem. § 91 Abs. 2 InsO i.V.m. § 878 BGB nicht mehr.

---

68 Den Antrag des Veräußerers wird dessen Insolvenzverwalter zurücknehmen können (§ 80 InsO), auch wenn er dadurch § 878 BGB vereitelt und sein Wahlrecht wieder begründet, vgl. *Kesseler* RNotZ 2004, 189, auch zur Gegenansicht.
69 BGH MDR 1998, 682.
70 Vgl. *Wegener*, in: Frankfurter Kommentar zur InsO § 106 Rn. 15.
71 Bedarf es wegen der Weigerung des Insolvenzverwalters einer Klage, macht er sich schadensersatzpflichtig, OLG Hamm ZInsO 2006, 1276.
72 OLG Stuttgart MittBayNot 2005, 162, 165.
73 Die Kosten für die Nachgenehmigung fallen ihm zur Last: zwar treffen die eigentlichen Auflassungskosten gem. § 448 Abs. 2 BGB i.d.R. den Käufer, Erfüllungsort der Auflassungserklärung ist allerdings das Grundbuchamt (OLG Stuttgart Recht 1908 Nr. 3399), sodass der Insolvenzverwalter die Mehrkosten seiner Erklärung an einem anderen Ort zu tragen hat. A.A. *Kesseler* RNotZ 2004, 194: Kostenteilung zwischen Erwerber und Masse.
74 §§ 170, 171 InsO gelten lediglich für die Verwertung von mit Absonderungsrechten belasteten Gegenständen, nicht jedoch bei der Erfüllung eines insolvenzfesten Anspruchs »aus der Masse«; auch §§ 63, 64 InsO sind nicht einschlägig; vgl. *Reul* in: Limmer (Hrsg) Tagungsband »Sichere Vertragsgestaltung bei Problemimmobilien« (DNotV-Verlag 2010), S. 35.
75 § 106 InsO gilt zwar nicht unmittelbar, die Bestellung eines vorläufigen »starken« Verwalters stellt jedoch eine Verfügungsbeschränkung i.S.d. § 883 Abs. 2 BGB dar, vgl. DNotI-Gutachten Nr. 11477 v. 30.04.2007.

C. Querschnittsdarstellungen

3072 Das Wahlrecht des Insolvenzverwalters ist gem. § 106 Abs. 1 InsO auch dann beseitigt, wenn gem. § 883 Abs. 1 Satz 2, Abs. 2 Satz 2 BGB eine Vormerkung zur Sicherung eines **lediglich bedingten oder künftigen Anspruchs** eingetragen wurde, der tatsächliche Anspruch auf Eigentumsverschaffung also erst nach Insolvenzeröffnung (etwa wegen späterer Annahme eines Antrags) entsteht.[76] Nicht nur der Angebotsempfänger selbst kann auf diese Weise insolvenzgeschützt werden, sondern auch ein infolge Ausübung eines Benennungsrechts benannter Dritter, wenn vor Insolvenzeröffnung die Vormerkung zugunsten des Benennungsberechtigten eingetragen war[77] und der vormerkungsgesicherte Anspruch nach Ausübung des Benennungsrechts – sei es auch nach Insolvenzeröffnung – an den benannten Dritten abgetreten wurde.[78] Ist allerdings der Übereignungsanspruch bereits vor Insolvenzeröffnung (etwa infolge Rücktritts) erloschen und die Vormerkung damit zur bloßen »Buchposition« herabgesunken, gewährt sie keinen Schutz mehr, nicht einmal mehr i.S.e. insolvenzfesten Zurückbehaltungsrechts hinsichtlich der Löschung der Buchposition bis zur Rückzahlung etwa bereits entrichteter Kaufpreisteile.[79]

3073 Zur Insolvenzfestigkeit der Vormerkung für einen lediglich künftigen Anspruch (etwa aus einer Abschlussvorhand, Rdn. 2938) muss allerdings bereits ein »**sicherer Rechtsboden**« gelegt sein; und zwar auch bei Ansprüchen, die ihrerseits bereits kraft Gesetzes mit Vormerkungswirkung versehen sind.[80] Daran dürfte es fehlen, wenn der Verpflichtete die Entstehung des künftigen oder bedingten Anspruchs durch einseitige rechtsgeschäftliche Erklärung, etwa einen vorbehaltenen freien Widerruf, voraussetzungslosen Rücktritt oder durch beliebige Kündigung, beseitigen kann,[81] z.B. das Angebot frei widerruflich ist.[82] Wurde in diesen Fällen gleichwohl eine Vormerkung (noch als schlichtes Buchrecht) eingetragen, erstarkt diese jedoch eo ipso,[83] sobald die Bindungsfreiheit des Schuldners entfallen ist. Die Vormerkung zur Sicherung der Ansprüche aus einem Vorvertrag rechtfertigt jedoch nach herrschender Meinung keinen Insolvenzschutz.[84]

3074 Der vorgenannte, vormerkungsgesicherte Anspruch des Käufers aus § 433 Abs. 1 BGB richtet sich auf die Verschaffung des Eigentums (Satz 1) und auf die **Freistellung von nicht übernommenen Belastungen** (Satz 2). Wegen § 883 Abs. 2 BGB trifft die letztgenannte Komponente der Schutzwirkung allerdings naturgemäß nicht solche Belastungen, die bereits vor der Eigentumsvormerkung im

---

76 BGH DNotZ 2002, 275, m. Anm. *Preuß*. *Preuß* will hinsichtlich der Insolvenzfestigkeit vorgemerkter künftiger Ansprüche allerdings dahin gehend differenzieren, ob sie ihrem Inhalt nach einem bedingten Anspruch ähneln (dann Vormerkungsschutz) oder nicht. Letzteres soll etwa der Fall sein bei künftigen Ansprüchen aus einem Vorvertrag oder bei künftigen Ansprüchen, deren Gläubiger noch nicht feststeht. Im Lichte der neuerlichen Bestätigung der deckungsgleichen Reichweite von Vormerkungsfähigkeit und Insolvenzfestigkeit durch BGH, 09.03.2006 – IX ZR 11/05, MittBayNot 2007, 45 m. Anm. *Amann*, S. 13 ist dies nicht aufrechtzuerhalten.
77 Was möglich ist, sofern ihm nach § 335 BGB im Rahmen eines echten oder unechten Vertrags zugunsten Dritter ein eigenes Forderungsrecht auf Leistung an den Dritten zustand, *Gutachten* DNotI-Report 1997, 112 ff.
78 Vgl. DNotI-Gutachten Nr. 43783 v. September 2003; BGH NJW 1983, 1544.
79 BGH v. 22.01.2009 – IX ZR 66/07, ZfIR 2009, 292 m. Anm. *Zimmer* = DNotZ 2009, 434 m. Anm. *Kesseler*: kein Fall des § 55 Abs. 1 Nr. 2 i.V.m. § 103 InsO, da die Vormerkungsbewilligung keine Leistungsbewirkung der Insolvenzschuldnerin an den Käufer darstellt, sondern lediglich eine Sicherheit darstelle; deren bloßer »Lästigkeitswert« nicht zur Erzwingung des Rückzahlungsanspruchs verwendet werden kann. Das schuldrechtliche Rückforderungsrecht gem. § 273 BGB allein ist ohnehin nicht insolvenzfest, vgl. Rdn. 892.
80 BGH, 09.03.2006 –IX ZR 11/05, NJW 2006, 2408 m. Anm. *Rein*, S. 3470 = Rpfleger 2006, 484 m. krit. Anm. *Alff* = MittBayNot 2007, 45 m. Anm. *Amann*, S. 13: der gesetzliche Löschungsanspruch des nachrangigen Gläubigers gem. § 1179a BGB ist erst dann gem. § 106 InsO geschützt, wenn z.Zt. der Insolvenzeröffnung das vorrangige Grundpfandrecht nicht nur nicht mehr valutiere, sondern bereits mit dem Eigentum (etwa infolge Abtretung) in einer Person zusammengefallen ist. Vgl. auch BGH, 10.11.2011 – IX ZR 142/10, NZI 2012, 17 zur Absonderungsberechtigung aus abgetretenen Rückgewähransprüchen in der Insolvenz des Eigentümers, Rn. 1692a.
81 *Amann* MittBayNot 2007, 17, nicht jedoch bei Abhängigkeit von sonstigen Umständen.
82 Die Vormerkung bietet also nur dann Insolvenzschutz, wenn die Annahme vor Insolvenzeröffnung erfolgte, vgl. *Piegsa* RNotZ 2010, 433, 443.
83 Anders als in den Fällen des »Recycling« einer Vormerkung für einen Nachfolgevertrag (Rdn. 614) gibt es keinen neu geschaffenen Anspruch, der durch neue formlose Bewilligung (§ 885 BGB) zu sichern wäre.
84 *Wagner* ZfIR 2008, 345, 353; *Piegsa* RNotZ 2010, 433, 443 m.w.N., a.A. *Amann* MittBayNot 2007, 13, 15.

Grundbuch eingetragen waren.[85] Ggü. nachrangigen Belastungen kann der vormerkungsgeschützte Käufer auch nach Eintritt der Insolvenz des Verkäufers grundbuchtaugliche Löschungsbewilligung des Belastungsgläubigers und vom Eigentümer (Verkäufer) grundbuchtaugliche Löschungszustimmung samt Antrag verlangen. Letztere Verpflichtung ist daher auch durch den – insoweit allein antragsberechtigten[86] – Insolvenzverwalter, und zwar zulasten der Insolvenzmasse (§ 106 InsO!), zu erfüllen,[87] denn der Vormerkungsschutz innerhalb und außerhalb einer Insolvenz ist identisch.[88]

Fraglich ist jedoch, ob sich der Insolvenzverwalter der aus § 106 Abs. 1 InsO erwachsenden Erfüllungspflichten (z.B. zur Erklärung der Auflassung und zur Wegfertigung vormerkungswidriger Belastungen) durch »**Freigabe**« (Rdn. 3087) des Grundstücks aus dem Insolvenzbeschlag entledigen kann.[89] Dann wäre der Käufer wieder auf den (unwilligen, leistungsunfähigen und u.U. nicht mehr auffindbaren) Verkäufer angewiesen. Der BGH hat dem Insolvenzverwalter zwar in ähnlichen Fällen eine die Masse entlastende Freigabe versagt (etwa bei prozessbefangenen,[90] altlastenbehafteten[91] Gegenständen) oder ihn zur vorherigen Beseitigung von Beeinträchtigungen verpflichtet[92] (s. Rdn. 3089), allerdings soll die Freigabe gerade den Zustand herstellen, der ohne Eröffnung des Insolvenzverfahrens bestünde; dem Verwalter die Freigabeoption zu nehmen, würde daher den anderen Vertragsteil besser stellen als ohne Insolvenzeröffnung. Der Käufer muss also nach Freigabe die belastete Immobilie übernehmen, die Löschung aufgrund seiner Vormerkung selbst betreiben und die Kosten als Insolvenzforderung geltend machen.[93]

3075

I.Ü., also bzgl. vorrangiger Belastungen, tritt jedoch der Insolvenzverwalter in aller Regel nicht in die Verpflichtung des Verkäufers zur Lastenfreistellung ein und ist durch die Vormerkung auch nicht dazu verpflichtet, er wird daher nicht Kostenschuldner für die mit Endvollzug beantragte Löschung vorrangiger Grundpfandrechte[94] (anders liegt es nur im seltenen Fall, dass die Verpflichtung des Verkäufers zur Löschung solcher vor der Vormerkung eingetragener Belastungen bei diesen durch Löschungsvormerkungen gesichert wäre).[95] Diese »Nichterfüllungsfreiheit« gilt
– wie erläutert, für nicht aufhebungsvorgemerkte Belastungen im Rang vor der Erwerbervormerkung und
– für sonstige Verpflichtungen des Verkäufers, etwa zur Herstellung eines Werkes[96] – zu den Folgen für den Bauträgervertrag vgl. Rdn. 3092,

3076

---

85 BGH MDR 1995, 57 und BayObLG MittBayNot 2004, 206 mit allerdings zu weit geratenem Leitsatz (der nicht zwischen vor- und nachrangigen Belastungen differenziert).
86 Auch aus § 106 InsO ergibt sich keine Pflicht des Käufers, das vormerkungswidrig belastete Eigentum zu übernehmen.
87 Vgl. *Amann* MittBayNot 2004, 166 und MittBayNot 2005, 111; MünchKomm-InsO/*Ott* § 106 Rn. 18; Staudinger/*Gursky* BGB, § 833 Rn. 288; ebenso *Piegsa* RNotZ 2010, 433, 450 (ergänzende Vertragsauslegung). A.A. *Kesseler* MittBayNot 2005, 108 und ZNotP 2006, 133: § 106 InsO schaffe keine Masseverbindlichkeit, sondern nur Erfüllung aus der Masse. § 106 InsO schütze nur den »dinglichen Kern« der Vormerkung, stelle also den Zustand her, der bei Abwehr einer vormerkungswidrigen Einzelvollstreckungsmaßnahme bestehen würde – auch dann bliebe der Käufer bei einem zahlungsunfähigen Verkäufer mit den Kosten der Löschung belastet. § 106 InsO schaffe keinen über die Vormerkungswirkung hinausgehenden Schutz.
88 BGH DNotZ 2002, 275 m. Anm. *Preuß* und BGH, 09.03.2006 – IX ZR 11/05, MittBayNot 2007, 45 m. Anm. *Amann*, S. 13 ff.
89 Dafür *Kesseler* MittBayNot 2005, 108; dagegen *Amann* MittBayNot 2005, 111.
90 BGH NJW 1987, 2018: zur Vermeidung der Verlagerung des Prozesskostenrisikos.
91 So jedenfalls BGH NJW 2001, 2966 (allerdings mit der Begründung, es handele sich bei der Haftung für nicht durch den Verwalter verursachte Altlasten ohnehin um schlichte Insolvenzforderungen).
92 BGH NJW 1994, 3234: Räumung von »Hinterlassenschaften« des Gemeinschuldners; vom Mietrechtssenat (XII.) allerdings wohl nicht mehr aufrechterhalten, vgl. *Kesseler* ZNotP 2006, 137.
93 Vgl. *Reul/Heckschen/Wienberg* Insolvenzrecht in der Kautelarpraxis, S. 53.
94 Vgl. BayObLG, 03.09.2003 – 3Z BR 113/04, MittBayNot 2004, 206.
95 Vgl. *Gutachten* DNotI-Report 2004, 21 ff.; *Suppliet* NotBZ 2004, 160.
96 BGHZ 96, 281 = ZIP 1981, 250.

C. Querschnittsdarstellungen

- zur Übereignung mitverkaufter beweglicher Gegenstände (es sei denn, der Käufer hätte bereits vor Insolvenzeröffnung ein Anwartschaftsrecht erworben,[97] das gem. § 107 InsO nicht mehr beseitigt werden könnte, sondern durch Zahlung zum Eigentumserwerb führt),
- zur Lieferung von Plänen,
- zur Räumung des Grundstücks,
- zur Beseitigung von Sachmängeln,
- zur Bestellung dinglicher Rechte wie etwa Dienstbarkeiten,
- zur Tragung öffentlicher und sonstiger Lasten bis zum Besitzübergang,[98]
- zur Altlastenbeseitigung,[99]
- in Bezug auf die Abtretung von Miet- und Versicherungsforderungen, es sei denn sie wurden, wie ratsam, aufschiebend bedingt auf die Kaufpreiszahlung bereits vor Insolvenzeröffnung abgetreten;[100]
- und in Bezug auf die Bestellung von Grundpfandrechten zur Kaufpreisfinanzierung (zur Vormerkungssicherung Rdn. 1335).

3077 Dem Insolvenzverwalter steht bzgl. solcher Pflichten (da § 106 InsO ihn nicht hindert) das Wahlrecht, es bei der verfahrensrechtlichen Undurchsetzbarkeit der Insolvenzeröffnung[101] zu belassen, weiter zu Gebote. Macht er davon (wie i.d.R.) Gebrauch, kann der Erwerber allerdings auch insoweit – soweit im Synallagma, woran es häufig fehlen wird – die Einrede des § 320 BGB erheben, wenn er nicht bereits vorgeleistet hat. Seine Gegenleistung wird dann gem. § 106 Abs. 1 Satz 2 InsO anteilig herabgesetzt.[102]

3078 Wurde das Insolvenzverfahren bereits vor Eintragung der Vormerkung eröffnet (oder ein allgemeines Verfügungsverbot erlassen unter gleichzeitiger Bestellung eines vorläufigen Insolvenzverwalters, § 21 Abs. 2 InsO), ohne dass die diesbezüglichen Vermerke gem. § 32 bzw. § 23 Abs. 3 InsO im Grundbuch eingetragen wurden oder dem Erwerber diese Umstände bekannt waren, ist ein **gutgläubiger Erwerb der Vormerkung** (mit der hieraus folgenden Schutzwirkung gem. § 106 Abs. 1 InsO) möglich. Da die Gutglaubensschutzvorschrift des § 892 Abs. 1 BGB nur für relative Verfügungsverbote gilt, wird sie in § 81 Abs. 1 Satz 2 InsO (bei Verfügungen des Insolvenzschuldners) und in § 91 Abs. 2 InsO (für Verfügungen eines reinen Buchberechtigten) für entsprechend anwendbar erklärt.

3079 Den zur Wahrung der Akzessorietät hierfür erforderlichen schuldrechtlichen Anspruch konnte der Gemeinschuldner (wenn auch nur mit Wirkung für sein insolvenzfreies Vermögen)[103] noch zustande bringen (es sei denn, der Verkäufer wäre durch Vollmacht vertreten worden, da diese gem. § 117 InsO mit Insolvenzeröffnung unwirksam wurde und Rechtscheingrundsätze i.S.d. §§ 170 ff. BGB nicht helfen!).

3080 Die oben unter Rdn. 885 referierte Rechtsprechung vereitelt allerdings faktisch die Vorverlagerung der Schutzwirkung häufig dadurch, dass sie die Nichteintragung der Vormerkung durch das Grundbuchamt billigt, wenn letzteres zwischenzeitlich von der Verfahrenseröffnung Kenntnis erlangt hat.

Zur Insolvenzschutzwirkung der »abgetretenen Vormerkung« (**A-B-C-Verkauf**) vgl. oben Rdn. 921, zur Sicherung der ggü. dem Erwerb eingegangenen Verpflichtung zur Löschung durch **Aufhebungsvormerkung** am Grundpfandrecht oben Rdn. 1224 (Löschung) bzw. Rdn. 915 ff. (Freigabe, jeweils mit Mustern).

---

[97] Dafür müsste dem Käufer sofort mittelbarer Besitz verschafft werden, sodass er die Sache dem Verkäufer zurückverleiht, vgl. *Piegsa* RNotZ 2010, 433, 445.
[98] *Supplit* NotBZ 2004, 160.
[99] OLG Karlsruhe ZIP 1986, 1404.
[100] Vgl. *Piegsa* RNotZ 2010, 433, 446; ohne Abtretung würde es sich z.B. beim Anspruch auf Abtretung der Versicherungsleistung gem. § 285 BGB um eine schlichte Insolvenzforderung handeln (es sei denn man wendete §§ 1123, 1127 BGB analog auf die Position des Vormerkungsgeschützten an).
[101] BGH, 25.04.2002 – IX ZR 313/99, ZIP 2002, 1093.
[102] *Marotzke* InsO § 106 Rn. 2; *Supplit* NotBZ 2004, 161.
[103] Dieser Umstand ist für die Einhaltung des Identitätsgebotes jedoch ohne Belang, da die Buchsituation (die das Grundstück noch nicht als insolvenzbeschlagen ausweist) maßgebend ist.

Ist der Anspruch auf dingliche Rechtsänderung (Erwerb des Grundstücks oder Bestellung eines dinglichen Rechts)[104] nicht rechtzeitig (vor Insolvenzeröffnung) zumindest durch Antragstellung des Erwerbers vormerkungsgesichert worden, oder ist diese Vormerkung bzw. der gesicherte schuldrechtliche Anspruch etwa infolge **Insolvenzanfechtung**[105] wieder entfallen, handelt es sich um eine **schlichte Insolvenzforderung**, deren Geldwert sich nach § 45 InsO errechnet, unabhängig davon, ob der Käufer seinerseits die Leistungspflichten (Kaufpreiszahlung) ggü. dem Gemeinschuldner bereits vollständig erbracht hat. 3081

Denselben Schutz vermittelt die Vormerkung auch in **Insolvenzverfahren ausländischen Rechts**: Jedenfalls für den schuldrechtlichen Vertrag,[106] der dingliche Rechte und Immobilien zum Gegenstand hat, knüpft § 336 InsO an das Recht des Belegenheitsorts an. Demnach gilt § 106 InsO unmittelbar, wie sich auch aus § 349 Abs. 2 InsO (darüber hinaus auch für die Gutglaubensvorschriften der §§ 878, 892, 893 BGB) ergibt. Soweit dagegen der Anwendungsbereich der Europäischen Insolvenzverordnung (EuInsVO, vgl. Rdn. 3049) greift,[107] sind zwar gem. Art. 3 EuInsVO die Gerichte desjenigen Mitgliedstaats zuständig, in dessen Gebiet der Schuldner den Mittelpunkt seiner hauptsächlichen Interessen (centre of main interests, COMI) hat;[108] auch insoweit sind jedoch Verträge zum Erwerb oder zur Nutzung eines unbeweglichen Gegenstands gem. Art. 8 EuInsVO der *lex rei sitae* unterworfen, sodass § 106 InsO greift.[109] Gleiches ergibt sich aus Art. 5 EuInsVO.[110] Für Vormerkungen zur Sicherung von Ansprüchen auf Bestellung beschränkt dinglicher Rechte (etwa von Grundpfandrechten) dürfte Gleiches, gestützt auf Art. 11 EuInsVO gelten. 3082

ee) Insolvenz des Käufers

Zur Klarstellung sei verdeutlicht, dass die Vormerkung in der Insolvenz des Käufers das **Wahlrecht** des Insolvenzverwalters, die Durchführung des Vertrages abzulehnen, naturgemäß **nicht beschränkt**. Der Verkäufer ist bei der üblicherweise gewählten Vertragsgestaltung dadurch gesichert, dass er seinerseits Leistungen (wie Besitz- und Eigentumsverschaffung) erst Zug-um-Zug mit Kaufpreiszahlung erbringt. Wählt der Insolvenzverwalter die Nichterfüllung, ist er zur Bewilligung der Löschung der etwa eingetragenen Vormerkung verpflichtet, allerdings ohne Kostenübernahme hierfür (diese erhöhen vielmehr den Schadensersatzanspruch des Verkäufers als schlichte Insolvenzforderung). 3083

Da mit Insolvenzeröffnung lediglich »Verfügungen« des Gemeinschuldners unwirksam sind (§§ 80, 81 InsO), jedoch Leistungen in Erfüllung einer Verbindlichkeit wirksam bleiben (§ 82 InsO), kann der Käufer als Gemeinschuldner weiterhin an einer zu seinen Gunsten erklärten Auflassung selbst mitwirken; das übergehende Eigentum wird jedoch Massebestandteil. 3084

Wurde für den in Insolvenz gefallenen Käufer bereits der Kaufpreis auf ein **Anderkonto** hinterlegt, ist umstritten, ob die erteilten Hinterlegungsanweisungen bereits gem. §§ 116, 117 InsO unwirksam werden;[111] jedenfalls kann der Insolvenzverwalter nach Entscheidung für die Nichterfüllung 3085

---

104 Z.B. einer Grundschuld, BGH NotBZ 2005, 182.
105 Z.B. bei einer Vormerkung zur Sicherung einer Grundstücksschenkung, vgl. detailliert *Kesseler* RNotZ 2004, 190 ff. Zum Risiko der Anfechtung des schuldrechtlichen (und ggf. dinglichen) Übertragungsgeschäfts bei einem »Notverkauf« in Insolvenznähe eingehend *Jenn* ZfIR 2009, 182 ff.
106 Nach Mm. gilt dies auch für den dinglichen Vertrag, auch wegen des Gleichlauts mit dem anwendbaren materiellen Recht gem. Art. 43 Abs. 1 EGBGB, vgl. *Bierhenke* MittBayNot 2009, 197, 200.
107 Also für alle Insolvenzverfahren natürliche und juristische Personen, die einen Auslandsbezug aufweisen, z.B. bei Vermögen, das außerhalb des Sitzstaats des Schuldners belegen ist; der Geltungsbereich umfasst alle Mitgliedstaaten der EU außer Dänemark.
108 Vgl. im Einzelnen *Hess* Insolvenzrecht 2007 Anhang G, Rz. 13 ff.
109 Vgl. MünchKomm-InsO/*Kindler* Art. 8 EuInsVO Rn. 321.
110 Vgl. *Bierhenke* MittBayNot 2009, 197, 201 f.
111 So noch BGH NJW 1962, 1201 zu § 23 KO, allerdings unter Geltung der mittlerweile überholten Auffassung der privatrechtlichen Natur der Verwahrung; a.A. nunmehr *Kawohl* Notaranderkonto Rn. 119; *Hertel* in: Eylmann/Vaasen BNotO/BeurkG § 23 BNotO Rn. 44. Umfassend hierzu *Dornis* Kaufpreiszahlung auf Notaranderkonto, S. 89 ff.

C. Querschnittsdarstellungen

diese widerrufen mit der Folge, dass Auszahlungen bis zu übereinstimmender Anweisung gem. § 54c Abs. 3 BeurkG bzw. – eher – § 54d Nr. 2 BeurkG[112] zu unterbleiben haben.[113] Mit der Einzahlung auf dem Anderkonto hat der Käufer auch noch nicht seinerseits vollständig erfüllt, sodass der Anwendungsbereich des § 103 InsO eröffnet bleibt (Rdn. 1519), solange nicht die Vormerkung den Schutz des § 106 InsO gewährt (Rdn. 3069 ff.).

3086 Denkbar sind schließlich auch – ohne Verstoß gegen § 119 InsO (Verbot von Lösungsklauseln) – Hinterlegungsanweisungen etwa des Inhalts, dass bei Eröffnung der Insolvenz über das Vermögen des anderen Vertragsbeteiligten die hinterlegte Summe zurückzuüberweisen ist, wenn der Insolvenzverwalter nicht binnen ausreichender Frist (z.B. 6 Wochen) die Erfüllung wählt, es sei denn, die Voraussetzungen des § 106 InsO lägen bereits vor.

c) Aufhebung der Insolvenzbeschränkungen

3087 Die »**Freigabe**« durch den Insolvenzverwalter wird in § 32 Abs. 3 Satz 1 InsO vorausgesetzt, im Gesetz jedoch nicht unmittelbar geregelt. Der Schuldner, der stets Eigentümer geblieben ist, erhält hierdurch die Verwaltungs- und Verfügungsbefugnis über den Gegenstand (bzw. die Forderung, z.B. auf Kaufpreiszahlung)[114] zurück.[115] Im Wege der Freigabe hat der Insolvenzverwalter die Möglichkeit, sich derjenigen Bestandteile der Insolvenzmasse zu entledigen, deren Verwaltung und Verwertung den voraussichtlich (nach Abzug der dinglich gesicherten Rechte der Absonderungsberechtigten) verbleibenden Erlös übersteigen würden. Sie ist auch bei juristischen Personen denkbar, die mit Eröffnung des Insolvenzverfahrens ja als aufgelöst gelten;[116] die Gemeinschuldnerin verfügt über das insolvenzfrei gewordene Vermögen durch ihren Geschäftsführer (nicht etwa den Liquidator, vgl. § 66 GmbHG).[117] Auch der freigegebene Gegenstand unterliegt jedoch während des Insolvenzverfahrens als »sonstiges Vermögen« weiterhin dem Einzelvollstreckungsverbot des § 89 Abs. 1 InsO.[118]

3088 Bei der »Freigabe« handelt es sich um eine einseitige, empfangsbedürftige Willenserklärung des Insolvenzverwalters ggü. dem Gemeinschuldner, der seinerseits ihr nicht widersprechen kann.[119] Sie ist nicht widerruflich,[120] sondern allenfalls gem. §§ 119 ff. BGB anfechtbar. Bei Grundstücken wird der Verwalter wegen §§ 22 Abs. 1 Satz 1, 29 Abs. 1 GBO und bei Grundpfandrechten wegen des Nachweises der »Rechtsnachfolge« zur Klauselumschreibung gem. § 727 Abs. 1 ZPO[121] verpflichtet

---

112 § 54c Abs. 3 BeurkG ist nicht unmittelbar erfüllt, da § 103 InsO nicht mehr zur Unwirksamkeit des Vertrags führt, sondern zur Einrede des § 320 BGB. § 54d Nr. 2 InsO analog liegt daher näher: im Fall der Auszahlung wäre die Durchsetzung des Rückforderungsanspruchs übermäßig erschwert.
113 A.A. KG DNotZ 1999, 99 und DNotI-Report 2002, 175: sofortige Rückzahlung, was jedoch § 54c Abs. 3 BeurkG widerspricht, vgl. *Brambring* RWS-Forum Immobilienrecht 1998, S. 18 f.
114 BGH, 07.12.2006 – IX ZR 161/04, NotBZ 2007, 258 (die Freigabe umfasst dann auch Nebenrechte analog § 40 BGB, etwa den Herausgabe- und Abrechnungsanspruch gegen einen Treuhänder).
115 Gemäß BGH DNotZ 2005, 840 bedarf es jedoch keiner »Rück«umschreibung einer zwischenzeitlich (aber nur nach Vollstreckungsbeginn bereits gegen den Insolvenzverwalter, *Kesseler* DNotZ 2006, 85) gegen den Insolvenzverwalter umgeschriebenen Vollstreckungsklausel samt erneuter Zustellung mehr, § 750 Abs. 1 ZPO trete insoweit zurück. Hat die Vollstreckungsmaßnahme noch nicht begonnen, müssen allerdings die Freigabe und ihr Zugang in der Form des § 727 ZPO nachgewiesen werden, *Kesseler* ZInsO 2005, 420; vgl. auch die Übersicht bei *Everts* in: Amann/Hertel/Everts Aktuelle Probleme der notariellen Vertragsgestaltung im Immobilienrecht 2006/2007 (DAI-Skript), S. 252 ff., auch zur Möglichkeit eines »Geständnisses« durch den Insolvenzverwalter.
116 BGH ZIP 2005, 1034 f.; anders die Vorinstanz OLG Karlsruhe ZIP 2003, 1510.
117 Liquidation findet nur bei Auflösung einer GmbH außerhalb einer Insolvenz statt, u.U. auch für das nach der Schlussverteilung in der Insolvenz noch vorhandene Vermögen, vgl. *Gutachten* DNotI-Report 2008, 34.
118 BGH, 12.02.2009 – IX ZB 112/06, MittBayNot 2009, 315.
119 Er kann das Eigentum allenfalls aufgeben, vgl. *Wilhelm/v. Gösseln* ZInsO 2005, 358.
120 Sie ist allerdings auslegungsfähig (OLG Zweibrücken NotBZ 2005, 194 zu einem Sachverhalt, in dem statt der Freigabe des Grundstücks die Aufhebung der Auflassungsvollzugssperre gemeint war).
121 Vgl. DNotI-Gutachten Nr. 82475 v. 28.01.2008 (die bloße Löschung des Insolvenzvermerks im Grundbuch genügt nicht, da § 891 BGB nicht für das Nichtbestehen einer außerhalb des Grundbuchs entstandenen Verfügungsbeschränkung gilt, ebenso LG Dessau-Roßlau NotBZ 2008, 351).

sein, die Freigabe in beglaubigter Form zu erteilen, sofern er nicht den Insolvenzvermerk selbst oder über das Insolvenzgericht zur Löschung bringt (Rdn. 3090 und 3091).

Die herrschende Meinung sieht den Verwalter als berechtigt an, auch eine lediglich »**modifizierte Freigabe**« dergestalt zu erklären, dass ein etwaiger bei freihändiger Veräußerung durch den Gemeinschuldner erzielter Erlös wiederum in die Masse fällt oder aber mit dem Ziel, den Gemeinschuldner mit den Kosten eines zu führenden Prozesses für den Fall des Unterliegens zu belasten, jedoch im Fall des Obsiegens die Beitreibungsgewinne der Masse zuzuführen.[122] 3089

Nach wohl überwiegender Auffassung ist auch die Freigabe von kontaminierten Grundstücken zulässig;[123] wurde der Insolvenzverwalter jedoch bereits (z.B. zur Beräumung eines Grundstücks) rechtskräftig verurteilt, kann er sich aus dieser Masseverbindlichkeit nicht durch bloße Freigabe befreien.[124] Zur Freigabe, um nicht mehr zur Beseitigung vormerkungswidriger nachrangiger Belastungen verpflichtet zu sein, vgl. Rdn. 3075.

Als Folge einer Freigabe wird[125] der Insolvenzverwalter den grundbuchlichen Insolvenzvermerk zur Löschung erklären. Gleiches gilt für den vorläufigen Insolvenzverwalter mit starker Wirkung (Verweisung in § 23 Abs. 3 InsO u.a. auf § 32 Abs. 3 Satz 2 InsO). 3090

In gleicher Weise hat der (starke vorläufige sowie der eigentliche) Insolvenzverwalter die Löschung des Insolvenzvermerks zu erklären, wenn das Grundstück aus anderen Gründen, etwa aufgrund von ihm freiwillig oder gem. § 106 Abs. 1 Satz 1 InsO geschuldetermaßen genehmigten Verkaufs übereignet wurde.

Der Insolvenzverwalter kann die Löschung des Insolvenzvermerks unmittelbar ggü. dem Grundbuchamt beantragen (§ 32 Abs. 3 Satz 2 InsO, Formulierungsvorschlag s. Rdn. 2067) – privatschriftliche Form genügt[126] – oder beim Insolvenzgericht anregen, dass dieses das Grundbuchamt gem. § 32 Abs. 3 Satz 1 InsO um Löschung ersucht. Neben dem Insolvenzverwalter ist jeder rechtlich Betroffene, insb. der Grundstückserwerber, beim Insolvenzgericht anregungsberechtigt. Liegt bereits ein förmlicher Löschungsantrag gem. § 13 Abs. 2 GBO des Insolvenzverwalters vor, besteht für den »Antrag« beim Insolvenzgericht kein schutzwürdiges rechtliches Interesse mehr. § 32 InsO verdrängt nicht die in §§ 22, 29 GBO zur Verfügung gestellten Wege der Löschung (Unrichtigkeitsnachweis oder Löschungsbewilligung).[127] Die Löschung selbst erfolgt wie üblich durch Eintragung des Löschungsvermerks (§ 46 Abs. 1 GBO) in der Veränderungsspalte und zugleich Rötung/Unterstreichung (Rdn. 1125). 3091

d) Besonderheiten beim Bauträgervertrag

Da die Vormerkungssicherung gem. § 106 Abs. 1 Satz 2 InsO sich (in Klarstellung ggü. anderslautender früherer Rechtsprechung) **nicht auf die werkvertraglichen Pflichten** erstreckt, hat der Insolvenzverwalter insoweit die Möglichkeit (und auf Verlangen des Käufers die Pflicht), das teilweise errichtete Bauwerk gegen Zahlung des herabgesetzten Kaufpreises[128] zu übereignen und i.Ü. 3092

---

122 Beschränkend insoweit BGH ZIP 1996, 1307: Unwirksamkeit nach § 138 BGB, wenn lediglich das Prozesskostenrisiko zulasten des Gegners abgewälzt werden soll.
123 So jedenfalls BVerwG, 23.09.2004 – 7 C 22/03. Nach BVerwG, ZIP 1999, 538 ist jedoch die Verpflichtung zur Altlastenbeseitigung unabhängig vom Zeitpunkt der Verursachung eine Masseverbindlichkeit; a.A. BGH NJW 2001, 2966, wonach es sich um schlichte Insolvenzforderungen handele, außer wenn die Altlastenhaftung durch den Insolvenzverwalter verursacht wurde.
124 BGH, 02.02.2006 – IX ZR 46/05, ZNotP 2006, 230.
125 Verpflichtet hierzu ist er nach AG Celle ZInsO 2005, 50, MünchKomm-InsO/*Schmahl* 2. Aufl. 2007 § 32 Rn. 86.
126 LG Berlin RPfleger 2004, 564, MünchKomm-InsO/*Schmahl* §§ 32, 33 Rn. 33; a.A. LG Koblenz RPfleger 1974, 438.
127 DNotI-Gutachten Nr. 96120 v. 16.12.2009. Zum Erfordernis unterschriftsbeglaubigter Freigabe aus dem Insolvenzbeschlag als Voraussetzung des Unrichtigkeitsnachweises OLG Dresden, 08.03.2011 – 17 W 201/11, RPfleger 2011, 664.
128 Die Ermittlung des anteiligen Werklohns erfolgt durch ergänzende Vertragsauslegung, anderenfalls nach Maßgabe der §§ 315, 316 BGB nach gleichen Regeln wie bei der Kündigung aus wichtigem Grund zum Zeitpunkt der Eröffnung, BGH ZIP 1981, 250; BGH ZIP 2002, 1093; OLG Koblenz, 10.07.2006 – 12 U 711/05, OLGReport 2008, 117.

C. Querschnittsdarstellungen

aufgrund Nichterfüllungswahl den Käufer auf den Schadensersatz als Insolvenzforderung zu verweisen.[129] Die Auswahlmöglichkeit hinsichtlich des werkvertraglichen Teils bleibt dem Insolvenzverwalter auch, wenn er das Grundstück aus dem Insolvenzbeschlag freigibt (Rdn. 3087).[130] § 106 Abs. 1 Satz 2 InsO dürfte wohl auch dadurch nicht zu umgehen sein, dass die Erstellung des Baus zur Bedingung der vormerkungsgesicherten Grundstücksübertragung erhoben wird.[131]

3093 Wählt der Insolvenzverwalter dagegen die »Erfüllung«, ist fraglich, ob ein i.S.d. § 105 Satz 1 InsO auf teilbare Leistung[132] gerichteter Vertrag vorliegt mit der Folge, dass etwaige Überzahlungen des Käufers (etwa wegen Mangelhaftigkeit der bereits bisher erbrachten Teilbauleistungen oder wegen geringeren objektiven Werts des Grundstücks bzw. der erreichten Bautenstände im Vergleich zu den schematisierten Prozentschritten der MaBV) als bloße Insolvenzforderungen faktisch ungesichert bleiben, während er dem Insolvenzverwalter die restlichen Bauleistungen nochmals in voller Höhe entrichten muss.[133] Geht man mit einer im Vordringen befindlichen, jedoch wohl unzutreffenden Auffassung von der Teilbarkeit i.S.d. § 105 Satz 1 InsO aus, kann dieses Risiko ungesicherter vor Insolvenzeröffnung erbrachter »Übermaßleistungen« entweder gesichert werden durch eine (allerdings selten erlangbare) Erfüllungsbankbürgschaft seitens des Bauträgers oder aber durch eine auf den baurechtlichen Teil beschränkte Lösungsklausel für den Insolvenzfall, die im Hinblick auf § 119 InsO vorsichtig zu formulieren ist. *Kesseler*[134] empfiehlt hierzu folgenden Wortlaut:

> ▶ Formulierungsvorschlag: Lösungsrecht des Bauträgerkäufers im Insolvenzfall zur Sicherung bei möglichen Übermaß-Vorleistungen
>
> Dem Käufer wird das Recht eingeräumt, sich vom bauvertraglichen Teil dieses Vertrages durch Kündigung mit Wirkung hinsichtlich der noch nicht erbrachten Bauleistungen zu lösen, ohne dass dadurch die Übereignungsverpflichtung des Verkäufers am Grundbesitz eingeschränkt wird. Dieses Recht steht dem Käufer nur für den Fall zu, dass über das Vermögen des Verkäufers das Insolvenzverfahren eröffnet wird. Es ist befristet bis zum Ablauf von 2 Monaten nach Kenntnis des Erwerbers von der Insolvenzeröffnung. Die Ausübung des Kündigungsrechtes hat zur Folge, dass hinsichtlich der bereits erbrachten bzw. dinglich gesicherten Leistungen so abzurechnen ist, wie dies im Fall der Nichterfüllungswahl durch den Insolvenzverwalter der Fall wäre. Die Erklärung hat schriftlich zu erfolgen, Abschrift an den Notar wird erbeten.

3094 Im Hinblick auf § 106 Abs. 1 Satz 2 InsO darf der Notar daher, wenn ihm die Insolvenzeröffnung vor der **Mitteilung der Fälligkeit** bekannt wird, trotz formalen Vorliegens der Voraussetzungen des § 3 Abs. 1 MaBV (Vormerkung, Baugenehmigung, Lastenfreistellung, Wirksamkeit des Vertrages – die nach der Suspensivtheorie mit Verfahrenseröffnung nicht mehr entfällt!) keine »übliche« Fälligkeitsmitteilung erteilen.[135] Er hat vielmehr darauf hinzuweisen, dass lediglich der Anspruch auf Eigentumsverschaffung »insolvenzfest« ist und, sofern sich der Verwalter hinsichtlich der noch nicht erbrachten Werkleistungen für die Nichterfüllung entscheidet, lediglich der Wert der bisherigen Leistungen zu vergüten ist. Auch wenn sich dies auf den Grundstücksanteil beschränkt, empfiehlt sich ein Hinweis, dass eine Pauschalierung i.H.d. ersten MaBV-Rate (30 %) nicht zwingend ist, vielmehr die tatsächlichen Wertverhältnisse auch im Hinblick auf etwa übernehmbare Planungsleistungen zu ermitteln sind.

3095 Die häufig aufgenommene **Abtretung der Sachmängelrechte** des Bauträgers gegen die am Bau tätigen Subunternehmer, Planer etc. aufschiebend bedingt auf den Zeitpunkt der Insolvenzeröffnung

---

129 Erst durch das Schadensersatzverlangen reduziert sich der Gegenleistungsanspruch des Bauträgers, sodass anteilige Erstattung der Grunderwerbsteuer beantragt werden kann, *Gottwald/Steer* MittBayNot 2005, 280.
130 OLG Zweibrücken MittBayNot 2006, 146.
131 Vgl. *Reul/Heckschen/Wienberg* Insolvenzrecht in der Kautelarpraxis, S. 192.
132 Für einen weiten Teilbarkeitsbegriff (anknüpfend an die selbstständige Bewertbarkeit der vor bzw. nach Eröffnung des Insolvenzverfahrens erbrachten Leistungen) bspw. *Kreft* in: FS für Uhlenbruck, S. 396; *Huber* NZI 2002, 469; Uhlenbruck/*Berscheid* InsO § 105 Rn. 6.
133 Vgl. hierzu *Kesseler* MittBayNot 2006, 17.
134 MittBayNot 2006, 20.
135 Vgl. *Reul/Heckschen/Wienberg* Insolvenzrecht in der Kautelarpraxis, S. 199 f.

bzw. deren Ablehnung mangels Masse (nicht anstelle der Bauträgerhaftung, § 309 Nr. 8 Buchst. b) Doppelbuchst. aa) BGB) stellt den Käufer i.d.R. nicht besser: Zum einen können die Subunternehmer dem Käufer ihre unbeglichenen Werklohnforderungen gem. §§ 404, 273, 320 BGB entgegenhalten – sofern der Subunternehmer insoweit nicht bis zur Gesamtabnahme vorleistungspflichtig ist, § 641 Abs. 3 BGB –; zum anderen gehen solche Mängelrechte wohl gänzlich – nach a.M. jedoch nur begrenzt auf die noch nicht erbrachten Leistungen[136] – unter, wenn der Insolvenzverwalter des Bauträgers auch ggü. den Subunternehmern die Nichterfüllung wählt, denn häufig sind auch diese Verträge noch von keinem Teil vollständig erfüllt.[137] Der Insolvenzverwalter selbst kann allerdings ggf. werthaltige Gewährleistungsansprüche gegen Subunternehmer an den Bauträgerkäufer gegen Entgelt abtreten.[138]

3096 Wählt der Insolvenzverwalter jedoch auch hinsichtlich der werkvertraglichen Pflichten die Erfüllung, erfasst der gem. § 55 Abs. 1 Nr. 2 InsO gegen die Masse gerichtete Anspruch auf Fertigstellung des Werkes auch Pflichten aus bereits durch den Gemeinschuldner vor Verfahrenseröffnung verursachten Mängeln[139] (keine »Teilbarkeit« der Werkleistung gem. § 105 InsO). Hinsichtlich der Fälligkeit der restlichen Bauträgervertragsraten gelten dann die i.R.d. MaBV getroffenen vertraglichen Vereinbarungen, insb. muss die Lastenfreistellung (auch nach Maßgabe des Bankenwahlrechts des § 3 Abs. 1 Satz 2 MaBV zugunsten der Rückzahlung)[140] gewährleistet sein. Von § 34c GewO ist der Insolvenzverwalter übrigens gem. § 12 GewO befreit.

3097 Wählt der Erwerber des »stecken gebliebenen« Werkes jedoch den **Rücktritt** (§ 634 Nr. 3 BGB i.V.m. § 323 BGB) oder **Schadensersatz statt der Leistung** (§ 634 Nr. 4 BGB), entfällt der Übereignungsanspruch unmittelbar[141] (auch mit Geltendmachung des Schadensersatzes statt der Leistung, § 281 Abs. 4 BGB), sodass die eingetragene Vormerkung ihre Schutzwirkung verliert; dem Löschungsbegehren des Insolvenzverwalters kann der frühere Käufer seinen Schadensersatz- oder Rückabwicklungsanspruch nicht einredeweise entgegenhalten[142] – er ist insoweit lediglich auf die Insolvenzquote verwiesen. Auch das Freigabeversprechen der Bank geht dann ins Leere. Dieses desaströse Ergebnis führt vereinzelt zur Einschätzung, die »Vormerkungssicherung« des Bauträgerkäufers (§ 3 MaBV) führe (anders als die Bürgschaftssicherung, § 7 MaBV)[143] wegen der mit der Ausübung der Rückabwicklungsvariante im Insolvenzfall verbundenen Risiken zu einem »ungerechtfertigten Missverhältnis« i.S.d. Art. 3 Abs. 1 der EG-Klauselrichtlinie 93/13.[144] Allerdings ist darauf hinzuweisen, dass die geschilderte missliche Lage des Erwerbers nur eintritt, wenn er vorschnell zur Rückabwicklung (anstelle der Übereignung des Torsos) greift.[145]

---

136 *Kögel* notar 2008, 284, gestützt auf den weiten Teilbarkeitsbegriff des BGH (Sachsenmilch-Entscheidung, BGHZ 135, 25).
137 Vgl. *Wudy* MittBayNot 2000, 498 f.; *Blank* Bauträgervertrag, Rn. 357; *Kesseler* RNotZ 2004, 199.
138 *Feuerborn* ZIP 1994, 16 f.; *Kesseler* RNotZ 2004, 200.
139 *Heidland* Der Bauvertrag in der Insolvenz, Rn. 1116; *Reul* in: Zehn Jahre DNotI, 2003, S. 55; zur Gegenansicht *Kesseler* RNotZ 2004, 205 (weiter Teilbarkeitsbegriff).
140 Zu diesem (im Geschosswohnungsbau bei Bauträgerinsolvenz häufigen) Sachverhalt *Kesseler* RNotZ 2004, 211.
141 Anders nach altem Recht: Mit Ablauf der zur Mängelbeseitigung gesetzten Frist nach § 634 Abs. 1 Satz 3 Halbs. 2 BGB a.F. erlosch lediglich der Anspruch auf Mängelbeseitigung, nicht auf Übereignung (OLG Stuttgart MittBayNot 2005, 162).
142 Lediglich die gesetzlichen Zurückbehaltungsrechte nach § 51 Nr. 2 und Nr. 3 InsO sind insolvenzfest, nicht das vertragliche gem. § 273 Abs. 1 BGB; BGH, NJW 2002, 2315; *Blank* MittBayNot 2005, 166.
143 Zum Sicherungsumfang der Bürgschaft i.S.d. § 7 Abs. 1 MaBV in der Insolvenz des Bauträgers vgl. BGH, 08.12.2009 – XI ZR 181/08, ZNotP 2010, 101. Nach BGH, 05.12.2008 – V ZR 144/07 sichert die Bürgschaft nach § 7 MaBV auch den Anspruch auf Verschaffung des Eigentums (im Sachverhalt war das Gebäude z.T. auf fremdem Grund und Boden errichtet worden und der Käufer sodann vom Vertrag zurückgetreten).
144 So *Thode* ZNotP 2004, 213 und auf dem 1. Deutschen Baugerichtstag, Hamm, 19./20.05.2006: ZNotP 2006, 219. Dagegen *Blank* MittBayNot 2005, 167: Referenzmodell zur Ermittlung des erheblichen Missverhältnisses sind nicht Kauf- oder Werkvertrag, sondern der Bauträgervertrag als Mischtyp sui generis, dessen Abschlagszahlungsmodus zu Preiseinsparungen führt; ähnlich differenziert *Kanzleiter* in: FS für Joachim Wenzel, S. 319 ff. Dagegen wertet *Thode* ZNotP 2006, 208 im Vergleich zur gesetzlichen Fälligkeit nach Abnahme (§ 640 Abs. 1 BGB) die an § 3 Abs. 2 MaBV orientierte Ratenzahlung nicht als Abschlags-, sondern als (nach § 307 BGB unzulässige) Vorauszahlungsabrede.
145 Ausgehend vom Bild des mündigen Verbrauchers, ius civile est scriptum vigilantibus.

C. Querschnittsdarstellungen

e) Notarielle Amtspflichten ggü. dem Insolvenzverwalter

3098 Dem Insolvenzverwalter ggü. ist der Schuldner zu umfassender **Auskunft** verpflichtet (§§ 97 ff. InsO). Aufgrund der Verwaltungs- und Verfügungsbefugnis über die Gegenstände der Insolvenzmasse gehen etwaige Ansprüche auf Geheimhaltung (§ 18 Abs. 1 BNotO) des Gemeinschuldners als vormaligen »Geheimnisherrn« auf den Insolvenzverwalter über, sodass er im Umfang seiner Verfügungsmacht auch über solche »Geheimnisrechte« disponieren kann.[146] Weiterhin von der Verschwiegenheitspflicht umfasst sind jedoch persönliche Angelegenheiten ohne Zugehörigkeit zur Insolvenzmasse.[147]

3099 Ausfertigungen und Abschriften der Urkunde kann der Insolvenzverwalter erhalten und diese einsehen, da die Befugnisse des § 51 BeurkG auf ihn als »Rechtsnachfolger« (Partei kraft Amtes) übergehen, vgl. oben Rdn. 2654.[148] Nicht davon umfasst dürfte jedoch das Recht auf Einsicht in die Nebenakten des Notars sein, § 34 FGG (bzw. bei ab 01.09.2009 eingeleiteten Verfahren § 13 FamFG) ist nicht anwendbar.[149]

Gleiches gilt für den vorläufigen Insolvenzverwalter, allerdings nur bei gleichzeitigem Übergang der Verwaltungs- und Verfügungsbefugnis (§ 22 Abs. 1 InsO).[150]

Zu notariellen Belehrungs-, ggf. Ablehnungspflichten bei anfechtbaren Rechtsgeschäften und erkennbaren wirtschaftlichen Schwierigkeiten eines Beteiligten vgl. oben Rdn. 1538 ff.

3. Besonderheiten bei Verkäufen durch den Insolvenzverwalter

a) Verfügungsbefugnis

aa) Eröffnungsphase

3100 Die schlichte Stellung des Insolvenzantrags (§§ 13, 14 InsO) führt noch zu keinen Beschränkungen, sodass der Betroffene selbst rechtsgeschäftlich handeln kann. Kommt es jedoch zur Eröffnung, sind nicht erfüllte Gegenansprüche als bloße Insolvenzforderungen ungesichert (§ 38 InsO), sofern nicht § 106 InsO hilft (Rdn. 3069 ff.), sodass sich nur unmittelbare Austauschgeschäfte i.S.d. § 142 InsO (Bargeschäfte, Rdn. 1540) empfehlen. Darüber hinaus besteht die erhöhte Gefahr der späteren Insolvenzanfechtung, vgl. Rdn. 1536 ff.[151]

3101 Wird in der Insolvenzeröffnungsphase ein vorläufiger Insolvenzverwalter bestellt und diesem die Verwaltungs- und Verfügungsbefugnis übertragen (»**starker vorläufiger Verwalter**«), gelten §§ 81, 82 InsO gem. § 24 InsO entsprechend. Da bis zur Eröffnung des Verfahrens lediglich die »Sicherung und Erhaltung« (§ 22 Abs. 1 Nr. 1 InsO) des Schuldnervermögens sowie die Fortführung eines etwa bestehenden Betriebes (§ 22 Abs. 1 Nr. 2 InsO) zu erfolgen hat, ist der vorläufige Verwalter wohl nur zum Verkauf von Umlaufvermögen sowie entbehrlichem Anlagevermögen[152] sowie zur Grundstücksbelastung für notwendige Betriebskredite[153] berechtigt. Überschreitet er diese Grenzen

---

146 BGH, DNotZ 1990, 392; *Schippel* BNotO, § 18 Rn. 7; *Wagner* ZfIR 2009, 345, 356; *Böttcher* notar 2011, 183, 194: u.U. darf der Notar nun sogar dem Gemeinschuldner ggü. keine Auskunft mehr erteilen.
147 Eingehend, auch zur (fortbestehenden) Verschwiegenheitspflicht ggü. dem vorläufigen Verwalter, *Bous/Solveen* DNotZ 2005, 261 ff.
148 *Winkler* BeurkG § 51 Rn. 13.
149 § 18 Abs. 1 BNotO erfasst auch die zur Vorbereitung der Beurkundung übersandten Schriftstücke, BGH, 09.12.2004 – IX ZB 279/03, DNotI-Report 2005, 63. Für ein beschränktes Einsichtsrecht in die Nebenakten BayObLG, 02.07.1992 – 3 ZBR 58/92, DNotZ 1993, 471.
150 Vgl. *Suppliet* NotBZ 2003, 303 f.
151 So stellen bspw. §§ 130 Abs. 1 Nr. 2, 131 Abs. 1 Nr. 2, 132 Abs. 1 Nr. 2 InsO auf die Vornahme eines Rechtsgeschäfts nach Stellung eines Insolvenzantrags ab.
152 *Kirchhof* ZInsO 2000, 141; *Haarmeyer* in: FS für Kreft, S. 283; *Reul/Heckschen/Wienberg* Insolvenzrecht in der Kautelarpraxis, S. 203.
153 BGH WM 1987, 985.

und liegt nicht die Zustimmung aller Gläubiger vor, haftet er persönlich; das Rechtsgeschäft dürfte jedoch (§ 164 InsO analog) wirksam bleiben.[154]

Wird jedoch in der Insolvenzeröffnungsphase ein **vorläufiger »schwacher« Insolvenzverwalter** bestellt, sind die Verfügungen des Gemeinschuldners nur mit dessen Zustimmung wirksam (§ 24 InsO). Diese Zustimmung schließt an sich die spätere Anfechtung durch einen (ggf. personenverschiedenen) endgültigen Insolvenzverwalter nach Verfahrenseröffnung nicht aus, es sei denn, der Leistungsempfänger sei in seinem Vertrauen auf die Beständigkeit der Maßnahmen schutzwürdig. An letzterem fehlt es, wenn die Zustimmung ausdrücklich unter dem Vorbehalt späterer Anfechtung ergeht[155] oder aber lediglich eine Altverbindlichkeit (also keinen neuen Vertragsschluss) betrifft. 3102

Will der Vertragspartner eines vorläufigen schwachen Insolvenzverwalters das verbleibende Risiko späterer Anfechtung ausschließen, werden folgende Alternativen diskutiert: 3103

– Praeter legem durch den BGH[156] zugelassene Ermächtigung des Insolvenzgerichts an den vorläufigen schwachen Verwalter zur Eingehung von Masseverbindlichkeiten gem. § 55 Abs. 2 InsO.
– Eingehung einer persönlichen »Garantie«[157] des vorläufigen Verwalters oder Inanspruchnahme persönlichen Vertrauens mit der Folge der c.i.c.-Haftung (§ 313 Abs. 2 BGB).
– Vereinbarung einer »mehrseitigen Treuhand«[158] mit dem Ziel, ein Absonderungsrecht des Gläubigers gem. § 51 Nr. 1 InsO zu begründen:[159] Ein Treuhänder wird eingesetzt, dem der vorläufige Verwalter Geldbeträge zur Verfügung stellt oder Forderungen abtritt mit der Anweisung, sie nach Leistungserbringung den Lieferanten auszukehren (»Sicherungstreuhandschaft« durch Sicherungsübertragung gem. § 51 Nr. 1 InsO). Gleichzeitig ist der Treuhänder als »Verwaltungstreuhänder« für die Lieferanten als gesicherte Gläubiger tätig (durch Entgegennahme des Treuguts – Geld oder Forderungen – und Verwaltung bis zum Eintritt des Sicherungsfalls).

bb) Nach Eröffnung

Das in § 91 Abs. 1 InsO **nach Verfahrenseröffnung** enthaltene grds. Verbot des Erwerbs von Gegenständen aus der Insolvenzmasse gilt nicht für den Insolvenzverwalter selbst, sodass ein Erwerb von ihm uneingeschränkt möglich ist. Der Nachweis seiner Verfügungsbefugnis wird ggü. dem Grundbuchamt durch Vorlage der **Bestellungsurkunde** nach § 56 Abs. 2 InsO geführt, von der eine beglaubigte Abschrift beizufügen ist.[160] 3104

▶ Hinweis:
Der Schutz des **guten Glaubens** ist bei fehlendem Insolvenzvermerk praktisch umfassend durch §§ 81, 91 InsO i.V.m. §§ 878, 892 BGB gewährleistet, dies gilt jedoch umgekehrt nicht für den eingetragenen Vermerk, dem keinerlei konstitutive Bedeutung zukommt: Weder ist der gute Glaube daran, dass tatsächlich die Insolvenz eröffnet wurde bzw. vorläufige Insolvenzverwaltung besteht, geschützt, noch der gute Glaube daran, dass das betroffene Grundstück zur Insolvenzmasse zählt,[161] vgl. Rdn. 576.

Die ggf. erforderlichen Zustimmungen des Gläubigerausschusses bzw. der **Gläubigerversammlung** sind weder durch den Notar noch das Grundbuchamt zu prüfen, sondern betreffen das Innen- 3105

---

154 Eine ausdrückliche Befugnis zur Veräußerung im Eröffnungsverfahren mit Zustimmung des Insolvenzgerichts war im DiskE zur Änderung der InsO aus dem Jahr 2003 enthalten, nicht mehr jedoch im RefE v. September 2004 (ZIP 2004, 1868 ff.).
155 BGH NJW 2005, 1118.
156 BGH ZIP 2002, 1629.
157 OLG Celle NZI 2004, 89 zur Formulierung »Zahlungen sind durch das Insolvenzanderkonto sichergestellt«.
158 *Kirchhof* in: FS für Kreft, S. 359 ff.
159 BGH NJW 1990, 45; *Marotzke* ZInsO 2004, 113 ff. und 178 ff. Einschränkend AG Hamburg ZIP 2003, 43 und die Hamburger Insolvenzeröffnungsrichtlinien, NZI 2004, 133.
160 Vgl. LG Tübingen BWNotZ 1982, 168; die bloße Vorlage des Eröffnungsbeschlusses genügt nicht, da sie kein Zeugnis gibt über die Annahme des Amtes.
161 Vgl. *Kesseler* RNotZ 2004, 217.

C. Querschnittsdarstellungen

verhältnis zum Insolvenzverwalter (§ 160 Abs. 2 Satz 1 InsO),[162] der sie allerdings zum Inhalt einer aufschiebenden Bedingung oder eines vorbehaltenen Rücktrittsrechts machen wird bzw. bei vollmachtloser Vertretung die Genehmigung nach § 182 BGB erst nach deren Vorliegen erteilen wird. Ist jedoch die **offensichtliche Insolvenzzweckwidrigkeit** dem Vertragspartner offenbar (bzw. mussten sich ihm ohne Weiteres begründete Zweifel aufdrängen), gelten die Grundsätze über den Missbrauch der Rechtsmacht mit der Folge der Unwirksamkeit auch im Außenverhältnis.[163]

> ▶ Beispiele:
>
> Schenkungen aus der Masse,[164] Bevorzugung eines Gläubigers,[165] Zahlung einer »Lästigkeitsprämie« an den Inhaber eines Grundpfandrechts mit offensichtlich aussichtslosem Rang,[166] aber auch die jedermann erkennbar sinnlose Fortführung des insolventen Unternehmens.[167]

Die Unwirksamkeit solcher Rechtsgeschäfte löst naturgemäß Schadensersatzpflichten des Insolvenzverwalters gem. §§ 60, 61 InsO aus.

3106 Aus Sicht der Masse eröffnet der freihändige Verkauf im Vergleich zur (zustimmungsfreien) Zwangsversteigerung oder freiwilligen öffentlichen Versteigerung zwar regelmäßig die Chance auf höhere Erlöse, andererseits sind aber die dinglich gesicherten Gläubiger nicht im Umfang der §§ 170 ff. InsO zur Leistung von Massebeiträgen für Feststellung und Verwertung beweglicher Gegenstände und zur Sicherheit abgetretener Forderungen verpflichtet.[168] Ein »freiwillig vereinbarter« Massebeitrag unterliegt (anders als in den Fällen der §§ 170, 171 InsO) der Umsatzsteuerpflicht.[169] Hinzu kommt die Gefahr, allzu hohe »Lästigkeitsprämien« spätrangiger Grundpfandrechtsgläubiger wegverhandeln zu müssen, und die potenzielle Belastung der Insolvenzmasse (§ 55 InsO) aus Pflichtverletzungen (Verschweigen von Mängeln etc.).[170]

3107 **Verliert** der Insolvenzverwalter seine **Verfügungsbefugnis** (etwa wegen Versterbens, Niederlegung, Abberufung durch das Insolvenzgericht oder Wahl eines neuen Verwalters durch die Gläubigerversammlung gem. § 57 InsO) und war die von ihm beantragte Grundbucheintragung noch nicht erfolgt, gilt § 878 BGB nach zumindest bisher herrschender (wenngleich wohl unzutreffender) Auffassung nicht.[171] Bevor Leistungen von der anderen Vertragspartei erfolgen oder eine diese auslösende Fälligkeitsmitteilung des Notars ergeht, sollte daher vorsichtigerweise (zumindest durch Rückfrage beim Insolvenzgericht,[172] vgl. Formulierungsvorschlag Rdn. 578) geprüft werden, ob die Vertretungsmacht dieses Insolvenzverwalters bis zum Vollzug der Eintragung **fortbestanden** hatte. Auch der gute Glaube an das Insolvenzverwalterzeugnis gem. § 56 Abs. 2 InsO wird ebenso wenig geschützt wie das Vertrauen auf die Verfügungsbefugnis des Insolvenzverwalters. Vollständig

---

162 Im Wesentlichen im Hinblick auf die Haftung des Verwalters nach § 60 InsO, wenn sich eine zunächst vertretbar erscheinene Maßnahme als unvorteilhaft herausstellt; ähnlich BGH Rpfleger 1995, 375.
163 Vgl. *Suppliet* NotBZ 2003, 305 ff.; *Kesseler* RNotZ 2004, 225; BGH DNotZ 2002, 615: »Rechtshandlungen, welche der vornehmsten Aufgabe des Insolvenzverfahrens – der gleichmäßigen Befriedigung aller Insolvenzgläubiger – klar und eindeutig zuwiderlaufen, sind unwirksam und verpflichten die Masse nicht.« Beispiel: BGH, 20.03.2008 – IX ZR 68/06, RPfleger 2008, 440: »Lästigkeitsprämie« für eine offensichtlich wertlose Grundschuld.
164 RGZ 55, 199.
165 RGZ 23, 62.
166 BGH, 20.03.2008 – IX ZR 68/06, JurionRS 2008, 12669.
167 *Uhlenbruck* InsO § 80 Rn. 103.
168 Bei der Zwangsversteigerung könnten diese Kosten durch den Insolvenzverwalter sogar gem. § 10 Abs. 1 Nr. 1a ZVG an »bester« Rangstelle geltend gemacht werden.
169 BFH EWiR 2005, 841 (*Spliedt/Schacht*).
170 Zur Abwägung *Hawelka* ZfIR 2010, 665 ff.
171 Vgl. OLG Frankfurt am Main OLGZ 1980, 100; OLG Köln MittRhNotK 1981, 139; a.A. *Heil* RNotZ 2001, 269; *Böhringer* BWNotZ 1984, 137, vgl. näher oben Rdn. 347, 350, 497. Auch die bereits durch den Insolvenzverwalter erklärte Auflassung bindet den Inhaber dann wohl nicht, vgl. Rdn. 673.
172 Vgl. BGH, 05.07.2005 – VII ZB 16/05, DNotZ 2006, 44; gem. § 1 Satz 1 InsIntBekV, BGBl. I 2002, S. 677 ersetzt die Internetveröffentlichung auf der Internetseite www.insolvenzbekanntmachungen.de nur solche Bekanntmachungen, die nach der InsO zu veröffentlichen sind, mithin nicht die Entlassung eines Insolvenzverwalters (vgl. § 9 Abs. 1 Satz 1 InsO).

beseitigen lässt sich dieses Risiko allenfalls durch Einschaltung eines Anderkontos und Auszahlung erst nach wirksamer Umschreibung samt Prüfung, dass die Verfügungsbefugnis des Amtswalters zu diesem Zeitpunkt noch bestand. Auch wird empfohlen, den Insolvenzverwalter zu verpflichten, den Urkundsnotar und seinen Vertragspartner über die eigene Abberufung zu informieren.[173]

Ein späterer Wechsel in der Person des Verwalters hat jedoch auf bereits vollzogene Rechtsakte keinen Einfluss.[174] **3108**

Hat der Insolvenzverwalter **Spezialvollmachten** erteilt (Generalvollmachten scheiden wegen der Unübertragbarkeit der Amtsstellung aus), erlöschen auch diese mit Wegfall seiner Verfügungsbefugnis (Rdn. 484). Zur Problematik des § 181 BGB bei der Nachgenehmigung vollmachtlosen Handelns durch den Insolvenzverwalter vgl. Rdn. 498.

I.Ü. gelten für den durch den Insolvenzverwalter abgeschlossenen Vertrag keine insolvenzrechtlichen Besonderheiten; die Verpflichtungen sind aus der Insolvenzmasse zu erfüllen (§ 61 InsO). Bei Nichterfüllung hat der Käufer zusätzlich einen Schadensersatzanspruch gegen den Insolvenzverwalter (Ausnahme: § 61 Satz 2 InsO). Der Verkauf aus der Insolvenzmasse löst gem. § 471 BGB kein schuldrechtliches Vorkaufsrecht aus, ebenso wenig solche, die hierauf verweisen (etwa das Mietervorkaufsrecht gem. § 577 BGB oder das kommunale Vorkaufsrecht gem. § 28 Abs. 2 Satz 1 BauGB[175] sowie landesrechtliche Vorkaufsrechte,[176] sodass auch kein Negativattest gefordert werden kann).[177] Dingliche Vorkaufsrechte bleiben jedoch gem. § 1098 Abs. 1 Satz 2 BGB unberührt. **3109**

Privilegiert ist der Erwerb vom Insolvenzverwalter in Bezug auf Betriebsvermögen weiterhin dadurch, dass die gesetzliche Haftung bei Fortführung der Firma (§ 25 Abs. 1 Satz 1 HGB) ausgeschlossen ist[178] und die Betriebsübernahme keine Haftung für rückständige Betriebssteuern auslöst (§ 75 Abs. 2 AO). Nach Ansicht des BAG[179] wird ebenso wenig eine Haftung gem. § 613a BGB für Rückstände aus übernommenen[180] Arbeitsverhältnissen hinsichtlich der Zeit vor Insolvenzeröffnung ausgelöst, um eine Besserstellung der Belegschaft ggü. sonstigen Insolvenzgläubigern zu vermeiden. **3110**

Der Insolvenzverwalter kann sich auch (neben dem Schuldner selbst) wegen der Verpflichtung des (das veräußerte Anwesen bewohnenden) Schuldners zur Räumung und Besitzverschaffung der Vollstreckung im notariellen Kaufvertrag unterwerfen, und zwar selbst dann, wenn er nicht den zu räumenden Grundbesitz bereits gem. § 148 Abs. 1 InsO in Besitz genommen hat[181] (dann erfolgt die Vollstreckung nicht gem. § 885 ZPO, sondern gem. § 886 ZPO durch Überweisung des Herausgabeanspruchs des Insolvenzverwalters oder gem. § 148 Abs. 2 Satz 1 InsO durch den Insolvenzverwalter selbst unter Vorlage einer vollstreckbaren Ausfertigung des Beschlusses über die Eröffnung des Insolvenzverfahrens). **3111**

Veräußert der Insolvenzverwalter Grundstücke, an denen – wie regelmäßig – Absonderungsrechte von Grundpfandrechtsgläubigern bestehen, erhält die Masse gem. § 171 Abs. 2 InsO eine Feststellungs- (4 % des Verwertungserlöses) und eine Verwertungskostenpauschale (5 % des Verwertungserlöses).[182] **3112**

---

173 Etwa *Reul* Vortragsmanuskript Insolvenzrecht in der notariellen Praxis, 2006, Umdruck, S. 112. Dies dürfte jedoch bereits begleitende Schadensbewahrenspflicht aus dem Schuldverhältnis sein.
174 Vgl. MünchKomm-InsO/*Graeber* § 57 Rn. 40.
175 Offen etwa hinsichtlich verkehrsrechtlicher Planfeststellungsverfahren.
176 Z.B. § 30 ThürDSchG, § 52 ThürNatSchG: LG Gera NotBZ 2008, 241.
177 LG Gera MittBayNot 2007, 316.
178 BGH DNotZ 1992, 851 (anders beim Erwerb in der Krise, vor Insolvenzeröffnung).
179 BAG NZA 2003, 854.
180 Hinzuweisen ist auf das Kündigungsrecht des Insolvenzverwalters gem. § 113 InsO bzw. § 22 Abs. 1 Satz 2 Nr. 2 InsO, allerdings unter Wahrung des Interessenausgleichs und ggf. Beachtung des BetrVG.
181 *Wolfsteiner* Die vollstreckbare Urkunde Rn. 12.54; *Gutachten* DNotI-Report 2009, 73 ff.
182 Dabei handelt es sich nicht um umsatzsteuerpflichtige Entgelte BFH, DStRE 2005, 1477 (anders bei rechtsgeschäftlicher Vereinbarung eines bestimmten Betrags für die Masse: umsatzsteuerpflichtige Leistung auch an den Gläubiger).

C. Querschnittsdarstellungen

b) Sach- und Rechtsmängelhaftung

3113 Auch wenn der Insolvenzverwalter Partei kraft Amtes ist (und damit nicht bloßer Vertreter des Gemeinschuldners), handelt er wohl[183] nur dann als **Unternehmer**, wenn der Gemeinschuldner Unternehmer war, also insb. nicht i.R.d. Verbraucherinsolvenz;[184] die Gegenauffassung betont die »Amtsstellung« des Verwalters gar zu formalistisch ggü. Rechtslage bei Einschaltung eines schlichten Vertreters, wo unstrittig auf den Vertretenen abzustellen ist, analog § 166 Abs. 1 BGB.[185] Jedenfalls bei unternehmerischen Insolvenzmassen (§ 14 BGB) gelten allerdings ggü. einem Verbraucherkäufer die Klauselverbote des Verbrauchervertrags bzw. gar des Formularvertrags. Teile der Literatur wollen jedoch den Verkauf durch den Insolvenzverwalter als einen »den Vertragsschluss begleitenden Umstand« i.S.d. § 310 Abs. 3 Nr. 3 BGB werten, der z.B. Gewährleistungsausschlüsse rechtfertige.[186]

aa) Sachmängel

3114 Nach überwiegender Ansicht gelten jedoch hinsichtlich der **Sachmängelhaftung**, sofern der Insolvenzverwalter für eine unternehmerische (§ 14 BGB) Insolvenzmasse handelt, keine insolvenzrechtlichen Besonderheiten, v.a. nicht im Hinblick auf die Grenzen für Haftungsausschlüsse. In der Literatur diskutierte Ansätze (analoge Anwendung des gesetzlichen Haftungsausschlusses aus § 806 ZPO)[187] haben sich bisher nicht durchsetzen können. Auch eine teleologische Reduktion zugunsten des Insolvenzverwalters[188] dürfte ausscheiden, nachdem der Gesetzgeber der Schuldrechtsreform es abgelehnt hat,[189] den Verkauf aus der Insolvenzmasse vom Anwendungsbereich des § 475 BGB (Verbrauchsgüterkauf) auszunehmen. Umgangen werden kann das Problem, wenn der unternehmerische Insolvenzverwalter nur an einen anderen Unternehmer weiterverkauft,[190] oder wenn er anstelle des freihändigen Verkaufs die Versteigerung wählt (§ 165 InsO), mit der Folge des gesetzlichen »Gewährleistungsausschlusses« in § 56 Satz 3 ZVG,[191] der dann – vergleichbar dem Vorrang des kaufrechtlichen Sachmangelrechts – die Möglichkeit der Anfechtung des Zuschlags gem. § 119 Abs. 2 BGB wegen Irrtums über verkehrswesentliche Eigenschaften etc. verdrängt.[192]

3115 Die Praxis bewegt sich auf rechtssicherem Terrain, wenn sie (wie allgemein in Verbraucher- oder Formularverträgen, vgl. Rn 1155, und als ausschließlichen »Ausweg« beim Verbrauchsgüterkauf, Rdn. 2202) bereits auf der **Tatbestandsseite** das Vorliegen eines Mangels beseitigt, sei es durch
 – Willenserklärung, also Vereinbarung einer bestimmten negativen Eigenschaft als »geschuldeter Beschaffenheit« (zu den Argumenten gegen eine pauschale Beschaffenheitsvereinbarung »gekauft wie derzeit existent« ohne Verbalisierung der Eigenschaften i.S.e. »Altbaubeschreibung« vgl. Rdn. 2203 f.),[193]
 – oder aber durch Wissenserklärung (also rechtzeitige Mitteilung des Fehlers an den Käufer, sodass Käuferrechte aus § 437 BGB gem. § 442 BGB ausgeschlossen sind, außer bei Vorsatz [§ 276 Abs. 3 BGB] und bei Übernahme einer dann vorrangigen Garantie); Beispiel: Rdn. 2242.

---

183 A.A. *Gutachten* DNotI-Report 2009, 25 mit Hinweis darauf, dass beim Verkauf durch den Insolvenzverwalter der Käufer schutzbedürftig sei, nicht aber der Schuldner, dessen Vermögensmasse wirtschaftlich betroffen ist.
184 *Amann/Brambring/Hertel* Vertragspraxis nach dem neuen Schuldrecht, S. 350; *Ulmer/Brandner/Hensen* AGBG § 24 Rn. 10; *Reul/Heckschen/Wienberg* Insolvenzrecht in der Kautelarpraxis, S. 207; *Basty* Der Bauträgervertrag 6. Aufl. 2009 Rn. 1126.
185 LG Rostock NZM 2007, 370.
186 So wohl *Marotzke* ZInsO 2002, 510.
187 Vgl. *Schmidt* ZInsO 2001, 109.
188 Wie von *Kanzleiter* DNotZ 1987, 662 vertreten.
189 BT-Drucks. 14/6857, S. 62 zu Nr. 103 (gegen BT-Drucks. 14/6857, S. 30).
190 Die Klauselverbote gelten dann nur mittelbar über § 307 BGB, wobei jedoch die Mängelfreiheit nunmehr eine Kardinalpflicht i.S.d. § 307 Abs. 2 Nr. 2 BGB darstellt.
191 Vgl. zu Vorstehendem *Kesseler* RNotZ 2004, 213 ff.
192 BGH, 18.10.2007 – V ZB 44/07, JurionRS 2007, 41204.
193 Gegen die Zulässigkeit einer »pauschalen Beschaffenheitsvereinbarung«, z.B. »der Kaufgegenstand ist in keiner Weise mehr funktionsfähig«, auch *Reul/Heckschen/Wienberg* Insolvenzrecht in der Kautelarpraxis, S. 221; *Th. Schmidt* ZInsO 2002, 109.

Für Vereinbarungen auf der Tatbestandsseite gelten bekanntlich die verbraucher- und formularvertraglichen Beschränkungen der §§ 305 ff. BGB (mangels Abweichens von einer gesetzlichen Auffangregelung) nur hinsichtlich des Transparenzgebots; auch § 475 Abs. 1 Satz 2 BGB steht bei Verbrauchsgüterkäufen nicht entgegen. Sie sind daher das **Mittel der ersten Wahl**.

Hierzu zählen auch Klauseln zur Vermeidung einer Wissenszurechnung aus den Unterlagen des Gemeinschuldners auf den Insolvenzverwalter, wobei im Hinblick auf die Kenntnis oder das Kennenmüssen bestimmter Umstände ohnehin nur auf die Person des Insolvenzverwalters abzustellen ist. 3116

▶ Formulierungsvorschlag: Keine Zurechnung der Gemeinschuldnerakten zum Insolvenzverwalter

> Eine Wissenszurechnung aus den Unterlagen des Gemeinschuldners oder des Zwangsverwalters auf den Insolvenzverwalter, der als Verkäufer dessen Vermögen verwaltet, wird ausgeschlossen. Für die Frage, ob eine arglistige Täuschung vorliegt oder wessen Wissen zuzurechnen ist, ist daher allein der Wissensstand des Verkäufers und des von ihm mit den Vertragsverhandlungen Beauftragten entscheidend.

Auf der **Rechtsfolgenseite** wird zum einen häufig versucht, die insb. in § 309 Nr. 7 Buchst. a) und b), Nr. 8 Buchst. a) BGB angelegten Gestaltungsgrenzen dadurch zu überwinden, dass ein **ausgehandelter Vertrag** i.S.d. § 305 Abs. 1 Satz 3 BGB zustande gebracht werden soll. Hierfür genügt es jedoch nicht, nach Erörterung der Besonderheiten der insolvenzrechtlichen Lage lediglich das Vorliegen einer Individualvereinbarung schriftlich zu behaupten; ausreichend könnte jedoch sein, dem Käufer die Wahl zu lassen zwischen dem Verkauf zum höheren Kaufpreis ohne Ausschluss der verbrauchervertraglichen Grenzen der §§ 305 ff. BGB oder zu einem niedrigeren Kaufpreis mit vollständigem Ausschluss (in den verbleibenden Grenzen der §§ 444, 276 Satz 3 BGB).[194] 3117

Die Darstellung der diesbezüglichen **Kalamität des Insolvenzverwalters** (Schlechterstellung anderer Insolvenzgläubiger; Verfahrensbeendigung erst nach Ablauf der Sachmängelfristen etc.) mag zwar das Verständnis des Käufers für die Wahl des niedriger ausgepreisten Angebots erleichtern, darf jedoch nicht als »Rechtfertigung« für eine Durchbrechung der Klauselverbote ohne Vorliegen einer jedenfalls insoweit im Einzelnen ausgehandelten Abrede (§ 305 Abs. 1 Satz 3 BGB) missverstanden werden: 3118

▶ Formulierungsvorschlag: Hinweis auf Sondersituation des Insolvenzverwalterverkaufs

> Der Verkäufer erläutert die Besonderheiten seiner Funktion als Insolvenzverwalter, weshalb er nachstehend jede Haftung im Rahmen des gesetzlich Zulässigen ausschließt. Der Käufer anerkennt und billigt das Interesse der Gläubigergemeinschaft im Insolvenzverfahren, den Verkaufserlös aus diesem Vertrag unbelastet der Verteilung zuführen zu können. Die Haftungsausschlüsse waren Gegenstand der Vertragsverhandlungen und wurden in der Preisfindung abschließend berücksichtigt.

Mit dieser Kautele wird[195] die folgende Formulierung vorgeschlagen. 3119

▶ Formulierungsvorschlag: Sachmängelausschluss beim Verkauf durch unternehmerischen Insolvenzverwalter (ausgehandelte Vereinbarung)

> Der Insolvenzverwalter hat dem Käufer nach Angabe der Beteiligten im Zuge der geführten Verhandlungen alternativ den Erwerb des Vertragsbesitzes zu einem um ..... € höheren Kaufpreis angeboten, jedoch unter Aufrechterhaltung der im Vertrag mit einem Unternehmer sonst zwingenden Rechte des Käufers (insbes. § 309 Nr. 7a und b BGB: Haftung bei grobem Verschulden und für auch leicht fahrlässig verursachte Lebens-, Körper- und Gesundheitsschäden). Der Käufer hat sich individualvertraglich zum Erwerb zu günstigeren Konditionen, jedoch unter Ausschluss der Sachmängelrechte wie bei einem Vertrag zwischen Privaten über ein Bestandsobjekt, entschieden. Er steht daher ähnlich wie ein Käufer, der noch vom Gemeinschuldner gekauft hat: letzterer könnte lediglich (sofern vormerkungsgesichert) den Anspruch auf Eigentumsverschaffung durchsetzen; hinsichtlich bestehender Sachmängelrechte hätte er den

---

194 Auch insoweit kommt es auf den Einzelfall an, vgl. *Wolf/Horn/Lindacher* AGBG § 1 Rn. 38; krit. *Kesseler* RNotZ 2004, 215.
195 Im Anschluss an eine freundlicherweise übersandte Ausarbeitung des Kollegen *Dr. Keith*, Chemnitz.

C. Querschnittsdarstellungen

(i.d.R. aussichtslosen) Rang eines schlichten Insolvenzgläubigers. Seine Situation ist weiterhin vergleichbar dem Erwerb unmittelbar vom Eigentümer, nachdem der Insolvenzverwalter das Objekt aus dem Beschlag freigegeben hat – auch insoweit mögen Ansprüche zwar rechtlich existent sein, sie sind jedenfalls wirtschaftlich wertlos. Der Insolvenzverwalter erklärt hierzu, mit dem Einverständnis des Gläubigerausschusses (§ 160 InsO) dieses nunmehr angenommene Angebot unterbreitet zu haben, um einen rascheren Abschluss des Verfahrens ohne Rücksicht auf etwa sonst laufende Gewährleistungsfristen zu erreichen, die Haftung der Masse auszuschließen, und die Masse von sonst möglicherweise entstehenden Untersuchungs- und Entsorgungskosten zu entlasten.

Daher ist vereinbart: Rechte des Käufers wegen eines Sachmangels des Grund und Bodens, des Bauwerkes und etwa mitverkaufter beweglicher Sachen sind ausgeschlossen, allerdings mit Ausnahme vorsätzlich zu vertretender oder arglistig verschwiegener Mängel. Dies gilt nach dem Willen der Parteien auch für die Zeit zwischen Vertragsabschluss und Gefahrenübergang. Der Käufer übernimmt weiter im Verhältnis zum Verkäufer das Risiko von – auch unbekannten – schädlichen Bodenveränderungen i.S.d. § 2 Abs. 3 BBodSchG, Altlasten i.S.v. § 2 Abs. 5 BBodSchG oder sonstigen Verunreinigungen des Grundstücks, der vorhandenen Bausubstanz oder von sonstigen Bestandteilen sowie des mitverkauften Zubehörs sowie Änderungen der Beschaffenheit des Grundwassers i.S.d. § 22 WHG. Der Käufer hat den Verkäufer daher von dessen etwaiger Verpflichtung als Verursacher oder früherer Eigentümer freizustellen, unabhängig davon ob diese Inanspruchnahme öffentlich- oder privatrechtlich – auch vonseiten Dritter – erfolgt; etwaige Ausgleichsansprüche des Käufers gegenüber dem Verkäufer gem. § 24 Abs. 2 BBodSchG werden ausgeschlossen. Diese Verpflichtung gilt also auch für den Fall, dass Ausgleichsansprüche von Dritten, etwa Nacherwerbern, gegen den Verkäufer gem. § 24 Abs. 2 BBodSchG erhoben werden. Der Käufer ist verpflichtet, im Fall einer ganzen oder teilweisen Weiterveräußerung seinen Rechtsnachfolger in gleicher Weise zur Freistellung des heutigen Verkäufers zu verpflichten und diesem die Verpflichtung zur Weitergabe aufzuerlegen; er haftet für etwaige Schäden, die aus einer Verletzung dieser Pflicht entstehen.

Der Verkäufer erklärt, er habe keine ihm bekannten Mängel, schädlichen Bodenveränderungen oder Altlasten arglistig verschwiegen, auf die der Käufer angesichts ihrer Bedeutung und des sonstigen Zustandes des Objekts einen Hinweis erwarten durfte. Er erläutert allerdings, dass er das Objekt aus eigener Anschauung nicht vertieft kenne.

Dem Käufer ist bekannt, dass er, soweit in dieser Urkunde nicht ein solches Recht vorbehalten ist, wegen des vereinbarten Ausschlusses – abweichend von der gesetzlichen Regelung – keine Nacherfüllungs-, Minderungs-, Rücktritts- oder Schadensersatzansprüche hat, wenn der Vertragsgegenstand Mängel aufweist. Der Käufer konnte sich über den Zustand des Vertragsgegenstandes informieren und erklärt, dass ihm dieser bekannt ist.

Diese Vereinbarung kann ergänzt werden um die Freistellung des Verkäufers von Rückstellungspflichten und einen vorsorglichen insolvenzrechtlichen Rangrücktritt, vgl. die Bausteine in Rdn. 3121 und 3123.

3120 Gem. §§ 60, 61 InsO haftet der Insolvenzverwalter (neben der geschaffenen Verpflichtung der Masse selbst, § 55 Abs. 1 Nr. 1 AO) ferner persönlich für schuldhafte Verletzung insolvenzspezifischer Pflichten und für die voraussehbare[196] Nichterfüllung von Masseverbindlichkeiten.[197] Als weitere **Haftungsbegrenzungsmaßnahme auf der Rechtsfolgenseite** wird daher z.T. vorgeschlagen,[198] diese **persönliche Schadensersatzpflicht** durch Vertrag mit dem Erwerber abzubedingen. Die Übertragung allgemeiner Grundsätze zur rechtsgeschäftlichen Begrenzung von Schadensersatzansprüchen auf §§ 60, 61 InsO begegnet jedoch Bedenken:

---

196 Der Verwalter ist gemäß BGH, ZIP 2005, 311 »exkulpiert«, wenn bei Eingehung der Verbindlichkeit eine sorgfältig erstellte Liquiditätsplanung die Erfüllung der Masseverpflichtung erwarten ließ.

197 Sog. »Insolvenz der Insolvenz«, bei Masseinsuffizienz (Kosten gedeckt, Masseverbindlichkeiten nicht), und erst recht bei mangelnder Kostendeckung, § 207 InsO.

198 *Laws* MDR 2004, 1153: zulässig im Rahmen einer Individualvereinbarung bis zur Grenze des § 276 Abs. 3 BGB; ähnlich *Reul/Heckschen/Wienberg* Insolvenzrecht in der Kautelarpraxis, S. 227.

- die gesetzliche Haftungsverantwortlichkeit des Insolvenzverwalters ist gem. § 149 VVG versicherbar und wird typischerweise auch versichert,[199]
- gewichtiger ist jedoch die Überlegung, dass der Rechtsverkehr auf die Auswahl des durch Gerichtsbeschluss (§ 56 InsO) bestimmten Insolvenzverwalters keinen Einfluss hat, sodass wie bei anderen Parteien kraft Amtes die Abbedingung der spezifischen Haftungsnormen, die mit der Amtsausübung verbunden sind, nicht möglich sein dürfte.[200]

Weniger problematisch dürfte es jedoch sein, wenn der Käufer dem Insolvenzverwalter zugesteht, für etwa noch geltend zu machende Sachmängelhaftungsansprüche aus dem abgeschlossenen Kaufvertrag während der (5-jährigen, bei Arglist möglicherweise längeren) Verjährungsfrist keine Rückstellungen bzw. Rücklagen[201] für Eventualverbindlichkeiten zu bilden, um den Abschluss des Insolvenzverfahrens bereits vor Verjährungsablauf zu ermöglichen. Hinsichtlich einer solchen (Unterlassung einer) Einzelmaßnahme wird der Käufer als (insoweit allein betroffener) Masseschuldner den Insolvenzverwalter von seiner Haftung freistellen können. 3121

▶ **Formulierungsvorschlag: Verzicht auf insolvenzrechtliche Rückstellungen für Sachmängelrechte**

Der Käufer ist damit einverstanden, dass der Insolvenzverwalter, ohne ihm gegenüber Haftungen nach §§ 60 und 61 InsO auszulösen, keine Rückstellungen für Eventualverbindlichkeiten aus etwaigen Sachmängelpflichten dieses Vertragsverhältnisses bildet und demnach das Insolvenzverfahren abschließt, auch wenn etwaige Gewährleistungsfristen aus dem heutigen Vertrag nicht abgelaufen sind.

Neben §§ 60, 61 InsO kann eine persönliche Haftung des Insolvenzverwalters auch nach allgemeinen Grundsätzen begründet werden, sofern er eigene vertragliche Pflichten übernommen[202] oder **besonderes Vertrauen** in Anspruch genommen hat.[203] Hierfür ist ein vertraglicher Haftungsausschluss denkbar, und zwar im Individualvertrag uneingeschränkt bis zur Grenze des § 276 Abs. 3 BGB, im Verbraucher- oder Formularvertrag unter ausdrücklicher[204] Beachtung des § 309 Nr. 7 Buchst. a) und b) BGB (grob fahrlässiges Verschulden sowie Leben-, Körper- oder Gesundheitsverletzungen) und § 307 Abs. 2 Nr. 2 BGB (leichte Fahrlässigkeit bei vertragstypischen Kardinalpflichten), sofern die Klauselschranken nicht durch einen ausgehandelten, durch Alternativvorschlag zustande gebrachten Vertrag gem. § 305 Abs. 1 Satz 3 BGB ebenfalls überwunden werden. 3122

In Betracht kommen allerdings wohl[205] individualvertragliche, in § 39 Abs. 2 InsO vorausgesetzte, **Nachrangvereinbarungen** des Inhalts, dass etwaige Masseansprüche des Käufers (§ 53 InsO) aus Pflichtverletzungen bzgl. Sachmängeln als schlichte Insolvenzforderung (bzw. gem. § 39 Abs. 2 InsO im Zweifel gar im Rang nach solchen) behandelt werden sollen – als wesensgleiches Minus zum Recht des Gläubigers zu entscheiden, ob er mit seiner Forderung am Verfahren überhaupt teilnimmt oder nicht, ebenso wie es im Belieben des Verbrauchers steht, ob er den ihm durch §§ 309 Nr. 7 und Nr. 8 Buchst. a) BGB aufrechterhaltenen Anspruch tatsächlich durchsetzt oder nicht. Diese materiell-rechtliche Erklärung muss, sofern Forderungen angemeldet werden, durch den Verwalter in das Verfahren eingeführt werden.[206] 3123

---

199 Vgl. *Reul/Heckschen/Wienberg* Insolvenzrecht in der Kautelarpraxis, S. 211.
200 *Kesseler* RNotZ 2004, 214 und *Meyer-Löwy/Poertzgen* ZInsO 2004, 363 ff. halten einen solchen Ausschluss darüber hinaus im Verbraucher-/Formularvertrag für unzulässig wegen Verstoßes gegen § 307 Abs. 2 Nr. 1 BGB.
201 *Wagner* ZfIR 2009, 345, 351.
202 BGH NJW 1988, 209; *Lüke* ZIP 2005, 1115.
203 Haftung aus c.i.c. BGH NJW 1990, 1908; vgl. auch DNotI-Gutachten, Nr. 42351 v. Juni 2003.
204 Sonst Verstoß gegen das Transparenzgebot des § 307 Abs. 1 Satz 2 BGB.
205 Bedenken könnten bestehen wegen der Vorherigkeit der Nachrangvereinbarung, die im Ergebnis auf einen antizipierten Erlassvertrag und damit auf eine Umgehung der verbrauchervertraglichen Klauselverbote hinausläuft (§ 306a BGB), vgl. *Marotzke* ZInsO 2002, 501.
206 Kübler/Prütting/*Holzer* InsO § 39 Rn. 21.

C. Querschnittsdarstellungen

▶ Formulierungsvorschlag: Insolvenzrechtlicher Rangrücktritt des Käufers

Der Käufer ist damit einverstanden, dass er wegen aller Rechte, die ihm wegen Mängeln zustehen – ausgenommen solche, die auf Arglist, Vorsatz oder Garantie beruhen –, nicht besser behandelt wird als jemand, der solche Rechte bereits vor der Eröffnung des Insolvenzverfahrens erworben hat. Anstelle einer privilegierten Masseforderung handelt es sich also um eine schlichte Insolvenzforderung im Rang nach allen anderen Forderungen (§ 39 Abs. 2 InsO). Im Bewusstsein, dass auf solche Insolvenzforderungen kaum eine nennenswerte Quote entfallen wird, trifft er gleichwohl mit dem Verwalter diese insolvenzrechtliche Nachrangvereinbarung.

Dies gilt – mit den Ausnahmen des ersten Absatzes – auch hinsichtlich seines etwaigen Anspruchs auf vollständige oder teilweise Kaufpreisrückzahlung oder auf Schadensersatzleistung, wenn dieser auf einem Sachmangel beruht.

bb) Rechtsmängel

3124 In Bezug auf die **Rechtsmängelhaftung** enthält § 75 Abs. 2 AO eine Privilegierung für den (auch freihändigen) Erwerb aus der Insolvenzmasse: der Betriebsübernehmer haftet nicht für rückständige Betriebssteuern. In gleicher Weise stellt § 11 Abs. 2 Satz 2 GrdStG den Erwerber aus der Insolvenzmasse von der **persönlichen** Haftung hinsichtlich rückständiger Grundsteuerbeträge frei, nicht jedoch von der dinglichen Haftung des Grundbesitzes für rückständige[207] Grundsteuer (§ 12 GrdStG) und sonstige öffentliche Lasten (§ 134 Abs. 2 BauGB, sowie nach Landeskommunalabgabenrecht, etwa gem. Art. 5 Abs. 7 BayKAG).[208] Diese gewähren in der Insolvenz ein Absonderungsrecht (§§ 49 ff. InsO). Beim freihändigen Verkauf setzt sich allerdings das Absonderungsrecht nicht am Verkaufserlös fort.[209] Löst dann der neue Eigentümer die weiter auf dem Objekt ruhende rückständige dingliche Last ab, erwirbt er die abgelöste Forderung (auf Zahlung der Grundsteuer etc.) gegen den persönlichen Beitragsschuldner (Gemeinschuldner).[210]

4. Erwerb zur Insolvenzmasse

3125 Auch Gegenstände, die der Schuldner selbst während des Insolvenzverfahrens erlangt (Neuerwerb) – wobei Leistungen zur Erfüllung einer Verbindlichkeit an den Schuldner nach § 82 InsO Schuld befreiend nur erfolgen können, wenn der Gläubiger bei der Leistung die Eröffnung des Insolvenzverfahrens nicht kannte – unterfallen ohne Weiteres dem Insolvenzbeschlag (§ 35 InsO) und damit der umfassenden Verwaltungs- und Verfügungsbefugnis des Insolvenzverwalters, § 80 InsO. Daneben kann auch der Insolvenzverwalter selbst **Erwerbsgeschäfte mit Wirkung für die Insolvenzmasse** vornehmen; auch hier wird der Schuldner Rechtsinhaber, zur Vermeidung gutgläubigen Erwerbs von ihm selbst ist ein Insolvenzvermerk gem. § 32 Abs. 1 Nr. 2 InsO einzutragen. Mit einem solchen Erwerbsgeschäft mit Wirkung für die Insolvenzmasse verbundene Verpflichtungen treffen ebenfalls den Insolvenzschuldner selbst, der nach herrschender Meinung allerdings nur beschränkt auf die Masse haftet, als Masseverbindlichkeit.[211]

---

207 Die ab Insolvenzeröffnung entstehenden Abgaben sind jedoch Masseverbindlichkeiten gem. § 55 Abs. 1 Nr. 1 InsO.
208 Rangklasse § 10 Abs. 1 Nr. 3 ZVG.
209 BGH, 18.02.2010 – IX ZR 101/09, ZIP 2010, 994 (Grundsteuer); BGH, 11.03.2010 – IX ZR 34/09, NotBZ 2010, 307 (Erbbauzinsen).
210 Es handelt sich wohl entgegen *Reul/Heckschen/Wienberg* Insolvenzrecht in der Kautelarpraxis, S. 226 nicht um eine Masseverbindlichkeit gem. § 55 Abs. 1 Nr. 3 InsO – ungerechtfertigte Bereicherung der Masse –, da sonst auf diesem »Umweg« auch die persönliche Beitragsschuld für rückständige öffentliche Abgaben, soweit sie vor Insolvenzeröffnung entstanden sind, in den Rang einer Masseschuld aufgestuft würde. Erstattungsschuldner ist lediglich der Gemeinschuldner selbst.
211 Vgl. MünchKomm-InsO/*Ott* § 80 InsO Rz. 8; *Gutachten* DNotI-Report 2010, 32 f.

II. Kostenrechtliche Hinweise[212]

1. Gebührenstufe/Geschäftswert

Für die **Beurkundung des Kaufvertrags** ist[213] eine 20/10-Gebühr zu erheben (§ 36 Abs. 2 KostO); die in den Fällen des § 144 Abs. 1 KostO (insb. bei Beteiligung einer Gemeinde außerhalb eines wirtschaftlichen Unternehmens[214] und ohne Absicht der Wiederveräußerung binnen 3 Jahren)[215] ermäßigt wird. Der **Geschäftswert** bestimmt sich i.d.R. nach dem vereinbarten[216] Kaufpreis, § 20 Abs. 1 KostO; bei **Verrentung** ist § 24 KostO zu beachten.[217] Eine künftige Bebauung für Rechnung des Erwerbers bleibt außer Betracht, eine Bebauung für Rechnung des Veräußerers (Bauträgervertrag) fließt jedoch in den Geschäftswert ein. Zusätzlich zu berücksichtigen (und demnach im Gesamtgeschäftswert aufzuschlüsseln)[218] sind **Rechte, die sich der Verkäufer vorbehält** (mit Ausnahme eines Vor- oder Wiederkaufsrechts),[219] also bspw. ein Wohnrecht, das als weitere Gegenleistung kapitalisiert wird, sowie **weitere Verpflichtungen** des Käufers (§ 20 Abs. 1 KostO), etwa zur Übernahme entstandener[220] Erschließungskosten, zur Tragung der Vermessungskosten,[221] zur bedingten Aufzahlung,[222] zur Übernahme von Maklerschulden des Verkäufers[223] oder deren Vereinbarung als Vertrag zugunsten Dritter (vgl. Rdn. 1797) sowie zur Eingehung von Investitions-, Bau-[224] oder Beschäftigungsverpflichtungen zur Entlastung des Verkäufers[225] oder ggü. dem Verkäufer (für Letztere ist maßgeblich das zu schätzende Interesse des Verkäufers an der Erfüllung der Verpflichtung, regelmäßig also ein Bruchteil der Investitionskosten[226] bzw. ein Teil der vereinbarten

3126

---

212 Vgl. zum Folgenden *Brambring* in: Beck'sches Notar-Handbuch, A I Rn. 208 ff. sowie Notarkasse, Streifzug durch die Kostenordnung und umfassend *Tiedtke* Notarkosten im Grundstücksrecht.
213 Dies gilt auch bei unrichtiger vorheriger Gebührenauskunft (Aufrechnung mit einem Schadensersatzanspruch gem. § 19 Abs. 1 BNotO kommt nur in Betracht, wenn die Beurkundung sonst insgesamt unterblieben wäre), LG Chemnitz v. 10.10.2008 – 3 T 214/07, NotBZ 2009, 34.
214 Zur Abgrenzung ggü. dem nicht privilegierten »wirtschaftlichen Unternehmen« einer Gemeinde (z.B. Abwasserzweckverband) vgl. OLG Naumburg, 16.02.2007 – 6 Wx 7/06, RNotZ 2007, 425.
215 Die Frist ist bereits durch das Bestehen der Absicht einer (deutlich späteren Weiterveräußerung) verletzt, *Prüfungsabteilung der Ländernotarkasse* NotBZ 2011, 211.
216 Werden später Unterverbriefungen aufgedeckt, ist eine Nacherhebung angezeigt; vgl. *Prüfungsabteilung Ländernotarkasse* NotBZ 2007, 322, auch zur Verjährung.
217 Ratenzahlungspflicht auf bestimmte Dauer: Die hochgerechnete Rente, max. der 25fache Jahresbetrag ist maßgebend; bei Zahlungsverpflichtung auf unbestimmte Dauer: 12,5facher Jahresbetrag. Bei Zahlungsverpflichtungen auf Lebenszeit des Verkäufers führt § 24 Abs. 2 KostO zu einem Multiplikator zwischen 3 und 22; ist der Gläubiger jedoch ein Angehöriger, ist max. der fünffache Jahresbetrag anzusetzen.
218 Vgl. BGH DNotZ 2003, 234.
219 LG Würzburg MittBayNot 1984, 97; es sei denn, diese haben einen eigenen wirtschaftlichen Wert für den Verkäufer und sichern nicht nur den Vertragszweck als solchen (OLG Karlsruhe, 02.12.2005 – 14 Wx 47/04, MittBayNot 2006, 266). Ein durch das Wiederkaufsrecht gesichertes Veräußerungs- und Belastungsverbot rechtfertigt eine Zurechnung von 10 % des Verkehrswerts (das Wiederkaufsrecht ist dann konsumiertes Sicherungsgeschäft), BayObLG ZNotP 1999, 335. Gleiches gilt für Eingehung einer Bauverpflichtung (etwa zum Eigenheimbau beim Bauplatzkauf von der Gemeinde), *Triller* MittBayNot 2001, 29.
220 Nicht jedoch künftig fällig werdender: LG Krefeld JurBüro 1985, 111; *Ländernotarkasse* NotBZ 2007, 17.
221 Die sonst den Verkäufer träfen, Rdn. 1348, vgl. *Ländernotarkasse* NotBZ 2006, 311 (anders im Bundesfernstraßengesetz: Straßenbaulastträger als gesetzlicher Schuldner, vgl. *Ländernotarkasse* NotBZ 2007, 438).
222 Hinzurechnung nach der Wahrscheinlichkeit des Bedingungseintritts, *Rohs/Wedewer* Kostenordnung (Loseblatt) § 20 KostO Rn. 3b; OLG Hamm RNotZ 2004, 272 m. Anm. *Bengel/Tiedtke* DNotZ 2005, 341.
223 *Korintenberg* KostO, § 20 Rn. 29. Zu den kostenrechtlichen Folgen von Maklerklauseln vgl. *Bund* NoBZ 2006, 46 ff.
224 Nach BGH, 24.11.2005 – V ZB 103/05, MittBayNot 2006, 257 m. Anm. *Notarkasse* ist die Übernahme einer Bauverpflichtung als vermögensrechtliche Angelegenheit zu bewerten (§ 30 Abs. 1 KostO), auch wenn der Verkäufer lediglich ein ideelles Interesse daran hat. Anzusetzen sei der Wert der dafür gewährten Kaufpreisminderung; entspricht der Kaufpreis jedoch dem Verkehrswert, sei ein prozentualer Anteil des Kaufpreises anzusetzen. Gewerbliche Objekte rechtfertigen eine andere Behandlung; Überblick bei *Lappe* NotBZ 2005, 339.
225 OLG Hamm RNotZ 2004, 416 m. Anm. *Bengel/Tiedtke* DNotZ 2005, 342: jedenfalls nicht nur Regelwert gem. § 30 Abs. 2 KostO.
226 Angemessen dürften 10 bis 30 % der zu investierenden Summe sein, OLG Jena VIZ 1995, 675; OLG Naumburg MittBayNot 1993, 396.

C. Querschnittsdarstellungen

Vertragsstrafe[227] oder des dadurch ausgelösten Wiederkaufsanspruches.[228] Besteht bei Nichterfüllung nur ein Rücktrittsrecht, soll ein Bruchteil des Kaufpreises anzusetzen sein).

3127 Die (gem. § 9 Abs. 3 Satz 2 UStG zwingend zu beurkundende) Verzichtserklärung auf die Umsatzsteuerbefreiung (»Optionserklärung«) bleibt als Vertragsbedingung unbewertet,[229] auch die dadurch ausgelöste Umsatzsteuerschuld ist (seit der Umkehrung der Schuldnerstellung durch das Haushaltsbegleitgesetz 2004) nicht mehr Teil der Bemessungsgrundlage.[230]

3128 Übersteigt der Verkehrswert des Grundstücks die Summe aus Kaufpreis, vorbehaltenen Nutzungen und weiteren Leistungen, ist der **Verkehrswert** nach § 39 Abs. 2 KostO maßgebend (§ 19 Abs. 2 KostO;[231] handelt es sich jedoch um Grundstücke beschränkter Marktgängigkeit, etwa aufgrund gesetzlich bestimmter Veräußerungsverbote,[232] mindert dies den Verkehrswert).[233] Auf den Verkehrswert abzustellen ist etwa bei sog. Ein-Euro-Verkäufen,[234] ferner bei Notverkäufen, etwa von versteigerungsbefangenen Grundstücken.[235] Anhaltspunkte können sein die Höhe der Beleihung,[236] der vom Käufer übernommene Abriss- oder Altlastenkostenbeseitigungsaufwand,[237] die Bodenrichtwerte,[238] die Höhe der Brandversicherungssumme,[239] die Preisindizes für Wohngebäude des Statistischen Bundesamts Fachserie 17 Reihe 4[240] sowie Kaufpreise in Vorurkunden;[241] bei versteigerungsbefangenen Grundstücken auch die (häufig im Internet einsehbare) Wertfestsetzung des Versteigerungsgerichts. Ggf. kann der Wertansatz auch nachträglich angepasst werden (etwa bei »Einlieferungsverträgen« für freiwillige Grundstücksversteigerungen auf das spätere Höchstgebot).[242] Absolute Obergrenze ist

---

227 Sonst 20 bis 30 % der voraussichtlichen Aufwendungen auf die garantierte Zeit für Verpflichtungen zur Schaffung oder Erhaltung von Arbeitsplätzen, vgl. *Tiedtke* Notarkosten im Grundstücksrecht 2002, Rn. 210.
228 OLG Karlsruhe, 02.12.2005 –14 Wx 47/04, MittBayNot 2006, 266: Gleichstellung der ausdrücklich und der stillschweigend (als Grundlage einer Sanktion) vereinbarten Bauverpflichtung.
229 BGH, 02.12.2010 – V ZB 52/10, ZNotP 2011, 117 m. Anm. *Tiedtke*; *Notarkasse* Streifzug durch die Kostenordnung, Rn. 1786; OLG Hamm, 16.04.2007 – 15 W 308/06, NotBZ 2008, 79; OLG Düsseldorf, 10.06.2008 – I-10 W 25/08, ZNotP 2008, 422 m. Anm. *Tiedtke*; a.A. Holthausen-Dux Notar 2004, 56 und *Ländernotarkasse* NotBZ 2005, 103 sowie *Klein* RNotZ 2005, 160: einseitige gegenstandsverschiedene Erklärung, da sie nicht das Verhältnis zum Käufer, sondern zum Finanzamt gestaltet; somit Vergleichsbewertung nach § 44 Abs. 2b KostO. Überholt OLG Celle ZNotP 2006, 199 m. abl. Anm. *Tiedtke*, ebenso abl. Anm. *Fleischer* MittBayNot 2006, 265: Trotz der Änderung der Schuldnerschaft sei der »Bruttopreis« als Geschäftswert maßgebend.
230 BGH, 02.12.2010 – V ZB 52/10, ZNotP 2011, 117 m. Anm. *Tiedtke*.
231 Eine Nachforschungspflicht besteht nur dann, wenn Anhaltspunkte für einen höheren Wert vorhanden sind (BayObLG ZNotP 1998, 342); ein Sachverständigengutachten darf wegen des Beweisaufnahmeverbotes des § 19 Abs. 2 KostO nicht eingeholt werden. Erfüllt der Kostenschuldner seine Mitwirkungspflicht nicht, ist der Notar zur Schätzung berechtigt (BayObLG MittBayNot 1993, 230).
232 Kein Abschlag wegen eingeschränkter Verkehrsfähigkeit ist jedoch z.B. bei einer Krankenhausimmobilie vorzunehmen, vgl. OLG Rostock, 06.06.2011 – 5 W 38/10, NotBZ 2011, 453, hierzu *Wudy* notar 2011, 289 f.
233 Relatives Veräußerungsverbot nach FlächenerwerbsVO (§ 3 Abs. 10 Ausgleichsleistungsgesetz) i.S.d. § 135 BGB, ferner Zustimmungsvorbehalt gem. § 12 Abs. 3 Flächenerwerbsverordnung, gesichert durch Vormerkung für den durch einen Verstoß hiergegen ausgelösten vereinbarten Rückforderungsanspruch, BGH, 11.01.2008 – V ZR 85/07, Rpfleger 2008, 250.
234 LG Chemnitz NotBZ 2005, 117. Der BFH hat allerdings im Urt. v. 12.07.2006 – II R 65/04 (hierzu *Stöckel* NWB 2007, 1701 = Fach 8, S. 1561, auch zur möglicherweise ausgelösten Schenkungsteuerpflicht) eine vereinbarte Gegenleistung von 1,00 DM anerkannt. Nach FG Thüringen, 16.06.2004 – I 1401/00, ist jedoch grunderwerbsteuerlich in diesem Fall nicht vom »Kaufpreis«, sondern vom Grundbesitzwert nach § 8 Abs. 2 Nr. 1 GrEStG (Bedarfswert) auszugehen. Dieser gesondert festgestellte Grundbesitzwert ist seit 01.01.2007 Grundlagenbescheid (Art. 18 JStG 2007) und damit separat anzufechten.
235 OLG München, 25.02.2011 – 34 Wx 13/11, MDR 2011, 687 (zu Grundbuchkosten).
236 Jedenfalls bei Rechten für Kreditinstitute: OLG Düsseldorf RNotZ 2005, 557.
237 Dabei ist ein hoher Sicherheitsabschlag (bis zu 50 %) vom geschätzten Aufwand gerechtfertigt, *Ländernotarkasse* NotBZ 2007, 286.
238 LG Bochum ZNotP 1998, 167.
239 Umrechnungstabelle in MittBayNot 2012, 80 und als Anhang II in: Streifzug durch die Kostenordnung.
240 Hinweise und Beispiele als Anhang III in: Streifzug durch die Kostenordnung sowie in MittBayNot 2006, 89 ff.
241 BayObLG JurBüro 1997, 378.
242 Vgl. *Ländernotarkasse* NotBZ 2007, 246.

gem. § 18 Abs. 1 Satz 2 KostO seit 01.07.2004 der Betrag von 60 Mio. €,[243] allerdings ggf. ergänzt um die Auslagenerstattung der Prämie für eine das darüber hinausgehende Risiko absichernde Einzelhaftpflichtversicherung.[244]

Der zugrunde gelegte Geschäftswert (auch seine Zusammensetzung bei Addition einzelner Positionen)[245] ist in der Kostenberechnung anzugeben, ebenso die einschlägigen Gesetzesbestimmungen nach dem strengen[246] **Zitiergebot** des § 154 Abs. 2 KostO. 3129

Öffentliche Körperschaften und Anstalten genießen **Begünstigungen gem. § 144 KostO**, sofern sie nicht für ihr wirtschaftliches Unternehmen handeln. Letzteres ist gegeben, wenn ökonomische Ziele mit Mitteln, die auch in marktwirtschaftlich tätigen Betrieben allgemein gebräuchlich sind, erreicht werden sollen (etwa bei der Übertragung des Vermögens eines Abwasserzweckverbands auf einen andern Verband).[247] Als wirtschaftliche Unternehmen sind etwa einzustufen[248] Abfall- und Abwasserbeseitigungsanlagen, Bankbeteiligungen, Bildungs- und Erholungseinrichtungen,[249] Camping-Gesellschaften, Entwicklungsgesellschaften, Grundstücksgesellschaften (aber nicht jedoch die eigene Grundstücksverwaltung der Kommune i.R.d. üblichen Vermögensverwaltung), Heime, Kantinen, landwirtschaftliche Betriebe, Müllverbrennungsanlagen, Restaurationsbetriebe, Schlachthöfe, Sparkassen, Verkehrsbetriebe, Weingüter, Wohnungsbauunternehmen, Trinkwassergewinnungsbetriebe, Zoologische Gärten[250] etc. 3130

Für die antragsgemäße[251] Fertigung des **Entwurfs** eines Grundstückskaufvertrags fällt gem. § 145 Abs. 1 Satz 1 i.V.m. § 36 Abs. 2 KostO eine 20/10-Gebühr aus demselben Wert an (beim Entwurf eines »Serienvertrags« i.H.d. Summe der in Aussicht genommenen Einzelverträge),[252] und zwar auch dann, wenn zuvor für die isoliert nachgesuchte Beratung eine Gebühr nach § 147 Abs. 2 KostO erhoben wurde.[253] Kostenschuldner ist (sofern keine Übernahmeerklärung oder bürgerlich-rechtliche Haftungsnorm vorliegt) der »Veranlasser« (§§ 2 Nr. 1, 3 Nr. 2 und 3 KostO), also derjenige, in dessen Namen[254] der öffentlich-rechtliche Entwurfsantrag (untechnisch: »Auftrag«) gestellt wurde bzw. der zumindest mit der Auftragserteilung an den Notar zur Entwurfsfertigung einverstanden war.[255] Hat ein Makler einen echten Entwurfsantrag in fremdem Namen gestellt, ohne dass dieser (aufgrund rechtsgeschäftlicher Vollmacht, Duldungs- oder Anscheinsvollmacht, also kraft Rechtsscheins) dem »Vertretenen« zuzurechnen wäre, ist der Makler selbst als falsus procurator Kostenschuldner (§§ 2 Nr. 1, 141 KostO i.V.m. § 179 Abs. 1 BGB analog).[256] Die Entwurfsge- 3131

---

243 Bei Einbringung in eine zugleich neu gegründete Gesellschaft beträgt der Höchstwert 5 Mio. € (§ 39 Abs. 4 KostO), was sich zur Übertragung umfangreichen Grundbesitzes nutzen lässt: Einbringung beim Gründungsvorgang in eine GmbH & Co. KG, sodann privatschriftliche Abtretung der KG-Anteile.
244 § 152 Abs. 2 Nr. 4 KostO; vgl. hierzu *Otto/Wudy* NotBZ 2004, 216 und *Tiedtke/Fembacher* MittBayNot 2005, 317 f.
245 BGH, 23.10.2008 – V ZB 89/08, notar 2009, 67.
246 Durch BGH, 14.12.2006 – V ZB 115/06, MittBayNot 2007, 157 (Anm. *Wudy* NotBZ 2007, 90) zu Recht dahin gehend reduziert, dass bei Angabe des Paragraphen und des Gebührentatbestands (z.B. »Dokumentenpauschale«) die Bezeichnung des Absatzes und des Gliederungspunktes unterbleiben können. Allerdings ist bei Wertgebühren auch § 32 KostO zu zitieren (BGH, 03.04.2008 – V ZB 115/07, ZNotP 2008, 293). die Zu den äußeren Anforderungen an eine Kostenberechnung vgl. *Heinze* NotBZ 2007, 119 f.; *Tiedtke/Fembacher* MittBayNot 2004, 321 ff. Nach BGH, 23.10.2008 – V ZB 89/08, NotBZ 2009, 60 m. Anm. *Wudy* muss allerdings das Beschwerdegericht dem Notar Gelegenheit geben, Formmängel im laufenden Verfahren zu berichtigen.
247 OLG Naumburg, 16.02.2007, ZNotP 2008, 423 m. Anm. *Tiedtke*.
248 Vgl. *Achterberg/Püttner/Würtenberger* Lehrbuch des besonderen Verwaltungsrechts Bd. II, Anhang.
249 OLG Naumburg, 04.02.2009 – 6 Wx 8/08, NotBZ 2009, 235.
250 OLG Naumburg, 04.02.2009 – 6 Wx 8/08, notar 2009, 171 m. Anm. *Wudy*.
251 Anders, wenn die Entwurfsfertigung als Serviceleistung des Notars erbracht wird, um Gelegenheit zur Prüfung zu geben, dass alle übermittelten Inhalte richtig erfasst wurden.
252 BGH, 25.09.2008 – V ZB 36/08, MittBayNot 2009, 63 (a.A. zuvor OLG Düsseldorf, 06.03.2008 – I-10 W 177/07, RNotZ 2008, 237 m. Anm. *Klein*: Hälfte der Summe aller Einzelwerte).
253 OLG Hamm, 15.07.2008 – I 15 Wx 120/08, RNotZ 2008, 558.
254 Die Verfahrenshandlung ist gem. § 13 Satz 2 FGG nicht höchstpersönlich.
255 LG Köln, 27.06.2008 – 11 T 102/07, RNotZ 2008, 562.
256 KG, 08.04.2003 – 1 W 67/01, FGPrax 2003, 188; LG Kleve, 04.01.2001 – 4 T 242/00, RNotZ 2002, 290.

C. Querschnittsdarstellungen

bühr ist auf eine »demnächst«[257] folgende Beurkundung beim selben Notar[258] anzurechnen, § 145 Abs. 1 Satz 3 KostO. Wird der Beurkundungsantrag ohne Hinausgabe von Entwürfen i.S.d. § 145 KostO zurückgenommen, fällt eine 1/4-Gebühr gem. § 130 Abs. 2 KostO an (Höchstgebühr seit 01.09.2009: 250 €, zuvor: 20 €).[259]

Auch unerkennbar geschäftsunfähige Beteiligte können Kostenschuldner sein.[260]

3132 Seit 01.09.2009 gelten für das **Beschwerdeverfahren in Kostensachen** die §§ 156, 157 KostO n.F. (»Antrag auf gerichtliche Entscheidung«).[261] Hiernach können nach Ablauf des Kalenderjahres, das auf das Jahr folgt, in dem eine vollstreckbare Ausfertigung der (einzelnen)[262] Kostenberechnung zugestellt wurde, Einwendungen nicht mehr erhoben werden, es sei denn, sie wären erst nach der Zustellung der vollstreckbaren Ausfertigung entstanden. Auch der Notar kann (z.B. bei Beanstandungen des Kostenschuldners) aus eigenem Antrieb oder auf Anweisung seiner vorgesetzten Dienstbehörde (des LG-Präsidenten) die Entscheidung des LG herbeiführen (vgl. § 156 Abs. 1 Satz 3, Abs. 7 Satz 1 KostO). Gegen die Entscheidung des LG kann ohne Rücksicht auf den Wert des Beschwerdegegenstands Beschwerde beim OLG eingelegt werden; hiergegen kann ggf. gem. §§ 70 ff. FamFG zulassungsgebundene Rechtsbeschwerde zum BGH eingelegt werden.[263] (Beim LG bleibt das Verfahren weiterhin kostenfrei, beim OLG und BGH werden Kosten erhoben.)

3133 Der Kostenschuldner konnte wohl seit 01.01.2002 auch analog § 286 Abs. 3 BGB (vgl. Rdn. 1317) in Verzug geraten.[264] Für alle ab 01.07.2004 fällig werdenden Gebühren und Auslagen des Notars ordnet nunmehr, diesem Vorbild folgend, § 154a KostO eine Verzinsung fällig[265] gewordener Kostenforderungen i.H.v. (stets) 5 Prozentpunkten über dem Basiszins nach Ablauf eines Monats[266] ab Zustellung[267] der vollstreckbaren Ausfertigung der Kostenrechnung an, sofern diese Angaben über Zinssatz und Verzinsungsbeginn enthält.[268] Nach § 140 KostO ist der Notar zwar nicht gehalten, die Entstehungsvoraussetzung für die Zinsen innerhalb bestimmter Zeit zu schaffen, hat aber entstandene Zinsen beizutreiben.[269]

---

257 Je nach den Umständen des Einzelfalls, bei komplizierten Entwürfen auch ein Jahr: OLG Hamm, 05.02.2007 – 15 W 161/06, ZNotP 2007, 399.
258 Nicht beim Amtsnachfolger: LG Rostock, 29.11.2007 – 9 T 6/05, NotBZ 2008, 315.
259 Vgl. hierzu *Tiedtke/Diehn* ZNotP 2009, 385, 388.
260 OLG München, 08.08.2011 – 32 Wx 286/11 Kost, MittBayNot 2012, 68.
261 Zum Verfahren *Müller-Magdeburg* ZNotP 2010, 258 ff.; *Wudy* NotBZ 2010, 256 ff.
262 Keine Erteilung einer Klausel i.S.d. § 155 KostO für mehrere Kostenrechnungen in einem einheitlichen Schriftstück, OLG Celle, 28.05.2009 – 2 W 131/09, NotBZ 2009, 413.
263 *Wudy* notar 2009, 344; *Tiedtke/Diehn* ZNotP 2009, 385 ff., wohl auch die Sprungrechtsbeschwerde gem. § 75 FamFG: *Maass* ZNotP 2010, 333.
264 Da § 17 Abs. 4 KostO gem. § 143 Abs. 1 KostO für Gebührennotare nicht gilt, sind Verzugszinsen für die seit 01.01.2002 in vier, nicht mehr in 2 Jahren verjährenden notariellen Kostenforderungen seit 15.12.2001 nicht mehr ausgeschlossen. Sie konnten allerdings bisher nicht nach § 155 KostO tituliert werden (*Hüttinger/Wudy* NotBZ 2002, 50). Ebenso wenig bestand (etwa gem. § 140 KostO) ein Zwang zu ihrer Geltendmachung (*Notarkasse* Streifzug durch die Kostenordnung, 7. Aufl. Rn. 1423 f.).
265 Die Fälligkeit kann für jeden Gebührentatbestand unterschiedlich eintreten: die Beurkundungsgebühr mit Unterzeichnung der Niederschrift, die Überwachungsgebühr für die Eigentumsumschreibung erst mit Endvollzugsvorlage an das Grundbuchamt (vorschussweise Erhebung nach § 8 KostO, was aufgrund des strengen Zitiergebotes (§ 154 Abs. 2 KostO) angegeben werden sollte: *Tiedtke/Fembacher* MittBayNot 2004, 321.
266 §§ 187 ff. BGB gelten. Beispiel: Zustellung am 25.08.2004. Beginn der Monatsfrist demnach am 26.08.2004, Ende (Sonntag!) am 27.09.2004 (§§ 188 Abs. 2, 193 BGB), Zinslauf demnach ab 28.09.2004.
267 Zur Zinssicherung während laufender Kostenbeschwerde ohne vorherige Zustellung gem. § 291 BGB (Prozesszinsen) vgl. *Wudy* NotBZ 2005, 321.
268 Am besten sind diese Angaben in allgemeiner Form bereits in der (dann zuzustellenden) Kostenrechnung enthalten (*Otto/Wudy* NotBZ 2004, 221 und ZNotP 2005, 340); Ermittlung und Berechnung des Zinses obliegen dem Vollstreckungsorgan (*Harnacke* DGVZ 2001, 70).
269 Es empfiehlt sich daher, die 2-wöchige Wartefrist (§ 798 ZPO) für Vollstreckungsmaßnahmen auf die Monatsfrist bis zum Beginn des Zinslaufes zu verlängern.

2. Gegenstandsgleiche und -verschiedene Erklärungen

Jedes einzelne Rechtsgeschäft, mögen auch mehrere in einer Urkunde zusammengefasst sein, wird grds. getrennt abgerechnet. Hiervon weicht § 44 KostO bei Rechtsgeschäften unter Lebenden und Unterschriftsbeglaubigungen ab, indem mehrere selbstständige Rechtsgeschäfte als gegenstandsgleich gewertet (»Kompensierung«) bzw. lediglich eine Gebühr aus dem zusammengesetzten Geschäftswert angesetzt wird (»Summierung«). Gegenstandsgleich sind alle Erklärungen, die zur Begründung, Feststellung, Anerkennung, Änderung, Übertragung, Aufhebung, Sicherung oder Erfüllung eines Rechtsverhältnisses abgegeben werden, auch durch Dritte oder zugunsten Dritter. 3134

Beim Kaufvertrag sind mit der **Vertragsgebühr** zugleich i.S.d. § 44 Abs. 1 KostO als **gegenstandsgleich** zu werten: 3135
- die mitbeurkundete Auflassung oder eine Vollmacht zu deren späterer Erklärung,
- die Vollstreckungsunterwerfung wegen des Kaufpreises,
- die Zustimmung eines Beteiligten zugleich als Ehepartner gem. § 1365 BGB oder als Verwalter nach § 12 WEG,
- die Löschungszustimmung des Verkäufers zu Belastungen,[270] wobei auch bei höherem Nennwert der zu löschenden Grundpfandrechte der Kaufpreis maßgeblich ist;[271] grundbuchkostenrechtlich wurde schon bisher beim Verkauf der letzten Eigentumswohnung durch den Bauträger als Verkäufer die Löschungserklärungen zulasten des Käufers für die nur noch daran lastende Globalgrundschuld überwiegend[272] allein nach dem verbleibenden Objektwert angesetzt,[273]
- Bau- oder Sanierungsvorbereitungsvollmachten.[274]

- Die Belastungsvollmacht für den Käufer[275] (auch über den Kaufpreis hinaus, gar in beliebiger Höhe – der höhere Betrag der Belastungsermächtigung bleibt bei der Ermittlung des Geschäfts- 3136

---

270 Dies gilt jedoch nicht für Löschungsbewilligungen personenverschiedener Gläubiger, auch wenn sie im selben Kaufvertrag mitbeurkundet würden (OLG Celle DNotZ 1964, 571).
271 BGH, 09.02.2006 – V ZB 172/05, RNotZ 2006, 246 (auf Divergenzvorlage des OLG München) m. krit. Anm. *Klein* und *Filzek*; ebenso OLG Dresden, 28.11.2006 – 3 W 1434/06, NotBZ 2007, 62 m. krit. Anm. *Otto*. Erfasst allerdings die Löschungszustimmung auch anderen, nicht mitveräußerten Grundbesitz, liegt Gegenstandsverschiedenheit vor, sodass ein Vergleich gem. § 44 Abs. 2 b KostO durchzuführen ist, vgl. *Ländernotarkasse* NotBZ 2009, 451.
272 A.A. OLG Köln, 31.08.2010 – 2 Wx 90/10, MittBayNot 2011, 519 m. Anm. *Tiedtke*; abschwächend OLG Düsseldorf, 05.06.2008 – I-10 W 20/08, RNotZ 2009, 60 und OLG Hamm, 23.07.2007 – 15 W 169/06, FGPrax 2007, 287: grds. voller Wert, ausnahmsweise Reduzierung unter dem Aspekt der Verhältnismäßigkeit staatlichen Handelns, wenn der Geschäftswert den Freigabewert um mehr als das fünffache übersteigt und beim Bauträger die verauslagten Kosten nicht beizutreiben sind.
273 OLG Hamm MittBayNot 1995, 160 und OLG Düsseldorf ZNotP 2000, 207 sowie OLG Dresden NotBZ 2003, 356 m. Anm. *Wudy* und OLG Dresden NotBZ 2006, 324: Bei der Berechnung der Grundbuchgebühren ist der Geschäftswert für die Löschung der Globalgrundschuld auf den Wert der zuletzt betroffenen Eigentumswohnung begrenzt, soweit die Löschung aufgrund eines Antrags des Käufers erfolgt, da dieser nicht schlechter gestellt werden darf als die Käufer der bereits veräußerten Eigentumswohnungen. Der Eigentümer selbst kann den bloßen Ansatz der Freigabekosten bei Gesamtgrundpfandrechten nur dadurch erreichen, dass er ein wertloses weiteres Grundstück auf Ewigkeit mitbelastet (*Pfeifer* ZNotP 2000, 257 f.; krit. *Blank* ZfIR 2000, 928).
274 Vgl. *Ländernotarkasse* NotBZ 2006, 14.
275 Anders bei unentgeltlichen Übertragungsvorgängen: *Ländernotarkasse* NotBZ 2004, 426.

C. Querschnittsdarstellungen

werts des Kaufvertrags außer Betracht;[276] – der Wert des Hauptgeschäfts begrenzt grds.[277] den Wert der gesamten Urkunde).[278]
- Die (nicht empfehlenswerte, Rdn. 1245) Abtretung von Auszahlungsansprüchen des Käufers ggü. seinem Kreditgeber zum Zweck der Kaufpreissicherung und zur Vermeidung von Missbräuchen aufgrund der Beleihungsvollmacht (gegenstandsgleiches Sicherungsgeschäft).[279] Wird die Abtretung der Auszahlungsansprüche jedoch in die Grundschuldbestellung aufgenommen, liegt allerdings Gegenstandsverschiedenheit vor.[280]
- Ein Vorkaufs- oder Wiederkaufsrecht, das sich der Verkäufer vorbehält.

3137
- Übernahme von Grundschulden in lediglich dinglicher Hinsicht (also ohne abstraktes Schuldanerkenntnis samt Vollstreckungsunterwerfung).[281]
- Übernahme von Verbindlichkeiten, auch soweit grundpfandrechtlich gesichert, in Anrechnung auf den Kaufpreis.[282]
- Abtretung einer Eigentümergrundschuld, auch soweit der Nennbetrag der Grundschuld den Wert des Kaufvertrags übersteigt[283] – allerdings ist die Vollstreckungsunterwerfung wegen eines darüber hinausgehenden Grundschuldbetrags gegenstandsverschieden.[284]
- Abtretung der Kaufpreisforderung an einen Grundpfandgläubiger, soweit es um die Sicherung der Lastenfreistellung geht;[285] anders jedoch, wenn die Abtretung zur Sicherung eines außerhalb der Rechtsbeziehungen von Verkäufer und Käufer liegenden Kredits erfolgt.[286]

3138 Liegen mehrere Erklärungen in derselben Urkunde vor und sind sie gegenstandsgleich, wird bei gleichem Gebührensatz der Rechtsgeschäfte nur eine Gebühr aus dem höchsten Gegenstandswert erhoben. Abweichend von der bisher herrschenden Meinung ist jedoch nach Ansicht des BGH beim Zusammentreffen von Hauptgeschäft und gegenstandsgleichen Durchführungs-, Erfüllungs- und Sicherungserklärungen stets der Wert des Hauptgeschäftes die Obergrenze,[287] auch wenn für das Nebengeschäft eigene Wertnormen gelten.[288] Liegen verschiedene Gebührensätze vor, ist jedoch – soweit für den Kostenschuldner günstiger – eine getrennte Berechnung der Gebühren vorzunehmen (§ 44 Abs. 1 Satz 2 KostO).

---

276 BGH, 09.02.2006 – V ZB 152/05, NotBZ 2006, 200 und BGH, 23.03.2006 – V ZB 156/05, NotBZ 2006, 201 m. sehr krit. Anm. *Lappe* = MittBayNot 2006, 528 m. Anm. Prüfungsabteilung der Notarkasse gegen die ganz herrschende frühere Praxis (vgl. etwa OLG Hamm MittBayNot 2006, 75; *Klein* RNotZ 2002, 499 ff. mit Differenzierung nach dem Zweck der Höherbeleihung – Gegenstandsverschiedenheit bei Sanierungsabsicht; zur Nachbewertung bei späterer Beleihung über den Kaufpreis hinaus: *Lappe* NotBZ 2003, 347).
277 Anders bei niedrigerem Gebührensatz des Hauptgeschäfts (Annahme: 5/10-, Vollstreckungsunterwerfung: 10/10-Gebühr), vgl. Prüfungsabteilung der Notarkasse, MittBayNot 2006, 530, und anders auch, wenn lediglich eine Vollmacht (zum Verkauf und zur – höheren – Beleihung) erteilt wird: maßgeblich ist der höhere Wert der Belastungsvollmacht, Prüfungsabteilung der *Ländernotarkasse* NotBZ 2010, 401.
278 Selbst dann, wenn Spezialvorschriften den Wert des Durchführungs-, Sicherungs- oder Erfüllungsgeschäfts höher festsetzen, wie § 23 Abs. 2 KostO hinsichtlich der Grundschuld.
279 BayObLG MittBayNot 1980, 221; BayObLG MittBayNot 1983, 85.
280 OLG Frankfurt am Main DNotZ 1987, 379; OLG Köln Rpfleger 1989, 129; a.A. OLG Hamm Rpfleger 1988, 285. Es empfiehlt sich also stets die Aufnahme in den Kaufvertrag, zur Vermeidung unrichtiger Sachbehandlung (§ 16 KostO).
281 OLG Celle FGPrax 2003, 236.
282 *Notarkasse* Streifzug durch die Kostenordnung Rn. 1511.
283 BayObLG MittBayNot 1993, 45; a.A. OLG Düsseldorf DNotZ 1985, 106. Allerdings sind dann bei der Bewertung die Grundsätze des § 44 Abs. 1 Satz 2 KostO zu beachten (20/10-Gebühr aus dem Nennbetrag der Eigentümergrundschuld als höherem Wert, oder – soweit günstiger – getrennte Gebührenberechnung).
284 *Notarkasse* Streifzug durch die Kostenordnung Rn. 1510.
285 BayObLG DNotZ 1984, 441.
286 LG München I MittBayNot 1993, 49.
287 BGH, 09.02.2006 – V ZB 152/05 (Kauf und Belastungsvollmacht); BGH, 23.03.2006 – V ZB 156/05 (Kauf und Belastungsvollmacht in beliebiger Höhe); BGH, 09.02.2006 – V ZB 172/05 (Kauf und Löschungserklärung des Verkäufers). Die Rspr. des V. Senats wird fast durchgehend kritisiert, vgl. *Klein* RNotZ 2006, 249; *Tiedtke* ZNotP 2006, 245; *H. Schmidt* JurBüro 2006, 264; *Filzek* RNotZ 2006, 251.
288 Z.B. § 23 Abs. 2 KostO für die Löschung eines Grundpfandrechts.

II. Kostenrechtliche Hinweise

Gegenstandsverschieden sind jedoch bspw.: 3139
- Kaufvertrag und Löschungszustimmung des Verkäufers bzgl. (Gesamt-) Grundpfandrechten, die auch an anderen, nicht verkauften Grundstücken lasten,[289]
- Kaufvertrag und Bauverpflichtung ggü. einem Dritten[290] (anders: Bauverpflichtung ggü. dem Verkäufer, dann Hinzurechnung nach § 20 Abs. 1 Satz 1 KostO),
- die Unterwerfung unter die Zwangsvollstreckung in das sonstige Vermögen durch den Erwerber wegen der Übernahme einer nicht mehr valutierenden Grundschuld in dinglicher Hinsicht, gleichgültig ob mit oder ohne zugrunde liegende Verbindlichkeit (§ 36 Abs. 1 KostO: 10/10-Gebühr aus dem Nennbetrag des Grundpfandrechts),[291]
- die Übernahme von Erschließungskosten, die bereits fällig sind,
- Gemeinschaftsregelungen unter den Käufern,[292]

- mitbeurkundete Schenkung mit Dritten (z.B. mittelbare Grundstücksschenkung): aus dem 3140 Gesamtwert von Kauf und Schenkung ist eine 20/10-Gebühr zu erheben (§ 44 Abs. 2a KostO); übernehmen jedoch miterschienene Eltern bspw. die Bürgschaft oder erklären sie einen Schuldbeitritt zur Kaufpreisschuld des Käufers, handelt es sich um ein Sicherungsgeschäft, das gegenstandsgleich ist,
- Verkauf eines Teilgrundstücks und gleichzeitige Einräumung eines Vorkaufsrechts am Restgrundstück (dient nicht der Sicherung oder Erfüllung des Hauptgeschäfts),[293]
- Aufhebung eines Kaufvertrags und Abschluss eines neuen Kaufvertrags über dasselbe Grundstück,[294]
- Beurkundung eines Mietvertrags und eines Vorkaufsrechts,[295]
- Beurkundung eines Kaufvertrags und eines Mietvertrags (außer bei einheitlichem Leasingvertrag),[296]
- Mitbeurkundung eines Gesellschaftsvertrags bei Erwerb in GbR. Hinsichtlich des anzusetzenden Werts ist jedoch zu differenzieren: Der Ansatz des vollen Werts des Gesellschaftsvertrags (ohne Schuldenabzug) ist nur dann gerechtfertigt, wenn eine umfassende Satzung, die alle wesentlichen Bestimmungen zu Zweck, Geschäftsführung, Beschlussfassung, Gewinn- und Verlustverteilung, Kündigung, Auflösung etc. enthält, mitbeurkundet wird. Beschränken sich umgekehrt die Erwerber darauf, die Quoten ihrer Beteiligung an der GbR zu bestimmen und verweisen i.Ü. auf die gesetzlichen Vorschriften, liegt kein zusätzlich zu bewertender Vertrag vor. Werden lediglich einzelne Bestimmungen (etwa die Konsequenzen im Sterbefall) beurkundet, ist ein Bruchteil des nach § 39 Abs. 1 KostO maßgebenden Werts anzusetzen.[297]

- Übernahme einer Grundschuld durch den Käufer zu eigenen Finanzierungszwecken, wenn der 3141 Käufer ein Schuldanerkenntnis abgibt und/oder sich deswegen der Zwangsvollstreckung unterwirft (nicht also das bloße dingliche »Stehenlassen« des Grundpfandrechts als Ausnahme zur Pflicht rechtsmängelfreier Lieferung),

---

[289] OLG Celle DNotZ 1964, 571; *Notarkasse* Streifzug durch die Kostenordnung, Rn. 1504.
[290] OLG Oldenburg DNotZ 1967, 698.
[291] *Notarkasse* Streifzug durch die Kostenordnung Rn. 1509.
[292] Als Wertansatz kommen bspw. für Benutzungsregelungen 20 bis 30 % des Grundstückswerts, für den Ausschluss der Auseinandersetzung der Gemeinschaft aus anderen als wichtigen Gründen ebenfalls gem. § 30 Abs. 1 KostO etwa 20 % des Grundstückswerts in Betracht, während gegenseitige Vorkaufsrechte als Austauschgeschäfte nur als ein Vorkaufsrecht gem. § 20 Abs. 2 KostO mit der Hälfte des Werts eines Miteigentumsanteils anzusetzen sind. Aus dem Gesamtwert von Grundstückskaufvertrag und Gemeinschaftsregelung ist eine 20/10-Gebühr zu erheben. Die Verpflichtung zur Begründung von Sondereigentum nach § 3 WEG erhöht den Wert um die Hälfte des bebauten Grundstücks, § 21 Abs. 2 KostO, die spätere Erfüllung löst allerdings gem. § 38 Abs. 2 Nr. 6 Buchst. a) bzw. 6 Buchst. b) KostO nur mehr eine 5/10-Gebühr aus.
[293] *Bengel/Tiedtke* in: Korintenberg/Lappe/Bengel/Reimann, KostO, § 44 Rn. 195.
[294] *Bengel/Tiedtke* in: Korintenberg/Lappe/Bengel/Reimann, KostO, § 44 Rn. 179.
[295] OLG Schleswig Rpfleger 1962, 396; anders, wenn es sich um einen Leasing-Vertrag handelt BayObLG MittBayNot 1984, 145.
[296] BayObLG MittBayNot 1984, 185.
[297] Vgl. *Korintenberg* KostO § 39 Rn. 57a, 57b.

C. Querschnittsdarstellungen

3142 – Verbindung eines Kaufvertrages mit einer Rechtswahl gem. Art. 14 Abs. 3 EGBGB oder Art. 15 Abs. 2 EGBGB oder deren Aufhebung, also einem Ehevertrag.[298] Die Werte für Kaufvertrag und Rechtswahl[299] sind gem. § 44 Abs. 2a KostO zu addieren und insgesamt eine 20/10-Gebühr zu erheben. Dies soll auch dann gelten, wenn die Rechtswahl nur vorsorglich aufgenommen wird.[300] Anders liegt es jedoch, wenn lediglich Sachverhaltserklärungen enthalten sind, welche die Ableitung des Güterrechtsstatuts ermöglichen,[301]

– Erklärung der Bestandteilszuschreibung oder Vereinigung mit anderem Grundbesitz des Erwerbers, sofern dies nicht für den Vollzug der Grundstücksveräußerung notwendig ist (da keine unselbstständigen Zuflurstücke gebildet werden, sondern zuvor eine Zerlegung im Eigenbesitz stattfindet, vgl. Rdn. 796).[302]

3143 Liegen verschiedene Gegenstände vor, ist bei Anwendung desselben Gebührensatzes für alle Rechtsgeschäfte eine Gebühr aus der **Addition der Einzelwerte** anzusetzen (§ 44 Abs. 2a KostO), während bei verschiedenen Gebührensätzen eine **Günstigkeitsprüfung zugunsten des Kostenschuldners** vorzunehmen ist zwischen der Einzelberechnung einzelner Gebühren einerseits und der Erhebung einer Gebühr aus dem höchsten anzuwendenden Gebührensatz aus dem Gesamtwert andererseits, § 44 Abs. 2b KostO.

▶ Beispiel:

Gibt der Käufer ein Schuldanerkenntnis mit oder ohne Vollstreckungsunterwerfung zu einem übernommenen Grundpfandrecht zur eigenen Valutierung ab, ist die Summe aus einer 20/10-Gebühr aus dem Kaufvertrag und einer 10/10-Gebühr aus dem Nennbetrag der Grundschuld zu vergleichen mit einer 20/10-Gebühr aus dem Kostenschuldner günstigere Variante zu wählen.

3. Vollzugsgebühren

3144 Daneben können **Vollzugsgebühren** gem. § 146 Abs. 1 KostO (mit Sperrwirkung ggü. § 147 Abs. 2 KostO)[303] anfallen. Dieser Kostentatbestand (eine Ausnahme zu § 35 KostO) setzt einen Grundstücksveräußerungs- oder Erbbaurechtsbestellungs- bzw. Veräußerungsvertrag voraus, gilt also bspw. nicht bei Erbanteilskäufen, Grundbuchberichtigungsanträgen, Abtretung von Geschäftsanteilen, auch wenn das Gesellschaftsvermögen allein aus Grundbesitz besteht, bei der Einräumung von Vor- oder Wiederkaufsrechten bzw. der Bestellung von Dauerwohnrechten oder Dauererwohnnutzungsrechten. Erforderlich ist des Weiteren ein (auch konkludent möglicher) **Auftrag zur Durchführung der Vollzugstätigkeit**. Geschäftswert ist der Wert des Geschäfts (bei zusammengesetzten Geschäften: des Teils des Geschäfts),[304] für das die Vollzugstätigkeit (z.B. behördliche Genehmigung, Zustimmung des Verwalters nach § 12 WEG) erforderlich ist.

---

298 *Lichtenberger* DNotZ 1986, 658.
299 Bei einer allgemeinen Rechtswahl nach Art. 14 Abs. 3 und Art. 15 Abs. 2 Nr. 1 und Nr. 2 EGBGB ist für den Ehevertrag als Geschäftswert das Reinvermögen der Ehegatten zum Zeitpunkt der Beurkundung maßgebend, § 39 Abs. 3 Satz 1 und Satz 2 KostO. Eine auf das Einzelobjekt beschränkte Rechtswahl gem. Art. 15 Abs. 2 Nr. 3 EGBGB führt zur Maßgeblichkeit des Werts des betroffenen Grundstücks ohne Abzug von Verbindlichkeiten, gedeckelt jedoch durch das Reinvermögen der Ehegatten.
300 BayObLG MittBayNot 1986, 143.
301 Schätzwert von 20 % des nach § 39 Abs. 3 KostO zu bestimmenden Werts.
302 *Strauß* MittBayNot 2006, 482.
303 BGH, 13.07.2006 – V ZB 87/05, ZNotP 2006, 397 m. Anm. *Tiedtke* = RNotZ 2006, 621 m. Anm. *Klein* mit der misslichen Folge, dass bspw. bei beurkundeten (nicht lediglich beglaubigten; dann § 146 Abs. 2 KostO) Grundschulden für die Einholung eines Rangrücktritts oder der Löschung eines vorrangigen Rechts ohne Entwurf (Prüfungsabteilung der Notarkasse, MittBayNot 2007, 74) weder § 146 KostO noch (wegen dessen negativer Sperrwirkung, sofern keine Treuhandauflagen übernommen werden) § 147 Abs. 2 KostO anfällt, entgegen der bisherigen ganz einhelligen Auffassung. Möglicherweise geht der BGH jedoch von einem in der Praxis nicht vorkommenden Sachverhalt aus, nämlich einer »in der dinglichen Einigung getroffenen Rangbestimmung«, zu deren Vollzug der Rangrücktritt demnach zwingend erforderlich ist, vgl. *Kesseler* ZNotP 2007, 23.
304 *Grziwotz* ZfIR 2009, 309.

Entgegen der früher in der Literatur³⁰⁵ überwiegend vertretenen Auffassung beschränkt sich der 3145
Begriff des Vollzugs nicht auf die zur Durchführung des dinglichen Erfüllungsgeschäftes erforderlichen Tätigkeiten des Notars, sondern schließt als kostenrechtlicher Begriff alle Tätigkeiten ein, die zu den beurkundeten – schuldrechtlichen oder dinglichen – Vereinbarungen der Beteiligten notwendigerweise hinzukommen müssen, um deren Wirksamkeit herbeizuführen und ihre Ausführung zu ermöglichen³⁰⁶ (nicht jedoch notarielle Hilfestellungen wie die Fälligkeitsmitteilung und die Umschreibungsüberwachung, von deren Anerbieten der Vollzug nicht abhängt). Auch die Einholung von **Lastenfreistellungsdokumenten (ohne Entwurf)** zählt daher entgegen früher weitverbreiteter Praxis zu den einheitlich abgegoltenen Vollzugstätigkeiten (Erfüllung der Verpflichtung zur Rechtsmängelfreiheit).

Günstiger als die 5/10 Gebühr aus dem vollen Wert des Kaufvertrags (§ 146 Abs. 4 KostO) ist 3146
bei gering belasteten Objekten die Entwurfsfertigung durch den Notar (§ 145 i.V.m. § 38 Abs. 2 Nr. 5a KostO: 5/10 allein aus dem Betrag des zu löschenden Grundpfandrechtes), sodass letztere durch den Notar zu empfehlen ist,³⁰⁷ jedenfalls wenn die Vollzugsgebühr nicht bereits durch andere Tätigkeiten ausgelöst wurde. Übersteigt der Nominalbetrag des zu löschenden Grundpfandrechts (§ 23 Abs. 2 KostO) andererseits den Kaufpreis, ist die Einholung ohne Entwurf günstiger, sofern kein Entwurfsfertigungsauftrag (wie etwa bei privaten Gläubigerrechten die Regel) erteilt wird.

Der weite Vollzugsbegriff des BGH kann bewirken, dass sowohl Tätigkeiten, die im Interesse und 3147
auf Kosten des Käufers durchgeführt werden (z.B. die Einholung der Verwaltergenehmigung nach § 12 WEG)³⁰⁸ als auch solche, die auf Kosten des Verkäufers durchzuführen sind (Lastenfreistellung ohne Entwurf) im Rahmen einer einheitlichen Vollzugsgebühr abzurechnen wären. Sofern keine vom Üblichen (Rdn. 1946 ff.) abweichende privatrechtliche Kostenteilungsabrede getroffen wird, hat dies zur Folge, dass die 5/10-Gebühr des § 146 KostO zur Hälfte (also zu »2,5/10tel«) dem Verkäufer, zur anderen Hälfte dem Käufer zu berechnen ist. Würde zulasten des Käufers lediglich die Einholung der gemeindlichen Vorkaufsrechtsnegativerklärung erfolgen, müsste eine Teilung im Verhältnis 1/10 (Käufer) zu 4/10 (Verkäufer) erfolgen. Um vom Verkäufer zu tragende »Kosten der Lastenfreistellung« handelt es sich unabhängig davon, wie die Gebühr im System der Kostenordnung zu qualifizieren ist. Allerdings besteht i.R.d. § 146 KostO eine gesamtschuldnerische Mithaftung auch des Käufers (§§ 2, 5 KostO)³⁰⁹ – anders als im Fall des § 147 Abs. 2 KostO (Übernahme von Treuhandauflagen im Interesse des zur Lastenfreistellung verpflichteten Verkäufers), die alleine den Verkäufer treffen.³¹⁰

Soll das vorstehend erläuterte Ergebnis der Auslegung des § 146 KostO im Lichte des weiten ko- 3148
stenrechtlichen Vollzugsbegriffs des BGH durch eine kaufvertragliche Vereinbarung der Beteiligten verdeutlicht und bestätigt werden, könnte etwa formuliert werden:³¹¹

---

305 *Klein* MittRhNotK 1984, 114; *Tiedtke* MittBayNot 1998, 83; *Bengel* in: Korintenberg/Lappe/Bengel/Reimann KostO § 146 Rn. 4b ff., aber auch OLG Celle RNotZ 2005, 62. Nach dieser Auffassung war z.B. für die Einholung und ggf. Treuhandüberwachung von Lastenfreistellungsunterlagen eine Gebühr aus § 147 Abs. 2 KostO anzusetzen aus 20 % bis (bei Überwachungstätigkeiten) 50 % der Summe der Nominalwerte der wegzufertigenden Belastungen.
306 BGH, 12.07.2007 – V ZB 113/06, MittBayNot 2008, 71 m. Anm. *Tiedtke* MittBayNot 2008, 23 ff. = JurBüro 2007, 510 m. Anm. *H. Schmidt* = NotBZ 2007, 406 m. Anm. *Wudy* NotBZ 2007, 381 ff.; *Tiedtke* ZNotP 2007, 363; ebenso zuvor OLG Zweibrücken, 13.05.1997 – 3 W 56/97, ZNotP 1997, 76; OLG Celle, DNotZ 1987, 738; OLG Düsseldorf, MittRhNotK 1992, 251; OLG Düsseldorf, 01.08.2006 – I-10 W 36/06, 10 W 36/06, RNotZ 2006, 625 (Vorlagebeschluss). Umfassend zum Vollzugsbegriff in Abgrenzung zu § 147 Abs. 2 KostO *Heinze* NotBZ 2008, 19 ff.
307 *Tiedtke* ZNotP 2007, 366.
308 Abwegig insoweit OLG Zweibrücken, 18.03.2010 – 3 W 41/10, ZNotP 2010, 398 m. abl. Anm. *Tiedtke*: Notar müsse zur Vermeidung des § 16 KostO darauf drängen, dass der Verwalter bei der Beurkundung anwesend ist und die Genehmigung im Kaufvertragsdokument als gegenstandsgleiche Durchführungserklärung erteilt.
309 Vgl. *Tiedtke* ZNotP 2007, 366; a.A. OLG Düsseldorf, 03.05.2007 – 10 W 109/06, ZNotP 2008, 334: i.R.d. § 146 Abs. 2 KostO hafte allein der Verkäufer, auch wenn die Vollzugstätigkeit nur die Lastenfreistellung umfasst.
310 *Otto* NotBZ 2008, 75, 78, a.A. OLG Düsseldorf (vorangehende Fußnote).
311 Vgl. *Wudy* NotBZ 2007, 393; ähnlich *ders.* notar 2008, 209. Zur gesamtschuldnerischen Haftung für die Lastenfreistellungskosten vgl. Rdn. 1697.

C. Querschnittsdarstellungen

▶ Formulierungsvorschlag: Detailregelung zur Tragung der Vollzugsgebühr (§ 146 KostO)

Die notarielle Vollzugsgebühr (§ 146 KostO) trägt ebenfalls der Käufer, jedoch mit folgenden Ausnahmen: Sind Unterlagen für die durch den Verkäufer geschuldete Löschung eingetragener Belastungen durch den Notar einzuholen und fällt daneben keine weitere, den Käufer treffende, Vollzugstätigkeit an, trägt sie der Verkäufer allein; ist daneben lediglich die gemeindliche Vorkaufsrechtsverzichtserklärung einzuholen, tragen sie Verkäufer und Käufer im Verhältnis 1:4, sind daneben andere den Käufer treffende Vollzugstätigkeiten vorzunehmen, tragen sie Verkäufer und Käufer je zur Hälfte. Den Beteiligten ist bewusst, dass im Verhältnis zum Notar beide Beteiligten für die Vollzugsgebühr gesamtschuldnerisch haften.

3149 Unter § 146 KostO fällt daher z.B.[312] die Einholung:
- von (ab Herbst 2007 entbehrlichen) Genehmigungen nach § 2 PreisG,
- der Genehmigung des Umlegungs- oder Sanierungsausschusses,
- von Genehmigungen nach Grundstücksverkehrsgesetz oder Grundstücksverkehrsordnung,
- der Bescheide kirchlicher oder kommunaler Aufsichtsbehörden,
- des Negativattestes hinsichtlich gemeindlicher Vorkaufsrechte gem. § 24 BauGB (lediglich 1/10-Gebühr!); hiervon ist zu unterscheiden: die Einholung der Nichtausübungserklärungen für landesrechtliche Vorkaufsrechte, die nicht dem Grundbuchamt ggü. nachzuweisen sind, führt zur Auffanggebühr nach § 147 Abs. 2 KostO (s. Rdn. 3157),

3150 — von Lastenfreistellungsunterlagen ohne Entwurf (sonst hierfür 5/10-Gebühr nach §§ 145, 38 Abs. 2 Nr. 5 KostO), entgegen der missverständlichen Formulierung des BGH[313] ist damit allerdings – ebenso wenig wie im Fall der Entwurfsfertigung – nach Ansicht der Literatur der Aufwand für die Überwachung erteilter Treuhandaufträge nicht abgegolten[314] während das OLG Dresden[315] und das OLG Köln[316] auch solche Überwachungstätigkeiten als durch die Vollzugsgebühr »konsumiert« ansehen.
- des Negativattestes gem. § 24 BauGB (lediglich 1/10-Gebühr!),
- der Zustimmung des Grundstückseigentümers zur Veräußerung eines Erbbaurechts (ohne Entwurfsübersendung),
- der Zustimmung des Verwalters gem. § 12 WEG (ohne Entwurfsübersendung) oder
- der Genehmigung eines sonst mittelbar Beteiligten (Einholung der Genehmigung eines unmittelbar Beteiligten ist keine Vollzugstätigkeit, sondern über Entwurfsfertigung oder als Betreuungstätigkeit gem. § 147 Abs. 2 KostO erfasst Rdn. 3158).

3151 Der **Geschäftswert** bemisst sich aus dem vollen Wert des Grundstücksveräußerungsgeschäfts (ohne Geschäftswerterhöhung durch Mitveräußerung beweglicher Sachen, bzw. die Bestellung eines Vorkaufsrechtes bei Erbbaurechtsbeurkundung etc., bzw. eine Bauverpflichtung des Verkäufers).[317] Der Geschäftswert des Kaufvertrags ist auch maßgeblich, wenn der Nominalbetrag zu löschender Belastungen den Kaufpreis weit übersteigt.[318] Sind die Veräußerer mehrerer Immobilien zu einer Rechtseinheit verbunden, ist der Gesamtwert aller Objekte als Geschäftswert der Vollzugsfähigkeit zugrunde zu legen.[319]

---

312 Vgl. *Wudy* NotBZ 2007, 388 ff.
313 BGH, 12.07.2007 – V ZB 113/06, MittBayNot 2008, 71 m. Anm. *Tiedtke* MittBayNot 2008, 23 ff. = JurBüro 2007, 510 m. Anm. *H. Schmidt* = NotBZ 2007, 406 m. Anm. *Wudy* NotBZ 2007, 381 ff.; *Tiedtke* ZNotP 2007, 363; a.A. *Klein* DNotZ 1987, 1855 f.
314 In diese Richtung zu Recht, BGH, 13.07.2006 – V ZB 87/05, ZNotP 2006, 397 m. Anm. *Tiedtke* = RNotZ 2006, 621 m. Anm. *Klein*.; ebenso *Wudy* NotBZ 2007, 389; *Tiedtke* MittBayNot 2008, 26; *Bengel/Tiedtke* DNotZ 2010, 599, 607 ff.
315 OLG Dresden, 31.03.2009 – 3 W 199/09, NotBZ 2009, 189 m. Anm. *Wudy*: abl. *Tiedtke* ZNotP 2009, 327. Der Entwurf der Expertenkommission zur Neuregelung des Kostenrechts sieht jedoch in KVNr. 22201 eine Treuhandgebühr hierfür vor.
316 OLG Köln, 16.10.2010 – RNotZ 2011, 56 m. abl. Anm. *Klein* RNotZ 2011, 151 ff.
317 OLG Frankfurt am Main JurBüro 1992, 821, anders bei einer Bauverpflichtung des Käufers: OLG Düsseldorf DNotZ 1981, 327; *Ländernotarkasse* NotBZ 2007, 48.
318 BGH, 12.07.2007 – V ZB 113/06, JurionRS 2007, 35956 (vgl. Rn. 2591).
319 BayObLG MittBayNot 1993, 227.

Erschöpft sich die Vollzugstätigkeit in der **Einholung eines Zeugnisses** nach § 28 Abs. 1 BauGB, fällt nur eine 1/10-Gebühr, sonst stets (unter Abgeltung aller Vollzugstätigkeiten) eine einheitliche 5/10-Gebühr an. Die **Vollzugsgebühr** wird gem. § 7 KostO **fällig** mit Beendigung der Vollzugstätigkeit, nicht erst mit Vollzug im Grundbuch. Sie wird unabhängig von Umfang und Anzahl der einzuholenden Erklärungen nur einmal erhoben. Gem. § 8 KostO wird i.d.R. die Kostenrechnung bereits vor Beendigung aller Vollzugstätigkeiten gestellt. 3152

4. Nebentätigkeitsgebühren

I.R.d. betreuenden Tätigkeit gem. § 24 Abs. 1 BNotO wird der Notar häufig zur Regelung von Rechtsbeziehungen der Vertragsbeteiligten tätig, ohne dass der Vollzug des Geschäfts i.S.d. § 146 KostO betroffen wäre. Hierfür kann – sofern kein gebührenfreies Nebengeschäft gem. § 35 KostO vorliegt – jeweils[320] eine zusätzliche Nebentätigkeitsgebühr nach § 147 KostO anfallen. Nicht abrechnungsfähig ist jedoch gem. § 147 Abs. 4 KostO die Übermittlung von Anträgen an das Grundbuchamt im Zusammenhang mit einer gebührenpflichtigen Tätigkeit (z.B. Kaufvertrag oder Grundschuld), die Stellung von Anträgen im Namen der Beteiligten aufgrund gesetzlicher Ermächtigung gem. § 15 GBO, das Aufsuchen von Urkunden, die beim Notar verwahrt sind, die Erwirkung der Legalisation der eigenen Unterschrift für den Auslandsrechtsverkehr sowie die Erledigung von Zwischenverfügungen und die Durchführung des Rechtsbeschwerdeverfahrens für Urkunden, die er entworfen, geprüft oder beurkundet hat. Reicht ein Notar die Urkunde eines Kollegen beim Grundbuchamt ein, handelt es sich ebenfalls i.d.R. um schlichte Botentätigkeit, nicht um einen kostenrechtlichen Auftrag i.S.d. § 147 Abs. 2 KostO.[321] Übersendet der Notar jedoch von ihm beglaubigte Erklärungen an andere Personen an den Erklärenden, erhält er hierfür eine Treuhandgebühr gem. § 147 Abs. 2 KostO (aus ca. 10 % des Geschäftswerts), nicht jedoch eine Vollzugsgebühr.[322] 3153

Einen **Sondertatbestand** enthält § 147 Abs. 1 Satz 1 KostO: Eine **Mindestgebühr** (derzeit 10,00 €) darf erhoben werden für die Einsicht des Grundbuchs oder eine im Auftrag eines Beteiligten erfolgte Mitteilung über den Inhalt des Grundbuchs, allerdings nur, wenn sie nicht im Zusammenhang mit anderen gebührenpflichtigen Tätigkeiten steht, also z.B. nicht der Vorbereitung der Beurkundung eines Kaufvertrags dient. 3154

In allen weiteren Fällen ist der **Geschäftswert** zugrunde zu legen, der sich nach § 30 Abs. 1 KostO nur aus dem Bruchteil des Werts des Hauptgeschäfts berechnet.[323] Die **Ausfüllung des Ermessensrahmens durch den Notar** ist im Beschwerdeverfahren nur auf die typischen Ermessensfehler (Nichtgebrauch, Fehlgebrauch, Überschreitung) zu überprüfen. 3155

Wichtige Einzelfälle: 3156

– Überprüfung der Voraussetzungen und Mitteilung der Fälligkeit (außerhalb der Abwicklung über Anderkonto);[324] als Geschäftswert anzusetzen dürften je nach Anzahl und Schwierigkeit der Fälligkeitsvoraussetzungen etwa 30 bis 50 %[325] des Kaufpreises[326] sein,

---

320 BGH, 12.05.2005 – V ZB 40/05, MittBayNot 2005, 433: Die Überwachung der Kaufpreisfälligkeit, der Eigentumsumschreibung und die Einholung der Bestätigung der finanzierenden Bank über die Einhaltung der Zweckbeschränkung sind je eigene Tätigkeiten i.S.d. § 147 Abs. 2 KostO.
321 OLG Braunschweig, 15.02.2007 – 2 W 136/06, RNotZ 2007, 358 m. Anm. *Wudy*: die beteiligten sollten sich über die Rechtsnatur des »Diensts« verständigen.
322 A.A. (für § 146 KostO) OLG München, 04.09.2007 – 32 Wx 114/07, MittBayNot 2008, 154 m. abl Anm. *Wolfsteiner*; ablehnend auch *Tiedtke* ZNotP 2007, 439 und *Filzek* NotBZ 2007, 449.
323 BGH, 12.05.2005 – V ZB 40/05, DNotZ 2005, 867.
324 BGH, 12.05.2005 – V ZB 40/05, MittBayNot 2005, 433 = ZNotP 2005, 354; OLG Zweibrücken MittBayNot 1982, 146; BayObLG MittBayNot 1983, 255.
325 BayObLG DNotZ 1980, 185; LG Berlin ZNotP 1997, 39; OLG Düsseldorf, 09.12.2008 – I-10 W 140/08, ZNotP 2009, 407 m. krit. Anm. *Tiedtke*: 30 % »im Standardfall« Aber auch 10 % ist in einfachen Fällen ermessensfehlerfrei, BGH, 15.05.2005, DNotZ 2005, 867.
326 Auch wenn die Fälligkeitsmitteilung sich (wie beim Bauträgervertrag) formal nur auf die erste Baufortschrittsrate bezieht, *Ländernotarkasse* NotBZ 2011, 167.

C. Querschnittsdarstellungen

- Vollzugsüberwachung und Einhaltung der Einreichungssperre (gleichgültig, ob der ausfertigungsrechtliche oder grundbuchrechtliche[327] Weg gewählt wird);[328] maßgeblich dürften 20 bis 50 %[329] des Kaufpreises sein,
- Entgegennahme einer familien-/betreuungsgerichtlichen Genehmigung und Herbeiführung deren Wirksamkeit gem. § 1829 BGB (10 bis 20 % des Werts des genehmigungspflichtigen Geschäfts), ebenso Erklärung des Rechtsmittelverzichtes durch den Notar aufgrund ihm erteilter Vollmacht,[330]

3157
- Anzeige der Schuldübernahme an den Gläubiger oder Einholung der Schuldübernahmegenehmigung (10 %, bei Einholung der Genehmigung 20 % des übernommenen Schuldbetrags),[331]
- Einholung solcher Vorkaufsrechtsnegativerklärungen, die für den Grundbuchvollzug nicht Voraussetzung sind, also bspw. eines vorkaufsberechtigten Mieters nach § 577 BGB (Geschäftswert etwa 20 bis 30 % des Kaufvertragswerts) oder landesrechtlicher Vorkaufsrechte ohne Grundbuchsperrwirkung (Geschäftswert 5 bis 10 % des Kaufvertrages). Bei gleichzeitiger Anfrage mehrerer Vorkaufsrechte (z.B. gem. § 66 BNatSchG und Landesnaturschutzrecht) in einer Erklärung fällt nur eine Gebühr an.[332]
- Auftragsgemäße Anzeige einer Abtretung gem. § 409 Abs. 1 Satz 1 BGB, z.B. bzgl. der Auszahlungsansprüche an den Kreditgeber; 10 bis 20 % der abgetretenen Forderung,[333]

3158
- die Einholung von Genehmigungen **unmittelbar Beteiligter** (z.B. vollmachtlos Vertretener) ohne Entwurfsfertigung fällt unter § 147 Abs. 2 KostO[334] (Geschäftswert 20 bis 30 % des Mitberechtigungsanteils am betroffenen Rechtsgeschäft); die bloße Entgegennahme der Genehmigung ohne deren Einholung ist allerdings gebührenfreies Nebengeschäft gem. § 35 KostO.[335] Gleiches gilt bei der Einholung eines Gemeinderatsbeschlusses mit oder ohne Beschlussentwurf.[336] Jedenfalls eine Kommune ist (zur Vermeidung des § 16 KostO) auf die durch die Einholung eintretenden Mehrkosten hinzuweisen.[337] Werden dagegen Genehmigungs- oder Zustimmungserklärungen **mittelbar Beteiligter** (z.B. WEG-Verwalter, Grundstückseigentümer zur Erbbaurechtsveräußerung) eingeholt, fällt hierfür – sofern keine auftragsgemäße Entwurfsfertigung erfolgte – eine pauschale Vollzugsgebühr nach § 146 Abs. 1 KostO an. Wird die **Zustimmungserklärung** auftragsgemäß[338] **entworfen**,[339] ist eine Entwurfsgebühr nach § 145 Abs. 1 Satz 1 KostO i.V.m. § 38 Abs. 2 Nr. 1 KostO aus dem Wert des zustimmungspflichtigen Rechtsgeschäfts vorrangig. Die erste Beglaubigung der Unterschrift durch den Notar, der den Entwurf der Zustimmungserklärung gefertigt hat, ist bei unmittelbar oder mittelbar Beteiligten gem. § 145 Abs. 1 Satz 4 KostO gebührenfrei.

---

327 Hierzu OLG Köln DNotI-Report 1997, 129.
328 OLG Düsseldorf DNotZ 1975, 374; KG JurBüro 1984, 1556; LG Bielefeld Rpfleger 1992, 273; und zwar entgegen OLG Celle JurBüro 1997, 40 auch wenn die Überwachungstätigkeit nur in der Überprüfung einer Zahlungsbestätigung des Verkäufers liegt: BGH, 12.05.2005 – V ZB 40/05, ZNotP 2005, 354.
329 LG Köln RNotZ 2007, 560 m. Anm. *Kaufmann*: Ermessensüberschreibung bei mehr als 50 % in einem »durchschnittlichen Fall«.
330 *Ländernotarkasse* NotBZ 2011, 87 (wird der Entwurf des Rechtsmittelverzichtes auftragsgemäß gefertigt, fällt hierfür eine Entwurfsgebühr gem. § 145 Abs. 1 Satz 1, 36 KostO an; die Einholung des Verzichtes ist dann gebührenfrei).
331 Vgl. OLG Düsseldorf JurBüro 1980, 119.
332 *Notarkasse* MittBayNot 2010, 254.
333 *Bengel/Tiedke* in: Korintenberg/Lappe/Bengel/Reimann KostO § 147 Rn. 77.
334 OLG Düsseldorf ZNotP 2005, 439; OLG Köln RNotZ 2003, 528. Hat der vollmachtlos Vertretene allerdings selbst eine Genehmigungserklärung verfasst, soll der Notar auf die kostensparende Möglichkeit deren Verwendung hinzuweisen haben.
335 KG DNotZ 1973, 39; a.A. LG Koblenz MittRhNotK 1996, 107.
336 *Notarkasse* MittBayNot 1976, 10.
337 LG Düsseldorf, 14.09.2009 – 19 T 86/09, RNotZ 2009, 675 – außer sie hatte den Notar gebeten, bei der Anforderung der Genehmigung auf Änderungen ggü. dem ursprünglichen Entwurf hinzuweisen.
338 Es genügt, dass die Auftragserteilung in der (tatsächlich genehmigten) Urkunde enthalten ist, LG Halle, 08.05.2007 – 4 T 4/06, NotBZ 2007, 303. Nach OLG Brandenburg, 20.10.2010 – 7 Wx 13/10, ZNotP 2011, 238 sei der Notar verpflichtet, bei Übersendung des Entwurfs auf die damit verbundenen Mehrkosten hinzuweisen, sonst gelte § 16 KostO.
339 Dies ist z.B. mit Diktat auf Tonbandkassette abgeschlossen, vgl. KG RNotZ 2006, 302.

– Übernahme von Auflagen im Zusammenhang mit der Lastenfreistellung zur treuhänderischen Überwachung[340] nach auftragsgemäßer[341] Entwurfsfertigung (ebenso wohl ohne Entwurfsfertigung, also neben dem Ansatz einer Vollzugsgebühr nach § 146 Abs. 1 KostO,[342] vgl. Rdn. 3150). 3159
– Stellung von Anträgen auf Bestandteilszuschreibung oder Vereinigung beim Vermessungsamt (ca. 10 % des Werts des zuzuschreibenden Grundbesitzes).[343]
– Die Verwahrung von Bürgschaftsurkunden nach Weisung eines Beteiligten (z.B. des Käufers bei der Bauträgervertragsabwicklung gem. § 7 MaBV) fällt unter § 147 Abs. 2 KostO. Die Verwahrung von Hypotheken- oder Grundschuldbriefen zur Abwicklung eines Rechtsgeschäfts ist jedoch gebührenfreie Nebentätigkeit gem. § 35 KostO.

5. Hebegebühren

Sofern die **Kaufpreisentrichtung durch Hinterlegung** erfolgt, sind für die **Verwaltung des Anderkontos** Hebegebühren gem. § 149 KostO (nach der Auszahlung gestaffelt) zu erheben. Eine Hinterlegungsgebühr fällt auch an für den an den Notar selbst zur Deckung anfallender Kosten ausbezahlten Betrag, nicht jedoch für die Hinterlegungsgebühr selbst,[344] für die Abbuchung von Bankspesen/Kontoführungsgebühren ohne Auszahlungsauftrag des Notars[345] sowie die Abbuchung der Zinsabschlagsteuer.[346] Mit der Hebegebühr sind die gesamten im Zusammenhang mit dem Hinterlegungsgeschäft stehenden Tätigkeiten, v.a. die Prüfung der Verwendungsauflagen der Einzahlenden, die Überwachung der Auszahlungsreife, der anfallende Schriftwechsel etc. abgegolten, vgl. Rdn. 3161 f. Entgelte für Telekommunikationsdienstleistungen sowie **Auslagen für Depotgebühren** oder Überweisungsspesen **von Banken** können aber zusätzlich ersetzt verlangt werden. Zusatzgebühren nach §§ 58, 59 KostO für Auswärts- oder Unzeittätigkeit fallen jedoch nicht an.[347] 3160

§ 149 KostO (Hinterlegungsgebühr) verdrängt für all diejenigen Nebentätigkeiten, die mit dem Verwahrungsgeschäft zusammenhängen und in einem Zug-um-Zug-Austauschverhältnis stehen, die Gebühren nach § 147 Abs. 2 KostO. Demnach kann nach überwiegender Auffassung[348] keine **zusätzliche Nebentätigkeitsgebühr** erhoben werden für: 3161
– die Übernahme von Treuhandauflagen der Grundpfandgläubiger des Verkäufers bzgl. der zur Lastenfreistellung notwendigen Löschungen und Freigaben,[349]
– die Abwicklung der Verwendungsauflagen der kreditgebenden Gläubiger des Käufers,[350]
– die Prüfung der Auszahlungsvoraussetzungen für den hinterlegten Betrag,[351]
– die Anzeige der (nicht empfehlenswerten, Rdn. 1245) Abtretung der Auszahlungsansprüche an den Darlehensgeber,[352]

---

340 Falsch OLG Oldenburg, 11.07.2006 – 3 W 6/06, ZNotP 2007, 279 m. abl. Anm. *Tiedtke*: Beachtung der Treuhandauflage sei mit der Betreuungsgebühr für die Überwachung der Eigentumsumschreibung abgegolten.
341 Zur Vermeidung von Missverständnissen empfiehlt sich die klare Aufnahme eines solchen Auftrages in die Urkunde, z.B. i.R.d. Fälligkeitsregelungen (»... der Notar wird beauftragt – zur Beschleunigung ungeachtet der Kostenfolge unter Entwurfsfertigung – diese Unterlagen anzufordern und entgegenzunehmen ...«).
342 BGH, 13.07.2006 – V ZB 87/05, ZNot 2006, 397 m. Anm. *Tiedtke* = RNotZ 2006, 621 m. Anm. *Klein*; die Entscheidung BGH, 12.07.2007 – V ZB 113/06 befasst sich damit trotz des Sachverhalts inhaltlich nicht. Unrichtig OLG München, 08.10.2009 – 32 Wx 88/09, MittBayNot 2010, 152 m. abl. Anm. *Diehn*.
343 *Strauß* MittBayNot 2006, 483.
344 *Reimann* in: Korintenberg/Lappe/Bengel/Reimann KostO § 149 Rn. 29.
345 Es handelt sich um die Erstattung der den Notar treffenden Gebühren analog § 670 BGB.
346 Vgl. *Zenker* NJW 2003, 3459 f.; a.A. KG KGR 1995, 153.
347 KG JurBüro 1976, 365; *Reimann* in: Korintenberg/Lappe/Bengel/Reimann KostO § 149 Rn. 12.
348 OLG Düsseldorf DNotZ 1993, 279; KG DNotZ 1975, 252.
349 OLG Köln JurBüro 1988, 83; OLG Rostock NotBZ 2005, 372.
350 KG DNotZ 1975, 752; a.A. OLG Frankfurt am Main DNotZ 1978, 118.
351 OLG Oldenburg JurBüro 1984, 272.
352 OLG Zweibrücken ZNotP 2005, 77 m. abl. Anm. *Tiedtke*.

C. Querschnittsdarstellungen

– die Fälligkeitsmitteilung und das Anfordern des zu hinterlegenden Betrags nach Eintritt bestimmter Voraussetzungen[353]
– die Übernahme der Vorlagehaftung dahin gehend, dass die Vormerkung oder die Eigentumsübertragung erst nach vollständiger Einzahlung des Kaufpreises beantragt werden dürfe.[354]

3162 **Nicht abgegolten** sind allerdings bspw.:
– die Einholung von Löschungs- oder Freigabeerklärungen mit Entwurf (dann § 145 KostO) oder ohne Entwurf (dann § 146 Abs. 2 KostO),[355]
– die Einhaltung von Treuhandauflagen der finanzierenden Bank, soweit diese über die kaufvertraglichen Bedingungen der Auszahlung hinausgehen.[356]

Im Einzelnen ist freilich vieles umstritten.[357] Die Verwahrung unechter Wertpapiere (z.B. von Grundschuldbriefen) löst übrigens keine Hebegebühr, sondern eine aus einem Teilwert zu bestimmende Gebühr nach § 147 Abs. 2 KostO aus.[358]

6. Angebot und Annahme

3163 Zu erheben ist grds. eine 15/10-Gebühr für das **Angebot**, eine 5/10-Gebühr für die Annahme (§ 37 KostO). Sind nur die Erklärungen eines Vertragsteils formbedürftig (z.B. beim Schenkungsversprechen), unterliegt diese Erklärung einer 10/10-Gebühr nach § 36 Abs. 1 KostO.

3164 Wird ein Vertrag **mehreren Empfängern** in der Weise angeboten, dass mit der zeitlich ersten Annahme ein wirksamer Kaufvertrag zustande kommt, handelt es sich um eine **Mehrheit von Angeboten**.[359] Jedem der gegenstandsverschiedenen Vertragsangebote ist dann der volle Geschäftswert zugrunde zu legen. Wird dagegen das Angebot an einen vom Angebotsempfänger noch zu benennenden Dritten erklärt, sind Angebot und Benennungsrecht gegenstandsgleich.[360] Für die spätere Beurkundung der Benennung fällt eine 10/10-Gebühr nach § 36 Abs. 1 KostO an aus einem nach § 30 Abs. 1 KostO zu bestimmenden Wert (etwa 30 bis 50 % des Rechtsgeschäftswerts); die mitbeurkundete Annahme des Angebots ist mit der Ausübung des Benennungsrechts gegenstandsgleich. Demnach ist einerseits eine 10/10-Gebühr aus dem höchsten in Betracht kommenden Gegenstandswert, dem der Annahme = voller Rechtsgeschäftswert, und andererseits die getrennte Berechnung der 10/10-Gebühr für die Benennung aus einem Teilwert und der 5/10-Gebühr für die Annahme aus dem vollen Wert zu vergleichen. Liegt ein »Angebotsvertrag« vor, ist also eine bedingte Verpflichtung zur Annahme (oder eine Verpflichtung zur Nichtannahme bei Zweckverfehlung) mitbeurkundet worden, fällt gem. § 36 Abs. 2 KostO eine 20/10-Gebühr an (ähnlich einem bedingten gegenseitigen Vertrag).[361] Gleiches gilt, wenn in einer Urkunde mehrere Beteiligte sich gegenseitig Angebote für dasselbe Objekt unterbreiten.[362]

---

353 BGH, 02.04.2009 – V ZB 70/08, ZNotP 2009, 287 m. Anm. *Tiedtke*, ebenso zuvor z.B. OLG Zweibrücken MittBayNot 1995, 76; a.A. OLG Köln MittRhNotK 1991, 226.
354 BGH, 29.09.2011 – V ZB 161/11, ZNotP 2011, 478 m. Anm. *Tiedtke*, a.A. die zuvor h.M.: OLG Düsseldorf MittRhNotK 1997, 185; *Wudy* notar 2009, 355; OLG Köln MittRhNotK 1991, 89.
355 OLG Köln DNotZ 1990, 321; OLG Rostock NotBZ 2005, 372; a.A. OLG Hamm DNotZ 1990, 324.
356 OLG Frankfurt am Main DNotZ 1990, 323.
357 Nach OLG Frankfurt am Main DNotZ 1990, 321, kommen neben den Hebegebühren noch Betreuungsgebühren für die Beschaffung von Löschungsbewilligungen in Betracht, nach OLG Düsseldorf, JurBüro 1994, 281 nicht; nach OLG Schleswig JurBüro 1995, 260 kommen Betreuungsgebühren für die Mitteilung der Kaufpreisfälligkeit in Betracht, nach OLG Saarbrücken JurBüro 1995, 101 nicht; nach OLG Düsseldorf MittRhNotK 1995, 358 kommen neben der Hebegebühr Betreuungsgebühren für die Überwachung der Umschreibungsreife in Betracht, nach OLG Hamm FGPrax 1998, 236 nicht.
358 *Prüfungsabteilung der Ländernotarkasse* NotBZ 2010, 217.
359 OLG Düsseldorf DNotZ 1965, 109.
360 *Bengel/Tiedtke* in: Korintenberg/Lappe/Bengel/Reimann KostO § 44 Rn. 38, und zwar auch dann, wenn der Angebotsempfänger das Angebot selbst annehmen kann.
361 OLG München MittBayNot 1991, 19; OLG Düsseldorf, 09.12.2008 – I-10 W 78/08, ZNotP 2009, 367 m. Anm. *Tiedtke*.
362 Diese sind gegenstandsgleich, OLG Stuttgart BWNotZ 1963, 268 und *Notarkasse* Streifzug durch die Kostenordnung Rn. 2104; anzusetzen ist eine 20/10-Gebühr.

In ähnlicher Weise ist zu verfahren, wenn der Angebotsempfänger bestimmte **Verpflichtungen auch** 3165
für den Fall der Nichtannahme eingeht, etwa zur Erstattung der Notarkosten[363] oder zur Zahlung eines Bindungsentgelts. Zu vergleichen ist auch hier gem. § 44 Abs. 1 KostO (Gegenstandsgleichheit) die 20/10-Gebühr aus dem höchsten Wert, dem Angebot, oder die getrennte Bewertung des 15/10-Ansatzes aus dem Angebot und der 20/10-Gebühr aus dem Wert der vertraglichen Vereinbarung.

Unterwirft sich der Angebotsempfänger bereits in der Angebotsurkunde der **Zwangsvollstreckung** 3166
(ohne Verpflichtung zur Annahme des Angebots), liegt Gegenstandsgleichheit vor. Es soll[364] insgesamt bei einer 15/10-Gebühr verbleiben. Wird die Annahme des beurkundeten Angebots mit einer Vollstreckungsunterwerfung verbunden, ist richtigerweise eine 10/10-Gebühr zu erheben.[365]

Wird **in der »Annahme« das Angebot teilweise** abgeändert, soll entgegen der Fiktion des § 150 3167
Abs. 2 BGB kostenrechtlich kein neuerliches Angebot vorliegen, vielmehr sind nach überwiegender Auffassung kostenrechtlich die Annahmeerklärung und die Änderungen gegenstandsgleich. Neben der 5/10-Gebühr für die Annahme (§ 38 Abs. 2 Nr. 2 KostO) ist also eine 10/10-Gebühr nach § 42 KostO für die Änderungen zu erheben, in keinem Fall aber mehr als die 10/10-Gebühr aus dem Wert des angenommenen Angebots.

Änderungen eines bereits beurkundeten Angebots führen zum Gebührenansatz nach § 42 KostO 3168
aus einem Teilwert (§ 30 Abs. 1 KostO); die Verlängerung der Annahmefähigkeit eines Angebots nach Ablauf der bisherigen Annahmefähigkeit ist jedoch als neues Angebot zu bewerten.

7. Vertragsaufhebung

Der Geschäftswert ermittelt sich in gleicher Weise wie für den aufzuhebenden Kaufvertrag selbst, 3169
wobei **eingetretene Wertveränderungen** zu berücksichtigen sind.[366] Ist der Kaufvertrag von keiner Seite auch nur teilweise erfüllt, ist gem. § 38 Abs. 2 Nr. 3 KostO lediglich eine 5/10-Gebühr zu erheben. Eine Teilerfüllung kann bereits in der Leistung einer Anzahlung oder der Übergabe des Kaufobjekts liegen. Die bloße Eintragung einer Vormerkung ohne Beurkundung der Auflassung reicht jedoch nicht.[367] In allen anderen Fällen (also wenn bereits teilweise zumindest von einer Seite geleistet wurde) fällt auch für die Aufhebung eine 20/10-Gebühr an.

Ist lediglich der 5/10-Ansatz zugrunde zu legen, werden jedoch weitere im Zusammenhang mit der 3170
Aufhebung getroffene Regelungen (z.B. Entschädigungsvereinbarungen, Vertragsstrafen) daneben mit einer 20/10-Gebühr aus dem Wert der weiteren Abreden erfasst, höchstens gem. § 44 Abs. 1 KostO mit einer 20/10-Gebühr aus dem höheren (d.h. dem Aufhebungs-) Wert. Wurde für die Aufhebung bereits eine 20/10-Gebühr veranschlagt, verbleibt es dabei. Wird in derselben Urkunde ein Kaufvertrag aufgehoben und ein neuer Kaufvertrag beurkundet, handelt es sich – auch wenn der Neuabschluss unter denselben Personen erfolgt – um zwei gegenstandsverschiedene Rechtsverhältnisse.

8. Auflassung

Wird die Auflassung in getrennter Urkunde erklärt, fällt hierfür eine 5/10-Gebühr aus dem vollen 3171
Kaufpreis (ohne bewegliche Gegenstände) an, § 38 Abs. 2 Nr. 6 Buchst. a) KostO. Voraussetzung ist jedoch nach überwiegender Auffassung,[368] dass das schuldrechtliche Grundgeschäft bereits

---

363 Beurkundungspflichtig gemäß OLG München MittBayNot 1991, 19.
364 Gemäß BayObLG DNotZ 1987, 176.
365 OLG Schleswig DNotZ 1971, 119; OLG Zweibrücken MittBayNot 1999, 584; a.A. BayObLG DNotZ 1996, 396.
366 *Schwarz* in Korintenberg/Lappe/Bengel/Reimann KostO § 38 Rn. 820.
367 OLG Stuttgart ZNotP 2000, 247.
368 BayObLG DNotZ 1978, 58; OLG Hamm MittBayNot 1998, 201; *Schwarz* in: Korintenberg/Lappe/Bengel/Reimann KostO § 38 Rn. 50 m.w.N.; a.A. OLG Köln RNotZ 2002, 239 m. abl. Anm. *Knoche*; OLG Düsseldorf DNotZ 1991, 410; OLG Stuttgart DNotZ 1991, 411.

C. Querschnittsdarstellungen

urkundsmäßig[369] niedergelegt ist (z.B. Vermächtnisanordnung, Teilungsanordnung etc. aufgrund öffentlichen Testaments, Erbvertrags oder Nottestaments, nicht jedoch aufgrund eigenhändigen Testaments),[370] also im Regelfall vor einem deutschen Notar bereits beurkundet wurde, sodass bei **Beurkundung vor einem ausländischen Notar** für die zwingend vor einem deutschen Notar notwendige Erklärung und Entgegennahme der Auflassung (§ 925 BGB) ebenfalls eine 20/10-Gebühr anfällt mit der Folge, dass eine »Gebührenersparnis« durch die »Flucht ins Ausland« im Grundstücksrecht nicht erzielbar ist.[371] Neuere Entscheidungen wollen stattdessen auch hier eine 5/10-Gebühr ansetzen.[372]

3172 Gleiches gilt bei der Erklärung der **Auflassung nach Ausübung eines Vorkaufsrechts**, obwohl dadurch ein neuer Kaufvertrag lediglich mit dem Inhalt des bereits beurkundeten Kaufvertrags zustande kommt.[373] Wird jedoch die Erklärung oder die Entgegennahme der Auflassung, also die Abgabe der Willenserklärung eines Vertragsteils, durch rechtskräftiges Urteil ersetzt (§ 894 ZPO), fällt für die Abgabe bzw. Entgegennahme der Erklärung des anderen Vertragsteils zur Auflassung eine 10/10-Gebühr nach § 36 Abs. 1 KostO an, da es sich beim Urteil nicht um ein Rechtsgeschäft, sondern um einen staatlichen Hoheitsakt handelt.[374]

3173 Ist mit der Erklärung der Auflassung zugleich eine Messungsanerkennung (z.B. bei Teilflächenkäufen) verbunden, fällt zusätzlich, sofern der Kaufpreis sich dadurch ändert, eine 10/10-Gebühr (§ 42 KostO) aus der Kaufpreisänderung an.

9. USt

3174 Zusätzlich ist gem. § 151a KostO USt zu erheben, und zwar auch auf verauslagte Kosten für Grundbucheinsichten (vgl. Rdn. 3180); es handelt sich nicht um einen »durchlaufenden Posten« i.S.d. § 10 Abs. 1 Satz 6 UStG,[375] wohl ebenso wenig wie bei Gebühren für Handelsregistereinsichten,[376] jedoch anders als bei Eintragungen und Abrufen beim Zentralen Vorsorgeregister.[377]

3175 Seit 01.01.2010 gilt auch für Dienstleistungen das »Bestimmungslandprinzip«.[378] Leistungen des Notars in Bezug auf inländischen Grundbesitz (Kaufvertragsbeurkundung, Bestellung dinglicher Rechte etc.) belassen den umsatzsteuerlichen Leistungsort im Inland, und zwar sowohl im Verhältnis zu Verbrauchern als auch im Verhältnis zu Unternehmern, gleich ob sie im Inland, EU-Ausland oder einem Drittstaat ansässig sind (§ 3a Abs. 3 Nr. 1 UStG). Es bleibt insoweit also bei der »nor-

---

369 Dies gilt auch, wenn sich die Verpflichtung zur Übertragung eines Grundstücks aus einem gerichtlichen Vergleich oder einem vor einem Schiedsgericht nach § 1025 ZPO geschlossenen Vergleich ergibt, vgl. BayObLG NotBZ 2003, 274 (allerdings nicht bei nur bedingter Verpflichtung).
370 *Schwarz* in: Korintenberg/Lappe/Bengel/Reimann KostO § 38 Rn. 50.
371 BayObLG DNotZ 1978, 58; OLG Hamm MittBayNot 1998, 201; *Lappe* DNotZ 1991, 413 m.w.N., unter Hinweis darauf, dass sich die Gebühren gem. §§ 36 ff. KostO nur auf Beurkundungen nach den §§ 167 ff. FGG a.F. beziehen, an deren Stelle 1969 das Beurkundungsgesetz trat, also nicht die Protokollierung durch ausländische Notare erfassen. Außerdem ist bei der Beurkundung der Auflassung durch einen deutschen Notar zu berücksichtigen, dass dieser gem. § 925a BGB eine volle Prüfung des ausländisch protokollierten Verpflichtungsgeschäfts vorzunehmen hat, was die Gebührenprivilegierung nicht rechtfertigt.
372 OLG Köln ZNotP 2002, 411; OLG Zweibrücken DNotZ 1997, 245; OLG Stuttgart DNotZ 1991, 411 ff.; OLG Karlsruhe ZNotP 1998, 127, da der Wortlaut keine Differenzierung nach der Art der Beurkundung zulasse.
373 OLG Celle MittRhNotK 1957, 772.
374 Vgl. *Bengel/Tiedke* in: Korintenberg/Lappe/Bengel/Reimann KostO § 36 Rn. 30.
375 Vgl. BMF NotBZ 2005, 252: aufgrund des elektronischen Abrufes schuldet allein der Notar die Gebühr ohne Möglichkeit, das Handeln in fremdem Namen kundzutun, *Schubert* MittBayNot 2005, 481 und *Everts* MittBayNot 2006, 21. Vgl. auch Abschnitt 152 Abs. 2 Satz 4 und 5 UStR.
376 Gutachten des DNotI Nr. 68769 vom Juni 2006; a.A. *Haeder/Wegerhoff* JurBüro 2006, 119, da eine § 6 Abs. 1 Nr. 1 JVKostO [zu Grundbucheinsichten] entsprechende Vorschrift für Handelsregisterabrufe fehlt.
377 Wegen § 2 Abs. 1 Nr. 1 Vorsorgeregister-Gebührensatzung ist der Notar niemals selbst Antragsteller, sondern lediglich Bote bzw. Vertreter, *Görk* DNotZ 2005, 87, 89.
378 BMF-Schreiben v. 04.09.2009, BStBl. I 2009, S. 1005 ff.; vgl. *Gutachten* DNotI-Report 2010, 173 ff.

malen« Ausweisung der USt.[379] Wird die Beurkundungsleistung (wie selten) im Zusammenhang mit einem in einem anderen Mitgliedsland der EU belegenen Grundbesitz erbracht, liegt jedoch demnach der Leistungsort im Ausland.[380]

Werden selbstständige Beratungsleistungen erbracht, die nicht im Zusammenhang mit Beurkundungen stehen (isolierte Beratung i.S.d. § 24 BNotO),[381] ist Leistungsort im Verhältnis zu Nichtunternehmen mit Wohnsitz in der EU der Amtssitz des Notars (§ 3a Abs. 1 UStG), im Verhältnis zu Nichtunternehmern in Drittstaaten (§ 3a Abs. 4 UStG), sowie im Verhältnis zu Unternehmern in und außerhalb der EU dagegen der Wohn-/Geschäftssitz des Empfängers (§ 3a Abs. 2 UStG). Bei sonstigen Beurkundungsleistungen (etwa im Zusammenhang mit GmbH-Anteilsabtretungen etc.) liegt der Leistungsort ggü. Nicht-Unternehmern in der EU am Amtssitz des Notars, ebenso ggü. Nicht-Unternehmern in Drittstaaten (§ 3a Abs. 1 UStG), während im Verhältnis zu Unternehmern in- oder außerhalb der EU der Empfängerort maßgeblich ist (§ 3a Abs. 2 UStG). 3176

Liegt der Leistungsort nach vorstehenden Grundsätzen im EU-Ausland, und wird an einen Unternehmer geleistet,[382] geht die Steuerschuldnerschaft auf den Empfänger über; die Kostenrechnung des Notars weist also keine USt aus, enthält aber gem. § 14a Abs. 1 UStG sowohl die USt-Identnummer des Notars als auch des Leistungsempfängers; im Quartalstakt ist hierzu eine zusammenfassende Meldung gem. § 18a Abs. 7 Nr. 3 UStG zu erstellen; in die eigene Umsatzsteuererklärung des Notars sind diese Umsätze ebenfalls gem. § 18b Abs. 1 Nr. 2 i.V.m. § 18 Abs. 1 bis 4 UStG aufzunehmen.[383] Befindet sich der Leistungsort in einem Drittland, ist ebenso wenig deutsche USt auszuweisen, sonstige Meldpflichten bestehen jedoch dann nicht.[384] 3177

10. Grundbuchkosten

Beim Grundbuchamt fallen für die Umschreibung des Eigentums eine 10/10-, für die Eintragung einer Vormerkung eine 5/10-, für deren Löschung eine 1/4-Gebühr aus dem Geschäftswert[385] an (bei Kaufverträgen der Kaufpreis, soweit er nicht auf bewegliche Sachen entfällt, es sei denn ein höherer Verkehrswert ist zweifelsfrei festzustellen). Für die Eintragung eines Grundpfandrechts wird gem. § 62 Abs. 1 KostO eine 10/10- (bei Briefrechten zuzüglich einer 1/4-Gebühr nach § 71 Abs. 1 KostO), für dessen Abtretung oder Löschung eine 5/10-Gebühr erhoben (bei Freigaben aus dem geringeren Wert im Vergleich zwischen Nominalbetrag und frei zu gebendem Objekt,[386] bei Löschungen aus dem Nominalbetrag mit Ausnahme der in Rdn. 3135 genannten Löschung am letzten Objekt zulasten eines Endkäufers). Hinzu kommen ggf. die Kosten für Grundbuchauszüge.[387] Auch bloße Grundbuchberichtigungen sind gebührenpflichtig, ausgenommen der Nachvollzug der Erbfolge binnen 2 Jahren (§ 60 3178

---

379 Ausländischen Unternehmern wird jedoch die anfallende USt durch das Bundesamt für Finanzen, Außenstelle Schwedt, erstattet, vgl. zur früheren Verwaltungspraxis *Schubert* ZAP 2005, Fach 20, S. 1187 ff.
380 In diesen Fällen ist jedoch keine »Zusammenfassende Meldung« gem. § 18a UStG abzugeben, da letztere gem. Art. 262 Buchst. c) i.V.m. Art. 192 MWStSystemRL nur für sonstige Leistungen i.S.d. § 3a Abs. 2, nicht i.S.d. Abs. 3 Nr. 1 UStG gilt.
381 Zur Abgrenzung vgl. *Ihle* notar 2010, 75; *Spilker* UR 2010, 475 ff.
382 Davon kann der Notar ausgehen, wenn der Leistungsempfänger eine USt-IdentNr. verwendet; wird diese durch eine Anfrage gem. § 18e UStG beim Bundeszentralamt für Steuern bestätigt, genießt der Notar Vertrauensschutz, vgl. *Ihle* notar 2010, 75, 77.
383 Anleitung hierzu bei *Masuch* notar 2010, 257, 264 ff.; vgl. auch Rundschreiben der BNotK 07/2010 vom 12.03.2010. Die Verschwiegenheitspflicht von Notaren steht nicht entgegen, vgl. BMF-Schreiben vom 11.03.2010 – IV D 3 – S 7427/10/10002, DOK 2010/0111304.
384 *Broddersen/von Loeffelholz* BB 2010, 800.
385 Das Wertgebühren-Prinzip ist mit dem Grundgesetz vereinbar, BVerfG ZNotP 2004, 491.
386 Die Eintragung des »Entlassungsvermerks« bei den weiter belastet bleibenden Objekten eines Gesamtgrundpfandrechtes ist gebührenfreies Nebengeschäft i.S.d. § 35 KostO, LG Oldenburg, 21.07.2009 – 17 T 449/09, ZfIR 2009, 782 m. Anm. *v. Breitenbuch*.
387 Einfacher Grundbuchausdruck gem. § 73 KostO: 10,00 €.

C. Querschnittsdarstellungen

Abs. 4 KostO)[388] und die Berichtigung als Folge einer gesellschaftsrechtlichen Verschmelzung.[389] Auch wenn nach dem Ausscheiden des vorletzten Gesellschafters das Vermögen dem Verbleibenden anwächst, bemisst sich der Geschäftswert allein nach dem Anteil des Ausscheidenden (§ 40 Abs. 2 KostO).[390] Zu den kostenrechtlichen Konsequenzen der Teilrechtsfähigkeit der GbR vgl. oben Rdn. 343 b.

3179 Hinzu kommen bei Eigentumswechsel landesrechtlich geregelte Katastergebühren, die häufig mit den Grundbuchkosten erhoben werden (z.B. in Bayern 30 % der Umschreibungsgebühr gem. § 60 KostO). Auch für die Grundbuchkosten (wie für Notarkosten [§ 5 KostO Rdn. 2643] und die Grunderwerbsteuer) besteht eine **gesetzliche Mithaftung der Beteiligten** untereinander.

3180 Gebühren, die dem Notar für die Nutzung des automatisierten Verfahrens zum Abruf von Daten aus dem maschinellen Grundbuch im Rahmen einer Urkundstätigkeit berechnet werden, oder vom Notar verauslagte Eintragungskosten[391] kann er als »verauslagte Gerichtskosten« gem. § 154 Abs. 2 KostO dem Zahlungspflichtigen in Rechnung stellen;[392] zur USt vgl. Rdn. 3174.

3181 Soll die Anforderung eines **Kostenvorschusses** (§ 8 KostO) im Wege einer Zwischenverfügung des Grundbuchamtes vermieden werden, kann der Notar selbst (nach entsprechender Sicherung des Ausgleichsanspruchs) die Kostenübernahme gem. § 3 Nr. 2 KostO erklären. Ein solches »Starksagen« für die Gerichtskosten verstößt nicht gegen das Gewährsübernahmeverbot des § 14 Abs. 4 BNotO.[393]

11. Vermessungskosten

3182 Die Höhe der Vermessungskosten ist landesrechtlich geregelt. In Bayern werden bspw. seit 01.04.2001 (mit leichten Änderungen seit 01.04.2006) für Grenzfeststellungen 175,29 € für den ersten, 47,38 € für jeden weiteren Grenzpunkt (unabhängig vom Zeitaufwand) erhoben. Bei Teilungsvermessungen ist maßgeblich
– zum einen die Zahl der beim Außendiensttermin festgestellten alten und neuen Grenzpunkte (Gebühr für den ersten Grenzpunkt 222,00 € für alle weiteren je 60,00 €),
– zum anderen die Anzahl der in den Grenzen und im Bestand veränderten alten und neuen Flurstücke (Gebühr für die ersten beiden pauschal 335,00 €, für jedes weitere 115,00 €).
– Die Summe beider Beträge wird mit einem Wertfaktor multipliziert (bei einem Bodenwert bis 5,00 €/qm Wertfaktor 0,7, zwischen 5,00 € und 25,00 €: 1,0, zwischen 25,00 € und 50,00 €: 1,3, zwischen 50,00 € und 200,00 €: 1,7 und über 200,00 € Bodenwert mit 2,0).
– Hinzu kommt die gesetzliche USt von 19 % aus 80 % des Netto-Betrags.

Bei einer Antragstellung im vordringlichen (dann binnen 4 Wochen zu erledigenden) Geschäftsgang wird ein Zuschlag von 20 % erhoben.

---

388 Rechtzeitige Antragstellung genügt, OLG Frankfurt am Main, 27.02.2007 – 20 W 487/06, RNotZ 2007, 627.
389 EuGH, 15.06.2006 – C 264/04, NJW-Spezial 2007, 99 (sonst Verstoß gegen Richtlinie 69/335/EWG v. 17.07.1969 betreffend die Erhebung indirekter Steuern).
390 OLG München, 10.08.2007 – 32 Wx 075/07, RNotZ 2008, 170.
391 Wohl nicht jedoch verauslagte Verwaltungsgebühren für Bescheide, die zur Umschreibung erforderlich sind, a.A. *Lappe* NotBZ 2007, 42.
392 BayObLG, 27.10.2004 – 3Z BR 185/04, NotBZ 2004, 482; *Bund* NotBZ 2004, 270; a.A. *Reetz/Bous* RNotZ 2004, 318. Im Rahmen eines etwa zu führenden Kostenregisters (Notarkasse und Ländernotarkasse) sind sie der Auslagenspalte zuzuordnen.
393 OLG Celle DNotZ 1994, 117; auch nicht, wenn darin eine privatrechtliche Bürgschaft gesehen wird: OLG Hamm DNotZ 1997, 757.

III. Steuerrechtliche Grundzüge

1. Notar und Steuerrecht[394]

a) Belehrungspflichten

Gem. § 4 Nr. 1 StBerG ist der Notar zu Hilfeleistungen in Steuersachen i.R.d. Beurkundung berechtigt. Die Beratung in Steuerangelegenheiten ist ihm unbegrenzt gestattet.[395] Er ist hierzu jedoch nicht allgemein verpflichtet; spezielle Kenntnisse (etwa im Umsatzsteuerrecht zur Reichweite des § 75 AO) können, so die Rechtsprechung,[396] von ihm nicht erwartet werden. 3183

Die **allgemeine Belehrungspflicht** gem. § 17 BeurkG umfasst nicht die Steuerfolgen der Urkunde.

▸ Hinweis:

Aus besonderer Betreuungspflicht kann sich jedoch im Einzelfall die Notwendigkeit ergeben, auf steuerliche Risiken hinzuweisen, wenn die begründete Besorgnis besteht, dass die Beteiligten einen ihnen drohenden steuerlichen Schaden aus mangelnder Kenntnis der Rechtslage oder der Sachumstände nicht erkennen.[397]

Eine solche Warnpflicht kann sich z.B. aus einer von den Beteiligten gewünschten Änderung des vom Steuerberater bereits gutgeheißenen Entwurfs in der Beurkundungssituation ergeben, deren steuerliche Unbedenklichkeit der Notar nicht beurteilen kann – er hat in diesem Fall die erneute vorherige Konsultation des Steuerberaters zu empfehlen (z.B. Rückbehalt von Bauplatzgrundstücken bei der Hofübergabe).[398] Korrigiert der Notar einen Teilaspekt der durch die Beteiligten vorgegebenen steuerlichen Gestaltung, beschränkt sich jedoch seine Prüfungspflicht regelmäßig hierauf.[399] Übernimmt er jedoch – ohne hierzu verpflichtet zu sein – steuerliche Beratung durch unmittelbare Beantwortung entsprechender Fragen, haftet er hierfür gem. §§ 24 Abs. 1, 19 BNotO. Die dann geltenden Anforderungen sind streng, so müsse der (Steuer-)berater auch künftige Gesetzesänderungen durch Lektüre der »informierten Tagespresse (Handelsblatt)« beobachten.[400] 3184

Warnpflichten kommen bspw. in Betracht, wenn der Notar aus den ermittelten Umständen (Datum der Auflassung auf den heutigen Verkäufer, das aus der Grundbucheinsicht hervorgeht) und der ihm bekannten Nutzung des Objekts (Vermietung statt Eigennutzung) erkennt, dass die Gefahr einer Besteuerung privater Veräußerungsgewinne (Rdn. 3367 ff.) innerhalb des 10-Jahres-Zeitraums des § 23 EStG besteht, die den Beteiligten nicht bewusst ist.[401] Gleiches gilt, wenn die Beteiligten anlässlich einer Beurkundung auf die Klärung einer steuerlichen Frage erkennbar Wert gelegt haben und der Notar es übernommen hat, die Beratung selbst durchzuführen, also nicht an einen Steuerberater oder eine Finanzbehörde (zum Zweck der Erteilung einer verbindlichen Auskunft)[402] zu verweisen. Übernimmt er diese Beratung, haftet er für jede Fahrlässigkeit.[403] 3185

---

394 Vgl. im Einzelnen *Spiegelberger* in: Beck'sches Notar-Handbuch, E Rn. 1 ff.
395 BVerfG DNotZ 1998, 763.
396 OLG München, 18.01.2007 – 1 U 3684/06, RNotZ 2007, 355; a.A. jedoch die Revisionsinstanz BGH, 20.09.2007 – III ZR 33/07, DNotI-Report 2007, 181 bei einem Unternehmenskauf, in dem § 25 Abs. 1 HGB ausgeschlossen wird.
397 BGHZ 58, 348.
398 BGH, 22.05.2003 – IX ZR 201/01, DNotZ 2003, 845.
399 BGH, 20.09.2007 – III ZR 33/07, DNotI-Report 2007, 181: Korrektur des Umsatzsteuersatzes verpflichtet nicht zum Hinweis auf § 75 AO, falls wider Erwarten doch eine Geschäftsveräußerung gem. § 1 Abs. 1a UStG vorliege.
400 BGH, 15.07.2004 – IX ZR 427/00, DStR 2004, 1677.
401 BGH WM 1988, 1853; wobei der Notar jedoch von sich aus diese Tatsachen nicht ermitteln muss BGH DNotZ 1996, 116 und OLG Koblenz MittBayNot 2003, 69. LG Stuttgart MittBayNot 2005, 338 verlangt zudem Kenntnis des Notars von niedrigeren Anschaffungskosten.
402 Gemäß den Grundsätzen des BMF-Schreibens, BStBl. I 1987, S. 474.
403 BGH DNotZ 1985, 636.

C. Querschnittsdarstellungen

▶ Hinweis:

Ggf. empfiehlt sich ein klarstellender Hinweis in der Urkunde, dass keine selbstständige steuerliche Beratung übernommen wurde.

3186 Bei der **Gestaltung der Urkunde** sollte der Notar auch steuerlich (wie zivilrechtlich) die »sicherere Alternative« wählen, also nicht dem Drängen der Beteiligten nachgeben, bis an die Grenzen des steuerlich noch Anerkennungsfähigen zu gehen bzw. einen entsprechenden Hinweisvermerk in die Urkunde aufnehmen, wenn die Beteiligten dies gleichwohl wünschen. Ggf. wird er die Stellung eines Antrags auf verbindliche Auskunft[404] beim zuständigen[405] Finanzamt empfehlen.

b) Anzeigepflichten

3187 Auf die **Grunderwerbsteuer** und das **Erfordernis der Unbedenklichkeitsbescheinigung** muss der Notar gem. § 19 BeurkG hinweisen. Er ist ferner gem. § 18 Abs. 1 GrEStG zur **Anzeige** von grunderwerbsteuerlich relevanten Vorgängen unter Verwendung eines amtlich vorgeschriebenen Vordrucks (im Durchschreibesatz oder – nach entsprechender Freigabe durch die OFD – als selbst erstellte Maske im Laserausdruck) unter Mitteilung der in § 20 GrEStG geforderten Angaben[406] verpflichtet. Dies gilt für **beurkundete Vorgänge** wie auch für **beglaubigte Erklärungen**, sofern der Notar die Urkunde entworfen hat, ferner für **Grundbuchberichtigungsanträge** und für nachträgliche Änderungen oder Ergänzungen der vorgenannten Dokumente. Umfasst sind auch Vorgänge, die die Übertragung von Anteilen (unabhängig von der Höhe der abgetretenen Beteiligung!) an einer Kapitalgesellschaft, Personenhandelsgesellschaft oder GbR betreffen, wenn zu deren Vermögen inländischer Grundbesitz zählt (§ 18 Abs. 2 GrEStG).[407]

3188 Die bloße Übersendung einer Urkundskopie durch den Notar »zur gefl. Bedienung« genügt nicht,[408] ebenso wenig die Übersendung an ein nicht zuständiges Finanzamt (Körperschaftsteuerstelle).[409] Die Zuständigkeiten[410] werden zunehmend gem. § 17 Abs. 2 Satz 3 FVG konzentriert, so z.B. in Thüringen seit 01.01.2009 allein beim Zentralfinanzamt für Grunderwerbsteuer, Postfach 100153, 98490 Suhl. Die 4-jährige Festsetzungsverjährung für die Grunderwerbsteuer (§ 169 Abs. 2 Satz 1 Nr. 2 AO) beginnt mit Ablauf des Jahres, in dem die Anzeige erstattet wurde, spätestens mit Ablauf des dritten Jahres, das auf das Kalenderjahr der Entstehung der Steuer folgt (§ 170 Abs. 2 Nr. 1 AO).

3189 Unabhängig davon sind die Beteiligten selbst gem. § 19 GrEStG ab 01.01.2000 auch verpflichtet, die Vereinigung von mehr als 95 % der Anteile in einer Hand anzuzeigen (i.d.R. wird es sich bei Personengesellschaften nicht um notariell beurkundete oder beglaubigte Vorgänge handeln, außer beim notariell entworfenen Antrag auf dadurch ausgelöste Grundbuchberichtigung). Die Rechtsprechung wertet das Unterlassen einer solchen von den Beteiligten zu erstattenden Anzeige als

---

404 § 89 Abs. 2 AO, zuvor BMF-Schreiben v. 29.12.2003, BStBl. I 2003, S. 742, betreffend Auskunft mit Bindungswirkung nach Treu und Glauben. Sie sind gem. § 89 Abs. 3 bis Abs. 5 AO seit 01.01.2007 gebührenpflichtig (abhängig vom Gegenstandswert, sonst Zeitgebühr: 50,00 € je halbe Stunde, mindestens 100,00 €); vgl. BMF v. 12.03.2007, DStR 2007, 582 m. Anm. *Simon* S. 557 ff. sowie Anwendungserlass zur Abgabenordnung 2008 Nr. 4 zu § 89 AO; BStBl. I 2008, S. 26 ff.; Erläuterung bei *Baum* NWB 2008, 1227 ff. = Fach 2 S. 9725 ff.
405 BMF-Schreiben v. 03.05.2007 – IV A 4 – S 0224/07/0003; hierzu *Baum* NWB 2007, 1681 = Fach 2, S. 9311.
406 Veräußerer, Erwerber, Grundstück, dessen Größe und Art der Bebauung, Art des anzeigepflichtigen Erwerbs.
407 Gemäß Verfügung der OFD München v. 06.11.2001, MittBayNot 2001, 595, besteht insoweit für den Notar keine besondere Nachforschungspflicht, um welche Flurstücke es sich im Einzelnen handelt, sondern nur eine allgemeine Erkundigungspflicht. Der amtliche Vordruck »Veräußerungsanzeige« ist daher nicht vollständig auszufüllen, sondern nur hinsichtlich der durch Befragung der Beteiligten ermittelten Daten. Ferner genügt bereits eine durch einen Verpflichteten (Notar oder Steuerpflichtiger) binnen 14 Tagen vorgenommene Anzeige, um im Fall der Rückabwicklung die Sperrwirkung des § 16 Abs. 5 GrEStG zu verhindern (BFH, 20.01.2005 – II B 52/04, MittBayNot 2005, 441 m. Anm. *Gottwald*, S. 378).
408 Nach FG Düsseldorf, 15.08.2006 – 3 K 3341/04, GE, NotBZ 2007, 263 genügt es nicht, dass die von § 20 GrEStG geforderten Angaben der Urkundskopie entnommen werden können, sofern das Anschreiben nicht als Anzeige zu erkennen ist.
409 BFH, 11.06.2008 – II R 55/06, MittBayNot 2009, 409.
410 Hierzu *Haßelbeck* MittBayNot 2009, 415.

leichtfertige Steuerverkürzung i.S.d. § 370 Abs. 4 AO, mit der Folge einer auf 5 Jahre verlängerten Festsetzungsfrist gem. § 169 Abs. 2 Satz 1 AO.[411]

Zum **Umfang der Anzeigepflicht** existiert ein **Merkblatt über die steuerlichen Beistandspflichten der Notare**.[412] Gem. § 22 Abs. 1 Satz 2 GrEStG haben die obersten Finanzbehörden der Länder im Einvernehmen mit den Landesjustizverwaltungen Ausnahmen vom Erfordernis der Vorlage der Unbedenklichkeitsbescheinigung (im Original oder beglaubigter Abschrift[413]) angeordnet, bspw. bei Beurkundungen mit Gegenleistungen bis zu 2.500,00 €, unter Ehegatten sowie bei Rechtsgeschäften unter Verwandten in gerader Linie. Auch diese Rechtsvorgänge sind zwar anzuzeigen, die Unbedenklichkeitsbescheinigung des Finanzamts (die erst nach Entrichtung oder Sicherstellung der Grunderwerbsteuer an den Notar zurückgeleitet wird) ist jedoch für den Grundbuchvollzug hier nicht erforderlich. 3190

Die **Übersendung einer einfachen Abschrift der Urkunde an die Grunderwerbsteuerstelle** des Finanzamts muss spätestens 14 Tage nach der Beurkundung, jedoch nicht später als an andere Beteiligte (§ 21 GrEStG) erfolgen und ist auf der Urschrift oder einem dieser beigehefteten Blatt zu vermerken. Besonderer Aufmerksamkeit bedarf das korrekte Ausfüllen der in den amtlichen Formblättern abgefragten Daten zum Übergang von Besitz, Nutzungen und Lasten (= Datum der steuerlichen Anschaffung), des Kaufpreises (Bemessungsgrundlage!) und zur Frage, ob die Rechtswirksamkeit des Vertrages bereits eingetreten ist (zur Festlegung des Zeitpunkts des Entstehens der Grunderwerbsteuer). 3191

Sofern noch privatrechtliche oder öffentlich-rechtliche Genehmigungen ausstehen, die für die Wirksamkeit der schuldrechtlichen oder dinglichen Einigung von Bedeutung sind und nicht lediglich für den Vollzug des Vertrags – wie etwa die Teilungsgenehmigung gem. § 19 BauGB –, muss dies auf dem Formblatt vermerkt werden; Gleiches gilt für in der Urkunde vereinbarte aufschiebende Bedingungen. Das **Finanzamt** leitet sodann eine Zweitschrift oder Durchschrift des ausgefüllten Formulars zurück an den Notar (im Durchschreibesatz blaue Färbung) zur Rücksendung an das Finanzamt, sobald die letzte der für die Wirksamkeit noch ausstehenden Genehmigungen eingegangen ist, samt Angabe des Datums. 3192

2. Steuerliche Sonderanforderungen bei Geschäften unter Angehörigen

Werden **Kaufverträge unter Angehörigen** geschlossen, die Wert auf die steuerliche Anerkennung (oder die Gewährung von Subventionen – frühere Eigenheimzulage!) legen, sollte der Notar auf die dafür erforderlichen zusätzlichen Voraussetzungen hinweisen:[414] 3193

– Strenge Wahrung der **zivilrechtlichen Wirksamkeit** (entgegen § 41 AO). Besonderes Augenmerk ist zu lenken auf das Vorliegen aller behördlichen und gerichtlichen Genehmigungen und auf die Einhaltung der Vertretungs-, ggf. auch Genehmigungsvorschriften bei Beteiligung Minderjähriger.[415] Die fehlende Einhaltung von Formvorschriften wird allerdings in der neueren Steuerrechtsprechung nur mehr als Indiz gegen die Ernsthaftigkeit des Vertrags verstanden.[416]

– **Ernsthaftigkeit der Vereinbarung und ihrer Durchführung**: Vereinbarungen unter nahen Angehörigen müssen klar (insb. unter Einschluss der wechselseitigen Hauptleistungspflichten)[417] 3194

---

411 BFH, 19.02.2009 – II R 49/07, ErbStB 2009, 263.
412 Z.B. Bay. Landesamt für Steuern, Juni 2011, S 4540.1.1-4/3.
413 KG, 29.11.2011 – 1 W 71/11, ZfIR 2012, 76 (nur Ls.).
414 Vgl. näher *Krauß* Vermögensnachfolge in der Praxis Rn. 4420 ff.
415 Beispiel: FG Niedersachsen DStRE 2004, 1193 (Darlehen). Gem. OFD Berlin FR 2000, 949 = ZEV 2000, 445 führt die fehlende Bestellung eines Ergänzungspflegers jedoch ausnahmsweise dann nicht zur Aberkennung der steuerlichen Wirksamkeit, wenn das FamG selbst dem Steuerpflichtigen (fehlerhafterweise) mitgeteilt habe, es bedürfe ihrer nicht, anders noch Rn. 5 Satz 1 des Nießbrauchserlasses v. 24.07.1998, BStBl. I 1998, S. 914.
416 BFH, 07.06.2006 – IX R 4/04, ZEV 2006, 519 im Anschluss an BFH, BStBl. II 2000, S. 386.
417 Diese müssen über dasjenige hinausgehen, was unter Familienangehörigen bereits gem. § 1619 BGB als Dienstleistung geschuldet ist.

C. Querschnittsdarstellungen

formuliert, ernsthaft gewollt und tatsächlich auch in der vereinbarten Weise durchgeführt werden. Insb. die Umsetzung der Verträge wird von der Finanzverwaltung exakt geprüft. So dürfen bspw. Zahlungen, die aus unterschiedlichem Rechtsgrund wechselseitig geschuldet sind (etwa i.R.d. Kombinationsmodells »dauernde Last und Mietvertrag«), nicht saldiert werden; vereinbarte wiederkehrende Leistungen müssen regelmäßig und pünktlich erbracht werden; geschuldete Kaufpreise dürfen nicht aufgrund vorgefassten Plans nach Zahlung wieder zurückgeschenkt werden.[418] Werden z.B. Teile einer Versorgungsabrede (etwa die Taschengeldzahlung) nicht erfüllt, »infiziert« dies auch die tatsächlich erbrachten Naturalleistungen, für die der Abzug versagt wird.[419] Allenfalls bei Nebenansprüchen sind »Nachlässigkeiten« u.U. ohne schädliche Wirkung (z.B. Nichtausübung einer Inflationsanpassungsklausel[420] oder eines Vorbehalts nach § 323 BGB bei einer Versorgungsvereinbarung).[421]

▶ Hinweis:

3195 Das Erfordernis der tatsächlichen wortlautgetreuen Umsetzung wird teilweise zum Anlass genommen für Empfehlungen, als ungünstig erkannte Verabredungen unter nahen Angehörigen dadurch steuerlich »außer Kraft zu setzen«, dass sie schlicht nicht (mehr) erfüllt werden.

– Wahrung des sog. **Fremdvergleichs** (inhaltliche Ausgestaltung des Vertrags wie unter fremden Dritten, auch hinsichtlich der notariellen Überwachung des Zug-um-Zug-Leistungs-Prinzips, obgleich damit die besondere Natur des Innenverhältnisses unter Angehörigen wesenswidrig geleugnet wird[422]).[423] Einzubeziehen in die Prüfung sind jedoch nur die Vereinbarungen zwischen den Beteiligten selbst.[424] Dieses am Äquivalenz-Prinzip ausgerichtete Prüfungskriterium erfasst jedoch naheliegenderweise in erster Linie solche Austauschverträge, die auf entgeltliche, üblicherweise unter kaufmännischen Gesichtspunkten abgewogene Leistungs-Gegenleistungs-Beziehungen ausgerichtet sind (z.B. Arbeitsverträge, Darlehensverträge, wobei letztere auch unter Angehörigen nicht voraussetzen, dass der Gläubiger die Tilgung voraussichtlich noch erleben wird,[425] und Kaufverträge: wird also z.B. ein Kaufvertrag unter Ehegatten aus einem Darlehen finanziert, das der Verkäufer als Gesamtschuldner weiterhin mitschuldet, liegt ein Gestaltungsmissbrauch i.S.d. § 42 AO vor).[426] Entscheidend ist ferner die Gesamtschau aller Umstände, sodass einzelne Elemente der Abweichung (z.B. Verzicht auf Besicherung eines Kreditvertrags)[427] noch nicht die steuerrechtliche Unbeachtlichkeit rechtfertigen.

3196 Abweichungen von den mit Dritten üblichen Konditionen sowie nachträgliche, nicht durch die Umstände motivierte Änderungen werden daher – außerhalb ausdrücklicher gesetzlicher Anordnung, wie z.B. in § 21 Abs. 2 EStG: verbilligte Vermietung,[428] Rdn. 3315 – regelmäßig steuerlich nicht anerkannt.

---

418 FG Hannover DStRE 2003, 741.
419 BFH, 19.01.2005 – X R 23/04, ErbStB 2005, 118.
420 So soll es nach FG Münster DStRE 2002, 1297 nicht als Indiz gegen die Ernsthaftigkeit der Vereinbarung gewertet werden können, dass der Begünstigte einer wertgesicherten Reallast die Betragssteigerung aufgrund der Geldentwertung nicht verlangt hat.
421 BFH, 03.03.2004 – X R 14/01, DStR 2004, 854.
422 Vgl. *Kirnberger* ErbStB 2007, 59, der für eigene gesetzliche Regelungen für Familiengesellschaften plädiert.
423 FG Saarbrücken MittBayNot 2004, 475: keine Eigenheimzulage bei Verwandtenkauf ohne Umschreibungssperre, bei welchem der Kaufpreis monatelang zinslos gestundet wurde.
424 Nicht also z.B. das Verhältnis zum finanzierenden Kreditinstitut im Rahmen eines Kaufvertrags zwischen Angehörigen, bei dem der Verkäufer weiter die Mithaftung für den Kredit übernimmt: BFH ZNotP 2003, 271 m. Anm. *Reich*, S. 247; a.A. FG Baden-Württemberg DStRE 2006, 595: Konditionen des Darlehensvertrags sind dann in die Prüfung mit einzubeziehen.
425 FG Stuttgart DStRE 2006, 408.
426 FG Stuttgart NotBZ 2006, 291.
427 BFH, 06.03.2003 – IV R 21/01, DStRE 2003, 1372; *Lotter* MittBayNot 2005, 210 legt dar, dass Eigenheimzulage demnach auch dann zu gewähren ist, wenn der Kaufpreis durch ein Verkäuferdarlehen aufgebracht wird, das seinerseits nicht dem Fremdvergleich standhält.
428 Zu den Anforderungen an Mietverträge unter nahen Angehörigen vgl. zusammenfassend OFD Frankfurt am Main v. 25.04.2007 – S 2253A – 46 – SZ 214, ESt § 21 Fach 1 Karte 2.

▶ Beispiel:

Mithaftung des Verkäufers für einen Kreditvertrag, den der nahe verwandte Käufer mit einer Bank zur Finanzierung des Kaufvertrags schließt.[429]

Nachträgliche »Gestattung« zinsfreier lang währender Ratenzahlung anstelle des vereinbarten Sofortkaufpreises.[430]

Dem Eigentümer eines Immobilienobjekts steht es allerdings frei, dieses nach seiner Wahl entgeltlich, teilentgeltlich oder unentgeltlich zu übertragen und dementsprechend auch **Preiszuordnungen** für steuerrechtlich eigenständige Gebäudeteile (Wirtschaftsgüter) in Übereinstimmung mit dem Erwerber festzulegen (z.B. Zuordnung der Entgeltkomponenten wie etwa des Gleichstellungsgeldes auf die fremd vermietete, nicht die vom Vorbehaltswohnungsrecht erfasste Wohnung im übergebenen Anwesen).[431]   3197

Einer »Reparatur« sich als steuerlich ungünstig erweisender Vertragsgestaltungen mit Wirkung ex tunc steht das Rückwirkungsverbot des § 38 AO entgegen. Bestätigt jedoch eine Nachtragsabrede bereits früher rechtswirksam abgeschlossene mündliche Vereinbarungen, wird sie anerkannt,[432] sofern nicht die äußeren Umstände oder der Wortlaut des ursprünglichen Vertrags dagegen sprechen.[433] Für die Zukunft können steuerwirksam Änderungen vereinbart werden, wobei jedoch die neue Rechtslage wiederum dem Fremdvergleich standzuhalten hat.[434]   3198

3. Ertragsteuerliche Unterscheidungen

a) Selbstständige Wirtschaftsgüter[435]

Während das **Gebäude** (abgesehen von Erbbaurechten, Scheinbestandteilen aufgrund dinglichen Nutzungsrechts, Gebäudeeigentum in den neuen Bundesländern) zivilrechtlich wesentlicher Bestandteil des Grundstücks ist, ist es **ertragsteuerlich verselbstständigt**, unabhängig ob es auf eigenem oder fremden Grund und Boden errichtet ist. Vom einheitlichen Gebäudebegriff umfasst sind weiterhin bestimmte Außenanlagen (lebende Umzäunung, Garage bei Wohngebäuden, Tore und Versorgungsanlagen außerhalb des Gebäudes), nicht aber sog. selbstständige Gebäudeteile, die nicht in einem einheitlichen Nutzungs- und Funktionszusammenhang mit dem Gebäude stehen. Diese können als bewegliche Teile zu klassifizieren sein (Ladeneinbauten, Gaststätteneinbauten, Mietereinbauten, Betriebsvorrichtungen)[436] oder als unbewegliche (Schaufenster, sonstige Außenanlagen und Zuwegungen). Daneben treten weitere vom Grund und Boden getrennte Wirtschaftsgüter in Form abbaufähiger Bodenschätze,[437] die auch hinsichtlich der Zuordnung zum Privat- oder Betriebsvermögen Sonderregeln unterliegen,[438] bei Forstbetrieben auch z.B. des Baumbestandes,[439]   3199

---

429 BFH ZNotP 2003, 271 m. Anm. Reich, S. 246 f.
430 FG Münster DStRE 2004, 1228: keine Anschaffungskosten (nicht einmal i.H.d. abgezinsten Valuta).
431 BFH, 27.07.2004 – IX R 54/02, DStRE 2005, 1379; die Finanzverwaltung hat sich dieser Sichtweise angeschlossen: OFD Münster, 13.01.2006 – Kurzinfo. ESt Nr. 04/2006, ZEV 2006, 208.
432 BFH, 25.10.1960 – I 116/60, BStBl. III 1961, S. 94.
433 So der Sachverhalt in BFH, 24.08.2006 – IX R 40/05, ErbStB 2006, 338: Schenkungsvereinbarung wird in angeblich von Anfang an gewollte Übertragung gegen Schuldübernahme geändert; der klare Wortlaut der ersten Urkunde steht der Rückwirkung entgegen.
434 Beispiel: FG Köln, 27.09.2006 – 11 K 5823/04, DStRE 2007, 597 zur Änderung der Lastenverteilung beim Nießbrauch.
435 Vgl. hierzu und zum Folgenden *Schützeberg/Klein* in: Lambert-Lang/Tropf/Frenz Handbuch der Grundstückspraxis Teil 19, ferner *Sauer/Ritzer/Schuhmann* Handbuch Immobilienbesteuerung.
436 § 68 Abs. 2 Nr. 2 BewG: Lastenaufzüge, Kräne, Kühlvorrichtungen.
437 BMF v. 07.10.1998, BStBl. I 1998, S. 1221 zur Entstehung des Wirtschaftsgutes.
438 Gewillkürtes land- und forstwirtschaftliches Vermögen scheidet wegen fehlenden Förderzusammenhangs i.d.R. aus, sodass es sich um Privatvermögen handelt (und demnach keine Teilwertabschreibung möglich ist: BFH, 24.01.2008 – IV R 45/05, EStB 2008, 239); anders bei Ankauf über eine GmbH oder gewerblich geprägte GmbH & Co KG: Betriebsvermögen eines Gewerbebetriebs.
439 Nach geografischen Faktoren, Holz- und Altersklassenzusammensetzung differenzierter Bestand von mindestens einem Hektar, vgl. BFH, 05.06.2008 – IV R 67/05, EStB 2008, 361: keine AfA, da nichtabnutzbares Anlagevermögen.

C. Querschnittsdarstellungen

sowie abnutzbare immaterielle Wirtschaftsgüter, wie etwa Zuckerrübenlieferungsrechte[440] oder Milchlieferungsrechte.[441]

3200 Die Unterscheidung nach Wirtschaftsgütern wird bedeutsam i.R.d. **Abschreibung**: Das Grundstück selbst unterliegt keiner Abschreibung, Gebäude und die ihm zugehörigen unselbstständigen Gebäudeteile unterliegen der Abschreibung gem. § 7 Abs. 4 und Abs. 5 EStG, unbewegliche selbstständige Wirtschaftsgüter (wie z.B. Hofbefestigungen, Straßenzufahrten) unterliegen der linearen Abschreibung nach § 7 Abs. 1 EStG, bewegliche Wirtschaftsgüter, auch bewegliche selbstständige Gebäudeteile, unterliegen der Abschreibung gem. § 7 Abs. 1 und Abs. 2 EStG. Bei der **Aufteilung des Kaufpreises** in den Anteil für Grund und Boden einerseits, für Gebäude andererseits und schließlich für bewegliche Sachen folgt die **Finanzverwaltung** den zwischen den Beteiligten getroffenen, in der Urkunde wiedergegebenen Vereinbarungen, solange diese nachvollziehbar sind, anderenfalls erfolgt die Aufteilung nach der **Wertermittlungsverordnung (WertV 1988)**,[442] ergänzt durch die in den **Wertermittlungsrichtlinien** (WertR 2006 v. 01.03.2006 – BAnz. 2006, 4325 ff.) enthaltenen Verwaltungsanweisungen.

b) Betriebs- und Privatvermögen

3201 Eine weitere entscheidende Differenzierung liegt in der Zuordnung von Grundvermögen zum Betriebsvermögen oder Privatvermögen. Die **Abschreibungsmethodik** und **Abschreibungssätze** sind unterschiedlich; Mieteinnahmen sind im Privatvermögen als Einkünfte aus Vermietung und Verpachtung (nach Zufluss- und Abfluss-Prinzip) zu ermitteln, im Betriebsvermögen durch Betriebsvermögensvergleich nach der wirtschaftlichen Zuordnung (die z.B. Dezembermiete ist also ggf. als Forderung einzubuchen) und unterliegen dort zusätzlich der Gewerbesteuer, Rdn. 3420 ff.; Gewinne aus der Veräußerung von Immobilien sind im Betriebsvermögen stets einkommens- bzw. körperschaftsteuer- und zusätzlich gewerbesteuerpflichtig (Rdn. 3392 ff., Rdn. 3420 ff.), im Privatvermögen nur bei Vorliegen eines privaten Veräußerungsgeschäfts (§ 23 EStG Rdn. 3367 ff.).

aa) Nutzungsbereiche

3202 Die Zuordnung von Grundstücken zum Betriebs- oder Privatvermögen hängt von Art und Umfang der **Nutzung**, aber auch von Entscheidungen des Steuerpflichtigen ab (vgl. Abschnitt R 4.2 EStR 2005). Steuerlich ist zu entscheiden zwischen der Nutzung zu
- eigenen Wohnzwecken,
- eigenbetrieblichen Zwecken,
- fremden Wohnzwecken,
- fremdbetrieblichen Zwecken.

3203 Bei **Nutzung zu eigenen Wohnzwecken** (oder unentgeltlicher Überlassung an Dritte zu Wohnzwecken) liegt (vorbehaltlich der Wahlrechte gem. Rdn. 3205) notwendiges Privatvermögen vor. Dies gilt auch für Wohnungen, die sich bisher im Betriebsvermögen befanden, jedoch mit Auslaufen der Übergangsbestimmungen zur 1987 abgeschafften Nutzungswertbesteuerung per 31.12.1998 samt zugeordnetem Grund und Boden[443] als steuerfrei entnommen galten (§ 52 Abs. 15 EStG) – mit Ausnahme von zu privaten Wohnzwecken dienenden Baudenkmalen in land- und forstwirtschaftlichem Vermögen (§ 13 Abs. 2 Nr. 2 EStG;[444] die Neuerrichtung einer selbst genutzten oder einer Altenteiler-Wohnung führt gem. § 13 Abs. 5 EStG stets zur steuerfreien Entnahme).

---

440 Trotz der vielfachen Verlängerung solcher Lieferungsrechte durch Verordnungen der EU, vgl. BFH, 16.10.2008 – IV R 1/06, EStB 2009, 378.
441 BFH, 29.04.2009 – IX R 33/08, EStB 2009, 379.
442 BFH BStBl. II 2001, S. 183 ff.
443 Hausgarten bis 1.000 m² bzw. katastermäßig zugeordnetes, auch größeres, Grundstück.
444 § 13 Abs. 4 EStG erlaubt den (unwiderruflichen) Verzicht auf die Fortführung der Nutzungswertbesteuerung, wiederum mit der Folge der steuerfreien Entnahme der Wohnung samt zugehörigem Grund und Boden in das Privatvermögen.

Im Fall der Nutzung **zu eigenbetrieblichen Zwecken** (für einen land- oder forstwirtschaftlichen 3204
Betrieb, freiberufliche Tätigkeit[445] oder einen Gewerbebetrieb) liegt notwendiges Betriebsvermögen vor (unabhängig davon, ob die Wirtschaftsgüter in der Buchführung bzw. Bilanz als solche auch erfasst sind). Dies gilt z.B. auch für das häusliche Arbeitszimmer oder den Archivraum eines Freiberuflers, allerdings nur hinsichtlich des Miteigentumsanteils des Freiberufler-Ehegatten.[446] Bei einer Nutzung zu **fremden Wohnzwecken** (Vermietung zu Wohnzwecken) oder **fremdbetrieblichen Zwecken** (Vermietung für betriebliche oder berufliche Zwecke eines Dritten) liegt grds. Privatvermögen vor, es sei denn, der Steuerpflichtige hat die Gegenstände bei der Gewinnermittlung durch Betriebsvermögensvergleich in der Bilanz als gewillkürtes Betriebsvermögen behandelt.[447]

Wird das Grundstück zu mindestens 10 % auch eigenbetrieblich genutzt, ist die Bildung **gewill-** 3205
kürten Betriebsvermögens für das gesamte Objekt, auch wenn die Restfläche durch Vermietung genutzt wird oder eigenen Wohnzwecken dient, nunmehr sowohl bilanzierenden Unternehmern als auch Einnahmen-Überschuss-Rechnern (§ 4 Abs. 3 EStG) möglich; erforderlich sind unmissverständliche, zeitnahe[448] Aufzeichnungen.[449] Voraussetzung ist weiter, dass der Grundbesitz in einem objektiven Zusammenhang mit dem Betrieb des Vermieters steht und ihn zu fördern bestimmt und geeignet ist (zu den damit für bis Ende 2010 angeschaffte oder hinsichtlich der Errichtung begonnene Gebäude eröffneten umsatzsteuerlichen Gestaltungsmöglichkeiten s. Rdn. 3503). Die lineare AfA erhöht sich auf 3 % (§ 7 Abs. 4 Nr. 1 EStG), allerdings um den Preis zeitlich unbegrenzter Verhaftung der Wertsteigerung.[450]

Innerhalb eines **einheitlichen Gebäudes** können **mehrere Nutzungsarten** verwirklicht sein; es 3206
liegen dann steuerlich so viele Wirtschaftsgüter vor als Nutzungsarten vorhanden sind.[451] Auf einen getrennten Ansatz des eigenbetrieblich genutzten Gebäudeteils kann jedoch verzichtet werden, wenn dieser von untergeordneter Bedeutung ist (Wert unter 20 % und unter 20.500,00 €),[452] etwa beim häuslichen Arbeitszimmer. Für die Zurechnung von Aufwendungen, die der Art nach mehrere Gebäudeteile betreffen (z.B. Schuldzinsen), ist abzustellen auf objektiv nachprüfbare, tatsächliche Zuordnungen, mit denen sodann die Schuldzinsen und sonstige Aufwendungen in wirtschaftlichen

---

445 Eine Wohnung, die aufgrund behördlicher Auflage durch einen Freiberufler als Ausgleich für die im eigenen Büro verwirklichte Zweckentfremdung angeschafft werden musste, ist deshalb noch kein notwendiges Betriebsvermögen BFH EStB 2005, 164.
446 BFH, 29.04.2008 – VIII R 98/04, EStB 2008, 268: hinsichtlich des Anteils des anderen Ehegatten liegt kein wirtschaftliches Eigentum vor, da der Freiberufler keinen Anspruch auf Erstattung des anteiligen Verkehrswerts hat, BGH, 17.05.1983 – IX ZR 14/82, JurionRS 1983, 12454 jedenfalls bei Maßnahmen zur Verwirklichung der ehelichen Lebensgemeinschaft.
447 Wobei allerdings bei der Bilanzierung verlustträchtiger (überfinanzierter) Mietwohngrundstücke als gewillkürtem Betriebsvermögen Grenzen bestehen (vgl. FG Hamburg, 15.06.2006 – 2/1267/04, EFG 2006, 1652; *Hoffmann* GmbH-StB 2007, 126).
448 Die Rspr. zu § 146 AO geht von 10 Tagen aus.
449 BFH, 02.10.2003 – IV R 13/03, DStR 2003, 2156 m. Anm. *Bischoff* DStR 2004, 1280 (anders noch BFH BStBl. II 1983, S. 101), so auch die Finanzverwaltung (BMF v. 17.11.2004, FR 2005, 117). Bei unteilbaren, gemischt genutzten beweglichen Wirtschaftsgütern (z.B. einem Pkw, nicht aber Gebäudeteilen) kam zuvor für das Gesamtobjekt nur notwendiges Betriebsvermögen in Betracht bei einer betrieblichen Nutzung von mindestens 50 % (BFH, BStBl. II 1991, S. 798). Nunmehr kann das (bewegliche oder unbewegliche) Gesamtobjekt insgesamt, nur der betrieblich genutzte Teil oder das Gesamtobjekt gar nicht dem Betriebsvermögen zugeordnet werden.
450 Steuergünstig kann die Übernahme in das Betriebsvermögen sich auch bei Pkw – 1 %-Regelung bei weit überwiegender privater Nutzung – und Wertpapieren mit hohem Währungs- oder Ausfallrisiko auswirken, vgl. *Kratzsch* NWB 2004, 2861 = Fach 3, S. 13017.
451 Vgl. R 4.2 Abs. 4 Satz 1 EStR 2005.
452 R 4.2 Abs. 8 Satz 1 EStR 2005.

C. Querschnittsdarstellungen

Zusammenhang zu bringen sind (vgl. Rdn. 3330);[453] anderenfalls erfolgt eine Aufteilung nach dem Verhältnis der Wohn-/Nutzflächen.[454]

▶ **Hinweis:**

Es ist daher dem Steuerpflichtigen zu raten, bereits im Kaufvertrag auf eine Aufteilung der Anschaffungskosten zu drängen, in der Herstellungsphase getrennte Bau- und Darlehenskonten einzurichten und auf separate Rechnungstellung zu achten.

bb) »Verdecktes Betriebsvermögen«

3207 Ein besonders praxisrelevantes Problem liegt im Vorliegen »verdeckten Betriebsvermögens« bei vermieteten Objekten. Die folgenden Themenkreise sind hervorzuheben.

(1) Betriebsaufspaltung

3208 Bei der **Betriebsaufspaltung** vermietet ein Besitzunternehmen (auch als nicht eingetragener »verdeckter Einzelkaufmann«) eine wesentliche Betriebsgrundlage (Produktions- oder Verwaltungsgebäude) an ein Betriebsunternehmen. Voraussetzung ist eine enge sachliche und personelle Verflechtung zwischen Besitz- und Betriebsunternehmen:
- **personelle Verflechtung** liegt vor, wenn eine Person oder eine Personengruppe sowohl das Besitz- als auch das Betriebsunternehmen in der Weise beherrschen, dass sie in der Lage sind, in beiden Unternehmen einen einheitlichen Geschäfts- und Betätigungswillen durchzusetzen[455] (Beispiel: Gütergemeinschaft als Besitz »unternehmen«, personelle Verflechtung gegeben bei Zugehörigkeit des GmbH-Geschäftsanteils zum Gesamtgut,[456] Gesellschafter-Geschäftsführer der Besitz-GbR ist zugleich alleiniger Geschäftsführer der von ihm beherrschten GmbH[457] oder Mehrheitsaktionär der Betriebs-AG;[458] zwei Personen sind alleinige Gesellschafter beider Unternehmen, wenn auch mit unterschiedlichen Mehrheiten;[459] schließlich die Fälle der weitgehend gleichen Beteiligungsverhältnisse[460] oder faktischer einheitlicher Beherrschung).[461] Das Handeln eines Testamentsvollstreckers ist den Erben zuzurechnen.[462] Die Herrschaft über das Betriebsunternehmen kann auch mittelbar, also über zwischengeschaltete Beteiligungsgesellschaften, ausgeübt werden.[463]

---

453 Grundlegend BMF v. 16.04.2004, BStBl. I 2004, S. 464 m. Anm. *Kusterer* EStB 2004, 423; dieselben Grundsätze gelten auch für die Verteilung der Schuldzinsen für ein Darlehen zur Finanzierung von Erhaltungsaufwand an einem gemischt genutzten Grundstück, OFD Koblenz, DStR 2005, 478 und OFD Frankfurt am Main v. 30.08.2006, EStB 2006, 453, ebenso für sonstige Renovierungsarbeiten, OFD München/Nürnberg v. 08.03.2005, EStB 2005, 179.
454 Vgl. BFH, 25.03.2003 – IX R 22/01, EStB 2003, 326: Erfolgt die Darlehensgutschrift auf einem Konto, von dem der Herstellungsaufwand sowohl des künftig eigengenutzten wie auch des zur Vermietung bestimmten Gebäudeteils bezahlt wird, sind die Finanzierungskosten nur anteilig nach dem Flächenschlüssel zu berücksichtigen; ähnliche Konstellation in BFH BStBl. II 1999, S. 676. Noch weiter gehend BMF v. 10.12.1999, BStBl. I 1999, S. 1130, das typisierend von einer Verwendung der Eigen- und Fremdmittel nach dem Verhältnis der Wohn-/Nutzflächen ausgeht.
455 BFH, 08.11.1971 – GrS 2/1971, BStBl. II 1972, S. 63.
456 BFH, 19.10.2006 – IV R 22/02, DStR 2006, 2207.
457 BFH, 24.08.2006 – IX R 52/04, DStR 2007, 21.
458 BFH, 23.03.2011 – X R 45/09, EStB 2011, 281.
459 BFH DStR 2000, 816.
460 Nach der vorherrschenden »Personengruppentheorie« genügt es, wenn mehrere Personen als Gruppe in der Lage sind, die Entscheidungen in beiden Unternehmen mit einheitlichem Betätigungswillen zu treffen (angesichts der quotalen Beteiligungsidentität wird Interessengleichklang unterstellt).
461 Diese ist nach BFH, 01.07.2003 – VIII R 24/01, BStBl. II 2003, S. 757 (ungeachtet eines gesellschaftsvertraglichen Einstimmigkeitserfordernisses) gegeben, wenn z.B. in der Besitzgesellschaft einem Gesellschafter die alleinige Geschäftsführungs- und Vertretungsbefugnis übertragen wurde. Gleiches gilt, wenn ein Gesellschafter hinsichtlich beider Gesellschaften Alleingeschäftsführungsbefugnis hat mit Befreiung von § 181 BGB bzw. aufgrund seiner beherrschenden Stellung bewirken kann, dass hinsichtlich einer der beiden Gesellschaften ein anderer von ihm bestimmter Vertreter auftritt, BFH, 24.08.2006 – IX R 52/04, EStB 2007, 35.
462 BFH, 05.06.2008 – IV R 76/05, GmbH-StB 2008, 225.
463 Vgl. *Roser* EStB 2009, 177 ff.; dies soll sogar gelten bei zwischengeschalteten, zu mehr als 50 % gehaltenen AG gelten: nicht jede Maßnahme der laufenden Geschäftsführung muss unmittelbar bestimmt werden können (was an §§ 76, 111,

III. Steuerrechtliche Grundzüge

»Institutionalisiert gesichert« wird der einheitliche Betätigungswille bei der »**Einheits-Betriebsaufspaltung**« (das Besitzunternehmen ist alleinige Gesellschafterin der Betriebs-Kapitalgesellschaft). Umgekehrt wird ein einheitlicher Betätigungswille vermieden beim sog. **Wiesbadener Modell**, bei welchem das Besitzunternehmen allein dem einen, das Betriebsunternehmen dem anderen Ehegatten gehört,[464] und durch Vereinbarung des Einstimmigkeitserfordernisses[465] bei der Besitzgesellschaft, wenn nur dort ein weiterer Gesellschafter beteiligt ist.[466] 3209

— Die **sachliche Verflechtung** erfordert, dass die vermieteten Gebäudeteile eine (nicht die!) »wesentliche Betriebsgrundlage« des Betriebsunternehmens darstellen, also – nach den insoweit immer stärker abgeschwächten Kriterien – für dieses von wirtschaftlich nicht nur geringer Bedeutung sind.[467] Letzteres wird bejaht, wenn die Immobilie eine räumliche und funktionale Grundlage der Geschäftstätigkeit der Betriebsgesellschaft bildet und es ihr ermöglicht, den Geschäftsbetrieb aufzunehmen und auszuüben.[468] Eine branchenspezifische Herrichtung und Ausgestaltung ist hingegen nicht erforderlich, sodass auch reine Büro- und Verwaltungsgebäude[469] genügen und sogar die Vermietung eines häuslichen Büroraumes im eigenen Einfamilienhaus (»Allerweltsgebäude«) an die eigene Dienstleistungs-GmbH ausreicht![470] Es genügt, wenn die Räumlichkeiten z.B. nur 10 % der Nutzfläche des gesamten Unternehmens ausmachen (etwa bei einem Filialhandelsgeschäft).[471] Möglicherweise scheidet jedoch bei der Vermietung des häuslichen Arbeitszimmers an die GmbH eine Betriebsaufspaltung aus, wenn ein Einzelgewerbetreibender als »Besitzunternehmer« den betreffenden Gebäudeteil nicht als Betriebsvermögen zu behandeln braucht und auch nicht als solchen behandelt (§ 8 EStDV 2000: Wertanteil unter 1/5 des gemeinen Werts des Gesamtgrundstücks und unter 20.500,00 €). 3210

Eine Betriebsaufspaltung kann (als »echte«) durch Aufspaltung eines bisher einheitlichen Unternehmens in Besitz- und Betriebsaufspaltung entstehen[472] (Gefahr verschleierter Sacheinlage, wenn die bar gegründete Betriebskapitalgesellschaft sodann das Vorratsvermögen »ankauft«!),[473] oder auch (als »unechte«) durch nachträgliche Verbindung zweier bestehender Unternehmen im Wege eines Pachtvertrags; steuerrechtlich führen beide Varianten zum selben Ergebnis: Das Vermögen der Be- 3211

---

119 Abs. 2 AktG scheitern würde).

464 Gemäß BFH BStBl. II 1986, S. 359 und 1987 II, S. 29 im Regelfall keine Betriebsaufspaltung; anders möglicherweise bei einer Verpflichtung zur Übertragung an den anderen Ehegatten im Scheidungsfall.

465 BFH DStRE 2000, 412, sofern sich die Einstimmigkeitsvereinbarung auf alle Geschäfte des täglichen Lebens bezieht und nicht nur formaler Natur ist, also praktisch bedeutungslos sei, BMF v. 23.01.1989, BStBl. I 1989, S. 39: Grundstück bleibt steuerliches Privatvermögen, dessen Verpachtung private Vermögensverwaltung darstellt. Bei Personengesellschaften entspricht das Einstimmigkeitserfordernis übrigens der gesetzlichen Regel, vgl. § 709 Abs. 1 BGB, § 119 Abs. 1 HGB.

466 Es sei denn, ein Gesellschafter hat hinsichtlich beider Gesellschaften Alleingeschäftsführungsbefugnis mit Befreiung von § 181 BGB bzw. kann aufgrund seiner beherrschenden Stellung bewirken, dass hinsichtlich einer der beiden Gesellschaften ein anderer von ihm bestimmter Vertreter auftritt, BFH, 24.08.2006 – IX R 52/04, EStB 2007, 35.

467 BFH, 23.01.2001 – VIII R 71/98, BFH/NV 2001, 894. Prozentual dürfte die Grenze bei etwa 10 % liegen, vgl. BFH BStBl. II 2004, S. 985 zur Wesentlichkeit von Flächen bei landwirtschaftlichen Betrieben mit Parallelen zur Zuordnungsfähigkeit zum gewillkürten Betriebsvermögen, zu Vorsteuerabzug, zur schädlichen Nebentätigkeit bei der Gewerbesteuerkürzung gem. § 9 Nr. 1 Satz 2 GewStG. Ähnlich FG Köln DStR 200, 1254 (Az. BFH – VIII R 16/06): unwesentlich, wenn Grundstück hinsichtlich Ertrag, Umsatz und Größe weniger als 10 % der Betriebsgesellschaft ausmacht.

468 BFH, 11.02.2003 – IX R 43/01, BFH/NV 2003, 910.

469 BFH, 19.03.2002 – VIII R 57/99, BStBl. II 2002, S. 662; BMF v. 18.09.2001, BStBl. I 2001, S. 634.

470 BFH, 13.07.2006 – IV R 25/05, EStB 2006, 396; vermutlich wird die »Wesentlichkeit der Betriebsgrundlage« auch in anderem ertragsteuerlichem Kontext (Veräußerung/Aufgabe i.S.d. § 16 EStG, Einbringung i.S.d. §§ 20, 24 UmwStG) dann bejaht werden, sodass die betreffenden Räumlichkeiten mit einzubringen/zu veräußern wären, vgl. *Patt* EStB 2006, 4546.

471 BFH, 19.03.2009 – IV R 78/06, GmbHR 2009, 724 m. krit. Anm. *Hoffmann*.

472 Umfangreiche Checkliste auch zu den praktischen Folgeschritten (Umstellung der Rechnungsformulare, Meldungen an das FA etc) bei *Arens* »Gestaltungsformen mittelständischer Unternehmen in der notariellen Praxis«, Seminarskript Auditorium Celle 09.03.2007, S. 61 ff., samt Muster einer Arbeitnehmer-Übernahmevereinbarung.

473 Das MoMiG hat insoweit Erleichterungen gebracht (keine Nichtigkeit der Einlageverträge, Anrechnung des Einbringungswerts), vgl. *Mohr* GmbH-StB 2009, 134 ff.

C. Querschnittsdarstellungen

sitzgesellschaft bleibt/wird steuerliches Betriebs(anlage-, nicht umlauf-)[474]vermögen mit Buchwertfortführung, scheidet aber aus der Haftung für die Risiken der Betriebsgesellschaft (Sozialplan gem. § 112 BetrVG, Gewährleistungen, verschuldensunabhängige Produkthaftung gem. ProduktHaftungsG bis zu 85 Mio. €, Prospekthaftung!) aus. Hierin liegt das **zivilrechtliche Hauptmotiv** der Betriebsaufspaltung.

3212 Dem stehen **zivilrechtliche Risiken** ggü.: Häufig gewährt die Besitzgesellschaft der Betriebsgesellschaft Finanzhilfen, die wie Gesellschafterdarlehen behandelt werden (sodass seit Inkrafttreten des MoMiG in der Insolvenz Nachrang ggü. sonstigen Forderungen besteht, § 39 Abs. 1 Nr. 5 InsO, und Tilgungsleistungen des vorangehenden Jahres anfechtbar sind, § 135 InsO). Auch die »kapitalersetzende Nutzungsüberlassung« durch die Besitz- an die Betriebsgesellschaft wird nun insolvenzrechtlich angeknüpft, § 135 Abs. 3 InsO: Aussonderungsanspruch des Besitzunternehmers kann, sofern für die Fortführung wichtig, ein Jahr lang gegen Zahlung eines angemessenen Ausgleichs suspendiert sein.[475]

3213 **Arbeitsrechtlich** übernimmt die Betriebsgesellschaft gem. § 613a BGB die Arbeitsverhältnisse und kann (mit neuem Rechtsformzusatz) die Firma des bisherigen Unternehmens gem. § 22 Abs. 2 HGB fortführen, allerdings mit der Haftungsfolge des § 25 HGB. Im Besitzunternehmen bestehen aufgrund der geringen Größe häufig keine Mitbestimmungsrechte oder Beteiligungs- bzw. Informationsrechte des Betriebsrates. Die Betriebskapitalgesellschaft wiederum ist als kleine Gesellschaft i.S.d. § 267 HGB i.d.R. nur eingeschränkt publizitätspflichtig.

3214 **Ertragsteuerliche Vorteile** treten demgegenüber weniger in den Vordergrund: Ausnutzung von Besteuerungsunterschieden durch gezielte Festlegung der Miethöhen und der Ausschüttungen, Inanspruchnahme von Investitionszulagen, die nur für gewerbliche Unternehmen gewährt werden, auch in der Besitzgesellschaft, Nutzung der Steuervorteile der (Betriebs-)kapitalgesellschaft (steuermindernde Pensionszusage, Dividendenbesteuerung erst bei Zufluss etc.) und der (Besitz-) Personengesellschaft (gewerbesteuerlicher Freibetrag und Anrechnung). Da die Betriebskapitalgesellschaftsanteile sich im (Sonder-) Betriebsvermögen II der Besitzgesellschaft befinden (Rdn. 3214), können bei deren dauerhafter Wertminderung Teilwertabschreibungen vorgenommen werden (allerdings mit zwingendem Wertaufholungsgebot, § 6 Abs. 1 Nr. 1 Satz 4 EStG).

3215 Ist die durch die Betriebs-GmbH bezahlte Pacht überhöht,[476] geht die Finanzverwaltung von verdeckter Gewinnausschüttung[477] aus; ein zu geringer Pachtzins soll auf persönlichen Motiven beruhen, sodass die Betriebsausgaben des Besitzunternehmens anteilig zu kürzen seien (irrelevant ist diese Frage bei einem Ergebnisabführungsvertrag mit Verlustübernahmepflicht, wodurch allerdings die Haftungsbegrenzung vereitelt wird).

3216 Bedeutsamer sind die **gewerbesteuerlichen**[478] **Vorteile**, die allerdings seit 2008 deutlich reduziert wurden:[479] Die Bezüge des Betriebs-GmbH-Gesellschafter-Geschäftsführers (und Pensionsrückstellungen zu seinen Gunsten) werden (anders als bei der GmbH & Co. KG, wo sie gewerbesteuerpflichtigen Vorausgewinn darstellen) als Betriebsausgaben gewerbesteuerfrei gestellt. Andererseits unterliegt auch das Besitzunternehmen der Gewerbesteuer. Der Gewerbeertrag des Betriebsunternehmens wurde bis Ende 2007 gem. § 8 Nr. 7 GewStG lediglich erhöht um die Hälfte derjenigen Pachtzinsen, die für die Überlassung nicht in Grundbesitz bestehender Wirtschaftsgüter (etwa von Maschinen) entrichtet wird; in gleichem Maße wird beim Besitzunternehmen der Gewerbeertrag

---

474 Daher kann das betreffende Grundstück nicht zugleich Umlaufvermögen eines gewerblichen Grundstückshandels sein, vgl. BFH, 14.12.2006 – III R 64/05, EStB 2007, 330.
475 Vgl. *Mohr* GmbH-StB 2009, 134, 137.
476 Gemäß *Märkle* BB 2000, Beilage zu Heft 31, S. 15 ist bei Grundstücken eine Verzinsung des eingesetzten Kapitals von 5 – 8 %, bei sonstigem Vermögen von 6 – 10 % angemessen; für die Verpachtung des Geschäftswerts eine weitere Umsatzpacht von 0,5–1 %.
477 I.S.d. Hinweises H 36 Abschn. V »Nutzungsüberlassungen« zu KStR 2004.
478 Vgl. hierzu Rdn. 3420 ff.
479 Vgl. *Wesselbaum-Neugebauer* GmbHR 2007, 1300.

gem. § 9 Nr. 4 GewStG gekürzt.[480] Daher sollte im Pachtvertrag der Zins bspw. für Grundstück, Maschinen und Firmenwert (good will) getrennt ausgewiesen werden. Seit 2008 erfasst die Hinzurechnung gem. § 8 Nr. 1a bis f GewStG 12,5 %, vor 2010 16,25 %, der Mietentgelte für Grundstücke und Gebäude, sowie 5 % der Mietentgelte für bewegliche Sachen (wobei von der Summe der Entgelte, einschließlich der Schuldzinsen, 100.000,00 € Jahresfreibetrag abgezogen werden); die Kürzung beim Vermieter gem. § 9 Nr. 4 GewStG wurde aufgehoben. Dadurch verschlechtert sich die steuerliche Situation insb. in der (ohnehin margenschwachen) Bekleidungsbranche mit zahlreichen Ladenlokalen in gehobenen Innenstadtlagen, sowie beim Bestehen von Haupt- und Untermietverhältnissen im Handelskonzern über dasselbe Objekt.[481]

Des Weiteren bilden alle dem Besitzunternehmen zuzurechnenden Vermögenswerte gewerbliches Betriebsvermögen, also auch die Anteile an der Betriebskapitalgesellschaft (sog. Sonderbetriebsvermögen II der Besitzpersonengesellschafter: Wirtschaftsgüter, die der Stärkung der Beteiligung an der Besitzgesellschaft dienen).[482] Diese GmbH-Anteile nehmen daher auch **schenkungsteuerlich** unabhängig von der sonst gegebenen 25 %-Grenze an der Privilegierung nach § 13a ErbStG teil,[483] vgl. § 13b Abs. 2 Satz 2 Buchst. a) ErbStG n.F.: Bereichsausnahme für Betriebsaufspaltung und Sonderbetriebsvermögen), ebenso wie die Anlagevermögensgegenstände des Besitzunternehmens, v.a. der Grundbesitz (der allerdings wegen der hohen vereinbarten Mieten zu entsprechend hohen Bedarfswerten angesetzt wird, sodass sich der gutachterliche Nachweis eines geringeren Werts empfiehlt). 3217

Sind Besitz- und Betriebsgesellschaft als Kapitalgesellschaft strukturiert, spricht man von einer »kapitalistischen Betriebsaufspaltung«. Handelt es sich dagegen beim Besitz- und beim Betriebsunternehmen jeweils um eine Personengesellschaft (als »Schwestergesellschaften«), können gleichzeitig sowohl die Voraussetzungen einer (dann sog. **mitunternehmerischen) Betriebsaufspaltung** vorliegen als auch gem. § 15 Abs. 1 Satz 1 Nr. 2 EStG die Qualifikation der Anteile an den zur Nutzung überlassenen Wirtschaftsgütern als Sonderbetriebsvermögen I der Betriebsgesellschafter gegeben sein. Letztere Zuordnung ist jedoch nachrangig.[484] Demnach wird bei Beendigung der Nutzung aus dem überlassenen Vermögen nicht »automatisch« Privatvermögen unter Aufdeckung der stillen Reserven,[485] sondern es besteht das **Verpächterwahlrecht** zugunsten einer Aufrechterhaltung des Betriebsvermögensstatus (Rdn. 3223); ebenso erzielt die Besitzgesellschaft eigene Einnahmen, es handelt sich also nicht um Sonderbetriebseinnahmen der Betriebsgesellschaft.[486] Keine mitunternehmerische Betriebsaufspaltung liegt jedoch vor, wenn die Betriebsgesellschaft (etwa eine freiberufliche GbR) keine gewerblichen Einkünfte erzielt.[487] 3218

Die negativen Folgen aus der steuerlichen Verstrickung des Besitzunternehmens lassen es häufig angeraten sein, zwar Besitz und Betrieb bei verschiedenen Eigentümern (Gesellschaften) zu trennen, die Umqualifizierung in gewerbliche Einkünfte und betriebliches Vermögen jedoch zu vermeiden, also gerade darauf zu achten, dass keine Betriebsaufspaltung vorliegt (etwa durch das Wiesbadener Modell, oben Rdn. 3208 a.E.). 3219

Gefährlich ist die zwingend eintretende Betriebsaufgabe (mit der häufigen Folge der Auflösung stiller Reserven), wenn die sachliche und personelle Verflechtung wegfällt (z.B. das Einstimmig- 3220

---

480 Die Praxis zeigt aber, dass die Besitzunternehmung die permanent steigenden vortragsfähigen Gewerbesteuerverluste nicht zur Steuerersparnis nutzen kann.
481 Gestaltungsempfehlungen bei *Eisolt/Götte* NWB 2008, 1755 = F 5 S. 1659 ff.: stille Gesellschaften sowie Organschaftslösungen.
482 Vgl. Beck'sches Steuerlexikon (Online, 2006) s.v. »Betriebsaufspaltung« Rn. 17.
483 Vgl. *Krauß* Vermögensnachfolge in der Praxis Rn. 4076 ff.
484 BFH, 16.06.1994 – IV R 48/93, BStBl. II 1996, S. 82, vgl. *Gebhardt* EStB 2007, 65.
485 BFH, 23.04.1996 – VIII R 13/95, BStBl. II 1998, S. 325.
486 Die Mietzahlungen bilden bei der Betriebs-KG daher gewerbesteuerlichen Aufwand, und auch die Besitz-GbR nutzt die Gewerbesteuerfreiheit der »Miet«einnahmen aus der Nutzungsüberlassung eigenen Grundbesitzes, BFH, 22.11.1994 – VIII R 63/93, BStBl. II 1996, S. 93.
487 BFH, 10.11.2005 – IV R 29/04, EStB 2006, 44.

C. Querschnittsdarstellungen

keitserfordernis aufgehoben wird) oder das Betriebsunternehmen, etwa infolge Insolvenz, das Nutzungsverhältnis nicht mehr fortsetzt.

▶ Hinweis:

Bei sachlicher Entflechtung kann jedoch die Betriebsaufgabe des Besitzunternehmens durch Ausübung des wieder auflebenden Verpächterwahlrechts[488] verhindert werden oder aber bei Vorliegen einer bloßen Betriebsunterbrechung.[489] Anderenfalls empfiehlt sich die rechtzeitige Übertragung der Immobilie auf bzw. Umwandlung des Besitzunternehmens in eine gewerblich geprägte Personengesellschaft (GmbH & Co. KG, § 15 Abs. 3 Nr. 2 EStG, bzw. eine Kapitalgesellschaft zu Buchwerten nach § 20 UmwStG).

(2) Sonderbetriebsvermögen

3221 Sofern eine Immobilie an eine gewerblich tätige Personengesellschaft (entgeltlich oder unentgeltlich, schuldrechtlich oder dinglich)[490] zur Nutzung überlassen wird, an der der Eigentümer des Grundbesitzes als Mitunternehmer beteiligt ist, zählt sie zum sog. **Sonderbetriebsvermögen** des Gesellschafters und damit zum Betriebsvermögen der Gesellschaft, auch wenn sie zivilrechtlich korrekt als Alleineigentum des Gesellschafters eingetragen ist. Aufgrund der ertragsteuerlich durch § 6 Abs. 3 Satz 2 EStG vollzogenen Lockerung der engen Verbindung zwischen Sonderbetriebsvermögen und Mitunternehmeranteil müssen beide bei teilweiser Veräußerung nicht mehr zur gleichen Quote übertragen werden[491] – solange der Veräußerer noch Mitgesellschafter bleibt und der Erwerbende die Beteiligung mindestens 5 Jahre hält (§ 6 Abs. 3 Satz 2 EStG), findet keine Überführung des Sonderbetriebsvermögens in das Privatvermögen statt.

3222 Die im verbleibenden Sonderbetriebsvermögen enthaltenen stillen Reserven werden jedoch steuererhöhend aufgelöst, wenn die Mitunternehmerstellung zur Gänze übertragen wird. Bilden die nicht mitübertragenen Gegenstände des Sonderbetriebsvermögens gar wesentliche Betriebsgrundlagen, findet sogar eine Betriebsaufgabe statt mit der Folge der (ggf. einkommensteuerlich nach § 34 EStG tarifbegünstigten) **Auflösung aller stillen Reserven**. Diese schlimme Folge tritt oft von Todes wegen ein, wenn im KG-Vertrag eine unmittelbare oder eine qualifizierte Nachfolgeklausel enthalten ist, sodass Sonderrechtsnachfolge eintritt, während der im Privatvermögen stehende Grundbesitz in den allgemeinen Nachlass fällt.[492]

(3) Verpächterwahlrecht

3223 Die Rechtsprechung räumt dem **Verpächter bisherigen Betriebsvermögens** das Wahlrecht ein, entweder die Betriebsaufgabe zu erklären (mit der Folge der Versteuerung sämtlicher stiller Reserven als begünstigtem Aufgabegewinn; die künftigen Pachtzahlungen führen zu Einnahmen aus Vermietung und Verpachtung) oder aber die verpachteten Wirtschaftsgüter weiterhin als Betriebsvermögen zu behandeln, sofern objektiv die Möglichkeit und subjektiv die Absicht besteht, das Unternehmen in dem Zustand wieder aufzunehmen, in dem es seine werbende Tätigkeit eingestellt hat.[493] Die Ausübung dieses **Verpächterwahlrechts**[494] eröffnet die Chance, die Versteuerung der

---

488 Vgl. BFH, 15.03.2005 – X R 2/02 und unten Rdn. 3223; und zwar seit BFH, BStBl. II 2002, S. 527 auch bei einer unechten Betriebsaufspaltung (bei der vor der Aufspaltung ein einheitliches Unternehmen nicht vorgelegen hat).
489 Nach BFH, 14.03.2006 – VIII R 80/03 sogar wenn wesentliche Betriebsgrundlagen an verschiedene Personen verpachtet und dort branchenfremd verwendet werden, vgl. *Steinhauff* NWB 2007, 19 = Fach 3, S. 14321; bis zur Aufgabeerklärung liegt zunächst nur eine Betriebsunterbrechung (ruhender Gewerbebetrieb) vor, vgl. *Fichtelmann* EStB 2006, 373.
490 FG Berlin, 21.03.2006 – 7 K 4230/01, DStRE 2006, 1377 (auch Erbbaurechtsvertrag genügt als Nutzungsüberlassung).
491 Dies gilt auch für die Anwendung der §§ 13a, 19a ErbStG: OFD Berlin, III B 15 S3812a – 3/01, ErbStB 2003, 10, auch zur abweichenden Literaturmeinung *Wendt* FR 2002, 133 f.; R 51 Abs. 3 ErbStR 2003 wurde entsprechend angepasst.
492 Diese Nachteile werden vermieden, wenn der kraft Gesellschaftsrecht zum Nachfolger Bestimmte zugleich Alleinerbe ist.
493 BFH, 08.02.2007 – IV R 65/01, EStB 2007, 159: Zwangsaufgabe bei Umbau des verpachteten Fabrikgebäudes in einen Supermarkt.
494 Hierzu *Heidrich/Rosseburg* NWB 2003, 3955 = Fach 3, S. 12699 ff.

stillen Reserven auf einen künftigen Zeitpunkt, etwa nach Vollendung des 55. Lebensjahres wegen § 34 EStG, zu verschieben. Diese Option ist weder bei einem werbenden noch bei einem gewerblich geprägten Betrieb hinsichtlich ihrer zeitlichen Reichweite »befristet«.[495]

In diesem Fall zählen die Pachteinnahmen weiter zu gewerblichen Betriebseinnahmen, es handelt sich um Betriebsvermögen. Für dieses gelten auch die erbschaftsteuerlichen Vergünstigungen (§§ 13a, 19a ErbStG). Die endgültige Betriebsaufgabe kann für einen bis zu 3 Monate zurückliegenden Stichtag erklärt werden[496] (sog. Verpächterwahlrecht). 3224

Wurde jedoch der Betrieb entgeltlich erworben und sodann, ohne eigene Bewirtschaftung, sofort verpachtet, gewährt die Rechtsprechung[497] das Verpächterwahlrecht nicht, sodass Einkünfte aus Vermietung und Verpachtung, nicht z.B. aus landwirtschaftlicher Tätigkeit, erzielt werden.

(4) Gewerblicher Grundstückshandel

Häufig wird der Notar schließlich mit Fragen über die Abgrenzung zwischen privater Vermögensverwaltung und gewerblichem Grundstückshandel bzw. gewerblicher Grundstücksentwicklung konfrontiert. Diese wird nachstehend in Rdn. 3395 skizziert. 3225

cc) »Geborenes Betriebsvermögen« bei Gesellschaften

Neben die oben unter Rdn. 3202 erläuterte Differenzierung nach Nutzungsbereichen (mit der Folge notwendigen Betriebsvermögens z.B. bei der Nutzung zu eigenbetrieblichen Zwecken durch den Einzelunternehmer als Eigentümer) tritt bei **Gesellschaften als Eigentümern** eine weitere Differenzierung nach der Rechtsform und nach der Tätigkeitsform (also nicht des Wirtschaftsguts und seiner Nutzung). 3226

(1) Kapitalgesellschaften

Inländische Kapitalgesellschaften kennen keine »Privatsphäre«, verwirklichen also stets Einkünfte aus Gewerbebetrieb und halten ausschließlich Betriebsvermögen. Der durch Betriebsvermögensvergleich (Bilanzierung) zu ermittelnde Gewinn unterliegt auf der Ebene der GmbH einer Definitivbesteuerung von 15 % (§ 23 Abs. 1 KStG) zuzüglich Solidaritätszuschlag. Ausschüttungen werden sodann (seit 2009) im Privatvermögen des Gesellschafters (als natürliche Person oder Personenhandelsgesellschaft) der Abgeltungsteuer von 25 % (bzw. einem niedrigeren individuellen Steuersatz) unterworfen, im Betriebsvermögen einer natürlichen Person/einer Personenhandelsgesellschaft werden sie gem. § 3 Nr. 40 d EStG zur Hälfte (ab 2009: zu 60 %) besteuert, andererseits werden auch die Werbungskosten und Betriebsausgaben gem. § 3c Abs. 2 EStG nur zur Hälfte ab 2009 zu 60 %, anerkannt. Handelt es sich beim Gesellschafter um eine Kapitalgesellschaft, gilt gem. § 8b Abs. 5 EStG 5 % der im Grunde steuerfrei gestellten Gewinnausschüttung als nicht abziehbare Betriebsausgabe, sodass im Ergebnis Dividenden und sonstige Ausschüttungen sowie Veräußerungsgewinne wirtschaftlich i.H.v. 95 % körperschaftsteuerfreigestellt werden. 3227

Nach ausländischem Recht gegründete Kapitalgesellschaften (etwa die Limited, vgl. Rdn. 613) unterliegen zwar hinsichtlich ihrer inländischen Einkünfte i.S.d. § 49 EStG jedenfalls der beschränkten Körperschaftsteuerpflicht (§ 2 Abs. 1 KStG) bzw. gar, wenn zumindest der Ort der Geschäftsleitung i.S.d. § 10 AO sich im Inland befindet, mit ihrem Welteinkommen der Körperschaftsbesteuerung im Inland. Allerdings handelt es sich bei **grundstücksverwaltenden ausländischen Kapitalgesellschaften** nicht bereits gem. § 2 Abs. 2 Satz 1 GewStG um Gewerbebetriebe kraft Rechtsform. Auch handelt es sich beim inländischen Grundbesitz vermögensverwaltender ausländischer Kapitalgesellschaften nicht um Betriebsvermögen,[498] sodass für Gebäude nur die lineare AfA gem. § 7 Abs. 4 Nr. 2 EStG in Anspruch genommen werden kann, Teilwertabschreibungen bei dauernder 3228

---

495 BFH, 19.03.2009 – IV R 45/06, EStB 2009, 297.
496 Vgl. R 139 Abs. 5 Satz 6 EStR 2001.
497 BFH BStBl. II 1989, S. 863.
498 Vgl. OFD Münster v. 24.07.2008 – S 1300 – 169 – St 45-32, GmbHR 2008, 1007 ff.

C. Querschnittsdarstellungen

Wertminderung gem. § 6 Abs. 1 Nr. 1 Satz 2 EStG nicht zulässig sind und stille Reserven auf Reinvestitionsgütern nach § 6b EStG nicht übertragen werden können.

3229 Da die Ermittlung des Einkommens der Kapitalgesellschaft ohne Rücksicht darauf erfolgt, ob dieses verteilt (ausgeschüttet) wird oder nicht, zählen auch sog. **verdeckte Gewinnausschüttungen** zum Einkommen, § 8 Abs. 3 Satz 2 KStG. Eine solche liegt vor, wenn bei der Kapitalgesellschaft eine Vermögensminderung oder verhinderte Vermögensmehrung eintritt, die durch das Gesellschaftsverhältnis veranlasst ist und nicht auf einem den gesellschaftsrechtlichen Vorschriften entsprechenden Gewinnverteilungsbeschluss beruht. Ob eine schädliche gesellschaftsrechtliche Veranlassung vorliegt, wird angesichts der Angemessenheit der Leistungsbeziehungen beurteilt, also nach dem mutmaßlichen Verhalten eines ordentlichen und gewissenhaften Geschäftsführers unter Berücksichtigung des Maßstabs des Fremdvergleichs.[499] Demnach muss z.B. die Miete, welche die Gesellschaft für die Anmietung der Privatimmobilie eines Gesellschafters entrichtet, dem entsprechen, was ein ordnungsgemäß handelnder Geschäftsleiter mit einem fremden Dritten vereinbaren würde.

3230 Die **Unternehmensteuerreform 2008**[500] führt ab 2008 zu einer Veränderung der Parameter: Der Steuersatz für Kapitalgesellschaften (AG, GmbH, Limited) und für wirtschaftliche Tätigkeiten von Vereinen und öffentlich-rechtlichen Körperschaften für ab 2008 erzielte Gewinne wird von 25 % auf 15 % gesenkt. Hinzu kommen Solidaritätszuschlag und Gewerbesteuer, was bei einem gemeindlichen Hebesatz von 400 %[501] zu einer weiteren Belastung von 14 % führt, sodass insgesamt eine steuerliche Gesamtbelastung des Gewinns i.H.v. 29,8 % resultiert ggü. derzeit 38,7 %. Auch sollen nach Maßgabe des Jahressteuergesetzes 2008 bestimmte unversteuerte Rücklagen gegen eine geringe Pauschalsteuer »entsperrt« werden können.[502]

3231 Diese Gesamtbelastung ist endgültig, es kommt also später zu keiner Steueranrechnung. Die **ausgeschütteten Gewinne** unterliegen sodann ab dem Jahr 2009 grds. einer Abgeltungsteuer von 25 % zuzüglich Solidaritätszuschlag, wenn die Anteile im Privatvermögen gehalten werden, sodass die Belastung des Gewinns auf der Ebene der Kapitalgesellschaft und des Gesellschafters zusammen 48,3 % beträgt (bei einem Gewerbesteuer-Hebesatz von 400 %); derzeit beträgt dieser Wert 53,3 %. Hinzu kommt ggf. Kirchensteuer. Befinden sich die Anteile an der Kapitalgesellschaft in einem Betriebsvermögen, werden anstelle des bisherigen Halbeinkünfteverfahrens 60 % der Ausschüttung in die Gewinnermittlung, und zwar zum individuellen Steuersatz als Einkünfte aus Gewerbebetrieb, einbezogen (§ 3 Nr. 40 Satz 1 EStG n.F.);[503] bei beteiligten Kapitalgesellschaften bleiben schließlich nach wie vor 95 % der Ausschüttungen steuerfrei.

3232 Weiterhin unterliegen ab 2009 fast[504] alle Einkünfte aus Kapitalvermögen einschließlich privater Wertpapierveräußerungsgeschäfte (mit Ausnahme der Gewinne aus der Veräußerung von »wesentlichen« Kapitalgesellschaftsbeteiligungen ab 1 % in Privatvermögen gem. § 17 EStG) ohne Zeitgrenze der 25 %igen **Abgeltungsteuer** unterliegen (§ 32d EStG n.F.); der Werbungskostenabzug

---

[499] Vgl. BFH DStR 2004, 1209; BFH/NV 2004, 817.
[500] BGBl. I 2007, S. 1912 ff.
[501] In ländlichen Regionen sind geringere Hebesätze anzutreffen, in Ballungszentren deutlich höhere. Insgesamt beträgt die Gesamtbelastung für Kapitalgesellschaften in München 33 %, in Hamburg 32,3 %, in Köln 31,6 %.
[502] Pauschalsteuer von 3 %, bezogen auf die gesamt ca. 78 Mrd. € unversteuerten Rücklagen im EK02, die bei der Aufhebung der Gemeinnützigkeit kommunaler Wohnungsgesellschaften in Westdeutschland 1990 durch »Hochbilanzierung« der damals 3,8 Mio. Wohnungen auf Marktwerte, ferner als Folge der Altschuldenhilfe und steuerfreier Investitionszulagen für den Aufbau Ost gebildet wurden. Bisher mussten bis 2019 vor einer Ausschüttung von Gewinnen zunächst diese Rücklagen ausgekehrt und mit 45 % nachversteuert werden, was den Verkauf von Wohnungs»paketen« an ausländische Finanzinvestoren erschwerte. Wohnungsunternehmen des öffentlichen Rechts können jedoch auf Antrag die bisherige Praxis fortführen.
[503] Bis zu einem Grenzsteuersatz von 41,66 % ist es dennoch vorteilhafter, Beteiligungen im Betriebsvermögen zu halten, vgl. *Gemmel/Hoffmann-Fölkersamb* NWB 2007, 2938 = Fach 3, S. 14698.
[504] Die Abgeltungsteuer gilt z.B. nicht, wenn Gläubiger und Schuldner nahestehende Personen sind, bei sog. Back-to-Back-Finanzierungen und bei Kapitalüberlassung durch einen Gesellschafter an »seine« Kapitalgesellschaft, an der er mindestens zu 10 % beteiligt ist.

wird durch den (abschließenden) Sparerpauschbetrag von 801,00 €/1602,00 € ersetzt. Verluste aus solchen Geschäften sind künftig ebenfalls unbegrenzt[505] mit Abgeltungsteuern aus Kursgewinnen verrechenbar bzw. bleiben als Verlustvortrag hierfür konserviert. Die Abgeltungsteuer ersetzt also das Halbeinkünfteverfahren für Kapitalerträge im Privatvermögen. Auf Antrag ist eine unmittelbare Veranlagung zur ESt durchzuführen (Günstigervergleich), wobei auch insoweit anstelle einer individuellen Berücksichtigung der tatsächlichen Werbungskosten lediglich 60 % der Einnahmen angesetzt werden.

(2) Gewerblich tätige Personengesellschaft

Eine Personengesellschaft kann inhaltlich auf ausschließliche Vermögensverwaltung ausgerichtet sein mit der Folge, dass Einkünfte aus Vermietung und Verpachtung (§ 21 EStG) aus »Privatvermögen« erzielt werden, solange die Grenze zur großgewerblichen Grundstücksvermietung oder zu einem gewerblichen Grundstückshandel (s. hierzu Rdn. 3395 ff.) nicht überschritten ist. Übt eine Personengesellschaft (OHG oder KG) jedoch gewerbliche Tätigkeit aus (was gem. § 105 HGB – Betrieb eines Handelsgewerbes – vermutet wird), erzielt sie ausschließlich gewerbliche Einkünfte, selbst wenn daneben die Verwaltung eigenen Vermögens betrieben wird. 3233

Diese sog. »**Abfärbe**-« oder »**Infektionswirkung**« des § 15 Abs. 3 Nr. 1 EStG tritt nur bei äußerst geringen Anteilen an originär gewerblicher Tätigkeit nicht ein (ca. 1 bis 2 %).[506] Bereits die Beteiligung an einer gewerblich tätigen Personengesellschaft löst den Abfärbeeffekt aus.[507] Zur Vermeidung dieser Infektionswirkung empfiehlt sich die Gründung und separate Weiterführung einer (ggf. auch personenidentischen) Parallelgesellschaft.[508] Diese Lösung versagt jedoch, wenn eine wesentliche Betriebsgrundlage an die gewerblich tätige Gesellschaft vermietet wird und daneben personelle und wirtschaftliche Verflechtung vorliegt, sodass die Voraussetzungen einer Betriebsaufspaltung gegeben sind, vgl. oben Rdn. 3208 ff. 3234

(3) Gewerblich geprägte Personengesellschaft

Als bereits aufgrund ihrer Struktur gewerblich tätig gilt auch eine Personengesellschaft, bei der lediglich eine oder mehrere (auch ausländische)[509] Kapitalgesellschaften persönlich haftende Gesellschafter sind und lediglich diese Kapitalgesellschaften oder dritte Personen, die ihrerseits nicht Gesellschafter sind, zur Geschäftsführung befugt sind,[510] sog. gewerblich geprägte Personengesellschaften i.S.d. § 15 Abs. 3 Nr. 2 EStG (»GmbH & Co. KG«), jedenfalls ab der Eintragung beider Gesellschaften).[511] Eine solche gewerbliche Prägung kann also bspw. entfallen, wenn auch eine natürliche Person, die zugleich Kommanditist ist, zum Geschäftsführer bestellt ist (zur organschaftlichen Vertretung kann ein Kommanditist nicht berufen sein). Die gewerbliche Prägung fingiert die Gewerblichkeit der Personengesellschaft, sodass diese ebenfalls notwendig **gewerbliches Betriebsvermögen** hält. Grundstücke zählen dabei i.d.R. zum betrieblichen Anlagevermögen (Um- 3235

---

505 Bisher waren nur Verluste aus Geschäften von weniger als einem Jahr Laufzeit relevant; bisherige Verlustvorträge müssen bis 2013 durch Verrechnung mit Spekulationsgewinnen »aufgebraucht« sein.
506 Vgl. BFH BStBl. II 2000, S. 229; bei 2,8 % ernstlich zweifelhaft: BFH/NV 2004, 954; möglicherweise kann zur Konkretisierung auch die Geringfügigkeitsgrenze des Freibetrags aus § 11 Abs. 1 Satz 3 Nr. 1 GewStG i.H.v. 24.500,00 € herangezogen werden, vgl. BFH/NV 2004, 954.
507 § 15 Abs. 3 Nr. 1 EStG und OFD Frankfurt am Main, 07.03.2007 – S 2241A – 65 – SZ 213; a.A. zuvor BFH, 06.10.2004 – IX R 53/01, BStBl. II 2005, S. 313.
508 BFH/NV 2002, 1554.
509 Sofern nach rechtlichem Aufbau und wirtschaftlicher Gestaltung einer GmbH entsprechend (BFH, 14.03.2007 – XI R 15/05, EStB 2007, 199 zur liechtensteinischen GmbH).
510 Vgl. BFH BStBl. II 1996, S. 93.
511 BFH, 04.02.2009 – II R 41/07, ZEV 2009, 356, wegen der Gründerhaftung der natürlichen Person und § 176 Abs. 2 HGB; kritisch hiergegen *Wachter* a.a.O.: ungerechtfertigte Schlechterstellung der vermögensverwaltenden KG ggü. der gewerblich tätigen, sofort entstehenden KG.

C. Querschnittsdarstellungen

laufvermögen stellen sie nach Auffassung des BFH[512] nur dar, wenn bei der Gesellschaft auch die Voraussetzungen eines gewerblichen Grundstückshandels erfüllt sind, Rdn. 3395 ff.).

3236 Zum Betriebsvermögen einer gewerblich tätigen oder gewerblich geprägten Personengesellschaft zählen auch als »verdecktes« Betriebsvermögen die oben Rdn. 3221 ff. erläuterten Wirtschaftsgüter des **Sonderbetriebsvermögens I und Sonderbetriebsvermögens II**. Im Bereich der Immobilienbesteuerung besonders tückisch sind im formalen »Privat«-Eigentum eines Gesellschafters stehende Grundstücke, die unmittelbar für betriebliche Zwecke der Personengesellschaft genutzt werden, und die – wären sie Gesamthandsvermögen – dem betrieblichen Bereich zuzuordnen wären. Vergütungen für die Überlassung solcher Wirtschaftsgüter zählen neben dem Gewinnanteil gem. der Steuerbilanz der Gesellschaft zu den Einkünften des Gesellschafters aus Gewerbebetrieb, § 15 Abs. 1 Satz 1 Nr. 2 EStG, ebenso wie etwa Zinsen für die Hingabe von Darlehen oder Tätigkeitsvergütungen.

(4) Vermögensverwaltende Personengesellschaften

3237 Davon zu differenzieren ist die **ausschließlich vermögensverwaltende Personengesellschaft**, die steuerlich »**Privatvermögen**« hält, und daher im Wege der gesonderten und einheitlichen Feststellung der Besteuerungsgrundlagen gem. § 180 Abs. 1 Nr. 2 Buchst. a) AO Einkünfte aus Vermietung und Verpachtung den Gesellschaftern zuweist. Das schlichte Vermieten einzelner Wirtschaftsgüter (Fruchtziehung aus den Substanzwerten) erfüllt für sich genommen nicht den Tatbestand der Gewerblichkeit i.S.d. § 15 Abs. 2 EStG – anders, wenn diese Vermietung mit dem An- und Verkauf aufgrund eines einheitlichen Konzepts verklammert ist, also bspw. von vornherein ein Verkauf vor Ablauf der gewöhnlichen Nutzungsdauer geplant ist oder die Erzielung eines Totalgewinns diesen Verkauf notwendig macht.[513]

3238 Schwierig ist die Besteuerung, wenn einzelne Gesellschafter einer vermögensverwaltenden Personengesellschaft ihre Beteiligung (Mitunternehmerschaft) im Privatvermögen, andere im Betriebsvermögen halten, sog. **Zebragesellschaften**. Die Finanzverwaltung ermittelt Gewinne oder Verluste auf der Ebene der Gesellschaft nach Privatvermögensgrundsätzen, nimmt jedoch auf der Ebene des betrieblich oder gewerblich beteiligten Gesellschafters eine Umqualifizierung vor (sodass bspw. Veräußerungserlöse oder -verluste, die auf der Gesellschaftsebene außerhalb von § 23 EStG – private Veräußerungsgeschäfte – unbeachtlich geblieben sind, nunmehr erfasst werden).[514] Dem ist der Große Senat des BFH gefolgt.[515]

3239 Nach Maßgabe der **Unternehmensteuerreform 2008**[516] ab 2008 werden auf Antrag nicht entnommene Gewinne aus Land- und Forstwirtschaft, Gewerbebetrieb oder selbstständiger Tätigkeit seitens bilanzierender Einzelunternehmer oder bei Mitunternehmern mit mehr als 10 % Beteiligung bzw. mehr als 10.000,00 € Gewinnanteil einem ermäßigten Steuersatz von 28,25 %[517] unterliegen und damit der künftigen Belastung von Kapitalgesellschaften durch Körperschafts- und Gewerbesteuer

---

512 BFH, 14.12.2006 – IV R 3/05, GmbHR 2007, 269. Wertpapiere o.Ä. zählen jedoch auch ohne Erfüllung dieser Voraussetzungen zum Umlaufvermögen, da es am Element des »dauernden Dienens« fehlt, *Heinz/Koetz* GmbHR 2008, 341.
513 BMF v. 01.04.2009 – IV C 6 – S 2240/08/10008, EStB 2009, 165.
514 Vgl. BMF- Schreiben v. 08.06.1993, BStBl. I 1999, S. 592.
515 BFH, 11.04.2005 – GrS 2/02, DStR 2005, 1274.
516 BGBl. I 2007, S. 1912 ff.
517 Samt Solidaritätszuschlag also 29,8 %.

zumindest grds.[518] entsprechen[519] (sog. Thesaurierungsbegünstigung;[520] die aber Bilanzierung voraussetzt, also nicht bei Einnahmen-/Überschussrechnung zur Verfügung steht). Die spätere Entnahme solcher Beträge über den laufenden Gewinn hinaus, ebenso die Betriebsveräußerung oder -aufgabe, die Einbringung nach § 20 UmwStG und der Wechsel der Gewinnermittlungsart führen gem. § 34a EStG jedoch zu einer Nachversteuerung i.H.v. 25 %, also einer Gesamtbelastung von 48,3 %[521] – höher als der Spitzensteuersatz der Regelbesteuerung von 45 % (»Reichensteuer«, ab 2008 auch für Einkünfte im Betriebsvermögen!). Zur Vermeidung dieses »lock-in-Effekts« waren die Beteiligten bestrebt, in Personengesellschaften belassene Altgewinne noch im Jahr 2007 zu entnehmen.[522]

dd) Anlagevermögen/Umlaufvermögen

Zählt Grundbesitz (Grund und Boden, Gebäude, Gebäudeteile, bewegliche Sachen) zum Betriebsvermögen, ist zusätzlich die Unterscheidung zwischen Anlage- und Umlaufvermögen bedeutsam. Nur für ersteres sind Abschreibungen (Rdn. 3340 ff.) möglich; nur erstere können bei Veräußerung Gegenstand einer den Gewinn mindernden Rücklage nach § 6b (Abs. 4 Satz 1 Nr. 2) EStG (zur Reinvestition in taugliche Wirtschaftsgüter des Anlagevermögens) sein. Maßgebliches Kriterium ist dabei nicht der Unternehmensgegenstand, sondern die konkrete Absicht der Verwendung des betreffenden Wirtschaftsgutes im Unternehmen.[523]

c) Zuordnung zum wirtschaftlichen Eigentümer; Immobilienleasing

Schließlich ist für die Praxis bedeutsam die **Zuordnung von Immobilien zum »wirtschaftlichen Eigentümer«** (vgl. § 39 Abs. 2 Nr. 1 Satz 1 AO), die auch bilanzielle Auswirkung hat. So wird bei Immobiliengeschäften der Übergang des wirtschaftlichen Eigentums auf den Zeitpunkt vorverlegt, in dem der Erwerber den Veräußerer rechtmäßig von der Einwirkung auf das Wirtschaftsgut ausschließen kann, also den Übergang von Besitz, Nutzungen und Lasten (Anschaffungszeitpunkt).[524] Ist jedoch bereits das Eigentum übergegangen, ist dieser Zeitpunkt der »juristischen Anschaffung« allein maßgeblich, auch wenn der Verkäufer noch Besitzer bleibt.[525] Der Erwerber ist dann nämlich bereits – wenn auch mittelbarer – Eigenbesitzer, der frühere Eigentümer nutzt das Grundstück lediglich als Fremdbesitzer, etwa aufgrund eines schuldrechtlichen Nutzungsverhältnisses oder als

3240

3241

---

518 Tatsächlich unterliegt auch der thesaurierende Personengesellschafter einer höheren Gesamtbelastung als die thesaurierende Kapitalgesellschaft, da die Gewinnerhöhung, die durch die außerbilanzielle Hinzurechnung nicht abzugsfähiger Betriebsausgaben (wie etwa der Gewerbesteuer) eintritt, als im Unternehmen nicht real vorhandener Gewinn nicht thesaurierungsfähig ist und somit dem individuellen Grenzsteuersatz unterliegt. Beträgt der Gewerbesteuerhebesatz 490 % (München) und der Einkommensteuersatz 45 %, errechnet *Weber* NWB 2007, 3041 = Fach 18, S. 4519 eine Gesamtthesaurierungsbelastung der Personengesellschaft von 39,99 % (der Kapitalgesellschaft von 32,98 %).
519 Zusammengesetzt aus 15 % Körperschaftsteuer zuzüglich durchschnittlich 14 % Gewerbesteuerbelastung bei einer einheitlich auf 3,5 % abgesenkten Steuermesszahl und einem durchschnittlichen Hebesatz i.H.v. 400 %. Die Gewerbesteuer ist künftig nicht mehr als Betriebsausgabe abzugsfähig (zu den insoweit geplanten Änderungen im Gewerbesteuerrecht *Bergemann/Markl/Althof* DStR 2007, 693).
520 Vgl. *Forst/Schaaf* EStB 2007, 263 ff.
521 Gewinn vor Steuern 100, abzüglich Thesaurierungsbelastung (28,25 % und Solidaritätszuschlag) 29,8 verbleibt Nachbesteuerungsbetrag von 70,2, hierauf 25 % zuzüglich Solidaritätszuschlag verbleiben 51,7.
522 Denkbar ist auch eine Übertragung der Altgewinne auf eine vermögensverwaltende GbR (mit Abgeltungsbesteuerung seit 2009 i.H.v. 25 % bei Zugehörigkeit zum Privatvermögen, die jedoch aufgrund Sonderbetriebsvermögenseigenschaft verloren geht bei Rückgewähr als Gesellschafterdarlehen), oder aber die »Übertragung von Altrücklagen« auf eine neu eingetretene, gering beteiligte GmbH, die sodann ein Gesellschafterdarlehen an ihre KG gewährt und für die Zinsen die geringe Thesaurierung für Kapitalgesellschaften (15 %) in Anspruch nimmt. Denkbar wäre schließlich, die entnommenen Mittel in eine gewerblich geprägte Schwester-Personengesellschaft einzulegen und als Darlehen zu fremdüblichen Konditionen der Ursprungsgesellschaft zu überlassen (Qualifizierung als deren eigenes Betriebsvermögen hat Vorrang vor Sonderbetriebsvermögenseigenschaft des Darlehens), vgl. *Forst/Schaaf* EStB 2007, 268.
523 BFH, 09.09.2010 – IV R 22/07, BFH/NV 2011, 31; *Wälzholz/Gutfried* MittBayNot 2011, 265, 266.
524 Vgl. BFH BStBl. II 1972, S. 700; hierzu und zum folgenden *Everts* in: Amann/Hertel/Everts, Aktuelle Probleme der notariellen Vertragsgestaltung im Immobilienrecht, 2006/2007 (DAI-Skript), S. 40 ff.
525 BFH, 18.05.2006 – III R 25/05, DStR 2006, 1359.

C. Querschnittsdarstellungen

Nießbraucher. Demnach lässt sich der Zeitpunkt des steuerlichen Veräußerungsgeschäfts etwa i.S.d. §§ 6b, 16, 17 EStG nicht durch vereinbarten späteren Besitzübergang nach Übergang des Sacheigentums »steuern«.

3242 Relevant wird sie für den Vertragsgestalter in erster Linie beim »Immobilien-Leasing«,[526] das in verschiedenen Erscheinungsformen vorkommt: Das sog. **operating-leasing**, mit kurzer Grundmietzeit wird wie ein gewöhnlicher Miet- oder Pachtvertrag behandelt. Beim **Finanzierungs-Leasing**[527] werden die dem Leasing-Geber entstehenden Aufwendungen durch den Leasing-Nehmer aufgebracht, entweder vollständig (sog. Vollamortisations-Leasing, das in der Praxis selten vorkommt) oder teilweise (»Teilamortisations-Leasing«). Ist wegen der besonderen Ausgestaltung des Leasing-Objekts ein Wechsel des Nehmers nicht ohne tief greifende Umbaumaßnahmen denkbar, spricht die Finanzverwaltung vom »**Spezial-Leasing**«, etwa bei kommunalen Einrichtungen.

3243 **Bilanziell** erfolgt[528] die (i.d.R. gerade nicht gewollte) Zurechnung des **Wirtschaftsguts zum Leasing-Nehmer** in folgenden Fällen:
– beim erwähnten Spezial-Leasing,
– bei Verträgen mit Kaufoption, wenn die Grundmietzeit 90 % der betriebsgewöhnlichen Nutzungsdauer übersteigt oder wenn der vorgesehene Kaufpreis geringer ist als der Restbuchwert des Leasing-Objekts nach Ablauf der Grundmietzeit (also als der Optionsrestwert),
– bei Finanzierungs-Leasingverträgen mit Mietverlängerungsoption, wenn die Grundmietzeit 90 % der betriebsgewöhnlichen Nutzungsdauer übersteigt oder wenn die Anschlussmiete weniger als 75 % des üblicherweise gezahlten Mietentgelts beträgt,

3244 – schließlich bei Verträgen mit Kauf- oder Mietverlängerungsoption, wenn der Leasing-Nehmer die Gefahr des zufälligen Untergangs trägt, oder der Leasing-Nehmer bei Zerstörung des Gegenstands, die nicht von ihm zu vertreten ist, gleichwohl zur Wiederherstellung auf seine Kosten verpflichtet ist bzw. sich die Miethöhe trotz der Zerstörung nicht mindert, ferner wenn sich die Miethöhe trotz eines nicht vom Leasing-Nehmer zu vertretenden Wegfalls der Nutzungsmöglichkeit nicht mindert, schließlich wenn der Leasing-Nehmer den Leasing-Geber von sämtlichen Ansprüchen Dritter freistellt, auch soweit diese nicht vom Leasing-Nehmer verursacht sind.

In allen anderen Fällen ist (wie regelmäßig erstrebt) der Leasing-Geber als wirtschaftlicher Eigentümer des Leasing-Objekts anzusehen.

3245 **Gewerbesteuerlich** (vgl. Rdn. 3420 ff.) ist die Leasing-Rate für den Leasing-Nehmer in vollem Umfang Betriebsausgabe; allerdings tritt gem. § 8 Nr. 1e GewStG eine Hinzurechnung ein (ein Viertel aus 65 % – ab 2010 aus 50 % – fiktivem Finanzierungsanteil aus den Leasingraten, soweit diese 100.000,00 €/Jahr übersteigen; bei voller Fremdfinanzierung würde ein volles Viertel der Dauerschuldzinsen, soweit sie 100.000,00 € übersteigt, hinzugerechnet). Der Leasing-Geber, dessen Tätigkeit allein in der Vermietung von Immobilien besteht, kann seinerseits die Kürzung nach § 9 Nr. 1 Satz 2 GewStG in Anspruch nehmen. **Grunderwerbsteuerlich** schließlich löst die für den Zeitpunkt des Ablaufs des Leasingvertrags vereinbarte Ankaufsberechtigung noch keine Steuerbelastung aus, auch nicht unter dem Gesichtspunkt der »Verschaffung einer Verwertungsbefugnis« (§ 1 Abs. 2 GrEStG)[529] – anders nur, wenn er die jederzeitige Übereignung der geleasten Liegenschaft auf Verlangen herbeiführen kann. Anderenfalls wird lediglich der tatsächliche spätere Ankauf besteuert (§ 1 Abs. 1 Nr. 1 GrEStG), möglicherweise unter teilweiser Heranziehung überhöhter Leasingraten, die sich als Vorauszahlung auf den Kaufpreis darstellen.

---

526 Vgl. *Mörtenkötter* MittRhNotK 1995, 329; *Philipp* BWNotZ 1999, 65.
527 Zu aktuellen Rechtsfragen *Beckmann* DStR 2006, 1329 und zuvor DStR 2000, 1185.
528 Vgl. BStBl. I 1992, S. 13 ff., ausführlich *Cremer* NWB 2006, 3365 = Fach 17, S. 2099 (v.a. S. 3378).
529 BFH, 15.03.2006 – II R 28/04, DStR 2006, 1279; BFH, 11.04.2006 – II R 28/05, MittBayNot 2007, 163, vgl. *Gottwald* MittBayNot 2007, 103.

4. Besteuerung von Grundbesitz im Privatvermögen

a) Erwerbs- oder Herstellungsphase

aa) Anschaffungskosten, Herstellungskosten, Werbungskosten

Für die **Gewährung zahlreicher Steuervergünstigungen** (sowie für den Zeitpunkt der Beendigung des Investitionstatbestands und damit des Beginns der Abschreibungsphase) ist die Abgrenzung zwischen der Bauherreneigenschaft (Herstellung) einerseits und der Erwerbereigenschaft (Anschaffung) andererseits notwendig. Der Umfang der sofort abzugsfähigen Werbungskosten ist für Bauherren größer als für Erwerber.[530] Der **Bauherr** baut oder lässt auf eigene Rechnung und Gefahr ein Gebäude bauen und beherrscht das Baugeschehen; ferner trägt er das Bauherrenwagnis. Wer ein schlüsselfertiges Gebäude vom Bauträger kauft, ist stets **Erwerber**, ebenso derjenige, der ein insgesamt vollständig vorformuliertes Vertragsbündel, einschließlich der Bauplanung und Bauausführung, übernimmt und sich dabei umfassend durch Projektanbieter oder zwischengeschaltete Treuhänder vertreten lässt.

3246

(1) Anschaffungskosten

Der Zeitpunkt der Anschaffung im steuerrechtlichen Sinne ist der tatsächliche (nicht lediglich der vertraglich geschuldete) Übergang von Besitz, Nutzungen, Lasten und Gefahr auf den Erwerber.[531] Bei dieser **Erwerbsvariante** entstehen **Anschaffungskosten** i.H.d. (ggf. bei zinsloser Fälligkeit später als ein Jahr nach Besitzübergang abzuzinsenden)[532] Kaufpreises, die zu erhöhen sind um die **Anschaffungsnebenkosten** (Notargebühren, Grundbuchkosten für Vormerkung und Eigentumsumschreibung, Grunderwerbsteuer und Maklergebühren). Zu den Anschaffungskosten können nur solche Aufwendungen zählen, die »Gegenleistungscharakter« haben. Bei **vorweggenommener Erbfolge** im Privatvermögen führen z.B. lediglich Abstandszahlungen an den Veräußerer und Gleichstellungsgelder an Geschwister sowie Schuldübernahmen und kaufmännisch abgewogene Austauschrenten (nicht aber Versorgungsrenten, insoweit Sonderausgabenabzug, oder Unterhaltsrenten – diese sind gem. § 12 Nr. 2 EStG steuerlich irrelevant!) zu Anschaffungsaufwand, i.Ü. (bzgl. des unentgeltlichen Anteils, mögen auch zivilrechtlich die Schenkung mindernde Nutzungsvorbehalte, Pflichtteilsverzichte, Dienstleistungspflichten etc. vereinbart sein) wird die frühere Abschreibungsreihe des Veräußerers fortgeschrieben. Auch die bloße Änderung der Beteiligungsform (Überführung von Bruchteils- in beteiligungsgleiches Gesamthandseigentum)[533] stellt keinen Anschaffungsvorgang dar (§ 39 Abs. 2 Nr. 2 AO: einkommensteuerliche Transparenz der Personengesellschaft).

3247

(2) Nachträgliche Anschaffungskosten

Nachträgliche Anschaffungskosten können liegen in Aufwendungen zur Ablösung eines an der Immobilie bestehenden dinglichen Nutzungsrechts, um die seine Eigentümerstellung (§ 903 BGB) schmälernde Beschränkung zu beseitigen, etwa eines Erbbaurechts,[534] Nießbrauchs[535] oder Wohnungsrechts.[536] Gleiches gilt für »Abwehrkosten« bei einer erfolgreichen Gläubigeranfechtung, § 3

3248

---

530 Gem. BMF, BStBl. 1990, S. 366, Bauzeitzinsen, Zinsen und Gebühren für die Vermittlung und Bearbeitung von Zwischen- und Endfinanzierung, Damnum, Disagio, Kosten der Darlehenssicherung und Teile der Treuhandgebühren und Baubetreuungskosten.
531 BFH, 25.12.2009 – III R 92/08, EStB 2010, 130.
532 Zinssatz 5,5 %, sodass i.H.d. Abzinsung dem Verkäufer Einkünfte aus Kapitalvermögen, § 20 Abs. 1 Nr. 7 EStG, entstehen, vgl. zu Bilanzierungsfragen (§ 6 Abs. 1 Nr. 3 und Nr. 3 Buchst. a) EStG BMF-Schreiben v. 26.05.2005, DStR 2005, 1005).
533 Vgl. BFH, 06.10.2004 – IX R 68/01, EStB 2005, 8; BFH, 02.04.2008 – IX R 18/06, NJW 2008, 3662; *Mensch* NotBZ 2009, 122 (allenfalls i.H.d. Quotenverschiebung).
534 BFH, 21.12.1982 – VIII R 215/78, BStBl. II 1983, S. 410, vgl. aber Rdn. 3248: Herstellungskosten, falls Erbbaurecht einer Bebauung entgegen steht.
535 BFH, 26.06.1991 – XI R 4/85, BFH/NV 1991, 681.
536 BFH, 21.07.1992 – IX R 14/89, BStBl. II 1993, S. 484.

C. Querschnittsdarstellungen

Abs. 2 AnfG (z.B. Wertersatzzahlung bei nicht möglicher Naturalherausgabe, § 11 AnfG)[537] und Wertersatzzahlungen im Fall der Rückforderung der erworbenen Immobilie gem. § 528 BGB.[538] Nachträgliche Anschaffungskosten des Grund und Bodens können vorliegen bei Zahlungen zur Schaffung einer zweiten Zufahrt (Dienstbarkeit).[539]

(3) Aufteilung Gebäude/Grund und Boden

3249 Die Gesamtanschaffungskosten wiederum sind **aufzuteilen** in Anschaffungskosten des Grund und Bodens (die nicht abschreibungsfähig sind) und des Gebäudes. Im Anschaffungsfall wird der auf das Gebäude entfallende Teil des Gesamtkaufpreises nach der **Sachwertmethode** im Verhältnis des isolierten Bodenwerts (Zu- oder Abschläge zum Bodenrichtwert) und isolierten Gebäudewerts (z.B. Multiplikation des Feuerkassenwerts 1914 mit Altersabschlag) ermittelt.[540] Die in einem Kaufvertrag enthaltene Aufteilung gem. **Parteivereinbarung** hat, sofern sie nicht von vorstehendem Ergebnis deutlich abweicht, starke Indizwirkung.[541] Bei Eigentumswohnungen wird häufig (und für die Beteiligten wenig nachvollziehbar) der Grund-und-Boden-Anteil ermittelt aus dem Bodenrichtwert für diejenige Fläche, die sich nach den Tausendstel-Miteigentumsanteilen gem. der Teilungserklärung bezogen auf das WEG-Grundstück für die Wohnung ergibt.

3250 **Abrisskosten** zählen zu den (steuerlich nicht nutzbaren) Anschaffungskosten des Grund und Bodens, wenn das Objekt in der Absicht des Abrisses, also zur Schaffung eines unbebauten Grundstücks, erworben wurde und das Gebäude objektiv wertlos ist[542] (anderenfalls s. Rdn. 3251). Nachträgliche Anschaffungskosten des Grund und Bodens können auch in Anlieger- oder (Erst- oder Zweit-)[543] Erschließungsbeiträgen liegen, sofern sich der Wert des Grundstücks aufgrund einer Erweiterung der Nutzbarkeit erhöht.[544]

(4) Herstellungskosten

3251 Zu den **Herstellungskosten** des Gebäudes im Fall der Bauherreneigenschaft zählen alle damit in einem sachlichen Zusammenhang stehenden Aufwendungen (Materialkosten, Bauunternehmer- und Handwerkerkosten, Architekten, Statiker, Genehmigungskosten, aber auch Hausanschlusskosten). Die **Abrisskosten** eines Gebäudes zählen dann zu den Herstellungskosten des Neubaus, wenn das Altgebäude bisher zu Privatzwecken genutzt wurde, oder aber wenn das Gebäude in Abbruchabsicht erworben wurde und technisch oder wirtschaftlich noch nicht verbraucht war[545] – war das Gebäude objektiv wertlos, liegen Anschaffungskosten des Grund und Bodens vor –, schließlich auch dann, wenn das Gebäude in Abbruchabsicht zur Ermöglichung eines der Einkünfteerzielung dienenden Neubaus erworben wurde.[546] Gleiches kann gelten, wenn einzelne, der

---

537 BFH, 17.04.2007 – IX R 56/06, EStB 2007, 444.
538 Keine Werbungskosten: BFH, 19.12.2000 – IX R 66/97, BFH/NV 2001, 769.
539 BFH, 20.07.2010 – IX R 4/10, EStB 2010, 445 (die zweite Zufahrt gibt dem Grundstück ein neues Gepräge. Anders – Anschaffungskosten eines neuen, eigenen Wirtschaftsgutes »Zugangsrecht« – läge es, wenn der zweite Zugang z.B. nur als Notausgang dient und das Grundstück wirtschaftlich unverändert lässt).
540 BFH, 11.02.2003 – IX R 13/00, BFH/NV 2003, 769; FG Hamburg, 09.09.2003 – III 268/03, DStRE 2004, 370.
541 BMF-Schreiben v. 16.04.2004, DStR 2004, 912, Nr. 1 Buchst. a) (auch zum Verhältnis eigengenutzter/fremdvermieteter Gebäudeteil). Nach OFD Münster v. 14.08.2009 – S 1988 – 100 – St 11 – 33/S 2198b – 61 – St 21 – 31, EStB 2009, 352 ist der Kaufpreisaufteilung in Modernisierungsfällen (Grundstück/Altbau/Modernisierungsanteil) nur zu folgen, wenn der Grund- und Bodenwert allenfalls gering unter dem Bodenrichtwert bleibt.
542 Auch der Gebäuderestwert zählt dann zu den Anschaffungskosten des Grund und Bodens, vgl. FG Brandenburg DStRE 2003, 966.
543 BFH, 11.12.2002 – IV R 40/02, DStRE 2004, 369.
544 Wird jedoch eine bereits funktionsfähige Anlage (Sickergrube) durch eine neue (Abwasseranschluss) ersetzt, können sofort abzugsfähige Kosten vorliegen: BFH, 28.02.2003 – IV B 19/01, BFH/NV 2003, 1159.
545 BFH BStBl. II 2002, S. 805: Dies gilt auch, wenn das später abgerissene Gebäude zuvor nicht zur Erzielung von Einkünften verwendet wurde (in Unterscheidung zu GrS, BStBl. II 1978, S. 620).
546 *Hollatz* NWB, Fach 3, S. 13074. Bei Abbruch binnen 3 Jahren nach Erwerb spricht der Beweis des ersten Anscheins für Abbruchabsicht, BFH BStBl. II 1996, S. 358 m.w.N. und BFH, 07.09.2004 – IX 1/03, EStB 2005, 212.

vorgesehenen Gebrauchs- und Verwendungsmöglichkeit entgegenstehende Gebäudeteile entfernt werden (Abriss von Teilen eines Heizkraftwerkes für einen Umbau zur Müllentsorgungsanlage).[547] Dagegen können Abrisskosten als nachträgliche Werbungskosten der Vermietung und Verpachtung (und der Restbuchwert des Gebäudes als Abschreibung für außerordentliche Abnutzung) abgesetzt werden, wenn der Abriss zur beabsichtigten Neuerrichtung eines Vermietungsobjekts erfolgt (mag auch diese Planung später aufgegeben worden sein).

Herstellungskosten liegen auch in **Abstandszahlungen** an frühere Mieter oder Pächter zur Räumung[548] sowie in der Zahlung einer Abfindung für die Aufhebung eines der Bebauung entgegenstehenden Erbbaurechts,[549] ebenso in Ablösezahlungen bzgl. der Verpflichtung zur Errichtung von Stellplätzen und in Aufwendungen für diejenigen Außenanlagen, die steuerrechtlich zu den unselbstständigen Gebäudeteilen zählen (z.B. Garage, lebende Einfriedungen, nicht jedoch Zufahrten, Stützmauern, Grünlagen). 3252

(5) Nachträgliche Herstellungskosten

Unter **nachträglichen Herstellungskosten**[550] sind Aufwendungen zu verstehen, die im Anschluss an die Anschaffung eines Gebäudes 3253
- zur Herstellung der Funktions- und Betriebsbereitschaft geleistet wurden (§ 255 Abs. 1 Satz 1 HGB)
- oder zu einer Erweiterung des Gebäudes (§ 256 Abs. 2 Satz 1 HGB, Wohnflächenvergrößerung durch Dachgauben oder Vollverglasung eines Balkons)[551]
- bzw. zu einer über den ursprünglichen Zustand hinausgehenden wesentlichen Verbesserung (»Standardhebung«, § 255 Abs. 2 Satz 1 HGB: Erneuerung der Dachkonstruktion; Erneuerung der bei Anschaffung defekten Heizungsanlage) führen oder aber
- durch eine Nutzungsänderung bedingt sind.[552]

Abzustellen ist dabei auf das einzelne Wirtschaftsgut, also bei unterschiedlichen Nutzungen (Rdn. 3202) auf den betreffenden Gebäudeteil.[553]

Diese nachträglichen Herstellungskosten sind einerseits ggü. Aufwendungen zur Herstellung eines neuen Gebäudes (bei denen konstruktive und tragende Teile des bisherigen Gebäudes keine Verwendung mehr finden, insb. bei Vollverschleiß – »**bautechnischer Neubau**«)[554] abzugrenzen, andererseits ggü. den nicht zu den Herstellungskosten zählenden sofort abzugsfähigen Erhaltungsaufwendungen.[555] 3254

(6) Erhaltungsaufwand

Zum **Erhaltungsaufwand** zählen dagegen solche Aufwendungen, die dazu dienen, ein Gebäude in ordnungsgemäßem Zustand zu erhalten, seine Wesensart und Nutzungsdauer jedoch nicht verändern und regelmäßig wiederkehren. Regelmäßig ist damit eine Modernisierung gem. dem technischen Fortschritt verbunden. 3255

---

547 BFH, 25.01.2006 – I R 58/04, EStB 2006, 318.
548 Sowie in Zwangsräumungskosten für ein unbebautes Grundstück, soweit sie auf den zu bebauenden Teil entfallen (BFH, 18.05.2004 – IX R 57/01, DStRE 2004, 1203 m. krit. Anm. *Hollatz* NWB, Fach 3, S. 13071 ff.). Wird das Grundstück nicht bebaut, handelt es sich dagegen um Anschaffungskosten des Grund und Bodens.
549 BFH, 13.12.2005 – IX R 24/03, DStR 2006, 647.
550 Vgl. hierzu OFD Frankfurt v. 31.01.2006, DStR 2006, 567.
551 FG Baden-Württemberg DStRE 2005, 1377.
552 Beispiel: FG Rheinland-Pfalz DStRE 2004, 371 (Umbau einer Wohnung in ein Sonnenstudio).
553 BFH, 25.09.2007 – IX R 28/07, EStB 2008, 50.
554 Vgl. BFH BStBl. II 1996, S. 632 und BFH, 25.05.2004 – VIII R 6/01, EStB 2004, 358. Erforderlich ist die Ersetzung solcher Teile, die für die Nutzungsdauer des Gebäudes bestimmend sind (Fundamente, Außenwände, Geschossdecken, Dach: H 7.4 EStH 2005 »Neubau«), vgl. *Walter* NWB 2005, 2641 = Fach 3, S. 13607 ff.
555 Vgl. im Einzelnen BMF-Schreiben v. 16.12.1996, BStBl. I, S. 1442.

C. Querschnittsdarstellungen

▶ Beispiel:

Umstellung von Kohleöfen auf Zentralheizung, Austausch von Holz- gegen Kunststofffenster, Anbringen zusätzlicher Fassadenverkleidung zur Dämmung, Kanalanschluss statt Sickergrube, Stahlbetondecke statt Holzbalkendecke, Einbau einer Solaranlage;[556] Umbau eines Großraumbüros in Einzelbüros durch Rigips-Ständerwände.[557]

3256 An sich stellen Erhaltungsaufwendungen **sofort abzugsfähige Werbungskosten** dar. Dieser Grundsatz erfährt **drei Durchbrechungen**:
(a) Zum einen erlaubt § 82b EStDV dem Steuerpflichtigen für seit 01.01.2004 entstehenden **größeren Erhaltungsaufwand**[558] an Wohngebäuden des Privatvermögens (wie bereits bis 1998) die gleichmäßige Verteilung auf 2 bis 5 Jahre;[559] Gleiches gilt gem. §§ 11a, 11b EStG für zusätzliche nachgewiesene Erhaltungsaufwendungen an Baudenkmalen und Gebäuden im Sanierungsgebiet.

3257 (b) Des Weiteren wird sog. **anschaffungsnaher Aufwand** durch die frühere Verwaltungsauffassung (R 157 Abs. 4 EStR 2003) und Rechtsprechung[560] und für seit 01.01.2004 begonnene Maßnahmen nunmehr auch durch das Gesetz (§§ 6 Abs. 1 Nr. 1 Buchst. a),[561] 9 Abs. 5 Satz 2 EStG, vgl. R 6.4 Abs. 1 Satz 1 EStR 2005) zu aktivierungspflichtigem (und damit abschreibungsfähigem) Herstellungsaufwand umqualifiziert.[562] Dies ist der Fall, wenn innerhalb der ersten 3 Jahre nach Gebäudeerwerb (Übergang von Besitz, Nutzungen und Lasten) die Erhaltungsaufwendungen[563] (ohne USt) 15 % der Anschaffungskosten des Gesamtgebäudes[564] (samt Erwerbsnebenkosten, ohne Grunderwerb) übersteigen: Es handelt sich dann stets um Herstellungskosten, unabhängig davon, ob tatsächlich ein neues Wirtschaftsgut geschaffen oder ein vorhandenes in seiner Substanz wesentlich verbessert wurde, und unter Einschluss darin enthaltener laufender Schönheitsreparaturen.[565] Nach Ablauf der 3-Jahres-Frist gelten allerdings wieder die allgemeinen Kriterien zur Herstellung (eines neuen Wirtschaftsguts) oder zu nachträglichen Herstellungskosten (bei dessen wesentlicher Verbesserung).[566]

3258 Zuvor hatte der BFH allerdings seit September 2001 in mehreren Grundsatzurteilen,[567] denen sich die Finanzverwaltung bis zur gesetzlichen Neuregelung in allen noch offenen Fällen angeschlossen hatte,[568] verdeutlicht, dass weder die Höhe der Aufwendungen, noch deren zeitlicher Abstand zum Erwerb des Gebäudes maßgeblich seien. Abzuschreibende Kosten lägen nur vor, wenn sie entweder erforderlich sind, um

---

556 BFH, 14.07.2004 – IX R 52/02, EStB 2004, 400.
557 BFH, 16.01.2007 – IX R 39/05, EStB 2007, 286.
558 Mangels betragsmäßiger oder relativer Bestimmung im Gesetzestext ist auf den Einzelfall und die subjektiven Vorstellungen des Steuerpflichtigen abzustellen.
559 Stirbt der Steuerpflichtige und erzielt der Erbe keine Einkünfte mehr, ist der nicht verbrauchte Erhaltungsaufwand im letzten Jahr der Einkünfteerzielung zu berücksichtigen, vgl. FG München, 22.04.2008 – 13 K 545/06, ErbStB 2008, 352; vgl. *Paus* ErbStB 2008, 358 ff.
560 Wobei Untergerichte diese Rspr. schon bisher zunehmend infrage stellten und allein auf § 255 Abs. 2 HGB als Definition der Herstellungskosten verwiesen, etwa FG Münster EFG 2000, 1316.
561 Gem. *Bäuml* FR 2010, 924 gelten die Regeln zum anschaffungsnahen Herstellungsaufwand nicht bei Freiberuflern und Gewerbetreibenden, die ihren Gewinn durch Einnahmen-Überschuss-Rechnung ermitteln.
562 Instruktiv *Wendt* EStB 2004, 329; *Stuhrmann* NWB 2004, 761 = Fach 3, S. 12765 ff.
563 Ohne die »jährlich üblicherweise anfallenden Erhaltungsarbeiten«, nach Ansicht der OFD Düsseldorf bspw. Streichen und Tapezieren, enger OFD München v. 11.06.2004, NWB DokSt Nr. 03x47104: nur Kleinstreparaturen. Vgl. auch OFD Frankfurt v. 16.09.2004, DB 2004, 2191: auch Kosten der Herstellung der Funktionsbereitschaft sind in die 15 %-Grenze des § 6 Abs. 1 Nr. 1 Buchst. a) EStG einzubeziehen.
564 OFD Frankfurt v. 31.01.2006, DStR 2006, 567 (anders bei selbstständigen Eigentumswohnungen).
565 BFH, 25.08.2009 – IX R 20/08, EStB 2009, 424.
566 Vgl. OFD München v. 11.06.2004, NWB 2004, 2134.
567 BFH – IX R 39/79, IX R 52/00, NWB, Fach 3, S. 12051 ff.; ausführlich *Schmidt/Wänger* NWB, Fach 3, S. 12491 = NWB 2003, 2143 ff.; ferner *Stuhrmann* NWB Fach 3, S. 12573 ff. = NWB 2003, 2605 ff.
568 BMF-Schreiben v. 18.07.2003 – IV C 3 – S 2211-94/03, DStR 2003, 1345; vgl. hierzu *Beck* DStR 2003, 1462 ff.; ferner *Wengenroth/Maier* EStB 2003, 391.

– den Wohnraum in einen vermietbaren Zustand[569] zu versetzen,

▶ Beispiel:

Das Haus steht leer, das Dach ist undicht und die Heizung ist defekt.

oder aber
– wenn durch die Umbaumaßnahmen ein Wechsel der Standardkategorie eintritt. Das Gericht geht von drei Standards »sehr einfach«, »mittel« und »sehr anspruchsvoll« aus und sieht einen Kategorienwechsel dann als gegeben an, wenn es in drei von vier Zentralbereichen (Heizung,[570] Sanitär,[571] Elektroinstallation, Fenster) zu einer kompletten Modernisierung[572] gekommen ist.

Diese Rechtsprechung findet unmittelbar nur noch Anwendung auf vor dem 31.12.2003 begonnene Maßnahmen, auch wenn sie in den Jahren 2004 und 2005 zu Ende geführt wurden. Sie bietet jedoch allgemeine Anhaltspunkte zur Abgrenzung von **Herstellungskosten** (Standardsprung in drei Bereichen oder aber in zwei Bereichen zuzüglich Erweiterungsmaßnahmen)[573] einerseits und Erhaltungsaufwand andererseits.[574]

(c) Schließlich kann auch außerhalb der 3-Jahres-Frist eine **Umqualifizierung** einzelner **Erhaltungsaufwandsmaßnahmen in Herstellungskosten** drohen, wenn sie mit nachträglichen Herstellungsarbeiten in engem Zusammenhang stehen. 3259

▶ Beispiel:

Schönheitsreparaturen, die im Rahmen einer umfassenden Gebäuderenovierung anfallen.[575]

Nachträgliche Einzelmaßnahmen unter 2.100,00 € (netto) wurden jedoch schon bisher ohne weitere Prüfung auf Antrag aus Vereinfachungsgründen als Erhaltungsaufwand anerkannt;[576] die Obergrenze wurde mit Wirkung ab 01.01.2004 auf 4.000,00 € angehoben.[577]

(7) Weitere Werbungskosten

Zu den sofort **abzugsfähigen Werbungskosten** zählt auch **vorab entstandener Aufwand**,[578] der in wirtschaftlichem und zeitlichem Zusammenhang mit der Vermietung steht (Reisekosten, Damnum, Schuldzinsen – vgl. im Einzelnen Rdn. 3327), der weiter Gegenstand klarer, vorher getroffener Vereinbarungen ist und das Marktübliche nicht übersteigt. Gleiches gilt für vergebliche Werbungskosten (z.B. Anzahlungen auf ein Gebäude, die infolge Insolvenz verloren gehen, sofern das Bauvorhaben nicht verwirklicht wird;[579] Finanzierungsaufwand für eine zur Vermietung angebotene, jedoch nicht 3260

---

569 Der Begriff der Betriebsbereitschaft stellt ab auf die bestimmungsgemäße Nutzung. Werden also nach Erwerb eines bisher vermieteten Gebäudes nach dessen Räumung standarderhöhende Maßnahmen durchgeführt, um es für die beabsichtigte Selbstnutzung herzurichten, handelt es sich bei Aufwand zur Erreichung der »Betriebsbereitschaft« und damit um Herstellungskosten, BFH EStB 2003, 213.
570 Nicht ausreichend ist der Austausch einer funktionstüchtigen Ölheizung gegen eine Gaszentralheizung, BFH, 22.01.2003 – X R 13/00, EStB 2003, 217.
571 Nicht ausreichend ist die Erneuerung von Fliesen und Armaturen in Bad und WC, BFH, 22.01.2003 – X R 69/01, EStB 2003, 217; anders bei Einbau eines neuen großen Bades anstelle des bisherigen kleineren Bades (BFH, 22.01.2003 – X R 42/99, EStB 2003, 217).
572 Keine Standarderhöhung tritt ein bei bloßer funktionsersetzender Reparatur, BFH EStB 2003, 13.
573 Z.B. Wohnflächenvergrößerung, erstmaliger Einbau von Bädern/Toiletten, BFH, 22.01.2003 – X R 9/99, BStBl. II 2003, S. 596.
574 Instruktiver Gesamtüberblick bei *Zenefels* ZfIR 2011, 779 ff.
575 BFH DB 1999, 566; ebenso FG Rheinland-Pfalz DStRE 2004, 371.
576 R 157 Abs. 3 Satz 2 EStR 2003.
577 R 157 Abs. 2 EStR 2003.
578 Vgl. *Maute* EStB 2005, 268 und BFH, 11.01.2005 – IX R 5/04, EStB 2005, 248.
579 Sofern sie im Zeitpunkt ihrer Vornahme subjektiv der Einnahmeerzielung dienen sollten, also nicht bei Zahlungen aufgrund eines gerichtlichen Vergleiches zur Aufhebung eines Kaufvertrags: FG Hamburg DStRE 2004, 683.

C. Querschnittsdarstellungen

vermietete Wohnung).[580] Der für den Abzug vergeblicher Werbungskosten erforderliche Veranlassungszusammenhang ist auch noch gewahrt für die Kosten der Aufhebung eines Kaufvertrags über eine zur Vermietung bestimmte Wohnung nachdem die Finanzierungszusage widerrufen wurde.[581]

3261 Eigenkapitalvermittlungsprovisionen, Treuhändergebühren und Gebühren für eine Mietgarantie zählen hingegen zu den Anschaffungs-/Herstellungskosten, wenn eine modellimmanente Verknüpfung der Leistungen mit dem Erwerb besteht.[582] Erhaltene Eigenprovisionen an den Erwerber (»Kick-back«) mindern entsprechend seine Anschaffungskosten.[583]

Kosten, die mit der Veräußerung in Zusammenhang stehen, zählen schließlich zum nicht steuerbaren Vermögensbereich, so etwa die Vorfälligkeitsentschädigung aufgrund vorzeitiger Tilgung des Darlehens[584] zur Erfüllung der Verpflichtung zur rechtsmängelfreien (lastenfreien) »Grundstückslieferung«;[585] ebenso Renovierungsaufwendungen für den Verkauf, auch wenn sie mieterbedingte Schäden ausgleichen.[586]

bb) Anschaffung durch Einbringung in Betriebsvermögen?

(1) Einbringung von Wirtschaftsgütern des Privatvermögens

(a) In ein Einzelunternehmen

3262 Werden Wirtschaftsgüter des Privatvermögens (z.B. ein Grundstück) in das Betriebsvermögen desselben Einzelunternehmers eingebracht, handelt es sich um eine **Einlage**. Sie führt beim Übertragenden nicht zu einem Veräußerungsgewinn, aber im Unternehmen zum Ansatz der Einlage grds. mit dem Teilwert, §§ 4 Abs. 1 Satz 7 i.V.m. 6 Abs. 1 Nr. 5 EStG (zur »latenten« Spekulationsbesteuerung bei Veräußerung binnen 10 Jahren aus dem Betriebsvermögen, § 23 Abs. 1 Satz 5 Nr. 1 EStG, vgl. Rdn. 3372).

(b) In eine Kapitalgesellschaft

3263 Die Einbringung einzelner Wirtschaftsgüter des Privatvermögens in eine Kapitalgesellschaft kann als »**verdeckte Einlage**« erfolgen (also weder gegen Gewährung von Gesellschaftsrechten noch gegen sonstige Gegenleistungen, etwa die Gewährung eines Darlehens). §§ 17 Abs. 1 Satz 2 EStG (für eingebrachte Kapitalgesellschaftsbeteiligungen über 1 %), § 22 Abs. 1 Satz 6 Nr. 1 UmwStG (für einbringungsgeborene oder –verhaftete Anteile), sowie – in diesem Kontext besonders relevant – § 23 Abs. 1 Satz 5 Nr. 2 EStG (für z.B. Grundstücke in der Spekulationsfrist) fingieren die verdeckte Einlage insoweit nicht als ertragsteuerlich »unentgeltlich«, sondern als »Veräußerung«, sodass u.U. eine Gewinn aus der verdeckten Einlage besteht. Andererseits erhöhen sich die Anschaffungskosten der Beteiligung an der aufnehmenden Kapitalgesellschaft um den Teilwert des eingebrachten Wirtschaftsguts (§ 6 Abs. 6 Satz 2 EStG).

---

580 BFH, 04.11.2003 – IX R 55/02, EStB 2004, 151.
581 BFH, 07.06.2006 – IX R 45/04, DStR 2006, 1794 m. Anm. *Hagen/Gewinnus/Preuß*, S. 1973 (gegen FG Brandenburg DStRE 2005, 68); ähnlich BFH, 15.11.2005 – IX R 3/04, EStB 2006, 88: Prozesskosten zur Aufhebung eines Kaufvertrags für eine zur Vermietung bestimmte Wohnung können vorab entstandene, vergebliche Werbungskosten sein.
582 BFH DStRE 2001, 1056; BFH DStR 2001, 1381. Ein Rückfluss solcher Provisionen an den Investor mindert demnach die Anschaffungskosten (also keine Einnahmen aus Vermietung und Verpachtung, BFH BB 2002, 1742 ff.). Das BMF hat eine Übergangsfrist bis 01.01.2003 eingeräumt (BStBl. I 2002, S. 1388). Zu Fondsgestaltungen vgl. unten Rdn. 3356 (»Fünfter Bauherren-Erlass«).
583 BFH, 16.03.2004 – IX R 46/03, DStRE 2004, 803.
584 BFH, 23.09.2003 – IX R 20/02, DStR 2003, 2219 (auch wenn der Kredit Aufwendungen finanziert hatte, die als sofort abziehbare Werbungskosten zu beurteilen waren); auch nicht als nachträgliche Werbungskosten: FG Düsseldorf DStRE 2004, 1397. U.U. sind sie jedoch als Veräußerungskosten bei der Ermittlung eines »Spekulationsgewinns« nach § 23 EStG zu berücksichtigen (so für § 16 Abs. 2 Satz 1 EStG BFH, 25.01.2000 – VIII R 55/97, BStBl. II 2000, S. 458, vgl. DStR 2002, 1256 f.). Zur korrekten Berechnung der Vorfälligkeitsentschädigung BGH NJW 2005, 751 (gegen PEX-Index).
585 BFH, 06.12.2005 – VIII R 34/04, EStB 2006, 86.
586 FG Düsseldorf DStRE 2003, 1148.

Die Einbringung gegen Gewährung von Gesellschaftsrechten gilt hingegen als **Tausch** und führt demnach unmittelbar zu einem Veräußerungsgewinn beim Einbringenden, § 6 Abs. 6 Satz 1 EStG. 3264

(c) In eine gewerblich tätige oder geprägte Personengesellschaft

Die Einbringung von Gegenständen des Privatvermögens in eine gewerblich tätige oder geprägte (§ 15 Abs. 3 Nr. 2 EStG), also Betriebsvermögen haltende, Personengesellschaft gegen Gewährung oder Erweiterung von Gesellschaftsrechten (also gegen zumindest teilweise Gutschrift auf den Festkapitalkonten des einbringenden Mitunternehmers),[587] also im Wege der »**offenen Sacheinlage**«,[588] ist als tauschähnlicher **entgeltlicher Vorgang** zu werten.[589] Ebenso liegt Entgeltlichkeit vor, wenn die Überführung gegen Barentgelt bzw. gegen die Übernahme von Verbindlichkeiten erfolgt, oder wenn der Einlagewert dem Inferenten auf einem Privat- oder Verrechnungskonto gutgeschrieben wird, er also dafür eine schuldrechtliche (Darlehens-)[590]Forderung gegen die Gesellschaft erhält. Die Entgeltlichkeit wirkt sich negativ aus bei »steuerverstrickten« Objekten des Privatvermögens, z.B. Beteiligungen nach § 17 EStG, oder vermieteten Grundstücken vor Ablauf der 10-Jahres-Frist: Spekulationsgeschäft i.S.d. § 23 Abs. 1 Nr. 1 EStG.[591] Ein Veräußerungsgewinn entsteht jedoch nicht, soweit der Gegenstand dem Einbringenden weiterhin zuzurechnen ist.[592] Liegt keine Steuerverstrickung vor, wirkt sich das dadurch generierte höhere künftige Abschreibungsvolumen positiv aus (»Aufstockung«[593] »**Step up**«),[594] zudem beträgt die AfA im Betriebsvermögen 3 % jährlich. Die »Einbringung ohne Rechtsträgerwechsel« unter dem Gesichtspunkt des wirtschaftlichen Eigentums (quoad sortem) bzw. als Sonderbetriebsvermögen (quoad usum)[595] ist demgegenüber unsicher.[596] 3265

Privatvermögen wird dagegen jedenfalls nach Ansicht der Finanzverwaltung[597] unentgeltlich eingebracht im Fall der verdeckte Sacheinlage, also nicht gegen Gewährung von Gesellschaftsrechten (Erhöhung des Kapitalkontos I oder II, sofern dort auch Verluste gebucht werden) und sonstige Gegenleistungen etwa die Einräumung eines Darlehens, sondern z.B. im Wege der Buchung auf ein gesamthänderisch gebundenes Rücklagenkonto[598] (§ 264c Abs. 2 Satz 1 Nr. II und Satz 8 HGB). 3266

---

587 Vgl. zum folgenden *Frystatzki* EStB 2007, 462 ff.
588 Diese liegt i.d.R. vor bei Buchung auf Kapitalkonto I, ebenso bei Buchung auf Kapitalkonto II des Kommanditisten, wenn dort auch Verluste gebucht werden (nicht jedoch bei Buchung auf einem Darlehenskonto des Einbringenden oder auf einem gesamthänderischen Rücklagenkonto: dann verdeckte Einlage), vgl. BMF v. 26.11.2004, BStBl. I 2004, S. 1190 Tz 1.
589 BFH BStBl. II 2000, S. 230; ebenso die Finanzverwaltung: BMF-Schreiben BStBl. I 2000, S. 462 Tz. 8. Es findet nicht § 6 Abs. 1 Nr. 5 [Einlage – nur bei verdeckter Einlage ohne Gewährung von Gesellschafterrechten, Rn. 1687a], sondern § 6 Abs. 6 EStG Anwendung. A.A. *Reiß* DB 2005, 362.
590 Dies gilt unabhängig davon, ob die auf dem Verrechnungskonto gebuchte Darlehensforderung gesichert bzw. verzinslich gestellt ist und damit fremdüblichen Grundsätzen genügt; die Darlehen sind in der Gesellschaftsbilanz zu passivieren und in der Ergänzungsbilanz zu aktivieren (*Wacker* NWB 2008, 3093 = Fach 3 S. 15183).
591 Allerdings liegt wohl mangels Teilnahme am allgemeinen wirtschaftlichen Verkehr keine Veräußerung i.S.d. gewerblichen Grundstückshandels vor.
592 Vgl. *Wacker* BB 2000, 1980. Soweit jedoch z.B. Verbindlichkeiten auf die Gesellschaft übergehen, liegt (hinsichtlich dieses Freiwerdens von den Schulden) eine teilentgeltliche Übertragung vor, vgl. BMF-Schreiben BStBl. I 2000, S. 1383 Tz 30; *Fleischer* ZEV 2003, 190.
593 § 7 Abs. 1 Satz 4 EStG (Minderung der Anschaffungs- bzw. Herstellungskosten) gilt nur bei Einlagen, nicht – wie hier – bei Veräußerungen, vgl. BMF-Schreiben BStBl. I 2000, S. 462.
594 Trotz des sonst bestehenden Verbots der »Doppelabschreibung«, vgl. *Tiedtke/Wälzholz* DStR 2001, 1501; einschränkend allerdings FG Hannover DStRE 2006, 1441 (Rev. BFH IV R 37/06).
595 Wie etwa von *Kusterer/Rupp* EStB 2002, 485 bei Grundstücken zur Einsparung von Notar- und Grundbuchgebühren empfohlen.
596 Unklar ist, wie wirtschaftliches Eigentum (wenn nicht durch Investition auf fremdem Grund und Boden: BFH BStBl. II 2002, S. 741) entstehen kann, ferner ob Sonderbetriebsvermögen (nach Aufgabe der Geprägerechtsprechung) auch bei nur fingiert, nicht tatsächlich gewerblich tätigen Personengesellschaften entstehen kann.
597 BFH v. 24.01.2008 – IV R 37/06, GmbHR 2008, 548 m. Anm. *Hoffmann* neigt dazu, auch den Fall der Gutschrift auf gesamthänderisch gebundener Rücklage ohne ausdrückliche Erhöhung des Kapitalkontos I dem tauschähnlichen Vorgang gleichzustellen, vgl. *Wacker* NWB 2008, 3097 = Fach 3 S. 15187 (allerdings nur obiter, da im entschiedenen Fall wegen der Nachträglichkeit der Vereinbarung ohnehin nicht anzuerkennen).
598 BMF v. 26.11.2004, BStBl. I 2004, S. 1190.

C. Querschnittsdarstellungen

Für den Inferenten ergeben sich keine unmittelbaren Steuerfolgen. Die Einlage selbst ist bei der Gesellschaft grds.[599] mit dem Teilwert anzusetzen (§ 4 Abs. 1 Satz 5 i.V.m. § 6 Abs. 1 Nr. 5 EStG); es liegt dann zwar derzeit kein »Spekulationsgeschäft« i.S.d. § 23 EStG vor, allerdings dann, wenn die KG das Grundstück binnen 10 Jahren nach Einlage veräußert, § 23 Abs. 1 Satz 5 Nr. 1 EStG. Stets wird bei der Ermittlung der AfA-Grundlage nach verdeckter Einlage[600] in ein Betriebsvermögen gem. § 7 Abs. 1 Satz 5 EStG die bisher bei der Erzielung von Überschusseinkünften (etwa Vermietung und Verpachtung) gezogene AfA abgezogen, und zwar nach Ansicht der Finanzverwaltung von der ursprünglichen Bemessungsgrundlage (als Fortführung des erreichten Standes),[601] nach Ansicht der Rechtsprechung durch Abzug vom Einbringungs-, d.h. Teilwert.[602] Zu bedenken ist allerdings, dass die unentgeltliche Einbringung zur Schenkungsteuer führen kann, soweit das eingebrachte Wirtschaftsgut den anderen Gesellschaftern über die gesamthänderisch gebundene Rücklage entsprechend ihrer Beteiligungsquoten zuzurechnen ist,[603] und zwar ohne Betriebsvermögensbegünstigung.[604]

(2) Übertragung von Wirtschaftsgütern des Betriebsvermögens

(a) »Überführung« ohne Rechtsträgerwechsel

3267 Ein einzelnes Wirtschaftsgut kann von einem Betriebsvermögen in ein anderes Betriebsvermögen derselben Person (also ohne Rechtsträgerwechsel) überführt werden, z.B. vom Betriebsvermögen eines Einzelunternehmens in das Sonderbetriebsvermögen derselben Person an einer Personengesellschaft, an welche das Wirtschaftsgut nun dauerhaft zur Nutzung überlassen ist. Die Frage der Entgeltlichkeit oder Unentgeltlichkeit stellt sich nicht, da keine Übertragung auf einen »Dritten« stattfindet. § 6 Abs. 5 Satz 1 EStG ordnet die Buchwertfortführung (»Wert, der sich nach den Vorschriften über die Gewinnermittlung ergibt«) zwingend an, sofern die künftige Besteuerung der stillen Reserven (z.B. durch den Verbleib im Inland) gesichert ist. Gleiches gilt für die Überführung aus dem Betriebsvermögen in das Sonderbetriebsvermögen desselben Steuerpflichtigen (§ 6 Abs. 5 Satz 2 EStG) und für die Überführung zwischen den Sonderbetriebsvermögen derselben Person bei verschiedenen Personengesellschaften, § 6 Abs. 5 Satz 2, Halbsatz 2 EStG.

(b) Überführung mit Rechtsträgerwechsel

3268 Nicht mehr von § 6 Abs. 3 EStG gedeckt ist jedoch die Übertragung eines einzelnen, bisher zum Betriebsvermögen gehörenden Wirtschaftsguts an einen Dritten. Hierbei ist, sofern nicht Übertragungen zwischen Einzelunternehmen bzw. Sonderbetriebsvermögen einerseits und Gesamthandsvermögen andererseits bzw. zwischen mehreren Gesamthandsvermögen betroffen sind (§ 6 Abs. 5 Satz 3 EStG, unten Rdn. 3280 ff.) – zu differenzieren:

(aa) Unentgeltlich

3269 Erfolgt die Einzelübertragung unentgeltlich, liegt darin eine für betriebsfremde Zwecke erfolgende **Entnahme**, die zur steuerpflichtigen Aufdeckung der Differenz zwischen Buch- und Teilwert als laufendem Gewinn führt (beruht die Übertragung auf einem Vermächtnis, verwirklicht sich die

---

599 Bei Anschaffung in den letzten 3 Jahren jedoch höchstens mit den Anschaffungskosten.
600 § 7 Abs. 1 Satz 5 EStG gilt also nicht bei tauschähnlichen Vorgängen gem. Rn. 1687, vgl. BFH v. 24.01.2008 – IV R 37/06, GmbHR 2008, 548 m. Anm. *Hoffmann*; *Wacker* NWB 2008, 3091 = Fach 3 S. 15181.
601 R 7.3 Abs. 6 EStR 2005, vgl. *Günther* EStB 2007, 150. Bei historischen Anschaffungskosten von 400, bereits »gezogener« AfA von 80, und einem Einbringungswert von 600 werde also der erreichte Bemessungsgrundlage von 400-80 = 320 weiter (mit nun 3 %, § 7 Abs. 4 Satz 1 Nr. 1 EStG) abgeschrieben; am Ende verbleibe eine nicht abschreibbarer Restwert von 600 – 320 = 280, der sich erst bei Veräußerung oder Entnahme auswirke.
602 FG Hannover, 20.09.2005 – II R 6/98, EFG 2006, 723 (rkr): Im Beispiel der vorgehenden Fußnote wird vom Einbringungswert von 600 die bereits gezogene AfA von 80 abgezogen, sodass 520 mit 3 % jährlich bis auf Null abgeschrieben würden.
603 BFH, 30.05.2001 – II R 6/98, GmbHR 2001, 1183.
604 Da die Einlage anteilig für Rechnung der anderen Gesellschafter erfolgt und damit sich noch auf privater Ebene vollzieht, *Mutscher* DB 2005, 2096, 2097.

Entnahme in der Person des Erblassers,[605] beruht sie jedoch auf freier Entscheidung des Erben etwa zur Begleichung eines Pflichtteilsanspruchs, treffen die Entnahmefolgen den Erben).

(bb) Teilentgeltlich: Trennungstheorie

Erfolgt die Übertragung eines Einzelwirtschaftsguts **teilentgeltlich**, gilt insoweit nicht die Einheits-, sondern die **Trennungstheorie**[606] mit der Folge, dass 3270
- auch in der häufig gewollten[607] Übernahme objektbezogener (betrieblicher) Verbindlichkeiten ein Entgelt zu sehen ist und
- hinsichtlich des unentgeltlichen Anteils die Besteuerung der Differenz zwischen (anteiligem) Buch- und Teilwert, hinsichtlich des entgeltlichen Anteils die Besteuerung der Differenz zwischen anteiligem Buchwert und Entgelt stattfinden.

Folgendes Beispiel[608] mag dies verdeutlichen: 3271

▶ **Beispiel:**

A ist Eigentümer eines Grundstücks, das Sonderbetriebsvermögen seiner hälftigen Beteiligung an einer GmbH & Co. KG darstellt. Der Buchwert betrage 200.000,00 €, die Verbindlichkeiten des Sonderbetriebsvermögens 400.000,00 €, der Verkehrswert 600.000,00 €. Wird dieses Grundstück unter Übernahme der Verbindlichkeiten in das Gesamthandsvermögen als einzelnes Wirtschaftsgut gem. § 6 Abs. 5 Satz 3 Nr. 2 EStG eingebracht, ist es i.H.v. zwei Dritteln (Verkehrswert der Gegenleistung, also der Schuldübernahme, 400.000,00 € zum Verkehrswert der Leistung: 600.000,00 €) entgeltlich. Zwei Dritteln des Buchwerts (also 133.333,00 €) ist demnach die Gegenleistung von 400.000,00 € gegenüberzustellen, sodass der Gewinn sich auf 266.666,00 € beläuft! Auch wenn die Höhe der zu übernehmenden Verbindlichkeiten unter dem Buchwert bliebe, z.B. sich nur auf 100.000,00 € belaufen würde, liegt Teilentgeltlichkeit vor, nunmehr allerdings nur i.H.v. einem Sechstel. Auch hier tritt Realisierung i.H.d. Differenz zwischen einem Sechstel des Buchwerts und der Gegenleistung (100.000,00 €) ein.

(cc) Vollentgeltlich

Die **vollentgeltliche** Veräußerung führt zur Besteuerung der Differenz zwischen Buchwert und Veräußerungserlös als laufendem Gewinn, §§ 4 Abs. 1 Satz 1 i.V.m. §§ 15, 18 EStG. Der Gewinn kann ggf. durch eine Rücklage nach § 6b EStG neutralisiert werden, und zwar auch soweit er auf der Veräußerung eines Mitunternehmeranteils beruht, da der einzelne Steuerpflichtige (und nicht die Personengesellschaft als solche, wie unter der Geltung des Lafontaine'schen Steuerentlastungsgesetzes 1999/2000/2002) anspruchsberechtigt ist und somit die Übertragung auf Reinvestitionen in das Sonderbetriebsvermögen dieses Gesellschafters oder in seine mitunternehmerische Beteiligung, etwa an einem gewerblichen Immobilienfonds, möglich ist. 3272

(c) Übertragung durch oder an eine Kapitalgesellschaft

Die **Übertragung eines Grundstücks aus dem Vermögen einer Kapitalgesellschaft** an Dritte löst ebenfalls einen laufenden Gewinn i.H.d. Differenz zwischen dem Buchwert und dem Teilwert (Entnahmewert) bzw. einem etwa höheren Veräußerungskaufpreis aus. Erfolgt die Übertragung unentgeltlich oder teilentgeltlich an einen Gesellschafter oder einen nahen Angehörigen eines Gesellschafters, führt sie i.H.d. unentgeltlichen Anteils zur verdeckten Gewinnausschüttung und damit nicht nur zur entsprechenden Erhöhung des Einkommens der Kapitalgesellschaft, sondern auch zur Versteuerung der verdeckten Gewinnausschüttung beim Anteilseigner. 3273

---

605 Sodass die Erben für die entstehende Steuerschuld als Gesamtschuldner haften; eine Aufteilung nach Erbquoten kommt nicht in Betracht (arg. § 268 AO).
606 BFH BStBl. II 2002, S. 420.
607 Verbleiben die Verbindlichkeiten beim Veräußerer, geht der Finanzierungszusammenhang verloren, sodass die Schuldzinsen nicht mehr als Betriebsausgabe abgezogen werden können.
608 Vgl. *Wälzholz* MittBayNot 2006, 117.

C. Querschnittsdarstellungen

3274 Bei der Einbringung von Betriebsvermögen in eine Kapitalgesellschaft ist zu differenzieren: Die Einbringung einzelner Wirtschaftsgüter begründet stets einen gewinnrealisierenden Vorgang. Die Einbringung von Betrieben, Teilbetrieben und Mitunternehmeranteilen führt nach Maßgabe des § 20 Abs. 2 Satz 1 UmwStG (seit der Reform durch das SEStEG vom 07.12.2006) zwar ebenfalls zum Ansatz des gemeinen Werts des eingebrachten Betriebsvermögens, damit zur Auflösung der stillen Reserven. Abweichend hiervon lässt das Gesetz aber die steuerneutrale Übertragung der stillen Reserven durch Buchwertverknüpfung auf Antrag zu, wenn die Einbringung gegen Gewährung neuer Anteile erfolgt und die spätere Besteuerung bei der übernehmenden Gesellschaft mit der Körperschaftsteuer sichergestellt ist, § 20 Abs. 2 Satz 2 Nr. 1–3 UmwStG. Die Bewertung beim Einbringenden (mit dem gemeinen Wert oder einem Zwischenwert) korrespondiert dann mit den Wertansätzen bei der aufnehmenden Gesellschaft, § 20 Abs. 3 Satz 1 UmwStG.

3275 Wird der Buchwert angesetzt, entsteht also kein Veräußerungsgewinn, die bestehende Reserven werden nicht aufgedeckt. Gem. § 22 UmwStG wird jedoch eine anteilige rückwirkende Aufdeckung der stillen Reserven stattfinden, wenn innerhalb eines Zeitraums von 7 Jahren nach dem Einbringungszeitpunkt die erhaltenen Anteile veräußert werden.[609] Beim Einsatz des gemeinen Werts werden die stillen Reserven aufgedeckt, sodass ein Veräußerungsgewinn i.H.d. Differenz zwischen Buch- und gemeinem Wert entsteht; auf diesen Gewinn sind die §§ 16 Abs. 4, 34 Abs. 1 und Abs. 3 EStG grds. anwendbar. Beim Zwischenwert richtet sich die Besteuerung ebenfalls nach § 20 Abs. 3 UmwStG, § 16 Abs. 2 EStG. Die Begünstigungen der §§ 16 Abs. 4 und 34 Abs. 1 und 3 EStG finden allerdings keine Anwendung (§ 20 Abs. 4 Satz 1 UmwStG).

(d) Besonderheiten bei Personengesellschaften

3276 Bei Einzelwirtschaftsgütern (z.B. Grundstücken) im Eigentum einer **Personengesellschaft** (einschließlich des zugehörigen Sonderbetriebsvermögens der Gesellschafter) sind sowohl
- Übertragungen innerhalb des Betriebsvermögens der Personengesellschaft (z.B. vom Sonderbetriebsvermögen in das Gesamthandsvermögen) als auch
- Übertragungen zwischen Betriebsvermögen der Personengesellschaft und Privatvermögen (eines Gesellschafters oder Dritten) als auch
- Übertragungen zwischen dem Betriebsvermögen der Personengesellschaft und einem anderen Betrieb des Gesellschafters

denkbar. Hierbei (»**Mitunternehmererlass**«) ist intertemporal zu differenzieren, nachstehend (aa). Daneben treten die Grundsätze der Sachabfindung bei Ausscheiden aus einer i.Ü. Fortbestehenden Personengesellschaft (bb) und der Realteilung im engeren Sinne, also der Beendigung einer Personengesellschaft durch Zuweisung von Einzelwirtschaftsgütern in das Betriebsvermögen eines bisherigen Mitgesellschafters.

3277 In der umgekehrten Situation der **Einbringung in eine Personengesellschaft** gilt für Einzelwirtschaftsgüter der nachstehend (aa) erläuterte Mitunternehmererlass, bei der Einbringung eines Betriebs, Teilbetriebs oder Mitunternehmeranteils geht § 24 UmwStG (wie bei Kapitalgesellschaften, Rdn. 3274) grds. vom Ansatz des gemeinen Werts aus. § 24 Abs. 2 Satz 2 UmwStG erlaubt jedoch auch hier auf Antrag die Einbringung zu Buchwerten oder Zwischenwerten, wenn das inländische Besteuerungsrecht hinsichtlich des eingebrachten Betriebsvermögens nicht ausgeschlossen oder beschränkt wird. § 24 UmwStG gilt auch bei der Aufnahme eines (weiteren) Gesellschafters in eine Personengesellschaft oder Einzelunternehmung gegen Bareinlage, die ja wirtschaftlich die Einbringung des bestehenden Einzelunternehmens bzw. der Mitunternehmeranteile in eine neue, erweiterte Mitunternehmerschaft darstellt.[610]

---

[609] Der gem. § 16 EStG rückwirkend zu versteuernde Einbringungsgewinn I, § 22 Abs. 1 Satz 3 UmwStG, ist der Betrag, um den der gemeine Wert im Einbringungszeitpunkt abzüglich der Kosten für den Vermögenswert den angesetzten Wert übersteigt, vermindert um ein Siebtel für jedes seit Einbringungszeitpunkt abgelaufene Zeitjahr; §§ 16 Abs. 4, 34 EStG sind nicht anzuwenden.

[610] BMF BStBl. I 1998, S. 268, Tz. 24.01, BFH/NV 2000, 34.

(aa) »Mitunternehmererlass«[611]

(aaa) Rechtslage bis 31.12.1998

Übertragungsvorgänge innerhalb des Betriebsvermögens der Personengesellschaft sowie von einem anderen Betriebsvermögen des Gesellschafters in das Betriebsvermögen der Gesellschaft und zurück sind »ergebnisneutral«, es findet Buchwertfortführung statt. Wird ein Grundstück aus dem Sonderbetriebsvermögen des Gesellschafters in das Gesamthandsvermögen der Gesellschaft übertragen gegen Gewährung von Gesellschaftsrechten (Erhöhung des Kapitalkontos des einbringenden Gesellschafters) oder aus dem Gesamthandsvermögen in das Sonderbetriebsvermögen eines Gesellschafters gegen entsprechende Minderung seiner Gesellschaftsrechte (Belastung seines Kapitalkontos), hatte der jeweils erwerbende Teil das Wahlrecht, das Grundstück mit dem Buchwert, einem Zwischenwert oder dem Teilwert anzusetzen (mit der Folge der Gewinnentstehung i.H.d. Unterschiedsbetrags zwischen Buchwert und angesetztem Wert).[612] Die unentgeltliche Grundstücksübertragung aus dem Sonderbetriebsvermögen eines Gesellschafters in das Sonderbetriebsvermögen eines anderen Gesellschafters bleibt ebenfalls ergebnisneutral (Buchwertfortführung).[613] Übertragungsvorgänge von und in das Privatvermögen (z.B. aus dem Sonderbetriebsvermögen eines Gesellschafters an einen Angehörigen, der nicht zugleich Mitgesellschafter ist) führten hingegen zur Entnahme oder Einlage.

3278

(bbb) Rechtslage in den Jahren 1999 und 2000

Das Steuerentlastungsgesetz 1999/2000/2002 sah in folgenden Fällen die zwingende Aufdeckung der **stillen Reserven** durch Ansatz des Teilwerts vor (§ 6 Abs. 5 Satz 3 EStG in der damaligen Fassung):
– bei Übertragung des Grundstücks aus dem Betriebsvermögen des Gesellschafters in das Gesamthandsvermögen der Mitunternehmerschaft und umgekehrt (nun § 6 Abs. 5 Satz 3 Nr. 1 EStG)
– bei Übertragung aus dem Gesamthandsvermögen der Gesellschaft in das Sonderbetriebsvermögen eines Gesellschafters und umgekehrt (nun § 6 Abs. 5 Satz 3 Nr. 2 EStG)
– sowie bei Übertragung eines Grundstücks aus dem Sonderbetriebsvermögen eines Gesellschafters in das Sonderbetriebsvermögen eines anderen Gesellschafters (nun § 6 Abs. 5 Satz 3 Nr. 3 EStG)

3279

(ccc) Rechtslage seit 2001

§ 6 Abs. 5 Satz 3 bis 5 EStG hat für diese Sachverhalte die Regelungen des früheren »**Mitunternehmererlasses**« ab 01.01.2001 weitgehend wieder eingeführt. Die Bestimmung gilt für die unentgeltliche oder aber gegen Gewährung/Minderung von Gesellschaftsrechten erfolgende Übertragung von Einzelwirtschaftsgütern
– zwischen einem Einzelbetrieb des Mitunternehmers und dem Gesamthandsvermögen einer (nicht notwendig seiner) Mitunternehmerschaft und umgekehrt (§ 6 Abs. 5 Satz 3 Nr. 1 EStG)
– zwischen dem Sonderbetriebsvermögen und dem Gesamthandsvermögen derselben Mitunternehmerschaft und umgekehrt (§ 6 Abs. 5 Satz 3 Nr. 2, 1. Alt. EStG)
– zwischen dem Sonderbetriebsvermögen eines Mitunternehmers und dem Gesamthandsvermögen einer anderen Mitunternehmerschaft, an welchem er beteiligt ist, und umgekehrt (§ 6 Abs. 5 Satz 3 Nr. 2, 2. Alt. EStG)

3280

Ferner gilt § 6 Abs. 5 Satz 3 Nr. 3 EStG für die unentgeltliche (allerdings nicht für die gegen Gewährung/Minderung von Gesellschaftsrechten erfolgende) Übertragung von Einzelwirtschaftsgütern zwischen den Sonderbetriebsvermögen verschiedener Mitunternehmer an derselben Mitunternehmerschaft.

3281

---

611 Vom 20.12.1977, BStBl. I 1978, S. 8 ff.
612 Vgl. BFH BStBl. II 1986, S. 333: Die Gewinnreduzierung trat bei der Gesellschaft ein, auch wenn der erwerbende Gesellschafter das Wahlrecht ausübte.
613 BFH BStBl. II 1986, S. 713.

C. Querschnittsdarstellungen

Die entgeltliche Übertragung von Einzelwirtschaftsgütern, auch zwischen Sonderbetriebs- und Gesamthandsvermögen etc., unterfällt demnach in keinem Fall § 6 Abs. 5 Satz 3 EStG und führt damit stets zu Veräußerungsgewinnen/Anschaffungskosten.

3282 Rechtsfolge des § 6 Abs. 5 Satz 3 EStG ist die zwingende Buchwertfortführung, allerdings unter zwei Vorbehalten:

– im Fall der Veräußerung oder Entnahme (durch den Erwerber!) innerhalb einer **dreijährigen »Sperrfrist«**[614] werden rückwirkend die stillen Reserven durch Ansatz des Teilwerts (beim Veräußerer!) nachversteuert, § 6 Abs. 5 Satz 4 EStG.[615]

3283 – Der Teilwertansatz ist weiterhin zwingend erforderlich, soweit sich durch die Übertragung der Anteil einer Körperschaft oder Personenvereinigung an dem Wirtschaftsgut unmittelbar oder mittelbar erhöht (§ 6 Abs. 5 Satz 5 EStG, sog. **Körperschaftsklausel**) oder diese Erhöhung in den folgenden 7 Jahren – gleich aus welchem Grund – eintritt (§ 6 Abs. 5 Satz 6 EStG; auch dann wird also rückwirkend der Teilwert angesetzt). Der Übergang in das bisherige Halbeinkünfteverfahren, bei dem die stillen Reserven nur zur Hälfte steuerlich erfasst werden, soll auf diese Weise verhindert werden. Ein solcher Anteil einer Körperschaft am Wirtschaftsgut wird z.B. unmittelbar begründet, wenn die Komplementär-GmbH am Vermögen der an der Übertragung erwerbend beteiligten GmbH & Co. KG selbst beteiligt ist; oder mittelbar durch Formwechsel von der Personengesellschaft in eine (Objekt-) Kapitalgesellschaft.

3284 Die Finanzverwaltung[616] versagt allerdings die Buchwertfortführung, wenn nach einer steuerneutralen Übertragung von Sonderbetriebsvermögen (z.B. auf eine GmbH & Co KG) anschließend der verbleibende Mitunternehmeranteil übertragen wird, in Anwendung (Verkennung?)[617] der **»Gesamtplanrechtsprechung«**.[618] Sie sieht darin wirtschaftlich wiederum lediglich die Übertragung der unvollständigen Mitunternehmerstellung, sodass die stillen Reserven (allerdings nur im Gesellschaftsanteil, nicht im weiterhin steuerverhafteten früheren Sonderbetriebsvermögens-Wirtschaftsgut) zu versteuern sind, und zwar als laufender Gewinn (keine Betriebsaufgabe, daher keine Tarifermäßigung).

Nicht begünstigt durch § 6 Abs. 5 Satz 3 EStG ist ferner die Übertragung zwischen dem Betriebsvermögen von Schwestergesellschaften.

(bb) Ausscheiden gegen Sachabfindung

3285 Scheidet ein Mitunternehmer aus einer i.Ü. fortbestehenden, Mitunternehmerschaft aus und erhält dafür eine Sachabfindung, liegt kein Fall des § 16 Abs. 3 Satz 2 bis 4 EStG vor. Gelangt die Sachabfindung in das Privatvermögen, erzielt der Ausscheidende ggf. aus der Differenz zwischen dem Buchwert seines Anteils (Kapitalkonto) und dem gemeinen Wert der Sachwertabfindung einen Erlös, der ggf. nach §§ 16, 34 EStG begünstigt sein kann. Gelangt die Sachabfindung in ein Betriebsvermögen des Ausscheidenden, und handelt es sich bei dieser Abfindung um einen Betrieb/Teilbetrieb/Mitunternehmeranteil, gilt § 6 Abs. 3 EStG (mit ggü. § 16 Abs. 3 EStG identischer Rechtsfolge), bei Einzelwirtschaftsgütern gilt § 6 Abs. 5 EStG und damit die Trennungstheorie – Rdn. 3270 –, sodass bei Übernahme von Verbindlichkeiten eine Teilaufdeckung stiller Reserven stattfindet.[619]

---

614 Die Frist endet 3 Jahre nach Abgabe der Steuererklärung des Übertragenden für den Übertragungszeitraum.
615 Die Besteuerung kann gem. § 6 Abs. 5 Satz 4 EStG jedoch vermieden werden, indem die bisher entstandenen stillen Reserven durch Ergänzungsbilanz dem übertragenden Gesellschafter zugeordnet (und im Laufe der Jahre durch Abschreibung abgebaut) werden.
616 BMF-Schreiben vom 03.03.2005, BStBl. I 2005, S. 458 Tz. 7; a.A. *Geck* ZEV 2005, 196.
617 Die Gesamtplandoktrin wurde vom BFH (BStBl. II 2001, S. 229) für entgeltliche Vorgänge entwickelt, vgl. *Fuhrmann* ErbStB 2005, 124. Unklar ist ferner, warum die Buchwertfortführung versagt werden soll, wenn sowohl der vorgelagerte Ausgliederungsschritt gem. § 6 Abs. 5 Satz 3 Nr. 1 bzw. 2 EStG als auch die Übertragung des Mitunternehmeranteils gem. § 6 Abs. 3 EStG zwingend steuerneutral erfolgen.
618 Umfassende Darstellung des Meinungsstandes bei *Brandenberg* NWB 2008, 4294 ff. = Fach 3, S. 15324 ff.
619 A.a. das Schrifttum jedenfalls bei Übertragung zwischen personenidentischen Schwestergesellschaften, vgl. *Slabon* ZErb 2006, 260 m.w.N.

Wird schließlich eine Personengesellschaft beendet und gehen dabei Vermögenswerte des bisherigen Betriebsvermögens an die bisherigen Gesellschafter über, liegt eine Realteilung im eigentlichen Sinne vor. Deren Grundsätze standen Pate bei der Leitentscheidung des Großen Senats des BFH v. 05.07.1990 zur Erbauseinandersetzung.[620]   3286

cc) Steuerliche Förderung der Selbstnutzung für Altfälle bis 01.01.2006: Eigenheimzulagengesetz

Für Objekte, für die zwischen 31.12.1995 und 31.12.2005 ein Bauantrag gestellt bzw. ein Kaufvertrag abgeschlossen wurde, ersetzte das **Eigenheimzulagengesetz (EigZulG)**[621] als progressionsunabhängig ausgestalteter Subventionstatbestand die zuvor gewährte Förderung nach § 10e EStG (Eigenheim) bzw. § 10h EStG (unentgeltliche Überlassung an Angehörige). Die nachfolgende Darstellung gibt den bis 01.01.2006 maßgeblichen Stand wieder unter Berücksichtigung des Haushaltsbegleitgesetzes 2004.[622]   3287

Durch das »Gesetz zur Abschaffung des Eigenheimzulage« wird gem. § 19 Abs. 9 EigZulG für Neufälle ab 01.01.2006 die Eigenheimzulage nicht mehr gewährt. Maßgeblich ist in Anschaffungsfällen der Abschluss des notariellen Kaufvertrags,[623] in Herstellungsfällen der Beginn der Herstellung, der bereits mit der Stellung des Bauantrags[624] erfüllt ist. Alle bis zum 31.12.2005 von der Förderung erfassten Sachverhalte bleiben hiervon unberührt. Folgeobjekte i.S.d. § 7 Satz 2 EigZulG, für die nach dem 01.01.2006 mit der Herstellung begonnen (bzw. Bauantrag gestellt) oder der Kaufvertrag abgeschlossen wird, werden dagegen nicht mehr gefördert, da es sich um eigenständige Objekte i.S.d. § 2 EigZulG handelt.[625]   3288

(1) Anspruchsberechtigung

Anspruchsberechtigt war der zivilrechtliche oder wirtschaftliche Eigentümer, der als Bauherr oder Erwerber Herstellungs- bzw. Anschaffungskosten getragen hat, ferner deren Gesamtrechtsnachfolger (Erbe) für den restlichen Förderzeitraum, sofern der Erbe die persönlichen Fördervoraussetzungen erfüllt. Nicht förderfähig war jedoch, wer eine Immobilie vom Ehegatten erworben hat[626] oder wer sie unentgeltlich übertragen erhalten hat (auch im Wege der mittelbaren Grundstücksschenkung durch zweckgebundene Geldzuwendung vor oder nach Abschluss des Kaufvertrags,[627] bei der schenkungsteuerlich der Wert des Grundstücks zugrunde zu legen ist – anders jedoch, wenn eine reine Geldschenkung vorliegt ohne Verwendungsauflage und der Bauherr/Erwerber mit diesen Mitteln ein förderfähiges Objekt errichtet/erwirbt).[628] Anspruchsberechtigt war auch, wer **auf fremdem Grundstück aufgrund eines dinglichen Rechts** (Nießbrauch oder Erbbaurecht) baut, ferner der Inhaber eines eigentumsähnlichen Dauerwohnrechts i.S.d. §§ 31 ff. WEG,[629] nicht jedoch   3289

---

620 Vgl. hierzu *Krauß* Vermögensnachfolge in der Praxis Rn. 4580 ff.; 4637 ff.
621 Vgl. zum Folgenden BFM-Schreiben v. 10.02.1998, BStBl. I, S. 190 ff.; aktuelle Ergänzungen im BMF-Schreiben v. 21.12.2004, BStBl. I 2005, S. 305.
622 Hierzu ausführlich *Krause* NotBZ 2004, 53; zur zeitlichen Abgrenzung: OFD München v. 28.01.2005, DStR 2005, 559.
623 Schädlich ist eine erst in 2006 erteilte Nachgenehmigung eines vollmachtlos Vertretenen (anders im Fall der Bestätigung einer mündlich erteilten Vollmacht), ebenso wohl auch eines Ergänzungspflegers, sowie die erst 2006 erfolgende Annahme eines Angebots. Unschädlich dürften dagegen (wegen der bereits dem Grunde nach eingetretenen Bindung) Bedingungen und Zeitbestimmungen sein, ebenso die fehlende behördliche und (anders als bei § 23 EStG) vormundschaftsgerichtliche Genehmigung, vgl. *Everts* ZNotP 2006, 48 ff.
624 Wohl auch durch den Noch-Nicht-Eigentümer (OFD München. v. 28.01.2005, DStR 2005, 559, sub I.2), ebenso durch den Veräußerer, vgl. *Everts* ZNotP 2006, 52 gegen *Heidinger* ZNotP 2003, 26.
625 Bay. Landesamt für Steuern v. 23.01.2008, EStB 2008, 138.
626 Gem. BFH ErbStB 2003, 180, liegt ein anteiliger (nicht förderfähiger) Erwerb vom Ehegatten auch dann vor, wenn das Eigenheim aus erbengemeinschaftlichem Vorbesitz erworben wurde, an dem der Ehegatte des Erwerbers beteiligt war.
627 BFH, 10.05.2005 – IX R 65/04, ErbStB 2005, 273; FG Köln, 10.07.2002 – 10 K 5325/99, DStRE 2004, 264.
628 Gleiches gilt hinsichtlich der Zinsen, die der Beschenkte aus dem zweckgebunden zugewendeten Geldbetrag bis zur Verwendung (Anschaffung) erwirtschaftet, *Gebel* DStR 2005, 358 ff.; allerdings liegt in der Ermöglichung der Fruchtziehung eine unmittelbare Schenkung: BFH DStR 2003, 367.
629 BMF-Schreiben, BStBl. I 1998, S. 190 Tz. 8.

C. Querschnittsdarstellungen

der Vorbehaltsnießbraucher.[630] In Ausnahmefällen konnten auch erbrechtliche Positionen (Stellung als Nacherbe, zugleich Testamentsvollstrecker und Vormund sowie Nießbrauchsvermächtnisnehmer über ein Grundstück des Vorerben) vergleichbare Sachherrschaft sichern.[631]

3290 Unter strengen Voraussetzungen konnten schließlich **schuldrechtliche Vereinbarungen** über die Errichtung eines Gebäudes auf fremdem Grund und Boden die Eigenheimzulageberechtigung vermitteln. Zusammenfassend dürfte nach der Rechtsprechung,[632] der sich die Finanzverwaltung weitgehend angeschlossen hat,[633] ausreichendes »**wirtschaftliches Eigentum**« am Gebäude dann gegeben sein, wenn der Errichtende das Grundstück dauernd nutzen darf und ihm zu jedem Zeitpunkt, auch für den Fall einer vorzeitigen planwidrigen Beendigung des Nutzungsverhältnisses, ein vertraglicher oder gesetzlicher Anspruch nicht nur auf Ersatz seiner Aufwendungen, sondern auf den vollen Zeitwert des Gebäudes zusteht. Bei Errichtung eines Gebäudes auf dem Grundstück des Ehegatten genügt es möglicherweise, den vertraglich (wegen der sonst verdrängenden Wirkung des Zugewinnausgleichs)[634] zu vereinbarenden jederzeitigen Ausgleichsanspruch erst dann fällig werden zu lassen, wenn der Grundbesitz (samt dem zivilrechtlich zugehörigen Gebäude) veräußert, die Ehe geschieden oder vorzeitiger Zugewinnausgleich geltend gemacht wird, oder der Eigentümerehegatte verstirbt.[635]

(2) Begünstigtes Objekt

3291 Begünstigtes Objekt war die Herstellung oder Anschaffung einer im Inland[636] belegenen Wohnung[637] im eigenen Haus oder einer eigenen Eigentumswohnung. Während im Fall der Herstellung die vorherige Baugenehmigung bzw. bei genehmigungsfreien Vorhaben die Anzeige erforderlich war, genügte im Fall der Anschaffung der passive Bestandsschutz.[638]

Bloße Ausbauten und Erweiterungen waren, auch wenn sie zu einer Vergrößerung der Wohnfläche führten, seit dem 01.01.2004 nicht mehr per se[639] begünstigt, es sei denn[640]
– sie führten zur Entstehung einer zusätzlichen[641] oder aber einer neuen[642] eigengenutzten Wohnung anstelle des »weggefallenen« Altbestands, oder aber
– es handelte sich um nachträgliche Herstellungskosten (ohne zeitliches Limit)
– bzw. um Instandhaltungs- sowie Modernisierungskosten in den ersten 2 Jahren nach Anschaffung, allerdings in den beiden zuletzt genannten Alternativen nur insoweit (d.h. in dem Verhältnis, in dem) den Investitionen ein vollentgeltlicher Erwerb vorausging.

---

630 BFH, BStBl. II 1998, S. 763.
631 BFH, 18.09.2003 – X R 21/01, ZEV 2004, 344.
632 Vgl. hierzu umfassend *Fischer* DStR 2001, 2014 ff.
633 BMF v. 10.04.2002, BStBl. I 2002, S. 525 = FR 2002, 802.
634 Vgl. *Rößler* NJW 2004, 267. Der VIII. Senat (BFH, 14.05.2002 – VIII 30/98, DStR 2002, 1569) stützt die Annahme wirtschaftlichen Eigentums auf §§ 951, 812 BGB; BGHZ 115, 132 plädiert hingegen unter Ehegatten für das Primat des Güterrechts. Errichtet der Unternehmerehegatte auf dem Grundstück des anderen einen betrieblich genutzten Gebäudeteil, liegt hierin allerdings regelmäßig keine Entnahme (§ 4 Abs. 1 Satz 2 EStG), vgl. BFH, 25.06.2003 – X R 72/98, DStRE 2003, 1132.
635 Vgl. ausführlich (mit Formulierungsvorschlag) *Lohr* RNotZ 2002, 478.
636 Diese Beschränkung war europarechtswidrig, sodass nunmehr auch für eigengenutzte Immobilien im EU-Ausland Eigenheimzulage nacherhoben werden kann (Verjährung 4 Jahre!).
637 D.h. eine baulich abgeschlossene Einheit mit Kochgelegenheit, WC und Bad/Dusche, welche die Führung eines eigenen Hausstandes ermöglicht (vgl. *Krause* NotBZ 2004, 54); Mindestfläche ca. 23 m².
638 BFH, 22.01.2004 – III R 52/01, EStB 2004, 238. Bei nachträglicher Baugenehmigung im Herstellungsfall wird Eigenheimzulage nur für die verbleibenden Jahre gewährt.
639 Allerdings sind sie als Teil der Anschaffungskosten begünstigt: Anstelle des Ausbaus durch das Kind nehmen die Eltern diesen vor und veräußern sodann das Gesamtobjekt an das Kind.
640 Vgl. *Paus* NWB Fach 3, S. 13045 ff.
641 Etwa beim Umbau eines ehemaligen Speichers (nicht lediglich bei Verbindung zweier Wohnungen – BFH BStBl. II 1998, S. 92 – oder deren Vergrößerung).
642 Durch Ersetzen solcher verbrauchter Teile, die für die Nutzungsdauer bestimmend sind (Fundamente, tragende Wände, Geschossdecken, Dachkonstruktion); dies wird vermutet, wenn die Baukosten den Wert der Altbausubstanz überschreiten (BMF v. 21.12.2004, BStBl. I 2005, S. 307 Rn. 11; *Wälzholz* MittBayNot 2000, 208).

Ferien- und Wochenendwohnungen waren nicht förderfähig, ebenso wenig gem. § 2 Abs. 1 Satz 3 EigZulG der Erwerb vom Ehegatten.[643]

Jeder Anteil an einer Wohnung bildete einen Fördergegenstand und führte damit zum Objektverbrauch, es sei denn, es handelte sich bei den Miteigentümern um zusammenveranlagte Ehegatten (§ 6 Abs. 2 Satz 1 EigZulG). Bei bloßem Miteigentum wurden Grundbetrag (und bis zum 31.12.2003 auch die ökologische Zusatzförderung) ferner anteilig gekürzt, § 9 Abs. 2 Satz 2 EigZulG.[644] Bei Zwei- oder Mehrfamilienhäusern gewährte die Finanzverwaltung jedoch bei Anschaffungsvorgängen bis 31.12.2004 den Fördergrundbetrag in vollem Umfang für jeden Miteigentümer, soweit der Wert der von ihm ausschließlich genutzten Wohnung den Wert des Miteigentumsanteils nicht überstieg. Die **Nutzungsabrede** brauchte dabei nicht gem. § 1010 BGB in das Grundbuch eingetragen zu werden.[645] Die Rechtsprechung folgte wegen des abweichenden Wortlauts des § 9 Abs. 2 Satz 2 EigZulG diesem Ansatz nicht – Fördergrundbetrag nur i.H.d. Miteigentumsanteils –,[646] sodass die Literatur[647] schon bisher zu Recht zur Vorsicht mahnte. Im Erlass vom 21.12.2004 hat die Finanzverwaltung ihre Auffassung für Neuvorgänge (Anschaffung ab 01.01.2005) nunmehr aufgegeben.[648] Unstreitig zulässig war die Mehrfachinanspruchnahme der vollen Eigenheimzulage daher nur mehr bei Bildung von Wohnungseigentum oder in den seltenen Fällen »wirtschaftlichen Alleineigentums«. 3292

Förderfähig waren nur Kalenderjahre, in denen der Anspruchsberechtigte zumindest einen Tag lang eine Nutzung zu eigenen[649] **Wohnzwecken**[650] oder eine unentgeltliche Überlassung an (nicht notwendig unterhaltsbedürftige) Angehörige i.S.d. § 15 AO verwirklicht. Letztere erforderte nicht nur das Fehlen einer Vergütung für die Gebrauchsüberlassung selbst; die Unentgeltlichkeit wurde bereits dann verneint, wenn die Nutzung ihrerseits geschuldet war, etwa auf der Grundlage eines dinglichen oder schuldrechtlichen zugewendeten oder vorbehaltenen Nutzungsrechts.[651] Das Wohnungsrecht an einzelnen Räumen für die mit dem Erwerber einziehenden Eltern führte also zur Kürzung der Bemessungsgrundlage; verblieb dem Eigentümer eine volle Wohnung zur Eigennutzung, war nur der auf diese entfallende Anschaffungs- oder Herstellungsaufwand berücksichtigungsfähig. 3293

(3) Personenbezogener Objektverbrauch

Ein Anspruchsberechtigter konnte die Eigenheimzulage nur für ein begünstigtes Objekt in Anspruch nehmen, Ehegatten mit Zusammenveranlagungsrecht gem. § 26 Abs. 1 EStG für zwei Objekte, wobei hier zusätzlich Miteigentumsanteile an einer Immobilie als ein Objekt gezählt wurden[652] (§ 6 Abs. 2 Satz 2 EigZulG). Lagen die Voraussetzungen der Zusammenveranlagung bereits z.Zt. der Fertigstellung oder Anschaffung vor, galt dies jedoch nicht für zwei in räumlichem Zusammenhang gelegene eigengenutzte[653] Objekte (etwa zwei Wohnungen im Zweifamilienhaus; 3294

---

643 Erwirbt ein Ehegatte die Familienwohnung jedoch vom Insolvenzverwalter über das Vermögen des anderen Ehegatten, liegt kein »Erwerb vom Ehegatten« i.S.d. § 2 Abs. 1 Satz 3 EigZulG vor, BFH DStRE 2004, 573.
644 BFH, 05.06.2003 – III R 47/01, DStR 2003, 1480; es sei denn, der andere Miteigentümer ist, da z.B. im Ausland lebend und damit nicht unbeschränkt einkommensteuerpflichtig, kein Anspruchsberechtigter i.S.d. § 9 Abs. 2 Satz 2 EigZulG: BFH, 24.06.2004, EStB 2005, 59.
645 BMF-Schreiben v. 10.02.1998, BStBl. I, S. 190 Rn. 66; *Krause* NotBZ 2002, 369.
646 BFH, 19.05.2004 – III R 29/03, DStR 2004, 1287, anders noch BFH DStR 2000, 1346.
647 *Wacker* Eigenheimzulagengesetz § 9 Rn. 38; *Diemel-Metz* DStR 2004, 1909.
648 BMF v. 21.12.2004, BStBl. I 2005, S. 305 Rn. 56; zum Stichtag: Rn. 94.
649 Hieran fehlt es, wenn in den Sommermonaten das Haus überwiegend an Feriengäste vermietet ist und dem Eigentümer lediglich 17 m² zur Eigennutzung verbleiben, FG Hannover DStRE 2005, 761.
650 Hierfür muss das Objekt bewohnbar und zumindest notdürftig mit Möbeln ausgestattet sein, BFH BStBl. II 1987, S. 565 und 567. Die Praxis behilft sich mit Indizien (Ummeldung; Telefon- und GEZ-Anmeldung; Belege für die Anschaffung von Mobiliar etc.), vgl. *Große* DStR 2004, 1198.
651 Vgl. BMF, BStBl. I 1998, S. 190 Tz. 61; *Große* DStR 2004, 1202.
652 Und zwar selbst dann, wenn ein Ehegatte dabei Eigenheimzulage für seinen Miteigentumsanteil als Folgeobjekt in Anspruch nimmt, BFH, 12.07.2006 – IX R 62/04, EStB 2006, 443.
653 Nach BFH DStR 2002, 1485 gilt die Objektbeschränkung nicht, wenn die in räumlichem Zusammenhang stehende weitere Wohnung nicht selbst genutzt, sondern unentgeltlich an Angehörige überlassen wird. § 6 Abs. 1 Satz 2 EigZulG

C. Querschnittsdarstellungen

anders jedoch, wenn die Heirat erst nach Fertigstellung oder Anschaffung erfolgte, sei es auch im selben Kalenderjahr).[654]

3295 Fallen die Voraussetzungen der Zusammenveranlagung (etwa durch Tod oder aufgrund Scheidung) weg, ist bei gemeinsamem Eigentum an sich für beide Ehegatten Objektverbrauch eingetreten; handelt es sich bereits um ein »Zweitobjekt«, fällt die Eigenheimzulage ab dem Folgejahr grds. weg[655] (allerdings aufgrund der Billigkeitsregelung des § 6 Abs. 2 Satz 3 bis 5 EigZulG nicht mehr bei Hinzuerwerb des weiteren Anteils vom vorverstorbenen[656] oder nunmehr geschiedenen Ehegatten;[657] entgegen des Wortlauts hätte die Regelung wohl auch den »Hinzuerwerb« des Volleigentums, ebenso die Fortführung der Zulage für den bereits bisher vorhandenen Anteil erfassen sollen).[658]

(4) Höhe der Eigenheimzulage

3296 Bemessungsgrundlage für den Fördergrundbetrag waren die Anschaffungs- oder Herstellungskosten, auch soweit sie aufgrund und Boden entfielen, gekürzt um die Quote für nicht eigenen Wohnzwecken dienende Teile der Wohnung, bspw. häusliche Arbeitszimmer,[659] § 8 Satz 3 EigZulG. Ein teilentgeltlicher Erwerb führte weder bei § 10e EStG[660] noch i.R.d. Eigenheimzulagengesetzes[661] zu einer Kürzung des Förderungshöchstbetrags, sodass dem Erwerber der volle Fördergrundbetrag des § 9 Abs. 2 Satz 3 EigZulG zustand, wenn er nur aus eigenem Vermögen zumindest 125.000,00 € Anschaffungsentgelt aufbrachte, mochte auch der Erwerb i.Ü. unentgeltlich sein (insoweit galt also die sog. Trennungstheorie nicht).[662]

3297 Hieraus ergaben sich **außerordentliche Gestaltungsmöglichkeiten**, insb. im Bereich des Verwandtschaftskaufs angesichts des Umstands, dass neben dem unmittelbar an den Veräußerer entrichteten Kaufpreis[663] auch Abstandszahlungen an weichende Geschwister, Ablösungszahlungen zur Wegfertigung eines sonst entgegenstehenden Wohnungsrechts,[664] Schuldübernahmen und ggf. die Verrechnung mit wirksam entstandenen Verwendungsersatz- oder Zugewinnausgleichsansprüchen[665] sowie kaufmännisch abgewogene Austauschrenten (nicht aber Versorgungs- oder Unterhaltsrenten) Entgeltcharakter i.S.d. Einkommensteuer- und Subventionsrechts haben.[666] Der Nachweis der Voraussetzungen eines Erwerbsgeschäfts oblag dem Antragsteller.[667] Die Gewährung des Kaufpreises

---

solle nur die Doppelförderung durch Verteilung einer Familienwohnung auf zwei Objekte verhindern.
654 Vgl. *Wacker* Eigenheimzulagengesetz § 6 Rn. 48.
655 BFH, 22.09.2004, DStRE 2004, 1463.
656 OFD Frankfurt v. 10.03.2005, DStR 2005, 830: jedenfalls bei Erwerb binnen 6 Monaten.
657 Vgl. im Einzelnen *Zens* NWB 2004, 1895 = Fach 3, S. 12903; die Regelung gilt auch für Todesfälle vor dem 31.12.2003: OFD Düsseldorf EStB 2004, 365. Gem. Tz. 38 des BMF-Schreibens v. 21.12.2004, BStBl. I 2005, S. 311 tritt kein Objektverbrauch für den Ehegatten ein, der seinen Miteigentumsanteil auf den anderen überträgt in einem Veranlagungszeitraum, in dem die Voraussetzungen des § 26 Abs. 1 EStG vorliegen.
658 Vgl. *Paus* NWB Fach 3, S. 13048.
659 Unabhängig davon, ob für diese Werbungskosten abgezogen werden können, BFH EStB 2002, 13 (vgl. die Abzugsbeschränkungen gem. §§ 9 Abs. 5, 4 Abs. 5 Satz 1 Nr. 6 Buchst. b) EStG; Vermietungen des Arbeitszimmers an den Arbeitgeber mit anschließender Nutzungsüberlassung an den Arbeitnehmer werden nur für Telearbeitsplätze anerkannt und wenn das Mietverhältnis nicht an das Bestehen des Arbeitsvertrags gekoppelt ist [BFH NJW 2003, 1966], i.Ü. wendet OFD Kiel DStR 2000, 632 § 42 AO an).
660 BFH BStBl. II 1998, S. 247.
661 Vgl. *Messner* ZEV 2000, 224 m.w.N.
662 Vgl. BFM BStBl. I 1998, S. 190 Tz. 59.
663 Auch wenn der Kaufpreis einige Monate später ohne vorgefassten Plan als langfristiges, dem Fremdvergleich standhaltendes Darlehen wieder dem Käufer zur Verfügung gestellt wird FG Niedersachsen, 05.09.2003 – 13 K 288/99, DStRE 2004, 518.
664 Falls dadurch die Nutzung zu Wohnzwecken ermöglicht wird: FG Neustadt/Weinstraße, 20.07.2005 – 3 K 2382/02.
665 FG Köln MittBayNot 2004, 148: an Erfüllungs statt (§ 364 BGB).
666 BMF-Schreiben v. 13.01.1993 zur ertragsteuerlichen Behandlung der vorgenommenen Erbfolge, BStBl. I 1993, S. 80 ff. = MittBayNot 1993, 100 ff.; Beck-Loseblattsammlung Steuererlasse I/§ 7.3; zu Versorgungsrenten Großer Senat des BFH.
667 FG Saarland, 03.12.2003, ErbStB 2004, 140.

als Darlehen des Verkäufers zu üblichen Konditionen war unschädlich,[668] anders jedoch die spätere Umwandlung des Kaufpreises in ein Darlehen, das dem Fremdvergleich nicht standhielt.[669]

Der **Jahresgrundbetrag** betrug seit 01.01.2004 einheitlich 1 % der Bemessungsgrundlage, max. also 1.250,00 €. Gem. § 9 Abs. 6 Satz 3 EigZulG trat bei bloßem Ausbau/bloßer Erweiterung einer Wohnung eine Förderbegrenzung auf 50 % der Herstellungskosten ein – anders bei Anschaffung der auf diese Weise modernisierten Wohnung!

Zuvor wurden bis zum 01.01.2004 für »Neubauten«[670] (die bis zum Ende des zweiten, auf das Jahr der Fertigstellung[671] folgenden Jahres angeschafft wurden – maßgeblich war das Datum des Besitzübergangs, nicht der Eigentumsverschaffung) 5 % der Bemessungsgrundlage (von max. 50.000,00 €), also bis zu 2.556,00 € gewährt, bei Altobjekten max. 2,5 % bzw. 1.278,00 €. § 9 Abs. 3 und Abs. 4 EigZulG sah ferner Zusatzförderungen für energiesparende Maßnahmen und Niedrigenergiehäuser vor.

Hinzu kam die **Kinderzulage** gem. § 9 Abs. 5 Satz 5 EigZulG (entspricht dem Baukindergeld gem. § 24f EStG) i.H.v. jährlich 800,00 € (zuvor 767,00 €), wenn der Anspruchsberechtigte zumindest für einen Monat Kindergeld oder einen Kinderfreibetrag gem. § 32 Abs. 6 EStG erhielt und das Kind im Förderzeitraum zum Haushalt des Anspruchsberechtigten gehört hat.[672] Anders als der Grundbetrag erfuhr das »Baukindergeld« keine quotale Kürzung bei Erwerb lediglich eines Miteigentumsanteils.[673]

Bei Anschaffung oder Herstellungsbeginn vor dem 01.01.1999 konnten ferner pauschale Vorbezugskosten i.H.v. 3.500,00 DM gem. § 10i EStG und nachgewiesene Erhaltungsaufwendungen vor Einzug bis zu einem Betrag von 22.500,00 DM in Anspruch genommen werden.

(5) Förderzeitraum und -beginn

Der Förderzeitraum begann im Jahr der Fertigstellung (Herstellungsvariante) oder Anschaffung (Erwerbsvariante) des begünstigten Objekts und umfasste zusätzlich die folgenden 7 Jahre. **Anschaffungszeitpunkt** war der Übergang von Besitz, Nutzungen und Lasten,[674] sodass zweckmäßigerweise Besitzübergang und Selbstbezug im selben Kalenderjahr liegen sollten (sog. Neujahrsfalle, wenn der Selbstbezug erst nach dem 01.01. stattfand). Daher sollte bei Bezug im neuen Jahr die Kaufpreisfälligkeit, sofern – wie i.d.R. – der Besitzübergang mit Kaufpreiszahlung erfolgt, nicht vor dem 01.01. des neuen Jahres eintreten. Sofern umgekehrt noch im alten Jahr bezahlt wurde, sollte der Selbstbezug noch im alten Jahr möglich sein und durch Ummeldung bei der Meldebehörde dokumentiert werden. Gleiches galt in Herstellungsfällen für die Steuerung des Fertigstellungszeitpunkts, also des Moments, in dem nach Abschluss der wesentlichen Bauarbeiten die Wohnung bewohnbar war oder ohne Mietminderungsberechtigung vermietet werden konnte.

---

668 Dies soll gem. FG Hannover RNotZ 2004, 419 sogar dann gelten, wenn innerhalb der statistischen Lebenserwartung nur ein Teil des Darlehens getilgt werden kann und der Schuldner den Gläubiger beerbt.
669 FG Sachsen-Anhalt DStRE 2006, 532.
670 Entgegen OFD Chemnitz v. 08.04.1997, EZ 1210-5/I-St 31 rechtfertigen hohe Modernisierungsaufwendungen alleine nicht die Annahme eines Neubaues, FG Thüringen, 12.07.2000 – III 1649/99, DStR 2001, Heft 37, S. X.
671 Daher empfiehlt es sich für den Bauträger, in den Restanten-Wohnungen den Innenausbau noch zurückzuhalten (auch um Sonderwünsche des Käufers noch berücksichtigen zu können).
672 Es genügt, dass das Kind im Zeitpunkt der Anschaffung oder Herstellung oder zu einem späteren Zeitpunkt im Förderzeitraum zum inländischen Haushalt des Anspruchsberechtigten gehört oder gehört hat; es braucht nicht im begünstigten Objekt zu wohnen (vgl. BMF-Schreiben v. 18.02.2003, MittBayNot 2003, 324). Studenten zählen noch zum elterlichen Haushalt, wenn sie am Studienort keinen eigenen Haushalt führen und regelmäßig an den Wochenenden und in den Semesterferien zu den Eltern zurückkehren, BFH, 22.09.2004, EStB 2005, 101.
673 Vgl. *Paus* NWB Fach 3, S. 13049.
674 Auch wenn das Objekt noch mangelhaft ist (BFH EStB 2003, 250); maßgeblich ist also nicht das Jahr, in dem die Mängel behoben worden sind.

C. Querschnittsdarstellungen

Wurde das Erstobjekt nicht bis zum Ende des achtjährigen Förderzeitraums genutzt, konnte für die verbleibenden Jahre die Förderung auf ein Folgeobjekt übertragen werden, § 7 EigZulG.[675]

3301 Gem. § 5 EigZulG kann die Förderung bei Erfüllung der sonstigen Voraussetzungen erstmals in dem Jahr[676] in Anspruch genommen werden, in dem die Summe der positiven Einkünfte des Anspruchsberechtigten für dieses Jahr und das Vorjahr 70.000,00 € (bis 31.12.2003: 81.807,00 €), bei Ehegatten[677] 140.000,00 € (bis 31.12.2003: 163.614,00 €) nicht übersteigt. Für jedes im Haushalt befindliche Kind erhöht sich dieser Betrag um 30.000,00 € (bis 31.12.2003: 30.678,00 €). Ein späteres Überschreiten dieser Beträge ist unschädlich. Sind die Grenzwerte während des Referenzzeitraums zwar überschritten, werden sie jedoch später unterschritten, wird die Förderung für den restlichen Zeitraum noch gewährt.

▶ Hinweis:

3302 Nach der bis 31.12.2003 geltenden Gesetzesfassung, die auf den »Gesamtbetrag der Einkünfte« abstellte, bestanden Steuerungsmöglichkeiten z.B. durch gezielte Verlagerung von Verlusten (etwa durch Verlustzuweisungen aus Immobilienfonds) in den Referenzzeitraum. Ab 01.01.2004 wirken sich negative Einkünfte, die nicht durch positive Einkünfte derselben Einkunftsart[678] ausgeglichen werden, nicht mehr aus. Auch die Wahl der Getrenntveranlagung von Ehegatten und Erwerb des Eigenheims nur durch den geringer verdienenden Ehegatten (Abwägung der dadurch gesicherten achtjährigen Förderung ggü. dem Verlust des Splitting-Vorteils im Referenzzeitraum; ein späterer Übergang zur Zusammenveranlagung war unschädlich) bleibt nunmehr unbeachtlich, da die schlichten Voraussetzungen einer Wahl nach § 26b EStG genügen.[679] Hilfreich sind daher nur die allgemeinen Möglichkeiten zur Einkünftereduzierung in den Referenzjahren (Zerobonds, Fortbildungsmaßnahmen, arbeitnehmerfinanzierte Pensionszusagen, Nutzung eines ungewollten Gewinneinbruchs etwa wegen Forderungsausfalls etc.).

dd) Investitionszulagengesetz 1999[680]

3303 Lediglich erwähnt werden soll an dieser Stelle[681] die steuerliche Investitionsförderung in den neuen Bundesländern durch das InvZulG 1999, das neben betrieblich genutzten Gebäuden (§ 2 InvZulG 1999) Herstellungskosten und Erhaltungsaufwendungen an Mietwohnaltgebäuden und bestimmten innerörtlichen Mietwohnneubauten (letzteres nur bis 01.01.2002), § 3 InvZulG 1999, sowie Baumaßnahmen am selbst genutzten Wohneigentum (§ 4 InvZulG 1999) umfasst. Die besonders praxiswichtige Zulagenförderung von Modernisierungs- und Herstellungsarbeiten an alten Mietwohngebäuden (bis zum 31.12.2004) umfasst 15 % der Bemessungsgrundlage (wobei die Aufwendungen in den Jahren 1999–2004 max. 614,00 € je Quadratmeter Wohnfläche umfassen dürfen und nur berücksichtigt werden, sofern sie [für bis Ende 2001 begonnene Arbeiten] 2.556,00 € pro Kalenderjahr überschreiten bzw. – sofern mit den Arbeiten erst 2002 begonnen wurde – einen Sockelbetrag von 50,00 € je m² Wohnfläche überschreiten).

---

675 Die Befugnis zur Nachholung hängt nicht davon ab, dass die sonstigen Begünstigungsvoraussetzungen (z.B. Einhaltung der Einkommensgrenzen) im Nachholungsjahr noch vorliegen, BFH DStRE 2003, 846 zu § 10e EStG.
676 Es muss sich also nicht um das Jahr des Erstbezugs handeln! Beim Folgeobjekt ist es frühestens das Jahr nach der letztmaligen Nutzung des vorherigen Objekts, BMF-Schreiben v. 02.03.2004, EStB 2004, 200.
677 Welche die Voraussetzungen der Zusammenveranlagungswahl nach § 26 Abs. 1 EStG erfüllen, insb. also nicht dauernd getrennt leben (unbeachtlich ist im Gegensatz zur bisherigen Rechtslage, ob auch tatsächlich die Zusammenveranlagung gewählt wurde, *Zens* NWB 2004, 1893 = Fach 3, S. 12901 ff.).
678 Ggf. empfiehlt sich daher eine Umqualifikation der Einkünfte, z.B. durch eine gewerblich geprägte GmbH & Co. KG, um die Verrechnung zu ermöglichen.
679 Verfassungsrechtlich bedenklich (*Krause* NotBZ 2004, 55) und nach Ansicht des FG Rheinland-Pfalz, 11.06.2007 – 5 K 2146/06 unzulässig: Wählen Ehegatten die getrennte Veranlagung, müssten sie wie Alleinstehende behandelt werden.
680 Neubekanntmachung in BGBl. I 2002, S. 4035.
681 Detailerläuterungen finden sich bspw. in *Jasper/Sönksen/Rosarius* Investitionsförderung-Handbuch sowie in NWB Fach 3, S. 11097–11154 (*Zitzmann*); vgl. ferner im Überblick *Stuhrmann* DStR 1997, 1825 ff.; *Zitzmann* NWB, Fach 3, S. 10721 ff. sowie (zu den Neuerungen i.R.d. Steueränderungsgesetzes 2001) NWB, Fach 3, S. 11847 ff.; ferner *Krauß* NotBZ 2003, 165 ff.

Für den Zeitraum 2002 bis 2004 werden ferner gem. § 3a InvZulG 1999 nachträgliche Herstellungsarbeiten und Erhaltungsmaßnahmen an Mietwohngebäuden im Sanierungs-, Erhaltungs- oder Kerngebiet (§ 7 BauNVO) mit 22 % gefördert, soweit sie über 50,00 € je m² Wohnfläche hinausgehen und 1.200,00 € je m² nicht übersteigen. Die Investitionszulage wird als steuerfreier Zuschuss gewährt und mindert nicht die Abschreibungsbasis. Ggü. erhöhten Absetzungen besteht ein Kumulationsverbot.[682] Das InvZulG 2005 hat die Förderung im Mietwohnungsbau ersatzlos aufgehoben, und lediglich für betriebliche Investitionen fortgeführt (s. Rdn. 3385 ff.). 3304

Stets müssen die Gebäude nach Beendigung der Maßnahmen für mindestens 5 **Jahre** der **entgeltlichen Wohnvermietung** dienen. Das Nutzungsmerkmal wie auch die Mindestfrist zu seiner Aufrechterhaltung sind (wie die Altbauvoraussetzungen) gebäude-, nicht personenbezogen. Sie können (und müssen) also auch durch Rechtsnachfolger im Eigentum (kraft Überlassung, Kauf, oder im Erbweg oder aufgrund sonstiger Gesamtrechtsnachfolge) verwirklicht werden. Überlässt also bspw. der Vater nach Durchführung der geförderten Investition, aber vor Ablauf des fünfjährigen Referenzzeitraums das Gebäude an seinen Sohn, der es nicht mehr zur Vermietung bereithält, hat der Vater die gewährte Förderung zurückzuzahlen. 3305

▶ Hinweis:

Werden vermietete Immobilien, die keine Neubauten sind, übertragen, bewahren Erkundigungen des Notars über Umfang und Referenzperiode erhaltener Investitionszulagen die Beteiligten möglicherweise vor ungeahntem Schaden; verpflichtet zu solcher Aufklärung ist der Notar jedoch in keinem Fall. 3306

Die **Sachverhaltsaufklärung** kann bspw. zu folgenden **vertraglichen Vereinbarungen** führen:

▶ Formulierungsvorschlag: Aufrechterhaltung gewährter Investitionszulage bei Weiterüberlassung der Immobilie, ohne Sicherung 3307

Der Veräußerer hat Investitionszulage für Modernisierungsarbeiten am übertragenen Gebäude gem. §§ 3 bzw. 3a InvZulG 1999 i.H.v. ca. ..... € erhalten. Er wäre zur Rückzahlung dieser Zulage verpflichtet, wenn und soweit das Gebäude nicht für einen Zeitraum von mindestens 5 Jahren ab Beendigung der vorgenommenen nachträglichen Herstellungsarbeiten oder Erhaltungsarbeiten, d.h. bis mindestens ....., der entgeltlichen Überlassung zu Wohnzwecken (Wohnungsvermietung) dient. Der Erwerber verpflichtet sich gegenüber dem Veräußerer, diese Nutzungswidmung für den verbleibenden Zeitraum aufrechtzuerhalten. Verstößt er hiergegen, hat er (unter Ausschluss sonstiger Rechtsfolgen)[683] den Veräußerer von allen sich hieraus ergebenden Pflichten[684] vollständig freizustellen, insbes. festgesetzte Rückzahlungsbeträge samt Zinsen an dessen Statt zu leisten. Auf dingliche Absicherung (etwa durch Sicherungshypothek im Grundbuch) und Vollstreckungsunterwerfung des Erwerbers verzichtet der Veräußerer trotz Hinweises des Notars.

▶ Formulierungsvorschlag: Aufrechterhaltung gewährter Zulage bei Weiterüberlassung der Immobilie mit verschärfter Sicherung (Regelfall beim Verkauf an fremde Dritte)

Der Verkäufer hat Investitionszulage für Modernisierungsarbeiten am verkauften Gebäude gem. §§ 3 bzw. 3a InvZulG 1999 i.H.v. ca. ..... € erhalten. Er wäre zur Rückzahlung dieser Zulage verpflichtet, wenn und soweit das Gebäude nicht für einen Zeitraum von mindestens 5 Jahren ab Beendigung der vorgenommenen nachträglichen Herstellungsarbeiten oder Erhaltungsarbeiten, d.h. bis mindestens ....., der entgeltlichen Überlassung zu Wohnzwecken (Wohnungsvermietung) dient. Der Käufer verpflichtet sich gegenüber dem Veräußerer, diese Nutzungs- 3308

---

682 § 3 Abs. 1 Satz 2 InvZulG 1999, der aber möglicherweise ggü. Erhaltungsmaßnahmen bei Denkmalschutz- oder Sanierungsgebietsobjekten lückenhaft ist, *Beck* DStR 2004, 1553.
683 Insb. erscheint ein Rücktritt des Veräußerers kaum sachgerecht; soll diese Option jedoch aufrechterhalten bleiben, empfiehlt sich eine Klarstellung zur Wesentlichkeit der Pflicht i.S.d. § 323 Abs. 5 BGB (Erheblichkeit der Pflichtverletzung/ Interesse an der Restleistung).
684 Die bewusst weite Formulierung soll auch z.B. die Pflicht umfassen, die Aufgabe der Vermietungsabsicht anzuzeigen, und etwaige Geldbußen zu übernehmen, die sich an die Nichteinhaltung dieser Pflicht knüpfen.

C. Querschnittsdarstellungen

widmung für den verbleibenden Zeitraum aufrechtzuerhalten und etwaige Nacherwerber für diese Zeit in gleicher Weise zu binden. Verstößt er hiergegen, hat er (unter Ausschluss sonstiger Rechtsfolgen)[685] den Verkäufer von allen sich hieraus ergebenden Pflichten[686] vollständig freizustellen, insbes. festgesetzte Rückzahlungsbeträge samt Zinsen an dessen Statt zu leisten.[687] Zur Sicherung des Anspruchs des Verkäufers gegen den Käufer auf Erstattung der ggf. zurückzuzahlenden Zulage i.H.v. ..... € für den Fall, dass er diese Freistellungspflicht nicht erfüllt, bestellt hiermit der Käufer zugunsten des Verkäufers eine zinslose, jederzeit fällige **Buchhypothek** in dieser Höhe am Vertragsobjekt, unterwirft sich in dieser Höhe der Zwangsvollstreckung in den Grundbesitz gegen den jeweiligen Eigentümer und bewilligt die Eintragung der Hypothek mit dem Vermerk gem. § 800 ZPO. Der Verkäufer beantragt die Eintragung Zug-um-Zug mit Umschreibung des Eigentums (verbundener Antrag nach § 16 Abs. 2 GBO); ihm ist bekannt, dass die Hypothek aufgrund der in dieser Urkunde enthaltenen Vorwegbeleihungsvollmacht Rang nach Finanzierungsgrundpfandrechten des Käufers haben wird. Der Verkäufer trägt die Kosten der Löschung, die er zu bewilligen hat, sobald der Sicherungszweck endgültig weggefallen ist.

In diesen Fällen sind häufig auch Aussagen zur Höhe des vom Veräußerer/Verkäufer bereits ausgeschöpften bzw. dem Käufer noch zur Verfügung stehenden gebäudebezogenen Fördervolumens (Kappungsgrenze) sachgerecht.[688]

ee) Haushaltsnahe Dienstleistungen

3309 Ab Veranlagungszeitraum 2006 besteht – in Erweiterung von Vorgängernormen – die Möglichkeit des Steuerabzugs für **haushalts**[689] **nahe Dienstleistungen** (Hausreinigung, Gartenpflege, Handwerkerleistungen etc.) gem. § 35a EStG, soweit sie nicht Betriebsausgaben oder Werbungskosten darstellen. Dies gilt sogar (anteilig) für Sondereigentümer in WEG-Anlagen hinsichtlich solcher Arbeiten, welche die Wohnungseigentümergemeinschaft als solche in Auftrag gegeben hat.[690]

In Betracht kommt insb. die Steuerermäßigung
– bis Ende 2008 als Auftraggeber für handwerkliche Tätigkeiten gem. § 35a Abs. 2 Satz 1 (durch Selbstständige) oder Satz 2 EStG (durch Handwerker, wobei der beauftragte Unternehmer nicht in die Handwerksrolle eingetragen sein muss und auch kein Unternehmer i.S.d. § 19 Abs. 1 UStG zu sein braucht).[691] Die Steuerermäßigung beträgt 20 %, höchstens 600,00 € jährlich, der durch Vorlage einer Rechnung und eines Kontobeleges[692] nachzuweisenden Aufwendungen; für die Zuordnung zum Veranlagungszeitraum zählt der Abfluss (§ 11 EStG), sodass sich ggf. über den Jahreswechsel bei Ausschöpfung der Höchstbeträge die Aufspaltung in zwei Zahlungen empfiehlt.

---

685 Insb. erscheint ein Rücktritt des Veräußerers kaum sachgerecht; soll diese Option jedoch aufrechterhalten bleiben, empfiehlt sich eine Klarstellung zur Wesentlichkeit der Pflicht i.S.d. § 323 Abs. 5 BGB (Erheblichkeit der Pflichtverletzung/ Interesse an der Restleistung).
686 Die bewusst weite Formulierung soll auch z.B. die Pflicht umfassen, die Aufgabe der Vermietungsabsicht anzuzeigen, und etwaige Geldbußen zu übernehmen, die sich an die Nichteinhaltung dieser Pflicht knüpfen.
687 Es erscheint sinnvoller, die Ausgleichspflicht nicht als nachträgliche Kaufpreiserhöhung zu werten, zum einen wegen der dadurch nachzuerhebenden Erwerbsnebenkosten zum anderen, um eine günstigere steuerliche Absetzungsmöglichkeit beim Käufer nicht zu gefährden (z.B. als Werbungskosten, wenn dadurch der Übergang zu einer lukrativeren gewerblichen Vermietung eröffnet wird).
688 Formulierungsvorschläge bei *Krauß* NotBZ 2003, 168 ff.
689 Ein »Haushalt« kann auch bei Bewohnern eines Wohnstifts vorliegen, BFH, 29.01.2009 – VI R 28/08, EStR 2009, 126; BMF v. 26.10.2007, BStBl. I 2007, S. 783 Rz. 12.
690 FG Stuttgart, 17.05.2006 – 13 K 262/04, NZM 2006, 752, rkr. (sonst Verstoß gegen Art. 3 GG), gegen FG Köln, 24.01.2006 – 5 K 2573/05, NJW-spezial 2006, 292 (unter Hinweis auf das Fehlen der Merkmale »Arbeiten in seinem Haushalt« und der an den mutmaßlich Abzugsberechtigten adressierten »Rechnung«).
691 Vgl. Tz. 13 des Anwendungsschreibens des BMF v. 03.11.2006 zu § 35a EStG, DStR 2006, 2125 ff., vgl. *Herrlein* ZAP 2007, 231 = Fach 4, S. 1077 ff.
692 Barzahlung genügt nicht, BFH v. 20.11.2008 – VI R 14/08, NWB 2009, 513.

- Mit Wirkung ab 01.01.2009[693] erhöht sich (als Konjunkturanreiz durch das Familienleistungsgesetz) die Abzugsmöglichkeit für Handwerkerleistungen bei Renovierungs-, Erhaltungs- und Modernisierungsmaßnahmen[694] – z.B. auch die Schönheitsreparaturen des Mieters beim Auszug[695] – auf 20 % der Aufwendungen, max. 1.200,00 €/Jahr; für sonstige[696] haushaltsnahe Dienstleistungen und Pflegeleistungen auf max. 4.000,00 €/Jahr (§ 35 Abs. 3 bzw. Abs. 2 EStG).
- Daneben tritt die Steuerermäßigung für haushaltsnahe Beschäftigungsverhältnisse gem. § 35a Abs. 1 Satz 1 Nr. 1 EStG in Form geringfügiger Beschäftigungen (Haushaltsscheckverfahren: 10 % – seit 01.01.2009: 20 % – der Aufwendungen, max. jedoch 510,00 € pro Jahr) oder § 35a Abs. 1 Satz 1 Nr. 2 EStG a.F. (durch sozialversicherungspflichtige Beschäftigung: bis Ende 2008: 12 % der Aufwendungen, max. 2.400,00 € pro Jahr; seit 01.01.2009 gem. § 35a Abs. 2 Satz 1, 1. Alt. EStG n.F.: 20 % der Aufwendungen, max. 4.000,00 € pro Jahr).

Die Finanzverwaltung[697] verlangt hierfür, dass in der Jahresabrechnung die im Kalenderjahr unbar gezahlten Beträge jeweils gesondert aufgeführt sind, der Anteil der steuerbegünstigten Kosten (also der Arbeits- und Fahrtkosten, nicht des Materialaufwands) ausgewiesen ist und die Quote des jeweiligen Wohnungseigentümers anhand des Beteiligungsverhältnisses sodann individuell errechnet wurde. Diese Bescheinigung ist[698] durch den WEG-Verwalter – sofern vorhanden – zu erteilen. 3310

Auch der Mieter kann die Steuerermäßigung beanspruchen (Eintrag in Zeile 112 des Mantelbogens seiner Steuererklärung), wenn in den durch ihn unbar entrichteten Nebenkosten solche Aufwendungen (etwa für Rasen mähen, Heizungs- und Fahrstuhlwartung, Gebäude- und Straßenreinigung, Hauswart, Schornsteinfeger, nicht jedoch die Müllabfuhr) enthalten sind und deren Anteil durch Bescheinigung des Vermieters oder WEG-Verwalters nachgewiesen ist. Hilfsweise kann der Lohnanteil geschätzt werden; nach Erhebungen des Deutschen Mieterbundes (Betriebskostenspiegel 2006) belaufen sich die begünstigten Aufwendungen auf durchschnittlich 56 Cent je m² und Monat.[699] Ab 2007 ist der Vermieter (wie auch der WEG-Verwalter) verpflichtet, i.R.d. Betriebskostenabrechnung die Lohn- und Materialkosten für haushaltsnahe Tätigkeiten separat auszuweisen, wohl aber gegen Vergütung des entsprechenden Mehraufwandes. 3311

ff) Außergewöhnliche Belastung

Der Erwerb einer Immobilie führt zu einer Vermögensumschichtung, die einen typischen Grundbedarf des Menschen deckt. Außergewöhnliche Belastungen i.S.d. § 33 EStG (d.h. Aufwendungen, die mit Zwangsläufigkeit außerhalb des Grundbedarfs entstehen) liegen damit regelmäßig nicht vor.[700] In Betracht kommt eine Berücksichtigung nach § 33 EStG jedoch möglicherweise bei »verlorenem Aufwand«, dem (a) kein Gegenwert im Sinn einer Wertsteigerung gegenübersteht, (b) der nicht auf eigenem ursächlichem Verschulden beruht und (c) für den keine Ersatzansprüche gegen Dritte bestehen. (Beispiel: Rückstau aus dem öffentlichen Wassernetz führt zu erheblicher Beschädigung des Hauses, der Verursacher lässt sich nicht feststellen.)[701] Die erforderliche Außer- 3312

---

693 Sowohl die Arbeiten als auch die hierfür geleisteten Zahlungen müssen nach dem 31.12.2008 erbracht worden sein, vgl. *Paus* EStB 2009, 144.
694 Ausgenommen sind Maßnahmen, die nach dem CO2-Gebäudesanierungsprogramm der KfW Förderbank gefördert sind.
695 *Paus* EStB 2009, 145.
696 Übersteigen Handwerkerleistungen (Maler- und Tapezierarbeiten) die Höchstbeträge, kann der »Rest« nicht als »haushaltsnahe Dienstleistung« abgesetzt werden, BFH, 06.05.2010 – VI R 4/09, EStB 2010, 331.
697 Tz. 15 des Anwendungsschreibens des BMF v. 03.11.2006 zu § 35a EStG, DStR 2006, 2125 ff.
698 Wohl nebenvertragliche Pflicht, da die Auskunft unschwer zu erteilen ist und ohne sie die Wahrnehmung der Rechte gehindert ist, vgl. *Herrlein* ZAP 2007, 234 = Fach 4, S. 1080.
699 Im Einzelnen (jeweils Angabe zunächst der üblichen monatlichen Betriebskosten pro m² in Cent/sodann Prozentangabe des üblichen Lohnanteils/sodann Umrechnung des Lohnanteils in Cent je m² und Monat): Aufzugwartung 18 ct – 25 % – 5 ct; Wartung der Heizungsanlage 3ct – 90 % – 3 ct; Schornsteinfeger 4 ct – 90 % – 4 ct; Straßenreinigung 4 ct – 100 % – 4 ct; Gebäudereinigung 13 ct – 90 % – 12 ct; Gartenpflege 10ct – 80 % – 8 ct; Hauswart 20ct – 100 % -- 20 ct, Summe demnach 56 ct.
700 Vgl. hierzu *Loschelder* EStB 2009, 211 ff.
701 BFH, 06.05.1994 – III R 27/92, BStBl. II 1995, S. 104.

C. Querschnittsdarstellungen

gewöhnlichkeit ist etwa gegeben, wenn erhebliche Dioxin-Belastungen festgestellt werden, die dem Grundstückseigentümer nicht anzulasten sind und die für ihn auch im Zeitpunkt des Grundstückserwerbs nicht erkennbar waren.[702] Die weiterhin erforderliche Zwangsläufigkeit liegt vor, wenn sich der Steuerpflichtige den Aufwendungen aus rechtlichen, tatsächlichen oder sittlichen Gründen nicht entziehen kann, und sie der Höhe nach notwendig und angemessen sind. Hauptsächliche Fallgruppen sind Maßnahmen zur Heilung von Krankheiten (asthmatische Bronchitis aufgrund von Baumängeln) sowie die Wiederbeschaffung existenznotwendiger Gegenstände nach Hochwasser oder anderen Naturereignissen bzw. Katastrophen.[703] Die Rechtsprechung ist gleichwohl insoweit restriktiv, so soll z.B. die nochmalige Entrichtung des Werklohns aufgrund Insolvenz des Bauunternehmers kein außergewöhnliches Ereignis darstellen.[704]

b) Vermietungsphase

aa) Einkunftstatbestand

(1) Grundsatz

3313 Zu den **Einkünften aus Vermietung und Verpachtung** i.S.d. § 21 Abs. 1 Nr. 1 EStG zählen die dem Eigentümer, dinglichen Wohnungsrechtsinhaber mit Überlassungsbefugnis,[705] dinglichen Nießbrauchsberechtigten oder schuldrechtlichen Nutzungsberechtigten[706] im Veranlagungszeitraum zugeflossenen Mieteinnahmen (einschließlich Umsatzsteuerbeträge, soweit auf die Umsatzsteuerbefreiung verzichtet wurde), Nutzungsentschädigungen,[707] Vergütungen für die Inanspruchnahme von Mehrflächen durch einen Miteigentümer (s. Rdn. 3321) und Mieterumlagen, ferner die vom Mieter bezahlten Einrichtungszuschüsse.[708] Gleiches gilt für Zuschüsse oder »leistungsfreie« (zins- und tilgungsfreie, nach Ablauf der 10- bis 15-jährigen Belegungs- und Mietpreisbindungszeit erlassene) Darlehen aus öffentlichen Mitteln,[709] etwa gem. dem bis zum 31.12.2001 geltenden § 88d Abs. 2 II. WoBauG, zur Förderung des sozialen Wohnungsbaus (sog. Dritter Förderweg).[710] Sonstige – nicht nutzungsorientierte – Zuschüsse zur Minderung des (z.B. denkmalschutzbedingten[711] oder wegen Lärmschutzmaßnahmen erhöhten) baulichen Mehraufwands oder zur Erzielung öffentlicher Zwecke[712] zählen dagegen nicht zu den Einnahmen, sondern mindern die Herstellungskosten des Gebäudes. Umgekehrt können Mietzinsen, die an einen nach VermG Restitutionsberechtigten auszukehren sind, negative Einkünfte aus Vermietung und Verpachtung darstellen.[713]

---

702 BFH, 20.07.2007 – III R 56/04, BFH/NV 2008, 937.
703 BFH, 09.08.2001 – III R 6/01, BStBl. II 2002, S. 240, Asbestbeseitigung.
704 BFH, 19.06.2006 – III B 37/35, BFH/NV 2006, 2057.
705 § 1092 Abs. 1 Satz 2 BGB; BFH, 06.09.2006 – IX R 13/05, EStB 2007, 134.
706 Tatsächliche Durchführung und alleinige Verfügungsmöglichkeit des Nutzungsrechtsinhabers über das Mietenkonto sind entscheidend, vgl. FG Köln DStRE 2005, 1324; allerdings bedarf es beim Berechtigten eines schuldrechtlichen Nießbrauchs der Mietvertragsübernahme unter Mitwirkung des Mieters, BFH, 26.04.2004 – IX R 22/04, vgl. auch EStB 2006, 413.
707 Z.B. Entschädigung für die vorübergehende Inanspruchnahme eines Grundstücks wegen auf dem Nachbargrundstück stattfindender Baumaßnahmen, BFH, 02.03.2004, EStB 2004, 237.
708 Wobei letztere auf Antrag auf die Dauer des Mietverhältnisses, längstens auf 10 Jahre, verteilt werden können, R 21.5 (3) Satz 6 EStR 2005, bzw. erst in dem Zeitpunkt als zugeflossen gelten, in dem sie durch Verringerung der Miete »getilgt« werden.
709 Auf der Grundlage von Richtlinien der obersten Landesbehörden, etwa HessStaatsanzeiger 1992, 767 und 1993, 813; BayAllMBl 1992, 154; ThürStaatsanzeiger 1995, 643.
710 BFH, 14.10.2003 – IX R 12/02, 34/02 und 60/02, BStBl. II 2004, S. 14 m. Anm. *Betzwieser* DStR 2004, 617. Die frühere uneinheitliche Rspr. und die überwiegend abweichende Verwaltungspraxis sind damit überholt. Auch für die Zuwendungen des Dritten Förderweges besteht jedoch gem. R 21.5 Abs. 2 Satz 2 EStR 2005 die Möglichkeit der Verteilung auf den Bindungszeitraum, max. auf 10 Jahre.
711 BFH BStBl. II 1992, S. 999.
712 Nachhaltige Verbesserung der Pflegeeinrichtungen gem. § 52 PflegeVG, vgl. BFH, 14.07.2009 – IX R 7/08, EStB 2009, 425 (auch wenn ein Belegungsrecht des Landes damit verbunden ist).
713 BFH, 11.01.2005 – IX R 50/03, BStBl. II 2005, S. 456.

Andere Einkunftsarten sind jedoch ggü. § 21 EStG vorrangig, so etwa bei der Vermietung betrieblichen Grundbesitzes (Einkünfte aus **Gewerbebetrieb**,[714] aus Land-und Forstwirtschaft, aus freiberuflicher Tätigkeit etc., vgl. § 21 Abs. 3 EStG, auch i.R.d. Vermietung einer steuerlich im (Sonder-) betriebsvermögen – lediglich zivilrechtlich im Privateigentum – stehenden Immobilie durch den Gesellschafter an die Personengesellschaft aufgrund der Zurechnung des § 15 Abs. 1 Satz 1 Nr. 2 EStG), vgl. hierzu Rdn. 3236. Dies gilt auch im Verhältnis zu Überschusseinkünften, etwa aus abhängiger Beschäftigung: So ist etwa bei der Vermietung eines Raumes im Haus des Arbeitnehmers an den Arbeitgeber zu differenzieren, ob die Nutzung des »häuslichen Arbeitszimmers« in erster Linie im Interesse des Arbeitnehmers erfolgt (dann Erfassung der Mieteinkünfte als **Arbeitslohn**) oder im Interesse des Arbeitgebers, etwa weil im Unternehmen keine geeigneten Räume vorhanden sind (dann Einkünfte aus Vermietung und Verpachtung), vgl. Rdn. 3366.[715] Umgekehrt führt die verbilligte[716] Überlassung einer Wohnung durch den Arbeitgeber an den Arbeitnehmer zur Erfassung eines geldwerten Vorteils i.R.d. Lohnsteuer. 3314

(2) Verbilligte Überlassung

(a) Rechtslage bis 31.12.2011

Gerade bei Vermietung und Verpachtung von Wohnungen zu Wohnzwecken[717] an nahe Angehörige (aber auch an Betriebsangehörige)[718] bot **§ 21 Abs. 2 Satz 2 EStG** in der bis 31.12.2011 geltenden Fassung gewisse Gestaltungsmöglichkeiten, die vom sonst anzulegenden Maßstab des Fremdvergleichs (Rdn. 3193 ff.) abweichen: Eine Vermietung zu geringfügig mehr als 56 % der **ortsüblichen Marktmiete**[719] wurde nicht in einen entgeltlichen und einen unentgeltlichen Teil aufgespalten.[720] Damit war jedoch nach Ansicht der Rechtsprechung[721] und der Finanzverwaltung[722] nicht das subjektive Merkmal der **Überschusserzielungsabsicht** (in Abgrenzung zur Liebhaberei) kraft gesetzlicher Vermutung zu bejahen; nur bei einem Mietzins über 75 % der Marktmiete sei hiervon grds. (zu Ausnahmen, auch im Fondsbereich: Rdn. 3351 ff.) auszugehen. 3315

Demnach galt für Veranlagungszeiträume bis einschließlich 2011: Beträgt die Miete (zur Berechnung Rdn. 3354) unter 56 % der Marktmiete, sodass der unentgeltliche Anteil ohnehin auszuscheiden ist, wurde bzgl. des entgeltlichen Anteils, bezogen auf den entgeltlichen Anteil der Aufwendungen binnen 30[723] Jahren, eine Überschussprognose vorgenommen. Bei einer Miete zwischen 56 und 75 % 3316

---

714 Zur Situation bei beschränkt Steuerpflichtigen (Steuerausländern) vgl. BMF, 16.05.2011 – IV C 3 – S 2300/08/10014, EStB 2011, 219.
715 BMF-Schreiben v. 13.12.2005, BStBl. I 2006, S. 4.
716 Keine relevante »Verbilligung« liegt vor, wenn das Entgelt am unteren Rand des Mietspiels liegt, BFH, 17.08.2005 – IX R 10/05, BStBl. II 2006, S. 71; BayLandesamt für Steuern v. 25.01.2008 ESt-Kartei § 21 Karte 16.19. Werden keine Nebenkosten erhoben, liegt »Verbilligung« naturgemäß nur vor, soweit die ortsübliche (Warm-) Miete höher ist, BFH, 11.05.2011 – VI R 65/09, EStB 2011, 355.
717 § 21 Abs 2 EStG gilt nicht bei Vermietung von Wohnungen etwa als Kanzlei, Büro etc: OFD Rheinland v. 18.12.2009, DB 2010, 139.
718 Der geldwerte Mietvorteil ist dann (auch bei angeordneter Residenzpflicht) i.R.d. Arbeitnehmereinkünfte zu versteuern, allerdings u.U. nach Maßgabe der Rabattregelung des § 8 Abs. 3 EStG, sofern »Dienstwohnungen« auch an Dritte, zu höherem Entgelt, vermietet werden, BFH EStG 2005, 245.
719 Zu Einzelheiten der Berechnung, auch im Hinblick auf die Nebenkosten, vgl. die Zusammenstellung in GmbHStB 2000, 292. Zur Wohnungsvermietung an Angehörige allgemein *Paus* NWB 2000, 3123 und EStB 2004, 497, vgl. auch *Biber* EStB 2007, 68.
720 Erfolgt eine Aufspaltung, ist allerdings die Verbilligung (der »unentgeltliche Anteil«) weder bei der Fremdvergleichsprüfung noch i.R.d. Prüfung der Einkünfteerzielungsabsicht zu berücksichtigen, vgl. BFH, 22.07.2003 – IX R 59/02, FR 2003, 1180 = EStB 2003, 415.
721 BFH, 05.11.2002, DStR 2003, 74 entgegen BFH BStBl. II 1993, S. 490 und BFH BStBl. II 1999, S. 826. Nach derzeitiger Rechtslage sei also bei einer Miete zwischen 56 und 75 % der Marktmiete eine Überschussprognose (bezogen auf einen 30-Jahres-Zeitraum, BFH DStR 2003, 1742) notwendig; ist sie positiv, sind die Werbungskosten voll abzugsfähig, anderenfalls nur hinsichtlich des entgeltlichen Anteils.
722 BMF v. 29.07.2003, DStR 2003, 1441: mit Wirkung ab 01.01.2004.
723 BFH DStR 2003, 1742 – nicht wie zuvor in der Praxis binnen 100 Jahren!

C. Querschnittsdarstellungen

der Marktmiete erfolgte – abweichend vom üblichen Vorgehen – die Überschussprognose in zwei Stufen: zunächst bezogen auf die tatsächliche Miete und die tatsächlichen Aufwendungen binnen 30 Jahren, sodann – falls diese Prognose wie i.d.R.[724] negativ ist – bezogen lediglich auf den entgeltlichen Anteil (mit der Folge der Anerkennung nur dieser Quote, sofern die Prognose positiv ist). Über 75 % der Marktmiete war lediglich bei aufwändigen Objekten (Rdn. 3353) ebenfalls (lediglich auf der zweiten Stufe) eine Prognose anhand der gesamten Aufwendungen auf 30 Jahre durchzuführen, die über die Gesamtanerkennung (oder die Gesamtversagung) der Verluste entscheidet.

3317 Die abrupte »Anpassung« übermäßig vergünstigter Mietverhältnisse stieß jedoch regelmäßig auf zivilrechtliche Schwierigkeiten.[725] Die sonstigen steuerlichen Voraussetzungen für Rechtsgeschäfte unter nahen Angehörigen (zivilrechtliche Wirksamkeit, tatsächliche Durchführung, Einhaltung des Fremdvergleichs, vgl. Rdn. 3193 ff.) müssen ebenfalls gegeben sein.[726]

(b) Rechtslage ab 01.01.2012

3318 Ab dem Veranlagungszeitraum 2012 (§ 52 Abs. 1 EStG) vereinfacht § 21 Abs. 2 EStG n.F. die Ermittlung der Einkünfte aus Vermietung und Verpachtung bei Wohnraumüberlassungen unterhalb der ortsüblichen Mieten: Sowohl für die Frage der Aufspaltung in einen entgeltlichen und einen unentgeltlichen Teil als auch für die Frage der Totalüberschussprognose ist nur mehr eine Prozentgrenze maßgebend, die sich auf 66 % der ortsüblichen Miete beläuft. Übersteigt die Miete diese Schwelle, wird voller Werbungskostenabzug gewährt, ohne dass es einer Totalüberschussprognose bedürfte. Unterhalb dieser Schwelle findet eine Aufteilung in einen entgeltlichen und einen unentgeltlichen Teil statt (um letzteren wird der Werbungskostenabzug gekürzt).

(3) Vermietung an Unterhaltsberechtigte

3319 Nach neuerer Rechtsprechung wird eine Vermietung an **unterhaltsberechtigte Abkömmlinge** auch dann anerkannt, wenn diese den Mietzins aus Barunterhaltsbeträgen entrichten.[727] Gleiches gilt für Vermietungen unter Geschiedenen, sogar wenn die Miete mit Unterhaltsverpflichtungen verrechnet wird,[728] für die Wohnungsvermietung an den Ehegatten bei doppelter Haushaltsführung[729] und für das »Hinzumieten« eines weiteren Miteigentumsanteils durch einen anderen Miteigentümer.[730] Überhaupt ist die Eigentümerstellung von Angehörigen, um Vermietung an den vorgesehenen Bewohner anstelle dessen Eigennutzung zu erreichen, ein geeignetes Mittel zur

---

724 Diese Prognose gelingt regelmäßig nur beim Austausch von Fremdmitteln gegen Eigenmittel; *Singer* ZAP Fach 20, S. 448. Vgl. auch BMF-Erlass v. 08.10.2004, Tz. 34, DStR 2004, 1880; hierzu *Paus* NWB 2005, 2261 ff. = Fach 3, S. 13493 ff.
725 *Wübbelsmann* EStB 2003, 361 weist zu Recht darauf hin, dass die §§ 557 ff. BGB, insb. die 20 %ige Kappungsgrenze für den 3-Jahres-Zeitraum in § 558 Abs. 3 BGB, einer Anpassung von Mietverträgen, die durch langjährige Kulanz des Vermieters unter die 75 %ige Entgeltgrenze »gerutscht« sind, regelmäßig zivilrechtlich entgegenstehen. Dies könnte zur Versagung der steuerlichen Anerkennung nach § 42 AO führen (Fremdvergleich), FG München EFG 1998, 305; *Sauren* DStR 2004, 943. Großzügiger jedoch OFD Münster, 13.02.2004, DStR 2004, 957: Mieterhöhung über die Grenzen des § 558 Abs. 3 BGB hinaus allein genüge nicht zum Ausschluss der steuerlichen Anerkennung des Mietverhältnisses.
726 Zur uneinheitlichen Finanzrechtsprechung bezüglich der Vermietung unter Marktniveau (maßgebend sind aufgrund des »Überprüfungsverbots« des BFH lediglich andere Kriterien als die Miethöhe) ausführlich *Stein* EStB 2004, 158.
727 BFH BStBl. II 2000, S. 224; BFH – IX R 35/99, EStB 2003, 177; die Mietzahlung kann sogar durch Verrechnung mit Unterhaltsansprüchen erfolgen, OFD Berlin DStR 2000, 1651 in Abänderung des früheren Nichtanwendungserlasses BMF BStBl. I 1996, S. 37. Anders noch BFH BStBl. II 1995, S. 59.
728 BFH BStBl. II 1996, S. 214.
729 BFH BStBl. II 2003, S. 627; BMF, 10.12.2009 – IV C 5 – S 2352/0, EStB 2010, 16; aktueller Überblick zu § 9 Abs. 1 Satz 3 Nr. 5 EStG bei *Gatzen* EStB 2010, 68 ff., mit »Checkliste«. Regelmäßig (aber nicht stets: BFH, 13.07.2011 – VI R 2/11, EStB 2011, 394) ist die Anerkennung doppelter Mietzahlungen auf Wohnungen bis zu 60 m² beschränkt.
730 Auch die Entschädigungszahlung gem. § 745 Abs. 2 BGB für die von § 743 Abs. 2 BGB abweichende Nutzungsabrede gilt als Mieteinnahme, BFH, 18.05.2004 – IX R 49/02, EStB 2004, 356 m. Anm. *Diemel-Metz* DStR 2004, 1910; OFD Münster DStR 2005, 380; OFD Karlsruhe v. 06.09.2006 – S 225.3 St 122.

Einkommensteuerreduzierung,[731] sofern die tatsächlichen (Versterben, Vermögensverfall etc.) und die erbschaftsteuerlichen Risiken beherrschbar bleiben.

(4) Vermietungen »über Kreuz« und durch Personenmehrheiten

Überkreuzvermietungen sind jedoch regelmäßig **gestaltungsmissbräuchlich** i.S.d. § 42 AO.[732] Auch die Aufhebung eines unentgeltlichen Wohnrechts gegen eine dauernde Last bei gleichzeitigem Abschluss eines Mietvertrags stellt Gestaltungsmissbrauch dar.[733] § 42 AO wird nicht bereits aufgrund des Verzichts auf das Wohnungsrecht und der Rückanmietung begründet, sondern aus dem Umstand, dass sich durch die Rechtsgeschäfte die Position des unentgeltlich Nutzenden letztlich nicht verändert (dauernde Last exakt i.H.d. Miete). Anderenfalls liegt jedoch entgegen früherer Verwaltungspraxis kein Gestaltungsmissbrauch vor.[734] So soll der spätere Abschluss eines Mietvertrags bei einem zunächst gegen Versorgungsleistungen übertragenen Objekt anzuerkennen sein, wenn das ebenfalls bestellte Wohnungsrecht nur Sicherungscharakter hat.[735] 3320

Vermietet eine **Personenmehrheit** in GbR[736] oder in Bruchteilsgemeinschaft an einen Mitgesellschafter/Bruchteilseigentümer, erkennt das Steuerrecht eine Vermietung (durch die verbleibenden Mitglieder) nur insoweit an, als der »Mieter« dadurch das Gesamtobjekt über seinen Anteil hinaus nutzt (also bei bspw. hälftiger Beteiligung seine Wohnung mehr als die hälftige Gesamtwohnfläche umfasst). Auch die Entschädigungszahlung gem. § 745 Abs. 2 BGB für die von § 743 Abs. 2 BGB abweichende Nutzungsabrede gilt als Mieteinnahme.[737] 3321

Im Einzelnen ist dabei[738] zu differenzieren: 3322
– Vermieten A und B eine Einheit »gemeinsam« an B für dessen Bürozwecke, erzielt lediglich A Einkünfte aus VuV (hinsichtlich des in einen Mietvertrag gekleideten Entschädigungsanspruchs für die Nutzung des B über seinen Miteigentumsanteil hinaus). B seinerseits kann (neben der anteiligen Miete an A) die ihn treffenden Aufwendungen, also die anteiligen Grundstückskosten und die anteilige AfA, bei seiner freiberuflichen/gewerblichen Tätigkeit als Betriebsausgaben abziehen.

– Sind dagegen in einem gemeinschaftlich gehaltenen Objekt bspw. zwei Einheiten vorhanden, deren eine A einem fremden Mieter vermietet, deren andere durch B ohne Mietvertrag als Büro genutzt wird, gilt allein A als (ausschließlicher) Vermieter der einen Wohnung. Die »interne Zuordnungsabrede« wird also auch ohne Verdinglichung (§ 1010 BGB) anerkannt. B kann seinerseits die auf die andere Einheit entfallenden Grundstückskosten und die anteilige AfA (richtig i.H.v. 3 %: Wirtschaftsgebäude)[739] in voller Höhe als Betriebsausgaben abziehen, zur einen Hälfte aufgrund seiner (Mit-) Eigentümerstellung, zur anderen Hälfte als Aufwendungen, die er im eigenen betrieblichen Interesse getragen hat.[740] 3323

– Irrelevant ist dagegen die »gegenseitige«, auch ggf. gemeinsame Vermietung zu Wohnzwecken als »Überkreuzvermietung«. Hierin liege[741] eine gem. § 42 AO nicht anzuerkennende Umgehung 3324

---

731 Vgl. *Paus* EStB 2007, 303.
732 Vgl. BFH BStBl. II 1994, S. 738. Keine Überkreuzvermietung liegt jedoch vor, wenn der Steuerpflichtige sein Haus an seine Eltern vermietet, während er selbst ein Haus seiner Eltern unentgeltlich nutzt: BFH EStB 2003, 125 (keine beiderseitige Inanspruchnahme von Verlusten aus Vermietung und Verpachtung, wobei möglicherweise mitentscheidend war, dass der Sohn nicht unterhaltsrechtlich gehalten war, seinen – leistungsfähigen – Eltern das Haus unentgeltlich zu überlassen).
733 BFH, 17.12.2003 – IX R 56/03, DStRE 2004, 454; ebenso FG Hamburg DStRE 2004, 1020.
734 BFH, 17.12.2003 – IX R 60/98, DStR 2004, 676 ff.
735 BFH, 10.12.2003 – IX R 12/01, DStRE 2004, 455.
736 BFH, 18.05.2004 – IX R 83/00, DStR 2004, 1331.
737 BFH, 18.05.2004 – IX R 49/02, EStB 2004, 356 m. Anm. *Diemel-Metz* DStR 2004, 1910; OFD Münster DStR 2005, 380; OFD Karlsruhe v. 06.09.2006 – S 225.3 St 122.
738 Gem. Verfügung des Bayer. Landesamts für Steuern v. 31.10.2006, DStR 2006, 2212 ff. Einwendungen gegen die dort vertretene fiskalische Sicht bei *Paus* EStB 2007, 298 ff.
739 *Paus* EStB 2007, 298, 300 gegen Beispiel 3 des in vorangehender Fn. genannten Erlasses.
740 Vgl. EStH 2005, H 4.7 »Eigenaufwand«.
741 A.A. *Paus* EStB 2007, 298, 301: Vermietung ist für die jeweils fremd vermietete Wohnungshälfte anzuerkennen.

C. Querschnittsdarstellungen

der Konsumgutregelung[742] (vgl. auch Rdn. 3320). Dies gilt unabhängig davon, ob beide Miteigentümer jeweils an einen von ihnen für eigene Wohnzwecke vermieten oder ob aus Sicht der Beteiligten lediglich ein Miteigentümer die ihm »zugeordnete« Wohnung allein an den anderen Miteigentümer vermietet.

3325 — Ähnlich liegt es, wenn A die Hälfte der »ihm zugeordneten« Einheit an B und umgekehrt B die Hälfte der »ihm zugeordneten« anderen Einheit an A für Bürozwecke vermietet: Jeder Eigentümer übt damit einen exakt § 743 Abs. 2 BGB entsprechenden Gebrauch der gemeinschaftlichen Sache aus, sodass jeder für die von ihm genutzte Einheit lediglich hierauf entfallenden Grundstückskosten und anteilige AfA als Betriebsausgabe abziehen kann (zur einen Hälfte aufgrund zivilrechtlichen Eigentums, zur anderen Hälfte aufgrund aus eigenem betrieblichen Interesse getragener Aufwendungen).

3326 — Sind Ehegatten Miteigentümer des Gesamtanwesens und vermieten sie an einen von ihnen einzelne Räume (z.B. das Arbeitszimmer) für Bürozwecke, ist dieses Mietverhältnis (als versuchte Umgehung der Abzugsbeschränkung des § 4 Abs. 5 Satz 1 Nr. 6 Buchst. b) EStG) gem. § 42 AO nicht anzuerkennen. Vielmehr kann der »mietende« Ehegatte lediglich die auf das häusliche Arbeitszimmer anteilig entfallenden Aufwendungen (Schuldzinsen, AfA etc.) in den Grenzen des § 4 Abs. 5 Satz 1 Nr. 6 Buchst. b) EStG im Rahmen seiner steuerlich relevanten Einkünfte (z.B. aus freiberuflicher Tätigkeit, § 18 EStG) abziehen, so wie wenn er diesen Arbeitsraum ohne Mietvertrag für eigene Bürozwecke nutzen würde. (Die Abzugsberechtigung ergibt sich zur Hälfte aufgrund zivilrechtlichen Eigentums, zur anderen Hälfte als Aufwendungen aus eigenem, betrieblichem/beruflichem Interesse, wie oben.)

bb) Werbungskosten

(1) Übersicht

3327 Von diesen Einkünften sind die **Werbungskosten** gem. § 9 Abs. 1 Satz 1 EStG abzuziehen. Hierzu zählen neben den bereits oben in Rdn. 3253 ff. erläuterten
- Erhaltungsaufwendungen (sofort abzugsfähige Reparatur- und Modernisierungsaufwendungen, soweit sie nicht als anschaffungsnaher Herstellungsaufwand umqualifiziert werden oder mit der Veräußerung im Zusammenhang stehen),[743]
- laufenden Bewirtschaftungskosten,
- Leistungen in die Instandhaltungsrücklage einer WEG im Moment der Verwendung,[744] also nicht der Einzahlung
- Fahrt- und sonstiger Verwaltungsaufwand,
- Aufwendungen für ein Schadstoffgutachten zur Ermittlung der durch den Mieter verursachten Bodenverunreinigungen,[745]
- Zahlungen zur Abwendung einer Zweckentfremdungsabgabe,[746]
- Zwangsräumungsaufwand,[747]
- die Finanzierungskosten (Rdn. 3328 ff.) und die Abschreibungen (Rdn. 3340 ff.).

---

[742] Vgl. BFH, 19.06.1991 – IX R 134/86, BStBl. II 1991, S. 904.
[743] BFH, 14.12.2004, EStB 2005, 127: z.B. aufgrund Verpflichtung im Verkaufsvertrag.
[744] BFH BStBl. II 1998, S. 577 und BFH, 21.10.2005 – IX B 144/05, NZM 2006, 272; a.a. *Bub* WE 1988, 116 und *Sauren* DStR 2006, 2161: Abfluss an die Eigentümergemeinschaft als nunmehr verselbstständigtes Finanzwesen. Die Finanzverwaltung hält auch nach dem 01.07.2007 an der bisherigen Betrachtung fest (Bay. Landesamt für Steuern v. 23.11.2007, EStB 2008, 60), ebenso der BFH, 09.12.2008 – IX B 124/08, DStRE 2009, 524.
[745] BFH, 17.07.2007 – IX R 2/05, EStB 2007, 442 (mittelbare Veranlassung reicht aus, konkreter Anlass wie avisierter Schadensersatzprozess ist nicht erforderlich).
[746] BFH, 20.01.2004 – IV B 203/03, EStB 2004, 142.
[747] Bei einem bereits bebauten Grundstück, das sodann vermietet werden soll (*Hollatz* NWB Fach 3, S. 13071). Ist das zu räumende Grundstück unbebaut, zählt der Räumungsaufwand zu den Herstellungskosten eines zu errichtenden Gebäudes, sonst zu den Anschaffungskosten des Grund und Bodens. Geleistete Abfindungen zur »Entmietung« eines Objekts wegen beabsichtigter Selbstnutzung sind nicht abziehbar (BFH DStR 2005, 1563).

(2) Finanzierungskosten

Zu den **Finanzierungskosten** zählen insb. 3328
- die Schuldzinsen ab Lastenübergang[748] und Zinsfreistellungskosten/CAP-Gebühren,
- Schuldzinsen aus einem Darlehen, das aufgenommen wurde zur Finanzierung von Beiträgen zu einer Lebensversicherung, die der Tilgung des Vermietungsdarlehens dienen soll (»Meta-Darlehen«),[749]
- die Vertragsabschlussgebühr bei Bausparverträgen (soweit diese für ein zu vermietendes Bauvorhaben bestimmt sind),
- die Notar- und Grundbuchkosten der Eintragung einer Grundschuld[750] bzw. die sonstigen Kosten einer Darlehenssicherung (etwa in Gestalt der Abtretung der Ansprüche aus einer Lebensversicherung),[751]
- sowie ein Damnum/Disagio in marktüblicher Höhe (seit 01.01.2004[752] max. 5 % bei einem Zinsfestschreibungszeitraum von 5 Jahren, Belastung frühestens 3 Monate vor einer mindestens 30 %igen Teilauszahlung;[753] bei Auszahlung ab 01.01.2006 ist im Fall der Verrechnung auf mehr als 5 Jahre die Abzugsfähigkeit steuerlich stets nur anteilig im jeweiligen Verrechnungsjahr möglich), vgl. § 11 Abs. 2 Satz 3 EStG,
- Treuhandgebühren für die Geldbeschaffung,
- Schätzkosten und Kosten einer Wirtschaftlichkeitsberechnung für Finanzierungszwecke und
- die Kosten einer Umschuldung[754] einschließlich dafür eingesetzter Anwaltshonorare.[755]

Wird der Verkaufserlös einer bisher vermieteten Immobilie nicht zur Rückführung des darauf lastenden Kredits verwendet, können die fortlaufenden Finanzierungskosten dieses Kredits zu Werbungskosten einer neuen steuerlich relevanten Ersatzanschaffung umqualifiziert werden, die aus den frei gewordenen Verkaufserträgen erworben wird;[756] ferner können Schuldzinsen auch nach Aufgabe der Vermietungstätigkeit als nachträgliche Werbungskosten anzuerkennen sein, wenn sie zuvor zur Finanzierung sofort abziehbaren Aufwandes eingesetzt waren.[757] 3329

---

748 Auch wenn der Kaufpreis erst später fällig wird: BFH, 27.07.2004 – IX R 32/01, DStR 2004, 1823.
749 BFH, 25.02.2009 – IX R 62/07, EStB 2009, 192.
750 FG Köln, 14.08.2008 – 10 K 1272/07, JurionRS 2008, 21229.
751 Werden vor dem 31.12.2004 abgeschlossene Lebensversicherungen zu Kreditsicherung abgetreten, entfallen ertragsteuerlich der Sonderausgabenabzug und die Steuerfreiheit der erwirtschafteten Zinserträge, es sei denn, die Darlehen finanzieren ausschließlich und unmittelbar privat genutzte Wirtschaftsgüter oder dienen ausschließlich und unmittelbar der Anschaffung oder Bebauung von Mietgrundstücken bzw. die Abtretung ist nur für den Todesfall vorgesehen. Bei ab dem 01.01.2005 abgeschlossenen Lebensversicherungen sind die Prämien nicht abzugsfähig und die Erträge grds. steuerpflichtig (nach 12 Jahren Laufzeit und Auszahlung nach dem 60. Lebensjahr allerdings nur zur Hälfte), unabhängig vom Einsatz der Versicherung zur Kreditabsicherung.
752 BMF-Schreiben v. 20.10.2003, BStBl. I 2003, S. 546 (zuvor 10 %!), anzuwenden auf nach dem 31.12.2003 abgeschlossene Darlehensverträge (OFD Berlin v. 19.01.2004, DStR 2004, 356). Ein darüber hinausgehender Betrag ist – als nicht mehr marktüblich – auf den Zeitraum der Zinsbindung, hilfsweise des Darlehens, zu verteilen.
753 Strenger die frühere Rspr. (BFH BStBl. II 1984, S. 426: nicht später als einen Monat vor der ersten Auszahlung).
754 Einschließlich der Vorfälligkeitsentschädigung, *Formel* EStB 2004, 54. Dies gilt auch für die Vorfälligkeitsentschädigung beim Verkauf eines »Vorgängerobjekts«, wenn der Restkaufpreis für das neue Vermietungsobjekt verwendet wurde, BFH, 14.01.2004 – IX R 34/01, DStRE 2004, 804. Nicht erfasst sind jedoch Löschungsgebühren für eine Grundschuld nach Beendigung der Vermietungstätigkeit, FG München, 13.02.2008 – 9 K 2576/05, JurionRS 2008, 15822.
755 BFH, 25.06.2009 – IX R 47/08, EStB 2010, 100 (Vorzeitige Beendigung eines Darlehensvertrages wegen Verstoßes gegen das Haustürwiderrufsgesetz).
756 BFH, 08.04.2003, DStR 2003, 1248. Gleiches gilt beim Einsatz des Verkaufserlöses zur Tilgung von Darlehen eines anderen, ebenfalls vermieteten Objekts: BFH/NV 2002, 341.
757 BFH, 12.10.2005 – IX R 28/04, DStR 2005, 2166; ihm folgend Anwendungserlass des BMF v. 03.05.2006, DStR 2006, 902 entgegen BMF-Schreiben v. 18.07.2001, DStR 2001, 1392. Dies gilt nicht für Schuldzinsen, die zuvor zur Finanzierung des (nicht aus dem Erlös tilgbaren) Kaufpreises selbst eingesetzt wurden, es sei denn, der Veräußerungserlös würde insgesamt nicht zur Tilgung eingesetzt, sondern zur Erzielung neuerlicher Einkünfte (z.B. durch Kauf von Aktien).

C. Querschnittsdarstellungen

In ähnlicher Weise wird empfohlen, bei größeren Zahlungsflüssen die Mieteinnahmen zu entnehmen und Ausgaben für ein Mietobjekt durch Überziehung eines nur hierfür bestimmten Ausgabekontos zu begleichen, das dann in einen regulären Kredit »umgeschuldet« wird (»Zwei-Konten-Modell«).[758]

3330 Wird das **Objekt teilweise nicht zur Einkünfteerzielung genutzt**, empfiehlt sich eine direkte Zuordnung des Kaufpreises/Werkvertragslohns. bereits im Kaufvertrag bzw. im Werkvertrag (auch wenn Bildung getrennter grundbuchmäßiger Objekte nach WEG). Dieser Aufteilung ist zu folgen, wenn sie weder rechtsmissbräuchlich noch nur zum Schein getroffen ist;[759] der eigengenutzte Teil kann dann durchaus eine (ggf. gemischte) Schenkung beinhalten.[760] Zusätzlich sollte der selbst genutzte Teil einerseits und der vermietete/betrieblich genutzte Teil andererseits durch getrennte, eindeutig zugeordnete,[761] Darlehen finanziert werden und dieser Zuordnungszusammenhang auch bei der Zahlung des Kaufpreises/Werklohns, etwa durch getrennte Konten,[762] umgesetzt werden (werden nicht beide Voraussetzungen eingehalten, können die Darlehenszinsen nur – bei einheitlichem Kaufpreis – nach dem Verhältnis der Wohn-/Nutzflächen – Rdn. 3206 – berücksichtigt werden,[763] bei anzuerkennender Kaufpreis-/Werklohnaufteilung im Vertrag selbst nach dem Verhältnis dieser Aufteilung. Sind beide Voraussetzungen jedoch erfüllt, werden die dem vermieteten/betrieblich genutzten Grundstücksteil zugeordneten Darlehenszinsen in voller Höhe anerkannt). Getrennte Darlehen für den betrieblichen- und den privaten, für den fremd vermieteten und den eigengenutzten Teil zur rascheren Tilgung des auf Letzteren entfallenden Kredits zu empfehlen.

(3) Drittaufwand

3331 Probleme können sich allerdings hinsichtlich der Anerkennung von Werbungskosten, insb. Schuldzinsen, ergeben, wenn diese nicht vom vermietenden Eigentümer, sondern von Dritten, etwa dem Ehegatten, getragen werden (Problem der Anerkennung sog. »**Drittaufwand**«). Aufgrund zweier Beschlüsse des BFH vom 02.12.1999,[764] die an die grundlegenden Beschlüsse des Großen Senats des BFH zum Drittaufwand anschließen,[765] weiterer BFH-Urteile und der BMF-Schreiben vom 09.08.2006[766] und vom 07.07.2008[767] ergibt sich nunmehr im Überblick folgende Differenzierung:[768]

3332 Zu unterscheiden ist zunächst die Fallgruppe des »abgekürzten Zahlungswegs« von der Fallgruppe des »abgekürzten Vertragswegs«. Beim **abgekürzten Zahlungsweg** ist der Steuerpflichtige selbst Vertragspartner des Leistungserbringers und schuldet diesem daher die Vergütung, die von einem Dritten unmittelbar i.S.d. § 267 BGB als Erfüllung der Verbindlichkeit des Steuerpflichtigen an den Leistungserbringer erbracht wird. In diesen Fällen ist nach allgemeiner Meinung ein Eigenaufwand des Steuerpflichtigen anzuerkennen, d.h. die Fallgruppe wird so behandelt, wie wenn der Zahlende den Betrag zunächst an den Steuerpflichtigen geschenkt hätte und dieser ihn sodann zur Begleichung seiner Verbindlichkeit verpfändet. Die Zahlung des Dritten auf die Schuld kann dabei auf einer Schenkung beruhen oder unter dem Vorbehalt eines zivilrechtlichen Erstattungsanspruchs erfolgen. Die Mittelherkunft ist insoweit irrelevant.

---

758 Im betrieblichen Bereich sind hierfür allerdings die Restriktionen des § 4 Abs. 4a EStG zu beachten!
759 Vgl. *Hilbertz* NWB 2009, 2884 ff.
760 BFH, 01.04.2009 – IX R 35/08, MittBayNot 2009, 412 (jedenfalls wenn der Kaufpreis des vermieteten Teils marktgerecht bestimmt ist).
761 BFH, 25.03.2003 – IX R 22/01, NJW 2003, 463 und BFH, 27.07.2004 – IX R 54/02, EStB 2005, 117; ausführlich *Heuermann* ZfIR 2003, 13; *Tiedtke/Wälzholz* FR 2001, 225; *Paus* NWB 2003, 2313 = Fach 3, S. 1251; *Paus* NWB 2004, 2559 = Fach 3, S. 12963 ff.
762 BFHE 187, 281, 286; Beispiel einer gescheiterten Trennung (ein Konto, einheitliche Rechnungen): FG München, 19.07.2007 – 5 K 295/07, JurionRS 2007, 43367.
763 BMF-Schreiben v. 16.04.2004, DStR 2004, 912 = EStB 2004, 242, und zwar in Anschaffungs- und in Herstellungsfällen.
764 Vom 02.12.1999, FR 2000, 659 und 661; hierzu *Schubert* MittBayNot 2000, 203.
765 Urt. v. 23.08.1999, BStBl. II 1999, S. 778 u. 782.
766 IV C 3 – S 2211 – 21/06, BStBl. I 2006, S. 492; hierzu *Biber* EStB 2006, 464.
767 S 2211/07/10007, BStBl. I 2008, S. 717 ff. = FR 2008, 734.
768 Vgl. *Levedag* NWB 2008, 4405 ff. = Fach 3 S. 15339 ff.

Unproblematisch ist nach der Rechtsprechung des BFH auch der Aufwandsabzug bei sog. »**Bargeschäften des täglichen Lebens**« (etwa Einkauf von Büromaterial), da es insoweit nicht darauf ankommt, ob ein abgekürzter Zahlungs- oder ein abgekürzter Vertragsweg vorliege.[769] Weiterhin liegt (ohne Rücksicht darauf, ob es sich um einen abgekürzten Zahlungs- oder Vertragsweg handelt) eigener Aufwand des Steuerpflichtigen vor, wenn der im Außenverhältnis zahlende Dritte gegen den Steuerpflichtigen im Innenverhältnis einen Rechtsanspruch auf **Ersatz der Aufwendungen** hat, letztendlich also für Rechnung des Steuerpflichtigen gehandelt wird.[770]

3333

Die eigentliche Fallgruppe des sog. »**abgekürzten Vertragswegs**«, andererseits, zeichnet sich dadurch aus, dass ein Dritter (meist der Ehegatte oder ein Angehöriger) im eigenen Namen einen Vertrag abschließt, aus welchem er eine Sachleistung vom Leistungserbringer verlangen kann, und diese Leistung auch begleicht, obwohl sie dem Steuerpflichtigen zur Einkunftserzielung zugutekommt. Auch in dieser Fallgruppe hat der IX. Senat des BFH teilweise den Betriebsausgaben- und Werbungskostenabzug eröffnet;[771] die Finanzverwaltung hat sich nach einem vorübergehenden Nichtanwendungserlass[772] dieser Sichtweise mittlerweile angeschlossen.[773] Kumulativ ist dabei zu prüfen, ob (i) der von Dritten gezahlte Aufwand mit Einkünften des Steuerpflichtigen in einem objektiven Veranlassungszusammenhang steht (vgl. § 9 Abs. 1 Satz 3 Nr. 1 EStG) und (ii) ob der Aufwand als vom Steuerpflichtigen getragener Aufwand angesehen werden kann. Die hierfür erforderliche Leistungsnähe zum Steuerpflichtigen liegt bspw. vor, wenn letzterer in die fraglichen Beziehungen im Dreiecksverhältnis eingebunden ist, also die Sachleistung aus eigenem Recht verlangen kann (§ 328 Abs. 1 BGB) oder für diese zumindest eine rechtliche Empfangszuständigkeit besitzt (§§ 185, 362 Abs. 2 BGB).

3334

Für die besonders praxiswichtigen Fälle der **Kredit-, Dauerschuld- oder Nutzungsverhältnisse** kommt jedoch der Abzug von Aufwendungen im abgekürzten Vertragsweg nicht in Betracht.[774] Ist demnach der Nichteigentümer-Ehegatte alleiniger zivilrechtlicher Schuldner der Darlehensverbindlichkeiten, sind die von ihm auf seinen Darlehensvertrag bezahlten Schuldzinsen, auch wenn sie wirtschaftlich das vermietete Objekt entlasten, keine Werbungskosten des Eigentümer-Ehegatten. Allerdings sind diejenigen Schuldzinsen als Werbungskosten anzuerkennen, die der Eigentümer-Ehegatte, obwohl er nicht Schuldner der Verbindlichkeit ist, aus eigenen Mitteln (z.B. aus den Mieteinnahmen) bezahlt.

3335

Bei der Zahlung laufender Aufwendungen, auch Schuldzinsen, aus **gemeinsamen Verbindlichkeiten** gelten die Beträge jeweils als für Rechnung desjenigen geleistet, der den Einkunftstatbestand verwirklicht. Handelt es sich also um ein gemeinsam aufgenommenes Darlehen (bloße Bürgschaft des Eigentümer-Ehegatten reicht nicht aus!), können die Schuldzinsen in vollem Umfang als Werbungskosten des Eigentümer-Ehegatten abgezogen werden, gleichgültig aus wessen Mitteln sie tatsächlich geleistet worden sind.[775]

3336

Davon zu trennen ist die schenkungsteuerliche Seite des »Drittaufwands«. Sie beurteilt sich danach, ob der Zuwendungsempfänger zur »Rückerstattung« verpflichtet ist oder nicht, etwa als Folge

3337

---

769 BFH v. 24.02.2000 – IV R 75/98, BStBl. II 2000, S. 314.
770 BFH v. 12.12.2000 – VIII R 52/92, BStBl. II 2001, S. 286.
771 BFH v. 15.11.2005 – IX R 25/03, BStBl. II 2006, S. 623; BFH, 15.01.2008 – IX R 45/07, BStBl. II 2008, S. 572 = ZfIR 2008, 874 m. Anm. *Naujok*: Werbungskostenabzug für Erhaltungsaufwand, den ein Dritter (mit Schenkungswille) in Auftrag gegeben und bezahlt hat; ähnlich BFH, 11.11.2008 – IX R 27/08, EStB 2009, 235: Mieter trägt Erhaltungsaufwand selbst, um den Eigentümer (die Tochter) zu entlasten. Damit entsteht aber Schenkungsteuer für den betreffenden Geldbetrag, vgl. ErbStB 2006, 39.
772 Erlass vom 09.08.2006 – IV C 3 S 2211 21/06, BStBl. I 2006, S. 492 (s. hierzu EStB 2006, 331) wegen der Kollision mit der Rechtsfigur der mittelbaren (z.B. Grundstücks) Schenkung.
773 BMF-Schreiben v. 07.07.2008, BStBl. I 2008, S. 717.
774 BFH vom 24.02.2000, EStB 2000, 197; BFH v. 31.05.2005 – X R 36/02, BStBl. II 2005, S. 707; BFH v. 25.06.2008 – X R 36/05, EStB 2008, 429 (trotz verfassungsrechtlicher Bedenken angesichts einer dadurch eintretenden Diskriminierung der Alleinverdiener-Ehe), ebenso das BMF-Schreiben v. 07.07.2008, BStBl. I 2008, S. 717.
775 BFH v. 19.08.2008 – IX R 78/07, EStB 2009, 52; BFH, 02.12.1999 – X R 45/95, BStBl. II 2000, S. 310.

C. Querschnittsdarstellungen

eines Darlehens, eines Auftragsverhältnisses (§ 670 BGB), bzw. aus Geschäftsführung ohne Auftrag (§§ 677, 683, 670 BGB) oder aus ungerechtfertigter Bereicherung.[776]

(4) Negative Werbungskosten

3338 Werden Werbungskosten (z.B. Schuldzinsen) nachträglich erstattet, z.B. durch die kreditfinanzierende Bank zur Vermeidung eines Gerichtsprozesses in »Schrottimmobilienfällen«, handelt es sich um »**negative Werbungskosten**« und damit um Einnahmen. Soweit die Rückerstattung überhöhte Anschaffungskosten abdeckt, mindert sich das künftige AfA-Volumen.[777]

(5) Vorab entstandene Werbungskosten

3339 Instandsetzungsarbeiten, die während der Selbstnutzung erfolgen, können nicht als **vorweggenommene Werbungskosten** einer späteren Vermietung berücksichtigt werden.[778] Gleiches gilt, wenn der Eigentümer eines nießbrauchsbelasteten Grundstücks solche Aufwendungen tätigt: er kann sie nicht unter dem Gesichtspunkt vorab entstandener Werbungskosten bei seinen (nach Beendigung des Nießbrauches) künftigen Einnahmen aus Vermietung und Verpachtung geltend machen,[779] außer die zeitnahe Aufhebung des Nießbrauchs war nachweisbar beabsichtigt und die Aufwendungen werden vom Eigentümer allein im eigenen (künftigen) Interesse getätigt.[780]

cc) Insb.: Abschreibungen

(1) Abschreibungsberechtigung

3340 Die Abschreibungen für abnutzbare[781] Wirtschaftsgüter, insb. **Gebäude**, zählen zu den bevorzugten Steuerungsinstrumenten des Gesetzgebers und unterliegen daher stetigem Wandel. Die AfA-Befugnis setzt dabei nicht voraus, dass der Steuerpflichtige Eigentümer des Wirtschaftsgutes ist, auch der Vorbehaltsnießbraucher ist – in »Verlängerung« seiner bisherigen Eigentümerstellung – abschreibungsberechtigt.[782] Gleiches gilt für denjenigen, der Anschaffungs- oder Herstellungskosten auf in fremdem Eigentum stehende Wirtschaftsgüter erbracht hat, z.B. auf **Gebäude auf fremdem Grund und Boden** – entgegen früherer Rechtsprechung ist insoweit[783] nicht mehr erforderlich, dass dem Steuerpflichtigen zivilrechtliche Ersatzansprüche gem. § 951 i.V.m. 812 BGB zustehen, ebenso wenig ist bedeutsam, ob die Nutzungsüberlassung der Investitionsfläche auf einem entgeltlichen oder unentgeltlichen Rechtsgeschäft beruht. Der getätigte Aufwand ist bilanztechnisch wie ein materielles Wirtschaftsgut zu behandeln und gem. § 7 Abs. 4 Satz 2 EStG auf die voraussichtliche tatsächliche Nutzungsdauer des Gebäudes (nicht nur die Dauer des Nutzungsvertrages) abzuschreiben.[784]

(2) Bemessungsgrundlage

3341 Bemessungsgrundlage sind Anschaffungs- bzw. Herstellungskosten des Gebäudes[785] bzw. der Gebäudeteile, bei **unentgeltlichem Erwerb** die vom Rechtsvorgänger verwirklichten Kosten (§ 11d EStDV 2000). Bei Erbauseinandersetzungen[786] liegt ein unentgeltlicher Erwerb dann vor, wenn ein

---

776 Vgl. im Einzelnen *Eich/Loy* ErbStB 2007, 348.
777 Bay. Landesamt für Steuern v. 15.07.2008 – S 2211.1.1 –2/2 St 32/St 33.
778 BFH, 01.04.2009 – IX R 51/08, ErbStB 2009, 239.
779 Dies gilt auch, wenn der Nießbrauchsberechtigte in vorgerücktem Alter ist, BFH, 14.11.2007 – IX R 51/06, EStB 2008, 314.
780 BFH, 25.02.2009 – IX R 3/07, MittBayNot 2009, 492.
781 Der (stets nachwachsende) Baumbestand, das »stehende Holz«, kann nicht abgeschrieben werden, BFH v. 05.06.2008 – IV R 50/07, EStB 2009, 388.
782 Vgl. *Krauß* Vermögensnachfolge in der Praxis Rn. 4541 ff.
783 Jedenfalls seit BFH, 23.08.1999 – GrS 1/97, BStBl. II 1999, S. 778.
784 BFH, 25.02.2010 – IV R 2/07, ZfIR 2010, 475 m. Anm. *Naujock*.
785 Hierzu zählen auch Garagen, die nicht lediglich ein Wohnhaus »vervollständigen«, z.B. weil sie später errichtet und auch an Dritte vermietet werden, BFH, 22.09.2005 – IX R 26/04, DStRE 2006, 394.
786 BMF-Schreiben v. 11.01.1993, BStBl. I, S. 62.

Miterbe Aufwendungen nur aus seinem Nachlassanteil zu tätigen hat, ein entgeltlicher Erwerb insoweit, als der Miterbe Vermögenswerte außerhalb der Nachlassmasse einsetzen muss, um Alleineigentümer einzelner Nachlassgegenstände zu werden. Bei **vorweggenommener Erbfolge** führen Abstandszahlungen an den Veräußerer und Gleichstellungsgelder an Geschwister sowie Schuldübernahmen und kaufmännisch abgewogene Austauschrenten (nicht aber Versorgungsrenten, insoweit Sonderausgabenabzug oder Unterhaltsrenten, diese sind gem. § 12 Nr. 2 EStG steuerlich irrelevant!) zu Anschaffungsaufwand, i.Ü. (bzgl. des unentgeltlichen Anteils) wird die frühere Abschreibungsreihe des Veräußerers fortgeschrieben. Es existieren dann also zwei getrennte Bemessungsgrundlagen und separate Abschreibungsreihen, was insb. bei einer späteren Veräußerung innerhalb des 10-Jahres-Zeitraums relevant wird.

(3) Reguläre Absetzungsmöglichkeiten

Der Gesetzgeber unterscheidet zwischen folgenden **Absetzungsmöglichkeiten:** 3342
- **Lineare Absetzung für Abnutzung** (AfA) in gleichbleibenden Jahresbeträgen von 2 % bei Gebäuden, die ab dem 01.01.1925 fertiggestellt worden sind, bzw. 2,5 % bei älteren Gebäuden (§ 7 Abs. 4 EStG); auf Antrag und Nachweis des Steuerpflichtigen kann ggf. ein kürzerer Restnutzungszeitraum zugrunde gelegt werden.[787] Diese abschnittsbezogene Normal-AfA ist zwingend, auch in Verlustjahren, vorzunehmen bzw. ggf. nachzuholen.[788]

- **Degressive AfA** gem. § 7 Abs. 5 EStG (bei Anschaffung oder Bauantrag vor dem 01.01.2006, 3343 jedoch nach dem 01.01.2004: jeweils in vollen Jahresbeträgen[789] 4 % in den ersten 10 Jahren, 2,5 % in den folgenden 8 Jahren, für die restlichen 36 Jahre je 1,25 % – zuvor bei Anschaffung oder Bauantrag ab dem 01.01.1996 5 % in den ersten 8 Jahren, je 2,5 % in den darauffolgenden 6 Jahren, für die restlichen 36 Jahre je 1,25 %) wahlweise anstelle der linearen AfA;[790] Voraussetzung ist ein Neubau (Anschaffung bis zum Ende des Jahres der Fertigstellung) zu **Wohnzwecken**,[791] auch i.R.d. sog. betreuten Wohnens.[792] Erforderlich ist hierfür, dass der Bewohner die tatsächliche Sachherrschaft über seine Unterkunft ausübt[793] und dass er sich in ihr selbst verpflegen kann.[794] Ein **Neubau** kann auch vorliegen beim Ausbau eines bisher nicht genutzten Dachgeschosses,[795] nicht jedoch bspw. beim Umbau eines Dachgeschosses von Büro- in Wohnnutzung. Die degressive AfA wird für Neufälle ab 01.01.2006 nicht mehr gewährt.

- **Absetzung für außergewöhnliche technische oder wirtschaftliche Abnutzung (»AfaA«)**, § 7 3344 Abs. 4 Satz 3 EStG i.V.m. § 7 Abs. 1 Satz 5 EStG, bspw. beim Abriss eines ursprünglich nicht in Abbruchabsicht erworbenen, bisher zur Einkünfteerzielung genutzten Gebäudes[796] (zur Ermöglichung eines wiederum der Einkünfteerzielung dienenden Neubaus) oder bei Einschränkung seiner Nutzungsfähigkeit, jeweils als Folge technischen Verschleißes, nicht aufgrund Änderung

---

787 Bei Muster-Fertighäusern, die sodann demontiert und veräußert werden, gem. BFH, 23.09.2008 – I R 47/07, EStB 2009, 93: 25 Jahre Nutzungsdauer.
788 Überblick bei *Ritzrow* EStB 2011, 331 ff.; bei Betriebsvermögen muss allerdings das Wirtschaftsgut im betreffenden Veranlagungszeitraum auch als Betriebsvermögen aktiviert gewesen sein (BFH, 22.06.2010 – VIII R 3/08, EStB 2010, 440 zur – versagten – Nachholung der AfA auf ein Patent, das in der Vergangenheit nicht als Betriebsvermögen deklariert worden war).
789 Keine zeitanteilige Kürzung im Anschaffungs-/Herstellungsjahr (auch bei Vererbung wenige Tage vor Jahresende kann die Erbengemeinschaft die volle Jahres-AfA in Anspruch nehmen: FG München, 18.05.2010 – 13 K 1288/07, ErbStB 2011, 95. Nachholungsmöglichkeit besteht allerdings ebenfalls nicht: BFH DStRE 2006, 908; *Apitz* DStZ 2006, 480.
790 Letztere mag sich empfehlen, wenn – wie etwa bei Kindern – eher künftig höhere Verdienste erwartet werden. Ändert sich die Art der Nutzung (statt fremder Wohnzwecke fremdbetriebliche Zwecke) ist gem. BFH, 15.02.2005 – IX R 32/03 entgegen R 7.4 Abs. 8 Satz 2 EStR 2005 kein zwingender Wechsel von der degressiven zur linearen AfA verbunden.
791 Daran kann es nach FG Münster DStRE 2003, 78 fehlen bei Wohnungen in Seniorenbetreuungsanlagen, bei denen die Pflege und Versorgung den Wohnzweck überlagert.
792 BFH, 30.09.2003 – IX R 9/03, DStR 2003, 2160.
793 BFH, 30.09.2003 – IX R 2/00, DStR 2003, 2158 bei einem Pflegegebäude.
794 BFH, 30.09.2003 – IX R 7/03, EStB 2003, 10.
795 BMF BStBl. I 1996, S. 689, Tz. 9.
796 H 33a (Abbruchkosten) EStH 2003.

C. Querschnittsdarstellungen

der Marktlage oder aufgrund bereits anfänglich vorhandener Mängel.[797] AfaA wird auch anerkannt, wenn ein auf Bedürfnisse des Mieters ausgerichtetes Gebäude nach dessen Kündigung nicht mehr durch Vermietung genutzt werden kann und auch bei einer Veräußerung das Gebäude nicht »vergütet« wird.[798]

3345 — **Absetzungen für Substanzverringerung (AfS)** gem. § 7 Abs. 6 EStG z.B. bei im Betriebsvermögen befindlichen Bodenschätzen.[799] Reine Substanzausbeutungsverträge über grundeigene Bodenschätze[800] (z.B. Kies)[801] werden allerdings zivilrechtlich (§ 99 BGB) und einkommensteuerlich als Pachtverträge qualifiziert, sodass Einkünfte aus § 21 EStG erzielt werden, auch wenn im Abbauvertrag Nebenpflichten (Rekultivierung) auferlegt werden.[802] Anders liegt es nur beim endgültigen Erwerb eines Grundstücks samt Bodenschätzen.

3346 — **Scheinbestandteile** wiederum sind nach der betriebsgewöhnlichen Nutzungsdauer derjenigen baulichen Komponente abzuschreiben, welche ihnen das Gepräge gibt, bei Fotovoltaikanlagen also über einen Zeitraum von 20 Jahren (Rdn. 1877), bei Windkraftanlagen von 16 Jahren (auch in Bezug auf die externe Verkabelung und die Zuwegung).[803]

(4) Erhöhte AfA

3347 — **Erhöhte Absetzungen** treten an die Stelle der Normal- oder Degressivabschreibung und haben als wirtschafts- oder standortpolitische Lenkungsmaßnahmen besondere Praxisbedeutung. In Betracht kommen insb. erhöhte Absetzungen für Gebäude in **Sanierungsgebieten** und städtebaulichen Entwicklungsbereichen in bescheinigter Höhe[804] gem. § 7h EStG und erhöhte Absetzungen bei vermieteten **Baudenkmalen**[805] oder Gebäuden unter Ensembleschutz[806] gem. § 7i EStG (letztere beschränkt auf zumindest vorläufig[807] bescheinigte[808] Baumaßnahmen, die der Substanzerhaltung oder Wiederherstellung des Gebäudes[809] dienen, nicht der vollständigen

---

797 BFH, 14.01.2004 – IX R 30/02, EStB 2004, 279.
798 BFH, 17.09.2008 – IX R 64/07, EStB 2009, 53 = BStBl. II 2009, S. 301.
799 Nach BFH BStBl. II 1994, S. 846 kann der Steuerpflichtige Bodenschätze, die er auf einem in seinem Privatvermögen stehenden Grundstück entdeckt hat, nicht in ein Betriebsvermögen einlegen, um hierauf AfS vorzunehmen.
800 Zu unterscheiden von den bergfreien Bodenschätzen, etwa Erdöl und Metall, vgl. § 3 Abs. 2, Abs. 4 BBergG (BGBl. I 1980, S. 1310), *Handzik* FR 1995, 494.
801 BFH, 04.12.2006 – GrS 1/00, DStR 2007, 848 (ebenso früher § 11d Abs. 2 EStDV 2000 für Kiesvorkommen Privatvermögen).
802 BFH BStBl. II 1979, S. 38.
803 BFH, 14.04.2011 – IV R 52/09, 52/10, 46/09, DStR 2011, 1020 ff. (bei Anschaffung vor 2001: 12 Jahre).
804 Grundlagenbescheid gem. § 7h Abs. 2 EStG mit Bindungswirkung hinsichtlich der Zugehörigkeit zum Sanierungsgebiet, der Durchführung von Maßnahmen i.S.d. § 177 BauGB und der Gewährung von Zuschüssen, vgl. BFH, 22.09.2005 – IX R 13/04, EStB 2006, 444; hierzu BMF-Schreiben v. 16.05.2007, DStR 2007, 951 (Bescheinigung nach 01.01.1999 binden nicht hinsichtlich der Frage, ob – förderungsschädlich – ein bautechnisch neues Gebäude oder gar ein Neubau vorliegt).
805 Denkmaleigenschaft kann auch bei einem Neubau im bautechnischen Sinn vorliegen, BFH, 24.06.2009 – X R 8/08, EStB 2009, 342.
806 Die erhöhte Absetzung (für einen Teil der Aufwendungen) bei Baudenkmalen im Ensembleschutz kann nach BFH, 25.05.2004, DStR 2004, 1473 mit der degressiven AfA kombiniert werden, anders beim Einzelschutz, vgl. *Beck* DStR 2004, 1951.
807 Es genügt gem. OFD Frankfurt/M v. 26.08.2008, EStB 2009, 64 die vorläufige Bescheinigung, wenn die Stellung des Antrags auf endgültige Bescheinigung nachgewiesen wird; der Sicherheitseinbehalt beträgt 10 %. Die Erteilung der endgültigen Bescheinigung (Ermittlung der Einzelpositionen aus der Rechnungslegung des Bauträgers) nimmt mitunter Jahre in Anspruch. Seit Ende 2008 gewähren viele FÄ die erhöhte AfA aufgrund vorläufiger Bescheide jedoch nicht mehr, vgl. FBeh Hamburg 52 – S 2198b – 001/06 v. 30.12.2008, BeckVerw 154762.
808 Grundlagenbescheid der Denkmalschutzbehörde; zur Anerkennung vorläufiger Bescheinigungen: OFD Chemnitz v. 31.01.2005, EStB 2005, 179; *Ronig* NWB 2005, 2257 = Fach 3, S. 13489 ff.; die bloße Baugenehmigung genügt nicht: OVG Mecklenburg-Vorpommern NVwZ 2005, 835.
809 Maßnahmen an Außenanlagen zählen nur insoweit dazu, als sie durch Arbeiten am Gebäude, etwa an den Fundamenten, verursacht worden sind.

Neuerrichtung – was zu besonderen Problemen bei Dachgeschossausbauten[810] und bei Nutzungsänderungen [Umwidmung ehemaliger Kasernen etc.][811] führt – ebenso wenig dem Abbruch, Luxusmaßnahmen oder der schlichten Anschaffung; die Maßnahmen müssen nach der Anschaffung durchgeführt werden).[812]

– Es darf sich ferner um kein »Steuerstundungsmodell« i.S.d. § 15a EStG handeln, wovon die Finanzverwaltung dann ausgeht, wenn dem Bauträger zusätzliche Leistungen wie Mietgarantie, Finanzierungsvermittlung etc. vergütet werden (unproblematisch sind jedoch all-inclusive-Lösungen sowie Leistungen, die durch den Bauträger während der Vermietungsphase erbracht werden, z.B. die Mietverwaltung).[813] Absetzbar sind im Jahr des Abschlusses der Maßnahme und grds.[814] in den darauffolgenden 7 Jahren je 9 %, in den dann folgenden 4 Jahren je 7 % (bis 2003: 10 Jahre lang je 10 %) der um etwaige Zuschüsse geminderten begünstigten (also auf Modernisierungs- und Instandsetzungsmaßnahmen entfallenden) Anschaffungs- oder Herstellungskosten. Erhaltungsaufwand kann gem. § 11b EStG auf bis zu 5 Jahre gleichmäßig verteilt werden. Daneben treten Vergünstigungen bei der Grund-, Schenkung- und USt.[815] **3348**

In analoger Weise gewähren §§ 10f und 10g EStG im Kalenderjahr des Abschlusses der Baumaßnahme und in den folgenden 9 Jahren jeweils 9 % (bis 2003: 10 %) der Aufwendungen für Gebäude in **Sanierungsgebieten** bzw. **Bau-/Kulturdenkmalen**[816] als Sonderausgabenabzug, sofern das Objekt im Kalenderjahr zu **eigenen Wohnzwecken**[817] genutzt wurde und die geleisteten Aufwendungen nicht bei der Ermittlung der Bemessungsgrundlage nach dem Eigenheimzulagengesetz berücksichtigt worden sind. Der Sonderausgabenabzug für die als begünstigt bescheinigten Modernisierungsaufwendungen tritt allerdings neben die Eigenheimzulagenförderung für den Altbauanteil und die nicht denkmalbedingten Modernisierungsleistungen[818] (§ 8 Abs. 1 a.E. EigZulG). **3349**

– **Sonderabschreibungen**, die neben die Normalabschreibung treten,[819] z.B. bzgl. des nur noch für Altfälle der Anschaffung, Herstellung oder nachträglicher Herstellungsarbeiten an Gebäuden (auch des Umlaufvermögens)[820] im Beitrittsgebiet relevanten Fördergebietsgesetzes, sollen in dieser Zusammenstellung nur erwähnt werden. **3350**

---

810 Gem. Anweisung des Bay. Landesamts für Steuern v. 06.09.2005, EStB 2005, 415 soll es sich beim Ausbau eines Dachgeschosses zu Wohnzwecken insoweit ebenfalls um einen Neubau handeln (nicht gebäudebezogene, sondern wirtschaftsgut bezogene Betrachtungsweise). Das FA prüft das Vorliegen eines Neubaus seit 01.01.1999 in eigener Zuständigkeit, Bay. Landesamt für Steuern v. 26.05.2006, DStR 2006, 1282 und BMF-Schreiben v. 07.05.2007, DStR 2007, 951. Nach BFH, 24.06.2009 – X R 8/08, EStB 2009, 342 liegt jedoch ein Neubau i.S.d. Denkmalabschreibung nur vor, wenn ein neuer Baukörper errichtet wird. Die Verwaltung bleibt jedoch bei der bisherigen Auffassung: »Im Regelfall wird bei einem Dachgeschossausbau ein nicht begünstigter Neubau vorliegen, da diese Baumaßnahmen insoweit nicht primär der Erhaltung des bestehenden Denkmals dienen« (OFD Münster S 2198b – 34 – St 21-31 v. 14.01.2010, BeckVerw 234664). Zur Abgrenzung zwischen der Prüfungskompetenz des Denkmalschutzamtes (Vorliegen der Denkmalschutzeigenschaft, Erforderlichkeit der Aufwendungen nach Art und Umfang zur Erhaltung bzw. sinnvollen Nutzung als Baudenkmal) einerseits und des Finanzamtes andererseits angesichts des Dissenses zwischen IX. BFH-Senat (Differenzierung Neubau/Modernisierung ist baurechtliche Frage) und X. BFH-Senat (steuerrechtliche Frage) vgl. *Pauly* ZfIR 2010, 824 ff.
811 Auch insoweit hilft das in vorangehender Fußnote erwähnte BFH-Urt. v. 24.06.2009: keine Errichtung eines neuen Gebäudes.
812 Vgl. *Büchner/Fritzsch* DStR 2004, 2171.
813 Eingehend dazu BMF v. 17.07.2007, BStBl. I 2007, S. 542, Tz. 8 f.
814 Nicht mehr ab dem Wegfall der Denkmaleigenschaft, R 7i Abs. 3 Satz 2 EStR 2005 (da dieser Wegfall i.d.R. auf massiven Eingriffen des Gebäudeeigentümers beruht), anders jedoch bei zwischenzeitlich erfolgender Aufhebung der Sanierungssatzung, vgl. Bay. Landesamt für Steuern v. 13.12.2006, EStB 2007, 51.
815 Vgl. *Büchner/Fritzsch* DStR 2004, 2173 ff.
816 Vgl. *Paus* EStB 2009, 239 ff. (auch erbschaft- und grundsteuerrechtliche Privilegierung).
817 Eine solche liegt nach BFH, 18.01.2011 – X R 13/10, EStB 2011, 183 nicht vor, wenn das Objekt insgesamt unentgeltlich an Dritte überlassen wird oder Teile des Objektes an ein Kind, das nicht mehr i.S.d. § 32 EStG beim Steuerpflichtigen berücksichtigungsfähig ist, zur Nutzung überlassen werden.
818 Vgl. BFH, 14.01.2004 – X R 19/02, DStR 2004, 945 m. Anm. *Beck* DStR 2004, 1738.
819 Jedoch grds. auch nach einer degressiven AfA zulässig sind, BFH, 14.03.2006 – I R 83/05, EStB 2006, 318.
820 BFH, 16.12.2009 – IV R 48/07, EStB 2010, 95.

C. Querschnittsdarstellungen

dd) Liebhaberei

3351 Der Einwand der **Liebhaberei** (also fehlender Überschusserzielungsabsicht)[821] spielt bei langfristiger Vermietungsabsicht (also wenn der Wille, Einkünfte zu erzielen, aus äußeren Umständen erkennbar und in ein konkretes Stadium getreten ist)[822] nur eine geringe Rolle (»Überprüfungsverbot«,[823] das aber nur bei Wohn-, nicht bei Gewerbeobjekten gilt).[824] Die Einkünfteerzielungsabsicht ist dabei grundstücks-[825] bzw. objekt-[826] bezogen zu untersuchen, selbst wenn mehrere Objekte einheitlich vermietet sind, und für jede Einkunftsart (Vermietung und Verpachtung einerseits bzw. Einkünfte aus Gewerbebetrieb anderseits) gesondert.[827] Bei Fondsbeteiligungen ist zu beachten, dass die Einkünfteerzielungsabsicht sowohl auf der Ebene des Fonds, als auch auf der Ebene des einzelnen Gesellschafters vorliegen muss. Hieran kann es bei zeitlich begrenzter Vermietungskonzeption eines Fonds fehlen, wenn in dieser Zeit zwar auf Fondsebene Mietüberschüsse erzielt werden, auf Ebene des Anteilsinhabers aber wegen hoher Fremdfinanzierung eine Überschusserzielung unmöglich ist.[828]

3352 Liebhaberei kann insb. anfänglich oder später (mit der Folge der Verweigerung des Werbungskostenabzugs ab diesem Zeitpunkt) gegeben sein
- bei **Mietkaufmodellen**, in denen der Veräußerer noch während der Finanzierungsphase Mieteinkünfte erzielt, sowie
- bei einem Erwerb mit **Rückkaufs-, Verkaufs- oder Wiederkaufsgaranti**e,[829] schließlich auch dann,
- wenn bereits beim Erwerb erkennbar, etwa aufgrund befristeter Vermietung,[830] die **Absicht** besteht, das Grundstück nach kurzer Zeit, bspw. nach 5 Jahren,[831] **zu veräußern** oder selbst zu nutzen,[832] ohne dass in dieser Zeit ein Gesamtüberschuss erzielbar wäre,[833]
- im Fall außerordentlich lange (z.B. 10 Jahre)[834] sich hinziehender Renovierungsarbeiten zur angeblichen Vorbereitung einer Vermietung.

---

821 Hierzu BMF-Schreiben v. 08.10.2004 – IV C 3 – S 2253 – 91/04, DStR 2004, 1877 ff.; zur Thematik ausführlich *Stein* NWB 2004, 907 ff. = Fach 3, S. 12785 ff.; *ders.* EStB 2004, 371 ff.
822 BFH, 19.12.2007 – IX R 30/07: alle beantragten Baugenehmigungen für ein unbebautes Grundstück wurden abgelehnt; sodann unterblieben weitere Aktivitäten.
823 BFH BStBl. II 1998, S. 771; nicht einmal bei Vermietung von Liebhaberobjekten (historische Mühle) trotz Dauerverlusten: FG Niedersachsen DStRE 2004, 688.
824 BFH, 20.07.2010 – IX R 49/09, EStB 2010, 407.
825 BFH, 26.11.2008 – IX R 67/07, EStB 2009, 158: Vermietung eines bebauten Objekts und einer nicht bebauten angrenzenden Fläche – Überprüfungsverbot gilt nicht für die unbebaute Fläche.
826 BFH, 01.04.2009 – IX R 39/08, BStBl. II 2009, S. 776; damit erhöht sich tendenziell die Gefahr der Aberkennung der Einkünfteerzielungsabsicht, da kein Ausgleich über das gesamte Immobilienportfolio erfolgt.
827 BFH, 09.03.2011 – IX R 50/10, ZfIR 2011, 534 m. Anm. *Podewils*: Übertragung von vermieteten Immobilien auf eine gewerblich geprägte GmbH & Co KG, selbst wenn diese mehrheitlich vom Einbringenden gehalten wird.
828 BFH, 02.07.2008 – IX B 46/08, ZfIR 2008, 798 m. Anm. *Ohlrogge*.
829 Nach BFH, BStBl. II 2000, S. 67 gilt dies aber nur, wenn erkennbar ist, dass der Steuerpflichtige bereits beim Erwerb des Objekts ernsthaft in Betracht gezogen hat, sich mit Rücksicht auf diese Garantie vom Objekt wieder zu trennen.
830 Werden dagegen Mietverträge mit langer oder unbefristeter Dauer abgeschlossen, und kommt es gleichwohl vor Ablauf von 5 Jahren anlässlich einer lukrativen Gelegenheit zur Veräußerung, ist von der Einkünfteerzielungsabsicht auszugehen: FG Hessen DStRE 2003, 1387. Aus der Befristung eines Mietvertrags kann allerdings noch nicht auf die Befristung der Vermietungstätigkeit überhaupt geschlossen werden (BFH, 14.12.2004 – IX R 1/04, DStR 2005, 236 und BFH, 02.04.2008 – IX R 63/07), anders wenn die Befristung mit Eigennutzungs- oder Verkaufsabsicht begründet wird.
831 FG Berlin EFG 1999, 384 und DStRE 2005, 567; BFH DStR 2002, 1609; hierzu BMF-Schreiben v. 15.08.2003, DStR 2003, 1661: anwendbar für alle ab 31.12.2003 abgeschlossenen Mietverträge; bei der Anschaffung befristet vermieteter Immobilien für alle Erwerbe ab 08.10.2004: BMF-Schreiben v. 08.10.2004, BStBl. I 2004, S. 933.
832 BFH, 09.07.2002 – IX R 57/00, BStBl. II 2003, S. 695.
833 Dabei sind auch in Anspruch genommene Abschreibungen nach dem FördGG zu berücksichtigen, FG Brandenburg DStRE 2003, 1210, nach Auffassung der Finanzverwaltung (OFD Frankfurt v. 17.05.2000, DB 2000, 1641) jedoch nicht ein etwaiger Spekulationsgewinn (a.A. *Schmidt/Drenseck* § 21 EStG Rn. 10 m.w.N.).
834 BFH, 11.08.2010 – IX R 3/10, EStB 2011, 10.

– oder wenn der konkrete Eigentümer (z.B. eine GbR) die Vermietung nur sehr kurze Zeit durchführt und sodann (durch Liquidation, Realteilung etc.) erlischt.[835]

Gleiches gilt 3353
– für **Ferienwohnungen:**[836] Werden sie auch selbst genutzt[837] oder unentgeltlich überlassen, muss belegt werden, dass die am Ort üblichen Vermietungszeiten um nicht mehr als 25 % unterschritten werden.[838] Genügt dieser Nachweis (auch wegen des Fehlens übergreifenden Datenmaterials) nicht, muss ein Totalüberschuss über einen 30-Jahres-Zeitraum prognostiziert werden können,[839] und zwar auf der Grundlage belastbarer Tatsachen.[840] Bei ausschließlicher Vermietung an wechselnde Feriengäste gilt jedoch auch hier das Überprüfungsverbot,[841] allerdings nur bei Einkünften aus § 21 EStG, nicht bei gewerblicher Ferienhausvermietung.[842]
– Den Ferienwohnungen gleichgestellt ist die zeitweise Zimmervermietung (etwa während Messen).[843]
– Das Überprüfungsverbot gilt ferner nicht bei der Verpachtung unbebauter Grundstücke (da keine Abschreibungen anfallen, sind Verluste nicht strukturell bedingt).[844]
– Indizien gegen die Einkunftserzielungsabsicht können ferner sein eine untypisch hohe Fremdfinanzierung,[845] sowie ein dauerndes Missverhältnis von Miete und Werbungskosten[846] bzw. von Miete und Herstellungsaufwand bei **aufwändig gestalteten Wohnungen** (über 250 m² Fläche; Schwimmhalle etc.),[847] ferner die nur kurzfristige Überlassung einer Wohnung an »Großstadtbesucher« zur »spontaneren« Verkäuflichkeit.[848]

Liegen solche Indizien vor, bedarf es auf einer zweiten Prüfungsstufe einer positiven Überschussprognose auf die Dauer von (i.d.R.) dreißig Jahren (vgl. im Einzelnen Rdn. 3316, wobei Mieteinnahmen mit einem Sicherheitszuschlag von 10 %, die Werbungskosten mit einem Sicherheitsabschlag von 10 % zu versehen sind; lediglich die lineare AfA[849] ist anzusetzen, nicht jedoch etwaige Veräußerungsgewinne).[850] 3354

---

835 BFH, 20.01.2009 – IX R 49/07, EStB 2009, 164. Es steht nicht entgegen, dass die Vermietung durch eine neue GbR sodann möglich gewesen wäre.
836 BFH, 05.11.2002 – IX R 18/02, DStR 2003, 325; detailliert BMF-Schreiben v. 20.11.2003, DStR 2003, 2119 m. Anm. *Diemel-Metz* DStR 2004, 495; *Paus* NWB 2004, 1729 ff. = Fach 3, S. 12873 ff.; *Ritzrow* EStB 2010, 19 ff. und 64 ff.
837 Kurzaufenthalte lediglich für Wartungsarbeiten, Schlüsselübergaben etc. schaden nicht. Aus Sicht der Finanzverwaltung glaubhaft ist das ausschließliche Bereithalten zur Fremdvermietung bei Übertragung der Verwaltung an einen nicht nahestehenden Vermittler unter vertraglichem Ausschluss der Eigennutzung. Unterschreitet die angegebene Fremdvermietung den ortsüblichen Umfang um mehr als 25 %, kann jedoch eine Ertragsprognose notwendig sein, auch wenn das Objekt nach eigenem Vortrag nur für die Vermietung bereitgehalten wurde: BFH DStR 2005, 324.
838 BFH, 19.08.2008 – IX R 39/07, EStB 2009, 12.
839 Gem. BMF v. 20.11.2003, DStR 2003, 2119 m. Anm. *Diemel-Metz* DStR 2004, 495 sind nur diejenigen Werbungskosten anzusetzen, die auf die Zeit des Bereithaltens zur Fremdvermietung anfallen (Gesamtjahreskosten wie etwa die AfA gem. § 7 Abs. 4 EStG zeitanteilig); Zeiten des Leerstandes, die nicht zur Eigennutzung vorbehalten waren, sind ebenfalls der Vermietung zuzurechnen.
840 BFH, 25.10.2009 – IX R 30/08, EStB 2010, 175.
841 BFH, 24.08.2006 – IX R 15/06, EStB 2007, 92.
842 BFH, 29.03.2007 – IV R 6/05, EStB 2007, 285.
843 BFH, 04.03.2008 – IX R 11/07, EStB 2008, 315.
844 BFH, 28.11.2007 – IX R 9/06, EStB 2008, 128: Überschussprognose binnen 30 Jahren; künftige Bebauung muss behördlich in Aussicht gestellt und nachhaltig verfolgt werden; ähnlich BFH, 26.11.2008 – IX R 67/07, EStB 2009, 158.
845 BFH, 10.05.2007 – IX R 7/07, EStB 2007, 400: Ballonfinanzierung (Zinsen werden wiederum kreditert) ohne schlüssiges Tilgungskonzept; während marktgerechte Finanzierung für die Einkunftserzielungsabsicht spricht: BFH, 19.04.2005 – IX R 15/04, BStBl. II 2005, S. 754.
846 FG Münster, 14.01.2004 –, Haufe-Index 1151986.
847 BFH, 06.10.2004, DStR 2005, 234, darauf basierend OFD München v. 11.07.2005, DStR 2005, 1645, vgl. *Günther* EStB 2007, 188. Allein der erhöhte Aufwand aufgrund denkmalgeschützter Bausubstanz eines historischen Gebäudes (alte Mühle) und die hohe Kreditbelastung (Tilgung durch Lebensversicherungen) rechtfertigen jedoch keine separate Prüfung der Einkunfteerzielungsabsicht, BFH, 19.04.2005 – IX R 30/03, DStR 2005, 1483.
848 FG Bremen DStRE 2005, 253.
849 Also z.B. nicht die Sonder-AfA nach FördGG, vgl. BFH, 25.06.2009 – IX R 24/07, EStB 2009, 384.
850 Vgl. im Einzelnen BMF v. 08.10.2004, Tz. 33 ff. (DStR 2004, 1880 ff.).

C. Querschnittsdarstellungen

3355 Bemüht sich der Eigentümer bei **leer stehenden Wohnungen** ernsthaft und nachhaltig um eine Neuvermietung,[851] besteht die Einkünfteerzielungsabsicht (mit der Möglichkeit des Abzugs vorweggenommener Werbungskosten)[852] auch dann fort, wenn das Objekt daneben zum Verkauf angeboten wird.[853] Ist längerer Leerstand dem baulichen Zustand geschuldet (Bürogebäude verfügt über keinen Lift), spricht jedoch das Unterlassen solcher Umbaumaßnahmen für die Aufgabe der Einkunftserzielungsabsicht.[854]

ee) Fondsbeteiligungen

3356 Im sog. **Fünften Bauherrenerlass**[855] hat das BMF zur einkommensteuerlichen Behandlung von Gesamtobjekten und geschlossenen Fonds (nicht nur im Immobilienbereich)[856] Stellung genommen. Die Änderungen gehen über die bloße Umsetzung der Urteile des IX. Senats[857] und IV. Senats[858] des BFH hinaus, wonach der »Anleger« tatsächlich nicht Bauherr, sondern Erwerber eines bebauten Grundstücks sei, wenn er sich aufgrund eines vom Projektanbieter vorformulierten Vertragswerkes beteiligt, sich bei den notwendigen Restgeschäften durch den Projektanbieter vertreten lässt und das Baugeschehen nicht beherrscht (Fortentwicklung der zur Grunderwerbsteuer entwickelten Vertragsbündeltheorie des II. Senats des BFH).[859]

3357 Nunmehr ist wie folgt zu differenzieren: Verfügen Anleger nicht über die erforderlichen Einflussnahmemöglichkeiten – diese müssen über die bei § 15 Abs. 1 Satz 1 Nr. 2 EStG als Voraussetzung einer Mitunternehmerschaft geforderte Initiative hinausgehen[860] und dürfen nicht über konzeptionell vorbestimmte Dritte, etwa Beiräte[861] oder Treuhänder ausgeübt werden –, ist der Fonds Erwerber des Objekts. Alle Aufwendungen in der Investitionsphase zählen dann zu den Anschaffungskosten, auch wenn Teile der Einlage ohne Wissen des Beitretenden für diese Aufwendungen verwendet wurden. Baubetreuungsgebühren, Treuhandgebühren, Finanzierungsvermittlungsgebühren, Zinsfreistellungsgebühren, Gebühren für die Vermittlung des Objekts oder des Eigenkapitals, Abschlussgebühren, Courtage, Agio, Beratungsgebühren, Bürgschaftsübernahmegebühren, Mietgarantiekosten, Haftungs- und Geschäftsführervergütungen für Komplementäre, Geschäftsführervergütungen bei schuldrechtlichem Leistungsaustausch[862] und Vergütungen für Treuhandkommanditisten sind also Anschaffungskosten.[863] Die bisher möglichen hohen steuerlichen Anfangsverluste aus Werbungsko-

---

851 Erforderlich sind z.B. die Beauftragung von Maklern oder Vermietungsinserate, BFH – IX R 89/00, EStB 2004, 17 sowie BFH, 28.10.2008 – IX R 1/07, EStB 2009, 11; gelegentliches Anschlagen von Zetteln an Bäumen genügt nicht: FG Hamburg, 2 K 8/06, JurionRS 2007, 41389. Der Nachweis ist für jede Wohnung getrennt zu führen: BFH, 12.05.2009 – IX R 18/08, EStB 2009, 348.
852 Hierzu *Günther* EStB 2009, 318 ff.
853 BFH, 09.07.2003 – IX R 102/00, DStR 2003, 1965; strenger dagegen FG Berlin DStRE 2003, 1087: bei zumindest gleichwertiger Verkaufsabsicht entfalle die Einkünfteerzielungsabsicht i.S.d. § 21 EStG.
854 BFH, 25.06.2009 – IX R 54/08, EStB 2009, 423 (20jähriger Leerstand).
855 BMF-Schreiben v. 20.10.2003, BStBl. I 2003, S. 546 = FR 2003, 1196, m. Anm. *Schimmele* EStB 2003, 471; er ersetzt den 4. Bauherrenerlass v. 31.08.1990. Der 5. Bauherrenerlass ist nicht anzuwenden, wenn der Außenvertrieb der Fondsanteile vor dem 01.09.2002 begonnen hat und der Steuerpflichtige vor dem 01.01.2004 beigetreten ist.
856 Gem. Tz. 30 und 31 gilt die Verwaltungsanweisung auch für gesellschafts- und gemeinschaftsrechtlich verbundene Personenzusammenschlüsse modellhaften Charakters zur Anlage in anderen Wirtschaftsgütern, z.B. Windkraft- und Schiffsfonds. Für Film- und Fernsehfonds gilt jedoch der Medienerlass, BMF v. 05.08.2003, BStBl. I 2003, S. 406.
857 BFH, 08.05.2001 – IX R 10/96, BStBl. II 2001, S. 2720.
858 BFH, 28.06.2001 – IV R 40/97, BStBl. II 2001, S. 717.
859 Z.B. BFH, 21.04.1999 – II R 29/98, BFH/NV 1999, 1507.
860 Bloße Widerspruchs- und Prüfungsrechte i.S.d. §§ 164, 166 HGB genügen also nicht.
861 Erforderlich ist vielmehr, dass die Gesellschafter selbst – frühestens nachdem 50 % des prospektierten Kapitals eingezahlt sind – aus ihrer Mitte einen Beirat wählen, dem weder der Initiator noch Personen aus dessen Umfeld angehören dürfen und der in der Lage sein muss, die Konzeption des Fonds rechtlich und tatsächlich in wesentlicher Hinsicht zu verändern.
862 Geschäftsführervergütungen sind gem. BFH BStBl. II 1994, S. 284 regelmäßig schuldrechtlich und nicht gesellschaftsrechtlich veranlasst, wenn sie auch in Verlustjahren zu zahlen sind.
863 Vgl. *Schimmele* EStB 2003, 478.

sten entfallen,[864] und zwar sowohl bei Fonds-GbR[865] als auch bei Fonds-KG[866] und bei gewerblichen KG[867] und – neuerdings – bei Windkraftfonds als Publikums-Fonds.[868]

Verfügt hingegen der Anleger über nach Ansicht der Finanzverwaltung ausreichende Einflussnahmemöglichkeiten, sind die Kriterien des § 6 Abs. 1 EStG maßgeblich für die Unterscheidung zwischen Hersteller- und Erwerberfonds. Handelt es sich um Erwerberfonds, entspricht die steuerliche Behandlung denjenigen bei Fonds ohne Einflussnahmemöglichkeiten, allerdings werden Eigenkapitalvermittlungsprovisionen bis zur Höhe von 6 % des vermittelten Eigenkapitals als Werbungskosten/Betriebsausgaben anerkannt.[869] Verwirklicht der Fonds die Herstellereigenschaft, sind außer Eigenkapital-Vermittlungsprovisionen in vorgenanntem Umfang auch Haftungs- und Geschäftsführungsvergütungen für Komplementäre und Vergütungen, die ein Gesellschafter für die Geschäftsführung erhält, als Werbungskosten/Betriebsausgaben abziehbar. 3358

§ 15b EStG führt (als Nachfolgeregelung zu § 2b EStG: Verlustausgleichsbeschränkung mit Gewinnen aus anderen Einkunftsquellen) seit 11.11.2005 zu einer »Einkapselung« von Verlusten aus »**unangemessenen Steuerstundungsmodellen**« innerhalb der jeweils betreffenden Einkunftsquelle (auch Einkünfte aus Vermietung und Verpachtung, § 21 Abs. 1 Satz 2 EStG). Abgestellt wird dabei[870] auf das Vorliegen eines »vorgefertigten Konzepts« (»modellhafte Gestaltung«) und gleichgerichteter Leistungsbeziehungen. Gefährlich sind also insb. »bereitgestellte« Zusatz- oder Nebenleistungen, die aufgrund getrennter Vergütung zu sofort abziehbarem Aufwand führen sollen. § 15b EStG gilt nicht nur für Fondsgestaltungen, sondern auch für Einzelinvestitionen. Die schlichte Kombination von Anschaffung der Altbestandsimmobilie und Werkvertrag führt jedoch nach dem Grundsatz des einheitlichen Vertragswerks nicht zu einer modellhaften Gestaltung.[871] 3359

Auch die Zusage einer Mietgarantie[872] oder die Übernahme einer Verkäufer-Bürgschaft für die Endfinanzierung, sofern sie nicht zu gesonderten, sofort abzugsfähigen Gebühren führt, ist unproblematisch, ebenso die bloße Vermittlung von Zusatzleistungen durch den Bauträger, sofern die weiteren Vertragspartner nicht nahestehende Personen sind. Werden für Bewirtschaftungs- und Verwaltungsverträge (Hausverwaltung, Tätigkeit als WEG-Verwalter etc.) übliche Gebühren gezahlt und erfolgt keine Vorauszahlung auf mehr als 12 Monate, liegt auch hierin keine »modellhafte Gestaltung«. Gefährlich können jedoch sonstige Zusatzleistungen des Verkäufers (z.B. Eigenkapitalvermittlungsgebühren etc.) sein, die in der Anfangsphase der Investition zu Verlusten von mehr als 10 % des aufzubringenden Kapitals führen, § 15b Abs. 3 EStG. 3360

ff) Sonstige Einkünfte gem. § 22 Nr. 3 EStG

Neben wiederkehrenden Leistungen für die Verschaffung des Fremdbesitzes an Immobilien (v.a. die Vermietung, § 21 EStG Rdn. 3313 ff.) können auch einmalige Vergütungen, die nicht im Zusammenhang mit Veräußerungs- und veräußerungsähnlichen Geschäften stehen (hierzu Rdn. 3367 f.), als sonstige Einkünfte i.S.d. § 22 Nr. 3 EStG besteuert werden. Dies kommt in Betracht bei Entschädigungen als Ausgleich für die Bestellung einer **Dienstbarkeit** oder das Unterlassen der Geltendmachung nachbarlicher Abwehransprüche,[873] ebenso beim Bezug eines **Bindungsent-** 3361

---

864 Ähnlich die geänderten Rn. 9 und 10 des sog. Medienerlasses BStBl. I 2003, S. 406, vgl. auch *Fanvallis/Schumacher* DStR 2003, 1857 und *Zacher* DStR 2003, 1861; vgl. DStR 2003, 1440.
865 BFH, 07.08.1990 – IX R 70/86, BStBl. II 1990, S. 1024.
866 BFH, 11.01.1994 – IX R 82/91, BStBl. II 1995, S. 166.
867 BFH, 18.06.2001 – IV R 40/97, BStBl. II 2001, S. 717.
868 BFH, 14.04.2011 – IV R 15/09, DStR 2011, 1020.
869 Fondserlass, Rn. 46.
870 Vgl. Anwendungsschreiben des BMF v. 17.07.2007, ErbStG 2007, 267; hierzu *Koblenzer* ErbStG 2007, 314.
871 Vgl. Bundestagsdrucksache 16/107 zu § 21 Abs. 1 Satz 2 EStG (»*Nicht betroffen sind jedoch Bauträgergestaltungen, in denen ein Bauträger ein Objekt im Sanierungsgebiet oder ein Denkmal saniert ...*«).
872 Erst recht nicht der Abschluss eines Mietpool-Vertrags, bei dem das Garantierisiko von den Investoren selbst getragen wird.
873 Da das Eigentum nicht verloren geht, liegt darin kein (steuerlich irrelevanter) Akt der Vermögensumschichtung, vgl. BFH, 26.10.1982 – VIII R 83/79, BStBl. II 1983, S. 404; ebenso FG Berlin-Brandenburg, 6 K 2614/94, – anders wenn

C. Querschnittsdarstellungen

gelts für die Abgabe eines bindenden Angebots[874] oder einer Vergütung für die Einräumung eines **Vorkaufsrechts**.[875] Anders liegt es dagegen beim Entgelt für den Verzicht auf die Annahme eines Kaufangebots oder die Ausübung eines eingeräumten Vorkaufsrechts, da diese Zahlungen in den Bereich der Vermögenssubstanz und nicht der Vermögensnutzung fallen.[876]

c) Häusliches Arbeitszimmer

3362   Das häusliche Arbeitszimmer ist charakterisiert als Raum, der nach Lage, Funktion und Ausstattung zur privaten Wohnung des Steuerpflichtigen gehört (ggf. auch als bloßer Zubehörraum im Keller oder Speicher), und nahezu ausschließlich zu betrieblichen/beruflichen Zwecken, also zur Erledigung gedanklicher, schriftlicher, verwaltungstechnischer und ähnlicher Arbeiten dient. Nicht unter die Abzugsbeschränkung fallen demnach separat angemietete Räume, auch sofern im selben Haus befindlich, ebenso wenig Ausstellungs-, Lager-, oder Betriebsräume, die einen eigenen Bereich bilden, auch wenn dieser an die Wohnung angrenzt.[877]

3363   Nach der bis 2006 geltenden (und durch das Jahressteuergesetz 2010 rückwirkend ab 2007 wieder in Kraft gesetzten)[878] Regelung sind Aufwendungen für das häusliche Arbeitszimmer sowie seine Ausstattung als Betriebsausgaben oder Werbungskosten (vgl. §§ 4 Abs. 5 Nr. 6 Buchst. b) Satz 1, 9 Abs. 5 Satz 1, 10 Abs. 1 Nr. 7 EStG) nur abzugsfähig, wenn entweder (1) die beruflich/betriebliche Nutzung des Arbeitszimmers mehr als 50 % der gesamten betrieblichen/beruflichen Tätigkeit ausmacht, oder (2) dem Steuerpflichtigen kein anderer Arbeitsplatz zur Verfügung steht. Die an sich ab dem Veranlagungszeitraum 2007 geltenden noch engeren Voraussetzungen[879] (das häusliche Arbeitszimmer müsse den Mittelpunkt der gesamten betrieblichen und beruflichen Betätigung bilden) waren allerdings verfassungswidrig, soweit sie auch Aufwendungen sogar dann vom Abzug ausschließt, wenn für die berufliche oder betriebliche Tätigkeit kein anderer Arbeitsplatz zur Verfügung stand,[880] sodass durch das JStG 2010 rückwirkend die zuvor geltende Rechtslage wieder in Kraft gesetzt wurde.

3364   Zu den von der Abzugsbeschränkung erfassten Aufwendungen für das häusliche Arbeitszimmer gehören die anteiligen Aufwendungen für Miete, Gebäudeabschreibung, Schuldzinsen, Wasser-, Energie- und Reinigungskosten, Grundsteuer, Gebäudeversicherungen, Müllabfuhr, sowie Renovierungskosten. Auch Aufwendungen zur Ausstattung wie Tapeten, Teppiche, Fenstervorhänge, Gardinen, Lampen etc. zählen hierzu (wobei Luxusgegenstände, etwa Kunstwerke, ohnehin gem. § 12 Nr. 1 EStG nicht abziehbar sind). Nicht erfasst von der Abzugsbegrenzung Abzugsverbot sind jedoch Aufwendungen für **Arbeitsmittel** (Computeranlage etc.).[881] Gem. § 4 Abs. 7 EStG bestehen besondere Aufzeichnungspflichten.

3365   Liegen die Voraussetzungen der Abzugsfähigkeit vor, ist der Abzug unabhängig von der Zahl der nutzenden Personen[882] auf 1.250,00 € pro Jahr begrenzt, bei der Nutzung des Arbeitszimmers für die eigene Berufsausbildung i.R.d. § 10 Abs. 1 Nr. 7 EStG sind jedoch nur 4.000,00 € pro Jahr i.R.d. Ausbildungskosten als Sonderausgaben abzugsfähig.

---

die Herrschaftsgewalt des Eigentümers auf Dauer verloren geht, etwa beim U-Bahn-Bau: BFH, 19.01.1982 – VIII R 102/78, BStBl. II 1982, S. 553. Die Gegenleistung für das bloße Unterlassen des eigenen Bewohnens, sodass sich der gewerbliche Nachbar Lärmschutzmaßnahmen erspart, ist jedoch steuerfrei: FG München, 27.06.2007 – 1 K 4055/04, JurionRS 2007, 35779.

874   BFH, 26.04.1977 – VIII R 2/75, BStBl. II 1977, S. 631.
875   BFH, 10.08.1994 – X R 42/91, BStBl. II 1995, S. 57.
876   BFH, 14.11.1978 – VIII R 2/75, BStBl. II 1979, S. 298 zur »Übertragung« eines Rückerwerbsanspruchs.
877   BFH, 28.08.2003 – IV R 53/01, BStBl. II 2004, S. 55.
878   BMF-Schreiben v. 02.03.2011 – IV C 6 – S 2145/07/10002, EStB 2011, 112; hierzu *Günther* EStB 2011, 157 ff.
879   Vgl. BMF-Schreiben v. 03.04.2007 – IV B 2-S 2145/07/0002; Überblick mit Gestaltungsempfehlung bei *Ballof* EStB 2007, 260 ff. sowie *Paus* EStB 2008, 211 ff.
880   BVerfG, 06.07.2010 – 2 BvL 13/09, EStB 2010, 279; Verfahrensregelung für die Übergangszeit ab 10.09.2010: BMF, 12.08.2010 – IV A 3 – SO 338/07/10010-03 NWB 2010, 2690.
881   BFH, 21.11.1997 – VI R 4/97, BStBl. I 1998, S. 351.
882   BFH, 23.09.2009 – IV R 21/08, EStB 2010, 49.

Für **Arbeitnehmer** liegt die häufig einzig mögliche »Ausweichgestaltung« in der **Vermietung des** 3366
Arbeitsraums an den Arbeitgeber (die Miete ist beim Arbeitgeber Betriebsausgabe; beim Arbeitnehmer tritt regelmäßig ein Vermietungsverlust auf, da die anteiligen Raumkosten die ortsübliche anteilige Miete übersteigen; bei Neubauten kommt ferner eine Option zur USt mit Abzug der anteiligen Vorkosten in Betracht, vgl. Rdn. 3554 ff.) Steuerlich anerkannt wird der Mietvertrag jedoch nur, wenn er vorrangig den Interessen des Arbeitgebers dient,[883] z.B. weil sich dann mehrere Arbeitnehmer im eigentlichen Betrieb einen Schreibtisch teilen können und die weiteren Aufgaben in Heimarbeit erledigen. Handelt es sich jedoch um einen »Tele-Arbeitsplatz« im eigentlichen Sinn und wird der Arbeitnehmer zu mehr als der Hälfte seiner Arbeitszeit in diesem Arbeitszimmer tätig im Rahmen von Aufgaben, die den in den Betriebsräumen zu erledigenden zumindest gleichwertig sind, bildet dieses Arbeitszimmer den Mittelpunkt der Tätigkeit und kann unmittelbar, auch ohne Mietvertrag, geltend gemacht werden.[884]

d) Veräußerungsphase: Besteuerung privater Veräußerungsgewinne (§ 23 EStG)

aa) Betroffene Objekte

Wertsteigerungen bei dem zur Einkünfteerzielung eingesetzten Immobilienprivatvermögen sind grds. 3367
steuerfrei, es sei denn, zwischen Anschaffung und Weiterveräußerung[885] des Grundstücks bzw. grundstücksgleichen Rechts sind **weniger als 10 Jahre**[886] vergangen (»private Veräußerungsgeschäfte«). Abweichend von der bis 31.12.1998 geltenden Rechtslage (gesetzlich damals tatsächlich als »Spekulationsgeschäfte« bezeichnet) ist es ohne Bedeutung, ob bereits im Zeitpunkt der Anschaffung eine Veräußerungsabsicht vorlag. Seit 2009 erhöht sich die »Spekulationsfrist«[887] für private Veräußerungsgeschäfte bei anderen Wirtschaftsgütern als Grundstücken, aus denen zumindest in einem Kalenderjahr steuerpflichtige Einkünfte erzielt werden, von einem auf ebenfalls 10 Jahre (z.B. für entgeltlich angeschaffte und veräußerte Nießbrauchsrechte, Anteile an Erbengemeinschaften etc.).

War die Immobilie erst im Jahr der Veräußerung und den beiden vorangegangenen Jahren – sei es 3368
auch im ersten Jahr nur zu einem Tag[888] – zu **eigenen Wohnzwecken**, also nicht z.B. als häusliches Arbeitszimmer, Rdn. 3362 ff.[889] oder als unbebautes benachbartes Gartengrundstück,[890] genutzt worden, liegt kein privates Veräußerungsgeschäft vor. Unschädlich ist demnach zwischenzeitlicher Leerstand vor der Veräußerung, wenn diese noch im Jahr der Nutzungsbeendigung erfolgt.[891]

Der zur Freistellung von der Spekulationsbesteuerung notwendigen eigenen Wohnnutzung steht 3369
allerdings nicht entgegen, dass der Eigentümer das Objekt gemeinsam mit Familienangehörigen oder gar Dritten nutzt, sofern Letztere unentgeltlich wohnen. Dem Eigentümer müssen jedoch Räume verbleiben, die den Wohnungsbegriff erfüllen.[892] Ausreichen soll auch die unentgeltliche Überlassung zu Wohnzwecken an solche Kinder, für die Anspruch auf Kindergeld oder Freibetrag

---

883 BFH, 16.09.2004 – VI R 25/02, BStBl. II 2006, S. 10.
884 BFH, 23.05.2006 – VI R 21/03, BStBl. II 2006, S. 600, vgl. *Paus*, NWB 2008, 4911 = F. 3 S. 15363.
885 Daher liegt in der Rückabwicklung als Folge von Vertragsstörungen keine »Veräußerung«, BFH, 27.06.2006 – IX R 47/04, DStRE 2006, 1835, s.a. unten Rdn. 3382.
886 Die »rückwirkende Verlängerung« auch für Objekte, bei denen der frühere zweijährige Spekulationszeitraum bereits abgelaufen war, ist nicht verfassungswidrig: BVerfG, 07.07.2010 – 2 BvL 14/02, 2 BvL 2/04, 2 BvL 13/05, erst recht nicht bei Verlängerung der noch laufenden 2-Jahres-Frist: BFH DStRE 2004, 1079. Es besteht allerdings Nachbesserungsbedarf für Vorgänge bis zum 31.03.1999 (Verkündung des Gesetzes), hierzu BMF, 20.12.2010 – IV C 1 – S 2256/07/10001, FR 2011, 147.
887 Auch in der gezielten Verlustrealisierung (selbst mit anschließender Neuanschaffung derselben Papiere) liegt kein Missbrauch gem. § 42 AO, da es auf die Motive nicht ankommt, BFH, 25.08.2008 – IX R 60/07, EStB 2009, 426.
888 BMF, BStBl. I 2000, S. 1383 ff. Beispiel bei Rn. 25.
889 BMF BStBl. I 2000, S. 1383 ff. Rn. 21, krit. hierzu *Korn/Carlé* EStG, § 23 Rn. 40, für den Fall, dass das Arbeitszimmer nach § 8 EStDV kein eigenes Wirtschaftsgut darstellt.
890 BFH, 25.05.2011 – IX R 48/10, MittBayNot 2012, 70.
891 OFD München, DStR 2001, 1298, Tz. 2.1.2.1.
892 Vgl. *Münch* ZNotP 2005, 10.

C. Querschnittsdarstellungen

nach § 32 Abs. 6 EStG besteht. Die unentgeltliche Überlassung ausschließlich an andere Angehörige (auch den Ehegatten) verwirklicht jedoch keine Nutzung mehr zu eigenen Wohnzwecken, auch wenn die Angehörigen unterhaltsberechtigt sind.[893]

3370 Zieht also der Eigentümer-Ehegatte bei der Trennung aus und verbleibt der andere in der Wohnung, ohne Eigentümer zu sein, liegt keine Nutzung mehr zu eigenen Wohnzwecken vor. Die Literatur will jedoch die Freistellung aufrechterhalten für den Fall, dass der andere Ehegatte zusammen mit einem kindergeldberechtigten Kind im Gebäude verbleibt.[894] Sind beide Ehegatten Miteigentümer und zieht einer von ihnen aus, ist die Nutzung zu eigenen Wohnzwecken für jeden Miteigentümer getrennt zu beurteilen. Steuernachteile nach § 23 EStG bei anschließender Veräußerung werden für den im Grundbuch (mit) eingetragenen Ehegatten nur dann vermieden, wenn er anstelle auszuziehen im eigenen bzw. gemeinsamen Anwesen getrennt lebt (§ 1567 Abs. 1 Satz 2 BGB).[895]

bb) Steuerfreiheit bei fehlender Identität

3371 Die Besteuerung privater Veräußerungsgeschäfte scheidet ferner dann aus, wenn zwischen angeschafftem Objekt und veräußertem Objekt keine wirtschaftliche Identität besteht. So ist bspw. die Ausgabe eines Erbbaurechts mit dem Erwerb des dadurch belasteten Grundstücks nicht vergleichbar.[896] Die wirtschaftliche Vergleichbarkeit wird jedoch nicht dadurch ausgeschlossen, dass zwischen Anschaffung und Veräußerung das Objekt bebaut wurde (§ 23 Abs. 1 Satz 1 Nr. 1 Satz 2 EStG) oder dass die später veräußerte Immobilie nicht als Grundstück, sondern als Resitutionsanspruch nach dem VermG entgeltlich erworben wurde.[897]

cc) Anschaffungs- und Veräußerungsvorgänge

3372 Die nach 01.01.1999 erfolgte[898] **Entnahme eines Grundstücks** aus Betriebsvermögen oder Betriebsaufgabe mit Überführung in das Privatvermögen gilt gem. § 23 Abs. 1 Satz 2 EStG ebenfalls als Anschaffung.[899] Die **Sacheinlage** eines Grundstücks in eine gewerblich tätige oder geprägte (§ 15 Abs. 3 Nr. 2 EStG), also Betriebsvermögen haltende – nicht lediglich vermögensverwaltende – Personengesellschaft (oder eine Kapitalgesellschaft) gegen Gewährung von Gesellschaftsrechten gilt als tauschähnlicher Vorgang,[900] als Veräußerung i.S.d. § 23 Abs. 1 Nr. 1 EStG auf der Seite des Einlegenden und als Anschaffung auf der Seite der übernehmenden Gesellschaft. Die verdeckte Einlage in eine Kapitalgesellschaft wird gem. § 23 Abs. 1 Satz 5 Nr. 2 EStG gleichfalls als Veräußerung fingiert, sodass bereits damit der Tatbestand des § 23 EStG verwirklicht wird.

3373 Auch die die verdeckte Einlage (zum Teilwert)[901] in das Betriebsvermögen einer Personengesellschaft bzw. eines Einzelunternehmens gilt als Veräußerung – letzteres allerdings nur, falls binnen 10 Jahren nach der Anschaffung (nicht der Einlage) eine Drittveräußerung[902] dieses Wirtschaftsguts

---

893 BMF BStBl. I 2000, S. 1383 ff. Rn. 22 f.
894 *Wälzholz* FamRB 2002, 384.
895 Gem. BMF BStBl. I 2000, S. 1383 ff. Rn. 22 muss allerdings jeder Ehegatte in der Lage sein, einen selbstständigen Haushalt zu führen, vgl. auch *Krause* Das Familienheim bei Trennung und Scheidung Kap. 7 Rn. 40 ff.
896 BFH, BStBl. II 1977, S. 384.
897 BFH, 13.12.2005 – IX R 14/03, ZfIR 2006, 686 m. Kurzanm. *Naujok*.
898 BFH, 18.10.2006 – IX R 5/06, DStR 2006, 2167, *Intemann* NWB 2007, 601 = Fach 3, S. 14375; dem folgt nun auch die Finanzverwaltung: BMF v. 07.02.2007, DStR 2007, 393.
899 Vorrangig ist allerdings der Grundtatbestand des § 23 Abs. 1 Satz 1 EStG: liegt zwischen Anschaffung im Privatvermögen und Veräußerung weniger als 10 Jahre, ist die im Privatvermögen angefallene Wertsteigerung zu versteuern, auch wenn in der Zwischenzeit eine Einlage in und Entnahme aus Betriebsvermögen stattgefunden hat, vgl. BFH, 23.08.2011 – IX R 66/10, EStB 2011, 431.
900 BFH, 19.10.1998 – VIII R 69/95, DStR 1999, 366; BMF v. 05.10.2000, BStBl. I 2000, S. 1383 Tz. 6; ebenso FG Münster DStRE 2005, 1193 bei wertmäßiger Erfassung des Übertragungsvorgangs auf dem Kapitalkonto des Gesellschafters.
901 § 6 Abs. 1 Nr. 5, § 6 Abs. 1 Nr. 1 Satz 3 EStG.
902 Gleichgestellt ist die Einbringung als offene oder verdeckte Sacheinlage in eine Kapitalgesellschaft oder die Einbringung in eine Personengesellschaft gegen Gewährung von Gesellschaftsrechten oder die verdeckte Einlage in eine Kapitalgesell-

aus dem Betriebsvermögen nachfolgt (§ 23 Abs. 1 Satz 5 Nr. 1 EStG)[903] und sodann beschränkt auf die außerhalb des Betriebsvermögens, also zwischen Anschaffung und Einlage, realisierte Wertsteigerung (§ 23 Abs. 3 Satz 7 EStG – damit wird der Einbringende belastet, obwohl die Personengesellschaft das eingebrachte Grundstück veräußert hat!).[904] Wird das eingebrachte Grundstück wieder entnommen und sodann veräußert, liegen also möglicherweise zwei Anschaffungsvorgänge innerhalb des 10-Jahres-Zeitraums vor (auch die Entnahme gilt gem. § 23 Abs. 1 Satz 2 EStG als Anschaffung); nach Ansicht des BMF ist der erste Anschaffungsvorgang maßgeblich.[905]

Keine Veräußerung liegt jedoch vor bei der schlichten Rückabwicklung eines gescheiterten Kaufvertrags, auch im Fall der Direktübertragung an die finanzierende Bank gegen Enthaftung,[906] ebenso wenig bei der wertentsprechenden Realteilung (Bruchteilsgemeinschaft an einem Grundstück wird durch Vermessung auseinandergesetzt[907] – dagegen liegt wohl ein tauschähnlicher entgeltlicher Vorgang vor, wenn zwei Miteigentümergemeinschaften an zwei Wohnungen so auseinandergesetzt werden, dass jeder eine Wohnung alleine erhält).[908] **3374**

Die **Übertragung unmittelbarer oder mittelbarer Beteiligungen an Personengesellschaften** gilt als Übertragung der anteiligen Wirtschaftsgüter dieser Gesellschaft (§ 23 Abs. 1 Satz 4 EStG).[909] Zählt also zum Vermögen der Gesellschaft ein Grundstück, das noch nicht 10 Jahre im Bestand der Gesellschaft verblieben ist, löst dies die Steuerpflicht für den auf das Grundstück entfallenden Erlösanteil aus. Allerdings kann § 34 Abs. 2, Abs. 3 EStG bei Vorliegen der Voraussetzungen (Vollendung des 55. Lebensjahres oder Erwerbsunfähigkeit) auf (einmaligen) Antrag zur Anwendung eines reduzierten (56 % des durchschnittlichen) Steuersatzes führen.[910] **3375**

In Erweiterung dieses in § 23 Abs. 1 Satz 4 EStG enthaltenen Rechtsgedankens sieht der BFH[911] im entgeltlichen **Erwerb eines Miterbenanteils** an einem Nachlass, zu dem ein Grundstück zählt, eine quotale Anschaffung auch dieses Grundstücks mit der Folge, dass eine Veräußerung des Grundstücks selbst innerhalb der 10-Jahres-Frist zur Besteuerung führe. Er begründet dies mit der Parallele zur Erbauseinandersetzung durch Realteilung mit Barauszahlung.[912] Um einen Anschaffungsvorgang zu vermeiden, müsste also eine unentgeltliche Erbauseinandersetzung ohne bare Ausgleichszahlung (z.B. unter überproportionaler Übernahme von Verbindlichkeiten des Nachlasses) erfolgen oder aber der unentgeltliche Erwerb des Grundstücks durch Ausschlagung seitens der anderen Erben gegen Zahlung einer dauernden Last.[913] **3376**

Soweit bei Übertragungsvorgängen keine vollentgeltlichen Rechtsgeschäfte vorliegen (wie bereits unter Rdn. 3247 ausgeführt gelten Kaufpreisrenten, Abfindungszahlungen, Gleichstellungsgelder und Schuldübernahmen als Entgelte, ebenso tauschähnliche Vorgänge wie etwa die Anteilsgewährung bei **3377**

---

schaft ohne Gewährung von Gesellschaftsrechten, sowie die Überführung in das Privatvermögen oder Sonderbetriebsvermögen gegen Minderung von Gesellschaftsrechten vgl. BMF v. 05.10.2000, MittBayNot 2000, 581 (Tz. 4).
903 Vgl. hierzu *Günther* EStB 2009, 408 ff.
904 *Reich* ZNotP 2000, 479, 482 empfiehlt daher Rückforderungsrechte bei der Einbringung für diesen Fall.
905 BMF vom 05.10.2000, MittBayNot 2000, 581 (Tz. 35); zur Vermeidung einer doppelten einkommensteuerlichen Erfassung der im Betriebsvermögen erzielten Wertsteigerung (Entnahme zum Teilwert) ist jedoch der Veräußerungsgewinn um diesen Anteil zu mindern.
906 BFH, 27.06.2006 – IX R 47/04, EStB 2006, 404.
907 Ähnlich der Erlass des BMF zur Auseinandersetzung einer Erbengemeinschaft v. 14.03.2006, BStBl. I 2006, S. 253 Tz. 1 (Bruchteils- und Gesamthandsgemeinschaft sind im Hinblick auf § 39 Abs. 2 Nr. 2 AO identisch).
908 *Reich* ZNotP 2000,375 (377); BFH v. 21.03.2002 – IV R 1/01, BStBl. II 2002, S. 519 (zur Auseinandersetzung gemeinsamen Privat- und Betriebsvermögens).
909 Allerdings liegt gem. BFH, 18.10.2006 – IX R 7/04, DStR 2006, 2206 in der Kündigung einer Gesellschaftsbeteiligung und dem Vereinnahmen des Abfindungsguthabens keine Veräußerung dieser Beteiligung als Wirtschaftsgut selbst.
910 Vgl. *Höhmann* NWB 2004, 2069 = Fach 3, S. 12925 ff., auch zur Zwischenschaltung ausländischer Gesellschaften.
911 BFH, 20.04.2004 – IX R 5/02, ZEV 2004, 295, m. krit. Anm. *Tiedtke/Wälzholz*.
912 BFH BStBl. II 1990, S. 837; Erlass des BMF zur Erbauseinandersetzung v. 11.01.1993, BStBl. I 1993, S. 62 ff.
913 BFH ZEV 1996, 397.

C. Querschnittsdarstellungen

einer Verschmelzung[914] sowie die Leistung anstelle entstandener Zugewinnausgleichsansprüche,[915] aber auch der unmittelbare Tausch gegen eine andere Sache oder ein Recht),[916] führt der Erwerber die Haltefrist des Vorgängers fort (§ 23 Abs. 1 Satz 3 EStG, »Fußstapfentheorie«); unentgeltliche Erwerbe verwirklichen also keinen eigenen Anschaffungsvorgang. Bei **gemischten Schenkungen** entstehen demnach unterschiedliche Anschaffungskosten und unterschiedliche Haltefristen für den entgeltlichen Teil und den unentgeltlichen Teil (bei dem die historischen Anschaffungskosten des Voreigentümers maßgeblich bleiben).[917] Letzteres kann sich auch verwirklichen bei Ausübung eines Kaufrechtsvermächtnisses zu vergünstigten Konditionen.[918]

3378 Wird ein unter **Nießbrauchsvorbehalt** (keine »Gegenleistung« mit Entgeltcharakter) stehendes oder gestelltes Objekt jedoch i.Ü. vollentgeltlich erworben oder veräußert (i.H.d. Kaufpreises, der angesichts der kapitalisierten Nießbrauchsbelastung verkehrswertgerecht ist), kann sich der Nießbrauchsvorbehalt steuerverschärfend oder -erleichternd auswirken:

– Die Reduzierung des kapitalisierten Nießbrauchsabzugs mit fortschreitendem Lebensalter des Nießbrauchers führt eo ipso zu einer Anhebung des Weiterverkaufspreises und damit zu höherer Veräußerungsgewinnbesteuerung. Der statistisch »vorzeitige« Tod des Nießbrauchers führt gar zu einem veritablen Wertsprung.
– Umgekehrt kann die Veräußerung einer unbelastet erworbenen Immobilie zu verringertem Verkaufspreis unter zusätzlichem Rückbehalt des Nießbrauchs den »Spekulationsgewinn« senken bzw. vermeiden.[919] Löst der Endkäufer den vorbehaltenen Nießbrauch später aufgrund neuen Entschlusses entgeltlich ab, liegen hierin zusätzliche Anschaffungskosten des Käufers,[920] allerdings tritt keine nachträgliche Erhöhung des i.R.d. § 23 EStG zugrunde gelegten Verkaufspreises beim Veräußerer ein.[921]

dd) Ermittlung des Veräußerungsgewinns

3379 § 23 EStG ist eine Gewinnermittlungsvorschrift eigener Art, bei der Zufluss-/Abflussprinzip des § 11 EStG nicht gilt, sondern auf den Veräußerungszeitpunkt alle Vorgänge zu berücksichtigen sind, die im Zusammenhang mit der Veräußerung stehen. Bei Kaufverträgen ab dem 31.07.1995 bzw. in Herstellungsfällen ab dem 31.12.1998 sind demzufolge bei der Ermittlung des Gewinns oder Verlusts aus privaten Veräußerungsgeschäften von den Anschaffungs- oder Herstellungskosten die gezogenen Abschreibungen, erhöhten Absetzungen und Sonderabschreibungen abzuziehen. Dies führt bspw. bei Immobilien in den neuen Bundesländern dazu, dass Veräußerungsgewinne besteuert werden, selbst wenn der tatsächliche Verkaufserlös weit unter den historischen Anschaffungskosten liegt (seit 2009 wird gem. § 23 Abs. 3 Satz 4 EStG auch der Veräußerungsgewinn von Wirtschaftsgütern, mit denen bisher »sonstige Einkünfte« i.S.d. § 22 Nr. 3 EStG erzielt wurden [Container-Leasing] um die bisher gezogene AfA erhöht). Schuldzinsen mindern den Spekulationsgewinn nur, soweit sie auf den Zeitraum der Verkaufsabsicht entfallen.[922] Als Veräußerungserlös kann auch der wirtschaftliche Vorteil aus einem Schuldenerlass gewertet werden, der dem Verkäufer bereits vor der Veräußerung durch die Bank gewährt wurde als Ausgleich für die Erteilung einer (dann eingesetzten) Verwertungsvollmacht.[923]

---

914 BFH v. 19.08.2008 – IX R 71/07, GmbHR 2008, 1279: entgeltliche Anschaffung der seitens der übernehmenden Körperschaft gewährten Anteile.
915 Vgl. im Einzelnen *Krauß* Vermögensnachfolge in der Praxis Rn. 61 ff.
916 Bsp. nach BFH, 13.04.2010 – IX R 36/09, NotBZ 2011, 108: Tausch eines Grundstücks gegen einen Rückübertragungsanspruch in Bezug auf eine sodann beplante Parzelle hieraus.
917 Vgl. im Einzelnen *Krauß* Vermögensnachfolge in der Praxis Rn. 4929 ff.
918 BFH, 29.06.2011 – IX R 63/10, DStR 2011, 1607; *Ihle* notar 2011, 411.
919 Zu Vorstehendem vgl. *B. Meyer/Hartmann* INF 2006, 789 ff.
920 Vgl. *Krauß* Vermögensnachfolge in der Praxis Rn. 1186 ff.
921 Kein rückwirkendes Ereignis i.S.d. § 175 Abs. 1 Satz 1 Nr. 2 AO: BFH, 14.06.2005 – VIII R 14/04, ZEV 2005, 537 m. Anm. *Fleischer*.
922 BFH, 16.06.2004 – X R 22/00, ZfIR 2004, 824.
923 FG Hessen, 03.05.2010 – 3 K 299/10, ErbStB 2010, 327 (»Schrott-Immobilie«).

Es besteht eine **Freigrenze** von jährlich (ab 2008) 600,00 €. Verluste aus privaten Veräußerungsgeschäften können nur mit Gewinnen aus anderen privaten Veräußerungsgeschäften desselben Veranlagungszeitraums verrechnet werden, nicht aber mit sonstigen Einkunftsarten (§ 23 Abs. 3 Satz 8 und Satz 9 EStG; diese Beschränkung des Verlustausgleichs ist verfassungsgemäß).[924] Mit Inkrafttreten der Abgeltungsteuer können Verluste aus »Spekulationsgeschäften« aus der Zeit vor 2009, sofern sie im Jahr ihrer Entstehung in der Steuererklärung angegeben wurden, noch bis 2013 mit Gewinnen auch aus Aktien und anderen Wertpapieren verrechnet werden, ab dann nur noch mit Gewinnen aus dem privaten Veräußerungsgeschäften mit Immobilien, Gemälden oder Münzen (wobei letztere Verrechnung ohnehin empfehlenswerter ist, da sie gegen den individuellen Steuersatz erfolgt, nicht gegen den Abgeltungsteuersatz von (einschließlich Solidaritätszuschlag) 26,375 %.

3380

ee) Entstehung und Entfallen der Steuer

Die Verwirklichung der objektiven Merkmale führt zur Besteuerung, ohne dass eine Prüfung subjektiver Merkmale bzgl. der Einkünfteerzielungsabsicht erforderlich wäre.[925] Maßgeblich für den **Zeitpunkt** der Anschaffung einerseits und der Veräußerung andererseits ist (anders als sonst im Steuerrecht) nicht der Übergang von Besitz, Nutzungen und Lasten, sondern der Abschluss des obligatorischen Rechtsgeschäfts (notariell beurkundeter Kaufvertrag bzw. dessen Genehmigung bei vollmachtloser Vertretung, da die zivilrechtliche Rückwirkung des § 184 BGB ohne steuerliche Relevanz ist,[926] anders jedoch bei behördlichen Genehmigungen bzw. Zustimmungen Dritter, etwa gem. § 12 WEG, da die Beteiligten bereits gebunden sind. Bei noch erforderlichen betreuungs-, familien- oder nachlassgerichtlichen Genehmigungen ist allerdings die Bindung erst mit Entgegennahme dieser Genehmigung eingetreten, § 1829 BGB). Sofern jedoch auf andere Weise ein Zustand geschaffen wird, der bei wirtschaftlicher Betrachtungsweise das Ergebnis eines Verkaufs vorwegnimmt, kann der maßgebliche Zeitpunkt vorverlagert werden (bspw. bei einem bindenden Veräußererangebot, das mit sofortigem Nutzungsübergang verbunden ist oder aber die Möglichkeit einer anderweitigen Veräußerung während der Schwebezeit ausschließt;[927] es genügt auch ein Vorvertrag).[928]

3381

Die Wirkungen des § 23 EStG entfallen rückwirkend, wenn das Rechtsgeschäft vor Übergang des wirtschaftlichen Eigentums (Besitzübergang) oder – auch wenn das wirtschaftliche Eigentum (Rdn. 2077) bereits übergegangen ist – vor dem Übergang des zivilrechtlichen Eigentums (Grundbuchumschreibung) **aufgehoben** wird.[929] Gleiches gilt, wenn infolge eines gesetzlichen Rücktrittsrechts (etwa aufgrund Pflichtverletzung) der Anschaffungsvertrag aufgehoben wird, und zwar auch nach Eigentumswechsel: Es handelt sich um ein rückwirkendes Ereignis i.S.d. § 175 Abs. 1 Nr. 2 AO;[930] im Rückabwicklungsjahr kann keine Abschreibung mehr in Anspruch genommen werden.[931] Ohne Auswirkung auf ein bereits verwirklichtes »Spekulationsgeschäft« ist jedoch eine sonstige, aus freien Stücken (oder schlicht um die Wirkungen des § 23 EStG zu vermeiden) vorgenommene Rückabwicklung.[932] Letztere »freiwillige« Rückabwicklung stellt allerdings zumindest ihrerseits nicht ein neues Veräußerungsgeschäft mit möglicherweise neuem Spekulationsgewinn dar.[933]

3382

---

924 BFH, 18.10.2006 – IX R 28/05, EStB 2007, 38.
925 BFH, 22.04.2008 – IX R 29/06, EStB 2008, 271 zur Veräußerung eines Gebrauchtwagens innerhalb eines Jahres.
926 BFH DStRE 2002, 153.
927 BFH, 07.08.1970 – VI R 166/67, BStBl. II 1970, S. 806.
928 BFH, 13.12.1983 – VIII R 16/83, BStBl. II 1984, S. 311.
929 Vgl. *Blümich/Glenk* EStG § 23 Rn. 114, Stand: März 2005.
930 Vgl. ausführlich *Everts* ZfIR 2008, 563, 564 f., a.a. OFD Frankfurt v. 12.07.2001, DStR 2001, 1753.
931 BFH, 19.12.2007 – IX R 50/06, BStBl. II 2008, S. 480; vgl. Bay. Landesamt für Steuern v. 17.06.2008 – S. 2256.1.1 –1/3 St 32/St 33.
932 Vgl. etwa BFH BStBl. II 1994, S. 748 f. zu § 16 EStG; FG Brandenburg EFG 1998, 1585; a.a. FG Hessen EFG 1988, 366; dabei dürfte wohl auch keine Rolle spielen, ob zum Zeitpunkt dieser »freiwilligen« Aufhebung der Kaufpreis bereits zugeflossen ist oder nicht, da § 11 EStG nur die Zuordnung des Einkommens zum jeweiligen Veranlagungszeitraum bestimmt.
933 BFH, 27.06.2006 – IX R 47/04, DStR 2006, 1835.

C. Querschnittsdarstellungen

5. Besteuerung betrieblichen Grundbesitzes

a) Erwerbs- oder Herstellungsphase

aa) Differenzierung nach der Art der Gewinnermittlung

3383 Bei Immobilien im Betriebsvermögen (zur steuerlichen Zuordnung vgl. umfassend oben Rdn. 3201 ff.: Differenzierungen sowohl hinsichtlich der Nutzungsbereiche als auch hinsichtlich des Eigentümers mit Sonderformen hinsichtlich des verdeckten Betriebsvermögens) gelten die Definitionen zu Anschaffungs- oder Herstellungskosten gem. oben Rdn. 3246 ff. in gleicher Weise. Die steuerliche Behandlung solcher Immobilieninvestitionen differiert jedoch nach der **Art der Gewinnermittlung**: Im Fall der Bilanzierung (Betriebsvermögensvergleich gem. § 4 Abs. 1 EStG oder § 5 EStG) müssen die Anschaffungs- oder Herstellungskosten, gleich ob Anlage- oder Umlaufvermögen betroffen ist, aktiviert werden, und lediglich die Abschreibung auf die Nutzungsdauer wird erfolgswirksam.

3384 Wird der Gewinn jedoch durch **Einnahmen-Überschussrechnung**, § 4 Abs. 3 EStG, ermittelt und gehören Grund und Boden sowie Gebäude zum Umlaufvermögen des Betriebs (etwa im Fall eines gewerblichen Grundstückshandels, Rdn. 3395 ff.), würden an sich die Anschaffungs- bzw. Herstellungskosten bereits im Zeitpunkt der Zahlung in voller Höhe als Betriebsausgabe behandelt;[934] jedoch hat das Steuermissbrauchseindämmungsgesetz 2006 diesen sofortigen Abzug für Grundstücke im Umlaufvermögen verwehrt, und damit abweichend von § 11 EStG den Abzug erst mit Zufluss des Erlöses aus der Veräußerung ermöglicht, vgl. § 4 Abs. 3 Satz 4 EStG und Rdn. 3416. Für Gebäude im Anlagevermögen eines Überschussrechners gilt das Gleiche wie bei bilanzierenden Unternehmen.

bb) Investitionszulagengesetze 2005/2007/2010

3385 Das Investitionszulagengesetz 2005 (**InvZulG 2005**),[935] das mit Genehmigung der Europäischen Kommission in Kraft getreten ist und durch die InsZulG 2007 und zuletzt 2010,[936] hat die Förderung von Modernisierungsmaßnahmen im Mietwohnungsbau in den neuen Bundesländern (s.o. Rdn. 3303 ff.) beendet und lediglich die **Förderung betrieblicher Erstinvestitionen im Beitrittsgebiet** fortgeführt: Begünstigt sind zum einen die Anschaffung neuer Gebäude (also nicht gebrauchter Immobilien!) oder selbstständiger Gebäudeteile bis zum Jahr des Endes der Fertigstellung sowie zum anderen die Herstellung neuer Gebäude, und zwar jeweils unter der einschränkenden Voraussetzung, dass mit der Investition vor 31.12.2013 begonnen wurde, und die Gebäude wenigstens 5 Jahre nach ihrer Anschaffung bzw. Herstellung in einem Betrieb des verarbeitenden Gewerbes oder einem Betrieb der produktionsnahen Dienstleistung[937] verwendet werden. Die 5-jährige Verwendung in einem solchen begünstigten Betrieb muss allerdings nicht zu eigenbetrieblichen Zwecken erfolgen, denkbar wäre auch die Nutzung als gewillkürtes Betriebsvermögen oder zu fremdbetrieblichen Zwecken; ebenso wenig ist Voraussetzung, dass das Förderobjekt steuerlich zum Betriebsvermögen gehört, solange es nur 5 Jahre lang einem begünstigten Betrieb überlassen wurde.[938] Die noch unter dem InvZulG 1999 mögliche Förderung von Handwerksbetrieben oder Betrieben des innerörtlichen Groß- und Einzelhandels mit mehr als 50 Arbeitnehmern ist in das InvZulG 2005 und die Folgegesetze nicht übernommen worden.

3386 Weitere Voraussetzung für die Förderung ist allerdings, dass es sich um eine **Erstinvestition** handelt; dies umfasst gem. § 2 Abs. 3 InvZulG 2005 die Errichtung einer neuen Betriebsstätte, die Erweiterung einer bestehenden Betriebsstätte, grundlegende Änderungen eines solchen Betriebs

---

934 Vgl. BFH BStBl. II 1991, S. 13.
935 BGBl. I 2004, S. 438 ff.
936 BStBl. I 2009, S. 49; vgl. *Paus* EStB 2009, 275 ff.
937 Es handelt sich insb. um Betriebe der Datenverarbeitung, Forschung und Entwicklung, Marktforschung, bautechnischen Gesamtplanung, technischen Fachplanung, des Industriedesign, Betriebe der technischen, physikalischen und chemischen Untersuchung, Werbung oder Betriebe des fotografischen Gewerbes.
938 Koordinierter Ländererlass v. 28.06.2001, BStBl. I 2001, S. 379, noch zur Vorgängervorschrift in § 2 InvZulG 1999.

oder die Übernahme eines Betriebs, der sonst geschlossen worden wäre. Die Investitionszulage beträgt 12,5 % (bei Investitionen in Betriebsstätten im Randgebiet 15 %, bzw. 25 % bei KMU)[939] der Bemessungsgrundlage, also der im Kalenderjahr geleisteten Anzahlung auf Anschaffungskosten, der entstandenen Teilherstellungskosten bzw. der Gesamtanschaffungs- und Herstellungskosten im Jahr des Investitionsabschlusses, soweit sie die in den Vorjahren geförderten Anzahlungen/Teilherstellungskosten übersteigen. Bei Investitionsbeginn in den Jahren ab 2010 reduzieren sich die Fördersätze stufenweise.

Erforderlich ist ein **Antrag nach amtlichem Vordruck** innerhalb der Festsetzungsfrist (§ 5 Abs. 1 Satz 1 InvZulG 2005 i.V.m. § 169 Abs. 2 Satz 1 Nr. 2 AO). Die Auszahlung der Investitionszulage ist steuerfrei gestellt und kürzt nicht die Höhe der abziehbaren Betriebsausgaben. 3387

b) Vermietungsphase

Auch insoweit ist nach der Art der Gewinnermittlung zu differenzieren: Im Fall der Bilanzierung (**Betriebsvermögensvergleich** gem. §§ 4 Abs. 1, 5 EStG) gilt nicht das Zufluss/Abfluss-Prinzip, sondern die Maßgeblichkeit der wirtschaftlichen Zugehörigkeit. Unabhängig vom Zahlungseingang sind daher **Mieterträge** dem Kalenderjahr zuzuordnen, auf das sie wirtschaftlich entfallen und daher, sofern noch nicht bezahlt, als Forderung zu erfassen bzw. – sofern im Voraus bezahlt – als passive Rechnungsabgrenzungsposten. 3388

Gleiches gilt für **Betriebsausgaben** (bspw. sind im Voraus gezahlte Ausgaben für künftige Zeiträume als aktive Rechnungsabgrenzungsposten in die Bilanz einzustellen). Ein Damnum/Disagio ist jedoch nicht sofort abzugsfähig, sondern auf den Zinsfestschreibungszeitraum zu verteilen. Eine weitere Einschränkung enthält § 5 Abs. 4a EStG: Demnach dürfen Rückstellungen für drohende Verluste aus Dauerschuldverhältnissen (etwa Vermietung) durch bilanzierende Unternehmen ab 1997 nicht mehr gebildet werden (zulässig sind jedoch noch Rückstellungen für ungewisse Verbindlichkeiten auch im Zusammenhang mit schwebenden Geschäften, § 294 Abs. 1 Satz 1 HGB).[940] 3389

Erfolgt die Gewinnermittlung jedoch durch **Einnahmen-Überschuss-Rechnung** gem. § 4 Abs. 3 EStG, gelten keine Besonderheiten ggü. der Vermietungs- oder Verpachtungstätigkeit aus Privatvermögen (Zufluss/Abfluss-Prinzip gem. § 11 EStG, mithin die oben unter Rdn. 3313 ff. dargestellten Grundsätze). Bei gewerblich tätigen oder gewerblich geprägten Personengesellschaften (s.o. Rdn. 3233 und Rdn. 3235) kann jedoch der Betriebsausgabenabzug von Schuldzinsen gem. § 4 Abs. 4a Satz 1 EStG[941] eingeschränkt sein, sofern Überentnahmen im Sinn dieser Vorschrift getätigt wurden. 3390

Zu beachten ist ferner, dass der lineare **Abschreibungssatz** für Gebäude im Betriebsvermögen, die nicht Wohnzwecken dienen und für die der Bauantrag nach dem 01.04.1985 gestellt wurde, sich auf jährlich 3 % beläuft, § 7 Abs. 4 Satz 1 Nr. 1 EStG, also einer Nutzungsdauer von 33 Jahren entspricht und demnach höher ist als die lineare Abschreibung für Wohnzwecken dienende Objekte im Privat- oder im Betriebsvermögen. 3391

c) Veräußerungs- oder Entnahmephase

aa) Evidente Sachverhalte

Befinden sich Grundstücke im **gewerblichen oder freiberuflichen Betriebsvermögen**, führt die Veräußerung und die sonstige Beendigung der betrieblichen Nutzung, insb. die **Entnahme** für private Zwecke (Bebauung mit einem zur Selbstnutzung bestimmten Eigenheim, nicht jedoch die Bestellung eines Erbbaurechts für diesen Zweck),[942] zur Gewinnrealisierung im Zeitpunkt des Be- 3392

---

939 Kleinere und Mittlere Unternehmen i.S.d. Empfehlung der EU-Kommission v. 06.05.2003.
940 Vgl. hierzu *Schützberg/Klein* in: Lambert-Lang/Tropf/Frenz, Handbuch der Grundstückspraxis, S. 1457.
941 Vgl. BFH, 29.03.2007 – IV R 72/02 m. Anm. *Wacker* NWB 2007, 3223 = Fall 3, S. 14725 ff. (Schuldzinshinzurechnung ist gesellschaftsbezogen, der Sockelbetrag jedoch nur einmal zu gewähren und auf die Gesellschaft aufzuteilen).
942 Vgl. hierzu Rdn. 2900 f.

C. Querschnittsdarstellungen

sitz-, sonst des Eigentumsübergangs (je nachdem welcher Zeitpunkt früher liegt)[943] i.H.d. Differenz zwischen Erlös (Veräußerung) bzw. Teilwert (Entnahme) einerseits und Buchwert andererseits. Die mit Beendigung der betrieblichen Nutzung stattfindende Entnahme (also die Besteuerung der stillen Reserven ohne Veräußerungsakt als ultima ratio, §§ 4 Abs. 1 Satz 2, 6 Abs. 1 Nr. 4 Satz 1 Halbs. 1 EStG) lässt sich bspw. durch Übertragung in das Betriebs- oder Sonderbetriebsvermögen einer gewerblich geprägten Personengesellschaft (GmbH & Co. KG) vermeiden, § 6 Abs. 5 EStG. Nur bei der entgeltlichen Veräußerung (nicht bei der Entnahme) können Rücklagen gem. § 6b EStG gebildet und auf Ersatzwirtschaftsgüter übertragen werden.[944] Gleiches gilt gem. R 6.6 EStR 2005 für (gewohnheitsrechtlich geduldete) Rücklagen zur Ersatzbeschaffung für Wirtschaftsgüter, die aufgrund höherer Gewalt oder zur Vermeidung eines behördlichen Zugriffs aus dem Betriebsvermögen ausscheiden.

3393 Eine besondere Form der »**Totalentnahme**« stellt die Betriebsaufgabe dar, §§ 14, 14a Abs. 3, 16 Abs. 3, 18 Abs. 3 EStG. Sie setzt voraus, dass alle wesentlichen Betriebsgrundlagen eines Betriebs oder Teilbetriebs in einem einheitlichen Vorgang einzeln an **verschiedene** Erwerber veräußert werden (Abgrenzung zur Betriebsveräußerung) und/oder ganz oder z.T. in ein anderes Vermögen überführt werden, z.B. in das Privatvermögen, sodass dadurch der Betrieb als selbstständiger Organismus des Wirtschaftslebens zu bestehen aufhört. Die Betriebsaufgabe kann sich auch über mehrere Veranlagungszeiträume erstrecken.[945] Die Abgrenzung zu laufenden Veräußerungsgewinnen ist insb. bedeutsam für die Anwendung der Tarifermäßigung des § 34 Abs. 2 Nr. 1 EStG, die zur Abmilderung der Progressionsnachteile bei zusammengeballter Realisierung gewährt wird. Die Aufgabe, die aus freiem Entschluss oder aus Zwang (Berufsverbot) erfolgen kann, muss sich eindeutig aus äußeren Umständen oder aus einer endgültigen Aufgabeerklärung ergeben; letzteres ist insb. bedeutsam in Abgrenzung zum sog. Wahlrecht bei der Verpachtung eines ruhenden Betriebs, welche die wesentlichen Betriebsgrundlagen im Ganzen erfasst (Rdn. 3223).

3394 Auch **land- und forstwirtschaftliche Grundstücke** sind[946] bei Veräußerung und Entnahme[947] der Bodengewinnbesteuerung unterworfen,[948] und zwar im Fall des Verkaufs als Hilfsgeschäft des land- und forstwirtschaftlichen Betriebes, nicht als Gegenstand eines eigenen gewerblichen Unternehmens.[949] Der Entnahmetatbestand lässt sich vermeiden durch Gründung einer GmbH & Co. KG und Überführung der Grundstücke in das Sonderbetriebsvermögen dieser gewerblich geprägten Personengesellschaft ohne Rechtsträgerwechsel oder durch Einbringung des gesamten landwirtschaftlichen Betriebes gem. § 24 UmwStG in eine GmbH & Co. KG, in bestimmten Grenzen auch durch entgeltliche Erbbaurechtsbestellung[950] oder entgeltliche Bestellung eines eigentumsähnlichen Dauerwohnrechts.[951] Auch der Rückbehalt von Bauernwald genügt zur weiteren Anerkennung eines forstwirtschaftlichen Betriebes.[952] Die Folgen einer Gewinnrealisierung lassen sich abmildern durch Reinvestitionen nach Maßgabe der §§ 6b, 6c EStG und (bis zum 31.12.2006) durch den personenbezogenen Freibetrag von 61.800,00 € bei der Abfindung weichender Erben nach § 14a Abs. 4 EStG, ebenso durch Realisierung einer Betriebsaufgabe (einmalig nach Vollendung

---

943 BFH, 18.05.2006 – III R 25/05, EStB 2006, 275.
944 Vgl. ausführlich *Schützeberg/Klein* in: Lambert-Lang/Tropf/Frenz, Handbuch der Grundstückspraxis, S. 1457 ff.
945 BFH BStBl. II 2005, S. 637.
946 Seit dem 2. Steueränderungsgesetz 1971, BStBl. I 1971, S. 373.
947 Die bloße Nutzungsänderung (Bebauung) führt (unabhängig von der Gewinnermittlungsart) allerdings nur dann zu einer Entnahme, wenn diese entweder eindeutig erklärt ist (durch Behandlung als Privatvermögen) oder es sich, wie bei der Nutzung zu eigenen Wohnzwecken, um notwendiges Privatvermögen handelt, BFH, 14.05.2009 – IV R 44/06, EStB 2009, 301.
948 Land- und forstwirtschaftliche Grundstücke, die allerdings am 01.07.1979 vom Landwirt fremd verpachtet wurden, sind gewinnneutral aus dem landwirtschaftlichen Betriebsvermögen ausgeschieden.
949 Anders beim rasch aufeinanderfolgenden Verkauf landwirtschaftlicher Grundstücke mit Gewinnabsicht, die bereits in der Absicht der Weiterveräußerung erworben wurden, BFH MittBayNot 1984, 275; FG Bremen EFG 1988, 300.
950 Vgl. hierzu Rdn. 2900 f.
951 Vgl. hierzu Rdn. 3289.
952 Vgl. *Ochs* MittBayNot 1985, 174; *Martin* MittBayNot 1980, 145; *Leingärtner/Zaisch* Die Einkommensbesteuerung der Land- und Forstwirtschaft Rn. 1665 ff.

des 55. Lebensjahres oder bei Berufsunfähigkeit: 56 % des durchschnittlichen Steuersatzes auf den Veräußerungsgewinn,[953] § 34 Abs. 3 EStG).

bb) Verdeckte Sachverhalte: Gewerblicher Grundstückshandel bzw. gewerbliche Grundstückswertschöpfung

(1) Grundsatz[954]

Die Haltung von Immobilien zur privaten Vermögensverwaltung stützt sich auf die **Fruchtziehung** (Mietzinserlös) aus der zu erhaltenden Sachsubstanz. Sofern jedoch die Renditeerwartung aus der **Steigerung des Substanzwerts** in den Vordergrund tritt,[955] liegt idealtypisch eine gewerbliche Tätigkeit, »Grundstückshandel«,[956] vor. Der vorhandene Grundbesitz ist in diesem Fall in das Betriebsvermögen (mit dem Teilwert zum Zeitpunkt der Einlage) zu überführen und dort als Umlaufvermögen auszuweisen mit der Folge, dass Abschreibungen i.S.d. § 7 Abs. 4 EStG (und Rücklagenbildung nach § 6b EStG) nicht möglich sind. Auf den laufenden Gewinn (auch bei Beendigung keine Betriebsaufgabebegünstigung, Rdn. 3417!) fällt – vgl. Rdn. 3420 ff. – zusätzlich separat festzusetzende[957] Gewerbesteuer an, die allerdings gem. § 35 EStG teilweise auf die ESt angerechnet werden kann, Rdn. 3428. Veräußerungsgewinne sind auch nach Ablauf des 10-Jahres-Zeitraums steuerpflichtig, Verluste allerdings mit Gewinnen bzw. Einkünften aus anderen Einkunftsarten (bis zur Grenze der Mindestbesteuerung) verrechenbar.

3395

Gem. § 15 Abs. 2 EStG setzt gewerbliche Tätigkeit vier **positive Tatbestandsmerkmale** voraus, die jeweils nach objektiven Kriterien, nicht allein nach der Selbsteinschätzung des Steuerpflichtigen zu beurteilen sind:[958]
– Selbstständigkeit (also Unternehmerrisiko und Unternehmerinitiative),
– Nachhaltigkeit (die indiziert wird, wenn der Steuerpflichtige mehrmals Güter entgeltlich abgegeben hat,[959] ebenso wenn eine Handlungsweise auf einer Vielzahl von Einzelaktivitäten beruht),[960]
– Gewinnerzielungsabsicht (zu prüfen anhand einer Ergebnisprognose, sodann anhand der einkommensteuerlichen Relevanz der Tätigkeit)[961] und
– Beteiligung am allgemeinen wirtschaftlichen Verkehr (Bereitschaft, an jeden verkaufen zu wollen, der die Kaufpreisbedingungen erfüllt).[962]

3396

Hinzu kommt ein **negatives Tatbestandsmerkmal**, das Überschreiten der Grenzen privater Vermögensverwaltung. Werden Objekte in unbedingter Weiterveräußerungsabsicht erworben, handelt es sich per se um eine gewerbliche Tätigkeit,[963] ebenso bei ausdrücklicher Angabe eines Gewerbes

3397

---

953 Dieser erhöht sich bei einer nachträglichen Verkaufspreiserhöhung aufgrund Nachforderungsklausel, BFH, 31.08.2006 – IV R 53/04, DStRE 2006, 1482.
954 Vgl. hierzu BMF-Erlass v. 26.03.2004, DStR 2004, 632 ff. m. krit. Anm. *Söffing*, S. 793 ff. und *Tiedtke/Wälzholz* MittBayNot 2004, 325 ff. sowie *Rupp* EStB 2004, 382. Er trifft an die Stelle der früheren BMF-Erlasse von 1990, 1997 und 2003 samt Fortschreibungen. Zusammenfassend auch *Pelke* NWB 2006, 4479 ff. = Fach 3, S. 14311 ff.
955 BFH BStBl. II 1996, S. 369.
956 Hierzu umfassend *Söffing/Thonemann* Gewerblicher Grundstückshandel und private Veräußerungsgeschäfte mit Grundstücken sowie *Obermeier* NWB 2007, 687 ff. = Fach 3, S. 14379 ff. Ältere Übersichten für die notarielle Praxis bei *Schubert* ZNotP 2003, 455 ff. und *Tiedtke/Wälzholz* MittBayNot 2004, 5 ff.
957 Spätere Objektverkäufe, welche die Gewerblichkeit begründen, wirken als rückwirkendes Ereignis, sodass die 4-jährige Festsetzungsverjährungsfrist bei Nichtabgabe einer Steuererklärung gem. § 170 Abs. 2 Satz 1 Nr. 1 AO erst mit Ablauf des dritten Kalenderjahres nach dem Jahr folgt, in dem die Steuererklärung abzugeben gewesen wäre.
958 Allein die Anmeldung des Gewerbes bei Gemeinde und Finanzamt genügen nicht, BFH, 18.08.2009 – X R 25/06, EStB 2009, 377.
959 BFH, 12.12.1998 – III R 61/97, BStBl. II 1999, S. 390; allerdings indiziert der Verkauf mehrerer Objekte in einem einzigen Vertrag nicht notwendig die Nachhaltigkeit (= Wiederholungsabsicht), vgl. BFH, 07.10.2004 – IV R 27/03, DStR 2005, 21.
960 BFH, 03.08.2004 – X R 55/01.
961 BFH, 12.09.2002 – IV R 60/01, BStBl. II 2003, S. 85. Sie fehlt z.B. wenn schon beim Erwerb der Immobilie davon auszugehen ist, dass sie nur mit Verlust verkauft werden kann, BFH, 27.05.2009 – X R 39/06, EStB 2009, 389.
962 Es genügt sogar, wenn Verkäufe von vornherein nur mit einer Person abgewickelt werden sollen, *Schnitter* EStB 2005, 332.
963 BFH, 18.09.1991 – XI R 23/90, BStBl. II 1992, S. 135.

C. Querschnittsdarstellungen

»gewerblicher Grundstückshandel«.[964] Schwierig ist dagegen der notwendige Schluss von äußeren Indizien auf den inneren Sachverhalt bei lediglich bedingter Veräußerungsabsicht. Allein die Kürze des Zeitraums zwischen Erwerb und Bebauung einerseits und Veräußerung andererseits genügt als Nachweis nicht; auch hier kann ein zwischenzeitlicher Sinneswandel hinsichtlich der Veräußerungsabsicht eingetreten sein.[965]

3398 Der gewerbliche Grundstückshandel ist weiter abzugrenzen von Tätigkeiten, die anderen Gewinneinkommensarten zuzurechnen sind. Ein Landwirt, der landwirtschaftliche Grundstücke oder Teilflächen hinzuerwirbt, veräußert oder tauscht, verwirklicht im Regelfall ein **landwirtschaftliches Hilfsgeschäft**. Entfaltet er jedoch über die Parzellierung und Veräußerung hinausgehende Aktivitäten, die darauf gerichtet sind, den Grundbesitz zu einem Objekt anderer Marktgängigkeit zu machen, handelt es sich um einen selbstständigen gewerblichen Grundstückshandel. Dies gilt bspw. auch für den Hinzutausch von Grundstücksflächen zur Optimierung der Bebaubarkeit, insb. wenn ein konkreter Bauvorbescheid beantragt wird.[966]

(2) Drei-Objekt-Grenze

3399 Zur Prüfung ausschließlich des letztgenannten, negativen Merkmals bei Fehlen unbedingter Veräußerungsabsicht zieht die Rechtsprechung die (verfassungsrechtlich unbedenkliche)[967] sog. **Drei-Objekt-Grenze** heran. Maßgeblich ist grds. ein **5-Jahres-Zeitraum**,[968] innerhalb dessen mehr als drei (möglicherweise auch im Ausland[969] belegene) Objekte verkauft[970] oder zumindest teilentgeltlich[971] mit Gewinnerzielungsabsicht übertragen werden. Mehrjährige inaktive Phasen innerhalb des Zeitraums stehen der Annahme gewerblichen Handels nicht entgegen.[972] Auch gescheiterte Verkaufsversuche sind zu berücksichtigen.[973] Werden Grundstücke in eine Kapital- oder Personengesellschaft gegen Gewährung von Gesellschaftsrechten (»offene Einlage«) oder in eine Personengesellschaft gegen Gutschrift auf dem Darlehenskonto des Einbringenden eingebracht, werten Finanzverwaltung[974] und BFH[975] dies ebenfalls als Veräußerung.

---

964 FG Hamburg, 23.03.2006 – II 347/04 (Rev. BFH – X R 25/06), DStRE 2007, 208.
965 BFH, 27.11.2008 – IV R 38/06, NWB 2009, 266.
966 BFH, 08.11.2007 – IV R 34/05, DB 2008, 326.
967 BVerfG, 04.02.2005 – 2BvR 1572/01, NJW 2005, 3060; auch hinsichtlich der Vielfachwertung von nach WEG aufgeteilten Mehrfamilienhäusern.
968 Der jedoch nicht starr gehandhabt wird: BFH EStB 2001, 405 lässt auch 5 Jahre und 7 Monate genügen. Bei Sanierungsobjekten beginnt der 5-Jahres-Zeitraum erst mit Abschluss der Sanierungsarbeiten, BFH EStB 2003, 122.
969 So OFD Münster FR 1997, 695; BMF-Schreiben v. 15.12.1994, BStBl. I 1994, S. 883 (sogar in einem DBA-Land).
970 Auch die Einbringung eines Grundstücks in eine Kapitalgesellschaft gegen Schuldübernahme und Gewährung von Gesellschaftsrechten kann dem gleichstehen, vgl. BFH FR 2003, 508.
971 BFH, 13.08.2002 – VIII R 14/99, BStBl. II 2002, S. 811. Allerdings sind gem. BFH, 23.07.2002 – VIII R 19/01, ZEV 2003, 122 bei der Prüfung der Drei-Objekt-Grenze teilentgeltliche Veräußerungen nicht zu berücksichtigen, wenn das Teilentgelt die Herstellungskosten des fraglichen Objekts nicht erreicht und diesbezüglich ohne Gewinnerzielungsabsicht gehandelt wird. Ein Teilentgelt i.S.d. Urteils kann auch in der Übernahme von Verbindlichkeiten bei vorweggenommener Erbfolge liegen. Die bereits getätigten Zins- und Tilgungsleistungen sowie etwa eingesetzte Eigenmittel werden nicht erstattet, sodass ein Handeln ohne Gewinnerzielungsabsicht vorliegt. Bei Auseinandersetzung im Rahmen einer Scheidung gilt wohl die ertragsteuerliche Einstufung (demnach z.B. Veräußerung bei Verrechnung mit Zugewinnausgleichsansprüchen, *Obermaier* NWB 2007, 695 = Fach 3, S. 14387).
972 BFH, 20.04.2006 – III R 1/05, EStB 2007, 8.
973 BFH, 05.12.2002 – IV R 57/01, BStBl. II 2003, S. 291; BMF-Erlass v. 26.03.2004, DStR 2004, 632 Tz. 8 (außer dasselbe, letztlich nicht übertragene Objekt wird sodann an einen anderen Erwerber verkauft: insgesamt nur ein Verkaufsvorgang, FG Rheinland-Pfalz, 10.07.2000 – 5 K 1398/97, JurionRS 2000. 22211.
974 Tz. 7 des BMF-Schreibens v. 26.03.2004, DStR 2004, 632.
975 BFH, 24.06.2009 – X R 36/06, GmbHR 2009, 1172 mit der Folge, dass der Einbringungsgewinn auf dieses Umlaufvermögen zusätzlich als laufender Gewerbeertrag der Gewerbesteuer unterliegt!

Dies gilt nicht bei der »verdeckten Einlage«[976] (ohne Gewährung von Gesellschaftsrechten, vielmehr gegen Gutschrift in der allgemeinen Kapitalrücklage bei Kapitalgesellschaften bzw. gegen Gutschrift auf dem gesamthänderischen Rücklagenkonto bei der Personengesellschaft)[977] und bei der Realteilung (Herabsetzung der Gesellschaftsbeteiligungen auf Null gegen Sachabfindung).[978] Auch »gesetzlich angeordnete Zwangsverkäufe« zählen nicht,[979] ebenso wenig Objektübertragungen an Gesellschafter im Rahmen einer Realteilung. Letzteres überrascht, da die Realteilung an sich das Spiegelbild der offenen Einlage ist.[980] Besonderheiten gelten auch bei Erbbaurechten (Rdn. 2907). 3400

Taugliche »Zählobjekte« i.S.d. Drei-Objekt-Grenze sind jedoch nur solche, bei denen zwischen Kauf/Ersteigerung[981] bzw. Errichtung einerseits und Verkauf andererseits ein **enger zeitlicher Zusammenhang** besteht.[982] Dieser ist grds. zu bejahen, wenn die **Haltedauer bis zu 5 Jahren** beträgt (kurzfristiger Bereich), liegt jedoch i.d.R. nicht vor bei einer Haltedauer über 10 Jahren (langfristiger Bereich).[983] Im mittelfristigen Bereich entscheiden die Umstände des Einzelfalls[984] als Indizien für eine von Anfang an bestehende Verkaufsabsicht. Die relevante Haltedauer umfasst bei unentgeltlich unter Lebenden (etwa in vorweggenommener Erbfolge) erworbenen Objekten auch die Eigentumszeit des Vorbesitzers. Dies hat zur Folge, dass ein Fremdverkauf während des »gefährlichen«, durch die Summe beider Besitzzeiten nicht ausgeschöpften Haltezeitraumes sowohl zulasten des Vorbesitzers als auch zulasten des unentgeltlichen Erwerbers als Objektverkauf gilt und damit eine »doppelte Zählung« eintritt,[985] sodass ggf. (vormerkungsgesicherte) Rückerwerbsrechte des Veräußerers bei Veräußerung durch den Erwerber vor Ablauf der Gesamthaltezeit zu erwägen sind. Der Erwerb von Todes wegen wirkt allerdings als Zäsur (das Merkmal des »Handeltreibens« ist nicht vererblich).[986] 3401

Mehrere Flurstücke, auch wenn sie unter einer laufenden Nummer im Bestandsverzeichnis vereinigt sind, sollen als Mehrheit von Objekten gelten.[987] Sind sie einheitlich überbaut, bilden sie eine wirtschaftliche Einheit, die aber durch eine (auch unvollzogen gebliebene) Teilung nach § 8 WEG wieder aufgehoben wird.[988] Auch ein Miteigentumsanteil an einer Immobilie kann Zählob- 3402

---

976 Diese wurde bis Ende 2008 häufig gewählt zur »Umwidmung« von Privat- in Betriebsvermögen in eine gewerblich geprägte Personengesellschaft zur anschließenden Übertragung der Anteile im Hinblick auf §§ 13a, 19a ErbStG (vgl. ZEV 2004, 220); seit 2009 handelt es sich um »Verwaltungsvermögen«, das, sofern es 50 % übersteigt, die Betriebsprivilegierungen beim Verschenken/Vererben von Gesellschaftsanteilen ausschließt.
977 Vgl. im Einzelnen *Tiedtke/Wälzholz* MittBayNot 2004, 327. Aus dem Umstand, dass §§ 6, 17, 23 EStG sowie § 21 Abs. 2 Nr. 4 UmwStG bei verdeckter Einlage in eine Kapitalgesellschaft ein Veräußerungsgeschäft fingieren, lässt sich kein allgemeiner Rechtsgedanke ableiten.
978 Tz. 7, 13 des BMF-Schreibens v. 26.03.2004, DStR 2004, 632; a.A. noch BMF-Erlass v. 29.03.2000, DStR 2000, 820.
979 So bspw. die (einem Kontrahierungszwang unterliegenden) Veräußerungen nach dem Verkehrsflächenbereinigungsgesetz, BMF v. 22.03.2004, zitiert nach BMJ v. 30.03.2004 – I B6-3440/4-9-12-12 1562/2003, NotBZ 2004, 204; Gleiches muss für Zwangsverkäufe nach dem Sachenrechtsbereinigungsgesetz oder freivertragliche Veräußerungen solcher Grundstücke zur Vermeidung eines notariellen bzw. freivertraglichen Bereinigungsverfahrens gelten.
980 Tz. 7, 13 des BMF-Schreibens v. 26.03.2004, DStR 2004, 632 (a.A. noch BMF-Erlass v. 29.03.2000, DStR 2000, 820).
981 Diese ist dem Kauf gleichgestellt, BFH, 08.09.2004 – XI R 47/03, DStRE 2005, 8.
982 Tz. 6 des BMF-Schreibens v. 26.03.2004, DStR 2004, 632.
983 BFH, 06.04.1990 – III R 28/87, BStBl. II 1990, S. 1057, sogar wenn dann sämtliche Objekte in kurzem Zeitraum an verschiedene Erwerber veräußert werden; jedoch anders wenn kontinuierlich unbebaute Grundstücke ge- und verkauft werden, vgl. BFH, 17.02.1993 – X R 108/90.
984 V.a. die Langfristigkeit von Vermietungen; vgl. BFH, 14.01.2004 – IX R 88/00, DStRE 2004, 1064; für Gewerblichkeit spricht dagegen die ausschließliche Fremdfinanzierung und die schlicht unbefristete Vermietung: BFH, 05.05.2004 – XI R 25/03, DStRE 2004, 1124.
985 So ausdrücklich Tz. 9 Satz 3 des BMF-Schreibens v. 26.03.2004, DStR 2004, 632; krit. hierzu *Söffing* DStR 2004, 795 und *Tiedtke/Wälzholz* MittBayNot 2004, 329.
986 BFH, EStB 2000, 261; BMF v. 09.07.2001, EStB 2001, 336. Das Merkmal des »Handeltreibens« ist nicht vererblich. Vgl. hierzu *Söffing* DStR 2000, 1753.
987 FG Baden-Württemberg, 12.12.2002 – 14 K 153/01, DStR 2003, 1092; ebenso BFH, 18.08.2009 – X R 47/06 (acht selbst durch Zerlegung gebildete Parzellen), EStB 2010, 54.
988 BFH, 22.07.2010 – IV R 62/07, EStB 2010, 453 (vier Grundstücke auf verschiedenen Grundbuchblättern, einheitlich bebaut mit einem Motel, jedoch – nicht vollzogene – Teilungserklärung für 136 Wohneinheiten).

C. Querschnittsdarstellungen

jekt sein.[989] Umgekehrt zählen nach neuerer, zwischenzeitlich von der Finanzverwaltung übernommener BFH-Rechtsprechung auch (nicht nach WEG aufgeteilte)[990] Mehrfamilienhäuser lediglich als ein Objekt,[991] ebenso zwei Doppelhaushälften auf ungeteiltem Grundstück,[992] fünf frei stehende Mehrfamilienhäuser auf einem Grundstück,[993] oder zwei Eigentumswohnungen, zu deren Zusammenlegung sich der Verkäufer verpflichtet.[994] Anders ist dies bei aneinander grenzenden Häusern auf separierten Grundstücken: Es erfolgt keine Zusammenfassung zum Gesamtobjekt »Häuserzeile«,[995] (Tief-) Garagenstellplätze werden ebenfalls nicht selbstständig gewertet.[996] Gleiches gilt, wenn in der Verkaufsurkunde ein zunächst isoliert veräußerter Miteigentumsanteil mit – in gleicher Urkunde nach § 3 WEG begründeten – Sondereigentumseinheiten verbunden wird, auch dann sind letztere wirtschaftlich Gegenstand der Veräußerung.[997]

Dieselben Kriterien sind heranzuziehen zur Ermittlung, welche weiteren Objekte (neben denen, deren zeitnaher Verkauf zur Annahme des gewerblichen Grundstückshandels geführt hat) zum Betriebsvermögen (Umlaufvermögen) dieses »Gewerbebetriebes« gehören.[998]

3403 Überhaupt hat die Drei-Objekt-Grenze **indizielle Bedeutung** i.S.e. Aufgreifkriteriums, auch nachträglich für bereits steuerfrei belassene Grundstücksgeschäfte.[999] Die persönlichen oder finanziellen Beweggründe für die Veräußerung sind unerheblich, sogar wenn der Verkauf unter wirtschaftlichem Zwang, etwa nach Androhung von Zwangsmaßnahmen seitens der finanzierenden Bank, stattfindet.[1000] Objektive Beweisanzeichen dafür, dass keine Veräußerungsabsicht beim Erwerb bestand, können die Vermutung jedoch entkräften, insb. in Form eigener Gestaltungen des Steuerpflichtigen (z.B.: langfristige Zinsbindung – Vorfälligkeitsentschädigung bei vorzeitiger Veräußerung!; langfristige Vermietung; Bestellung eines Nießbrauchs etc). Selten ist die Rechtsprechung großzügiger:
– *Verkauf einer selbst genutzten Immobilie aufgrund objektiver Sachzwänge (Scheidung, Arbeitsplatzverlust)*[1001]
– *Verkauf von fünf Grundstücken an einen Käufer*[1002]

---

989 BFH, 21.02.2006 – IX R 80/98, BFH/NV 2006, 1247 ff. (Übertragung der Rspr. zur Zurechnung von Verkäufen durch grundbesitzverwaltende Gesellschaften).
990 BFH, 15.07.2004 – III R 37/02, DStR 2004, 1688; anders bei WEG-Teilung: Vervielfachung der Objekte. Darin liege – so der BFH – wegen der Abweichungen in Wert und Beleihbarkeit kein Verstoß gegen den Gleichheitssatz.
991 BFH, 18.09.2002 – XR 5/00, DStR 2003, 330; FG Köln, 10.03.2004 – 11 K 4063/03, DStRE 2004, 1010.
992 BFH, 14.10.2003 – IX R 56/99, ZNotP 2004, 151.
993 BFH, 05.05.2011 – IV R 34/08, EStB 2011, 283.
994 BFH, 24.02.2005 – X B 183/03, BFH/NV 2005, 1274 ff.
995 BFH, 03.08.2004 – X R 40/03, DStR 2004, 2094 – Widerspruch zum Urteil der vorangehenden Fn., vgl. *Söffing* DStR 2005, 1930.
996 BFH, 18.09.2002 – X R 183/96, DNotI-Report 2003, 51; enger BMF-Erlass v. 26.03.2004, BStBl. I 2004, S. 434 Tz. 8: ohne Zählwirkung nur, wenn zugleich eine Wohnung/ein Haus mitverkauft wird. Großzügiger auch FG München, 23.09.2010 – 11 K 2166/07, EFG 2011, 142: Verkauf einer Arztpraxis mit sechs TG-Stellplätzen, jeweils als Teileigentum, zählt als ein Objekt, wenn die StellplatzVO der Gemeinde für die Praxis sechs Stellplätze verlangt.
997 BFH, 30.09.2010 – IV R 44/08, EStB 2011, 243.
998 Vgl. BFH, 05.05.2004 – XI R 7/02, DStR 2004, 1207.
999 § 173 Abs. 1 Nr. 1 AO, vgl. BFH, BStBl. II 1987, S. 284; zurückhaltender allerdings BFH, 06.07.1999 – VIII R 17/97, DStR 1999, 1733 zu § 175 Abs. 1 Satz 1 Nr. 2 AO.
1000 BFH, 17.12.2009 – III R 101/06, ZfIR 2010, 423 m. Anm. *Wagner*, gegen FG Köln, 26.10.2006 – 6 K 397/04, NJW-Spezial 2007, 149.
1001 BFH, 18.09.2002 – XR 28/00, MittBayNot 2003, 166. Die privat genutzte Immobilie kann auch bei einem Grundstückshändler zum Privatvermögen zählen (BFH, 28.11.2002 – III R 1/01, EStB 2003, 121). Ist sie nur vorübergehend, also für weniger als 5 Jahre, eigengenutzt, kann ihr Verkauf unberücksichtigt bleiben, wenn er auf offensichtlichen Sachzwängen (Scheidung, Arbeitsplatzwechsel etc.) beruht, vgl. BFH, 15.03.2005 – X R 39/03, DStR 2005, 1127.
1002 Keine nachhaltige Betätigung: BFH, 15.04.2004 – IV R 54/02, EStB 2004, 397; vgl. andererseits BFH, 23.02.2005 – XI R 35/02, DStR 2005, 869.

Umgekehrt kann auch der Handel mit nur zwei Grundstücken, die allerdings in unbedingter Veräu- **3404**
ßerungsabsicht[1003] (bspw. mit sehr kurzer Haltefrist,[1004] oder gar durch Verkauf vor Fertigstellung,[1005]
bzw. mit der Absicht des Verkaufs an die »eigene GmbH«)[1006] erworben wurden, sowie nach Ansicht
der Verwaltung und vereinzelt auch der Rspr.[1007] auch der Handel mit nur einem selbst hergestellten
Großobjekt[1008] bereits Gewerblichkeit auslösen.[1009] In Umgehungsfällen (§ 42 AO) können auch
Veräußerungen, die durch Einschaltung naher Angehöriger erfolgen, dem »Unternehmer« in »mittelbarer
Tatherrschaft« zugerechnet werden.[1010]

Die Branchenkunde eines Steuerpflichtigen (Architekt, Baubetreuer,[1011] Bauunternehmer, Immo- **3405**
bilienmakler etc.) wirkt verschärfend zugunsten des gewerblichen Grundstückshandels, ebenso die
Häufung von Verkäufen kurz nach Ablauf des 5-Jahres-Zeitraums,[1012] sowie die nur kurzfristige
Finanzierung des Objekts[1013] oder die frühzeitige Beauftragung eines Verkaufsmaklers.[1014] Nach den
Umständen des Einzelfalls kann ein einzelner An- und Verkauf auch einem bereits bestehenden
Maklerbetrieb zugeordnet werden.[1015]

Im Einzelfall hat die Rechtsprechung – ihr folgend nun auch die Verwaltung[1016] – einen gewerb- **3406**
lichen Grundstückshandel allerdings abgelehnt, wenn die Veräußerung aufgrund besonderer, unvorhergesehener
Umstände des Einzelfalls erforderlich wurde (plötzliche Erkrankung,[1017] beruflich
bedingter Ortswechsel[1018] – »offensichtliche Sachzwänge«). Die Berufung auf eine Ehescheidung,[1019]
Wegzug ins Ausland,[1020] finanzielle Schwierigkeiten,[1021] Druck der finanzierenden Bank,[1022] schlechte
Vermietbarkeit des Objekts[1023] bzw. der Verweis auf später entdeckte Baumängel wurden jedoch
als bloße Beweggründe, die eine zumindest bedingte anfängliche Veräußerungsabsicht nicht aus-

---

1003 Davon geht der BFH aus, wenn zwischen Ankauf/Bebauung und Veräußerung weniger als ein Jahr liegt (BFH, 15.03.2005 – X R 39/03, EStB 2005, 283).
1004 BFH, 05.03.2008 – X R 48/06: Verkauf zweier Wohnungen binnen 3 bzw. 4 Wochen nach Erwerb. Allein der enge zeitliche Abstand zwischen Anschaffung und Verkauf genügt jedoch bei einem einzigen Objekt nicht als Nachweis der unbedingten Veräußerungsabsicht, BFH, 27.11.2008 – IV R 38/06, EStB 2009, 85.
1005 BFH, 28.09.2009 – X R 35/07, EStB 2009, 235.
1006 Die ihrerseits aus dem Verkauf weitere Anschaffungen finanzieren möchte, vgl. BFH, 16.09.2009 – X R 48/07, EStB 2010, 54.
1007 BFH, 01.12.2005 – IV R 65/04, DStR 2006, 225 m. Anm. *Kempermann* DStR 2006, 265 (Bebauung mit Einkaufspassage für 6 Mio. €, Bauplanungs- und Vermietungsaktivität in Veräußerungsabsicht). Auch das Merkmal der Nachhaltigkeit und der Teilnahme am allgemeinen wirtschaftlichen Verkehr kann dann gegeben sein.
1008 »Supermarktfälle«, BMF-Schreiben v. 26.03.2004, Tz. 28, BStBl. I 2004, S. 434 gegen BFH, 10.12.2001 – GrS 1/98, BStBl. II 2002, S. 291. Unentschieden zur Gewerblichkeit (kein Nachweis der Wiederholungsabsicht) in einem Verbrauchermarktfall BFH, 19.10.2010 – X R 41/08, ZfIR 2011, 142 m. Anm. *Naujok*.
1009 BFH, 18.09.2002 – X ZR 5/00, FR 2003, 296 = EStB 2003, 169 sowie BFH, 14.10.2002 – VIII R 70/98, BFH/NV 2003, 742 ff. = DStRE 2003, 917: Ein Großobjekt, wenn der Veräußerer maßgeblich auf die Finanzierung und Bauplanung Einfluss nimmt. Krit. hiergegen bei Fehlen der Wiederholungsabsicht *Moritz* DStR 2005, 2012.
1010 BFH, 15.03.2005 – X R 39/03, DStR 2005, 1127; krit. *Hornig* DStR 2005, 1719: Anstelle § 42 AO wird nun die unmittelbare Tatbestandserfüllung durch Zurechnung von Merkmalen »zwischengeschalteter Angehöriger« sowie infolge der »Überlassung von Geschäftschancen« angenommen.
1011 BFH, 26.07.2006 – X R 41/04 (dort ergab sich die Zugehörigkeit zum Betriebsvermögen auch aus der Inanspruchnahme vollständigen Vorsteuerabzuges).
1012 BFH, 29.11.1989 – X R 100/88, BStBl. II 1990, S. 1060; BFH, 18.09.2002 – X R 28/00, BStBl. II 2003, S. 133; BFH, 15.06.2004 – VIII R 7/02, BStBl. II 2004, S. 914.
1013 BFH, 18.09.2002 – X R 5/00, JurionRS 2002, 16939.
1014 BFH, 18.09.2002 – X R 183/96, NJW 2003, 1141.
1015 BFH, 07.05.2008 – X R 49/04, EStB 2008, 267.
1016 BMF v. 19.02.2003 – IV A 6 – S 2240 – 15/03, DStR 2003, 370.
1017 BFH, BStBl. II 1982, S. 700.
1018 BFH, 02.09.1992 – XI R 21/91, BStBl. II 1993, S. 668.
1019 BFH, 20.02.2003 – III R 10/01, BStBl. II 2003, S. 510.
1020 BFH, 16.10.2002 – X R 74/99, BStBl. II 2003, S. 245.
1021 BFH, 07.06.2000 – III B 75/99, BFH/NV 2000, 1340.
1022 BFH, 17.12.2009 – III R 101/06, EStB 2010, 127.
1023 BFH, 16.03.1999 – IV B 2/98, BFH/NV 1999, 1320.

C. Querschnittsdarstellungen

schließen, bisher nicht als ausreichend angesehen zur Entkräftung der Gewerblichkeit,[1024] was auch verfassungsrechtlichen Bedenken begegnet.[1025]

(3) Gewerbliche Grundstücksentwicklung

3407 Wird nicht der Paratypus des »Händlers« verwirklicht, sondern **unternehmerische Wertschöpfung** zum Zweck der Veräußerung[1026] durchgeführt, also der Paratypus eines Bauträgers/Bauunternehmers (»gewerbliche Produktion«) verwirklicht, sind auch solche Objekte ihrerseits gleichwertig neben »durchgehandelten« Immobilien i.R.d. Drei-Objekt-Grenze zu werten.[1027] Im Bereich der »gewerblichen Wertschöpfung« können jedoch bereits weniger als drei Objekte[1028] einen Gewerbebetrieb begründen (Errichtung von zwei Supermärkten,[1029] Errichtung und Veräußerung eines Sechsfamilienhauses,[1030] Verkauf eines Einkaufszentrums mit Bauplänen,[1031] Veräußerung des Objekts vor Bebauung,[1032] Bebauung nach den Wünschen des Erwerbers oder auf dessen Rechnung).[1033]

3408 Die Art des Erwerbs ist hierbei ohne Bedeutung.[1034] Auch ein seit 20 Jahren im Eigenbesitz gehaltenes vermietetes Gebäude, das so umfangreich saniert wird, dass ein Wirtschaftsgut anderer Marktgängigkeit entsteht,[1035] und sodann veräußert wird, kann Gewerblichkeit begründen (es gilt als zu Beginn der Sanierungsarbeiten mit dem Teilwert in das Betriebsvermögen eingelegt und als im Moment des Abschlusses der Sanierungsarbeiten neu »angeschafft«).[1036] Die schlichte Aufteilung nach dem WEG und bloße Schönheitsreparaturen sind jedoch unschädlich; sie belegen nicht den unbedingten Entschluss zur Veräußerung, der spätestens bei Abschluss der auf Bebauung gerichteten Verträge vorhanden sein muss.[1037]

3409 Die Veräußerung von Grund und Boden, der Anlagevermögen eines land- und forstwirtschaftlichen Betriebes ist, verwirklicht, auch wenn in großem Umfang erfolgt, ein landwirtschaftliches Hilfsgeschäft und damit Einnahmen i.S.d. § 13 EStG. Werden dagegen Planungs- und andere Entwicklungsaktivitäten entfaltet, die den Grundbesitz zu einem Objekt anderer Marktgängigkeit verändern sollen (z.B. der Hinzutausch von Flächen zur Optimierung der Bebaubarkeit),[1038] ist die Grenze zur gewerblichen Wertschöpfung überschritten, sodass die Gewinne nicht mehr durch Rücklagen gem. § 6b EStG »neutralisiert« werden können.[1039]

3410 Bei **Ehegatten** besteht keine Vermutung gleich gerichteter Interessen, sodass deren Objektankäufe und -verkäufe nicht zusammengerechnet werden dürfen. Durch überlegte Verteilung von Immobilien kann also der Gestaltungsspielraum für »risikofreie Veräußerungen« erweitert werden.

1024 Ebenso BFH, 20.02.2003 – III R 10/01, BStBl. II 2003, S. 510.
1025 *Söffing* ErbStB 2007, 283, 286.
1026 Es handelt sich dann um Verträge mit werkvertraglicher Komponente, gleich ob mit Ratenzahlung nach MaBV oder im Wege der Einmalzahlung nach Abnahme. Ähnlich zu behandeln ist der Verkauf des fertiggestellten Objekts unter Übernahme werkvertraglicher Haftung, vgl. im Einzelnen *Schubert* DStR 2003, 573 ff.
1027 BFH, 20.04.2006 – III R 1/05, EStB 2007, 8.
1028 Nach BFH, 09.12.2002 – VIII R 40/01, BStBl. II 2003, S. 294 ff. soll es auf die Zahl der Objekte nicht mehr ankommen, wenn die Gewerblichkeit aus Einzelumständen wie Bauplanung, Marketing, Baureifmachung etc. erkennbar sei. Ähnlich FG Düsseldorf, 02.11.2004 – 3 K 1377/03 G, F, DStRE 2005, 559.
1029 BFH, 24.01.1996 – X R 255/93, BStBl. II 1996, S. 303.
1030 BFH, 14.01.1998 – X R 1/96, BStBl. II 1998, S. 346.
1031 BFH, 09.12.2002 – VIII R 40/01, EStB 2003, 129.
1032 BFH, 17.12.2003 – XI R 22/02, DStRE 2004, 1274; BFH, 03.03.2011 – IV R 10/08, EStB 2011, 363.
1033 BFH, 11.06.1997 – XI R 71/96, DStRE 1998, 4.
1034 BFH, 20.02.2003 – III R 10/01, DStR 2003, 1066; *Schubert* DStR 2003, 578 f. (Fall 3).
1035 Vgl. BFH, 27.09.2006 – IV R 39,40/05, DStRE 2007, 275.
1036 Tz. 2, 23 f., 34 des BMF-Erlasses v. 26.03.2004, BStBl. I 2004, S. 434.
1037 BFH, 17.12.2008 – IV R 77/06, ZfIR 2009, 565 m. Anm. *Wagner*.
1038 BFH, 08.11.2007 – IV R 34/05, ZfIRDat 2008, LS-Nr. 127.
1039 BFH, 08.09.2005 – IV R 38/03, DStR 2006, 21.

III. Steuerrechtliche Grundzüge

(4) Gesellschaften

Befindet sich zu veräußerndes oder zu errichtendes[1040] Immobilienvermögen in einer **Personengesellschaft**,[1041] ist zunächst auf der Ebene der Gesellschaft zu prüfen, ob diese gewerbliche Tätigkeit i.S.d. § 15 Abs. 1 Nr. 1 EStG verwirklicht. Aktivitäten, die ein Gesellschafter allein oder im Rahmen einer anderen gewerblich tätigen Personengesellschaft verwirklicht hat, bleiben dabei unberücksichtigt.[1042] Verwirklicht die Gesellschaft gewerbliche Tätigkeit, zählen dann aufgrund der **Abfärbewirkung** des § 15 Abs. 3 Nr. 1 EStG[1043] (Rdn. 3233) auch die zur Vermietung bestimmten Immobilien zum Betriebsvermögen des gewerblichen Handels; bei Beendigung der gewerblichen Tätigkeit werden diese Grundstücke mit dem gemeinen Wert entnommen (§ 16 Abs. 3 EStG). Des Weiteren können gewerbliche Einkünfte vorliegen, wenn die Beteiligung selbst in einem Betriebsvermögen gehalten wird, mag es sich auch beim Beteiligungsobjekt selbst um eine vermögensverwaltende Gesellschaft handeln (»Zebragesellschaft«, Rdn. 3237). Solche Gewerblichkeit färbt jedoch nicht ab auf eine beteiligungsidentische Schwestergesellschaft, die der Sache nach Vermögensverwaltung betreibt.[1044]

3411

Auch wenn beides nicht der Fall ist, gilt jedoch der Gesamthandsanteil des Gesellschafters an dem einzelnen, durch die Personengesellschaft veräußerten Grundstück wie ein Objekt i.S.d. Drei-Objekt-Grenze,[1045] ebenso wertet die Rechtsprechung entgegen der Ansicht der Literatur[1046] die Veräußerung des Gesellschaftsanteils selbst als (anteilige) Veräußerung so vieler Grundstücke, wie sich im Gesamthandsvermögen befinden[1047] (§ 39 Abs. 2 Nr. 2 AO), wobei die anschließende Übertragung in das Alleineigentum des Gesellschafters bei Auflösung der Gesellschaft nicht mehr als weitere Veräußerung zählt.[1048]

3412

Die Finanzverwaltung nimmt die Zurechnung des Anteils (an der Gesellschaft bzw. am Gesellschaftsgrundstück) zum Gesellschafter allerdings nur vor, wenn
– eine Bagatellgrenze von 10 % Beteiligung überschritten ist oder
– die Beteiligung (wie häufig bei Immobilienfonds) zwar unter 10 % bleibt, aber einen Verkehrswert (des Gesellschaftsanteils bzw. des Einzelanteils am Gesellschaftsgrundstück)[1049] von mehr als 250.000,00 € hat,[1050] oder

3413

1040 Beispiel nach BFH, 22.03.1990 – IV R 23/88, BStBl. II 1990, S. 637: Eine aus sechs Personen bestehende Erbengemeinschaft errichtet auf dem geerbten Grundstück eine Wohnanlage mit zwölf Wohnungen, deren sechs während der Bauphase veräußert werden. Gewerbliche Wertschöpfung auf der Ebene der Gemeinschaft wurde angenommen. Die Beurteilung wäre wohl anders ausgefallen, wenn das Grundstück in Miteigentumsanteile aufgeteilt und Sondereigentum nach § 3 WEG bereits vor Errichtung gebildet worden wäre (fraglich wegen der zwingenden Gemeinschaftlichkeit der Errichtung des Gemeinschaftseigentums).
1041 Vgl. ausführlich *Obermeier* NWB 2007, 1769 = Fach 3, S. 14519 ff.
1042 BFH, 17.12.2008 – IV R 72/07, ZfIR 2009, 708 m. Anm. *Wagner*.
1043 Die Abfärbewirkung wird gem. der durch das Jahressteuergesetz 2007 vorgenommenen Ergänzung des § 15 Abs. 3 Nr. 1 EStG auch bei der Oberpersonengesellschaft ausgelöst, die ihrerseits lediglich Vermögensverwaltung betreibt, durch die Erzielung von Beteiligungseinkünften an einer gewerblich tätigen »Unter-« Personengesellschaft (a.a. BFH, 06.10.2004 – IX R 53/01, DStR 2004, 2045 und 2047; hiergegen bereits Nichtanwendungserlass des BMF v. 18.05.2005, BStBl. I 2005, S. 698). Dagegen führen gewerbliche Einkünfte aus Sonderbetriebsvermögen eines Gesellschafters nicht zur Abfärbung auf die Einkünfte der Gesellschaft im Gesamthandsbereich, BFH, 28.06.2006 – XI R 31/05, GmbHR 2006, 1213.
1044 BFH, 17.12.2008 – IV R 85/06, EStB 2009, 84.
1045 BFH, 05.06.2008 – IV R 81/06, EStB 2008, 386: Veräußerung von Mitunternehmeranteilen an mehr als drei am Grundstücksmarkt tätigen Personengesellschaften führt zu laufendem Gewinn aus gewerblichem Grundstückshandel.
1046 Vgl. *Küspert* DStR 2007, 746.
1047 BFH, 28.11.2002 – III R 1/01, EStB 2003, 120: Verkauf eines 50 %igen Kommanditanteils ist steuerrechtlich als anteilige Veräußerung so vieler Objekte zu werten, wie sich im Gesamthandseigentum der Personengesellschaft befinden.
1048 BFH BB 1996, 2107.
1049 Rn. 17 bzw. 18 des BMF-Erlasses v. 26.03.2004, BStBl. I 2004, S. 437.
1050 Zu Recht krit. hierzu *Söffing* DStR 2004, 796 (unter Hinweis darauf, dass sich der Verkehrswert der Beteiligung aufgrund nicht beeinflussbarer Faktoren oder der Tilgung von Gesellschaftsschulden zwischen Beitritt und Objektverkauf erhöht haben kann).

C. Querschnittsdarstellungen

- der Gesellschafter zwar weniger als 10 % Beteiligung innehat, jedoch die Geschäfte der Gesellschaft maßgebend bestimmen kann oder über eine Generalvollmacht verfügt (Zusammenrechnung mit eigenen Verkäufen).[1051]

3414 Gleiches gilt bei anderen Grundstücksgemeinschaften, z.B. **Erbengemeinschaften**.

▶ Hinweis:

Daher ist es ratsam, zunächst die Immobilienobjekte im Wege der Realteilung auf die einzelnen Erben zu verteilen (solche Übertragungen zählen nicht zur Drei-Objekt-Grenze)[1052] und dort die Weiterverkäufe vorzunehmen.

3415 Einer **Kapitalgesellschaft**, die Grundstücksgeschäfte tätigt, kommt hingegen grds. (bis zur Grenze des § 42 AO)[1053] Abschirmwirkung ggü. dem Gesellschafter zu.[1054] Kein Gestaltungsmissbrauch liegt jedenfalls vor, wenn die »dazwischen geschaltete« Kapitalgesellschaft wesentliche – wertschöpfende – eigene Tätigkeit ausübt.[1055]

Als Veräußerung i.S.d. Drei-Objekt-Grenze wird jedoch die Einbringung eines Grundstücks in eine Kapital- (oder Personen-) Gesellschaft gegen Gewährung von Gesellschaftsrechten gewertet,[1056] nicht jedoch die verdeckte Einlage (Einbringung in eine Personengesellschaft ohne Gegenleistung), ebenso wenig wie die Realteilung.

(5) Flucht in den Grundstückshandel

3416 Der Vollständigkeit halber sei erwähnt, dass in besonderen Fällen die **Flucht in den gewerblichen Grundstückshandel** Vorteile ggü. dem privaten Veräußerungsgeschäft haben kann (gem. § 23 Abs. 2 EStG geht die Besteuerung gewerblicher Einkünfte vor): Verlustberücksichtigung nicht lediglich im »Ghetto der Spekulationsgewinne«, Wahl des Vermögensvergleichs zur Gewinnermittlung,[1057] Teilwertabschreibung für Verlustobjekte. Seit der Neufassung des § 4 Abs. 3 Satz 4 EStG (Steuermissbrauchseindämmungsgesetz 2006)[1058] ist jedoch der sofortige Abzug des Anschaffungsaufwandes als Werbungskosten für Grundstücke im Umlaufvermögen bei Einnahmen-Überschuss-Rechnung verwehrt, vielmehr (abweichend von § 11 EStG) erst mit Zufluss des Erlöses aus der Veräußerung möglich.

cc) Aufgabe oder Veräußerung des Betriebs

3417 Besonderheiten gelten, wenn die Immobilienveräußerung mit einer **Betriebsveräußerung oder Betriebsaufgabe** zusammenfällt (es sei denn, es handelte sich um einen Betrieb des gewerblichen Grundstückshandels!):[1059] Eine Betriebsveräußerung liegt vor, wenn die wesentlichen Be-

---

1051 BGH, 12.07.2007 – X R 4/04, ZNotP 2007, 434.
1052 BMF-Erlass v. 26.03.2004, BStBl. I 2004, S. 437 Tz. 13; BFH, 09.05.1996 – IV R 74/95, DStR, 1996, 1597 f.
1053 Beispiel: Verkauf an die »eigene« GmbH mit Vollmacht zur Aufteilung; Entrichtung des Kaufpreises aus den innerhalb weniger Monate getätigten Weiterverkäufen (BFH, 18.03.2004 – III R 25/02, EStB 2004, 274). Gegenbeispiel: FG Münster, 16.03.2005 – 10 K 1121/05 E, DStRE 2005, 1011; 16.03.2005 – 10 K 1203/03 G, DStRE 2007, 278: Aufteilung und Fertigstellung durch Ein-Personen-GmbH und Verkauf über einen Zeitraum von mehreren Jahren, ebenso die BFH-Entscheidung der übernächsten Fußnote.
1054 BFH, 17.06.1998 – X R 68/95, BStBl. II 1998, S. 667.
1055 BFH, 17.03.2010 – IV R 25/08, DStR 2010, 1022.
1056 Vgl. BMF-Schreiben v. 29.03.2000, BStBl. I 2000, S. 462; FG Münster, 10.12.2001 – 1 V 3502/01 E (rkr.).
1057 Hat der Steuerpflichtige allerdings nicht zeitnah zu Beginn des Gewinnermittlungszeitraums eine Eröffnungsbilanz erstellt und eine kaufmännische Buchführung eingerichtet, scheidet die – formal bis zur Bestandskraft der Steuerfestsetzung bestehende – Wahlmöglichkeit zugunsten des Betriebsvermögensvergleichs aus, vgl. BFH, 21.07.2009 – X R 46/08, EStB 2010, 12. Der gewerbliche Grundstückshandel mit lediglich zehn Objekten erfordert nach FG Berlin-Brandenburg, 21.06.2011 – 5 K 5148/07, ZfIR 2011, 883 keinen kaufmännisch eingerichteten Geschäftsbetrieb, sodass nicht bereits gem. §§ 1 Abs. 2, 238, 242 HGB, § 140 AO Bilanzierungspflicht besteht.
1058 BGBl. I 2006, S. 1091; vgl. *Warnke* EStB 2006, 218.
1059 Da sich die Veräußerung eines solchen Betriebs, Teilbetriebs oder Mitunternehmeranteils nicht von einem laufenden Geschäftsvorfall unterscheidet: BFH, 24.06.2009 – X R 36/06, BStBl. II 2010, S. 171; dies gilt auch bei der Einbrin-

triebsgrundlagen eines Betriebs oder Teilbetriebs in einem einheitlichen Vorgang derartig auf einen Erwerber übertragen werden, dass letzterer ihn als geschäftlichen Organismus fortführen kann, gleichzeitig aber der Veräußerer die mit dem veräußerten Betrieb verbundene Tätigkeit aufgibt,[1060] Eine (über die Entnahmewirkung eines Einzelwirtschaftsguts hinausgehende) Betriebsaufgabe liegt vor, wenn der Inhaber aufgrund eigenen Entschlusses die bisher im Betrieb entfaltete Tätigkeit endgültig einstellt und die wesentlichen Betriebsgrundlagen in einem einheitlichen Vorgang binnen kurzer Frist[1061] an verschiedene Erwerber entgeltlich veräußert und/oder in sein Privatvermögen überführt.

In beiden Fällen kommen bei natürlichen Personen ggf. einkommensteuerliche Privilegierungen in Betracht: Wer das 55. Lebensjahr vollendet hat oder dauernd berufsunfähig ist, erhält gem. § 16 Abs. 4 EStG einmalig einen Freibetrag i.H.v. 45.000,00 € auf den Veräußerungsgewinn (dieser Freibetrag ermäßigt sich allerdings um den Betrag, um den der Veräußerungsgewinn 136.000,00 € übersteigt) und die ESt hinsichtlich der zusätzlichen außerordentlichen Einkünfte wird auf 5 Jahre gefünftelt verteilt, § 34 Abs. 1 Satz 2 EStG. **3418**

d) Bauabzugsteuer

Zur Eindämmung der illegalen Beschäftigung auf Baustellen sehen §§ 48 bis 48d EStG ab 01.01.2002 eine beschränkte **Abzugspflicht i.H.v. 15 % des Rechnungsbetrags für Bauleistungen** und verbundene[1062] planerische Leistungen vor: Diese Pflicht zum Einbehalt und zur direkten Abführung an das Finanzamt des Bauunternehmers für dessen Rechnung (§ 48a Abs. 1 EStG) besteht nicht, wenn die Leistung ausschließlich für eine selbst genutzte Wohnung erbracht wurde, wenn der Leistungsempfänger insgesamt nicht mehr als zwei Wohnungen vermietet und gem. § 48 Abs. 2 EStG dann nicht, wenn die Umsätze (samt USt) mit dem betreffenden Bauunternehmer im laufenden Kalenderjahr voraussichtlich 5.000,00 € bzw. (sofern lediglich umsatzsteuerfreie Vermietungsumsätze getätigt werden) 15.000,00 € nicht übersteigen. Der Abzug unterbleibt ferner, wenn der Bauunternehmer dem Leistungsempfänger eine gültige Freistellungsbescheinigung gem. § 48 Abs. 2 Satz 1 EStG vorlegt, was in der Praxis die Regel ist. **3419**

e) Gewerbesteuer

aa) Steuerobjekt und -subjekt

Steuerobjekt der Gewerbesteuer[1063] ist der Gewerbebetrieb i.S.d. § 2 Abs. 1 Satz 1 GewStG, sodass die Land- und Forstwirtschaft, die Ausübung eines freien Berufes sowie die reine Vermögensverwaltung ausgenommen sind. Gewerblich geprägte Personengesellschaften (vgl. hierzu oben Rdn. 3235) – sofern an dieser nicht steuerlich nur ein Gesellschafter beteiligt ist, sog. Treuhandmodell[1064] – sowie Kapitalgesellschaften gelten kraft ihrer Rechtsform stets und in vollem Umfang als Gewerbebetriebe (§ 2 Abs. 2 GewStG). **3420**

---

gung eines Mitunternehmeranteils in eine GmbH gem. § 20 Abs. 1 UmwStG unter Teilwertansatz, BFH, 25.08.2010 – I R 21/10, GmbHR 2011, 152.
1060 BFH, BStBl. II 1996, S. 527, R 16 EStR 2005; zur vergleichbaren Situation bei der Veräußerung einer freiberuflichen Praxis vgl. Kurzinformation der OFD Koblenz v. 15.12.2006 – S 2249 A St 31/1: Einstellung der Tätigkeit im bisherigen örtlichen Umfeld für mindestens 3 Jahre; geringfügige Fortführung mit max. 10 % des bisherigen Umsatzes unschädlich.
1061 Auf jeden Fall akzeptabel ist ein Zeitraum von 9 Monaten: BFH, BStBl. II 1990, S. 373; die absolute Obergrenze kann in Einzelfällen bei 36 Monaten liegen: BFH, 26.04.2001, HFR 2001, 944.
1062 Nicht erfasst sind jedoch z.B. Vergütungen für ausschließlich planerische Leistungen, vgl. BMF-Schreiben v. 27.12.2002, BStBl. I 2002, S. 1399 Tz. 5 ff.
1063 Vgl. hierzu *Schützeberg/Klein* in: Lambert-Lang/Tropf/Frenz Handbuch der Grundstückspraxis, S. 1471 ff.
1064 BFH, 03.02.2010 – IV R 26/07, BStBl. II 2010, S. 751 (Hauptgesellschafter ist Komplementär, mit 99,99 % Beteiligung; die Kommanditbeteiligung von 0,01 % hält eine nur aus ihm bestehende GmbH treuhänderisch für ihn – damit werden organschaftliche Strukturen auch für Personengesellschaften ermöglicht, da die Konstruktion i.R.d. EStG, des KStG und des GewStG wie ein Einzelunternehmen bewertet wird, vgl. *Neumayer/Imschweiler* EStB 2010, 345 ff.).

C. Querschnittsdarstellungen

Steuerschuldner ist jedoch der Unternehmer selbst, vgl. § 5 Abs. 1 GewStG; bei Personengesellschaften nicht die Mitunternehmer, sondern die Gesellschaft als solche.

bb) Bemessungsgrundlage

3421 Bemessungsgrundlage ist der **Gewerbeertrag**, d.h. der nach den Vorschriften des Einkommen- oder Körperschaftsteuergesetzes ermittelte Gewinn aus Gewerbebetrieb (bspw. auch einem gewerblichen Grundstückshandel, Rdn. 3395 ff.), modifiziert durch Hinzurechnungen oder Kürzungen gem. §§ 7 ff. GewStG (vgl. bspw. zu Leasingverträgen Rdn. 3245). Bei der Ermittlung der Gewerbesteuer für eine Kapitalgesellschaft werden die steuerfrei gestellten Beteiligungserträge – d.h. bei natürlichen Personen oder Personenhandelsgesellschaften aufgrund des Halbeinkünfteverfahrens 50 %, bei Kapitalgesellschaften 95 % der Ausschüttung – gewerbesteuerlich hinzugerechnet, allerdings erst nach vollständigem Abzug der Betriebsausgaben, sofern nicht § 9 Nr. 2 Buchst. a) oder Nr. 7 GewStG erfüllt sind.

▸ Hinweis:

Beträgt z.B. die Beteiligung an der Kapitalgesellschaft mindestens 10 % (ab 2008 gem. § 9 Nr. 5 GewStG n.F.: 15 %), handelt es sich um sog. **Schachtel-Dividenden**, sodass eine Hinzurechnung (anders als bei Streubesitz) gem. § 9 Nr. 2a GewStG unterbleibt.

3422 Bei **Gewerbebetrieben mit Immobilienbesitz** sind besonders die Vorschriften über eine pauschale Kürzung des Ertrags gem. § 9 Nr. 1 Satz 1 GewStG sowie über dessen erweiterte Kürzung[1065] gem. § 9 Nr. 1 Satz 2 bis Satz 5 GewStG von Bedeutung, aber auch die Hinzurechnung von Dauerschulden, § 8 Nr. 1 GewStG:
– Um eine Doppelbelastung mit Gewerbe- und Grundsteuer zu vermeiden, gestattet § 9 Nr. 1 Satz 1 GewStG die pauschale Kürzung des Betriebsgewinns um 1,2 % des Einheitswerts des inländischen Grundbesitzes, welch letzterer zu diesem Zweck (und zur Bemessung der Grundsteuer selbst) weiterhin festzusetzen ist. Die Kürzung unterbleibt naturgemäß, wenn Grundsteuerbefreiung gewährt wurde.
– Alternativ können Unternehmen, deren Gegenstand sich ausschließlich[1066] in der Verwaltung oder Nutzung eigenen Grundbesitzes[1067] und in lediglich unschädlichen Nebentätigkeiten[1068] erschöpft, gem. § 9 Nr. 1 Satz 2 GewStG eine erweiterte Kürzung in Anspruch nehmen, und zwar um den gesamten Gewerbeertrag, der auf die **Verwaltung** und Nutzung dieses **eigenen Grundbesitzes** entfällt. Dies gilt unabhängig von der Gesellschaftsform.[1069]

3423 Zur **unschädlichen Vermögensverwaltung** zählt auch die Veräußerung einzelner Grundstücke (Erzielung von Veräußerungsgewinnen), sofern die Grenzen zum gewerblichen Grundstückshandel (vgl. Rdn. 3395 ff.) nicht überschritten werden. Problematisch ist jedoch die Erbringung unüblicher Sonderleistungen, etwa von Bewachungsdiensten oder Reinigungsarbeiten im Bereich des Sondereigentums sowie die Ausübung von Vermietung und Verpachtung in solchem Umfang, dass eine Organisation nach Art eines Gewerbebetriebs erforderlich wäre. Unschädliche Nebentätigkeiten sind kraft Gesetzes die Betreuung von Wohnungsbauten, die Verwaltung und Nutzung eigenen Kapitalvermögens sowie die Errichtung und Veräußerung von Ein- oder Zweifamilienhäusern sowie Eigentumswohnungen (auch Bauträgertätigkeit), sogar wenn diese Nebentätigkeiten zum überwiegenden Teil ausgeübt werden. Die Erträge aus solchen »Nebentätigkeiten« unterliegen je-

---

1065 Vgl. dazu im Überblick *Schöneborn* NWB 2010, 112 ff.
1066 Nach BFH BStBl. II 2003, S. 355 ist das Auschließlichkeitsgebot bereits verletzt, wenn eine grundbesitzende Kapitalgesellschaft zugleich als Komplementärin an einer grundbesitzhaltenden Personengesellschaft beteiligt ist.
1067 Daher keine erweiterte Gewerbeertragskürzung mehr, wenn nach Veräußerung der letzten Immobilie nur noch Geld verwaltet wird: BFH, 19.10.2010 – I R 1/10, ZfIR 2011, 303.
1068 Eine solche liegt allerdings nicht mehr vor, wenn eine Wohnungsgenossenschaft ein Schwimmbad unterhält zur entgeltlichen Nutzung durch Mitglieder (anders bei Fremdvermietung des gesamten Schwimmbades), BFH, 05.03.2008 – I R 56/07, JurionRS 2008, 15965.
1069 Ursprünglich sollte diese erweiterte Kürzung Kapitalgesellschaften privilegieren, die tatsächlich lediglich Vermögensverwaltung ausüben, und sie den schlicht vermögensverwaltenden Personengesellschaften gleichstellen.

doch ihrerseits der Gewerbesteuerpflicht. Sie stehen also lediglich einer Anerkennung der erweiterten Kürzung gem. § 9 Nr. 1 Satz 2 ff. GewStG nicht im Wege, da dennoch von einer fiktiv »ausschließlichen« Vermögensverwaltung ausgegangen werden darf.

Die erweiterte Kürzung ist gleichwohl ausgeschlossen, wenn der von einer vermögensverwaltenden Gesellschaft gehaltene Grundbesitz ganz oder z.T. dem Gewerbebetrieb eines der Gesellschafter dient. Die Erträge sollen also dann nicht begünstigt werden, wenn ohne die Einschaltung z.B. einer Besitz-Kapitalgesellschaft der Grundbesitz zum notwendigen Betriebsvermögen des Gewerbebetriebs eines Gesellschafters oder eines Unternehmers gehören würde, vgl. § 9 Nr. 1 Satz 5 GewStG.[1070] Zur Gewerbesteuer bei der Betriebsaufspaltung vgl. Rdn. 3214. 3424

Bei der Ermittlung der Bemessungsgrundlage der Gewerbesteuer, bei der bis Ende 2007 der Gewinn um die Hälfte der zuvor vollständig abgezogenen Fremdfinanzierungskosten für sog. Dauerschulden erhöht wurde, wird ab 2008 anstelle dessen gem. § 8 Nr. 1 a bis f GewStG eine **Hinzurechnung**[1071] um folgende anteilige Entgelte vorgenommen, soweit ihre Summe 100.000,00 € (Freibetrag) übersteigt: 3425
- 25 % aller Entgelte für Schulden, aller Renten und dauernden Lasten, aller Gewinnanteile eines stillen Gesellschafters,
- 5 % der Miet- und Pachtzinsen für bewegliche Anlagegüter (z.B. Leasingraten),
- 12,5 % – vor 2010: 16,25 % – der Miet- und Pachtzinsen, Erbbauzinsen (Rdn. 2916), sowie Leasingraten für unbewegliche Anlagegüter (v.a. Grundstücke oder Gebäude)[1072] – dadurch verschlechtert sich die steuerliche Situation insb. in der (ohnehin margenschwachen) Bekleidungsfilialbranche mit zahlreichen Ladenlokalen in gehobenen Innenstadtlagen, sowie beim Bestehen von Haupt- und Untermietverhältnissen im Handelskonzern über dasselbe Objekt[1073] – und
- 6,25 % der Zahlungen für Überlassung von Konzessionen, Lizenzen etc.

cc) Berechnung

Nach Abzug eines von der Unternehmensform abhängigen Freibetrags (bei natürlichen Personen und Personengesellschaften 24.500,00 €, sonst 3.900,00 €) gilt seit 2008 ein einheitlicher Tarif von 3,5 % (sog. Messzahl, die bestimmt, welcher Anteil des Ertrags der Gewerbesteuer unterliegt) – bis 2007 betrug diese Messzahl für Kapitalgesellschaften einheitlich 5 %, für gewerbliche Einzelunternehmen und Personengesellschaften existierte ein Staffeltarif zwischen 1 % und 5 %, sodass kleinere Betriebe im Vergleich zur früheren Lage tendenziell höher belastet werden.[1074] 3426

Den sodann anzuwendenden **Hebesatz** kann jede Gemeinde selbstständig bestimmen, er muss jedoch mindestens bei 200 % liegen; i.d.R. schwankt er jedoch zwischen 350 % und 500 %. §§ 28 bis 34 GewStG zerlegen die Gesamtgewerbesteuer bei Betriebsstätten in mehreren Gemeinden. Aufgrund der parallelen Absenkung der Körperschaftsteuer und des Wegfalls der Abzugsfähigkeit der Gewerbesteuer als Betriebsausgabe (Rdn. 3428) steigt sie zur vielerorts bestimmenden Gesellschaftssteuer auf, sodass der Wettbewerb der Kommunen um abwanderungswillige Betriebe (v.a. im Umland von Großstädten: Eschborn ggü. Frankfurt, Grünwald ggü. München) in vollem Umfang entbrannt ist. 3427

1070 Beispiel gem. BFH, 07.08.2008 – IV R 36/07, ZfIR 2009, 472: Verpachtung an die Komplementär-GmbH, auch wenn diese weder am Gewinn noch am Vermögen der Personengesellschaft beteiligt ist.
1071 Hierzu Gleichlautender Erlass der obersten Finanzbehörden der Länder vom 04.07.2008, BStBl. I 2008, S. 730 m. Anm. *Warnke* EStB 2008, 439 ff.
1072 Pauschalierter Zinsanteil von 20 % der Leasingraten bei beweglichen Wirtschaftsgütern, 65 % – ab 2010: 50 % – bei Immobilien, § 8 Nr. 1 e GewStG, hieraus jeweils ein Viertel.
1073 Gestaltungsempfehlungen bei *Eisolt/Götte* NWB 2008, 1755 = F 5 S. 1659 ff.: stille Gesellschaften sowie Organschaftslösungen.
1074 Krit. hierzu *Bergemann/Markl/Althof* DStR 2007, 693 ff.

C. Querschnittsdarstellungen

dd) Unternehmensteuerreform 2008

3428 Bei der Ermittlung der Einkünfte aus Gewerbebetrieb und der eigenen Bemessungsgrundlage ist die Gewerbesteuer ihrerseits als Betriebsausgabe entgegen der Rechtslage bis Ende 2007[1075] als Folge der Unternehmensteuerreform 2008[1076] nicht mehr abzugsfähig.

Um die Zusatzbelastung gewerblicher Einkünfte mit Gewerbesteuer ggü. nichtgewerblichen Einkünften zumindest für gewerbliche Einzelunternehmer und Mitunternehmer einer gewerblich tätigen oder gewerblich geprägten Personengesellschaft zu reduzieren, sieht § 35 EStG eine pauschale Anrechnung auf die ESt vor: Reduzierung um das 3,8-fache (bis Ende 2007: 1,8-fache) des festgesetzten Gewerbesteuermessbetrags. Diese Ermäßigungsbeträge können jedoch weder vor- noch zurückgetragen werden, gehen also bspw. ins Leere, wenn das zu versteuernde Einkommen durch den vertikalen Verlustausgleich mit anderen Einkünften bereits stark gemindert wurde (Unmaßgeblichkeit sog. »Anrechnungsüberhänge«).

3429 Eine vollständige Entlastung von der Gewerbesteuer ergibt sich dadurch künftig bis zu einem Hebesatz von höchstens 380 % (vor 2008: 341 %). Bei Kapitalgesellschaften führt die Senkung des Körperschaftsteuersatzes (Rdn. 3230) sowie die Nichtabzugsfähigkeit der Gewerbesteuer als Betriebsausgabe dazu, dass ab einem Hebesatz von 452 % die Gewerbesteuer einen höheren Anteil an der steuerlichen Gesamtbelastung der Kapitalgesellschaft hat als die Körperschaftsteuer (bei 490 %, wie etwa in München, 17,15 % GewSt ggü. 15 % KSt).[1077]

6. Grundsteuer[1078]

3430 **Schuldner** dieser wohl ältesten Form der, auch für das Eigenheim verfassungskonformen,[1079] direkten Besteuerung ist gem. § 10 Abs. 1 GrStG der Eigentümer, dem der Steuergegenstand (Grundbesitz, Wohnungseigentum, Erbbaurecht, selbstständige Gebäude auf fremdem Grund und Boden; land- und forstwirtschaftliche Grundstücke[1080] etc. mit Ausnahme öffentlich-rechtlicher Inhaberschaften,[1081] jedoch nicht z.B. verankerte Hausboote[1082]) i.R.d. Einheitswertfeststellung zuzurechnen ist. Für diese Steuerschuld haftet daneben derjenige, dem ein Nießbrauch am Steuergegenstand eingeräumt wurde (§ 11 Abs. 1 GrStG), ferner bei Veräußerungen der Erwerber persönlich für die Steuer, die seit dem Beginn des letzten vor der Übereignung liegenden Kalenderjahres zu entrichten war (§ 11 Abs. 2 GrStG). Gläubiger der Steuer ist gem. Art. 106 Abs. 6 GG die Gemeinde.[1083]

3431 Gefährlich ist die gem. § 12 GrStG bestehende **dingliche Haftung**[1084] des Grundbesitzes für Rückstände (die sich auswirkt wie eine im Grundbuch nicht verlautbarte grundpfandrechtliche Belastung), § 77 Abs. 2 AO.[1085] Sie besteht auch fort, wenn das Grundstück bspw. durch den Insol-

---

1075 Vgl. R 4.9 EStR 2005 zur näherungsweisen Berechnung der Gewerbesteuer.
1076 BGBl. I 2007, S. 1912 ff.; vgl. *Fehling* NWB 2007, 2459 = Fach 5, S. 1617 ff.
1077 Vgl. die eingehenden Berechnungen bei *Weber* NWB 2007, 3034 = Fach 18, S. 4512.
1078 Vgl. eingehend *Eisele* NWB 2003, 3037 ff. und 3125 ff. = Fach 11, S. 687 ff.
1079 BFH, 19.07.2006 – II R 81/05, DStRE 2006, 1287; eine Verfassungsbeschwerde ist im »Dreierausschuss« gescheitert, BVerfG, 21.06.2006 – 1 BvR 1644/05, ZAP EN-Nr. 804/2006.
1080 Sog. Grundsteuer A.
1081 § 3 GrStG, unter Einschluss von Grundbesitz Privater, der im Rahmen von Private-Public-Partnerships einer juristischen Person des öffentlichen Rechts für einen öffentlichen Dienst oder Gebrauch überlassen wird, § 3 Abs. 2 GrStG.
1082 BFH, 26.10.2011 – II R 27/10, JurionRS 2011, 30051.
1083 Nur in den Stadtstaaten erfolgt die Verwaltung demnach durch Landesbehörden, sodass gem. § 33 Abs. 1 Nr. 1 FGO die FG zuständig sind, i.Ü. die VG.
1084 Vgl. ausführlich *Ritzer* NWB 2007, 2129 ff. = Fach 11, S. 749 ff.
1085 Die Vollstreckung (Eintragung einer Zwangshypothek, Zwangsverwaltung, Zwangsversteigerung) bedarf eines Leistungsgebots (§ 254 AO i.V.m. den Landesverwaltungsvollstreckungsgesetzen, zuvor Zahlungsaufforderung nach § 219 AO) und eines Duldungsbescheides gegen den eingetragenen Eigentümer (§ 191 Abs. 1 AO i.V.m. § 1 Abs. 2 Nr. 2 und Nr. 4 AO).

venzverwalter freihändig veräußert wird, und wird durch einen gegen den Eigentümer gerichteten Duldungsbescheid geltend gemacht.[1086]

> Hinweis:
> In Verdachtsfällen empfiehlt es sich daher für den Notar, neben der Vorkaufsrechtsnegativerklärung der Gemeinde auch eine Bestätigung einzuholen, dass keine Rückstände an Grundsteuern und sonstigen öffentlichen Abgaben bestehen, und deren Vorliegen bzw. die Bezifferung etwaiger Rückstände zur Fälligkeitsvoraussetzung zu erheben. Zweckmäßigerweise wird (wie bei Lastenfreistellung im Verhältnis zu Grundpfandgläubigern) die betreffende Rückstandssumme zweckgebunden aus dem Kaufpreis beglichen.

Die Grundsteuer wird (in den **alten Bundesländern**) ermittelt aus den für diesen Zweck bedeutsamen Einheitswerten,[1087] die mit der Steuermesszahl nach § 15 GrStG multipliziert werden und damit den Steuermessbetrag ergeben. Dieser wird seinerseits gem. § 25 Abs. 1 GrStG mit dem lokalen Hebesatz, den die Gemeinde (ihr fließt die Steuer nach Art. 106 Abs. 6 GG zu) gem. Art. 28 Abs. 2 Satz 3 GG festlegt und der zwischen 250 % und 500 % schwankt, multipliziert. Auf bis zum 31.03. des Folgejahres zu stellenden Antrag kann gem. § 33 Abs. 1 Satz 1 GrStG bei außergewöhnlichen (über 20 % hinausgehenden) unverschuldeten Mindereinnahmen[1088] eine Herabsetzung[1089] gewährt werden. Auch die Verwaltungsgerichte[1090] teilen nunmehr die Auffassung des BFH,[1091] dass auch dauerhafter, strukturell bedingter Leerstand zum Erlass berechtigt (im wirtschaftlichen Ergebnis entspricht dies einer Grundsteuerbefreiung für leer stehende Gebäude).[1092] I.R.d. Jahressteuergesetzes 2009 wurde mit Wirkung ab 2008 eine Reduzierung der Erlassmöglichkeiten kodifiziert.[1093] 3432

Gewerblich genutzte Teile führen zu erheblich höherem Einheitswert und damit höherer Grundsteuer, die bei der Nebenkostenabrechnung mit Mietern in gemischtgenutzten Häusern zu berücksichtigen ist. Die Steuer ist in **Quartalsraten** zu entrichten, kann jedoch auf Antrag in einer Einmalzahlung am 01.07. geleistet werden (§§ 27 Abs. 1, 28 GrStG). Sie wird gegen denjenigen festgesetzt, dem zum 01.01. das Objekt einheitswertrechtlich zuzurechnen ist (Stichtags-Prinzip, § 9 GrStG). Das bedeutet, dass bei unterjährigem Übergang von Besitz, Nutzungen und Lasten die Beteiligten verpflichtet sind, die im Außenverhältnis weiterhin den Veräußerer treffende Grundsteuerpflicht »privatrechtlich« durch Erstattung seitens des Erwerbers oder Direktzahlung vom Konto des Erwerbers auszugleichen. 3433

7. Grunderwerbsteuer

Gem. § 19 BeurkG hat der Notar in den einschlägigen Fällen darauf hinzuweisen, dass Eintragungen im Grundbuch erst nach Erteilung der Unbedenklichkeitsbescheinigung erfolgen. Erteilt er darüber hinaus – etwa aufgrund Anfrage des Beteiligten – Informationen zu steuerlichen Folgen, muss 3434

1086 Daher setzt sich die Steuerforderung nicht im Sinne eines Pfandrechtes surrogationsweise am Veräußerungserlös fort, vgl. BGH, 18.02.2010 – IX ZR 101/09, JurionRS 2010, 14826.
1087 Dies ist verfassungskonform, Nichtannahmebeschluss des BVerfG, 27.05.2009 – 1 BvR 685/09, EStB 2009, 433; zweifelnd BFH, 30.06.2010 – II R 60/08, ZfIR 2010, 854 m. Anm. *Köhler/Wagner* S. 829 ff.
1088 Nicht jedoch bei rezessionsbedingtem Rückgang, OVG Niedersachsen, 03.12.2003 – 13 LA 213/03, NVwZ 2004, 370.
1089 I.H.d. Prozentsatzes, der 80 % der Ertragsminderung entspricht.
1090 BVerwG, 25.06.2008 – 9 C 8.07, vgl. *Stöckel* NWB 2008, 4029 = Fach 11 S. 793; BVerwG, 24.04.2007 – GMS-OGB 1/07, vgl. *Eisele* NWB Fach 11 S. 765; *Barbier/Arbert* BB 2007, 1421, anders noch BVerwG, 04.04.2001 – 11 C 12/00, BStBl. II 2002, S. 889.
1091 Vgl. zB. BFH, 24.10.2007 – II R 5/05, BStBl. II 2008, S. 384; zumal der Leerstand nach Objektart (unsanierter Altbau 15 %, Neubauten 5 %) und Lage (Hellersdorf 14 %, Tempelhof 2 %) sehr unterschiedlich ausgeprägt ist: BBU-Marktmonitor, Der Immobilienmarkt Berlin-Brandenburg 2005, S. 15.
1092 Nach früherer Auffassung könnten solche »tatsächliche Veränderungen« nur zu einer Einheitswertfortschreibung gem. § 22 BewG führen.
1093 Auf 25 % Erlass bei einer unverschuldeten Minderung (Vergleich Soll-Ertrag nach ortsüblicher Vergleichsmiete mit Ist-Ertrag) um mehr als 50 %, bzw. 50 % bei einer unverschuldeten Minderung um 100 % vgl. *Eisele* NWB 2008, 3537 und NWB 2009, 2231.

C. Querschnittsdarstellungen

diese Auskunft zutreffend und vollständig sein.[1094] Praxisrelevant sind weiter die notariellen, leider noch papiergebundenen,[1095] **Anzeigepflichten** gem. § 18 Abs. 1 Satz 1 Nr. 1 GrEStG,[1096] auch in Bezug auf Käufer- und Verkäuferangebote, Vorverträge, Optionsrechte, Erbteilsübertragungen und Umwandlungen (vgl. hierzu die durch die Obersten Finanzbehörden der Länder herausgegebenen Merkblätter sowie Rdn. 3500).[1097] Das Unterlassen einer erforderlichen Anzeige kann eine leichtfertige Steuerverkürzung darstellen (mit der Folge der Verlängerung der Festsetzungsfrist[1098] auf 5 Jahre); sie führt außerdem zum Ausschluss der Aufhebungsvergünstigung bei Rückabwicklung, § 16 Abs. 5 GrEStG.[1099] Den Beteiligten dürfen Ausfertigungen und beglaubigte Abschriften der Urkunde erst erteilt werden, nachdem die Anzeige an das Finanzamt abgesandt wurde, was auf dem (wegen § 18 Abs. 4 GrEStG durch Anheftung mit der Urschrift zu verbindenden) Ausfertigungslaufplan oder der Urschrift selbst vermerkt werden muss.

3435 Gem. § 22 Abs. 1 Satz 1 GrEStG erfordert die Eintragung des Erwerbers im Grundbuch die Vorlage der **Unbedenklichkeitsbescheinigung**, auch wenn es sich um eine lediglich berichtigende Eintragung handelt (etwa in Umwandlungsfällen). Die Bescheinigung ist entbehrlich, wenn eindeutig keine Grunderwerbsteuerpflicht in Betracht kommt;[1100] ferner in den durch die obersten Finanzbehörden der Länder gem. § 22 Abs. 1 Satz 2 GrEStG bestimmten Ausnahmen.[1101] Häufig ausgenommen ist etwa der Erwerb geringfügiger Grundstücke unter 2.500,00 € je Erwerbsvorgang, der Erwerb durch Ehegatten oder geradlinig Verwandte, ferner – außerhalb Bayerns – der Erwerb durch die öffentliche Hand. Die Bescheinigung ist zu erteilen, sobald die Steuer entrichtet oder sichergestellt (bzw. gestundet) ist, ferner wenn nach Ermessen des Finanzamts die Steuerforderung nicht gefährdet ist (§ 22 Abs. 2 GrEStG), etwa nach Stellung einer Sicherheitsleistung gem. § 241 AO.

a) Besteuerungstatbestände

3436 Zentrale Vorschrift zur Abgrenzung der von der Besteuerung umfassten Tatbestände ist § 1 Abs. 1 bis Abs. 3 GrEStG. Die Tatbestände der einzelnen Ziffern des § 1 Abs. 1 GrEStG schließen sich gegenseitig aus, Tatbestände aus verschiedenen Absätzen können **kumulativ** nebeneinander treten, wobei § 1 Abs. 6 Satz 2 GrEStG eine einmalige Besteuerung nur aus der höchsten Bemessungsgrundlage sicherstellt.

aa) Grundstücksübereignung

3437 Grundtatbestand ist gem. § 1 Abs. 1 Nr. 1 GrEStG ein grds.[1102] zivilrechtlich wirksames Rechtsgeschäft, das den **Anspruch auf Übereignung eines inländischen Grundstücks** begründet. Grunderwerbsteuer fällt also so lange nicht an, als noch für die Wirksamkeit erforderliche Genehmigungen (z.B. die Genehmigung nach GVO, Grundstücksverkehrsgesetz, § 144 BauGB, betreuungs- oder familiengerichtliche Genehmigungen, Genehmigung gem. § 1365 BGB, privatrechtliche Genehmigungen nicht erschienener Beteiligter etc.) ausstehen oder eine vereinbarte aufschiebende Be-

---

1094 Vgl. BGH, 14.03.1985 – IX ZR 26/84, NJW 1986, 1329.
1095 § 18 Abs. 1 Satz 3 GrEStG. Die OFD kann jedoch die Verwendung selbst erstellter Vordrucke, die mit dem amtlichen (Durchschreibesatz-) Vordruck bis auf die Farbverwendung identisch sind, genehmigen.
1096 Vgl. hierzu *Hofmann* NotBZ 2006, 1 ff.
1097 Etwa abgedruckt bei *Pahlke/Franz* Grunderwerbsteuergesetz § 18 Rn. 22. Merkblatt des Bay. Landesamts für Steuern (Stand: Mai 2006): MittBayNot 2006, 366 ff.
1098 Hat allerdings der Notar eine ordnungsgemäße Anzeige erstattet, wird die Festsetzungsfrist nach § 170 Abs. 2 Nr. 1 AO nicht dadurch weiter hinausgeschoben, dass die gem. § 19 GrEStG unmittelbar Anzeigeverpflichteten nicht angezeigt haben: BFH, 06.07.2005 – II R 9/04, BStBl. II 2005, S. 780.
1099 Zu den Anforderungen an eine ordnungsgemäße Anzeige BFH, 20.01.2005 – II B 52/04, RNotZ 2005, 304.
1100 So etwa bei der Überführung einer Erbengemeinschaft in eine beteiligungsidentische Bruchteilsgemeinschaft, § 6 Abs. 1 GrEStG: LG Stralsund NotBZ 2005, 119.
1101 Vgl. etwa die Hinweise des Bayerischen Finanzministeriums v. Mai 1999, MittBayNot 1999, 506.
1102 Ausnahme: »Schwarzverbriefung«; zugrunde gelegt wird der tatsächlich vereinbarte Preis (BFH BStBl. II 1989, S. 989).

dingung des Vertrags,[1103] § 14 GrEStG[1104] noch nicht eingetreten ist. Aus diesem Grund erfragt die Grunderwerbsteuerstelle des Finanzamts, die durch Übersendung einer einfachen Abschrift des Kaufvertrags samt Veräußerungsanzeige durch den Notar über die Bedingungen des Vertrags in Kenntnis gesetzt wurde (wobei noch ausstehende Genehmigungen im Formblatt ausdrücklich anzugeben sind!), beim Notar durch Rücksendung einer (blauen) Durchschrift der Veräußerungsanzeige, wann die noch fehlenden Genehmigungen eingetreten sind bzw. die aufschiebende Bedingung erfüllt wurde. Bei einem Grundstückskauf erhält jeder Vertragspartner einen Übereignungsanspruch, sodass zwei Steuertatbestände vorliegen (§ 1 Abs. 5 GrEStG).

Die Vereinbarung bloßer Vorkaufsrechte oder Wiederkaufsrechte sowie die Abgabe von Angeboten für sich begründet mangels Verpflichtung zur Übereignung noch keinen grunderwerbsteuerlich relevanten Vorgang. Werden Grundstücke lediglich zum Gebrauch eingebracht (quoad usum),[1105] löst dies keine Grunderwerbsteuer aus; die Einbringung dem Werte nach (quoad sortem)[1106] kann je nach Ausgestaltung des Einzelfalls als Verschaffung einer wirtschaftlichen Verwertungsmöglichkeit (§ 1 Abs. 2 GrEStG) steuerpflichtig werden.[1107] **3438**

Sofern Gesellschaftsverträge (wie bspw. häufig bei sog. Konservierungsmodellen für Grundbesitz in den neuen Bundesländern, für die Sonderabschreibungen nach dem Fördergebietsgesetz in Anspruch genommen wurden) vorsehen, dass bei Auseinandersetzung der Gesellschaft reale Grundstücksanteile (z.B. Sondereigentum) anstelle eines Auseinandersetzungsguthabens zuzuweisen sind, kann dies gem. § 42 AO als Rechtsvorgang besteuert werden, der den Erwerb eines inländischen Grundstücks zum Gegenstand hat. **3439**

Wird im Rahmen einer (eigennützigen = Sicherungs- oder uneigennützigen = Verwaltungs-) Treuhand ein **Grundstück vom Treugeber dem Treuhänder übereignet**, löst dies Grunderwerbsteuer aus. Der dadurch entstehende gesetzliche Rückübereignungsanspruch des Treugebers (§ 667 BGB) führt zu keiner zusätzlichen Grunderwerbsteuer,[1108] allerdings die tatsächliche Rückübereignung selbst (§ 1 Abs. 1 Nr. 2 GrEStG). Jedoch ist dieser Vorgang regelmäßig gem. § 3 Nr. 8 GrEStG (bei Beendigung des Treuhandverhältnisses)[1109] oder gem. § 16 Abs. 2 GrEStG[1110] von der Grunderwerbsteuer befreit. Erwirbt der Treuhänder das Eigentum von einem Dritten für den Treugeber, handelt es sich nach Maßgabe der Treuhandererlasse[1111] bereits unmittelbar um zwei Steuertatbestände, nämlich (1) den Erwerb vom Dritten (§ 1 Abs. 1 Nr. 1 GrEStG), sowie (2) den Erwerb des konkreten Herausgabeanspruchs aus dem Auftragsverhältnis[1112] (§ 670 BGB) im Zeitpunkt des **3440**

1103 Nicht ausreichend ist die aufschiebende Abhängigkeit einzelner Pflichten von bestimmten Umständen (Kaufpreisfälligkeit erst bei Erteilung der Baugenehmigung), vgl. FG München, 17.05.2006 – 4 K 1801/04, NotBZ 2007, 226.
1104 So BFH, 10.02.2005 – II B 115/04, DStR 2005, 1857 in einem Verfahren zur Aussetzung der Vollziehung: Auch bei miterklärter Auflassung fällt Grunderwerbsteuer erst mit Eintritt der Bedingung an; zustimmend *Klass* DStR 2005, 1717 und *Bünning* DStR 2005, 1858. A.A. zuvor FG Düsseldorf, 23.09.2002 – 7 K 7145/01 GE, DStRE 2003, 302: Besteuerung der (regelmäßig miterklärten und wegen § 925 Satz 2 BGB bedingungsfeindlichen) Auflassung, § 1 Abs. 1 Nr. 2 GrEStG – die Grunderwerbsteuer knüpfe nicht an den Erfolg, sondern an Rechtsvorgänge an (ähnlich *Gottwald* MittBayNot 2003, 343; wegen Vorranges des § 1 Abs. 1 Nr. 2 GrEStG. Demnach müsste der Zinsvorteil aus späterer Fälligkeit der Grunderwerbsteuer mit dem Notarkostennachteil aus separater Erklärung der Auflassung abgewogen werden).
1105 Gebrauchsüberlassungspflicht aus dem Gesellschaftsvertrag als Recht zum Besitz gem. § 986 BGB, gegen Gewinnbeteiligung.
1106 Als Vorstufe der Einbringung zu Eigentum (»quoad dominium«) stellt der Einbringende den wirtschaftlichen Wert zur Verfügung, verpflichtet sich also im Innenverhältnis, das in seinem Eigentum verbleibende Wirtschaftsgut so zu behandeln, als wäre es Gesellschaftsvermögen (Reinhardt, DStR 1991, 588).
1107 Vgl. im Einzelnen *Rupp* EStB 2007, 225.
1108 Koordinierter Ländererlass BStBl. I 1984, S. 378 Tz. 1.2.
1109 Wenn die Steuer für die Begründung des Treuhandverhältnisses entrichtet worden ist. § 3 Nr. 8 GrEStG stellt jedoch nicht erweiternd den »wirtschaftlichen Rückerwerb« im Dreipersonenverhältnis (unter Zwischenschaltung einer GmbH) frei, FG Düsseldorf, 14.03.2006 – 3 K 2358/03, RNotZ 2006, 554.
1110 Koordinierter Ländererlass BStBl. I 1984, S. 378 Tz. 1.3.1.2.
1111 V. 12.10.2007, BStBl. I 2007, S. 757.
1112 Das Bestehen eines solchen Auftragsverhältnisses muss tatsächlich feststehen, BFH, BStBl. II 2001, S. 419 (Rettungserwerb von Grundstücken durch eine Verwertungsgesellschaft: es genügt nicht, dass diese Gesellschaft dem betroffenen Kreditinstitut gesellschaftsrechtlich verbunden ist).

C. Querschnittsdarstellungen

Erstankaufs gem. § 1 Abs. 2 GrEStG, jedenfalls aber zu einem späteren Zeitpunkt des dinglichen Rechtes selbst.[1113]

3441 Gem. § 1 Abs. 1 Nr. 2 GrEStG wird der dingliche Rechtsübergang selbst besteuert, wenn kein wirksames schuldrechtliches Verpflichtungsverhältnis zugrunde liegt. Dies kann bspw. bei der Erfüllung von Vermächtnissen, der Herausgabe bei ungerechtfertigter Bereicherung oder i.R.d. Herausgabe aus einem Auftragsverhältnis (§ 667 BGB) der Fall sein.

bb) Meistgebot

3442 Im **gerichtlichen Zwangsversteigerungsverfahren** wird Grunderwerbsteuer durch das Meistgebot ausgelöst, § 1 Abs. 1 Nr. 4 GrEStG. Bei einer freiwilligen Versteigerung ist jedoch wiederum § 1 Abs. 1 Nr. 1 GrEStG einschlägig, da der »Zuschlag« zivilrechtlich die Annahme eines Kaufangebots des Meistbietenden darstellt.

cc) Verwertungsbefugnis

3443 Mehrere, in ihrer Abgrenzung strittige Tatbestände erfassen die »**Übertragung einer Verwertungsbefugnis**«. Die nach dem eigentlichen Hauptgeschäft liegende Abtretung des Übereignungsanspruchs an einen Dritten verwirklicht § 1 Abs. 1 Nr. 5 bzw. Nr. 7 GrEStG. Bei einem (wirksamen)[1114] Kaufangebot mit Benennungsrecht kann in der Ausübung dieses Rechts ein Zwischenerwerb i.S.d. § 1 Abs. 1 Nr. 6 bzw. Nr. 7 GrEStG liegen[1115] oder der Übergang der Verwertungsbefugnis[1116] gem. § 1 Abs. 2 GrEStG. Die Besteuerung ist[1117] nicht dadurch ausgeschlossen, dass der Benennungsberechtigte kein Recht zur Selbstannahme hat, erfordert jedoch (als ungeschriebenes Tatbestandsmerkmal) die »Verfolgung eigener wirtschaftlicher Interessen«,[1118] wobei ein solches auch gegeben sein kann, wenn wirtschaftliche Interessen Dritter verfolgt werden, mit denen der Benennungsberechtigte durch Vertrag verbunden ist.[1119] Soll z.B. ein Grundstück gesichert werden für den Erwerb durch eine noch auszuwählende Gesellschaft innerhalb einer Unternehmensgruppe, scheiden die mit der Transaktion befassten externen Dienstleister (Architekten, Anwälte, Steuerberater) faktisch als »unbedenkliche« Benennungsberechtigte aus. Ein bisher nicht in Geschäftsbeziehung mit den Beteiligten stehender Anwalt sollte ein Festhonorar für die Übernahme der Funktion als solcher erhalten, nicht für die Ausübung des Benennungsrechtes, sogar wenn diese unterbleibt.[1120] Unproblematisch dürfte auch sein, aus einem definierten Kreis tauglicher Enderwerber (z.B. Konzerngesellschaften) eine zur Benennung zu ermächtigen. Zur Situation beim Immobilienleasing mit Ankaufsberechtigung vgl. Rdn. 3245.

3444 Ähnlich liegt es beim sog. **atypischen Maklervertrag**: Der Makler veräußert ein Grundstück aufgrund notariell beurkundeter Ermächtigung (bzw. Angebot) in fremdem Namen, jedoch nur teilweise auf fremde Rechnung. Der über einen Garantiebetrag hinausgehende Erlös steht dem Makler zu.

1113 Diese »Doppelbesteuerung« ist verfassungsrechtlich nicht zu beanstanden, BFH/NV 2003, 1448.
1114 Also keine Grunderwerbsteuerpflicht bei Formunwirksamkeit, BFH, 05.07.2006 – II R 7/05, DStR 2006, 1750.
1115 Vgl. *Gutachten* DNotI-Report 1997, 165; *Holland* ZNotP 1999, 90.
1116 Die Möglichkeit der Verfügung über ein fremdes Grundstück, ohne dessen Eigentümer zu sein, muss über die Befugnisse eines Mieters oder Leasingnehmers deutlich hinausgehen. Bsp: Herausgabeanspruch des Treugebers; Gebäude auf fremdem Grund und Boden bei mietfreier Nutzung und Anspruch auf jederzeitige Werterstattung bei Beendigung des Pachtverhältnisses (BFH/NV 1999, 517). Nicht ausreichend ist jedoch die bloße Organschaft, da der Organträger trotz Beherrschungsvertrages nicht unmittelbar eingreifen kann, BFH BStBl. II 2000, S. 357.
1117 Seit BFH, 10.07.1974 – II R 89/68, BStBl. II 1975, S. 86.
1118 *Sack* DNotZ 2002, 916 f.: Ausreichend ist z.B. die Möglichkeit, den Benannten zum Abschluss weiterer Verträge zu bestimmen, sofern der Benennende hiervon profitiert: BFH, 18.12.2002 – II R 12/00, ZNotP 2003, 197. Nicht ausreichend ist das allgemeine Interesse eines Grundpfandgläubigers als Benennungsberechtigten an einem Mittelzufluss bei seinem Schuldner (Verkäufer), BFH, 27.04.2005 – II R 30/03, NWB 2005, 3754.
1119 Ausreichend ist auch die Verwertung im wirtschaftlichen Interesse eines Dritten, dem ggü. der Benennungsberechtigte vertraglich gebunden ist (BFH BStBl. II 1997, S. 411).
1120 Empfehlung von *Wagner* ZfIR 2011, 182, 185.

Der Erwerb der Verwertungsbefugnis wird in diesem Fall selbstständig besteuert, Bemessungsgrundlage ist der Aufwand des Maklers für den Erhalt der Verwertungsbefugnis.[1121] Zur Klarstellung sei vermerkt, dass natürlich der dadurch vermittelte bzw. zustande gebrachte Kaufvertrag zwischen Veräußerer und Erwerber seinerseits ebenfalls nach normalen Regeln der Grunderwerbsteuer unterliegt.

Vereinbaren die Parteien eines Kaufvertrags vor dessen Vollzug mit einem Dritten (C), dass dieser an die Stelle des Käufers (B) treten solle, kann es sich (insb. bei zusätzlichen Änderungen des Inhalts in wesentlichen Punkten) um einen Neuabschluss des Dritten mit dem ursprünglichen Veräußerer (A) oder um eine Vertragsübernahme zwischen erstem und zweitem Erwerber handeln (die mit Genehmigung durch den Erstveräußerer Schuld befreiende Wirkung hat). Letztere führt zur Besteuerung im Verhältnis A zu B und B zu C (§ 1 Abs. 1 Nr. 5 bzw. Nr. 7 GrEStG),[1122] Erstere nur im Verhältnis A – C (§ 1 Abs. 1 Nr. 1 GrEStG, sofern der Erstvertrag gem. § 16 GrEStG aufgehoben wurde, zu Letzterem vgl. Rdn. 3487).[1123] 3445

dd) Gesellschafterwechsel

Von besonderer Bedeutung sind die in § 1 Abs. 2a[1124] und Abs. 3 GrEStG geregelten **Tatbestände eines Gesellschafterwechsels bei Personen- bzw. Kapitalgesellschaften:** 3446

(1) § 1 Abs. 2a GrEStG

Gehen mindestens 95 % der Anteile[1125] am Gesellschaftsvermögen[1126] einer Immobilien besitzenden[1127] **Personengesellschaft** (OHG, KG, GbR) auf **neue Gesellschafter** über, führt dies gem. **§ 1 Abs. 2a GrEStG** zu einer Grunderwerbsteuerpflicht hinsichtlich jedes betroffenen Grundstücks.[1128] Dabei werden alle Erwerbe während eines 5-Jahres-Zeitraums zusammengerechnet;[1129] der Beginn des 5-Jahres-Zeitraums kann jedoch nicht vor Inkrafttreten der Norm (01.01.1997) liegen.[1130] Wegen des Erfordernisses »neuer Gesellschafter« sind Verschiebungen unter den bisherigen i.R.d. 3447

1121 BFH BStBl. III 1965, S. 561.
1122 Nicht aber (entgegen BFH, 26.09.1990 – II R 107/87, BFH/NV 1991, 482) zur zusätzlichen Besteuerung im Verhältnis A – C, auch wenn in diesem Verhältnis die Auflassung erklärt wird (§ 1 Abs. 1 Nr. 1 GrEStG), vgl. BFH, 22.01.2003 – II R 32/01, MittBayNot 2004, 215 m. Anm. *Gottwald/Steer*, S. 166.
1123 Auch persönliche Befreiungstatbestände sind dann nur in diesem Verhältnis zu beurteilen. Da es sich um getrennte Streitgegenstände handelt, droht der Finanzverwaltung die Festsetzungsverjährung, wenn sie zu Unrecht von einem Neuabschluss ausgeht, dieser Bescheid jedoch erfolgreich angefochten wird: *Gottwald/Steer* MittBayNot 2004, 168.
1124 Vgl. hierzu umfassend Gleichlautende Erlasse der Obersten Finanzbehörden der Länder v. 25.02.2010, BStBl. I 2010, S. 245 = DStR 2010, 697 m. Anm. *Behrens* DStR 2010, 777, *Gottwald* MittbayNot 2011, 99 die an die Stelle der Erlasse vom 26.02.2003, RNotZ 2003, 407, treten (systematischer Vergleich beider Erlasse: *Lustig* NWB 2010, 4185 ff.).
1125 Der Anteilsübergang kann sich auch durch »Kapitalerhöhung« im Zuge des Beitritts neuer Gesellschafter vollziehen (bei Erhöhungen nach vorgefasstem Plan, etwa im Rahmen von Immobilienfonds, werden die 95 % ermittelt auf der Basis der von Anfang an geplanten Gesamtkapitalziffer), vgl. Anm. 3 der Ländererlasse vom 25.02.2010, BStBl. I 2010, S. 245.
1126 Gemeint ist in § 1 Abs. 2a GrEStG die quotale vermögensmäßige Beteiligung am Gesamthandsvermögen, nicht die gesamthänderische Mitberechtigung als solche, vgl. *Teiche* DStR 2005, 49. Nach Ansicht der Finanzverwaltung sind wohl die Kapitalkonten I und II maßgebend, richtigerweise aber nur das feste Kapitalkonto I, vgl. *Gottwald* Grunderwerbsteuer, Rn. 230 m.w.N.
1127 Gemäß Anm. 1.2 des Erlasses vom 25.02.2010, BStBl. I 2010, S. 245 genügt es (auch i.R.d. § 1 Abs. 3 GrEStG), dass ein Grundstück der Gesellschaft grunderwerbsteuerlich zuzurechnen ist, etwa da Steuerbarkeit bereits aufgrund eines noch nicht erfüllten Ankaufvertrages oder aufgrund einer Verwertungsmöglichkeit i.S.d. § 1 Abs. 2 GrEStG eingetreten ist; inkonsequenterweise soll aber auch ein Grundstück, für welches die Gesellschaft bereits einem Dritten eine Verwertungsbefugnis i.S.d. § 1 Abs. 2 GrEStG eingeräumt hat, noch zum Vermögen der Gesellschaft zählen.
1128 Es handelt sich um je einzelne Steuervorgänge, sodass eine gesonderte Feststellung der Besteuerungsgrundlagen gem. § 17 Abs. 2, 2. Alt. GrEStG stattfindet, BFH, 26.10.2006 – II R 32/05, ErbStB 2007, 69 m. Anm. *Hartmann*.
1129 Zur Übertragung in mehreren Teilakten und zur Befreiung nach § 6 Abs. 3 GrEStG bei sukzessivem Rückerwerb (durch Vergleich vor dem ersten und nach dem letzten Akt) vgl. BFH, 27.04.2005 – II R 61/03, DStR 2005, 1438 m. Anm. *Stoschek/Mies* DStR 2006, 221.
1130 BFH, 20.10.2004 – II R 54/02, BStBl. II 2005, S. 299; auch der »faktische Beitritt« wird dabei steuerlich berücksichtigt (Grundsätze der fehlerhaften Gesellschaft).

C. Querschnittsdarstellungen

§ 1 Abs. 2a GrEStG ohne Belang, können allerdings die subsidiäre Besteuerung nach § 1 Abs. 3 GrEStG auslösen (Rdn. 3452).

3448 »Altgesellschafter«, in deren Kreis Verschiebungen ohne Auswirkungen auf § 1 Abs. 2a GrEStG stattfinden können, sind (1) jedenfalls alle, die unmittelbar Gründungsgesellschafter waren ebenso (2) alle, die vor Beginn des 5-Jahres-Zeitraums unmittelbar oder mittelbar an der grundbesitzenden Gesellschaft beteiligt waren, ferner (3) diejenigen Gesellschafter, die im Zeitpunkt des Erwerbs des jeweiligen Grundstücks durch die Personengesellschaft unmittelbar oder mittelbar an dieser beteiligt waren, ebenso (4) solche, deren Beitritt oder Anteilserwerb – auch auf der Ebene einer Personen-Obergesellschaft, nachstehend (5) – bereits in der Vergangenheit zur Erfüllung des Tatbestandes des § 1 Abs. 2a GrEStG beigetragen hat, und schließlich (6) sofern Gesellschafterin der Personengesellschaft ihrerseits eine Personengesellschaft ist, auch diejenigen Mitglieder der »Obergesellschaft«, die ihrerseits an der Obergesellschaft beteiligt waren, als einer der in (1) bis (4) genannten Umstände eintrat (also z.Zt. der Gründung der grundbesitzenden Personengesellschaft, vor Beginn des 5-Jahres-Zeitraums, beim Erwerb des Grundstücks selbst). Der neue Treugeber oder der neue Treuhänder bei einem diesbezüglichen Wechsel zählt als »Neugesellschafter«.

3449 – Diese Regelung in § 1 Abs. 2a GrEStG wurde mit Wirkung ab 01.01.2000 um folgende Klarstellungen ergänzt: Es ist nunmehr eindeutig, dass mit dem Wechsel von 95 % immer eine Besteuerung stattfindet (nach dem früheren Gesetzeswortlaut war noch zusätzlich erforderlich, dass bei »wirtschaftlicher Betrachtungsweise« die Vorgänge wie Übertragung des Grundstücks auf eine neue Gesellschaft zu werten seien).

3450 – Erfasst sind auch mittelbare Änderungen[1131] des Gesellschafterbestands, z.B. Wechsel des Treugebers oder Änderungen bei einer Gesellschaft, die ihrerseits wiederum einen Anteil an der Grund besitzenden Gesellschaft hat. Dies kann z.B. gegeben sein bei »doppelstöckigen Personengesellschaften« (Veränderungen im Personenbestand einer Personengesellschaft, die ihrerseits an einer grundbesitzenden Personengesellschaft beteiligt ist: die 95 % – Grenze ist auf jeder Beteiligungsstufe gesondert zu prüfen);[1132] ebenso wenn die Anteile an einer zu mehr als 95 % an der grundbesitzhaltenden Personengesellschaft beteiligten Kapitalgesellschaft übergehen[1133] oder wenn mehr als 95 % der Anteile an der Kapitalgesellschaft selbst übergehen, die ihrerseits an der grundbesitzenden Personengesellschaft beteiligt ist – dann zählt der Kapitalgesellschaftsanteil als insgesamt übergegangen.[1134]

Gesellschafterwechsel durch Tod fallen nicht unter die Erwerbsvorgänge.

3451 Zur (zu bejahenden) Sperrwirkung des § 3 Nr. 2 GrEStG bei unentgeltlichen Übertragungen vgl. Rdn. 3470; auch die Steuerbefreiungen gem. § 3 Nr. 4 und Nr. 6 sowie gem. § 6 Abs. 3 sind zu gewähren.[1135] Steuerschuldner in den Fällen des § 1 Abs. 2a Satz 1 GrEStG ist die Personengesellschaft selbst in ihrer jeweiligen Zusammensetzung, vgl. § 13 Nr. 6 GrEStG.

1131 Zur Frage, ob eine wechselseitige (Überkreuz-) Beteiligung als mittelbar eigene Beteiligung angesehen werden kann, abl. *Wischott/Schönweiß/Fröhlich* DStR 2007, 833 ff.
1132 Verfügung der OFD Rheinland und Münster v. 21.05.2008 – 001/2008, BB 2008, 1552. Anders liegt es bei einer zwischengeschalteten Kapitalgesellschaft, welche die Objekt-KG hält: Grunderwerbsteuer erst, wenn 95 % oder mehr der Anteile an der Kapitalgesellschaft übergehen.
1133 Allerdings gilt nach OFD Koblenz v. 29.09.2009 § 6 Abs. 3 Satz 1 GrEStG (anteilige Nichterhebung der Steuer bei wirtschaftlicher Beteiligungsidentität) entsprechend. Beispiel: Y überträgt seinen 100 %igen Geschäftsanteil an einer GmbH, die an einer grundbesitzhaltenden Personengesellschaft (A-GbR) zu 96 % beteiligt ist, an eine B-oHG, an der wiederum zur Hälfte beteiligt ist: Gem. § 1 Abs. 2a GrEStG gilt der Vorgang als Übertragung des Grundbesitzes der A-GbR auf die B-oHG, wird aber i.H.v. 4 % (§ 6 Abs. 3 Satz 1 GrEStG in unmittelbarer Anwendung) und weiterer 48 % (in analoger Anwendung, Durchgriff durch die GmbH) nicht erhoben.
1134 Vgl. Beispiel Tz 3.3. der koordinierten Ländererlasse vom 25.02.2010, BStBl. I 2010, S. 245.
1135 Vgl. Beispiel Tz 7.2 und 8 der koordinierten Ländererlasse vom 25.02.2010, BStBl. I 2010, S. 245.

III. Steuerrechtliche Grundzüge

(2) § 1 Abs. 3 GrEStG

Bei **Kapitalgesellschaften** (GmbH, Genossenschaft, AG etc.) wie auch (subsidiär) bei **Personengesellschaften** führt ferner die sog. Anteilsvereinigung in einer Hand gem. **§ 1 Abs. 3 GrEStG** (auch im Erbwege!) zu einer Besteuerung (die allerdings einkommensteuerlich immerhin sofort abziehbaren Aufwand darstellt).[1136] Vor dem 01.01.2000 konnte diese Anteilsvereinigung schon dadurch verhindert werden, dass ein Zwerganteil beim Veräußerer zurückblieb. Ab 01.01.2000 wurde die Anteilsvereinigung dahin gehend neu gefasst, dass sie schon bei der Vereinigung von mindestens 95 % der Anteile in einer Hand stattfindet, wobei (1) die mittelbare Anteilsvereinigung der unmittelbaren gleichgestellt ist (Rdn. 3453), (2) auch die Vereinigung in der Hand eines Organkreises – finanzielle, wirtschaftliche und organisatorische Eingliederung –[1137] genügt (Rdn. 3457), ebenso (3) der Erwerb durch einen Treuhänder dem Treugeber zugerechnet wird;[1138] was auch mit EU-Recht vereinbar ist.[1139] Bei unentgeltlichen Anteilserwerben ist gem. Rdn. 3471 zwischen den Fällen des § 1 Abs. 3 Nr. 1 und 2 einerseits und der Nr. 3 und 4 andererseits zu differenzieren.

3452

Die »mittelbare Vereinigung« i.S.d. § 1 Abs. 3 Nr. 1 GrEStG bezieht nach der Rechtsprechung (ausgenommen Fälle der Organschaft) nur solche Beteiligungen ein, die ihrerseits zu mindestens 95 % gehalten werden[1140] (sodass als Gestaltungsvorkehrung sich die Reduzierung der Beteiligung an Tochtergesellschaften unter 95 % empfiehlt). Grunderwerbsteuer in Gestalt des Erwerbs einer mittelbaren Beteiligung fällt an, wenn auf jeder Beteiligungsstufe 95 % erreicht wird; ein »Durchrechnen« der Quote durch Multiplikation kommt nicht in Betracht.[1141]

3453

▶ Beispiel:

Es werden 96 % der Anteile an der A-GmbH erworben, die ihrerseits zu 97 % an der grundbesitzenden B-GmbH beteiligt ist. Grunderwerbsteuer fällt an, nicht etwa wird die Beteiligung »durchgerechnet« (96 % von 97 % ergäbe nur 93,12 %).

Die mittelbare Vereinigung setzt weiter voraus, dass Erwerber die »Muttergesellschaft« ist. Demnach gewinnt die Reihenfolge der Erwerbsschritte Bedeutung:

3454

▶ Beispiel:[1142]

Eine Mutter-GmbH hält 100 % der Anteile an der Tochter-GmbH, ohne dass Organschaft (oben (2)) bestünde. Erwirbt zunächst (ohne Gesamtplan) die Mutter-GmbH 10 % an einer grundbesitzenden dritten GmbH, und später die Tochter-GmbH die verbleibenden 90 % der Anteile, werden zwar diese Anteile nun (mittelbar) der Mutter zugerechnet, die Mutter war

---

1136 BFH, 20.04.2011 – I R 2/10, EStB 2011, 247; BFH, 14.03.2011 – I R 40/10, EStB 2011, 320, hierzu *Hutmacher* ZNotP 2011, 298 ff.; nach Ansicht der Finanzverwaltung, BMF-Schreiben v. 18.01.2010, BStBl. I 2010, S. 70, 3. Abs., sollen hingegen Anschaffungsnebenkosten der erworbenen Anteile vorliegen.
1137 Vgl. § 1 Abs. 3 Nr. 1 und 2 i.V.m. Abs. 4 Nr. 2 GrEStG sowie gleichlautende Ländererlasse v. 21.03.2007, BStBl. I 2007, S. 422 sowie *Adolf* GmbHR 2007, 1309 ff. und zuvor *Forst/Ruppel* EStB 2006, 223 ff. Allerdings ersetzt ein bestehendes und fortgeführtes Organverhältnis nicht das Erfordernis des 95 %-Übergangs, vgl. BFH, 20.07.2005 – II R 30/04, BStBl. II 2005, S. 839 m. Anm. *Wischott/Schönweiß* DStR 2006, 172 (entgegen OFD Münster, UVR 2001, 366), während umgekehrt Anteile, die zu mindestens 95 % bei der Organgesellschaft vereinigt wurden, nicht zusätzlich dem Organträger zugerechnet werden können.
1138 *Gottwald* MittBayNot 2009, 11; *Boruttau/Fischer* Grunderwerbsteuergesetz, § 1, Rz. 880 bis 881. Der Treugeber erwirbt damit gleichzeitig einen Anspruch auf Rückübertragung sämtlicher Anteile (§ 667 BGB), der ebenfalls an sich gem. § 1 Abs. 3 Nr. 3 GrEStG steuerpflichtig wäre, jedoch analog § 3 Nr. 8 GrEStG freigestellt ist, vgl. Gleichlautende Ländererlasse v. 25.05.1984, BStBl. I 1984, S. 380, BeckVerw 027316.
1139 BFH, 19.12.2007 – II R 65/06, GmbH-StB 2008, 96.
1140 Koordinierter Ländererlass FinMin Baden-Württemberg v. 14.02.2000, DStR 2000, 430; bei Überschreiten der Quote wird die mittelbare Beteiligung jedoch voll zugerechnet.
1141 BFH, 25.08.2010 – II R 65/08, ZfIR 2011, 257 m. Anm. *Demuth*.
1142 Nach *Heine* GmbHR 2009, 364.

C. Querschnittsdarstellungen

jedoch nicht Erwerberin bei dem zur Anteilsvereinigung führenden Geschäft (dies war die Tochter-Gesellschaft).

Würde der Vorgang in umgekehrter Reihenfolge vollzogen, d.h. erwirbt zunächst die Tochter-GmbH 10 % der Anteile an der grundbesitzenden Gesellschaft und sodann die Mutter-GmbH die verbleibenden 90 %, vereinigen sich nun (teils unmittelbar, teils mittelbar) alle Anteile an der grundbesitzenden Gesellschaft in der Person der Mutter-Gesellschaft, der Erwerberin, sodass Steuerpflicht besteht.

Erwerben Mutter und Tochter gleichzeitig bspw. je 50 % der Anteile an der grundbesitzenden GmbH, ist zwar de jure noch keine mittelbare Anteilsvereinigung eingetreten, allerdings lässt die Gleichzeitigkeit auf ein zumindest stillschweigendes Auftrags- oder Treuhandverhältnis (oben (3)) schließen.

3455 Vor dem Übergang von Anteilen an einer **grundbesitzenden GmbH** kann sich demnach empfehlen, das Grundvermögen entweder (a) vorab »grunderwerbsteuerlich zu separieren« oder aber (b) dafür zu sorgen, dass dem Erwerber nicht mehr als 94,9 % an der betreffenden GmbH zuzurechnen sind (eine bloße Kaufoption hinsichtlich der verbleibenden 5,1 % schadet nicht),[1143] bzw. (c) für die verbleibenden 5,1 % (aa) einen geeigneten fremden Zweiterwerber zu finden, dessen Gesellschafterrechte in gewissem Umfang eingeschränkt sein können[1144] oder aber (bb) eine grunderwerbsteuerlich nicht beherrschte Tochter-GmbH & Co KG unterhalb des Anteilserwerbers zu implementieren, welche dann die 5,1 % erwirbt, sodass sich die Beteiligung fremder Dritter auf 5,1 % an der Komplementärin dieser GmbH & Co KG beschränkt,[1145] sog. RETT [Real Estate Transfer Tax] – Blocker.[1146] Hält die zu übertragende GmbH ihrerseits Anteile an einer **grundbesitzenden Tochter-GmbH**, kann die mittelbare Anteilsvereinigung sowohl auf der Ebene der zu übertragenden Mutter als auch (in der Praxis häufiger) auf der Ebene der Tochter-GmbH (durch Vorabübertragung von 5,1 % an grunderwerbsteuerlich nicht von der Unternehmenserwerberin beherrschte Dritte) verhindert werden.[1147] Hält schließlich die zu übertragende GmbH ihrerseits Anteile an einer **grundbesitzenden Tochter-GmbH & Co KG**, muss bei letzterer sowohl eine mittelbare Anteilsvereinigung als auch eine steuerbare Änderung des Gesellschafterbestandes vermieden werden, was wiederum auf der Ebene der Mutter-GmbH (Übergang von lediglich 94,9 %)[1148] geschehen kann oder auf der Ebene der Tochter GmbH & Co KG (Übertragung von mehr als 5 % Anteil an letzterer KG z.B. auf einen anderen Altgesellschafter, oder Übertragung von mehr als 5 % Anteil an der Komplementär-GmbH[1149] an solche Dritte, jeweils mit Übergang der Restbeteiligung nach mehr als 5 Jahren gem. § 1 Abs. 2a GrEStG).[1150]

3456 Einen 5-Jahre-Zeitraum kennt § 1 Abs. 3 GrEStG selbst (anders als Abs. 2a) nicht. Fingiert wird durch das Gesetz die Übertragung des Grundstücks an den zu mindestens 95 % beteiligten Erwerber als Steuerschuldner[1151] (§ 13 Nr. 5 Buchst. a) GrEStG), wobei im Fall einer Kapitalgesellschaft keine Kürzung um die bisherige Erwerbsquote stattfindet (»**Alles-oder-Nichts-Prinzip**«).[1152] Bei der Ermittlung der 95 %-Quote werden eigene Anteile, welche die grundstücksbesitzende GmbH

1143 *Kaiser* Grunderwerbsteuerplanung bei Umstrukturierung und Unternehmenserwerb, 2008, S. 350.
1144 *Voßkuhl/Hunsmann* UVR 2005, 51, 54.
1145 *Götz* GmbHR 2005, 615, 616, *Kaiser* Grunderwerbsteuerplanung bei Umstrukturierung und Unternehmenserwerb, 2008, S. 358. Dies genügt zur Vermeidung der Zurechnung des Anteils an der Komplementärin bei der Mutter-GmbH, vgl. *Gottwald* INF 2005, 865 (866), *Jacobsen* GmbHR 2009, 690, 695.
1146 *Schuster/Trettner* ZfIR 2011, 269, 271.
1147 *Jacobsen* GmbHR 2009, 690, 695.
1148 FinMin Baden-Württemberg, 14.02.2000 – 3 S 4500/43, GmbHR 2000, 351; *Jacobsen* GmbHR 2009, 690, 696.
1149 Auch dies genügt, um eine Zurechnung des Anteils an der Komplementär-GmbH an die vermittelnde »Mutter-GmbH« zu verhindern, vgl. *Gottwald* INF 2005, 865, 866.
1150 *Götz* BB 2006, 578, 579; Gleichlautende Ländererlasse FinMin NRW v. 26.02.2003 – S 4501- 10 V A 2, BStBl. I 2003, S. 271 Tz 4.
1151 BFH, 02.08.2006 – II R 23/05, DStRE 2007, 110.
1152 Vgl. *Boruttau/Viskorf* GrEStG § 8 Rn. 83 f.

»an sich selbst« hält, als »wertlos«[1153] nicht berücksichtigt. Fraglich ist, ob dies auch gilt für »mittelbar« gehaltene eigene Anteile, d.h. solche, die eine hundertprozentige Tochter-Gesellschaft der grundbesitzenden GmbH an letzterer GmbH selbst hält.[1154]

Ist bereits eine Anteilsvereinigung von mindestens 95 % gem. § 1 Abs. 3 GrEStG besteuert worden, löst die Verstärkung einer solchen Beteiligung (z.B. Erhöhung der Vereinigungsquote des Steuerpflichtigen auf 100 %) keine neue Steuer aus, und zwar auch dann nicht, wenn die betreffende Gesellschaft zwischenzeitlich weitere Grundstücke hält[1155] (»einmal vereinigt, immer vereinigt«). Dieser Grundsatz gilt jedoch nur in Bezug auf die »Obergesellschaft«, nicht hinsichtlich gemeinsamer Töchter, etwa im Konzern. Diese werden nicht mit dem Argument gehört, Anteilsverschiebungen zwischen ihnen (»sidestream«) oder der erstmalige Erwerb von der Mutter (»downstream«) seien unbeachtlich, da alle Gesellschaften bereits unter dem Dach der Mutter vereint seien.[1156] Gleiches gilt im Organkreis: Anteilsverschiebungen »von unten nach oben«, also Verkürzungen der rechtlichen Beteiligungskette (»upstream«) sind steuerfrei, nicht jedoch Anteilsübertragungen von der Mutter auf beherrschte Töchter (»downstream«) oder Anteilsübertragungen zwischen beherrschten Töchtern (»sidestream«).[1157] Führte die mittelbare Anteilsvereinigung bei der Muttergesellschaft zu einer Besteuerung gem. § 1 Abs. 3 GrEStG, löst die anschließende Übertragung der Anteile an der Muttergesellschaft selbst (auch innerhalb des Konzerns) neue Grunderwerbsteuer aus.[1158] **3457**

Auch die **personenbezogenen Freistellungen** des § 3 Nr. 3 bis Nr. 7 GrEStG gelten i.R.d. Anteilsvereinigungen des § 1 Abs. 3 Nr. 1 und Nr. 2 GrEStG demnach nur bei Personengesellschaften (da Eigentümer die Gesellschafter als natürliche Personen in ihrer gesamthänderischen Verbundenheit sind),[1159] nicht bei Kapitalgesellschaften (Fiktion des Grundstückserwerbs von der Gesellschaft selbst). Bei den Weiterübertragungen vereinigter Anteile auf neue Erwerber (Tatbestände des § 1 Abs. 3 Nr. 3 und Nr. 4 GrEStG) sind die personenbezogenen Freistellungen dagegen auf alle Gesellschaften anwendbar, da stets ein Grundstückserwerb vom Gesellschafter fingiert wird.[1160] Dasselbe gilt für die Befreiungsvorschrift des § 3 Nr. 2 GrEStG.[1161] **3458**

Deutlich eingeschränkt wird die – ggü. § 1 Abs. 2a GrEStG subsidiäre – Anwendung des § 1 Abs. 3 GrEStG auf **Personengesellschaften** dadurch, dass dort (anders als in Abs. 2a »Anteil am Gesellschaftsvermögen«) gem. dem Wortlaut »Anteil an der Gesellschaft« lediglich auf die Mitgliedschaft als solche, nicht auf die vermögensmäßige Beteiligung abgestellt wird.[1162] Die Beteiligung wird insoweit also nicht (wie bei § 1 Abs. 2a GrEStG) »gewogen«, sondern nur »gezählt«. Überträgt daher einer von zwei Mitgesellschaftern Anteile auf den anderen Mitgesellschafter, sind beide nach wie vor (wegen der Unteilbarkeit der Gesellschafterstellung) zu je »50 %« gesamthänderisch beteiligt (jeder hält einen der beiden Anteile). Weiter einschränkend wirkt, dass es eine unmittelbare Vereinigung aller Anteile in einer Hand (durch Ausscheiden des zweiten Mitgesellschafters oder Übertragung seines Anteils) nicht geben kann, da die Anteile in diesem Fall mangels Gesellschaft untergehen.[1163] Verwirklichen kann sich allenfalls die mittelbare Vereinigung, indem z.B. der letzte verbleibende Gesellschafter einer GmbH & Co. KG auch die Anteile an der Komplementär-GmbH erwirbt. **3459**

1153 BFH v. 23.02.2005 – I R 44/04, GmbHR 2005, 783, m. Anm. *Mildner*.
1154 Dagegen *Heine* GmbHR 2009, 366 f., allerdings wohl gegen die ratio des § 1 Abs. 3 GrEStG.
1155 *Gottwald* Grunderwerbsteuer S. 105 ff.
1156 Vgl. *Fumi* EFG 2002, 574.
1157 Vgl. Erlass zur Anwendung des § 1 Abs. 3 i.V.m. Abs. 4 GrEStG auf Organschaftsfälle vom 21.03.2007, BStBl. I 2007, S. 422; *Gottwald* Grunderwerbsteuer Rn. 300 ff.
1158 BFH, 15.12.2010 – II R 45/08, DNotZ 2011, 743.
1159 Vgl. *Gottwald* DNotZ 2006, 810 f.
1160 Vgl. FinMin Baden-Württemberg v. 28.04.2005, DStR 2005, 1012; *Gottwald* Grunderwerbsteuer, S. 90 f. m.w.N.; *Gottwald* DNotZ 2006, 811 f. mit Beispielen.
1161 Vgl. FinMin Baden-Württemberg v. 18.12.2009, DStR 2010, 114, der in Bezug auf die personenbezogenen Befreiungsvorschriften die Ausführungen des Erlasses vom 28.04.2005 (vorangehende Fn) bestätigt, vgl. *Gottwald* MittBayNot 2011, 98.
1162 BFH, 08.08.2001 – II R 66/98, DStR 2001, 1793; *Salzmann/Loose* DStR 2005, 53. Gleichlautende Ländererlasse v. 26.02.2003, Tz. 7.1.2, DStR 2003, 982.
1163 BFH, 13.09.1995 – II R 80/92, BStBl. II 1995, S. 903; *Gottwald* DNotZ 2006, 814.

C. Querschnittsdarstellungen

(3) Freistellung und Nachbesteuerung

3460 Allerdings wird insoweit gem. **§ 6 Abs. 2 GrEStG** die Steuer i.H.d. Anteils nicht erhoben, zu dem der Erwerber am Vermögen der Gesamthand bereits beteiligt war. Dies gilt auch, wenn die identische Beteiligungsquote nur mittelbar durch Zwischenschaltung einer Kapitalgesellschaft vermittelt wird:

▶ Beispiel:[1164]

An der A-GbR sind W zu 4 % und die X-GmbH zu 96 % beteiligt. Alleiniger Gesellschafter der X-GmbH ist Y. Dieser überträgt alle GmbH-Anteile an eine B-oHG, an der er zur Hälfte beteiligt ist. Gem. § 1 Abs. 2a GrEStG gilt ein Übergang des Grundbesitzes von der A-GbR auf eine neue Personengesellschaft als eingetreten, deren mittelbare Gesellschafterin die B-ohG ist. Die Steuer wird gem. § 6 Abs. 2 GrEStG i.H.v. 4 % (Anteil W) und i.H.v. 48 % (mittelbar identisch gebliebene Beteiligung des Y) nicht erhoben.

Gem. § 6 Abs. 4 GrEStG wird die Freistellung bzgl. des vorher gehaltenen Anteils jedoch insoweit versagt, als ein Gesamthänder bzw. bei Erbfolge sein Rechtsvorgänger innerhalb von 5 Jahren vor dem Erwerbsvorgang seinen Anteil an der Gesamthand durch Rechtsgeschäft unter Lebenden[1165] erworben hat oder innerhalb dieser Frist eine abweichende Auseinandersetzungsquote vereinbart wurde, ohne dass der Vorerwerb seinerseits der Grunderwerbsteuer unterlag.[1166]

▶ Beispiel:

3461 Sind der Vater und seine beiden Söhne an einer Grundstücks-GbR zu drei gleichen Teilen beteiligt und tritt ein Bruder an den anderen seine GbR-Beteiligung ab, ist dieser Vorgang für sich genommen nicht grunderwerbsteuerbar.

Scheidet nun der Vater aus, sodass das gesamte Gesellschaftsvermögen (Grundstück) dem verbleibenden Sohn anwächst, würde hierfür (Übergang in gerader Linie, § 3 Nr. 6 GrEStG) an sich ebenfalls keine Grunderwerbsteuer anfallen.

Fand jedoch der Hinzuerwerb vom Bruder während des 5-jährigen Referenzzeitraums statt, führt § 6 Abs. 4 GrEStG dazu, dass der Hinzuerwerb des einen Drittels außer Betracht bleibt, sodass der Vorgang besteuert wird wie eine Anteilsvereinigung aus der Hand aller drei Gesellschafter, die nur für den bisher schon gehaltenen Anteil (1/3) und den Hinzuerwerb vom Vater als Verwandten in gerader Linie (weiteres Drittel) freigestellt ist (§§ 6 Abs. 2, 3 Nr. 6 GrEStG).

3462 In ähnlicher Weise wird gem. § 5 Abs. 2 GrEStG beim Übergang eines Grundstücks von einem Alleineigentümer oder mehreren Miteigentümern auf eine Gesamthand (OHG, KG, GbR, auch eine vergleichbare Gesamthandsgemeinschaft ausländischen Rechts)[1167] die Grunderwerbsteuer nicht erhoben auf den Anteil, an dem der Einbringende selbst an der Gesamthand beteiligt ist.

▶ Beispiel:

A ist Alleineigentümer eines Grundstücks und bringt dieses in die ABC-OHG ein, an der er zur Hälfte beteiligt ist. Grunderwerbsteuer wird nur auf die andere Hälfte erhoben.

Der Rechtsgedanke des § 5 GrEStG wird analog auf Immobilienvorgänge angewendet, die mit keiner Wertverschiebung verbunden sind, etwa im Fall der Aufhebung von Sondereigentum bei

---

1164 Nach FinMin Baden-Württemberg v. 03.03.2009 – 3 – S 450.1/15, ZEV 2009, 264; vgl. auch *Heine* GmbHR 2009, 1142 ff.: »erster Schritt zur Durchlässigkeit von Kapitalgesellschaften, die an grundbesitzenden Personengesellschaften beteiligt sind«.
1165 Nach BFH, 14.12.2002 – II R 31/01, RNotZ 2003, 336 liegt ein »Rechtsgeschäft unter Lebenden« auch in der Kündigung der Gesellschaft durch einen Gesellschafter mit daraus folgender Anwachsung (§ 738 BGB).
1166 Diese Einschränkung folgt aus dem Charakter des § 6 Abs. 4 GrEStG als Missbrauchsverhinderungsvorschrift, FG Düsseldorf, 14.07.2004 – 7 K 792/02 GE, DStRE 2004, 1363.
1167 FinMin Baden-Württemberg, 30.10.2008 – 3 S 451.4/21, ZEV 2009, 209, unter Verweis auf die in BStBl. I 1999, S. 1076 enthaltene Aufstellung.

Reihenhäusern (sodass schlichtes Miteigentum am Gesamtobjekt besteht) und anschließender Realteilung gem. der bisherigen WEG-Grenzen,[1168] vergleichbar der Grundstücksteilung von Gesamthands- in wertgleiches Flächeneigentum (§ 7 Abs. 2 GrEStG) oder der Bildung von Sondereigentum aus wertgleichen Miteigentumsanteilen gem. § 3 WEG oder gem. § 8 WEG mit anschließendem, in sachlichem und zeitlichem Zusammenhang vollzogenem Tausch der Anteile.[1169] § 5 Abs. 1 GrEStG gilt jedoch nicht analog für den Fall, dass Anteile an grundbesitzhaltenden Kapitalgesellschaften (also nicht die Grundstücke selbst) in eine Gesamthand (GbR) eingebracht werden.[1170]

3463 Gem. § 5 Abs. 3 GrEStG entfällt jedoch (wie bei § 6 Abs. 4 GrEStG, oben Rdn. 3452) die Vergünstigung für den Anteil, um den sich der Anteil des Einbringenden am Vermögen der Gesamthand binnen 5 Jahren nach dem Übergang des Grundstücks auf die Gesamthand vermindert.

▶ **Beispiel:**

Tritt der Einbringende A im vorgenannten Beispiel (s. Rdn. 3460) 45 % der Geschäftsanteile an einen Dritten vor Ablauf der 5 Jahre ab, werden weitere 45 % Grunderwerbsteuer nachbelastet, sodass insgesamt nur 5 % des Einbringungswerts steuerfrei geblieben sind.

Weiterhin ist die Begünstigung zu versagen, wenn die spätere (auch nach der 5-jährigen Verfolgungsfrist liegende) Veränderung der Gesellschafterstellung des Übertragenden bereits zum Zeitpunkt der Grundstückseinbringung zwischen den Gesamthändern »abgesprochen« war.[1171]

3464 Die Nachbesteuerung des § 5 Abs. 3 GrEStG unterbleibt aber, wenn die Anteilsübertragung an Verwandte oder Ehegatten (§ 3 Nr. 6 GrEStG)[1172] oder aber, gleichgültig an wen, unentgeltlich erfolgt, letzteres aufgrund des Vorrangs des § 3 Nr. 2 Satz 1 GrEStG[1173] (Rdn. 3470). Kommt es bei entgeltlicher Anteilsveräußerung zu einer teilweisen Nachversteuerung und anschließend während des 5-Jahres-Zeitraums zur Verwirklichung des § 1 Abs. 2a GrEStG (95 % Grenze, Rdn. 3446), vermeidet § 1 Abs. 2a Satz 3 GrEStG eine Doppelbesteuerung durch Anrechnung.[1174] I.R.d. § 5 Abs. 3 (ebenso des § 6 Abs. 3) GrEStG gänzlich ohne Relevanz ist die Veräußerung des Grundstücks selbst (nicht des Anteils) binnen 5 Jahren, nachdem es gem. §§ 5 Abs. 1 oder 2 GrEStG begünstigt eingebracht wurde, da hierfür die volle Grunderwerbsteuer beim Käufer anfällt und demnach eine Missbrauchsgestaltung objektiv ausgeschlossen ist.[1175]

3465 Bei **Anteilsübertragungen an GbR, OHG, KG oder GmbH & Co. KG** ist also in grunderwerbsteuerlicher Hinsicht zweierlei zu beachten, wenn Grundbesitz vorhanden ist:

- Sind innerhalb von 5 Jahren mindestens 95 % der Anteile an der GmbH & Co. KG, OHG etc. auf neue Gesellschafter übergegangen, fällt Grunderwerbsteuer nach § 1 Abs. 2a bzw. § 1 Abs. 3 GrEStG an, es sei denn, die Befreiungsvorschrift des § 3 Nr. 6 Satz 1 GrEStG (Verwandte in gerader Linie/Ehegatten) oder § 3 Nr. 2 Satz 1 GrEStG (unentgeltlicher Erwerb, str.; a.A. die Finanzverwaltung, Rdn. 3470) greift ein.
- Sind innerhalb von 5 Jahren vor der Anteilsabtretung vom nunmehr veräußernden Gesellschafter Grundstücke eingebracht worden, wird nachträglich die damalige Steuerbefreiung anteilig

---

1168 Erlass des BayStMinF v. 19.09.2005, MittBayNot 2006, 179 m. Anm. *Gottwald/Schiffner*, S. 125.
1169 BFH, BStBl. II 1990, S. 922; *Gottwald/Schiffner* MittBayNot 2006, 126.
1170 BFH, 02.04.2008 – II R 53/06, notar 2008, 186 m. Anm. *Ihle*; *Klass* GmbHR 2008, 715.
1171 BFH, 15.12.2004 – II R 37/01, BStBl. II 2005, S. 203 (geringere Anforderungen als an den Nachweis eines »Gesamtplans«); ebenso FG Nürnberg DStRE 2005, 1160.
1172 Vgl. Ländererlasse zu § 1 Abs. 2a GrEStG v. 26.02.2003, BStBl. I 2003, S. 271 Tz 10.
1173 *Gottwald* ZErb 2007, 256; BFH, 07.10.2009 – II R 58/08, BStBl. II 2010, S. 302 (teilweise abweichend noch Erlass des FinMin NRW v. 03.11.2008, DB 2008, 2569; die Finanzverwaltung folgt dem Urteil nun: Erlass FinMin Baden-Württemberg v. 14.01.2010 – 3 – S 451.4/25, DStR 2010, 283, vgl. *Gottwald* MittBayNot 2011, 98).
1174 Beim subsidiär auch für Personengesellschaften (allerdings ohne 5-Jahres-Frist) geltenden § 1 Abs. 3 GrEStG fehlt eine solche Anrechnungsnorm; *Viskorf* DStR 2001, 1104 plädiert für eine teleologische Reduktion des § 5 Abs. 3 GrEStG (vgl. *Gottwald* ZErb 2007, 257).
1175 Erlass des FinMin Baden-Württemberg v. 05.06.2009 – 3 – S 451.4/24, ZEV 2009, 360.

C. Querschnittsdarstellungen

versagt (§ 5 Abs. 3 GrEStG), es sei denn, es liegt ein Freistellungsfall gem. Rdn. 3464 (nahestehender/unentgeltlicher Erwerb) vor. Beteiligte sollten bei der Anmeldung eines Kommanditistenwechsels an Gesellschaften mit Grundbesitz hierauf hingewiesen werden.

3466 Zur Bemessungsgrundlage in den Fällen der Anteilsvereinigung oder des Übergangs von mindestens 95 % der Anteile s. Rdn. 3494.

Steuerschuldner bei der Änderung des Gesellschafterbestands einer Personengesellschaft gem. § 1 Abs. 2a GrEStG ist die (neue) Personengesellschaft selbst in ihrer neuen Zusammensetzung; bei der Anteilsvereinigung nach § 1 Abs. 3 GrEStG ist es der Erwerber selbst.

ee) Umwandlungsvorgänge

3467 Vorgänge i.S.d. **UmwG** haben häufig auch grunderwerbsteuerliche Relevanz:
– Die sog. **formwechselnde Umwandlung** lässt die Identität des Rechtsträgers unberührt,[1176] sodass auch bei einem sog. »heterogenen Formwechsel« (von einer Personen- in eine Kapitalgesellschaft oder umgekehrt) keine Grunderwerbsteuer anfällt.[1177] Wurde allerdings ein Grundstück in eine Personengesellschaft eingebracht (und dafür die anteilige Steuerfreistellung gem. § 5 Abs. 2 GrEStG gewährt) und sodann in vorgefasster Absicht in zeitlichem Zusammenhang die Personengesellschaft in eine Kapitalgesellschaft formwechselnd umgewandelt, führt dies zur Versagung der anteiligen Steuerbefreiung gem. § 42 AO (Missbrauch steuerlicher Gestaltungsmöglichkeiten).[1178] Auch führt dieser »kreuzende (heterogene) Formwechsel« in eine Kapitalgesellschaft möglicherweise dazu, dass die 5-jährige Haltedauer in der Personengesellschaft nicht mehr erfüllt werden kann, sodass unabhängig vom Nachweis einer vorgefassten Absicht die bei Einbringung gewährte anteilige Freistellung gem. § 5 Abs. 3 bzw. § 6 Abs. 3 Satz 2 GrEStG ebenfalls rückwirkend versagt werden muss.[1179]

3468 – Bei **Verschmelzung** (durch Aufnahme oder Neugründung), **Gestaltung** (Aufspaltung, Abspaltung und Ausgliederung) und **Vermögensübertragungen** fällt jedoch grds.[1180] Grunderwerbsteuer an, soweit Grundbesitz übergeht (§ 1 Abs. 1 Nr. 3 GrEStG).[1181] Sie ist beim aufnehmenden Rechtsträger aktivierungspflichtig (Anschaffungsnebenkosten), es handelt sich also nicht um Betriebsausgaben oder Werbungskosten.[1182] Bemessungsgrundlage ist der schenkungsteuerliche Bedarfswert gem. § 138 BewG (ohne die Änderungen durch die Erbschaftsteuerreform 2009). Die grunderwerbsteuerliche Belastung ist häufig einer der Umstände, der für die Verschmelzungsrichtung von Bedeutung ist (Grundbesitz nur bei der aufnehmenden Gesellschaft). Daneben sind die mittelbaren Folgen einer Verschmelzung zu berücksichtigen – etwa der Eintritt einer Anteilsvereinigung nach § 1 Abs. 3 GrEStG, relevante Änderungen im Gesamthänderbestand nach § 1 Abs. 2a GrEStG,[1183] seit 2010 allerdings in Konzernsachverhalten abgemildert durch § 6a GrEStG (Rdn. 3478 ff.).

1176 Dies gilt auch beim Formwechsel eines Vereins in eine GmbH gem. §§ 272 ff. UmwG, ebenso wenig fällt Schenkungsteuer an (anders als bei der Liquidation kein Anfallserwerb gem. § 7 Abs. 1 Nr. 9 Satz 1 ErbStG), vgl. BFH, 01.02.2007 – II R 66/05, ErbStB 2007, 259.
1177 Koordinierter Erlass des Finanzministeriums Baden-Württemberg, DB 1997, 2002.
1178 Dies gilt auch für die Versagung der Steuervergünstigung nach § 6 Abs. 3 GrEStG 1983 a.F. (Vergünstigung, soweit Beteiligung an veräußernder und erwerbender Gesamthand identisch ist) bei Formwechsel in eine Kapitalgesellschaft in sachlichem und zeitlichem Zusammenhang mit der Grundstücksübertragung: BFH, 18.12.2002 – II R 13/01, DStRE 2003, 564.
1179 Vgl. im Einzelnen instruktiv *Gottwald* MittBayNot 2003, 438 ff. zu BFH, 18.12.2002 – II R 13/01, DStR 2004, 341 ff.
1180 Ausnahme in § 6a GrEStG, s. Rn. 2914a ff, sowie § 4 Nr. 8 GrEStG: Verschmelzungen/Spaltungen ausschließlich unter Beteiligung von Wohnungsgenossenschaften/Wohnungsgesellschaften der neuen Länder zwischen 01.01.2004 und 01.01.2007.
1181 Aus Billigkeitsgründen nicht erfasst werden sollen gem. Erlass des Finanzministeriums Baden-Württemberg v. 16.09.2003, DStR 2003, 1794 solche Grundstücke, die bereits vor Wirksamwerden der Umwandlung oder Anwachsung schuldrechtlich wirksam an Dritte veräußert wurden, trotz § 1 Abs. 1 Nr. 3 GrEStG.
1182 BMF-Schreiben v. 18.01.2010 – IV C 2 – S 1978 – b/0, ZfIR 2010, 156.
1183 Vgl. *Gottwald* MittBayNot 2004, 407 f.

b) Ausnahmen von der Besteuerung

aa) Näheverhältnisse

Die durch § 3 GrEStG gewährten Vergünstigungen sind besonders praxisrelevant. Es handelt sich um Grundstücksübertragungen zwischen Verwandten in gerader Linie bzw. Stiefkindern (unter Einschluss deren Ehegatten und – seit 14.12.2010 – Lebenspartner), unter Ehegatten,[1184] seit 14.12.2010[1185] auch unter eingetragenen Lebenspartnern, oder vom geschiedenen[1186] Ehegatten[1187] bzw. (seit 14.12.2010) vom geschiedenen Lebenspartner, Erwerbe von Todes wegen und Grundstücksgeschäfte aus Anlass der Teilung des Nachlasses (erstmalige Auseinandersetzung einer Erbengemeinschaft, auch mittelbar z.B. auch in Gestalt wechselseitiger Anwachsung aller Anteile an grundbesitzhaltenden Personengesellschaften bei Ausführung einer erbrechtlichen Teilungsanordnung.[1188] Als Miterbe zählt gem. § 3 Nr. 3 Satz 2 GrEStG auch der Ehegatte/Lebenspartner bei der Teilung gütergemeinschaftlichen Vermögens mit den Erben des verstorbenen Ehegatten/Lebenspartners sowie bei der Übertragung eines Grundstücks zur Abgeltung einer Zugewinnausgleichsforderung gegen den Nachlass des verstorbenen Ehegatten/Lebenspartners. »Miterbe« ist gem. § 3 Nr. 3 Satz 3 GrEStG auch der Ehegatte/Lebenspartner eines Miterben.).

3469

bb) Schenkungsteuer

Gem. § 3 Nr. 2 Satz 1 GrEStG schließen sich ferner **Grunderwerbsteuer** und **Schenkungsteuer** dergestalt aus, dass die Anwendbarkeit des Schenkungsteuergesetzes grds. die Erhebung der Grunderwerbsteuer verdrängt (selbst dann, wenn wegen Unterschreitens der Freibeträge keine Schenkungsteuer anfällt). Dies gilt entgegen der bisherigen Verwaltungspraxis[1189] i.R.d. § 1 Abs. 2a GrEStG sogar dann, wenn das Schenkungsteuerrecht an einen anderen Teilumstand des Gesamtsachverhalts anknüpft.

3470

▶ Beispiel:

An nicht steuerbefreite Personen (z.B. die Neffen A, B, C) werden Anteile an einer Personengesellschaft (Gesamthand) übertragen, in die der Schenker (D) innerhalb des 5-jährigen Referenzzeitraums (§ 5 Abs. 3 GrEStG) Grundbesitz eingebracht hatte. Grunderwerbsteuerlich wird gem. § 1 Abs. 2a GrEStG (Übergang von mehr als 95 %) ein Erwerb der A, B, C seitens der Gesamthand fingiert, worauf die nachzuerhebende Steuer auf den Einbringungsvorgang (§ 5 Abs. 3 GrEStG) anzurechnen ist. Daneben tritt die (u.U. privilegierte, § 13a ErbStG) Schenkungsteuer für die Übertragung der Anteile, also anders anknüpfend an die Grunderwerbsteuer, und diese gleichwohl auch hinsichtlich der Anteilsvereinigung sperrend,[1190] sodass im Ergebnis zunächst nur Schenkungsteuer anfällt.[1191] Eine Nacherhebung der (zunächst gem. § 5 Abs. 2 GrEStG anteilig noch nicht erhobenen) Grunderwerbsteuer auf die Einbringung des Grundstücks durch D in die GbR, die noch

---

1184 Dies gilt aber nur beim direkten Erwerb vom Ehegatten. Überträgt eine GbR ein Grundstück direkt an einen (bisher zu ein Drittel beteiligten) Gesellschafter und dessen Ehegatten je zur Hälfte, erhebt BFH, 11.06.2008 – II R 58/06, DStR 2008, 1784 auf den Erwerb des Mannes Grunderwerbsteuer i.H.v. 1/6 (vorher 1/3, nachher 1/2), auf den Erwerb der Ehefrau in voller Höhe.
1185 Nach FG Niedersachsen v. 06.01.2011 – 7 V 66/10, ErbStB 2011, 123 verstieß die Erhebung von Grunderwerbsteuer unter eingetragenen Lebenspartnern vor dem 14.12.2010 gegen Art. 3 GG.
1186 Die Finanzverwaltung sieht den Zusammenhang zur Scheidung lediglich 2 Jahre nach deren Rechtskraft als erfüllt an, hiergegen *Kesseler* DStR 2010, 2173. Ohne feste Zeitgrenze BFH, 23.03.2011 – II R 33/09: Spätere Ausübung eines Ankaufsrechtes, das bei der Scheidung eingeräumt wurde, ist steuerfrei.
1187 Nicht allerdings vom Erben des früheren Ehegatten, BFH, 23.03.2011 – II R 33/09.
1188 FG Hamburg, 21.07.2006 – 3 K 14/06, DStRE 2007, 111.
1189 § 3 Nr. 2 GrEStG stehe nicht entgegen, da Schenkungsteuer auf den Anteilserwerb, Grunderwerbsteuer jedoch auf den (fingierten) Grundstückserwerb erhoben werde, vgl. FinMin Baden-Württemberg v. 28.04.2005 – 3 S 4505/18, DStR 2005, 1012; *Gottwald* DNotZ 2006, 810.
1190 So BFH, 12.10.2006 – II R 79/05, RNotZ 2007, 495, m. Anm. *v. Proff zu Irnich*; *Heine* GmbHR 2008, 925; ebenso nun die Finanzverwaltung: FinMin Nordrhein-Westfalen v. 11.10.2007 bzw. 19.11.2007, GmbHStB 2008, 10; BayStMinF v. 12.10.2007, ZEV 2007, 548 (teilweise Aufhebung des Erlasses vom 02.06.2005 über die Nichtanwendbarkeit des § 3 Nr. 2 GrEStG in den Fällen des § 1 Abs. 3 Nr. 3 und 4 GrEStG).
1191 Vgl. FG Nürnberg, 01.04.2008 – IV 278/05, notar 2008, 280 m. Anm. *Ihle*.

C. Querschnittsdarstellungen

nicht 5 Jahre zurücklag, gem. § 5 Abs. 3 GrEStG, unterbleibt ebenso, da der Anteilserwerber das Grundstück auch vom Einbringenden unmittelbar hätte grunderwerbsteuerfrei erwerben können (im Wege einer Schenkung oder aufgrund Verwandtschaft in gerader Linie/Heirat); § 5 Abs. 3 GrEStG ist insoweit als Missbrauchsverhinderungsvorschrift einschränkend auszulegen.[1192]

3471 Zu differenzieren ist in den Fällen der unentgeltlichen (mehr als 95 %igen) Anteilsvereinigung gem. **§ 1 Abs. 3 GrEStG:**[1193] bei Kapitalgesellschaften und bei Personengesellschaften[1194] greift bei § 1 Abs. 3 Nr. 1 und 2 GrEStG die Befreiungsvorschrift des § 3 Nr. 2 GrEStG nicht ein, da der »Erwerb« des Grundstücks auf einer durch § 1 Abs. 3 GrEStG angeordneten Fiktion und damit nicht auf einer Schenkung beruht. In den Fällen des § 1 Abs. 3 Nr. 3 und 4 GrEStG allerdings erwirbt der neue Gesellschafter die Grundstücke vom früheren Gesellschafter, nicht von der Gesellschaft, sodass § 3 Nr. 2 GrEStG greift.

3472 Im Einzelnen ist insoweit jedoch vieles streitig, etwa bei der Leistung eines Grundstücks als Abfindung für einen Pflichtteilsverzicht einerseits bzw. als Ablösung eines geltend gemachten Plichtteilsgeldanspruchs, andererseits.[1195] Ist Gegenstand eines Vermächtnisses lediglich die Einräumung eines dinglichen Vorkaufsrechts, aufgrund dessen sodann ein Grundstück erworben wird, fällt hierauf Grunderwerbsteuer an.[1196]

Bei sog. »**gemischten Schenkungen**« oder Schenkungen unter Leistungs-Auflage[1197] ist naturgemäß nur der »entgeltliche« Anteil grunderwerbsteuerpflichtig[1198] (häufig aber aufgrund der Verwandtschaftsverhältnisse freigestellt).

cc) Bagatellgrenze

3473 Gem. § 3 Nr. 1 GrEStG ist der Erwerb eines Grundstücks steuerfrei (»**Bagatellgrenze**«), wenn der für die Berechnung der Steuer maßgebende Wert 2.500,00 € nicht übersteigt. Bei einer Mehrheit von Veräußerern und/oder Erwerbern wurde bisher diese Freigrenze so oft gewährt, als Miteigentums-/Gesamthandsanteile veräußernde und/oder erwerbende Personen auf beiden Seiten vorhanden waren, sodass bspw. bei der Veräußerung eines Grundstücks durch A und B als Miteigentümer je zur Hälfte an C und D wiederum als Miteigentümer je zur Hälfte insgesamt ein Kaufpreis bis zu 10.000,00 € noch unter die »Bagatellgrenze« fiel.[1199]

1192 BFH, 07.10.2009 – II R 58/08, GmbH-StB 2010, 5 (teilweise abweichend noch Erlass des FinMin NRW v. 03.11.2008, DB 2008, 2569; die Finanzverwaltung folgt dem Urteil nun: Erlass FinMin Baden-Württemberg v. 14.01.2010 – 3 – S 451.4/25).
1193 Vgl. hierzu FinMin NRW v. 19.11.2007 – S 4505 –3 – V A 2 – neu, GmbHR 2008, 392.
1194 Bei denen allerdings § 1 Abs. 2a GrEStG vorrangig ist, vgl. § 1 Abs. 3 Satz 1 GrEStG.
1195 BFH MittBayNot 2003, 73 m. Anm. *Gottwald*: Die Abfindung für eine Erbausschlagung sowie die Abfindung für den Verzicht auf einen zwar entstandenen, aber noch nicht geltend gemachten Pflichtteils-(ergänzungs-) Anspruch werden gem. § 3 Abs. 2 Nr. 4 ErbStG der Erbschaftsteuer unterworfen (der Erbe kann die geleistete Abfindung von seinem erbschaftsteuerlichen Erwerb in Abzug bringen). Erhält der Pflichtteilsberechtigte aber eine Abfindung für den Verzicht nach Geltendmachung des Anspruchs, also z.B. ein Grundstück an Erfüllungs statt für den bereits entstandenen Geldanspruch, ist die Abfindung/Hingabe des Grundstücks ohne Relevanz: besteuert wird der geltend gemachte und damit entstandene Vermächtnis-/Pflichtteilsanspruch in Geld. Die Grundstückshingabe ihrerseits, die erbschaftsteuerlich außer Betracht bleibt, ist demnach von der Sperrwirkung des § 3 Nr. 2 GrEStG nicht erfasst und unterliegt ihrerseits der Grunderwerbsteuer, sodass im Ergebnis nach der »Geltendmachung« des Pflichtteils-(oder Vermächtnis-) Anspruchs eine Doppelbesteuerung für einen wirtschaftlich einheitlichen Vorgang stattfindet.
1196 FG Baden-Württemberg, 28.02.2007 – 2 K 128/05, RNotZ 2007, 292.
1197 Anders bis 2008 bei Duldungsauflagen zugunsten des Veräußerers und seines Ehegatten: keine tatsächliche Minderung (sondern lediglich teilweise Stundung) der Schenkungssteuer, § 25 ErbStG, sodass die Grunderwerbsteuer weiter vollständig verdrängt blieb, vgl. BFH, 12.10.2006 – II R 79/05, ErbStB 2007, 68.
1198 So z.B. auch beim Erwerb von Anteilen einer grundbesitzenden Gesellschaft in gemischter Schenkung: BFH, 13.09.2006 – II R 37/05, DStR 2006, 2253, vgl. *Franz* NWB 2007, 3151 = Fach 8 S. 1575 ff.
1199 Vgl. BFH BStBl. III 1957, S. 213 zu in Gütergemeinschaft lebenden Ehegatten als Erwerbern, anders jedoch BFH, 28.03.2007 – II R 15/06, MittBayNot 2007, 528 m. krit. Anm. *Everts* beim Erwerb durch eine Person aus dem Gesamtgut der Veräußerer in Gütergemeinschaft; BFH, 12.10.1994 – II R 63/93, BStBl. II 1995, S. 174; *Everts* MittBayNot 2003, 204 ff. m.w.N.

▶ Hinweis:

Aufgrund **bundeseinheitlich abgestimmter Erlasse der obersten Finanzbehörden der Länder**[1200] sind die Grunderwerbsteuerstellen nunmehr abweichend von der bisherigen Praxis angewiesen, bei der **Veräußerung eines Grundstücks durch mehrere Personen** von **einem Transfervorgang** auszugehen, bei der Veräußerung an zwei Erwerber zu Miteigentumsanteilen von zwei Anschaffungsvorgängen, sodass insgesamt nur Kaufpreise bis zu 2.500,00 € bzw. 5.000,00 € steuerfrei bleiben würden.

Anders verhält es sich nur, wenn zwischen jedem Veräußerer und jedem Erwerber ein eigener Erwerbsvorgang verwirklicht wird. **3474**

▶ Beispiel:

Miteigentümer A veräußert von seinem gesamt hälftigen Miteigentumsanteil die Hälfte, bezogen auf das Gesamte also ein Viertel, an den Erwerber C, das weitere Viertel an den Erwerber D und der weitere Mitveräußerer B verfährt in gleicher Weise.

Alle Veräußerungsvorgänge werden gleichwohl in einer Urkunde – zur textlichen Erleichterung und Gebührendegression, ferner zur Verknüpfung bei Scheitern eines Vorgangs – zusammengefasst sein. Um dem möglichen Vorwurf einer lediglich textlichen Variation des Gesamtverkaufs zu entgehen, müssten in der Tat je Erwerber eine getrennte Vormerkung bewilligt werden, separate Fälligkeitsmitteilungen ergehen, getrennte Vorkaufsrechtszeugnisse der Gemeinde eingeholt werden etc., was einen Teil der Grunderwerbsteuerersparnis durch Gebührenerhöhung wieder abhandenkommen lässt.[1201] Die Praxis der Grundbuchgerichte zur Frage der Entbehrlichkeit einer Unbedenklichkeitsbescheinigung stellt unabhängig von der materiellen Steuerpflicht jedoch bzgl. der Bagatellgrenze von 2.500,00 € stets (»vorsichtshalber«) auf das Grundstück, nicht die Zahl der Veräußerer/Erwerber ab.[1202]

Eine mögliche Formulierung dieser Mehrheit an Veräußerungsvorgängen in schuldrechtlicher Hinsicht, die aufgrund der Verweisung auf diese Erwerbsverhältnisse i.R.d. Auflassung auch auf das dingliche Recht durchschlagen, könnte etwa wie folgt lauten, wobei nochmals darauf hinzuweisen ist, dass die steuerliche Verwaltungspraxis lediglich auf die Zahl der Erwerber abstellt (Rdn. 3473): **3475**

▶ Formulierungsvorschlag: Mehrheit von Veräußerungsfällen zur Wahrung der grunderwerbsteuerlichen BagatellgrenzeEs veräußern hiermit

(a) der Veräußerer A an den Erwerber C 1/4-Miteigentumsanteil des oben genannten Grundstücks **3476**
(b) der Veräußerer A an den Erwerber D 1/4-Miteigentumsanteil des oben genannten Grundstücks
(c) der Veräußerer B an den Erwerber C 1/4-Miteigentumsanteil des oben genannten Grundstücks
(d) der Veräußerer B an den Erwerber D 1/4-Miteigentumsanteil des oben genannten Grundstücks

jeweils zur alleinigen Inhaberschaft,

sodass nach Abwicklung aller Vorgänge C und D Miteigentümer je zur Hälfte sind.

Die vier Erwerbsvorgänge sind aus Gründen der textlichen Vereinfachung und der Gebührendegression in einer Urkunde zusammengefasst, werden jedoch getrennt fällig gestellt und vollzogen. Scheitert – gleich aus welchem Grund – auch nur einer der mehreren Erwerbsvorgänge, ist jeder Beteiligte auch bzgl. der weiteren Vorgänge zum Rücktritt berechtigt.

Die nachstehend erklärte Bewilligung der Eigentumsverschaffungsvormerkung erfolgt für jeden Erwerber getrennt.

1200 Z.B. für Bayern: Erlass v. 04.06.2002, MittBayNot 2002, 322 mit ergänzendem Schreiben v. 15.11.2002, MittBayNot 2003, 244 (in welchem Gesamthandsanteile an einer Gütergemeinschaft Miteigentumsanteilen gleichgestellt werden; a.A. insoweit FG Nürnberg, 19.05.2005 – IV ZR 326/03: Da über den Anteil am Gesamtgutsgegenstand nicht verfügt werden kann, liegt nur ein Erwerbsfall über das ganze Grundstück vor).
1201 Vgl. im Einzelnen *Everts* MittBayNot 2003, 207.
1202 Z.B. OLG Brandenburg, 26.01.2004 – 8 Wx 35/03, NotBZ 2004, 315.

C. Querschnittsdarstellungen

I.Ü. wird jeder einzelne Beteiligte nachstehend aus Vereinfachungsgründen »der Veräußerer« oder »der Erwerber« genannt.

dd) Öffentliche Aufgaben

3477 Gem. § 4 GrEStG sind ferner bestimmte Erwerbe durch hoheitliche (nicht kirchliche)[1203] Körperschaften oder im Zusammenhang mit Aufgaben der Treuhandanstalt/Bundesanstalt für vereinigungsbedingte Sonderaufgaben freigestellt, ebenso (§ 4 Nr. 9 GrEStG) seit 02.09.2005 im Rahmen sog. Private-Public-Partnerships für den »öffentlichen Dienst oder Gebrauch«[1204] der Erwerb von und die vereinbarte Rückübertragung auf eine juristische Person des öffentlichen Rechts. Auch Grundstückserwerbe im amtlichen Umlegungsverfahren (§§ 45 ff. BauGB) – nicht aber solche aufgrund freiwilliger Baulandumlegung[1205] – sind gem. § 1 Abs. 1 Nr. 3 Satz 2 Buchst. b) GrEStG steuerbefreit, Rdn. 1571.

ee) Umwandlungsvorgänge im Konzern

3478 Mit Wirkung ab 01.01.2010 stellt § 6a GrEStG Grundstücksübergänge, die als Folge von Umwandlungsvorgängen oder mittelbar in Form der Änderung des Gesellschafterbestands einer Personengesellschaft, als Anteilsvereinigungen bzw. Anteilsübertragungen eintreten, wenn diese auf einer Umwandlung i.S.d. § 1 Abs. 1 Nr. 1 bis 3 UmwG beruhen, von der Grunderwerbsteuer frei,[1206] ebenso den Übergang der Verwertungsbefugnis als Folge einer solchen Umwandlung. Die Befreiung ist jedoch auf Konzernsachverhalte beschränkt; erforderlich sind also ein herrschendes Unternehmen und eine oder mehrere von diesem abhängige Gesellschaften, wobei diese Beherrschung zur Vermeidung kurzfristiger »taktischer Umgehungsbeteiligungen« 5 Jahre vor und 5 Jahre nach dem Rechtsvorgang unmittelbar oder mittelbar zu mindestens 95 % ununterbrochen gegeben sein muss (§ 6a Satz 4 GrEStG). Im Einzelnen ist der Anwendungsbereich freilich, teilweise in unsystematischer Weise, beschränkt:[1207]

3479 – Erfasst sind lediglich Rechtsträgerwechsel (**Gesamt- und partielle Gesamtrechtsnachfolgen** nach deutschem oder ausländischem[1208] Recht) als Folge einer Verschmelzung (§ 1 Abs. 1 Nr. 1 UmwG), einer Spaltung (Aufspaltung, Abspaltung und Ausgliederung gem. § 1 Abs. 1 Nr. 2 UmwG) und einer Vermögensübertragung (§ 1 Abs. 1 Nr. 3 UmwG), nicht aber der Formwechsel,[1209] ebenso nicht die Einzelrechtsnachfolge (Übertragung eines Grundstücks durch Auflassung von einer hundertprozentigen Tochter- auf die andere hundertprozentige Tochtergesellschaft, während die Ausglieder desselben Grundstücks als Einzelgegenstand grunderwerbsteuerfrei wäre). Der Anwendungsbereich ist demnach insb. nicht deckungsgleich mit den Sachverhalten möglicher Buchwertfortführungen etwa gem. § 20 UmwStG (Einbringung eines Grundstücks in eine Tochter-Kapitalgesellschaft durch Sachkapitalerhöhung nicht erfasst, auch wenn darin eine Teilbetriebsübertragung läge).

1203 BFH, 01.09.2011 – II R 16/10, EStB 2011, 437 (nur Ls.): keine Grunderwerbsteuerfreiheit beim Verkauf eines Kirchengrundstücks zwischen Religionsgemeinschaften, da keine öffentlichen Aufgaben übergehen.
1204 Definiert in der Verfügung der OFD Koblenz v. 22.12.2010, UVR 2011, 74.
1205 Diese Differenzierung verstößt nicht gegen Art. 3 Abs. 1 GG, vgl. BFH, 07.09.2011 – II R 68/09, ZfIR 2012, 103 m. Anm. *Just.*
1206 Dabei wird nicht die Steuerbarkeit als solche verneint, sodass gem. § 4 Nr. 9 a UStG der Anwendungsbereich der USt eröffnet wäre, sondern die Steuer nicht erhoben (wie in §§ 5, 6 GrEStG).
1207 Vgl. hierzu *Dettmeier/Geibel* NWB 2010, 582 ff.; *Wischott/Schönweiß* DStR 2009, 2638 ff.; *Schaflitzl/Stadler* DB 2010, 185 ff.; *Klass/Lay* ZfIR 2010, 157 ff.; *Wälzholz* GmbH-StB 2010, 108 ff.; *Pahlke* MittBayNot 2010, 169 ff.; *Ihle* DNotZ 2010, 725 ff; *Gottwald*, MittBayNot 2012, 1 ff. und DNotZ 2012, 99 ff.
1208 § 6a Satz 2 GrEStG, einschließlich grenzüberschreitender Verschmelzungen gem. §§ 122a bis 122l UmwG und wohl auch Verschmelzungen aufgrund sekundären Gemeinschaftsrechts, die keines nationalen Umsetzungsaktes bedürfen, Art. 17 SE-VU, Art. 19 SCE-VU.
1209 Der mittelbar zur Entstehung von Grunderwerbsteuer führen kann, etwa beim Formwechsel einer Gesamthand in eine Kapitalgesellschaft während der 5-Jahres-Frist des § 5 Abs. 3 GrEStG oder weil ein Gesellschafter nach dem Formwechsel einer Kapitalgesellschaft mindestens 95 % der Anteile i.S.d. § 1 Abs. 3 GrEStG hält, *Behrens/Schmitt* UVR 2008, 54.

- Der in § 6a GrEStG verwendete **Abhängigkeitsbegriff** ist nicht identisch mit der grunderwerbsteuerlichen Organschaft des § 1 Abs. 4 Nr. 2 GrEStG (Rdn. 3457). Es dürfte (entgegen der Auffassung der Finanzverwaltung)[1210] ausreichend sein, dass der beherrschende Rechtsträger Unternehmer im konzernrechtlichen Sinn ist, auch wenn er nicht die Unternehmereigenschaft i.S.d. UStG erfüllt (sodass auch reine Konzern-Holding-Gesellschaften ohne unternehmerische Tätigkeit, natürliche Personen oder Personengesellschaften geeignet sind). Die in § 6a Satz 4 GrEStG geforderte »Beteiligung am Kapital« als Merkmal des Abhängigkeitsverhältnisses kann bei abhängigen Kapital- und Personengesellschaften beteiligt sein, wobei bei letzteren, anders als etwa bei § 1 Abs. 3 GrEStG, vgl. Rdn. 3459, die Beteiligung nicht »gezählt«, sondern vermögensmäßig gewichtet wird.[1211] 3480

- Am Umwandlungsvorgang dürfen weiterhin »**ausschließlich**« herrschende und abhängige Unternehmen beteiligt sein. Diese Regelung, die Begünstigungen zugunsten nichtabhängiger Gesellschaften vermeiden soll, schießt insoweit über das Ziel hinaus, als auch solche Drittbeteiligungen schädlich sind, die ihrerseits gar keinen Grunderwerbsteuertatbestand (etwa mangels Grundbesitzes) verwirklichen, sodass einheitliche Umwandlungsvorgänge ohne Not in mehrere Akte aufgespalten werden müssen. 3481

- Bei der Berechnung der mindestens **95 %igen** unmittelbaren oder mittelbaren **Beteiligungsquote** ist zum einen unklar, ob bei mehrstufigen Ketten durchgerechnet wird. 3482

▶ Beispiel:[1212]

Die Mutter hält 95 % an der Tochter, diese wiederum 95 % an der Enkelin, sodass durchgerechnet die Mutter an der grundbesitzenden Enkelin nur 90,25 % hielte. I.R.d. gleichlautenden Ländererlasse zur Anwendung des § 1 Abs. 2a GrEStG[1213] hat sich die Finanzverwaltung jedoch auf den Standpunkt gestellt, eine 95 %ige Beteiligung werde zur Gänze gewertet, sodass im Beispielsfall die Abhängigkeitsquote erfüllt wäre.

Unklar ist ferner, ob Beteiligungen, die teils unmittelbar, teils mittelbar gehalten werden, zusammenzurechnen sind. 3483

▶ Beispiel:

Die Mutter hält unmittelbar 94 % der Anteile an der Tochter, die verbleibenden 6 % werden von einer anderen Gesellschaft gehalten, an der die Muttergesellschaft ihrerseits zu 30 % beteiligt ist, sodass in Zusammenrechnung 95,8 % wirtschaftlich gehalten werden.

Dem Wortlaut zufolge dürfte eine Zusammenrechnung jedoch in diesem Fall ausscheiden.

Das Erfordernis der 95 %igen Mindestbeteiligung lässt insb. Immobilienunternehmen häufig nicht in den Genuss der Begünstigung kommen, da dort wegen § 1 Abs. 2a u. Abs. 3 GrEStG 94,9 %/5,1 %-Strukturen häufig sind, die die Mindestquote gerade noch nicht erfüllen!

- Die 5-jährige **Vorbesitz- und Nachbehaltensfrist** stellt nicht darauf ab, ob der Grundbesitz bereits während dieser Zeit sich in der betreffenden Gesellschaft befand oder noch befindet,[1214] sondern ob die Beteiligung oberhalb der betreffenden Quote bereits gehalten wurde oder wird.[1215] Aufgrund des Erfordernisses der Vorbesitzzeit scheiden alle Umwandlungsvorgänge zur Neugrün- 3484

1210 Tz. 2.2 der Ländererlasse v. 01.10.2010, BStBl. I 2010, S. 1321; dagegen *Behrens/Bock* NWB 2011, 615.
1211 Vgl. Tz. 8 der Ländererlasse v. 01.12.2010, BStBl. I 2010, S. 1321.
1212 Nach *Dettmeier/Geibel* NWB 2010, 582, 591.
1213 Erlasse v. 26.02.2003, BStBl. I 2003, S. 271, Tz. 4.1c.
1214 Daher hat auch der Erwerb und die Veräußerung eines Grundstücks innerhalb der Vor- und Nachbehaltensfristen keinen Einfluss auf die Steuerbefreiung, Tz. 1 und 8 des Ländererlasses vom 01.12.2010, BStBl. I 2010, S. 1321.
1215 Beteiligungsbezogene Auslegung, vgl. Tz. 1, 4, 5 und 8 der Erlasse vom 01.12.2010, BStBl. I 2010, S. 1321; für eine grundstücksbezogene Auslegung dagegen *Behrens/Bock* NWB 2011, 615, 625.

dung aus dem Anwendungsbereich aus,[1216] was zu eigenartigen Umgehungskonstruktionen einlädt (Vorhalten funktionsloser Mäntel im Konzern). Die 5-jährige Nachbehaltensfrist schließlich kann naturgemäß nicht eingehalten werden, wenn, wie etwa infolge einer Verschmelzung, eine der Tochtergesellschaften erlischt; nach Sinn und Zweck muss dies jedoch als notwendige Folge unschädlich sein.[1217] Vorbesitzzeiten anderer Rechtsträger können nicht angerechnet werden.

3485 – § 23 Abs. 8 GrEStG enthält eine Missbrauchsregelung, die verhindert, dass Erwerbsvorgänge aus der Zeit vor dem 31.12.2007 während der 2-Jahres-Frist des § 16 GrEStG bis zum 31.12.2009 rückgängig gemacht und sodann ab 2010 steuerfrei wiederholt werden, § 19 Abs. 2 Nr. 4a GrEStG schafft weitere Anzeigepflichten zulasten der Steuerschuldner (als übertragender und übernehmender Rechtsträger) hinsichtlich einer Änderung der Beherrschungsverhältnisse im folgenden 5-Jahres-Zeitraum, deren Nichtbeachtung zur Hemmung des Anlaufs der Festsetzungsfrist führt (§§ 19 Abs. 5 GrEStG, 170 Abs. 2 Satz 1 Nr. 1 AO) und steuerstrafrechtliche Folgen haben kann (§§ 369 ff. AO).

ff) Rückabwicklung

3486 Unter den Voraussetzungen des § 16 GrEStG wird bei **Rückgängigmachung**[1218] eines Rechtsgeschäfts die Grunderwerbsteuer für den Rückerwerb des Grundstücks nicht erhoben und für den ursprünglichen Erwerb nachträglich »storniert«.[1219] Bedingung ist jedoch stets, dass die Rückabwicklung auch tatsächlich erfolgt[1220] (z.B. die Käufervormerkung gelöscht wird[1221] oder zumindest der Verkäufer sie löschen lassen kann)[1222] und dem (früheren) Erwerber nach Aufhebung des Vertrags weder eine rechtliche noch eine wirtschaftliche, aus dem ursprünglichen Erwerbsvorgang herzuleitende Möglichkeit mehr verbleibt, eigene wirtschaftliche Interessen bzgl. des Grundbesitzes durchzusetzen.[1223] Hieran kann es bspw. fehlen, wenn der Erwerb des Grundstücks durch eine Privatperson aufgehoben wird und an dessen Stelle eine Übertragung an eine Kapitalgesellschaft erfolgt, die von dieser Person beherrscht bzw. vertreten wird,[1224] bzw. wenn unmittelbar nach der Aufhebung des Grundstückskaufs durch die Gesellschafter einer GmbH diese GmbH selbst erwirbt,[1225] oder aber wenn ein Teil des vom Erstkäufer bezahlten Kaufpreises dem Zweitkäufer gutgeschrieben wird,[1226]

1216 Für eine teleologische Reduktion in den Fällen der Verschmelzung zwischen zwei abhängigen Gesellschaften, der Umwandlung zur Neugründung und der Aufspaltung (Erlöschen des bisherigen Rechtsträgers) *Wälzholz* GmbH-StB 2010, 113 und in Vorbereitung befindliche Erlasse des FinMin BW.
1217 Tz 4 und 5 des Ländererlasses vom 01.12.2010, BStBl. I 2010, S. 1321; in diesem Fall ist die Nachbehaltensfrist hinsichtlich der Beteiligung an der übernehmenden abhängigen Gesellschaft einzuhalten.
1218 Hierzu, auch zu den zivilrechtlichen Formerfordernissen (Anwartschaft!), vgl. FinMin Baden-Württemberg, Erlass v. 07.08.2002 – 3 S 4543/9, DStR 2002, 1765 f.
1219 Der Aufhebungsanspruch ist bereits im Erstveranlagungsverfahren (bis zur Einspruchsentscheidung) zu berücksichtigen, BFH, 16.02.2005 – II R 53/03, BStBl. II 2005, S. 495.
1220 Der BFH (BStBl. II 1993, S. 58) lässt es jedoch genügen, wenn die Rückerstattung wegen Vermögensverfalls des anderen Beteiligten (Insolvenz) nicht mehr durchgesetzt werden kann, vgl. *Gottwald/Steer* MittBayNot 2005, 278. Geleistete Teilzahlungen können mit tatsächlich bestehenden Schadensersatzansprüchen verrechnet werden, BFH, 30.06.2008 – II B 61/07.
1221 BFH BStBl. II 2003, S. 770.
1222 Da ihm der Käufer eine Löschungsbewilligung auflagenfrei ausgehändigt hat, BFH, 01.07.2008 – II R 36/07, ZfIR 2008, 768 m. Anm. *Just.*
1223 Das Handeln »im eigenen wirtschaftlichen Interesse« des Ersterwerbers alleine genügt allerdings nicht, die Anwendung des § 16 Abs. 1 GrEStG auszuschließen, wenn ihm nicht auch die Möglichkeit einer Verwertung verbleibt und er diese ausübt, vgl. BFH, 19.03.2003 – II R 12/01, RNotZ 2003, 472. Hat der Verkäufer aber tatsächlich keinen anderen Zweitkäufer finden können als den vom Ersterwerber genannten, dürfte darin keine »Ausnutzung einer Verwertungsposition« liegen, *Reich* ZNotP 2003, 428 f., ebenso wenig wenn der Verkäufer vom Käufer als Voraussetzung der Aufhebung die Präsentation eines Ersatzkäufers verlangt, BFH BStBl. II 1986, S. 271. Vgl. zum Ganzen auch *Gottwald* MittBayNot 2010, 1, 6 f.
1224 BFH, 25.04.2007 – II R 18/05. Überhaupt liegt bei einem einheitlichen »Austausch« des Käufers der Verdacht des § 42 AO nahe; vgl. *Waldner* Praktische Fragen des Grundstückskaufvertrags Rn. 465.
1225 BFH, 14.11.2007 – II R 2/06, GmbHR 2008, 221.
1226 BFH, 21.02.2006 – II R 60/04, DStRE 2006, 1359: Die Einflussnahme des Ersterwerbers auf die Zweitveräußerung stellt sich als Ausfluss der ihm (auch aufgrund der noch eingetragenen Vormerkung) verbleibenden Rechtsposition dar.

schließlich auch bei Aufhebung und Weiterveräußerung in einer einzigen Urkunde[1227] oder in nacheinander beurkundeten Verträgen.[1228] Keine analoge Anwendung findet § 16 GrEStG auf die »Rückabwicklung« von Anteilsübertragungen im Gesellschafterbestand einer erwerbenden Gesamthand (welche zur nachträglichen Steuerpflicht, § 5 Abs. 3 GrEStG geführt hatten), da die ursprüngliche, gem. § 1 Abs. 1 Nr. 1 GrEStG steuerbare, aber gem. § 5 Abs. 1 GrEStG zunächst steuerfrei gestellte Grundstücksübertragung unberührt bleibt.[1229]

Besonders tückisch sind die Fälle der »**missglückten Rückabwicklung**« als Folge von Veränderungen auf Käuferseite[1230] vor Eigentumserwerb. Ist zunächst nur ein Ehegatte als Käufer aufgetreten, sollen jedoch aufgrund Vertragsänderung durch Nachtragsurkunde nunmehr beide Ehegatten zur ideellen Hälfte kaufen, liegen zwei grunderwerbsteuerliche Tatbestände vor: 3487
– der nicht aufgehobene erste Kaufvorgang (der Verkäufer wurde hinsichtlich der verbleibenden Hälfte nicht aus der Übereignungsverpflichtung entlassen) und
– der zweite Kauf, der nicht als Erwerb vom Ehegatten, sondern vom (fremden) Verkäufer besteuert wird.[1231]

Bei (dreiseitigen) Vertragsübernahmen gewährt jedoch der BFH[1232] die Besteuerung im Verhältnis zwischen Erstkäufer und beitretendem weiterem Beteiligten, vgl. Rdn. 3445 und Rdn. 2662. Sicherer ist stets die (teilweise) Abtretung des Eigentumsverschaffungsanspruchs bzw. des Miteigentumsanteils nach Erstvollzug.

Eine Rückabwicklung **binnen 2 Jahren** seit Entstehen der Grunderwerbsteuer (die Frist ist mit rechtzeitiger Antragstellung auf Vollzug des Rückerwerbs gewahrt) unterliegt erleichterten Voraussetzungen.[1233] 3488

▶ Hinweis:

Zur Wahrung der Frist sollte der Notar die »Rück-«Auflassung trotz der zu erwartenden Zwischenverfügung selbst dann dem Grundbuchamt rechtzeitig zum Vollzug vorlegen, wenn notwendige Genehmigungen oder gar die Unbedenklichkeitsbescheinigung für die Rückübertragung noch fehlen, da **Wiedereinsetzung in den vorigen Stand nicht gewährt** wird.[1234]

Ist absehbar, dass die zur »Entriegelung« der Auflassungssperre (§ 53 BeurkG) notwendigen (Rück-)zahlungen nicht mehr rechtzeitig erfolgen können, sollte die Auflassung mit gleichzeitiger Sicherungshypothek zugunsten des Gläubigers (§ 16 Abs. 2 GBO), vgl. Rdn. 1009, gewählt werden.

Ist die 2-Jahres-Frist verstrichen, ist die Rückabwicklung nur grunderwerbsteuerlich privilegiert, wenn sie aufgrund der Nichterfüllung von Vertragsbedingungen erfolgt (berechtigte[1235] Rücktrittserklärung bzw. Verlangen des Schadensersatzes statt der ganzen Leistung). Gleiches gilt, wenn der Ersterwerb nichtig war oder wirksam angefochten wurde (§ 142 BGB) und tatsächlich rückabgewickelt wird:[1236] Aufhebung des Grunderwerbsteuerbescheides gem. § 175 Abs. 1 Satz 1 Nr. 2 AO. 3489

1227 BFH, 25.04.2007 – II R 18/05, DStR 2007, 1304.
1228 FG Schleswig, 19.03.2009 – 3 K 40/08, DStRE 2009, 1137 (Az Rev: II R 31/09).
1229 BFH, 29.09.2005 – II R 36/04, RNotZ 2006, 137.
1230 Anders auf Verkäuferseite (Aufhebung des mit dem Nichteigentümer geschlossenen Vertrages und Neuabschluss mit dem Eigentümer): FG Hamburg, 21.06.2011 – 3 K 12/11 (Az. BFH: II R 42/11).
1231 *Gottwald* DNotZ 2006, 822.
1232 BFH, 22.01.2003 – II R 32/01, MittBayNot 2004, 215 m. Anm. *Gottwald/Steer*, S. 166.
1233 Notwendig ist aber auch hier, dass der ursprüngliche Erwerbsvorgang ordnungsgemäß angezeigt wurde, FG Berlin, 08.03.2004 – 1 B 1381/03, DStRE 2004, 784, und FG Münster, 17.09.2008 – 8 K 4809/06, GrE EFG 2008, 1996; großzügig hinsichtlich des Inhalts der Erstanzeige die Revisionsentscheidung des BFH, 20.01.2005 – II B 52/04, DStR 2005, 741.
1234 Vgl. BFH, 18.01.2006 – II B 105/05, MittBayNot 2006, 364 m. Anm. *Wälzholz*; vgl. auch *Gottwald* MittBayNot 2010, 165.
1235 Das Vorliegen der Rücktrittsvoraussetzungen ist i.R.d. § 16 GrEStG einer vergleichsweisen Regelung nicht zugänglich, BFH, 30.06.2008 – II B 61/07, JurionRS 2008, 18950.
1236 BFH, 23.11.2006 – II R 38/05, DStRE 2007, 433.

C. Querschnittsdarstellungen

▶ Hinweis:

Ist absehbar, dass ein für die Vertragsdurchführung maßgeblicher Umstand (wie etwa die Erteilung einer Baugenehmigung) möglicherweise erst nach Ablauf der 2-Jahres-Frist ausfallen wird, genügt es nicht, diesen Umstand lediglich als Fälligkeitsvoraussetzung aufzunehmen, gepaart mit einem vertraglichen Rücktrittsrecht falls der Kaufpreis nicht binnen vereinbarter Endfrist fällig wurde. Dieser Rücktritt beruht dann nicht »auf der Nichterfüllung von Vertragsbestimmungen« i.S.d. § 16 Abs. 1 Nr. 2 GrEStG.[1237] Sicherer ist es daher, die Bebaubarkeit des Grundstücks als vorausgesetzte Beschaffenheit zu vereinbaren, und die Rechtsfolgen eines Fehlens dieser Beschaffenheit auf den Rücktritt zu begrenzen (vgl. Rdn. 2581). War die Rücktrittsmöglichkeit befristet, muss die Frist allerdings jeweils rechtzeitig, vor ihrem Auslaufen, verlängert worden sein.[1238]

3490 Die **Rückerstattung der Grunderwerbsteuer** setzt eine entsprechende Anzeige und einen Antrag voraus, der durch den Notar gestellt werden kann (§ 16 Abs. 5 GrEStG). Die bereits erteilte Unbedenklichkeitsbescheinigung ist zurückzusenden. Insb. bei Rückgängigmachungen wegen Pflichtverletzungen wird der Rückerstattungsanspruch als Teilleistung auf den Schadensersatz abgetreten; diese ist dem FA formgebunden (§ 46 AO) anzuzeigen.

c) Bemessungsgrundlage

aa) Grundsatz

3491 Die **Bemessungsgrundlage** ist gem. § 8 Abs. 1 GrEStG regelmäßig[1239] der Wert der grunderwerbsteuerlich relevanten Gegenleistung,[1240] soweit sie auf Grundstück und Gebäude entfällt, also nicht bspw. auf mitverkaufte bewegliche Gegenstände und Rechte.

▶ Hinweis zur Grunderwerbsteuerreduzierung:

Daher empfiehlt sich die getrennte Ausweisung des Kaufpreisanteils, der auf Solar- und Fotovoltaikanlagen (Rdn. 1876),[1241] die Instandhaltungsrückstellung nach § 21 Abs. 5 Nr. 4 WEG[1242] (Rdn. 1024), auf landwirtschaftliche Betriebsprämienrechte (Rdn. 842)[1243] oder Milchreferenzmengen[1244] oder auf vorzeitige Kapitalnutzung[1245] bzw. auf Mietgarantieleistungen (Rdn. 1914) entfällt.

1237 FG Münster, 19.11.2007 – 8 K 3267/05, notar 2008, 142 (jedenfalls bei einem freien Rücktrittsrecht).
1238 BFH, 18.11.2009 – II R 11/08, ZfIR 2010, 145.
1239 Zu Sonderfällen (Übertragung zur Vermeidung einer Enteignung, § 9 Abs. 1 Nr. 1 oder 7 GrEStG) vgl. Erlass FinMin Baden-Württemberg, 27.07.2004, DStR 2004, 1609 und BFH, 02.06.2005 – II R 6/04, BStBl. II 2005, S. 651: Auch Entschädigung für provisorische Betriebsverlagerung zählt zur Bemessungsgrundlage.
1240 Dies ist regelmäßig der Kaufpreis (die Ratenzahlung nach der MaBV stellt keine weitere Vorleistung des Käufers dar, BFH DStR 2002, 142 f.). Übernimmt der Käufer eine den Verkäufer treffende Maklerprovision, erhöht dies die Gegenleistung, auch wenn dem Makler ein eigener Anspruch nach § 328 BGB zusteht, so FG Brandenburg, 19.04.2005 – 3 K 1105/02, DStRE 2006, 945.
1241 Bay Landesamt für Steuern v. 12.02.2008 – S 4503 – 4 St35N, MittBayNot 2008, 421; ähnlich FinBeh Hamburg v. 08.07.2008, NWB 2009, 2662: anders nur bei »Indachmontage«, d.h. wenn die anstelle der Dachziegel getretenen Module wesentlichen Gebäudebestandteil bilden – § 68 Abs. 2 Satz 2 BewG – , sowie bei Anlagen, die nur für den Eigenbedarf des betreffenden Grundstücks produzieren (Zubehör zum Grundvermögen). Solaranlagen (Wärmegewinnung durch Sonnenlicht) dienen jedoch dem Eigenverbrauch, stellen also keine Betriebsvorrichtungen i.S.d. § 2 Abs. 1 Nr. 1 GrEStG dar, sodass die Vergütung hierfür zur Bemessungsgrundlage zählt.
1242 Vgl. BFH, 09.10.1991 – II R 20/89, BStBl. II 1992, S. 152; *Horlemann* DStR 1987, 467. Zivilrechtlich bedarf es im Lichte der Teilrechtsfähigkeit des Verbands der Wohnungseigentümer einer Mitübertragung (mangels separierbaren Anteils) nicht mehr (Rdn. 2453); grunderwerbsteuerlich dürfte sich jedoch nichts ändern, da die Rücklage nicht wesentlicher Bestandteil des Sondereigentums ist, sondern Vermögen des daneben bestehenden Verbands, vgl. *Gottwald* DNotZ 2006, 807.
1243 *Hertel* DNotZ 2000, 328.
1244 *Gehse* MittBayNot 2008, 337.
1245 Vgl. BFH, 08.08.2001 – II R 49/01, DStRE 2002, 108. Wenn der Käufer eines Bauträgerobjekts allerdings vorleistet, liegt in der Kapitalnutzung bis zur Fälligkeit nach Baufortschritt gem. § 3 MaBV ein geldwerter Vorteil, der als weitere Gegenleistung in die Grunderwerbsteuer einzubeziehen ist (und damit i.d.R. den Sofortzahlungsrabatt ausgleicht),

Auch die vom Käufer seit 01.04.2004 an sein FA direkt abzuführende USt (§ 13b Abs. 1 Nr. 3 UStG) zählt nicht (mehr) zur grunderwerbsteuerpflichtigen Gegenleistung.[1246]

Der Begriff der Gegenleistung ist im Grunderwerbsteuerrecht teils enger (§ 9 Abs. 2 GrEStG: Übernahme auf dem Grundbesitz ruhender dauernder Lasten zählt nicht dazu – allerdings müssen sie z.B. Kiesabbaurecht im Zeitpunkt des Erwerbsvorgangs auf dem Grundstück ruhen),[1247] teils weiter (umfasst auch vorbehaltene Nutzungen, § 9 Abs. 1 Nr. 1 GrEStG) als im bürgerlichen und im Ertragsteuerrecht. Auch die Erstattung sonstiger Aufwendungen des Verkäufers (naturschutzrechtliche Ausgleichsmaßnahmen, welche die veräußernde Kommune an anderer Stelle erbringt)[1248] gehört dazu. (Möglicherweise ist die Einbeziehung solchen **Erschließungsaufwandes** in die Bemessungsgrundlage der Grunderwerbsteuer allerdings anders zu bewerten, wenn die veräußernde Gemeinde solche Beiträge ggü. dem Erwerber abgabenrechtlich geltend macht,[1249] was allerdings nur möglich ist, wenn sie nicht bereits landesrechtlich selbst deren Beitragsschuldner ist).[1250] Ebenso erhöhen Leistungen an Dritte, um diese zu einem Erwerbsverzicht zu bewegen, die Gegenleistung (§ 9 Abs. 2 Nr. 3 GrEStG).[1251]

3492

bb) Kaufpreisänderungen

Ist ein vereinbarter »vorläufiger Kaufpreis« bloße Rechengröße zur Ermittlung des endgültigen Kaufpreises, darf dieser noch nicht als Gegenleistung i.S.d. § 9 Abs. 1 Nr. 1 GrEStG behandelt werden, vielmehr ist abzuwarten, bis die endgültige Kaufpreishöhe feststeht.[1252] **Nachträgliche Kaufpreisanhebungen** sind jedoch als eigenständiger Vorgang zu besteuern.[1253] Bei **Zusatzleistungen zu einem Bauträgervertrag** ist abzugrenzen, ob es sich um eine (dann grunderwerbsteuerpflichtige) Modifikation der ausgeführten Grundstückslieferung oder um (dann umsatzsteuerpflichtige) Werkleistungen ohne Grundstücksbezug handelt. Nach Ansicht des BFH[1254] unterfällt die Zusatzleistung (wie i.d.R. gewünscht) der Grunderwerbsteuer, wenn es sich um eine ggü. der »Grundausstattung« höherwertige Ausführung handelt, die bis zur Besitzübergabe erbracht wird, mag sie auch Gegenstand eines gesonderten Vertrags sein (im Beispielsfall: Einbau zusätzlicher Wände, Treppen, Fenster, Duschen, Errichtung von Garagen).

3493

BFH, 25.04.2002 – II R 57/00, MittBayNot 2003, 242 und Erlass des FinMin Baden-Württemberg, 16.09.2003, DStR 2003, 1795.
1246 *Forster* UR 2004, 188; *Gottwald* MittBayNot 2008, 187; FinMin Baden-Württemberg v. 22.06.2004, 3-S 4521/24, DStR 2004, 1432.
1247 BFH, 08.06.2005 – II R 26/03, BStBl. II 2005, S. 633.
1248 Maßgeblich ist die Zuordnung zum Erwerbsgrundstück gem. § 9 Abs. 1a Satz 2 BauGB: Erwerbsobjekt ist »das Grundstück mit dem an anderer Stelle ausgeglichenen Eingriff«, BFH, 28.10.2009 – II R 18/08, EStB 2010, 97; Gleiches gilt, wenn die Leistungen bereits ausgeführt sind: BFH, 23.09.2009 – II R 20/08, NotBZ 2010, 146 m. Anm. *Grziwotz*; vgl. auch *Grziwotz/Gottwald* MittBayNot 2010, 339.
1249 Str., vgl. *Grziwotz/Gottwald* MittBayNot 2010, 338 (»abgabenrechtlicher Taschenspielertrick«).
1250 Da in Bayern und Baden-Württemberg das Erschließungsrecht mittlerweile Landesrecht ist (vgl. Rdn. 1929), gelten landesrechtliche Regelungen über die Fähigkeit, selbst Beitragsschuldner zu sein, nicht nur für Beiträge nach KAG, sondern wohl auch für Erschließungsbeiträge, so FinMin Baden-Württemberg, 16.12.2009 – 3 – S 452.1/13, DB 2010, 140: Gegenleistungscharakter nach dem GrdEStG liegt vor, wenn die Anlagen z.Zt. des Grundstückserwerbs bereits anschlussfähig oder die übrigen Voraussetzungen für das Entstehen der Beitragsschuld erfüllt sind (§ 32 BaWüKAG) bzw. wenn die Erschließungsanlage endgültig hergestellt ist (§ 41 BaWüKAG).
1251 Z.B. BFH, 25.06.2003 – II R 39/01: Zahlungen, um einen zahlungsfähigen und bietwilligen Mitbieter bei der Zwangsversteigerung von weiteren Geboten abzuhalten.
1252 BFH, 30.03.2009 – II R 1/08, MittBayNot 2009, 493.
1253 BFH, 26.04.2006 – II R 3/05, BFH/NV 2006, 1414 also mit einem Steuersatz von 3,5 %, auch wenn der Ursprungsvorgang noch i.H.v. 2 % besteuert wurde (kein rückwirkendes Ereignis i.S.d. § 175 Abs. 1 Satz 1 Nr. 2 AO).
1254 BFH, 24.01.2008 – V R 42/05, DStRE 2008, 883; *Mensch* NotBZ 2009, 121.

C. Querschnittsdarstellungen

cc) Gesellschaftsrechtliche Vorgänge

3494 Bei den gesellschaftsrechtlichen Ersatztatbeständen ohne Gegenleistung[1255] (Anteilsvereinigung in einer Hand, Einbringung als Sacheinlage, Erwerbsvorgang auf gesellschaftsvertraglicher Grundlage mit rechtlicher Veränderung der Gesellschafterstellung,[1256] Umwandlung) und sonstigen Fällen ohne messbare Gegenleistung (Erwerb als Lotteriegewinn, symbolischer Ein-Euro-Kaufpreis)[1257] ist gem. § 8 Abs. 2 GrEStG der schenkungsteuerliche Bedarfswert gem. § 138 BewG zugrunde zu legen (bei Ein- oder Zweifamilienhäusern also derzeit der 12,5-fache Jahresnettomietwert, zuzüglich 20 % Aufschlag, abzgl. 0,5 % Alterungsabschlag pro Jahr für max. 50 Jahre, mindestens jedoch 80 % des reinen Grundstückswerts gem. aktueller Bodenrichtwertkarte; bei Betriebsgebäuden gilt der Ansatz in der Bilanz des Veräußerers).[1258] Der seit 2009 i.R.d. Schenkung-/Erbschaftsteuer geltende Ansatz des gemeinen Werts gilt nicht für Grunderwerbsteuer, sodass es insoweit bei der bis Ende 2008 geltenden Rechtslage verbleibt, was verfassungsrechtlichen Bedenken unterliegt.[1259]

dd) »Einheitliches Vertragswerk«

3495 Bei Verträgen über Grundstücke, die in innerem, sachlichem Zusammenhang bebaut werden, unterwerfen Finanzverwaltung[1260] und Rechtsprechung nach den **Grundsätzen des sog. einheitlichen Vertragswerks**[1261] auch die werkvertragliche Vergütung der Grunderwerbsteuer

▶ Hinweis:

Dadurch entsteht eine – nicht europarechtswidrige[1262] – Doppelbelastung mit Grunderwerb- und USt auf die Bauleistungen, da umsatzsteuerlich die grunderwerbsteuerliche Lehre vom einheitlichen Vertragswerk weder durch den BFH[1263] noch durch die Finanzverwaltung[1264] nachvollzogen wird. Nur bei der einheitlichen Leistungserbringung durch einen Bauträger amortisiert sich die Belastung mit (ausschließlicher) Grunderwerbsteuer durch die ersparte USt auf die Eigenleistung und den kalkulatorischen Gewinn des Bauträgers.[1265]

Entscheidend sei, welches wirtschaftliche Ergebnis durch die Verträge erreicht werden soll. Sofern ein Werkvertrag mit einem (auch personenverschiedenen)[1266] Generalunternehmer in einem inne-

---

1255 Sofern eine Gegenleistung vereinbart ist – Übertragung gegen Gewährung eines Darlehens –, bleibt diese auch dann maßgeblich, wenn sie unter dem Verkehrswert liegt (da i.Ü. eine Zufuhr zur Kapitalrücklage erfolgen soll), vgl. BFH DStR 2003, 778 (dort zugleich zur Definition der Erwerbsvorgänge auf gesellschaftsvertraglicher Grundlage).
1256 Daher genügt die bloße Zuweisung des Vermögenszuwachses bei den Gesellschaftsrücklagen nicht, vgl. zu Gestaltungsmöglichkeiten *Gottwald* MittBayNot 2004, 100; allerdings ist § 8 Abs. 2 Nr. 2 GrEStG verwirklicht, wenn im Zuge des Grundstücksgeschäfts die Gesellschafterstellung in rechtlicher Hinsicht berührt wird, z.B. bei Kapitalerhöhung gegen Sacheinlage, vgl. BFH, 11.06.2008 – II R 58/06, EStB 2008, 358.
1257 FG Brandenburg, 10.05.2005 – 3 K 1500/02, DStRE 2005, 1359, jedenfalls bei noch vorhandenem Substanzwert.
1258 FinMin Schleswig-Holstein v. 07.07.2008 – VI 353 – S 3014b – 037, ZEV 2008, 504.
1259 Der BFH, 27.05.2009 – II R 64/08, ZEV 2009, 413 hat das BMF zum Verfahrensbeitritt im Hinblick auf die mögliche Verfassungswidrigkeit aufgefordert. Seit 01.04.2010 erfolgen Steuerfestsetzungen insoweit nur vorläufig (Gleichlautende Ländererlasse v. 01.04.2010 – 3 – S 0338/58, DB 2010, 816. Vorlage an das BVerfG durch BFH, 02.03.2011 – II R 23/10, ZfIR 2011, 420 m. Anm. *Wagner/Köhler*; vgl. auch *Pahlke* NWB 2011, 2126 ff.
1260 OFD Rheinland v. 15.05.2006 – S 4521 – 1006 St 2.
1261 BFH, 23.11.1994 – II R 53/94, BStBl. II 1995, S. 331; BFH/NV 1998, 495; vgl. *Opgenhoff* RNotZ 2006, 268 f. und *Keim* DNotZ 2011, 521 ff.
1262 EuGH, 27.11.2008 – C-156/08, (Vollkommer) NWB 2009, 1079; *Hoor* ZfIR 2009, 331, auf Vorlagebeschluss des FG Niedersachsen, 02.04.2008, DStR 2008, 869; wie der EuGH bereits zuvor FG Münster, 19.06.2008 – 8 K 4414/05, www.fg-muenster.nrw.de.
1263 BFH, 24.02.2000 – V R 89/98, BStBl. II 2000, S. 278.
1264 Abschnitt 71 Abs. 1 Satz 3 und 4 UStR 2005, vgl. *Ramb* NWB 2009, 1289 ff.
1265 *Kesseler* RNotZ 2004, 324, errechnet dies ab einem eigenen Leistungsanteil des Bauträgers von 21,875 %.
1266 Es genügt, dass die mehreren Beteiligten auf Veräußererseite entweder wirtschaftlich verbunden sind oder aber aufgrund vertraglicher Abrede zusammenarbeiten oder durch abgestimmtes Verhalten auf den Abschluss der Verträge hinwirken, BFH, 17.01.2005 – II B 15/04, MittBayNot 2006, 175; BFH, 19.03.2010 – II B 130/09, EStB 2010, 294. FG Mecklenburg-Vorpommern, 11.07.2006 – 3 K 453/02, DStRE 2007, 177 sieht ein einheitliches Vertragswerk

ren, sachlichen Zusammenhang mit dem Grundstückskaufvertrag dergestalt stehe, dass beide Verträge miteinander »stehen oder fallen«, sei es Ziel des gesamten Vertragswerkes, dem Erwerber ein bebautes Grundstück zu verschaffen, sodass der Immobilienerwerb in seinem künftigen, bebauten Zustand der Grunderwerbsteuer unterliegt.

Der objektive enge Zusammenhang zwischen Kauf- und Werkvertrag wird bereits durch das Hinnehmen des von der Anbieterseite initiierten Geschehensablaufs indiziert, unabhängig von der Reihenfolge der Vertragsabschlüsse und unabhängig davon, ob tatsächlich auch eine andere als die planmäßige Gestaltung hätte vorgenommen werden können.[1267] Das Auftreten verschiedener Personen auf Veräußererseite, sogar der Umstand, dass die Vorplanung maßgebend durch den Erwerber beeinflusst wurde, steht dem Bestehen eines einheitlichen Vertragswerks nicht entgegen.[1268] Erst recht ist es ausreichend, dass eine mit dem Veräußerer personell, wirtschaftlich oder gesellschaftsrechtlich verbundene Person[1269] vor Abschluss des Kaufvertrags aufgrund konkreter Vorplanung dem Käufer die Errichtung eines bestimmten Gebäudes hierauf anbietet und der Käufer Grundstücks- und Bauerrichtungsangebot annimmt.[1270] Gleiches gilt beim Angebot eines zu sanierenden Bestandsgebäudes.[1271] Die abweichende Rechtsprechung des FG Niedersachsen[1272] konnte sich nicht durchsetzen. 3496

Die Finanzverwaltung[1273] indiziert die **Einheitlichkeit der Verträge** insb. anhand folgender Kriterien: 3497
– rasche zeitliche Abfolge, insb. bei Abschluss des Gebäudeerrichtungsvertrags vor oder zeitgleich mit dem Grundstückskaufvertrag,
– faktischer Zwang zum Abschluss des Bauvertrags, etwa wegen überhöhten Grundstückskaufpreises,
– wirtschaftliche oder gar rechtliche Identität zwischen Grundstückseigentümer und Bauunternehmer, zumindest aber wirtschaftliche Verflechtung und abgestimmtes Verhalten,
– Fehlen einer Vereinbarung unter mehreren Erwerbern von Sondereigentumseinheiten über die gemeinsame Baufertigstellung.

Zur Widerlegung solcher Indizien soll das schlichte Bestreiten oder die Vorlage von Gefälligkeitsangeboten anderer Bauunternehmer nicht ausreichen. Haben die Beteiligten den verbundenen Bauvertrag nicht angezeigt (und damit die Pflicht nach § 19 GrEStG verletzt), verschiebt dies die Festsetzungsfrist nach § 170 Abs. 2 Nr. 1 AO.[1274]

Ähnliches gilt hinsichtlich der Erstattung[1275] oder Übernahme bereits entstandener[1276] **Erschließungsbeiträge** und anderer Anliegerkosten, wenn Gegenstand des Erwerbs ein »voll erschlossenes 3498

---

jedenfalls bei personeller Verbundenheit (identische Geschäftsführer) und gesellschaftsrechtlicher Verbundenheit (identische Anteilseigner), auch wenn letztere dem Käufer nicht bekannt ist.
1267 BFH, 30.04.2003 – II R 29/01, RNotZ 2004, 104 und BFH, 27.06.2006 – II B 160/05, BFH/NV 2006, 1882: Selbst wenn Angebote anderer Baufirmen eingeholt worden waren.
1268 BFH, 21.09.2005 – II R 49/04, BStBl. II 2006, S. 269 und BFH, 23.08.2006 – II R 42/04, DStRE 2007, 430; vgl. *Gottwald* MittBayNot 2006, 481.
1269 Dieses Kriterium ist erforderlich, BFH, 02.03.2006 – II R 39/04, DStRE 2006, 1153.
1270 BFH, 02.03.2006 – II R 47/04, DStRE 2006, 1020.
1271 BFH, 29.07.2009 – II R 58/07, EStB 2010, 14.
1272 EFG 1999, 443.
1273 OFD Rheinland v. 15.05.2006 – S 4521 – 1006 St 2, Tz 2.2.1 ff.
1274 Vgl. zum Vorstehenden die Verfügung der OFD Rheinland v. 14.03.2006, EStB 2006, 246.
1275 Die Erstattung bloßer Vorausleistungen (§ 133 BauGB) oder Teilleistungen des Verkäufers durch den Käufer erhöht allerdings die Grunderwerbsteuer nicht, da es sich um einen Vorschuss auf die eigene Verpflichtung handele, Ländererlass v. 20.03.2003 – 3-S 4521/13, DStR 2003, 782.
1276 Daher ist bei Anliegerkosten im Fall des Verkaufs durch eine Gemeinde darauf abzustellen, ob nach dem maßgeblichen Landesrecht die Gemeinde bereits Beitragsschuldner sein konnte, vgl. im Einzelnen *Grziwotz* DStR 1994, 1014 ff. Ist dies der Fall (wie etwa nach Art. 5 BayKAG und in Baden-Württemberg), erhöht sie die Gegenleistung, andernfalls erfolgt die Abgabenerhebung durch die Gemeinde ausschließlich öffentlich-rechtlich. Das FG Rheinland-Pfalz, 06.03.2008, EFG 2008, 1653 (Az. BFH: II R 20/08) erhebt generell keine Grunderwerbsteuer auf gemeindliche Erschließungsleistungen, wenn sie gesondert neben dem Kaufpreis ausgewiesen werden.

C. Querschnittsdarstellungen

Grundstück«[1277] ist, auch wenn zwischen Erschließungsträger und Käufer keine unmittelbare Rechtsbeziehung besteht.[1278]

▶ Hinweis:

Konnte bei gemeindlichen Grundstücken nach den landesrechtlichen Bestimmungen noch keine Erschließungsschuld entstehen (also außerhalb Bayerns und Baden-Württembergs),[1279] empfiehlt sich beim Kauf von der Gemeinde, zur Einsparung von Grunderwerbsteuer Erschließungsbeiträge, Beiträge nach KAG und Kostenerstattungsforderungen nach §§ 135a ff BauGB durch öffentlich-rechtliche Bescheide geltend zu machen.

Kein einheitlicher Leistungsgegenstand liegt jedoch mehr vor, wenn der Erwerber die weiteren (Bau-) Leistungen selbst und eigennützig erbringt, der Grundstücksverkäufer z.B. lediglich einen Hausbausatz mit Aufstellanleitung liefert, ohne zu dessen Montage verpflichtet zu sein.[1280]

d) Steuersatz

3499 Der Steuersatz beträgt 3,5 % vorbehaltlich landesrechtlicher Abweichungen, die durch die Föderalismusreform eröffnet sind (Art. 105 Abs. 2a Satz 2 GG).

▶ Hinweis:

Bisher haben von dieser Änderungsbefugnis Gebrauch gemacht:
- Berlin[1281] mit Wirkung ab 01.01.2007[1282] auf 4,5 %, (zum 01.04.2012 ist eine weitere Erhöhung auf 5 % geplant)
- Hamburg[1283] mit Wirkung ab 01.01.2009 auf 4,5 %
- Sachsen-Anhalt mit Wirkung ab 01.03.2010 auf 4,5 %, ab 01.03.2012 auf 5,0 %
- Niedersachsen und Bremen mit Wirkung ab 01.01.2011 auf 4,5 %
- das Saarland mit Wirkung ab 01.01.2011 auf 4,0 %
- Brandenburg mit Wirkung ab 01.01.2011 auf 5,0 %
- Thüringen mit Wirkung ab 07.04.2011auf 5,0 %[1284]
- Nordrhein-Westfalen mit Wirkung ab 01.10.2011 auf 5,0 %[1285]
- Baden-Württemberg mit Wirkung ab 05.11.2011 auf 5,0 %
- Schleswig-Holstein mit Wirkung ab 01.01.2012 auf 5,0 %.[1286]
- Rheinland-Pfalz voraussichtlich mit Wirkung ab 01.03.2012 auf 5,0 %.

1277 Dies liegt allerdings nicht bereits dann vor, wenn der Erwerber die noch nicht erfüllten Pflichten aus einem Erschließungsablösevertrag des Verkäufers mit der Gemeinde (§ 133 Abs. 3 Satz 5 BauGB) übernimmt: Keine Grunderwerbsteuer auf diese Aufwendungen, BFH, 11.02.2004 – II R 31/02, ZNotP 2004, 355, da Ablösung einer eigenen Beitragsschuld. Grunderwerbsteuer nur auf den Grundstückspreis fällt ferner an, wenn Kaufobjekt ein unerschlossenes Grundstück ist, jedoch der Verkäufer gem. dem mit der Gemeinde geschlossenen Erschließungsvertrag (§ 124 BauGB) sich auch ggü. dem Käufer zur Erschließung verpflichtet, BFH, 21.03.2007 – II R 67/05, ErbStB 2007, 245 m. Anm. Krömker; vgl. insgesamt *Grziwotz/Gottwald* UVR 2005, 13.
1278 Vgl. koordinierte Ländererlasse v. 30.10.2002, DStR 2002, 1532 und v. 20.03.2003, DStR 2003, 782; ferner Erlass des FinMin Baden-Württemberg, RNotZ 2001, 471; *Schuck* in: DAI-Skript »Zweite Jahresarbeitstagung des Notariats« 2004, S. 493 ff.
1279 Vgl. *Gottwald* Grunderwerbsteuer Rn. 637 ff.
1280 BFH, 27.10.2004 – II R 12/03, MittBayNot 2005, 344 m. Anm. *Gottwald*. Die bloße vorübergehende Stellung eines »Richtmeisters« für die fachliche Überwachung der Aufstellung durch den Veräußerer genügt nicht.
1281 GVBl. Berlin 2006, 1172.
1282 Zur Abgrenzung kann wohl auf die Rspr. zu § 23 GrEStG zurückgegriffen werden (spätere behördliche Genehmigungen sind unschädlich, nicht aber spätere Genehmigung des vollmachtlos Vertretenen oder des Vormundschaftsgerichts), vgl. *Gutachten* DNotI-Report 2007, 6.
1283 HmbGVBl 2008, 433.
1284 GVBl Thür 2011, 6.
1285 GV-NRW 2011, 389. Zur Abgrenzung altes/neues Recht (maßgeblich ist die Bindung der Vertragspartner im Verhältnis zueinander) vgl. Erlass OFD Münster, 16.08.2011 – S 4430-28-St 24-35.
1286 GVBl SchlH 2010, 811.

e) Anzeigepflichten

Der Vollständigkeit halber sei schließlich hingewiesen auf die (als Durchbrechung der Berufsverschwiegenheitspflichten) angeordneten Anzeigepflichten in § 18 Abs. 1 Nr. 1 GrErwStG (Anzeige an die Grunderwerbsteuerstelle auf amtlich vorgeschriebenem Vordruck samt einfacher Abschrift der Urkunde; diese muss Vorname, Zuname und Anschrift des Veräußerers und des Erwerbers enthalten und – seit 14.12.2010 – auch die steuerliche Identifikationsnummer gem. § 139b AO bei natürlichen Personen bzw. des Ortes der Geschäftsführung und der Wirtschaftsidentifikationsnummer gem. § 139c AO bei Unternehmen (die allerdings derzeit noch nicht vergeben wird) für Veräußerer und Erwerber. Diese, für jeden in Deutschland gemeldeten potenziell Steuerpflichtigen ab der Geburt zugeordnete, seit Ende 2008 durch das Zentralamt für Steuern zugewiesene elfziffrige Nummer ist nicht zu verwechseln mit der Einkommens- oder Umsatzsteuernummer, die vom lokalen Finanzamt zugeteilt wird, sowie mit der USt-Identnummer für Unternehmer im grenzüberschreitenden Verkehr). Fehlt die Identifikationsnummer oder ist sie unrichtig, steht dies weder der Erteilung der Unbedenklichkeitsbescheinigung i.S.d. § 22 Abs. 2 Nr. 1 GrEStG entgegen noch fehlt es an der Ordnungsmäßigkeit der Anzeige i.S.d. § 16 Abs. 5 GrEStG, sodass die Stornowirkungen einer Aufhebung (Rdn. 3486 ff.) zur Verfügung stehen, und auch die Urkundsaushändigung (§ 21 GrEStG) an die Beteiligten oder das Grundbuchamt ist bei Fehlen der Angaben nicht gehemmt.[1287]

3500

Gem. § 18 Abs. 2 und 5 GrEStG sind die Notare darüber hinaus verpflichtet, dem zuständigen[1288] FA[1289] alle Vorgänge anzuzeigen, die die Übertragung von Anteilen an einer Kapitalgesellschaft oder Personengesellschaft betreffen (also unabhängig von der Höhe der abgetretenen Beteiligung!), wenn zum Vermögen der Gesellschaft ein im Inland gelegenes Grundstück gehört (vgl. hierzu Rdn. 3446 ff.). Unabhängig davon sind die Beteiligten selbst gem. § 19 GrEStG ab 01.01.2000 auch verpflichtet, die Vereinigung von mehr als 95 % der Anteile in einer Hand anzuzeigen (i.d.R. wird es sich bei Personengesellschaften nicht um notariell beurkundete oder beglaubigte Vorgänge handeln, außer beim notariell entworfenen Antrag auf dadurch ausgelöste Grundbuchberichtigung). Die Rechtsprechung wertet das Unterlassen einer solchen von den Beteiligten zu erstattenden Anzeige als leichtfertige Steuerverkürzung i.S.d. § 370 Abs. 4 AO, mit der Folge einer auf 5 Jahre verlängerten Festsetzungsfrist gem. § 169 Abs. 2 Satz 1 AO.[1290]

3501

8. USt

a) Grundlagen

Die Vermietung oder Verpachtung von Grundstücken bzw. einer Wohnung, auch wenn sie sich im Privatvermögen befinden, begründet die umsatzsteuerliche Unternehmereigenschaft gem. § 2 Abs. 1 Satz 1 UStG. Gleiches gilt für die Vermietung und Verpachtung, aber auch die Übertragung eines Grundstücks, das (zumindest teilweise) **eigen- oder fremdbetrieblich** genutzt wird.[1291]

3502

Unternehmereigenschaft kann bspw. durch die Produktion von Strom durch eine Solar- bzw. **Fotovoltaikanlage** auf dem Hausdach begründet werden (vgl. Rdn. 1877), mit der Folge der vollen

3503

1287 *Gottwald* DNotZ 2011, 83 ff. ebenso Schreiben des BMF v. 30.03.2011 – IV D 4 – S 4540/11/10001:001; BNotK-Rundschreiben Nr. 2/2011 und Nr. 7/2011.
1288 Der Pflicht des § 18 Abs. 5 GrEStG ist nicht genügt, wenn die Urkunde an ein nicht zuständiges Finanzamt, etwa die Körperschaftsteuerstelle, versandt wird, BFH, 11.06.2008 – II R 55/06, notar 2008, 376.
1289 Die Zuständigkeiten werden zunehmend zentralisiert, so z.B. in Thüringen seit 01.01.2009 allein beim Zentralfinanzamt für Grunderwerbsteuer, PF 100153, 98490 Suhl.
1290 BFH, 19.02.2009 – II R 49/07, ErbStB 2009, 263.
1291 Vgl. zum folgenden monografisch (allerdings ohne Formulierungsvorschläge) *Meyer/Ball*, Umsatzsteuer und Immobilien, 2. Aufl. 2011.

C. Querschnittsdarstellungen

Vorsteuererstattung aus dem Installationsaufwand,[1292] möglicherweise auch anteilig[1293] aus vorangegangener notwendiger Dachsanierung,[1294] allerdings nicht für den als Rücklieferung zu qualifizierenden Eigenstromverbrauch;[1295] die erforderliche Zuordnung zum Unternehmensvermögen liegt i.d.R. bereits in der Geltendmachung des Vorsteuerabzugs.[1296] In den folgenden 10 Jahren findet jedoch neben der Abführung der auf die Einspeisung[1297] anfallenden USt eine teilweise Vorsteuerberichtigung hinsichtlich des Anteils des Eigenverbrauchs an der Gesamtstromerzeugung statt; es bleibt immerhin ein Zinsliquiditätsvorteil.[1298]

3504 Darüber hinaus ist bei Gegenständen des (notwendigen oder gewillkürten) Betriebsvermögens auch die Eigennutzung von Gebäudeteilen für private Wohnzwecke[1299] entgegen der früheren Auffassung (unentgeltliche Wertabgabe)[1300] grds. steuerbar – so die Auffassung des EuGH (»Seeling«[1301] und »Charles-Tijmens«)[1302] und ihm mit (teils deutlichen) Abstrichen folgend des BFH[1303] und der Finanzverwaltung.[1304] Dies eröffnete angesichts der auch bei der Einnahmen-Überschuss-Rechnung möglichen Bildung gewillkürten Betriebsvermögens interessante umsatzsteuerliche Gestaltungsmöglichkeiten[1305] bei gemischt privat/betrieblich genutzten Grundstücken (vgl. näher unten Rdn. 3554 – 3558). Der EU-Verordnungsgeber[1306] hat am 15.01.2010 die Vorsteuerabzugsberechtigung

---

1292 Allerdings nach Auffassung der Finanzverwaltung nicht aus dem Gesamtgebäude (keine Anwendung der früheren »Seeling«-Rechtsprechung, Rn. 1992 ff.), vgl. OFD Karlsruhe, 29.04.2005 – S 7300 und OFD Karlsruhe, 28.01.2009 – S 7104, kritisch *Lehr* NWB 2009, 2659 (2665).

1293 Gem. § 15 Abs. 1b UStG in der ab 01.01.2011 geltenden Fassung ist bei Eingangsleistungen für ein gemischt genutztes Wirtschaftsgut nur noch ein Vorsteuerabzug für den unternehmerisch genutzten Teil möglich, dafür wird die nicht unternehmerische Nutzung nicht mehr als unentgeltliche Wertabgabe besteuert.

1294 Nach Ansicht der OFD Karlsruhe, 28.01.2009 – S 7104 entsteht ein gemischtwirtschaftliches Wirtschaftsgut (»neues Dach«, »neue Stützbalken«), das dem unternehmerischen Bereich zugeordnet werden kann, wenn es gem. Abschn. 15.2 Abs. 21 UStAE zu mindestens 10 % fotovoltaisch genutzt wird, *Lehr* NWB 2009, 2659 (2666); vgl. hierzu auch BFH, 19.07.2011 – XI R 21/10, XI R 29/09, XI R 29/10 ZfIR 2012, 129 m. Anm. *Wagner* und ZfIR 2012, 143 – wird die nichtunternehmerische Fläche gar nicht genutzt, z.B. bei Leerstand eines Schuppens bzw. einer Scheune, kann eine Zuordnung zum Unternehmen gar nicht erfolgen. Die Aufteilung erfolgt gem. Abschn. 15.17 Abs. 7 UStAE nach dem Verhältnis der (fiktiven) Umsätze, da der Flächenmaßstab ungeeignet ist.

1295 BMF, 01.04.2009, BStBl. I 2009, S. 523; a.A. zuvor OFD Hannover, 28.01.2009 – S 7104: unentgeltliche Wertabgabe; vgl. *Lehr* NWB 2009, 2659, 2665.

1296 OFD Karlsruhe, 28.01.2009 – S 7300, vgl. *Lehr* NWB 2009, 2659, 2663 f.

1297 Nach dem Erneuerbare-Energien-Gesetz (EEG) bei Produktionsbeginn im Jahr 2007: 49,21 ct/KWh, ab 2008: 46,75 ct/KWh auf 20 Jahre. Eine Anlage von 1 Kilowatt-Peak (KWp) – Kosten ca. 5.000,00 € netto – produziert etwa 850 KWh/Jahr. Die KfW gewährt Kredite aus dem Programm »Solarstrom erzeugen«. Neben der laufenden AfA von jährlich 5 % ist eine Sonderabschreibung von 20 % möglich. Bei Laufzeiten ab ca. 20 Jahren tritt üblicherweise eine Amortisierung ein. Gewerbesteuer fällt wegen des Freibetrags von jährlich 24.500,00 € i.d.R. nicht an. Eine Anmeldung des Gewerbebetriebes erleichtert die Geltendmachung beim Finanzamt, führt aber bei Gewinnen über 5.000,00 € jährlich zu IHK-Beiträgen.

1298 FG Münster, 05.12.2006 – 15 K 2813/03 U, NWB 2007, 866 = Fach 1, S. 86. Derzeit lohnt sich demnach der Eigenverbrauch ab einem Strompreis von 21,42 ct/kWh, da der Eigenverbrauch steuerlich als Rücklieferung des Netzbetreibers für 18ct/kWh gewertet wird.

1299 Oder auch die sonstige unternehmensfremde Verwendung durch Wohnungsnutzung ohne Vermietung, z.B. die Überlassung an die Tochter: *Birkenfeld* NWB 2003, 4065 = Fach 7, S. 6133.

1300 §§ 3 Abs. 9a Satz 1 Nr. 1, 4 Nr. 12 Satz 1 Buchst. a) UStG, Abschnitt 24a Abs. 3 Satz 2 und Abschnitt 24c Abs. 7 UStR 2000: steuerfreie, nicht optierbare – da kein Umsatz an einen anderen Unternehmer für dessen Unternehmen – Leistung, damit auch keine Vorsteuer (§ 15 Abs. 2 Satz 1 Nr. 1 UStG).

1301 EuGH, 08.05.2003 – 269/00, DStR 2003, 873 (»Wolfgang Seeling«), da die Verwendung einer Wohnung zu eigenen Wohnzwecken gem. Art. 6 Abs. 2 Buchst. a) 6. UStR einer Dienstleistung gegen Entgelt gleichgestellt sei (auf Vorlagebeschluss des BFH, 25.05.2000 – V R-(8) 39/99, BFH/NV 2000, 1175). Das Wohnen im Betriebsgebäude ist demnach ein steuerpflichtiger Umsatz (keine Analogie zur eng auszulegenden Steuerfreiheit des Art. 13 Teil B Buchst. b) 6. UStR: Vermietung von Grundstücken).

1302 Zum niederländischen Umsatzsteuerrecht: EuGH, 14.07.2005 – C 434/03, DStRE 2005, 1025.

1303 BFH, 24.07.2003 – V R 39/99, NWB Eilnachrichten 1263/03.

1304 BMF-Schreiben v. 30.03.2004 – S7300 und 13.04.2004 – S7206, überholt durch BMF v. 22.09.2008 – S 7109.

1305 Hierzu *Hoffmann/Rüsch* DStR 2004, 1075; *Rondorf* NWB 2006, 591 ff. = Fach 7, S. 6605 ff.

1306 RL 209/162/Eu v. 22.12.2009, ABl EU 2010 Nr. L 20, S. 14.

jedoch begrenzt auf Ausgaben, »soweit sie auf die Verwendung des Grundstücks für unternehmerische Zwecke entfallen«; der deutsche Gesetzgeber hat demzufolge mit Wirkung ab 01.01.2011 durch Einfügung eines neuen Vorsteuerausschlusstatbestandes in § 15 Abs. 1b UStG das »Seeling-Modell« beendet, Rdn. 3556 ff.

b) Steuerbefreiung

Die demnach an sich steuerbaren Vermietungs- und Immobilienveräußerungsumsätze sind jedoch gem. § 4 Nr. 9 Buchst. a) UStG (Vorgänge, die unter das Grunderwerbsteuergesetz fallen) bzw. § 4 Nr. 12 UStG (Vermietung und Verpachtung von Grundstücken) steuerfrei gestellt. Weitere Leistungen desselben Unternehmers teilen dasselbe Schicksal, wenn sie mit dem steuerfreien Leistungsgegenstand so abgestimmt sind und in ihm aufgehen, und damit ihre Selbstständigkeit verlieren.[1307] Diese Einheitlichkeit der Leistung ist jedoch z.B. nicht gegeben für getrennt in Rechnung gestellte Architekten- oder bauvorbereitende Leistungen bzw. Baubetreuungstätigkeiten des Veräußerers eines unbebauten Grundstücks, die demnach umsatzsteuerpflichtig bleiben.[1308] Gleiches gilt für etwaige Entgelte, die für die Einräumung eines Ankaufsrechts gewährt werden (Rdn. 2984) oder für dessen Nichtausübung bzw. Erlöschen infolge Verzichts.[1309] Übernimmt jedoch derselbe Verkäufer in zwei notariellen Verträgen vom selben Tag die Verpflichtung zur Veräußerung des Grundstücks und zur schlüsselfertigen Errichtung eines Gebäudes auf diesem, ist das bebaute Grundstück Leistungsgegenstand, sodass auch der Bauvertrag unter § 4 Nr. 9 Buchst. a) UStG fällt.[1310]

3505

Grunderwerbsteuer und USt schließen sich also grds. aus. Soweit allerdings die Grunderwerbsteuer auf künftige Bauleistungen erhoben wird, die wegen der Theorie des einheitlichen Vertragswerks in die Bemessungsgrundlage einbezogen werden, obwohl das Gebäude erst künftig durch einen Dritten errichtet wird, kann in Ausnahmefällen für letzteren Umsatz gleichwohl USt[1311] anfallen. Dies ist jedoch nicht system- oder europarechswidrig (Rdn. 3495 ff.).

3506

c) Option

Auf die Steuerfreiheit der vorgenannten Umsätze (wie auch bei unternehmerischen Kreditgeschäften, § 4 Nr. 8 Buchst. a) UStG)[1312] kann durch den Unternehmer (Veräußerer bzw. Vermieter) verzichtet werden (sog. **Optionserklärung**). Dies empfiehlt sich aus Sicht des Käufers, um hierdurch den Vorsteuerabzug umsatzsteuerbelasteter Aufwendungen für die Errichtung oder Instandhaltung der Immobilie zu eröffnen, aus Sicht des Verkäufers und des Käufers ferner, um der sonst drohenden **Vorsteuerberichtigung** (10-Jahres-Zeitraum des § 15a UStG) zu entgehen. Zu Umfang und Berechnung dieser Vorsteuerberichtigung vgl. unten Rdn. 3566; zu Vorkehrungen des Käufers gegen ihn treffende Vorsteuerberichtigungsrisiken aus der Zeit des Verkäufers vgl. Rdn. 3568.

3507

Mit wirksamer Option ist das Vorsteuerberichtigungsrisiko für den Verkäufer beendet. Eine umsatzsteuerschädliche Verwendung des Grundstücks durch den Käufer führt also nicht zu einer Berichtigung beim Verkäufer, sodass eine diesbezügliche Verwendungsbindung für den »restlichen 10-Jahres-Zeitraum« nicht erforderlich ist.[1313] Der Käufer seinerseits setzt dadurch allerdings einen neuerlichen 10-Jahres-Zeitraum in Gang, innerhalb dessen z.B. ein Verkauf wiederum nur unter erneuter Option stattfinden sollte – dies grenzt den Kreis möglicher Interessenten ein – und Vermietungen ebenfalls umsatzsteuerpflichtig (also z.B. nicht für Wohnzwecke oder an nicht umsatzsteuerpflichtige Unternehmer, z.B. Ärzte, Apotheker, Banken, Behörden) – erfolgen sollten. Andernfalls

3508

1307 OFD Hannover v. 07.07.2003, DStR 2003, 1487.
1308 BFH, 10.09.1992 – V R 99/88, BStBl. II 1993, S. 316; BFH, 24.02.2000 – V R 89/98, BStBl. II 2000, S. 278.
1309 BFH, 03.09.2008 – XI R 54/07, RNotZ 2009, 185.
1310 BFH, 19.03.2009 – V R 50/07, MittBayNot 2010, 76 m. Anm. *Zugmaier/Streit*.
1311 BFH, 07.02.1991 – V R 53/53/85, BStBl. II 1991, S. 737: Herstellung eines schlüsselfertigen Fertighauses durch einen mit dem Veräußerer nicht identischen Dritten; vgl. hierzu auch OFD Hannover v. 07.07.2003, DStR 2003, 1487.
1312 Vgl. zu dieser insb. ab 01.01.2007 verstärkten Praxis *Lehr* DStR 2006, 2243.
1313 Vgl. im Einzelnen *Hipler* ZNotP 2004, 227, gegen Kersten/Bühling/*Basty* Rn. 49M.

C. Querschnittsdarstellungen

droht ihm, dem Erwerber, die Vorsteuerberichtigung, und zwar aus dem hohen Volumen der USt auf seinen Ankaufspreis, zuzüglich späterer Vorsteuerbeträge.

▶ Hinweis:

3509 Droht dem Verkäufer ein lediglich geringes Vorsteuerberichtigungsrisiko, und ist andererseits der Käufer nicht sicher, dass er während der folgenden 10 Jahre nur umsatzsteuerpflichtig vermieten oder verkaufen wird, sollte der Käufer sich einer Option widersetzen,[1314] und allenfalls (gedeckelt auf einen akzeptablen Maximalbetrag) sich an der Vorsteuererstattungsschuld des Verkäufers beteiligen.

aa) Voraussetzungen

(1) Positive Voraussetzungen

3510 Bei der **Vermietung** ist ein Verzicht auf die Steuerbefreiung gem. § 9 Abs. 1 UStG nur zulässig, wenn der Mieter die Räume für sein Unternehmen verwendet[1315] und (§ 9 Abs. 2 UStG) dort umsatzsteuerpflichtige Umsätze tätigt.

▶ Beispiel:

Eine Vermietung zu Wohnzwecken oder an einen Arzt ist damit stets umsatzsteuerfrei. Werden in der Arztpraxis jedoch in einzelnen Räumen z.B. Kontaktlinsen angepasst und veräußert und damit gewerbliche Tätigkeit ausgeübt, ist ein prozentual entsprechender Verzicht auf die Steuerbefreiung möglich.

Zur Höhe der dadurch vermittelten Vorsteuerabzugsberechtigung s.u. Rdn. 3564.

3511 Im gewerblichen Mietvertrag könnte eine ausführliche Optionsregelung etwa wie folgt formuliert sein:

▶ Formulierungsvorschlag: Umsatzsteueroption im Mietvertrag

Dem Mieter ist bekannt, dass der Vermieter auf die Befreiung der Mieten und Nebenkosten (Betriebskosten) von der Umsatzsteuer verzichten wird (optiert), soweit ein solcher Verzicht gesetzlich möglich ist (§ 9 UStG). Widerruft der Vermieter die Option nach § 9 UStG, ist insoweit vom Mieter nur die Nettomiete ohne Umsatzsteuer zu zahlen. Hinsichtlich der Möglichkeit zur Umsatzsteueroption gemäß § 9 UStG kommt es auf die Verwendung durch den Mieter (ggf. den Untermieter) an. Im Hinblick hierauf wird Folgendes vereinbart:
(a) Der vertraglichen Nettomiete (Miete ohne Umsatzsteuer) liegt die Annahme zugrunde, dass der Vermieter in vollem Umfang auf die Umsatzsteuerbefreiung verzichten kann. Hierzu versichert der Mieter, das Mietobjekt ausschließlich für Umsätze zu verwenden, die den Vorsteuerabzug des Vermieters nicht ausschließen. Soweit und solange die Finanzbehörden bzgl. des Begriffs der »ausschließlichen« Verwendung für Umsätze, die den Vorsteuerabzug nicht ausschließen, eine – auch von den Finanzgerichten anerkannte – unschädliche Bagatellgrenze anwenden, ist durch diese Bagatellgrenze zugleich der Ausschließlichkeitsbegriff in der vorstehenden Bestimmung begrenzt (derzeit Tz. 9.2. Abs. 3 Umsatzsteuer-Anwendungserlass (UStAE) zu § 9 UStG, Bagatellgrenze: 5%). Sollte der Mieter gegen diese Verpflichtung verstoßen, hat der Mieter dem Vermieter alle hierdurch verursachten Schäden zu ersetzen, die Kosten für Rechts- und Steuerberater jedoch nur bis zur Höhe der gesetzlichen Gebühren. Der Mieter hat dem Vermieter eine Änderung der Nutzung der Räume, die für die Zulässigkeit der umsatzsteuerlichen Option maßgebend sind, unverzüglich mitzuteilen. Diese Regelungen gelten auch im Falle einer Untervermietung.
(b) Schließt die künftige Nutzung des Mietobjekts die Vorsteuerabzugsberechtigung des Vermieters aus, ist der Vermieter für die weitere Laufzeit dieses Vertrages berechtigt, dessen

---

1314 *Klass/Müller* ZfIR 2009, 807 (812).
1315 Beträgt bei einem einheitlichen Mietverhältnis die unternehmerische Nutzung mindestens 10 %, kann der Mieter sie insgesamt seinem Unternehmen zuordnen (der nicht unternehmerisch genutzte Teil der Vermieterleistung ist dann bei ihm eine steuerpflichtige unentgeltliche Wertabgabe nach § 3 Abs. 9a Nr. 2 UStG), vgl. OFD Stuttgart, 25.08.2004 – S 7198, DStR 2004, 1705.

Anpassung dahingehend zu verlangen, dass die Berechnung von Umsatzsteuer entfällt und die Miete für die Restlaufzeit des Vertrages so erhöht wird, dass dadurch die beim Vermieter eintretenden und vom Finanzamt festgesetzten steuerlichen Mehrbelastungen ausgeglichen werden. Diese Berechtigung zur Mieterhöhung bezieht sich sowohl auf nichtabzugsfähige Vorsteuern, die durch laufende Aufwendungen und neue Investitionen als auch aufgrund einer Vorsteuerkorrektur gemäß § 15a UStG entstehen. Hinsichtlich der Vorsteuerkorrektur gemäß § 15a UStG gilt dies nur soweit, als der Berichtigungszeitraum von 10 Jahren noch nicht beendet ist. Die Berechtigung zur Mieterhöhung aufgrund des Verlustes einer Vorsteuerabzugsberechtigung des Vermieters beginnt frühestens mit Mietbeginn. Sofern eine Teiloption hinsichtlich der nicht vorsteuerabzugsschädlich genutzten Teilflächen jedoch möglich ist, verpflichtet sich der Vermieter schon heute, von dieser Teiloption Gebrauch zu machen. Die Berechnung der Umsatzsteuer auf die Miete entfällt insofern nur anteilig zur vorsteuerabzugsschädlich genutzten Teilfläche. Beim Vermieter bereits dadurch eingetretene steuerliche Mehrbelastungen, dass der Mieter oder ein Dritter seit Mietbeginn (§ 8 Ziffer 1) das Mietobjekt für den Vermieter vorsteuerabzugsschädlich nutzte, hat der Mieter dem Vermieter als Schaden zu ersetzen. Der Vermieter hat den eingetretenen Schaden durch entsprechende Unterlagen nachzuweisen. Als steuerliche Mehrbelastung ist die Umsatzsteuer anzusehen, die der Vermieter als Vorsteuer abziehen könnte, wenn die Voraussetzungen für den Verzicht auf Umsatzsteuerbefreiung bei ihm vorgelegen hätten. Dies gilt auch für sich aus § 15a UStG ergebende Vorsteuerkorrekturen. Teilt der Mieter dem Vermieter eine mögliche Nutzungsänderung jedoch wie im Vertrag vereinbart mit, beschränkt sich die steuerliche Mehrbelastung auf die Vorsteuerkorrekturen, die sich aus § 15a UStG für noch verbleibende Berichtigungszeiträume ergeben, sowie auf nichtabzugsfähige Vorsteuern aus künftigen Aufwendungen sowie Anschaffungs- und Herstellungskosten insoweit, als steuerliche Mehrbelastung nicht als Teil der (umsatzsteuerfreien) Mietnebenkosten dem Mieter in Rechnung gestellt wurden (Vermeidung einer doppelten Abrechnung). Ändert sich die Verwendung innerhalb des Berichtigungszeitraums von 10 Jahren erneut von steuerfrei in steuerpflichtig, ist der Vermieter gleichfalls verpflichtet, die Miete wieder entsprechend nach unten anzupassen. Die vorstehenden Regelungen dieses Buchstaben b.) gelten nicht, wenn und soweit der Ausschluss des Vorsteuerabzuges durch den Vermieter verursacht wurde.

Bei der **Übertragung einer Immobilie** ist die Optionserklärung schon nach allgemeinen Grundsätzen nur für den eigen- oder fremdbetrieblich genutzten[1316] Teil möglich, weil i.Ü. keine Lieferung oder Leistung eines Unternehmers gegen Entgelt »im Rahmen seines Unternehmens« vorliegt.[1317] Die Ermittlung dieses optionstauglichen Anteils auch für die Folgejahre[1318] erfolgt, sofern keine andere wirtschaftliche Zurechnung (etwa nach ausdrücklich vereinbarten Kaufpreisanteilen)[1319] möglich ist, gem. § 15 Abs. 4 UStG ab dem 01.01.2004 regelmäßig nach dem Verhältnis der Nutzflächen,[1320] nicht mehr (wie bis zum 31.12.2003)[1321] der erzielten Umsätze.[1322]

3512

[1316] Für den Vorsteuerabzug genügt die durch objektive Anhaltspunkte belegbare Absicht, umsatzsteuerpflichtige Umsätze zu erzielen, auch wenn das Vermietungsobjekt später leer steht: FG Berlin, 06.11.2001 – 7 K 7115/98, DStRE 2002, 525. Zu den Nutzungsarten von Gebäudeteilen und den Grundsätzen der Zuordnung zum Unternehmen vgl. Abschnitt 148 Abs. 5 und 6 sowie Abschnitt 192 Abs. 18 UStR 2005.
[1317] Zu Umsetzungsdefiziten ggü. den gemeinschaftsrechtlichen Vorgaben der 6. Richtlinie 77/388/EWG vgl. NWB 2002, 703 ff. = Fach 7, S. 5509 ff.
[1318] Bindungswirkung aufgrund der »Sofortentscheidung« des Unternehmers bzw. dem Maßstab der unanfechtbar gewordenen Umsatzsteuerveranlagung, vgl. BFH, 02.03.2006 – V R 49/05, DStR 2006, 1597; zur Unzulässigkeit des nachträglichen Wechsels des Vorsteueraufteilungsschlüssels vgl. *Küffner/Zugmaier* NWB 2006, 3361 = Fach 7, S. 6781.
[1319] Die beim Erwerb vorrangig sein kann, Abschnitt 208 Abs. 2 Satz 11 UStR, BMF-Schreiben v. 24.11.2004, DStR 2004, 2153 (ab 01.01.2004).
[1320] BFH, 12.03.1992 – V R 70/87, BStBl. II 1992, S. 755; Abschnitt 208 Abs. 2 Satz 8 UStR 2005.
[1321] Wegen der Änderung der maßgeblichen (Rechts-) Verhältnisse ist eine Vorsteuerberichtigung nach § 15a UStG durchzuführen, Abschnitt 215 Abs. 7 Satz 1 Nr. 2 UStR 2005.
[1322] So aber BFH, 17.08.2001 – V R 1/01, BStBl. II 2002, S. 833 (hiergegen zunächst Nichtanwendungserlass BMF v. 19.11.2002, DStR 2002, 2084, der durch BMF-Schreiben v. 24.11.2004, DStR 2004, 2152 aufgehoben wurde).

C. Querschnittsdarstellungen

3513 Im Einzelnen ist dabei[1323] zu differenzieren zwischen
- der Herstellung oder Anschaffung eines neuen Gebäudes, wo die gesamten Vorsteuerbeträge nach einem einheitlichen Schlüssel (also nicht i.S.d. Vorwegzuordnung zu unterschiedlich genutzten Gebäudeteilen) aufzuteilen sind, maßgeblich ist das Nutzflächenverhältnis;
- dem Kauf eines bebauten Grundstücks, wo die Vorsteueraufteilung nach den Ertragswerten zur Verkehrswertermittlung erfolgen kann (vgl. Abschn. 208 Abs. 2 Satz 18 UStR 2005 – auch der Nutzflächenverhältnisschlüssel ist jedoch möglich);
- nachträglichen Anschaffungs- oder Herstellungskosten, bei denen zunächst eine Zuordnung nach abgrenzbaren Gebäudeteilen vorgenommen wird, i.Ü. wiederum der Nutzflächenschlüssel zählt und schließlich;
- Erhaltungsaufwendungen und laufenden Unterhaltskosten, die entweder unmittelbar den Gebäudeteilen unterschiedlicher Nutzung zuzuordnen sind oder nach Nutzflächenschlüssel aufgeteilt werden.

Demnach ist ggf. die Option nur hinsichtlich eines Teils der Veräußerung zu erklären:

▶ **Formulierungsvorschlag: Umsatzsteuerliche Teiloption im Kaufvertrag**

3514 Der Verkäufer erklärt unwiderruflich den Verzicht auf die Umsatzsteuerbefreiung gem. § 4 Nr. 9a UStG (Ausübung der Umsatzsteueroption) gem. § 9 Abs. 1 und 3 UStG im folgenden Umfang (Teiloption): Betroffen sind sämtliche eigenbetrieblich genutzten und solche Flächen, die an Mieter vermietet sind, welche diese Flächen ausschließlich für Umsätze verwenden, die den Vorsteuerabzug nicht ausschließen. Bezogen auf die Gesamtfläche erfolgt damit die Option für einen Flächenanteil von ..... % (Gesamtfläche: ..... m²; umsatzsteuerpflichtige Teilfläche: ..... m²).

3515 Auch die Bestellung eines Erbbaurechts nicht gegen Einmalzahlung, sondern gegen wiederkehrende Leistungen in Gestalt von Erbbauzinsen, unterliegt gem. § 2 Abs. 2 Nr. 1 GrEStG (kapitalisiert aufgrund der Fiktion des § 9 Abs. 2 Nr. 2 Satz 3 GrEStG) dem Grunderwerbsteuergesetz, welches gem. § 4 Nr. 9 Buchst. a) UStG die USt verdrängt. Demnach ist auch insoweit eine Option möglich, sofern das Erbbaurecht für eigen- oder fremdbetriebliche Zwecke verwendet wird. Das zu bestellende und aufrechtzuerhaltende Erbbaurecht selbst bildet eine Dauerleistung i.S.d. § 3 Abs. 9 Satz 2 UStG, sodass der Vorsteuerabzug der zu den monatlichen Zinsen hinzu tretenden Umsatzsteuerzahlung an das FA (§ 15 Abs. 1 Nr. 4 Satz 2 UStG i.V.m. § 13b Abs. 1 Nr. 3 UStG) (wohl) im jeweiligen Monat möglich ist.[1324] Früher für »Erbbauzinsen zuzüglich Umsatzsteuer« bestellte Reallasten werden nicht unwirksam; der Zusatz »zzgl. USt« geht schlicht ins Leere.[1325]

(2) Ausschluss bei einer »Geschäftsveräußerung im Ganzen«

3516 Ein Verzicht auf die Umsatzsteuerbefreiung ist jedoch bei der Veräußerung unter keinen Umständen möglich, wenn die Lieferung des Grundstücks zugleich den **Übergang eines Unternehmens im Ganzen** darstellt (§ 1 Abs. 1a UStG), da in diesem Fall schon kein steuerbarer Umsatz vorliegt.[1326]

3517 Die gem. § 1 Abs. 1a UStG vorausgesetzte (auch unentgeltliche[1327]) Veräußerung eines Unternehmens oder eines in der Gliederung des Unternehmens gesondert geführten Betriebs im Ganzen liegt

---

1323 Gem. BMF-Schreiben v. 30.09.2008, BStBl. I 2008, S. 896; hierzu *Rondorf* NWB 2009, 922 ff.; hierdurch wird die Rechtsprechung des BFH mit Wirkung ab 01.01.2009 übernommen.
1324 Offengelassen in BGH, 20.04.1988 – X R 4/80, NJW 1989, 320; vgl. DNotI-Gutachten Nr. 43677 zu § 9 Abs. 2 UStG, August 2003.
1325 Vgl. *Everts* in: Amann/Hertel/Everts Aktuelle Probleme der notariellen Vertragsgestaltung im Immobilienrecht 2006/2007 (DAI-Skript), S. 35.
1326 Vgl. umfassend: *Meyer/Ball* Umsatzsteuer und Immobilien 2008 Rn. 57 ff.
1327 Gem. *Klein* DStR 2005, 1965 kommt es dann alleine darauf an, ob der Beschenkte die Immobilie unternehmerisch nutzt.

jedenfalls[1328] vor, wenn dessen wesentliche Grundlagen so übertragen werden, dass der[1329] Erwerber ohne nennenswerte Neu-Investitionen eine Umsatztätigkeit ausführen kann.[1330] Die erforderliche Kontinuität der Betriebsführung setzt eine gewisse Ähnlichkeit zwischen den vor und nach der Übertragung ausgeübten Tätigkeiten voraus – hieran fehlt es etwa, wenn das vermietete Bürogebäude an den Mieter veräußert wird, der es eigengewerblich nutzt,[1331] oder wenn ein Bauträger an einen Vermietungsunternehmer veräußert, oder wenn der Veräußerer jegliche wirtschaftliche Tätigkeit bereits aufgegeben hatte und das Objekt leersteht.[1332] (Ändert der Erwerber seine Verwendungsabsicht hinsichtlich des übertragenen Unternehmens, ist auf die bei Übertragung bestehende Absicht abzustellen[1333]).

Der BFH[1334] lässt es, um dem von § 1 Abs. 1a UStG angestrebten Vereinfachungszweck zu genügen, ausreichend, dass der Erwerber den von ihm erworbenen Geschäftsbetrieb aus betriebswirtschaftlichen oder kaufmännischen Gründen in seinem Zuschnitt ändert oder modernisiert, sodass eine Geschäftsveräußerung im Ganzen auch dann vorliegt, wenn der Erwerber das Unternehmen nicht mit allen Vertragsbeziehungen übernommen hat bzw. unwesentliche Wirtschaftsgüter vom Übergang ausgenommen blieben. Überdies genügt es, wenn das Betriebsgrundstück oder eine andere wesentliche Betriebsgrundlage nicht zum Eigentum übertragen wird, sondern durch langfristige Nutzungsüberlassung (mindestens 8 Jahre)[1335] dem Betrieb weiter zur Verfügung steht. Stets muss jedoch der Erwerber Unternehmer sein oder zumindest durch den Erwerb werden. 3518

Liegt einkommensteuerrechtlich eine (Teil-)betriebsveräußerung i.S.d. §§ 16, 34 EStG vor, dürfte auch umsatzsteuerrechtlich ein gesondert geführter Betrieb anzunehmen sein; umgekehrt setzt aber der umsatzsteuerliche Betrieb nicht das Vorliegen einkommensteuerlichen Betriebsvermögens voraus. 3519

▶ Beispiel:

Veräußerung eines umsatzsteuerpflichtig vermieteten Grundstücks im Privatvermögen.

Verkauf eines Wohnhauses mit Fotovoltaikanlage, die nicht nur für den Eigenbedarf produziert,[1336] bzw. eines Blockheizkraftwerks mit Einspeisung in das allgemeine Stromnetz,[1337] an einen Erwerber, der sie in dieser Weise fortführen will.

Nach Auffassung der Finanzverwaltung muss die Immobilie aber zum Anlagevermögen zählen, also nicht in der Absicht rascher Veräußerung (als Vorratsvermögen – dann Umsatzgeschäft) erworben worden sein.[1338] Während die Veräußerung eines umsatzsteuerpflichtig vermieteten Grundstücks aus

---

1328 Dieses Kriterium ist eine hinreichende, jedoch nicht stets notwendige Bedingung, vgl. *Beer/Zugmaier* MittBayNot 2008, 360: »Gesamtwürdigung aller Umstände«.
1329 Nach FG Brandenburg, 12.12.2001 – 1 K 311/00, DStRE 2002, 967 soll § 1 Abs. 1a UStG nicht vorliegen bei Übertragung der wesentlichen Betriebsgrundlagen an verschiedene Erwerber.
1330 Abschnitt 5 Abs. 3 Satz 3 UStR; *Birkenfeld* Das große Umsatzsteuer-Handbuch § 48 Rn. 24.
1331 Ähnlicher Fall gem. BFH, 06.05.2010 – V R 26/09, ZfIR 2010, 859 m. Anm. *Naujok:* ein an eine Organgesellschaft vermietetes Grundstück wird an den Organträger übertragen, der es eigenbetrieblich nutzen wird.
1332 BFH, 11.10.2007 – V R 57/06, RNotZ 2008, 240; anders wenn die zu veräußernde Immobilie vermietet war und die Mieter später ausfielen, BFH, 30.04.2009 – V R 4/07, ZfIR 2009, 827 m. Anm. *Klass/Möller,* S. 807 ff.
1333 OFD Hannover v. 31.05.2006, DStR 2006, 1227.
1334 Urt. v. 23.08.2007 – V R 14/05, MittBayNot 2008, 414 m. Anm. *Beer/Zugmaier* MittBayNot 2008, 359 ff.
1335 Das FG Münster v. 03.04.2008, EFG 2008, 1413, lässt sogar einen auf unbestimmte Zeit geschlossenen Mietvertrag genügen.
1336 R 18 Abs. 5 UStR 2008.
1337 Zum Vorsteuerabzug bejahend BFH, 18.12.2008 – V R 80/07, ZfIR 2009, 377, selbst wenn im Jahr die Einspeisevergütung lediglich 1.800,00 € beträgt.
1338 OFD München v. 01.08.2000, UR 2001, 174; Finanzbehörde Hamburg v. 18.10.1999, UR 2000, 173. Andererseits setzt nach BFH UR 2002, 425 die Geschäftsveräußerung kein lebendes Unternehmen voraus.

C. Querschnittsdarstellungen

dem Anlagevermögen bzw. eines Miteigentumsanteils hieran[1339] nahezu[1340] immer eine Geschäftsveräußerung darstellen wird,[1341] ist die Veräußerung eines eigenbetrieblich (ggf. auch im Rahmen einer Betriebsaufspaltung)[1342] genutzten Grundstücks bei Fortbestehen des Geschäfts i.Ü. eine schlichte, grds. steuerbare Immobilienlieferung.[1343] Besteht jedoch das Unternehmen des Veräußerers nur mehr aus der gewerblichen Vermietung des verkauften Objekts und wird diese durch den Erwerber fortgeführt, liegt eine »Geschäftsveräußerung im Ganzen« vor.[1344]

3520 Gehen die Beteiligten zwar vom Vorliegen einer (Teil-) Betriebsveräußerung und damit dem Unterbleiben einer Umsatzsteueroption aus, wollen sie aber hilfsweise auch Regelungen für den Fall treffen, dass ihre Einschätzung unzutreffend sein sollte, dürften letztere i.d.R. auf die Mitwirkung an einer dann durch Kaufvertragsnachtrag auszuübenden Option gerichtet sein. Es ist jedoch denkbar, dass der Käufer sich insoweit ein »Widerspruchsrecht« vorbehalten möchte, um z.B. die wiederum zehnjährige umsatzsteuerliche Verwendungsfrist zu vermeiden (und sich damit z.B. auch die Möglichkeit einer Vermietung an Ärzte, Kreditinstitute etc. offenzuhalten), allerdings wohl nur um den Preis einer Erstattung der dem Verkäufer dadurch erwachsenden Belastung aus der Vorsteuerberichtigung:

▶ **Formulierungsvorschlag: Bedingte Verpflichtung zur Umsatzsteueroption mit Widerspruchsrecht des Käufers**

3521 Für den Fall, dass entgegen der Ansicht der Vertragsparteien keine Geschäftsveräußerung im Ganzen vorliegen sollte, gilt Folgendes: Verkäufer und Käufer verpflichten sich (sofern der Käufer nicht von seinem nachstehend eingeräumten Widerspruchsrecht Gebrauch macht), in einer Nachtragsurkunde bzgl. der in § 1 dieser Urkunde genannten der Umsatzsteuer unterliegenden Kaufgegenstände ..... den Verzicht auf die Umsatzsteuerbefreiung zu erklären. Der Verkäufer hat die dafür notwendigen Daten zur Ermittlung der Bemessungsgrundlage offen zu legen, und dem Käufer unverzüglich eine ordnungsgemäße Rechnung nach § 14 Abs. 4 UStG auszuhändigen, in der er auf die Steuerschuldnerschaft des Leistungsempfängers hinweist (§ 14a Abs. 5 UStG).

Der Käufer kann jedoch seine Mitwirkung an der Nachtragsurkunde über die Optionsausübung verweigern, sofern er die dem Verkäufer dadurch erwachsende Belastung (Vorsteuerberichtigung) gegen Nachweis erstattet und auf Verlangen hierfür Sicherheit (§ 232 BGB) in geschätzter Höhe stellt.

(3) Folgen der Unzulässigkeit

3522 Liegen (auch unerkannt) die Voraussetzungen einer Geschäftsveräußerung im Ganzen vor, geht eine gleichwohl etwa erklärte **»Option« ins Leere**. Etwa zu Unrecht für die Veräußerung gezogene Vorsteuer ist zwischen Käufer und FA rückabzuwickeln.[1345] Der Vorsteuerberichtigungszeitraum des Verkäufers wird durch den Geschäftserwerber fortgeführt,[1346] (§ 15a Abs. 10 UStG), sodass bei der künftigen Verwendung für steuerfreie Umsätze der Käufer auch diejenigen Vorsteuererstattungen

---

[1339] BFH, 22.11.2007 – V R 5/06, ZflR 2008, 737 m. Anm. *Wagner* (ist allerdings das Grundstück teils vermietet, teils eigenbetrieblich genutzt, beschränkt sich der Gegenstand der Geschäftsveräußerung auf den vermieteten Grundstücksteil).

[1340] Nach BFH, 18.09.2008 – V R 21/07, MittBayNot 2009, 254 liegt jedoch kein Fall des § 1a UStG vor, wenn das verkaufte Grundstück erst bebaut werden soll und aufschiebend bedingt auf diesen Zeitpunkt vermietet ist.

[1341] BFH, 01.04.2004 – V B 112/03, DStR 2004, 1126 und 24.02.2005 – V R 45/02, DStR 2005, 1226; vgl. zum Meinungsstand *Klein*, DStR 2005, 1963 ff. Nach FG Münster, 24.05.2005 – 15 K 2752/01 U, DStRE 2006, 554 soll sogar eine Geschäftsveräußerung vorliegen, wenn der Alleineigentümer-Ehegatte einen Miteigentumsanteil der umsatzsteuerpflichtig vermieteten Immobilie an den anderen Ehegatten überträgt und beide diese Vermietung fortsetzen.

[1342] Veräußerung des Geschäftsgrundstücks durch das Besitzunternehmen einer umsatzsteuerlichen Organschaft, BFH, 18.01.2005 – V R 53/02, DStRE 2005, 512.

[1343] *Woinar*, NotBZ 2004, 251.

[1344] FG Köln, 12.12.2006 – 8 K 1130/05, DStRE 2007, 558.

[1345] Erleichterung ggü. der früheren Rechtslage, vgl. *Gottwald* MittBayNot 2006, 478.

[1346] Gleiches gilt nach OFD Hannover v. 31.05.2006, DStR 2006, 1228 auch für die Optionsfrist des Veräußerers gem. § 24 Abs. 4 UStG, die Bindungsfrist des § 1a Abs. 4 UStG und den Verzicht auf die Kleinunternehmerbesteuerung nach § 19 Abs. 2 Satz 2 UStG.

zeitabschnittsweise zu berichtigen hat, die der Verkäufer rückwirkend bis zu (insgesamt) 10 Jahre erhalten hat (vgl. Rdn. 3568). Ein Eintritt in das sonstige umsatzsteuerliche Steuerschuldverhältnis des Veräußerers dürfte damit allerdings trotz des weiten Wortlauts des § 1 Abs. 1a Satz 3 UStG nicht verbunden sein (also wohl keine Inanspruchnahme wegen rückständiger Steuerbeträge);[1347] jedoch kann § 75 AO zu einer Haftung führen (vgl. Rdn. 3191).

Führt der Erwerber den Vorsteuerberichtigungszeitraum demnach fort, empfiehlt sich die Verpflichtung zur Übergabe von Rechnungskopien bei Besitzübergang zur Erfüllung der Vorgaben des § 15a Abs. 10 Satz 2 UStG. 3523

▶ **Formulierungsvorschlag: Pflicht zur Herausgabe umsatzsteuerlicher Unterlagen bei Geschäftsveräußerung im Ganzen**

Sofern die Finanzverwaltung bestandskräftig § 1 Abs. 1a UStG (Geschäftsveräußerung im Ganzen) anwendet, gilt: Der Käufer versichert, dass er in seiner Person die Voraussetzungen des § 1 Abs. 1a UStG erfüllt. Der in § ..... vereinbarte Kaufpreis enthält keine gesondert ausgewiesene USt. Die Verkäufer übergeben auf ihre Kosten dem Käufer oder einem durch ihn benannten Steuerberater sämtliche steuererheblichen Geschäftsunterlagen, aus denen sich die in § 15a Abs. 10 Satz 2 UStG genannten Umstände (Zeitpunkt und Höhe der Vorsteuerabzüge aus den Anschaffungs- und Herstellungskosten sowie aus nachträglichen Herstellungskosten, Monat des Beginns der erstmaligen Verwendung, Verwendung des Grundstücks im ersten Jahr bzw. Dokumentation der Verwendungsabsicht) samt aufgeschlüsselter Eingangsumsätze – jeweils bezogen auf die einzelnen Bauteile und unter Angabe angewandter Vorsteuerschlüssel – ergeben. Dieser hat die Unterlagen bis zur bestandskräftigen Veranlagung aller Zeiträume, die Berichtigungszeiträume gem. § 15a UStG darstellen, sowie bis zum Ablauf der gesetzlichen Aufbewahrungsfristen nach § 14b Abs. 1 UStG i.V.m. § 147 Abs. 3 Satz 3 AO aufzubewahren, auch zur Erfüllung der diesbezüglichen Pflichten des Verkäufers. Vorsorglich ermächtigt der Verkäufer – unbeschadet seiner Mitwirkungspflicht – die Steuerbehörden gem. § 30 Abs. 4 Nr. 4 AO bereits jetzt, dem Käufer die erforderlichen Informationen und Unterlagen zur Verfügung zu stellen.

Gem. **§ 75 AO** haftet der Erwerber eines Unternehmens – nach herrschender Meinung[1348] im umsatzsteuerlichen Sinn, also auch einer vermieteten Immobilie – sowie der Erwerber eines im Ganzen übereigneten Teilbetriebs lediglich für die durch den Betrieb bedingten Steuern (Gewerbe-, Kapitalertrag-, Bauabzugs-, Umsatzsteuer, nicht jedoch die Einkommen- oder Körperschaftsteuer), die seit dem Beginn des letzten vor der Übereignung liegenden Kalenderjahres entstanden sind und bis zum Ablauf eines Jahres nach Anmeldung (§ 138 Abs. 1 AO) des Betriebsübergangs festgesetzt oder angemeldet werden. Eine Ausschlussmöglichkeit (wie etwa gem. § 25 Abs. 2 HGB) besteht nicht, allerdings ist die Haftung auf den Bestand des übernommenen Vermögens beschränkt und erstreckt sich nicht auf Erwerbe aus einer Zwangsversteigerung oder vom Insolvenzverwalter (§ 75 Abs. 2, 1. Alt. AO).[1349] Die Haftung tritt unabhängig davon ein, ob der Erwerb entgeltlich oder unentgeltlich erfolgte, und ob der Erwerber die Steuerschulden kannte oder hätte erkennen können. Die Festsetzung erfolgt durch Haftungsbescheid, § 191 Abs. 1 Satz 1 AO, regelmäßig sogleich[1350] mit einer Zahlungsaufforderung gem. § 219 AO verbunden. Mehrere Erwerber haften als Gesamtschuldner.[1351] 3524

1347 Vgl. *Birkenfeld* Das große Umsatzsteuer-Handbuch § 48 Rn. 95 und *Klein* DStR 2005, 1962; a.A. *Klenk* in: Sölch/Ringleb USt § 1 Rn. 483.
1348 Vgl. *Nacke* NWB 2007, 89 = Fach 2, S. 9241 m.w.N.; a.A. *Klein* DStR 2005, 1753 ff.: Der Vermieter zieht lediglich die Früchte aus vorhandener Substanz. § 75 AO ist als Privilegierung des Steuerfiskus (der durch die Anzeige vor allen Gläubigern von der Veräußerung erfährt und sowohl auf den Kaufpreis als auch das Objekt zugreifen kann) eng auszulegen und daher auf den ertragsteuerlichen Unternehmensbegriff zu beziehen (sodass Vermietung nur bei Überschreitung der Grenze zur Gewerblichkeit § 75 AO auslöst).
1349 Allerdings greift der Haftungsausschluss nicht, wenn die Eröffnung des Insolvenzverfahrens über das Vermögen des Verkäufers mangels Masse abgelehnt wurde, BFH, 11.05.1993 – VII R 86/92, BStBl. II 1993, S. 700.
1350 Außer bei der (einzubehaltenden und abzuführenden) Lohnsteuer darf das Leistungsgebot nur ergehen, wenn die Vollstreckung in das bewegliche Vermögen des eigentlichen Steuerschuldners erfolglos geblieben oder aussichtslos ist.
1351 BFH, 12.01.2011 – XI R 11/08, notar 2011, 204.

C. Querschnittsdarstellungen

3525 Möglicherweise ist der Notar zum Hinweis auf dieses Risiko verpflichtet.[1352] Typischerweise wird der Kaufvertrag also eine (ggf. durch Bankbürgschaft gesicherte) Freistellungsverpflichtung des Verkäufers erhalten.

▶ **Formulierungsvorschlag: Freistellung von betrieblichen Steuern i.S.d. § 75 AO**

> Sollte der Käufer als Betriebsübernehmer (§ 75 Abgabenordnung) von der Finanzverwaltung in Anspruch genommen werden, ist der Verkäufer verpflichtet, ihn auf erstes Anfordern in vollem Umfang, d.h. einschließlich der Zuschläge, Zinsen und sonstiger Nebenabgaben, freizustellen und unverzüglich auf eigene Kosten alles Erforderliche zu veranlassen, um die Inanspruchnahme abzuwenden oder die entsprechenden Ansprüche zu erfüllen. Nach erfolgter Zahlung des Käufers sind diesem alle Aufwendungen zu erstatten. Der Verkäufer garantiert, dass keinerlei unerfüllte Verpflichtungen bestehen, für die der Käufer gem. § 75 AO in Anspruch genommen werden könnte, ebenso wenig unerledigten Abzugsverbindlichkeiten gem. § 48 EStG. Er steht ferner dafür ein, dass solche Rückstände nicht mehr entstehen werden. Auf Absicherung der Freistellungsverpflichtung (etwa durch Bankbürgschaft, Kaufpreisteileinbehalt etc.) verzichten die Beteiligten trotz notariellen Hinweises.

▶ **Hinweis:**

3526 Darüber hinaus sollte der Käufer unverzüglich die Betriebsübernahme beim FA anzeigen, um die Haftung für die Zukunft zeitlich zu begrenzen, und ggf. mit Zustimmung des Veräußerers (§ 30 Abs. 4 Nr. 3 AO) eine Unbedenklichkeitsbescheinigung[1353] über dessen (derzeitige) Steuerrückstände anfordern,[1354] bis zu deren Vorliegen Teile des Kaufpreises zurückbehalten (z.B. hinterlegt) werden. Wird der Umfang des Risikos erst während der Vertragsabwicklung deutlich, mag der Käufer zum Selbstschutz das FA auf die Möglichkeit der Pfändung des Kaufpreises aufmerksam machen.[1355]

3527 Für die mitveräußerten beweglichen Gegenstände (etwa Zubehör), für die auch ohne Option USt anfallen würde, wenn keine (ggf. unerkannte) Geschäftsveräußerung im Ganzen vorliegen würde, steht dem Käufer ebenfalls kein Vorsteueranspruch zu,[1356] trotz der Ausweisung in einer Rechnung. Eine Rechnungsberichtigung setzt voraus, dass das Steueraufkommen nicht gefährdet ist (§ 14b Abs. 1 Satz 3, Abs. 2 Satz 3 und Satz 4 UStG), dass also der Käufer die zu Unrecht geltend gemachte Vorsteuer an das FA zurückgezahlt hat. Der Verkäufer seinerseits würde aufgrund der zu Unrecht in der Rechnung ausgewiesenen Steuer diese gleichwohl nach § 14c Abs. 1 Satz 1 und Satz 3 UStG schulden, muss also auf Rechnungsberichtigung drängen und hat dem Käufer (nachdem dieser die zu Unrecht bezogene Vorsteuer an das FA zurückentrichtet hat) die zu Unrecht erhaltene USt zurückzuüberweisen (beim Grundstücksumsatz selbst ist dieses Problem durch das Fehlen eines Steuerausweises und die gesetzlich angeordnete Schuldnerschaft des Erwerbers vermieden).

3528 Das (ggf. unerkannte) Vorliegen einer Geschäftsveräußerung trifft also den Käufer deutlich stärker als den Verkäufer, der sein Ziel (Vermeidung einer Vorsteuerberichtigung) sowohl bei einer wirksamen Option als auch bei einer Geschäftsveräußerung (wegen der Fortführung des Berichtigungszeitraums durch den Käufer) erreicht.[1357] Häufig wird daher dieses Risiko (ggf. gar durch

---

1352 Gem. OLG München, 18.01.2007 – 1 U 3684/06, RNotZ 2007, 355 nicht allein deshalb, weil der Notar die von den Beteiligten vorgegebene Umsatzsteuerklausel in einem Detail korrigiert; strenger jedoch die Revisionsinstanz BGH, 20.09.2007 – III ZR 33/07, DNotI-Report 2007, 181 bei einem Unternehmenskauf, in dem § 25 Abs. 1 HGB ausgeschlossen wird.
1353 Vgl. Ausführungserlass zur Abgabenordnung (AEAO) Nr. 6 zu § 75 AO, BStBl. I 2008, S. 73.
1354 Denkbar ist auch das Begehren um Auskunft, ob eine Außenprüfung geplant bzw. gar durchgeführt, aber noch nicht ausgewertet ist (*Leibner/Pump* DStR 2002, 1689); auf diese Auskunft besteht jedoch kein Anspruch.
1355 *Krüger* INF 2000, 173 mit Formulierungsvorschlag.
1356 Abschn. 192 Abs. 1 Satz 1 und Satz 2 UStR 2005.
1357 Allerdings darf nicht verkannt werden, dass die Fortführung des Vorsteuerberichtigungszeitraums durch den Käufer bei einer Geschäftsveräußerung Letzteren für den Fall einer tatsächlichen steuerschädlichen Verwendung typischerweise

verschuldensunabhängige Garantie) dem Verkäufer, der zudem die steuerliche Einordnung der übertragenen Wirtschaftsgüter besser beurteilen kann, aufgebürdet.[1358]

(4) Anforderungen an die Option

(a) Leistung für das Unternehmen des Käufers

Voraussetzung für die Umsatzsteueroption ist weiter der Bezug der Grundstückslieferung »**für das umsatzsteuerliche Unternehmen des Käufers**«. Wie bereits erläutert, ist dieser Begriff nicht identisch mit dem ertragsteuerrechtlichen Unternehmens- oder Betriebsvermögensbegriff. Vielmehr ist er weiter gefasst. Insb. begründet jede Vermietung die Unternehmereigenschaft; auch die umsatzsteuerliche Klein-Unternehmerschaft gem. § 19 UStG (Pauschalierung) ist ausreichend.[1359] Bei gemischt genutzten Gebäuden zählt die beabsichtigte erstmalige Verwendung der Leistung aufgrund Zuordnungsentscheidung des Käufers, die er bspw. durch Geltendmachung des Vorsteuerabzugs trifft.[1360] So kann er nunmehr auch als Einnahmen-Überschuss-Rechner (vgl. oben Rdn. 3503) bei Immobilien, die er sowohl für sein Unternehmen als auch für außerhalb des Unternehmens liegende Zwecke nutzt, das Grundstück insgesamt (bei mindestens 10 %iger unternehmerischer Nutzung) seinem Unternehmen zuordnen, dies nur entsprechend dem unternehmerischen Anteil vornehmen oder es insgesamt dem nicht unternehmerischen Bereich zuweisen. 3529

I.d.R. dürfte es den legitimen Interessen des Verkäufers entsprechen, den Käufer dazu zu verpflichten, das Grundstück dem unternehmerischen Bereich zuzuordnen (Gefahr einer sonst drohenden Vorsteuerberichtigung wegen Unwirksamkeit der Option; vgl. Rdn. 3533). Mit der Zuordnung des Grundstücks zum umsatzsteuerrechtlichen Unternehmen des Käufers erreicht der Verkäufer sein Ziel, auch dann, wenn der Käufer das Grundstück für steuerfreie Umsätze verwenden möchte (da der Käufer jedoch in diesem Fall keinen Vorsteueranspruch hat, wird er mit der Option des Verkäufers wohl nicht einverstanden sein). 3530

(b) Unternehmerstellung des Verkäufers

Schließlich zählt zu den Tatbestandsmerkmalen des § 9 Abs. 1 UStG (Option) auch die **umsatzsteuerrechtliche Unternehmerstellung des Verkäufers**. Da die Option aus Sicht des Verkäufers allein der Vermeidung einer Vorsteuerberichtigung dient, wird es hieran kaum fehlen. Ggf. muss er allerdings, sofern er bisher die Klein-Unternehmervorschrift des § 19 Abs. 1 UStG in Anspruch genommen hat, zunächst hierauf verzichten (sog. »Doppeloption«). Ein Irrtum hierüber ist jedoch für den Käufer – jedenfalls in Bezug auf die Immobilie selbst – unschädlich (dem Verkäufer ggü. schuldet er ohnehin keine USt; ggü. dem FA saldieren sich Vorsteueranspruch und Steuerschuld). 3531

(c) Folgen einer missglückten Option

Missglückt die Option, weil eine (unerkannte) Geschäftsveräußerung bereits der Steuerbarkeit entgegensteht, führt dies zu den oben dargestellten Nachteilen für den Käufer. Fehlt es dagegen an den übrigen Tatbestandsvoraussetzungen des § 9 UStG (z.B. weil der Käufer den Umsatz nicht für sein Unternehmen bezieht), muss der Verkäufer die Vorsteuerberichtigung nach § 15a Abs. 8 und Abs. 9 UStG hinnehmen. Er wird durch eine Pflicht des Käufers zur Erstattung dieser Steuerbelastung vorsorgen. Sofern der Käufer (untypischerweise) darüber hinaus zur Stellung von Sicherheiten ver- 3532

---

weniger hart trifft als bei einem wirksam optionierten Erwerb: Zum einen läuft der 10-Jahres-Zeitraum früher ab, zum anderen dürften die zu berichtigenden Eingangsumsätze des Verkäufers geringer sein als der Verkaufspreis.

1358 Aufgrund der in vorgenannter Fn. erläuterten Schadensreduzierung dürften allerdings die bei Nichtvorliegen der garantierten Umstände zu berücksichtigenden Eingangsumsätze des Verkäufers nicht als Schaden ersetzbar sein, da die Steuernachteile bei wirksamem Vorliegen einer Option noch größer gewesen wären, *Hipler* ZNotP 2004, 225. Zu denken ist jedoch an § 75 AO.
1359 Vgl. *Birkenfeld* Das große Umsatzsteuer-Handbuch § 110 Rn. 627.
1360 Vgl. *Birkenfeld* Das große Umsatzsteuer-Handbuch § 171 Rn. 128.

C. Querschnittsdarstellungen

pflichtet wird, ist zu beachten, dass die Verjährung 4 Jahre nach Ablauf des Kalenderjahres, in dem der Verkäufer die Umsatzsteueranmeldung für den Verkauf beim FA einreicht, endet.[1361]

▶ Formulierungsvorschlag: Ausgleichspflicht des Käufers, falls die Umsatzsteueroption des Verkäufers aus in der Sphäre des Käufers liegenden Gründen missglückt

3533 Wenn und soweit der Verkäufer mit Umsatzsteuernachzahlungen, z.B. gem. § 15a Abs. 8 UStG, deshalb belastet wird, weil die erklärte Option des Verkäufers aus Gründen missglückt, die in der Sphäre des Käufers liegen (z.B. mangelnde Unternehmereigenschaft des Käufers, mangelnde Zuordnung des Kaufobjekts zum umsatzsteuerlichen Unternehmen), hat der Käufer dem Verkäufer diese Umsatzsteuernachzahlungen samt aller steuerlichen Nebenleistungen unverzüglich gegen Nachweis zu erstatten. Der Käufer ist zur Sicherung dieser Ausgleichspflicht verpflichtet, eine selbstschuldnerische Bankbürgschaft i.H.e. hiermit abstrakt anerkannten Betrags von ..... € zu bestellen, die frühestens 4 Jahre nach Ablauf des Kalenderjahres, in dem der Verkäufer die Umsatzsteueranmeldung für den Verkauf beim FA einreicht, enden darf, sofern es nicht zuvor zur Festsetzung von Umsatzsteuernachzahlungen gekommen ist.

3534 Da der Verkäufer nicht mehr zum Steuerausweis berechtigt ist, führt die missglückte Option wenigstens nicht mehr zu einer Steuerschuldnerschaft des Verkäufers aufgrund unberechtigten Steuerausweises nach § 14c Abs. 1 Satz 1 und Satz 3 bzw. § 14 Abs. 2 UStG; auch das Problem der Sicherung des Rückzahlungsanspruchs des Käufers bei unberechtigter Zahlung des Umsatzsteuer-Kaufpreisanteils stellt sich nicht mehr. Letztere Schwierigkeiten verbleiben allerdings bzgl. mitgelieferter beweglicher Gegenstände oder Betriebsvorrichtungen.

(5) Form

3535 Das Haushaltsbegleitgesetz 2004 hat die Bestimmung zur Ausübung und zu den Folgen einer Option bei Grundstückslieferungen in weitem Umfang novelliert.[1362] Der Verzicht auf die Steuerbefreiung kann nur in einem notariellen Kaufvertrag[1363] oder in einem entsprechenden Nachtrag[1364] erklärt werden, kann also seit dem 01.01.2004 nicht mehr gegen den Willen des Käufers erfolgen und ist nicht mehr einseitig widerruflich. Die diesbezüglichen früheren Risiken[1365] sind also entfallen. Aus dem Kaufvertrag muss sich demnach auch der Umfang des Verzichts auf die Umsatzsteuerbefreiung ergeben.

▶ Beispiel:

Anwesen ist an Arzt, i.Ü. an einen Notar vermietet – Verzicht lediglich bzgl. der an den Notar vermieteten Etage.

3536 Gem. § 15 Abs. 4 UStG erfolgt die Aufteilung der Vorsteuer beim Veräußerer nicht mehr nach den Mietumsätzen, sondern nach Flächenanteilen. Über den Wortlaut hinaus muss die Optionserklärung dem FA – regelmäßig aufgrund Mitteilung des Verkäufers – zugehen (die Übersendung des Vertrags an die Grunderwerbsteuerstelle durch den Notar samt Veräußerungsanzeige genügt insoweit wohl nicht).

1361 §§ 169 Abs. 2 Nr. 2, 170 Abs. 2 Nr. 1 AO.
1362 Vgl. hierzu ausführlich *Reich* DNotZ 2004, 95 ff.; *Holthausen-Dux* Notar 2004, 54 ff.; *Schubert* MittBayNot 2004, 237 ff.; *Woinar* NotBZ 2004, 249 ff.; *Hipler* ZNotP 2004, 222 ff.
1363 Die Optionserklärung war bis zum 01.01.2004 nur dann zwingend Bestandteil des beurkundungspflichtigen Geschäfts, wenn die umsatzsteuerliche Behandlung des Rechtsgeschäfts für beide Beteiligten bereits zum Zeitpunkt der Beurkundung Gegenstand einer Nebenabrede war, mit der die Grundstücksübertragung stehen und fallen würde.
1364 Vgl. Tz. 4 des BMF-Schreibens v. 31.03.2004, DStR 2004, 682.
1365 Vgl. BFH, 01.02.2001 – V R 23/00, UR 2001, 253: Der (auch verpflichtungswidrige) einseitige Widerruf setzte den Käufer der Gefahr aus, einem ungesicherten Rückzahlungsanspruch gegen den Verkäufer »hinterherzulaufen«.

bb) Folge wirksamer Option

(1) Höhe der Steuer

Soweit eine Grundstücksübertragung zulässigerweise der USt unterworfen wird, wurde nach bisheriger Praxis[1366] diese nicht schlicht mit einem Steuersatz von 16 % (seit dem 01.01.2007: 19 %) auf die an den Verkäufer zu erbringenden Gegenleistungen als Bemessungsgrundlage erhoben. Vielmehr erhöhte sich die Bemessungsgrundlage um die hälftige Grunderwerbsteuer,[1367] sodass der Steuersatz wirtschaftlich 16,28 % (ab 01.01.2007: 19,3325 %) betrug. Der BFH[1368] ist dieser Auffassung entgegen getreten: der die Grunderwerbsteuer entrichtende Käufer tilgt lediglich seine (auch eigene) Steuerschuld, sodass das Entgelt der Grundstückslieferung sich dadurch nicht erhöht. Bemessungsgrundlage ist also auch nach Auffassung der Finanzverwaltung[1369] lediglich der Nettokaufpreis, wie auch die Grunderwerbsteuer ihrerseits aus diesem Nettokaufpreis erhoben wird (Rdn. 3491).

3537

(2) Steuerschuldnerschaft

Ist die Option wirksam mit der Folge einer Steuerpflichtigkeit des Grundstücksumsatzes, ordnet nunmehr § 13b Abs. 1 Nr. 3, Abs. 2 UStG an, dass der Käufer (ebenso wie bestimmte Bezieher von Bauleistungen)[1370] als Leistungsempfänger Schuldner der USt ist, soweit der Umsatz unter das Grunderwerbsteuergesetz fällt. Erfasst sind alle Kaufverträge, bei denen der Übergang von Besitz, Nutzung und Lasten (also der Zeitpunkt der umsatzsteuerrechtlichen Lieferung)[1371] nach dem 01.04.2004 erfolgt, unabhängig vom Zeitpunkt des Vertragsschlusses. Gleiches gilt für alle ab 01.04.2004 fällig gewordenen Erbbauzinsen, sofern für die Umsatzsteuerpflichtigkeit der »Dauerlieferung eines Erbbaurechts« optiert worden war.[1372] Für umsatzsteuerpflichtig mitveräußerte bewegliche Gegenstände gilt dieser Wechsel der Steuerschuldnerschaft also nicht.

3538

Bzgl. des Grundstücks ändert sich also der zivilrechtliche Kaufpreis durch die Option nicht, auch eine Steuerhaftung des Verkäufers scheidet grds. aus. Der Käufer wird durch die an das FA abzuführende USt nicht belastet, da diese sich mit der Vorsteuer saldiert (vorausgesetzt, er verfügt über eine Rechnung[1373] und erfüllt die Voraussetzungen des § 14 Abs. 1 Nr. 4 UStG). Liegen unerkannte Voraussetzungen einer Geschäftsveräußerung vor, läuft der Käufer nicht mehr Gefahr, in gutem Glauben die USt als Teil des zivilrechtlichen Kaufpreises an den Verkäufer bezahlt zu haben und nunmehr mit dem Risiko der Rückforderung belastet zu sein. Damit entfallen zugleich die häufig zur Liquiditätsschonung empfohlenen, gleichwohl mit erheblichen Risiken behafteten Abtretungs- und Aufrechnungsklauseln (Abtretung des Vorsteueranspruchs durch den Käufer erfüllungshalber an den Verkäufer, welch Letzterer mit dem abgetretenen Anspruch gegen seine Steuerschuld aufrechnet; hierbei bestand u.a. für den Verkäufer das Risiko, dass der Käufer überhaupt keinen Vorsteueranspruch hatte, etwa wegen Saldierung mit anderen Steueransprüchen oder weil das Grundstück für steuerfreie Umsätze

3539

1366 Abschnitt R 149 Abs. 7 UStR 2005 a.F.
1367 Gem. BFH, BStBl. II 1980, S. 620, wurde dies damit begründet, dass gem. § 13 Nr. 1 GrEStG grds. Veräußerer und Erwerber als Gesamtschuldner für die Grunderwerbsteuer haften. Die regelmäßig stattfindende Übernahme der Grunderwerbsteuer durch den Erwerber allein wurde insoweit als »zusätzliche Gegenleistung« i.H.d. hälftigen Grunderwerbsteuer, also 1,75 % des Kaufpreises, verstanden.
1368 BFH, 20.12.2005 – V R 14/04, UStR 2006, 157 = NotBZ 2006, 329 m. Anm. *Gottwald*, S. 307 (obiter dictum; das Urteil betrifft an sich einen Fall der unentgeltlichen Grundstücksübertragung), vgl. NWB 2006, 2033 = Fach 7, S. 6723. Abschnitt R 149 Abs. 7 UStR 2005 wurde durch das in nachfolgender Fußnote genannte BMF-Schreiben angepasst; bis zum 30.09.2007 können die Beteiligten sich jedoch weiter an die bisherige Regelung halten.
1369 BMF v. 25.09.2007 – IV A 5 – S 7200/07/0019, MittBayNot 2008, 248; hierzu *Gottwald*, MittBayNot 2008, 186.
1370 § 13 Abs. 1 Nr. 4; BMF v. 13.07.2004, DStR 2004, 1255 und v. 02.12.2004, DStR 2004, 2195; hierzu auch *Baumann/Müller* DStR 2004, 1160 und *Pflanzer/Voith/Güldner* DStR 204, 1163.
1371 Vgl. *Martin* in: Sölch/Ringleb USt § 3 Rn. 84.
1372 Soweit frühere Reallasten zur Sicherung des Erbbauzinses »zuzüglich Umsatzsteuer« bestellt worden waren, ist der Sicherungszweck durch Auslegung entsprechend zu reduzieren, da der Erbbauberechtigte die USt auch insoweit an sein Finanzamt schuldet, vgl. *Gottwald* DNotZ 2006, 806.
1373 Deren Vorliegen ist Voraussetzung des Vorsteuerabzugs, BFH, 01.07.2004 – V R 33/01, DStR 2004, 1560.

C. Querschnittsdarstellungen

verwendet wurde [vgl. § 15 Abs. 2 Nr. 1 UStG]). Sie können allenfalls noch für den Bereich mitveräußerter beweglicher Gegenstände oder Betriebsvorrichtungen Anwendung finden (Rdn. 3544 ff.).

(3) Kein Einfluss auf die Grunderwerbsteuer

3540 Anders als bisher führt die Option auch nicht mehr zu einer Erhöhung der Grunderwerbsteuer, da sie den auf den Erwerb des Grundstücks entfallenden Teil der Gegenleistung des Käufers nicht tangiert.[1374] Damit beeinflussen sich nun Grunderwerb- und USt gegenseitig in keinerlei Weise mehr, da – entgegen bisheriger Rechtsprechung[1375] und Verwaltungspraxis[1376] – die vom Käufer allein üblicherweise übernommene Grunderwerbsteuer, mögen Verkäufer und Käufer dafür auch ggü. dem Fiskus gesamtschuldnerisch haften, die Bemessungsgrundlage der USt nicht mehr erhöht.[1377]

Auch kostenrechtlich bleibt nach überwiegender Auffassung die »Optionserklärung« als Vertragsbedingung unbewertet.[1378] Allerdings richten sich die Grundbuchkosten (Gerichtsgebühren) nach dem Bruttobetrag.[1379]

cc) Rechnungstellung

3541 Soweit der Verkäufer nicht mehr Steuerschuldner ist (also bezogen auf den grunderwerbsteuerpflichtigen Umsatz) ist ihm der Ausweis der auf die Grundstückslieferung entfallenden USt in der Rechnung versagt, (§§ 14a Abs. 5, 14c Abs. 2 UStG). Weist er diese gleichwohl aus, schuldet er sie nach § 14c Abs. 1 Satz 1 UStG neben dem Käufer;[1380] die Rechnungsberichtigung ist teilweise nur mit Zustimmung des Finanzamts möglich;[1381] der Vorsteuerabzug beim Käufer richtet sich danach, ob es sich in der Tat um eine steuerpflichtige Veräußerung handelt. Bei korrekter Abwicklung ist der der Käufer zum Vorsteuerabzug auch ohne Rechnung befugt (vgl. § 15 Abs. 1 Nr. 4 UStG); seine Steuerschuld entsteht allerdings mit Ausstellung der Rechnung (§ 13b Abs. 1 Satz 1 UStG), spätestens mit Ablauf des Voranmeldungszeitraums, in dem der Kaufpreis bezahlt wurde.[1382]

3542 Um zu vermeiden, dass er die Steuer schuldet, bevor er zur Vorsteuererstattung berechtigt ist (also bevor der Übergang von Besitz, Nutzung und Lasten stattfindet – typischerweise also vor der Kaufpreiszahlung), sollte der Verkäufer verpflichtet werden, die Rechnung nicht vor dem Besitzübergang auszustellen. Dieser Umstand und die durch das Steueränderungsgesetz 2003 umfangreicher gewordenen Rechnungsmerkmale und die damit begründete Fehleranfälligkeit (Steuernummer des leistenden Unternehmers, fortlaufende Rechnungsnummer[1383] etc.) sowie die Schwierigkeit einer Rechnungsberichtigung lassen es sinnvoll erscheinen, den Kaufvertrag selbst nicht als Rechnung i.S.d. § 14 Abs. 4 UStG auszugestalten.[1384]

1374 Vgl. ausführlich *Bartsch/Blaas* BB 2004, 1249; FinMin Baden-Württemberg, 22.06.2004 – 3 S 4521/24, DStR 2004, 1432.
1375 BFH, 10.07.1980 – V R 23/77, BStBl. II 1980, S. 620.
1376 Abschnitt R 149 Abs. 7 UStR 2005.
1377 BFH, 20.12.2005 – V R 14/04, NotBZ 2006, 329 m. Anm. *Gottwald*, S. 307; bis zu der zu erwartenden Änderung der UStR sollten allerdings Veranlagungen durch Antrag nach § 363 Abs. 2 Satz 1 AO offengehalten werden.
1378 *Notarkasse* Streifzug durch die Kostenordnung Rn. 1786; a.A. *Holthausen-Dux* Notar 2004, 56 und Ländernotarkasse, NotBZ 2005, 103 sowie *Klein* RNotZ 2005, 160: Einseitige gegenstandsverschiedene Erklärung, da sie nicht das Verhältnis zum Käufer, sondern zum Finanzamt gestaltet; somit Vergleichsbewertung nach § 44 Abs. 2b KostO).
1379 OLG Celle, 13.09.2005 – 4 W 167/05, NJW-Spezial 2005, 533.
1380 Abschn. 182a Abs. 38 Sazu 5 UStR 2008; BMF v. 29.04.2004, Rn. 82; vgl. die instruktive Übersicht bei *Fleckenstein* DStR 2008, 1574.
1381 Und zwar bei Vorliegen einer Geschäftsveräußerung im Ganzen, vgl. § 14c Abs. 1 Satz 3 i.V.m. Abs. 2 Sätze 3 bis 5 UStG, anders bei Vorliegen einer steuerfreien oder einer steuerpflichtigen Veräußerung.
1382 § 13b Abs. 1 Satz 3 UStG, vgl. *Reich* DNotZ 2004, 97.
1383 Bei notariellen Kostenrechnungen kann die Kostenregister- bzw. Urkundsnummer als fortlaufende Rechnungsnummer gem. § 14 Abs. 4 Satz 1 Nr. 4 UStG dienen; BMF-Schreiben v. 29.06.2004, ZNotP 2004, 321; wobei Teilrechnungen an verschiedene Beteiligte derselben Urkunde – etwa durch Bruchnummern – unterschieden werden müssen, *Schubert* MittBayNot 2004, 237.
1384 Ebenso *Hipler* ZNotP 2004, 228; *Dux* Notar 2004, 55.

dd) Übergangsregelungen

Die Änderung des § 13b Abs. 1 Nr. 3 UStG (also der Übergang der Steuerschuldnerschaft auf den Käufer) ist am 01.04.2004 in Kraft getreten.[1385] **3543**

Bei vor dem 01.04.2004 beurkundeten Kaufverträgen, die zum Besitzübergang erst nach dem 31.03.2004 führen und nicht bereits inhaltlich das neue Recht zugrunde gelegt haben, empfiehlt sich also eine Anpassung durch Nachtrag. Falls keine Abtretungs- und Aufrechnungsklauseln verwendet wurden und der Käufer bereits vor dem 01.04.2004 Raten als Brutto-Preis an den Verkäufer bezahlt hat, obwohl er selbst nun Steuerschuldner ist (z.B. bei einem Bauträgervertrag mit künftiger Lieferung), nimmt die Finanzverwaltung allerdings eine Steuerschuldnerschaft des Käufers nur für die noch offenen Kaufpreisteile an, wenn der Verkäufer die vermeintlich erhaltene USt an sein FA abführt.[1386] Sofern der Besitzübergang bis zum 30.06.2004 erfolgt und der Verkäufer die USt auch tatsächlich zahlt, erlaubt die Finanzverwaltung den Beteiligten auch, weiter von der Steuerschuldnerschaft des Verkäufers auszugehen (was allerdings dem Käufer regelmäßig nicht empfohlen werden kann).[1387]

ee) Inventar und Betriebsvorrichtungen

Für die häufig (hinsichtlich des Inventars sogar gem. gesetzlicher Vermutung, § 311c BGB) mitverkauften beweglichen Gegenstände verblieb es bei der bisherigen gesetzlichen Regelung, insb. trat keine Umkehrung der Steuerschuldnerschaft auf den Käufer ein. Auch die Mitübertragung von Zahlungsansprüchen für land- und forstwirtschaftliche Betriebe nach der EU-Agrarreform (Rdn. 842 ff.) unterliegt der USt.[1388] Um unnötige Liquidationsbelastungen des Käufers i.R.d. insoweit weiterhin an den Verkäufer geschuldeten Zahlungen zu vermeiden (der die USt abführen muss, und sie erst später als Vorsteuer zurückerhält, während sie auch für den Verkäufer lediglich einen durchlaufenden Posten darstellt), wird insoweit häufig der **Vorsteuererstattungsanspruch des Erwerbers abgetreten** an den Veräußerer, der sodann mit seiner Umsatzsteuerzahllast aufrechnen kann. **3544**

Dies setzt voraus, dass die entsprechenden Umsatzsteuervoranmeldungen abgegeben werden und die Abtretung in wirksamer Form (d.h. formulargebunden, § 46 Abs. 3[1389] AO) dem FA angezeigt wird. Abtretbar ist allerdings nur der saldierte Erstattungsanspruch gegen den Fiskus für den Veranlagungszeitraum (regelmäßig den Monat, § 18 Abs. 2 UStG) der umsatzsteuerlichen Lieferung (Besitzverschaffung), nicht der Vergütungsanspruch für das einzelne Rechtsgeschäft. Der Erstattungsanspruch setzt zu seiner Entstehung ferner die Abgabe der Umsatzsteuervoranmeldung voraus. Da regelmäßig der Erstattungsanspruch des Käufers aufgrund abzuführender anderer Umsätze geringer ist als die Umsatzsteuerschuld auf den Kaufpreis, ist die Differenz vom Käufer unmittelbar zu begleichen (an den Verkäufer oder an dessen FA für Rechnung des Verkäufers). **3545**

Die wirksame Durchführung der Abtretung des Vorsteuererstattungsanspuchs wird der Notar kaum überprüfen können, sodass zur Vermeidung eigener Haftung[1390] klargestellt werden sollte, dass die Eigentumsumschreibung bereits gegen Zahlungsnachweis über den Nettokaufpreis erfolgen werde. **3546**

1385 Die 6. EG-Richtlinie sah eine Verlagerung der Steuerschuldnerschaft auf den Leistungsempfänger für Grundstücksumsätze nicht vor, sodass die Ermächtigung durch den Rat der EU im Amtsblatt der EU, Reihe L, erfolgen musste, was am 31.03.2004 geschah (Nr. 94/59).
1386 BMF v. 31.03.2004, Tz. 2 und 22, DStR 2004, 682.
1387 Formulierungsvorschläge für Nachträge in den verschiedenen zeitlichen Abschichtungen (Abschluss/Besitzübergang vor dem 31.12.2003/01.04.2004/01.07.2004: *Woinar* DNotZ 2004, 261 ff.).
1388 Keine Durchschnittssatzbesteuerung gem. § 24 UStG; keine Steuerbefreiung gem. § 4 Nr. 8 c) UStG, da kein Umsatz »im Geschäft mit Forderungen« durchgeführt wird, vgl. BMF v. 26.02.2007 – IV A 5 S 7200/07/0014.
1389 Zur dabei notwendigen Angabe des Abtretungsgrundes: BFH DStRE 2005, 221.
1390 Vgl. BGH, 23.10.2003 – IX ZR 324/01, DNotZ 2004, 191: Amtshaftung bei Umschreibung ohne Nachweis wirksamer Abtretung, wenn im Vertrag nur auf die »vollständige Zahlung des Kaufpreises« abgestellt wird.

C. Querschnittsdarstellungen

ff) Formulierungsvorschläge

3547 Ein die wesentlichen Risiken aufnehmender »Kurz-Baustein« für die vorsteuerpflichtige Veräußerung könnte wie nachfolgend dargestellt lauten:

▶ Formulierungsvorschlag: Umsatzsteueroption bei reiner Grundstückslieferung

Der Verkäufer optiert gem. der mit dem Käufer getroffenen Vereinbarung für die gesetzliche Umsatzsteuer gem. § 9 Abs. 1 UStG bzgl. der heutigen Veräußerung.

Gem. § 13b Abs. 1 Nr. 3 UStG schuldet demnach der Käufer die Umsatzsteuer gegenüber dem FA und ist gem. § 15 Abs. 1 Nr. 4 UStG zum Vorsteuerabzug berechtigt. Der Verkäufer verpflichtet sich – jedoch nicht vor Besitzübergang – gem. § 14a Abs. 5 UStG eine Rechnung mit den in § 14 Abs. 4 UStG genannten Angaben (z.B. Steuer- und Rechnungsnummer), allerdings ohne getrennten Steuerausweis, zu stellen.

Der Käufer garantiert, dass er das Grundstück in vollem Umfang seinem Unternehmen im umsatzsteuerlichen Sinn zuordnet. Ihm ist weiterhin bekannt, dass bei einer Aufgabe der umsatzsteuerpflichtigen Nutzung während der folgenden 10 Jahre oder eines Verkaufs ohne neuerliche Option eine Vorsteuerberichtigung durchzuführen ist.

Nach Überzeugung der Beteiligten steht § 1 Abs. 1a UStG (Übergang eines Betriebs oder Teilbetriebes) dem Verzicht auf die Umsatzsteuerbefreiung nicht entgegen. Anderenfalls hat der Verkäufer den Käufer von einer Haftung für Betriebssteuern gem. § 75 AO freizustellen. Dem Käufer ist bekannt, dass er bei einer Geschäftsveräußerung den Vorsteuerberichtigungszeitraum des Verkäufers fortführt (§ 15a Abs. 10 UStG).

3548 Bei der Veräußerung von **Grundstück und Inventar** (also bei einem nur teilweisen Übergang der Steuerschuldnerschaft auf den Käufer) sollte man die nachfolgende umfangreichere Klausel verwenden:[1391]

▶ Formulierungsvorschlag: Umsatzsteueroption bei Grundstückslieferung und Lieferung beweglicher Sachen

3549 Der (Netto-)Kaufpreis beträgt

für das Grundstück inkl. aller wesentlichen Bestandteile: 1.000.000,00 € (eine Million Euro),

für das mitverkaufte Inventar/Betriebsvorrichtungen: 500.000,00 € (fünfhunderttausend Euro).

Der Verkäufer verzichtet hiermit gem. § 9 Abs. 1 UStG auf die Steuerbefreiung gem. § 4 Nr. 9 lit. a UStG und optiert hinsichtlich des Grundstückskaufs zur Umsatzsteuer. Damit trägt der Käufer (als Unternehmer i.S.d. § 2 UStG) gem. § 13b Abs. 1 Nr. 3 UStG zusätzlich zum vorgenannten Nettokaufpreis die auf den Kaufpreis für das Grundstück gem. a) entfallende gesetzliche Umsatzsteuer – kann allerdings in gleicher Höhe gem. § 15 Abs. 1 Nr. 4 UStG unter den dort genannten Voraussetzungen Vorsteuer abziehen.

Die auf den vorgenannten Nettokaufpreis für das Inventar/Betriebvorrichtungen entfallende Umsatzsteuer i.H.v. 80.000,00 € (achtzigtausend Euro) schuldet gem. § 13a Abs. 1 Nr. 1 UStG der Verkäufer. Der Käufer tritt hierdurch an den Verkäufer erfüllungshalber einen ihm gegen den Fiskus zustehenden Umsatzsteuervergütungsanspruch ab, der ihm für denjenigen Besteuerungszeitraum zusteht, in welchem er die vorstehend ausgewiesene Umsatzsteuer gem. § 15 UStG als Vorsteuer abziehen kann. Die Vertragsteile verpflichten sich, diese Abtretung unter Beachtung der Formvorschriften des § 46 Abs. 3 AO der zuständigen Finanzbehörde anzuzeigen. Der Käufer verpflichtet sich seinerseits darüber hinaus, unverzüglich eine Umsatzsteuervoranmeldung abzugeben, damit der Vorsteuererstattungsanspruch entsteht und mit diesem die Abtretungsanzeige nach Unterzeichnung durch beide Vertragsteile einzureichen. Aufschiebend bedingt auf das Wirksamwerden dieser Abtretung rechnet der Verkäufer hierdurch gegenüber dem Fiskus mit diesem Umsatzsteuervergütungsanspruch gegen seine Umsatzsteuerschuld für den genannten Besteuerungszeitraum auf, was der Finanzbehörde zusammen mit der Anzeige i.S.v. § 46 Abs. 3 AO mitzuteilen ist. Soweit der Umsatzsteuervergütungsanspruch des Käufers

---

1391 In Anlehnung an *Woinar* NotBZ 2004, 260.

geringer ist als die vorstehend ausgewiesene Umsatzsteuer, ist die Differenz vom Käufer für Rechnung des Verkäufers unmittelbar an die Finanzkasse zu zahlen.

Der Notar hat darauf hingewiesen, dass aufgrund späterer Korrekturen der Umsatzsteuerfestsetzung Rückforderungsansprüche des Fiskus entstehen können und der Käufer das Risiko trägt, die zu Unrecht bezahlte Umsatzsteuer vom Verkäufer wiederzuerlangen.

Der Verkäufer wird dem Käufer unmittelbar nach Übergang von Besitz, Nutzungen und Lasten des Grundstücks und des/der Inventars/Betriebsvorrichtungen über die Lieferung insgesamt eine Rechnung erteilen, die die Voraussetzungen des § 14 Abs. 4 UStG erfüllt.

Die auf das Grundstück entfallende Umsatzsteuer darf in der Rechnung gem. § 14a Abs. 5 Satz 3 UStG nicht ausgewiesen werden. Auf die insoweit bestehende Steuerschuld des Käufers ist hinzuweisen (§ 14a Abs. 5 Satz 2 UStG). Der Zeitpunkt des Besitzübergangs ist – zumindest dem Monat nach – in der Rechnung anzugeben (§ 14 Abs. 4 Nr. 6 UStG).

Die auf das/die Inventar/Betriebsvorrichtungen entfallende Umsatzsteuer ist separat auszuweisen, da anderenfalls ein Vorsteuerabzug nicht möglich ist.

Dem Käufer bleibt vorbehalten, über die Lieferungen durch Gutschrift (§ 14 Abs. 2 Satz 3 UStG) gegenüber dem Verkäufer abzurechnen.[1392]

Die Steuernummer des Verkäufers lautet: ..... FA .....

Der Veräußerer garantiert dem Erwerber, dass die Veräußerung des Grundstücks nicht im Rahmen einer Geschäftsveräußerung i.S.d. § 1 Abs. 1a UStG erfolgt und das mitverkaufte Inventar/Betriebsvorrichtungen nicht der Grunderwerbsteuer unterliegt. Unter der Rechtsbedingung, dass der vertragsgegenständliche Verkauf von der Finanzverwaltung (etwa wegen § 1 Abs. 1a UStG) nicht als steuerpflichtiger Umsatz gewertet wird, vereinbaren die Parteien, dass der in dieser Vereinbarung genannte, um die Umsatzsteuer erhöhte Kaufpreis angepasst wird und auf die Nettosumme zu reduzieren ist.[1393] In diesem Fall wird der Verkäufer dem Käufer eine gem. § 14 Abs. 2 Satz 2 UStG berichtigte Rechnung und eine Bestätigung des zuständigen Finanzamts darüber vorlegen, dass kein umsatzsteuerpflichtiger Umsatz i.S.d. Umsatzsteuergesetzes vorliegt. Der Verkäufer hat sodann eine etwa bereits entrichtete Umsatzsteuer dem Käufer zinsfrei gegen Rechnungsstellung zu erstatten.

Der Erwerber garantiert dem Veräußerer, dass er das Grundstück – soweit zur Umsatzsteuer optiert wurde – voll seinem Unternehmen im umsatzsteuerlichen Sinn zuordnet.

Über die umsatzsteuer- und zivilrechtlichen Konsequenzen für den Fall, dass die vorstehenden Garantien nicht zutreffen, hat der Notar die Beteiligten belehrt.

d) Vorsteuerabzug bei Immobilien

aa) Abzugsberechtigung

Soweit Immobilien für **umsatzsteuerpflichtige Umsätze** eigengewerblich (§ 15 EStG) bzw. eigenberuflich (§ 18 EStG) genutzt oder umsatzsteuerpflichtig vermietet (§ 21 EStG) werden, kann der Unternehmer die in Lieferungen und Leistungen enthaltene USt gem. § 15 Abs. 1 Nr. 1 UStG als Vorsteuer abziehen.[1394] Jede Vermietung begründet die Unternehmereigenschaft i.S.d. § 2 UStG, lediglich bei Vermietung für Gewerbezwecke kann jedoch – intertemporal abgestuft nach dem

3550

[1392] Sofern Inventar mitverkauft wird, ist das Vorliegen einer Rechnung oder wirksamen Gutschrift mit Umsatzsteuerausweis Voraussetzung für den Vorsteuerabzug auf das Inventar (§ 15 Abs. 1 Nr. 1 UStG). Voraussetzung für eine Gutschrift ist aber, dass diese dem Veräußerer übermittelt wurde und dieser der Gutschrift nicht widerspricht (§ 14 Abs. 2 Satz 4 UStG). Übermittelt der Erwerber die Gutschrift abredewidrig nicht, muss der Veräußerer zunächst den gesamten Umsatzsteuerbetrag zahlen oder eine Rechnung erteilen. Um dieses Risiko von vornherein auszuschließen, sollte in diesem Fall der Veräußerer eine Rechnung erteilen.
[1393] Vgl. allerdings den Hinweis in Rdn. 2318 a.E.
[1394] Vgl. hierzu und zum Folgenden *Rondorf* NWB 2006, 579 ff. = Fach 7, S. 6593 ff.

C. Querschnittsdarstellungen

Datum der Fertigstellung des Gebäudes[1395] – auf die Steuerbefreiung gem. § 4 Nr. 12a i.V.m. § 9 Abs. 2 UStG verzichtet werden. Die **Option** kann nach räumlichen Gesichtspunkten (nicht dagegen bloß quotal) auf umsatzsteuerpflichtig vermietete Teile begrenzt werden.[1396] Ein Mietvertrag, der die in § 14 Abs. 4 UStG geforderten Merkmale enthält, kann als Rechnung bzw. Dauerrechnung dienen.[1397] Auch der (infolge Verzichts auf die Umsatzsteuerfreiheit, oben Rdn. 3507 ff.) steuerpflichtige Verkauf an einen anderen Unternehmer ist tauglicher »Außenumsatz«, der zum Abzug des Umsatzsteueranteils in den Herstellungs- oder Anschaffungskosten berechtigt bzw. dessen Nachberechnung durch Vorsteuerberichtigung verhindert (und damit regelmäßig zu einer Herabsetzung des Netto-Verkaufspreises führt).

3551 Abzugsberechtigt ist der Auftraggeber oder Besteller einer Leistung.[1398] Dies muss nicht notwendig der Eigentümer sein, umsatzsteuerlich können auch Bauten auf fremdem Grund und Boden errichtet werden.[1399] Entfalten mehrere Eigentümer (z.B. **Ehegatten**) gemeinsame unternehmerische Tätigkeit (etwa durch Vermietung), ist diese »Ehegattengemeinschaft« als Unternehmer vorsteuerberechtigt, anderenfalls gewähren EuGH,[1400] BFH[1401] und Finanzverwaltung[1402] dem Unternehmer-Ehegatten den vollständigen Vorsteuerabzug aus Leistungen/Rechnungen an die Gemeinschaft, soweit der seinem Unternehmen zugeordnete Gebäudeteil seinen Miteigentumsanteil am Grundstück nicht übersteigt. Die einzelnen Varianten werden in folgendem Beispiel deutlich:

▶ Beispiel:

Zwei Ehegatten sind je zur Hälfte Miteigentümer einer Immobilie, in der der Ehemann (selbstständiger Steuerberater) auch seine Praxisräume hat; der Rest des Gebäudes dient privaten Wohnzwecken. Auf die Baukosten des Gebäudes entfallen gesamt 100.000,00 € USt.

Für die Vorsteuerabzugsberechtigung ist zunächst entscheidend, ob und in welchem Umfang der Ehemann den betrieblich genutzten Miteigentumsanteil seinem Unternehmen zuordnet (sog. »Seeling-Rechtsprechung«, vgl. Rdn. 3503, 3556 ff.) Diese Zuordnung ist (hinsichtlich des unternehmerisch genutzten Anteils selbst oder bzgl. des gesamten Miteigentumsanteils des Unternehmers, also hier zu max. 50 %) möglich, wenn der Anteil der Praxisräume (im Beispielsfall) am Gesamtobjekt über 5 % beträgt (10 %, bezogen auf die Miteigentumshälfte zu 1/2). Belegen die Praxisräume also bspw. nur 4 % des Gesamtobjekts, ist eine Zuordnung zum Unternehmen und demnach ein Vorsteuerabzug nicht möglich. Betragen sie 8 %, kann der Unternehmer-Ehegatte (Steuerberater) die Zuordnung zum Unternehmen nur im Umfang der unternehmerischen Nutzung vornehmen (dann beträgt die abziehbare Vorsteuer 8.000,00 €, eine Besteuerung der Privatnutzung, Rdn. 3556, findet aber nicht statt), oder aber hinsichtlich des gesamten (hälftigen) Miteigentumsanteils, dann beträgt die abziehbare Vorsteuer 50.000,00 € (sie ist also gedeckelt auf den Miteigentumsanteil am Gesamten, allerdings ist die künftige Privatnutzung dann i.H.v. 42 % zu versteuern).

Wenn die Praxisräume über 50 % des Gesamtobjekts ausmachen, also über seinen Miteigentumsanteil hinausgehen, kann dennoch kein höherer Vorsteuerabzug erfolgen.

1395 Bei bis 1984 fertiggestellten Gebäuden kommt es nur auf die Vermietung an einen Unternehmer an, bei bis 1997 fertiggestellten Gebäuden muss der Mieter Unternehmer sein und das Objekt nicht für Wohnzwecke oder andere nicht unternehmerische Zwecke nutzen, bei Neugebäuden (seit 1998 fertiggestellt) muss der Mieter das Objekt für steuerpflichtige Umsätze nutzen, vgl. *Birkenfeld* Das große Umsatzsteuer-Handbuch § 113 Rz. 221 ff.; *Fleckenstein* DStR 2008, 1571.
1396 Abschn. 148 Abs. 6 Satz 3 UStR 2008.
1397 Die bisherigen Erleichterungen für Altverträge sind mit der Änderung des Umsatzsteuersatzes 2007 überholt und daher in Abschn. 185 Abs. 9 und 12 UStR 2008 nicht mehr erwähnt, vgl. *Fleckenstein* DStR 2008, 1572.
1398 Vgl. Abschnitt 192 Abs. 16 UStR 2005.
1399 Vgl. BMF-Schreiben, BStBl. I 1986, S. 432.
1400 EuGH, 21.04.2005 – C-25/03, DStR 2005. 775 ff., vgl. *Küffner/Zugmaier* NWB 2005, 1863 = Fach 7, S. 6473.
1401 BFH, 06.10.2005 – V R 40/01, DStRE 2006, 103.
1402 BMF v. 01.12.2006, BStBl. I 2007, S. 90, Abschn. 192 Abs. 16, 20 und 21 Nr. 2 UStR, sowie BMF v. 09.05.2008, BStBl. I 2008, S. 675; hierzu *Rondorf* NWB 2008, 3255 ff.

▶ Hinweis: Umsatzsteueroptimierte Gestaltung bei gemischter Nutzung

Ratsam ist also, dem Unternehmer-Ehegatten mindestens einen Miteigentumsanteil i.H.d. unternehmerisch genutzten Gebäudeteils zuzuordnen). Ist dies nicht erfolgt, kann zur Rettung der darüber hinausgehenden Quote die Ehegattengemeinschaft, die dadurch Unternehmer wird, den unternehmerisch genutzten Gebäudeteil an den Unternehmer-Ehegatten entgeltlich vermieten und auf die Steuerbefreiung des § 4 Nr. 12 UStG verzichten. Sie kann in diesem Fall entweder das Gesamtgebäude dem Unternehmensvermögen zuordnen, also den Vorsteuerabzug zu 100 % in Anspruch nehmen, bei gleichzeitiger Besteuerung des Privatnutzungsanteils, oder aber lediglich i.H.d. unternehmerisch vermieteten Gebäudeteils, und den Vorsteuerabzug in dieser Höhe vornehmen ohne spätere Besteuerung der Privatnutzung. 3552

Die in Rdn. 3551 erläuterte vereinfachte Handhabung gilt allerdings nicht für Leistungen/Rechnungen an eine WEG-Gemeinschaft – dort kann Entlastung von der USt nur durch Verzicht des Verbands der Wohnungseigentümer, § 21 WEG, auf die Umsatzsteuerbefreiung des § 4 Nr. 13 UStG bzgl. der Leistungen für eigengewerbliche und freiberufliche Nutzer[1403] erreicht werden.[1404] 3553

bb) Zuordnung zum Unternehmensvermögen

(1) Zuordnungsentscheidung

Weitere Voraussetzung für den Vorsteuerabzug aus den Anschaffungs-, Herstellungs- oder Unterhaltskosten eines Gebäudes ist (neben der Verwendung für umsatzsteuerpflichtige Umsätze auf der »Ausgangsseite«) die Zugehörigkeit des Gebäudes zum **Unternehmensvermögen** (auf der »Eingangsseite«). Dabei ist zu bedenken, dass im umsatzsteuerlichen Sinn die Fremdvermietung (gleich zu welchen Zwecken) Unternehmereigenschaft begründet. Wird ein Gebäude insgesamt unternehmerisch genutzt (also eigengewerblich, eigenberuflich oder durch Vermietung), liegt zwingend insgesamt Unternehmensvermögen vor. Wird es zu weniger als 10 % hierfür genutzt, liegt zwingend Privatvermögen vor. 3554

Bei einer »unternehmerischen« Nutzung zwischen 10 % und 100 % hat der Unternehmer, auch der nicht bilanzierende, ein Zuordnungswahlrecht, ob er dieses Gebäude/diesen Gebäudeteil nur entsprechend dem unternehmerischen Nutzungsanteil seinem Unternehmensvermögen zuordnen will oder aber insgesamt (»gewillkürt«) unternehmerisch bzw. insgesamt dem nichtunternehmerischen Bereich zurechnet. Die Zuordnungsentscheidung erfolgt bspw. durch Inanspruchnahme des vollen Vorsteuerabzugs oder auch durch andere Beweisanzeichen, wobei die Finanzverwaltung eine schriftliche Erklärung ggü. dem FA bis zur Abgabe der Umsatzsteuererklärung für das Jahr, in dem die Leistung bezogen wurde, genügen lässt.[1405] In dem Umfang, in dem das Gebäude/der Gebäudeteil dem unternehmerischen Bereich zugeordnet wurde, handelt es sich bei einer späteren Veräußerung ebenfalls um eine Lieferung »i.R.d. Unternehmens«, für welche gem. § 4 Nr. 9 Buchst. a) UStG auf die Umsatzsteuerfreiheit verzichtet werden kann (vgl. Rdn. 3507 ff.). 3555

Wie oben (Rdn. 3503) erwähnt, liegt auch in der privaten Nutzung von Teilen eines insgesamt zulässigerweise dem Unternehmensbereich zugeordneten Gebäudes eine umsatzsteuerpflichtige unentgeltliche Wertabgabe i.S.d. § 3 Abs. 9a Satz 1 Nr. 1 UStG (vormals: Verwendungseigenverbrauch). Dies eröffnete (für bis zum 31.12.2010 angeschaffte oder hinsichtlich der Errichtung beginnende Gebäude) interessante **Gestaltungsmöglichkeiten hinsichtlich des Vorsteuerabzugs**: 3556

1403 Nicht bei Nutzung zu eigenen Wohnzwecken, § 9 Abs. 1 UStG, ebenso wenig bei der Wohnungsvermietung, § 9 Abs. 2 i.V.m. § 4 Nr. 12 a UStG.
1404 Vgl. hierzu *Rondorf* NWB 2008, 2871 ff.: Optiert die WEG-Gemeinschaft ggü. z.B. einem Kanzlei-Teileigentümer, weist sie ihm ggü. für die Heizleistungen, Instandsetzungen etc. 19 % (für Frischwasser 7 %) zusätzlich aus und kann aus den Eingangsrechnungen (Dachdecker, Versorger etc.) den Vorsteuerabzug in Anspruch nehmen; der Kanzlei-Teileigentümer kann die auf die Umlage gezahlte USt seinerseits gem. § 15 UStG als Vorsteuer abziehen.
1405 OFD Karlsruhe, Verfügung v. 29.04.2005; Abschnitt 192 Abs. 21 Nr. 2 Buchst. b) UStR 2005.

C. Querschnittsdarstellungen

3557 Das gemischt genutzte Grundstück muss durch erkennbare vorherige[1406] **Zuordnungsentscheidung**[1407] **des Steuerpflichtigen** – vorausgesetzt der umsatzsteuerpflichtige[1408] unternehmerische[1409] Nutzungsanteil beträgt mindestens 10 %[1410] – **insgesamt** (also nicht nur für den unternehmerisch genutzten Teil)[1411] dem Unternehmensvermögen zugeordnet sein. Denkbar ist eine solche Gesamtzuweisung zum unternehmerischen Bereich bspw. auch bei einem Bauträgerkauf, wenn das Objekt zu mindestens 10 % als Arbeitszimmer für umsatzsteuerpflichtige Tätigkeit dient.[1412]

(2) Vorsteuerabzugsberechtigung bis zum JStG 2010 (»Seeling«)

3558 Wurde das Gebäude insgesamt der unternehmerischen Sphäre zugeordnet, war für bis zum 31.12.2010 angeschaffte oder hinsichtlich der Errichtung begonnene Gebäude der Vorsteuerabzug auf die vollen Anschaffungs- oder Herstellungskosten eröffnet, allerdings um den »Preis« der Umsatzsteuerpflicht der in den folgenden Jahren auf den privaten Wohnanteil entfallenden unentgeltlichen Wertabgabe. Diese wird zum einen anhand der anteiligen laufenden Kosten[1413] ermittelt, zum anderen jedoch aus den »abzuschreibenden« Anschaffungs- oder Herstellungskosten. Letztere verteilt der Gesetzgeber,[1414] der Finanzverwaltung[1415] entgegen der Literatur[1416] folgend, nicht auf den im Einkommensteuerrecht maßgeblichen langen Zeitraum, sondern auf die Zehnjahresperiode der Vorsteuerberichtigung (§ 15a UStG). Im Ergebnis ist daher die durch den sofortigen vollen Vorsteuerabzug gewährte Liquidität zinslos[1417] binnen 10 Jahren »zurückzuzahlen«.[1418] Eine Entnahme aus dem zugeordneten umsatzsteuerlichen Vermögen vor Ablauf des 10-Jahres-Zeitraums würde nach klassischer Auffassung als (Fiktion einer) steuerfreie(n) Grundstückslieferung ohne Optionsmöglichkeit zur vorzeitigen Rückzahlung der restlichen Vorsteuer führen (§ 15a Abs. 4 und Abs. 6 UStG).[1419]

1406 Die nachträgliche »Einlage« der Wohnräume in das Unternehmensvermögen berechtigt nicht nachträglich zum (ggf. anteiligen) Vorsteuerabzug auf die Herstellungskosten, sondern allenfalls für die künftig anfallenden Umsätze.

1407 Beweisanzeichen sind insb. Mitteilungen an das FA, z.B. i.R.d. Umsatzsteuervoranmeldung (nach BMF-Schreiben v. 30.03.2004 – S 7300, DStR 2004, 685, spätestens jedoch bei Abgabe der Umsatzsteuerjahreserklärung für den Zeitraum der Anschaffung oder Herstellung; wegen Änderung der Rspr. auch nachträglich bis zur bestandskräftigen Festsetzung: FG München, 14.07.2007 – 14 K 55/04, DStRE 2005, 171.

1408 Die »Seeling-Rechtsprechung« gilt nicht, wenn ein Gebäude bspw. z.T. eigengenutzt, i.Ü. steuerfrei an eine Arztpraxis vermietet ist, vgl. BFH, 08.10.2008 – XI R 58/07, DStR 2009, 265; BFH, 11.03.2009 – XI R 69/07, notar 2009, 310 m. Anm. *Ihle*.

1409 Nicht ausreichend ist die schlichte Vermietung, maßgeblich ist nicht der umsatzsteuerliche Unternehmerbegriff (*Birkenfeld* NWB 2003, 4069 = Fach 7, S. 6137). Ausreichend wäre aber das mehr als 10 % der Gesamtfläche umfassende Arbeitszimmer des Studienrats, in dem er als Schulbuchautor tätig ist. Der Schulbuchautor könnte das Haus auch nur bzgl. des unternehmerisch genutzten Teils oder gar nicht dem Unternehmensvermögen zuordnen.

1410 § 15 Abs. 1 Satz 2 UStG, vgl. hierzu *Küffner/Zugmaier* DStR 2005, 280 ff.

1411 Beispiel: Zuordnung eines häuslichen Arbeitszimmers zum Unternehmensvermögen. EuGH, 21.04.2005 – C 25/03, DStR 2005, 775 eröffnet hierfür den Vorsteuerabzug zur Gänze, auch bei bloßem Miteigentum (sofern die Miteigentumsquote höher ist als der Arbeitszimmeranteil am Gesamtobjekt, empfiehlt sich direkte Vermietung des Arbeitszimmers).

1412 Vgl. *Hipler* ZNotP 2004, 225.

1413 Deren Umsatzsteueranteil wiederum zur Vorsteuer berechtigt, sich also neutralisiert.

1414 § 10 Abs. 4 Satz 1 UStG, mit Wirkung ab 01.07.2004 (*Melchior* DStR 2004, 2125; Rückwirkung des BMF-Schreibens v. 13.04.2004 ist unzulässig, vgl. BFH v. 19.04.2007 – V R 56/04, DStR 2007, 1079; *Hippke* NWB 2007, 2473 = Fach 7, S. 6925).

1415 Der EuGH hat am 14.09.2006 – C 72/05, DStR 2006, 1746 Wollny/FA Landshut, die Verteilung auf den 10-Jahres-Zeitraum nicht beanstandet; vgl. *Küffner/Zugmaier* DStR 2006, 1636 und NWB 2006, 3621 = Fach 7, S. 6789.

1416 *Küffner/Zugmaier* DStR 2004, 2181: Verstoß gegen die 6. EG-Richtlinie; ebenso FG München im Vorlagebeschluss an den EuGH DStR 2005, 420.

1417 *Küffner/Zugmaier* DStR 2006, 1638 haben errechnet, dass der effektive Jahreszins unter Berücksichtigung der Steuererhöhung per 01.01.2007 auf 19 % noch 3,57 % beträgt.

1418 Zu den ertragsteuerlichen Konsequenzen (Nettobeträge; Phasenverschiebung bei Jahreserklärung) *Funke-Lachotzki* EStB 2005, 307.

1419 Vgl. *Küffner* DStR 2004, 121. Die Entnahme eines Grundstücks wurde bisher stets (z.B. durch BFH, BStBl. II 2000, S. 153, Abschnitt 71 Abs. 2 Nr. 2 UStR 2000) einer nach § 4 Nr. 9 Buchst. a) UStG steuerfreien Lieferung gegen Entgelt gleichgestellt; eine Optionsmöglichkeit besteht nicht.

In Ausnutzung der Seeling-Doktrin[1420] wurde zwischen 01.07.2004 und 30.09.2008 allerdings – unter heftiger Kritik der Literatur[1421] und wohl unter Verstoß gegen Art. 5 Abs. 6 der 6. EG-Richtlinie[1422] – seitens der Finanzverwaltung die Entnahme aus unternehmensfremden Gründen als steuerpflichtiger Umsatz (§ 3 Abs. 1b Satz 1 Nr. 1 UStG) gewertet, sodass sie stets, auch nach Ablauf des 10-Jahres-Zeitraums, in voller Höhe des auf die Wohnung entfallenden Werts zu versteuern sei.[1423] Die Vermietung zu Wohnzwecken[1424] (ohne Entnahme in das Privatvermögen) führt (mangels Optionsmöglichkeit) innerhalb des 10-Jahres-Zeitraumes zur anteiligen[1425] Vorsteuerberichtigung. Zum »Ausstieg« aus dem Betriebsvermögensmodell, das etwas verfrüht als »Eigenheimzulage für Unternehmer durch Vorsteuerabzug« gefeiert wurde, eignete sich also allenfalls der umsatzsteueroptierte Verkauf.[1426] Angesichts eines durch die Europäische Kommission eingeleiteten Vertragsverletzungsverfahrens hat das BMF[1427] mit Wirkung ab 30.09.2008 seine umstrittene Rechtsauffassung korrigiert und sich der Literaturmeinung, wonach die Entnahme ebenso steuerfrei wie eine vergleichbare Lieferung ist, angeschlossen. 3559

Die Eigenheimzulage für den Wohnzwecken dienenden Teil wird durch die Zuordnung des gemischt genutzten Objekts zum Betriebsvermögen nicht gefährdet (die Bemessungsgrundlage allerdings um die Vorsteuer gekürzt).[1428]

(3) Vorsteuerabzugsberechtigung für Neufälle ab 2011

Der EU-Verordnungsgeber[1429] hat am 15.01.2010 die Vorsteuerabzugsberechtigung jedoch begrenzt auf Ausgaben, »soweit sie auf die Verwendung des Grundstücks für unternehmerische Zwecke entfallen«; der deutsche Gesetzgeber hat demzufolge mit Wirkung ab 01.01.2011 das »Seeling-Modell« faktisch beendet. § 15 Abs. 1b UStG schafft einen neuen Vorsteuerausschlusstatbestand, der alle Lieferungen und Leistungen im Zusammenhang mit einem Grundstück vom Vorsteuerabzug ausschließt, soweit sie nicht auf die Verwendung des Grundstücks für Zwecke des Unternehmens entfällt. Das Zuordnungswahlrecht des Unternehmers, gemischt genutzte Grundstücke ab 10 % unternehmerischen Anteils in vollem Umfang dem Unternehmen zuzuordnen, bleibt hiervon unberührt (und sollte, wie gleich zu zeigen ist, weiterhin in diesem Sinn ausgeübt werden). Demzufolge unterliegt für alle »Neuvorgänge«, die gem. § 15 Abs. 1b UStG vom Vorsteuerabzug ausgeschlossen sind, folgerichtig die nichtunternehmerische Verwendung des Gebäudes auch nicht mehr der unentgeltlichen Wertabgabebesteuerung des § 3 Abs. 9a Nr. 1 UStG. 3560

1420 Bei der in »Seeling« geforderten gemeinschaftskonformen, engen Auslegung von Steuerbefreiungstatbeständen setzt die steuerfreie Grundstückslieferung einen selbstständigen Erwerber voraus (*Birkenfeld* NWB 2003, 4063 = Fach 7, S. 6131; *Vellen* UStB 2003, 192).

1421 Für die Aufrechterhaltung der Steuerfreiheit der Entnahme nach § 4 Nr. 9a UStG: *Sikorski* NWB 2004, 1673 = Fach 7, S. 6273; *Burkmaier* UStB 2003, 243. Vgl. im Überblick *Küffner/Zugmaier* NWB 2008, 1771 = F. 5 S. 7055 ff.

1422 Vertragsverletzungsverfahren; vgl. *Küffner/Zugmaier* NWB 2008, 841 = Fach 7 S. 6977 ff. A.A. das BMF: Die Gleichstellungsfiktion des Art. 5 Abs. 6 der 6. Umsatzsteuerrichtlinie stehe nicht entgegen, sodass die Entnahme nicht einer Lieferung gegen Entgelt gleichstehe, also nicht nach § 4 Nr. 9a UStG steuerbefreit ist (diese Vorschrift gelte nur für den Weiterverkauf). Dementsprechend wäre auch die erstmalige Nutzung bisher für steuerpflichtige Ausgangsumsätze genutzter Räume für private Wohnzwecke nicht mehr eine steuerfreie Entnahme mit der Folge einer Vorsteuerberichtigung, sondern ein (stets) steuerpflichtiger Umsatz (*Birkenfeld* NWB 2003, 4064 = Fach 7, S. 6132); a.A. *Hiller* DStR 2005, 812.

1423 Abschnitt 71 Abs. 1 Satz 1 UStR 2005, BMF-Schreiben v. 30.03.2004, DStR 2004, 685, v. 13.04.2004 – S7300 und 726, DStR 2004, 774 f. m. Anm. *König* DStR 2004, 1072 und OFD Karlsruhe v. 29.04.2005, DStR 2005, 1140.

1424 Auch an Mitarbeiter als Teil des Arbeitslohnes (tauschähnlicher Umsatz), *Birkenfeld* NWB 2003, 4067 = Fach 7, S. 6135.

1425 Gem. § 15 Abs. 4 Satz 1 UStG nunmehr vorrangig im Verhältnis der Flächen, zuvor gem. BFH, 17.08.2001 – V R 1/01, BStBl. II 2002, S. 833 im Verhältnis der Ausgangsumsätze.

1426 *Birkenfeld* NWB 2003, 4057 ff. = Fach 7, S. 6125 ff.; *Zugmaier* NWB 2005, 1027 = Fach 7, S. 6417 (dort auch zur Inanspruchnahme der Kleinunternehmerregelung im Jahr vor der Betriebsaufgabe).

1427 Schreiben v. 22.09.2008 – S 7109, vgl. hierzu *Sikorski* NWB 2008, 4015 ff. = Fach 7 S. 7121 ff.

1428 FinMin Nordrhein-Westfalen, Erlass v. 09.07.2004, DStR 2004, 1430.

1429 RL 209/162/Eu v. 22.12.2009, ABl EU 2010 Nr. L 20, S. 14.

C. Querschnittsdarstellungen

3561 Die Gesetzesänderung gilt für alle Wirtschaftsgüter, die aufgrund eines nach dem 01.01.2011 rechtswirksam abgeschlossenen obligatorischen Vertrags oder gleichstehenden Rechtsakts angeschafft wurden oder mit deren Herstellung ab dem 01.01.2011 begonnen wurde, wobei als Beginn der Herstellung die Stellung des Bauantrags bzw. die Einreichung der Bauunterlagen zählen (§ 27 Abs. 16 UStG).

3562 Gem. § 15a Abs. 6a UStG gilt bei solchen »Neufällen« als Änderung der Verhältnisse (die gem. Rdn. 3566 ff. zu einer Berichtigung des Vorsteuerabzugs führt) auch eine Änderung der Verwendung i.S.d. § 15 Abs. 1b UStG. Die Korrektur kann zugunsten oder zuungunsten des Unternehmers ausfallen. Erhöht sich also bspw. die unternehmerische Nutzung während des 10-Jahres-Zeitraums und wurde auch der nunmehr zusätzlich unternehmerisch genutzte Anteil bereits bei der Anschaffung oder Herstellung tatsächlich dem Unternehmen zugeordnet (s. hierzu Rdn. 3554 ff.), erhält der Steuerpflichtige für die verbleibende Zeit des 10-jährigen Berichtigungszeitraums den zusätzlichen Vorsteuerabzug. Ein solcher nachträglicher Vorsteuerabzug ist gem. § 15a Abs. 8 Satz 2 UStG auch dann möglich, wenn das Grundstück, für das der Vorsteuerabzug bisher teilweise gem. § 15 Abs. 1b UStG ausgeschlossen war, bei seiner Veräußerung oder Entnahme aufgrund eines Verzichts auf die Steuerfreiheit nach § 9 UStG mit der vollen USt belastet wird.

3563 ▶ Hinweis:[1430]

Daher sollte bei der Anschaffung einer Immobilie, die zu mehr als 10 % unternehmerischen Zwecken dienen wird, die Zuordnung dieser Immobilie zum unternehmerischen Bereich auch für die Teile, die (zunächst) unternehmensfremd, also privat genutzt werden, am besten bereits im Kaufvertrag vorgenommen werden; diese Äußerung muss freilich dem Finanzamt bis zur Abgabe der Umsatzsteuererklärung für das Jahr, in dem die Immobilie angeschafft wird, zur Kenntnis gebracht werden.

cc) Höhe des Vorsteuerabzugs

3564 **Vorsteuerabzugsfähig** sind nur diejenigen Eingangsumsätze, die dem (während der Bauphase: voraussichtlich[1431]) umsatzsteuerpflichtig genutzten Teil zuzuordnen[1432] sind (und zwar auch nach Geschäftsaufgabe[1433]); die auf gemischt genutzte Teile entfallenden Umsätze sind nach der Gesetz gewordenen[1434] Auffassung der Finanzverwaltung (Abschnitt 208 Abs. 2 Satz 8 UStR)[1435] seit 01.01.2004 im **Verhältnis der Flächen** aufzuteilen. Die Rechtsprechung differenziert nach wie vor und erkennt hinsichtlich der gebäudebezogenen Aufwendungen (Anschaffung, anschaffungsnaher Aufwand, nachträgliche Herstellungsleistungen) sowohl den Umsatzschlüssel (Verhältnis der fiktiven Nettokaltmieten) an[1436] als auch den Flächenschlüssel, nicht jedoch den Investitionsschlüssel. Bei Aufwendungen für Nutzung, Erhaltung und Gebrauch ist darauf abzustellen, für welchen Bereich des gemischt genutzten Gebäudes die Aufwendungen vorgenommen werden.[1437] Bei zeitlich unterschiedlicher Nutzung ist das Verhältnis der tatsächlichen Nutzungszeiten maßgebend; Leerstandszeiten bleiben gänzlich unberücksichtigt.[1438]

1430 Vgl. *Meurer* NWB 2010, 3204, 3216; *Ihle* Notar 2011, 12, 26.
1431 Zum Nachweis der beabsichtigten Verwendung *Rondorf* NWB 2006, 677 = Fach 7 S. 6615; zu europarechtlichen Fragen und zur Maßgeblichkeit der Verwendungs*absicht* auch bei Anzahlungen *Lippross* DStR 2006, 1028.
1432 Nach BFH, 20.12.2005 – V R 14/04, UStR 2006, 157 (zur unentgeltlichen »Rücklieferung« öffentlicher Straßen durch den Erschließungsträger an die Gemeinde) ist der »direkte und unmittelbare Zusammenhang« des Eingangs- mit dem Ausgangsumsatz maßgebend, nicht die »wirtschaftliche Zurechnung«.
1433 EuGH, 03.03.2005, NJW-Spezial 2005, 339: jedenfalls wenn der Mietvertrag nicht vorzeitig gekündigt werden kann.
1434 § 15 Abs. 4 Satz 3 UStG – abweichend von Art. 17 Abs. 5 Unterabs. 2 i.V.m. Art. 19 der Richtlinie 77/388, sodass die Regelung möglicherweise gemeinschaftsrechtswidrig ist: *Schuck/Frenzel* UR 2004, 180.
1435 BMF v. 24.11.2004, DStR 2004, 2152.
1436 BFH BStBl. II 1998, S. 492; BFH BStBl. II 2002, S. 833; im Einzelnen OFD Cottbus v. 06.02.2003 – S 7306-0004-St 244, DStR 2003, 466.
1437 BFH, 28.09.2006 – V R 43/03, DStR 2006, 2172; *Wagner* NWB 2007, 3529 = Fach 7 S. 6935.
1438 BMF-Schreiben vom 15.02.1994, BStBl. I 1994, S. 195; ebenso BFH BStBl. II 2001, S. 76.

▶ **Beispiel:**[1439]

Ein Verein errichtet im Jahr 2006 einen Veranstaltungssaal (Baukosten 1 Mio. € zzgl. 160.00,00 € USt), der im Jahr der Fertigstellung 8 Wochen lang für eigene ideelle Zwecke (Vereinsversammlungen), 8 Wochen lang durch Vermietung an andere Berufsverbände für ideelle Zwecke und weitere 8 Wochen für kommerzielle Zwecke (Werbeveranstaltungen) genutzt bzw. vermietet wird, i.Ü. steht der Saal leer. Hinsichtlich der Vermietungen für kommerzielle Zwecke ist ein Verzicht auf die gem. § 4 Nr. 12 UStG gegebene Umsatzsteuerfreiheit gem. § 9 UStG möglich (und empfehlenswert), nicht jedoch hinsichtlich der Vermietung an andere Vereine für deren ideelle Zwecke. Die Nutzung zu eigenen ideellen Zwecken stellt seit 01.07.2004 eine unentgeltliche Wertabgabe gem. § 3 Abs. 9a Satz 1 Nr. 1 UStG dar, die umsatzsteuerpflichtig ist, sodass auch hierauf Ausgangsumsatzsteuer anfällt. Abziehbar sind daher zwei Drittel von gesamt 160.000 € = 106.666 €. Zu beachten ist allerdings, dass eine vom Jahr der erstmaligen Verwendung abweichende Nutzung des Saals in einem späteren Jahr (Verschiebung zwischen dem steuerfreien und dem steuerpflichtigen Verwendungsanteil) zu eine Vorsteuerberichtigung nach § 15a UStG führt.

3565

dd) Berichtigung des Vorsteuerabzugs

Die Berichtigung des Vorsteuerabzugs bemisst sich nach § 15a UStG. Seit dem 01.01.2005[1440] sind auch (nach diesem Zeitpunkt angeschaffte oder hergestellte) Wirtschaftsgüter des Umlaufvermögens (etwa i.R.d. sog. gewerblichen Grundstückshandels), die zur einmaligen Umsatzerzielung bestimmt sind, in die Vorsteuerberichtigung des § 15a UStG einbezogen, und zwar zeitlich unlimitiert und ungekürzt.[1441] Die »ordentliche« (auf 10 Jahre beschränkte und ratierliche) Vorsteuerberichtigung erfasst die umsatzsteuerbelasteten Anschaffungskosten, ebenso nachträgliche Herstellungs- und Anschaffungskosten und – seit 2005 – gem. § 15a Abs. 3 und Abs. 4 UStG[1442] auch »in ein Wirtschaftsgut eingehende« Gegenstände und Dienstleistungen (»sonstige Leistungen«[1443]), etwa im Bereich der Instandhaltung oder Instandsetzung (Gebäudereparaturen), allerdings nur dann, wenn der jeweilige Vorsteuerbetrag hierfür 1.000,00 € übersteigt (also der Netto-Betrag sich auf über 6.250,00 € beläuft, sog. Nichtaufgriffsgrenze des § 44 UStDV). Beträgt die auf die Leistungen entfallende Vorsteuer nicht mehr als 2.500,00 € (also das Netto-Entgelt max. 15.625,00 €), ist die Vorsteuerkorrektur erst am Ende des Berichtigungszeitraums vorzunehmen. Der Berichtigungszeitraum ist monatsgenau zu bestimmen, § 45 UStDV.

3566

Die für § 15a UStG erforderliche »Änderung der für den ursprünglichen Vorsteuerabzug maßgebenden Verhältnisse« kann sich bei bebauten Grundstücken insb. aus Änderungen der Nutzung während des 10-jährigen Berichtungszeitraums ergeben:[1444]

3567

Zu denken ist an den Übergang von einer (aufgrund Option) steuerpflichtigen Vermietung zur steuerfreien Vermietung (etwa bei einem Mieterwechsel) oder umgekehrt, die Verwendung bisher eigengewerblich genutzter Räume zur steuerfreien Vermietung (z.B. eine gem. Art. 67 Abs. 3 NATO-Zusatzabkommen stets steuerfreie Vermietung für NATO-Zwecke), ebenso aber Änderungen des Vorsteueraufteilungsschlüssels durch Vergrößerung oder Verkleinerung der Nutzfläche. In Leerstandsphasen ist auf die belegbare Verwendungsabsicht abzustellen (Abschn. 203 Abs. 1 Satz 6 UStR).

Auch eine Grundstücksveräußerung, die nicht als Geschäftsveräußerung i.S.d. § 1 Abs. 1a UStG anzusehen ist, führt zu einer Änderung der Verhältnisse i.S.d. § 15a UStG, wenn eine Option

3568

1439 Nach Rondorf NWB 2006, 683 = Fach 7 S. 6621. Weitere Beispielsfälle bei *Meurer* NWB 2010, 3204 ff.
1440 Hierzu BMF-Schreiben v. 06.12.2005 – S 7316, vgl. NWB 2006, 27 ff. = Fach 7, S. 6559 ff.
1441 *Fleckenstein* DStR 2008, 1568, 1570.
1442 Vgl. hierzu BMF v. 12.04.2007, DStR 2007, 765.
1443 Vgl. Abschnitt 217b und c UStR 2008: z.B. werterhaltende Maßnahmen, frustrierte Planungsaufwendungen, in der Steuerbilanz aktivierungspflichtige sonstige Leistungen sowie (darüber hinaus) Beratungsleistungen.
1444 Vgl. Abschnitt 215 Abs. 8 UStR 2005, ferner NWB 2006, 695 = Fach 7, S. 6633.

C. Querschnittsdarstellungen

gem. § 4 Nr. 9 Buchst. a) UStG nicht möglich ist oder nicht erfolgt. Handelt es sich jedoch um eine Geschäftsveräußerung im Ganzen, führt der Käufer den Vorsteuerberichtigungszeitraum des Verkäufers fort, § 15a Abs. 10 UStG (Rdn. 3522). Er wird sich dann möglicherweise vor Berichtigungen schützen wollen, die vom Verkäufer gezogenen Vorsteuern betreffen und ihre Ursache in Umständen aus der Zeit vor Besitzübergang haben:

▶ Formulierungsvorschlag: Erstattungspflicht des Verkäufers bei Vorsteuerberichtigung zulasten des Käufers

Sollte das Finanzamt für Vorsteuerbeträge, die der Verkäufer geltend gemacht hat aufgrund eines **vor** dem Übergabetag liegenden Umstands (z.B. eines zuvor abgeschlossenen umsatzsteuerfreien Mietvertrags) eine Berichtigung gem. § 15a UStG zulasten des Käufers verlangen, hat der Verkäufer den Käufer von allen hieraus erwachsenden wirtschaftlichen Nachteilen freizuhalten. Der Verkäufer verpflichtet sich, dem Käufer die Zeitpunkte und Art der erstmaligen Verwendung sowie die Zeitpunkte und die Höhe der vorgenommenen Vorsteuerabzüge aus Herstellungs- und Anschaffungskosten des Kaufgegenstands und aus etwaigen sonstigen Leistungen i.S.d. § 15a Abs. 4 UStG auf Anfrage mitzuteilen und Kopien der entsprechenden Unterlagen und Belege auf erstes Anfordern auszuhändigen.

Soweit der Käufer durch einen Steuer- oder Haftungsbescheid in Anspruch genommen wird und deswegen einen Freistellungsanspruch gegen den Verkäufer aus diesem Kaufvertrag hat, ist er verpflichtet, dem Verkäufer unverzüglich den betreffenden Steuer- oder Haftungsbescheid in Kopie zur Verfügung zu stellen und auf dessen Verlangen Rechtsmittel (z.B. Einspruch, Widerspruch, Klage) einzulegen. Eventuell hierbei anfallende Kosten gehen zu Lasten der Partei, die die Einlegung des Rechtsmittels wünscht. Alle Freistellungsansprüche gegen den Verkäufer sind innerhalb von 10 Bankarbeitstagen nach Geltendmachung der Steuer durch die Abgabenbehörde fällig. Sie verjähren frühestens 6 Monate nach Ablauf der Festsetzungsfrist für den Erlass desjenigen Steuer- oder Haftungsbescheides, mit dem der Käufer wegen einer Vorsteuerberichtigung nach § 15a UStG, § 75 AO, § 11 Abs. 2 GrStG oder § 48 EStG in Anspruch genommen werden kann. Die Verjährung wird durch schriftliche Geltendmachung der Ansprüche gehemmt.

3569 Die Entnahme von Grundstücken aus dem Unternehmensvermögen (§ 3 Abs. 1b Nr. 1 UStG) wurde bis zum 30.06.2004 gem. § 4 Nr. 9 Buchst. a) UStG beurteilt, sodass eine Vorsteuerberichtigung drohte; seit 01.07.2004 beurteilt sie die Verwaltung bei nach diesem Zeitpunkt angeschafften oder hergestellten Gebäuden[1445] als umsatzsteuerpflichtig in dem Umfang, in dem bisher Vorsteuerabzugsberechtigung bestand.

3570 Wird umgekehrt in späteren Kalenderjahren ein Gebäude, das im ersten Jahr der Verwendung nicht einer unternehmerischen Tätigkeit zugeordnet wurde und zugeordnet werden konnte, später unternehmerisch genutzt, liegt kein Anwendungsfall des § 15a UStG vor, der nunmehr zumindest anteilig noch zum Vorsteuerabzug berechtigen würde. Wird also ein Gebäude zunächst in vollem Umfang z.B. zu privaten Wohnzwecken genutzt und später die unternehmerische Nutzung durch Umbau zu Büroflächen ermöglicht, ist der Vorsteuerabzug gleichwohl unwiderruflich verloren.[1446]

IV. Immobilienportfoliotransaktionen

1. Marktsegmente

a) Gesamtvolumen

3571 Das öffentliche und private Immobilienvermögen in Deutschland (nach geschätzten Grundstückswerten zuzüglich der Wiederbeschaffungswerte sämtlicher Gebäude) beläuft sich 2005 auf ca. 7.200 Mrd. €, dies sind 88 % des gesamten deutschen Anlagevermögens. Pro Jahr werden Immobilien

---

1445 BMF-Schreiben v. 13.04.2004, BStBl. I 2004, S. 469 (wegen der Seeling-Doktrin).
1446 Vgl. Abschnitt 214 Abs. 7 UStR 2005; krit. hierzu *Hiller* DStR 2005, 809.

mit einem Transaktionsvolumen von ca. 150 Mrd. € in Deutschland veräußert.[1447] Die Immobilienbranche erwirtschaftet ca. 8 % des inländischen Brutto-Produktionswerts (etwa 300 Mrd. €).[1448] Nach der Konsolidierung der Aktienmärkte (»neuer Markt«) sind inländische Immobilien als wertbeständige Alternativanlage seit der Jahrtausendwende – mit Höhepunkt im Jahr 2005 – verstärkt in das Bewusstsein institutioneller Anleger gerückt, insb. ausländischer Investoren (die im Jahr 2005 etwa drei Viertel des gesamten Volumens ausmachten).[1449]

Hinsichtlich der Anzahl der Transaktionen entfielen auf Wohnimmobilien ca. 20 %, auf Einzelhandels- und Büroimmobilien mehr als die Hälfte; in Bezug auf die Höhe des Transaktionsvolumens kehrt sich das Bild jedoch um: 43 % entfielen im Jahr 2005 auf Wohnimmobilien, 24 % auf Büroobjekte, 14 % auf Einzelhandelsobjekte. Dies zeigt, dass die Bündelung zahlreicher Einzelobjekte zu großen Portfolien v.a. im Wohnimmobilienbereich stattfand, insb. aus den Wohnungsbeständen in vormals öffentlichem Eigentum, bei ehemals gemeinnützigen Wohnungsbaugesellschaften oder in Industrieunternehmen. 3572

b) Wohnungsmarkt

Im Jahr 2005 existierten in Deutschland ca. 39,4 Mio. Wohneinheiten (demnach mit einer durchschnittlichen Haushaltsgröße von zwei Personen pro Einheit).[1450] Bis in die achtziger Jahre spielten hierbei der Siedlungs- und Geschosswohnungsbau (»Mietskasernen«, »Neue Heimat«) und im Osten Deutschlands der Plattenbau eine besondere Rolle, gelenkt auch durch soziale Wohnungsbauförderung und ergänzt durch die Wohnungsvorsorge von Industriebetrieben für ihre Stammbelegschaft (Betriebssiedlungen). Mit dem Auslaufen des sozialen Wohnungsbaus und der Eigenheimzulagenförderung zieht sich die öffentliche Hand zunehmend aus der Lenkung der Wohnungsversorgung zurück. Eine insgesamt stagnierende Bevölkerungszahl, der Niedergang traditioneller industrieller Regionen in Westdeutschland und die Entindustrialisierung Ostdeutschlands, damit einhergehende Wanderungsbewegungen von Ost nach West und von Nord nach Süd, sowie stagnierende Einkommen auf der einen Seite, die zunehmende Tendenz zu kleinen, v.a. Ein-Personen-Haushalten und der Anstieg der durchschnittlichen Wohnfläche pro Person um jährlich ca. 2 % auf der anderen Seite führen zwischenzeitlich zu einem sehr uneinheitlichen Gesamtbild: 3573

Während in rezessiven Regionen (z.B. Ruhrgebiet, Teile Niedersachsens, Bayerischer Wald, Nordhessen, Saarland, überwiegende Teile Ostdeutschlands) ein Wohnungsüberhang mit Leerständen und Verfall der Mieten und Immobilienpreise herrscht, zeichnen sich Ballungsregionen (München, Stuttgart, Frankfurt, Köln, Hamburg) weiterhin durch Wohnungsmangel aus.[1451] Dazwischen liegen Märkte, die zwar insgesamt konstant bleiben, sich jedoch intern differenzieren (z.B. Berlin: hochpreisige Lofts in der Innenstadt, Verdrängung sozial schwacher Mieter in die Randbereiche etc.) In westdeutschen Städten hat der Durchschnittspreis von Immobilien im Jahr 2005 wieder das Niveau von 1995 erreicht.[1452] Erst ab etwa dem Jahr 2020 wird die rückläufige Demografie nicht mehr durch eine Verkleinerung der Haushalte aufgefangen, in den neuen Bundesländern bereits ab etwa 2015.[1453] Demnach wird jedenfalls ab dem Jahr 2030 ein rapider Rückgang der Wohnflächennachfrage eintreten mit der Folge eines praktischen Überangebots v.a. in Ostdeutschland. 3574

1447 Frühjahrsgutachten »Immobilienwirtschaft 2006«, S. 162; dies ergibt Grunderwerbsteuereinnahmen von ca. 5 Mrd. € durchschnittlich pro Jahr.
1448 Antwort der Bundesregierung vom 15.10.2004 auf eine große parlamentarische Anfrage, BT-Drucks. 15/3928, S. 3.
1449 Vgl. im Einzelnen *van Kann* Immobilientransaktionen S. 37.
1450 Davon 31,6 Mio. in West-, 7,8 Mio. in Ostdeutschland, vgl. Bericht der DB Research »Wohnungsportfolios in Deutschland« v. 03.05.2005, S. 3.
1451 Vgl. *van Kann* Immobilientransaktionen S. 39.
1452 *Ummen/Johns* (Hrsg.), Immobilien-Jahrbuch Praxis & Recht 2005, S. 17.
1453 Bundesamt für Bauwesen und Raumordnung, Raumordnungsprognose 2020/2050.

C. Querschnittsdarstellungen

3575 Die Eigentumsquote in Deutschland ist (mit ca. 43 %) eine der niedrigsten in Europa (zum Vergleich: Norwegen ca. 85 %, Großbritannien ca. 65 %, Frankreich ca. 55 %).[1454] Vor diesem Hintergrund ist für viele Investoren die Privatisierung nach Aufteilung in Wohnungseigentum an die Mieter von besonderem Reiz; Schätzungen gehen davon aus, dass ca. ein Drittel der Mieter an einem Erwerb interessiert und in der Lage ist. I.R.d. Mieterprivatisierung lassen sich Preisaufschläge von ca. 50 % auf den Portfolio-Einkaufspreis erzielen. Hinzu kommt das häufig nicht ausgereizte Mietsteigerungspotenzial von bis zu 20 % binnen 3 Jahren sowie der Umstand, dass bei Wohnimmobilien häufig im Krisenfall der Grundsicherungsträger (»Hartz IV«) die Warmmiete bis zu bestimmten Grenzen übernimmt.[1455] Schließlich erfordern Investitionen auf dem Wohnungsmarkt im Vergleich zu alternativen Objektsparten (Hotel, Logistik, Heimimmobilien) kein besonderes Know-how.

3576 Insb. die Jahre 2000 bis 2006 waren demnach durch spektakuläre Transkationen (»Mega-Deals«) im Wohnimmobilienbereich gekennzeichnet:[1456]

– 2000: Verkauf von ca. 114.000 Eisenbahner-Wohnungen durch den Bund an die deutsche Annington Immobiliengruppe (4,1 Mrd. DM);
– 2003: Veräußerung von ca. 10.000 Wohnungen in Schleswig-Holstein und Hamburg durch die BIG-Heimbau AG an die deutsche Annington-Gruppe;
– 2004: Veräußerung von ca. 66.000 Wohnungen in Berlin an die Cerberus Capital Management LP durch Übernahme der Anteile der Berliner Gesellschaft GSW für 2,1 Mrd. €;
– 2004: Verkauf der GAGFAH-Gesellschaftsanteile mit 82.000 Wohnungen an die Fortress Investment Group, ca. 5 Mrd. €;
– 2005: Erwerb der Immobilientochter der Norddeutschen Landesbank (NILEG Immobilienholding GmbH) mit 30.000 Wohnungen seitens Fortress für 1,5 Mrd. €;
– 2005: Erwerb der Viterra Immobilien AG seitens der deutschen Annington Group mit ca. 150.000 Wohnungen für 7 Mrd. €;
– 2006: Veräußerung der WoBa GmbH mit 48.000 Einheiten an Fortress durch die Stadt Dresden für 1,74 Mrd. €; Dresden wird damit erste schuldenfreie Großstadt Deutschlands;
– 2006: Verkauf von 40.000 Wohneinheiten aus Immeo-Beständen (2004 erworben) durch Corpus/Morgan Stanley an Foncière Developement Logements für 2,1 Mrd. €.

3577 Die öffentliche Diskussion wird insb. nach den Veräußerungen kommunaler Wohnungsbestände zunehmend geprägt von der Sorge um eine Verdrängung sozial schwacher Bevölkerungsgruppen und die Herausbildung ungleicher Standards, sodass regelmäßig eine »Sozial-Charta« in solche Portfolien-Verkäufe eingearbeitet ist.[1457] Weitere Städte haben daher ihre Privatisierungsbemühungen gestoppt (Freiburg, Berlin[1458]). Dämpfend für die Zukunft wirken weiter die erschwerten Refinanzierungsbedingungen als Folge der Subprime-Loan-Krise 2007 und der bereits erreichte Anstieg der Quadratmeterpreise bei Portfolio-Transaktionen.[1459] Im Jahr 2008 stabilisiert sich der Markt bei geringeren Größenordnungen (500 bis 2000 Einheiten, Volumen pro Aktion zwischen 30 und 100 Mio. €) mit einem Durchschnittspreis i.H.v. 800 € je Quadratmeter, dem erste Investitionen in den übernommenen Bestand von ca. 25 € je Quadratmeter folgen. Insb. »Randbestände« werden durch Großinvestoren an regional verankerte Käufer weitergereicht. Bremsend wirkt auf Erwerberseite die »Kreditklemme« als Folge der Finanzkrise, auf Veräußererseite überhöhte Preisvorstellungen (16-faches statt der gebotenen 12 bis 14-fachen Jahresmiete).[1460]

1454 Feri Research Quarterly II/2006 v. 13.04.2006.
1455 In Berlin z.B. bis zu 342,00 € für einen Ein-Personen-Haushalt.
1456 Börsenzeitung v. 08.06.2006, »Verschleuderte Schätze«.
1457 Beispiel: Belegungsrechte für ca. 8.000 Wohnungen zugunsten der Stadt Dresden, Begrenzung der Mieterhöhung auf jährlich 3 %, zuzüglich Inflationsausgleich, lebenslanges Wohnrecht für alte oder behinderte Mieter.
1458 Die Stadt besitzt derzeit durch ihre Wohnungsbaukonzerne BBM, HOWOGE, GESOBAU, GGWO, GEWOBAG sowie »Stadt und Land« noch ca. 275.000 Wohnungen.
1459 Nach einem Bericht der Zeitschrift »Die Zeit« v. 16.03.2006 sind in Berlin die Quadratmeterpreise für mittelgroße Portfolien zwischen 800 und 3.000 Wohnungen zwischen 2001 und 2005 von 470,00 € auf 1.300,00 € je Quadratmeter gestiegen.
1460 Handelsblatt vom 10./12.10.2008, S. 38.

c) Gewerbeimmobilien

Der Markt für **Büroimmobilien** wird deutlich stärker von konjunkturellen Schwankungen beeinflusst, mit einem zweijährigen Zeitverzug aufgrund der Planungs- und Bauzeit (»time lag«): In der Baisse werden häufig diejenigen Büroflächen fertiggestellt, die in der vorangegangenen Hausse benötigt worden wären, sodass selbst an Top-Standorten hohe Leerstandsquoten eintreten (2005 in Frankfurt: 15 %). Dadurch werden ältere oder mit geringerer Lagequalität ausgestattete Büroflächen aus dem Markt gedrängt (»filtering through«-Effekt), und der Lebenszyklus von Bürogebäuden verkürzt sich. Durchschnittlich werden an Top-Bürostandorten relativ stabile Renditen von ca. 5 bis 6 % erzielt, was europäisch im mittleren Niveau liegt.[1461] Von besonderer Bedeutung sind »sale-and-lease-back«-Transaktionen durch Großunternehmen oder die öffentliche Hand, die zu einer deutlichen bilanziellen Verbesserung des veräußernden Unternehmens führen.

3578

Einzelhandelsimmobilien zeichnen sich durch noch stärkere Risikovolatilität aus (stetes Sinken der Umsatzrenditen im Kerngeschäft, große Flächenüberschüsse, Liquiditätsprobleme bei Einzelhandelsketten wie etwa Karstadt, sodass eigengenutzte Immobilien im »sale-and-lease-back«-Verfahren ausgesourct werden). Der prognostizierten Krise der Innenstädte begegnen die Betroffenen mit Revitalisierungsmaßnahmen nach dem Vorbild der kanadisch/englischen »Business Improvement Districts« (BID) sowie durch innovative »Shop-in-Shop«-Geschäfte in Galerien, um sich gegen Einkaufszentren am Stadtrand behaupten zu können. Erlebnis-Shopping-Center und Ladenlokale in 1A-Lagen können sich gegen den Internet-Handel am ehesten durchsetzen.[1462]

3579

d) Sonderimmobilien

Daneben treten **Sonderobjekte** wie etwa Hotel-, Freizeit- oder Pflege-Immobilien, bei denen eine allgemeine Marktprognose schwer ist. So wird bspw. der Bedarf an Pflegeleistungen mit dem Ausdünnen familiärer Netzwerke und dem Älterwerden der Bevölkerung bis 2020 um ca. 50 % zunehmen, andererseits aber auch die Tendenz zur Betreuung in der eigenen Wohnung, sodass die klassische Pflegeheim-Immobilie weniger attraktiv erscheint als die Entwicklung seniorengerechter Wohnungen mit fakultativen Betreuungsangeboten.[1463]

3580

2. Marktteilnehmer[1464]

a) Verkäufer

Als Verkäufer treten zunehmend Industrie-Unternehmen auf, die zur Entlastung ihrer Bilanz eigenbetrieblich genutzte Gebäude verkaufen und großvolumig zurückmieten. Die Reduzierung der hohen Eigennutzungsquote in Europa (67 % der betrieblich genutzten Immobilien stehen im Eigentum des Unternehmens; auf Immobilienvermögen entfallen ca. 70 % des Bilanzvolumens in deutschen Unternehmen)[1465] folgt dem Trend in den USA, wo lediglich 24 % der eigengenutzten Immobilien auch im Eigentum des Unternehmens stehen (Bilanzanteil: 30 %). Im Vordergrund steht bei börsennotierten Unternehmen die Aktivierung stiller Reserven, die Steigerung des Reinvermögens und damit die Einflussnahme auf den Börsenkurs sowie die Liquiditätsgewinne durch Wegfall der Eigenverwaltung; während mittelständische und kleine Betriebe von solchen Verkäufen eher absehen, um die Immobilie als Beleihungsobjekt zu behalten.

3581

Beispielhaft ist die Vermarktung von Telekom-Immobilien seit 2002 in einem Volumen von insgesamt 15 Mrd. € (»Magenta-Paket«) sowie der Verkauf von 174 Kaufhäusern durch Karstadt-Quelle an ein Joint-Venture unter Einschluss von Goldman-Sachs im Jahr 2005 für 3,7 Mrd. €.

3582

1461 Die früheren Hochrenditen an europäischen Standorten entwickeln sich zwischenzeitlich rückläufig, vgl. IVG-Immobilien-Parameter, 1. Quartal 2006.
1462 Vgl. im Einzelnen *van Kann* Immobilientransaktionen S. 52.
1463 www.immobilien-zeitung.de, 09.06.2006.
1464 Vgl. *van Kann* Immobilientransaktionen S. 57 ff.
1465 Börsenzeitung v. 25.02.2006 (»Strukturwandel bei Immobilien-Transaktionen in Deutschland«).

C. Querschnittsdarstellungen

Hinzu kommen geplante Werkswohnungsverkäufe (Volkswagen AG und Allianz AG: zusammen ca. 40.000 Wohnungen).

b) Käufer

3583 Auf Käuferseite differenzieren sich die einzelnen Nachfragegruppen stärker auseinander: Während Bauerwartungs- und Bauland sowie Abbruchobjekte überwiegend für Projektentwickler von Bedeutung sind, konkurrieren Privatinteressenten und institutionelle Anleger miteinander bei Bestandsimmobilien und Neubauobjekten. Private Investitionen haben den Vorzug rascherer Reaktionsmöglichkeit auf den Markt und besserer Kenntnis der lokalen Gegebenheiten, leiden jedoch häufig an der Überbewertung der steuerlichen Aspekte und an den Folgen riskanter Finanzierungsmodelle (Fremdwährungskredite, Mitfinanzierung des Disagio etc.) Ferner wird häufig die Performance-Kontrolle aufgrund emotionaler Affinität zum Objekt vernachlässigt.

3584 Im Bereich der institutionellen Anleger dominieren seit etwa 2002 deutsche und internationale **Equity-Fonds** sowie internationale Immobilienunternehmen, während deutsche offene Fonds eher als Verkäufer auftreten. Private Equity- und Opportunity-Fonds agieren eher als Zwischeninvestoren (Zeitfenster ca. 5 bis 7 Jahre, teilweise deutlich weniger), investieren also mit sofortiger Exit-Strategie. Sie planen entweder den Einzelverkauf an Mieter oder Kapitalanleger oder den En-bloc-Abverkauf durch Einbringung in Immobilien-Fonds bzw. G-REITS oder durch Veräußerung an andere institutionelle Anleger. Um die angestrebten Renditen von 10 bis 15 % nach Steuern und Inflationsabzug zu erreichen, müssen Verkäufe mit hohen Gewinnmargen, etwa als Ergebnis einer Mieterprivatisierung, zu laufenden Bewirtschaftsgewinnen hinzukommen. Fremdfinanzierungsquoten von bis zu 90 % versuchen bei risikofreudigen Fonds-Investoren eine starke Hebelwirkung auf das eingesetzte Eigenkapital[1466] zu erzielen.

3585 Eine Unterart bilden die angloamerikanischen **Opportunity-Fonds**. Diese geschlossenen Immobilien-Fonds, die nicht dem deutschen Investmentgesetz unterliegen, erwerben risikobehaftete und unterbewertete Pakete und verfolgen aggressive operative Strategien, um einen Einzelverkauf mit hohem Gewinn zu realisieren.[1467] **Offene Immobilienfonds** gem. §§ 66 ff. Investmentgesetz (InvG)[1468] werden dagegen i.d.R. von Banken und Versicherungen als Sondervermögen aufgelegt und treuhänderisch verwaltet; sie sind hinsichtlich der Zahl der Anleger und des Fonds-Volumens unbegrenzt und müssen (unmittelbar oder mittelbar) mindestens 51 % des Fonds-Vermögens in Immobilien, mindestens 5 % in liquiden Anlagen halten. Die jederzeitige Rückgabemöglichkeit der Anteilsscheine (§ 37 Abs. 1 InvG) ist nur in Notfallsituationen beschränkbar.[1469] (Nach Vertrauensverlusten[1470] und der Schließung einiger Fonds Ende 2005 werden sie mittlerweile deutlich attraktiver. Zur Verbesserung der Cooperate Governance hat der BVI (Bundesverband Investment und Asset Management e.V.) detailliertere Bewertungsverfahren vorgeschlagen (Einzelbewertung, Reporting im Halbjahresturnus anstelle der jährlichen Bewertung etc.); § 80b InvG fordert nunmehr ferner die Einführung geeigneter Risikomanagementsysteme.

3586 Die ca. 50 am DIMAX[1471] gelisteten **Immobilien-Aktiengesellschaften** sind überwiegend aus ehemaligen Industriebetrieben, die ihre produzierende Tätigkeit aufgegeben haben, oder durch Abspaltungen aus solchen entstanden. Ihre Bedeutung nimmt entgegen früherer Voraussagen eher ab.[1472] Dieser Prozess verstärkt sich durch die Einführung der steuerbefreiten German Real Estate Investment Trusts (G-REITs). Zur Vereinheitlichung der Berichterstattung und Ausfüllung verbleibender

---

1466 Vgl. *Kofner* Wohnungswirtschaft und Mietrecht Jhrg. 2006, S. 133.
1467 Vgl. *van Kann* Immobilientransaktionen S. 64.
1468 Zu dessen Novellierung durch Gesetz vom 28.12.2007 vgl. *Möller* ZfIR 2008, 528 ff.
1469 §§ 37 Abs. 2, 81 InvG; ferner erlaubt § 80c InvG die Einführung eines Erfordernisses vorheriger Kündigung aber einem Schwellenwert.
1470 Aufgrund unregelmäßiger Portfolio-Bewertungen.
1471 Ein durch das Frankfurter Bankhaus Ellwanger & Geiger initiierter Index für Immobilien-Aktiengesellschaften.
1472 Vgl. *Schulte/Bone-Winkel* Handbuch Immobilien-Investition, S. 585 ff.

Spielräume der International Financial Reporting Standards (IFRS) existieren für dieses Marktsegment sog. »best practice recommendations« der EPRA (European Public Real Estate Association).

Indizes spielen am Immobilienmarkt bisher nur eine geringe Rolle, zumal sie oft nicht auf am Markt gebildeten Preisen, sondern auf Bewertungen durch Gutachter basieren und nur einmal im Jahr angepasst werden, was die geringere Fungibilität im Vergleich zum Wertpapiermarkt reflektiert. Herausgebildet haben sich bspw. der Dix (Deutscher Immobilienindex der Investment Property Datenbank), der Immobilienindex von Bulwien-Gesa, der Deutsche Büro-Mietpotenzial-Index (BMX), der HPX (Preisentwicklung selbst genutzter Wohnungen, entnommen übrigens aus Kreditanträgen), der Deix (Deutscher Eigentums-Immobilienindex) des Forschungsinstituts Gewos (gestützt auf die Kaufpreissammlungen der 500 kommunalen Gutachterausschüsse), der Ofix (quartalsweiser offener Fonds-Immobilienindex, der die Performance offener Immobilien-Fonds für eins, 5 und 10 Jahre misst), der DIMAX (s. Rdn. 3586) sowie die Indices der Epra (European Public Real Estate Association). 3587

3. Transaktionsprozess

a) Share deal oder asset deal

Zu unterscheiden sind Verfahren der direkten Veräußerung größerer Immobilienbestände durch unmittelbare Übertragung des Eigentums (**asset deal**) einerseits, sowie der Übertragung der Anteile an einer die Immobilien besitzenden Gesellschaft (**share deal**), andererseits. Der share deal erfordert häufig erhöhten Prüfungsaufwand, da neben dem Objektbestand auch die Verhältnisse der zu übernehmenden Gesellschaft, insb. offene oder latente Verbindlichkeiten, zu prüfen sind. 3588

Die zivilrechtlichen Unterschiede[1473] zwischen beiden Transaktionsformen (Sachkauf einerseits, Rechtskauf andererseits) wurden durch die Schuldrechtsreform (§ 453 Abs. 1 BGB) weitgehend nivelliert; Abweichungen bestehen etwa noch hinsichtlich der gesetzlichen Vermutung der Kostentragung (§ 453 Abs. 2 BGB) sowie Laufzeit und Beginn der Verjährung von Mängelrechten (vgl. Rdn. 2029). Wird ohnehin der gesamte Grundbesitz der »Zielgesellschaft« übertragen, bietet der Share Deal den Vorteil, dass nicht die »leergeräumte Zielgesellschaft« als funktionsloser Mantel zurückbleibt. Umgekehrt lässt sich jedoch auch beim Asset Deal erreichen, dass der erworbene »Betrieb« im Ergebnis bei einer Tochtergesellschaft der Erwerbergesellschaft landet, die zu diesem Zweck vorab zu gründen ist (oder – mit zusätzlichem Aufwand – durch Aufspaltung der bzw. Abspaltung von der Erwerbergesellschaft entsteht). Soll umgekehrt i.R.d. Share Deal die Zielgesellschaft letztendlich in der Erwerbergesellschaft aufgehen, bedarf es ergänzender Maßnahmen (Verschmelzung, Einbringung, Veräußerung), die jedoch mit zusätzlichem, auch grunderwerbsteuerlichem, Aufwand verbunden sind. 3589

Der Asset Deal bietet, wenn nicht der gesamte Betrieb übergehen soll, den Vorteil der individuellen Auswahl der zu übertragenden Einzelwirtschaftsgüter und Verbindlichkeiten, Verträge und Rechtsverhältnisse, während umgekehrt der Share Deal, wenn ohnehin die Sachgesamtheit insgesamt erworben werden soll, die Beteiligten der Mühe enthebt, alle Rechtsverhältnisse im Einzelnen identifizieren zu müssen, da sie ohnehin weiterhin mit der Zielgesellschaft bestehen. Nur beim Share Deal kann der Firmenname miterworben werden (bei Kapitalgesellschaftsanteilen geschieht dies unmittelbar, bei Personengesellschaftsanteilen nur, wenn der Veräußerer gem. § 22 Abs. 1 HGB einwilligt); beim Asset Deal müsste die erwerbende Gesellschaft den Namen der zurückbleibenden, sich zuvor umfirmierenden (Firmenausschließlichkeitsgrundsatz: § 30 Abs. 1 HGB) Mantelgesellschaft annehmen. 3590

Während der Übergang von Personal sich beim Share Deal »zwangsläufig« vollzieht, tritt er beim Asset Deal nur rechtsgeschäftlich als Einzelrechtsnachfolge oder gesetzlich bei Vorliegen der Voraussetzungen des § 613a BGB (vgl. Rdn. 2542 ff.) ein; letzterer Übergang ist zudem mit der Widerspruchsmöglich- 3591

1473 Vgl. *Beck/Klar* DB 2007, 2819 ff.; *Schmidt/Niewerth* Kauf und Verkauf von Gewerbeimmobilien S. 181 ff.

C. Querschnittsdarstellungen

keit seitens des Arbeitnehmers behaftet, allerdings regelmäßig mit der Folge der betriebsbedingten Kündigung aufgrund Wegfalls des Arbeitsplatzes in der zurückbleibenden Mantelgesellschaft.

3592 Sollen Liefer-, Leistungs-, Leasing-, Dienstleistungs(etc.)verträge sowie öffentliche Genehmigungen und Konzessionen, die nicht ohnehin objektgebunden sind, vollständig übergehen, ohne dass dadurch eine Mitwirkung der Vertragspartner (die ggf. zu Nachverhandlungswünschen führt) ausgelöst wird, ist der Share Deal deutlich überlegen. Allerdings ist zu berücksichtigen, dass sich Vertragspartner zunehmend in Dauerschuldverhältnissen ein Sonderkündigungsrecht einräumen lassen, wenn der Anteilseigner auf der »anderen Seite« wechselt, sog. »change of control«-Klauseln. Beim Asset Deal bedarf es (ausgenommen objektgebundene Schuldverhältnisse, wie z.B. Mietverträge) der Zustimmung zum Vertragspartnerwechsel, anderenfalls vollzieht sich lediglich ein Schuldbeitritt mit interner Erfüllungsübernahmeabrede.

3593 Der unmittelbare Erwerb des Grundstücks wird durch den – nur bei positiver Kenntnis des Gegenteils entfallenden – Schutz guten Glaubens an die Inhaberschaft des Verkäufers und die Lastenfreiheit des Objektes im übrigen abgesichert. Beim share deal bietet allenfalls § 16 Abs. 3 GmbHG begrenzte Verlässlichkeit der Inhaberschaft von GmbH-Geschäftsanteilen in Gestalt bei drei Jahre lang unwidersprochen gebliebener Eintragung in der Gesellschafterliste; nicht möglich ist jedoch der gutgläubig lastenfreie Erwerb, der Erwerb nicht bestehender Anteile oder der Erwerb trotz vorangehender, noch bedingter Abtretung. Die due diligence muss beim share deal weit mehr Umstände einbeziehen (im Grunde alle Aktiva und Passiva). Ungesichert bleiben auch Veränderungen der Aktiva und Passiva bis zum Übertragungsstichtag (z.B. durch Verfügungen des Geschäftsführers über die Immobilie[1474]); vertragstechnisch werden regelmäßig im Anteilskaufvertrag die geschuldeten Bilanzpositionen in einer **Planbilanz** fixiert, die es dem Verkäufer ermöglicht, bestimmte Aktiva noch aus der Gesellschaft zu entfernen, ihn aber u.U. auch verpflichtet, bestimmte Passiva schuldbefreiend zu übernehmen.

3594 Die »steuerliche Vergangenheit« des Veräußerers bleibt beim Asset Deal grundsätzlich in dessen Verantwortungsbereich, nämlich bei der leergeräumten Mantelgesellschaft, zurück – eingeschränkt lediglich durch die Erwerberhaftung gem. § 25 HGB, wenn der Firmenname fortgeführt wird, sowie gem. § 75 AO (Rdn. 3524) bei der Übernahme des wirtschaftlichen Betriebs unter engen Voraussetzungen für die betriebsbezogenen Steuern; beim Share Deal gehen sie mit der übertragenen Gesellschaft zunächst in die Sphäre des Erwerbers über und müssen durch Steuerklauseln schuldrechtlich abgemildert werden. Da Steuernachforderungen des Fiskus oft erst nach Jahren geltend gemacht werden, stellt sich beim Share Deal das Zusatzproblem der Besicherung, etwa durch Hinterlegung eines Kaufpreisteils auf Treuhandkonto (Escrow-Fund), Bankbürgschaft etc.

3595 In der Steuerbilanz ermöglicht der Asset Deal (und der Share Deal bei Personengesellschaften, die ja steuerrechtlich im Ergebnis wie ein Asset Deal gewertet werden) die Möglichkeit der Kaufpreisabschreibung, soweit der Kaufpreis den Buchwert der übertragenen Vermögensgegenstände abzüglich übergehender Rückstellungen und Verbindlichkeiten übersteigt: Der positive Differenzbetrag ist beim Erwerber zunächst auf die Vermögensgegenstände bis zur Höhe der jeweiligen Verkehrswerte zu verteilen, der darüber hinausgehende Betrag als Goodwill zu bilanzieren und gem. § 309 HGB auf eine Nutzungsdauer von 15 Jahren abzuschreiben; auch im handelsrechtlichen Einzelabschluss besteht ein Wahlrecht für die Aktivierung dieses Goodwill (§ 255 Abs. 4 HGB).

3596 Beim Share Deal in Bezug auf Kapitalgesellschaften bilden dagegen in der Steuerbilanz die Anschaffungskosten (Kaufpreis und Nebenkosten) den Beteiligungsbuchwert an der erworbenen Gesellschaft, die nicht planmäßig abgeschrieben werden können, da Beteiligungen als nicht abnutzbare Vermögensgegenstände gelten. (Möglich sind lediglich die außerplanmäßigen Abschreibungen auf den Beteiligungsbuchwert, wenn der Wert des übernommenen Unternehmens nicht mehr den Kaufpreis rechtfertigt.). Anders liegt es im Konzernabschluss: Die bilanzielle Behandlung des Share Deals folgt dort denselben Grundsätzen wie beim Asset Deal (der das Reinvermögen der

---

[1474] Dies lässt sich allenfalls bannen, indem ab Vertragsschluss ein vom Käufer benannter weiterer Geschäftsführer bestellt wird, und der bisherige Geschäftsführer nur mit diesem gemeinsam vertretungsberechtigt ist.

erworbenen Gesellschaft übersteigende Kaufpreisanteil wird also auf die Buchwerte der Vermögensgegenstände bis zum Verkehrswert verteilt, der darüber hinaus verbleibende Goodwill in der Konzernbilanz planmäßig nach HGB abgeschrieben – anders bei Konzernbilanzierung nach IFRS oder US-GAAP: wegen des Impairment-only-approach kommt allenfalls die außerplanmäßige Abschreibung des Geschäfts- oder Firmenwerts bei dauerhaftem Verlust der Werthaltigkeit.)

Aus Erwerbersicht zeichnet sich der Asset Deal ertragsteuerrechtlich dadurch aus, dass er geeignet ist, den Überkaufpreis beim Erwerber in steuerliches Abschreibungspotenzial zu verwandeln, soweit er auf abnutzbare Wirtschaftsgüter entfällt. Beim Veräußerer entsteht ein entsprechender Veräußerungsgewinn.[1475] Identisch ist die Rechtslage beim Erwerb von Anteilen (Share Deal) an Personengesellschaften, der steuerrechtlich wie ein Asset Deal behandelt wird (Verteilung des das Reinvermögen der erworbenen Personengesellschaft übersteigenden Kaufpreises in einer steuerlichen Ergänzungsbilanz auf die Vermögensgegenstände), sodass sich auch dort steuerwirksames Abschreibungspotenzial beim Erwerber bildet. Aus Erwerbersicht sind also Asset Deal oder aber ein Share Deal über Personengesellschaftsanteile ertragsteuerlich optimal. 3597

Aus Veräußerersicht ist hingegen die optimale Gestaltung der Share Deal über Kapitalgesellschaftsanteile, sofern der Veräußerer selbst Kapitalgesellschaft ist, aufgrund der 95 %igen Körperschaft- und Gewerbesteuerfreiheit von Gewinnen aus der Veräußerung von Anteilen an Kapitalgesellschaften. Bei der Veräußerung von Anteilen an Einzelunternehmen oder Personengesellschaften durch Privatpersonen entsteht ein Veräußerungsgewinn, der allenfalls durch den ermäßigten Steuersatz des § 34 Abs. 3 EStG ab dem 55. Lebensjahr bei Veräußerungsgewinnen bis 5 Mio. € abgemildert wird; veräußert schließlich eine Privatperson Anteile an Kapitalgesellschaften über 1 %, gilt das Halbeinkünfte-, seit 2009 das Teileinkünfteverfahren (Besteuerung von nunmehr 60 % des Gewinns), gleichgültig ob sie im Privat- oder im Betriebsvermögen der Einzelperson gehalten wurden. 3598

Die Möglichkeit der Nutzung von Verlusten des übergehenden Betriebs besteht allenfalls beim Share Deal, ist jedoch dort seit 2009 durch § 8c KStG deutlich eingeschränkt und entfällt insgesamt, wenn mehr als 50 % oder Stimmrechte der Zielkapitalgesellschaft übertragen werden. 3599

Wird der Erwerb durch Kredite finanziert, fällt die Absicherung der Kredite über die erworbenen Vermögensgegenstände beim Asset Deal leicht (Vorwegfinanzierungserlaubnis, Rdn. 1333 ff.), beim Share Deal bedürfte es der (bei Kreditgebern weniger beliebten) Verpfändung der erworbenen Gesellschaftsanteile. 3600

Die steuerliche Berücksichtigung des Finanzierungsaufwands auf Erwerberseite ist nur beim Asset Deal sowie beim Share Deal über Personengesellschaftsanteile gegeben, während beim Share Deal über Kapitalgesellschaftsanteile, die im Privatvermögen gehalten werden, das mit der Abgeltungsteuer 2009 eingeführte Werbungskostenabzugsverbot entgegensteht (werden sie im Betriebsvermögen der natürlichen Person auf Erwerberseite gehalten, können immerhin 40 % der Schuldzinsen abgezogen werden: Teileinkünfteverfahren). Erwirbt eine Kapitalgesellschaft Anteile an der Kapital-Zielgesellschaft, besteht ebenfalls ein Verrechnungsverbot (da umgekehrt auch die Gewinnausschüttungen nur zu 5 % versteuert werden), sofern keine Organschaft begründet wird. 3601

Grunderwerbsteuerlich führt der Asset Deal stets zur Besteuerung, während sich beim Share Deal die Möglichkeit der Steuervermeidung durch Rückbehalt von etwas mehr als 5 % der Anteile eröffnet (§§ 1 Abs. 2a und Abs. 3 GrEStG, vgl. Rdn. 3446 ff.). 3602

Dem Sacherwerb an der Immobilie oder Anteilserwerb an der Objektgesellschaft stehen **Kapitalmarkttransaktionen** ggü., die das »wirtschaftliche Eigentum« an Immobilien verbriefen und in Form von Wertpapieren (Immobilienaktien, Anteile an geschlossenen Immobilienfonds oder Spezialfonds etc.) platzieren. Letztere bedienen sich also des Instruments der Börseneinführung 3603

1475 Die früher bei veräußernden Kapitalgesellschaften bestehende Möglichkeit, zumindest körperschaftsteuerlich eine Neutralisierung des Veräußerungsgewinns über eine ausschüttungsbedingte Teilwertabschreibung auf den Beteiligungsbuchwert der bei ihm verbliebenen Mantelgesellschaft zu erlangen, besteht nicht mehr.

C. Querschnittsdarstellungen

(Aktienemission), der Auflage eines Fonds (Anteilsscheinausgabe) oder der Fremdkapitalverbriefung (Anleiheemission, sog. »securitisation«).

3604 Zu unterscheiden ist schließlich zwischen dem Erwerb einer Einzelimmobilie und der Zusammenfassung mehrerer Objekte zu einem »**Portfolio**«, um die Transaktionskosten zu senken und die Mindestschwelle für das Investoreninteresse zu erreichen (teilweise auch um weniger attraktive Objekte »beizumischen«).

b) Prozesse zur Gewinnung und Auswahl von Investoren

3605 Schwierig ist bei Portfolio-Transaktionen die Wahl des Verfahrens zur **Gewinnung von Investoren**:
- exklusive bilaterale Verhandlungen (»Off-Market-Verfahren«, im Hinblick auf die Findung des »fairen Preises« die unsicherste Alternative);
- gezielte Ansprache eines Investorenkreises von ca. zwei bis fünf Interessenten unter Ausschluss der Öffentlichkeit;
- kontrollierte Auktion mit Einladung an Investoren zur Prüfung des Kaufgegenstands und Abgabe entsprechender Gebote;
- schließlich die öffentliche Auktion durch allgemeine Anzeigenveröffentlichung oder Pressemitteilung.[1476]

3606 In der Praxis der letzten Jahre hat sich insb. das **kontrollierte Auktionsverfahren** bewährt, da es dem Verkäufer weitgehende Kontrolle des Verkaufsprozesses erhält. Es setzt eine eingehende Vorbereitungsphase (vendors‹ due diligence) mit genauer Analyse und Segmentierung des Immobilienbestands voraus, dem die gleichzeitige Ansprache infrage kommender Erwerber folgt. Letztere sollen auf der Grundlage vorläufiger Informationen innerhalb eines bestimmten Zeitraums ein erstes Kaufangebot abgeben. Die Investoren, welche vielversprechende indikativen Angebote abgegeben haben, werden zur vertiefenden due diligence (mehrere Bewerber parallel miteinander) eingeladen. Dieser folgt ein finales Angebot, das in Endverhandlungen bis zur Vertragsunterzeichnung mündet.

4. Typische »deal points«

3607 Im Rahmen von Portfolio-Transaktionen (»asset deals«, »share deals« und »sale and lease back deals«) haben sich in den letzten Jahrzehnten standardisierte Vertragsbedingungen herausgebildet, die zu nahezu identischen regelungsbedürftigen Punkten Bestimmungen treffen. Diese fallen in Boom-Zeiten (wie bis zum Jahr 2007 und seit Anfang 2010) eher verkäuferfreundlich, in Zeiten der Krise (wie zwischen Sommer 2008 und Ende 2009) eher käuferfreundlich aus. Sie werden angesichts der angloamerikanisch geprägten Terminologie solcher Klauseln als »deal points« bezeichnet und sind in allen Immobiliensparten (insb. Handelsimmobilien – retail –, Büroimmobilien – office –, Wohnimmobilien – residential – und Logistikimmobilien) anzutreffen.[1477]

Besonders typisch sind neben Regelungen zur Kaufpreisanpassung (vgl. Rdn. 1038) sowie die nachfolgend dargestellten Klauseln im Bereich der Sach- und Rechtsmängelhaftung des Verkäufers:

a) Selbstständige Garantien

3608 Transaktionsverträge enthalten regelmäßig ein in sich geschlossenes, die Sachmängelrechte des BGB verdrängendes System eigenständiger vertraglicher Haftungsversprechen des Verkäufers im Sinn privatautonom gesetzter, selbstständiger und verschuldensunabhängiger Garantien gem. § 311 Abs. 1 BGB. Darin werden die Tatbestände, für die der Verkäufer einzustehen hat, sowie die Rechtsfolgen bei einer Verletzung der Garantie abschließend definiert.[1478] Typisch ist dabei eine Beschränkung der Käuferrechte auf Naturalrestitution oder Geldersatz, unter weitgehender Zurückdrängung des

---

1476 Vgl. im Einzelnen *Saemann/Schlüter* in: van Kann Immobilientransaktionen, S. 78 ff.
1477 Vgl. eingehend *Zerr/Giersch* CMS Real Estate Deal Points Study, 2010 sowie 2011 (beziehbar unter volker.zerr@cms-hs.com), Zusammenfassung in ZfIR 2011, 214 ff.; Fortschreibung in ZfIR 2012, 106 ff.
1478 Vgl. *Brück/Sinewe* Steueroptimierter Unternehmenskauf, S. 238 ff.

Rücktrittsrechts. Weniger belastend als solche Garantien – die auf die objektive Sachverhaltslage abstellen – sind für den Verkäufer bloße Kenntnisklauseln (»nach bestem Wissen und Gewissen«); insoweit bedarf es jedoch einer ergänzenden Bestimmung, ob und in welchem Umfang der Verkäufer auch für die Kenntnis bestimmter Wissensrepräsentanten einzustehen hat.

Wenn überhaupt, werden **Rücktrittsrechte** nur aufrechterhalten für den Zeitraum zwischen Vertragsschluss und Vertragsdurchführung (closing), beschränkt auf Fälle nachteiliger Veränderung entscheidender Parameter (sog. »MAC-Klauseln«, material adverse change, »wesentliche nachteilige Veränderung« der Transaktionsumstände).[1479] Schwierig ist die Definition der Schwelle, bei deren Überschreitung die Lösung vom Vertrag in Betracht kommt, z.B. bei einem Kaufvertrag über ein Gewerbemietobjekt anknüpfend an Beschädigungen bzw. Zerstörungen des Objekts in einem solchen Umfang, dass Mieter in Bezug auf mehr als 50 % der vermietbaren Fläche zur außerordentlichen Kündigung der Mietverträge berechtigt wären. 3609

Der Vertrag könnte den Charakter und die möglichen Verletzungsfolgen solcher Zusagen etwa wie folgt wiedergeben: 3610

▸ Formulierungsvorschlag: Selbständiges Garantieversprechen in Immobilientransaktionen

Der Verkäufer steht dem Käufer in Form eines selbständigen Garantieversprechens gemäß § 311 Abs. 1 BGB (kurz: »Garantie«) dafür ein, dass die nachfolgend unter Nr. 1 bis Nr. ..... wiedergegebenen Aussagen zum Zeitpunkt der Beurkundung dieses Vertrags, die zu Nr. ..... bis Nr. ..... wiedergebenen Aussagen auch zum Zeitpunkt des Besitz- und Lastenübergangs (»Stichtag«) richtig und vollständig sind. Sofern eine oder mehrere dieser Garantien des Verkäufers im maßgeblichen Zeitpunkt unrichtig oder unvollständig sein sollten, hat der Verkäufer den Käufer unverzüglich auf Verlangen so zu stellen, wie er stünde, wenn die Garantien des Verkäufers richtig und vollständig gewesen wären (Naturalrestitution). Statt dessen kann der Käufer auch Schadensersatz statt der Leistung verlangen.

(Zusatz bei share deals: Nach Wahl des Käufers kann die Naturalrestitution auch so erfolgen, dass nicht der Käufer, sondern die erworbene Gesellschaft selbst in den Zustand versetzt wird, in dem sie sich befände, wenn die Garantie richtig und vollständig gewesen wäre).

Sonstige, etwa kraft Gesetzes bestehende Rechte als Folgen einer Vertragsverletzung, insbesondere Rücktritts- oder Minderungsrechte, sind ausgeschlossen.

b) Zeitlicher Bezugspunkt

I.d.R. werden sowohl Garantien als auch. Kenntnisklauseln auf den Stichtag des Vertragsabschlusses (Beurkundung, »signing«) bezogen. Da zwischen signing und Vertragsvollzug (Übergangsstichtag, sog. »closing«) typischerweise der Verkäufer weit mehr Einfluss und Überprüfungsmöglichkeiten in Bezug auf das Erwerbsobjekt hat, werden zumindest materiell wichtige Garantien oft zusätzlich auf den Zeitpunkt des closing bezogen (sog. »**bring-down**«). Als minderbelastende Variante einer solchen zeitlichen Verlängerung kann der Vertrag auch bestimmen, dass der Verkäufer verpflichtet sei, die beim Vertragsschluss offengelegten Umstände und Informationen (sog. »disclosures«) zum Zeitpunkt des closing auf den neuesten Stand zu bringen. Letzteres empfiehlt sich freilich nur, wenn der Vertrag sich auch dazu verhält, welche Reaktionsmöglichkeiten dem Käufer bei gravierenden Änderungen dieser offenzulegenden Sachverhalte zu Gebote stehen. 3611

c) De-minimis-, basket-, cap-Klauseln

Als Reaktion auf die mitunter ausufernden Kataloge von Garantietatbeständen wird der Verkäufer bei Transaktionsverträgen bemüht sein, Bagatellverletzungen (in prozentualer Relation zum Kaufpreis) auszuschließen.[1480] Häufig finden sich solche De minimis – Klauseln in Kombination mit sog. »Bas- 3612

1479 Vgl. *Kindt/Stanek* BB 2010, 1490 ff.
1480 Nach den Erhebungen von *Zerr/Giersch* ZfIR 2011, 214, 217, finden sich solche De-minimis-Klauseln Mitte 2010 in 50 % aller Transaktionen (während der Finanzkrise des Jahres 2008/9 jedoch nur in 8 % aller Verträge).

C. Querschnittsdarstellungen

ket-Klauseln«, denen zufolge Garantieansprüche nur dann geltend gemacht werden können, wenn alle individuellen Ansprüche, die ihrerseits jeweils die Mindestschwelle überschritten haben, einen Gesamtbetrag (je nach Transaktionshöhe zwischen 0,5 % und 3 % des Kaufpreises) übersteigen.

3613 Hierzu

▶ **Formulierungsvorschlag: Basket-Klausel in Transaktionsverträgen**

Der Verkäufer haftet wegen einer Verletzung der in Abschnitt ..... abgegebenen Garantien auf Naturalrestitution oder Schadensersatz statt der Leistung nur, soweit (1) der Betrag des einzelnen Anspruchs ..... Euro überschreitet und (2) die Summe aller Einzelansprüche, die den Voraussetzungen in (1) genügen, ihrerseits einen Gesamtbetrag von ..... Euro übersteigt; die Haftung des Verkäufers ist auf den letztere Gesamtsumme übersteigenden Betrag beschränkt.

3614 Weiter werden – insb. seitdem sich der Transaktionsmarkt von der Finanzmarktkrise erholt hat – auf Betreiben des Verkäufers Haftungshöchstgrenzen (sog. »caps«) vereinbart, die den Gesamtbetrag aller Ansprüche, wegen derer der Verkäufer als Folge einer Verletzung von Garantien in Anspruch genommen werden kann, auf eine Höchstsumme beschränken.

d) Ausschluss bei Kenntnis

3615 Gem. § 442 Abs. 1 Satz 1 BGB sind die gesetzlichen BGB-Sachmängelrechte des Käufers ausgeschlossen, wenn er vorvertraglich (etwa als Ergebnis der von ihm selbst durchgeführten due diligence, vgl. Rdn. 244 ff.), oder aufgrund des Vertragsinhalts, bzw. als Folge der Übergabe eines Offenlegungsschreibens (sog. »disclosure letter«), während der Beurkundungsverhandlung oder durch die Angaben in den Anlagen zum Transaktionsvertrag bzw. der hierfür gefertigten Verweisungsurkunde (»disclosure schedules«) positive Kenntnis vom Mangel hat. Gleiches gilt, wenn ihm der Mangel infolge Fahrlässigkeit unbekannt geblieben ist (§ 442 Abs. 1 Satz 2 BGB), es sei denn, der Verkäufer hätte den Mangel arglistig verschwiegen oder eine Garantie übernommen.

3616 Der Transaktionsvertrag sollte sich zum einen dazu verhalten, ob – sofern dem Käufer Gelegenheit zur umfassenden due diligence gegeben wurde – eine nicht, nicht vollständig oder nicht sorgfältig vorgenommene Due-diligence-Prüfung den Vorwurf der groben Fahrlässigkeit i.S.d. § 442 Abs. 1 Satz 2 BGB begründen kann oder nicht (vgl. hierzu Formulierungsvorschlag in Rdn. 2005), zum anderen, ob die im Transaktionsvertrag typischerweise vereinbarte selbstständige Verkäufergarantie i.S.d. § 311 Abs. 1 BGB (oben Rdn. 3608) ebenfalls zu einer Aufrechterhaltung der Mängelrechte führen kann, selbst wenn der Vorwurf grobfahrlässiger Unkenntnis erhoben werden könnte. Typischerweise wird im Bereich der selbstständigen Garantien der Einwand des § 442 Abs. 1 Satz 2 BGB (der gesetzlich gemünzt ist auf die unselbstständigen Beschaffenheitsgarantie i.S.d. § 443 BGB) ausgeschlossen, sodass nur tatsächliche positive Kenntnis schadet, wobei auch insoweit eine Abgrenzung des Kreises der Wissensrepräsentanten, deren Kenntnis sich der Käufer zuzurechnen hat, sich empfiehlt.

e) Verjährungsfristen

3617 Die beim asset deal im Zweifel 5-jährige Verjährungsfrist (§ 438 Abs. 1 Nr. 2 BGB), beim share deal (Kauf eines Rechts) im Zweifel 2-jährige Verjährungsfrist für Mängelrechte (§ 438 Abs. 1 Nr. 3 BGB) wird in Transaktionsverträgen typischerweise abweichend geregelt, oft im Sinn einer grundsätzlich kürzeren Verjährungsfrist (die jedoch für einzelne Umstände unterschiedlich gestaltlich gestuft ist). Handelt es sich um Umstände, die typischerweise erst durch künftige Untersuchungen oder behördliche Maßnahmen (etwa eine Betriebsprüfung, zu erlassende Steuerbescheide o.ä.) offenbar werden, knüpft die Verjährung an diese Umstände an.

f) Absicherung der Mängelrechte

3618 Bei Transaktionsverträgen werden die möglichen Mängelrechte des Käufers zumindest für die Zeit der Verjährung (vorstehend Buchst. e) abgesichert. Dies kann etwa geschehen durch Hinterlegung eines Teils des Kaufpreises auf Notaranderkonto bzw. auf ein Gemeinschaftskonto, über das Käufer und Verkäufer nur gemeinsam verfügen können, durch Bankgarantie, Bürgschaft einer dritten Partei oder durch schlichten Kaufpreiseinbehalt. Soweit Hinterlegung auf Notaranderkonto stattfindet, wird der Notar, da er zu eigener Untersuchung der Auszahlungsvoraussetzungen kaum in der Lage ist, stets die übereinstimmende Anweisung beider Parteien, die ggf. im Prozessweg zu erstreiten ist, vorschlagen.

V. Geschlossene Immobilienfonds

Auch nach dem Auslaufen steuerorientierter Fonds bleiben geschlossene Immobilien-Fonds eine wichtige Anlageklasse (1. Halbjahr 2008: ca. 4,5 Mrd. € platziertes Eigenkapital).[1481] Sie sind zumeist als (vermögensverwaltende) KG oder als (gewerblich geprägte) GmbH & Co. KG konzipiert, seltener in der Rechtsform einer GbR (zur Vermeidung der außerhalb einer Individualvereinbarung nicht beschränkbaren akzessorischen Haftung, § 128 HGB analog, des Gesellschafters – nicht des Treugebers – für die GbR-Verbindlichkeiten, Rdn. 312). Kleinere Projekte bis zu 10 Mio. € werden häufig in einem persönlich oder beruflich miteinander bekannten Teilnehmerkreis realisiert (»private placement«), größere Fonds werben über 1000 Gesellschafter an. Der Personengesellschaftsvertrag[1482] ist nur dann **beurkundungspflichtig**, wenn der Gesellschaftszweck auf den Erwerb oder die Einbringung einer bestimmten Immobilie gerichtet ist, nicht aber im Fall der allgemeinen Absicht, Grundbesitz zu erwerben, (Rdn. 447)[1483] es sei denn, das Vehikel der Personengesellschaft würde zu Umgehungszwecken genutzt.[1484] Formnichtige Verträge werden durch Eintragung des Fonds selbst (nicht nur eines Treuhänders) im Grundbuch als Eigentümer wohl[1485] geheilt.[1486]

3619

Der **Beitritt** (im Wege der Anteilsabtretung oder durch Begründung einer neuen Beteiligung) ist – abgesehen wiederum von Umgehungsfällen, Rdn. 751 und abgesehen vom Beitritt zu Gesellschaften, deren Erwerbs-[1487] oder Rückübertragungsverpflichtung[1488] noch nicht erfüllt ist, schließlich abgesehen von Sachverhalten, bei denen der Beitretende im Fall der Auflösung bedingte Erwerbsverpflichtungen übernimmt[1489] – nicht beurkundungsbedürftig, erst recht nicht die Begründung bloßer Treuhandpositionen; es ist fraglich, ob eine gewillkürte Beurkundung des Beitritts im Hinblick auf § 312 Abs. 3 Nr. 3 BGB ein etwaiges Haustür-Widerrufsrecht des Anlageinteressenten und die entsprechende Belehrung vermeiden kann.[1490] Zum Risiko unwirksamer Beitrittsvollmachten (Verstoß gegen das Rechtsberatungsgesetz) vgl. Rdn. 473.

3620

Häufig wird bei geschlossenen Fonds nicht nur tatsächlich ausschüttungsfähiger Gewinn i.S.d. § 169 Abs. 1 Satz 2 HGB ausgezahlt, sondern auch sonstige Liquidität. Nur wenn diese Abweichung vom Gesetz im Gesellschaftsvertrag klar vereinbart oder durch eindeutigen Beschluss der Versammlung gebilligt wird, steht der Gesellschaft (bzw. dem Insolvenzverwalter) kein Rückfor-

3621

1481 Hierzu und zum folgenden *Wagner* ZNotP 2009, 48 ff. und 101 ff; zu notleidenden geschlossenen Fonds Wagner ZNotP 2011, 291 ff. und ZNotP 2012, 45 ff.
1482 Und ggf. damit verbundene Verträge aus dem »Gesamtbündel«, z.B. der Platzierungsgarantievertrag bei noch nicht abgeschlossenem Grunderwerb: mittelbarer Eintritt in die Grunderwerbsverpflichtung aufgrund der Pflicht zum Erwerb der nicht platzierten Anteile.
1483 BGH, NJW 1978, 2505; *Loritz/Wagner* Konzeptionshandbuch Bd. II, Rz. 189.
1484 BGHZ 86, 367, 371.
1485 Vgl. die bei Rdn. 447 geäußerten Bedenken.
1486 *Binz/Mayer* NJW 2002, 3058.
1487 Nach BGH NJW 1996, 1272, genügt es allerdings für die Beurkundungsfreiheit des Beitritts, dass der Fonds bereits ein Ankaufsangebot abgegeben hat.
1488 Z.B. bei Verträgen mit der öffentlichen Hand und bei Immobilienleasingverträgen.
1489 Z.B. wenn im Fall der Auflösung des Fonds der Beitretende ein bestimmtes Wohnungseigentum zu übernehmen hat, sog. »Hamburger Modell« (BGH NJW 1978, 2505).
1490 Die EG-Haustürwiderrufsrichtlinie 85/577577/EWG sieht das Entfallen eines Widerrufsrechts allein aufgrund notarieller Form nicht vor; unterbleibt die dennoch notwendige Belehrung, handelt es sich um einen fehlerhaften Beitritt zur Gesellschaft, dessen europarechtliche Einwertung der BGH, 05.05.2008 – II ZR 292/06, ZGS 2008, 271, dem EuGH vorgelegt hat.

derungsrecht ggü. dem Ausschüttungsempfänger (§ 812 Abs. 1 BGB) zu. Allerdings lebt stets die Außenhaftung ggü. Gläubigern wieder auf (§§ 171 Abs. 1, 172 Abs. 4 Satz 1 BGB).

3622 Im Verhältnis zwischen Gesellschaftern, auch den Gründungsgesellschaftern und später beitretenden Gesellschaftern, ist bei Publikumsgesellschaften die Treuepflicht deutlich reduziert; v.a. Treuhand-Kommanditisten können jedoch besondere **Aufklärungspflichten** treffen.[1491] Ähnliches gilt wohl für sonstige Gründungsgesellschafter, die ggü. künftigen Gesellschaftern persönliches Vertrauen für sich in Anspruch nehmen, etwa vertretungsberechtigte Personen.

3623 Gefährlich aus Anlegersicht sind ferner etwaige **Nachschusspflichten** (Abweichung von § 707 BGB). Sie bedürfen einer eindeutigen Regelung im Gesellschaftsvertrag oder aber in der Beitrittserklärung.[1492] Nur wenn die Höhe der Beiträge im Vertrag eindeutig bestimmbar ist, kann die Einforderung ohne Beschluss als »Geschäftsführungsmaßnahme« erfolgen.[1493] Sind jedoch die Gesamtbeiträge eines Gesellschafters bereits zahlenmäßig fixiert und sollen durch Beschluss Nachschüsse angefordert werden können, bedarf eine solche Möglichkeit der Eingrenzung bereits in der Satzung, etwa durch Festlegung einer Obergrenze oder sonstiger Kriterien, die das Erhöhungsrisiko eingrenzen.[1494] Eine bloße Mehrheitsklausel reicht, wenn im Vertrag selbst die Nachschusspflicht nicht ausreichend geregelt ist, nicht.[1495] Nur in engen Grenzen, nämlich wenn die Nachschussanforderung im Gesellschaftsinteresse zwingend geboten ist und dem Gesellschafter unter Berücksichtigung seiner schutzwürdigen Belange zumutbar, kann der Gesellschafter daran gehindert sein, sich auf die Unwirksamkeit einer Abweichung von § 707 BGB zu berufen.[1496] Allein i.R.d. Auseinandersetzung können sich Nachschusspflichten (i.S.d. § 735 BGB) aus einer Auseinandersetzungsrechnung zur Schuldendeckung ergeben.[1497]

3624 Mit seinem Urt. v. 19.10.2009 (»**Sanieren oder Ausscheiden**«)[1498] hat der BGH den Zwangsausschluss sanierungsunwilliger Anleger aus einer Fonds-Gesellschaft per Gesellschafterbeschluss ermöglicht, sodass die zur Leistung eigener Beiträge nicht bereiten Anleger nicht als »Trittbrettfahrer« den Sanierungserfolg der leistungswilligen Mitgesellschafter anstrengungslos sich zu eigen machen können. Erforderlich ist jedoch, dass (1) die Sanierungsbeiträge angemessen sind und freiwillig übernommen werden, (2) im Fall der Nichtsanierung die Zerschlagung des Fonds aufgrund Liquidation oder Insolvenz droht, und (3) der auf den einzelnen Gesellschafter anteilig entfallende Auseinandersetzungsnachschussbetrag den hypothetischen Liquidationsfehlbetrag nicht überschreitet, und (4) schließlich der Verbleib der sanierungsunwilligen Gesellschafter für die sanierenden Mitglieder unzumutbar ist. Letzteres ist bspw. der Fall, wenn die Entschuldung durch die leistenden Gesellschafter eine Gewinnteilnahme auch der nicht mitwirkenden Gesellschafter ermöglicht. Dieses Konzept »Sanieren oder Ausscheiden« ist auch auf die in der Praxis regelmäßig anzutreffende GmbH & Co. KG übertragbar.[1499] Für die GbR hat der BGH die Übernahme dieser Grundsätze bereits bestätigt.[1500]

3625 Gesellschafter von Publikums-GbR, etwa geschlossenen Immobilien-Fonds, konnten sich jedenfalls seit der BGH-Entscheidung vom 30.04.1997[1501] darauf verlassen, nicht mit ihrem Privatvermögen für **Verbindlichkeiten der GbR zu haften**, es sei denn, der geschäftsführende Gesellschafter besaß bei der Eingehung solcher Verbindlichkeiten ausdrückliche Vertretungsmacht auch für den einzelnen Gesellschafter oder letzterer wäre der Schuld beigetreten. Mit der Übertragung der Normen zur OHG, insb. §§ 128, 130 HGB, auf die jedenfalls seit der Entscheidung vom Januar 2001

1491 BGH, 13.07.2006 – III ZR 361/04, WM 2006, 1621; *Wagner* ZNotP 2009, 51 f.
1492 BGH, 03.12.2007 – II ZR 304/06, NZG 2008, 335.
1493 BGH, 23.01.2006 – II ZR 306/04, NZG 2006, 306.
1494 BGH, 04.07.2005 – II ZR 354/03, BKR 2007, 339, 340; *Wagner* DStR 2006, 1044.
1495 BGH, 21.05.2007 – II ZR 96/06, ZNotP 2007, 347.
1496 BGH, 04.07.2005 – II ZR 354/03, BKR 2007, 339, 341.
1497 BGH WM 1993, 1340.
1498 BGH, 19.10.2009 – II ZR 240/08, ZfIR 2010, 503; hierzu *Deutscher* ZfIR 2010, 481; *Westermann* NZG 2010, 321 ff.
1499 *Gehling* BB 2011, 73, 78; *Deutscher* ZfIR 2011, 505, 513 ff.
1500 BGH, 25.01.2011 – II ZR 122/09, ZIP 2011, 768.
1501 II ZR 137/78, BGHZ 74, 240.

V. Geschlossene Immobilienfonds

teilrechtsfähigen Außen-GbR (Rdn. 309 ff.) hat sich diese Rechtslage geändert. Aus Gründen des Vertrauensschutzes findet die neue Rechtsprechung, wonach der originär oder später beigetretene Gesellschafter ohne Weiteres für Gesellschaftsschulden akzessorisch haftet, nur auf Gesellschafterstellungen Anwendung, die nach dem 07.04.2003 begründet wurden,[1502] vgl. Rdn. 313. Der BGH hat allerdings (etwa mit Blick auf sog. Berlin-Fonds) zwischenzeitlich diesen Grundsatz aufgeweicht und stellt verstärkt auf die Kenntnis von bestehenden (Kredit-) Verbindlichkeiten des Fonds beim Beitritt ab.[1503] Unberührt bleibt die Möglichkeit, mit konkreten Gläubigern (z.B. Banken) eine nur quotale Haftung der Gesellschafter zu vereinbaren, die sich allerdings durch Erlöse aus der Verwertung von Gesellschaftsvermögen nur vermindert, wenn dies ausdrücklich vereinbart ist.[1504]

Aus Gründen leichterer registerrechtlicher Handhabbarkeit sowie zur Wahrung erhöhter Anonymität sind in der Vergangenheit zahlreiche Gesellschafter lediglich im Treuhandweg beigetreten; mit dem (zwischenzeitlich wieder rückgängig gemachten[1505]) Wegfall der schenkungsteuerrechtlichen Betriebsvermögensprivilegien ab dem 30.06.2006[1506] wurden diese Treuhand- oder Unterbeteiligungsverhältnisse allerdings weitgehend zugunsten einer unmittelbaren Beteiligung aufgelöst, sofern nicht Publizitätsbedenken (Adressenmaterial für den Prospektversand!) dagegenstehen. Der reine Treugeber-Gesellschafter haftet jedoch, da er kein Gesellschafter ist, Dritten ggü. nicht selbst analog §§ 128, 130 HGB;[1507] allerdings hat der Treuhänder ihm ggü. einen Freistellungsanspruch, den er an den Gläubiger des Fonds zulässigerweise abtreten kann.[1508] Auch ggü. dem Fonds selbst, also im Innenverhältnis, kann der Treugeber-Kommanditist wie ein unmittelbarer Gesellschafter verpflichtet sein, z.B. zur Begleichung eines Liquidationsfehlbetrages.[1509] 3626

Im Verhältnis zur Gesellschaft und den übrigen Gesellschaftern verfügt der **Treuhandgesellschafter** im eigenen Namen und über ein eigenes Recht. Der BGH hat es jedoch zugelassen,[1510] die »klassische Treuhandbeziehung« durch »gesellschaftsrechtliche Bindungen zu überlagern«. In diesem Fall können dem Treugeber alle Rechte und Ansprüche zustehen, so als ob er Gesellschafter wäre, insb. ein unmittelbarer Gewinnanspruch, den er direkt ggü. dem geschäftsführenden Gesellschafter geltend machen kann. 3627

Die Rechtsbeziehungen zwischen dem Treuhänder und dem Treugeber wiederum unterliegen im Wesentlichen auftragsrechtlichen Bestimmungen,[1511] die – bei einer Mehrheit von Treugebern – mit einer Innen-GbR[1512] verknüpft sind. Kündigt demnach ein Treugeber, kann der Treuhänder den herauszugebenden Anteil so lange zurückbehalten, bis er alle in Erfüllung des Treuhandauftrags 3628

1502 BGH, 07.04.2003 – II ZR 56/02, ZNotP 2003, 350; zu dieser quotalen Haftung vgl. *Wagner* ZfIR 2009, 728 (730).
1503 Z.B. BGH, 17.10.2006 – XI ZR 19/05, NJW 2007, 1813; *Wagner* ZNotP 2011, 291, 293. Der im Außenverhältnis in Anspruch genommene Mitgesellschafter hat einen Freistellungsanspruch gegen den Fonds und die Mitgesellschafter, allerdings nicht mehr während der Liquidationsphase (»Durchsetzungssperre«).
1504 BGH, 08.02.2011 – II ZR 243/09 und 263/09, DB 2011, 1102, vgl. *Deutscher* ZfIR 2011, 505, 507 ff.
1505 BayStMinFin, 16.09.2010 – 34 S 3811-035-38476/10, DStR 2011, 2084; FinMin Baden-Württemberg, 02.11.2010 – 3 S 3806/51, hierzu *Schmid/Leyh* NWB 2011, 1071; ebenso FG Hannover, 28.07.2010 – 3 K 215/09, ErbStB 2010, 329 m. Anm. *Kirschstein*.
1506 Erlasse der Länderfinanzministerien vom Juni/Juli 2005, z.B. Finanzbehörde Hamburg v. 04.07.2005, DB 2005, 1493; ergänzender Erlass FinMin Baden-Württemberg, 16.02.2007, ZErb 2007, 157 m. Anm. *Jülicher* sowie Verfügungen der OFD Rheinland und Münster vom 30.03.2007, ZEV 2007, 295 insb. zum todesfallbedingten Erlöschen von Treuhandschaften (unschädlich, wenn der Erbe unmittelbar in die Stellung des ursprünglichen Treuhänders einrückt und damit Mitgesellschafter wird); kritisch hiergegen schon damals (»contra legem«) *Wälzholz* ZEV 2007, 369.
1507 BGH, 11.11.2008 – XI ZR 468/07, DNotZ 2009, 302; *Deutscher* ZfIR 2009, 631 ff.
1508 Urteilsserie des BGH v. 22.03.2011, z.B. II ZR 271/08, ZIP 2011, 906; vgl. *Deutscher* ZfIR 2011, 505, 511 ff.; *Wagner* ZNotP 2011, 292.
1509 BGH, 11.10.2011 – II ZR 242/09, ZNotP 2012, 33.
1510 BGH, 23.06.2003 – II ZR 46/02, ZNotP 2004, 30.
1511 BGH, NJW 1994, 2886, 2887.
1512 BGH, 11.01.2011 – II ZR 187/09, DB 2011, 346; *Voigt* NZG 2011, 256; dann besteht auch ein Auskunftsanspruch in Bezug auf Name und Anschrift der mittelbar Beteiligten.

C. Querschnittsdarstellungen

getätigten Aufwendungen ersetzt erhalten hat; im Verhältnis zur Gesellschaft selbst kann der Treuhänder eine Herabsetzung seiner Haftsumme verlangen.

3629 Abweichend von dem im Personengesellschaftsrecht an sich geltenden Einstimmigkeitsprinzip (§§ 161 Abs. 1 HGB, 709 Abs. 1 BGB) hat der BGH von jeher für Publikums-Personengesellschaften **Mehrheitsklauseln** für zulässig erachtet,[1513] und zwar auch dann, wenn die dabei möglichen Beschlussgegenstände nicht i.S.d. »Bestimmtheitsgrundsatzes« im Einzelnen aufgelistet wurden.[1514] Gleichwohl ist auf einer zweiten Stufe die Wirksamkeit solcher Mehrheitsbeschlüsse daran zu messen, ob sich dabei die Mehrheit über beachtenswerte Belange anderer Gesellschafter treuwidrig hinweggesetzt habe.[1515] Darüber hinaus existiert ein Kernbestand schlechthin unentziehbarer Minderheitenrechte, etwa auf Teilhabe an der internen Willensbildung. Nur in seltenen Fällen anerkennt die Rechtsprechung eine »Treue«-pflicht zur Zustimmung zu Beschlüssen über neue Vermögensopfer.[1516]

3630 Die **Übertragung von Personengesellschaftsanteilen** bedarf eigentlich der Zustimmung aller Gesellschafter. Abweichend hiervon lassen typischerweise Satzungen von Publikums-Gesellschaften die Übertragung uneingeschränkt zu bzw. fordern allein die Zustimmung des geschäftsführenden Gesellschafters. Es handelt sich dann um eine gebundene Ermessensentscheidung, die der richterlichen Überprüfung zugänglich ist.[1517] Auch eine treuwidrige Verweigerung der Zustimmung führt jedoch zunächst zur endgültigen Unwirksamkeit der dinglichen Abtretung.[1518]

3631 Zur Anwendbarkeit der Haustürgeschäfte- und Verbraucherschutzrichtlinien des Europarechts vgl. Rdn. 1446, zur steuerrechtlichen Prüfung der Einnahmenüberschusserzielungsabsicht (sowohl auf der Ebene des Fonds wie auch des Gesellschafters) vgl. Rdn. 3351 ff.

VI. Deutscher Real Estate Investment Trust (G-REIT)

3632 Zur Erweiterung der Palette indirekter Immobilienanlagen und zur steuerbegünstigten Mobilisierung von Unternehmensgrundbesitz hat der Gesetzgeber ab 01.01.2007[1519] den deutschen Real Estate Investment Trust (G-REIT) geschaffen. Trotz der Erwartung überdurchschnittlich hoher Renditen, transparenter (da börsennotierter) Strukturen und stabiler Wertverhältnisse sind im Jahr 2008 lediglich zwei G-REITs registriert.[1520] Der Sache nach handelt es sich um AG, für die insb. folgende vorrangigen Sonderbestimmungen des REIT-Gesetzes (REITG) gelten:[1521]

3633
- die Firma muss die Bezeichnung REIT-Aktiengesellschaft oder REIT-AG enthalten (Bezeichnungsschutz gem. § 7 REITG);
- der Unternehmensgegenstands ist beschränkt auf die passive Immobilienbewirtschaftung, § 1 Abs. 1 REITG (nicht erlaubt ist also der gewerbliche Handel mit unbeweglichem Vermögen, § 14 Abs. 1 REITG). Daneben dürfen Nebentätigkeiten i.S.d. § 3 Abs. 4 REITG für den Eigenbestand sowie Hilfstätigkeiten über Dienstleistungsgesellschaft für fremden Anlagebestand erbracht werden (§ 3 Abs. 5 REITG). Bestandsmietwohnimmobilien (i.S.d. § 3 Abs. 9 REITG) dürfen nur erworben werden, wenn sie nach dem 01.01.2007 erbaut wurden;
- G-REITs sind zwingend börsennotiert zur Erzielung besonderer Transparenz (jährlicher Verkaufsprospekt gem. §§ 30, 51 BörsenG, Halbjahres-Finanzbericht, Einreichung des Jahresabschlusses und Mitteilungspflichten gem. §§ 15, 15a WpHG); zur Börsenzulassung vgl. § 10 REITG;

1513 BGHZ 66, 82 ff.; BGBZ 85, 350 ff.
1514 Krit. hierzu *C. Schmidt* ZGR 2008, 1, 12 ff.
1515 Hierfür hat die Minderheit den Nachweis zu führen, BGH, 1501.2007 – II ZR 245/05, ZNotP 2007, 184.
1516 BGH ZIP 2007, 1368.
1517 OLG Bremen, 07.06.2007, *BStR* 2007, 1267.
1518 Vgl. *Weisner/Lindemann* ZIP 2008, 766, 767, der jedoch die Gegenauffassung (Mm.) vertritt.
1519 Gesetz zur Schaffung der deutscher Immobilien-Aktiengesellschaften mit börsennotierten Anteilen v. 28.05.2007, BStBl. I 2007, S. 914 ff.
1520 Fair Value REIT-AG und alstria office REIT-AG, vgl. BT-Drucks. 16/10166.
1521 Vgl. Übersicht mit Formulierungsvorschlägen bei *Klühs* RNotZ 2008, 509 ff.

– deutlich erhöhtes Mindestgrundkapital von 15 Mio. €, vgl. § 14 REITG; 3634
– Mindeststreubesitzquote gem. § 11 Abs. 1 REITG von 15 %, ab Börsenzulassung sogar 25 %, § 11 REITG. Als Sanktion droht der Verlust der Steuerbefreiung, ggf. sogar der Verlust des REIT-Status, also die Herabstufung zur »normalen AG«, § 18 Abs. 3 REITG;
– Mindesteigenkapital von 45 % des Wertansatzes für das unbewegliche Vermögen, § 15 REITG, mit identischer Sanktion wie im Fall der Verletzung der Mindeststreubesitzquote, umgekehrt darf kein Einzelanleger 10 % oder mehr am Aktienkapital halten (Höchstbeteiligungsgrenze des § 11 Abs. 4 REITG);
– Ausschüttungsverpflichtung i.H.v. 90 % des handelsrechtlichen Jahresüberschusses, gemindert um Rücklagenzuführung, erhöht um Rücklagenauflösung, als Dividende (§ 13 Abs. 1 REITG).

Die Ausschüttungsverpflichtung ist das Korrelat der in § 16 REITG gewährten Befreiung des G-REIT von Körperschaftsteuer und Gewerbesteuer (allerdings bspw. nicht von der Grunderwerbsteuer für den Erwerb von Grundbesitz); die dadurch bedingten Steuerausfälle werden durch die Besteuerung der Ausschüttungen auf der Gesellschafterebene kompensiert, wobei, da eine Vorbelastung auf Gesellschaftsebene nicht stattfindet, bis Ende 2008 der allgemeine Steuersatz zur Anwendung gelangt (also keine Privilegierung nach dem Halbeinkünfteverfahren bis Ende 2008 bzw. bei Kapitalgesellschaften als REIT-Aktionären keine 95 %ige Steuerbefreiung nach § 8b KStG). Ab 2009 unterliegen REIT-Ausschüttungen in das Privatvermögen natürlicher Personen der Abgeltungsteuer, stehen also wegen der fehlenden Vorabbesteuerung auf Gesellschaftsebene günstiger.[1522] 3635

Sind zwar einige, wenn auch nicht alle Merkmale des REIT-Status verwirklicht, kann die AG sich beim Bundeszentralamt für Steuern als **Vor-REIT** registrieren lassen und genießt bereits steuerliche Privilegien (sog.e »Exit-Tax-Regelung« gem. § 3 Nr. 70 Buchst. a) EStG: Grundstücke, die sich am 01.01.2007 bereits 5 Jahre lang im Anlage eines inländischen Betriebsvermögens des Steuerpflichtigen befanden, können aufgrund bis zum 31.12.2009 wirksam abgeschlossenen Vertrags unter lediglich hälftiger Versteuerung der dadurch aufgelösten stillen Reserven an eine REIT-AG oder einen Vor-REIT veräußert werden. Zur Stärkung ihrer Eigenkapitaldecke werden daher möglicherweise mittelständische Unternehmensgruppen eigene REITs auflegen). Innerhalb des zeitlichen Rahmens des § 2 Satz 2 und 3 REITG (transitorische Phase) sind die notwendigen Umstrukturierungsmaßnahmen durchzuführen. 3636

VII. Sonderrecht der neuen Bundesländer

Das Sonderrecht der neuen Länder hat sich – soweit nicht bereits die Rechtsvereinheitlichung eine Überführung in die klassischen Kategorien des BGB bewirkt hat – in den vergangenen 17 Jahren zu einer Spezialmaterie entwickelt, gekennzeichnet durch eine nicht abreißende Kette von »Bereinigungsgesetzen« (Hemmnissebeseitigungsgesetz, Zweites Vermögensrechtsänderungsgesetz, Registerverfahrensbeschleunigungsgesetz, Sachenrechtsbereinigungsgesetz, Schuldrechtsanpassungsgesetz, Grundstücksrechtsänderungsgesetz). Sie ist nur mehr für den unmittelbar betroffenen Praktiker von Bedeutung. In dieser auf den allgemeinen Grundstückskauf konzentrierten Darstellung werden daher nur einige Besonderheiten hinsichtlich Beteiligter, Objekt, Genehmigungstatbeständen und Abwicklung skizziert, unter Außerachtlassung von Sonderthemen wie Vermögensgesetz (VermG), Entschädigungs- und Ausgleichsleistungen, Veräußerung von Restitutionsansprüchen (hierzu oben Rdn. 473) etc. Hinsichtlich der beinahe verselbstständigten Rechtsgebiete wie Bodenreform, Sachenrechtsbereinigung, LPG-Umwandlungen etc. werden nur Grundzüge skizziert.[1523] 3637

Durch Art. 8 EV des wohl bedeutendsten Rechtsdokuments der deutschen Nachkriegsgeschichte[1524] wurde mit den in den dortigen Anlagen (für das bürgerliche Recht, nach Büchern des BGB gegliedert, im EGBGB Art. 231 bis 235) enthaltenen Maßgaben das Bundesrecht im Beitrittsgebiet 3638

1522 Vgl. *Rupp* EStB 2008, 453.
1523 Vgl. hierzu etwa *Salzig* ZfIR 2008, 553 ff. und in: Würzburger Notarhandbuch, Teil 2 Kap. 11 Rn. 1 ff., sowie *Krauß* in: Beck'sches Notarhandbuch Teil A IX (5. Aufl., ausführlicher in der 3. Aufl.).
1524 BGBl. II 1990, S. 889 ff. (= völkerrechtliche Verträge).

C. Querschnittsdarstellungen

des Art. 23 GG in Kraft gesetzt; gem. Art. 9 EV blieben diejenigen Teile des DDR-Rechts, die nach der Kompetenzordnung des GG Landesrecht wären, grds. als solches wirksam. Das Recht ist allerdings nicht mehr nach den »Prinzipien sozialistischer Gesetzlichkeit und Parteilichkeit«, sondern im Lichte der Wertentscheidungen des Grundgesetzes auszulegen.[1525] Die Praxis hat jedoch gezeigt, dass die Rechtswirklichkeit der DDR nicht allein durch Lektüre ihrer Normen zu erfassen war, vielmehr die tatsächliche Umsetzung zunehmend dahinter zurückblieb (»Unrechtsstaat und Unordnungsstaat«), sodass die Gleichbehandlung faktisch vergleichbarer Sachverhalte (z.B. der »hängenden Fälle baulicher Investition mit Billigung staatlicher Stellen auf fremdem Boden« einerseits und tatsächlichen Gebäudeeigentums andererseits) in den Vordergrund des wiedervereinigungsbedingten Rechts rückte.

1. Vermögenszuordnung

a) Volkseigentum

3639

Volkseigentum als dem bürgerlichen Rechtsverkehr entzogene »Königsform«[1526] des sozialistischen Eigentums[1527] (Art. 10 DDR-Verfassung, §§ 21 bis 24 ZGB) entstand aufgrund staatlicher Enteignungsmaßnahmen,[1528] **Fiskalerbfolge** gem. § 369 ZGB und **Eigentumsverzicht** nach § 310 ZGB.

Die **Verwaltung volkseigener Grundstücke**[1529] oblag i.d.R. sog. Rechtsträgern (aufgrund Einsetzung durch den Rat des Kreises [§ 14 RechtsträgerAO]), im Produktivbereich volkseigenen Betrieben (VEB) oder Kombinaten (VEK).

Auch die **volkseigenen Wohnungsbestände** wurden zunächst durch Wohnungsverwaltungen auf kameralistischer Basis, später in Rechtsträgerschaft der VEB Gebäudewirtschaft auf erwerbswirtschaftlicher Basis geführt (wobei die auf dem Stand von 1935 eingefrorenen Mieten naturgemäß dem Verfall nicht gegensteuern konnten).

3640 Unwirksamkeitstatbestände bei der historischen Überführung in Volkseigentum[1530] sind gem. Art. 237 § 1 EGBGB[1531] nur noch beachtlich, wenn sie mit rechtstaatlichen Grundsätzen unvereinbar sind[1532] oder Willkürakte im Einzelfall darstellen. Dass eine **Buchersitzung durch das Volk** nicht stattfinden konnte,[1533] bleibt also ohne Konsequenzen. Restitutionsansprüche aufgrund des Vermögensgesetzes und Ankaufsansprüche aufgrund des Sachenrechtsbereinigungs- bzw. Verkehrsflächenbereinigungsgesetzes können allerdings bestehen (Art. 237 § 1 Abs. 3 EGBGB).

b) Zuordnung des wohnungswirtschaftlichen Vermögens

3641 Gem. Art. 22 Abs. 4 EV ist das zur Wohnungsversorgung genutzte volkseigene Vermögen in ehemaliger Rechtsträgerschaft (erweiternd gem. § 1a Abs. 4 VZOG auch in dauerhafter Nutzung) der VEB der Wohnungswirtschaft kraft Gesetzes am 03.10.1990 in das Eigentum der Kommunen übergegangen, »unter gleichzeitiger Übernahme der anteiligen Schuld« (Rdn. 3643).

1525 BGHZ 124, 277.
1526 Nachgeordnete weitere Formen waren das Eigentum sozialistischer Genossenschaften (Landwirtschaftliche bzw. Gärtnerische Produktionsgenossenschaften = LPG bzw. GPG, Produktionsgenossenschaften werktätiger Fischer = PwF, Produktionsgenossenschaften des Handwerks = PGH; allesamt gelenkt durch staatliche Empfehlungen) und das Eigentum gesellschaftlicher Organisationen der Bürger (etwa des Feriendienstes des FDGB).
1527 Daneben existierte das »persönliche Eigentum« der Bürger, vor allem an Konsumgütern, und das »Privateigentum«, letzteres allerdings unter gesamtgesellschaftlichem Vorbehalt, §§ 22 bis 24 ZGB.
1528 Übersicht: § 1 AnmeldeVO v. 11.07.1990.
1529 Für bewegliche Güter: sog. Fondsinhaber.
1530 Z.B. zu Unrecht angenommene Fiskalerbfolge: BGH, 08.12.2000 – V ZR 489/99, VIZ 2001, 213.
1531 Dieser ist menschenrechtskonform: EGMR, VIZ 2004, 170.
1532 Z.B. Enteignungen zugunsten einer politischen Partei: BGH NJW 2001, 680.
1533 BezG Dresden VIZ 1993, 313; BGH VIZ 1996, 401.

Die **Arbeiter- und gemeinnützigen Wohnungsbaugenossenschaften** sollten durch Verleihung 3642
von Nutzungsrechten nach dem NutzRG vom 14.12.1970 Gebäudeeigentümer der durch sie errichteten Anlagen des komplexen Wohnungsbaus werden. Häufig unterblieb diese Nutzungsrechtsverleihung, sodass i.R.d. 2. VermRÄG (also nach der Wiedervereinigung) neues Gebäudeeigentum zugunsten dieser Wohnungsbaugenossenschaften geschaffen wurde (Art. 233 § 2b Abs. 1 EGBGB). Hinsichtlich des darunter befindlichen, gem. Art. 22 Abs. 4 EV per 03.10.1990 der Kommune zugefallenen, vormals volkseigenen Grund und Bodens, führte das Wohnungsgenossenschafts-Vermögensgesetz vom 23.06.1993 zu einem gesetzlichen Eigentumsübergang an die Genossenschaften, welcher deklaratorisch i.R.d. VZOG festgestellt werden kann, gegen geringen finanziellen Ausgleich (1 – 3 DM/m²; mit Mehrerlösauskehr binnen 10 Jahren) zugunsten der Gemeinde.

Die in Art. 22 Abs. 4 EV angeordnete »anteilige Übernahme der Altschulden« (Stand per 01.01.1994: 3643
51 Mrd. DM) ist Gegenstand des **Altschuldenhilfegesetz**es (ASchHG) vom 23.06.1993. Es gewährt Zinshilfen und Teilentlastungen durch Schuldübernahmen seitens des Erblastentilgungsfonds (neu geschaffenes Sondervermögen des Bundes). Voraussetzung ist allerdings, dass sich das Wohnungsunternehmen zur Privatisierung des Bestandes verpflichtet, bis zum 31.12.2003 mindestens 15 % der Wohnfläche tatsächlich privatisiert hat (Verkauf an Zwischenerwerber mit Veräußerungsauflage an privatisierungswillige Mieter genügt) und für alle Veräußerungen nach dem 01.01.1994 einen stufenweise (bis auf 55 %) ansteigenden Prozentbetrag des Erlöses an den Erblastentilgungsfonds abführt. Gem. § 6a AschHG können (als Teil des »Stadtumbaus Ost«: Abriss von 350.000 Wohnungen bis Ende 2009) ferner Wohnungsunternehmen mit mehr als 15 % strukturellem Leerstand Schuldverzichte in Anspruch nehmen.

c) Zuordnungsverfahren: VZOG

Der Nachweis der durch Art. 21, 22 EV, Treuhandgesetz,[1534] Wohnungsgenossenschaftsvermögens- 3644
gesetz etc.[1535] gesetzlich angeordneten Eigentumszuweisungen des früheren Volkseigentums ggü. Gerichten[1536] und dem Grundbuchamt (Berichtigung ohne Voreintragung, § 11 Abs. 1 Satz 3 GBBerG) führt regelmäßig zu besonderen Schwierigkeiten. Durch ein **verwaltungsrechtliches Amtsermittlungsverfahren mit deklaratorischer Wirkung** sollte diese Lücke mit Einführung des VZOG i.R.d. HemmnisbeseitigungsG v. 22.03.1991 geschlossen werden. Zuständig ist – auf Antrag ausschließlich eines beteiligten Prätendenten (Ausnahme: öffentliches Interesse, § 1 Abs. 6 VZOG) – seit dem 01.01.2004 das BARoV[1537] (nun unter der Bezeichnung: Bundesamt für zentrale Dienste und offene Vermögensfragen, BADV: Zentrale in Berlin; Standorte in Chemnitz, Cottbus und Rostock).

Neben diese Verfahren zum Erlass feststellender Verwaltungsakte sind im Laufe mehrerer Novellen 3645
zahlreiche Sonderverfahren zur **konstitutiven Eigentumsübertragung kraft Verwaltungsakts** getreten, insb.
- zur Erfüllung der Restitutionsansprüche öffentlich-rechtlicher Körperschaften gem. Art. 22 Abs. 3 EV (§§ 11 ff. VZOG, samt Verbot vorheriger Verfügungen mit Schadensersatzabfolge gem. § 12 Abs. 1 VZOG[1538]),
- zur investiven Zuweisung an eine Gebietskörperschaft zum Zweck der anschließenden Veräußerung für einen Zweck i.S.d. § 3 Abs. 1 InVorG (§§ 9 bis 10 VZOG),
- zur konstitutiven Zuordnung von Einzelgegenständen als Umwandlungsersatz (§ 7 Abs. 5 VZOG; Antragstellung bis 31.12.2003),

---

1534 Insb. § 11 Abs. 2 THG i.V.m. § 2 Abs. 1 der 5. DurchführungsVO hierzu: Gesetzlicher Eigentumserwerb der durch Gesetz in GmbH bzw. AG »im Aufbau« umgewandelten VEB bzw. VEK am Anlagevermögen und vertraglich dauerhaft genutzten Grundstücken.
1535 Nicht jedoch durch Art. 233 § 2 Abs. 2 EGBGB (ohne materiell-regelnden Gehalt: OLG Jena ZOV 2000, 45).
1536 BGH DtZ 1995, 372.
1537 Zuvor der Präsident der OFD, für Treuhandunternehmen der Präsident der BvS.
1538 BGH, 03.07.2009 – V ZR.

C. Querschnittsdarstellungen

– zur (verfassungsrechtlich bedenklichen) nachträglichen Übertragung von Vermögenswerten aus bereits privatisierten Unternehmen in Erfüllung öffentlich-rechtlicher Übertragungsansprüche der Wohnungsbaugenossenschaften oder Kommunen.[1539]

3646 Weiterer, in seiner praktischen Auswirkung kaum zu überschätzender Regelungsgegenstand ist die Schaffung einer parallel neben das Eigentum tretenden **gesetzlichen Verfügungsermächtigung** schon vor deklaratorischer Grundbuchberichtigung gem. § 8 VZOG (bis zum 25.12.1993 § 6 VZOG a.F.): Über Grundstücke und Gebäude, sowie gesamthänderische »Anteile« hieran,[1540] die noch als Eigentum des Volkes eingetragen sind, sind demnach zur[1541] Verfügung im eigenen Namen (neben dem tatsächlichen, jedoch nicht gebuchten Eigentümer) befugt (Durchbrechung des § 39 GBO):

– die **kommunalen Gebietskörperschaften**, wenn sie selbst oder ihre Organe oder die ehemalige VEB-Wohnungswirtschaft **als Rechtsträger** eingetragen sind oder vor Löschung des Rechtsträgervermerks eingetragen waren – die neu geschaffenen Kommunen sind weder Gesamtrechtsnachfolger des früheren Rats der Gemeinde/der Stadt/des Kreises noch der vor 1945 bzw. vor 1957 bestehenden Gebietskörperschaften,[1542] deren Vermögen unterschiedslos in Volkseigentum überging[1543] (vgl. hierzu für Löschungen die – mangels anderer Berechtigter sogar ausschließliche[1544] – Auffangzuständigkeit der BImA gem. § 113 Abs. 1 Nr. 6 Satz 2 GBV, Rdn. 3804),[1545]
– die **Länder**, wenn die früheren Bezirke oder deren Organe als Rechtsträger eingetragen sind,

3647 – die **BvS**, wenn als Rechtsträger eine LPG, ein volkseigenes Gut, ein ehemaliger staatlicher Forstwirtschaftsbetrieb, Gestüt, Pferdezuchtdirektion, volkseigener Rennbetrieb, ein ehemaliges Kombinat industrieller Tierproduktion, das MfS oder das Amt für nationale Sicherheit eingetragen sind,
– in den übrigen Fällen (auch wenn ein 1952 aufgelöstes »Land«[1546] oder eine frühere Gemeinde im Beitrittsgebiet selbst eingetragen ist) der **Bund** (vertreten durch die Bundesanstalt für Immobilienaufgaben, Rdn. 629).

Maßgeblich ist nach dem nunmehr klaren Gesetzeswortlaut allein die formale Wiedergabe im Grundbuch bzw. in dem bei ehemals volkseigenen Grundstücken üblichen Bestandsblatt (§ 105 Abs. 1 Nr. 1 GBV), auch wenn die Eintragung des Volkseigentums materiell-rechtlich unrichtig ist.[1547] Erfasst sind auch zugrunde liegende schuldrechtliche Verpflichtungen (vgl. § 8 Abs. 1a Satz 2 VZOG), die Verschaffung des Besitzes, und die gerichtliche Geltendmachung von Herausgabeansprüchen.

3648 Gem. § 8 Abs. 1a Satz 1 VZOG unterliegen Verfügungen aufgrund dieser gesetzlichen Verfügungsbefugnis nicht mehr den Vorschriften in Bezug auf Verfügungen über eigenes Vermögen der verfügungsbefugten Stelle, sodass insb. **kommunalaufsichtliche Genehmigungen** oder Erlaubnisse nach den Haushaltsordnungen der Länder nicht einzuholen sind.[1548] Es liegt nahe, dass der Bund hierdurch seine Gesetzgebungskompetenz durch Eingriff in landesgesetzliche Kommunalrechtsregelungen überschritten hat. Allenfalls unter dem Gesichtspunkt des Schenkungsverbots könnten **Unterwertverkäufe** nichtig sein, sofern keine Verfolgung legitimer öffentlicher Aufgaben (etwa in

---

1539 § 6 ZuordnungsergänzungsG, BGBl. I 1994, S. 2064.
1540 OLG Dresden, 12.08.1999 – 7 U 153/99, VIZ 2000, 55.
1541 Auch unentgeltlichen, OLG Jena VIZ 1996, 170.
1542 Die Erfüllung von Ansprüchen gegen letztere ist damit unmöglich geworden, vgl. OLG Brandenburg NotBZ 2003, 354.
1543 BVerwG VIZ 1996, 39, 41; DNotI-Gutachten Nr. 53619 v. 13.10.2004.
1544 *Böhringer* BWNotZ 2007, 1, 2; *Salzig* NotBZ 2008, 45 ff.: keine Funktionsnachfolge, keine Zuordnung nach Art. 21, 22 Einigungsvertrag, kein Fall des § 8 VZOG, keine Berufung auf § 891 BGB.
1545 DNotI-Gutachten Nr. 66391 v. März 2006, Nr. 70625 v. 16.10.2006.
1546 *Schmidt-Räntsch/Hiestand* Rechtshandbuch Vermögen und Investitionen in der ehemaligen DDR (Loseblatt) § 8 VZOG Rn. 31; vgl. DNotI-Gutachten Nr. 33948 v. 26.06.2002.
1547 Vor der Änderung durch das WoModSiG v. 17.07.1997 str., selbst danach a.A. aus verfassungsrechtlichen Bedenken OLG Dresden VIZ 1998, 218 und VIZ 1999, 229.
1548 A.A. gegen den klaren Wortlaut OLG Dresden, 27.09.1996 – 3 W 1033/96; dagegen *Braun* NotBZ 1996, 167.

Gestalt der Komplettierungsverkäufe nach dem Modrow-Gesetz) vorliegt.[1549] Der Erlös, mindestens aber der Wert des Vermögensgegenstands (Risiko der Nachforderung, § 8 Abs. 4 VZOG!),[1550] ist nach Erlass des feststellenden Zuordnungsbescheides an den dort genannten Berechtigten auszukehren. Bei sachenrechtsbereinigungsbefangenen Grundstücken ist der Verkehrswert identisch mit dem gem. § 19 SachenRBerG durch den Nutzer beanspruchbaren geteilten Bodenwert.[1551] Handelt die Kommune jedenfalls auch als (eingetragene) Eigentümerin, bleiben die kommunalaufsichtlichen Vorschriften jedoch anwendbar.[1552]

Die gesetzliche Verfügungsbefugnis erlischt, wenn ein Feststellungsbescheid nach dem VZOG unanfechtbar geworden ist und das diesbezügliche Eintragungsersuchen dem Grundbuchamt zugeht; ggf. hilft dann § 892 BGB (gutgläubiger Erwerb).[1553] § 8 Abs. 2 VZOG verweist jedoch auf § 878 BGB, sodass ein Wegfall der Verfügungsermächtigung nach Eingang des Antrags beim Grundbuchamt nicht mehr schadet. Gleiches gilt gem. § 8 Abs. 3 Satz 3 VZOG, wenn vor dem Erlöschen der gesetzlichen Verfügungsermächtigung die Eintragung einer **Vormerkung** beim Grundbuchamt beantragt worden ist. Nach richtiger Ansicht[1554] schützt die Vormerkung auch gegen einen späteren konstitutiven Zuweisungsbescheid zugunsten einer Kommune gem. § 11 VZOG. 3649

▶ Hinweis:

Anders als bei der Gestaltung von Immobilienverträgen mit Körperschaften des öffentlichen Rechts in den alten Bundesländern empfiehlt es sich also im Beitrittsgebiet, stets eine Vormerkung zulasten der verfügenden Stelle zu bewilligen, sofern aufgrund der Ermächtigung des § 8 VZOG gehandelt wurde.

d) Treuhandanstalt

Durch das Gesetz zur abschließenden Erfassung der verbliebenen Aufgaben der **Treuhandanstalt** (THA) v. 09.08.1994 und die Übertragungsverordnungen v. Dezember 1994 wurden deren Zuständigkeiten mit Wirkung ab 01.01.1995 durch die Bundesanstalt für vereinigungsbedingte Sonderaufgaben (BvS) übernommen. Die liegenschaftsbezogenen Aufgaben der vormaligen THA wurden teilweise auf das BMF übertragen, das sich hierzu der TLG Immobilien GmbH, (in vollständigem Bundeseigentum) bedient (Eigentumserwerb durch konstitutiven Zuordnungsbescheid nach § 7 Abs. 5 VZOG bis 31.12.2003). Unternehmensbeteiligungen der THA/BvS wurden auf den Bund bzw. dessen Tochtergesellschaft, die Beteiligungs-Management-Gesellschaft Berlin mbH (BMBG) übertragen. Der BvS und den durch sie beauftragten Geschäftsbesorgern[1555] verbleibt bis zur vollständigen Abwicklung (seit 01.07.2008 durch die Bundesanstalt für Immobilienaufgaben, Rdn. 629) die Verwaltung des Sonder- und Finanzvermögens, das Controlling bzgl. bereits geschlossener Verträge sowie die Privatisierung des land- und forstwirtschaftlichen Vermögens durch die BVVG GmbH, die zu 75 % in der Hand der BvS steht.[1556] 3650

1549 BGH, 17.09.2004 – V ZR 339/0, LKV 2005, 84 (Dresdener Komplettierungskäufe): Komplettierungskäufe dienen einer legitimen Aufgabe, wenn der Erwerber den Kaufantrag vor dem 30.06.1990 gestellt hat, Inhaber eines dinglichen Nutzungsrechts war und ein Verkauf vor dem 01.10.1994 an fehlender Vermessung oder an vermögensrechtlichen Ansprüchen scheiterte; dies gelte jedenfalls bis Ende 1996. Zum Ganzen vgl. auch *Wittmer* OV-spezial 2000, 314 und OV-spezial 2000, 330 und OV-spezial 2000, 359.
1550 Dieses Risiko wird vertraglich i.d.R. auf den Erwerber überwälzt, was als Nachzahlungsklausel auch in AGB nicht gegen § 307 Abs. 1 BGB verstößt, vgl. BGH, 07.07.2006 – V ZR 246/05, ZNotP 2006, 313.
1551 So richtig *Hügel* OV-spezial 1995, 176.
1552 OLG Dresden, 10.01.2008 – 10 U 242/07.
1553 *Schöner/Stöber* Grundbuchrecht Rn. 4208.
1554 LG Chemnitz VIZ 1996, 596.
1555 Für die Bereiche Abwicklung, Reprivatisierung, Vertragsmanagement die Finanzierungs- und Beratungsgesellschaft mbH, Behrenstrasse 31, 10117 Berlin, für den Bereich Altlasten die GESA Gesellschaft zur Entwicklung und Sanierung von Altlastenstandorten mbH, Karl-Liebknecht-Str. 33, 10178 Berlin.
1556 Geschäftsbericht VIZ 2004, 165.

C. Querschnittsdarstellungen

2. Familienrechtliche Besonderheiten

a) Güterstand des FGB-DDR

3651 Bis zum 06.10.1949 galt auch im Gebiet der nachmaligen DDR der gesamtdeutsche gesetzliche Güterstand der ehemännlichen Verwaltung und Nutznießung. Art. 7 der DDR-Verfassung v. 07.10.1949 hob diesen mit sofortiger Wirkung auf; eine gesetzliche Neuregelung erfolgte jedoch erst ab 01.04.1966 (Inkrafttreten des Familiengesetzbuches der DDR). Für die Zwischenzeit gingen Rechtsprechung und Literatur der DDR davon aus, dass die Gütertrennung gesetzlicher Güterstand geworden sei. Das FGB führte mit Wirkung ab 01.04.1966 den gesetzlichen Güterstand der **Eigentums- und Vermögensgemeinschaft** ein, vergleichbar der früheren Errungenschaftsgemeinschaft des BGB. Das »**Gesamtgut**« stand beiden Ehegatten »**in ehelicher Gemeinschaft**« quotenlos zu und umfasste alle Gegenstände, die mit Mitteln angeschafft wurden, die durch Arbeit erworben worden waren (§ 13 FGB).

3652 Zum Alleineigentum eines Ehegatten (vergleichbar dem Sondergut bzw. Vorbehaltsgut der BGB-Gütergemeinschaft) zählte alles Vermögen, das durch Schenkung oder durch Erbschaft erworben wurde, bereits in die Ehe eingebracht war oder was die Ehegatten durch Vertrag gem. § 14 FGB unter sich zu Alleineigentum oder zu Bruchteilseigentum bestimmt haben. Lediglich die Einzelzuordnung von Vermögensgegenständen war demnach einer vertraglichen Regelung zugänglich; ein Wechsel des Güterstands selbst konnte erst ab 01.10.1990 erfolgen, und zwar längstens bis zum Außerkrafttreten des FGB am 02.10.1990, 24 Uhr.

3653 b) Überleitung

Gem. Art. 234 § 4 EGBGB leben Ehegatten, die am 02.10.1990[1557] im gesetzlichen Güterstand der »Errungenschaftsgemeinschaft« des FGB-DDR verheiratet waren, ab 03.10.1990 (also nicht ab Ehebeginn!) im Güterstand der Zugewinngemeinschaft. Für die güterrechtliche Auseinandersetzung des bis zum 03.10.1990 erworbenen vormals gemeinschaftlichen Vermögens galt im Fall einer späteren Scheidung gem. Art. 234 § 4 Abs. 4 EGBGB weiterhin § 39 FGB (dessen Abs. 1 Satz 1 im Zweifel gleiche Anteile bei Beendigung der Ehe vorsieht, in Abs. 2 jedoch auf Antrag eines Beteiligten ungleiche Anteilsbestimmungen durch das FamG ermöglicht). Weiter kann das FamG gem. § 40 FGB demjenigen Ehegatten, der zur Erhaltung[1558] oder Vergrößerung des Alleineigentums des anderen Ehegatten beigetragen hat, hieran einen Anteil bis gesamt zur Hälfte des bei Eheende vorhandenen Alleinvermögens zusprechen. Dieser Anspruch,[1559] dessen Höhe nicht zu unterschätzen ist, wird wird transfersteuerlich wie der Zugewinnausgleichsanspruch bei vorzeitiger Beendigung der Zugewinngemeinschaft behandelt (§ 5 Abs. 2 ErbStG) und löst keine Pflichtteilsergänzungsansprüche aus.[1560]

3654 Dieser Auseinandersetzungsanteil am gemeinsamen Vermögen der nunmehrigen FGB-Liquidationsgemeinschaft (§ 39 FGB) und ggf. am Alleineigentum des anderen (§ 40 FGB) – deren Verjährung gem. § 207 BGB gehemmt ist – zählt ebenso wie das etwaige Alleineigentum am

---

1557 War der Güterstand (etwa durch Tod) bereits vor dem 02.10.1990 beendet worden, bleiben §§ 13, 39 ff. FGB-DDR anwendbar. Der Anteil an dieser Liquidationsgemeinschaft (»Gespenstergemeinschaft«) ist nicht abtretbar, allerdings der Anspruch auf das künftige Auseinandersetzungsguthaben (BGH, 19.06.2002 – IV ZR 270/00, NotBZ 2002, 300). Der (nicht verjährende) Anspruch ist auf umfassende Auseinandersetzung gerichtet, BGH, 06.08.2008 – XII ZR 155/06, NotBZ 2008, 410 m. Anm. *Krause*.

1558 Dies geht über den Mechanismus des Zugewinnausgleichs (Wertsteigerung) hinaus. Maßgeblich ist der Wert des Alleinvermögens des anderen Ehegatten zum 03.10.1990, sodass die Wertsteigerung seit der Sozial- und Währungsunion (Freigabe der Stopp-Preise am 01.07.1990) noch miterfasst wird.

1559 Vgl. hierzu auch die Rspr. der OLG der neuen Bundesländer: OLG Naumburg, 16.03.2003 – 8 WF 39/03 NJ 2003, 438; OLG Brandenburg, 06.11.2001 – 9 UF 39/01, FamRZ 2003, 452; OLG Dresden VIZ 2001, 343; OLG Rostock FamRZ 2000, 887. Der Anspruch ist wertmäßig auf den Stichtag 03.10.1990 begrenzt (BGH, 05.05.1999 – XII ZR 184/97, NJW 1999, 2520).

1560 Vgl. im Einzelnen *Krauß* Vermögensnachfolge in der Praxis Rn. 119.

03.10.1990 – insb. die am 29.09.1990 entstandenen Restitutionsansprüche nach § 3 Abs. 1 Satz 1 VermG, sofern Sondergut nach § 13 Abs. 2 FGB[1561] – (wertberichtigt) zum Anfangsvermögen der Zugewinngemeinschaft,[1562] unbeschadet der durch Art. 234 § 4a Abs. 1 EGBGB vermittelten gesetzlichen Überführung in Halbmiteigentum während des Bestandes der Ehe. Gem. Art. 234 § 4 Abs. 2 EGBGB konnte jedoch jeder Ehegatte (einzeln!) durch zu beurkundende (dem Geburtsstandesamt anzuzeigende!) empfangsbedürftige Willenserklärung ggü. jedem Kreisgericht des Beitrittsgebiets bis zum 02.10.1992 erklären, dass für die Ehe der bisherige gesetzliche Güterstand des FGB fortgelten solle. In diesem Fall gilt die Überleitung in den gesetzlichen Güterstand des BGB rückwirkend als nicht erfolgt.

Zum Schutz des Rechtsverkehrs können die Ehegatten jedoch im Verhältnis untereinander und ggü. einem Dritten aus dieser rückwirkenden Wiederherstellung des FGB-Güterstands Einwendungen gegen ein nach dem 03.10.1990 und vor der **Fortgeltungserklärung** vorgenommenes Rechtsgeschäft nicht herleiten. Lagen die Voraussetzungen für Gesamtguterwerb (Anschaffung aus Arbeitsvermögen) vor, ist das Grundbuch unrichtig geworden; gutgläubiger Erwerb kann sich jedoch bis zur Grundbuchberichtigung anschließen. Bei Schweigen des Güterrechtsregisters darf ein Dritter auf die Geltung des gesetzlichen Güterstands des BGB vertrauen (Art. 16 EGBGB, § 1412 BGB). Hatte der als Alleineigentümer eingetragene Ehegatte des nunmehr Gesamtgut gewordenen Grundstücks bereits vor der Fortgeltungserklärung verfügt, ist der Erwerber durch Art. 234 § 4 Abs. 2 Satz 4 EGBGB geschützt. **3655**

Bei **Ausübung der Option** gilt gem. Art. 234 § 4a EGBGB (eingefügt durch das RegVBG) für das bestehende und künftige gemeinschaftliche Eigentum das Recht der Gütergemeinschaft bei gemeinsamer Verwaltung (§§ 1450 ff. BGB); lediglich im Scheidungsfall gelten die Bestimmungen des FGB (insb. also dessen § 39: sofern sich die Ehegatten nicht einigen können, erfolgt die Aufteilung steuerneutral[1563] durch das Gericht nach **billigem Ermessen** unter Berücksichtigung der Lebensverhältnisse der Beteiligten. Hierzu gehören auch die Interessen gemeinsamer unterhaltsberechtigter Kinder, nicht aber die Interessen verheirateter erwachsener Abkömmlinge oder deren Familien).[1564] Aus dem Regelungszusammenhang zwischen Art. 234 § 4a Abs. 2 Satz 1 EGBGB und Art. 234 § 4a Abs. 2 Satz 2 EGBGB ergibt sich wohl, dass auch der Erwerb neuen Eigentums nach Abgabe einer Fortgeltungserklärung den Regeln der Gütergemeinschaft (und nicht § 299 ZGB)[1565] folgt.[1566] **3656**

Hatte **keiner der Ehegatten** eine **Fortgeltungserklärung** abgegeben, hielten sie das frühere »Gesamtgut« in »beendeter, nicht auseinandergesetzter ehelicher Vermögensgemeinschaft«; zur Auseinandersetzung dieser Liquidationsgemeinschaft bedurfte es bzgl. Grundstücken, grundstücksgleichen Rechten und Gebäudeeigentums der notariellen Beurkundung samt Auflassung. Art. 234 § 4a Abs. 3 EGBGB leitete jedoch dieses vormalige Gesamtgut kraft Gesetzes (rückwirkend zum 03.10.1990) in je hälftige **Bruchteilsgemeinschaften** gem. §§ 1008 ff. BGB über. Für Grundstücke und grundstücksgleiche Rechte[1567] konnten die Ehegatten bis zum 24.06.1994 durch **formfreie Erklärung** mit dem Antrag auf gebührenfreie Grundbuchberichtigung beim Grundbuchamt **andere Quoten** – auch etwa Alleineigentum eines Ehegatten – bestimmen. **3657**

1561 *Holtfester* FamRZ 2002, 1680.
1562 OLG Jena FamRZ 1998, 1028. Bei einer »West-Ehe« sollen allerdings Restitutionsansprüche nach VermG nicht analog § 1374 Abs. 2 BGB (»von Todes wegen erworben«) zum Anfangsvermögen zählen, BGH, 20.06.2007 – XII ZR 32/05, FamRZ 2007, 1307 m. zu Recht abl. Anm. *Schröder*; a.A. *Kogel* FamRZ 2000, 1089.
1563 Gleichlautender Erlass der obersten Finanzbehörden der Länder betreffend die Anwendung des § 37a ErbStG v. 22.01.1991, BStBl. I 1991, S. 142 f., Tz. 2.1.2.
1564 BGHZ 117, 61, 66.
1565 So aber wohl die h.M., *Thurn* in: Bamberger/Roth BGB Art. 234 § 4a EGBGB Rn. 9 m.w.N.; DNotI-Gutachten Nr. 73285 v. Januar 2007.
1566 So auch *Schöner/Stöber* Grundbuchrecht Rn. 3402.
1567 Analoge Wirkung für Sachenrechtsbereinigungsansprüche gem. BGH, 13.05.2005 – V ZR 191/04: Je hälftige Mitberechtigung; allerdings ist lediglich ein Ehegatte anspruchsberechtigt, wenn dieser alleiniger Nutzer ist.

C. Querschnittsdarstellungen

3658 Um zu vermeiden, dass hierdurch Miteigentum dem Zugriff von Gläubigern entzogen wurde, erlosch das Wahlrecht, wenn vorher die Zwangsversteigerung oder Zwangsverwaltung angeordnet war oder (aufgrund zwischenzeitlicher Ergänzung des Gesetzes) die Eintragung einer Sicherungshypothek beantragt war.

Schuldrechtlich liegt in der abweichenden Anteilszuordnung zugleich eine einvernehmliche Auseinandersetzung nach § 39 FGB-DDR und damit wohl keine Schenkung i.S.d. § 2325 BGB, wenn keine ehefremden Zwecke verfolgt werden.[1568] Letzteres liegt allerdings nahe bei Alleineigentumszuordnung, die nicht auf entsprechende Investitionen zurückzuführen ist.

3659 Die aufgrund Art. 234 § 4a EGBGB regelmäßig erforderliche Grundbuchberichtigung erfolgt (unbefristet) gebührenfrei auf Antrag unter Berufung auf die Vermutung des Art. 234 § 4a Abs. 3 EGBGB, sofern beide Ehegatten in anteilloser Gemeinschaft eingetragen waren (§ 14 GrdBBerG). Anderenfalls bedarf es einer Berichtigungsbewilligung des zu Unrecht allein eingetragenen Bucheigentümers.[1569] Einer Voreintragung der Bruchteilsgemeinschaft bedarf es weder bei Veräußerung noch bei Belastung des Grundstücks, da § 11 Abs. 2 GrdBBerG hiervon freistellt.

c) Familienrechtliche Besonderheiten auf Veräußererseite

3660 Aufgrund der seit dem 01.04.1966 eingetretenen gesetzlichen Eigentumsübertragungen sind zahlreiche **Grundbücher** in Abteilung I **unrichtig** geworden. Eine Belastung des Rechtsverkehrs ist damit nicht verbunden, solange lediglich das Berechtigungsverhältnis (beendete Errungenschaftsgemeinschaft statt gesetzlichen Bruchteilseigentums) unzutreffend angegeben ist. Verfügungen eines Nichtberechtigten oder Nicht-ausschließlich-Berechtigten liegen jedoch vor, wenn das Grundbuch fälschlich Alleineigentum ausweist, obwohl beide Ehegatten materiell-rechtlich Eigentümer geworden sind. Denkbar sind insb. folgende **Fälle**:
– Gem. § 4 EGFGB wurde auch dasjenige Vermögen, das am 01.04.1966 (Inkrafttreten des FGB) verheiratete Ehegatten vor diesem Zeitpunkt aus Arbeitseinkommen während der Ehe angeschafft hatten, gemeinschaftliches Eigentum außerhalb des Grundbuchs, selbst wenn nur ein Ehegatte eingetragen war.

3661 – Gleiches galt, wenn unter der Geltung des FGB während des Bestands einer Ehe Grundbesitz aus Arbeitseinkommen (gleich welchen Ehegattens) angeschafft wurde, der auftretende Erwerber jedoch sich wahrheitswidrig als ledig ausgab oder eine unrichtige Versicherung über das Vorliegen der Voraussetzungen des § 299 Abs. 2 ZGB abgab.
– Eine vor dem 02.10.1992 ggü. einem Kreisgericht des Beitrittsgebiets abgegebene Fortgeltungserklärung eines Ehegatten führt ebenfalls zur Unrichtigkeit des Grundbuchs durch zwingende Entstehung gemeinschaftlichen Eigentums, wenn der Erwerb (vor oder nach dem Beitritt) aus Arbeitseinkommen erfolgte.

Materiell-rechtlich korrekt wäre in allen vorgenannten Fällen die Eintragung beider Ehegatten als Miteigentümer bzw., bei Fortgeltungserklärung, als Gesamtgutsberechtigte einer Gütergemeinschaft unter gemeinsamer Verwaltung (vgl. Art. 234 § 4a EGBGB).

3662 Der Erwerber wird in diesen Fällen durch die Bestimmungen über den gutgläubigen Erwerb vom nicht oder nicht ausschließlich Berechtigten geschützt, die bzgl. Abteilung I des Grundbuchs seit dem 03.10.1990 ohne Einschränkung gelten (§§ 891 bis 893 BGB). Zu beachten ist, dass eine gem. § 1365 BGB etwa erteilte Zustimmung des nicht eingetragenen Ehegatten dessen Mitverfügung aufgrund gesamthänderischer Mitberechtigung nicht ersetzt, da sie aus anderer Erwägung erfolgte.

3663 Ergibt die Sachverhaltsermittlung die Unrichtigkeit des Grundbuchs aus einem der vorgenannten Gründe, hat der Notar – da die Vermutung des Art. 234 § 4a Abs. 3 EGBGB nur gilt, wenn beide Ehegatten »in ehelicher Vermögensgemeinschaft« eingetragen sind – unter Vorlage entsprechender

---

1568 DNotI-Gutachten Nr. 33483 v. 14.06.2002.
1569 *Böhringer* NotBZ 1998, 227.

grundbuchtauglicher Nachweismittel oder Bewilligung des Eingetragenen[1570] und Zustimmung des anderen, zusätzlich einzutragenden Ehegatten (§ 22 Abs. 2 GBO) die Berichtigung des Grundbuchs zu veranlassen und die **Mitwirkung beider Ehegatten** herbeizuführen. An wissentlichen Beurkundungen über Verfügungen eines Nichtberechtigten darf er nicht mitwirken, auch wenn dadurch der gute Glaube des Erwerbers zerstört wird. Sind, wie häufig, im Grundbuch noch beide Ehegatten in ehelicher Vermögensgemeinschaft eingetragen, könnte ein Berichtigungsantrag entsprechend dem folgenden Formulierungsvorschlag lauten:

▶ Formulierungsvorschlag: Berichtigungsantrag bei ehelicher Vermögensgemeinschaft im Beitrittsgebiet

Im Grundbuch sind beide Ehegatten als Eigentümer in (ggf.: beendeter) ehelicher Vermögensgemeinschaft nach dem Familiengesetzbuch der DDR eingetragen. Sie erklären, bis zum 02.10.1992 keine Optionserklärung zugunsten einer Fortgeltung dieses Güterstands abgegeben zu haben, sodass sie im gesetzlichen Güterstand des BGB (Zugewinngemeinschaft) leben. Sie haben ferner keine abweichende Miteigentumszuordnung nach Art. 234 § 4a Abs. 1 Satz 2 EGBGB erklärt, sodass der Vertragsbesitz nunmehr in ihrem je hälftigen Miteigentum steht. Die Eigentümer beantragen gem. § 14 GBBerG die gebührenfreie Berichtigung des Grundbuches.

3664

▶ Hinweis:

Zwingend erforderlich ist die Berichtigung freilich nicht in den Regelfällen, in denen beide Ehegatten über das Grundstück insgesamt verfügen (also nicht lediglich über einen Miteigentumsanteil), § 40 GBO analog.

d) Besonderheiten auf Erwerberseite

Erklären Beteiligte, aufgrund Ausübung des Optionsrechts weiterhin im FGB-Güterstand verheiratet zu sein (der inhaltlich – jedenfalls während des Bestands der Ehe – der Gütergemeinschaft bei Gesamtverwaltung der Ehegatten gleicht), hat der Notar den Sachverhalt umfassend zu ermitteln und die Erklärungen der Ehegatten hierzu, auch über das Vorliegen des Gesamtguterwerbs (aus Arbeitseinkommen) in die Urkunde aufzunehmen. Das **Grundbuchamt** ist zu einer **Zurückweisung** nur berechtigt, wenn es positiv weiß, dass die begehrte Eintragung nicht zutrifft. Da der Erwerb zum Gesamtgut gem. Art. 234 § 4a EGBGB einem materiell-rechtlich möglichen Güterstand entspricht, kann die Eintragung mangels gegenteiliger Anhaltspunkte nicht vom Vorliegen zusätzlicher Voraussetzungen abhängig gemacht werden.

3665

3. Erbrechtliche Besonderheiten

a) Abweichungen des materiellen Erbrechts der DDR

aa) Erbfälle vor dem 01.04.1966

Bis zum Inkrafttreten des FGB galt der gesetzliche Güterstand der Gütertrennung. Die Erbfolge richtete sich nach dem BGB a.F. ohne Änderungen aus dem Gleichberechtigungsgesetz, d.h. der überlebende Ehegatte erbt ein Viertel, die Kinder gesamt drei Viertel. Seit dem 01.01.1957 sind **adoptierte Kinder** den ehelichen Kindern hinsichtlich des Erbrechts im Beitrittsgebiet vollständig gleichgestellt (Volladoption).

3666

bb) Erbfälle zwischen dem 01.04.1966 und dem 01.01.1976

Unter der Geltung des FGB, jedoch noch vor Inkrafttreten des ZGB, erbte der überlebende Ehegatte wie ein Erbe I. Ordnung neben den Abkömmlingen zu gleichen Teilen, mindestens jedoch ein Viertel. Waren keine Abkömmlinge vorhanden, erbte der überlebende Ehegatte allein, es sei denn, es waren unterhaltsbedürftige Eltern des Erblassers vorhanden (§ 10 EGFGB). Das nichteheliche

3667

1570 *Böhringer* NotBZ 1998, 228; *Schöner/Stöber* Grundbuchrecht Rn. 3402b.

C. Querschnittsdarstellungen

Kind erbte nach seinem Vater, solange es minderjährig war, wenn der Vater bis zur Volljährigkeit das Erziehungsrecht hatte (im Einzelnen vgl. § 9 EGFGB).

cc) Erbfälle zwischen dem 01.01.1976 und dem 03.10.1990

3668 Gem. der gesetzlichen Erbfolge des ZGB erbt der überlebende Ehegatte neben den Kindern zu gleichen Teilen, mindestens jedoch zu einem Viertel (§ 365 Abs. 1 ZGB). Sind Abkömmlinge nicht vorhanden, ist der überlebende Ehegatte Alleinerbe I. Ordnung (§ 366 ZGB). Nichteheliche Kinder sind den ehelichen Kindern vollständig gleichgestellt. Als Erbe II. Ordnung erbt ein Elternteil allein, wenn der andere Elternteil vorverstorben ist, auch wenn Geschwister des Erblassers vorhanden sind (§ 367 ZGB). Sind Erben der III. Ordnung nicht vorhanden (d.h. weder Großeltern noch deren Abkömmlinge), erbt der Staat (§§ 368, 369 ZGB).

Der Pflichtteils- als Geldanspruch i.H.v. 2/3 des Werts des gesetzlichen Erbteils (ohne Pflichtteilsergänzung) stand (stets) Ehegatten sowie (sofern beim Erbfall noch unterhaltsberechtigt) Kindern, Enkeln und Eltern des Erblassers zu (§ 396 ZGB) und verjährte in 2 Jahren.

3669 Die **gewillkürte Erbfolge** kannte keine Vor- und Nacherbschaft mehr (war solche vor dem 01.01.1976 angeordnet worden, bleibt sie zwar gem. § 8 Abs. 2 Satz 2 EGZGB wirksam, die sich aus der Nacherbfolge ergebenden lebzeitigen Verfügungsbeschränkungen des Vorerben gelten jedoch als nicht angeordnet). Auch für die Zeit nach dem 02.10.1990 kann daher der Vorerbe bei Erbfällen zwischen dem 01.01.1976 und 02.10.1990 über die Nachlassgegenstände, auch unentgeltlich, frei verfügen. Die zwischen dem 01.01.1976 und dem 03.10.1990 testamentarisch angeordnete, unwirksame Vor- und Nacherbfolge lebt nach Wieder-In-Kraft-Treten des BGB nicht auf.

3670 Auch das Recht der **Testamentsvollstreckung** differierte erheblich: Gem. § 371 Abs. 2 ZGB führte deren Anordnung in Verfügungen von Todes wegen zwischen dem 01.01.1976 und dem 03.10.1990 nicht zu einer Verfügungsbeschränkung des Erben; der Vollstrecker galt vielmehr lediglich als Bevollmächtigter des Erben, dessen Einsetzung durch den Erben sofort nach dem Erbfall widerrufen werden konnte. Ein Vermerk im Erbschein oder im Grundbuch erfolgte nicht.

3671 Die Bindungswirkung eines **gemeinschaftlichen Testaments**, das unter Geltung des ZGB von DDR-Bürgern errichtet wurde, entfiel für den überlebenden Ehegatten, sofern dieser – nach Annahme der Erbschaft – nur seinen gesetzlichen Erbteil beanspruchte und den Überrest an die testamentarischen Erben oder deren Rechtsnachfolger herausgab (§ 393 ZGB).[1571] Die Aufhebung der eigenen, im gemeinschaftlichen Testament getroffenen Verfügungen erfolgte sodann durch Erklärung ggü. dem Nachlassgericht (vormals Staatliches Notariat) des zuerst Verstorbenen. Ferner erlaubt § 392 Abs. 4 ZGB den Widerruf der eigenen Erklärungen ggü. dem Nachlassgericht, wenn gleichzeitig die Erbschaft ausgeschlagen wird; ihm steht dann der Pflichtteilsanspruch zu.

dd) Erbfälle nach dem 02.10.1990

3672 Besonderheiten können bestehen, wenn zugunsten des FGB-Güterstands der Eigentums- und Vermögensgemeinschaft »rückoptiert« wird. Das »Erhöhungsviertel« aus §§ 1931 Abs. 3, 1371 BGB entfällt.

Zur Wahrung des Besitzstandes ordnet Art. 235 § 1 Abs. 2 EGBGB bei Erblassern, die am 02.10.1990 effektive Staatsangehörige der DDR waren, an, dass sich das Erbrecht eines vor dem 03.10.1990 geborenen **nichtehelichen Kindes** nach dem später verstorbenen Vater, der am 02.10.1990 seinen gewöhnlichen Aufenthalt in der DDR hatte, nach dem ZGB richtet (mit der Folge völliger Gleichstellung ggü. ehelichen Kindern auch bei Geburt vor dem 01.07.1949;[1572] mithin über die Wirkungen des Erbrechtsgleichstellungsgesetzes 1998 hinaus).[1573] Unerheblich ist

---

1571 Hierzu *Voltz* NotBZ 2004, 135.
1572 Vgl. im Einzelnen *Egerland* in: Zehn Jahre Deutsches Notarinstitut (2003), S. 175 ff.
1573 Verkannt von LG Chemnitz ZEV 2007, 227 m. abl. Anm. *Leve*.

dabei, ob der Abkömmling beim Eintritt des Erbfalls dem Erblasser ggü. unterhaltsberechtigt war, wie es § 369 Abs. 1 Nr. 2 ZGB zur Voraussetzung erhoben hatte.[1574]

Verfügungen von Todes wegen, die vor dem 03.10.1990 errichtet oder aufgehoben wurden, beurteilen sich weiterhin hinsichtlich ihrer Form und der Errichtungs-/Aufhebungsvoraussetzungen nach ZGB, hinsichtlich ihres Inhalts, der Auslegung und Wirkungen nach BGB, Art. 235 Abs. 2 EGBGB. Testamente, die noch unter Geltung der Nachlassspaltung des Art. 25 Abs. 2 RAG-DDR errichtet wurden und eine gegenständliche Erbeinsetzung nach Vermögensgruppen vorsehen, sind damit unwirksam und gem. § 140 BGB umzudeuten.[1575] 3673

Die erleichterte Aufhebung eines vor dem 03.10.1990 von DDR-Bürgern errichteten gemeinschaftlichen Testaments durch den überlebenden Ehegatten gem. § 393 ZGB bleibt jedoch auch nach dem Beitritt möglich.

b) Interlokale Anknüpfung

aa) Erbfälle vor dem 01.01.1976

Bei Erbfällen vor dem 01.01.1976 galt in beiden Teilen Deutschlands Art. 25 EGBGB, d.h. die **Anknüpfung an das Staatsangehörigkeits-Prinzip** und den **Grundsatz der Nachlasseinheit**. Aus der Sicht der BRD bestand für die Bewohner der DDR zusätzlich zur einheitlichen deutschen Staatsangehörigkeit die Staatsbürgerschaft der DDR, die aufgrund der objektiv und subjektiv engeren Verbindungen die sog. effektive Staatsangehörigkeit war. Aus der Blickrichtung der DDR hatten Bewohner der DDR ausschließlich deren Staatsangehörigkeit, die in der BRD ansässigen Deutschen waren Ausländer. Aus der Sicht beider Rechtsordnungen war bei Versterben vor dem 01.01.1976 das Erbrecht der (ggf. effektiven) Staatsangehörigkeit maßgeblich für Vermögen in den alten wie in den neuen Bundesländern. Örtlich zuständig war das Nachlassgericht des letzten Wohnsitzes des Erblassers (§ 73 Abs. 1 FGG). 3674

bb) Erbfälle zwischen dem 01.01.1976 und dem 02.10.1990

Bei Erbfällen zwischen dem 01.01.1976 und dem 02.10.1990 durchbricht die kollisionsrechtliche Norm des § 25 Abs. 2 RAG-DDR den Grundsatz der Nachlasseinheit zugunsten der lex rei sitae »in Bezug auf das Eigentum und andere Rechte an Grundstücken und Gebäuden, die sich in der DDR befinden«. Bei **ausländischer** Staatsangehörigkeit (und somit – aus Sicht der DDR – auch bei Staatsangehörigkeit der BRD) trat somit **Nachlassspaltung** ein. Das Erbrecht der ehemaligen DDR bestimmte (bezogen auf die in § 25 Abs. 2 RAG-DDR genannten Gegenstände) Erbfähigkeit, Erbfolge, Erbanteile und Pflichtteilsrecht dem Grunde wie der Höhe nach sowie die Erbenhaftung und die Ausschlagung (notariell beglaubigte Erklärung ggü. jedem staatlichen Notariat der DDR, § 403 Abs. 2 ZGB).[1576] 3675

Auch die Erhöhung der Ehegattenerbquote gem. § 1371 Abs. 1 BGB wird durch die vorrangige Anwendung des ZGB verdrängt. Es entstehen zwei selbstständige Nachlassmassen, für die jeweils **getrennte Erbscheine** ausgestellt werden können (insoweit handelt es sich nicht etwa um unzulässige, da den Voraussetzungen des § 2369 BGB[1577] nicht genügende, gegenständlich beschränkte Teilerbscheine, sondern um selbstständige Erbscheine für je eigene Nachlassmassen, ähnlich den besonderen Erbzeugnissen des Höfe-, früheren Heimstätten-, und des Anerbenrechts). Ein Erbschein, der bei Versterben eines Bundesbürgers zwischen dem 01.01.1976 und dem 02.10.1990 (textlich getrennt) Zeugnis abgibt über beide Nachlassmassen, stellt einen »**Sammelerbschein**« dar. 3676

1574 OLG Dresden, 15.09.2009 und 29.09.2009 – 3 U 1341/09, ZEV 2010, 260.
1575 DNotI-Gutachten Nr. 32075 v. 09.04.2002.
1576 Eine nach BGB erfolgte Ausschlagung erfasste somit nicht den in der DDR belegenen Grundbesitz.
1577 Hierfür müssen im Inland und im Ausland Nachlassgegenstände vorhanden sein (unabhängig davon, ob hieraus die Anwendbarkeit ausländischen Rechtes folgt), vgl. OLG Brandenburg, 03.08.2011 – 3 Wx 21/11, ZErb 2011, 277.

C. Querschnittsdarstellungen

3677 Die Reichweite der vorrangigen **Sonderanknüpfung** des § 25 Abs. 2 RAG-DDR zugunsten des materiellen Erbrechts des ZGB ist im Einzelnen umstritten.[1578] Nach jetzt herrschender Ansicht[1579] sollen die Restitutionsansprüche gem. § 3 VermG nicht unter § 25 Abs. 2 RAG-DDR fallen (was Bedenken begegnet angesichts der Wertung des Vermögensgesetzes, die Geschädigten bzw. deren Erben so zu stellen, als wäre die schädigende Maßnahme nicht erfolgt. Auch unter Berücksichtigung des § 2a VermG, der hierzu keine Aussage enthält, wäre eine analoge Anwendung der Surrogationsvorschriften der §§ 2041, 2101, 2164 Abs. 2 BGB bei Restitution nach dem Erbfall sachgerecht).[1580] Gehören zum Nachlass Anteile an Gesamthandsgemeinschaften (z.B. einer Erbengemeinschaft), zu deren Vermögen ihrerseits Grundbesitz in den neuen Ländern zählt, ist richtigerweise der Anteil an der Gesamthand selbst nicht als unbewegliches Vermögen zu klassifizieren, sodass die Sonderanknüpfung des § 25 Abs. 2 RAG-DDR nicht anzuwenden ist.[1581] Die Eigentümerstellung an Bodenreformgrundstücken unterliegt jedoch § 25 Abs. 2 RAG-DDR.[1582]

c) Verwendbarkeit von Erbscheinen

3678 Sehr häufig stellt sich heraus, dass Erbscheine des Staatlichen Notariats bzw. der in den alten Bundesländern belegenen AG nicht der wahren Rechtslage entsprechen, da ohne gegenseitige Rechtshilfegewährung eine vollständige Sachverhaltsermittlung nicht möglich war oder unterblieb.

> **Beispiel:**
> Übergehen eines in die alten Bundesländer übersiedelten Abkömmlings; erneute, unwirksame Verfügung von Todes wegen eines übergesiedelten Ehegatten unter Verstoß gegen ein im anderen Teil Deutschlands errichtetes gemeinschaftliches Testament.

3679 Die Notwendigkeit einer **Einziehung wegen Unrichtigkeit** kann sich ferner dann ergeben, wenn aus der Sicht des nunmehr zuständigen Nachlassgerichts des letzten Wohnsitzes eine nicht-erbrechtliche Vorfrage, etwa die der Staatsangehörigkeit, anders beurteilt wird (hinkende Rechtsverhältnisse). Die bloße Tatsache jedoch, dass westdeutsche Erbscheine ihre Nichtgeltung bzgl. der Nachlassgegenstände gem. § 25 Abs. 2 RAG-DDR nicht ausdrücklich vermerken, macht diese nicht unrichtig, da der Geltungsbereich nicht zum notwendigen textlichen Inhalt des Erbscheins gehört. Die Beschränkung des »Westrechts-Erbscheins« auf die Nachlassmasse unter Ausschluss der Gegenstände des § 25 Abs. 2 RAG-DDR ergibt sich vielmehr kraft Gesetzes, ein klarstellender Vermerk ist jedoch anzuraten.

3680 Für die (angesichts der unterbliebenen Nachführung der Grundbücher in den neuen Bundesländern sehr häufig erforderliche) **Berichtigung des Grundbuchs** bei gesetzlicher Erbfolge bedarf es in den Fällen, in denen ein Nicht-DDR-Bürger in der Zeit v. 01.01.1976 und 03.10.1990 verstarb und Grundbesitz i.S.d. § 25 Abs. 2 RAG-DDR im Beitrittsgebiet hinterließ, gem. § 35 GBO eines Erbscheins, der ausdrücklich die Erbfolge in den in der früheren DDR (einschließlich Ost-Berlin) belegenen unbeweglichen Nachlass i.S.d. § 25 Abs. 2 RAG-DDR bezeugt. Liegt lediglich ein durch AG in den alten Bundesländern erteilter, textlich uneingeschränkter (jedoch kraft Gesetzes nicht die Gegenstände i.S.d. § 25 Abs. 2 RAG-DDR umfassender) Erbschein vor, ist dieser um ein Zeugnis über die Erbfolge in die Sonderanknüpfungsgegenstände zu ergänzen; er wird dadurch zum »Sammel-Erbschein«. In der Praxis genügt ein formloser Antrag an das ausstellende AG; hierin liegt zugleich die Bezugnahme auf den im früheren Erbscheinsantrag unterbreiteten Tatsachenvortrag.

1578 Ausführlich *Böhringer* Rpfleger 1999, 110.
1579 BGH DNotI-Report 1995, 213; NotBZ 2000, 337; OLG Hamm MittBayNot 1995, 220; OLG Düsseldorf FamRZ 1998, 704.
1580 Vgl. *Limmer* OV-spezial 23/94, 8.
1581 OLG Dresden DNotI-Report 1997, 179; BayObLG ZEV 1998, 475; LG Potsdam MittRhNotK 1999, 392; ebenso die Divergenzentscheidung BGH RNotZ 2001, 455.
1582 *Salzig* in: Würzburger Notarhandbuch Teil 2 Kap. 3 Rn. 17 m.w.N.

d) Pflichtteilsrechtliche Probleme

Erhält der Erbe aufgrund einer vermögensrechtlichen Anmeldung ein vor dem Erbfall dem Erblasser enteignetes Grundstück zurück oder wird ihm hierfür eine Entschädigung gewährt, kann eine Neubewertung vermeintlich abgeschlossener Nachlässe im Verhältnis zum Pflichtteilsberechtigten erforderlich werden. Hierfür gilt § 2313 Abs. 2 Satz 1 BGB i.V.m. Abs. 1 Satz 3 BGB analog.[1583] Für die **Berechnung des Pflichtteils ist bei Naturalrestitution des Grundstücks** dessen Wert zum Zeitpunkt der Wiedererlangung des Eigentums zu schätzen und unter Berücksichtigung des Kaufkraftschwundes auf den Geldwert im Zeitpunkt des Erbfalles umzurechnen.[1584] Zu beachten ist, dass Ausschlagungen von ZGB-Erbschaften (sofern wirksam gem. § 403 Abs. 2 ZGB erfolgt) oder Erbteilsübertragungen, die in Annahme des Fortbestandes der Teilung erfolgten, nicht zu »korrigieren« sind, auch nicht durch Irrtumsanfechtung oder gem. § 313 BGB.[1585]

3681

Auf den Pflichtteilsanspruch bzgl. der durch das VermG restituierten Gegenstände sind die Bestimmungen des BGB (nicht des ZGB) anwendbar; die Verjährung begann abweichend von § 2332 Abs. 1 BGB mit Inkrafttreten des Vermögensgesetzes am 28.09.1990 (nicht etwa erst mit Rechtskraft des Restitutionsbescheids).[1586] Für die Pflichtteilsergänzung bei einem nach dem 02.10.1990 verstorbenen Erblasser gelten gem. Art. 235 § 1 EGBGB unmittelbar §§ 2325, 2329 BGB, auch zugunsten eines zu DDR-Zeit (§ 396 ZGB) noch nicht Pflichtteilsberechtigten;[1587] ob eine Schenkung vorlag, richtet sich nach den Wertverhältnissen bei Vollzug des Vertrags ohne Berücksichtigung späterer, v.a. vereinigungsbedingter Wertsteigerungen.[1588]

3682

4. Gesetzliche Vertretung

Das Wiedervereinigungsrecht ist von dem Bemühen geprägt, i.R.d. verfassungsrechtlich gezogenen Grenzen auch Grundstücke oder Gebäude mit unbekanntem Eigentümer oder Eigentümer unbekannten Aufenthalts dem Rechtsverkehr zuzuführen. Die (allerdings zeitraubenden) Möglichkeiten der Bestellung eines **Nachlasspflegers** gem. § 1960 BGB, eines Abwesenheitspflegers gem. § 1911 BGB oder eines Pflegers für unbekannte Beteiligte nach § 1913 BGB bleiben unberührt.

3683

Rechtsgrundlage für die Bestellung eines gesetzlichen Vertreters sind § 11b Abs. 1 VermG bzgl. ehemals staatlich verwalteter Vermögenswerte sowie Art. 233 § 2 Abs. 3 EGBGB in allen anderen Fällen, in denen der Grundstückseigentümer oder sein Aufenthalt nicht feststellbar sind,[1589] (z.B. auch bei einem Grundstück, als dessen Eigentümer »die Schule« eingetragen ist).[1590] ebenso im Bodensonderungsverfahren (§ 8 Abs. 5 Satz 3 BoSoG).

3684

Sind von mehreren Bruchteils- oder Gesamthandseigentümern einzelne bekannt, ist einer der ihren als gesetzlicher Vertreter für die Übrigen zu bestellen. Dieser gesetzliche Vertreter ist kraft Gesetzes von den Beschränkungen des § 181 BGB befreit. Ggü. der bestellenden Behörde hat dieser Vertreter einen Anspruch auf angemessene Vergütung und Auslagenersatz. Die Behörde ihrerseits kann Rückgriff nehmen beim vertretenen Eigentümer, sobald dieser ermittelt ist und auf seinen Antrag der Vertreter abberufen wurde (vgl. § 16 Abs. 3 VwVfG). Hinsichtlich »der Bestellung und des Amts« gelten die Pflegschaftsvorschriften entsprechend, und damit über die Verweisung des § 1915 BGB auch die Bestimmungen über Aufsicht und die materiellrechtliche[1591] **Genehmigungsertei-**

3685

1583 BGH NJW 1993, 2176.
1584 Vgl. auch OLG Braunschweig ZEV 1998, 484.
1585 BGH NJW 1993, 850; OLG Rostock OLG-NL 1994, 40; BGHZ 131, 209, 216.
1586 OLG Düsseldorf FamRZ 1998, 1139.
1587 Hierfür gilt allein § 2303 BGB: BGH, 07.03.2001 – IV ZR 258/00, NJW 2001, 2398.
1588 Vgl. BGH, 17.04.2002 – IV ZR 259/01, ZEV 2002, 282.
1589 Ob dies der Fall ist, muss i.R.d. Amtsermittlung (§ 24 LandesVwVfG) ermittelt werden; »Negativzeugnisse« hierzu bestehen nicht (DNotI-Gutachten Nr. 34052 v. 04.07.2002).
1590 DNotI-Gutachten Nr. 48635 v. 16.08.2004.
1591 Verfahrensrechtlich gilt allerdings wohl nicht das FGG/FamFG, da behördliche Akte (anders als i.R.d. § 16 Abs. 4 VwVfG, § 207 BauGB) nur in Bestandskraft, nicht in Rechtskraft erwachsen können, vgl. DNotI-Gutachten Rn. 99939 v.

C. Querschnittsdarstellungen

lung (§§ 1837, 1821, 1822 BGB) durch die bestellende Behörde (nunmehr unstreitig,[1592] anders jedoch früher nach § 7 GrdBBerG, unten Rdn. 3686). Soweit der gesetzliche Vertreter etwa in Veräußerungsfällen oder als Entschädigung für die Bestellung von Dienstbarkeiten einen Erlös vereinnahmt, hat er diesen gem. den Weisungen der Bestellungsbehörde mündelsicher anzulegen und sich in zumutbarer Weise um Ermittlung des wahren Berechtigten zu bemühen.

3686 § 7 **GrdBBerG** enthielt daneben eine bis zum 31.12.2005 befristete Möglichkeit für juristische Personen des öffentlichen Rechts als bestellte gesetzliche Vertreter oder BGB-Pfleger zur Verfügung über Immobilien im Beitrittsgebiet mit Erlaubnis des Vormundschaftsgerichts unter strengen Voraussetzungen. Die juristische Person ist zwar einerseits bei der Belastung des Vermögens und der Anlage des Erlöses freier, andererseits aber an die Genehmigung des Vormundschaftsgerichts[1593] gebunden, dessen Ermessen gesetzlich eingeschränkt ist. Des Weiteren ist er dem Risiko ausgesetzt, dem wahren Eigentümer nicht nur den tatsächlich erzielten Erlös, sondern auch die Differenz zu einem etwa höheren Verkehrswert auszahlen zu müssen.[1594]

3687 Gem. Art. 233 § 10 EGBGB werden Grundstücke, die im Grundbuch ohne Eigentümer als »öffentliche Wege, Gräben oder Gewässer« bezeichnet sind oder im Eigentum **altrechtlicher Personenzusammenschlüsse**[1595] stehen (etwa aufgrund der preußischen Gemeinheitsteilungsordnung v. 07.06.1821) kraft Gesetzes – unabhängig davon ob die Mitglieder des Zusammenschlusses bekannt sind oder nicht – durch die Belegenheitsgemeinde vertreten.[1596] Ist die Gemeinde hieran wegen § 181 BGB gehindert, ist ein Pfleger nach § 1903 BGB oder ein gesetzlicher Vertreter gem. Art. 233 § 2 Abs. 3 EGBGB zu bestellen. I.Ü. hat der Landesgesetzgeber zwischenzeitlich für zahlreiche Vereinigungen gesetzliche Vertretungsregelungen geschaffen.

▶ Beispiel:

Anteilsberechtigungen an altrechtlichen Waldgenossenschaften in Thüringen.[1597]

5. Heilungsvorschriften

3688 Angesichts der zahlreichen Fälle des Auseinanderfallens von Bucheigentum und tatsächlicher Eigentumslage hat der Gesetzgeber zwischenzeitlich zur Wiederherstellung der Vermutung der Richtigkeit des Grundbuchs (§ 891 BGB) umfassende Heilungsvorschriften erlassen:

In Reaktion auf die Rechtsprechung des KG,[1598] mit Inkrafttreten des Ersten Staatsvertrags am 21.06.1990 oder dem Beschluss des Ministerrats der DDR v. 15.08.1990 sei die Verfügungsbefugnis der staatlichen Stellen der DDR entfallen, stellt Art. 233 § 2 Abs. 2 EGBGB die unwiderlegliche Rechtsvermutung der Verfügungsbefugnis bei ehemals **volkseigenen Grundstücken** in bestimmten Fällen auf. Abgedeckt sind dabei sowohl die materiell-rechtlichen Fälle des Fehlens einer tat-

---

Feb. 2010; *Salzig* NotBZ 2010, 363 ff.
1592 Vgl. BGH NotBZ 2003, 26 m.w.N. Für die Genehmigung der Erklärungen eines gesetzlichen Vertreters gem. § 17 SachenRBerG (und aufgrund Verweisung auch i.R.d. Verkehrsflächenbereinigungsgesetzes) ist jedoch das Vormundschaftsgericht zuständig, § 17 Abs. 3 Satz 4 SachenRBerG.
1593 Nach Ansicht des OLG Brandenburg NotBZ 2004, 484 und erneut NotBZ 2007, 435 sei diese Zuständigkeit stets gegeben, wenn eine juristische Person des öffentlichen Rechts bestellt sei, zu Recht krit. *Böhringer* NotBZ 2007, 435 und *Egerland* NotBZ 2005, 90 ff.: Bestellung des Bundeslandes zum gesetzlichen Vertreter zur Auflassung eines Bodenreformgrundstückes an sich selbst war nichtig.
1594 Vgl. *Limmer* NotBZ 2000, 248; *Böhringer* Rpfleger 2005, 121.
1595 Im Grundbuch z.B. bezeichnet als »Gesamtheit der Beteiligten an den durch den bestätigten Separationsregress vom ... begründeten Gemeinschaftsangelegenheiten«. Es handelte sich um Gesamthandsgemeinschaften, die in den Jahren 1945 bis 1952 außer in Sachsen-Anhalt aufgelöst wurden; das Grundvermögen ging kraft Gesetzes auf die Belegenheitsgemeinde über, vgl. DNotI-Gutachten Nr. 47616 v. 25.02.2004.
1596 Vgl. *Böhringer* Rpfleger 1994, 194.
1597 DNotI-Gutachten Nr. 29250 v. 26.03.2002: Waldgenossenschaft als Körperschaft des öffentlichen Rechts; *Kothe/Anger* VIZ 2002, 69.
1598 VIZ 1993, 161 sowie NJ 1996, 38.

sächlichen Verfügungsbefugnis als auch die formell-rechtlichen Fälle einer unrichtigen Rechtsträgereintragung im Grundbuch.

Bei der **Überführung privater Grundstücke in Volkseigentum** unterliefen den DDR-Behörden zahlreiche Fehler, die nach nunmehrigem Rechtsmaßstab trotz der Wertung des Art. 19 EV zur Unwirksamkeit des Eigentumserwerbs durch das Volkseigentum führen würden. Gem. Art. 237 § 1 Abs. 1 EGBGB sind diese Erwerbsmängel nur dann beachtlich, wenn die Überführung in Volkseigentum nicht zumindest theoretisch wirksam hätte durchgeführt werden können oder wenn diese Überführung mit rechtsstaatlichen Grundsätzen schlechthin unvereinbar wäre. 3689

Noch weiter gehender ist in Art. 237 § 2 EGBGB eine **Ausschlussfrist** für die **Geltendmachung sämtlicher** (auch rechtsstaatswidriger) **Erwerbsmängel**, gleichgültig ob es sich um Volkseigentum, Scheinvolkseigentum (Art. 237 § 2 Abs. 2 EGBGB) oder Eigentum Privater handelt, normiert: Am **01.10.1998** trat auch ohne bestätigende Grundbucheintragung Eigentumserwerb zugunsten des im Grundbuch eingetragenen Eigentümers ein, falls dessen »Schein-Eigentum« nicht bis zum 30.09.1998 durch Erhebung einer (Berichtigungs-) Klage oder eines Antrags auf Eintragung eines Widerspruchs gem. § 899 BGB angegriffen wurde. 3690

▶ Hinweis:

Auf die **Ausübung des Besitzes** kommt es (anders als bei der Ersitzung gem. § 900 BGB) nicht an; ebenso wenig darauf, ob der »Bucheigentümer« gutgläubig war. Die Vorschrift gilt allerdings wohl nicht für Erbanteile an Nachlässen, zu denen Grundbesitz zählt.[1599]

6. Katasterrechtliche Besonderheiten

a) Ungeteilte Hofräume

Gelegentlich erscheint im **Bestandsverzeichnis** der Vermerk, dass nicht vermessene Teilflächen aus anderen Flur-Nummern zum Bestand des Eigentümers gehören; dabei fehlt auch eine Größenangabe. 3691

▶ Beispiel:

lfd. Nr.	FlNr.	Lage	Kennziffer	Fläche
1	717	K.-Marx-Str. 1	24	0,1250 ha

2 nicht vermessener Anteil an FlNr. 1509/9

(Kennziffer 24 = Gebäude- und Gebäudenebenfläche).

Es handelt sich bei Grundstück Nr. 2 um die sog. **nicht vermessenen Hofflächen**. Hierbei handelt es sich um ein Relikt aus der Zeit vor 1900 insb. in Preußen. Zum damaligen Zeitpunkt war es schwierig, im innerstädtischen Bereich Flurstücksvermessungen durchzuführen, wenn keine direkte Sichtverbindung zwischen den Vermessungspunkten bestand. Zu DDR-Zeiten wurde per Luftbild eine Karte dieser unvermessenen Hofflächen angefertigt, in die dann die einzelnen Teilflächen eingetragen wurden. Da die Grenzen jedoch nicht katastermäßig erfasst wurden, stehen sie nicht rechtsverbindlich in der Natur fest. Die Bestimmtheit des Grundstücks i.S.d. § 2 Abs. 2 GBO wurde zu preußischer Zeit durch Verweis auf die Gebäudesteuerbücher erreicht.

Vereinzelt haben anfangs Gerichte[1600] den Vollzug von Verfügungen (etwa Belastungen) an ungeteilten Hofflächen mangels Vorliegens eines Grundstücks i.S.d. § 2 GBO abgelehnt. Auf der Grundlage des Art. 12 Abs. 1 Nr. 1 VermRÄG hat der Bundesminister der Justiz die **Hofraumverordnung (HofV)** v. 24.09.1993 erlassen. Diese sieht vor, das amtliche Verzeichnis i.S.d. GBO bei 3692

1599 DNotI-Gutachten Nr. 41836 v. 03.06.2003.
1600 Z.B. BezG Erfurt DNotZ 1992, 804.

C. Querschnittsdarstellungen

ungetrennten Hofräumen durch Gebäudesteuerbücher – hilfsweise durch Einheitswertsbescheide, Grund- oder Gewerbesteuerbescheide oder Bescheide über Abwassergebühren – zu ersetzen. Die Regelung war bis zum 31.12.2010 befristet; sie wurde bis zum **31.12.2015** verlängert.[1601] Dadurch ergibt sich der faktische Zwang, ein Verfahren nach § 1 Nr. 1 BoSoG (zur Berichtigung von Kataster und Grundbuch; der Bodensonderungsplan gilt als amtliches Verzeichnis i.S.d. § 2 Abs. 2 GBO) oder eine einvernehmliche notarielle Auseinandersetzung (unter Mitwirkung aller Eigentümer und dinglich Berechtigter, mit Auflassung und Eintragung im Grundbuch)[1602] durchzuführen. Letztere wird regelmäßig zerlegt in die Beurkundung des schuldrechtlichen Geschäfts (Einigung über die Reichweite des Eigentums) auf der Basis eines vorläufigen, von einem öffentlich bestellten Vermessungsingenieur erstellten Teilungsplanes, und die Messungsanerkennung und Auflassung nach Vorliegen des amtlichen Veränderungsnachweises. Befinden sich alle Anteile an den ungeteilten Hofräumen in einer Hand, kann der Eigentümer die realen Teilflächen gem. § 890 Abs. 1 BGB ohne vorherige Vermessung vereinigen.[1603]

b) Bodensonderungsgesetz, Sonderungsplanverordnung

aa) Anwendungsbereich

3693 **Rückstände im Bereich der Grundstücksvermessung** stellen ein besonderes Hemmnis für den Grundstücksverkehr dar. Die bereits bestehenden Bodenordnungsverfahren (Umlegung gem. §§ 45 ff. BauGB, Flurbereinigung, Flurneuordnung gem. §§ 53 ff. LwAnpG) erfordern stets eine tatsächliche Vermessung und Abmarkung gem. den Vorgaben des Planes. Durch das BoSoG[1604] sollten die Anforderungen an die Feststellung der Grundstücksgrenzen herabgesetzt werden. Erfasst sind gem. § 1 BoSoG vier Anwendungsbereiche:
– Nr. 1: unvermessene Hofräume und unvermessene Nutzungsrechte,
– Nr. 2: Bodensonderung zur Unterstützung der Sachenrechtsbereinigung,
– Nr. 3: Bodensonderung zur ergänzenden Bodenneuordnung und Erfassung von Lücken bei der Zuordnung nach VZOG für im Privateigentum stehende Flächen,
– Nr. 4: komplexe Neuordnung bei großflächiger Überbauung mehrerer Grundstücke; zugleich zur Neuordnung der dinglichen Verhältnisse.

bb) Verfahren

3694 Bodensonderungsbehörde ist gem. § 10 Satz 1 BoSoG in den Fällen der Nr. 1 und Nr. 2 das Katasteramt, in den Fällen der Nr. 3 und Nr. 4 die Gemeinde. Das Verfahren der Nr. 2 findet nur auf Antrag der Sachenrechtsbereinigungsbehörde oder eines betroffenen Eigentümers statt, die Verfahren der Nr. 1, Nr. 3 und Nr. 4 von Amts wegen oder auf Ersuchen des OFD-Präsidenten bzw. eines VZOG-Zuordnungsbegünstigten (Nr. 3) oder eines Eigentümers (Nr. 1). Das Antragsrecht (etwa zur Schaffung individuellen Eigentums statt ungeteilter Hofräume) ist pfändbar, § 6 Abs. 1 letzter Satz BoSoG.

Zur Festlegung der Grenzen ungetrennter Hofräume ist gem. § 2 BoSoG zunächst eine (formlose, durch die Sonderungsbehörde zu protokollierende) Einigung der betroffenen Eigentümer anzustreben; die Zustimmung der Inhaber dinglicher Rechte wird fingiert, wenn diese der Einigung nicht innerhalb von 4 Wochen widersprechen. Kommt keine Einigung zustande, ist der in den Gebäudesteuerbüchern, Kataster- oder sonstigen Unterlagen festzustellende Besitzstand maßgeblich; ggf. wird die streitige Teilfläche nach gleichen Größen geteilt (§ 2 Abs. 3 Satz 1 BoSoG). Bei **unvermessenen Nutzungsrechten** (vgl. § 3 BoSoG) gelten die Festlegungen der Nutzungsurkunde,

---

1601 Durch Art. 9 des Gesetzes v. 22.12.2010, BGBl. I 2010, S. 2255.
1602 Vgl. hierzu DNotI-Gutachten Nr. 46038 v. 02.12.2003/19.04.2004. Zur Schnittstelle zwischen Kataster- und Grundbuchrecht bei Hofraumgrundstücken vgl. *Bohnert* ZOV 2009, 162.
1603 DNotI-Gutachten Nr. 57288 v. 19.04.2005.
1604 Hierzu *Schmidt/Räntsch* DtZ 1994, 354 ff. und DtZ 1995, 74 ff.

hilfsweise eine Einigung der Parteien, und weiter subsidiär das Verteilungskriterium des Art. 233 § 4 Abs. 3 EGBGB (Regelgröße 500 m²).

In den Fällen der ergänzenden und komplexen Sonderung kann die Sonderungsbehörde anordnen, dass Verfügungen nur mit ihrer Genehmigung vorgenommen werden dürfen, was als Vermerk gem. § 6 Abs. 4 BoSoG in das Grundbuch eingetragen werden muss (Formulierung des Vermerks in § 8 SPV).

cc) Wirkungen

Der nach Prüfung etwaiger Einwände ergehende **Sonderungsbescheid**, der wie der Entwurf (§ 8 Abs. 4 BoSoG) auszulegen und bekannt zu machen ist, hat hinsichtlich der Verfahren nach § 1 Nr. 1 und Nr. 2 BoSoG Feststellungswirkung in Bezug auf die Grenzen des unvermessenen Eigentums bzw. unvermessener Nutzungsrechte, hinsichtlich der Verfahren nach § 1 Nr. 3 und Nr. 4 BoSoG Gestaltungswirkung dergestalt, dass die betreffenden Flächen enteignet und gem. Plan zugeordnet werden. 3695

Ist der **Sonderungsplan bestandskräftig** geworden, können lediglich die fehlende Übereinstimmung der späteren amtlichen Vermessung mit der Karte geltend gemacht werden oder Ansprüche aus §§ 919, 920 BGB (§ 13 BoSoG); hinsichtlich der Verfahren nach § 1 Nr. 1 BoSoG (Identifizierungsbehelf für Hofräume) bleibt der wahre (frühere) Eigentümer jedoch berechtigt, Herausgabe gem. §§ 812 ff. BGB zu fordern (vgl. im Einzelnen § 14 BoSoG). Es empfiehlt sich auf diesem Umstand, einen Hinweis in die notarielle Urkunde aufzunehmen. 3696

▶ Formulierungsvorschlag: Hinweis gem. § 1 Nr. 1 BoSoG (Sonderungsplan bei ungeteilten Hofräumen im Beitrittsgebiet)

Der Vertragsgegenstand wurde durch Bodensonderungsbescheid gem. § 1 Nr. 1 Bodensonderungsgesetz (BoSoG) zur Feststellung der Grenzen ungeteilter Hofräume gebildet. Der Notar hat auf § 14 BoSoG hingewiesen. Sofern die festgestellten Grenzen nicht im Einklang mit den tatsächlichen früheren Eigentumsverhältnissen stehen und keine Einigung über die Veränderungen vorliegt, bestehen Herausgabeansprüche nach den Grundsätzen der ungerechtfertigten Bereicherung. Der Käufer kann sowohl Berechtigter als auch Verpflichteter solcher Ansprüche sein. 3697

▶ Hinweis:

Restitutionsansprüche nach dem Vermögensgesetz setzen sich an den neu gebildeten Grundstücken fort, es sei denn, dieses müsste für die Rückübertragung geteilt werden (was häufig der Fall ist; § 13 Abs. 4 BoSoG).

Der Sonderungsbescheid gilt ferner als amtliches Grundstücksverzeichnis i.S.d. § 2 Abs. 2 GBO (Ersetzungswirkung). 3698

Zum Vollzug des Sonderungsplans im Grundbuch (Eintragungsersuchen gem. § 7 Abs. 2 SPV) sind gem. **§ 7 Abs. 5 SPV** Teilungsgenehmigungen, Genehmigungen nach GVO und Grundstücksverkehrsgesetz, Unbedenklichkeitsbescheinigungen, sonstige Erlaubnisse und Zustimmungen etc. nicht beizubringen. Diese Freistellung gilt gem. § 11 Abs. 2 SPV auch für die dinglichen Erklärungen, wenn diese durch den Bodensonderungsbescheid ersetzt werden. Der Sonderungsbescheid dient hier also nicht nur als Ersatz für die Teilungsvermessung (§ 11 Abs. 1 SPV), sondern zugleich als »Vehikel« für die dinglichen Erklärungen, sodass lediglich die schuldrechtlichen Erklärungen im Einzelnen noch der Beurkundung bedürfen und die erforderlichen Genehmigungen (z.B. § 2 Abs. 1 Satz 1 GVO) einzuholen sind.

7. Bodenreformland; Landwirtschaftsanpassung

a) Bodenreform (Art. 233 §§ 11 bis 16 EGBGB)

aa) Historischer Sachverhalt und Ausgangslage

In der Zeit zwischen dem 03.09.1945 und dem 10.09.1945 erließen die Provinzialverwaltungen in der sowjetischen Besatzungszone »Verordnungen über die landwirtschaftliche Bodenreform« 3699

C. Querschnittsdarstellungen

zur »Liquidierung des feudal-junkerlichen Großgrundbesitzes, Einziehung des Vermögens der Kriegsschuldigen und Verwirklichung des jahrhundertealten Traums der landarmen Bauern und Landarbeiter«. Die Grundstücke wurden in einen Bodenfonds eingebracht und durch Versammlungsbeschlüsse der landarmen Bauern und Siedler des Orts und Bestätigung der Kreiskommissionen an Neubauern mit erwiesener antifaschistischer Einstellung weitgehend gegenleistungsfrei durch Hoheitsakt zugeteilt. Bodenreformland unterlag erheblichen Beschränkungen hinsichtlich der Teilbarkeit, Verkäuflichkeit und der (allerdings grds. gegebenen)[1605] Vererblichkeit, die durch einen Hinweis im Grundbuch auf die »Verfügungsbeschränkung des Art. VI der Bodenreformverordnung« dokumentiert wurden. Mehrere Besitzwechselverordnungen sahen ferner die Einziehung des Bodenreformlandes zugunsten des Bodenfonds (Volkseigentum)[1606] vor, wenn das Grundstück nicht mehr in Übereinstimmung mit sozialistischer Bodenpolitik bewirtschaftet wurde.

3700 Die Bestimmungen der Besitzwechselverordnungen wurden jedoch in der Praxis immer weniger beachtet und umgesetzt, da die formale Eigentumszuordnung mit zunehmender Zwangskollektivierung in den LPG (ab 1952) an Bedeutung verlor. In zahlreichen Fällen sind daher noch heute die längst verstorbenen damaligen Neubauern im Grundbuch eingetragen, obwohl bei konsequenter Anwendung der DDR-Vorschriften eine Entziehung oder Zuweisung an einen qualifizierten (in der Landwirtschaft tätigen) Miterben hätte erfolgen müssen.

▶ Hinweis:
Das Modrow-Gesetz v. 06.03.1990 hob alle Bodenreformbeschränkungen auf und ließ das »Arbeitseigentum« damit zu Volleigentum erstarken. Es enthielt jedoch unglücklicherweise keine Übergangsvorschriften zu nicht abgewickelten Einziehungs- und Erbzuweisungsfällen der Vergangenheit.

bb) Problemstellung

3701 Ansprüche auf Naturalrestitution zugunsten der von der Bodenreformenteignung Betroffenen sind gem. § 1 Abs. 8a VermG i.V.m. Nr. 1 der gemeinsamen Erklärung zur Regelung offener Vermögensfragen v. 15.06.1990 ausgeschlossen; dies ist gem. Art. 143 Abs. 3 GG verfassungskonform[1607] und menschenrechtskonform.[1608] Auch der entschädigungslose Entzug des Bodenreformlandes (z.B. wegen Aufgabe der Bewirtschaftung, sofern er tatsächlich erfolgte) ist vermögensrechtlich irrelevant, sofern er nicht mit Machtmissbrauch oder Nötigung durch staatliche Stellen verbunden war (vgl. § 1 Abs. 3 VermG). Nicht hinnehmbar erschien dem Bundesgesetzgeber allerdings die Ungleichbehandlung, die aufgrund der faktisch unterschiedlichen Strenge in der Handhabung der Besitzwechselverordnungen eintrat und möglicherweise dazu führt, dass den Erben des damaligen Siedlungsbauern nunmehr erheblicher Grundbesitz verbleibt, der nach DDR-Recht zugunsten des Fiskus einzuziehen oder an einen von mehreren Miterben, der in der Nahrungsgüterwirtschaft tätig war, zu übereignen gewesen wäre. In Art. 233 §§ 11 ff. EGBGB wurde daher der Versuch einer Nachzeichnung nach pauschalierten Kriterien zur Verwirklichung des mutmaßlichen Ergebnisses unternommen, das bei konsequenter Anwendung der DDR-Vorschriften hätte eintreten müssen, und zwar durch ein mehrstufiges System gesetzlicher Eigentumszuordnung (nachstehend Rdn. 3702 ff.) und hieran sich anschließende schuldrechtliche Übereignungsansprüche sog. besser Berechtigter (nachstehend Rdn. 3707 ff.). Die Vorschriften gelten gem. Art. 233 § 11 Abs. 2 EGBGB für alle Grundstücke, die am 15.03.1990 als Bodenreformgrundstücke **gekennzeichnet waren**,

---

[1605] BGH Rpfleger 1999, 222; *Grün* VIZ 1998, 537.
[1606] Die Flächen konnten in Rechtsträgerschaft der LPG gegeben werden, aufgrund Ersuchens des Rats des Kreises, vgl. DNotI-Gutachten Nr. 31547 v. 21.03.2002.
[1607] BVerfG, 23.04.1991 – 1 BvR 1170/90, NJW 1991, 1597.
[1608] Auch die Große Kammer des EuGMR hat im April 2005 ein Beschwerdeverfahren abgewiesen: Az. 71916/01 etc., NJW 2005, 2530.

auch wenn der gem. Art. 233 § 16 Abs. 3 EGBGB gelöschte Bodenreformsperrvermerk bei einer späteren Neuanlegung des Grundbuches versehentlich nicht mit übertragen wurde.[1609]

cc) Gesetzliche Eigentumszuordnung

Gem. Art. 233 § 11 Abs. 2 EGBGB tritt gesetzlicher Eigentumserwerb an ehemaligem Bodenreformland mit Wirkung ab 22.07.1992 wie folgt ein: **3702**

- Lebte der am 15.03.1990 (Inkrafttreten des Modrow-Gesetzes über die Aufhebung der Bodenreformbeschränkung) eingetragene Eigentümer damals und am 22.07.1992, verbleibt es bei seinem Eigentum; im Fall späteren Versterbens gelten keine Besonderheiten.[1610]
- War am 15.03.1990 eine bereits verstorbene Person eingetragen (sog. »Alterbfall«) oder verstarb die am 15.03.1990 eingetragene Person vor dem 22.07.1992 (»Neuerbfall«), geht das Eigentum am ehemaligen Bodenreformland per 22.07.1992 auf dessen am 15.03.1990 lebenden Alleinerben[1611] oder seine (zivilrechtlichen) Erben in Bruchteilsgemeinschaft (nicht Gesamtheitsgemeinschaft!) gem. den Quoten der Erbanteile über (Art. 233 § 11 Abs. 2 Satz 1 Nr. 2, 1. und 2. Alt. EGBGB). Die Nachlassverstrickung des Bodenreformlandes endet kraft Gesetzes; Vor- und Nacherbbeschränkungen, Testamentsvollstreckungen und Nachlassvollmachten verlieren ihre Wirkung.

Da entgegen der Richtlinien des Obersten Gerichts der DDR einerseits häufig nur der Ehemann als Bodenreformbauer eingetragen wurde, andererseits eine exakte Ermittlung der Eigentumsverhältnisse gem. § 13 FGB-DDR (unter Berücksichtigung der Ausnahmen vorehelichen Erwerbs etc.) zu aufwendig erschien, schafft Art. 233 § 11 Abs. 5 EGBGB pauschalierend hälftiger gesetzlicher **Miterwerb zugunsten des** (damaligen, möglicherweise jetzt geschiedenen oder anderweit verheirateten!) **Ehegatten**, sofern letzterer den 22.07.1992 (Inkrafttreten des Gesetzes) noch erlebt hat.[1612] Weitere Voraussetzung ist, dass der nunmehr »verlierende« Eheteil im nachstehend erläuterten maßgeblichen Zeitpunkt verheiratet war im Güterstand der ehelichen Vermögensgemeinschaft. **3703**

Das RegVGB hat diesen Ehegattenmiterwerb durch Änderung der Verweisung auf alle Fälle des Art. 233 § 11 Abs. 2 EGBGB erweitert: **3704**
- Für denjenigen, der als Begünstigter eines Übergabe-Übernahme-Protokolls oder einer Entscheidung nach Art. 233 § 11 Abs. 1 Satz 1 EGBGB Eigentum erworben hat, zählt der Zeitpunkt der Bestätigung des Übergabe-Übernahme-Protokolls oder der Entscheidung (Art. 233 § 11 Abs. 5 Satz 2 Nr. 1 EGBGB).
- Bei dem Eigentümer nach Art. 233 § 11 Abs. 2 Nr. 1 EGBGB, der im Grundbuch eingetragen ist und am 22.07.1992 noch lebte, dessen Eigentum also »gesetzlich bestätigt« wurde, ist der 15.03.1990 maßgeblich.
- Gleiches gilt für den Eigentümer nach Art. 233 § 11 Abs. 2 Nr. 2 Fall 2 EGBGB, der zwischen dem 15.03.1990 und dem 22.07.1992 verstorben ist (Neuerbfall): entscheidend ist auch hier der Ablauf des **15.03.1990** (Art. 233 § 11 Abs. 5 Satz 2 Nr. 2 EGBGB).
- Im Fall des Art. 233 § 11 Abs. 2 Nr. 2 Fall 1 EGBGB, in dem der eingetragene Eigentümer bereits vor dem Ablauf des 15.03.1990 verstorben war (Alterbfall), ist der Zeitpunkt des **Todes** des eingetragenen Eigentümers maßgebend (Art. 233 § 11 Abs. 5 Satz 2 Nr. 3 EGBGB); des letzteren Erblassers Ehegatte erwirbt Miteigentum (nicht etwa die Ehegatten seiner Erben!).[1613]

1609 Es sei denn, die Veränderungsspalte der Eigentümereintragung weist auf einen anderen Erwerbsgrund als die Bodenreform hin, BGH, 31.01.2003 – V ZR 229/02, Rpfleger 2003, 288 und BGH, 24.10.2003 – V ZR 48/03, VIZ 2004, 77 auch zur Beweislast.
1610 BGH, 17.12.1998 – V ZR 200/97, BGHZ 140, 223; *Grün* VIZ 1999, 313.
1611 OLG Brandenburg, 23.10.2007 – 5 Wx 357/07, NotBZ 2008, 158 m. Anm. *Salzig*; BGH NJW 2002, 2241, in Abkehr von BGH VIZ 1998, 387 (Eigentumserwerb in der Person des am 22.07.1992 lebenden Erbeserben, da Bodenreformland nicht vererblich gewesen sei).
1612 Verstirbt er danach, ist der gesetzlich erworbene Halbanteil normaler Nachlassbestandteil.
1613 Vgl. MünchKomm-BGB/*Eckert* Art. 233 § 11 EGBGB Rn. 28; OLG Brandenburg OLGR 1996, 231; DNotI-Gutachten Nr. 45188 v. 10.11.2003.

C. Querschnittsdarstellungen

3705 Art. 233 § 11 Abs. 5 EGBGB kann dazu führen, dass Bodenreformeigentum mit einem Ehegatten geteilt werden muss, obwohl der »Verlierende« beim Erwerb ledig oder anderweit verheiratet war. In der Praxis wird das Ehegattenmiteigentum häufig bei Alterbfällen übersehen, wenn der eingetragene Alleineigentümer vor dem 15.03.1990 verstarb und gem. Erbschein durch einen Dritten (nicht seinen Ehegatten) beerbt wurde. Auch zivil- und steuerrechtlich ist die Eigentümerstellung beider Ehegatten von erheblicher Bedeutung (Pflichtteilsansprüche; Rückforderung bei Verarmung des Schenkers; Schenkungsteuerfreibeträge etc.).

3706 Soweit nicht bereits erfolgt, ist vor Verfügungen über Bodenreformland die **Berichtigung des Grundbuchs** auf den gem. Art. 233 § 11 Abs. 2, 5 EGBGB gesetzlichen Eigentümer zu beantragen.[1614] Hierbei sind zum Zweck des **Nachweises der Bruchteilsquoten** der Erbschein bzw. das öffentliche Testament und zum Zweck des Nachweises der Verheiratung (falls die Grundbuchberichtigung nur durch einen Ehegatten beantragt wird) die Heiratsurkunde vorzulegen. Das Verlangen des Nachweises der Nichtverheiratung durch Meldebescheinigung ist sowohl grundbuchrechtlich bedenklich (sofern nicht begründete Zweifel an der Richtigkeit des Antrags vorliegen)[1615] als auch personenstandsrechtlich nicht begründet (unzureichende Beweiskraft der Meldebescheinigung i.S.d. § 415 ZPO).

dd) Übereignungsanspruch des »besser Berechtigten«

3707 Art. 233 § 11 Abs. 3 i.V.m. § 12 EGBGB schafft als »Eigentumszuordnung der Zweiten Stufe« schuldrechtliche Übereignungsansprüche, differenziert nach Haus- und Gartenflächen (Art. 233 § 12 Abs. 2 Nr. 1 EGBGB) bzw. land- und forstwirtschaftlich genutzten sog. Schlägen (Art. 233 § 12 Abs. 2 Nr. 2 EGBGB), insb. bei bereits vor dem 15.03.1990 eingetretenen »Alterbfällen«, und zwar bzgl. der Gebäude samt Gärten zugunsten desjenigen Miterben des eingetragenen (oder einzutragen gewesenen)[1616] Eigentümers, der am 15.03.1990 das Anwesen bewohnte, hilfsweise des Landesfiskus, sofern das Haus am 15.03.1990 nicht bewohnt war; bei land- und forstwirtschaftlichen Schlägen zugunsten desjenigen Erben, der i.S.d. Art. 233 § 12 Abs. 3 EGBGB **zuteilungsfähig** war (d.h. am 15.03.1990 in der Land-, Forst- oder Nahrungsgüterwirtschaft des Beitrittsgebiets tätig oder vor seiner Verrentung mindestens 10 Jahre in dieser Weise tätig gewesen war). Ist kein solcher Miterbe (bloße Vermächtnisnehmer werden nicht berücksichtigt) vorhanden, steht der Übereignungsanspruch dem Landesfiskus zu. Das BVerfG,[1617] der BGH[1618] und nunmehr auch der EGMR[1619] (Große Kammer)[1620] halten diese Besserberechtigung für verfassungsrechtlich unbedenklich.

3708 Vom 24.07.1997[1621] bis zum 02.10.2000 hatte das Grundbuchamt bei Anträgen, die Bodenreformgrundstücke gestellt wurden, den Landesfiskus zu **benachrichtigen**, der zudem seinen behaupteten Besserberechtigungsanspruch aufgrund schlichten Eintragungsersuchens durch Vormerkung sichern konnte (Art. 233 §§ 13, 13a EGBGB).

1614 Allerdings gilt wohl § 40 GBO analog für den gesetzlichen Bodenreform-Miterwerb des Ehegatten (Parallele zum Gesamtguterwerb bei der Gütergemeinschaft), *Stavorinus* NotBZ 2000, 111, jedoch nicht für beantragte Grundstücksbelastungen (die diesbezügliche Erweiterung des § 39 GBO im Beitrittsgebiet durch § 11 Abs. 2 GBBerG ist seit 01.01.2001 entfallen).
1615 § 891 BGB gilt auch für das Grundbuchamt, vgl. LG Erfurt NotBZ 2004, 74.
1616 BGH, 20.09.2002 – V ZR 198/01, VIZ 2003, 36: analoge Anwendung des Art. 233 § 12 Abs. 2 Nr. 1c, Nr. 2b EGBGB auf den Erben des Bodenreformeigentümers, der bis zum 15.03.1990 in das Grundbuch einzutragen gewesen wäre.
1617 Zuletzt Az. 1 BvR 2226/00 v. 16.08.2002.
1618 NJW 2001, 679.
1619 Beschl. v. 30.06.2005 – 46720/99, NJW 2005, 2907 ff.
1620 Abweichend sah die kleine Kammer des EGMR im Beschl. v. 22.01.2004 (VIZ 2004, 166) hierin eine Verletzung der Eigentumsgarantie der Menschenrechtskonvention, sodass den »neuerlich Enteigneten« (Neubauern-Erben) Schadensersatz (in Geld oder Natur) zustehe. Auf die dingliche Wirksamkeit hatte dies gleichwohl keinen unmittelbaren Einfluss (*Böhringer* Rpfleger 2004, 267).
1621 Zuvor war § 17 GBO suspendiert worden, da das Grundbuchamt bei Widerspruch eines Besser Berechtigten binnen 2 Wochen ab Aufforderung die Verfügung nur unter gleichzeitiger Eintragung einer Vormerkung für den Besser Berechtigten eintragen durfte (§ 13 Abs. 1 Satz 2 a.F.); vgl. im Einzelnen zu den fünf dabei zu unterscheidenden Zeiträumen (bis 21.07.1992, bis 24.12.1993, bis 31.12.1996, bis 23.07.1997, bis 02.10.2000, und danach) *Böhringer* NotBZ 2000, 292 ff.

Der Übereignungsanspruch des »Besser Berechtigten«, und damit auch des Landesfiskus, ist gem. Art. 233 § 14 Abs. 1 EGBGB mit Ablauf des 02.10.2000 **verjährt**. Danach gem. Art. 233 § 11 Abs. 3 EGBGB angesonnene Auflassungen können zwar nicht gem. § 4 BeurkG abgelehnt werden, allerdings wird der Notar ohne Verletzung seiner Unparteilichkeit berechtigt sein, auf die Verjährung hinzuweisen.[1622] Ein nach Verjährungseintritt schriftlich ausgesprochener Verzicht auf die Erhebung der Verjährungseinrede ist wohl gem. § 225 BGB a.F. wirksam.[1623] Teilweise hat sich der Landesfiskus gem. Art. 233 § 2 Abs. 3 EGBGB durch den Landkreis/die kreisfreie Stadt zum gesetzlichen Vertreter des »unbekannten« (zuteilungsfähigen) Eigentümers bestellen lassen und mit Genehmigung der Bestellungsbehörde noch vor dem 02.10.2000 die Auflassung an sich selbst erklärt; dies verstößt wegen Missbrauchs der verliehenen Vertretungsmacht gegen die guten Sitten (§ 138 BGB), wenn das Bestehen eines Auflassungsanspruchs zuvor nicht geprüft worden ist.[1624] Amtswidersprüche gem. § 53 GBO sind jedoch wohl nicht einzutragen, da nach der damals veröffentlichten Judikatur und Schrifttum die Nichtigkeit für das Grundbuchamt nicht erkennbar war.[1625]

3709

Hat der gem. Art. 233 § 11 Abs. 2 EGBGB eingetragene Eigentümer das Grundstück nach dem 22.07.1992 veräußert und dadurch die Erfüllung des ggf. bestehenden Auflassungsanspruchs zugunsten des »besser Berechtigten« unmöglich gemacht, gelten die allgemeinen Bestimmungen der §§ 275, 280, 281 BGB (Art. 233 § 16 Abs. 2 Satz 2 EGBGB gilt nur für redliche Veräußerungen vor dem 22.07.1992 und ist auf das stellvertretende commodum gerichtet;[1626] der Fiskus als geschädigter »Besser Berechtigter« hat hieraus nur dann einen Zahlungsanspruch, wenn das Grundstück vor dem 15.03.1990 in den Bodenfonds zurückzuführen gewesen wäre).[1627] Hat der Schuldner die Unmöglichkeit der Herausgabe des Surrogats nicht zu vertreten (aufgrund gutgläubiger Entreicherung), wird er gem. § 275 BGB frei; und zwar auch bei Geldsurrogaten (§ 279 BGB gilt bei gesetzlichen Schuldverhältnissen nicht). Auch der Anspruch aus Art. 233 § 16 Abs. 2 Satz 2 EGBGB verjährte gem. Art. 233 § 14 Abs. 1 EGBGB am 02.10.2000.[1628]

3710

Der (oftmals bereits gelöschte) **Bodenreformsperrvermerk** kann nunmehr amtswegig »endgültig« (und gem. § 70 Abs. 1 Satz 1 KostO kostenfrei) gelöscht werden. Der Notar sollte dies gem. Art. 233 § 16 Abs. 3 EGBGB anregen, wenn er zur Überzeugung gekommen ist, dass dadurch keine Rechtspositionen Dritter verletzt werden, also

3711

— weder die Eintragung eines »Zuteilungseigentümers« aussteht (z.B. des Ehegatten gem. Art. 233 § 11 Abs. 5 EGBGB),
— noch ein tatsächlich Besser Berechtigter vor dem 02.10.2000 seinen Anspruch geltend gemacht hat bzw. einen solchen Anspruch nicht nach dem 02.10.2000 geltend gemacht hat und auf die Einrede der Verjährung wirksam verzichtet wurde.

1622 Vgl. *Stavorinus* NotBZ 2000, 296.
1623 Vgl. im Einzelnen *Salzig* in: Würzburger Notarhandbuch Teil 2 Kap. 3 Rn. 40.
1624 BGH, 07.12.2007 – V ZR 65/07, NotBZ 2008, 120; vgl. schon zuvor BGH NotBZ 2003, 26 und OLG Brandenburg, 08.03.2004 – 8 Wx 28/04, NotBZ 2004, 484. Das Land Brandenburg hat in einer bundesweiten Anzeigenkampagne Erben von Bodenreformflächen zur Meldung aufgefordert. Das Land wurde in 8.900 Fällen zum gesetzlichen Vertreter bestellt; in 112 Fällen wurden Flächen zwischenzeitlich durch das Land weiterverkauft.
1625 *Böhringer* NotBZ 2008, 98. Demnach Widerspruch gem. § 899 BGB auf Bewilligung des Fiskus oder einstweilige Verfügung; Antrag auf Grundbuchberichtigung durch Wiedereintragung des früheren Eigentümers bzw. seiner Erben.
1626 BGH, 17.12.1998 – V ZR 341/97, FamRZ 1999, 584: Herausgabepflicht besteht nicht, wenn die anderweitige Verwendung des Erlöses nicht vorwerfbar war, z.B. Weiterverschenken vor der allgemeinen Berichterstattung über das Gesetz in den Medien: BGH, 26.05.2000 – V ZR 60/99, VIZ 2000, 613.
1627 BGH, 03.05.2002 – V ZR 217/01, VIZ 2002, 530 (anders noch zuvor BGH, 26.03.1998 – V ZR 232/97, VIZ 1998, 387, ausgehend von der Annahme der Unvererblichkeit des Bodenreformeigentums).
1628 So schon vor der gesetzlichen Klarstellung BGH DtZ 1997, 193; die Klage auf Herausgabe nach Art. 233 § 16 Abs. 2 EGBGB unterbrach ferner auch die Verjährung des Anspruchs auf Herausgabe des stellvertretenden commodum § 281 BGB a.F.: BGH, 17.02.2006 – V ZR 236/03, FamRZ 2006, 698.

C. Querschnittsdarstellungen

▶ **Formulierungsvorschlag: Endgültige Löschung des Bodenreformsperrvermerks**

3712 Im Grundbuch ist noch ein gelöschter Bodenreformsperrvermerk eingetragen. Der Eigentümer erklärt, dass ihm weder im Grundbuch noch nicht eingetragene gesetzliche Eigentumserwerbe (etwa des Ehegatten gem. Art. 233 § 11 Abs. 5 EGBGB) bekannt seien noch geltend gemachte Ansprüche von »Besser Berechtigten« auf Übertragung des Eigentums; i.Ü. verweist er auf deren Verjährung seit 02.10.2000 gem. Art. 233 § 14 Abs. 1 EGBGB. Der Eigentümer regt daher an, gem. Art 233 § 16 Abs. 3 EGBGB den Bodenreformsperrvermerk kostenfrei endgültig zu löschen.

b) Landwirtschaftsanpassungsgesetz

3713 Die Bodenreform schuf Kleinbetriebe, die angesichts der ungenügenden Boden- und Inventarausstattung und der fehlenden Erfahrung der Siedlungsbauern nicht existenzfähig waren. Sie wurden – ebenso wie die freien Bauern – ab 1950 in landwirtschaftliche Produktionsgenossenschaften (LPG) eingebracht. Dies geschah dergestalt, dass – für LPG-Typ I, II und III unterschiedlich – Viehbestand und Inventar in das Eigentum der LPG überging; hinsichtlich der land- und forstwirtschaftlichen Nutzflächen jedoch lediglich ein gesetzliches Nutzungsrecht (§ 18 LPGG) begründet wurde. Dieses war auch Grundlage für die Entstehung selbstständigen Gebäudeeigentums bei Baumaßnahmen der LPG und selbstständigen Anlagen- und Anpflanzungseigentums für errichtete Bewässerungs- und Drainageanlagen und Anpflanzungen (§ 27 LPGG, vgl. Rdn. 3726).

3714 Gem. § 69 Abs. 1 Nr. 1 LwAnpG 1990 sollten LPG ab 01.01.1992 kraft Gesetzes in eingetragene Genossenschaften »im Aufbau« überführt werden. Seit dem Inkrafttreten der 1. Novelle (07.07.1991) stand auch die Möglichkeit der **Umwandlung** in Handels- und Kapitalgesellschaften zur Verfügung. Die **Eintragung der neuen Rechtsform in das Handelsregister** hat gem. § 34 Abs. 1 LwAnpG n.F. konstitutive Wirkung und heilt gem. dessen Abs. 3 etwaige **Mängel des Formwechsels**, und zwar sowohl im Verhältnis nach außen (keine Amtslöschungsverfahren gem. § 142 FGG) als auch ggü. früheren LPG-Mitgliedern (keine Anfechtungs- oder Nichtigkeitsklagen). Ausgenommen sind lediglich **schwerste Mängel**, die zur unheilbaren Nichtigkeit führten, wie etwa Verstöße gegen den numerus clausus der Umwandlungsmöglichkeiten (§ 27 Abs. 1 LwAnpG 1990 bzw. § 23 Abs. 1 LwAnpG 1991) sowie gegen das Prinzip der Identität der Mitgliedschaft bei einer formwechselnden Umwandlung (§ 23 Abs. 2 LwAnpG 1991).[1629] In diesen Fällen ist das Vermögen bei der seit 01.01.1992 zwingend in Auflösung befindlichen LPG verblieben, für die ein Nachtragsliquidator zu bestellen ist;[1630] das Bestehen von Nichtigkeitsgründen ist als Vorfrage auch für die notarielle Praxis bedeutsam (etwa zur Anspruchsberechtigung in der Sachenrechtsbereinigung; sowie zur fehlenden Verfügungsbefugnis über LPG-eigene Immobilien, die jedoch bei durchgeführter »Grundbuchberichtigung« durch gutgläubigen Erwerb überwunden werden kann).

3715 Die §§ 53 ff. LwAnpG normieren ein **Verfahren zur Feststellung und Neuordnung der Eigentumsverhältnisse**, insb. beim Ausscheiden von Mitgliedern aus der LPG, das auch der Wiederherstellung der Einheit zwischen Grund und Boden einerseits und Gebäuden, Anpflanzungen und Einrichtungen andererseits dienen kann.

Zuständig sind die **Flurneuordnungsbehörden**, die jedoch gemeinnützige Siedlungsunternehmen mit der Durchführung beleihen können. Soweit kein freiwilliges Landtauschverfahren stattfindet, wird ein Bodenordnungsverfahren durchgeführt, das zur Feststellung der Landabfindungsansprüche oder (hilfsweise) Geldabfindungsansprüche gem. § 58 LwAnpG in Form eines Flurneuordnungsplanes führt (Allgemeinverfügung gem. § 35 Satz 2 VwVfG). Nach Anordnung dessen Ausführung gem. § 61 LwAnpG sind die Grundbücher und das Liegenschaftskataster auf Ersuchen der Flurneuordnungsbehörde zu berichtigen. Die **Kosten des Bodenordnungsverfahrens** trägt gem.

[1629] Vgl. *Suppliet* NotBZ 2003, 1 ff.; ähnlich nun BGH, 19.10.2007 – V ZR 42/07, NotBZ 2008, 113 m. Anm. *Suppliet*.
[1630] Gem. §§ 69 Abs. 3 Satz 4, 42 LwAnpG gilt für die Abwicklung der LPG das Genossenschaftsgesetz entsprechend, d.h. im Zweifel Gesamtvertretungsmacht des Vorstands als geborene Liquidatoren, vgl. DNotI-Gutachten 109010 v. 15.02.2011.

§ 62 LwAnpG (auch hinsichtlich notwendiger Vermessungskosten) das Land, was die besondere Attraktivität dieser Verfahren erklärt.

Gem. § 64 LwAnpG können getrenntes Eigentum an Grundstück und Gebäude **zusammengeführt** werden; dieses Verfahren ist gem. § 28 Satz 1 Nr. 1 und Nr. 2 SachenRBerG dem Bereinigungsverfahren nach dem SachenRBerG vorgreiflich, hat jedoch nach überwiegender Auffassung dessen Wertungen zu übernehmen.[1631]

3716

In die LPG eingebrachter **Privatwald** ist gem. § 64a LwAnpG bereits kraft Gesetzes wesentlicher Bestandteil des Grund und Bodens geworden. Hinsichtlich sonstiger Anpflanzungen gilt seit 01.01.1995 das Anpflanzungseigentumsgesetz (vgl. Rdn. 3829).

3717

8. Gebäudeeigentum

a) Arten des Gebäudeeigentums

Nach dem sozialistisch geprägten Recht der DDR wurde die Bedeutung des Eigentums überlagert durch den Zentralbegriff der »Nutzung«. In Ausübung des (regelmäßig unentgeltlichen)[1632] verliehenen oder vereinbarten Nutzungsrechts errichtete oder von diesem erfasste bereits bestehende Gebäude – die gem. § 467 ZGB von beweglichen Sachen und Grundstücken zu unterscheiden waren – wurden (abweichend von § 94 BGB und § 295 ZGB) Eigentum des Nutzungsberechtigten (vergleichbar § 12 ErbbauRG). Die Eintragung in Gebäudegrundbüchern war für den Ersterwerb lediglich deklaratorisch; die Entstehung des Gebäudeeigentums und damit, sofern ein Gebäude bereits bestand, der Eigentumserwerb hieran, vollzog sich außerhalb des Grundbuchs mit Wirksamwerden des Nutzungsrechts-Begründungsakts.

3718

Nur bei späterer **Veräußerung der Nutzungsrechte** kam es teilweise für den Rechtsübergang auf die konstitutive Eintragung im Gebäudegrundbuch an (vgl. etwa § 295 Abs. 2 Satz 2 ZGB i.V.m. § 297 Abs. 2 Satz 1 ZGB). Der damalige Nutzungsrechtsbegründungsakt ist also auf seine Wirksamkeit (bei Verwaltungsakten jedenfalls auf das Fehlen von Nichtigkeitsgründen) zu überprüfen, wenn kein Gebäudegrundbuch vorhanden ist, auf dessen Richtigkeit der gutgläubige Zweiterwerber vertrauen kann (§ 892 BGB). Unabhängig davon ist bei rechtsgeschäftlichen Verfügungen über Gebäudeeigentum und Baulichkeiten der Inhalt des zugrunde liegenden Nutzungsrechts stets von Bedeutung, da es Aufschluss über die zugrunde liegenden Verpflichtungen (z.B. Entrichtung eines Nutzungsentgelts) und Rechte (Umfang der einzuhaltenden Bebauung etc.) gibt.

3719

Die wichtigsten Arten selbstständigen Gebäudeeigentums (zu unterscheiden von den auf zivilrechtlichen Nutzungsverträgen fußenden, mobiliarrechtlich angeknüpften Baulichkeiten, Rdn. 3752) lassen sich wie folgt kategorisieren:

aa) Verliehenes Nutzungsrecht

Das **verliehene Nutzungsrecht** gem. §§ 287 bis 290 ZGB i.V.m. dem Gesetz über die Verleihung von Nutzungsrechten an volkseigenen Grundstücken v. 14.12.1970 wurde regelmäßig den Arbeiterwohnungsbaugenossenschaften (AWG) und den gemeinnützigen Wohnungsbaugenossenschaften (GWG) eingeräumt; es konnte auch Bürgern zum Bau eines Eigenheims auf einem volkseigenen Grundstück verliehen werden. Die Verleihung des Nutzungsrechts war in dem Grundbuch des volkseigenen Grundstücks zu vermerken (§ 4 Abs. 3 VerleihungsG). Für das Gebäude war ein besonderes Grundbuchblatt anzulegen (§ 4 Abs. 4 Satz 3 VerleihungsG). Es wurde selbstständiges Eigentum des Nutzungsberechtigten (§ 288 Abs. 4 ZGB i.V.m. § 4 Abs. 4 Satz 1 VerleihungsG).

3720

1631 A.A. jedoch BVerwG m. Anm. *Krauß* Ov-spezial 1999, 231.
1632 BGH, 30.01.2004 – V ZR 262/03, VIZ 2004, 276.

C. Querschnittsdarstellungen

▶ Hinweis:

Das aufgrund des verliehenen Nutzungsrechts begründete **Gebäudeeigentum** besteht gem. Art. 231 § 5 Abs. 1 EGBGB fort; das Nutzungsrecht ist wesentlicher Bestandteil des Gebäudes nach Art. 231 § 5 Abs. 2 EGBGB geworden.

3721 Ein ähnliches verliehenes Nutzungsrecht mit selbstständigem Gebäudeeigentum konnte gem. §§ 287 bis 290 ZGB i.V.m. dem Gesetz v. 19.12.1973 über den Verkauf volkseigener Eigenheime, Miteigentumsanteile und Gebäude für Erholungszwecke (GBl. S. 578) oder dem dieses ablösenden Gesetz v. 07.03.1990 über den Verkauf volkseigener Gebäude (DDR-GBl. S. 157) eingeräumt werden. Nach diesen Vorschriften konnte ein schon bestehendes Gebäude an einen nutzungsberechtigten Bürger verkauft werden, während das Grundstück in Volkseigentum verblieb. Für das Gebäude war ein eigenes Gebäudegrundbuchblatt anzulegen. Nach § 4 Abs. 1 Satz 2 des Gesetzes v. 07.03.1990 war – abweichend vom dogmatischen Regelfall – die Eintragung des kaufenden Bürgers in diesem Gebäudegrundbuch konstitutiv. Ein Vermerk im Grundbuch des belasteten Grundstücks erfolgte nicht.

bb) Zugewiesene Nutzungsrechte

3722 Selbstständiges Gebäudeeigentum konnte ferner gem. §§ 291 bis 294 ZGB i.V.m. der Verordnung v. 09.09.1976 über die Bereitstellung von genossenschaftlich genutzten Bodenflächen (BereitstellungsVO, DDR-GBl. S. 500) entstehen. Es handelt sich hierbei um die sog. **zugewiesenen Nutzungsrechte**:

Der Vorstand der Genossenschaft stellte dem Bürger eine Urkunde aus, in der diesem eine Wohnfläche zur Bebauung mit einem Eigenheim bereitgestellt und zugewiesen wurde (§ 3 BereitstellungsVO). Das Nutzungsrecht konnte auch an unvermessenen Teilflächen sowie an Flächen verschiedener Privateigentümer bestellt werden. Denn auf die Eigentumsverhältnisse kam es deshalb nicht an, weil die privaten Grundstücke ohnehin dem überlagernden Gesamtnutzungsrecht der Genossenschaft untergeordnet waren.

▶ Hinweis:

Ein Vermerk über die Bereitstellung der Bodenfläche wurde regelmäßig nicht im Grundbuch des Grundstücks eingetragen. Es war jedoch für das zu errichtende Gebäude ein Gebäudegrundbuchblatt anzulegen (§ 4 Abs. 2 BereitstellungsVO).

cc) Vertragliche Nutzungsrechte

3723 Aufgrund von § 459 ZGB i.V.m. der Verordnung über die Sicherung des Volkseigentums bei Baumaßnahmen von Betrieben auf **vertraglich genutzten, nicht volkseigenen Grundstücken** v. 07.04.1983 (DDR-GBl., S. 129) waren die von **volkseigenen Betrieben**, staatlichen Organen oder sonstigen staatlichen Einrichtungen errichteten Gebäude und Anlagen separates Volkseigentum, wobei es auf die Eigentumsverhältnisse an den Grundstücken nicht ankam. Das Nutzungsrecht wurde in diesen Fällen vertraglich vereinbart. Das Nutzungsgrundstück selbst stand im Eigentum Dritter, war also nicht in Volkseigentum überführt worden.

Für das Gebäude war nach § 8 Abs. 1 der genannten VO ein Grundbuchblatt anzulegen. Ein Vermerk im Grundbuch des belasteten Grundstücks wurde nicht eingetragen.

3724 Wurden lediglich »bedeutende Erweiterungs- und Erhaltungsmaßnahmen« an vertraglich genutzten Grundstücken durch volkseigene Betriebe, staatliche Organe, Einrichtungen oder Genossenschaften durchgeführt, entstand zwar kein selbstständiges Gebäudeeigentum, jedoch gem. §§ 459 Abs. 1 Satz 2, 459 Abs. 4 Satz 1 ZGB »entsprechend der Werterhöhung« ein volkseigener bzw. genossenschaftseigener Miteigentumsanteil, der zur Vermeidung gutgläubigen Wegerwerbs im Wege der Berichtigung gebucht oder gesichert werden sollte (§ 113 Abs. 3 Satz 2 SachenBerG, vgl. Rdn. 3844).

dd) Sonderbestimmungen 3725

Unter die Auffangvorschrift des Art. 233 § 4 Abs. 7 EGBGB, welche zur Anwendung von Grundstücksrecht führt, fallen noch eine Reihe von **Sonderbestimmungen**, in denen ebenfalls die Anlegung von Gebäudegrundbüchern vorgesehen war. Zu nennen sind etwa:
– VO über die Arbeiterwohnungsbaugenossenschaften v. 21.11.1963, neu gefasst durch VO v. 23.02.1973 (DDR-GBl. S. 109),
– § 15 der VO über die Umbildung gemeinnütziger und sonstiger Wohnungsbaugenossenschaften v. 14.05.1957, geändert am 17.07.1958 (DDR-GBl. S. 602),
– VO über die Verleihung von Nutzungsrechten an volkseigenen Grundstücken, den Verkauf von Gebäuden und die Übertragung von Gebäudeteilnutzungsrechten an andere Staaten v. 26.09.1974 (DDR-GBl. S. 555).

ee) Landwirtschaftliche Produktionsgenossenschaften

Selbstständiges Gebäudeeigentum konnte auch nach **§ 27 LPG-Gesetz** entstehen. Danach erwarb 3726 die **LPG** an von ihr errichteten Gebäuden, Anlagen und Anpflanzungen auf von ihr genutztem Boden selbstständiges Eigentum, unabhängig davon, wer Eigentümer des Grundstücks ist. Typischerweise standen also Stallungen, Verwaltungsgebäude, Scheunen, Masthäuser usw. im unabhängigen Eigentum der LPG. Eine Eintragung oder ein Vermerk im Grundbuch des Grundstückseigentümers erfolgte nicht. Auch wurde kein eigenes Gebäudegrundbuchblatt angelegt. Das Nutzungsrecht ergab sich umfassend aus § 18 LPG-Gesetz a.F., es erfasste den gesamten in die LPG zur Nutzung eingebrachten Boden. Das Nutzungsrecht selbst besteht nach Aufhebung des § 18 LPGG seit 30.06.1990, spätestens aber mit Außerkrafttreten des LPG-Gesetzes seit 30.12.1991 nicht mehr. Dieses nutzungsrechtlose Gebäudeeigentum ist seit dem 2. VermRÄG Gegenstand des Art. 233 § 2b EGBGB, der in Abs. 4 in wesentlichen Zügen auf Art. 233 § 4 EGBGB verweist und zugleich in Abs. 5 eine Heilungsvorschrift für vor dem 22.07.1992 vorgenommene »mobiliar«rechtliche Verfügungen enthält.

ff) Wohnungsbaugenossenschaften

Gebäude und Anlagen von **Wohnungsbau-Genossenschaften** auf ehemals volkseigenen Grund- 3727 stücken waren vor dem 2. VermRÄG hinsichtlich der dadurch vermittelten Besitz- und Eigentumsrechte ungesichert, sofern nicht förmliche Nutzungsrechte verliehen worden waren. Art. 233 § 2a EGBGB (Moratorium) regelt insoweit das bis zur Sachenrechtsbereinigung eingeräumte Recht zum Besitz des Grundstücks; Art. 233 § 2b Abs. 1 EGBGB normiert nunmehr das Bestehen getrennten (durch den Bundesgesetzgeber neu geschaffenen!)[1633] Gebäudeeigentums in der Person der genannten Nutzer/Errichter oder ihrer Rechtsnachfolger. Grundlage dieses ebenfalls nutzungsrechtlosen Gebäudeeigentums ist lediglich das genannte Besitzrecht des Moratoriums.

b) Fortbestand des Gebäudeeigentums

Waren die Voraussetzungen, die nach DDR-Recht zur Entstehung selbstständigen Gebäudeeigen- 3728 tums mit öffentlich-rechtlichem Nutzungsrecht (Art. 233 § 4 EGBGB Rn. 2073 bis 2075), ohne Nutzungsrecht (z.B. LPG-Gebäudeeigentum Art. 233 § 2b EGBGB Rn. 2079) und aufgrund privatrechtlichen Nutzungsvertrags zugunsten volkseigener Betriebe auf privaten Grundstücken (Art. 233 § 8 EGBGB Rn. 2076) erforderlich waren, bis zum 03.10.1990 erfüllt, besteht das Gebäudeeigentum mit seinem bisherigen Inhalt fort (Art. 231 § 5 Abs. 1 EGBGB), und zwar unabhängig von einer Buchung im Gebäudegrundbuch oder dem Eintrag eines Vermerks in Abteilung II des Grundstücksgrundbuchs.

Gleiches gilt für später errichtete Gebäude und Baulichkeiten, wenn das dingliche Nutzungsrecht 3729 bzw. der schuldrechtliche Nutzungsvertrag vor dem 03.10.1990 wirksam begründet waren (Art. 231

[1633] BVerwG VIZ 2000, 663.

C. Querschnittsdarstellungen

§ 5 Abs. 1 Satz 2 EGBGB).[1634] Das Nutzungsrecht unterliegt auch nicht der Verjährung[1635] oder Verwirkung.[1636] Das (öffentlich-rechtliche) Nutzungsrecht, auf dem gem. § 295 ZGB das zivilrechtliche Gebäudeeigentum aufbaute, ist nunmehr allerdings gem. Art. 231 § 5 Abs. 2 Satz 1 EGBGB wesentlicher Rechtsbestandteil des Gebäudes, geht also bei Übertragung des Gebäudeeigentums notwendig mit über, ohne dass es einer Erklärung des Grundstückseigentümers bedurfte. Es erscheint hilfreich, hinsichtlich dieses fortbestehenden Gebäudeeigentums sich folgende **Grundsätze** vor Augen zu halten:

3730 Gebäudeeigentum besteht nur, wenn die nach den Gesetzen der DDR erforderlichen öffentlich-rechtlichen und zivilrechtlichen Tatbestände erfüllt waren; lediglich faktische »Duldung« oder übereinstimmende Annahme selbstständigen Gebäudeeigentums genügen nicht.

– Für den Fortbestand des Gebäudeeigentums ist es jedoch unerheblich, ob dieses selbstständig in einem Gebäudegrundbuch gebucht und im Grundbuch des belasteten Grundstücks vermerkt ist. Unterbleibt letztere Buchung, besteht allerdings die Gefahr eines Untergangs des Gebäudeeigentums (Art. 231 § 5 Abs. 3 EGBGB) bei Veräußerung des Grundstücks an einen gutgläubigen Erwerber seit Ablauf der **Gutglaubensschonfrist** (01.01.2001), § 892 BGB, Art. 233 § 4 Abs. 2 Satz 1 EGBGB (in Bezug auf das dingliche Nutzungsrecht) samt Verweisungsnormen in Art. 233 § 2b Abs. 4, § 8 a.E. EGBGB. Der frühere Gebäudeeigentümer kann sodann vom Verkäufer des Grundstücks Wertersatz verlangen (Art. 231 § 5 Abs. 3 Satz 2 EGBGB), nicht jedoch vom Käufer.[1637] In gleicher Weise gilt gem. Art. 231 § 5 Abs. 4 EGBGB bei Belastung allein des (vermerklosen) Grundstücks dem Gläubiger ggü. das Gebäude als Bestandteil des Grundstücks, sodass das unerkannte Eintreten der Unwirksamkeitsfolge des § 78 Abs. 1 Satz 1 SachenRBerG (Rdn. 2546) vermieden wird.

3731 – Die Buchung im Gebäudegrundbuch ist ferner erforderlich, um Gebäudeeigentum rechtsgeschäftlich durch Auflassung zu übertragen oder hieran beschränkt dingliche Rechte in Abteilung II oder III zu begründen (§ 873 ggf. i.V.m. § 925 BGB). Zum gutgläubigen Erwerb eines tatsächlich nicht bestehenden Gebäudeeigentums oder eines tatsächlich bestehenden Gebäudeeigentums vom Nichtberechtigten ist zusätzlich die Eintragung eines Gebäudevermerks am Grundstück erforderlich (Art. 233 § 2c Abs. 3 bzw. § 4 Abs. 1 Satz 3 EGBGB)[1638] und zwar spätestens mit der Umschreibung im Gebäudegrundbuch.[1639]

3732 Gem. Art. 233 § 4 Abs. 1 EGBGB gilt für das auf öffentlich-rechtlichen Nutzungsrechten fußende Gebäudeeigentum das Grundstücksrecht des BGB mit Ausnahme der §§ 927, 928 BGB (Aufgebot,[1640] Verzicht). Gleiches gilt für die zweite Fallgruppe des Gebäudeeigentums, die in Art. 233 § 2b EGBGB erfassten nutzungsrechtslosen selbstständigen Gebäude (LPG-Gebäude und

---

1634 Vgl. *Salzig* NotBZ 2010, 359 m.w.N. A.A. MünchKomm-BGB/*Wendtlandt* § 8 SachenRBerG Rn. 4 unter Hinweis auf Art. 231 § 5 Abs. 2 EGBGB, wonach das Nutzungsrecht nunmehr Bestandteil »des Gebäudeeigentums« sei.
1635 Gem. Art. 233 § 3 Abs. 1 Satz 1 EGBGB i.V.m. § 479 Abs. 1 Satz 1 ZGB verjähren Ansprüche aus eingetragenen Rechten an Grundstücken nicht. Gleiches gilt gem. Art. 231 § 6 Abs. 1 Satz 1 EGBGB i.V.m. § 902 Abs. 1 Satz 1 BGB z.B. für Ansprüche des Berechtigten einer Grunddienstbarkeit auf Beseitigung oder Unterlassung, wenn es um die Verwirklichung des Rechtes selbst, und nicht nur um eine Störung in der Ausübung geht: BGH, 22.10.2010 – V ZR 43/10, ZfIR 2011, 21 m. Anm. *Hogenschurz*; vgl. auch *Otto* NotBZ 2011, 93.
1636 DNotI-Gutachten Nr. 66729 v. März 2006 (anderenfalls wäre das dingliche Nutzungsrecht nach ZGB mangels Ausübung entzogen worden).
1637 Auch nicht aus § 812 BGB oder aus fahrlässiger Eigentumsverletzung (§ 823 BGB), vgl. Palandt/*Heinrichs* BGB (Online) Art. 231 EGBGB § 5 Anm. 6.
1638 Sonst könnte bereits gem. Art. 231 § 5 Abs. 3 EGBGB durch gutgläubigen Erwerb des unbelasteten Grundstücks wegerworbenes Gebäudeeigentum anschließend, basierend auf dem guten Glauben allein an das Gebäudegrundbuch, wieder geschaffen werden.
1639 BGH, 24.10.2002 – III ZR 107/02, DNotI-Report 2003, 6.
1640 Ist der Gebäudeeigentümer unbekannt, ist demnach ein gesetzlicher Vertreter für die Aufgabeerklärung zu bestellen (Art. 233 § 2 Abs. 3 EGBGB); in Sachenrechtsbereinigungsfällen kann auch ein Aufgebotsverfahren gem. §§ 17, 18 SachenRBerG in Betracht kommen (DNotI-Gutachten Nr. 70625 v. 16.10.2006, M/VI/10-§ 112 SachenRBerG).

Wohnungsbaugenossenschaften) aufgrund des dortigen Abs. 4 sowie für die auf zivilvertraglicher Grundlage fußenden selbstständigen Gebäude der VEB-Nachfolger gem. Art. 233 § 8 a.E. EGBGB.

c) Anlegung eines Gebäudegrundbuchs (§ 4 GGV)

Gem. § 4 Abs. 1 GGV ist beim »klassischen« **nutzungsrechtsgestützten Gebäudeeigentum** zunächst die Vorlage der Nutzungsurkunde erforderlich. Als weiter notwendiger Nachweis darüber, dass auf der Grundlage der Nutzungsurkunde tatsächlich ein Gebäude errichtet wurde, dient entweder die Vorlage der Baugenehmigung – bei deren Fehlen auch einer Bescheinigung der Gemeinde, dass ein Gebäude tatsächlich vorhanden ist (§ 4 Abs. 1 Satz 2 GGV) –, oder, wenn das Gebäude bereits Gegenstand eines Kaufvertrags war, die Vorlage der Kaufurkunde. Weitere, insb. negative Tatbestandsmerkmale (z.B. die Nichtentziehung des Nutzungsrechts) sind nur zu berücksichtigen, wenn sie dem Grundbuchamt bekannt sind (§ 4 Abs. 1 Satz 3 GGV). 3733

Zum Nachweis über Bestand und Inhaberschaft des **nutzungsrechtslosen Gebäudeeigentums** gem. Art. 233 § 2b EGBGB genügt der Bescheid des Bundesamts für zentrale Dienste und offene Vermögensfragen (vormals OFD-Präsidenten), sofern auf dem Bescheid die Bestandskraft bescheinigt wird (§ 4 Abs. 2 GGV). Das Feststellungsverfahren ist allerdings nicht abschließend[1641] und bindet nicht in einem zivilgerichtlichen Rechtsstreit.[1642] 3734

Zum Nachweis des **Gebäudeeigentums der VEB** gem. Art. 233 § 8 EGBGB ist zum einen die Vorlage des Nutzungsvertrags mit dem privaten Grundstückseigentümer, welcher die Gestattung zur Errichtung eines Bauwerkes enthalten muss, notwendig, zum anderen die gem. § 5 der Verordnung zu § 459 ZGB notwendige Zustimmung des Rats des Kreises, Abteilung Finanzen oder – bei dessen Fehlen – ein Prüfbescheid der staatlichen Bauaufsicht, der sich auf den Zustand des Gebäudes während oder noch der Bauausführung bezieht. 3735

Zum **Nachweis der Ansprüche aus der Sachenrechtsbereinigung** gem. Art. 233 § 2a EGBGB und damit zur Eintragung des entsprechenden Vermerkes dient gem. § 4 Abs. 4 GGV (als Ausnahme zum Bewilligungserfordernis des § 19 GBO)[1643] der Nachweis eines Gebäudeeigentums nach den vorstehend genannten Verfahren oder die Vorlage eines bauaufsichtlichen Prüfbescheides, aus dem sich ergibt, dass von einem Dritten auf fremdem Grund und Boden ein Gebäude errichtet wurde, oder die Vorlage eines Überlassungsvertrags (Art. 232 § 1a EGBGB) bzw. eines vor dem 22.07.1992 geschlossenen Kaufvertrags (ohne Gebäudegrundbuch) über ein Gebäude auf ehemaligem LPG-Gelände. Scheitern solche urkundlichen Nachweise, kann der Vermerk auch aufgrund einer Eintragungsbewilligung des Grundstückseigentümers erfolgen (§ 4 Abs. 4 Nr. 6 GGV). 3736

d) Zusammenführung von Gebäudeeigentum und Grundstück

aa) Komplettierungszwang

Ein **Komplettierungszwang** besteht lediglich gem. § 78 Abs. 1 Satz 3 SachenRBerG;[1644] die Verpflichtung zur Gebäude- und Nutzungsrechtsaufgabe kann durch Zwangsgeldfestsetzung durchgesetzt werden und wird i.Ü. durch die Unwirksamkeitsfolge des absoluten Verfügungsverbots aus § 78 Abs. 1 Satz 1 SachenRBerG ggü. komplettierungswidrigen Einzelverfügungen gewahrt (allerdings wohl nicht Nichtigkeitsfolge i.S.d. § 134 BGB: kein Verbotsgesetz,[1645] sodass z.B. eine unwirksame[1646] Belastung durch spätere Aufhebung des Gebäudeeigentums analog § 185 Abs. 2 Satz 1, 2. Alt. BGB wirksam werden kann). Der **zeitliche und inhaltliche Anwendungsbereich des § 78** 3737

1641 OLG Naumburg, 13.11.2003 – 11 Wx 16/02, VIZ 2004, 337.
1642 BGH, 19.10.2007 – V ZR 42/07, NotBZ 2008, 113.
1643 OLG Jena, 04.01.1999 – 6 W 561/98, FGPrax 1999, 45; *Purps* NotBZ 2000, 88; a.A. LG Schwerin VIZ 1999, 425.
1644 Hierzu umfassend *Krauß* VIZ 1996, 691.
1645 DNotI-Gutachten Nr. 33619 v. 18.06.2002, a.A. *Czub/Schmidt-Räntsch/Frenz* SachenrechtsbereinigungsG § 78 Rn. 21.
1646 Eine solche Unwirksamkeit liegt jedoch nicht vor, wenn zwar Grundstück und Gebäude je für sich, aber nicht gleichrangig, belastet werden, vgl. *Salzig* NotBZ 2010, 362 gegen *Vossius* SachenRBerG § 78 Rz. 9.

C. Querschnittsdarstellungen

SachenRBerG ist im Einzelnen sehr umstritten; richtigerweise dürfte dieser derzeit für alle Komplettierungslagen gelten, in denen nach dem 01.10.1994 identische Eigentumsverhältnisse an beiden Objekten entstanden sind, unabhängig davon, ob der Anwendungsbereich des SachenRBerG dem Grunde nach eröffnet ist.[1647] Seit 01.01.2001 dürfte ferner die Gutglaubensschutznorm des Art. 231 § 5 Abs. 4 EGBGB den Betroffenen schützen, wenn er von der Vereinigung in einer Hand (etwa bei nicht gebuchtem Gebäudeeigentum) keine Kenntnis hatte.[1648] Mit Blick auf Art. 14 GG ist der Komplettierungszwang allerdings teleologisch zu reduzieren, wenn das Grundstück oder das Gebäude Gegenstand eines Restitutionsverfahrens ist,[1649] vertragliche oder gesetzliche Wiederkaufsrechte (§ 10 VerkFlBerG!) drohen oder sonst unterschiedliche künftige Eigentumszuordnungen denkbar sind (Vorerbschaft!).[1650]

bb) Aufgabeerklärung gem. Art. 233 § 4 Abs. 6 EGBGB

3738 Art. 233 § 4 Abs. 6 EGBGB erklärt die Aufhebungsbestimmungen der §§ 875, 876 BGB auch auf das dingliche Nutzungsrecht für anwendbar; Gleiches gilt aufgrund entsprechender Verweisung für die nutzungsrechtslosen Formen des Gebäudeeigentums gem. Art. 233 § 2b Abs. 4 EGBGB und das vertraglich geschaffene VEB-Gebäudeeigentum gem. Art. 233 § 8 a.E. EGBGB. Die Aufhebung des Nutzungsrechts[1651] führt zugleich zum Untergang selbstständigen Gebäudeeigentums gem. Art. 231 § 5 Abs. 2 Satz 2 EGBGB (aufgrund eines Redaktionsversehens ist dort Art. 233 § 4 Abs. 6 EGBGB allerdings nicht genannt).

3739 Das Gesetz unterscheidet zwei Formen der (bedingungsfeindlichen)[1652] **Aufgabeerklärung** für Gebäudeeigentum:
– Ist das Gebäudeeigentum gebucht, bedarf es materiell-rechtlich der (wegen § 29 GBO öffentlich zu beglaubigenden) Aufgabeerklärung und grundbuchrechtlich einer Löschungsbewilligung und eines Löschungsantrags sowie des Vollzugs der Aufgabeerklärung durch Löschung des Vermerks in Abteilung II des Grundstücks und Schließung des Gebäudegrundbuchs. Dinglich Berechtigte am Gebäudeeigentum haben der Aufgabe gem. § 876 BGB zuzustimmen; hierdurch wird der Tatsache Rechnung getragen, dass mit dem Untergang des Gebäudeeigentums auch die daran vormals bestehenden Belastungen surrogatlos untergehen. Die Zustimmung ist entbehrlich, wenn (z.B. infolge Gesamtbelastung) ein dingliches Recht an gleicher Rangstelle des Grundstücks eingetragen ist.[1653]

3740 – Gem. Art. 233 § 4 Abs. 6 Satz 2 EGBGB ist die oben geschilderte Aufgabe des Gebäudeeigentums auch dann möglich, wenn dieses nicht selbstständig gebucht ist. Es bedarf also hierfür nicht der Anlegung eines Gebäudegrundbuchs, das infolge der Aufgabe ohnehin sofort wieder zu schließen wäre. Die Aufgabeerklärung ist allerdings in diesem Fall in notariell beurkundeter Form abzugeben; sie wird lediglich zu den Grundakten des Grundstücks genommen. Zustimmungserfordernisse nach § 876 BGB sind in diesem Fall nicht denkbar, da es zur wirksamen Entstehung dinglicher Berechtigungen am Gebäudeeigentum eines Gebäudegrundbuchs bedurft hätte. Insb. dieser Weg der Aufgabeerklärung für nicht gebuchtes Gebäudeeigentum spart ggü. der Anlegung eines Gebäudegrundbuchs gem. GGV erheblich Zeit und Kosten. Diese Vorteile werden jedoch unter Risiken erkauft:[1654]

1647 OLG Jena DtZ 1997, 391 und OLG Brandenburg VIZ 1997, 55; OLG Rostock NotBZ 1999, 214; OLG Brandenburg, 18.03.2004 – 8 Wx 23/03, NotBZ 2004, 281.
1648 Vgl. DNotI-Gutachten Nr. 33619 v. 18.06.2002.
1649 Hierzu *Purps* VIZ 2004, 7; ähnlich OLG Brandenburg NotBZ 2004, 282; die lediglich abstrakte Gefahr eines Widerrufs erteilter GVO-Genehmigungen reicht allerdings nicht, OLG Brandenburg NotBZ 2006, 99.
1650 Vgl. *Böhringer* VIZ 2004, 345.
1651 Zum Sonderfall, dass lediglich eines von mehreren dinglichen Nutzungsrechten, auf deren Grundlage ein einheitliches Gebäude errichtet wurde, aufgehoben wird, vgl. DNotI-Gutachten Nr. 85284 vom Juni 2008.
1652 OLG Brandenburg, 18.03.2004 – 8 Wx 23/03, NotBZ 2004, 281: keine »vorläufige Löschung«.
1653 OLG Dresden NotBZ 1997, 212.
1654 *Hügel* NotBZ 1998, 22.

— Eine Prüfung, ob tatsächlich Gebäudeeigentum bestand und wem dieses zusteht, findet weder 3741
durch den beurkundenden Notar noch durch das Grundbuchamt statt.[1655] Gutgläubiger Erwerb
nichtvorhandenen Gebäudeeigentums oder vorhandenen Gebäudeeigentums vom Nichtberechtigten scheidet mangels Grundbuchgrundlage und wegen Nichterfüllung der Voraussetzungen
des Art. 233 § 2c Abs. 3, § 4 Abs. 1 Satz 3 EGBGB aus.
— Im Grundstücksgrundbuch werden die Aufgabeerklärung selbst und ihre Folgen nicht dokumentiert, sodass stets Zuziehung der Grundbuchakten erforderlich ist.

Beide Formen der Aufgabeerklärung (mit oder ohne Gebäudegrundbuch) erfordern keine Identität 3742
zwischen dem die Aufgabe bewilligenden Gebäudeeigentümer, einerseits, und dem Eigentümer
des Grundstücks, andererseits. Art. 233 § 4 Abs. 6 EGBGB kann also auch gewählt werden, um
einen schuldrechtlichen **Gebäudeankaufsvertrag** dinglich »abkürzend« zu vollziehen. Zur Aufgabe ist (abweichend von § 26 Satz 1 ErbbauRG) die Zustimmung des personenverschiedenen
Grundstückseigentümers nicht erforderlich, sodass sachenrechtlich die »Aufdrängung« ungewollten
Gebäudeeigentums möglich ist.[1656]

Der Notar wird zur Absicherung der Gegenleistung i.d.R. angewiesen werden, die Einreichung 3743
der Aufgabeerklärung beim Grundbuchamt erst nach Bestätigung über den Eingang des Kaufpreises vorzunehmen. Da eine Auflassung nicht erklärt wird, ist für das dingliche Geschäft keine
GVO Genehmigung erforderlich;[1657] der Vorgang unterliegt jedoch der Grunderwerbsteuer. Die
Verpflichtung zur Aufgabe personenverschiedenen Gebäudeeigentums ist beurkundungspflichtig.

Die Aufgabeerklärung kann schließlich auch dann gewählt werden, wenn sowohl das Grundstück 3744
als auch das Gebäude durch eine **dritte Person** erworben werden sollen. Da die Wirkung der
Aufgabeerklärung (Gebäude wird wesentlicher Bestandteil des Grundstücks) zugunsten desjenigen Grundstückseigentümers eintritt, der z.Zt. der Löschung des Gebäudevermerks bzw. der Einreichung der beurkundeten Aufgabeerklärung beim Grundbuchamt bzgl. des Grund und Bodens
eingetragen ist, wird der Notar in diesem Fall anzuweisen sein, die notwendigen Erklärungen erst
dann einzureichen, wenn sowohl die Kaufpreiszahlung bzgl. des Gebäudeteils bestätigt ist als auch
die Eigentumsumschreibung bzgl. des Grund und Bodens nach dessen Bezahlung vollzogen wurde.

cc) Alternative Komplettierungswege

Neben der vorstehend beschriebenen Aufgabeerklärung steht auch die Möglichkeit der **Bestand-** 3745
teilszuschreibung des Grundstücks zum Gebäudeeigentum gem. dem in Art. 233 § 4 Abs. 1
Satz 1 EGBGB mit in Bezug genommenen § 890 Abs. 2 BGB zur Verfügung.[1658] Der umgekehrte
Weg einer Bestandteilszuschreibung des Gebäudeeigentums zum Grundstück scheidet aus, da das
Gebäude nicht zugleich dingliche Belastung des Grundstücks und dessen (nicht wesentlicher, d.h.
einfacher) Bestandteil sein kann. Aus diesem Grund ist auch entgegen der überwiegenden Meinung
eine Vereinigung gem. § 890 Abs. 1 BGB nicht möglich, da diese rechtsdogmatisch zwei wechselseitige Bestandteilszuschreibungen beinhaltet.[1659] Auch ein »stillschweigender Eigentumsverzicht« wird
von der Rechtsprechung abgelehnt.[1660]

1655 OLG Celle NotBZ 1998, 190.
1656 Der Grundstückseigentümer kann Beseitigung gem. § 823 bzw. § 1004 BGB verlangen; beseitigt er das Gebäude selbst,
erhält er gem. §§ 683, 684, 812 ff. BGB Ersatz der dafür aufgewendeten Kosten (BGH NJW 2005, 1366), vgl. DNotI-
Gutachten Nr. 99976 v. Feb. 2010. Zur aufgedrängten Bereicherung vgl. *Salzig* NotBZ 2010, 361.
1657 *Böhringer* NotBZ 1999, 71; LG Erfurt VIZ 2000, 240; wohl aber für die schuldrechtliche Verpflichtung hierzu bei
Personenverschiedenheit, str.
1658 Vgl. LG Mühlhausen NotBZ 1998, 34; LG Dresden NotBZ 1999, 87.
1659 Ebenso OLG Jena NotBZ 1998, 33.
1660 BGH, 12.01.2007 – V ZR 268/05, NotBZ 2007, 136: nicht gebuchtes Gebäudeeigentum bleibt unbelastet bestehen bei
einer vor dem 31.12.2000 eingetragenen (damit nicht Art. 231 § 5 Abs. 4 EGBGB unterfallenden) Belastung, sodass die
Versicherungssumme für das abgebrannte Gebäude nicht dem Hypothekenhaftungsverband (§ 1127 BGB) unterfällt.

C. Querschnittsdarstellungen

3746 Infolge der **Bestandteilszuschreibung** erstrecken sich die am Gebäudeeigentum eingetragenen Grundpfandrechte gem. § 1131 Satz 1 BGB auf den Grund und Boden; die dort vormals eingetragenen Rechte gehen gem. § 1131 Satz 2 BGB vor. Die gesetzliche Pfanderstreckung ist besonders von Bedeutung für Aufbauhypotheken, die nach dem 03.10.1990 nicht mehr rechtsgeschäftlich bestellt werden können, und deren gesetzlicher Erstrang (§ 456 ZGB) gem. Art. 233 § 9 Abs. 3 Satz 1 EGBGB fortgilt. Das Gebäudegrundbuch wird dadurch zugleich Grundstücksgrundbuch, das Grundstück – selbstständig in Abteilung II weiterhin belastet mit dem Gebäudeeigentumsvermerk – mit dem Gebäudeeigentum unter einer laufenden Nummer eingetragen.

3747 Anders als die Aufgabeerklärung gem. Art. 233 § 4 Abs. 6 EGBGB kann die Bestandteilszuschreibung des Grundstücks zum Gebäudeeigentum nur erfolgen, wenn das Gebäudeeigentum selbstständig gebucht ist (die Bestandteilszuschreibung tritt erst mit der Grundbucheintragung ein) und die Eigentumsverhältnisse am Grundstück einerseits und am Gebäude andererseits hinsichtlich Person und Beteiligungsverhältnis völlig identisch sind. Als »abkürzende« dingliche Erfüllung eines Gebäudeankaufsvertrags steht diese Komplettierungsform daher nicht zur Verfügung.

3748 Im Geltungsbereich des Aufgabezwangs des § 78 Abs. 1 Satz 3 SachenRBerG (vgl. oben Rdn. 3737) muss allerdings der Bestandteilszuschreibung die Aufgabe gem. Art. 233 § 4 Abs. 6 Satz 1 EGBGB folgen.[1661] Hierzu ist zunächst die Abschreibung des Grundstücks erforderlich, wodurch das bisher pfanderstreckte Grundpfandrecht zum Gesamtgrundpfandrecht (§ 1132 BGB) wird. Im kombinierten Gebäude- und Grundstücksgrundbuch wird das Grundstück dadurch wieder unter einer eigenen laufenden Nummer des Bestandsverzeichnisses vorgetragen. Mit der anschließenden Aufgabeerklärung (soweit Gesamtbelastungen bestehen, sind Zustimmungen gem. § 876 BGB nicht erforderlich) wird das unter eigener laufender Nummer des Bestandsverzeichnisses vorgetragene Gebäudeeigentum und ggf. dessen Vermerk in Abteilung II bzgl. des Grundstücks gelöscht; das »kombinierte Grundbuch« wird wiederum zum Grundstücksgrundbuch.[1662]

▶ Formulierungsvorschlag: Bestandteilszuschreibung, Abschreibungs- und Aufgabeerklärung zur Komplettierung von Gebäudeeigentum und Grundstück

3749 ..... ist Eigentümer des im Grundbuch des AG ..... für ..... Blatt ..... vorgetragenen Grundbuchgrundstücks FlNr. ..... sowie des auf diesem befindlichen, im Gebäudegrundbuch derselben Gemarkung Blatt ..... vorgetragenen Gebäudeeigentums.

Er erklärt,

bewilligt und beantragt

hiermit, das Grundstück dem vorbezeichneten Gebäudeeigentum als wesentlichen Bestandteil gem. § 890 Abs. 2 BGB zuzuschreiben dergestalt, dass es mit dem Gebäudeeigentum im Gebäudegrundbuch, das zugleich Grundstücksgrundbuch wird, unter einer laufenden Nummer des Bestandsverzeichnisses neu vorgetragen wird, unter gleichzeitiger Schließung des Grundstücksgrundbuchs.

(Ggf. Ergänzung, je nach Belastungslage: Die am Gebäudeeigentum in Abteilung III eingetragenen Grundpfandrechte erstrecken sich kraft Gesetzes, jedoch im Rang nach den am Grundstück eingetragenen Grundpfandrechten, auf das Grundstück. Die in Abteilung II des Gebäudeeigentums bzw. des Grund und Bodens vormals eingetragenen Rechte – auch der in Abteilung II des Grundstücksgrundbuchs ggf. eingetragene Gebäudeeigentums- oder Nutzungsrechtsvermerk – bleiben bzgl. der bisherigen Belastungsgegenstände bestehen.)

Der Eigentümer erklärt,

bewilligt und beantragt

[1661] Vgl. *Krauß* NotBZ 1997, 60.
[1662] Vgl. hierzu auch *Böhringer* OV-spezial 1996, 262; der allerdings die vorherige Notwendigkeit einer Abschreibung als »Förmelei« ansieht.

sodann, das Gebäudeeigentum abzuschreiben und unter einer laufenden Nummer des Bestandsverzeichnisses des Gebäude- und zugleich Grundstücksgrundbuchs neu vorzutragen. Bzgl. des wieder verselbstständigten (Nutzungsrechts mit) Gebäudeeigentum erklärt der Eigentümer sodann in Erfüllung seiner Verpflichtung aus § 78 Abs. 1 Satz 3 SachenRBerG die Aufgabe und

bewilligt und beantragt,

diese durch Löschung des Gebäudeeigentums und des in Abteilung II des Grundstücks eingetragenen Vermerks zu vollziehen. (*Ggf. Ergänzung, je nach Belastungslage: Der Zustimmung der vormaligen Grundpfandgläubiger am Gebäudeeigentum bedarf es nicht, da diese gem. § 1131 BGB ranggleiche Grundpfandrechte am Grundstück erworben haben. Mit der Einholung und Entgegennahme der Zustimmung etwa in Abteilung II das Gebäude belastender Berechtigter wird der amtierende Notar beauftragt und bevollmächtigt.*)

Das Gebäude wird dadurch wesentlicher Bestandteil des Grundstücks; die am Gebäude vormals eingetragenen Belastungen gehen mit dem Verlust dessen Sonderrechtsfähigkeit unter; das Gebäudegrundbuch wird wieder zum Grundstücksgrundbuch i.S.d. § 3 Abs. 1 Satz 2 GBO.

Der Vollzug der Bestandteilszuschreibungs-, Abschreibungs- und Aufgabeerklärung unter entsprechender Schließung und Anpassung der Grundbuchbezeichnungen wird bewilligt und beantragt als verbundener Antrag i.S.d. § 16 Abs. 2 GBO dergestalt, dass alle gestellten Anträge nur einheitlich miteinander vollzogen werden können.

e) Veräußerung des Gebäudeeigentums

Gestaltung und Vollzug eines Kaufvertrags über (gebuchtes oder hierfür zu buchendes) Gebäudeeigentum weisen i.Ü. keine Besonderheiten ggü. Grundstücksverträgen auf (vgl. Art. 233 § 4 Abs. 1 Satz 1 EGBGB); ein gemeindliches Vorkaufsrecht gem. §§ 24 ff. BauGB besteht jedoch (wie bei Erbbaurechten) nicht.[1663] Die GVO-Genehmigung ist gem. § 3 Satz 1 GVO wie bei Grundstücken erforderlich, ebenso die steuerliche Unbedenklichkeitsbescheinigung.   3750

f) Teilung des Gebäudeeigentums

Die Aufteilung von Gebäudeeigentum nach dem WEG ist (im Gegensatz zur Realteilung unter gleichzeitiger Teilung des Nutzungsrechts, § 14 Abs. 3 GGV) nicht zulässig, da ein Grundstücksanteil nicht vorhanden ist und Art. 233 § 4 Abs. 1 Satz 1 EGBGB (anders als § 67 SachenRBerG als Ausnahmevorschrift) nicht auf das WEG verweist.[1664]   3751

9. Verfügungen über Baulichkeiten

a) Sachverhalt

Etwa 53 % der Haushalte der ehemaligen DDR verfügten über **Kleingärten, Wochenendhäuser (Datschen)** oder **Garagen**, die auf der Grundlage privatrechtlicher Nutzungsverträge zur Erholung und Freizeitgestaltung gem. §§ 312 ff. ZGB errichtet wurden. Das hierfür an den Überlassenden (Grundstückseigentümer, staatlicher oder kommunaler Verwalter, LPG aufgrund des gesetzlichen Nutzungsrechts gem. § 18 LPGG) zu entrichtende Entgelt betrug nur wenige Pfennige pro Quadratmeter und Jahr. Die **faktische Unentgeltlichkeit und Lebzeitigkeit dieser Nutzungsverträge** war politisch gewollt, diente sie doch einem »Innenausgleich« für die Freiheitsbeschränkungen der Bevölkerung. Diese Datschen zählten und zählen zum Kernbereich der privaten Lebensgestaltung der Bürger in den neuen Bundesländern.   3752

1663 LG Erfurt NotBZ 2001, 470.
1664 OLG Jena Rpfleger 1996, 194.

C. Querschnittsdarstellungen

b) Übergangsrecht

3753 Gem. Art. 232 § 4 Satz 1 EGBGB wurden zunächst die bisherigen Bestimmungen der §§ 312 bis 315 ZGB beibehalten. Der im EV enthaltene Gesetzesvorbehalt hinsichtlich der künftigen Entgeltgestaltung wurde zwischenzeitlich in Form der **NutzungsentgeltVO** v. 22.07.1993[1665] ausgeübt; ausgenommen sind Bodenflächen in Kleingartenanlagen, für die das Bundeskleingartengesetz mit den für das Beitrittsgebiet normierten Besonderheiten in § 20a BKleingG gilt. Der Vorbehalt hinsichtlich der Überleitung des Nutzungsvertrags selbst wurde zwischenzeitlich durch das **Schuldrechtsanpassungsgesetz** i.S.e. gesetzlichen Transformation in das Miet- und Pachtrecht des BGB mit flankierenden Nutzerschutzbestimmungen ausgeübt, unten Rdn. 3826 ff.

3754 Die aufgrund solcher privatrechtlichen Nutzungsverträge (im Unterschied zu öffentlich-rechtlichen, verliehenen oder zugewiesenen Nutzungsrechten gem. § 287 oder § 291 ZGB) errichteten Anlagen – in der Terminologie des § 296 Abs. 1 Satz 1 ZGB »**Baulichkeiten**« genannt – stellen weiterhin von Grund und Boden unabhängiges Eigentum des Nutzungsberechtigten[1666] dar (vgl. Art. 231 § 5 Abs. 1 Satz 1 EGBGB). Sie werden allerdings mobiliarrechtlich angeknüpft[1667] und können weder Gegenstand eines eigenen »Baulichkeitengrundbuchs« noch eines Vermerks in Abteilung II des Grundstücksgrundbuchs sein. Sie können gem. §§ 1204 ff. BGB (Pfandrecht an beweglichen Sachen) belastet werden. Grundlage des selbstständigen Baulichkeitseigentums bleibt der fortbestehende, seit dem 01.01.1995 miet- bzw. pachtrechtlich (bei Hinzutreten eines Nutzungsziehungselements) zu qualifizierende Vertrag mit dem Grundstückseigentümer; ein gutgläubiger »baulichkeitseigentumsfreier« Erwerb scheidet analog § 566 BGB aus.

c) Übertragung von Baulichkeiten

3755 Das **Baulichkeitseigentum** erlischt – ohne Möglichkeit abweichender vertraglicher Regelung – gem. § 11 Abs. 1 Satz 2 SchuldRAnpG mit Beendigung des Vertragsverhältnisses;[1668] die Baulichkeit wird (dann im Regelfall wesentlicher) Bestandteil des Grundstücks und die daran bestehenden Pfandrechte setzen sich am Wertersatzanspruch des § 12 SchuldRAnpG als Surrogat fort. Eine zusätzliche »Aufgabeerklärung« o.Ä. ist nicht erforderlich.

3756 Zur **Übertragung von Baulichkeiten** bedarf es daher sachenrechtlich der Voraussetzungen der §§ 929 ff. BGB (formfreie Einigung und Übergabe bzw. Besitzkonstitut); zur Vermeidung der Rechtswirkungen des § 11 SchuldRAnpG und zur Vermittlung des Rechts zum Besitz am Grundstück, das mit dem Baulichkeitseigentum nicht notwendig verbunden ist, ist jedoch zusätzlich die Übernahme des bestehenden Vertragsverhältnisses (sofern zugleich die Freistellung des Veräußerers bezweckt ist, unter Mitwirkung des Grundstückseigentümers im Wege der Vertragsübernahme aufgrund **dreiseitigen Vertrags**) erforderlich.[1669]

> **Hinweis:**
>
> Der in § 296 Abs. 2 ZGB vor dem 03.10.1990 vorgesehene Weg einer Neubegründung des Nutzungsverhältnisses zwischen dem Eigentümer und dem Erwerber der Baulichkeit darf keinesfalls beschritten werden, da aufgrund Beendigung des bisherigen Nutzungsvertrags zumindest

---

[1665] BGBl. I 1993, S. 1339; mit der Folge einer schrittweisen Anpassung der Entgelte ab 01.11.1993 für Datschen und einer sofortigen Anpassung an das ortsübliche Entgelt für Garagen.

[1666] Bei Unterzeichnung durch nur einen Ehegatten ist der andere analog § 11 Satz 1 FGB ebenfalls Vertragspartner geworden, wenn die Ehe bei der Wiedervereinigung noch andauerte, vgl. OLG Brandenburg, 19.03.2002 – 9 U 28/01, FamRZ 2003, 159.

[1667] Daher keine Notwegeberechtigung zugunsten des Baulichkeitseigentümers, der bloß Besitzer des zugangslosen Grundstücks ist, vgl. BGH, 05.05.2006 – V ZR 139/05, ZNotP 2006, 305.

[1668] Diese liegt nicht schon im bloßen Auszug, vgl. OLG Brandenburg, 19.03.2002 – 9 U 28/01, FamRZ 2003, 159.

[1669] Vgl. BMJ VIZ 1996, 505, und Merkblatt v. 22.04.2002 (Anlage zu Rundbrief Nr. 32 des BARoV v. 21.05.2003); OLG Jena NotBZ 2000, 26: verweigert der Grundstückseigentümer endgültig seine Mitwirkung, liegt aufseiten des Verkäufers subjektive Unmöglichkeit vor.

für eine logische Sekunde das selbstständige Baulichkeitseigentum erlischt und durch bloßen schuldrechtlichen Vertrag nicht neu begründet werden kann. Möglich bleibt dann jedoch die Begründung von Scheinbestandteilen etwa durch Vereinbarung einer beschränkt persönlichen Dienstbarkeit (§ 95 BGB).

10. Genehmigung nach der Grundstücksverkehrsordnung

Die Grundstücksverkehrsordnung (GVO) hat mit ihrer Vorgängernorm, der Grundstücksverkehrsverordnung der DDR (GVVO), kaum mehr als Teile des Namens gemeinsam. Bezweckte letztere in erster Linie die Verwirklichung sozialistischer Lenkung des Bodenverkehrs durch Einführung eines allgemeinen Genehmigungsvorbehalts, dient die GVO: 3757
- zum einen in erster Linie dem Schutz des Anmelders und mutmaßlichen Berechtigten nach dem Vermögensgesetz vor einem Untergang seines Restitutionsanspruchs durch Veräußerung des betroffenen Gegenstands (wie sich aus dem Regelungszusammenhang des § 3 Abs. 3, Satz 1, Satz 8, Abs. 4 VermG sowie aus einem Umkehrschluss zu § 3c Abs. 2 Satz 1 VermG ergibt),[1670]
- zum anderen jedoch auch dem Schutz des Erwerbers vor der Teilnahme an rechtsgeschäftlichen Transaktionen über restitutionsbelasteten Grundbesitz.

- Mittelbar geschützt wird durch die GVO ferner der Veräußerer (Verfügungsberechtigter), da er im Fall der Erteilung der GVO-Genehmigung regelmäßig davon ausgehen darf, dass die schuldrechtlichen Unterlassungspflichten aus § 3 Abs. 3 bis Abs. 5 VermG nicht mehr bestehen (obwohl eine solche Klarstellung, ähnlich §§ 2 Abs. 1 Satz 1, 8 Abs. 1 InVorG, bedauerlicherweise fehlt). 3758

a) Objekt der Genehmigung

aa) Genehmigungsgegenstand

Genehmigungsgegenstand ist gem. § 2 Abs. 1 Satz 1 Nr. 1 GVO der schuldrechtliche und der dingliche Vertrag bzgl. eines Grundstücks oder Erbbaurechts (dieser erfasst als Surrogationsobjekt auch die für die eingebrachten, GVO-genehmigten Altgrundstücke etwaige Landabfindungszuteilungen im Flurbereinigungs- oder Bodenordnungsverfahren[1671]). Bereits während der »Schwebephase« des Vertrages können darin wechselseitige Pflichten, etwa zur Kaufpreiszahlung[1672] oder zur Besitzverschaffung,[1673] statuiert werden. Auch ohne Hinweis auf die Abstraktheit der Vollmacht erfasst die bis zur Erteilung der GVO-Genehmigung schwebende Unwirksamkeit nicht die **Finanzierungsvollmacht**;[1674] bis zu einer höchstrichterlichen Klärung kann vorsichtigerweise formuliert werden: 3759

▶ Formulierungsvorschlag: Unabhängigkeit der Vollmachten vom Vorliegen notwendiger Genehmigungen

Alle in dieser Urkunde erteilten Vollmachten, Weisungen und einseitigen Erklärungen sind unabhängig von der Erteilung etwaiger zur Rechtswirksamkeit des Vertrags notwendigen Genehmigungen, etwa der GVO-Genehmigung, erklärt. 3760

bb) Genehmigungsbedürftigkeit

Zentrales Abgrenzungskriterium für die Erforderlichkeit einer GVO-Genehmigung ist seit der Neufassung der GVO die »**Auflassung**«. Einer **GVO-Genehmigung bedürfen** daher 3761
- Kaufverträge,
- Überlassungsverträge,
- Erbauseinandersetzungsverträge,

1670 BVerwG NJ 1994, 37 und ZOV 1997, 433, a.A. LG Halle NotBZ 1999, 182 m abl. Anm. *Lischka*.
1671 OLG Rostock, 11.07.2007 – 7W 61/06, NotBZ 2008, 240.
1672 BGH DNotZ 1999, 477, 478 f.; KG ZOV 2007, 156, a.A. nur OLG Rostock OLG-NL 1995, 175.
1673 DNotI-Gutachten Nr. 100677 v. 23.03.2010.
1674 *Limmer* ZNotP 1998, 356 und KG DNotZ 2004, 795, a.A. BezG Dresden DNotI-Report 4/1993.

C. Querschnittsdarstellungen

- nach überwiegender (richtiger) Auffassung auch die vertragliche Begründung von Wohnungseigentum gem. § 3 WEG (infolge des Eigentumstausches an den Raumeinheiten ändert sich der Inhalt des Restitutionsanspruchs),
- die Auseinandersetzung einer Gütergemeinschaft,
- die Einbringung eines Grundstücks als Sacheinlage in eine Kapitalgesellschaft oder Personengesellschaft etc.,
- ebenso Nachträge zu solchen Verträgen, die (etwa wegen des Beitritts eines Beteiligten) mit neuerlicher Auflassung verbunden sind.[1675]

3762 – **Genehmigungsfrei** sind dagegen
- die Übertragung eines Erbanteils[1676] oder eines Anteils an einer Personengesellschaft,
- die Vereinbarung der Gütergemeinschaft,
- formwechselnde Umwandlungen oder Verschmelzungen nach dem UmwG,
- die Abtretung eines Restitutionsanspruchs,
- die dingliche Aufgabeerklärung gem. Art. 233 § 4 Abs. 6 EGBGB – auch soweit hiermit ein Eigentumswechsel verbunden ist[1677] oder sich die Veräußerung des um das Gebäude somit ergänzten Grundstücks anschließt[1678] – sowie
- die Begründung von Sondereigentum gem. § 8 WEG und
- die Ausübung eines Aneignungsrechts nach § 928 Abs. 2 BGB (etwa in den Fällen des § 11 Abs. 1 Satz 3 VermG oder Art. 233 § 15 Abs. 3 EGBGB).

3763 Den genannten Verfügungen über Grundstücke stehen
- Verfügungen über Grundstücksteile (Teilflächen und Miteigentumsanteile),
- selbstständiges Gebäudeeigentum – auch soweit es nicht gebucht ist – sowie
- Wohnungs- oder Teileigentum

gleich.

Nicht erfasst ist jedoch die **(mobiliarrechtliche) Veräußerung von Baulichkeitseigentum**, das nicht in einem Gebäudegrundbuch gebucht werden kann (vgl. im Einzelnen § 3 GVO).

b) Genehmigungsfreistellung

3764 § 2 Abs. 1 Satz 2 GVO stellt folgende aus dem Grundbuch/den Grundakten ersichtliche typisierte Fallgruppen, in denen das Bestehen eines Restitutionsanspruchs ausgeschlossen ist bzw. dieser nicht inhaltlich gefährdet würde, von der Genehmigungsbedürftigkeit gänzlich frei:

- **§ 2 Abs. 1 Satz 2 Nr. 1 GVO**: im Grundbuch vollzogener (ratio: § 7 Abs. 1 GVO) Rechtserwerb des Veräußerers aufgrund einer nach dem 28.09.1990 (d.h. Inkrafttreten der ersten vom Schutz des Restitutionsberechtigten geprägten Fassung der GVO[1679]) erteilten GVO-Genehmigung oder gleichwertiger Alternativen, es sei denn, es liegt ein Fall des § 3c VermG vor (sog. mitgeschleppter und daher nicht untergegangener Restitutionsanspruch bei Verfügungen der BvS oder ihrer Beteiligungen; nur aus dem Vertrag ersichtlich). Gleiches gilt, wenn der Veräußerer bereits aufgrund eines genehmigungsfreien Zweitgeschäfts Eigentümer wurde (»nach dieser Nummer in das Grundbuch eingetragen worden ist«), sodass auch der Dritt- und jeder weitere Erwerb genehmigungsfrei bleiben.

[1675] Vgl. LG Magdeburg NotBZ 2002, 35 (Beitritt eines weiteren Käufers) m. zust. Anm. *Bleisteiner* NotBZ 2002, S. 36 ff.; vgl. *Salzig* NotBZ 2010, 357.
[1676] DNotI-Gutachten Nr. 31810 v. 28.03.2002.
[1677] Vgl. *Salzig* NotBZ 2010, 357, 358; *Böhringer* NotBZ 1999, 71; allerdings ist u.U. die schuldrechtliche causa bei Personenverschiedenheit genehmigungspflichtig (*Krauß* in: Beck'sches Notarhandbuch A IX Rn. 45); offenlassend DNotI-Gutachten Nr. 60777 v. 09.08.2005.
[1678] OLG Dresden, 24.02.2010 – 3 W 143/10, NotBZ 2010, 464 m. krit. Anm. *Salzig*.
[1679] Eine vor dem 28.09.1990 nach der alten GVVO erteilte Genehmigung ist weiterhin vollzugstauglich, vgl. § 2 Abs. 2 Satz 5 GVO e contrario, sodass allein das Vollzugsdatum nicht Gewissheit verschafft, vgl. DNotI-Gutachten Nr. 37326 v. 27.11.2002.

- Wurde der Ersterwerb versehentlich, obwohl GVO-genehmigungsbedürftig, ohne solche Genehmigung eingetragen, ist das Grundbuch unrichtig (schwebende Unwirksamkeit auch der dinglichen Einigung). Durch nachträgliche Genehmigung, die durch den Notar des damaligen Vertrags aufgrund der erteilten Vollzugsvollmacht einzuholen ist, wird das Grundbuch richtig und bereits vorgenommene weitere Verfügungen des Buchberechtigten geheilt (Rückwirkung analog § 184 Abs. 1 BGB). Auch wenn der Zweiterwerber vom Buchberechtigten eine Vormerkung gutgläubig erworben hat,[1680] sodass an sich die Eintragung des vorgemerkten Eigentums nach richtiger Auffassung nicht mehr abgelehnt werden kann,[1681] steht der Umschreibung auf den Zweiterwerber die Sperre des § 2 Abs. 2 Satz 1 GVO entgegen.[1682]   **3765**

- **§ 2 Abs. 1 Satz 2 Nr. 2 GVO**: sofern der Veräußerer aufgrund Eintragungsersuchens des Vermögensamtes (ARoV) oder Landesamtes zur Regelung offener Vermögensfragen (LARoV) gem. §§ 31 Abs. 5 Satz 3, 33 Abs. 4 VermG – im Grundbuch wird regelmäßig § 34 VermG zitiert – eingetragen wurde (die Eintragungsersuchen aufgrund Zuordnungsbescheides [§ 3 VZOG] zählen nicht hierzu). Bei dieser Restitution werden die früher, i.R.d. Überführung in Volkseigentum, gelöschten Rechte (anders als nach § 18 VermG in der bis zum 21.07.1992 geltenden Fassung) nicht mehr eingetragen, sondern zuvor in Geld abgelöst, sofern nicht der Gläubiger selbst ein eigenes Verfahren auf Restitution seines beschränkt dinglichen Rechts betreibt. Der Restituant tritt gem. § 16 Abs. 2 Satz 1 VermG in die »bestehenden Rechtsverhältnisse« ein.[1683]   **3766**

- **§ 2 Abs. 1 Satz 2 Nr. 3 GVO**: sofern der Veräußerer selbst ununterbrochen seit dem 29.01.1933 (Machtergreifung Hitlers; frühester Zeitpunkt restituierbarer Eigentumsschädigungen) als Eigentümer eingetragen ist oder der heutige Veräußerer seine Berechtigung ausschließlich durch Rechtsnachfolgen von Todes wegen von einem solchen Eigentümer ableitet. Jegliche rechtsgeschäftliche Zwischenstufe, auch eine Erbteilsveräußerung oder ein Erbauseinandersetzungsvertrag, beseitigt jedoch die Genehmigungsfreiheit[1684] ebenso die Erbfolge zugunsten des Fiskus, die infolge Ausschlagung eingetreten ist (hier kommen Restitutionsansprüche zur Rückabwicklung von Ausschlagungen oder Verzichtserklärungen wegen drohender Überschuldung und aufgrund staatlicher Machtmanipulationen in Betracht). Da die Grundbücher regelmäßig aufgrund diesbezüglicher Verfügung des Reichsjustizministers im Jahr 1937 neu angelegt wurden, bedarf es der Einsicht in die geschlossenen Bücher (§§ 119, 114 Abs. 1 Nr. 3 GBO).[1685]   **3767**

- **§ 2 Abs. 1 Satz 2 Nr. 5 GVO**: der Rechtserwerb des Veräußerers erfolgte nach dem 02.10.1990 durch Zuschlagsbeschluss in der Zwangsversteigerung und wurde in das Grundbuch eingetragen. Damit wird § 3b Abs. 4 VermG nachvollzogen, wonach einem Restitutionsberechtigten nach der Veräußerung eines anmeldebelasteten Grundstücks im Wege der Zwangsversteigerung ohnehin lediglich ein Anspruch auf Auskehr des Versteigerungserlöses zusteht, während der Rückübertragungsanspruch nach dem Erwerb durch Zuschlagsbeschluss erloschen ist.[1686]   **3768**

Auf Antrag erteilt die Genehmigungsbehörde analog § 5 GrdStVeG ein **Negativattest** in grundbuchmäßiger Form.[1687]

1680 Gem. § 892 BGB oder gem. § 893 BGB, vgl. BGH DNotZ 1981, 179; ein vormerkungsfähiger Anspruch ist auch bei künftigen Ansprüchen gem. § 883 Abs. 1 Satz 2 BGB gegeben (LG Erfurt NotBZ 2008, 128).
1681 OLG Dresden NotBZ 1999, 261 m. Anm. *Scheel*; a.A. *Schöner/Stöber* Grundbuchrecht Rn. 352a, da die Vormerkung den rechtmäßigen Erwerb sichere, nicht aber den gutgläubigen Erwerb gewährleisten solle.
1682 Vgl. DNotI-Gutachten Nr. 84960 vom Juni 2008.
1683 Hierzu zählt gem. OLG Dresden, 07.03.2011 – 17 W 248/11, NotBZ 2011, 397 nicht ein früher zwischen dem Verfügungsberechtigten und einem Dritten geschlossener Kaufvertrag, der mangels GVO-Genehmigungserteilung unwirksam ist; die Vormerkung ist im Wege der Grundbuchberichtigung zu löschen (!).
1684 A.A. zu Unrecht LG Berlin DNotI-Report 1996, 138, hiergegen *Wolf* MittBayNot 1995, 19.
1685 Zum Einsichtsrecht vgl. § 12b GBO und *Wolfsteiner* Rpfleger 1993, 273.
1686 Hiergegen *Krause* Ov-spezial 1998, 182.
1687 Die Verpflichtung hierzu wird in der Entscheidung KG ZOV 1995, 368 stillschweigend vorausgesetzt.

C. Querschnittsdarstellungen

c) Genehmigungserteilung und -verfahren

3769 Gem. § 8 Satz 1 GVO sind für die Genehmigungserteilung die Landkreise bzw. kreisfreien Städte zuständig. Sofern die Treuhandanstalt (nunmehrige BvS) oder ein BvS-Unternehmen im Grundbuch eingetragen sind, erteilte bis 31.12.2003 der Oberfinanzpräsident der OFD Berlin,[1688] seit 01.01.2004 das BARoV[1689] die Genehmigung. Gem. § 6 Satz 4 GVO ist die Anfechtbarkeit eines Genehmigungsbescheids wegen Verstoßes gegen die Zuständigkeitsbestimmungen gesetzlich ausgeschlossen (Erweiterung zu § 46 VwVfG).

3770 Das Verfahren wird gem. § 1 Abs. 2 Satz 1 GVO lediglich auf **Antrag** einer der am genehmigungsbedürftigen Rechtsgeschäft beteiligten Personen eingeleitet; der vollziehende Notar bedarf (anders als gem. § 3 Abs. 2 Satz 2 GrdstVG) einer entsprechenden Ermächtigung durch einen der Beteiligten. Das Rechtsschutzbedürfnis (die Antragsbefugnis) kann nicht mit Hinweis darauf abgelehnt werden, das zu genehmigende Rechtsgeschäft sei noch nicht wirksam oder noch gar nicht abgeschlossen; § 1 Abs. 1 Satz 2 GVO gestattet als erhebliche Erleichterung für die Praxis die **Vorausgenehmigung**. Diese (z.B. zum Entwurf eines Rechtsgeschäfts erteilte) Genehmigung verliert jedoch ihre Wirksamkeit, wenn das betreffende Rechtsgeschäft nicht binnen zweier Jahre nach Erteilung der Genehmigung »abgeschlossen wird«.[1690]

3771 Zur Beschleunigung des Verfahrens verlangen die Genehmigungsbehörden regelmäßig die Beibringung von Grundbuchnachweisen über Eigentümerwechsel bis 29.01.1933 (Rdn. 3767), es sei denn, das Grundstück liegt im Gebiet einer Gemarkung, die nach Maßgabe von Listen des jeweiligen LARoV bereits vollständig erfasst ist (d.h. alle nach dem VermG beantragten Flurstücke sind bekannt oder alle vorliegenden Restitutionsanträge bestandskräftig beschieden), was in ca. 90 % aller Fälle zwischenzeitlich zutrifft.[1691]

3772 **Auf die Erteilung der Genehmigung besteht ein Anspruch**, sofern eine der in § 1 Abs. 2 Satz 1 GVO genannten Voraussetzungen gegeben ist. Es handelt sich um:

- **Nr. 3**: Veräußerungsfälle nach **§ 3c VermG** (»mitgeschleppte« Restitutionsansprüche, die für den Fall ihres Bestehens durch den Erwerber von Treuhandgrundstücken ausdrücklich übernommen werden).
- **Nr. 2**: den Fall der **Zustimmung des Anmelders** (durch die Änderung des Wortlauts ggü. dem früheren Begriff »Berechtigten« wurde klargestellt, dass die restitutionsrechtliche Prüfung noch nicht abgeschlossen sein muss, vielmehr die Zustimmung aller daran beteiligten Anmelder genügt). In der Praxis der Vertragsgestaltung wird der Anmelder typischerweise urkundlich einbezogen, was zu der Bezeichnung »**dreiseitiges Rechtsgeschäft**« geführt hat. Die Ansprüche der Prätendenten auf Veräußererseite (verfügungsbefugter Verkäufer, einerseits; möglicherweise restitutionsberechtigter Anmelder, andererseits) werden – insb. bei nicht öffentlich-rechtlichen Veräußerern – i.d.R. durch Hinterlegung gewahrt. Zu warnen ist vor Gestaltungen, die unabhängig vom Ausgang der vermögensrechtlichen Prüfung eine Auskehr an einen der beiden Beteiligten vorsehen.

1688 Der früher entgegenstehende § 3 der Treuhandanstaltumbenennungsverordnung v. 20.12.1994, der § 8 Satz 2 GVO vorging, wurde Ende 2000 aufgehoben.
1689 Vgl. VIZ 2004, 215 (Grundstücksverkehrsgenehmigungszuständigkeitsübertragungs-verordnung).
1690 Hierunter wird man das Vorliegen aller zur Wirksamkeit erforderlichen rechtsgeschäftlichen Erklärungen, nicht jedoch der für Wirksamkeit oder Vollzug i.Ü. notwendigen behördlichen Genehmigungen verstehen müssen. Wegen § 2 Abs. 1 Satz 3 GVO (gesetzliche Erstreckung der zum schuldrechtlichen Geschäft erteilten Genehmigung auf die dingliche Verfügung) genügt es, dass die erwähnten Voraussetzungen innerhalb der genannten Frist bzgl. des Veräußerungsgeschäfts vorliegen.
1691 Z.B. Positiv-Gemarkungsliste für das Land Sachsen v. 01.11.2006 – B 6 (14072) VV 5339-1/03.

▶ Formulierungsvorschlag: Einbindung des Anmelders in den Verkauf eines restitutionsbehafteten Grundstücks zum Zweck der Beschleunigung der Abwicklung ohne förmliches Investitionsvorrangverfahren

Der Anmelder stimmt hiermit dem Verkauf des vom Rückübertragungsanspruchs betroffenen Vertragsobjekts in vollem Umfang zu, sodass die GVO-Genehmigung nach § 1 Abs. 2 Satz 1 Nr. 2 GVO zu erteilen ist 3773

Der bei Fälligkeit auf ein Anderkonto zu hinterlegende Kaufpreisbetrag zuzüglich der aufgelaufenen Zinsen (Anlage als Monatsfestgeld) ist an den Anmelder zu überweisen auf dessen Konto-Nr. ....., sofern er eine bestandskräftige Entscheidung über die Rückübertragung oder die Berechtigung als Anspruchsteller nach dem Vermögensgesetz vorlegt. Wird ein solcher Bescheid bestandskräftig abgelehnt und dies dem Notar nachgewiesen, ist der Betrag samt Zinsen an den Verfügungsberechtigten auszukehren. Der Anmelder bestätigt, dass der Kaufpreis dem Verkehrswert des Vertragsobjekts entspricht.

– **§ 1 Abs. 2 Nr. 1**: Ein Genehmigungsanspruch ist ferner dann gegeben, wenn beim örtlich zuständigen ARoV, LARoV[1692] und – seit 17.12.2003[1693] – BARoV, nunmehr genannt BADV[1694] für das Grundstück weder ein rechtzeitiger **Restitutionsantrag** (Eingang bis 31.12.1992, § 30a VermG) noch eine Mitteilung über einen solchen, anderweitig eingegangenen Antrag vorliegt oder aber ein solcher Antrag bzw. eine Mitteilung hierüber zwar existieren, der Antrag jedoch bestandskräftig abgelehnt oder zurückgenommen worden ist. Ein max. ein Jahr altes Negativattest des ARoV – bzw. bei ehemaligem Betriebsvermögen des LARoV – hat die Genehmigungsstelle gem. § 11 Abs. 2 GVO ungeprüft zugrunde zu legen. Anträge, in denen das von der Restitution betroffene Grundstück trotz Fristsetzung nach § 31 Abs. 1b VermG nicht hinreichend spezifiziert wurde, sind gem. § 1 Abs. 3 GVO unbeachtlich; offensichtlich unbegründete Anträge[1695] kann (nicht muss) die Behörde gem. § 1 Abs. 2 Satz 2 GVO unbeachtet lassen. Ein max. ein Jahr altes **Negativattest** genügt gem. § 11 Abs. 2 GVO stets als Genehmigungsgrundlage. 3774

Besteht derzeit kein Anspruch auf Erteilung der Genehmigung, da ein nicht offensichtlich unbegründeter Rückübertragungsantrag mitgeteilt worden ist, wird nicht etwa der Antrag zurückgewiesen, sondern das **Verfahren ausgesetzt**, was auf Antrag in einem **gesonderten Bescheid** tenoriert wird (§ 1 Abs. 4 Satz 2 GVO). Dieser Bescheid ist selbstständig anfechtbar (§ 6 Satz 1 GVO). 3775

▶ Hinweis:

I.R.d. Vertragsgestaltung empfiehlt sich eine Festlegung, ob für diesen Fall einseitige **Rücktrittsrechte** bestehen oder ob die vertraglichen Bindungen aufrechterhalten werden, bis eine endgültige Entscheidung – die angesichts der langen Verfahrensdauer der verbleibenden Restitutionsstreitigkeiten u.U. erst nach mehreren Jahren erfolgen kann – ergangen ist.[1696] Hat der Verkäufer

---

1692 Der Prüfung über das Vorliegen von Anträgen beim LARoV bedürfe es nach Ansicht des BMJ (praeter legem) nur, wenn im Grundbuch ein Unternehmen oder Volkseigentum mit einem Rechtsträger, aus dem ein (Treuhand-) Unternehmen hervorgegangen ist, als Eigentümer ausgewiesen ist oder sonstige Anhaltspunkte dafür bestehen, dass eine betriebliche Zuordnung gegeben war (etwa das Grundstück im Grundbuch als Hofstelle bezeichnet ist oder der von der Enteignung betroffene vormalige Eigentümer als »Kaufmann« oder »Handwerker« bezeichnet war, vgl. Schreiben des BMJ v. 18.03.1994 – Gz I B 4b-3440-4-3-140450/94, DNotI-Report 10/1994, S. 7 f.).
1693 BGBl. I 2003, S. 2471. Hintergrund dieser zu erheblichen Zeitverzögerungen führenden Ergänzung war die unbefriedigende Erledigungsquote bei NS-Verfolgten, deren Verfahren nunmehr beim BARoV gem. § 29 VermG konzentriert sind.
1694 Bundesamt für Zentrale Dienste und offene Vermögensfragen, als Dienstleister der Bundesfinanzverwaltung, www.badv.bund.de.
1695 Etwa da der Antrag auf besatzungsrechtliche oder besatzungshoheitliche Maßnahmen gegründet ist oder weil Grundstücke einer Verwendung im komplexen Wohnungs- oder Siedlungsbau zugeführt wurden (vgl. §§ 1 Abs. 8, 5 Abs. 1c VermG; ferner *Wiese* VIZ 1994, 575).
1696 Nach BGH, 10.07.1998 – V ZR 76/97, VIZ 1998, 677 besteht ein gesetzliches Rücktrittsrecht jedenfalls bei einem Aussetzungszeitraum von 8 Jahren; ebenso LG Koblenz, 08.04.2003 – 3 O 325/02 B, NJW-RR 2004, 91 (jedenfalls wenn ein weiteres, durch die Beteiligten nicht beeinflussbares Moment hinzukommt, z.B. das Erfordernis der Zustimmung der Jewish Claims Conference (JCC), vgl. *Salzig* NotBZ 2010, 358.

C. Querschnittsdarstellungen

dem Käufer allerdings wahrheitswidrig vor dem Kauf ins Blaue hinein versichert, es bestünden keine Restitutionsansprüche, hat er gem. § 249 Abs. 1 BGB wegen Verletzung vorvertraglicher Pflichten den Käufer so zu stellen, als habe er den Kaufvertrag nicht geschlossen.[1697]

3776 Die erteilte Genehmigung verleiht dem betroffenen Rechtsgeschäft Wirksamkeit und ermöglicht dessen Vollzug, sodass der Restitutionsanspruch des Berechtigten – jedenfalls nach Überschreiten der Grenze des § 7 Abs. 2 GVO – untergeht. Es handelt sich also um einen VA mit mittelbarer drittbelastender Wirkung. Der Anmelder ist daher zwingend am GVO-Verfahren zu beteiligen (§ 13 Abs. 1 Nr. 4, Abs. 2 Satz 2 VwVG). Wurde eine beim örtlichen Belegenheitsamt vorliegende Anmeldung versehentlich übersehen und der Restituant daher am Verfahren nicht beteiligt, entfaltet die Genehmigung ihm ggü. mangels Bekanntgabe keine Wirksamkeit (§ 43 VwVfG). Der übersehene Anmelder ist daher noch nach Jahr und Tag zur Einlegung eines Drittwiderspruchs gegen die Genehmigung und im Fall der Nichtabhilfe zur Einlegung der Anfechtungsklage berechtigt (die Jahresfrist des § 58 Abs. 2 VwGO bei Nichterteilung einer Rechtsbehelfsbelehrung beginnt mangels Zustellung ebenfalls nicht zu laufen). Im Hinblick auf dieses erhebliche Risiko der **Drittanfechtung** (das i.d.R. verbunden ist mit tatsächlicher materiell-rechtlicher Fehlerhaftigkeit des Bescheids) wäre es wünschenswert, ähnlich § 14 Abs. 2 InVorG auch für die GVO-Genehmigung eine öffentliche Zustellung vorzusehen; § 41 Abs. 3 Satz 2 VwVG reicht hierfür als Grundlage allein allerdings nicht aus.

d) Kassation der Genehmigung

3777 Die Begrenzung des Prüfungsumfangs auf die beim örtlichen AroV, LARoV und BADV eingegangenen Anmeldungen in § 1 Abs. 2 Satz 1 Nr. 1 GVO erhöht zugleich deren Rechtsbeständigkeit. Materiell rechtswidrig ist der Bescheid nur bei Übersehen von Anmeldungen im »eigenen Bereich« (vgl. § 5 Satz 3 GVO). Erteilt das AroV, LARoV oder BADV eine unzutreffende Anmeldungsauskunft und wird infolgedessen die GVO-Genehmigung rechtswidrig erteilt, liegt ein Staatshaftungsanspruch gegen das Land nahe.[1698]

aa) Risikofälle

3778 Für die Abwicklung, insb. Fälligstellung und Rechtsbeständigkeit, des genehmigungsbedürftigen Rechtsgeschäfts ergeben sich jedoch **drei** dem GVO-Verfahren immanente **Risiken**:
- Erstens das **Risiko aus § 2 Abs. 2 Satz 2 GVO**, wonach das Grundbuchamt trotz erteilter Genehmigung eine Rechtsänderung nicht mehr eintragen darf, wenn gegen die Genehmigung ein Rechtsbehelf mit aufschiebender Wirkung eingelegt wurde. Sofern nicht die Genehmigungsbehörde gem. § 80 Abs. 2 Nr. 4 VwGO die sofortige Vollziehung trotz Einlegung eines Widerspruches im überwiegenden Interesse eines Beteiligten anordnet (was selten geschieht), ist also in diesem Fall der Endvollzug (i.d.R. nach erfolgter Kaufpreiszahlung) gehemmt.

3779 - Zweitens besteht das **Risiko der Rücknahme oder des Widerrufs des VA gem. § 5 GVO i.V.m. §§ 48, 49 VwVfG**. Der **Widerruf** einer (rechtmäßigen erteilten) Genehmigung gem. § 49 VwVfG wird allenfalls in Betracht kommen, wenn eine das vertragsgegenständliche Grundstück betreffende Anmeldung bekannt wird, die jedoch nicht an das Belegenheits-Vermögensamt weitergegeben wurde. Die Ermessensabwägung mit den Interessen des Erwerbers wird jedoch zu einem Widerruf lediglich ex nunc führen. Die **Rücknahme** eines rechtswidrigen, da unter Missachtung eines beim Belegenheits-Vermögensamt vorliegenden, nicht offensichtlich unbegründeten Antrags erteilten Genehmigungsbescheids hat demgegenüber erhöhte Relevanz; die auch hier erforderliche Ermessensausübung wird jedoch in den Fällen, in denen der Vertrag bereits vollzogen

---

1697 BGH, 17.01.2008 – III ZR 224/06, ZfIR 2008, 417 m. Anm. *Grziwotz*.
1698 Zur Frage vorrangiger Rechtsbehelfe zur Schadensbeseitigung (Veräußerungsverbot im einstweiligen Rechtsschutz bzw. Widerspruch gegen die GVO-Genehmigung) BGH, 09.11.2006 – III ZR 111/05, NotBZ 2007, 48 m. Anm. *Salzig*.

ist, zu einem Absehen von der Rücknahme führen,[1699] widrigenfalls Amtshaftungsansprüche im Raum stehen können.[1700]

– Drittens bleibt das oben erörterte Risiko einer Anfechtung der Genehmigung durch den drittbetroffenen, jedoch übersehenen Restitutionsberechtigten im Verwaltungsrechtsweg, die auch nach Ablauf eines Jahres noch denkbar ist, sofern ihm die Genehmigung nicht zugestellt wurde. Die Fristen der §§ 70, 74 Abs. 1 Satz 2, 58 VwGO, auch die Jahresfrist des § 58 Abs. 2 VwGO, begannen nie zu laufen. Anders als in § 6 Abs. 3 GrdStVG kennt die GVO aus eben diesem Grund kein förmliches Rechtskraftzeugnis als Voraussetzung des Grundbuchvollzuges; die Ausstellung solcher Bescheinigungen verbietet sich wegen des erheblichen Risikos unbefristeter Drittanfechtbarkeit. 3780

bb) Folgen der Kassation

(1) Vor Endvollzug des Ersterwerbs

Mit Erteilung der GVO-Genehmigung wurde das bisher schwebend unwirksame Rechtsgeschäft wirksam. Gem. § 7 Abs. 1 Satz 1 GVO entfällt diese Wirksamkeit erneut durch eine vor Vollzug der Eigentumsumschreibung stattfindende Aufhebung der Genehmigung. Das schuldrechtliche und das dingliche Rechtsgeschäft sind daher von Anfang an unwirksam. Die Rückabwicklung des Vertragsverhältnisses vollzieht sich gem. §§ 812 ff. BGB, sofern keine vorrangigen vertraglichen Vereinbarungen getroffen wurden. Ein notarieller Hinweis auf Absicherungsmöglichkeiten ist jedoch angebracht. 3781

▶ **Formulierungsvorschlag: Notarieller Hinweis auf Absicherungsmöglichkeiten bei GVO-Genehmigung**

Den Beteiligten ist bekannt, dass ein Wegfall der GVO-Genehmigung bis zur endgültigen Eigentumsumschreibung zur Unwirksamkeit des Vertrags führen kann. Sie wurden auf die Möglichkeit der Hinterlegung des Kaufpreises auf notariellem Anderkonto nach Endvollzug hingewiesen, wünschen diese jedoch nicht. 3782

(2) Nach Endvollzug des Ersterwerbs, ohne Zweitveräußerung

Ist das genehmigungsbedürftige Rechtsgeschäft bereits durch Eigentumsumschreibung vollzogen, führt die nachträgliche Aufhebung nicht zu dessen Unwirksamkeit **ex tunc**. An die Stelle des Kondiktionsanspruchs (§§ 812 ff. BGB) oder dessen vertraglicher Modifikation tritt jedoch ein gesetzlicher schuldrechtlicher Rückübereignungsanspruch des Verkäufers gem. § 7 Abs. 2 Satz 1 GVO, sofern dem Ersterwerber das Grundstück »noch gehört«. Der Eigentumserwerb ist also nicht von Bestand. Der Verkäufer hat dem Käufer den hieraus entstandenen Schaden (positives Interesse) zu ersetzen, es sei denn, der Erwerber durfte aufgrund der ihm bekannten Umstände nicht auf den Bestand der Genehmigung vertrauen, etwa infolge Kenntnis von der Anmeldung des Dritten (§ 7 Abs. 2 Satz 2 GVO). **Abweichende Rückabwicklungsvereinbarungen** sind jedoch, wie gesetzlich klargestellt, zulässig. Die dem Verkäufer ggü. bestehende Ausgleichspflicht des Anmelders (Ausgleich für Werterhöhung, allerdings gegen Freistellung von eingetragenen Grundpfandrechten[1701]) bleibt allerdings dahinter zurück, was durch Umgestaltung des letzteren Anspruchsverhältnisses in Konkordanz gebracht werden sollte (Formulierungsvorschlag s. Rdn. 3786). 3783

1699 Vgl. *Faßbender* VIZ 1993, 532.
1700 Vgl. OLG Brandenburg, 03.08.2010 – 2 U 15/09, NotBZ 2010, 408; ähnlich BGH, 11.10.2007 – III ZR 301/06, MDR 2008, 22 für ein Negativattest im Auskunftsverfahren nach § 3 Abs. 5 VermG.
1701 BGH, 17.10.2008 – V ZR 31/08, NotBZ 2009, 178 m. Anm. *Hueber* (gestützt auf § 16 Abs. 10 Satz 3 i.V.m. Abs. 5 Satz 4 VermG analog).

C. Querschnittsdarstellungen

(3) Folgen für einen Zweiterwerb

3784   Die Weiterveräußerung nach Endvollzug des GVO-genehmigten **Ersterwerbs** ist genehmigungsfrei gem. § 2 Abs. 1 Satz 2 Nr. 1 GVO. Hinsichtlich des **Zweiterwerbs** selbst stellt sich also die Frage einer Aufhebung nicht. Da der Ersterwerb bereits vollzogen ist, berührt die nachträgliche Aufhebung der dafür erteilten Genehmigung dessen Wirksamkeit nicht, sodass der Zweitveräußerer (der Erwerber aus dem Erstvertrag) als Berechtigter verfügt; der schuldrechtliche Zweitveräußerungsvertrag und die ihn sichernde Eigentumsvormerkung bleiben wirksam. Die Verletzung der Unterlassenspflichten des § 3 Abs. 3 bis 5 VermG führt allenfalls zu Schadensersatzansprüchen, nicht jedoch zur Unwirksamkeit von Rechtsgeschäften. Nach dem Wortlaut des § 7 Abs. 2 Satz 1 GVO endet jedoch die Verpflichtung des Zweitverkäufers (Ersterwerbers) zur Rückübertragung des Grundstücks auf den Verfügungsberechtigten (Erstverkäufer) erst, wenn ihm das Grundstück »nicht mehr gehört«, d.h. mit Vollzug des Zweiterwerbs im Grundbuch.

3785   Tatsächlich wird die Rechtsbeständigkeit und Vollziehbarkeit des Zweiterwerbs jedoch bereits vorverlagert auf den Zeitpunkt des Antrags auf Eintragung der **Vormerkung** aus diesem Zweiterwerb (§§ 878, 883 BGB): Selbst nach Erfüllung des gesetzlichen Rückübertragungsanspruchs könnte der Zweiterwerber aus seiner wirksamen Vormerkung (die Genehmigungsfreiheit des Zweiterwerbs entfällt auch bei nachträglicher Aufhebung der Erstgenehmigung nicht, vgl. den Wortlaut des § 2 Abs. 1 Satz 2 Nr. 1 GVO) ggü. dem nunmehr wieder eingetragenen Erstverkäufer die Zustimmung zur Löschung verlangen und damit seinen schuldrechtlichen Übereignungsanspruch durchsetzen.[1702] Dies wird insb. bedeutsam bei der Abwicklung von Verträgen gem. § 3 MaBV mit einem **Bauträger**, der seinerseits aufgrund später aufgehobener GVO-Genehmigung erworben hat.

▶ Hinweis:

Auch im Rahmen genehmigungsfreier Verträge ist im Beitrittsgebiet daher die Eintragung einer Eigentumsvormerkung dringend anzuraten.

3786   ▶ Formulierungsvorschlag: Folgen einer Kassation der GVO-Genehmigung

Für den Fall späterer Aufhebung der GVO-Genehmigung gem. § 7 Abs. 3 GVO hat der Verkäufer dem Käufer neben der Rückerstattung des Kaufpreises (ohne Zinsen) lediglich die durch die Aufwendungen des Käufers eingetretene objektive Werterhöhung zu ersetzen, es sei denn, der Verkäufer ist seiner Erkundigungspflicht gem. § 3 Vermögensgesetz nicht nachgekommen.

11. Vorkaufsrechte

a) Nutzervorkaufsrecht gem. § 20 VermG

3787   Gem. § 20 Abs. 1 Satz 1 VermG wird Mietern und Nutzern von Ein- und Zweifamilienhäusern sowie von Grundstücken für Erholungszwecke auf Antrag ein Vorkaufsrecht an dem Grundstück eingeräumt, sofern dieses der staatlichen Verwaltung unterlag oder von einem Anspruch auf Rückübertragung erfasst ist.

Das Vorkaufsrecht entsteht gem. § 20 Abs. 6 Satz 1 VermG, wenn der Vorkaufsrechtsbescheid des Vermögensamts unanfechtbar geworden ist und die Eintragung im Grundbuch erfolgt ist. War zum Zeitpunkt des Kaufvertragsabschlusses ein Antrag auf Einräumung eines Mietervorkaufsrechts bereits gestellt, jedoch noch nicht verbeschieden (oder, im Wege des Erst-Recht-Schlusses: zwar beschieden, aber noch nicht zur Grundbucheintragung gelangt),[1703] erstreckt sich das später bestellte und eingetragene Vorkaufsrecht auf den nächstfolgenden Verkauf. Der Erwerber erhält also ein Grundstück, das mit dem öffentlich-rechtlichen Risiko des Vorkaufsrechts gem. § 20 VermG belastet ist.

3788   § 892 BGB führt zu keinem anderen Ergebnis, da zum Zeitpunkt des Kaufvertrags und des Eingangs des Eintragungsantrags zugunsten des Ersterwerbers ja keine Unrichtigkeit des Grundbuchs

---

1702 Vgl. im Einzelnen *Krauß* in: FS für Helmut Schippel, S. 239 ff.
1703 DNotI-Gutachten Nr. 69389 v. Juli 2006.

gegeben ist. Dem Interesse des Mieters bzw. Nutzers wird also hinsichtlich des ersten Folgeverkaufs Vorrang ggü. dem Interesse des Rechtsverkehrs an der negativen Publizität des Grundbuchs eingeräumt. Gem. § 20 Abs. 1 VermG ist Voraussetzung für die Einräumung eines Vorkaufsrechts zugunsten von Mietern oder Nutzern, dass das Nutzungsverhältnis bereits am 29.09.1990 bestanden hat und im Zeitpunkt der Entscheidung über den Antrag noch fortbesteht. Geschützt wird also das über Jahre gewachsene Affektionsinteresse an dem genutzten Grundstück. Weitere Ausschlüsse des Vorkaufsrechts (bestimmungswidrige Nutzung, Flächen- und Anteilsquorum etc.) ergeben sich aus § 20 Abs. 2 und Abs. 3 VermG.

Das Vorkaufsrecht ist gem. § 20 Abs. 7 VermG **nicht übertragbar** und geht auch nicht auf die **Erben** des Vorkaufsberechtigten über. Es erlischt mit Beendigung des Miet- oder Nutzungsverhältnisses (da diese Tatsache jedoch regelmäßig nicht grundbuchmäßiger Form nachgewiesen werden kann, bedarf es zur Löschung dennoch einer entsprechenden Bewilligung des bisherigen Nutzers). Die Regelungen des BGB zu schuldrechtlichen und dinglichen Vorkaufsrechten (insb. auch § 1098 Abs. 2 BGB, Vormerkungswirkung) gelten entsprechend. 3789

▸ Hinweis:

Anträge auf Einräumung von Vorkaufsrechten können gem. § 30a Abs. 4 VermG nur bis zu dem Zeitpunkt der Bestandskraft der Entscheidung über die Rückübertragung (also noch nach dem 31.12.1992!) gestellt werden.

b) Vorkaufsrecht des Restitutionsberechtigten gem. § 20a VermG

Sofern die Restitution des Grundstücks an den Anmelder gem. § 4 Abs. 2 VermG ausgeschlossen ist, weil ein Dritter hieran ein dingliches Nutzungsrecht erworben oder an dem Grundstück in redlicher Weise Eigentum erlangt hat, wird dem Berechtigten auf Antrag ein Vorkaufsrecht an dem Grundstück eingeräumt. Dieses gilt nicht, wenn das Grundstück aufgrund eines Investitionsvorrangbescheids erworben wurde. Als Vorkaufsfall gilt nicht der Erwerb des Grundstücks durch den Inhaber eines dinglichen Nutzungsrechts, etwa durch Geltendmachung des gesetzlichen Ankaufsrechts nach dem Sachrechtsbereinigungsgesetz. I.Ü. gelten gem. § 20a letzter Satz VermG i.V.m. § 20 Abs. 8 VermG die Bestimmungen des BGB zu schuldrechtlichen und dinglichen Vorkaufsrechten entsprechend. Auch für das Vorkaufsrecht gem. § 20a VermG gilt die Ausschlussfrist des § 30a Abs. 4 VermG. 3790

c) Vorkaufsrecht gem. § 57 SchuldRAnpG

Das Vorkaufsrecht gem. § 57 SchuldRAnpG[1704] erfasst als gesetzlich begründetes, lediglich schuldrechtlich wirkendes und nicht eintragungsfähiges Vorkaufsrecht den ersten Verkauf eines Grundstücks, bzgl. dessen Nutzungsverträge gem. §§ 312 ff. ZGB (Datschen, Garagen) oder Überlassungsverträge i.S.d. Art. 232 § 1a EGBGB ohne qualifizierte Nutzerinvestition (sonst § 12 Abs. 2 SachenRBerG!) bestehen, auch wenn der derzeitige Nutzungsberechtigte seinerseits Rechtsnachfolger des Erstnutzers ist.[1705] Bezieht sich die Nutzungsbefugnis auf eine Teilfläche (oder Teilflächen), die (ggf. in Summe[1706]) mehr als 50 % eines Grundstücks umfasst, ergreift das Vorkaufsrecht das gesamte Grundstück (§ 57 Abs. 6 Satz 1 SchuldRAnpG). Das vergleichbare durch § 5 Abs. 2 Satz 1 EGZGB für alle vor dem 01.01.1976 begründeten Erbbaurechte geschaffene gesetzliche Vorkaufsrecht bei Veräußerung des Grundstücks ist durch § 112 SachenRBerG aufgehoben worden. 3791

1704 Vgl. *Krause* NotBZ 1998, 45 ff.; *ders.* ZfIR 1998, 273 (Verzicht möglich?); *ders.* VIZ 1998, 426 ff. (Vorkaufsrecht an einer Teilfläche).
1705 Gegenschluss zu § 57 Abs. 3 Nr. 2 SchuldRAnpG, vgl. DNotI-Gutachten Nr. 38620 v. 23.01.2003.
1706 BGH, 13.03.2009 – V ZR 157/08, 2009, 669 m. Anm. *Zimmer*; es ist dann unschädlich, dass die Nutzungsfläche des Ausübenden unter 50 % bleibt.

C. Querschnittsdarstellungen

12. Lastenfreistellung

3792 Die Löschung beschränkt dinglicher Rechte in den neuen Ländern[1707] erfordert Grundkenntnisse der zwischenzeitlichen Veränderungen des Inhalts und der Inhaberschaft solcher Rechte, die angesichts der jahrzehntelangen Vernachlässigung des Grundbuches in großer Zahl – oft als schlichte Buchrechte – anzutreffen sind.

a) Arten von Grundpfandrechten im Beitrittsgebiet

aa) Uraltgrundpfandrechte

3793 Häufig finden sich in den Grundbüchern Altbelastungen aus der Zeit **vor dem 08.05.1945** (insb. Goldmark-, Reichsmarkhypotheken und Ähnliches), da in der Vergangenheit an einer Aktualisierung des Grundbuches kein wirtschaftliches Interesse bestand. Solche Belastungen blieben auch nach Inkrafttreten des ZGB am 01.01.1976 bestehen (§ 6 EGZGB; für ihren Inhalt galt weiter das Recht des BGB, deren Ausübung richtete sich jedoch nach ZGB) mit folgenden Maßgaben:

3794 **Goldmarkgrundpfandrechte** waren durch § 1 Abs. 1 der VO über wertbeständige Rechte v. 16.11.1940 Reichsmarkgrundpfandrechten gleichgesetzt worden. Durch Nr. 18 der VO der Deutschen Wirtschaftskommission v. 21.06.1948[1708] wurden dingliche Rechte im Gebiet der SBZ gleich den durch sie gesicherten Forderungen im Verhältnis 1:1 (im Westen überwiegend 1:10!) auf Deutsche Mark der Deutschen Notenbank (seit 01.08.1964: Mark der Deutschen Notenbank, seit 01.01.1968: Mark der DDR) umgestellt. Dabei blieb es bis zum Staatsvertrag (30.06.1990), der zu einer Umstellung 2:1 führte.

3795 Daneben sind auch zu Zeiten der DDR vor Inkrafttreten des ZGB (also bis zum 31.12.1975) Grundpfandrechte nach BGB eingetragen worden. Zusätzlich fand jedoch die sog. »Aufbaugrundschuld« Verbreitung, die nach den Bestimmungen der FinanzierungsVO vom 28.04.1960[1709] stets brieflos und stets mit dem ersten Rang ausgestattet war. Eigentümerrechte konnten nicht entstehen; die getrennte Abtretung von Grundschuld und Forderung war ausgeschlossen.

> ▶ Hinweis:
>
> Diese sog. Uraltgrundpfandrechte werden ab 03.10.1990 hinsichtlich der Lastenfreistellung wieder in jeder Beziehung »normal«, d.h. nach BGB-Vorschriften behandelt (Art. 233 § 6 Abs. 2 EGBGB). Einzige Ausnahme: Die vorerwähnten Aufbaugrundschulden werden wie ZGB-Aufbauhypotheken, deren Vorläufer sie historisch waren, behandelt. Das dingliche Recht selbst ist unverjährbar (§ 902 BGB, § 479 BGB) und trotz Verjährung der gesicherten Forderung (hinsichtlich des Kapitalbetrags gem. §§ 199 Satz 1, 609 BGB a.F. 30 Jahre nach der ersten Kündbarkeit) hinsichtlich des rückständigen Kapitals durchsetzbar (§ 216 Abs. 2 BGB – nicht hinsichtlich rückständiger verjährter Zinsen: § 216 Abs. 3 BGB[1710]); allerdings kann das daraus erwachsende Befriedigungsrecht (§ 1147 BGB) nach extrem langen Zeiträumen[1711] und bei Hinzutreten eines Vertrauenstatbestandes verwirkt sein.[1712]

[1707] Vgl. die instruktive Übersicht bei *Böhringer* NotBZ 2005, 269 ff.
[1708] ZVBl. 48, 220.
[1709] GBl. II, S. 415.
[1710] Dies gilt auch analog für das grundpfandrechtsbegleitende abstrakte Schuldanerkenntnis mit Vollstreckungsunterwerfung, vgl. BGH, 17.11.2009 – XI ZR 36/09, ZfIR 2010, 135 m. abl. Anm. *Volmer* (der für eine Analogie zu § 768 BGB plädiert); ebenso bereits zuvor *Gutachten* DNotI-Report 2008, 154 ff.
[1711] 28 Jahre sollen nicht genügen, vgl. BGH WM 1971, 1084.
[1712] Vgl. DNotI-Gutachten Nr. 76149, Stand: Juli 2007.

bb) ZGB-Hypotheken

Das ZGB vereinfachte auch das System der Grundpfandrechte: 3796

Es gab nur mehr die streng akzessorische Hypothek – erst durch den am 22.07.1990 eingefügten § 452 Abs. 2 Satz 3 ZGB konnten auch zukünftige Forderungen gesichert werden – in folgenden Spielarten:
- reguläre Sicherungshypothek des § 452 ZGB,
- Höchstbetragshypothek des § 454a ZGB (ab 01.07.1990),
- Aufbauhypothek des § 456 ZGB.

Die Hypothek entstand durch zu beglaubigenden Vertrag mit Eintragung im Grundbuch des Gebäudes oder Grundstücks (Baulichkeiten waren nicht belastbar); bei Hypothekenbestellung zugunsten eines Kreditinstituts brauchte nur die Erklärung des Bestellers beglaubigt zu werden.

Die Hypothek war stets **brieflos**. Das Fehlen eines Briefausschlussvermerks im Grundbuch darf also nicht zur Fahndung nach dem Hypothekenbrief verführen. 3797

Das Entstehen von **Eigentümergrundschulden** war kraft Gesetzes ausgeschlossen. Eine Eigentümerzustimmung zur Löschung derartiger Rechte war und ist also unnötig, der Antrag zu ihrer Löschung unterliegt lediglich § 13 Abs. 2 GBO, nicht § 30 GBO.

Nach Art. 233 § 3 Abs. 1 EGBGB bleiben auch ZGB-Hypotheken, die am 02.10.1990 bestanden haben, mit dem bisherigen Inhalt und Rang bestehen. Gem. Art. 233 § 6 Abs. 1 EGBGB gelten jedoch für die Übertragung derartiger Hypothekenforderungen die BGB-Vorschriften über die Abtretung von Sicherungshypotheken entsprechend (d.h. §§ 1185 Abs. 1, 1154 Abs. 3 BGB: Einigung und Eintragung der Abtretung in das Grundbuch). Entsprechendes gilt für die Aufhebung der Hypothek. Allerdings finden § 1183 BGB und § 27 GBO keine Anwendung, weil Eigentümerrechte bei ZGB-Hypotheken nicht entstehen konnten (Art. 233 § 6 Abs. 1 Satz 2 EGBGB). Ein Verzicht gem. § 1168 BGB ist nicht möglich (Art. 233 § 6 Abs. 1 Satz 3 EGBGB), weil mit dem Verzicht die gerade ausgeschlossen bleibende Eigentümergrundschuld entstehen würde. 3798

cc) Besonderheiten der Aufbauhypothek

Nach § 456 Abs. 3 ZGB hatte eine bis zum 30.06.1990 eingetragene Aufbauhypothek Vorrang vor allen anderen Rechten. Das Gleiche gilt für die vor dem 01.01.1976 bestellten Aufbaugrundschulden. Aufbaugrundpfandrechte haben untereinander Gleichrang. 3799

Bei den vorstehend genannten Aufbaugrundpfandrechten waren ferner Zins- und Tilgungsleistungen für bereits bestehende andere Grundpfandrechte kraft Gesetzes gestundet, soweit diese aus den Grundstückserträgen (Kommentarauffassung in der ehemaligen DDR) nicht finanziert werden konnten (§ 458 ZGB).

Der **gesetzliche Erstrang** von Aufbauhypotheken und Aufbaugrundschulden wird durch Art. 233 § 9 Abs. 3 EGBGB bestätigt. Der Vorrang kann jedoch für nachträgliche (dingliche) Zinsänderungen nur bis zu einem Gesamtumfang von 13 % Jahreszinsen in Anspruch genommen werden. Die Stundungswirkung der Aufbauhypotheken und Aufbaugrundschulden (§ 458 ZGB) entfällt jedoch (Art. 233 § 9 Abs. 3 Satz 3 EGBGB). Eine nachträgliche dingliche Vollstreckungsunterwerfung gem. § 800 ZPO ist möglich.[1713]

b) Rechtsinhaberschrift an Altgrundpfandrechten

Das Vermögen der im Beitrittsgebiet ansässig gewesenen,[1714] **enteigneten Banken** und Versicherungen, sowie die aufgrund SMAD-Befehls eingezogene Inhaberschaft an Grundpfandrechten wur- 3800

1713 LG Dessau VIZ 2002, 114.
1714 Vgl. BMF-Schreiben v. 13.05.1992, Bundesanzeiger 1992, 4381.

C. Querschnittsdarstellungen

de gem. Art. 21, 22 EV Bundesvermögen. Die Verwaltung erfolgt durch die **KfW** als Rechtsnachfolgerin der Staatsbank Berlin.[1715]

Die **treuhänderisch** für den Staatshaushalt der DDR von den Sparkassen verwalteten Forderungen und Grundpfandrechte werden ebenfalls gem. Art. 21 EV durch Art. 231 § 10 Abs. 1 Satz 3 EGBGB dem **Bund** zur **Rechtsinhaberschaft** zugewiesen, der sie in Treuhandverwaltung nach Maßgabe des Art. 22 EV durch die Kreditanstalt für Wiederaufbau (**KfW**) verwaltet.

3801 Die Deutsche Investitionsbank, später Industrie- und Handelsbank der DDR, ging in der Staatsbank der Deutschen Demokratischen Republik auf, deren Rechtsnachfolgerin die Staatsbank Berlin war. Die Staatsbank Berlin ist seit 30.09.1994 erloschen; ihre Aufgaben und Befugnisse gingen kraft Gesetzes v. 13.09.1994 ebenfalls auf die Kreditanstalt für Wiederaufbau (KfW) über.

3802 Häufig sind Grundpfandrechte zugunsten der »Deutschen Bauern-Bank« eingetragen, die ab 1965 in »**Landwirtschaftsbank** der DDR« und ab 1968 in »Bank für Landwirtschaft und Nahrungsgüterwirtschaft der DDR« umbenannt wurde. Deren Rechtsnachfolger wurde gem. Anordnung v. 03.03.1990 die **Genossenschaftsbank Berlin**, die durch Umwandlung v. 15.11.1991 in »GBB Genossenschafts-Holding Berlin« und sodann durch Formwechsel in die »gbb Beteiligungs-AG« umstrukturiert wurde. Letztere wurde mit Wirkung v. 11.11.2004 auf die KfW Beteiligungsholding GmbH (Niederlassung 10865 Berlin, Abt. Altforderungen) verschmolzen. Diese stellt die Löschungsbewilligungen aus, nachdem die örtlich zuständige Genossenschaftsbank, welcher die Forderungen Mitte 1990 übertragen worden waren, zugestimmt hatte.

3803 Nach Art. 231 § 10 Abs. 1 Satz 1 EGBGB sind ehemals volkseigene Forderungen und (im Grundbuch als solche bezeichnete) **volkseigene Grundpfandrechte** spätestens mit Wirkung v. 01.07.1990 kraft Gesetzes auf die Kreditinstitute übergegangen, welche entweder selbst Rechtsträger dieser Forderungen waren, die Geschäfte eines solchen Rechtsträgerinstituts fortgeführt haben oder deren Rechtsnachfolger sind (also die Sparkassen). Die **KfW** kann nach Art. 231 § 10 Abs. 3 EGBGB ähnlich einem Vermögenszuordnungsverfahren die Rechtsnachfolge oder Rechtsinhaberschaft (auch an treuhänderisch verwalteten Grundpfandrechten) verbindlich i.S.d. § 29 Abs. 3 GBO feststellen.

3804 Befristet bis zum 31.12.2020[1716] hat **§ 113 Abs. 1 Nr. 6 GBV** (Paragrafenzählung bis zum 01.10.2009: § 105 Abs. 1 Nr. 6 GBV) für alle vor dem 01.01.1990 eingetragenen beschränkt dinglichen Rechte gesetzlich vermutete Bewilligungsberechtigungen[1717] geschaffen, wenn bestimmte staatliche Stellen oder Kreditinstitute (bzw. Volkseigentum in Rechtsträgerschaft der vorgenannten Stellen oder Kreditinstitute) – nicht jedoch private Personen[1718] – als Gläubiger eingetragen sind. § 113 Abs. 1 Nr. 6 GBV ermöglicht also dem Grundbuchamt die Löschung aufgrund einer Bewilligung nach den §§ 19, 29 GBO, ohne dass es die materielle Berechtigung prüfen müsste. Besonders bedeutsam ist § 113 Abs. 1 Nr. 6 Buchst. a) GBV, wonach die örtlich zuständige **Sparkasse** berechtigt ist, Löschungs-, Inhaltsänderungs- und Rücktrittsbewilligungen zu erteilen für Grundpfandrechte, welche eine Sparkasse oder Volkseigentum in Rechtsträgerschaft einer Sparkasse als Gläubiger ausweisen, in den weiteren Fällen des § 113 Abs. 1 Nr. 6 Satz 1 GBV ist die KfW bewilligungsberechtigt. In Satz 2 der genannten Vorschrift ist eine »Auffangzuständigkeit« aller Dienststellen des Bundes geschaffen

---

1715 Anderenfalls ist der Entschädigungsfonds des Bundes Gläubiger geworden, sofern das Kreditinstitut Ausgleichsleistungen erhalten hat, was jedoch den Schuldnern ggü. unwiderleglich vermutet wird: Altforderungsregelungsgesetz v. 10.06.2005, BGBl. I 2005, S. 1589.

1716 Ursprünglich nur bis 31.12.2010; vgl. *Böhringer* NJ 2010, 146 ff.

1717 Vgl. *Böhringer* NotBZ 2005, 271. Die Bewilligungsbefugnis gilt allerdings nicht für die spezialgesetzlich geregelten Entschuldungsvermerke (KfW – vgl. auch § 36a GBMaßnG i.V.m. § 24 GBMaßnG) sowie Rechtspositionen der Sozialversicherungsträger, des Sondervermögens Deutsche Post und des Reichseisenbahnvermögens.

1718 Erfolgte die Wiedereintragung des privaten Gläubigers aufgrund Restitutionsbescheides gem. § 18 VermG (in der bis 21.07.1992 geltenden Fassung, ab dann erfolgte Ablösung durch Hinterlegung), erstreckt sich die Tatbestandswirkung des Verwaltungsakts auch auf die Gläubigerstellung, BGH, 22.03.2006 – IV ZR 6/04, NotBZ 2006, 320.

worden, die seit 01.01.2005[1719] durch die **Bundesanstalt für Immobilienaufgaben** (BImA)[1720] – und zwar zentral durch die Dienststelle 09130 Chemnitz, Glockenstraße 1[1721] – ausgeübt wird. Soweit diese Rechte nicht dem Inhalt nach bereits gegenstandslos geworden sind, wird die Löschung nur treuhänderisch gegen eine Ablösezahlung bewilligt.[1722] Daneben ist, sofern die tatsächliche Rechtsnachfolge nachgewiesen werden kann, naturgemäß auch der tatsächliche Gläubiger zur Bewilligung berechtigt. Der Voreintragung des tatsächlichen Berechtigten bedarf es – ebenso wenig der Berichtigung der etwa eingetragenen Währung – in keinem Fall (vgl. § 11 GBBerG). Auch die Vorlage von Grundpfandrechtsbriefen ist gem. § 113 Abs. 1 Nr. 6 Satz 6 GBV stets entbehrlich.

Beim Eintritt von Klein- oder Mittelbauern in LPG trat gem. dem **Entschuldungsgesetz** v. 17.02.1954 (GBl-DDR S. 224) eine Befreiung von bestimmten Verbindlichkeiten ein; die Grundpfandrechte wurden gelöscht. Die Entschuldung entfällt mit dem Austritt aus der LPG, auch wenn dieser erst nach dem Beitritt erfolgt. Da die Rechtsgrundlage aus dem Entschuldungsvermerk (nicht zu verwechseln mit den unter Rdn. 3814 genannten Entschuldungsvermerken) ersichtlich ist, dürfte gutgläubig lastenfreier Erwerb nicht in Betracht kommen. Die fortbestehenden Löschungsvermerke können nunmehr gem. § 113 Abs. 1 Nr. 6 Satz 3 GBV zur Löschung bewilligt werden; der Zustimmung des Eigentümers gem. § 27 GBO bedarf es nicht. 3805

Gleiches gilt für Abgeltungshypotheken, die zur Sicherung von Krediten zur Ablösung der **Gebäudeentschuldungssteuer**[1723] eingetragen wurden. Auch diese fielen unter das vorgenannte Entschuldungsgesetz; der fortbestehende Vermerk kann gem. § 113 Abs. 1 Nr. 6 GBV zur Löschung bewilligt werden.

c) Löschungserleichterungen durch das GrdBBerG

Neben den – aufgrund Art. 11 § 3 des 2. VermRÄG auch im Beitrittsgebiet anwendbaren Löschungserleichterungen der §§ 18 bis 20 und § 26 Grundbuchmaßnahmengesetz (Verzicht auf die Formvorschriften der §§ 29, 35 GBO bei Grundpfandrechten bis – nach Umstellung – 5.000,00 DM sowie Briefausschluss ohne Aufgebotsverfahren) – hat das Grundbuchbereinigungsgesetz[1724] als Bestandteil des RegVBG für die Praxis wichtige Klarstellungen und Erleichterungen geschaffen: 3806

aa) §§ 3 bis 6 GrdBBerG

Durch § 3 des GBBerG wurde klargestellt, dass auch bei alten, z.B. auf Goldmark, Feingold oder Roggen lautenden Rechten nur mehr die Zahlung in Euro verlangt werden kann. Eine Umstellung im Grundbuch ist dazu nicht erforderlich; der gute Glaube des § 892 BGB bleibt auch so erhalten. 3807

Angesichts der geringen Aufarbeitung der Grundbücher im Beitrittsgebiet bedeutsam ist die Regelung in § 5 GBBerG, wonach Nießbrauchsrechte, beschränkte persönliche Dienstbarkeiten oder Wohnungsrechte für natürliche Personen 110 Jahre nach dem Geburtstag des Berechtigten erlöschen, wenn nicht innerhalb von 4 Wochen nach dem 110. Geburtstag widersprochen wird. Ist – wie häufig – der Geburtstag aus der Eintragung nicht ersichtlich, tritt an die Stelle des Geburtstags der Eintragungstag.

1719 Zuvor durch die örtlich zuständigen Bundesvermögensämter.
1720 BImA-Einrichtungsgesetz, BGBl. I 2004, S. 3235.
1721 Tel. 0371-3681-201 (Frau Schreiber) und -560 (Frau Junghannß). Einzureichen sind der komplette Grundbuchauszug (samt Abteilung III), eine Kopie der Flurkarte, und für Abteilung II-Rechte die Kopie der Eintragungsbewilligung (bzw. Bestätigung des Grundbuchamts, dass diese nicht mehr vorliege); bei Wege- und Leitungsrechten auch eine Bestätigung des Funktionsnachfolgers über die Gegenstandslosigkeit des Rechts.
1722 Dies gilt auch für Abt. II-Rechte für vor 1949 eingetragene Kommunen (die 1952 aufgelöst wurden und in den 1990 neu entstandenen Gebietskörperschaften keine Rechtsnachfolge gefunden haben); es handelt sich nun gem. Art. 22 Abs. 1 EV um Treuhandvermögen des Bundes, sofern kein Restitutionsantrag gestellt wurde (vgl. Rundschreiben der BImA vom 18.01.2008 an die Grundbuchämter, EFVA.LB 105/Grundsatz2202).
1723 VO v. 31.07.1942, RGBl. 1942 I, S. 501.
1724 Vgl. dessen aktuelle Kommentierung durch *Maaß* in: Bauer/v. Oefele GBO, S. 1593 ff.

C. Querschnittsdarstellungen

3808 In vergleichbarer Weise können nach § 6 GBBerG in Abweichung von § 1170 BGB[1725] bei Nießbrauchsrechten und sonstigen beschränkten persönlichen Dienstbarkeiten[1726] sowie bei Mitbenutzungsrechten nach § 321 ZGB und bei Rechten, die zugunsten eines **Familienfideikommisses**[1727] oder sonstigen gebundenen Vermögens (Lehen, Stammgut etc.) eingetragen sind[1728] (§ 6 Abs. 1 Satz 2 GBBerG) auch in denjenigen Fällen **Aufgebotsverfahren**[1729] durchgeführt werden, in denen der eingetragene Berechtigte zwar wegen der Eintragung bekannt, aber nicht feststellbar ist, ob er noch lebt oder wo er sich aufhält. Voraussetzung dazu ist, dass in den letzten 30 Jahren keine das Recht betreffenden Eintragungen mehr aus dem Grundbuch ersichtlich sind und dieses nicht anerkannt oder ausgeübt wurde. Darüber hinaus ermöglicht § 6 Abs. 1a Satz 2 GrdBBerG auch bei Vorkaufsrechten das Aufgebotsverfahren des § 1104 BGB bei lediglich unbekanntem Aufenthalt.[1730] § 6 GrdBBerG gilt außer im Beitrittsgebiet aufgrund LandesVO auch in Bayern, Bremen, Nordrhein-Westfalen, sowie (befristet bis 31.12.2008) in Rheinland-Pfalz.

bb) Hinterlegungsverfahren (§ 10 GrdBBerG)

3809 § 10 GrdBBerG[1731] sieht eine erleichterte Ablösungsmöglichkeit für bestimmte rechtsgeschäftlich[1732] bestellte[1733] Grundpfandrechte im Beitrittsgebiet vor. Erfasst sind alle Grundpfandrechte, sofern deren Antrag auf Grundbucheintragung vor dem 01.07.1990 (demnach auch vor dem 01.01.1900)[1734] gestellt wurde, an Grundstücken im Beitrittsgebiet. Eine spätere Pfandersteckung durch Bestandteilzuschreibung nach dem 02.10.1990 (§ 1131 BGB) steht der Anwendbarkeit des § 10 GrdBBerG nicht entgegen. Die Wertgrenze beträgt (abweichend von §§ 35 Abs. 3, 121 Abs. 1 Satz 2 GBO und § 18 Abs. 1 Satz 1 GBMaßG) 6.000,00 €, sodass bei einem Umstellungsverhältnis von 1:2 (vgl. § 2 HypAblV, §§ 1 bis 3 GBBerG) Grundpfandrechte mit einem Nennbetrag bis zu (einschließlich) 23.469,00 Reichsmark, 23.469,00 Goldmark oder 23.469,00 Mark der DDR durch Ablösung zum Erlöschen gebracht werden können. Erforderlich ist nicht, dass der Gläubiger oder sein Aufenthalt unbekannt seien.[1735] Es handelt sich also nicht um ein Mittel zur Erfüllung, sondern zum Austausch der Sicherheit geringwertiger Grundpfandrechte. Die Ablösung lediglich eines Teilbetrags des Grundpfandrechts oder bzgl. einzelner von mehreren Gläubigern ist jedoch nicht möglich.

3810 Zu hinterlegen ist der um ein Drittel erhöhte, in Euro umgerechnete Nennbetrag des Grundpfandrechts (die Erhöhung um 33 % entspricht einem durchschnittlichen Zinssatz von 8 % über den Verjährungszeitraum von 4 Jahren). Die gesetzliche Pauschalierung ist zwingend und keiner Einzelfallkorrektur zugänglich. Lediglich bei **Höchstbetragshypotheken**, bei denen der eingetragene Betrag auch zur Sicherung der Zinsen dient, ist eine Erhöhung des Ablösebetrags über den Nominalwert nicht gerechtfertigt.[1736] Bei Reallasten oder Rentenschulden ist der kapitalisierte Be-

---

1725 BGH, 03.03.2004 – IV ZB 38/03, NotBZ 2004, 350 m. Anm. *Krause*: § 1170 BGB gilt nicht, wenn der Gläubiger nur unbekannten Aufenthalts ist.
1726 Auch wenn diese Teil eines Altenteilsrechts sind, da es sich dabei um eigenständige dingliche Rechte handelt, vgl. BGH DNotZ 1994, 881.
1727 Aufgelöst gem. Art. 155 Abs. 2 WRV durch Reichsgesetz v. 06.07.1938, teilweise bereits zuvor durch Landesgesetze.
1728 Die ausdrückliche Anordnung soll die Unsicherheit beseitigen, ob es sich bei solchen Rechten um Grunddienstbarkeiten oder um (ohnehin unter § 6 Abs. 1 Satz 1 GBBerG fallende) beschränkt persönliche Dienstbarkeiten handelt.
1729 Vgl. die instruktive Übersicht von *Böhringer* NotBZ 2001, 205.
1730 Vgl. *Gutachten* DNotI-Report 2007, 10 mit Berichtigung S. 39.
1731 Vgl. den instruktiven Überblick von *Böhringer* RPfleger 2010, 193.
1732 *Böhringer* in: Eickmann, SachenRBerG § 10 GrdBBerG Rn. 5 plädiert für eine analoge Anwendung auf solche kraft Gesetzes entstehende Grundpfandrechte, die ihrerseits auf ein Rechtsgeschäft (Verpfändung des Eigentumsanspruchs: § 1287 BGB) zurückgehen. Nicht hierunter fallen jedoch wohl Sicherungshypotheken, die gem. § 34 Abs. 1 Satz 3 i.V.m. § 18a VermG zugunsten nicht abgelöster Altgläubiger eingetragen werden, vgl. DNotI-Gutachten Nr. 28126 v. 11.10.2001.
1733 Also nicht für bloße Vormerkungen zur Sicherung des Anspruchs auf Bestellung von Grundpfandrechten, DNotI-Gutachten Nr. 66577 vom März 2006.
1734 DNotI-Gutachten 38324 v. 06.03.2003 zu Reallasten nach Preußischem Allgemeinem Landrecht (Staatsaufhütungsrente aufgrund Seperationsrezess).
1735 Vgl. KG VIZ 1996, 483.
1736 So auch *Böhringer* in: Eickmann SachenRBerG § 10 GBBerG Rn. 32, 1. I. 1d.

trag dieser Rechte (ohne Erhöhung) zugrunde zu legen (§ 1199 Abs. 2 BGB, §§ 18 Abs. 3 und Abs. 4 VermG). Die Hinterlegung hat unter Verzicht auf das Recht zur Rücknahme (§ 376 Abs. 2 Nr. 1 BGB) zugunsten des »jeweiligen Gläubigers« zu erfolgen und setzt keinen Annahmeverzug des Gläubigers voraus. Die Hinterlegung erfolgt i.d.R. beim AG des belasteten Grundstücks, kann jedoch auch beim AG am Wohnsitz des Grundstückseigentümers stattfinden (Leistungsort nach §§ 374, 269 Abs. 1, 270 Abs. 4 BGB sowie analog § 1142 Abs. 2 BGB). Ist dem Eigentümer der Gläubiger bekannt, wird er diesen entsprechend § 374 Abs. 2 BGB zu benachrichtigen haben;[1737] die Hinterlegung darf jedoch nicht davon abhängig gemacht werden.[1738]

Dem Eigentümer ist durch die Hinterlegungsstelle ein **Hinterlegungsschein** in der Form des § 29 GBO zu erteilen; i.d.R. handelt es sich um ein gesiegeltes und mit Empfangsbestätigung versehenes Durchschreibexemplar des Hinterlegungsantrags. Wegen der besonderen Wirkung der Hinterlegung gem. § 10 GrdBBerG (im Verhältnis zu Hinterlegungsverfahren nach § 1171 BGB, § 987 ZPO) ist diese gesetzliche Grundlage anzugeben. Weist der Gläubiger des abgelösten Rechts nicht seine Empfangsberechtigung am hinterlegten Betrag nach, kann der ablösende Eigentümer als Hinterleger nach dreißig Jahren gem. §§ 382 BGB, 19 HinterlO die Herausgabe des Betrags verlangen.[1739]

3811

Folge der Ablösung ist nicht (wie in §§ 1150, 268 BGB) die Entstehung von Eigentümerrechten, sondern das Erlöschen des Rechts, sodass das Grundbuch unrichtig wird und aufgrund Unrichtigkeitsnachweises in Gestalt des Hinterlegungsscheins und formlosen Antrag des Eigentümers (§ 13 GBO) berichtigt wird (§ 22 GBO). Ein etwa erteilter Hypotheken- oder Grundschuldbrief wird kraftlos, und zwar ohne Aufgebotsverfahren nach § 1162 BGB und ohne Feststellungsverfahren nach § 26 GBMaßnG. Bzgl. des kraftlos gewordenen Briefes hat allerdings entsprechend § 26 Abs. 3 GBMaßnG eine Bekanntmachung zu erfolgen (§ 10 Abs. 4 GBBerG); die Veröffentlichungskosten fallen dem Antragsteller zur Last.

3812

▶ Hinweis:

Zu beachten ist, dass § 10 Abs. 3 GrdBBerG dem Eigentümer das Recht einräumt, den die geschuldete Forderung übersteigenden Teil vom Gläubiger zu verlangen. Wenn aufgrund dieser erleichterten Löschungsmöglichkeit im Rahmen eines Kaufvertrags ein Altrecht gelöscht werden soll, wird der zu hinterlegende Betrag in aller Regel aus dem Kaufpreis beglichen. Es wäre dann unbillig, wenn der Käufer als neuer Eigentümer sich auf diese Weise einen Teil des Kaufpreises zurückholen könnte. Die Rechte aus § 10 Abs. 3 GrdBBerG sind deshalb im Kaufvertrag an den Verkäufer abzutreten.

▶ Formulierungsvorschlag: Lastenfreistellung gem. § 10 GBBerG

Zur Löschung des Grundpfandrechts Abt. III lfd. Nr. ..... ist der Käufer berechtigt und verpflichtet, den um ein Drittel erhöhten Nennbetrag gem. § 10 Grundbuchbereinigungsgesetz in Anrechnung auf den Kaufpreis unter Verzicht auf die Rücknahme zweckgebunden zu hinterlegen; etwaige Rückerstattungsansprüche werden an den dies annehmenden Verkäufer abgetreten. Diese Hinterlegungsbereitschaft gilt insoweit als Sicherstellung der Lastenfreistellung i.S.d. oben genannten Fälligkeitsvoraussetzung. Der amtierende Notar, sein Vertreter oder Nachfolger im Amt werden zur Vertretung der Beteiligten im Hinterlegungsverfahren umfassend bevollmächtigt. Die Löschung wird allseits beantragt; Kosten trägt der Verkäufer.

3813

d) Gegenstandslose Rechte

Häufig sind im Beitrittsgebiet Duldungspflichten (etwa zur Schonung von Vermessungszeichen oder zur Duldung elektrischer Anlagen) grundbuchlich gesichert, die sich nunmehr aus Gesetz (§ 7

3814

1737 A.A. AG Torgau NotBZ 2006, 371: keine Mitteilung vor der Löschung notwendig.
1738 *Böhringer* in: Eickmann SachenRBerG § 10 GBBerG Rn. 16; vgl. auch DNotI-Gutachten Nr. 67998 v. 04.07.2006.
1739 KG, 20.05.2008 – 1 VA 7/06, NotBZ 2008, 416.

C. Querschnittsdarstellungen

der LandesVermKatGesetze) oder Verordnung (etwa § 8 AVBEltV[1740]) ergeben. Diese können analog § 84 GBO von Amts wegen gelöscht werden. Andere Eintragungen sind zwischenzeitlich gem. § 53 Abs. 1 Satz 2 GBO inhaltlich unzulässig und können daher ebenfalls von Amts wegen gelöscht werden (so die in Mecklenburg-Vorpommern häufigen »Vormerkungen auf der Grundlage des Art. IV Abs. 3 der VO Nr. 75 v. 28.03.1946«).

Die aufgrund des **Schuldenregelungsgesetzes** v. 01.06.1933 in Abteilung II oder III des Grundbuchs eingetragenen Vermerke sind heute ebenfalls gegenstandslos (§ 15 Abs. 2 Abschnitt I Nr. 17 EGZGB) und können gem. § 84 Abs. 1 GBO gelöscht werden.

13. Sach- und Rechtsmängel

3815 a) Altlasten

Aufgrund einer Änderung des (DDR-) Umweltrahmengesetzes im Einigungsvertrag (Anlage II Kap. XII Abschn. III Nr. 1b zum EV) konnte der Erwerber von Grundbesitz sowie der Grundstückseigentümer bei gewerblichen Zwecken dienenden Immobilien (Antragstellung bis zum 29.03.1992) u.U. eine Freistellung von der öffentlich-rechtlichen Verantwortlichkeit für zu DDR-Zeit eingebrachte Altlasten erhalten. Zusätzlich konnte die Behörde auch hinsichtlich privatrechtlicher Ansprüche auf Schadensersatz eine Freistellung erteilen; Schuldner ist dann das Land. Eine Rechtsnachfolge in Freistellungen nach dem Umweltrahmengesetz ist möglich.[1741]

b) Bestehen selbstständigen Gebäude- oder Baulichkeitseigentums

3816 Gem. Art. 231 § 5 Abs. 1 EGBGB gehören u.a. die Gebäude, Anlagen, Anpflanzungen und Einrichtungen, die nach DDR-Recht als unabhängiges Eigentum behandelt wurden, nicht zu den wesentlichen Bestandteilen des Grundstücks; der Erwerber des Grundstücks erhält im Fall des Bestehens von selbstständigem Gebäudeeigentum das bloße Grundstück. Ob Gebäudeeigentum oder selbstständiges Eigentum an Anlagen, Anpflanzungen oder Einrichtungen auf einem Grundstück begründet wurde, kann der Notar nicht generell dem Grundbuch entnehmen, weil Gebäudegrundbücher und korrespondierende Vermerke in Abteilung II des Grundstücksgrundbuchs häufig fehlen. Es handelt sich hierbei insb. um Gebäudeeigentum, das auf der Grundlage der »**Bereitstellungsverordnung**« v. 09.09.1976 (DDR-GBl. I Nr. 35, S. 426) und auf der Grundlage des § 27 LPG-Gesetz begründet wurde. Ebenso wurde Gebäudeeigentum nach § 459 ZGB und nach der »Verordnung über die Sicherung des Volkseigentums bei Baumaßnahmen von Betrieben auf vertraglich genutzten nicht volkseigenen Grundstücken« v. 07.04.1983 (DDR-GBl. I Nr. 12, S. 129) nicht im Grundbuch des belasteten Grundstücks vermerkt.

3817 Der Erwerber eines Grundstücks kann sich gem. Art. 233 § 4 Abs. 2 EGBGB und Art. 231 § 5 Abs. 3 EGBGB vor dem 01.01.2001 (vormals 01.01.1997; verlängert durch das erste Eigentumsfristengesetz bis zum 01.01.2000 und das zweite Eigentumsfristengesetz erneut und letztmalig bis zum 01.01.2001) nicht auf seinen guten Glauben hinsichtlich des Nichtvorhandenseins selbstständigen Gebäudeeigentums, Anlagen, Anpflanzungen oder Einrichtungen nach DDR-Recht berufen, selbst wenn diese nicht im Grundbuch eingetragen sind. Dies harmoniert mit anderen Bestimmungen, die der Wiederherstellung des guten Glaubens an die Vollständigkeit und Richtigkeit des Grundbuches dienen (z.B. § 111 SachenRBerG Rn. 2171) oder gar das materiell-rechtliche Erlöschen nicht gebuchter Rechte zur Folge haben (§ 8 GrdBBerG Rn. 2157) bzw. zumindest den gutgläubigen Vorrangerwerb vor nicht gebuchten gesetzlich entstandenen Dienstbarkeiten (§ 9 Abs. 1 Satz 2 GrdBBerG Rn. 2160) ermöglichen.

[1740] Als Folge dieser Duldungspflicht kann der Stromanschlussnehmer den Stromversorger nicht darauf verweisen, die Leitung im öffentlichen Verkehrsraum zu verlegen, BGH, 28.04.2010 – VIII ZR 223/09, JurionRS 2010, 16393.
[1741] *Kobes* VIZ 1998, 481.

Für Baulichkeiten gilt dies auch nach Wiederherstellung des öffentlichen Glaubens des Grundbuches nicht, da sie schuldrechtlich (mit mobiliarrechtlicher Komponente) angeknüpft werden, sodass § 566 BGB analog gilt.

c) Mitbenutzungsrechte und altrechtliche Dienstbarkeiten

Eine vergleichbare Situation besteht bzgl. der Mitbenutzungsrechte (»Dienstbarkeiten«) i.S.d. §§ 321 und 322 ZGB. Lediglich sog. dauerhafte Mitbenutzungsrechte (z.B. nicht ein Recht zur Aufstellung von Gerüsten zur Reparatur) bedurften der Zustimmung des Eigentümers des belasteten Grundstücks; eine Grundbucheintragung war nur bei Wege- und Überfahrtrechten (§ 322 Abs. 1 ZGB) möglich, aber nicht konstitutiv. Nach Art. 233 § 5 Abs. 2 EGBGB gelten die dauerhaften Mitbenutzungsrechte als Rechte an dem belasteten Grundstück fort und wirken auch ggü. dem gutgläubigen Rechtsnachfolger bis zur Wiederherstellung des Gutglaubensschutzes zum 01.01.2001; bis zu diesem Zeitpunkt muss das Mitbenutzungsrecht ferner in verjährungsunterbrechender Weise geltend gemacht werden, sonst **erlischt** es auch materiell-rechtlich gem. § 8 GBBerG.[1742]

3818

Ein **gutgläubiger »lastenfreier« Erwerb** war vor dem 01.01.2001 nur in begrenztem Umfang nach Art. 233 § 5 Abs. 2 Satz 2 EGBGB möglich, wenn nämlich die Belastung für den gutgläubigen Erwerber des Grundstücks wesentlich größer ist als für den Berechtigten der Nachteil der Aufhebung des Mitbenutzungsrechts. Der dem Mitbenutzungsberechtigten entstehende Nachteil ist jedoch zu entschädigen.

3819

▶ Hinweis:

Hier ist ggf. zu klären, wer diese Zahlungspflicht im Innenverhältnis zwischen Verkäufer und Käufer übernimmt.

Altrechtliche Dienstbarkeiten beruhen auch in den neuen Bundesländern i.d.R. auf
– unvordenklicher Verjährung:
– Der als Recht beanspruchte Zustand muss – v. 01.01.1900 zurückgerechnet – 40 Jahre lang bestanden und in weitere 40 Jahre vorher keine Erinnerung an einen anderen Zustand seit Menschengedenken existiert haben,[1743] oder
– **Ersitzung nach landesrechtlichen Bestimmungen** vor dem 01.01.1900 (z.B. in Sachsen: 31 Jahre, 6 Wochen, 3 Tage).[1744]

3820

Den Fortbestand solcher ungebuchter Rechte nach der Wiedervereinigung gewährleisten zunächst Art. 233 § 3 Abs. 1 Satz 1 EGBGB i.V.m. Art. 187 EGBGB. § 8 GrdBBerG führte jedoch zum materiellen Erlöschen solcher Rechte, wenn sie durch den Eigentümer des belasteten Grundstücks nicht bis zum 31.12.2000 anerkannt und zur Eintragung bewilligt oder Klage auf Abgabe dieser Erklärung erhoben wurde (Wiederherstellung des öffentlichen Glaubens des Grundbuches zum 31.12.2000).[1745]

3821

d) Ansprüche auf Dienstbarkeiten

§ 9 GBBerG enthält eine im Einzelnen komplexe Regelung über die zum 25.12.1993 eingetretene gesetzliche Begründung oder Löschung von **Dienstbarkeiten zur Sicherung leitungsgebundener Energieanlagen**, die am 03.10.1990 genutzt waren.[1746] Ihr gesetzlich beanspruchbarer Inhalt samt Schutzstreifen (§ 4 Abs. 2 Satz 2 und 4 SachenR-DV) unterliegt der Anpassung an veränderte

3822

1742 Zu Sicherungsmöglichkeiten vgl. *Böhringer* Rpfleger 1998, 244; *ders.* VIZ 2001, 442. Dies gilt wohl auch, wenn ein bereits eingetragenes Recht versehentlich vor dem 01.01.2001 gelöscht worden war, DNotI-Gutachten Nr. 25173 v. 07.06.2001.
1743 AG Dresden DtZ 1996,153.
1744 *Schmidt-Recla* ZOV 1999, 408.
1745 Vgl. *Böhringer* VIZ 2000, 441; vgl. § 13 Abs. 1 SachenR-DV i.V.m. Art. 231 § 5 Abs. 2 EGBGB.
1746 Beginn der Errichtung genügt, OLG Brandenburg, 01.02.2007 – 5 U 36/06, NotBZ 2008, 30.

C. Querschnittsdarstellungen

Umstände, § 9 Abs. 6 Satz 2 GBBerG (Signalkabel zur Gasleitung; zusätzliche Einlegung eines Telefonkabels gem. § 76 Abs. 1 TKG).[1747]

3823 **Gutgläubig lastenfreier Wegerwerb** ist insoweit erst seit dem **01.01.2011** möglich; zuvor erlaubte § 9 Abs. 1 Satz 2 GrdBBerG lediglich den gutgläubigen Erwerb des Vorrangs.[1748] Zur Vermeidung gutgläubigen Wegerwerbs ist daher die Berichtigung des Grundbuches dringend anzuraten. Ihre Eintragung erfolgt aufgrund behördlicher Bescheinigung gem. § 9 Abs. 4 und 5 GrdBBerG i.V.m. §§ 8, 9 SachenR-DV[1749] – sog. Anlagen- und Leitungsbescheinigung[1750] –; auch die Löschung ist mittels Bescheinigung gem. § 9 Abs. 7 GrdBBerG i.V.m. § 10 SachenR-DV möglich.[1751] Solange die Dienstbarkeit noch nicht gebucht ist, ist auch ein schlichter Rechtsverzicht gem. § 9 Abs. 6 Satz 1 GBBerG möglich, es bedarf dafür nicht der vorherigen Eintragung und anschließenden Aufgabeerklärung i.S.d. § 875 BGB. Nach Erlöschen der (gesetzlichen oder eingetragenen) Dienstbarkeit besteht eine Rückbauverpflichtung gem. § 1004 BGB.[1752]

3824 Die gesetzlich entstandene Dienstbarkeit ging auch vor dem 31.12.2010 in einer Zwangsversteigerung des belasteten Grundstückes nach allgemeinen Regeln unter, wenn die Versteigerung aus einem vor dem 25.12.1993 eingetragenen Grundpfandrecht erfolgt; ebenso bei der Versteigerung aus einem danach eingetragenen rechtsgeschäftlichen Grundpfandrecht, das gutgläubigen Vorrang erworben hat, und schließlich bei der Versteigerung aus einer nach dem 25.12.1993 gesetzlich entstandenen Zwangssicherungshypothek, für die zwar § 892 BGB nicht gilt, die sich jedoch deshalb durchsetzt, weil die gesetzlich entstandene Dienstbarkeit nicht gem. §§ 47 Nr. 4, 45 Abs. 1 ZVG angemeldet wurde.[1753] Dem Energieversorger bleibt dann lediglich ein Enteignungsverfahren nach § 12 Energiewirtschaftsgesetz.

3825 Zugleich gewährt das Gesetz demjenigen, der z.Zt. des Inkrafttretens des GBBerG Eigentümer war,[1754] Vergütungsansprüche, die jedenfalls ab 01.01.2011 zu verzinsen sind.[1755] die i.d.R., sofern noch nicht erfüllt, mit dem Objekt übergehen sollen:

▶ Formulierungsvorschlag: Abtretung von Entschädigungsansprüchen nach § 9 GBBerG

Etwaige Entschädigungsansprüche, z.B. für außerhalb des Grundbuchs bestehende Leitungsrechte gem. § 9 GBBerG, werden an den dies annehmenden Käufer abgetreten.

3826 Für andere als öffentlich-rechtliche Versorgungsunternehmen (insb. also natürliche Personen oder Nachfolgeorganisationen der LPG) schafft **§ 116 SachenRBerG**[1756] einen Anspruch auf Bestellung und Eintragung einer (ggf. inhaltlich angepassten[1757]) Dienstbarkeit, sofern
– vor dem 02.10.1990 ein anderes Grundstück genutzt oder dort eine Anlage unterhalten wurde,

---

1747 *Schmidt-Räntsch* ZfIR 2011, 697, 699.
1748 Vgl. eingehend *Maaß* NotBZ 2001, 280 ff.; *Schmidt-Räntsch* VIZ 2004, 473.
1749 Vgl. *Böhringer* RPfleger 2011, 409 ff., *Schmidt-Räntsch* ZfIR 2011, 625 ff. Der regelmäßig gem. § 9 Abs. 5 Satz 1 Nr. 2 GrdBBerG beigefügte Plan ermöglicht die Abschreibung nicht betroffener Grundstücksteile gem. § 1026 BGB, auch wenn er abweichende Stempelaufdrucke (»Prüfung der Freigabe vorbehalten«) enthält, OLG Dresden, 10.11.2010 – 17 W 1107/10, NotBZ 2011, 333 m. Anm. *Otto*.
1750 Diese kann auch dazu dienen, das Erfordernis des § 28 GBO, auf den § 126 Abs. 2 Satz 2 UmwG verweist, bei einer Abspaltung zu erfüllen, *Schmidt-Räntsch* ZNotP 2011, 11, 14.
1751 Zum Grundbuchverfahren *Böhringer* Rpfleger 2002, 186. Die Zuständigkeit ist landesrechtlich geregelt (z.B. in Thüringen: Thür. Landesamt für Straßenbau, Außenstellen Sondershausen bzw. Sonneberg; in Mecklenburg-Vorpommern: Bürgermeister der kreisfreien Städte und Landräte der Landkreise). Die Erlöschensbescheinigung ist kostenpflichtig (ca. 50,00 € pro Grundbuchblatt).
1752 *Schmidt-Räntsch* ZfIR 2011, 697, 705.
1753 Vgl. im Einzelnen DNotI-Gutachten, Nr. 35073 v. 20.08.2002.
1754 OLG Dresden NotBZ 2005, 81 m. Anm. *Maaß*; *Schmidt-Räntsch* ZfIR 2011, 697, 701.
1755 *Schmidt-Räntsch* ZfIR 2011, 697, 703; vor dem 31.12.2010 ist die erste Hälfte der Entschädigung nur nach Mahnung, § 286 Abs. 1 BGB, zu verzinsen.
1756 Vgl. BGH, 09.05.2003 – V ZR 388/02, VIZ 2003, 385.
1757 Maßgeblich sind die Verhältnisse am 02.10.1990, unter Berücksichtigung der Bedarfssteigerung nach allgemeinen Grundsätzen, BGH, 19.10.2007 – VZR 150/06, NotBZ 2008, 64 m. Anm. *Otto*.

– diese für Erschließung/Entsorgung des eigenen Grundstücks oder Bauwerks erforderlich ist[1758] und
– ein Mitbenutzungsrecht nach §§ 321, 322 ZGB (Rdn. 3818) nicht begründet wurde

Diese Ansprüche bestehen auch nach dem 01.01.2001 (Ausschlussfrist des § 8 GBBerG Rn. 3226) fort;[1759] allerdings dann nicht, wenn bereits zu DDR-Zeit ein Duldungsanspruch bestand[1760] oder eine dingliche Sicherung möglich gewesen wäre.[1761] Ferner besteht seit dem 01.01.2001 die Gefahr gutgläubig »dienstbarkeitsanspruchsfreien« Wegerwerbs, wenn nicht eine Vormerkung oder ein Rechtshängigkeitsvermerk analog § 113 Abs. 3 SachenRBerG eingetragen war (vgl. § 116 Abs. 2 SachenRBerG). Der verpflichtete Eigentümer hat Einreden gegen störende Leitungs- und Trassenverläufe, sofern mit nicht unverhältnismäßigem (dann hälftig zu tragendem) Aufwand möglich, und kann ein angemessenes Entgelt verlangen,[1762] das häufig durch eine Einmalzahlung abgelöst wird. 3827

e) Schuldrechtsanpassung

Das SchuldRAnpG (Kernstück des Schuldrechtsänderungsgesetzes), das am 01.01.1995 in Kraft getreten ist und wegen verfassungsrechtlicher Unzulänglichkeiten mehrfach »nachgebessert« werden musste,[1763] erfasst drei Anwendungsschwerpunkte: 3828
– Datschen und sog. Eigentumsgaragen, die bis 31.12.1976 auf der Grundlage des Miet-/Pachtrechts des BGB, ab 01.01.1977 aufgrund von schuldrechtlichen Nutzungsverträgen gem. §§ 312 ff. ZGB durch einzelne Nutzer oder sog. Garagengemeinschaften[1764] errichtet wurden und nunmehr als sog. Baulichkeiten wie bewegliche Sachen behandelt werden (bis zum 01.01.1995 galten hierfür die §§ 12 ff. ZGB gem. Art. 232 § 4 Satz 1 EGBGB mit wenigen Einschränkungen weiter),
– Überlassungsverträge i.S.d. Art. 232 § 1a EGBGB ohne qualifizierte Nutzerinvestition, d.h. außerhalb des vorrangigen Ankaufsbereichs des § 12 Abs. 2 SachenRBerG,
– Investitionen auf bloßer mietvertraglicher Grundlage (mit im Einzelnen schwieriger Abgrenzung zwischen § 2 Abs. 1 Satz 2 Nr. 3 SchuldAnpG und §§ 2 Abs. 1 Nr. 2, letzter Halbs., 7 Abs. 2 Nr. 6 SachenRBerG).

Anders als das SachenRBerG (Rdn. 2663 ff.) löst das Schuldrechtsanpassungsgesetz die Bereinigungs- und Überleitungsaufgabe durch den Fortbestand der bisherigen vertraglichen Bindungen und deren gesetzliche Umwandlung in Vertragstypen des BGB (Miet- bzw. bei zusätzlichem Fruchtziehungselement Pachtrecht). Das Schuldrechtsanpassungsgesetz enthält jedoch zusätzliche Besonderheiten ggü. dem BGB, insb. zum Schutz des Nutzers in folgenden Bereichen: 3829
– Besitzschutz und (soweit bisher vorhanden) Wahrung des Eigentums an der baulichen Investition durch eingeschränkte Kündigungsmöglichkeiten in zeitlicher Abstufung (insb. gem. §§ 23, 24 SchuldRAnpG: uneingeschränkt ab 04.10.2015, es sei denn der Nutzer hatte am 03.10.1990

[1758] Dazu zählen auch Anlagen, die nur für die spezifische Nutzung des Grundstücks (Zementwerk) von Bedeutung sind, BGH, 20.02.2009 – V ZR 184/08, NotBZ 2009, 186 (Ls).
[1759] BGH, 14.11.2003 – V ZR 28/03, VIZ 2004, 195.
[1760] BGH, 10.03.2006 – V ZR 48/05, NotBZ 2006, 245 m. Anm. *Salzig*; gem. BGH, 12.01.2007 – V ZR 148/06 muss jedoch die Sicherung über ein bloßes Notwegerecht hinausgehen.
[1761] *Schmidt-Recla* VIZ 2004, 439; a.A. *Egerland* NotBZ 2003, 338 f.
[1762] Es sei denn, der Eigentümer war (ggf. konkludent) gem. § 118 Abs. 2 Nr. 2 SachenRBerG mit der Mitbenutzung einverstanden, BGH, 29.01.2010 – V ZR 127/09, ZfIR 2010, 289.
[1763] Vgl. BVerfG, BGBl. I 1999, S. 2528; dem weiteren Petitum des BVerfG (14.07.1999 – 1 BvR 995/95, NJW 2000, 1471) folgend, hat z.B. das Änderungsgesetz v. 17.05.2002 (BGBl. I 2002, S. 1580) die Beteiligung des Nutzers an den öffentlichen Lasten erweitert, die Kündigungsbeschränkungen für Garagenverträge auf den 31.12.1999 befristet und Möglichkeiten der Teilkündigung erweitert.
[1764] Sog. Gemeinschaft der Bürger gem. §§ 266 ff. ZGB, die gem. Art. 232 § 1 EGBGB weiter dem ZGB unterstellt bleibt. Sofern keine Einzelnutzungsverträge bestehen, liegt Gemeinschaftseigentum an allen Garagen vor, § 34 Abs. 1 ZGB, vgl. DNotI-Gutachten Nr. 25035 v. 05.06.2001.

C. Querschnittsdarstellungen

bereits das 60. Lebensjahr vollendet – dann grds. Unkündbarkeit auf Lebenszeit) und Teilkündigungsrechte (§ 23a SchuldRAnpG[1765]);

3830 – § 12 SchuldRAnpG regelt zeitlich abgestuft die Entschädigung: Sachwert bis zum Ablauf der 7-jährigen Investitionsschutzfrist nach Ablauf der Kündigungsschutzfrist, ab dann nur mehr objektive Verkehrswerterhöhung. Da z.B. für Garagen die Kündigungssperrfrist zum 31.12.1999 abgelaufen ist, ist bei Kündigungen nach dem 01.01.2007 lediglich die Verkehrswerterhöhung zu entrichten;[1766]
– Reduzierung des Nutzungsanspruchs bei übergroßen Flächen in Analogie zu den Wertungen des SachenRBerG;

3831 – »Eingangsermäßigung« hinsichtlich des Entgelts durch stufenweisen Übergang zu marktkonformen Preisen (vgl. hierzu auch die Nutzungsentgeltverordnung,); Beteiligung des Nutzers an den öffentlichen Lasten (§ 20a SchuldRAnpG);
– verbesserter Verwendungsersatz für werterhöhende Aufwendungen bei Beendigung des Vertragsverhältnisses; Differenzierung je nach dem Umfang der Zustimmung des Grundstückseigentümers zu den baulichen Veränderungen;[1767]
– Anerkennung des Komplettierungsinteresses des Nutzers durch Einräumung eines gesetzlichen Vorkaufsrechts (§ 57 SchuldRAnpG, vgl. Rdn. 2621).

f) Nebengesetze des Schuldrechtsänderungsgesetzes

3832 **Das Erholungsnutzungsrechtsgesetz** verleiht (ähnlich dem SachenRBerG) demjenigen, der ein Wochenendhaus oder anderes, nicht zu Wohn- oder gewerblichen Zwecken dienendes Gebäude (atypischerweise) aufgrund eines öffentlich-rechtlichen, dinglichen Nutzungsrechts, nicht aufgrund eines schuldrechtlichen Nutzungsvertrags, errichtet hat, einen Anspruch auf Einräumung eines Erbbaurechts mit lediglich 30-jähriger Laufzeit und ohne Erbbauzinsprivilegierung. Auch hier ist ein notarielles Vermittlungsverfahren denkbar.

3833 Das **Anpflanzungseigentumsgesetz** führt mit Wirkung zum 01.01.1995 zum Erlöschen des selbstständigen Eigentum der LPG-Nachfolgegesellschaften an den durch die LPG auf privatem Grund und Boden eingebrachten Anpflanzungen (§ 27 Satz 1 LPG-Gesetz); der bisherige Anpflanzungseigentümer hat ein Wegnahme-, hilfsweise Entschädigungsrecht.

3834 Das **Meliorationsanlagengesetz** erfasst Bewässerungs- oder Entwässerungsanlagen, die durch LPG zur Bodenverbesserung eingebracht wurden oder an denen diese gem. § 27 LPG-Gesetz ebenfalls selbstständiges Anlageneigentum erworben hatten. Auch diese Anlagen gehen über in das Eigentum des Grundstückseigentümers; der bisherige Nutzer erhält jedoch einen gesetzlichen Anspruch auf Bestellung (erleichtert übertragbarer) beschränkt persönlicher Dienstbarkeiten und auf Wegnahme mit im Einzelnen feiner Differenzierung, die dem Gesetzeswortlaut entnommen werden kann.

14. Belehrungen

3835 Die immer noch, wenngleich in abnehmendem Maße, bestehenden Besonderheiten des Grundstücksrechts der neuen Bundesländer erfordern dort umfangreichere Hinweise, deren Inhalt sich bereits aus vorstehenden Erläuterungen ergibt. Sofern nicht besondere Konstellationen (ehemaliges Bodenreformland, Sachenrechtsbereinigung etc.) vorliegen, könnte die nachfolgende Zusammenstellung verwendet werden.

1765 Zu den Voraussetzungen BGH, 30.06.2010 – XII ZR 84/08, NotBZ 2011, 35 (keine analoge Anwendung, wenn mehrere Nutzungsverhältnisse mit verschiedenen Personen 1.000 m² übersteigen).
1766 Vgl. DNotI-Gutachten Nr. 73367 v. Januar 2007.
1767 Zur Entschädigung und Beseitigung von Baulichkeiten *Kühnlein* VIZ 2000, 578.

▶ Formulierungsvorschlag: Belehrungen bzgl. der Besonderheiten in den neuen Bundesländern

Der Vertragsbesitz liegt im Beitrittsgebiet. Im Hinblick darauf wurden die Beteiligten über Besonderheiten des Grundstücksrechts der Neuen Bundesländer belehrt – insbes. über dort erforderliche Genehmigungen und deren möglichen späteren Wegfall, die Möglichkeit des Bestehens von dinglichen Mitbenutzungsrechten und fremdem Gebäudeeigentum außerhalb des Grundbuches, mögliche Vorkaufsrechte, sowie die Bestimmungen des Lastenausgleichs. Der Verkäufer erklärt, dass ihm von Rückübertragungsansprüchen Dritter, Mitbenutzungsrechten oder getrenntem Gebäude- bzw. Baulichkeitseigentum nichts bekannt ist. Auch öffentlich-rechtliche Baulasten – der Notar hat das Baulastenverzeichnis nicht eingesehen – sind ihm nicht bekannt.

Die Beteiligten haben ferner die folgenden Vereinbarungen getroffen:

Alle in dieser Urkunde erteilten Vollmachten, Weisungen und einseitigen Erklärungen sind unabhängig von der Erteilung etwaiger zur Rechtswirksamkeit des Vertrags im Übrigen notwendigen Genehmigungen, etwa der GVO-Genehmigung, erklärt.

Die Verpflichtung des Verkäufers zur Lastenfreistellung erstreckt sich auch auf Belastungen, die zugunsten enteigneter Gläubiger z.B. aufgrund eines Verfahrens nach dem Vermögensgesetz später wieder eingetragen werden. Etwaige Entschädigungsansprüche, z.B. für außerhalb des Grundbuches bestehende Leitungsrechte gem. § 9 GBBerG, werden an den dies annehmenden Käufer abgetreten.

Für den Fall späterer Aufhebung der GVO-Genehmigung gem. § 7 Abs. 3 GVO hat der Verkäufer dem Käufer neben der Rückerstattung des Kaufpreises (ohne Zinsen) lediglich die durch die Aufwendungen des Käufers eingetretene objektive Werterhöhung zu ersetzen, es sei denn, der Verkäufer ist seiner Erkundigungspflicht gem. § 3 Vermögensgesetz nicht nachgekommen.

Den Beteiligten ist bekannt, dass ein Wegfall der GVO-Genehmigung bis zur endgültigen Eigentumsumschreibung zur Unwirksamkeit des Vertrags führen kann. Sie wurden auf die Möglichkeit der Hinterlegung des Kaufpreises auf notariellem Anderkonto bis zum Endvollzug hingewiesen, wünschen diese jedoch nicht.

15. Sachen- und Verkehrsflächenbereinigung

a) Sachenrechtsbereinigungsgesetz[1768]

Das SachenRBerG, dessen Erlass in Art. 233 § 3 Abs. 2 EGBGB a.F. angekündigt war, erstrebt seit 01.10.1994 eine dauerhafte Lösung des Konflikts zwischen Grundstückseigentümer einerseits und Gebäudeerrichter bzw. -erwerber andererseits und schafft damit Möglichkeiten, den seit dem Einigungsvertrag überwiegend durch Besitzstandswahrung (**Moratorium**[1769]) gekennzeichneten Rechtszustand auf vertragliche Weise zu beenden. Im Großen und Ganzen ist dieses Anliegen geglückt,[1770] wenn auch häufig unter dem Druck der gesetzlichen Abwicklung durch »quasi-freiwillige« Auseinandersetzung.

3836

aa) Anwendungsbereich

Dieser umfasst in Schwerpunkten:
– die Errichtung von Eigenheimen auf fremdem Grund und Boden (unabhängig davon, ob diese aufgrund Verleihung eines dinglichen Nutzungsrechts unter gleichzeitiger Entstehung von Gebäudeeigentum [Rn. 3126 ff.], ohne solches Nutzungsrecht, jedoch gesichert durch dingliches Gebäudeeigentum [Rn. 3132 ff.], oder lediglich durch faktische Errichtung mit Billigung staatlicher Stellen ohne öffentlich-rechtliche oder dingliche Sicherung – sog. »hängende Fälle« –

3837

1768 Vgl. hierzu *Purps/Krauß* Sachenrechtsbereinigung nach Anspruchsgrundlagen, 1997.
1769 Art. 233 § 2a Abs. 6 EGBGB; haben die Beteiligten allerdings daneben ein vertragliches Recht zum Besitz begründet, ist das Besitzrecht aus dem Moratorium unter die auflösende Bedingung der Kündigung dieses Vertragsverhältnisses durch den Nutzer gestellt worden, BGH, 12.12.2008 – V ZR 89/08, ZfIR 2009, 324 m. Anm. *Heinemann*.
1770 Vgl. die Rspr.-Übersichten von *Schnabel* z.B. NJW 2000, 2387; NJW 2001, 2362; NJW 2002, 1916; NJW 2003, 3239.

C. Querschnittsdarstellungen

erfolgte). Auch der »Rechtsnachfolger« ist anspruchsberechtigt; es ist unerheblich, wann und durch den Beitrag welchen Nutzers die Investition bereinigungsfähig wurde.[1771]

— den Erwerb von Eigenheimen ohne Grundstück (aus privater Hand oder aus Volkseigentum aufgrund der Verkaufsgesetze 1954, 1973 und des Modrow-Gesetzes 1990), auch wenn der Gebäudeerwerb nur unvollständig erfolgte (»hängende Gebäudekäufe«: blockierter Vollzug eines Vertrags über bestehendes Gebäudeeigentum, Erwerb eines niemals wirksam entstandenen Gebäudeeigentums oder Erwerb eines Gebäudes, das erst durch den Kauf rechtlich vom Grund und Boden – Volkseigentum –getrennt und verselbstständigt hätte werden sollen). Insb. die »hängenden Modrow-Verträge« des Jahres 1990 werden durch § 121 SachenRBerG vollzogen, unter teilweiser Beschränkung des Restitutionsanspruchs des Alteigentümers,[1772] andererseits beschränkt auf die Fläche, für die nach § 2 der DurchführungsVO zum Verkaufsgesetz ein Nutzungsrecht verliehen worden wäre.[1773]

3838 — den staatlichen oder genossenschaftlichen Wohnungsbau aufgrund dinglicher Nutzungsrechte (auf Volkseigentum, Rdn. 3720, 3727, aufgrund privatrechtlicher Nutzungsverträge gem. § 459 Abs. 1 Satz 1 ZGB, Rdn. 3723), oder ohne vorherige Klärung aufgrund bloßer Billigung staatlicher Stellen (»hängende Fälle«).

— Errichtung oder Erwerb landwirtschaftlich oder gewerblich genutzter Bauten (unabhängig davon, ob Gebäudeeigentum [Rn. 3132] entstanden ist oder eine lediglich durch Duldung gesicherte Bebauung vorliegt, die sachenrechtlich wesentlichen Bestandteil des Grundstücks bildet).

3839 — **Überlassungsverträge** mit staatlichen Verwaltern sog. West-Grundstücke, insb. in der Zeit von 1963 bis 1976, durch die den Nutzern gegen Vorab-Hinterlegung des späteren mutmaßlichen Kaufpreises Besitz und Lasten sowie Umgestaltungsbefugnis übertragen wurden (zur gesetzlichen Definition vgl. Art. 232 § 1a EGBGB).

— Nach den Bestimmungen des SachenRBerG dinglich angeknüpft werden solche eigentlich schuldrechtlichen Verträge gem. § 12 Abs. 2 SachenRBerG nur dann, wenn die Überlassungsnehmer ein neues Gebäude errichtet oder das bestehende Gebäude um mindestens die Hälfte vergrößert oder im Wert erhöht haben. Investitionen auf bloßer mietvertraglicher Grundlage unterfallen jedoch grds. der Schuldrechtsanpassung.[1774]

— Schließlich gesetzliche Ansprüche auf Bestellung von Grunddienstbarkeiten gem. § 116 SachenRBerG (vgl. Rdn. 3826).

bb) Grundwertungen

3840 Das SachenRBerG löst die vor dem Hintergrund der vorgefundenen historischen Situation gestellte Aufgabe der Harmonisierung und Überleitung in die Kategorien des BGB nach folgenden Wertungsgrundsätzen:

— Das SachenRBerG knüpft nicht an die sachenrechtlichen Kategorien des bisherigen Gebäuderechts an, sondern an die wertungsmäßige Vergleichbarkeit der vorgefundenen Nutzungssachverhalte. Derjenige Gebäudeerrichter, der durch Verleihung eines öffentlich-rechtlichen Nutzungsrechts wirksam (regelmäßig auch gebuchtes) Gebäudeeigentum erworben hat, genießt nur in geringem Umfang (etwa im Fall noch nicht ausgeübter Nutzung) eine Privilegierung ggü. dem Investor, der lediglich aufgrund faktischer Billigung staatlicher Stellung auf fremden Grund und Boden ein Gebäude errichtet hat. Der »hängende« Errichter oder Erwerber, der bis zur tatsächlichen Durchführung der Bereinigung durch das insoweit verlängerte **Moratorium** des Art. 233 § 2a EGBGB geschützt ist, erwirbt durch den Ankauf des Grundstücks (samt Gebäude) oder die Bestellung eines Erbbaurechts am Gebäude demnach erstmals Eigentum am Eigenheim oder gewerblichen Gebäude, das er bisher häufig bereits in seinem Eigentum wähnte.

1771 BGH, 20.11.2009 – V ZR 175/08, NotBZ 2010, 273.
1772 Verfassungsgemäß, OLG Jena, 16.09.2002 – 9 U 1215/01, VIZ 2003, 247.
1773 BGH, 26.10.2007 – V ZR 26/07, NotBZ 2008, 152 m. Anm. *Otto*.
1774 Vgl. im Einzelnen *Krauß* ZAP-Ost 1998, S. 541.

- Der Grundstückseigentümer kann jedoch, wenn er seine tatsächliche Bereitschaft zur Sachenrechtsbereinigung in der Form des Art. 233 § 2a Abs. 1 Satz 5 und Satz 8 EGBGB manifestiert,[1775] für die Fortgeltung des Moratoriums ab 01.01.1995 ein Nutzungsentgelt i.H.d. nach dem SachenRBerG zu bemessenden Erbbauzinses verlangen (Verjährung gem. § 197 BGB a.F. binnen 4 Jahren, gem. § 195 BGB n.F. ab 01.01.2002 binnen 3 Jahren ab Jahresschluss). Für die Zeit von 22.07.1992 bis 31.12.1994 war gem. Art. 233 § 2a Abs. 1 Satz 4 ff. EGBGB unabhängig von der Kooperationsbereitschaft ein Nutzungsentgelt i.H.d. in der Eingangsphase nach §§ 51 Abs. 1 Satz 2 Nr. 1, 43, 45 SachenRBerG zu zahlenden Erbbauzinses geschuldet, fällig geworden am 08.11.2000 (Inkrafttreten des Grundstücksrechtsänderungsgesetzes), verjährt am 07.11.2002.   3841

- Die **Gleichbehandlung** der lediglich **faktisch** geduldeten mit den auch bisher rechtlich gesicherten **Fällen** rechtfertigt sich aus der Tatsache, dass der Vollzug der eigenen Gesetze in der DDR häufig und in regionaler Gewichtung nur unvollkommen erfolgte, ohne dass der Bürger hierauf nennenswerten Einfluss gehabt hätte. Die Nichterfüllung der gesetzlich an sich vorgeschriebenen Absicherungsformen (z.B. Nutzungsrechtsverleihung, Vermessung etc.) soll ihm nun nicht zum Nachteil gereichen.   3842

- Die Überleitung des Gebäuderechts der DDR in Rechtsinstitute des BGB erfolgt nicht durch gesetzliche Transformation (ähnlich der Schuldrechtsanpassung, hierzu Rdn. 3826 f.) oder gesetzlichen Eigentumserwerb (ähnlich § 11 Abs. 2 THG), sondern durch rechtsgeschäftliche Bereinigung im Einzelfall. Da der hierzu erforderliche Abschlusswille und die Einigung hinsichtlich der essentialia negotii sich hinsichtlich der noch zu bereinigenden Fälle nicht ohne Weiteres einstellen wird, greift das Gesetz zum Instrument des **gesetzlichen Kontrahierungszwangs**. Es verleiht dem jeweiligen Nutzer/Gebäudeeigentümer[1776] (§ 14 SachenRBerG) gegen den jeweiligen Grundstückseigentümer einen Anspruch auf Abschluss eines Ankaufsvertrags hinsichtlich der vom bisherigen Nutzungsrecht erfassten oder faktisch vergleichbaren Grundstücksfläche (zur Ermittlung der erfassten Flächen vgl. §§ 21 bis 27 SachenRBerG, zu Ausschlusstatbeständen § 29 SachenRBerG[1777]) oder auf Bestellung eines Erbbaurechts am Gebäude. Nur in seltenen Fällen betrieblicher Nutzung mit überwiegendem Interesse des Grundstückseigentümer verleiht das Gesetz jenem einen gesetzlichen Anspruch auf »umgekehrten Abkauf« des Gebäudes (§§ 81 f. SachenRBerG). Das **Wahlrecht** ist (ggf. sogar erst nach Stellung eines Antrags[1778] auf notarielle Vermittlung, Rdn. 3850 durch schriftliche Erklärung ggü. dem anderen Teil auszuüben, die ggf. durch Fristsetzung erzwungen werden kann (§ 16 SachenRBerG).   3843

- Gesetzliche Ausschlussfristen existieren nicht, allerdings besteht seit 01.01.2001 gem. § 111 SachenRBerG die Gefahr eines gutgläubig »sachenrechtsbereinigungsfreien« Erwerbs des Grundstücks, wenn der Nutzer seine Ansprüche nicht durch Eintragung des Nutzungsrechts oder Gebäudeeigentums, eines **Besitzrechtsvermerks** nach Art. 233 § 2c Abs. 2 EGBGB[1779] oder einen **Vermittlungsvermerk** gem. § 92 Abs. 5 SachenRBerG (jeweils mit Vormerkungswirkung) gesichert hat. Dem guten Glauben wirken auch der Rechtshängigkeitsvermerk nach § 116 Abs. 2 Satz 2 SachenRBerG (zur Sicherung des Anspruchs auf Dienstbarkeitsbestellung, Rdn. 3822)   3844

1775 OLG Naumburg, 22.09.1998 – 11 U 108/98, VIZ 1999, 674: schlichte Verhandlungsbereitschaft außerhalb eines Bodenordnungsverfahrens nach LandwirtschaftsanpassungsG oder eines notariellen Vermittlungsverfahrens genüge nicht.

1776 Die Begründung zum Gesetzentwurf der Bundesregierung BT-Drucks. 12/5992, S. 113 sowie MünchKomm-BGB/*Wendtland* § 14 SachenRBerG Rn. 2 gehen von Akzessorietät aus, *Hügel* in: Czub/Schmidt-Räntsch/Frenz, SachenRBerG, § 14 SachenRBerG Rn. 15 sieht in den Ansprüchen subjektiv-dingliche Rechte des jeweiligen Eigentümers (§ 93 BGB), vgl. DNotI-Gutachten Nr. 61166 vom August 2005.

1777 Etwa bei bestandskräftiger Untersagungsverfügung hinsichtlich der Nutzung eines »Datschenschwarzbaus«, vgl. BGH, 03.07.2009 – V ZR 220/08, ZfIR 2009, 739 m. Anm. *Salzig*.

1778 § 90 Abs. 1 Satz 4 SachenRBerG spricht als Antragsinhalt nur vom »gewünschten«, nicht vom »gewählten« Vertrag, vgl. *Waldner* in: Prütting/Zimmermann/Heller SachenRBerG § 90 Rn. 18.

1779 Feststellung der überwiegenden Wahrscheinlichkeit des ein Besitzrecht begründenden Sachverhalts genügt, OLG Jena, 23.07.2002 – 6 W 329/02, NJ 2003, 152.

C. Querschnittsdarstellungen

und der Berichtigungsanspruchsvermerk nach § 113 Abs. 3 Satz 2 SachenRBerG entgegen (letzterer zur Sicherung des Anspruchs auf Eintragung des gem. §§ 459 Abs. 1 Satz 2, 459 Abs. 4 Satz 1 ZGB »entsprechend der Werterhöhung« entstandenen volkseigenen bzw. genossenschaftseigenen Miteigentumsanteils).

3845 – Noch nicht in geeigneter Weise geltend gemachte Ansprüche des Nutzers oder Eigentümers auf Bestellung eines Erbbaurechtes (§§ 32 Satz 1 bzw. Satz 2 i.V.m. § 121 SachenRBerG) oder auf Ankauf (§§ 61 Abs. 1 bzw. Abs. 2 i.V.m. § 121 SachenRBerG) sowie Ansprüche auf Bestellung einer Dienstbarkeit (§ 116 SachenRBerG) verjähren allerdings gemäß bzw. analog[1780] § 196 BGB in 10 Jahren ab dem 01.01.2002, also zum 31.12.2011 (Hemmung tritt ein durch Verhandlungen [§ 203 BGB], durch die gem. § 95 Abs. 1 und 2 SachenRBerG vorrangigen öffentlichrechtlichen Verfahren,[1781] durch Erhebung der positiven Feststellungsklage nach § 108 SachenRBerG oder der Bereinigungsklage nach §§ 103 ff. SachenRBerG, schließlich analog § 82 Abs. 3 Satz 3 SachenRBerG i.V.m. § 204 Abs. 1 BGB während der Durchführung eines notariellen Vermittlungsverfahrens, Rdn. 3851 ff.). Die Sicherungsvermerke nach Art. 233 § 2c Abs. 2 EGBGB und § 92 Abs. 5 SachenRBerG haben zwar Vormerkungswirkung, hindern jedoch die Verjährung nicht. Wird die Einrede der Verjährung erhoben, bleiben vorhandene dingliche (verliehene und zugewiesene Nutzungsrechte, Rdn. 3720 f., 3722 f.) Nutzungsrechte bestehen und berechtigen weiter zum Besitz, und zwar grds. unentgeltlich (das gem. Art. 233 § 2a Abs. 1 Satz 4 und 8 EGBGB entgeltliche Moratoriumsbesitzrecht setzt gem. Art. 233 § 2a Abs. 1 Satz 3 EGBGB Sachenrechtsbereinigungsansprüche voraus,[1782] verfassungsrechtlich[1783] ist ein anderes Ergebnis nur bei Einredeerhebung durch den Nutzer geboten). Besteht kein nutzungsrechtsgestütztes Gebäudeeigentum oder gar kein Gebäudeeigentum, bleibt nur die BGB-Bereinigung gem. §§ 987 ff. BGB.[1784]

3846 – Das SachenRBerG ist schließlich geprägt vom **Halbteilungsgrundsatz** (»Überwindung der Teilung durch Teilen«): Der Nutzer kann den Ankauf des Grundstücks oder die Vereinbarung eines Erbbauzinses zum jeweils hälftigen Bodenwert (zur Wertermittlung vgl. §§ 19, 20 SachenRBerG) mit pauschalen Abschlägen für Erschließungslasten, komplexen Wohnungsbau und Eingangsermäßigungen beanspruchen. Vielen Grundstückseigentümern und Restituanten, die die Rückübertragung trotz § 4 Abs. 2 VermG verwirklichen konnten, wird dieser »Ausverkauf« wie eine »zweite Enteignung« anmuten. Der Nutzer verliert jedoch die bisherige Unentgeltlichkeit und (im Fall des Erbbaurechts) auch Unbefristetheit seiner Nutzung und hat ggf. übergroße Flächen (§ 26 SachenRBerG) aufzugeben.

cc) Vertragsgestaltung

3847 Die in den §§ 32 bis 60 SachenRBerG (Erbbaurechte) und §§ 61 bis 84 SachenRBerG (Ankaufsrecht) enthaltenen Vorgaben zur inhaltlichen Gestaltung des »Zwangsvertrags«, die dann maßgeblich sind, wenn sich beide Beteiligten lediglich auf das »gesetzliche Minimum« einlassen möchten oder wenn der Notar aufgrund Säumnis eines der Beteiligten im Vermittlungsverfahren gem. § 96 SachenRBerG lediglich einen »den gesetzlichen Vorgaben entsprechenden« Vermittlungsvorschlag gem. § 98 Abs. 1 SachenRBerG auf Antrag des Erschienenen als vertragliche Vereinbarung mit Wirkung auch für den Nichterschienenen beurkunden darf. I.R.d. **Zwangsvertrags** sind die (im

---

1780 Da der Ankaufsanspruch nicht auf Übereignung, sondern auf Abschluss eines Vertrages mit dem Ziel der Übereignung gerichtet ist, vgl. *Salzig* NotBZ 2010, 363; *Stavorinus* notar 2011, 415, 416; *Czub/Schmidt-Räntsch* ZfIR 2007, 517, 519.
1781 Also die Einleitung eines Bodenneuordnungsverfahrens nach BoSoG oder die Stellung eines Antrags auf Zusammenführung von Grundstücks- und Gebäudeeigentum nach § 64 LwAnpG, analog § 204 Abs. 1 Nr. 12 BGB, *Stavorinus* notar 2011, 415, 418.
1782 BGH NJ 1997, 591; *Stavorinus* notar 2011, 415, 419.
1783 BVerfG NJ 1998, 639 m. Anm. *Schramm; Czub/Schmidt-Räntsch* ZfIR 2007, 517, 524 plädieren dafür, aus §§ 242, 313 Abs. 1 BGB einen Anspruch auf Abschluss eines Nutzungsvertrages i.H.d. ungeteilten Erbbauzinses zu schöpfen.
1784 Zu den insoweit anzustellenden Differenzierungen (nur notwendige Verwendungen i.S.d. § 994 BGB?) vgl. *Czub/Schmidt-Räntsch* ZfIR 2007, 517, 524 ff.; *Stavorinus* notar 2011, 415, 421; *ders.* NotBZ 2012, 12, 19.

Einzelnen oft nicht genau ermittelbaren) Regelungen des Gesetzes zwingend zugrunde zu legen; soweit (wie i.d.R.) einschränkende Bestimmungen nur auf Einrede eines Beteiligten zu berücksichtigen sind, dürfen sie nur aufgenommen werden, wenn diese Einrede tatsächlich erhoben wird.[1785] Ist bspw. lediglich der Nutzer im Vermittlungsverfahren vertreten, kann er die Aufnahme einer Ankaufszwangsklausel im Erbbaurechtsvertrag gem. § 57 Abs. 1 Satz 1 SachenRBerG verlangen; die Fristbegrenzung auf 12 Jahre des § 57 Abs. 1 Satz 2 SachenRBerG ist jedoch, mag sie dem Notar auch gerecht erscheinen, nicht aufzunehmen, da der nicht anwesende Grundstückseigentümer dieses Verlangen nicht gestellt hat.

Das Grundmodell des gesetzlichen Kontrahierungszwangs nötigt also beide Beteiligten, wollen sie Rechtsverluste vermeiden, zur Mitwirkung und rechtfertigt sich aus diesem mittelbaren Implus zu konstruktiver Beteiligung. Der Notar, der zur **Gestaltung eines Zwangsvertrags** berufen ist, sieht sich in einer kaum bewältigbaren »Anti-Position« zum allgemeinen Beurkundungsrecht: Während er dort zu wirtschaftlichen Sachverhalten (bis zur Grenze der Sittenwidrigkeit), etwa zur Preisbemessung, nicht Stellung beziehen darf, obliegt ihm hier die Ermittlung des gesetzlich geschuldeten »Halbteilungspreises« und dessen Aufnahme in den Vermittlungsvorschlag. Hinsichtlich der Ausgewogenheit der rechtlichen Detailausgestaltung und der wechselseitigen Risikoabsicherung jedoch, die ihm gem. § 17 BeurkG im Allgemeinen obliegen, sind ihm jedoch im Zwangsvertragsbereich des SachenRBerG die Hände gebunden. Der Notar hat lediglich die gesetzlichen Vorgaben und die durch die Erschienenen geltend gemachten Einreden und Gegenrechte nachzuvollziehen.[1786] Hinsichtlich dieser gesetzlichen Vorgaben im Einzelnen sei auf den Normwortlaut und die zahlreichen hierzu ergangenen Kommentierungen verwiesen; die insb. beim Ankaufsvertrag zu beklagenden Lücken des Zwangsinhalts (Fälligkeitsregelung, Absicherung durch Vormerkung, Vorwegfinanzierungsvollmacht[1787] – etc.) werden nur spärlich durch Rechtsprechung geschlossen. Auf die hierzu veröffentlichten Vertragsmuster mit Erläuterungen[1788] sei verwiesen. 3848

Die gesetzlichen Vorgaben zum Zwangsvertrag verbieten jedoch nicht eine einvernehmliche, hiervon abweichende vertragliche Bereinigung (vgl. § 3 Abs. 1 Satz 3 SachenRBerG). Bei freivertraglicher Gestaltung im Anwendungsbereich des SachenRBerG ist freilich zu beachten, dass ein gesetzlicher Mitwirkungszwang dritter Beteiligter (z.B. zur Lastenfreistellung beim Ankauf oder zur Vorrangeinräumung beim Erbbaurecht) nicht besteht. Umgekehrt stehen im Anwendungsbereich des SachenRBerG auch bei freivertraglicher Regelung **Sonderformen** zur Verfügung (etwa § 39 Abs. 1 SachenRBerG: mehrere Erbbaurechte auf einem Grundstück; § 39 Abs. 3 SachenRBerG: Nachbarerbbaurechte), die sonst gegen zwingende Bestimmungen (hier: § 1 Abs. 3 ErbbauRG – kein Erbbaurecht an einem unselbstständigen Gebäudeteil – bzw. § 10 Abs. 1 ErbbauRG – zwingender Erstrang des Erbbaurechts) verstoßen würden. Die Eröffnung des Anwendungsbereichs des SachenRBerG ist dann wegen § 20 GBO dem Grundbuchamt in der Form des § 29 GBO nachzuweisen.[1789] 3849

▶ Hinweis:

> Es liegt daher im Interesse aller Beteiligten, einschließlich des beurkundenden Notars, auf eine freivertragliche Regelung, jedoch ohne Inanspruchnahme der Sonderinstitute der Sachenrechtsbereinigung, hinzuwirken. Hat sich dabei – für den Notar erkennbar – einer der Beteiligten bei der Einigung über die wirtschaftlichen Eckpunkte des Rechtsgeschäfts, also insb. über den Kaufpreis, in Unkenntnis über den beim Zwangsvertrag anwendbaren Halbteilungsgrundsatz 3850

1785 Eine schlagwortartige Übersicht dieser Tatbestände findet sich bei *Krauß* Sachenrechtsbereinigung und Schuldrechtsanpassung im Beitrittsgebiet, S. 160 ff.
1786 A.A. hier teilweise *Vossius* Sachenrechtsbereinigungsgesetz, § 42 Rn. 13 – 36, »Lehre vom notardispositiven Recht«; vgl. hierzu auch *Krauß* MittBayNot 1995, 253 und 353.
1787 Zu letzterem ablehnend OLG Brandenburg, 24.09.1998 – 5 U 33/98, VIZ 1999, 359 m. krit. Anm. *Krauß*, S. 326.
1788 Zum »Zwangsvertrag« im Sachenrechtsbereinigungsverfahren allgemein *Krauß* MittBayNot 1995, 263 ff., und VIZ 1999, Muster zum »umgekehrten Ankauf« nach § 81 SachenRBerG; *ders.* NotBZ 1997, 149 ff.; zum Ankaufsvertrag und zum Erbbaurechtsvertrag: *Krauß* in: Czub/Schmidt-Räntsch/Frenz, Kommentar zum SachenRBerG; Arbeitshilfen Nr. 1 und Nr. 2.
1789 Vgl. im Einzelnen *Krauß* in: Czub/Schmidt-Räntsch/Frenz Sachenrechtsbereinigungsgesetz Kommentierung zu §§ 39 bis 41.

C. Querschnittsdarstellungen

des SachenRBerG befunden, dürfte der Notar nach § 17 Abs. 1 BeurkG zur Vermeidung von Irrtümern oder Zweifeln oder der Benachteiligung unerfahrener und ungewandter Beteiligter ohne Verletzung seiner Unparteilichkeit gehalten sein, auf die Existenz des SachenRBerG und vor allen Dingen den dort verankerten Halbteilungsgrundsatz hinzuweisen.[1790]

dd) Notarielles Vermittlungsverfahren

3851 Zur Aufbereitung des Sachverhalts, zur Ermittlung von Einigungsmöglichkeiten und zur Konzentration des Streitstoffes ist ein Notar mit Amtssitz im Belegenheitsbundesland (§ 88 Abs. 1 Satz 1 SachenRBerG; bei einvernehmlicher Einigung auch ein außerhalb dieses Bundeslandes ansässiger Notar, § 88 Satz 2 SachenRBerG) zur Vermittlung[1791] berufen. Es handelt sich um ein streitiges FGG-Verfahren[1792] mit abgeschwächter Amtsermittlung und starken Elementen der Beibringung des Streitstoffes durch die Beteiligten (zum Antragsinhalt vgl. § 90 Abs. 1 und Abs. 2 SachenRBerG), allerdings nicht ohne notarielle Hinweispflichten.[1793] Der Notar hat zur Vorbereitung des ersten Verhandlungstermins – zu dem förmlich zu laden ist (§ 92 Abs. 1 SachenRBerG) – Grundbucheinsicht zu nehmen und ein Negativattest beim ARoV/LARoV anzufordern; auch ein schriftliches Vorverfahren analog § 276 BGB kann (wohl) angeordnet werden.[1794] Ist das Grundstück restitutionsbehaftet und ergibt sich keine Möglichkeit einer »dreiseitigen Vereinbarung« unter Einschluss des Anmelders, ist das Verfahren gem. § 94 Abs. 1 Nr. 1 SachenRBerG auszusetzen, da auch im **Vermittlungsverfahren** keine Verletzung des gesetzlichen Verfügungsunterlassungsgebots des § 3 Abs. 3 VermG stattfinden darf.

3852 Eine streitentscheidende Funktion kommt dem Notar im Vermittlungsverfahren nicht zu; erkennt einer der Beteiligten den Bereinigungsanspruch dem Grunde nach nicht an, wird der Notar gem. § 94 Abs. 2 Satz 1 Nr. 2 SachenRBerG das Verfahren aussetzen und die Beteiligten auf den Weg der **Zwischenfeststellungsklage des § 108 SachenRBerG** verweisen. Anderenfalls hat der Notar nach Durchführung der Erhebung gem. § 98 Abs. 1 SachenRBerG einen Vermittlungsvorschlag zu unterbreiten, der den gesetzlichen Bestimmungen des Kontrahierungszwangs entspricht (soweit die Beteiligten nicht hiervon einvernehmlich abweichen) und der gem. § 98 Abs. 2 SachenRBerG zu beurkunden ist, sofern sich hierüber Einigung ergibt oder das Einverständnis des nicht erschienenen Beteiligten gem. § 96 Abs. 3 SachenRBerG vermutet wird.

3853 Während der **Dauer des Vermittlungsverfahrens** ist zur Sicherung der Position des Nutzers insb. im Hinblick auf § 111 SachenRBerG auf Ersuchen des Notars ein **Vermittlungsvermerk** nach § 92 Abs. 5 SachenRBerG einzutragen[1795] (zu dessen Löschung auf Ersuchen vgl. § 98 Abs. 2 Satz 2 und Satz 3 SachenRBerG). Kommt es zu keiner Einigung, steht den Beteiligten das **ZPO-Vertragshilfeverfahren** der §§ 103 ff. SachenRBerG (mit Rechtshängigkeitsvermerk gem. § 113 Abs. 3 Satz 2 SachenRBerG) offen, wobei jedoch der notarielle Vermittlungsvorschlag und das Abschlussprotokoll zwingend der Klage auf Feststellung über den Inhalt eines Erbbaurechts oder Ankaufsrechts beizugeben sind, um den Streitstoff zu begrenzen und das Gericht von reinen Vertragsgestaltungsaufgaben zu entlasten.

b) Verkehrsflächenbereinigungsgesetz[1796]

3854 Für Grundstücke, die von öffentlichen Körperschaften zur Erfüllung ihrer öffentlichen Aufgaben genutzt werden, sowie für dem Gemeingebrauch gewidmete Gebäude bestand gem. Art. 233 § 2a

---

1790 *Krauß* MittBayNot 1995, 264; ebenso DNotI-Gutachten Nr. 66729 v. März 2006.
1791 Vgl. zum Folgenden ausführlicher, auch aus anwaltlicher Sicht, *Krauß* ZAP-Ost 1998, S. 179 ff. und S. 367 ff.
1792 Zur analogen Anwendung von ZPO-Vorschriften, etwa der Unterbrechung bei Insolvenz des Antragsgegners gem. § 240 ZPO, vgl. DNotI-Gutachten Nr. 68397 v. 04.07.2006.
1793 OLG Brandenburg, 09.01.2003 – 5 W 1/02, VIZ 2003, 351.
1794 DNotI-Gutachten Nr. 65822 v. Februar 2006.
1795 Vgl. im Einzelnen *Krauß* in: Bauer/von Oefele GBO 3. Aufl. 2012 Anh. § 144 Rn. 37 ff.
1796 Art. 1 des GrundRBerG BGBl. 2001, S. 2716 ff.; ausführlich *Stavorinus* NotBZ 2001, 349 ff., der die Formulierung der im Gesetz enthaltenen Vorgaben für die Vertragsgestaltung mitbeeinflusst hat; ferner *Hirschinger* NJ 2001, 570 ff.; zu grundbuchlichen Fragen *Böhringer* VIZ 2002, 193 ff., zur notariellen Praxis *Salzig* NotBZ 2007, 164 ff.

Abs. 9 EGBGB bis zum 30.09.2001 ein »Moratorium«;[1797] solche Sachverhalte waren gem. § 2 Abs. 1 Nr. 4 SachenRBerG von der Sachenrechtsbereinigung ausgenommen. Diese letzte Lücke der Bereinigung der Grundstücksverhältnisse schließt nunmehr das VerkFlBerG in Anlehnung an die Ankaufslösung des SachenRBerG. Erfasst sind Rechtsverhältnisse an Grundstücken privater Eigentümer, die nach dem 09.05.1945[1798] bis zum 02.10.1990 als Verkehrsfläche in Anspruch genommen oder zur Erfüllung sonstiger Verwaltungsaufgaben mit einer baulichen Anlage bebaut wurden, soweit diese Nutzung noch besteht (z.B. Feuerwehr, Schule, Kindergarten).

Der »Nutzer« (d.h. die juristische Person des öffentlichen Rechts oder des Privatrechts, soweit die Mehrheit der Anteile sich in der Hand öffentlicher Körperschaften befindet)[1799] hat gegen den (jeweiligen)[1800] Grundstückseigentümer einen Erwerbsanspruch, der durch notariell zu beurkundendes Angebot auszuüben ist. Der Grundstückseigentümer[1801] ist zur Annahme verpflichtet, sofern das Angebot inhaltlich den Vorgaben des § 7 VerkFlBerG entspricht; hierin liegt kein Verstoß gegen Art. 14 GG.[1802] Zur Vermeidung der Unsicherheiten, die sich bei der Gestaltung des Zwangsvertrags in der Sachenrechtsbereinigung ergeben haben, enthält das Gesetz detaillierte und praxisnahe Regelungen zum »geschuldeten« Vertrag, von denen die Beteiligten einvernehmlich abweichen können. Ein **klagbarer Anspruch auf Annahme** besteht freilich nur, wenn das beurkundete Angebot in jeder Hinsicht den Vorgaben des gesetzlichen Inhaltszwanges entspricht.[1803] Verwiesen sei auf die hierzu veröffentlichten Muster.[1804] 3855

Damit ist zugleich erstmals durch den Gesetzgeber ein **Leitbild ausgewogener Kaufvertragsgestaltung und -abwicklung** entwickelt worden.[1805] Illustrativ der Wortlaut des § 7 Abs. 2 VerkFlBerG: »Der Grundstückseigentümer hat zugunsten des öffentlichen Nutzers die Eintragung einer Eigentumsvormerkung zu bewilligen. Der Kaufpreis ist fällig innerhalb eines Monats, nachdem der Notar dem öffentlichen Nutzer (d.h. dem Käufer) mitgeteilt hat, dass die Eigentumsvormerkung im Grundbuch eingetragen ist, die vertragsgemäße Lastenfreistellung sichergestellt ist und die für die Eigentumsumschreibung erforderlichen behördlichen Genehmigungen oder Erklärungen vorliegen.« § 7 Abs. 3 VerkFlBerG enthält **Vorgaben zum Rückbehalt der Auflassung** (aufgrund amtsstellengebundener Vollmacht erst nach Zahlung des Kaufpreises) und zum **sonstigen Vollzug der Urkunde**. Das Fehlen einer Finanzierungsvollmacht, der vollständige Ausschluss von Sachmängelansprüchen und das Verbot von Rücktrittsrechten oder Schadensersatz statt der Leistung ist den Besonderheiten der Konstellation geschuldet (die Ausübung von Rücktrittsrechten würde den vom Gesetz verfolgten Bereinigungszweck vereiteln). 3856

§ 19 Abs. 1 VerkFlBerG gibt dem Grundstückseigentümer ein auf Gesetz beruhendes, schuldrechtliches Wiederkaufsrecht für den Fall, dass das Grundstück binnen 10 Jahren (bei Verkehrsflächen binnen 30 Jahren) nicht mehr für die Erfüllung der Verwaltungsaufgabe genutzt wird. Ein Anspruch auf Sicherung durch Vormerkung besteht nicht. 3857

Der Kaufpreis beträgt bei Verkehrsflächen 20 % des Bodenwerts vergleichbarer unbebauter Grundstücke (§ 5 Abs. 1 Satz 1 VerkFlBerG; diese Begrenzung ist verfassungsgemäß[1806]) innerhalb gemeindegrößenabhängiger Mindest- und Höchstbeträge, bei mit sonstigen baulichen Anlagen im öffentlichen Interesse bebauten Grundstücken die Hälfte des »Bodenwerts« bei Ausübung des Ankaufsrechts. Hierfür ist zunächst der nach § 19 Abs. 2 Satz 2 SachenRBerG ermittelte Verkehrswert des unbebauten Grundstücks nach den Bodenrichtwerten gem. § 196 BauGB um ein Drittel zu kür- 3858

1797 Verfassungsrechtliche Vorgaben bei BVerfG, 08.04.1998 – 1 BvR 1680/93, NJW 1998, 3033.
1798 BGH, 11.07.2003 – V ZR 83/02, VIZ 2003, 486.
1799 BGH, 18.01.2002 – V ZR 104/01, VIZ 2002, 422.
1800 *Salzig* NotBZ 2007, 173.
1801 Zur Lösung des Dilemmas eines Nutzers, der die Zusammensetzung der Eigentümer-Erbengemeinschaft nicht kennt, erlaubt § 4 Abs. 4 Satz 3 VerkFlBerG i.V.m. § 17 SachenRBerG die Bestellung eines Pflegers.
1802 OLG Brandenburg, 09.08.2007 – 5 U 211/06, DNotI-Report 2008, 174.
1803 So darf z.B. nicht § 7 Abs. 3 Satz 1 und Satz 2 VerkFlBerG die Auflassung durch den Privateigentümer erklärt werden müssen, vgl. *Salzig* NotBZ 2007, 170.
1804 Insb. *Stavorinus* in: Eickmann Sachenrechtsbereinigung Anh. I VerkFlBerG 16.
1805 Eingehend *Stavorinus* NotBZ 2001, 349 ff., vgl. auch *Stavorinus* notar 2011, 415, 422.
1806 BGH, 20.06.2008 – V ZR 149/07, DNotI-Report 2008, 127.

C. Querschnittsdarstellungen

zen, das Ergebnis sodann zu halbieren. Wendet der Grundstückseigentümer einredeweise ein, mit der öffentlichen Nutzung sei nicht mehr für mindestens 5 Jahre zu rechnen und kann der öffentliche Nutzer nicht das Gegenteil beweisen, entfällt der Erwerbsanspruch zugunsten eines Fortbestands des bloßen Besitzrechts (§§ 3 Abs. 2 Satz 2, 9 Abs. 1 VerkFlBerG) gegen laufende Entschädigung.

3859 Wird das Grundstück als Verkehrsfläche nur in einzelnen Beziehungen genutzt, für die eine Dienstbarkeit üblich ist, besteht lediglich Anspruch hierauf[1807] gegen übliche Entschädigung (§§ 3 Abs. 3 Satz 2, 5 Abs. 3 VerkFlBerG).

3860 Die Ansprüche des Nutzers auf Erwerb oder Dienstbarkeitsbestellung sind mit Ablauf des 30.06.2007 erloschen; seitdem kann der Grundstückseigentümer vom Nutzer verlangen, dass letzterer ihm das Grundstück zu denselben Bedingungen abkaufe (§ 8 Abs. 2 VerkFlBerG); die »Initiativrechte« gingen also vom öffentlichen Nutzer auf den Grundstückseigentümer über.

1807 Zur »Dienstbarkeitsvariante« *Böhringer* VIZ 2003, 55.

D. Vollzugsmuster

Übersicht

		Rdn.
I.	Vollzugslaufblatt Kaufvertrag	3862
II.	Ausfertigungslaufblatt Kaufvertrag	3863
III.	Brief an Beteiligte zur Versendung der Ausfertigung mit Ausfertigungsvermerk	3864
IV.	Grundbuchantrag auf Eintragung der Vormerkung	3865
V.	Brief an Gläubigerbank zur Anforderung der Lastenfreistellungsunterlagen mit Entwurf der Löschungsbewilligung	3866
VI.	Anfrage in Bezug auf das gesetzliche Vorkaufsrechts gem. § 24 BauGB bei der Gemeindeverwaltung	3867
VII.	Brief an Vorkaufsberechtigten (privat) mit Verzichtserklärung und Löschungsbewilligung bei rechtswirksamem Vertrag	3868
VIII.	Antrag auf Bestellung eines Ergänzungspflegers und Erteilung der familiengerichtlichen Genehmigung	3869
IX.	Brief an Gläubigerbank zur Einholung der Schuldübernahmegenehmigung	3870
X.	Brief an Gläubigerbank zur Einholung der Nichtvalutierungserklärung	3871
XI.	Brief an das Vollstreckungsgericht (Anmeldung des Kaufvertrags und Anfrage nach beigetretenen Gläubigern)	3872
XII.	Brief an Finanzierungsgläubiger zur Übersendung der Ausfertigung der Grundschuldbestellung zur Vorwegfinanzierung	3873
XIII.	Grundbuchantrag: Eintragung der Grundschuld und Rangrücktritt der Auflassungsvormerkung	3874
XIV.	Brief an Finanzierungsgläubiger mit Übersendung der vollstreckbaren Ausfertigung der Grundschuldbestellung nach Eintragung	3875
XV.	Einholung der Genehmigung des Nacherben	3876
XVI.	Einholung der Genehmigung des WEG-Verwalters	3877
XVII.	Einholung der Genehmigung des Sanierungsausschusses	3878
XVIII.	Einholung der Genehmigung nach GrdStVG	3879
XIX.	Notarielle Fälligkeitsmitteilung an den Käufer	3880
XX.	Notarielle Fälligkeitsmitteilung an den Verkäufer mit Zahlungsbestätigungsformular	3881
XXI.	Brief an die Verkäuferbank zur Entlassung aus der erteilten Treuhandauflage	3882
XXII.	Grundbuchantrag zum Vollzug der Auflassung	3883
XXIII.	Mitteilung an Vertragsbeteiligte über den Endvollzug	3884
XXIV.	Zustimmungs- und Vorkaufsrechtsverzichtserklärung des Grundstückseigentümers bei Übertragung eines Erbbaurechts	3885
XXV.	Zustimmung des Grundstückseigentümers zur Belastung ohne Rangrücktritt, aber mit Stillhalteerklärung	3886
XXVI.	Zustimmung des Grundstückseigentümers zur Belastung mit Rangrücktritt	3887
XXVII.	Gegenerklärung des Gläubigers bei Rangrücktritt des Grundstückseigentümers (nach altem Recht)	3888
XXVIII.	Zustimmung des Gläubigers zur Inhaltsänderung der Reallast	3889

D. Vollzugsmuster

3861 Lediglich als Formulierungshilfen sind nachstehend einige Vorschläge zur Abfassung der **Korrespondenz mit Vollzugsbeteiligten** abgedruckt. Vorangestellt sind Vorschläge für ein **Vollzugslaufblatt** (auf der Außenseite des Aktendeckels) und einen **Ausfertigungslaufplan**, die beide bei Auflösung der Akte der Urschrift beigeheftet werden.

I. Vollzugslaufblatt Kaufvertrag

▶

3862 UR .....00/20.....　　　　　　　　　**Kaufvertrag**

vom .....20 .....

　　　　　　　　　　　　　　　..... /..... **KV**

UR ...../20.....

vom .....20.....

　　　　　　　　　　　　　　　EDV-Nr. .....

zu erledigen	veranl.	mon.	erled.	zu erledigen	veranl.	mon.	erled.
Entwurf an				Hinterlegung			
				Einzahlung			
				Auszahlung oder			
				Bestätigg. weg. Fälligk. des Kaufpreises nach			
Genehmigg./ Erbscheine							
				Auflassungsvormerkung			
				Lastenfreistellung			
				Vorkaufsrechtszeugnis			
				Verwalterzustimmung			
				Genehmigungen			
				Schuldübernahmegen.			
Behördl. Genehmigungen				Nichtvalutierungserklärg.			
BauGB							
GrdstVG							
GVO							
Zustimmung				**Vorvollzug**			
Verwalter mit Nachweis							
Grst.-Eigentümer							

zu erledigen	veranl.	mon.	erled.	zu erledigen	veranl.	mon.	erled.
				Vollzugsanweisg. wegen Kaufpreiszahlung			
Vorkaufsrechte							
Gemeinde/Stadt BauGB							
				Treuhandaufträge			
Unbedenklichkeitsbeschein.							
Nachr. an FA weg. Gen.							
Lastenfreistellung (LF)							
(Löschung/ Rangrücktritt)							
Grsch./Hyp.-Briefe							
				Vorlage z. Vollzug der Auflassungsvormerkung			
				Auflassung/Endvollzug			
				separate LF			
Veränderungsnachweis				Grsch./Hypotheken			
Vermessungsantrag				Vollzug			
Messanerk. u. Auflassung				Vollstr. Ausf. an Gläubig.			
				GBauszug un-/beglaubigt			

D. Vollzugsmuster

II. Ausfertigungslaufblatt Kaufvertrag

▶

3863 **Abschriften-Laufplan zu URNr. ...../.....**

Besondere Hinweise:

- Pläne ausmalen
- Anlagen beachten (auch begl. Vollmachtskopie etc.)
- Nachgenehmigung erforderlich
- Vertretungsbescheinigung fertigen

Zahl der Kopiensätze: .....

Erläuterung:

S = sofort
NG = nach Eingang Genehmigung/Vtgsbesch
bA = besonderes Anschreiben (nach Diktat)
mP = mit Plan
oA = ohne Anlagen
+ KR =   mit Kostenrechnung
+ GenE = mit Genehmigungsentwurf

WV nach Erstbearb: .....

Original	**Datum**
	ggf. Empfangsbest.
	Hz.
in Urkundensammlung	
	Ausfertigungen
	Datum
	Hz.
Beteiligte zu 1:	
Beteiligte zu 2:	
Grundbuchamt	☐ zunächst nur in Akte
beglaubigte Abschriften	**Datum**
	Hz.
Beteiligte (z.B. bei Grundschulden, zur Nachgen.):	
	Anderkonto (Buchhaltung)
Kaufpreisfinanzierungsgläubiger	
Globalgläubiger (.....)	
Genehmigung nach GVO (Stadt/LRA .....)	

1150

II. Ausfertigungslaufblatt Kaufvertrag

○ A ..... mit Negativbescheid
des Vermögensamts

Finanzamt – Schenkung-
steuerstelle – .....

Urkundensammlung

einfache Abschriften **Datum**

Hz.

FA – GrderwSt – ..... mit Veräuß.anzeige

○ A Gutachterausschuss ..... (ggf. mit VorkaufsR)

Teilungsgenehmigung LBauO (Stadt/LRA .....)

..... mit Vermessungsantrag

○ A Makler

+ GenE zur Nachgenehmigung:

Kostenrechnung erstellt am: ..... **durch:** .....

versandt am: .....
weitere Kostenrechnung für Lastenfreistellung erforderlich? ja ☐

erstellt am: ..... versandt am: .....

Eingebucht in Urkundenrolle und KRegister am ..... durch .....

Anzeigen:	☐ ges. Vorkaufsrecht Gemeinde	☐ Geburtsstandesämter
	☐ ges. Vorkaufsrecht LRA (NatSchG)	☐ Veräußerungsanzeige:
zur Rechtswirksamkeit fehlt:	☐ Genehmigung Verkäufer	☐ GVO-Genehmigung
	☐ Genehmigung Käufer	☐ GrdStVeG-Genehmigg
	☐ Genehmigung Verwalter	☐ Genehmigung Sanierungsstelle
	☐	
Eintragungen in:	☐ Kartei für Veränderungsnachweise	

Vollzugsmitteilungen an: ..... **am:** ..... nach Prüfung

vollstreckbare Ausfertigung an (☐ Verkäufer /☐ Makler) **am:** .....

Hinweis: Dann Kopie der Klausel an Original heften! Anschreiben auch an Schuldner

Akte aufgelöst; Nebenakten angelegt am: ..... **durch:** .....

Hinweis: Aktendeckel und Ausfertigungsblatt gehören zum Original!

D. Vollzugsmuster

III. Brief an Beteiligte zur Versendung der Ausfertigung mit Ausfertigungsvermerk

▶

3864

.....   **NOTAR**   .....

Herrn   .....

.....   Telefon .....

.....   Fax .....

                                                                 E-Mail .....@.....

.....   www.notar.....de

UNSER ZEICHEN (BITTE STETS ANGEBEN)	SACHBEARBEITER	DURCHWAHL	IHR SCHREIBEN VOM/ IHR ZEICHEN	DATUM
...../.....				.....20.....

Sehr geehrter Herr .....,

anbei erhalten Sie die Ausfertigung meiner Urkunde URNr. ...../..... vom ...../20...... Bei eventuellen Rückfragen stehen Ihnen meine Mitarbeiter jederzeit gerne zur Verfügung.

Ihr direkter Ansprechpartner in allen Fragen des Vollzuges dieses Vertrags ist ....., den Sie unter der Telefon-Durchwahl ..... erreichen.

Um eine zügige Erledigung Ihrer Anliegen gewährleisten zu können, bitte ich Sie, bei allen Rückfragen die folgende Aktenbezeichnung und URNr. anzugeben:

...../..... KV, URNr. .....

Mit freundlichen Grüßen,

.....

(Notar)

Anlagen

Ausfertigungsvermerk:

Vorstehende, mit der Urschrift übereinstimmende Ausfertigung wird hiermit

Herrn

Max Müller, geb. am .....

wohnhaft .....

auf Ansuchen erteilt.

....., den .....20.....

.....

(Notar)

IV. Grundbuchantrag auf Eintragung der Vormerkung

▶

.....	**NOTAR**	 3865
Übergabe-Einschreiben		.....
Amtsgericht		Telefon .....
Grundbuchamt		Fax .....
		E-Mail .....@.....
.....		www.notar.....de

UNSER ZEICHEN (BITTE STETS ANGEBEN)	SACHBEARBEITER	DURCHWAHL	IHR SCHREIBEN VOM/ IHR ZEICHEN	DATUM
...../.....				.....20.....

Vorlage Nr. .....

zu Grundbuch für ..... Blatt .....

Hinsichtlich

- ☒ der beigefügten URNr. 00/.....
- ☐ der bereits eingereichten URNr. .....
- ☐ **bewillige** ich hiermit unter Beifügung des Siegels aufgrund der mir erteilten Vollmacht namens des Verkäufers die Eintragung der Eigentumsumschreibung in das Grundbuch und
- ☒ **beantrage** ausschließlich ich nach § 15 GBO und ggf. aufgrund weiter gehender Vollzugsvollmacht im Namen aller Antragsberechtigten – bei Grundpfandrechten insbes. auch im Namen des Gläubigers –:

  beantragen die Beteiligten, deren Anträge ich als Bote übermittle:

- ☒ lediglich die Eintragung der **Vormerkung(en)** gem. § 883 BGB
- ☒ an nächstoffener Rangstelle   ☐ jedoch im Rang nach Vorlage 1
- ☐ die Eintragung des bestellten **Grundpfandrechts** an nächstoffener Rangstelle,
  - ☐ vorerst jedoch lediglich die Eintragung des Verpfändungsvermerkes bei der Vormerkung
- ☐ sowie die Erteilung einer ..... beglaubigten Grundbuchblattabschrift an mich auf Kosten des Schuldners/Erwerbers nach Eintragung .....
- ☐ den Vollzug
  - ☐ der Rangänderung   ☐ der Freigabe   ☐ der Abtretung
  - ☐ der Löschung(en)   ☐ der Berichtigung   ☐ der Teilungserklärung

Hochachtungsvoll

.....

(Notar) (ggf. Siegel)

D. Vollzugsmuster

V. Brief an Gläubigerbank zur Anforderung der Lastenfreistellungsunterlagen mit Entwurf der Löschungsbewilligung

▶

.....	**NOTAR**	.....
..... bank AG		.....
.....		Telefon .....
.....		Fax .....
		E-Mail .....@.....
.....		www.notar.....de

UNSER ZEICHEN (BITTE STETS ANGEBEN)	SACHBEARBEITER	DURCHWAHL	IHR SCHREIBEN VOM/ IHR ZEICHEN	DATUM
...../.....				.....20.....

Darlehensnehmer/Eigentümer: Herr ....., geboren am ....., wohnhaft ....., ...

Sehr geehrte Damen und Herren,

an dem Grundbesitz des vorgenannten Eigentümers lastet in Abteilung III des Grundbuches ein Grundpfandrecht ohne Brief über ..... €, dessen Gläubiger Sie (ggf. aufgrund Abtretung) sind.

Der Eigentümer hat sich im Rahmen der Abwicklung der diesamtlichen Urkunde URNr. ...../..... vom ..... zur Lastenfreistellung verpflichtet.

Ich darf Sie daher bitten, die in der Anlage beigefügte Löschungsbewilligung von Bevollmächtigten Ihrer Bank bei einem Notar unterzeichnen zu lassen und nach Beglaubigung Ihrer Unterschrift und Feststellung der Vertretungsbescheinigung mir zurückzuleiten. Soweit Sie die entstandenen Notargebühren nicht Ihrem Kunden unmittelbar belasten können, sind sie mir per Treuhandauflage aufzugeben.

Der Eingang der Löschungsunterlagen (ggf. samt Grundpfandrechtsbrief) ist Voraussetzung der Kaufpreisfälligkeit und daher eilbedürftig.

Sollten Sie die Verwendung der Löschungsunterlagen von einer (teilweisen) **Rückzahlung des Darlehens** abhängig machen, übernehme ich bereits heute die Haftung dafür, dass die Löschung im Grundbuch erst vollzogen wird, wenn Sie mir den Eingang des geforderten Geldbetrags, den sie bitte ggf. vorab mit Ihrem Kunden abstimmen, bestätigt haben. Ich darf Sie bitten, mir diese Haftentlassung zu gegebener Zeit zu übermitteln. Eine Bestätigung über Erhalt der Unterlagen und Annahme des öffentlich-rechtlichen Treuhandauftrags versende ich nur auf ausdrückliche Anforderung. Die Unterlagen nehme ich aufgrund der im Kaufvertrag enthaltenen Vollmacht für alle am Vertrag und seiner Finanzierung Beteiligten entgegen, sodass spätere Änderungen nur unter deren Mitwirkung zivilrechtlich zulässig sind.

Das Darlehensverhältnis sollte zum Stichtag ..... (Monatsanfang vor dem geschätzten Fälligkeitstermin) abgerechnet werden unter Mitteilung der Stückzinsen für den Fall späterer Rückzahlung. Um den Vollzug des Vertrags nicht zu gefährden, kann ich Treuhandauflagen öffentlich-rechtlich nur annehmen,

- wenn etwaige Befristungen ausgestaltet sind als Vorbehalt des Widerrufs oder der Änderung bezogen auf einen Zeitpunkt frühestens 2 Monate nach dem oben genannten Abrechnungsstichtag
- und wenn die Ausübung des Widerrufs ferner ausgeschlossen ist während des Laufs einer durch Fälligkeitsmitteilung in Gang gesetzten Zahlungsfrist und nach Erfüllung der bisherigen Auflagen.

Mit freundlichen Grüßen,

.....

(Notar)

Anlage

(Löschungsentwurf)

Akte: ...../..... KV

Löschung

vonseiten des Berechtigten wird die nachstehend aufgeführte Belastung samt allen Nebeneinträgen an allen belasteten Grundstücken zur Löschung

bewilligt.

Die Kosten dieser Löschung trägt der Eigentümer.

Vollzugsmitteilung soll an Notar ..... erfolgen.

Belastung:

Grundpfandrecht ohne Brief zu ..... € für die .....bank AG mit dem Sitz in ....., ...% Jahreszinsen, ...% Nebenleistung einmalig, vollstreckbar gem. § 800 ZPO

Grundbesitz:

Grundbuch des Amtsgerichts ..... für ..... Blatt .....

Eigentümer:

Herr ....., geboren am ....., wohnhaft: ....., ...

....., den .....

.....

(Unterschrift mit notarieller

Beglaubigung und Feststellung der

Vertretungsbefugnis)

Entwurf und zurück an:

Notar

.....

D. Vollzugsmuster

VI. Anfrage in Bezug auf das gesetzliche Vorkaufsrechts gem. § 24 BauGB bei der Gemeindeverwaltung

▶

3867

.....

Stadtverwaltung .....

.....

.....

.....

NOTAR

.....

.....

Telefon .....

Fax .....

E-Mail .....@.....
www.notar.....de

UNSER ZEICHEN (BITTE STETS ANGEBEN)	SACHBEARBEITER	DURCHWAHL	IHR SCHREIBEN VOM/ IHR ZEICHEN	DATUM
...../.....				.....20.....

Gesetzliches Vorkaufsrecht der Gemeinde gem. § 24 BauGB oder aufgrund sonstiger Rechtsgrundlagen

Urkunde:...../..... vom .....

Betroffener Grundbesitz: Flurstück ....., Gemarkung .....

Verkäufer: Herr .....

Käufer: Frau ....., ..., ...

Sehr geehrte Damen und Herren,

mit der oben genannten Urkunde wurde über den im Betreff näher bezeichneten Grundbesitz ein Kaufvertrag abgeschlossen. Soweit für den Gutachterausschuss erforderlich, liegt Kopie der Urkunde bei.

Sofern weitere als die oben genannten gesetzlichen Vorkaufsrechte in Betracht kommen, sind Sie hiermit auch diesbezüglich zur Äußerung aufgefordert.

In Vollmacht für den Erwerber als Antragsteller bitte ich um Mitteilung, ob dieser Grundbesitz von einem gesetzlichen Vorkaufsrecht Ihrer Gemeinde betroffen ist. Sollte dies der Fall sein, werde ich Ihnen nach Rechtswirksamkeit des Vertrags im Auftrag des Verkäufers eine Ausfertigung der Urkunde samt den Genehmigungen übersenden, damit Sie sich endgültig über die Ausübung eines Vorkaufsrechts erklären können.

Andernfalls ist der rückseitige Text mit Ihrer Unterschrift und dem **Amtssiegel** zu versehen und mir zurückzureichen.

Mit freundlichen Grüßen,

.....

(Notar)

VI. Anfrage in Bezug auf das gesetzliche Vorkaufsrechts gem. § 24 BauGB

Urschriftlich zurück an:

Notar

.....

.....

.....

.....

Der unterzeichnenden Gemeinde steht zu Ihrer URNr. ...../..... kein Vorkaufsrecht zu.

....., den .....

.....

(Unterschrift)

.....

(Siegel)

D. Vollzugsmuster

VII. Brief an Vorkaufsberechtigten (privat) mit Verzichtserklärung und Löschungsbewilligung bei rechtswirksamem Vertrag

▶

3868

	NOTAR	
Herrn		.....
.....		.....
.....		Telefon .....
		Fax .....
		E-Mail .....@.....
.....		www.notar.....de

UNSER ZEICHEN (BITTE STETS ANGEBEN)	SACHBEARBEITER	DURCHWAHL	IHR SCHREIBEN VOM/ IHR ZEICHEN	DATUM
...../.....				.....20.....

Sehr geehrter Herr .....,

an Flurstück ..... der Gemarkung ..... ist zu Ihren Gunsten ein Vorkaufsrecht eingetragen. Zu diesamtlicher Urkunde URNr. ...../..... vom ..... wurde ein Kaufvertrag über dieses Grundstück geschlossen, der zwischenzeitlich i.Ü. rechtswirksam geworden ist. Die Beteiligten und den Inhalt des Vertrags entnehmen Sie bitte der beigefügten **Ausfertigung**, die ich Ihnen im Auftrag des Verkäufers übermittle. Die etwa erteilten **Genehmigungen** sind der Ausfertigung beigebunden. Den Erhalt bitte ich auf beigefügter **Zweitschrift** zu bestätigen, die sie nach Unterzeichnung per Fax oder Post an mich zurücksenden mögen. Geht sie nicht binnen vierzehn Tagen ein, müsste die Zustellung zum Nachweis des Fristbeginns durch Gerichtsvollzieher erfolgen.

Ich bitte Sie, zu prüfen, ob Sie von Ihrem Vorkaufsrecht Gebrauch machen werden. Die gesetzliche Ausübungsfrist beträgt zwei Monate ab Erhalt dieses Schreibens. Die Ausübung erfolgt durch formloses Schreiben an den Verkäufer und führt grds. zum Zustandekommen eines Vertrags zwischen Ihnen und dem Verkäufer zu denselben Bedingungen, wie er sie mit dem Käufer der beiliegenden Urkunde vereinbart hat. Der Verkäufer erhält Kopie dieses Anschreibens zur Kenntnis mit der Bitte, etwaige Ausübungserklärungen mitzuteilen, ebenso den Nichteingang solcher binnen zwei Monaten und zwei Wochen ab heute.

Sollten Sie die Ausübung des Vorkaufsrechts erwägen, bitte ich Sie um frühzeitige Klärung der Finanzierung des Kaufpreises. Ich bitte Sie ferner, mir eine Kopie der Ausübungserklärung zu übersenden und mit meinem Büro Kontakt aufzunehmen, damit das weitere Vorgehen hinsichtlich des Vollzuges des dadurch zustande kommenden Vertrags erläutert werden und die notwendige Ergänzungsvereinbarung (Erklärung der Auflassung etc.) vorbereitet werden kann.

Sofern Sie Ihr Vorkaufsrecht nicht ausüben, bitte ich um Unterzeichnung und Rücksendung der beigefügten **Verzichtserklärung** (Anlage 1) an mich.

Sofern das Vorkaufsrecht nur für den ersten Verkaufsfall bestellt wurde oder wenn sie auf dieses für alle Zukunft verzichten, ist ferner die Unterzeichnung der als Anlage 2 beigefügten **Löschungsbewilligung** *vor einem Notar erforderlich. Für die Vereinbarung eines kurzfristigen Termines steht Ihnen mein Büro gerne zur Verfügung. Sofern die Beglaubigung Ihrer Unterschrift vor einem anderen Notar stattfindet, bitte ich dafür Sorge zu tragen, dass das Original nach Beglaubigung an mich zurückgesandt wird. Die anfallenden Kosten können mir per Rechnung aufgegeben werden; sie trägt der Verkäufer.*

Für Rückfragen stehe ich gerne zur Verfügung.

Mit freundlichen Grüßen,

Ihr

.....

(Notar)

VII. Brief an Vorkaufsberechtigten (privat) mit Verzichtserklärung/Löschungsbewilligung

Anlagen:

Zweitschrift dieses Briefes als Empfangsbestätigung zur Rücksendung/Rückübermittlung per Fax

Nichtausübungserklärung

Löschungsbewilligung

Akte: ...../..... KV

Verzichtserklärung

Im Grundbuch des Amtsgerichts ..... für ..... Blatt .....

ist an FlSt .....

ein Vorkaufsrecht zugunsten Herrn ....., geb. am ....., ... eingetragen.

Soweit aufgrund des Vertrags vom ..... (URNr. ...../..... des Notars .....) ein Vorkaufsfall eingetreten ist, wird seitens des Berechtigten auf die Ausübung des vorgenannten Vorkaufsrechts endgültig verzichtet.

Das in der Urkunde enthaltene Angebot des Verkäufers auf Abschluss eines Erlassvertrags bzgl. der Ausübung in diesem Vorkaufsfall wird angenommen. Die Übersendung einer Vollzugsmitteilung ist nicht erforderlich. Eine etwaige Löschung des Vorkaufsrechts wird zu getrennter Urkunde bewilligt.

....., den .....

.....

(Unterschrift)

Beglaubigung nicht erforderlich

zurück an:

Notar

.....

.....

.....

Akte: ...../.....

Löschung

vonseiten des Berechtigten wird die nachstehend aufgeführte Belastung wegen Verzichts oder Gegenstandslosigkeit samt allen Nebeneinträgen zur Löschung

bewilligt.

Die Kosten dieser Löschung trägt der Eigentümer.

Vollzugsmitteilung soll an Notar ..... erfolgen.

Belastung/Berechtigter:

Vorkaufsrecht zugunsten Herrn ....., geb. am ....., ...

Grundbesitz:

Grundbuch des Amtsgerichts ..... für ..... Blatt ..... Flst. .....

Eigentümer:

Herr ....., geboren am ....., wohnhaft: ....., ...

....., den .....

.....

D. Vollzugsmuster

(Unterschrift mit notarieller Beglaubigung und ggf. Feststellung der Vertretungsbefugnis)

Wert: ..... €

(halber Grundstückswert)

Entwurf/zurück an:

Notar

.....

.....

.....

VIII. Antrag auf Bestellung eines Ergänzungspflegers und Erteilung der familiengerichtlichen Genehmigung

▶

.....	**NOTAR**	.....
Amtsgericht		.....
– Familiengericht –		Telefon .....
–		Fax .....
		E-Mail .....@.....
.....		www.notar.....de

UNSER ZEICHEN (BITTE STETS ANGEBEN)	SACHBEARBEITER	DURCHWAHL	IHR SCHREIBEN VOM/ IHR ZEICHEN	DATUM
...../.....				.....20.....

Anregung zur Bestellung eines Ergänzungspflegers sowie Antrag auf Erteilung der familiengerichtlichen Genehmigung zu diesamtlicher Urkunde vom ....., URNr. ...../.....

Sehr geehrte Damen und Herren,

zur Wirksamkeit und zum Vollzug obiger Urkunde ist nach hiesiger Auffassung die Bestellung eines **Ergänzungspflegers** erforderlich. Der im Urkundseingang Genannte ist zur Übernahme dieses Amts bereit und in der Lage. Ich rege daher an, nach Prüfung der Sachlage ihn zum Pfleger zu bestellen, ihn zu verpflichten und ihm den Pflegerausweis auszuhändigen.

In der Aushändigung dieses Ausweises an mich zum Zwecke der Fertigung einer beglaubigten Abschrift liegt gem. den vertraglichen Vereinbarungen die stillschweigende Genehmigung der in dieser Urkunde vorbehaltlich seiner Pflegerbestellung abgegebenen Erklärungen. Hierüber werde ich eine Niederschrift im Wege der Eigenurkunde fertigen.

Der zu oben genannter Urkunde errichtete Vertrag bedarf nach hiesiger Rechtsauffassung zu seiner Wirksamkeit der nachträglichen Genehmigung durch das Familiengericht gem. § ..... Aufgrund der mir in der vorgezeichneten Urkunde erteilten Vollmacht, beantrage ich namens des über 14 Jahre alten Kindes, seiner Eltern, und des Ergänzungspflegers die Erteilung der **familiengerichtlichen Genehmigung** für sämtliche in dieser Urkunde enthaltenen genehmigungsbedürftige Rechtsgeschäfte.

Ich ersuche demgemäß um Übersendung einer Kopie der Genehmigung und, sobald es erteilt werden kann, des Rechtskraftzeugnisses gem. § 46 FamFG zu meinen Händen. Ich werde diese sodann entgegennehmen und allen Beteiligten mitteilen; hierüber wird eine weitere Niederschrift gefertigt. Beide Feststellungen erhalten Sie sodann von mir zum Nachweis des Wirksamwerdens der Urkunde übersandt. Sollten durch das Gericht weitere Verfahrensvertreter (z.B. ein Verfahrensbeistand gem. § 158 FamFG) bestellt werden, bitte ich Sie, mir hiervon durch Abschrift Kenntnis zu geben, so dass diese in den Schriftverkehr, auch zur Erlangung rascherer Rechtskraft, einbezogen werden können.

Bei etwaigen Rückfragen zum wirtschaftlichen Hintergrund bitte ich Sie, sich direkt mit Herrn/ Frau ....., Anschrift: ....., TelNr. ..... in Verbindung zu setzen. Der Geschäftswert entspricht dem Kaufpreis. Die Kosten des gerichtlichen Verfahrens trägt .....

Mit freundlichen Grüßen

Ihr

.....

(Notar)

Anlage:

Drei beglaubigte Abschriften des Vertrags (Überstücke für Ergänzungs- und/oder Verfahrenspfleger)

D. Vollzugsmuster

IX. Brief an Gläubigerbank zur Einholung der Schuldübernahmegenehmigung

▶

3870

.....
.....bank AG
.....
.....
.....

NOTAR

.....
.....
Telefon .....
Fax .....
E-Mail .....@.....
www.notar.....de

UNSER ZEICHEN (BITTE STETS ANGEBEN)	SACHBEARBEITER	DURCHWAHL	IHR SCHREIBEN VOM/ IHR ZEICHEN	DATUM
...../.....				.....20.....

Darlehens-Nr.: ....., **Darlehensnehmer:** Herr ....., geboren am ....., wohnhaft: ....., ...

Sehr geehrte Damen und Herren,

anliegend erhalten Sie eine Abschrift meiner Urkunde vom ....., URNr. ...../..... In dieser Urkunde haben die Erwerber die bei Ihnen bestehenden Verbindlichkeiten in schuldbefreiender Weise übernommen.

Gem. § 415 BGB (nicht jedoch gem. § 416 BGB) teile ich Ihnen diese Schuldübernahme mit und bitte Sie um Erteilung der Genehmigung gem. § 415 Abs. 1 BGB zu meinen Händen. Soweit zur Sicherheit für die übernommenen Verbindlichkeiten zu Ihren Gunsten Grundpfandrechte bestellt sind, bitte ich um Entlassung des bisherigen Schuldners aus der persönlichen Haftung sowie um entsprechende Anpassung der Zweckerklärungen dahin gehend, dass diese Grundpfandrechte künftig nur noch für die Verbindlichkeiten der Schuldübernehmer haften.

Bei etwaigen Rückfragen bitte ich Sie, sich direkt an den Veräußerer bzw. Erwerber zu wenden. Den Entwurf einer Bestätigung füge ich bei. Ich weise vorsorglich darauf hin, dass meinerseits nicht geprüft wurde, ob der Veräußerer bisher ordnungsgemäß über das Widerrufsrecht nach § 355 BGB belehrt wurde, und auch zur Schuldübernahme die Pflichtangaben nach § 492 BGB nicht vorlagen.

Die Angelegenheit ist eilbedürftig.

Mit freundlichen Grüßen,

.....

(Notar)

..... *Urschriftlich zurück an:*

Akte: ...../.....

Notar

.....

.....

.....

IX. Brief an Gläubigerbank zur Einholung der Schuldübernahmegenehmigung

Sehr geehrter Herr Notar,

hierdurch dürfen wir Ihnen bestätigen, dass die in Ihrer Urkunde URNr. ...../..... vom ..... erklärte befreiende Schuldübernahme zu dem in der Urkunde genannten Stichtag gem. § 415 BGB durch uns als Gläubiger

genehmigt

wurde. Die Zweckerklärung wurde dahin gehend angepasst, dass das Grundpfandrecht und die sonstigen Sicherheiten ab dem Stichtag nicht mehr für Verbindlichkeiten der bisherigen Darlehensnehmer haften, sondern bis zur Eigentumsumschreibung nur für den übernommenen Kredit, ab Eigentumsumschreibung zur Absicherung aller Ansprüche gegen die Darlehensnehmer aus der gesamten Geschäftsverbindung (bei mehreren nur, soweit diese gemeinsam begründet wurden oder ihnen schriftlich zugestimmt wurde). Diese Erklärungen geben wir zugleich mit Wirkung gegenüber bisherigem und künftigem Darlehensnehmer ab.

Ferner entlassen wir die bisherigen Darlehensnehmer und Mithaftenden aus etwa erklärten abstrakten Schuldanerkenntnissen mit Vollstreckungsunterwerfungen *(zu streichen, falls noch sonstige vom Sicherungszweck erfasste Verbindlichkeiten bestehen)*.

Der voraussichtliche Saldenstand zum Stichtag beträgt: ..... €

Mit freundlichen Grüßen,

(Unterschrift und Bankstempel)

D. Vollzugsmuster

X. Brief an Gläubigerbank zur Einholung der Nichtvalutierungserklärung
▶

3871

....
.....bank AG **NOTAR** .....
.....   Telefon .....
.....   Fax .....
   E-Mail .....@.....
.....   www.notar.....de

UNSER ZEICHEN (BITTE STETS ANGEBEN)	SACHBEARBEITER	DURCHWAHL	IHR SCHREIBEN VOM/ IHR ZEICHEN	DATUM
...../.....				.....20.....

Grundbuch von ..... Blatt .....

Eigentümer: Herr ....., geboren am ....., wohnhaft: ....., ...

hier: Übernahme eines Grundpfandrechts zur Neuvalutierung

Sehr geehrte Damen und Herren,

an dem vorgenannten Grundbesitz lastet zu Ihren Gunsten ein Grundpfandrecht über ..... €.

Dieser Grundbesitz wurde mit diesamtlicher Urkunde URNr. ...../..... vom ..... an Frau ....., geb. ....., geboren am ....., wohnhaft: ....., ... veräußert, der die zu Ihren Gunsten eingetragene Grundschuld ohne zugrundeliegende Verbindlichkeiten zur Neuvalutierung übernimmt. Eine Abschrift der Urkunde füge ich bei. Soweit hierin eine Vollstreckungsunterwerfung der Käufer in persönlicher Hinsicht enthalten ist, bin ich befugt, nach Eingang der Neuvalutierungserklärung Ihnen eine vollstreckbare Ausfertigung der Urkunde zu erteilen.

Zur Regelung der Grundschuldübernahme, welche u.a. Voraussetzung der Fälligkeit ist, erlaube ich mir, den Entwurf einer Bestätigung beizufügen, um deren Unterzeichnung und Rücksendung ich höflich bitte. Eine Beglaubigung oder die Beifügung des Siegels sind nicht erforderlich.

Sollten Sie diese Bestätigung nur unter Auflagen erteilen können – etwa der Rückführung bisheriger Verbindlichkeiten des Verkäufers – bitte ich um deren Aufgabe in einem Begleitschreiben sowie um das Ankreuzen des entsprechenden Kästchens im Text der Bestätigung.

Ich versichere Ihnen in diesem Fall, dass ich von dieser Bestätigung erst Gebrauch mache, wenn Sie mir mitgeteilt haben, dass der mir aufzugebende Geldbetrag bezahlt wurde.

Mit freundlichen Grüßen,

.....

(Notar)

Anlagen:

Vertrag und Zustimmungsentwurf

Akte: ...../.....

Grundbuch von ..... Blatt .....

Grundschuld ohne Brief über ..... € für die ..... bank AG in .....

Kaufvertrag vom ..... URNr. ...../.....

Bestätigung

Der Gläubiger des oben genannten Grundpfandrechts bestätigt hiermit, dass

- das zu übernehmende Grundpfandrecht künftig nicht mehr für Verbindlichkeiten der bisherigen Schuldner haftet,
- alle bisher persönlich Haftenden aus der persönlichen Haftung entlassen worden sind,
- der im genannten Kaufvertrag enthaltenen Änderung der Zweckerklärung für die Zukunft zugestimmt wird.

☐ Von dieser Erklärung kann bedingungsfrei Gebrauch gemacht werden.

☐ Diese Erklärung tritt erst nach der Erfüllung von Auflagen, die in einem Begleitschreiben enthalten sind, in Kraft.

(Zutreffendes bitte ankreuzen.)

....., den .....

.....

(rechtsverbindliche Unterschrift des Gläubigers)

D. Vollzugsmuster

XI. Brief an das Vollstreckungsgericht (Anmeldung des Kaufvertrags und Anfrage nach beigetretenen Gläubigern)

▶

3872

Herrn	**NOTAR**	.....
Amtsgericht		.....
..... Vollstreckungsgericht		Telefon .....
.....		Fax .....
.....		E-Mail .....@.....
		www.notar.....de

UNSER ZEICHEN (BITTE STETS ANGEBEN)	SACHBEARBEITER	DURCHWAHL	IHR SCHREIBEN VOM/ IHR ZEICHEN	DATUM
...../.....				.....20.....

Zwangsversteigerungsverfahren Az. .....

Sehr geehrte Damen und Herren,

im Grundbuch des Amtsgerichts ..... für ..... Blatt ..... ist in Abteilung II ein Zwangsversteigerungsvermerk zu oben genanntem Aktenzeichen eingetragen.

Über dieses vollstreckungsbefangene Grundstück samt wesentlicher Bestandteile wurde der in beglaubigter Abschrift beigefügte Kaufvertrag geschlossen.

Es ist beabsichtigt, den betreibenden und etwaige später beigetretene Gläubiger aus dem Kaufpreis zu befriedigen. Voraussetzung der Fälligkeit des Kaufpreises ist u.a. die Eintragung der Auflassungsvormerkung am Vertragsobjekt sowie die Sicherung der Lastenfreistellung, um zu gewährleisten, dass nach Erfüllung der Zahlungsauflagen die eingetragenen Grundpfandrechte gelöscht und die Zwangsversteigerung aufgehoben werden.

Die Eintragung der **Eigentumsvormerkung** zugunsten des Käufers wurde mit heutiger Post beim Grundbuchamt beantragt. Vorsorglich melde ich in Erfüllung meines Vollzugsauftrags namens des Erwerbers diese Eintragung der Eigentumsverschaffungsvormerkung an, sodass der künftige Vormerkungsberechtigte gem. § 9 Nr. 2 ZVG zum Beteiligten des Verfahrens wird. Etwaige Zustellungen, etwa über Terminbestimmungen (§ 41 ZVG), bitte ich zu meinen Händen vorzunehmen.

Zur Vorbereitung der Lastenfreistellung bitte ich Sie um **Amtshilfegewährung** durch Übermittlung folgender Informationen:
(a) Welcher Gläubiger betreibt das Zwangsversteigerungsverfahren (möglichst unter Angabe der Anschrift und eines Ansprechpartners bzw. Aktenzeichens)?
(b) Wie hoch belaufen sich die angemeldeten Forderungen?
(c) Welche Gläubiger sind dem Zwangsversteigerungsverfahren zwischenzeitlich beigetreten? Auch hier ist die Angabe einer Anschrift, eines Ansprechpartners oder Aktenzeichens sowie der Höhe der angemeldeten Forderung sachdienlich.
(d) Welche öffentlichen Lasten (§ 10 Abs. 1 Nr. 3 ZVG) sind nach dem Stand der Versteigerungsakten zum Verfahren angemeldet worden (§§ 37 Nr. 4, 42 ZVG)?

Ich werde die mir mitgeteilten betreibenden oder beigetretenen Gläubiger ersuchen, mir zu treuen Händen unwiderrufliche Rücknahmeerklärungen sowie Löschungs- oder Freigabebewilligungen und etwaige Grundschuldbriefe zu übersenden mit der Maßgabe, dass von diesen Unterlagen nur gegen Ablösung der mitzuteilenden Forderungen Gebrauch gemacht werden darf.

Nach Erfüllung dieser Auflagen werde ich die Rücknahmeerklärungen gem. § 29 ZVG an Sie weiterleiten mit der Bitte, unverzüglich das Verfahren durch Beschluss aufzuheben und das Grundbuchamt um Löschung des Zwangsversteigerungsvermerks zu ersuchen.

Sollte bereits ein **Versteigerungstermin** anberaumt sein, bitte ich Sie um dessen Mitteilung, damit ich die betreibenden Gläubiger vorab zur Beantragung der einstweiligen Einstellung des Verfahrens gem. § 30 ZVG veranlassen kann.

Ich bedanke mich für Ihre Unterstützung und verbleibe

mit freundlichen Grüßen

Ihr

.....

(Notar)

Anlage:

Beglaubigte Abschrift des Kaufvertrags

D. Vollzugsmuster

XII. Brief an Finanzierungsgläubiger zur Übersendung der Ausfertigung der Grundschuldbestellung zur Vorwegfinanzierung

▶

3873

.....		
.....bank AG	**NOTAR**	.....
.....		.....
.....		Telefon .....
.....		Fax .....
		E-Mail .....@.....
.....		www.notar.....de

UNSER ZEICHEN (BITTE STETS ANGEBEN)	SACHBEARBEITER	DURCHWAHL	IHR SCHREIBEN VOM/ IHR ZEICHEN	DATUM
...../.....				.....20.....

Sehr geehrte Damen und Herren,

zur Herbeiführung der Bindung überreiche ich anbei eine Ausfertigung der Grundschuldurkunde URNr. ...../..... vom ..... Eine beglaubigte Abschrift der Kaufvertragsurkunde URNr. ...../....., füge ich ebenfalls bei

Die Grundschuld wird an dem Pfandobjekt mit Zustimmung der bisherigen Eigentümer eingetragen. Daher ist als Zweckbestimmung in der Grundschuld niedergelegt, dass diese bis zur vollständigen Kaufpreiszahlung an die Verkäufer nur zur Kaufpreiszahlung valutiert werden darf.

Ich zeige diese Zweckbestimmung hiermit an und bitte Sie, bei Vorliegen der Voraussetzungen zur Auszahlung des Darlehens entsprechend zu verfahren. Von der notariellen Fälligkeitsmitteilung werden Sie eine Abschrift zur Kenntnisnahme erhalten.

Für Rückfragen steht Ihnen die zuständige Sachbearbeiterin gerne zur Verfügung.

Mit freundlichen Grüßen,

.....

(Notar)

Anlagen

XIII. Grundbuchantrag: Eintragung der Grundschuld und Rangrücktritt der Auflassungsvormerkung

▶

.....	**NOTAR**	.....
Amtsgericht		.....
– Grundbuchamt –		Telefon .....
–		Fax .....
		E-Mail .....@.....
.....		www.notar.....de

3874

UNSER ZEICHEN (BITTE STETS ANGEBEN)	SACHBEARBEITER	DURCHWAHL	IHR SCHREIBEN VOM/ IHR ZEICHEN	DATUM
...../.....				.....20.....

Vorlage Nr. .....

zu Grundbuch für ..... Blatt .....

Hinsichtlich

☒ der beigefügten URNr. ....../.....

☒ der bereits eingereichten URNr. ....../.....

☐ **bewillige** ich hiermit unter Beifügung des Siegels aufgrund der mir erteilten Vollmacht namens des Verkäufers die Eintragung der Eigentumsumschreibung in das Grundbuch und

☒ **beantrage** ausschließlich ich nach § 15 GBO und ggf. aufgrund weiter gehender Vollzugsvollmacht im Namen aller Antragsberechtigten – bei Grundpfandrechten insbes. auch im Namen des Gläubigers –:

beantragen die Beteiligten, deren Anträge ich als Bote übermittle:

☐ lediglich die Eintragung der **Vormerkung(en)** gem. § 883 BGB

☐ an nächstoffener Rang-   ☐ jedoch im Rang nach
   stelle   Vorlage 1

☒ die Eintragung des bestellten **Grundpfandrechts** an nächstoffener Rangstelle,
   ☐ vorerst jedoch lediglich die Eintragung des Verpfändungsvermerkes bei der Vormerkung

☒ sowie die Erteilung einer beglaubigten Grundbuchblattabschrift an mich auf Kosten des Schuldners/Erwerbers nach Eintragung der Grundschuld

☒ den Vollzug

   ☒ der Rangänderung   ☐ der Freigabe   ☐ der Abtretung
      (Auflassungs-
      vormerkung)

   ☐ der Löschung(en)   ☐ der Berichtigung   ☐ der Teilungserklärung

Hochachtungsvoll

.....

(Notar) (ggf. Siegel)

D. Vollzugsmuster

XIV. Brief an Finanzierungsgläubiger mit Übersendung der vollstreckbaren Ausfertigung der Grundschuldbestellung nach Eintragung

▶

3875 .....
.....bank AG

NOTAR

.....
.....
Telefon .....
Fax .....
E-Mail .....@.....
www.notar.....de

UNSER ZEICHEN (BITTE STETS ANGEBEN)	SACHBEARBEITER	DURCHWAHL	IHR SCHREIBEN VOM/ IHR ZEICHEN	DATUM
...../.....				.....20.....

Ihr Zeichen:.....

Urkunde vom: ..... **URNr.** ...../0.....

Bestellung einer Grundschuld i.H.v. ..... €

Eigentümer: Frau ....., **geb.** ....., **geboren am** ....., **wohnhaft:** ....., ...

Sehr geehrte Damen und Herren,

nach grundbuchamtlichem Vollzug übersende ich anbei die vollstreckbare Ausfertigung der vorbezeichneten Urkunde sowie die gewünschte Grundbuchblattabschrift.

Der Grundschuldbrief ist Ihnen vom Grundbuchamt ..... direkt übersandt worden.

Mit freundlichen Grüßen,

.....

(Notar)

Anlage

XV. Einholung der Genehmigung des Nacherben

▶

	NOTAR	.....	3876
Herrn		.....	
.....		Telefon	
.....		Fax	
		E-Mail .....@.....	
.....		www.notar.....de	

UNSER ZEICHEN (BITTE STETS ANGEBEN)	SACHBEARBEITER	DURCHWAHL	IHR SCHREIBEN VOM/ IHR ZEICHEN	DATUM
...../.....				.....20.....

Sehr geehrte ....,

im Grundbuch des Amtsgerichts ..... für ..... Band ..... Blatt ..... sind Sie als Nacherbe eingetragen; Vorerbe ist ..... .

Der Vorerbe hat zu diesamtlicher Urkunde ...../..... eine Verfügung über diesen Grundbesitz getroffen, deren Inhalt Sie beigefügter Abschrift der genannten Urkunde entnehmen können. Zur rechtsgeschäftlichen Wirksamkeit dieser Verfügung und zu deren Vollzug im Grundbuch ist Ihre Zustimmung erforderlich.

Ich darf Sie daher bitten, für den Fall Ihres Einverständnisses den beigefügten Entwurf einer Zustimmungserklärung vor einem Notar Ihrer Wahl zu unterzeichnen und diesen zu veranlassen, das Original samt Unterschriftsbeglaubigung an mich zurückzuleiten.

Die Kosten der Unterschriftsbeglaubigung bitte ich mir per Rechnung aufzugeben; ich werde sie dann der zu deren Tragung verpflichteten Vertragspartei weiterbelasten.

Sollten Sie die Verwendung dieser Zustimmungserklärung an Bedingungen knüpfen wollen (z.B. die Abführung eines bestimmten Kaufpreisteils etc.), bitte ich Sie, mir diese aufzugeben.

Für Rückfragen stehe ich gerne zur Verfügung.

Mit freundlichen Grüßen

Ihr

.....

(Notar)

D. Vollzugsmuster

Anlage

Akte:...../.....

Zustimmung eines Nacherben

Der Unterzeichner als im Grundbuch eingetragener Nacherbe stimmt der in Urkunde vom ....., URNr. ...../....., des Notars ..... in ..... enthaltenen Verfügung des Vorerben zu.

Soweit aufgrund dieser Verfügung ein der Vor- und Nacherbfolge unterliegender Nachlassgegenstand, der im Grundbuch gebucht ist, endgültig aus dem Nachlass ausscheidet, bestätigt der Nacherbe, dass der Nacherbschaftsvermerk bei Eigentumsumschreibung wegen Gegenstandslosigkeit zu löschen ist, da die Nacherbfolge insoweit nicht mehr eintreten kann.

....., den .....

.....

(Unterschrift samt notarieller Beglaubigung)

Wert: ..... € (Kaufpreis)

zurück an den Entwurfsverfasser:

Notar

.....

.....

.....

XVI. Einholung der Genehmigung des WEG-Verwalters

▶

.....	**NOTAR**	.....
Herrn/Firma		.....
.....		Telefon .....
.....		Fax .....
		E-Mail .....@.....
.....		www.notar.....de

UNSER ZEICHEN (BITTE STETS ANGEBEN)	SACHBEARBEITER	DURCHWAHL	IHR SCHREIBEN VOM/ IHR ZEICHEN	DATUM
...../.....				.....20.....

Sehr geehrte .....,

anliegend übersende ich Ihnen beglaubigte Abschrift meiner Urkunde URNr. ...../..... Diese bedarf zu ihrer Wirksamkeit der Zustimmung durch Sie als Verwalter gem. § 12 WEG in notariell beglaubigter Form sowie ggf. des Nachweises Ihrer Vertretungsberechtigung und Ihrer Verwaltereigenschaft (§ 26 WEG, d.h. durch Vorlage einer Niederschrift über den nicht länger als fünf Jahre zurückliegenden Bestellungsbeschluss samt Beglaubigung der Unterschriften des Vorsitzenden, eines Wohnungseigentümers und ggf. des Beiratsvorsitzenden).

Derjenige Kaufpreisteil, der auf den »miterworbenen« Anteil an der **Instandhaltungsrücklage** entfällt, unterliegt nicht der Grunderwerbsteuer. Es würde daher die Steuerfestsetzung erleichtern, wenn Sie diesen Betrag im beigefügten Formular mitteilen könnten. Sofern der Käufer, etwa aufgrund entsprechender Bestimmungen in der Gemeinschaftsordnung, für rückständige Hausgeldbeiträge oder Umlagen des Verkäufers in Anspruch genommen werden kann, bitte ich Sie auch um Mitteilung solcher Beträge.

Ich bitte Sie, den ferner beigefügten Entwurf einer Zustimmungserklärung nach Ergänzung vor einem Notar Ihrer Wahl zu unterzeichnen. Selbstverständlich steht Ihnen auch meine Kanzlei für eine kurzfristige Terminvereinbarung gerne zur Verfügung.

Sofern die Unterzeichnung bei einem anderen Notar erfolgt, können die entstehenden Notargebühren mir per Rechnung aufgegeben werden.

Sofern für die Erteilung der Zustimmung Ihrerseits Bearbeitungsgebühren wirksam erhoben werden können, hat sich der Käufer bereit erklärt, sie zu verauslagen, ohne damit jedoch Erstattungsansprüche gegen die Eigentümergemeinschaft oder den Verkäufer aufzugeben. Erforderlichenfalls sollten diese daher unmittelbar bei ihm eingehoben werden.

Für Rückfragen stehe ich gerne zur Verfügung.

Mit freundlichen Grüßen,

Ihr

.....

(Notar)

D. Vollzugsmuster

Akte: ...../.....

Verwalterzustimmung

Der Unterzeichner hat als Verwalter gem. § 12 WEG Kenntnis von den Bestimmungen des

Vertrags zu Urkunde URNr. ...../.....

des Notars ....., ..., ...

und genehmigt diesen vorbehaltlos und unwiderruflich.

Informatorisch wird mitgeteilt: Der auf die Sondereigentumseinheit entfallende Anteil an der Instandhaltungsrücklage nach § 21 Abs. 5 Nr. 4 WEG beläuft sich zum Ende das abgelaufenen Verwaltungsjahres auf ..... €. Nach derzeitiger Sach- und Rechtslage droht eine Inanspruchnahme des Käufers für rückständige Hausgeldbeiträge oder Umlagen des Verkäufers nicht/in Höhe von ..... (Stand 01.....20.....).

Die Verwaltereigenschaft

☐ ergibt sich aus der Teilungserklärung zur Wohnanlage, in welcher sich der Vertragsgegenstand befindet.

☐ ergibt sich aus dem öffentlich beglaubigten Verwalternachweis, der bei den Grundakten zur selben Gemarkung ..... Blatt ..... verwahrt wird.

☐ ergibt sich aus der Niederschrift über die Verwalterbestellung samt Beglaubigung der Unterschriften gem. § 26 Abs. 4 WEG, welche nachgereicht wird.

☐ ist amtsbekannt.

....., den .....

.....

(Unterschrift samt Beglaubigung)

Wert: ..... €

(Kaufpreis)

XVII. Einholung der Genehmigung des Sanierungsausschusses

▶

.....	**NOTAR**	 3878
Sanierungsausschuss bei der		.....
Stadtverwaltung		Telefon .....
.....		Fax .....
		E-Mail .....@.....
.....		www.notar.....de

UNSER ZEICHEN (BITTE STETS ANGEBEN)	SACHBEARBEITER	DURCHWAHL	IHR SCHREIBEN VOM/ IHR ZEICHEN	DATUM
...../.....				.....20.....

Sanierungsrechtliche Genehmigung

URNr. ....../.....

Sehr geehrte Damen und Herren,

in der Anlage übersende ich Ihnen die beglaubigte Abschrift meiner oben bezeichneten Urkunde, mit der Bitte um Genehmigung nach §§ 144 f. BauGB. Der Entwurf einer Genehmigung liegt bei.

Bei Grundpfandrechten:

Der Besteller hat versichert, die Bestellung des Grundpfandrechts diene der Absicherung von Verbindlichkeiten im Zusammenhang mit Baumaßnahmen gem. § 148 Abs. 2 BauGB (Modernisierung und Instandsetzung, Neu- oder Ersatzbebauung, Verlagerung von Betrieben).

Den Empfang der Unterlagen bitte ich auf beigefügter Rückantwort zu bestätigen.

Mit freundlichen Grüßen,

.....

(Notar)

Anlagen

Akte: ...../.....

Urschriftlich zurück an:

Notar

.....

.....

.....

D. Vollzugsmuster

Der Empfang einer beglaubigten Abschrift der URNr. ..... zum Zwecke der Erteilung der sanierungsrechtlichen Genehmigung wird hiermit bestätigt.

....., den .....

....

(Siegel) (Unterschrift)

Akte: ...../.....

Urschriftlich zurück an:

Notar

.....

.....

.....

Genehmigung

Die unterzeichnete Sanierungsbehörde genehmigt hiermit das zu Urkunde URNr. ...../..... des Notars ..... in ..... beurkundete Rechtsgeschäft gem. §§ 144, 145 BauGB.

....., den .....

....

(Siegel) (Unterschrift)

XVIII. Einholung der Genehmigung nach GrdStVG

▶

.....	**NOTAR**	.....
..... verwaltung		.....
.....		Telefon .....
.....		Fax .....
		E-Mail .....@.....
.....		www.notar.....de

UNSER ZEICHEN (BITTE STETS ANGEBEN)	SACHBEARBEITER	DURCHWAHL	IHR SCHREIBEN VOM/ IHR ZEICHEN	DATUM
...../.....				.....20.....

Urkunde URNr. ...../.....

Genehmigung nach dem Grundstücksverkehrsgesetz

Sehr geehrte Damen und Herren,

als Anlage übersende ich Ihnen eine Kopie meiner oben bezeichneten Urkunde mit der Bitte um Genehmigung nach den Vorschriften des Grundstücksverkehrsgesetzes.

Den Empfang der Unterlagen bitte ich auf beigefügter Rückantwort zu bestätigen.

Mit freundlichen Grüßen,

.....

(Notar)

Anlage

Akte: ...../.....

Urschriftlich zurück an:

Notar

.....

.....

.....

Der Empfang einer Abschrift der URNr. ...../..... zum Zwecke der Erteilung der Genehmigung nach GrdStVG wird hiermit bestätigt.

....., den .....

i.A. .....

(Unterschrift)

XIX. Notarielle Fälligkeitsmitteilung an den Käufer

▶

3880

.....   **NOTAR**   .....

Herrn   .....

.....   Telefon .....

.....   Fax .....

                                                                                     E-Mail .....@.....

.....   www.notar.....de

UNSER ZEICHEN (BITTE STETS ANGEBEN)	SACHBEARBEITER	DURCHWAHL	IHR SCHREIBEN VOM/ IHR ZEICHEN	DATUM
...../.....				.....20.....

Kaufvertrag vom URNr. ...../2007; Kauf von .....

Fälligkeitsmitteilung

Sehr geehrte .....,

zum oben genannten Kaufvertrag darf ich Ihnen mitteilen, dass die in § ..... genannten Fälligkeitsvoraussetzungen, nämlich
- die Eintragung der Vormerkung,
- die Vorkaufsrechtsnegativerklärung,
- die Lastenfreistellungsunterlagen,

vorliegen.

Der Kaufpreis ist demnach binnen zwei Wochen ab Zugang dieses Schreibens zur Zahlung fällig (Kontogutschrift).

Für die Lastenfreistellung des Vertragsbesitzes wurden Ablösebeträge verlangt, und zwar durch ..... Nach den Bestimmungen des Kaufvertrags haben Sie bei Fälligkeit diese Beträge in Anrechnung auf den Kaufpreis unmittelbar an den Gläubiger zu zahlen. Die genaue Höhe der Ablösebeträge sowie die für die Überweisung erforderlichen Daten bitte ich den in Kopie beigefügten Schreiben zu entnehmen. Lediglich der Restbetrag ist bei Fälligkeit dem im Vertrag angegebenen Konto des Verkäufers gutzuschreiben.

Eine Abschrift dieses Schreibens erhalten der Verkäufer, sowie Ihr finanzierendes Kreditinstitut, sofern eine Grundschuld am Vertragsgegenstand bestellt wurde.

Für Rückfragen steht Ihnen die zuständige Sachbearbeiterin gerne zur Verfügung.

Ferner erhalten Sie eine Kopie der Eintragungsnachricht des Gerichts bzgl. der Eintragung der Grundschuld mit der Bitte, diese bei Ihren Unterlagen zu verwahren.

Mit freundlichen Grüßen,

.....

(Notar)

Anlage

XX. Notarielle Fälligkeitsmitteilung an den Verkäufer mit Zahlungsbestätigungsformular

▶

.....	**NOTAR**	.....
Herrn		.....
.....		Telefon .....
.....		Fax .....
		E-Mail .....@.....
.....		www.notar.....de

3881

UNSER ZEICHEN (BITTE STETS ANGEBEN)	SACHBEARBEITER	DURCHWAHL	IHR SCHREIBEN VOM/ IHR ZEICHEN	DATUM
...../.....				.....20.....

Kaufvertrag vom ..... URNr. ...../.....; Verkauf an Frau ....., ...

Sehr geehrter Herr .....,

mit Schreiben vom heutigen Tage habe ich Frau ..... mitgeteilt, dass die von notarieller Seite zu bestätigenden Fälligkeitsvoraussetzungen erfüllt sind.

Eine Abschrift dieses Briefes füge ich zur Kenntnisnahme bei.

Die Umschreibung des Eigentums auf den Käufer werde ich erst vornehmen, wenn der Kaufpreis bezahlt ist. Aus diesem Grund darf ich Sie bitten, die beigefügte Bestätigung unterzeichnet an mich zurückzusenden, sobald der an Sie zu zahlende Betrag Ihrem Konto gutgeschrieben wurde. Sofern Ihnen ein Scheck übersandt wurde, warten Sie bitte die Stornierungsfrist ab. Bei Direktüberweisungen durch die finanzierende Bank des Käufers sollte zu Ihrer Sicherheit bei der Angabe des Verwendungszwecks auf den Kaufvertrag (und nicht auf den Darlehensvertrag des Käufers) Bezug genommen werden.

Mit freundlichen Grüßen,

.....

(Notar)

Anlage

Akte: ...../.....

Notar

.....

.....

.....

D. Vollzugsmuster

Kaufvertrag vom ..... URNr. ...../.....;

Verkauf an ....., ..., ...

Bestätigung

Hiermit bestätige ich, dass der an mich zu zahlende Betrag aus dem oben genannten Kaufvertrag dergestalt entrichtet wurde, dass das Eigentum auf den Käufer umgeschrieben werden kann.

....., den .....

....

(Unterschrift) (Siegel)

XXI. Brief an die Verkäuferbank zur Entlassung aus der erteilten Treuhandauflage

▶

.....   NOTAR   .....
.....bank AG   .....
.....   Telefon .....
.....   Fax .....
                                E-Mail .....@.....
.....   www.notar.....de

UNSER ZEICHEN (BITTE STETS ANGEBEN)	SACHBEARBEITER	DURCHWAHL	IHR SCHREIBEN VOM/ IHR ZEICHEN	DATUM
...../.....				.....20.....

Sehr geehrte Damen und Herren,

im Rahmen des Vertragsvollzuges hatten Sie mir die in **Kopie** beigefügte Treuhandauflage erteilt.

Ich bitte um Mitteilung, ob diese Auflage zwischenzeitlich erfüllt ist, sodass ich von der übersandten Erklärung bedingungsfreien Gebrauch machen kann.

Mit freundlichen Grüßen,

Ihr

.....

(Notar)

Anlage

D. Vollzugsmuster

XXII. Grundbuchantrag zum Vollzug der Auflassung
▶

3883 .....
Herrn

.....

.....

.....

NOTAR

.....
.....
Telefon .....
Fax .....
E-Mail .....@.....
www.notar.....de

UNSER ZEICHEN (BITTE STETS ANGEBEN)	SACHBEARBEITER	DURCHWAHL	IHR SCHREIBEN VOM/ IHR ZEICHEN	DATUM
...../.....				.....20.....

Vorlage Nr. .....

zu Grundbuch für .....   Blatt   .....

Hinsichtlich

☐ der beigefügten URNr. .....

☐ der bereits eingereichten URNr. ...../0.....

☐ **bewillige** ich hiermit unter Beifügung des Siegels aufgrund der mir erteilten Vollmacht namens des Verkäufers die Eintragung der Eigentumsumschreibung in das Grundbuch und

☐ **beantrage** ausschließlich ich nach § 15 GBO und ggf. aufgrund weiter gehender Vollzugsvollmacht im Namen aller Antragsberechtigten – bei Grundpfandrechten insbes. auch im Namen des Gläubigers –:

beantragen die Beteiligten, deren Anträge ich als Bote übermittle:

☐ lediglich die Eintragung der **Vormerkung(en)** gem. § 883 BGB

☐ an nächstoffener Rangstelle   ☐ jedoch im Rang nach Vorlage 1

☐ die Eintragung des bestellten **Grundpfandrechts** an nächstoffener Rangstelle,

   ☐ vorerst jedoch lediglich die Eintragung des Verpfändungsvermerkes bei der Vormerkung

☐ den Vollzug der Auflassung/Einigung,

   ☐ und aller sonstigen unerledigten Urkundsanträge, etwa die Löschung der Vormerkung bei Fehlen von Zwischeneintragungen

☐ den Vollzug

   ☐ der Rangänderung   ☐ der Freigabe   ☐ der Abtretung

   ☐ der Löschung(en)   ☐ der Berichtigung   ☐ der Teilungserklärung

XXII. Grundbuchantrag zum Vollzug der Auflassung

Ich lege hierzu vor:

- ☐ Unbedenklichkeitsbescheinigung
- ☐ Teilungsgenehmigung
- ☐ Grundpfandrechtsbrief
- ☐ Löschungsbewilligung(en)
- ☐ Abgeschlossenheitsbescheinigung mit Plänen

- ☐ Vorkaufsrechtszeugnis(se)
- ☐ GVO-Genehmigung
- ☐ VN Nr. ..... Gmkg
- ☐ Rangrücktrittsbewilligung(en)

- ☐ Genehmigung nach GrdStVeG
- ☐ aufsichtliche Genehmigung
- ☐ Sterbe-/Heiratsurkunde(n)
- ☐ Freigabebewilligung(en)

Hochachtungsvoll

.....

☐ (Notar)

(Siegel erforderlich, da der Antrag auch die Bewilligung der Umschreibung enthält!)

D. Vollzugsmuster

XXIII. Mitteilung an Vertragsbeteiligte über den Endvollzug
▶

3884

.....   **NOTAR**   .....

Herrn   .....

.....   Telefon .....

.....   Fax .....

                                                                                                           E-Mail .....@.....

.....   www.notar.....de

UNSER ZEICHEN (BITTE STETS ANGEBEN)	SACHBEARBEITER	DURCHWAHL	IHR SCHREIBEN VOM/ IHR ZEICHEN	DATUM
..... /.....				.....20.....

Sehr geehrte Frau ....,

beigefügt erhalten Sie die Kopie der Eintragungsnachricht des Gerichts mit der Bitte, diese bei Ihren Unterlagen zu verwahren.

Der Vorgang (Kaufvertrag mit Herrn .....) ist damit wirksam geworden und vollzogen.

Für das erwiesene Vertrauen darf ich mich bedanken.

Mit freundlichen Grüßen

Ihr

.....

(Notar)

Anlage

XXIV. Zustimmungs- und Vorkaufsrechtsverzichtserklärung des Grundstückseigentümers bei Übertragung eines Erbbaurechts

▶

.....	**NOTAR**	.....
Herrn		.....
.....		Telefon .....
.....		Fax .....
		E-Mail .....@.....
.....		www.notar.....de

UNSER ZEICHEN (BITTE STETS ANGEBEN)	SACHBEARBEITER	DURCHWAHL	IHR SCHREIBEN VOM/ IHR ZEICHEN	DATUM
...../.....				.....20.....

Sehr geehrte .....,

zur Übertragung des Erbbaurechts an Ihrem Grundstück Flst. ..... der Gemarkung ..... ist Ihre Zustimmung erforderlich. Soweit ein Vorkaufsfall gegeben ist, sind Sie ferner zur Äußerung über die Ausübung Ihres Vorkaufsrechts aufgerufen.

Der künftige Erbbaurechtsinhaber ist im Rahmen des Erwerbs (diesamtliche URNr. ...../200.....) in die Bestimmungen des Erbbaurechtsvertrags eingetreten.

Eine Abschrift dieser Urkunde füge ich zu Ihrer Kenntnisnahme bei.

Ich bitte Sie, für den Fall Ihres Einverständnisses den beigefügten Entwurf vor einem Notar Ihrer Wahl zu unterzeichnen und an mich zurückzuleiten. Selbstverständlich steht Ihnen auch meine Kanzlei gerne für eine kurzfristige Terminvereinbarung zur Verfügung.

Sofern die Beglaubigung bei einem anderen Notar erfolgt, können die entstehenden Notarkosten mir per Rechnung aufgegeben werden.

Mit freundlichen Grüßen,

.....

(Notar)

Anlagen

Akte:.....

Zustimmung

zur Veräußerung eines Erbbaurechts

und Verzicht auf Ausübung eines Vorkaufsrechts

Der Unterzeichner als Grundstückseigentümer

kennt den Inhalt der Urkunde URNr. ...../20..... des Notars ..... in .....

und stimmt der Übertragung des Erbbaurechts gem. dem im Erbbaurechtsvertrag enthaltenen Vorbehalt zu. Zugleich genehmigt er die Übernahme schuldrechtlicher Verpflichtungen durch den Erwerber in schuldbefreiender Weise, entlässt also den Veräußerer aus solchen Pflichten, soweit sie ab Lastenübergang entstehen werden.

Auf die Ausübung etwaiger Vorkaufsrechte wird für diesen Verkaufsfall verzichtet.

Kosten übernimmt der Grundstückseigentümer nicht.

....., den .....

.....

D. Vollzugsmuster

(Unterschrift samt notarieller Beglaubigung)

Wert: ..... €

(110% des KP; bei ÜV Verkehrswert)

Entwurf/zurück an:

Notar

.....

.....

.....

XXV. Zustimmung des Grundstückseigentümers zur Belastung ohne Rangrücktritt, aber mit Stillhalteerklärung

▶

			3886
.....	NOTAR	.....	
Herrn		.....	
.....		Telefon	
.....		Fax	
		E-Mail .....@.....	
.....		www.notar.....de	

UNSER ZEICHEN (BITTE STETS ANGEBEN)	SACHBEARBEITER	DURCHWAHL	IHR SCHREIBEN VOM/ IHR ZEICHEN	DATUM
...../.....				.....20.....

Zustimmung zur Belastung eines Erbbaurechts; ggf. Stillhalteerklärung

Sehr geehrte ....,

zur Belastung des Erbbaurechts an Ihrem Grundstück Flst. ..... der Gemarkung ..... ist Ihre Zustimmung erforderlich. Eine Abschrift der diesamtlichen Urkunde URNr. ...../20....., welche die Grundpfandrechtsbestellung enthält, füge ich zu Ihrer Kenntnisnahme bei.

Gem. § 7 Abs. 2 ErbbauRG hat der Erbbauberechtigte einen Anspruch auf Erteilung dieser Zustimmung, wenn sie mit den Regeln einer ordnungsgemäßen Wirtschaft vereinbar ist und der mit der Erbbaurechtsbestellung verfolgte Zweck dadurch nicht wesentlich gefährdet wird. Schutzzweck der Zustimmungsbedürftigkeit ist es, eine Belastung des Erbbaugebäudes über den im Heimfall zu entrichtenden Entschädigungswert – in der Regel zwei Drittel des Verkehrswerts – hinaus zu verhindern (§ 33 ErbbauRG).

Ein Rücktritt mit Ihren Rechten (insbes. dem Erbbauzins) hinter das Grundpfandrecht ist damit nicht verbunden.

Sofern nicht ohnehin eine »vollstreckungsfeste« Erbbauzinsreallast nach neuem Recht (§ 9 Abs. 3 Satz 1 Nr. 1 ErbbauRG) bestellt ist, wird allerdings gegenüber dem Grundpfandgläubiger auf das Kapitalisierungsrecht im Fall einer Zwangsversteigerung verzichtet (Stillhalteerklärung), sodass auf diesem Wege nur die rückständigen, nicht die künftigen Erbbauzinsen beigetrieben werden können.

Ich bitte Sie, für den Fall Ihres Einverständnisses den beigefügten Entwurf vor einem Notar Ihrer Wahl zu unterzeichnen und nach Beglaubigung an mich zurückzuleiten oder zurückleiten zu lassen.

Selbstverständlich steht Ihnen auch meine Kanzlei gerne für eine kurzfristige Terminvereinbarung zur Verfügung.

Sofern die Beglaubigung bei einem anderen Notar erfolgt, können die entstehenden Notarkosten mir per Rechnung (bitte nicht im Wege der Nachnahme) aufgegeben werden.

Mit freundlichen Grüßen

.....

(Notar)

D. Vollzugsmuster

Anlage

Akte: ...../.....

Zustimmung zur Belastung eines Erbbaurechts

und Stillhalteerklärung

bei nachrangiger Belastung in Abt. III

1. Zustimmungserklärung

An dem Erbbaurecht an Flst.Nr. ..... der Gemarkung ..... kommt zugunsten der ....., ein Grundpfandrecht zu ..... € zur Eintragung.

Der Unterzeichner erteilt hiermit als Grundstückseigentümer seine Zustimmung zur Belastung gem. dem im Erbbaurechtsvertrag enthaltenen Vorbehalt gem. § 5 Abs. 2 ErbbauRG. Er stimmt ferner der Veräußerung des Erbbaurechts im Wege der Zwangsversteigerung aus diesem Grundpfandrecht zu.

Das vorgenannte Grundpfandrecht erhält Rang nach den eingetragenen Rechten des Grundstückseigentümers.

2. Stillhalteerklärung (bei Erbbauzinsreallasten nach § 9 Abs. 3 ErbbauRG alter Fassung)

Sofern die nachstehenden Erklärungen nicht bereits nach dem Inhalt der Reallast gem. § 9 Abs. 3 Satz 1 Nr.1 ErbbauRG dinglich gelten, gilt ferner:

Der Grundstückseigentümer erklärt hiermit, dass er im Fall der Zwangsversteigerung des vorstehend genannten Erbbaurechts seine Rechte auf Verlangen des jeweiligen Gläubigers des vorgenannten Grundpfandrechts wegen der künftig fällig werdenden Beträge bestehen lassen wird (Verzicht auf Kapitalisierung der Erbbauzinsen für die Zukunft). Dieses Stehenbleiben kann mit Einverständnis des Erstehers nach § 91 Abs. 2 ZVG herbeigeführt werden, sofern der Ersteher auch in die schuldrechtlichen Verpflichtungen aus dem Erbbauzins eintritt; andernfalls wird der Grundstückseigentümer einem Antrag des Gläubigers nach § 59 Abs. 1 ZVG zustimmen.

Hinsichtlich des Vorkaufsrechts des Grundstückseigentümers wird auf Geltendmachung eines Wertersatzes verzichtet, gleichgültig ob dieses in das geringste Gebot fällt oder nicht.

Soweit vorstehende Erklärung nur schuldrechtlich wirkt, verpflichtet sich der Grundstückseigentümer, die hieraus erwachsenden Verpflichtungen im Falle einer Weiterveräußerung Rechtsnachfolgern mit Weitergabeverpflichtung aufzuerlegen.

....., den .....

.....

(Unterschrift samt notarieller Beglaubigung)

Wert: ..... €

(GrdpfR-Betrag)

Entwurf/zurück an:

Notar

.....

.....

.....

XXVI. Zustimmung des Grundstückseigentümers zur Belastung mit Rangrücktritt

▶

			3887
.....	**NOTAR**	.....	
Herrn		.....	
.....		Telefon	
.....		Fax	
		E-Mail .....@.....	
.....		www.notar.....de	

UNSER ZEICHEN (BITTE STETS ANGEBEN)	SACHBEARBEITER	DURCHWAHL	IHR SCHREIBEN VOM/ IHR ZEICHEN	DATUM
...../.....				.....20.....

Zustimmung zur Belastung eines Erbbaurechts; Rangrücktrittserklärung

Sehr geehrte .....,

zur Belastung des Erbbaurechts an Ihrem Grundstück Flst. ..... der Gemarkung ..... ist Ihre **Zustimmung** erforderlich. Eine Abschrift der diesamtlichen Urkunde URNr. ...../....., welche die Grundpfandrechtsbestellung enthält, füge ich zu Ihrer Kenntnisnahme bei.

Gem. § 7 Abs. 2 ErbbauRG hat der Erbbauberechtigte einen Anspruch auf Erteilung dieser Zustimmung, wenn sie mit den Regeln einer ordnungsgemäßen Wirtschaft vereinbar ist und der mit der Erbbaurechtsbestellung verfolgte Zweck dadurch nicht wesentlich gefährdet wird. Schutzweck der Zustimmungsbedürftigkeit ist es, eine Belastung des Erbbaugebäudes über den im Heimfall zu entrichtenden Entschädigungswert – in der Regel zwei Drittel des Verkehrswerts – hinaus zu verhindern (§ 33 ErbbauRG).

Ferner verlangt der Grundpfandgläubiger als Voraussetzung der Darlehensauszahlung den **Rücktritt** mit Ihren Rechten (insbes. dem Erbbauzins) hinter das Grundpfandrecht. Gestatten Sie, dass ich hierzu auf Folgendes hinweise:

(a) Sofern unter Anwendung der seit 01.10.1994 geltenden Neufassung des § 9 Abs. 3 Satz 1 Nr.1 ErbbauRG bereits eine »vollstreckungsfeste« Erbbauzinsreallast im Erbbaurechtsvertrag bestellt wurde, bestehen keine durchgreifenden Sicherheitsbedenken gegen die Abgabe einer solchen Rangrücktrittsbewilligung. Die Reallast und damit alle künftig fällig werdenden Erbbauzinsen bleiben nämlich in einer Zwangsversteigerung selbst dann bestehen, wenn sie dem versteigernden Gläubiger im Rang nachgehen, also nicht in das geringste Gebot fallen würden. Die Rangverschlechterung hat daher allenfalls Auswirkungen auf die wirtschaftlichen Beitreibungschancen hinsichtlich der Erbbauzinsrückstände und kann zum Untergang des Vorkaufsrechts führen, wenn aus dem vorrangigen Grundpfandrecht heraus die Versteigerung des Erbbaurechts betrieben wird.
In den durch mich seit 01.10.1994 gestalteten Erbbaurechtsverträgen wird bereits das neue Recht zugrunde gelegt, sofern die Beteiligten nicht ausdrücklich trotz der damit verbundenen Risiken den früheren Rechtszustand gewünscht haben.

(b) Ist allerdings eine Erbbauzinsreallast nach altem Recht (in der bis 01.10.1994 geltenden Fassung des § 9 Abs. 3 ErbbauRG) bestellt, kann der Rangrücktritt zum Verlust des dinglichen Anspruches auf die künftig fällig werdenden Erbbauzinsen gegenüber einem Ersteigerer bei Zwangsversteigerung aus dem vorrangigen Grundpfandrecht führen, da alle nachrangigen Eintragungen nicht »in das geringste Gebot« fallen, also (ggf. gegen Entschädigung, sofern der Erlös aus dem Zuschlag ausreicht) untergehen. Aus diesem Grunde sollte in diesem Fall eine Rangrücktrittsbewilligung nur dann abgegeben werden, wenn entweder zuvor die Reallast wirksam (unter entsprechender Eintragung in das Grundbuch) im Wege eines Nachtrags zum Erbbaurechtsvertrag auf das »neue Recht« umgestellt wurde oder aber zumindest der Grundpfandgläubiger zuvor eine »Liegenbelassungserklärung« abgegeben hat, die allerdings nach den Bestimmungen des Zwangsversteigerungsrechts nur begrenzte Sicherheit bietet und zudem nicht Rechtsnachfolger des Gläubigers bindet. Bei der Einforderung einer solchen Erklärung bin ich Ihnen gerne behilflich. Möglicherweise lässt sich der Gläubiger auch bewegen, auf den Rangrücktritt zu verzichten, wenn Sie eine sog. »Stillhalteerklärung« (Verzicht auf die Kapitalisierung künftiger Erbbauzinsen in der Versteigerung) abgeben, gegen die aus meiner Sicht keine durchgreifenden Sicherheitsbedenken bestehen.

Für Rückfragen, insbes. zu der angesprochenen Frage des Rangrücktritts, stehen Ihnen meine Mitarbeiter und ich gerne zur Verfügung.

Ich bitte Sie, für den Fall Ihres Einverständnisses den beigefügten Entwurf vor einem Notar Ihrer Wahl zu unterzeichnen und nach Beglaubigung an mich zurückzuleiten oder zurückleiten zu lassen. Selbstverständlich steht Ihnen auch meine Kanzlei gerne für eine kurzfristige Terminvereinbarung zur Beglaubigung zur Verfügung. Sollte die Beglaubigung bei einem anderen Notar erfolgen, können die entstehenden Notarkosten mir per Rechnung (bitte nicht im Wege der Nachnahme) aufgegeben werden.

Mit freundlichen Grüßen

.....

(Notar)

Anlage

Akte: ...../.....

Zustimmung zur Belastung eines Erbbaurechts

und Rangrücktrittsbewilligung

1. Zustimmungserklärung

An dem Erbbaurecht an Flst.Nr. ..... der Gemarkung ..... kommt zugunsten der ....., ein Grundpfandrecht zu ..... € zur Eintragung.

Der Unterzeichner erteilt hiermit als Grundstückseigentümer seine Zustimmung zur Belastung gem. dem im Erbbaurechtsvertrag enthaltenen Vorbehalt gem. § 5 Abs. 2 ErbbauRG. Er stimmt ferner der Veräußerung des Erbbaurechts im Wege der Zwangsversteigerung aus diesem Grundpfandrecht zu.

2. Rangrücktrittsbewilligung

Das vorgenannte Grundpfandrecht erhält Rang **vor** den eingetragenen Rechten des Grundstückseigentümers. Der Eigentümer bewilligt daher den Rücktritt der zu seinen Gunsten in Abt. II am angegebenen Erbbaurecht eingetragenen Rechten hinter das eingangs bezeichnete Grundpfandrecht.

Die hieraus möglicherweise erwachsenden Risiken für den Fall, dass die Erbbauzinsreallast nicht bereits gem. § 9 Abs. 3 Satz 1 Nr.1 ErbbauRG neuer Fassung »vollstreckungsfest« ausgestaltet ist, sind dem Unterzeichner bekannt.

Die Abgabe einer Stillhalteerklärung des Grundstückseigentümers ist nicht erforderlich, da dieser mit seinen Rechten zurücktritt.

Kosten übernimmt der Grundstückseigentümer nicht.

....., den .....

.....

(Unterschrift samt notarieller Beglaubigung)

Wert: ..... € (GrdpfR-Betrag)

Entwurf zurück an:

Notar

.....

.....

.....

XXVII. Gegenerklärung des Gläubigers bei Rangrücktritt des Grundstückseigentümers (nach altem Recht)

▶

				3888
.....		.....		
.....bank AG	**NOTAR**	.....		
.....		Telefon		
.....		Fax		
		E-Mail .....@.....		
.....		www.notar.....de		

UNSER ZEICHEN (BITTE STETS ANGEBEN)	SACHBEARBEITER	DURCHWAHL	IHR SCHREIBEN VOM/ IHR ZEICHEN	DATUM
...../.....				.....20.....

Liegenbelassenserklärung zur Belastung eines Erbbaurechts

Sehr geehrte Damen und Herren,

an dem im Grundbuch des Amtsgerichts ..... für ..... Band ..... Blatt ..... vorgetragenen Erbbaurecht werden die Erbbaurechtsinhaber und Darlehensnehmer

.....

zu Ihren Gunsten ein Grundpfandrecht über ..... € bestellen.

Dieses soll am Erbbaurecht Rang vor den Rechten des Grundstückseigentümers, insbesondere dessen Erbbauzinsreallast, erhalten.

Da im zugrundeliegenden Erbbaurechtsbestellungsvertrag von der Möglichkeit, eine vollstreckungsfeste Reallast unter gleichzeitigem Verzicht auf die Kapitalisierungs-möglichkeit (§ 9 Abs. 3 Satz 1 Nr. 1 ErbbauRG neuer Fassung) zu bestellen, noch nicht Gebrauch gemacht wurde, läuft der Grundstückseigentümer aufgrund des Rangrücktritts Gefahr, im Fall einer Versteigerung den Anspruch auf künftig fällig werdende Erbbauzinsen zu verlieren, da die Erbbauzinsreallast nicht in das geringste Gebot fällt. Es würde also ein »erbbauzinsloses Erbbaurecht« entstehen.

Der Grundstückseigentümer ist daher nur unter der Voraussetzung bereit, den Rangrücktritt zu bewilligen, wenn Sie sich durch rechtsverbindliche Unterzeichnung der beigefügten »Liegenbelassenserklärung« verpflichten, sich im Fall einer Zwangsversteigerung dafür einzusetzen, dass die Reallast hinsichtlich der künftig fällig werdenden Forderungen bestehen bleibt. Eine notarielle Beglaubigung dieser »Liegenbelassenserklärung« ist nicht erforderlich.

Ich darf Sie daher um rechtsverbindliche Unterzeichnung und Rücksendung zu meinen Händen bitten.

Für Rückfragen stehe ich gerne zur Verfügung.

Mit freundlichen Grüßen

Ihr

.....

(Notar)

D. Vollzugsmuster

Anlage

Akte: ...../.....

Liegenbelassenserklärung

Das unterzeichnende Kreditinstitut als (künftiger) Gläubiger des Grundpfandrechts zu ..... €, einzutragen am Erbbaurecht an Flst. ....., vorgetragen im Grundbuch des AG ..... für ..... Blatt .....

sichert dem jeweilgen Grundstückseigentümer zu, im Fall einer Zwangsversteigerung des Erbbaurechts das Vorkaufsrecht, die Erbbauzinsreallast und ggf. die Vormerkung zur Sicherung künftiger Erhöhungen des Erbbauzinses zugunsten des Erstehers stehen zu lassen. Dieses Stehenbleiben kann zur Vermeidung einer möglichen Kapitalisierung der genannten Lasten am Erbbaurecht entweder über § 59 Abs. 1 ZVG oder – sofern der Ersteher damit einverstanden ist – über § 91 Abs. 2 ZVG herbeigeführt werden. Der Gläubiger verpflichtet sich, im Zwangsversteigerungsverfahren auf Verlangen des Eigentümers unverzüglich einen entsprechenden Antrag gem. § 59 ZVG zu stellen und evtl. vom Grundstückseigentümer gestellten Änderungsanträgen zuzustimmen. Im Fall des § 91 Abs. 2 ZVG soll der Ersteher verpflichtet werden, auch in die rein schuldrechtlich wirkenden Verpflichtungen des Erbbaurechtsvertrags einzutreten.

Sie wird einer etwa zwischen Grundstückseigentümer und Erbbauberechtigtem zu vereinbarenden Änderung des Inhalts der Erbbauzinsreallast nach § 9 Abs. 3 Satz 1 Nr. 1 ErbbauRG (vollstreckungsfeste Reallast) die Zustimmung erteilen.

Die Gläubigerin verpflichtet sich, im Fall der Abtretung ihres Grundpfandrechts, die vorstehenden Verpflichtungen allen Sonderrechtsnachfolgern mit Weiterübertragungspflicht aufzuerlegen.

....., den .....

.....

(rechtsverbindliche Unterzeichnung;

notarielle Beglaubigung ist nicht erforderlich)

XXVIII. Zustimmung des Gläubigers zur Inhaltsänderung der Reallast

▶

				3889
.....		NOTAR	.....	
.....bank AG			.....	
.....			Telefon	
.....			Fax	
			E-Mail .....@.....	
.....			www.notar.....de	

UNSER ZEICHEN (BITTE STETS ANGEBEN)	SACHBEARBEITER	DURCHWAHL	IHR SCHREIBEN VOM/ IHR ZEICHEN	DATUM
...../.....				.....20.....

Sehr geehrte Damen und Herren,

an dem in dem Erbbaugrundbuch für ..... Band ..... Blatt ..... vorgetragenen Erbbaurecht an Flst. ..... sind zu Ihren Gunsten Grundschulden im Betrag von ..... € ..... Brief eingetragen. Erbbauberechtigter und (wohl) Darlehensnehmer sind .....

Ihr Grundpfandrecht hat derzeit Rang nach der Erbbauzinsreallast des Grundstückseigentümers sowie der zur Sicherung des Anspruchs auf Eintragung von Erhöhungsreallasten zu dessen Gunsten eingetragenen Vormerkung.

Das Sachenrechtsänderungsgesetz hat mit Wirkung ab 01.10.1994 die Möglichkeit eröffnet, die Erbbauzinsreallast inhaltlich umzugestalten. So kann aufgrund der Änderung des § 9 Abs. 3 ErbbauRG und des § 1105 Abs. 1 Satz 2 BGB bspw. mit dinglicher Wirkung vereinbart werden, dass
– die Reallast nicht mehr nur einen betragsmäßig genau bestimmten Erbbauzins sichert, sondern einen bestimmbaren Erbbauzins.
– Dadurch wird erreicht, dass nicht wie bisher die Einzelerhöhungen in das Grundbuch einzutragen sind, da die eingetragene »Stammreallast« den Erbbauzins in seiner jeweiligen, durch die Anpassungsformel vereinbarten Höhe sichert. Dadurch werden Notar- und Grundbuchkosten der Einzelerhöhungseintragungen erspart. Eine Rangveränderung tritt hierdurch nicht ein, da der Erhöhungsbetrag schon bisher am Rang der Vormerkung teilhatte; künftig hat er den Rang der Reallast.
– die Erbbauzinsreallast stets in das geringste Gebot fällt, d.h. in der Versteigerung auch dann bestehen bleibt, wenn sie im Rang nach dem Grundpfandrecht eingetragen ist, aus dem heraus die Versteigerung betrieben wird.
– Ist die Reallast im Rang vor Grundpfandrechten eingetragen, ist eine Kapitalisierung des Erbbauzinses auf die restliche Laufzeit in der Zwangsversteigerung auch dann ausgeschlossen, wenn der Grundstückseigentümer selbst wegen rückständiger Zinsen die Versteigerung betreibt. Konsequenterweise ist die bisher in § 19 ErbauVO vorgesehene Kapitalisierung des Erbbauzinses nicht mehr erforderlich, wenn Grundstückseigentümer und Erbbauberechtigter diese Inhaltsänderung vereinbaren. Dadurch erhöht sich die gesetzliche Beleihbarkeit von Erbbaurechten erheblich; auch wird es künftig erleichtert möglich sein, mit den Rechten des Grundstückseigentümers hinter Finanzierungsgrundpfandrechte des Erbbauberechtigten zurückzutreten.

Der Grundstückseigentümer, ..., sowie die vorgenannten Erbbauberechtigten haben zu diesamtlicher Urkunde ...../20..... von den beiden vorgenannten Möglichkeiten Gebrauch gemacht. Nach den gesetzlichen Bestimmungen bedarf diese Inhaltsänderung der Reallast der Zustimmung nachrangig an dem Erbbaurecht eingetragener Gläubiger. Eine Erhöhung des jeweils geschuldeten Erbbauzinses, der Ihrem Grundpfandrecht im Rang vorgeht, ist damit nicht verbunden. Für den Fall der Veräußerung des erbbaubelasteten Grundstücks wird vielmehr die Rechtsstellung des Gläubigers verbessert, da die bisher nur schuldrechtlich mögliche »Stillhalteerklärung« bzw. »Liegenbelassensvereinbarung« künftig dinglich wirkt, d.h. auch den neuen Grundstückseigentümer verpflichtet, selbst wenn er nicht (was bisher erforderlich gewesen wäre) eine auf seine Person ausgestellte erneute Stillhalteerklärung unterzeichnet.

Die erforderliche Zustimmung ist nach den gesetzlichen Vorschriften in grundbuchmäßiger Form zu erteilen.

Ich darf Sie daher bitten, für den Fall Ihres Einverständnisses den beigefügten Genehmigungsentwurf in grundbuchmäßiger Form ausfertigen zu lassen und im Original an mich zurückzuleiten. Die Kosten trägt Ihr Darlehensnehmer, der Erbbauberechtigte.

Der grundbuchliche Vollzug der Inhaltsanpassung der Erbbauzinsreallast kann erst erfolgen, wenn Ihre Zustimmung hierzu vorliegt.

Für Rückfragen stehe ich gerne zur Verfügung.

Mit freundlichen Grüßen

Ihr

.....

(Notar)

Anlage

Akte:...../.....

Genehmigung

zur Urkunde des Notars .....

in ..... vom .....

URNr. ....../20.....

.....

kennt den gesamten Inhalt der oben genannten Urkunde und genehmigt alle Erklärungen, die in der genannten Urkunde für den Beteiligten abgegeben worden sind, sowie den gesamten Inhalt der Urkunde vorbehaltlos. Eine etwa behauptete Vollmacht wird bestätigt. Die in der Urkunde enthaltenen einseitigen Erklärungen, Vollmachten und Weisungen werden ausdrücklich wiederholt.

Der unterzeichnende Gläubiger genehmigt zugleich vorsorglich alle Erbbauzinsveränderungen, die im Vollzug der nunmehr durch Reallast gesicherten Anpassungsabrede künftig vereinbart werden, und stimmt diesen zu.

....., den .....

Wert: ..... €

zurück an Entwurfsverfasser:

Notar

.....

.....

.....

E. Gesamtmuster

Übersicht

		Rdn.
I.	Datenerfassungsbogen für Kaufverträge	3890
II.	Due Diligence – Checkliste (ausführlich)	3891
III.	Letter of Intent (Asset deal)	3892
IV.	Allgemeines Kundenmerkblatt zu Kaufverträgen	3893
V.	Fragen beim Immobilienerwerb durch mehrere Personen	3894
VI.	Merkblatt zum Übergang von Besitz und Eigentum (Umzug)	3895
VII.	Merkblatt zum Wohnungseigentum	3896
VIII.	Merkblatt zum Erbbaurecht	3897
IX.	Merkblatt zu Grundpfandrechten	3898
X.	Merkblatt »Grunderwerbsteuer«	3899
XI.	Standardkaufvertrag »Eigenheim«	3900
XII.	Standardkaufvertrag »vermietete Eigentumswohnung«	3901
XIII.	Kaufvertrag »Teilfläche« (mit Besonderheiten neue Bundesländer)	3902
XIV.	Messungsanerkennung und Auflassung	3903
XV.	Kauf mit Ratenzahlung (sofortige Eigentumsumschreibung)	3904
XVI.	Kauf mit Ratenzahlung (Umschreibung erst nach vollständiger Zahlung)	3905
XVII.	Leibrentenkauf	3906
XVIII.	Mietkauf (Mietvertrag mit Ankaufsoption)	3907
XIX.	Kaufvertrag über eine vom Verkäufer neu erstellte Eigentumswohnung	3908
XX.	Verkauf eines Bauplatzes durch die Gemeinde	3909
XXI.	Kettenkaufvertrag (A-B-C-Konstellation: Gesamttext des Vertrags B auf C; Besonderheiten des Vertrags A auf B)	3910
XXII.	Kauf einer versteigerungsbefangenen Eigentumswohnung (Abwicklung über Anderkonto, ganz sichere Variante)	3911
XXIII.	Kauf einer versteigerungsbefangenen Eigentumswohnung (Abwicklung über Anderkonto, Variante: Auszahlung bereits vor Umschreibung)	3912
XXIV.	Kauf vom Insolvenzverwalter	3913
XXV.	Kaufvertrag deutsch/englisch (einfach)	3914
XXVI.	Kaufvertrag deutsch/englisch (ausführlich)	3915
XXVII.	Einrichtung einer Verweisungsurkunde	3916
XXVIII.	Dreiseitige Vereinbarung nach Vorkaufsrechtsausübung	3917
XXIX.	Verkauf eines Erbteils	3918
XXX.	Abschichtung gegen Abfindung	3919
XXXI.	Abtretung eines GbR-Anteils	3920
XXXII.	Erbbaurechtsbestellungsvertrag	3921
XXXIII.	Kaufvertrag über ein Erbbaurecht	3922
XXXIV.	Kaufvertrag über ein Wohnungserbbaurecht	3923
XXXV.	Verlängerung des Erbbaurechts; Inhaltsänderung des Erbbauzinses	3924
XXXVI.	Verkäuferangebot auf Abschluss eines Kaufvertrags	3925
XXXVII.	Käuferangebot auf Abschluss eines Kaufvertrags	3926
XXXVIII.	Beurkundungspflichtige Aufhebung eines Kaufvertrags	3927

E. Gesamtmuster

Zur Erleichterung der Datenerfassung und zur besseren Information des Mandanten (etwa bei Übersendung zusammen mit dem Kaufvertragsentwurf) können Muster I – V (**Datenerfassungsbögen**) und VI bis X (**Merkblätter**) beitragen. Die sodann aufgeführten **Vertragsmuster** dienen – wie alle in diesem Werk abgedruckten Bausteintexte – als Formulierungsvorschläge:

I. Datenerfassungsbogen für Kaufverträge

▶ **Fragebogen für Grundstückskaufverträge**

3890 **1. Persönliche Daten**

a) Verkäufer	Erste(r) Verkäufer(in)	Zweite(r) Verkäufer(in)
Familienname		
Vorname		
Geburtsname		
Postanschrift		
Geburtsdatum		
Familienstand	ledig verh. gesch. verwitwet	ledig verh. gesch. verwitwet
falls verh., Güterstand:	gesetzl. Gütertrennung Gütergem.	gesetzl. Gütertrennung Gütergem.
Telefon/Fax (tagsüber)		
Staatsangehörigkeit		
Angaben nur erforderlich, falls ausländische Staatsangehörigkeit:		
– Datum der Eheschließung		
– erster ehelicher Wohnsitz		
Bankverbindung (für Kaufpreisgutschrift)		
– Name und Sitz der Bank		
– Bankleitzahl		
– Kontonummer		
Anteil am veräußerten Grundbesitz	Miteigentum (Quote: ...../.....) BGB-Gesellschaftsanteil Miterbe (Quote: ...../.....)	Miteigentum (Quote: ...../.....) BGB-Gesellschaftsanteil Miterbe (Quote: ...../.....)
Steuerliche IdentNr § 139b AO		

b) Käufer	Erste(r) Käufer(in)	Zweite(r) Käufer(in)
Familienname		
Vorname		
Geburtsname		
Geburtsdatum		
Postanschrift		
Familienstand	ledig verh. gesch. verwitwet	ledig verh. gesch. verwitwet

falls verh., Güterstand:	gesetzl. Gütertrennung	gesetzl. Gütertrennung
	Gütergem.	Gütergem.
Telefon/Fax (tagsüber)		
Staatsangehörigkeit		
Angaben nur erforderlich, falls ausländische Staatsangehörigkeit:		
– Datum der Eheschließung		
– erster ehelicher Wohnsitz		
künftiger Anteil am erworbenen Grundbesitz	Miteigentum (Quote: ...../.....)	Miteigentum (Quote: ...../.....)
	BGB-Gesellschaftsanteil	BGB-Gesellschaftsanteil
	Miterbe (Quote: ...../.....)	Miterbe (Quote: ...../.....)
Steuerliche IdentNr § 139b AO		

2. Daten zum Objekt

a) Grundbuchstand und Lage

1) Gemarkung:	Flur-Nr.	Flurstück-Nr.
Grundbuchamt:	Band	Blatt
postalische Bezeichnung		
eingetragener Eigentümer:	Verkäufer nein, sondern	
Verkäufer ist	Erbe (Erbscheinsausfertigung folgt)	seinerseits Käufer
2) Gemarkung:	Flur-Nr.	Flurstück-Nr.
Grundbuchamt:	Band	Blatt
postalische Bezeichnung		
eingetragener Eigentümer:	Verkäufer nein, sondern	
Verkäufer ist	Erbe (Erbscheinsausfertigung folgt)	seinerseits Käufer

b) Zusätzliche Angaben bei Veräußerung von Teilflächen

Sofern nur eine Teil eines Grundstücks veräußert werden soll, ist gleichzeitig mit diesem Fragebogen ein amtlicher Lageplan im Maßstab 1:1000 einzureichen, in welchem die veräußerte Teilfläche eingezeichnet ist. Auf Wunsch können wir Ihnen einen solchen Lageplan für in Bayern belegene Grundstücke über das Internet beschaffen.

Größe der Teilfläche:	möglichst genau .... Quadratmeter
	möglichst genau gem. eingezeichneter Grenzpunkte
Dienstbarkeiten (für Überfahrt, Leitungen etc.)	bestehen bereits nicht erforderlich
	notwendig (bitte im Lageplan einzeichnen)
Vermessungsantrag	bereits gestellt noch nicht gestellt soll der Notar stellen
	stellen die Beteiligten selbst
	bereits vermessen (FN Nr. ......)

E. Gesamtmuster

Vermessungskosten	trägt der Verkäufer / trägt der Käufer / tragen ....

c) Nutzung, Erschließung, Besitzübergang

Bebauung	unbebaut bebaut mit ....
besondere Nutzungen	land-/forstwirtschaftliche Nutzung: ja nein Naturdenkmal: ja nein Baudenkmal: ja nein
vermietet	nein ganz teilweise Umfang: ....
selbst genutzt	nein ganz teilweise Umfang: ....
wenn vom Verkäufer selbst genutzt	Auszug: nein ja, am ....; künftige Anschrift des Verkäufers: ....
Erschließung (Straßenausbau, Wasser, Kanal)	voll erschlossen nicht erschlossen, weil .... teilerschlossen Umfang: .... Erschließungskosten: bereits abgerechnet bereits vollständig bezahlt
Besitzübergang	wie üblich mit vollständiger Kaufpreiszahlung am ....

3. Kaufpreis, Belastungen, Finanzierung

a) Kaufpreis, Fälligkeit, Lastenfreistellung

Kaufpreis in Euro	.... € zzgl. Umsatzsteuer wegen Option gem. § 9 UStG
Kaufpreisfälligkeit	*wie üblich* vierzehn Tage nach Eintragung der Auflassungsvormerkung, Lastenfreistellung und etwa erforderlicher Genehmigungen zusätzliche Voraussetzung (Räumung/Baugenehmigung für .... feste Fälligkeit am .... *(unüblich und riskant)*
belastet mit Hypotheken oder Grundschulden	nein ja, mit Hypotheken/Grundschuld i.H.v. .... € Kredite bereits getilgt Kredite laufen i.H.v. ca. ..... €
– wenn noch Kredite laufen	Bank/Darlehenskonto-Nr.: .... *wie üblich* Ablösung aus dem Kaufpreis Ablösung durch Verkäufer *vor* Kaufpreiszahlung Übernahme durch Käufer mit Zustimmung der Bank
belastet mit Grunddienstbarkeit	Wegerecht(e) Leitungsrecht(e) sonstiges: .... Löschung vorgesehen Übernahme durch Käufer *(Regelfall)*

Kaufpreis in Euro	.... € zzgl. Umsatzsteuer wegen Option gem. § 9 UStG
belastet mit persönlichen Rechten	Nießbrauch Wohnungsrecht Reallast sonstiges ....
	Übernahme durch Käufer Löschung vorgesehen (*Regelfall*) Löschungsbewilligung des Berechtigten
	Todesnachweis (Sterbeurkunde)
Anderkonto	nein (*Regelfall*) ja, *ausnahmsweise* trotz Mehrkosten, weil ....

b) Finanzierung des Kaufpreises durch Käufer (ggf. mit Bank/Bausparkasse klären)

Kaufpreisfinanzierung	nein ja, Käufer finanziert über die .... bank
Belastung des Grundstücks zur Kaufpreisfinanzierung	**vor** Eigentumsumschreibung mit Grundschuld über .... €
	nach Eigentumsumschreibung mit Grundschuld über .... €
	Grundschuldbestellung soll zusammen mit Kaufvertrag beurkundet werden. (Hierdurch können ansonsten anfallende Rangrücktrittskosten gespart werden; Unterlagen sind **rechtzeitig vor dem Termin** dem Notar einzureichen.)
– nur bei Teilflächenkauf:	Verpfändung des Eigentumsverschaffungsanspruchs ja nein

4. Sonstiges

Eigentumswohnung nein ja	wenn ja: Verwalterzustimmung erforderliche: nein ja
	Name/Anschrift des Verwalters ....
Liegt der Grundbesitz im Gebiet der ehemaligen DDR: nein/ja	wenn ja: Wann hat Verkäufer erworben? ....
	Wie hat Verkäufer erworben? Kaufvertrag Erbfall ....
	Genehmigung nach Grundstücksverkehrsordnung erforderlich? nein ja Auf dem Grundstück stehen: Datschen/Freizeitgebäude Garagen Bestehen Nutzungsverträge über aufstehende Gebäude etc.? nein ja
Vermittlung durch Makler	nein ja, Name/Anschrift/Provision ....

E. Gesamtmuster

5. Hinweis:

- Die Erhebung und Speicherung **personenbezogener Daten** erfolgt nach § 12 ff. Bundesdatenschutzgesetz zu dienstlichen Zwecken; in diese wird eingewilligt.
- Zur Beurkundung müssen alle Beteiligten, soweit sie nicht bereits im Notariat Kunde waren, einen gültigen Personalausweis oder Reisepass mitbringen. Sind Namensänderungen (etwa durch Heirat) hierin nicht vermerkt, sind auch hierüber amtliche Urkunden (z.B. Heiratsurkunde) vorzulegen.
- Erforderliche Erbscheine sind ausschließlich in Ausfertigung einzureichen.
- Sofern der veräußerte Grundbesitz im Grundbuch eines anderen Amtsgerichts als ..... oder ..... vorgetragen ist, wird gebeten, zur Terminsvorbereitung in ihrem Besitz befindliche beglaubigte Grundbuchauszüge jüngeren Datums einzureichen.
- Fertigt der Notar auftragsgemäß den Entwurf eines Vertrags, so fallen hierfür Gebühren an, auch wenn später keine Beurkundung erfolgt (§ 145 Kostenordnung). Bei späterer Beurkundung im selben Notariat werden die Entwurfsgebühren mit den Beurkundungsgebühren verrechnet, fallen also nicht gesondert an.
- Bei Rückfragen wenden Sie sich bitte an die Sachbearbeiter (Tel./Durchwahl .....).
- Zur Vereinbarung eines Beurkundungstermins, den Sie bitte auch mit den weiteren Beteiligten abstimmen wollen, wählen Sie die Rufnummer ..... Bitte haben Sie dafür Verständnis, dass die Vergabe von Beurkundungsterminen grds. erst nach Rücksendung des vollständig ausgefüllten Fragenbogens möglich ist.

6. Auftrag an den Notar

Zum Zwecke der Terminsvorbereitung wird der Notar beauftragt:

☐ einen unbeglaubigten Grundbuchauszug einzuholen

☐ einen Entwurfs zu erstellen bis spätestens zum .... (Datum)

☐ den Entwurf zur Prü-   ☐ per Post   ☐ per Fax-Nr. .... an
fung zu übersenden   ☐ per E-Mail .... an

☐ alle Beteiligten   ☐ nur Käufer   ☐ nur Verkäufer .....   ☐ ....

☐ wegen einer telefonischen   ☐ Verkäufer
Vorbesprechung den
                              ☐ Käufer am .... um ca. .... Uhr anzurufen unter
                                der Telefonnummer: ..../........................

Sonstiges/Bemerkungen: ....
....
....

..............., den ....
                                             Unterschrift(en)

II. Due Diligence – Checkliste (ausführlich)

▶
1. Gesellschaftsrechtliche Umstände (nur im Falle eines »share deal«) 3891

1.1 Aktuelle Handelsregisterauszüge einschließlich der aktuellen Gesellschafterlisten

1.2 Alle Handelsregisteranmeldungen, die noch nicht ins Handelsregister eingetragen sind

1.3 Gesellschaftsverträge samt aller bisheriger Nachträge

1.4 Zusammenstellung der bisher vom Unternehmen erteilten Handlungsvollmachten

1.5 Historische Darstellung sämtlicher Urkunden im Zusammenhang mit der Gründung des Unternehmens, der Abtretung von Geschäftsanteilen sowie den seit der Gründung erfolgten Beschlüssen betreffend Kapitalerhöhungen (nebst sonstiger Unterlagen)

1.6 Verträge über die Belastung von Geschäftsanteilen oder Vermögenswerten des Unternehmens

2. Grundstücke

2.1 Aufstellung aller von dem Veräußerer derzeit und innerhalb der letzten ..... Jahre genutzten bzw. der im Eigentum stehenden Grundstücke, untergliedert in:
- Aufstellung der im Eigentum des Veräußerers befindlichen Grundstücke
- Aufstellung der von dem Veräußerer angemieteten Grundstücke
- Aufstellung der von dem Veräußerer vermieteten Grundstücke (Aufstellung der einzelnen Mietverhältnisse)

2.2 Aktuelle Grundbuchauszüge aller Grundstücke

2.3 Darstellung der bisherigen, aktuellen und zukünftig beabsichtigten Nutzung der Standorte/Grundstücke

2.4 Baulastenverzeichnisse

2.5 Bebauungspläne
- Wie gestaltet sich die bauplanungsrechtliche Ausweisung der Betriebsstätten/Standorte?
- Bestehen Nutzungsbeschränkungen aufgrund besonderer Ausweisungen des Standorts und/oder der Umgebung (z.B. aufgrund von Festsetzungen als Sanierungs-, Landschaftsschutz- oder Naturschutzgebiet, Trinkwasserzone etc.)?
- Sind Nutzungsbeschränkungen künftig zu erwarten?

3. Genehmigungen

3.1 Standortbezogene Aufstellung aller von dem Veräußerer bzw. dessen Unternehmen genutzten genehmigungspflichtigen (sowie anzeigepflichtigen) Anlagen und Bauten

3.2 Sämtliche Genehmigungs- und Erlaubnisbescheide nebst etwaiger Nachträge (Liegen alle notwendigen Genehmigungen und Erlaubnisse vor?)

3.3 Sind alle notwendigen Genehmigungen/Erlaubnisse bestandskräftig oder sind sie Gegenstand von vorläufigen Rechtsschutzverfahren oder Anfechtungsklagen?

3.4 Wurden einzelne Genehmigungen/Erlaubnisse lediglich befristet erteilt?

3.5 Enthalten einzelne Genehmigungen/Erlaubnisse atypische Auflagen oder sonstige ungewöhnliche Nebenbestimmungen?

3.6 Werden die Genehmigungen und Erlaubnisse in allen Punkten eingehalten?

3.7 Alle (behördlichen) Abnahme- und Zertifizierungsbescheinigungen

E. Gesamtmuster

3.8 Drohen verschärfte Genehmigungsauflagen oder werden sogar Änderungsgenehmigungen notwendig?

3.9 Sind gesetzliche Änderungen mit erhöhten Anforderungen zu erwarten, die technischen Änderungsbedarf erforderlich machen (gegebenenfalls welche, mit welchen Auswirkungen und mit welchen Komplikationen)?

3.10 Existieren und/oder drohen behördliche Untersagungs- oder Stillegungsverfügungen?

4. Streitigkeiten

4.1 Einzelheiten über anhängige oder drohende Verfahren oder Prozesse oder sonstige Rechtsstreitigkeiten, an denen der Veräußerer als Kläger, Beklagter oder sonstige Beteiligter beteiligt ist/sein könnte, einschließlich genauer Angaben über den Streitwert

4.2 Einzelheiten über nachbarschaftliche Auseinandersetzungen

5. Versicherungen

5.1 Verzeichnis sämtlicher für die Immobilie abgeschlossenen Versicherungsverträge nach Art und Höhe des Versicherungsschutzes, Erneuerungsdaten und Jahresprämien

5.2 Auflistung aller eingetretenen Versicherungsfälle, ob beglichen oder offen, ab einer Größenordnung von ..... € pro Einzelfall in den letzten ..... Jahren

6. Umweltrechtliche Situation

6.1 Allgemeines – Grunddaten

Unternehmensbeschreibung

- Umwelt- und sonstige technische Gutachten
- Berichte über Umweltprüfungen/Umweltbetriebsprüfungen
- Berichte des Umweltbeauftragten und der Bereichsverantwortlichen
- Berichte über umweltrelevante Probleme (Unfälle, Störfälle etc.) innerhalb der letzten ..... Jahre
- Aufstellung von sonstigen Betriebsunfällen innerhalb der letzten ..... Jahre, die zu Umweltschäden geführt haben können (Leckage von Tanks etc.)
- Existieren Berichte über Nachbarschaftsbeschwerden?
- sämtliche Behördenkorrespondenz

6.2 Luft/Emissionen

- alle einschlägigen Genehmigungsbescheide und sonstigen Bescheide (Anordnung nachträglicher Änderungen etc.) nach dem BImSchG
- Waren Mitteilungen nach § 52a BImSchG erforderlich?
- Emissionserklärungen der letzten ..... Jahre
- Jahresberichte des Immissionsschutzbeauftragten
- Lärmkataster
- Einhaltung technischer Richtwerte (TA-Lärm, TA-Luft etc.)
- Art und Standorte von Schall-, Luft- und sonstigen Immissionsschutzeinrichtungen
- Möglichkeiten zur Reduzierung bestehender Emissionen
- Reinigungs-, Lärmschutzvorrichtungen und Filteranlagen
- Unterliegen Anlagen der Störfallverordnung? Werden alle Anforderungen der Störfallverordnung erfüllt?

- Sicherheitsanalysen
- Umweltverträglichkeitsprüfung

6.3 Abwasser

- Kanalisation- und Entwässerungsplan
- Art und Weise der Abwasserbeseitigung (Anschluss an das kommunale Abwasserkanalnetz, betriebseigene Klärvorrichtungen etc.?)
- Zusammenstellung von Art und Volumen des auf dem Betriebsgelände anfallenden Abwassers (Oberflächenwasser, Produktionsabwasser etc.)
- Übersicht über Art, Alter und Zustand der existierenden Abwasser- und Abwasserbehandlungsanlagen
- Genehmigungen nach dem WHG
- Einleitgenehmigungen (Direkt-/Indirekteinleitergenehmigungen)
- Genehmigung für Abwasserbehandlungsanlagen
- Genehmigungen für Abwasseranlagen (einschließlich der Kanalisation)
- einschlägige Abwassersatzungen
- Wasserbücher
- Vorlage der einschlägigen Gebührenbescheide betreffend die Abwasserabgaben der letzten ..... Jahre
- Vorlage der einschlägigen Abwasserabgabensatzungen
- Kataster der Anlagen für die Lagerung von flüssigen und festen wassergefährdenden Stoffen
- Überprüfung der unterirdischen Tanks und/oder Leitungen mit wassergefährdenden Stoffen
- Verzeichnis aller aktuellen und früheren Abfüllplätze für Gefahrstoffe
- Materialnachweise/Eignungsfeststellungen von Abfüllstellen für wassergefährdende Stoffe
- Bestimmung und Untersuchung der aktuellen und ehemaligen Klär- und Sickergruben, in die Abwasser unzulässig eingeleitet worden sein könnte
- sonstige Nachweise über die Einhaltung der einschlägigen gesetzlichen Anforderungen
- behördliche und interne Untersuchungsberichte sowie sämtliche sonstige Behördenkorrespondenz

6.4 Abfallwirtschaft

- einschlägige Genehmigungen und behördliche Auflagen
- betriebliches Abfallwirtschaftskonzept
- Abfallbilanzen und Abfallbücher
- Jahresberichte des Abfallbeauftragten
- Mitteilungen nach § 53 KrW-/AbfG
- Planfeststellungs- und Genehmigungsbescheide (für Abfallentsorgungsanlagen etc.)
- Unterliegt der Betrieb den Pflichten nach § 54 KrW-/AbfG?
- Sind die Abfälle in der Vergangenheit ordnungsgemäß klassifiziert und deklariert worden?
- Liegen alle Entsorgungs- bzw. Verwertungnachweise vollständig vor (Abfallbegleitscheine etc.)?
- Sind alle Abfallvermeidungsmöglichkeiten ausgeschöpft?

E. Gesamtmuster

- Existieren gesetzliche oder satzungsrechtliche Andienungs- bzw. Überlassungspflichten für bestimmte Abfallarten? Falls ja: Werden/wurden diese ordnungsgemäß erfüllt?
- Auflistung aller ehemaligen und derzeitigen Deponien und Lagerstätten (einschließlich der Standorte für Zwischenlagerungen)
- sämtliche Behördenkorrespondenz
- Übersicht über die abfallbezogenen Ausgaben/Kosten in den letzten ..... Jahren

6.5 Gefahrstoffe und Lagerung, Gefahrgut, Rohstoffeinsatz und Energie

- Aufstellung der Grund-(Roh-)Stoffe, die bei der Produktion und Weiterverarbeitung verwendet werden
- Übersicht über Art, Menge, Verwendung und Lagerung eingesetzter Gefahrstoffe (aufgeschlüsselt nach brennbaren Flüssigkeiten, wassergefährdenden Stoffen)
- Gefahrstoffkataster
- aktuelle Gefahrstofflisten, Sicherheitsdatenblätter, Vorsorgedateien etc.
- Sind Stoff- und/oder Produktverbote (z.B. FCKW etc.) zu erwarten?
- Verzeichnis der Betriebsanweisungen für eingesetzte Gefahrstoffe
- Jahresberichte der Gefahrstoff- und Gefahrgutbeauftragten
- alle erforderlichen Genehmigungen und Erlaubnisse
- Genehmigungs-, Anzeige-, Abnahme- und Wartungsunterlagen bzgl. aller Anlagen zum Lagern, Abfüllen und Umschlagen wassergefährdender Stoffe und/oder brennbarer Flüssigkeiten
- Werden alle einschlägigen gesetzlichen und behördlichen Anforderungen erfüllt? Vorlage der einschlägigen Abnahme- und Zertifizierungsunterlagen sowie der Begehungsprotokolle über Mängelfeststellungen und Mängelbeseitigungsarbeiten etc.
- Verzeichnis der Gefahrstofflager
- Asbestuntersuchungsberichte
- Behördenmeldungen über Unfälle mit Umweltauswirkung in den letzten ..... Jahren

6.6 Altlasten

- Altlastengutachten (Untersuchungsberichte, Sanierungsberichte, sonstige technische Gutachten etc.)
- sonstige Bodengutachten (Untergrundzusammensetzung, Tragfähigkeit etc.)
- Altlastenkataster und Bodendatenbanken
- Ausweisungen in den einschlägigen Bebauungsplänen
- Übersicht über die historische Nutzung der relevanten Standorte
- Luftbilder und historische Aufnahmen
- Bestehen Hinweise auf Altlasten und/oder sonstige Verunreinigungen (z.B. aufgrund der bisherigen Nutzung des Standorts)?
- Grundwassermessprotokolle

7. Budgetberechnungen für die nächsten zwei Jahre

7.1 Planungsmethodik samt betriebswirtschaftlichem Ansatz

7.2 Vorschau Kapitalflussrechnungen, Gewinn- und Verlustrechnungen und Bilanzen

7.3 Monatliche Entwicklung des kurzfristigen Betriebskapitals

8. Planungsansatz

8.1 Erläuterung des gesamten Planungsansatzes (z.B. Einnahmen, Kosten, Personal etc.)

8.2 Erläuterungen zur Berechnung des kurzfristigen Betriebskapitals einschließlich Verpflichtungen aus dem kurzfristigen Betriebskapital pro Monat

9. Sonstige Angaben

9.1 Gegenwärtige und geplante Besteuerungsgrundlage

9.2 Kontrollberichte, aus denen die Abweichungen zwischen den geplanten und erreichten Zahlen in den letzten ..... Jahren und gegenwärtige Daten hervorgehen

III. Letter of Intent (Asset deal)

▶

Letter of Intent

zwischen

..... (potentieller Verkäufer)

– nachfolgend »Verkäufer« –

und

..... (potentieller Käufer)

– nachfolgend »Käufer« –

Käufer und Verkäufer jeweils einzeln als »Partei« und gemeinsam als »Parteien« bezeichnet.

Präambel

Der Verkäufer ist Eigentümer folgenden Grundbesitzes:

Flst ..... der Gemarkung ....., Grundbuch von ..... Blatt .....,

Größe .....

bebaut mit .....

Der Käufer hat gegenüber dem Verkäufer sein Interesse bekundet, dieses Grundstück samt Gebäude und Betriebsvorrichtungen zu erwerben. Der Verkäufer erwägt, das Objekt an den Käufer zu veräußern (nachfolgend das »Vorhaben«).

Dies vorausgeschickt halten die Parteien Folgendes fest:

§ 1

Eckpunkte des Vorhabens

(1) Die Parteien verhandeln über einen Kaufpreis in der Spanne von ..... € bis ..... €. Der Kaufpreis soll festgelegt werden, sobald der Käufer eine Due Diligence Prüfung gemäß Ziffer 3 dieser Vereinbarung durchgeführt hat.

(2) Der Kaufpreis soll fällig werden, sobald die erforderlichen Genehmigungen und Vorkaufsrechtsnegativzeugnisse vorliegen, die Vormerkung zugunsten des Käufers eingetragen ist, und die Lastenfreistellung gesichert ist *und die Räumung erfolgt ist*.

Zur Sicherung des Kaufpreisanspruchs des Verkäufers wird der Käufer dem Verkäufer eine Bankgarantie stellen.

§ 2

Bedingungen für die Durchführung des Vorhabens

Die Durchführung des Vorhabens steht unter den folgenden Bedingungen: *z.B. Zustimmung des Aufsichtsrates etc.*

§ 3

Due Diligence Prüfung

(1) Der Käufer wird mit Hilfe von Beratern in Bezug auf die das Objekt eine Due Diligence Prüfung in den Bereichen *Finanzen, Recht, Steuern, Markt, Versicherungen und Umwelt* durchführen.

(2) Der Verkäufer ist bereit, dem Käufer die für diese Due Diligence Prüfung erforderlichen Informationen zu erteilen und entsprechende Unterlagen zugänglich zu machen.

(3) Der Käufer wird dem Verkäufer eine Liste derjenigen Informationen übergeben, die er für die Due Diligence Prüfung für erforderlich hält

(4) Die Due Diligence Prüfung wird zunächst allein auf Unterlagen basieren, die dem Käufer und den vom Käufer benannten Rechtsanwälten, Wirtschaftsprüfern, Steuerberatern und sonstigen

Beratern von dem Verkäufer in einem Datenraum zur Verfügung gestellt werden. Der Käufer verpflichtet sich, keine Mitarbeiter des Verkäufers zu kontaktieren, sofern dies nicht vom Verkäufer in Einzelfällen zugelassen wird.

§ 4
Zeitplan

(1) Der Käufer wird dem Verkäufer seine Anforderungsliste gemäß Ziffer 3 Absatz 3 bis zum ..... übermitteln.

(2) Die Due Diligence Prüfung soll im Zeitraum vom ..... bis zum ..... stattfinden.

(3) Der Käufer wird dem Verkäufer spätestens bis zum ..... den Entwurf eines Kaufvertrages vorlegen.

(4) Die Parteien streben an, spätestens bis zum ..... eine Einigung über sämtliche Vertragsbestandteile zu erzielen und den Vertrag notariell zu unterzeichnen.

(5) Die Räumung soll spätestens zum ..... erfolgen.

§ 5
Exklusivität

(1) Der Verkäufer verpflichtet sich, während der Geltungsdauer dieser Vereinbarung nicht mit Dritten in Verhandlungen über Transaktionen mit gleicher oder ähnlicher wirtschaftlicher Wirkung einzutreten. Insbesondere verpflichtet sich der Verkäufer, das Objekt nicht zu veräußern, zu belasten oder auf sonstige Weise darüber zu verfügen oder in Rechtsgeschäfte mit ähnlicher wirtschaftlicher Wirkung einzutreten. Laufende Gespräche sind abzubrechen.

(2) Der Verkäufer verpflichtet sich sicherzustellen, dass auch die Mitarbeiter, Berater und Beauftragten der Gesellschaft diese Exklusivitätsvereinbarung einhalten.

§ 6
Unternehmensführung während der Verhandlungen

Der Verkäufer wird dafür Sorge tragen, dass das Objekt während der Vertragsverhandlungen mit der Sorgfalt eines gewissenhaften und ordentlichen Kaufmanns verwaltet wird und den Käufer während der Vertragsverhandlungen unverzüglich informieren, sofern Umstände eintreten, die den derzeitigen Zustand wesentlich verändern könnten.

§ 7
Vertraulichkeit

(1) Die Parteien verpflichten sich, den Inhalt dieser Vereinbarung, den Stand der Verhandlungen sowie sonstige den Abschluss oder die Durchführung dieser Vereinbarung betreffende Informationen vertraulich zu behandeln.

(2) Die zwischen den Parteien am ..... geschlossene Vertraulichkeitsvereinbarung gilt fort, sie ist als Anlage beigefügt.

§ 8
Kostenverteilung

Jede Partei trägt die ihr in Zusammenhang mit dieser Vereinbarung und deren Durchführung entstehenden Kosten (z.B. Reise- und Beraterkosten) selbst. Die Kosten der notariellen Beurkundung und alle möglicherweise anfallenden Verkehrsteuern (z.B. Grunderwerbsteuer) trägt die Käuferin im Innenverhältnis der Parteien allein.

§ 8a

Bindungsentgelt

Der potenzielle Käufer entrichtet als Gegenleistung für die gewährte Ausschließlichkeit während der Bindungsphase dieser Vereinbarung bei Unterzeichnung einen Betrag von ..... € an den Verkäufer. Kommt es zur notariellen Beurkundung, ist dieser Betrag auf den Kaufpreis anzurechnen; andernfalls verbleibt er beim Verkäufer.

§ 9

Unverbindlichkeit

(1) Die Bestimmungen dieser Vereinbarung zu Eckpunkten des Vorhabens (Ziffer 1), Bedingungen für die Durchführung des Vorhabens (Ziffer 2), Due Diligence Prüfung (Ziffer 3) und Zeitplan (Ziffer 4) sind unverbindlich und begründen für die Parteien keine Rechte und Pflichten. Die übrigen Bestimmungen dieser Vereinbarung sind für beide Parteien rechtlich verbindlich.

(2) Aus dieser Vereinbarung ergibt sich kein Anspruch auf Abschluss eines Vertrages.

(3) Die vorgeschlagenen Eckpunkte des Vorhaben erfassen nicht alle regelungsbedürftigen Fragen.

(4) Beide Seiten können die Verhandlungen jederzeit ohne Angabe von Gründen beenden, ohne dass dadurch Verpflichtungen entstehen, die über die in Ziffer 10 Abs. 2 genannten verbindlichen Bestimmungen hinausgehen.

§ 10

Geltungsdauer des Vertrags

(1) Beabsichtigt eine Partei, die Verhandlungen zu beenden, wird sie die andere Partei hierüber unverzüglich schriftlich informieren. Die Geltung der Bestimmungen dieser Vereinbarung endet vorbehaltlich des nachfolgenden Absatzes, wenn eine Partei der anderen die Abstandnahme von dem Vorhaben schriftlich mitgeteilt hat, spätestens jedoch am ..... *(z.B. nach Ablauf eines Monats)* ....., sofern die Parteien keine anderweitige Vereinbarung treffen.

(2) Folgende Bestimmungen gelten auch nach Ablauf der in Absatz 1 dieser Ziffer definierten Geltungsdauer dieser Vereinbarung: Vertraulichkeit (Ziffer 7), Kostenverteilung (Ziffer 8), Übertragbarkeit von Rechten (Ziffer 11), Schriftform (Ziffer 12) und Teilunwirksamkeit (Ziffer 13) sowie Rechtswahl und Gerichtsstand (Ziffer 14).

§ 11

Übertragbarkeit von Rechten

Die Rechte und Pflichten aus dieser Vereinbarung sind nicht übertragbar.

§ 12

Schriftform

Änderungen und Ergänzungen dieser Vereinbarung bedürfen, soweit nicht die notarielle Form zu beachten ist, der Schriftform; dies gilt auch für eine Änderung des Schriftformerfordernisses selbst.

§ 13

Teilunwirksamkeit

Für den Fall, dass einzelne Bestimmungen dieser Vereinbarung ganz oder teilweise unwirksam oder undurchführbar sind oder werden, oder für den Fall, dass diese Vereinbarung Lücken enthält, wird dadurch die Wirksamkeit der übrigen Bestimmungen dieser Vereinbarung nicht berührt. Anstelle der unwirksamen, undurchführbaren oder fehlenden Bestimmung gilt eine solche wirksame und durchführbare Bestimmung als zwischen den Parteien vereinbart, wie sie die Parteien unter Berücksichtigung des wirtschaftlichen Zwecks dieser Vereinbarung vereinbart hätten, wenn ihnen beim Abschluss dieser Vereinbarung die Unwirksamkeit, Undurchführbarkeit oder das Fehlen der betreffenden Bestimmung bewusst gewesen wäre. Die Parteien sind verpflichtet, eine solche Bestimmung in gebotener Form, jedoch zumindest schriftlich, zu bestätigen.

§ 14
Rechtswahl und Gerichtsstand

(1) Diese Vereinbarung unterliegt dem Recht der Bundesrepublik Deutschland unter Ausschluss der einschlägigen Verweisungsregeln des deutschen internationalen Privatrechts.

(2) Ausschließlicher Gerichtsstand für alle Streitigkeiten aus oder im Zusammenhang mit dieser Vereinbarung ist das Landgericht ....

....

(Unterschriften der Beteiligten)

Anlage: Non Disclosure Agreement (Vertraulichkeitsvereinbarung)

Vertraulichkeitsvereinbarung (Non-Disclosure Agreement)

zwischen

..... (potentieller Verkäufer)

– nachfolgend »Verkäufer« –

und

..... (potentieller Käufer)

– nachfolgend »Interessent« –

beide jeweils einzeln als »Partei« und gemeinsam als »Parteien« bezeichnet.

Präambel

Der Interessent hat gegenüber dem Verkäufer sein Interesse bekundet, folgendes Objekt zu erwerben:

FlSt ..... der Gemarkung ....., Grundbuch von ..... Blatt .....,

Größe .....

bebaut mit .....

(nachfolgend das »Vorhaben«). Um beurteilen zu können, ob er das Vorhaben weiter verfolgen möchte, benötigt der Interessent vom Verkäufer vertrauliche Informationen. Für den Verkäufer ist Voraussetzung für die Übermittlung von vertraulichen Informationen, dass die Parteien eine Vertraulichkeitsvereinbarung abschließen.

Dies vorausgeschickt vereinbaren die Parteien Folgendes:

§ 1
Definitionen

(1) »Vertrauliche Informationen« sind alle finanziellen, technischen, rechtlichen, steuerlichen, die Geschäftstätigkeit, die Mitarbeiter etc betreffenden oder sonstigen Informationen (einschließlich Daten, Aufzeichnungen und Know-how), welche sich auf den Verkäufer oder ein mit ihm Verbundenes Unternehmen oder das Objekt selbst beziehen und welche dem Interessenten, dessen Organen, Mitarbeitern, Beratern oder sonstigen für ihn tätigen Dritten direkt oder indirekt vom Verkäufer oder von der Gesellschaft zugänglich gemacht werden oder diesen auf sonstige Weise zur Kenntnis gelangen. Ob und auf welchem Trägermedium die Informationen verkörpert sind, ist unerheblich; insbesondere sind auch mündliche Informationen umfasst. Unerheblich ist auch, ob Dokumente oder andere Trägermedien vom Verkäufer oder dem Interessenten oder anderen erstellt wurden, sofern sie Informationen verkörpern, die sich auf den Verkäufer oder ein mit ihm Verbundenes Unternehmen beziehen.

Eine Vertrauliche Information im Sinne dieser Klausel ist auch die Tatsache, dass Vertrauliche Informationen dem Interessenten zur Kenntnis gebracht wurden, die Existenz und der Inhalt dieser Vereinbarung sowie sämtliche sonstige den Abschluss oder die Durchführung des Vorhabens betreffende Informationen, einschließlich der Tatsache, dass Gespräche über das Vorhaben stattfinden und der Stand dieser Gespräche.

Eine Information gilt nicht als vertraulich, wenn sie zum Zeitpunkt der Kenntniserlangung durch den Interessenten bereits öffentlich bekannt war oder danach ohne einen Verstoß gegen diese Vereinbarung oder Vertraulichkeitsverpflichtungen Berechtigter Personen öffentlich bekannt wurde. Die Beweislast trägt der Interessent.

(2) »Berechtigte Personen« sind der Interessent, dessen Organe und Mitarbeiter, sowie mit dem Interessenten Verbundene Unternehmen, deren Organe und Mitarbeiter, sofern sie jeweils einer dieser Vereinbarung entsprechenden Vertraulichkeitsverpflichtung unterliegen und mit dem Vorhaben notwendigerweise zu befassen sind. Berechtigte Personen sind ferner beruflich oder vertraglich zur Verschwiegenheit verpflichtete Berater des Interessenten. Der Interessent wird dem Verkäufer im Fall einer Aufforderung die Namen und die Funktion seiner Berater mitteilen. Sollte der Verkäufer ernsthafte und entsprechend darzulegende Bedenken hinsichtlich der Einschaltung eines bestimmten Beraters haben, werden sich die Parteien hierüber beraten und bemühen, die Bedenken durch angemessene Maßnahmen auszuräumen.

(3) »Verbundene Unternehmen« sind Unternehmen im Sinne der §§ 15 ff. AktG.

(4) »Mitarbeiter« sind Arbeitnehmer des Verkäufers bzw. des Interessenten und der jeweiligen Verbundenen Unternehmen sowie Mitarbeiter ohne Arbeitnehmerstatus wie z.B. freie Mitarbeiter und Zeitarbeitskräfte.

§ 2
Verpflichtungen zur Vertraulichkeit

(1) Der Interessent wird die Vertraulichen Informationen streng vertraulich behandeln und sie Dritten, die nicht Berechtigte Personen sind, weder weiterleiten noch auf sonstige Weise zugänglich machen sowie geeignete Vorkehrungen zum Schutz der Vertraulichen Informationen treffen, mindestens aber diejenigen Vorkehrungen, mit denen er besonders sensible Informationen über sein eigenes Unternehmen schützt.

(2) Der Interessent wird sämtliche Berechtigten Personen, die Vertrauliche Informationen erhalten, über Inhalt und Umfang der Rechte und Pflichten aus dieser Vereinbarung informieren und sicherstellen, dass alle Berechtigten Personen die Bestimmungen dieser Vereinbarung einhalten.

(3) Der Interessent wird die Vertraulichen Informationen ausschließlich zur Beurteilung des Vorhabens sowie zur Verhandlungsführung im Rahmen des Vorhabens verwenden. Insbesondere wird der Interessent die Vertraulichen Informationen nicht nutzen, um sich im Wettbewerb einen geschäftlichen Vorteil gegenüber dem Verkäufer, einem mit ihm Verbundenen Unternehmen oder Dritten zu verschaffen.

(4) Der Interessent wird nach Aufforderung des Verkäufers sämtliche Dokumente und sonstige Trägermedien nach Wahl des Interessenten zurückgeben, zerstören oder löschen, soweit sie Vertraulichen Informationen verkörpern, es sei denn, der Interessent ist gesetzlich oder durch Anordnung eines zuständigen Gerichts oder einer zuständigen Behörde oder sonstigen Einrichtung zur Aufbewahrung verpflichtet. Vertrauliche Informationen, die in routinemäßig elektronisch abgespeicherten Dateien enthalten sind, müssen nicht gelöscht werden, soweit dies nur mit unverhältnismäßigem Aufwand möglich wäre. Der Interessent hat dem Verkäufer nach Aufforderung unter Angabe von Gründen schriftlich mitzuteilen, welche Vertraulichen Informationen zurückgegeben, zerstört oder gelöscht worden sind und welche nicht.

(5) Der Interessent wird den Verkäufer unverzüglich informieren, wenn der Interessent, dessen Organe, Mitarbeiter oder Berater Kenntnis davon erlangen, dass Vertrauliche Informationen unter Verstoß gegen diese Vereinbarung weitergegeben wurden.

§ 3
Ausnahmen zu den Verpflichtungen zur Vertraulichkeit

(1) Die Verpflichtungen zur Vertraulichkeit gemäß § 2 Abs 1 gelten nicht, wenn

  a) der Verkäufer für den konkreten Einzelfall der Weitergabe der Vertraulichen Informationen an einen Dritten seine vorherige schriftliche Zustimmung gegenüber dem Interessenten erteilt;
  b) der Interessent die Vertraulichen Informationen vor dem Abschluss dieser Vereinbarung von einem Dritten erlangt hat oder danach ohne Verletzung dieser Vereinbarung von einem Dritten erlangt, sofern der Dritte jeweils rechtmäßig in den Besitz der Informationen gelangt ist und durch die Weitergabe nicht gegen eine ihn bindende Vertraulichkeitsverpflichtung verstößt; und
  c) der Interessent zur Offenlegung der Vertraulichen Informationen durch den Beschluss eines Gerichts, der Anordnung einer Behörde oder sonstigen Einrichtung oder gesetzlich oder aufgrund der Regelwerke einer Börse verpflichtet ist. Hält sich der Interessent derart für verpflichtet, wird er den Verkäufer, soweit rechtlich zulässig, rechtzeitig vor der Offenlegung schriftlich benachrichtigen, damit dieser die Offenlegung durch rechtliche Maßnahmen unterbinden kann. In dieser Benachrichtigung wird der Interessent dem Verkäufer in geeigneter Form mitteilen, beispielsweise gemäß dem schriftlichen Gutachten eines Rechtsberaters, welche Vertraulichen Informationen weitergeleitet werden müssen. Der Interessent wird nur den Teil der Vertraulichen Informationen offen legen, der offen gelegt werden muss.

(2) Der Interessent trägt jeweils die Beweislast für das Vorliegen einer Ausnahme von der Verpflichtung zur Verschwiegenheit.

§ 4
Informationsvermittlung

(1) Der Verkäufer übernimmt keine Verantwortung für die Richtigkeit und Vollständigkeit der Vertraulichen Informationen oder der Annahmen, die auf den Vertraulichen Informationen basieren.

(2) Der Interessent wird weder Kontakt zu Mitarbeitern oder Beratern des Verkäufers noch zu der Gesellschaft, ihren Organen, Mitarbeitern oder Beratern aufnehmen, es sei denn, der Verkäufer hat dem Interessenten ausdrücklich Personen benannt, die der Interessent hinsichtlich der Übermittlung von Vertraulichen Informationen ansprechen darf.

(3) Weder die Bestimmungen dieser Vereinbarung noch die an den Interessenten übermittelten Vertraulichen Informationen haben einen rechtsgeschäftlichen Erklärungsinhalt im Hinblick auf das Vorhaben oder in sonstiger Weise über den Inhalt der Bestimmungen dieser Vereinbarung hinaus. Insbesondere verbleiben die von Verkäufer weitergegebenen Informationen im geistigen Eigentum des Verkäufers und es werden keine Nutzungs- oder Lizenzrechte begründet.

§ 5
Vertragsstrafe

Für jeden einzelnen Verstoß gegen die Verpflichtung zur Vertraulichkeit aufgrund dieses Vertrages ist der Verkäufer berechtigt, vom Interessenten die Zahlung einer Vertragsstrafe in Höhe von bis zu ..... € zu fordern. Die Grundsätze des Fortsetzungszusammenhangs sind ausgeschlossen. Mit der Zahlung der Vertragsstrafe wird die Geltendmachung des Anspruchs auf Unterlassung oder eines darüber hinausgehenden Schadensersatzes bei entsprechendem Nachweis nicht ausgeschlossen. Die Vertragsstrafe wird auf einen möglichen Schadensersatz angerechnet.

§ 6
Laufzeit

Diese Vereinbarung tritt mit ihrer Unterzeichnung in Kraft und hat eine Laufzeit von ..... Jahren. Die Verpflichtungen zur Vertraulichkeit bestehen noch weitere ..... Jahre nach dem Ende der Laufzeit dieser Vereinbarung fort.

§ 7
Übertragbarkeit von Rechten

Die Rechte und Pflichten aus dieser Vereinbarung sind nicht übertragbar.

§ 8
Schriftform

Änderungen und Ergänzungen dieser Vereinbarung bedürfen der Schriftform; dies gilt auch für eine Änderung des Schriftformerfordernisses selbst.

§ 9
Teilunwirksamkeit

Für den Fall, dass einzelne Bestimmungen dieser Vereinbarung ganz oder teilweise unwirksam oder undurchführbar sind oder werden, oder für den Fall, dass diese Vereinbarung unbeabsichtigte Lücken enthält, wird dadurch die Wirksamkeit der übrigen Bestimmungen dieser Vereinbarung nicht berührt. Anstelle der unwirksamen, undurchführbaren oder fehlenden Bestimmung gilt eine solche wirksame und durchführbare Bestimmung als zwischen den Parteien vereinbart, wie sie die Parteien unter Berücksichtigung des wirtschaftlichen Zwecks dieser Vereinbarung vereinbart hätten, wenn ihnen beim Abschluss dieser Vereinbarung die Unwirksamkeit, Undurchführbarkeit oder das Fehlen der betreffenden Bestimmung bewusst gewesen wäre. Die Parteien sind verpflichtet, eine solche Bestimmung in gebotener Form, jedoch zumindest schriftlich, zu bestätigen.

§ 10
Rechtswahl und Gerichtsstand

(1) Diese Vereinbarung unterliegt dem Recht der Bundesrepublik Deutschland unter Ausschluss der einschlägigen Verweisungsregeln des deutschen internationalen Privatrechts.

(2) Ausschließlicher Gerichtsstand für alle Streitigkeiten aus oder im Zusammenhang mit dieser Vereinbarung ist das Landgericht ..... .

.....

(Unterschriften der Beteiligten)

IV. Allgemeines Kundenmerkblatt zu Kaufverträgen

▶

Kaufvertrag 3893
– Hinweise für Verkäufer und Käufer –

Inhaltsverzeichnis

Vorbemerkung	Seite (…)
I. Vorbereitungsphase	Seite (…)
II. Beurkundung	Seite (…)
III. Vertragsgestaltung	Seite (…)
1. Urkundseingang	Seite (…)
2. Verkauf, Grundbucherklärungen	Seite (…)
3. Kaufpreis	Seite (…)
4. Besitz, Nutzen, Lasten	Seite (…)
5. Gewährleistung	Seite (…)
6. Finanzierungsvollmacht	Seite (…)
7. Schlusserklärungen	Seite (…)
IV. Vollzugsphase	Seite (…)

Vorbemerkung

Der Erwerb einer Immobilie lässt sich systematisch in drei Grundtypen einordnen:
– Kauf eines unbebauten Grundstücks (Bauplatz), z.B. zur Bebauung als Bauherr durch eigene Auftragsvergabe;
– Kauf eines Grundstücks samt aufstehendem (gebrauchten) Gebäude, z.B. Einfamilienhaus, oder einer einzelnen Wohnung, z.B. Eigentumswohnung;
– Kauf einer neu zu errichtenden Bausubstanz (Haus oder Wohnung), sog. Bauträgervertrag.

Aufgrund grundlegender Unterschiede zum letztgenannten Grundtyp beziehen sich die nachstehenden Ausführungen ausschließlich auf Verträge im Sinne der beiden ersten Varianten.

In jedem Fall ist der Abschluss eines Grundstückskaufvertrags vor einem Notar ein rechtlich bedeutsames Geschäft. Hierbei sind verschiedene rechtliche Gesichtspunkte zu beachten, woraus sich in der Praxis ein bestimmtes Verfahren der Abwicklung und des Vertragsvollzugs entwickelt hat. Zur näheren Information und zum Überblick hinsichtlich der Abwicklung eines Grundstückskaufvertrags soll das vorliegende »Merkblatt« dienen, das gem. der chronologischen Abfolge der einzelnen Schritte aufgebaut ist und in diesem Zusammenhang auch auf die in den meisten Fällen auftretenden gesetzlichen Aspekte eingeht. Es kann und wird die unmittelbare Beratung durch einen Notar in Sonderfällen, etwa hinsichtlich der zusätzlichen Probleme bei Grundbesitz in den neuen Bundesländern, nicht ersetzen.

I. Vorbereitungsphase

Vor der Vereinbarung eines Notartermins ist dem Käufer zu empfehlen, nicht nur die Infrastruktur in der Umgebung zu erkunden (etwa die Anbindung an Nahverkehrsmittel, Einkaufsmöglichkeiten, Beeinträchtigungen durch nahegelegene Lärm- oder Geruchsquellen etc.), sondern auch das **Vertragsobjekt** selbst **genau zu besichtigen**, ggf. eine bautechnische Prüfung durch einen Sachverständigen zu veranlassen. Hierbei aufgedeckte Mängel sollten mit dem Verkäufer besprochen werden und ggf. im Kaufvertrag aufgeführt werden. Für Sachmängel wird im Kaufvertrag regelmäßig die Gewährleistung des Verkäufers ausgeschlossen, sodass nach Beurkundung auftretende Fehler nicht mehr beim Verkäufer gerügt werden können, es sei denn, dieser hätte sie arglistig verschwiegen oder eine Beschaffenheitszusage bzw. gar Garantie übernommen.

Besonderes Augenmerk sollten Sie den Nachrüstungspflichten widmen, die sich im Hinblick auf die **Energieeinsparverordnungen** 2002, 2007 und 2009 ergeben (insbes. Pflichten zur Dämmung von Leitungen, Armaturen und der Obergeschossdecke zum Dachboden, sowie die Außerbetriebnahme von Öl- oder Gaskesseln, die noch aus der Zeit vor 1978 stammen). Selbst wenn Ihr Verkäufer hiervon noch befreit war, müssen diese Maßnahmen binnen zwei Jahren nach Eigentumswechsel durchgeführt werden. Hierzu informiert Sie bei Bedarf ein gesondertes Merkblatt.

Desgleichen sollte sich der Käufer insbesondere bei Bauplatzkäufen über die Bebaubarkeit, ferner über den Stand der **Erschließung** und ihrer **Abrechnung** bei der zuständigen Gemeinde und ggf. Abwasserzweckverbänden sowie sonstigen Versorgungsunternehmen (Stadtwerken etc.) genau informieren. Häufig werden Erschließungsmaßnahmen durchgeführt, jedoch erst zu erheblich späterer Zeit mit dem Eigentümer abgerechnet, sodass latente Belastungen auf dem Grundstück liegen. Zugleich können Zahlungen drohen, wenn konkrete Erschließungsmaßnahmen im betroffenen Gebiet beschlossen, jedoch noch nicht durchgeführt sind. Die hieraus resultierenden künftigen finanziellen Belastungen können erheblich sein und sollten daher exakt ermittelt werden. Auch empfiehlt es sich, die Grundstücksgrenzen in Natur mit den in der amtlichen Flurkarte eingezeichneten zu vergleichen. Ihr Notar kann Ihnen gegen Erstattung der anfallenden Gebühren einen Ausdruck aus dem amtlichen Liegenschaftskataster besorgen.

Frühzeitig sollte zwischen Verkäufer und Käufer auch besprochen werden, welche weiteren Gegenstände außer Grundstück, ggf. Gebäude und dessen wesentlichen Bestandteilen mitveräußert werden. In Betracht kommen etwa Mobiliar, Vorhänge und Lampen, Auflageteppiche, Einbaumöbel, Gartengegenstände, die Dachantenne, aber auch z.B. der Heizölvorrat in den Tanks. Alle diese Gegenstände sollten im Kaufvertrag gesondert aufgeführt werden unter Angabe des jeweiligen Kaufpreisteils. Sollte es sich um eine größere Zahl mitveräußerter beweglicher Gegenstände handeln, empfiehlt sich die Abfassung einer Liste, welche als Anlage zur Notarurkunde genommen werden kann. Bei Ankauf zur späteren Vermietung sollte auch eine gesonderte Ausweisung des Grundstücksanteils und des Gebäudeanteils ins Auge gefasst werden. Die jeweiligen Teilbeträge sind maßgeblich für die spätere Abschreibung durch den Käufer (die sich im Fall der Vermietung nur aus dem Gebäudeanteil berechnet) sowie für die Belastung mit Grunderwerbsteuer und Grundbuchgebühren (welche den auf bewegliche Gegenstände entfallenden Kaufpreisanteil nicht umfassen). Eine sorgfältige Klärung kann also Kosten ersparen.

Zur **Vorbereitung eines Kaufvertragsentwurfs** wird sich der Notar über den Grundbuchstand informieren. Hieraus ergeben sich für ihn wesentliche Weichenstellungen für die Vertragsgestaltung. Des Weiteren erhält er weitere Informationen aus dem »Fragebogen für Grundstückskaufverträge«, in dem von den Beteiligten zusätzliche Angaben abgefragt werden. Ein sorgfältiges und exaktes Ausfüllen dieses Fragebogens erleichtert und beschleunigt die Entwurfserstellung erheblich.

Die zwingende Einschaltung des Notars soll Gewähr bieten für die **rechtliche Absicherung** der Vertragsbeteiligten und die Umsetzung der Wünsche der Vertragsteile in juristisch korrekte Regelungen. Die – oft ebenso wichtigen – **wirtschaftlichen Gesichtspunkte**, wie z.B. die betragsmäßige Angemessenheit des Kaufpreises, die Bonität und Zuverlässigkeit des Vertragspartners, kann der Notar jedoch weder garantieren noch darf er von Berufs wegen hierzu sich in den Prozess der Willensbildung der Beteiligten einschalten. Insbesondere die Preisverhandlungen sind allein Sache der Parteien und sollten vor Beginn des Beurkundungstermins beim Notar abgeschlossen sein.

Finanziert der Käufer den Kaufpreis oder Teile davon **mithilfe von Fremdmitteln**, sollte er die Konditionen des Kreditvertrags und die Auszahlungsvoraussetzungen des Darlehens möglichst **frühzeitig**, jedenfalls aber vor Beurkundung des Kaufvertrags mit seinem Kreditinstitut besprechen. In diesem Fall kann die Bank oder Sparkasse die zur Grundschuldbestellung erforderlichen Unterlagen rechtzeitig an mein Notariat übermitteln, sodass die **Beurkundung der Grundschuld im gleichen Termin wie der Kaufvertrag** durchgeführt werden kann. Dies erspart dem Käufer Zeit, Geld (da Rangrücktrittskosten beim Grundbuchamt entfallen) und zusätzlichen Schriftverkehr.

Die Absicherung von Darlehensmitteln zur »**Vorwegfinanzierung**« des Kaufpreises durch den Käufer im Wege der Eintragung einer Grundschuld am erworbenen Grundbesitz ist das in der Praxis bewährte übliche Verfahren und beinhaltet für keinen Vertragsteil erhöhte Risiken. Nur dadurch kann der »Teufelskreis« durchbrochen werden, dass der Verkäufer während der Finanzierungsphase noch Eigentümer des Grundstücks ist, die Sicherheit an der Immobilie aber bereits durch den Käufer als künftigen Eigentümer in Anspruch genommen werden muss, um die Auszahlungsvoraussetzungen seines Kreditinstituts zu erfüllen. Daher wirkt zur Grundschuldbestellung der Verkäufer als Noch-Eigentümer mit, indem er die Eintragung der Grundschuld an seinem Eigentum gestattet und so die Voraussetzung für das finanzierende Kreditinstitut zur Auszahlung des Geldes schafft. Im Kaufvertrag bevollmächtigt der Verkäufer in der Regel den Käufer, die Grundschuldbestellung auch in seinem Namen zu beurkunden; eine persönliche Haftung für den Grundschuldnennbetrag oder Kosten geht er dabei nicht ein, die **Darlehenssumme** darf (bis zur Höhe des Kaufpreises) **nur an den Verkäufer bzw. dessen Bank ausgezahlt** werden zur Erfüllung der Kaufpreisschuld. Ein Einsatz der Finanzierungsmittel für sonstige Zwecke des Käufers (Urlaub, Autofinanzierung etc) ist also bei dieser »zweckgebundenen Finanzierungsvollmacht« ausgeschlossen. Sobald der Verkäufer den Kaufpreis erhalten hat und die Grunderwerbsteuer bezahlt ist, steht es dem Käufer frei, etwa noch nicht ausgeschöpfte Darlehensteile zu Bau- oder Renovierungszwecken etc. einzusetzen.

Das von Mitarbeitern des Notars spätestens bei Eintragung der Vormerkung für den Käufer einzusehende Grundbuch gibt auch Aufschluss über etwa eingetragene **Belastungen in Abteilung II und Abteilung III.**

Hinsichtlich deren Schicksal ist zu differenzieren:
- Häufig handelt es sich um Eintragungen mit lediglich informierendem Charakter, so z.B. beim sog. »Sanierungsvermerk«: Dieser weist darauf hin, dass das Grundstück in einem förmlich festgelegten Sanierungsgebiet liegt mit der Folge, dass der zu schließende Kaufvertrag (wie auch spätere Grundpfandrechtsbestellungen) der Genehmigung der Sanierungsbehörde bedürfen. Diese Genehmigung wird der Notar einholen. Solche Vermerke werden durch die Sanierungsbehörde erst dann gelöscht, wenn die Sanierungssatzung förmlich aufgehoben ist.
- Nicht selten anzutreffen sind ferner Eintragungen, die eine allgemeine, grundstücksbezogene Pflicht zur Duldung oder Unterlassung zum Gegenstand haben, sog. »Grunddienstbarkeiten« oder »beschränkt persönliche Dienstbarkeiten«. Es handelt sich etwa um Wegerechte, Leitungsrechte, Verpflichtungen zur Duldung einer geringeren Abstandsfläche etc. Diese müssen in aller Regel bestehen bleiben, es sei denn, ihr Sicherungszweck hätte sich erledigt, etwa weil der gesicherte Weg aufgrund zwischenzeitlicher Anbindung an das öffentliche Verkehrsnetz nicht mehr benötigt wird.
- Personenbezogene Rechte in Abteilung II des Grundbuchs, z.B. Wohnungsrecht oder Versorgungsansprüche, sind jedoch in aller Regel zu löschen, da der Käufer die ungehinderte Nutzung des Gebäudes wünscht. Je nach Art der eingetragenen Belastung kann diese Löschung durch öffentliche Urkunden (z.B. Sterbeurkunden, sofern der Begünstigte nicht mehr lebt) oder durch notariell zu beglaubigende Löschungsbewilligung erreicht werden. Die Beschaffung dieser Freistellungs-unterlagen ist ebenfalls Sache des Notars.
- Hinsichtlich der Eintragungen in Abteilung III des Grundbuchs (Grundpfandrechte, d.h. Hypotheken und Grundschulden) wird in aller Regel ebenfalls die Löschung notwendig sein. Die finanzierende Bank des Käufers wird darauf bestehen, dass das vom Käufer (z.B. in Ausnutzung der erwähnten Vorwegfinanzierungsvollmacht) zu bestellende Grundpfandrecht selbst eine möglichst günstige Rangstelle erhält. Die dazu notwendigen Löschungs- oder Freigabeerklärungen der bisherigen Gläubiger beschafft ebenfalls der Notar. In diesem Zusammenhang ist darauf hinzuweisen, dass im Grundbuch häufig noch Grundschulden oder Hypotheken eingetragen sind, obwohl tatsächlich gar keine Darlehen mehr bestehen. Es ist nämlich durchaus sinnvoll, Grundpfandrechte im Grundbuch »stehen zu lassen« zum Zweck der Neuvalutierung, also als Sicherheit für künftig etwa noch aufzunehmende Darlehen. Die Abwicklungsmodalitäten für den Fall, dass noch Restdarlehen geschuldet werden (Ablösung der Summe aus dem Kaufpreis durch unmittelbare Überweisung durch den Käufer) wird unten im Rahmen der Erläuterung des Vertragstextes, Gliederungspunkt III. 3, dargestellt.
- In seltenen Fällen ist dem Käufer anzuraten, das bereits durch den Verkäufer eingetragene Grundpfandrecht zur Neuvalutierung, also ohne zugrundeliegende Verbindlichkeiten, zu übernehmen. Dies ist dann der Fall, wenn der Käufer beim selben Kreditinstitut finanziert **und**

E. Gesamtmuster

das Kreditinstitut sich mit der Wiederverwendung des eingetragenen Grundpfandrechts einverstanden erklärt. Häufig verlangen nämlich Gläubiger eine zusätzliche notarielle Vollstreckungsunterwerfung in das persönliche Vermögen des Käufers, sodass eine Einsparung von Notargebühren mit der Übernahme des Grundpfandrechts nicht mehr verbunden ist; allerdings entfallen die sonst unausweichlichen Kosten der Grundbucheintragung. Wird dieser Weg der lediglich dinglichen Übernahme des Grundpfandrechts (ohne zugrundeliegende Verbindlichkeiten) gewählt, beschafft der Notar eine sog. »Nichtvalutierungserklärung«, d.h. die Bestätigung des Gläubigers, dass das Grundpfandrecht nicht mehr für Verbindlichkeiten des Verkäufers, sondern nurmehr für Verbindlichkeiten des Käufers haftet.

– In noch selteneren Fällen kommt schließlich die Übernahme des Grundpfandrechts mitsamt der zugrundeliegenden Verbindlichkeit, also unter Fortführung des bisherigen Darlehens des Verkäufers durch den Käufer als neuem Schuldner, in Betracht. Diese »echte Schuldübernahme« bedarf der ausdrücklichen Genehmigung des Gläubigers (Kreditinstitut), die im Regelfall ebenfalls durch den Notar eingeholt wird. Klären Sie jedoch bitte im Vorfeld mit dem Gläubiger ab, ob dieser tatsächlich bereit ist, der Übertragung des Darlehens auf den Käufer zu den bisherigen Konditionen zuzustimmen! Im Fall dieser echten Schuldübernahme wird derjenige Darlehensbetrag, der am Stichtag auf den Käufer übergeht, auf den Kaufpreis angerechnet; lediglich ein etwaiger Restbetrag ist dann unmittelbar an den Verkäufer zu begleichen.

Liegt der Vertragsbesitz außerhalb Bayerns, kommt neben den vorstehend behandelten Belastungen in Abteilung II und Abteilung III des Grundbuchs das Vorliegen einer Baulast in Betracht. Diese Baulasten sind im sog. »Baulastenverzeichnis«, das in der Regel bei der Kreisverwaltungsbehörde (Landratsamt bzw. kreisfreie Stadt) geführt wird, eingetragen, eine Pflicht des Notars zu deren Einsicht besteht nicht. Gegenstand solcher Baulasten, die auch ohne ausdrückliche Erwähnung künftige Eigentümer binden, sind z.B. Duldungspflichten oder Bebauungsbeschränkungen, die im Grundbuch als Dienstbarkeiten in Abteilung II einzutragen wären. Auch über solche Baulasten sollten ggf. im Vorfeld Erkundigungen angestellt werden, wie überhaupt beabsichtigte Bebauungen durch den Kaufinteressenten mit der örtlichen Baubehörde auf Genehmigungsfähigkeit überprüft werden sollten.

Ist der Vertragsbesitz vermietet oder verpachtet, tritt der Käufer kraft Gesetzes in den Mietvertrag ein (Kauf bricht nicht Miete). Eine Kündigung kommt daher nur bei den gesetzlich vorgeschriebenen Voraussetzungen, z.B. Eigenbedarf, in Betracht. Im Verhältnis zwischen Verkäufer und Käufer wäre allerdings nach dem Gesetz der Verkäufer zur mietfreien Übereignung verpflichtet, was er (mangels Kündigungsmöglichkeit) schlechterdings nicht leisten kann, so dass die ausdrückliche Übernahme des Mietvertrages auch im Verhältnis zum Verkäufer die Regel ist.

Daneben kann der Vertragsbesitz weiteren Beschränkungen unterliegen, z.B. Vorkaufsrechten nach § 577 BGB (zugunsten des Mieters, wenn das Objekt in Eigentumswohnungen aufgeteilt wurde und dann verkauft wird); ferner nach dem Baugesetzbuch zugunsten der Gemeinde (im Gebiet eines Bebauungsplanes oder für öffentliche Zwecke). Ob solche Vorkaufsrechte ausgeübt werden, kann durch den Notar erst nach Beurkundung amtlich geprüft werden; in der Regel ist das Vorliegen einer Nichtausübungserklärung eine der Voraussetzungen der Fälligkeit des Kaufpreises.

Weiterhin kommt es vor, dass der im Grundbuch eingetragene Eigentümer verstorben oder rechtlich nicht handlungsfähig ist, sodass besondere Vorkehrungen (Nachweis der Erbfolge durch Erbschein; Bestellung eines Betreuers, der zur Veräußerung der gerichtlichen Genehmigung bedarf etc.) erforderlich sind.

Besonderer Wert muss auf die korrekte Angabe des vereinbarten Kaufpreises und aller sonstigen im Zusammenhang mit dem Vertrag getroffenen Abreden gelegt werden, da andernfalls der gesamte Vertrag unwirksam sein kann. Dies gilt auch für bereits geleistete Anzahlungen auf den Kaufpreis, die im Vertrag gesondert erwähnt werden müssen.

Die Berücksichtigung all dieser Punkte stellt keine juristische Förmelei dar, sondern dient den Vertragsteilen zur interessengerechten Abwicklung des Vertrags.

II. Beurkundung

Vor dem Beurkundungstermin erhalten Sie in der Regel einen Vertragsentwurf übersandt. Sollten sich hierbei Fragen aufwerfen, können Sie diese jederzeit vor der Beurkundung mit meinen Mitarbeitern oder (nach Terminvereinbarung) mit mir besprechen bzw. im Rahmen der Beurkundung stellen. Den Beurkundungstermin stimmen Sie bitte mit den anderen Beteiligten und der Rezeption meiner Kanzlei ab (Tel. .....). Sofern der andere Vertragsbeteiligte als Unternehmer handelt, muss Ihnen eine mindestens vierzehntätige »Prüfungsfrist« zwischen Entwurfsübersendung und Beurkundung zur Verfügung stehen (§ 17 Abs. 2a BeurkG), von der nur in sehr engen Ausnahmefällen abgewichen werden darf.

Zur Beurkundung bringen Sie bitte einen gültigen Personalausweis oder Reisepass mit, es sei denn, Sie sind bereits Kunde im Notariat und dadurch dem Notar persönlich bekannt. Sind Sie der deutschen (Rechts-)sprache nicht ausreichend kundig, muss ein (nicht mit Ihnen verwandter oder verschwägerter) Dolmetscher die Urkunde in die von Ihnen gewünschte Sprache übersetzen. Er sollte gerichtlich vereidigt sein; vorgeschrieben ist dies jedoch nicht. Auf Wunsch erhalten Sie von ihm auch eine schriftliche Übersetzung des Entwurfs bzw. der Urkunde. Sie sollten sich rechtzeitig vor dem Termin um einen solchen Dolmetscher kümmern und auch die Kostenfrage mit ihm klären.

Sofern Ihnen als Verkäufer Dokumente von Gläubigern vorliegen bezüglich solcher Rechte, die im Rahmen der Kaufvertragsabwicklung zur Löschung gelangen sollen (»Löschungsbewilligung«, ggf. auch »Grundschuldbrief«), können Sie diese vor oder bei Beurkundung in meinem Notariat abgeben; hierdurch werden unnötige Doppelanforderungen dieser Unterlagen vermieden. Es hilft auch, z.B. zumindest die Darlehensnummer Ihres bereits zurückgezahlten Kredites zu erfahren, da der Schriftverkehr so bei der Bank rascher zugeordnet werden kann.

Sofern Sie als Käufer den Kaufpreis ganz oder teilweise über Bankkredit finanzieren, bitte ich Sie in Ihrem eigenen Interesse, bei Ihrem Kreditsachbearbeiter die rechtzeitige Übersendung der Grundschuldbestellungs-Unterlagen an mein Notariat zu veranlassen, sodass die Beurkundung der für die Finanzierung unerlässlichen Grundschuld für den gleichen Termin vorbereitet werden kann.

Während der Beurkundung wird Ihnen der gesamte Text des Kaufvertrags vom Notar vorgelesen. Dies entspricht der gesetzlichen Pflicht und soll dazu dienen, dass zum einen der genaue Inhalt beiden Vertragsteilen nochmals zu Bewusstsein gelangen kann, zum anderen dazu, dass der Notar die rechtliche Gestaltung in Absprache mit den Beteiligten nochmals prüft und alle erforderlichen Regelungen im Vertrag enthalten sind. Fragen und Auskünfte können jederzeit während der Beurkundung oder im Anschluss an das Verlesen gestellt bzw. erteilt werden.

Selbstverständlich steht Ihnen das Notariat auch nach Beurkundungsverhandlung für alle Rückfragen und Informationen im Zusammenhang mit diesem Vertrag gern zur Verfügung. Sie erhalten daher zusammen mit der »amtlichen Ausfertigung« des Vertrages (den Sie gerne auch als pdf per Mail zusätzlich übersandt bekommen) eine Mitteilung darüber, welche Sachbearbeiter für Ihren Vorgang zuständig sind, und wie Sie diese telefonisch erreichen. Bitte halten Sie dazu die Ihnen ebenfalls mitgeteilte Aktenbezeichnung bereit. Sollte der Mitarbeiter kurzzeitig nicht am Platz sein, hinterlassen Sie bitte Ihre Telefonnummer und Ihr Anliegen auf seiner persönlichen Mailbox; er wird Sie gerne zurückrufen.

III. Vertragsgestaltung

Ein Grundstückskaufvertrag ist zum Zweck der sachgerechten Bearbeitung und Abwicklung häufig nach einem bestimmten Muster aufgebaut:

1. Urkundseingang

Hierbei ist insbesondere Wert zu legen auf die genaue Angabe der Personalien der Vertragsteile, also in Bezug auf Name, Vorname, Geburtsdatum, aktuelle Postanschrift und den Güterstand. Letzterer ist unter Umständen schwierig zu ermitteln, etwa bei gemischtnationalen Ehepaaren, zumal nach deutschem Recht auf die Verhältnisse zur Zeit der Heirat abzustellen ist. Ggf. sind dann zusätzliche Klärungen nötig, auf Wunsch kann auch eine Rechtswahl zugunsten des deutschen Rechtes erfolgen (z.B. bei einem Käuferpaar, das bei seiner Heirat beiderseits die kroatische, nun aber die deutsche Staatsbürgerschaft hat).

E. Gesamtmuster

Der nächste Abschnitt besteht in dem Sachverhaltsvortrag, bestehend aus dem aktuellen Grundbuchinhalt des Vertragsbesitzes sowie eventuellen weiteren Beschreibungen, die zum Verständnis des Vorgangs erforderlich und zweckdienlich sind.

2. Verkauf, Grundbucherklärungen

Im nächsten Abschnitt folgt die schuldrechtliche Erklärung über den Verkauf sowie die zu dessen Umsetzung abgegebenen Grundbucherklärungen (Einigung über den Eigentumsübergang, Eintragung einer Eigentumsvormerkung sowie deren Löschung bei Eigentumsumschreibung).

Die Eigentumsvormerkung (früher oft irreführend »Auflassungsvormerkung« genannt) verhindert, dass der Verkäufer (z.B. um den Kaufpreis zweimal zu erhalten) das Vertragsobjekt mehrfach veräußert oder es nachträglich mit weiteren Grundpfandrechten belastet, oder dass ein Dritter das Vertragsobjekt während der Abwicklungsphase pfändet (z.B. das Finanzamt wegen nicht bezahlter Einkommensteuer des Veräußerers). Sogar in der Insolvenz des Verkäufers verleiht sie dem Käufer das Recht, das Grundstück »auszusondern«, sobald er bezahlt hat. Eine solche Vormerkung ist daher mit Ausnahme besonders gelagerter Fälle einer Grundstücksübertragung unter Verwandten unverzichtbar.

Die eigentliche »Auflassung«, d.h. Eigentumsumschreibung, wird in aller Regel bereits in der Notarurkunde erklärt, um zusätzliche und kostenträchtige getrennte Beurkundungen zu ersparen. Sie darf jedoch durch den Notar erst dann dem Grundbuchamt vorgelegt werden, wenn der Verkäufer bestätigt hat, dass der Kaufpreis bezahlt ist, oder der Käufer dies durch Bankbeleg nachgewiesen hat. Auf diese Weise sind beide Seiten gesichert: Der Käufer zahlt den Kaufpreis – wie nachstehend 3 erläutert – erst dann, wenn die für ihn erforderlichen Sicherheiten in Kraft getreten sind, der Verkäufer verliert das Eigentum nicht, bevor er das Geld erhalten hat.

3. Kaufpreis

In diesem Abschnitt ist der Kaufpreis beziffert und seine Fälligkeit geregelt. Im Vordergrund steht die Sicherheit des Käufers vor ungesicherten Vorleistungen. Übliche Kaufpreisfälligkeitsvoraussetzungen sind (1) die rangrichtige Eintragung der oben 2. erläuterten Eigentumsvormerkung, (2) bei Grundstücken (nicht Eigentumswohnungen) das Vorliegen einer Bestätigung der Gemeinde, dass ein gesetzliches Vorkaufsrecht nicht besteht oder nicht ausgeübt wird und (3) und die Vorlage aller Lastenfreistellungsunterlagen in grundbuchmäßiger Form beim Notar. Hinzu können in besonderen Fällen (4) weitere Voraussetzungen treten, z.B. die Verzichtserklärung hinsichtlich privater Vorkaufsrechte, die Erteilung weiterer Genehmigungen (Betreuungs- oder Familiengericht, Nachlassgericht, Sanierungsausschuss, Hausverwalter bei Eigentumswohnungen, vollmachtlos Vertretene etc.).

Neben diese vom Notar herbeizuführenden und zu bescheinigenden Voraussetzungen treten mitunter weitere Umstände, von denen sich die Beteiligten selbst zu überzeugen haben, z.B. die positive Verbescheidung einer bereits gestellten oder binnen kurzer Frist zu stellenden Bauvoranfrage oder einer Baugenehmigung, die Räumung des Objektes durch den Verkäufer oder einen Dritten, der Abschluss bestimmter Baumaßnahmen durch den Verkäufer etc. Sie müssen im Vertrag als Fälligkeitsvoraussetzungen genau bezeichnet werden, auch hinsichtlich des Zeitfensters, nach deren Ablauf ggf. Rücktrittsmöglichkeiten bestehen, um den »Schwebezustand« zu beenden.

Sofern die zu löschenden Grundpfandrechte (Grundschulden oder Hypotheken) noch Restkreditbeträge des Verkäufers absichern, wird der Gläubiger die erforderlichen Unterlagen (Grundschuldbriefe und Löschungsbewilligungen) an den Notar nur unter der Treuhandauflage übersenden, dass davon lediglich nach Zahlung des Restbetrags in Höhe eines zu beziffernden Betrags (bezogen auf einen bestimmten Stichtag, zuzüglich Tageszinsen) Gebrauch gemacht wird. Diese Rückzahlung des Darlehens erfolgt aufgrund entsprechender Mitteilung durch den Notar im Fälligkeitsschreiben unmittelbar durch den Käufer in Anrechnung auf den Kaufpreis, also wirtschaftlich zu Lasten des Verkäufers. Lediglich der nicht zur Lastenfreistellung erforderliche Betrag wird unmittelbar auf das Privatkonto des Verkäufers, das möglichst im Notarvertrag bereits anzugeben und sonst schriftlich nachzureichen ist, überwiesen.

Auf keinen Fall sollten Zahlungen geleistet werden, bevor die Fälligkeitsmitteilung des Notars (diese wird in der Regel per Einwurf-Einschreiben übersandt, kann aber auch zusätzlich z.B. per E-Mail übermittelt werden) dem Käufer vorliegt. Der Verkäufer sowie die finanzierende Bank des Käufers - sofern dem Notar bekannt - erhalten einen Abdruck des Fälligkeitsschreibens zur Kenntnisnahme.

4. Besitzübergang, Nutzungen und Lasten

Dieser Urkundsabschnitt regelt den genauen Zeitpunkt, zu dem das Recht zur Benutzung der Immobilie (Eigennutzung bzw. Erhalt der Miete) und die Pflicht zur Tragung von Kosten und Lasten (Grundsteuer, Hausgeldumlage an den Verwalter, Verbrauchskosten etc), aber auch die Verantwortung für das Objekt auf den Käufer übergehen. Dieser Zeitpunkt – er gilt zugleich als steuerrechtlich maßgebender Moment der »Anschaffung« - ist allerdings nicht identisch mit dem Zeitpunkt des Eigentumsübergangs – letzterer setzt die Umschreibung im Grundbuch voraus. Mit dieser Umschreibung können demnach weitere Eintragungen auf Veranlassung des Käufers im Grundbuch erfolgen (z.B. ein Weiterverkauf).

Der Besitzübergang erfolgt in der Regel mit Erhalt des vollständigen Kaufpreises. Dies dient der Vermeidung ungesicherter Vorleistung des Verkäufers (er würde sonst dem Käufer bereits ermöglichen, das Objekt umzugestalten oder zu nutzen, bevor er Gewissheit hat, dass der Kaufpreis bezahlt werden kann). Um den säumigen Käufer nicht besser zu stellen, gehen Lasten und Verkehrssicherung (Räum- und Streupflicht) bereits mit dem Eintritt der Kaufpreisfälligkeit über. Gegebenenfalls ist bei Besitzübergang vor Kaufpreiszahlung eine alternative Absicherung des Verkäufers, etwa durch Stellung einer qualifizierten Finanzierungsbestätigung des Kreditinstituts des Käufers oder gar einer Bürgschaft, anzuraten.

Ferner werden in diesem Abschnitt in der Regel auch Fragen der Erschließung des Grundstücks geregelt. Maßgeblich ist hierbei, ob das Grundstück zwischen den Beteiligten als »voll erschlossen« verkauft wurde - dann trägt der Verkäufer das Risiko, dass etwa bereits in Natur erstellte Erschließungsanlagen noch nicht abgerechnet sind - oder ob lediglich eine Zusage dergestalt gemacht wurde, dass die bisher in Rechnung gestellten Beiträge und Kosten bezahlt sind. Bei einem noch nicht bebauten Grundstück trägt jedoch in jedem Fall der Käufer die sogenannten »Anschlusskosten«, d.h. die Kosten für die unmittelbare Anschließung der zu errichtenden Gebäude an die öffentlichen Netze, sowie etwaige Nacherhebungen auf Erschließungskosten aufgrund höherer baulicher Nutzung im Vergleich zu der bereits vorab abgegoltenen (insbesondere hinsichtlich der Kanalbaukostenbeiträge).

Im selben Abschnitt werden in der Regel auch das Schicksal etwaige Vermietungen – zwischen Verkäufer und Käufer wird in der Regel auf den Stichtag des Besitzübergangs zur Abgrenzung abgestellt, nicht auf den Eigentumswechsel - sowie etwaige Räumungen durch den Vermieter geregelt. Häufig ist die Räumung zusätzliche, nicht durch den Notar zu bestätigende Fälligkeitsvoraussetzung - zumindest für einen erheblichen Teil des Kaufpreises; zusätzlich bzw. alternativ kommt auch die Vereinbarung einer Vertragsstrafe bei verspäteter Räumung in Betracht.

5. Sach- und Rechtsmängel

Zu unterscheiden hierbei ist die Sachmängelgewährleistung von der Rechtsmängelgewährleistung. Während der Verkäufer den Übergang eines lastenfreien Grundstücks auf den Käufer zusichert, übernimmt er für den Zustand des Grundstücks sowie der darauf stehenden »Alt-«Gebäude in der Regel keine Gewähr. Dies entspricht üblicher Vertragspraxis und stellt keine sachwidrige Benachteiligung des Käufers dar. Besonderheiten gelten nur beim Mitverkauf beweglicher Sachen durch einen Unternehmer an einen Verbraucher (»Verbrauchsgüterkauf«) und bei sogenannten Serienverträgen, für welche die strengen Regelungen der §§ 305 ff BGB (»allgemeine Geschäftsbedingungen«) gelten. Weiterhin muss der Verkäufer alle wesentlichen Sachmängel offen legen, die im bekannt sind, andernfalls haftet er wegen »arglistigen Verschweigens«.

Wegen aller Umstände, die Ihnen spätestens bei Vertragsschluss bekannt sind, können Sie jedoch später keine Rechte herleiten.

Ab 1.1.2008 besteht für alle vor 1965 errichtete Wohngebäude, ab 1.7.2008 für jüngere Wohngebäude (und ab 1.1.2009 für gewerbliche oder Bürogebäude) die Pflicht zur Vorlage eines Energieausweises, entweder basierend auf dem typisierten Verbrauch oder auf den technischen Gebäudegegebenheiten, und zwar auf Verlangen des Käufers wie auch auf Verlangen von Mietinteressenten. Der Kaufvertrag selbst kann auch ohne solchen Ausweis abgewickelt werden.

6. Finanzierung

Um dem Käufer die Aufbringung des Kaufpreises zu ermöglichen, ist der Verkäufer in der Regel mit einer vorzeitigen Beleihung des Objekts für Zwecke der finanzierenden Bank des Käufers einverstanden; zur Erleichterung erteilt er dem Käufer eine hierauf gerichtete Vollmacht. Eine Gefährdung des Verkäufers ist damit nicht verbunden, da durch entsprechende notarielle Gestaltung sichergestellt wird, dass der Käufer die Finanzierungsmittel lediglich zur Bezahlung des Kaufpreises (die Auszahlungsansprüche werden an den Verkäufer bzw. dessen Gläubiger abgetreten), nicht aber für sonstige Zwecke (z.B. zur Anschaffung eines neuen Pkw oder zur Finanzierung einer Urlaubsreise) verwenden kann. Es ist dringend empfehlenswert, die Finanzierungsgrundschuld im gleichen Termin notariell zu beurkunden, an dem der Kaufvertrag durch beide Beteiligten unterzeichnet wird; sollte eine spätere Grundschuldbestellung erforderlich sein, genügt aufgrund der erteilten Vollmacht die Anwesenheit durch einen der Käufer.

7. Schlusserklärungen

Die Urkunde wird in der Regel geschlossen mit dem Vollzugsauftrag an den Notar, den Vermerken über erteilte notarielle Hinweise (sog. »Belehrungen«), wechselseitigen Vollmachten (etwa zur Baureifmachung bereits vor dem Datum des Besitzübergangs, oder im Verhältnis einer Personenmehrheit auf einer Beteiligtenseite untereinander) sowie den Schlussbestimmungen hinsichtlich Kosten und Abschriften des Vertrags.

An dieser Stelle können auch etwaige Maklergebühren geregelt werden.

Die Kostenregelung sieht in der Regel vor, dass die Vertragskosten sowie die Grundbuchkosten ebenso wie die anfallende Grunderwerbsteuer (3,5 bis 5 %, hierüber informiert Sie ein gesondertes Merkblatt) vom Käufer zu tragen sind, während die Lastenfreistellungskosten (Löschung von Belastungen) bei Notar und Grundbuchamt der Verkäufer zu übernehmen hat. Vorbehaltlich anderweitiger Vereinbarungen trägt die Kosten der Genehmigung des vollmachtlos Vertretenen dieser selbst. Zur Vollständigkeit sei jedoch angemerkt, dass für alle Notarkosten kraft Gesetzes eine nicht ausschließbare gesamtschuldnerische Haftung beider Vertragsteile besteht und alle vertraglichen Regelungen nur die Lastenverteilung im Innenverhältnis betreffen.

IV. Vollzug

Nach der reinen Beurkundungstätigkeit obliegen dem Notariat im Zusammenhang mit einer Kaufvertragsabwicklung noch eine Vielzahl weiterer Tätigkeiten; im eigentlichen geht die Arbeit dann »erst richtig los«. So übernimmt es der Notar, die ihm kraft Gesetzes zustehenden Benachrichtigungen durchzuführen. Er überwacht die sachgerechte und richtige Eintragung im Grundbuch von Vormerkung, Grundschuld und Eigentumsumschreibung. Er sorgt für die Einholung aller Bescheinigungen und Genehmigungen und Negativatteste, die zur Abwicklung erforderlich sind, und veranlasst unter Übernahme der vollständigen Haftung die Mitteilung der Kaufpreisfälligkeit an beide Vertragsteile. Des weiteren ist er dafür verantwortlich, dass die Eigentumsumschreibung erst nach vollständiger Kaufpreiszahlung an den Verkäufer erfolgen darf.

Die Veräußerung eines Grundstücks hat noch weitere Rechtsfolgen, auf die im Zusammenhang hinzuweisen ist. Zum einen unterliegt jedes Grundstück der Grundsteuer. Steuerschuldner hierfür ist der Eigentümer zu Beginn eines jeden Kalenderjahres, d.h. bei Besitzübergang im laufenden Kalenderjahr muss die anteilige Verrechnung der Grundsteuervorauszahlung zwischen den Vertragsteilen erfolgen, da seitens der Gemeinde die Zurechnung auf den Käufer erst zum 1. Januar des Folgejahres durchgeführt wird. Auch gehen die Gebäudeversicherungen (v.a. die Brandversicherung) kraft Gesetzes auf den Erwerber über, der jedoch innerhalb eines Monats nach der Eigentumsumschreibung (nicht bereits ab Zahlung oder Besitzübergang) kündigen kann. Die Veräußerung ist dem Versicherer unverzüglich anzuzeigen, andernfalls wird der Versicherer von der Leistungspflicht frei, wenn der Versicherungsfall später als einen Monat nach der Veräußerung eintritt.

Über die Modalitäten der Übergabe und der Abgrenzung zwischen Verkäufer und Käufer informiert Sie bei Bedarf ein weiteres Merkblatt »Besitzübergang und Umzug«.

Haben Sie ergänzende Fragen zu den Besonderheiten des Erwerbs einer Immobilie in einer Eigentumswohnanlage und zu deren künftiger Verwaltung, verlangen Sie bitte das Merkblatt »die Eigentumswohnung«, zu den Besonderheiten eines Erbbaurechtes das Merkblatt »Erbbaurecht« und zu Grundschulden das Merkblatt »Grundschuld«.

Für weitere Erläuterungen stehen Ihnen meine Mitarbeiter und ich gerne zur Verfügung.

Ich hoffe, mit diesen Erläuterungen einen Beitrag zur »Übersetzung« des in Kaufverträgen notwendig enthaltenen »Juristendeutsch« in die Alltagssprache geleistet zu haben, und bedanke mich für das entgegengebrachte Vertrauen.

Mit freundlichen Grüßen

(Notar)

E. Gesamtmuster

V. Fragen beim Immobilienerwerb durch mehrere Personen

▶

3894 Häufig werden Immobilien (Grundstücke, gleich ob bebaut oder unbebaut, Eigentumswohnungen etc.) durch mehrere Personen gemeinsam erworben. Dabei ist auch zu klären – und dem Grundbuchamt zu melden, vgl. § 47 Grundbuchordnung – in welcher »Variante« dieser Erwerb durch mehrere Personen stattfindet, also wie sich das »Beteiligungsverhältnis« gestaltet. Diese Frage stellt sich unabhängig davon, ob die Erwerber miteinander verheiratet sind oder nicht, allerdings sind die steuerlichen Probleme und Gefahren gravierender unter nichtverheirateten Personen.

Die Entscheidung zwischen den verschiedenen Varianten richtet sich zum einen nach steuerlichen (nachstehend 1), zum anderen nach zivilrechtlichen und praktischen (nachstehend 2) Gesichtspunkten.

1. Steuerliche Gesichtspunkte

In **schenkungsteuerlicher** Hinsicht ist zu berücksichtigen, dass eine unentgeltliche (und damit steuerpflichtig) Zuwendung vorliegen kann, wenn einer der beteiligten Erwerber einen höheren finanziellen Anteil am Kauf aufbringt als seiner Eigentumsquote entspricht, er also sozusagen zumindest einen Teil des oder der anderen Erwerber »mitfinanziert«.

Unter Ehegatten spielt dieser Aspekt nur eine geringe Rolle, bzw. er bleibt gänzlich unberücksichtigt: Handelt es sich bei dem zu erwerbenden Objekt um ein (künftig) selbstgenutztes Eigenheim der Ehegatten, wäre selbst die vollständige Schenkung dieses Eigenheims gänzlich steuerfrei. Handelt es sich um eine vermietete Wohnung (also eine Kapitalanlage), sind immerhin 500.000 € binnen zehn Jahren steuerfrei zuwendungsfähig.

Praktisch relevant wird die Fragestellung daher nur, wenn mehrere nicht miteinander verheiratete (oder als eingetragene Lebenspartner verbundene) Personen eine Immobilie erwerben und sich für eine feste Eigentumsquote entscheiden. Im Raum München ist mittlerweile zu beobachten, dass die Schenkungsteuerstelle solchen Käufern einen Fragebogen übermittelt und sich danach erkundigt, auf welche Weise der Erwerb finanziert wird.

Als »Zuwendung« gilt dabei sowohl die Zahlung des Kaufpreises aus Eigenkapital als auch die künftige Tilgung eines, auch gemeinsam aufgenommenen, Kredits (während die Verzinsung des Darlehens als Äquivalent zu einer Mietzahlung gesehen wird, in der lediglich ein Beitrag zur gemeinsamen Lebensführung, z.B. unter Lebensgefährten, liegt). Sobald die Zuwendung 20.000 € (bezogen auf einen Zeitraum von zehn Jahren!) übersteigt, fällt 30 % Steuer auf den übersteigenden Betrag an.

Daher sollte die Höhe der Eigentumsquote unter nicht miteinander verheirateten oder verpartnerten Erwerbern etwa dem Verhältnis der tatsächlichen Finanzierung entsprechen, entweder als Miteigentum im Sinn einer festen Quote (nachstehend 2a) oder aber, wenn sich eine solche feste Quote nicht sicher voraussagen lässt, im Sinn einer beweglichen Quote, wie sie etwa die Gesellschaft bürgerlichen Rechts (nachstehend 2b) bereit hält.

Daneben stellen sich, wenn künftige Verschiebungen zwischen den Beteiligten im Raum stehen, **grunderwerbsteuerliche** Fragen, die nachstehend 2 mitbehandelt werden.

2. Zivilrechtliche und praktische Überlegungen

a) Traditionell lassen sich mehrere Erwerber gemeinsam als **Miteigentümer** eintragen. Bei dieser Variante (sogenanntes »Bruchteilseigentum«) wird eine bestimmte Quote (z.B. 1/2 oder nach Zehnteln bzw. Hundertsteln bemessen) im Grundbuch vermerkt. Jeder Miteigentumsanteil bildet rechtlich ein eigenes Objekt des Wirtschaftsverkehrs, könnte also selbständig veräußert, belastet oder vererbt werden, ohne dass die anderen Miteigentümer dies verhindern könnten oder etwa kraft Gesetzes daran Vorkaufsrechte hätten. Versteht sich ein einzelner Miteigentümer nicht mehr mit den anderen, kann er sogar jederzeit die Versteigerung des gesamten Objekts betreiben, »zum Zweck der Aufhebung der Gemeinschaft«.

Soll dieses völlig freie Nebeneinander der Miteigentumsanteile etwas eingeschränkt werden, ist z.B. daran zu denken, Miteigentümerregelungen über die Nutzung der gemeinschaftlich gehaltenen Immobilie zu vereinbaren, die dann auch in das Grundbuch eingetragen werden können und für und gegen die künftigen Inhaber dieser Miteigentumsanteile gelten, oder aber das Versteigerungsrecht für den Normalfall (also nicht für sogenannte »wichtige Gründe«) auszuschließen. Daneben kann auch an die Bestellung von Vorkaufsrechten gedacht werden. Diese Rechte werden am besten gleich beim Kauf mit vereinbart und sodann, mit dem Vollzug des Kaufvertrags, eingetragen.

Die Übertragung von Miteigentumsanteilen untereinander löst Grunderwerbsteuer aus (in Bayern in Höhe von 3,5 % der dafür entrichteten Gegenleistung, in anderen Bundesländern z.T. bis zu 5 %), es sei denn, diese Übertragung findet unter Ehegatten und Verpartnerten statt oder unter Verwandten in gerader Linie.

    b) Alternativ kann auch gedacht werden an einen Erwerb durch mehrere Personen in Form einer sogenannten **Gesellschaft bürgerlichen Rechts**, auch BGB-Gesellschaft genannt. Bei dieser Variante werden in das Grundbuch zwar die Mitglieder der Gesellschaft eingetragen, nicht aber deren Anteile.

Weiter wird ein Gesellschaftsvertrag geschlossen, der das Innenverhältnis regelt. Darin lässt sich z.B. auch vorsehen, dass die Anteile an dieser GbR nicht fix sind, sondern sich so verschieben, wie die Summe der Finanzbeiträge der Gesellschafter zueinander steht (sogenannte »quotenbewegliche GbR«). Damit werden Schenkungen vermieden, die vielleicht dadurch entstünden, dass nicht über die gesamte Dauer eine einheitliche Finanzierungsquote durchgehalten wird, sondern einer der Beteiligten z.B. Sondertilgungen einbringt oder später weniger beiträgt als ursprünglich geplant.

Im Gesellschaftsvertrag können auch weitere Regelungen getroffen werden, z.B. zur Frage, ob der Gesellschaftsanteil selbständig übertragbar ist (ohne eine ausdrückliche Zulassung wäre dies nicht der Fall), ferner ob er vererblich ist – und wenn ja, an wen. Eine recht weitreichende Gestaltung sieht z.B. insoweit vor, dass der Anteil an der GbR selbst nicht vererbt werden kann, und auch eine Abfindung im Sterbefall zugunsten der »Hinterbliebenen« ausgeschlossen ist. Damit »wächst« die Beteiligung des Verstorbenen dem Verbleibenden an, ohne dass er an Dritte eine Abfindung zahlen müsste oder dadurch Pflichtteilsansprüche ausgelöst würden (allerdings beteiligt sich das Finanzamt: Diese Anwachsung gilt wie ein erbrechtlicher Erwerb, d.h. unter nichtverheirateten Personen sind 30 % Schenkungsteuer auf den Zuwachs zu entrichten, soweit er 20.000 € übersteigt).

Der GbR-Vertrag kann daneben zweckmäßigerweise auch Bestimmungen enthalten über die Kündigung der Gesellschaft – etwa als Folge eines Konfliktes unter den Gesellschaftern – und deren Folgen (Übernahmerechte der Gesellschafter untereinander, Verpflichtung zur Mitwirkung an einem Verkauf an Dritte, Möglichkeit des begünstigten Erwerbs, wenn ein Partner mit den Kindern gemeinsam im Objekt verbleiben will, u. ä. m.).

Formulierungsvorschläge zu solchen Gesellschaftsverträgen können wir Ihnen gern unterbreiten; die Mitgestaltung eines solchen Gesellschaftsvertrags führt allerdings zu einer zusätzlichen Notargebühr.

Grunderwerbsteuerlich bietet die GbR schließlich den Vorteil, dass Übertragungen von Miteigentumsanteilen (die z.B. in bloßer Schriftform erfolgen können) nicht zu Grunderwerbsteuer führen, solange bis zu 95 % der Anteile in einer Hand sich vereinigen. Anders verhält es sich allerdings, wenn zuvor Eigentum bereits den Gesellschaftern gehört hatte und in die GbR eingebracht wurde, dann sind auch Veränderungen, die in den ersten fünf Jahren nach der Einbringung stattfinden, grunderwerbsteuerpflichtig.

Kurz gefasst: Die GbR ist häufig das flexiblere Instrument, erfordert aber einen höheren Regelungsaufwand und ist komplexer. In vielen einfacheren Sachverhalten oder Sachverhalten mit eindeutiger Prognose in bezug auf die künftige Lastentragung, ebenso in den meisten Fällen, in denen Ehegatten gemeinsam eine Immobilie erwerben, ist die Bruchteilsgemeinschaft (Variante 2a) das angezeigte Modell.

VI. Merkblatt zum Übergang von Besitz und Eigentum (Umzug)

▶

3895 **Inhaltsverzeichnis**

I. Erläuterung der Begriffe .... Seite (.....)

II. Vertragliche Regelungen .... Seite (.....)

III. Übergang der Lasten und der Versicherungen .... Seite (.....)

IV. Besitzübergang bei einer vermieteten Immobilie .... Seite (.....)

V. Durchführung des Besitzwechsels bei eigengenutzter Immobilie .... Seite (.....)

I. Erläuterung der Begriffe

In Kauf- und Überlassungsverträgen finden sich stets die Begriffe »Eigentum« und »Besitz«. Obwohl beide Begriffe in der Alltagssprache oft gleichbedeutend verwendet werden, haben sie im juristischen Sprachgebrauch eine ganz unterschiedliche Bedeutung. So lässt sich nur der Eigentümer aus dem Grundbuch ersehen, nicht jedoch der Besitzer. Auf der anderen Seite ist gerade die Eintragung im Grundbuch unabdingbare Voraussetzung für den Eigentumserwerb, nicht jedoch für den Besitzerwerb.

Unter **Eigentum** versteht man die formale Rechtsposition, die es einer Person erlaubt, über den entsprechenden Gegenstand zu verfügen, z.B. durch Verkauf oder Belastung (z.B. mit Grundschulden). Bei Grundstücken ergibt sich der Eigentümer aus dem Grundbuch. Eigentüm an einer Immobilie wird übertragen durch Einigung mit dem bisherigen Eigentümer über die Rechtsänderung (sog. Auflassung) und Eintragung im Grundbuch aufgrund eines notariell beurkundeten Vertrags.

Besitz stellt hingegen die tatsächliche Sachherrschaft über einen Gegenstand dar, d.h. Besitzer ist derjenige, der eine Sache in seinem Herrschaftsbereich hat. Dies muss nicht zwingend der Eigentümer sein. Der Mieter eines Hauses z.B. ist (unmittelbarer) Besitzer des Hauses, aber nicht Eigentümer. Besitzer eines Grundstücks wird jemand in aller Regel durch Übergabe des Grundstücks (bei einem bebauten Grundstück also mit Schlüsselübergabe). Bei einem vermieteten Objekt ist der unmittelbare Besitz vor und nach dem Kauf beim Mieter. Zu dem im Vertrag geregelten Zeitpunkt (in der Regel die Zahlung des Kaufpreises) geht dann der sog. »mittelbare Besitz« auf den Käufer über. Darunter versteht man das Recht, unter bestimmten Umständen die Herausgabe des Objekts vom **unmittelbaren** Besitzer (z.B. Mieter) verlangen zu können, z.B. nach Beendigung eines Mietverhältnisses oder eines Nießbrauches.

II. Vertragliche Regelungen

In Kaufverträgen liest man oftmals folgende oder eine ähnliche Formulierung:

»Besitz und Nutzungen sind mit vollständiger Kaufpreiszahlung zu übergeben. Die Gefahr geht zu diesem Zeitpunkt; öffentliche und private Lasten, Haftung und Verkehrssicherungspflichten ab Eintritt der Fälligkeit auf den Käufer über.«

Dieser Passus regelt, wem das Kaufobjekt zu welchem Zeitpunkt wirtschaftlich zugerechnet wird, d.h. wer die Nutzungen für sich verwenden kann und wer die Kosten zu tragen hat. Diese Regelung ist unabhängig vom Übergang des Eigentums. Der Besitzübergang erfolgt in der Regel vor dem Eigentumsübergang, da für diesen die Unbedenklichkeitsbescheinigung des Finanzamts vorliegen muss. Erst dann kann die Umschreibung im Grundbuch erfolgen, wodurch das Eigentum übergeht.

Der Zeitpunkt des Übergangs von »Besitz, Nutzungen und Lasten« ist auch für die steuerliche Betrachtungsweise (den Zeitpunkt der »Anschaffung«) entscheidend. Man spricht in diesem Zusammenhang auch von »wirtschaftlichem Eigentum«. Dieser Begriff ist verwirrend und meint nichts anderes als wirtschaftliche Nutzungsmöglichkeit bzw. wirtschaftliche Verantwortung für ein Objekt. Nach der obigen Formulierung kann der Käufer ab dem Übergang von Besitz und Nutzungen das Objekt beziehen, es vermieten oder damit tun, was er für richtig hält. Er kann auch bereits Umbaumaßnahmen vornehmen. Hierbei sollte er jedoch beachten, dass der Kaufvertrag noch nicht voll erfüllt und er noch nicht Eigentümer ist. Sollte der Kaufvertrag also aus irgendwelchen

Gründen doch noch scheitern, kann sich bei getätigten Umbaumaßnahmen Streit darüber ergeben, ob z.B. Aufwendungsersatz oder Schadensersatz zu leisten ist.

III. Übergang der Lasten und der Versicherungen

Der Zeitpunkt des Übergangs der Lasten regelt, ab wann der Käufer die Lasten des Grundstücks zu tragen hat (z.B. Grundsteuer, Versicherungsbeiträge, Wohngeld, Erschließungsbeiträge). Hierbei sind folgende Besonderheiten zu berücksichtigen:

Die Grundsteuer wird von der Gemeinde für das Kalenderjahr festgesetzt. Zur Zahlung fällig ist sie vierteljährlich am 15.02., 15.05., 15.08. und 15.11. in Höhe je eines Viertels des Jahresbetrags. Steuerschuldner für das gesamte Kalenderjahr ist somit noch der Verkäufer. Der Käufer hat den Verkäufer jedoch für die Zeit ab Lastenübergang von der Zahlungspflicht freizustellen bzw. ihm die gezahlten Beträge für den Zeitraum ab Lastenübergang zu erstatten. Dies kann z.B. in der Weise erfolgen, dass der Verkäufer hinsichtlich des Quartals, in dem der Lastenübergang erfolgt, noch die gesamte Quartalssumme an die Gemeinde zahlt, während der Käufer dem Verkäufer anteilig den Betrag erstattet, der auf die Tage dieses Quartals entfällt, die nach dem Lastenübergang liegen, und der Käufer die für die folgenden Quartale fällig werdenden Zahlungen unter Angabe der Verkäuferdaten (insbes. dessen Steuernummer) an die Gemeinde zahlt. Zu diesem Zweck empfiehlt sich die Löschung eines evtl. vom Verkäufer erteilten Dauerauftrags oder einer entsprechenden Einzugsermächtigung und die Einräumung einer solchen durch den Käufer. Zum nächsten Kalenderjahr wird dann der Käufer selbst Schuldner der Grundsteuer.

In gleicher Weise kann hinsichtlich der Prämienzahlungen etwaiger Gebäudeversicherungen verfahren werden, wenn diese nicht ohnehin gekündigt oder in veränderter Form vom Käufer neu abgeschlossen werden sollen (vgl. hierzu ausführlich unten). Die Fälligkeitstermine der Prämien ergeben sich aus dem Versicherungsvertrag.

Die Verkehrssicherungspflicht umfasst z.B. die Verpflichtung zur Schneeräumung im Winter sowie alle Vorkehrungen, die notwendig sind, damit kein Dritter durch das Objekt oder seinen Zustand zu Schaden kommt, also auch die regelmäßige Untersuchung der Standsicherheit von Bäumen.

Unter »Gefahr« versteht man das Risiko, dass das Vertragsobjekt zerstört oder beschädigt wird. Dieses Risiko bleibt nach obiger Formulierung bis zur Kaufpreiszahlung beim Verkäufer. Realisiert sich das Risiko also **vor** Kaufpreiszahlung, z.B. durch höhere Gewalt (Blitzschlag oder Ähnliches), kann der Käufer den Kaufpreis (in entsprechender Höhe) zurückhalten. Realisiert sich ein solches Risiko **nach** Zahlung des Kaufpreises, trifft es den Käufer. Daher werden in derartigen Verträgen in der Regel die Ansprüche aus Schadensversicherungen auf den Zeitpunkt der Kaufpreiszahlung an den Käufer abgetreten, damit er einen Ersatz für die Zerstörung oder Beschädigung des gekauften Objekts hat.

Bestehende Gebäudeschadensversicherungen wie z.B. die Brandversicherung, die Sturm- und Leitungswasserversicherung (»verbundene Gebäudeversicherung«), ggf. mit Elementarschadensschutz (Erdrutsch, Überschwemmungen etc.) sowie eine etwaige Gebäudehalterhaftpflichtversicherung gehen kraft Gesetzes auf den Käufer über. Er kann jedoch innerhalb eines Monats nach Eigentumsumschreibung die Versicherung kündigen, wahlweise mit sofortiger Wirkung oder zum Ablauf des Versicherungsjahres. Da das gleiche Recht der Versicherung zusteht, ist dieser der Eigentumswechsel unverzüglich anzuzeigen (anderenfalls könnte sie in einem späteren Schadensfall die Zahlung verweigern). Die Kündigungsmöglichkeit kann auch zum Anlass genommen werden, die Versicherung auf die Bedürfnisse des Käufers anzupassen (hinsichtlich versicherter Tatbestände, Versicherungssumme etc.) oder zu einem anderen Anbieter zu wechseln. Zwar besteht (anders als bei der PKW-Haftpflicht) kein Versicherungszwang, wegen des hohen drohenden Schadens ist allerdings der Abschluss derartiger Versicherungen geradezu unverzichtbar. Ein Monopol der Brandversicherungskammer besteht in Bayern nicht mehr, sodass Prämien- und Leistungsvergleiche möglich sind.

E. Gesamtmuster

IV. Besitzübergang bei einer vermieteten Immobilie

Sollte das Kaufobjekt vermietet sein, bleibt das Mietverhältnis kraft Gesetzes bestehen und ist vom Käufer als künftigem Vermieter zu übernehmen. Ist eine Kaution gestellt, so haftet auch der Verkäufer weiter für deren spätere Rückzahlung (samt Zinsen), es sei denn, er hat dem Mieter angezeigt, dass in Zukunft der Käufer die Kaution verwaltet und der Mieter entlässt den Verkäufer aus der genannten Haftung.

Bis zum Eigentumsübergang (also der Umschreibung im Grundbuch) übt nach dem Bürgerlichen Gesetzbuch noch der Verkäufer die Funktion des Vermieters aus. Da dem Käufer jedoch ab Besitzübergang die komplette Nutzung, und damit auch der Mietzins des Objekts, zusteht, wird häufig im Kaufvertrag zum einen eine Änderung des Mietvertrags an das Einvernehmen des Käufers gebunden, zum anderen eine Vollmacht des Verkäufers an den Käufer aufgenommen, ab Kaufpreiszahlung sämtliche Rechte des Vermieters wahrzunehmen (so z.B. Mieterhöhungen, Kündigungen wegen Nichtzahlung der Miete, Mahnungen etc.). Denn nur eine solche Ermächtigung versetzt den Käufer im Verhältnis zum Mieter in die Lage das wirtschaftliche Nutzungsrecht der Immobilie in vollem Umfang auszuüben.

Das Recht der Kündigung wegen Eigenbedarfs steht dem Käufer trotz einer solchen Vollmacht jedoch erst ab Eigentumsübergang zu. Handelt es sich bei dem Objekt um eine Eigentumswohnung, ist weiter zu beachten, dass sich für den Mieter, der bereits zur Zeit der Begründung von Wohnungseigentum Mieter war, der Eigenbedarfskündigungsschutz gem. § 577a BGB um drei bzw. in Gebieten mit knapper Wohnungsversorgung gar bis zu zehn Jahren verlängert.

Beim Verkauf von vermietetem Wohnungs- oder Teileigentum sind einige weitere Besonderheiten zu berücksichtigen:

Leistet der Mieter neben der Kaltmiete eine Nebenkostenvorauszahlung und wird über die Nebenkosten nach Ablauf des Kalenderjahres abgerechnet, bestehen zwei Möglichkeiten zur Regelung im Kaufvertrag.

Zum einen kann eine Zwischenablesung der Zählerstände hinsichtlich der verbrauchsabhängigen Nebenkosten vorgenommen werden. Aufgrund dieser Zwischenablesung kann dann der Verkäufer eine Abrechnung für die bis dahin angefallenen Nebenkosten vornehmen. Er verrechnet dann die tatsächlich geschuldeten Nebenkosten mit den bis dahin vom Mieter geleisteten Vorauszahlungen und gleicht die Differenz mit diesem aus. Der Käufer erhält dann die Vorauszahlungen für die folgenden Monate und rechnet mit dem Mieter aufgrund der üblichen Ablesungen am Jahresende ab. Problematisch ist hierbei, dass die verbrauchsunabhängigen Umlagepositionen von der Hausverwaltung in der Regel als Jahresbeträge ermittelt werden und damit zum Zeitpunkt der Zwischenabrechnung noch nicht zur Verfügung stehen, sodass Verkäufer und Käufer wohl erst nach Ablauf des Kalenderjahres ihre je getrennten Abrechnungen erteilen können.

Alternativ kann derjenige die Abrechnung vornehmen, der am Jahresende Besitzer der Immobilie ist. Ist dies noch der Verkäufer, sind keine Besonderheiten zu berücksichtigen. Ist dies jedoch bereits (nach Zahlung des fällig gewordenen Kaufpreises) der Käufer, hat der Verkäufer etwaige von ihm bezogene Vorauszahlungen an den Käufer herauszugeben, soweit sie die vom Verkäufer bereits getragenen (bei ihm abgebuchten) Nebenkosten des Mieters übersteigen. Die gesamte Jahresabrechnung wird dann allein vom Käufer vorgenommen.

Die vom Verkäufer in der Vergangenheit gezahlten **Wohngelder (Hausgelder)** gehen auf den Käufer über, soweit sie noch vorhanden sind (z.B. in Form von Instandhaltungsrücklagen). Der auf die anteilig mitübertragene Rücklage entfallende Kaufpreisteilbetrag wird übrigens nicht zur Grunderwerbsteuer veranlagt, sollte also in der Urkunde – soweit bekannt – ausgewiesen werden.

Für **Hausgeldrückstände** des Verkäufers haftet der Käufer grds. nicht, außer
- die Gemeinschaftsordnung legt eine solche Haftung fest,
- der Beschluss gem. § 28 Abs. 5 WEG, der die Zahlungspflicht begründet, wurde erst nach Eigentumsumschreibung auf den Käufer gefasst, mag er auch vergangene Zeiträume betreffen (z.B. eine Jahresabrechnung mit Nachzahlungsbetrag) oder
- der Beschluss wurde zwar noch vor Eigentumserwerb des Käufers gefasst, die Fälligkeit tritt jedoch erst danach ein.

Zur Vorsicht empfehlen sich Erkundigungen beim WEG-Verwalter.

Da das **Stimmrecht in der Wohnungseigentümerversammlung** an die formale Eigentümerstellung geknüpft ist, sollte ab Besitzübergang eine Stimmrechtsvollmacht des Verkäufers an den Käufer erwogen werden, sofern die Gemeinschaftsordnung dies zulässt.

V. Durchführung des Besitzwechsels bei eigengenutzter Immobilie

Mit dem Besitzwechsel ist bei eigengenutzten Immobilien meistens auch ein Umzug auf Käufer- und/oder Verkäuferseite verbunden. Dieser erfordert eine langfristige Planung und rechtzeitige Vorbereitung. Die folgenden Punkte sollen – ohne Anspruch auf Vollständigkeit – als Gedächtnisstütze einen Überblick über die zu regelnden Angelegenheiten bieten:

Bei selbstbewohnten Objekten sollten Sie am Tag der Schlüsselübergabe die Einheitenzähler für Strom, Wasser, Gas, Heizung etc. ablesen und die entsprechenden Firmen (Stadtwerke; Yellowstrom .....) über den Bewohnerwechsel informieren sowie die Zählerstände mitteilen. Soweit eine Ablesung durch die Firma selbst erforderlich ist, sollte rechtzeitig ein Termin mit dieser vereinbart werden.

Nachsendeaufträge bei der Post sind empfehlenswert, damit auch Sendungen solcher Absender Sie erreichen, die Sie nicht (rechtzeitig) über den Anschriftenwechsel informiert haben. Sie können zwischen einem Nachsendezeitraum von sechs Monaten (Kosten: 15,20 €) und von zwölf Monaten (Kosten: 25,20 €) wählen. Um einen reibungslosen Ablauf der Nachsendung zu gewährleisten, ist der Nachsendeauftrag zwei bis drei Wochen vor dem geplanten Umzug zu stellen. Bis zum Ablauf der Nachsendefrist sollten Sie dann in jedem Fall alle Stellen und Personen benachrichtigt haben, von denen Post zu erwarten ist. Bei der Post erhalten Sie auch vorbereitete Postkarten zur Mitteilung der Adressänderung. Auf diese oder ähnliche Weise können Sie Verwandte und Freunde von Ihrer neuen Adresse in Kenntnis setzen. Weiterhin sollten sie die neue Adresse Banken, Versicherungen, Geschäftspartnern, Arbeitgeber, Versorgungseinrichtungen, Zeitschriftenzustellern (Zeitschriften werden vom Post-Nachsendeauftrag nicht erfasst!), Zeitungsverlagen (insbesondere bei eigenen Zustellern), Ärzten, ggf. auch dem Finanzamt, Arbeitsamt, Kreiswehrersatzamt, Kindergarten, Schule, der BaföG-Stelle, dem Mobiltelefondienst und der GEZ (auch per Internet über die Website www.gez.de unter der Rubrik »umgezogen«), Bausparkasse, Krankenkasse mitteilen.

Ggf. sind Mitgliedschaften in Vereinen (auch Bücherclub oder Bibliothek) oder Abonnements (Theater, Konzert) oder Wartungsverträge zu kündigen oder der Adresswechsel mitzuteilen.

Ggf. sollte man an die Abbestellung der Tageszeitung und die Bestellung einer neuen Zeitung im neuen Zuhause denken oder aber bei der Tageszeitung die Versendung an die neue Adresse bewirken.

Die Banken bieten oftmals einen Umzugsservice an, mit dem Sie Ihr Konto zu einer örtlichen Bank desselben Bankenverbundes verlegen können. Die Bank berät Sie dann auch in allen weiteren bankbezogenen »Umzugsfolgen«. Anderenfalls ist an die Auflösung des Girokontos, die Kündigung von Lastschriftverfahren und Daueraufträgen und die Auflösung von Depots im Wegzugsort und die entsprechende Kontoeröffnung, Depoteinrichtung, Erteilung von neuen Einzugsermächtigungen sowie Einrichtung von Daueraufträgen am Zuzugsort zu denken.

Beim Umzug innerhalb derselben Gemeinde ist eine Ummeldung im Einwohnermeldeamt zu veranlassen. Findet durch den Umzug ein Wechsel der Gemeinde statt, müssen Sie sich in Ihrer bisherigen Gemeinde abmelden und in Ihrer neuen Gemeinde anmelden. Viele Kommunen bieten mittlerweile an, diese Behördengänge auch über das Internet zu erledigen.

Soweit infolge des Umzuges ein neues Kfz-Nummernschild notwendig wird (z.B. Umzug in einen anderen Landkreis oder von der Stadt in das Umland oder vom Umland in die Stadt), ist dieses bei der zuständigen Kfz-Zulassungsstelle des neuen Wohnorts zu beantragen. Erforderlich ist hierfür die Vorlage eines Ausweisdokuments des Halters (Personalausweis, Reisepass oder Führerschein), der Versicherungsdoppelkarte und des Fahrzeugbriefes (bei zulassungsfreien Fahrzeugen Betriebserlaubnis), die Kennzeichen-Schilder müssen in die Zulassungsstelle gebracht werden und die Bescheinigung über die Abgasuntersuchung vorgelegt werden (des Weiteren eventuell: Vorlage einer Vollmacht, wenn ein Beauftragter den Antrag stellt; bei Minderjährigen schriftliche Einwilligung und Personalausweise beider Elternteile; bei landwirtschaftlichen Zugmaschinen und landwirtschaftlichen Pkw-Anhängern: Steuerbefreiungsantrag, der bei der Zulassungsstelle erhältlich ist).

E. Gesamtmuster

Soweit kein neues Nummernschild erforderlich ist, bedarf es lediglich der Berichtigung der Anschrift im Fahrzeugschein. Hierfür sind der Kfz-Zulassungsstelle folgende Dokumente vorzulegen: Ausweisdokument des Halters (Personalausweis, Reisepass oder Führerschein), Fahrzeugbrief (bei zulassungsfreien Fahrzeugen Betriebserlaubnis) und Fahrzeugschein.

Soweit sie den Umzug durch eine Spedition durchführen lassen wollen, empfiehlt sich eine rechtzeitige Reservierung des Umzugstermins bei der Spedition, da diese teilweise schon Monate im Voraus ausgebucht sind bzw. ihre Routenpläne entsprechend frühzeitig aufstellen. Weiterhin sollten Sie unbedingt mehrere Angebote von Umzugsfirmen einholen, da die gleiche Leistung oftmals zu sehr unterschiedlichen Preisen angeboten wird. Sollten Sie den Umzug hingegen selbst organisieren, wollen rechtzeitige Vorbereitungsmaßnahmen bedacht sein, wie z.B. Anmietung eines entsprechenden Fahrzeuges zu dem vorgesehenen Umzugstermin, Verpackung des Hausrats, danach, was bis zuletzt benötigt wird (persönliche Gegenstände, Reinigungsmittel, Staubsauger, große Mülltüten, Werkzeug zur Demontage und zum Wiederaufbau von Schränken, Spiegeln, Lampen etc., Roll- und Hebevorrichtungen), Beschaffung von Packmaterial (Kartons, Umzugsdecken, Wickelpapier etc.), »Anheuern« von Umzugshelfern, Versorgung der Helfer mit Essen und Getränken, Parkplätze vor dem alten und dem neuen Haus rechtzeitig vor dem Umzugstag reservieren (ggf. Halteverbot bei der Gemeinde beantragen), Nachbarschaft/Hausmeister den Umzugstermin mitteilen, Handwerker an vereinbarte Termine erinnern (Installateur, Elektriker, Maler etc.), frühzeitig Urlaub beantragen. Tipps auch zum richtigen Tragen und Heben schwerer Gegenstände und Montagehinweise erhalten Sie weiter z.B. im Internet unter www.ummelden.de.

Weiterhin ist der Telefonanschluss in der alten Wohnung abzumelden und in der neuen Wohnung anzumelden. Sie können hierfür am einfachsten einen T-Punkt-Laden in Ihrer Nähe aufsuchen. Ansonsten ist ein von Ihnen zu unterschreibendes Kündigungsschreiben für die Abmeldung des alten Anschlusses erforderlich. In diesem sind das Datum, zu dem der Anschluss gekündigt werden soll, Ihre Kundennummer (ergibt sich aus den Rechnungen), Ihre (alte) Rufnummer und Ihre (alte) Anschrift anzugeben. Unabhängig von bestehenden Kündigungsfristen, die Sie den Allgemeinen Geschäftsbedingungen entnehmen können, sollten Sie die Kündigung und auch die Anmeldung eines neuen Anschlusses rechtzeitig vornehmen, da die entsprechende technische Ausführung Zeit in Anspruch nimmt. Findet der Umzug innerhalb des Ortsnetzes statt, können Sie Ihre alte Rufnummer auch »mitnehmen«. Nähere Angaben finden Sie auf der Internetseite www.telekom3.de unter der Rubrik »Umzugsservice« oder Sie rufen den Informationsservice der Telekom an, deren kostenlose Nummer sich aus Ihrer Telefonrechnung ergibt. Auch eine Ab-/Ummeldung des Kabelanschlusses ist ggf. zu veranlassen.

Weitere Informationen zum Umzug erhalten Sie auch über das Internet, z.B. unter www.umziehen.de oder unter www.ich-zieh-um.de bzw. unter www.ummelden.de.

Ich wünsche Ihnen einen reibungslosen Umzug und danke für das in mich gesetzte Vertrauen.

Mit freundlichen Grüßen

Ihr

.....

(Notar)

VII. Merkblatt zum Wohnungseigentum

▶

Die Eigentumswohnung

3896

Dieses Merkblatt soll einen Überblick bieten über das Recht der Eigentumswohnung, d.h. insbesondere die Gründe für die Schaffung von Sondereigentum (I.), die Wege zur Begründung grundbuchlichen Sondereigentums (II.), die Gestaltung der Gemeinschaftsordnung (III.), die Rechtsfigur des »Verbandes der Wohnungseigentümer« (IV), Veränderungen innerhalb einer Eigentümergemeinschaft (V.) und Besonderheiten bei der Veräußerung von Sondereigentum (VI.) darstellen und abschließend Besonderheiten im Zusammenhang mit vermieteten Eigentumswohnungen (VII.) behandeln. Dabei wird der juristische Begriff des »Sondereigentums« verwendet, der sowohl das sog. »Wohnungseigentum« (d.h. eine zu Wohnzwecken dienende, abgeschlossene Einheit, landläufig als »Eigentumswohnung« bezeichnet) als auch das sog. »Teileigentum« (eine zu gewerblichen Zwecken dienende, selbstständige Eigentumseinheit) einschließt.

Die persönliche Beratung im Vorfeld der notariellen Gestaltung von Teilungserklärungen, Änderungen einer Teilungserklärung oder der Veräußerung von Sondereigentum kann dadurch naturgemäß nicht ersetzt, wohl aber vorbereitet und erleichtert werden.

Gesetzliche Grundlage des »Eigentumswohnungsrechts« ist das sog. »Gesetz über das Wohnungseigentum« aus dem Jahr 1951, das zwischenzeitlich häufig, zuletzt zum 01.07.2007, geändert wurde und im Folgenden kurz als »WEG« zitiert wird.

I. Motive für das Sondereigentum

In den fast 60 Jahren seit Verabschiedung des WEG hat das Sondereigentum einen wahren Siegeszug angetreten. Die Möglichkeit, selbstständig grundbuchfähige Eigentumswohnungen in einem einheitlichen Baukörper zu bilden, hat die Schwelle für den Erwerb eigenen Eigentums, sei es zur Selbstnutzung oder als Kapitalanlage zur Vermietung, deutlich gesenkt. Die Anschaffungs- oder Herstellungskosten sind, da nur auf einen Teil des Gebäudes beschränkt, deutlich geringer, zudem fließt der Grund und Boden nur zu einer geringen Quote mit ein. Die Verwaltung des Gemeinschaftseigentums (und bei entsprechender Vollmacht häufig auch des Sondereigentums) kann in die Hand professioneller Personen (»WEG-Verwalter«) gelegt werden, sodass bis auf die jährliche Teilnahme an der Eigentümerversammlung wenig administrativer Aufwand beim Sondereigentümer verbleibt und auch die Nebenkostenabrechnung mit dem Mieter erleichtert wird.

Jede Sondereigentumseinheit bildet ein **wirtschaftlich und rechtlich selbstständiges Objekt**, das separat veräußert, belastet oder vererbt werden kann. Damit werden Auseinandersetzungen von Personenmehrheiten erleichtert: Befürchtet z.B. ein Familienvater, dass seine beiden Söhne, wenn sie das Zwei-Familien-Haus zum ideellen Miteigentum erhalten, sich über Verwaltung, Nutzung, Umgestaltung etc. nicht werden einigen können, kann er nach dem WEG zwei rechtlich selbstständige Einheiten schaffen und damit solche Konflikte weitgehend vermeiden. Anders als bei ideellem Miteigentum (sog. »Bruchteilseigentum«) kann dann keiner der beiden – gleich aus welchem Grund – die Versteigerung des Anwesens (sog. »Teilungsversteigerung«) betreiben. Finanzielle Belastungen, die einer der beiden auf seine »Hälfte« aufnimmt (Grundpfandrechte am Bruchteilseigentum) würden die Gefahr bergen, dass bei Nichtzahlung wiederum das gesamte Anwesen durch den Gläubiger versteigert werden könnte; anders bei Sondereigentum: Belastet wird hierbei nur die jeweils eigene Sondereigentumseinheit, nur diese wäre bei Zahlungsunwilligkeit oder Zahlungsunfähigkeit in Gefahr. Durch die Bildung von Sondereigentum lassen sich also auch finanzielle Risiken (sei es für den Fall des Verzuges aus eingetragenen Grundschulden oder für den Fall der Drittpfändung) gegeneinander »abschotten«.

Auch in **einkommensteuerlicher Hinsicht** zählt jede Sondereigentumseinheit als eigenständiges Objekt. Sofern die Söhne im oben genannten Beispiel Anschaffungsaufwand zu tragen haben oder (bei nachträglichen Umbauten) Herstellungskosten für ihr jeweiliges Sondereigentum verwirklichen, können sie dafür je selbstständig im Vermietungsfall Abschreibungen nach dem EStG geltend machen. Sie erhalten diese jeweils in voller Höhe, nicht nur beschränkt auf ihren Miteigentumsanteil, wie es bei schlichtem Bruchteilseigentum der Fall wäre. Will z.B. der Sohn des Eigentümers als Anbau an das bereits bestehende Einfamilienhaus eine von ihm künftig genutzte Wohnung errichten, wird der Vater vor Beginn der Baumaßnahme selbstständiges Sondereigentum an diesem zu errich-

E. Gesamtmuster

enden Anbau (zunächst auf der Basis der Baupläne) begründen und dieses »Planeigentum« auf den Sohn übertragen. Dadurch ist sichergestellt, dass der Sohn mit Durchführung der Baumaßnahme Eigentümer des Anbaus wird. Ohne Teilung nach dem WEG würde der Anbau zwingend Bestandteil des Grundstücks und damit Eigentum des Vaters. Durch die Bildung von Sondereigentum kann ferner gewährleistet werden, dass der vom Sohn für die Finanzierung des Anbaus aufzunehmende Kredit nur an seinem Sondereigentum eingetragen wird und damit nur ein Risiko für dieses darstellt.

Das Sondereigentum bietet schließlich reizvolle **Gestaltungs- und Steuerungs-möglichkeiten**, wenn z.B. mehrere Sondereigentumseinheiten einer Familie in einem Anwesen unterschiedlich genutzt werden: Die selbstgenutzte Einheit wird aus Eigenkapital finanziert (da Schuldzinsen bei Eigennutzung nicht absetzbar sind), die vermietete oder gewerblich bzw. freiberuflich genutzte Einheit wird über einen Darlehensvertrag finanziert und an dieser Einheit ein Grundpfandrecht eingetragen, sodass diese Finanzierungskosten als Betriebsausgaben bzw. Werbungskosten unmittelbar dem Bereich der Vermietung und Verpachtung, der freiberuflichen Einkünfte oder der Einkünfte aus Gewerbebetrieb zugeordnet werden können.

Schließlich hat sich das Sondereigentum ein weites Anwendungsgebiet auch außerhalb des Geschosswohnungsbaus eröffnet, bspw. bei Reihenhaussiedlungen: Natürlich wäre es denkbar, durch Realteilung und Vermessung jede einzelne Parzelle als selbstständiges Grundbuchgrundstück zu bilden und die gemeinschaftlich genutzten Flächen (gemeinsame Zuwegung, Mülltonnenstandplatz, Stellplatzfläche, möglicherweise im Privateigentum stehende Stichstraße etc.) ebenfalls separat abzumarken und den einzelnen Reihenhauseigentümern zu Bruchteilsquoten mitzuveräußern. Es müssen dann jedoch zusätzlich noch zahlreiche Dienstbarkeiten und Reallasten eingetragen werden, um die über die jeweiligen Nachbargrundstücke verlaufenden Ver- und Entsorgungsleitungen zu sichern. Das Grundbuch wird dadurch insgesamt sehr unübersichtlich. Sehr viel einfacher lässt sich dieses Ergebnis unter Anwendung des WEG dadurch erreichen, dass die gemeinschaftlich genutzten Teile (Ver- und Entsorgungsleitungen, gemeinschaftliche Flächen etc.) im Gemeinschaftseigentum verbleiben, das jeweilige Reihenhaus als Sondereigentum gebildet wird und die ausschließlich einem Reihenhaus zugewiesenen Gartenflächen als sog. »Sondernutzungsrecht« zugewiesen werden. Plakativ gesprochen, befinden sich mehrere Sondereigentumseinheiten hier nicht übereinander (wie im Geschosswohnungsbau), sondern »nebeneinander« (sog. Fallgruppe der »**unechten Realteilung**«).

II. Begründung von Sondereigentum

Wohnungs- oder Teileigentum besteht in rechtlicher Hinsicht aus der unlösbaren Verbindung zweier Elemente: eines Miteigentumsanteils an einem Grundstück – einerseits – und Raumeigentum an Teilen eines Gebäudes – andererseits (als Wohnungseigentum bezeichnet, sofern diese Räume zu Wohnzwecken dienen, sonst als Teileigentum bezeichnet). Die Summe aller Miteigentumsanteile muss 1/1 ergeben, mit jedem Miteigentumsanteil muss ein Sondereigentum verbunden sein und umgekehrt.

Das Grundstück selbst bildet notwendigerweise sog. »**Gemeinschaftseigentum**«, das allen Sondereigentümern im Verhältnis der ihnen jeweils zugewiesenen Miteigentumsanteile zueinander gemeinsam gehört. Die am Grundstück ausgewiesene Miteigentumsquote bildet damit zugleich den Schlüssel für die Zuteilung des sonstigen Gemeinschaftseigentums im Gebäude, z.B. des Treppenhauses, der Heizanlage, der Fassade und des Daches. Zwingend Gemeinschaftseigentum sind alle tragenden Teile des Gebäudes, das Dach und die Fassade, die zum gemeinsamen Gebrauch dienende Räume wie Treppenhäuser, Flure, Heizungsanlagen und die Zugangsräume zu diesen Anlagen. Alle anderen Räume sind sondereigentumsfähig. Soweit sich jedoch Einrichtungen, die dem gemeinschaftlichen Gebrauch dienen (z.B. Steig- und Fallleitungen der Heizungsanlage) innerhalb des Sondereigentums befinden, bleiben sie Bestandteil des Gemeinschaftseigentums. **Balkone** sind als Auskragung der Fassade nur zum Teil (z.B. hinsichtlich des Oberflächenestrichs) sondereigentumsfähig. Allerdings ist zu bedenken, dass auch an Gebäudeteilen, die zwingend Gemeinschaftseigentum sind (Dachterrassen, der überwiegende Teil von Balkonen, Terrassen etc.), durch sog. »Sondernutzungsrechte« im Rahmen der Gemeinschaftsordnung (hierzu nachstehend unter Gliederungspunkt III.) eine Zuordnung zu einer einzelnen Sondereigentumseinheit herbeigeführt werden kann, die dem Sondereigentum wirtschaftlich nahekommt.

Aus Vorstehendem ergibt sich, dass die Bildung von Sondereigentum sich urkundlich ebenfalls aus zwei Elementen zusammensetzen muss: aus einem Textteil, der die Größe der einzelnen Miteigentumsanteile wiedergibt (»Teilungserklärung« im engeren Sinn) und aus einem Planteil, in dem die mit diesem Miteigentumsanteil verbundenen Räumlichkeiten exakt dargestellt werden (sog. »Aufteilungspläne«).

Gegenstand einer Aufteilung nach dem WEG kann nur ein **einheitliches Grundstück** im Sinne der Grundbuchordnung sein. Dieses kann auch aus mehreren Flurstücken bestehen, vorausgesetzt, diese sind im Bestandsverzeichnis des Grundbuchs unter einer einzigen laufenden Nummer vorgetragen. Soll also ein in Sondereigentum aufzuteilendes Gebäude über mehrere Flurstücke desselben Eigentümers hinweg errichtet werden, bedarf es nicht der katasteramtlichen Verschmelzung zu einem neuen Flurstück (was mit zusätzlichen Kosten verbunden wäre), sondern es genügt, in der Teilungserklärung eine Vereinigungs- oder Bestandteilszuschreibungserklärung gem. § 890 BGB abzugeben. Ragt ein Gebäude teilweise in ein fremdes Grundstück hinein, müssen die Voraussetzungen des »rechtmäßigen Überbaus« gegeben sein oder geschaffen werden.

Die Aufteilung nach dem WEG kann rechtlich auf zweierlei Weise erfolgen: durch **Teilung im Eigenbesitz des Eigentümers** (gem. § 8 WEG) – einerseits – oder durch **vertragliche Vereinbarung mehrerer Miteigentümer** untereinander – andererseits (§ 3 WEG). Bei der Teilung durch einseitige Erklärung des Eigentümers setzen sich die Berechtigungsverhältnisse am aufgeteilten Grundstück an den dadurch entstehenden Sondereigentumseinheiten »linear« fort. Teilen also bspw. Ehegatten ein in ihrem je hälftigen Miteigentum stehendes Anwesen gem. § 8 WEG in zwei Sondereigentumseinheiten (Erdgeschoss einerseits, Obergeschoss andererseits) auf, gehören diese beiden dadurch geschaffenen Eigentumswohnungen wiederum beiden Ehegatten je zur Hälfte. Im Unterschied dazu führt die vertragliche Bildung von Sondereigentum durch mehrere Miteigentümer dazu, dass mit dem jeweiligen Miteigentumsanteil das künftig ausschließliche Eigentum an einem Raumeigentum verbunden wird: Würden also die beiden Ehegatten des vorstehenden Beispiels die Aufteilung gem. § 3 WEG durch Vertrag vollziehen, würde künftig die eine Wohnung – je nach Festlegung – dem Ehemann, die andere Wohnung ausschließlich der Ehefrau gehören. Dieses Ergebnis ließe sich auch bei der Teilung durch einseitige Erklärung gem. § 8 WEG erreichen, wenn anschließend die Miteigentumsanteile an den geschaffenen Einheiten jeweils miteinander vertauscht würden, sodass auch hier Alleineigentum an den gebildeten Wohnungen entstünde. Die unmittelbare vertragliche Sondereigentumsvereinbarung gem. § 3 WEG erspart jedoch diesen Zwischenschritt und die damit verbundenen Kosten.

Die Teilungserklärung selbst bedarf materiell-rechtlich keiner besonderen **Form**; wenn sie im Wege der vertraglichen Einigung gem. § 3 WEG vollzogen wird, muss sie bei gleichzeitiger Anwesenheit beider vor einem deutschen Notar erklärt werden. Grundbuchrechtlich ist jedoch in beiden Fällen zumindest die notarielle Beglaubigung (§ 29 GBO) erforderlich. In der Praxis wird jedoch ganz überwiegend die Form der **notariellen Beurkundung** gewählt. Bei der vertraglichen Vereinbarung von Sondereigentum muss nämlich gem. § 4 Abs. 3 WEG die Verpflichtung zur Bildung des Sondereigentums beurkundet werden; ferner muss häufig auf die Teilungserklärung samt Gemeinschaftsordnung »verwiesen« werden i.S.d. § 13a BeurkG, was bei einem bloß beglaubigten Text nicht möglich ist. Sofern der Notar (wie in der Praxis stets) den Text der (einseitigen oder vertraglichen) Teilungserklärung selbst fertigt, ergeben sich auch gebührenrechtlich keine Unterschiede zwischen der Beurkundung und der Beglaubigung.

Für die Bemessung der **notariellen Gebühren** ist als Geschäftswert die Hälfte des Grundstücks samt Gebäude (in seinem durch die Aufteilungspläne verkörperten, ggf. künftigen Zustand) zugrunde zu legen. Für die einseitige Erklärung des teilenden Eigentümers gem. § 8 WEG wird hieraus eine einfache, für die vertragliche Vereinbarung (die mit Eigentumstransfers verbunden ist) die doppelte Gebühr erhoben. Hinzu kommen ggf. Vollzugsgebühren (z.B. für die Beschaffung der nachstehend noch zu erläuternden Abgeschlossenheitsbescheinigung), ferner Schreibauslagen und Telekommunikationsaufwand sowie die gesetzliche Umsatzsteuer. Bei einem Objektwert von 250.000,00 € (also einem Gebührenwert von 125.000,00 €) beträgt bspw. die Gebühr für die einseitige Teilungserklärung gem. § 8 WEG 252,00 €, für die vertragliche Einigung das Doppelte, jeweils zuzüglich der oben genannten weiteren Positionen.

Werden – wie in der Regel – neben der reinen Teilungserklärung auch Bestimmungen zur **Gemeinschaftsordnung**, die vom gesetzlichen Modell des WEG abweichen, mit aufgenommen, erhöht dies die Gebühren nicht. Gleiches gilt – sofern sich das Sondereigentum auf erst noch zu errichtende Einheiten bezieht – für eine als Textanlage mitbeurkundete **Baubeschreibung**, die aufgrund

E. Gesamtmuster

der notariellen Verweisung in den Erwerbsurkunden zum Inhalt des jeweiligen Kaufvertrags (»Bauträgervertrag«) wird.

Zur Beurkundung der Teilungserklärung gem. § 8 oder § 3 WEG sind ferner die sog. »**Aufteilungspläne**« erforderlich (Grundrisspläne, Ansichten und Schnitte, – jeweils im Maßstab 1:100, sowie Ausschnitt aus dem amtlichen Lageplan). Diese Aufteilungspläne müssen sich auf den Zustand des Gebäudes beziehen, wie er nach Durchführung der Umbaumaßnahmen bzw. Baumaßnahmen bestehen wird. Der darin enthaltene Zustand sollte baurechtlich genehmigt sein oder keiner Baugenehmigung bedürfen, da die Behörde bei der Bescheinigung der Abgeschlossenheit auch prüft, ob die Baugenehmigungsbehörde einzuschalten ist.

In diesen Aufteilungsplänen sind durch Zahlen alle Räume, die zu einer Sondereigentumseinheit zusammengefasst sind, mit derselben Ziffer zu bezeichnen (z.B. alle Räume einer Wohnung und der zugeordnete Kellerraum). Diejenigen Räume, die Gemeinschaftseigentum sind (Flur im Keller, Treppenhaus etc.) bleiben ohne Nummer.

Sofern sich auf dem Grundstück **Garagen oder Tiefgaragenstellplätze** befinden, ist es ratsam, diese ebenfalls als selbstständige Teileigentumseinheiten zu bilden, d.h. jeweils mit einer fortlaufenden weiteren Nummer im Kreis zu versehen. Auf diese Weise ist es möglich, sie getrennt zu verkaufen, auch an Erwerber, die nicht bereits eine Wohnung oder eine Gewerbeeinheit in derselben Eigentumsanlage innehaben oder miterwerben. Soweit es sich um Mehrfachstellplätze (z.B. Duplex oder Vierfachparker) handelt, erhält die gesamte Doppel- bzw. Vierfachparkereinheit eine Nummer; die einzelnen Paletten können dennoch selbstständig verkauft werden.

Oberirdische Stellplätze auf dem Grundstück oder Car-Ports können jedoch – anders als Garagen und Tiefgaragenstellplätze – nicht als selbstständige Teileigentumseinheiten gebildet werden. Insoweit können nur Sondernutzungsrechte (hierzu nachstehend unter Gliederungspunkt III. 4.) geschaffen und einzelnen Eigentumseinheiten in der WEG-Anlage zugeordnet werden. Am wenigsten Probleme bereitet es, wenn die Sondernutzungsrechte bereits bei Begründung des Wohnungseigentums einer konkreten Eigentumseinheit zugeteilt werden können; in diesem Fall werden sie bezeichnet mit »SNR. zu Whg. 3« bzw. »SNR. zu Teileigentum 3«. Ist eine solche sofortige Zuordnung nicht möglich, können die Sondernutzungsrechte auch »aufschiebend bedingt« bestellt werden; in diesem Fall entstehen sie erst mit der Zuordnungserklärung im einzelnen Kaufvertrag (Gliederungspunkt III. 4. am Ende). Erfolgt eine solche Zuordnung nicht, können Sondernutzungsrechte nicht mehr gebildet werden.

Aus diesem Grund gehen teilende Eigentümer bei großen Anlagen zunehmend dazu über, eine sog. »**Parkeinheit**« zu bilden, z.B. einen Tiefgaragenstellplatz oder einen Kellerraum, die selbstständiges Teileigentum bilden und denen alle Sondernutzungsrechte zunächst zugeordnet werden. Beim jeweiligen Verkauf kann dann das vom Erwerber gewünschte Sondernutzungsrecht von dieser »Parkeinheit« abgetrennt und seiner erworbenen Sondereigentumseinheit auch im Grundbuch zugeordnet werden.

Vorstehendes gilt entsprechend für andere Sondernutzungsrechte auf dem Grundstück, etwa für Gartenflächen, die zur ausschließlichen Nutzung bestimmter Eigentümer stehen sollen.

Ferner ist notwendig die **Miteigentumsanteil-Liste**. Die Größe der Miteigentumsanteile ist frei bestimmbar, allerdings sollte beachtet werden, dass mangels abweichender Regelung die Nutzen und Lasten des gemeinschaftlichen Eigentums sich nach dem Verhältnis der Miteigentumsanteile richten. Zu bedenken ist ferner, dass das öffentliche Abgabenrecht sich zwingend, d.h. unabhängig von der Regelung in der Teilungsurkunde, bei der Berechnung (von z.B. Erschließungsbeiträgen nach dem Baugesetzbuch und dem Kommunalabgabengesetz) sich nach den Miteigentumsanteilen richtet. Bei der Festsetzung der Tausendstel-Miteigentumsanteile orientiert man sich am zweckmäßigsten nach dem Verhältnis der Wohnflächen, wobei Kellerräume außer Betracht bleiben, oder nach den Verkehrswerten der Einheiten. In den Dachgeschossebenen sind Dachschrägen zwischen 1 m und 2 m lichter Höhe lediglich zur Hälfte anzusetzen. Balkone werden üblicherweise zu einem Drittel berücksichtigt, Terrassenflächen bleiben außer Betracht.

Diese Pläne bedürfen der sog. »**Abgeschlossenheitsbescheinigung**« durch das Bauaufsichtsamt (wobei Bundesländer nun die Möglichkeit haben, die Bescheinigung auch durch vereidigte Bausachverständige erstellen zu lassen). Es ist zwar nicht zwingend erforderlich, dass diese Abgeschlossenheitsbescheinigung bereits vor der Beurkundung der Teilungserklärung vorliegt, allerdings ist dies ratsam, da sonst bei Beanstandungen oder Auflagen des Bauamts ein Nachtrag zur Teilungserklärung mit neuen Plänen gefertigt werden muss. Im Rahmen der Erteilung dieser Abgeschlossenheitsbescheinigung prüft die Bauaufsichtsbehörde, ob die gebildeten Einheiten räumlich abgeschlossen sind, insbesondere über eigene Küche und Toilette verfügen.

Im Regelfall verlangen die Bauordnungsämter die Grundrisszeichnungen und Gebäudeschnitte im Maßstab 1:100; Gebäudeansichten können in Form von Zeichnungen oder ggf. auch als Fotos eingereicht werden. Einzureichen ist ferner ein Lageplan auf der Grundlage der amtlichen Flurkarte und häufig auch eine Berechnung der Wohnflächen des Sondereigentums, sofern diese Angaben nicht in den Grundrissplänen enthalten sind. Der Antrag selbst ist in der Regel formlos zu stellen und muss zusätzlich Angaben über die Person des Antragstellers, des Eigentümers, die Bezeichnung des Flurstückes und der Flur sowie Informationen über den Standort und die Zahl der Wohneinheiten umfassen.

Ein Exemplar der gesamten Planunterlagen verbleibt beim Bauordnungsamt. Ein weiterer Gesamtplansatz wird benötigt für das Grundbuchamt, ein dritter für das in der Urkundensammlung des Notars verbleibende Original der Teilungserklärung. Etwaige weitere Originalexemplare der mit Abgeschlossenheitsbescheinigung versehenen Pläne sind für den teilenden Eigentümer bestimmt. In der Regel müssen daher vier komplette Plansätze beim Bauordnungsamt abgegeben werden; von den zurückerlangten, gestempelten und mit dem Aktenzeichen und dem Siegel des Bauamts versehenen drei Plansätzen sind zwei an den Notar weiterzuleiten. Diesem ist auch das Original (samt Dienstsiegel der kreisfreien Stadt bzw. des Landratsamts) der Abgeschlossenheitsbescheinigung einzureichen, da diese dem Grundbuchamt vorgelegt werden muss. Die Erteilung der Abgeschlossenheitsbescheinigung ist Voraussetzung für den Vollzug der Teilungserklärung im Grundbuch, wobei jedoch dem Grundbuchamt ein eigener, zusätzlicher Prüfungsspielraum zur Verfügung steht.

Die Beurkundung der Teilungserklärung ist Voraussetzung für den späteren Verkauf von Wohnungen, insbesondere im Bauträgermodell. Falls ein solcher »Verkauf vom Reißbrett« geplant ist, empfiehlt es sich, **auch die Baubeschreibung** mit zum Bestandteil der Teilungserklärung zu machen, da in diesem Fall zusätzliche Notarkosten nicht anfallen (die Beurkundung der Baubeschreibung ist gegenstandsgleich mit der Beurkundung der Teilungserklärung). Es entsteht dann eine sog. Grundlagenurkunde, die dem Käufer bereits vor der Kaufvertragsbeurkundung in beglaubigter Abschrift zur Lektüre auszuhändigen ist, da im Kaufvertrag hierauf verwiesen wird. Der Inhalt der Grundlagenurkunde wird damit zum Bestandteil der vertraglichen Verpflichtungen.

Sofern die Teilungserklärung bereits im Grundbuch vollzogen ist, werden die Erklärung über die Aufteilung in Miteigentumsanteile selbst sowie die Gemeinschaftsordnung zum **»dinglichen Inhalt« des Grundbuchs**, gelten also »automatisch« für und gegen jeden künftigen Eigentümer, auch wenn sie ihm nicht eigens zur Kenntnis gebracht werden. Soweit in der Grundlagenurkunde jedoch zusätzliche Erklärungen enthalten sind, die nicht Bestandteil der Gemeinschaftsordnung sind (z.B. die Baubeschreibung, etwaige Vollmachten etc.), muss jedoch auch bei Verträgen nach Vollzug der Teilungserklärung im Grundbuch eine förmliche Verweisung erfolgen. Gem. § 13a BeurkG soll diese nur stattfinden, wenn der Erwerber vorher eine beglaubigte Abschrift der Grundlagenurkunde erhalten hat, auf deren Verlesung und Beifügung verzichtet und bestätigt, diese zu kennen.

Teilungserklärung, Aufteilungspläne und Abgeschlossenheitsbescheinigung werden vom Notar beim **Grundbuchamt zum Vollzug** eingereicht. Sofern besondere behördliche Genehmigungen hierfür erforderlich sind (wie z.B. im Sanierungsgebiet oder im städtebaulichen Entwicklungsgebiet, ferner in Gebieten, in denen die Gemeinde durch Satzung das Erfordernis einer Genehmigung wegen fremdenverkehrsrechtlicher Relevanz angeordnet hat), wird auch diese vom Notar für Sie eingeholt. Mit Vollzug im Grundbuch wird das bisherige, für das Grundstück selbst angelegte Grundbuchblatt geschlossen und an dessen Stelle neue **Wohnungs- oder Teileigentumsgrundbuchblätter**, für jede Einheit je einzeln, angelegt. Auf diesen Grundbuchblättern sind jeweils im Bestandsverzeichnis der Miteigentumsanteil, das betreffende Grundstück samt Größe sowie die ziffernmäßige Bezeichnung des Raumeigentums (»Räume, die im Plan mit Nr. 1 bezeichnet sind«) angegeben, ferner werden die Daten und Urkundsnummern der Teilungserklärung bzw. Gemeinschaftsordnung samt etwaiger Nachträge zitiert. Diese Urkunden samt Plänen werden auf ewige Zeiten im Grundbucharchiv verwahrt, sodass jeder interessierte Sondereigentümer oder Gläubiger an einem Sondereigentum zur Klärung der Rechtsverhältnisse Einsicht nehmen kann.

E. Gesamtmuster

In **Abteilung II und Abteilung III jedes Sondereigentums** werden zunächst die Eintragungen wiederholt, die das Grundstück insgesamt betreffen, da ja mit jedem Sondereigentum zwingend ein Miteigentumsanteil an diesem Grundstück verbunden sein muss (Beispiel: Ver- und Entsorgungsrechte bzgl. Leitungstrassen, die das WEG-Grundstück queren). Ferner werden dort alle Belastungen vermerkt, die das jeweilige Sondereigentum ausschließlich betreffen. (Beispiel: Räumt der Eigentümer der Wohnung 2 seinen Eltern hieran ein Wohnungsrecht auf Lebenszeit ein, wird dieses im Grundbuch der Einheit 2 vermerkt.) Gleiches gilt bei Eintragungen in Abteilung III des Grundbuchs. (Beispiel: War bereits am ungeteilten Grundstück eine Grundschuld eingetragen, die im Zuge der Aufteilung nicht gelöscht wurde, wird diese als sog. »Gesamtbelastung« an allen Einheiten eingetragen bleiben. Ferner werden an der jeweiligen Sondereigentumseinheit Grundschulden oder Hypotheken eingetragen, die der jeweilige Sondereigentümer zu seiner Finanzierung bewilligt hat.

III. Gemeinschaftsordnung

Es ist nicht zwingend notwendig, dass eine Teilungserklärungsurkunde außer der bloßen Bildung der Miteigentumsanteile und Verknüpfung mit Raumeigentum sowie den Aufteilungsplänen weitere Textbestandteile enthält. Das Wohnungseigentumsgesetz regelt nämlich in zahlreichen Paragrafen das sog. »**Gemeinschaftsverhältnis**«, also die Rechtsbeziehungen der Sondereigentümer untereinander. Häufig passt jedoch die gesetzlich vorgesehene Lösung nicht auf den jeweiligen Einzelfall. Es ist daher typisch, dass auch Bestimmungen zur sog. »Gemeinschaftsordnung« enthalten sind, welche die gesetzlichen Vorschriften modifizieren oder abändern, soweit sie überhaupt abänderbar (dispositiv) sind. Die wichtigsten Regelungsthemen und möglichen Regelungsinhalte darf ich Ihnen nachstehend vorstellen:

1. Zulässige Benutzung

Von besonderer Relevanz für das friedliche Miteinander in einer Eigentümergemeinschaft und zugleich wertbildender Umstand ist die Definition der gestatteten Nutzung der Sondereigentumseinheiten: Dürfen diese nur Wohnzwecken dienen oder ist auch eine Praxis bzw. Kanzlei dort möglich? Schadet ein häusliches Büro mit oder ohne Kundenfrequenz? Besonders relevant wird die Beschreibung bei Teileigentumseinheiten, die ihrer Natur nach nicht zu Wohnzwecken dienen: Kann jede Art von Gewerbe ausgeübt werden? Oder ist gastronomische Nutzung bzw. produzierendes Gewerbe oder lärmintensive handwerkliche Tätigkeit untersagt?

Die Festlegungen in der Gemeinschaftsordnung bewegen sich regelmäßig im Spannungsfeld zwischen der Ausgrenzung störender Tätigkeiten – einerseits – und der Ermöglichung einer flexiblen Umnutzung im Hinblick auf künftige Veränderungen der Marktlage – andererseits.

2. Lastentragung

Die Instandsetzungs-, Instandhaltungs-, Erhaltungs- und Betriebskosten des Gemeinschaftseigentums werden nach dem Gesetz im Zweifel nach dem Verhältnis der Miteigentumsanteile getragen. Sofern eine zentrale Heiz- und/oder Warmwasserversorgung im Haus installiert ist, schreibt die Heizkostenverordnung eine verbrauchsabhängige Verteilung der Kosten zumindest für 50% des gesamten Aufwands vor; regelmäßig wird dieser Anteil in der Gemeinschaftsordnung erhöht. Denkbar ist aber auch, den allgemeinen Schlüssel zu ändern und an dessen Stelle bspw. das Verhältnis der beheizten Wohn- bzw. Nutzflächen zu setzen (Damit können flexibel Fälle erfasst werden, in denen sich Wohnungen dadurch vergrößern, dass bspw. Hobbyräume zu Wohnräumen umgebaut oder Dachgeschosse ausgebaut werden.).

3. Unterabrechnungseinheiten

Im Interesse einer gerechten Verteilung der Lasten und Berechtigungen legen Wohnungseigentümer zunehmend Wert darauf, nicht zur Finanzierung von Aufwendungen beitragen zu müssen, die ihnen fernliegende und von ihnen nicht genutzte Teile des Gemeinschaftseigentums betreffen. So werden z.B. häufig bei Objekten mit mehreren Treppenhäusern die Kosten des Treppenhauses nur auf die jeweils dadurch erschlossenen Wohnungen umgelegt, die Liftkosten nicht auf die Erdgeschosswohnungen (es sei denn, der Lift wird in nennenswertem Umfang auch für den Transport von der Tiefgarage ins Erdgeschoss benutzt) oder die Kosten der Tiefgarage werden nur unter den Stellplatz-Teileigentümern verteilt. Solche Unterabrechnungseinheiten sind allerdings für den WEG-Verwalter mit erhöhtem Abrechnungsaufwand verbunden. In vielen Fällen werden entsprechend der Lastentragung auch »Untereigentümergemeinschaften« gebildet, die Beschlüsse über die ihrer Lastentragung unterliegenden Teile des Gemeinschaftseigentums unter Ausschluss der anderen Sondereigentümer vornehmen (sog. »gemeinschaftliche Sondernutzungsrechte«). Es können also die an einem Treppenhaus anliegenden Eigentümer beschließen, dieses neu zu streichen, während die Anlieger des Nachbartreppenhauses sich diese Kosten lieber sparen und mit den vorhandenen Gebrauchsspuren leben.

4. Sondernutzungsrechte

Von ganz zentraler Bedeutung ist die Festlegung von Nutzungsregelungen bzgl. des Gemeinschaftseigentums gem. § 15 WEG. So können bspw. Gartenflächen, Stellplatzflächen, das Gemeinschaftseigentum im Bereich der Balkone oder andere Bereiche des Gemeinschaftseigentums (Dachbodenabteile etc.) einzelnen Sondereigentumseinheiten zur ausschließlichen Nutzung (und dann regelmäßig auch Lastentragung) zugewiesen werden. Man spricht in diesem Zusammenhang von sog. »Sondernutzungsrechten«. Diese werden durch Bezugnahme auf die Teilungserklärung im Grundbuch zum Bestandteil des Grundbuchinhalts mit der Folge, dass bei einer Veräußerung der Eigentumswohnung die Sondernutzungsrechte automatisch mit übertragen werden. Sondernutzungsrechte können nur innerhalb der Eigentümergemeinschaft isoliert weiterübertragen werden, aber nicht an außenstehende Dritte. Sie sind oft von ganz erheblichem wirtschaftlichem Gewicht. (Man denke nur an Terrassen- oder Gartenflächen oder an Sondernutzungsrechte an Teilen der Fassade zur Anbringung von Reklame etc.) Sondernutzungsrechte können auch mehreren Sondereigentumseinheiten gemeinsam (unter Ausschluss der übrigen Sondereigentumseinheiten) zugewiesen sein (z.B. hinsichtlich eines Treppenhauses für die dadurch erschlossenen Wohnungen, hinsichtlich der Tiefgarage für die Eigentümer dort gelegener Stellplätze etc.). Diese bilden dann zur Lastentragung, Verwaltung und Beschlussfassung ihrer gemeinschaftlichen Sondernutzungsrechtsflächen die oben unter Gliederungspunkt III. 3. genannten »Untergemeinschaften«.

Einmal zugewiesene Sondernutzungsrechte können nicht durch Beschluss der Eigentümerversammlung wieder entzogen werden. Bei einer isolierten Übertragung des Sondernutzungsrechts an einen anderen Sondereigentümer müssen (wegen der damit möglicherweise verbundenen Wertminderung) die am verlierenden Sondereigentum eingetragenen Gläubiger (z.B. Banken) zustimmen.

Das Instrument der Sondernutzungsrechte ist von entscheidender Bedeutung bei der oben unter Gliederungspunkt I bereits erwähnten Fallgruppe der »unechten Realteilung« unter Anwendung des WEG: Um bei Reihenhäusern ein der tatsächlichen Vermessung und Parzellierung möglichst wirtschaftlich und rechtlich gleichkommendes Ergebnis zu erzielen, müssen an den Gartenflächen und am gesamten Gemeinschaftseigentum im Bereich des einzelnen Reihenhauses (Fassade, Dach, Außenfenster etc.) Sondernutzungsrechte für dieses jeweilige Sondereigentum gebildet werden. Damit wird erreicht, dass die Gemeinschaft im eigentlichen Sinne tatsächlich nur noch für solche Bereiche zuständig ist, die auch wirklich der gemeinschaftlichen Nutzung unterliegen, also bspw. die Zufahrtswege, die Mülltonnenstandplätze etc.

Besonderheiten entstehen, wenn im Zuge der Errichtung neuer Anlagen noch nicht feststeht, welche Sondernutzungsflächen gebildet und welcher Einheit diese zugewiesen werden (z.B. die Zahl der Außenstellplätze von der Nachfrage der Käufer abhängt und jeder Käufer sich einen oder mehrere ihm geeignet erscheinende Stellplätze aussuchen können soll). Um zu vermeiden, dass bei späterer Zuweisung eines Sondernutzungsrechts alle anderen Sondereigentümer mitwirken und zustimmen müssen (da ja deren Anteil am Gemeinschaftseigentum dadurch wirtschaftlich geschmälert wird), kann der teilende Eigentümer bereits bei der Begründung an von ihm ausgewiesenen Vorbehaltsflächen alle anderen Sondereigentümer von der Nutzung ausschließen (negative Komponente des Sondernutzungsrechts), sich aber die positive Zuweisung noch vorbehalten. In diesem Fall ist für den Vollzug dieser positiven Zuordnungen (die regelmäßig im Rahmen der Erst-Kaufverträge stattfinden) weder die Zustimmung der bisherigen anderen Käufer noch deren Finanzierungsgläubiger erforderlich, da die anderen Einheiten und die daran eingetragenen Kreditinstitute ja von vornherein von der Mitbenutzung der Vorbehaltsfläche ausgeschlossen waren.

5. Eigentümerversammlung

§§ 23 ff. WEG regeln Ablauf und Formalitäten der jährlich mindestens einmal durchzuführenden Wohnungseigentümerversammlung. Hinsichtlich der Stimmkraft der Eigentümer sieht § 25 Abs. 2

WEG vor, dass jeder Wohnungseigentümer eine Stimme habe (unabhängig also von der Größe seiner Einheit und der Zahl der Einheiten, die er im Objekt hat). Dies ist wenig praktikabel, sodass in aller Regel derselben Schlüssel, wie er für die Lastentragung maßgeblich war (Miteigentumsanteil oder Wohnflächen etc.), vereinbart wird. Bei etwa gleich großen Einheiten bietet es sich an, zur Erleichterung der Mehrheitsermittlung eine Stimme pro Sondereigentumseinheit vorzusehen. Darüber hinaus finden sich in Gemeinschaftsordnungen häufig Regelungen über eine etwaige Mindestanwesenheitsquote (Quorum) als Voraussetzung für die Beschlussfähigkeit, Regelungen zur Entsendung von Vertretern in die Eigentümerversammlung, zu etwa vom Gesetz abweichenden Mehrheitserfordernissen oder zu Vetorechten einzelner Eigentümer in bestimmten Fragen.

6. Veräußerung eines Sondereigentums

Gem. § 12 WEG kann vereinbart werden, dass zur Veräußerung eines Sondereigentums die Zustimmung der anderen Sondereigentümer oder des WEG-Verwalters erforderlich ist. Diese muss dann (da sie Bedingung ist für die Wirksamkeit des Weiterveräußerungsvertrags) zum Nachweis gegenüber dem Grundbuchamt in notariell beglaubigter Form erteilt werden. Es entstehen also zusätzliche Notarkosten und häufig auch Bearbeitungsgebühren des WEG-Verwalters. Ferner muss die Verwaltereigenschaft bei Wechsel des Verwalters regelmäßig durch ein Protokoll samt Beglaubigung der Unterschriften des Versammlungsvorsitzenden, eines Wohnungseigentümers und ggf. des Vorsitzenden des Verwaltungsbeirats nachgewiesen werden. Die Zustimmung kann aufgrund zwingender gesetzlicher Vorschrift ohnehin nur aus wichtigem Grund verweigert werden (z.B. wenn ersichtlich ist, dass ein Käufer die Pflichten aus der Gemeinschaftsordnung nicht wird erfüllen können etc.). Ein Zustimmungsvorbehalt wird sich allenfalls empfehlen bei sehr kleinen Einheiten, in denen frühzeitige gegenseitige Information über Veräußerungen erwünscht ist, oder aber bei Anlagen mit besondere Zweckbindung, bei denen der WEG-Verwalter prüfen soll, ob der Erwerber diesen Anforderungen genügt und die entsprechenden Rahmenverträge übernommen hat (Beispiel: Ärztehaus mit überwiegend operativer Nutzung zur Auslastung eines zentralen OP-Trakts im Gemeinschaftseigentum). Das Erfordernis der Zustimmung zur Veräußerung des einzelnen Sondereigentums kann gem. § 12 Abs. 3 WEG durch Mehrheitsbeschluss abgeschafft werden; dann sollte auch das Grundbuch zur Vermeidung eines falschen Eindrucks berichtigt werden.

7. Verwaltung

Die vielfachen Aufgaben im Zusammenhang mit dem Gemeinschaftseigentum (Aufstellung des Wirtschaftsplans, Verwaltung gemeinschaftlicher Gelder und Rücklagen, ordnungsgemäße Instandhaltung und Instandsetzung des Gemeinschaftseigentums, Reinigung und Versicherung, Durchsetzung von Ansprüchen der Eigentümergemeinschaft bzgl. des Gemeinschaftseigentums etc.) erfordern regelmäßig einen WEG-Verwalter. Natürlich können die Eigentümer diese Verwaltung auch in ihre eigene Hand nehmen und bspw. turnusmäßig jedes Jahr wechseln; sofern es jedoch zu Missständen kommt, muss notfalls ein professioneller Verwalter durch den Richter bestellt werden (§ 26 Abs. 3 WEG).

Der Verwalter ist insbesondere berechtigt, mit Wirkung für und gegen die Wohnungseigentümer für das Gemeinschaftseigentum Aufträge zu erteilen sowie Lasten- und Kostenbeiträge entgegenzunehmen, also das regelmäßig monatlich erhobene Hausgeld einzuziehen. Hierbei handelt es sich um eine Vorauszahlung auf die voraussichtlich das jeweilige Sondereigentum betreffenden anteiligen Gemeinschaftslasten aus dem Wirtschaftsplan, über die nach Feststellung des Abschlusses abzurechnen ist. Bei großen Sondereigentumsgemeinschaften wird es sich empfehlen, zur Unterstützung und zugleich Kontrolle des Verwalters einen Verwaltungsbeirat gem. § 29 WEG zu wählen.

WEG-Verwalter kann nur eine natürliche oder juristische Person (also bspw. keine Personenmehrheit in Gesellschaft des bürgerlichen Rechts) sein. Die ihm im Einzelnen obliegenden Rechte und Pflichten regelt üblicherweise ein Verwaltervertrag, der zugleich seine Vollmacht im Außenverhältnis enthält und umgrenzt. Darin ist auch die Verwaltergebühr (die regelmäßig monatlich erhoben wird und typischerweise für jede Einheit gleich hoch ist) geregelt. Über die Bestellung und Abberufung des Verwalters beschließen die Wohnungseigentümer mit einfacher Stimmenmehrheit; die Bestellung darf auf jeweils höchstens fünf Jahre (für den ersten Verwalter auf maximal drei Jahre) vorgenommen werden. Die vorzeitige Abberufung eines Verwalters kann auf das Vorliegen wichtiger Gründe beschränkt werden. Die Verlängerung des Verwaltungsmandats kann frühestens ein Jahr vor Ablauf der Bestellungszeit beschlossen werden.

Der Verwalter ist nunmehr auch verpflichtet, eine sog. Beschluss-Sammlung anzulegen, die einzusehen sich für jeden Kaufinteressenten (aufgrund entsprechender Erlaubnis des Verkäufers) lohnt.

8. Weitere Regelungen

Je nach der konkreten Gestaltungsaufgabe enthalten notariell beurkundete Gemeinschaftsordnungen oft weitere, den Beteiligten am Herzen liegende Festlegungen. So können z.B. die erforderlichen Versicherungen für das Gemeinschafts- und Sondereigentum bestimmt werden, eine Hausordnung aufgestellt werden, Regelungen zur Instandhaltungsrücklage (deren Bildung sonst im Rahmen der geschuldeten ordnungsgemäßen Verwaltung gem. § 21 Abs. 5 Nr. 4 WEG im Rahmen des jeweiligen Wirtschaftsplans beschlossen wird), Sonderbestimmungen zur Entziehung des Wohnungseigentums getroffen werden etc.

IV. Der »Verband der Wohnungseigentümer«

Die Wohnungseigentümergemeinschaft, also die Gesamtheit der jeweiligen Eigentümer in einer WEG-Anlage ist, anders als dies früher gesehen wurde, insoweit **rechtsfähig**, als sie bei der Verwaltung des gemeinschaftlichen Eigentums am Rechtsverkehr teilnimmt. Das Rechtsinstitut »Wohnungseigentum« setzt sich also jedenfalls seit 01.07.2007 zusammen aus **drei Bestandteilen**:
- dem Miteigentum an den dinglichen Grundlagen
- dem Sondereigentum (»Raumeigentum«)
- und dem Anteil am Verbandseigentum in der jeweiligen Zusammensetzung der Eigentümer.

Der WEG-Verwalter ist nunmehr »Diener zweier Herren«, und vertritt auch im Außenverhältnis in zweierlei Funktion: zum einen ist er (aktiver und passiver) Vertreter der Gemeinschaft der Miteigentümer am Gemeinschaftseigentum (geregelt in § 27 Abs. 2 WEG), zum anderen Vertreter des Verbands (§ 27 Abs. 3 Satz 1 WEG). Die gesetzlich zugewiesenen Aufgaben können erweitert, jedoch nicht eingeschränkt werden. Anders als etwa bei Kapitalgesellschaften ist dabei die Vertretungsmacht des Verwalters für den Verband nicht im Außenverhältnis unbeschränkt, sondern auf die in § 27 Abs. 3 Satz 1 WEG genannten Maßnahmen limitiert und besteht darüber hinaus (etwa beim Erwerb von Immobilieneigentum für diesen Verband, z.B. einer Hausmeisterwohnung) nur, wenn ihm entweder bereits in der Gemeinschaftsordnung umfassende Vertretungsmacht eingeräumt wurde (»Der Verwalter hat über die gesetzlichen Bestimmungen hinaus umfassende und unbeschränkte Vertretungsmacht für den Verband der Wohnungseigentümer«), oder wenn – dies ist die Regel – er hierzu »durch Beschluss der Wohnungseigentümer mit Mehrheit ermächtigt ist« (§ 27 Abs. 3 Satz 1 Nr. 7 WEG).

Verbandsvermögen bilden nunmehr insbesondere
- **Verwaltungsvermögen** (vgl. § 10 Abs. 7 Satz 1 WEG.), also das Wohngeldkonto, Mülltonnen, Heizöl im Gemeinschaftstank etc.
- »**Sozial-**«**Ansprüche** auf Hausgeldzahlung und Beiträge für die Instandhaltungsrücklage; auch bei der Eintragung von **Zwangssicherungshypotheken**.
- Anspruch auf Entziehung des Wohnungseigentums
- Rechte und Pflichten aus **Verträgen**, die der Verband abschließt (Heizöl, Gas, Rasenmäher, Beauftragung eines Handwerkers, Einstellung eines Hausmeisters etc.)
- Sowie solche »Gewährleistungsansprüche«, deren Geltendmachung nur gemeinschaftlich möglich ist (obwohl Anspruchsinhaber die einzelnen Wohnungseigentümer sind), also gerichtet auf Minderung oder kleinen Schadensersatz (= Schadensersatz in Höhe der Mängelbeseitigungskosten) bei Sachmängeln des Gemeinschaftseigentums.

Zum Verbandsvermögen kann auch **Immobilieneigentum** zählen, etwa an einer »Hausmeisterwohnung«, die als Sondereigentum »dem Verband«, also der Wohnungseigentümergemeinschaft in ihrer jeweiligen Zusammensetzung gehören kann (so dass am Erwerb nicht mehr alle Miteigentümer notariell mitwirken müssten). Mittelbar hält damit der Verband »eigene Anteile« an sich selbst.

Die teilrechtsfähige Wohnungseigentümergemeinschaft, die auch prozessfähig ist, tritt im **Rechtsverkehr** auf unter Angabe der Postanschrift oder Flurstücksbezeichnung des betroffenen Grundstücks, z.B. als »Wohnungseigentümergemeinschaft Brienner Str. 25, 80333 München«.

Für Schulden des Verbandes haften gem. § 10 Abs. 8 WEG alle Wohnungseigentümer jeweils quotal in Höhe ihres Miteigentumsanteils auch im Außernverhältnis.

V. Änderungen der Teilungserklärung und/oder der Gemeinschaftsordnung

Mag auch die konkrete Formulierung der Gemeinschaftsordnung versuchen, die wichtigsten Fälle möglicher künftiger Veränderungen der Verhältnisse zu berücksichtigen (etwa hinsichtlich der Umschreibung des Kreises zulässiger Nutzungen in den Einheiten etc.), ergeben sich während des Bestehens einer Eigentümergemeinschaft mit wechselnder Zusammensetzung immer wieder Anlässe zu baulichen Veränderungen (1.), Änderungen der Teilungserklärung (2.) und der Gemeinschaftsordnung (3.). Ferner sollen häufig Beschlüsse der Eigentümerversammlung Änderungen im Verhältnis der Sondereigentümer zueinander herbeiführen (4.).

1. Bauliche Veränderungen

Bauliche Veränderungen, die lediglich das Sondereigentum eines Beteiligten berühren, kann dieser ohne Zustimmung und Mitwirkung der anderen Eigentümer ausführen. Voraussetzung ist aber, dass es sich um keine tragenden Wände oder Fassadenteile handelt und auch sonst Einwirkungen auf das gemeinschaftliche Eigentum, die über das beim geordneten Zusammenleben zumutbare Maß (§ 14 WEG) hinausgehen, ausgeschlossen sind. Denkbar ist weiterhin, dass eine Baumaßnahme ausschließlich zwei Sondereigentümer gemeinsam betrifft, sodass diese sie einvernehmlich beschließen und durchführen können, etwa dann, wenn eine nichttragende Zwischenwand zwischen zwei Einheiten, die im gemeinschaftlichen Mit-Sondereigentum der jeweils angrenzenden Eigentümer steht, verändert werden soll.

In sehr vielen Fällen betreffen Baumaßnahmen jedoch das gemeinschaftliche Eigentum. Dort ist seit 01.07.2007 zu differenzieren:

- Für Maßnahmen der modernisierenden Instandsetzung i.S.d. § 21 Abs. 5 Nr. 2 WEG (also Modernisierung anlässlich einer ohnehin erforderlichen Reparatur) genügt die einfache Mehrheit der Eigentümerversammlung, § 22 Abs. 3 WEG.
- Für Modernisierungsmaßnahmen zur Anpassung an den Stand der Technik ist wiederum ein doppeltes Quorum, also mehr als drei Viertel aller stimmberechtigten Wohnungseigentümer und mehr als die Hälfte aller Miteigentumsanteile erforderlich.
- Sonstige bauliche Maßnahmen bedürfen weiterhin der Zustimmung aller Wohnungseigentümer, deren Rechte über das in § 14 Nr. 1 WEG bestimmte Maß hinaus beeinträchtigt werden können, § 22 Abs. 1 WEG.

Die Rechtsprechung ist insoweit streng: Gehören z.B. einem Eigentümer die zwei Wohnungen am Ende eines Flurs und möchte er einen Teil dieses Etagenflurs »abtrennen« und in das Sondereigentum einer Wohnung überführen, sind alle anderen Eigentümer im Rechtssinn hiervon betroffen, auch wenn sie dieses »tote Ende« des Flurs praktisch nicht benutzen, da ihnen juristisch Miteigentumsanteile an Gemeinschaftsflächen verloren gehen. Auch umgekehrt müssen alle Sondereigentümer (und deren Gläubiger!) zustimmen, wenn Teile des Sondereigentums in Gemeinschaftseigentum überführt werden, da mit jedem Zuwachs an Fläche auch ein Zuwachs an Verpflichtungen verbunden ist und das deutsche Recht von dem Grundsatz ausgeht, dass man gegen seinen Willen nicht einmal etwas »Geschenktes« annehmen muss.

In zahlreichen Fällen, insbesondere wenn zusätzliches Raumeigentum eines Sondereigentümers geschaffen wird oder die Abgrenzung zwischen Gemeinschaftseigentum und Sondereigentum sich ändert, bedarf es zur Wirksamkeit auch für und gegen Rechtsnachfolger der **Eintragung im Grundbuch** (durch Bezugnahme in allen Sondereigentumsblättern auf den Nachtrag zur Teilungserklärung) und einer neuen amtlichen Abgeschlossenheitsbescheinigung. Für den Vollzug im Grundbuch ist, da es sich um eine Änderung des Inhalts eines dinglichen Rechts handelt, die Zustimmung derjenigen Grundbuchgläubiger (z.B. Kreditinstitute bei Grundschulden) notwendig, die an den betroffenen Sondereigentumseinheiten eingetragen sind. Sofern sich die bauliche Veränderung ausschließlich im Bereich zwischen Sondereigentümern vollzieht, sind nur deren Gläubigerzustimmungen notwendig. Soweit bspw. Teile des Gemeinschaftseigentums in Sondereigentum umgewandelt werden, bedarf es der Zustimmung der Gläubiger an allen Grundbuchblättern. Diese muss in notariell beglaubigter Form (§ 29 GBO) erteilt werden, was sich bei einer großen Eigentümergemeinschaft mit vielen unterschiedlichen Finanzierungsgläubigern durchaus zu erheblichen Kostenpositionen summieren kann (insbesondere unter Berücksichtigung der Bearbeitungsgebühren, die von den Gläubigern häufig zusätzlich noch verlangt werden).

2. Änderungen der Teilungserklärung

Änderungen der Teilungserklärung gehen häufig auch mit baulichen Veränderungen (gem. obigen Gliederungspunkt IV. 1.) einher. Denkbar ist z.B. eine Erhöhung oder Reduzierung der Zahl der Sondereigentumseinheiten durch Teilung oder Zusammenlegung von Wohnungen oder Gewerbeeinheiten, eine Änderung in der Gewichtung der einzelnen Miteigentumsanteile, um den Maßstab der Lastenverteilung und Stimmgewichtung gerechter zu gestalten (sofern dieser sich nach den Miteigentumsanteilen und nicht bspw. nach den Verhältnissen der tatsächlich geschaffenen, beheizten Flächen richtet), aber auch eine »Umwidmung« von Sondereigentum in Gemeinschaftseigentum oder von Wohnungseigentum in Teileigentum (Wohnnutzung in gewerbliche Nutzung) oder umgekehrt.

Die Frage nach der Erforderlichkeit einer Mitwirkung der einzelnen Sondereigentümer hieran sowie der an den Sondereigentumseinheiten eingetragenen Belastungsgläubiger richtet sich wiederum nach ihrer möglichen rechtlichen Betroffenheit unter Zugrundelegung der strengen Wertung der Rechtsprechung. Soll also bspw. lediglich eine Veränderung der Zuordnung einzelner Räume von einem Sondereigentum zu einem anderen (etwa ein Kellertausch) durchgeführt werden, bedarf es nur der Zustimmung der beiden betroffenen Eigentümer und ihrer Gläubiger. Die Umwandlung von Sondereigentum in Gemeinschaftseigentum und umgekehrt bedarf stets der Zustimmung aller Beteiligten, ebenso die Änderung von Wohnungs- und Teileigentum oder umgekehrt, es sei denn, diese wäre bereits in der ursprünglichen Teilungserklärung vorbehalten gewesen.

Soweit Eigentümerzustimmungen erforderlich sind, kann deren Verweigerung durch auch nur einen Eigentümer das gesamte Vorhaben zum Scheitern bringen. Häufig lassen sich daher die Initiatoren einer Teilungserklärung, z.B. der Bauträger bei der Errichtung eines Neubauobjekts im Geschosswohnungsbau, in den Erstveräußerungsverträgen **Vollmachten** erteilen zur Vornahme der vorgenannten Änderungen der Teilungserklärung. Dem Grundbuchamt gegenüber sind solche Vollmachten im Außenverhältnis regelmäßig unbeschränkt, allenfalls der Zeit nach befristet auf bspw. zwei Jahre nach Eigentumsumschreibung. Im Innenverhältnis ist jedoch regelmäßig Voraussetzung für die Ausübung solcher Vollmachten, dass dadurch in das Sondereigentum oder Sondernutzungsrechte des betreffenden Käufers selbst räumlich nicht eingegriffen wird. Auch wenn die Zustimmung des betreffenden Eigentümers demnach aufgrund Vollmacht durch den Bevollmächtigten selbst abgegeben werden kann, ist aber immer noch die Genehmigung dessen Finanzierungsgläubigers (also der finanzierenden Bank) erforderlich, weil mit der Inhaltsänderung des Sondereigentums (Wechsel der Nutzungsart, Zuwachs oder Abgabe von der Fläche des Gemeinschaftseigentums etc.) zumindest potenziell eine Wertminderung verbunden sein könnte. Auch diese Zustimmung der Gläubiger muss in notariell beglaubigter Form erteilt werden.

Der Zustimmung aller Sondereigentümer und der Pfanderstreckung bzgl. aller eingetragenen Grundpfandrechte (bzw. Pfandfreigabe) bedürfen schließlich auch Veränderungen des WEG-Grundstücks, sei es im Wege des Hinzuerwerbs oder der Veräußerung eines Teils des Grundstücks, das ja stets zwingend Teil des Gemeinschaftseigentums ist, mag es auch mit Sondernutzungsrechten für einzelne Sondereigentümer belegt sein.

E. Gesamtmuster

3. Änderungen der Gemeinschaftsordnung

Änderungen der Gemeinschaftsordnung (gegenüber dem bisherigen Wortlaut der notariell beurkundeten Gemeinschaftsordnung oder aber im Verhältnis zur dispositiven Auffang-Regelung des WEG) erfolgen durch Vereinbarung aller Wohnungseigentümer. Damit diese Vereinbarung auch gegenüber und für alle künftigen Sonderrechtsnachfolger (Käufer, Erwerber bei unentgeltlicher Übertragung, Ersteigerer im Fall der Zwangsversteigerung) wirken, müssen sie im Grundbuch eingetragen werden, sodass zumindest die notarielle Beglaubigung der Unterschriften aller Wohnungseigentümer notwendig ist. Ferner müssen (außer bei der gleichmäßigen Zuweisung von Sondernutzungsrechten) alle in den Sondereigentumsgrundbüchern eingetragenen Gläubiger zustimmen, weil ja mit einer Änderung der Gemeinschaftsordnung wiederum eine potenzielle Wertminderung verbunden sein könnte.

Mögliche Regelungsgegenstände einer Änderung der Gemeinschaftsordnung durch Vereinbarung aller Eigentümer sind z.B. ein Wechsel im Schlüssel für die Verteilung der Lasten, Änderung des Stimmverhältnisses, die Begründung von neuen Sondernutzungsrechten oder die Bildung von Unterabrechnungseinheiten, die nachträgliche Einführung einer Veräußerungsbeschränkung in Form einer dann stets erforderlichen Verwalterzustimmung etc.

Die Notwendigkeit einer einstimmigen Vereinbarung aller vorhandenen Sondereigentümer (wenn ein Sondereigentum mehreren Eigentümern gehört, müssen auch diese alle – ohne Ausnahme – zustimmen!) lässt solche Änderungen der Gemeinschaftsordnung im Vereinbarungsweg nur bei kleinen Eigentümergemeinschaften zu. Die Rechtsprechung hat es gestattet, durch Regelungen der ursprünglichen Gemeinschaftsordnung anstelle der Einstimmigkeit das **Mehrheitserfordernis** einzuführen, sofern die möglichen Vereinbarungsgegenstände auf sachlich begründete und begrenzte Fälle eingeschränkt sind, die insbesondere aufgrund einer Veränderung der tatsächlichen und rechtlichen Verhältnisse geboten sind. Für den Grundbuchvollzug ist jedoch auch hier die Zustimmung der Grundbuchgläubiger notwendig.

Ein Anspruch auf Erteilung der Zustimmung gegenüber »renitenten« Wohnungseigentümern zu einer Änderung der Gemeinschaftsordnung im Vereinbarungsweg besteht nur in Ausnahmefällen, wenn ein Festhalten an der derzeitigen Regelung »unbillig erscheint« (§ 10 Abs. 2 WEG). Andernfalls steht die Erteilung oder Verweigerung der Zustimmung im Ermessen des einzelnen Eigentümers, sodass allenfalls über Mehrheitsabänderungsklauseln eine gewisse Flexibilität erreicht werden kann. In den meisten Gemeinschaftsordnungen sind solche Klauseln daher enthalten.

4. Beschlüsse

Neben den Einstimmigkeit (bzw. bei entsprechender Klausel in umgrenzten Fällen qualifizierte Mehrheiten) erfordernden Vereinbarungen, die stets der Eintragung in das Grundbuch bedürfen, kennt das WEG als Mittel der Willensbildung innerhalb der Eigentümergemeinschaft den sog. **Beschluss**. Darunter fallen nach der Systematik des § 21 Abs. 3 WEG Einzelmaßnahmen der Verwaltung, die ohne Dauerwirkung sind (Beispiel: Beschluss über die Durchführung einer notwendigen Instandsetzungsmaßnahme mit Umlage, Beschluss über den Wirtschaftsplan für das Folgejahr, Beschluss über die Anschaffung eines neuen Rasenmähers etc.). Zustimmende wie ablehnende Beschlüsse (auch zu bereits früher beschlossenen Themen) können in Wohnungseigentümerversammlungen oder im Umlaufverfahren grds. mit einfacher Mehrheit der vertretenen Stimmen gefasst werden. Mit Ausnahme bestimmter Umstände, die zur unheilbaren Nichtigkeit eines Beschlusses führen, ist ein Verstoß gegen Rechtsvorschriften unbeachtlich, wenn binnen eines Monats keine gerichtliche Entscheidung zu dessen Überprüfung beantragt wurde (§§ 23 Abs. 4, 43 Abs. 1 Nr. 4 WEG).

Diese hohe »Resistenz« gegenüber Rechtsfehlern hat sich die Praxis (mit Duldung durch die Rechtsprechung) lange Jahre dadurch zunutze gemacht, dass über Angelegenheiten, die eigentlich durch Vereinbarung gem. vorstehendem Gliederungspunkt IV. 3. hätten geändert werden müssen, durch bloßen Beschluss entschieden wurde, der zwar (da über den Einzelfall hinausgehend) rechtswidrig war, jedoch nicht binnen eines Monats gerichtlich angegriffen wurde und damit rechtswirksam sei (sog. vereinbarungsersetzende Beschlüsse, auch »**Zitterbeschlüsse**« genannt im Hinblick auf die einen Monat lang bestehende Unsicherheit über dessen Bestand). Im September 2000 hat der BGH diese Praxis unterbunden und klargestellt, dass zur unabdingbaren Voraussetzung für Wirkungen aus einem Beschluss die sog. »**Beschlusskompetenz**« zählt. Diese ergibt sich gem. § 23 Abs. 1 WEG unmittelbar aus dem Gesetz (für Einzelmaßnahmen), kann aber auch durch Vereinbarung (also in der Gemeinschaftsordnung der Teilungserklärung) geschaffen werden. Wird jedoch ohne diese Voraussetzungen eine Beschluss gefasst zu Themen, die eigentlich Gegenstand der Gemeinschaftsordnung sind (z.B. der Abrechnungsschlüssel mit Wirkung für die Zukunft auf diese Weise geändert etc.), kann ein solcher Beschluss nicht wirken. Dies gilt wohl auch für »Zitterbeschlüsse«, die in der Vergangenheit im falschen Vertrauen auf die damals großzügigere Rechtsprechung gefasst wurden.

Entscheidend ist also nunmehr, ob in der Gemeinschaftsordnung (also durch Vereinbarung) für bestimmte Regelungsthemen die Entscheidung durch Beschluss eröffnet ist. Ist dies der Fall und wird hierdurch nicht in unentziehbare Sonderrechte (z.B. Sondernutzungsrechte) eingegriffen, können die Eigentümer durch Beschluss mit Mehrheiten entscheiden und müssen diesen (nach allerdings bestrittener Auffassung) auch nicht in das Grundbuch eintragen. Zur genauen Kenntnis der Rechtsverhältnisse der Eigentümer untereinander bedarf es also in diesem Fall der Durchsicht der Protokolle der letzten Eigentümerversammlungen.

Öffnungsklauseln in Gemeinschaftsordnungen, die Änderungen im Beschlussweg ermöglichen, werden in Zukunft gerade bei großen Eigentümergemeinschaften, mit denen Einstimmigkeit sonst nie zu erreichen ist, weite Verbreitung finden. Solchermaßen gefasste Beschlüsse wirken wie Vereinbarungen, auch ohne Grundbucheintragung, stehen also den früheren sog. Zitterbeschlüssen faktisch gleich. Immerhin muss jedenfalls seit 01.07.2007 ein sog. Beschlussbuch durch den Verwalter geführt werden, dessen Einsicht sich für jeden Kaufinteressenten lohnt!

Darüber hinaus hat das Gesetz selbst seit 01.07.2007 bestimmte Themen der Beschlusskompetenz der Versammlung zugeordnet, mit z.T. unterschiedlichen Mehrheitserfordernissen:

Gem. § 16 Abs. 3 WEG können durch einfache Mehrheit die Betriebskosten des gemeinschaftlichen und/oder des Sondereigentums nach Verbrauch, Verursachung oder einen anderen Schlüssel, der ordnungsgemäßer Verwaltung entspricht, verteilt werden.

Gem. § 16 Abs. 2 WEG könnten Kosten für Instandsetzungs- und Instandhaltungsmaßnahmen im Einzelfall mit der doppelten Mehrheit von mehr als drei Viertel aller stimmberechtigten Wohnungseigentümer und mehr als der Hälfte aller Miteigentumsanteile anders als nach dem Miteigentums-Maßstab verteilt werden, sofern dies dem möglichen Gebrauchsumfang der Wohnungseigentümer Rechnung trägt (z.B. so dass z.B. Erdgeschosswohnungen an Liftreparaturen nicht beteiligt sind etc).

§ 21 Abs. 7 WEG schafft eine Beschlusskompetenz für Fragen der Zahlungsabwicklung (zwingende Erteilung einer Einziehungsermächtigung etc.) sowie der Nutzungs- und Verwaltungsgebühren (z.B. durch Schaffung einer Umzugskostenpauschale).

VI. Verfügungen über Wohnungseigentum

Der Verkauf oder die sonstige Übertragung (z.B. im Wege vorweggenommener Erbfolge) von Eigentumswohnungen läuft grds. nach denselben Regeln wie die Übertragung eines Grundstücks ab. Sofern dies jedoch in der Gemeinschaftsordnung festgelegt ist, bedarf die Veräußerung der **Zustimmung des Verwalters oder der anderen Wohnungseigentümer** in grundbuchmäßiger (also notariell beglaubigter) Form, § 12 WEG. Solche Verfügungsbeschränkungen, die bis zu ihrer Erfüllung zur schwebenden Unwirksamkeit des Vertrags führen, sollen wegen ihrer besonderen Eingriffstiefe im Grundbuch ausdrücklich wiedergeben werden (wobei dies jedoch keine Wirksamkeitsvoraussetzung ist, es genügt auch die bloße Bezugnahme auf die Notarurkunde, in der die Zustimmungspflicht enthalten ist). Zur Vermeidung übergroßen Formalismus wird im Regelfall die Veräußerung durch den teilenden Eigentümer oder die Übertragung im Familienkreis ausgenommen, ebenso (zur Erhöhung des Beleihungswerts einer Eigentumswohnung) die Veräußerung durch einen Grundpfandgläubiger. Auf die Erteilung der Zustimmung besteht ein gesetzlich nicht ausschließbarer Anspruch, es sei denn, wichtige Gründe rechtfertigen die Ablehnung des Erwerbers. Wegen der damit verbundenen Kosten und Zeitverzögerung wird eine Veräußerungszustimmung, wie unter Gliederungspunkt III. 6 ausgeführt, sinnvollerweise nur in Eigentümergemeinschaften mit besonderer Zweckbindung angezeigt sein, bei denen aus Anlass der Veräußerung auch der Eintritt in sonstige Vertragsbeziehungen wichtig ist (**Beispiel:** Eintritt in bestimmte Betreiberverträge bei einem Ärztehaus). Muss der Verwalter zustimmen, ist seine Verwaltereigenschaft dem Grundbuchamt durch das Bestellungsprotokoll nachzuweisen, bei dem

E. Gesamtmuster

die Unterschrift des Versammlungsleiters, eines weiteren Eigentümers und ggf. des Vorsitzenden des Verwaltungsbeirats notariell beglaubigt werden müssen.

Auch wenn die Zustimmung des Verwalters oder der anderen Sondereigentümer zur Veräußerung nicht erforderlich ist, sollte der Erwerber unverzüglich mit dem Verwalter Kontakt aufnehmen und ihn vom Datum des Übergangs von Besitz, Nutzungen und Lasten informieren. Ab diesem Zeitpunkt beginnt im Innenverhältnis zum Veräußerer seine Pflicht zur Tragung des monatlichen Hausgeldes, also der pauschalen Vorab-Umlage auf die Gesamtbeteiligung an den Gemeinschaftskosten.

Insoweit können sich erhöhte Risiken ergeben: Die Gemeinschaftsordnung kann nämlich vorsehen, dass der Erwerber einer Einheit (dies gilt nicht für den Erwerb im Rahmen der Zwangsversteigerung) für **Rückstände des Voreigentümers haftet**. Auch wenn er als im Innenverhältnis gegenüber dem Veräußerer erst ab einem bestimmten Stichtag (Besitzübergang) dafür verantwortlich sein soll, kann ihn die Eigentümergemeinschaft (vertreten durch den Verwalter) auf diese Rückstände in Anspruch nehmen und ihn auf den (möglicherweise uneinbringlichen) Regress gegen seinen Veräußerer verweisen. Es empfiehlt sich, hierzu die Gemeinschaftsordnung zu konsultieren bzw. sich beim Verwalter nach Hausgeldrückständen zu erkundigen, nachdem der Verkäufer dem Käufer hierzu Vollmacht erteilt hat.

Von Interesse ist es auch für den Käufer, beim Verwalter zu erfragen, ob der Verband der Wohnungseigentümer aktuell Schulden hat, für die er gem. § 10 Abs. 8 WEG anteilig nach seinem (künftigen) Miteigentumsanteil haften würde (vgl. oben Abschnitt IV am Ende), übrigens neben dem fünf Jahre lang noch nachhaftenden Verkäufer.

Auch unabhängig davon sollte sich jeder Erwerber einer Eigentumswohnung vor der Entscheidung über den Kauf die Teilungserklärung (samt Gemeinschaftsordnung) und die **Protokolle der Eigentümerversammlungen** aushändigen lassen sowie die letzten Jahresabrechnungen, etwaige die Eigentümergemeinschaft bindende Verträge und die seit 01.07.2007 zu führende **Beschluss-Sammlung** einsehen. Nur dadurch erfährt er, welche Rechte mit seinem Sondereigentum verbunden sind, welche Nutzungen dort möglich sind und welche Pflichten er eingeht. Die Protokolle der Eigentümerversammlungen enthalten für ihn wichtige Aufschlüsse über Probleme der Eigentümergemeinschaft (möglicherweise dort anhängige Prozesse oder Gewährleistungsverfahren und sonstige Streitigkeiten sowie für die Zukunft angekündigte Instandhaltungs- und Instandsetzungsmaßnahmen). Sofern die Gemeinschaftsordnung durch eine »Öffnungsklausel« ihre Änderung im Beschlussweg erlaubt, muss der Käufer auch nach solchen Beschlüssen mit Zukunftswirkung »fahnden«. In aller Regel enthalten Kaufverträge eine pauschale Versicherung des Veräußerers, dass ihm keine Beschlüsse bekannt seien, die nach Besitzübergang zu einer Sonderumlage führen könnten. Allerdings schützt dies den Käufer nicht, wenn sich im Nachhinein herausstellt, dass sich der Veräußerer schuldlos geirrt hat. Regelmäßig zu empfehlen ist daher die Rückfrage beim Verwalter, auch zur Höhe der insgesamt vorhandenen Instandhaltsrücklage, die ja anteilig auf den Erwerber übergeht.

Das Stimmrecht in der Eigentümerversammlung geht – wenn keine besonderen Vollmachten erteilt werden – unabhängig vom Datum des Übergangs von Besitz, Nutzungen und Lasten (in der Regel Kaufpreiszahlung) erst dann auf den Erwerber über, wenn dieser Eigentümer wird (also mit Umschreibung im Grundbuch). Es ist fairer, den Erwerber ab dem Datum des Besitzübergangs (ab dem dieser auch die Lasten trägt) durch Vollmacht zur Teilnahme an der Eigentümerversammlung zu berechtigen.

VII. Eigentumswohnung und Vermietung

Falls an einer bereits vermieteten Wohnung nachträglich Sondereigentum begründet wird (also bei der »Aufteilung« eines Mehrfamilienhauses durch den teilenden Eigentümer) und die Einheit sodann verkauft wird, steht dem Mieter, der bereits während der Aufteilung und noch zum Zeitpunkt des Verkaufs Mieter der Wohnung ist, ein gesetzliches **Vorkaufsrecht** zu, das binnen zwei Monaten ab Mitteilung über den wirksam gewordenen Vertrag in schriftlicher Form ausgeübt werden kann. Dieses führt dazu, dass mit dem Mieter ein Kaufvertrag zu denselben Bedingungen zustande kommt, wie er mit dem Dritten, der die Wohnung durch Kaufvertrag erworben hat, vereinbart wurde. Die Ausübung eines Vorkaufsrechts sollte also erst dann erfolgen, wenn die Finanzierung des Erwerbs gesichert ist.

Auch wenn das Vorkaufsrecht nicht ausgeübt wird, ist der Mieter nicht schutzlos. Vielmehr gilt der bisherige Mietvertrag unverändert auch gegen den neuen Erwerber (§ 566 BGB), der Mieter braucht sich also nicht darauf einzulassen, neue Verträge abzuschließen. Außerdem ist für den Mieter, der bereits zur Zeit der Umwandlung Mieter war, der Eigenbedarfskündigungsschutz gem. § 577a BGB um drei bzw. in Gebieten mit knapper Wohnungsversorgung gar bis zu zehn Jahren verlängert. Sofern es sich um »sozialen Wohnungsbau« handelt, ist er gegen Mieterhöhungen ferner durch die Bestimmungen des Wohnungsbindungsgesetzes zur gesetzlichen Kostenmiete geschützt, im Übrigen gelten die gesetzlichen Kappungsgrenzen (20% Erhöhung in drei Jahren, maximal bis zur ortsüblichen Vergleichsmiete).

Die Abrechnung der **Nebenkosten** mit dem Mieter ist bei Sondereigentum recht einfach: Die vom WEG-Verwalter jährlich zu erteilende Abrechnung über den Anteil an den Gemeinschaftskosten enthält die verbrauchsabhängigen Lasten sowie die umlegungsfähigen sonstigen Kosten. Nicht auf den Mieter umgelegt werden können die Beiträge zur Instandhaltungsrücklage sowie die Verwaltergebühr. Diese bilden jedoch für den Vermieter Werbungskosten (bzgl. der Beiträge zur Instandhaltungsrücklage allerdings erst in dem Zeitpunkt, in dem die Instandhaltungsrücklage aufgelöst und für Gemeinschaftsmaßnahmen verwendet wird). Zusätzlich auf den Mieter umgelegt werden kann nach Maßgabe der Betriebskosten- und Wohnflächenverordnung 2003ferner die Grundsteuer, welche die Gemeinde unmittelbar beim Eigentümer durch Quartalszahlungen erhebt.

Ich bedanke mich für das in meine Kanzlei gesetzte Vertrauen und stehe für ergänzende Erläuterungen gern zur Verfügung.

Ihr

.....

(Notar)

E. Gesamtmuster

VIII. Merkblatt zum Erbbaurecht

▶

3897 **Das Erbbaurecht**

– Hinweise für Grundstückseigentümer und Erbbauberechtigte –

Inhaltsverzeichnis

I.	Vorbemerkung, Begriff des Erbbaurechts	Seite (.....)
1.	Was ist ein Erbbaurecht?	Seite (.....)
2.	Ende des Erbbaurechts	Seite (.....)
3.	Gesetzgeberische Verbesserungen beim Erbbaurecht	Seite (.....)
II.	Interessenlage	Seite (.....)
1.	Position des Erbbaurechtsnehmers	Seite (.....)
2.	Position des Grundstückseigentümers	Seite (.....)
3.	Steuerfragen	Seite (.....)
III.	Erbbaurechtsvertrag	Seite (.....)
1.	Allgemeines, notarielle Beurkundung	Seite (.....)
2.	Inhalt des Erbbaurechtsvertrags	Seite (.....)
a)	Eingang und Grundbuchstand	Seite (.....)
b)	Vereinbarungen über die Nutzung des Grundstücks	Seite (.....)
c)	Dauer des Erbbaurechts	Seite (.....)
d)	Instandhaltungsverpflichtung, Versicherungen	Seite (.....)
e)	Lastentragung, Erschließung	Seite (.....)
f)	Zustimmungen des Grundstückseigentümers	Seite (.....)
g)	Heimfall	Seite (.....)
h)	Vorrecht auf Erneuerung, Vorkaufsrechte	Seite (.....)
i)	Erbbauzins	Seite (.....)
IV.	Vollzug des Vertrags	Seite (.....)

I. Vorbemerkung, Begriff des Erbbaurechts

1. Was ist ein Erbbaurecht?

Aus dem Rechtsbegriff »Erbbaurecht« (fälschlich oft auch als »Erbpacht« bezeichnet) ergibt sich nicht ohne Weiteres, was sich tatsächlich dahinter verbirgt. Nach der Regelung des Gesetzes ist ein Erbbaurecht (vereinfacht ausgedrückt) das **Recht, auf einem (fremden) Grundstück ein Bauwerk zu haben**. Eigentum am Grundstück und Eigentum am Bauwerk (z.B. Wohngebäude und Garage) fallen also auseinander. Dies gilt auch, wenn das Erbbaurecht bezogen auf ein bereits errichtetes Gebäude bestellt wird. Damit wird von dem Grundsatz des deutschen Rechts, dass dem Eigentümer von Grund und Boden stets auch all das gehört, was auf seinem Grund gebaut ist – die sog. wesentlichen Bestandteile –, abgewichen.

Das Verständnis für die Rechtsnatur des Erbbaurechts wird wesentlich erleichtert, wenn man sich **das Erbbaurecht als eigenes Grundstück vorstellt**, das gewissermaßen über dem eigentlichen Grundstück »schwebt«. Das Erbbaurecht ist ein künstliches Grundstück. Auf diesem fiktiven Grundstück als Grundlage steht das Gebäude des Eigentümers des Erbbaurechts.

Im Kern kann der Erbbauberechtigte (Erbbaurechtsnehmer) – von gewissen Einschränkungen abgesehen – mit seinem künstlichen Grundstück (samt Gebäude, das dessen Bestandteil bildet) für die gesamte Dauer des Erbbaurechts ebenso verfahren wie ein (normaler) Grundstückseigentümer. Insbes. kann das **Erbbaurecht belastet werden, es kann verkauft und vererbt werden**.

Selbstverständlich ermöglicht es das Gesetz (das sog. **Erbbaurechtsgesetz** [ErbbauRG], früher unzutreffend »Erbbaurechtsverordnung« genannt), im Erbbaurechtsvertrag einige – nachfolgend dargestellte – Bindungen und Beschränkungen vorzusehen, welche die besondere Situation des »unter dem Erbbaurecht liegenden« Grundstückseigentümers berücksichtigen. Von diesen Beschränkungen wird im Interesse eines gerechten Ausgleichs der wechselseitigen Risiken in aller Regel umfassend Gebrauch gemacht (hierzu im Einzelnen unter Gliederungspunkt III. 2).

2. Ende des Erbbaurechts

Das Erbbaurecht ist ein **Recht auf Zeit**. Ist die Zeit, für die das Erbbaurecht eingeräumt wurde, abgelaufen, »löst sich« das künstliche Grundstück »auf« und das bislang auf dem Erbbaurecht über dem eigentlichen Grundstück »schwebende« Gebäude »fällt« gewissermaßen auf das Grundstück »herab« und damit in das Eigentum des Grundstückseigentümers. Der frühere Erbbauberechtigte ist für diesen Verlust nach Maßgabe der vertraglichen Regelungen ggf. zu entschädigen (bei Wohngebäuden mindestens i.H.v. 2/3 des Verkehrswerts).

3. Gesetzgeberische Verbesserungen beim Erbbaurecht

Einige »technische Schwierigkeiten«, die mit dem Erbbaurecht bisher verbunden waren, konnten durch mehrere Gesetzesänderungen seit Herbst 1994 ausgeräumt werden. Insbes. ist es nunmehr möglich, **Anpassungen der Höhe des Erbbauzinses**, die etwa aufgrund der Inflation veranlasst sind, bereits von vornherein, also ab Erbbaurechtsbegründung zwischen den Vertragsteilen mit »**automatischer Wirkung**« auch hinsichtlich der Grundbucheintragung zu vereinbaren. Das Ihnen vielleicht noch bekannte (recht komplizierte) Verfahren zur Anpassung von Erbbauzinsen aus älteren Erbbaurechtsverträgen, das jeweils eine Änderung im Grundbuch und neuerliche notarielle Urkunde erforderlich machte, ist damit überflüssig geworden, der Erbbauzins wird »dynamisch« ausgestaltet.

Auch für das Verhältnis zwischen Grundstückseigentümer und Grundpfandrechtsgläubigern (Finanzierungsbanken) des Erbbauberechtigten hat das neue Recht Erleichterungen gebracht. **Der Erbbauzins kann** nunmehr »**vollstreckungsfest**« **gestaltet werden**, sodass im Falle einer Zwangsvollstreckung dem Anspruch des Eigentümers auf in Zukunft fällig werdende Erbbauzinsen sogar dann keine Gefahr droht, wenn den Pfandrechten der Finanzierungsbank des Erbbauberechtigten im Grundbuch der Vorrang vor dem Erbbauzins eingeräumt wurde. Nur bei Vorliegen eines solchen »modernen« Erbbauzinses kann allerdings der Grundstückseigentümer gefahrlos hinter ein vom Erbbaunehmer bestelltes Grundpfandrecht zurücktreten (nach bisherigem Recht hätte ihm sonst die Gefahr gedroht, dass sein Erbbauzins bei Versteigerung aus der vorrangigen Grundschuld entschädigungslos untergeht!).

Andererseits verzichtet der Grundstückseigentümer in diesem Fall der »vollstreckungsfesten Reallast« auf die bisher bestehende Möglichkeit, anlässlich einer Versteigerung in das Erbbaurecht wegen rückständiger Erbbauzinsen auch die künftig noch fällig werdenden Zinsen zu »kapitalisieren«, sodass die nachrangig eingetragene Bank des Erbbauberechtigten (die ihm z.B. das Darlehen zum Hausbau gewährt hat) nicht zu befürchten hat, dass der Grundstückseigentümer den überwiegenden Versteigerungserlös auf seine kapitalisierten künftigen Erbbauzinsen erhält, sodass das Kreditinstitut weitgehend leer ausgehen würde.

Auch bestehende Erbbaurechte »alter Fassung« können durch Notarurkunde und Grundbuchvermerk auf die neue Rechtslage umgestellt werden; wir beraten Sie hierzu gerne.

II. Interessenlage

1. Position des Erbbaurechtsnehmers

Das Erbbaurecht verschafft dem Erbbauberechtigten Eigentum am Bauwerk auf Zeit und eine dem Grundstückseigentümer wirtschaftlich und rechtlich angenäherte Stellung. Die zeitliche Beschränkung des Erbbaurechts und damit die Tatsache, dass das Eigentum am Bauwerk nach Ende der Laufzeit (allerdings in der Regel gegen zumindest teilweise Entschädigung) verloren geht, ist für den Erbbauberechtigten selbst oft nicht problematisch. Die im Regelfall **lange Dauer** (99 Jahre)

ermöglicht einerseits eine **Planung**, die durchaus bis in die übernächste Generation reichen kann, andererseits sind die **Befugnisse** des Erbbauberechtigten ähnlich denen eines Eigentümers **nahezu unbeschränkt** und ermöglichen auch die **Verwirklichung eigener Ideen**.

Der Hauptvorteil für den Erwerber eines Erbbaurechts liegt darin, dass er nicht, wie bei einem Grundstückskauf, sofort den gesamten Kaufpreis für das Grundstück bezahlen muss. Vielmehr bezahlt er für die Befugnis, das Grundstück umfassend nutzen zu können, einen – meist jährlichen – Erbbauzins. Ist der Erbbauzins nicht zu hoch bemessen, wird der **Bau eines Eigenheims gerade bei allgemein hohen Preisen für Bauland finanziell wesentlich erleichtert** und damit der ursprüngliche Hauptzweck des Erbbaurechts verwirklicht, auch Bevölkerungsschichten, deren finanzielle Kapazitäten beschränkt sind, den Eigenheimbau zu ermöglichen.

Erlaubt die Marktsituation dem Bauwilligen sowohl den Erwerb eines Erbbaurechts wie auch den Erwerb eines Baugrundstücks, wird regelmäßig **abzuwägen** sein, ob die **mit dem Grundstückserwerb verbundene finanzielle Mehrbelastung** die Tatsache, dass im Ergebnis **kein dauerhaft eigener Grundbesitz** erworben wird, aufwiegt. Gegenüberzustellen sind einerseits die langfristige finanzielle Belastung durch den meist wertgesicherten Erbbauzins, andererseits die bei einem finanzierten Grundstückserwerb entstehende – gleichfalls langfristige – Belastung durch Verzinsung und Rückzahlung der aufgenommenen Darlehensverbindlichkeiten. Gerade in Zeiten niedrigen Zinsniveaus mag hier im Einzelfall die Entscheidung zugunsten des (endgültig) eigenen Grundstücks ausfallen.

2. Position des Grundstückseigentümers

Umgekehrt stellt sich aufseiten des Grundstückseigentümers die Frage, ob er ein (Bau-) Grundstück **verkaufen oder ein Erbbaurecht bestellen** soll. Wählt der Eigentümer den **Verkauf**, steht ihm der erzielte **Erlös sofort** zur Verfügung und kann gegebenenfalls unmittelbar für Investitionen verwendet werden. Bei der Bestellung eines Erbbaurechts erhält der Eigentümer auf die gesamte Laufzeit des **Erbbaurechts den (pachtähnlichen) Erbbauzins** und ihm bzw. seiner Familie **bleibt die Substanz von Grund und Boden erhalten**. Zusätzlich fällt dem Eigentümer bzw. dessen Rechtsnachfolgern nach Ablauf des Erbbaurechts auch das Eigentum am Gebäude (abzüglich einer etwa zu entrichtenden Entschädigung) gewissermaßen als »späte Frucht« zu. Auch die Wertsteigerung des Grund und Bodens an sich verbleibt beim Grundstückseigentümer. Diese Kombination aus **Sachwerterhaltung und laufenden Einnahmen** machen das Erbbaurecht insbes. für Private interessant.

Geben die **Städte** und **Gemeinden** oder **Kirchen** Erbbaurechte aus, stehen in der Regel andere Vorzüge des Erbbaurechts im Vordergrund. Die Gemeinden sind zum Zwecke der Schaffung einer ausgewogenen Bevölkerungsstruktur daran interessiert, insbes. jungen Familien mit Kindern und geringem Eigenkapital den **Bau eines Eigenheims erschwinglich zu machen**. Kirchen wiederum ist nach kanonischem Recht die Veräußerung von Grundbesitz häufig nicht gestattet. Das Erbbaurecht bietet dann eine nahezu ideale Möglichkeit, die sozialen Zielsetzungen der Kirche zu verwirklichen und doch Eigentümer des Grundbesitzes zu bleiben.

3. Steuerfragen

Ausschlaggebend dafür, ob eine Veräußerung von Grund und Boden oder die Bestellung eines Erbbaurechts gewählt wird, ist oftmals auch die steuerliche Situation. Die Besteuerung bei Einräumung eines Erbbaurechts, insbes. die Unterschiede zum Verkauf des Grundstücks, seien daher hier kurz dargestellt; **regelmäßig sollte zu Einzelfragen ein Steuerberater konsultiert** werden.

Sowohl der Erwerb eines Grundstücks wie auch der Erwerb eines Erbbaurechts unterliegen der **Grunderwerbsteuer** (derzeit 3,5%, in Berlin und Hamburg 4,5%). Die Höhe der Grunderwerbsteuer bemisst sich jeweils aus der Gegenleistung. Beim Grundstückskauf ist dies in der Regel der Kaufpreis; bei Bestellung eines Erbbaurechts ist es der Kapitalwert des Erbbauzinses (ab 52 Jahren Laufzeit der maximale, 18,6-fache Jahreswert) sowie eine sonstige für die Bestellung des Erbbaurechts geleistete Gegenleistung (z.B. Kaufpreis).

▶ Beispiel:

Bei einem Erbbaurecht auf 99 Jahre und einem anfänglichen Jahreserbbauzins von 2.000,00 € ergibt sich also bei einem Grunderwerbsteuersatz von 3,5% eine Steuerbelastung von 1.260,00 €.

Als **Umsatz, der unter das Grunderwerbsteuergesetz fällt**, ist die Erbbaurechtsbestellung von der **Umsatzsteuer befreit**. Wird der Erbbauberechtigte (Unternehmer) das zu errichtende Gebäude allerdings mindestens zehn Jahre für umsatzsteuerpflichtige Vorgänge nutzen (z.B. Einzelhandelsgeschäft oder gewerbliche Vermietung mit Umsatzsteuerausweis, nicht aber z.B. Betrieb einer Arztpraxis), kann es sich unter Umständen empfehlen, den Erbbaurechtsausgeber zu veranlassen, gleichwohl zusätzlich für die Umsatzsteuer zu optieren und damit zu erreichen, dass der Erbbauberechtigte den Umsatzsteueranteil etwa der künftigen Baukosten als Vorsteuer abziehen kann.

Hinsichtlich der **einkommensteuerlichen Behandlung** des Erbbaurechts **beim Grundstückseigentümer** ist zunächst hervorzuheben, dass die **Bestellung eines Erbbaurechts** als solche nach der Rechtsprechung der Finanzgerichte **für sich genommen keine Entnahme** (des Grundstücks bzw. der Grundstücksteilfläche) **aus einem Betriebsvermögen** darstellt. Im Einzelfall kann daher durch »Zwischenschieben« eines Erbbaurechts erreicht werden, dass ein Gebäude, das an sich auf betrieblichem Grund und Boden erstellt wird, von Anfang an Privatvermögen wird und damit der Wertzuwachs am Bauwerk steuerfrei ist, während die stillen Reserven des weiter im Betriebsvermögen verbleibenden Grundstücks nicht steuerpflichtig aufgedeckt werden müssen.

Beim **Erbbauzins** handelt es sich **aufseiten des Grundstückseigentümers**, wenn das Erbbaugrundstück zum Betriebsvermögen gehört, grds. um **betriebliche Einnahmen**; gehört das Grundstück zu seinem **Privatvermögen**, liegen **Einnahmen aus Vermietung und Verpachtung** vor.

Aufwendungen für den privaten Erwerb des Erbbaurechts (z.B. Beurkundungs-, Grundbuch- oder Vermessungskosten) sind **Anschaffungskosten**, die im Wege der **Gebäude-AfA** steuerlich geltend gemacht werden können, wenn das Erbbaugebäude vermietet wird. Die Erbbauzinsen stellen dann Werbungskosten bei den Einkünften aus Vermietung und Verpachtung dar. Im Betriebsvermögen des Erbbauberechtigten sind Erbbauzinsen als Betriebsausgaben abzusetzen.

Der (private) Erbbaurechtsnehmer, der das erworbene Haus **selbst bewohnt**, konnte als Eigentümer des Gebäudes grds. die Förderung nach dem (lediglich für Altfälle noch geltenden) **Eigenheimzulagengesetz**, in Anspruch nehmen. Zu beachten ist, dass der zu zahlende Erbbauzins nicht in die Bemessungsgrundlage für den Förderbetrag einbezogen wird.

Das Erbbaurecht unterliegt weiter auch der **Grundsteuer**, wobei hervorzuheben ist, dass der Erbbauberechtigte als wirtschaftlicher Eigentümer alleiniger Steuerschuldner der gesamten Einheit aus Grundstück und Erbbaurecht ist.

Bei der **Erbschafts- und Schenkungsteuer** gelten ab 2009 komplizierte Bewertungsvorschriften (§§ 192 bis 194 Bewertungsgesetz), über die Sie ein getrenntes Merkblatt (»Erbschaftsteuerreform 2009«) informiert. Das Gesetz berücksichtigt nunmehr auch (durch Erhöhung des Wertes), ob der Erbbauzins besonders »günstig« ist; als Vergleichsmaßstab wird dabei eine Bodenwertverzinsung von drei Prozent für Ein- und Zwei-Familien-Häuser, fünf Prozent für Mietwohngrundstücke und Wohnungseigentum, 6,5 Prozent für reine Geschäftsgrundstücke bzw. Teileigentum zugrundegelegt.

III. Erbbaurechtsvertrag

1. Allgemeines, notarielle Beurkundung

Da das Erbbaurecht die Rechtsnatur eines »künstlichen Grundstücks« hat, sind auch die **für Grundstücke geltenden Rechtsvorschriften** in weitem Umfang auf das Erbbaurecht anwendbar; Einzelfragen sind im bereits zitierten Erbbaurechtsgesetz geregelt. Der Vertrag über die Bestellung eines Erbbaurechts muss zu notarieller Urkunde geschlossen werden.

Es ergibt sich aus der Natur der Sache, dass Erbbaurechtsverträge wesentlich komplizierter als »normale« Grundstückskaufverträge sind. Während Grundstückskaufverträge (nur) der vertraglichen Fixierung und Abwicklung eines (einmaligen) Veräußerungsgeschäfts dienen, enthält ein Vertrag über die Bestellung eines Erbbaurechts einerseits diesen **Veräußerungsvorgang**, andererseits aber **ähnlich einem Pachtvertrag** auch Regelungen über die Rechtsbeziehungen zwischen

E. Gesamtmuster

Grundstückseigentümer und Erbbaunehmer für die gesamte (meist sehr lange) Laufzeit des Erbbaurechts und weiter Bestimmungen für den Fall der Beendigung des Erbbaurechts. Der Erbbaurechtsvertrag regelt zudem die Rechtsverhältnisse zwischen dem »jeweiligen« Grundstückseigentümer und dem »jeweiligen« Erbbauberechtigten, sodass er zahlreiche Bestimmungen enthält, die der gesetzestreue Vertragsbeteiligte als Ausdruck übersteigerten Misstrauens oder übertriebener Risikovorsorge ansehen könnten, die jedoch tatsächlich dann ihre legitime Bedeutung erlangen, wenn – z.B. weit im nächsten Jahrhundert – ein besonders streitsüchtiger Gebäudeeigentümer dem Grundstückseigentümer das Leben schwer zu machen versucht oder umgekehrt.

Um den Beteiligten schon vor endgültiger Unterzeichnung des Erbbaurechtsvertrags die Beschäftigung mit den schwierigen und ungewohnten Formulierungen des Vertrags zu ermöglichen, kann auf Anforderung vorab ein **Vertragsentwurf** versandt werden. Auftauchende Fragen können (und sollten) dann jederzeit vor der Beurkundung mit den Mitarbeitern des Notars oder (gegebenenfalls nach Terminvereinbarung) mit dem Notar selbst besprochen und geklärt werden.

Wie jeder notarielle Vertrag wird auch der Vertrag über die Bestellung eines Erbbaurechts **in voller Länge** durch den Notar **verlesen** und erläutert. Dies entspricht der gesetzlichen Pflicht des Notars und soll einerseits dazu dienen, dass der genaue Inhalt beiden Vertragsteilen nochmals bewusst wird, andererseits dem Notar ermöglichen, erneut zu überprüfen, ob der Vertrag alle im Einzelfall erforderlichen Regelungen und Gestaltungen enthält.

2. Inhalt des Erbbaurechtsvertrags

Urkunden über die Bestellung von Erbbaurechten bestehen in der Regel aus zwei Hauptteilen. Erstens wird der Bestellungsvorgang als solcher und dessen grundbuchlicher Vollzug geregelt; zweitens enthält die Urkunde auch vertragliche Vereinbarungen über den Inhalt des Erbbaurechts, also Regelungen, die während der gesamten Laufzeit des Erbbaurechts bzw. nach dessen Beendigung zwischen den jeweiligen Beteiligten ohne Ansehung der Person (sozusagen auf die Sache selbst bezogen, daher »dinglich«) gelten.

Im Einzelnen enthalten die meisten Erbbaurechtsverträge die nachfolgenden, durch die ErbbauRG eröffneten Regelungen, die Sie auch in dieser oder einer ähnlichen Reihenfolge normalerweise in Ihrem Vertrag bzw. einem Ihnen übersandten Entwurf wiederfinden werden:

a) Eingang und Grundbuchstand

Nach dem Urkundseingang mit der genauen Bezeichnung der Beteiligten und der Beschreibung des aktuellen Grundbuchstandes folgt normalerweise die vertragliche Vereinbarung des Grundstückseigentümers mit dem Erbbauberechtigten über die Bestellung eines Erbbaurechts am Grundstück des Eigentümers. Denkbar ist auch die Bestellung eines Erbbaurechts an mehreren Grundstücken, selbst wenn diese unterschiedlichen Eigentümern gehören (sog. Gesamterbbaurecht).

Im Rahmen dieser Bestellungserklärung ist auch klarzustellen, ob sich der Ausübungsbereich des Erbbaurechts auf das ganze Grundstück oder nur einen Teil desselben erstreckt. Wirtschaftlich muss dabei das zu errichtende (oder bereits errichtete und vom Erbbaurecht erfasste) Gebäude im Verhältnis zur umgebenden, ebenfalls zugeordneten Freifläche die Hauptsache bleiben (demnach wäre ein Erbbaurecht zur Errichtung einer Garage für eine Fläche von einem Hektar unzulässig).

Der nächste – und längste – Abschnitt der Urkunde enthält die Bestimmungen über den Inhalt des Erbbaurechts im Einzelnen. Geregelt werden die gegenseitigen Rechte und Pflichten von Eigentümer und Erbbauberechtigten und auch die Folgen, die bei einem Verstoß gegen diese Verpflichtungen eintreten.

b) Vereinbarungen über die Nutzung des Grundstücks

An erster Stelle folgen nun meist Vereinbarungen über die Verwendung des Erbbaugrundstücks. Hier empfiehlt es sich auch, die **Art sowie die Nutzung des zu errichtenden Bauwerks** zu regeln. Insbes. sollte klargestellt werden, ob in dem Bauwerk auch eine gewerbliche Nutzung zulässig ist und gegebenenfalls in welchem Umfang. Das Erbbaurecht beinhaltet zwar nach der gesetzlichen Definition **das Recht**, auf fremdem Grund ein Bauwerk zu haben; regelmäßig sollte aber diesem Recht auch **die Verpflichtung** des Erbbaunehmers korrespondieren, das Gebäude zu errichten, liegt doch in dem Gebäude die wirtschaftliche Sicherung der Zahlung des Erbbauzinses.

c) Dauer des Erbbaurechts

Eine Mindest- oder Höchstdauer eines Erbbaurechts ist im Gesetz (im Gegensatz zu einigen ausländischen Rechtsordnungen) nicht vorgeschrieben. Entsprechend den Bedürfnissen beider Vertragsteile hat sich insbes. bei Erbbaurechten zur Errichtung von Eigenheimen, eine (verhältnismäßig lange) **Dauer von 75 bis 100 Jahren als praktischer Regelfall** herausgebildet. Die lange Dauer gewährleistet einerseits, dass sich die Errichtung des Bauwerks für den Erbbauberechtigten und dessen Familie auch »lohnt«, andererseits stellen Banken Darlehensmittel für die Errichtung des Gebäudes zu günstigen Bedingungen in der Regel nur dann zur Verfügung, wenn ihnen eine »gute«, d.h. hier langfristige, Sicherheit geleistet wird. Auch für die Seite des Grundstückseigentümers ist eine Laufzeit von ca. 100 Jahren in der Regel tragbar, wird doch durch die lange Dauer gewährleistet, dass der Erbbauberechtigte das Bauwerk, das gegebenenfalls einmal an den Eigentümer fallen wird, dauerhaft und stabil errichtet.

d) Instandhaltungsverpflichtung, Versicherungen

Regelmäßig wird in Erbbaurechtsverträgen die Pflicht des Erbbauberechtigten zur Instandhaltung des Gebäudes aufgenommen. Diese Regelung entspricht dem **wohlverstandenen Interesse beider Vertragsteile**. Zwar wird die Instandhaltung aufseiten des Erbbauberechtigten ohnehin meist als Selbstverständlichkeit betrachtet. Ohne eine solche Regelung hätte der Erbbauberechtigte als Eigentümer des Bauwerks aber an sich die Berechtigung, das Gebäude nach Belieben verfallen zu lassen, sodass der Grundstückseigentümer nach Ende der Laufzeit lediglich eine Ruine erhalten würde.

Meist enthalten Erbbaurechtsverträge Bestimmungen über die Verpflichtung des Erbbauberechtigten, das Bauwerk gegen **Brandschäden und sonstige Gefahren zu versichern** und es im Fall der Zerstörung wiederaufzubauen. Eine vertragliche Regelung im vorstehenden Sinne ist regelmäßig sachgerecht, da ein intaktes Gebäude – auch nach längerer Laufzeit des Erbbaurechts – regelmäßig dem Interesse beider Vertragsteile entspricht.

e) Lastentragung, Erschließung

Der Erbbauberechtigte hat nach den vertraglichen Bestimmungen **als wirtschaftlicher Eigentümer** regelmäßig auch alle auf **Grundstück und Erbbaurecht entfallenden Steuern, Abgaben und sonstigen Lasten** zu tragen. Dazu gehören neben der Grundsteuer und etwaigen Gemeindegebühren auch die Erschließungs- und Anschlussgebühren. Ohne eine vertragliche Regelung hätte an sich der Grundstückseigentümer die auf das Grundstück entfallenden Erschließungskosten (ohne Anschlussgebühren) und der Erbbauberechtigte die auf das Gebäude entfallenden Erschließungskosten, wie Anschlussgebühren für Kanal und Wasser, zu tragen.

Gerade wegen der meist langen Laufzeit von Erbbaurechtsverträgen ist es jedoch üblich und sachgerecht, auch die auf das Grundstück entfallenden Erschließungskosten, die ja gerade mit der (aktuellen) Errichtung des Gebäudes zusammenhängen und nach 100 Jahren ihre Funktion weitgehend eingebüßt haben werden, dem Erbbauberechtigten aufzuerlegen.

f) Zustimmungen des Grundstückseigentümers

Im Erbbaurechtsvertrag ist häufig weiter geregelt, dass für bestimmte Verfügungen über das Erbbaurecht (**insbes. Veräußerung und Belastung**) die **Zustimmung des Grundstückseigentümers erforderlich** ist. Dies liegt zum einen darin begründet, dass für den Eigentümer die Person des Erbbauberechtigten, den er sich als Vertragspartner ausgesucht hat und dem er Vertrauen entgegenbringt, von entscheidender Bedeutung ist. Weiter ist es auch im Interesse des Eigentümers zu verhindern, dass der Erbbauberechtigte das Grundstück beliebig mit Grundpfandrechten (über-) belastet, da diese Belastungen anlässlich eines sog. Heimfalls durch den Eigentümer zu übernehmen sind, selbst wenn sie die geschuldete Gebäudeentschädigung übersteigen. Dieses Zustimmungserfordernis gilt wegen des überragenden Schutzzweckes sogar für Belastungen des Erbbaurechts im Rahmen einer Zwangsvollstreckungsmaßnahme durch Gläubiger des Erbbauberechtigten.

Der Eigentümer kann jedoch seine Zustimmung zu Verfügungen über das Erbbaurecht nur verweigern, wenn er dafür einen hinreichenden Grund benennen kann. Zu Belastungen des Erbbaurechts, **die zur Finanzierung von werterhöhenden Baumaßnahmen eingegangen wurden, muss die Zustimmung regelmäßig erteilt werden**. Verweigert der Eigentümer seine Zustimmung ohne einen solchen hinreichenden Grund, macht er sich gegebenenfalls schadensersatzpflichtig. Die fehlende Zustimmung wird dann durch das Gericht ersetzt.

g) Heimfall

Als Sanktion für einen **Verstoß** des Erbbauberechtigten **gegen** vertragliche **Verpflichtungen** (z.B. Art der Verwendung des Bauwerks, Instandhaltung, Versicherung, Nichtzahlung des Erbbauzinses, Insolvenz des Erbbauberechtigten) ist in Erbbaurechtsverträgen regelmäßig der sog. **Heimfall** vorgesehen. Der Eigentümer kann dann die Übertragung des Erbbaurechts (bzw. des Gebäudes) auf sich überlangen, dieses wird zum sog. Eigentümererbbaurecht. Belastungen des Erbbaurechts sind zu übernehmen, der Erbbauberechtigte ist in der vereinbarten Höhe (bei Wohngebäuden mindestens 2/3 des Gebäudewerts) zu entschädigen. Die Bestimmung des Gebäudewerts soll in der Regel durch die Beteiligten einvernehmlich erfolgen. Da die Vorstellungen über den Gebäudewert oft recht unterschiedlich sein werden, sollte der Erbbaurechtsvertrag eine Bestimmung enthalten, wie der Gebäudewert für alle Beteiligten bindend zu ermitteln ist.

h) Vorrecht auf Erneuerung, Vorkaufsrechte

Die meisten Erbbaurechtsverträge enthalten weiter eine Bestimmung über das **Vorrecht** des **Erbbauberechtigten auf Erneuerung des Erbbaurechts**. Damit ist **nicht** etwa das zwingende Recht des Erbbauberechtigten verbunden, die **Verlängerung** nach Zeitablauf **nach Wunsch verlangen** zu können. Die Rechtsstellung des Erbbauberechtigten entspricht vielmehr der eines Vorkaufsberechtigten. Entscheidet sich der Eigentümer nach Ende der Laufzeit des Erbbaurechts, das Gebäude selbst zu übernehmen, ist das Vorrecht auf Erneuerung gegenstandslos. Nur wenn weiter ein Erbbaurecht am Grundstück bestehen soll, hat der (zuletzt vorhandene) Erbbauberechtigte einen Anspruch auf bevorrechtigte Berücksichtigung.

Zu unterscheiden ist dieses Vorrecht des Erbbauberechtigten auf Erneuerung des Erbbaurechts von den regelmäßig in einem Erbbaurechtsvertrag enthaltenen **gegenseitigen Vorkaufsrechten** bzgl. Grundstück und Erbbaurecht. Sowohl Erbbauberechtigter als auch Grundstückseigentümer können ja grundsätzlich frei über ihr jeweiliges Eigentum an Grundstück bzw. Erbbaurecht verfügen. Auch wenn der Eigentümer sich vorbehalten hat, solchen Verfügungen im Einzelfall zuzustimmen, wird er zur Abgabe dieser Zustimmungserklärung meist verpflichtet sein. Durch die Vereinbarung von Vorkaufsrechten liegt es in der Hand der Vertragsteile zu verhindern, dass an die Stelle des Vertragspartners, den man sich ausgesucht hat, eine andere Person tritt. Der Vorkaufsberechtigte hat jeweils das Recht, Grundstück bzw. Erbbaurecht zu den Bedingungen (insbes. zu dem Kaufpreis), der mit dem Drittkäufer vereinbart wurde, selbst zu erwerben. Das Vorkaufsrecht gewährt allerdings **kein Ankaufsrecht**, d.h. keine Befugnis, unabhängig von einem Verkauf an Dritte den jeweils anderen Gegenstand (Erbbaurecht bzw. Grundstück) nach eigenem Gutdünken hinzuzuerwerben. Die spätere »Komplettierung« des Erbbaurechts um das Grundstück ist also von der Verkaufsbereitschaft des Erbbauausgebers abhängig.

i) Erbbauzins

Der Erbbauzins ist das laufende Entgelt, das der Erbbauberechtigte dem Grundstückseigentümer dafür zu bezahlen hat, dass er den Grund und Boden für lange Zeit zur Nutzung überlassen erhält. Der Erbbauzins kann als **Äquivalent zu einem Kaufpreis, der durch Ratenzahlung erbracht wird**, betrachtet werden, wobei der Unterschied zum Ratenkauf darin besteht, dass das Eigentum beim Kaufvertrag dem Käufer verbleibt, beim Erbbaurechtsvertrag nach Ablauf der Laufzeit des Erbbaurechts auch bzgl. des Gebäudes wieder an den Grundstückseigentümer zurückfällt.

Die **Höhe des Erbbauzinses** unterliegt wie der Kaufpreis über ein Grundstück der **freien Vereinbarung** der Vertragsteile. Insbes. setzt das Gesetz hier auch keine Grenzen nach oben oder nach unten. Oft wird die Höhe des anfänglichen Erbbauzinses nach einem Prozentsatz (z.B. 4%) des Verkehrswerts des Grundstücks bemessen. Maßgeblich bleibt aber immer der Einzelfall bzw. der Grad der jeweiligen Nutzungsmöglichkeit für den Erbbauberechtigten und die Marktverhältnisse vor Ort.

Wegen der langen Laufzeit von Erbbaurechtsverträgen ist es nicht angemessen, für die gesamte Vertragsdauer einen Festbetrag für den Erbbauzins zu vereinbaren. Das Risiko einer Geldentwertung wird daher in nahezu allen Erbbaurechtsverträgen durch die **Vereinbarung einer Wertsicherungsklausel** ausgeschlossen. Dann ändert sich der Erbbauzins z.B. in dem Verhältnis nach oben bzw. nach unten, in dem sich der Preisindex für die Gesamtlebenshaltung aller privaten Haushalte in Deutschland verändert.

Der aus dieser Wertsicherungsvereinbarung Begünstigte – in der Regel wird dies der Grundstückseigentümer sein – muss in der Regel, um in den Genuss der Erhöhung zu kommen, dem anderen Teil die **Änderung der Zahlungspflicht mitteilen.** Zulässig ist es aber auch, zu vereinbaren, dass die veränderte Zahlungspflicht gleichsam »automatisch« eintritt. Die Aufforderung zur Zahlung des angepassten erhöhten Zinses hat dann nicht rechtsgestaltende Wirkung, sondern ist lediglich als Hinweis anzusehen. Seit 1994 ist es möglich, diese Dynamik der Erbbauverzinsung so auszugestalten, dass regelmäßige neuerliche notarielle Nachtragsurkunden samt jeweils neuerlicher Eintragungen im Grundbuch entbehrlich werden. Dies ist uneingeschränkt zu empfehlen.

Wegen der Bezahlung des Erbbauzinses (und auch wegen sonstiger im Vertrag übernommener Zahlungsverpflichtungen) unterwirft sich der Erbbauberechtigte in der notariellen Urkunde häufig der **sofortigen Zwangsvollstreckung.** Dem Grundstückseigentümer wird damit bei Nichtzahlung die Möglichkeit an die Hand gegeben, ohne vorherige gerichtliche Klage Maßnahmen der Zwangsvollstreckung einzuleiten. Diese Regelung dient der Verfahrensverkürzung und der Kostenersparnis.

IV. Vollzug des Vertrags

Nach Vertragsschluss obliegt der Vollzug des Vertrags dem Notar, dem zu diesem Zweck im Vertrag eine umfassende Vollmacht erteilt wird. Mit dem Vollzug ist eine Vielzahl von Tätigkeiten verbunden. So hat der Notar öffentliche Stellen, wie Finanzämter und Gemeinden, zu unterrichten, er überwacht die ordnungsgemäße Eintragung der diversen in der Urkunde bestellten Rechte im Grundbuch und holt alle zu Rechtswirksamkeit und Vollzug des Vertrags erforderlichen Bescheinigungen und Genehmigungen ein. Auch im Nachgang zum Vertragsschluss können sich alle Vertragsteile jederzeit wegen Fragen, die sich im Zusammenhang mit der Erbbaurechtsbestellung ergeben haben, an den Notar wenden.

Die Erläuterungen in diesem Merkblatt enthalten naturgemäß nur eine Auswahl der wichtigsten im Zusammenhang mit Erbbaurechten auftretenden Rechtsfragen. Wir sind stets bemüht, dieses Merkblatt auf dem neuesten Stand zu halten, können jedoch für diese unentgeltliche Serviceleistung keine amtliche Haftung übernehmen. Für weitere Erläuterungen stehen Ihnen meine Mitarbeiter und ich selbstverständlich jederzeit gerne zur Verfügung.

Ich bedanke mich für das entgegengebrachte Vertrauen.

Ihr

.....

(Notar)

E. Gesamtmuster

IX. Merkblatt zu Grundpfandrechten

▶

3898 **Die Grundschuld**

– Hinweise für den Besteller –

Inhaltsverzeichnis

I. Funktion der Grundschuld; Verwertung	Seite (.....)
II. Grundschuld, Hypothek und Darlehensvertrag	Seite (.....)
1. Abstraktionsprinzip	Seite (.....)
2. Verkauf von Immobilienkrediten	Seite (.....)
III. Belastungsgegenstand – Vorwegfinanzierungsgrundschulden	Seite (.....)
1. Belastungsgegenstand, Teilflächenproblematik	Seite (.....)
2. Vorwegfinanzierung	Seite (.....)
IV. Buchgrundschulden und Briefgrundschulden	Seite (.....)
V. Grundschuldurkunde	Seite (.....)
1. Grundschuldzinsen	Seite (.....)
2. Unterwerfung des jeweiligen Eigentümers unter die Zwangsvollstreckung	Seite (.....)
3. Abstraktes Schuldversprechen mit Zwangsvollstreckungsunterwerfung	Seite (.....)
4. Sicherungszweckerklärung	Seite (.....)
5. Abtretung von Rückgewähransprüchen	Seite (.....)
VI. Zusammenfassung	Seite (.....)

I. Funktion der Grundschuld; Verwertung

Privatleute und Unternehmen nehmen zu den verschiedensten Anlässen Kredite bei Banken, Sparkassen oder Bausparkassen auf.

Kreditinstitute führen vor solchen Darlehensvergaben eine Risikoprüfung durch. Je wahrscheinlicher die ordnungsgemäße Rückzahlung des zur Verfügung gestellten Kredits (Darlehens) ist, desto günstiger (billiger) ist der Kredit. Ob eine niedrige Verzinsung für einen Kredit gewährt wird, bemisst sich in erster Linie nach der Qualität der Sicherheiten, die der Kreditnehmer der Bank anbieten kann. Die ideale Sicherheit für eine Bank ist Grundbesitz. Ein als Sicherheit gegebenes Kraftfahrzeug bspw. verliert durch Zeitablauf und Gebrauch rasch an Wert und kann leicht zerstört werden; Grundeigentum ist dagegen wertbeständig, die Fälle der Zerstörung sind selten und in der Regel auch durch entsprechende Versicherungen abgedeckt.

Grundschulden sind (wie Hypotheken) sog. Pfandrechte an Grundbesitz – kurz Grundpfandrechte. Sie ermöglichen dem Grundschuldgläubiger (der Bank, Bausparkasse, Sparkasse etc.) die Verwertung des (Pfand-) Grundbesitzes insbesondere für den Fall, dass ein ausgegebenes Darlehen trotz Fälligkeit nicht zurückbezahlt wird (notleidend wird), und zwar durch **Versteigerung**, also öffentlichen Zwangsverkauf auf Betreiben des Gläubigers durch das Amtsgericht an den Meistbietenden.

Maßgebend für den Wert einer Grundschuld als Sicherheit ist ihr **Rang im Grundbuch**. Die beste Sicherheit bietet stets eine Grundschuld, der keine anderen Rechte vorgehen. Dementsprechend lässt sich ein günstiger Darlehenszins vor allem dann aushandeln, wenn der Bank eine sog. erstrangige Grundschuld als Sicherheit angeboten wird. Für einen günstigen Kredit verlangen die Banken daher in der Regel den Rücktritt bereits eingetragener Rechte im Rang hinter die Grundschuld der Bank. Dies liegt zum einen daran, dass all diejenigen Eintragungen, die nicht auf Zahlung gerichtet sind (z.B. Wohnungsrechte), jedoch im Rang vor der die Versteigerung betreibenden Bank vermerkt sind, auch von dem Ersteher des Objekts übernommen werden müssen, d.h. sich in der Regel wertmindernd auswirken; die vorrangigen auf Zahlung gerichteten Eintragungen, die bestehen bleiben, werden dagegen auf das Gebot des Meistbietenden angerechnet, sodass auf den nachrangigen »betreibenden Gläubiger« unter Umständen nur mehr ein geringer Restbetrag entfällt.

Ein in der Praxis besonders häufiger Fall ist bspw. der folgende:

▶ Die Eltern übertragen ihr Hausanwesen auf die Tochter. Im Notarvertrag wird ein Wohnungsrecht für die Eltern und eine Verpflichtung der Tochter, die Eltern im Krankheitsfalle zu pflegen, aufgenommen. Die Tochter will das Anwesen belasten, um notwendige Renovierungsarbeiten am Haus zu finanzieren.

Die Tochter wird in diesem Fall in der Praxis einen Kredit bei der Bank oft nur dann erlangen können, wenn die Eltern mit ihren Rechten hinter eine Grundschuld für die Bank zurücktreten. Freilich laufen sie dann Gefahr, ihre Rechte im Fall einer Zwangsversteigerung zu verlieren (wenn auch einem Wohnungsrecht durch die gesetzlichen Bestimmungen in der Zwangsversteigerung ein gewisser Schutz gewährt wird). Der Rücktritt (er bedarf der notariellen Beglaubigung), sollte daher nur dann erklärt werden, wenn in keiner Weise zu befürchten steht, dass die Tochter (auch bei späterer Arbeitslosigkeit, Scheidung etc.) in finanzielle Not geraten wird oder aber wenn man selbst bereit ist, für diesen Fall den Schuldendienst zur Vermeidung einer Versteigerung zu übernehmen.

II. Grundschuld, Hypothek und Darlehensvertrag

1. Abstraktionsprinzip

Grundschulden sind reine Sicherungsrechte. In wirtschaftlicher Hinsicht ist im Verhältnis Darlehensnehmer/Bank die Ausgestaltung des **Darlehensvertrags** von weit größerer Bedeutung. Die Bedingungen der Rückzahlung und Verzinsung, Laufzeit, Kündbarkeit etc. des Darlehens bestimmen sich ausschließlich nach den im Darlehens-(=Kredit)vertrag getroffenen Vereinbarungen. Die Grundschuld ist gewissermaßen die »Hülle« um den jeweiligen Darlehensvertrag zur Sicherung eines erleichterten Zugriffs auf das Pfandgut, wenn das Darlehen nicht mehr vertragsgemäß bedient wird. Ohne Bestellung einer Grundschuld müsste der Gläubiger Klage erheben und aus dem dann rechtskräftigen Zahlungsurteil die Zwangsvollstreckung betreiben.

Wird das Darlehen zurückbezahlt, verändert sich die Gründschuld nicht und steht als Sicherungsmittel weiterhin zur Verfügung. Die Grundschuld ist also eine Sicherheit, die sich nicht verbraucht. Dies hat den wesentlichen Vorteil, dass – z.B. nach (ggf. teilweiser) Rückzahlung des Darlehens – **die Grundschuld zur Absicherung eines neuen Kredits wiederverwendet werden kann**; die Grundschuld kann »revalutiert« werden, sofern sie der Besteller nach Tilgung des zunächst gesicherten Darlehens nicht löschen lässt. Da es sich um ein »abstraktes« Sicherungsmittel handelt, brauchen weder Betrag noch Denomination (Währungsbezeichnung »DM« bzw. »EURO«) im Verhältnis zwischen Grundbucheintragung und konkret aufgenommenem Darlehen übereinstimmen. Die Möglichkeit der Revalutierung spart die Kosten einer neuerlichen Bestellung bei Notar und Grundbuchamt und beschleunigt die Auszahlung künftiger neuerlicher Kredite.

Nach Tilgung des zunächst abgesicherten Finanzierungsvorhabens könnte daher die Grundschuld zwar **gelöscht** werden (hierzu bedarf es notariell zu beglaubigender Erklärungen des Eigentümers und des Gläubigers); häufig aber empfiehlt es sich, im Hinblick auf etwaigen weiteren künftigen Finanzierungsbedarf davon abzusehen. Eine Löschung erfolgt dann in der Regel erst bei einem Verkauf des Belastungsobjekts (der vollziehende Notar wird dies für Sie übernehmen), kann aber unter Umständen auch in diesem Fall vermieden werden, wenn der Erwerber die Grundschuld zur Absicherung seiner künftigen Verbindlichkeiten oder gar mitsamt der Darlehensschuld des Verkäufers (dann in Anrechnung auf den Kaufpreis) **übernimmt**.

Diese Flexibilität der Grundschuld hat zur nahezu vollständigen Verdrängung der – dem Namen nach populäreren – Hypothek geführt. Wesentlicher Nachteil der Hypothek ist nämlich, dass sie nach Rückzahlung des aufgenommenen Darlehens nicht wiederverwendet werden kann, sondern sich mit der Tilgung des Kredits verbraucht hat.

E. Gesamtmuster

Stellt man sich die Grundschuld als »Hülle« um das Darlehen vor, wird auch ein weiterer praktischer Vorteil der Grundschuld deutlich. Die **Grundschuld kann sozusagen »auf Vorrat« bestellt werden**. Oftmals ist es z.B. bei Beginn einer Baumaßnahme schwierig abzuschätzen, welche Gesamtkosten entstehen werden. In diesem Fall empfiehlt es sich, den Grundschuldbetrag (also die Höhe der Pfandsicherheit) von Anfang an so zu wählen, dass dieser den maximal zu erwartenden Kreditstand abdeckt. Andernfalls entstehen durch Bestellung einer neuerlichen Grundschuld für den Erhöhungsbetrag vermeidbare Mehrkosten (Notar- und Grundbuchkosten sind degressiv gestaffelt, sinken also prozentual deutlich bei steigenden Gegenstandswerten).

Darlehensverträge unterliegen **keinem Formzwang** und können daher durch privatschriftliche Vereinbarung geschlossen werden. **Grundschulden** dagegen müssen **notariell beurkundet** (und damit verlesen) werden, wenn sie (wie in der Regel) die sofortige Zwangsvollstreckung in die belastete Immobilie und/oder in das sonstige Vermögen des Grundschuldbestellers enthalten, anderenfalls genügt die Beglaubigung der Unterschriften der Besteller durch den Notar gegenüber dem Grundbuchamt. Die Verlesungspflicht im Fall der Beurkundung erstreckt sich allerdings nicht auf die oft sehr umfangreichen ergänzenden Bestimmungen, die z.B. die allgemeinen Geschäftsbedingungen der Banken zu Grundschulden enthalten. Diese müssen allerdings auf jeder Seite durch den Grundschuldbesteller unterzeichnet und damit als rechtsverbindlich anerkannt werden.

2. Verkauf von Immobilienkrediten

Ansprüche aus Kreditverträgen sind – ebenso wie Ansprüche aus Grundschulden – abtretbar, sofern dies nicht bei deren Eingehung oder nachträglich durch Vertrag ausgeschlossen oder an die Zustimmung des Grundstückseigentümers gebunden wurde (was bei Grundschulden im Grundbuch vermerkt werden kann). Fehlt es an einem solchen Ausschluss, steht auch der mögliche Verstoß gegen das Bankgeheimnis der Wirksamkeit des Übergangs nicht entgegen. Dies gilt auch bei einem Kreditverkauf durch Sparkassen, jedenfalls wenn der Kredit notleidend ist (also zwei Monatsraten ausstehen bzw. der Vertrag gekündigt ist). An den Kreditkonditionen ändert sich durch die Abtretung nichts, allerdings wird der Schuldner nach Ablauf der Zinsbindung möglicherweise kein akzeptables Verlängerungsangebot von diesem Gläubiger mehr erhalten. Die Einreden aus dem Sicherungsvertrag (Zweckbindung der Grundschuld für den konkreten Kredit) hat das abtretende Kreditinstitut dem neuen Gläubiger mit zu übertragen, um Schadensersatzansprüche zu vermeiden.

Das am 19.08.2008 in Kraft getretene Risikobegrenzungsgesetz enthält für ab dann geschlossene Darlehensverträge bzw. rechtsgeschäftlich bestellte/erworbene Grundschulden (Art. 229 § 18 EGBGB) zur Verbesserung des Schuldnerschutzes folgende Maßnahmen:

- In allgemeinen Geschäftsbedingungen kann eine vorweggenommene Zustimmung des Kreditnehmers zur Auswechselung des Vertragspartners nicht erteilt werden (§ 309 Nr. 10 BGB n.F.); über die grundsätzliche Abtretbarkeit des Immobiliendarlehens ist der Kreditnehmer vorvertraglich deutlich zu informieren (§ 492 Abs. 1a BGB).
- Der Darlehensgeber ist zu einem Folgeangebot bzw. zum Hinweis auf die Nicht-Verlängerung des Vertrags drei Monate vor Ablauf der Zinsbindung verpflichtet (§ 492a Abs. 1 BGB); ebenso ist der Wechsel des Darlehensgebers unverzüglich anzuzeigen (§ 496 Abs. 2 Satz 1 BGB).
- Die Kündigung eines Immobiliendarlehens setzt Verzug mit mindestens zwei aufeinanderfolgenden Teilzahlungen und mindestens 2,5 Prozent des Darlehensbetrags voraus (§ 498 Abs. 3 BGB).
- Die Möglichkeit des gutgläubigen einredefreien Erwerbs (§ 1157 BGB) ist hinsichtlich der Sicherungsabrede künftig gesetzlich ausgeschlossen; d.h. es findet faktisch ein gesetzlicher Mitübergang der Sicherungsabrede mit der Grundschuld statt (§ 1192 Abs. 1a BGB).
- Wird aus Vollstreckungstiteln durch einen anderen als den in der Urkunde bezeichneten Gläubiger (etwa nach Abtretung) unbefugt (z.B. trotz Erfüllung) vorgegangen, also die Vollstreckung später für unzulässig erklärt, haftet der Gläubiger verschuldensunabhängig (§ 799a ZPO).
- Ist der Darlehensnehmer zur Sicherheitsleistung nicht in der Lage und die Rechtsverfolgung durch ihn aussichtsreich, kann er die Einstellung der Zwangsvollstreckung ohne Sicherheitsleistung verlangen (§ 769 Abs. 1 Satz 2 ZPO).

Weiter wurde § 1193 Abs. 2 BGB um einen Satz 2 ergänzt, demzufolge die Fälligkeit des Kapitals von Grundschulden, die – wie in der Praxis stets – der Sicherung einer Geldforderung dienen, erst sechs Monate nach Kündigung, also nicht mehr sofort, fällig ist. Entgegenstehende Formulierungen in älteren Grundschuldbestellformularen sind demnach schlicht zu streichen. Grundschuldzinsen und Nebenleistungen sowie die Ansprüche aus einem parallel erklärten abstrakten Schuldanerkenntnis können jedoch auch künftig unabhängig von einer Kündigung fällig sein. Eine vollstreckbare Ausfertigung auch in Bezug auf das dingliche Kapital kann weiterhin sofort erteilt werden, wenn der Schuldner in der Urkunde erklärt, dass der Vollstreckungstitel selbst (der prozessuale Anspruch) von keinem weiteren Nachweis abhängen soll, insbesondere nicht vom an sich materiell-rechtlichen Erfordernis der vorherigen Kündigung der Grundschuld. Auch ist zu berücksichtigen, dass der Gläubiger die Kündigung der Grundschuld selbst (nicht des Darlehens) jederzeit aussprechen kann.

III. Belastungsgegenstand – Vorwegfinanzierungsgrundschulden

1. Belastungsgegenstand, Teilflächenproblematik

Banken zahlen die im Darlehensvertrag zugesagten **Darlehensbeträge** in der Regel **erst dann aus**, wenn sie ausreichend abgesichert sind. Dabei genügt es ortsansässigen Banken in der Regel, dass die notarielle Bestellung der Sicherungsgrundschuld erfolgt ist und sie eine Ausfertigung der Bestellungsurkunde übersandt erhalten haben, sodass diese gegenüber dem Kreditinstitut bindend wurde; die Eintragung der Grundschuld im Grundbuch braucht dann oft nicht abgewartet zu werden. Hat der Notar die Grundschuld bereits zur Eintragung vorgelegt und sich davon überzeugt, dass keine Eintragungshindernisse entgegenstehen, kann er auf Anforderung hierüber eine (allerdings gebührenpflichtige!) sog. **Rangbescheinigung** erteilen, für deren Richtigkeit er gegenüber der Bank persönlich haftet.

Probleme ergeben sich, wenn das zu belastende Flurstück im Grundbuch noch gar nicht existiert. Das ist z.B. der Fall, wenn eine **Teilfläche** (etwa eine Bauplatzparzelle) aus einem größeren Grundstück durch Abschluss eines notariellen Vertrags **gekauft wird** und die amtliche Vermessung noch nicht erfolgt ist. Da das gekaufte (Teil-) Grundstück rechtlich erst dann existiert, wenn die Teilfläche im Grundbuch als selbstständiges Grundstück gebildet wurde, ist die Eintragung einer Grundschuld an dieser Teilfläche (noch) nicht möglich.

Manche Banken begnügen sich in diesem Fall damit, dass der Käufer ihnen als »Ersatzsicherheit« zunächst dasjenige verpfändet, worüber er derzeit bereits verfügen kann, nämlich den aufgrund des notariellen Kaufvertrags erworbenen Anspruch auf Verschaffung des Eigentums an der Teilfläche. Diese Verpfändung wird im Rahmen der Grundschuldbestellung dann durch den Notar mit vorgenommen und bei der Teilflächenauflassungsvormerkung des Käufers im Grundbuch vermerkt, so lange bis die Eintragung der eigentlichen Grundschuld möglich wird. Viele Banken halten eine solche Anspruchsverpfändung (z.B. wegen der Gefahr einer Aufhebung des noch nicht erfüllten Kaufvertrags) allerdings nicht für eine ausreichende Sicherheit und zahlen die Darlehensbeträge nicht aus.

Insbesondere wenn eine **Finanzierung aus öffentlichen Geldern**, etwa über die Bayerische Landesbodenkreditanstalt, erfolgt, ist hier große **Vorsicht geboten**, da diese Mittel stets erst dann ausbezahlt werden, wenn die Sicherungsgrundschuld im Grundbuch eingetragen ist. In diesem Fall muss bis zum Abschluss der Vermessung (Erstellung des amtlichen Veränderungsnachweises und dessen Vollzug im Grundbuch) eine anderweitige Zwischenfinanzierung erfolgen.

Wenn eine zeitnahe Auszahlung (zur Finanzierung des Kaufes oder anschließender Baumaßnahmen) bei Teilflächenbeleihungen erforderlich ist, sollte daher unbedingt vorher durch den Kreditnehmer geklärt werden, ob und unter welchen Bedingungen die jeweilige Finanzierungsbank eine Auszahlung vornehmen wird.

2. Vorwegfinanzierung

In aller Regel benötigen Käufer Darlehensmittel (»Fremdkapital«), um den Kaufpreis für den Erwerb einer Immobilie begleichen zu können. Deren Auszahlung erfolgt wiederum erst nach Bestellung und Eintragung der Grundschuld im Grundbuch. Hier entsteht ein Dilemma. In notariellen Kaufverträgen wird einerseits regelmäßig vereinbart, dass der Eigentumswechsel auf den Käufer erst dann eintritt, wenn der Kaufpreis bezahlt wurde (»Zug-um-Zug-Abwicklung«), andererseits benötigt der Käufer aber zu dessen Begleichung eine Grundschuld, die er an sich erst dann eintragen lassen könnte, wenn er Eigentümer des Pfandobjekts ist, was allerdings wiederum die Kaufpreiszahlung voraussetzt.

Diese Problematik wird in der Praxis durch Bestellung einer sog. **Vorwegfinanzierungsgrundschuld** gelöst. Dabei **bevollmächtigt der Verkäufer den Käufer** noch zu Zeiten des Eigentums des Verkäufers **die Finanzierungsgrundschuld zu bestellen**, lässt sich aber im Gegenzug – auch für die Bank des Käufers bindend – zusichern, dass die **Ausreichung der Darlehensbeträge** an den Käufer **ausschließlich zum Zwecke der Bezahlung des Kaufpreises** erfolgen darf. Aufgrund Anweisung erfolgt die Überweisung direkt an den Verkäufer, sodass ein betrügerischer Käufer die Kreditmittel nicht selbst ausgezahlt erhält, um sich bspw. einen teuren Sportwagen damit zu finanzieren, mit dem er im Ausland verschwindet. Die Überwachung dieser Verwendungsbindung (»eingeschränkte Zweckerklärung«) erfolgt durch den Notar; es ist gewährleistet, dass einerseits der Verkäufer den Kaufpreis erhält, andererseits der Finanzierungsbank des Käufers eine ausreichende Sicherung zur Verfügung steht. Ist der Kaufpreis bezahlt, kann der Käufer weitere abgesicherte Darlehensmittel z.B. für Baumaßnahmen einsetzen.

IV. Buchgrundschulden und Briefgrundschulden

Das Gesetz kennt **zwei Arten** von Grundschulden, **Briefgrundschulden** und **Buchgrundschulden**. Der – zunächst banal anmutende – Unterschied ist zunächst der, dass über die Briefgrundschuld nach Eintragung durch das Grundbuchamt ein Grundschuldbrief (DIN A4 – Papier aus besonderem Material, gelbfarben und mit Siegel des Amtsgerichts versehen) erteilt wird.

Hauptvorteil der Briefgrundschuld ist ihre besonders flexible Handhabung bei Abtretungen (also einem Wechsel des Gläubigers). Die Grundschuld kann durch schriftliche Abtretung (die auf Verlangen zu beglaubigen ist) und Übergabe des Briefes übertragen werden; im Grundbuch ist dann nicht ersichtlich, wer wahrer Inhaber der Grundschuld ist. Vollends verschleiert wird das aktuelle Schicksal eines solchen Grundpfandrechts allerdings dann, wenn der Grundstückseigentümer für sich selbst eine sog. **Eigentümerbriefgrundschuld** bestellt und diese anschließend abtritt. Bei der Buchgrundschuld ergibt sich dagegen der derzeitige Inhaber der Grundschuld stets – wie der Name ausdrückt – aus dem Grundbuch.

In der Rechtspraxis sind Briefgrundschulden (die vom Gesetz als Regelfall vermutet werden) allerdings **weniger häufig** als Buchgrundschulden. Dies liegt an den um ein Viertel höheren Grundbuchkosten (für die zusätzliche Erteilung eines Grundschuldbriefes) und an der hohen Sorgfalt, die beim Umgang mit solchen Briefurkunden anzuwenden ist. Geht ein Grundschuldbrief verloren, kann er nämlich nur durch ein sehr zeitaufwändiges und teueres sog. Aufgebotsverfahren für kraftlos erklärt werden. Die Vorlage des Grundschuldbriefes oder eines Ausschlussurteils ist aber erforderlich, um z.B. die Grundschuld später, bei einem Weiterverkauf, zu löschen. Hypothekenbanken und Lebensversicherungsgesellschaften favorisieren allerdings teilweise die Bestellung von Briefgrundschulden, da sie zur körperlichen Hinterlegung der Briefe bei ihren Hauptstellen verpflichtet sind. Ferner können Grundschuldbriefe der Bank zur internen »stillen« Refinanzierung etwa bei einem Partnerinstitut oder der Bundesbank dienen.

V. Grundschuldurkunde

Grundschulden sind Verträge, die in der Regel zwischen (Grundstücks-) Eigentümer (»Besteller«) und Kreditinstituten (»Gläubigern«) geschlossen werden. Beim Notar ist in aller Regel allerdings nur der Besteller anwesend. Dies hat in erster Linie praktische Gründe, ist doch die Grundschuld ein – für die Bank – nahezu alltägliches Rechtsgeschäft, dessen Inhalt, da vorgegebene Formulare verwendet werden müssen, kaum einer Variation unterliegt. Für die Bank wird die Grundschuld durch vorbehaltlose Entgegennahme der Grundschuld bindend (§ 873 Abs. 2 BGB). Die für den Grundschuldbesteller wirtschaftlich wichtigen Verhandlungen über die Konditionen des Darlehens selbst haben ohnehin bereits im Vorfeld der Bestellung des reinen Sicherungsmittels Grundschuld stattgefunden. Erforderlich ist hingegen die Anwesenheit des Grundschuldbestellers und gegebenenfalls der persönlich haftenden weiteren Personen, da dieser den Grundbesitz bzw. sein sonstiges Vermögen der sofortigen Zwangsvollstreckung unterwirft, eine einschneidende Erklärung, die nach den gesetzlichen Bestimmungen nur zu notarieller Urkunde abgegeben werden kann.

Grundschuldurkunden enthalten von (Bank-) Spezialisten entworfene, meist sehr **komplizierte Klauseln**. Der Notar wird sich im Rahmen der Beurkundung bemühen, unverständliche Klauseln zu erläutern und durch die Formulierung der Grundschuldformulare fast zwingend auftretenden Missverständnisse auszuräumen. Der Grundschuldbesteller muss sich jedoch im Klaren darüber sein, dass eine Änderung der vorformulierten, in einer Vielzahl von Fällen erprobten, Grundschuldbedingungen nicht möglich ist. Diese Klauseln unterliegen zudem einer ständigen Überprüfung durch die Gerichte; es handelt sich um »Allgemeine Geschäftsbedingungen«.

Nachstehend seien zumindest die wichtigsten, in nahezu allen Grundschuldformularen vorkommenden Vertragsklauseln, kurz erläutert:

1. Grundschuldzinsen

In Grundschuldurkunden wird meist ein dramatisch hoch anmutender Grundschuldzinssatz zwischen 12% und 20% jährlich vereinbart.

Dies sollte aber keinen Anlass zur Beunruhigung geben. **Grundschuldzinsen sind niemals Zinsen, die wirklich bezahlt werden**. Bezahlt werden – und damit wirtschaftlich maßgebend sind – allein die auf den Darlehensvertrag vereinbarten Zinsen, sowohl bei ordnungsgemäßer Bedienung als auch im Fall eines Zahlungsverzuges mit Verzinsung und/oder Tilgung.

Die gegenüber den tatsächlich vereinbarten Darlehenszinsen weit höheren sog. dinglichen Grundschuldzinsen ermöglichen zum einen eine **flexible »Revalutierung«** der Grundschuld durch Aufnahme eines neuerlichen Darlehens auch dann, wenn – was angesichts der derzeitigen Niedrigzinsphase zu erwarten ist – die für das künftige neue Darlehen zu entrichtenden Zinsen deutlich höher sind als die derzeit vereinbarten oder aber nach Ablauf der Zinsfestschreibung höhere Konditionen unvermeidlich sind. Würde nämlich lediglich der derzeitige tatsächliche Kreditzins von bspw. 6% im Grundbuch eingetragen, könnte die Grundschuld nicht mehr für einen neuerlichen, in 20 Jahren aufzunehmenden Kredit, der dem dann (angenommenen) Zinsniveau von 9% jährlich angemessen zu verzinsen ist, als Sicherheit dienen, und würde damit einen wesentlichen Vorteil (die Wiederverwendbarkeit aufgrund ihrer vom konkreten Darlehen gelösten, abstrakten Natur) ohne Not verspielen. Bei Grundschuldzinsen von z.B. 14% jährlich kann aber ein neuerlicher Kredit von 9,5% Zinsen ohne Weiteres mit abgesichert werden.

Eine weitere Funktion der hohen Grundschuldzinsen liegt in der **Erweiterung des Sicherungsumfangs der Grundschuld**. Der (nominale) Grundschuldbetrag orientiert sich in der Regel an der Darlehenssumme. Gerät der Darlehensnehmer – aus welchen Gründen auch immer – mit Zinsen oder Tilgung in Rückstand, kann sich seine Verbindlichkeit gegenüber der Bank rasch auf (z.B.) 110.000,00 € erhöhen. Dennoch bedeutet dies für die Bank nicht zwingend einen Ausfall ihres Verwertungsrechts in Höhe der 100.000,00 € übersteigenden Summe (mit der Folge, dass sie unerbittlich bereits bei geringen Rückständen die Versteigerung betreiben müsste!) Vielmehr ist der Gläubiger berechtigt, neben dem Hauptsachebetrag von 100.000,00 € für jedes abgelaufene Jahr einen weiteren Betrag von (bei 12% Zinsen) 12.000,00 € zusätzlich aus dem Versteigerungserlös zu entnehmen, maximal natürlich bis zur Höhe des geschuldeten Kreditsaldos. Die seit Eröffnung des Versteigerungsverfahrens und die während der beiden Jahre davor aufgelaufenen dinglichen Zinsen werden hierbei im Rang der Grundschuld selbst berücksichtigt.

2. Unterwerfung des jeweiligen Eigentümers unter die Zwangsvollstreckung

Auch diese Grundschuldbestimmung klingt recht dramatisch, ist aber eine in notariellen Urkunden übliche und notwendige Regelung (§ 800 ZPO). Ein Beispiel möge den Sinn der Bestimmung dadurch erläutern, dass die Folgen deren Fehlens verdeutlicht werden:

E. Gesamtmuster

▶ Der Schuldner S schuldet seiner Bank einen Geldbetrag i.H.v. 20.000,00 €. Zahlt er diesen Betrag nicht zurück, ist die Bank darauf angewiesen, den S auf Rückzahlung vor einem Gericht zu verklagen. Nach Durchführung eines – in vielen Fällen sehr langwierigen und teuren, zumal mit Anwalts- und Gerichtskosten verbundenen – Verfahrens über möglicherweise mehrere Instanzen wird das Gericht, wenn die Forderung der Bank berechtigt ist. den Schuldner zur Zahlung der 20.000,00 € zuzüglich Zinsen und Kosten verurteilen. Damit hat die Bank jedoch ihr Geld noch nicht zurückerhalten. Vielmehr muss sie nun versuchen die Zwangsvollstreckung aus dem Urteil in das Vermögen des Schuldners zu betreiben. Sie könnte z.B. eine Zwangssicherungshypothek am Grundstück des Schuldners eintragen lassen und dann aus dieser Zwangssicherungshypothek wiederum die Versteigerung des Grundbesitzes betreiben. Hat allerdings der Schuldner während des langwierigen Klageverfahrens das Grundstück veräußert und den Erlös ausgegeben, greift die Bank – trotz rechtskräftigen Titels – ins Leere.

Durch die Grundschuldbestimmung über die Unterwerfung unter die sofortige Zwangsvollstreckung wird dieses Verfahren in doppelter Hinsicht verkürzt. Einerseits ist die Grundschuld von vornherein ein Pfandrecht an einem bestimmten Vermögensgegenstand des Schuldners, sodass die Eintragung eines Pfandrechts im Rahmen einer Zwangsmaßnahme überflüssig ist. Andererseits entsteht durch die Unterwerfungserklärung eine »vollstreckbare Grundschuld«. Diese **vollstreckbare Grundschuld ersetzt ein Gerichtsurteil**. Ein langwieriges und teures Gerichtsverfahren ist also entbehrlich. Der Grundschuldgläubiger (Bank) kann sofort aus der Grundschuld die Zwangsversteigerung des Grundstücks betreiben. Die dadurch eintretende Ersparnis und der Zuwachs an Verwertungssicherheit führen wiederum zu allgemein günstigeren Zinskonditionen, was allen Kunden zugutekommt.

Es sei klargestellt, dass der Grundschuldgläubiger (Bank) aus der vollstreckbaren Grundschuld an sich jederzeit die Zwangsvollstreckung in den verpfändeten Grundbesitz betreiben könnte. Solange allerdings der Schuldner seine Verpflichtungen aus dem Darlehensverhältnis erfüllt, also Zins- und Tilgung vertragsgemäß erbringt, verstößt die Zwangsvollstreckung gegen die Zweckerklärung; der Schuldner kann erfolgreich Vollstreckungsgegenklage erheben.

Die Zugriffsmöglichkeit im Wege der Versteigerung des belasteten Flurstücks (die auch aufstehende Gebäude und sonstige wesentliche Bestandteile sowie das Inventar erfasst) richtet sich, wenn eine sog. **dingliche Unterwerfungserklärung** nach § 800 ZPO abgegeben und im Grundbuch eingetragen wird, gegen den »**jeweiligen Eigentümer**«. Überträgt also bspw. der Grundschuldbesteller das belastete Objekt (auch ohne Wissen der Bank) an seinen Sohn und wird sodann der gesicherte Kredit notleidend, kann gleichwohl der Gläubiger auch gegen den Sohn als nunmehrigen Eigentümer vollstrecken. Ein Wechsel im Eigentum hat also dann auf die Verwertungsmöglichkeit in dinglicher Hinsicht – also gegen das Pfandgut selbst gerichtet – keinen Einfluss.

3. Abstraktes Schuldversprechen mit Zwangsvollstreckungsunterwerfung

So gut wie alle Grundschuldformulare enthalten weiter eine – oft kompliziert gefasste – Bestimmung über ein »Abstraktes Schuldversprechen mit Zwangsvollstreckungs-unterwerfung«. Hinter dieser Regelung steckt Folgendes:

Grundschuldbesteller gehen oftmals davon aus, dass sie, da ja das Grundstück verpfändet wird, gegenüber der Bank nur mit diesem Grundbesitz samt Bestandteilen und Inventar haften. Diese Ansicht ist insofern nicht richtig, als der Grundschuldbesteller mit der Bank einen Darlehensvertrag unterzeichnet hat oder unterzeichnen wird, der ihn zur Verzinsung und Rückzahlung **unter Einsatz seines gesamten Vermögens** verpflichtet. Durch das sog. abstrakte Schuldversprechen im Rahmen der Grundschuldurkunde wird nochmals unabhängig – »abstrakt« – anerkannt, dass eine Schuld gegenüber der Bank in Höhe des Grundschuldbetrags besteht, eine Verschärfung oder Erweiterung der Haftung ist damit zunächst nicht verbunden; erreicht wird zunächst nur eine Beweiserleichterung für die Bank.

Das abstrakte Schuldversprechen kann aber deshalb besondere Bedeutung gewinnen, weil damit eine **Zwangsvollstreckungsunterwerfung hinsichtlich des gesamten Vermögens** des Bestellers enthalten ist. Aufgrund der Zwangsvollstreckungsunterwerfung bzgl. des Grundbesitzes (vorstehend Gliederungspunkt V. 2.) wird der Bank eine schnelle Verwertung der verpfändeten Immobilie ermöglicht. Die Vollstreckungsunterwerfung auch bzgl. des sonstigen Vermögens erweitert den Kreis ihrer Zugriffsmöglichkeiten, wenn das Darlehen notleidend wird. Sie kann nun beispielsweise den Lohn des Schuldners oder seinen Zweit-Pkw pfänden. Diese Möglichkeit ist insbesondere dann von Bedeutung, wenn der aus der Verwertung des Pfandgrundbesitzes erzielte Erlös zur Befriedigung der Forderungen der Bank nicht ausreicht oder aber bei geringeren Rückständen nicht sofort zum »letzten Mittel« der Versteigerung der Immobilie selbst gegriffen werden soll.

Zur Verdeutlichung möge folgendes Beispiel dienen:

▶ Schuldner S schuldet der Bank insgesamt 300.000,00 €. Am Grundstück von S ist eine Grundschuld über 250.000,00 € samt 15% Zinsen jährlich eingetragen. In der Grundschuldurkunde ist auch eine Bestimmung über die Zwangsvollstreckungsunterwerfung hinsichtlich des sonstigen Vermögen des Schuldners enthalten. Vier Jahre nach Bestellung der Grundschuld bringt die Bank, nachdem S seine Schulden nicht bezahlt, das Grundstück zur Versteigerung. Bei der Versteigerung werden 200.000,00 € erzielt.

Mit der Versteigerung des Grundbesitzes aus der Grundschuld haben sich die übersteigenden Schulden des S nicht etwa erledigt sondern bestehen i.H.v. 100.000,00 € fort. Die Bank hat nunmehr die Möglichkeit auf andere Vermögenswerte des S (Sparkonten, Pkw) zuzugreifen. Aufgrund der Unterwerfung unter die sofortige Zwangsvollstreckung ist der Bank ein sehr schneller Zugriff etwa im Wege der Gehaltspfändung oder sonstiger Zwangsmaßnahmen gestattet.

Darlehensschuldner und Eigentümer müssen nicht dieselbe Person sein. So liegt es z.B., wenn Eltern (Eigentümer) ihren Grundbesitz für Schulden des Kindes (Darlehensnehmer) verpfänden. In diesem Fall übernimmt allerdings ausschließlich das Kind als Darlehensnehmer auch in der Grundschuldurkunde die volle persönliche Haftung. Die Haftung der Eltern als Eigentümer beschränkt sich dann in der Regel auf den belasteten Grundbesitz, während die wahren Darlehensnehmer die persönliche Haftung (mit Unterwerfung unter die Vollstreckung in ihr sonstiges Vermögen) übernehmen.

4. Sicherungszweckerklärung

Eine besonders wichtige Regelung im Zusammenhang mit der Grundschuldbestellung ist die Abrede über den **Sicherungszweck**, auch Sicherungsvereinbarung oder Sicherungsvertrag genannt.

Die Sicherungsabrede unterliegt nicht dem Zwang der notariellen Beurkundung, kann also durch privatschriftliche Vereinbarung mit der Bank jederzeit geschlossen, aufgehoben, erneuert und abgeändert werden.

Die Sicherungsabrede regelt, welche Forderungen im Einzelnen durch die Grundschuld abgesichert sind. Sie stellt also gewissermaßen die Verbindung zwischen der äußeren Hülle (Grundschuld) und deren Inhalt (Darlehen) dar. Nur wenn ein Darlehen in den Sicherungszweck der Grundschuld einbezogen wurde, kann die Bank auch aus der Grundschuld vorgehen, wenn die Rückzahlung des Darlehens nicht erfolgt.

Zur Verdeutlichung folgendes Beispiel:

▶ Schuldner S schuldet der Bank 100.000,00 € wegen Finanzierung eines Hausbaus und 20.000,00 € wegen Anschaffung eines Pkw. Wegen des Hausbaudarlehens wurde eine Grundschuld eingetragen, deren Sicherungszweck ausdrücklich hierauf begrenzt ist. Zahlt nun der Eigentümer zwar die Raten für das Hausbaudarlehen, erbringt aber keine Leistungen auf den Autodarlehensvertrag, kann die Bank aus der Grundschuld nicht vorgehen, sondern müsste – wie geschildert – Klage erheben.

E. Gesamtmuster

Um solche Probleme zu vermeiden enthalten die von den Banken vorformulierten Sicherungsvereinbarungen regelmäßig einen umfassenden Sicherungszweck etwa dahin gehend, dass alle Ansprüche aus der gesamten Geschäftsverbindung – gleich aus welchem Rechtsgrund – abgesichert seien. Dies ist an sich für einen Darlehensnehmer kein Problem; er hat es ja selbst in der Hand, welche Verbindlichkeiten er bei der Bank eingeht. Ist nicht gewünscht, dass eine bestimmte Verbindlichkeit in den Sicherungszweck der Grundschuld einbezogen wird, kann dies gesondert vereinbart werden bzw. notfalls das Darlehen (zu allerdings dann höheren, da ungesicherten, Konditionen) bei einer anderen Bank aufgenommen werden.

Schwierig wird es, wenn die Grundschuld nicht (nur) für eigene Verbindlichkeiten des Eigentümers sondern (auch) für Schulden Dritter Sicherheit gewährleisten soll. In diesem Fall ist es für den Eigentümer unzumutbar, dass sein Grundbesitz nicht nur für die konkrete Darlehensschuld, die Anlass der Grundschuldbestellung war, sondern auch für alle künftigen sonstigen Verbindlichkeiten des Darlehensnehmers haften soll. Ein solch umfassender Sicherungszweck bei der Haftung für Drittverbindlichkeiten ist daher jedenfalls in Allgemeinen Geschäftsbedingungen unzulässig.

Zur Verdeutlichung möge folgendes Beispiel dienen:

▶ Die Eltern E bestellen eine Grundschuld zu 100.000,00 € als Sicherheit für ein Existenzgründungsdarlehen, das die Bank B ihrer Tochter T gewährt hat. Später nimmt die Tochter zur Finanzierung ihres Firmenwagens ein weiteres Darlehen zu 20.000,00 € auf, das sie nicht zurückzahlt. Erklären sich die Eltern in diesem Fall nicht ausdrücklich mit der Einbeziehung des zweiten Darlehens in den Sicherungszweck der Grundschuld einverstanden, kann die Bank Vollstreckungsmaßnahmen nicht vornehmen.

Diese Situation der Haftung für Drittverbindlichkeiten ist durchaus alltäglich. Sie liegt nämlich im Grunde bereits immer dann vor, wenn Ehegatten für einen gemeinsamen Hausbau ein Darlehen aufnehmen und eine Grundschuld an dem Haus, das ihnen zur Hälfte gehört, bestellen. Auch in diesem Fall, sollte ausgeschlossen sein, dass z.B. die Haushälfte der Ehefrau für Schulden des Ehemannes, die dieser ohne Wissen der Ehefrau eingegangen ist, haftet. Da dies in vielen Bankgrundschuldformularen nicht ausdrücklich zu entnehmen ist, ist es jedenfalls an meiner Notarstelle üblich, dass eine entsprechende Klarstellung durch den Notar in die Urkunde eingefügt wird.

5. Abtretung von Rückgewähransprüchen

Die wohl am wenigsten verständliche Bestimmung in Grundschuldurkunden (bzw. in der Anlage zum verlesenen Teil der Urkunde) ist die Regelung über die »Abtretung von Rückgewähransprüchen«.

Was gemeint ist, lässt sich am besten an einem Beispiel verdeutlichen:

▶ Eigentümer E bestellt im Jahre 1999 an seinem Hausgrundstück für Bank I im ersten Rang eine Grundschuld zu 50.000,00 € und für Bank II im zweiten Rang eine Grundschuld zu 40.000,00 €. Nach Ablauf von zehn Jahren hat er das durch Bank I gewährte Darlehen i.H.v. 50.000,00 € getilgt.

Bank I ist damit zwar noch als Grundschuldberechtigte im Grundbuch eingetragen, eigentlich steht aber die Grundschuld jetzt dem Eigentümer zu, der sie durch Tilgung des Darlehens sozusagen »zurückerworben« hat. Ihm steht ein »Rückübertragungsanspruch« zu. Andererseits hat der Eigentümer aber an sich auch die Möglichkeit, auf die (zurückbezahlte) Grundschuld erneut ein Darlehen aufzunehmen, die Grundschuld also zu revalutieren, sodass er normalerweise diesen Anspruch nicht geltend machen wird.

Eine solche Revalutierung wird Bank II nicht gerne sehen. Nach Rückzahlung des von Bank I gewährten Darlehens stand ja die Grundschuld von Bank I nur noch als »leere Hülle« vor dem Recht von Bank II. Das Recht von Bank II, das an sich mit jeder Rückzahlungsrate, die auf das Darlehen von Bank I erbracht wurde, wertvoller geworden war, wäre durch die Revalutierung entwertet. Vor einer solchen Entwertung ihrer Rechte kann sich Bank II schützen, indem sie sich die Rückübertragungsansprüche, die der Eigentümer gegenüber Bank I hat oder haben wird, abtreten lässt. Dann nämlich wirkt eine Revalutierung gegenüber Bank II nur, wenn sie dieser zustimmt.

Die Abtretung der Rückgewähransprüche dient damit also in erster Linie der Sicherung des Aufrückens der nachrangigen Grundschuldgläubiger im Rang.

VI. Zusammenfassung

Stark verkürzt lassen sich folgende Grundsätze festhalten:
- **Grundschulden** verbrauchen sich durch Darlehensrückzahlung nicht und **können** als Sicherheit **wiederverwendet werden**;
- ist nicht absehbar, in welchem Umfang Darlehensmittel benötigt werden, **können Grundschulden in ausreichender Höhe »auf Vorrat« bestellt** werden;
- werden unvermessene **Teilflächen** gekauft, ist zu klären, unter **welchen Voraussetzungen** (Grundschuld**eintragung** oder nicht?) die Bankdarlehen **ausgezahlt** werden;
- **Grundschuldzinsen** werden nicht bezahlt, sondern ermöglichen eine Wiederverwendung der Grundschuld bei künftigen weiteren, höher verzinslichen neuen Darlehen und erhöhen den Sicherungsumfang der Bank;
- durch die **Zwangsvollstreckungsunterwerfung** kann im Verwertungsfall (bei notleidend gewordenen Darlehen) eine **rasche Verwertung** des Grundbesitzes erfolgen;
- obwohl die Grundschuld nur am Grundbesitz eingetragen wird, **beschränkt sich** die **Haftung** in der Regel **nicht auf** diesen **Grundbesitz**, vielmehr wird mit dem ganzen Vermögen gehaftet;
- bei Vereinbarung des Sicherungszwecks der Grundschuld (Sicherungsabrede) sollte man genau **darauf achten, welche und wessen Verbindlichkeiten abgesichert** werden.

Die Erläuterungen in diesem Merkblatt enthalten nur eine Auswahl der wichtigsten im Zusammenhang mit Grundschulden auftretenden Rechtsfragen. Wir sind stets bemüht, dieses Merkblatt auf dem neuesten Stand zu halten, können jedoch für diese unentgeltliche Serviceleistung keine amtliche Haftung übernehmen. Für weitere Erläuterungen stehen Ihnen meine Mitarbeiter und ich selbstverständlich jederzeit gerne zur Verfügung.

Ich bedanke mich für das entgegengebrachte Vertrauen.

Ihr

.....

(Notar)

E. Gesamtmuster

X. Merkblatt »Grunderwerbsteuer«

▶

3899 Inhaltsübersicht

I.	**Besteuerungstatbestände**	Seite (.....)
1.	Grundstücksübertragungen	Seite (.....)
2.	Übergang der Verwertungsbefugnis	Seite (.....)
3.	Gesellschafterwechsel	Seite (.....)
II.	**Ausnahmen von der Besteuerung**	Seite (.....)
1.	Näheverhältnisse	Seite (.....)
2.	Schenkungsteuerliche Tatbestände	Seite (.....)
3.	Bagatelltatbestände	Seite (.....)
4.	Erwerb von oder durch eine Personengesellschaft	Seite (.....)
5.	Rückabwicklungen	Seite (.....)
III.	**Besteuerungsgrundlage**	Seite (.....)
IV.	**Steuersatz**	Seite (.....)
V.	**Behördliche Abwicklung**	Seite (.....)
VI.	**Fälligkeit und Entrichtung der Steuer**	Seite (.....)

Die meisten Übertragungsvorgänge in Bezug auf inländischen Grundbesitz lösen Grunderwerbsteuer aus. Sie bildet – neben den Maklergebühren – den mit Abstand spürbarsten Bestandteil der sogenannten Erwerbsnebenkosten. Die Steuer erhöht – wie die Notar- und Grundbuchkosten für den Kaufvertrag selbst – die Bemessungsgrundlage für einkommensteuerliche Abschreibungen; bei eigengenutzten Immobilien bleibt sie einkommensteuerlich naturgemäß unberücksichtigt.

Das folgende Merkblatt soll Sie im Überblick über die Besteuerungstatbestände (I), Ausnahmen von der Besteuerung (II), die Bemessungsgrundlage (III), den Steuersatz (IV), die behördliche Abwicklung (V) sowie Fälligkeit und Entrichtung der Steuer (VI) unterrichten.

I. Besteuerungstatbestände

1. Grundstücksübertragungen

Grundtatbestand ist gemäß § 1 Abs. 1 Nr. 1 Grunderwerbsteuergesetz (GrEStG) jedes Rechtsgeschäft, das den Anspruch auf Übereignung eines **Grundstücks** (im ganzen oder hinsichtlich einer Teilfläche, bebaut oder unbebaut) oder einer **Eigentumswohnung** bzw. eines **Erbbaurechts** (siehe hierzu das Merkblatt zu »Erbbaurechten«) begründet.

Die Vereinbarung bloßer Vorkaufsrechte oder bedingter Rückkaufsrechte löst ebensowenig Grunderwerbsteuer aus wie die bloße Abgabe eines Angebots, solange es noch nicht angenommen wurde.

Auch der »**Zuschlag**« an den Meistbietenden bei einem gerichtlichen Zwangsversteigerungsverfahren löst Grunderwerbsteuer aus, § 1 Abs. 1 Nr. 4 GrEStG.

Auch der Vertrag über die erstmalige **Begründung (Entstehung) eines Erbbaurechts** unterliegt der Grunderwerbsteuer, da Erbbaurechte wie Grundstücke behandelt werden.

2. Übergang der Verwertungsbefugnis

Weitere, eigenständige Besteuerungstatbestände sind Vorgänge, bei denen eine »Verwertungsbefugnis« in bezug auf inländischen Grundbesitz übertragen wird (geregelt insbesondere in § 1 Abs. 1 Nr. 5 bis 7 GrEStG). Hauptanwendungsfälle sind die **Ausübung eines Benennungsrechts** aus einem Angebot, wenn der Benennende damit ein eigenes wirtschaftliches Interesse verfolgt, beispielsweise eine »Prämie« für die Ausübung des Benennungsrechts erhält und damit einen

Zwischenhändlergewinn realisiert, ebenso der »atypische Maklervertrag«, bei dem der Makler ein fremdes Grundstück aufgrund notarieller Vollmacht (oder eines Angebots) in fremdem Namen, aber nur teilweise auf fremde Rechnung veräußert und den über den Garantiebetrag hinausgehenden Erlös behalten darf.

3. Gesellschafterwechsel

Eine weitere, im einzelnen sehr komplexe Fallgruppe bilden **Gesellschafterwechsel bei Personengesellschaften** (etwa OHG, KG, GbR) bzw. **Kapitalgesellschaften** (etwa GmbH, AG), die über inländischen Grundbesitz verfügen. § 1 Abs. 2a GrEStG erfasst den Übergang von mindestens 95 % der Anteile am Vermögen einer immobilienbesitzenden Personengesellschaft auf neue Gesellschafter, wobei alle Erwerbe während eines Fünf-Jahres-Zeitraums zusammengerechnet werden. Auch mittelbare Änderungen des Gesellschafterbestands, etwa ein Wechsel des Treugebers oder Änderungen bei einer Gesellschaft, die ihrerseits wiederum einen Anteil an einer grundbesitzhaltenden Personengesellschaft hält, sind erfasst, nicht jedoch Gesellschafterwechsel durch Tod. Als Auffangtatbestand führt ferner § 1 Abs. 3 GrEStG bei Kapitalgesellschaften und bei Personengesellschaften zu einer Besteuerung, wenn mindestens 95 % aller Anteile sich in einer Hand vereinigen (abgestellt wird also nicht auf den Übergang auf neue Gesellschafter, sondern auf die fast vollständige Anteilsvereinigung, wobei auch hier die mittelbare Anteilsvereinigung und die Vereinigung in der Hand mehrerer Unternehmen, die steuerlich als sogenannter »Organkreis« zusammengerechnet werden, genügen).

II. Ausnahmen von der Besteuerung

1. Näheverhältnisse

Besonders praxisrelevant ist die Steuerfreistellung von Grundstücksübertragungen zwischen **Verwandten in gerader Linie** (Eltern an Kinder oder umgekehrt, unter Einschluss von Stiefkindern, ebenso den Ehegatten bzw. eingetragenen Lebenspartnern der Kinder/Stiefkinder), ebenso Grundstücksübertragungen unter **Eheleuten** und (seit 14.12.2010) auch unter eingetragenen **gleichgeschlechtlichen Lebenspartnern** sowie der Erwerb eines Grundstücks vom geschiedenen Ehegatten/Lebenspartner im Zug der Auseinandersetzung des Vermögens nach einer Scheidung.

Gleiches gilt für Rechtsgeschäfte aus Anlass der Teilung eines Nachlasses (also beispielsweise die erstmalige Auseinandersetzung einer Erbengemeinschaft, auch bei Rechtsgeschäften des verstorbenen Ehegatten mit den Erben seines Ehepartners etwa im Rahmen der Abfindung einer Zugewinnausgleichsforderung durch ein Grundstück). Gemäß § 3 Nr. 3 Satz 3 GrEStG zählt zum Kreis der insoweit begünstigten »Miterben« auch der Ehegatte/Lebenspartner eines Miterben.

2. Schenkungsteuerliche Tatbestände

Gemäß § 3 Nr. 2 Satz 1 GrEStG geht die Schenkungsteuer der Grunderwerbsteuer vor. Demzufolge gilt: All diejenigen Vereinbarungen im Rahmen einer an sich unentgeltlichen Grundstücksübertragung, die bei der Bemessung der Schenkungsteuer abgezogen werden können (z.B. der Vorbehalt eines Nießbrauchs, die Vereinbarung einer Rentenzahlung o.ä.), unterliegen wiederum der Grunderwerbsteuer, falls nicht die personenbezogenen Ausschließungsgründe, oben 1 entgegenstehen.

3. Bagatellgrenze

§ 3 Nr. 1 GrEStG stellt schließlich den Erwerb eines Grundstücks steuerfrei, wenn der für die Berechnung der Steuer maßgebende Wert 2.500 € nicht übersteigt. Entgegen früherer Praxis ist es nicht mehr möglich, bei Veräußerung oder Erwerb mehrerer Personen den Vorgang künstlich in einzelne Tatbestände aufzuspalten, um in den Genuß dieser Freistellung zu kommen (Verkauf eines Grundstücks durch A und B an C und D für gesamt 9.000 € lässt sich also nicht in vier Vorgänge zu je 2.250 € zerlegen).

4. Freistellung beim Erwerb von oder durch eine Personengesellschaft

Auch die Veräußerung eines Grundstücks durch einen Alleineigentümer an eine Personengesellschaft (sogenannte »Gesamthand«), an der er beteiligt ist (z.B. eine OHG, KG, GbR, bei der er Gesellschafter ist), verwirklicht dem Grunde nach einen grunderwerbsteuerpflichtigen Vorgang, ebenso wie umgekehrt die Veräußerung eines Grundstücks durch eine solche Gesamthand an eines ihrer Mitglieder. Allerdings wird gemäß §§ 5 Abs. 2, 6 Abs. 2 GrEStG der Vorgang hinsichtlich der Quote freigestellt, hinsichtlich welcher der Veräußerer bzw. der Erwerber auch an der Gesamthand beteiligt ist (bei beispielsweise drei Gesellschaftern mit gleichen Anteilen und Übergang von bzw. an einen der ihren zu Alleineigentum demnach zu einem Drittel).

Um Umgehungen zu vermeiden, wird jedoch im Fall der Übertragung an einen Alleineigentümer die Freistellung rückwirkend versagt, wenn der Anteil des nunmehrigen Alleineigentümers an der veräußernden Gesamthand sich binnen fünf Jahren nach dem Übergang des Grundstücks vermindert (in Höhe dieser nachträglichen Anteilsreduzierung findet eine Nachbesteuerung statt). Umgekehrt wird beim Übergang von einem Alleineigentümer an eine Gesamthand die Besteuerung durchgeführt in Höhe des Anteils, um den der Einbringende seinen Anteil an der erwerbenden Gesamthand in den letzten fünf Jahren vor der Einbringung erhöht hat; die Freistellung wird also nur gewährt für den Anteil, den er schon fünf Jahre vor der Einbringung an der erwerbenden Gesamthand hatte, um Umgehungen durch kurzfristige Anteilsverschiebungen zu vermeiden.

5. Rückabwicklungen

Ein rückwirkendes Stornieren der Steuer (und damit eine Erstattung bereits gezahlter Steuer, jedoch ohne Zinsen) tritt gemäß § 16 GrEStG ein, wenn binnen zwei Jahren nach Vornahme des Rechtsgeschäfts dieses einvernehmlich aufgehoben und tatsächlich vollständig rückabgewickelt wird, ferner dann, wenn – auch nach Ablauf von zwei Jahren – aufgrund der Nichterfüllung von Vertragsbedingungen berechtigterweise der Rücktritt erklärt wird (oder das Erstgeschäft wirksam angefochten wurde) und jeweils tatsächlich auch die vollständige Rückabwicklung nachfolgt.

Eine einvernehmliche Aufhebung (ohne Vorliegen einer Vertragsverletzung) nach Ablauf von zwei Jahren führt allerdings schlicht zum Entstehen der Grunderwerbsteuer auch für den zweiten Vorgang in umgekehrter Richtung.

III. Bemessungsgrundlage

Gemäß § 8 Abs. 1 GrEStG ist Bemessungsgrundlage der Wert der Gegenleistungen, soweit sie auf Grundstück und Gebäude entfallen. Entgegen der irreführenden Bezeichnung »Grund«erwerbsteuer sind also auch die fest mit dem Grundstück verbundenen Bestandteile, der Bewuchs, vor allem aber die Gebäude, miterfasst.

Nicht in die Bemessungsgrundlage einbezogen sind jedoch Kaufpreisbestandteile, die auf mitverkaufte bewegliche Gegenstände (Inventar, Mobiliar) entfallen, auf mitübertragene Rechte (Ansprüche aus einer Baugenehmigung, mitverkaufte Planungen, landwirtschaftliche Betriebsprämienrechte, Milchreferenzmengen) sowie auf Kapitalvermögen, das mitübertragen wird (Guthaben auf einem Hauskonto, anteiliges Guthaben in der Instandhaltungsrücklage des Verbands der Wohnungseigentümer beim Verkauf einer Eigentumswohnung). Auch sonstige bauliche Komponenten, die nicht festen Bestandteil des Gebäudes bilden, etwa Solar- und Photovoltaikanlagen, können bei getrennter Ausweisung die Grunderwerbsteuer reduzieren.

Erscheint dem Finanzamt der im Kaufvertrag angegebene Wertansatz, insbesondere für mitübertragene bewegliche Gegenstände, Kücheneinrichtung etc., überhöht, wird es Plausibilitätsnachweise (Rechnungen, Fotos etc.) verlangen.

Entrichtet der Käufer, weil er insoweit optiert hat, zusätzlich Umsatzsteuer (seit 01.04.2004 unmittelbar an das Finanzamt, nicht mehr an den Verkäufer), zählt diese nicht zur grunderwerbsteuerpflichtigen Gegenleistung.

Zur Gegenleistung zählen der Kaufpreis, gleich ob durch Einmalzahlung oder in wiederkehrenden Leistungen (dann allerdings in abgezinster Höhe) zu entrichten, Schuldübernahmen und die Erstattung sonstiger Aufwendungen des Verkäufers, etwa von naturschutzrechtlichen Ausgleichsmaßnahmen, die eine veräußernde Kommune - auch an anderer Stelle – erbringt. Verkauft eine Gemeinde einen Bauplatz gegen Zahlung des Grund-und-Boden-Preises zuzüglich des Erschließungsaufwands, ist darauf abzustellen, ob letzterer Erschließungsaufwand zivilrechtlich – als Kaufpreis – geltend gemacht wird oder ob er öffentlich-rechtlich – als Abgabe – verlangt wird, was allerdings nur möglich ist, wenn nach den jeweiligen landesrechtlichen Vorschriften die Gemeinde nicht selbst bereits Beitragsschuldner ist.

Bei den gesellschaftsrechtlichen Ersatztatbeständen ohne unmittelbare Gegenleistung, etwa der Anteilsvereinigung in einer Hand, gilt als »Hilfswert« der Wertansatz, der bis Ende 2008 auch bei der Schenkungsteuer in Bezug auf Immobilien zugrunde gelegt wurde (also der 12,5fache Jahres-Netto-Mietwert, zuzüglich 20 % Aufschlag bei Ein- oder Zwei-Familien-Häusern, abzüglich 0,5 % Alterungsabschlag pro Jahr für maximal 50 Jahre, mindestens jedoch 80 % des reinen Grundstückswerts nach aktueller Bodenrichtwertkarte ohne Gebäudeansatz). Ob dieser fiktive Wert tatsächlich weiter gelten darf, wird allerdings verfassungsrechtlich bezweifelt.

Bei Verträgen über Grundstücke, die im inneren, sachlichen Zusammenhang anschließend bebaut werden, unterwirft die Finanzverwaltung und die Rechtsprechung nach den sogenannten **Grundsätzen des einheitlichen Vertragswerks** auch die werkvertragliche Vergütung der Grunderwerbsteuer. Dadurch entsteht faktisch eine Doppelbelastung mit Grunderwerb- und Umsatzsteuer in bezug auf die Bauleistungen. Der verlangte enge objektive Zusammenhang zwischen Kauf- und Werkvertrag wird unabhängig von der Reihenfolge der Vertragsabschlüsse und unabhängig davon, ob dieselben Personen beteiligt sind, regelmäßig angenommen, wenn ein mit dem Veräußerer personell, wirtschaftlich oder gesellschaftsrechtlich verbundener Bauunternehmer auftritt, ferner wenn faktisch ein Zwang zum Abschluss eines Bauvertrags ausgeübt wird, etwa aufgrund eines überhöhten Grundstückskaufpreises oder durch rasche zeitliche Abfolge, beispielsweise den Abschluss des Gebäudeerrichtungsvertrags bereits vor dem Grundstückkaufvertrag.

IV. Steuersatz

Der Steuersatz beträgt grundsätzlich 3,5 % der in III. bezeichneten Bemessungsgrundlage. Allerdings können seit der Föderalismusreform die Länder abweichende Steuersätze bestimmen.

▶ Bisher haben von dieser Änderungsbefugnis Gebrauch gemacht:
- Berlin mit Wirkung ab 01.01.2007 auf 4,5 %, (zum 01.04.2012 ist eine weitere Erhöhung auf 5 % geplant)
- Hamburg mit Wirkung ab 01.01.2009 auf 4,5 %
- Sachsen-Anhalt mit Wirkung ab 01.03.2010 auf 4,5 %, ab 01.03.2012 auf 5,0 %
- Niedersachsen und Bremen mit Wirkung ab 01.01.2011 auf 4,5 %
- das Saarland mit Wirkung ab 01.01.2011 auf 4,0 %
- Brandenburg mit Wirkung ab 01.01.2011 auf 5,0 %
- Thüringen mit Wirkung ab 07.04.2011auf 5,0 %
- Nordrhein-Westfalen mit Wirkung ab 01.10.2011 auf 5,0 %
- Baden-Württemberg mit Wirkung ab 05.11.2011 auf 5,0 %
- Schleswig-Holstein mit Wirkung ab 01.01.2012 auf 5,0 %.

V. Behördliche Abwicklung

Der Notar ist (in Durchbrechung seiner sonst gegebenen Pflicht zur Verschwiegenheit) verpflichtet, dem örtlich zuständigen Grunderwerbsteuerfinanzamt den Veräußerungsvorgang (bzw. entsprechende gesellschaftsrechtliche Übertragungsvorgänge) anzuzeigen, und zwar durch Übersendung einer einfachen Abschrift der Urkunde und Ausfüllen eines hierfür geschaffenen Formulars (»Veräußerungsanzeige«). Hierbei sind Vor- und Zuname und Anschrift des Veräußerers und des Erwerbers mitzuteilen, ferner – seit 14.12.2010 – deren steuerliche Identifikationsnummer gemäß § 139b AO bzw. bei Unternehmen (Freiberuflern, Gewerbetreibenden, Personengesellschaften und juristischen Personen) die wirtschaftliche Identifikationsnummer gemäß § 139c AO.

Es handelt sich dabei um eine aus elf Ziffern bestehende Nummer, die jeder in Deutschland Gemeldete, potentiell Steuerpflichtige ab der Geburt zugeordnet erhält, und die nur einmal vergeben wird. Seit Ende 2008 sind diese steuerlichen Identifikationsnummern durch das Zentralamt für Steuern zugewiesen worden. Die Nummer ist nicht zu verwechseln mit der Einkommensteuernummer, die vom lokalen Finanzamt zugeteilt wird, ebenso wenig mit der Umsatzsteuer-Identnummer, die für Unternehmer im grenzüberschreitenden Verkehr für umsatzsteuerliche Zwecke vergeben wird.

E. Gesamtmuster

Sie erleichtern diese Mitteilung, wenn Sie die steuerliche Identnummer zur Beurkundung bereithalten oder sie uns bereits vorab melden.

Die zusätzliche Angabe dieser Nummer soll es dem Finanzamt erleichtern, den Veranlagungsstellen (Einkommensteuer- bzw. Umsatzsteuerstellen) über den Grundstücksvorgang zu berichten. Dadurch kann das Veranlagungsfinanzamt z.B. prüfen, ob die Anschaffung der Immobilie angesichts der bisher bekannten Tatbestände plausibel und finanzierbar erscheint.

VI. Fälligkeit und Entrichtung

Grunderwerbsteuer fällt solange noch nicht an, als für die Wirksamkeit des Vertrags erforderliche **Genehmigungen** (etwa behördliche oder gerichtliche Genehmigungen oder privatrechtliche Zustimmungen nicht erschienener Beteiligter) noch ausstehen oder eine im Vertrag vereinbarte **aufschiebende Bedingung** noch nicht eingetreten ist (anders verhält es sich jedoch, wenn der Vertrag wirksam abgeschlossen und zustande gekommen ist und lediglich Rücktrittsrechte vorbehalten sind: Grunderwerbsteuer fällt sofort an, wird aber bei wirksamer Ausübung des Rücktrittsrechts – zinslos – zurückerstattet, siehe unten Nr. II. 5.

Die Zahlungsfrist beträgt einen Monat nach Zugang des Steuerbescheids.

Entrichtet der Käufer die Grunderwerbsteuer nicht, kann das Finanzamt aufgrund zwingender gesetzlicher Vorschrift auch den Verkäufer hierfür als Zweitschuldner in Anspruch nehmen. Dies lässt sich nicht durch Vertragsklauseln verhindern. Allerdings kann – wie dies an meiner Amtsstelle regelmäßig geschieht – vereinbart werden, dass die Nichtentrichtung der Grunderwerbsteuer durch den Käufer einen Tatbestand darstellt, der den Verkäufer zum Rücktritt vom Vertrag berechtigt, so dass – wie oben II. 5 erläutert – aufgrund dieser Rückabwicklung die Grunderwerbsteuer wiederum storniert wird und damit das Risiko der Inanspruchnahme aus der Zweitschuldnerhaftung für den Veräußerer entfällt.

Für weitere Fragen zur Grunderwerbsteuer stehen meine Mitarbeiter und ich Ihnen gern zur Verfügung, ebenso wie Ihr steuerlicher Berater.

Mit freundlichen Grüßen

Ihr

.....

Notar

XI. Standardkaufvertrag »Eigenheim«

▶

URNr. ...../20.....

Kaufvertrag

Heute, den ..... zweitausend .....

– ..... 20..... –

erschienen gleichzeitig vor mir,

.....,

Notar in .....,

in meinen Amtsräumen in .....:

1. .....,

geb. am .....,

wohnhaft: .....,

nach Angabe im gesetzlichen Güterstand verheiratet, jedoch nicht über sein überwiegendes Vermögen verfügend/in Gütertrennung verheiratet/unverheiratet/weder verheiratet noch in eingetragener Lebenspartnerschaft lebend/verwitwet und nicht in fortgesetzter Gütergemeinschaft lebend.

und dessen ebendort wohnhafte Ehefrau .....,

beide ausgewiesen durch gültigen deutschen Personalausweis,

2. .....,

geb. am .....,

wohnhaft: .....,

nach Angabe im gesetzlichen Güterstand verheiratet/in Gütertrennung verheiratet/unverheiratet/ weder verheiratet noch in eingetragener Lebenspartnerschaft lebend/verwitwet und nicht in fortgesetzter Gütergemeinschaft lebend.

und dessen ebendort wohnhafte Ehefrau .....,

beide ausgewiesen durch gültigen deutschen Personalausweis.

Die zu 1. genannten Beteiligten werden im folgenden »der Verkäufer«, die zu 2 Genannten »der Käufer« genannt, auch wenn es sich um jeweils mehrere Personen handelt. Sie handeln nach ihrer glaubhaften Erklärung als Verbraucher i.S.d. § 13 BGB.

Auf Frage des Notars verneinten die Beteiligten eine Vorbefassung i.S.d. § 3 Abs. 1 Satz 1 Nr. 7 BeurkG. Sie erklärten mit der Bitte um Beurkundung:

§ 1
Grundbuch- und Sachstand

Das Grundbuch des Amtsgerichts ..... für ..... Blatt ..... wurde am ..... eingesehen.

Dort ist folgendes Vertragsobjekt vorgetragen:

Flst.Nr. .....

Als Eigentümer ist vermerkt:

.....

Das Vertragsobjekt ist im Grundbuch wie folgt belastet:

Abteilung II:

.....

Abteilung III:

.....

§ 2
Veräußerung; Grundbucherklärungen

Der Verkäufer

verkauft das in § 1 bezeichnete Vertragsobjekt mit allen damit zusammenhängenden Rechten und dem Zubehör (§ 97 BGB)

an

den Käufer

zum Alleineigentum/Miteigentum zu je ein Halb./

Weitere bewegliche Gegenstände (etwa Inventar, Mobiliar) sind nicht mitverkauft, jedoch die vorhandenen Brennstoffvorräte abzüglich des Verbrauchs bis zum Besitzübergang.

Um den vereinbarten Eigentumserwerb zu sichern, bewilligt der Verkäufer und **beantragt** der Käufer, zu dessen Gunsten am Vertragsobjekt eine

Vormerkung

an nächstoffener Rangstelle sofort einzutragen. Der Käufer bewilligt und beantragt, diese Vormerkung bei der Eigentumsumschreibung wieder zu löschen, sofern nachrangig keine Eintragungen bestehen bleiben, denen er nicht zugestimmt hat.

Die Beteiligten sind über den Eigentumsübergang im angegebenen Erwerbsverhältnis einig. Sie bewilligen und beantragen jedoch derzeit nicht, diese

Auflassung

im Grundbuch einzutragen; vielmehr bevollmächtigen sie hierzu unwiderruflich und über ihren Tod hinaus den amtierenden Notar, Vertreter oder Nachfolger im Amt. Der Verkäufer muss dem Käufer das Eigentum Zug um Zug gegen Zahlung des geschuldeten Kaufpreises verschaffen. Alle Beteiligten weisen daher den Notar gem. § 53 BeurkG an, die Umschreibung gem. dieser Vollmacht durch Eigenurkunde erst zu veranlassen, nachdem der Verkäufer den Eingang des geschuldeten Betrags originalschriftlich bestätigt oder hilfsweise der Käufer die Zahlung des vereinbarten Kaufpreises (jeweils ohne Zinsen) durch Bankbestätigung nachgewiesen hat.

§ 3
Kaufpreis; Fälligkeit

Der Kaufpreis beträgt

..... €

– in Worten: ..... Euro –.

Der Kaufpreis muss zur Vermeidung der Verzugsfolgen innerhalb von vierzehn Tagen gutgeschrieben sein, nachdem die beiden nachgenannten Umstände eingetreten sind:

1. dem Käufer ist die Bestätigung des Notars (Versand per Einwurf-Einschreiben) zugegangen, dass
    a) die Eigentumsvormerkung im Grundbuch eingetragen ist,
    b) dem Notar hinsichtlich der gesetzlichen Vorkaufsrechte nach dem BauGB eine Erklärung der zuständigen Gebietskörperschaft in grundbuchmäßiger Form vorliegt, wonach solche Vorkaufsrechte nicht bestehen oder zum gegenwärtigen Kauf nicht ausgeübt werden und

c) der Notar in grundbuchtauglicher Form über alle Unterlagen verfügt zur Freistellung von solchen Belastungen, die im Grundbuch vor oder mit der Vormerkung eingetragen und vom Käufer nicht zu übernehmen sind. Ihre Verwendung darf allenfalls von Zahlungsauflagen abhängig sein, für die der Kaufpreis ausreicht. Der Notar wird allseits bevollmächtigt, diese Unterlagen – zur Beschleunigung, ungeachtet der Kostenfolge, unter Fertigung des Entwurfs – anzufordern, für alle am Vertrag und dessen Finanzierung Beteiligten auch gem. § 875 Abs. 2 BGB entgegenzunehmen und zu verwenden.

2. Der Verkäufer hat dem Käufer wahrheitsgemäß mitgeteilt, dass die vollständige Räumung des Vertragsobjektes erfolgt ist, sodass es bei Besitzübergang grob gereinigt übergeben werden kann. Diese Fälligkeitsvoraussetzung prüft und bescheinigt der Notar nicht.

Stehen Genehmigungen oder Lastenfreistellungsdokumente unter Zahlungsauflagen, teilt der Notar diese den Beteiligten ohne weitere Prüfung mit. Der Kaufpreis kann insoweit bei Fälligkeit nur durch Erfüllung solcher Auflagen erbracht werden, ist also zweckgebunden, ohne dass der Zahlungsempfänger hieraus eigene Rechte erwirbt. Der Restbetrag nach Berücksichtigung etwaiger solcher Treuhandauflagen ist zu überweisen auf das Konto des Verkäufers bei der ..... bank, BLZ ....., Konto-Nr. .....

Mit Wirkung ab Zahlung des Kaufpreises überträgt der Verkäufer dem Käufer alle Eigentümerrechte und Rückübertragungsansprüche in Bezug auf Grundpfandrechte am Vertragsobjekt und bewilligt deren Umschreibung.

Wird ein Vorkaufsrecht ausgeübt, so sind beide Beteiligte zum Rücktritt vom Vertrag berechtigt; ein Anspruch auf Schadensersatz statt der Leistung oder Verzinsung bereits geleisteter Kaufpreisteile besteht in diesem Fall nicht. Der Verkäufer tritt alle aus der Ausübung des Vorkaufsrechts gegen den Vorkäufer entstehenden Ansprüche sicherungshalber an den Käufer ab, der die Abtretung dem Vorkäufer selbst anzeigen wird.

§ 4

Besitzübergabe; öffentlich-rechtliche Tatbestände

Mit vollständiger Kaufpreiszahlung ist dem Käufer der Besitz zu übergeben. Private und öffentliche Lasten, Verbrauchskosten und Haftung gehen ab Fälligkeit, Nutzungen, Verkehrssicherungspflichten und Gefahr ab Entrichtung des Kaufpreises, ggf. zeitanteilig, auf den Käufer über.

Soweit Gebäudesach- und -haftpflichtversicherungen bestehen, gehen diese kraft Gesetzes auf den Käufer über, der sie jedoch innerhalb eines Monats nach Eigentumsumschreibung kündigen kann. Ab Lastenübergang hat er die Prämien zu tragen und den Gefahrübergang anzuzeigen. Aufschiebend bedingt auf die Zahlung des Kaufpreises werden alle Ansprüche abgetreten, die dem Verkäufer gegen Dritte (etwa Versicherungsunternehmen, Schädiger, Bauunternehmen, Architekten) wegen eines Mangels oder Schadens am Vertragsobjekt zustehen (werden).

Eintragungen im Baulastenverzeichnis, Abstandsflächenübernahmen, nicht im Grundbuch eingetragene altrechtliche Dienstbarkeiten, Überbauungen, oder baurechtswidrige Zustände sind dem Verkäufer nicht bekannt.

Der Verkäufer garantiert jedoch folgende Umstände:
- Wohnungsbindung oder Einschränkungen aufgrund sozialer Wohnraumförderung sowie aufgrund Denkmalschutzes bestehen nicht.
- Die derzeit vorhandene öffentlich-rechtliche Erschließung gem. BauGB und Kommunalabgabengesetz mit Straßenausbau, und Entwässerung, sowie die Anbindung an die öffentliche Wasserversorgung, sind endabgerechnet und bezahlt.

Sofern allerdings Baukostenzuschüsse, Hausanschlusskosten und Nacherhebungen von Erschließungskosten anlässlich einer künftigen Bebauung des Vertragsobjektes oder künftiger Veränderungen der Erschließungsanlagen angefordert werden, treffen diese den Käufer.

Der Vertragsobjekt wird vom Verkäufer bewohnt. Dieser verpflichtet sich, es bis zum ..... vollständig zu räumen und – mit Kaufpreiszahlung – die Übergabe in grob gereinigtem Zustand zu ermöglichen.

Bei Überschreitung dieser Frist schuldet der Verkäufer, auch ohne Verschulden, für jede angefangene weitere Woche im Voraus einen Betrag von ..... €, der ggf. mit dem Kaufpreis verrechnet werden kann. Die Verpflichtung zur Räumung besteht fort. Der Nachweis eines höheren oder geringeren Schadens bleibt beiderseits vorbehalten; ebenso weiter gehende Ansprüche auf Schadensersatz bei Verschulden. Ab einer Fristüberschreitung von ..... Wochen kann der Käufer ferner vom Vertrag zurücktreten.

§ 5
Rechtsmängel

Der Verkäufer ist verpflichtet, dem Käufer ungehinderten Besitz und lastenfreies Eigentum zu verschaffen, soweit in dieser Urkunde nichts anderes vereinbart ist.

Die in Abteilung II des Grundbuches eingetragenen, in § 1 dieser Urkunde bezeichneten Belastungen, übernimmt der Käufer zur weiteren Duldung mit allen sich aus der Eintragungsbewilligung ergebenden Verpflichtungen. Rechte in Abteilung III des Grundbuchs sind zu löschen.

Allen zur Lastenfreistellung bewilligten Löschungen oder Rangänderungen wird mit dem Antrag auf Vollzug zugestimmt, auch soweit weiterer Grundbesitz betroffen ist.

§ 6
Sachmängel

Alle Rechte des Käufers wegen eines Sachmangels des Grund und Bodens, Gebäudes und etwa mitverkaufter beweglicher Sachen sind ausgeschlossen, allerdings mit Ausnahme

1. ggf. in dieser Urkunde enthaltener Beschaffenheitsvereinbarungen und Garantien,

2. vorsätzlich zu vertretender oder arglistig verschwiegener Mängel. Der Verkäufer erklärt, er habe keine ihm bekannten Mängel, schädlichen Bodenveränderungen oder Altlasten arglistig verschwiegen, auf die der Käufer angesichts ihrer Bedeutung und des sonstigen Zustandes des Vertragsobjekts einen Hinweis erwarten durfte.

3. solcher Sachmängel, die zwischen Vertragsschluss und Übergabe entstehen und über die gewöhnliche Abnutzung hinausgehen; hierfür wird jedoch – außer bei Vorsatz – die Verjährungsfrist auf drei Monate verkürzt.

Der Verkäufer ist nicht im Besitz eines (gültigen) Energieausweises gem. § 16 EnEV 2007. Der Käufer verzichtet endgültig auf dessen Vorlage und Übergabe. Ihm ist bekannt, dass er künftigen Mietinteressenten auf Verlangen einen solchen Ausweis vorzulegen hat und dass ihn Nachrüstungspflichten treffen können.

§ 7
Vollstreckungsunterwerfungen

Der Käufer unterwirft sich wegen der in dieser Urkunde eingegangenen Verpflichtung zur Zahlung des Kaufpreises samt Verzugszinsen gem. § 288 Abs. 1 (bzw. Abs. 2) BGB hieraus ab dem Datum der Erteilung der vollstreckbaren Ausfertigung der sofortigen Zwangsvollstreckung aus dieser Urkunde. Gleiches gilt für den Verkäufer wegen seiner Verpflichtung zur Räumung und Verschaffung des Besitzes, auch namens etwaiger minderjähriger Kinder.

Auf Antrag kann ohne weitere Nachweise vollstreckbare Ausfertigung erteilt werden (dem Verkäufer jedoch erst nach Fälligkeitsmitteilung und gemäß deren Inhalt, dem Käufer zur Besitzverschaffung gegen Nachweis der Kaufpreiszahlung).

Mehrere Personen, die zur selben Leistung verpflichtet sind, schulden und haften als Gesamtschuldner.

§ 8
Vollzugsauftrag

Alle Beteiligten beauftragen und bevollmächtigen den amtierenden Notar, seinen amtlichen Vertreter oder Nachfolger im Amt,
- sie im Grundbuchverfahren uneingeschränkt zu vertreten,
- die zur Wirksamkeit und für den Vollzug dieser Urkunde erforderlichen Genehmigungen und Erklärungen anzufordern, entgegenzunehmen und (als Eigenurkunde) abzugeben.

Anfechtbare Bescheide sind jedoch den Beteiligten selbst zuzustellen; Abschrift an den Notar wird erbeten.

Die Beteiligten bevollmächtigen weiterhin die Angestellten an der Notarstelle – welche der Amtsinhaber seinerseits zu bezeichnen bevollmächtigt wird – je einzeln und befreit von § 181 BGB, Erklärungen, Bewilligungen und Anträge materiell- oder formell-rechtlicher Art zur Ergänzung oder Änderung des Vertrags abzugeben, soweit diese zur Behebung behördlicher oder gerichtlicher Beanstandungen zweckdienlich sind.

§ 9
Vollmacht zur Kaufpreisfinanzierung

Allein der Käufer hat dafür zu sorgen, dass etwa benötigte Finanzierungsmittel rechtzeitig zur Verfügung stehen. Um ihm dies zu erleichtern, ist der Verkäufer verpflichtet, die Beleihung des Vertragsobjekts bereits vor Umschreibung zu gestatten, allerdings nur unter Einhaltung der nachfolgenden Sicherungsabreden.

Der Verkäufer erteilt daher jedem Käufer und mehrere Käufer sich gegenseitig, jeweils befreit von § 181 BGB, folgende Vollmacht:

> Das Vertragsobjekt darf ab sofort mit Grundpfandrechten samt Zinsen und Nebenleistungen in beliebiger Höhe belastet werden. Der Verkäufer bewilligt deren Eintragung samt dinglicher Vollstreckungsunterwerfung und stimmt allen zur Rangbeschaffung geeigneten Erklärungen zu. Jeder Käufer übernimmt die persönlichen Zahlungsverpflichtungen und unterwirft sich insoweit der Zwangsvollstreckung, trägt die Kosten der Bestellung und Eintragung, und tritt mit seinen Rechten (Vormerkung) zurück. Die Sicherungsabrede mit dem Verkäufer ist so zu gestalten, dass der Gläubiger das Grundpfandrecht bis zur vollständigen Kaufpreiszahlung nur als Sicherheit verwenden darf in der Höhe, in der Kreditausreichungen die Kaufpreisschuld des Käufers getilgt haben.

Die Finanzierungsgläubiger werden hiermit unwiderruflich angewiesen, die so besicherten Kreditmittel bis zur vollständigen Entrichtung des Kaufpreises nur hierfür zu verwenden.

Beurkundungen aufgrund der vorstehenden Vollmacht können nur an dieser Notarstelle erfolgen.

(Ggf, bei mehreren Personen auf Verkäufer- und/oder Käuferseite: Mehrere Personen auf Käufer- bzw. Verkäuferseite schulden als Gesamtschuldner. Sie bestellen sich untereinander je einzeln als Zustellungs- und Erklärungsvertreter für alle Willens- und Wissenserklärungen, die für diesen Vertrag, seine Abwicklung, Änderung und ggf. Rückabwicklung von Bedeutung sind. Ein Widerruf dieser Vollmacht ist nur wirksam, sobald er auch dem amtierenden Notar zugeht.)

§ 10
Hinweise des Notars

Der Notar bzw. sein amtlicher Vertreter hat die Vertragsbestimmungen erläutert und abschließend auf Folgendes hingewiesen:
- Das Eigentum geht nicht schon heute, sondern erst mit der Umschreibung im Grundbuch auf den Käufer über.
- Hierzu sind die Unbedenklichkeitsbescheinigung des Finanzamts (nach Zahlung der Grunderwerbsteuer), erforderliche Genehmigungen, und die Verzichtserklärung der Gemeinde auf gesetzliche Vorkaufsrechte notwendig.
- Der jeweilige Eigentümer haftet kraft Gesetzes für rückständige öffentliche Lasten (z.B. Erschließungskosten, Grundsteuer, Ausgleichsbetrag nach dem BundesbodenschutzG).
- Unabhängig von den internen Vereinbarungen in dieser Urkunde haften alle Beteiligten kraft Gesetzes für die Grunderwerbsteuer und die Kosten als Gesamtschuldner.
- Alle Vereinbarungen müssen richtig und vollständig beurkundet werden, sonst kann der ganze Vertrag nichtig sein.
- Eine steuerliche Beratung hat der Notar nicht übernommen, jedoch auf die mögliche Steuerpflicht einer Veräußerung nicht selbst genutzter Immobilien vor Ablauf von zehn Jahren (»Spekulationsgeschäft«) und bei Betriebsvermögen hingewiesen.

§ 11
Kosten, Abschriften

Die Kosten für die Beurkundung, eventuelle Genehmigungen und den Vollzug dieses Vertrags sowie die Grunderwerbsteuer trägt der Käufer; zahlt der Käufer diese nicht, kann der Verkäufer vom Vertrag zurücktreten. Etwaige Lastenfreistellungskosten trägt der Verkäufer. Von dieser Urkunde erhalten:

Ausfertigungen:
- die Beteiligten
- das Grundbuchamt

Beglaubigte Abschriften:
- die zuständigen Gebietskörperschaften zur Erklärung über etwaige Vorkaufsrechte (auf Anforderung)
- etwaige Finanzierungsgläubiger des Käufers, mit Hinweis auf § 9

Einfache Abschriften:
- das Finanzamt – Grunderwerbsteuerstelle
- der Gutachterausschuss

Vorgelesen vom Notar, von den Beteiligten

genehmigt, und eigenhändig unterschrieben:

.....

XII. Standardkaufvertrag »vermietete Eigentumswohnung«

▶

URNr. ...../20..... 3901

Kaufvertrag

Heute, den ..... zweitausend .....

– ..... 20..... –

erschienen gleichzeitig vor mir,

.....,

Notar in .....,

in meinen Amtsräumen in .....:

1. .....,

geb. am .....,

wohnhaft: .....,

nach Angabe im gesetzlichen Güterstand verheiratet, jedoch nicht über sein überwiegendes Vermögen verfügend/in Gütertrennung verheiratet/unverheiratet/weder verheiratet noch in eingetragener Lebenspartnerschaft lebend/verwitwet und nicht in fortgesetzter Gütergemeinschaft lebend.

und dessen ebendort wohnhafte Ehefrau .....,

beide ausgewiesen durch gültigen deutschen Personalausweis,

2. .....,

geb. am .....,

wohnhaft: .....,

nach Angabe im gesetzlichen Güterstand verheiratet/in Gütertrennung verheiratet/unverheiratet/ weder verheiratet noch in eingetragener Lebenspartnerschaft lebend/verwitwet und nicht in fortgesetzter Gütergemeinschaft lebend.

und dessen ebendort wohnhafte Ehefrau .....,

beide ausgewiesen durch gültigen deutschen Personalausweis.

Die zu 1. genannten Beteiligten werden im Folgenden »der Verkäufer«, die zu 2 Genannten »der Käufer« genannt, auch wenn es sich um jeweils mehrere Personen handelt. Sie handeln nach ihrer glaubhaften Erklärung als Verbraucher i.S.d. § 13 BGB.

Auf Frage des Notars verneinten die Beteiligten eine Vorbefassung i.S.d. § 3 Abs. 1 Satz 1 Nr. 7 BeurkG. Sie erklärten mit der Bitte um Beurkundung:

§ 1

Grundbuch- und Sachstand

Das Grundbuch des Amtsgerichts ..... für ..... Blatt ..... wurde am ..... eingesehen.

Dort ist folgendes Vertragsobjekt vorgetragen:

...../1000 Miteigentumsanteil an

Flst.Nr. .....

verbunden mit dem Sondereigentum an .....

Ein Hinweis, wonach die Zustimmung des Verwalters zur Veräußerung erforderlich sei, ist im Bestandsverzeichnis nicht enthalten/Laut Bestandsverzeichnis bedarf die Veräußerung der Zustimmung des Verwalters.

Als Eigentümer ist eingetragen:

.....

Das Vertragsobjekt ist im Grundbuch wie folgt belastet:

Abteilung II:

.....

Abteilung III:

.....

Nach Angabe der Beteiligten gehört kein weiterer, auf getrennter Grundbuchstelle vorgetragener, Grundbesitz (etwa Stellplatz, Wegeanteil etc) zu vorstehendem Vertragsobjekt.

Einsichtnahme in die Gründakten ist nicht erfolgt, womit sich die Beteiligten nach Risikohinweis einverstanden erklären.

§ 2
Veräußerung; Grundbucherklärungen

Der Verkäufer verkauft das in § 1 bezeichnete Vertragsobjekt mit allen damit zusammenhängenden Rechten und dem Zubehör (§ 97 BGB)

an den Käufer

zum Alleineigentum/Miteigentum je zur Hälfte

Weitere bewegliche Gegenstände (etwa Inventar, Mobiliar) sind nicht mitverkauft.

Um den vereinbarten Eigentumserwerb zu sichern, bewilligt der Verkäufer und **beantragt** der Käufer, zu dessen Gunsten am Vertragsobjekt eine

Vormerkung

sofort an nächstoffener Rangstelle einzutragen. Der Käufer bewilligt und beantragt, diese Vormerkung bei der Eigentumsumschreibung wieder zu löschen, sofern nachrangig keine Eintragungen bestehen bleiben, denen er nicht zugestimmt hat.

Die Beteiligten sind über den Eigentumsübergang im angegebenen Erwerbsverhältnis einig. Sie bewilligen und beantragen jedoch derzeit nicht, diese

Auflassung

im Grundbuch einzutragen; vielmehr bevollmächtigen sie hierzu unwiderruflich und über ihren Tod hinaus den amtierenden Notar, Vertreter oder Nachfolger im Amt.

Der Verkäufer muss dem Käufer das Eigentum Zug um Zug gegen Zahlung des geschuldeten Kaufpreises verschaffen. Alle Beteiligten weisen daher den Notar gem. § 53 BeurkG an, die Umschreibung gem. dieser Vollmacht durch Eigenurkunde erst zu veranlassen, nachdem der Verkäufer den Eingang des geschuldeten Betrags originalschriftlich bestätigt oder hilfsweise der Käufer die Zahlung des vereinbarten Kaufpreises (jeweils ohne Zinsen) durch Bankbestätigung nachgewiesen hat.

§ 3
Kaufpreis; Fälligkeit

Der Kaufpreis beträgt

..... €

– in Worten:..... Euro –.

Hiervon entfällt auf den Anteil an der Instandhaltungsrücklage ..... € (Stand: .....), ohne dass Verkäufer oder Notar hierfür eine Haftung übernähmen.

Der Notar wird den Beteiligten den Eintritt der nachstehenden **Voraussetzungen** bestätigen (Versand an den Käufer per Einwurf-Einschreiben); der Käufer schuldet die Gutschrift des Kaufpreises spätestens zum Fälligkeitszeitpunkt, nämlich vierzehn Tage nach Zugang dieser Mitteilung:

1. die Eigentumsvormerkung ist im Grundbuch eingetragen,
2. der Notar verfügt in grundbuchtauglicher Form über alle Unterlagen zur Freistellung von solchen Belastungen, die im Grundbuch vor oder mit der Vormerkung eingetragen und vom Käufer nicht zu übernehmen sind. Ihre Verwendung darf allenfalls von Zahlungsauflagen abhängig sein, für die der Kaufpreis ausreicht. Der Notar wird allseits bevollmächtigt, diese Unterlagen – zur Beschleunigung, ungeachtet der Kostenfolge, unter Fertigung des Entwurfs – anzufordern, für alle am Vertrag und dessen Finanzierung Beteiligten auch gem. § 875 Abs. 2 BGB entgegenzunehmen und zu verwenden,
3. die Genehmigung des derzeitigen Verwalters nach § 12 WEG samt Nachweis der Verwaltereigenschaft liegen in grundbuchtauglicher Form vor, sofern gem. Eintrag im Bestandsverzeichnis erforderlich.

Stehen Genehmigungen oder Lastenfreistellungsdokumente unter Zahlungsauflagen, teilt der Notar diese den Beteiligten ohne weitere Prüfung mit. Der Kaufpreis kann insoweit bei Fälligkeit nur durch Erfüllung solcher Auflagen erbracht werden, ist also zweckgebunden, ohne dass der Zahlungsempfänger hieraus eigene Rechte erwirbt. Der Restbetrag nach Berücksichtigung etwaiger solcher Treuhandauflagen ist zu überweisen auf das Konto des Verkäufers bei der ..... bank, BLZ ....., Konto-Nr. .....

Mit Wirkung ab Zahlung des Kaufpreises überträgt der Verkäufer dem Käufer alle Eigentümerrechte und Rückübertragungsansprüche in Bezug auf Grundpfandrechte am Vertragsobjekt und bewilligt deren Umschreibung.

§ 4

Besitzübergabe; öffentlich-rechtliche Tatbestände

Mit vollständiger Kaufpreiszahlung ist dem Käufer der Besitz zu übergeben. Private und öffentliche Lasten, Verbrauchskosten und Haftung gehen ab Fälligkeit, Nutzungen, Verkehrssicherungspflichten und Gefahr ab Entrichtung des Kaufpreises, ggf. zeitanteilig, auf den Käufer über.

Der Verkäufer garantiert folgende Umstände:
- Die derzeit vorhandene öffentlich-rechtliche Erschließung des Gemeinschaftseigentums gem. BauGB und Kommunalabgabengesetz mit Straßenausbau, und Entwässerung sowie die Anbindung an die öffentliche Wasserversorgung sind endabgerechnet und bezahlt.
- Wohnungsbindung oder Einschränkungen aufgrund sozialer Wohnraumförderung sowie aufgrund Denkmalschutzes bestehen nicht.

Der Verkäufer garantiert weiter: Der Vertragsgegenstand ist ungekündigt vermietet; es bestehen weder Mietrückstände, Mieteinbehalte, Mietvorauszahlungen, Streitigkeiten (z.B. Minderungen, Einwendungen gegen Nebenkostenabrechnungen), Pfändungen, Verfügungen über künftige Mietzinsansprüche noch abzugeltende Investitionen des Mieters. Mit dem Tag des Nutzungsübergangs (Stichtag) tritt der Verkäufer alle Rechte aus dem Vertrag an den dies annehmenden Käufer ab und wird hinsichtlich der Pflichten von ihm freigestellt. Ab dem Stichtag ist der Käufer umfassend – auch zu Kündigungen, Modernisierungsarbeiten und Mieterhöhungsverlangen – ermächtigt und bevollmächtigt, jedoch auf eigene Kosten und eigenes Risiko.

Der Verkäufer hat unverzüglich eine Kopie, ab Stichtag das Original des Mietvertrags sowie etwa durch den Mieter gestellte Sicherheiten (Kaution; Bürgschaft) zu übergeben; Vertragsänderungen und Vorausverfügungen über den Mietzins bedürfen ab sofort der Zustimmung des Käufers.

Der Notar hat dem Verkäufer empfohlen, zur Haftungsvermeidung den Mietübergang dem Mieter anzuzeigen und ggf. dessen Zustimmung zur künftigen ausschließlichen Verwaltung der Mietsicherheiten durch den Käufer einzuholen (§§ 566 Abs. 2, 566a Satz 2 BGB).

Der Verkäufer garantiert: Das Mietverhältnis wurde erst nach der Aufteilung in Wohnungseigentum begründet, sodass Vorkaufsrechte und besondere Einschränkungen für Eigenbedarfskündigungen nicht bestehen.

Die Abrechnung der Nebenkosten mit dem Mieter wird allein diejenige Partei vornehmen, die am Ende des Abrechnungszeitraumes mittelbarer Vermieter ist. Die für den Zeitraum bis zum Nutzungsübergang von Mietern an den Verkäufer zu leistenden Nebenkostenvorauszahlungen sind mit den von ihm für diesen Zeitraum getragenen, umlegungsfähigen Nebenkosten zu saldieren und die Differenz zwischen Verkäufer und Käufer auszugleichen. Sofern jedoch eine der Kaufvertragsparteien dies wünscht, wird auf deren Kosten eine Zwischenablesung auf den Stichtag des Besitzübergangs vorgenommen und durch Verkäufer und Käufer getrennt für die einzelnen Zeiträume abgerechnet.

§ 5

Rechtsmängel

Der Verkäufer ist verpflichtet, dem Käufer ungehinderten Besitz und lastenfreies Eigentum zu verschaffen, soweit in dieser Urkunde nichts anderes vereinbart ist.

Etwa in Abteilung II des Grundbuchs eingetragene, in § 1 dieser Urkunde bezeichnete Belastungen, übernimmt der Käufer zur weiteren Duldung mit allen sich aus der Eintragungsbewilligung ergebenden Verpflichtungen, Rechte in Abteilung III des Grundbuchs sind zu löschen.

Allen zur Lastenfreistellung bewilligten Löschungen oder Rangänderungen wird mit dem Antrag auf Vollzug zugestimmt, auch soweit weiterer Grundbesitz betroffen ist.

§ 6

Sachmängel

Alle Rechte des Käufers wegen eines Sachmangels des Anteils an Grund und Boden, des Bauwerks und etwa mitverkaufter beweglicher Sachen sind ausgeschlossen, allerdings mit Ausnahme

1. ggf. in dieser Urkunde enthaltener Beschaffenheitsvereinbarungen und Garantien,

2. vorsätzlich zu vertretender oder arglistig verschwiegener Mängel. Der Verkäufer erklärt, er habe keine ihm bekannten Mängel, schädlichen Bodenveränderungen oder Altlasten arglistig verschwiegen, auf die der Käufer angesichts ihrer Bedeutung und des sonstigen Zustandes des Vertragsobjekts einen Hinweis erwarten durfte.

3. solcher Sachmängel, die zwischen Vertragsschluss und Übergabe entstehen und über die gewöhnliche Abnutzung hinausgehen; hierfür wird jedoch – außer bei Vorsatz – die Verjährungsfrist auf drei Monate verkürzt.

§ 7

Vollstreckungsunterwerfungen

Der Käufer unterwirft sich wegen der in dieser Urkunde eingegangenen Verpflichtung zur Zahlung des Kaufpreises samt Verzugszinsen gem. § 288 Abs. 1 (bzw. Abs. 2) BGB hieraus ab dem Datum der Erteilung der vollstreckbaren Ausfertigung der sofortigen Zwangsvollstreckung aus dieser Urkunde. Gleiches gilt für den Verkäufer wegen seiner Verpflichtung zur Verschaffung des Besitzes.

Auf Antrag kann ohne weitere Nachweise vollstreckbare Ausfertigung erteilt werden (dem Verkäufer jedoch erst nach Fälligkeitsmitteilung und gem. deren Inhalt, dem Käufer zur Besitzverschaffung gegen Nachweis der Kaufpreiszahlung).

Mehrere Beteiligte, die zu derselben Leistung verpflichtet sind, schulden und haften als Gesamtschuldner.

§ 8
Vollzugsauftrag

Alle Beteiligten beauftragen und bevollmächtigen den amtierenden Notar, seinen amtlichen Vertreter oder Nachfolger im Amt,
- sie im Grundbuchverfahren uneingeschränkt zu vertreten,
- die zur Wirksamkeit und für den Vollzug dieser Urkunde erforderlichen Genehmigungen und Erklärungen anzufordern, entgegenzunehmen und (als Eigenurkunde) abzugeben.

Anfechtbare Bescheide sind jedoch den Beteiligten selbst zuzustellen; Abschrift an den Notar wird erbeten.

Die Beteiligten bevollmächtigen weiterhin die Angestellten an der Notarstelle – welche der Amtsinhaber seinerseits zu bezeichnen bevollmächtigt wird – je einzeln und befreit von § 181 BGB, Erklärungen, Bewilligungen und Anträge materiell- oder formell-rechtlicher Art zur Ergänzung oder Änderung des Vertrags abzugeben, soweit diese zur Behebung behördlicher oder gerichtlicher Beanstandungen zweckdienlich sind.

§ 9
Vollmacht zur Kaufpreisfinanzierung, weitere Vollmacht

Allein der Käufer hat dafür zu sorgen, dass etwa benötigte Finanzierungsmittel rechtzeitig zur Verfügung stehen. Um ihm dies zu erleichtern, ist der Verkäufer verpflichtet, die Beleihung des Vertragsobjekts bereits vor Umschreibung zu gestatten, allerdings nur unter Einhaltung der nachfolgenden Sicherungsabreden.

Der Verkäufer erteilt daher jedem Käufer und mehrere Käufer sich gegenseitig, jeweils befreit von § 181 BGB, folgende Vollmacht:

> Das Vertragsobjekt darf ab sofort mit Grundpfandrechten samt Zinsen und Nebenleistungen in beliebiger Höhe belastet werden. Der Verkäufer bewilligt deren Eintragung samt dinglicher Vollstreckungsunterwerfung und stimmt allen zur Rangbeschaffung geeigneten Erklärungen zu. Jeder Käufer übernimmt die persönlichen Zahlungsverpflichtungen und unterwirft sich insoweit der Zwangsvollstreckung, trägt die Kosten der Bestellung und Eintragung, und tritt mit seinen Rechten (Vormerkung) zurück. Die Sicherungsabrede mit dem Verkäufer ist so zu gestalten, dass der Gläubiger das Grundpfandrecht bis zur vollständigen Kaufpreiszahlung nur als Sicherheit verwenden darf in der Höhe, in der Kreditausreichungen die Kaufpreisschuld des Käufers getilgt haben.

Die Finanzierungsgläubiger werden hiermit unwiderruflich angewiesen, die so besicherten Kreditmittel bis zur vollständigen Entrichtung des Kaufpreises nur hierfür zu verwenden.

Beurkundungen aufgrund der vorstehenden Vollmacht können nur an dieser Notarstelle erfolgen.

Mehrere Personen auf Käufer- bzw. Verkäuferseite schulden als Gesamtschuldner. Sie bestellen sich untereinander je einzeln als Zustellungs- und Erklärungsvertreter für alle Willens- und Wissenserklärungen, die für diesen Vertrag, seine Abwicklung, Änderung und ggf. Rückabwicklung von Bedeutung sind. Ein Widerruf dieser Vollmacht ist nur wirksam, sobald er auch dem amtierenden Notar zugeht.

§ 10
Eintritt in die Eigentümergemeinschaft

Der Umfang des gemeinschaftlichen und des Sondereigentums sowie die Rechtsverhältnisse der Miteigentümer ergeben sich aus der Teilungserklärung samt Nachträgen sowie den bindenden Beschlüssen, Vereinbarungen und bisher geschlossenen Verträgen der Eigentümergemeinschaft. Dem Käufer wurde empfohlen, diese Unterlagen sowie die beim Verwalter geführte Beschlusssammlung einzusehen.

Im Verhältnis zum Verkäufer übernimmt der Käufer ab Besitzübergang alle Rechte, ab Lastenübergang alle Pflichten gegenüber Eigentümergemeinschaft und Verwalter hinsichtlich des Vertragsobjekts. Umlagen für Maßnahmen, die vor Lastenübergang durchgeführt (*Alt.: beschlossen/begonnen*) wurden, treffen noch den Verkäufer.

Der Verkäufer versichert, dass ihm derzeit keine Umstände bekannt sind, die nach Lastenübergang zu einer den Käufer treffenden Sonderumlage führen könnten, etwa infolge bereits beschlossener künftiger Maßnahmen am Gemeinschaftseigentum oder laufender Gerichtsverfahren.

Wird einer der Vertragsbeteiligten für Schulden der Eigentümergemeinschaft gegenüber Dritten nach § 10 Abs. 8 WEG in Anspruch genommen, trifft dies im Innenverhältnis den Verkäufer für die vor Lastenübergang fällig gewordenen, den Käufer für danach fällig werdende Verbindlichkeiten. Wechselseitige Absicherungen dieser Freistellungspflichten halten die Beteiligten für nicht erforderlich.

§ 11
Hinweise des Notars

Der Notar bzw. sein amtlicher Vertreter hat die Vertragsbestimmungen erläutert und abschließend auf Folgendes hingewiesen:
- Das Eigentum geht nicht schon heute, sondern erst mit der Umschreibung im Grundbuch auf den Käufer über.
- Hierzu sind die Unbedenklichkeitsbescheinigung des Finanzamts (nach Zahlung der Grunderwerbsteuer) *sowie die Verwalterzustimmung samt Nachweis der Verwaltereigenschaft erforderlich.*
- Der jeweilige Eigentümer haftet kraft Gesetzes für rückständige öffentliche Lasten (z.B. Erschließungskosten, Grundsteuer, Ausgleichsbetrag nach dem BundesbodenschutzG).
- Unabhängig von den internen Vereinbarungen in dieser Urkunde haften alle Beteiligten kraft Gesetzes für die Grunderwerbsteuer und die Kosten als Gesamtschuldner.
- Alle Vereinbarungen müssen richtig und vollständig beurkundet werden, sonst kann der ganze Vertrag nichtig sein.
- Eine steuerliche Beratung hat der Notar nicht übernommen, jedoch auf die mögliche Steuerpflicht einer Veräußerung nicht selbstgenutzter Immobilien vor Ablauf von zehn Jahren (»Spekulationsgeschäft«) und bei Betriebsvermögen hingewiesen.

§ 12
Kosten, Abschriften

Die Kosten für die Beurkundung, eventuelle Genehmigungen (einschließlich der Kosten für Verwalterzustimmung und -nachweis bei Notar und Verwalter), den Vollzug dieses Vertrags sowie die Grunderwerbsteuer trägt der Käufer; zahlt der Käufer diese nicht, kann der Verkäufer vom Vertrag zurücktreten. Etwaige Lastenfreistellungskosten trägt der Verkäufer. Von dieser Urkunde erhalten:

Ausfertigungen:
- die Beteiligten
- das Grundbuchamt

Beglaubigte Abschriften (auf Anforderung):
- der Verwalter zur Erteilung der Zustimmung (auf Anforderung; im Auszug ohne Angabe des Kaufpreises)
- etwaige Finanzierungsgläubiger des Käufers, mit Hinweis auf § 9

Einfache Abschriften:
- das Finanzamt – Grunderwerbsteuerstelle
- der Gutachterausschuss

Vorgelesen vom Notar, von den Beteiligten

genehmigt, und eigenhändig unterschrieben:

.....

XIII. Kaufvertrag »Teilfläche« (mit Besonderheiten neue Bundesländer)
▶

URNr. ...../20..... 3902

Kaufvertrag
über eine
unvermessene Teilfläche
Heute, den ..... zweitausend .....
– ..... 20..... –
erschienen gleichzeitig vor mir,
.....,
Notar in .....,
in meinen Amtsräumen in .....:

1.....,

geb. am .....,

wohnhaft: .....,

nach Angabe im gesetzlichen Güterstand verheiratet/in Gütertrennung verheiratet/unverheiratet/ weder verheiratet noch in eingetragener Lebenspartnerschaft lebend/verwitwet und nicht in fortgesetzter Gütergemeinschaft lebend.

und dessen ebendort wohnhafte Ehefrau .....,

beide ausgewiesen durch gültigen deutschen Personalausweis,

2. .....,

geb. am .....,

wohnhaft: .....,

nach Angabe im gesetzlichen Güterstand verheiratet/in Gütertrennung verheiratet/unverheiratet/ weder verheiratet noch in eingetragener Lebenspartnerschaft lebend/verwitwet und nicht in fortgesetzter Gütergemeinschaft lebend.

und dessen ebendort wohnhafte Ehefrau .....,

beide ausgewiesen durch gültigen deutschen Personalausweis.

Die zu 1. genannten Beteiligten werden im Folgenden »der Verkäufer«, die zu 2 Genannten »der Käufer« genannt, auch wenn es sich um jeweils mehrere Personen handelt. Sie handeln nach ihrer glaubhaften Erklärung als Verbraucher i.S.d. § 13 BGB.

Auf Frage des Notars verneinten die Beteiligten eine Vorbefassung i.S.d. § 3 Abs. 1 Satz 1 Nr. 7 BeurkG. Sie erklärten mit der Bitte um Beurkundung:

§ 1
Grundbuch- und Sachstand

Im Grundbuch des Amtsgerichts ..... für ..... Blatt ..... ist gemäß Einsicht vom ..... folgender Grundbesitz vorgetragen:

Flst.Nr. .....

Als Eigentümer ist vermerkt:

.....

Dieser Grundbesitz ist im Grundbuch wie folgt belastet:

Abteilung II:

.....

Abteilung III:

.....

§ 2
Veräußerung; Grundbucherklärungen

Der Verkäufer

verkauft aus dem in § 1 bezeichneten Grundbesitz eine amtlich erst noch zu vermessende, den Vertragsteilen nach Lage und Umfang genau bekannte Teilfläche zu circa ..... qm mit allen damit zusammenhängenden Rechten und dem Zubehör (§ 97 BGB) –»Vertragsobjekt« -

an den Käufer

zum Alleineigentum/Miteigentum je zur Hälfte.

Das Vertragsobjekt ist in der als Anlage beigefügten, durch die Beteiligen gefertigten, Planskizze schraffiert gekennzeichnet und beschreibt sich wie folgt: ..... Die Beteiligten erklären, dass die im Lageplan wiedergegebene Bebauung dem aktuellen Stand entspricht. Der Lageplan wurde den Beteiligten vorgelegt und von ihnen nach Durchsicht genehmigt. Auf den Lageplan wird hiermit verwiesen.

Den Beteiligten ist bekannt, dass die geplante Teilung des Grundstücks keiner bauplanungsrechtlichen Genehmigung mehr bedarf, gleichwohl durch die Teilung kein baurechtswidriger Zustand entstehen darf (etwa hinsichtlich der Einhaltung der Bauabstände). Der Notar hat zu Erkundigungen bei der unteren Bauaufsichtsbehörde (Stadt bzw. Landratsamt) geraten, um spätere Sanktionen zu vermeiden. Wechselseitige Grunddienstbarkeiten, etwa zur Absicherung von Zu- oder Überfahrtsrechten oder von Ver- und Entsorgungsleitungen, sind nach Angabe der Beteiligten nicht erforderlich.

Um den vereinbarten Eigentumserwerb zu sichern, bewilligt der Verkäufer und **beantragt** der Käufer, zu dessen Gunsten eine

Vormerkung

an dem in § 1 bezeichneten Grundbesitz sofort an nächstoffener Rangstelle einzutragen. Der Käufer bewilligt, die Vormerkung mit Vollzug des Fortführungsnachweises nach Vermessung auf die verkaufte Teilfläche zu beschränken und bei Eigentumsumschreibung wieder zu löschen, sofern nachrangig keine Eintragungen bestehen bleiben, denen er nicht zugestimmt hat.

Die Beteiligten verpflichten sich, nach Vorliegen des amtlichen, korrekten Messungsergebnisses dieses anzuerkennen und die Auflassung zu erklären.

Der Käufer ist beauftragt und bevollmächtigt, auf eigene Kosten den erforderlichen Vermessungsantrag unverzüglich zu stellen. Soweit im Zerlegungs-Fortführungsnachweis eine nachfolgende Verschmelzung ausgewiesen ist, wird der Notar bereits heute beauftragt und bevollmächtigt beim Vermessungsamt den erforderlichen Antrag auf Verschmelzung zu stellen.

§ 3
Kaufpreis; Fälligkeit

Der Kaufpreis beträgt ..... € je qm, somit bei einer angenommenen Fläche von ..... qm vorläufig

..... €

– in Worten: ..... Euro –.

Bei Abweichungen des amtlichen Messungsergebnisses von der angenommenen Fläche ist der Kaufpreis binnen zwei Wochen nach Messungsanerkennung und Auflassung, jedoch nicht vor Fälligkeit im Übrigen, beiderseits auszugleichen.

Der Notar wird den Beteiligten den Eintritt der nachstehenden **Voraussetzungen** bestätigen (Versand an den Käufer per Einwurf-Einschreiben); der Käufer schuldet die Gutschrift des Kaufpreises spätestens zum Fälligkeitszeitpunkt, nämlich 14 Tage nach Zugang dieser Mitteilung:
a) die Eigentumsvormerkung ist im Grundbuch eingetragen,
b) der Notar verfügt in grundbuchtauglicher Form über alle Unterlagen zur Freistellung von solchen Belastungen, die im Grundbuch vor oder mit der Vormerkung eingetragen und vom Käufer nicht zu übernehmen sind. Ihre Verwendung darf allenfalls von Zahlungsauflagen abhängig sein, für die der Kaufpreis ausreicht. Der Notar wird allseits bevollmächtigt, diese Unterlagen – zur Beschleunigung, ungeachtet der Kostenfolge, unter Fertigung des Entwurfs – anzufordern, für alle am Vertrag und dessen Finanzierung Beteiligten auch gem. § 875 Abs. 2 BGB entgegenzunehmen und zu verwenden,
c) dem Notar liegt hinsichtlich der gesetzlichen Vorkaufsrechte nach dem BauGB eine gesiegelte Erklärung der zuständigen Gebietskörperschaft vor, wonach solche Vorkaufsrechte nicht bestehen oder zum gegenwärtigen Kauf nicht ausgeübt werden.
d) die Genehmigung nach der Grundstücksverkehrsordnung (GVO) ist erteilt.
e) *Ggf.: Die landesrechtliche Teilungsgenehmigung bzw. ein diesbezügliches Negativattest liegt vor (es handelt sich um eine bebaute bzw. zur Bebauung vorgesehene Fläche).*

Stehen Genehmigungen oder Lastenfreistellungsdokumente unter Zahlungsauflagen, teilt der Notar diese den Beteiligten ohne weitere Prüfung mit. Der Kaufpreis kann insoweit bei Fälligkeit nur durch Erfüllung solcher Auflagen erbracht werden, ist also zweckgebunden, ohne dass der Zahlungsempfänger hieraus eigene Rechte erwirbt. Der Restbetrag nach Berücksichtigung etwaiger solcher Treuhandauflagen ist zu überweisen auf das Konto des Verkäufers bei der ..... bank, BLZ ....., Konto-Nr. .....

Aufschiebend bedingt ab Zahlung des Kaufpreises überträgt der Verkäufer dem Käufer alle Eigentümerrechte und Rückübertragungsansprüche in Bezug auf Grundpfandrechte am Vertragsobjekt und bewilligt deren Umschreibung.

Wird ein Vorkaufsrecht ausgeübt, so sind beide Vertragsteile zum Rücktritt vom Vertrag berechtigt; ein Anspruch auf Schadensersatz statt der Leistung oder Verzinsung bereits geleisteter Kaufpreisteile besteht in diesem Fall nicht. Der Verkäufer tritt alle aus der Ausübung des Vorkaufsrechts gegen den Vorkäufer entstehenden Ansprüche sicherungshalber an den Käufer ab, der die Abtretung dem Vorkäufer selbst anzeigen wird.

§ 4

Besitzübergabe; Erschließung

Mit Zahlung des vorläufigen Kaufpreises ist dem Käufer der Besitz zu übergeben. Private und öffentliche Lasten, Verbrauchskosten und Haftung gehen ab Fälligkeit, Nutzungen, Verkehrssicherungspflichten und Gefahr ab Entrichtung des Kaufpreises, ggf. zeitanteilig, auf den Käufer über.

Eintragungen im Baulastenverzeichnis, Abstandsflächenübernahmen, nicht im Grundbuch eingetragene altrechtliche Dienstbarkeiten, Überbauungen, oder baurechtswidrige Zustände sind dem Verkäufer nicht bekannt.

Der Verkäufer hat bzgl. der Vertragsfläche sämtliche Erschließungsbeiträge, Anliegerbeiträge und Kostenerstattungsansprüche aufgrund des Baugesetzbuches oder anderer Rechtsvorschriften für Straßenbaukosten und Wasser- sowie Abwasserleitungen zu tragen, für die ihm oder seinen Rechtsvorgängern bis zum heutigen Tage ein Beitragsbescheid zugegangen ist und zwar unabhängig vom künftigen Bestand der Leistungsbescheide. Er versichert, dass er alle bisher angeforderten Beiträge im obigen Sinne bezahlt hat.

Forderungen aus künftig zugestellten Bescheiden hat der Käufer zu tragen, auch wenn sie Maßnahmen aus früherer Zeit betreffen. Gleiches gilt für Baukostenzuschüsse, Hausanschlusskosten und Nacherhebungen von Erschließungskosten, die anlässlich einer künftigen Bebauung des Vertragsobjektes oder künftiger Veränderungen der Erschließungsanlagen angefordert werden. Vorausleistungen des Verkäufers sind dem Käufer anzurechnen; etwaige Erstattungsansprüche werden an den Käufer abgetreten. Der Notar hat zu Erkundigungen bei den Erschließungsträgern geraten.

Hinsichtlich etwa vorhandener privatrechtlicher Versorgungsanlagen (Elektrizität und – sofern einschlägig – Gas, Heizwärme etc.) begründet der Käufer mit Wirkung ab Lastenübergang neue Vertragsverhältnisse.

Der Verkäufer garantiert, dass der Vertragsbesitz keiner Wohnungsbindung unterliegt. Er ist nicht vermietet oder verpachtet, und steht derzeit leer.

§ 5
Rechtsmängel

Der Verkäufer ist verpflichtet, dem Käufer ungehinderten Besitz und lastenfreies Eigentum zu verschaffen, soweit in dieser Urkunde nichts anderes vereinbart ist.

Die in Abteilung II des Grundbuchs eingetragenen in § 1 dieser Urkunde bezeichnete Belastungen, übernimmt der Käufer zur weiteren Duldung mit allen sich aus der Eintragungsbewilligung ergebenden Verpflichtungen, Rechte in Abteilung III des Grundbuchs sind zu löschen.

Allen zur Lastenfreistellung bewilligten Löschungen oder Rangänderungen wird mit dem Antrag auf Vollzug zugestimmt, auch soweit weiterer Grundbesitz betroffen ist.

§ 6
Sachmängel

Alle Rechte des Käufers wegen eines Sachmangels des Anteils an Grund und Bodens, des Bauwerkes und etwa mitverkaufter beweglicher Sachen sind ausgeschlossen, allerdings mit Ausnahme

1. ggf. in dieser Urkunde enthaltener Beschaffenheitsvereinbarungen und Garantien,

2. vorsätzlich zu vertretender oder arglistig verschwiegener Mängel. Der Verkäufer erklärt, er habe keine ihm bekannten Mängel, schädlichen Bodenveränderungen oder Altlasten arglistig verschwiegen, auf die der Käufer angesichts ihrer Bedeutung und des sonstigen Zustandes des Vertragsobjekts einen Hinweis erwarten durfte.

§ 7
Vollstreckungsunterwerfungen, Verjährung

Der Käufer unterwirft sich wegen der in dieser Urkunde eingegangenen Verpflichtung zur Zahlung des Kaufpreises samt Verzugszinsen gem. § 288 Abs. 1 (bzw. Abs. 2) BGB hieraus ab dem Datum der Erteilung der vollstreckbaren Ausfertigung der sofortigen Zwangsvollstreckung aus dieser Urkunde. Gleiches gilt für den Verkäufer wegen der Verpflichtung zur Verschaffung des Besitzes.

Auf Antrag kann ohne weitere Nachweise vollstreckbare Ausfertigung erteilt werden (dem Verkäufer jedoch erst nach Fälligkeitsmitteilung und gem. deren Inhalt, dem Käufer zur Besitzverschaffung gegen Nachweis der Kaufpreiszahlung).

Mehrere Beteiligte, die zu derselben Leistung verpflichtet sind, schulden und haften als Gesamtschuldner.

Der Anspruch auf Verschaffung des Eigentums und der in dieser Urkunde bestellten dinglichen Rechte verjährt in gleicher Frist wie der Kaufpreisanspruch, jedoch spätestens dreißig Jahre ab gesetzlichem Verjährungsbeginn.

§ 8
Vollzugsauftrag

Alle Beteiligten beauftragen und bevollmächtigen den amtierenden Notar, seinen amtlichen Vertreter oder Nachfolger im Amt,
- sie im Grundbuchverfahren uneingeschränkt zu vertreten,
- die zur Wirksamkeit und für den Vollzug dieser Urkunde erforderlichen Genehmigungen und Erklärungen anzufordern, entgegenzunehmen und (als Eigenurkunde) abzugeben.

Anfechtbare Bescheide sind jedoch den Beteiligten selbst zuzustellen; Abschrift an den Notar wird erbeten.

Die Beteiligten bevollmächtigen weiterhin die Angestellten an der Notarstelle – welche der Amtsinhaber seinerseits zu bezeichnen bevollmächtigt wird – je einzeln und befreit von § 181 BGB, Erklärungen, Bewilligungen und Anträge materiell- oder formell-rechtlicher Art zur Ergänzung oder Änderung des Vertrags abzugeben, soweit diese zur Behebung behördlicher oder gerichtlicher Beanstandungen zweckdienlich sind.

§ 9
Vollmacht zur Kaufpreisfinanzierung, weitere Vollmacht

Allein der Käufer hat dafür zu sorgen, dass etwa benötigte Finanzierungsmittel rechtzeitig zur Verfügung stehen. Um ihm dies zu erleichtern, ist der Verkäufer verpflichtet, die Beleihung des Vertragsobjekts bereits vor Umschreibung zu gestatten, allerdings nur unter Einhaltung der nachfolgenden Sicherungsabreden.

Der Verkäufer erteilt daher jedem Käufer und mehrere Käufer sich gegenseitig, jeweils befreit von § 181 BGB, folgende Vollmacht:

> Das Vertragsobjekt darf ab sofort mit Grundpfandrechten samt Zinsen und Nebenleistungen in beliebiger Höhe belastet werden. Der Verkäufer bewilligt deren Eintragung samt dinglicher Vollstreckungsunterwerfung und stimmt allen zur Rangbeschaffung geeigneten Erklärungen zu. Jeder Käufer übernimmt die persönlichen Zahlungsverpflichtungen und unterwirft sich insoweit der Zwangsvollstreckung, trägt die Kosten der Bestellung und Eintragung, und tritt mit seinen Rechten (Vormerkung) zurück. Die Sicherungsabrede mit dem Verkäufer ist so zu gestalten, dass der Gläubiger das Grundpfandrecht bis zur vollständigen Kaufpreiszahlung nur als Sicherheit verwenden darf in der Höhe, in der Kreditausreichungen die Kaufpreisschuld des Käufers getilgt haben.

Die Finanzierungsgläubiger werden hiermit unwiderruflich angewiesen, die so besicherten Kreditmittel bis zur vollständigen Entrichtung des Kaufpreises nur hierfür zu verwenden.

Beurkundungen aufgrund der vorstehenden Vollmacht können nur an dieser Notarstelle erfolgen.

Den Beteiligten ist bekannt, dass Eintragungen erst nach Vollzug des amtlichen Vermessungsergebnisses im Grundbuch erfolgen können.

Die Vollmacht berechtigt auch zur Verpfändung der Eigentumsverschaffungsansprüche und zur Durchführung und Entgegennahme der Anzeige nach § 1280 BGB.

§ 10
Hinweise des Notars

Der Notar bzw. sein amtlicher Vertreter hat die Vertragsbestimmungen erläutert und abschließend auf Folgendes hingewiesen:
- Das Eigentum geht nicht schon heute, sondern erst mit der Umschreibung im Grundbuch auf den Käufer über.
- Hierzu sind die Unbedenklichkeitsbescheinigung des Finanzamtes (nach Zahlung der Grunderwerbsteuer), die GVO-Genehmigung, die nach Vermessung zu erklärende Auflassung, und die Verzichtserklärung der Gemeinde auf gesetzliche Vorkaufsrechte notwendig.

- Der jeweilige Eigentümer haftet kraft Gesetzes für rückständige öffentliche Lasten (z.B. Erschließungskosten, Grundsteuer, Ausgleichsbetrag nach dem BundesbodenschutzG).
- Unabhängig von den internen Vereinbarungen in dieser Urkunde haften alle Beteiligten kraft Gesetzes für die Grunderwerbsteuer und die Kosten als Gesamtschuldner.
- Alle Vereinbarungen müssen richtig und vollständig beurkundet werden, sonst kann der ganze Vertrag nichtig sein.
- Eine steuerliche Beratung hat der Notar nicht übernommen, jedoch auf die mögliche Steuerpflicht einer Veräußerung nicht selbstgenutzter Immobilien vor Ablauf von zehn Jahren (»Spekulationsgeschäft«) und bei Betriebsvermögen hingewiesen.

Der Vertragsbesitz liegt im Beitrittsgebiet. Im Hinblick darauf wurden die Beteiligten über Besonderheiten des Grundstücksrechts der Neuen Bundesländer belehrt – insbesondere über dort erforderliche Genehmigungen und deren möglichen späteren Wegfall, die Möglichkeit des Bestehens von dinglichen Mitbenutzungsrechten und fremdem Gebäudeeigentum außerhalb des Grundbuchs, mögliche Vorkaufsrechte, sowie die Bestimmungen des Lastenausgleichs. Der Verkäufer erklärt, dass ihm von Rückübertragungsansprüchen Dritter, Mitbenutzungsrechten oder getrenntem Gebäude- bzw. Baulichkeitseigentum nichts bekannt ist.

Die Beteiligten haben ferner die folgenden Vereinbarungen getroffen:
- Alle in dieser Urkunde erteilten Vollmachten, Weisungen und einseitigen Erklärungen sind unabhängig von der Erteilung etwaiger zur Rechtswirksamkeit des Vertrags im Übrigen notwendigen Genehmigungen, etwa der GVO-Genehmigung, erklärt.
- Die Verpflichtung des Verkäufers zur Lastenfreistellung erstreckt sich auch auf Belastungen, die zugunsten enteigneter Gläubiger z.B. aufgrund eines Verfahrens nach dem Vermögensgesetz später wieder eingetragen werden. Etwaige Entschädigungsansprüche, z.B. für außerhalb des Grundbuches bestehende Leitungsrechte gem. § 9 GBBerG, werden an den dies annehmenden Käufer abgetreten.
- Für den Fall späterer Aufhebung der GVO-Genehmigung gem. § 7 Abs. 3 GVO hat der Verkäufer dem Käufer neben der Rückerstattung des Kaufpreises (ohne Zinsen) lediglich die durch die Aufwendungen des Käufers eingetretene objektive Werterhöhung zu ersetzen, es sei denn, der Verkäufer ist seiner Erkundigungspflicht gem. § 3 Vermögensgesetz nicht nachgekommen.

Den Beteiligten ist bekannt, dass ein Wegfall der GVO-Genehmigung bis zur endgültigen Eigentumsumschreibung zur Unwirksamkeit des Vertrags führen kann. Sie wurden auf die Möglichkeit der Hinterlegung des Kaufpreises auf notariellem Anderkonto bis zum Endvollzug hingewiesen, wünschen diese jedoch nicht.

§ 11

Vollmacht zur Messungsanerkennung und Auflassung

Die Beteiligten erteilen sich hiermit gegenseitig, und zwar jedem für sich allein, unter Befreiung vom Verbot der Mehrfachvertretung,

Vollmacht

zur Vertretung bei dem Antrag über die Vermessung der Vertragsfläche, bei der Beurkundung des Nachtrags über die Messungsanerkennung und Auflassung sowie zur Abgabe aller Erklärungen und Stellung von Anträgen, die damit zusammenhängen und zum Vollzug dieser Urkunde, der Nachtragsurkunde und des einschlägigen Veränderungsnachweises erforderlich und zweckdienlich sind. Der Vollzug der Auflassung darf jedoch erst nach Zahlung des vorläufigen Kaufpreises erfolgen.

§ 12

Kosten, Abschriften

Die Kosten für die Beurkundung, eventuelle Genehmigungen und den Vollzug dieses Vertrags sowie die Grunderwerbsteuer trägt der Käufer; zahlt der Käufer diese nicht, kann der Verkäufer vom Vertrag zurücktreten. Etwaige Lastenfreistellungskosten trägt der Verkäufer. Von dieser Urkunde erhalten:

Ausfertigungen:
- die Beteiligten
- das Grundbuchamt

Beglaubigte Abschriften:
- die zuständigen Gebietskörperschaften zur Erklärung über etwaige Vorkaufsrechte (auf Anforderung)
- etwaige Kaufpreisfinanzierungsgläubiger mit Hinweis auf § 9
- die zur Erteilung der Teilungsgenehmigung bzw. des Negativattestes zuständigen Behörden (Gemeinde und Kreisverwaltungsbehörde)
- die GVO-Genehmigungsbehörde

Einfache Abschriften:
- das Finanzamt – Grunderwerbsteuerstelle
- der Gutachterausschuss

Vorgelesen vom Notar, von den Beteiligten

genehmigt, und eigenhändig unterschrieben:

.....

XIV. Messungsanerkennung und Auflassung

▶

3903 URNr. ...../20.....

Messungsanerkennung und Auflassung

zur diesamtlichen Urkunde

vom ..... URNr. .....

Heute, den ..... zweitausend .....

– ..... 20..... –

erschien vor mir,

.....,

Notar in .....,

in meinen Amtsräumen in .....:

Herr .....,

geb. am .....,

wohnhaft: .....,

nach Angabe im gesetzlichen Güterstand verheiratet,

mir, Notar, persönlich bekannt.

Er handelt 1. eigenen Namens sowie 2. aufgrund der ihm in § ..... der diesamtlichen, in der Überschrift genannten Urkunde (»Vorurkunde«) erteilten Vollmacht für

Herrn .....,

geb. am .....,

wohnhaft: .....,

Die steuerliche Identifikationsnummern gem. § 139b AO ergeben sich aus der Vorurkunde.

Er erklärte mit der Bitte um Beurkundung was folgt:

§ 1

Vorbemerkungen und Veränderungen

Mit genannter Vorurkunde hat ..... eine Teilfläche von ca. ..... qm aus dem Grundstück Flst.Nr. ..... der Gemarkung ..... an ..... veräußert.

Die vorgesehene Vermessung ist nunmehr erfolgt. Das Vermessungsergebnis ist ausgewiesen in dem vorliegenden, geprüften Auszug aus dem Fortführungsnachweis für die Gemarkung ..... Nr. ..... (Vermessungsamt .....).

Dieser Fortführungsnachweis (Lageplan samt Erläuterungen) wurde den Beteiligten zur Durchsicht vorgelegt. Auf das Beifügen zur heutigen Niederschrift wird verzichtet. Es ergeben sich demnach folgende Veränderungen:

Aus dem Grundstück Flst.Nr. ..... wurde eine Teilfläche zu ..... qm herausgemessen und hieraus folgendes Flurstück gebildet:

Flst.Nr. ....   zu ..... qm.

Dieses Grundstück bildet das »Vertragsobjekt«.

Das Grundstück Flst.Nr. ..... beschreibt sich nach erfolgter Wegmessung künftig wie folgt:

Flst.Nr. ....   zu ..... qm

Das Vermessungsergebnis wird als richtig und der Vorurkunde entsprechend anerkannt.

§ 2
Auflassung; Antrag auf Vollzug des Veränderungsnachweises

1. Die Beteiligten sind über den Eigentumsübergang im angegebenen Erwerbsverhältnis einig. Sie bewilligen und beantragen jedoch derzeit nicht, diese

Auflassung

im Grundbuch einzutragen; vielmehr bevollmächtigen sie hierzu unwiderruflich und über ihren Tod hinaus den amtierenden Notar, Vertreter oder Nachfolger im Amt.
Der Verkäufer muss dem Käufer das Eigentum Zug-um-Zug gegen Zahlung des geschuldeten Restkaufpreises verschaffen. Alle Beteiligten weisen daher den Notar gem. § 53 BeurkG an, die Umschreibung gem. dieser Vollmacht durch Eigenurkunde erst zu veranlassen, nachdem der Verkäufer dessen Eingang originalschriftlich bestätigt oder hilfsweise der Käufer die Zahlung des nachstehend genannten Anpassungsbetrags (jeweils ohne Zinsen) durch Bankbestätigung nachgewiesen hat.

2. Die Beteiligten beantragen den Vollzug des Veränderungsnachweises, auch soweit darin Vermessungen im eigenen Besitz enthalten sind. Werden Grundstücke oder Teilflächen einem anderen Grundstück oder dessen Restfläche zugemessen, ist dies als Bestandteilszuschreibung, jede sonstige Zusammenmessung ist als Vereinigung zu vollziehen. Ergeben sich damit unterschiedliche Belastungen an einem Grundstück, wird, soweit nicht Pfand- bzw. Lastenfreistellung erfolgt oder gesetzliche Pfanderstreckung eintritt, Pfand- bzw. Lastenerstreckung auf den nicht belasteten Teil – ggf. unter Ausdehnung der dinglichen Vollstreckungsunterwerfung – bewilligt und beantragt, bei Dienstbarkeiten jedoch ohne Ausdehnung des Ausübungsbereiches und sachlichen Inhalts.

3. Die Löschung der Eigentumsvormerkung des Erwerbers wird

bewilligt und beantragt,

und zwar am Vertragsobjekt mit der Umschreibung, im übrigen mit Vollzug der Zerlegung im Grundbuch.

Der Vollzug der Grundschuldbestellung gem. diesamtlicher URNr. ..... am Vertragsobjekt und die gleichzeitige Löschung des Verpfändungsvermerkes bei der Eigentumsvormerkung des Erwerbers werden

bewilligt und beantragt.

Die Eintragung wechselseitiger Dienstbarkeiten oder sonstiger Rechte ist nicht erforderlich.

§ 3
Kaufpreis; Ausgleich

Auf der Grundlage des vereinbarten Quadratmeterpreises von ..... € ergibt sich ohne weitere Toleranzgrenze ein endgültiger Kaufpreis von ..... qm. Hierauf hat der Käufer bereits gem. privatschriftlicher Bestätigung des Verkäufers ..... € bezahlt. Der Restkaufpreis i.H.v. ..... € ist, wie in der Vorurkunde vereinbart, binnen vierzehn Tagen ab heute dem dort genannten Konto des Verkäufers gutzuschreiben.

§ 4

Durchführungsvollmacht

Die Beteiligten bevollmächtigen die Angestellten des amtierenden Notars – welche der amtierende Notar zu bezeichnen bevollmächtigt wird – je einzeln und befreit von § 181 BGB, Erklärungen, Bewilligungen und Anträge materiell- oder formellrechtlicher Art zur Ergänzung oder Änderung des Vertrags abzugeben, soweit diese zur Behebung behördlicher oder gerichtlicher Beanstandungen zweckdienlich sind.

§ 5

Schlussbestimmungen; Kosten und Abschriften

Im Übrigen verbleibt es bei den Bestimmungen der Vorurkunde. Dieser Nachtrag ist mit der Vorurkunde zu verbinden. Verkäufer und Käufer sowie das Grundbuchamt erhalten je eine Ausfertigung, das Finanzamt eine einfache Abschrift.

Vorgelesen vom Notar, Fortführungsnachweis zur Durchsicht vorgelegt,

beides vom Beteiligten genehmigt und eigenhändig unterschrieben:

.....

XV. Kauf mit Ratenzahlung (sofortige Eigentumsumschreibung)

Das Formular orientiert sich an den Ausführungen von *Hügel/Salzig*, Mietkauf. In dem nachfolgenden Muster Nr. XVI werden alternativ die §§ 2 bis 4 (Veräußerung, Kaufpreis, Rücktritt) wiedergegeben, wenn die Umschreibung erst nach vollständiger Zahlung des Kaufpreises erfolgen soll.

3904

▶

URNr. ...../20.....

Kaufvertrag

Heute, den ..... zweitausend .....

– ..... 20..... –

erschienen gleichzeitig vor mir,

.....,

Notar in .....,

in meinen Amtsräumen in .....:

1. .....,

geb. am .....,

wohnhaft: .....,

nach Angabe im gesetzlichen Güterstand verheiratet, jedoch nicht über sein überwiegendes Vermögen verfügend/in Gütertrennung verheiratet/unverheiratet/weder verheiratet noch in eingetragener Lebenspartnerschaft lebend/verwitwet und nicht in fortgesetzter Gütergemeinschaft lebend.

und dessen ebendort wohnhafte Ehefrau .....,

beide ausgewiesen durch gültigen deutschen Personalausweis,

2. .....,

geb. am .....,

wohnhaft: .....,

nach Angabe im gesetzlichen Güterstand verheiratet/in Gütertrennung verheiratet/unverheiratet/ weder verheiratet noch in eingetragener Lebenspartnerschaft lebend/verwitwet und nicht in fortgesetzter Gütergemeinschaft lebend.

und dessen ebendort wohnhafte Ehefrau .....,

beide ausgewiesen durch gültigen deutschen Personalausweis.

Die zu 1. genannten Beteiligten werden im Folgenden »der Verkäufer«, die zu 2 Genannten »der Käufer« genannt, auch wenn es sich um jeweils mehrere Personen handelt. Sie handeln nach ihrer glaubhaften Erklärung als Verbraucher i.S.d. § 13 BGB./(**Alt**.: Nach ihrer glaubhaften Erklärung handelt der Verkäufer als Unternehmer, der Käufer als Verbraucher.)

Auf Frage des Notars verneinten die Beteiligten eine Vorbefassung i.S.d. § 3 Abs. 1 Satz 1 Nr. 7 BeurkG. Sie erklärten mit der Bitte um Beurkundung:

E. Gesamtmuster

§ 1
Grundbuch- und Sachstand

Das Grundbuch des Amtsgerichts ..... für ..... Blatt ..... wurde am ..... eingesehen.

Dort ist folgendes Vertragsobjekt vorgetragen:

Flst.Nr. .....

Als Eigentümer ist vermerkt:

.....

Der Grundbesitz ist im Grundbuch wie folgt belastet:

Abteilung II:

.....

Abteilung III:

.....

§ 2
Veräußerung; Grundbucherklärungen

Der Verkäufer

verkauft das in § 1 bezeichnete Vertragsobjekt mit allen damit zusammenhängenden Rechten und dem Zubehör (§ 97 BGB)

an den Käufer

zum Alleineigentum/Miteigentum zu gleichen Teilen

Weitere bewegliche Gegenstände (etwa Inventar, Mobiliar) sind nicht mitverkauft, jedoch die vorhandenen Brennstoffvorräte abzüglich des Verbrauchs bis zum Besitzübergang.

Um den vereinbarten Eigentumserwerb zu sichern, bewilligt der Verkäufer und **beantragt** der Käufer, zu dessen Gunsten am Vertragsobjekt eine

Vormerkung

sofort an nächstoffener Rangstelle einzutragen. Der Käufer bewilligt und beantragt, diese Vormerkung bei der Eigentumsumschreibung wieder zu löschen, sofern nachrangig keine Eintragungen bestehen bleiben, denen er nicht zugestimmt hat.

Die Beteiligten sind über den vereinbarten Eigentumsübergang einig und bewilligen und beantragen die Eintragung der Rechtsänderung gem. dieser Auflassung in das Grundbuch, ausdrücklich bereits **vor vollständiger Bezahlung des Kaufpreises**. Auf das damit verbundene Risiko wurde der Verkäufer vom Notar hingewiesen. Daher wird – auf Grundbuchkosten des Käufers – vereinbart:

Zur Sicherung des für den Fall der Rückabwicklung entstehenden bedingten Rückübertragungsanspruchs bewilligt der Käufer und beantragen Verkäufer und Käufer die Eintragung einer

Rückübertragungsvormerkung

im Grundbuch im Rang nach den bei Umschreibung bestehen bleibenden derzeitigen Rechten. Der Verkäufer ist auf Verlangen und Kosten des Käufers zur Bewilligung der Löschung verpflichtet, sobald der Kaufpreis in Haupt- und Nebensache bezahlt ist.

Zur Sicherung des Anspruchs des Verkäufers auf Kaufpreisrestzahlung bestellt der Käufer ferner zugunsten des Verkäufers als Berechtigten eine

Grundschuld ohne Brief

i.H.v. ..... € nebst 18% Jahreszinsen ab heute, die nachträglich jeweils am 31.12. eines Jahres fällig sind, und einer einmaligen, sofort fälligen Nebenleistung i.H.v. 5%.
und

bewilligt und beantragt

deren Eintragung im Rang nach ..... sowie nach der vorstehend bewilligten Rückübertragungsvormerkung am Vertragsobjekt im Grundbuch mit der Maßgabe, dass
- der jeweilige Eigentümer der sofortigen Zwangsvollstreckung aus dieser Urkunde unterworfen ist (§ 800 ZPO); der heutige Käufer unterwirft den Pfandbesitz in Ansehung der Grundschuld samt Zinsen der sofortigen Zwangsvollstreckung in der Weise, dass die Zwangsvollstreckung gegen den jeweiligen Eigentümer zulässig sein soll,
- die Abtretung der Grundschuld der Zustimmung des heutigen Käufers bedarf,

was hiermit vereinbart, bewilligt und beantragt wird. Die Grundschuld wird bereits hiermit gekündigt.

Der Gläubiger erhält die Grundschuld als Sicherheit mit der Maßgabe, dass der Anspruch des Eigentümers auf Rückgewähr der Grundschuld und der sonstigen eingeräumten Sicherheiten erst dreißig Jahre nach gesetzlichem Verjährungsbeginn verjährt.

Der Verkäufer als Gläubiger verpflichtet sich, an einer Abtretung der Grundschuld an etwaige Finanzierungsgläubiger des Käufers mitzuwirken, sofern sichergestellt ist, dass die dadurch zu sichernden Darlehen der Tilgung der Kaufpreisrestschuld dienen. Aus diesem Grunde wurden Zinsen und Nebenleistungen der Grundschuld denen eines Grundpfandrechts bei Fremdfinanzierung vergleichbar gestaltet.

(Formulierungsalternative, ohne Revalutierungsmöglichkeit:

Zur Sicherung des Anspruchs des Verkäufers auf Kaufpreisrestzahlung bestellt der Käufer daher zugunsten des Verkäufers als Berechtigten eine

Sicherungshypothek

i.H.v. ..... € nebst .....% Jahreszinsen ab dem ..... am Vertragsbesitz und unterwirft diesen in Ansehung der Hypothek der Zwangsvollstreckung gegen den jeweiligen Eigentümer (§ 800 ZPO). Der Käufer bewilligt und Verkäufer und Käufer beantragen, das Grundpfandrecht mit Vollstreckungsvermerk im Rang nach der vorstehenden Rückübertragungsvormerkung im Grundbuch einzutragen. Hinsichtlich der Bewilligung der Löschung gelten die Regelungen zur Rückübertragungsvormerkung entsprechend).

Der Antrag auf Eintragung der Rückübertragungsvormerkung, des Grundpfandrechts und der Auflassung werden als **verbundene Anträge** gestellt (§ 16 Abs. 2 GBO).

(Ggf. ferner: Eigentümerrechte und Rückgewähransprüche bzgl. vorrangiger Grundpfandrechte werden an den dies annehmenden Verkäufer abgetreten. Diesem wurde empfohlen, durch Beteiligung an der Zweckvereinbarung die Revalutierung der vorrangigen Grundschuld an seine Zustimmung zu binden.)

§ 3
Kaufpreis; Fälligkeit

1. Der Kaufpreis beträgt

    ..... €

    – in Worten: ..... Euro –.

2. Der Kaufpreis ist in monatlichen Raten zu je

    .....€

    (in Worten: ..... Euro)

zu begleichen, und zwar jeweils zum ersten eines jeden Monats, erstmals am Monatsersten, der auf den Zugang des Einwurf-Einschreibens folgt, in welchem der Notar dem Käufer bestätigt, dass
   a) die Eigentumsvormerkung im Grundbuch eingetragen ist,
   b) dem Notar hinsichtlich der gesetzlichen Vorkaufsrechte nach dem BauGB eine Erklärung der zuständigen Gebietskörperschaft in grundbuchmäßiger Form vorliegt, wonach solche Vorkaufsrechte nicht bestehen oder zum gegenwärtigen Kauf nicht ausgeübt werden **und**
   c) der Notar in grundbuchtauglicher Form über alle Unterlagen zur Freistellung von solchen Belastungen verfügt, die im Grundbuch vor oder mit der Vormerkung eingetragen und vom Käufer nicht zu übernehmen sind. Ihre Verwendung darf allenfalls von Zahlungsauflagen abhängig sein, für die der Kaufpreis ausreicht. Der Notar wird allseits bevollmächtigt, diese Unterlagen – zur Beschleunigung, ungeachtet der Kostenfolge, unter Fertigung des Entwurfs – anzufordern, für alle am Vertrag und dessen Finanzierung Beteiligten auch gem. § 875 Abs. 2 BGB entgegenzunehmen und zu verwenden.

   Stehen Genehmigungen oder Lastenfreistellungsdokumente unter Zahlungsauflagen, teilt der Notar diese den Beteiligten ohne weitere Prüfung mit. Der Kaufpreis kann insoweit bei Fälligkeit nur durch Erfüllung solcher Auflagen erbracht werden, ist also zweckgebunden, ohne dass der Zahlungsempfänger hieraus eigene Rechte erwirbt. Der Restbetrag nach Berücksichtigung etwaiger solcher Treuhandauflagen ist zu überweisen auf das Konto des Verkäufers bei der ..... bank, BLZ ....., Konto-Nr. .....

3. Der Kaufpreis ist – unbeschadet der Regelung in nachfolgendem Abs. 5 von der Fälligkeit der ersten Raten an mit einem während der Gesamtlaufzeit der Ratenzahlungsvereinbarung festgeschriebenen Zinssatz von .....% (in Worten ..... Prozent) jährlich zu verzinsen. Die Zinsen sind in den bis zur vollständigen Tilgung der Kaufpreisschuld festgeschriebenen Monatsraten enthalten; es ist also eine Annuität aus Zins und Tilgung mit Tilgungsverrechnung vom Beginn der Fälligkeit an vereinbart. Wegen der Einzelheiten des Zahlungsplans verweisen die Vertragsteile auf den dieser Urkunde als **Anlage** beigefügten Zahlungs- und Tilgungsplan, auf dessen Verlesen sie verzichteten. Die Anlage wurde den Erschienenen zur Durchsicht vorgelegt und von ihnen auf jeder Seite gem. § 14 BeurkG unterschrieben; sie ist bekannt.

   (Formulierungsalternative:

   Bis zur Fälligkeit der jeweiligen Teilzahlung (Rate) wird auf eine Verzinsung verzichtet. Den Beteiligten ist bekannt, dass der (abgezinste) Barwert des Kaufpreises demnach deutlich niedriger ist und letzterer Bemessungsgrundlage für die Abschreibung (soweit auf das Gebäude entfallend) ist; ferner dass ertragsteuerlich Einkünfte aus Kapitalvermögen entstehen können.)

4. Eine vorzeitige ganze oder teilweise Tilgung des Kaufpreises ist dem Käufer zu jeder Zeit gestattet. (Ggf.: Die in den vorzeitig getilgten Raten enthaltenen Zinsen sind jedoch gleichfalls/ zur Hälfte/nicht zu bezahlen. Eine darüber hinaus gehende Vorfälligkeitsentschädigung ist nicht zu entrichten.)

5. Soweit der Kaufpreis nicht an Gläubiger zur Ablösung der vorgenannten Belastungen zu zahlen ist, haben sämtliche Zahlungen des Käufers auf das Konto des Verkäufers bank, bei der ....., BLZ ....., Konto-Nr. ..... zu erfolgen.

6. Sofern die erste Kaufpreisrate nicht zum auf die Fälligkeitsmitteilung des Notars folgenden Monatsersten und die Folgeraten nicht zu den jeweils nachfolgenden Monatsersten gem. den vorstehenden Regelungen geleistet sind, kommt der Käufer auch ohne Mahnung in Verzug. Auf die Verzugsfolgen wies der Notar die Beteiligten hin, insbesondere auf die Höhe des gesetzlichen Verzugszinses. § 289 Satz 1 BGB bleibt unberührt.

§ 4
Rücktritt vom Kaufvertrag oder Gesamtfälligstellung des Kaufpreises

1. Der Verkäufer kann entweder vom schuldrechtlichen Teil dieser Kaufvertragsurkunde zurücktreten oder vom Käufer durch Kündigung der Ratenzahlungsvereinbarung die Zahlung des gesamten offenen Kaufpreises nebst offener Zinsen und einschließlich sämtlicher etwaig aufgelaufener Verzugszinsen verlangen, wenn

a) der Käufer für zwei aufeinander folgende Monate mit der Entrichtung des Kaufpreises ganz oder teilweise in Verzug ist oder in einem Zeitraum, der sich über mehr als zwei Monate erstreckt, mit dem Kaufpreis in Höhe eines Betrags in Verzug ist, der den Kaufpreis für zwei Monate erreicht, oder mit einer Jahreszinsrate in Verzug ist, oder

(Formulierungsalternative, bei Verbrauchervertrag mit Zinsregelung:

der Käufer mit mindestens zwei aufeinander folgenden Kaufpreisraten ganz oder teilweise und mindestens 5% des in § 3 Abs. 2 bestimmten Teilzahlungspreises in Verzug ist und

der Verkäufer dem Käufer erfolglos eine zweiwöchige Frist zur Zahlung des rückständigen Betrags mit der Erklärung gesetzt hat, dass er bei Nichtzahlung innerhalb der Frist von diesem Kaufvertrag zurücktrete.

Der Verkäufer wird dem Käufer spätestens mit Fristsetzung ein Gespräch über die Möglichkeiten einer einvernehmlichen Regelung anbieten. Dieses Gesprächsangebot ist jedoch keine Wirksamkeitsvoraussetzung für die Fristsetzung und den Rücktritt bzw. die Kündigung der Ratenzahlungsvereinbarung.)

b) über das Vermögen des Käufers das Insolvenzverfahren eröffnet oder die Eröffnung mangels Masse abgelehnt wird, oder

c) die Zwangsvollstreckung von dritter Seite in den Pfandgegenstand oder der Grundschuld verhaftetes Zubehör betrieben wird, oder

d) der Käufer das Objekt trotz Abmahnung nicht ausreichend gegen Feuer-, Leitungswasser- und Sturmschäden versichert hält.

2. Der Rücktritt bzw. die Kündigung der Ratenzahlungsvereinbarung ist gegenüber dem Käufer per Einschreiben mit Rückschein zu erklären, der Notar erhält eine Kopie des entsprechenden Schreibens.

(Ggf. 3., nur bei Verbrauchervertrag mit Zinsen:

Kündigt der Verkäufer die Ratenzahlungsvereinbarung, so vermindert sich die Restkaufpreisschuld des Käufers um die Zinsen und – sofern vereinbart – um die sonstigen laufzeitabhängigen Kosten, die bei staffelmäßiger Berechnung auf die Zeit nach Wirksamwerden der Kündigung entfallen.)

4. Tritt der Verkäufer aus einem der vorgenannten Gründe vom Kaufvertrag zurück, hat der Käufer die Kosten der Rückabwicklung einschließlich etwaig erforderlicher Grundbucheintragungen zu tragen.

5. Zu einer Rückerstattung der vom Käufer bis zur Ausübung des Rücktrittsrechts gezahlten Kaufpreisraten ist der Verkäufer nicht verpflichtet, da diesen Raten ein gleichwertiger Gebrauchsvorteil des Käufers gegenüber steht und diese deshalb als Nutzungsentgelt beim Verkäufer verbleiben. Verkäufer und Käufer sind sich darüber einig, dass diese Verrechnungsabrede auch zugunsten des Grundpfandrechtsgläubigers (Abteilung III lfd. Nr. .....) wirkt, der Käufer also auch von diesem keine Rückerstattung der bezahlten Kaufpreisraten verlangen kann.

(Formulierungsvariante:

Von jeder gezahlten Kaufpreismonatsrate des Käufers verbleiben .....€ (in Worten: .....Euro) als Nutzungsentgelt beim Verkäufer Der Restbetrag von jeder gezahlten Kaufpreismonatsrate i.H.v. .....€ (in Worten: .....Euro) ist dem Käufer Zug um Zug gegen vollständige und besenreine Räumung des Vertragsgegenstandes sowie Rückübereignung unverzinst zurück zu erstatten. Verkäufer und Käufer sind sich darüber einig, dass diese Verrechnungsabrede auch zugunsten des Grundpfandrechtsgläubigers (Abteilung III lfd. Nr. .....) wirkt, der Käufer also auch von diesem eine Rückerstattung der bezahlten Kaufpreisraten nur im Umfang des gegen den Verkäufer bestehenden Rückerstattungsanspruches verlangen kann.

Formulierungsvariante Verbrauchervertrag:

Die bis zum Rücktritt gezahlten Kaufpreismonatsraten hat der Verkäufer Zug um Zug gegen vollständige und besenreine Räumung des Vertragsgegenstandes sowie Rückübereignung nur insoweit unverzinst an den Käufer zurück zu erstatten, als dieser Rückerstattungsanspruch des

E. Gesamtmuster

Käufers nicht durch Verrechnung mit dem Nutzungsentschädigungsanspruch des Verkäufers wegen der vom Käufer aus der Nutzung des Vertragsgegenstandes gezogenen Gebrauchsvorteile erloschen ist. Bei der Bemessung des Nutzungsentschädigungsanspruches ist die zwischen Besitzübergabe und Räumung eingetretene Wertminderung des Vertragsgegenstandes angemessen zu berücksichtigen. Verkäufer und Käufer sind sich darüber einig, dass diese Verrechnungsabrede auch zugunsten des Grundpfandrechtsgläubigers (Abteilung III lfd. Nr. .....) wirkt, der Käufer also auch von diesem eine Rückerstattung der bezahlten Kaufpreisraten nur im Umfang des gegen den Verkäufer bestehenden Rückerstattungsanspruches verlangen kann.)

Die Vertragsteile sind sich darüber einig, dass durch den Verbleib der bezahlten Kaufpreisraten (**Formulierungsalternative:** *den Verbleib des vorbezeichneten Teilbetrags jeder bezahlten Kaufpreisrate*) als Nutzungsentschädigung beim Verkäufer kein Mietverhältnis zwischen den Vertragsteilen und damit kein mietrechtlicher Kündigungsschutz zugunsten des Käufers begründet wird.

6. Bei der Rückabwicklung des Kaufpreises hat der Käufer keinen Anspruch auf Erstattung der für Modernisierungs- oder Umbauarbeiten getätigten Aufwendungen.

   (**Formulierungsalternative:** *..... hat der Käufer Anspruch auf Erstattung der noch vorhandenen Zeitwerterhöhung, soweit diese auf solchen Verwendungen des Käufers beruht, die mit Zustimmung des Verkäufers vor dem Rückabwicklungsverlangen getätigt wurden.)*

   Er kann jedoch/*weiterhin* die von ihm nach Maßgabe des § 5 getragenen Erschließungskosten Zug um Zug gegen vollständige und besenreine Räumung des Vertragsgegenstandes sowie Rückübereignung vom Verkäufer ersetzt verlangen.

7. Ist das Objekt zum Zeitpunkt des Vertragsrücktritts nicht in einem Zustand, der dem derzeitigen unter Einschluss der üblichen, zeitbedingten Wohnabnutzung zumindest entspricht oder diesem gegenüber besser ist, schuldet der Käufer ferner die Kosten, die anfallen, um das Objekt in einen solchen Zustand zu versetzen.

8. Im Übrigen richten sich die Rechtsfolgen des Rücktritts aus den in § 4 Abs. 1 genannten Gründen – unbeschadet der vorstehend getroffenen Regelungen – nach den §§ 346 ff. BGB.

9. Wird ein Vorkaufsrecht ausgeübt, so sind beide Beteiligten zum Rücktritt vom Vertrag berechtigt; ein Anspruch auf Schadensersatz statt der Leistung oder Verzinsung bereits geleisteter Kaufpreisteile besteht in diesem Fall nicht. Der Verkäufer tritt alle aus der Ausübung des Vorkaufsrechts gegen den Vorkäufer entstehenden Ansprüche sicherungshalber an den Käufer ab, der die Abtretung dem Vorkäufer selbst anzeigen wird.

§ 5
Besitzübergabe; Erschließung

Besitz, Nutzungen und Lasten, Haftung, Verkehrssicherung und Gefahr gehen mit Zahlung der ersten Rate auf den Käufer über. Auf die mit dieser Vorleistung verbundenen Risiken, insbesondere bei baulicher Umgestaltung des Objekts vor Entrichtung des Kaufpreises, wurde der Verkäufer eingehend hingewiesen.

Soweit Gebäudesach- und -haftpflichtversicherungen bestehen, gehen diese kraft Gesetzes auf den Käufer über, der sie jedoch innerhalb eines Monats nach Eigentumsumschreibung kündigen kann. Ab Lastenübergang hat er die Prämien zu tragen und den Gefahrübergang anzuzeigen. Aufschiebend bedingt auf die Zahlung des Kaufpreises werden alle Ansprüche abgetreten, die dem Verkäufer gegen Dritte (etwa Versicherungsunternehmen, Schädiger, Bauunternehmen, Architekten) wegen eines Mangels oder Schadens am Vertragsobjekt zustehen (werden).

Eintragungen im Baulastenverzeichnis, Abstandsflächenübernahmen, nicht im Grundbuch eingetragene altrechtliche Dienstbarkeiten, Überbauungen, oder baurechtswidrige Zustände sind dem Verkäufer nicht bekannt.

Der Verkäufer garantiert jedoch folgende Umstände:

1. Wohnungsbindung oder Einschränkungen aufgrund sozialer Wohnraumförderung sowie aufgrund Denkmalschutzes bestehen nicht.

2. Das Vertragsobjekt ist nicht vermietet oder verpachtet; es steht leer.

3. Die derzeit vorhandene öffentlich-rechtliche Erschließung gem. BauGB und Kommunalabgabengesetz mit Straßenausbau, und Entwässerung sowie die Anbindung an die öffentliche Wasserversorgung sind endabgerechnet und bezahlt.

Sofern allerdings Baukostenzuschüsse, Hausanschlusskosten und Nacherhebungen von Erschließungskosten anlässlich einer künftigen Bebauung des Vertragsbesitzes oder künftiger Veränderungen der Erschließungsanlagen angefordert werden, treffen diese den Käufer.

§ 6
Rechtsmängel

Der Verkäufer ist verpflichtet, dem Käufer ungehinderten Besitz und lastenfreies Eigentum zu verschaffen, soweit in dieser Urkunde nichts anderes vereinbart ist.

Die in Abteilung II des Grundbuchs eingetragenen, in § 1 dieser Urkunde bezeichneten Belastungen, übernimmt der Käufer zur weiteren Duldung mit allen sich aus der Eintragungsbewilligung ergebenden Verpflichtungen. Rechte in Abteilung III des Grundbuchs sind zu löschen mit Ausnahme des oben bestellten Grundpfandrechts.

Die Beteiligten stimmen der Löschung aller nicht übernommenen Belastungen sowie allen Rangänderungen mit dem Antrag auf Vollzug zu; bei Gesamtrechten auch hinsichtlich aller übrigen in den Mithaftvermerken genannten Grundbuchstellen.

§ 7
Sachmängel

Rechte des Käufers wegen eines Sachmangels des Grund und Bodens, Bauwerkes und etwa mitverkaufter beweglicher Sachen sind ausgeschlossen, allerdings mit Ausnahme

1. ggf. in dieser Urkunde enthaltener Beschaffenheitsvereinbarungen und Garantien,

2. vorsätzlich zu vertretender oder arglistig verschwiegener Mängel. Der Verkäufer erklärt, er habe keine ihm bekannten Mängel, schädlichen Bodenveränderungen oder Altlasten arglistig verschwiegen, auf die der Käufer angesichts ihrer Bedeutung und des sonstigen Zustandes des Vertragsobjekts einen Hinweis erwarten durfte.

3. solcher Sachmängel, die erst nach Besichtigung bzw. Vertragsschluss entstanden sind und die über die gewöhnliche Abnutzung hinausgehen; hierfür wird die Verjährung auf drei Monate ab Übergabe verkürzt.

§ 8
Vollstreckungsunterwerfungen, Verjährung

Der Käufer unterwirft sich wegen der in dieser Urkunde eingegangenen Zahlungsverpflichtungen, die eine bestimmte Geldsumme zum Gegenstand haben – einschließlich der Verzugszinsen gem. § 288 Abs. 1 BGB aus dem Kaufpreis – der sofortigen Zwangsvollstreckung aus dieser Urkunde. Gleiches gilt für den Verkäufer wegen seiner Verpflichtung zur Verschaffung des Besitzes.

Wegen des Bestimmtheitsgrundsatzes der Zwangsvollstreckung gelten die Verzugszinsen für die erste Kaufpreisrate ab zwei Monaten ab heute, die Verzugszinsen für die folgenden Kaufpreisraten jeweils im monatlichen Abstand nach der ersten Monatsrate als geschuldet.

Auf Antrag kann ohne weitere Nachweise vollstreckbare Ausfertigung erteilt werden (dem Verkäufer jedoch erst nach Fälligkeitsmitteilung und gem. deren Inhalt, dem Käufer zur Besitzverschaffung gegen Nachweis der Kaufpreiszahlung). Der Notar ist ermächtigt, die Vollstreckungsklausel auch für nur einzelne Kaufpreis- und/oder Zinsraten zu erteilen.

Mehrere Beteiligte, die zu derselben Leistung verpflichtet sind, schulden und haften als Gesamtschuldner.

Der Anspruch auf Verschaffung des Eigentums und der in dieser Urkunde bestellten dinglichen Rechte verjährt in gleicher Frist wie der Kaufpreisanspruch, jedoch spätestens dreißig Jahre ab gesetzlichem Verjährungsbeginn.

§ 9

Vollzugsauftrag

Alle Beteiligten beauftragen und bevollmächtigen den amtierenden Notar, seinen amtlichen Vertreter oder Nachfolger im Amt,
- sie im Grundbuchverfahren uneingeschränkt zu vertreten,
- die zur Wirksamkeit und für den Vollzug dieser Urkunde erforderlichen Genehmigungen und Erklärungen anzufordern und entgegenzunehmen.

Anfechtbare Bescheide sind jedoch den Beteiligten selbst zuzustellen; Abschrift an den Notar wird erbeten.

Die Beteiligten bevollmächtigen die Angestellten an dieser Notarstelle – welche der Amtsinhaber zu bezeichnen bevollmächtigt wird – je einzeln und befreit von § 181 BGB, Erklärungen, Bewilligungen und Anträge materiell- oder formell-rechtlicher Art zur Ergänzung oder Änderung des Vertrags abzugeben, soweit diese zur Behebung behördlicher oder gerichtlicher Beanstandungen zweckdienlich sind.

§ 10

Vollmacht

Mehrere Personen auf Käufer- bzw. Verkäuferseite schulden als Gesamtschuldner. Sie bestellen sich untereinander je einzeln als Zustellungs- und Erklärungsvertreter für alle Willens- und Wissenserklärungen, die für diesen Vertrag, seine Abwicklung, Änderung und ggf. Rückabwicklung von Bedeutung sind. Ein Widerruf dieser Vollmacht ist nur wirksam, sobald er auch dem amtierenden Notar zugeht.

§ 11

Hinweise des Notars

Der Notar bzw. sein amtlicher Vertreter hat die Vertragsbestimmungen erläutert und abschließend auf Folgendes hingewiesen:
- Das Eigentum geht nicht schon heute, sondern erst mit der Umschreibung im Grundbuch auf den Käufer über.
- Hierzu sind die Unbedenklichkeitsbescheinigung des Finanzamts (nach Zahlung der Grunderwerbsteuer), erforderliche Genehmigungen, und die Verzichtserklärung der Gemeinde auf gesetzliche Vorkaufsrechte notwendig.
- Der jeweilige Eigentümer haftet kraft Gesetzes für rückständige öffentliche Lasten (z.B. Erschließungskosten, Grundsteuer, Ausgleichsbetrag nach dem BundesbodenschutzG).
- Unabhängig von den internen Vereinbarungen in dieser Urkunde haften alle Beteiligten kraft Gesetzes für die Grunderwerbsteuer und die Kosten als Gesamtschuldner.
- Alle Vereinbarungen müssen richtig und vollständig beurkundet werden, sonst kann der ganze Vertrag nichtig sein.
- Eine steuerliche Beratung hat der Notar nicht übernommen, jedoch auf die mögliche Steuerpflicht einer Veräußerung nicht selbst genutzter Immobilien vor Ablauf von zehn Jahren (»Spekulationsgeschäft«) und bei Betriebsvermögen hingewiesen.

§ 12
Kosten, Abschriften

Die Kosten für die Beurkundung, eventuelle Genehmigungen und den Vollzug dieses Vertrags sowie die Grunderwerbsteuer trägt der Käufer; zahlt der Käufer diese nicht, kann der Verkäufer vom Vertrag zurücktreten. Etwaige Lastenfreistellungskosten trägt der Verkäufer.

Von dieser Urkunde erhalten:

Ausfertigungen:
- die Beteiligten
- das Grundbuchamt

Beglaubigte Abschriften:
- die zuständigen Gebietskörperschaften zur Erklärung über etwaige Vorkaufsrechte (auf Anforderung)
- etwaige Kaufpreisfinanzierungsgläubiger

Einfache Abschriften:
- das Finanzamt – Grunderwerbsteuerstelle
- der Gutachterausschuss.

Vorgelesen vom Notar, von den Beteiligten

genehmigt, und eigenhändig unterschrieben:

.....

XVI. Kauf mit Ratenzahlung (Umschreibung erst nach vollständiger Zahlung)

3905 Wiedergegeben sind lediglich die §§ 2 bis 4 (Veräußerung, Kaufpreiszahlung, Rücktritt), da sie von Muster XV (Ratenzahlungskauf mit sofortiger Umschreibung) abweichen; i.Ü. kann auf das Muster XV verwiesen werden. Auch dieses Formular orientiert sich an den Ausführungen von *Hügel/Salzig*, Mietkauf.

▶

§ 2
Veräußerung; Grundbucherklärungen

Der Verkäufer

verkauft das in § 1 bezeichnete Vertragsobjekt mit allen damit zusammenhängenden Rechten und dem Zubehör (§ 97 BGB)

an den Käufer

zum Alleineigentum/Miteigentum zu gleichen Teilen

Weitere bewegliche Gegenstände (etwa Inventar, Mobiliar) sind nicht mitverkauft, jedoch die vorhandenen Brennstoffvorräte abzüglich des Verbrauchs bis zum Besitzübergang.

Um den vereinbarten Eigentumserwerb zu sichern, bewilligt der Verkäufer und **beantragt** der Käufer, zu dessen Gunsten am Vertragsobjekt eine

Vormerkung

sofort an nächstoffener Rangstelle einzutragen. Der Käufer bewilligt und beantragt, diese Vormerkung bei der Eigentumsumschreibung wieder zu löschen, sofern nachrangig keine Eintragungen bestehen bleiben, denen er nicht zugestimmt hat.

Die Beteiligten sind über den Eigentumsübergang im angegebenen Erwerbsverhältnis einig. Sie bewilligen und beantragen jedoch derzeit nicht, diese

Auflassung

im Grundbuch einzutragen; vielmehr bevollmächtigen sie hierzu unwiderruflich und über ihren Tod hinaus den amtierenden Notar, Vertreter oder Nachfolger im Amt.

Der Verkäufer muss dem Käufer das Eigentum Zug um Zug gegen Zahlung des geschuldeten Kaufpreises verschaffen. Alle Beteiligten weisen daher den Notar gem. § 53 BeurkG an, die Umschreibung gem. dieser Vollmacht durch Eigenurkunde erst zu veranlassen, nachdem der Verkäufer dem originalschriftlich zustimmt; hierzu ist der Verkäufer verpflichtet, wenn der geschuldete Kaufpreis, *die nach § 3 Abs. 3 dieser Urkunde geschuldeten Zinsen*, sämtliche etwaig aufgelaufenen Verzugszinsen und alle angefallenen, vom Käufer nach Maßgabe des § 5 dieser Urkunde zu tragenden Erschließungs- und sonstigen Anliegerbeiträge bezahlt sind.

§ 3
Kaufpreis; Fälligkeit

1. Der Kaufpreis beträgt
   ..... €
   – in Worten: ..... Euro –.

2. Der Kaufpreis ist in monatlichen Raten zu je
   ..... €
   – in Worten: ..... Euro –

   zu begleichen, und zwar jeweils zum Ersten eines jeden Monats, erstmals am Monatsersten, der auf den Zugang des Einwurf-Einschreibens folgt, in welchem der Notar dem Käufer bestätigt, dass
   a) die zugunsten des Käufers bewilligte Eigentumsvormerkung im Grundbuch eingetragen ist,

b) dem Notar hinsichtlich der gesetzlichen Vorkaufsrechte nach dem BauGB eine Erklärung der zuständigen Gebietskörperschaft in grundbuchmäßiger Form vorliegt, wonach solche Vorkaufsrechte nicht bestehen oder zum gegenwärtigen Kauf nicht ausgeübt werden **und**

c) die Freistellungsverpflichtungserklärung jedes Gläubigers der in Abteilung III eingetragenen, vom Käufer nicht zu übernehmenden Belastungen auflagenfrei oder unter Auflagen, zu deren Erfüllung sowohl der Gesamtkaufpreis als auch die in diesem Paragrafen vereinbarte Ratenzahlungsvereinbarung ausreicht.

Soweit eingetragene Gläubiger für die Lastenfreistellung Ablösebeträge verlangen, oder erforderliche Genehmigungen mit den Verkäufer treffenden Zahlungsauflagen versehen sind, ist der Käufer nur zur Erfüllung dieser Zahlungsauflagen in Anrechnung auf den Kaufpreis verpflichtet, ohne dass die Empfänger insoweit ein eigenes Forderungsrecht erwerben. Zur Überprüfung der geforderten Beträge hinsichtlich Grund und Höhe sind Notar und Käufer weder verpflichtet noch berechtigt.

3. Der Kaufpreis ist – unbeschadet der Regelung in nachfolgendem Abs. 5 – von der Fälligkeit der ersten Raten an mit einem während der Gesamtlaufzeit der Ratenzahlungsvereinbarung festgeschriebenen Zinssatz von .....% (in Worten: ..... Prozent) jährlich zu verzinsen. Die Zinsen sind jeweils nachträglich am ..... Januar des folgenden Kalenderjahres fällig und müssen jeweils zu diesem Zeitpunkt auf dem nachstehend genannten Verkäuferkonto gutgeschrieben sein. Der genannte Jahreszinssatz ist – unbeschadet der Regelung in Abs. 5 – während der gesamten Laufzeit der Ratenzahlungsvereinbarung unverändert.

(Formulierungsalternative:

Bis zur Fälligkeit der jeweiligen Teilzahlung (Rate) wird auf eine Verzinsung verzichtet. Den Beteiligten ist bekannt, dass der (abgezinste) Barwert des Kaufpreises demnach deutlich niedriger ist und letzterer Bemessungsgrundlage für die Abschreibung (soweit auf das Gebäude entfallend) ist; ferner dass ertragsteuerlich Einkünfte aus Kapitalvermögen entstehen können.)

4. Eine vorzeitige ganze oder teilweise Tilgung des Kaufpreises *nebst aufgelaufener Zinsen* ist dem Käufer zu jeder Zeit gestattet.

(Ggf.: Für die dadurch ersparten künftigen Zinsen ist eine Vorfälligkeitsentschädigung nicht zu leisten./hat der Käufer pauschaliert die Hälfte der Zinszahlungen zu entrichten, die sonst künftig noch angefallen wären.)

5. Soweit der Kaufpreis nicht an Gläubiger zur Ablösung der vorgenannten Belastungen zu zahlen ist, haben sämtliche Zahlungen des Käufers auf das Konto des Verkäufers, ... bei der ..... bank, BLZ ....., Konto-Nr. ..... zu erfolgen.

Sofern die erste Kaufpreisrate nicht zum auf die Fälligkeitsmitteilung des Notars folgenden Monatsersten und die Folgeraten nicht zu den jeweils nachfolgenden Monatsersten gemäß den vorstehenden Regelungen geleistet sind, kommt der Käufer auch ohne Mahnung in Verzug. Auf die Verzugsfolgen wies der Notar die Beteiligten hin, insbes. auf die Höhe des gesetzlichen Verzugszinses. § 289 Satz 1 BGB bleibt unberührt.

6. Mit Wirkung ab Eigentumsübergang überträgt der Verkäufer dem Käufer alle Eigentümerrechte und Rückübertragungsansprüche in Bezug auf Grundpfandrechte am Vertragsobjekt und bewilligt deren Umschreibung.

§ 4
Rücktritt vom Kaufvertrag

1. Der Verkäufer kann vom schuldrechtlichen Teil dieser Kaufvertragsurkunde zurücktreten, wenn
   a) der Käufer für zwei aufeinander folgende Monate mit der Entrichtung des Kaufpreises ganz oder teilweise in Verzug ist oder in einem Zeitraum, der sich über mehr als zwei Monate erstreckt, mit dem Kaufpreis in Höhe eines Betrags in Verzug ist, der den Kaufpreis für zwei Monate erreicht, oder mit einer Jahreszinsrate in Verzug ist, oder

   (Formulierungsalternative, bei Verbrauchervertrag mit Zinsregelung:

   der Käufer mit mindestens zwei aufeinander folgenden Kaufpreisraten ganz oder teilweise und mindestens 5% des in § 3 Abs. 2 bestimmten Teilzahlungspreises in Verzug ist und der Verkäufer dem Käufer erfolglos eine zweiwöchige Frist zur Zahlung des rückständigen Betrags mit der Erklärung gesetzt hat, dass er bei Nichtzahlung innerhalb der Frist von diesem Kaufvertrag zurücktrete.

   Der Verkäufer wird dem Käufer spätestens mit Fristsetzung ein Gespräch über die Möglichkeiten einer einverständlichen Regelung anbieten. Dieses Gesprächsangebot ist jedoch keine Wirksamkeitsvoraussetzung für die Fristsetzung und den Rücktritt bzw. die Kündigung der Ratenzahlungsvereinbarung oder)

   b) über das Vermögen des Käufers das Insolvenzverfahren eröffnet oder die Eröffnung mangels Masse abgelehnt wird oder
   c) der Verkäufer in seiner Eigenschaft als Eigentümer des Vertragsgegenstandes wegen rückständiger und nach den Vereinbarungen gem. § 5 dieser Urkunde vom Käufer zu tragender Erschließungskosten und/oder Versicherungsprämien in Anspruch genommen wird.

2. Der Rücktritt ist gegenüber dem Käufer per Einschreiben mit Rückschein zu erklären, der Notar erhält eine Kopie des Rücktrittsschreibens.

3. Tritt der Verkäufer aus einem der vorgenannten Gründe vom Kaufvertrag zurück, hat der Käufer die Kosten der Rückabwicklung einschließlich etwaig erforderlicher Grundbucheintragungen zu tragen.

4. Zu einer Rückerstattung der vom Käufer bis zur Ausübung des Rücktrittsrechts gezahlten Kaufpreisraten ist der Verkäufer nicht verpflichtet, da diesen Raten ein gleichwertiger Gebrauchsvorteil des Käufers gegenüber steht und diese deshalb als Nutzungsentgelt beim Verkäufer verbleiben. Verkäufer und Käufer sind sich darüber einig, dass diese Verrechnungsabrede auch zugunsten des Grundpfandrechtsgläubigers (Abteilung III lfd. Nr. .....) wirkt, der Käufer also auch von diesem keine Rückerstattung der bezahlten Kaufpreisraten verlangen kann.

   (Formulierungsvariante:

   Von jeder gezahlten Kaufpreismonatsrate des Käufers verbleiben .....€ (in Worten:.....Euro) als Nutzungsentgelt beim Verkäufer. Der Restbetrag von jeder gezahlten Kaufpreismonatsrate i.H.v. .....€ (in Worten: .....Euro) ist dem Käufer Zug-um-Zug gegen vollständige und besenreine Räumung des Vertragsgegenstandes unverzinst zurück zu erstatten. Verkäufer und Käufer sind sich darüber einig, dass diese Verrechnungsabrede auch zugunsten des Grundpfandrechtsgläubigers (Abteilung III lfd. Nr. .....) wirkt, der Käufer also auch von diesem eine Rückerstattung der bezahlten Kaufpreisraten nur im Umfang des gegen den Verkäufer bestehenden Rückerstattungsanspruches verlangen kann.)

   (Formulierungsvariante, bei Verbrauchervertrag mit Ratenzahlung:

   Die bis zum Rücktritt gezahlten Kaufpreismonatsraten hat der Verkäufer Zug um Zug gegen vollständige und besenreine Räumung des Vertragsgegenstandes nur insoweit unverzinst an den Käufer zurück zu erstatten, als dieser Rückerstattungsanspruch des Käufers nicht durch Verrechnung mit dem Nutzungsentschädigungsanspruch des Verkäufers wegen der vom Käufer aus der Nutzung des Vertragsgegenstandes gezogenen Gebrauchsvorteile erloschen ist. Bei der Bemessung des Nutzungsentschädigungsanspruches ist die zwischen Besitzübergabe und Räumung eingetretene Wertminderung des Vertragsgegenstandes angemessen zu be-

rücksichtigen. Verkäufer und Käufer sind sich darüber einig, dass diese Verrechnungsabrede auch zugunsten des Grundpfandrechtsgläubigers (Abteilung III lfd. Nr. .....) wirkt, der Käufer also auch von diesem eine Rückerstattung der bezahlten Kaufpreisraten nur im Umfang des gegen den Verkäufer bestehenden Rückerstattungsanspruches verlangen kann.)

Die Vertragsteile sind sich darüber einig, dass durch den Verbleib der bezahlten Kaufpreisraten

(Formulierungsalternative:

den Verbleib des vorbezeichneten Teilbetrags jeder bezahlten Kaufpreisrate)

als Nutzungsentschädigung beim Verkäufer kein Mietverhältnis zwischen den Vertragsteilen und damit kein mietrechtlicher Kündigungsschutz zugunsten des Käufers begründet wird.

5. Bei der Rückabwicklung des Kaufpreises hat der Käufer keinen Anspruch auf Erstattung der für Modernisierungs- oder Umbauarbeiten getätigten Aufwendungen.

(Formulierungsalternative:

Hat der Käufer Anspruch auf Erstattung der noch vorhandenen Zeitwerterhöhung, soweit diese auf solchen Verwendungen des Käufers beruht, die mit Zustimmung des Verkäufers vor dem Rückabwicklungsverlangen getätigt wurden.)

Er kann jedoch/*weiterhin* die von ihm nach Maßgabe des § 5 getragenen Erschließungskosten Zug um Zug gegen vollständige und besenreine Räumung des Vertragsgegenstandes sowie Rückübereignung vom Verkäufer ersetzt verlangen.

6. Ist das Objekt zum Zeitpunkt des Vertragsrücktritts nicht in einem Zustand, der dem derzeitigen unter Einschluss der üblichen, zeitbedingten Wohnabnutzung zumindest entspricht oder diesem gegenüber besser ist, schuldet der Käufer ferner die Kosten, die anfallen, um das Objekt in einen solchen Zustand zu versetzen.

7. Im Übrigen richten sich die Rechtsfolgen des Rücktritts aus den in § 4 Abs. 1 genannten Gründen – unbeschadet der vorstehend getroffenen Regelungen – nach den §§ 346 ff. BGB.

8. Wird ein Vorkaufsrecht ausgeübt, so sind beide Vertragsteile zum Rücktritt vom Vertrag berechtigt; ein Anspruch auf Schadensersatz oder Verzinsung bereits geleisteter Kaufpreisteile besteht in diesem Fall nicht.

XVII. Leibrentenkauf

3906 Das folgende Muster nimmt die in Rdn. 1048 ff. vorgeschlagenen Absicherungsmöglichkeiten des Verkäufers (zur Durchsetzung des Anspruchs auf wiederkehrende Leistungen, sowie zur Absicherung seiner Interessen bei deren Beitreibung und im Fall der Rückabwicklung) auf. Beide Parteien sind (wie regelmäßig bei Leibrentensachverhalten) Verbraucher.

▶

URNr./20.....

Kauf auf Leibrente

Heute, den .....

– ..... 20..... –

erschienen gleichzeitig vor mir,

.....,

Notar in .....,

in meinen Amtsräumen in .....:

1. .....,

geb. am .....,

wohnhaft: .....,

nach Angabe im gesetzlichen Güterstand verheiratet, jedoch nicht über sein überwiegendes Vermögen verfügend/in Gütertrennung verheiratet/unverheiratet/weder verheiratet noch in eingetragener Lebenspartnerschaft lebend/verwitwet und nicht in fortgesetzter Gütergemeinschaft lebend.

und dessen ebendort wohnhafte Ehefrau .....,

beide ausgewiesen durch gültigen deutschen Personalausweis,

2. .....,

geb. am .....,

wohnhaft: .....,

nach Angabe im gesetzlichen Güterstand verheiratet/in Gütertrennung verheiratet/unverheiratet/ weder verheiratet noch in eingetragener Lebenspartnerschaft lebend/verwitwet und nicht in fortgesetzter Gütergemeinschaft lebend.

und dessen ebendort wohnhafte Ehefrau .....,

beide ausgewiesen durch gültigen deutschen Personalausweis.

Die zu 1. genannten Beteiligten werden im folgenden »der Verkäufer«, die zu 2 Genannten »der Käufer« genannt, auch wenn es sich um jeweils mehrere Personen handelt. Sie handeln nach ihrer glaubhaften Erklärung als Verbraucher i.S.d. § 13 BGB.

Auf Frage des Notars verneinten die Beteiligten eine Vorbefassung i.S.d. § 3 Abs. 1 Satz 1 Nr. 7 BeurkG. Sie erklärten mit der Bitte um Beurkundung:

§ 1

Grundbuch- und Sachstand

Im Grundbuch des **Amtsgerichts** ..... **von** ..... **Blatt** ..... ist gemäß Einsicht vom ..... im Alleineigentum des Verkäufers vorgetragen:

...../1000 Miteigentumsanteil an dem Grundstück

Flst.Nr. ....   zu ..... qm.

verbunden mit Sondereigentum an Wohnung Nr. ......;

Abteilung II und Abteilung III sind lastenfrei.

Nach Maßgabe des Bestandsverzeichnisses ist zur Veräußerung die Zustimmung des WEG-Verwalters nicht erforderlich.

§ 2
Veräußerung; Grundbucherklärungen

Der Verkäufer

verkauft das in § 1 bezeichnete Vertragsobjekt mit allen damit zusammenhängenden Rechten und dem Zubehör (§ 97 BGB)

an

den Käufer

zum Alleineigentum.

Weitere bewegliche Gegenstände (etwa Mobiliar, Inventar) sind nicht mitverkauft.

Um den vereinbarten Eigentumserwerb zu sichern, bewilligt der Verkäufer – der Käufer stellt jedoch aus Kostengründen und im Hinblick auf den rasch herbeizuführenden Eigentumsübergang keinen Antrag, behält sich dies vielmehr vor – zu Gunsten des Käufers am Vertragsobjekt eine

Vormerkung

sofort an nächstoffener Rangstelle einzutragen. Der Käufer bewilligt und beantragt, diese Vormerkung bei der Eigentumsumschreibung wieder zu löschen, sofern nachrangig keine Eintragungen bestehen bleiben, denen er nicht zugestimmt hat.

Die Beteiligten sind über den Eigentumsübergang im angegebenen Erwerbsverhältnis einig und bewilligen und beantragen, diese

Auflassung

im Grundbuch einzutragen, unter gleichzeitiger Eintragung der nachstehend bewilligten Rückübertragungsvormerkung zur Sicherung des Verkäufers beim Scheitern des Vertrages (§ 3 Nr 2 b) an erster Rangstelle, im Rang danach der Reallast zur Sicherung der Leibrentenverpflichtung (§ 3 Nr. 1 c), und im Rang danach der Grundschuld zur Sicherung des Ablösungsbetrages und von Rückständen aus der Reallast (§ 3 Nr. 2 a), jeweils als verbundener Anträge gem. § 16 Abs. 2 GBO.

§ 3
Leibrentenverpflichtung

1.
Zahlungspflicht

a) Höhe und Fälligkeit

Der Verkäufer erhält als Gegenleistung für die Verschaffung von Eigentum und mittelbarem Besitz eine wertgesicherte (nachstehend b) Leibrente in Höhe von anfangs monatlich ..... €, erstmals für den Monat ..... 20....

Die Leibrente ist jeweils monatlich im voraus bis zum dritten Tage eines jeden Monats durch Überweisung zu bezahlen, und zwar auf das Konto des Verkäufers bei der

..... (Bank, BLZ), Kontonummer: .....

solange der Verkäufer nicht schriftlich ein anderes Konto benennt, wozu er jederzeit berechtigt ist.

Der Zahlungsanspruch ist – ebenso wie die nachstehend zu seiner Sicherung bestellte Reallast und die Kapitalisierungsgrundschuld – abtretbar; die Zahlungspflicht erlischt jedoch mit dem Tod des heutigen Verkäufers.

Der Notar wies darauf hin, dass nach Ablauf der Zahlungsfrist Verzug eintritt. Während der Dauer des Verzugs ist der jeweils fällige Betrag kraft Gesetzes mit 5 Prozentpunkten über dem jeweiligen Basiszinssatz jährlich zu verzinsen.

b) Wertsicherung

Im Hinblick auf eine etwaige Veränderung der Kaufkraft soll die Leibrente wertbeständig sein. Sollte sich daher der vom Statistischen Bundesamt festgestellte Verbraucherpreisindex für Deutschland auf der jeweils aktuellen Originalbasis gegenüber dem Stand bei Beurkundung dieses Vertrages um mehr als ..... % nach oben oder unten verändern, so verändert sich der Betrag der Leibrente mit Wirkung zu dem Kalendermonat, in dem die Änderung erstmals mehr als ..... % beträgt, automatisch entsprechend, ohne dass es hierzu eines Anpassungsverlangens eines Beteiligten bedarf. Die nächste Anpassung findet statt, wenn gegenüber dem Monat, in welchem hiernach die letzte Veränderung der Leibrente wirksam geworden ist, eine erneute Veränderung des vorgenannten Lebenskostenindex um mehr als ..... % eingetreten ist.

c) Sicherung durch Reallast

Zur Sicherung des Leibrentenzahlungsanspruchs des Verkäufers wird die Eintragung einer Reallast auf Zahlung der in Ziffer (1) vereinbarten, gemäß (b) wertgesicherten Leibrente (§ 1105 Abs. 1 Satz 2 BGB) für den Verkäufer im Rang nach der nachstehend 2) bewilligten Rückübertragungsvormerkung im Grundbuch bewilligt und beantragt mit der Maßgabe, dass zu ihrer Löschung der Nachweis des Todes des Berechtigten genügt. Etwaige zu diesem Zeitpunkt bestehende Rückstände sind daher schuldrechtlich beizutreiben.

Zum Inhalt dieser Reallast wird bestimmt:

aa) Die Zahlungen aus der schuldrechtlichen Rentenverpflichtung und den dinglichen Ansprüchen aus der Reallast sind jeweils gegeneinander anzurechnen. Dem Rentenverpflichteten und dem Grundstückseigentümer steht ein Leistungsverweigerungsrecht als Einrede zu, wenn der Rentenbetrag aus einer dieser Verpflichtungen geleistet wurde. Die Eintragung dieser Einrede in das Grundbuch bei der Reallast wird bewilligt und beantragt.
bb) Die Beteiligten vereinbaren vorsorglich, dass das sog. »Stammrecht der Leibrente« erst 30 Jahre nach gesetzlichem Beginn bzw. Neubeginn der Verjährung verjährt; für die Einzelleistungen bleibt es bei der gesetzlichen Verjährungsfrist von drei Jahren.
cc) Der Verkäufer kann im Falle der Eröffnung eines Zwangsversteigerungsverfahrens in den Kaufgegenstand anstelle des in monatlichen Teilbeträgen fällig werdenden Wertersatzes nach § 92 Abs. 2 ZVG einen in einer Summe auszubezahlenden Ablösebetrag, der sich gemäß nachstehend 2 a) ermittelt, verlangen. Als – im Grundbuch gem. § 882 Satz 2 BGB einzutragender – Höchstbetrag wird ..... € vereinbart.
dd) Die dingliche Reallast ist ferner durch den Erhalt des Ablösebetrages gem. § 3 Nr. 2a auflösend bedingt.

d) Sicherung durch Vollstreckungsunterwerfung

Der Käufer unterwirft sich wegen des dinglichen und wegen des persönlichen Anspruchs aus dieser Reallast sowie wegen der vorstehend vereinbarten schuldrechtlichen Zahlungspflicht in Höhe des Ausgangsbetrags von ..... € monatlich und der vereinbarten Änderungen, die sich aus der Entwicklung des Verbraucherpreisindex für Deutschland ergeben, der sofortigen Zwangsvollstreckung aus dieser Urkunde in sein Vermögen mit der Maßgabe, dass vollstreckbare Ausfertigung auf Antrag des Gläubigers ohne weitere Nachweise erteilt werden kann.

2.

Leistungsstörung

a) Ablösungsrecht des Verkäufers; Sicherung durch Grundschuld

Wenn über das Vermögen des Grundstückseigentümers das Insolvenzverfahren eröffnet oder mangels Masse dessen Eröffnung abgelehnt wurde, die Zwangsversteigerung oder Zwangsverwaltung in den betroffenen Grundbesitz eröffnet wird oder ein Zahlungsrückstand in Bezug auf mindestens drei Monatsbeträge entsteht, kann der Verkäufer anstelle der künftigen wiederkehrenden Leistungen einen Ablösebetrag in einer Summe verlangen.

Deren Höhe ist zu ermitteln als Gegenwartswert der künftigen Leistungen auf Lebenszeit (wobei die Lebenserwartung nach den jeweils neuesten allgemeinen Sterbetafeln gem. § 14 Abs. 1 Satz 4 BewG, der Abzinsungsprozentsatz jedoch, sofern der Zinssatz des Bewertungsgesetzes – derzeit § 12 Abs. 5 BewG – höher ist, mit zwei Prozentpunkten über dem seinerzeitigen Basiszins gem. § 247 BGB anzusetzen ist), zuzüglich etwaiger Rückstände.

Zur Sicherung dieses Ablösebetrags und zur Sicherung etwaiger Rückstände aus der Reallast auch ohne Ausübung des Ablösungsrechtes wird die Eintragung einer (grundbuchlich abstrakten) zinslosen Buchgrundschuld über ..... € für den Verkäufer im Rang nach der Reallast bewilligt und beantragt. Der jeweilige Grundstückseigentümer unterwirft sich wegen dieses Grundschuldbetrags der sofortigen Zwangsvollstreckung aus dieser Urkunde gegenüber dem Verkäufer, was hiermit vereinbart und zur Eintragung bewilligt und beantragt wird (§ 800 ZPO). Die Grundschuld wird bereits hiermit gem. § 1193 Abs. 2 Satz 2 BGB gekündigt, der Käufer bestätigt den Erhalt der Kündigung. Sie ist auf den Tod des heutigen Verkäufers befristet und damit löschbar gegen Todesnachweis.

Die Reallast ihrerseits ist auflösend bedingt durch Erhalt des Ablösebetrags, was zur Eintragung bei der vorbestellten Reallast bewilligt und beantragt wird.

Klargestellt wird, dass ein Recht des Käufers auf vorzeitige Ablösung der Leibrente (etwa durch Entrichtung des Kapitalisierungsbetrages) nicht besteht.

b) Rückübertragungsanspruch; Sicherung durch Vormerkung

Wenn über das Vermögen des Grundstückseigentümers das Insolvenzverfahren eröffnet oder mangels Masse dessen Eröffnung abgelehnt wurde, die Zwangsversteigerung oder Zwangsverwaltung in den betroffenen Grundbesitz eröffnet wird oder ein Zahlungsrückstand von mehr als drei Monatsbeträgen entsteht, kann der heutige Verkäufer, anstatt weiter Leistung aus der Reallast (Nr. 1) oder aus dem Ablösebetrag (Nr. 2a) zu verlangen, vom Vertrag zurücktreten. Abweichend vom Gesetz gilt in diesem Fall:

Der Käufer bzw. sein Rechtsnachfolger erhält die bisher geleisteten Zahlungen (ohne Beilage von Zinsen) abzüglich eines Betrages von ..... € pro Monat seit Übergang des mittelbaren Besitzes durch den Verkäufer (bzw. im Falle der Abtretung des Leibrentenzahlungsanspruchs für dessen Rechnung) rückerstattet; der Einbehalt entspricht wirtschaftlich einer Entschädigung für die gezogenen (Eigen- oder Fremd)Nutzungen und enthält zugleich pauschalierten Schadensersatz wegen Nichterfüllung hinsichtlich einer etwaigen zwischenzeitlichen Verschlechterung der Marktlage. Darüber hinaus gehende Schadensersatzansprüche (etwa wegen zu vertretender, die übliche Abnutzung überschreitender Verschlechterung des Kaufobjektes, wegen wertvermindernden Umbaus des Kaufobjektes, wegen einer Vermietung zu nicht marktüblichen nachteiligen Konditionen etc) bleiben gegen Nachweis vorbehalten. Lediglich werterhöhende Verwendungen des Käufers sind zu ersetzen, und zwar nur nach den Grundsätzen der aufgedrängten Bereicherung. Die Rückerstattung des geschuldeten Betrages ist fällig Zug um Zug gegen vollständige Räumung des Vertragsobjektes, es sei denn es ist zu diesem Zeitpunkt vermietet, und weiter Zug um Zug gegen Erklärung der Rückauflassung, deren Vollzug von der Entrichtung des Rückerstattungsbetrages abhängig gemacht sein kann. Im übrigen gelten für die geschuldete Rückübertragung die Regelungen dieses Vertrages entsprechend. Die Kosten der Rückabwicklung trägt der Rentenzahlungsverpflichtete.

Zur Sicherung des bedingten Anspruchs des Verkäufers auf Rückübertragung des Eigentums an dem Kaufgegenstand bewilligt der Käufer und beantragt der Verkäufer, an erster Rangstelle – demnach im Rang vor der Reallast und der Grundschuld – mit Umschreibung im Grundbuch eine

Vormerkung zugunsten des Verkäufers einzutragen. Auch diese Vormerkung ist auf den Tod des heutigen Verkäufers auflösend befristet und daher gegen Todesnachweis löschbar.

§ 4

Besitzübergabe; Vermietung

Besitz, Nutzungen und Lasten, Haftung, Verkehrssicherung und Gefahr gehen mit Zahlung der ersten Leibrentenrate auf den Käufer über.

Der Verkäufer garantiert folgende Umstände:
a) Die derzeit vorhandene öffentlich-rechtliche Erschließung des Gemeinschaftseigentums gem. BauGB und Kommunalabgabengesetz mit Straßenausbau, und Entwässerung sowie die Anbindung an die öffentliche Wasserversorgung sind endabgerechnet und bezahlt.
b) Das Vertragsobjekt ist nicht vermietet oder verpachtet; es steht derzeit leer.
c) Wohnungsbindung oder Einschränkungen aufgrund sozialer Wohnraumförderung sowie aufgrund Denkmalschutzes bestehen nicht.

§ 5

Rechtsmängel

Der Verkäufer ist verpflichtet, dem Käufer ungehinderten Besitz und lastenfreies Eigentum zu verschaffen, soweit in dieser Urkunde nichts anderes vereinbart ist.

Allen zur Lastenfreistellung bewilligten Löschungen oder Rangänderungen wird mit dem Antrag auf Vollzug zugestimmt, auch soweit weiterer Grundbesitz betroffen ist

§ 6

Sachmängel

Alle Rechte des Käufers wegen eines Sachmangels des Anteils an Grund und Boden, des Bauwerks und etwa mitverkaufter beweglicher Sachen sind ausgeschlossen, allerdings mit Ausnahme
a) ggf. in dieser Urkunde enthaltener Beschaffenheitsvereinbarungen und Garantien
b) vorsätzlich zu vertretender oder arglistig verschwiegener Mängel. Der Verkäufer erklärt, er habe keine ihm bekannten Mängel, schädlichen Bodenveränderungen oder Altlasten arglistig verschwiegen, auf die der Käufer angesichts ihrer Bedeutung und des sonstigen Zustandes des Objektes einen Hinweis erwarten durfte.

§ 7

Vollzugsauftrag

Alle Beteiligten beauftragen und bevollmächtigen den amtierenden Notar, seinen amtlichen Vertreter oder Nachfolger im Amt,
– sie im Grundbuchverfahren uneingeschränkt zu vertreten
– die zur Wirksamkeit und für den Vollzug dieser Urkunde erforderlichen Genehmigungen und Erklärungen anzufordern und entgegenzunehmen.

Anfechtbare Bescheide sind jedoch den Beteiligten selbst zuzustellen; Abschrift an den Notar wird erbeten.

Die Beteiligten bevollmächtigen die Angestellten an dieser Notarstelle – welche der Amtsinhaber zu bezeichnen bevollmächtigt wird – je einzeln und befreit von § 181 BGB, Erklärungen, Bewilligungen und Anträge materiell- oder formellrechtlicher Art zur Ergänzung oder Änderung des Vertrages abzugeben, soweit diese zur Behebung behördlicher oder gerichtlicher Beanstandungen zweckdienlich sind.

§ 8
Eintritt in die Eigentümergemeinschaft

Der Umfang des gemeinschaftlichen und des Sondereigentums sowie die Rechtsverhältnisse der Miteigentümer ergeben sich aus der Teilungserklärung samt Nachträgen sowie den bindenden Beschlüssen, Vereinbarungen und bisher geschlossenen Verträgen der Eigentümergemeinschaft. Dem Käufer wurde empfohlen, diese Unterlagen sowie die beim Verwalter geführte Beschlusssammlung einzusehen. Verwalter ist .....

Im Verhältnis zum Verkäufer übernimmt der Käufer ab Besitzübergang alle Rechte einschließlich des Stimmrechtes, ab Lastenübergang alle Pflichten gegenüber Eigentümergemeinschaft und Verwalter hinsichtlich des Vertragsobjekts. Umlagen für Maßnahmen, die vor Lastenübergang beschlossen/begonnen/durchgeführt wurden, treffen noch den Verkäufer.

Der Verkäufer versichert, dass ihm derzeit keine Umstände bekannt sind, die nach Lastenübergang zu einer den Käufer treffenden Sonderumlage führen könnten, etwa infolge bereits beschlossener künftiger Maßnahmen am Gemeinschaftseigentum oder laufender Gerichtsverfahren.

§ 9
Hinweise des Notars

Der Notar bzw. sein amtlicher Vertreter hat die Vertragsbestimmungen erläutert und abschließend auf folgendes hingewiesen:
- Dem Käufer wurde durch den Notar vor Augen geführt, dass die Höhe der insgesamt zu entrichtenden Zahlungen nicht sicher prognostiziert werden kann. Die tatsächliche Lebenserwartung kann von der statistischen deutlich abweichen. Die wirtschaftlichen Auswirkungen der Wertsicherung hängen von der künftigen Inflationsentwicklung ab. Ein Weiterverkauf des Objektes vor Erledigung der Leibrentenpflicht befreit den heutigen Käufer im Verhältnis zum Verkäufer nicht von der Pflicht zur Leistung der Leibrente, auch wenn im Innenverhältnis der neue Käufer diese zu übernehmen verspricht. Ein Weiterverkauf kann ferner wirtschaftlich nur an einen Nacherwerber erfolgen, der die Leibrentenzahlung zu übernehmen bereit ist, da eine Lastenfreistellung mangels Ablösungsrecht des Käufers erst mit dem Tod des Verkäufers herbeigeführt werden kann.
- Das Eigentum geht nicht schon heute, sondern erst mit der Umschreibung im Grundbuch auf den Käufer über. Hierzu ist die Unbedenklichkeitsbescheinigung des Finanzamtes erforderlich (nach Zahlung der Grunderwerbsteuer).
- Der jeweilige Eigentümer haftet kraft Gesetzes für rückständige öffentliche Lasten (z.B. Erschließungskosten, Grundsteuer, Ausgleichsbetrag nach dem BundesbodenschutzG).
- Unabhängig von den internen Vereinbarungen in dieser Urkunde haften alle Beteiligten kraft Gesetzes für die Grunderwerbsteuer und die Kosten als Gesamtschuldner.
- Alle Vereinbarungen müssen richtig und vollständig beurkundet werden, sonst kann der ganze Vertrag nichtig sein.
- Eine steuerliche Beratung hat der Notar nicht übernommen, jedoch auf die mögliche Steuerpflicht einer Veräußerung nicht selbst genutzter Immobilien vor Ablauf von zehn Jahren (»Spekulationsgeschäft«) und bei Betriebsvermögen hingewiesen.

§ 10
Kosten, Abschriften

Die Kosten für die Beurkundung, eventuelle Genehmigungen, den Vollzug dieses Vertrages sowie die Grunderwerbsteuer trägt der Käufer; zahlt der Käufer diese nicht, kann der Verkäufer vom Vertrag zurücktreten. Etwaige Lastenfreistellungskosten trägt der Verkäufer.

Von dieser Urkunde erhalten:

Ausfertigungen:
- die Beteiligten
- das Grundbuchamt

E. Gesamtmuster

einfache Abschriften:
- die Grunderwerbsteuerstelle;
- der Gutachterausschuss;

Vorgelesen vom Notar, von den Beteiligten
genehmigt, und eigenhändig unterschrieben:

.....

XVIII. Mietkauf (Mietvertrag mit Ankaufsoption)

Dem Formular (in Anlehnung an *Hügel/Salzig*, Mietkauf) liegt ein Mietverhältnis zu Wohnzwecken zugrunde; dem Mieter ist eine Ankaufsoption mit teilweiser Verrechnungsmöglichkeit eingeräumt. Soweit für gewerbliche Mietverhältnisse abweichende Formulierungen erforderlich oder möglich sind, ist dies angegeben.

▶
URNr. ...../20.....

Mietkauf

(Mietvertrag mit Ankaufsoption)

Heute, den ..... zweitausend .....

– ..... 20..... –

erschienen gleichzeitig vor mir,

.....,

Notar in .....,

in meinen Amtsräumen in .....:

1. .....,

geb. am .....,

wohnhaft: .....,

nach Angabe im gesetzlichen Güterstand verheiratet, jedoch nicht über sein überwiegendes Vermögen verfügend/in Gütertrennung verheiratet/unverheiratet/weder verheiratet noch in eingetragener Lebenspartnerschaft lebend/verwitwet und nicht in fortgesetzter Gütergemeinschaft lebend.

und dessen ebendort wohnhafte Ehefrau .....,

beide ausgewiesen durch gültigen deutschen Personalausweis,

2. .....,

geb. am .....,

wohnhaft: .....,

nach Angabe im gesetzlichen Güterstand verheiratet/in Gütertrennung verheiratet/unverheiratet/weder verheiratet noch in eingetragener Lebenspartnerschaft lebend/verwitwet und nicht in fortgesetzter Gütergemeinschaft lebend.

und dessen ebendort wohnhafte Ehefrau .....,

beide ausgewiesen durch gültigen deutschen Personalausweis.

Die zu 1. genannten Beteiligten werden im folgenden in Teil B »der Vermieter«, in Teil C »der Verkäufer«, die zu 2 Genannten in Teil B »der Mieter«, in Teil C »der Käufer« genannt, auch wenn es sich um jeweils mehrere Personen handelt. Sie handeln nach ihrer glaubhaften Erklärung als Verbraucher i.S.d. § 13 BGB.

Auf Frage des Notars verneinten die Beteiligten eine Vorbefassung i.S.d. § 3 Abs. 1 Satz 1 Nr. 7 BeurkG. Sie erklärten mit der Bitte um Beurkundung:

E. Gesamtmuster

Teil A

Grundbuch- und Sachstand

Das Grundbuch des Amtsgerichts ..... von ..... Blatt ..... wurde am ..... eingesehen.

Dort ist ..... als Alleineigentümer folgenden Grundbesitzes eingetragen:

Flst.Nr. ..... zu ..... qm.

Dieser Grundbesitz ist im Grundbuch wie folgt belastet:

Abteilung II: .....

Abteilung III: .....

(Falls Grundpfandrecht eingetragen sind: die vorstehend genannte Grundschuld valutiert nach Angabe des Verkäufers noch i.H.v. ca. .....€.)

Der Grundbesitz ist mit einem ca. ..... Jahre alten Einfamilienhaus bebaut, im Übrigen handelt es sich um Gartenfläche.

(Formulierungsalternative, Gewerbe:
Der Grundbesitz ist mit einem ca. ..... Jahre alten Bürogebäude bebaut, im Übrigen handelt es sich um Stellplatzfläche.)

Dieser Grundbesitz wird im Folgenden »das Vertragsobjekt« genannt.

Teil B

Mietvertrag

§ 1

Mietgegenstand

Herr ..... vermietet das in Teil A beschriebene Vertragsobjekt an Herrn ..... zur alleinigen Berechtigung.

(Formulierungsalternative:

..... an eine aus Herrn und Frau ..... bestehende Gesellschaft des bürgerlichen Rechts, an der sie zu gleichen Teilen beteiligt sind – der Gesellschaftsvertrag entspricht den Bestimmungen des BGB mit der Maßgabe, dass im Falle des Versterbens eines Gesellschafters Anwachsung eintritt, solange die Gesellschaft das gemietete Vertragsobjekt noch nicht erworben hat – in diesem Fall wird die Gesellschaft mit den Rechtsnachfolgern von Todes wegen des Verstorbenen fortgesetzt.)

§ 2

Dauer des Mietverhältnisses; Vorzeitige Beendigung des Mietverhältnisses

1. Das Mietverhältnis wird auf unbestimmte Zeit geschlossen.

   (Formulierungsalternative, Gewerbe:
   Das Mietverhältnis wird auf die Dauer von zehn Jahren geschlossen.)

2. Das Mietverhältnis beginnt mit dem auf der Mitteilung des amtierenden Notars folgenden Monatsersten, nach der
   a) eine Eigentumsvormerkung für den Mieter im Grundbuch eingetragen ist und dieser Vormerkung nur die in Teil A dieser Urkunde genannten Belastungen im Range vorgehen;
   b) die Genehmigung nach ..... erteilt ist;
   c) die Lastenfreistellung des Vertragsgegenstandes bei Ausübung des Ankaufsrechts durch Vorliegen einer Freistellungsverpflichtung der Gläubigerin gesichert ist, wonach das vorbezeichnete Grundpfandrechte für ..... i.H.v. ..... € gelöscht wird und zwar unverzüglich nach Zahlung der gesamten nach dem Kaufvertrag geschuldeten Vertragssumme.

Diese Erklärung muss zum bedingungslosen Gebrauch oder unter Bedingungen bzw. Auflagen vorliegen, die durch die Zahlung des Gesamtkaufpreises nach Teil C § 2 Abs. 1 erfüllt werden können. Der Vermieter und der Mieter vereinbaren, dass von der monatlichen Miete ein durch die Gläubigerin des oben bezeichneten Grundpfandrechts schriftlich gegenüber dem Notar zu beziffernder Betrag direkt an diese zu zahlen ist. Höchstens darf dieser Betrag jedoch die Höhe der vertraglich geschuldeten monatlichen Miete ohne Betriebskosten betragen. Die Gläubigerin soll durch diese Vereinbarung keinen unmittelbaren Anspruch auf Zahlung erlangen. Der Vermieter hat jedoch insoweit selbst keinen Anspruch auf Zahlung der Miete an sich, sondern nur einen Anspruch auf Zahlung an die Gläubigerin. Zur Überprüfung der geforderten Beträge hinsichtlich Grund und Höhe sind Notar und Mieter weder verpflichtet noch berechtigt.

Der Notar wird beauftragt, diese Mitteilungen dem Vermieter und dem Mieter mit Einschreiben/Rückschein an die hier genannte Anschrift zu erteilen.

3. Für die Beendigung des Mietverhältnisses gelten grds. die gesetzlichen Beendigungsgründe, jedoch mit folgender Einschränkung: Im Zeitraum vom Beginn des Mietverhältnisses bis zum ..... (bei Wohnraum nicht länger als vier Jahre). (*Formulierungsalternative, Gewerbe: Ablauf der vereinbarten zehn Jahre*) ist die ordentliche Kündigung für beide Vertragsparteien wechselseitig ausgeschlossen, ebenso die außerordentliche Kündigung des Vermieters wegen Eigenbedarf. Das Mietverhältnis des Mieters endet vor dem ..... (*Formulierungsalternative, Gewerbe: Ablauf der vereinbarten zehn Jahre*) nur, wenn der Mieter das ihm in Teil C dieser Urkunde eingeräumte Ankaufsrecht ausübt. In diesem Fall endet das Mietverhältnis mit Ablauf des Monats, in dem der gem. Teil C § 2 Abs. 2 dieser Urkunde geschuldete Restkaufpreis vollständig bezahlt ist.

(*Bei Wohnungen ferner:* Wird dieser Vertrag zum ..... nicht mit der gesetzlichen Kündigungsfrist gekündigt, verlängert sich dieser Kündigungsverzicht um ein weiteres Jahr. Darüber hinaus verlängert sich der Verzicht jeweils um ein weiteres Jahr, wenn nicht eine Vertragspartei zum 31.12. eines Jahres unter Beachtung der gesetzlichen Fristen ordentlich kündigt.)

§ 3
Miete, Betriebskosten, Vollstreckungsunterwerfung

1. Die Miete beträgt
monatlich ..... €
– in Worten: ..... Euro –.

2. Neben der Grundmiete werden die Betriebs- und Nebenkosten, nämlich die in § 1 und § 2 der Betriebskostenverordnung (BetrKV) vom 25.11.2003, BGBl. 2003 I, S. 2347 bis 2349 sowie in der Heizkostenverordnung in ihrer jeweiligen Fassung genannten Kosten einschließlich der Hausmeister- und Hausreinigungskosten, auf den Mieter umgelegt, soweit sie dieser nicht unmittelbar gegenüber den Versorgungsunternehmen (z.B. dem Energieversorgungsunternehmen bzw. dem Wasserzweckverband) schuldet. Soweit eine direkte Abrechnungsmöglichkeit mit Dritten besteht, ist hiervon Gebrauch zu machen. Auf diese Heiz- und Nebenkosten hat der Mieter an den Vermieter eine monatliche Vorauszahlung i.H.v. derzeit ..... € zusammen mit der Grundmiete zu überweisen; diese Vorauszahlungen werden jährlich einmal abgerechnet, sobald die Abrechnungsunterlagen dem Vermieter vorliegen. Der Mieter ist berechtigt, diese nach vorheriger Terminabstimmung einzusehen. Zusatzkosten, die aufgrund Zwischenablesungen bei Beendigungen des Mietverhältnisses während der Abrechnungsperiode entstehen, gehen zulasten des ausziehenden Mieters.

3. Die Miete und die Betriebskostenvorauszahlung sind jeweils am dritten Werktag eines jeden Monats im Voraus zur Zahlung fällig – erstmals zum ..... – und muss zu diesem Zeitpunkt jeweils dem Konto des Vermieters bei der ..... bank, BLZ ....., Konto-Nr. ..... gutgeschrieben sein.

4. Mehrere Mieter haften als Gesamtschuldner. Jeder von ihnen unterwirft sich wegen der Verpflichtung zur Zahlung der Miete und der bezifferten Betriebskostenvorauszahlung der Zwangsvollstreckung aus dieser Urkunde. Dem Vermieter kann jederzeit ohne Nachweis der

das Entstehen oder die Fälligkeit der Mietforderung begründenden Tatsachen vollstreckbare Ausfertigung dieser Urkunde hinsichtlich bereits abgelaufener Zeiträume erteilt werden.

5. Soweit nach Maßgabe des § 2 Abs. 2 Buchst. c) die Miete nach Weisung der Gläubigerin zur Wegfertigung der eingetragenen Grundpfandrechte zu zahlen ist, verpflichtet sich der Vermieter gegenüber dem Mieter, jegliche Neuvalutierung dieser Grundpfandrechte zu unterlassen. Er hat den Mieter auf vorheriges schriftliches Verlangen jederzeit über den Stand der noch offenen Darlehensverbindlichkeiten zu informieren.

§ 4

Gebrauch des Vertragsgegenstandes, Verkehrssicherungspflicht

1. Während der Mietzeit ist der Mieter berechtigt, das auf dem vertragsgegenständlichen Grundstück befindliche Wohnhaus zu eigenen Wohnzwecken sowie das Grundstück als Garten (*Formulierungsalternative, Gewerbe: Gebäude zu Bürozwecken und das Grundstück als Stellplatzfläche*) zu gebrauchen. Für die Gestattung der teilweisen oder ganzen Gebrauchsüberlassung an Dritte gelten die gesetzlichen Vorschriften.

2. Der Mieter ist verpflichtet, auf den mitvermieteten und zur Verfügung gestellten Grundstücksflächen wie Zugänge und Stellplatz Schnee und Glatteis zu beseitigen. Er stellt den Vermieter insoweit von allen Ansprüchen frei, welche aus einer Verletzung dieser Verpflichtung entstehen können.

§ 5

Instandhaltung und Instandsetzung

1. Der Mieter ist verpflichtet, das Vertragsobjekt sowie die Einbauten, Türen, Fenster und Geräte schonend zu behandeln und auf seine Kosten zu pflegen. Die Mietsache ist ausreichend zu reinigen, zu lüften und zu beheizen.

2. Veränderungen an der Fassade, etwa durch Anbringen von Antennen, sind nur mit Genehmigung des Vermieters zulässig.

3. Der Vermieter trägt die Kosten der Instandhaltung und Instandsetzung, sofern der betreffende Schaden nicht vom Mieter schuldhaft verursacht worden ist. Sofern jedoch der Mieter von dem eingeräumten Ankaufsrecht Gebrauch macht, hat der Mieter dem Vermieter diejenigen Kosten der Instandhaltung und Instandsetzung zu ersetzen, die auf einer zufälligen Verschlechterung des Vertragsgegenstandes nach Vertragsschluss beruhen. Die Beteiligten haben über solche Kosten ein Verzeichnis zu führen. Die Erstattung ist fällig mit dem nach Teil C § 2 geschuldeten Restkaufpreis.

§ 6

Schönheitsreparaturen

Dem Mieter wird die Wohnung in vollständig renoviertem Zustand übergeben. Er ist verpflichtet, unmittelbar vor Beendigung des Mietverhältnisses die Schönheitsreparaturen durch einen Fachhandwerker oder sonst auf fachmännische Weise durchzuführen, soweit dies nach dem Grad der Abnutzung und den zwischenzeitlich etwa vorgenommenen Maßnahmen erforderlich ist, damit die Wohnung uneingeschränkt weitervermietet werden kann. Hierzu zählen insbes. Anstriche der Wände und Decken und Heizkörper in der bei Bezug vorhandenen Farbe, sowie die Reinigung der Teppichböden. Die Wohnung ist besenrein zu übergeben. Vom Mieter vorgenommene Einbauten sind zu entfernen; Schäden insbes. an Unterböden, Wand- oder Deckenputz, Fliesen und Fliesenfugen, sind zu beseitigen und Bohrlöcher zu verfüllen.

Werden vorstehende Verpflichtungen bis zur Beendigung des Mietvertrags nicht erfüllt, ist der Vermieter berechtigt, nach Setzung einer vierzehntätigen Nachfrist mit Ablehnungsandrohung die Arbeiten auf Kosten des Mieters vornehmen zu lassen. Der Mieter haftet in diesem Fall auch für den durch die Verzögerung entstandenen Mietausfall.

§ 7

Erschließungs- und Anliegerbeiträge

Während der Mietzeit zugestellte Bescheide für angefallene Erschließungs- und sonstige Anliegerbeiträge nach dem Baugesetzbuch und dem Kommunalabgabengesetz, einschließlich des kommunalabgabenrechtlichen Aufwandsersatzes für Haus- und Grundstücksanschlüsse hat der Vermieter zu bezahlen. Wenn der Mieter das Ankaufsrecht nach Teil C ausübt, hat er den Vermieter von der Bezahlung solcher ab heute geltend gemachter Beiträge und Kosten freizustellen bzw. dem Vermieter solche ab heute bezahlten Beiträge und Kosten gegen Rechnungslegung zu erstatten; der entsprechende Betrag ist mit dem Kaufpreis zur Zahlung fällig. In diesem Fall stehen dem Mieter auch etwaige Ansprüche auf Rückzahlung von Vorausleistungen oder Erstattungen aufgrund aufgehobener Bescheide zu.

§ 8

Beendigung des Mietverhältnisses, Verwendungen, Wegnahmerecht

1. Der Mieter ist verpflichtet, bei Beendigung des Mietverhältnisses den Vertragsgegenstand vollständig beräumt und besenrein zurückzugeben, sofern das Mietverhältnis nicht durch den unter Teil C vereinbarten Kaufvertrag endet.

2. Der Mieter ist zur Vornahme erhaltender, wiederherstellender oder wertverbessernder Verwendungen auf den Vertragsgegenstand nur berechtigt, wenn der Vermieter der beabsichtigten Verwendung zuvor schriftlich zugestimmt hat. Wenn und soweit der Vermieter die Zustimmung zur Verwendungsvornahme erteilt hat, ist er dem Mieter zum Aufwendungsersatz in Geld verpflichtet, jedoch erst und nur dann, wenn die in Teil C § 1 Abs. 2 bestimmte Frist abgelaufen ist, ohne dass der Mieter das Recht zum Ankauf wahrgenommen hat.

3. Der Mieter ist im Fall der Beendigung des Mietverhältnisses aus anderen Gründen als der Ausübung des Ankaufsrechts berechtigt, Einrichtungen, mit denen er den Vertragsgegenstand versehen hat, wegzunehmen. Darüber hinaus gehende Rechte auf Aufwendungsersatz sind ausgeschlossen.

§ 9

Rechte des Mieters bei Sach- und Rechtsmängeln

1. Die Rechte des Mieters bei einem Sach- oder Rechtsmangel des Vertragsgegenstandes bestimmen sich während der Laufzeit des Mietvertrags nach § 536 BGB, sodass dem Mieter bei Vorliegen der in dieser gesetzlichen Vorschrift genannten Voraussetzungen ein Mietminderungsrecht zusteht. Im übrigen sind mit Ausnahme der unabdingbaren mängelbezogenen Mieterkündigungsrechte aus wichtigem Grund i.S.d. § 543 Abs. 2 Nr. 1 BGB (*Bei Wohnung: oder i.S.d. § 569 Abs. 1 BGB*) alle sonstigen gesetzlichen Rechte und Ansprüche des Mieters im Fall eines Sach- oder Rechtsmangels des Vertragsgegenstandes – soweit zulässig – ausgeschlossen, insbesondere etwaige Schadens- und Aufwendungsersatzansprüche, es sei denn der Vermieter handelt vorsätzlich.

2. Der Mieter ist jedoch verpflichtet, einen Mangel des Vertragsgegenstandes oder einen sonstigen Umstand, der für den Zustand des Vertragsgegenstandes von wesentlicher Bedeutung ist, dem Vermieter unverzüglich anzuzeigen. Unterlässt der Mieter diese Anzeige, ist er zum Ersatz des hieraus entstehenden Schadens verpflichtet.

§ 10
Kaution

Der Mieter hat eine Kaution i.H.v. drei Monatsnettomieten zu leisten; diese werden auf einem Sparbuch verzinslich angelegt. Der Mieter ist berechtigt, diese in drei gleichen monatlichen Teilzahlungen zu leisten; die erste ist zu Beginn des Mietverhältnisses fällig. Die Zinsen erhöhen die Sicherheit. Die Rückzahlung ist nach Erfüllung aller Vertragspflichten durch den Mieter fällig.

§ 11
Sonstige Bestimmungen

1. Während des in § 2 Abs. 3 genannten Zeitraumes, in dem eine einseitige Auflösung des Mietvertrags – außer durch außerordentliche Kündigung – ausgeschlossen ist, kann der Vermieter keine Mietzinserhöhung verlangen.

2. Wenn und soweit die vorstehenden Regelungen dem nicht entgegenstehen, gelten im Übrigen für das Mietverhältnis die gesetzlichen Bestimmungen, insbesondere für eine etwaige Erhöhung des Mietzinses nach Ablauf des in Abs. 1 beschriebenen Zeitraumes, und für das Recht des Vermieters, das Mietverhältnis wegen Zahlungsverzugs des Mieters nach Maßgabe des § 543 Abs. 2 Satz 1 Nr. 3, Satz 2 und 3 BGB (*Bei Wohnung: i.V.m. § 569 Abs. 3 BGB*) fristlos zu kündigen.

Teil C
Aufschiebend bedingter Kaufvertrag

§ 1
Verkauf

1. Der Verkäufer verkauft das in Teil A bezeichnete Vertragsobjekt mit allen damit zusammenhängenden Rechten und dem Zubehör (§ 97 BGB) an den Käufer zum Alleineigentum.

   (*Formulierungsalternative*:
   ..... an die aus Herrn und Frau ..... bestehende Gesellschaft des bürgerlichen Rechts, an die das Vertragsobjekt gem. Teil B vermietet ist, als Käufer.)

   Um den vereinbarten Eigentumserwerb zu sichern, bewilligt der Verkäufer und **beantragt** der Käufer, zu dessen Gunsten am Vertragsobjekt eine

   ### Vormerkung

   sofort an nächstoffener Rangstelle einzutragen. Der Käufer bewilligt und beantragt, diese Vormerkung bei der Eigentumsumschreibung wieder zu löschen, sofern nachrangig keine Eintragungen bestehen bleiben, denen er nicht zugestimmt hat.

2. Der schuldrechtliche Kaufvertrag wird jedoch aufschiebend bedingt geschlossen. Die Bedingung gilt als eingetreten, wenn der Käufer erklärt, dass er den Kaufvertrag, wie er in dieser Urkunde niedergelegt ist, als für ihn verbindlich wünscht. Diese Erklärung muss notariell beurkundet werden.

   Die Erklärung für den Bedingungseintritt kann zunächst nur bis zum ..... erklärt werden. Zur Fristwahrung genügt die Beurkundung der Ausübungserklärung. Der Käufer ist jedoch verpflichtet, den diese Erklärung beurkundenden Notar anzuweisen, unverzüglich eine Ausfertigung an den Verkäufer zuleiten.

   Wird die Erklärung nicht bis zu diesem Zeitpunkt abgegeben kann der Verkäufer dem Käufer eine Frist von einem Monat setzen, nach deren Ablauf ein Bedingungseintritt nicht mehr erklärt werden kann. Die Fristsetzung bedarf der Schriftform. Entscheidend für die Fristwahrung ist wiederum die Beurkundung der Ausübungserklärung.

   Ein Bedingungseintritt ist nicht mehr möglich, wenn das in Teil B dieser Urkunde vereinbarte Mietverhältnis wirksam beendet ist. Beide Parteien sind verpflichtet, den Notar hierüber zu informieren.

3. Nur bei Wohnungen und Käufern, die unter § 563a BGB fallen:

Jeder der beiden Käufer tritt hiermit für den Fall, dass er vor Bedingungseintritt zuerst verstirbt, sein Recht auf Erklärung des Bedingungseintritts an den anderen, diese aufschiebend bedingte Abtretung bereits jetzt annehmenden Käufer ab mit der Folge, dass der andere den Vertragsgegenstand allein erwirbt.

Das Recht des Käufers an dieser Vereinbarung ist – unbeschadet der vorstehenden aufschiebend bedingten Abtretung an den jeweils anderen Käufer – vererblich, jedoch nicht abtretbar.

§ 2
Kaufpreis, Anrechnungsbestimmung, Fälligkeit und Verzug

1. Der Kaufpreis beträgt
   ..... €
   – in Worten: ..... Euro –
   Mehrere Käufer haften als Gesamtschuldner.

2. Auf den Kaufpreis werden mit Fälligkeit sämtlicher i.R.d. unter Teil B vereinbarten Mietvertrags an den Vermieter geleisteten Mietzahlungen i.S.d. Teil B § 3 Abs. 1 – also nicht die Betriebskosten i.S.v. Teils B § 3 Abs. 2 – dieser Urkunde sowie die erbrachte Kautionssumme nach Teil B § 10 nebst hierfür erhaltene Zinsen angerechnet.

(Formulierungsalternative, bei nur teilweiser Anrechnung:

Auf den Kaufpreis werden mit Fälligkeit von jeder an den Vermieter im Rahmen des unter Teil B vereinbarten Mietvertrags geleisteten Mietzahlungen i.S.d. Teils B § 3 Abs. 1 – also nicht die Betriebskosten i.S.v. Teil B § 3 Abs. 2 dieser Urkunde ..... € pro Monat angerechnet.)

(Beachte: Bei Verbrauchervertrag sind bei nur teilweiser Anrechnung Angaben zum Jahreszins, zu den Darlehenskosten sowie zu den Voraussetzungen, unter denen beides geändert werden kann, erforderlich.)

Sollte jedoch der Käufer während des Mietverhältnisses die Miete wegen eines Mangels des Vertragsgegenstandes gemindert haben, für den er nach § 6 des Kaufvertrags selbst einzustehen hat, wird der Minderungsbetrag nicht auf den Kaufpreis angerechnet.

3. Der so geschuldete Restkaufpreis ist binnen 15 – fünfzehn – Tagen nach Mitteilung des Notars (Versand an den Käufer per Einwurf-Einschreiben), dass die nachstehenden Voraussetzungen vorliegen, zur Zahlung fällig:
   a) eine Eigentumsvormerkung für den Mieter im Grundbuch eingetragen ist und dieser Vormerkung nur die in Teil A dieser Urkunde genannten Belastungen und solche Belastungen, bei deren Bestellung der Käufer mitgewirkt hat, im Range vorgehen;
   b) die Genehmigung nach ..... erteilt ist;
   c) dem Notar hinsichtlich der gesetzlichen Vorkaufsrechte nach dem BauGB eine gesiegelte Erklärung der zuständigen Gebietskörperschaft vorliegt, wonach solche Vorkaufsrechte nicht bestehen oder zum gegenwärtigen Kauf nicht ausgeübt werden **und**
   d) der Notar in grundbuchtauglicher Form über alle Unterlagen verfügt zur Freistellung von solchen Belastungen, die im Grundbuch vor oder mit der Vormerkung eingetragen und vom Käufer nicht zu übernehmen sind. Ihre Verwendung darf allenfalls von Zahlungsauflagen abhängig sein, für die der Kaufpreis ausreicht. Der Notar wird allseits bevollmächtigt, diese Unterlagen – zur Beschleunigung, ungeachtet der Kostenfolge, unter Fertigung des Entwurfs – anzufordern, für alle am Vertrag und dessen Finanzierung Beteiligten auch gem. § 875 Abs. 2 BGB entgegenzunehmen und zu verwenden.

Stehen Genehmigungen oder Lastenfreistellungsdokumente unter Zahlungsauflagen, teilt der Notar diese den Beteiligten ohne weitere Prüfung mit. Der Kaufpreis kann insoweit bei Fälligkeit nur durch Erfüllung solcher Auflagen erbracht werden, ist also zweckgebunden, ohne dass der Zahlungsempfänger hieraus eigene Rechte erwirbt. Der Restbetrag nach Berücksichtigung etwaiger solcher Treuhandauflagen ist zu überweisen auf das Konto des Verkäufers bei der ..... bank, BLZ ....., Konto-Nr. .....

Mit Wirkung ab Zahlung des gesamten Kaufpreises überträgt der Verkäufer dem Käufer alle Eigentümerrechte und Rückübertragungsansprüche in Bezug auf Grundpfandrechte am Vertragsobjekt und bewilligt deren Umschreibung.

Bis zur Fälligkeit ist der Kaufpreis nicht zu verzinsen und nicht sicherzustellen.

Bleibt der Käufer mit der Zahlung des Kaufpreises oder Teilen des Kaufpreises im Rückstand, kommt er ohne Mahnung in Verzug. Für den rückständigen Betrag sind von der Fälligkeit bis zum Eingang beim Verkäufer (Wertstellung) die gesetzlichen Verzugszinsen zu entrichten, über deren Höhe der Notar belehrt hat.

§ 3

Übergang von Besitz, Nutzen, Lasten und Gefahren

Der Eigenbesitz und die Nutzungen, die Gefahr und die Lasten einschließlich aller Rechte und Pflichten aus den den Vertragsgegenstand betreffenden Versicherungen sowie die allgemeinen Verkehrssicherungspflichten gehen –soweit nicht bereits aufgrund des Mietverhältnisses nach Teil B dieser Urkunde geschehen – auf den Käufer über mit Wirkung vom Tag der vollständigen Zahlung des Kaufpreises (ohne etwaige Verzugszinsen).

§ 4

Öffentlich-rechtliche Tatbestände

Eintragungen im Baulastenverzeichnis, Abstandsflächenübernahmen, nicht im Grundbuch eingetragene altrechtliche Dienstbarkeiten, Überbauungen, oder baurechtswidrige Zustände sind dem Verkäufer nicht bekannt

Der Verkäufer garantiert jedoch folgende Umstände:

1. Wohnungsbindung oder Einschränkungen aufgrund sozialer Wohnraumförderung sowie aufgrund Denkmalschutzes bestehen nicht.
2. Die derzeit vorhandene öffentlich-rechtliche Erschließung gem. BauGB und Kommunalabgabengesetz mit Straßenausbau, und Entwässerung sowie die Anbindung an die öffentliche Wasserversorgung sind endabgerechnet und bezahlt.

Sofern allerdings Baukostenzuschüsse, Hausanschlusskosten und Nacherhebungen von Erschließungskosten anlässlich einer künftigen Bebauung des Vertragsbesitzes oder künftiger Veränderungen der Erschließungsanlagen angefordert werden, treffen diese den Käufer. Für die während der Mietzeit ggf. zugestellten derartigen Bescheide, die nach der obigen Regelung der Käufer zu tragen hat, gilt die Regelung unter Teil B § 7 dieser Urkunde.

§ 5

Rechtsmängel

Der Verkäufer ist verpflichtet, dem Käufer ungehinderten Besitz und lastenfreies Eigentum zu verschaffen, soweit in dieser Urkunde nichts anderes vereinbart ist.

Die Beteiligten stimmen der Löschung aller nicht übernommenen Belastungen sowie allen Rangänderungen mit dem Antrag auf Vollzug zu; bei Gesamtrechten auch hinsichtlich aller übrigen in den Mithaftvermerken genannten Grundbuchstellen.

Eintragungen im Baulastenverzeichnis, Abstandsflächenübernahmen, nicht im Grundbuch eingetragene altrechtliche Dienstbarkeiten, Überbauungen, oder baurechtswidrige Zustände sind dem Verkäufer nicht bekannt.

§ 6
Sachmängel

Rechte des Käufers wegen eines Sachmangels des Grund und Bodens, Gebäudes und etwa mitverkaufter beweglicher Sachen sind ausgeschlossen, allerdings mit Ausnahme

1. ggf. in dieser Urkunde enthaltener. Beschaffenheitsvereinbarungen und Garantien,
2. vorsätzlich zu vertretender oder arglistig verschwiegener Mängel. Der Verkäufer erklärt, er habe keine ihm bekannten Mängel, schädlichen Bodenveränderungen oder Altlasten arglistig verschwiegen, auf die der Käufer angesichts ihrer Bedeutung und des sonstigen Zustandes des Vertragsobjekts einen Hinweis erwarten durfte.

§ 7
Vollzugsauftrag

Alle Beteiligten beauftragen und bevollmächtigen den amtierenden Notar, seinen amtlichen Vertreter oder Nachfolger im Amt,

- sie im Grundbuchverfahren uneingeschränkt zu vertreten,
- die zur Wirksamkeit und für den Vollzug dieser Urkunde erforderlichen Genehmigungen und Erklärungen anzufordern und entgegenzunehmen.

Anfechtbare Bescheide sind jedoch den Beteiligten selbst zuzustellen; Abschrift an den Notar wird erbeten.

Die Beteiligten bevollmächtigen die Angestellten an dieser Notarstelle – welche der Amtsinhaber zu bezeichnen bevollmächtigt wird – je einzeln und befreit von § 181 BGB, Erklärungen, Bewilligungen und Anträge materiell- oder formell-rechtlicher Art zur Ergänzung oder Änderung des Vertrags abzugeben, soweit diese zur Behebung behördlicher oder gerichtlicher Beanstandungen zweckdienlich sind.

§ 8
Mitwirkung bei der Finanzierung

Allein der Käufer hat dafür zu sorgen, dass etwa benötigte Finanzierungsmittel rechtzeitig zur Verfügung stehen. Um ihm dies zu erleichtern, ist der Verkäufer für den Fall des Zustandekommens des aufschiebend bedingten Kaufvertrags verpflichtet, die Beleihung des Vertragsobjekts bereits vor Umschreibung zu gestatten, allerdings nur unter Einhaltung der nachfolgenden Sicherungsabreden:

Das Vertragsobjekt darf ab Ausübung der Optionserklärung mit Grundpfandrechten samt Zinsen und Nebenleistungen in beliebiger Höhe belastet werden. Der Verkäufer bewilligt deren Eintragung samt dinglicher Vollstreckungsunterwerfung und stimmt allen zur Rangbeschaffung geeigneten Erklärungen zu. Jeder Käufer übernimmt die persönlichen Zahlungsverpflichtungen und unterwirft sich insoweit der Zwangsvollstreckung, trägt die Kosten der Bestellung und Eintragung, und tritt mit seinen Rechten (Vormerkung) zurück. Die Sicherungsabrede mit dem Verkäufer ist so zu gestalten, dass der Gläubiger das Grundpfandrecht bis zur vollständigen Kaufpreiszahlung nur als Sicherheit verwenden darf in der Höhe, in der Kreditausreichungen die Kaufpreisschuld des Käufers getilgt haben.

Die Finanzierungsgläubiger sind unwiderruflich anzuweisen, die so besicherten Kreditmittel bis zur vollständigen Entrichtung des Kaufpreises nur hierfür zu verwenden.

Eine Vollmacht zur Ausübung dieser Vorwegbeleihungsbefugnis wird derzeit nicht erteilt.

Teil D

Schlussbestimmungen

§ 1

Erklärungen des Käufers/Mieters

1. Die Notar- und Gerichtsgebühren für den Mietvertrag, den Kaufvertrag sowie für die Eintragung der Vormerkung, ggf. auch für deren Löschung, trägt der Käufer/Mieter, ebenso die Grunderwerbsteuer sowie sämtliche infolge dieses Kaufvertrags anfallenden Grundbuch- und Behördenkosten.

2. Der Käufer bevollmächtigt den Notar, die Löschung der für ihn eingetragenen Eigentumsvormerkung zu bewilligen und auf seine Kosten zu beantragen, sofern die Möglichkeit der Ausübung des Ankaufsrechts geendet hat, ohne dass es zu einer Ausübung gekommen wäre. Der Notar wird bereits heute unwiderruflich angewiesen, von dieser Vollmacht Gebrauch zu machen, falls der Verkäufer ihn nach Ablauf der Bindungsfrist hierzu auffordert und der Käufer dem Notar nicht innerhalb einer Frist von 14 Tagen nach entsprechender Aufforderung an die in dieser Urkunde angegebene oder eine vom Käufer bis spätestens vier Wochen vor Ablauf der Bindungsfrist mitgeteilte Anschrift die fristgerechte Ausübung nachweist.

§ 2

Zwangsvollstreckungsunterwerfung

Für den Fall des Bedingungseintritts in Teil C § 1 dieses Vertrags unterwirft sich der Mieter/Käufer bereits heute wegen der Verpflichtung zur Zahlung des Kaufpreises von

..... €

– in Worten: ..... Euro –

der Zwangsvollstreckung aus dieser Urkunde.

Dem Verkäufer/Vermieter ist auf Antrag gegen Nachweis der Ausübungserklärung des Käufers/Mieters bzgl. des Ankaufsrechts nach notarieller Fälligkeitsmitteilung und gem. deren Inhalt, im Übrigen jedoch ohne weiteren Nachweis der die Vollstreckbarkeit begründenden Tatsachen, eine vollstreckbare Ausfertigung der Urkunde zu erteilen.

Mehrere Beteiligte, die zu derselben Leistung verpflichtet sind, schulden und haften als Gesamtschuldner.

§ 3

Vollmacht

Der Verkäufer bevollmächtigt hiermit den Käufer unter Befreiung von den Beschränkungen des § 181 BGB und über den Tod hinaus, in der Urkunde, in der die Ausübung des Ankaufsrechts erklärt wird, bzgl. des Vertragsobjekts die Auflassung zu erklären bzw. entgegenzunehmen. Die Vollmacht berechtigt nicht dazu die Eintragung der Rechtsänderung im Grundbuch zu bewilligen. Sie kann nur an der Notarstelle des amtierenden Notars ausgeübt werden.

§ 4

Anweisung an den Notar/Vollzug des Eigentumsübergangs

Der Verkäufer erteilt dem die Ausübungserklärung beurkundenden Notar die unwiderrufliche und über den Tod hinaus wirkende Vollmacht, für ihn die Eigentumsumschreibung zu bewilligen. Alle Beteiligten weisen den Notar gem. § 53 BeurkG an, die Umschreibung gem. dieser Vollmacht durch Eigenurkunde erst zu veranlassen, nachdem der Verkäufer den Eingang des geschuldeten Betrags originalschriftlich bestätigt oder hilfsweise der Käufer die Zahlung des vereinbarten Kaufpreises (jeweils ohne Zinsen) durch Bankbestätigung nachgewiesen hat.

§ 5
Gegenseitige Vollmacht

Die Käufer/Mieter erteilen sich hiermit gegenseitig Vollmacht, sich in allen diesen Vertrag, seine Abwicklung, Änderung und Rückabwicklung betreffenden Angelegenheiten verbindlich zu vertreten, insbes. auch bei der Abgabe und der Entgegennahme von Erklärungen aller Art.

§ 6
Hinweise

Der Notar bzw. sein amtlicher Vertreter hat die Vertragsbestimmungen erläutert und abschließend auf Folgendes hingewiesen:

- Das Eigentum geht nicht schon heute, sondern erst mit der Umschreibung im Grundbuch auf den Käufer über.
- Hierzu sind die Unbedenklichkeitsbescheinigung des Finanzamts (nach Zahlung der Grunderwerbsteuer), erforderliche Genehmigungen, und die Verzichtserklärung der Gemeinde auf gesetzliche Vorkaufsrechte notwendig.
- Der jeweilige Eigentümer haftet kraft Gesetzes für rückständige öffentliche Lasten (z.B. Erschließungskosten, Grundsteuer, Ausgleichsbetrag nach dem BundesbodenschutzG).
- Unabhängig von den internen Vereinbarungen in dieser Urkunde haften alle Beteiligten kraft Gesetzes für die Grunderwerbsteuer und die Kosten als Gesamtschuldner.
- Alle Vereinbarungen müssen richtig und vollständig beurkundet werden, sonst kann der ganze Vertrag nichtig sein.
- Eine steuerliche Beratung hat der Notar nicht übernommen, jedoch auf die mögliche Steuerpflicht einer Veräußerung nicht selbstgenutzter Immobilien vor Ablauf von zehn Jahren (»Spekulationsgeschäft«) und bei Betriebsvermögen hingewiesen.

§ 7
Kosten, Abschriften

Die Kosten für die Beurkundung, eventuelle Genehmigungen und den Vollzug dieses Vertrags sowie die Grunderwerbsteuer trägt der Käufer/Mieter; zahlt er diese nicht, kann der Verkäufer vom Vertrag zurücktreten. Etwaige Lastenfreistellungskosten trägt der Verkäufer. Von dieser Urkunde erhalten:

Ausfertigungen:
- die Beteiligten
- das Grundbuchamt

Beglaubigte Abschriften:
- die zuständigen Gebietskörperschaften zur Erklärung über etwaige Vorkaufsrechte (auf Anforderung)
- Finanzierungsgläubiger des Käufers mit Hinweis auf Teil C § 8

Einfache Abschriften:
- das Finanzamt – Grunderwerbsteuerstelle
- der Gutachterausschuss

Vorgelesen vom Notar, von den Beteiligten

genehmigt, und eigenhändig unterschrieben:

.....

E. Gesamtmuster

XIX. Kaufvertrag über eine vom Verkäufer neu erstellte Eigentumswohnung

▶

URNr. ...../20.....

Kaufvertrag

über eine vom Verkäufer neu erstellte Eigentumswohnung

Heute, den ..... zweitausend .....

– ..... 20..... –

erschienen gleichzeitig vor mir,

.....,

Notar in .....,

in meinen Amtsräumen in .....:

1. .....,

geb. am, ...,

wohnhaft: .....,

nach Angabe .....,

ausgewiesen durch gültigen deutschen Personalausweis,

hier handelnd nicht eigenen Namens,

sondern als alleinvertretungsberechtigter und von den Beschränkungen des § 181 BGB befreiter **Geschäftsführer** – Vertretungsbescheinigung erfolgt gesondert – für die GmbH in Firma

.....

(AG ..... HRB .....; Postanschrift: .....)

Wirtschaftsidentifikationsnummer gem. § 139c AO: .....

– diese nachstehend »der Verkäufer« oder »der Bauträger« genannt –

sowie

2. .....,

geb. am, ...,

wohnhaft: .....,

nach Angabe .....,

ausgewiesen durch gültigen deutschen Personalausweis,

– nachstehend »der Käufer« genannt, auch, wenn es sich um mehrere Personen handelt –.

Der Käufer – Verbraucher – bestätigt, dass ihm gem. § 17 Abs. 2a BeurkG mindestens zwei Wochen vor der heutigen Beurkundung der beabsichtigte Text des Vertrags zur Prüfung und Durchsicht zur Verfügung gestellt wurde, sodass er ausreichend Gelegenheit hatte, sich mit dem Gegenstand der Urkunde auch durch Rücksprache mit dem Notariat auseinanderzusetzen.

Auf Frage des Notars verneinten die Beteiligten eine Vorbefassung i.S.d. § 3 Abs. 1 Satz 1 Nr. 7 BeurkG. Sie erklärten mit der Bitte um Beurkundung:

§ 1
Vorbemerkung

Der Verkäufer hat in ....., ...straße ein mehrgeschossiges Gebäude samt Nebenanlagen errichtet.

Er hat zu Urkunde des amtierenden Notars vom ..... URNr. ..... bzgl. dieses Grundstücks Wohnungseigentum gebildet, die Gemeinschaftsordnung festgelegt, und sich gleichzeitig verpflichtet, die Bauausführung des Bauvorhabens gem. der dort beigefügten Baubeschreibung und der Aufteilungspläne, die nach Angabe mit den genehmigten Bauplänen übereinstimmen, vorzunehmen.

Diese Urkunde – nachstehend »Bezugsurkunde« genannt – lag bei der heutigen Beurkundung in Urschrift vor. Ihr Inhalt ist den Beteiligten bekannt. Ihnen war bereits beglaubigte Abschrift der Bezugsurkunde ausgehändigt worden. Auf Vorlesen, Vorlage der Pläne zur Durchsicht und Beifügen zur gegenwärtigen Niederschrift wird nach notarieller Belehrung über die Bedeutung der Verweisung, welche den Inhalt der Bezugsurkunde zum Inhalt des heutigen Vertrags werden lässt, verzichtet.

§ 2
Grundbuchstand

In der vorbezeichneten Teilungserklärung wurde unter anderen folgendes Wohnungseigentum gebildet:

...../1000 Miteigentumsanteil, verbunden mit dem Sondereigentum an den im Aufteilungsplan mit Nr. ..... bezeichneten Räumen im ..... geschoss sowie dem mit derselben Nummer versehenen Kellerraum,

an FlSt. ..... der Gemarkung zu ..... qm.

– im folgenden kurz »Vertragsobjekt« genannt –.

Eigentümer dieses im Grundbuch des Amtsgerichts ..... für ..... Band ..... Blatt ..... vorgetragenen Vertragsobjekts ist der Verkäufer. Es ist im Grundbuch wie folgt belastet:

Abteilung II:

.....

Abteilung III:

.....

§ 3
Kauf; dingliche Erklärungen

Der Verkäufer

veräußert hiermit an

den Käufer

das vorbezeichnete Vertragsobjekt mit allen damit zusammenhängenden Rechten, Bestandteilen und dem Zubehör (§ 97 BGB) zum *Alleineigentum/Miteigentum je zur Hälfte*.

Um den vereinbarten Eigentumserwerb zu sichern, bewilligt der Verkäufer und **beantragt** der Käufer, zu dessen Gunsten am Vertragsobjekt eine

Vormerkung

sofort an nächstoffener Rangstelle einzutragen. Der Käufer bewilligt und beantragt, diese Vormerkung bei der Eigentumsumschreibung wieder zu löschen, sofern nachrangig keine Eintragungen bestehen bleiben, denen er nicht zugestimmt hat.

Die Beteiligten sind über den Eigentumsübergang im angegebenen Erwerbsverhältnis einig. Sie bewilligen und beantragen jedoch derzeit nicht, diese

Auflassung

im Grundbuch einzutragen; vielmehr bevollmächtigen sie unwiderruflich und über ihren Tod hinaus hierzu den amtierenden Notar, Vertreter oder Nachfolger im Amt.

Der Verkäufer muss dem Käufer das Eigentum Zug um Zug gegen Zahlung des geschuldeten Kaufpreises verschaffen. Alle Beteiligten weisen daher den Notar gem. § 53 BeurkG an, die Umschreibung gem. dieser Vollmacht durch Eigenurkunde erst zu veranlassen, nachdem der Verkäufer den Eingang des geschuldeten Betrags originalschriftlich bestätigt oder hilfsweise der Käufer die Zahlung des vereinbarten Kaufpreises (jeweils ohne Zinsen) durch Bankbestätigung nachgewiesen hat.

§ 4
Herstellungsverpflichtung

Die geschuldete Beschaffenheit des Vertragsobjekts bestimmt sich nach der vorgenannten Grundlagenurkunde mit der Maßgabe, dass hiervon abgewichen werden kann, sofern dessen Wert und Tauglichkeit nicht beeinträchtigt werden, es sei denn, in diesem Vertrag ist ausdrücklich etwas anderes vereinbart oder garantiert.

Bei Abweichungen zwischen den Plänen und der Baubeschreibung geht letztere vor. Bei lückenhafter Regelung werden Arbeiten bzw. Ausstattungen geschuldet, die ein Käufer bei einem derartigen Kaufobjekt üblicherweise erwarten darf.

Bezüglich Grundriss und Größe der vertragsgegenständlichen Eigentumswohnung sowie hinsichtlich deren sichtbarer Ausstattung ist abweichend von der Grundlagenurkunde der bei Vertragsschluss vorhandene Zustand, der der Besichtigung vom ..... entspricht, maßgebend.

Weiter ist als Beschaffenheit vereinbart, dass normgerechte Baustoffe verwendet wurden und das Gebäude nach den den heutigen Regeln der Baukunst technisch einwandfrei schlüsselfertig gem. den DIN-Vorschriften zum Zeitpunkt der Erteilung der Baugenehmigung errichtet wurde.

Der Käufer erklärt, dass der Verkäufer ihm außerhalb der Urkunde in Anzeigen oder anderen öffentlichen Äußerungen keine Zusagen zur Beschaffenheit des Bauwerkes gemacht hat, die nicht in der Baubeschreibung, in den Bauzeichnungen oder in dieser Urkunde ihren Niederschlag gefunden haben.

Das Objekt ist bereits fertig gestellt.

§ 5
Kaufpreis, Fälligkeit

Der Kaufpreis für das Vertragsobjekt beträgt

..... €

– in Worten: ..... Euro –.

Dieser setzt sich wie folgt zusammen:

für Grund und Boden ..... €,

für das Gebäude ..... €.

In ihm sind sämtliche Aufwendungen für die schlüsselfertige Erstellung des Vertragsobjekts, der Erschließungsbeitrag und die Anliegerleistungen im weitesten Sinne – soweit der Bebauungsplan, Satzungen, Erschließungsverträge oder die Baugenehmigung diese Maßnahmen vorsehen und unabhängig vom Zeitpunkt des Entstehens dieser Beträge –, sowie alle mit der Durchführung dieses Bauvorhabens zusammenhängenden Nebenkosten enthalten, nicht jedoch die (anteiligen) Kosten der künftigen Gebäudeeinmessung.

Der Kaufpreis ist fällig (Kontogutschrift) innerhalb von vierzehn Tagen nachdem die beiden nachgenannten Umstände eingetreten sind:

Zugang des Einwurf-Einschreibens, in welchem der Notar dem Käufer bestätigt, dass

1. die Eigentumsvormerkung im Grundbuch eingetragen ist,
2. der Notar in grundbuchtauglicher Form über alle Unterlagen verfügt zur Freistellung von solchen Belastungen, die im Grundbuch vor oder mit der Vormerkung eingetragen und vom Käufer nicht zu übernehmen sind. Ihre Verwendung darf allenfalls von der Zahlung auf das nachgenannte Konto abhängig sein. Der Notar wird allseits bevollmächtigt, diese Unterlagen – zur Beschleunigung, ungeachtet der Kostenfolge, unter Fertigung des Entwurfs – anzufordern, für alle am Vertrag und dessen Finanzierung Beteiligten auch gem. § 875 Abs. 2 BGB entgegenzunehmen und zu verwenden.

Abnahme des Sondereigentums durch den Käufer gem. § 6 oder deren Ersetzung durch eine Bescheinigung, die § 641a BGB a.F. entspricht.

Der Kaufpreis ist zu überweisen auf das Konto des Verkäufers bei der ..... bank, BLZ ....., Konto-Nr. ..... Der Anspruch des Verkäufers auf Zahlung des Kaufpreises wurde an dieses Kreditinstitut abgetreten. Der Käufer wurde vom Notar darauf hingewiesen, dass die Zahlungen schuldbefreiend nur auf das oben genannte Konto erfolgen können. Auch der Verkäufer hat einen eigenen Anspruch auf Zahlung auf dieses Konto.

Mit Wirkung ab Zahlung des Kaufpreises überträgt der Verkäufer dem Käufer alle Eigentümerrechte und Rückübertragungsansprüche in Bezug auf Grundpfandrechte am Vertragsobjekt und bewilligt deren Umschreibung.

Zahlt der Käufer bei Fälligkeit nicht, kommt er ohne Mahnung in Verzug; auf die gesetzlichen Verzugszinsen hat der Notar hingewiesen.

§ 6
Übergabe, Abnahme, Besitzübertragung

Der Verkäufer hat dem Käufer einen Termin für die Abnahmeverhandlung mindestens zwei Wochen vorher schriftlich mitzuteilen. Dabei findet eine gemeinschaftliche Besichtigung des Vertragsobjekts statt, über die eine vom Verkäufer und Käufer zu unterzeichnende Niederschrift angefertigt wird. Hierin sind alle geltend gemachten Mängel und ausstehenden Leistungen aufzunehmen, auch soweit hierüber Streit besteht.

Erscheint der Käufer zum Übergabetermin nicht oder bezieht er das Vertragsobjekt schon vor der Übergabe, so gilt das Kaufobjekt als abgenommen, falls er Mängel nicht innerhalb von vierzehn Tagen nach dem Übergabetermin bzw. Bezug der Wohnung schriftlich gegenüber dem Verkäufer rügt. Hierauf hat der Verkäufer im Ladungsschreiben ausdrücklich hinzuweisen.

Das Gemeinschaftseigentum ist bereits abgenommen; der Käufer lässt dies gegen sich gelten.

Besitz, und Nutzungen sind mit vollständiger Zahlung des geschuldeten Kaufpreises zu übergeben, Lasten, Haftung, Verkehrssicherung und Gefahr gehen zu diesem Zeitpunkt über. Auszuhändigen ist dann auch der neu erstellte Energiebedarfsausweis nach EnEV 2007.

§ 7
Sachmängel

Alle Rechte des Käufers wegen eines Sachmangels des Grund und Bodens sind – mit nachstehenden Ausnahmen – ausgeschlossen.

Hinsichtlich der verkauften Gebäude und etwa mit verkaufter beweglicher Sachen stehen dem Käufer die Sachmängelrechte des Kaufrechts des BGB mit nachstehenden Modifizierungen zu, die vom Notar erläutert wurden.

Sollte beim Verkäufer die Beseitigung etwaiger Mängel nicht erreicht werden oder über dessen Vermögen das Insolvenzverfahren eröffnet bzw. mangels Masse nicht eröffnet werden, tritt er für diesen Fall seine Ansprüche aus Pflichtverletzung und Erfüllungsansprüche gegen mit der Bauausführung beauftragte Planer und Handwerker an den Käufer ab.

Schadensersatzansprüche wegen Sachmängeln bestehen jedoch nur für grob fahrlässig verursachte Schäden sowie für Schäden aus der Verletzung des Lebens, des Körpers oder der Gesundheit, die auf einer auch leicht fahrlässigen Pflichtverletzung des Verkäufers beruhen. Einer vorsätzlichen oder fahrlässigen Pflichtverletzung des Verkäufers steht diejenige seines gesetzlichen Vertreters oder Erfüllungsgehilfen gleich.

Von allen Rechtsbeschränkungen ausgenommen ist auch die Haftung für Vorsatz, Arglist und etwaige Garantien. Diese und etwaige Beschaffenheitsvereinbarungen sind in der Urkunde vollständig aufgeführt.

§ 8
Rechtsmängel

Der Verkäufer ist, soweit in dieser Urkunde nicht anders vereinbart, verpflichtet, dem Käufer ungehinderten Besitz und Eigentum frei von öffentlichen und privaten Lasten und sonstigen Rechten Dritter zu verschaffen. Diese Freistellungsverpflichtung erstreckt sich nicht auf altrechtliche Dienstbarkeiten, die nicht im Grundbuch eingetragen sind; der Verkäufer versichert jedoch, dass ihm hiervon nichts bekannt ist.

Die vorstehend bezeichneten, in Abteilung II des Grundbuchs eingetragenen, Rechte werden unter Eintritt in alle zugrundeliegenden Verpflichtungen übernommen.

Allen zur Lastenfreistellung bewilligten Freigaben oder Löschungen wird mit dem Antrag auf Vollzug zugestimmt, auch soweit solche Belastungen erst später eingetragen werden.

§ 9
Eintritt in die Eigentümergemeinschaft; Rechtsnachfolge

Im Verhältnis zum Verkäufer übernimmt der Käufer ab Besitzübergang alle Rechte einschließlich des Stimmrechtes, ab Lastenübergang alle Pflichten gegenüber Eigentümergemeinschaft und Verwalter hinsichtlich des Vertragsobjekts. Umlagen für Maßnahmen, die vor Lastenübergang begonnen wurden, treffen noch den Verkäufer.

Der Verkäufer versichert, dass ihm derzeit keine Umstände bekannt sind, die nach Lastenübergang zu einer den Käufer treffenden Sonderumlage führen könnten, etwa infolge bereits beschlossener künftiger Maßnahmen am Gemeinschaftseigentum oder laufender Gerichtsverfahren.

Der Käufer ist verpflichtet, die sich aus diesem Vertrag und der Gemeinschaftsordnung ergebenden, noch nicht erfüllten Verpflichtungen Sonderrechtsnachfolgern im Eigentum mit Weitergabeverpflichtung aufzuerlegen. Die Rechte und Ansprüche des Käufers aus diesem Vertrag können nur mit schriftlicher Zustimmung des Verkäufers abgetreten werden. Die Zustimmung darf nur aus wichtigem Grunde versagt werden.

§ 10
Vollstreckungsunterwerfung, Verjährung

Der Käufer unterwirft sich wegen der in dieser Urkunde eingegangenen Verpflichtung zur Zahlung des Kaufpreises samt Verzugszinsen gem. § 288 Abs. 1 BGB hieraus ab dem Datum der Erteilung der vollstreckbaren Ausfertigung der Zwangsvollstreckung aus dieser Urkunde. Gleiches gilt für den Verkäufer wegen der Verpflichtung zur Verschaffung des Besitzes.

Auf Antrag des Gläubigers kann ohne weitere Nachweise vollstreckbare Ausfertigung erteilt werden (dem Verkäufer jedoch erst nach notarieller Fälligkeitsmitteilung und gem. deren Inhalt).

Mehrere Beteiligte, die zu derselben Leistung verpflichtet sind, schulden und haften als Gesamtschuldner.

Der Anspruch auf Verschaffung des Eigentums und der in dieser Urkunde bestellten dinglichen Rechte verjährt in gleicher Frist wie der Kaufpreisanspruch, jedoch spätestens dreißig Jahre ab gesetzlichem Verjährungsbeginn.

§ 11

Vollmachten

Der Käufer verpflichtet sich, bei den nachgenannten Vorgängen mitzuwirken und bevollmächtigt den Verkäufer unter Befreiung von den Beschränkungen des § 181 BGB, über den Tod hinaus und mit dem Recht zur Erteilung von Untervollmacht:
– Teilungserklärung, Gemeinschaftsordnung, Benutzungsregelungen und Baupläne abzuändern, zu ergänzen und in geänderter Form baulich zu realisieren, Sondernutzungsrechte zu begründen und zuzuordnen, ferner den Kaufvertrag und Grundpfandrechtsbestellungen anzupassen.
– Dienstbarkeiten, Reallasten und Baulasten zugunsten und zulasten des Vertragsbesitzes zu bestellen und alle zur Rangverbesserung dieser Rechte notwendigen Erklärungen abzugeben, Grundstücksteilflächen zu erwerben und Teilflächen zu veräußern.

Die vorstehenden Vollmachten erlöschen, wenn der Verkäufer nicht mehr Eigentümer einer Sondereigentumseinheit im Objekt ist. Sie berechtigen jeweils zur Abgabe und Entgegennahme aller erforderlichen materiell-rechtlichen und formell-rechtlichen Erklärungen gegenüber Grundbuchamt, Behörden und Privaten und sind im Außenverhältnis unbeschränkt. Im Innenverhältnis gilt: Bauliche Änderungen sind zulässig, wenn sie (1.) nach Vertragsschluss aufgrund behördlicher Auflagen oder aus technischen Gründen notwendig werden oder (2.) wenn sie nur das Sondereigentum und Sondernutzungsrechte Dritter oder das für den Vertragsgegenstand unerhebliche Gemeinschaftseigentum betreffen oder (3.) das für den vertragsgemäßen Gebrauch des Vertragsgegenstands erhebliche Gemeinschaftseigentum lediglich unwesentlich ändern. Sämtliche Änderungen dürfen Güte, Wert und Gebrauchsfähigkeit des Vertragsgegenstands nicht mindern, müssen dem Käufer zumutbar sein und sind ihm unverzüglich mitzuteilen. Mehrere Käufer bevollmächtigen sich gegenseitig, über den Tod hinaus, zur Abgabe und Entgegennahme aller Erklärungen, die mit diesem Vertrag, seiner Erfüllung, Änderung und ggf. Rückabwicklung in Zusammenhang stehen.

Allein der Käufer hat dafür zu sorgen, dass etwa benötigte Finanzierungsmittel rechtzeitig zur Verfügung stehen. Um ihm dies zu erleichtern, ist der Verkäufer verpflichtet die Beleihung des Vertragsobjekts bereits vor Umschreibung zu gestatten, allerdings nur unter Einhaltung der nachfolgenden Sicherungsabreden.

Der Verkäufer erteilt daher jedem Käufer und mehrere Käufer sich gegenseitig, jeweils befreit von § 181 BGB, folgende Vollmacht:

Das Vertragsobjekt darf ab sofort mit Grundpfandrechten samt Zinsen und Nebenleistungen in beliebiger Höhe belastet werden. Der Verkäufer bewilligt deren Eintragung samt dinglicher Vollstreckungsunterwerfung und stimmt allen zur Rangbeschaffung geeigneten Erklärungen zu. Jeder Käufer übernimmt die persönlichen Zahlungsverpflichtungen und unterwirft sich insoweit der Zwangsvollstreckung, trägt die Kosten der Bestellung und Eintragung, und tritt mit seinen Rechten (Vormerkung) zurück. Die Sicherungsabrede mit dem Verkäufer ist so zu gestalten, dass der Gläubiger das Grundpfandrecht bis zur vollständigen Kaufpreiszahlung nur als Sicherheit verwenden darf in der Höhe, in der Kreditausreichungen die Kaufpreisschuld des Käufers getilgt haben.

Die Finanzierungsgläubiger werden hiermit unwiderruflich angewiesen, die so besicherten Kreditmittel bis zur vollständigen Entrichtung des Kaufpreises nur hierfür zu verwenden.

Beurkundungen aufgrund der vorstehenden Vollmacht können nur an dieser Notarstelle erfolgen.

§ 12

Vollzugsauftrag

Alle Beteiligten beauftragen und bevollmächtigen den amtierenden Notar, seinen amtlichen Vertreter oder Nachfolger im Amt,
- sie im Grundbuchverfahren uneingeschränkt zu vertreten,
- die zur Wirksamkeit und für den Vollzug dieser Urkunde erforderlichen Genehmigungen und Erklärungen anzufordern, entgegenzunehmen und (als Eigenurkunde) abzugeben.

Anfechtbare Bescheide sind jedoch den Beteiligten selbst zuzustellen; Abschrift an den Notar wird erbeten.

Die Beteiligten bevollmächtigen weiterhin die Angestellten an der Notarstelle – welche der Amtsinhaber seinerseits zu bezeichnen bevollmächtigt wird – je einzeln und befreit von § 181 BGB, Erklärungen, Bewilligungen und Anträge materiell- oder formell-rechtlicher Art zur Ergänzung oder Änderung des Vertrags abzugeben, soweit diese zur Behebung behördlicher oder gerichtlicher Beanstandungen zweckdienlich sind.

§ 13

Hinweise des Notars

Die Beteiligten wurden insbesondere über Folgendes informiert:
- Das Eigentum geht erst mit der Umschreibung im Grundbuch auf den Käufer über. Die Umschreibung kann erst erfolgen, wenn die Unbedenklichkeitsbescheinigung wegen der Grunderwerbsteuer erteilt ist.
- Der Vertragsbesitz haftet für Rückstände an öffentlichen Abgaben und Erschließungskosten; über Sicherungsmöglichkeiten wurden belehrt.
- Unabhängig von den Vereinbarungen in dieser Urkunde, die nur im Innenverhältnis gelten, haften alle Beteiligten kraft Gesetzes für die Grunderwerbsteuer und die Kosten als Gesamtschuldner.
- Alle Vereinbarungen müssen richtig und vollständig beurkundet werden, sonst kann der ganze Vertrag nichtig sein. Falls Kaufvertrag und Verbraucherkreditvertrag ein verbundenes Geschäft i.S.d. § 358 BGB bilden, entfällt bei einem wirksamen Widerruf des Darlehensvertrags die Bindung des Verbrauchers an den Kaufvertrag.

§ 14

Schlussbestimmung; Salvatorische Klausel

Steuerliche Abschreibungen und ggf. Förderungen stehen ausschließlich dem Käufer zu. Eine Haftung für steuerliche Tatbestände übernimmt der Verkäufer nicht.

Sollte eine Bestimmung dieses Vertrags unwirksam sein oder unwirksam werden, wird dadurch nicht der Vertrag im Gesamten unwirksam. Vielmehr sind die Beteiligten verpflichtet, anstelle der unwirksamen Bestimmungen eine Vereinbarung zu treffen, die dem gewollten rechtlichen Ergebnis und dem erstrebten wirtschaftlichen Erfolg am nächsten kommt.

§ 15

Kosten und Abschriften

Die Kosten für die Beurkundung, eventuelle Genehmigungen und den Vollzug dieses Vertrags sowie die Grunderwerbsteuer und die Kosten der Finanzierung des Kaufpreises trägt der Käufer; zahlt der Käufer diese nicht, kann der Verkäufer vom Vertrag zurücktreten. Die Lastenfreistellungskosten trägt der Verkäufer.

Von dieser Urkunde erhalten:

Ausfertigungen:
- die Beteiligten
- das Grundbuchamt,

Einfache Abschriften:
- das Finanzamt – Grunderwerbsteuerstelle
- Gutachterausschuss,

Beglaubigte Abschriften:
- etwaige Kaufpreisfinanzierungsgläubiger,
- der Globalgläubiger des Verkäufers (zu Händen ...).

Vorgelesen vom Notar, von den Beteiligten
genehmigt und eigenhändig unterschrieben:

.....

XX. Verkauf eines Bauplatzes durch die Gemeinde

▶

URNr. ...../20.....

Kaufvertrag

Heute, den ..... zweitausend .....

– ..... 20..... –

erschienen gleichzeitig vor mir,

.....,

Notar in .....,

in meinen Amtsräumen in .....:

1. .....

hier handelnd nicht eigenen Namens, sondern

aufgrund des in beglaubigter Abschrift vorgelegten und dieser Urkunde beizufügenden Auszuges aus dem Beschlussbuch der Gemeinderatssitzung vom ..... für die

Gemeinde .....

Ferner ist erschienen:

2. .....

Der Käufer – Verbraucher – bestätigt, dass ihm gem. § 17 Abs. 2a BeurkG mindestens zwei Wochen vor der heutigen Beurkundung der beabsichtigte Text des Vertrags zur Prüfung und Durchsicht zur Verfügung gestellt wurde, sodass er ausreichend Gelegenheit hatte, sich mit dem Gegenstand der Urkunde auch durch Rücksprache mit dem Notariat auseinanderzusetzen.

Auf Frage des Notars verneinten die Beteiligten eine Vorbefassung i.S.d. § 3 Abs. 1 Satz 1 Nr. 7 BeurkG. Sie erklärten mit der Bitte um Beurkundung:

§ 1
Grundbuch- und Sachstand

Das Grundbuch des Amtsgerichts ..... für ..... Blatt ..... wurde am ..... eingesehen.

Dort ist im Eigentum der Gemeinde .....

u.a. folgendes Vertragsobjekt eingetragen:

Flst.Nr. .....

Es ist im Grundbuch wie folgt belastet:

Abteilung II:

.....

Abteilung III:

unbelastet

§ 2
Veräußerung; Grundbucherklärungen

Die Gemeinde .....

– im Folgenden »der Verkäufer« genannt –

verkauft das in § 1 bezeichnete Vertragsobjekt mit allen damit zusammenhängenden Rechten und dem Zubehör (§ 97 BGB)

an

.....

– im Folgenden »der Käufer« genannt –

zum Alleineigentum/Miteigentum zu gleichen Teilen

Um den vereinbarten Eigentumserwerb zu sichern, bewilligt der Verkäufer, zugunsten des Käufers am Vertragsobjekt eine

Vormerkung

sofort an nächstoffener Rangstelle einzutragen. Der Käufer stellt derzeit **keinen Eintragungsantrag**; auch der Notar soll diesen erst auf schriftliche Weisung des Käufers oder seines Finanzierungsgläubigers stellen. Der Käufer bewilligt und beantragt, diese Vormerkung – sofern eingetragen – bei der Eigentumsumschreibung wieder zu löschen, sofern nachrangig keine Eintragungen bestehen bleiben, denen er nicht zugestimmt hat.

Die Beteiligten sind über den Eigentumsübergang im angegebenen Erwerbsverhältnis einig. Sie bewilligen und beantragen jedoch derzeit nicht, diese

Auflassung

im Grundbuch einzutragen; vielmehr bevollmächtigen sie hierzu unwiderruflich und über ihren Tod hinaus den amtierenden Notar, Vertreter oder Nachfolger im Amt.

Der Verkäufer muss dem Käufer das Eigentum Zug um Zug gegen Zahlung des geschuldeten Kaufpreises verschaffen. Alle Beteiligten weisen daher den Notar gem. § 53 BeurkG an, die Umschreibung gem. dieser Vollmacht durch Eigenurkunde erst zu veranlassen, nachdem der Verkäufer den Eingang des geschuldeten Betrags originalschriftlich bestätigt oder hilfsweise der Käufer die Zahlung des vereinbarten Kaufpreises (jeweils ohne Zinsen) durch Bankbestätigung nachgewiesen hat.

§ 3
Kaufpreis; Fälligkeit

Der Kaufpreis beträgt

..... €

– in Worten: ..... Euro –.

Der Kaufpreis ist ohne weitere Voraussetzungen innerhalb von ..... Tagen ab heute zu entrichten (Kontogutschrift beim Verkäufer auf dessen Konto-Nr. ..... bei der ..... bank, BLZ .....).

Zahlt der Käufer bei Fälligkeit nicht, kommt er ohne Mahnung in Verzug; auf die gesetzlichen Verzugszinsen hat der Notar hingewiesen.

§ 4
Besitzübergabe; Erschließung

Besitz und Nutzungen sind mit vollständiger Zahlung des geschuldeten Kaufpreises zu übergeben, Lasten, Haftung, Verkehrssicherung und Gefahr gehen zu diesem Zeitpunkt über.

Alle Forderungen aus künftig zugestellten Bescheiden über Erschließungsbeiträge, Anliegerbeiträge und Kostenerstattungsansprüche aufgrund des Baugesetzbuches oder anderer Rechtsvorschriften für Straßenbaukosten, Wasser- und Abwasserleitungen hat der Käufer zu tragen, auch wenn sie Maßnahmen aus früherer Zeit betreffen; der Notar hat zu Erkundigungen bei den Erschließungsträgern geraten. Baukostenzuschüsse und Hausanschlusskosten oder Nacherhebungen auf Erschließungskosten, die nur anlässlich einer künftigen Bebauung des Vertragsobjektes oder künftiger Veränderungen der Erschließungsanlagen angefordert werden, hat in jedem Fall der Käufer zu tragen, soweit sie noch nicht bezahlt sind. Vorausleistungen des Verkäufers sind dem Käufer anzurechnen; etwaige Erstattungsansprüche werden an den Käufer abgetreten.

Hinsichtlich etwa vorhandener privatrechtlicher Versorgungsanlagen (Elektrizität und – sofern einschlägig – Gas, Heizwärme etc.) begründet der Käufer mit Wirkung ab Lastenübergang neue Vertragsverhältnisse.

Das Vertragsobjekt ist nicht vermietet oder verpachtet, sondern steht derzeit leer.

§ 5
Rechtsmängel

Der Verkäufer ist verpflichtet, dem Käufer ungehinderten Besitz und lastenfreies Eigentum zu verschaffen, soweit in dieser Urkunde nichts anderes vereinbart ist.

Die in Abteilung II des Grundbuchs eingetragenen, in § 1 dieser Urkunde bezeichneten Belastungen, übernimmt der Käufer zur weiteren Duldung mit allen sich aus der Eintragungsbewilligung ergebenden Verpflichtungen, Rechte in Abteilung III des Grundbuchs sind zu löschen.

Allen zur Lastenfreistellung bewilligten Löschungen oder Rangänderungen wird mit dem Antrag auf Vollzug zugestimmt, auch soweit weiterer Grundbesitz betroffen ist.

§ 6
Sachmängel

Alle Rechte des Käufers wegen eines Sachmangels des Grund und Bodens, ggf. des Bauwerkes und etwa mitverkaufter beweglicher Sachen sind ausgeschlossen, allerdings mit Ausnahme

1. ggf. in dieser Urkunde enthaltener Beschaffenheitsvereinbarungen und Garantien,

2. vorsätzlich zu vertretender oder arglistig verschwiegener Mängel. Der Verkäufer erklärt, er habe keine ihm bekannten Mängel, schädlichen Bodenveränderungen oder Altlasten arglistig verschwiegen, auf die der Käufer angesichts ihrer Bedeutung und des sonstigen Zustandes des Vertragsobjekts einen Hinweis erwarten durfte.

3. etwaiger Ansprüche aus der Verletzung des Lebens, des Körpers oder der Gesundheit, wenn der Verkäufer die Pflichtverletzung zu vertreten hat, und sonstige Schäden, die auf einer vorsätzlichen oder grob fahrlässigen Pflichtverletzung des Verkäufers beruhen. Einer Pflichtverletzung des Verkäufers steht die eines gesetzlichen Vertreters oder Erfüllungshilfen gleich.

§ 7
Vollstreckungsunterwerfung, Verjährung

Der Käufer unterwirft sich wegen der in dieser Urkunde eingegangenen Verpflichtung zur Zahlung des Kaufpreises samt Verzugszinsen gem. § 288 Abs. 1 (bzw. Abs. 2) BGB hieraus ab dem Datum der Erteilung der vollstreckbaren Ausfertigung der Zwangsvollstreckung aus dieser Urkunde.

Auf Antrag des Verkäufers ist ohne weitere Nachweise ab Fälligkeitstermin vollstreckbare Ausfertigung zu erteilen.

Mehrere Beteiligte, die zu derselben Leistung verpflichtet sind, schulden und haften als Gesamtschuldner.

§ 8
Vollzugsauftrag

Alle Beteiligten beauftragen und bevollmächtigen den amtierenden Notar, seinen amtlichen Vertreter oder Nachfolger im Amt,
- sie im Grundbuchverfahren uneingeschränkt zu vertreten,
- die zur Wirksamkeit und für den Vollzug dieser Urkunde erforderlichen Genehmigungen und Erklärungen anzufordern, entgegenzunehmen und (als Eigenurkunde) abzugeben.

Anfechtbare Bescheide sind jedoch den Beteiligten selbst zuzustellen; Abschrift an den Notar wird erbeten.

Die Beteiligten bevollmächtigen weiterhin die Angestellten an der Notarstelle – welche der Amtsinhaber seinerseits zu bezeichnen bevollmächtigt wird – je einzeln und befreit von § 181 BGB, Erklärungen, Bewilligungen und Anträge materiell- oder formell-rechtlicher Art zur Ergänzung oder Änderung des Vertrags abzugeben, soweit diese zur Behebung behördlicher oder gerichtlicher Beanstandungen zweckdienlich sind.

§ 9
Hinweise des Notars

Der Notar bzw. sein amtlicher Vertreter hat die Vertragsbestimmungen erläutert und abschließend auf Folgendes hingewiesen:
- Das Eigentum geht nicht schon heute, sondern erst mit der Umschreibung im Grundbuch auf den Käufer über.
- Hierzu sind die Unbedenklichkeitsbescheinigung des Finanzamtes (nach Zahlung der Grunderwerbsteuer) *sowie die kommunalaufsichtliche Genehmigung* notwendig.
- Der jeweilige Eigentümer haftet kraft Gesetzes für rückständige öffentliche Lasten (z.B. Erschließungskosten, Grundsteuer, Ausgleichsbetrag nach dem BundesbodenschutzG).
- Unabhängig von den internen Vereinbarungen in dieser Urkunde haften alle Beteiligten kraft Gesetzes für die Grunderwerbsteuer und die Kosten als Gesamtschuldner.
- Alle Vereinbarungen müssen richtig und vollständig beurkundet werden, sonst kann der ganze Vertrag nichtig sein.
- Eine steuerliche Beratung hat der Notar nicht übernommen, jedoch auf die mögliche Steuerpflicht einer Veräußerung nicht selbstgenutzter Immobilien vor Ablauf von zehn Jahren (»Spekulationsgeschäft«) und bei Betriebsvermögen hingewiesen.

§ 10
Besonderheiten des kommunalen Immobilienverkaufs

Im Hinblick auf das gesetzliche Verbot der Veräußerung kommunaler Vermögensgegenstände unter ihrem Wert (Art. 75 Abs. 1 Satz 2 BayGO) erklärt der Vertreter des Verkäufers gegenüber dem Grundbuchamt, dass eine Veräußerung unter Wert nicht vorliegt.

(Formulierungsvariante, je nach landesrechtlicher Regelung:

Im Hinblick auf eine etwaige Genehmigungspflicht durch die Rechtsaufsichtsbehörde erklärt der Vertreter des Verkäufers, die Veräußerung sei gem. § ..... der Landesverordnung vom ..... freigestellt.

(Formulierungsvariante:

Zu dieser Veräußerung ist gem. §....Landeskommunalgesetz die rechtsaufsichtliche Genehmigung erforderlich. Diese wird der Verkäufer selbst einholen und dem Notar für den grundbuchlichen Endvollzug zur Verfügung stellen. Sollte sie wider Erwarten versagt werden, sind der Kaufpreis samt Zinsen in Höhe des Basiszinses sowie nachgewiesene notwendige Verwendungen des Käufers Zug um Zug mit Besitzverschaffung zu erstatten, andere Verwendungen und Neuinvestitionen des Käufers erfolgen auf eigene Gefahr.)

§ 11
Bauverpflichtung

Der Käufer erklärt sich bereit,

1. das Vertragsobjekt innerhalb von fünf Jahren im Rahmen der Festsetzungen des Bebauungsplanes zu bebauen und
2. das Vertragsobjekt in unbebautem Zustand nicht zu veräußern.

Die Bauverpflichtung ist mit Eintritt der Bezugsfertigkeit erfüllt.

Erfüllt der Käufer diese Bauverpflichtung nicht termingerecht oder verstößt er gegen das Veräußerungsverbot, ist der Verkäufer zum

Wiederkauf

des Vertragsobjektes berechtigt.

Die Ausübung des Wiederkaufsrechts ist an keine Frist gebunden und daher so lange möglich, als der Wiederkaufsgrund nicht weggefallen ist.

Im Falle der Ausübung des Wiederkaufs ist das Vertragsobjekt an den Verkäufer oder an durch diesen benannte, übernahmewillige Dritte zu übertragen.

Als Wiederkaufspreis gilt der Kaufpreis, den der heutige Käufer endgültig für das Vertragsobjekt entrichtet hat, zuzüglich nachgewiesener entrichteter Erschließungsbeiträge und Anschlussgebühren. Weitere Investitionen sind zum Zeitwert auszugleichen. Die Beträge sind nicht zu verzinsen.

Die im Fall der Ausübung des Wiederkaufsrechts für die Rückabwicklung entstehenden Kosten, Gebühren und Steuern hat der heutige Käufer zu tragen. Der Verkäufer ist berechtigt, derartige Beträge bei der Rückzahlung des Kaufpreises einzubehalten.

Zur Sicherung des Wiederkaufsrechts wird die Eintragung einer

Vormerkung

am Vertragsobjekt für den Verkäufer **bewilligt und beantragt**, Zug um Zug mit der Eintragung der Auflassung aus diesem Kaufvertrag.

Wenn der Käufer seine Bauverpflichtung erfüllt und dies in geeigneter Weise dem Verkäufer nachgewiesen hat, ist die Vormerkung im Grundbuch wieder zu löschen; die Kosten hierfür hat der heutige Käufer zu tragen.

§ 12
Kosten, Abschriften

Die Kosten für die Beurkundung, eventuelle Genehmigungen und den Vollzug dieses Vertrags sowie die Grunderwerbsteuer und die Kosten der Lastenfreistellung trägt der Käufer; zahlt der Käufer diese nicht, kann der Verkäufer vom Vertrag zurücktreten.

Von dieser Urkunde erhalten:

Ausfertigungen:
- die Beteiligten
- das Grundbuchamt

Beglaubigte Abschriften:
- die Kommunalaufsichtsbehörde (zu Hdn des Verkäufers)
- **Einfache Abschriften:**
- das Finanzamt – Grunderwerbsteuerstelle
- der Gutachterausschuss

Vorgelesen vom Notar, von den Beteiligten

genehmigt, und eigenhändig unterschrieben:

.....

XXI. Kettenkaufvertrag (A-B-C-Konstellation: Gesamttext des Vertrags B auf C; Besonderheiten des Vertrags A auf B)

▶

URNr. ...../20.....

Kaufvertrag

Heute, den ..... zweitausend .....

– 20..... –

erschienen gleichzeitig vor mir,

.....,

Notar in .....,

in meinen Amtsräumen in .....:

1. .....,

geb. am .....,

wohnhaft: .....,

ausgewiesen durch gültigen deutschen Personalausweis,

hier handelnd nicht eigenen Namens, sondern als alleinvertretungsberechtigter **Geschäftsführer** – Vertretungsbescheinigung erfolgt gesondert – für die GmbH in Firma

..... GmbH mit dem Sitz in .....

(Postanschrift: .....)

– AG ..... HRB ..... –

Wirtschaftsidentifikationsnummer gem. § 139c AO: .....

– im Folgenden »der Verkäufer« oder »heutiger Verkäufer« genannt –

2. .....,

geb. am .....,

wohnhaft: .....,

nach Angabe .....,

ausgewiesen durch gültigen deutschen Personalausweis,

– im Folgenden »der Käufer« oder »heutiger Käufer« genannt, auch wenn es sich um mehrere Personen handelt. Auf Frage des Notars verneinten die Beteiligten eine Vorbefassung i.S.d. § 3 Abs. 1 Satz 1 Nr. 7 BeurkG. Sie erklärten mit der Bitte um Beurkundung:

§ 1
Grundbuch- und Sachstand

Im Grundbuch des Amtsgerichts ..... für ..... Blatt .....

ist derzeit im Eigentum Dritter

u.a. folgendes Vertragsobjekt eingetragen:

Flst.Nr. ..... zu ..... qm

Es ist im Grundbuch wie folgt belastet:

Abteilung II:

Auflassungsvormerkung für den heutigen Verkäufer.

Abteilung III:

nach Eigentumsumschreibung auf den heutigen Verkäufer wird diese Abteilung nach dessen Angabe lastenfrei sein.

Der heutige Verkäufer hat den vorstehend bezeichneten Grundbesitz zu Urkunde des Notars ..... in ..... vom ..... URNr. ..... erworben. Diese Urkunde wird nachstehend auch als »Vorurkunde« bezeichnet.

§ 2
Veräußerung; Grundbucherklärungen

Der Verkäufer verkauft das in § 1 bezeichnete Vertragsobjekt mit allen damit zusammenhängenden Rechten und dem Zubehör (§ 97 BGB)

an den Käufer, handelnd als Verbraucher,

zum Alleineigentum/Miteigentum zu gleichen Teilen.

Weitere bewegliche Gegenstände (etwa Inventar, Mobiliar) sind nicht mitverkauft, jedoch die vorhandenen Brennstoffvorräte abzüglich des Verbrauchs bis zum Besitzübergang.

Um den vereinbarten Eigentumserwerb zu sichern, bewilligt der Verkäufer und **beantragt** der Käufer, zu dessen Gunsten am Vertragsobjekt eine

Vormerkung

sofort an nächstoffener Rangstelle einzutragen. Der Käufer bewilligt und beantragt, diese Vormerkung bei der Eigentumsumschreibung wieder zu löschen, sofern nachrangig keine Eintragungen bestehen bleiben, denen er nicht zugestimmt hat.

Ferner tritt der heutige Verkäufer zur Sicherung des Eigentumsverschaffungsanspruchs des Käufers, nicht jedoch zur Erfüllung der vorstehend begründeten Eigentumsverschaffungsverpflichtung, seinen aus der genannten Vorurkunde resultierenden Anspruch auf Verschaffung des Eigentums an dem vorbezeichneten Grundbesitz an den heutigen Käufer ab, der diese Abtretung annimmt. Schuldrechtliche Beziehungen bestehen nur jeweils zwischen den Parteien der Vorurkunde und den heutigen Vertragsparteien, nicht jedoch zwischen dem Vorverkäufer und dem heutigen Käufer. Die Eigentumsumschreibung soll im Wege der »Sprungauflassung« ohne Zwischeneintragung unmittelbar auf den Enderwerber erfolgen. Der Notar hat eindringlich auf die damit verbundenen Risiken (kein Schutz bei Insolvenz des heutigen Verkäufers, bei unerkannten Fehlern des Ersterwerbs und bei Rückabwicklung des Ersterwerbs wegen Nichtzahlung) hingewiesen. Gleichwohl wünschen die Beteiligten diese Abwicklung zur Reduzierung der Eintragungskosten anstelle eines schrittweisen Vollzugs der Erwerbsverhältnisse oder des unmittelbaren Eintritts des Enderwerbers in den Vertrag mit dem Voreigentümer.

Die Abtretung erfolgt mit folgenden besonderen Vereinbarungen:

Die Abtretung ist auflösend bedingt, dadurch, dass

1. der Übereignungsanspruch des heutigen Käufers wegen dessen Zahlungsverzug und Ausübung des nachstehend ausgestalteten Rücktrittsrechts wegfällt.

2. der Verkäufer als Eigentümer im Grundbuch eingetragen wird und am Eigentum des Verkäufers die von diesem bewilligte Vormerkung für den heutigen Käufer an bedungener Rangstelle entsteht.

Gem. § 401 BGB gehen mit der vorstehend erklärten Abtretung des Erwerbsanspruches aus der Vorurkunde die Rechte aus der Auflassungsvormerkung, ohne dass es hierfür der Umschreibung im Grundbuch bedürfte, auf den Käufer über. Der Verkäufer **bewilligt** und der Käufer **beantragt** im Wege der Grundbuchberichtigung die Auflassungsvormerkung dahin gehend abzuändern, dass künftig der Käufer (auflösend bedingt) Berechtigter aus der Auflassungsvormerkung ist. Die Anzeige der Abtretung an den Vorverkäufer im Hinblick auf §§ 406 ff. BGB werden die Parteien selbst vornehmen.

Überträgt der Vorverkäufer das Eigentum an den heutigen Verkäufer, gilt der abgetretene Übereignungsanspruch des Käufers gegen den Vorverkäufer als erfüllt, sobald die originäre Vormerkung für den Käufer rangrichtig eingetragen ist; andernfalls kann der Käufer kraft des abgetretenen Eigentumsverschaffungsanspruchs von dem Vorverkäufer keinesfalls Schadensersatz verlangen, sondern ausschließlich die Erklärungen zum Eigentumsübergang auf den Käufer, wenn dem Vorverkäufer für deren Kosten sowie für die Kosten der Eigentumsumschreibung zuvor Sicherheit geleistet ist.

Die Beteiligten sind über den Eigentumsübergang im angegebenen Erwerbsverhältnis einig. Der Verkäufer erklärt vorstehende Auflassung im eigenen Namen aufgrund der Ermächtigung (§ 185 BGB), die in der an ihn erklärten Auflassung liegt. Sie bewilligen und beantragen jedoch derzeit nicht, diese

Auflassung

im Grundbuch einzutragen; vielmehr bevollmächtigen sie hierzu unwiderruflich und über ihren Tod hinaus den amtierenden Notar, Vertreter oder Nachfolger im Amt.

Der Verkäufer muss dem Käufer das Eigentum Zug um Zug gegen Zahlung des geschuldeten Kaufpreises verschaffen. Alle Beteiligten weisen daher den Notar gem. § 53 BeurkG an, die Umschreibung gem. dieser Vollmacht durch Eigenurkunde erst zu veranlassen, nachdem der Kaufpreis aus dem Anderkonto bestimmungsgemäß ausbezahlt wurde.

§ 3
Kaufpreis; Fälligkeit

Der Kaufpreis beträgt

..... €

– in Worten: ..... Euro –.

Der gesamte Kaufpreis ist bis zum ..... auf das Anderkonto des beurkundenden Notars bei der ..... bank Filiale ..... BLZ ..... Konto-Nr. ..... einzubezahlen. Zahlungen gelten nur dann als erbracht, wenn sie auflagenfrei oder unter Verwendungsauflagen, die mit den nachstehenden Auszahlungsbedingungen vereinbar sind – allenfalls unter der weiteren Auflage der Eintragung eines Grundpfandrechts im Rang vor der Auflassungsvormerkung des Käufers – erfolgen.

Soweit Gläubiger (des Vorverkäufers oder des Verkäufers) für die Lastenfreistellung Beträge verlangen, hat der Verkäufer gegen den Käufer nur Anspruch auf Erfüllung dieser Zahlungsauflagen, die der Notar ohne weitere Prüfung dem Käufer mitteilt, nicht auf Zahlung an sich oder sonstige Dritte. Die Beteiligten weisen den amtierenden Notar hiermit unwiderruflich an, solche zur Lastenfreistellung geforderte Zahlungen an die Gläubiger zu leisten und auch dabei anfallende Gebühren und Kosten aus dem Notaranderkonto (zulasten des an den Vorverkäufer bzw. den Verkäufer auszuzahlenden Anteils) zu entnehmen. Dadurch entstehende Eigentümerrechte und Rückübertragungsansprüche tritt der Verkäufer an den Käufer ab, der die Abtretung annimmt.

Die Kosten des Notaranderkontos beim Notar und bei der Bank trägt der Verkäufer; sie können ggf. dem Anderkonto entnommen werden.

Der zur Lastenfreistellung und Entrichtung des Kaufpreises an den Vorverkäufer nicht benötigte Betrag ist an den Verkäufer auf dessen noch bekanntzugebendes Konto zu überweisen. Erst in diesem Zeitpunkt tritt Erfüllung ein; eine etwa in dieser Urkunde erklärte Auflassung darf erst dann zum Vollzug gebracht werden.

Der hinterlegte Betrag ist als Monatsfestgeld zu den beim kontoführenden Kreditinstitut üblichen Konditionen anzulegen. Etwa gutgeschriebene Zinsen abzüglich der Zinsertragsteuer stehen dem Verkäufer zu und sind bei Schließung des Notaranderkontos auszukehren.

Sämtliche Auszahlungen haben per Banküberweisung zu erfolgen.

E. Gesamtmuster

Auszahlungen dürfen jedoch erst geleistet werden, wenn

1. die Abtretung der Ansprüche aus der Vorurkunde berichtigend bei der Vormerkung zugunsten des Käufers eingetragen ist,

2. der Notar in grundbuchtauglicher Form über alle Unterlagen verfügt zur Freistellung von solchen Belastungen, die im Grundbuch vor oder mit der Vormerkung eingetragen und vom Käufer nicht zu übernehmen sind. Ihre Verwendung darf allenfalls von Zahlungsauflagen abhängig sein, für die der auf Anderkonto zu hinterlegende Kaufpreis ausreicht. Der Notar wird allseits bevollmächtigt, diese Unterlagen – zur Beschleunigung, ungeachtet der Kostenfolge, unter Fertigung des Entwurfs – anzufordern, für alle am Vertrag und dessen Finanzierung Beteiligten auch gem. § 875 Abs. 2 BGB entgegenzunehmen und zu verwenden,

3. die Vorkaufsrechtsnegativerklärung der Gemeinde gesiegelt vorliegt und

4. die Genehmigung nach dem Grundstücksverkehrsgesetz erteilt wurde,

5. der Notar der Vorurkunde bestätigt hat, dass alle weiteren für die Eigentumsumschreibung auf den heutigen Verkäufer erforderlichen Genehmigungen und sonstigen Erklärungen vorliegen – ggf. mit Ausnahme der grunderwerbsteuerlichen Unbedenklichkeitsbescheinigung; in diesem Fall ist dem Notar der Grunderwerbsteuerbescheid zu übermitteln – sowie

6. der Vorverkäufer dem amtierenden Notar oder dem Notar zur Vorurkunde zur Weiterleitung an den amtierenden Notar schriftlich bestätigt hat, dass er von dem ihm in Abschnitt ..... der Vorurkunde eingeräumten/von seinem gesetzlichen Rücktrittsrecht bisher keinen Gebrauch gemacht hat und auf die Ausübung dieses Rücktrittsrechts bis zu einem zeitlich genau anzugebenden, nach dem Eintritt der Auszahlungsreife hinsichtlich des heutigen Vertrags liegenden Zeitpunkt, verzichtet.

Die unter Nr. 1, Nr. 5 und Nr. 6 aufgeführten Voraussetzungen der Kaufpreisfälligkeit entfallen, wenn an dem verkauften Grundbesitz die originäre Vormerkung gem. § 2 dieser Urkunde für den heutigen Käufer eingetragen ist.

Auszahlungen sollen dann in der Weise erfolgen, dass der von dem heutigen Verkäufer an den Vorverkäufer geschuldete Betrag unmittelbar an diesen aus dem Notaranderkonto ausbezahlt wird. Lediglich der Restbetrag ist dem genannten Konto des heutigen Verkäufers gutzuschreiben, abzüglich etwaiger Grunderwerbsteuerbeiträge, die zur Eigentumsumschreibung bzgl. der Vorurkunde erforderlich sind. Diese soll der Notar gegen Vorlage des Grunderwerbsteuerbescheides unmittelbar an das Finanzamt überweisen.

Der Verkäufer ist – unbeschadet gesetzlicher und sonstiger vertraglicher Rücktrittsrechte wegen Pflichtverletzungen des Käufers – in jedem Fall berechtigt, ohne Fristsetzung vom Vertrag zurückzutreten und/oder Schadensersatz zu verlangen, wenn sich der Käufer mit der Kaufeinpreiszahlung auf das Anderkonto länger als zwei Wochen im Rückstand befindet.

Wird ein Vorkaufsrecht ausgeübt, so sind beide Vertragsteile zum Rücktritt vom Vertrag berechtigt; ein Anspruch auf Schadensersatz statt der Leistung oder Verzinsung bereits geleisteter Kaufpreisteile besteht in diesem Fall nicht. Der Verkäufer tritt alle aus der Ausübung des Vorkaufsrechts gegen den Vorkäufer entstehenden Ansprüche sicherungshalber an den Käufer ab, der die Abtretung dem Vorkäufer selbst anzeigen wird.

Der Notar hat die Beteiligten darauf hingewiesen, dass eine Finanzierung des Kaufpreises auf Schwierigkeiten stoßen kann, wenn der heutige Käufer hierfür die Eintragung einer Grundschuld benötigt. Hierfür ist die Ermächtigung durch den derzeitigen Eigentümer erforderlich. Sollte der Eigentümer in der Vorurkunde dem heutigen Verkäufer eine Belastungs-/Finanzierungsvollmacht erteilt haben, so kann diese nur an den heutigen Käufer weitergereicht werden, wenn in der Vorurkunde der heutige Verkäufer ausdrücklich zur Erteilung von Untervollmacht ermächtigt wurde.

Die Beteiligten erklären daraufhin, dass der Käufer keine Grundschuldeintragung zur Finanzierung des Kaufpreises und der sonstigen Kosten und Steuern benötigt. *(Anm.: Bei dieser Alternative kann § 9 des Vertrags entfallen.)*

(Formulierungsalternative:

Die Beteiligten erklären daraufhin, dass der Käufer eine Grundschuldeintragung zur Finanzierung des Kaufpreises bzw. der sonstigen Kosten und Steuern benötigt und diese Umstände in der Vorurkunde hinreichend berücksichtigt wurden [vgl. unten § 9].)

§ 4
Besitzübergang; öffentlich-rechtliche Tatbestände

Besitz, Nutzungen und Lasten, Haftung, Verkehrssicherungspflichten und Gefahr gehen am ..... auf den Käufer über, soweit der Verkäufer bis zu diesem Zeitpunkt bereits Besitzer des Vertragsobjekts geworden ist. *(Ggf.: Wirtschaftlich soll also der Besitz vom derzeitigen Berechtigten unmittelbar auf den heutigen Käufer übergehen.)*

Soweit Gebäudesach- und -haftpflichtversicherungen bestehen, gehen diese kraft Gesetzes auf den Käufer über, der sie jedoch innerhalb eines Monats nach Eigentumsumschreibung kündigen kann. Ab Lastenübergang hat er die Prämien zu tragen und den Gefahrübergang anzuzeigen. Aufschiebend bedingt auf die Zahlung des Kaufpreises werden alle Ansprüche abgetreten, die dem Verkäufer gegen Dritte (etwa Versicherungsunternehmen, Schädiger, Bauunternehmen, Architekten) wegen eines Mangels oder Schadens am Vertragsobjekt zustehen (werden).

Eintragungen im Baulastenverzeichnis, Abstandsflächenübernahmen, nicht im Grundbuch eingetragene altrechtliche Dienstbarkeiten, Überbauungen, oder baurechtswidrige Zustände sind dem Verkäufer nicht bekannt.

Der Verkäufer garantiert jedoch folgende Umstände:

1. Wohnungsbindung oder Einschränkungen aufgrund sozialer Wohnraumförderung sowie aufgrund Denkmalschutzes bestehen nicht.

2. Die derzeit vorhandene öffentlich-rechtliche Erschließung gem. BauGB und Kommunalabgabengesetz mit Straßenausbau, und Entwässerung sowie die Anbindung an die öffentliche Wasserversorgung sind endabgerechnet und bezahlt.

(Ggf.: Der Verkäufer garantiert weiter: Das Vertragsobjekt ist nicht vermietet oder verpachtet, sondern steht derzeit leer.)

(Formulierungsalternative:

Der Verkäufer garantiert: Der Vertragsbesitz ist ungekündigt vermietet; es bestehen weder Mietrückstände, Mieteinbehalte, Mietvorauszahlungen, Streitigkeiten [z.B. Minderungen; Einwendungen gegen Nebenkostenabrechnungen], Pfändungen, Verfügungen über künftige Mietzinsansprüche noch abzugeltende Investitionen des Mieters.

Mit dem Tag des Nutzungsübergangs [Stichtag] tritt der Verkäufer alle Rechte aus dem Vertrag an den dies annehmenden Käufer ab und wird hinsichtlich der Pflichten von ihm freigestellt. Ab dem Stichtag ist der Käufer umfassend – auch zu Kündigungen, Modernisierungsarbeiten und Mieterhöhungsverlangen – ermächtigt und bevollmächtigt, jedoch auf eigene Kosten und eigenes Risiko.

Der Verkäufer hat unverzüglich eine Kopie, ab Stichtag das Original des Mietvertrags sowie etwa durch den Mieter gestellte Sicherheiten [Kaution; Bürgschaft] zu übergeben; Vertragsänderungen und Vorausverfügungen über die Miete bedürfen ab sofort der Zustimmung des Käufers.

Der Notar hat dem Verkäufer empfohlen, zur Haftungsvermeidung den Mietübergang dem Mieter anzuzeigen und ggf. dessen Zustimmung zur künftigen ausschließlichen Verwaltung der Mietsicherheiten durch den Käufer einzuholen §§ 566 Abs. 2, 566a Satz 2 BGB.)

§ 5
Rechtsmängel

Der Verkäufer ist verpflichtet, dem Käufer ungehinderten Besitz und lastenfreies Eigentum zu verschaffen, soweit in dieser Urkunde nichts anderes vereinbart ist.

Die in Abteilung II des Grundbuchs eingetragenen, in § 1 dieser Urkunde bezeichneten Dienstbarkeiten übernimmt der Käufer zur weiteren Duldung mit allen sich aus der Eintragungsbewilligung ergebenden Verpflichtungen, Rechte in Abteilung III des Grundbuchs sind zu löschen.

Die Beteiligten stimmen der Löschung aller nicht übernommenen Belastungen mit dem Antrag auf Vollzug zu; bei Gesamtrechten auch hinsichtlich aller übrigen in den Mithaftvermerken genannten Grundbuchstellen.

§ 6
Sachmängel

Alle Rechte des Käufers wegen eines Sachmangels des Grund und Bodens, Gebäudes und etwa mitverkaufter beweglicher Sachen sind ausgeschlossen, allerdings mit Ausnahme

1. ggf. in dieser Urkunde enthaltener Beschaffenheitsvereinbarungen und Garantien;
2. vorsätzlich zu vertretender oder arglistig verschwiegener Mängel. Der Verkäufer erklärt, er habe keine ihm bekannten Mängel, schädlichen Bodenveränderungen oder Altlasten arglistig verschwiegen, auf die der Käufer angesichts ihrer Bedeutung und des sonstigen Zustandes des Objekts einen Hinweis erwarten durfte;
3. solcher Sachmängel, die zwischen Vertragsschluss und Übergabe entstehen und über die gewöhnliche Abnutzung hinausgehen; hierfür wird jedoch – außer bei Vorsatz – die Verjährungsfrist auf drei Monate verkürzt.

Der Verkäufer ist nicht im Besitz eines (gültigen) Energieausweises gem. § 16 EnEV 2007. Der Käufer verzichtet endgültig auf dessen Vorlage und Übergabe. Ihm ist bekannt, dass er künftigen Mietinteressenten auf Verlangen einen solchen Ausweis vorzulegen hat und dass ihn Nachrüstungspflichten treffen können.

§ 7
Vollstreckungsunterwerfungen

Der Käufer unterwirft sich wegen der in dieser Urkunde eingegangenen Verpflichtung zur Zahlung des Kaufpreises samt Verzugszinsen gem. § 288 Abs. 1 BGB hieraus ab dem Datum der Erteilung der vollstreckbaren Ausfertigung der Zwangsvollstreckung aus dieser Urkunde. Gleiches gilt für den Verkäufer wegen der Verpflichtung zur Verschaffung des Besitzes.

Auf Antrag kann ohne weitere Nachweise vollstreckbare Ausfertigung erteilt werden (dem Verkäufer jedoch erst nach Fälligkeitsmitteilung und gem. deren Inhalt, dem Käufer zur Besitzverschaffung gegen Nachweis der Kaufpreiszahlung).

Mehrere Beteiligte, die zu derselben Leistung verpflichtet sind, schulden und haften als Gesamts0 chuldner.

§ 8
Vollzugsauftrag

Alle Beteiligten beauftragen und bevollmächtigen den amtierenden Notar, seinen amtlichen Vertreter oder Nachfolger im Amt,
- sie im Grundbuchverfahren uneingeschränkt zu vertreten,
- die zur Wirksamkeit und für den Vollzug dieser Urkunde erforderlichen Genehmigungen und Erklärungen anzufordern und entgegenzunehmen.

Anfechtbare Bescheide sind jedoch den Beteiligten selbst zuzustellen; Abschrift an den Notar wird erbeten.

Die Beteiligten bevollmächtigen die Angestellten an dieser Notarstelle – welche der Amtsinhaber zu bezeichnen bevollmächtigt wird – je einzeln und befreit von § 181 BGB, Erklärungen, Bewilligungen und Anträge materiell- oder formell-rechtlicher Art zur Ergänzung oder Änderung des Vertrags abzugeben, soweit diese zur Behebung behördlicher oder gerichtlicher Beanstandungen zweckdienlich sind.

§ 9
Untervollmacht zur Kaufpreisfinanzierung

Der Verkäufer (handelnd als Bevollmächtigter gem. der Vorurkunde) erteilt dem Käufer Untervollmacht befreit von den Beschränkungen des § 181 BGB zu folgenden Rechtshandlungen:

An dem Vertragsbesitz dürfen Grundpfandrechte in beliebiger Höhe mit Jahreszinsen bis zu 20% und einer einmaligen Nebenleistung bis zu 10% des Grundpfandrechtsnennbetrags bestellt werden. Dazu hat der Vorverkäufer in der Vorurkunde bereits die Eintragung der Grundpfandrechte samt dinglicher Vollstreckungsunterwerfung in das Grundbuch bewilligt und beantragt und hat allen zur Rangbeschaffung notwendigen Erklärungen zugestimmt. Jeder Käufer übernimmt die persönlichen Zahlungsverpflichtungen und unterwirft sich insoweit der Zwangsvollstreckung. Er tritt außerdem mit der Auflassungsvormerkung im Rang hinter die Grundpfandrechte samt Zinsen und Nebenleistungen zurück. Eine Zahlungspflicht oder eine persönliche Haftung übernimmt weder der heutige Verkäufer noch der Vorverkäufer. Die Auszahlung der hierdurch gesicherten Darlehen erfolgt bis zur vollständigen Kaufpreiszahlung bei Fälligkeit unmittelbar auf das vorgenannte Anderkonto; die Auszahlungsansprüche werden hiermit an den Vorverkäufer, sodann den Verkäufer mit der vorstehenden Maßgabe abgetreten unter der auflösenden Bedingung der bestimmungsgemäßen Auszahlung aus dem Anderkonto. Die Sicherungsabrede eines Finanzierungsgrundpfandrechts, das auf der Grundlage einer in dieser Urkunde enthaltenen Vorwegbeleihungsvollmacht bestellt wird, ist in diesem Sinne einzuschränken.

Die Beurkundungen aufgrund der vorstehenden Vollmacht dürfen nur an dieser Notarstelle erfolgen.

§ 10
Hinweise des Notars

Der Notar bzw. sein amtlicher Vertreter hat die Vertragsbestimmungen erläutert und abschließend auf Folgendes hingewiesen:
- Das Eigentum geht nicht schon heute, sondern erst mit der Umschreibung im Grundbuch auf den Käufer über.
- Hierzu sind die Unbedenklichkeitsbescheinigung des Finanzamts (nach Zahlung der Grunderwerbsteuer), erforderliche Genehmigungen, und die Verzichtserklärung der Gemeinde auf gesetzliche Vorkaufsrechte notwendig.
- Der jeweilige Eigentümer haftet kraft Gesetzes für rückständige öffentliche Lasten (z.B. Erschließungskosten, Grundsteuer, Ausgleichsbetrag nach dem BundesbodenschutzG).
- Unabhängig von den internen Vereinbarungen in dieser Urkunde haften alle Beteiligten kraft Gesetzes für die Grunderwerbsteuer und die Kosten als Gesamtschuldner.
- Alle Vereinbarungen müssen richtig und vollständig beurkundet werden, sonst kann der ganze Vertrag nichtig sein.
- Eine steuerliche Beratung hat der Notar nicht übernommen, jedoch auf die mögliche Steuerpflicht einer Veräußerung nicht selbstgenutzter Immobilien vor Ablauf von zehn Jahren (»Spekulationsgeschäft«) und bei Betriebsvermögen hingewiesen.

§ 11
Kosten, Abschriften

Die Kosten für die Beurkundung, eventuelle Genehmigungen und den Vollzug dieses Vertrags sowie die Grunderwerbsteuer trägt der Käufer; zahlt der Käufer diese nicht, kann der Verkäufer vom Vertrag zurücktreten. Von dieser Urkunde erhalten:

Ausfertigungen:
- die Beteiligten
- das Grundbuchamt

Beglaubigte Abschriften:
- die zuständigen Gebietskörperschaften zur Erklärung über etwaige Vorkaufsrechte (auf Anforderung)
- etwaige Finanzierungsgläubiger des Käufers, mit Hinweis auf § 9
- der Notar der Vorurkunde mit der Bitte um Abgabe der Bestätigung gem. § 3 Nr. 5 und ggf. 6.

Einfache Abschriften:
- das Finanzamt – Grunderwerbsteuerstelle
- der Gutachterausschuss

Vorgelesen vom Notar, von den Beteiligten

genehmigt, und eigenhändig unterschrieben:

.....

Besonderheiten im zugehörigen Ankaufsvertrag (A – B)

§ 1
Im Rahmen der Veräußerung; Grundbucherklärungen:

..... – im Folgenden »der Verkäufer« genannt –

verkauft das in § 1 bezeichnete Vertragsobjekt mit allen damit zusammenhängenden Rechten und dem Zubehör (§ 97 BGB)

an

..... – im Folgenden »der Käufer« genannt –

zum Alleineigentum.

Der Anspruch auf Eigentumsverschaffung ist abtretbar.

Weitere bewegliche Gegenstände (etwa Inventar, Mobiliar) sind nicht mitverkauft, jedoch die vorhandenen Brennstoffvorräte abzüglich des Verbrauchs bis zum Besitzübergang.

Um den vereinbarten Eigentumserwerb zu sichern, bewilligt der Verkäufer und **beantragt** der Käufer, zu dessen Gunsten am Vertragsobjekt eine

Vormerkung

sofort an nächstoffener Rangstelle einzutragen. Der Käufer bewilligt und beantragt, diese Vormerkung bei der Eigentumsumschreibung wieder zu löschen, sofern nachrangig keine Eintragungen bestehen bleiben, denen er nicht zugestimmt hat.

Die Beteiligten sind über den Eigentumsübergang im angegebenen Erwerbsverhältnis einig. Sie bewilligen und beantragen jedoch derzeit nicht, diese

Auflassung

im Grundbuch einzutragen; vielmehr bevollmächtigen sie hierzu unwiderruflich und über ihren Tod hinaus den amtierenden Notar, Vertreter oder Nachfolger im Amt. In gleicher Weise wird dieser Notar bevollmächtigt, im Falle des Weiterverkaufs bei Umschreibungsreife auch des Weiterverkaufs das Eigentum unmittelbar auf den Enderwerber zu übertragen *(Anm.: Ggf. Einschränkung: sofern für die Umschreibungskosten Sicherheit geleistet ist])*; in der Erklärung der Auflassung (auch unter Vollzugsvorbehalt) liegt also die Ermächtigung zur Weiterauflassung im eigenen Namen nach § 185 BGB.

Der Verkäufer muss dem Käufer das Eigentum Zug um Zug gegen Zahlung des geschuldeten Kaufpreises verschaffen. Alle Beteiligten weisen daher den Notar gem. § 53 BeurkG an, die Umschreibung gem. dieser Vollmacht durch Eigenurkunde erst zu veranlassen, nachdem der Verkäufer den Eingang des geschuldeten Betrags originalschriftlich bestätigt oder hilfsweise der Käufer die Zahlung des vereinbarten Kaufpreises (jeweils ohne Zinsen) durch Bankbestätigung nachgewiesen hat.

§ 2

Im Rahmen der Fälligkeit:

Im Hinblick auf den beabsichtigten Weiterverkauf, dessen Kaufpreis hinterlegt werden soll, vereinbaren die Beteiligten Folgendes: der Käufer kommt auch nach Eintritt der obigen Fälligkeitsvoraussetzungen nicht in Verzug bzw. ein Rücktritt wegen Nichtleistung oder das Verlangen von Schadensersatz wegen verspäteter Zahlung ist ausgeschlossen, bis die Auszahlungsvoraussetzungen aus dem für den Weiterverkauf einzurichtenden Anderkonto eingetreten sind bzw. die Direktzahlung an den heutigen Käufer fällig geworden ist. Der heute vereinbarte Kaufpreis ist als Gegenleistung ab sechs Wochen ab dem heutigen Tage bis zum Tage der Kaufpreiszahlung (Zahlungseingang beim Verkäufer) mit Zinsen i.H.v. 3% jährlich zu verzinsen.

Die Beteiligten behalten sich das Recht vor, vom schuldrechtlichen Teil dieses Vertrags durch schriftliche Erklärung, die an die zuletzt bekannt gegebene Anschrift eines Beteiligten der Gegenseite per Übergabe-Einschreiben, zurückzutreten, wenn nicht binnen vier Monaten ab dem heutigen Tag die Weiterveräußerung des Kaufgegenstandes beurkundet wurde **oder** – sofern die Beurkundung stattgefunden hat – die Auszahlungsvoraussetzungen hinsichtlich der beurkundeten Weiterveräußerungsurkunde aus dem Notaranderkonto nicht eingetreten sind. Geschuldet wird dann lediglich die Verzinsung des Kaufpreises, die bis zum Rücktritt angefallen ist. Anderweitige Ansprüche, auch auf Schadensersatz, sind ausgeschlossen. Die Kosten der Rückabwicklung trägt jedoch der Käufer.

§ 3

Im Rahmen der Vollmacht zur Kaufpreisfinanzierung:

Der Verkäufer ist verpflichtet, bei der Bestellung von Grundpfandrechten zur Kaufpreisfinanzierung mitzuwirken, wenn gleichzeitig die nachfolgenden Sicherungsvereinbarungen getroffen werden. Es ist jedoch allein Sache des Käufers, dafür zu sorgen, dass etwa benötigte Finanzierungsmittel rechtzeitig zur Verfügung stehen.

Der Verkäufer bevollmächtigt daher den Käufer und mehrere Käufer bevollmächtigen sich gegenseitig, jeweils befreit von den Beschränkungen des § 181 BGB, zu folgenden Rechtshandlungen:

Das Vertragsobjekt darf ab sofort mit Grundpfandrechten samt Zinsen und Nebenleistungen in beliebiger Höhe belastet werden. Der Verkäufer bewilligt deren Eintragung samt dinglicher Vollstreckungsunterwerfung und stimmt allen zur Rangbeschaffung geeigneten Erklärungen zu. Jeder Käufer übernimmt die persönlichen Zahlungsverpflichtungen und unterwirft sich insoweit der Zwangsvollstreckung, trägt die Kosten der Bestellung und Eintragung, und tritt mit seinen Rechten (Vormerkung) zurück. Aufgrund der zu vereinbarenden Sicherungsabrede darf der Gläubiger das Grundpfandrecht bis zur vollständigen Kaufpreiszahlung nur in der Höhe als Sicherheit verwerten oder behalten, in der er tatsächlich mit Erfüllungswirkung auf die Kaufpreisschuld des Käufers geleistet hat.

E. Gesamtmuster

Die Finanzierungsgläubiger werden hiermit unwiderruflich angewiesen, die auf diese Weise besicherten Kreditmittel bis zur vollständigen Zahlung des Kaufpreises nur hierfür zu verwenden.

Beurkundungen aufgrund der vorstehenden Vollmacht können nur an dieser Notarstelle erfolgen.

Der Bevollmächtigte darf Untervollmacht erteilen, d.h. den Vollmachtgeber bei der Erteilung weiterer Vollmachten vertreten, deren Inhalt von obigen Sicherungsvereinbarungen nur für diejenige Darlehensvaluta abweichen kann, die den an den heutigen Verkäufer zu leistenden Kaufpreisbetrag übersteigt.

XXII. Kauf einer versteigerungsbefangenen Eigentumswohnung (Abwicklung über Anderkonto, ganz sichere Variante)

▶

Zugrunde liegt der in Rdn. 2110 behandelte Sachverhalt des Erwerbs einer Eigentumswohnung, bzgl. welcher ein privater Gläubiger die Zwangsversteigerung erwirkt hat. Es ist zu befürchten, dass rückständige Grundsteuern (Rdn. 3430) und Hausgeldzahlungen (Rdn. 2453 ff.) den Erwerber treffen würden; dieser will auch nicht auf den Kosten der Löschung »sitzen bleiben«. Da er auch dem Gläubiger nicht traut (der bspw. das Versteigerungsverfahren trotz bereits unter Treuhandauflage erteilten Rücknahmeantrags weiter betreiben könnte bzw. der vor Wirksamwerden der Verfahrensbeendigung durch gerichtlichen Beschluss in Insolvenz fallen könnte, sodass der Rücknahmeantrag unbeachtlich wird), wünscht er die Einschaltung eines Anderkontos mit Auszahlung erst nach Umschreibung im Grundbuch; die dafür erforderlichen Erwerbsnebenkosten hinterlegt er zusätzlich.

3911

URNr. ...../20.....

Kaufvertrag

Heute, den ..... zweitausend .....

– ..... 200..... –

erschienen gleichzeitig vor mir,

.....,

Notar in .....,

in meinen Amtsräumen in .....:

1. .....,

geb. am .....,

wohnhaft: .....,

nach Angabe im gesetzlichen Güterstand verheiratet/in Gütertrennung verheiratet/unverheiratet/ weder verheiratet noch in eingetragener Lebenspartnerschaft lebend/verwitwet und nicht in fortgesetzter Gütergemeinschaft lebend

und dessen ebendort wohnhafte Ehefrau .....,

beide ausgewiesen durch gültigen deutschen Personalausweis,

2. .....,

geb. am .....,

wohnhaft: .....,

nach Angabe im gesetzlichen Güterstand verheiratet/in Gütertrennung verheiratet/unverheiratet/ weder verheiratet noch in eingetragener Lebenspartnerschaft lebend/verwitwet und nicht in fortgesetzter Gütergemeinschaft lebend

und dessen ebendort wohnhafte Ehefrau .....,

beide ausgewiesen durch gültigen deutschen Personalausweis.

Die zu 1. genannten Beteiligten werden im folgenden »der Verkäufer«, die zu 2 Genannten »der Käufer« genannt, auch wenn es sich um jeweils mehrere Personen handelt. Sie handeln nach ihrer glaubhaften Erklärung als Verbraucher i.S.d. § 13 BGB.

Auf Frage des Notars verneinten die Beteiligten eine Vorbefassung i.S.d. § 3 Abs. 1 Satz 1 Nr. 7 BeurkG. Sie erklärten mit der Bitte um Beurkundung:

§ 1
Grundbuch- und Sachstand

Das Grundbuch des Amtsgerichts ..... für ..... Blatt ..... wurde am ..... eingesehen.

Dort ist folgender Grundbesitz vorgetragen:

...../1000 Miteigentumsanteil an

Flst.Nr. .....

verbunden mit dem Sondereigentum an .....

Zur Veräußerung ist laut Bestandsverzeichnis die Zustimmung des Verwalters erforderlich.

Als Eigentümer ist eingetragen:

.....

Der Grundbesitz ist im Grundbuch wie folgt belastet:

Abteilung II:

Die Zwangsversteigerung ist angeordnet (AG ....., Az. K .....)

Abteilung III:

..... € Grundschuld ohne Brief zugunsten der ..... bank,

..... € Zwangssicherungshypothek zugunsten ....., geb. .....,

..... € Zwangssicherungshypothek zugunsten ....., geb. .....

§ 2
Veräußerung; Grundbucherklärungen

Der Verkäufer verkauft das in § 1 bezeichnete Vertragsobjekt mit allen damit zusammenhängenden Rechten und dem Zubehör (§ 97 BGB) mit Zustimmung seines heute mit anwesenden Ehegatten gem. § 1365 BGB

an den Käufer zum Alleineigentum/Miteigentum zu gleichen Teilen.

Weitere bewegliche Gegenstände (etwa Inventar, Mobiliar) sind nicht mitverkauft.

Um den vereinbarten Eigentumserwerb zu sichern, bewilligt der Verkäufer und **beantragt** der Käufer, zu dessen Gunsten am Vertragsobjekt eine

Vormerkung

sofort an nächstoffener Rangstelle einzutragen. Zur Bewilligung der Löschung dieser Vormerkung im Wege der Eigenurkunde wird der amtierende Notar, sein Vertreter oder Nachfolger im Amt durch den Käufer bevollmächtigt. Der Notar wird **angewiesen**, diese Bewilligung abzugeben und ihren Vollzug namens des Käufers zu beantragen, wenn die Eigentumsumschreibung erfolgt ist und keine Eintragungen bestehen bleiben, denen der Käufer nicht zugestimmt hat, und weiter der Notar festgestellt hat, dass das Versteigerungsverfahren aufgehoben ist.

Die Beteiligten sind über den Eigentumsübergang im angegebenen Erwerbsverhältnis einig. Sie bewilligen und beantragen jedoch derzeit nicht, diese

Auflassung

im Grundbuch einzutragen; vielmehr bevollmächtigen sie hierzu unwiderruflich und über ihren Tod hinaus den amtierenden Notar, Vertreter oder Nachfolger im Amt.

Der Verkäufer muss dem Käufer das Eigentum Zug um Zug gegen Zahlung des geschuldeten Kaufpreises verschaffen. Alle Beteiligten weisen daher den Notar gem. § 53 BeurkG an, die Umschreibung gem. dieser Vollmacht durch Eigenurkunde erst zu veranlassen, nachdem

1. der Hinterlegungsbetrag auf dem nachstehend genannten Anderkonto eingegangen ist und etwaige einseitige Verwendungsauflagen erfüllt sind (bzw. zumindest der Kaufpreisbetrag ein-

gegangen ist, etwaige einseitige Verwendungsauflagen erfüllt sind, und der Käufer die Entrichtung der Grunderwerbsteuer nachgewiesen hat),

2. die zugunsten des Käufers bewilligte Eigentumsvormerkung im Grundbuch eingetragen ist,

3. dem Notar die in § 5 Abs. 2 Buchst. d) genannten Lastenfreistellungsunterlagen in grundbuchtauglicher Form vorliegen für alle vor oder mit der Vormerkung eingetragenen Belastungen, die der Käufer nicht zu übernehmen hat, und seitens aller vor Eintragung der Vormerkung der Zwangsversteigerung beigetretenen sonstigen Gläubiger. Ihre Verwendung darf allenfalls von Zahlungsauflagen abhängig sein, die samt den für Rechnung des Verkäufers zu verauslagenden Kosten ihrer grundbuchlichen Löschung und der Beträge gem. § 5 Abs. 3 aus dem (nach Vollzug der Eigentumsumschreibung aus dem Anderkonto auszuzahlenden) Kaufpreis erfüllbar sind. Der Notar wird allseits bevollmächtigt, diese Unterlagen – zur Beschleunigung, ungeachtet der Kostenfolge, unter Fertigung des Entwurfs – anzufordern, für alle am Vertrag und dessen Finanzierung Beteiligten auch gem. § 875 Abs. 2 BGB entgegenzunehmen und zu verwenden.

4. Dem Notar ferner die in § 5 Abs. 3 genannten Abrechnungsbescheinigungen vorliegen und diese lediglich solche zu einer Inanspruchnahme auch des Käufers oder des Vertragsobjekts führende Rückstände ausweisen, die unter Berücksichtigung der vorstehend unter 3. genannten Zahlungsauflagen und Grundbuchlöschungskosten aus dem Kaufpreis erfüllbar sind und

5. die Genehmigung des derzeitigen Verwalters nach § 12 WEG samt Nachweis der Verwaltereigenschaft in grundbuchmäßiger Form dem Notar vorliegen, sofern gem. Eintrag im Bestandsverzeichnis erforderlich.

§ 3

Kaufpreis; Fälligkeit

1. Der Kaufpreis beträgt ..... €

– in Worten: ..... Euro –.

Hiervon entfällt auf den Anteil an der Instandhaltungsrücklage ..... € (Stand: .....), ohne dass Verkäufer oder Notar hierfür eine Haftung übernähmen.

Die Beteiligten wünschen zur Absicherung des Käufers die Abwicklung über Notaranderkonto, das erst nach Umschreibung und Vollzug der Lastenfreistellung zur Auszahlung gelangt. Um eine Verzögerung des Endvollzugs aufgrund Nichtzahlung der Grunderwerbsteuer und der Grundbuchkosten seitens des Käufers zu vermeiden, hinterlegt er diese zusätzlich i.H.v. (geschätzten) 4,5% des Kaufpreises (»Erwerbsnebenkosten«). Der »Hinterlegungsbetrag« setzt sich also zusammen aus dem »Kaufpreis« und den vorgenannten »Erwerbsnebenkosten«.

2. Der vorgenannte Kaufpreis ist bis zum ersten ..... (Zahlungseingang) (*Anm.: Typischerweise wird ein rundes Datum zur erleichterten rechnerischen Durchführung des Besitzübergangs gewählt.*) auf das Anderkonto des beurkundenden Notars Konto-Nr. ..... bei der .....bank, BLZ ..... einzubezahlen.

Im Verzugsfall hat der Käufer unbeschadet weiterer gesetzlicher Ansprüche Verzugszinsen in gesetzlicher Höhe zu entrichten.

Zahlungen gelten nur dann als erbracht, wenn sie auflagenfrei oder unter Verwendungsauflagen, die mit den nachstehenden Auszahlungsbedingungen vereinbar sind – allenfalls unter der weiteren Auflage der Sicherstellung der Eintragung des Finanzierungsgrundpfandrechts im Rang vor der Auflassungsvormerkung des Käufers und der vollständigen Einzahlung des Kaufpreises – erfolgen. An seine diesbezüglichen Treuhandauflagen muss sich der Einzahlende für eine Frist von mindestens vier Monaten gebunden halten; auf die Gefahren eines Widerrufs nach fruchtlosem Ablauf dieser Frist hat der Notar hingewiesen.

E. Gesamtmuster

Soweit
- Gläubiger für die Lastenfreistellung im Sinne nachstehenden § 5 Abs. 2 Buchst. d) Beträge verlangen, und/oder
- hinsichtlich der in § 5 Abs. 3 genannten Positionen (also der dort genannten dinglichen und öffentlichen Lasten oder sonst den Käufer treffenden Zahlungspflichten aus der Zeit vor Lastenübergang) rückständige Beträge beziffert wurden.
- Ferner hinsichtlich der Kosten der grundbuchlichen Löschung der nicht zu übernehmenden Grundbuchrechte (1/4-Gebühr nach Maßgabe der KostO), die wirtschaftlich der Verkäufer zu tragen hat,

hat der Verkäufer gegen den Käufer nur Anspruch auf Erfüllung dieser Auflagen oder Löschungskostenbescheide, die der Notar nicht prüft; nicht auf Zahlung an sich oder sonstige Dritte. Die Beteiligten weisen den amtierenden Notar hiermit in einseitig unwiderruflicher Weise an, solche Zahlungen an die Gläubiger bzw. die Justizkasse in Anrechnung auf den Kaufpreis zu leisten. Dadurch entstehende Eigentümerrechte und Rückübertragungsansprüche tritt der Verkäufer mit Wirkung ab Eigentumsumschreibung an den Käufer ab, der die Abtretung annimmt.

Der Notar hat darauf hingewiesen, dass ggf. nach Eintragung der Vormerkung (sogar nach Eingang aller Rücknahmeerklärungen beim Vollstreckungsgericht) hinzutretende Gläubiger auf Löschung verklagt werden müssen, wenn sie dem gesetzlichen Löschungsanspruch (§ 888 BGB) nicht Folge leisten; hierzu halten die Beteiligten keine weiteren Vorkehrungen für erforderlich.

Die Kosten des Notaranderkontos beim Notar und bei der Bank, auch soweit sie durch Auszahlungen zur Ablösung von Lastenfreistellungsbeträgen verursacht sind, trägt der Käufer; sie können ggf. dem Anderkonto entnommen werden. Der hinterlegte Betrag ist als Tagesgeld zu den beim kontoführenden Kreditinstitut üblichen Konditionen anzulegen. Etwa gutgeschriebene Zinsen abzüglich der Zinsertragsteuer stehen dem Verkäufer zu (*Anm.: Da Besitzübergang bereits mit Einzahlung erfolgte.*) und sind bei Schließung des Notaranderkontos auszukehren.

Der zur Erfüllung obiger Auflagen etwa nicht benötigte Kaufpreisbetrag ist an den Verkäufer auf dessen Konto-Nr. ..... bei der ..... bank, BLZ ..... oder ein anderes zu bezeichnendes Konto zu überweisen. Privatschriftliche Abtretungen des verbleibenden Kaufpreises und des diesbezüglichen Auskehranspruchs vom Notaranderkonto wirken erst mit dem Datum des Eingangs der schriftlichen Abtretungserklärung oder -anzeige des Abtretenden beim verwahrenden Notar.

Sämtliche Auszahlungen haben per normaler Banküberweisung zu erfolgen.

Auszahlungen hinsichtlich des Kaufpreises dürfen jedoch aufgrund einseitig unwiderruflicher Anweisung erst geleistet werden, wenn die Eigentumsumschreibung auf den Käufer erfolgt ist und die vertragsgemäße Lastenfreistellung gem. § 2 am Ende, Nr. 3 und Nr. 4, sichergestellt ist.

3. Zum gleichen Zeitpunkt der Einzahlungsfälligkeit hat der Käufer weiterhin den Aufzahlungsbetrag i.H.v. geschätzten 4,5% des Kaufpreises (»Erwerbsnebenkosten«) auf dem genannten Anderkonto zu hinterlegen. Im Falle des Verzuges gelten die gesetzlichen Bestimmungen; weiterhin ist der Verkäufer zum Rücktritt berechtigt (§ 323 Abs. 5 Satz 2 BGB steht also aufgrund Vereinbarung der Beteiligten nicht entgegen).

Die Beteiligten weisen den Notar in einseitig nicht widerruflicher Weise an, aus diesem Betrag die Kosten der Eintragung der Vormerkung und ggf. eines aufgrund der Vollmacht in § 9 bestellten Finanzierungsgrundpfandrechts, ferner die Kosten der Löschung der Vormerkung und der Eigentumsumschreibung (samt Katasterfortführungsgebühren) gegen Vorlage des Kostenbescheides der Justizkasse, um deren abschriftliche Übermittlung der Notar ersuchen soll, ohne weitere Voraussetzungen zu begleichen. Gleiches gilt für den Grunderwerbsteuerbescheid, um dessen abschriftliche Übermittlung der Notar das Finanzamt ebenfalls ersuchen soll. Soweit der Hinterlegungsbetrag von 4,5% nach Begleichung der vorgenannten Beträge noch nicht ausgeschöpft ist und den Käufer treffenden Notarkostenrechnungen noch offen stehen, ist er berechtigt, diese dem Hinterlegungsanteil zu entnehmen, i.Ü. ist der Restbetrag an den Käufer auf dessen Konto ..... bei der ..... zurückzuüberweisen. Gleiches gilt bei Scheitern des Vertrags. Die Erstattung etwa entrichteter Grunderwerbsteuer bei Ausübung des Rücktrittsrechts durch den Käufer (etwa gem. § 5 Abs. 4) erfolgt unmittelbar an den Käufer.

§ 4

Besitzübergabe; Erschließung

1. Besitz und Nutzungen, Lasten, Haftung, Verkehrssicherung und Gefahr gehen mit Einzahlung des Hinterlegungsbetrags auf dem Anderkonto auf den Käufer über.

   Der Verkäufer garantiert, dass die derzeit vorhandene öffentlich-rechtliche Erschließung des Gemeinschaftseigentums gem. BauGB und Kommunalabgabengesetz mit Straßenausbau, und Entwässerung endabgerechnet und bezahlt ist. Gleiches gilt für die Anbindung an die öffentliche Wasserversorgung. Der Vertragsbesitz unterliegt keinen Beschränkungen nach dem Wohnungsbindungsgesetz oder aufgrund Bescheiden nach dem Wohnraumförderungsgesetz.

2. Der Verkäufer garantiert weiter: Das Vertragsobjekt ist ungekündigt vermietet; Mietrückstände, Mieteinbehalte, Mietvorauszahlungen oder abzugeltende Investitionen des Mieters bestehen nach Versicherung des Verkäufers nicht. Mit dem Tag des Nutzungsübergangs (Stichtag) tritt der Verkäufer alle Rechte aus dem Vertrag an den annehmenden Käufer ab und wird hinsichtlich der Pflichten von ihm freigestellt. Ab dem Stichtag ist der Käufer umfassend – auch zu Kündigungen, Modernisierungsarbeiten und Mieterhöhungsverlangen – ermächtigt und bevollmächtigt, jedoch auf eigene Kosten und eigenes Risiko.

Der Verkäufer hat unverzüglich eine Kopie, ab Stichtag das Original des Mietvertrags sowie etwa durch den Mieter gestellte Sicherheiten (Kaution; Bürgschaft) zu übergeben; Vertragsänderungen und Vorausverfügungen über den Mietzins bedürfen ab sofort der Zustimmung des Käufers.

Der Notar hat dem Verkäufer empfohlen, zur Haftungsvermeidung den Mietübergang dem Mieter anzuzeigen und ggf. dessen Zustimmung zur künftigen ausschließlichen Verwaltung der Mietsicherheiten durch den Käufer einzuholen (§§ 566 Abs. 2, 566a Satz 2 BGB).

Der Verkäufer versichert: Das Mietverhältnis wurde erst nach der Aufteilung in Wohnungseigentum begründet, sodass Vorkaufsrechte und besondere Einschränkungen für Eigenbedarfskündigungen nicht bestehen.

Die Abrechnung der Nebenkosten mit dem Mieter wird allein diejenige Partei vornehmen, die am Ende des Abrechnungszeitraumes mittelbarer Vermieter ist. Die für den Zeitraum bis zum Nutzungsübergang von Mietern an den Verkäufer zu leistenden Nebenkostenvorauszahlungen sind mit den von ihm für diesen Zeitraum getragenen, umlegungsfähigen Nebenkosten zu saldieren und die Differenz zwischen Verkäufer und Käufer auszugleichen. Sofern jedoch eine der Kaufvertragsparteien dies wünscht, wird auf deren Kosten eine Zwischenablesung auf den Stichtag des Besitzübergangs vorgenommen und durch Verkäufer und Käufer getrennt für die einzelnen Zeiträume abgerechnet.

§ 5

Rechtsmängel

1. Der Verkäufer ist verpflichtet, dem Käufer ungehinderten Besitz und lastenfreies Eigentum zu verschaffen, soweit in dieser Urkunde nichts anderes vereinbart ist.

Die in Abteilung II des Grundbuchs eingetragenen, in § 1 dieser Urkunde bezeichneten Dienstbarkeiten, übernimmt der Käufer zur weiteren Duldung mit allen sich aus der Eintragungsbewilligung ergebenden Verpflichtungen.

Allen zur Lastenfreistellung bewilligten Löschungen oder Rangänderungen wird mit dem Antrag auf Vollzug zugestimmt, auch soweit weiterer Grundbesitz betroffen ist.

2. Der Vertragsbesitz ist Gegenstand eines Zwangsversteigerungsverfahrens, wie in Abteilung II des Grundbuchs vermerkt (vgl. § 1 der Urkunde). Nach Angabe der Beteiligten ist betreibender Gläubiger ....; weitere Gläubiger sind nach Kenntnisstand der Beteiligten bisher nicht beigetreten.

Gem. § 23 ZVG kennzeichnet der eingetragene Versteigerungsvermerk die Beschlagnahme des Grundbesitzes und hat die Wirkung eines relativen Veräußerungsverbots zum Schutz des Beschlagnahmegläubigers. Eine gegen das Veräußerungsverbot verstoßende Verfügung des Grundstückseigentümers über das Grundstück oder beschlagnahmte mithaftende Gegenstände ist dem Beschlagnahmegläubiger gegenüber unwirksam (§§ 135 Abs. 1, 136 BGB). Ein gutgläubiger beschlagnahmefreier Erwerb ist im Hinblick auf den eingetragenen Vermerk ausgeschlossen. Zur Erreichung der vollen Wirksamkeit der nachstehend getroffenen Verfügung ist daher die Zustimmung des Beschlagnahmegläubigers sowie aller zum Zeitpunkt der Verfügung wirksam beigetretenen Gläubiger erforderlich.

Die Beteiligten beauftragen und bevollmächtigen den amtierenden Notar daher nach Eintragung der Vormerkung,
- a) das Vollstreckungsgericht unter Übersendung einer beglaubigten Abschrift des Kaufvertrags von der Tatsache der Veräußerung zu unterrichten und den Erwerber als Vormerkungsberechtigten förmlich zum Versteigerungsverfahren anzumelden,
- b) eine Mitteilung des Vollstreckungsgerichts darüber einzuholen, welche Gläubiger zum Zeitpunkt der Eintragung der Vormerkung das Verfahren betreiben bzw. diesem beigetreten sind und ob bereits ein Versteigerungstermin angesetzt ist,
- c) die vom Vollstreckungsgericht gemeldeten, bis zur Eintragung der Vormerkung beteiligten Gläubiger um Bewilligung der Aufhebung eines etwa bereits angesetzten Versteigerungstermin zu bitten (§ 30 Abs. 2 ZVG),
- d) die vom Vollstreckungsgericht gemeldeten, bis zur Eintragung der Vormerkung beteiligten Gläubiger um Erteilung der Zustimmung zur heutigen Verfügung, ggf. Übersendung der grundbuchlichen Löschungs- oder Freigabeunterlagen sowie jeweils einer unwiderruflichen Rücknahmeerklärung gem. § 29 ZVG zu ersuchen die der amtierende Notar bis zur Sicherstellung der Entrichtung der aufzugebenden Ablösebeträge im Rahmen der nach Vollzug stattfindenden Auskehr aus dem Anderkonto zu treuen Händen für die Beteiligten verwahrt.

3. Zur Vermeidung einer diesbezüglichen Inanspruchnahme des Käufers oder des Vertragsobjekts mit Wirkung zulasten des Käufers beauftragen die Beteiligten den Notar weiter,
   - a) bei der Gemeinde ..... eine Bestätigung darüber einzuholen, dass die Grundsteuer für die Vorjahre und die im laufenden Jahr fällig gewordenen Abschlagszahlungen entrichtet sind bzw. eine Aufstellung der insoweit noch offenen Beträge,
   - b) bei der Gemeinde ..... und dem Abwasserzweckverband ..... eine Bestätigung darüber einzuholen, dass die derzeit vorhandene öffentlich-rechtliche Erschließung des Gemeinschaftseigentums gem. BauGB und Kommunalabgabengesetz mit Straßenausbau, Entwässerung und Anbindung an die öffentliche Wasserversorgung endabgerechnet und bezahlt ist, bzw. eine Aufstellung der insoweit noch offenen, ggf. anteilig das Vertragsobjekt (vorbehaltlich der gesamtschuldnerischen Inanspruchnahme aller Sondereigentumseinheiten) treffenden Beträge,
   - c) beim nachstehend genannten WEG-Verwalter eine Bestätigung darüber einzuholen, dass keine nach Besitzübergang den Käufer treffenden Rückstände auf Hausgeldzahlungen vorhanden sind oder Umlagen für vor Besitzübergang bereits durchgeführte Maßnahmen am Gemeinschaftseigentum zu erwarten sind, ebensowenig eine Inanspruchnahme des Käufers für bereits bestehende Verbindlichkeiten der Eigentümergemeinschaft gegenüber Dritten gem. § 10 Abs. 8 WEG andernfalls eine Aufstellung solcher Beträge.

4. Sollten die oben unter Abs. 2 und Abs. 3 genannten Erklärungen nicht bis zum ..... vorliegen, ist der Käufer zum Rücktritt berechtigt. Der Verkäufer ist dann zur Tragung bzw. Erstattung aller Kosten des Vertrags, seiner Finanzierung und Rückabwicklung bei Notar und Grundbuchamt verpflichtet, nicht jedoch zu sonstigem Schadensersatz, ausgenommen Vorsatz und Arglist *(Anm.: bei Verbraucherverträgen auch: sowie grober Fahrlässigkeit)*. Dem Käufer ist bekannt, dass dieser Schadensersatzanspruch außerhalb der notariellen Hinterlegung unmittelbar zu verfolgen ist.

Die betreibenden bzw. beigetretenen Gläubiger erhalten je eine einfache Abschrift des Vertrags zur Kenntnisnahme.

§ 6
Sachmängel

Alle Rechte des Käufers wegen eines Sachmangels des Grund und Bodens, Gebäudes und etwa mitverkaufter beweglicher Sachen sind ausgeschlossen, allerdings mit Ausnahme

1. ggf. in dieser Urkunde enthaltener Beschaffenheitsvereinbarungen und Garantien,
2. vorsätzlich zu vertretender oder arglistig verschwiegener Mängel. Der Verkäufer erklärt, er habe keine ihm bekannten Mängel, schädlichen Bodenveränderungen oder Altlasten arglistig verschwiegen, auf die der Käufer angesichts ihrer Bedeutung und des sonstigen Zustandes des Vertragsobjekts einen Hinweis erwarten durfte,
3. solcher Sachmängel, die zwischen Vertragsschluss und Übergabe entstehen und über die gewöhnliche Abnutzung hinausgehen; hierfür wird jedoch – außer bei Vorsatz – die Verjährungsfrist auf drei Monate verkürzt.

Der Verkäufer ist nicht im Besitz eines (gültigen) Energieausweises gem. § 16 EnEV 2007. Der Käufer verzichtet endgültig auf dessen Vorlage und Übergabe. Ihm ist bekannt, dass er künftigen Mietinteressenten auf Verlangen einen solchen Ausweis vorzulegen hat und dass ihn Nachrüstungspflichten treffen können.

§ 7
Vollstreckungsunterwerfungen

Der Käufer unterwirft sich wegen der in dieser Urkunde eingegangenen Zahlungsverpflichtung in Höhe des Hinterlegungsbetrags – einschließlich der Verzugszinsen gem. § 288 Abs. 1 BGB aus dem Kaufpreis ab .....*(Anm.: Datum der geschuldeten Einzahlung)* – der Zwangsvollstreckung aus dieser Urkunde. Gleiches gilt für den Verkäufer wegen der Verpflichtung zur Verschaffung des Besitzes.

Auf Antrag kann ohne weitere Nachweise vollstreckbare Ausfertigung erteilt werden (dem Verkäufer jedoch erst ab dem Fälligkeitsdatum, gerichtet auf Zahlung auf das genannte Anderkonto, dem Käufer zur Besitzverschaffung gegen Nachweis der Kaufpreiszahlung).

Mehrere Beteiligte, die zu derselben Leistung verpflichtet sind, schulden und haften als Gesamtschuldner.

§ 8
Vollzugsauftrag

Alle Beteiligten beauftragen und bevollmächtigen den amtierenden Notar, seinen amtlichen Vertreter oder Nachfolger im Amt,

– sie im Grundbuchverfahren uneingeschränkt zu vertreten,
– die zur Wirksamkeit und für den Vollzug dieser Urkunde erforderlichen Genehmigungen und Erklärungen anzufordern, entgegenzunehmen und (als Eigenurkunde) abzugeben,
– die in § 5 Abs. 2 und Abs. 3 genannten Erklärungen und Bescheinigungen einzuholen und entgegenzunehmen.

Anfechtbare Bescheide sind jedoch den Beteiligten selbst zuzustellen; Abschrift an den Notar wird erbeten.

Die Beteiligten bevollmächtigen weiterhin die Angestellten an der Notarstelle – welche der Amtsinhaber seinerseits zu bezeichnen bevollmächtigt wird – je einzeln und befreit von § 181 BGB, Erklärungen, Bewilligungen und Anträge materiell- oder formell-rechtlicher Art zur Ergänzung oder Änderung des Vertrags abzugeben, soweit diese zur Behebung behördlicher oder gerichtlicher Beanstandungen zweckdienlich sind.

§ 9
Vollmacht zur Kaufpreisfinanzierung, weitere Vollmacht

Allein der Käufer hat dafür zu sorgen, dass etwa benötigte Finanzierungsmittel rechtzeitig zur Verfügung stehen. Um ihm dies zu erleichtern, ist der Verkäufer verpflichtet die Beleihung des Vertragsobjekts bereits vor Umschreibung zu gestatten, allerdings nur unter Einhaltung der nachfolgenden Sicherungsabreden.

Der Verkäufer erteilt daher jedem Käufer und mehrere Käufer sich gegenseitig, jeweils befreit von § 181 BGB, folgende Vollmacht:

> Das Vertragsobjekt darf ab sofort mit Grundpfandrechten samt Zinsen und Nebenleistungen in beliebiger Höhe belastet werden. Der Verkäufer bewilligt deren Eintragung samt dinglicher Vollstreckungsunterwerfung und stimmt allen zur Rangbeschaffung geeigneten Erklärungen zu. Jeder Käufer übernimmt die persönlichen Zahlungsverpflichtungen und unterwirft sich insoweit der Zwangsvollstreckung, trägt die Kosten der Bestellung und Eintragung, und tritt mit seinen Rechten (Vormerkung) zurück. Die Sicherungsabrede mit dem Verkäufer ist so zu gestalten, dass der Gläubiger das Grundpfandrecht bis zur vollständigen Kaufpreiszahlung nur als Sicherheit verwenden darf in der Höhe, in der Kreditausreichungen die Kaufpreisschuld des Käufers getilgt haben.

Sicherungsabrede mit dem Verkäufer ist so zu. Die Finanzierungsgläubiger werden hiermit unwiderruflich angewiesen, die auf diese Weise besicherten Kreditmittel nur zur bestimmungsgemäßen Einzahlung in das in § 3 Abs. 2 genannte Anderkonto zu verwenden. Bis zur bestimmungsgemäßen Auszahlung sind allerdings weitere Valutierungen nicht durch die dingliche, sondern allenfalls durch die persönliche Vollstreckungsunterwerfung gesichert.

Beurkundungen aufgrund der vorstehenden Vollmacht können nur an dieser Notarstelle erfolgen.

Mehrere Personen auf Käufer- bzw. Verkäuferseite schulden als Gesamtschuldner. Sie bestellen sich untereinander je einzeln als Zustellungs- und Erklärungsvertreter für alle Willens- und Wissenserklärungen, die für diesen Vertrag, seine Abwicklung, Änderung und ggf. Rückabwicklung von Bedeutung sind. Ein Widerruf dieser Vollmacht ist nur wirksam, sobald er auch dem amtierenden Notar zugeht.

§ 10
Hinweise des Notars

Der Notar bzw. sein amtlicher Vertreter hat die Vertragsbestimmungen erläutert und abschließend neben den Ausführungen in § 5 auf Folgendes hingewiesen:
- Das Eigentum geht nicht schon heute, sondern erst mit der Umschreibung im Grundbuch auf den Käufer über.
- Hierzu sind die Unbedenklichkeitsbescheinigung des Finanzamts (nach Zahlung der Grunderwerbsteuer) *sowie die Verwalterzustimmung samt Nachweis der Verwaltereigenschaft erforderlich.*
- Der jeweilige Eigentümer haftet kraft Gesetzes für rückständige öffentliche Lasten (z.B. Erschließungskosten, Grundsteuer, Ausgleichsbetrag nach dem BundesbodenschutzG).
- Unabhängig von den internen Vereinbarungen in dieser Urkunde haften alle Beteiligten Vertragsteile kraft Gesetzes für die Grunderwerbsteuer und die Kosten als Gesamtschuldner.
- Alle Vereinbarungen müssen richtig und vollständig beurkundet werden, sonst kann der ganze Vertrag nichtig sein.
- Eine steuerliche Beratung hat der Notar nicht übernommen, jedoch auf die mögliche Steuerpflicht einer Veräußerung nicht selbstgenutzter Immobilien vor Ablauf von zehn Jahren (»Spekulationsgeschäft«) und bei Betriebsvermögen hingewiesen.

§ 11
Eintritt in die Eigentümergemeinschaft

Der Umfang des gemeinschaftlichen und des Sondereigentums sowie die Rechtsverhältnisse der Miteigentümer ergeben sich aus der Teilungserklärung samt Nachträgen sowie den bindenden Beschlüssen, Vereinbarungen und bisher geschlossenen Verträgen der Eigentümergemeinschaft. Dem Käufer wurde empfohlen, diese Unterlagen sowie die beim Verwalter geführte Beschlusssammlung einzusehen.

Im Verhältnis zum Verkäufer übernimmt der Käufer ab Besitzübergang alle Rechte, ab Lastenübergang alle Pflichten gegenüber Eigentümergemeinschaft und Verwalter hinsichtlich des Vertragsobjekts. Umlagen für Maßnahmen, die vor Lastenübergang durchgeführt wurden, treffen noch den Verkäufer.

Der Verkäufer versichert, dass ihm derzeit keine Umstände bekannt sind, die nach Lastenübergang zu einer den Käufer treffenden Sonderumlage führen könnten, etwa infolge bereits beschlossener künftiger Maßnahmen am Gemeinschaftseigentum oder laufender Gerichtsverfahren.

Wird einer der Vertragsbeteiligten für Schulden der Eigentümergemeinschaft gegenüber Dritten nach § 10 Abs. 8 WEG in Anspruch genommen, trifft dies im Innenverhältnis den Verkäufer für die vor Lastenübergang fällig gewordenen, den Käufer für danach fällig werdende Verbindlichkeiten.

§ 12
Kosten, Abschriften

Die Kosten für die Beurkundung, eventuelle Genehmigungen (einschließlich der Kosten für Verwalterzustimmung und -nachweis bei Notar und Verwalter), den Vollzug dieses Vertrags sowie die Grunderwerbsteuer trägt der Käufer; zahlt der Käufer diese nicht, kann der Verkäufer vom Vertrag zurücktreten. Etwaige Lastenfreistellungskosten trägt der Verkäufer. Von dieser Urkunde erhalten:

Ausfertigungen:
- die Beteiligten
- das Grundbuchamt unter Hinweis darauf, dass die dem Verkäufer bzw. dem Käufer zuzusendenden Kostenbescheide (Eintragung und Löschung der Vormerkung, sowie Eigentumsumschreibung und Eintragung des Finanzierungsgrundpfandrechts einerseits; Löschung eingetragener Belastungen andererseits) ebenfalls dem Notar übermittelt werden mögen zur Bedienung aus dem Anderkonto. Empfangsvollmacht hat der Notar nicht

Beglaubigte Abschriften:
- der Verwalter zur Erteilung der Zustimmung (auf Anforderung, ohne Kaufpreisangabe)
- etwaige Kaufpreisfinanzierungsgläubiger mit Hinweis auf § 9
- das Versteigerungsgericht
- betreibende und beigetretene Gläubiger sowie die in § 5 Nr. 3 genannten (auf Anforderung)

Einfache Abschriften:
- die Grunderwerbsteuerstelle unter Hinweis darauf, dass der dem Käufer zuzustellende Grunderwerbsteuerbescheid (der Notar hat insoweit keine Empfangsvollmacht) in Kopie dem Notar übermittelt werden mögen zur Bedienung aus dem Anderkonto
- der Gutachterausschuss

Vorgelesen vom Notar, von den Beteiligten

genehmigt, und eigenhändig unterschrieben:

.....

XXIII. Kauf einer versteigerungsbefangenen Eigentumswohnung (Abwicklung über Anderkonto, Variante: Auszahlung bereits vor Umschreibung)

▶

Zugrunde liegt der im vorstehenden Muster behandelte Sachverhalt; allerdings erscheint es unter Risikoaspekten ausreichend, die Auszahlung aus dem Anderkonto bereits vor Umschreibung im Grundbuch vorzunehmen, da lediglich Kreditinstitute das Verfahren betreiben. Nachstehend sind nur die abweichenden Passagen wiedergegeben:

Abweichung in § 2
Veräußerung; Grundbucherklärungen

.....

Die Beteiligten sind über den Eigentumsübergang im angegebenen Erwerbsverhältnis einig. Sie bewilligen und beantragen jedoch derzeit nicht, diese

Auflassung

im Grundbuch einzutragen; vielmehr bevollmächtigen sie hierzu unwiderruflich und über ihren Tod hinaus den amtierenden Notar, Vertreter oder Nachfolger im Amt.

Der Verkäufer muss dem Käufer das Eigentum Zug um Zug gegen Zahlung des geschuldeten Kaufpreises verschaffen. Alle Beteiligten weisen daher den Notar gem. § 53 BeurkG an, die Umschreibung gemäß dieser Vollmacht durch Eigenurkunde erst zu veranlassen, nachdem die Auszahlung des Kaufpreises aus dem Anderkonto an den Verkäufer oder dessen Gläubiger bestimmungsgemäß erfolgt ist.

Abweichender § 3: Kaufpreis; Fälligkeit

1. Der Kaufpreis beträgt ..... €

– in Worten: ..... Euro –.

Hiervon entfällt auf den Anteil an der Instandhaltungsrücklage ..... € (Stand: .....), ohne dass Verkäufer oder Notar hierfür eine Haftung übernähmen.

2. Der vorgenannte Kaufpreis ist bis zum ersten ..... (Zahlungseingang) (*Anm.: Typischerweise wird ein rundes Datum zur erleichterten rechnerischen Durchführung des Besitzübergangs gewählt.*) auf das Anderkonto des beurkundenden Notars Konto-Nr. ..... bei der ..... bank, BLZ ..... einzubezahlen.

Im Verzugsfall hat der Käufer unbeschadet weiterer gesetzlicher Ansprüche Verzugszinsen in gesetzlicher Höhe zu entrichten.

Zahlungen gelten nur dann als erbracht, wenn sie auflagenfrei oder unter Verwendungsauflagen, die mit den nachstehenden Auszahlungsbedingungen vereinbar sind – allenfalls unter der weiteren Auflage der Sicherstellung der Eintragung des Finanzierungsgrundpfandrechts im Rang vor der Auflassungsvormerkung des Käufers und der vollständigen Einzahlung des Kaufpreises – erfolgen. An seine diesbezüglichen Treuhandauflagen muss sich der Einzahlende für eine Frist von mindestens vier Monaten gebunden halten; auf die Gefahren eines Widerrufs nach fruchtlosem Ablauf dieser Frist hat der Notar hingewiesen.

Soweit
- Gläubiger für die Lastenfreistellung im Sinne nachstehenden § 5 Abs. 2 Buchst. d) Beträge verlangen, und/oder
- hinsichtlich der in § 5 Abs. 3 genannten Positionen (also der dort genannten dinglichen und öffentlichen Lasten oder sonst den Käufer treffenden Zahlungspflichten aus der Zeit vor Lastenübergang) rückständige Beträge beziffert wurden.
- Ferner hinsichtlich der Kosten der grundbuchlichen Löschung der nicht zu übernehmenden Grundbuchrechte (1/4-Gebühr nach Maßgabe der KostO), die wirtschaftlich der Verkäufer zu tragen hat, hat der Verkäufer gegen den Käufer nur Anspruch auf Erfüllung dieser Auflagen oder Löschungskostenbescheide, die der Notar nicht prüft; nicht auf Zahlung an sich oder sonstige Dritte. Die Beteiligten weisen den amtierenden Notar hiermit in einseitig unwiderruflicher Weise an, solche Zah-

lungen an die Gläubiger bzw. die Justizkasse in Anrechnung auf den Kaufpreis zu leisten. Dadurch entstehende Eigentümerrechte und Rückübertragungsansprüche tritt der Verkäufer mit Wirkung ab Eigentumsumschreibung an den Käufer ab, der die Abtretung annimmt.

Der Notar hat darauf hingewiesen, dass ggf. nach Eintragung der Vormerkung (sogar nach Eingang aller Rücknahmeerklärungen beim Vollstreckungsgericht) hinzutretende Gläubiger auf Löschung verklagt werden müssen, wenn sie dem gesetzlichen Löschungsanspruch (§ 888 BGB) nicht Folge leisten; hierzu halten die Beteiligten keine weiteren Vorkehrungen für erforderlich.

Die Kosten des Notaranderkontos beim Notar und bei der Bank, auch soweit sie durch Auszahlungen zur Ablösung von Lastenfreistellungsbeträgen verursacht sind, trägt der Käufer; sie können ggf. dem Anderkonto entnommen werden. Der hinterlegte Betrag ist als Tagesgeld zu den beim kontoführenden Kreditinstitut üblichen Konditionen anzulegen. Etwa gutgeschriebene Zinsen abzüglich der Zinsertragsteuer stehen dem Verkäufer zu (*Anm.: da Besitzübergang bereits mit Einzahlung erfolgte.* und sind bei Schließung des Notaranderkontos auszukehren.

Der zur Erfüllung obiger Auflagen etwa nicht benötigte Kaufpreisbetrag ist an den Verkäufer auf dessen Konto-Nr. ..... bei der ..... bank, BLZ ..... oder ein anderes zu bezeichnendes Konto zu überweisen. Privatschriftliche Abtretungen des verbleibenden Kaufpreises und des diesbezüglichen Auskehranspruchs vom Notaranderkonto wirken erst mit dem Datum des Eingangs der schriftlichen Abtretungserklärung oder -anzeige des Abtretenden beim verwahrenden Notar.

Sämtliche Auszahlungen haben per normaler Banküberweisung zu erfolgen.

Auszahlungen dürfen jedoch erst geleistet werden, wenn
a) die Vormerkung zugunsten des Käufers eingetragen ist,
b) die vertragsgemäße Lastenfreistellung im Sinne des nachstehenden § 5 Nr. 2 und Nr. 3, also unter Einschluss der dort genannten öffentlichen Lasten und Rückstände gegenüber der WEG-Gemeinschaft sichergestellt ist, und der auf dem Anderkonto hinterlegte Betrag zur Verwendung der Rücknahme- und Löschungserklärungen, Lastenfreistellung und Zahlung der anfallenden Gebühren und Kosten ausreicht.
c) die Genehmigung nach ..... gesetz erteilt wurde.

XXIV. Kauf vom Insolvenzverwalter

▶

3907 Zugrunde liegt ein Erwerb vom Insolvenzverwalter über das Vermögen eines früheren Unternehmens. Der Insolvenzverwalter ist bestrebt, jegliche Belastung der Insolvenzmasse als Folge des Verkaufs zu vermeiden, insb. i.R.d. Sach- und Rechtsmängelansprüche sowie des Besitzübergangs.

URNr. ...../20 .....

Kauf vom Insolvenzverwalter

Heute, den ..... zweitausend .....

– ..... 20..... –

erschienen gleichzeitig vor mir,

.....,

Notar in .....,

in meinen Amtsräumen in .....:

1. ....,

geb. am .....,

wohnhaft: .....,

nach Angabe .....,

ausgewiesen durch gültigen deutschen Personalausweis,

hier handelnd nicht eigenen Namens,

sondern in seiner Eigenschaft als Insolvenzverwalter nach § 56 InsO über das Vermögen des Insolvenzschuldners

....

aufgrund Bestellung durch das Amtsgericht – Insolvenzgericht – ..... durch Beschluss vom ...., Az. ..... *Auf die unter diesem Aktenzeichen beim Insolvenzgericht des Grundbuchamts geführten Akten wird Bezug genommen.* Die durch den Insolvenzverwalter bei Beurkundung vorgelegte Bestellungsurkunde nach § 56 Abs. 2 InsO wird dieser Urkunde in beglaubigter Abschrift beigefügt

– nachstehend »der Verkäufer« genannt –

2. ....,

geb. am .....,

wohnhaft: .....,

nach Angabe .....,

ausgewiesen durch gültigen deutschen Personalausweis,

– nachstehend »der Käufer« genannt, nach seiner glaubhaften Erklärung handelnd als Verbraucher –.

Auf Frage des Notars verneinten die Beteiligten eine Vorbefassung i.S.d. § 3 Abs. 1 Satz 1 Nr. 7 BeurkG. Sie erklärten mit der Bitte um Beurkundung:

§ 1

Grundbuch- und Sachstand

Das Grundbuch des Amtsgerichts ..... für ..... Blatt ..... wurde am ..... eingesehen.

Dort ist folgender Grundbesitz vorgetragen:

Flst.Nr. .....

Als Eigentümer ist vermerkt:

.....

Der Grundbesitz ist im Grundbuch wie folgt belastet:

Abteilung II:

.....

Über das Vermögen des Eigentümers ist das Insolvenzverfahren eröffnet.

Die Zwangsversteigerung ist angeordnet.

Abteilung III:

.....

§ 2
Veräußerung; Grundbucherklärungen

..... in seiner Eigenschaft als Insolvenzverwalter über das Vermögen des eingetragenen Eigentümers

– im Folgenden »der Verkäufer« genannt –

verkauft das in § 1 bezeichnete Vertragsobjekt mit allen damit zusammenhängenden Rechten und dem Zubehör (§ 97 BGB)

an den Käufer

zum Alleineigentum/Miteigentum zu gleichen Anteilen .....

Weitere bewegliche Gegenstände (etwa Inventar, Mobiliar) sind nicht mitverkauft, jedoch die vorhandenen Brennstoffvorräte abzüglich des Verbrauchs bis zum Besitzübergang.

Um den vereinbarten Eigentumserwerb zu sichern, bewilligt der Verkäufer und **beantragt** der Käufer, zu dessen Gunsten am Vertragsobjekt eine

Vormerkung

sofort an nächstoffener Rangstelle einzutragen. Der Käufer bewilligt und beantragt, diese Vormerkung bei der Eigentumsumschreibung wieder zu löschen, sofern nachrangig keine Eintragungen bestehen bleiben, denen er nicht zugestimmt hat.

Die Beteiligten sind über den Eigentumsübergang im angegebenen Erwerbsverhältnis einig. Sie bewilligen und beantragen jedoch derzeit nicht, diese

Auflassung

im Grundbuch einzutragen; vielmehr bevollmächtigen sie hierzu unwiderruflich und über den Tod hinaus den amtierenden Notar, Vertreter oder Nachfolger im Amt.

Der Verkäufer muss dem Käufer das Eigentum Zug um Zug gegen Zahlung des geschuldeten Kaufpreises verschaffen. Alle Beteiligten weisen daher den Notar gem. § 53 BeurkG an, die Umschreibung gem. dieser Vollmacht durch Eigenurkunde erst zu veranlassen, nachdem der Verkäufer den Eingang des geschuldeten Betrags originalschriftlich bestätigt oder hilfsweise der Käufer die Zahlung des vereinbarten Kaufpreises (jeweils ohne Zinsen) durch Bankbestätigung nachgewiesen hat.

§ 3
Kaufpreis; Fälligkeit

Der Kaufpreis beträgt

..... €

– in Worten: ..... Euro –.

E. Gesamtmuster

Der Notar wird den Beteiligten den Eintritt der nachstehenden **Voraussetzungen** bestätigen (Versand an den Käufer per Einwurf-Einschreiben); der Käufer schuldet die Gutschrift des Kaufpreises spätestens zum Fälligkeitszeitpunkt, nämlich vierzehn Tage nach Zugang dieser Mitteilung:

1. die Eigentumsvormerkung ist im Grundbuch eingetragen,

2. der Notar verfügt in grundbuchtauglicher Form über alle Unterlagen zur Freistellung von solchen Belastungen, die im Grundbuch vor oder mit der Vormerkung eingetragen und vom Käufer nicht zu übernehmen sind. Ihre Verwendung darf allenfalls von Zahlungsauflagen abhängig sein, für die der Kaufpreis ausreicht. Der Notar wird allseits bevollmächtigt, diese Unterlagen – zur Beschleunigung, ungeachtet der Kostenfolge, unter Fertigung des Entwurfs – anzufordern, für alle am Vertrag und dessen Finanzierung Beteiligten auch gem. § 875 Abs. 2 BGB entgegenzunehmen und zu verwenden.

3. [*falls zur zusätzlichen Absicherung gewünscht:*] Einsichtnahme in die Insolvenzakten hat keine Anhaltspunkte dafür ergeben, dass zum Zeitpunkt der Eintragung der Eigentumsvormerkung des Käufers der heute mitwirkende Insolvenzverwalter nicht mehr im Amt war (bzw. das Insolvenzgericht hat die Fortdauer des Amtes bestätigt), und dieser Verwalter hat dem Notar auch seinerseits nach Eintragung der Vormerkung schriftlich bestätigt, dass er als Verwalter noch eingesetzt ist und das Vertragsobjekt dem Insolvenzbeschlag noch unterliegt.

Stehen Genehmigungen oder Lastenfreistellungsdokumente unter Zahlungsauflagen, teilt der Notar diese den Beteiligten ohne weitere Prüfung mit. Der Kaufpreis kann insoweit bei Fälligkeit nur durch Erfüllung solcher Auflagen erbracht werden, ist also zweckgebunden, ohne dass der Zahlungsempfänger hieraus eigene Rechte erwirbt. Der Restbetrag nach Berücksichtigung etwaiger solcher Treuhandauflagen ist zu überweisen auf das Massekonto des Insolvenzverwalters bei der ..... bank, BLZ ....., Konto-Nr. .....

Aufschiebend bedingt ab Zahlung des Kaufpreises überträgt der Verkäufer dem Käufer alle Eigentümerrechte und Rückübertragungsansprüche in Bezug auf Grundpfandrechte am Vertragsobjekt und bewilligt deren Umschreibung.

§ 4

Besitzübergabe; Erschließung

Besitz und Nutzungen sind mit vollständiger Kaufpreiszahlung zu übergeben. Die Gefahr geht zu diesem Zeitpunkt; öffentliche und private Lasten, Haftung und Verkehrssicherungspflichten ab Eintritt der Fälligkeit auf den Käufer über.

Soweit Gebäudesach- und -haftpflichtversicherungen bestehen, gehen diese kraft Gesetzes auf den Käufer über, der sie jedoch innerhalb eines Monats nach Eigentumsumschreibung kündigen kann. Ab Lastenübergang hat er die Prämien zu tragen und den Gefahrübergang anzuzeigen. Aufschiebend bedingt auf die Zahlung des Kaufpreises werden alle Ansprüche abgetreten, die dem Verkäufer gegen Dritte (etwa Versicherungsunternehmen, Schädiger, Bauunternehmen, Architekten) wegen eines Mangels oder Schadens am Vertragsobjekt zustehen (werden).

Der Insolvenzverwalter gibt hinsichtlich des Erschließungsstandes keinerlei Erklärungen oder Zusicherungen ab. Auch etwaige Rückstände hinsichtlich öffentlich-rechtlicher Abgaben nach BauGB und Kommunalabgabengesetz für Straßenausbau, Entwässerung und Wasserversorgung trägt somit der Käufer. Der Notar hat zu Erkundigungen bei den Erschließungsträgern geraten.

Hinsichtlich etwa vorhandener privatrechtlicher Versorgungsanlagen (Elektrizität und – sofern einschlägig – Gas, Heizwärme etc.) begründet der Käufer mit Wirkung ab Lastenübergang neue Vertragsverhältnisse.

Der Insolvenzverwalter erklärt, dass nach seiner Kenntnis der Vertragsbesitz nicht vermietet oder verpachtet sei, sondern derzeit leer steht.

§ 5
Rechtsmängel

Sollte es nicht gelingen, durch Vollzug des Kaufvertrags dem Käufer ungehinderten Besitz und lastenfreies Eigentum zu verschaffen – soweit in dieser Urkunde nichts anderes vereinbart ist –, kann der Käufer ab ..... vom Kaufvertrag zurücktreten. Eine Verpflichtung zur Lastenfreistellung übernimmt der Verkäufer jedoch nicht. Ansprüche auf Schadens- oder Aufwendungsersatz gegen den Verkäufer sind ausgeschlossen, es sie denn sie beruhten auf Arglist, Vorsatz oder Garantie.

Die in Abteilung II des Grundbuchs eingetragenen, in § 1 dieser Urkunde bezeichneten Dienstbarkeiten, übernimmt der Käufer zur weiteren Duldung mit allen sich aus der Eintragungsbewilligung ergebenden Verpflichtungen. Alle weiteren Rechte in Abteilung II und III des Grundbuchs werden nicht übernommen.

Aufgrund der heutigen Veräußerung bewilligt der (ggf. vorläufige) Insolvenzverwalter hiermit gem. § 32 Abs. 3 Satz 2 InsO (ggf. in Verbindung mit § 23 Abs. 3 InsO), die Eintragung über die Eröffnung des Insolvenzverfahrens (sowie sonstige Verfügungsbeschränkungen) im Grundbuch Zug-um-Zug i.S.d. § 16 Abs. 2 GBO mit Eintragung des Erwerbers als Eigentümer zu löschen. Die Löschung des Vermerks selbst wird der Insolvenzverwalter durch Ersuchen des Insolvenzgerichts an das Grundbuchamt kostenfrei veranlassen.

(Falls parallel ein Zwangsversteigerungsverfahren läuft:

Der Vertragsbesitz ist Gegenstand eines Zwangsversteigerungsverfahrens, wie in Abteilung II des Grundbuchs vermerkt (vgl. § 1 der Urkunde). Nach Angabe der Beteiligten ist betreibender Gläubiger die .....; weitere Gläubiger sind nach Kenntnisstand der Beteiligten bisher nicht beigetreten.

Gem. § 23 ZVG kennzeichnet der eingetragene Versteigerungsvermerk die Beschlagnahme des Grundbesitzes und hat die Wirkung eines relativen Veräußerungsverbots zum Schutz des Beschlagnahmegläubigers. Eine gegen das Veräußerungsverbot verstoßende Verfügung des Grundstückseigentümers über das Grundstück oder beschlagnahmte mithaftende Gegenstände ist dem Beschlagnahmegläubiger gegenüber unwirksam (§§ 135 Abs. 1, 136 BGB). Ein gutgläubiger beschlagnahmefreier Erwerb ist im Hinblick auf den eingetragenen Vermerk ausgeschlossen. Zur Erreichung der vollen Wirksamkeit der nachstehend getroffenen Verfügung ist daher die Zustimmung des Beschlagnahmegläubigers sowie aller zum Zeitpunkt der Verfügung wirksam beigetretenen Gläubiger erforderlich.

Die Beteiligten beauftragen und bevollmächtigen den amtierenden Notar daher im Rahmen des Vollzuges dieses Kaufvertrags,

4. das Vollstreckungsgericht unter Übersendung einer beglaubigten Abschrift des Kaufvertrags von der Tatsache der Veräußerung zu unterrichten und den Erwerber als künftigen Vormerkungsberechtigten förmlich zum Versteigerungsverfahren anzumelden,

5. eine Mitteilung des Vollstreckungsgerichts darüber einzuholen, welche Gläubiger bisher das Verfahren betreiben bzw. diesem beigetreten sind und welche vorrangigen öffentlichen Lasten (rückständige Erschließungsbeiträge, Grundsteuer etc.) nach dem Stand der Vollstreckungsakten bisher gemeldet wurden,

6. die vom Vollstreckungsgericht gemeldeten betreibenden oder beigetretenen Gläubiger um Erteilung der Zustimmung zur heutigen Verfügung, Übersendung der grundbuchlichen Löschungs- oder Freigabeunterlagen sowie jeweils einer unwiderruflichen Rücknahmeerklärung gem. § 29 ZVG zu ersuchen, die der amtierende Notar bis zur Entrichtung der aufzugebenden Ablösebeträge zu treuen Händen für die Beteiligten verwahrt.

Über weitere Gestaltungsmöglichkeiten (Abwicklung über Notaranderkonto, ggf. Rücktrittsrechte bei Verzögerung der Lastenfreistellung über einen bestimmten Endtermin hinaus etc.) wurde belehrt; diese wurden jedoch nicht gewünscht. Der Notar hat darauf hingewiesen, dass der Vollzug der Löschungen im Grundbuch von der Entrichtung der Löschungsgebühren durch den Verkäufer abhängig sein kann; auch hierzu halten die Beteiligten keine besonderen Vorkehrungen für erforderlich.

Die betreibenden bzw. beigetretenen Gläubiger erhalten je eine einfache Abschrift des Vertrags zur Kenntnisnahme.

E. Gesamtmuster

Die Beteiligten stimmen der Löschung aller nicht übernommenen Belastungen sowie allen Rangänderungen mit dem Antrag auf Vollzug zu; bei Gesamtrechten auch hinsichtlich aller übrigen in den Mithaftvermerken genannten Grundbuchstellen.)

§ 6

Sachmängelansprüche

1. Der Insolvenzverwalter hat dem Käufer nach Angabe der Beteiligten im Zuge der geführten Verhandlungen alternativ den Erwerb des Vertragsbesitzes zu einem um ..... € höheren Kaufpreis angeboten, jedoch unter Aufrechterhaltung der im Vertrag mit einem Unternehmer sonst zwingenden Rechte des Käufers (insbesondere § 309 Nr. 7 Buchst. a) und Nr. 7 Buchst. b) BGB: Haftung bei grobem Verschulden und für auch leicht fahrlässig verursachte Lebens-, Körper- und Gesundheitsschäden). Der Käufer hat sich individualvertraglich zum Erwerb zu günstigeren Konditionen, jedoch unter Ausschluss der Sachmängelrechte wie bei einem Vertrag zwischen Privaten über ein Bestandsobjekt, entschieden. Er steht daher ähnlich wie ein Käufer, der noch vom Gemeinschuldner gekauft hat: Letzterer könnte lediglich (sofern vormerkungsgesichert) den Anspruch auf Eigentumsverschaffung durchsetzen; hinsichtlich bestehender Sachmängelrechte hätte er den (in der Regel aussichtslosen) Rang eines schlichten Insolvenzgläubigers. Seine Situation ist weiterhin vergleichbar dem Erwerb unmittelbar vom Eigentümer, nachdem der Insolvenzverwalter das Objekt aus dem Beschlag freigegeben hat – auch insoweit mögen Ansprüche zwar rechtlich existent sein, sie sind jedenfalls wirtschaftlich wertlos. Der Insolvenzverwalter erklärt hierzu, mit dem Einverständnis des Gläubigerausschusses (§ 160 InsO) dieses nunmehr angenommene Angebot unterbreitet zu haben, um einen rascheren Abschluss des Verfahrens ohne Rücksicht auf etwa sonst laufende Gewährleistungsfristen zu erreichen, die Haftung der Masse auszuschließen, und die Masse von sonst möglicherweise entstehenden Untersuchungs- und Entsorgungskosten zu entlasten.

Daher ist vereinbart: Rechte des Käufers wegen eines Sachmangels des Grund und Bodens, des Bauwerkes und etwa mitverkaufter beweglicher Sachen sind ausgeschlossen, allerdings mit Ausnahme vorsätzlich zu vertretender oder arglistig verschwiegener Mängel. Dies gilt nach dem Willen der Parteien auch für die Zeit zwischen Vertragsabschluss und Gefahrenübergang. Der Käufer übernimmt weiter im Verhältnis zum Verkäufer das Risiko von – auch unbekannten – schädlichen Bodenveränderungen i.S.d. § 2 Abs. 3 BundesbodenschutzG, Altlasten i.S.v. § 2 Abs. 5 BundesbodenschutzG oder sonstigen Verunreinigungen des Grundstücks, der vorhandenen Bausubstanz oder von sonstigen Bestandteilen sowie mitverkauften Zubehörs sowie Änderungen der Beschaffenheit des Grundwassers i.S.d. § 22 WHG. Der Käufer hat den Verkäufer daher von dessen etwaiger Verpflichtung als Verursacher oder früherer Eigentümer freizustellen, unabhängig davon ob diese Inanspruchnahme öffentlich- oder privatrechtlich – auch vonseiten Dritter – erfolgt; etwaige Ausgleichsansprüche des Käufers gegenüber dem Verkäufer gem. § 24 Abs. 2 BundesbodenschutzG werden ausgeschlossen. Diese Verpflichtung gilt also auch für den Fall, dass Ausgleichsansprüche von Dritten, etwa Nacherwerbern, gegen den Verkäufer gem. § 24 Abs. 2 BundesbodenschutzG erhoben werden. Der Käufer ist verpflichtet, im Falle einer ganzen oder teilweisen Weiterveräußerung seinen Rechtsnachfolger in gleicher Weise zur Freistellung des heutigen Verkäufers zu verpflichten und diesem die Verpflichtung zur Weitergabe aufzuerlegen; er haftet für etwaige Schäden, die aus einer Verletzung dieser Pflicht entstehen.

Dem Käufer ist bekannt, dass er, soweit in dieser Urkunde nicht ein solches Recht vorbehalten ist, wegen des vereinbarten Ausschlusses – abweichend von der gesetzlichen Regelung – keine Nacherfüllungs-, Minderungs-, Rücktritts- oder Schadensersatzansprüche hat, wenn der Vertragsgegenstand Mängel aufweist. Der Käufer konnte sich über den Zustand des Vertragsgegenstandes informieren und erklärt, dass ihm dieser bekannt ist.

2. Der Käufer ist damit einverstanden, dass der Insolvenzverwalter, ohne ihm gegenüber Haftungen nach §§ 60 und 61 InsO auszulösen, keine Rückstellungen für Eventualverbindlichkeiten aus etwaigen Sachmängelpflichten dieses Vertragsverhältnisses bildet und demnach das Insolvenzverfahren abschließt, auch wenn etwaige Gewährleistungsfristen aus dem heutigen Vertrag nicht abgelaufen sind.

Der Käufer ist damit einverstanden, dass er wegen aller Rechte, die ihm wegen Mängeln zustehen – ausgenommen solche, die auf Arglist, Vorsatz oder Garantie beruhen – nicht besser behandelt wird als jemand, der solche Rechte bereits vor der Eröffnung des Insolvenzverfahrens erworben hat. Anstelle einer privilegierten Masseforderung handelt es sich also um eine schlichte Insolvenzforderung im Rang nach allen anderen Forderungen (§ 39 Abs. 2 InsO). Im Bewusstsein, dass auf solche Insolvenzforderungen kaum eine nennenswerte Quote entfallen wird, trifft er gleichwohl mit dem Verwalter diese insolvenzrechtliche Nachrangvereinbarung.

Dies gilt – mit den Ausnahmen des ersten Absatzes – auch hinsichtlich seines etwaigen Anspruchs auf vollständige oder teilweise Kaufpreisrückzahlung oder auf Schadensersatzleistung, wenn dieser auf einem Sachmangel beruht.

3. Eine Wissenszurechnung aus den Unterlagen des Gemeinschuldners oder des Zwangsverwalters auf den Insolvenzverwalter, der als Verkäufer dessen Vermögen verwaltet, wird ausgeschlossen. Für die Frage, ob eine arglistige Täuschung vorliegt oder wessen Wissen zuzurechnen ist, ist daher allein der Wissensstand des Verkäufers und des von ihm mit den Vertragsverhandlungen Beauftragten entscheidend.

4. Der Verkäufer ist nicht im Besitz eines (gültigen) Energieausweises gem. § 16 EnEV 2007. Der Käufer verzichtet endgültig auf dessen Vorlage und Übergabe. Ihm ist bekannt, dass er künftigen Mietinteressenten auf Verlangen einen solchen Ausweis vorzulegen hat und dass ihn Nachrüstungspflichten treffen können.

§ 7
Vollstreckungsunterwerfungen

Der Käufer unterwirft sich wegen der in dieser Urkunde eingegangenen Verpflichtung zur Zahlung des Kaufpreises samt Verzugszinsen gem. § 288 Abs. 1 BGB hieraus ab dem Datum der Erteilung der vollstreckbaren Ausfertigung der Zwangsvollstreckung aus dieser Urkunde.

Auf Antrag kann nach Fälligkeitsmitteilung und gemäß deren Inhalt ohne weitere Nachweise vollstreckbare Ausfertigung erteilt werden.

Mehrere Beteiligte, die zu derselben Leistung verpflichtet sind, schulden und haften als Gesamtschuldner.

§ 8
Vollzugsauftrag

Alle Beteiligten beauftragen und bevollmächtigen den amtierenden Notar, seinen amtlichen Vertreter oder Nachfolger im Amt,

– sie im Grundbuchverfahren uneingeschränkt zu vertreten,
– die zur Wirksamkeit und für den Vollzug dieser Urkunde erforderlichen Genehmigungen und Erklärungen anzufordern und entgegenzunehmen.

Anfechtbare Bescheide sind jedoch den Beteiligten selbst zuzustellen; Abschrift an den Notar wird erbeten.

Die Beteiligten bevollmächtigen die Angestellten an dieser Notarstelle – welche der Amtsinhaber zu bezeichnen bevollmächtigt wird – je einzeln und befreit von § 181 BGB, Erklärungen, Bewilligungen und Anträge materiell- oder formell-rechtlicher Art zur Ergänzung oder Änderung des Vertrags abzugeben, soweit diese zur Behebung behördlicher oder gerichtlicher Beanstandungen zweckdienlich sind.

§ 9
Vollmacht zur Kaufpreisfinanzierung; weitere Vollmacht

Allein der Käufer hat dafür zu sorgen, dass etwa benötigte Finanzierungsmittel rechtzeitig zur Verfügung stehen. Um ihm dies zu erleichtern, ist der Verkäufer verpflichtet die Beleihung des Vertragsobjekts bereits vor Umschreibung zu gestatten, allerdings nur unter Einhaltung der nachfolgenden Sicherungsabreden.

Der Verkäufer erteilt daher jedem Käufer und mehrere Käufer sich gegenseitig, jeweils befreit von § 181 BGB, folgende Vollmacht:

> Das Vertragsobjekt darf ab sofort mit Grundpfandrechten samt Zinsen und Nebenleistungen in beliebiger Höhe belastet werden. Der Verkäufer bewilligt deren Eintragung samt dinglicher Vollstreckungsunterwerfung und stimmt allen zur Rangbeschaffung geeigneten Erklärungen zu. Jeder Käufer übernimmt die persönlichen Zahlungsverpflichtungen und unterwirft sich insoweit der Zwangsvollstreckung, trägt die Kosten der Bestellung und Eintragung, und tritt mit seinen Rechten (Vormerkung) zurück. Die Sicherungsabrede mit dem Verkäufer ist so zu gestalten, dass der Gläubiger das Grundpfandrecht bis zur vollständigen Kaufpreiszahlung nur als Sicherheit verwenden darf in der Höhe, in der Kreditausreichungen die Kaufpreisschuld des Käufers getilgt haben.

Sicherungsabrede mit dem Verkäufer ist so zu. Die Finanzierungsgläubiger werden hiermit unwiderruflich angewiesen, die so besicherten Kreditmittel bis zur vollständigen Entrichtung des Kaufpreises nur hierfür zu verwenden.

Beurkundungen aufgrund der vorstehenden Vollmacht können nur an dieser Notarstelle erfolgen.

Mehrere Personen auf Käuferseite schulden als Gesamtschuldner. Sie bestellen sich untereinander je einzeln als Zustellungs- und Erklärungsvertreter für alle Willens- und Wissenserklärungen, die für diesen Vertrag, seine Abwicklung, Änderung und ggf. Rückabwicklung von Bedeutung sind. Ein Widerruf dieser Vollmacht ist nur wirksam, sobald er auch dem amtierenden Notar zugeht.

§ 10
Hinweise des Notars

Der Notar bzw. sein amtlicher Vertreter hat die Vertragsbestimmungen erläutert und abschließend auf Folgendes hingewiesen:
- Das Eigentum geht nicht schon heute, sondern erst mit der Umschreibung im Grundbuch auf den Käufer über.
- Hierzu sind die Unbedenklichkeitsbescheinigung des Finanzamts (nach Zahlung der Grunderwerbsteuer), sowie etwa erforderliche Genehmigungen notwendig. Ein gemeindliches Vorkaufsrecht besteht beim Erwerb vom Insolvenzverwalter nicht.
- Der jeweilige Eigentümer haftet kraft Gesetzes für rückständige öffentliche Lasten (z.B. Erschließungskosten, Grundsteuer, Ausgleichsbetrag nach dem BundesbodenschutzG).
- Unabhängig von den internen Vereinbarungen in dieser Urkunde haften alle Beteiligten kraft Gesetzes für die Grunderwerbsteuer und die Kosten als Gesamtschuldner.
- Alle Vereinbarungen müssen richtig und vollständig beurkundet werden, sonst kann der ganze Vertrag nichtig sein.
- Eine steuerliche Beratung hat der Notar nicht übernommen, jedoch auf die mögliche Steuerpflicht einer Veräußerung nicht selbst genutzter Immobilien vor Ablauf von zehn Jahren (»Spekulationsgeschäft«) und bei Betriebsvermögen hingewiesen.

§ 11
Kosten, Abschriften

Die Kosten für die Beurkundung, eventuelle Genehmigungen und den Vollzug dieses Vertrags sowie die Grunderwerbsteuer trägt der Käufer; zahlt der Käufer diese nicht, kann der Verkäufer vom Vertrag zurücktreten. Etwaige Lastenfreistellungskosten trägt der Verkäufer. Von dieser Urkunde erhalten:

Ausfertigungen:
- die Beteiligen
- das Grundbuchamt

Beglaubigte Abschriften:
- etwaige Finanzierungsgläubiger mit Hinweis auf § 9

Einfache Abschriften:
- das Finanzamt-Grunderwerbsteuerstelle
- der Gutachterausschuss
- die Ablösegläubiger zur Lastenfreistellung (auf Anforderung)

Vorgelesen vom Notar, von den Beteiligten

genehmigt, und eigenhändig unterschrieben:

.....

XXV. Kaufvertrag deutsch/englisch (einfach)

▶

URNr. ...../20.....	Roll of Deeds No. ...../20.....
Kaufvertrag	**Real estate purchase agreement**
Heute, den ..... zweitausend	Today, on ..... twothousand .....
– ..... 20 ..... –	
erschienen gleichzeitig vor mir,	appear in my presence,
.....,	.....,
Notar in .....,	civil law notary in .....,
in meinen Amtsräumen in .....:	in my office premises in .....:
.....,	1. Mr./Mrs. .....,
– im folgenden »der Verkäufer« genannt, auch wenn es sich um mehrere Personen handelt –	– in this contract referred to as »seller«, even if a plurality of persons is concerned –
.....	2. .....
– im folgenden »der Käufer« genannt, auch wenn es sich um mehrere Personen handelt –	– in this contract referred to as »the buyer«, even if a plurality of persons is concerned –
Der Vertrag untersteht deutschem Recht, Gerichtsstand ist	The contract is a subject to german law, place of jurisdiction is .....
Sie erklärten mit der Bitte um Beurkundung:	Both parties declare:
§ 1	**§ 1**
Grundbuch- und Sachstand	**Land registry and present state of affairs**
Das Grundbuch des Amtsgerichts ..... für ..... Blatt ..... wurde am ..... eingesehen. Dort ist folgender Grundbesitz vorgetragen:	The land registry of the county court of ....., area of ..... folio No. ..... was inspected on ..... It shows the following entries:
Flst.Nr. ..... qm	Lot no .... square meters
Als Eigentümer ist vermerkt:	Owner:
.....	.....
Der Grundbesitz ist im Grundbuch wie folgt belastet:	encumbrances:
Abteilung II:	**Section II:**
.....	.....
Abteilung III:	**Section III:**
.....	.....
§ 2	**§ 2**
Veräußerung; Grundbucherklärungen	**Sale; Declarations concerning property**
.....	.....
– im folgenden »der Verkäufer« genannt –	– in this contract referred to as »the seller« –
verkauft das in § 1 bezeichnete Vertragsobjekt mit allen damit zusammenhängenden Rechten und dem Zubehör (§ 97 BGB)	sells the real estate as described in § 1 including all rights and accessory goods (§ 97 German Civil Code = BGB)

An	to
.....	.....
– im folgenden »der Käufer« genannt –	– in this contract referred to as the »buyer« –
zum Alleineigentum/Miteigentum zu gleichen Teilen.	
Weitere bewegliche Gegenstände (etwa Inventar, Mobiliar) sind nicht mitverkauft, jedoch die vorhandenen Brennstoffvorräte abzüglich des Verbrauchs bis zum Besitzübergang.	Other movable property (inventory) is not included in the sale, except for fuel supplies, if applicable.
Um den vereinbarten Eigentumserwerb zu sichern, bewilligt der Verkäufer und beantragt der Käufer, zu dessen Gunsten am Vertragsobjekt eine	To secure the claim of the buyer to future ownership of the real estate, the seller grants and the buyer applies for a
Vormerkung	**caution entry**
gemäß § 883 BGB ohne weitere Voraussetzungen an nächstoffener Rangstelle einzutragen. Der Käufer bewilligt und beantragt, diese Vormerkung bei der Eigentumsumschreibung wieder zu löschen, sofern nachrangig keine Eintragungen bestehen bleiben, denen er nicht zugestimmt hat.	according to § 883 BGB on the real estate as described in § 1 without any preconditions, ranking in the next available position. The buyer grants the caution entry to be deleted as soon as the ownership is transferred on him, provided no other entries have occured without his approval.
Die Beteiligten sind über den Eigentumsübergang im angegebenen Erwerbsverhältnis einig. Sie bewilligen und beantragen jedoch derzeit nicht, diese	Both parties agree as to the
Auflassung	**transfer of ownership**
im Grundbuch einzutragen; vielmehr bevollmächtigen sie hierzu den amtierenden Notar, Vertreter oder Nachfolger im Amt, und zwar unwiderruflich, über den Tod hinaus und befreit von § 181 BGB.	This approval, however, does not include the formal grant to transfer title in the land register nor the application for such transfer. As to both, the notary, as well as his representative or successor, is hereby irrevocably authorized to realize them, even post mortem, and not subject to the limitations of § 181 BGB (i.e. he is empowered by both parties identically).
Der Verkäufer muss dem Käufer das Eigentum Zug um Zug gegen Zahlung des geschuldeten Kaufpreises verschaffen. Alle Beteiligten weisen daher den Notar gem. § 53 BeurkG an, die Umschreibung gemäß dieser Vollmacht durch Eigenurkunde erst zu veranlassen, nachdem der Verkäufer den Eingang des geschuldeten Betrages originalschriftlich bestätigt oder hilfsweise der Käufer die Zahlung des vereinbarten Kaufpreises (jeweils ohne Zinsen) durch Bankbestätigung nachgewiesen hat.	Ownership is to be transferred to the buyer only after the full purchase price has been paid. Therefore, the notary is ordered by both parties to take the necessary steps only after the seller has in written notice confirmed receipt of the full purchase amount due, or after the buyer`s bank has proven the complete purchase amount (excluding interest) to have been paid.

E. Gesamtmuster

§ 3
Kaufpreis; Fälligkeit

Der Kaufpreis beträgt ..... €

– in Worten: ..... EURO –.

1.

Der Notar wird den Beteiligten den Eintritt der nachstehenden **Voraussetzungen** bestätigen (Versand an den Käufer per Einwurf-Einschreiben Ausland); der Käufer schuldet die Gutschrift des Kaufpreises spätestens zum Fälligkeitszeitpunkt, nämlich 14 Tage nach Zugang dieser Mitteilung:

a) die Eigentumsvormerkung ist im Grundbuch eingetragen,

b) dem Notar liegt hinsichtlich der gesetzlichen Vorkaufsrechte nach dem BauGB eine gesiegelte Erklärung der zuständigen Gebietskörperschaft vor, wonach solche Vorkaufsrechte nicht bestehen oder zum gegenwärtigen Kauf nicht ausgeübt werden

c) der Notar verfügt in grundbuchtauglicher Form über alle Unterlagen zur Freistellung von solchen Belastungen, die im Grundbuch vor oder mit der Vormerkung eingetragen und vom Käufer nicht zu übernehmen sind. Ihre Verwendung darf allenfalls von Zahlungsauflagen abhängig sein, für die der Kaufpreis ausreicht. Der Notar wird allseits bevollmächtigt, diese Unterlagen unter Entwurfsfertigung anzufordern, für alle am Vertrag und dessen Finanzierung Beteiligten auch gem. § 875 Abs. 2 BGB entgegenzunehmen und zu verwenden.

Stehen Genehmigungen oder Lastenfreistellungsdokumente unter Zahlungsauflagen, teilt der Notar diese den Beteiligten ohne weitere Prüfung mit. Der Kaufpreis kann insoweit bei Fälligkeit nur durch Erfüllung solcher Auflagen erbracht werden, ist also zweckgebunden, ohne dass der Zahlungsempfänger hieraus eigene Rechte erwirbt. Der Restbetrag nach Berücksichtigung etwaiger solcher Treuhandauflagen ist zu überweisen auf das Konto des Verkäufers bei der ..... bank, BLZ ....., Konto-Nr. .....

§ 3
Purchase price; maturity

The purchase price is .....-- €

– *in words* ..... EURO –

1.

The purchase price is due within fourteen days after receiving the notary's letter (registered international mail – a copy is to be sent to .....), in which letter the notary confirms to the buyer that:

a) the caution entry in favour of the buyer was registered in the land registry

b) the notary received necessary approval from the county authority that there is no preferential right to purchase or that such right has not been exercised

c) the notary received all documents necessary to discharge all entries in the land registry ranking before or together with the caution entry. These documents may be subject to fiduciary conditions that can be fulfilled out of the purchase price. The notary is empowered to draft and apply for these documents and to make use of them in the name of all parties, also according to § 875 al. 2 BGB (*i.e. making them irrevocable as soon as they are in possession of the notary*).

If creditors make the discharge of their rights dependent on the prior payment of amounts still outstanding, or if any permits are subject to payment of amounts falling upon the seller, the buyer is obliged to pay these amounts directly, deducting them from the purchase price due to the seller. Neither the buyer nor the notary have the right or the obligation to question or investigate the amount and cause of the amount requested.

To the extent the purchase price is not related to the cancellation of an entry, the purchase price shall be transferred to the seller`s bank account with the ..... bank, Bank code ....., acount no .....

Aufschiebend bedingt ab Zahlung des Kaufpreises überträgt der Verkäufer dem Käufer alle Eigentümerrechte und Rückübertragungsansprüche in Bezug auf Grundpfandrechte am Vertragsobjekt und bewilligt deren Umschreibung.	With legal effect as of the moment of payment of the purchase price, seller and buyer agree as to the transfer of owner's rights and restitutionary claims concerning any actual or future mortgages to the buyer; they grant the registration of such transfer in the land register
2.	2.
Wird ein Vorkaufsrecht ausgeübt, so sind beide Vertragsteile zum Rücktritt vom Vertrag berechtigt; ein Anspruch auf Schadensersatz statt der Leistung oder Verzinsung bereits geleisteter Kaufpreisteile besteht in diesem Fall nicht. Der Verkäufer tritt alle aus der Ausübung des Vorkaufsrechts gegen den Vorkäufer entstehenden Ansprüche sicherungshalber an den Käufer ab, der die Abtretung dem Vorkäufer selbst anzeigen wird.	Provided the buyer has not paid the whole amount of the purchase price until the date due, he is considered to be in delay without any further preconditions; the notary has informed the buyer about the interest rate due when in default. If a preferential right to purchase is being exercised, both parties have the right to rescind the contract, but no compensation claim can be made.

§ 4
Besitzübergabe; Erschließung

§ 4
Transfer of possession; development charges

Mit vollständiger Kaufpreiszahlung ist dem Käufer der Besitz zu übergeben. Private und öffentliche Lasten, Verbrauchskosten und Haftung gehen ab Fälligkeit, Nutzungen, Verkehrssicherungspflichten und Gefahr ab Entrichtung des Kaufpreises, ggf. zeitanteilig, auf den Käufer über.	Possession and the right to use are to be transferred to the buyer when the purchase price is being paid in whole; from this moment owner´s risk is born by him. The duty to bear any public and private costs, operating costs, and all other obligations, fall upon the buyer at the moment of maturity of his payment.
Soweit Gebäudesach- und -haftpflichtversicherungen bestehen, gehen diese kraft Gesetzes auf den Käufer über, der sie jedoch innerhalb eines Monats nach Eigentumsumschreibung kündigen kann. Ab Lastenübergang hat er die Prämien zu tragen und den Gefahrübergang anzuzeigen. Aufschiebend bedingt auf die Zahlung des Kaufpreises werden alle Ansprüche abgetreten, die dem Verkäufer gegen Dritte (etwa Versicherungsunternehmen, Schädiger, Bauunternehmen, Architekten) wegen eines Mangels oder Schadens am Vertragsobjekt zustehen (werden).	Any insurance contracts related to the buildings and to real estate liabilities are automatically transferred to the buyer who can terminate them within one month after transfer of property. The buyer is obliged to pay the premium from the moment of transfer of possession and to inform the insurance company about the transfer of risk. From the moment of payment of the full purchase price any claims which the seller might have against third parties (constructors, insurers, tortfeasors etc) concerning the real estate are being transferred to the buyer.
Eintragungen im Baulastenverzeichnis, Abstandsflächenübernahmen, nicht im Grundbuch eingetragene altrechtliche Dienstbarkeiten, Überbauungen, oder baurechtswidrige Zustände sind dem Verkäufer nicht bekannt.	The seller does not have knowledge of any entries in the list of public easements, waivers of minimum distance, servitudes other than those listed in the land register, encroachments upon adjoining land, or any conditions that do not comply with business regulations.

E. Gesamtmuster

Der Verkäufer garantiert jedoch folgende Umstände:

a) Wohnungsbindung oder Einschränkungen aufgrund sozialer Wohnraumförderung sowie aufgrund Denkmalschutzes bestehen nicht.

b) *Der Vertragsbesitz ist nicht vermietet oder verpachtet; er steht leer.*

c) Die dem Verkäufer oder seinen Rechtsvorgängern bisher zugegangenen Bescheide für Erschließungs- und Anliegerbeiträge sowie Kostenerstattungsansprüche aufgrund des Baugesetzbuches oder anderer Rechtsvorschriften für Straße, Wasser, Abwasser und naturschutzrechtliche Ausgleichsmaßnahmen sind bezahlt.

Forderungen aus ab heute zugestellten Bescheiden hat der Käufer zu tragen, auch wenn sie Maßnahmen aus früherer Zeit betreffen; der Notar hat zu Erkundigungen bei den Erschließungsträgern geraten. Vorausleistungen des Verkäufers sind dem Käufer anzurechnen; etwaige Erstattungsansprüche werden an ihn abgetreten.

Hinsichtlich etwa vorhandener privatrechtlicher Versorgungsanlagen (Elektrizität und – sofern einschlägig – Gas, Heizwärme etc) begründet der Käufer mit Wirkung ab Lastenübergang neue Vertragsverhältnisse.

Alternativ

Der Verkäufer garantiert: Der Vertragsbesitz ist ungekündigt vermietet; es bestehen weder Mietrückstände, Mietvorauszahlungen, Streitigkeiten (z.B. Minderungen; Einwendungen gegen Nebenkostenabrechnungen), Pfändungen, Verfügungen über künftige Mietzinsansprüche noch abzugeltende Investitionen des Mieters.

Mit dem Tag des Nutzungsübergangs (Stichtag) tritt der Verkäufer alle Rechte aus dem Vertrag an den dies annehmenden Käufer ab und wird hinsichtlich der Pflichten von ihm freigestellt. Ab dem Stichtag ist der Käufer umfassend – auch zu Kündigungen und Mieterhöhungsverlangen – ermächtigt und bevollmächtigt, jedoch auf eigene Kosten und eigenes Risiko.

The seller guarantees that all

a) the real estate is not subject to the Controlled Tenancies Act and is not restricted by monument proctection laws

b) no rental contracts of any kind exist; the real estate is uninhabited and empty

c) all charges and fees for development and improvement measures (road construction, drainage public water supply and compensation measures with respect to preservation of nature) received by the seller or his predecessors have been paid.

Any notifications of charges or fees received as of today will have to be paid for by the buyer, even if they relate to past measures; the notary has recommended to consult the bodies charged with the provision of public infrastructure. Any advance payments made by the seller are credited against the buyer's fees; claims for reimbursement are transferred to the buyer.

With reference to contracts regarding water, electricity, thermal heat etc. under private law, the buyer will conclude new contracts in his own name.

Alternatively:

The seller declares that – unless otherwise stated – the real estate is fully rented; there are no arrears to rent; rent payments in advance nor disputes concerning rentors.

Upon transfer of possession (i.e. payment of the purchase price = record date) all rights as well as the obligations arising out of these contracts are being transferred to the buyer who has to indemnify the seller from these obligations. As of the record date, the buyer may – at his own expense and risk – act freely with respect to the tenants, including notices of termination or of rises in rent.

Der Verkäufer hat unverzüglich eine Kopie, ab Stichtag das Original des Mietvertrages sowie etwa durch den Mieter gestellte Sicherheiten (Kaution; Bürgschaft) zu übergeben; Vertragsänderungen und Vorausverfügungen über die Miete bedürfen ab sofort der Zustimmung des Käufers.	*The seller owes a copy and, as of the record date, the originals of the rent contracts, as well as any rent collateral. Any changes to the rent contracts as well as any dispositions concerning future rent claims require from now on approval of the buyer.*
Der Notar hat dem Verkäufer empfohlen, zur Haftungsvermeidung den Mietübergang dem Mieter anzuzeigen und ggf. dessen Zustimmung zur künftigen ausschließlichen Verwaltung der Mietsicherheiten durch den Käufer einzuholen (§§ 566 Abs. 2, 566a Satz 2 BGB).	*The notary has advised the seller to give notice to the tenants about the transfer of the contractual obligations and to obtain their approval as to the future administration of the tenants`deposits by the buyer (§§ 566 al. 2, 566a S. 2 BGB).*

§ 5

Rechtsmängel

Der Verkäufer ist verpflichtet, dem Käufer ungehinderten Besitz und lastenfreies Eigentum zu verschaffen, soweit in dieser Urkunde nichts anderes vereinbart ist.

Etwa in Abteilung II des Grundbuches eingetragene, in § 1 dieser Urkunde bezeichnete Belastungen, übernimmt der Käufer zur weiteren Duldung mit allen sich aus der Eintragungsbewilligung ergebenden Verpflichtungen, Rechte in Abt. III des Grundbuchs sind zu löschen.

Allen zur Lastenfreistellung bewilligten Löschungen oder Rangänderungen wird mit dem Antrag auf Vollzug zugestimmt, auch soweit weiterer Grundbesitz betroffen ist.

§ 5

Legal defects

The seller is obliged to transfer to the buyer the ownership free of any defects or encumbrances, unless otherwise stated in this document.

Any entries The buyer will assume the charges listed in § 1 of this deed in Section II of the land register for further toleration including all obligations arising from them. Any mortgages and liens listed in section III of the land register have to be deleted.

Both parties (seller and buyer) agree as to the discharge of encumbrances that are not accepted by the buyer.

§ 6

Sachmängel

Rechte des Käufers wegen eines Sachmangels des Grund und Bodens, Bauwerkes und etwa mitverkaufter beweglicher Sachen sind ausgeschlossen, allerdings mit Ausnahme

a) ggf. in dieser Urkunde enthaltener Beschaffenheitsvereinbarungen und Garantien

b) b)vorsätzlich zu vertretender oder arglistig verschwiegener Mängel. Der Verkäufer erklärt, er habe keine ihm bekannten Mängel, schädlichen Bodenveränderungen oder Altlasten arglistig verschwiegen, auf die der Käufer angesichts ihrer Bedeutung und des sonstigen Zustandes des Objektes einen Hinweis erwarten durfte.

§ 6

efects of quality

The buyer has no claims whatsoever regarding defects in ground, building, or purchased movables, except:

a) if mentioned in this document

b) if defects have been caused intentionally or maliciously hidden; the seller states that he has not withheld any defects or chemical infestations that the buyer might expect to receive notice, taking into account the overall condition of the real estate.

c) solcher Sachmängel, die zwischen Vertragsschluss und Übergabe entstehen und über die gewöhnliche Abnutzung hinausgehen; hierfür wird jedoch – außer bei Vorsatz – die Verjährungsfrist auf drei Monate verkürzt.

Der Verkäufer ist nicht im Besitz eines (gültigen) Energieausweises gem. § 16 EnEV 2009. Der Käufer verzichtet endgültig auf dessen Vorlage und Übergabe. Ihm ist bekannt, dass er künftigen Mietinteressenten auf Verlangen einen solchen Ausweis vorzulegen hat und dass ihn Nachrüstungspflichten treffen können

§ 7

Vollstreckungsunterwerfungen

Der Käufer unterwirft sich wegen der in dieser Urkunde eingegangenen Verpflichtung zur Zahlung des Kaufpreises samt Verzugszinsen gemäß § 288 Abs. 1 (bzw.: 2) BGB hieraus ab dem Datum der Erteilung der vollstreckbaren Ausfertigung der sofortigen Zwangsvollstreckung aus dieser Urkunde. Gleiches gilt für den Verkäufer wegen seiner Verpflichtung zur Räumung und Verschaffung des Besitzes, auch namens etwaiger minderjähriger Kinder.

Auf Antrag kann ohne weitere Nachweise vollstreckbare Ausfertigung erteilt werden (dem Verkäufer jedoch erst nach Fälligkeitsmitteilung und gemäß deren Inhalt, dem Käufer zur Besitzverschaffung gegen Nachweis der Kaufpreiszahlung).

Mehrere Personen, die zur selben Leistung verpflichtet sind, schulden und haften als Gesamtschuldner.

§ 8

Vollzugsauftrag

Alle Beteiligten beauftragen und bevollmächtigen den amtierenden Notar, seinen amtlichen Vertreter oder Nachfolger im Amt,

sie im Grundbuchverfahren uneingeschränkt zu vertreten

die zur Wirksamkeit und für den Vollzug dieser Urkunde erforderlichen Genehmigungen und Erklärungen anzufordern und entgegenzunehmen.

Anfechtbare Bescheide sind jedoch den Beteiligten selbst zuzustellen; Abschrift an den Notar wird erbeten.

c) Such defects that will arise after inspection respectively as of today until the transfer of possession and that exceed usual wear and tear; the period of limitation is reduced, however, to three months after the transfer of possession.

The seller does not own an Energy Performance Certificate according to sec. 16 of the Geman Energy Saving Regulation (EnEV 2009). The buyer renounces at his right to demand such certificate. He is aware of the fact that prospective tenants my ask for such certicate and that he may have to upgrade and enhance energy installations.

§ 7

Forced

On grounds of this document the buyer is subject to forced execution concerning any obligations of payment including default interest according to § 288 sec. 1 (or: 2) Civil Code as of (soonest) one month starting as of today. The same applies to the seller's obligation to transfer possession *and to vacate the premises.*

On creditors' demand an executive document is to be handed over (to the seller, however, only after the notary has given written notice that payment is due).

A plurality of persons that owe the same duty are joint debtors.

§ 8

Execution of the contract

The notary, as well as his representative or successor, is given a power of attorney from all parties involved,

to represent them in land registry procedures

to obtain any necessary documents helpful to the execution of this document, also according to § 875 al. 2 BGB

Any decisions subject to appeal are to be sent to the parties themselves; a copy of these is requested by the notary.

Die Vertragsteile bevollmächtigen die Angestellten an dieser Notarstelle – welche der Amtsinhaber zu bezeichnen bevollmächtigt wird – je einzeln und befreit von § 181 BGB, Erklärungen, Bewilligungen und Anträge materiell- oder formellrechtlicher Art zur Ergänzung oder Änderung des Vertrages abzugeben, soweit diese zur Behebung behördlicher oder gerichtlicher Beanstandungen zweckdienlich sind.	Power of attorney is granted by both parties to the notary's office clerks – that are to be named by the notary himself – to give any declarations of formal or material nature necessary to remedy courts' or other authorities' complaints.
§ 9 **Vollmacht zur Kaufpreisfinanzierung, weitere Vollmacht**	**§ 9** **Power of attorney to finance the purchase price**
Allein der Käufer hat dafür zu sorgen, dass etwa benötigte Finanzierungsmittel rechtzeitig zur Verfügung stehen. Um ihm dies zu erleichtern, ist der Verkäufer verpflichtet die Beleihung des Vertragsobjekts bereits vor Umschreibung zu gestatten, allerdings nur unter Einhaltung der nachfolgenden Sicherungsabreden.	The seller is obliged to agree to the registration of liens securing loans to finance the purchase price, if the following security precautions are taken. However, it is the sole concern of the buyer to ensure financing of the purchase price in due time.
Der Verkäufer erteilt daher jedem Käufer und mehrere Käufer sich gegenseitig, jeweils befreit von § 181 BGB, folgende Vollmacht:	The seller therefore grants power of attorney to the buyer to bring about the following legal actions, and several buyers grant the same power to each other:
Das Vertragsobjekt darf ab sofort mit Grundpfandrechten samt Zinsen und Nebenleistungen in beliebiger Höhe belastet werden. Der Verkäufer bewilligt deren Eintragung samt dinglicher Vollstreckungsunterwerfung und stimmt allen zur Rangbeschaffung geeigneten Erklärungen zu. Jeder Käufer übernimmt die persönlichen Zahlungsverpflichtungen und unterwirft sich insoweit der Zwangsvollstreckung, trägt die Kosten der Bestellung und Eintragung, und tritt mit seinen Rechten (Vormerkung) zurück. Die Sicherungsabrede mit dem Verkäufer ist so zu gestalten, dass der Gläubiger das Grundpfandrecht bis zur vollständigen Kaufpreiszahlung nur als Sicherheit verwenden darf in der Höhe, in der Kreditausreichungen die Kaufpreisschuld des Käufers getilgt haben.	The real estate involved can be encumbered by liens at whatsoever amount or interest desired. The seller agrees to this entry in the land registry including the immediate execution of the real estate as well as to all measures to achieve the rank needed. Every buyer undertakes the obligation to pay and is submitted to personal execution, bears the cost of registration and retreats in rank (caution entry) behind the lien. The creditor is to use the encumbrance only as a security for financing the purchase price until its full payment.
Die Finanzierungsgläubiger werden hiermit unwiderruflich angewiesen, die so besicherten Kreditmittel bis zur vollständigen Entrichtung des Kaufpreises nur hierfür zu verwenden; die Auszahlungsansprüche werden daher (auflösend bedingt) an den Verkäufer bzw. etwaige Ablösegläubiger abgetreten.	The financing creditors are therefore irrevocably instructed to use the financial means secured by such liens only for this sole purpose until the whole purchase price is paid for.
Beurkundungen aufgrund der vorstehenden Vollmacht können nur an dieser Notarstelle erfolgen.	Any notarial deeds based upon this power of attorney can only be effectuated at this notary office.

Mehrere Personen auf Käufer- bzw. Verkäuferseite schulden als Gesamtschuldner. Sie bestellen sich untereinander je einzeln als Zustellungs- und Erklärungsvertreter für alle Willens- und Wissenserklärungen, die für diesen Vertrag, seine Abwicklung, Änderung und ggf. Rückabwicklung von Bedeutung sind. Ein Widerruf dieser Vollmacht ist nur wirksam, sobald er auch dem amtierenden Notar zugeht.

Several buyers owe jointly. They hereby appoint each other as representative for giving and receiving any statements related to this contract, its amendment or rescission.

§ 10
Hinweise des Notars

Der Notar bzw. sein amtlicher Vertreter hat die Vertragsbestimmungen erläutert und abschließend auf folgendes hingewiesen:

- Das Eigentum geht nicht schon heute, sondern erst mit der Umschreibung im Grundbuch auf den Käufer über.

- Hierzu sind die Unbedenklichkeitsbescheinigung des Finanzamtes (nach Zahlung der Grunderwerbsteuer), etwaige Genehmigungen, und die Verzichtserklärung der Gemeinde auf gesetzliche Vorkaufsrechte notwendig.

- Der jeweilige Eigentümer haftet kraft Gesetzes für rückständige öffentliche Lasten (z.B. Erschließungskosten, Grundsteuer, Ausgleichsbetrag nach dem BundesbodenschutzG).

- Unabhängig von den internen Vereinbarungen in dieser Urkunde haften beide Vertragsteile kraft Gesetzes für die Grunderwerbsteuer und die Kosten als Gesamtschuldner.

- Alle Vereinbarungen müssen richtig und vollständig beurkundet werden, sonst kann der ganze Vertrag nichtig sein.

- Eine steuerliche Beratung hat der Notar nicht übernommen, jedoch auf die mögliche Steuerpflicht einer Veräußerung nicht selbst genutzter Immobilien vor Ablauf von zehn Jahren (»Spekulationsgeschäft«) und bei Betriebsvermögen hingewiesen.

§ 10
Notary`s notices

The notary, respectively his representative, has informed all parties involved about the meaning of this contract, especially with respect to the following:

- ownership does not pass to the buyer upon today`s notarization, but only upon registration in the land registry

- to this end, the finance authority has to confirm that the real estate acquisition tax has been paid. In addition, authority permits and certification by the communal authorities that no preferential rights to purchase exist or are exercised are necessary. In case there is a preferential right to purchase the seller can rescind the contract, if the purchase price offered is below the contract price.

- All owners are liable for any remaining public encoumbrances.

- Irrespective of the contents of this contract, both parties are, by law, jointly liable for the real estate acquisition tax and for the notary and land registry cost.

- In case not all agreements are being notarized, the contract can be nul and void

- The notary has not counseled the parties as to tax questions, he has however pointed out that gains concerning sale of rented property within ten years or of business property can be taxed

§ 11	§ 11
Löschung der Vormerkung bei Scheitern des Vertrages	**Cancellation of the caution entry in case of contract`s failure**

Der Notar hat den Beteiligten erläutert, dass die Eintragung der Eigentumsvormerkung zugunsten des Käufers unter Umständen eine ungesicherte Vorleistung darstellt, die weitere Verfügungen über das Grundstück wirtschaftlich blockieren kann, wenn der Käufer trotz Scheiterns des Vertrages deren Löschung nicht bewilligt. Die Löschung durch gerichtliches Urteil ist mit Zeitverlust und einem erheblichen Kostenrisiko verbunden. Aus diesem Grund vereinbaren die Beteiligten:

The notary has informed the parties that the caution entry in favour of the buyer can possibly represent a preferential treatment, which may block any further disposition of this real estate if the buyer does not sign its cancellation in case of failure of the contract. Deletion on ground of court verdict results in a loss of time and high cost. Therefore, the parties have come to the following understanding:

Der Käufer bevollmächtigt die Notarfachangestellten ....., und zwar jeden einzeln, die Löschung der zu seinen Gunsten einzutragenden Vormerkung nach § 19 GBO zu bewilligen und zu beantragen. Von der Vollmacht kann nur durch Erklärung vor dem amtierenden Notar Gebrauch gemacht werden.

The buyer grants power of attorney to the notary`s office clerks ....., each of them individually, to grant the deletion of the caution of entry according to sec 19 of the land register Act. This power of attorney may only be used for declarations notarized by the acting notary

Die Beteiligten weisen den Notar übereinstimmend an, die Löschungsbewilligung für die Vormerkung dem Grundbuchamt im Namen beider Beteiligten, jedoch auf Kosten des Käufers, erst zum Vollzug vorzulegen, wenn folgende im Innenverhältnis erforderliche Voraussetzungen erfüllt sind:

The parties concerned instruct the notary to make use of the authority for cancellation – in the name of both parties, however at the buyer's expense – only after the following preconditions are fulfilled:

a) Der Notar hat die Bestätigung über die Fälligkeit des Kaufpreises an den Käufer unter der im Urkundseingang genannten bzw. zuletzt mitgeteilten Anschrift versandt;.

a) the notary has sent written notice of maturity of payment to the buyer`s address last communicated to the notary.

b) Der Verkäufer hat dem Notar schriftlich mitgeteilt, dass er wegen nicht rechtzeitiger Zahlung des Kaufpreises von dem Kaufvertrag zurückgetreten ist bzw. Schadensersatz statt der ganzen Leistung verlangt hat .

b) The seller states in writing that he has not received the whole purchase price, and, therefore, has rescinded the contract

c) Der Käufer hat dem Notar auf per Einwurfeinschreiben übersandte Anforderung hin nicht innerhalb von drei Wochen nachgewiesen, dass der Kaufpreis gezahlt sei. Der Notar ist nicht verpflichtet, die Löschung der Vormerkung zu veranlassen, wenn der Käufer Gründe vorträgt, wonach ihm eine Einrede gegen den Kaufpreisanspruch zustehe.

c) The notary demands form the buyer in writing (by registered letter) to prove that he has paid the purchase price; and the buyer fails to do so within further three weeks. The notary has no obligation however, to proceed with the deletion of the caution entry, if the buyer shows grounds contesting the claim to the purchase price.

Weist der Käufer nach, dass ein Teil des Kaufpreises gezahlt ist, darf die Löschung der Vormerkung nur Zug um Zug gegen Erstattung des bereits gezahlten Betrags erfolgen. Die Abtretung des Anspruchs auf Auflassung und auf Verschaffung des Eigentums wird ausgeschlossen.

§ 12
Kosten

Die Kosten für die Beurkundung, eventuelle Genehmigungen und den Vollzug dieses Vertrages sowie die Grunderwerbsteuer trägt der Käufer; zahlt der Käufer diese nicht, kann der Verkäufer vom Vertrag zurücktreten. Etwaige Lastenfreistellungskosten trägt der Verkäufer.

Von dieser Urkunde erhalten:

Ausfertigungen:

- die Vertragsteile
- das Grundbuchamt

beglaubigte Abschriften:

- die zuständigen Gebietskörperschaften zur Erklärung über etwaige Vorkaufsrechte (auf Anforderung).
- etwaige Finanzierungsgläubiger des Käufers, mit Hinweis auf § 9

einfache Abschriften:

- die Grunderwerbsteuerstelle;
- der Gutachterausschuss;

Vorgelesen vom Notar, von den Beteiligten genehmigt, und eigenhändig unterschrieben:

.....

In case the buyer proves that part of the purchase price was paid, the caution entry may be deleted when reimbursement of this amount already paid has taken place. Any assignment of the claim to ownership to third parties is excluded.

§ 12
Cost and copies

Cost of notarization, certifications and execution of this contract as well as the real estate acquisition tax is borne by the buyer; in case the buyer does not pay the necessary court cost or the real estate tax, the seller may rescind the contract. The cost of deleting any encumbrances is on the seller.

This document is to be sent as:

Personalized, official copy to:

- Both parties
- Land registry

Certified copy to:

- County authority to obtain the certificate concerning any preferential rights (upon request)
- Financing creditor (including notification of the assignment of payment claims)

Copy to:

- Real estate tax authority
- Committee of experts on real estate prices

Read by the notary to the parties, approved and signed be them as follows:

.....

XXVI. Kaufvertrag deutsch/englisch (ausführlich)

URNr. [.....]/20	**Roll of deeds no. [.....]/20 .....**
Grundstückskaufvertrag	**Real estate purchase agreement**
Heute, den ..... zweitausend	Today, on ..... twothousand .....
– ..... 20 ..... –	
erschienen gleichzeitig vor mir,	appear in my presence,
.....,	.....,
Notar in .....,	civil law notary in .....,
in meinen Amtsräumen in .....:	in my office premises in .....:
.....,	Mr./Mrs. .....,
- im folgenden »die Verkäuferin« genannt, auch wenn es sich um mehrere Personen handelt -	- in this contract referred to as »the vendor«, even if a plurality of persons is concerned-
.....	.....
– im folgenden »die Käuferin« genannt, auch wenn es sich um mehrere Personen handelt –	– in this contract referred to as »the purchaser«, even if a plurality of persons is concerned –
Auf Wunsch der Käuferin wurde der Vertrag vom Notar auch in englischer Sprache vorgelesen – wie in der rechten Spalte der Urkunde enthalten – und erläutert. Maßgeblich ist jedoch die deutsche Fassung des Vertrages.	At purchaser's request this contract was also read and explained by the notary in English language, as contained in the right column of this deed. However, the German version is authoritative.
Der Notar fragte nach einer Vorbefassung i. S. von § 3 Abs. 1 Nr. 7 BeurkG. Eine solche lag nicht vor.	The notary public inquired about any prior engagement within the meaning of Section 3 Sub-section 1 no. 7 German Notarization Act. Such prior engagement does not exist
Die Erschienenen erklärten sodann:	Then, the persons appeared declared:
Wir bitten um die Beurkundung des folgenden Grundstückskaufvertrages zwischen der Käuferin und Verkäuferin:	We ask for the notarization of the following real estate purchase agreement between the Purchaser and Vendor:
TEIL I	**PART I**
BEGRIFFSBESTIMMUNGEN	**DEFINITIONS**
Die nachfolgend aufgeführten Begriffe haben – soweit sie in diesem Vertrag verwendet werden – die nachfolgend aufgeführte Bedeutung.	The terms listed below – to the extent to which they are used in this Agreement – have the meanings specified below.
»**Altrechtliche Dienstbarkeiten**« im Sinne dieses Vertrages sind heute noch ohne Eintragung wirksame Grunddienstbarkeiten aus der Zeit vor dem Inkrafttreten des Bürgerlichen Gesetzbuches.	»**Easements in gross under old laws**« are, within the meaning of this Agreement, easements, still valid today without registration, from the time prior to the date the German Civil Code (*BGB*) came into effect.

»**Bankarbeitstage**« im Sinne dieses Vertrages sind diejenigen Werktage (ausgenommen Sonnabende), an denen alle an der Abwicklung dieses Kaufvertrages beteiligten Kreditinstitute (Kreditinstitute der Verkäuferin, der Käuferin und der abzulösenden Gläubiger) gewöhnlich für den allgemeinen Kundenverkehr geöffnet haben und Überweisungen bewirkt werden können.

»**Bodenverunreinigungen**« im Sinne dieses Vertrages sind

(i) schädliche Bodenveränderungen und/oder

(ii) Altlasten

im Sinne der Begriffsbestimmungen des § 2 des Bundes-Bodenschutzgesetzes.

»**Gefährliche Stoffe**« im Sinne dieses Vertrages sind die Gesundheit oder die Umwelt gefährdende Stoffe im Sinne des § 3 a Chemikaliengesetz und/oder des § 4 Gefahrstoffverordnung.

»**Grundwasserverunreinigungen**« im Sinne dieses Vertrages sind Verunreinigungen des Grundwassers im Bereich des Kaufgrundstücks, für deren Beseitigung oder Sanierung die Käuferin nach den am Übergabe- und Verrechnungstag geltenden Vorschriften herangezogen werden könnte oder die die in diesem Vertrag zugrunde gelegte Nutzung des Kaufgegenstandes beeinträchtigen könnten.

»**Kaufgegenstand**« im Sinne dieses Vertrages ist der in Ziffer 1.5 dieses Vertrages näher bezeichnete Gegenstand.

»**Kaufgrundstück**« im Sinne dieses Vertrages ist das in Ziffer 1.1 und **ANLAGE »KAUF-GRUNDSTÜCK«** näher bezeichnete Grundstück.

»**Kaufpreis**« im Sinne dieses Vertrages ist der in Ziffer 2.1 vereinbarte Kaufpreis.

»**Notar**« im Sinne dieses Vertrages sind der diesen Kaufvertrag beurkundende Notar, sein Vertreter im Amt und sein Nachfolger im Amt.

»**Bank working days**« are, within the meaning of this Agreement, those working days (except Saturdays) on which all credit institutions involved in the processing of this Purchase Agreement (the Vendor's credit institutions, those of the Purchaser and those of the creditors to whom debts are to be discharged) are normally open for general customer business and can effect bank transfers.

»**Ground contamination**«, within the meaning of this Agreement, comprise

(i) hazardous ground contamination and/or

(ii) abandoned contaminated sites

within the meaning of the definitions of Section 2 of the German Federal Ground Protection Act (*BBodSchG*).

»**Hazardous substances**« are, within the meaning of this Agreement, substances hazardous to health or the environment, within the meaning of Section 3 a Chemicals Act (*ChemG*) and/or Section 4 Hazardous Substances Regulation.

»**Ground water pollution**« is, within the meaning of this Agreement, pollution of ground water in the vicinity of the property for purchase, for the removal or cleanup of which the Purchaser could be held responsible, under the regulations in place on the transfer and settlement date, or that could impair the use of the object of purchase on which this Agreement is based.

»**Object of purchase**« is, within the meaning of this Agreement, the object described in further detail in Section 1.5 of this Agreement.

»**Property for purchase**« is, within the meaning of this Agreement, the property described in further detail in Section 1.1 and **SCHEDULE »PROPERTY FOR PURCHASE**.«

»**Purchase price**« is, within the meaning of this Agreement, the purchase price stipulated in Section 2.1.

»**Notary Public**« is, within the meaning of this Agreement, the notary public certifying this Purchase Agreement, his deputy in office and his successor in office.

»**Notarmitteilung**« im Sinne dieses Vertrages ist die in Ziffer 2.3.1 geregelte Mitteilung des Notars über den Eintritt derjenigen Fälligkeitsvoraussetzungen, die in Ziffer. 2.2 geregelt und vom Notar festzustellen sind.

»**Übergabetag**« im Sinne dieses Vertrages ist der in Ziffer 3.1 näher beschriebene Tag.

TEIL II

KAUFGRUNDSTÜCK, KAUFGEGENSTAND, VERKAUF UND ÜBERGANG AUF DIE KÄUFERIN

1. KAUFGRUNDSTÜCK, KAUFGEGENSTAND UND VERKAUF

1.1 Grundbuch, Kaufgrundstück

Die Verkäuferin ist Eigentümerin des im Grundbuch von ..... Blatt ..... des Amtsgerichts ..... eingetragenen Grundbesitzes in ....., der in der **ANLAGE »KAUFGRUNDSTÜCK«** dieser Urkunde zur näheren Orientierung mit schwarzen Strichen sowie den Buchstaben A-B-C-D--A umrandet ist und nachfolgend auch als »Kaufgrundstück« bezeichnet wird.

1.2 Grundbuchinhalt

In dem Grundbuch von ...., Blatt ....., von dem bei der Beurkundung eine beglaubigte Ablichtung vom [...] vorgelegen hat, steht im Wesentlichen folgendes eingetragen:

(1) Bestandsverzeichnis

Lfd. Nr. .....: Gemarkung ..... Flur ....., Flurstück ....., Gebäude- und Freifläche ..... m².

(2) Abteilung I

Lfd. Nr. .....: ....., geb. .....

(3) Abteilung II

Lfd. Nr. .....: Beschränkte persönliche Dienstbarkeit für ....., bestehend in dem Recht, die belasteten Flurstücke mit Starkstromleitungen zu überspannen bzw. solche aufzustellen. Dieses Recht kann Dritten überlassen werden.

(4) Abteilung III

Lfd. Nr. .....:..... € brieflose Grundschuld mit 18 % Zinsen jährlich für .....Vollstreckbar nach § 800 ZPO.

»**Notarial notification**« is, within the meaning of this Agreement, the notification, regulated in Section 2.3.1, by the Notary Public, with regard to the occurrence of those conditions of payment that are regulated in Section 2.2 and are to be determined by the Notary Public.

»**Transfer date**« is, within the meaning of this Agreement, the date specified in Section 3.1.

PART II

PROPERTY FOR PURCHASE, OBJECT OF PURCHASE, SALE AND TRANSFER TO THE PURCHASER

1. PROPERTY FOR PURCHASE, OBJECT OF PURCHASE and SALE

1.1 Land register, property for purchase

The Vendor is the owner of the property in ....., recorded in the land register of ....., folio ..... of the Local Court of ..... which, in the **SCHEDULE »PROPERTY FOR PURCHASE«** to this deed, is highlighted with black lines for better identification, as well as the letters A-B-C-D-A, and is also referred to in the following as »Property for purchase.«

1.2 Content of the land register

Essentially the following is entered in the land register of ....., folio ...., of which a certified true copy dated [...] was presented at the time of notarizing this deed:

(1) Inventory

Serial No. ....: boundary ....., section ....., land parcel ....., buildings and open space ..... m²,

(2) Section I

Serial No. .....: ....., born .....

(3) Section II

Serial No. .....: Limited personal easement to the benefit of ....., concerning the right to overstretch high voltage electrical wires over the burdened section. The right may be transferred to third parties.

(4) Section III

Serial No. .....:..... € not certificated land charge with 18 % interest per annum in favor of ....., Enforceable under the terms of Sect. 800 German Civil Court Procedure Act.

1.3 Baulasten

Im Baulastenverzeichnis sind zu Lasten des Kaufgrundstücks keine Baulasten eingetragen. Der Verkäuferin sind weitere im Baulastenverzeichnis nicht eingetragene Baulasten oder sonstige öffentlich-rechtliche Einschränkungen der baulichen Nutzbarkeit außerhalb des geltenden Bebauungsplanes sowie der Landesbauordnung nicht bekannt.

1.4 Veränderungen

Die Verkäuferin erklärt, dass von ihr bezüglich des vorstehend aufgeführten Inhalts des Grundbuchs und des Baulastenverzeichnisses keine Veränderungen beantragt sind und dass nach ihrer Kenntnis weder dem Grundbuchamt unerledigte Anträge zur Eintragung im Grundbuch, noch der Stadt ..... unerledigte Anträge zur Eintragung im Baulastenverzeichnis vorliegen. Sie verpflichtet sich, in Abteilung II und III des Grundbuchs keine weiteren Belastungen außer den in dieser Urkunde bewilligten Belastungen eintragen zu lassen und auch keine Baulasten zu bewilligen.

1.5 Verkauf, Kaufgegenstand

Die Verkäuferin verkauft hiermit das vorstehend bezeichnete Kaufgrundstück, das mit einem Gebäude bebaut ist, mit allen damit verbundenen Rechten, Bestandteilen und Zubehör, in diesem Vertrag insgesamt als »Kaufgegenstand« bezeichnet, an die den Kaufgegenstand hiermit kaufende Käuferin.

2. KAUFPREIS UND ZAHLUNG

2.1 Kaufpreis

Der Kaufpreis beträgt

€ .....

(in Worten: Euro .....).

2.2 Fälligkeitsvoraussetzungen

Der Kaufpreis wird, sofern zuvor kein Rücktritt vom Vertrag erfolgt, 10 (zehn) Bankarbeitstage nach Eingang der schriftlichen Bestätigung des Notars (unter Beifügung der in Ziffer 2.3.1 aufgeführten Unterlagen) bei der Käuferin, dass

1.3 Public land charges

In the register of public land charges no public land charges are entered for the account of the property for purchase. The Vendor is not aware of any other public land charges not entered in the directory of public land charges or any other restrictions, under public law, on construction use extending beyond the existing development plan and the state building code.

1.4 Changes

The Vendor declares that it has not requested any changes with regard to the aforementioned content of the land register and the directory of public land charges, and that, to its knowledge, there exist neither unresolved requests for entry into the land register with the land register office nor unresolved requests for entry into the directory of public land charges with the city of ..... It agrees not to have any further charges, with the exception of those charges approved in this deed, entered into Section II and III of the land register, nor to approve any public land charges.

1.5 Object of sale and purchase

The Vendor hereby sells the property for purchase described above, which is developed with a building, together with all associated rights, components and accessories, generally referred to in this Agreement as the »Object of purchase« to the Purchaser and the Purchaser hereby purchases the object of purchase.

2. PURCHASE PRICE AND PAYMENT

2.1 Purchase price

The purchase price amounts to

€ .....

(in words: Euro .....).

2.2 Conditions of payment

Unless the Agreement is rescinded, the purchase price is payable within 10 (ten) bank working days following the receipt of the written confirmation from the Notary Public (including the documents listed in Section 2.3.1) by the Purchaser, stating that

a) die in § 7 bewilligte Vormerkung zur Sicherung des Anspruchs der Käuferin auf Übertragung des Eigentums an dem Kaufgegenstand in dem vorbezeichneten Grundbuch [im Rang unmittelbar nach den in Ziffer 1.2 (3) und (4) aufgeführten Belastungen] eingetragen ist und

b) dem Notar sämtliche Löschungsunterlagen für alle von der Käuferin nicht übernommenen Belastungen in grundbuchtauglicher Form auflagenfrei oder lediglich mit Auflagen durchführbar zur Verfügung stehen, zu deren Erfüllung der Kaufpreis ausreicht, und die Löschung aller nicht übernommenen Belastungen ([...]) sichergestellt ist und

c) keine weitere behördliche Genehmigung zur Durchführung dieses Vertrages erforderlich ist und der vertragsgemäßen Eigentumsumschreibung – bei vertragsgemäßer Zahlung des Kaufpreises – nichts im Wege steht, als dass dem Notar noch die von der Käuferin zu beschaffende Unbedenklichkeitsbescheinigung des Finanzamtes vorgelegt wird.

2.3 Notarmitteilung

2.3.1 Der Notarmitteilung sind ein vollständiger beglaubigter Grundbuchauszug zum Nachweis der ranggerechten Eintragung der Eigentumsvormerkung sowie beglaubigte Ablichtungen der unter Ziffer 2.2 a) bis d) aufgeführten Dokumente beizufügen. Gleichzeitig ist der Verkäuferin eine Abschrift der Notarmitteilung ohne Anlagen zu übermitteln. Ferner muss der Notar der Verkäuferin das Datum des Zugangs der Notarmitteilung bei der Käuferin unverzüglich schriftlich bekannt geben.

2.3.2 Der Zugang der Notarmitteilung bei der Käuferin wird hiermit als Ereignis im Sinne des § 286 Abs. 2. Ziffer 2 BGB mit der Folge vereinbart, dass nach Ablauf der Zahlungsfrist von 10 (zehn) Bankarbeitstagen ohne weitere Mahnung Zahlungsverzug eintritt.

a) the priority notice approved in Section 7 to secure the claim of the Purchaser for the transfer of ownership of the object of purchase is entered into the aforementioned land register [ranked immediately following the charges listed in Section 1.2 Items (3) and (4)] and

b) all deletion records for all charges not assumed by the Purchaser are available to the Notary Public in a form suitable for entry into the land register without conditions or executable subject to conditions, for the fulfillment of which the purchase price is sufficient, and the deletion of all charges ([...]) not assumed is ensured and

c) no further official approval is required to execute this Agreement and there is nothing standing in the way of the transfer of ownership in accordance with the Agreement, other than the fact that the clearance certificate furnished by the tax authority has yet to be submitted by the Purchaser to the Notary Public.

2.3 Notarial notification

2.3.1 The notarial notification must include a complete, certified extract from the land register, for verification of the priority-relevant entry of the ownership priority notice, as well as certified true copies of the documents listed under Section 2.2 Items a) to d). At the same time, the Vendor must be provided with a copy of the notarial notification without schedules. Furthermore, the Notary Public must promptly notify the Vendor in writing of the date of receipt of the notarial notification at the Purchaser.

2.3.2 The receipt of the notarial notification at the Purchaser is hereby defined as an event, within the meaning of Section 286 Para. 2. Item 2 *BGB*, the consequence being that following expiration of the payment period of 10 (ten) bank working days default of payment shall occur without a further reminder being required.

2.3.3 Die Zahlung der Käuferin (abzüglich der sich aus Ziffer 2.4 etwa ergebenden Beträge) ist mit befreiender Wirkung auf das Konto Nr. [...] bei der [...] Bank (BLZ [...]) zu leisten.

2.4 Ablösung von Belastungen

2.4.1 Die Käuferin ist berechtigt und verpflichtet, die zur Ablösung der von der Käuferin nicht übernommenen dinglichen Rechte (sowie zur Tilgung der den dinglichen Rechten zugrunde liegenden Forderungen) erforderlichen Beträge (»Ablösungsbeträge«) zur Erfüllung der dem Notar vorliegenden Treuhandaufträge bei Fälligkeit des Kaufpreises – unter Anrechnung auf den Kaufpreis – auf Weisung des Notars direkt an die Gläubiger auszuzahlen, und zwar gemäß den Forderungen der Gläubiger. Zu den Ablösungsbeträgen gehören und damit auf den Kaufpreis anzurechnen sind auch die Zinsen, Nebenleistungen, Vorfälligkeitsentschädigungen, Kosten und sonstigen Beträge, die für die Löschung der dinglichen Rechte aufgewendet werden müssen. Der Verkäuferin steht bezüglich der Ablösungsbeträge kein Anspruch auf Zahlung an sich, sondern nur auf Befriedigung der Grundpfandrechtsgläubiger zu, ohne dass diese unmittelbar das Recht erwerben, Zahlung von der Käuferin zu verlangen (unechter Vertrag zu Gunsten Dritter, § 329 BGB).

2.3.3 The payment by the Purchaser (minus the amounts, if any, resulting from Section 2.4) shall be paid, with the effect of discharging an obligation, into account No. [...] with the [...] Bank (bank code [...]).

2.4 Discharge of encumbrances

2.4.1 The Purchaser is both entitled and obligated to pay directly to the creditors, specifically in accordance with the claims of the creditors, the amounts required (»discharge amounts«) for discharge of the property rights not assumed by the Purchaser (as well as for repayment of the claims on which the property rights are based), so as to satisfy the fiduciary orders at the disposal of the Notary Public on the due date of the purchase price – credited against the purchase price – at the instruction of the Notary Public. The discharge amounts also include the interest, ancillary payments, penalties for early repayment, costs and other amounts incurred to delete the property rights; these amounts shall also be credited against the purchase price. The Vendor is not entitled to payment as such with regard to the discharge amounts, but only to satisfaction of the mortgage creditors, without their directly acquiring the right to demand payment from the Purchaser (false contract to the benefit of third parties, Section 329 BGB).

2.4.2 Die Parteien beauftragen den Notar, die Valuten zu erfragen und die für die Löschung der Grundpfandrechte erforderlichen Urkunden der Gläubiger zu treuen Händen entgegenzunehmen. Der Notar wird die ihm von den Gläubigern mitgeteilten Valutenstände und die von diesen geforderten Ablösungsbeträge auch der Verkäuferin unverzüglich mitteilen. [Sofern die Verkäuferin mit mitgeteilten Valutenständen, Ablösungsbeträgen u.ä. nicht einverstanden ist, ist sie berechtigt, den Notar längstens für die Dauer eines Monats anzuweisen, die Versendung der Notarmitteilung zurückzustellen, um in dieser Zeit mit den beteiligten Banken über die von diesen dem Notar mitgeteilten Forderungen zu verhandeln und diese zu einer Änderung derselben bewegen zu können. Gelingt dies der Verkäuferin nicht innerhalb der vorgenannten Verlängerungszeit, ist dieser Vertrag weiter durchzuführen und die Notarmitteilung – bei Vorliegen auch der übrigen Voraussetzungen – zu versenden.] Der Notar und die Käuferin sind jedoch nicht verpflichtet, die ihnen von den Gläubigern aufgegebenen Ablösungsbeträge auf ihre Richtigkeit und Berechtigung zu überprüfen. Soweit solche Forderungen der Gläubiger, von denen die Lastenfreistellung abhängt, reichen, kann der Kaufpreis nur durch Erfüllung dieser Forderungen bezahlt werden, nicht durch sonstige Leistungen an die Verkäuferin oder an Dritte. Die Zahlung der Käuferin an die Gläubiger gilt als endgültige Erfüllung der entsprechenden Zahlungsverpflichtung der Käuferin aus diesem Vertrag. Die Verkäuferin ist nicht berechtigt, Zahlungsanweisungen zu geben oder Abtretungen vorzunehmen, die die Erfüllung der dem Notar zu erteilenden Treuhandaufträge unmöglich machen oder unzumutbar erschweren.

2.4.2 The parties instruct the Notary Public to determine the value dates and to hold in trust the creditors documents required to delete the mortgages. The Notary Public will also promptly notify the Vendor of the value dates of which he has been informed by the creditors and the discharge amounts demanded by said creditors. [If the Vendor does not agree with the notified value dates, discharge amounts, etc., it shall be entitled to instruct the Notary Public, for a period not to exceed one month, to refrain from sending the notarial notification, so that it can negotiate, during this period, the claims of which it has been informed by the Notary Public with the participating banks and persuade said banks to amend said claims. If the Vendor does not succeed in doing so within the aforementioned extension period, this Agreement shall continue to be executed and the notarial notification – provided the remaining conditions are in place – shall be sent.] However, the Notary Public and the Purchaser are not obligated to check the accuracy and legitimacy of the discharge amounts provided to them by the creditors. To the extent that such claims on the part of the creditors, on which the discharge of encumbrances depends, are sufficient, the purchase price can only be paid by fulfillment of these claims, and not by other performance rendered to the Vendor or to third parties. The Purchaser payment to the creditors is considered final fulfillment of the Purchaser´s corresponding payment obligation under this Agreement. The Vendor is not entitled to issue payment instructions or to effect assignments that render impossible or unreasonably impede the fulfillment of the fiduciary orders to be issued to the Notary Public.

2.4.3 Sollten für den Kaufgegenstand noch dingliche Lasten bestehen, die die Käuferin nach Maßgabe dieses Vertrages nicht übernommen hat, so ist die Käuferin berechtigt, die für die Ablösung dieser Lasten erforderlichen Beträge ebenfalls vom Kaufpreis abzuziehen und bei Fälligkeit an die jeweiligen Berechtigten abzuführen, sofern nicht die Verkäuferin dieserhalb Sicherheit durch Bankbürgschaft leistet.

2.4.3 Should property charges continue to exist in relation to the object of purchase, which charges the purchaser has not assumed under the provisions of this Agreement, the Purchaser shall also be entitled to deduct the amounts required to discharge these charges from the purchase price and pay said amounts to the respective beneficiaries on the due date, unless the Vendor provides collateral in this regard in the form of a bank guaranty.

2.5 Abtretung des Kaufpreisanspruchs

Eine Abtretung des Kaufpreisanspruchs ist die Käuferin gegenüber nur wirksam und von der Verkäuferin erst dann zu beachten, wenn die Käuferin von der Verkäuferin eine öffentlich beglaubigte Abtretungsurkunde mit Vertretungsnachweis gemäß § 21 BNotO ausgehändigt worden ist. Die in diesem Vertrag zu Kaufpreiseinbehalten und Kaufpreisabzügen getroffenen Vereinbarungen bleiben unberührt.

2.5 Assignment of purchase price claim

An assignment of the purchase price claim is only valid vis-à-vis the Purchaser, and shall only be considered by, if the Vendor has provided the Purchaser with an officially certified deed of assignment with verification of representation pursuant to Section 21 Federal Notary Regulation (*BNotO*). This does not affect the agreements reached in this Agreement with regard to amounts retained from the purchase price and purchase price deductions.

2.6 Herbeiführung der Fälligkeit

Die Vertragsparteien verpflichten sich wechselseitig, die Voraussetzungen der Fälligkeit unverzüglich herbeizuführen, soweit von ihnen jeweils Leistungen oder Handlungen nach diesem Vertrag geschuldet sind, und etwa anfallende, von ihnen geschuldete Gerichtskosten unverzüglich nach Veranlagung zu bezahlen. Die Käuferin ist berechtigt, aber nicht verpflichtet, den Kaufpreis auch ohne Eintritt sämtlicher vorstehend aufgeführter Fälligkeitsvoraussetzungen zu bezahlen und damit die weitere Durchführung dieses Vertrages in die Wege zu leiten.

2.6 Bringing about payment conditions

The contracting parties mutually agree to promptly bring about the conditions of payment, in so far as either party owes any performance or actions under this Agreement, as well as to pay any court costs owed by the parties promptly following assessment thereof. The Purchaser is entitled, but not obligated, to pay the purchase price without the satisfaction of all conditions of payment listed above, thereby establishing the conditions for further execution of this Agreement.

2.7 Zahlungsverzug

Gerät die Käuferin mit der vertragsgemäßen Zahlung des Kaufpreises in Verzug, so sind ab Verzugseintritt Verzugszinsen in gesetzlicher Höhe auf den Teil des Kaufpreises zu zahlen, mit dem sich die Käuferin in Zahlungsverzug befindet.

2.7 Default of payment

If the Purchaser comes into default with payment of the purchase price, default interest in the amount required by law shall be payable, as of the date of commencement of default, on the portion of the purchase price by which the Purchaser is in default.

3. ÜBERGABE- UND VERRECHNUNGSTAG, GEFAHRÜBERGANG, LASTENFREIE LIEFERUNG

3.1 Übergabe- und Verrechnungstag

Die Übergabe des Kaufgegenstands an die Käuferin gilt als am Tag der (letzten) Wertstellung des gemäß Ziffer 2.2 fällig gewordenen Kaufpreises (Null Uhr) auf dem Konto der Verkäuferin sowie – bei Ablösung von Belastungen – den Konten der gemäß Ziffer 2.4.1 abzulösenden Gläubiger erfolgt (»Übergabe- und Verrechnungstag«). Vom Übergabe- und Verrechnungstag an (diesen Tag eingeschlossen) gehen der Besitz, die Nutzungen und die sonstigen Vorteile des Kaufgegenstandes auf die Käuferin über, während die Käuferin sodann die Lasten einschließlich der Verkehrssicherungspflicht dafür zu tragen hat, soweit in diesem Vertrag nachfolgend keine abweichenden Vereinbarungen getroffen sind.

3.2 Gefahrübergang

Die Gefahr der zufälligen Verschlechterung und des zufälligen Untergangs des Kaufgegenstands geht ebenfalls zu dem unter Ziffer 3.1 genannten Zeitpunkt auf die Käuferin über. Die Käuferin wird des weiteren zu dem unter Ziffer 3.1 genannten Zeitpunkt den von der Verkäuferin bei der ....., abgeschlossenen Versicherungsvertrag, Nummer ....., übernehmen. Sofern und soweit für etwaige gegenwärtig darüber hinaus bestehende Versicherungsverträge noch Prämien für die Zeit nach dem Übergabe- und Verrechnungstag oder Sonderzahlungen o.ä. für die Beendigung dieser Versicherungsverträge zum Übergabe- und Verrechnungstag zu entrichten sind, werden diese von der Verkäuferin getragen, die die Käuferin von entsprechenden Ansprüchen der Versicherer auch insoweit freihalten wird, als diese auf die Bestimmungen der §§ 95 ff. VVG gestützt werden.

3. DELIVERY AND SETTLEMENT DATE, PASSING OF RISK, UNENCUMBERED DELIVERY

3.1 Delivery and settlement date

The delivery of the object of purchase to the Purchaser is considered effected on the date of the (last) stating of the value of the purchase price (at midnight) payable, in accordance with Section 2.2, into the account of the Vendor and – in the case of discharge of encumbrances – the accounts of the creditors to be discharged in accordance with Section 2.4.1 (»delivery and settlement date«). Beginning on the delivery and settlement date (this date being included), the ownership, use and other benefits of the object of purchase shall be transferred to the Purchaser, whereas the Purchaser shall then bear the related burdens, including the liability for premises, unless alternative arrangements are made in the remainder of this Agreement.

3.2 Transfer of risk

The risk of accidental deterioration and accidental destruction of the object of purchase shall also be transferred to the Purchaser on the date specified under Section 3.1. The Purchaser will furthermore on the date specified under Section 3.1 assume the insurance contract, insurance contract number ...., concluded with ....., by the Vendor. If and inasmuch as premiums are payable for any additional existing insurance contracts for the period following the delivery and settlement date, or if special payments or the like are payable for cancellation of these insurance contracts on the delivery and settlement date, these payments shall be borne by the Vendor, which shall also indemnify the Purchaser against any related claims by the insurer, to the extent that such claims are supported by the provisions of Sections 95 et seq. of the Insurance Contracts Act (*VVG*).

3.3 Öffentliche Lasten, Erschließung

Alle den Kaufgegenstand betreffenden laufenden öffentlichen Abgaben sowie die Grundsteuer, die Kosten für Energie-, Wasserlieferungen und Entsorgungsleistungen u.ä. und alle sonstigen Lasten trägt die Verkäuferin im Verhältnis zu der Käuferin bis zum Übergabe- und Verrechnungstag (diesen nicht eingeschlossen), danach werden diese von der Käuferin getragen, soweit in dieser Ziffer 3.3 nicht abweichend vereinbart. Erschließungsbeiträge, Ausbaukosten, Anliegerbeiträge, Kanalbeiträge, Ablösungs- und Ausgleichsbeträge und sonstige Abgaben für den am Übergabe- und Verrechnungstag bestehenden Erschließungszustand für alle bis zum Übergabe- und Verrechnungstag bautechnisch begonnenen Maßnahmen trägt ebenfalls die Verkäuferin. Dies gilt auch, wenn solche Beiträge, Kosten und sonstigen Abgaben erst nach dem Übergabe- und Verrechnungstag abgerechnet werden sollten.

3.4 Vorauszahlungen auf Abgaben

Soweit die bisher von der Verkäuferin auf die vorstehenden Verpflichtungen erbrachten Leistungen, für die der Kaufgegenstand haftet, nur Vorauszahlungen gewesen sind, tritt die Verkäuferin hiermit vorsorglich ihre gegen den jeweiligen Empfänger dieser Leistungen gerichteten Ansprüche auf Rückzahlung dieser Vorauszahlungen an die Käuferin ab, die die Abtretung hiermit annimmt und den jeweiligen Schuldner von der Abtretung verständigt. Die Abtretung erfolgt jedoch höchstens bis zu der Höhe der endgültig festgesetzten Beträge, so dass höhere Vorauszahlungsbeträge der Verkäuferin zustehen und an diese ausgezahlt werden sollen.

3.5 Lastenfreie Lieferung, Übernahme von Vereinbarungen

Der Kaufgegenstand ist von der Verkäuferin zum Übergabe- und Verrechnungstag frei von in Abteilung II und III des Grundbuchs eingetragenen, frei von uneingetragenen Belastungen und frei von sonstigen Rechten und Ansprüchen Dritter sowie frei von Baulasten zu liefern, soweit die Käuferin diese nicht ausdrücklich in diesem Vertrag übernimmt. Die Käuferin übernimmt – mit Wirkung auf den Übergabe- und Verrechnungstag – im Verhältnis zur Verkäuferin lediglich

3.3 Public charges, improvement

All recurring public levies applicable to the object of purchase, as well as the property tax, the costs of power and water supplies, waste disposal services and the like, and all other charges shall be borne by the Vendor in its relationship with the Purchaser prior to (but not including) the delivery and settlement date; these charges will subsequently be borne by the Purchaser, unless otherwise stipulated in this Section 3.3. Local improvement assessments, upgrade costs, adjoining property charges, sewerage fees, redemption and offset amounts and other levies for the state of improvement in place on the delivery and settlement date for all construction measures begun prior to the delivery and settlement date shall also be borne by the Vendor. This shall also apply if such assessments, costs and other levies are not to be settled until after the delivery and settlement date.

3.4 Advance payments on levies

If the payments made by the Vendor with regard to the above obligations, for which the object of purchase is liable, were only advance payments, the Vendor hereby assigns to the Purchaser, as a precaution, its claims against the respective recipient of these payments for reimbursement of these advance payments; the Purchaser hereby accepts this assignment and shall notify the respective borrower of the assignment. However, the amount of the assignment shall not exceed the amounts that are ultimately assessed, so that the Vendor is entitled to higher advance payment amounts, which are to be paid to the Vendor.

3.5 Unencumbered delivery, assumption of agreements

The object of purchase shall be delivered by the Vendor on the delivery and settlement date, free of the charges entered into Section II and III of the land register, free of unentered charges and free of any other third-party rights and claims, as well as free of public building charges, unless the Purchaser expressly assumes these charges under this Agreement. The Purchaser, in its relationship with the Vendor, shall only assume, as of the delivery and settlement date,

a) die in Ziffer 1.2 (3) aufgeführten Belastung in Abteilung II lfd. Nummer ..... des Grundbuchs zur weiteren Duldung,	a) the charge listed in Section 1.2 Item (3) in Section II Serial No. ..... of the land register for further toleration,
b) Dienstbarkeiten zur Sicherung von Versorgungsträgern für z.B. Elektrizität, Gas, Wasser/Abwasser, Telekommunikation, soweit diese ausschließlich die Versorgung des Kaufgegenstands betreffen, einschließlich der in diesem Zusammenhang mit den entsprechenden Versorgungsträgern üblicherweise abzuschließenden schuldrechtlichen Vereinbarungen,	b) Easements to secure public utilities providing, for example, electricity, natural gas, water/waste water [disposal], telecommunications, provided they relate exclusively to supplying the object of purchase, including the agreements, governed by the Law of Obligations, normally to be concluded with the relevant public utilities,
jeweils ohne Anrechnung auf den Kaufpreis. Für den Zeitraum bis zum Übergabe- und Verrechnungstag werden die sich aus den vorstehenden Belastungen ergebenden Verpflichtungen jedoch von der Verkäuferin unter gleichzeitiger Freistellung der Käuferin getragen. Die Verkäuferin ist verpflichtet, alle sonstigen öffentlichen und privaten Belastungen, Rechte und Ansprüche Dritter auf eigene Kosten abzulösen. Weitergehende Ansprüche der Käuferin wegen des Bestehens derartiger nicht von der Käuferin übernommener Belastungen, Rechte und Ansprüche Dritter bleiben unberührt.	without issuing a credit against the purchase price, in each case. For the period prior to the delivery and settlement date, however, the obligations resulting from the above charges shall be borne by the Vendor, thereby exempting the Purchaser from such payment. The Vendor is obligated to discharge all other public and private charges, rights and third-party claims at its own expense. Additional claims on the part of the Purchaser for the existence of such charges, rights and third-party claims not assumed by the Purchaser remain unaffected.

3.6 Grundstücksunterlagen

Die Verkäuferin verpflichtet sich, die Käuferin unverzüglich nach dem Übergabe- und Verrechnungstag die Originale bzw. – soweit keine Originale im Besitz der Verkäuferin sind – Kopien der folgenden Urkunden und Unterlagen zu übergeben:

a) Einheitswertbescheide,

b) Grundsteuerbescheide (in Kopie),

c) Mietverträge

d) Bauverträge,

e) Architektenverträge,

f) Versicherungsverträge,

g) alle bezüglich dem Kaufgegenstand abgeschlossenen weiteren Verträge.

3.6 Property records

The Vendor agrees to provide the Purchaser, immediately following the delivery and settlement date, with the originals or – if the Vendor is not in possession of the originals – copies of the following documents and records:

a) Statements of assessed value,

b) Property tax statements (in duplicate),

c) Lease agreements,

d) Construction Company Contracts,

e) Architect's Contracts,

f) Insurance Contracts,

g) all additional contracts concluded regarding the object of purchase.

Die Verkäuferin ist verpflichtet, der Käuferin unverzüglich nach entsprechender Anforderung sämtliche Informationen und Dokumente gemäß § 15 a Absatz 10 UStG zur Verfügung zu stellen, die notwendig sind, damit die Käuferin in der Lage ist Umsatzsteuer Berichtigung gemäß § 15 a UStG durchzuführen.

3.7 Miet-, Pacht- und Nutzungsverträge

3.7.1 Miet-, Pacht- und Nutzungsverträge

Der Käuferin ist bekannt, dass der Kaufgegenstand gemäß der in der **ANLAGE »MIETVERTRAGSDOKUMENTATION«** enthaltenen Aufstellung vermietet ist. Die in der **ANLAGE »MIETVERTRAGSDOKUMENTATION«** aufgelisteten Mietvertragsurkunden sind der Käuferin ebenfalls bekannt. Sämtliche hieraus resultierenden Rechte und Pflichten und/oder hiermit zusammenhängenden Forderungen (einschließlich etwaiger Forderungen des Vermieters aus Investitionsmieten und sonstigen Kostenbeteiligungen des Vermieters wie z.B. Vermieterdarlehen) und sonstigen Rechten der Verkäuferin (ausgenommen lediglich die gemäß nachfolgender Ziffer 3.7.3 bei der Verkäuferin verbleibenden Ansprüche) werden hiermit von der Verkäuferin mit Wirkung auf den Übergabe- und Verrechnungstag (diesen Tag eingeschlossen) an die Käuferin abgetreten. Die Käuferin nimmt die Abtretung hiermit an und übernimmt die aus den vorgenannten Verträgen ab dem Übergabe- und Verrechnungstag bestehenden Verpflichtungen der Verkäuferin, ausgenommen die Verpflichtungen der Verkäuferin zur vollständigen baulichen Herrichtung des Mietgegenstandes und aus damit zusammenhängenden Erfüllungs-, Nacherfüllungs-, Minderungs- und Schadensersatzansprüchen der Mieter, soweit etwaige Mängel oder Nichtfertigstellungen durch die Mieter bis zum Übergabe- und Verrechnungstag angezeigt wurden. Bis zu dem Übergabe- und Verrechnungstag bleibt die Verkäuferin auch im übrigen zur Erfüllung aller sonstigen Verpflichtungen aus den Mietverträgen verpflichtet.

The Vendor is obliged to provide the Purchaser on request immediately with all information and documents pursuant to art. 15 a para. 10 UStG that are required to enable the Purchaser to carry out any input VAT correction according to art. 15 a UStG.

3.7 Lease, tenancy, and license agreements

3.7.1 Lease, tenancy, and license agreements

It is known to the Purchaser that the object of purchase is let in accordance with the list contained in the **SCHEDULE** entitled **»LEASE AGREEMENT DOCUMENTATION«**. The Purchaser is also aware of the lease deeds listed in the **SCHEDULE** entitled **»LEASE AGREEMENT DOCUMENTATION«**. All duties and rights and/or any claims resulting there from and/or in connection therewith (including claims of the Lessor, if any, under investment leases and other cost participations of the Lessor such as lessor loans) and other rights of the Vendor (with the sole exception of the claims remaining with the Vendor in accordance with para. 3.7.3 below) are hereby assigned by the Vendor to the Purchaser with effect as of the delivery and settlement date (inclusive). The Purchaser hereby accepts said assignment and, with effect as of the delivery and settlement date, enters into the Vendor's obligations under the aforesaid agreements, with the exception of the Vendor's obligations concerning the full structural completion of the leased object and any of the Lessees' relevant claims as to performance, supplementary performance, reduction and damages, as far as the Lessee has informed the Vendor about deficiencies and not existing completions prior to the delivery and settlement date Until the delivery and settlement date, the Vendor shall remain obligated to fulfil all other obligations under the lease agreements.

Die Verkäuferin bevollmächtigt hiermit die Käuferin, ab dem Übergabe- und Verrechnungstag Kündigungen auszusprechen, Mietverträge zu ändern und abzuschließen. Auf Wunsch der Käuferin wird die Verkäuferin der Käuferin eine entsprechende schriftliche Vollmacht in gesonderter Urkunde erteilen.

3.7.2 Erfüllung von Mieteransprüchen

Soweit die Verkäuferin gegenüber Mietern Verpflichtungen zur baulichen Herrichtung der Mietsache oder zur Leistung von geldlichen Zuschüssen des Vermieters wie z.B. Baukostenzuschüssen, Umzugskostenzuschüssen u.ä., übernommen, bis zum Übergabe- und Verrechnungstag aber noch nicht bzw. noch nicht vollständig und mangelfrei erfüllt hat, bleibt die Verkäuferin auch noch nach dem Übergabe- und Verrechnungstag zur vollständigen und mangelfreien Erfüllung dieser übernommenen Verpflichtungen auf ihre Kosten verpflichtet. Diese Verpflichtung der Verkäuferin schließt die Freistellung der Käuferin von sämtlichen Erfüllungs- und Nacherfüllungsansprüchen, Mietminderungsrechten, Vertragsstrafe- und Schadensersatzansprüchen der Mieter ein, soweit diese durch die Mieter bis zum Übergabe- und Verrechnungstag geltend gemacht wurden. Kündigt ein Mieter der Käuferin aus solchen bei der Verkäuferin liegenden Gründen, stellt die Verkäuferin die Käuferin so, wie wenn das betreffende Mietverhältnis mit dem Mieter bis zum Ende von dessen Festlaufzeit fortgeführt worden wäre. Die Käuferin wird die Verkäuferin unverzüglich darüber informieren, falls ein Mieter solche Rechte gegenüber der Käuferin geltend macht. Die Abwehr unberechtigter Forderungen eines Mieters bzw. die Erfüllung von berechtigten Ansprüchen des Mieters in diesem Zusammenhang sollen nach Möglichkeit von der Verkäuferin im direkten Verhältnis zum Mieter erledigt werden. Die Parteien verpflichten sich wechselseitig zu einer kooperativen Zusammenarbeit und zur Erteilung etwaiger hierzu erforderlicher Vollmachten in gesonderter Urkunde. Die vorstehenden Regelungen gelten entsprechend für am Übergabe- und Verrechnungstag rückständige sonstige Verpflichtungen, die die Verkäuferin gegenüber Mietern eingegangen ist. Sie gelten ferner entsprechend für Verpflichtungen aus Mietverträgen, die nach Maßgabe von Ziffer 3.7.1 dieses Vertrages abgeschlossen werden.

The Vendor hereby authorises the Purchaser to give notice of termination, as well as to amend and enter into lease agreements as of the delivery and settlement date. At the Purchaser's request, the Vendor shall issue the Purchaser with a separate written power of attorney to that effect.

3.7.2 Fulfilment of Lessees' claims

Insofar as the Vendor has undertaken towards any Lessees structurally to complete the leased object or to provide financial lessor's assistance such as building or moving costs subsidies etc., but has not or not fully and accurately complied with such obligation by the delivery and settlement date, the Vendor shall remain obligated, at its own expense, fully and accurately to fulfil such obligations after the delivery and settlement date. Such obligation of the Vendor includes the indemnification of the Purchaser from all claims as to performance and supplementary performance, rights to rent reduction and claims for contractual penalties or damages of the Lessees as far as the Lessee claimed such rights prior to the delivery and settlement date. If a Lessee gives notice of termination to the Purchaser for any such reason for which the Vendor is responsible, the Vendor shall treat the Purchaser as if the relevant lease with that Lessee had been continued until the end of the relevant fixed term. The Purchaser shall inform the Vendor without delay if a Lessee asserts any of the aforesaid rights against the Purchaser. The defence of any unjustified claims of a Lessee, or the fulfilment of any justified claims of the Lessee in that context, shall, where possible, be handled directly between the Vendor and the relevant Lessee. The parties mutually undertake to cooperate with each other and to issue each other with relevant separate powers of attorney as required. The above provisions shall apply accordingly with regard to any other obligations of the Vendor towards the Lessees that have not been met by the delivery and settlement date. In addition, they shall apply accordingly with regard to any obligations under lease agreements that were entered into in accordance with para. 3.7.1 hereof.

Im übrigen wird der Kaufgegenstand frei von Miet-, Pacht- und Nutzungsverträgen und frei von eigener Nutzung der Verkäuferin sowie frei von jeder Nutzung durch sonstige Dritte geliefert, soweit derartige Nutzungsrechte von der Käuferin nicht nach Maßgabe von dieses Vertrages zu dulden und/oder von der Käuferin zu übernehmen sind.

3.7.3 Bei der Verkäuferin verbleibende Ansprüche

Ansprüche auf Mieten und Betriebs- und Nebenkosten sowie auf sonstige Mieterleistungen für die Zeit bis zum Übergabe- und Verrechnungstag (diesen Tag nicht eingeschlossen) werden nicht auf die Käuferin übertragen sondern verbleiben insoweit bei der Verkäuferin. Solche Ansprüche können von der Verkäuferin auf eigene Kosten beigetrieben werden, jedoch nicht unter Inanspruchnahme der Mietsicherheit oder der Gegenstände, die dem Vermieterpfandrecht unterliegen. Die Verkäuferin bleibt auch zur Erfüllung aller bis zum Übergabe- und Verrechnungstag zu erfüllenden sonstigen Verpflichtungen aus den in vorstehendem Ziffer 3.7.1 und nachstehendem Ziffer 3.8 genannten Verträgen verpflichtet. Die Verkäuferin ist verpflichtet, vor der Einleitung von Prozess- und Vollstreckungsmaßnahmen gegen einen Mieter die Käuferin hierüber schriftlich zu informieren.

3.7.4 Mietsicherheiten

Die von den Mietern geleisteten Mietsicherheiten sind in der ANLAGE »MIETVERTRAGSDOKUMENTATION« aufgelistet. Die Rechte der Verkäuferin aus den Mietsicherheiten werden hiermit mit Wirkung auf den Übergabe- und Verrechnungstag an die Käuferin abgetreten, die die Abtretung hiermit annimmt. Soweit Mietsicherheiten in Form von verpfändeten Forderungen vorliegen, verpflichtet sich die Verkäuferin, soweit erforderlich entsprechende Verpfändungserklärungen zu Gunsten von der Käuferin vorzulegen. Die Originalurkunden und eventuell erforderliche Verpfändungserklärungen sind dem Notar zur Weiterleitung an die Käuferin unverzüglich nach Abschluss dieses Vertrages von der Verkäuferin zu übergeben.

The object of purchase shall further be handed over free from any rights under any lease, tenancy and license agreements and free from any rights of use on the part of the Vendor or any third parties, unless such rights of use are to be tolerated and/or granted by the Purchaser in accordance with this agreement.

3.7.3 Claims remaining with the Vendor

Any claims as to the payment of rent and operating and ancillary costs, as well as any other lessee payments for the period of time ending on the delivery and settlement date (exclusive), shall not be transferred to the Purchaser, but shall remain with the Vendor in that context. Any such claims may be enforced by the Vendor at its own expense, however, not by using the rent collateral or the objects that are subject to a lessor's right of pledge. The Vendor shall also remain obligated to fulfil all other obligations under the agreements mentioned in para. 3.7.1 above and following para 3.8 that are to be met by the delivery and settlement date. The Vendor shall be obligated to inform the Purchaser in writing of any proceedings or enforcement measures against a Lessee prior to the commencement thereof.

3.7.4 Rent collateral

The rent collateral provided by the Lessees is listed in the SCHEDULE entitled »LEASE AGREEMENT DOCUMENTATION«. The Vendor's rights under the rent collateral are hereby assigned to the Purchaser with effect as of the delivery and settlement date, and the Purchaser hereby accepts such assignment. In the event of any rent collateral in the form of pledged claims, the Vendor undertakes, where required, to submit relevant declarations of pledge for the benefit of the Purchaser. The original deeds and, where required, declarations of pledge shall be submitted by the Vendor to the Notary Public immediately following the execution hereof, and the Notary Public shall forward them to the Purchaser.

Soweit Mieter die in der **ANLAGE »MIETVERTRAGSDOKUMENTATION«** aufgeführten Sicherheiten noch nicht geleistet haben, ist die Käuferin berechtigt, einen gleich hohen Betrag vom Kaufpreis einzubehalten und zu gegebener Zeit als – von der Verkäuferin geleistete – Mietsicherheit zu verwenden. Die Käuferin ist sodann verpflichtet, diese von der Verkäuferin beigebrachte Barsicherheit Zug um Zug gegen Vorlage der vom Mieter beizubringenden und von der Käuferin geltend zu machenden Mietsicherheit freizugeben und an die Verkäuferin auszuzahlen. Die Käuferin stellt die Verkäuferin von der Verpflichtung zur Rückgewähr der nach Maßgabe der vorstehenden Regelungen übertragenen Sicherheiten an die Mieter frei. Sofern die Verkäuferin entgegen deren Verpflichtungen Mietsicherheiten etwa nicht an die Käuferin ausgehändigt hat, bleibt die Verkäuferin bei Ende des Mietverhältnisses dem Mieter zur Rückgewähr der Mietsicherheit verpflichtet und hat die Käuferin entsprechend freizustellen.

Insofar as any Lessees have not yet provided the collateral listed in the **SCHEDULE** entitled **»LEASE AGREEMENT DOCUMENTATION«**, the Purchaser shall be entitled to withhold a corresponding amount from the purchase price and use such amount as the rent collateral – provided by the Vendor – as required. The Purchaser shall then be obligated to release such cash collateral provided by the Vendor concurrently with the presentation of the rent collateral to be provided by the Lessee and enforced by the Purchaser, and to pay it out to the Vendor. The Purchaser exempts the Vendor from the obligation to repay the collateral transferred in accordance with the foregoing provisions to the Lessees. If the Vendor, contrary to its obligations, has not handed over any rent collateral to the Purchaser, the Vendor shall remain obligated to repay the rent collateral to the Lessee until the end of the lease and shall indemnify the Purchaser accordingly.

3.7.5 Betriebs- und Nebenkosten

Über etwaige Betriebs- und Nebenkosten für den Zeitraum bis zum Übergabe- und Verrechnungstag (diesen Tag nicht eingeschlossen), soweit diese nach den mit den Mietern abgeschlossenen Mietverträgen abzurechnen sind, rechnet die Verkäuferin gegenüber den Mietern ab. Über Betriebs- und Nebenkosten ab dem Übergabe- und Verrechnungstag rechnet die Käuferin gegenüber den Mietern ab und stellt die Verkäuferin von den sich hieraus ergebenden etwaigen Ansprüchen der Mieter frei. Die sich hieraus ergebenden Salden werden intern zwischen der Verkäuferin und der Käuferin ausgeglichen. Im übrigen sind etwaige Ansprüche der Mieter aus dem Zeitraum bis zum Übergabe- und Verrechnungstag (diesen Tag nicht eingeschlossen), z.B. aus früheren Betriebs- und Nebenkostenabrechnungen, von der Verkäuferin zu erfüllen. Die Verkäuferin stellt die Käuferin von jeglichen derartigen Ansprüchen frei.

3.7.5 Operating and ancillary costs

The Vendor shall settle any possible existing operating and ancillary costs for the period ending on the delivery and settlement date (exclusive) with the Lessees if in the respective lease agreements a settlement of operating and ancillary costs is agreed. Any operating and ancillary costs incurred as from the delivery and settlement date shall be settled by the Purchaser with the Lessees; the Purchaser shall indemnify the Vendor against any resulting claims of the Lessees. The resulting balances shall be settled between the Vendor and the Purchaser in the internal relationship. Any claims of the Lessees relating to the period of time ending on the delivery and settlement date (exclusive), e.g. with regard to previous operating and ancillary cost statements, shall be handled by the Vendor. The Vendor shall indemnify the Purchaser from any claims in that context.

3.7.6 Garantien und sonstige Erklärungen der Verkäuferin

In Ergänzung der vorstehenden Bestimmungen garantiert die Verkäuferin, dass

3.7.6 Vendor's guarantees and other declarations

Supplementing the above provisions, the Vendor guarantees that

E. Gesamtmuster

- in der **ANLAGE »MIETVERTRAGSDOKUMENTATION«** sämtliche Mieter des Kaufgegenstands, die mietvertraglich vereinbarte Mietfläche, die geschuldete Miete (ggf. unter Vorbehalt eines Aufmasses) und die zusätzlich geschuldete Umsatzsteuer, die vereinbarte Festlaufzeit des Mietvertrages und etwaige Verlängerungsoptionen, die Art der Wertsicherung sowie etwa bei Abschluss dieses Vertrages bereits erklärte oder angekündigte Kündigungen mit Angabe der Kündigungsfrist vollständig und richtig angegeben sind;

- in der **ANLAGE »MIETVERTRAGSDOKUMENTATION«** sämtliche Mietvertragsurkunden bezüglich der bei Abschluss dieses Vertrages bestehenden Mietverhältnisse (Mietverträge mit Nachträgen, Zusätzen, Mietsicherheiten, Genehmigungen für Mietindexklauseln) vollständig und richtig aufgeführt sind und dass diese Urkunden unter Beachtung der Formvorschriften der §§ 578 Abs. 2, 550 BGB errichtet wurden oder noch errichtet werden, und den Mietern zum Mietvertragsabschluß in derselben Form ausgehändigt wurden/werden, in der sich diese Urkunden bei der Verkäuferin befinden;

- bei Abschluss dieses Vertrages keine im Vertrag nicht aufgeführten die Käuferin belastenden Nebenabreden mit Mietern, Nachbarn oder Behörden bestehen und dass solche Nebenabreden zukünftig nicht ohne der Käufer ins ausdrückliche und schriftliche Zustimmung getroffen werden;

- den Mietern oder deren Gesellschaftern, Organen oder Mitarbeitern von der Verkäuferin keine geldwerten Leistungen für den Abschluss des Mietvertrages gewährt wurden, die sich nicht aus den in der **ANLAGE »MIETVERTRAGSDOKUMENTATION«** der Bezugsurkunde aufgeführten Mietvertragsurkunden ergeben (z.B. im Mietvertrag nicht ausgewiesene Zahlungen zur Herbeiführung des Mietvertragsabschlusses);

- the **SCHEDULE** entitled **»LEASE AGREEMENT DOCUMENTATION«** completely and accurately lists all Lessees of the object of purchase, the contractually agreed leased floor space, the owed rent (possibly subject to an increase) and the additionally owed turnover tax, the agreed fixed lease term and any extension options, the type of value guarantee and any notices of termination already given or announced at the time of execution hereof, stating the relevant notice period;

- the **SCHEDULE** entitled **»LEASE AGREEMENT DOCUMENTATION«** completely and accurately lists all contractual deeds concerning the leases existing at the time of conclusion hereof (lease agreements with supplements, addenda, rent collateral, authorisations concerning rent index clauses) and that such deeds were drawn up in accordance with the formal requirements set forth in Sections 578 para. 2, 550 BGB and that they have been/will be delivered to the Lessees for conclusion of the lease agreement in the same form as the deeds in the Vendor's possession;

- upon conclusion hereof, no ancillary agreements exist with any lessees, neighbours or public bodies that are not listed in the agreement and that, in future, no such ancillary agreements will be entered into without the Purchaser's express written consent;

- the Vendor has not granted any financial considerations for the conclusion of the lease agreement to the Lessees or their shareholders, corporate bodies or employees that is not listed in the **SCHEDULE** entitled **»LEASE AGREEMENT DOCUMENTATION«** or the lease deeds referred to in the reference deed (e.g. any incentive payments in order to bring about the conclusion of the lease agreement not mentioned in the lease agreement);

– seitens der Mieter keine Einwendungen gegen die Richtigkeit der der Mietberechnung der Verkäuferin zugrunde liegenden mietvertraglichen Flächenangaben gegenüber der Verkäuferin geltend gemacht wurden oder gegenwärtig geltend gemacht werden;	– the Lessees have not lodged, and are not in the process of lodging, any objections with the Vendor as to the accuracy of the floor space information that forms the basis of the Vendor's rent calculation;
– etwaige Nebenkostenabrechnungen der Verkäuferin/der Verwalterin in Übereinstimmung mit den mietvertraglichen Vereinbarungen erfolgt sind und diesen von den Mietern nicht widersprochen wurde;	– the Vendor's/facility manager's existing ancillary cost statements have been calculated in accordance with the agreed lease provisions and that the Lessees have not objected thereto;
– bei Abschluss dieses Vertrages keine fälligen, aber unerfüllten Mieterforderungen aus Mietkautionen oder Nebenkostenabrechnungen der Verkäuferin bestehen;	– upon conclusion hereof, there exist no claims of the Lessees relating to rent collateral or ancillary cost statements of the Vendor that are due but remain unsettled;
– bei Abschluss dieses Vertrages sämtliche Vermieterzuschüsse und sonstigen Vermieterleistungen für die Einrichtung/den Ausbau der Mieträume vollen Umfangs geleistet sind (soweit solche vereinbart wurden);	– upon conclusion hereof, all lessor's subsidies and other lessor's payments relating to the furnishing/completion of the leased premises have been paid in full (where agreed);
– zum Übergabe- und Verrechnungstag keine noch nicht vollständig verrechneten Mieterguthaben aus Mietvorauszahlungen, Mieterdarlehen, Baukostenzuschüssen, Um- und Ausbaukostenbeteiligungen bestehen;	– at the delivery and settlement date, there exist no lessee credit balances pertaining to rent payments on account, lessee loans, building cost subsidies or conversion and completion cost contributions that have not been settled in full;
– zum Übergabe- und Verrechnungstag keine Vorausverfügungen über Mietansprüche bestehen und keine Mieten oder Nebenkosten unter Vorbehalt der Rückforderung gezahlt werden;	– at the delivery and settlement date, there exist no advance dispositions concerning any rent claims, and no rents or ancillary costs have been paid subject to the proviso of a reclaim;
– seitens der Mieter in den letzten 12 Monaten vor Abschluss dieses Vertrages keine Mietminderungsansprüche oder Zurückbehaltungsrechte an Mieten und/oder den Nebenkosten oder der Mietsicherheit geltend gemacht wurden;	– in the 12 months preceding the conclusion hereof, the Lessees did not assert any claims as to the reduction or retention of any rent amounts and/or ancillary costs or rent collateral;
– in den letzten 12 Monaten vor Abschluss dieses Vertrages keine Rückstände der Mieter von mehr als drei Wochen betreffend den Mieten und/oder die Nebenkosten oder die Mietsicherheit bestanden haben und gegenwärtig auch nicht bestehen;	– in the 12 months preceding the conclusion hereof, the Lessees were not, and are currently not, in arrears with the rent and/or ancillary costs or the rent collateral in excess of three weeks;

– in den letzten 12 Monaten vor Abschluss dieses Vertrages keine gerichtlichen Rechtsstreitigkeiten mit derzeitigen Mietern geführt wurden oder gegenwärtig geführt werden.

Die Verkäuferin verpflichtet sich gegenüber der Käuferin während eine Zeitraums von fünf Jahren ab Beurkundung dieses Kaufvertrages keine derzeitigen Mieter des Kaufgegenstandes als Mieter oder Käufer für eigene Objekte und/oder Projekte, die sich in einem Umkreis von 15 km um den Kaufgegenstand befinden, abzuwerben und mit diesen Miet-/oder Kaufverträge abzuschließen. Die Verkäuferin verpflichtet sich ferner, der Käuferin inhaltsgleiche Verpflichtungen aller mit der Verkäuferin verbundenen Unternehmen zu übergeben.

3.7.7 Abschluss weiterer Mietverträge und/oder weiterer Vereinbarungen

Die Verkäuferin verpflichtet sich, ab Beurkundung dieses Kaufvertrages keine über den Übergabe- und Verrechnungstag hinauswirkenden Mietverträge und/oder Mietvertragsänderungen ohne Zustimmung der Käuferin abzuschließen. Die Käuferin ist zur Erteilung einer Zustimmung nicht verpflichtet. Dasselbe gilt für Vereinbarungen, die Auswirkungen (insbesondere wirtschaftliche Nachteile für die Käuferin) auf die von der Verkäuferin in diesem Kaufvertrag gegebenen Garantien oder sonst wie eingegangenen Verpflichtungen haben.

Etwaige Kosten und Aufwendungen im Zusammenhang mit dem Abschluss neuer Mietverträge auf Veranlassung der Verkäuferin trägt ausschließlich die Verkäuferin.

3.8 Wartungs- und Dienstleistungsverträge

3.8.1 Vertragsdokumentation

Die Käuferin übernimmt – vorbehaltlich der Zustimmung der jeweiligen Vertragspartner – am und ab dem Übergabe- und Verrechnungstag (diesen Tag eingeschlossen) die in der **ANLAGE »WARTUNGS- UND DIENSTLEISTUNGSVERTRÄGE«** aufgelisteten, der Käuferin bekannten Wartungsverträge. Sofern und soweit der Verkäuferin in diesen Verträgen insbesondere aufgrund des Eigentumswechsels Kündigungsrechte eingeräumt sind, verpflichtet sich die Verkäuferin, diese auf schriftliche Anforderung der Käuferin umgehend auszuüben.

– in the 12 months preceding the conclusion hereof, no litigation was conducted with the current Lessees, and that no such litigation is currently underway.

The Vendor undertakes towards the Purchaser that, for a period of five years following the notarisation hereof, it will not solicit any of the current Lessees of the object of purchase as lessees or purchasers for its own property and/or any projects within a radius of 15 km around the object of purchase and will not enter into any lease or purchase agreements with them. In addition, the Vendor undertakes to provide the Purchaser with corresponding declarations by all companies affiliated with the Vendor.

3.7.7 Conclusion of additional lease and/or other agreements

The Vendor undertakes, as of the notarisation hereof, not to enter into any lease agreements and/or supplements to lease agreements that will be in effect beyond the delivery and settlement date without the Purchaser's consent. The Purchaser shall not be obligated to give its consent. The same shall apply with regard to any agreements that affect the warranties given by the Vendor herein or any other obligations of the Vendor howsoever assumed (particularly resulting in economic disadvantages for the Purchaser).

Any costs and expenses in connection with any new lease agreements that are concluded at the Vendor's request shall exclusively be borne by the Vendor.

3.8 Maintenance and service agreements

3.8.1 Contractual documentation

On and with effect as of the delivery and settlement date (inclusive), the Purchaser – subject to the consent of the relevant contracting parties – shall enter into the maintenance agreements listed in the **SCHEDULE** entitled **»MAINTENANCE AND SERVICE AGREEMENTS«**, which are known to the Purchaser. Insofar as and to the extent that any termination rights are granted to the Vendor there under, in particular in connection with the transfer of title, the Vendor undertakes to exercise such rights immediately following the Purchaser's written request to do so.

3.8.2 Abrechnung

Das Wartungsentgelt für Zeiträume bis zum Übergabe- und Verrechnungstag (diesen nicht eingeschlossen) trägt die Verkäuferin. Danach wird dieses von der Käuferin getragen. Ergänzend wird auf die in Ziffer 3.7.5 zur Verrechnung von Betriebs- und Nebenkosten getroffenen Vereinbarungen verwiesen. Die Verkäuferin wird alle sie bis zum Übergabe- und Verrechnungstag treffenden Verpflichtungen aus den in der **ANLAGE »WARTUNGS- UND DIENSTLEISTUNGSVERTRÄGE«** aufgeführten Verträge ordnungsgemäß erfüllen.

3.8.3 Freie Lieferung

Im übrigen ist der Kaufgegenstand frei von Rechten Dritter und frei von Wartungs-, Fremdverwaltungs- und Hausmeisterverträgen sowie frei von sonstigen Dienst- oder Arbeitsverträgen zu liefern.

4. ZUSTAND DES KAUFGEGENSTANDES

4.1 Zustand des Kaufgegenstandes

Die Verkäuferin hat auf dem Kaufgegenstand ein Bürogebäude gemäß der Baugenehmigung der Stadt ..... vom ..... errichtet.

Zum Zwecke der Errichtung der im vorbezeichneten Absatz bezeichneten Baulichkeiten hat die Verkäuferin mit Herrn Architekt ...., unter dem ..... einen Architektenvertrag sowie mit dem Bauunternehmer ..... einen Generalunternehmervertrag (ohne Datum) abgeschlossen.

4.2 Haftung der Verkäuferin

Die Käuferin hat den Kaufgegenstand besichtigt und erwirbt diesen in dessen gegenwärtigem Zustand. Rechte der Käuferin wegen etwaiger Sachmängel (§ 434 BGB) werden ausgeschlossen, soweit nachfolgend nichts anderes vereinbart ist. Die Verkäuferin ist jedoch verpflichtet, die laufende Instandhaltung des Kaufgegenstandes auch in der Zeit zwischen der Beurkundung dieses Kaufvertrages und dem Übergabe- und Verrechnungstag auf ihre Kosten vorzunehmen.

3.8.2 Settlement

The maintenance charge for the periods until the delivery and settlement date (exclusive) shall be borne by the Vendor. Thereafter, it shall be borne by the Purchaser. By way of supplement, reference is made to the provisions relating to the settlement of operating and ancillary costs set out in para. 3.7.5. The Vendor shall duly comply with all of its obligations under the agreements listed in the **SCHEDULE** entitled **»MAINTENANCE AND SERVICE AGREEMENTS«**.

3.8.3 Unencumbered delivery

In any other respects, the object of purchase shall be delivered free from any rights of third parties and free from any rights under any maintenance, third-party management and caretaker agreements as well as free from any rights under any other service or employment agreements.

4. CONDITION OF THE OBJECT OF PURCHASE

4.1 Condition of the object of purchase

The Vendor has erected an office building on the object of purchase in accordance with the building permit granted by the city of ..... on .....

For the purpose of erecting the structures mentioned in the foregoing paragraph, the Vendor entered into an architect's agreement on ..... with the architect ..... and an (undated) general contractor's agreement with the contractor .....

4.2 Vendor's liability

The Purchaser has inspected the object of purchase and shall purchase it in its current condition. Any claims of the Purchaser in connection with any material defects (Section 434 BGB) shall be excluded, unless agreed otherwise below. However, the Vendor shall be obligated to carry out any ongoing maintenance measures at its own expense during the period of time between the notarisation hereof and the delivery and settlement date.

Die Verkäuferin garantiert, dass ihr keine die bestimmungsgemäße Nutzung des Kaufgegenstandes zu den in diesem Kaufvertrag und zu den mit den gegenwärtigen Mietern des Kaufgegenstandes vereinbarten Zwecken beeinträchtigende Mängel bekannt sind. Ferner garantiert die Verkäuferin, dass sie und ihre Verwaltungsgesellschaft keine Kenntnis von besonderen Vorkommnissen wie z.B. Lärm-, Geräusch- oder Geruchsbelästigungen (sei es von außen, sei es aus dem Betrieb der technischen Einrichtungen der Gebäude), mangelhaften Anlagenleistungen, größeren Schäden oder von Streitigkeiten mit Baubeteiligten wegen technischer Mängel des Kaufgegenstandes o.ä. haben.

Die Verkäuferin verpflichtet sich die in der **ANLAGE »MÄNGEL- UND RESTARBEITEN«** genannten Arbeiten bis zum [ ] zu beseitigen.

Die Verkäuferin erklärt im übrigen, dass sie der Käuferin nach bestem Wissen alle ihr selbst vorliegenden Informationen und Unterlagen zugänglich gemacht hat, die für die rechtliche, technische und wirtschaftliche Beurteilung des Kaufgegenstandes durch die Käuferin nach den bei derartigen Transaktionen üblichen Kriterien wesentlich sind.

4.3 Abtretung von Mängelanspüchen und Gewährleistungsbürgschaften

Die Verkäuferin tritt hiermit die ihr aus dem vorbezeichneten Architekten- und dem vorbezeichneten Generalunternehmervertrag zustehenden Mängelansprüche, dort als Gewährleistungsansprüche bezeichnet, an die Käuferin mit Wirkung ab dem Übergabe- und Verrechnungstag ab. Die Käuferin nimmt diese Abtretung hiermit an.

Die Verkäuferin tritt hiermit sämtliche Ansprüche aus dem Bürgschein der ...., vom ..... mit der Nummer ....in Höhe von ..... € an die Käuferin ab und verpflichtet sich zur Übergabe des Original-Bürgscheins an die Käuferin im Zeitpunkt des Übergabe- und Verrechnungstages. Die Käuferin nimmt die Abtretung der Ansprüche aus dem Bürgschein hiermit an.

Beide Parteien verpflichten sich, die Abtretung des Bürgscheins der ..... anzuzeigen.

The Vendor guarantees that it is not aware of any defects that may affect the intended use of the object of purchase for the purposes contemplated herein and agreed with the current lessees of the object of purchase. The Vendor also guarantees that it and its facility manager are not aware of any extraordinary events such as nuisances in the form of (loud) noise or smell (from outside or in connection with the operation of the buildings' technical facilities), substandard performance of the facilities, major damage or disputes of the parties involved in the construction project in connection with any technical defects pertaining to the object of purchase or similar.

The Vendor undertakes to perform the works listed in the **SCHEDULE** entitled **»WORKS PERTAINING TO DEFECTS AND RESIDUAL WORKS«** by [ ].

The Vendor further declares that, to its best knowledge, it has provided the Purchaser with all information and documents available to it that are of material significance for the legal, technical and economic assessment of the object of purchase by the Purchaser in line with the standard criteria applied to transactions of this type.

4.3 Assignment of claims as to defects and warranty guarantees

The Vendor hereby assigns the claims as to defects to which it is entitled under the aforesaid architect's agreement and the aforesaid general contractor's agreement (therein referred to as warranty claims) to the Purchaser with effect as of the delivery and settlement date. The Purchaser hereby accepts said assignment.

The Vendor hereby assigns to the Purchaser all claims under guarantee certificate no. ..... for an amount of ..... €, dated ..... and issued by ....., and undertakes to hand over the original certificate to the Purchaser on the delivery and settlement date. The Purchaser hereby accepts the assignment of the claims under said guarantee certificate.

Both parties undertake to notify ..... of the assignment of said guarantee certificate.

4.4 Boden-und Grundwasserverunreinigungen/Gefährliche Stoffe

Die Verkäuferin erklärt, dass ihr keine Bodenverunreinigungen auf dem Kaufgrundstück und auch keine Grundwasserverunreinigungen im Bereich des Kaufgrundstücks und auch keine sonstigen gefährlichen Stoffe auf dem Kaufgrundstück bekannt sind.

4.5 Weitere Garantie der Verkäuferin

In Ergänzung der vorstehenden Bestimmungen garantiert die Verkäuferin, dass

a) nach ihrer Kenntnis am Übergabe- und Verrechnungstag keine den Kaufgegenstand betreffenden fälligen, aber unerfüllten Zahlungspflichten und keine sonstigen fälligen, aber unerfüllten Leistungspflichten aus Handlungen oder Unterlassungen der Verkäuferin gegenüber Grundstücksnachbarn, Versorgungsträgern, der Stadt, dem Land [ ] oder gegenüber sonstigen Dritten bestehen;

b) bei Abschluss dieses Kaufvertrages keine Rechtsstreitigkeiten und keine behördlichen Rechtsbehelfsverfahren schweben, die sich auf den Kaufgegenstand beziehen;

c) der Kaufgegenstand nicht von Dritten überbaut ist;

d) nach bestem Wissen der Verkäuferin keine nicht im Grundbuch eingetragenen Nutzungen des Kaufgegenstandes durch Dritte bestehen (z.B. Wege- und Leitungsnutzungen), die aufgrund der Verjährung von Abwehransprüchen des Eigentümers geduldet werden müssen;

e) hinsichtlich der sonstigen Lasten, für welche der Kaufgegenstand haftet, bei Abschluss dieses Kaufvertrages keine Rückstände bestehen und am Übergabe- und Verrechnungstag nicht bestehen werden;

f) die im Grundbuch für den Kaufgegenstand eingetragene Grundstücksgröße dem Ergebnis der bisherigen Vermessungen entspricht;

4.4 Ground contamination and ground water pollution/hazardous substances

The Vendor declares that he has no knowledge about any ground contamination on the object of purchase and any ground water pollution in the vicinity of the property for purchase, as well as any other hazardous substances on the property for purchase.

4.5 Additional guaranty by the Vendor

Supplementing the above provisions, the Vendor guarantees that

a) at her knowledge on the delivery and settlement date, no unfulfilled payment obligations exist with regard to the object of purchase and no other payable but unfulfilled performance obligations exist that are the result of actions or omissions of the Vendor vis-à-vis adjoining properties, public utilities, the City, the State of [ ] or other third parties;

b) upon conclusion of this Purchase Agreement, there are no pending legal disputes or official appellate proceedings that relate to the object of purchase;

c) the object of purchase is not overbuilt by third parties;

d) to the best knowledge of the Vendor, there are no uses of the object of purchase by third parties (e.g., uses of pathways and conduits) which, as a result of the limitation of action for claims of defence by the owner, must be tolerated except those which are registered in the land register;

e) no arrears exist at the time of conclusion of this Purchase Agreement, or will exist on the delivery and settlement date, with regard to the remaining encumbrances for which the object of purchase is liable.

f) the property size entered in the land register for the object of purchase is in accordance with the results of the previous surveying;

g) die notwendigen Kfz-Stellplätze entweder auf dem Kaufgegenstand entsprechend den behördlichen Vorschriften nachgewiesen und/oder ordnungsgemäß abgelöst sind und ferner das keiner der auf dem Grundstück befindlichen Stellplätze als Stellplatznachweis für ein anderes Grundstück dient.

5. RECHTSFOLGEN NICHT ERFÜLLTER GARANTIEN UND SONSTIGER ERKLÄRUNGEN

Sofern und soweit eine von der Verkäuferin in diesem Kaufvertrag übernommene Garantie oder eine sonstige Erklärung der Verkäuferin unrichtig ist oder – wegen schuldhaften Verstoßes gegen eine Aufklärungspflicht der Verkäuferin – unvollständig ist, wird die Verkäuferin unverzüglich den vertragsgemäßen Zustand mit Wirkung auf den Übergabe- und Verrechnungstag herstellen. Ist dies nicht möglich, oder ist eine gegenüber der Verkäuferin von der Käuferin gesetzte angemessene Frist erfolglos abgelaufen, ersetzt die Verkäuferin die Käuferin alle der Käuferin im Vergleich zur Lage bei Mangelfreiheit, bei Erfüllung der Garantie oder bei Richtigkeit der sonstigen Erklärung entstandenen/gegebenenfalls noch entstehenden Nachteile, insbesondere den Ertragsausfall. Soweit sich eine Garantie oder eine sonstige Erklärung der Verkäuferin auf die Unkenntnis der Verkäuferin oder Dritter von bestimmten Tatsachen oder sonstigen Umständen bezieht und diese Garantie oder sonstige Erklärung unrichtig ist, also Kenntnis von den betreffenden Tatsachen oder sonstigen Umständen bestanden hat, oder eine Erklärung bei schuldhaftem Verstoß gegen eine Aufklärungspflicht unvollständig ist, wird die Käuferin im Wege des Schadenersatzes von der Verkäuferin so gestellt, wie wenn diese Tatsachen oder sonstigen Umstände nicht bestanden hätten bzw. nicht eingetreten wären.

Soweit vorliegend nicht ausgeschlossen, bleiben die im Gesetz vorgesehenen Rechte bei Mängeln unberührt. Etwaige Rücktritts-, Minderungs- und Schadensersatzrechte können sogleich geltend gemacht werden, ohne dass zuvor Nacherfüllung verlangt zu werden braucht.

g) the necessary car parking spaces on the object of purchase have either been duly evidenced in accordance with the official requirements and/or replacements have been duly supplied; in addition, the Vendor warrants that none of the car parking spaces on the property serves as parking space evidence for another property.

5. LEGAL CONSEQUENCES OF UNSATISFIED GUARANTIES AND OTHER STATEMENTS

If and inasmuch as a guaranty assumed by the Vendor under this Purchase Agreement, or any other statement by the Vendor is inaccurate or – due to negligent breach of a duty of disclosure on the part of the Vendor – incomplete, the Vendor shall promptly establish the contractual condition, effective from the delivery and settlement date. If this is not possible, or if a reasonable grace period given to the Vendor by the Purchaser has expired without success, the Vendor shall compensate the Purchaser for all disadvantages incurred or yet to be incurred by the Purchaser in comparison with a situation in which lack of defects prevails, upon fulfillment of the guaranty or in the event of the accuracy of other statements, especially loss of earnings. If a guaranty or other statement by the Vendor is attributable to the Vendor's or third parties' lack of knowledge of certain facts or other circumstances, and this guaranty or other statement is inaccurate, that is, there was knowledge of the applicable facts or other circumstances, or if a statement is incomplete as a result of negligent breach of a duty of disclosure, the Vendor, by paying damages to the Purchaser, shall ensure that the Purchaser is placed in the same position as if these facts or other circumstances had not existed or had not occurred.

Unless expressly excluded in this Agreement, the rights provided by law with regard to defects shall remain unaffected. Any rights to withdrawal, reduction and damages can be asserted immediately without requiring a demand for supplementary performance.

6. KAUFPREISFINANZIERUNG

Zur Finanzierung des Kaufpreises und der Nebenkosten bevollmächtigt die Verkäuferin unwiderruflich der Käuferin, Grundpfandrechte mit bis zu 20 % Zinsen p.a. und bis zu 10 % einmaligen Nebenleistungen zur Eintragung auf dem übertragenen Kaufgrundstück zu bestellen, den jeweiligen Eigentümer dinglich der Zwangsvollstreckung zu unterwerfen und alle sonstigen zur rangrichtigen Eintragung der Grundpfandrechte erforderlichen Erklärungen abzugeben. Die Grundpfandrechte sind nur im Rang nach etwaigen zugunsten der Verkäuferin vorgesehenen beschränkten dinglichen Rechten oder mit einem entsprechendem Rangvorbehalt versehen einzutragen. Voraussetzung dieser Bevollmächtigung ist jedoch, dass die Schuldurkunden zur Bestellung der Grundpfandrechte durch den amtierenden Notar oder seinen Vertreter vollzogen werden, eine persönliche Haftung der Verkäuferin nicht begründet wird und – soweit mit dem jeweiligen Darlehens- oder Kreditvertrag vereinbar – die Anweisung an die Gläubiger enthalten ist, die Auszahlung in so weit nur nach Maßgabe der vorstehenden Regelungen über die Belegung des Kaufpreises vorzunehmen und eine etwaige Restvaluta erst freizugeben, wenn der Kaufpreis vertragsgemäß gezahlt ist.

Der Notar wird angewiesen der Verkäuferin unverzüglich eine Abschrift der Grundschuldbestellungsurkunde zu übersenden. Die Käuferin verpflichtet sich, alles ihrerseits erforderliche zu tun, damit die Darlehensvaluten fristgemäß erfolgen kann.

6. FINANCING OF PURCHASE PRICE

To finance the purchase price and additional costs, the Vendor irrevocably authorizes the Purchaser to create mortgages with up to 20% annual interest and up to 10% non-recurring ancillary payments for registration to the assigned property for purchase, to subject the respective owner in rem to compulsory execution, and to submit all other declarations required for the priority-relevant registration of the mortgages. The mortgages shall only be registered subordinate to any restricted rights in rem provided to the benefit of the Vendor or shall be provided with a corresponding reservation of priority. This authorization, however, is subject to the condition that the instruments of debt used to create the mortgages are executed by the officiating Notary Public or his deputy, personal liability on the part of the Vendor is not established and – if compatible with the respective loan or credit agreement –, instruct the creditors to effect the disbursement in this regard subject only to the preceding provisions on the allocation of the purchase price and not to release any remaining funds until the purchase price has been paid in accordance with the Agreement.

The Notary Public is instructed to promptly send the Vendor a copy of the deed establishing the charge on real property. The Purchaser agrees to take all necessary steps on its part to ensure that the loan funds can be disbursed within the specified time limits.

TEIL III
DINGLICHER VOLLZUG

7. VORMERKUNG

7.1 Eintragung

Die Verkäuferin bewilligt und die Käuferin beantragt die Eintragung einer Vormerkung gemäß § 883 BGB zur Sicherung des Anspruchs der Käuferin auf Übertragung des Eigentums an dem Kaufgegenstand im Rang unmittelbar nach den in Ziffer 1.2 (3) und (4) dieses Vertrages aufgeführten Belastungen.

PART III
EXECUTION IN REM

7. PRIORITY NOTICE

7.1 Registration

The Vendor approves and the Purchaser applies for the registration of a priority notice, pursuant to Section 883 BGB, to secure the Purchaser´s claim to the transfer of ownership of the object of purchase directly subordinate to the encumbrances listed in Section 1.2 Items (3) and (4) of this Agreement.

7.2 Löschung mit Eigentumsumschreibung

Die Käuferin bewilligt und beantragt, diese Vormerkung zu löschen, sobald sie als Eigentümerin im Grundbuch eingetragen ist und sofern keine Zwischeneintragungen erfolgt oder beantragt sind, denen die Käuferin nicht zugestimmt hat.

7.3 Löschung wegen Nichtdurchführung des Vertrages

Der Notar wird hiermit von der Käuferin unwiderruflich ermächtigt und beauftragt, die gemäß Ziffer 7.1 bewilligte Vormerkung wieder löschen zu lassen und in der Käuferins Namen die Löschung der Vormerkung zu bewilligen sowie dem Grundbuchamt zum Vollzug vorzulegen, wenn

a) der Notar die Notarmitteilung an die Käuferin versandt hat und

b) die Verkäuferin dem Notar Unterlagen **in Kopie vorgelegt hat, aus denen sich schlüssig** ergibt, dass der Anspruch der Käuferin auf Durchführung dieses Vertrages aufgrund Pflichtverletzung der Käuferin erloschen ist und die Verkäuferin mit Rücksicht hierauf die Löschung der Vormerkung schriftlich beim Notar beantragt hat und

c) der Notar die Käuferin durch eingeschriebenen Brief eine Kopie des Aufforderungsschreibens der Verkäuferin zugeleitet hat und

d) die Rückzahlung der von der Käuferin etwa bereits geleisteten Kaufpreisbeträge sichergestellt ist,

es sei denn, dem Notar ist die Löschung der Vormerkung durch einstweilige Verfügung untersagt. Der Notar darf den Antrag auf Löschung der Vormerkung frühestens 1 Monat nach Zugang des Schreibens gemäß Ziffer 7.3 c) beim Grundbuchamt stellen. Die vorstehenden Einschränkungen der Vollmacht des Notars gelten nur im Innenverhältnis. Im Außenverhältnis ist diese Vollmacht unbeschränkt.

7.2 Deletion with transfer of ownership

The Purchaser approves and applies for deletion of this priority notice as soon as it has been registered as owner in the land register and as soon as no interim entries have been made or applied for that have not been approved by the Purchaser.

7.3 Deletion for non-execution of the Agreement

The Purchaser hereby irrevocably authorizes and instructs the Notary Public to have the priority notice approved in accordance with Section 7.1 deleted again and to approve the deletion of the priority notice on behalf of the Purchaser as well as to submit the notice of deletion to the land registry for execution if

a) the Notary Public has sent the notarial notification to the Purchaser, and

b) the Vendor has presented the Notary Public with copies of documents, from which it can be irrefutably concluded that the Purchaser's claim to the execution of this Agreement has expired as a result of breach of duty on the part of the Purchaser, and the Vendor, in consideration hereof, has issued a written request to the Notary Public to delete the priority notice, and

c) the Notary Public has forwarded, by registered mail, a copy of the Vendor's letter of request to the Purchaser, and

d) the repayment of the purchase price amounts already paid by the Purchaser, if applicable, has been secured,

unless the Notary Public is barred by an injunction from deleting the priority notice. The Notary Public may file the petition for deletion of the priority notice no earlier than 1 month following receipt of the letter pursuant to Section 7.3 Item c) by the land registry office. The above restrictions on the authority of the Notary Public shall only apply with regard to the relationship between the parties. This authority remains unrestricted with respect to third parties.

8. AUFLASSUNG

8.1 Auflassungserklärung

Die Vertragsparteien erklären nunmehr (unbedingt) die Auflassung wie folgt:

»Wir sind darüber einig, dass das Eigentum an dem in Ziffer 1 dieses Vertrages näher bezeichneten Kaufgrundstück, eingetragen in dem Grundbuch von ..., Blatt ..... mit allen damit verbundenen Rechten, Bestandteilen und Zubehör von der Verkäuferin auf die Käuferin übergeht, und bewilligen und beantragen die Eintragung der Eigentumsänderung im Grundbuch.«

8.2 Erstellung von Ausfertigungen

8.2.1 Von diesem Protokoll soll nur eine Ausfertigung mit der Auflassungserklärung versehen werden und beim Notar zu treuen Händen verbleiben. Dieser wird hiermit unwiderruflich beauftragt und ermächtigt, die Ausfertigung dem Grundbuchamt zur Umschreibung des Eigentums einzureichen, sobald ihm die Verkäuferin die Zahlung des Kaufpreises bestätigt oder der Käuferin dieselbe durch Bankbestätigung nachgewiesen hat.

8.2.2 Im Übrigen sind Ausfertigungen und beglaubigte Abschriften ohne Auflassungserklärung herzustellen.

9. LÖSCHUNGSANTRAG

Die Verkäuferin beantragt hiermit die Löschung aller in Abteilung II und III des Grundbuchs eingetragenen Belastungen, ausgenommen die Belastung in

Abteilung II, lfd. Nrn ..... des Grundbuchs von ...., folio ...,

die die Käuferin zur weiteren Duldung übernimmt. Insbesondere wird die Löschung der in Abteilung III derzeit eingetragenen Grundpfandrechte beantragt.

8. CONVEYANCE

8.1 Statement of conveyance

The contracting parties hereby declare (unconditionally) the conveyance as follows:

»We agree that the ownership of the property for purchase described in detail in Section 1 of this Agreement, entered into the land register of ..., folio ...., together with all associated rights, components and accessories, shall be conveyed to the Purchaser by the Vendor, and we approve and apply for entry of the change in ownership in the land register.«

8.2 Preparation of executed copies

8.2.1 Only one executed copy of this deed shall be provided with the statement of conveyance and shall be kept in trust by the Notary Public. The Notary Public is hereby irrevocably instructed and authorized to submit the executed copy to the land registry for the purpose of transfer of ownership, as soon as the Vendor has confirmed to the Notary Public the payment of the purchase price or the Purchaser has provided verification thereof in the form of a bank confirmation.

8.2.2 All other executed copies and certified copies shall be produced without the statement of conveyance.

9. APPLICATION FOR DELETION

The Vendor hereby applies for the deletion of all encumbrances recorded in Section II and III of the land register, with the exception of the encumbrances in

Section II, serial no ..... the land register of ..... folio ....,

which the Purchaser accepts for further toleration. In particular, deletion of the mortgages currently recorded in Section III is applied for.

TEIL IV
SONSTIGE VEREINBARUNGEN, VERTRAGSDURCHFÜHRUNG

10. RÜCKTRITTSRECHTE

10.1 Rücktrittsrechte der Käuferin

10.1.1 Die Käuferin ist ferner berechtigt, von diesem Vertrag zurückzutreten, sofern die Fälligkeitsvoraussetzungen gemäß Ziffer 2.2 nicht sämtlich bis zum [5 Monate nach Beurkundung] eingetreten sind.

10.1.2 Die Käuferin ist – unbeschadet weitergehender gesetzlicher Rücktrittsrechte – ferner berechtigt, von diesem Vertrag zurückzutreten, sofern zwischen der Abnahme und dem Übergabe- und Verrechnungstag Verschlechterungen des Kaufgegenstandes eintreten, deren Beseitigung mehr als einen Monat seit Schadensentstehung erfordert.

10.2 Gesetzliche Rücktrittsrechte

Gesetzliche Rücktrittsrechte der Vertragsparteien bleiben unberührt.

10.3 Ausübung eines Rücktrittsrechts

Das Rücktrittsrecht ist durch schriftliche Erklärung oder per Telefax gegenüber der jeweils anderen Partei zu Händen des Notars auszuüben, den die Vertragsparteien hiermit unwiderruflich zum Empfang der Rücktrittserklärung bevollmächtigen. Die Rücktrittserklärung wird mit Eingang beim Notar wirksam. Dieser ist gehalten, die jeweils andere Partei unverzüglich über die Ausübung eines Rücktrittsrechts zu informieren.

11. KOSTEN

11.1 Allgemeine Kostenregelung

Die Gerichts- und Notarkosten der Beurkundung dieses Vertrages und seiner Durchführung trägt die Käuferin, ebenso die zu zahlende Grunderwerbsteuer. Die Kosten der Löschung aller von der Käuferin nicht übernommener Belastungen in Abteilung II und III des Grundbuchs [sowie der Bildung des Kaufgrundstücks, insbesondere die Kosten und Gebühren der Teilung und der in diesem Zusammenhang erforderlichen Maßnahmen einschließlich etwaiger Vermessungskosten,] trägt dagegen die Verkäuferin.

PART IV
OTHER AGREEMENTS, EXECUTION OF THE AGREEMENT

10. RESCISSION RIGHTS

10.1 The Purchaser's rescission rights

10.1.1 The Purchaser is further entitled to rescind this Agreement if all of the conditions of payment, pursuant to Section 2.2, are not in place by [5 months after notarial conclusion of contract].

10.1.2 The Purchaser is also entitled – notwithstanding additional statutory rescission rights – to rescind this Agreement if deterioration in the object of purchase occurs between the inspection and the delivery and settlement date, the correction of which requires more than one month from the date of onset of the damage.

10.2 Statutory rescission rights

The statutory rescission rights of the Parties shall remain unaffected.

10.3 Exercising a rescission right

The rescission right shall be executed by issuing a written declaration or by sending a fax to the respective other party, to the attention of the Notary Public, whom the contracting parties hereby irrevocably authorize to receive the statement of rescission. The statement of rescission shall take effect upon receipt by the Notary Public. The Notary Public is obliged to promptly notified the respective other party of the exercise of a right of rescission.

11. COSTS

11.1 General regulation concerning costs

The Purchaser shall bear the court costs and notarial charges associated with this Agreement and its execution, as well as the property transfer tax to be paid. On the other hand, the Vendor shall bear the costs of deletion of all encumbrances in Section II and III of the land register not assumed by The Purchaser [as well as costs of formation of the property for purchase, especially the costs and fees for subdivision and the measures required in this context, including surveying costs, if any].

11.2 Sonderregelung

Sollte dieser Vertrag aus Gründen, die die Verkäuferin zu vertreten hat, nicht zur Durchführung kommen, trägt die Verkäuferin die Kosten der Beurkundung dieses Vertrages und seiner Durchführung einschließlich der angefallenen Gerichtskosten. Dies gilt auch für die Fälle, dass die Käuferin ein ihr in Ziffer 10 eingeräumtes und/oder ein gesetzliches Rücktrittsrecht wirksam ausübt.

12. Schlussbestimmungen

12.1 Dieser Vertrag enthält sämtlich Abreden zwischen den Parteien und ersetzt sämtliche früheren schriftlichen oder mündlichen Abreden und Vereinbarungen der Parteien, insbesondere jeden Vertrag. Es wurden keine mündlichen Nebenabreden getroffen.

12.2 Die **ANLAGEN** zu diesem Vertrag bilden einen untrennbaren Bestandteil dieses Vertrags.

12.3 Änderungen oder Ergänzungen dieses Vertrags, einschließlich dieser Schriftformklausel, bedürfen der Schriftform.

12.4 Dieser Vertrag unterliegt dem Recht der Bundesrepublik Deutschland. Die Vertrags- und Verfahrenssprache ist deutsch, Gerichtsstand ist München, Bundesrepublik Deutschland.

12.5 Die Unwirksamkeit einzelner Bestimmungen dieses Vertrags berührt nicht die Wirksamkeit der übrigen Regelungen. Unwirksame Bestimmungen gelten als durch solche wirksame Regelungen ersetzt, die geeignet sind, den wirtschaftlichen Zweck der weggefallenen Regelung soweit wie möglich zu verwirklichen.

11.2 Special provision

If this Agreement is not executed, due to reasons for which the Vendor can be held liable, the Vendor shall bear the costs of certification of this Agreement and its execution, including any court costs incurred. This shall also apply for those cases in which the Purchaser effectively exercises a right of withdrawal it is granted under Section 10 and/or a legal right of withdrawal.

12. Miscellaneous

12.1 This Agreement contains the entire understanding between the Parties and cancels and invalidates all prior commitments or representations, in particular any Agreement ..... The Parties agree that there are no representations, warranties, conditions, guarantees or understandings other than those expressly set forth in this Agreement.

12.2 The **SCHEDULES** to this Agreement shall constitute integral parts of this Agreement.

12.3 This Agreement, including this section, may be amended, modified or supplemented only by a written instrument authorized and executed on behalf of the Parties.

12.4 This Agreement shall be governed by and construed in accordance with the laws of the Federal Republic of Germany. Proceedings shall be conducted in the German language, which is also the contract language. The legal venue shall be Munich Main, Federal Republic of Germany.

12.5 The unenforceability of any provision of this Agreement shall not affect the enforceability of any other provisions hereof. Unenforceable provisions shall be deemed to be replaced by such enforceable provisions that are suitable to implement the economic purpose of the deleted provision to the greatest extent possible.

12.6 Dieser Vertrag ist, mit Ausnahme von Teilen der **ANLAGEN**, in deutscher und englischer Sprache abgefasst. Die englische Übersetzung dient jedoch nur der Information und hat keine rechtliche Bedeutung. Für die Auslegung ist daher in Streitfällen, mit Ausnahme der englischsprachigen Teile der ANLAGEN, allein die deutsche Fassung maßgeblich.

13. BELEHRUNGEN/VERTRAGSDURCHFÜHRUNG/NOTAR

13.1 Umschreibungsvoraussetzungen

Die Vertragschließenden wurden darüber belehrt, dass die

a) die Eigentumsumschreibung im Grundbuch erst nach Zahlung aller Gebühren und Kosten, nach Erteilung der zu diesem Vertrag etwa notwendigen Genehmigungen und nach Vorliegen der Unbedenklichkeitsbescheinigung des Finanzamtes erfolgen kann und dass das Eigentum erst mit der Umschreibung im Grundbuch auf die Käuferin übergeht;

b) alle Vereinbarungen beurkundet sein müssen und dass bei einem Verstoß gegen diese Bestimmung (§ 311 b) Absatz (1) BGB) der Vertrag in seinem ganzen Inhalt unwirksam sein kann;

c) das Grundstück für etwaige Rückstände an öffentlichen Abgaben haftet;

d) die Vertragsparteien gesamtschuldnerisch für die Grunderwerbsteuer und die Kosten ohne Rücksicht auf die vertragliche Verteilung haften.

13.2 Vertragsdurchführung

Die Parteien beauftragen den amtierenden Notar mit dem Vollzug dieses Rechtsgeschäfts und der Einholung der erforderlichen Erklärungen und Genehmigungen.

14. VOLLMACHT

14.1 Vollmacht zur Erreichung des Vertragsziels

Die Verkäuferin bevollmächtigt hiermit die Notariatsangestellten

[…],

12.6 This Agreement has been drawn up in both, the English and the German languages, except for certain parts of the **SCHEDULES**. The English translation shall be for convenience purposes only. For the avoidance of doubt, in the event of a dispute, the German version shall prevail, except for those certain parts of the SCHEDULES that are in English.

13. INSTRUCTIONS/EXECUTION OF THE AGREEMENT/NOTARY PUBLIC

13.1 Conditions of transfer

The contracting parties were instructed that

a) the transfer of ownership in the land register can only take place following the payment of all fees and costs, following the issue of all permits required for this Agreement, and following the receipt of the clearance certificate furnished by the tax authority, and that ownership shall only be transferred to the Purchaser once the transfer has been effected in the land register;

b) all agreements must be certified and that, in the event of a violation of this provision (Section 311 b) Para. (1) BGB), the entire contents of the Agreement may be invalid;

c) the property is liable for any arrears in public levies;

d) the contracting parties are jointly and severally liable for payment of the land transfer tax and costs, irrespective of contractual allocation.

13.2 Execution of the Agreement

The parties instruct the officiating Notary Public to execute this legal transaction and to obtain the required statements and permits.

14. POWER OF ATTORNEY

14.1 Authorization to achieve the objective of the Agreement

The Vendor hereby authorizes the employees of the notary's office

[…],

und zwar jede für sich, unter Befreiung von den einschränkenden Bestimmungen des § 181 BGB sowie mit dem Recht, Untervollmacht zu erteilen, alle zur Erreichung des Vertragsziels etwa noch erforderlich werdenden Erklärungen einschließlich Änderungen und Ergänzungen dieses Vertrages für die Verkäuferin rechtsverbindlich abzugeben und entgegenzunehmen. Die Bevollmächtigten sollen insbesondere ermächtigt sein, insoweit auch Anträge einschließlich solcher auf Rangänderungen an das Grundbuchamt zu richten, zu ergänzen und zurückzunehmen sowie die Auflassung zu wiederholen und Identitätserklärungen abzugeben.	each of them individually and exempt from the restrictive provisions of Section 181 BGB, and with the right to delegate authority, to issue and accept, on behalf of the Vendor and in legally binding fashion, all statements required to attain the objective of the agreement, including amendments and additions to this Agreement. In particular, the authorized agents shall also be empowered, in this regard, to submit, amend and withdraw applications to the land registry, including those relating to changes in priority, as well as to repeat the conveyance and issue statements of identity.
Dies gilt auch für alle für eine Grundstücksteilung erforderlichen Erklärungen und Anträge.	This also applies to all statements and applications required for property subdivision.
14.2 Ausführungsvorschriften	**14.2 Execution provisions**
Wirksamkeitsvoraussetzung dieser Vollmacht ist die Beurkundung oder Beglaubigung der Geschäfte durch den Notar. Der Notar und die Bevollmächtigten sind intern gehalten, Beurkundungen und Beglaubigungen den Beteiligten eine Woche zuvor schriftlich anzukündigen.	The condition for validity of this power of attorney is the certification or notarization of the transactions by the Notary Public. The Notary Public and the authorized agents are internally obligated to provide the participating parties with one week's advance written notification of certifications and notarizations.
14.3 Erlöschen	**14.3 Expiration**
Die Vollmacht, die jederzeit widerruflich ist, erlischt ein Jahr nach Eigentumsumschreibung.	The power of attorney, which is revocable at any time, expires one year following the transfer of ownership.
Das vorstehende Protokoll nebst verlesbaren Anlagen wurde den Erschienenen vom Notar vorgelesen; die nicht verlesbaren Anlagen wurden den Erschienenen zur Durchsicht vorgelegt. Die Niederschrift nebst Anlagen und den hierin vorgenommenen Änderungen wurden von den Erschienenen genehmigt und die Niederschrift von ihnen und dem Notar, wie folgt, eigenhändig unterschrieben:	The above record, as well as schedules that can be read aloud, was read to the parties appearing by the Notary Public; the schedules that cannot be read aloud were presented to the parties appearing for their review. The record and schedules, as well as the changes made thereto, were approved by the parties appearing, and were signed as follows by both the parties appearing and the Notary Public:
LISTE DER ANLAGEN	**LIST OF SCHEDULES**
1. ANLAGE »KAUFGRUNDSTÜCK«/	1. SCHEDULE »PROPERTY FOR PURCHASE«
2. ANLAGE »BAULASTEN«/	2. SCHEDULE »PUBLIC LAND CHARGES«
3 .ANLAGE »MIETVERTRAGSDOKUMENTATION«	3. SCHEDULE »LEASE AGREEMENT DOCUMENTATION«
4. ANLAGE »WARTUNGS- UND DIENSTLEISTUNGSVERTRÄGE«	4. SCHEDULE »MAINTENANCE AND SERVICE AGREEMENTS«
5. ANLAGE »MÄNGEL- UND RESTARBEITEN«/	5. SCHEDULE »WORKS PERTAINING TO DEFECTS AND RESIDUAL WORKS«

E. Gesamtmuster

XXVII. Einrichtung einer Verweisungsurkunde

▶

3916 URNr. ...../20 .....

Errichtung einer Verweisungsurkunde

(Vertragsanlagen)

Heute, den ..... zweitausend .....

– ..... –

erschien vor mir,

.....,

Notar in ...,

in meinen Amtsräumen in ....:

.....

mir, Notar, persönlich bekannt

Auf Ansuchen der Erschienenen beurkunde ich ihren Erklärungen gemäß, was folgt:

§ 1

Vorbemerkung

Die »..... Aktiengesellschaft« mit dem Sitz in ...

– nachstehend »der Verkäufer« genannt –

(Postanschrift: .....)

beabsichtigt, rechtsgeschäftliche Erklärungen bezüglich des nachgenannten Grundbesitzes mit oder gegenüber Dritten abzugeben. In Betracht kommen etwa Veräußerungen, Einbringung in Gesellschaften, Ausgliederung aus der Aktiengesellschaft oder vergleichbare Vorgänge.

Die Mitverlesung sämtlicher zur Umfangskennzeichnung des Rechtsgeschäfts erforderlichen Informationen im Rahmen der Beurkundung des eigentlichen Vertragswerks würde den zumutbaren zeitlichen Rahmen einer solchen Beurkundungsverhandlung sprengen und die zuhörende Aufmerksamkeit der Beteiligten überfordern. § 13a Abs. 1 Beurkundungsgesetz ermöglicht daher im Rahmen einer Niederschrift die Verweisung auf eine andere notarielle Niederschrift, die nach den Vorschriften über die Beurkundung von Willenserklärungen errichtet worden ist; letztere braucht bei entsprechendem Verzicht im Rahmen der Haupturkunde nicht erneut vorgelesen und beigefügt zu werden. Gleiches gilt für die Vorlage von Karten oder Zeichnungen, die von einer öffentlichen Behörde innerhalb der Grenzen ihrer Amtsbefugnisse oder von einer mit öffentlichem Glauben versehenen Person innerhalb des ihr zugewiesenen Geschäftskreises mit Unterschrift und Siegel oder Stempel versehen worden sind, § 13a Abs. 4 BeurkG; diese Karten und Zeichnungen brauchen demnach der Haupturkunde nicht nach Durchsicht und Genehmigung durch die Beteiligten beigefügt werden.

Gegenstand der heutigen Niederschrift ist die Auslagerung der verweisungsfähigen, jedoch beurkundungspflichtigen Bestandteile der zu erwartenden rechtsgeschäftlichen Vereinbarung (»Haupturkunde«), soweit sie die Umfangskennzeichnung des Hauptgeschäftes betreffen oder soweit in der Haupturkunde auf diese verwiesen wird, durch Anfertigung einer Verweisungsurkunde, die den Voraussetzungen des § 13 a BeurkG genügt. Wegen der Maßgeblichkeit lediglich der Errichtungsform der Verweisungsurkunde ist es nicht erforderlich, dass die in Anwesenheit der Erschienenen verlesenen Bestandteile und Texte selbst Willenserklärungen enthalten; zu einem überwiegenden Teil handelt es sich vielmehr um Wissenserklärungen oder Informationen tatsächlicher Art. Eine Identität der die Verweisungsurkunde errichtenden oder hierbei vertretenen Person mit den noch zu bezeichnenden Beteiligten der Haupturkunde ist ebenfalls nicht erforderlich.

Im Weg der Kettenverweisung wird in der heutigen Verweisungsurkunde ferner auf solche Niederschriften deutscher Notare verwiesen, die bei Fertigung der heutigen Niederschrift in beglaubigter

Abschrift vorlagen. Insoweit erklärt die Erschienene, dass ihr der Inhalt dieser weiteren notariellen Niederschriften bekannt ist und sie auf das Vorlesen und förmliche Beifügen verzichtet.

In gleicher Weise erklärt die Erschienene, dass ihr etwa beigefügte amtliche Karten und Zeichnungen im Sinn des § 13a Beurkundungsgesetz bekannt sind; sie wurden zur Durchsicht vorgelegt und genehmigt und sind als Anlage beizufügen. Auf sie wird verwiesen.

Gegenstand dieser Verweisungsurkunde sind weiter Listen von Sachgesamtheiten (Inventare), die in Anlage ..... und ..... beigefügt sind; auf sie wird verwiesen. Sie wurden der Beteiligten zur Kenntnisnahme vorgelegt und von ihr – auf jeder Seite einzeln – unterschrieben. Auf deren Verlesung wird gemäß § 14 Abs. 1 Satz 1 BeurkG allseits verzichtet.

§ 2
Abgabe der Erklärungen

Die Erschienene gibt die in den als Anlage beigefügten Texten enthaltenen, vorgelesenen und zur Identifikation des Umfangs des Hauptgeschäftes erforderlichen Erklärungen in rechtlicher und tatsächlicher Art ab und macht diese damit zum Gegenstand der heutigen, verweisungstauglichen Niederschrift. Sie verweist ferner auf die folgende Notarurkunde, die heute in beglaubigter Abschrift vorlag und auf deren Verlesung und Beifügung zur heutigen Niederschrift sie verzichtet; ihr Inhalt ist ihr bekannt:

URNr. ..... des Notars ..... in ..... vom .....

Ausdrücklich wird klargestellt, dass der rechtsgeschäftliche Kontext der abgegebenen Wissenserklärungen und festgestellten Tatsachen sich aus der jeweils abschnittweisen Verweisung im Rahmen der Haupturkunde ergeben wird, in welcher beispielsweise klargestellt werden wird, ob es sich um übertragene oder von der Übertragung ausgenommene Gegenstände handelt, um rechtliche Zusicherungen oder Ausnahmen hiervon, um Gewährsübernahmen hinsichtlich der Vollständigkeit der Aufstellungen etc.

Die auf den Trennblättern zwischen den Anlagen enthaltenen Zuordnungsziffern sind daher ebenfalls Inhalt dieser Verweisungsurkunde. Sie werden bei der Fertigung beglaubigter Abschriften durch Einlegeblätter mit identischer Nummerierung ersetzt.

§ 3
Schlussbestimmungen

Die Erschienene stellt klar, dass sie für die Richtigkeit der Erklärungsinhalte, die sie sich zu eigen gemacht hat, keinerlei persönliche Haftung übernimmt. Die Aufnahme dieser Erklärungen in eine notarielle Niederschrift dient der Erleichterung des zu erwartenden Vertragsschlusses im Weg der Verweisung gemäß § 13a und 14 Beurkundungsgesetz.

Der Verkäufer hat sich gegenüber dem amtierenden Notar zur Übernahme der durch diese Beurkundungsverhandlung entstandenen Kosten bereit erklärt; die Erschienene trifft in soweit keine persönliche Haftung.

Der amtierende Notar weist die Beteiligte und die künftigen Beteiligten derjenigen Haupturkunde, in welcher auf die heutige Verweisungsurkunde verwiesen werden wird, darauf hin, dass auch er den Inhalt der Verweisungstexte nicht auf tatsächliche und rechtliche oder wirtschaftliche Korrektheit zu überprüfen vermag und eine Belehrung der Beteiligten insoweit weder möglich noch gefordert oder erwartet war.

Soweit das vorgelegte zeichnerische und Karten-Anlagenmaterial nicht zum Gegenstand einer Verweisungsurkunde gemacht werden kann, sondern unmittelbar im Rahmen der Beurkundung des Hauptvertrags, der die Verweisung auf die heutige Niederschrift enthalten wird, zur Durchsicht vorzulegen und zu genehmigen ist, wurden diese Bestandteile bei Anfertigung der Verweisungsurkunde ausgesondert. Diese, etwa Privatkopien von Lageplänen, werden den Beteiligten der Haupturkunde zur Durchsicht vorgelegt werden und durch sie in jener genehmigt werden. Aus Gründen gesteigerter Übersichtlichkeit sollen jedoch auch diese Anlagen der Verweisungsurkunde beigefügt und beigebunden werden an der systematischen Stelle, welcher sie zugehören. Es handelt sich insbesondere um folgende Pläne und Zeichnungen:

E. Gesamtmuster

Lageplan .....

Hinsichtlich der Ausfertigung ersucht die Erschienene um die Anfertigung eines Originals, dem sämtliche mitverlesenen Anlagen und mitvorgelegten amtlichen Zeichnungen und Pläne samt der im Rahmen der Haupturkunde nach Vorlage und Durchsicht zu genehmigenden Pläne und Zeichnungen untrennbar beizuheften sind. Dieses Original ist den Beteiligten der noch anzufertigenden Haupturkunde im Rahmen deren Vorbereitung und zum Zweck der Verweisung während deren Beurkundung zur Verfügung zu stellen, soll jedoch in der Urkundensammlung des Notars verbleiben. Auf Wunsch und Kosten der Beteiligten der noch anzufertigenden Haupturkunde sind jenen hiervon beglaubigte Abschriften zu fertigen. Jeder Beteiligten erhält ferner eine vollständige scan-Kopie auf CD.

Vorstehende Niederschrift

samt der beigehefteter Textanlagen Nr. .....

wurde der Erschienenen

durch oder in Gegenwart des Notars in der Originalsprache der jeweiligen Anlage vorgelesen,

die als Anlage beigefügten Karten und Zeichnungen Nr. ..... gemäß § 13a Abs. 4 Beurkundungsgesetz zur Durchsicht vorgelegt,

die als Anlagen ..... beigefügten Verzeichnisse gem. § 14 BeurkG

auf jeder Seite einzeln unterzeichnet

sämtliches genehmigt bzw. hierauf verwiesen

und eigenhändig unterschrieben:

.....

XXVIII. Dreiseitige Vereinbarung nach Vorkaufsrechtsausübung

▶

Ein rechtsgeschäftlich Vorkaufsberechtigter hat nach Eintritt des Vorkaufsfalles (»Erstkauf«) sein Vorkaufsrecht ausgeübt; Finanzierungsgrundschuld und Vormerkung zugunsten des Erstkäufers sind bereits eingetragen, jedoch die Fälligkeit noch nicht eingetreten. Im Rahmen einer »dreiseitigen Vereinbarung« unter Einbeziehung des Verkäufers, des Erstkäufers und des Vorkäufers sollen die erforderlichen Erklärungen zur Rückabwicklung des Erstkaufs und zur Anpassung des mit Vorkaufsrechtsausübung zustande kommenden Kaufvertrags mit dem Vorkäufer abgegeben werden. Im Fall der Ausübung des öffentlich-rechtlichen Vorkaufsrechts der Gemeinde entfällt die Löschungsbewilligung hinsichtlich der bereits eingetragenen Erstkäufervormerkung wegen § 28 Abs. 2 Satz 6 BauGB (vgl. Rdn. 1713); hat die Gemeinde ihr Vorkaufsrecht gar preislimitiert oder zum Entschädigungswert (§ 28 Abs. 3, Abs. 4 BauGB) ausgeübt, bedarf es auch keiner Auflassung mehr, da das Eigentum kraft Gesetzes auf die Gemeinde übergeht und auf deren Eintragungsersuchen hin verlautbart wird, vgl. Rdn. 1719.

3917

URNr. ....../20 .....

Auflassung

und weitere Erklärungen

nach Ausübung eines Vorkaufsrechts

Heute, den ..... zweitausend .....

– ..... 20..... –

erschienen gleichzeitig vor mir,

.....,

Notar in ....,

in meinen Amtsräumen in .....:

1. .....,

geb. am .....,

wohnhaft: .....,

nach Angabe im gesetzlichen Güterstand verheiratet,

ausgewiesen durch gültigen deutschen Personalausweis,

– im Folgenden »der Verkäufer« genannt –

2. ....,

geb. am .....,

wohnhaft: .....,

nach Angabe im gesetzlichen Güterstand verheiratet,

ausgewiesen durch gültigen deutschen Personalausweis,

– im Folgenden »der Erstkäufer« genannt –

3. ....,

geb. am .....

wohnhaft: .....

nach Angabe im gesetzlichen Güterstand verheiratet,

ausgewiesen durch gültigen deutschen Personalausweis,

– im Folgenden »der Vorkäufer« genannt –.

Auf Frage des Notars verneinten die Beteiligten eine Vorbefassung i.S.d. § 3 Abs. 1 Satz 1 Nr. 7 BeurkG. Sie erklärten mit der Bitte um Beurkundung:

A. Grundbuch- und Sachstand

1. Das Grundbuch des Amtsgerichts ..... für ..... Blatt ..... wurde am ..... eingesehen.
Dort ist folgender Grundbesitz vorgetragen:
Flst.Nr. .....
Als Eigentümer ist vermerkt: der Verkäufer.
Der Grundbesitz ist im Grundbuch wie folgt belastet:
Abteilung II:
Dienstbarkeit für .....
Eigentumsvormerkung für den Erstkäufer
Abteilung III:
Grundschuld (im Finanzierungsinteresse des Verkäufers) zugunsten .....
Grundschuld (bestellt als Finanzierungsgrundschuld des Erstkäufers) zugunsten .....

2. Verkäufer und Erstkäufer haben zu Urkunde des amtierenden Notars vom ..... URNr. ..... (nachstehend »Vorurkunde« genannt) einen Kaufvertrag über vorgenanntes Objekt abgeschlossen. Löschungsbewilligung hinsichtlich der Verkäufergrundschuld liegt unter Auflagen vor; der Kaufpreis ist noch nicht fällig gestellt und der Besitz noch nicht übergegangen. Die Vorurkunde liegt heute in Urschrift vor; ihr Inhalt ist den Beteiligten, die jeweils Ausfertigung erhalten haben, bekannt. Die Beteiligten wünschen nicht, dass die Vorurkunde verlesen wird, wünschen jedoch zur vereinfachten Dokumentation um Beifügung einer beglaubigten Abschrift zur heutigen Urkunde. Auf sie wird hiermit verwiesen. Die Bedeutung dieser Verweisung wurde durch den Notar erläutert.

Dem Vorkäufer wurde durch den amtierenden Notar eine Ausfertigung der wirksam gewordenen Vorurkunde zugestellt (Zugang am .....). Er hat mit Schreiben vom ....., beim Verkäufer eingegangen am ....., sein Vorkaufsrecht ausgeübt, sodass gem. § 464 Abs. 2 BGB ein schuldrechtlicher Kaufvertrag zwischen dem Verkäufer und dem Vorkäufer zustande gekommen ist.

Die heutige Urkunde dient unter Beiziehung aller drei Beteiligten zum einen der Rückabwicklung des Vertrags mit dem Erstkäufer (Teil B), zum anderen der Anpassung der schuldrechtlichen Vereinbarungen des Vertrags zwischen Verkäufer und Vorkäufer (Teil C) sowie deren Erfüllung (Eigentumsübergang, Teil D).

B. Regelungen hinsichtlich des Vertrags zwischen Verkäufer und Erstkäufer

1. Der Verkäufer erklärt aufgrund des in der Vorurkunde vorbehaltenen Rechts den Rücktritt vom Erstkaufvertrag, den der Erstkäufer annimmt. (*Ggf.: Beide Beteiligte verpflichten sich, den Erstkauf erneut abschließen zu wollen, falls der Vertrag mit dem Vorkäufer, etwa mangels Kaufpreiszahlung, nicht durchgeführt wird. Der Verkäufer tritt für diesen Fall seine gegen den Vorkäufer gerichteten Schadensersatzansprüche an den Erstkäufer ab; weitere Sekundäransprüche bestehen zwischen Verkäufer und Erstkäufer dann nicht.*)

2. Die zugunsten des Erstkäufers eingetragene Vormerkung ist nach Eintragung des Vorkaufsrechts und Eintritt des Vorkaufsfalles (Wirksamkeit der Vorurkunde ist insoweit nicht erforderlich) entstanden und daher bei Eigentumsumschreibung auf den Vorkäufer zu löschen, § 1098 Abs. 2 BGB. Allerdings kann der Erstkäufer Zug-um-Zug Erstattung bzw. Freistellung hinsichtlich folgender Kosten verlangen:

Notarkosten der Vorurkunde i.H.v. ..... €, bereits entrichtet am ...,

Grundbuchkosten hinsichtlich der Eintragung seiner Vormerkung i.H.v. ..... (bereits entrichtet am ....) und ihrer Löschung in noch festzusetzender Höhe von ..... €,

Kosten für die Erteilung des gemeindlichen Negativzeugnisses hinsichtlich der Vorkaufsreche nach BauGB i.H.v. ..... €, entrichtet am ....,

Maklercourtage i.H.v. .....€, noch nicht entrichtet.

Die Gebühren im Zusammenhang mit Eintragung und Löschung seiner Finanzierungsgrundschuld sind nicht erstattungsfähig, die bereits festgesetzte, jedoch noch nicht entrichtete Grunderwerbsteuer wird gem. § 16 GrEStG aufgehoben. Der Notar wird beauftragt, den Rücktritt der Grunderwerbsteuerstelle unter Übersendung einer beglaubigten Abschrift der heutigen Urkunde anzuzeigen (*Ggf: Sofern die Grunderwerbsteuer bereits durch den Erstkäufer entrichtet wurde, wird Erstattung auf dessen Konto-Nr ..... bei der ..... bank, BLZ ..... beantragt*).

Anstelle einer Erstattung der oben genannten Kosten durch den Verkäufer an den Erstkäufer, sodann des Ausgleiches durch den Vorkäufer an den Verkäufer, vereinbaren die Beteiligten: Der Vorkäufer ist verpflichtet, die bereits durch den Erstkäufer entrichteten Kosten in vorstehend bezifferter Höhe von gesamt ..... € binnen vierzehn Tagen ab heute unmittelbar auf das Konto des Erstkäufers Nr. ..... bei der ..... bank, BLZ ..... zu überweisen, und zwar unabhängig vom Eintritt der Fälligkeit seines Kaufpreises, da auch die genannten Kosten als solche unabhängig davon entstanden sind. In übrigen begnügt sich der Erstkäufer mit der hiermit eingegangenen Verpflichtung des Vorkäufers, ihn von allen noch nicht entrichteten vorstehenden Kosten unverzüglich durch direkte Begleichung freizustellen.

3. Der Erstkäufer bevollmächtigt den amtierenden Notar, dessen Vertreter oder Nachfolger im Amt, durch Eigenurkunde die Löschung der Eigentumsvormerkung zu bewilligen, sobald
   – ihm der Erstkäufer den Eintritt des oben unter Abs. 2 genannten Erstattungsbetrags schriftlich bestätigt hat oder der Vorkäufer dessen Begleichung durch Bankbestätigung nachgewiesen hat,
   – die Eigentumsumschreibung auf den Vorkäufer beantragt werden kann.

C. Regelung hinsichtlich des schuldrechtlichen Vertrags zwischen Verkäufer und Vorkäufer

Der zwischen Verkäufer und Vorkäufer gem. § 464 Abs. 2 BGB zustande gekommene schuldrechtliche Kaufvertrag hat den Wortlaut der Vorurkunde, jedoch mit folgenden, dem geänderten Sachverhalt Rechnung tragenden Modifikationen, die von beiden Beteiligten bestätigt werden:

1. Der Grundbuchstand ist oben unter A. ausgeführt. Eine Vormerkung zugunsten des Vorkäufers wird im Hinblick auf die Wirkung des eingetragenen Vorkaufsrechts (§ 1098 Abs. 2 BGB) nicht bewilligt.

2. Die durch den amtierenden Notar, der gleichlautend um Vollzug und Überwachung ersucht wird und diesem Ersuchen hiermit entspricht, zu erteilende Fälligkeitsmitteilung umfasst nicht mehr die Eintragung einer Vormerkung zugunsten des Vorkäufers und das Vorliegen einer Nichtausübungserklärung oder Löschungsbewilligung hinsichtlich des eingetragenen Vorkaufsrechts, umfasst jedoch zusätzlich i.R.d. Lastenfreistellung das Vorliegen grundbuchtauglicher Löschungsunterlagen hinsichtlich der Finanzierungsgrundschuld des Erstkäufers unter Auflagen, die aus dem Kaufpreis erfüllbar sind. Die Löschung der Vormerkung des Erstkäufers gilt aufgrund der Erklärungen oben unter B. als gesichert.

Die Zahlung des Kaufpreises hat, soweit nicht zur Lastenfreistellung erforderlich, nur dann auf das in der Vorurkunde genannte Konto des Verkäufers zu erfolgen, wenn der Erstkäufer schriftlich dem amtierenden Notar bestätigt hat, dass er aus der in der Vorurkunde erklärten Sicherungsabtretung des Kaufpreisanspruches gegen den Verkäufer nicht vorgehen wird, da er keine Ansprüche gegen den Verkäufer auf Rückerstattung etwaiger Kaufpreisteile oder sonstiger Kosten hat. Einer solchen Bestätigung steht die Nichterklärung binnen zwei Wochen auf eine entsprechende Anfrage des Notars (Einwurf-Einschreiben an die zuletzt mitgeteilte Anschrift) gleich. Andernfalls erfolgt die Zahlung an den Erstkäufer in Anrechnung auf den Kaufpreis gegenüber dem Verkäufer.

3. Identisch zum Wortlaut der Vorurkunde erklären Verkäufer und Vorkäufer die Vollstreckungsunterwerfung wie folgt:

Der Vorkäufer unterwirft sich wegen der in dieser Urkunde eingegangenen Verpflichtung zur Zahlung des Kaufpreises samt Verzugszinsen gem. § 288 Abs. 1 (bzw. Abs. 2) BGB hieraus ab dem Datum der Erteilung der vollstreckbaren Ausfertigung der sofortigen Zwangsvollstreckung aus dieser Urkunde. Gleiches gilt für den Verkäufer wegen seiner Verpflichtung zur Verschaffung des Besitzes, auch namens etwaiger minderjähriger Kinder.

Auf Antrag des Gläubigers kann ohne weitere Nachweise vollstreckbare Ausfertigung erteilt werden (dem Verkäufer jedoch erst nach notarieller Fälligkeitsmitteilung und gem. deren Inhalt). Mehrere Beteiligte, die zu derselben Leistung verpflichtet sind, schulden und haften als Gesamtschuldner.

4. Die zur Wirksamkeit und zum Vollzug erforderlichen Genehmigungen und Vorkaufsrechtsnegativzeugnisse sind, auch wenn sie bereits zur Vorurkunde erteilt wurden, erneut einzuholen. Die in § ..... der Vorurkunde enthaltenen Regelungen zum rechtsgeschäftlichen Vorkaufsrecht entfallen. Der Vorkäufer bewilligt und beantragt die Löschung dieses Vorkaufsrechts gleichzeitig mit der Eigentumsumschreibung auf ihn (verbundener Antrag i.S.d. § 16 Abs. 2 GBO), vorausgesetzt, alle nach dem Vorkaufsrecht eingetragenen Rechte werden spätestens gleichzeitig gelöscht oder der Vorkäufer hat ihnen zugestimmt.

5. Hinsichtlich Sach- und Rechtsmängeln gelten die Bestimmungen zur Vorurkunde mit der Maßgabe, dass hinsichtlich der Finanzierungsgrundschuld des Erstkäufers der Verkäufer lediglich die Kosten der Löschung trägt, der Vorkäufer jedoch die Löschung, gestützt auf § 1098 Abs. 2 BGB selbst betreibt. Zur Vermeidung der Rechtsfolgen arglistigen Verschweigens gibt der Verkäufer, wie bereits gegenüber dem Erstkäufer offen gelegt, dem Vorkäufer folgende offenbarungspflichtige Umstände bekannt: .....

6. Hinsichtlich der Zuordnung des Erschließungskostenrisikos gelten die Regelungen der Vorurkunde, wobei unter »heute« das Datum der Vorurkunde zu verstehen ist.

7. In identischer Wiederholung des in § ..... der Vorurkunde enthaltenen Wortlauts erteilt der Verkäufer hiermit dem Vorkäufer folgende Finanzierungsvollmacht: ..... (*Anm.: Folgt im Wortlaut.*)

8. Verkäufer und Vorkäufer wiederholen im eigenen Namen sämtliche in der Vorurkunde enthaltenen Bewilligungen und Grundbuchanträge, sowie Zustimmungen zur Lastenfreistellung (mit Ausnahme der Anträge zur Eigentumsvormerkung) sowie Vollmachten und Weisungen an den amtierenden Notar.

9. Die in § ..... der Vorurkunde enthaltene Regelung zur Tragung der Maklerprovision durch den Käufer treffen den Vorkäufer gem. Abschnitt B.2.

D. Dingliche Erklärungen zum Verhältnis zwischen Verkäufer und Vorkäufer

Verkäufer und Vorkäufer sind über den Eigentumsübergang im angegebenen Erwerbsverhältnis einig. Sie bewilligen und beantragen jedoch derzeit nicht, diese

Auflassung

im Grundbuch einzutragen; vielmehr bevollmächtigen sie hierzu den amtierenden Notar, Vertreter oder Nachfolger im Amt, und zwar unwiderruflich, über den Tod hinaus und befreit von § 181 BGB.

Der Verkäufer muss dem Vorkäufer das Eigentum Zug um Zug gegen Zahlung des geschuldeten Kaufpreises verschaffen. Alle Beteiligten weisen daher den Notar gem. § 53 BeurkG an, die Umschreibung gem. dieser Vollmacht durch Eigenurkunde erst zu veranlassen, nachdem der Verkäufer den Eingang des geschuldeten Betrags originalschriftlich bestätigt oder hilfsweise der Vorkäufer die Zahlung des vereinbarten Kaufpreises (jeweils ohne Zinsen) durch Bankbestätigung nachgewiesen hat.

E. Hinweise, Schlussbestimmungen

1. In Ergänzung zu den Hinweisen der Vorurkunde hat der Notar die Beteiligten auf Folgendes hingewiesen:
   – Soweit Vereinbarungen von der gesetzlichen Rechtslage (§ 464 Abs. 2 BGB) abweichen bzw. diese ergänzen, müssen sie richtig und vollständig beurkundet sein.
   – Der Vertragsentwurf des Notars entspricht nach seiner Überzeugung einer sachgerechten Lösung der durch die Ausübung des Vorkaufsrechts ausgelösten Fragen, die jedoch in der Rechtslehre nicht vollständig geklärt sind. Er hat den Beteiligten anheim gestellt, zur Wahrung ihrer Interessen ggf. anwaltliche Hilfe in Anspruch zu nehmen.

2. Die Notarkosten der heutigen Urkunde sowie die Kosten der Umschreibung im Grundbuch und der Löschung seines Vorkaufsrechts trägt der Vorkaufsberechtigte, ebenso die Notar- und Grundbuchkosten seiner Finanzierungsgrundschuld. Die Löschungskosten trägt im übrigen der Verkäufer.

Die Grunderwerbsteuer trägt der Vorkäufer, ebenso die Kosten etwaiger Genehmigungen und Vorkaufsrechtszeugnisse.

Auf die kraft Gesetzes bestehende Haftung Beider wurde hingewiesen.

3. Von dieser Urkunde erhalten:

Ausfertigungen:
- Verkäufer, Käufer und Vorkäufer
- das Grundbuchamt

Beglaubigte Abschriften:
- die zuständigen Gebietskörperschaften zur Erklärung über etwaige Vorkaufsrechte (auf Anforderung)
- etwaige Kaufpreisfinanzierungsgläubiger
- die Genehmigungsbehörden

Einfache Abschriften:
- das Finanzamt-Grunderwerbsteuerstelle
- der Gutachterausschuss

Vorgelesen vom Notar, von den Beteiligten genehmigt,

und eigenhändig unterschrieben:

.....

E. Gesamtmuster

XXIX. Verkauf eines Erbteils

3918 Das Muster behandelt den Verkauf eines Erbanteils – wesentlicher Nachlass- und Bewertungsgegenstand ist eine Immobilie – unter fremden Dritten, also mit umfassender Absicherung für Käufer und Verkäufer (vgl. Rdn. 757 ff). Zum Schutz des Käufers dient der Widerspruch, zum Schutz des Verkäufers die auflösende Bedingung als Verfügungsbeschränkung. Werden diese trotz Belehrung, etwa im Verwandtschaftsbereich, nicht gewünscht, können

– hinsichtlich der Mechanismen zum Schutz des Käufers die *unterstrichen und kursiven* Punkte

– hinsichtlich der Mechanismen zum Schutz des Verkäufers die unterstrichen und fett gehaltenen Passagen gelöscht werden.

Die Passagen zum Vorkaufsrecht der Miterben (Anschnitt VI) entfallen bei Veräußerung an Miterben.

Hinsichtlich der Mängelhaftung (Abschnitt II.4) stehen drei verschiedene Varianten zur Verfügung:
– (Variante a: Übertragung unter Miterben, mit nur geringen Garantien)

– b: mittlere Lösung – im Zweifel zu wählen –

– c: übliche Haftung in Bezug auf den Nachlassgegenstand »Immobilie« (vergleichbar dem Direktverkauf des Grundstücks)

▶

URNr ...../20..

Erbteilsveräußerung

und

- übertragung

Heute, den ..... zweitausend .....

– ..... 20..... –

erschienen gleichzeitig vor mir,

.....,

Notar in .....,

in meinen Amtsräumen in .....:

1. Herr .....

geb. am

wohnhaft in

nach Angabe im gesetzlichen Güterstand verheiratet,

ausgewiesen durch gültigen deutschen Personalausweis,

- nachstehend »der Veräußerer« genannt -

2. Herr

geb. am

wohnhaft in

nach Angabe im gesetzlichen Güterstand verheiratet,

ausgewiesen durch gültigen deutschen Personalausweis,

- nachstehend »der Erwerber« genannt -

Nachdem ich mich über den Grundbuchinhalt unterrichtet habe, beurkunde ich auf Ansuchen der Erschienenen und ihren bei gleichzeitiger Anwesenheit vor mir abgegebenen Erklärungen gemäß was folgt:

I.
Vorbemerkungen

1. Erbfolge

Der Erblasser ..... ist am ..... in ..... verstorben.

Der Erblasser wurde aufgrund ..... und laut Erbschein des Amtsgerichts ..... (Geschäftszeichen: .....)

beerbt

von: .....

Eine Ausfertigung des Erbscheins lag heute vor und ist dieser Urkunde in beglaubigter Abschrift beigefügt.

2. Grundbesitz

Zur Erbschaft gehört folgender Grundbesitz:

AG ....., Grundbuch von ..... Band ..... Blatt .....:

FlNr ..... zu ..... m²

Abteilung I: .....

Abteilung II: .....

Abteilung III: .....

Weitere Vermögenswerte der Erbengemeinschaft sind nicht (mehr) vorhanden.

3. Vertragsgegenstand

Heutiger Vertragsgegenstand ist der vorbezeichnete

Erbteil

zu .....

am Nachlass des vorgenannten Erblassers.

II.
Erbteilsveräußerung

.....

- nachfolgend kurz »der Veräußerer« -

veräußert hiermit den vorbezeichneten Erbteil mit allen Rechten und Pflichten

an

.....

- nachfolgend kurz »der Erwerber« -

zur .....

Für die Erbteilsveräußerung gelten folgende Vereinbarungen:

E. Gesamtmuster

1. Gegenleistung

Der Erwerber verpflichtet sich, als Gegenleistung für die Veräußerung des Erbteils einen Betrag in Höhe von

..... €

- ..... Euro -

an den Veräußerer zu zahlen.

Er ist innerhalb von zwei Wochen auf ein noch bekanntzugebendes Konto des Veräußerers zu bezahlen (Kontogutschrift), nachdem der Notar dem Erwerber per Einwurf-Einschreiben mitgeteilt hat (Datum des Postalia-Abdrucks), dass
- der Widerspruch gemäß § 899 BGB nach Abschn. III Ziff. 2 im Grundbuch eingetragen wurde und zwischenzeitlich keine weiteren Eintragungen in das Grundbuch erfolgt sind und
- *Verzichtserklärung des/der übrigen Miterben auf ihr gesetzliches Vorkaufsrecht dem Notar vorliegt oder die Frist für die Ausübung des Vorkaufsrechts abgelaufen ist, ohne dass die Beteiligten den Notar von einer Vorkaufsrechtsausübung schriftlich verständigt haben.*

Der Notar wird angewiesen, den Vertragsteilen das Vorliegen der Fälligkeitsvoraussetzungen mitzuteilen.

Der genannte Betrag ist bis zum Fälligkeitszeitpunkt unverzinslich. Im Verzugsfall gelten die gesetzlichen Bestimmungen.

Wegen der eingegangenen Verpflichtung zur Zahlung des vorgenannten Betrags unterwirft sich der Erwerber - mehrere als Gesamtschuldner - der

sofortigen Zwangsvollstreckung

aus dieser Urkunde in sein gesamtes Vermögen.

Der Veräußerer ist berechtigt, sich jederzeit eine vollstreckbare Ausfertigung dieser Urkunde ohne Fälligkeitsnachweis auf Kosten des Erwerbers erteilen zu lassen.

2. Rücktrittsrecht

Für den Fall, dass der als Gegenleistung zu zahlende Betrag bis zum vorgenannten Fälligkeitszeitpunkt nicht gezahlt wurde, behält sich der Veräußerer das Recht vor, von diesem Veräußerungsvertrag bis zur Entrichtung der Gegenleistung zurückzutreten

Durch den Rücktritt anfallende und bis dahin angefallene Kosten und Steuern hat der Erwerber zu tragen.

3. Nutzungen, Lasten, Gefahrenübergang

Die Nutzungen und Lasten sowie die Gefahren eines zufälligen Untergangs oder einer zufälligen Verschlechterung der Erbschaftsgegenstände gehen mit dem Tag der Zahlung des vereinbarten Entgelts auf den Erwerber über.

Der Veräußerer verzichtet auf Ersatz aller von ihm auf die Erbschaft gemachten Aufwendungen, erfüllten Verbindlichkeiten, Abgaben und außerordentlichen Lasten. Bezüglich einer evtl. Erbschaftsteuerpflicht des Veräußerers aufgrund seiner Erbfolge wird vereinbart, dass die Erbschaftsteuer allein der Veräußerer zu tragen hat.

4. Mängelhaftung, Garantien

VARIANTE A: Geringe Gewährleistung bei Veräußerung an Miterben

4.1 Der Verkäufer ist verpflichtet, den verkauften Erbteil lastenfrei zu verschaffen. Er erklärt, dass er den Erbteil nicht anderweitig veräußert oder verpfändet hat und dass er auch nicht gepfändet oder mit sonstigen Rechten Dritter belastet ist.

4.2 Im Übrigen bleibt es bei der gesetzlichen Regelung des § 2376 BGB, wonach der Verkäufer nur für die dort aufgezählten Rechtsmängel des Erbteils einzustehen hat. Rechte des Käufers wegen Mängel einzelner Nachlassgegenstände sind ausgeschlossen.

4.3 Mängelrechte des Käufers sollen in der regelmäßigen Verjährungsfrist nach §§ 195, 199 BGB verjähren, d. h. grundsätzlich mit Ende des dritten Jahres nach Kenntnis, spätestens aber nach zehn Jahren.

VARIANTE B: Mittellösung mit Beschränkung der Haftungsfolgen

4.1 Der Verkäufer garantiert dem Käufer, dass der verkaufte Erbanteil frei von Rechten Dritter auf den Käufer übergeht, und dass der Käufer wegen einer vom Verkäufer zu entrichtenden Erbschaftssteuer nicht in Anspruch genommen wird.

Falls

a) der oben aufgeführte Grundbesitz ganz oder teilweise nicht zum Nachlass gehört oder

b) an diesem Grundbesitz weitere in dieser Urkunde nicht aufgeführte Rechte eingetragen sind oder

c) weitere als die in dieser Urkunde aufgeführten Nachlassverbindlichkeiten bestehen oder

d) der Verkäufer durch das Recht eines Nacherben oder durch die Ernennung eines Testamentsvollstreckers belastet ist

steht dem Käufer lediglich das Recht zu, von diesem Vertrag zurückzutreten, dagegen kein Schadenersatzanspruch und kein Recht, den Kaufpreis zu mindern.

4.2 Für die Rechte des Käufers aus diesen Vereinbarungen gelten die regelmäßige Verjährungsfrist und die Vorschriften über den Beginn.

4.3 Weitergehende Rechte des Käufers werden ausgeschlossen. Dem Käufer stehen insbesondere keine weitergehenden Rechte zu wegen Umfang, Eigenschaften und Mängeln der zum Nachlass gehörenden Gegenstände oder wegen einer unbeschränkten Haftung gegenüber Nachlassgläubigern.

VARIANTE C: Volle Gewährleistung, wenn wirtschaftlich eigentlich Anteile an einem Grundstück verkauft werden sollen

4.1. Mängel des verkauften Erbteils

Der Verkäufer ist verpflichtet, den verkauften Erbteil lastenfrei zu verschaffen.

a) Der Verkäufer erklärt,
  – dass er den Erbteil nicht anderweitig veräußert oder verpfändet hat und dass er auch nicht gepfändet oder mit sonstigen Rechten Dritter belastet ist,
  – dass die in Abschnitt II dieser Urkunde aufgeführten Gegenstände zum Nachlass gehören,
  – dass keine weiteren als die in dieser Urkunde aufgeführten Nachlassverbindlichkeiten bestehen.
  Andernfalls haftet der Verkäufer auch ohne Verschulden auf Vertrauensschaden bis zu einem Betrag von höchstens ..... € (..... €). Weitergehende gesetzliche Ansprüche des Käufers bleiben unberührt, insbesondere ein darüber hinausgehender Schadenersatzanspruch bei Verschulden des Verkäufers.

b) Der Verkäufer muss die auf seinen Erwerb entfallende Erbschaftssteuer tragen. Er erklärt, diese sei bereits festgesetzt und bezahlt.

c) Im Übrigen bleibt es bei der gesetzlichen Regelung des § 2376 Abs. 1 BGB, wonach der Verkäufer nur für die dort aufgezählten Rechtsmängel des Erbteils einzustehen hat.

Gehören zum noch nicht auseinandergesetzten Nachlass wider Erwarten noch weitere als die in Abschnitt II dieser Urkunde aufgeführten Nachlassgegenstände (einschließlich Bestandteilen und Zubehör), muss der Käufer sie dem Verkäufer auf dessen Kosten unentgeltlich übertragen.

4.2. Mängel von Nachlassgegenständen

a) Der Käufer hat das oben aufgeführte Grundstück besichtigt; der gegenwärtige, altersbedingte Zustand ist ihm bekannt.

Der Verkäufer versichert,
- dass ihm versteckte Mängel von Grundstück oder Gebäude nicht bekannt sind,
- dass ihm nichts bekannt ist, was gegen die Zulässigkeit der vorhandenen Bebauung spricht,
- dass ihm Baulasten, im Grundbuch nicht eingetragene Dienstbarkeiten, nachbarrechtliche Beschränkungen oder Beschränkungen aufgrund öffentlicher Wohnungsförderung nicht bekannt sind
- und dass ihm keine ausstehenden Erschließungs- oder Anliegerbeiträge für das Grundstück bekannt sind.

Das Grundstück darf keine anderen als die in dieser Urkunde aufgeführten eingetragenen Belastungen aufweisen.

b) Im Übrigen sind Rechte des Käufers wegen Mängeln des Grundstücks oder sonstiger einzelner Nachlassgegenstände ausgeschlossen.

4.3. Verjährung

Ansprüche wegen Mängeln bzw. auf Übertragung des Erbteils verjähren in der regelmäßigen gesetzlichen Verjährungsfrist (§§ 195, 199 Abs. 1 und 4 BGB), d. h. drei Jahre ab dem Ende des Jahres, in dem der Gläubiger Kenntnis von dem Anspruch erlangte oder ohne grobe Fahrlässigkeit hätte erlangen müssen, spätestens zehn Jahre nach Fälligkeit.

4.4. Nachlassbestand

Der Veräußerer ist <u>nicht</u> verpflichtet, das was er vor der Veräußerung aufgrund eines zur Erbschaft gehörenden Rechtes oder als Ersatz für die Zerstörung, Beschädigung oder Entziehung eines Erbschaftsgegenstandes oder durch ein Rechtsgeschäft, das sich auf die Erbschaft bezog, erlangt hat, an den Erwerber mitzuübertragen.

Soweit Erbschaftsgegenstände in der Zeit bis zur Veräußerung verbraucht, unentgeltlich veräußert oder unentgeltlich belastet wurden, ist der Veräußerer nicht verpflichtet, entsprechenden Wertersatz zu leisten.

Bei der Bemessung des Kaufpreises haben die Beteiligten lediglich den Anteil am oben genannten Grundbesitz unter Anrechnung der dort gesicherten Verbindlichkeiten berücksichtigt. Sollte sich nachträglich herausstellen, dass noch weitere Aktiva und Passiva zum Nachlass gehören, haben sich die Beteiligten durch Anpassung des Kaufpreises oder Rückübertragung der anteiligen Bruchteilsberechtigung an etwaigen weiteren Gegenständen (durch Auseinandersetzung) so zu stellen, als wären diese Gegenstände (Aktiva oder Passiva) zum wirtschaftlichen Anteil heute nicht mitübertragen worden.

III.
Dingliche Übertragung, Grundbuchberichtigung

1. Übertragung, Bedingung

Der Veräußerer überträgt hiermit den veräußerten Erbteil

mit sofortiger dinglicher Wirkung

an den Erwerber - auf mehrere zum angegebenen Berechtigungsverhältnis -, **allerdings unter der auflösenden Bedingung,**

dass der Veräußerer aufgrund des in Abschn. II. 2. dieser Urkunde vorbehaltenen Rücktrittsrechts wegen Nichtzahlung des vereinbarten Entgelts vom Veräußerungsvertrag zurücktritt.

Der Erwerber nimmt die - **auflösend bedingte** -Übertragung des Erbteils hiermit an.

2. Grundbuchberichtigung, *Widerspruch*

Durch die vorbezeichnete Erbteilsübertragung ist das Grundbuch unrichtig geworden.

Der Erwerber

beantragt

hiermit die Berichtigung des Grundbuchs zufolge der vorbezeichneten Erbteilsübertragung.

Der Veräußerer

bewilligt

und der Erwerber

beantragt

hiermit die Eintragung eines entsprechenden Widerspruchs gemäß § 899 BGB gegen die Richtigkeit des Grundbuchs.

Der Erwerber

bewilligt und beantragt

bereits heute die Löschung des Widerspruchs Zug um Zug mit Vollzug der vorbeantragten Grundbuchberichtigung.

Vollzugsmitteilung an die Vertragsteile und den Notar wird beantragt.

3. Verfügungsbeschränkung

Um den Veräußerer bis zum Wegfall der auflösenden Bedingung durch den nach § 161 Abs. 3 BGB durch gutgläubigen Erwerb möglichen Verlust seiner Rechtsposition zu schützen,

bewilligt und beantragt

der Erwerber, gleichzeitig mit Vollzug der vorbeantragten Grundbuchberichtigung die in der auflösenden Bedingung liegende

Verfügungsbeschränkung

des Erwerbers dergestalt in Abt. II des Grundbuchs einzutragen, dass dort vermerkt wird, dass die heute erfolgte Erbteilsübertragung des Veräußerers auf den Erwerber auflösend bedingt ist und die Bedingung mit dem Rücktritt des Veräußerers vom Erbteilsveräußerungsvertrag bei Nichtzahlung des Entgeltes eintritt.

Der Veräußerer

bewilligt

und der Erwerber

beantragt

bereits heute die Löschung der eingetragenen Verfügungsbeschränkung.

Vollzugsmitteilung an die Vertragsteile und an den Notar wird

beantragt.

Der beurkundende Notar und dessen amtlich bestellter Vertreter sowie Amtsnachfolger werden allerdings unwiderruflich a n g e w i e s e n, Ausfertigungen und begl. Abschriften dieser Urkunde nur a u s z u g s w e i s e ohne die vorstehenden Erklärungen zur Löschung der Verfügungsbeschränkung zu erteilen, solange bis der Veräußerer bestätigt hat, dass das vereinbarte Entgelt gezahlt wurde, oder bis der Erwerber die Zahlung entsprechend nachweist. Der beurkundungsrechtliche Ausfertigungsanspruch der Beteiligten wird insoweit eingeschränkt.

IV.
Hinweise, Belehrungen

Die Vertragsteile wurden vom Notar insbesondere auf Folgendes hingewiesen:

1. Sämtliche im Zusammenhang mit der Erbteilsveräußerung getroffenen Vereinbarungen müssen notariell beurkundet sein, da sie ansonsten wegen Formmangels nichtig sind und die Nichtigkeit des gesamten Vertrages zur Folge haben können.
2. Der Erwerber wird nicht (Mit-)Erbe des Erblassers; er hat lediglich einen schuld-rechtlichen Anspruch, wirtschaftlich wie ein (Mit-)Erbe gestellt zu werden. (Mit-)Erbe bleibt weiterhin der Veräußerer; deshalb wird der Erwerber auch nicht im Erbschein aufgeführt oder der Erbschein berichtigt.
3. Der Erwerber wird in seinem Vertrauen an die unbeschränkte und unbelastete Erbenstellung des Veräußerers und die Zugehörigkeit des genannten Grundbesitzes zur Erbschaft nicht geschützt und ist insoweit auf die Richtigkeit der Angaben des Veräußerers angewiesen.
4. Mit der dinglichen Übertragung des Erbteiles gehen alle (noch) im ungeteilten Nachlass befindlichen Vermögenswerte automatisch anteilsmäßig auf den Erwerber über.
5. Den Miterben steht gemäß §§ 2034 ff. BGB ein gesetzliches Vorkaufsrecht an dem veräußerten Erbteil zu, das innerhalb zweier Monate nach Mitteilung des rechtswirksamen Veräußerungsvertrags auszuüben wäre. Es besteht die Möglichkeit, dass sich der Veräußerer für den Fall der Ausübung dieses Vorkaufsrechts im Verhältnis zum Erwerber ein Rücktrittsrecht vorbehalten könnte.
6. Der Erwerber haftet - unbeschadet der Vereinbarungen in diesem Vertrag - den Nachlassgläubigern ab sofort neben dem weiterhin haftenden Veräusserer für alle etwaigen Nachlassverbindlichkeiten.
7. Beide Vertragsteile haften - unbeschadet der Vereinbarungen in diesem Vertrag - gesamtschuldnerisch für die Vertragskosten und die Grunderwerbsteuer.
8. Die Veräußerung des Erbteiles und der Name des Erwerbers sind nach § 2384 Abs. 1 BGB unverzüglich dem Nachlassgericht anzuzeigen.
9. Die beantragte Grundbuchberichtigung kann erst erfolgen, wenn die Unbedenklichkeitsbescheinung des Finanzamts (wegen der Grunderwerbsteuer) vorliegt.

V.
Schlussbestimmungen

1. Vollzugsantrag und Vollmacht an den Notar

Die Vertragsteile

beauftragen und bevollmächtigen

hiermit den jeweiligen Inhaber der Notarstelle und dessen amtlich bestellten Vertreter, alle zur Rechtswirksamkeit und zum Vollzug des in dieser Urkunde niedergelegten Vertrags erforderlichen und zweckdienlichen Erklärungen und Genehmigungen einzuholen und entgegenzunehmen.

Genehmigungen sollen mit dem Eingang in den Amtsräumen des Notariats allen Beteiligten gegenüber als mitgeteilt gelten und rechtswirksam sein.

Der beurkundende Notar und dessen amtlich bestellter Vertreter werden insbesondere beauftragt und bevollmächtigt,

– den Miterben wegen ihres Vorkaufsrechts die Veräußerung des Erbteils durch Übersendung einer Ausfertigung dieser Urkunde anzuzeigen

– dem Nachlassgericht die Veräußerung gem. § 2384 BGB durch Übersendung einer beglaubigten Abschrift dieser Urkunde mitzuteilen.

2. Kosten und Steuern

Die Kosten dieser Urkunde, des grundbuchamtlichen Vollzugs sowie die Kosten der erforderlichen Genehmigungen und Erklärungen und die anfallende Grunderwerbsteuer trägt der Erwerber.

3. Ausfertigungen und Abschriften

Von dieser Urkunde erhalten

Ausfertigungen:

Amtsgericht - Grundbuchamt - **zweifach:**

eine Ausfertigung im Auszug ohne den in anderer Schrifttype gesetzten Text in Abschnitt III. 3 zur Eintragung des Widerspruchs und der Berichtigung samt Verfügungsbeschränkung nach Vorlage der steuerlichen Unbedenklichkeitsbescheinigung

eine weitere vollständige Ausfertigung zur Löschung der Verfügungsbeschränkung nach Kaufpreisbestätigung

die Beteiligten nur auf Verlangen **(ggf. im Auszug gemäß III.3.)**

beglaubigte Abschriften:

das Nachlaßgericht als Anzeige gem. § 2384 BGB **(im Auszug)**

jeder Miterbe (VI.) als Anzeige gem. § 2034 BGB **(im Auszug *nach Rechtswirksamkeit*)**

einfache Abschriften:

jeder Vertragsteil sofort

das Finanzamt - Grunderwerbsteuerstelle - sofort,

VI.

Vorkaufsrecht des/der Miterben

Die Beteiligten bevollmächtigen hiermit den Notar, dem/den Miterben im Hinblick auf ihr gesetzliches Vorkaufsrecht nach §§ 2034 ff. BGB diesen Erbteilsübertragungsvertrag und seine Rechtswirksamkeit unter Beifügung einer beglaubigten Abschrift dieser Urkunde mitzuteilen.

Miterben sind laut Erbschein (mit Anschriften): .....

Machen der oder die Miterben von ihrem gesetzlichen Vorkaufsrecht Gebrauch, so ist im Verhältnis zum heutigen Erwerber der Veräußerer zum Rücktritt von diesem Vertrag berechtigt; er hat den Erwerber in diesem Fall von allen aus diesem Vertrag entstandenen Kosten freizustellen, soweit diese Kosten nicht vom Vorkaufsberechtigten zu tragen sind. Weitere Ansprüche des Erwerbers bestehen nicht.

Der Veräußerer tritt jedoch für den Fall, dass er den Kaufpreis vom heutigen Erwerber bei Ausübung des Vorkaufsrechtes bereits erhalten hat, seine Ansprüche gegen den Vorkaufsberechtigten auf Zahlung des Kaufpreises an den heutigen Erwerber ab. Dieser nimmt die Abtretung an.

Vorgelesen vom Notar, von den Beteiligten

genehmigt, und eigenhändig unterschrieben:

.....

XXX. Abschichtung gegen Abfindung

▶

3919 Das Muster behandelt eine entgeltliche Teilerbauseinandersetzung (Ausscheiden eines Miterben aus einer Erbengemeinschaft) in Bezug auf einen Nachlass, in dem sich Grundbesitz befindet (vgl. im einzelnen Rdn. 763 ff). Der unterschriftsbeglaubigende Notar ist die Absicherung der wechselseitigen Leistungspflichten mit eingebunden.

Abschichtungsvereinbarung

zwischen

1. Herr .....,

geb. am .....

Wohnhaft in .....

als »Veräußerer«

2. Herr .....,

geb. am .....

wohnhaft in .....

sowie

Frau ....., geb. .....

Geb. am .....

Wohnhaft in .....

beide als »der Erwerber« bezeichnet, auch wenn es sich um mehrere Personen handelt

Sie erklären und vereinbaren:

I.
Sachstand

Die Beteiligten sind gemäß Erbschein des AG ..... Az .....die einzigen Miterben nach dem am ..... in ..... verstorbenen ..... . Zum Nachlass gehört jedenfalls folgender Grundbesitz:

FlSt ....., vorgetragen im Grundbuch des AG ..... für ..... Blatt ....., belastet wie folgt: ..... Die zugrunde liegenden Darlehen in Höhe von ca. ..... € stellen Nachlassverbindlichkeiten dar.

Des Weiteren befinden sich im Vermögen der Erbengemeinschaft jedenfalls die auf der als Anlage 1 beigefügten Liste aufgeführten Konten.

Der Veräußerer möchte aus der Erbengemeinschaft gegen Abfindung und Befreiung von den gesamthänderischen Verbindlichkeiten ausscheiden. Die Beteiligten schließen daher folgenden

II.
Abschichtungsvertrag

1. Der Veräußerer scheidet aus der genannten Erbengemeinschaft aus, und zwar unter der aufschiebenden Bedingung
   a) der Erbringung der nachstehend 2. vereinbarten Abfindungszahlungen durch beide Erwerber
   b) des Vorliegens einer schriftlichen Genehmigung der Gläubiger ... und ... zur schuldbefreienden Übernahme der dort bestehenden Verbindlichkeiten durch die Erwerber als Mitglieder der verbleibenden Erbengemeinschaft (nachstehend 3).

Für Grundbuchzwecke gilt die aufschiebende Bedingung ferner mit Abgabe der nachstehend III. genannten Bewilligung durch den dort bevollmächtigten Notar als eingetreten.

2. Jeder Erwerber schuldet dem Veräußerer eine bare Entschädigung in Höhe von je ..... Euro, fällig binnen ..... Bankarbeitstagen ab Vorliegen der in 3. genannten Schuldübernahmegenehmigungen, zur Zahlung auf das Konto ..... des Veräußerers.

3. Die Erwerber verpflichten sich, den Veräußerer von allen bestehenden Nachlassverbinlichkeiten und Ausgleichsansprüchen freizustellen. Sie haben dafür Sorge zu tragen, dass die Hauptgläubiger, nämlich ..... und ..... schriftlich den Veräußerer aus der (sonst fortbestehenden) Haftung für die ihnen gegenüber bestehenden Nachlassverbindlichkeiten auch im Außenverhältnis entlassen, jedenfalls für den Fall des Eintritts der aufschiebenden Bedingung für die Abschichtung.

4. Der Veräußerer steht lediglich i.S.d. § 2376 Abs. 1 BGB dafür ein, dass ihm der Erbteil zusteht, er insbesondere nicht anderweit veräußert, gepfändet oder verpfändet wurde. Die durch den Erbfall ausgelöste Erbschaftsteuer ist bezahlt. Erstattung für bisherige Aufwendungen zugunsten des Nachlasses kann er nicht verlangen; diese Ansprüche sind durch die Gegenleistungen für die Abschichtung abgegolten.

5. Für Art, Umfang und Beschaffenheit der zum ungeteilten Nachlass gehörenden Gegenstände haftet der Veräußerer nicht; diese sind dem Erwerber als Miterben bekannt.

6. Mit dem Eintritt der aufschiebenden Bedingung sind alle wechselseitigen Ansprüche zwischen den Beteiligten in ihrer Eigenschaft als Miterben nach dem genannten Erblasser erledigt.

III.

Grundbuchberichtigung; Vollzug

Mit Eintritt der aufschiebenden Bedingung wird das Grundbuch unrichtig. Die Beteiligten bevollmächtigen den die Unterschriften unter dieser Abschichtungsvereinbarung beglaubigenden Notar, dessen Vertreter oder Nachfolger im Amt, die

Bewilligung

zur Berichtigung des Grundbuches für alle Beteiligten durch Eigenurkunde abzugeben und den Antrag auf Berichtigung auf Kosten der Erwerber zu stellen, sobald ihn entweder der Veräußerer hierzu schriftlich anweist oder aber sobald die Zahlung der Abfindungsleistungen II. 2 durch Bankbestätigung nachgewiesen und die Gläubigergenehmigungen II.3 dem genannten Notar schriftlich vorgelegt wurden.

Der unterschriftsbeglaubigende Notar soll ferner die für die Grundbuchberichtigung erforderliche grunderwerbsteuerliche Unbedenklichkeitsbescheinigung beschaffen; etwa anfallende Steuern tragen die Erwerber. Die Beteiligten gehen jedoch davon aus, dass es sich um eine gem. § 3 Nr. 3 GrEStG steuerfreie Erbauseinandersetzung handelt.

Der unterschriftsbeglaubigende Notar soll ferner die Abschichtung der Schenkungsteuerstelle unter Übersendung einer beglaubigten Abschrift anzeigen. Entstehende Schenkungsteuer hat jeder Erwerber zu tragen.

An den im Zusammenhang mit den erbengemeinschaftlichen Konten erforderlichen Änderungen hat der Veräußerer durch Erteilung einer Vollmacht mitzuwirken, sobald die aufschiebende Bedingung eingetreten ist.

....., den .....

(Unterschriften mit – wegen § 29 GBO - notarieller Unterschriftsbeglaubigung)

XXXI. Abtretung eines GbR-Anteils

▶

3920 Das Muster behandelt die entgeltliche Veräußerung und Übertragung eines GbR-Anteils unter fremden Personen unter wechselseitiger Absicherung der Interessen des Käufers und des Veräußerers, wie in Rdn. 752 ff. erläutert. Aus Kostengründen wird auf die Einrichtung eines Anderkontos (Rdn. 756) verzichtet. Die Absicherung erfolgt durch Eintragung eines Widerspruchs (um sicherzustellen, dass der Grundbesitz nicht aus dem GbR-Vermögen verschwindet, bevor der Erwerber selbst i. S. d. § 899a BGB Mitwirkungsbeteiligter wird); für den Fall der Nichtzahlung des Kaufpreises (und damit des Eintritts der auflösenden Bedingung: Rücktritt vom Übertragungsvertrag) ist eine Löschungsvollmacht hinsichtlich des Widerspruchs in der Urkunde enthalten. Fälligkeitsvoraussetzung ist weiter, dass der Hauptgläubiger (ein Kreditinstitut) den Veräußerer aus seiner sonst fünf Jahre fortbestehenden akzessorischen Haftung für die Gesellschaftsschulden entlässt.

URNr. ...../20..

Veräußerung und Übertragung
eines Anteils an einer
Gesellschaft des bürgerlichen Rechts
Heute, den .. zweitausend...
-.....20 -
erschienen vor mir,
Notar in,
in meinen Amtsräumen in .....:

1. Herr A

geboren am .....,

wohnhaft .....

nach Angabe im gesetzlichen Güterstand verheiratet, jedoch nicht über sein

überwiegendes Vermögen im Sinne des § 1365 BGB verfügend,

ausgewiesen durch gültigen deutschen Personalausweis,

- nachstehend »der Veräußerer« genannt -

2. Herr C

geboren am .....

wohnhaft in .....

nach Angabe .....,

ausgewiesen durch gültigen deutschen Personalausweis,

- nachstehend »der Erwerber« genannt -.

Nachdem ich mich über den Grundbuchinhalt unterrichtet habe, beurkunde ich auf Ansuchen der Erschienenen und ihren bei gleichzeitiger Anwesenheit vor mir abgegebenen Erklärungen gemäß was folgt:

I.

Vorbemerkungen

1. Gesellschaft bürgerlichen Rechts

A und B haben am .... eine Gesellschaft bürgerlichen Rechts unter der Bezeichnung »..... GbR« gegründet. Es gilt der als informatorische Anlage beigefügte Gesellschaftsvertrag. ..... sind an der vorbezeichneten GbR zu gleichen Teilen, mithin je 50 % beteiligt.

2. Grundbesitz

Im Grundbuch des Amtsgerichtes ..... für ..... Blatt ..... ist folgender Grundbesitz eingetragen:

Flst.Nr.

Als Eigentümer ist vermerkt:

A und B als Gesellschafter bürgerlichen Rechts (letztere nachstehend kurz »GbR« genannt)

Der Grundbesitz ist im Grundbuch wie folgt belastet:

Abt. II:

.....

Abt. III:

..... € Grundschuld ohne Brief zugunsten .....

3. Verbindlichkeiten

Die vorgenannte Grundschuld sichert die Verbindlichkeit der GbR aus Darlehen Nr. ..... die zum ..... noch in Höhe von ..... € valutiert. A und B haben sich in der Grundschuldbestellungsurkunde jeweils auch persönlich wegen eines dort abgegeben abstrakten Schuldversprechens der Zwangsvollstreckung unterworfen, im Außenverhältnis als Gesamtschuldner

Weitere nennenswerte Vermögenswerte der GbR sind nicht vorhanden.

4. Vertragsgegenstand

Heutiger Vertragsgegenstand ist der vorbezeichnete

Gesellschaftsanteil

des A an der »..... GbR«.

II.

Anteilsveräußerung

A

- nachfolgend kurz »der Veräußerer« -

veräußert hiermit den in I Nr. 4 bezeichneten Gesellschaftsanteil mit allen Rechten und Pflichten

an

C

- nachfolgend kurz »der Erwerber« -

zur alleinigen Berechtigung.

Für die Anteilsveräußerung gelten folgende Vereinbarungen:

1. Kaufpreis

Der Erwerber verpflichtet sich, als in bar zu entrichtende Gegenleistung für die Veräußerung des Gesellschaftsanteils einen Betrag in Höhe von

..... €

- in Worten: ...... € -

an den Veräußerer zu zahlen.

Dieser ist innerhalb von zwei Wochen auf ein noch bekanntzugebendes Konto des Veräußerers zu bezahlen (Kontogutschrift), nachdem der Notar dem Erwerber per Einwurf-Einschreiben mitgeteilt hat, dass

(a) der Widerspruch gemäß §§ 899a i.V.m. 899 BGB nach Abschn. III. Ziff. 2 im Grundbuch eingetragen wurde und zwischenzeitlich keine weiteren Eintragungen in das Grundbuch erfolgt sind und

(b) die nach § ..... des Gesellschaftsvertrages erforderliche Zustimmung des Mitgesellschafters B schriftlich vorliegt

(c) die Zustimmung des in I Nr. 3 genannten Gläubigers zur Entlassung des Veräußerers aus seiner fortbestehenden akzessorischen Gesellschafterhaftung für die dort bestehenden Verbindlichkeiten der GbR und aus dem abstrakten Schuldanerkenntnis samt Vollstreckungsunterwerfung schriftlich erteilt wurde.

Der Notar wird angewiesen, den Vertragsteilen das Vorliegen der Fälligkeitsvoraussetzungen mitzuteilen.

Sorgt der Erwerber nicht für die Gutschrift des Kaufpreises spätestens vierzehn Tage nach Zugang dieser Mitteilung, befindet er sich ohne weitere Mahnung in Verzug.

Wegen der eingegangenen Verpflichtung zur Zahlung des vorgenannten Betrags unterwirft sich der Erwerber der

sofortigen Zwangsvollstreckung

aus dieser Urkunde in sein gesamtes Vermögen.

Der Veräußerer ist berechtigt, sich jederzeit eine vollstreckbare Ausfertigung dieser Urkunde ohne Fälligkeitsnachweis auf Kosten des Erwerbers erteilen zu lassen.

2. Haftungsbefreiung des Veräußerers

Dem Erwerber ist bekannt, dass er als Folge des Erwerbs des Gesellschaftsanteils auch für die zur Zeit seines Beitritts bestehenden Verbindlichkeiten der GbR, insbesondere die unter I Nr. 3 Genannten, persönlich haftet, im Verhältnis zur GbR akzessorisch, im Verhältnis zu den Mitgesellschaftern gesamtschuldnerisch.

Der Erwerber hat als weitere Gegenleistung dafür zu sorgen, dass der Veräußerer binnen eines Monats aus der (sonst fünf Jahre fortbestehenden) akzessorischen Haftung als ehemaliger GbR-Gesellschafter für die unter I Nr. 3 genannten Verbindlichkeiten durch den Gläubiger schriftlich entlassen wird und dieser ferner verbindlich erklärt, den Veräußerer aus dem in der Grundschuldbestellungsurkunde enthaltenen abstrakten Schuldanerkenntnis des Veräußerers und der insoweit erklärten persönlichen Vollstreckungsunterwerfung nicht mehr in Anspruch zu nehmen. Die Erklärung des Gläubigers darf unter dem Vorbehalt stehen, dass der Beitritt des Erwerbers wirksam wird und nicht mehr unter auflösenden Bedingungen steht.

Der Erwerber anerkennt dem Grundpfandrechtsgläubiger einen Geldbetrag in Höhe des Grundpfandrechtsnennbetrages und der Zinsen und Nebenleistungen ab dem Datum der Grundbuchbewilligung in der Weise zu schulden, dass dieses Anerkenntnis die Zahlungsverpflichtung selbständig begründet. Er unterwirft sich hierwegen der sofortigen Zwangsvollstreckung aus dieser Urkunde in sein gesamtes Vermögen mit der Maßgabe, dass es zur Erteilung einer vollstreckbaren Ausfertigung dieser Urkunde nicht des Nachweises der die Fälligkeit begründenden Tatsachen bedürfen soll. Allerdings darf der Notar vollstreckbare Ausfertigung erst nach Erteilung der »Schuldübernahmegenehmigung« erteilen.

Der Notar wird damit beauftragt, diesen Antrag auf Haftungsbefreiung des Veräußerers dem Gläubiger unter Übersendung einer vollstreckbaren Ausfertigung der heutigen Urkunde analog § 415 Abs. 1 BGB mitzuteilen und dessen Genehmigung für die Beteiligten zu beantragen und entgegenzunehmen.

3. Rücktrittsrecht

Für den Fall, dass der als Gegenleistung gem. Nr. 1 zu zahlende Betrag bis zum vorgenannten Fälligkeitszeitpunkt nicht gezahlt wurde, behält sich der Veräußerer das Recht vor, von diesem Veräußerungsvertrag bis zur Entrichtung der Gegenleistung zurückzutreten.

Sollte die Genehmigung der Haftungsbefreiung gem. Nr. 2 innerhalb eines Monats ab heute nicht erteilt sein oder zuvor endgültig verweigert werden, kann der Veräußerer ebenfalls vom Vertrag zurücktreten.

4. Nutzungen, Lasten, Gefahrenübergang

An Nutzungen und Lasten sowie Gefahren eines zufälligen Untergangs oder einer zufälligen Verschlechterung der zum Gesellschaftsvermögen gehörenden Gegenstände ist der Erwerber ab dem Tag der Zahlung des vereinbarten Entgelts gem. Nr. 1 beteiligt.

5. Mängelhaftung, Garantien

a) Mängel des verkauften Gesellschaftsanteils

Der Veräußerer ist verpflichtet, den veräußerten Gesellschaftsanteil lastenfrei zu verschaffen.

Der Veräußerer erklärt,
aa) dass er den Anteil nicht anderweitig veräußert oder verpfändet hat und dass er auch nicht gepfändet oder mit sonstigen Rechten Dritter belastet ist,
bb) dass die in Abschnitt I Nr. 2 dieser Urkunde aufgeführten Gegenstände zum Vermögen der GbR gehören,
cc) dass der Gesellschaftsvertrag dem in Abschnitt I Nr. 1 Genannten entspricht.

Andernfalls haftet der Veräußerer auch ohne Verschulden auf Vertrauensschaden bis zu einem Betrag von höchstens ..... € (..... €). Weitergehende gesetzliche Ansprüche des Erwerbers bleiben unberührt, insbesondere ein darüber hinausgehender Schadenersatzanspruch bei Verschulden des Veräußerers.

b) Mängel von Gegenständen des Gesellschaftsvermögens

aa) Der Erwerber hat das oben aufgeführte Grundstück besichtigt; der gegenwärtige, altersbedingte Zustand ist ihm bekannt.
bb) Der Veräußerer versichert,

1. dass ihm versteckte Mängel von Grundstück oder Gebäude nicht bekannt sind,

2. dass ihm nichts bekannt ist, was gegen die Zulässigkeit der vorhandenen Bebauung spricht,

3. dass ihm Baulasten, im Grundbuch nicht eingetragene Dienstbarkeiten, nachbarrechtliche Beschränkungen oder Beschränkungen aufgrund öffentlicher Wohnungsförderung nicht bekannt sind und

4. dass Erschließungs- oder Anliegerbeiträge für das Grundstück nicht ausstehen

5. dass die in Anlage ..... enthaltenen Angaben zu Mietverhältnissen, erzielten Mieten, und geleisteten Kautionen zutreffend sind, keine Mietverhältnisse gekündigt sind, und weder Mietrückstände, Mieteinbehalte, Mietvorauszahlungen, Streitigkeiten (z.B. Minderungen; Einwendungen gegen Nebenkostenabrechnungen), Pfändungen, Verfügungen über künftige Mietzinsansprüche noch abzugeltende Investitionen der Mieter bestehen.

6. dass keine Verpflichtungen der Gesellschaft aus Dauerschuldverhältnissen bestehen mit Ausnahme der in Anlage ..... genannten, und keine Bankverbindlichkeiten bestehen mit Ausnahme der in Abschnitt I Nr. 3 aufgeführten.

7. dass die GbR weder aktiv noch passiv an gerichtlichen Auseinandersetzungen beteiligt ist

Das Grundstück darf keine anderen als die in dieser Urkunde aufgeführten eingetragenen Belastungen aufweisen.

Im Übrigen sind Rechte des Erwerbers wegen Mängeln des Grundstücks oder sonstiger einzelner Gegenstände des Gesellschaftsvermögens ausgeschlossen.

III.

Dingliche Übertragung, Grundbuchberichtigung

1. Übertragung, Bedingung

Der Veräußerer überträgt hiermit den veräußerten Gesellschaftsanteil

mit sofortiger dinglicher Wirkung

an den Erwerber, allerdings unter der

auflösenden Bedingung,

dass der Veräußerer aufgrund eines in Abschn. II. Nr. 3 dieser Urkunde vorbehaltenen Rücktrittsrechts zurücktritt.

Der Erwerber nimmt die - auflösend bedingte - Übertragung des Geschäftsanteils hiermit an.

2. Grundbuchberichtigung, Widerspruch

Durch die vorbezeichnete Geschäftsanteilsübertragung ist das Grundbuch unrichtig geworden.

Der Erwerber

beantragt

hiermit die Berichtigung des Grundbuchs zufolge der vorbezeichneten Geschäftsanteilsübertragung.

Der Veräußerer

bewilligt

und der Erwerber

beantragt

hiermit die Eintragung eines entsprechenden Widerspruchs gemäß §§ 899 a i.V.m. 899 BGB gegen die Richtigkeit des Grundbuchs.

Der Erwerber

bewilligt und beantragt

bereits heute die Löschung des Widerspruchs Zug um Zug mit Vollzug der vorbeantragten Grundbuchberichtigung.

Vollzugsmitteilung an die Vertragsteile und den Notar wird beantragt.

Der beurkundende Notar und dessen amtlich bestellter Vertreter sowie Amtsnachfolger werden allerdings unwiderruflich <u>angewiesen</u>, die Grundbuchberichtigung erst zu beantragen, wenn der Veräußerer bestätigt hat, dass das vereinbarte Entgelt gem. II Nr. 1 nach Fälligkeit gezahlt wurde, oder der Erwerber die Zahlung entsprechend nachweist

Bis dahin sind keine Ausfertigungen und beglaubigte Abschriften an die Beteiligten zu erteilen. Der beurkundungsrechtliche Ausfertigungsanspruch der Beteiligten wird insoweit eingeschränkt.

3. Löschung des Widerspruchs bei Rücktritt des Veräußerers

Der Notar hat den Beteiligten erläutert, dass die Eintragung des Widerspruchs zugunsten des Erwerbers unter Umständen eine ungesicherte Vorleistung darstellt, die weitere Verfügungen über das Grundstück wirtschaftlich blockieren kann, wenn der Erwerber trotz Scheiterns des Vertrages deren Löschung nicht bewilligt. Aus diesem Grund vereinbaren die Beteiligten nach Hinweis auch auf abweichende Gestaltungsmöglichkeiten, etwa die Zahlung über Notaranderkonto:

Der Erwerber bevollmächtigt die Notarfachangestellten ..... und ....., je einzeln, die Löschung der zu seinen Gunsten einzutragenden Widerspruchs nach § 19 GBO zu bewilligen und im Namen beider Beteiligten, auf Kosten des Erwerbers, zu beantragen. Von der Vollmacht kann nur an dieser Amtsstelle Gebrauch gemacht werden, und zwar im Innenverhältnis nur nach Erfüllung folgender Voraussetzungen:
- Der Veräußerer hat dem Notar schriftlich mitgeteilt, dass er gem. Abschnitt II. Nr. 3 vom Vertrag zurückgetreten ist bzw. Schadensersatz statt der ganzen Leistung verlangt hat.
- Der Erwerber hat dem Notar auf per Einwurfeinschreiben übersandte Anforderung hin nicht innerhalb von drei Wochen nachgewiesen, dass (1) die Haftungsbefreiungserklärung des Gläubigers gem. Abschnitt II Nr 2 vorliegt und die Gegenleistung gem. Abschnitt II Nr. 1 gezahlt sei (2) oder aber dass ein gerichtliches Verfahren zur Feststellung der Unwirksamkeit des Rücktritts des Veräußerers anhängig ist.

Weist der Erwerber nach, dass ein Teil der Gegenleistung gezahlt ist, darf die Löschung des Widerspruchs nur Zug um Zug gegen Erstattung des bereits gezahlten Betrags erfolgen.

IV.

Zustimmung der Mitgesellschafter

In § ..... des Gesellschaftsvertrag ist bestimmt, dass Gesellschaftsanteile nur mit Zustimmung des Mitgesellschafters, B, übertragen werden können. Der Notar wird beauftragt, die erforderliche Zustimmung des Mitgesellschafters einzuholen.

V.

Hinweise

Eine steuerliche Beratung hat der Notar nicht übernommen, im Übrigen über die rechtliche Tragweite der abgegebenen Erklärungen belehrt und abschließend nochmals auf folgendes hingewiesen:
- Die Berichtigung des Grundbuches kann erst erfolgen, wenn die Unbedenklichkeitsbescheinigung wegen der Grunderwerbsteuer vorliegt;
- Der Erwerber haftet künftig persönlich und akzessorisch für alle Verbindlichkeiten und Verpflichtungen der Gesellschaft, auch wenn sie ihm nicht bekannt sein sollten,
- Die Bestimmungen des Gesellschaftsvertrages gelten für den Erwerber

VI.

Schlussbestimmungen

1. Vollzugsantrag und Vollmacht an den Notar

Die Vertragsteile

beauftragen und bevollmächtigen

hiermit den jeweiligen Inhaber der Notarstelle und dessen amtlich bestellten Vertreter, alle zur Rechtswirksamkeit und zum Vollzug des in dieser Urkunde niedergelegten Vertrags erforderlichen und zweckdienlichen Erklärungen und Genehmigungen einzuholen und entgegenzunehmen.

Genehmigungen sollen mit dem Eingang in den Amtsräumen des Notariats allen Beteiligten gegenüber als mitgeteilt gelten und rechtswirksam sein.

2. Kosten und Steuern

Die Kosten dieser Urkunde, des grundbuchamtlichen Vollzugs sowie die Kosten der erforderlichen Genehmigungen und Erklärungen und die anfallende Grunderwerbsteuer trägt der Erwerber.

3. Ausfertigungen und Abschriften

Von dieser Urkunde erhalten

Ausfertigungen:
Amtsgericht - Grundbuchamt - zweifach:
- eine Ausfertigung im Auszug ohne den in anderer Schrifttype gesetzten Text in Abschnitt III. 2 zur Eintragung des Widerspruchs
- eine weitere vollständige Ausfertigung zur Löschung des Widerspruchs und Grundbuchberichtigung nach Bestätigung der Zahlung der Gegenleistung und Vorliegen der Unbedenklichkeitsbescheinigung
- die Beteiligten (nach Bestätigung der Zahlung der Gegenleistung)

beglaubigte Abschriften:
- Mitgesellschafter zur Erteilung einer Zustimmung (auf Verlangen, ohne die Bestimmungen zur Löschung des Widerspruchs)

einfache Abschriften:
- das Finanzamt - Grunderwerbsteuerstelle – .

Vorgelesen vom Notar, von den Beteiligten

genehmigt und eigenhändig unterschrieben:

.....

XXXII. Erbbaurechtsbestellungsvertrag

▶

URNr. ...../20 .....

Bestellung eines Erbbaurechts

Heute, den ..... zweitausend .....

– ..... 20..... –

erschienen vor mir,

.....

Notar in .....,

in meinen Amtsräumen in .....:

1. Herr .....,

   geboren am .....,

   wohnhaft: .....,

   nach Angabe .....,

   mir, Notar, persönlich bekannt,

   – nachstehend auch als »Eigentümer« oder »Erbbaurechtsausgeber« bezeichnet –

2. Herr .....,

   geboren am .....,

   wohnhaft: .....,

   sowie dessen Ehefrau,

   Frau .....,

   geboren am .....,

   ebendort wohnhaft,

   nach Angabe .....

   – Die Ehegatten ...., werden nachstehend auch als »Erbbauberechtigter« bezeichnet –.

Der Erbbauberechtigte bestätigt, dass ihm gem. § 17 Abs. 2a BeurkG mindestens zwei Wochen vor der heutigen Beurkundung der beabsichtigte Text des Vertrags zur Prüfung und Durchsicht zur Verfügung gestellt wurde, sodass er ausreichend Gelegenheit hatte, sich mit dem Gegenstand der Urkunde auch durch Rücksprache mit dem Notariat auseinanderzusetzen.

Auf Frage des Notars verneinten die Beteiligten eine Vorbefassung i.S.d. § 3 Abs. 1 Satz 1 Nr. 7 BeurkG. Sie erklärten mit der Bitte um Beurkundung:

I.

Vorbemerkung

Das Grundbuch des Amtsgerichts ..... für ..... Blatt ..... wurde am ..... eingesehen.

Dort ist im Eigentum des Erbbaurechtsausgebers folgender Grundbesitz – nachstehend auch als »Erbbaugrundstück« bezeichnet – eingetragen:

Flst.Nr. ..... Gebäude- und Freifläche zu ..... qm.

Dieser Grundbesitz ist im Grundbuch vollständig unbelastet vorgetragen.

II.
Erbbaurechtsbestellung

Der Erbbaurechtsausgeber bestellt hiermit an dem in Ziffer I. aufgeführten Grundbesitz zugunsten der Erbbauberechtigten zur Berechtigung zu je ein Halb ein

Erbbaurecht

mit dem in dieser Urkunde niedergelegten Inhalt und im übrigen nach Maßgabe des Erbbaurechtsgesetzes.

III.
Erbbaurechtsinhalt

Als Inhalt des Erbbaurechts werden die folgenden besonderen Vereinbarungen getroffen:

§ 1
Verwendung

Die Erbbauberechtigten sind verpflichtet, innerhalb von fünf Jahren ab dem heutigen Tage auf eigene Kosten auf dem Erbbaugrundstück ein Gebäude in Übereinstimmung mit den maßgeblichen baurechtlichen Vorschriften zu errichten.

Das Gebäude ist ausschließlich für Wohnzwecke zu verwenden. Jede andere Verwendungsart, insbesondere die Ausübung eines Gewerbes irgendwelcher Art ist unzulässig. Ausnahmen hiervon im Einzelfall bedürfen der schriftlichen Zustimmung des Grundstückseigentümers.

Das Erbbaurecht erstreckt sich auch auf den für das Bauwerk nicht erforderlichen Teil des Grundstücks (§ 1 Abs. 2 ErbbauRG). Dieser steht als Hof- und Gartenfläche zur Verfügung. Auch diese Fläche ist sachgemäß anzulegen.

§ 2
Dauer

Das Erbbaurecht wird auf die Dauer von ..... – in Worten: ..... – Jahren bestellt.

§ 3
Instandhaltung

Der Erbbauberechtigte ist verpflichtet, das Erbbaugebäude und (mit schuldrechtlicher Wirkung) das gesamte Erbbaugelände stets in ordnungsgemäßem Zustand zu erhalten. Er hat Ausbesserungen und Erneuerungen, die hierfür erforderlich werden, jeweils unverzüglich vorzunehmen.

Der Grundstückseigentümer ist berechtigt, zu angemessener Tageszeit das Gebäude und Gelände zu besichtigen oder durch Beauftragte besichtigen zu lassen.

Kommt der Erbbauberechtigte einer Aufforderung des Grundstückseigentümers auf Herstellung eines ordnungsgemäßen Zustandes nicht binnen angemessener Frist nach, so ist der Grundstückseigentümer berechtigt, die entsprechenden Arbeiten auf Kosten des Erbbauberechtigten durchführen zu lassen.

§ 4
Versicherungen, Wiederherstellung

Der Erbbauberechtigte ist verpflichtet, sämtliche Erbbaugebäude während der Vertragsdauer zum höchstmöglichen Wert, soweit zulässig in der Neuwertversicherung gegen Brandschäden zu versichern und die Prämien pünktlich zu bezahlen.

Auf Verlangen hat er dem Grundstückseigentümer Nachweise hierüber vorzulegen.

Verletzt er die vorstehenden Verpflichtungen, so kann der Grundstückseigentümer für die Versicherung auf Kosten des Erbbauberechtigten sorgen. Werden Gebäude – gleich aus welchem Grunde – ganz oder teilweise zerstört, so sind sie unverzüglich vom Erbbauberechtigten auf dessen Kosten wiederherzustellen.

§ 5
Lasten

Der Erbbauberechtigte hat alle öffentlichen und privaten mit dem Grundstück und dem Erbbaurecht zusammenhängenden Lasten, Steuern und Abgaben aller Art zu tragen.

Die Lastentragung beginnt mit dem Tag des in Abschnitt VIII. 1 dieser Urkunde vereinbarten Besitzübergangs und gilt für die gesamte Dauer des Erbbaurechts.

§ 6
Zustimmung

In folgenden Fällen bedarf der Erbbauberechtigte der schriftlichen Zustimmung des Grundstückseigentümers:

1. bei jeder Veräußerung des Erbbaurechts, außer in den Fällen der
    a) Veräußerung an Angehörige i.S.v. § 15 Abgabenordnung in seiner jeweils geltenden Fassung
    b) Zwangsversteigerung aus einem Grundpfandrecht, dessen Eintragung der Grundstückseigentümer zugestimmt hat.
2. bei jeder Belastung des Erbbaurechts mit einer Hypothek, Grund- oder Rentenschuld, Reallast oder mit einem Dauerwohnrecht,
3. zur Änderung der Nutzungsart sowie zum ganzen oder teilweisen Abbruch des Bauwerkes,
4. zur Bildung von Wohnungserbbaurechten.

§ 7
Heimfall

In folgenden Fällen ist der Grundstückseigentümer berechtigt, die Übertragung des Erbbaurechts auf sich oder auf einen von ihm bezeichneten Dritten zu verlangen:

1. wenn der Erbbauberechtigte gegen die Bestimmungen der §§ 1 bis 5 und § 6 Nr. 3 und Nr. 4 dieser Urkunde verstößt und nach einer auf die Geltendmachung des Heimfallanspruchs hinweisenden Mahnung nicht binnen spätestens drei Monaten die beanstandete Vertragsbestimmung ordnungsgemäß erfüllt,
2. wenn der Erbbauberechtigte mit der Zahlung des Erbbauzinses i.H.v. mindestens zwei Jahresbeträgen im Rückstand ist,
3. wenn über das Vermögen des Erbbauberechtigten die Eröffnung des Insolvenzverfahrens mangels Masse abgelehnt wird,
4. wenn die Zwangsversteigerung oder Zwangsverwaltung des Erbbaurechts angeordnet wird.

§ 8
Entschädigung

Endet das Erbbaurecht durch Zeitablauf oder macht der Grundstückseigentümer von seinem Heimfallanspruch Gebrauch, so ist dem Erbbauberechtigten eine Entschädigung zu bezahlen und zwar i.H.v. zwei Dritteln des Verkehrswerts, den das Erbbaurecht zum Zeitpunkt des Erlöschens oder der Übertragung aufgrund Heimfallanspruch hat.

Kommt eine gütliche Einigung über den Verkehrswert binnen vier Wochen nach Aufforderung durch einen Teil nicht zustande, entscheidet ein durch den Präsidenten der örtlich zuständigen Industrie- und Handelskammer zu bestellender vereidigter Sachverständiger als Schiedsgutachter. Die Beteiligten unterwerfen sich dem Ergebnis dieses Gutachtens als billiger Bestimmung des Betrags gem. § 315 BGB und vereinbaren diesen noch zu beziffernden Betrag bereits heute. Einwendungen gegen das Gutachten bleiben nur hinsichtlich etwaiger grober Mängel in analoger Anwendung des § 1059 Abs. 2 ZPO (Aufhebung eines Schiedsspruches) vorbehalten.

Die durch die Einschaltung des Gutachters entstehenden Kosten trägt derjenige Teil, dessen Betragsvorschlag vom Schiedsergebnis weiter entfernt lag.

Die sich auf der Grundlage des Verkehrswerts ergebende Entschädigung i.H.v. zwei Dritteln ist unverzüglich nach Erlöschen oder Übertragung des Erbbaurechts an den Erbbauberechtigten auszuzahlen.

§ 9
Vorrecht

Der Erbbauberechtigte hat das Vorrecht auf Erneuerung des Erbbaurechts (vgl. § 31 ErbbauRG) nach dessen Ablauf. Die Ausübung des Vorrechts ist ausgeschlossen, wenn der Erbbauberechtigte gegen Bestimmungen dieses Vertrags grob verstoßen hat, wenn er insbes. seiner Instandhaltungs- und Erneuerungspflicht nicht oder nicht genügend nachgekommen ist.

IV.
Erbbauzins

Der Erbbauberechtigte ist verpflichtet, an den Grundstückseigentümer als laufendes Entgelt auf die Dauer des Erbbaurechts einen Erbbauzins zu bezahlen. Der Erbbauzins beträgt

jährlich ..... €

– in Worten ..... Euro –.

Dieser wird als Belastung des Erbbaurechts (Reallast) im Grundbuch zugunsten des jeweiligen Grundstückseigentümers eingetragen.

Der Erbbauzins ist jeweils am Ersten eines jeden Jahres im Voraus zur Zahlung fällig, erstmals am .....

Für die Monate bis zum ..... ist ein pachtzinsähnliches Nutzungsentgelt i.H.v. ..... € zu entrichten. Dieser Betrag ist sofort zur Zahlung fällig.

V.
Wertsicherung

Bezüglich des Erbbauzinses sind sich die Beteiligten darüber einig, dass der Erbbauzins wertbeständig sein soll. Er soll sich daher nach Maßgabe der nachstehenden Vereinbarungen im gleichen prozentualen Verhältnis nach oben oder nach unten ändern, wie der vom Statistischen Bundesamt in Wiesbaden festgestellte Verbraucherpreisindex (VPI) auf der jeweils aktuellen Originalbasis. Derzeit ist dies die Basis 2005 = 100 Punkte. Ab dem Ersten auf eine Indexbasisneufestsetzung folgenden Berechnungszeitpunkt wird für die Zukunft auf die neue Originalbasis übergegangen.

Ausgangspunkt ist der Preisindex, der jeweils dem Berechnungszeitpunkt um sechs Monate vorausgeht. Derzeitiger Ausgangspunkt ist daher der Preisindex für den Monat ..... mit ..... Punkten

Alle fünf Jahre, gerechnet vom ..... an, wird der Erbbauzins für die folgenden fünf Jahre neu festgesetzt, jedoch nur, wenn sich der oben genannte Preisindex um mehr als zehn Prozent gegenüber dem Zeitpunkt der letzten Erbbauzinsfestlegung geändert hat.

Der künftig geschuldete Betrag wird nach folgender Formel errechnet:

»bisher geschuldeter Erbbauzinsbetrag« mal »Index sechs Monate vor Neufestsetzung« dividiert durch »Index sechs Monate vor der letzten Erbbauzinsfestlegung«

Voraussetzung einer Änderung der Zahlungspflicht aufgrund dieser dinglichen Gleitklausel ist jedoch eine Aufforderung des durch die Änderung begünstigten Teils. Diese ist spätestens vier Wochen vor dem Stichtag der Neufestsetzung per Einwurf-Einschreiben an den anderen Teil unter Angabe der Indexzahlen und des künftig zu zahlenden Betrags abzusenden. Erfolgt die Aufforderung erst zu einem späteren Zeitpunkt, so gilt die Verpflichtung zur Zahlung des angepassten Erbbauzinses erst ab dem übernächsten auf den Zeitpunkt der Absendung der Aufforderung folgenden Monatsersten. Maßgeblich ist insoweit stets das Datum des Poststempels des Aufforderungsschreibens. Erfolgt die Absendung der Aufforderung verspätet, so führt dies gleichwohl nicht zu einer Verschiebung der Fünf-Jahres-Periode.

(Formulierungsalternative:

Alle fünf Jahre, gerechnet vom ..... an, ändert sich der Erbbauzins, jedoch nur, wenn sich der oben genannte Preisindex um mehr als zehn Prozent gegenüber dem Zeitpunkt der letzten Erbbauzinsfestlegung geändert hat.

Der künftig geschuldete Betrag wird nach folgender Formel errechnet:

»bisher geschuldeter Erbbauzinsbetrag« mal »Index sechs Monate vor Neufestsetzung« dividiert durch »Index sechs Monate vor der letzten Erbbauzinsfestlegung«

Ausdrücklich wird klargestellt, dass die Änderung der Zahlungspflicht aufgrund dieser dinglichen Gleitklausel ab dem jeweiligen Stichtag ohne Weiteres, d.h. insbesondere ohne vorherige Aufforderung des durch die Änderung begünstigten Teils, eintritt.)

Diese vorstehende Verpflichtung zur Zahlung des Erbbauzinses wird in ihrer wertgesicherten Form als Reallast am Erbbaurecht bestellt (§ 9 Abs. 1 ErbbauRG i.V.m. § 1105 Abs. 1 Satz 2 BGB n.F.)

VI.

Bestehenbleiben der Erbbauzinsreallast, § 9 Abs. 3 Satz 1 Nr. 1 ErbbauRG

Als Inhalt des Erbbauzinses wird ferner gem. § 9 Abs. 3 Satz 1 Nr. 1 ErbbauRG vereinbart, dass die Reallast abweichend von § 52 Abs. 1 ZVG mit ihrem Hauptanspruch bestehen bleibt, wenn der Grundstückseigentümer aus der Reallast oder der Inhaber eines im Range vorgehenden bzw. gleichstehenden dinglichen Rechts oder die Wohnungseigentümergemeinschaft aus rückständigen Gemeinschaftsbeiträgen gem. § 10 Abs. 1 Nr. 2 ZVG die Zwangsversteigerung des Erbbaurechts betreibt. Rangrücktritte mit dem Erbbauzins sind damit wirtschaftlich vertretbar; eine Kapitalisierung künftig fällig werdender Erbbauzinsen ist ausgeschlossen.

VII.

Vorkaufsrechte

Der Grundstückseigentümer räumt dem jeweiligen Erbbauberechtigten an dem Erbbaugrundstück, der Erbbauberechtigte dem jeweiligen Grundstückseigentümer auf die Dauer des Erbbaurechts an dem Erbbaurecht jeweils ein dingliches

Vorkaufsrecht

für alle Verkaufsfälle ein.

Das jeweilige Vorkaufsrecht kann nicht ausgeübt werden bei einem Verkauf an Angehörige i.S.v. § 15 der Abgabenordnung in seiner jeweiligen Fassung.

Im übrigen gelten für das jeweilige Vorkaufsrecht die gesetzlichen Bestimmungen.

VIII.
Grundbuchanträge

Die Beteiligten sind über die Bestellung dieses Erbbaurechts einig; im übrigen gelten die gesetzlichen Vorschriften. Auf Eintragung einer Vormerkung zur Absicherung des Zeitraums bis zur Eintragung des Erbbaurechts wird verzichtet.

Es wird

bewilligt und beantragt,

im Grundbuch einzutragen:

1. An dem Grundstück gem. Ziffer I.:
   a) das Erbbaurecht für den Erbbauberechtigten mit dem in Ziffer III. §§ 1 bis 9 (außer § 6 Nr. 4) niedergelegten dinglichen Inhalt an ausschließend erster Rangstelle,
   b) im Rang nach dem Erbbaurecht das Vorkaufsrecht gem. Ziffer VII. für den jeweiligen Erbbauberechtigten.
2. Nach Anlegung des Erbbaugrundbuchs an dem Erbbaurecht:
   a) den Erbbauzins für den jeweiligen Grundstückseigentümer gem. Ziffer IV. mit dem wertgesicherten Inhalt und der Inhaltsbestimmung gem. § 9 Abs. 1 ErbbauRG in Verbindung mit § 1105 Abs. 1 Satz 2 BGB und § 9 Abs. 3 Satz 1 Nr. 1 ErbbauRG gem. Ziffer V. und VI. dieser Urkunde zur ersten Rangstelle (Reallast),
   b) das Vorkaufsrecht für den jeweiligen Grundstückseigentümer gem. Ziffer VII. im Rang nach dem Erbbauzins.

Im Übrigen wird der Notar beauftragt, den grundbuchamtlichen Vollzug dieser Urkunde durchzuführen, wobei er über § 15 GBO hinaus alle Anträge einzeln und unabhängig voneinander stellen, einschränken oder zurücknehmen kann. Vollzugsmitteilung wird für alle Beteiligten an den beurkundenden Notar erbeten.

IX.
Besitzübergang, Rechts- und Sachmängel, Erschließungskosten

1. Die Besitzübergabe des Erbbaugeländes an den Erbbauberechtigten erfolgt mit Wirkung vom ...... Vom gleichen Tage an gehen Lasten, Abgaben und Steuern, Haftung, Verkehrssicherungspflicht und Gefahr – und zwar sowohl bzgl. des Grundstücks als auch bzgl. des Erbbaurechts – auf den Erbbauberechtigten über.
2. Der Grundstückseigentümer schuldet die ungehinderte Erbbaurechtsentstehung und Freiheit von Rechten Dritter, soweit solche Rechte nicht ausdrücklich in dieser Urkunde begründet oder übernommen werden.

   Ansprüche des Erbbauberechtigten wegen eines Sachmangels des Grund und Bodens sind ausgeschlossen; Ansprüche auf Schadensersatz jedoch nur, wenn der Grundstückseigentümer nicht vorsätzlich gehandelt hat.

   Hinsichtlich von Schadensersatzansprüchen bleibt die Haftung für vorsätzlich oder grob fahrlässig verursachte Schäden und für Schäden aus der Verletzung des Lebens, des Körpers oder der Gesundheit, die auf einer auch leicht fahrlässigen Pflichtverletzung des Grundstückseigentümers beruhen, unberührt. Einer vorsätzlichen oder fahrlässigen Pflichtverletzung des Bestellers steht diejenige seines gesetzlichen Vertreters oder Erfüllungsgehilfen gleich.

Nach Hinweis auf § 444 BGB wird erklärt: Der Eigentümer versichert, er habe keine ihm bekannten Mängel, schädlichen Bodenveränderungen oder Altlasten arglistig verschwiegen, auf die der Erbbauberechtigte angesichts ihrer Bedeutung und des sonstigen Zustandes des Objekts einen Hinweis erwarten durfte. Alle Garantien und Beschaffenheitsvereinbarungen sind in dieser Urkunde aufgeführt.

3. Alle künftig anfallenden oder zur Festsetzung gelangenden Erschließungsbeiträge und Anliegerleistungen für den Vertragsgrundbesitz, auch soweit sie bereits ausgeführte bzw. abgerechnete Arbeiten betreffen, hat ausschließlich der Erbbauberechtigte zu tragen.

X.

Zwangsvollstreckung

Der Erbbauberechtigte unterwirft sich wegen der schuldrechtlichen Verpflichtung zur Zahlung des Erbbauzinses sowie wegen des dinglichen und persönlichen Anspruchs aus der bestellten Reallast jeweils in ihrer wertgesicherten Form der Zwangsvollstreckung aus dieser Urkunde. Vollstreckbare Ausfertigung darf ohne weitere Nachweise erteilt werden. Eine Umkehr der Beweislast ist damit nicht verbunden.

XI.

Hinweise des Notars

Den Beteiligten ist bekannt, dass das Erbbaurecht erst mit der Eintragung im Grundbuch entsteht. Diese kann erst erfolgen, wenn die Unbedenklichkeitsbescheinigung des Finanzamts wegen der Grunderwerbsteuer vorliegt. Eine währungsrechtliche Genehmigung der Wertsicherungsklausel ist nicht mehr erforderlich.

XII.

Kosten, Steuern

Der Erbbauberechtigte trägt sämtliche mit dieser Urkunde zusammenhängenden Kosten und die des grundbuchamtlichen Vollzugs sowie die Grunderwerbsteuer.

Er trägt auch alle weiteren in der Folgezeit mit der Durchführung dieses Vertrags zusammenhängende Kosten.

Der Erbbauberechtigte hat auch die ggf. mit der grundbuchlichen Bildung des erbbaubelasteten Grundstücks und den Baumaßnahmen auf diesem zusammenhängenden Vermessungs-, und Abmarkungskosten sowie alle sonstigen mit der Errichtung des Erbbaugebäudes zusammenhängenden Kosten zu tragen. Soweit der Erbbaurechtsausgeber insoweit bereits in Vorlage getreten ist, sind diesem entstandene Kosten unverzüglich gegen Nachweis zu erstatten.

XIII.

Schlussbestimmungen

Soweit die Bestimmungen dieses Vertrags nur schuldrechtlich wirken, also nicht kraft Gesetzes auf Rechtsnachfolger übergehen, verpflichten sich die Vertragsteile, alle Vereinbarungen ihren Rechtsnachfolgern aufzuerlegen und diese wiederum in gleicher Weise zu binden.

Sollten einzelne Bestimmungen dieses Vertrags unwirksam sein oder werden, so wird dadurch der übrige Inhalt dieser Urkunde nicht berührt. Die Vertragsteile sind aber verpflichtet, eine etwa unwirksame Bestimmung durch eine solche zu ersetzen, die dem wirtschaftlich angestrebten Erfolg möglichst nahe kommt.

Sind mehrere Personen Erbbauberechtigte, so haften sie für alle in dieser Urkunde eingegangenen Verbindlichkeiten – auch hinsichtlich der Vertragsstrafenversprechen – als Gesamtschuldner.

XIV.
Abschriften

Von dieser Urkunde erhalten:

Beglaubigte Abschriften:
- jeder Vertragsteil
- das Grundbuchamt

Einfache Abschriften:
- das Finanzamt – Grunderwerbsteuerstelle
- der Gutachterausschuss

Vorgelesen vom Notar, von den Beteiligten genehmigt, und eigenhändig unterschrieben:

.....

XXXIII. Kaufvertrag über ein Erbbaurecht

▶

URNr. ...../20 .....

Kaufvertrag über ein Erbbaurecht

Heute, den ..... zweitausend .....

– ..... 20 ..... –

erschienen gleichzeitig vor mir,

.....,

Notar in .....,

in meinen Amtsräumen in .....:

1. .....,

geb. am .....,

wohnhaft: .....,

nach Angabe im gesetzlichen Güterstand verheiratet, jedoch nicht über sein überwiegendes Vermögen verfügend/in Gütertrennung verheiratet/unverheiratet/weder verheiratet noch in eingetragener Lebenspartnerschaft lebend/verwitwet und nicht in fortgesetzter Gütergemeinschaft lebend

und dessen ebendort wohnhafte Ehefrau .....,

beide ausgewiesen durch gültigen deutschen Personalausweis,

2. .....,

geb. am .....,

wohnhaft: .....,

nach Angabe im gesetzlichen Güterstand verheiratet/in Gütertrennung verheiratet/unverheiratet/ weder verheiratet noch in eingetragener Lebenspartnerschaft lebend/verwitwet und nicht in fortgesetzter Gütergemeinschaft lebend

und dessen ebendort wohnhafte Ehefrau .....,

beide ausgewiesen durch gültigen deutschen Personalausweis.

Die zu 1. genannten Beteiligten werden im folgenden »der Verkäufer«, die zu 2 Genannten »der Käufer« genannt, auch wenn es sich um jeweils mehrere Personen handelt. Sie handeln nach ihrer glaubhaften Erklärung als Verbraucher i.S.d. § 13 BGB.

Auf Frage des Notars verneinten die Beteiligten eine Vorbefassung i.S.d. § 3 Abs. 1 Satz 1 Nr. 7 BeurkG. Sie erklärten mit der Bitte um Beurkundung:

§ 1

Grundbuch- und Sachstand

Das Grundbuch des Amtsgerichts ..... für ..... Blatt ..... wurde am ..... eingesehen.

Dort ist ..... als Berechtigter des folgenden Erbbaurechts eingetragen:

Erbbaurecht an dem Grundstück

Flst.Nr. .....

Die Zustimmung des Grundstückseigentümers ist erforderlich:
- zur Veräußerung (Ausnahme: .....),
- zur Belastung mit Grundpfandrechten, Reallasten oder Dauerwohnrechten.

E. Gesamtmuster

Grundstückseigentümer:

.....

Dieses Vertragsobjekt ist im Grundbuch wie folgt belastet:

Abteilung II:

Erbbauzins von ..... € jährlich für den jeweiligen Eigentümer des genannten Grundstücks

Vorkaufsrecht für alle Verkaufsfälle für den jeweiligen Eigentümer des genannten Grundstücks

Vorgemerkt nach § 883 BGB: Anspruch auf Einräumung einer Reallast (anderweitige Festsetzung des Erbbauzinses) für den jeweiligen Eigentümer des genannten Grundstücks

Abteilung III:

.....

§ 2
Veräußerung; Grundbucherklärungen

Der Verkäufer

verkauft das in § 1 bezeichnete Vertragsobjekt mit allen damit zusammenhängenden Rechten und dem Zubehör (§ 97 BGB)

an den Käufer

zum Alleineigentum/Miteigentum je zur Hälfte

Weitere bewegliche Gegenstände (etwa Inventar, Mobiliar) sind nicht mitverkauft, jedoch die vorhandenen Brennstoffvorräte abzüglich des Verbrauchs bis zum Besitzübergang.

Um den vereinbarten Eigentumserwerb zu sichern, bewilligt der Verkäufer und **beantragt** der Käufer, zu dessen Gunsten am Vertragsobjekt eine

Vormerkung

sofort an nächstoffener Rangstelle einzutragen. Der Käufer bewilligt und beantragt, diese Vormerkung bei der Eigentumsumschreibung wieder zu löschen, sofern nachrangig keine Eintragungen bestehen bleiben, denen er nicht zugestimmt hat.

Die Beteiligten sind über den Eigentumsübergang im angegebenen Erwerbsverhältnis einig. Sie bewilligen und beantragen jedoch derzeit nicht, diese

Einigung

im Grundbuch einzutragen; vielmehr bevollmächtigen sie hierzu unwiderruflich und über den Tod hinaus den amtierenden Notar, Vertreter oder Nachfolger im Amt.

Der Verkäufer muss dem Käufer das Eigentum Zug-um-Zug gegen Zahlung des geschuldeten Kaufpreises verschaffen. Alle Beteiligten weisen daher den Notar gem. § 53 BeurkG an, die Umschreibung gem. dieser Vollmacht durch Eigenurkunde erst zu veranlassen, nachdem der Verkäufer den Eingang des geschuldeten Betrags originalschriftlich bestätigt oder hilfsweise der Käufer die Zahlung des vereinbarten Kaufpreises (jeweils ohne Zinsen) durch Bankbestätigung nachgewiesen hat.

§ 3
Kaufpreis; Fälligkeit

Der Kaufpreis beträgt

..... €

– in Worten: ..... Euro –.

1. Der Notar wird den Beteiligten den Eintritt der nachstehenden **Voraussetzungen** bestätigen (Versand an den Käufer per Einwurf-Einschreiben); der Käufer schuldet die Gutschrift des Kaufpreises spätestens zum Fälligkeitszeitpunkt, nämlich vierzehn Tage nach Zugang dieser Mitteilung:

a) die Eigentumsvormerkung ist im Grundbuch eingetragen,
b) der Notar verfügt in grundbuchtauglicher Form über alle Unterlagen zur Freistellung von solchen Belastungen, die im Grundbuch vor oder mit der Vormerkung eingetragen und vom Käufer nicht zu übernehmen sind. Ihre Verwendung darf allenfalls von Zahlungsauflagen abhängig sein, für die der Kaufpreis ausreicht. Der Notar wird allseits bevollmächtigt, diese Unterlagen – zur Beschleunigung, ungeachtet der Kostenfolge, unter Fertigung des Entwurfs – anzufordern, für alle am Vertrag und dessen Finanzierung Beteiligten auch gem. § 875 Abs. 2 BGB entgegenzunehmen und zu verwenden,
c) die gem. Vermerk im Erbbaugrundbuch erforderliche Zustimmung des derzeitigen Grundstückseigentümers zur heutigen Veräußerung und zu der in § 10 vereinbarten befreienden Schuldübernahme liegt in grundbuchmäßiger Form vor oder ist durch Gerichtsentscheidung ersetzt, allenfalls unter der Auflage der Erstattung der angefallenen Notargebühren durch den Käufer, wozu sich dieser vertraglich bereit erklärt.
d) der privatschriftliche Verzicht des derzeitigen Eigentümers hinsichtlich der Ausübung des Vorkaufsrechts in diesem Verkaufsfall liegt vor.

2. Stehen Genehmigungen oder Lastenfreistellungsdokumente unter Zahlungsauflagen, teilt der Notar diese den Beteiligten ohne weitere Prüfung mit. Der Kaufpreis kann insoweit bei Fälligkeit nur durch Erfüllung solcher Auflagen erbracht werden, ist also zweckgebunden, ohne dass der Zahlungsempfänger hieraus eigene Rechte erwirbt. Der Restbetrag nach Berücksichtigung etwaiger solcher Treuhandauflagen ist zu überweisen auf das Konto des Verkäufers bei der ..... bank, BLZ ....., Konto-Nr. .....

3. Mit Wirkung ab Zahlung des Kaufpreises überträgt der Verkäufer dem Käufer alle Eigentümerrechte und Rückübertragungsansprüche in Bezug auf Grundpfandrechte am Vertragsobjekt und bewilligt deren Umschreibung.

4. Wird ein Vorkaufsrecht ausgeübt, sind Verkäufer und Käufer zum Rücktritt vom Vertrag berechtigt; ein Anspruch auf Schadensersatz statt der Leistung oder Verzinsung bereits geleisteter Kaufpreisteile besteht in diesem Fall nicht. Der Verkäufer tritt alle aus der Ausübung des Vorkaufsrechts gegen den Vorkäufer entstehenden Ansprüche sicherungshalber an den Käufer ab, der die Abtretung dem Vorkäufer selbst anzeigen wird.

§ 4

Besitzübergabe; Erschließung

Mit vollständiger Kaufpreiszahlung ist dem Käufer der Besitz zu übergeben. Private und öffentliche Lasten, Verbrauchskosten und Haftung gehen ab Fälligkeit, Nutzungen, Verkehrssicherungspflichten und Gefahr ab Entrichtung des Kaufpreises, ggf. zeitanteilig, auf den Käufer über.

Soweit Gebäudesach- und -haftpflichtversicherungen bestehen, gehen diese kraft Gesetzes auf den Käufer über, der sie jedoch innerhalb eines Monats nach Eigentumsumschreibung kündigen kann. Ab Lastenübergang hat er die Prämien zu tragen und den Gefahrübergang anzuzeigen. Aufschiebend bedingt auf die Zahlung des Kaufpreises werden alle Ansprüche abgetreten, die dem Verkäufer gegen Dritte (etwa Versicherungsunternehmen, Schädiger, Bauunternehmen, Architekten) wegen eines Mangels oder Schadens am Vertragsobjekt zustehen (werden).

Eintragungen im Baulastenverzeichnis, Abstandsflächenübernahmen, nicht im Grundbuch eingetragene altrechtliche Dienstbarkeiten, Überbauungen, oder baurechtswidrige Zustände sind dem Verkäufer nicht bekannt.

Der Verkäufer garantiert jedoch folgende Umstände:

1. Wohnungsbindung oder Einschränkungen aufgrund sozialer Wohnraumförderung sowie aufgrund Denkmalschutzes bestehen nicht.
2. Das Vertragsobjekt ist nicht vermietet oder verpachtet; es steht leer.
3. Die derzeit vorhandene öffentlich-rechtliche Erschließung gem. BauGB und Kommunalabgabengesetz mit Straßenausbau, und Entwässerung sowie die Anbindung an die öffentliche Wasserversorgung sind endabgerechnet und bezahlt.

Sofern allerdings Baukostenzuschüsse, Hausanschlusskosten und Nacherhebungen von Erschließungskosten anlässlich einer künftigen Bebauung des Vertragsbesitzes oder künftiger Veränderungen der Erschließungsanlagen angefordert werden, treffen diese den Käufer.

§ 5
Rechtsmängel

Der Verkäufer ist verpflichtet, dem Käufer ungehinderten Besitz und lastenfreies Eigentum zu verschaffen, soweit in dieser Urkunde nichts anderes vereinbart ist.

Die in Abteilung II des Grundbuchs eingetragenen, in § 1 dieser Urkunde bezeichnete Belastungen, übernimmt der Käufer zur weiteren Duldung mit allen sich aus der Eintragungsbewilligung ergebenden Verpflichtungen, Rechte in Abteilung III des Grundbuchs sind zu löschen.

Allen zur Lastenfreistellung bewilligten Löschungen oder Rangänderungen wird mit dem Antrag auf Vollzug zugestimmt, auch soweit weiterer Grundbesitz betroffen ist.

§ 6
Sachmängel

Alle Rechte des Käufers wegen eines Sachmangels des Bauwerkes und etwa mitverkaufter beweglicher Sachen sind ausgeschlossen, allerdings mit Ausnahme

1. ggf. in dieser Urkunde enthaltener Beschaffenheitsvereinbarungen und Garantien,
2. vorsätzlich zu vertretender oder arglistig verschwiegener Mängel. Der Verkäufer erklärt, er habe keine ihm bekannten Mängel, schädlichen Bodenveränderungen oder Altlasten arglistig verschwiegen, auf die der Käufer angesichts ihrer Bedeutung und des sonstigen Zustandes des Objekts einen Hinweis erwarten durfte.
3. solcher Sachmängel, die zwischen Vertragsschluss und Übergabe entstehen und über die gewöhnliche Abnutzung hinausgehen; hierfür wird jedoch – außer bei Vorsatz – die Verjährungsfrist auf drei Monate verkürzt.

Der Verkäufer ist nicht im Besitz eines (gültigen) Energieausweises gem. § 16 EnEV 2007. Der Käufer verzichtet endgültig auf dessen Vorlage und Übergabe. Ihm ist bekannt, dass er künftigen Mietinteressenten auf Verlangen einen solchen Ausweis vorzulegen hat und dass ihn Nachrüstungspflichten treffen können.

§ 7
Vollstreckungsunterwerfungen

Der Käufer unterwirft sich wegen der in dieser Urkunde eingegangenen Verpflichtung zur Zahlung des Kaufpreises samt Verzugszinsen gem. § 288 Abs. 1 BGB hieraus ab dem Datum der Erteilung der vollstreckbaren Ausfertigung der Zwangsvollstreckung aus dieser Urkunde. Gleiches gilt für den Verkäufer wegen der Verpflichtung zur Verschaffung des Besitzes.

Auf Antrag kann ohne weitere Nachweise vollstreckbare Ausfertigung erteilt werden (dem Verkäufer jedoch erst nach Fälligkeitsmitteilung und gem. deren Inhalt, dem Käufer zur Besitzverschaffung gegen Nachweis der Kaufpreiszahlung).

Mehrere Beteiligte, die zu derselben Leistung verpflichtet sind, schulden und haften als Gesamtschuldner.

§ 8
Vollzugsauftrag

Alle Beteiligten beauftragen und bevollmächtigen den amtierenden Notar, seinen amtlichen Vertreter oder Nachfolger im Amt,
– sie im Grundbuchverfahren uneingeschränkt zu vertreten,

- die zur Wirksamkeit und für den Vollzug dieser Urkunde erforderlichen Genehmigungen und Erklärungen anzufordern, entgegenzunehmen und (als Eigenurkunde) abzugeben.

Anfechtbare Bescheide sind jedoch den Beteiligten selbst zuzustellen; Abschrift an den Notar wird erbeten.

Die Beteiligten bevollmächtigen weiterhin die Angestellten an der Notarstelle – welche der Amtsinhaber seinerseits zu bezeichnen bevollmächtigt wird – je einzeln und befreit von § 181 BGB, Erklärungen, Bewilligungen und Anträge materiell- oder formell-rechtlicher Art zur Ergänzung oder Änderung des Vertrags abzugeben, soweit diese zur Behebung behördlicher oder gerichtlicher Beanstandungen zweckdienlich sind.

Der Verkäufer ist nicht verpflichtet, eine etwaige gerichtliche Ersetzung gem. § 7 Abs. 3 ErbbauRG zu betreiben; auch die Vollzugsvollmacht des Notars erstreckt sich hierauf nicht.

(Formulierungsalternative:
Der Verkäufer schuldet dem Käufer auch im Fall der Ablehnung die Durchführung des gerichtlichen Ersetzungsverfahrens gem. § 7 Abs. 3 ErbbauRG; der Käufer hat die erforderlichen Nachweise zu erbringen. Die Vollzugsvollmacht des Notars erstreckt sich hierauf nicht).

Ist diese Fälligkeitsvoraussetzung nicht bis zum ..... eingetreten, kann der Käufer vom Vertrag zurücktreten. Die Notar- und Grundbuchkosten für diesen Vertrag und seine Finanzierung sind ihm zu erstatten; weitergehende Ansprüche sind ausgeschlossen, soweit sie nicht auf Vorsatz oder Arglist beruhen.

§ 9

Vollmacht zur Kaufpreisfinanzierung, weitere Vollmacht

Allein der Käufer hat dafür zu sorgen, dass etwa benötigte Finanzierungsmittel rechtzeitig zur Verfügung stehen. Um ihm dies zu erleichtern, ist der Verkäufer verpflichtet die Beleihung des Vertragsobjekts bereits vor Umschreibung zu gestatten, allerdings nur unter Einhaltung der nachfolgenden Sicherungsabreden.

Der Verkäufer erteilt daher jedem Käufer und mehrere Käufer sich gegenseitig, jeweils befreit von § 181 BGB, folgende Vollmacht:

> Das Vertragsobjekt darf ab sofort mit Grundpfandrechten samt Zinsen und Nebenleistungen in beliebiger Höhe belastet werden. Der Verkäufer bewilligt deren Eintragung samt dinglicher Vollstreckungsunterwerfung und stimmt allen zur Rangbeschaffung geeigneten Erklärungen zu. Jeder Käufer übernimmt die persönlichen Zahlungsverpflichtungen und unterwirft sich insoweit der Zwangsvollstreckung, trägt die Kosten der Bestellung und Eintragung, und tritt mit seinen Rechten (Vormerkung) zurück. Die Sicherungsabrede mit dem Verkäufer ist so zu gestalten, dass der Gläubiger das Grundpfandrecht bis zur vollständigen Kaufpreiszahlung nur als Sicherheit verwenden darf in der Höhe, in der Kreditausreichungen die Kaufpreisschuld des Käufers getilgt haben.

Die Finanzierungsgläubiger werden hiermit unwiderruflich angewiesen, die so besicherten Kreditmittel bis zur vollständigen Entrichtung des Kaufpreises nur hierfür zu verwenden.

Beurkundungen aufgrund der vorstehenden Vollmacht können nur an dieser Notarstelle erfolgen.

(Ggf.: Den Beteiligten ist bekannt, dass Grundpfandrechte im Grundbuch nur mit Zustimmung des Grundstückseigentümers eingetragen werden können. Die Fälligkeit des Kaufpreises soll davon jedoch nicht abhängen; auch Rücktrittsrechte werden nicht vereinbart.)

Mehrere Personen auf Käufer- bzw. Verkäuferseite schulden als Gesamtschuldner. Sie bestellen sich untereinander je einzeln als Zustellungs- und Erklärungsvertreter für alle Willens- und Wissenserklärungen, die für diesen Vertrag, seine Abwicklung, Änderung und ggf. Rückabwicklung von Bedeutung sind. Ein Widerruf dieser Vollmacht ist nur wirksam, sobald er auch dem amtierenden Notar zugeht.

§ 10
Eintritt in den Erbbaurechtsvertrag

Die Vertragsteile haben Kenntnis von den Bestimmungen des Erbbaurechtsvertrags vom ....., URNr. ..... des Notars ....., wie in § 1 näher bezeichnet. Der Käufer tritt mit Wirkung ab Lastenübergang in sämtliche sich aus vorgenanntem Vertrag ab diesem Zeitpunkt – also ohne Übernahme von Rückständen – ergebenden Rechte und Verpflichtungen ein und verpflichtet sich insbesondere, übernommene schuldrechtliche Verpflichtungen seinem etwaigen Rechtsnachfolger mit der Verpflichtung zur Weiterübertragung aufzuerlegen. Im Rahmen der Genehmigung der Erbbaurechtsveräußerung durch den Grundstückseigentümer soll zugleich der Veräußerer mit Wirkung für die Zeit nach Lastenübergang befreiend aus schuldrechtlichen Pflichten entlassen werden.

Der Käufer – mehrere als Gesamtschuldner – übernimmt die Verpflichtung zur Zahlung des jährlichen Erbbauzinses i.H.v. derzeit (nach Angabe des Verkäufers) ca. ..... € gegenüber dem Eigentümer.

Dem Käufer wurde vor der heutigen Verhandlung eine beglaubigte Abschrift der Urkunde ausgehändigt. Bei Beurkundung lag der Erbbaurechtsvertrag in Ausfertigung vor. Die Vertragsteile erklären, dass sie auf das Vorlesen der Schriftstücke und das Beifügen zur heutigen Niederschrift verzichten. Auf die Bestimmungen des Vertrags wird verwiesen. Ihnen ist bekannt, dass etwaige überraschende Bestimmungen des Erbbaurechtsvertrags u.U. hierdurch nicht wirksam übernommen wurden.

§ 11
Hinweise des Notars

Der Notar bzw. sein amtlicher Vertreter hat die Vertragsbestimmungen erläutert und abschließend auf Folgendes hingewiesen:

- Das Eigentum geht nicht schon heute, sondern erst mit der Umschreibung im Grundbuch auf den Käufer über.
- Hierzu sind die Unbedenklichkeitsbescheinigung des Finanzamts (nach Zahlung der Grunderwerbsteuer) sowie die Zustimmung des Grundstückseigentümers erforderlich.
- Der jeweilige Eigentümer haftet kraft Gesetzes für rückständige öffentliche Lasten (z.B. Erschließungskosten, Grundsteuer, Ausgleichsbetrag nach dem BundesbodenschutzG).
- Unabhängig von den internen Vereinbarungen in dieser Urkunde haften alle Beteiligten kraft Gesetzes für die Grunderwerbsteuer und die Kosten als Gesamtschuldner.
- Alle Vereinbarungen müssen richtig und vollständig beurkundet werden, sonst kann der ganze Vertrag nichtig sein.
- Eine steuerliche Beratung hat der Notar nicht übernommen, jedoch auf die mögliche Steuerpflicht einer Veräußerung nicht selbstgenutzter Immobilien vor Ablauf von zehn Jahren (»Spekulationsgeschäft«) und bei Betriebsvermögen hingewiesen.

§ 12
Kosten, Abschriften

Die Kosten für die Beurkundung, eventuelle Genehmigungen und den Vollzug dieses Vertrags sowie die Grunderwerbsteuer trägt der Käufer; zahlt der Käufer diese nicht, kann der Verkäufer vom Vertrag zurücktreten. Etwaige Lastenfreistellungskosten trägt der Verkäufer. Von dieser Urkunde erhalten:

Ausfertigungen:
- die Beteiligten
- das Grundbuchamt

Beglaubigte Abschriften:
- etwaige Kaufpreisfinanzierungsgläubiger mit Hinweis auf § 9

Einfache Abschriften:
- das Finanzamt-Grunderwerbsteuerstelle

- der Gutachterausschuss
- der Grundstückseigentümer zur Erteilung der Zustimmung

Vorgelesen vom Notar, von den Beteiligten genehmigt, und eigenhändig unterschrieben:

.....

E. Gesamtmuster

XXXIV. Kaufvertrag über ein Wohnungserbbaurecht

▶

3923 URNr. ...../20 .....

Kaufvertrag über ein Wohnungserbbaurecht

Heute, den ..... zweitausend .....

– ..... 20 ..... –

erschienen gleichzeitig vor mir,

.....,

Notar in .....,

in meinen Amtsräumen in .....:

1. .....,

geb. am .....,

wohnhaft: .....,

nach Angabe im gesetzlichen Güterstand verheiratet, jedoch nicht über sein überwiegendes Vermögen verfügend/in Gütertrennung verheiratet/unverheiratet/weder verheiratet noch in eingetragener Lebenspartnerschaft lebend/verwitwet und nicht in fortgesetzter Gütergemeinschaft lebend

und dessen ebendort wohnhafte Ehefrau .....,

beide ausgewiesen durch gültigen deutschen Personalausweis,

2. .....,

geb. am .....,

wohnhaft: .....,

nach Angabe im gesetzlichen Güterstand verheiratet/in Gütertrennung verheiratet/unverheiratet/ weder verheiratet noch in eingetragener Lebenspartnerschaft lebend/verwitwet und nicht in fortgesetzter Gütergemeinschaft lebend

und dessen ebendort wohnhafte Ehefrau .....,

beide ausgewiesen durch gültigen deutschen Personalausweis.

Die zu 1. genannten Beteiligten werden im folgenden »der Verkäufer«, die zu 2 Genannten »der Käufer« genannt, auch wenn es sich um jeweils mehrere Personen handelt. Sie handeln nach ihrer glaubhaften Erklärung als Verbraucher i.S.d. § 13 BGB.

Auf Frage des Notars verneinten die Beteiligten eine Vorbefassung i.S.d. § 3 Abs. 1 Satz 1 Nr. 7 BeurkG. Sie erklärten mit der Bitte um Beurkundung:

§ 1

Grundbuch- und Sachstand

Das Grundbuch des Amtsgerichts ..... für ..... Blatt ..... wurde am ..... eingesehen.

Dort ist der Verkäufer als Berechtigter des folgenden Wohnungserbbaurechts (Vertragsobjekt) eingetragen:

...../..... Anteil an dem Erbbaurecht, das an

Flst.Nr. .....

in Abteilung II Nr. 1 auf die Dauer bis zum ....., eingetragen ist,

verbunden mit dem Sondereigentum an der Wohnung Nr. ..... im ..... samt Kellerraum, mit derselben Nr. bezeichnet.

Gem. Hinweis im Bestandverzeichnis ist zur Veräußerung die Zustimmung des WEG-Verwalters erforderlich.

Ferner ist zur Veräußerung – und zur Belastung – die Zustimmung des Grundstückseigentümers erforderlich.

Grundstückseigentümer sind: .....

Das Vertragsobjekt ist im Grundbuch wie folgt belastet:

Abteilung II:

Vorkaufsrecht für alle Verkaufsfälle für den jeweiligen Eigentümer des genannten Grundstücks

Erbbauzins von ..... € jährlich für denselben

Vorgemerkt nach § 883 BGB: Anspruch auf Einräumung einer Reallast (anderweitige Festsetzung des Erbbauzinses) für den jeweiligen Eigentümer des genannten Grundstücks

Abteilung III:

.....

§ 2
Veräußerung; Grundbucherklärungen

Der Verkäufer

verkauft das in § 1 bezeichnete Vertragsobjekt mit allen damit zusammenhängenden Rechten und dem Zubehör (§ 97 BGB)

an den Käufer

zum Alleineigentum/Miteigentum zu gleichen Teilen

Weitere bewegliche Gegenstände (etwa Inventar, Mobiliar) sind nicht mitverkauft.

Um den vereinbarten Eigentumserwerb zu sichern, bewilligt der Verkäufer und **beantragt** der Käufer, zu dessen Gunsten am Vertragsobjekt eine

Vormerkung

sofort an nächstoffener Rangstelle einzutragen. Der Käufer bewilligt und beantragt, diese Vormerkung bei der Eigentumsumschreibung wieder zu löschen, sofern nachrangig keine Eintragungen bestehen bleiben, denen er nicht zugestimmt hat.

Die Beteiligten sind über den Eigentumsübergang im angegebenen Erwerbsverhältnis einig. Sie bewilligen und beantragen jedoch derzeit nicht, diese

Einigung

im Grundbuch einzutragen; vielmehr bevollmächtigen sie hierzu unwiderruflich und über ihren Tod hinaus den amtierenden Notar, Vertreter oder Nachfolger im Amt.

Der Verkäufer muss dem Käufer das Eigentum Zug-um-Zug gegen Zahlung des geschuldeten Kaufpreises verschaffen. Alle Beteiligten weisen daher den Notar gem. § 53 BeurkG an, die Umschreibung gem. dieser Vollmacht durch Eigenurkunde erst zu veranlassen, nachdem der Verkäufer den Eingang des geschuldeten Betrags originalschriftlich bestätigt oder hilfsweise der Käufer die Zahlung des vereinbarten Kaufpreises (jeweils ohne Zinsen) durch Bankbestätigung nachgewiesen hat.

§ 3
Kaufpreis; Fälligkeit

Der Kaufpreis beträgt

..... €

– in Worten: ..... Euro –.

Hiervon entfällt auf den Anteil an der Instandhaltungsrücklage ..... € (Stand: .....), ohne dass Verkäufer oder Notar hierfür eine Haftung übernähmen.

1. Der Notar wird den Beteiligten den Eintritt der nachstehenden **Voraussetzungen** bestätigen (Versand an den Käufer per Einwurf-Einschreiben); der Käufer schuldet die Gutschrift des Kaufpreises spätestens zum Fälligkeitszeitpunkt, nämlich vierzehn Tage nach Zugang dieser Mitteilung:
   a) die Eigentumsvormerkung ist im Grundbuch eingetragen,
   b) der Notar verfügt in grundbuchtauglicher Form über alle Unterlagen zur Freistellung von solchen Belastungen, die im Grundbuch vor oder mit der Vormerkung eingetragen und vom Käufer nicht zu übernehmen sind. Ihre Verwendung darf allenfalls von Zahlungsauflagen abhängig sein, für die der Kaufpreis ausreicht. Der Notar wird allseits bevollmächtigt, diese Unterlagen – zur Beschleunigung, ungeachtet der Kostenfolge, unter Fertigung des Entwurfs – anzufordern, für alle am Vertrag und dessen Finanzierung Beteiligten auch gem. § 875 Abs. 2 BGB entgegenzunehmen und zu verwenden,
   c) die gem. Vermerk im Erbbaugrundbuch erforderliche Zustimmung des derzeitigen Grundstückseigentümers zur heutigen Veräußerung und zu der in § 10 vereinbarten befreienden Schuldübernahme liegen in grundbuchmäßiger Form vor oder sind durch Gerichtsentscheidung ersetzt ist, allenfalls unter der Auflage der Erstattung der angefallenen Notargebühren durch den Käufer, wozu sich dieser vertraglich bereit erklärt.
   d) der privatschriftliche Verzicht des derzeitigen Eigentümers hinsichtlich der Ausübung des Vorkaufsrechtes in diesem Verkaufsfall liegt vor.
   e) die Genehmigung des derzeitigen Verwalters nach § 12 WEG samt Nachweis der Verwaltereigenschaft liegen in grundbuchtauglicher Form vor, sofern gem. Eintrag im Bestandsverzeichnis erforderlich.

2. Stehen Genehmigungen oder Lastenfreistellungsdokumente unter Zahlungsauflagen, teilt der Notar diese den Beteiligten ohne weitere Prüfung mit. Der Kaufpreis kann insoweit bei Fälligkeit nur durch Erfüllung solcher Auflagen erbracht werden, ist also zweckgebunden, ohne dass der Zahlungsempfänger hieraus eigene Rechte erwirbt. Der Restbetrag nach Berücksichtigung etwaiger solcher Treuhandauflagen ist zu überweisen auf das Konto des Verkäufers bei der ..... bank, BLZ ..., Konto-Nr. .....

3. Mit Wirkung ab Zahlung des Kaufpreises überträgt der Verkäufer dem Käufer alle Eigentümerrechte und Rückübertragungsansprüche in Bezug auf Grundpfandrechte am Vertragsobjekt und bewilligt deren Umschreibung.

4. Wird ein Vorkaufsrecht ausgeübt, so sind beide Vertragsteile zum Rücktritt vom Vertrag berechtigt; ein Anspruch auf Schadensersatz statt der Leistung oder Verzinsung bereits geleisteter Kaufpreisteile besteht in diesem Fall nicht. Der Verkäufer tritt alle aus der Ausübung des Vorkaufsrechts gegen den Vorkäufer entstehenden Ansprüche sicherungshalber an den Käufer ab, der die Abtretung dem Vorkäufer selbst anzeigen wird.

§ 4
Besitzübergabe; Erschließung

Mit vollständiger Kaufpreiszahlung ist dem Käufer der Besitz zu übergeben. Private und öffentliche Lasten, Verbrauchskosten und Haftung gehen ab Fälligkeit, Nutzungen, Verkehrssicherungspflichten und Gefahr ab Entrichtung des Kaufpreises, ggf. zeitanteilig, auf den Käufer über.

Der Verkäufer garantiert jedoch folgende Umstände:

1. Wohnungsbindung oder Einschränkungen aufgrund sozialer Wohnraumförderung sowie aufgrund Denkmalschutzes bestehen nicht.
2. Das Vertragsobjekt ist nicht vermietet oder verpachtet; es steht leer.
3. Die derzeit vorhandene öffentlich-rechtliche Erschließung des Gemeinschaftseigentums gem. BauGB und Kommunalabgabengesetz mit Straßenausbau, und Entwässerung sowie die Anbindung an die öffentliche Wasserversorgung sind endabgerechnet und bezahlt.

§ 5
Rechtsmängel

Der Verkäufer ist verpflichtet, dem Käufer ungehinderten Besitz und lastenfreies Eigentum zu verschaffen, soweit in dieser Urkunde nichts anderes vereinbart ist.

Die in Abteilung II des Grundbuchs eingetragenen, in § 1 dieser Urkunde bezeichneten Belastungen, übernimmt der Käufer zur weiteren Duldung mit allen sich aus der Eintragungsbewilligung ergebenden Verpflichtungen. Rechte in Abteilung III des Grundbuchs sind zu löschen.

Allen zur Lastenfreistellung bewilligten Löschungen oder Rangänderungen wird mit dem Antrag auf Vollzug zugestimmt, auch soweit weiterer Grundbesitz betroffen ist.

§ 6
Sachmängel

Rechte des Käufers wegen eines Sachmangels des Gebäudes und etwa mitverkaufter beweglicher Sachen sind ausgeschlossen, allerdings mit Ausnahme

1. ggf. in dieser Urkunde enthaltener Beschaffenheitsvereinbarungen und Garantien,
2. vorsätzlich zu vertretender oder arglistig verschwiegener Mängel. Der Verkäufer erklärt, er habe keine ihm bekannten Mängel, schädlichen Bodenveränderungen oder Altlasten arglistig verschwiegen, auf die der Käufer angesichts ihrer Bedeutung und des sonstigen Zustandes des Vertragsobjekts einen Hinweis erwarten durfte.
3. solcher Sachmängel, die zwischen Vertragsschluss und Übergabe entstehen und über die gewöhnliche Abnutzung hinausgehen; hierfür wird jedoch – außer bei Vorsatz – die Verjährungsfrist auf drei Monate verkürzt.

Der Verkäufer ist nicht im Besitz eines (gültigen) Energieausweises gem. § 16 EnEV 2007. Der Käufer verzichtet endgültig auf dessen Vorlage und Übergabe. Ihm ist bekannt, dass er künftigen Mietinteressenten auf Verlangen einen solchen Ausweis vorzulegen hat und dass ihn Nachrüstungspflichten treffen können.

§ 7
Vollstreckungsunterwerfungen

Der Käufer unterwirft sich wegen der in dieser Urkunde eingegangenen Verpflichtung zur Zahlung des Kaufpreises samt Verzugszinsen gem. § 288 Abs. 1 BGB hieraus ab dem Datum der Erteilung der vollstreckbaren Ausfertigung der Zwangsvollstreckung aus dieser Urkunde. Gleiches gilt für den Verkäufer wegen der Verpflichtung zur Verschaffung des Besitzes.

Auf Antrag kann ohne weitere Nachweise vollstreckbare Ausfertigung erteilt werden (dem Verkäufer jedoch erst nach Fälligkeitsmitteilung und gem. deren Inhalt, dem Käufer zur Besitzverschaffung gegen Nachweis der Kaufpreiszahlung).

Mehrere Beteiligte, die zu derselben Leistung verpflichtet sind, schulden und haften als Gesamtschuldner.

§ 8
Vollzugsauftrag

Alle Beteiligten beauftragen und bevollmächtigen den amtierenden Notar, seinen amtlichen Vertreter oder Nachfolger im Amt,
– sie im Grundbuchverfahren uneingeschränkt zu vertreten,
– die zur Wirksamkeit und für den Vollzug dieser Urkunde erforderlichen Genehmigungen und Erklärungen anzufordern, entgegenzunehmen und (als Eigenurkunde) abzugeben.

Anfechtbare Bescheide sind jedoch den Beteiligten selbst zuzustellen; Abschrift an den Notar wird erbeten.

Die Beteiligten bevollmächtigen weiterhin die Angestellten an der Notarstelle – welche der Amtsinhaber seinerseits zu bezeichnen bevollmächtigt wird – je einzeln und befreit von § 181 BGB, Erklärungen, Bewilligungen und Anträge materiell- oder formell-rechtlicher Art zur Ergänzung oder Änderung des Vertrags abzugeben, soweit diese zur Behebung behördlicher oder gerichtlicher Beanstandungen zweckdienlich sind.

Der Verkäufer ist nicht verpflichtet, eine etwaige gerichtliche Ersetzung gem. § 7 Abs. 3 ErbbauRG zu betreiben; auch die Vollzugsvollmacht des Notars erstreckt sich hierauf nicht.

(Formulierungsalternative:
Der Verkäufer schuldet dem Käufer auch im Fall der Ablehnung die Durchführung des gerichtlichen Ersetzungsverfahrens gem. § 7 Abs. 3 ErbbauRG; der Käufer hat die erforderlichen Nachweise zu erbringen. Die Vollzugsvollmacht des Notars erstreckt sich hierauf nicht).

Ist diese Fälligkeitsvoraussetzung nicht bis zum ..... eingetreten, kann der Käufer vom Vertrag zurücktreten. Die Notar- und Grundbuchkosten für diesen Vertrag und seine Finanzierung sind ihm zu erstatten; weitergehende Ansprüche sind ausgeschlossen, soweit sie nicht auf Vorsatz oder Arglist beruhen.

§ 9
Vollmacht zur Kaufpreisfinanzierung; weitere Vollmacht

Allein der Käufer hat dafür zu sorgen, dass etwa benötigte Finanzierungsmittel rechtzeitig zur Verfügung stehen. Um ihm dies zu erleichtern, ist der Verkäufer verpflichtet die Beleihung des Vertragsobjekts bereits vor Umschreibung zu gestatten, allerdings nur unter Einhaltung der nachfolgenden Sicherungsabreden.

Der Verkäufer erteilt daher jedem Käufer und mehrere Käufer sich gegenseitig, jeweils befreit von § 181 BGB, folgende Vollmacht:

> Das Vertragsobjekt darf ab sofort mit Grundpfandrechten samt Zinsen und Nebenleistungen in beliebiger Höhe belastet werden. Der Verkäufer bewilligt deren Eintragung samt dinglicher Vollstreckungsunterwerfung und stimmt allen zur Rangbeschaffung geeigneten Erklärungen zu. Jeder Käufer übernimmt die persönlichen Zahlungsverpflichtungen und unterwirft sich insoweit der Zwangsvollstreckung, trägt die Kosten der Bestellung und Eintragung, und tritt mit seinen Rechten (Vormerkung) zurück. Die Sicherungsabrede mit dem Verkäufer ist so zu gestalten, dass der Gläubiger das Grundpfandrecht bis zur vollständigen Kaufpreiszahlung nur als Sicherheit verwenden darf in der Höhe, in der Kreditausreichungen die Kaufpreisschuld des Käufers getilgt haben.

> Die Finanzierungsgläubiger werden hiermit unwiderruflich angewiesen, die so besicherten Kreditmittel bis zur vollständigen Entrichtung des Kaufpreises nur hierfür zu verwenden.

Beurkundungen aufgrund der vorstehenden Vollmacht können nur an dieser Notarstelle erfolgen.

(Ggf.: Den Beteiligten ist bekannt, dass Grundpfandrechte nur mit Zustimmung des Grundstückseigentümers eingetragen werden können. Die Fälligkeit des Kaufpreises soll davon jedoch nicht abhängen; auch Rücktrittsrechte werden nicht vereinbart.)

Mehrere Personen auf Käufer- bzw. Verkäuferseite schulden als Gesamtschuldner. Sie bestellen sich untereinander je einzeln als Zustellungs- und Erklärungsvertreter für alle Willens- und Wissenserklärungen, die für diesen Vertrag, seine Abwicklung, Änderung und ggf. Rückabwicklung von Bedeutung sind. Ein Widerruf dieser Vollmacht ist nur wirksam, sobald er auch dem amtierenden Notar zugeht.

§ 10

Eintritt in den Erbbaurechtsvertrag

Die Vertragsteile haben Kenntnis von den Bestimmungen des Erbbaurechtsvertrags vom ....., URNr. ..... des Notars ....., wie in § 1 näher bezeichnet. Der Käufer tritt mit Wirkung ab Lastenübergang in sämtliche sich aus vorgenanntem Vertrag ab diesem Zeitpunkt – also ohne Übernahme von Rückständen – ergebenden Rechte und Verpflichtungen ein und verpflichtet sich insbesondere, übernommene schuldrechtliche Verpflichtungen seinem etwaigen Rechtsnachfolger mit der Verpflichtung zur Weiterübertragung aufzuerlegen. Im Rahmen der Genehmigung der Erbbaurechtsveräußerung durch den Grundstückseigentümer soll zugleich der Veräußerer mit Wirkung für die Zeit nach Lastenübergang befreiend aus schuldrechtlichen Pflichten entlassen werden.

Der Käufer – mehrere als Gesamtschuldner – übernimmt die Verpflichtung zur Zahlung des jährlichen Erbbauzinses i.H.v. derzeit (nach Angabe des Verkäufers) ca. ..... € gegenüber dem Eigentümer.

Dem Käufer wurde vor der heutigen Verhandlung eine beglaubigte Abschrift der Urkunde ausgehändigt. Bei Beurkundung lag der Erbbaurechtsvertrag in Ausfertigung vor. Die Vertragsteile erklären, dass sie auf das Vorlesen der Schriftstücke und das Beifügen zur heutigen Niederschrift verzichten. Auf die Bestimmungen des Vertrags wird verwiesen. Ihnen ist bekannt, dass etwaige überraschende Bestimmungen des Erbbaurechtsvertrags hierdurch nicht wirksam übernommen wurden.

§ 11

Eintritt in die Eigentümergemeinschaft

Der Umfang des gemeinschaftlichen und des Sondereigentums sowie die Rechtsverhältnisse der Miteigentümer ergeben sich aus der Teilungserklärung samt Nachträgen sowie den bindenden Beschlüssen, Vereinbarungen und bisher geschlossenen Verträgen der Eigentümergemeinschaft. Dem Käufer wurde empfohlen, diese Unterlagen sowie die beim Verwalter geführte Beschlusssammlung einzusehen.

Im Verhältnis zum Verkäufer übernimmt der Käufer ab Besitzübergang alle Rechte, ab Lastenübergang alle Pflichten gegenüber Eigentümergemeinschaft und Verwalter hinsichtlich des Vertragsobjekts. Umlagen für Maßnahmen, die vor Lastenübergang durchgeführt wurden, treffen noch den Verkäufer.

Der Verkäufer versichert, dass ihm derzeit keine Umstände bekannt sind, die nach Lastenübergang zu einer den Käufer treffenden Sonderumlage führen könnten, etwa infolge bereits beschlossener künftiger Maßnahmen am Gemeinschaftseigentum oder laufender Gerichtsverfahren.

Wird einer der Vertragsbeteiligten für Schulden der Eigentümergemeinschaft gegenüber Dritten nach § 10 Abs. 8 WEG in Anspruch genommen, trifft dies im Innenverhältnis den Verkäufer für die vor Lastenübergang fällig gewordenen, den Käufer für danach fällig werdende Verbindlichkeiten. Wechselseitige Absicherungen, etwa durch Bürgschaften, halten die Beteiligten für nicht erforderlich.

Verwalter der Wohnanlage ist derzeit .....

§ 12

Hinweise des Notars

Der Notar bzw. sein amtlicher Vertreter hat die Vertragsbestimmungen erläutert und abschließend auf Folgendes hingewiesen:
- Das Eigentum geht nicht schon heute, sondern erst mit der Umschreibung im Grundbuch auf den Käufer über.
- Hierzu sind die Unbedenklichkeitsbescheinigung des Finanzamts (nach Zahlung der Grunderwerbsteuer), die Zustimmung des Eigentümers *und ggf. die Zustimmung des Verwalters* erforderlich.
- Der jeweilige Eigentümer haftet kraft Gesetzes für rückständige öffentliche Lasten (z.B. Erschließungskosten, Grundsteuer, Ausgleichsbetrag nach dem BundesbodenschutzG).
- Unabhängig von den internen Vereinbarungen in dieser Urkunde haften alle Beteiligten kraft Gesetzes für die Grunderwerbsteuer und die Kosten als Gesamtschuldner.
- Alle Vereinbarungen müssen richtig und vollständig beurkundet werden, sonst kann der ganze Vertrag nichtig sein.
- Eine steuerliche Beratung hat der Notar nicht übernommen, jedoch auf die mögliche Steuerpflicht einer Veräußerung nicht selbstgenutzter Immobilien vor Ablauf von zehn Jahren (»Spekulationsgeschäft«) und bei Betriebsvermögen hingewiesen.

§ 13

Kosten, Abschriften

Die Kosten für die Beurkundung, eventuelle Genehmigungen (einschließlich der Kosten für Verwalterzustimmung und -nachweis bei Notar und Verwalter), den Vollzug dieses Vertrags sowie die Grunderwerbsteuer trägt der Käufer; zahlt der Käufer diese nicht, kann der Verkäufer vom Vertrag zurücktreten. Etwaige Lastenfreistellungskosten trägt der Verkäufer. Von dieser Urkunde erhalten:

Ausfertigungen:
- die Beteiligten
- das Grundbuchamt

Beglaubigte Abschriften:
- etwaige Kaufpreisfinanzierungsgläubiger mit Hinweis auf § 9

Einfache Abschriften:
- das Finanzamt-Grunderwerbsteuerstelle
- der Gutachterausschuss
- der Grundstückseigentümer zur Erteilung der Zustimmung und zum Verzicht auf die Ausübung des Vorkaufsrechts
- der Verwalter zur Erteilung der Zustimmung (auf Anforderung; ohne Kaufpreisangabe)

Vorgelesen vom Notar, von den Beteiligten

genehmigt, und eigenhändig unterschrieben:

.....

XXXV. Verlängerung des Erbbaurechts; Inhaltsänderung des Erbbauzinses

▶

URNr. ...../20 .....

Erbbauzinserhöhung;
Neuregelung der Erbbaureallast;
Verlängerung des Erbbaurechts

Heute, den ..... zweitausend .....

– ..... 20..... –

erschienen vor mir,

.....,

Notar in .....,

in meinen Amtsräumen in .....:

1. .....,

geb. am .....,

wohnhaft: .....,

nach Angabe .....,

.....

ausgewiesen durch gültigen deutschen Personalausweis,

2. .....,

geb. am .....,

wohnhaft: .....,

.....

nach Angabe .....,

ausgewiesen durch gültigen deutschen Personalausweis.

Auf Frage des Notars verneinten die Beteiligten eine Vorbefassung i.S.d. § 3 Abs. 1 Satz 1 Nr. 7 BeurkG. Sie erklärten mit der Bitte um Beurkundung:

§ 1
Grundbuch und Sachstand

Das Grundbuch des Amtsgerichts für ..... Blatt ..... wurde am ..... eingesehen.

Dort ist als Berechtigter des folgenden Erbbaurechts eingetragen:

.....

Erbbaurecht an dem Grundstück

Flst.Nr. .....

Die Zustimmung des Grundstückseigentümers ist erforderlich:
- zur Veräußerung,
- zur Belastung.

Grundstückseigentümer ist:

.....

Dieser Grundbesitz ist im Grundbuch wie folgt belastet:

Abteilung II:

Erbbauzins von jährlich ..... € für den jeweiligen Eigentümer des genannten Grundstücks.

Vorkaufsrecht für alle Verkaufsfälle für den jeweiligen Eigentümer des genannten Grundstücks.

(*Ggf.: Vorgemerkt nach § 883 BGB: Anspruch auf Einräumung einer Reallast (anderweitige Festsetzung des Erbbauzinses) für den jeweiligen Eigentümer des genannten Grundstücks.*)

Abteilung III:

....

Es handelt sich um das Anwesen ..... in ..... Das Grundstück ist im Grundbuch von ..... Band ..... Blatt ..... unter lfd. Nr. ..... vorgetragen und belastet mit vorgenanntem Erbbaurecht (Abt. II, lfd. Nr. .....) und einem Vorkaufsrecht für den jeweiligen Erbbauberechtigten (Abt. II, lfd. Nr. .....).

Die Grundstückseigentümer, die Erschienenen zu ....., haben im Rahmen von Vorgesprächen zu erkennen gegeben, die zur Umschreibung des Erbbaurechts erforderliche Zustimmung nur zu erteilen, wenn der Eingangserbbauzins auf künftig ..... € je qm und Jahr festgelegt und zugleich eine Anpassung an die Geldentwertung mit dinglicher Sicherung aufgenommen wird. Diese werden die Beteiligten nachstehend erklären unter gleichzeitiger Umstellung auf das neue Reallastrecht des § 9 Abs. 1 ErbbauRG i.V.m. § 1105 Abs. 1 Satz 2 BGB und § 9 Abs. 3 ErbbauRG neuer Fassung. Im Gegenzug soll die Laufzeit des Erbbaurechts verlängert werden.

§ 2
Neuvereinbarung des Erbbauzinses sowie Wertsicherung

Der jeweilige Erbbauberechtigte ist verpflichtet, an den Grundstückseigentümer als laufendes Entgelt auf die Dauer des Erbbaurechts einen Erbbauzins zu bezahlen. Als Erbbauzins vereinbaren die Beteiligten ab dem ..... einen Betrag von ..... €/qm, bei einer Fläche von ..... qm folglich

jährlich ..... €

– in Worten: ..... Euro –.

Dieser wird als Belastung des Erbbaurechts (Reallast) im Grundbuch zugunsten des jeweiligen Grundstückseigentümers eingetragen.

Bezüglich des Erbbauzinses sind sich die Beteiligten darüber einig, dass der Erbbauzins wertbeständig sein soll. Er soll sich daher nach Maßgabe der nachstehenden Vereinbarungen im gleichen prozentualen Verhältnis nach oben oder nach unten ändern, wie der vom Statistischen Bundesamt in Wiesbaden festgestellte Preisindex für die Gesamtlebenshaltung aller privaten Haushalte in Deutschland (»**Verbraucherpreisindex für Deutschland**«) auf der jeweils aktuellen Originalbasis. Derzeit ist dies die Basis 2005 = 100 Punkte. Ab dem ersten auf eine Indexbasisneufestsetzung folgenden Berechnungszeitpunkt wird für die Zukunft auf die neue Originalbasis übergegangen.

Ausgangspunkt ist der Preisindex, der jeweils dem Berechnungszeitpunkt um sechs Monate vorausgeht.

Alle fünf Jahre, gerechnet vom ..... an, wird der Erbbauzins neu festgesetzt, jedoch nur, wenn sich der obengenannte Preisindex um mehr als zehn Prozent gegenüber dem Zeitpunkt der letzten Erbbauzinsfestlegung geändert hat.

Der künftig geschuldete Betrag wird nach folgender Formel errechnet:

»bisher geschuldeter Erbbauzinsbetrag« mal »Index sechs Monate vor Neufestsetzung« dividiert durch »Index sechs Monate vor der letzten Erbbauzinsfestlegung«

Ausdrücklich wird klargestellt, dass die Änderung der Zahlungspflicht aufgrund dieser dinglichen Gleitklausel ab dem jeweiligen Stichtag ohne Weiteres, d.h. insbes. ohne vorherige Aufforderung des durch die Änderung begünstigten Teils, eintritt.

Diese vorstehende Verpflichtung zur Zahlung des Erbbauzinses wird in ihrer wertgesicherten Form als Reallast am Erbbaurecht bestellt (§ 9 Abs. 1 Satz 1 ErbbauRG i.V.m. § 1105 Abs. 1 Satz 2 BGB in der Fassung des EuroEG).

Als Inhalt des Erbbauzinses wird ferner gem. § 9 Abs. 3 Satz 1 Nr. 1 ErbbauRG vereinbart, dass die Reallast abweichend von § 52 Abs. 1 ZVG mit ihrem Hauptanspruch bestehen bleibt, wenn der Grundstückseigentümer aus der Reallast oder der Inhaber eines im Range vorgehenden bzw. gleichstehenden dinglichen Rechts oder die Wohnungseigentümergemeinschaft aus rückständigen Gemeinschaftsbeiträgen gem. § 10 Abs. 1 Nr. 2 ZVG die Zwangsversteigerung des Erbbaurechts betreibt. Rangrücktritte mit dem Erbbauzins sind damit wirtschaftlich vertretbar; eine Kapitalisierung künftig fällig werdender Erbbauzinsen ist ausgeschlossen.

§ 3
Verlängerung des Erbbaurechts

Grundstückseigentümer und derzeitiger Erbbauberechtigter sind sich mit Zustimmung des künftigen Erbbauberechtigten darüber einig, dass die Laufzeit des Erbbaurechts um ..... Jahre, d.h. bis zum ..... verlängert werden soll. Für den zusätzlichen Zeitraum wird das Erbbaurecht neu bestellt mit dem gesetzlichen und vertraglichen Inhalt, den es im Übrigen derzeit hat, jedoch nach Maßgabe der inhaltlichen Umgestaltung der Erbbauzinsreallast aus der heutigen Urkunde.

Der Erbbauberechtigte als am Grundstück nachrangig Berechtigter stimmt der Verlängerung zu. Die am Erbbaurecht selbst eingetragenen Rechte werden auf das verlängerte Erbbaurecht erstreckt; die Beteiligten sind sich darüber einig, dass dieses auch hinsichtlich des verlängerten Zeitraumes den bisher eingetragenen beschränkt dinglichen Rechten unterliegen soll.

Die Eintragung der Verlängerung unter gleichzeitiger Ausdehnung der bisherigen Rechte daran im bisherigen Rang wird

bewilligt und beantragt.

Den Beteiligten ist bekannt, dass zur Eintragung der Verlängerung des Erbbaurechts die Unbedenklichkeitsbescheinigung des Finanzamts erforderlich ist, die erst nach Zahlung der hierfür anfallenden Grunderwerbsteuer erteilt wird.

§ 4
Grundbuchanträge

Die Vertragsteile

bewilligen und beantragen

in das Grundbuch einzutragen:

1. die eingetragene Erbbauzinsreallast gem. § 2 inhaltlich zu ändern (Erbbauzins von jährlich ..... € ab dem ..... in seiner wertgesicherten Form gem. § 1105 Abs. 1 Satz 2 BGB i.V.m. § 9 Abs. 1 ErbbauRG),
2. Vereinbarung gem. § 9 Abs. 3 Satz 1 Nr. 1 ErbbauRG als Inhalt der Reallast,
3. die Verlängerung des Erbbaurechts nach Maßgabe des § 3.

   Alle Beteiligten erteilen hierzu ihre Zustimmung.

§ 5
Zwangsvollstreckungsunterwerfung

Der jeweilige Erbbauberechtigte haftet für alle eingegangenen Verpflichtungen.

Der künftige Erbbauberechtigte – mehrere als Gesamtschuldner – unterwirft sich wegen der eingegangenen schuldrechtlichen Verpflichtung zur Zahlung des Erbbauzinses sowie wegen des dinglichen und persönlichen Anspruchs aus der bestellten Reallast jeweils in ihrer wertgesicherten Form der sofortigen Zwangsvollstreckung aus dieser Urkunde. Vollstreckbare Ausfertigung darf ohne weitere Nachweise erteilt werden. Eine Umkehr der Beweislast ist damit nicht verbunden.

§ 6
Zustimmungen

1. Zur Übertragung

Der Grundstückseigentümer kennt den Inhalt der Urkunde URNr. ..... des amtierenden Notars (Kaufvertrag) und stimmt der Übertragung des Erbbaurechts gem. dem im Erbbaurechtsvertrag enthaltenen Vorbehalt zu.

Auf die Ausübung etwaiger Vorkaufsrechte wird für diesen Verkaufsfall verzichtet.

2. Zur Belastung

An dem Erbbaurecht kommt zugunsten der ..... ein Grundpfandrecht zu ..... € zur Eintragung.

Der Grundstückseigentümer erteilt hiermit seine Zustimmung zur Belastung gem. dem im Erbbaurechtsvertrag enthaltenen Vorbehalt gem. § 5 Abs. 2 ErbbauRG. Er stimmt ferner der Veräußerung des Erbbaurechts im Wege der Zwangsversteigerung aus diesem Grundpfandrecht zu.

Das vorgenannte Grundpfandrecht erhält Rang nach den eingetragenen Rechten des Grundstückseigentümers. Der Grundstückseigentümer wird zu getrennter Urkunde eine durch den Gläubiger gewünschte Stillhalteerklärung unterzeichnen, weist jedoch darauf hin, dass diese wegen der Inhaltsänderung der Reallast sachlich nicht mehr erforderlich wäre.

§ 7
Vollzugsauftrag

Die Erschienenen beauftragen und bevollmächtigen den Notar, die zu dieser Urkunde erforderlichen Genehmigungen und Erklärungen zu beantragen und entgegenzunehmen, den Teilvollzug der Urkunde zu betreiben, Anträge beim Grundbuchamt zu stellen und auch Anträge der Beteiligten ganz oder teilweise zurückzunehmen.

(Ggf.: Insbesondere zählt hierzu die Zustimmung des ..... als Dienstbarkeitsberechtigter zur Inhaltsänderung der Reallast. Das Wohnungsrecht ist wegen Ablebens löschungsreif.)

Die Vollzugsmitteilungen des Grundbuchamts sind für alle Beteiligten dem Notar zu erteilen.

Die Beteiligten bevollmächtigen die Angestellten des amtierenden Notars – welche der amtierende Notar zu bezeichnen bevollmächtigt wird – je einzeln und befreit von § 181 BGB, Erklärungen, Bewilligungen und Anträge materiell- oder formellrechtlicher Art zur Ergänzung oder Änderung des Vertrags abzugeben, soweit diese zur Behebung behördlicher oder gerichtlicher Beanstandungen zweckdienlich sind.

§ 8
Schlussbestimmungen; Kosten und Abschriften

Die künftigen Erbbauberechtigten **stimmen** allen in dieser Urkunde getroffenen Vereinbarungen unwiderruflich und vorbehaltlos **zu**. Sie übernehmen die gem. dieser Urkunde am Erbbaurecht zur Eintragung kommenden Belastungen zur weiteren Duldung und Erfüllung.

Die Kosten für die Beurkundung und den Vollzug dieses Vertrags trägt der (künftige) Erbbauberechtigte.

Von dieser Urkunde erhalten:

Ausfertigungen:
- der Erbbauberechtigte
- der Grundstückseigentümer
- das Grundbuchamt

Einfache Abschriften:
- das Finanzamt – Grunderwerbsteuerstelle – zur Erteilung der Unbedenklichkeitsbescheinigung hinsichtlich der Erbbaurechtsverlängerung
- ..... als dinglich Berechtigter erhält eine einfache Abschrift zur Erteilung der Zustimmung

Vorgelesen vom Notar, von dem Beteiligten

genehmigt, und eigenhändig unterschrieben:

.....

XXXVI. Verkäuferangebot auf Abschluss eines Kaufvertrags

▶

3925 Vorbemerkung und Checkliste zum bürointernen Gebrauch zum Angebot eines Verkäufers

Folgende Punkte sind zu beachten und im Text durch Alternativformulierungen kursiv gekennzeichnet:
- Soll Annahme auch durch zu benennenden Dritten erfolgen können?
- Soll Annahme nur insgesamt möglich sein oder auch in Teilen?
- Soll Angebot mit Fristablauf von selbst erlöschen oder aber bis auf Widerruf weitergelten?
- Eigentumsvormerkung mit Grundbuchsperrwirkung bereits nach Beurkundung des Angebots (dann Bewilligung und Antrag bereits im Mantel, hier § 4 mit Sicherung der Löschung bei Nichtannahme) oder erst nach Annahme (dann nur im Kaufvertragstext der Anlage)? Beides hier kursiv.
- Geht das Angebot – wie in der Regel – auf Initiative des Käufers aus, erscheint dieser mit und gibt die in § 9 des Mantels getroffenen Erklärungen ab! Ist dieser ausnahmsweise nicht dabei, diesen § 9 streichen.
- Immer klären, wer »vollziehender Notar« sein soll; daher in § 7 der Anlage die Klarstellung. Ebenso, für welche Notare die Belastungsvollmacht gelten soll (§ 8 der Anlage am Ende).
- Soll das Angebot für den Annehmenden (ggf. neben dem Benennungsrecht) ausnahmsweise übertragbar und/oder vererblich sein, muss noch eine Verdeutlichung aufgenommen werden.

Hinweis:
Diese zum internen Gebrauch bestimmte Checkliste nach Bearbeitung löschen.

URNr. ...../20 .....

Verkäuferangebot auf Abschluss eines

Grundstückskaufvertrags

in Gegenwart des Angebotsempfängers

Heute, den ..... zweitausend .....

– ..... 20 ..... –

erschienen gleichzeitig vor mir,

.....,

Notar in .....,

in meinen Amtsräumen in ....:

1. .....,

geboren am .....,

wohnhaft: .....,

nach Angabe .....,

ausgewiesen durch .....,

.....

– nachstehend »der Anbietende« oder »der Verkäufer« genannt, auch wenn es sich um mehrere Personen handelt –

2. .....,

geboren am .....,

wohnhaft: .....,

.....

nach Angabe ....,

ausgewiesen durch ....,

– nachstehend »der Angebotsempfänger« oder »der Käufer« genannt, auch wenn es sich um mehrere Personen handelt. –

Nach ihren glaubhaften Erklärungen handeln alle Beteiligten als Verbraucher.

Auf Frage des Notars verneinten die Beteiligten eine Vorbefassung i.S.d. § 3 Abs. 1 Satz 1 Nr. 7 BeurkG. Sie erklärten mit der Bitte um Beurkundung:

§ 1
Angebot

Der Anbietende

bietet hiermit

dem Angebotsempfänger

oder einem durch ihn zu benennenden Dritten

den Abschluss des in der Anlage zu dieser Urkunde niedergelegten

Kaufvertrags

an. Diese Anlage ist ein mit verlesener Bestandteil dieser Urkunde.

Die Rechte des Angebotsempfängers sind nicht übertragbar, jedoch vererblich.

§ 2
Annahmefrist

An dieses Angebot hält sich der Verkäufer unwiderruflich bis zum Ablauf des ..... gebunden.

Während der Dauer der Bindungsfrist kann das Angebot von dem Anbietenden einseitig weder widerrufen noch inhaltlich abgeändert werden.

Mit Ablauf dieser Frist erlischt das Angebot von selbst, ohne dass es eines Widerrufs bedürfte.

(Formulierungsalternative:
Nach Ablauf dieser Frist kann das Angebot vom Anbietenden jederzeit mit einer Fristsetzung von mindestens zehn Tagen gegenüber dem Angebotsempfänger schriftlich gekündigt, die Kündigung vor Ablauf der gesetzten Frist wiederum schriftlich durch den Anbietenden widerrufen werden.)

Zur Wirksamkeit der Annahme ist lediglich erforderlich, dass die Annahmeerklärung vor Ablauf der Annahmefrist vor einem Notar abgegeben wird, nicht dagegen der Zugang der Annahmeerklärung an den Verkäufer innerhalb der Frist. Der die Annahme beurkundende Notar wird ersucht, dem Verkäufer unverzüglich eine Ausfertigung der Annahmeurkunde zu übersenden.

§ 3
Bedingung der Annahme

Das Angebot kann ferner nur angenommen werden, wenn bei Annahme – soweit nicht schon entsprechende Erklärungen im heutigen Angebot enthalten sind – sich der Käufer wegen der Verpflichtung zur Zahlung des gesamten Kaufpreises der sofortigen Zwangsvollstreckung unterwirft und den Notar anweist, ohne Nachweis der Fälligkeit vollstreckbare Ausfertigung zu erteilen.

E. Gesamtmuster

Nur bei Benennungsrecht:
- Dieses Angebot kann vom Angebotsempfänger selbst und/oder von dritten Personen, die vom Angebotsempfänger persönlich – das Recht zur Benennung oder Annahme geht nicht auf die Erben des Angebotsempfängers über – in der Annahmeurkunde benannt werden (»Käufer«), angenommen werden. Diese benannten Dritten können als Alleineigentümer oder auch als Miteigentümer nach Bruchteilen oder als Gesamthandseigentümer erwerben. (Ggf.: Benennung und Annahme sind nur wirksam, wenn der Angebotsempfänger für die Kaufpreisschuld des Benannten die selbstschuldnerische Bürgschaft übernimmt.)
- Der Angebotsempfänger kann die nachstehend erteilte Vollmacht zur Erklärung der Auflassung und Bewilligung einer Auflassungsvormerkung in vollem Umfang auf den oder die benannten, annehmenden Käufer übertragen (Untervollmacht).

Das Angebot kann wirksam nur einheitlich angenommen werden.

(Formulierungsalternative bei Möglichkeit der Teilannahme:

Das Angebot wird weiterhin mit der Maßgabe unterbreitet, dass es bzgl. des genannten Grundbesitzes im Ganzen oder bzgl. Teilflächen, die jedoch einzeln mindestens .... qm umfassen müssen, angenommen werden kann. Die Bestimmung der jeweils zu erwerbenden Fläche sowie die grundbuchmäßige Bezeichnung des jeweiligen Vertragsgegenstandes, über welchen der in der Anlage niedergelegte Kaufvertrag zustande kommt, obliegt dem Käufer im Rahmen der Annahmeurkunde. Er wird hierzu seitens des Verkäufers umfassend bevollmächtigt und beauftragt. Vorgegebene Parzellengrenzen werden also ausdrücklich nicht vereinbart. Soweit aufgrund einer Teilannahme ein Kaufvertrag über eine Teilfläche zustande gekommen ist, besteht das Angebot im Rahmen der Annahmefrist bzgl. der verbleibenden Restfläche unverändert fort. Hinsichtlich jeder Teilfläche kommt ein eigener Kaufvertrag zustande, der unabhängig von Bestand oder Vollzug der anderen Kaufverträge abzuwickeln ist.)

Nur wenn Vormerkung sofort eingetragen werden soll und Käufer mitwirkt:

§ 4
Auflassungsvormerkung

Zur Sicherung des Anspruchs des Angebotsempfängers auf Leistung an ihn (oder an den durch ihn zu benennenden Dritten) wird die Eintragung einer

Vormerkung

zugunsten des Angebotsempfängers

vom Verkäufer **bewilligt** und vom Käufer **beantragt**.

Der Käufer bewilligt, die Vormerkung im Grundbuch wieder zu löschen, wenn die Annahme dieses Vertragsangebots innerhalb der Annahmefrist nicht erfolgt. Zum Nachweis der Nichtannahme des Angebots genügt eine Feststellung des amtierenden Notars mittels Eigenurkunde, wozu dieser hiermit allseits bevollmächtigt wird. Die Annahme (und/oder Ausübung des Benennungsrechts) kann zur Ermöglichung dieser Feststellung nur an der Notarstelle des amtierenden Notars erfolgen (weitere Bedingung der Annahmefähigkeit).

Der Käufer bewilligt und beantragt weiter, diese Vormerkung bei der Eigentumsumschreibung wieder zu löschen, sofern nachrangig keine Eintragungen bestehen bleiben, denen er nicht zugestimmt hat.

§ 5
Vollmachten zur Vertragsabwicklung

Der Verkäufer erteilt hiermit dem Angebotsempfänger für den Fall der Annahme des Angebots unter Befreiung von den Beschränkungen des § 181 BGB, über den Tod hinaus und mit Recht zur Erteilung von Untervollmacht folgende Vollmachten, *welche für den Fall der Benennung dritter Käufer in vollem Umfang auf diese Dritten übertragen werden können*:

1. Zur Sicherung des nach der Annahme dieses Angebots bestehenden unbedingten Anspruchs auf Übertragung des Eigentums die Eintragung einer diesbezüglichen Vormerkung gem. § 883

BGB zugunsten des Käufers (d.h. des Angebotsempfängers oder benannter dritter Käufer) an dem in § 1 der Anlage näher bezeichneten Grundbesitz zu bewilligen und zu beantragen.

2. Zur Vertretung des Verkäufers bei der Beurkundung der (*Messungsanerkennung und*) Auflassung, wobei der vollziehende Notar zu beauftragen und zu bevollmächtigen ist, die Eintragungsbewilligung namens des Verkäufers erst dann abzugeben, wenn die vollständige Bezahlung des Kaufpreises (ohne Zinsen) durch ihn bestätigt oder durch Bankbeleg nachgewiesen ist.

3. Der Verkäufer erteilt ferner die in der Anlage enthaltenen Belastungsvollmachten.

§ 6
Vollmacht zur Vorbereitung von Baumaßnahmen

Schon jetzt, vor Annahme des Angebots, bevollmächtigt der Verkäufer für sich und seine Erben über den Tod hinaus und unter Befreiung von Beschränkungen des § 181 BGB mit dem Recht der Unterbevollmächtigung den Angebotsempfänger *und den im Angebot benannten Käufer* zu folgenden Rechtshandlungen:

1. Alle zum Zwecke von Baumaßnahmen auf dem Kaufobjekt erforderlichen Erklärungen abzugeben und entgegenzunehmen und Handlungen vorzunehmen, insbesondere auch Anträge auf Baugenehmigung sowie auf Abbruchgenehmigung und Zweckentfremdung zu stellen; entstehende Kosten trägt – auch für den Fall der Nichtannahme – der Angebotsempfänger bzw. Käufer.

2. Das Kaufobjekt jederzeit auf eigene Gefahr betreten und betreten zu lassen, Bautafeln aufzustellen, ferner Probebohrungen zur Feststellung der Bodenbeschaffenheit und Untersuchungen der Bausubstanz vornehmen zu lassen.

3. Baupläne zu unterschreiben.

Der Bevollmächtigte handelt bei Ausübung dieser Vollmacht namens des Vollmachtgebers jedoch auf eigene Rechnung und auf eigenes Risiko. Ansprüche auf Verwendungsersatz etc. sind bis zum Übergang des Besitzes ausgeschlossen, soweit nicht dem Verkäufer Vorsatz oder grobe Fahrlässigkeit zur Last fällt.

§ 7
Hinweise des Notars

Der amtierende Notar bzw. sein Vertreter im Amt hat die Beteiligten über die rechtliche Bedeutung der abgegebenen Erklärungen belehrt, ihnen die Hinweise aus der Anlage erteilt und insbesondere auf Folgendes nochmals hingewiesen:

1. Auf die Bedeutung des Angebots, insbesondere auf die Tatsache, dass der Verkäufer rechtlich und wirtschaftlich gebunden ist, der Angebotsempfänger aber nicht verpflichtet ist dieses anzunehmen.

2. Darauf, dass der in der Anlage zu dieser Urkunde vereinbarte Kaufpreis für die gesamte Angebotsfrist unverändert bleibt.

3. Auf den Zeitpunkt des Eigentumsübergangs und seine Voraussetzungen, insbesondere die Negativerklärungen bzgl. gesetzlicher Vorkaufsrechte und die Unbedenklichkeitsbescheinigung des Finanzamts.

4. Auf die gesamtschuldnerische Haftung für Kosten und Verkehrssteuern.

5. Darauf, dass alle Abreden richtig und vollständig beurkundet sein müssen, dies gilt vor allem bei etwaige Abhängigkeiten von anderen Geschäften oder Voraussetzungen.

§ 8
Abschriften

Von dieser Urkunde erhalten:

1. Vor Annahme

E. Gesamtmuster

Ausfertigungen:
- der Verkäufer
- der Angebotsempfänger
- das Grundbuchamt

Beglaubigte Abschriften:
- der Finanzierungsgläubiger (z.H. des Käufers)

Einfache Abschriften:
- das Finanzamt – Grunderwerbsteuerstelle

2. Nach Annahme

Einfache Abschriften:
- der Gutachterausschuss
- das Finanzamt – Grunderwerbsteuerstelle

Beglaubigte Abschriften:
- eine etwa vorkauf8ssen Finanzierungsgläubiger)

§ 9

Erklärungen des Angebotsempfängers

1. Zwangsvollstreckung

Der Angebotsempfänger unterwirft sich für den Fall der Annahme des vorliegenden Angebots durch ihn selbst bereits heute der Zwangsvollstreckung aus dieser Urkunde.

Zur Erteilung einer vollstreckbaren Ausfertigung für den Verkäufer bedarf es hierbei lediglich der notariellen Fälligkeitsmitteilung sowie eines Nachweises der Annahme des Angebots durch den Angebotsempfänger, nicht jedoch des Nachweises der sonstigen Tatsachen, die Voraussetzung für die Zwangsvollstreckung sind.

2. Löschung der Vormerkung

Der Angebotsempfänger bewilligt und beantragt bereits heute die Löschung der gem. dieser Urkunde zu seinen Gunsten zur Eintragung gelangenden Auflassungsvormerkung gleichzeitig mit der Umschreibung des Eigentums auf ihn, vorausgesetzt, dass ohne seine Zustimmung keine Zwischeneintragungen erfolgt sind, oder gleichzeitig mit Eintragung einer Vormerkung für den/die benannten Dritten.

3. Sonstiges

Der Angebotsempfänger gibt ferner bereits heute alle einseitigen, in dem in der Anlage zu dieser Urkunde niedergelegten Kaufvertrag enthaltenen formell- und materiell-rechtlichen Erklärungen ab und erteilt insbesondere für den Fall der Annahme des Angebotes auch die dort enthaltenen Vollmachten und Weisungen an den Notar.

4. Kosten

Für den Fall der Nichtannahme gilt:

Die Kosten der heutigen Urkunde bei Notar und Grundbuchamt, die Kosten der etwaigen Löschung der Vormerkung sowie etwaige Verkehrssteuern trägt der Angebotsempfänger.

Nach Annahme gilt die Kostenregelung des Kaufvertrags.

Vom Notar vorgelesen samt Anlage,

beides von den Beteiligten genehmigt

und eigenhändig unterschrieben:

.....

Anlage zur Urkunde des Notars .....

vom ..... 20 ....., URNr ...../20 .....

Jedes aufgrund Annahme zustande kommende Vertragsverhältnis hat folgenden Wortlaut:

Kaufvertrag

§ 1
Grundbuch- und Sachstand

Im Grundbuch des Amtsgerichts ..... für ..... Blatt .....

ist im Eigentum des Anbietenden gemäß Einsicht vom .....

folgender Grundbesitz eingetragen:

Flst.Nr. ..... Gebäude- und Freifläche zu ..... qm.

Dieser Grundbesitz ist im Grundbuch wie folgt belastet vorgetragen:

Abteilung II:

.....

Abteilung III:

.....

§ 2
Veräußerung

Der Verkäufer

verkauft das in § 1 bezeichnete Vertragsobjekt *oder Teile hieraus, die im Rahmen der Annahmeurkunde zu benennen sind* mit allen damit zusammenhängenden Rechten und dem Zubehör (§ 97 BGB)

an

den Angebotsempfänger

und/oder an einen durch den Angebotsempfänger zu benennende(n) Dritte(n)

– im Folgenden »der Käufer« genannt –

zum ...eigentum (**Formulierungsalternative:** *zum Eigentum gem. dem in der Annahmeurkunde zu bestimmenden Gemeinschaftsverhältnis.*)

Weitere bewegliche Gegenstände (etwa Inventar, Mobiliar) sind nicht mitverkauft, jedoch die vorhandenen Brennstoffvorräte abzüglich des Verbrauchs bis zum Besitzübergang.

Um den vereinbarten Eigentumserwerb zu sichern, **bewilligt** der Verkäufer und **beantragt** der Käufer, zu dessen Gunsten am Vertragsobjekt eine

Vormerkung

sofort an nächstoffener Rangstelle einzutragen. Der Käufer bewilligt und beantragt, diese Vormerkung bei der Eigentumsumschreibung wieder zu löschen, sofern nachrangig keine Eintragungen bestehen bleiben, denen er nicht zugestimmt hat. Soweit bereits aufgrund des Angebots eine Vormerkung zur Sicherung des durch die Annahme bedingten Anspruchs eingetragen wurde, sichert diese nach Annahme den unbedingten Anspruch auf Eigentumsverschaffung.

§ 3
Kaufpreis; Fälligkeit

Der Kaufpreis beträgt insgesamt

..... €

– in Worten: ..... Euro –.

Zugrundelegelegt wird dabei ein qm-Preis von ..... €, der bei Teilannahmen hinsichtlich der angenommenen Fläche gilt.

E. Gesamtmuster

1. Der Notar wird den Beteiligten den Eintritt der nachstehenden **Voraussetzungen** bestätigen (Versand an den Käufer per Einwurf-Einschreiben); der Käufer schuldet die Gutschrift des Kaufpreises spätestens zum Fälligkeitszeitpunkt, nämlich vierzehn Tage nach Zugang dieser Mitteilung:
   a) die Eigentumsvormerkung ist im Grundbuch eingetragen,
   b) der Notar verfügt in grundbuchtauglicher Form über alle Unterlagen zur Freistellung von solchen Belastungen, die im Grundbuch vor oder mit der Vormerkung eingetragen und vom Käufer nicht zu übernehmen sind. Ihre Verwendung darf allenfalls von Zahlungsauflagen abhängig sein, für die der Kaufpreis ausreicht. Der Notar wird allseits bevollmächtigt, diese Unterlagen – zur Beschleunigung, ungeachtet der Kostenfolge, unter Fertigung des Entwurfs – anzufordern, für alle am Vertrag und dessen Finanzierung Beteiligten auch gem. § 875 Abs. 2 BGB entgegenzunehmen und zu verwenden,
   c) dem Notar liegt hinsichtlich der gesetzlichen Vorkaufsrechte nach dem BauGB eine gesiegelte Erklärung der zuständigen Gebietskörperschaft vor, wonach solche Vorkaufsrechte nicht bestehen oder zum gegenwärtigen Kauf nicht ausgeübt werden.

2. Stehen Genehmigungen oder Lastenfreistellungsdokumente unter Zahlungsauflagen, teilt der Notar diese den Beteiligten ohne weitere Prüfung mit. Der Kaufpreis kann insoweit bei Fälligkeit nur durch Erfüllung solcher Auflagen erbracht werden, ist also zweckgebunden, ohne dass der Zahlungsempfänger hieraus eigene Rechte erwirbt. Der Restbetrag nach Berücksichtigung etwaiger solcher Treuhandauflagen ist zu überweisen auf das Konto des Verkäufers bei der ..... bank, BLZ ....., Konto-Nr. .....

3. Mit Wirkung ab Zahlung des Kaufpreises überträgt der Verkäufer dem Käufer alle Eigentümerrechte und Rückübertragungsansprüche in Bezug auf Grundpfandrechte am Vertragsobjekt und bewilligt deren Umschreibung.

4. Wird ein Vorkaufsrecht ausgeübt, so sind beide Vertragsteile zum Rücktritt vom Vertrag berechtigt; ein Anspruch auf Schadensersatz statt der Leistung oder Verzinsung bereits geleisteter Kaufpreisteile besteht in diesem Fall nicht. Der Verkäufer tritt alle aus der Ausübung des Vorkaufsrechts gegen den Vorkäufer entstehenden Ansprüche sicherungshalber an den Käufer ab, der die Abtretung dem Vorkäufer selbst anzeigen wird.

5. Der Anspruch auf Verschaffung des Eigentums und der in dieser Urkunde bestellten dinglichen Rechte verjährt in gleicher Frist wie der Kaufpreisanspruch, jedoch spätestens dreißig Jahre ab gesetzlichem Verjährungsbeginn.

§ 4

Besitzübergang; Erschließung

Besitz und Nutzungen sind mit vollständiger Kaufpreiszahlung zu übergeben; die Gefahr geht zu diesem Zeitpunkt, öffentliche und private Lasten, Haftung und Verkehrssicherungspflichten ab Eintritt der Fälligkeit auf den Käufer über.

Soweit Gebäude- und Betriebshaftpflichtversicherungen bestehen, gehen diese kraft Gesetzes auf den Käufer über, der sie jedoch innerhalb eines Monats nach Eigentumsumschreibung kündigen kann. Ab Lastenübergang hat er die Prämien zu tragen und den Gefahrübergang anzuzeigen. Aufschiebend bedingt auf die Zahlung des Kaufpreises werden alle Ansprüche abgetreten, die dem Verkäufer gegen Dritte (etwa Sachversicherer, Schädiger, Werkunternehmer oder Planer) wegen eines Mangels oder Schadens am Vertragsobjekt zustehen (werden).

Der Verkäufer garantiert, dass die derzeit vorhandene öffentlich-rechtliche Erschließung des Vertragsbesitzes gem. BauGB und Kommunalabgabengesetz mit Straßenausbau und Entwässerung endabgerechnet und bezahlt ist. Gleiches gilt für die Anbindung an die öffentliche Wasserversorgung.

Anlässlich künftiger Baumaßnahmen auf dem Vertragsbesitz angeforderte Kosten, wie Baukostenzuschüsse, Hausanschlusskosten und Nacherhebungen von Erschließungskosten, sind jedoch ausschließlich vom Käufer zu tragen.

Hinsichtlich etwa vorhandener privatrechtlicher Versorgungsanlagen (Elektrizität und – sofern einschlägig – Gas, Heizwärme etc.) begründet der Käufer mit Wirkung ab Lastenübergang neue Vertragsverhältnisse.

Der Verkäufer garantiert, dass der Vertragsbesitz keinen Beschränkungen nach dem Wohnungsbindungsgesetz oder aufgrund Verwaltungsakten nach dem Wohnraumförderungsgesetz unterliegt.

(Ggf.: Der Vertragsbesitz ist ungekündigt vermietet; Mietrückstände Mieteinbehalte, Mietvorauszahlungen oder abzugeltende Investitionen des Mieters bestehen nach Versicherung des Verkäufers nicht. Mit dem Tag des Nutzungsübergangs (Stichtag) tritt der Verkäufer alle Rechte aus dem Vertrag an den dies annehmenden Käufer ab und wird hinsichtlich der Pflichten von ihm freigestellt. Ab dem Stichtag ist der Käufer umfassend – auch zu Kündigungen, Modernisierungsarbeiten und Mieterhöhungsverlangen – ermächtigt und bevollmächtigt, jedoch auf eigene Kosten und eigenes Risiko.

Der Verkäufer hat unverzüglich eine Kopie, ab Stichtag das Original des Mietvertrags sowie etwa durch den Mieter gestellte Sicherheiten (Kaution, Bürgschaft) zu übergeben; Vertragsänderungen und Vorausverfügungen über den Mietzins bedürfen ab sofort der Zustimmung des Käufers.

Der Notar hat dem Verkäufer empfohlen, zur Haftungsvermeidung den Mietübergang dem Mieter anzuzeigen und ggf. dessen Zustimmung zur künftigen ausschließlichen Verwaltung der Mietsicherheiten durch den Käufer einzuholen §§ 566 Abs. 2, 566a Satz 2 BGB.)

§ 5

Rechtsmängel

Der Verkäufer ist verpflichtet, dem Käufer ungehinderten Besitz und lastenfreies Eigentum zu verschaffen, soweit in dieser Urkunde nichts anderes vereinbart ist.

Die in Abteilung II des Grundbuchs eingetragenen, in § 1 dieser Urkunde bezeichneten Belastungen, übernimmt der Käufer zur weiteren Duldung mit allen sich aus der Eintragungsbewilligung ergebenden Verpflichtungen, Rechte in Abteilung III des Grundbuchs sind zu löschen.

Allen zur Lastenfreistellung bewilligten Löschungen oder Rangänderungen wird mit dem Antrag auf Vollzug zugestimmt, auch soweit weiterer Grundbesitz betroffen ist.

§ 6

Sachmängel

Alle Rechte des Käufers wegen eines Sachmangels des Anteils an Grund und Boden, des Bauwerkes und etwa mitverkaufter beweglicher Sachen sind ausgeschlossen, allerdings mit Ausnahme

1. ggf. in dieser Urkunde enthaltener Beschaffenheitsvereinbarungen und Garantien,

2. vorsätzlich zu vertretender oder arglistig verschwiegener Mängel. Der Verkäufer erklärt, er habe keine ihm bekannten Mängel, schädlichen Bodenveränderungen oder Altlasten arglistig verschwiegen, auf die der Käufer angesichts ihrer Bedeutung und des sonstigen Zustandes des Vertragsobjekts einen Hinweis erwarten durfte.

3. solcher Sachmängel, die zwischen Abgabe des Angebots und Übergabe entstehen und über die gewöhnliche Abnutzung hinausgehen; hierfür wird jedoch – außer bei Vorsatz – die Verjährungsfrist auf drei Monate verkürzt.

Der Verkäufer ist nicht im Besitz eines (gültigen) Energieausweises gem. § 16 EnEV 2007. Der Käufer verzichtet endgültig auf dessen Vorlage und Übergabe. Ihm ist bekannt, dass er künftigen Mietinteressenten auf Verlangen einen solchen Ausweis vorzulegen hat und dass ihn Nachrüstungspflichten treffen können.

§ 7
Vollzugsauftrag

Alle in dieser Urkunde erteilten Vollzugsaufträge und -vollmachten sind *dem amtierenden Notar des Angebots/dem Notar der Annahme* (»vollziehender Notar«), dessen Vertreter oder Amtsnachfolger, erteilt:

Alle Beteiligten beauftragen und bevollmächtigen den vollziehenden Notar, seinen amtlichen Vertreter oder Nachfolger im Amt,
- sie im Grundbuchverfahren uneingeschränkt zu vertreten,
- die zur Wirksamkeit und für den Vollzug dieser Urkunde erforderlichen Genehmigungen und Erklärungen anzufordern, entgegenzunehmen und (als Eigenurkunde) abzugeben.

Anfechtbare Bescheide sind jedoch den Beteiligten selbst zuzustellen; Abschrift an den genannten Notar wird erbeten.

Die Beteiligten bevollmächtigen weiterhin die Angestellten an der genannten Notarstelle – welche der Amtsinhaber seinerseits zu bezeichnen bevollmächtigt wird – je einzeln und befreit von § 181 BGB, Erklärungen, Bewilligungen und Anträge materiell- oder formell-rechtlicher Art zur Ergänzung oder Änderung des Vertrags abzugeben, soweit diese zur Behebung behördlicher oder gerichtlicher Beanstandungen zweckdienlich sind.

§ 8
Vollmacht zur Kaufpreisfinanzierung; weitere Vollmacht

Allein der Käufer hat dafür zu sorgen, dass etwa benötigte Finanzierungsmittel rechtzeitig zur Verfügung stehen. Um ihm dies zu erleichtern, ist der Verkäufer verpflichtet die Beleihung des Vertragsobjekts bereits vor Umschreibung zu gestatten, allerdings nur unter Einhaltung der nachfolgenden Sicherungsabreden.

Der Verkäufer erteilt daher jedem Käufer und mehrere Käufer sich gegenseitig, jeweils befreit von § 181 BGB, folgende Vollmacht:

Das Vertragsobjekt darf bei oder nach der Annahme mit Grundpfandrechten samt Zinsen und Nebenleistungen in beliebiger Höhe belastet werden. Der Verkäufer bewilligt deren Eintragung samt dinglicher Vollstreckungsunterwerfung und stimmt allen zur Rangbeschaffung geeigneten Erklärungen zu. Jeder Käufer übernimmt die persönlichen Zahlungsverpflichtungen und unterwirft sich insoweit der Zwangsvollstreckung, trägt die Kosten der Bestellung und Eintragung, und tritt mit seinen Rechten (Vormerkung) zurück. Die Sicherungsabrede mit dem Verkäufer ist so zu gestalten, dass der Gläubiger das Grundpfandrecht bis zur vollständigen Kaufpreiszahlung nur als Sicherheit verwenden darf in der Höhe, in der Kreditausreichungen die Kaufpreisschuld des Käufers getilgt haben.

Die Finanzierungsgläubiger werden hiermit unwiderruflich angewiesen, die so besicherten Kreditmittel bis zur vollständigen Entrichtung des Kaufpreises nur hierfür zu verwenden.

Beurkundungen aufgrund der vorstehenden Vollmacht können nur an der Amtsstelle des vollziehenden Notars erfolgen.

Mehrere Personen auf Käufer- bzw. Verkäuferseite schulden als Gesamtschuldner. Sie bestellen sich untereinander je einzeln als Zustellungs- und Erklärungsvertreter für alle Willens- und Wissenserklärungen, die für diesen Vertrag, seine Abwicklung, Änderung und ggf. Rückabwicklung von Bedeutung sind. Ein Widerruf dieser Vollmacht ist nur wirksam, sobald er auch dem amtierenden Notar zugeht.

§ 9
Hinweise des Notars

Der Notar bzw. sein amtlicher Vertreter hat die Vertragsbestimmungen erläutert und abschließend auf Folgendes hingewiesen:
- Das Eigentum geht nicht schon heute, sondern erst mit der Umschreibung im Grundbuch auf den Käufer über.

- Hierzu sind die Unbedenklichkeitsbescheinigung des Finanzamts (nach Zahlung der Grunderwerbsteuer), die Annahmeerklärung, erforderliche Genehmigungen, und die Verzichtserklärung der Gemeinde auf gesetzliche Vorkaufsrechte notwendig.
- Der jeweilige Eigentümer haftet kraft Gesetzes für rückständige öffentliche Lasten (z.B. Erschließungskosten, Grundsteuer, Ausgleichsbetrag nach dem Bundesbodenschutzgesetz).
- Unabhängig von den internen Vereinbarungen in dieser Urkunde haften alle Beteiligten kraft Gesetzes für die Grunderwerbsteuer und die Kosten als Gesamtschuldner.
- Alle Vereinbarungen müssen richtig und vollständig beurkundet werden, sonst kann der ganze Vertrag nichtig sein.
- Eine steuerliche Beratung hat der Notar nicht übernommen, jedoch auf die mögliche Steuerpflicht einer Veräußerung nicht selbst genutzter Immobilien vor Ablauf von zehn Jahren (»Spekulationsgeschäft«) und bei Betriebsvermögen hingewiesen.

§ 10

Kosten

Die noch nicht anlässlich der heutigen Angebotsurkunde angefallenen Kosten für die Beurkundung der Annahme, eventuelle Genehmigungen und den Vollzug dieses Vertrags sowie die Grunderwerbsteuer trägt der Käufer; zahlt der Käufer diese nicht, kann der Verkäufer vom Vertrag zurücktreten. Etwaige Lastenfreistellungskosten trägt der Verkäufer. Hinsichtlich der zu erteilenden Ausfertigungen und Abschriften gelten die Bestimmungen des Angebots.

– Ende der Anlage –

XXXVII. Käuferangebot auf Abschluss eines Kaufvertrags

▶

3926 **Vorbemerkung und Checkliste zum bürointernen Gebrauch zum Angebot eines Käufers**

Folgende Punkte sind zu beachten und um Text durch Alternativformulierungen kursiv gekennzeichnet:
– Soll Angebot mit Fristablauf von selbst erlöschen oder aber bis auf Widerruf weitergelten?
– Wer ist »vollziehender Notar«? (Regelung in § 8 der Anlage). Für welche Notare gilt die Belastungsvollmacht (§ 9 am Ende der Anlage).
– Soll das Angebot für den Annehmenden (ggf. neben dem Benennungsrecht) ausnahmsweise übertragbar und/oder vererblich sein, ist dies noch aufzunehmen.

Hinweis:
Diese zum internen Gebrauch bestimmte Checkliste nach Bearbeitung löschen.

URNr. ...../20 .....

Käuferangebot auf Abschluss eines Grundstückskaufvertrags

Heute, den ..... zweitausend .....

– 20 ..... –

erschien vor mir,

.....,

Notar in .....,

in meinen Amtsräumen in .....:

1. .....,

geboren am .....,

wohnhaft: .....,

.....

nach Angabe .....,

ausgewiesen durch .....,

– nachstehend »der Anbietende« oder »der Käufer« genannt –.

Auf Frage des Notars verneinte er eine Vorbefassung i.S.d. § 3 Abs. 1 Satz 1 Nr. 7 BeurkG. Er erklärte mit der Bitte um Beurkundung:

§ 1
Angebot

Der eingangs genannte Anbietende

bietet hiermit

.....

– im Folgenden »der Verkäufer« oder »der Angebotsempfänger« genannt –

den Abschluss des in der Anlage zu dieser Urkunde niedergelegten

Kaufvertrags

an. Diese Anlage ist ein mit verlesener Bestandteil dieser Urkunde, auf die hiermit Bezug genommen wird.

§ 2
Annahmefrist

An dieses Angebot hält sich der Käufer unwiderruflich bis zum Ablauf des ..... gebunden.

Während der Dauer der Bindungsfrist kann das Angebot von dem Anbietenden einseitig weder widerrufen noch inhaltlich abgeändert werden.

Mit Ablauf dieser Frist erlischt das Angebot von selbst, ohne dass es eines Widerrufs bedürfte.

(Formulierungsalternative:

Nach Ablauf dieser Frist kann das Angebot vom Anbietenden jederzeit mit einer Fristsetzung von mindestens zehn Tagen gegenüber dem Angebotsempfänger schriftlich gekündigt, die Kündigung vor Ablauf der gesetzten Frist wiederum durch den Anbietenden schriftlich widerrufen werden.)

Zur Wirksamkeit der Annahme ist lediglich erforderlich, dass die Annahmeerklärung vor Ablauf der Annahmefrist vor einem Notar abgegeben wird, nicht dagegen der Zugang der Annahmeerklärung an den Käufer innerhalb der Frist. Der die Annahme beurkundende Notar wird ersucht, dem Käufer unverzüglich eine Ausfertigung der Annahmeurkunde zu übersenden.

§ 3
Bedingung der Annahme

Dieses Angebot kann von dem Verkäufer wirksam nur einheitlich angenommen werden.

§ 4
Vollmachten zur Vertragsabwicklung

Der Käufer erteilt hiermit dem Angebotsempfänger für den Fall der Annahme des Angebots unter Befreiung von den Beschränkungen des § 181 BGB, über den Tod hinaus und mit Recht zur Erteilung von Untervollmacht folgende Vollmachten:

1. Zur Sicherung des nach der Annahme dieses Angebots bestehenden unbedingten Anspruchs auf Übertragung des Eigentums die Eintragung einer diesbezüglichen Vormerkung zugunsten des Käufers an dem in § 1 der Anlage näher bezeichneten Grundbesitz zu bewilligen und zu beantragen.

2. Zur Vertretung des Käufers bei der Beurkundung der Auflassung, wobei der vollziehende Notar zu beauftragen und zu bevollmächtigen ist, die Eintragungsbewilligung namens des Verkäufers erst dann abzugeben, wenn die vollständige Bezahlung des Kaufpreises (ohne Zinsen) durch ihn bestätigt oder durch Bankbeleg nachgewiesen ist.

§ 5
Hinweise des Notars

Der amtierende Notar bzw. sein Vertreter im Amt hat die Beteiligten über die rechtliche Bedeutung der abgegebenen Erklärungen belehrt, ihnen die Hinweise aus der Anlage erteilt und insbes. auf Folgendes nochmals hingewiesen:

1. Auf die Bedeutung des Angebots, insbesondere auf die Tatsache, dass der Käufer rechtlich und wirtschaftlich gebunden ist, der Angebotsempfänger aber nicht verpflichtet ist dieses anzunehmen.

2. Darauf, dass der in der Anlage zu dieser Urkunde vereinbarte Kaufpreis für die gesamte Angebotsfrist unverändert bleibt.

3. Auf den Zeitpunkt des Eigentumsübergangs und seine Voraussetzungen, insbesondere die Negativerklärungen bzgl. gesetzlicher Vorkaufsrechte und die Unbedenklichkeitsbescheinigung des Finanzamts.

4. Auf die gesamtschuldnerische Haftung für Kosten und Verkehrssteuern.

E. Gesamtmuster

5. Darauf, dass alle Abreden richtig und vollständig beurkundet sein müssen, dies gilt vor allem bei etwaige Abhängigkeiten von anderen Geschäften oder Voraussetzungen.

§ 6
Abschriften

Von dieser Urkunde erhalten:

1. **Vor Annahme**

Ausfertigungen:
- der Käufer
- der Angebotsempfänger

Beglaubigte Abschriften:
- der Finanzierungsgläubiger (z.H. des Käufers)

Einfache Abschriften:
- das Finanzamt – Grunderwerbsteuerstelle

2. **Nach Annahme**

Einfache Abschriften:
- der Gutachterausschuss
- das Finanzamt – Grunderwerbsteuerstelle

Beglaubigte Abschriften:
- eine etwa vorkaufsberechtigte Gemeinde auf Anforderung
- der Finanzierungsgläubiger des Käufers

Ausfertigungen:
- das Grundbuchamt
- der Käufer

Vom Notar vorgelesen samt Anlage,

beides von dem Beteiligten genehmigt

und eigenhändig unterschrieben:

.....

Anlage zur Urkunde des Notars .....

vom ..... 20 ....., URNr. ...../20 .....

Kaufvertrag

§ 1

Grundbuch- und Sachstand

Im Grundbuch des Amtsgerichts ..... für ..... Band ..... Blatt .....

ist gemäß Einsicht vom ..... im ..... eigentum von .....

folgender Grundbesitz eingetragen:

Flst.Nr. ..... Gebäude- und Freifläche zu ..... qm

Dieser Grundbesitz ist im Grundbuch wie folgt belastet vorgetragen:

Abteilung II:

.....

Abteilung III:

.....

§ 2
Veräußerung

Der Verkäufer

verkauft das in § 1 bezeichnete Vertragsobjekt mit allen damit zusammenhängenden Rechten und dem gesetzlichen Zubehör

an

den Anbietenden

zum Alleineigentum.

Neben dem Zubehör sind keine beweglichen Gegenstände (etwa Inventar, Mobiliar) mitverkauft, jedoch die derzeitigen Brennstoffvorräte abzüglich des Verbrauchs bis zum Besitzübergang.

Zur Sicherung des Anspruchs des Käufers auf Übertragung des Eigentums an dem Vertragsobjekt **bewilligt** der Verkäufer und **beantragt** der Käufer zu dessen Gunsten eine

Vormerkung

nach Annahme des Angebotes an dem in § 1 bezeichneten Grundbesitz sofort an nächstoffener Rangstelle in das Grundbuch einzutragen. Der Käufer bewilligt, die Vormerkung bei der Eigentumsumschreibung wieder zu löschen, vorausgesetzt, dass nachrangig keine Eintragungen bestehen bleiben, denen er nicht zugestimmt hat.

§ 3
Kaufpreis; Fälligkeit

Der Kaufpreis beträgt

..... €

– in Worten: ..... Euro –.

1. Der Notar wird den Beteiligten den Eintritt der nachstehenden **Voraussetzungen** bestätigen (Versand an den Käufer per Einwurf-Einschreiben); der Käufer schuldet die Gutschrift des Kaufpreises spätestens zum Fälligkeitszeitpunkt, nämlich vierzehn Tage nach Zugang dieser Mitteilung:
    a) die Eigentumsvormerkung ist im Grundbuch eingetragen,
    b) der Notar verfügt in grundbuchtauglicher Form über alle Unterlagen zur Freistellung von solchen Belastungen, die im Grundbuch vor oder mit der Vormerkung eingetragen und vom Käufer nicht zu übernehmen sind. Ihre Verwendung darf allenfalls von Zahlungsauflagen abhängig sein, für die der Kaufpreis ausreicht. Der Notar wird allseits bevollmächtigt, diese Unterlagen – zur Beschleunigung, ungeachtet der Kostenfolge, unter Fertigung des Entwurfs – anzufordern, für alle am Vertrag und dessen Finanzierung Beteiligten auch gem. § 875 Abs. 2 BGB entgegenzunehmen und zu verwenden,
    c) dem Notar liegt hinsichtlich der gesetzlichen Vorkaufsrechte nach dem BauGB eine gesiegelte Erklärung der zuständigen Gebietskörperschaft vor, wonach solche Vorkaufsrechte nicht bestehen oder zum gegenwärtigen Kauf nicht ausgeübt werden.
2. Stehen Genehmigungen oder Lastenfreistellungsdokumente unter Zahlungsauflagen, teilt der Notar diese den Beteiligten ohne weitere Prüfung mit. Der Kaufpreis kann insoweit bei Fälligkeit nur durch Erfüllung solcher Auflagen erbracht werden, ist also zweckgebunden, ohne dass der Zahlungsempfänger hieraus eigene Rechte erwirbt. Der Restbetrag nach Berücksichtigung etwaiger solcher Treuhandauflagen ist zu überweisen auf das Konto des Verkäufers bei der ..... bank, BLZ ....., Konto-Nr. .....
3. Mit Wirkung ab Zahlung des Kaufpreises überträgt der Verkäufer dem Käufer alle Eigentümerrechte und Rückübertragungsansprüche in Bezug auf Grundpfandrechte am Vertragsobjekt und bewilligt deren Umschreibung.
4. Wird ein Vorkaufsrecht ausgeübt, so sind beide Vertragsteile zum Rücktritt vom Vertrag berechtigt; ein Anspruch auf Schadensersatz statt der Leistung oder Verzinsung bereits geleisteter

Kaufpreisteile besteht in diesem Fall nicht. Der Verkäufer tritt alle aus der Ausübung des Vorkaufsrechts gegen den Vorkäufer entstehenden Ansprüche sicherungshalber an den Käufer ab, der die Abtretung dem Vorkäufer selbst anzeigen wird.

§ 4
Besitzübergang; Erschließung

Besitz und Nutzungen sind mit vollständiger Kaufpreiszahlung zu übergeben; die Gefahr geht zu diesem Zeitpunkt, Haftung und Verkehrssicherungspflichten ab Eintritt der Fälligkeit auf den Käufer über.

Bestehende Sach- und Betriebshaftpflichtversicherungen, insbesondere auch eine etwaige Brandversicherung, gehen kraft Gesetzes auf den Käufer über, sofern dieser sie nicht innerhalb eines Monats nach Eigentumsumschreibung kündigt. Mit Zahlung des Kaufpreises werden dem Erwerber alle versicherungsrechtlichen Ansprüche des Veräußerers bzgl. des Vertragsobjekts abgetreten. Ab dem Zeitpunkt des Lastenübergangs trifft ihn auch die Pflicht zur Prämienzahlung und zur Anzeige an den Versicherer. Die Beteiligten wurden darauf hingewiesen, dass der Versicherungsschutz erlöschen kann, wenn die Anzeige nicht unverzüglich erfolgt.

Der Verkäufer garantiert, dass die derzeit (Tag der Abgabe des Angebots) vorhandene öffentlich-rechtliche Erschließung des Vertragsbesitzes gem. BauGB und Kommunalabgabengesetz mit Straßenausbau und Entwässerung endabgerechnet und bezahlt ist. Gleiches gilt für die Anbindung an die öffentliche Wasserversorgung.

Sofern allerdings Baukostenzuschüsse, Hausanschlusskosten und Nacherhebungen von Erschließungskosten anlässlich einer künftigen Bebauung des Vertragsbesitzes oder künftiger Veränderungen der Erschließungsanlagen angefordert werden, treffen diese den Käufer.

Hinsichtlich etwa vorhandener privatrechtlicher Versorgungsanlagen (Elektrizität und – sofern einschlägig – Gas, Heizwärme etc.) begründet der Käufer mit Wirkung ab Lastenübergang neue Vertragsverhältnisse.

- Der Verkäufer garantiert: Wohnungsbindung oder Einschränkungen aufgrund sozialer Wohnraumförderung sowie aufgrund Denkmalschutzes bestehen nicht.
(Ggf.: Er ist nicht vermietet oder verpachtet, sondern steht derzeit leer.)

§ 5
Rechtsmängel

Der Verkäufer ist verpflichtet, dem Käufer ungehinderten Besitz und lastenfreies Eigentum an dem Grundbesitz zu verschaffen, soweit in dieser Urkunde nichts anderes vereinbart ist.

Die in Abteilung II des Grundbuchs eingetragenen, in § 1 dieser Urkunde bezeichneten Belastungen, übernimmt der Käufer zur weiteren Duldung mit allen sich aus der Eintragungsbewilligung ergebenden Verpflichtungen, Rechte in Abteilung III des Grundbuchs sind zu löschen.

Allen zur Lastenfreistellung bewilligten Löschungen oder Rangänderungen wird mit dem Antrag auf Vollzug zugestimmt, auch soweit weiterer Grundbesitz betroffen ist.

§ 6
Sachmängel

Ansprüche und alle Rechte des Käufers wegen eines Sachmangels des Grund und Bodens, Gebäudes und etwa mitverkaufter beweglicher Sachen sind ausgeschlossen, allerdings mit Ausnahme

1. ggf. in dieser Urkunde enthaltener Beschaffenheitsvereinbarungen und Garantien,

2. vorsätzlich zu vertretender oder arglistig verschwiegener Mängel. Der Verkäufer erklärt, er habe keine ihm bekannten Mängel, schädlichen Bodenveränderungen oder Altlasten arglistig verschwiegen, auf die der Käufer angesichts ihrer Bedeutung und des sonstigen Zustandes des Vertragsobjekts einen Hinweis erwarten durfte.

3. solcher Sachmängel, die zwischen Abgabe dieses Angebots und Übergabe entstehen und über die gewöhnliche Abnutzung hinausgehen; hierfür wird jedoch – außer bei Vorsatz – die Verjährungsfrist auf drei Monate verkürzt.

Der Verkäufer ist nicht im Besitz eines (gültigen) Energieausweises gem. § 16 EnEV 2007. Der Käufer verzichtet endgültig auf dessen Vorlage und Übergabe. Ihm ist bekannt, dass er künftigen Mietinteressenten auf Verlangen einen solchen Ausweis vorzulegen hat und dass ihn Nachrüstungspflichten treffen können.

§ 7
Vollstreckungsunterwerfung; Verjährung

Der Käufer unterwirft sich wegen der in dieser Urkunde eingegangenen Verpflichtung zur Zahlung des Kaufpreises samt Verzugszinsen gem. § 288 Abs. 1 BGB hieraus ab dem Datum der Erteilung der vollstreckbaren Ausfertigung der Zwangsvollstreckung aus dieser Urkunde. Gleiches gilt für den Verkäufer wegen der Verpflichtung zur Verschaffung des Besitzes.

Auf Antrag kann ohne weitere Nachweise vollstreckbare Ausfertigung erteilt werden (dem Verkäufer jedoch erst nach Fälligkeitsmitteilung und gem. deren Inhalt, dem Käufer zur Besitzverschaffung gegen Nachweis der Kaufpreiszahlung).

Mehrere Beteiligte, die zu derselben Leistung verpflichtet sind, schulden und haften als Gesamtschuldner.

Der Anspruch auf Verschaffung des Eigentums und der in dieser Urkunde bestellten dinglichen Rechte verjährt in gleicher Frist wie der Kaufpreisanspruch, jedoch spätestens dreißig Jahre ab gesetzlichem Verjährungsbeginn.

§ 8
Vollzugsauftrag

Alle in dieser Urkunde erteilten Vollzugsaufträge und -vollmachten sind *dem amtierenden Notar des Angebots/dem Notar der Annahme* (»vollziehender Notar«), dessen Vertreter oder Amtsnachfolger, erteilt.

Alle Beteiligten beauftragen und bevollmächtigen den vollziehenden Notar, seinen amtlichen Vertreter oder Nachfolger im Amt,

- sie im Grundbuchverfahren uneingeschränkt zu vertreten,
- die zur Wirksamkeit und für den Vollzug dieser Urkunde erforderlichen Genehmigungen und Erklärungen anzufordern, entgegenzunehmen und (als Eigenurkunde) abzugeben.

Anfechtbare Bescheide sind jedoch den Beteiligten selbst zuzustellen; Abschrift an den Notar wird erbeten.

Die Beteiligten bevollmächtigen weiterhin die Angestellten an der Amtsstelle des vollziehenden Notars – welche der Amtsinhaber seinerseits zu bezeichnen bevollmächtigt wird – je einzeln und befreit von § 181 BGB, Erklärungen, Bewilligungen und Anträge materiell- oder formell-rechtlicher Art zur Ergänzung oder Änderung des Vertrags abzugeben, soweit diese zur Behebung behördlicher oder gerichtlicher Beanstandungen zweckdienlich sind.

§ 9
Vollmacht zur Kaufpreisfinanzierung; weitere Vollmacht

Allein der Käufer hat jedoch dafür zu sorgen, dass etwa benötigte Finanzierungsmittel rechtzeitig zur Verfügung stehen. Um ihm dies zu erleichtern, ist der Verkäufer verpflichtet die Beleihung des Vertragsobjekts bereits vor Umschreibung zu gestatten, allerdings nur unter Einhaltung der nachfolgenden Sicherungsabreden.

Der Verkäufer erteilt daher jedem Käufer und mehrere Käufer sich gegenseitig, jeweils befreit von § 181 BGB, folgende Vollmacht:

Das Vertragsobjekt darf bei oder nach der Annahme mit Grundpfandrechten samt Zinsen und Nebenleistungen in beliebiger Höhe belastet werden. Der Verkäufer bewilligt deren Eintra-

gung samt dinglicher Vollstreckungsunterwerfung und stimmt allen zur Rangbeschaffung geeigneten Erklärungen zu. Jeder Käufer übernimmt die persönlichen Zahlungsverpflichtungen und unterwirft sich insoweit der Zwangsvollstreckung, trägt die Kosten der Bestellung und Eintragung, und tritt mit seinen Rechten (Vormerkung) zurück. Die Sicherungsabrede mit dem Verkäufer ist so zu gestalten, dass der Gläubiger das Grundpfandrecht bis zur vollständigen Kaufpreiszahlung nur als Sicherheit verwenden darf in der Höhe, in der Kreditausreichungen die Kaufpreisschuld des Käufers getilgt haben.

Die Finanzierungsgläubiger werden hiermit unwiderruflich angewiesen, die so besicherten Kreditmittel bis zur vollständigen Entrichtung des Kaufpreises nur hierfür zu verwenden.

Beurkundungen aufgrund der vorstehenden Vollmacht können nur an der Amtsstelle des vollziehenden Notars erfolgen.

Mehrere Personen auf Käufer- bzw. Verkäuferseite schulden als Gesamtschuldner. Sie bestellen sich untereinander je einzeln als Zustellungs- und Erklärungsvertreter für alle Willens- und Wissenserklärungen, die für diesen Vertrag, seine Abwicklung, Änderung und ggf. Rückabwicklung von Bedeutung sind. Ein Widerruf dieser Vollmacht ist nur wirksam, sobald er auch dem amtierenden Notar zugeht.

§ 10
Hinweise des Notars

Der Notar bzw. sein amtlicher Vertreter hat die Vertragsbestimmungen erläutert und abschließend auf Folgendes hingewiesen:
- Das Eigentum geht nicht schon heute, sondern erst mit der Umschreibung im Grundbuch auf den Käufer über.
- Hierzu sind die Unbedenklichkeitsbescheinigung des Finanzamts (nach Zahlung der Grunderwerbsteuer), die Annahmeerklärung, erforderliche Genehmigungen, und die Verzichtserklärung der Gemeinde auf gesetzliche Vorkaufsrechte notwendig.
- Der jeweilige Eigentümer haftet kraft Gesetzes für rückständige öffentliche Lasten (z.B. Erschließungskosten, Grundsteuer, Ausgleichsbetrag nach dem BundesbodenschutzG).
- Unabhängig von den internen Vereinbarungen in dieser Urkunde haften alle Beteiligten kraft Gesetzes für die Grunderwerbsteuer und die Kosten als Gesamtschuldner.
- Alle Vereinbarungen müssen richtig und vollständig beurkundet werden, sonst kann der ganze Vertrag nichtig sein.
- Eine steuerliche Beratung hat der Notar nicht übernommen, jedoch auf die mögliche Steuerpflicht einer Veräußerung nicht selbstgenutzter Immobilien vor Ablauf von zehn Jahren (»Spekulationsgeschäft«) und bei Betriebsvermögen hingewiesen.

§ 11
Kosten

Die noch nicht anlässlich der heutigen Angebotsurkunde angefallenen Kosten für die Beurkundung der Annahme, eventuelle Genehmigungen und den Vollzug dieses Vertrags sowie die Grunderwerbsteuer trägt der Käufer; zahlt der Käufer diese nicht, kann der Verkäufer vom Vertrag zurücktreten. Etwaige Lastenfreistellungskosten trägt der Verkäufer.

Hinsichtlich der zu erteilenden Ausfertigungen und Abschriften gelten die Bestimmungen des Angebots.

– Ende der Anlage –

XXXVIII. Beurkundungspflichtige Aufhebung eines Kaufvertrags

▶

URNr. ...../20 .....

Vertragsaufhebung

(nach Entstehung eines Anwartschaftsrechts)

Heute, den ..... zweitausend .....

– 20 ..... –

erschienen gleichzeitig vor mir,

.....,

Notar in .....,

in meinen Amtsräumen in .....:

1. .....,

    geb. am .....,

    wohnhaft: .....,

    nach Angabe im gesetzlichen Güterstand verheiratet/in Gütertrennung verheiratet/unverheiratet/weder verheiratet noch in eingetragener Lebenspartnerschaft lebend/verwitwet und nicht in fortgesetzter Gütergemeinschaft lebend.

    und dessen ebendort wohnhafte Ehefrau .....,

    beide ausgewiesen durch gültigen deutschen Personalausweis,

2. .....,

    geb. am .....,

    wohnhaft: .....,

    nach Angabe im gesetzlichen Güterstand verheiratet/in Gütertrennung verheiratet/unverheiratet/weder verheiratet noch in eingetragener Lebenspartnerschaft lebend/verwitwet und nicht in fortgesetzter Gütergemeinschaft lebend.

    und dessen ebendort wohnhafte Ehefrau .....,

    beide ausgewiesen durch gültigen deutschen Personalausweis.

Die steuerlichen Identifikationsnummer gem. § 139b AO ergeben sich aus der Vorurkunde.

Die zu 1. genannten Beteiligten werden im folgenden »der Verkäufer«, die zu 2 Genannten »der Käufer« genannt, auch wenn es sich um jeweils mehrere Personen handelt. Sie handeln nach ihrer glaubhaften Erklärung als Verbraucher i.S.d. § 13 BGB.

Auf Frage des Notars verneinten die Beteiligten eine Vorbefassung i.S.d. § 3 Abs. 1 Satz 1 Nr. 7 BeurkG. Sie erklärten mit der Bitte um Beurkundung:

§ 1

Vorbemerkungen; Sachstand

Mit diesamtlicher Urkunde vom ..... URNr. ..... (nachstehend »Vorurkunde« genannt) hat der Verkäufer

das Vertragsobjekt

Flst.Nr. .....

derzeit vorgetragen im Grundbuch des Amtsgerichts ..... für ..... Blatt .....

E. Gesamtmuster

an den Käufer veräußert. Die Auflassung ist erklärt, jedoch noch nicht vollzogen; eine Eigentumsvormerkung zugunsten des Käufers wurde eingetragen, sodass ein Anwartschaftsrecht des Käufers entstanden ist. (*Ggf.: Nach Angabe der Beteiligten hat der Käufer auf den insgesamt fällig gewordenen Kaufpreis eine Teilzahlung von ..... € erbracht, und zwar unmittelbar an den Verkäufer. Zur Finanzierung des Kaufpreises wurde aufgrund der in der Vorurkunde eingeräumten Vollmacht ein Grundpfandrecht bestellt.*)

Dem Notar liegt bereits die Unbedenklichkeitsbescheinigung des Finanzamts nach Zahlung der Grunderwerbsteuer durch den Käufer vor.

Besitz, Nutzungen und Lasten, Haftung, Verkehrssicherung und Gefahr sind noch nicht übergegangen.

Kein Beteiligter hat bisher den Rücktritt erklärt oder Schadensersatz statt der ganzen Leistung verlangt. Die Beteiligten wünschen vielmehr die einvernehmliche Rückabwicklung zufolge rechtsgeschäftlicher Aufhebung des Vertrags. Der Notar hat die Beteiligten über Durchführung und Rechtsfolgen der Rückabwicklung sowohl nach allgemeinem Schuldrecht als auch infolge Aufhebung informiert; auch die Kostenfolge ist bekannt.

§ 2

Aufhebung; Rückabwicklung

1. Aufhebung

Die Vertragsteile sind sich darüber einig, dass der unter § 1 aufgeführte Kaufvertrag seinem gesamten Umfang nach aufgehoben werden soll. Die bereits erklärte Auflassung wird ebenfalls aufgehoben. (*Ggf.: Die Aufhebung der schuldrechtlichen Vereinbarungen ist jedoch, wie nachstehend unter Gliederungspunkt § 2 3. erläutert, aufschiebend bedingt.*)

Die Beteiligten heben hiermit weiterhin das zugunsten des Käufers entstandene Anwartschaftsrecht auf und machen den Kauf vollständig rückgängig. Gegenüber der Grunderwerbsteuerstelle des Finanzamts wird im Hinblick auf § 16 GrdEStG versichert, dass diese Aufhebung nicht mit anderen Vorgängen derselben Beteiligten in rechtlichem oder wirtschaftlichem Zusammenhang steht.

Der Käufer

bewilligt und beantragt,

die zu seinen Gunsten bereits eingetragene Vormerkung wieder zu löschen. *Der zu bewilligenden Löschung des Grundpfandrechts wird auf Kosten des Käufers zugestimmt.*

Hinweis:
Vorstehender Absatz entfällt bei aufschiebender Bedingung, s.u. Gliederungspunkt § 2 3.

2. Sekundäransprüche

Der Käufer hat den Verkäufer von den Notar- und Grundbuchkosten der Vorurkunde und seiner heutigen Aufhebung freizustellen. Im Übrigen sind sich die Beteiligten einig, dass aus der Nichtdurchführung des Kaufvertrags keine weiteren Rechte entstehen; insbesondere verzichten sie auf etwa bestehende Ansprüche auf Schadens- oder Aufwendungsersatz, Verzugszinsen etc. Ausgenommen hiervon sind etwaige Ansprüche aufgrund Vorsatz, Arglist oder Garantieübernahme.

(Formulierungsalternative:
Zum Ausgleich des entstandenen Schadens verpflichtet sich der Käufer, an den Verkäufer binnen ..... Tagen ab heute einen Betrag von ..... € auf das Konto des Verkäufers Nr ..... bei der ..... bank, BLZ ..... zu entrichten. Mit dieser Zahlung sind alle Ansprüche des Verkäufers abgegolten, gleich auf welcher Rechtsgrundlage, ausgenommen höhere nachgewiesene Schäden bei Vorsatz, Arglist und Garantie und ausgenommen etwaige Inanspruchnahme des Verkäufers aus gesetzlicher Mithaftung für Kosten oder Steuern für den Vertrag und seine Rückabwicklung.)

Der Käufer unterwirft sich wegen dieses Betrags der Zwangsvollstreckung aus dieser Urkunde mit der Maßgabe, dass vollstreckbare Ausfertigung durch den Notar auf Antrag ohne weitere Nachweise der die Höhe und Fälligkeit des Anspruchs begründenden Tatsachen erteilt werden kann. (*Ggf: Der Käufer tritt hiermit seinen Anspruch gegen das Finanzamt auf Rückerstattung der bereits entrichteten Grunderwerbsteuer gem. § 16 Abs. 1 Nr. 1 GrEStG – sofern dieser nicht mit anderen Steu-*

erschulden des Käufers verrechnet werden sollte – an den Verkäufer ab und verpflichtet sich, diese Anzeige auf amtlichem Formblatt nach § 46 AO zu wiederholen. Auf die Entschädigungszahlung des Käufers wird angerechnet, was aufgrund dieser Abtretung auf das Konto des Verkäufers eingeht.)

3. Rückzahlung des bereits entrichteten Teilkaufpreises

Der vom Käufer bereits entrichtete Teilkaufpreis ist (*Ggf.: abzüglich eines Betrags von ..... € als pauschalierter Ausgleichsbetrag zur Abgeltung aller etwaiger aus der Nichtdurchführung sonst resultierenden Ansprüche des Verkäufers*) binnen ..... Tagen ab Zugang eines Einwurf-Einschreibens beim Verkäufer zurück zu überweisen, in welchem der Notar dem Verkäufer bestätigt, dass die Löschung des Finanzierungsgrundpfandrechts des Käufers bewilligt wurde unter Verwendungsauflagen, die jedenfalls durch die Rückzahlung des Betrags erfüllbar sind. Der Anspruch auf Rückzahlung wurde vor Beurkundung abgetreten an den Finanzierungsgläubiger des Käufers (unter Verzicht auf den Zugang der Annahmeerklärung gem. § 151 BGB), sodass die Rückzahlung nur auf das zu benennende Konto des Gläubigers erfolgen kann.

Die Aufhebung erfolgt daher schuldrechtlich nur **aufschiebend bedingt** auf die Rückzahlung dieses Betrags.

Der Notar wird **bevollmächtigt und angewiesen**, die Bewilligung zur Löschung der eingetragenen Vormerkung durch Eigenurkunde erst nach schriftlicher Bestätigung des Empfängers oder der überweisenden Bank über diese Zahlung abzugeben. Die Beteiligten stellen Löschungsantrag auf Kosten des Käufers.

§ 3
Vollzugsauftrag

Der beurkundende Notar wird mit der Rückabwicklung dieses Vertrags umfassend beauftragt und bevollmächtigt alle hierzu evtl. erforderlichen Erklärungen abzugeben. Soweit Genehmigungs- oder Vorkaufsrechtsverzichtsanträge bereits gestellt, jedoch noch nicht verbeschieden sind, sind die betreffenden Anträge auf Kosten des Käufers zurückzunehmen; soweit Genehmigungen bereits erteilt sind, sollen die Genehmigungsstellen von der Aufhebung verständigt und die Genehmigungen zur Akte genommen werden.

§ 4
Schlussbestimmungen; Kosten und Abschriften

Die Kosten dieser Urkunde trägt der Käufer, ebenso die Kosten der Löschung der für ihn oder durch ihn bestellten Grundbuchrechte.

Von dieser Urkunde erhalten:

Ausfertigungen:
- Verkäufer und Käufer
- das Grundbuchamt

Einfache Abschriften:
- das Finanzamt – Grunderwerbsteuerstelle – samt bereits vorliegender Unbedenklichkeitsbescheinigung mit dem hiermit +durch den Käufer gestellten Antrag auf Rückerstattung der Grunderwerbsteuer gem. § 16 Abs. 1 Nr. 1 GrEStG wegen Aufhebung binnen zwei Jahren an den Käufer

  (Formulierungsalternative:
  samt Abtretungsanzeige nach § 46 AO zur Auszahlung an den Verkäufer)

- die Genehmigungsbehörden gem. § 3

Vorgelesen vom Notar, von den Beteiligten

genehmigt, und eigenhändig unterschrieben:

.....

Stichwortverzeichnis

Die Zahlen verweisen auf die Randnummern.

ABC-Verkauf 2665
- Abtretung 915 ff.
- alternative Gestaltungsmöglichkeiten 934 ff.
- Finanzierungsgrundpfandrecht 931 ff.
- Kaufpreiszahlung 927 ff.
- Sprungauflassung 925 ff.

Abfallrecht 2334 ff.
Abgeltungssteuer 1526
Ablehnungsandrohung, Rücktritt 235
- Schadensersatz 220

Ablösevereinbarung, Erschließungsbeitragspflicht 1955 ff.
Ablösung, Treuhandauflage 1194
- Ablösungsbetrag 1197 f.

Abschichtung, Teilerbauseinandersetzung 764 ff.
Abschreibung, Absetzungsmöglichkeit 3342 ff.
- Bemessungsgrundlage 3341
- degressive AfA 3343
- erhöhte AfA 3347 ff.
- lineare AfA 3342
- Scheinbestandteile 3346
- Werbungskosten 3340 ff.

Abschrift 2653 ff.
- Kosten 2658

Abtretung, Abtretbarkeit 1408 ff.
- Anderkonto 930
- bedingte 1216 ff.
- Darlehensauszahlungsanspruch 1245
- Doppelanspruch auf Zahlung 1240
- Eigentumsverschaffungsanspruch 926
- Eigentumsvormerkung 921
- Freistellungsverpflichtung 1225
- Gläubigerwechsel 1222 ff.
- Hinterlegung 1515 ff.
- Klauselerteilung 1417 ff.
- Risikobegrenzungsgesetz 1414 ff.
- Verfügungsbeschränkung 1222 ff.
- Vormerkung 915 ff.
- Zahlungsanspruch 1238

Abwerbeverbot 1922 f.
Abwasseranlage 2381
- Dichtigkeitsprüfung 2384
- Mangel 2382

AGG, Benachteiligungsverbot 300
- Diskriminierungstatbestände 298 ff.
- Grundstückskaufvertrag 298 ff.
- Grundstücksserienverkauf / Massengeschäft 302
- sachlicher Anwendungsbereich 299 ff.
- Sanktionen 303
- Voraussetzungen 301

Aktiengesellschaft, Vertretung 598
Aktivvermerk 1183

Altbau, beschränkte Herstellungspflicht 2273 ff.
- Gesamtherstellungspflicht 2271 ff.
- keine Herstellungspflicht 2275
- Verkauf mit AGB-Kontrolle 2270 ff.

Altersvorsorge 1450 ff.
Altlast 2318 ff.
- Altlastrisiko 2338 ff.
- Mängelrechte 2329 ff.
- neue Bundesländer 3815
- Rückgriffsanspruch 2321 ff.
- Rücktritt 2344
- Sachmangel 2326 ff.
- Sanierungskosten 2323

Amtstätigkeit, Verweigerung, Beschwerdefrist 1802
- Rechtsbehelfe 1801 ff.
- Vorbescheid 1803

Anderkonto, Abgeltungssteuer 1526
- Abwicklung des Grundstückskaufvertrages 2143 ff.
- Anderkontenliste 1527
- Dienstordnung für Notare 1525 ff.
- Eigentumsvormerkung 879, 1478
- Einlagensicherungsfonds 1490
- gerichtliche Hinterlegung 1500
- Gesellschaft bürgerlichen Rechts 380
- Kaufpreisabwicklung 930, 1471 ff., 1528
- Lastenfreistellung 1479
- Rechtsmittel 1521 ff.
- Sammelanderkonto 1491
- Sicherungsfunktion 1477
- Sorgfaltspflichten 267
- Verwahrung 1471
- verwaltungstechnische Anordnungen 1489
- WEG-Gemeinschaft 1135
- Zinsgutschrift 1237

Anfechtung 1989 ff.
- arglistige Täuschung 1993 ff.
- Insolvenzanfechtung siehe dort
- Irrtümer 1989 ff.

Angebot 2941
- fehlender Angebotstext 2976

Angestelltenvollmacht 1783 ff.
- für Grundpfandrechte 1789
- für Zwischenverfügungen 1786

Ankaufsangebot, Kündigungsrecht 10
- Mietkauf 8 ff.

Ankaufsrecht 2982 ff.
- Auflassung 2990
- Berechtigter 2987
- Verkehrswert 2986
- Vormerkung 2989

Anlagen, Beurkundung 46 ff.

1475

Stichwortverzeichnis

Anlagevermögen 3240
Anwartschaftsrecht, Verpfändung 1384
Annahme 2976 f.
Anwendbares Recht 690 ff.
– Rechtswahl 687
– Rom I Verordnung 686 ff.
Anzeigepflicht 3187 ff.
– Grunderwerbsteuer 3500
– Umfang 3190
Apostille 649
Arbeitsvertrag 2536 ff.
– Betrieb 2543 ff.
– Hausmeisterdienstleistungen 2542 ff.
Arbeitszimmer 3362 ff.
Arglistprobe, Altlastverdacht 2338 ff.
Asset deal 3588 ff., 3607
Aufgebotsverfahren 1164 ff.
– Antrag auf Durchführung nach FamFG 1167
– Frist 1175
– verlorener Grundschuldbrief 1173
Aufhebung, notarielle Fälligkeits-
bescheinigung 1185
– subjektiv-dingliches Recht 1183 ff.
– Zustimmung 1184
– Zwangsversteigerungsvermerk 1186
Aufhebungsvertrag 1852
Auflassung, Abschichtung 961
– Anmerkung 2990
– Auflassungsbewilligung 1000 ff.
– Auflassungserklärung 965 ff.
– ausländische Ehepaare 685
– Bedingungsfeindlichkeit 968, 2592
– Bindungswirkung 969
– Erbrecht 961 ff.
– Form und Inhalt 960 ff.
– Gebühren 3171 f.
– Gesellschaftsrecht 962 ff.
– Grundstückskaufvertrag 2979 ff.
– Grundstückskaufvertrag, GbR 970
– Kettenauflassung 926
– originärer Eigentumserwerb 963
– Sprungauflassung 925 ff.
– Teilflächen 972 ff.
– Umschreibung vor Kaufpreiszahlung 1007
– Vollmacht 978
– Wohnungs- und Teileigentum 964
Aufschiebende Bedingung, Bau-
genehmigung 2597 ff.
– Bebauungsplan 2598
Aufsichtliche Genehmigung 1592 ff.
Auftrag, Beurkundung 101
Aufrechnungsverbot 2641 f.
Ausfertigungssperre 990 f.
Ausgleichsmaßnahme, naturschutz-
rechtliche 1958 ff.
Auskehrungsanspruch, Pfändung 1515 ff.
– Abtretung 1517
Auskunftserteilung 2615 ff.

Ausländische Gesellschaft, Rechtsfähigkeit 646 f.
Ausschließungsbeschluss 1178
Außenhaftung, Schrottimmobilien 2114
Ausweispapier, Identifizierung 256 f.
– Nachreichen 261

Bauabzugsteuer 3419
BauGB, Genehmigung 1556 ff.
– öffentlich-rechtliches Vorkaufsrecht 1703 ff.
– Sanierungsverfahren 1557 ff.
Baugenehmigung 2199
– aufschiebende Bedingung 2597 ff.
Baukostenzuschuss, verlorener 1888
Baulandausweisungsvertrag 2495 ff.
– Durchführungsvertrag zum Vorhaben und Erschließungsvertrag 2509 ff.
– Folgekostenvertrag 2506 f.
– Public-Private-Partnership 2518 ff.
– sozialer Wohnungsbau 2522 ff.
Baulandseigenschaft 2241
Baulast, Anwendungsbereiche 728 ff.
– Baulastenerklärung 722
– Baulastenverzeichnis, Einsicht 716
– Bauplanungsrecht 721
– Rechtsmangel 717 ff.
– Rechtsnatur 723 ff.
– Rechtswirkung 726
– Sachmangel 717 ff.
– Zwangsversteigerung 725
Bauplanungsrecht 721
Baureifmachungsvertrag 2503
Bauträgervertrag, Bindungsfrist des Verkäufers 102
– Energieausweis 2374
– Erschließungskosten 1953 f.
– Insolvenzverfahren 3092 ff.
– Sicherungsabtretung 2311
Bauvertrag, Beurkundung 89 f.
Bebauungsplan, aufschiebende Bedingung 2598
Bedingung, aufschiebende 2597 ff.
– Anwartschaftsrecht 2591
– aufschiebend oder auflösend 2589 ff.
– Erbbaurecht 2732 ff.
– gutgläubiger Erwerb 2595
– Rückwirkung 2593
Befristung, Erbbaurecht 2732 ff.
– Treuhandauflage 1208
Beglaubigung, Kosten 1699
– Vollmacht 496
Begrenzungsregelung 192
Behinderung, Geschäftsunfähigkeit 289 ff.
Beihilfe 1600
Belehrung, gesetzlich geschuldeter Inhalt 2389 ff.
– Gläubigeranfechtung 1544
– neue Bundesländer 3835 f., 3835 ff.
– steuerrechtliche Grundzüge 3183 ff.
– Warnhinweis 2391 ff.
– wirtschaftliche Aspekte 2394

Beleihung, Grundstück 1386
Berechtigter, gelöschte Inhaber 1163 f.
– unbekannter Inhaber 1163 f.
– Vormerkung 1156 f.
Bergschaden 2386 ff.
Beschaffenheitsgarantie, Energieversorgung 2233
– Hausgeld 2455
Beschaffenheitsvereinbarung 2202 ff., 2364 ff.
Besitzübergang, Durchführung 1830 ff.
– eingeschränkter 1825
– fester Stichtag 1818 f.
– Fotovoltaikanlage 1876 ff.
– Kaufpreiszahlung 1810 ff.
– Mietvertrag mit Drittem 1851 ff.
– Mietvertrag mit Verkäufer 1845 ff.
– nach Kaufpreiszahlung 1821
– Räumung 1837 ff.
– Räumungsgarantie 1841
– Risikohinweis 1814
– sofortiger 1813 ff.
– unmittelbarer oder mittelbarer Besitz 1831
– Veränderungsverbot 1828 ff.
– Vollmacht zur Investitionsvorbereitung 1822
– vorzeitiger 1817
– Wirkung 1808 ff.
– Zeitpunkt 1808 ff.
Bestallungsurkunde 540 ff.
Bestandsobjekt, Verkauf mit
AGB-Kontrolle 2244 ff.
– Verkauf ohne AGB-Kontrolle 2229 ff.
Bestandteilszuschreibung 797 ff.
Bestellungsurkunde, Insolvenzverwalter 561
Besteuerung, betrieblicher
Grundbesitz siehe dort
– Betriebsaufgabe 3417
Beteiligte, Erkennungszeuge 259
– Feststellungen zur Identität 256 ff.
Betreuung, Aufgabenkreis 546
– Auslandsberührung 547
– ESÜ 547
– gesetzliche Schenkungsverbote 545
– Grundstückskaufvertrag 544 ff.
– Tod des Vormunds/Betreuers/Nachlasspflegers 550
Betrieblicher Grundbesitz, Betriebsaufgabe 3417
– Entnahmephasen 3392 ff.
– Flucht in den Grundstückshandel 3416 ff.
– gewerbliche Grundstücksentwicklung 3407 ff.
– Gewinnermittlung 3383 ff.
– Vermietungsphase 3388 ff.
Betriebsaufgabe, Besteuerung 3417 ff.
Betriebsvermögen, Anlagevermögen / Umlaufvermögen 3240
– Ausscheiden gegen Sachabfindung 3285 f.
– geborenes 3226 ff.
– Kapitalgesellschaft 3227 ff.
– Mitunternehmererlass 3278 ff.
– Personenhandelsgesellschaft 3233 ff.
– Teilentgeltliche Übertragung 3270 f.
– Übertragung Kapitalgesellschaft 3273 ff.
– Übertragung mit Rechtsträgerwechsel 3268
– Übertragung ohne Rechtsträgerwechsel 3267
– Übertragung Personenhandelsgesellschaft 3276 ff.
– Unentgeltliche Übertragung 3269
– Vollentgeltliche Übertragung 3272
Beurkundung, „unechte Bezugnahme" 54
– Ablehnung 280 ff.
– Anfechtbarkeit 1543 f.
– Auftrag 101
– Auslandsberührung 637 ff.
– Ausnahmen 103 ff.
– Baulastenverzeichnis, Einsicht 716
– Betreuung 544 ff.
– Beurkundungsablehnung 1543 f.
– Beurkundungsgegenstand 3134 ff.
– Beurkundungsperson 42
– Beurkundungsverfahren 43 ff.
– Bezugnahme/Beifügung 59 ff.
– Briefverlust 1177
– Contracting- Vertrag 2563 ff.
– Dolmetscher siehe dort
– Entwurfsübersendung 41
– formelle Anforderungen 42
– Formnichtigkeit 108 ff.
– Fortführungsnachweis 53
– Gebühren 3126 ff.
– Geschäftsbesorgungsvertrag 101
– Geschäftsunfähigkeit 280 ff.
– Grundbucheinsicht 701 ff.
– Grundpfandrecht 1406 ff.
– Grundstücksgeschäft und Werkvertrag 87 ff.
– Grundstücksversteigerung, freiwillige 63 ff.
– Heilung von Formmängeln 110 ff.
– Immobilienleasing 92
– Kosten 2643
– Liegenschaftskataster 703
– Maklervertrag 101
– mündliche Absprache 55
– Neujahrsfalle 39
– Rechtswahl 675 f.
– Sammelbeurkundung 44
– Scheingeschäft 111 ff.
– Serienvertrag 41
– Sondereigentum 57
– Sprachkenntnis 637 ff., 699 f.
– Teilflächenerwerb 768 ff.
– Testamentsvollstreckung 564
– Umfang 32 ff.
– Unterverbriefung 111 ff.
– Verbraucherdarlehensvertrag 12
– Verbrauchervertrag 34 ff.
– Verbundenes Geschäft 77 ff.
– Verbundenes Geschäft, siehe auch dort
– Verfahren 43 ff.
– Vergaberecht 2533

Stichwortverzeichnis

- Verlesung 56
- Verstoß 79, 108 ff.
- Vertragsänderung 103 ff.
- Vertragsaufhebung 107
- Vertragsgebühr 3135 ff.
- Verweis auf Anlagen 46 ff.
- Vollmacht 99 ff.
- Vollständigkeitsgrundsatz 77 ff.
- Zuschlagsbeurkundung 68 ff.
- Zweck 32 ff.

Beurkundungspflicht, Mitverkauf 814 ff.
- Vollstreckungsunterwerfung 1282

Beurkundungsverfahren 43 ff.
Beweislast, Sachmangel 2184 ff., 2215
Beweismittelbeschränkung, Grundbuchrecht 333
Bewilligung, Bedingungsfeindlichkeit 882
- Bewilligungsbefugnis 873 ff.
- dingliche Erklärung 869 f.
- Form 870
- Nachweis der Unrichtigkeit 876

Bindungsfrist 102
Bodenbevorratung 2493
Bodenreform 3699 ff.
Briefvorlage 1172
Bruchteilsgemeinschaft, Grundstückserwerb 457 ff.
- Hinweispflicht des Notars 457 ff.
- Nahbereichsbürgschaften 456
- Sonderrechtsnachfolger 460

Buchrecht 1169
Bundesbodenschutzgesetz 2318 ff.
Bundesnaturschutzgesetz 2010 1725 f.
Bundespersonalausweis, elektronischer 271
Bürgschaft 1253 ff.
- Akzessorietät 1270
- auf erstes Anfordern 1257
- Befreiung des Bürgen 1260
- Einrede der Vorausklage 1262
- Globalbürgschaft 1258
- Höchstbetragsbürgschaft 1259
- Leistungsverweigerungsrechte 1261
- Zeitbürgschaft 1265
- Zustandekommen 1255

Buy and lease, Beurkundung 93

c.i.c. 1985 ff
Contracting- Vertrag,
Ausgestaltung und Besicherung 2560 ff.
- Beurkundungsverfahren 2563 ff.
- Eigentumswechsel beim versorgten Objekt 2569 ff.
- Energieerzeugungsanlage 2555 ff.
- Fernwärme 2552 ff.
- Mietrecht 2565 ff.
- Modelle 96

Darlehensvertrag, Auszahlungsanspruch, Abtretung 1245
- Darlehensgewährung 30 f.
- Widerrufsrecht 21 ff.

Demenz, Geschäftsunfähigkeit 283 ff.
- Mini-Mental-Examination 285 ff.
- Uhrenreichentest 287

De-minimis-Klausel 3612
Deponiegrundstück 2334 ff.
Depotbank 636
Deutscher Real Estate Investment Trust (G-REIT) 3632 ff.
Dienstbarkeit, altrechtliche 2034 f.
- Erbbaurecht 2843 ff.
- Fotovoltaikanlage 830 ff., 1880 ff.
- naturschutzrechtliche Ausgleichsmaßnahme 1961
- neue Bundesländer 3822 ff.
- Notweg 2050 f.
- Rechtsmangel 2099
- Überbauduldungsdienstbarkeit 2038

Dienstleistung, haushaltsnahe 3309 ff.
Dingliche Erklärung, Antragsrücknahme 861
- Auflassung 960 ff.
- Bewilligung 869 f.
- Eigentumsvormerkung 877 ff.
- Form 870
- Grundbuchantrag 860
- Rechtsänderung 860 ff.
- Rechtswahl 694 f.

Dingliche Rechte, Absicherung 1355
disclosure letter 3615
disclosure schedules 3615
Diskriminierungsverbot, Sitztheorie 646
Dolmetscher, Fälle mit Auslandsberührung 639
- nicht staatlich geprüfter Dolmetscher 641
- staatlich geprüfter Dolmetscher 639

Doppelvollmacht 1655 ff., 1661
Due diligence 244 ff.
- milestone reports 248
- physische Datenraum 251
- share deal 3593
- virtuelle Datenraum 250

Durchführungsvertrag 2509 ff.

Eidesstattliche Versicherung, GbR 334
Eigenheimrentenförderung, Selbstnutzung der Wohnung 1458 ff.
- Wohnbauprämie 1461

Eigenheimrentengesetz 1452 ff.
Eigenheimzulage 3287 ff.
- Anspruchsberechtigung 3289
- Begünstigtes Objekt 3291
- Förderungszeitraum 3300 ff.
- Höhe der Zulage 3296 ff.
- Zusammenverlagerung 3295

Eigentümerbriefgrundschuld 1180 ff.
Eigentümererbbaurecht 2731

Eigentümerrecht 1160
– Pfändungsschutz 1214 ff.
Eigentümerzustimmung, Grundpfandrecht, Löschung 1186, 1625
– Grundpfandrecht, Rangrücktritt 1186
– Lastenfreistellung 1188
– Löschung und Rangrücktritt 2038 f.
Eigentumsumschreibung, Ausfertigungssperre 990 f.
– ausgesetzte Bewilligung 994 ff.
– getrennte Beurkundung 983 ff.
– Prüfungsverfahren 996 ff.
– Überwachung durch Notar 982 ff.
– Verzicht auf Antragsrecht 989
– Vollmacht 985 ff.
Eigentumsverschaffungsanspruch, Verpfändung 1373, 1380
Eigentumsvormerkung, ABC-Verkauf 915 ff.
– Abtretung 915 ff.
– Akzessorietät 896
– Anderkonto 1478
– auflösend bedingte 957 ff.
– bedingte Übereignungsansprüche 906 ff.
– Bewilligung 912 ff.
– dingliche Erklärung 877 ff.
– für Ansprüche zugunsten Dritter 937 ff.
– Gefahren für den Verkäufer 941 ff.
– Genehmigung der Kommunalaufsicht 878
– gutgläubiger Erwerb 887 ff.
– Insolvenz 892 ff.
– Kaufpreiszahlung 927 ff.
– Notaranderkonto 879
– originäre 917 ff.
– Rangbescheinigung 891
– Rangrücktritt 1362
– Recycling / Extension 899 ff.
– Rückbehalt 943 ff.
– Schubladenlöschung 948 ff
– Schutzwirkung 895
– Sicherungsvoraussetzungen 896 ff., 909 ff.
– Sicherungswirkung 881 ff.
– spätere Verfügungsbeschränkungen 884 ff.
– Sprungauflassung 925 ff.
– Teilflächenverkauf 880
– Teilleistung 953
– Verfügung des Verkäufers 882 ff.
– Verzicht 877
– Wirkungslosigkeit 898
– Zurückbehaltungsrecht 898, 952
– Zwangsvollstreckung 883
Eigenurkunde 1661
Einheimischenmodell 2481 ff.
Einkommensteuer, 3-Objekt-Grenze 3399 ff.
– Einkünfteerzielungsabsicht 3351 ff.
– Entstehen und Entfallen der Steuer 3381 ff.
– Erbbaurecht 2900 ff.
– Fondsbeteiligung 3356 ff.
– häusliches Arbeitszimmer 3362 ff.

– Fotovoltaikanlage 1878 ff.
– sonstige Einkünfte 3361 ff.
– Veräußerungsgewinn, Ermittlung 3379 ff.
– Veräußerungsgewinn, Objekte 3367 ff.
– Veräußerungsphase 3367 ff., 3371 ff.
– verbilligte Überlassung 3315 ff.
– verdeckte Sachverhalte 3395 ff.
– Vermietung an Unterhaltsberechtigte 3319
– Vermietungsphase 3313 ff.
– Werbungskosten 3327 ff.
Einkünfteerzielungsabsicht 3351 ff.
Einlagensicherungsfonds 1490
Einweisung 2615 ff.
Einzelobjektübertragung 1669
Einziehungsermächtigung 1239
Elektronischer Rechtsverkehr, Grundbuch 862 ff.
Energieausweis 2356 ff.
– Bauträgervertrag 2374
– Beschaffenheitsvereinbarung 2364 ff.
– Verzicht 2371
– Wirkung 2363 ff.
Energieerzeugungsanlage 2555 ff.
Energiespargesetz 2347 ff.
– Energieausweis 2356 ff.
– Nachrüstungspflichten 2348 ff.
– notarielle Praxis 2352 ff.
– Offenbarungspflichten 2352 ff.
Entnahmephase, betrieblicher Grundbesitz 3392 ff.
Erbanteil, Abschichtung 764 ff.
– Erwerb 757 ff.
– Erwerbsverträge 762
– gesetzliche Mängelrechte 762
– Vorkaufsverpflichteter 761
Erbbaurecht, Abgrenzung zu Rechtsinstituten des BGB 2675
– Anschaffungskosten 2912 ff.
– Anwendungsbereich 2680 ff.
– Ausübungsbereich 2712
– Bauwerk 2720
– bauwerksbezogene Regelung 2740 ff.
– Bedingung / Befristung 2732 ff.
– Bedingungsfeindlichkeit 2592
– Beendigung 2861 ff.
– Begriff 2671 ff.
– Belastung 2842 ff.
– Berechtigter 2730 f.
– Betriebsaufspaltung/Sonderbetriebsvermögen 2908
– Dienstbarkeit 2843 ff.
– dingliche Bestellung 2696 ff.
– dingliche Einigung 2688 ff.
– dingliche Übertragung 2873 ff.
– Doppelnatur 2673 f.
– Eigentümererbbaurecht 2731
– Einkommensteuer 2900 ff.
– Eintragung 2700 ff.
– Eintritt in Erbbaurechtsvertrag 2887 ff.

- Entnahmegewinn 2900
- Erbbaugrundbuch 2700
- Erbbaurechtsbestellung 2709 ff.
- Erbbauzins, siehe auch dort
- Erbbauzinsvereinbarung 2783 ff.
- Erbschaftsteuer 2917 ff.
- Erlöschen durch Zeitablauf 2864 ff.
- Ersetzung der Zustimmung 2768 ff., 2773 ff.
- fakultativer Inhalt 2736 ff.
- Form 2689
- Gebäude 2721 ff.
- Gebäudeverlust 2902
- Genehmigung 2698
- Gesamterbbaurecht 2714 ff.
- gesetzliche Entwicklung 2676 ff.
- gewerblicher Grundstückshandel 2907
- grundbuchlicher Belastungsgegenstand 2710 f.
- Grundbuchvollzug 2699 ff.
- Grunderwerbsteuer 2891 ff.
- Grundgeschäft 2688 ff., 2871 f.
- Grundstück im Privatvermögen 2909 ff.
- Heimfall 2743 ff.
- Inhaltsänderungen 2853 ff.
- Kauf- und Verkaufsklausel 2756 ff.
- Kostenrecht 2923 ff.
- Mangel 2691 f.
- Minderjähriger 526
- Nichtigkeitsfolgen 2707 f.
- notwendiger Inhalt 2710 ff.
- Rangstelle 2701 ff.
- rechtsgeschäftliche Aufhebung 2862
- Rechtsnatur 2688
- Schenkungsteuer 2917 ff.
- schuldrechtliche Regelung 2780 ff.
- schuldrechtliche Verpflichtung 2690 ff.
- Steuern 2891 ff.
- Übertragung 2870 ff.
- Umsatzsteuer 2899 ff.
- Untererbbaurecht 2842 ff., 2847 ff.
- Verbraucher-/Formularvertrag 2694 ff.
- Verkauf 2927
- Vertragsstrafe 2755
- Wertsicherungsklausel 2923
- Wohnungs-/Teilerbbaurecht 2724 ff.
- Zustimmung zu Belastungen 2771 ff.
- Zustimmung zur Beleihung 2883 ff.
- Zustimmung zur Veräußerung 2875 ff.
- Zustimmungsbefugnis 2766 ff.
- Zustimmung zu Verfügungen 2762 ff.
- Zwangsvollstreckung 2777 ff.

Erbbauzins, Altverträgen 2840 ff.
- Anpassung 2786 ff., 2787 ff., 2792
- Eigentümererbbaurecht 2804 ff.
- Erbbauzinsvereinbarung 2783 ff.
- Geschäftsgrundlagenlehre 2803
- Preisindices 2800 ff.
- Preisklauselgesetz 2793 ff.
- Vereinbarung 2783 ff.

- Zwangsversteigerung 2818 ff.

Erbfolge, Nachweis 734 ff.
- Erbfolgeneintragung 729

Erbrecht der DDR 3666 ff.

Erbschaftsteuer 2917 ff.

Erbschein, gerichtlicher 741
- Verfahren 734
- Zurückbehaltungsrecht 737

Erfüllungsanspruch 204 ff.

Ergänzungspfleger 537 ff.

Erkennungszeuge 259

Erneuerbare-Energien-Wärmegesetz 2375 ff.

Erschließung, § 436 BGB 1931 f.
- Beiträge 1959
- durch die Gemeinde 1955 ff.
- Erschließungskosten siehe dort
- Erschließungsbeitrag, Grunderwerbsteuer 3498
- Erschließungsunternehmer 1952
- Erschließungsvertrag 2511 ff.
- Garantie für Erschließung 1946 ff.
- Grundstückkaufvertrag 1929 ff.
- naturschutzrechtliche Ausgleichsmaßnahmen 1958 ff.
- neuen Bundesländer 1932
- Sachmangel 2032

Erschließungskosten, Ablösungsvereinbarung 1955 ff.
- Ausfallrisiko 1941
- Bauträgervertrag 1953 f.
- Begriff 1933 ff.
- Erschließungsvorteil 1943
- Vorausleistungen 1938 ff.
- Voraussetzung für die Erhebung 1936 f.

Ertragsfähigkeit 2195

Ertragsteuer, Betriebsaufspaltung 3208 ff.
- Betriebsvermögen 3201 ff.
- gewerbesteuerliche Vorteile 3216
- gewillkürtes Betriebsvermögen 3205
- Mietkauf 15
- Nutzungsbereich 3202 ff.
- personelle Verflechtung 3208
- Privatvermögen 3201 ff.
- sachliche Verflechtung 3210
- selbstständige Wirtschaftsgüter 3199
- Sonderbetriebsvermögen 3221
- verdecktes Betriebsvermögen 3207 ff.
- Verpächterwahlrecht 3223 ff.

Ertragswertmethode 125

Erwerb, Erbanteil 757 ff.
- GbR-Anteil 751
- Grundstück 748 ff.
- Erwerbsurkunde 748 ff.
- Erwerbsverbote 130 ff.
- Erwerbsnebenkosten, Hinterlegung 2648 f.

ESÜ 547

EU-Agrarförderung 838 ff.

EU-Beihilferecht 1600 ff.

Fälligkeit, Fälligkeitsmitteilung 1111 ff.
- Fälligkeitsregelung, Fixgeschäftscharakter 1091
- Fälligkeitsregelung, Stundung 1039, 1093
- Freigabevormerkung 783 f.
- Frist 1121 ff.
- Genehmigung 1100 ff.
- Kaufpreis 1108 ff.
- Regelfälligkeitsvoraussetzungen 1095 ff.
- Treuhandauflage siehe dort
- Versendungsart 1118 ff.
- Voraussetzungen 1088 ff.
- Vorkaufsrechtsnegativzeugnis 1100 ff.
- Zinsen 1039 ff., 1329 ff.

FamFG, Amtstätigkeit 1804 ff.
- Genehmigung 1101
- Nichtabhilfeentscheidung 1806

FamFG-Verfahren, Beschwerdefrist 1636, 1643 f.
- Beschwerdeverzicht 1645 f.
- Genehmigung 1629 ff.
- Genehmigungsbeschluss 1640
- Mitwirkung des Notars 1649 ff.
- Rechtskraft, Genehmigungsbeschlusses 1635 ff.
- Rechtskraftzeugnis 1647 f.
- Rechtsmittel 1630 f.
- Verfahrensfähigkeit 1641 ff.
- Verfahrensvertreter/Verfahrensbeistand 1637
- Zuständigkeit 1628 ff.

Familienwohnung, Veräußerung 674
Ferienwohnung 3353
Fernwärmeversorgungsverträge 96
Festpreisabrede 1030 ff.
Finanzierung, Altersvorsorge-Eigenheimbetrag 1450 ff.
- bedingter Rangvorbehalt 1422 ff.
- Grundbuchkosten 1422 ff.
- Grundpfandrecht 1333, 1403 ff.
- Grundschuld als Vorwegbelastung 1404
- Riester-Anlageverträge 1450 ff.
- Verbraucherdarlehensverträge 1426 ff.
- Vollmacht 1393
- Vorwegbeleihung 1341 ff.

Finanzierungsbestätigung 1274 ff.
Finanzierungsgrundpfandrecht,
ABC-Verkauf 931 f.
- Anwendbares Recht 1352 ff.
- Freigabeverpflichtung 1388
- Teilflächen 1370 ff.
- vor Eigentumsüberschreibung 731
- vorzeitige Eintragung 1333

Finanzierungshilfe, Darlehensgewährung des Verkäufer 30 f.
- Informationspflichten 1045
- Mietkauf 11
- Ratenzahlungskauf 16 ff.
- Stundung 17, 1045 ff.
- Tilgungsplan 13
- Verbraucherdarlehensvertrag 12

Finanzierungsvollmacht 1621
- bei ausländischen Gläubigern 1354
- Finanzierungsgläubiger 1350
- Freigabeverpflichtung bei Teilflächen 1387
- Höhe 1399
- Teilflächenerwerb 1376
- Zustellung 1396 ff.

Flurbereinigungsverfahren 1580 ff.
Folgekostenverträge 2506
Fondsbeteiligung 3356 ff.
Formmangel 110 ff.
Formularvertrag 161 ff.
- Aufrechnungsverbot 2641 f.
- Erbbaurecht 2694 f.
- Haftungsausschluss 188 ff.
- Individualabrede 168
- Inhaltskontrolle 179 ff.
- mehrfache Verwendung 167 f.
- Merkmal 163 ff.
- Pauschalierung von Schadensersatzansprüchen 187
- Rücktritt 240
- Transparenzgebot 180 ff.
- vorformulierte Vertragsbedingungen 165 f.

Fortführungsnachweis 53
Fotovoltaikanlage 1876 ff.
- Dienstbarkeit 1880 ff.
- Dienstbarkeit und Vormerkung 830 ff.
- Mitverkauf 827 ff.
- Mietvertrag 1876 ff.
- Mietvertragsübernahme 1876 ff.
- Rechtsnachfolge 829 ff.
- Steuer 1877
- Übernahmeerklärung 832
- Verkauf der Anlage 834 ff.

Freigabeversprechen, Insolvenz 1224
Freigabevormerkung 781 ff.
- Eintragung 785
- Finanzierungsgrundschuld 1390 ff.
- Inhaltsreduzierung 789 f.
- verkaufte Teilfläche 1392

Freistellungsverpflichtung, Abtretung 1225
Freizeichnungsklausel 2283 ff.
Freizeichnungsverbot 195 f.
Fusionskontrolle 1603 ff.

Garantie, Begriff 229 f.
- Ergänzung der Mängelrechte 2018 ff.
- Garantiegeber 2019
- Garantiehaftung GbR 375
- Haftung 227 ff.
- Inhalt 2021
- öffentlich- rechtliche Sachverhalte 2199
- Rechtsfolge 231, 2022
- selbstständige 3608 f.
- Sanierungsgebiet 1564

Gebäudeeigentum 3718 ff.
Gebäudegrundbuch 3733 ff.

Gebühren, Angebot und Annahme 3163 ff.
- Auflassung 3171 ff.
- Beurkundung 3126 ff.
- Fälligkeit 3133
- Grundbuchkosten 3178 ff.
- Hebegebühren 3160 ff.
- Hinterlegung 3160 ff.
- Mietkauf 15
- Nebentätigkeitsgebühren 3153 ff.
- Vermessungskosten 3182
- Vertragsaufhebung 3169 ff.
- Vollzugsgebühr 3144 ff.

Gegenleistung 5 f.

Geldwäsche, Ausweispapier 269
- Identitätsfeststellung 264 ff.
- notarielle Beurkundung 264 ff.
- notarielle Meldepflicht 272
- Strafbarkeit 274
- Tatbestand 264 ff.

Genehmigung 500 ff.
- Erbbaurecht 2698
- Fälligkeit 1100 ff.
- Fiktion der Erteilung 1590
- Flurbereinigungsverfahren 1582 ff.
- Form 504 ff.
- gerichtliche 1609 ff.
- Grundstücksverkehrsordnung 3757 ff.
- Grundstückverkehrsgesetz 1587
- Kirchen- und Fachaufsicht 1598 f.
- kirchliche Grundstücke 1598
- kommunalaufsichtliche Genehmigung 1592 ff.
- Minderjährige 519 ff.
- nach BauGB 1556 ff.
- nach FamFG 1629 ff.
- Negativattest 1547
- öffentlich-rechtliche 857 ff., 1548 ff.
- Versagung, Rechtsmittel nach FGG 1626 ff.
- Verweigerung 506 f.
- Vollmacht 497 ff.
- Vorkaufsrecht 1546 ff.
- Wirkung 505

Genehmigung, BauGB, schriftliche Genehmigung 1558
- Umlegungsverfahren 1569 ff.
- Versagung 1559

Genehmigung, FamFG 1632 ff.

Genehmigung, gerichtliche, Einholung 1653
- Grundpfandrechtsbestellung 1620 ff.
- Immobilientransaktion 1609 ff.
- Minderjähriger 1610 ff.
- Vollzugsauftrag zur Einholung 1657 ff.
- Vorwegerlaubnis 1623

Genehmigung, privatrechtliche 1665 ff.
- § 1365 BGB 1666 ff.
- Anwendbarkeit des § 1365 1668
- deutsch-französischer Wahlgüterstand 1678 ff.
- Einzelobjektübertragung 1669
- Nacherbfolge 1681 ff.

- Verwalterzustimmung 1685 ff.

Generalklausel 200 f.

Generalvollmacht 482

Gerichtskosten 314

Gerichtsstand, anwendbares Recht 686 ff., 696 ff.
- Gerichtsstandsvereinbarung 697
- Rechtswahl 687 f.
- Zuständigkeit 696 ff.

Gesamterbbaurecht 2714 ff.

Gesamtfälligstellung 19 ff.

Gesamtgutseigenschaft, Grundstück 305

Gesamthaftungsrisiko 2611

Gesamtherstellungspflicht, sanierter Altbau 2271 ff.

Gesamtrechtsnachfolge, Voreintragung 730

Gesamtvertretung 483

Geschäft unter Angehörigen 3193 ff.

Geschäftsbesorgungsvertrag 2536 ff.
- Beurkundung 101

Geschäftsfähigkeit, KSÜ 645
- Staatsangehörigkeit 642 ff.

Geschäftsgrundlagenlehre 1998, 2803

Geschäftsunfähigkeit 280 ff.
- Behinderungen 289 ff.
- Prüfung durch Arzt 280 ff.
- Vorsorgevollmacht 281

Geschlossene Immobilienfonds 3619 ff.
- Aufklärungspflicht 3622
- Beitritt 3620
- Nachschusspflicht 3623
- Treuhandgesellschafter 3627 ff.
- Übertragung von Personengesellschaftsanteilen 3630 f.
- Zwangsausschluss 3624

Gesellschaft bürgerlichen Rechts, als Erwerbende 382 ff.
- als Verfügende 362 ff.
- Anderkonto 380
- Änderung von Identifikationsmerkmalen 443 ff.
- Anteilübertragung 752 ff.
- Ausscheiden eines Gesellschafters 431 f.
- Beitritt eines Minderjährigen 1618
- Bezeichnung im Kaufvertrag 321
- eidesstattliche Versicherung 334
- Einzelrechtsnachfolge 428
- Existenz der GbR 397 ff.
- Finanzierungsgrundpfandrechte 387
- Finanzierung durch erwerbende GbR 408 ff.
- Finanzierungsvollmacht 410
- Formempfehlungen 447 f.
- Formwechsel in OHG 339
- Garantiehaftung 375
- Gerichtskosten 314
- Gesellschafterwechsel 331 f.
- Gesellschaftsanteilsabtretung 426
- gesetzlicher Vertreter 327
- gesetzliche Neuregelung 345 f.

- Grundbuchberichtigung 420 ff.
- Grundbuchberichtigungszwang 355
- Grundbucheintragungsfähigkeit 319 ff.
- Grundbuchfähigkeit 316 ff.
- Grundbuchrecht 347 ff.
- Grundbuchverfahrensrecht 356 ff.
- Grunderwerbssteuer 449
- Gruppenlehre 310 f
- Gutglaubensschutz 337 f., 368
- Haftung 312 ff.
- Handelsregister 337 f.
- Hinzutreten eines Gesellschafters 424 ff.
- Identität der GbR 394 ff.
- Immobilieneigentum 751
- Insolvenz eines Gesellschafters 440 ff.
- Liquidationsgesellschaft 439
- Nachteile 453 ff.
- Nachweiserbringung 324 ff.
- Namens-GbR 414 ff.
- notarielle Bestätigung 335
- öffentlich-rechtlicher Vertrag 322
- Quotenanpassungsabrede 452
- Rechtsfähigkeit 309 ff., 344
- Rechtsscheinhaftung 330 f., 377
- Saldotheorie 373
- Tod eines Gesellschafters 433 ff.
- Übergangsregelungen 412 ff.
- Übertragung in Bruchteilseigentum 336
- Unbedenklichkeitsbescheinigung 430
- Verbraucher- Unternehmereigenschaft 315
- Verfügungsbeschränkungen 442
- Vermietung, Steuerrecht 3321 ff.
- Verpflichtete 372 ff.
- Vertretung 406 ff., 597
- Vollmacht 312 ff., 340 ff.
- Vollstreckungsunterwerfung 411
- Voreintragungsgrundsatz 354
- Vormerkung 375, 380
- Vorteile 449 ff.
- Vorwegbeleihung 371
- WEG-Verwalter 1693
- Widerspruch im Grundbuch 753 ff.
- Zwangssicherungshypothek 414

Gesellschafterwechsel, Erwerbsvorgang 3447 ff.
- Freistellung 3460 ff.
- Gesellschaft bürgerlichen Rechts 331 ff.
- Grunderwerbsteuer 3446 ff.
- Nachbesteuerung 3460 ff.

Gesetzliches Verbot 117 f.
Getränkedienstbarkeit 1148
Gewerbeimmobilien 3578 f.
Gewerbesteuer 3420 ff.
- Bemessungsgrundlage 3421 ff.
- Berechnung 3426 f.
- Steuerobjekt- und subjekt 3420
- Unternehmensteuerreform 2008 3428 ff.

Gewillkürte Prozessstandschaft 1174
Gläubigeranfechtung 1529 ff.

Gläubigerwechsel, Abtretung 1222 ff.
Gremienvorbehalt, Vertretung 632 f.
Grenzfeststellungsvertrag 793
Grundakteneinsicht, Notar 712 ff.
- Verzichtbarkeit 714

Grundbesitz, betrieblicher 3383 ff.
Grundbuch, Berichtigung 420 ff.
- Einsicht 701 ff., 704
- elektronischer Rechtsverkehr 862 ff.
- Entwertung 711
- Grundbuchsperre, Vorkaufrecht 1712
- Grundbuchunrichtigkeit, verdeckte Grundstückssacheinlage 114
- Grundbuchzwang 729
- Nachlasspflegschaft 556
- Öffnungsklausel 711
- Sondereigentum 803
- spätere Einsicht 702
- Umfang der Einsicht 706 f.
- unzulässige Eintragung 708 f.
- Zeitpunkt der Einsicht 705

Grundbuchamt, Briefvorlage 1172
- Grundbuchberichtigungszwang 438
- Kosten, Vorwegbeleihung 1349

Grundbuchberichtigung, Grundbuchberichtigungszwang 438
Grundbuchantrag, Antragsteller 862
- dingliche Erklärung 860 f.
- Markentabelle 868
- Voraussetzungen 866

Grundbuchberichtigung 732 f.
- Grundbuchbereinigungsgesetz 3806 ff.
- Erbschein 739 f.
- Flurbereinigungsverfahren 1583
- Kaufvertrag 742
- Voraussetzungen 740
- Verwalterzustimmung 1690

Grundbuchblatt, Verwalterzustimmung 1685
Grundbucheintragung, Beurkundungskosten 2643
Grundbuchkosten, bedingter Rangsvorbehalt 1422 ff.
- Eigentumsumschreibung 3178 ff.
- Kaufpreisfinanzierung 1422 ff.
- Rangrücktritt bei Notargebühren 1422

Grundbuchrecht, Beweismittelbeschränkung 333
- GbR 347 ff.
- GbR als Erwerbende 382 ff.
- GbR als Verfügende 362 ff.
- GbR als Verpflichtete 372 ff.
- Grundbuchberichtigungszwang 355
- Grundbuchverfahrensrecht 356 ff.
- Voreintragungsgrundsatz 354

Grunddienstbarkeit 528
Grunderwerbsteuer 3506 ff.
- Anzeigepflicht 3500
- Ausnahmen von der Besteuerung 3469 ff.
- Bagatellgrenze 3473 ff.

- Bemessungsgrundlage 3491 ff.
- Besteuerungstatbestände 3436 ff.
- einheitliches Vertragswerk 3495 ff.
- Ersatztatbestände 3494
- Erschließungsbeitrag 3498
- Gesellschafterwechsel 3446 ff.
- Grundstücksübereignung 3437 ff.
- Kaufpreisänderung 3493
- Maklervertrag 3444
- Meistgebot 3442
- Mietkauf 15
- Näheverhältnis 3469
- öffentliche Aufgaben 3477
- Rückabwicklung 3486 ff.
- Rückerstattung 3490
- Schenkungsteuer 3470 ff.
- Steuerersatz 3499 ff.
- Umlageverfahren 1571 ff.
- Umsatzsteueroption 3540
- Umwandlung im Konzern 3478 ff.
- Umwandlungsvorgänge 3467 ff.
- Vertragsübernahme 2662
- Verwertungsbefugnis 3443 ff.

Grundpfandgläubiger, Treuhandauflage 1513
- Verwertungsvollmacht 486 ff.

Grundpfandrecht, 2-wöchige Überlegungsfrist 37
- Altgrundpfandrecht 3800 ff.
- Beitrittsgebiet 3793 ff.
- Beurkundung 1406 ff.
- Brief 1171 ff.
- dingliche Übernahme 2084 ff.
- Formulierungen 1403 ff.
- Gesamtgrundpfandrecht 1346
- Grundpfandrechtsbestellung 1620 ff.
- Grundpfandrechtsbrief 1173 f.
- Hinterlegung 1168
- Löschung 1625
- mehrere Eigentümer 1346
- Nebenleistung 1159
- Neuvalutierung 2070 ff., 2091 ff.
- Rückgewähranspruch 2072 ff.
- Teilgrundstück 1370 ff.
- Uraltgrundpfandrecht 3793 ff.
- Vorwegbeleihung 1341 ff.

Grundschuld, Abtretbarkeit 1408 ff.
- Bestellformular 1405
- Bindungswirkung 1406
- Briefverlust 1165
- gutgläubiger Wegerwerb 1178
- Kündigung 1419 ff.
- Sanierungsgebiet 1567
- Vorwegbelastung 1404

Grundsteuer 3430 ff.

Grundstück, Begriff 1588
- Flucht in den Grundstückshandel 3416 ff.
- gewerbliche Entwicklung 3407 ff.
- gewerbliche Tätigkeit 3411 ff.
- gewerblicher Handel 3395 ff.
- Handel 3416 ff.
- rechtlich vorteilhaftes Geschäft 524 ff.
- Sonderrechtsnachfolger 460
- umlegungsverhaftetes 1574 ff.
- Versteigerung 2109 ff.
- Wertentwicklung 3407 ff.

Grundstücksbildung, Bestandteilszuschreibung 797 ff.
- Sonderung 794
- Vereinigung 797 ff.
- Verwirrungsgefahr 799

Grundstückskaufvertrag, Abschrift 2653 ff.
- Abtretung 2306 ff.
- Abwicklung 2969 f.
- AGG siehe dort
- Agrarförderungsanspruch 838 ff.
- Anderkonto 2143 ff.
- Anfechtung 1989 ff.
- Ankaufsrecht 2982 ff.
- Annahme 2963 ff.
- Annahmeerklärung 2972 ff.
- Arbeitsverhältnis 2536 ff.
- Auflassung 2979 ff.
- aufschiebende Bedingung 2597 ff.
- Aufspaltung in Angebot und Annahme 2941
- Auskunftserteilung 2615 ff.
- ausländischer Güterstand 685
- Ausweispapier 261
- Bedingung 2589 ff.
- Behinderung 289 ff.
- Beratungsvertrag 2295
- Besitzübergang 1808 ff.
- Beteiligte 256 ff., 2945 ff.
- Betreuung 544 ff.
- Beurkundungsgebühr 3126 ff.
- Beurkundungstechnik 2971 f.
- Bindungsdauer des Angebots 2947 ff.
- Bindungsfrist 102
- Bruchteilsgemeinschaft 455 ff.
- Dauerschuldverhältnisse 2540
- Demenz 283 ff.
- Einweisungspflicht 2615 ff.
- Ergänzungspflegschaft 532 ff.
- Erschließung 1929 ff.
- Erwerb durch Mieter 1843
- Erschließungsunternehmer 1952 ff.
- EU-Beihilferecht 1600 f.
- Festpreisabrede 1030 ff.
- Feststellungen zur Identität 256 ff.
- Formbedürftigkeit 103 ff.
- Formularvertrag siehe dort
- Freizeichnungsklausel 2286 ff.
- Gegenleistung 5 f., 1024 ff.
- Gegenstand 4
- Geldwäschegesetz 264 ff.
- Genehmigung 500 ff., 1546 ff.
- Generalklausel 200 ff.
- Gesamtgutseigenschaft 305

- Geschäftsfähigkeit 280 ff.
- Geschäftsgrundlagenlehre 1998
- Geschäftsunfähigkeit siehe dort
- Gesellschaft bürgerlichen Rechts siehe dort
- Gestaltung 253 ff.
- Vertragsobjekt 743 ff.
- Grundstücksgeschäft und Werkvertrag 86 ff.
- Gütergemeinschaft, Erwerberseite 306
- Güterstand 650 ff.
- Güterstand siehe dort
- Individualvertrag siehe dort
- Insolvenz siehe dort
- Kaufpreisaufteilung 1025
- Kaufpreisfälligkeit 1088 ff.
- Kaufpreisfinanzierung 1333 ff.
- kirchliche Grundstücke 1598
- Klauselverbot 197 f.
- Klauselverstoß 202 f.
- Kosten- und Steuerlast 2643 ff.
- Lastenfreistellungsauflage 1196
- Lebensversicherungsgesellschaft 133
- Leistungsstörungsrecht 1984 ff.
- Letter of Intent 2930 ff.
- Mängelrechte 1969 ff.
- Mietkauf 7 ff.
- Milchquote 846 ff.
- Minderjährige siehe dort
- Mitverkauf 811 ff.
- Mitverkauf siehe dort
- nebenvertragliche Pflichten 2298 ff.
- Neubau 2248 ff.
- Notar siehe dort
- öffentlich-rechtliche Genehmigung 857
- Optionsvertrag 2958
- Personenmehrheit 2601 ff.
- Preisanpassung 1030 ff.
- Prospekthaftungsgrundsätze 2291 ff.
- Qualitätsanforderungen an den Notar 150 ff.
- Ratenzahlungskauf 16 f.
- Rücktritt 1330 ff., 2959 f.
- Sachversicherung 2312 ff.
- salvatorische Klausel 2651 f.
- Schadensersatz 1327 ff.
- Schiedsverfahren 2627 ff.
- Schlichtungsverfahren 2639 ff.
- schwebende Unwirksamkeit 500 ff.
- selbstständige Objekte 748 ff.
- Sicherungsabrede 1076 ff.
- Sittenwidrigkeit siehe dort
- Sondereigentum 800 ff., 2300 ff.
- Suspendierung 113
- Teilflächenerwerb 768 ff.
- Überbau 2038 ff.
- Urhebernutzungsrecht 854 ff.
- Urkunde 255
- Verbraucherkreditgesetz 1081 ff.
- Verbrauchervertrag siehe dort
- Verjährung 2618 ff.
- Verkaufsrecht 2992 ff.
- Verpflichtungen, Personenmehrheit 2610 ff.
- Vertragsänderungen und Aufhebung 103 ff.
- Vertragsarten 160 ff.
- Vertragsnichtigkeit 117 ff.
- Vertragsübernahme 2659 ff.
- Vertragsvorbereitung 4 ff.
- Vertretung 581 ff.
- Verzug 1317 ff.
- Verzug siehe auch dort
- Vollmacht 500 ff.
- Vollmacht siehe auch dort
- Vollstreckungsunterwerfung 2647
- Vollzug 148 ff.
- Vorhand 2930 ff., 2937 ff.
- Vormerkung 2979 ff.
- Vorvertrag 2933
- vorvertragliche Pflichten 2289 ff.
- WEG-Gemeinschaftseigentum 800 ff., 2300 ff.
- Widerruf 2954 ff.
- wirtschaftlich Berechtigter 267
- Zahlungsabwicklung 2607 ff.
- Zuckerrübenlieferrecht 850 ff.
- Zustand des Grundstücks 744

Grundstückssacheinlage, verdeckte 114 ff.
Grundstücksschenkung 1462 ff.
- Form 1468
- mittelbare 1466
- Mindestbehaltensfrist 1467
- Nießbrauch 1470

Grundstücksverkehrsordnung, Genehmigungsbedürftigkeit 3761 ff.
- Genehmigungserteilungsverfahren 3769 ff.
- Genehmigungsfreistellung 3764 ff.
- Kassation der Genehmigung 3777 ff.

Grundstücksversteigerung, Beurkundungsvarianten 67 f.
- freiwillige 63 f.
- Internetversteigerung 64
- Verlosung von Immobilien 73 ff.
- Versteigerungsbedingung 71

Grundstückverkehrsgesetz 1585 ff.
Gründungstheorie 607 ff.
Güterstand, Erklärung ausländischer Eheleute 653
- Ermittlung des maßgeblichen 651 f.
- Europäisches Ehevertrags-Kollisionsrecht 683
- Familienwohnheim 674
- Gesamtgutseigenschaft des Grundstücks 305
- Gesamtverweisung des deutschen IPR 655 ff.
- Grundstückskaufvertrag 304 ff., 650 ff.
- Irrtumsfälle 307 f.
- Länderübersicht 658 ff.
- Rechtswahl 675 f.
- Staatsangehörigkeit 652
- Verfügungsbeschränkung 650
- verheiratete Ausländer 650 ff.
- volksdeutsche Vertriebene 657
- Vorbehaltsgut 673

Haftung, Zug-um-Zug-Leistung 143
- Garantie 227 ff.
- Haftungsausschluss 192 ff., 2012 ff.
- Haftungsausschluss, vertraglicher 188 ff., 2010 ff.
- Notar 48, 138
- Rechtsprechung 253
- verschuldensunabhängig 230

Handelsgesellschaft, Vertretung 581 ff.
- Buchführungspflicht 337 f.
- Publizitätswirkung, Zweigniederlassung 604
- Registerpublizität 337 f.

Hausgeld 1132 f.
- Auszahlungsanspruch 2453
- dingliche Haftung 2456 ff.
- Rückständige Zahlungen 2454

Haushaltsnahe Dienstleistungen 3309 ff.
Hausmeisterdienstleistungen 2542 ff.
Haustürgeschäft, Widerruf 1429
Hebegebühren 3160 ff.
Heilung, Formmangel 110 ff.
- Heilungsvollmacht 1785
- MoMiG 114 ff.
- verbundenes Geschäft 112
- verdeckte Grundstückssacheinlage 114 ff.

Heimfall 2743 ff., 2845
Herrschendes Grundstück, Teilung 1157 f.
Hinterlegung 1471 ff.
- Abtretung 1515 ff.
- Auszahlung 1492 f.
- Auszahlungsvoraussetzungen 1485 ff., 1501
- Durchführung 1489 ff.
- Erwerbsnebenkosten 2648 f.
- Einlagensicherungsfonds 1490
- Gebühren 3160 ff.
- Grundpfandrechtsbetrag 1168
- Hinterlegungsanweisung 1494 ff.
- Hinterlegungsverfahren 3809 ff.
- Insolvenz 1515 ff.
- mehrseitige Verwahrungsanweisung 1497
- Pfändung 1515 ff.
- Rechtsmittel 1521 ff.
- Sammelanderkonto 1491
- Tod eines Beteiligten 1520
- Voraussetzungen 1473
- Zustandekommen 1482 ff.

Hypothek, Höchstbetragshypothek 1160
- Hypothekengläubiger 1147
- ZGB 3796 ff.

Immobilienkartellrecht 1606 ff.
Immobilienkaufvertrag 2270 ff.
Immobilienleasing 3241 ff.
- buy and lease 93
- sale and lease back 92
- Steuerrecht 3245 ff.

Immobilienportfoliotransaktion, asset deal 3588 ff.
- Basket-Klausel 3612
- deal points 3607
- De-minimis-Klausel 3612
- Gesamtvolumen 3571 ff.
- Gewerbeimmobilien 3578 f.
- Käufer 3583 ff.
- Mängelrechte 3618
- Marktsegmente 3571 ff.
- Marktteilnehmer 3581 ff.
- Sachmängelausschluss 3615
- selbstständige Garantie 3608
- share deal 3588 ff.
- Sonderimmobilien 3580
- Transaktionsprozess 3588 ff.
- Verjährungsfrist 3617
- Verkäufer 3581 f.
- Wohnungsmarkt 3573 ff.
- Zeitpunkt 3611

Immobilie, Privatvermögen 3246 ff.
- Sondervermögen 636
- Vorsteuerabzug 3550 ff.

Individualvertrag 160 ff.
Informationspflichten 13
Insolvenz, Absonderungs- und Aussonderungsberechtigung 3042
- Antragsstellung 3035 ff.
- Aufhebung der Insolvenzbeschränkung 3087 ff.
- ausländisches 3049 ff.
- Bauträgervertrag 3092 ff.
- Eigentumsvormerkung 892 ff.
- Einzelzwangsvollstreckung 2147 ff.
- Erwerb zur Insolvenzmasse 3125
- Freigabeversprechen 1224
- Grundstückskaufvertrag 3052 ff.
- Hinterlegung 1515
- Insolvenzbeschränkung 3087 ff.
- Insolvenzgründe 3036
- Käuferfinanzierungsgrundschuld 1334
- Masseverbindlichkeiten 3043
- notarielle Amtspflichten 3098 ff.
- Prüftermin 3041
- Rangordnung 3042 f.
- Mangelhaftung 3113 ff.
- Restschuldbefreiung 3044 ff.
- Stundungsabrede 24
- Suspensivtheorie 3064
- Unsicherheitseinrede 1251
- Verbraucherinsolvenz 3061 ff.
- Verfahren 3038 ff., 3044 ff.. 3052 ff.
- Verwahrungsanweisung 1519
- Vormerkung 3083 ff.
- Vormerkungsschutz 3069 ff.
- Wohnungseigentum 3047 f.
- Wohnungseigentümergemeinschaft 2452

Insolvenzanfechtung, Anfechtungsgegner 1532 f.

- Anfechtungstatbestände 1536 ff.
- Belehrungspflicht 1544
- Benachteiligungsabsicht 1536
- Beurkundungsrecht 1543 f.
- kongruente Deckung 1540
- Rechtsfolgen 1532 f.
- unentgeltliche Leistung 1538
- Vertrag mit nahestehenden Personen 1537
- Voraussetzungen 1529 ff.

Insolvenzvermerk, Gutglaubensschutz 580
- Rechtsmangel 2066 f.

Insolvenzverwalter, Bestellungsurkunde 561
- Erfüllung 3068
- Verbraucherinsolvenz 577 f.
- freihändiger Verkauf 3106
- Grundstückskaufvertrag 573 ff.
- Nichterfüllung 3067
- notarielle Haftung 575
- Spezialvollmacht 3108
- Treuhänder 579
- Verfügungsbefugnis 2985, 3100 ff.
- Vollmacht 484, 573 ff.
- Vormerkung 575
- Wahlrecht 3063 ff.

Internetversteigerung 64
Investitionszulagengesetz 3303 ff., **3385 ff.**
Investoren 3605 ff.
Investmentfonds 635 ff.

Juristische Personen, Vertretung 581 ff.

Kapitalgesellschaft, Steuerrecht 3227 ff.
- Vertretung 593

Kaufpreis, Abtretung des Zahlungsanspruchs 1238
- Anderkonto 1237
- Einziehungsermächtigung 1239
- Erfüllung 1242
- Fälligkeit 1108 ff., 2582 ff.
- Fälligkeitsmitteilung 1111 ff.
- Fälligkeitszinsen 1039 ff., 1329 ff.
- Festpreis 1030 ff.
- Finanzierung 1333 ff.
- Finanzierung siehe dort
- Gewerbebebauung / komplexe Wohnbebauung 1034
- Hinterlegung 1471 ff.
- Kaufpreisanpassung 1030 ff.
- Kaufpreiserhöhungsklausel 1035 ff.
- Kaufpreisrestgrundschuld 1023
- Kaufpreiszahlung siehe dort
- Nutzungszinsen 1042
- Quadratmeterpreis 1031
- Quittung 1241
- Ratenzahlungskauf 16
- Schuldübernahme 1059 ff.
- share deals 1038
- Stundung 1045 ff.
- Tilgung 1247 ff.
- Und-Konto 1234
- Unzulänglichkeit der Kaufpreishöhe 1221
- Verpfändung 1518
- Verrentung 1048 ff.
- Vollstreckungsunterwefung 1213

Kaufpreisfälligkeit, Berechtigter 1156 f.
- Grundpfandrechtsbrief 1171 f.
- Hausgeldforderung 1132 f.
- Lastenfreistellung 1124 ff.
- Löschungsdokumente 1139 f.
- Löschungsvormerkung 1226 ff.
- öffentliche Lasten 1132 f.
- Rechte nach der Vormerkung 1128 f.
- Rechte vor der Vormerkung 1126 f.
- Risikolöschungskosten 1137 f.
- Unrichtigkeitsnachweis 1150 f.
- Unschädlichkeitszeugnis 1170
- Vollmachtserteilung 1204

Kaufpreisfinanzierung, Finanzierungsgläubiger 1350
- Notarbestätigung 1336 ff.
- Teilflächenerwerb 1370
- Vollmacht 1334
- Vorwegfinanzierungsmöglichkeit 1382

Kaufpreisforderung, echter Vertrag zugunsten Dritter 1211 ff.
- Personenmehrheit 2604 ff.
- Pfändungsschutz 1209 ff.

Kaufpreiszahlung, Eigentumsvormerkung 927 ff.
- Erwerb von Erbanteil 760
- Finanzierungsbestätigung 1274 ff.
- Frist 1121 f.
- Lastenübergang 1810 ff.
- Schuldbeitritt 1270 ff.
- Sicherung der Zahlungspflicht 1253 ff.
- Tilgungsbestimmung 1243 ff.
- Unsicherheitseinrede 1250
- unter Vorbehalt 1252
- Zahlungsweg 1233 ff.

Kaufvertrag, Beurkundung 3126 ff.
- Bürgschaft 1253 ff.
- Gebühren siehe dort

Klausel, Abtretung 1417 ff.
- Klauselerteilung 1303 ff.
- Klauselumschreibung 2095
- Klauselverstoß 197 ff.
- missbräuchliche 201

Kommanditgesellschaft, Vertretung 593
Kostenrecht 496
Kraftloserklärung 1174
Kreditinstitut, Treuhandauftrag 1504 ff.
Kreditvertrag, Abtretbarkeit 1408 ff.
KSÜ 645
Kündigung, Grundschuld 1419 ff.
- Mietkauf 10

Landeswassergesetz 2381
Landwirtschaftsanpassungsgesetz 3713 ff.
Lastenfreistellung 1124 ff.
- Eigentümerzustimmung 1188
- Fälligkeitsvoraussetzungen 1229 ff.
- Grundpfandrechtsbrief 1171 ff.
- Lastenfreistellungserklärung 779 ff.
- Lastenfreistellungskosten 2644
- neue Bundesländer 3792 ff.
- Sicherung 1139

Lastenfreistellungsauflage, Nachverhandlung 1196
- Unzulänglichkeit der Kaufpreishöhe 1221

Lastenübergang 1810 ff.
Lebensversicherungsgesellschaft 133
Leistungsstörungsrecht, allgemeines 1984 ff.
- Aufwendungsersatz 226
- c.i.c. / PVV 1985 ff.
- Garantiehaftung 227 f.
- Gegenleistung 209 f.
- nicht behebbare Mängel 211
- Pflichtverletzung 212 f.
- Preisgefahr 210
- Primäranspruch 204 f.
- Rücktritt 234 f.
- Schadensersatz 212 ff., 219 ff.
- Sekundärfolgen 207 f.
- Unerreichbarkeit 205
- Unzumutbarkeit 206
- Verzögerung der Leistung 216 ff.

Letter of Intent 245, 2930 ff.
Liebhaberei 3351 ff.
Liegenschaftsvermessung 791 ff.
Liquidationsgesellschaft, GbR 439
Löschungsanspruch, Höchstbetragshypothek 1160
- Verjährung 1219 f.

Löschungsbewilligung 1174
Löschungsdokument, Eigentümerzustimmung 1143
- Form 1139
- Freigabeversprechen 1140
- Hypothekengläubiger 1147
- Unterlagen 1141 ff.

Löschungsvormerkung 1226 ff.

MaBV, Anwendbarkeit 1952 ff.
- Bindungsfrist 102
- Rechtswahl 693

Makler, Haftung 2222
- Provisionsanspruch 1721
- rechtsgeschäftliches Vorkaufsrecht 3029

Maklerklausel, Arten 2395 ff.
- Auswirkung 2399 ff.
- Provisionsanspruch 2402 ff.
- Provisionshöhe 2406 ff.
- Vorkaufsrecht 2399

Maklervertrag, Beurkundung 101

- Bindungsfrist des Verkäufers 102
- Grunderwerbsteuer 3444

Mängelrechte, Absicherung, Transaktionsvertrag 3618
- Altlast 2329 ff.
- Ausschluss 1999 ff.
- Ausschluss, Transaktionsvertrag 3615
- Mangelfolge-Klausel 197 f.
- Garantie 2018 ff.
- Konkurrenzen 1983 ff.
- Minderung 1975 f.
- Nacherfüllung 1969 ff.
- Neubau 2264
- Rücktritt 1972 ff.
- Schadensersatz 1977 ff.
- vertraglicher Haftungsausschluss 2010 ff.
- Verjährung 2023 ff.
- Wissensvertretung 2015

Markentabelle 868
Meistgebot, Grunderwerbsteuer 3442
- Zwangsversteigerung 2161 ff.

Mietervorkaufsrecht 1735 f.
- Ausschluss 1742 ff.
- Erlassvertrag 1742
- Fälligkeitsvoraussetzung 1746
- Kaufpreisdifferenzierung 1743
- Schutz des Verkäufers 1744
- Vollzug 1748
- Wirkung 1741

Mietgarantie, Erstvermietungsgarantie 1917 f.
- Mietpoolgarantie 1914
- Nachvermietungsrecht 1921
- Umfang 1911 ff.
- Vermietungsgarantie 1915

Mietkauf 7 ff.
- Gebühren 15
- Kündigungsrecht 10
- Rechtsnatur 11
- Steuerrecht 15

Mietsicherungsdienstbarkeit 1924 ff.
Mietvertrag, Ankaufsrecht 8 ff.
- Contracting-Vertrag 2565 ff.
- Fotovoltaikanlage 1876 ff.
- Grundstücksgeschäft 91 ff.
- Mietbeginn 1927
- Mieterwechsel 9
- mit Verkäufer 1845 ff.
- Vorkaufsrecht 94

Mietvertrag mit Dritten, Aufhebungsvertrag 1852
- Beendigungspflicht 1851 ff.
- Nettomietertrag 1905 ff.
- Vermieterhaftung 1889 ff.
- Vorausverfügungen 1884 ff.
- zeitliche Abgrenzung 1882 ff.
- Zurückbehaltungsrecht 1890
- Zusicherungen 1905 ff.

Mietvertrag, Übernahme, Abwerbeverbot 1922
- Fachhandwerkerklausel 1870

- Fotovoltaikanlage 1876 ff.
- Heilung bei Formverstoß 1867 f.
- inhaltliche Prüfung 1861
- Kündigung 1894 ff.
- Mietrückstände 1883
- Mietsicherheiten 1901 ff.
- Mietsicherungsdienstbarkeit 1924 ff.
- Modernisierungsinvestitionen 1893
- Nachholklausel 1867
- Nebenkosten und Kaution 1897 ff.
- Schönheitsreparaturklausel 1869 ff.
- Schriftform 1862 ff.
- Unterschrift 1866
- Vertragsübernahme 1855 ff.

Milchquote 846 ff.
Milestone reports 248
Milieuschutzsatzung 1556
Minderjährige, Beitritt zu GbR 1618
- Erbbaurecht 526
- elterlichen Vertretungsmacht 532 ff.
- Ergänzungspfleger 537 ff.
- Genehmigung der Eltern 519 ff.
- Genehmigungsbedürftigkeit 1610 ff.
- Gesamtbetrachtung 529 ff.
- Grunddienstbarkeit 528
- Nießbrauch 527
- rechtlich vorteilhaftes Geschäft 524 ff.
- Trennungsprinzip 530
- Vertretung 516 ff.
- Vormundschaft 522
- Wohnungsrecht 527

Minderung 1975 f.
Miteigentum, Bruchteilsgemeinschaft 455 ff.
- Kosten- und Lastenregelung 464 f.
- Teilungsversteigerung 2151 f.

Miteigentümervereinbarung 462
Miterbenvorkaufsrecht 760
Mitunternehmererlass 3278 ff.
Mitverkauf, Beurkundungspflicht 814 ff.
- Formular- und Verbrauchervertrag 825 f.
- Fotovoltaikanlage 827 ff., 834 ff.
- Grundstückskaufvertrag 823 ff.
- Schadensersatzanspruch 825
- Serienverkauf 825 f.
- Steuerrecht 818 f.
- Verbraucher an Verbraucher 821 f.
- Verbrauchsgüterkauf 823 ff.
- wesentlicher Bestandteil 811 ff.
- Zubehör 812 f.

MoMiG 114 ff.

Nachbesserung 1970
Nacherbenvermerk 2054 ff.
Nacherbfolge 1681 ff.
Nacherfüllung 1968 ff.
Nachlasspflegschaft 553 ff.
- Bestellungsurkunde 554
- gerichtliche Zuständigkeit 553 ff.
- Grundbuch 556
- Nachlassgläubiger 557
- Vertretungsmacht 555

Nachtragsurkunde 591
Nachtragsvermerk 276 ff.
Namens-GbR 414 ff.
Nebenrechte, Pfändungsschutz 1210
Nebentätigkeitsgebühren 3153 ff., **3161**
Nebenvertragliche Pflichten 2298 ff.
Negativattest 1547
Negativtest 1586
Negativzeugnis 1728
Netto-Mieterträge 1905 ff.
Neubau 2248 ff.
- Baubeschreibung 2255 ff.
- Beschaffenheitsvereinbarung 2252 ff.
- Nachzüglerproblem 2265 ff.
- Rechtsfolgenseite des Verkaufs 2261 ff.
- Verjährungsfrist 2267
- Verkauf mit AGB-Kontrolle 2251 ff.

Neue Bundesländer, alternative Komplettierungswege 3745 ff.
- Altlasten 3815
- Aufgabeerklärung 3738 ff.
- Baulichkeitseigentum 3755 ff.
- Belehrungen 3835 ff.
- Besonderheiten Erwerberseite 3665 ff.
- Besonderheiten Veräußererseite 3660 ff.
- Bodenreformland 3699 ff.
- Bodensonderungsgesetz 3693 ff.
- erbrechtliche Besonderheiten 3666 ff.
- Erbschein 3678 ff.
- familienrechtliche Besonderheiten 3651 ff.
- Gebäudeeigentum 3718 ff.
- Gebäudegrundbuch 3733 ff.
- Gegenstandslose Rechte 3814
- Genehmigung 3757 ff.
- gesetzliche Vertretung 3683 ff.
- Grundbuchbereinigungsgesetz 3806 ff.
- Güterstand 3651 ff.
- Heilungsvorschriften 3688 ff.
- Hinterlegungsverfahren 3809 ff.
- katasterrechtliche Besonderheiten 3691 ff.
- Komplettierungszwang 3737
- Landwirtschaftsanpassung 3699 ff., 3713 ff.
- Lastenfreistellung 3792 ff.
- Nutzungsrechte 3720 ff.
- Nutzungsverträge 3752
- Pflichtteilsrecht 3681 ff.
- Produktionsgenossenschaft 3726
- Rechtsmängel 3815 ff.
- Sachenrechtsbereinigungsgesetz 3836 ff.
- Sachmangel 3815 ff.
- Schuldrechtsanpassungsgesetz 3828 ff.
- Sonderplanungsverordnung 3693 ff.
- Sonderrecht 3637 ff.
- Teilung des Gebäudeeigentums 3751 f.
- Treuhandanstalt 3650

- Übergangsrecht 3753
- ungeteilte Hofräume 3691 ff.
- Veräußerung des Gebäudeeigentums 3750 f.
- Verfügungen über Baulichkeiten 3752 ff.
- Vermögenszuordnung 3639 ff.
- Volkseigentum 3639 ff.
- Vorkaufsrecht 3787 ff.
- Wohnungsbaugenossenschaften 3727
- wohnungswirtschaftliches Vermögen 3641 ff.
- zugewiesenes Nutzungsrecht 3722
- Zuordnungsverfahren (VZOG) 3644 ff.
- Zusammenführung 3737 ff.

Nießbrauch 527
- Grundstücksschenkung 1470

Notar, Aufgabe und Pflichten 135 ff.
- Begriff 1778
- Belehrungspflicht 1544
- Belehrungspflicht, Steuerrecht 3183 ff.
- Beurkundungsablehnung 1543
- Beurkundungsserie 137
- Eigentumsumschreibung 982
- Geldwäsche 272
- Gestaltungsempfehlungen 145 ff.
- Gliederung des Grundstückskaufvertrags 155 ff.
- Grundakteneinsicht 712 ff.
- Grundstückskaufvertrags 154 ff.
- Haftung 48, 138 ff., 253, 575, 712, 768 ff.
- Hinweispflicht 138 ff., 457 ff., 2391 ff.
- Hinweispflicht, ausländisches Recht 681
- Hinweispflicht, FamFG- Verfahren 1649 ff.
- Hinweispflicht, Immobilienkartellrecht 1606 ff.
- Hinweispflicht, Vergaberecht 2534
- Insolvenzverfahren 3098 ff.
- Konsensprüfung 136 ff.
- Kosten 1349
- Mitwirkungsverbot 152
- Nebentätigkeitsgebühren 3153 ff.
- Neutralitätsgebot 153
- Niederschrift 97 ff.
- Qualitätsanforderungen 150 ff.
- rechtsgeschäftlicher Willen 137
- Sittenwidrigkeit 129
- Suspendierung des Vollzugs 1797 ff.
- Umsatzsteuer 3174 ff.
- Urkunde 276 ff.
- Vermeidungsstrategien 143 ff.
- Vollzug des Grundstückskaufvertrags 148 ff.
- Vollzugsauftrag- und Überwachung 1774 ff.
- Vollzugsnachricht 1796
- Vollzugsvollmacht 1775 ff.
- wirtschaftlicher Schaden 139
- Zug-um-Zug-Leistung 143 ff.

Notwegerecht, Notwegerente 2051
- öffentlich- rechtliche 2053

Nutzungsentschädigung, vorzeitige Wohnnutzung 1827

- vorzeitiger Besitzübergang 1817

Nutzungsverträge 3752

Nutzungszinsen 1042

Öffentlich-rechtliche Genehmigung 1548 ff.

Öffentlich-rechtlicher Vertrag 322

Öffnungsklausel 2413 ff.

Optionserklärung 3507 ff.

Personengesellschaft 3411 ff.

Personenhandelsgesellschaft 3233 ff.

Personenmehrheit, Gesamthaftungsrisiko 2611
- Kaufpreisforderung 2604 ff.
- Mitgläubigerschaft 2606
- Teilgläubigerschaft 2605
- Verpflichtung 2610 ff.
- Vertretung 2603
- Zahlungsabwicklung 2607 ff.

Pfandfreigabeerklärung 779 ff.

Pfändung, Altersvorsorgevermögen 1451
- Auskehranspruch 1515 ff.
- Eigentümerrechte 1214 ff.
- Hinterlegung 1515 ff.
- Kaufpreisforderung 1209 ff.
- Nebenrecht 1210
- Rückgewähransprüche 1214 ff.

Pfleger 537 ff.

Pflichtverletzung 213 ff.

Planfeststellungsverfahren 1722

Planrealisierungsvertrag 2504 f.

Planungsvorbereitungsvertrag 2502 ff.

Preisanpassung 1030 ff.

Preisindices 2800 ff.

Preisklauselgesetz 2793 ff.

Privatvermögen, Abstandszahlungen 3252
- Anschaffungskosten 3247 ff.
- außergewöhnliche Belastung 3312
- Besteuerung 3246 ff.
- Eigenheimzulage 3287 ff.
- Einbringung von Wirtschaftgütern 3262 ff.
- einer Kapitalgesellschaft 3263
- einer Personenhandelgesellschaft 3265
- eines Einzelunternehmens 3262
- Erhaltungsaufwand 3255 ff.
- Erwerbsphase 3246 ff.
- haushaltsnahe Dienstleistung 3309 ff.
- Herstellungskosten 3246, 3251 ff.
- Investitionszulagengesetz 3303 ff.
- Vermietungsphase 3313 ff.
- Werbungskosten 3246 ff., 3260 ff.

Produktionsgenossenschaft 3726

Prospekthaftungsgrundsätze 2291 ff.

Provisionsanspruch 2402 ff.

Public-Private-Partnership (PPP-Modelle) 2518 ff.

pVV 1985 ff,

Quittung 1241

Rangbescheinigung 891
Rangrücktritt, Eigentümerzustimmung 1186
Rangvorbehalt, bedingter 1422
– Rangrücktritt 1423
– Vormerkung für Finanzierungsgrundpfandrechte 1425
Ratenzahlungskauf 16 ff.
– aufgeschobener Vollzug 29
– Gesamtfälligstellung 20
– notwendige Aufwendungen 25 ff.
– Rückabwicklung 24 ff.
– sofortige Umschreibung 28
– Stundung 16 ff.
– Vorfälligkeitsentschädigung 23
Räumung, Räumungsgarantie 1841
– verspätete 1837 f.
– Vollstreckungsunterwerfung 1842
Reallast, Grundstückskaufvertrag 1013 ff.
– Rechtsmangel 2098
– Verjährung 1013, 1051 ff.
– Versteigerung 1016 ff.
Realteilung 1734
Rechtsdienstleistungsgesetz 480 f.
Rechtsfähigkeit, ausländische Gesellschaft 646 f.
– Gesellschaft bürgerlichen Rechts 309 ff.
Rechtsgeschäftliches Vorkaufsrecht 2998 ff.
– Arten 1749
– Ausübung 1754 ff., 1757, 1759
– Ausübungsfrist 1769
– erster Verkaufsfall 1767 ff., 1771 ff.
– Fälligkeitsregelung 1762
– Schutz des Verkäufers 1760 ff.
– Sicherstellung der Löschung 1766
– Sicherungsabtretung 1762
– Teilidentität 1756
– Voraussetzungen 1750 ff.
Rechtsmangel, altrechtliche Dienstbarkeit 2034 f.
– Baulast 717
– beschlagnahmtes Grundstück 2129 ff.
– Bewilligungsurkunde 2097
– Dienstbarkeit 2099
– Eigentümerzustimmung 2038 f.
– Erbbaurecht 2691
– Grundpfandrechts zur Neuvalutierung 2070 ff.
– Insolvenzverfahren 3113 f., 3124 ff.
– Insolvenzvermerk 2066 f.
– Nacherbenvermerk 2054 ff.
– neue Bundesländer 3815 ff.
– Reallast 2098
– Rechtsmangelhaftung 3113 f.
– Schuldrechtsreform 1962 ff.
– Teilungsversteigerung 2151 f.
– Testamentsvollstreckervermerk 2063 ff.
– Überbau 2038 f.
– Übernahme nicht gesicherter Leitungen 2101 ff.
– Übernahme Rechte in Abt. II 2096 ff.

– Umfang 2029 ff.
– versteigerungsbefangenes Grundstück 2109 ff.
– Wohnungsbindung 2103 ff.
– Zeitpunkt 2036 f.
– Zwangsverwaltung 2153 ff
Rechtsmittel 1521
Rechtsschein, Vollmacht 478
– Rechtsscheinhaftung 330 f.
– Rechtsscheinhaftung, GbR 377
Rechtswahl 687 f.
– Beurkundung 675 f.
– dingliche Erklärungen 694 f.
– Eingriffsnormen 693
– Hinweispflicht 681
– MaBV 693
– Rechtswahlvertrag 689
– Vereinbarungen 677 ff.
Refinanzierungsregister 1161
Reichssiedlungsgesetz 1723 f.
Restkaufpreisanspruch 1009 ff.
Restschuldbefreiung 3044 ff.
Risikobegrenzungsgesetz 1414 ff.
Rückabwicklungsrisiko 27 ff.
Rückgewähranspruch, aufschiebende Bedingung 2080
– Grundpfandrecht 2072 ff.
– Pfändungsschutz 1214 ff.
Rücktritt 234 ff., 1330
– Ablehnungsandrohung 235
– Altlast 2344
– Erklärung 1332 f.
– Formular- und Verbraucherverträge 240
– Fristsetzung 235
– Genehmigung 1591
– Gesamtfälligstellung 20
– gesetzlicher Rücktritt 2574
– Haftungsausschluss 194 f.
– Integritätsinteressen 241 f.
– Kosten der Rückgewähr 2576
– Mangel 1972 f.
– notwendige Verwendung 2577
– Pflichtverletzung 238 f.
– Rückgewährschuldverhältnis 2574 ff.
– Rücktrittvorbehalt 2585 ff.
– Schadensersatz 242 f., 2575
– Teilrücktritt 237
– Übereignungsverpflichtung 2579
– Verschuldensmaßstab 2576
– vertragliche Gestaltung 2580 ff.
– vertragliches Rücktrittsrecht 2572ff.
– Voraussetzungen 235 ff.
– Vormerkung 243
Rückübereignungsvormerkung 1008
Rückwärtshypothek 1048
Sachabfindung 3285 f.
Sacheinlage, verdeckte 114 ff.
Sachenrechtsbereinigungsgesetz 3836 ff
– Anwendungsbereich 3837 ff.

- Grundbewertung 3840 ff.
- Halbteilungsgrundsatz 3846
- notarielles Vermittlungsverfahren 3851 ff.
- Verjährung 3845
- Vertragsgestaltung 3847 ff.

Sachmangel, Abfallrecht 2334 f.
- Abwasseranlage 2382
- Altbausanierung 2274
- Altlast 2326 ff.
- Arglistprobe 2216 ff.
- Asbest 2194
- Ausschluss 2229 ff., 2244ff.
- Bagatellgrenze 2188
- bauartbedingter 2192 ff.
- Baubeschreibung 2255 ff.
- Baulandseigenschaft 2241
- Baulast 717
- Begriff 2173 ff.
- Beschaffenheitsgarantie 2233
- Beschaffenheitsvereinbarung 2202 ff., 2235 ff., 2252 ff.
- Bestandsobjekt 2229 ff.
- Beweislast 2184 ff., 2215
- Dehnungsfugen 2192
- Entstehungszeitpunkt 2276 ff.
- Erbbaurecht 2692
- Erklärungen Dritter 2222 ff.
- Erschließung 2032
- Ertragsfähigkeit 2195
- feuchter Keller 2192
- Freizeichnungsklausel 2283 ff.
- geringere Wohn- Nutzfläche 2186 ff.
- Gewährleistungsbeschränkung 2249 ff.
- Haftungsausschluss 2283 ff.
- Insolvenzverfahren 3114 ff.
- Neubau 2248 ff.
- neue Bundesländer 3815 ff.
- Offenlegungspflicht 2207 ff.
- öffentlich-rechtliche Umstände 2198 ff.
- Schuldrechtsreform 1962 ff.
- sonstige 2195 ff.
- Transparenzgebot 2255 ff.
- Trittschall 2192
- Verbrauchsgüterkauf 2226 ff.
- WEG-Gemeinschaftseigentum 2300 ff.

Sachversicherung 2312 ff.
Saldotheorie 373
Sale and lease back 92
Salvatorische Klausel 2651 f.
Sammelanderkonto 1491
Sanierungsgebiet 1557 ff.
- Ausgleichsbetrag in Geld 1561
- Beleihung des Kaufobjekts 1563
- Garantieerklärung 1564
- Genehmigungserteilung 1566
- Grundschuldbestellung 1567
- Grundstück 1565
- Kaufpreisfälligkeit 1562

Schadensersatz 212 ff., 1328 ff.
- Aufwendungsersatz 1979
- Ablehnungsandrohung 220
- anfängliches Leistungshindernis 224 f.
- getätigte Investitionen 223
- Mangel 1977 ff.
- Pauschalierung 187
- Rücktritt 242 f.
- Schrottimmobilien 1449
- Verzögerungsschaden 1980
- Verzug 1327
- Voraussetzungen 220

Scheinbestandteil 3346
Scheingeschäft 111
Schenkung 1462 ff
- Schenkungsteuer 3470 ff.
- Schenkungsteuer, Erbbaurecht 2917 ff.
- Schenkungsverbot 1597

Schiedsgericht 2631 ff.
Schiedsgutachten 2627 ff.
Schlichtungsverfahren 2639 ff.
Schönheitsreparaturklausel 1869 ff.
Schrottimmobilien 1440 ff.
- Europarecht 1443
- Fondsbeitritt 1444 ff.
- gesamtschuldnerische Außenhaftung 2114
- Haustürsituation 1442
- Immobilienerwerb 1447 f.
- Schadensersatzanspruch 1449
- Widerruf des Darlehensvertrages 1447 f.

Schubladenlöschung 948 ff.
Schuldanerkenntnis 1072 ff.
Schuldbeitritt 1270 ff.
Schuldrechtsänderungsgesetz 3832 ff.
Schuldrechtsanpassungsgesetz 3828 ff.
Schuldübernahme 1059 ff., 1080
- abstraktes Schuldanerkenntnis 1072 ff.
- Einholung der Gläubigergenehmigung 1063 ff.
- Grundpfandrecht 1067 f.
- Sicherungsabrede 1076 ff.
- Sicherungsgrundpfandrecht 1076
- Vollstreckungsunterwerfung 1069 ff.
- Vollzugssperre 1066
- Vorklärungen 1061 f.
- vormerkungsgesicherte Verpflichtungen 903 ff.
- Grundbuchvermerk 904

Seeling-Doktrin, Vorsteuerabzug 3558 ff.
Serienvertrag 14, 41
Share deal 1038, 3588 ff., 3607
- due diligence 3593
- Gutglaubensschutz 3593

Sicherheitsaustausch 1193
Sicherungsabrede 1076 ff.
Sicherungsgrundpfandrecht 1076
Sittenwidrigkeit, Grundstückskaufvertrag 119 ff.
- Kenntnis, auffälliges Missverhältnis 124
- Monopolstellung 120
- Objektiver Tatbestand 119 ff.

- Rechtsfolgen 127 ff.
- Rechtsprechung des BGH 124 f.
- schwere Äquivalenzstörung 121
- subjektiver Tatbestand 123 ff.
- Umstandssittenwidrigkeit 119
- Verdachtsmomente 129
- wucherähnliches Rechtsgeschäft 121

Sitztheorie, Diskriminierungsverbot 646
- Vertretung 606

Societas Europaea 603
Sonderbetriebsvermögen 3221
Sondereigentum 800 ff.
- Aufhebung 808
- Eintritt in Wohnungseigentümergemeinschaft 2408 ff.
- Grundbuch 803
- Mitverkauf von Stellplätzen, Garagen, Kellerräumen 802 ff.
- Mitwirkungsverpflichtung 806 f.
- Unterteilung 805
- Vereinigung von Einheiten 806
- Vertragsbeurkundung 57
- Vertragsgegenstand 802 ff.
- Verwalterzustimmung 1694

Sonderimmobilien 3580
Sonderrechtsnachfolger 460
Sonderumlagen, Wohnungseigentümergemeinschaft 2461 ff.
Sondervermögen, Investmentfonds 635 ff.
Sozialer Wohnungsbau 2522 ff.
Spezialvollmacht 3108
Sprachkenntnis 699 f.
Sprungauflassung, ABC-Verkauf 925 ff.
Staatsangehörigkeit, Güterstand 652
- Rechts- und Geschäftsfähigkeit 642 ff.

Städtebaulicher Vertrag 95 ff.
Stadtumbauvertrag 2517
Steuerrecht, Abschreibung 3340 ff.
- Anzeigepflicht 3187 ff.
- Bauabzugsteuer 3419
- Belehrungspflichten 3183 ff.
- Einkünfteerzielungsabsicht 3351 ff.
- Ferienwohnung 3353
- Fondsbeteiligung 3356 ff.
- GbR 3321
- Geschäft unter Angehörigen 3193 ff.
- Gewerbesteuer 3420 ff.
- gewerbliche Grundstücksentwicklung 3407 ff.
- gewerblicher Grundstückshandel 3225 ff.
- Grunderwerbsteuer 3434 ff.
- Grundsteuer 3430 ff.
- Grundzüge 3183 ff.
- Immobilienleasing 3241 ff.
- Liebhaberei 3351 ff.
- Mitverkauf 818 f.
- Personenhandelsgesellschaft 3233 ff.
- Privatvermögen 3246 ff.
- Überkreuzvermietung 3320
- Umsatzsteuer 3502 ff.
- Warnhinweis 3185
- Werbungskosten 3327 ff.
- wirtschaftlicher Eigentümer 3241 ff.

Steuersatz, Grunderwerbsteuer 3499 ff.
Stimmrecht 2468
Stufenvollzug 727 ff.
Stundung 16 ff.
- entgeltliche 17
- Fälligkeitsregelung 1039, 1093
- Kündbarkeit 24

Subjektiv-dingliches Recht, Aufhebung 1183 ff.
- Flurstücksbezeichnung 1157

Tauschvertrag 5
Teilflächenerwerb, Abmarkung 793
- Auflassung 778
- aufschiebende Bedingung 777
- Besonderheiten 768 ff.
- Bestimmungsrecht 772
- Dienstbarkeiten 774
- Eigentumsvormerkung 880
- Finanzierung 1370
- Genehmigungserfordernis 1550 ff.
- Genehmigungserteilung 776
- Grunderwerbsteuer 778
- Lastenfreistellungserklärung 779 ff.
- Liegenschaftsvermessung 791 ff.
- Pfandfreistellungserklärung 779 ff.
- Schadensersatzanspruch 776
- Verlust der Anbindung 773
- Vermessungskosten 796
- Verpfändung 1376
- Vollmacht 1376
- Vollzugsauftrag 788 ff.
- Vollzugsrisiken 775 ff.
- Vormerkung 778
- Zerlegung 795 ff.

Teilungserfordernis 1554
Teilungserklärung 2413 ff.
Teilungsversteigerung 2151 f.
Testamentsvollstreckung, Beendigung 568 ff.
- Beurkundung 564
- Eintragung des Vermerks 561
- Fälligkeitsregelung 566
- Fortdauerzeugnis 565
- Gutglaubensschutz 565
- Testamentsvollstrecker 485
- Testamentsvollstreckervermerk 2063 ff.
- unentgeltliche Verfügungen 572
- Verfügungsbefugnis 567
- Vertretungsmacht 562
- Vormerkung 569 ff.

Tilgung, Kaufpreis 1247 ff.
- Tilgungsbestimmung 1249
- Tilgungsplan 13

Time-Sharing-Anlagen 125
Transaktionsprozess 3588 ff.

Transparenzgebot 180 ff.
Traunsteiner Modell 2484
Treuhandauflage, abzulösender Gläubiger 1205
- Anforderungsanschreiben 1205 ff.
- Befristung 1208
- Grundpfandgläubiger 1513
- Inhalt 1190 ff.
- Kreditinstitut 1504 ff.
- Kündigungsrecht 1191
- Lastenfreistellung 1204
- Lästigkeitsprämie 1194
- Löschungsvoraussetzungen 1200 f.
- mehrseitige Qualifizierung 1202 f.
- Sicherheitsaustausch 1193
- Sicherstellung 1505 ff.
- von Drittem 1504 ff.
- weitergehende Auflagen 1192
- Widerruf 1196 ff., 1509
- Zug-um-Zug 1514
- Zustandekommen 1189 ff.

Treuhänder, Insolvenzverfahren 579
- Vollmacht 487

Trinkwasserverordnung 2380 ff.

Überbau 2038 ff.
- Eigentum 2043 ff.
- rechtmäßiger 2040
- rechtswidriger 2041 f.
- Überbaurente 2045 ff.

Übergangsregelungen 412 ff.
Überkreuzvermietung 3320
Überlassungsvertrag 6
Überweisungszeugnis 741
Umlageverfahren, freiwillige 1573
- Genehmigungserteilung 1569 ff.
- Grunderwerbsteuer 1571
- umlegungsverhaftetes Grundstück 1574 ff.
- vereinfachtes 1571
- Vertragsgestaltung 1570

Umlaufvermögen 3240
Umsatzsteuer 3174 ff.
- Erbbaurecht 2899 ff.
- Grunderwerbsteuer 3506
- Grundlagen 3502 ff.
- Steuerbefreiung 3505
- Unternehmereigenschaft 3502 ff.
- Vorsteuerabzug 3550 ff.

Umsatzsteueroption, Anforderungen 3529 ff.
- Betriebsvorrichtung 3544 ff.
- Einfluss auf Grunderwerbsteuer 3540
- Erklärung ins Leere 3522 ff.
- Form der Ausübung 3535 ff.
- Geschäftsveräußerung 3516 ff.
- Immobilienübertragung 3512 ff.
- Inventar 3544 ff.
- Mietvertrag 3511
- missglückte Option 3532

- Optionserklärung 3507 ff.
- Rechnungsstellung 3541
- Steuerhöhe 3537 ff.
- Steuerschuldnerschaft 3538
- Übergangsregelung 3543
- umsatzsteuerliche Teiloption 3514
- Unternehmerstellung 3531
- Unzulässigkeit 3522 ff.
- Voraussetzungen 3510 ff.
- Vorsteuerberichtigung 3532
- wirksame Option 3537 ff.

Umwandlung, Grunderwerbsteuer 3467 ff.
- Konzern 3478 ff.

Unbedenklichkeitsbescheinigung 2389, 3187 ff., 3435
- Erwerb von Erbanteil 762
- Gesellschaft bürgerlichen Rechts 430
- Identifikationsnummer 3500

Und-Konto 1234
Unrichtigkeitsnachweis 1150 ff.
- Vorlöschungsklausel 1153
- Vormerkung 1154

Unschädlichkeitszeugnis 1170
Unsicherheitseinrede 1250 f.
Untererbbaurecht 2842 ff., 2847 ff.
Unternehmensteuerreform 3428 ff.
Unternehmereigenschaft 176, 315
Unterverbriefung 111
Uraltgrundpfandrecht 3793 ff.
Urhebernutzungsrecht 854 ff.

Veränderungsverbot 1828 ff.
Veräußerungsgewinn 3379 ff.
Veräußerungsverbote 130 ff.
Verbraucherdarlehensvertrag, anwendbare Vorschriften 12, 18, 1430
- Gesamtfälligstellung 19 f.
- Haustürgeschäft 1429
- notarielle Beurkundung 12, 18
- Schrottimmobilien 1428
- verbundene Verträge 1431
- Voraussetzung 1431 ff.
- Widerruf 21 ff., 1426 ff., 1435
- Verbrauchereigenschaft 174 f., 315

Verbrauchereigenschaft 174 f., 315
Verbraucherinsolvenz 3061 ff.
Verbraucherkreditgesetz 1081 ff.
- Anwendbarkeit 1083 f.
- Freistellungspflicht 1086 f.
- Informationspflichten 1082
- Vollstreckungsunterwerfung 1288 ff.

Verbrauchervertrag 162 ff.
- 2-wöchige Überlegungsfrist 36 ff.
- Aufrechnungsverbot 2641 f.
- Beurkundung 34 ff.
- Erbbaurecht 2694 ff.
- Haftungsausschluss 188 ff.
- Inhaltskontrolle 169 ff., 179 ff.

- Klauselkontrolle 178
- Pauschalierung von Schadensersatzansprüchen 187
- Rücktritt 240
- Sinn und Zweck 169 ff.
- Transparenzgebot 180 ff.
- Unternehmereigenschaft 176
- Verbrauchereigenschaft 174 f., 315
- vorformulierte Vertragsbedingungen 177

Verbrauchsgüterkauf, Immobilienerwerb 2226 ff.
- Mitverkauf 823 ff.

Verbundenes Geschäft, Beurkundungspflicht 77 ff.
- Geschäftsgrundlage 85
- Grundstücksgeschäft und Mietvertrag 91 ff.
- Grundstücksgeschäft und städtebaulicher Vertrag 95 ff.
- Grundstücksgeschäft und Werkvertrag 86 ff.
- Heilung von Formmangel 112
- künftige Änderungen 84
- Mietvertrag und Vorkaufsrecht 94
- notarielle Niederschrift 97 ff.
- Verknüpfungswille 81 ff.
- Voraussetzungen 80 ff.

Verein 322

Verfügungsbefugnis, Insolvenzverwalter 3100 ff.
- Verfügungsbeschränkung 1222 ff.

Verfügungsverbot, Al-Qaida-Terrorliste 134
- Grundstückskaufvertrag 130 f.
- guter Glaube 131
- Sperrvermerk 131 ff.

Vergaberecht 2525 ff.

Verjährung, Fristverkürzung 2626
- Fristverlängerung 2622 ff.
- Gemeinschaftseigentum 2268
- gesetzliche Verjährungsfristen 2618 ff.
- Löschungsanspruch 1219 f.
- Mängelrechte 2023 ff.
- Reallast 1013, 1051 ff.
- Transaktionsvertrag 3617
- Vollstreckungsunterwerfung 1313 ff.

Verkaufsrecht 2992 ff.

Verkehrsflächenbereinigungsgesetz 3854 ff.

Verlosung von Immobilien 75 f.

Vermessungskosten 3182

Vermieterabschlag 1733

Vermietungsphase, betrieblicher Grundbesitz 3388 ff.
- Einkommensteuer 3313 ff.

Verpächterwahlrecht 3223

Verpfändung, Anwartschaft 1384
- Eigentumsverschaffungsanspruch 1373, 1380
- Vorwegfinanzierung 1382

Verrentung 1048 ff.

Verschleuderungsverbot 1597

Versteigerung, Grundstücksversteigerung, siehe dort

Vertrag zugunsten Dritter 1211 ff.

Vertragsänderung 105

Vertragsaufhebung, Beurkundungspflicht 107
- Gebühren 3169 ff.

Vertragsgebühr 3135 ff.

Vertragsnichtigkeit, gesetzliches Verbot 117 f.
- Verfügungsverbot 130 f.

Vertragsstrafe 2755

Vertragsübernahme, ABC-Geschäft 2665
- Alternativen 2664 ff.
- Anwendungsfälle 2663
- Grunderwerbsteuer 2662
- Kettenvertrag 2665
- rechtsgeschäftliche 2659 ff.

Vertragsvorbereitung, Darlehensgewährung 30 f.
- Due Dilingence 244 ff.
- Letter of Intent 245
- milestone report 248 f.
- Q & A – Prozess 248 f.

Vertretung, Aktiengesellschaft 598
- ausländische juristische Personen 603 ff.
- elektronisches Register 585 ff.
- GbR 597
- Gesamtvertretung 586
- Gremienvorbehalt 632 f.
- Gründungstheorie 607 ff.
- Gründung 593
- Handels- und Kapitalgesellschaft 593 ff.
- juristische Personen 582
- Kapitalgesellschaft 596
- Kommanditgesellschaft 593
- Länderübersicht 611 ff.
- öffentlich-rechtliche Körperschaft 629 ff.
- Registereinsicht 583
- Sitztheorie 606
- Societas Europaea 603
- Verhinderung an der Vertretung 598 ff.
- Vorgesellschaften 587 f.
- Zweigniederlassung 604

Vertretungsmacht, elterliche 516 ff., 532 ff.
- Ergänzungspfleger 537 ff.
- Nachlasspflegschaft 555
- Pflegschaft 537 ff.
- Testamentsvollstreckung 562

Verwahrung 1482 ff.
- einseitige Verwahrungsanweisung 1494
- Insolvenzverfahren 1519
- mehrseitige Verwahrungsanweisung 1497

Verwalterzustimmung, Anordnung 1685 ff.
- Beglaubigungskosten 1699
- Fälligkeitsvoraussetzung 1691
- Sondereigentum 1694
- Verfahren 1688 ff.
- Versagung 1696 ff.

Verwaltungsvertrag 2536 ff.

Verwendungsbindung 2471 ff.
- Einheimischenmodell 2481 ff,
- Traunsteiner Modell 2484
- Weilheimer Modell 2482 f.

- Zwischenerwerbsmodell 2485
Verzögerungsschaden 216
Verzug, Einrede 1323
- Fälligkeitsermittlung 1319 ff.
- Mahnung 1317 ff.
- Rechtfolgen 1324
- Schadensersatz 1327
- Verschulden 1319, 1322 ff.
- Vollstreckungsunterwerfung 1285

Vollmacht, Angestelltenvollmacht 1783 ff.
- anwendbares Recht 691 f.
- Auflassung 978
- Auflassungsvollmacht 986 ff.
- Ausfertigung 490 ff.
- ausländische 648 f.
- Benachrichtigungsvollmacht 1181
- vollmachtsloser Vertreter 497 ff., 508 ff.
- Beurkundungspflicht 111 ff.
- Doppelvollmacht 1655 ff., 1661
- Eigentumsumschreibung 985 ff.
- Finanzierungsvollmacht 1400 ff.
- Finanzierungsvollmacht GbR 410
- Genehmigung, siehe dort
- Generalvollmacht 482
- Gesamtvertretung 483
- GbR 340 ff.
- gesetzliches Verbot 477 f.
- Grundstückskaufvertrag 500 ff.
- Heilungsvollmacht 1785
- inhaltliche Beschränkungen 473 f.
- Insolvenzverwalter 484
- Kaufpreisfinanzierung 1334
- Kostenrecht 496
- Kraftloserklärung 491
- Messungsanerkennung 978
- mündliche Vollmacht 515
- Nachweis 490 f.
- notarielle Hinweispflichten 489 ff.
- post- transmortale Vollmacht 730
- Prokura 472
- Rechtsberatungsgesetz 477
- Rechtscheingrundsätze 478
- Rechtsdienstleistungsgesetz 480
- Schubladenvollmacht 948 ff.
- schwebende Unwirksamkeit 500 ff.
- Testamentsvollstrecker 485
- Treuhänder 487
- Umfang 467 ff.
- Untervollmacht 471
- unwiderrufliche 476
- Verkaufsvollmacht 486 ff.
- Verwalter fremden Vermögens 484 f.
- Verwertungsvollmacht 486 ff.
- Vollstreckungsunterwerfung 479, 1280
- Vollzugsvollmacht, siehe dort
- Vorsorgevollmacht 100
- Wortlautvorgabe 1402
- zur Baureifmachung 1823
- zur Investitionsvorbereitung 1822

Vollständigkeitsgrundsatz 77 ff.
Vollstreckungsunterwerfung 1279 ff.
- Bestimmbarkeitserfordernis 1071
- Beurkundungszwang 1282
- dingliche 1069
- GbR 411, 1296 ff., 1293 ff.
- Klauselerteilung 1303 ff.
- Nachweisverzicht 1289 ff., 1310
- persönliche 1070
- Räumungsverpflichtung 1842
- Rechtsnachfolger 1309
- Schuldübernahme 1067 f.
- Teilbetrag 1074
- Verbraucherkreditvertrag 1288 ff.
- Verjährung 1313 ff.
- Verwaltungsverfahren 1316
- Verzugszinsen 1285 ff.
- Vollmacht 479, 1280
- Vollstreckungshindernisse 1291
- Zulässigkeit 1283 ff.
- Zustellung 1312

Vollwertigkeitsbescheinigung 1593 f.
Vollzugsabwicklung 1791 ff.
- Eigenurkunde 1794 ff.
- Frist 1792
- Kosten 1793
- Nichtvollzugsanweisung 1800
- Suspendierung 1797 ff.

Vollzugsauftrag, gerichtliche Genehmigung 1657 ff.
- Notar 1774 ff.

Vollzugsgebühr, Begriff 3145 ff.
- Geschäftswert 3151 ff.
- Inhalt 3149 ff.
- Kostenpflichtiger 3148
- Voraussetzung 3144 ff.

Vollzugsnachricht 1796
Vollzugsvollmacht, allgemeine 1779
- Antragsrücknahme 1780
- Entgegennahme von Steuerbescheiden 1782
- Notar 1775 ff.

Vorausverfügung, Mietanspruch 1884 ff.
Vorbehaltsgut 673
Voreintragung 727 ff.
- Erbfolgen 729
- Gesamtrechtsnachfolge 730

Vorfälligkeitsentschädigung 23, 1195
Vorgesellschaft, Grunderwerbsteuer 592
- Nachtragsurkunde 591
- Transaktionskosten 592
- Vertretung 587 f.

Vorhabens- und Erschließungsvertrag 2509 ff.
Vorhand 2930 ff.
Vorkaufsrecht, Abwicklung 3027 ff.
- allgemeines 1703
- aufschiebende Bedingung 2597 ff.
- Ausübungsmodalitäten 3015

- BauGB   1703 ff.
- Berechtigter   2999 ff.
- besonderes   1704
- Bestellung   3018 ff.
- Bundesnaturschutzgesetz 2010   1725 f.
- dingliches   1768 ff., 3000 ff., 3033
- Eintragung   3019 ff.
- Folgen der Ausübung   1713 ff.
- Form   3018
- gesetzliches   1733 ff.
- Grundbuchsperre   1712
- Herausgabe des Besitzes   3034
- landesrechtliche Vorkaufsrechte   1727 f., 1730 ff.
- Löschung   3004
- Maklerklausel   2399
- Maklerprovision   1721, 3029
- Mehrheit von Vorkaufsfällen   3011 ff.
- Mietervorkaufsrecht, siehe dort
- Mietvertrag, verbundenes Geschäft   94
- Nachteile   3022 ff.
- Negativzeugnis   1728
- neue Bundesländer   3787 ff.
- öffentlich-rechtliches   1700 ff.
- Planfeststellungsverfahren   1722
- preislimitiertes   1706
- Preislimitierungen   3016 ff.
- privatrechtliches   1733 ff.
- Realteilung eines Grundstücks   1734
- rechtsgeschäftliches   2998 ff.
- rechtsgeschäftliches, siehe auch dort
- Rechtsnachfolge   3007 ff.
- Reichssiedlungsgesetz   1723 f.
- subjektiv-dingliches   3001
- subjektiv-persönliches   3002
- Verfahren   1710 ff.
- Vermietungsabschlag   1733
- Vertragsbeendigung   1717 ff.
- Voraussetzungen   1707 ff.
- Vorkaufsrechtsnegativzeugnis   1100 ff.
- Vorkaufsverpflichteter   761
- Wohnungseigentum   1733

Vorlöschungsklausel   1153

Vormerkung, Abtretung, siehe auch dort
- Ankaufsrecht   2989
- Berechtigter   1156 f.
- Beschlagnahme   1133
- Bewilligung   1156
- Eigentumsvormerkung, siehe dort
- Erbanteil   758
- Fälligkeitsvoraussetzungen   1096 ff.
- Fotovoltaikanlage   830 ff.
- GbR   375, 380
- Grundstückskaufvertrag   2979 ff.
- Insolvenzverfahren   3069 ff., 3083 ff.
- Insolvenzverwalter   575
- Kaufpreisfälligkeit   1126 ff.
- Rechte vor und nach der Vormerkung   1126 ff.

- Rücktritt   243, 1098 f.
- Schuldübernahme   903 ff.
- Testamentsvollstreckung   569
- Unrichtigkeitsnachweis   1154
- versteigerungsbefangenes Objekt   2135 ff.
- Wiederaufladung   1154
- Wirksamkeit des Grundpfandrechts   1366

Vormundschaft   522
Vorsorgevollmacht   281
Vorsteuerabzug, Abzugsberechtigung   3550 ff.
- Berichtigung des Abzugs   3566 ff.
- bis JStG 2010
- Höhe des Vorsteuerabzugs   3564 ff.
- Immobilien   3550 ff.
- Neufälle ab 2011   3560 ff.
- Seeling-Doktrin   3558 ff.
- Vorsteuerberichtigung   3532
- Zuordnungsentscheidung   3554 ff.

Vorvertrag   2933 ff.
Vorvertragliche Pflichten   2289 ff.
- Beratungsvertrag   2295
- Informationspflichten   13

Vorvollzug   727 ff.
Vorwegbeleihung   1341 ff.
- Absicherung des Gläubiger   1361 ff.
- dingliche Rechte   1355 ff.
- GbR   371
- kommunale Grundstücke   1359 ff.
- Kosten   1349
- mehrere Eigentümer   1346
- Vollmacht   1364
- Wirksamkeitsvermerk   1363
- Zahlungsanweisung   1347

Vorwegerlaubnis, gerichtliche Genehmigung   1623

Wahlgüterstand   1678 ff.
Wärmelieferungsvertrag   2508
Warnhinweis   3185
Wartungsvertrag   2536 ff.
Weilheimer Modell   2482 f.
Werbungskosten, Abschreibungen   3340 ff.
- Begriff und Voraussetzungen   3327 ff.
- Drittaufwand   3331 ff.
- Grundbesitz, Privatvermögen   3260 ff.
- negative   3338
- vorab entstandene   3339

Werkvertrag, verbundenes Geschäft   87 ff.
Wertsicherungsklausel   16
Widerruf, § 359a BGB   1437
- Darlehensvertrag   21 ff.
- Erklärung zur Pfandfreigabe   1199 ff.
- Frist   1433
- Haustürgeschäft   1429
- Treuhandauftrag   1509 ff.
- Verbraucherdarlehensvertrag   21 ff., 1426 ff., 1435
- verbundener Vertrag   1433

- Widerrufsbelehrung 1046
Widerspruch 753 ff.
Wiedereinsetzung 1178
Wiederkaufsrecht 2471 ff.
Wirksamkeitsvermerk 790
Wohnförderkonto 1456
Wohnungsbau, sozialer 2522 f.
Wohnungsbaugenossenschaften 3727
Wohnungsbindung 2103 ff.
Wohnungseigentum, Insolvenzverfahren 3047 f.
- Vorkaufsrecht 1733
Wohnungseigentümergemeinschaft 1681 ff.
- Absicherung des WEG- Verbandes 2465 ff.
- Auftreten im Rechtsverkehr 2442 ff.
- Befugnisse 2432 ff.
- Beschlüsse 2412 ff.
- Beschlusssammlung 2423 ff.
- Beschlusszuständigkeit 2418 ff.
- dingliche Haftung 2456 ff.
- Eintritt 2408 ff.
- Erlöschen 2444
- GbR 1693
- Gemeinschaftsordnung 2416 ff.
- Grundstücksverkehr 2435 ff.
- Haftung 2445 ff.
- Haftungsrisikoverteilung 2449 ff.
- Hausgeld 2453 ff.
- Insolvenzfähigkeit 2452
- Öffnungsklausel 2413 ff.
- Organe 2429 ff.
- Prozessfähigkeit 2442 ff.
- rechtmäßiger Überbau 2040
- Rechtsfähigkeit 2428 ff.
- Sachmangelausschluss 2300 ff.
- schuldrechtliche Abreden 2410 ff.
- Sonderumlagen 2461 ff.
- Stimmrecht 2468
- Teilrechtsfähigkeit 1162
- Verbandsvermögen 2435 ff.
- Verwalter 2429 ff.

- Verwalterbestellung 1692
- Warnhinweis 2439
Wohnungsmarkt 3573 ff.
Wuchervertrag 121
- Rechtsverfolgung 128
- Time-Sharing-Anlagen 125

Zahlungsabwicklung, Personenmehrheit 2607 ff.
Zahlungsanspruch 1238
Zinsen 1324
Zuckerrübenlieferrecht 840, 850 ff.
Zurückbehaltungsrecht, Eigentumsvormerkung 898, 952
- Erbschein 737
Zuständigkeit 696 ff.
Zustellung, öffentliche 1164
Zwangssicherungshypothek 414
Zwangsversteigerung, Eigentumserwerb 2158
- Erbbauzins 2818 ff.
- Grunderwerbsteuer 3442 ff.
- Grundpfandrecht am Objekt 2172
- Regelverfahren 2109 ff.
- subjektiv-dinglichen Rechts 1186
- Unbedenklichkeitsbescheinigung 2167 ff.
- Verkauf eines beschlagnahmten Grundstück 2129 ff.
- Verträge nach Abgabe des Meistgebots 2161 ff.
- Wirkung der Beschlagnahme 2110 ff.
- Zuschlag 2161 ff.
- Zuschlagbeschluss 2167 ff.
Zwangsverwaltung 2153 ff.
Zwangsvollstreckung, Eigentumsvormerkung 883
- Hausgeldrückstände 2456 ff.
- Insolvenzverfahren 2147 ff.
- Zwangsvollstreckungsunterwerfung 1393 ff.
Zwischenerwerbsmodell 2485